우리말불교경전총론

우리말 번역 / 정명 김성규

사단법인 통섭불교원

우리말불교경전총론

석굴암 부처님

종정 중봉성파 대종사님의 우리말불교경전총론 발간 축하 휘호

장대교망 여인천어
전법하여 불교의 망태기로 잡아넣는 일이 크고 장대하여
인간과 하늘을 고기망에 고기 몰아넣듯 교화하기를

───────────────── 머리말 ─────────────────

수억 겁을 살아도 오늘 이 하루는 두 번 다시 오지 않는 소중한 날입니다.
우리는 지금 그 하루와 마주하고 있습니다.

경은 부처님께서 말씀하신 것입니다.

그렇기 때문에 누구든지 쉽게 알아들을 수 있어야 하며 쉽게 이해하고 실
천에 옮겨 자신의 삶의 문제를 푸는 열쇠가 될 수 있어야 합니다.

진정한 의미에서 우리가 쉽게 읽을 수도 없고 이해할 수도 없는 경전은
이미 경전이 아닙니다. 경전이 이 땅의 역사 속에서 살아 있기 위해서는
몇 백 년이 걸리더라도 끊임없이 되 번역 작업이 이루어져야 합니다. 부
처님의 삶을 닮아가고자 경전에 의거하여 진지한 삶을 추구하는 수행자
들과 불교학자들이 평생 이 일에 자신을 던지는 한이 있더라도 이 땅의
살아 있는 언어로 되 번역하는 역경은 꼭 이루어져야 합니다.

매일 부처님께서 걸어가신 삶의 자취들을 되새겨 봅니다.

400년경 산스크리트어나 팔리어로 된 380권의 경전을 한문으로 번역한
구마라집의 삶과 그 당시의 시대적 역사적 상황들을 생각해 봅니다.

부처님께서 살아 계셨던 때와 구마라집이 경전을 한문으로 번역할 때와
오늘날의 역사적 상황들을 생각하면서 2600년 전 부처님의 말씀을 지금
의 우리말로 되살리려고 최선을 다했습니다.

우리말불교경전총론의 번역은 고려대장경과 동국역경원에서 번역한 한

글 대장경을 저본으로 했습니다.

이 우리말불교경전총론은 기성세대와 21세기 MZ세대와 이후의 세대에게 연기를 깨친 위대하고, 거룩하고, 아름다운 삶의 길을 걸어가신 부처님의 삶과 말씀이 잘 전달되어 바르고 건강한 삶을 사는데 원천이 되기를 바랍니다.

여기 우리말로 되 번역된 부처님의 말씀이 우리들의 가슴에 한 송이 하얀 연꽃으로 피어나기를 간절히 기도하면서. 이 경전과 인연된 모든 사람과 생명에게 항상 부처님과 보살님의 가피가 충만하기를 기원합니다.

나무 우리말불교경전총론.

불기 2568년(2024년) 11월 정명선방에서

淨名 김성규 합장

─────────────── 경전을 보는 눈 ───────────────

2,600년의 불교 역사에서 이루어진 혁명을 지역에 따라 살펴보는 것도 불교를 이해하는 데 중요한 일이다.

인도에서 부처님 이후 최대의 혁명은 직관에 의한 〈공사상의 확립〉이다. 소수의 귀족계급을 중심으로 체계화 되었던 초기불교가 인도 전역으로 확산되면서 서민계급 중심으로 체제 변환을 거치는 필연적 사실에 부딪치게 된다. 이때 많은 사람에게 보편성을 갖는 불교의 새로운 이상적인 인간상으로 보살이 등장하며, 보살이 추구해야 될 깨달음의 세계가 〈공〉으로 표현되었다.

티벳을 넘어 중국으로 전파된 불교는 중국에서 다시 한번 새롭게 태어나게 된다.

토착화된 중국불교로서 선불교의 태동은 중국에서 이루어진 최대의 혁명이었다. 법화경에서도 생명이 있는 모든 것에는 깨달음의 씨앗이 있어서 깨달을 수 있다고 선언 하고 있지만 수백 년의 역사 속에서 부처님은 이미 종교적으로 신격화 되었고 어느 누구도 도달할 수 없는 절대자로 탈바꿈해 버렸다. 이러한 역사적 상황 속에서 선불교는 〈직지인심 견성성불〉 즉 〈사람의 마음을 똑바로 가리켜, 본성을 꿰뚫고 부처를 이룬다〉라는 누구나 깨달을 수 있다는 깨달음의 보편성을 확립했던 것이다. 깨달음이란 인류의 상상 속에서의 이상이 아니라 우리가 이 땅에 실천해야할 이상향으로 살아가고 있는 우리들의 삶의 목표로서, 우리들 자신의 삶의 문제로서 부각되었다.

중국에서의 불교 수용은 진지하면서도 적극적이었다.

후한 명제 67년에는 사신을 서역에 파견하여 인도 승려 2명과 불상을 모셔와 낙양 백마사에 안치했다.

인도에서 유입된 모든 경전이 국가적인 차원에서 경전 번역 사업이 이루어졌으며 인류 역사상 전무후무한 한문경전번역 사업이 이루어졌던 것이다. 이 번역 사업으로 교종이 확립되었으며, 한문으로 번역된 경전들을 중심으로 종파불교가 전성기를 맞이하게 된다. 14개의 종파 중에서 가장 성황을 이룬 것은 천태종과 화엄종이었다.

천태종은 북제의 혜문이 개조했다. 3조 지의 천태(538 - 597)는 남북조시대의 도생, 혜관, 혜광등 소위 남3 북7의 10가의 설을 연구 분석하여 천태종의 교판 5시 8교를 확립했다. 5시란 화엄시, 아함시, 방등시, 반야시, 법화열반시를 말하며, 8교란 교화의 의식에 의한 4교(돈교, 점교, 비밀교, 부정교)와 교설의 내용에 의한 4교(장교, 통교, 별교, 원교)를 뜻한다.

천태종에서 주장하고 있는 5시는 부처님께서 45년 동안 설하신 법을 시기에 따라 화엄시, 아함시, 방등시, 반야시, 법화열반시의 순서로 법을 설하시며 중생을 교화했다고 한다.

깨치신 당시 깨달음의 실상을 음미하며 법열에 잠긴 21일 동안 설하신 것이 화엄시이며, 그후 교진여를 비롯한 5비구를 교화한 4성제(고, 집, 멸, 도)법문을 시작으로 해 사성제와 팔정도 계열의 법문을 12년 동안 설하신 것을 아함시라 하며, 적극적인 실천과 윤리적인 면과 사회적 규

———————————————— 경전을 보는 눈 ————————————————

범 등을 주제로 8년 동안의 가르침을 방등시라 하며, 베풀되 베풂의 대
가를 바라지 않고 형상 속에서 살고 있으면서 형상에 매이지 않으며 모
든 현상의 공한 도리를 22년 동안 가르친 것을 반야시라 하며, 끝으로
삶과 죽음으로 끝없이 반복되는 존재의 실상에 대하여 8년 동안 가르친
것을 법화열반시라 한다.

이 천태종의 교판은 1,000여년의 불교 역사 속에서 중국 교종이 이룩
한 최대의 업적임을 인정하지만 우리들로 하여금 불교를 보는 눈을 거
기에 머물게 하는 최대의 함정임을 알아야 한다.

그렇지만 교학의 발달과 분류에서는 천태의 5시는 중요한 역할을 하고
있다. 여기 우리말로 번역한 10개의 경전도 5시에서 2개씩 선택하여
불교 교학 발달과 분류를 함께 볼 수 있도록 편집했다.

조용히 눈을 감고 그 당시의 상황을 한번 상상해 보라.

인도라는 넓고 광활한 지역에서 몇 백 년의 세월 동안 지역성과 역사성
을 띠면서 생산된 불교경전들이 중국으로 전파되는 과정에서 지역성과
역사성은 무시된 채 경전 자체만 옮겨져 번역된 것이다. 수많은 경전이
뒤섞여 중국에 유입되어 번역된 경전들이 부처님께서 45년 동안 설하
신 것들인데 〈과연 어떤 순서로 설하였을까?〉 하는 문제는 승려들의 최
대 관심사였으며, 이에 촛점을 맞추어 교종이 정립된 것이다.

신이 존재하지 않는 종교인 불교에서는 역사가 차지하는 비중이 상대적
으로 크다. 경전 자체가 바로 불교의 역사와 지역성과 사회성을 나타내

는 것을 이해해야 한다. 이것을 이해할 때 비로소 경전에 대한 맹목적인 눈을 넘어서 경전을 관조할 수 있는 상대적인 눈이 열리게 된다. 경전을 역사와 더불어 상대성을 이해할 때 그 당시 사람들의 아름다운 꿈과 이상 사회의 실현을 위한 몸부림과 종교적인 끝없는 열정을 함께 체험할 수 있다.

5시 8교

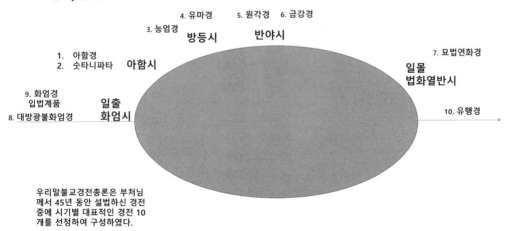

우리말불교경전총론은 부처님께서 45년 동안 설법하신 경전 중에 시기별 대표적인 경전 10개를 선정하여 구성하였다.

우리말불교경전총론

─────────────

1. 우리말불교경전총론에서 이름과 지명의 표기

　이름과 지명은 사리불(舍利弗, Śāriputra), 사위성(舍衛城, Śrāvastī)의 표기를 원칙으로 한다.

　한문한글을 우선 표기를 원칙으로 한다. 기존 세대는 한문한글이 보편적이고, 앞으로 경전을 갖고 공부할 MZ세대와 국제적으로는 산스크리트어 표기가 우선적이다. 그래서 한문한글(한문, 산스크리트어, 영어)을 원칙표기로 한다. 예를 들면 항하(恒河, ganga, ganges)강의 표기다.

　숫타니파타만 예외로 표기 한다. 원칙에 따르면 경집(經集, Sutta-nipata)으로 표기해야 하는데 세대를 막론하고 숫타니파타로 보편화되어 있어 숫타니파타(Sutta-nipata, 경집經集)으로 표기한다.

2. 숫자

일 (기준 1)	극 10^{48}	사 沙
십	항하사 10^{52}	진 10^{-10}
백	아승기 10^{56}	애
천	나유타 10^{60}	묘
만	불가사의 10^{64}	막
억 10^{8}	무량대수 10^{68}	모호 10^{-14}
조 10^{12}		준순
경 10^{16}	할 10^{-1}	수유
해 10^{20}	푼 10^{-2}	순식 10^{-17}
자 10^{24}	리 10^{-3}	단지
양 10^{28}	모 10^{-4}	찰나 10^{-19}
구 10^{32}	사 絲	육덕
간 10^{36}	홀	허공 10^{-21}
정 10^{40}	미	청정 10^{-22}
재 10^{44}	섬	

BC 600년경 부처님 당시 인도지도

4대 성지
1. 부처님 탄생지 가비라위(카필라성)
2. 도를 이루신 곳 마갈타국(마가다국)
3. 최초 설법지 바라날(바라나시, 녹야원)
4. 열반에 드신 곳 구시성(쿠시나가라)

8대 성지
5. 대변신을 보이신 곳 사위성(스라바스티)
6. 술 취한 코끼리를 조복하신 곳 왕사성(라즈그리하)
7. 원숭이에게 꿀공양을 받으신 곳 비사리(바이샬리)
8. 도리천에서 내려오신 곳 승가시국(상카시아)

목 차

1
우리말 아함경

한문번역 / 승가제바, 불타야사, 구나발타라

─────────────── 해 설 ───────────────

아함경은 부처님께서 도를 이루시고 45년 동안 전법을 하며 설법한 내용
의 원형을 그대로 간직한 경전으로 평가되고 있다.

아함(阿含)이라고 하는 말은 원어(原語) 아가마(Agama)를 중국의 역경승
(譯經僧)이 음사(音寫)한 말이며, 그 뜻은 '도래(到來)한 것' 또는 '전래(傳
來)해 온 것'이란 뜻으로써 아함경이라고 하면 '전래해 온 경'이란 뜻이
다. 이 아함경을 남방불교에서는 빤짜-니까야(Panca- nikaya)라고 통틀
어서 부른다.

팔리어로 전승된 니까야는 Digha-nikaya, Majjhima-nikaya,
Samyutta- nikaya, Anguttara-nikaya, Khuddaka-nikaya의 오부
로 이루어져 있으며, 한문으로 번역되어 전승된 아함경은 잡아함경, 중
아함경, 장아함경, 증일아함경의 4부로 이루어져 있다.

1. 중아함경(中阿含經) 60권, 222경, 승가제바(僧伽提婆 Samghadeva)
   역, 한역 연대 397-398.

2. 증일아함경(增一阿含經) 51권, 472경, 승가제바 역, 한역 연대 397.

3. 장아함경(長阿含經) 22권, 30경, 불타야사(佛陀耶舍 Buddhayasas) ·
   축불념(竺佛念)의 공역(共譯), 한역 연대 413.

4. 잡아함경(雜阿含經) 50권, 1362경, 구나발타라(求那拔陀羅 Gunabhada)
   역, 한역 연대 435.

그리고 팔리오부를 한역경전 아함경과 비교하면 다음과 같다.

(1) 장부경전(長部經典 Digha-nikaya) 34경은 한역의 장아함경(長阿含
   經)에 해당하며 수용하고 있는 경의 수도 거의 비슷하고 내용도 거의
   일치한다. 아난 존자의 제자들에게 부촉해서 계승되었다.

(2) 중부경전(中部經典 Majjhima-nikaya) 152경은 한역의 중아함경(中阿含經)에 해당하며 이것도 역시 수용하고 있는 경의 수와 경의 내용이 거의 일치한다. 사리불 존자의 제자들이 계승했다.

(3) 상응부경전(相應部經典 Samyutta-nikaya) 7762경은 잡아함경(雜阿含經)에 해당하는 경이지만, 얼핏 보기에도 같은 경전이라고 하기는 어렵다. 명칭도 다르고 경의 수도 다르다. 그러나 경의 수가 다른 것은 후대에 와서 불어났을 가능성이 있고, 중요한 내용과 경이 거의 일치하며, 잡아함경을 '상응아함(相應阿含)'이라고 부르는 점으로 보아 별개의 경전으로 간주하기보다는 같은 경으로 보는 것이 타당하다. 마하가섭 존자의 제자들에게 부촉하여 전승되었다.

(4) 증지부경전(增支部經典 Anguttara-nikaya) 9557경은 우선 그 명칭이 증일아함경(增一阿含經)과 같은 뜻이다. 그리고 경을 편찬한 방법이 같다. 1에서 시작하여 차례로 경의 수를 증가하여 11에 이르는 편집 방식에 따라 여러 경을 분류하고 있다. 다만 증지부경전의 경 수가 현저히 많은 것은 셈하는 방식의 특수성 때문이라고 보고 있다. 아나율 존자의 제자들에게 부촉해서 전승되었다.

(5) 소부경전(小部經典 Khuddaka-nikaya) 15분(分)은 팔리삼장 중 가장 늦게 편성된 경으로써 한역 사아함(四阿含)에 해당하는 경은 없다.
한역의 사분율(四分律)이나 오분율(五分律) 여기저기에서 소부경전에 수록된 내용이 있어 소부경전에 해당하는 경전이 한역 경전 속에 들어 있음을 알 수 있다.

여기서 우리말아함경의 구성과 조직을 다음과 같이 했다.

───────────── 해 설 ─────────────

목차의 내용 하나를 예로 들어보면 (1-2) 5잡아함무지경으로 정리한 것
은 앞의 (1-2)는 우리말 아함경의 차례이며, 5는 고려대장경(팔만대장경)
에 정리되어 있는 아함경의 번호이며, 잡아함은 아함경 4부에 수록되어
있는 잡아함경이며, 무지경은 잡아함경 5경의 제목이다.

우리말아함경은 방대한 아함경의 내용 중에 주제별로 가려 뽑은 것으로
본문을 참조하려면 5잡아함무지경은 잡아함경 5경 무지경을 찾으면 된다.

1

차 례

1. 오온

2. 무아

—————————————— 차 례 ——————————————

1

차 례
---

1. 오온

(1-1) 1 잡아함무상경

이와 같이 나는 들었다.

어느 때 부처님께서는 사위성(舍衛城, 室羅筏城실라벌성, Śrāvastī) 기수급고독원(祈樹給孤獨圓, Jetavananathapindadasyarama)에 계시면서 여러 비구에게 말씀하셨다.

"색(물질작용, 色)은 항상함이 없다고 관찰하라. 이렇게 관찰하면 그 것은 바른 관찰이다. 바르게 관찰하면 싫어하여 떠날 마음이 생기고, 싫어하여 떠날 마음이 생기면 즐겨하고 탐하는 마음이 없어지며, 즐 겨하고 탐하는 마음이 없어지면 마음의 해탈이라 한다.

이와 같이 수(감수작용, 受), 상(표상작용, 想), 행(행위작용, 行), 식 (분별작용, 識)도 또한 항상함이 없다고 관찰하라. 이렇게 관찰하면 그것은 바른 관찰이다. 바르게 관찰하면 싫어하여 떠날 마음이 생기 고, 싫어하여 떠날 마음이 생기면 즐겨하고 탐하는 마음이 없어지며, 즐겨하고 탐하는 마음이 없어지면 마음의 해탈이라 한다.

비구들이여, 마음이 해탈한 사람은 스스로 증득하고자 하면 스스로 증득하게 된다. 이른바 나의 생은 이미 다하고, 범행은 이미 서고, 할 일은 이미 마쳐 스스로 다음 생 몸을 받지 않을 것을 안다. 항상함이 없다고 관찰하는 것과 같이, 그것들은 괴로움이며, 공이며, 〈나〉가 아니라고 관찰하는 것도 또한 그러하다."

그때 여러 비구는 부처님 말씀을 듣고 기뻐하며 받들어 행했다.

(1-2) 5잡아함무지경

이와 같이 나는 들었다.

어느 때 부처님께서는 사위성 기수급고독원에 계시면서 여러 비구에게 말씀하셨다.

"색을 사랑하고 즐기는 것은 괴로움을 사랑하고 즐기는 것이며, 괴로움을 사랑하고 즐기면 괴로움에서 해탈하지 못하고 거기에 밝지 못하며 탐욕을 떠나지 못한다. 이와 같이 수·상·행·식을 사랑하고 즐기는 것은 괴로움을 사랑하고 즐기는 것이며, 괴로움을 사랑하고 즐기면 괴로움에서 해탈하지 못한다.

비구들이여, 색을 사랑하고 즐기지 않는 것은 괴로움을 사랑하고 즐기지 않는 것이며, 괴로움을 사랑하고 즐기지 않으면 괴로움에서 해탈하게 된다. 이와 같이 수·상·행·식을 사랑하고 즐기지 않는 것은 괴로움을 사랑하고 즐기지 않는 것이며, 괴로움을 사랑하고 즐기지 않으면 괴로움에서 해탈하게 된다.

비구들이여, 색에 대해서 알지 못하고 밝지 못하며 탐욕을 떠나지 못하면 마음이 해탈하지 못하고, 탐욕에서 마음이 해탈하지 못하면 괴로움을 끊지 못한다. 이와 같이 수·상·행·식에 대해서도 알지 못하고 밝지 못하며 탐욕을 떠나지 못하여 탐욕에서 마음이 해탈하지 못하면 괴로움을 끊지 못한다. 만일 색에 대해서 잘 알고 밝으며 탐욕을 떠나 마음이 해탈하면 괴로움을 끊게 된다. 이와 같이 수·상·행·식에 대해서도 잘 알고 밝으며 탐욕을 떠나 마음이 거기서 해탈하면 괴로움을 끊게 된다."

그때 여러 비구는 부처님 말씀을 듣고 기뻐하며 받들어 행했다.

1

(1-3) 11잡아함인연경

이와 같이 나는 들었다.

어느 때 부처님께서는 사위성 기수급고독원에 계시면서 여러 비구에게 말씀하셨다.

"색은 항상함이 없다. 혹은 인으로, 연으로 말미암아 모든 색이 생기더라도 그것은 항상함이 없다. 항상함이 없는 인과 연으로 말미암아 생기는 모든 색이 어떻게 항상함이 있겠느냐.

이와 같이 수·상·행·식도 항상함이 없다. 혹은 인으로 연으로 말미암아 생긴 것도 항상함이 없다. 항상함이 없는 인연으로 생긴 것들이 어떻게 항상 하겠느냐.

이와 같이 비구들이여, 색은 항상함이 없고, 수·상·행·식도 또한 항상함이 없다. 항상함이 없는 것은 괴로움이며, 괴로움은 곧 〈나〉가 아니며, 〈나〉가 아니면 또한 〈내 것〉도 아니다. 거룩한 제자로서 이렇게 관찰하면 그는 색을 싫어하고, 수·상·행·식을 싫어한다. 싫어하면 즐기지 않고, 즐기지 않으면 해탈하며, 해탈하면 지견(知見)이 생긴다. 이른바 나의 생은 이미 다하고 범행은 이미 서고, 할 일은 이미 마쳐, 스스로 후세의 생명을 받지 않음을 안다."

그때 여러 비구가 부처님 말씀을 듣고 기뻐하며 받들어 행했다.

(1-4) 13잡아함미경

이와 같이 나는 들었다.

어느 때 부처님께서는 사위성 기수급고독원에 계시면서 여러 비구에게 말씀하셨다.

"만일 중생들이 색에 맛들이지 않으면 그는 색(물질작용)에 물들지 않는다. 중생들은 색에 맛들이기 때문에 거기에 물들어 집착하게 된다. 이와 같이 중생이 수(감수작용), 상(표상작용), 행(행위작용), 식(분별작용)에 맛들이지 않으면 중생들은 그것들에 물들지 않는다. 중생들은 수·상·행·식에 맛들이기 때문에 그것들에 물들어 집착하게 된다. 비구들이여, 만일 색이 중생들에게 근심이 되지 않으면 중생들은 색을 싫어하지 않는다. 그러나 색은 중생들에게 근심이 되기 때문에 중생들은 색을 싫어하는 것이다. 이와 같이 수·상·행·식이 중생들에게 근심이 되지 않으면 그것들을 싫어한다. 그러나 수·상·행·식은 중생들에게 근심이 되기 때문에 그것을 싫어한다.

비구들이여, 만일 색이 중생들에게 떠날 수 없는 것이라면 색에서 떠날 수 없다. 그러나 색은 중생들에게서 떠날 수 있는 것이기 때문에 색에서 떠난다. 이와 같이 수·상·행·식이 중생들에게 떠날 수 없는 것이라면 그것들에서 떠나지 못한다. 그러나 수·상·행·식은 중생들에게서 떠날 수 있는 것이기 때문에 그것들에서 떠난다.

비구들이여, 이 다섯 가지 쌓임인 오온에 대해서 맛은 맛이며, 근심은 근심이며, 떠남은 떠남이라고 진실로 알지 못했다면 모든 하늘이나 악마, 범천, 사문, 바라문이나 모든 하늘사람 가운데서 벗어나지도 나오지도 떠나지도 못해, 뒤바뀐 생각에 머무르거나 최상의 바른 깨달음을 증득하지 못한다.

비구들이여, 나는 이 다섯 가지 쌓임에 대해서 맛은 맛이며, 근심은 근심이며, 떠남은 떠남이라고 진실로 알았기 때문에 모든 하늘이나 악마, 범, 사문, 바라문이나 모든 하늘사람 가운데서 스스로 증득하여 벗어나게 되고 나오게 되고 떠나게 되고 결박에서 해탈하게 되어, 뒤바뀐 생각에 머무르지도 않고 최상의 바른 깨달음을 증득했다."

그때 여러 비구가 부처님 말씀을 듣고 기뻐하며 받들어 행했다.

1

어느 때 부처님께서는 사위성 기수급고독원에 계시면서 여러 비구에게 말씀하셨다.

"나는 옛날 색의 맛을 구해서 다니며, 그것을 맛보았다. 색의 맛을 그대로 따라 깨달았을 때에는 지혜로써 그것을 진실로 보았다. 이와 같이 수·상·행·식의 맛을 구해서 다니며, 그것을 맛보았다. 수·상·행·식의 맛을 그대로 따라 깨달았을 때에는 지혜로써 그것들을 진실로 보았다.

비구들이여, 또 색의 근심을 구해서 다니며, 그것을 맛보았다. 그래서 색의 근심을 그대로 따라 깨달았을 때는 지혜로써 그것을 진실로 보았다. 이와 같이 수·상·행·식의 근심을 구해서 다니며, 그것들을 맛보았다. 그것들의 근심을 그대로 따라 깨달았을 때는 지혜로써 그것들을 진실로 보았다.

비구들이여, 또 색을 떠남을 구해서 다니며, 그것을 맛보았다. 색을 떠남을 그대로 따라 깨달았을 때는 지혜로써 그것을 진실로 보았다. 이와 같이 수·상·행·식을 떠남을 구해서 다니며, 그것들을 맛보았다. 수·상·행·식을 떠남을 그대로 따라 깨달았을 때는 지혜로써 그것들을 진실로 보았다.

비구들이여, 내가 오온에 대해서 맛은 맛이며, 근심은 근심이며, 떠남은 떠남이라고 진실로 알지 못했다면 모든 하늘이나 악마, 범천, 사문, 바라문이나 모든 하늘사람 가운데서 벗어나지도 나오지도 떠나지도 못해, 길이 뒤바뀜에 머무르면서 최상의 바른 깨달음을 증득하지 못했을 것이다. 비구들이여, 나는 오온에 대해서 맛은 맛이며, 근심은 근심이며, 떠남은 떠남이라고 진실로 알았기 때문에 모든 하늘이나 악마, 범천, 사문, 바라문이나 모든 하늘사람 가운데서 이미 벗어나고, 이미 떠나고, 이미 나와서, 길이 뒤바뀜에서 머무르지도 않고 최상의 바른 깨달음을 증득했다."
그때 여러 비구가 부처님 말씀을 듣고 기뻐하며 받들어 행했다.

"과거의 네 가지 말과
싫어 해서 떠남과 또 해탈과
두 가지 인연 말과
맛도 또한 두 가지이다."

(1-5) 15잡아함사경

이와 같이 나는 들었다.
어느 때 부처님께서는 사위성 기수급고독원에 계셨다.
그때 어떤 비구는 부처님께 나아가 발에 머리를 조아리고 물러나 한쪽에 서서 여쭈었다.
"장하십니다! 부처님이시여, 저를 위해 간단히 법을 말씀해 주십시오. 법을 들은 뒤에는 고요한 곳에서 방일하지 않고 수행하는 이유는 '착한 남자가 집을 나와 수염과 머리를 깎고 가사를 입고 비구가 되어 훌륭한 범행을 완전히 이루고 현재에서 스스로 증득하여 저의 생은 이미 다하고 범행은 이미 서고 할 일은 이미 마쳐 스스로 후세의 생명을 받지 않음을 아는 데 있다'고 생각합니다."
부처님께서는 그 비구에게 말씀하셨다.
"착하고 착하다! 비구여, 너는 즐거운 마음으로 '마땅히 저를 위해 간단히 법을 말씀하여 주십시오. 법을 들은 뒤에는 고요한 곳에서 혼자 방일하지 않기를 닦고, 스스로 후세의 생명을 받지 않는 줄을 아는 데 있다'고 말했는가?"
"그러합니다. 부처님이시여."

부처님께서는 말씀하셨다.

"자세히 듣고 생각하라. 내 너를 위해 말할 것이다. 만일 번뇌의 사자를 따르면 그 사자를 따라 죽을 것이며, 죽음을 따르면 번뇌에 결박될 것이다. 비구여, 만일 번뇌의 사자를 따르지 않으면 그 사자를 따라 죽지 않을 것이며, 사자를 따라 죽지 않으면 번뇌에서 해탈한다."

"부처님이시여, 이미 알았습니다. 선서시여, 이미 알았습니다."

"너는 간단히 설명하는 법에서 어떻게 그 뜻을 알았느냐?"

"부처님이시여, 색이 번뇌의 사자를 따르면 색은 그 사자를 따라 죽을 것이며, 번뇌의 사자를 따르고 그 사자를 따라 죽으면 그는 번뇌에 결박될 것입니다. 이와 같이 수·상·행·식이 번뇌의 사자를 따르면 사자를 따라 죽을 것이며, 사자를 따라 죽으면 번뇌에 결박됩니다. 부처님이시여, 만일 색이 번뇌의 사자를 따르지 않으면 그는 그 사자를 따라 죽지 않으며, 사자를 따라 죽지 않으면 그는 번뇌에서 해탈됩니다. 이와 같이 색·수·상·행·식이 번뇌의 사자를 따르지 않으면 사자를 따라 죽지 않으며, 사자를 따라 죽지 않으면 그는 번뇌에서 해탈됩니다. 이와 같이 부처님께서 간략히 설명하신 법에서 그 뜻을 알았습니다."

"착하고 착하다! 비구여, 내가 간단히 말한 법에서 너는 그 뜻을 알았구나. 왜냐하면, 이른바 색이 번뇌의 사자를 따르면 그는 그 사자를 따라 죽을 것이며, 사자를 따라 죽으면 그는 번뇌에 결박된다. 이와 같이 색·상·수·행·식이 번뇌의 사자를 따르면 그는 그 사자를 따라 죽을 것이며, 사자를 따라 죽으면 그는 번뇌에 결박된다.

비구여, 색이 번뇌의 사자를 따르지 않으면 그는 그 사자를 따라 죽지 않을 것이며, 사자를 따라 죽지 않으면 그는 번뇌에서 해탈된다. 이와 같이 색·수·상·행·식이 번뇌의 사자를 따르지 않으면 그는 그 사자를 따라 죽지 않을 것이며, 사자를 따라 죽지 않으면 그는 번뇌에서 해탈

된다.”

그때 비구는 부처님 말씀을 듣고 마음이 매우 기뻐 부처님께 예배하고 물러갔다. 그는 홀로 고요한 곳에서 꾸준히 힘써 닦고 익히면서 방일하지 않고 수행한 이유는 ‘착한 남자가 집을 나와 수염과 머리를 깎고 가사를 입고 집이 없이 비구가 되어 스스로 후세의 생명을 받지 않는 것을 아는 데 있다’고 생각했다. 그때 그 비구는 곧 아라한이 되어 마음의 해탈을 얻었다.

(1-6) 17잡아함비아경

이와 같이 나는 들었다.

어느 때 부처님께서는 사위성 기수급고독원에 계셨다. 어떤 비구가 자리에서 일어나 오른쪽 어깨를 드러내고 합장하고 부처님께 여쭈었다.

“장하십니다! 부처님이시여, 저를 위해 간단히 법을 말씀해 주시기를 청합니다. 저는 법을 들은 뒤에는 혼자 고요한 곳에서 세밀하고 묘하게 생각하고 방일하지 않으면서 머물겠습니다. 착한 남자가 집을 나와 수염과 머리를 깎고 가사를 입고 집이 없이 도를 배워 위없는 범행을 이루고, 현재 몸으로 증득하여 나의 생은 이미 다하고, 범행은 이미 서고, 할 일은 마쳐 스스로 후세의 생명을 받지 않는 것을 알기 위해서 입니다.”

그때 부처님께서 말씀하셨다.

“착하고 착하다! 너는 ‘부처님께서는 저를 위해 간단히 법을 말씀해 주시기를 청합니다. 저는 법을 들은 뒤에는 혼자 고요한 곳에서 세밀하고 묘하게 생각하면서 방일하지 않으면서 머물겠습니다. 혹은 스스로 후세의 생명을 받지 않는 줄을 알기 위해서 입니다’라고 말했는가.”

“그러합니다. 부처님이시여.”

부처님께서는 말씀하셨다.

“자세히 듣고 잘 생각하라. 비구여, 바르지 않은 법을 마땅히 끊어 버려야 하며, 그러면 바른 이치가 더하고 넉넉하여 긴 밤 동안에 안락하게 된다.”

“부처님이시여, 이미 알았습니다. 선서시여, 이미 알았습니다.”

“너는 어떻게 내가 간단히 말한 법에서 그 뜻을 알았느냐.”

“부처님이시여, 색(물질작용)은 나의 소유가 아닙니다. 마땅히 빨리 끊어버려야 합니다. 수(감수작용), 상(표상작용), 행(행위작용), 식(분별작용)도 저의 소유가 아닙니다. 마땅히 빨리 그것을 끊어버려야 합니다. 그래서 바른 이치가 더하고 넉넉하여 긴 밤 동안에 안락하게 됩니다. 부처님이시여, 이렇게 저는 부처님께서 간단히 설명하신 법에서 그 뜻을 알았습니다.”

“착하고 착하다! 비구여, 너는 내가 간단히 말한 법에서 그 뜻을 알았구나. 무슨 까닭인가. 색은 너에게 마땅한 것이 아니다. 마땅히 빨리 끊어버려야 한다. 그것을 끊어버린 뒤에는 바른 이치가 더하고 넉넉하여 긴 밤 동안에 안락하게 된다.”

그때 비구는 부처님 말씀을 듣고 마음이 크게 기뻐 부처님께 예배하고 물러갔다. 그는 혼자 고요한 곳에서 꾸준히 힘써 닦아 방일하지 않으며 머물렀다. 그러면서 수행하는 까닭은 ‘착한 남자가 집을 나와 수염과 머리를 깎고 가사를 입고 바른 믿음으로 집 없이 지내며 혹은 스스로 후세의 생명을 받지 않는 줄을 아는 것에 있다’고 생각했다. 그래서 그 비구는 아라한이 되어 마음의 해탈을 얻었다.

(1-7) 19잡아함결계경

이와 같이 나는 들었다.

어느 때 부처님께서는 사위성 기수급고독원에 계셨다.

그때 어떤 비구는 자리에서 일어나 부처님께 예배하고 여쭈었다.

"부처님이시여, 저를 위하여 간단히 법을 말씀해 주시기를 청합니다. 저는 그 법을 들은 뒤에 고요한 곳에서 오로지 알뜰히 생각하면서 방일하지 않고 머무른 뒤에, 수행하는 까닭은 '착한 남자는 바른 믿음으로 집을 나와 비구가 되어 스스로 후세의 생명을 받지 않음을 아는 데 있다'고 생각하기 때문입니다."

그때 부처님께서는 그 비구에게 말씀하셨다.

"착하고 착하다! 너는 이제 '장하십니다! 부처님이시여, 저를 위하여 간략히 법을 말씀해 주십시오. 저는 그 법을 들은 뒤에 마땅히 혼자 고요한 곳에서 오로지 알뜰히 생각하면서 방일하지 않고 머무르며, 스스로 후세의 생명을 받지 않을 것을 아는 데 있다고 생각하기 때문입니다'라고 말했는가."

"그러합니다. 부처님이시여."

부처님께서 그 비구에게 말씀하셨다.

"자세히 듣고 잘 생각하라. 비구여, 번뇌에 매인 법은 마땅히 빨리 끊어버려야 한다. 그 법을 끊어버린 뒤에는 바른 이치가 더하고 넉넉하여 긴 밤 동안에 안락하게 된다."

"부처님이시여, 알았습니다. 선서시여, 이미 알았습니다."

부처님께서는 그 비구에게 말씀하셨다.

"너는 어떻게 내가 간략히 말하는 법에서 그 뜻을 알았느냐."

"부처님이시여, 물질은 번뇌에 매인 법입니다. 번뇌에 매인 법은 마땅히 빨리 끊어버려야 합니다. 그 법을 끊어버린 뒤에는 바른 이치가 더하고 넉넉하여 긴 밤 동안에 안락하게 됩니다. 이와 같이 느낌, 생각, 행위, 의식도 번뇌에 매인 법입니다. 번뇌에 매인 법은 마땅히 빨리 끊어버려야 합니다. 그 법을 끊어버린 뒤에는 바른 이치가 더하고 넉넉하여 긴 밤 동안에 안락하게 됩니다. 이렇게 나는 부처님께서 간략히 말씀하신 법에서 그 뜻을 널리 알았습니다.”

“착하고 착하다! 너는 내가 간략히 말한 법에서 그 뜻을 알았구나. 무슨 까닭인가. '너는 물질은 번뇌에 매인 법입니다. 이 법은 마땅히 빨리 끊어버려야 합니다. 그 법을 끊어버린 뒤에는 바른 이치가 더하고 넉넉하여 긴 밤 동안에 안락하게 됩니다. 이와 같이 느낌, 생각, 행위, 의식도 번뇌에 매인 법입니다. 이 법은 마땅히 빨리 끊어버려야 합니다. 그 법을 끊어버린 뒤에는 바른 이치가 더하고 넉넉하여 긴 밤 동안에 안락하게 됩니다'라고 말했기 때문이다.”

그때 그 비구는 부처님 말씀을 듣고 마음이 매우 기뻐 부처님께 예배하고 물러갔다. 그는 혼자 고요한 곳에서 오로지 알뜰히 생각하면서 방일하지 않고 머무르며 스스로 마음의 해탈을 얻어 아라한이 되었다.

(1-8) 23잡아함라후라소문경

이와 같이 나는 들었다.

어느 때 부처님께서는 왕사성(王舍城, Rājagṛha) 죽림정사(竹林精舍, Venuvana-vihāra)에 계셨다. 그때 존자 라후라(羅睺羅, Rāhula)는 부처님께 나아가 발에 머리 숙여 절하고 물러나 한쪽에 서서 여쭈었다.

“부처님이시여, 어떻게 알고 어떻게 보아야 의식이 있는 이 몸과 바깥 경계의 일체 모양에 〈나〉와 〈내 것〉이란 소견과 잘난 체하는 거만과 모든 번뇌와 얽매임이 없겠습니까?"

부처님께서 라후라에게 말씀하셨다.

"착하고 착하다! 자세히 듣고 잘 생각해라. 라후라여, 모든 색은 과거나 미래나 현재나 안이나 밖이나 굵거나 가늘거나 좋거나 나쁘거나 멀거나 가깝거나 그 일체는 모두 〈나〉가 아니며, 〈남〉도 아니며, 〈나〉와 〈남〉이 합한 것도 아니라고 평등한 지혜로써 바르게 관찰해야 한다. 이와 같이 수·상·행·식도 과거나 혹은 현재나 미래나 혹은 안이나 밖이나 혹은 굵거나 가늘거나 혹은 좋거나 나쁘거나 혹은 멀거나 가깝거나 그 일체는 모두 〈나〉가 아니며, 〈남〉도 아니며, 〈나〉와 〈남〉이 합한 것도 아니라고 바른 지혜로써 관찰해야 한다. 라후라여, 비구는 이렇게 알고 이렇게 본다. 이렇게 알고 이렇게 보면 의식이 있는 몸과 바깥 경계의 일체 모양에 〈나〉와 〈내 것〉이란 소견과 잘난 체하는 거만과 모든 번뇌와 얽매임이 없게 된다. 라후라여, 비구가 만일 이와 같이 의식이 있는 이 몸과 바깥 경계의 일체 모양에 〈나〉와 〈내 것〉이란 소견과 잘난 체하는 거만과 모든 번뇌와 얽매임이 없으면 그 비구는 애욕을 끊고 모든 번뇌를 여의고 고통의 경계에서 완전히 벗어났다고 할 수 있다."

그때 라후라는 부처님 말씀을 듣고 기뻐하며 받들어 행했다.

(1-9) 30잡아함수루나경

어느 때 부처님께서 왕사성 죽림정사에 계셨다. 그때 존자 사리불(舍利弗, Śāriputra)은 기사굴산(耆闍崛山, 영취산靈鷲山, Gṛdhrakūṭa)에 있었다.

그때 장자의 아들 수루나(輸屢那, Śrona)는 여러 날 걸어서 기사굴산으로 가서 존자 사리불을 만나 서로 안부를 묻고 물러나 한쪽에 서서 존자 사리불에게 말했다.

"만일 모든 사문이나 바라문으로서 덧없고 변하고 바뀌며 안온하지 않은 색을 가지고 '나는 너보다 낫다. 나는 너와 같다. 나는 너보다 못하다'고 말한다면, 그들은 무슨 까닭으로 그런 생각을 하며 진실을 보지 못합니까? 또 사문이나 바라문으로서 안온하지 않으며 덧없고 변하고 바뀌는 수·상·행·식을 가지고 '나는 너보다 낫다. 나는 너와 같다. 나는 너보다 못하다'고 말한다면, 그들은 무슨 까닭으로 그런 생각을 하며 진실을 보지 못합니까?"

"수루나여, 너의 생각은 어떠하냐. 색은 항상하지 않은 것인가."

"항상하지 않습니다."

"수루나여, 만일 항상하지 않는 것이라면 그것은 괴로운 것인가."

"그것은 괴로운 것입니다."

"수루나여, 만일 항상하지 않고 괴로운 것이라면 그것은 변하고 바뀌는 법이다. 수루나여, 너의 생각은 어떠하냐. 성인의 제자로서 그 색을 '이것은 〈나〉다. 이것은 〈나〉와 다르다. 이것은 둘의 합한 것이다'라고 보겠는가."

"아닙니다."

"수루나여, 너의 생각은 어떠하냐. 수·상·행·식은 항상한 것인가. 항상하지 않은 것인가."

"항상하지 않습니다."

"만일 항상하지 않은 것이라면 그것은 괴로운 것인가."

"그것은 괴로운 것입니다."

"수루나여, 만일 수·상·행·식이 항상하지 않고 괴로운 것이라면 그것은 변하고 바뀌는 법이다. 수루나여, 너의 생각은 어떠하냐. 성인의 제자로서 수·상·행·식을 '이것은 〈나〉다. 〈나〉와 다르다. 둘의 합한 것이다'라고 보겠는가."

"아닙니다."

"그러므로 수루나여, 너는 마땅히 '색을 과거나 현재나 미래나 안이나 밖이나 굵거나 가늘거나 좋거나 나쁘거나 멀거나 가깝거나 모든 색은 〈나〉도 아니며, 〈나〉와 다르지도 않으며, 둘이 합한 것도 아니다'라고 알아야 진실로 아는 것이다. 이와 같이 '수·상·행·식을 과거나 현재나 미래나 안이나 밖이나 굵거나 가늘거나 좋거나 나쁘거나 멀거나 가깝거나 모든 색은 〈나〉도 아니며, 〈나〉와 다르지도 않으며, 둘이 합한 것도 아니다'라고 알아야 진실로 아는 것이다.

수루나여, 이와 같이 색, 수·상·행·식을 싫어하고 욕심을 떠나 해탈하고, 해탈한 줄을 알면 나의 생은 이미 다하고, 범행은 이미 섰으며, 할 일은 이미 마쳐 스스로 후세의 생명을 받지 않음을 안다."

그때 사리불이 이 경을 설명해 마치자, 장자의 아들 수루나는 티끌과 때를 멀리 떠나 법안이 깨끗해졌다. 장자의 아들 수루나는 법을 보고, 법을 얻어서 남을 의지하지 않고 바른 법안에서 두려움이 없게 되었다. 그는 곧 자리에서 일어나 오른 쪽 어깨를 드러내고 꿇어앉아 합장하고 사리불에게 말했다.

"저는 이제 제도되었습니다. 저는 오늘부터 부처님과 법과 승가에 귀의하여 목숨을 마칠 때까지 깨끗하게 삼보에 귀의하겠습니다."

그리고 사리불은 수루나에게 말했다.

"수루나여, 만일 사문이나 바라문으로서 색을 진실로 알지 못하고, 색의 원인을 진실로 알지 못하며, 색의 멸함을 진실로 알지 못하고, 색을 멸하는 길을 진실로 알지 못하면 색을 끊지 못한다. 이와 같이 사문이나 바라문으로서 수·상·행·식을 진실로 알지 못하고, 그것들의 원인을 진실로 알지 못하며, 그것들의 멸함을 진실로 알지 못하고,

그것들의 멸하는 길을 진실로 알지 못하면, 수·상·행·식을 끊지 못한다. 수루나여, 사문이나 바라문으로서 색을 진실로 알고, 원인을 진실로 알며, 색의 멸함을 진실로 알고, 색을 멸하는 길을 진실로 알면, 색을 끊을 수 있다. 이와 같이 수루나여, 사문이나 바라문으로서 수·상·행·식을 진실로 알고, 원인을 진실로 알며, 멸함을 진실로 알고, 멸하는 길을 진실로 알면, 수·상·행·식을 끊을 수 있다. 수루나여, 너는 색은 항상하는 것인가. 항상하지 않은 것인가?"

"항상하지 않습니다."

"항상하지 않은 것이라면 그것은 괴로운 것인가."

"그것은 괴로운 것입니다."

사리불은 말했다.

"만일 색이 항상하지 않고 괴로운 것이라면 그것은 변하고 바뀌는 법이다. 그런데 거룩한 제자가 그 색은 과연 '이것은 〈나〉다. 이것은 〈나〉와 다르다. 이것은 둘의 합한 것이다'라고 보겠는가."

"아닙니다."

"수루나여, 수·상·행·식은 항상하는 것인가. 항상하지 않은 것인가."

"항상하지 않습니다."

"만일 항상하지 않은 것이라면 그것은 괴로운 것인가?"

"그것은 괴로운 것입니다."

"만일 항상하지 않고 괴로운 것이라면, 그것은 변하고 바뀌는 법이다. 수·상·행·식을 '이것은 〈나〉다, 이것은 〈나〉와 다르다. 이것은 둘의 합한 것이다'라고 보겠는가."

"아닙니다."

"그러므로 수루나여, 색은 과거나 현재나 미래나 안이나 밖이나 굵거나 가늘거나 좋거나 나쁘거나 멀거나 가깝거나 그 일체의 색은 〈나〉

도 아니며, 〈나〉와 다르지도 않으며, 둘의 합한 것도 아니라고 알아
야 진실로 아는 것이다.

수루나여, 그러므로 거룩한 제자는 색을 싫어하고 욕심을 떠나 해탈
하고, 생·노·병·사와 걱정, 슬픔, 괴로움, 번민에서 해탈한다. 이와
같이 수·상·행·식은 과거나 현재나 미래나 안이나 밖이나 굵거나 가
늘거나 좋거나 나쁘거나 멀거나 가깝거나 모든 색은 〈나〉도 아니며,
〈나〉와 다르지도 않으며, 둘의 합한 것도 아니라고 알아야 진실로 아
는 것이다. 그러므로 거룩한 제자는 수·상·행·식을 싫어하고, 욕심을
떠나 해탈하고, 생, 노, 병, 사와 걱정, 슬픔, 괴로움, 번민에서 해탈하
게 된다."

계속해서 사리불은 수루나에게 말했다.

"만일 사문이나 바라문으로서 색을 진실로 알지 못하고, 색의 원인을
진실로 알지 못하며, 색의 멸함을 진실로 알지 못하고, 색의 맛을 진
실로 알지 못하며, 색의 근심을 진실로 알지 못하고, 색을 떠나기를
진실로 알지 못하면, 색을 뛰어나지 못한다. 또 사문이나 바라문으로
서 수·상·행·식을 진실로 알지 못하고, 그것들의 원인을 진실로 알지
못하며, 그것들의 멸함을 진실로 알지 못하고, 그것들의 맛을 진실로
알지 못하며, 그것들의 근심을 진실로 알지 못하고, 그것들을 떠나기
를 진실로 알지 못하면, 수·상·행·식을 뛰어나지 못한다. 그러나 사
문이나 바라문으로서 느낌과 색의 원인과 색의 멸함과 색의 맛과 색
의 근심과 색을 떠나기를 진실로 알면, 색을 뛰어날 수 있다. 또 사문
이나 바라문으로서 수·상·행·식과 그것들의 근심과, 그것들을 떠나
기를 진실로 알면, 수·상·행·식을 뛰어날 수 있다. 수루나여, 너의 생
각은 어떠하냐. 색은 항상하는 것인가. 항상하지 않은 것인가."

"항상하지 않습니다."

"항상하지 않은 것이라면 그것은 괴로운 것인가."

"그것은 괴로운 것입니다."

"수루나여, 만일 색이 항상하지 않고 괴로운 것이라면 그것은 변하고 바뀌는 법이다. 그런데 거룩한 제자로서 그것을 과연 '이것은 〈나〉다. 이것은 〈나〉와 다르다. 함께 있는 것이다'라고 하겠는가."

"아닙니다."

"수루나여, 너의 생각은 어떠하냐. 이와 같이 수·상·행·식은 항상하는 것인가. 항상하지 않은 것인가."

"항상하지 않습니다."

"만일 항상하지 않은 것이라면 그것은 괴로운 것인가."

"그것은 괴로운 것입니다."

"수루나여, 항상 하지 않고 괴로운 것이라면, 그것은 변하고 바뀌는 법이다. 그런데 거룩한 제자로서 그것을 과연 '이것은 〈나〉다, 이것은 〈나〉와 다르다. 이것은 둘의 합한 것이다'라고 보겠는가."

"아닙니다."

"그러므로 수루나여, 마땅히 색을 '과거나 현재나 미래나 안이나 밖이나 굵거나 가늘거나 좋거나 나쁘거나 멀거나 가깝거나 모든 색은 〈나〉도 아니며, 〈나〉와 다르지도 않으며, 둘의 합한 것도 아니라고 알아야 한다. 이렇게 아는 것이 진실로 아는 것이다. 수루나여, 이와 같이 수·상·행·식을 과거나 현재나 미래나 안이나 밖이나 굵거나 가늘거나 좋거나 나쁘거나 멀거나 가깝거나 그 일체의 색은 〈나〉도 아니며, 〈나〉와 다르지도 않으며, 둘의 합한 것도 아니라고 알아야 한다. 이렇게 아는 것이 진실로 아는 것이다.

수루나여, 그러므로 거룩한 제자는 색·수·상·행·식의 다섯 가지 쌓임에 대해서 '그것은 〈나〉도 아니며 〈내 것〉도 아니다.'고 바르게 관찰한다. 이와 같이 바르게 관찰하면 모든 세간에 대해서 거두어 받아들일 것이 없게 되고, 거두어 받아들일 것이 없으면 집착할 것이 없게 되며, 집착할 것이 없으면 스스로 열반을 얻어, 생은 이미 다하고, 범행은 이미 서고, 할 일은 이미 마쳐 다음 생에 몸을 받지 않음을 스스로 알게 된다."

그때 장자의 아들 수루나는 사리불의 말을 듣고 기뻐하며 예배하고 물러갔다.

(1-10) 36잡아함십륙비구경

이와 같이 나는 들었다.

어느 때 부처님께서는 마투라(摩偸羅)국의 발제강(跋提河) 가에 있는 암라수원(菴羅樹園, Amrapali-arama)에 계셨다. 그때 부처님께서는 비구들에게 말씀하셨다.

"비구들이여, 자기를 피난처로 삼고, 의지해 머무르며, 법을 피난처로 삼고, 의지해 머물러서 다른 것을 피난처로 삼거나 다른 것을 의지해 머물지 말라. 비구들이여, 마땅히 바르게 관찰하여 자기를 피난처로 삼고, 자기를 의지해 머물며, 법을 피난처로 삼고 법을 의지해 머물러서, 다른 것을 피난처로 삼거나 다른 것을 의지해 머물지 말라.

무엇이 원인이 되어 걱정, 슬픔, 번민, 괴로움이 생기며, 어떻게 이 넷이 있으며, 또 아직 생기지 않은 걱정, 슬픔, 번민, 괴로움과 이미 생긴 걱정, 슬픔, 번민, 괴로움은 더욱 자라고 더해 간다고 관찰하는가."

비구들은 부처님께 여쭈었다.

"부처님께서는 법의 뿌리이며, 법의 눈이며, 법의 의지하는 곳입니다. 말씀해 주시면 저희는 듣고 그 말씀과 같이 받들어 행하겠습니다."

"비구들이여, 자세히 듣고 잘 생각하라. 너희들을 위하여 설명할 것이다. 색이 있어 색을 인하고, 색에 얽매이기 때문에 아직 생기지 않은 걱정, 슬픔, 번민, 괴로움은 생기고, 이미 생긴 것은 더욱 자라고 큰다고 관찰하라. 수·상·행·식도 또한 그와 같다. 비구들이여, 색으로 항상 있어 변하거나 바뀌지 않고 바르게 머무르는 것이 있느냐?"

"없습니다. 부처님이시여."

"착하고 착하다! 비구들이여, 색은 덧없는 것이다. 색은 덧없는 것으로서 변하고 바뀌는 것인 줄 알면, 욕심을 떠나고 욕심을 멸해 모든 번뇌가 없어진다. 본래부터 색은 덧없고 괴로우며 변하고 바뀌는 법인 줄 안 뒤에는 색을 인연하여 걱정, 슬픔, 번민, 괴로움이 생기더라도 그것을 끊고, 그것을 끊은 뒤에는 집착할 것이 없다. 집착하지 않기 때문에 안온한 즐거움에 머물고, 안온한 즐거움에 머물게 되면 그것을 열반이라 하며, 수·상·행·식도 또한 그와 같다."

부처님께서 이 경을 말씀하시자 세 비구는 여러 번뇌를 일으키지 않고 마음의 해탈을 얻었다. 그리고 모든 비구도 부처님 말씀을 듣고 기뻐하며 받들어 행했다.

'죽림정사와 비사리와
청정과 바른 관찰과
덧없음과 괴로움과 〈나〉가 아님과
오와 삼과 십육이니라.'

(1-11) 43잡아함취착경

이와 같이 나는 들었다.

어느 때 부처님께서는 사위성 기수급고독원에 계시면서 여러 비구에게 말씀하셨다.

"취하기 때문에 집착이 생기고, 취하지 않으면 집착하지 않는다. 자세히 듣고 잘 생각하라.

어떻게 취하기 때문에 집착이 생기는가. 어리석고 무지한 범부들은 색에 대해서 '이것은 〈나〉다. 이것은 〈나〉와 다르다. 이것은 둘의 합한 것이다'라고 본다. 또 '색은 〈나〉이고, 〈내 것〉이다'라고 보아 그것을 〈취〉 한다. 그것을 〈취〉한 뒤에 색이 변하거나 달라지면 마음도 또한 그에 따라 옮긴다. 마음이 그에 따라 옮긴 뒤에는 또한 집착이 생겨 거두어 받으려는 마음에 머물게 되며, 거두어 받으려는 마음에 머물기 때문에 두려움과 장애가 생겨 마음이 어지러워지며, 이것은 다 취착하기 때문이다.

또 어리석고 무지한 범부들은 수·상·행·식에 대해서 '이것은 〈나〉다. 이것은 〈나〉와 다르다. 이것은 둘의 합한 것이다'라고 보고, 또 '이것은 〈나〉이며, 〈내 것〉이다'라고 보아 그것을 〈취〉한다. 그것을 〈취〉한 뒤에 만일 변하거나 달라지면 마음도 또한 그에 따라 옮긴다. 마음이 그에 따라 옮기기 때문에 곧 집착이 생겨 거두어 받으려는 마음에 머물게 되며, 따라서 공포와 장애가 생겨 마음이 어지러워진다. 이것은 취착하기 때문이며, 이것을 취착이라 한다.

어떻게 〈취〉 하지 않으면 집착하지 않는가. 많이 아는 거룩한 제자는 색에 대해서 〈나〉와 〈다른 나〉와 둘의 합한 것을 보지 않고, 색에 대해서 〈나〉와 〈내 것〉을 보아 〈취〉하지 않는다. 〈나〉와 〈내 것〉을 바로 보아 〈취〉하지 않은 뒤에는 그 〈색〉이 변하거나 달라지더라도 마음이 그에 따라 옮기지 않는다. 마음이 그에 따라 옮기지 않기 때문에 집착이 생겨 거두어 받으려는 마음에 머물지 않고, 거두어 받으려는 마음에 머물지 않기 때문에 두려움이나 장애가 생기지 않아 마음이 어지럽지 않는다. 이것은 취착하지 않기 때문이다. 이와 같이 수·상·행·식에 대해서도 〈나〉와 〈다른 나〉의 합한 것을 보지 않고 〈나〉와 〈내 것〉을 바로 보아 〈취〉하지 않는다. 그래서 그것들이 변하거나 달라져도 마음은 그에 따라 옮기지 않고, 마음이 그에 따라 옮기지 않기 때문에 집착이 생겨 거두어 받으려는 마음에 머물지 않으며, 거두어 받으려는 마음에 머무르지 않기 때문에 두려움이나 장애가 생기지 않아 마음이 어지러워지지 않는다. 이것은 취착하지 않기 때문에 〈취착〉하지 않는 것이라 한다. 이것이 취착함과 취착하지 않음이다.”

부처님께서 이 경을 말씀하시자 여러 비구는 기뻐하며 받들어 행했다.

(1-12) 44잡아함계착경

이와 같이 나는 들었다.

어느 때 부처님께서 사위성 기수급고독원에 계시면서 여러 비구에게 말씀하셨다.

“마음을 내면 얽매여 집착하고, 마음을 내지 않으면 얽이지 않고 집착하지 않으니, 자세히 듣고 잘 생각하라. 너희들을 위하여 설명할 것이다.

어떻게 마음을 내면 얽매여 집착하는가. 어리석고 무지한 범부들은 색의 모임, 색의 멸함, 색의 맛, 색의 근심, 색을 떠나기를 진실로 알지 못하기 때문에 색에 대해서 사랑하고 기뻐하며 찬탄하고 취착하며 색에 대해서 ‘이것은 〈나〉며, 이것은 〈내 것〉이다’라고 생각하여 그것을 〈취〉한다. 그것을 〈취〉한 뒤에는 색이 변하거나 달라지면 마음도 그에 따라 변하고 달라진다. 마음이 그에 따라 변하고 달라지기 때문에 거두어 받으려는 마음에 머물며, 거두어 받으려는 마음에 머물기 때문에 두려움과 장애와 돌아보는 생각이 생긴다. 이것은 마음에 의해 얽매이고 집착하기 때문이다. 수·상·행·식에 대해서도 그러하며, 이것에 마음을 내면 얽매이고 집착한다.

어떻게 마음을 내지 않으면 얽매이지 않고 집착하지 않는가. 많이 아는 거룩한 제자들은 색의 모임, 색의 멸함, 색의 맛, 색의 근심, 색을 떠남을 진실로 안다. 그것을 진실로 알기 때문에 색에 대해서 사랑하고 기뻐하거나 찬탄하거나 취착하지 않으며 〈나〉와 〈내 것〉에 얽매어 〈취〉하지 않는다. 〈취〉하지 않기 때문에 색이 변하거나 달라져도 마음은 그에 따라 변하거나 달라지지 않고 얽매이고 집착해 거두어 받으려는 마음에 머무르지 않기 때문에 두려움과 장애와 돌아보는 생각이 일어나지 않는다. 이것은 마음을 내지 않으면 집착하지 않기 때문이다. 수·상·행·식에 대해서도 마음을 내지 않으면 집착하지 않는다."

부처님께서 이 경을 말씀하시자 여러 비구는 기뻐하며 받들어 행했다.

(1-13) 46잡아함삼세음세경
이와 같이 나는 들었다.

어느 때 부처님께서 사위성 기수급고독원에 계시면서 여러 비구에게 말씀하셨다.

"다섯 가지 쌓임이 있다. 어떤 것이 다섯인가. 색의 받는 〈쌓임〉과 수·상·행·식의 쌓임이다. 모든 사문이나 바라문으로서 숙명을 아는 지혜로써 여러 가지 숙명을 이미 알았고 현재에서 안다면, 장차 알 것이며 그것은 이 다섯 가지 쌓임에서 이미 알았고 장차 알 것이며 현재에 아는 것이다. 곧 '나는 과거에 이러한 색이였고 이러한 수였고, 이러한 상이였고 이러한 행이였으며, 이러한 식이였다'고 아는 것이다. 만일 그것이 걸리고 나뉠 수 있다면 이것을 색의 쌓임이라 한다. 또 걸리는 것으로서 손, 돌, 막대기, 칼, 추위, 더위, 목마름, 굶주림이나 혹은 모기나 등에의 모든 독한 벌레, 바람, 비에 부딪히는 것을 부딪히는 걸림이라 하며, 걸리는 것은 다 색의 쌓임이며, 그것은 덧없고 괴로우며, 변하고 바뀌기 때문에 색의 쌓임이라 한다.

모든 느끼는 모양은 수의 쌓임이니, 무엇을 느끼는가. 괴로움을 느끼고, 즐거움을 느끼며, 괴롭지도 않고 즐겁지도 않음을 느끼며, 느끼는 모양은 다 수의 쌓임이며, 그것은 덧없고 괴로우며, 변하고 바뀌기 때문에 수의 쌓임이다.

모든 생각은 다 상의 쌓임이니, 무엇을 생각하는가. 적은 생각, 많은 생각, 한량 없는 생각, 가진 것이 없을 때 가진 것이 없다고 생각하는 생각이니, 상의 쌓임이라 하고, 다시 그것은 덧없고 괴로우며 변하고 바뀌는 법이기 때문에 상의 쌓임이다.

지어 가는 모양은 행의 쌓임이니, 무엇을 지어 가는가. 색에 대해서 짓고, 수·상·행·식에 대해서 지으며, 지어 가는 모양은 행의 쌓임이며, 그것은 덧없고 괴로우며 변하고 바뀌는 법이기 때문에 행의 쌓임이다.

분별해 아는 모양은 식의 쌓임이니 무엇을 아는가. 〈빛깔〉을 알고, 소리, 냄새, 맛, 감촉, 법을 알며, 이것을 식의 쌓임이라 하며, 그것은 덧없고 괴로우며 변하고 바뀌는 법이기 때문에 식의 쌓임이다.

비구들이여, 많이 아는 거룩한 제자들은 색의 쌓임에 대해서 이렇게 안다. '나는 현재에 색에 먹히고 있다. 과거 세상에서도 이미 현재와 같이 저 색에 먹혔다'라고. 미래의 색에 대해 즐겨하고 집착하면 현재와 같이 그 색에게 먹히게 될 것이다'라고 생각한다. 그는 이렇게 생각한 뒤에는 과거의 색은 돌아보지 않고, 미래의 색을 즐겨하지 않고 집착하지 않으며, 현재의 색에 대해서는 싫증을 내고, 근심을 멸하는 길로 향한다. 많이 아는 거룩한 제자들은 수·상·행·식의 쌓임에 대해서도 이렇게 안다. '나는 현재에 현재의 〈그것들〉에게 먹히고 있다. 과거 세상에서도 이미 현재와 같이 〈그것들〉에게 먹혔다. 내가 이미 현재의 〈그것들〉에게 먹히고 있으면서 다시 미래의 〈그것들〉을 즐겨해 집착하면 반드시 미래에도 현재와 같이 〈그것들〉에게 먹힐 것이다.'라고 안 뒤에는 과거의 그것들은 즐겨하며 집착하지 않으며, 현재의 그것들에 대해서는 싫증을 내고, 근심을 멸하는 길로 향한다.

그래서 멸하고서 더하지 않고, 물러나서 나아가지 않으며, 멸하고서 일으키지 않고, 버리고 취하지 않는다. 무엇을 멸하고자 더하지 않는가. 색을 멸하고 더하지 않고, 수·상·행·식을 멸하고 더하지 않는다. 무엇에서 물러나서 나아가지 않는가. 색에서 물러나서 나아가지 않으며 수·상·행·식에서 물러나서 나가지 않는다. 무엇을 멸하고서 일으키지 않는가. 색을 멸하고서 일으키지 않고, 수·상·행·식을 멸하고서 일으키지 않는다. 무엇을 버리고서 취하지 않는가. 색을 버리고 취하지 않는다. 멸하고 더하지 않으며 고요하고 멸하여 머물고, 물러나서 나아가지 않으며 고요하고 물러나 머물며, 멸하고서 일으키지 않으며 고요하고 멸하여 머물고, 버리고서 취하지 않으며 얽매이고 집착하지 않는다. 얽매이고 집착하지 않으면 스스로 〈열반〉을 깨달아 '나의 생은 이미 다하고, 범행은 이미 서고, 할 일은 이미 마쳐, 다음 생의 몸을 받지 않음'을 스스로 안다."

부처님께서 이 경을 말씀하시자 많은 비구는 번뇌를 일으키지 않고 마음의 해탈을 얻었다. 그리고 여러 비구는 부처님 말씀을 듣고 기뻐하며 받들어 행했다.

'나와 천함과 종자와
집착과 다섯 가지 쌓임과 칠처와
두 얽매임과 감각은
삼세의 쌓임이다.'

(1-14) 56잡아함루무루법경

이와 같이 나는 들었다.

어느 때 부처님께서 바라나(波羅奈, Varanasi)국의 녹야원(鹿野園, Sarnath)에 계셨다. 그때 부처님께서는 모든 비구에게 말씀하셨다.

"이제 유루와 무루의 법을 설명할 것이니 잘 들어라. 만일 색이 번뇌가 있어서 그것을 취하면 그 색은 사랑하고 성내는 마음을 내게 한다. 이와 같이 수·상·행·식이 번뇌가 있어서 그것을 취하면, 그것들은 사랑하고 성내는 마음을 내게 하니, 이것을 유루의 법이라 한다.

어떤 것을 무루의 법이라 하는가. 모든 색이 번뇌가 없어서 그것을 받지 않으면 그 색은 과거나 현재나 미래에도 그 색은 사랑하고 성내는 마음을 내지 못한다. 이와 같이 수·상·행·식이 번뇌가 없어서 그것을 받지 않으면 그것들은 현재나 미래에서도 사랑하고 성내는 마음을 내지 못하니, 이것을 무루의 법이라 한다."

부처님께서 이 경을 말씀하시자 여러 비구는 부처님 말씀을 듣고 기뻐하며 받들어 행했다.

'두 가지 믿음과 두 가지 아난의 물음과
허물어지는 법과 울저가(鬱低迦)와 바라문과 세간과
쌓인 번뇌와 번뇌없음이다.'

(1-15) 61잡아함분별경

이와 같이 나는 들었다.

어느 때 부처님께서는 사위성 기수급고독원에 계시면서 여러 비구에
게 말씀하셨다.

"다섯 가지 쌓임이 있다. 어떤 것이 다섯인가. 색·수·상·행·식의 쌓임
이다. 물질의 쌓임과 느낌, 생각, 행위, 의식의 쌓임이다. 물질의 쌓임
은 모든 물질로서 그 일체는 네 가지 요소와 그 물질이다. 그 물질은
덧없고 괴로우며 변하고 바뀌는 법이니, 그 물질의 쌓임을 영원히 끊
어 남음이 없고 끝까지 버리고 떠나며 멸해 다하며, 욕심을 떠나 완전
히 고요해지면 다른 물질의 쌓임은 다시 계속하지도 못하고 일어나
지도 않고 나지도 않으니, 이것을 〈묘함〉이라 하고, 〈고요함〉이라 하
며, 〈버려 여윔〉이라 한다. 그래서 모든 남음이 있는 애정이 다하고
욕심이 없어지고 번뇌가 다 멸하여 열반을 얻는다.

느낌의 쌓임은 여섯 가지 받는 몸이니 눈이 부딪쳐 느낌이 생기고,
귀·코·혀·몸·뜻이 부딪쳐 느낌이 생긴다. 그 느낌의 쌓임은 다 덧없
고 괴로우며 변하고 바뀌는 법이니 번뇌가 멸해 열반을 얻는다. 생각
의 쌓임은 여섯 가지 생각하는 몸이니 눈이 부딪쳐 생각이 일어나고
귀·코·혀·몸·뜻이 부딪쳐 생각이 일어나니 이것을 생각의 쌓임이라
한다. 그 생각의 쌓임은 덧없고 괴로우며 변하고 바뀌는 법이니 번뇌
가 다 멸해 열반을 얻는다.

행위의 쌓임은 여섯 가지 행위하는 몸이니 눈이 부딪쳐 행위가 생기

고 뜻이 부딪쳐 행위가 생기니 이것을 행위의 쌓임이라 한다. 행위의 쌓임은 덧없고 괴로우며 변하고 바뀌는 법이니 번뇌가 다 멸하면 열반을 얻는다. 의식의 쌓임은 여섯 가지 아는 몸이니, 눈으로 아는 몸이며 뜻으로 아는 몸이니 이것을 의식의 쌓임이라 한다. 그 의식의 쌓임은 덧없고 괴로우며 변하고 바뀌는 법이니 번뇌를 다 멸하고 열반을 얻는다.

비구들이여, 만일 이 법을 지혜로서 깊이 생각하고 관찰하며 분별하여 인정하면 그는 믿음을 따라 행하는 사람이다. 그는 뛰어올라 태어남을 떠나고 범부 자리를 뛰어넘어 아직 수다원과는 얻지 못했으나 중간에서 죽지 않고 반드시 수다원과를 얻는다. 비구들이여, 만일 이 법을 기운이 왕성한 지혜로써 깊이 생각하고 관찰하여 인정하면 그는 법을 따라 행하는 사람이다. 비구들이여, 이 법을 참다운 바른 지혜로써 평등하게 보면 내 몸이 있다는 소견과 사특한 계와 법에 대한 의심과 이 세 가지 〈맺음〉이 끊어진 줄 안다. 비구들이여, 이것을 수다원과라 한다. 그는 나쁜 세계에 떨어지지 않고 결정코 바른 깨달음으로 바로 나아가 일곱 번 천상과 인간에 태어난 뒤에는 완전히 괴로움을 벗어난다. 비구들이여, 만일 이 법을 참다운 바른 지혜로 평등하게 보아 마음에 번뇌를 일으키지 않으면 그는 아라한이다. 그는 모든 번뇌가 이미 다 하고 할 일을 이미 마치고 무거운 짐을 버리고 자기의 이익을 완전히 얻고 모든 맺음을 다 끊고 바른 지혜로써 마음의 해탈을 얻는다."

부처님께서 이 경을 말씀하시자 여러 비구는 기뻐하며 받들어 행했다.

(1-16) 62잡아함분별경
이와 같이 나는 들었다.

어느 때 부처님께서는 사위성 기수급고독원에 계시면서 여러 비구에
게 말씀하셨다.

"다섯 가지 쌓임이 있으니, 색·수·상·행·식의 쌓임이다. 즉 물질의 쌓
임과 느낌, 생각, 행위, 의식의 쌓임이다. 어리석고 무식한 범부들은
지혜도 없고 밝음도 없어서 다섯 가지 쌓임에서 〈나〉라는 소견을 내
거기에 집착하여 마음을 얽매고 탐욕을 낸다. 그러나 비구들이여, 많
이 아는 거룩한 제자들은 지혜도 있고 밝음도 있어서 그 다섯 가지 쌓
임에서 〈나〉를 보아 집착하여 마음을 얽매거나 탐욕을 일으키지 않
는다.

어리석고 무식한 범부들은 지혜도 없고 밝음도 없어서 다섯 가지 쌓임
에서 〈나〉를 보아 집착하여 마음을 얽매고 탐욕을 낸다. 비구들이여,
어리석고 무식한 범부들은 지혜도 없고 밝음도 없어서 '물질은 〈나〉
다. 〈나〉와 다르다. 둘의 합한 것이다'라고 보고, 이와 같이 '느낌, 생
각, 행위, 의식은 〈나〉다. 나와 다르다. 둘의 합한 것이다'라 본다. 이
와 같이 어리석고 무식한 범부들은 지혜도 없고 밝음도 없어서 다섯
가지 쌓임에서 〈나〉를 말해 집착하여 마음을 얽매고 탐욕을 낸다.

비구들이여, 거룩한 제자들은 지혜도 있고 밝음도 있어서 〈나〉를 말
해 집착하여 마음을 얽매거나 탐욕을 내지 않는다. 거룩한 제자들은
물질은 〈나〉다, 〈나〉와 다르다, 둘의 합한 것이라 보지 않고 이와 같
이 '느낌, 생각, 행위, 의식은 〈나〉다, 나와 다르다, 둘의 합한 것이다'
라고 보지 않는다. 이와 같이 많이 아는 거룩한 제자들은 지혜도 있고
밝음도 있어서 다섯 가지 쌓임에서 〈나〉를 보아 집착하여 마음을 얽
매거나 탐욕을 내지 않는다.

그러므로 만일 모든 물질로서 과거나 현재나 미래나 안이나 밖이나
굵거나 가늘거나 좋거나 나쁘거나 멀거나 가깝거나 그 일체를 바르

1

게 관찰하면 그것은 다 덧없는 것이다. 이와 같이 느낌·생각·행위·의식으로서 과거나 현재나 미래나 안이나 밖이나 굵거나 가늘거나 좋거나 나쁘거나 멀거나 가깝거나 그 일체를 바르게 관찰하면 그것은다 덧없다."

부처님께서 이 경을 말씀하시자 여러 비구는 기뻐하며 받들어 행했다.

2. 무아

(2-1) 103잡아함차마경

이와 같이 나는 들었다.

어느 때 많은 상좌 비구가 구사마(拘舍彌, Kausambi) 구사라(瞿師羅, Ghosilā)동산에 있었다. 그때 차마(差摩, Kṣemā)비구는 구사마국의 발타라(跋陀梨, Babadarikara)동산에 있으면서 큰 병을 앓고 있었는데 타바(陀婆, dasaka) 비구가 병을 보살피고 있었다. 그때 타바 비구는 여러 상좌 비구에게 나아가 발에 절하고 한쪽에 서 있었다.

"너는 차마 비구에게 가서 '여러 상좌 비구가 물으니, 그대 몸은 좀 나아 안온하여 고통은 더 심하지 않은가.'고 말해라."

그때 타바 비구는 여러 상좌 비구의 시킴을 받고 차마 비구에게 가서 말했다.

"여러 상좌 비구가 '그대 병은 좀 나은가. 고통은 심하지 않은가.'고 안부를 물었습니다."

차마 비구는 타바 비구에게 말했다.

"내 병은 낫지 않아 몸이 안온하지 않으며, 여러 가지 고통은 갈 수록 더해 낫지를 않는다. 만일 힘센 역사가 나약한 사람을 붙잡아 노끈으로 머리를 동여매어 두 손으로 세게 조이면 그 고통이 심한데 내가 지금 겪는 고통은 그보다 더하다. 또 만일 백정이 날카로운 칼로 소 배를 가르고 내장을 꺼집어내면 그 소의 고통이 어떠하겠는가. 지금 내 배 아픔은 그 소보다 더한 것 같다. 마치 두 역사가 나약한 사람을 붙들어 불 위에 달아 놓고 두 발을 태우는 것과 같이 지금 내 두 발의 열은 그보다 더한 것 같다."

그때 타바 비구는 여러 상좌 비구가 있는 곳으로 가서 차마 비구가 말한 병 증세를 자세히 말했다. 여러 상좌 비구가 다시 타바 비구를 차마 비구에게 보내

'부처님께서는 다섯 가지 〈쌓임〉이 있다고 말씀하셨다. 색이 받는 〈쌓임〉과 수·상·행·식의 〈쌓임〉이다. 차마 비구는 조금이라도 이 다섯 가지 〈쌓임〉은 〈나〉도 아니며 〈내 것〉도 아니라고 관찰해 보았는가.'고 묻게 했다.

그때 타바 비구는 여러 상좌 비구의 시킴을 받고 차마 비구에게 가서 말했다.

"여러 상좌 비구께서 다음과 같이 말했습니다. '부처님께서는 다섯 가지 쌓임을 말씀하셨다. 차마 비구는 그것은 〈나〉도 아니며 〈내 것〉도 아니라고 관찰해 보았는가.'라고."

차마 비구는 타바 비구에게 말했다.

"나는 그 다섯 가지 쌓임에 대해서 〈나〉도 아니며 〈내 것〉도 아니라고 관찰한다."

타바 비구는 여러 상좌에게 돌아가서 아뢰었다.

"차마 비구는 '나는 다섯 가지 쌓임에 대해서 그것은 〈나〉도 아니며 〈내 것〉도 아니라고 관찰한다'고 말했습니다."

여러 상좌 비구는 다시 타바 비구를 보내 차마 비구에게 다음과 같이 말하게 했다. '너는 다섯 가지 쌓임에 대해서 그것은 〈나〉도 아니며 〈내 것〉도 아니라고 관찰하기를 번뇌가 다 한 아라한처럼 하는가?'라고.

그때 타바 비구는 여러 상좌 비구의 시킴을 받고 차마 비구에게 가서 말했다.

"비구여, 그 다섯 가지 쌓임을 관찰하기를 번뇌가 다한 아라한처럼

하는가.”

차마 비구는 대답했다.

“나는 다섯 가지 쌓임은 〈나〉도 아니며 〈내 것〉도 아니라고 관찰하지만 번뇌가 다한 아라한은 아니다.”

그때 타바 비구는 돌아가서 여러 상좌에게 아뢰었다.

“차마 비구는 ‘나는 다섯 가지 쌓임은 〈나〉도 아니며 〈내 것〉도 아니라고 관찰하지만 번뇌가 다 한 아라한은 아니라’고 말했습니다.”

그때 여러 상좌 비구는 타바 비구에게 말했다.

“너는 다시 차마 비구에게 가서 ‘너는 다섯 가지 쌓임은 〈나〉도 아니며 〈내 것〉도 아니라고 관찰하지만 번뇌가 다 한 아라한은 아니라고 말한 것은 앞뒤가 맞지 않는다’고 말해라.”

타바 비구는 여러 상좌 비구의 시킴을 받고 차마 비구에게 가서 말했다.

“네가 ‘나는 다섯 가지 쌓임은 〈나〉도 아니며 〈내 것〉도 아니라고 관찰하지만 번뇌가 다 한 아라한은 아니다’고 말한 것은 앞뒤가 맞지 않는다.”

차마 비구는 타바 비구에게 말했다.

“내가 다섯 가지 쌓임에 대해서 그것은 〈나〉도 아니며 〈내 것〉도 아니라고 관찰하지만 번뇌가 다한 아라한은 아니라고 말한 것은, 나는 〈나〉라는 교만과 욕심과 번뇌에 대해서 아직 끊지 못하고 알지도 떠나지도 못하고 뱉어 버리지도 못했기 때문이다.”

타바 비구는 여러 상좌에게 돌아가서 아뢰었다.

“차마 비구는 ‘나는 다섯 가지 쌓임에 대해서 그것은 〈나〉도 아니며 〈내 것〉도 아니라고 관찰하지만, 아라한은 아니라고 말한 것은, 다섯 가지 쌓임에 대해서 〈나〉라는 교만과 욕심과 번뇌를 아직 끊지 못하

고 알지도 떠나지도 못하고 뱉어 버리지도 못했기 때문이다'라고 말
했습니다."

여러 상좌 비구는 다시 타바 비구를 보내어 차마 비구에게 말하게
했다.

"너는 〈나〉가 있다고 말했다. 어느 곳에 〈나〉가 있는가. 색을 〈나〉라
고 하는가. 〈나〉는 색과 다르다고 하는가. 수·상·행·식을 〈나〉라고
하는가. 〈나〉는 그것들과 다르다고 하는가."

차마 비구는 타바 비구에게 말했다.

"나는 '색은 〈나〉다. 〈나〉는 색과 다르다. 수·상·행·식은 〈나〉다. 〈나〉
는 그것들과 다르다'고 말하지 않는다. 그러나 다섯 가지 쌓임에 대해
서 〈나〉라는 교만과 욕심과 번뇌를 아직 끊지 못하고 알지도 떠나지도
못하고 뱉어 버리지도 못한다."

차마 비구는 다시 타바 비구에게 말했다.

"귀찮게 너를 오가게 할 것 있느냐. 지팡이를 가져다 다오. 내가 직접
그 상좌들에게 갈 것이다."

그때 차마 비구는 스스로 지팡이를 짚고 상좌 비구들이 계시는 곳으
로 갔다. 여러 상좌는 멀리서 차마 비구가 지팡이를 짚고 오는 것을
보고, 위에 자리를 펴고 발을 얹는 궤를 바로 놓고 그를 맞이하면서
가사와 발우를 받고 자리를 권해 앉게 하고 위로한 뒤에 차마 비구에
게 말했다.

"비구는 〈나〉라는 교만을 말했는데 어디서 〈나〉를 보는가. 색이 〈나〉
인가. 〈나〉는 색과 다른가. 수·상·행·식이 〈나〉인가. 〈나〉는 그것들과
다른가."

차마 비구는 말했다.

"색은 〈나〉가 아니며 〈나〉는 색과 다르지도 않으며, 수·상·행·식은

〈나〉가 아니며 〈나〉는 그것들과 다르지도 않습니다. 다만 나는 다섯 가지 쌓임에서 〈나〉라는 교만과 욕심과 번뇌를 아직 끊지 못하고 알지도 떠나지도 못하고 뱉어 버리지도 못합니다. 〈나〉라는 것은 마치 꽃들의 향기와 같습니다. 뿌리가 향기입니까, 향기는 뿌리와 다른 것입니까. 줄기, 잎, 꽃술이 향기입니까, 향기는 그 정추와 다른 것입니까. 혹은 같은 것입니까?"

여러 상좌는 대답했다.

"아니다. 차마 비구여, 우팔라, 파두마, 쿠무다, 푼다리카꽃들의 뿌리가 향기가 아니며 그렇다고 향기는 뿌리와 다른 것도 아니며, 또한 줄기, 잎, 꽃술의 정추가 곧 향기도 아니며 그렇다고 향기는 그 정추와 다른 것도 아니다."

"그러면 그것은 어떤 향기입니까."

"그것은 꽃향기이다."

차마 비구는 말했다.

"〈나〉도 또한 그와 같습니다. 색이 곧 〈나〉가 아니며, 그렇다고 〈나〉는 색을 떠난 것도 아니며, 수·상·행·식이 곧 〈나〉가 아니며 그렇다고 〈나〉는 그것들을 떠난 것도 아닙니다. 그런데 나는 다섯 가지 쌓임에서 그것은 〈나〉도 아니며 〈내 것〉도 아니라고 보지만 아직 〈나〉라는 교만과 욕심과 번뇌를 끊지도 못하고 알지도 떠나지도 못하고 뱉어 버리지도 못합니다.

여러 상좌 비구들은 내 말을 들으십시오. 무릇 지혜로운 사람은 비유로 이해하게 됩니다. 그것은 마치 유모의 옷을 세탁소에 주면 여러 가지 양재물로 때를 빼지만 냄새가 남아 있을 때는 여러 가지 향기를 뿌려 그 냄새를 없애는 것과 같습니다. 이와 같이 많이 아는 거룩한 제자들은 다섯 가지 쌓임을 떠나 그것은 〈나〉가 아니며 〈내 것〉

도 아니라고 바르게 관찰하지만, 그 다섯 가지 쌓임에서 아직 〈나〉라는 교만과 욕심과 번뇌를 끊지도 못하고 알지도 떠나지도 못하고 뱉어 버리지도 못한 것입니다. 그러나 다시 다섯 가지 쌓임에 대해서 상을 더욱 더해서 그것들의 나고 멸하는 것을 관찰해 봅니다. 즉 '이것은 색이며 이것은 색의 모임이며 이것은 색의 멸함이다. 이것은 수·상·행·식이며, 그것들의 모임이며 멸함이다'라고. 그래서 그 다섯 가지 쌓임에 대해서 나고 멸하는 것을 관찰한 뒤에는 〈나〉라는 교만과 〈나〉라는 욕심과 〈나〉라는 번뇌가 모두 없어집니다. 이것을 진실한 바른 관찰이라 합니다."

차마 비구가 이 법을 설명했을 때, 모든 상좌 비구는 티끌을 멀리하고 때를 여의어 법눈이 깨끗하게 되었다. 그리고 차마 비구는 모든 번뇌를 일으키지 않고 마음이 해탈한 법의 기쁨과 이익을 얻었기 때문에 몸의 병이 모두 없어졌다. 그때 여러 상좌 비구는 차마 비구에게 말했다.

"우리는 그대의 첫 설법을 들었을 때 이미 이해하고 알았거늘 하물며 다시 묻겠는가. 우리가 다시 물은 것은 그대의 미묘한 변재를 들어보기 위함이며 희롱하기 위해서가 아니었다. 그대는 다 옳게 깨달은 이, 여래의 법을 잘 설명했다."

그때 상좌 비구들은 차마 비구의 말을 듣고 기뻐하며 받들어 행했다.

(2-2) 104잡아함염마경

이와 같이 나는 들었다.

어느 때 부처님께서는 사위성 기수급고독원에 계셨다.

그때 야마카[焰摩迦] 비구는 잘못된 소견을 일으켜 이렇게 말했다.

"내가 부처님께서 말씀하신 법을 이해하기로 '번뇌가 다 한 아라한은 몸이 무너지고 목숨이 끝난 뒤에는 아무것도 없다'는 것이다."

그때 많은 비구는 그 말을 듣고 그가 있는 곳으로 가서 말했다.

"너는 참으로 '내가 부처님께서 말씀하신 법을 이해하기로는 번뇌가 다 한 아라한은 몸이 무너지고 목숨이 끝난 뒤에는 아무것도 없다'고 말했는가."

"실로 그렇다. 비구들이여."

그때 여러 비구는 야마카 비구에게 말했다.

"부처님을 비방하지 말라. 부처님을 비방하는 자는 좋지 않다. 부처님께서는 그런 말씀을 하시지 않으셨다. 너는 마땅히 잘못된 소견을 버려야 한다."

여러 비구가 이렇게 말할 때 야마카 비구는 그래도 잘못된 소견을 고집하여 이렇게 말했다.

"비구들이여, 오직 이것만이 진실이며 다른 것은 다 허망한 것이다."

이렇게 세 번 말했다. 그때 여러 비구는 야마카 비구가 항복 받지 못할 줄을 알고 그를 남겨놓고 떠났다. 그들은 존자 사리불이 있는 곳으로 가서 그에게 말했다.

"존자여, 야마카 비구는 잘못된 소견을 일으켜 '내가 부처님께서 말씀하신 법을 이해할 것 같으면, 번뇌가 다 한 아라한은 몸이 무너지고 목숨이 끝난 뒤에는 다시는 아무것도 없다'고 말했습니다. 우리들은 그 말을 듣고 '너는 참으로 그런 소견을 말했는가.'고 물었더니 그는 '비구들이여, 참으로 그렇다. 다른 말은 다 어리석은 말이다'라고 대답했습니다. 그래서 우리는 '너는 부처님을 비방하지 말라. 부처님께서 그렇게 말씀하시지 않으셨다. 너는 마땅히 잘못된 소견을 버려야 한다'고 재삼 말했습니다. 하지만 그는 잘못된 소견을 버리지 않았습니다. 그래서 우리는 지금 존자에게 온 것입니다. 원컨대 존자께서는 저 야마카를 가엾게 여겨 잘못된 소견을 버리도록 해주십시오.”

사리불은 말했다.

“그렇게 하지요. 그에게 잘못된 소견을 버리게 하겠습니다.”

그때 많은 비구는 사리불의 말을 듣고 자기 처소로 돌아갔다.

존자 사리불은 이른 아침에 가사를 입고 발우를 가지고 사위성으로 들어가 걸식했다. 걸식한 뒤에 정사로 돌아와 가사와 발우를 정돈하여 야마카 비구가 있는 곳으로 갔다.

그때 야마카 비구는 멀리서 존자 사리불이 오는 것을 보고 자리를 펴고 발을 씻고 발을 얹는 궤를 바로 놓고 맞이하면서 가사와 발우를 받고 자리에 앉기를 권했다. 존자 사리불은 자리에 나가 발을 씻은 뒤에 야마카 비구에게 말했다.

“너는 참으로 ‘내가 부처님께서 말씀하신 법을 이해한다면, 번뇌가 다 한 아라한은 몸이 무너지고 목숨이 끝난 뒤에는 다시는 아무것도 없다’고 말했는가.”

야마카 비구는 존자 사리불에게 말했다.

“그러합니다. 사리불 존자님이여.”

사리불은 말했다.

“나는 이제 너에게 물으니, 너의 상대로 대답하라. 야마카여, 색은 항상하는 것인가. 항상하지 않은 것인가.”

“존자 사리불이여, 그것은 항상하지 않습니다.”

“만일 항상하지 않은 것이라면 그것은 괴로운 것인가.”

“그것은 괴로운 것입니다.”

“만일 덧없고 괴로운 것이라면 그것은 변하고 바뀌는 법이다. 그런데 많이 아는 거룩한 제자로서 과연 〈나〉와 〈다른 나〉와 함께 있는 것을 보겠는가.”

"아닙니다. 존자 사리불이여, 수·상·행·식도 또한 그와 같습니다."

사리불은 다시 물었다.

"어떤가. 야마카여, 〈색〉이 여래인가."

"아닙니다. 존자 사리불이여,"

"수·상·행·식이 여래인가."

"아닙니다. 존자 사리풋타여,"

"어떤가. 야마카여, 색을 떠나서 여래가 있는가. 수, 상을 행, 식을 떠나서 여래가 있는가."

"아닙니다. 존자 사리불이여,"

다시 물었다.

"색 안에 여래가 있는가. 수·상·행·식 안에 여래가 있는가."

"아닙니다. 존자 사리불이여,"

다시 물었다.

"여래 안에 색이 있는가. 여래 안에 수·상·행·식이 있는가."

"아닙니다. 존자 사리불이여,"

다시 물었다.

"색, 수·상·행·식을 떠나서 여래가 있는가."

"아닙니다. 존자 사리불이여,"

"그와 같이 야마카여, 부처님께서 보신 법은 진실하다. 아무것도 얻을 것이 없는 데에 머무는 것처럼, 무엇이 있어 주장할 것도 없다. 그런데 너는 어떻게 '부처님께서 말씀하신 것을 내가 이해하기로는, 번뇌가 다 한 아라한은 몸이 무너지고 목숨이 끝난 뒤에는 아무 것도 없다'고 말하는가. 그것을 맞는 말이라 생각하는가."

"아닙니다. 존자 사리불이여,"

다시 물었다.

"야마카여, 조금 전에는 '부처님께서 말씀하신 것을 내가 이해하기로
는, 번뇌가 다 한 아라한은 몸이 무너지고 목숨이 끝난 뒤에는 아무
것도 없다'고 말하고 지금은 어째서 아니라고 말하는가."

"존자 사리불이여, 나는 전에는 알지 못하고 어두웠기 때문에 잘못된
소견으로 말했습니다. 그러나 사리불 존자님의 말씀을 듣고 알지 못
하는 무명이 모두 끊어졌습니다."

다시 물었다.

"야마카여, 다시 '앞에서 그러한 잘못된 소견으로 말했는데 지금은
무엇을 알고 무엇을 보았기에 그것을 멀리 떠날 수 있었느냐.'고 묻는
다면 너는 어떻게 대답하겠는가."

"존자 사리불이여, 누가 그렇게 묻는다면 저는 이렇게 대답하겠습니
다. '번뇌가 다한 아라한은 색은 덧없는 것이며 덧없는 것은 괴로운
것인 줄을 안다. 그러므로 괴로운 것을 지극히 고요하고 맑고 시원하
여 없어지는 것으로 만든다. 수·상·행·식에서도 또한 그와 같다'고
말하겠습니다. 만일 누가 묻는다면 이렇게 대답하겠습니다."

"착하고 착하다! 야마카 비구여, 너는 마땅히 그렇게 대답해야 한다.
왜냐하면 번뇌가 다 한 아라한은 색은 덧없는 것이며 덧없는 것은 괴
로운 것이며, 덧없고 괴로운 것이면, 나고 멸하는 법인 것을 알기 때
문이다. 수·상·행·식에서도 또한 그와 같다."

존자 사리불이 법을 말했을 때 야마카 비구는 티끌과 때를 멀리 여의
고 법안이 깨끗하게 되었다. 존자 사리불은 야마카 비구에게 말했다.

"비유로 말하면, 어떤 장자의 아들과 같다. 그는 큰 부자로서 재물이
많아 하인을 구해 재물을 잘 보호하게 했다. 그때 그의 원수인 악한
사람이 몰래 그의 하인이 되어 언제나 기회를 노리고 있었다. 늦게 자
고 일찍 일어나며 장자의 곁에서 모시면서 일에는 조심하고 말은 공

손하여 그 주인의 마음을 기쁘게 했다. 그래서 장자는 친한 벗처럼 자식처럼 생각하면서 믿고 의심하지 않아 자기 몸을 지키도록 했다. 어느 날 하인은 칼을 가지고 장자의 목숨을 끊었다. 야마카 비구여, 너의 생각은 어떠하냐. 그 악한 원수는 처음부터 방편으로써 장자의 친구가 되어 해칠 마음으로 지금까지 기회를 노린 것이 아닌가. 그런데도 그 장자는 그런 줄을 깨닫지 못하고 해침을 받은 것이 아닌가."

"실로 그렇습니다. 존자 사리불이여,"

"야마카 비구여, 너의 생각은 어떠하냐. 장자가 처음부터 그 사람이 거짓으로 친하고 해칠 줄을 알고 스스로 잘 지켰더라면 해침을 받지 않았겠는가."

"그렇습니다. 존자 사리불이여,"

"야마카 비구여, 어리석고 무식한 범부들은 다섯 가지 쌓임에 대해서 그것은 항상 하고 안온하며 병들지 않고 〈나〉며 〈내 것〉이라는 생각으로써, 이 다섯 가지 쌓임을 보호하고 아낀다. 그러다가 원수들의 해침을 받는 것처럼, 저 장자가 거짓으로 친한 원수의 해침을 받을 때까지 깨닫지 못한 것과 같다. 그러나 야마카여, 많이 아는 거룩한 제자들은 이 다섯 가지 쌓임에 대해서 그것은 병과 같고 종기와 같으며, 가시와 같고 죽음과 같으며, 덧없고 괴로우며, 〈공〉이요 〈나〉가 아니며 〈내 것〉도 아니라고 관찰한다. 그래서 거기에 집착하지도 않고 그것을 받아들이지도 않는다. 받아들이지 않기 때문에 집착하지 않고, 집착하지 않기 때문에 스스로 〈열반〉을 깨닫는다. 그래서 나의 생은 이미 다하고, 범행은 서고, 할 일을 마쳐, 다시는 몸을 받지 않음을 안다."

존자 사리불이 이 법을 말하자 야마카 비구는 모든 번뇌를 떠나 마음의 해탈을 얻었다. 존자 사리불은 야마카 비구를 위해 설법을 마치고 자리에서 일어나 떠났다.

(2-3) 134잡아함호의경

이와 같이 나는 들었다.

어느 때 부처님께서 사위성 기수급고독원에 계시면서 여러 비구에게 말씀하신 것은 위에서 말씀하신 것과 같다.

"많이 아는 거룩한 제자들로서 이 여섯 가지 보는 곳에 대해서 〈나〉가 아니며 〈내 것〉도 아니라고 관찰하고, 그와 같이 관찰하면 그는 괴로움에 대해서 의심을 끊고, 그 원인과 멸함과 멸하는 길에 대해서 의심을 끊을 것이니, 이것을 비구라 한다. 많이 아는 거룩한 제자들은 다시 몸과 입과 뜻의 업을 지어 세 가지 나쁜 길로 나가는 것을 내버려두지 않는다. 이렇게 하면, 괴로움을 완전히 벗어난다."

계속 말씀하셨다.

"많이 아는 거룩한 제자들은 이 여섯 가지 보는 곳에 대해서 〈나〉가 아니며 〈내 것〉도 아니라고 관찰한다. 그와 같이 관찰하면 부처에 대해서 의심을 끊고, 법과 승과 괴로움의 원인과 괴로움의 멸함과 괴로움을 멸하는 길에 대해서 의심을 끊어 괴로움을 완전히 벗어난다."

부처님께서 이 경을 말씀하시자 여러 비구는 기뻐하며 받들어 행했다.

3. 무상

(3-1) 133잡아함생사유전경

이와 같이 나는 들었다.

어느 때 부처님께서는 사위성 기수급고독원에 계시면서 비구들에게 말씀하셨다.

"무엇이 있고 무엇이 일어나며, 무엇에 매어 집착하고, 어디서 〈나〉를 보기에, 무명에 덮여 자기 머리를 싸매고 먼 길을 달려 생과 사의 바퀴를 돌며, 생과 사에 흘러 다니면서 돌아갈 본 고장을 알지 못하는가."

비구들은 부처님께 여쭈었다.

"부처님께서는 법의 근본이고 법의 눈이며 법의 의지처입니다.

훌륭하신 부처님이시여, 원하오니 저희를 가엾게 여겨 그 이치를 말씀해 주시기를 바랍니다. 말씀을 듣고 마땅히 받들어 행하겠습니다."

"자세히 듣고 잘 생각하라. 너희들을 위해 설명하겠다.

비구들이여, 색이 있기 때문에 색의 일이 일어나고 색에 집착하며 색에서 〈나〉를 본다. 그래서 중생은 무명에 덮여 그 머리를 싸매고 먼 길을 달려 생과 사의 바퀴를 돌고 생과 사에 흘러 다니게 된다. 수·상·행·식에 있어서도 또한 그와 같다.

비구들이여, 색은 항상한 것인가. 항상한 것이 아닌가."

"항상하지 않습니다. 부처님이시여."

"만일 항상한 것이 아니라면 그것은 괴로운 것인가."

"그것은 괴로운 것입니다. 부처님이시여."

"비구들이여, 덧없는 것이라면 그것은 괴로움이다. 그 괴로움이 있으므로 이 일이 일어나고 거기에 매여 집착하며, 거기서 〈나〉를 본다. 그래서 저 중생들이 무명에 덮여 머리를 싸매고 먼 길을 달려 생과 사의 바퀴를 돌며 생과 사에 흘러 다니게 된다. 수·상·행·식에서도 또한 그와 같다.

그러므로 비구들이여, 모든 〈색〉으로써, 과거나 현재나 미래나 안이나 밖이나 굵거나 가늘거나 좋거나 나쁘거나 멀거나 가깝거나 그 일체는 〈나〉가 아니며 〈다른 나〉도 아니며, 그 둘의 합한 것도 아닌 것을 알면 이것을 바른 지혜라 한다.

수·상·행·식에서도 또한 그와 같다. 이와 같이 보고 듣고 깨닫고 분별하며, 그것을 따라서 기억하고 깨달으며 관찰하는 일이 있더라도 그 일체는 〈나〉가 아니며 〈다른 나〉도 아니며, 그 둘의 합한 것도 아니다. 이것을 아는 것을 바른 지혜라 한다. 만일 어떤 소견이 있어 '〈나〉도 있고 세간도 있으며 이 세상에는 존재하는 것이 변하거나 바뀌지 않는 법이 있다'고 말했더라도 그 일체는 〈나〉가 아니며 〈다른 나〉도 아니며, 그 둘의 합한 것도 아니라고 관찰하면 이것을 바른 지혜다.

만일 다시 어떤 소견이 있어 '현재의 〈나〉도 아니며, 현재의 〈내 것〉도 아니며, 미래의 〈나〉도 아니며, 미래의 〈내 것〉도 아니다'고 해도 그 일체는 〈나〉가 아니며, 〈다른 나〉도 아니며, 그 둘의 합한 것도 아니라고 관찰하면 이것을 바른 지혜다.

많이 아는 거룩한 제자들로서 여섯 가지 보는 곳에 대해서, 그것은 〈나〉가 아니며 〈내 것〉도 아니라고 관찰하면, 그는 부처에 대해서 의심을 끊고 법과 승에 대해서 의심을 끊을 것이니, 이들을 비구라 한다. 많이 아는 거룩한 제자들은 다시 몸과 입과 뜻의 업(業)을 지어 세 가지 나쁜 길로 나아가기를 버려두지 않으면, 혹 방일해도 그들은 결정 코 깨달음으로 향하여 일곱 번 천상과 인간을 오간 뒤에는 괴로움을 완전히 벗어난다."

부처님께서 이 경을 말씀하시자 여러 비구는 기뻐하며 받들어 행했다.

(3-2) 139잡아함우뇌생기경

이와 같이 나는 들었다.

어느 때 부처님께서는 사위성 기수급고독원에 계시면서 여러 비구에게 말씀하셨다.

"무엇이 있기 때문에 무엇이 일어나며, 무엇에 얽매이고 무엇에 집착하며 무엇에서 〈나〉를 보기에 아직 일어나지 않은 근심, 슬픔, 번민, 괴로움을 일어나게 하고, 이미 일어난 근심, 슬픔, 번민, 괴로움은 더욱 더하게 하는가."

여러 비구가 부처님께 여쭈었다.

"부처님께서는 법의 근본이고 법의 눈이며 법의 의지처입니다. 저희에게 말씀해 주시기를 원합니다. 그 말씀을 들은 뒤에는 반드시 받들어 행하겠습니다."

부처님께서는 여러 비구에게 말씀하셨다.

"색이 있기 때문에 색이 일어나고, 색에 매여 집착하기 때문에 색에서 〈나〉를 본다. 그래서 아직 일어나지 않은 근심, 슬픔, 번민, 괴로움을 일어나게 하고, 이미 일어난 근심, 슬픔, 번민, 괴로움은 더욱 더하게 한다.

수[감수작용], 상[표상작용], 행[행위작용], 식[분별작용]에 있어서도 또한 그와 같다.

비구들이여, 너희들 생각은 어떠하냐. 색은 항상하는 것인가. 항상하지 않은 것인가."

"항상하지 않습니다. 부처님이시여."

"항상하지 않다면 그것은 괴로운 것인가."

"그것은 괴로운 것입니다. 부처님이시여."

"비구들이여, 만일 덧없는 것이라면 그것은 괴로움이다. 그 괴로움이 있으므로 이 일이 일어나고 거기에 매여 집착하며 거기서 〈나〉를 본다. 그래서 아직 일어나지 않은 근심, 슬픔, 번민, 괴로움을 일어나게 하고, 이미 일어난 근심, 슬픔, 번민, 괴로움은 더욱 더하게 한다. 수·상·행·식에 있어서도 또한 같다.

그러므로 비구들이여, 모든 색으로써, 과거나 현재나 미래나 안이나 밖이나 굵거나 가늘거나 좋거나 나쁘거나 멀거나 가깝거나 그 일체는 〈나〉가 아니며 〈다른 나〉도 아니며, 그 둘의 합한 것도 아니라고 보면 이것을 바른 지혜. 수·상·행·식에서도 또한 그와 같다. 만일 다시 보고 듣고 깨닫고 분별하며 구하고 기억하며, 따라서 깨달으며 관찰하는 그 일체는 〈나〉가 아니고 〈다른 나〉도 아니며, 그 둘의 합한 것도 아니라고 보면 이것을 바른 지혜라고 한다.

'만일 〈나〉도 있고 세간도 있으며, 이 세상도 있고 저 세상도 있고, 항상 있어 변하여 바뀌지 않는다'고 보더라도 그 일체는 〈나〉도 아니고 〈다른 나〉도 아니며, 그 둘의 합한 것도 아니라고 보면 이것을 바른 지혜라 한다.

다시 어떤 소견이 있어, 이 세상의 〈나〉도 아니고 다른 세상의 〈나〉도 아니며, 미래의 〈나〉도 아니며 미래의 〈내 것〉도 아니라고 해도 그 일체는 〈나〉가 아니며 〈다른 나〉도 아니며, 그 둘의 합한 것도 아니라고 보면 이것을 바른 지혜라고 한다.

많이 아는 거룩한 제자들로서 여섯 가지 보는 곳에서 그것은 〈나〉가 아니며 〈내 것〉도 아니라고 관찰하면, 그는 부처에 대해서 의심을 끊고 법과 승에 대해서 의심을 끊을 것이다. 많이 아는 거룩한 제자들은 다시 몸과 입과 뜻의 업을 지어 세 가지 나쁜 길로 나아가는 것에 맡겨 두지 않고, 혹 방일해도 그들은 깨달음으로 향해 일곱 번 천상과 인간을 오간 뒤에는 괴로움을 완전히 벗어나게 된다.”

부처님께서 이 경을 말씀하시자 여러 비구가 기뻐하며 받들어 행했다.

(3-3) 187잡아함탐욕경

이와 같이 나는 들었다.

어느 때 부처님께서는 사위성 기수급고독원에 계시면서 여러 비구에게 말씀하셨다.

“한 법을 성취함으로써 색[물질작용]의 덧없음을 알지 못하고, 수[감수작용], 상[표상작용], 행[행위작용], 식[분별작용]의 덧없음을 알지 못한다. 어떤 것을 한 법의 성취라 하는가. 이른바 탐욕의 한 법을 성취함으로써 색의 덧없음을 알지 못하고, 수·상·행·식의 덧없음을 알지 못한다. 어떤 것이 한 법의 성취인가. 이른바 탐욕이 없음을 성취하는 것이니 탐욕의 법이 없는 사람은 색의 덧없음을 알고, 수·상·행·식의 덧없음을 안다.”

부처님께서 이 경을 말씀하시자 여러 비구는 기뻐하며 받들어 행했다.

“성취하고 성취하지 못함과 같이, 앎과 알지 못함, 친함과 친하지 않음, 밝음과 밝지 않음, 분별함과 분별하지 못함, 살핌과 살피지 못함, 헤아림과 헤아리지 못함, 덮음과 덮지 않음, 종류를 나눔과 나누지 못함, 닫음과 닫지 않음, 가림과 가리지 않는 것도 또한 그와 같다. 이와 같이 알고 이해하며 구하고 분별하여 혼자 증득하는 것도 또한 그와 같다.

탐욕과 같이, 성냄, 어리석음, 화냄, 원망, 비방, 집착, 미워함, 아낌, 환각, 아첨, 스스로 부끄러워할 줄 모름, 남에게 부끄러워할 줄 모름, 거만, 거만의 거만, 더한 거만, 〈나〉라는 거만, 왕성한 거만, 사특한 거만, 야비한 거만, 교만, 방일, 뽐냄, 거짓, 서로 자유롭지 못하게 함, 이익으로 꾐, 이익으로 나쁘게 함, 많은 것을 하고자 함, 영원하길 바람, 욕심이 있어 공경하지 않음, 욕심, 나쁜 벗, 차마 하지 못할 탐욕, 야비한 것을 즐기는 탐욕, 나쁜 탐욕, 몸이 있다는 소견, 치우친 소견, 사특한 소견, 소견에의 집착, 계율에의 집착, 탐욕에 대한 사랑, 성냄, 수면, 들뜨고 뉘우침, 의심하고 가라앉음, 비틀거림, 덤빔, 게으르고 어지러운 상, 바르지 않은 기억, 몸의 흐림, 곧지 않음, 부드럽지 않음, 다르지 않음, 탐욕스러운 감정, 성내는 감정, 헤치려는 감정, 친척에 대한 염려, 나라에 대한 염려, 가볍고 편한 감정, 남을 사랑하는 감정, 시름, 근심, 번민, 괴로움 등 이러한 낱낱 법에 대해서 가려지면 색을 멸해 깨달음을 얻지 못한다.

어떤 것을 한 법이라 하는가. 이른바 번민과 괴로움이니, 번민과 괴로움으로써 구별하기 때문에 색을 다 멸해 깨달음을 얻지 못하고, 수·상·행·식을 다 멸해 깨달음을 얻지 못하게 된다. 한 법에 가려지지 않으므로 색을 다 멸해 깨달음을 얻게 되고, 수·상·행·식을 다 멸해 깨달음을 얻게 된다. 어떤 것이 한 법인가. 이른바 번민과 괴로움이니, 이 한 법이 가리지 않으면 색을 다 멸해 깨달음을 얻게 되고, 수·상·행·식을 다 멸해 깨달음을 얻을 수 있다.”

부처님께서 이 경을 말씀하시자 여러 비구가 기뻐하며 받들어 행했다.

(3-4) 195잡아함무상경

이와 같이 나는 들었다.

어느 때 부처님께서는 사위성 기수급고독원에 계셨다. 여러 비구에게 말씀하셨다.

"모든 것은 덧없다. 어떻게 덧없는가. 이른바 눈은 덧없는 것이며, 빛깔과 눈의 의식과 눈의 부딪침과 혹은 눈의 부딪치는 인연으로 생기는 느낌 즉 괴롭다는 느낌, 즐겁다는 느낌, 괴롭지도 않고 즐겁지도 않다는 느낌도 또한 덧없는 것이다. 귀, 코, 혀, 몸, 뜻에서도 또한 그와 같다.

그러므로 많이 아는 거룩한 제자들로서 이렇게 관찰하는 사람은 눈에 대해서 싫어하는 마음을 내고, 혹은 빛깔과 눈의 식과 눈의 부딪침과 눈의 부딪치는 인연으로 생기는 느낌, 즉 괴롭다는 느낌, 즐겁다는 느낌, 괴롭지도 않고 즐겁지도 않다는 느낌에 대해서 싫어하는 마음을 내고, 귀, 코, 혀, 몸, 뜻과 소리, 냄새, 맛, 부딪침, 법의 뜻과 식과 뜻의 부딪침과 뜻의 부딪치는 인연으로 생기는 느낌, 즉 괴롭다는 느낌, 즐겁다는 느낌, 괴롭지도 않고 즐겁지도 않다는 느낌에 대해서도 또한 싫어하는 마음을 낸다. 싫어하기 때문에 바라지 않고, 바라지 않기 때문에 해탈하며 또 해탈한 줄을 안다. 그래서 나의 생은 이미 다하고, 범행은 이미 멈추고, 할 일은 이미 마쳐, 다시는 다음 생에 몸을 받지 않는 줄을 스스로 안다."

부처님께서 이 경을 말씀하시자 여러 비구는 기뻐하며 받들어 행했다.

'무상경과 같이, 괴로움, 공(空), 〈나〉가 아님에 대해서도 이와 같이 말씀하셨다.'

(3-5) 937잡아함혈경

이와 같이 나는 들었다.

어느 때 부처님께서는 비사리(毘舍離, 毗耶離, Vaiśālī)성 원숭이 못 가에 있는 중각강당에 계셨다. 그때 사십 명의 비구들은 바리나(波梨那 파베야카)촌에 있었는데, 모두 아란야[阿蘭若, 아란탸카아] 행을 닦으면서 누더기를 입고 걸식을 배우고 있었으며 아직 탐욕을 떠나지 못했다. 그들은 부처님께 나아가 발에 머리를 조아리고 한쪽에 물러나 앉았다.

그때 부처님께서는 이렇게 생각하셨다. '사십 명 비구들은 비리나촌에 사는데, 모두 아란야행을 닦으면서, 누더기를 입고 걸식을 배우고 있는데 아직 탐욕을 떠나지 못했다. 나는 이제 이들을 위해 설법하여 이생에서 모든 번뇌를 일으키지 않고 마음의 해탈을 얻게 할 것이다.'

부처님께서 사십 명 비구에게 말씀하셨다.

"중생들은 처음이 없이 나고 죽음으로부터 무명에 덮여 애욕에 목이 매여 과거 오랜 세월 동안 나고 죽음의 바퀴를 돌면서 괴로움의 끝을 알지 못한다. 비구들이여, 너희들 생각은 어떠하냐. 항하(恒河, ganga, ganges)의 많은 물은 큰 바다로 흘러들어 가는데, 그 동안 흐른 물과, 너희들이 과거 오랜 세월 동안 나고 죽음의 바퀴를 돌면서 몸이 소멸하면서 흘린 피와 어느 쪽이 많겠는가."

비구들이 말씀드렸다.

"저희들이 부처님께서 말씀하신 뜻을 이해한다면, 저희들이 과거 오랜 세월 동안 나고 죽음의 바퀴를 돌면서 몸을 소멸하면서 흘린 피가 훨씬 많습니다. 그것은 항하강의 물보다 백천만 배나 많습니다."

"항하강의 물은 그만두고, 네 곳의 큰 바다의 물과 너희들이 과거 오랜 세월 동안 나고 죽음의 바퀴를 돌면서 몸을 소멸하여 흘린 피와 비교하면 어느 쪽이 많겠는가.”

“저희들이 부처님께서 말씀하신 뜻을 이해한다면, 저희들이 과거 오랫동안 나고 죽음의 바퀴를 돌면서 몸을 소멸하여 흘린 피가 훨씬 많아 네 곳의 큰 바닷물보다 많을 것입니다.”

“착하고 착하다! 너희들이 과거 오랜 세월 동안 나고 죽음의 바퀴를 돌면서 몸에서 흘린 피는 수없이 많아, 항하강이나 네 곳의 큰 바다물보다 많다. 무슨 까닭인가. 너희들은 과거 오랜 세월 동안 일찍 코끼리로 태어나, 귀, 코, 머리, 꼬리와 네 발이 끊겨 흘린 피는 한량이 없다. 혹은 말이나 낙타, 나귀, 소, 개와 여러 짐승의 몸을 받아 귀, 코, 머리, 꼬리와 네 발이 베여 흘린 피는 한량이 없다. 또 너희들은 과거 오랜 세월 동안 도적에게 혹은 남에게 해침을 당해 머리, 발, 귀, 코를 베이고 온몸이 잘려 흘린 피는 한량이 없다. 너희들은 과거 오랜 세월 동안 몸이 허물어지고 목숨이 끝나 묘지에 버려졌으니 흘린 고름과 피는 한량이 없다. 혹은 지옥, 축생, 아귀에 떨어져 몸이 허물어지고 목숨이 끝나, 흘린 피도 또한 한량이 없기 때문이다.”

부처님께서 다시 말씀하셨다.

“색(물질작용)은 항상하는 것인가, 항상하지 않은 것인가.”

비구들은 말씀드렸다.

“항상하지 않습니다, 부처님이시여.”

“항상하지 않으면 그것은 괴로운 것인가.”

“그것은 괴로운 것입니다, 부처님이시여.”

부처님께서 말씀하셨다.

“항상함이 없고 괴로운 것이라면 그것은 변하고 바뀌는 법이다. 그런데 부처님의 제자로서 과연 ‘이것은 〈나〉다. 〈나〉와 다르다. 둘이 함께 있다’고 보겠는가.”

"아닙니다, 부처님이시여. 수·상·행·식에서도 또한 그러합니다."

부처님께서 말씀하셨다.

"만일 모든 색으로써, 과거, 현재, 미래나 혹은 안이나 밖이나, 굵거나 가늘거나, 좋거나 추하거나, 멀거나 가깝거나, 그 일체는 다 〈나〉도 아니며 〈나〉와 다르지도 않으며, 둘이 함께 있는 것도 아니라고 알면 진실로 아는 것이다.

수·상·행·식에서도 또한 그와 같다. 부처님의 제자로서 이와 같이 관찰하는 사람은 색을 싫어하고, 수·상·행·식도 싫어한다. 싫어하면 바라지 않고, 바라지 않으면 해탈하고 또 해탈한 줄을 안다. 그래서 생은 이미 다하고, 범행은 멈추고, 할 일은 마쳐, 다음 생의 몸을 받지 않을 줄 스스로 안다."

부처님께서 이 경을 말씀하시자, 사십 명의 비구들은 모든 번뇌를 일으키지 않고 마음의 해탈을 얻었다.

그 후 여러 비구도 그 말씀을 듣고 기뻐하며 받들어 행했다.

(3-6) 958잡아함목련건경

이와 같이 나는 들었다.

어느 때 부처님께서는 왕사성 죽림정사에 계셨다. 그때 존자 목건련도 거기 있었다. 그때 집을 나온 어떤 바차 종족은 목건련에게 나아가 서로 문안하고 위로한 뒤에 한 쪽에 물러앉아 말했다.

"궁금한 것이 있는데 대답해 주시겠습니까."

목건련은 대답했다.

"마음대로 물으십시요. 아는 대로 대답하겠습니다."

그때 바차는 물었다.

"다른 사문이나 바라문(婆羅門, Brahman)들은 누가 와서 '여래는 다음 생이 있는가, 다음 생이 없는가. 혹은 있기도 하고 없기도 하며, 있지도 않고 없지도 않은가?'고 물으면 대답하는데, 사문 고타마는 누가 와서 '여래는 다음 생이 있는가, 다음 생이 없는가. 혹은 있기도 하고 없기도 하며, 있지도 않고 없지도 않은가?'고 물어도 말하지 않으시니 그것은 무슨 까닭입니까?"

목건련은 대답했다.

"바차여, 다른 사문이나 바라문들은 육체와 육체의 쌓임, 사라짐, 맛, 근심과 그것을 벗어나는 것을 진실로 알지 못한다. 그러므로 '여래는 다음 생이 있다'고 하면 거기에 집착하고, '여래는 다음 생이 없다. 있기도 하고 없기도 하다. 있지도 않고 없지도 않다'고 하면 거기에 집착한다.

또 수·상·행·식에 대해서도, 그것들의 쌓임, 사라짐, 맛, 근심과 그것들을 벗어나는 것을 진실로 알지 못한다. 그러므로 '여래는 다음 생이 있다'고 하면 거기에 집착하고, '여래는 다음 생이 없다. 있기도 하고 없기도 하다. 있지도 않고 없지도 않다'고 하면 거기에 집착한다.

그러나 부처님은 육체를 진실로 알고, 육체의 쌓임, 사라짐, 맛, 근심과 그것을 벗어나는 것을 진실로 아신다. 그러므로 '여래는 다음 생이 있다'고 해도 집착하시지 않고, '여래는 다음 생이 없다. 있기도 하고 없기도 하다. 있지도 않고 없지도 않다'고 해도 집착하지 않는다. 또 수·상·행·식에 대해서도, 그것들의 쌓임, 사라짐, 맛, 근심과 그것들을 벗어나는 것을 진실로 아신다. 그러므로 '여래는 다음 생이 있다'고 해도 옳지 않고, '여래는 다음 생이 없다. 있기도 하고 없기도 하다. 있지도 않고 없지도 않다'고 해도 옳지 않다. 그것은 매우 깊고 넓고 크며, 한량없고 셈할 수 없어 모두 적멸한 것이다.

바차여, 이런 까닭으로 다른 사문이나 바라문들은 만일 누가 와서 물으면 '여래는 다음 생이 있다. 다음 생이 없다. 있기도 하고 없기도 하다. 있지도 않고 없지도 않다'고 말한다. 그러나 부처님께서는 혹 누가 와서 물으면 '여래는 다음 생이 있다 다음 생이 없다. 있기도 하고 없기도 하다. 있지도 않고 없지도 않다'고 말씀하시지 않는다."

그때 바차는 존자 목건련의 말을 듣고 기뻐하면서 자리에서 일어나 떠나갔다.

4. 12처

(4-1) 41잡아함오전경

이와 같이 나는 들었다.

어느 때 부처님께서는 사위성 기수급고독원에 계시면서 비구들에게 말씀하셨다.

"다섯 가지 쌓임이 있으니 색[물질작용]의 쌓임과 수[감수작용], 상[표상작용], 행[행위작용], 식[분별작용]의 쌓임이다. 나는 이 다섯 가지 쌓임에 대해서 참으로 안다. 색과 색의 모임과 색의 맛과 색의 근심과 색을 떠남을 참으로 안다. 이와 같이 수·상·행·식을 참으로 안다. 곧 그것들의 모임과 맛과 근심과 그것들을 떠남을 참으로 안다.

어떻게 〈색〉을 참으로 아는가. 모든 색은 네 가지 요소로 이루어져 있다. 이렇게 나는 색을 참으로 안다. 색에 대해서 기뻐하고 사랑하는 것으로써 색의 모임이라 하며, 이렇게 나는 색의 모임을 참으로 안다. 어떻게 색의 맛을 참으로 아는가. 색을 인연하여 기쁨과 즐거움이 생기는 것으로써 이것을 색의 맛이라 하며, 이렇게 나는 색의 맛을 참으로 안다. 어떻게 색의 근심을 참으로 아는가. 만일 색이 덧없고 괴로우며 변하고 바뀌는 법이라면 이것을 색의 근심이라 하며, 이렇게 나는 색의 근심을 참으로 안다. 색에 대해서 탐욕을 항복 받고 탐욕을 끊으며 탐욕을 뛰어넘으면 이것을 색을 떠남이라 하며, 이렇게 나는 색을 떠남을 참으로 안다.

어떻게 〈수〉를 참으로 아는가. 여섯 가지 받는 몸이 있으니, 눈으로 부딪쳐 수가 생기고, 귀·코·혀·몸·뜻으로 부딪쳐 수가 생기는 것으로써 이것을 수라 하며, 이렇게 나는 수를 참으로 안다. 어떻게 수의 모임을 참으로 아는가. 부딪침의 모임이 수의 모임이니 이렇게 나는 수의 모임을 참으로 안다. 어떻게 수의 맛을 참으로 아는가. 여섯 가지 수를 인연하여 기쁨과 즐거움이 생기는 것으로써 이것을 수의 맛이라 하며, 이렇게 나는 수의 맛을 참으로 안다. 어떻게 수의 근심을 참으로 아는가. 수가 덧없고 괴로우며, 변하고 바뀌는 법이라면 이것을 수의 근심이라 하며, 이렇게 나는 수의 근심을 참으로 안다. 어떻게 수를 떠남을 참으로 아는가. 수에 대해서 탐욕을 항복 받고 탐욕을 끊고 탐욕을 뛰어넘으면 이것을 수를 떠남이라 하며, 나는 수를 떠남을 참으로 안다.

어떻게 〈상〉을 참으로 아는가. 여섯 가지 표상하는 몸이 있으니, 눈으로 부딪쳐 상이 생기고, 귀·코·혀·몸·뜻으로 부딪쳐 상이 생겨, 이것을 표상이라 하며, 나는 표상을 참으로 안다. 어떻게 상의 모임을 참으로 아는가. 부딪침의 모임이 상의 모임이니, 이렇게 나는 상의 모임을 참으로 안다. 어떻게 상의 맛을 참으로 아는가. 상을 인연하여 기쁨과 즐거움이 생기는 것으로서 상의 맛이라 하며, 나는 상의 맛을 참으로 안다. 상의 근심을 참으로 아는가. 상은 덧없고 괴로우며, 변하고 바뀌는 법으로써 이것을 상의 근심이라 하며, 나는 상의 근심을 참으로 안다. 어떻게 상을 떠남을 참으로 아는가. 상에 대해서 탐욕을 항복 받고 탐욕을 끊으며 탐욕을 뛰어넘으면 상을 떠남이라 하며, 이렇게 나는 상을 떠남을 참으로 안다.

어떻게 〈행〉을 참으로 아는가. 이른바 여섯 가지 행위하는 몸이 있으니, 눈으로 부딪쳐 행이 생기고, 귀·코·혀·몸·뜻으로 부딪쳐 행이 생기는 것으로서, 이것을 행이라 하며, 나는 행을 참으로 안다. 어떻게 행의 모임을 참으로 아는가. 부딪침의 모임이 행의 모임이니, 나는 행의 모임을 참으로 안다. 어떻게 행의 맛을 참으로 아는가. 행을 인연하여 기쁨과 즐거움이 생기는 것으로써 이것을 행의 맛이라 하며, 나는 행의 맛을 참으로 안다. 어떻게 행의 근심을 참으로 아는가. 행이 덧없고 괴로우며 변하고 바뀌는 법을 행의 근심이라 하며, 나는 행의 근심을 참으로 안다. 행을 떠나기를 참으로 아는가. 행에 대해서 탐욕을 항복 받고 탐욕을 끊으며 탐욕을 뛰어넘으면 행을 떠남이라 하며, 나는 행을 떠남을 참으로 안다.

어떻게 〈식〉을 참으로 아는가. 이른바 여섯 가지 식의 몸이 있으니, 안식·이식·비식·설식·신식·의식의 몸으로써 이것을 식의 몸이라 하며, 나는 식의 몸을 참으로 안다. 어떻게 식의 모임을 참으로 아는가. 정신과 색의 모임으로써 식의 모임이라 하며, 나는 식의 모임을 참으로 안다. 어떻게 식의 맛을 참으로 아는가. 식을 인연하여 기쁨과 즐거움이 생기는 것으로서 이것을 식의 맛이라 하며, 나는 식의 맛을 참으로 안다. 어떻게 식의 근심을 참으로 아는가. 식이 덧없고 괴로우며 변하고 바뀌는 법이라면 식의 근심이라 하며, 나는 식의 근심을 참으로 안다. 어떻게 식을 떠나기를 참으로 아는가. 식에 대해서 탐욕을 항복 받고 탐욕을 끊으며 탐욕을 뛰어넘으면 식을 떠남이라 하며, 나는 식을 떠남을 참으로 안다.

비구들이여, 사문이나 바라문으로서 색에 대해서 이렇게 알고 이렇게 본 뒤에 탐욕으로 향하는 마음을 여의면 바르게 향하는 것이라 한다. 그가 바르게 향하면 수·상·행·식에 대해서도 또한 그와 같다고 말한다. 만일 사문이나 바라문으로서 색에 대해서 참으로 알고 참으로 보면, 그는 색을 싫어하고 욕심을 떠나 모든 번뇌를 일으키지 않고 마음의 해탈을 얻는다. 마음의 해탈을 얻으면 순일하게 되며, 순일하게 되면 곧 범행이 이루어지며, 범행이 이루어지면 다른 것을 떠나 자재하게 된다. 이것을 괴로움의 끝이라 한다. 수·상·행·식도 또한 그와 같다."

부처님께서 이 경을 말씀하시자 여러 비구는 기뻐하며 받들어 행했다.

(4-2) 42잡아함칠처경

이와 같이 나는 들었다.

어느 때 부처님께서는 사위성 기수급고독원에 계시면서 여러 비구에게 말씀하셨다.

"일곱 곳의 착함과 세 가지의 이치를 관찰하는 것이 있다. 만일 이 법을 알면 번뇌가 다하여 번뇌가 없게 되고 마음이 해탈하고 지혜가 해탈하여, 현재에 스스로 알고 몸으로 증득하여 완전하게 머문다. 그래서 나의 생은 이미 다 하고, 범행은 이미 서고, 할 일은 이미 마쳐 다음 생에 몸을 받지 않음을 스스로 안다. 비구들이여, 어떤 것이 일곱 곳의 착함인가.

비구들이여, 참으로 색[물질작용]을 알고, 색의 모임, 색의 멸함, 색을 멸하는 길, 색의 맛, 색의 근심, 색을 떠남을 참으로 알며, 이와 같이 수[감수작용], 상[표상작용], 행[행위작용], 식[분별작용]과 그것들의 모임, 그것들의 멸함, 그것들을 멸하는 길, 그것들의 맛, 그것들의 근심, 그것들을 떠남을 참으로 아는 것이다.

어떻게 색을 참으로 아는가. 모든 색은 네 가지 요소로 이루어져 있으며, 색을 참으로 안다. 어떻게 색의 모임을 아는가. 애정과 기쁨을 색의 모임이라 하며, 색의 모임을 참으로 안다. 어떻게 색의 멸함을 참으로 아는가. 애정과 기쁨의 멸하는 것으로서 이것을 색의 멸함이라 하며, 색의 멸함을 참으로 안다. 어떻게 색을 멸하는 길을 참으로 아는가. 이른바 여덟 가지 거룩한 길인 팔정도니, 바른 소견[정견], 바른

생각[정사유], 바른 말[정어], 바른 행동[정업], 바른 생활[정명], 바른
정진[정정진], 바른 기억[정념], 바른 집중[정정]으로서, 색을 멸하는
길이라 하며, 색을 멸하는 길을 참으로 안다. 어떻게 색의 맛을 참으
로 아는가. 색을 인연하여 기쁨과 즐거움이 생기는 것으로써 이것을
색의 맛이라 하며 색의 맛을 참으로 안다. 어떻게 색의 근심을 참으로
아는가. 색이 덧없고 괴로우며 변하고 바뀌는 법을 색의 근심이라 하
며 색의 근심을 참으로 안다. 어떻게 색을 떠남을 참으로 아는가. 색
에 대해서 탐욕을 항복 받고 탐욕을 끊으며 탐욕을 뛰어넘으면 색을
떠남이라 하며 색을 떠남을 참으로 안다.

어떻게 수를 참으로 아는가. 여섯 가지 수이니, 눈으로 부딪쳐 수가
생기고 귀·코·혀·몸·뜻으로 부딪쳐 생기는 것을 수라 하며, 이렇게
수를 참으로 안다. 어떻게 수의 모임을 아는가. 부딪침의 모임이 곧
수의 모임이니, 수의 모임을 참으로 안다. 어떻게 수의 멸함을 참으로
아는가. 부딪침의 멸함이 수의 멸함이니, 수의 멸함을 참으로 안다.
어떻게 수를 멸하는 길을 참으로 아는가. 팔정도니, 바른 소견과 바른
집중으로써, 수를 멸하는 길이라 하며, 이렇게 수를 멸하는 길을 참으
로 안다. 어떻게 수의 맛을 참으로 아는가. 수를 인연하여 기쁨과 즐
거움이 생기는 것을 수의 맛이라 하며 이렇게 수의 맛을 참으로 안다.
어떻게 수의 근심을 참으로 아는가. 수가 덧없고 괴로우며 변하고 바
뀌는 법을 수의 근심이라 하며, 이렇게 수의 근심을 참으로 안다. 어
떻게 수를 떠남을 참으로 아는가. 수에 대해서 탐욕을 항복 받고 탐욕
을 끊으며 탐욕을 뛰어넘으면 수를 떠남이라 하며 수를 떠남을 참으
로 안다.

어떻게 상을 참으로 아는가. 이른바 여섯 가지 상이니, 눈으로 부딪
쳐 상이 생기고 귀·코·혀·몸·뜻으로 부딪쳐 상이 일어나는 것을 상이

라 하며, 이렇게 상을 참으로 안다. 어떻게 상의 모임을 아는가. 부딪침의 모임이 곧 상의 모임이니, 이렇게 상의 모임을 참으로 안다. 어떻게 상의 멸함을 참으로 아는가. 부딪침의 멸함이 상의 멸함이니, 이렇게 상의 멸함을 참으로 안다. 어떻게 상을 멸하는 길을 참으로 아는가. 이른바 팔정도니, 바른 소견과 바른 집중으로써 상을 멸하는 길이라 하며, 이렇게 상을 멸하는 길을 참으로 안다. 어떻게 상의 맛을 참으로 아는가. 상을 인연하여 기쁨과 즐거움이 생기는 것을 상의 맛이라 하며 상의 맛을 참으로 안다. 어떻게 상의 근심을 참으로 아는가. 상이 덧없고 괴로우며 변하고 바뀌는 법을 상의 근심이라 하며, 이렇게 상의 근심을 참으로 안다. 어떻게 상을 떠남을 참으로 아는가. 만일 상에 대해서 탐욕을 항복 받고 탐욕을 끊으며 탐욕을 뛰어넘으면 상을 떠남이라 하며, 상을 떠남을 참으로 안다.

어떻게 행을 참으로 아는가. 이른바 여섯 가지 결합생성작용으로 형상을 만드는 행이니 눈으로 부딪쳐 행이 만들어지고, 귀·코·혀·몸·뜻으로 부딪쳐 행이 만들어지는 것을 행이라 하며, 이렇게 행을 참으로 안다. 어떻게 행의 모임을 참으로 아는가. 부딪침의 모임이 곧 행의 모임이니, 이렇게 행의 모임을 참으로 안다. 어떻게 행의 멸함을 참으로 아는가. 부딪침의 멸함이 곧 행의 멸함이니, 이렇게 행의 멸함을 참으로 안다. 어떻게 행을 멸하는 길을 참으로 아는가. 이른바 팔정도니, 바른 소견과 바른 집중으로써 행을 멸하는 길이라 하며, 행을 멸하는 길을 참으로 안다. 어떻게 행의 맛을 참으로 아는가. 행을 인연하여 기쁨과 즐거움이 생기는 것을 행의 맛이라 하며, 행의 맛을 참으로 안다. 어떻게 행의 근심을 참으로 아는가. 만일 행이 덧없고 괴로우며 변하고 바뀌는 법을 행의 근심이라 하며, 이렇게 행의 근심을 참으로 안다. 어떻게 행을 떠남을 참으로 아는가. 만일 행에 대해서 탐욕을 항복 받고 탐욕을 끊으며 탐욕을 뛰어넘으면 행을 떠남이라 하며, 이렇게 행을 떠남을 참으로 안다.

어떻게 식을 참으로 아는가. 이른바 여섯 가지 식의 몸이니 안식·이식·비식·설식·신식·의식의 몸으로써 이것을 식이라 하며, 식을 참으로 안다. 어떻게 식의 모임을 참으로 아는가. 정신과 색[名色]의 모임이 식의 모임이니, 이렇게 식의 모임을 참으로 안다. 어떻게 식의 멸함을 참으로 아는가. 정신과 색의 멸함이 식의 멸함이니, 이렇게 식의 멸함을 참으로 안다. 어떻게 식을 멸하는 길을 참으로 아는가. 팔정도니, 바른 소견과 바른 집중으로써 식을 멸하는 길이라 하며, 이렇게 식을 멸하는 길을 참으로 안다. 어떻게 식의 맛을 참으로 아는가. 식을 인연하여 기쁨과 즐거움이 생기는 것을 식의 맛이라 하며, 이것을 식의 맛을 참으로 안다. 어떻게 식의 근심을 참으로 아는가. 식이 덧없고 괴로우며 변하고 바뀌는 법을 식의 근심이라 하며, 식의 근심을 참으로 안다. 어떻게 식을 떠남을 참으로 아는가. 식에 대해서 탐욕을 항복 받고 탐욕을 끊으며 탐욕을 뛰어넘으면 이것을 식을 떠남을 참으로 아는 것이라 하며, 비구들이여, 이것을 일곱 곳의 착함이라 한다.

어떤 것이 세 가지 이치를 관찰하는 것인가. 비구가 한가한 곳이나 나무 밑이나 밖에서 〈온〉과 〈계〉와 〈입〉을 관찰하고 바른 방편으로써 그 뜻을 표상하면, 비구가 세 가지 이치를 관찰하는 것이라 한다.

비구들이여, 이상의 것을 비구의 일곱 곳의 착함과 세 가지 이치를 관찰하는 것이며, 이 법을 알면 번뇌가 다 해 마음이 해탈하고 지혜가 해탈하여 현재에서 스스로 알고 몸으로 증득하여 완전하게 머무를 것이다. 그래서 '나의 생은 이미 다 하고, 범행은 이미 서고, 할 일은 이미 마쳐, 다음 생의 몸을 받지 않음'을 스스로 안다."

부처님께서 이 경을 말씀하시자 여러 비구는 기뻐하며 받들어 행했다.

1

(4-3) 68잡아함육입처경

이와 같이 나는 들었다.

어느 때 부처님께서는 사위성 기수급고독원에 계시면서 여러 비구에게 말씀하셨다.

"항상 방편을 써서 선정을 닦아 익히며 안으로 그 마음을 고요히 하여 참으로 관찰해야 한다. 어떻게 참으로 관찰하는가. '이것은 색[물질작용]이며, 이것은 색의 모임이며, 이것은 색의 멸함이다. 이것은 수[감수작용], 상[표상작용], 행[행위작용], 식[분별작용]이며, 이것은 그것들의 모임이며, 그것들의 멸함이다'라고 관찰하는 것이다.

어떤 것이 색의 모임이며, 어떤 것이 수·상·행·식의 모임인가. 눈과 형상을 인연하여 안식이 생기고, 이 세 가지가 서로 합하여 촉이 생기며, 촉을 인연하여 수가 생기고, 수를 인연하여 애욕이 생기며, 이리하여 순수한 큰 괴로움의 무더기가 생기며, 이것을 색의 모임이라 한다. 이와 같이 귀·코·혀·몸과 소리·냄새·맛·부딪침을 인연하는 것도 그러하여, 뜻과 법을 인연하여 뜻의 색이 생기고, 이 세 가지가 서로 합하여 촉이 생기며, 촉을 인연하여 수가 생기고, 수를 인연하여 애욕이 생기며, 이리하여 순수한 큰 괴로움의 무더기까지 생기게 되며, 이것을 색의 모임과 수·상·행·식의 모임이라 한다.

어떤 것이 색의 멸함과 수·상·행·식의 멸함인가. 눈과 형상을 인연하여 안식이 생기고 이 세 가지가 서로 합하여 촉이 생긴다. 그러므로 촉이 멸하면 수가 멸해 순수한 큰 괴로움의 무더기까지 멸하게 된다. 이와 같이 귀·코·혀·몸과 소리·냄새·맛·부딪침을 인연하는 것도 그러하며, 뜻과 법을 인연하여 의식이 생기고 이 세 가지가 서로 화합하여 촉이 생긴다. 그러므로 촉이 멸하면 수가 멸하고, 수가 멸하면 순수한 큰 괴로움의 무더기까지 멸하게 되며, 이것을 색의 멸함과 수·상·행·식의 멸함이라 한다.

그리하여 비구는 항상 방편을 써서 선정을 닦아 익혀 안으로 그 마음을 고요히 해야 한다.”

부처님께서 이 경을 말씀하시자 여러 비구는 기뻐하며 받들어 행했다.

‘〈관찰〉과 같이 〈증〉의 십이경도 또한 이와 같이 널리 설명하셨다.’
‘수와 생과 낙과 또 육입처를 설명하셨다.
낱낱의 십이종이 있는 선정 삼매경을 설하셨다.’

(4-4) 209잡아함육촉입처경

이와 같이 나는 들었다.

어느 때 부처님께서는 사위성 기수급고독원에 계시면서 여러 비구에게 말씀하셨다.

“여섯 가지 부딪쳐 들이는 기관[六觸入處]이 있다. 어떤 것이 여섯인가. 눈이 부딪쳐 들이는 기관, 귀·코·혀·몸·뜻이 부딪쳐 들이는 기관이다. 사문이나 바라문으로서 이 여섯 가지의 부딪쳐 들이는 기관의 모임, 멸함, 맛, 근심, 떠남에 대해서 참으로 알지 못하면, 사문이나 바라문은 나의 법과 율에서 거리가 멀기는 허공과 땅 사이와 같다.”

그때 어떤 비구가 자리에서 일어나 옷을 여미고 부처님께 예배한 뒤에 합장하고 부처님께 여쭈었다.

“저는 그 여섯 가지를 부딪쳐 들이는 기관의 모임, 멸함, 맛, 근심, 떠남을 낱낱이 참으로 압니다.”

부처님께서는 그 비구에게 말씀하셨다.

"이제 내 말에 대답하라. 비구여, 너는 눈이 부딪쳐 들이는 기관을 '이것은 〈나〉다. 〈다른 나〉다. 그 둘의 합한 것이다'라고 보는가."

"아닙니다. 부처님이시여."

"착하고 착하다! 이 눈이 부딪쳐 들이는 기관을 '〈나〉가 아니다. 〈다른 나〉도 아니다. 그 둘의 합한 것도 아니다'라고 참으로 알고 보는 사람은 모든 번뇌를 일으키지 않아 마음이 물들어 집착하지 않고 마음이 해탈하게 되며, 이것을 첫 번째 부딪쳐 들이는 기관이라 한다. 그것을 이미 끊고 이미 알며, 그 근본을 끊는 것은 마치 다라(多羅, tala) 나무 위를 끊는 것과 같아서, 미래법은 다시는 일어나지 않으며, 이른바 의식과 형상이 그것이다. 너는 다시, 귀·코·혀·몸·뜻이 부딪쳐 들이는 기관을 '이것은 〈나〉다. 〈다른 나〉다. 그 둘의 합한 것이다'라고 보느냐."

"아닙니다. 부처님이시여."

"착하고 착하다! 귀·코·혀·몸·뜻의 부딪쳐 들이는 기관을 '이것은 〈나〉다. 〈다른 나〉다. 그 둘의 합한 것이다'라고, 이렇게 참으로 알고 보는 사람은 모든 번뇌를 일으키지 않아 마음이 물들어 집착하지 않고 마음이 해탈하게 되며, 비구여, 이것을 〈여섯 가지 부딪쳐 들이는 기관〉이라 한다. 그것을 이미 끊고 알면 그 근본을 끊는 것으로 마치 타알라 나무 밑동을 끊어서 미래의 욕심이 다시는 일어나지 않나니, 이른바 의식과 법이 그것이다."

부처님께서 이 경을 말씀하시자 여러 비구는 기뻐하며 받들어 행했다.

(4-5) 211잡아함세간오욕경

이와 같이 나는 들었다.

어느 때 부처님께서는 비사리의 기바(耆婆, Jivaka-komarabhcca)의 약사의 땅인 암라 동산에 계시면서 여러 비구에게 말씀하셨다.

"내가 옛날 다섯 깨달음을 이루지 못했을 때는 혼자서 고요한 곳에서 선정에 들어, 내 마음이 어느 곳으로 향하는가를 생각해 보았다. 그래서 내 마음이 과거의 다섯 가지 욕심 공덕을 많이 쫓아 헤맸고, 현재의 다섯 가지 욕심 공덕은 조금 쫓으며, 미래 세상을 쫓는 것은 더욱 적다는 것을 관찰했다. 나는 과거의 다섯 가지 욕심을 많이 쫓는 것을 관찰한 뒤에는 지극히 방편을 써서, 꾸준히 힘써 스스로 단속하여 다시 과거의 다섯 가지 욕심 공덕을 따르지 않게 했다. 그래서 나는 꾸준히 힘써 스스로 단속하므로 최상의 바른 깨달음에 가까워졌다.

너희 비구들도 또한 과거의 다섯 가지 욕심 공덕을 많이 쫓고 또 현재와 미래에 대해서는 적으면, 또한 마음이 과거의 다섯 가지 욕심 공덕을 많이 쫓기 때문에 더욱 스스로 단속하기를 더해야 한다. 그리하면 오래지 않아 모든 번뇌를 다 하게 되어, 마음이 해탈하고 지혜가 해탈하여, 현재에서 스스로 알고 증득하게 된다. 그래서 나의 생은 이미 다 하고, 범행은 이미 서고, 할 일은 이미 마쳐, 다시는 다음 생의 몸을 받지 않는 것을 스스로 알 것이다. 무슨 까닭인가. 눈이 빛깔을 보는 인연으로 안의 느낌, 즉 괴롭고 혹은 즐거우며, 혹은 괴롭지도 않고 즐겁지도 않은 감정을 내고, 귀·코·혀·몸·뜻이 법의 인연으로 안의 느낌, 즉 괴롭고 혹은 즐거우며, 혹은 괴롭지도 않고 즐겁지도 않은 감정을 내기 때문이다.

그러므로 비구들이여, 그 〈들이는 기관〉을 마땅히 깨닫고 알아야 하며, 눈이 멸하면 형상이라는 생각이 떠나고, 귀·코·혀·몸·뜻이 멸하면 법이라는 생각이 떠나게 된다."

부처님께서는 '여섯 가지 들이는 기관을 깨달아야 한다'고 말씀하신 뒤에 방으로 들어가 선정에 드셨다.

그때 많은 비구는 부처님께서 떠나신 뒤에 이렇게 의논했다.

"부처님께서는 우리들을 위하여, '여섯 가지 들이는 기관을 깨달아야 한다. 만일 이 눈이 멸하면 형상이라는 생각이 떠나고, 귀·코·혀·몸·뜻이 멸하면 법이라는 생각이 떠난다'고 간략히 설법하시고, 널리 분별하시지 않으신 채 방으로 들어가 선정에 드셨다. 우리들은 부처님께서 간략하게 말씀하신 법을 아직 이해할 수가 없다. 이제 대중 가운데 누가 지혜의 힘이 있어서 우리들을 위해, 부처님께서 간략하게 말씀하신 법 가운데서 그 뜻을 널리 설명할 수 있겠는가?"

그리고 다시 '오직 존자 아난은 항상 부처님을 모시고 있고, 항상 스승님에게 총명과 지혜와 범행이 있다고 찬탄을 받고 있다. 오직 존자 아난이 우리들을 위해 부처님께서 간략히 말씀하신 법 가운데서 그 뜻을 설명할 수 있을 것이다. 우리들은 오늘 다 같이 존자 아난에게 가서 그 요긴한 뜻을 물어 보고 받들어 가지자'고 생각했다.

그때 많은 비구는 존자 아난이 있는 곳으로 가서 서로 인사한 뒤 한쪽에 앉아, 존자 아난에게 사뢰었다.

"존자여, 부처님께서는 우리들을 위해 간략히 법을 말씀하셨습니다."

위에서 말씀하신 것과 같이 말하고, 자세히 아난에게 물으면서 말했다.

"우리들을 위하여 널리 그 뜻을 설명해 주십시오."

존자 아난은 여러 비구에게 말했다.

"자세히 듣고 잘 생각하십시오. 그대들을 위하여 부처님께서 간략하게 말씀하신 법 가운데서 자세히 그 뜻을 설명할 것입니다. 부처님께서 간략히 말씀하신 것은 곧 이 〈여섯 가지 들이는 기관〉을 멸하는 것입니다. 그래서 그 나머지를 말씀하시기 위해, '눈이 들이는 기관이 멸하면 형상이라는 생각이 떠나고, 귀·코·혀·몸·뜻의 들이는 기관이 멸하면 법이라는 생각이 떠난다'고 말씀하셨습니다. 부처님께서는 이 법을 간략히 말씀하신 뒤에 방으로 들어가 선정에 드셨고 저는 이미 그대들을 위하여 그 뜻을 설명했습니다."

존자 아난이 이 뜻을 설명하자 여러 비구는 기뻐하며 받들어 행했다.

(4-6) 212잡아함불방일경

이와 같이 나는 들었다.

어느 때 부처님께서는 사위성 기수급고독원에 계셨다. 여러 비구에게 말씀하셨다.

"나는 모든 비구를 위해 방일하지 않는 행[행위작용]을 말하지 않는다. 그렇다고 모든 비구를 위해 방일하지 않는 행을 말하지 않는 것도 아니다. 어떤 부류의 비구들을 향해서는 방일하지 않는 행을 말하지 않는가. 비구로서 아라한이 되어 모두 존재[有]의 번뇌를 다 하고, 모든 무거운 짐을 떠나고, 자기의 이익을 이미 얻고, 모든 존재의 맺음을 다하여 마음이 바르게 해탈했으면, 그러한 종류의 비구에게는 나는 방일하지 않는 행을 말하지 않는다. 왜냐하면 그러한 비구들은 이미 방일하지 않게 되었으므로 다시는 방일한 일은 저지르지 않기 때문이다. 나는 이제 저 모든 존자가 방일하지 않는 과를 얻은 것을 본다. 그러므로 그들을 위해서는 방일하지 않는 행을 말하지 않는다.

어떤 부류의 비구를 위해서는 방일하지 않는 행을 말하는가. 만일 모든 비구로서 배우는 지위에 있는 사람은 마음이 아직 높고 안온하게 〈열반〉을 향하여 머물지 못했다. 그러한 부류의 비구에게는 방일하지 않는 행을 말한다. 왜냐하면 그런 비구들은 모든 근을 훈련함으로써 마음이 즐겨 생활 도구를 따르지만, 착한 벗을 친근하여 오래지 않아 모든 존재의 번뇌를 다 하게 되고 번뇌가 없어 마음이 해탈하여 현재에서 스스로 알고 스스로 증득한다. 그래서 나의 생은 이미 다하고, 범행은 이미 서고, 할 일은 이미 마쳐, 다시는 몸을 받지 않는 줄을 스스로 알기 때문이다.

무슨 까닭인가. 눈의 식[분별작용]이 사랑하고 즐겨하며, 물들어 집착할 만한 빛깔도 그것을 본 뒤에는 기뻐하지 않고 찬탄하지 않으며, 물들지 않고 매여 집착하여 머무르지 않기 때문이다. 기뻐하지 않고 찬탄하지 않으며, 물들지 않고 집착하여 머물지 않기 때문에 오로지 훌륭하게 정진하여 몸과 마음이 그치고 쉬어 마음이 편안하고 지극히 머물러 잊지 않는다. 그리하여 언제나 고요하고 한마음이 되어 한량이 없는 법의 기쁨이 있고. 다만 첫째가는 삼매의 바른 받음을 얻어, 물러나 눈과 빛깔을 따르지 않는다. 이식법에서도 또한 그와 같다.

부처님께서 이 경을 말씀하시자 여러 비구는 기뻐하며 받들어 행했다.

(4-7) 241잡아함소연법경

이와 같이 나는 들었다.

어느 때 부처님께서는 비사리의 원숭이못 가에 있는 중각 강당에 계셨다. 그때 부처님께서는 모든 비구에게 말씀하셨다.

"어리석고 무식한 범부 비구들이여, 차라리 불에 달군 구리쇠 산대로써 그 눈을 태워 불붙게 할지언정, 안식으로써 형상 모양을 잡아서 아름다운 형상을 취하지 말라. 무슨 까닭인가. 형상 모양을 취하거나 아름다운 형상을 취함으로써 나쁜 세계에 떨어지는 것은 잠기는 쇠탄자와 같기 때문이다.

어리석고 무식한 범부들이여, 차라리 송곳을 불에 달구어 귀를 찌를지언정 귀의 식으로써 소리 모양을 취해 아름다운 소리를 취하지 말

라. 무슨 까닭인가. 이식이 소리 모양을 취해 아름다운 소리를 취함으로써 몸이 무너지고 목숨이 끝난 뒤에는 나쁜 세계에 떨어지는 것은 잠기는 쇠탄자와 같기 때문이다.

어리석고 무식한 범부 비구들이여, 차라리 날카로운 칼로 코를 벨지언정 비식으로써 냄새를 취해 아름다운 냄새를 취하지 말라. 무슨 까닭인가. 냄새를 취해 아름다운 냄새를 취함으로써 몸이 무너지고 목숨이 끝난 뒤에는 나쁜 세계에 떨어지는 것은 잠기는 쇠탄자와 같기 때문이다.

어리석고 무식한 범부들이여, 차라리 날카로운 칼로 혀를 끊을지언정 설식으로 맛을 취해 아름다운 맛을 취하지 말라. 무슨 까닭인가. 맛을 취해 아름다운 맛을 취함으로써 몸이 무너지고 목숨이 끝난 뒤에는 나쁜 세계에 떨어지는 것은 잠기는 쇠탄자와 같기 때문이다.

어리석고 무식한 범부들이여, 차라리 강철로 된 날카로운 창으로 몸을 찌를지언정 신식으로써 부딪치는 모양이나 아름다운 부딪침을 취하지 말라. 무슨 까닭인가. 부딪치는 모양이나 아름다운 부딪침을 취함으로써 몸이 무너지고 목숨이 끝난 뒤에는 나쁜 세계에 떨어지는 것은 잠기는 쇠탄자와 같기 때문이다.

비구들이여, 수면에 빠짐은 어리석은 삶이다. 이 어리석은 삶은 아무 이익도 없고 복도 없다. 그러나 비구들이여, 차라리 잠을 잘지언정 형상에 대해서 감각과 생각을 일으키지 말라. 만일 감각과 생각을 일으키면, 반드시 얽매임과 다툼이 생겨, 많은 사람이 옳지 않은 일을 저지르게 하고, 하늘과 사람을 이익되게 하거나 안락하게 하지 못할 것이다.

그러므로 많이 아는 거룩한 제자들은 이와 같이 공부한다. 즉 '나는 이제 차라리 불에 달군 쇠창으로 내 눈을 찌를지언정, 안식으로써 형상 모양을 취해, 세 가지 나쁜 세계에 떨어져 긴 밤 동안 괴로움을 받지 않는다. 나는 오늘부터 바르게 생각하여, 눈은 덧없고 끝이 있으며, 마음의 인연으로 생긴 법이라고 관찰하자. 혹은 형상과 안식과 눈의 부딪침과 눈의 부딪치는 인연으로 생기는 느낌, 즉 괴롭고 혹은 즐거우며, 혹은 괴롭지도 않고 즐겁지도 않은 안의 감정, 그것도 또한, 덧없고 끝이 있으며 마음의 인연으로 생긴 법이라고 관찰하자. 귀·코·혀·몸에 대해서도 마땅히 그렇게 배워야 한다. 차라리 쇠창으로 내 몸을 펠지언정, 신식으로써 부딪치는 모양이나 아름다운 부딪침을 취함으로써 세 가지 나쁜 세계에 떨어지지 않는다. 나는 오늘부터 바르게 생각하여, 몸은 덧없고 끝이 있으며, 마음의 인연으로 생긴 법이라고 관찰하자. 혹은 부딪침과 신식과 몸의 부딪침과 몸의 부딪치는 인연으로 생기는 느낌, 즉 괴롭고 혹은 즐거우며, 혹은 괴롭지도 않고 즐겁지도 않는 안의 감정, 그것도 또한 덧없고 끝이 있으며 마음의 인연으로 생긴 법이라고 관찰하자.'

또 많이 아는 거룩한 제자들은 이렇게 공부한다. 즉 '수면이란 어리석은 삶이다. 이 어리석은 삶은 결과도 없고 이익도 없으며 복도 없는 것이다. 나는 마땅히 잠을 자지 않을 것이며 또한 감각과 생각도 일으키지 않을 것이다. 만일 생각을 일으키면 얽매임과 다툼이 생겨, 많은 사람이 이치로써 이익되지 않게 하고 안락을 얻지 못하게 한다'라고. 많이 아는 거룩한 제자들이 이렇게 관찰하면, 눈에 대해서 싫어하는 마음을 내고, 형상과 안식과 눈의 부딪침과 눈의 부딪치는 인연으로 생기는 느낌, 즉 괴롭고 혹은 즐거우며, 혹은 괴롭지도 않고 즐겁지도 않은 안의 감정 그것에 대해서도 또한 싫어하는 마음을 낸다. 싫어하므로 바라지 않고, 바라지 않으므로 해탈하며 또 해탈한 줄 안다. 그래서 '나의 생은 이미 다하고, 범행은 이미 서고, 할 일은 이미 마쳐 다시는 후세의 몸을 받지 않는다'고 스스로 안다. 귀·코·혀·몸·뜻에 있어서도 또한 그와 같다."

부처님께서 이 경을 말씀하시자 여러 비구는 기뻐하며 받들어 행했다.

(4-8) 253잡아함비뉴가전연경

이와 같이 나는 들었다.

어느 때 존자 우타이(優陀夷, Udayin)는 구살라(拘薩羅, Kosala)국으로 가서 세간에 유행하면서 구반다(鳩盤茶, Kumbhanda)촌에 이르러 비뉴가전연(毘紐迦旃延)이라는 바라문 여사제의 암나나무동산에 머물렀다. 그때 여사제에게는 많은 젊은 제자가 있었다. 그들은 돌아다니면서 나무하다가 암나나무동산에 와서, 존자 우타이가 어떤 나무 밑에 앉아 있는데, 얼굴은 단정하고 모든 근은 고요하며 마음은 편안하여 훌륭한 조복을 성취한 것을 보았다. 그들은 나아가 서로 인사한 뒤에 물러나 한쪽에 앉았다.

그때 우타이는 젊은이들을 위해 여러 가지를 설법하고 힘쓰기를 권한 뒤에 잠자코 있었다. 그 젊은이들은 존자 우타이의 말을 듣고 함께 기뻐하면서 자리에서 일어나 떠나갔다.

그때 젊은이들은 나무단을 지고 여사제의 집으로 가서 나무단을 내려놓고 여사제에게 나아가 물었다.

"우리 화상 여사제께서는 고타마의 설법을 들어 보셨습니까? 암라 동산에 사문 우타이가 있는데 성은 고타마입니다. 그는 지극히 설법을 잘했습니다."

비뉴가전연 바라문 여사제는 젊은이들에게 말했다.

"너희들은 가서 사문 우타이 고타마를 청해서, 내일 여기서 공양하도록 하라."

그때 젊은 제자들은 비뉴가전연 바라문 여사제의 분부를 받고 존자 우타이가 있는 곳으로 가서 말했다.

"존자시여, 비뉴가전연 바라문 여사제께서 존자 우타이에게 내일 아침에 공양하시라고 청합니다."

그때 우타이는 잠자코 청을 받았다. 젊은이들은 우타이가 청을 받은 줄을 알고 화상 비뉴가전연 바라문 여승에게 돌아가 말했다.

"여승이시여, 저희들은 존자 우타이에게 청했더니 존자 우타이는 잠자코 청을 받아 주었습니다."

그때 존자 우타이는 밤이 지나 이른 아침에 가사를 입고 발우를 가지고 비뉴가전연 바라문 여사제의 집으로 갔다. 그때 비뉴가전연 바라문 여사제는 멀리서 존자 우타이가 오는 것을 보고 빨리 자리를 펴고 앉기를 청한 뒤에 여러 가지 음식을 베풀고 손수 풍성하고 맛난 음식을 차렸다. 공양이 끝나자 손을 씻고 발우를 씻은 뒤에 자리로 돌아가 앉았다. 그때 비뉴가전연 바라문 여사제는 공양이 끝난 것을 알고, 좋은 가죽신을 신고 천으로 머리를 덮고 따로 높은 자리를 펴서 업신여기는 모양으로 거만하게 앉아 우타이에게 말했다.

"궁금한 것이 있는데 대답해 주시겠습니까."

우타이는 대답했다.

"여사제여, 지금은 때가 아닙니다."

이렇게 말하고 자리에서 일어나 떠났다. 이렇게 하여 다음 날도 제자들은 암라 동산으로 가서 나무하고 법을 듣고 돌아가, 다시 여사제에게 말했다. 여사제는 다시 제자들을 보내어 공양을 청했다. 전날과 같이 세 번 되풀이했다. 설법을 청하면 때가 아니라고 대답하면서 설법하지 않았다.

모든 젊은 제자는 다시 여사제에게 말했다.

"암라 동산의 사문 우타이는 지극히 설법을 잘하십니다."

여사제는 대답했다.

"나도 또한 그가 지극히 설법을 잘하는 줄을 알고 두 번 세 번 오기를 청해 음식을 차리고 법을 물어도 언제나 때가 아니라고 대답하면서 설법하지 않고 떠났다."

모든 제자는 말했다.

"화상 여사제께서는 좋은 가죽신을 신고 천으로 머리를 덮고 공경하지 않고 앉았습니다. 그런데 그가 어떻게 설법하겠습니까.

존자 우타이는 법을 공경하기 때문에 설법하지 않고 떠난 것입니다."

여사제는 대답했다.

"만일 그렇다면 다시 나를 위해 그를 청하라."

모든 제자는 분부를 받고 다시 공양을 청하기를 전과 같이 했다. 그때 여사제는 공양이 끝난 것을 알자, 가죽신을 벗고 옷을 여미고는 낮은 자리에 앉아 공경하면서 말했다.

"궁금한 것이 있는데 시간이 있으면 대답해 주시겠습니까."

우타이는 대답했다.

"이제 물으십시요. 그대를 위해 설법하겠습니다."

여사제는 물었다.

"어떤 사문이나 바라문들은 '괴로움과 즐거움은 자기가 지은 것이다'고 말하고, 또 어떤 이는 '괴로움과 즐거움은 남이 지은 것이다'고 말합니다. 어떤 이는 '괴로움과 즐거움은 자기와 남이 지은 것이다'고 말하며, 어떤 이는 '괴로움과 즐거움은 자기가 지은 것도 아니며, 남이 지은 것도 아니다'고 말합니다. 그러면 존자는 어떠합니까."

존자 우타이는 말했다.

"여사제여, 아라한은 '괴로움과 즐거움은 다르게 나는 것이라'고 그

1

렇게는 말하지 않습니다.

여사제는 다시 물었다.

"그 뜻은 무엇입니까."

우다이는 대답했다.

"아라한은 '모든 괴로움과 즐거움은 인연을 좇아 난다'고 말합니다."

우타이는 다시 바라문 사제에게 물었다.

"그대에게 물으니 마음대로 대답하십시오. 그대의 생각에는 눈이 있습니까."

"있습니다."

"빛깔이 있습니까."

"있습니다."

"안식과 눈의 부딪침과 눈의 부딪치는 인연으로 생기는 느낌, 즉 괴롭고 즐거우며, 혹은 괴롭지도 않고 즐겁지도 않은 안의 감정이 있습니까."

"그러합니다. 존자 우타이여,"

우타이는 다시 물었다.

"귀·코·혀·몸·뜻의 부딪치는 인연으로 생기는 느낌 즉 괴롭고 혹은 즐거우며, 혹은 괴롭지도 않고 즐겁지도 않은 안의 감정이 있는가."

"그러합니다. 존자 우타이여,"

우타이는 다시 물었다.

"이것이 아라한이 말하는 '그 인연을 좇아 괴로움과 즐거움이 난다'는 것입니다."

바라문 여사제는 존자 우타이에게 말했다.

"존자 우타이여, 그와 같이 아라한은 '그 인연을 좇아 괴로움과 즐거움이 난다'고 말합니까."

"그렇습니다. 바라문 여사제여,"

바라문 여사제는 다시 물었다.

"사문이시여, 아라한은 어떻게 '인연으로 생긴 괴로움과 즐거움과 괴롭지도 않고 즐겁지도 않은 것이 멸한다'고 말합니까."

우타이는 대답했다.

"나는 이제 그대에게 물으리니 마음 대로 대답하십시오.

바라문 여사제여, 모든 눈이 한꺼번에 멸해 남음이 없는데, 그래도 눈의 부딪치는 인연으로 생기는 느낌, 즉 괴롭고 혹은 즐거우며, 혹은 괴롭지도 않고 즐겁지도 않은 안의 감각이 있습니까?"

"없습니다. 사문이시여."

"그와 같이, 귀·코·혀·몸·뜻이 한꺼번에 멸하고 영원히 다해 남음이 없는데, 그래도 눈의 부딪치는 인연으로 생기는 느낌, 괴롭고 혹은 즐거우며, 혹은 괴롭지도 않고 즐겁지도 않은 안의 감정이 있습니까?"

"없습니다. 사문이시여."

"그와 같이, 귀·코·혀·몸·뜻이 한꺼번에 멸하고 영원히 다해 남음이 없는데, 그래도 그것들의 부딪치는 인연으로 생기는 느낌, 즉 괴롭고 혹은 즐거우며, 혹은 괴롭지도 않고 즐겁지도 않은 안의 감정이 있습니까?"

"없습니다. 사문이시여."

"그와 같이 바라문 여사제여, 이것을 아라한이 말하는 〈인연으로 생긴 괴로움과 즐거움과 괴롭지도 않고 즐겁지도 않은 것이 멸하는 것〉이라 합니다."

존자 우타이가 이 법을 말했을 때 비뉴가전연 바라문 여사제는 티끌을 멀리하고 때를 여의어 법눈이 깨끗하게 되었다. 그때 비뉴가전연 바라문 여사제는 법을 보고, 법을 얻고 법을 알고 법에 들어가 의혹을 건넜으며, 남을 의지하지 않고 부처님의 가르치신 법에 들어가 그 법에서 두려움이 없게 되었다. 그는 자리에서 일어나 옷을 여미고 공경히 합장하고 존자 우타이에게 말했다.

"나는 오늘 결정했습니다. 오늘부터 부처님께 귀의하고 법에 귀의하고 승가에 귀의합니다. 나는 오늘부터 목숨이 다하도록 삼보에 귀의합니다."

그때 존자 우타이는 바라문 여사제를 위해 설법하여, 가르쳐 보이고 기뻐하게 한 뒤에 자리에서 일어나 떠나갔다.

(4-9) 273잡아함수성유경

이와 같이 나는 들었다.

어느 때 부처님께서는 사위성 기수급고독원에 계실 때에 어떤 비구는 혼자서 고요히 생각했다. '어떤 것을 〈나〉라고 하는가. 〈나〉는 무엇을 할까. 어떤 것이 〈나〉인가. 〈나〉는 어디서 머무르는가?' 그는 선정에서 깨어나 부처님 계신 곳에 나아가 머리를 조아려 발에 예배하고 한 쪽에 물러나 앉아 부처님께 여쭈었다.

"부처님이시여, 저는 혼자 고요한 곳에서 '어떤 것을 〈나〉라고 하는가. 〈나〉는 무엇을 할까. 어떤 법이 〈나〉인가. 〈나〉는 어디에 머무르는가?' 생각했습니다."

부처님께서는 비구에게 말씀하셨다.

"나는 이제 너를 위해 두 법을 말하리니 자세히 듣고 잘 생각하라. 어떤 것이 둘인가. 눈과 형상이 둘이요, 귀와 소리, 코와 냄새, 혀와 맛, 몸과 부딪침, 뜻과 법이 둘이니, 이것을 두 법이라 한다.

비구여, 혹 어떤 이는 말한다. '사문 고타마가 말하는 두 법은 둘이 아니다. 나는 이제 그것을 버리고 다시 두 법을 세우리라'고. 그러나 그는 말이 없을 뿐이다. 자꾸 물으면 알지 못하고 의혹만 더할 뿐이니 그것은 대경이 아니기 때문이다. 무슨 까닭인가. 눈과 형상을 인연하여 안식이 생긴다. 비구여, 눈이란 몸의 근육으로 된 형상이니, 그것은 안이며, 인연이며, 그것은 단단한 것이며, 받아들이는 것이다. 이것을 안의 지계(地界)라 한다. 비구여, 눈은 몸의 근육으로 된 형상이니, 안이며 인연으로 젖고 윤기 나는 것을 받아들이는 것이니 안의 수계(水界)라 한다. 비구여, 눈은 몸의 근육으로 된 형상이니, 안이며 인연으로 밝고 따뜻한 것을 받아들이는 것이니 이것을 안의 화계(火界)라 한다. 눈은 몸의 근육으로 된 형상이니, 안이며 인연으로 가볍게 나부끼며 흔들리는 것을 받아들이는 것이니 이것을 안의 풍계(風界)라 한다.

비구여, 비유하면 두 손이 화합해 서로 마주쳐 소리를 내는 것이다. 이와 같이 눈과 형상을 인연하여 안식이 생긴다. 이 세 가지가 화합한 것은 부딪침이니, 부딪침이 함께 하면 느낌[受],생각[想],의도[思]가 생긴다. 그러나 이러한 모든 법은 〈나〉가 아니며, 항상함이 아니며, 이것은 덧없는 〈나〉요, 항상함이 아니요 안온이 아니며, 변하고 바뀌는 〈나〉이다. 무슨 까닭인가. 비구여, 그것은 나고 늙고 죽고 마치며 태어남[生]을 받는 법이기 때문이다.

비구여, 모든 행은 꼭두각시와 같고 불꽃과 같으며 잠깐 동안에 다 썩어져 진실로 오고 진실로 가는 것이 아니다. 그러므로 비구여, 공인 모든 행에 대해서 마땅히 알고 마땅히 기뻐하고 마땅히 생각하라. 공인 모든 행은 항상 머물러 변하거나 바뀌는 법이 아니다. 공에는 〈나〉도 없고 〈내 것〉도 없다.

비유하면, 눈이 밝은 사부가 손에 밝은 등불을 잡고 빈방에 들어가서 그 빈방을 관찰하는 것과 같다. 이와 같이 비구여, 일체의 공인 행과 공인 마음을 관찰하여 기뻐하면 공인 법과 행은 항상 머물러 변하고 바뀌는 법이 아니며, 〈나〉와 〈내 것〉이 공했기 때문이다. 눈과 같이, 귀·코·혀·몸·뜻과 법이 인연하여 의식이 생긴다. 이 세 가지가 화합한 것은 부딪침이니 부딪침이 함께 하면 느낌, 생각, 의도가 생긴다. 이 모든 법은 〈나〉가 없고 항상함이 없으며, 〈나〉와 〈내 것〉이 공했다.

비구여, 너의 생각은 어떠하냐. 눈은 항상함이 있는가. 항상함이 없는 것인가.”

“항상함이 없습니다. 부처님이시여.”

“항상함이 없는 것이라면 그것은 괴로운 것인가.”

“그것은 괴로운 것입니다. 부처님이시여.”

“만일 덧없고 괴로운 것이라면 그것은 변하고 바뀌는 법이다. 그런데 많이 아는 거룩한 제자로서 과연 거기서 〈나〉와 〈다른 나〉와, 그 둘의 합한 것을 보겠느냐.”

“아닙니다. 부처님이시여.”

“귀·코·혀·몸·뜻에서도 또한 그와 같다. 그러므로 많이 아는 거룩한 제자는 눈에 대해서 싫어하는 마음을 내고, 싫어하기 때문에 바라지 않으며, 바라지 않기 때문에 해탈하고 또 해탈한 줄을 안다. 그래서 나의 생은 이미 다하고, 범행은 이미 서고, 할 일은 이미 마쳐, 다시는 후세의 몸을 받지 않는다고 스스로 알며, 귀·코·혀·몸·뜻에서도 또한 그와 같다.”

그때 그 비구는 부처님께서 말씀하시는 〈수성비경〉의 가르침을 듣고 혼자 고요한 곳에서 알뜰히 생각하면서 함부로 놀지 않는데 머물렀다. 다음 생의 몸을 받지 않는다고 스스로 알고 아라한이 되었다.

(4-10) 322잡아함안내입처경

이와 같이 나는 들었다.

어느 때 부처님께서는 사위성 기수급고독원에 계셨다. 어떤 비구가 부처님 계신 곳에 나아가 머리를 조아려 발에 예배하고 한 쪽에 물러 앉아 부처님께 여쭈었다.

"부처님이시여, 부처님께서는 눈을 내입처(內入處)라 하셨습니다. 부처님께서는 간략히 말씀하시고 널리 분별하시지 않았습니다. 어찌하여 눈이 내입처입니까."

부처님께서는 그 비구에게 말씀하셨다.

"눈은 내입처로써 사대로 된 것인데, 깨끗한 빛깔이어서 볼 수 없으나 상대가 있는 것이다. 귀·코·혀·몸의 내입처에서도 또한 그와 같이 말한다."

그는 다시 부처님께 여쭈었다.

"부처님께서 말씀하신 바와 같다면 뜻을 안의 감관이라 하시고, 널리 분별하시지 않았습니다. 어찌하여 뜻이 내입처입니까."

부처님께서는 비구에게 말씀하셨다.

"뜻을 내입처라 하는 것은 마음과 뜻과 의식은 빛이 아니어서 볼 수도 없고 상대도 없는 것이므로 뜻을 내입처라 한다."

그는 다시 여쭈었다.

"부처님께서 말씀하신 바와 같다면 색(물질)을 외입처(外入處)라 하셨습니다. 부처님께서는 간략히 말씀하시고 자세히 분별하시지 않았습니다. 어찌하여 색은 외입처입니까."

부처님께서는 비구에게 말씀하셨다.

"색을 외입처라 하는 것은 색은 사대로 된 것으로 볼 수도 있고 상대도 있는 것이니, 그래서 색을 외입처라 한다."

"부처님께서는 소리를 외입처라 하시고 자세히 분별하시지 않았습니다. 어찌하여 소리는 외입처입니까."

"소리는 사대로 볼 수는 없으나 상대가 있는 것이니 외입처라 하며, 냄새, 맛과 감촉도 또한 그와 같다."

"부처님께서는 감촉을 외입처라 말씀하시고 자세히 분별하시지 않았습니다. 어찌하여 감촉이 외입처입니까."

"감촉을 외입처라 하는 것은 사대 및 사대로 된 물질로 볼 수는 없으나 상대가 있는 것이니, 이런 까닭에 감촉을 외입처라 한다."

"부처님께서는 법을 외입처라 말씀하시고 자세히 분별하시지 않았습니다. 어찌하여 법은 외입처입니까."

"법을 외입처라 하는 것은 상대는 없지만 십일입(十一入)에는 소속되지 않는 것으로 볼 수도 없고 그래서 법을 외입처라 한다."

"육내입처가 있으니 눈의 내입처, 귀·코·혀·몸·뜻의 내입처이다. 육외입처가 있다. 어떤 것을 육이라 하는가. 색이 외입처이며, 소리·냄새·맛·감촉·법이 외입처이니, 이것을 육외입처라 한다."

부처님께서 이 경을 말씀하시자 여러 비구는 기뻐하며 받들어 행했다.

(4-11) 325잡아함육식촉수애신경

이와 같이 나는 들었다.

어느 때 부처님께서는 사위성 기수급고독원에 계시면서 비구들에게 말씀하셨다.

"여섯 가지 식신(識身)이 있다. 어떤 것을 여섯이라 하는가. 눈의 식신, 귀의 식신, 코의 식신, 혀의 식신, 몸의 식신, 뜻의 식신이니, 이것을 여섯 식신이라 한다."

부처님께서 이 경을 말씀하시자 여러 비구가 기뻐하며 받들어 행했다.

이와 같이 나는 들었다.
어느 때 부처님께서는 사위성 기수급고독원에 계시면서 비구들에게
말씀하셨다.
"여섯 가지 촉신(觸身)이 있으니 어떤 것을 육촉신이라 하는가. 눈의
촉신, 귀의 촉신, 코의 촉신, 혀의 촉신, 몸의 촉신, 뜻의 촉신이니, 이
것을 육촉신이라 한다."
부처님께서 이 경을 말씀하시자 여러 비구가 기뻐하며 받들어 행했다.

이와 같이 나는 들었다.
어느 때 부처님께서는 사위성 기수급고독원에 계시면서 비구들에게
말씀하셨다.
"여섯 가지 수신(受身)이 있으니 어떤 것을 육이라 하는가. 눈의 부딪
침으로 생기는 느낌과 귀·코·혀·몸·뜻의 부딪침으로 생기는 느낌이
니라. 이것을 여섯 가지 수신이라 한다."
부처님께서 이 경을 말씀하시자 여러 비구가 기뻐하며 받들어 행했다.

이와 같이 나는 들었다.
어느 때 부처님께서는 사위성 기수급고독원에 계시면서 비구들에게
말씀하셨다.
"여섯 가지 상신(想身)이 있으니 어떤 것을 육이라 하는가. 이른바 눈
의 부딪침으로 생기는 느낌과 귀·코·혀·몸·뜻의 부딪침으로 생기는
생각이니라. 이것을 여섯 가지 상신이라 한다."
부처님께서 이 경을 말씀하시자 여러 비구가 기뻐하며 받들어 행했다.

이와 같이 나는 들었다.

어느 때 부처님께서는 사위성 기수급고독원에 계시면서 비구들에게 말씀하셨다.

"여섯 가지 사신(思身)이 있으니 어떤 것을 육이라 하는가. 이른바 눈의 부딪침으로 생기는 〈사(思)〉와 귀·코·혀·몸·뜻의 부딪침으로 생기는 사이니, 이것을 여섯 가지 사신이라 한다."

부처님께서 이 경을 말씀하시자 여러 비구가 기뻐하며 받들어 행했다.

이와 같이 나는 들었다.

어느 때 부처님께서는 사위성 기수급고독원에 계시면서 비구들에게 말씀하셨다.

"여섯 가지 애신(愛身)이 있으니 어떤 것을 육 애신이라 하는가. 눈의 부딪침으로 생기는 욕망과 귀·코·혀·몸·뜻의 부딪침으로 생기는 욕망이니 이것을 여섯 가지 욕망이라 한다."

부처님께서 이 경을 말씀하시자 여러 비구가 기뻐하며 받들어 행했다.

(4-12) 336잡아함육희우사상행경

이와 같이 나는 들었다.

어느 때 부처님께서는 사위성 기수급고독원에 계시면서 여러 비구에게 말씀하셨다.

"여섯 가지 기뻐하는 희행이 있다. 어떤 것을 육이라 하는가. 비구들이여, 지금 색을 보고 기뻐하면 그 색이 있는 곳에서 행한다. 귀로 소리를, 코로 냄새를, 혀로 맛을, 몸으로 감촉을, 뜻의 의식으로 법을 기뻐하면 그 법이 있는 곳에 행한다.

비구들이여, 이것을 여섯 가지 기뻐하는 희행이라 한다."

"여섯 가지 걱정하는 우행이 있다. 어떤 것을 육이라 하는가. 비구들이여, 눈으로 물질을 보고 걱정스러우면 그 물질이 있는 곳에서 행한다. 귀로 소리를, 코로 냄새를, 혀로 맛을, 몸으로 감촉을, 뜻의 의식으로 법을 보고 걱정스러우면 그 법이 있는 곳에서 행한다.
비구들이여, 이것을 여섯 가지 걱정하는 우행이라 한다."

"여섯 가지 버리는 사행이 있다. 어떤 것을 육이라 하는가. 비구들이여, 눈으로 물질을 보고 버리면 그 물질이 있는 곳에서 행한다. 귀로 소리를, 코로 냄새를, 혀로 맛을, 몸으로 감촉을, 뜻의 의식으로 법을 버리면 그 법이 있는 곳에서 행한다. 비구들이여, 이것을 여섯 가지 버리는 사행이라 한다."

"여섯 가지 떳떳한 상행이 있다. 어떤 것을 육이라 하는가. 비구들이여, 비구가 눈으로 색을 보고 괴로워하지도 않고 즐거워하지도 않고, 평등한 마음에 머물러 바른 생각과 바른 지혜를 가지면 그 색이 있는 곳에서 행한다. 귀의 소리, 코의 냄새, 혀의 맛, 몸의 감촉, 뜻의 의식의 법에도 괴로워하지도 않고, 즐거워하지도 않고, 평등한 마음에 머물러, 바른 생각과 바른 지혜를 가지면 비구들이여, 이것을 여섯 가지 떳떳한 상행이라 한다."

"여섯 가지 떳떳한 상행이 있다. 어떤 것을 육이라 하는가. 비구는 눈으로 색을 보아도 괴로워하지 않고 즐거워하지도 않으며 평등한 마음에 머물러 바른 생각과 바른 지혜를 가진다. 귀의 소리, 코의 냄새,

혀의 맛, 몸의 감촉, 뜻의 식의 법에도 괴로워하지 않고 즐거워하지도 않으며 평등한 마음에 머물러 바른 생각과 바른 지혜를 가진다. 만일 비구로서 이 여섯 가지 떳떳한 상행을 성취하면 그는 세상에서 얻기 어려운 것을 얻는다."

"여섯 가지 떳떳한 상행이 있다. 어떤 것을 육이라 하는가. 비구는 색을 보아도 괴로워하지 않고 즐거워하지도 않으며 평등한 마음에 머물러 바른 생각과 바른 지혜를 가진다. 귀의 소리, 코의 냄새, 혀의 맛, 몸의 감촉, 뜻의 식의 법에도 괴로워하지 않고 즐거워하지도 않으며 평등한 마음에 머물러, 바른 생각과 바른 지혜를 가진다. 비구로서 이 여섯 가지 떳떳한 행을 성취하면 그는 세간에서 얻기 어려우며, 받들어 섬기고 공경하고 공양할 만하여 세간의 위없는 복 밭이 된다."

"여섯 가지 떳떳한 상행이 있다. 어떤 것을 육이라 하는가. 혹 비구는 눈으로 색을 보아도 괴로워하지 않고 즐거워하지도 않으며 평등한 마음에 머물러 바른 생각과 바른 지혜를 가진다. 귀의 소리, 코의 냄새, 혀의 맛, 몸의 감촉, 뜻의 식의 법에도 괴로워하지 않고 즐거워하지도 않으며 평등한 마음에 머물러, 바른 생각과 바른 지혜를 가진다. 비구로서 이 여섯 가지 떳떳한 행을 성취하면 마땅히 알라. 그는 사리불과 같다.
사리불 비구는 눈으로 색을 보아도 괴로워하지 않고 즐거워하지도 않으며 평등한 마음에 머물러, 바른 생각과 바른 지혜를 가진다. 귀의 소리, 코의 냄새, 혀의 맛, 몸의 감촉, 뜻의 식의 법에도 괴로워하지도 않고 즐거워하지도 않으며 평등한 마음에 머물러, 바른 생각과 바른 지혜를 가진다. 사리불 비구는 이 여섯 가지 떳떳한 행을 성취했으므로 세간에서 얻기 어려운 것을 얻었다. 그는 받들어 섬기고 공경할 만하여 세간의 위없는 복 밭이 된다."

부처님께서 이 경을 말씀하시자 여러 비구는 기뻐하며 받들어 행했다.

5. 연기

(5-1) 57잡아함질루진경

이와 같이 나는 들었다.

어느 때 부처님께서는 사위성 기수급고독원에 계셨다. 그때 부처님께서는 가사를 입고 발우를 들고 사위성으로 들어가 걸식했다. 걸식을 마치고 돌아와 가사와 발우를 가지고 시자에게도 알리지 않으신 채 혼자 서쪽에 있는 나라로 가서 세간을 유행하셨다.

이때 안타(安陀) 숲에 있던 어떤 비구는 부처님께서 대중에게도 말하지 않고 시자에게도 알리지 않으신 채 혼자 가시는 것을 멀리서 보았다. 그는 존자 아난에게 가서 아뢰었다.

"존자여, 부처님께서는 대중에게도 말하지 않고 시자에게도 알리지 않고 혼자 유행하십니다."

그러자 아난은 그 비구에게 말했다.

"부처님께서 대중에게도 말하지 않고 시자에게도 알리지 않으신 채 혼자 나가 유행하신다면 아무도 따라가지 않아야 할 것입니다. 왜냐하면 오늘 부처님께서는 적멸 속에 계시고자 하심이니 적멸은 그리 대단한 일이 아니기 때문입니다."

그때 부처님께서는 북쪽으로 유행하면서 반사국의 파타(波陀)촌으로 가서 동산 지기가 있는 숲속에서 어떤 바타사라(波陀沙羅) 나무 밑에 앉으셨다.

그때 많은 비구는 아난에게 가서 말했다.

"부처님께서는 지금 어디 계십니까?"

"부처님께서는 북으로 반사국 파타촌에 가셔서 동산 지기가 있는 숲 속의 바타사라 나무 밑에 계신다고 합니다."

"존자여, 우리는 부처님을 못 뵌지 오래되었습니다. 만일 수고롭지 않다면 우리를 가엾이 여겨 부처님계신 곳에 같이 가실 수 없겠습니까."

그때 존자 아난은 형편을 이해하여 잠자코 허락한 뒤에 많은 비구와 함께 밤을 지내고, 다음 날 아침에 가사를 입고 발우를 들고 사위성으로 들어가 걸식했다. 걸식을 마친 뒤에, 절에 돌아와 침구를 챙기고 가사와 발우를 가지고 서쪽으로 나가 세간에 유행했다. 거기서 다시 북으로 반사국 파타촌의 동산지기가 있는 숲속으로 들어갔다. 존자 아난은 많은 비구와 함께 가사와 발우를 놓고 발을 씻은 뒤에 부처님께 나아가 발에 머리 숙여 절하고 한 쪽에 앉았다. 그때 부처님께서는 많은 비구를 위하여 설법하시고 가르치고, 이롭게 하고, 기쁘게 했다. 그 자리에 있던 어떤 비구는 이렇게 생각했다. '어떻게 알고 어떻게 보아야 빨리 번뇌가 다 하게 될까?'

그때 부처님께서는 그 비구의 생각하는 바를 아시고 모든 비구에게 말씀하셨다.

"만일 어떤 비구가 이 자리에서 '어떻게 알고 어떻게 보아야 빨리 번뇌가 다 하게 될까?' 하고 생각한다면, 나는 이미 그것을 설했다. 모든 〈쌓임〉을 잘 관찰해야 한다. '네 가지 생각하는 곳인 사념처와 네 가지 바른 정근인 사정근, 네 가지 뛰어난 능력인 사여의족, 다섯 가지 뿌리인 오근, 다섯 가지 힘인 오력, 일곱 가지 깨달음 갈래인 칠각지, 여덟 가지 거룩한 길인 팔정도'이다. 나는 이미 이러한 법을 설하며 모든 〈쌓임〉을 관찰했다. 그런데 아직도 착한 남자로서 부지런히 하지 않고 부지런히 즐기지 않으며, 부지런히 생각하지 않고 부지런히 믿지 않으면서 스스로 게으르면 그는 더욱 나가지 못해 모든 번뇌를 다할 수 없다. 그러나 내가 설명한 법에서 모든 〈쌓임〉을 잘 관찰하여 부지런히 하고, 부지런히 즐겨 하며, 부지런히 생각하고, 부지런히 믿는다면 그는 모든 번뇌를 다 할 수 있다.

어리석고 무식한 범부는 색(물질)을 〈나〉라고 보며, 그것을 〈나〉라고 보면 이것을 행이라 한다. 그 행은 무엇이 원인이며, 무엇의 모임이며, 무엇의 남[生]이며, 무엇의 변함인가? 무명이 부딪쳐 애욕이 생기며, 애욕을 인연하여 행을 일으킨다. 애욕은 무엇이 원인이며, 무엇의 모임이며, 무엇의 남이며, 무엇의 변함인가? 애욕은 수(느낌, 受)가 원인이며, 수의 모임이며, 수의 남이며, 수의 변함이다. 수는 촉(감촉, 觸)이 원인이며, 촉의 모임이며, 촉의 남이며, 촉의 변함이다. 촉은 무엇이 원인이며, 무엇의 모임이며 무엇의 남이며, 무엇의 변함인가? 촉은 육입(여섯 가지 감각 기관)이 원인이며, 육입의 모임이며, 육입의 남이며, 육입의 변함이다. 육입은 덧없고 변하는 것으로서 마음이 인연하여 일어나는 법이며, 촉의 느낌과 행의 느낌도 또한 덧없고 변하는 것으로서 마음이 인연하여 일어나는 법이다.

이렇게 관찰하면서도 그는 색을 〈나〉라고 본다. 색을 〈나〉라고 보지 않더라도 색을 〈내 것〉이라고 보며, 색을 〈내 것〉이라고 보지 않더라도 색은 〈나〉 안에 있다고 보며, 색은 〈나〉 안에 있다고 보지 않더라도 〈나〉는 색 안에 있다고 본다. 〈나〉는 색 안에 있다고 보지 않더라도 느낌을 〈나〉로 보며, 느낌을 〈나〉라고 보지 않더라도 느낌을 〈내 것〉이라고 보며, 느낌을 〈내 것〉이라고 보지 않더라도 느낌은 〈나〉 안에 있다고 보며, 느낌은 〈나〉 안에 있다고 보지 않더라도 〈나〉는 느낌 안에 있다고 본다. 〈나〉는 느낌 안에 있다고 보지 않더라도 생각을 〈나〉라고 보며, 생각을 〈나〉라고 보지 않더라도 생각을 〈내 것〉이라고 보며, 생각을 〈내 것〉이라고 보지 않더라도 생각은 〈나〉 안에 있다고 보며,

생각은 〈나〉 안에 있다고 보지 않더라도 〈나〉는 생각 안에 있다고 본다. 〈나〉는 생각 안에 있다고 보지 않더라도 행을 〈나〉라고 보며, 행을 〈나〉라고 보지 않더라도 행을 〈내 것〉이라 보며, 행을 〈내 것〉이라 보지 않더라도 행은 〈나〉 안에 있다고 보며, 행은 〈나〉 안에 있다고 보지 않더라도 〈나〉는 행 안에 있다고 본다. 〈나〉는 행 안에 있다고 보지 않더라도 식을 〈나〉라고 보며, 식을 〈나〉라고 보지 않더라도 식을 〈내 것〉이라고 보며, 식을 〈내 것〉이라고 보지 않더라도 식은 〈나〉 안에 있다고 보며, 식은 〈나〉 안에 있다고 보지 않더라도 〈나〉는 식 안에 있다고 본다.

〈나〉는 식 안에 있다고 보지 않더라도 다시 단견을 지어 유견을 부수고, 단견을 지어 유견을 부수지 않더라도 아만을 떠나지 못하며, 아만을 떠나지 못하면서 다시 〈나〉를 보고 〈나〉를 보면 그것은 곧 행이다. 행은 무엇이 원인이며, 무엇의 모임이며, 무엇의 남이며, 무엇의 변함인가? 그것은 앞에서 말한 바와 같으며, 아만도 또한 그러하며, 이렇게 알고 이렇게 보면 번뇌가 빨리 다 하게 된다.”

부처님께서 이 경을 말씀하시자 여러 비구는 기뻐하며 받들어 행했다.

(5-2) 97중아함대인경

이와 같이 나는 들었다.

어느 때 부처님께서 쿠루수[拘樓瘦]에 유행하시면서 쿠루수의 도읍인 검마슬담(劍磨瑟曇, Kammasadhamma)에 계셨다. 그때 존자 아난은 한가히 홀로 있으면서 고요히 앉아 깊이 생각하다가 문득 이런 생각이 떠올랐다.

‘이 연기는 매우 기이하여 지극히 깊고 알기도 또한 매우 어렵다. 그런데, 내 관찰로는 매우 쉽다’ 이에 존자 아난은 연좌에서 일어나 부처님 계시는 곳으로 나아가 부처님 발에 머리를 조아리고 물러나 한 쪽에 서서 여쭈었다.

"부처님이시여, 저는 지금 한가히 홀로 고요히 앉아 깊이 생각하다가 문득 이런 생각이 떠올랐습니다. '이 연기는 매우 기이하여 지극히 깊고 알기도 또한 매우 어렵다. 그런데, 내 관찰로는 매우 쉽다.'라고"

부처님께서 말씀하셨다.

"아난아, 너는 그런 생각을 하지말라. 연기는 지극히 깊고 알기도 또한 매우 어렵다.

아난아, 이 연기를 참으로 알지 못하고 실제로 보지 못하며, 깨닫지 못하고 통달하지 못하기 때문에 중생들은 베틀이 서로 얽매는 것 같고 넝쿨풀이 어지러운 것 같으며, 바쁘고 부산하게 이 세상에서 저 세상으로 가고, 저 세상에서 이 세상으로 오며, 갔다 왔다 하면서 생사를 뛰어넘지 못하게 된다. 아난아, 그러므로 이 연기는 지극히 깊고 분명하며, 매우 깊은 것이다.

아난아, 어떤 이가 '늙고 죽음에 연이 있는가?'하고 묻거든, '늙고 죽음에는 연이 있다'고 대답하라. 또 어떤 이가 '늙고 죽음에는 어떤 연이 있는가?'하고 묻거든 '생에 인연한다.'고 대답하라.

아난아, 어떤 이가 '생에 연이 있는가?'하고 묻거든 '생에도 또한 연이 있다'하고 대답하라. 어떤 이가 '생에는 어떤 연이 있는가?'하고 묻거든 '유에 인연한다'하고 대답하라.

아난아, 어떤 이가 '유에 연이 있는가?'하고 묻거든 '유에도 또한 연이 있다'하고 대답하라. 어떤 이가 '유에는 어떤 연이 있는가?'고 묻거든 '취에 인연한다'하고 대답하라.

아난아, 만일 어떤 이가 '취에 연이 있는가?'고 묻거든, 마땅히 이렇게 대답하라. '취에도 또한 연이 있다'고. 만일 어떤 이가 '취에는 어떤 연이 있는가.'고 묻거든 '애에 인연한다'하고 대답하라.

아난아, 이것을 '애를 인연하여 수가 있고, 수를 인연하여 취가 있고 취를 인연하여 유가 있으며, 유를 인연하여 생이 있고, 생을 인연하여 노사가 있으며, 노사를 인연하여 걱정과 슬픔이 있고, 슬픔과 걱정, 괴로움, 번민은 다 노사를 인연하여 일어났다'고. 이와 같이 구족하여 괴로움의 오음이 생긴다.

아난아, 생을 인연하여 노사가 있으면 이것을 '생을 인연하여 노사가 있다'고 말한다. 아난아, 만일 생이 없다면, 모든 중생이 저마다 곳을 따라 생이 없을 것이니, 저마다 생이 없으면 생을 떠나더라도 노사가 있을 수 있겠는가?"

"없습니다. 부처님이시여,"

"아난아, 이 노사의 원인, 노사의 근본, 노사의 인연은 생이다. 무슨 까닭인가. 생을 인연하므로 노사가 있기 때문이다.

아난아, 유를 인연하여 생이 있으면 이것을 유를 인연하여 생이 있다고 말한다. 아난아, 만일 유가 없으면, 물고기면 고기 종자, 새면 새 종자, 모기면 모기 종자, 용이면 용 종자, 신이면 신 종자, 귀신이면 귀신 종자, 하늘이면 하늘 종자, 사람이면 사람 종자, 이렇게 아난아, 저 중생들이 저마다 곳을 따라 유가 없으니, 제각기 유가 없으면 유를 떠나더라도 생이 있을 수 있겠는가?"

"없습니다. 부처님이시여"

"아난아, 그러므로 마땅히 알라. 생의 원인, 생의 근본, 생의 인연은 유다. 유를 인연하므로 생이 있기 때문이다.

아난아, 취를 인연하여 유가 있으면 이것을 '취를 인연하여 유가 있다고 말한다. 마땅히 알라. 취를 인연하여 유가 있다. 아난아, 제각기 취가 없으면 취를 떠나더라도 유가 있고 유가 없다고 주장하겠는가."

"아닙니다. 부처님이시여."

"아난아, 그러므로 '이 유의 원인, 유의 근본, 유의 인연은 취이다'라고 말한다. 무슨 까닭인가. 취를 인연하므로 유가 있기 때문이다.

아난아, 애를 인연하여 수가 있으면 애를 인연하여 수가 있다고 말한다. 마땅히 알라. 애를 인연하여 수가 있다.' 아난아, 제 각기 애가 없으면 애를 떠나더라도 다시 수가 있고 수가 성립될 수 있겠는가."

"아닙니다. 부처님이시여."

"아난아, 그러므로 '이 수의 원인, 수의 근본, 수의 인연은 애이다'라고 말한다. 무슨 까닭인가. 애를 인연하므로 수가 있기 때문이다.

아난아, 애를 인연하여 구함이 있고, 구함을 인연하여 이익이 있다. 이익을 인연하여 분별이 있고, 분별을 인연하여 욕심이 있다. 욕심을 인연하여 집착이 있고, 집착을 인연하여 아낌이 있다. 아낌을 인연하여 재산이 있고, 재산을 인연하여 지킴이 있는 것이다.

아난아, 지킴을 인연하기 때문에 칼과 작대기, 싸움, 아첨, 속임, 거짓말, 이간하는 말이 있으며, 한량없는 악하고 착하지 않은 법을 일으킨다. 이렇게 구족하면 오로지 괴로운 오음이 생긴다.

아난아, 제 각기 지킴이 없으면, 지킴을 떠나더라도 칼과 막대기, 싸움, 아첨, 속임, 거짓말, 이간하는 말이 있고 한량없는 악하고 착하지 않은 법을 일으키겠는가."

"아닙니다. 부처님이시여."

"아난아, 마땅히 알라. 이 칼과 작대기, 싸움, 아첨, 속임, 거짓말, 이간하는 말이 있고, 한량없는 악하고 착하지 않은 법을 일으키는 원인과 근본과 인연은 지킴이다. 무슨 까닭인가. 지킴을 인연하기 때문에 칼과 작대기, 싸움, 아첨, 속임, 거짓말, 이간하는 말이 있고 한량없는

악하고 착하지 않은 법을 일으킨다. 이와 같이 구족하면 괴로운 오음
이 생긴다.

아난아, 재산을 인연하여 지킴이 있으면 이것을 재산을 인연하여 지
킴이 있다고 말한다. 아난아, 만일 재산이 없어 제 각기 재산이 없으
면 재산을 떠나더라도 지킴이 있겠는가."

"없습니다. 부처님이시여."

"아난아, 마땅히 알라. 이 지킴의 원인과 지킴의 근본과 지킴의 인연
은 재산이다. 무슨 까닭인가. 재산을 인연하기 때문에 지킴이 있기 때
문이다.

아난아, 아낌을 인연하여 재산이 있으면 이것을 아낌을 인연하여 재
산이 있다고 말한다. 마땅히 알라. 아낌을 인연하여 재산이 있다고.
아난아, 만일 아낌이 없어 제 각기 아낌이 없으면 아낌을 떠나더라도
재산이 있겠는가."

"없습니다. 부처님이시여."

"아난아, 마땅히 알라. 이 재산의 인과 재산의 원인과 재산의 근본과
재산의 인연은 아낌이다. 무슨 까닭인가. 아낌을 인연하기 때문에 재
산이 있기 때문이다.

아난아, 집착을 인연하여 아낌이 있으면 이것을 집착을 인연하여 아
낌이 있다고 말한다. 마땅히 알라. 집착을 인연하여 아낌이 있다. 아
난아, 만일 집착이 없어 제 각기 집착이 없으면 집착을 떠나더라도 아
낌이 있겠는가."

"없습니다. 부처님이시여."

"아난아, 마땅히 알라. 이 아낌의 원인과 아낌의 근본과 아낌의 인연
은 집착이다. 무슨 까닭인가. 집착을 인연하기 때문에 아낌이 있기 때
문이다.

1. 우리말 아함경   115

아난아, 욕심을 인연하여 집착이 있으면 이것을 욕심을 인연하여 집착이 있다고 말한다. 마땅히 알라. 욕심을 인연하여 집착이 있다.

아난아, 욕심이 없어 제 각기 욕심이 없으면 욕심을 떠나더라도 집착이 있겠는가."

"없습니다."

"아난아, 그러므로 마땅히 알라. 이 집착의 인과 집착의 원인과 집착의 근본과 집착의 인연은 욕심이다. 무슨 까닭인가. 욕심을 인연하므로 집착이 있기 때문이다.

아난아, 분별을 인연하여 욕심이 있으면 이것을 분별을 인연하여 욕심이 있다고 말한다. 마땅히 알라. 분별을 인연하여 욕심이 있다고.

아난아, 분별이 없어 제각기 분별이 없으면 분별을 떠나더라도 재산이 있겠는가."

"없습니다. 부처님이시여."

"아난아, 그러므로 마땅히 알라. 이 욕심의 원인과 욕심의 근본과 욕심의 인연은 분별이다. 무슨 까닭인가. 분별을 인연하므로 욕심이 있기 때문이다.

아난아, 이익을 인연하여 분별이 있으면 이것은 이익을 인연하여 분별이 있다고 말한다. 마땅히 알라. 이익을 인연하여 분별이 있다. 아난아, 제각기 이익이 없으면 이익을 떠나더라도 분별이 있겠는가."

"없습니다. 부처님이시여."

"아난아, 마땅히 알라. 이 분별의 원인과 분별의 근본과 분별의 인연은 이익이다. 무슨 까닭인가. 이익을 인연하므로 분별이 있기 때문이다.

아난아, 구함을 인연하여 이익이 있으면 이것은 구함을 인연하여 이익이 있다고 말한다. 마땅히 알라. 구함을 인연하여 이익이 있다. 아난아, 제 각기 구함이 없으면 구함을 떠나더라도 이익이 있겠는가."

"없습니다. 부처님이시여."

"아난아, 마땅히 알라. 이 이익의 원인과 근본과 인연은 구함이다. 무슨 까닭인가. 구함을 인연하기 때문에 이익이 있기 때문이다.

"아난아, 애를 인연하여 구함이 있으면 이것을 애를 인연하여 구함이 있다'고 말한다. 마땅히 알라. 애를 인연하여 구함이 있다. 아난아, 애가 없어 제 각기 애가 없으면 애를 떠나더라도 구함이 있겠는가."

"없습니다. 부처님이시여."

"아난아, 마땅히 알라. 이 구함의 원인과 구함의 근본과 구함의 인연은 애다. 무슨 까닭인가. 애를 인연하기 때문에 구함이 있기 때문이다.

아난아, 욕애와 유애의 법은 근본을 아는 각을 인하고 각을 연하여 오는 것이다.

아난아, 어떤 사람이 각에도 연이 있느냐?고 묻거든 각에도 연이 있다 말하라. 어떤 사람이 각에는 어떤 연이 있는가?고 묻거든 즐거움으로 변화시킴을 인연한다고 말하라. 마땅히 알라. 즐거움으로 변화시킴을 인연하여 각이 있다.

아난아, 제 각기 눈의 즐거움으로 변화시킴이 없으면, 눈의 즐거움으로 변화시킴을 떠나더라도 눈의 즐거움으로 변화시킴을 인연하여 즐거운 낙각, 괴로운 고각, 즐겁지도 괴롭지도 않는 불고불락각을 낼 수 있겠는가?"

"없습니다. 부처님이시여."

"아난아, 귀·코·혀·몸·뜻의 즐거움으로 변화시킴이 없어 제각기 뜻의 즐거움으로 변화시킴이 없으면, 뜻의 즐거움으로 변화시킴을 떠나더라도 뜻의 즐거움으로 변화시킴을 인연하여 낙각, 고각, 불고불락각을 낼 수 있겠는가?"

"없습니다. 부처님이시여."

"아난아, 마땅히 알라. 이 각의 인과 원인과 근본과 인연은 즐거움으로 변화시킴이다. 무슨 까닭인가. 즐거움으로 변화시킴을 인연하므로 각이 있기 때문이다.

아난아, 어떤 사람이 즐거움으로 변화시킴에도 연이 있는가?고 묻거든 즐거움으로 변화시킴에도 연이 있다고 말하라. 어떤 사람이 즐거움으로 변화시킴에는 어떤 연이 있는가?고 묻거든 명색을 인연한다고 말하라. 명색을 인연하여 즐거움으로 변화시킴이 있다.

아난아, 행하는 바와 연하는 바에 명색이 있다. 행을 떠나고 연을 떠나더라도 상대가 있는 즐거움으로 변화시킴이 있는가?"

"없습니다. 부처님이시여."

"아난아, 행하는 바와 연하는 바에 색신이 있다. 행을 떠나고 연을 떠나더라도 즐거움으로 변화시키는 것이 더 커짐이 있겠는가?"

"없습니다. 부처님이시여."

"명과 색을 떠나더라도 즐거움으로 변화시킴이 있어 즐거움으로 변화시킴이 성립될 수 있겠는가?"

"없습니다. 부처님이시여."

"아난아, 마땅히 알라. 즐거움으로 변화시킴의 원인과 즐거움으로 변화시킴의 근본과 즐거움으로 변화시킴의 인연은 명색이다. 무슨 까닭인가. 명색을 인연하여 즐거움으로 변화시킴이 있기 때문이다.

아난아, 어떤 사람이 명색에도 연이 있는가?고 묻거든 명색에도 연이 있다고 말해라. 어떤 사람이 명색에는 어떤 연이 있는가?고 묻거든 식을 인연한다고 말해라. 마땅히 알라. 식을 인연하여 명색이 있다.

아난아, 식이 어머니 태에 들어가지 않더라도 명색이 있어 이 몸을 이루겠는가?"

"아닙니다. 부처님이시여."

"아난아, 식이 태에 들어갔다가 나오면 명색이 정(精)을 만나겠는가?"

"만나지 못합니다."

"아난아, 어떤 남자와 여자의 식이 처음부터 끊어지고 부서져서 있지 않으면 명색이 더 자라겠는가?"

"아닙니다. 부처님이시여."

"아난아, 마땅히 알라. 이 명색의 원인과 명색의 근본과 명색의 인연은 식이다. 무슨 까닭인가. 식을 인연하므로 명색이 있기 때문이다. 아난아, 어떤 사람이 식에도 연이 있는가?고 묻거든 식에도 연이 있다고 말해라. 어떤 사람이 식에는 어떤 연이 있는가?고 묻거든 명색을 인연한다고 말해라. 마땅히 알라. 명색을 인연하여 식이 있다. 아난아, 식이 명색을 얻지 못하고 식이 명색에 서지도 않고 의지하지도 않으면, 식은 과연 태어남이 있고 늙음이 있으며, 병이 있고 죽음이 있으며, 괴로움이 있겠는가."

"없습니다. 부처님이시여."

"아난아, 마땅히 알라. 이 식의 원인과 식의 근본과 식의 인연은 명색이다. 무슨 까닭인가. 명색을 인연하므로 식이 있기 때문이다. 아난아, 이것을 명색을 인연하여 식이 있고, 식을 인연하여 명색이 있다고 하는 것이다. 이것으로 말미암아 말을 보태어 설명하여 전하며, 전해 설명하여 마련해야 한다. 곧 식과 명색은 함께 있다.

아난아, 어떤 사람은 신(神)이 있다고 보는가?"

존자 아난은 부처님께 여쭈었다.

"부처님께서는 법의 근본이 되시고, 법의 주인이 되시며, 법은 부처님을 좇아 나옵니다. 원하건대 그것을 해설해 주십시오. 그것을 들은 뒤에는 그 뜻을 알게 되겠습니다.”

부처님께서는 말씀하셨다.

“아난아, 자세히 듣고 잘 기억하여라. 너를 위하여 그 뜻을 분별하여 설한다.”

존자 아난은 설법을 듣고 있었다.

“아난아, 어떤 사람은 각을 신이라 본다. 어떤 사람은 각을 신이라 보지 않으면서, 신은 깨닫고 또 신법도 깨닫는다고 본다. 어떤 사람은 각을 신이라 보지 않고, 또한 신은 깨닫거나 신법도 깨닫는다고 보지 않으며, 신은 깨닫는 바가 없다고 말한다.

아난아, 어떤 사람이 각은 신이다라고 보거던 그에게 물어야 한다.

각에는 낙각, 고각, 불고불락각이 있다. 너는 이 삼각에서 어느 각을 신이라고 보는가? 낙각을 깨달으면 그때 그는 고각과 불고불락각은 멸하고 다만 낙각만을 깨닫는다. 낙각은 무상의 법이며 괴로움의 법이며 멸의 법이다. 낙각이 멸해 버리면 그는 신이 멸했다고 생각하지 않겠는가.

아난아, 고각이 있으면, 그때에는 낙각과 불고불락각은 멸하고 고각만을 깨닫는다. 고각은 무상의 법이며 괴로움의 법이며 멸의 법이다. 고각이 이미 멸해 버리면 그는 신이 멸했다고 생각하지 않겠는가. 불고불락각이 있으면, 그는 낙각과 고각은 멸하고 불고불락각만을 깨닫는다. 불고불락각은 무상의 법이며 괴로움의 법이며 멸의 법이다. 불고불락각이 이미 멸해 버리면 그는 신이 멸했다고 생각하지 않겠는가.

아난아, 그는 이와 같은 무상의 법에서 괴로움과 즐거움을 떠나서 다시 각을 신이라고 보겠는가?”

“아닙니다. 부처님이시여.”

"아난아, 그러므로 무상의 법에서 괴로움과 즐거움을 떠나서 각을 신이라고 보지 않는다.

아난아, 어떤 사람이 각을 신이라고 보지 않으면서도, 신은 깨닫고 신법도 깨닫는다고 보거든 그에게 말해야 한다. 네가 각이 없으면 깨달을 수가 없어 이것은 너의 소유라고 말할 수 없다. 아난아, 그가 이렇게 각을 신이 아니라고 보면서도 신은 깨닫고 신법도 깨닫는다고 볼 수 있겠는가?"

"아닙니다. 부처님이시여."

"아난아, 이와 같이 각을 신이 아니라고 보면서 신은 깨닫고 몸의 법도 깨닫는다고 볼 수 없다.

아난아, 어떤 사람이 각을 신이라고 보지 않고, 신은 깨닫거나 신법도 깨닫는다고 보지 않으며, 신은 깨닫는 바가 없다고 보거던 그에게 말해야 한다.

네가 각이 없으면 아무 것도 있을 수 없다. 신이 각을 떠나면 신은 청정할 수 없다. 아난아, 그가 다시 각을 신이 아니라고 보고, 신은 깨닫거나 신법도 깨닫는다고 보지 않으며, 신은 깨닫는 바가 없다고 보겠는가?"

"아닙니다. 부처님이시여."

"아난아, 이와 같이 각을 신이 아니라고 보고, 신은 깨닫거나 신법도 깨닫는다고 보지 않는다. 신은 깨닫는 바가 없다고 볼 수 없다. 아난아, 이것을 어떤 사람은 신이 있다고 보는 것이다.

아난아, 어떤 사람은 신이 있다고 보지 않는가?"

존자 아난은 부처님께 여쭈었다.

"부처님께서는 법의 근본이 되시고, 법의 주인이 되시며, 법은 부처님을 쫓아 나옵니다. 원하건대 그것을 말씀하여 주십시오. 저는 그것을 들은 뒤에는 그 뜻을 알게 되겠습니다."

부처님께서 말씀하셨다.

"아난아, 자세히 듣고 그것을 잘 기억해라. 나는 너를 위하여 그 뜻을 분별한다."

존자 아난은 설법을 듣고 있었다.

"어떤 사람은 각을 신이라 보지 않고, 또한 신은 깨닫거나 신법도 깨닫는다고 보지 않으며, 또한 신은 깨닫는 바가 없다고도 보지 않는다. 그는 이렇게 보지 않은 뒤에는 이 세간을 받아들이지 않는다. 받아들이지 않은 뒤에는 피로하지 않다. 피로하지 않은 뒤에는 열반에 든다. 그래서 생은 이미 다하고 범행은 이미 서고 할 일은 이미 마쳐, 다시는 후세의 생명을 받지 않는다는 참뜻을 안다.

아난아, 거듭 말을 보태고 설명해 전하며, 전해 설명해 유를 주장해야 한다는 것이다. 이것을 알면 받아들임이 없다.

아난아, 비구가 바르게 해탈하면, 여래는 마지막이라고 보거나 마지막이 아니라고 보거나 마지막이면서 마지막이 아니라고 보거나 마지막도 아니며 마지막이 아닌 것도 아니라고 보는 일이 없다.

이것을 어떤 사람은 신이 있다고 보지 않는다.

아난아, 어떻게 신이 있다고 주장하는가?"

존자 아난은 부처님께 여쭈었다.

"부처님께서는 법의 근본이 되시고, 법의 주인이 되시며, 법은 부처님을 쫓아 나옵니다. 원하건대 그것을 말씀해 주십시오. 그것을 들은 뒤에는 그 뜻을 알게 되겠습니다.”

부처님께서는 말씀하셨다.

“아난아, 자세히 듣고 그것을 잘 기억해라. 나는 너를 위하여 그 뜻을 분별한다.

아난아, 어떤 사람은 거의 형상이 작고 잘 보이지 않는 소색(小色)을 신이라고 주장한다.

어떤 사람은 소색이 아닌 것을 신이라고 주장한다. 어떤 사람은 거대하고 분명한 형상인 무량색(無量色)을 신이라고 주장한다.

어떤 사람은 소색이 아닌 것을 신이라고 주장하며, 무량색이 아닌 것을 신이라고 주장하며, 형상이 없는 소무색(小無色)을 신이라고 주장한다.

어떤 사람은 소색이 아닌 것을 신이라고 주장하며, 무량색이 아닌 것을 신이라고 주장하며, 소무색이 아닌 것을 신이라고 주장하며, 거대하고 형상이 없는 무량무색(無量無色)을 신이라고 주장한다.

아난아, 어떤 사람이 소색을 신이라고 주장하다가, 몸이 무너지고 목숨이 끝나서도 이렇게 말하고 볼 것이며, 신이 있어 소색을 떠날 때도 이러하다고 생각하여 늘 이렇게 생각할 것이다.

아난아, 이와 같이 어떤 사람은 소색을 신이라고 주장하며, 집착하고 또 집착한다.

아난아, 어떤 사람이 소색이 아닌 것을 신이라고 주장하며, 무량색을 신이라 하여 주장하다가, 몸이 무너지고 목숨이 끝나서도 이렇게 말하고 볼 것이며, 신이 있어 무량색을 떠날 때도 이러하다고 생각하여 늘 이렇게 생각할 것이다.

아난아, 이와 같이 어떤 사람은 소색을 신이라고 주장하며, 또 집착한다.

아난아, 어떤 사람이 소색이 아닌 것을 신이라고 주장하며, 무량색이 아닌 것을 신이라고 주장하고, 그는 지금 소무색을 신이라고 주장하다가, 몸이 무너지고 목숨이 끝나서도 이렇게 말하고 볼 것이며, 신이 있어 소무색을 떠날 때도 이러하다고 생각하여 늘 이렇게 생각할 것이다. 아난아, 이와 같이 어떤 사람은 소무색을 신이라고 주장하니, 또 집착한다.

아난아, 어떤 사람이 소색이 아닌 것을 신이라고 주장하며 또한 무량색이 아닌 것을 신이라고 주장하며, 소무색이 아닌 것을 신이라고 주장하며, 무량무색을 신이라고 주장하면, 몸이 무너지고 목숨이 끝나서도 이렇게 말하고 이렇게 볼 것이며, 신이 있어 무량무색을 떠날 때도 이러하다고 생각하여 늘 이렇게 생각하는 것이다.

아난아, 이와 같이 어떤 사람은 무량무색을 신이라 하여 또 집착한다. 이것을 어떤 사람은 신이 있다고 또 주장한다.

아난아, 어떻게 신이 없다고 주장하는가?"
존자 아난은 부처님께 여쭈었다.
"부처님께서는 법의 근본이 되시고, 법의 주인이 되시며, 법은 부처님을 쫓아 나옵니다. 원하건대 그것을 말씀해 주십시오. 그것을 들은 뒤에는 그 뜻을 알게 되겠습니다."
부처님께서는 말씀하셨다.
"아난아, 자세히 듣고 그것을 잘 기억해라. 나는 너를 위하여 그 뜻을 분별한다.

아난아, 어떤 사람은 소색이 아닌 것을 신이라고 주장하며, 무량색이 아닌 것을 신이라고 주장하며, 소무색이 아닌 것을 신이라고 주장하며, 무량색이 아닌 것을 신이라고 또 주장한다.

아난아, 어떤 사람이 소색이 아닌 것을 신이라고 주장하다가, 몸이 무너지고 목숨이 끝나서도 이렇게 말하지 않고 또한 이렇게 보지 않을 것이며, 신이 있어 소색을 떠날 때에도 이러하다 생각하지만 늘 이렇게 생각하지도 않는다.

아난아, 이와 같이 어떤 사람은 소색이 아닌 것을 신이라고 주장하고, 신이라 보지 않아, 또 집착한다.

아난아, 어떤 사람이 무량색이 아닌 것을 신이라고 주장하다가, 몸이 무너지고 목숨이 끝나서도 이렇게 말하지 않고 이렇게 보지 않을 것이며, 신이 있어 무량색을 떠날 때도 이러하다고 생각하지 않고 이렇게 늘 생각하지도 않는다.

아난아, 이와 같이 어떤 사람은 무량색이 아닌 것을 신이라고 주장하고 또 집착한다.

아난아, 어떤 사람이 소무색이 아닌 것을 신이라고 주장하고 또 주장하다가, 몸이 무너지고 목숨이 끝나서도 이렇게 말하지 않고 이렇게 보지 않으며, 신이 있어 소무색을 떠날 때도 이러하다고 생각하지 않고, 이렇게 늘 생각하지도 않는다.

아난아, 이와 같이 어떤 사람은 소무색이 아닌 것을 신이라고 주장하고 또 집착한다.

아난아, 어떤 사람이 무량무색이 아닌 것을 신이라고 주장하다가, 몸이 무너지고 목숨이 끝나서도 이렇게 말하지 않고 이렇게 보지 않을 것이며, 신이 있어 무량무색을 떠날 때도 이러하다고 생각지 않고 또한 이렇게 늘 생각하지 않을 것이다.

아난아, 이와 같이 어떤 사람은 무량무색이 아닌 것을 신이라고 주장하고, 무량무색이 아닌 것을 신이라 보지 않아 또 집착한다. 이것을 어떤 사람은 신이 없다고 주장한다."

"아난아, 칠 식주(識住)와 이 처가 있다. 어떤 형상이 있는 중생은 약간의 몸에 약간의 생각이 있으니 사람과 욕천이다. 이것을 제일 식주라 한다.

아난아, 어떤 형상이 있는 중생은 약간의 몸에 한 생각이 있으니 범천이다. 처음 나서 오래 살지도 않고 일찍 죽지도 않는다. 이것을 제이 식주라 한다.

아난아, 어떤 형상이 있는 중생은 한 몸에 약간의 생각이 있으니 황욱천이다. 이것을 제삼 식주라 한다. 아난아, 어떤 형상이 있는 중생은 한 몸에 한 생각이 있으니 변정천이다. 이것을 제사 식주라 한다. 아난아, 어떤 형상이 없는 중생은 모든 형상이라는 생각을 건너고 상대가 있다는 생각을 멸하고 약간의 생각도 없으니 공처이다. 이 공처에서 성취해 있으니 무량공처천이다. 이것을 제오 식주라 한다.

아난아, 어떤 형상이 없는 중생은 모든 무량공처를 건너 한량이 없는 식처로서 이 식처에서 성취하면 무량식처천이다. 이것을 제육 식주라 한다. 아난아, 어떤 형성이 없는 중생은 일체의 무량식처를 건너 무소유처로서 이 무소유처에서 성취해 있으니 무소유처천이다. 이것을 제칠 식주라 한다.

아난아, 어떤 것이 이 처인가. 어떤 형상이 있는 중생은 생각도 없고 감각도 없으니, 무상천이다. 이것을 제일 처라 한다. 아난아, 어떤 빛깔이 없는 중생은 모든 무소유처를 건너 비유상비무상처로서 이 비유상비무상처에서 성취해 있으니 비유상비무상처천이다. 이것을 제이 처라 한다."

"아난아, 제일 식주란 것은 어떤 형상이 있는 중생은 약간의 몸에 약간의 생각이 있으니, 사람과 욕천이다. 어떤 비구가 그 식주를 알고 식주의 원인을 알고 그 멸함을 알고 그 맛을 알고 그 근심을 알고 그것을 벗어날 수 있다는 참뜻을 안다면, 이 비구는 그래도 그 식주에 집착하고 머무르기를 즐겨했겠는가?"

"아닙니다. 부처님이시여"

"아난아, 제이 식주란 것은, 어떤 형상이 있는 중생은 약간의 몸에 한 생각이 있으니, 범천이 처음 나서 오래 살지도 않고 일찍 죽지도 않는 것이다. 어떤 비구가 그 식주를 알고 식주의 원인을 알고 그 멸함을 알고 그 맛을 알고 그 근심을 알고 그것을 벗어날 수 있다는 참뜻을 안다면, 이 비구는 그래도 그 식주에 집착하고 머무르기를 즐겨했겠는가?"

"아닙니다. 부처님이시여"

"아난아, 제삼 식주란 것은, 어떤 형상이 있는 중생은 한 몸에 약간의 생각이 있으니, 황욱천이다. 만일 어떤 비구가 그 식주를 알고 식주의 원인을 알고 그 멸함을 알고 그 맛을 알고 그 근심을 알고 그것을 벗어날 수 있다는 참뜻을 안다면, 이 비구는 그래도 그 식주에 집착하고 머무르기를 즐겨했겠는가?"

"아닙니다. 부처님이시여"

"아난아, 제사 식주란 것은, 어떤 형상이 있는 중생은 한 몸에 한 생각이 있으니, 변정천이다. 어떤 비구가 그 식주를 알고 식주의 원인을 알고 그 멸함을 알고 그 맛을 알고 그 근심을 알고 그것을 벗어날 수 있다는 참뜻을 안다면, 이 비구는 그래도 그 식주에 집착하고 머무르기를 즐겨했겠는가?"

"아닙니다. 부처님이시여"

"아난아, 제오 식주란 것은 형상이 없는 중생으로서 모든 형상이란 생각을 건너고 상대가 있다는 생각을 멸하고 약간의 생각도 없어, 한량이 없는 공처이다. 이 공처에서 성취하면 무량공처천이다. 어떤 비구가 그 식주를 알고 식주의 원인을 알고 멸함을 알고 맛을 알고 근심을 알고 그것을 벗어날 수 있다는 참뜻을 안다면, 이 비구는 그래도 그 식주에 집착하고 머무르기를 즐거워 했겠는가?"

"아닙니다. 부처님이시여"

아난아, 어떤 형상이 없는 중생은 모든 무량공처를 건너 한량이 없는 식처에서 성취해 있으니, 무량식처천이다. 이것을 제육 식주라 한다. 어떤 비구가 그 식주를 알고 원인을 알고 멸함을 알고 맛을 알고 근심을 알고 그것을 벗어날 수 있다는 참뜻을 안다면, 이 비구는 그래도 그 식주에 집착하고 머무르기를 즐겨했겠는가?"

"아닙니다. 부처님이시여."

"아난아, 제칠 식주란 것은 어떤 형상이 없는 중생으로서 모든 한량이 없는 식처를 건너 무소유처에서 성취해 있으니, 무소유처천이다. 어떤 비구가 그 식주를 알고 식주의 원인을 알고 그 멸함을 알고 그 맛을 알고 그 근심을 알고 그것을 벗어날 수 있다는 참뜻을 안다면, 이 비구는 그래도 그 식주에 집착하고 머무르기를 즐겨했겠는가?"

"아닙니다. 부처님이시여."

"아난아, 제일 처란 것은 형상이 있는 중생으로서 생각도 없고 감각도 없으니, 무상천이다. 어떤 비구가 그 처를 알고 그곳의 원인을 알고 맛을 알고 근심을 알고 그것을 벗어날 수 있다는 참뜻을 안다면, 이 비구는 그래도 그곳에 집착하고 머무르기를 즐겨했겠는가?"

"아닙니다. 부처님이시여."

"아난아, 제이 처란 것은 형상이 없는 중생으로서 일체의 무소유처를

건너는 비유상비무상처로서 이 비유상비무상처에서 성취해 있으니,
비유상비무상처천이다. 어떤 비구가 그곳을 알고 원인을 알고 맛을
알고 근심을 알고 그것을 벗어날 수 있다는 참뜻을 안다면, 이 비구는
그래도 그곳에 집착하고 머무르기를 즐겨했겠는가?"

"아닙니다. 부처님이시여."

"아난아, 만일 어떤 비구가 칠 식주와 이 처에 대해서 그 참뜻을 알고
마음에 집착하지 않아 해탈을 얻으면, 이것을 비구 아라한으로서 〈지
혜의 해탈〉이라 부른다."

"아난아, 팔 해탈이 있다. 안의 색의 생각이 밖의 색을 관찰하니, 이
것을 제일 해탈이라 한다. 안으로 색상이 없이 밖으로 색을 관찰하니,
이것을 제이 해탈이라 한다. 깨끗한 해탈을 몸으로 증득하여 성취해
머무니, 이것을 제삼 해탈이라 한다.
모든 빛깔이라는 생각을 건너고 상대가 있다는 생각을 멸하고 약간
의 생각도 없어, 한량이 없는 공처로서 이 공처에서 성취해 머무니,
이것을 제사 해탈이라 한다.
한량이 없는 공처를 건너 한량이 없는 식처에서 성취해 머무니, 이것
을 제오 해탈이라 한다. 한량이 없는 식처를 건너 무소유처로서 이 무
소유처에서 성취해 머무니, 이것을 제육 해탈이라 한다.
모든 무소유처를 건너 비유상비무상처로서 이 비유상비무상처에서
성취해 머무니, 이것을 제칠 해탈이라 한다. 모든 비유상비무상처를
건너 멸해탈을 몸으로 성취해 머무는 줄을 알고, 지혜로 관찰하여 모
든 번뇌가 다 한 줄을 아니, 이것을 제팔 해탈이라 한다."

"아난아, 만일 어떤 비구가 칠식주와 이처에 대해서 그 참뜻을 알고
마음에 집착하지 않아 해탈을 얻고, 또 이 팔 해탈을 순으로 역으로,

몸으로 증득하고 성취해 머물며, 또한 지혜로 관찰하여 모든 번뇌가 다 하면, 이것을 비구 아라한으로서 모든 해탈을 성취한 구 해탈이라 부른다."

부처님께서 이렇게 말씀하시니, 존자 아난과 여러 비구는 기뻐하며 받들어 행했다.

(5-3) 291잡아함촉경

이와 같이 나는 들었다.

어느 때 부처님께서는 왕사성의 죽림정사에 계셨다. 그때 부처님께서는 모든 비구에게 말씀하셨다.

"내가 말한 내촉법을 너희들은 이해하는가?"

그때 어떤 비구가 자리에서 일어나 옷을 여미고, 머리를 조아려 발에 예배한 뒤에 합장하고 부처님께 여쭈었다.

"부처님이시여, 말씀하신 내촉법을 저희는 이미 이해했습니다."

그때 그 비구는 부처님 앞에서 설명했지만, 부처님께서는 반가워하지 않으셨다.

그때 존자 아난은 부처님 뒤에서 부채질을 하고 있었다. 부처님께서는 아난에게 말씀하셨다.

"거룩한 법에서 말하는 내촉법은 이 비구가 말한 것과는 다르다."

아난은 부처님께 여쭈었다.

"원하건대 부처님께서는 모든 비구를 위하여 거룩한 법의 내촉법을 말씀해 주십시오. 모든 비구는 그것을 들으면 마땅히 받들어 가질 것입니다."

부처님께서는 아난에게 말씀하셨다.

"착하다! 자세히 들으라. 내촉법을 이해하려면 이렇게 생각해야 한다. 중생들에게 갖가지 많은 괴로움이 생기면, 이 괴로움은 무엇이 인이며 발생(집)이며, 남[生]이며 접촉이 되는가? 이와 같이 생각할 때에 괴로움은 소유욕인 우파리(優波提, upadhi)가 인이며 발생이며 남이며 변한 것이다.

다시 비구들이여, 그 내촉법이나 우파리는 무엇이 인이며 발생이며 남이며 접촉인가? 그것을 이해할 때에는 다음과 같이 생각해야 한다. 우파리는 애욕이 인이며 발생이며 남이며 접촉이 된다.

비구들이여, 내촉법을 이해하려면 애욕은 무엇이 인이며 발생이며 남이며 접촉인가?를 생각해야 한다. 이와 같이 생각할 때 세간의 사랑하는 밝고 단정한 색에서 애욕은 생기고, 매이고, 머무른다.

모든 사문이나 바라문들이 세간에서 사랑하는 밝고 단정한 색에 대해서 항상하다는 생각, 한결같다는 생각, 안온하다는 생각, 병이 없다는 생각, 〈나〉라는 생각, 〈내 것〉이라는 생각으로 보면 그 색에 대한 애욕은 더하고 자란다. 애욕이 더하고 자란 뒤에는 우파리가 더하고 자라며, 우파리가 더하고 자라난 뒤에는 괴로움이 더하고 자라며, 괴로움이 더하고 자라면 태어남·늙음·병·죽음과 근심·슬픔·번민·괴로움에서 해탈하지 못한다.

비유하면 길 옆 못에 맑고 시원한 물이 있어 향기와 맛이 모두 훌륭한데, 어떤 사람이 그 안에 독을 넣었다 하자. 따뜻한 봄날에 길가는 사람들이 바람과 더위에 목이 말라 그 물을 마시려 할 때에 어떤 사람이 말하기를,

"선남자들이여, 이 맑고 시원한 물은 향기와 맛이 모두 훌륭하다. 그러나 그 속에는 독이 있으니, 너희들은 마시지 말라. 만일 마신다면

너희들을 죽게 할지도 모르며 죽는 것처럼 괴로울 것이다.”고 했다. 그러나 목마른 사람들은 그 말을 믿지 않고 그것을 마셨다. 그 물을 마시고 아름다운 맛은 얻었지만 잠깐 사이에 죽거나 죽는 것처럼 괴로워했다. 그와 같이 사문이나 바라문들이 세간에서 사랑할 만한 단정한 색을 보고, 항상 하다는 소견, 한결같다는 소견, 안온 하다는 소견, 병이 없다는 소견, 〈나〉와 〈내 것〉이라는 소견을 가지고 보면 태어남·늙음·병·죽음과 근심·슬픔·번민·괴로움에서 해탈하지 못한다. 사문이나 바라문들이 세간에서 사랑할 만한 단정한 색에 대해서 병과 같고 종기와 같으며, 가시와 같고 살기와 같으며, 덧없고 괴로우며 공하고 〈나〉가 아니다고 관찰하면 애욕은 떠난다. 애욕이 떠나기 때문에 우파리가 떠나고, 우파리가 떠나기 때문에 괴로움이 떠나며, 괴로움이 떠나기 때문에 태어남·늙음·병·죽음과 근심·슬픔·번민·괴로움이 떠난다.

비유하면 길 옆 못에 맑고 시원한 물이 있어 향기와 맛이 모두 훌륭한데, 어떤 사람이 그 속에 독을 넣었다 하자. 따뜻한 봄날에 길을 가는 사람들이 바람과 더위에 목이 말라 와서 마시려 할 때에 어떤 사람이 말하기를,

“이 물은 독이 있다. 너희들은 마시지 말라. 마시면 너희들을 죽게 할지도 모르며 죽는 것처럼 괴로울 것이다.”고 했다. 그는 생각했다. ‘이 물은 독이 있다. 만일 마시면, 나를 죽게 할지도 모르며 죽는 것처럼 괴로울 것이다. 나는 우선 목마른 것을 참고 마른 보릿가루를 먹자.’ 그래서 그는 물을 마시지 않는 것과 같으니, 그와 같이 사문이나 바라문들이 세간에서 사랑할 만한 색에 대해서, 병과 같고 종기와 같으며 가시와 같고 살기와 같으며, 덧없고 괴로우며 공하고 〈나〉가 아니다고 관찰하면 태어남·늙음·병·죽음과 근심·슬픔·번민·괴로움에

서 해탈하게 된다. 그러므로 아난이여, 이 법에 대해서 이와 같이 보고 듣고 깨닫고 알라. 과거나 미래에 있어서도 또한 이와 같은 길을 관찰하라."

부처님께서 이 경을 말씀하시자 여러 비구는 기뻐하며 받들어 행했다.

(5-4) 296잡아함인연경

이와 같이 나는 들었다.

어느 때 부처님께서는 왕사성의 죽림정사에 계셨다. 그때 부처님께서는 모든 비구에게 말씀하셨다.

"나는 이제 인연법과 연생법을 말한다. 인연법은 '이것이 있기 때문에 저것이 있다.'는 것이다. 무명을 인연하여 행이 있고, 행을 인연하여 식이 있으며 이렇게 하여 순수한 괴로움의 무더기가 모이는 것이다. 연생법은 무명의 행은 부처님이 세상에 나오시거나 세상에 나오시지 않거나, 이 법은 항상 있다. 이것은 법의 머무름이며 법의 세계로서 여래가 스스로 깨닫고 알아 옳은 깨달음을 이루어, 사람들을 위해 연설하며, 열어 보이시고 나타내어 드날리신 것이다. 무명을 인연하여 행이 있고 생을 인연하여 노사가 있다는 것이다. 부처님이 세상에 나오시거나 세상에 나오시지 않거나, 이 법은 항상 있다. 이것이 법의 머무름이며 법의 세계로서 여래는 스스로 깨닫고 알아 등정각을 이루어 사람들을 위해 연설하며, 열어 보이시고 나타내어 드날리는 것이다. 이른바 태어남을 인연하기 때문에 늙음·병·죽음과 근심·슬픔·번민·괴로움이 있다는 것이다.

모든 법은 법의 머무름, 법의 공함, 법의 같음, 법의 이와 같음이다. 법은 같음을 떠나지 않고 같음과 다르지 않으며 분명하고 진실하여 뒤바뀌지 않아서 연기를 그대로 따르니 연생법이라 한다. 이른바 무

명·행·식·명색·육입·촉·수·애·취·유·생과 노사·병·근심·슬픔·번민·
괴로움이니 이것을 연생법이라 한다.

많이 아는 거룩한 제자는 이 인연법과 연생법을 바르게 알고 잘 보아
과거를 구하여 '내 과거 세상은 있었든가? 혹은 없었든가? 내 과거 세
상은 어떤 종류였든가. 내 과거 세상은 어떠하였든가.'하고 말하지 않
고, 미래를 구하여, '내 미래 세상은 있을 것인가. 혹은 없을 것인가.
어떤 종류일까. 어떠할까.'하고 마음으로 의심하지 않으며, '이것은
어떤 종류인가. 어떻게 이것이 있는가. 장래를 위해 누가 마침내 이것
을 어떻게 할 것인가. 이 중생들은 어디서 왔는가. 여기서 사라지면
장차 어디로 갈 것인가'하고 마음으로 망설이지도 않는다.

만일 어떤 사문이나 바라문이 평범한 소견을 일으키고 거기에 매여
〈나〉라는 소견에 매임을 말하고 중생이라는 소견에 매임을 말하며
수명이라는 소견에 매여 꺼리고 싫어하며 좋고 즐겁다는 소견에 매
임을 말하면, 그때 거룩한 제자는 그것을 다 끊고 알아 근본을 끊기를
다라 나무줄기를 끊는 것처럼 미래 세상에 있어서 나지 않는 법으로
만든다. 이것을 '많이 아는 거룩한 제자의 인연법과 연생법에 대하여
참으로 바르게 알아, 잘 보고 깨닫고 닦고 들어가는 것'이라 한다."

부처님께서 이 경을 말씀하시자 여러 비구는 기뻐하며 받들어 행했다.

(5-5) 304잡아함육육경

이와 같이 나는 들었다.

어느 때 부처님께서는 구루수국의 조우(調牛) 부락에 계셨다. 그때 부
처님께서는 모든 비구에게 말씀하셨다.

"나는 이제 너희들을 위하여 설법한다. 그것은 처음도 중간도 마지막
도 좋으며, 좋은 뜻과 좋은 맛으로써 순수해 하나 같으며, 원만하고

깨끗하여 범행이 맑고 깨끗한 것이다. 자세히 듣고 잘 생각해라.

육육법이 있다. 안의 여섯 가지 감각 기관, 밖의 여섯 가지 대경, 여섯 가지 식신, 여섯 가지 촉신, 여섯 가지 수신, 여섯 가지 애신이다.

어떤 것을 안의 여섯 가지 감각 기관이라 하는가? 눈의 감관과 귀·코·혀·몸·뜻의 감각 기관이다. 어떤 것을 밖의 여섯 가지 대경이라 하는가? 형상·소리·냄새·맛·촉·법의 대경이다. 어떤 것을 여섯 가지 식신이라 하는가? 눈의 식신과 귀·코·혀·몸·뜻의 식신이다. 어떤 것을 여섯 가지 촉신이라 하는가? 눈의 촉·귀·코·혀·몸·뜻의 촉이다. 어떤 것을 여섯 가지 수신이라 하는가? 눈의 접촉으로 생기는 느낌과 귀·코·혀·몸·뜻의 접촉으로 생기는 느낌이다. 어떤 것을 여섯 가지 애신이라 하는가? 눈의 접촉으로 생기는 욕망과 귀·코·혀·몸·뜻의 접촉으로 생기는 욕망이다.

어떤 사람이 '눈은 곧 〈나〉다'고 말한다면 맞지 않다. 무슨 까닭인가. 눈은 나고 멸하는 것이기 때문이다. 눈이 〈나〉라면 나는 응당 남[生]과 죽음을 받아야 하므로 '눈은 곧 〈나〉다'라고 말한다면 맞지 않다. 이와 같이 혹은 색이나 안식, 눈의 접촉, 눈의 부딪침으로 생긴 느낌을 '이것은 〈나〉다'라고 한다면 맞지 않다. 무슨 까닭인가. 눈의 부딪침으로 생기는 느낌은 나고 멸하는 법이기 때문이다. 눈의 부딪침으로 생기는 느낌이 〈나〉라면 나는 응당 남과 죽음을 받을 것이니 그러므로 눈의 부딪침으로 생기는 느낌을 이것은 〈나〉다'라고 한다면 맞지 않다. 그러므로 눈의 부딪침으로 생기는 느낌은 〈나〉가 아니다. 이와 같이 귀·코·혀·몸·뜻의 부딪침으로 생기는 느낌은 〈나〉가 아니다.

무슨 까닭인가. 뜻의 부딪침으로 생기는 느낌은 나고 멸하는 법이기 때문이다. 그것이 〈나〉라면 나는 응당 남과 죽음을 받을 것이니 그러므로 뜻의 부딪침으로 생기는 느낌을 〈나〉라고 한다면 맞지 않다. 그러므로 뜻의 부딪침으로 생기는 느낌은 〈나〉가 아니다.

그러므로 비구들이여, 눈의 하는 일, 지혜의 하는 일, 적멸의 하는 일을 참답게 알아 신통을 나타내고 바르게 열반으로 향해야 한다. 어떻게 눈의 하는 일을 참답게 알고 보아 바르게 열반으로 향하는가? 이와 같이 비구들이여, 눈은 〈나〉가 아니다. 혹은 물질이나 눈의 의식, 눈의 인식, 눈의 접촉을 인연하여 생기는 느낌, 즉 괴로우며 즐거우며, 괴롭지도 않고 즐겁지도 않은 눈의 깨달음 그것도 또한 〈나〉가 아니다라고 관찰하는 것이다. 이것을 눈의 하는 일을 참답게 알고 보아 바르게 열반으로 향하는 것으로 〈육육법경〉이라 한다.”

부처님께서 이 경을 말씀하시자 여러 비구는 기뻐하며 받들어 행했다.

(5-6) 305잡아함육입처경

이와 같이 나는 들었다.

어느 때 부처님께서는 구루수국의 조우 부락에 계시면서 여러 비구에게 말씀하셨다.

“나는 이제 너희들을 위하여 설법한다. 그것은 처음도 중간도 마지막도 좋으며, 좋은 뜻과 맛으로서 순수해 하나 같고 원만하고 깨끗해 범행이 맑고 깨끗하다. 이른바 여섯 가지 분별과 여섯 가지 감관에 관한 육입처경이니 자세히 듣고 잘 생각해라.

어떤 것을 〈여섯 가지 분별, 여섯 가지 감관〉이라 하는가? 눈의 감관을 참답게 알고 보지 못하면 색과 눈의 의식, 눈의 접촉, 눈의 접촉을 인연하여 생기는 느낌, 즉 괴롭고 즐거우며 괴롭지도 않고 즐겁지도 않은 안의 깨달음을 참답게 알고 보지 못한다. 참답게 알고 보지 못하기 때문에 눈에 물들어 집착하며, 물질과 눈의 의식, 눈의 접촉, 눈의 접촉을 인연하여 생기는 안의 느낌, 즉 괴롭고 즐거우며 괴롭지도 않고 즐겁지도 않은 안의 깨달음에 대해서도 물들어 집착한다. 이와 같이 귀·코·혀·몸·뜻과, 또한 법과 뜻의 의식, 뜻의 접촉, 뜻의 접촉을 인연하여 생기는 느낌, 즉 괴롭고 혹은 즐거우며 괴롭지도 않고 즐겁지도 않은 안의 깨달음을 참답게 알고 보지 못한다. 참답게 알고 보지 못하기 때문에 물들어 집착한다.

이와 같이 물들어 집착하면, 서로 어울리고 미련하고 어두워 돌아보고 생각함이 그 마음을 결박하여 다섯 수음(受陰)을 자라게 하고 또 미래의 존재[有]에 대한 사랑과 탐욕과 기쁨이 모두 더하고 자란다. 그래서 몸과 마음이 피로하고 나빠지며, 몸과 마음이 무너지고 불타며, 몸과 마음이 불꽃처럼 왕성하며 몸과 마음이 미치고 어지러워, 몸의 괴로움에 대한 앎이 생긴다. 그 몸의 괴로움에 대한 앎이 생기기 때문에 미래 세상에 있어서 태어남·늙음·병·죽음과 근심·슬픔·번민·괴로움이 더하고 자라며 이것을 순일한 큰 고음(苦陰) 무더기의 모임이다.

비구들이여, 만일 눈에 대해서 참답게 알고 보고, 색과 눈의 의식, 눈의 접촉, 눈의 접촉을 인연하여 생기는 느낌, 즉 괴롭고 즐거우며, 괴롭지도 않고 즐겁지도 않은 안의 깨달음도 참답게 알고 보면, 그것을 보고는 눈에 물들어 집착하지 않으며, 색과 눈의 의식, 눈의 접촉, 눈의 접촉을 인연하여 생기는 안의 느낌, 즉 괴롭고 즐거우며, 괴롭지도 않고 즐겁지도 않은 안의 깨달음에 물들어 집착하지 않는다. 이와 같이 귀·코·혀·몸·뜻과 법을 참답게 알고 보며, 법과 뜻의 의식, 뜻의 접촉, 뜻의 접촉을 인연하여 생기는 느낌, 즉 괴롭고 즐거우며 괴롭지도 않고 즐겁지도 않은 안의 깨달음을 참답게 알고 보면, 참답게 알고 보기 때문에 뜻에 물들어 집착하지 않으며, 법과 뜻의 의식, 뜻의 접촉, 뜻의 접촉을 인연하여 생기는 느낌, 즉 괴롭고 즐거우며 괴롭지도 않고 즐겁지도 않은 안의 깨달음에 물들지 않는다. 물들어 집착하지 않기 때문에 서로 섞이지 않고, 미련하고 어둡지 않으며, 돌아보고 생각하지 않고 매이고 묶이지 않아서 다섯 수음을 덜고 감하고, 미래의 존재에 대한 사랑과 탐욕과 기쁨의 여러 가지 물듦과 집착함이 다 사라져 멸한다. 그래서 몸도 피로하지 않고 마음도 피로하지 않으며, 몸도 타지 않고 마음도 타지 않으며, 몸도 불꽃같지 않고 마음도 불꽃같지 않아서, 몸은 즐거움을 깨닫고 마음도 즐거움을 깨닫는다. 몸과 마음이 즐거움을 깨닫기 때문에 미래 세상의 태어남, 늙음, 병, 죽음과 근심, 슬픔, 번민, 괴로움이 사라져 멸하니, 고통의 덩어리인 순수한 큰 고음의 무더기가 멸한다.

이와 같이 알고 보면 이것을 바른 소견을 닦아 익혀 만족하는 것이다. 바른 관조, 바른 전진, 바른 생각, 바른 집중과 바른 말, 바른 행위, 바른 생활을 청정하게 닦아 익혀 만족하면 이것을, 팔정도를 닦아 익혀 청정하고 만족하는 것이다. 팔정도를 닦아 익혀 만족하게 한 뒤에는 네 가지 생각하는 곳을 닦아 익혀 만족하고, 네 가지 바른 노력, 네 가지 신통, 다섯 가지 뿌리, 다섯 가지 힘, 일곱 가지 깨달음 갈래를 닦아 익혀 만족한다. 법으로서 마땅히 알아야 하고 깨쳐야 할 것이면 다 알고 깨쳐야 한다. 법으로서 마땅히 알아야 하고 끊어야 할 것이면 다 알고 끊으며, 법으로서 마땅히 알아야 하고 증득해야 할 것이면 다 증득하며, 법으로서 마땅히 알아야 하고 닦아야 할 것이면 이미 닦아 익혔다.

마땅히 알아야 하고 깨쳐야 할 법은 어떤 것인가? 그것을 다 알고 깨쳤는가? 그것은 정신과 물질이다. 어떤 법을 마땅히 알아야 하고 끊어야 하는가? 무명과 존재에 대한 애욕이다. 어떤 법을 마땅히 알아

야 하고 증득해야 하는가? 명과 해탈이다. 어떤 법을 마땅히 알아야
하고 닦아야 하는가? 바른 관찰이다. 비구로서 이 법에 있어서 깨쳐
야 할 것은 다 알고 깨치며, 법으로서 알아야 하고 끊어야 할 것이면
다 알고 끊으며, 법으로서 마땅히 알아야 하고 증득해야 할 것이면 다
알고 증득하며, 법으로서 마땅히 알아야 하고 닦아야 할 것이면 다 알
고 닦으면, 이것을 비구가 애욕의 결박을 끊고 바르고 간격이 없는 무
간등하게 괴로움을 완전히 벗어난 것이다.

모든 비구여, 이것을 여섯 가지 분별, 여섯 가지 감관경이라 한다.”

부처님께서 이 경을 말씀하시자 여러 비구는 기뻐하며 받들어 행했다.

(5-7) 369잡아함십이인연경

이와 같이 나는 들었다.

어느 때 부처님께서는 사위성 기수급고독원에 계시면서 여러 비구에
게 말씀하셨다.

“옛날 비파시불이 아직 정각을 이루시기 전에, 보리수 밑에 계시다가
오래지 않아 부처님이 되셨다. 보리수 밑에 풀을 깔아 가부좌를 하고
있었다. 단정히 앉아 바른 생각으로 한번 앉아 이레 동안을, 십이연기
에 대하여 역으로, 순으로 관찰하셨다.

이것이 있기 때문에 저것이 있고, 이것이 일어나기 때문에 저것이 일
어난다’고. 즉 무명으로 인연하여 행이 있고 행으로 인하여 식이 있고
태어남을 인연하여 늙음과 죽음이 있으며, 또 색·수·상·행·식의 오온
의 무더기가 모이고 오온의 무더기가 멸한다고.

비파시불은 이레 동안 바르게 앉으신 뒤에 선정에서 깨어나 다음과
같이 게송을 말씀하셨다.”

연기하여 모든 법은 생기며
착한 이는 부지런하고 고요히 생각하며
모든 의심과 미혹을 영원히 떠나
인과 연으로 생기는 법을 안다.

인으로 생기는 괴로움 알고
모든 느낌[受]이 멸해 다함을 알며
인연의 법이 다함을 알면
모든 번뇌의 다 함을 안다.

연기하여 모든 법은 생기며
착한 이는 부지런하고 고요히 생각하면
모든 의심과 미혹을 영원히 떠나
인이 있어 괴로움 생김을 안다.

연기하여 모든 법은 생기며
착한 이는 부지런하고 고요히 생각하면
모든 의심과 미혹을 영원히 떠나
모든 느낌이 멸해 다함을 안다.

연기하여 모든 법은 생기며
착한 이는 부지런하고 고요히 생각하면
모든 의심과 미혹을 영원히 떠나
인과 연의 그 법의 다함을 안다.

연기하여 모든 법은 생기며
착한 이는 부지런하고 고요히 생각하면
모든 의심과 미혹을 영원히 떠나
그 모든 번뇌의 다 함을 안다.

연기하여 모든 법은 생기며
착한 이는 부지런하고 고요히 생각하면
두루 모든 세간을 비추는 것
마치 해가 허공에 머무름 같고
모든 악마 군사를 부숴 깨뜨려
속박에서 벗어나 해탈한다.

부처님께서 이 경을 말씀하시자, 여러 비구는 기뻐하며 받들어 행했다.
비파시불과 같이, 시기불, 비사부불, 구류손불, 구나함모니불, 가섭불
에 대해서도 이와 같이 말씀하셨다.

6. 사성제

(6-1) 31중아함분별성제경

이와 같이 나는 들었다.

어느 때 부처님께서는 사위성 기수급고독원에 계셨다. 그때 부처님께서는 여러 비구에게 말씀하셨다.

"이것은 정행설법이니 사성제다. 가까이하고 두루 관찰하며, 분별하고 드러내며, 믿음을 열고 굳게 하며, 나타내 보이고 나아가게 한다. 과거의 모든 여래, 무소착, 등정각들도 또한 이 정행설법을 했다. 미래의 모든 여래, 무소착, 등정각들도 또한 이 정행설법을 할 것이니 바로 사성제다. 널리 가까이하고 두루 관찰하며, 분별하고 드러내며, 믿음을 열고 굳게 하며, 나타내 보이고 나아가게 할 것이다.

사리불 비구는 총명한 지혜, 속한 지혜, 민첩한 지혜, 예리한 지혜, 넓은 지혜, 깊은 지혜, 도로 나아가는 지혜, 환히 아는 지혜, 변재의 지혜가 있다. 사리불 비구는 진실한 지혜를 성취했다. 무슨 까닭인가. 그는 남을 위하여 널리 가르치고 두루 관찰하며, 분별하고 드러내며, 믿음을 열고 굳게 하며, 나타내 보이고 나아가게 한다. 그가 이 사성제를 널리 가르치고 두루 보이며, 분별하고 드러내며, 믿음을 열고 굳게 하며, 나타내 보이고, 나아가게 할 때에, 한량이 없는 사람들로 하여금 관찰할 수 있게 한다. 사리불 비구는 바른 소견으로써 사람을 인도하고, 목건련 비구는 사람을 최상의 진제에서 서게 하니, 번뇌가 완전히 다 하는 것이다. 사리불 비구는 모든 범행을 나게 하는 것이 마치 생모와 같고, 목건련 비구는 모든 범행을 자라게 하는 것이 마치 양모와 같다. 그러므로 모든 범행자는 마땅히 사리불과 목건련 비구를 받들어 섬기고 공양하며, 공경하고 예배해야 한다. 무슨 까닭인가. 두 비구는 모든 범행자를 위하여 이치와 요익을 구하고, 안온과 즐거움을 구하기 때문이다.”

그때 부처님께서는 이렇게 말씀하신 뒤에 곧 자리에서 일어나 방에 들어가 고요히 앉으셨다. 이에 존자 사리불은 여러 비구에게 말했다. “부처님께서는 우리들을 위하여 세상에 나오셨다. 중생을 위하여 〈사성제〉를 널리 가르치고 두루 보이시며, 분별하고 드러내며, 믿음을 열고 굳게 하며, 나타내 보이고 나아가게 하신다. 사성제는 고성제, 고집, 고멸, 고멸도성제다. 고성제는 남은 고통이며 늙음은 고통이며, 병은 고통이며 죽음은 고통이며, 원수와 만남이 고통이며 사랑과 여읨이 고통이며, 구하여 얻지 못함이 고통이며 간략하게 줄여서 오성음은 고통이다.

태어남의 고통을 말하는 것은 무엇 때문인가. 태어남이란 무엇인가. 모든 중생의 무리는 임신하게 되면 임신하고, 나오게 되면 나와서 오음을 일으킨 뒤에는 명근을 얻는다. 이것을 태어남이라 한다. 중생이 태어날 때에는 몸은 고통을 받되 온몸의 고통을 받으며, 온몸의 고통이 느낌을 안다. 마음도 고통을 받되 온 마음의 고통을 받으며, 온몸의 고통의 느낌을 안다. 몸과 마음이 고통을 받되 두루 받으며, 두루 느낌을 깨닫는다. 몸이 뜨거워 두루 고통을 받고, 두루 느낌을 느낀다. 마음이 뜨거워 두루 고통을 받고, 두루 느낌을 안다. 몸과 마음도 뜨거워 두루 고통을 받고, 두루 느낌을 안다. 몸이 뜨겁고 번뇌하고 근심하되 두루 고통을 받고 두루 느낌을 안다. 마음도 뜨겁고 번뇌하고 근심하되 두루 고통을 받고 두루 느낌을 안다. 몸과 마음이 뜨겁고 번뇌하고 근심하되 두루 고통을 받고, 두루 느낌을 안다. 태어남의 고통을 말하는 것은 이렇기 때문이다.

늙음의 고통을 말하는 것은 무엇 때문인가. 늙음이란 또 무엇인가. 모든 중생의 무리는 늙기 때문에 머리카락은 희어지고, 이는 빠지며, 젊음은 날로 쇠한다. 허리는 굽고 다리는 휘어지며, 몸은 무겁고 피는 머리로 올라 지팡이를 짚고 다니며, 살은 쭈그러들고 피부는 늘어나 주름살은 얽은 것 같으며, 모든 근은 낡고 얼굴빛은 추악하다. 이것을 늙음이라 한다. 중생이 늙을 때는 몸은 고통을 받되 두루 고통을 받으며, 두루 느낌을 안다. 마음도 고통을 받으며, 두루 느낌을 안다. 몸과 마음이 두루 고통을 받으며, 두루 느낌을 안다. 몸이 뜨거워 두루 고통을 받고, 두루 느낌을 안다. 마음도 뜨거워 두루 고통을 받고, 두루 느낌을 안다. 몸과 마음이 뜨거워 두루 고통을 받고, 두루 느낌을 안다. 몸이 장렬하고 번뇌하고 몹시 꺼리며 두루 고통을 받고, 두루 느낌을 안다. 마음도 장렬하고 번뇌하고 몹시 꺼리며 두루 고통을 받고, 두루 느낌을 안다. 몸과 마음이 장렬하고 번뇌하고 두루 고통을 받고, 두루 느낌을 안다. 늙음의 고통을 말하는 것은 이렇기 때문이다.

병의 고통을 말하는 것은 무엇 때문인가. 그리고 병이란 무엇인가. 두통, 눈병, 귓병, 콧병, 피부병, 입술병, 잇병, 혓병, 잇몸병, 목병, 힐떡거림, 기침병, 구토, 인후통, 지랄병, 등창, 놀람, 피가래, 열병, 여윔병, 치질, 이질 등이다. 이러한 병이 즐거움으로 변하는 접촉에서 생겨 마음을 떠나지 않고 몸속에 있으면 이것을 병이라 한다. 병의 고통이란 무엇인가. 중생이 앓을 때는 몸은 고통을 받고 엮어 수를 받으며, 엮어 각을 안다. 마음도 고통을 받고 수를 받으며 각을 안다. 몸과 마음이 고통을 받고 수를 받으며, 각을 안다. 몸이 뜨거워 수를 받고 각을 안다. 마음도 뜨거워 수를 받고 각을 안다. 몸이 뜨겁고 번뇌하고 근심하여 수를 받고 각을 안다. 몸과 마음이 뜨겁고 번뇌하고 근심하여 수를 받고 각을 안다. 병의 고통을 말함은 이러하기 때문이다.

죽음의 고통을 말하는 것은 무엇 때문인가. 죽음이란 또 무엇인가. 이른바 저 중생의 무리는 목숨을 마치면 항상됨이 없어 죽으면 흩어져 멸하고, 수가 다하면 부서져 명근이 닫긴다. 이것을 죽음이라 한다. 죽음의 고통이란 무엇인가. 이른바 중생이 죽을 때에는 몸은 고통을 받고 수를 받으며, 각을 깨닫는다. 마음도 고통을 받고 수를 받으며, 각을 깨닫는다. 몸과 마음이 고통을 받고, 수를 받으며, 각을 깨닫는다. 몸이 뜨거워 수를 받고, 각을 깨닫는다. 마음도 뜨거워 수를 받고, 각을 깨닫는다. 몸과 마음이 뜨거워 수를 받고, 각을 깨닫는다. 몸이 뜨겁고 번뇌하고 근심하여 수를 받고, 각을 깨닫는다. 마음도 뜨겁고 번뇌하고 근심하여 수를 받고, 각을 깨닫는다. 몸과 마음이 뜨겁고 번뇌하고 근심하여 수를 받고, 각을 깨닫는다. 죽음의 고통을 말하는 것은 이렇기 때문이다.

원수를 만나는 고통을 말하는 것은 무엇 때문인가. 그리고 원수를 만난다는 것은 무엇인가. 이른바 중생에게는 실로 안의 육처가 있으니, 사랑하지 않는 안처와 이·비·설·신·의처가 그것이다. 그들은 함께 모여 하나 되고 서로 사귀고 가까이하게 되고 함께 합해 괴로워한다. 이와 같이 외처와 즐거움으로 변함과 각·상·사의 사랑도 또한 그와 같다. 여러 현자들이여, 중생에게는 실로 육계가 있으니, 사랑하지 않는 지계와 수·화·풍·공·식계가 그것이다. 그들은 함께 모여 하나가 되고 서로 사귀고 가까이 하게 되고 함께 합해 괴로워한다. 이것을 원수를 만남이라 한다. 원수를 만나는 고통이란 무엇인가. 이른바 중생이 원수를 만날 때에는 몸은 고통을 받고 변수를 받으며, 변각을 깨닫는다. 마음도 고통을 받고 변수를 받으며, 변각을 깨닫는다. 몸과 마음이 고통을 받고 변수를 받으며, 변각을 깨닫는다. 원수를 만나는 고통을 말하는 것은 이렇기 때문이다.

사랑을 떠나는 고통을 말하는 것은 무엇 때문인가. 사랑을 떠나는 고통이란 무엇인가. 이른바 중생에게는 실로 안의 육처가 있으니, 사랑하는 안처와 이·비·설·신·의처가 그것이다. 그들은 서로 다르고 흩어져 서로 응하지 못하게 된다. 서로 떠나 모이지 못하고 사귀지 못하고 화합하지 못해 괴로워한다. 이와 같이 외처와 즐거움으로 변함·각·상·사의 사랑도 또한 그와 같다. 중생에게는 실로 육계가 있으니, 사랑하는 지계와 수·화·풍·공·식계가 그것이다. 그들은 서로 다르고 흩어져 서로 응하지 못하게 된다. 서로 떠나 모이지 못하고 사귀지 못하며, 가까이 하지 못하고 화합하지 못해 괴로워한다. 이것을 사랑의 떠남이라 한다. 사랑의 떠나는 고통이란 무엇인가. 이른바 중생이 이별할 때에는 몸은 고통을 받고 변수를 받으며, 변각을 깨닫는다. 마음도 고통을 받고 변수를 받으며, 변각을 깨닫는다. 몸과 마음이 고통을 받고 변수를 받으며, 변각을 깨닫는다. 사랑을 떠나는 고통을 말하는 것은 이렇기 때문이다.

구해도 얻지 못하는 고통을 말하는 것은 무엇 때문인가. 이른바 중생은 태어나는 것으로써 나는 법을 떠나지 못한다. 내가 나지 않도록 해도 그것은 실로 그리될 수 없는 것이다. 늙는 법·앓는 법·죽는 법·시름하는 법도 또한 그러하며, 그것은 걱정하고 슬퍼하는 법으로써 걱정하고 슬퍼하는 법을 떠나지 못한다. 내가 걱정하고 슬퍼하지 않게 해도 이 또한 그리될 수 없다. 중생은 실로 괴로운 것으로써 즐거워할 것도 없고 사랑할 것도 없다하여 그는 이렇게 생각한다. '만일 내가 괴로운 것으로써 즐거워할 것도 없고 사랑할 것도 없다면, 이것을 돌려 사랑할 만한 것으로 만들자'고. 그러나 그렇게 될 수 없는 것이다.

중생은 실로 즐거운 것으로써 사랑할만 하여 그는 이렇게 생각한다. '만일 내가 즐거운 것으로써 사랑할 만한 것이라면, 이것을 항상 오래 있게 하여 변하지 않는 것으로 만들자'고. 그러나 그렇게 될 수 없다. 중생은 실로 생각이나 견해로써 즐거워할 것도 없고 사랑할 것도 없다 하여 그는 이렇게 생각한다. '만일 내가 사상으로써 즐거워할 것도 없고 사랑할 것도 없다면, 이것을 돌려 사랑할 만한 것으로 만들자'고. 그러나 그렇게 될 수 없다. 중생은 실로 생각이나 견해로써 사랑할 만한 것이라 하여 그는 이렇게 생각한다. '만일 내가 생각이나 견해로써 사랑할 만한 것이라면, 이것을 항상 오래 있게 하여 변하지 않는 법으로 만들자'고. 그러나 그렇게 될 수 없다. 구하여 얻지 못하는 고통을 말하는 것은 이렇기 때문이다.

간략하게 줄여 오성음의 고통을 말하는 것은 무엇 때문인가. 이른바 색성음과 수·상·행·식성음이 그것이다. 또 오성음의 고통을 말하는 것은 이 때문이다.

과거에도 이것은 고성제였고, 현재와 미래에도 이것은 고성제이다. 참된 진리로서 헛되지 않고 같음을 떠나지 않으며, 뒤바뀜도 아니다. 참된 진리로서 분명하고 진실하여, 지금도 같은 고성제에 합한다. 성인의 가진 바며 성인의 안 바며, 성인의 본 바며 성인의 깨달은 바며, 성인의 얻은 바며 성인의 바르게 두루 깨친 바이다. 그러므로 고성제를 말하는 것이다.

어떤 것이 애집고집성제인가. 이른바 중생에게는 실로 사랑하는 안의 육처가 있으니, 안처와 이·비·설·신·의처가 그것이다. 그중에서 만일 애욕이 있고 쌓임이 있으며, 물듦이 있고 집착이 있으면, 이것을 집이라 한다. 많이 아는 성인의 제자는 내가 이렇게 이 법을 알며, 보고 환히 알며, 자세히 보고 깨달은 것을 안다. 이것을 애집고집성제라 한다. 이렇게 안다는 것은 무엇인가. '만일 처자·종들·하인·권속·토지·가옥·가게·이자를 붙이는 재물을 사랑하고, 가지는 직업을 위하여 애정이 있고 더러움이 있으며, 물듦이 있고 집착이 있으면, 이것을 집이라 한다.' 그는 이렇게 애집고집성제를 안다. 이와 같이 외처와 즐거움으로 변함·각·상·사의 애정도 또한 이와 같다. 중생에게는 실로 사랑하는 육계가 있으니, 지계와 수·화·풍·공·식계가 그것이다. 그중에서 애정이 있고 더러움이 있으며, 물듦이 있고 집착이 있으면, 이것을 집이라 한다.

과거에도 이것은 애집고집성제였고, 현재와 미래에도 이것은 애집고집성제이다. 참된 진리로써 헛되지 않고 같음을 떠나지 않으며, 뒤바뀜도 아니다. 참된 진리로써 분명하고 진실하여 여시제에 합한다. 성인의 가진 바며 안 바며, 본 바며 깨달은 바며, 성인의 얻은 바며 바르게 두루 깨친 바이다. 그러므로 애집고집성제를 말한다.

어떤 것이 애멸고멸성제인가. 이른바 중생에게는 실로 사랑하는 안의 육처가 있으니, 안처와 이·비·설·신·의처가 그것이다. 해탈하여 물들지도 않고 집착하지도 않으며, 끊어서 버리고 다 내놓아 탐욕을 아주 없애 버리는 것을 고멸이라 한다. 많이 아는 성인의 제자가 이렇게 이 법을 알며, 보고 환히 알며, 자세히 보고 깨달은 것을 안다. 이것을 애멸고멸성제라 한다. 이렇게 안다는 것은 무엇인가. '만일 처자·종들·하인·권속·토지·가옥·가게·이자 붙는 재물을 사랑하지 않아 직업이 없고, 해탈하여 물들지도 않고 집착하지도 않으며, 끊어버리고 다 내놓아 욕을 아주 없애버리면, 이것을 고멸이라 한다.' 그는 이 애멸고멸성제를 안다. 이와 같이 외처와 즐거움으로 변함·각·상·

사의 사랑도 또한 그와 같다. 중생에게는 실로 사랑하는 육계가 있으니, 지계와 수·화·풍·공·식계가 그것이다. 해탈해 물들지도 않고 집착하지도 않으며, 끊어서 버리고 다 내놓아 욕을 아주 없애 버리면, 이것을 고멸이라 한다. 많이 아는 성인의 제자는 내가 이렇게 이 법을 알며, 보고 환히 알며, 자세히 보고 깨달은 것을 안다. 이것을 애멸고멸성제라 한다. 과거에도 이것은 애멸고멸성제였고, 현재와 미래에도 이것은 애멸고멸성제이다. 참된 진리로써 헛되지 않아 같음을 떠나지 않으며, 뒤바뀜도 아니다. 참된 진리로써 분명하고 진실하여 여시제에 합한다. 성인의 가진 바며 안 바며, 본 바며 깨달은 바며, 얻은 바며 바르게 깨친 바이다. 그러므로 이것은 애멸고멸성제를 말하는 것이다.

어떤 것이 고멸도성제인가. 바른 소견·바른 뜻·바른 말·바른 행동·바른 생활·바른 방편·바른 생각·바른 정이 그것이다. 어떤 것이 바른 소견인가. 성인의 제자는 고통을 고통이라고 생각할 때 집을 집, 멸을 멸, 도를 도라고 생각할 때, 본래 지은 바를 관찰하거나 모든 행을 생각하기를 배우며, 모든 행의 재난과 우환을 보거나 열반과 그쳐 쉼을 보며, 혹은 집착이 없는 착한 마음의 해탈을 생각하여 관찰할 때, 두루 가려 법을 결정하며, 두루 보고 관찰하여 환히 안다. 이것을 바른 소견이라 한다.

어떤 것이 바른 뜻인가. 이른바 성인의 제자는 고를 고라고 생각할 때, 집을 집, 멸을 멸, 도를 도라고 생각할 때, 본래 지은 바를 관찰하거나 모든 행을 생각하기를 배우며, 모든 행의 재난과 우환을 보거나 열반과 그쳐 쉼을 보며, 혹은 집착이 없이 착한 마음의 해탈을 생각해 관찰할 때, 그중에서 마음으로 살피고 두루 자세히 살피고 생각할 만한 것이면 생각하고 바랄만한 것이면 바란다. 이것을 바른 뜻이라 한다.

어떤 것이 바른 말인가. 성인의 제자는 고통을 고통이라고 생각할 때, 집을 집, 멸을 멸, 도를 도라고 생각할 때, 본래 지은 바를 관찰하고 모든 행을 생각하기를 배우며, 모든 행의 재난과 우환을 보고 열반과 그쳐 쉼을 보며, 집착이 없이 마음의 해탈을 잘 생각하여 관찰할 때, 그중에서 입의 네 가지 묘한 행은 제외하고 다른 모든 입의 악행은 멀리 떠나고 끊어 없애, 행하지도 않고 짓지도 않으며, 합하지도 않고 모으지도 않는다. 이것을 바른 말이라 한다.

어떤 것이 바른 행동인가. 이른바 성인의 제자는 고통을 고통이라고 생각할 때, 집을 집, 멸을 멸, 도를 도라고 생각할 때, 혹은 본래 지은 바를 관찰하거나 모든 행을 생각하기를 배우며, 모든 행의 재난과 우환을 보고 혹은 열반과 그쳐 쉼을 보며, 집착이 없이 마음의 해탈을 잘 생각하여 관찰할 때, 그중에서 몸의 세 가지 묘한 행은 제외하고 다른 모든 몸의 악행은 멀리 떠나고 끊어 없애, 행하지도 않고 짓지도 않으며, 합하지도 않고 모으지도 않는다. 이것을 바른 행동이라 한다.

어떤 것이 바른 생활인가. 이른바 성인의 제자는 고통을 고통이라고 생각할 때, 집을 집, 멸을 멸, 도를 도라고 생각할 때, 본래 지은 바를 관찰하고 혹은 모든 행을 생각하기를 배우며, 모든 행의 재난과 우환을 보고 열반과 그쳐 쉼을 보며, 집착이 없이 마음의 해탈을 잘 생각해 관찰할 때, 그중에서 무리하게 구하지 않고 욕심이 없어 만족할 줄 알며, 온갖 기술과 주설의 삿된 직업으로써 생활하지 않고 다만 법으로써 옷을 구하며 음식과 자리를 구하며 법이 아닌 것은 쓰지 않는다. 이것을 바른 생활이라 한다.

어떤 것이 바른 정진인가. 성인의 제자는 고통을 고통이라고 생각할 때, 집을 집, 멸을 멸, 도를 도라고 생각할 때, 혹은 본래 지은 바를 관찰하고 모든 행을 생각하기를 배우며, 모든 행의 재난과 우환을 보고 열반과 그쳐 쉼을 보며, 집착이 없이 마음의 해탈을 생각하여 관찰할 때, 그중에서 정진 방편이 있으면, 한결같이 꾸준히 힘써 구하고 힘차게 나아가 버리지 않으며, 또한 지쳐 물러나지도 않고 바르게 그 마음을 항복 받는다. 이것을 바른 정진이라 한다.

어떤 것이 바른 관조인가. 성인의 제자는 고통을 고통이라고 생각할 때, 집을 집, 멸을 멸, 도를 도라고 생각할 때, 혹은 본래 지은 바를 관찰하고 모든 행을 생각하기를 배우며, 모든 행의 재난과 우환을 보고 열반과 그쳐 쉼을 보며, 집착이 없이 마음의 해탈을 생각하여 관찰할 때, 그중에서 따르는 생각은 생각하고 향하지 않는 생각은 등지며, 두루한 생각을 생각하고 되풀이한 마음을 기억하여, 바르게 마음의 응하는 바를 잊지 않으면, 이것을 바른 관조라 한다.

어떤 것이 바른 집중인가. 성인의 제자는 고통을 고통이라고 생각할 때, 집을 집, 멸을 멸, 도를 도라고 생각할 때, 혹은 본래 지은 바를 관찰하고 모든 행을 생각하기를 배우며, 모든 행의 재난과 우환을 보고 열반과 그쳐 쉼을 보며, 혹은 집착이 없이 마음의 해탈을 잘 생각하여 관찰할 때, 그중에서 만일 마음이 머무르고 선이 머무르고 순함이 머물러, 어지럽지 않고 흩어지지 않아 바른 집중을 거두어 잡으면, 이것을 바른 집중이라 한다.

과거에도 이것은 고멸도성제였으며, 현재와 미래에도 고멸도성제이다. 참된 진리로서 헛되지 않고 같음을 떠나지 않으며, 뒤바뀜도 아니다. 참된 진리로서 분명하고 진실하여 여시제에 합한다. 성인의 가진 바며 안 바며, 본 바며 깨달은 바며, 얻은 바며 바르게 두루 깨친 바이다. 그러므로 고멸도성제를 말하는 것이다."

이에 게송으로써 말했다.

부처님은 모든 법을 환히 알아
한량없는 선한 덕을 보시고
고·집·멸·도의 사성제를
잘 나타내시고 분별하시네.

존자 사리불이 이렇게 말하니, 여러 비구는 그의 말을 듣고 기뻐하며
받들어 행했다.

(6-2) 121중아함청청경

이와 같이 나는 들었다.

어느 때 부처님께서는 왕사성에 유행하시면서 죽림정사에 계시며, 큰
비구들 오백 인과 함께 여름 안거를 맞으셨다. 그때 부처님께서는 십
오 일에 계율을 지켜 번뇌를 벗어나는 종해탈을 말씀하시고 서로 청청
할 때 비구들 앞에서 자리를 펴고 앉아, 모든 비구에게 말씀하셨다.

"나는 바라문으로서 멸을 얻어 마치고 위없는 의왕이 되었다. 내가 지
금 받은 이 몸은 최후의 몸이다. 나는 바라문으로서 멸을 얻어 마친 뒤
에는 위없는 의왕이 되었다. 내가 지금 받은 이 몸은 최후의 몸이다.
너희들은 나의 참 제자이니 내 입에서 나온 법에서 직접 교화되었기
때문이다. 너희들은 반드시 교화하여 서로 전하고 가르쳐야 한다."

그때 존자 사리불도 대중 가운데 있었다. 그는 자리에서 일어나 가사
한쪽을 벗어 메고 합장하고 부처님께 여쭈었다.

"부처님이시여, 부처님께서는 '나는 바라문으로서 멸을 얻어 마치고
위없는 의왕이 되었다. 내가 지금 받은 이 몸은 최후의 몸이다. 너희
들은 나의 참 제자이니 내 입에서 나온 법에서 직접 교화되었기 때문
이다. 너희들은 반드시 교화하여 서로 전하고 가르쳐야 한다.'고 말씀

하셨습니다.

부처님이시여, 그 법은 모든 훈련되지 못한 자를 훈련되게 하며, 쉬지 못한 자를 쉬게 하며, 제도 되지 못한 자를 제도되게 하며, 해탈하지 못한 자를 해탈하게 하며, 멸을 얻지 못한 자를 멸하게 하며, 도를 얻지 못한 자를 도를 얻게 하며, 범행을 성취하지 못한 자를 범행을 성취하게 해 도를 알고 깨닫고 판단하고 설명하게 하십니다.

부처님이시여, 제자들은 뒷날에 법을 얻어 가르침을 받고 나무람을 받으며, 가르침과 나무람을 받은 뒤에는 부처님의 말씀을 따라 행하여, 그 뜻을 얻어 바른 법을 잘 알게 됩니다. 부처님이시여, 저의 몸과 입과 뜻의 행에 대하여 꺼리시지는 않습니까?"

그때 부처님께서 말씀하셨다.

"사리불이여, 나는 너의 몸과 입과 뜻의 행에 대하여 꺼리지 않는다. 너는 총명한 지혜, 큰 지혜, 빠른 지혜, 민첩한 지혜, 날카로운 지혜, 넓은 지혜, 깊은 지혜, 뛰어난 지혜, 환히 아는 지혜가 있다.

사리불이여, 너는 실다운 지혜를 성취했다. 마치 전륜왕의 태자는 부왕의 가르침을 빠뜨리지 않고 전하는 바를 받고는 다시 전하는 것처럼, 내가 굴리는 법의 수레바퀴를 너는 다시 굴린다. 사리불이여, 그러므로 나는 너의 몸과 입과 뜻의 행에 대하여 꺼리지 않는다."

존자 사리불은 다시 합장하고 부처님께 여쭈었다.

"그렇습니다, 부처님이시여. 제 몸과 입과 뜻의 행에 대하여 꺼리시지 않으신다면 이 오백 비구의 몸과 입과 뜻의 행에 대하여서도 꺼리시지 않습니까?"

"사리불이여, 나는 이 오백 비구의 몸과 입과 뜻의 행에 대해서도 꺼리지 않는다. 이 오백 비구 중에서 오직 한 비구만을 제하고는 다 집착이 없게 되어, 모든 번뇌가 이미 다하고 범행이 서고 할 일을 마치고, 무거운 짐은 버렸으며, 해결해야 할 일을 다하여 좋은 이치와 바른 지혜와 바른 해탈을 얻었다.

나는 과거에 이미 '현재에서 구경의 지혜를 얻어 생이 다하고 범행이 서고 할 일을 마쳐, 다시는 후세의 생명을 받지 않는다는 참뜻을 알 것이다'라고 예언했다. 그러므로, 나는 이 오백 비구의 몸과 입과 뜻의 행에 대해서, 꺼리지 않는 것이다."

존자 사리불은 다시 세 번째로 합장하고 부처님께 여쭈었다.

"그렇습니다, 부처님이시여. 저의 몸과 입과 뜻의 행에 대하여 꺼리지 않으시고, 또한 이 오백 비구의 몸과 입과 뜻의 행에 대해서 꺼리지 않으십니다. 부처님이시여, 이 오백 비구 중에는 몇 비구나 삼명을 얻었고, 몇명의 비구가 구해탈을 얻었으며, 몇명의 비구가 지혜를 얻은 혜해탈을 얻었습니까."

"사리불이여, 이 오백 비구 중에서 구십 명 비구는 삼명을 얻었고, 구십 명 비구는 구해탈을 얻었으며, 그 나머지 비구는 혜해탈을 얻었다. 사리불이여, 이 무리는 가지도 없고 잎도 없으며, 또한 마디도 없어 청정하고 진실하여, 바르게 머무르게 되었다."

그때 존자 방기사(傍耆舍)도 또한 대중 가운데 있었다. 그는 자리에서 일어나 가사 한쪽을 벗어 메고 합장하고 부처님을 향해 여쭈었다.

"그러합니다, 부처님이시여. 제게 위력을 주소서. 원하옵건대 선서시여, 제가 부처님과 비구들 앞에서 이치에 알맞은 게송을 짓게 하소서."

"방기사여, 네가 하고 싶은 대로 하라."

이에 존자 방기사는 부처님과 비구들 앞에서 이치에 알맞은 게송으로 찬탄했다.

오늘 십오 일 청청일에
모여 와 앉은 오백 명 비구들은
모든 결박을 끊어 없애고
걸림이 없고 유가 다한 신선이네.

청정한 광명으로 비추어
모든 유를 벗어났으니
생·노·병·사가 다하고
누를 멸하고 할 일을 마쳤네.

들뜸과 뉘우침과 의혹의 맺음과
거만과 유루는 이미 다하고
애욕의 맺음, 가시를 빼어 없애
최상의 의원이라 다시 없다.

용맹스럽기가 사자와 같아
모든 두려움과 무서움 없고
나고 죽음 이미 건너고
모든 번뇌는 이미 멸해 다하셨다.

마치 저 전륜왕이
뭇 신하들에 둘러싸여
모든 땅을 거느려
바다에까지 미치는 것처럼

이렇게 용맹하여 모든 것 항복 받고
다시 위없는 상인의 주인
제자들은 즐거이 공경하니
삼달로 죽음의 두려움 떠났네.

일체 모든 부처님의 제자로서
가지와 잎, 마디를 영원히 없애고
위없는 법의 바퀴를 굴리면서
제일 높은 이에게 머리를 조아리네.

방가사 비구와 여러 비구들은 부처님 말씀을 듣고 기뻐하며 받들어
행했다.

7. 사념처

(7-1) 98중아함염처경

이와 같이 나는 들었다.

어느 때 부처님께서는 구루수의 도읍인 검마슬담에 계셨다. 그때 부처님께서는 비구들에게 말씀하셨다.

"도는 중생을 깨끗이 하고 걱정과 두려움에서 벗어나며, 고뇌를 없애고 슬픔을 끊고 바른 법을 얻게 한다. 사념처이다. 과거의 모든 여래·무소착·등정각은 다섯 덮개의 마음의 더러움과 지혜의 파리함을 끊고 마음을 세워 사념처에 머무르고, 칠각지를 닦아 위없는 정진으로 깨달음을 얻었다.

또 미래의 모든 여래·무소착·등정각도 다섯 덮개의 마음의 더러움과 지혜의 파리함을 끊고 마음을 세워 사념처에 머무르고, 칠각지를 닦아 위없는 정진의 깨달음을 얻을 것이다.

나는 현재의 여래·무소착·등정각이다. 나도 다섯 덮개의 마음의 더러움과 지혜의 파리함을 끊고 마음을 세워 사념처에 머무르고, 칠각지를 닦아 위없는 정진의 깨달음을 깨닫게 되었다.

어떤 것이 사념처인가?

몸을 관찰하기를 몸과 같이 하는 것이 염처며, 이와 같이 느낌[受]을 관찰하기를 수와 같이 하며, 마음을 관찰하기를 마음처럼 하고, 법을 관찰하기를 법과 같이 하는 염처이다.

어떤 것이 몸을 관찰하는 염처라 하는가?

비구는 다니면 다니는 줄을 알고, 머무르면 머무는 줄 알며, 앉으면 앉는 줄 알고, 누우면 눕는 줄 알며, 자면 자는 줄 알고, 깨면 깨는 줄 알며, 자다 깨면 자다 깨는 줄 안다. 이렇게 비구는 안 몸을 관찰하기를 몸과 같이 하고, 바깥 몸을 관찰하기를 몸과 같이 하여, 밝음이 있고 통달함이 있다. 이것을 비구가 몸을 관찰하기를 몸과 같이 한다.

그리고 비구는 몸을 관찰하기를 몸과 같이 한다. 비구는 바르게 드나듦을 알아 잘 관찰하고 분별하며, 굽히고 펴거나 낮추고 높이는 몸가짐은 거동과 질서가 있으며, 승가리(僧伽梨)와 옷 입기와 발우 가지는 것, 다니고 머무르고 앉고 눕거나, 자고 깨거나, 말하고 침묵하는 것을 모두 안다.

이렇게 비구는 안 몸을 관찰하기를 몸과 같이 하고, 바깥 몸을 관찰하기를 몸과 같이 하며, 생각을 해 몸에 두어 앎이 있고 봄이 있으며, 밝음이 있고 통달함이 있다. 이것을 비구가 몸을 관찰하기를 몸과 같이 하는 것이다.

그리고 비구는 몸을 관찰하기를 몸과 같이 한다. 비구는 악하고 착하지 않은 생각이 나면 착한 법의 생각으로써 다스려 끊고 멸하여 그치게 하니, 마치 목수나 목수의 제자가 먹줄을 가지고 나무에 퉁기면 날카로운 도끼로 쪼아 곧게 다듬는 것과 같다.

이와 같이 비구는 악하고 착하지 않은 생각이 나면 착한 법의 생각으로써 다스려 끊고 멸해 그치게 한다. 이렇게 비구는 안 몸을 관찰하기를 몸과 같이 하고, 바깥 몸을 관찰하기를 몸과 같이 하여, 생각을 집중하여 몸에 두어 앎이 있고 봄이 있으며, 밝음이 있고 통달함이 있다. 이것을 비구가 몸을 관찰하기를 몸과 같이 하는 것이다.

또 비구는 몸을 관찰하기를 몸과 같이 한다. 비구는 아래윗니를 서로 붙이고 혀를 윗잇몸 천장에 붙이고 마음으로써 마음을 다스려, 끊고 멸하여 그치게 하니, 마치 두 장사가 약한 사람을 붙잡고 여러 곳으로 끌고 다니며 마음대로 하는 것과 같다.

이와 같이 비구는 아래윗니를 서로 붙이고 혀를 윗잇몸 천장에 붙이고 마음으로써 마음을 다스려, 끊고 멸해 그치게 한다.

이렇게 안 몸을 관찰하기를 몸처럼, 바깥 몸을 관찰하기를 몸처럼 하여, 생각을 집중하여 몸에 두어 앎이 있고 봄이 있으며, 밝음이 있고 통달함이 있다. 이것을 비구가 몸을 관찰하기를 몸과 같이 하는 것이다.

또 비구는 몸을 관찰하기를 몸처럼 한다. 비구는 들숨을 생각하여 곧 들숨을 생각하는 줄을 알고, 날숨을 생각하여 곧 날숨을 생각하는 줄을 알며, 들숨이 길면 곧 들숨이 긴 줄을 알고, 날숨이 길면 곧 날숨이 긴 줄을 알며, 들숨이 짧으면 곧 들숨이 짧은 줄을 알고, 날숨이 짧으면 곧 날숨이 짧은 줄을 알며, 온몸에 숨이 드는 것을 깨닫고 온몸에 숨이 나는 것을 깨달으며, 몸의 행을 그쳐 숨을 들이쉬기를 배우고, 입의 행을 그쳐 숨을 내쉬기를 배운다.

이와 같이 비구는 안 몸을 관찰하기를 몸처럼 하고, 바깥 몸을 관찰하기를 몸처럼 하여, 생각을 세워 몸에 두어서 앎이 있고 봄이 있으며, 밝음이 있고 통달함이 있다. 이것을 비구가 몸을 관찰하기를 몸과 같이 하는 것이다.

비구는 몸을 관찰하기를 몸처럼 한다. 비구는 욕심을 떠남에서 생기는 기쁨과 즐거움이 몸을 적시고 커지고 두루 하고 충만하여 몸 가운데 있어서 욕심을 떠남에서 생기는 기쁨과 즐거움이 두루 하지 않는 곳이 없다.

이렇게 비구는 안 몸을 관찰하기를 몸처럼 하고, 바깥 몸을 관찰하기를 몸처럼 하여, 생각을 세워 몸에 두어서 앎이 있고 봄이 있으며, 밝음이 있고 통달함이 있다. 이것을 비구가 몸을 관찰하기를 몸처럼 하는 것이다.

비구는 몸을 관찰하기를 몸과 같이 한다. 비구는 정에서 생기는 기쁨과 즐거움이 몸을 적시고 커지고 두루 하고 충만하여 몸 가운데 있어서 정에서 생기는 기쁨과 즐거움은 두루 하지 않는 곳이 없으니, 마치 산의 샘물이 청정하여 흐리지 않고 충만하고 흘러넘쳐 사방에서 물이 넘쳐도 들어갈 길이 없으니, 샘 밑의 물이 스스로 솟아나 밖으로 흘러넘쳐 산을 적시고 커지고 두루 하고 충만하여 두루 하지 않는 곳이 없는 것과 같다.

이와 같이 비구도 정에서 생기는 기쁨과 즐거움이 몸을 적시고 커지고 두루 하고 충만하여 몸 가운데 있어서 정에서 생기는 기쁨과 즐거움은 두루 하지 않는 곳이 없다. 이렇게 비구는 안 몸을 관찰하기를 몸과 같이 하고, 바깥 몸을 관찰하기를 몸과 같이 하여, 생각을 하여 몸에 두어서 앎이 있고 봄이 있으며, 밝음이 있고 통달함이 있다. 이것을 비구가 몸을 관찰하기를 몸과 같이 하는 것이다.

비구는 몸을 관찰하기를 몸과 같이 한다. 비구는 기쁨이 없는 데서 생기는 즐거움이 몸을 적시고 커지고 두루 하고 충만하여 몸 가운데 있어서 기쁨이 없는 데서 생기는 즐거움은 두루 하지 않는 곳이 없다. 마치 푸른하늘연꽃이나 붉고 빨갛고 흰 연꽃이 물에서 나고 자라 물 밑에 있으면, 뿌리와 줄기와 꽃과 잎이 모두 젖고 불어 두루 하고 충만하여 두루 하지 않은 곳이 없다.

이와 같이 비구도 기쁨을 떠나는 데서 생기는 즐거움은 몸을 적시고 불어 두루 하고 충만하여 몸 가운데 있어서 기쁨이 없는 데서 생기는 즐거움은 두루 하지 않는 곳이 없다.

이렇게 비구는 안 몸을 관찰하기를 몸과 같이 하고, 바깥 몸을 관찰하기를 몸과 같이 하여, 생각을 집중하여 몸에 두어서 앎이 있고 봄이 있으며, 밝음이 있고 통달함이 있다. 이것을 비구가 몸을 관찰하기를 몸과 같이 하는 것이다.

비구는 몸을 관찰하기를 몸과 같이 한다. 비구는 몸 가운데 있어서 청정한 마음으로 이해하기를 두루 하고 충만하여 성취하여 가진다. 마치 어떤 사람이 일곱 자가 되는 옷이나 여덟 자가 되는 옷을 입어 머리에서 발에 이르기까지 감싸지 않은 곳이 없는 것과 같다.

이와 같이 비구도 몸 가운데에 청정한 마음으로서 두루 하지 않은 곳이 없다. 이렇게 비구는 안 몸을 관찰하기를 몸처럼 하고, 바깥 몸을 관찰하기를 몸처럼 하여, 생각을 집중하여 몸에 두어서 앎이 있고 봄이 있으며, 밝음이 있고 통달함이 있다. 이것을 비구가 몸을 관찰하기를 몸처럼 하는 것이다.

비구는 몸을 관찰하기를 몸처럼 한다. 비구는 광명상을 깊이 생각하여 생각한 바를 기억하여, 앞과 같이 뒤에도 그러하고 뒤와 같이 앞에도 그러하며, 낮과 같이 밤에도 그러하고 밤과 같이 낮에도 그러하며, 아래와 같이 위에도 그러하고 위와 같이 아래도 그러하니, 뒤바뀌지 않고, 얽매임이 없이 광명심을 닦아 마음은 마침내 어두움에 덮이지 않는다.

이렇게 비구는 안 몸을 관찰하기를 몸처럼 하고, 바깥 몸을 관찰하기를 몸처럼 하여, 생각을 집중하여 몸에 두어서 앎이 있고 봄이 있으며, 밝음이 있고 통달함이 있다. 이것을 비구가 몸을 관찰하기를 몸처럼 하는 것이다.

비구는 몸을 관찰하기를 몸과 같이 한다. 관찰하는 모습을 잘 받아들이고 생각한 것을 잘 기억하니, 마치 사람이 앉아서 누운 사람을 관찰하고, 누워서 앉은 사람을 관찰하는 것과 같다. 이와 같이 비구는 관찰하는 모습을 잘 받아들이고 생각한 것을 잘 기억한다.

이렇게 비구는 안 몸을 관찰하기를 몸처럼 하고, 바깥 몸을 관찰하기를 몸처럼 하여, 생각을 집중하여 몸에 두어서 앎이 있고 봄이 있으며, 밝음이 있고 통달함이 있다.

이것을 비구가 몸을 관찰하기를 몸처럼 하는 것이다.

비구는 몸을 관찰하기를 몸처럼 한다. 비구는 이 몸은 어디 있거나 좋거나 밉거나 머리에서 발에 이르기까지 온갖 더러운 것이 충만해 있다고 관찰한다.

이 몸 가운데에는 머리털, 터럭, 손톱, 이, 추하고 곱고 엷은 살갗, 살, 힘줄, 뼈, 심장, 콩팥, 간, 허파, 큰창자, 작은창자, 지라, 밥통, 똥, 뇌수, 눈곱, 땀, 눈물, 가래침, 고름, 피, 기름, 골수, 침, 쓸개, 오줌이 있다고 관찰한다. 마치 그릇에 몇 가지 종자를 담은 것 같아서 눈이 있는 사람은 분명히 보니, 벼나 조 종자나 갓이나 무우나 겨자 종자와 같다.

이와 같이 비구는 몸이 어디에 있거나, 좋거나 밉거나 머리에서 발에 이르기까지 더러운 것이 충만하다고 관찰한다.

이 몸 가운데에는 머리털, 터럭, 손톱, 이, 추하고 곱고 엷은 살갗, 살, 힘줄, 뼈, 심장, 콩팥, 간, 허파, 큰창자, 작은창자, 지라, 밥통, 똥, 골, 뇌수, 눈곱, 땀, 눈물, 가래침, 고름, 피, 기름, 골수, 침, 오줌이 있다고 관찰한다. 이렇게 비구는 안 몸을 관찰하기를 몸과 같이 하고, 바깥 몸을 관찰하기를 몸처럼 하여, 생각을 집중하여 몸에 두어서 앎이 있고 봄이 있으며, 밝음이 있고 통달함이 있다. 이것을 비구가 몸을 관찰하기를 몸처럼 하는 것이라 한다.

비구는 몸을 관찰하기를 몸처럼 한다. 비구는 몸에 있는 모든 경계를 관찰하여, 몸 가운데에는 땅의 요소, 물의 요소, 불의 요소, 바람의 요소, 공의 요소, 의식의 요소가 있음을 안다. 마치 백정이 소를 잡아 껍질을 벗겨 땅에 펴고 그것을 여섯 토막으로 가르는 것과 같다.

이와 같이 비구는 몸에 있는 모든 요소를 관찰하여, 내 몸 가운데 땅의 요소, 물의 요소, 불의 요소, 바람의 요소, 공의 요소, 의식의 요소가 있음을 안다. 이렇게 비구는 안 몸을 관찰하기를 몸처럼 하고, 바깥 몸을 관찰하기를 몸처럼 하여, 생각을 세워 몸에 두어 앎이 있고 봄이 있으며, 밝음이 있고 통달함이 있다. 이것을 비구가 몸을 관찰하기를 몸처럼 하는 것이다.

비구는 몸을 관찰하기를 몸처럼 한다. 비구는 송장이 1, 2일, 혹은 6, 7일이 되어 까마귀나 솔개에게 쪼이고 승냥이나 이리에게 먹히며, 불에 태우고 땅에 묻혀 썩어 문드러지는 것을 관찰한다. 관찰한 뒤에는 자기에게 비교한다.

'이 몸도 이와 같아 법이 함께 있어 마침내 떠날 수 없다'고 관찰한다. 이렇게 비구는 안 몸을 관찰하기를 몸과 같이 하고, 바깥 몸을 관찰하기를 몸처럼 하여, 생각을 세워 몸에 두어서 앎이 있고 봄이 있으며, 밝음이 있고 통달함이 있다. 이것을 비구가 몸을 관찰하기를 몸처럼 하는 것이다.

비구는 몸을 관찰하기를 몸처럼 한다. 비구는 묘지에 버려진 해골은 푸른빛으로 썩어 문드러지고, 남은 반의 뼈는 땅에 뒹구는 것을 보는 것처럼 하여 자기에게 비교한다.

'이 몸도 이와 같아서 법이 함께 있어 마침내 떠날 수가 없다'고 관찰한다. 이렇게 비구는 안 몸을 관찰하기를 몸처럼 하고, 바깥 몸을 관찰하기를 몸처럼 하여, 생각을 집중하여 몸에 두어서 앎이 있고 봄이 있으며, 밝음이 있고 통달함이 있다. 이것을 비구가 몸을 관찰하기를 몸처럼 하는 것이다.

비구는 몸을 관찰하기를 몸처럼 한다. 비구는 묘지에 버려진 몸의 가죽과 살과 피를 떠나 오직 힘줄만이 서로 이어 있는 것을 본 뒤에는 자기에게 견준다.

'이 몸도 이와 같아서 법이 함께 있어서 마침내 떠날 수가 없다'고 관찰한다. 이렇게 비구는 안 몸을 관찰하기를 몸처럼 하고, 바깥 몸을 관찰하기를 몸처럼 하여, 생각을 집중하여 몸에 두어서 앎이 있고 봄이 있으며, 밝음이 있고 통달함이 있다. 이것을 비구가 몸을 관찰하기를 몸처럼 하는 것이다.

비구는 몸을 관찰하기를 몸처럼 한다. 비구는 묘지에 버려진 몸의 뼈마디가 풀려 여러 곳에 흩어져 발뼈, 종아리뼈, 넓적다리뼈, 허리뼈, 등뼈, 어깨뼈, 목뼈, 머리뼈들이 제각기 다른 곳에 있는 것을 보는 것처럼 하여 그것을 본 뒤에는 자기에게 견준다.

'이 몸도 이와 같아서 법이 함께 있어서 떠날 수가 없다'고 관찰한다. 이렇게 비구는 안 몸을 관찰하기를 몸처럼 하고, 바깥 몸을 관찰하기를 몸처럼 하여, 생각을 세워 몸에 두어서 앎이 있고 봄이 있으며, 밝음이 있고 통달함이 있다. 이것을 비구가 몸을 관찰하기를 몸처럼 하는 것이다.

비구는 몸을 관찰하기를 몸처럼 한다. 비구는 묘지에 버려진 몸의 뼈가 희기는 마치 소라와 같고 푸르기는 집비둘기 같으며, 붉기는 피를 칠한 것처럼 그것을 본 뒤에는 자기에게 비교한다.

'이 몸도 이와 같아서 법이 함께 있어서 떠날 수가 없다'고 관찰한다.

이렇게 비구는 안 몸을 관찰하기를 몸처럼 하고, 바깥 몸을 관찰하기를 몸처럼 하여, 생각을 집중하여 몸에 두어서 앎이 있고 봄이 있으며, 밝음이 있고 통달함이 있다. 이것을 비구가 몸을 관찰하기를 몸처럼 하는 것이며, 만일 비구와 비구니가 조금이라도 몸을 관찰하기를 몸처럼 하면, 이것을 염처라 한다.

어떤 것의 각을 관찰하기를 각처럼 하는 염처는 무엇인가? 비구는 즐거운 감각을 깨달으면 즐거운 감각을 깨닫는 줄을 알고, 괴로운 감각을 깨달을 때는 괴로운 감각을 깨닫는 줄 알며, 괴롭지도 않고 즐겁지도 않은 감각을 깨달을 때는 괴롭지도 않고 즐겁지도 않은 감각을 깨닫는 줄을 안다.

즐거운 몸, 괴로운 몸, 괴롭지도 않고 즐겁지도 않은 몸과 즐거운 마음, 괴로운 마음, 괴롭지도 않고 즐겁지도 않은 마음과 즐거운 음식, 괴로운 음식, 괴롭지도 않고 즐겁지도 않은 음식과 즐거운 음식도 없고 괴로운 음식도 없으며, 괴롭지도 않고 즐겁지도 않은 음식도 없다. 즐거운 욕심, 괴롭지도 않고 즐겁지도 않은 욕심과 즐거운 욕심이 없음을 알아차림, 괴로운 욕심 없음을 알아차림도 또한 그러하며, 괴롭지도 않고 즐겁지도 않은 욕심 없음을 알아차림, 깨달을 때는 괴롭지도 않고 즐겁지도 않은 욕심 없음을 알아차림을 깨닫는 줄을 안다. 이렇게 비구는 안의 알아차림을 관찰하기를 알아차림과 같이 하고, 바깥 알아차림을 관찰하기를 알아차림과 같이 해, 생각을 집중하여 알아차림에 두어 앎이 있고 봄이 있으며, 밝음이 있고 통달함이 있다. 이것을 비구가 알아차림을 관찰하기를 알아차림처럼 하는 것이며, 만일 비구와 비구니가 조금이라도 알아차림을 관찰하기를 알아차림과 같이 하면, 이것을 알아차림을 관찰하기를 알아차림과 같이 하는 염처라 한다.

어떤 것의 마음을 관찰하기를 마음처럼 하는 염처라 하는가? 비구는 욕심이 있으면 욕심이 있다는 참뜻을 알고, 욕심이 없으면 욕심이 없다는 참뜻을 알며, 성냄이 있고 성냄이 없는 것과 어리석음이 있고 어리석음이 없는 것과 더러움이 있고 더러움이 없는 것과 모임이 있고 흩어짐이 있는 것과 낮춤이 있고 높임이 있는 것과 작음이 있고 큼이 있는 것과 닦고 닦지 않음과 정한 것과 정하지 않은 것의 참뜻을 안다. 해탈하지 않은 마음이 있으면 해탈하지 않은 마음의 참뜻을 알고 해탈한 마음이 있으면 해탈한 마음의 참뜻을 안다.
이렇게 비구는 안 마음을 관찰하기를 마음처럼 하고, 바깥 마음을 관찰하기를 마음처럼 하여, 생각을 세워 마음에 두어 앎이 있고 봄이 있으며, 밝음이 있고 통달함이 있다. 이것을 비구가 마음을 관찰하기를 마음처럼 하는 것이며, 만일 어떤 비구와 비구니가 조금이라도 마음을 관찰하기를 마음처럼 하면 이것을 마음을 관찰하기를 마음처럼 하는 염처라 한다.

어떤 것의 법을 관찰하기를 법처럼 하는 염처라 하는가? 눈은 빛깔을 반연하여 안의 번뇌가 생긴다. 비구는 안에 진실로 번뇌가 있으면 안에 번뇌가 있다는 참뜻을 알고, 안에 진실로 번뇌가 생기면 참뜻을 알고, 이미 생긴 안의 번뇌가 멸해 다시 생기지 않으면 참뜻을 안다.
이와 같이 귀는 소리를 반연하여, 코는 냄새를 반연하여, 혀는 맛을 반연하여, 몸은 감촉을 반연하여 안의 번뇌가 생긴다. 귀·코·혀·몸도 그러하며, 뜻은 법을 반연하여 안의 번뇌가 생긴다. 비구는 안에 진실로 번뇌가 있으면 안에 번뇌가 있다는 참뜻을 알고, 안에 진실로 번뇌가 없으면 안에 번뇌가 없다는 참뜻을 알며, 만일 아직 생기지 않은 안의 번뇌가 없다는 참뜻을 알며, 만일 아직 생기지 않은 안의 번뇌가 생기면 그 참뜻을 알고, 이미 생긴 안의 번뇌가 멸해 다시 생기지 않으면 참뜻을 안다. 이렇게 비구는 안 법을 관찰하기를 법과 같이 하는 것이다. 바깥 법을 관찰하기를 법과 같이 해, 생각을 세워 법에 두어 앎이 있고 봄이 있으며, 밝음이 있고 통달함이 있다. 이것을 비구가 법을 관찰하기를 법과 같이 하는 염처라 하며, 이것이 안의 육처이다.

비구는 법을 관찰하기를 법처럼 한다. 비구는 안에 진실로 욕심이 있으면 욕심이 있다는 참뜻을 알고, 안에 진실로 욕심이 없으면 욕심이 없다는 참뜻을 알며, 아직 생기지 않은 욕심이 생기면 참뜻을 알고, 이미 생긴 욕심이 멸해 다시 생기지 않으면 그 참뜻을 안다.
이와 같이 성냄, 잠, 들뜸도 그러하며, 안에 진실로 의심이 있으면 의심이 있는 참뜻을 알고, 안에 진실로 의심이 없으면 의심이 없다는 참뜻을 알며, 아직 생기지 않은 의심이 생기면 그 참뜻을 알고, 이미 생긴 의심이 멸해 다시 생기지 않으면 그 참뜻을 안다.
이와 같이 비구가 안의 법을 관찰하기를 법처럼 하고, 바깥 법을 관찰하기를 법처럼 하여, 생각을 세워 법에 두어 앎이 있고 봄이 있으며, 밝음이 있고 통달함이 있다. 이것을 비구가 법을 관찰하기를 법처럼 하는 것이며, 이것이 다섯 덮개인 오개이다.

비구는 법을 관찰하기를 법처럼 한다. 비구는 안에 진실로 염각지가 있으면 염각지가 있다는 참모양을 알고, 안에 진실로 염각지가 없으면 염각지가 없다는 참 모양을 알며, 아직 생기지 않은 염각지가 생기면 참 모양을 알고, 이미 생긴 염각지가 그대로 머물러 있지 않고 쇠퇴하지도 않고 더욱 닦아 더하고 넓어지면 그 참 모양을 안다.

이와 같이 택법, 정진, 희, 사, 정도 그러하며, 비구는 안에 진실로 사각지가 있으면 사각지가 있다는 참모양을 알고, 안에 진실로 사각지가 없으면 사각지가 없다는 참모양을 알고, 이미 생긴 사각지가 생기면 참모양을 알고, 이미 생긴 사각지가 그대로 머물러 있지 않고 쇠퇴하지도 않고, 더욱 닦아 더하고 넓어지면 그 참 모양을 안다.

이렇게 비구는 안 법을 관찰하기를 법처럼 하고, 바깥 법을 관찰하기를 법처럼 하여, 생각을 세워 법에 두어 앎이 있고 봄이 있으며, 밝음이 있고 통달함이 있다. 이것을 비구가 법을 관찰하기를 법처럼 하는 것이며, 이것이 칠각지이다. 어떤 비구와 비구니가 조금이라도 법을 관찰하기를 법처럼 하면, 이것을 법을 관찰하기를 법처럼 하는 염처라 한다.

어떤 비구와 비구니가 칠년 동안 마음을 세워 바르게 사념처에 머무르면 그는 반드시 이과를 얻을 것이며, 또는 현재에서 아라한의 지혜를 얻고, 또는 남음이 있어 아나함을 얻는다. 어떤 비구와 비구니가 칠개월 동안이라도 마음을 세워 바르게 사념처에 머무르면 반드시 이과를 얻을 것이며, 또는 현재에서 아라한의 지혜를 얻고, 또는 남음이 있어서 아나함을 얻는다.

어떤 비구와 비구니가 칠일 낮, 칠일 밤 동안이라도 마음을 세워 바르게 사념처에 머무르면 반드시 이과를 얻을 것이며, 또는 현재에서 아라한의 지혜를 얻고, 또는 남음이 있어 아나함을 얻는다. 어떤 비구와 비구니가 잠깐이라도 마음을 세워 바르게 사념처에 머물러, 아침에 이렇게 행하면 저녁에는 반드시 이익을 얻게 되며, 저녁에 이렇게 행하면 다음 날 아침에는 반드시 이익을 얻게 된다.”

부처님께서 이렇게 말씀하시니 비구들은 기뻐하며 받들어 행했다.

(7-2) 176잡아함신관주경
이와 같이 나는 들었다.

어느 때 부처님께서는 사위성 기수급고독원에 계시면서 비구들에게 말씀하셨다.

“덧없음을 끊기 위해서는 안의 몸을 ‘몸이다’라고 관찰해 거기에 머물러야 한다.

어떤 법이 덧없는가? 색은 덧없는 것이니, 그것을 끊기 위해서 안의 몸을 몸이라고 관찰하여 거기에 머물러야 한다. 이와 같이 느낌, 생각, 행위, 의식은 덧없는 것이니 그것을 끊기 위해서는 안의 몸을 몸이라고 관찰해 거기에 머물러야 한다.”

부처님께서 이 경을 말씀하시자 비구들은 듣고 기뻐하며 받들어 행했다.

덧없음과 같이, 과거의 색은 덧없는 것이다. 미래의 색과 현재의 색, 과거와 미래의 색, 과거와 현재의 색, 미래와 현재의 색, 과거와 현재와 미래의 색은 덧없는 것이니, 그것을 끊기 위해서 안의 몸을 몸처럼 관찰해 거기에 머물러야 한다. 느낌·생각·행위·의식에서도 그와 같다. 안의 몸을 몸처럼 관찰하여 거기에 머무르는 것처럼, 여덟 가지도 그와 같다.

바깥 몸을 몸이라고 관찰하고 안팎의 몸을 몸이라고 관찰하며, 안의 느낌을 느낌이라고 관찰하고 바깥 느낌을 느낌이라고 관찰하고 안팎의 느낌을 느낌이라고 관찰한다. 안의 마음을 마음이라고 관찰하고 바깥 마음을 마음이라고 관찰하고 안팎의 마음을 마음이라고 관찰한다. 안의 법을 법이라고 관찰하고 바깥 법을 법이라고 관찰하고 안팎의 법을 법이라고 관찰하여 머무는 여덟 경도 또한 위에서 말씀하신 것과 같다.

덧없는 이치를 끊고 사념처를 닦는 것처럼, 아는 이치, 다하는 이치, 뱉는 이치, 그치는 이치, 버리는 이치, 멸하는 이치, 마치는 이치를 위해 사념처에 수순하는 것도 위에서 말씀하신 것과 같다.

(7-3) 177잡아함신관주경 2

이와 같이 나는 들었다.

어느 때 부처님께서는 사위성 기수급고독원에 계시면서 비구들에게 말씀하셨다.

"어떤 사람이 불로 머리카락이나 옷을 태운다면 어떻게 꺼야 하겠는가?"

비구들은 부처님께 여쭈었다.

"부처님이시여, 왕성한 의욕을 일으키고 간절한 방편을 써서 서둘러 꺼야 겠습니다."

"머리나 옷이 타는 것은 잠깐 잊는다 해도 덧없음의 왕성한 불은 꺼서 없애야 한다. 덧없음의 불을 끄기 위해서 안의 몸을 몸이라고 관찰하는 머무름을 닦아야 한다. 색이 덧없는 것이니 그것을 끊기 위하여 안 몸을 몸이라고 관찰하는 머무름을 닦고, 느낌·생각·행위·의식이 덧없는 것이니 그것을 끊기 위하여 안 몸을 몸이라고 관찰하는 머무름을 닦는 것이다."

이렇게 널리 말씀하셨다. 그리고 부처님께서 이 경을 말씀하시자 여러 비구는 듣고 기뻐하며 받들어 행했다.

덧없음과 같이 과거의 덧없음, 현재의 덧없음, 미래의 덧없음, 과거와 미래의 덧없음, 과거와 현재의 덧없음, 미래와 현재의 덧없음, 과거, 현재, 미래의 덧없음도 이와 같다.

안의 몸을 몸이라고 관찰하는 머무름의 팔경과 같이, 바깥 몸을 몸이라고 관찰하는 팔경과 안팎 몸을 몸이라고 관찰하는 팔경도 위에서 말씀하신 것과 같다.

신념처의 이십사경과 같이, 느낌을 생각하고 마음을 생각하고 법을 생각하는 이십사경도 위에서 말씀하신 것과 같다.

마땅히 덧없음을 끊어야 한다는 구십육경과 같이, 마땅히 알고 뱉고 다하고 그치고 버리고 멸하고 마쳐야 한다는 낱낱의 구십육경도 또한 위에서 말씀하신 것과 같다.

(7-4) 198잡아함라후라경

이와 같이 나는 들었다.

어느 때 부처님께서는 왕사성 기사굴산에 계셨다. 그때 라후라는 부처님 계신 곳에 나아가 부처님 발에 머리를 조아리고 물러나 한 쪽에 서서 여쭈었다.

"안의 의식이 있는 몸과 바깥의 일체 모양을 어떻게 알고 어떻게 보아야 〈나〉와 〈내 것〉과 〈나〉라는 거만과 번뇌와 얽매임이 생기지 않겠습니까?"

그때 부처님께서는 라후라에게 말씀하셨다.

착하다! 라후라여, 너는 여래에게 매우 깊은 이치를 물었구나.

너의 눈으로서, 과거나 현재나 미래나 안이거나 밖이거나, 굵거나 가늘거나 좋거나 나쁘거나 멀거나 가깝거나, 그 일체는 〈나〉가 아니며, 〈다른 나〉도 아니며, 그 둘의 합한 것도 아니라고 참답게 보라. 귀·코·혀·몸·뜻에서도 그러하다. 라후라여, 나의 이 식이 있는 몸과 바깥의 일체 모양을 이렇게 알고 이렇게 보면 〈나〉와 〈내 것〉과 〈나〉라는 거만과 번뇌와 얽매임을 생기지 않게 할 수 있다. 라후라여, 이와 같이 〈나〉와 〈내 것〉과 〈나〉라는 거만과 번뇌와 얽매임이 생기지 않으면 애욕에 흐린 소견을 끊고 지극한 평등으로써 괴로움을 완전히 벗어난 것이다.

부처님께서 이 경을 말씀하시자 라후라는 기뻐하며 받들어 행했다.

안의 감각 기관과 같이, 바깥에서 들어오는 형상, 소리, 냄새, 맛, 감촉, 법과 안식, 이식·비식·설식·신식·의식과 눈의 부딪침[觸], 귀·코·혀·몸·뜻의 부딪침과 눈의 부딪침에서 생기는 느낌[受], 귀·코·혀·몸·뜻의 부딪침에서 생기는 느낌과 부딪침에서 생기는 생각[想], 귀·코·혀·몸·뜻의 부딪침에서 생기는 생각과, 눈의 부딪침에서 생기는 헤아림[思], 귀·코·혀·몸·뜻의 헤아림과 눈의 부딪침에서 생기는 애욕[愛], 귀·코·혀·몸·뜻의 접촉에서 생기는 애욕도 또한 위에서 말씀한 것과 같다.

부처님께서는 라후라에게 물었다.

"어떻게 알고 어떻게 보아야 이 의식[識]이 있는 몸과 바깥의 일체 형상에서 〈나〉와 〈내 것〉과 〈나〉라는 거만과 번뇌와 얽매임이 없겠는가?"

그러자 라후라는 부처님께 여쭈었다.

"부처님께서는 법의 근본이시며 법의 눈이시며 법의 의지이십니다.

부처님이시여, 모든 비구를 위하여 이치를 널리 말씀해 주시면 모든 비구는 그 말씀을 듣고 마땅히 받아 받들어 행하겠습니다."

부처님께서는 라후라에게 말씀하셨다.

"착하다! 라후라여, 자세히 들으라. 너희들을 위하여 말한다. 모든 눈으로 과거나 현재나 미래나 안이거나 밖이거나 굵거나 가늘거나 좋거나 나쁘거나 멀거나 가깝거나, 일체는 〈나〉가 아니며 〈다른 나〉도 아니며, 그 둘의 합한 것도 아니라고 참같이 바르게 관찰하라.

라후라여, 귀·코·혀·몸·뜻에서도 그와 같다. 이와 같이 알고 보면 나의 이 식이 있는 몸과 바깥의 일체 형상에서 〈나〉와 〈내 것〉과 〈나〉라는 거만과 번뇌와 얽매임이 생기지 않을 것이다. 라후라여, 그러한 비구는 두 가지를 뛰어넘어 모든 형상을 떠나 적멸하고 해탈한다. 그러한 비구는 모든 애욕을 끊고 모든 맺음을 풀어 버려서 괴로움을 완전히 벗어나게 된다."

부처님께서 이 경을 말씀하시자 라후라는 기뻐하며 받들어 행했다.

안의 감각 기관과 같이 바깥에서 들어오는 것과 뜻의 부딪치는 인연으로 생기는 느낌도 또한 이와 같이 널리 말씀하셨다.

라후라는 또 여쭈었다.

"부처님이시여, 저는 그 법을 듣고 혼자 고요한 곳에서 알뜰히 생각하면서 방일하지 않겠습니다. 족성자로서 수염과 머리를 깎고 바른 믿음으로 집을 나와 도를 배우고 범행을 닦는 까닭은 법을 보아 스스로 알고 증득하여, 나의 생은 이미 다하고, 범행은 이미 서고, 할 일은 이미 마쳐, 다시는 후세의 몸을 받지 않는 줄을 아는 데 있다고 생각하겠습니다."

그때 부처님께서는 라후라의 마음은 해탈한 지혜가 아직 익지 않아 더욱 뛰어난 법을 받기에는 감당할 수 없음을 관찰하고 라후라에게 물었다.

"너는 다른 사람에게 오온으로써 가르친 일이 있느냐?"

"아직 없습니다. 부처님이시여."

"너는 마땅히 다른 사람을 위해 오온을 연설해야 한다."

그때 라후라는 부처님 분부를 받고 다음 날 다른 사람을 위해 오온을 연설했다. 그리고 다시 부처님 계신 곳으로 나아가 부처님 발에 머리를 조아리고 한쪽에 물러서서 여쭈었다.

"부처님이시여, 저는 다른 사람을 위해 오온의 쌓임을 설명했습니다. 부처님께서는 저를 위해 설법하여 주십시오. 저는 그 법을 들은 뒤에는 혼자 고요한 곳에서 알뜰히 생각하면서 방일하지 않고 머무르며 다시는 다음 생의 몸을 받지 않는 줄을 스스로 안다고 생각하겠습니다."

그때 부처님께서는 라후라의 마음은 해탈한 지혜가 아직 익지 않아 더욱 왕성한 법을 받기에는 감당할 수 없음을 관찰하고 라후라에게 물었다.

"너는 다른 사람에게 육근을 설명한 일이 있는가?"

"아직 없습니다. 부처님이시여."

"너는 마땅히 다른 사람을 위해 육근을 연설해야 한다."

라후라는 다음 날 다른 사람을 위해 육근을 연설했다. 그리고 다시 부처님 계신 곳으로 나아가 머리를 조아려 부처님 발에 예배하고 한 쪽에 물러서서 부처님께 여쭈었다.

"부처님이시여, 저는 다른 사람을 위해 육근을 연설했습니다. 부처님께서는 저를 위해 설법해 주십시오. 저는 그 법을 들은 뒤에는 혼자 고요한 곳에서 알뜰히 생각하면서 방일하지 않고 머무르며 다시는 다음 생에 몸을 받지 않는 줄을 안다고 생각하겠습니다."

그때 부처님께서는 라후라의 마음은 해탈한 지혜가 아직 익지 않아 더욱 뛰어난 법을 받기에는 감당할 수 없음을 관찰하고 라후라에게 물었다.

"너는 다른 사람을 위해 니타나[尼陀那]법을 설명한 일이 있는가?"

"아직 없습니다. 부처님이시여."

"너는 다른 사람을 위해 니타나법을 연설해야 한다."

라후라는 다음 날 다른 사람을 위해 니타나법을 널리 설명했다. 그리고 다시 부처님 계신 곳에 나아가 머리를 조아려 부처님 발에 예배하고 한 쪽에 물러서서 여쭈었다.

"부처님이시여, 저를 위해 설법해 주십시오. 저는 그 법을 들은 뒤에는 혼자 고요한 곳에서 알뜰히 생각하면서 방일하지 않고 머물며 '다시는 후세의 몸을 받지 않는 줄을 스스로 아는 데 있다'고 생각하겠습니다."

그때 부처님께서는 라후라의 마음은 해탈한 지혜가 아직 익지 않은 것을 관찰하고 라후라에게 말씀하셨다.

"너는 마땅히 위에서 말한 모든 법에 대해 혼자 고요한 곳에서 알뜰히 생각하고 그 뜻을 관찰해야 한다."

그때 라후라는 부처님 분부를 받고 위에서 들은 법과 말한 법을 그대로 생각하고 헤아리며 그 뜻을 관찰했다. 그리고 이 모든 법은 열반을 따라 나아가고, 열반으로 흘러 모이며, 마침내는 열반에 머무를 것이라고 생각했다. 그때 라후라는 부처님 계신 곳에 나아가 머리를 조아려 부처님 발에 예배하고 한 쪽에 물러서서 여쭈었다.

"부처님이시여, 저는 위에서 들은 법과 말씀하신 법에 대해, 혼자 고요한 곳에서 생각하고 헤아리며 그 뜻을 관찰해 '이 모든 법은 열반을 따라 나아가고, 열반으로 흘러 모이며, 마침내는 열반에 머무를 것이다'고 알았습니다."

그때 부처님께서는 라후라의 마음은 해탈한 지혜가 성숙하여 더욱 뛰어난 법을 받기에 감당할 수 있음을 관찰하고 라후라에게 말씀하셨다.

"라후라여, 모든 것은 덧없다. 눈은 덧없는 것이며, 색과 안식과 눈의 부딪침도 덧없는 것이다."

이렇게 널리 말씀하셨다. 그때 라후라는 부처님 말씀을 듣고 기뻐하면서 예배하고 물러갔다.

라후라는 부처님의 분부를 받고 혼자 고요한 곳에서 알뜰히 생각하면서 방일하지 않고 머물러 있었다. 족성자가 수염과 머리를 깎고 가사를 입고 바른 믿음으로 집을 나와 도를 배우고 오로지 범행을 닦는 까닭은 법을 보아 알고 증득하여 나의 생은 이미 다하고, 범행은 이미 서고, 할 일은 이미 마쳐, 다시는 다음 생의 몸을 받지 않음을 알아 아라한이 되어 마음이 잘 해탈하는 데 있다고 생각했다.

부처님께서 이 경을 말씀하시자 라후라는 기뻐하며 받들어 행했다.

(7-5) 802잡아함안나반나념경

이와 같이 나는 들었다.

어느 때 부처님께서는 사위성 기수급고독원에 계시면서 여러 비구에게 말씀하셨다.

"아나아파나(阿那阿波那, ana-apana) 생각을 닦아야 한다. 비구가 아나아파나 생각을 많이 닦아 익히면 몸과 마음이 쉬게 되고 거친 생각과 세밀한 생각에 대하여, 고요하고 순수하며 분명한 생각을 닦아 익혀 만족하게 된다."

아나아파나 생각을 어떻게 닦아 익히면 몸과 마음이 쉬고, 거친 생각과 미세한 생각에 대하여 고요하고 순수하며 분명한 생각을 닦아 익혀 만족하게 되는가?

비구가 촌락이나 도시에 의지해 살면서, 이른 아침에 가사를 입고 발우를 가지고 마을에 들어가 밥을 빌 때에는 몸을 단속하고 여러 감관문을 지키고 마음을 잘 매어 둔다. 밥을 빌고는 머무는 곳에 돌아와 가사와 발우를 챙기고 발을 씻은 뒤에 숲속의 고요한 방이나 나무 밑이나 아무도 없는 빈 곳에 들어가 몸을 단정히 하고 바로 앉는다. 그래서 생각을 눈앞에 매어 두어, 세상의 탐욕과 애정을 끊고 욕심을 떠나 청정하게 된다. 성냄과 수면과 들뜸과 의심을 끊어 모든 의혹을 건너고 온갖 착한 법에 대해 마음을 결정하게 되면 지혜의 힘을 약하게 하고 장애 거리가 되어 열반으로 나아가지 못하게 하는 다섯가지 덮개의 번뇌를 멀리 떠나게 된다.

그래서 안 숨을 생각하고는 생각을 잡아매어 공부하고 바깥 숨을 생각하고는 생각을 잡아매어 공부한다. 긴 숨이나 짧은 숨 등 몸에 들어오는 일체 숨을 깨달아 알고는 몸에 들어오는 일체 숨에 관해서 공부하고 몸에서 나가는 일체 숨을 깨달아 알고는 몸에서 나가는 일체 숨에 관해서 공부한다. 일체 몸 행의 숨과 드는 숨을 깨달아 알고 일체 몸 행의 숨과 드는 숨에 관해서 공부하고, 일체 몸 행의 숨과 나가는 숨을 깨달아 알고 일체 몸 행의 숨과 나가는 숨에 관해서 공부한다.

기쁨과 즐거움과 몸 행과 마음 행의 숨과 드는 숨을 깨달아 알고는 마음 행의 숨과 드는 숨을 깨달아 아는 데 대해 공부하고, 마음 행의 숨과 나가는 숨을 깨달아 알고는 마음 행의 숨과 나가는 숨을 깨달아 아는 데 대해 공부한다. 마음과 마음의 기쁨과 마음의 고요함과 마음의 해탈과 드는 숨을 깨달아 알고는 마음의 해탈과 드는 숨을 깨달아 아는 데 대해서 공부하고, 마음의 해탈과 나가는 숨을 깨달아 알고는 마음의 해탈과 나가는 숨을 깨달아 아는 데 대해 공부한다. 덧없음과 끊음과 욕심 없음과 드는 숨의 멸함을 관찰하고는 드는 숨의 멸함을 관찰하는 데 대해 공부하고, 나가는 숨의 멸함을 관찰하고는 나가는 숨의 멸함을 관찰하는 데 대해 공부한다. 이것이 이른바 아나아파나 생각을 닦으면 몸과 마음이 쉬고 거친 생각과 세밀한 생각에 대하여, 고요하고 순수하며 분명한 생각을 닦아 익혀 만족하게 되는 것이다."

부처님께서 이 경을 말씀하시자, 비구들은 기뻐하며 받들어 행했다.

(7-6) 810잡아함아난경

이와 같이 나는 들었다.

어느 때 부처님께서는 금강 부락의 발구마강 가에 있는 샤알라 숲에 계셨다. 그때 존자 아난은 혼자 고요한 곳에서 선정에 들었다가 이렇게 생각했다.

'어떤 법을 많이 닦아 익히면 네 가지 법을 만족하게 하고, 네 가지 법이 만족하면 일곱 가지 법이 만족하며, 일곱 가지 법이 만족하면 두 가지 법이 만족하게 되는가'. 그때 존자 아난은 선정에서 깨어나 부처님께 나아가, 머리를 조아려 그 발에 예배하고 한 쪽에 물러앉아 여쭈었다.

"부처님이시여, 저는 혼자 고요한 곳에서 선정에 들었다가 이렇게 생각했습니다. '어떤 법을 많이 닦아 익히면 네 가지 법을 만족하게 하고, 나아가서는 두 가지 법을 만족하게 하는가'고. 저는 이제 부처님께 여쭙습니다. 과연 어떤 법을 많이 닦아 익히면, 나아가 두 가지 법을 만족 할 수 있습니까?"

부처님께서는 아난에게 말씀하셨다.

"한 법이 있다. 그것을 많이 닦아 익히면 두 가지 법까지 만족하게 할 수 있다. 아나아파나 생각이니, 그것을 많이 닦아 익히면 사념처를 만족 할 수 있고, 사념처를 만족 하면 칠각분이 만족하게 되며, 칠각분을 만족하게 하면 지혜와 해탈이 만족하게 된다.

아나아파나 생각을 어떻게 닦으면 사념처가 만족하게 되는가? 비구가 촌락을 의지하여, 나아가서는 나는 숨이 나간다는 생각을 없애도록 공부하는 것이다. 아난이여, 이와 같이 성인의 제자는 드는 숨을 생각할 때는 숨이 든다는 생각 그대로 공부하고, 나는 숨을 생각할 때는 숨이 난다는 생각 그대로 공부하며, 숨이 길거나 짧거나 모든 몸 행을 깨달아 알고, 드는 숨을 생각할 때에는 숨이 든다는 생각 그대로 공부하고, 나는 숨을 생각할 때는 숨이 난다는 생각 그대로 공부한다. 몸 행의 쉼과 드는 숨을 생각할 때는 몸 행의 쉼과 숨이 든다는 생각 그대로 공부하고, 몸 행의 쉼과 나는 숨을 생각할 때는 몸 행의 쉼과 숨이 난다는 생각 그대로 공부하면 된다.

그때 성인의 제자는 몸으로 관하는 생각에 머물고, 몸에 다름이 있으면 그는 또 그와 같이 몸을 따라 비교해 생각한다. 성인의 제자가 때로 기쁨과 즐거움과 마음 행을 깨달아 알고, 마음 행의 쉼을 깨달아 알게 되면, 드는 숨을 생각할 때는 마음 행의 숨과 숨이 든다는 생각 그대로 공부하고, 마음 행의 쉼과 숨이 든다는 생각 그대로 공부하고, 마음 행의 쉼과 나는 숨을 생각할 때는, 마음 행의 쉼과 숨이 난다는 생각 그대로 공부한다. 그때 성인의 제자는 느낌을 느낌으로 관하는 생각에 머물고, 느낌에 다름이 있으면 그는 또 느낌을 따라 비교해 생각한다. 성인의 제자는 때로 마음과 마음의 기쁨과 마음의 선정과 마음의 해탈을 깨달아 알게 되면, 드는 숨을 생각할 때는 숨이 든다는 생각 그대로 공부하고, 마음의 해탈과 나는 숨을 생각할 때는 마음의 해탈과 숨이 난다는 생각 그대로 공부한다.

그때 성인의 제자는 마음을 마음으로 관하는 생각에 머무르고, 다른 마음이 있으면 그는 또 마음에 따라 비교해 생각한다. 성인의 제자가 때로 덧없음과 끊음, 욕심 없음, 사라짐을 관하게 되면 덧없음, 끊음, 욕심 없음, 사라짐의 관에 머무는 그대로 공부한다. 그때 성인의 제자는 법을 법으로 관하는 생각에 머물고, 법에 다름이 없으면 그는 또 법을 따라 비교해 생각한다. 이것이 아나아파나를 닦으면 사념처를 만족하는 것이다."

아난은 부처님께 여쭈었다.

"아나아파나 생각을 닦아 익히면 사념처를 만족하는 것과 같이, 어떻게 사념처를 닦으면 칠각분을 만족할 수 있습니까?"

부처님께서는 아난에게 말씀하셨다.

"비구가 몸을 몸으로 관하는 생각에 머물고, 생각에 머무른 뒤에는 생각을 매어 두어 잊지 않으면, 그때 방편으로써 염각분을 닦는다. 염각분을 닦으면 그것이 만족하게 되고, 그것이 만족하게 되면 법을 가리고 헤아린다. 그때 다시 방편으로 택법각분을 닦는다. 택법각분을 닦으면 그것이 만족하게 되고, 법을 가지고 분별하고 헤아리게 되면 부지런히 방편을 쓸 수 있다. 그때 다시 방편으로 정진각분을 닦는다. 정진각분을 닦으면 그것이 만족하게 되고, 방편으로 정진하면 곧 마음이 기뻐진다.

그때 다시 방편으로 희각분을 닦는다. 희각분을 닦으면 그것이 만족하게 되고, 그것이 만족하게 되면 몸과 마음이 쉬게 된다. 그때 다시 방편으로 평안의 깨달음인 경안각분을 닦는다. 편안의 깨달음 갈래를 닦으면 그것이 만족하게 되고, 그것이 만족하게 되면 몸과 마음이 즐거워져 삼매를 얻게 된다. 그때 다시 방편으로 정각분을 닦는다. 정각분을 닦으면 그것이 만족하게 되고, 그것이 만족하게 되면 탐욕과 근심이 없어져 평등한 버림을 얻게 된다. 그때 다시 사각분을 닦는다. 사각분을 닦으면 그것이 만족하게 된다. 느낌과 마음의 법의 생각하는 곳에 있어서도 또한 그와 같다. 이것이 이른바 네 가지 생각하는 곳을 닦으면 일곱 가지 깨달음 갈래가 만족하게 되는 것이다.”

아난은 부처님께 여쭈었다.

“사념처를 닦으면 칠각분을 만족하는 것입니다. 그러면 다시 어떻게 칠각분을 닦으면 지혜와 해탈을 만족할 수 있습니까?”

부처님께서 아난에게 말씀하셨다.

“비구가 생각의 깨달음 갈래를 닦으면 멀리 떠남과 욕심 없음과 사라짐에 의하여 열반으로 향한다. 이와 같이 생각의 깨달음 갈래를 닦으면 지혜와 해탈을 만족하고, 나아가서는 버림의 깨달음 갈래를 닦으면 멀리 떠남과 욕심 없음과 사라짐에 의해 열반으로 향한다. 이와 같이 버림의 깨달음 갈래를 닦으면 지혜와 해탈을 만족하게 한다. 아난이여, 이것이 이른바 법과 법이 서로 짝하고 법과 법이 서로 윤택하게 하는 것이다. 이와 같이 열세 가지 법은 한 법이 왕성하게 되면 한 법은 문이 되고, 차례로 점점 나아가 닦아 익혀 만족하게 된다.”

부처님께서 이 경을 말씀하시자, 여러 비구는 기뻐하며 받들어 행했다.

8. 팔정도

(8-1) 2잡아함주도수경

이와 같이 나는 들었다.

어느 때 부처님께서는 사위성 기수급고독원에 계셨다. 그때 부처님께서는 여러 비구에게 말씀하셨다.

"만일 삼십삼천에 있는 파릿찻타카 잎이 시들어 누렇게 변하면, 삼십삼천 대중들은 오래지 않아 그 나뭇잎은 반드시 떨어지리라고 여겨 기뻐하고 즐거워한다. 다시 삼십삼천에 있는 파릿찻타카 나뭇잎이 떨어지면 이때도 삼십삼천 대중들은 그 나뭇잎은 오래지 않아 반드시 다시 날 것이라고 기뻐하고 즐거워한다. 다시 삼십삼천에 있는 파릿찻타카 나뭇잎이 나면 이때도 삼십삼천 대중들은 그 나무는 오래지 않아 반드시 열매를 맺을 것이라 기뻐하고 즐거워한다. 다시 삼십삼천에 있는 파릿찻타카 나무는 열매를 맺으면 이때도 삼십삼천 대중들은 그 나무는 오래지 않아 새부리 같은 봉오리를 낼 것을 기뻐하고 즐거워한다. 다시 삼십삼천에 있는 파릿찻타카 나무가 새부리 같은 봉오리를 내면 이때도 삼십삼천 대중들은 그 나무는 오래지 않아 반드시 피어나 발우처럼 될 것이라고 기뻐하고 즐거워한다. 다시 삼십삼천에 있는 파릿찻타카 나무가 이미 피어나 발우처럼 되면, 이때도 삼십삼천 대중들은 그 나무는 오래지 않아 반드시 모두 활짝 필 것이라고 기뻐하고 즐거워한다. 파릿찻타카 나무가 모두 활짝 피면, 그 광명이 비치는 곳, 그 빛이 번지는 곳, 그 향기가 풍기는 곳은 1백 유순(1유순은 18km)을 두루 한다. 이때 삼십삼천 대중들은 여름 넉달 동안 오욕의 공덕을 구족하여 스스로 오락을 즐긴다. 이것을 삼십삼천 대중들이 파릿찻타카 나무 밑에 모여 하늘의 오락을 즐기는 것이다.

이 뜻과 같이 거룩한 제자들에게 있어서도 또한 그러하다. 그는 집을 떠나기를 생각한다. 이때 거룩한 제자들은 잎누름이라 부른다. 마치 삼십삼천에 있는 파릿찻타카 나뭇잎이 시들어 누렇게 되는 것과 같다. 다시 거룩한 제자들은 수염과 머리를 깎고 가사를 입고 지극한 믿음으로 집을 버리고, 도를 닦는다. 이때 거룩한 제자들은 잎떨어짐이라 부른다. 마치 삼십삼천에 있는 파릿찻타카 나뭇잎이 떨어지는 것과 같다. 다시 거룩한 제자들은 탐욕을 떠나며 악하고 착하지 않은 법을 여의며, 각이 있고 관이 있어 욕계의 악을 떠나는 데서 생기는 기쁨과 즐거움으로 초선을 얻어 성취하여 즐긴다. 이때 거룩한 제자들은 잎새로남이라 부른다. 마치 삼십삼천에 있는 파릿찻타카 나뭇잎이 다시 나는 것과 같다. 다시 거룩한 제자들은 〈각〉과 〈관〉이 이미 쉬고 안으로 한마음이 고요하여 감각도 없고 관찰도 없어 정에서 생기는 기쁨과 즐거움으로 제이선을 얻어 성취해서 즐긴다. 이때 거룩한 제자들은 열매맺음이라 부른다. 마치 삼십삼천에 있는 파릿찻타카 나무가 열매를 맺는 것과 같다.

다시 거룩한 제자들은 기쁨의 탐욕에서 떠나 모든 것을 버리고 구함이 없이 즐기며, 바른 생각과 바른 지혜이면서도 몸에 즐거움을 느낀다. 이른바 저 성인의 말한 바의 거룩한 버림과 바른 생각과 공에 머무르기를 즐거워하는 제삼선을 얻어 성취해서 즐긴다. 이때 거룩한 제자들은 새 부리남이라 부른다. 마치 삼십삼천에 있는 파릿찻타카 나무가 새 부리 같은 봉오리를 내는 것과 같다. 다시 거룩한 제자들은 즐거움도 멸하고 괴로움도 멸하고 기쁨과 걱정은 본래 멸하여, 괴롭지도 않고 즐겁지도 않으며, 즐거움의 버림과 공덕의 생각과 맑고 깨끗함이 있는 제사선을 얻어 성취하여 즐긴다. 이때 거룩한 제자들은 발우남이라 부른다. 마치 삼십삼천에 있는 파릿찻타카 나무가 발우와 같다. 다시 거룩한 제자들은 모든 번뇌가 다하고, 마음이 해탈하고 지혜가 해탈하여 현재에 있어서 스스로 알고 깨닫고 증득하며 성취하여 즐긴다. 그래서 생은 이미 다하고 범행은 이미 서고 할 일은 이미 마쳐, 다시는 다음 생의 생명을 받지 않는다는 참뜻을 안다. 이때 거룩한 제자들은 모두핌이라 부른다. 마치 삼십삼천에 있는 파릿찻타카 나무가 모두 핀 것과 같다.

그는 번뇌가 다 한 아라한이 되면 삼십삼천 대중들은 선법정전에 모여 있으면서 칭찬하고 감탄한다. '저 아무개의 높은 제자는 어느 촌읍에서 수염과 머리를 깎고 가사를 입고 지극한 믿음으로 집을 버리고 도를 닦았다. 모든 번뇌는 이미 다 하고 마음이 해탈하고 지혜가 해탈하여, 현법 가운데 스스로 알고 스스로 깨치며, 스스로 증득하여 성취해 즐기며, 생이 이미 다하고 범행은 이미 서고 할 일은 이미 마쳐, 다시는 다음 생의 생명을 받지 않는다는 참뜻을 알았다.' 이것을 번뇌가 다 한 아라한의 모임이라 하며, 마치 삼십삼천 대중들이 파릿찻타카 나무 밑에 함께 모이는 것과 같다."

부처님께서 이렇게 말씀하시니 여러 비구는 기뻐하며 받들어 행했다.

(8-2) 254잡아함이십억귀경

이와 같이 나는 들었다.

어느 때 부처님께서는 왕사성의 죽림정사에 계셨다. 그때 존자 이십억귀 비구는 기사굴산에서 부지런히 보리분법을 닦아 익히고 있었다. 그때 이십억귀는 혼자 고요히 선정에 들어 있다가 이렇게 생각하였다. '부처님의 제자로서 정근한 성문 가운데 나도 그 수에 들어간다. 그런데 나는 오늘 아직 모든 번뇌를 다 하지 못했다. 나는 유명한 족성의 아들로서 재물과 보배가 넉넉히 있다. 나는 차라리 집에 돌아가 다섯 가지 즐거움을 누리면서 널리 보시를 행하여 복을 짓자.' 그때 부처님께서는 이십억귀의 생각하는 바를 아시고 한 비구에게 말씀하셨다.

"너는 이십억귀에게 가서 '부처님께서 너를 부르신다'고 알려라."

그 비구는 이십억귀에게 가서 말했다.

"부처님께서 너를 부르신다."

이십억귀는 그 비구가 스승님의 명령이라는 말을 듣고 곧 부처님 계신 곳에 나아가 머리를 조아려 그 발에 예배하고, 물러나 한쪽에 서 있었다. 그때 부처님께서는 이십억귀에게 말씀하셨다.

"너는 진실로 혼자 선정에 들어 있다가 이렇게 생각했느냐?

'부지런히 공부하는 부처님의 성문 가운데 나도 그 수에 들어간다. 그런데 나는 아직 번뇌가 있어 해탈을 얻지 못했다. 나는 유명한 족성의 아들이며 또 많은 재산이 있다. 나는 차라리 속세로 돌아가 다섯 가지 즐거움을 누리면서 널리 보시하여 복을 짓자'고 했는가?"

그때 이십억귀는 이렇게 생각했다. '부처님께서는 이미 내 마음을 아신다.' 그래서 놀라고 두려워서 털이 일어섰다. 그는 부처님께 여쭈었다.

"진실로 그러합니다. 부처님이시여."

부처님께서는 이십억귀에게 말씀하셨다.

"나는 이제 너에게 물으리니 너는 생각대로 대답해라. 이십억귀여, 너는 속세에 있을 때 거문고를 잘 탔었는가?"

"그러합니다. 부처님이시여."

"너의 생각에는 어떠하냐. 네가 거문고를 탈 때에 만일 그 줄을 너무 조이면 미묘하고 부드럽고 맑은 소리를 내게 할 수 있던가?"

"아닙니다. 부처님이시여."

"그 줄을 늦추면 과연 미묘하고 부드럽고 맑은 소리를 내던가?"

"아닙니다. 부처님이시여."

"줄을 잘 고루어 너무 늦추지도 않고 조르지도 않으면, 미묘하고 화하고 맑은 소리를 내던가?"

"그러합니다. 부처님이시여."

부처님께서는 이십억귀에게 말씀하셨다.

"정진이 너무 급하면 들뜸이 더하고, 정진이 너무 느리면 게으르게 된다. 그러므로 너는 마땅히 평등하게 닦아 익히고 거두어 받아, 집착하지도 말고 방일하지도 말며 모양을 취하지도 말라."

이십억귀는 부처님 말씀을 듣고 그 말씀을 따라 기뻐하면서 예배하고 물러갔다.

그때 존자 이십억귀는 항상 부처님께서 말씀하신 거문고라는 비유를 생각하면서 혼자 고요히 선정에 들기 위해서 말씀하신 것과 같이 했다. 그래서 번뇌가 다 하고 마음의 해탈을 얻어 아라한이 되었다. 그때 존자 이십억귀는 아라한이 되어 마음으로 해탈한 기쁨과 즐거움을 깨닫고 이렇게 생각했다. '나는 이제 부처님께 가서 문안드리리라'고. 그때 존자 이십억귀는 부처님 계신 곳에 나아가 머리를 조아려 그 발에 예배하고, 물러나 한쪽에 앉아 부처님께 여쭈었다.

"부처님이시여, 저는 부처님 법안에서 아라한이 되었습니다. 모든 유의 번뇌는 다 하고 할 일은 이미 마쳤으며, 무거운 짐을 버리고 이익을 얻었으며, 모든 유의 맺음을 다하고 바른 지혜로 마음이 해탈했습니다. 욕심을 떠난 해탈, 성냄을 떠난 해탈, 멀리 떠난 해탈, 애욕이 다한 해탈, 모든 취에서의 해탈, 늘 생각하여 잊지 않는 해탈입니다. 부처님이시여, 만일 조그마한 신심을 의지하여 욕심을 떠나 해탈했다고 말한다면 이것은 맞지 않습니다. 탐욕, 성냄, 어리석음이 다한 것을 진실한 욕심을 떠난 해탈이라고 합니다. 다시 어떤 사람이 계율 가짐에 의지하여 '나는 성냄에서 해탈했다'고 말한다면 그것도 또한 맞지 않습니다. 탐욕, 성냄, 어리석음이 다한 것을 진실한 해탈이라고 합니다. 다시 어떤 사람이 이익을 멀리 떠나기를 닦아 익힘을 의지하여 멀리 떠난 해탈이라고 말한다면 그것도 또한 맞지 않습니다. 탐욕, 성냄, 어리석음이 다한 것을 진실한 멀리 떠난 해탈이라 합니다. 탐욕, 성냄, 어리석음이 다한 것을 애욕을 떠난 것이며 또한 취를 떠난 것이며 생각의 잊음을 떠난 해탈이라 합니다.

이와 같이 부처님이시여, 만일 모든 비구가 아라한이 되지 못해 모든 번뇌가 다하지 못하고 여섯 곳에서 해탈을 얻지 못하고, 또 어떤 비구가 배우는 지위에 있어서 아직 왕성한 즐거움의 열반을 얻지 못했더라도, 향 익히는 마음에 머물면, 그때 배우는 계를 성취하고 배우는 근을 성취하여, 뒷날에는 반드시 번뇌가 없어 마음이 해탈하여 후세의 몸을 받지 않는다고 스스로 알 것입니다. 그리고 그때 배움이 없는 계를 얻고 배움이 없는 모든 근을 얻을 것입니다. 비유하면 어리석고 작은 어린아이가 반듯이 누워 있을 때는 어린아이의 모든 근을 성취하고, 그가 뒷날에 점점 자라나 모든 근이 성취되면 그때는 어른의 모든 근을 성취하는 것과 같이, 배우는 지위에 있는 사람도 또한 그와 같아서, 아직 왕성한 안락은 얻지 못했다가 배움이 없는 계와 배움이 없는 모든 근을 성취할 수 있습니다.

혹 눈으로 항상 빛깔을 보더라도 마침내 마음의 해탈과 지혜의 해탈을 방해하지 못하는 것은 뜻이 굳게 머물러 있기 때문이니, 안으로 한량이 없는 좋은 해탈을 닦아 나고 멸함과 덧없음을 관찰합니다. 귀는 소리를 분별하고 코는 냄새를 분별하며, 혀는 맛을 분별하고 몸은 부딪침을 분별하며, 뜻은 법을 분별해도 마음의 해탈과 지혜의 해탈을 방해하지 못하는 것은 뜻이 굳게 머물러 있기 때문이니, 안으로 한량 없는 좋은 해탈을 닦아 나고 멸함을 관찰합니다. 비유하면 마을 가까이 큰 돌산이 있는데, 끊기지도 않고 무너지지도 않고 뚫리지도 않아 한결같이 두텁게 짜여 있으면 비록 사방에서 바람이 불어도 움직이거나 흔들리지 않으며 뚫고 지나가지 못하는 것처럼, 배움이 없는 사람도 또한 그와 같습니다. 눈으로 항상 빛깔을 분별하고 뜻으로 항상 법을 분별해도 마음의 해탈과 지혜의 해탈을 방해하지 못하는 것은 뜻이 굳게 머물러 있기 때문이니, 안으로 한량이 없는 좋은 해탈을 닦아 나고 멸함을 관찰합니다."

그때 이십억귀 비구는 거듭 게송으로 말했다.

욕심을 떠나 마음이 해탈하고
성냄이 없는 해탈 또한 그렇고
멀리 떠나 마음이 해탈하고
탐욕과 사랑도 다 없어졌다.

모든 집착에서 마음이 해탈하고
또 생각을 잊지 않고
느낌이 생기는 곳 훤히 알면
그것에 대해 마음이 해탈한다.

그 마음이 해탈한 사람

그 비구는 뜻이 쉬고 그치고
모든 할 일은 이미 마쳐
다시는 할 일을 만들지 않는다.

마치 저 큰 돌산은
네 가지 바람이 움직이지 못하는 것처럼
형상, 소리, 냄새, 맛, 부딪침과
여섯 감관이 항상
그 마음을 움직이지 못하니
마음은 언제나 굳게 머물러
법의 나고 멸함을 훤히 관찰한다.

존자 이십억귀가 이 법을 말했을 때 스승은 기뻐하시고, 많이 아는 범행자들은 존자 이십억귀의 말을 듣고 모두 크게 기뻐했다. 그때 존자 이십억귀는 부처님 말씀을 듣고, 기뻐하면서 예배하고 물러갔다.

존자 이십억귀가 물러가자, 부처님께서는 모든 비구에게 말씀하셨다. "마음이 잘 해탈한 사람은 마땅히 저와 같이 말해야 한다. 이십억귀와 같은 사람은 지혜로써 말했다. 그러나 스스로 추켜세우지도 않고, 남을 낮추지도 않고, 바로 그 이치를 말했다. 그것은 저 왕성한 거만을 가진 자가 그 이치도 얻지 못했으면서 스스로 사람에서 뛰어난 법을 얻었다고 자랑하여, 스스로 손해 보는 것과 같다."

(8-3) 749잡아함무명경1

이와 같이 나는 들었다.

어느 때 부처님께서는 사위성 기수급고독원에 계시면서 여러 비구에게 말씀하셨다.

"무명이 처음 현상이 되면 온갖 악하고 착하지 않은 법이 생기고, 그에 따라 부끄러워할 줄 모르게 되면 삿된 소견이 생기고, 삿된 소견이 생기게 되면 삿된 뜻, 삿된 말, 삿된 행위, 삿된 생활, 삿된 방편, 삿된 생각, 삿된 선정을 일으킨다.

밝음을 일으켜 처음 현상이 되면, 온갖 착한 법이 생기고, 그에 따라 부끄러움이 생기게 되며, 부끄러움이 생기면 바른 소견이 생기고, 바른 소견이 생기게 되면 바른 뜻, 바른 말, 바른 행위, 바른 생활, 바른 방편, 바른 생각, 바른 선정이 차례로 일어난다. 바른 선정이 생기게 되면 성인의 제자는 탐욕, 성냄, 어리석음에서 바르게 해탈한다.

이와 같이 성인의 제자가 바르게 해탈하면 바른 지견을 얻어 나의 생은 이미 다하고, 범행은 이미 서고 할 일은 이미 마쳐, 다음 생의 몸을 받지 않음을 스스로 안다."

부처님께서 이 경을 말씀하시자 여러 비구는 기뻐하며 받들어 행했다.

(8-4) 750잡아함무명경2

이와 같이 나는 들었다.

어느 때 부처님께서는 사위성 기수급고독원에 계시면서 여러 비구에게 말씀하셨다.

"만일 비구에게 모든 악하고 착하지 않은 법이 생기면 그것은 다 무명이 근본이 되고 원인이 되며, 무명의 냄이며 일으킴이다. 왜냐하면, 무명이란 무지로서, 착하고 착하지 않은 법을 참답게 알지 못하고, 죄의 있고 없음과 법의 좋고 나쁨, 물들고 물들지 않음, 분별하고 분별하지 못함, 인연으로 일어남과 인연으로 일어나지 않음을 참으로 알지 못하기 때문이다. 참으로 알지 못하므로 삿된 소견을 일으키고, 삿된 소견을 일으키게 되면 삿된 뜻, 삿된 말, 삿된 행위, 삿된 생활, 삿된 방편, 삿된 생활, 삿된 선정을 일으킨다.

또 온갖 착한 법이 생기면 그것은 다 밝음[明]이 근본이 되고 원인이 되며, 밝음의 냄이요 일으킴이다. 밝음은 착하고 착하지 않은 법을 참으로 알고, 죄의 있고 없음과 친근하고 친근하지 않을 것과 법의 좋고 나쁨, 더럽고 깨끗함, 분별이 있고 없음, 인연으로 일어남과 인연으로 일어나지 않음을 참으로 알면 그것은 곧 바른 소견이니, 바른 소견은 바른 뜻, 바른 말, 바른 행위, 바른 생활, 바른 방편, 바른 생각, 바른 선정을 일으킨다. 바른 선정이 일어나면 성인의 제자는 탐욕, 성냄, 어리석음에서 바르게 해탈하고, 거기서 바르게 해탈하게 되면 바른 지견을 얻어, 나의 생은 이미 다하고 범행은 이미 서고 할 일은 이미 마쳐, 다음 생의 몸을 받지 않을 줄을 스스로 안다."

부처님께서 이 경을 말씀하시자 여러 비구는 기뻐하며 받들어 행했다.

(8-5) 785잡아함광설팔성도경

이와 같이 나는 들었다.

어느 때 부처님께서는 사위성 기수급고독원에 계시면서 여러 비구에게 말씀하셨다.

"어떤 것이 바른 소견인가. 바른 소견에는 두 가지가 있다. 하나는 세속의 바른 소견으로서 번뇌와 취함이 있어 좋은 세계로 향하는 것이며, 하나는 세간을 뛰어난 성인의 바른 소견으로서 번뇌와 취함이 없고, 괴로움을 없애어 괴로움의 끝으로 향하는 것이다.

어떤 것이 세속의 바른 소견으로서, 번뇌와 취함이 있어 좋은 세계로 향하는가? 그가 보시와 주장이 있음을 보고, 나아가서는 이 세상에 아라한이 있어 다음 생의 몸을 받지 않는 줄을 안다면, 그것이 이른바 세간의 바른 소견으로서, 세속에 번뇌와 취함이 있어 좋은 세계로 향하는 것이다. 어떤 것이 세간을 뛰어난 성인의 바른 소견으로서, 번뇌와 취함이 없고 바로 괴로움을 없애 괴로움의 끝으로 향하는가? 성인의 제자는 고를 고라 생각하고, 집, 멸, 도를 집, 멸, 도라 생각하여, 번뇌가 없는 생각과 서로 잘 맞아, 법을 가리고 분별하고 구하여, 깨달음과 지혜로 깨닫고 관찰한다. 이것이 세간을 뛰어난 성인의 바른 소견으로서, 번뇌와 취함이 없고 바로 괴로움을 없애 괴로움의 끝으로 향한다.

어떤 것이 바른 뜻인가? 바른 뜻에는 두 가지가 있다. 하나는 세속의 바른 뜻으로서, 번뇌와 취함이 있어 좋은 세계로 향하는 것이며, 하나는 세간을 뛰어난 성인의 바른 뜻으로서, 번뇌와 취함이 없고 바로 괴로움을 없애 괴로움의 끝으로 향하는 것이다.

어떤 것이 세속의 바른 뜻으로서 번뇌와 취함이 있어 좋은 세계로 향하는가? 그것은 탐욕을 뛰어난 깨달음, 성냄이 없는 깨달음, 해치지 않는 깨달음이니, 이것이 세속의 바른 뜻으로서, 번뇌와 취함이 있어 좋은 세계로 향한다. 어떤 것이 세간을 뛰어난 성인의 뜻으로서 번뇌와 취함이 없고 바로 괴로움을 없애어 괴로움의 끝으로 향하는 것인가? 성인의 제자는 고를 고라 생각하고, 집, 멸, 도를 집, 멸, 도라 생각하여, 번뇌가 없는 생각과 서로 맞아, 마음 법을 분별하고 스스로 결정하여 뜻으로 알고 헤아려 뜻을 세운다. 이것이 이른바 세간을 뛰어난 성인의 바른 뜻으로, 번뇌와 취함이 없고, 바로 괴로움을 없애, 괴로움의 끝으로 향하는 것이다.

어떤 것이 바른 말인가? 바른 말에는 두 가지가 있다. 하나는 세속의

바른 말로서, 번뇌와 취함이 있어 좋은 세계로 향하는 것이며, 하나는
세간을 뛰어난 성인의 바른 말로서, 번뇌와 취함이 없고, 바로 괴로움
을 없애 괴로움의 끝으로 향한다.

어떤 것이 세속의 바른 말로서, 번뇌와 취함이 있어 좋은 세계로 향하
는가? 바른 말은 거짓말, 나쁜 말, 꾸밈 말을 떠난 것이다. 이것이 이
른바 세속의 바른 말로서, 번뇌와 취함이 있어 좋은 세계로 향한다.

어떤 것이 세간을 뛰어난 성인의 말로서 번뇌와 취함이 없고, 바로 괴
로움을 없애 괴로움의 끝으로 향하는 것인가? 성인의 제자는 고를 고
라 생각하고, 집, 멸, 도를 집, 멸, 도라 생각해, 삿된 생활인 입의 네
가지 행과 다른 여러 가지 입의 나쁜 행을 즐기기를 버리고, 그것을
멀리 떠나 번뇌가 없이, 굳이 집착해 쓰지 않고 거두어 가져 범하지
않되, 때를 지나지 않고 한계를 넘지 않는다. 이것이 세간을 뛰어난
성인의 바른 말로서, 번뇌와 취함이 없고, 바로 괴로움을 없애 괴로움
의 끝으로 향하는 것이다.

어떤 것이 바른 행위인가? 바른 행위에는 두 가지가 있다. 하나는 세
속의 바른 행위로서, 번뇌와 취함이 있어 좋은 세계로 향하는 것이며,
하나는 세간을 뛰어난 성인의 바른 행위로서, 번뇌와 취함이 없고, 바
로 괴로움을 없애 괴로움의 끝으로 향한다.

어떤 것이 세속의 바른 행위로서, 번뇌와 취함이 있어 좋은 세계로 향
하는가? 살생과 도둑질과 사음을 떠난 것이니, 이것이 세속의 바른
행위로서, 번뇌와 취함이 있어 좋은 세계로 향하는 것이다. 어떤 것이
세간을 뛰어난 성인의 바른 행위로서, 번뇌와 취함이 없고, 바로 괴로
움을 없애 괴로움의 끝으로 향하는가? 성인의 제자는 고를 고라 생각
하고, 집, 멸, 도를 집, 멸, 도라 생각하여, 삿된 생활인 몸의 세 가지

나쁜 행과 다른 여러 가지 몸의 나쁜 행을 즐기기를 버리고, 번뇌가 없어 즐겨 집착하여 굳이 행하지 않으며 잡아 가져 범하지 않되, 때를 지나지 않고 한계를 넘지 않는다. 이것이 이른바 세간을 뛰어난 성인의 바른 행위로서, 번뇌와 취함이 없고, 바로 괴로움을 없애 괴로움의 끝으로 향한다.

어떤 것이 바른 생활인가? 바른 생활에는 두 가지가 있다. 하나는 세속의 바른 생활로서, 번뇌와 취함이 있어 좋은 세계로 향하는 것이며, 하나는 세간을 뛰어난 성인의 바른 생활로서, 번뇌와 취함이 없고, 바로 괴로움을 없애 괴로움의 끝으로 향하는 것이다.

어떤 것이 세속의 바른 생활로서, 번뇌와 취함이 있어 좋은 세계로 향하는가? 의복, 음식, 침구, 탕약을 법답게 구하고 이른바 세속의 바른 생활로서, 번뇌와 취함이 있어 좋은 세계로 향하는 것이다. 어떤 것이 세간을 뛰어난 성인의 바른 생활로서 번뇌와 취함이 없고, 바로 괴로움을 없애 괴로움의 끝으로 향하는가? 성인의 제자는 고를 고라 생각하고, 집, 멸, 도를 집, 멸, 도라 생각하여, 모든 삿된 생활에 대해 번뇌가 없어, 즐겨 집착해 굳이 행하지 않고 범하지 않되, 때를 지나지 않고 한계를 넘지 않는다. 이것이 이른바 세간을 뛰어난 성인의 바른 생활로서, 번뇌와 취함이 없고 바로 괴로움을 없애 괴로움의 끝으로 향하는 것이다.

어떤 것이 바른 선정인가? 바른 선정에는 두 가지가 있다. 하나는 세속의 바른 선정으로서, 번뇌와 취함이 있어 좋은 세계로 향하는 것이며, 하나는 세간에 뛰어난 성인의 바른 선정으로서, 번뇌와 취함이 없고, 바로 괴로움을 없애 괴로움의 끝으로 향하는 것이다.

어떤 것이 세속의 선정으로서, 번뇌와 취함이 있어 좋은 세계로 향하는가? 마음이 어지럽지 않고 움직이지 않는 데 머물러 거두어 잡아, 고요히 그치고 삼매에 들어 한 마음이 되면, 이것이 이른바 세속의 선정으로서 번뇌와 취함이 있어 좋은 세계로 향하는 것이다. 어떤 것이 세간을 뛰어난 성인의 바른 선정으로서, 번뇌와 취함이 없고, 바로 괴로움을 없애 괴로움의 끝으로 향하는가? 성인의 제자는 고를 고라 생각하고, 집, 멸, 도를 집, 멸, 도라 생각하여, 번뇌가 없는 생각과 맞아, 마음과 법이 어지럽거나 흩어지지 않는 데에 머물러, 거두어 잡아 고요히 그치고 삼매에 들어 한 마음이 된다. 이것이 이른바 세간에 뛰어난 성인의 바른 선정으로서, 번뇌와 취함이 없고, 바로 괴로움을 없애 괴로움의 끝으로 향하는 것이다."

부처님께서 이 경을 말씀하시자 여러 비구는 기뻐하며 받들어 행했다.

(8-6) 843잡아함사리불경

이와 같이 나는 들었다.

어느 때 부처님께서는 사위성 기수급고독원에 계셨다. 그때 부처님께서는 존자 사리불에게 말씀하셨다.

"이른바 흐름[流]이란 어떤 것인가?

사리불은 부처님께 말씀드렸다.

"흐름이란 여덟 가지 거룩한 길을 말하는 것입니다."

"흐름에 드는 갈래인 팔류분[八流分]이란 어떤 것인가?"

"부처님이시여, 흐름에 드는 갈래에는 네 가지가 있습니다. 네 가지란 착한 남자를 친하고 바른 법을 들으며, 안으로 바르게 생각하고 법을 따르고 법으로 향하는 것입니다."

"흐름에 드는 사람은 몇 가지 법을 성취해야 하는가?"

"네 갈래를 성취하면 흐름에 들게 됩니다. 그 넷이란 부처와 법과 비구에 대해 무너지지 않는 깨끗한 믿음을 성취하고 거룩한 계율을 성취하는 것입니다."

부처님께서는 사리불에게 말씀하셨다.

"너의 말과 같이 흐름이란 여덟 가지 거룩한 길이다. 흐름에 드는 갈래에는 네 가지가 있으니, 착한 남자를 친하고 바른 법을 들으며, 안으로 바르게 생각하고, 법을 따르고 법으로 바르게 생각하고, 법을 따르고 법으로 향하는 것이다. 흐름에 드는 사람은 네 가지 법을 성취해야 하니 부처와 법과 비구에 대해 무너지지 않는 깨끗한 믿음과 거룩한 계율을 성취하는 것이다."

부처님께서 이 경을 말씀하시자 존자 사리불은 기뻐하며 받들어 행했다.

(8-7) 1015잡아함지계지로경

이와 같이 나는 들었다.

어느 때 부처님께서는 사위성 기수급고독원에 계셨다. 그때 얼굴이 아주 묘하게 생긴 하늘사내가 새벽에 부처님께 다가와 발에 머리를 조아리는데, 온몸의 광명은 〈기수급고독원〉을 두루 비추었다. 그 하늘사내는 게송으로 부처님께 여쭈었다.

어떤 것으로 깨끗하게 늙게 되고
어떤 것으로 안온하게 머물며
어떤 것이 사람의 보배가 되고
어떤 것을 도적도 빼앗지 못하는 것입니까?

그때 부처님께서 게송으로 대답하셨다.

바른 계율로서 깨끗이 늙게 되고
깨끗한 믿음으로 안온히 머물며
지혜는 사람의 보배가 되고
공덕은 도적도 빼앗지 못한다.

그때 하늘사내는 다시 게송으로 말했다.

내 오랜만에 바라문을 보니
완전히 반열반 얻음으로써
모든 두려움 이미 버리고
이 세상 애정을 뛰어넘었습니다.

하늘사내는 부처님 말씀을 듣고 기뻐하면서, 부처님 발에 머리를 조아리고 이내 사라져 나타나지 않았다.

(8-8) 1016잡아함중생경1
이와 같이 나는 들었다.
어느 때 부처님께서는 사위성 기수급고독원에 계셨다. 그때 얼굴이 아주 묘하게 생긴 하늘사내가 새벽에 부처님께 나아와 발에 머리를 조아리는데, 온 몸의 광명은 〈기수급고독원〉을 두루 비추었다. 때에 하늘 사내는 게송으로 부처님께 여쭈었다.

무엇이 중생을 나게 하고

무엇이 앞서서 달려가는가.
무엇이 태어남과 죽음을 일으키며
무엇을 해탈하지 못하고 있습니까?

그때 부처님께서는 게송으로 대답하셨다.

애욕이 중생을 나게 하고
마음이 앞서서 달려가니
중생이 태어남과 죽음 일으키고
괴로운 법을 해탈하지 못한다.

그때 하늘사내는 다시 게송으로 말했다.

오랜만에 바라문을 봬니
완전히 반열반 얻음으로써
모든 두려움 이미 버리고
이 세상 애정을 뛰어났습니다.

하늘사내는 부처님 말씀을 듣고 기뻐하면서, 부처님 발에 머리를 조
아리고 이내 사라져 나타나지 않았다.

(8-9) 1017잡아함중생경2

이와 같이 나는 들었다.

어느 때 부처님께서는 사위성 기수급고독원에 계셨다. 그때 얼굴이 아주 묘하게 생긴 하늘사내가 새벽에 부처님께 다가와 발에 머리를 조아리는데, 온몸의 광명은 〈기수급고독원〉을 두루 비추었다. 때에 하늘사내는 게송으로 부처님께 여쭈었다.

어떤 법이 중생을 나게 했고
무엇이 앞에 서서 달려가는가.
무엇이 남과 죽음 일으키며
어떤 법을 의지해 믿을 만합니까?

그때 부처님께서는 게송으로 대답하셨다.

애욕이 중생을 나게 했고
마음이 앞에 서서 달려가나니
중생이 남과 죽음 일으켰고
업에 의지하여 믿을 만하다.

하늘사내는 다시 게송으로 말했다.

내 오랜만에 바라문을 봬며
완전히 반열반 얻음으로써
모든 두려움 이미 버리고
이 세상 애정을 뛰어났습니다.

하늘사내는 부처님 말씀을 듣고 기뻐하면서, 부처님 발에 머리를 조아리고 이내 사라져 나타나지 않았다.

(8-10) 1018잡아함중생경3

이와 같이 나는 들었다.

어느 때 부처님께서는 사위성 기수급고독원에 계셨다. 그때 얼굴이 아주 묘하게 생긴 하늘사내가 새벽에 부처님께 다가와 발에 머리를 조아리는데, 온몸의 광명은 〈기수급고독원〉을 두루 비추었다. 때에 하늘사내는 게송으로 부처님께 여쭈었다.

어떤 법이 중생을 태어나게 했고
무엇이 앞에 서서 달려가는가.
무엇이 태어남과 죽음 일으켰고
어떤 법이 가장 두렵습니까?

그때 부처님께서는 게송으로 대답하셨다.

애욕이 중생을 나게 했고
마음이 앞에 있어 달려가니
중생이 태어남과 죽음 일으켰고
그 중에 업이 가장 두려운 것이다.

때에 하늘사내는 다시 게송으로 말했다.

내 오랜만에 바라문을 봬며

완전히 반열반 얻음으로써
모든 두려움 이미 버리고
이 세상 애정을 뛰어났습니다.

하늘 사내는 부처님 말씀을 듣고 기뻐하면서, 부처님 발에 머리를 조
아리고 이내 사라져 나타나지 않았다.

9. 계율

(9-1) 47중아함계경

이와 같이 나는 들었다.

어느 때 부처님께서는 사위성 기수급고독원에 계셨다. 그때 부처님께서는 여러 비구에게 말씀하셨다.

"만일 비구가 계를 범하면, 뉘우치지 않음과 즐거움, 기쁨, 쉼, 안락, 정, 실다운 소견과 참다운 앎, 싫어함, 욕심 없음과 해탈을 해치고, 해탈이 없으면 열반을 해친다. 비구가 계를 가지면 뉘우치지 않음과 즐거움, 기쁨, 쉼, 안락, 정, 실다운 소견과 참다운 앎, 싫어함과 해탈을 익히고, 해탈이 있으면 곧 열반을 익힌다."

부처님께서 이렇게 말씀하시니, 여러 비구는 기뻐하며 받들어 행했다.

이와 같이 내가 들었다.

어느 때 부처님께서는 사위성 기수급고독원에 계셨다. 그때 존자 사리불은 여러 비구에게 말했다.

"여러분, 만일 비구가 계를 범하면 뉘우치지 않음과 즐거움, 기쁨, 쉼, 안락, 정, 실다운 소견과 참다운 앎, 싫어함, 욕심 없음과 해탈을 해치고, 해탈이 없으면 열반을 해친다. 여러분, 마치 나무와 같아서, 그 뿌리를 해치면 줄기, 마디, 가지, 잎, 꽃, 열매가 맺지 않는다. 여러분, 마땅히 알라. 비구도 또한 그와 같다. 계를 범하면 곧 뉘우치지 않음과 즐거움, 기쁨, 쉼, 안락, 정, 실다운 소견과 참다운 앎, 싫어함, 욕심 없음과 해탈을 해치고, 해탈이 없으면 곧 열반을 해친다.

여러분, 비구가 계를 가지면 뉘우치지 않음과 즐거움, 기쁨, 쉼, 안락, 정, 실다운 소견과 참다운 앎, 싫어함, 욕심 없음과 해탈을 익히고, 해탈이 있으면 열반을 익힌다. 여러분, 마치 나무와 같아서, 그 뿌리를 해치지 않으면 줄기, 마디, 가지, 잎, 꽃, 열매가 모두 성취된다. 여러분, 마땅히 알라. 비구도 또한 그와 같다. 계를 가지면 뉘우치지 않음과 즐거움, 기쁨, 쉼, 안락, 정, 실다운 소견과 참다운 앎, 욕심 없음과 해탈을 익히고, 해탈이 있으면 열반을 익힌다."

존자 사리불이 이렇게 말하니, 여러 비구는 기뻐하며 받들어 행했다.

(9-2) 128중아함우바새경

이와 같이 나는 들었다.

어느 때 부처님께서는 사위성 기수급고독원에 계셨다.

그때 급고독(給孤獨, anathapindada, 본이름은 順達) 거사는 우바새 오백인과 함께 존자 사리불이 있는 곳으로 가서 머리를 조아려 절하고 물러나 한 쪽에 앉았다. 오백 우바새도 또한 존자에게 절하고 한쪽에 앉았다.

급고독 거사와 오백 우바새가 한쪽에 앉은 뒤에, 존자 사리불은 그들을 위해 설법하여 간절히 우러르는 마음을 내게 하고, 기쁨을 성취하게 했다. 한량없는 방편으로 그들을 위해 설법하여 간절히 우러러는 마음을 내게 하고, 기쁨을 성취하게 한 뒤에, 자리에서 일어나 부처님 계신 곳에 나아가 부처님 발에 머리를 조아리고 물러나 한쪽에 앉았다.

존자 사리불이 떠난 뒤 오래지 않아 급고독 거사와 오백 우바새도 또한 부처님 계신 곳에 나아가, 존자와 대중들이 모두 자리를 청하자, 부처님께서는 말씀하셨다.

"사리불이여, 네가 세속에 있는 백의의 거룩한 제자는 오법을 잘 보호하여 행하고, 또 사증상심을 얻어 현재에서 즐겁게 살기가 어렵지 않은 줄을 알거든, 너는 마땅히 '백의의 제자는 지옥이 다하고 축생, 아귀와 모든 나쁜 곳도 또한 다하여, 수다원을 얻어 악법에 떨어지지 않고, 결정코 정각으로 나아가는데 끝으로 칠유를 받아, 천상, 인간에 일곱 번을 왕래한 뒤에는, 괴로움의 끝을 볼 것이다.'라고 알려라. 사리불이여, 어떻게 백의의 제자는 오법을 잘 보호하여 행하는가?

백의의 거룩한 제자는 살생을 떠나고 살생을 끊어 칼이나 작대기를 버리고, 자신의 부끄러움과 남에 대한 부끄러움이 있고, 자비심이 있어서 일체 곤충까지를 요익하게 하니, 그는 살생에 있어서 그 마음을 깨끗이 없앴다. 백의의 제자는 제일 법을 잘 보호하여 행한다.
사리불이여, 백의의 제자는 주지 않는 것을 취하지 않는 불여취를 떠나고 끊어, 주어진 뒤에 받고 주어진 것 받기를 즐기며, 항상 보시를 좋아하고 기뻐하여 아낌이 없고 그 갚음을 바라지 않으며, 도둑질이 마음에 덮이지 않고, 항상 스스로 자기를 보호하니, 그는 불여취에 있어서 그 마음을 깨끗이 없앴다. 백의의 제자는 제이 법을 잘 보호하여 행한다.
사리불이여, 백의의 제자는 사음을 떠나고 사음을 끊었다. 그는 혹은 아버지의 보호가 있거나 혹은 어머니의 보호, 혹은 아버지와 어머니의 보호가 있거나, 혹은 친족의 보호 혹은 동성의 보호가 있거나, 혹은 남의 아내를 범하면 매를 맞을 두려움이 있거나, 혹은 꽃다발을 받는 명고채가 있는 여자는 범하지 않는다. 그는 사음하는 마음을 깨끗이 없앴다. 백의의 제자는 제삼 법을 잘 보호하여 행한다.
사리불이여, 백의의 제자는 거짓말을 떠나고 거짓말을 끊어 진실을 말하고 진실을 즐기며, 진실에 머물러 움직이지 않으며, 일체를 믿어 세상을 속이지 않으니, 그는 거짓말하는 마음을 깨끗이 없앴다. 백의의 제자는 제사 법을 잘 보호하여 행한다.

사리불이여, 백의의 제자는 술을 떠나고 술을 끊었으니, 그는 술을 마시는 마음을 깨끗이 없앴다. 백의의 성제자는 제오 법을 잘 보호하여 행한다.

사리불이여, 백의의 제자는 어떻게 사증상심을 얻어 현재에 즐겁게 살겠는가?

백의의 제자는 여래를 생각한다. '저 여래는 무소착, 등정각, 명행성취, 선서, 세간해, 무상사, 도법어, 천인사로서 불세존이라 이름한다.' 이렇게 여래를 생각한 뒤에는 나쁜 욕심이 있으면 곧 멸할 수 있고, 마음 가운데 착하지 않은 더러움과 시름, 괴로움, 걱정, 슬픔이 있으면 또한 멸할 수 있다.

백의의 제자는 여래를 반연하여 마음이 편안하여 기쁨을 얻어, 만일 나쁜 욕심이 있으면 곧 멸할 수 있고 마음 가운데 선하지 않은 더러움과 시름, 괴로움, 걱정, 슬픔이 있으면 또한 멸할 수 있다. 백의의 제자는 제일의 증상심을 얻어 현재 즐겁게 살기가 어렵지 않다.

백의의 제자는 법을 생각한다. '부처님께서는 법을 잘 말씀하시어 반드시 구경에 이르러 번거로움도 없고 화냄도 없으며, 항상 진실에 머물러 움직이지 않는다.' 이렇게 관찰하고 깨닫고 이렇게 알고 법을 생각한 뒤에는 나쁜 욕심이 있으면 곧 멸할 수 있고, 마음 가운데 좋지 않은 더러움과 시름, 괴로움, 걱정, 슬픔이 있으면 또한 멸할 수 있다.

백의의 성 제자는 법을 반연하여 마음이 편안하여 기쁨을 얻어, 만일 나쁜 욕심이 있으면 곧 멸할 수 있고 마음 가운데 좋지 않은 더러움과 시름, 괴로움, 걱정, 슬픔이 있으면 또한 멸할 수 있다. 백의의 제자는 제이의 증상심을 얻는다.

백의의 제자는 중생을 생각한다. '여래의 성중은 잘 나아가고 바르게 나아가며, 법을 향하고 법을 이어며, 순하게 행하기를 법답게 한다. 중생에는 진실로 아라한과 아라한으로 나아가는 이가 있고, 아나함과 아나함으로 나아가는 이가 있으며, 사다함과 사다함으로 나아가는 이가 있고, 수다원과 수다원으로 나아가는 이가 있으니, 이것을 사쌍과 팔배라 한다. 곧 여래중은 계를 성취하고 삼매를 성취했으며, 지혜를 성취하고 해탈을 성취했으며, 해탈지견을 성취했으니, 공경할 만하고 소중히 할 만하며, 받들 만하고 공양할 만한 세상의 좋은 복전이다.' 그는 이렇게 여래중을 생각하여 만일 나쁜 욕심이 있으면 곧 멸하고, 마음 가운데 좋지 않은 더러움과 시름, 괴로움, 걱정, 슬픔이 있으면 또한 멸할 수 있다.

백의의 제자는 여래중을 반연하여 마음이 편안하며 기쁨을 얻어, 만일 나쁜 욕심이 있으면 곧 멸할 수 있고, 마음 가운데 좋지 않은 더러움과 시름, 괴로움, 걱정, 슬픔이 있으면 또한 멸할 수 있다. 이것을 백의의 제자가 제삼의 증상심을 얻어 현재에서 즐겁게 살기가 어렵지 않다.

백의의 제자는 스스로 계를 생각한다. '이 계는 이지러지지도 않고 뚫어지지도 않으며, 더러움도 없고 흐림도 없으며, 진실한 자리에 머물러 허망하지 않고, 성인의 기리는 것으로서 완전히 잘 받아 가지자.' 그는 이렇게 스스로 계를 생각하여 나쁜 욕심이 있으면 곧 멸할 수 있고, 마음 가운데 좋지 않은 더러움과 시름, 괴로움, 걱정, 슬픔이 있으면 또한 멸할 수 있다.

백의의 제자는 계를 반연하여 마음이 편안하며 기쁨을 얻어, 나쁜 욕심이 있으면 곧 멸할 수 있고, 마음 가운데 좋지 않은 더러움과 시름, 괴로움, 걱정, 슬픔이 있으면 또한 멸할 수 있다. 백의의 성 제자가 제사의 증상심을 얻어 현재 즐겁게 살기가 어렵지 않다.

사리불이여, 네가 백의의 제자가 이 오법을 잘 보호하여 행하고, 사증상심을 얻어 현재 즐겁게 살기가 어렵지 않은 줄을 알거든, 사리불이여, 너는 마땅히 '백의의 제자는 지옥이 다하고 축생, 아귀와 모든 나쁜 곳도 또한 다하여, 수다원을 얻어 악법에 떨어지지 않고, 결정코 정각으로 나아가는데 끝으로 칠유를 받아 천상, 인간에 일곱 번을 왕래한 뒤에는 괴로움의 끝을 볼 것이다.'라고 알려라."

이에 부처님께서는 게송으로 말씀하셨다.

지혜로운 사람은 집에 있어서
지옥의 두렵고 무서움 보고
성스러운 법을 받아 가짐으로
모든 악한 것 없애 버린다.

중생을 살해하지 않을 것을
알고는 버려 떠나고
진실해서 거짓말 하지 않고
남의 재물을 훔치지 않는다.

자기 아내에게 족한 줄 알아
남의 아내를 즐거워하지 않고
마음을 어지럽히고 미치게 하는 근본
술 마시기를 끊어 버린다.

마땅히 항상 부처를 깊이 생각하고
모든 착한 법 깊이 생각하고
스님을 생각하고 계를 관찰하여
그것을 좇아 기쁨을 얻는다.

만일 보시를 행하고자 하거던
마땅히 그 복이 따라야 하니
무엇보다 먼저 사문에게 보시하라.
그렇게 해야 과보를 이룬다.

나는 이제 너에게 사문을 말하리니
사리불이여, 마땅히 잘 들으라.

만일 검고 희고 붉고 누르고
온갖 잡색의 사랑스러운 빛깔의
소나 많은 집비둘기 있으면
그것은 모두 타고난 그대로이다.

여기 잘 길들여진 소가 있어서
몸의 힘이 완전히 갖추어졌고
가고 오고 달림이 빠르고 쾌하거든
그의 능력을 취하고 빛깔은 따지지 말라.

이와 같이 인간 중에서도
만일 태어난 곳 있다면

찰제리와 바라문 거사 목공사
모두 타고난 그대로이다.

깨끗한 계를 가진 장로에게나
세상에 집착 없는 선서에게나
그들에게 보시하면 큰 과보를 얻는다.

어리석고 미련해 아는 것 없고
지혜도 없고 들은 바 없으면
그에게 보시해도 과보가 적고
광명이 없어 비추는 것도 없다.

만일 광명이 있어 비추는 것도 있고
지혜도 있는 부처의 제자로서
선서를 믿고 향해 나아가는 이는
선근이 생겨 굳게 머문다.

그는 좋은 곳에 태어나
마음대로 세상에 자재하다가
마지막에는 열반을 얻는다.
이렇게 각각 그 인연이 있는 것이다.

부처님께서 이렇게 말씀하시니, 존자 사리불과 비구들과 급고독 거사
와 오백의 우바새들은 부처님 말씀을 듣고 기뻐하며 받들어 행했다.

(9-3) 1039잡아함순타경

이와 같이 나는 들었다.

어느 때 부처님께서는 왕사성 금사(金師) 절에 계셨다. 그때 순타 장자는 부처님께 나아가 부처님 발에 머리를 조아리고 한쪽에 물러앉았다.

부처님께서는 순타(純陀, Cunda) 장자에게 물으셨다.

"너는 지금 어떤 사문이나 바라문의 깨끗한 행을 좋아하는가?"

순타가 말했다.

"어떤 사문이나 바라문은 물을 섬기고 비습파(毘濕波) 하늘을 섬기는데, 지팡이를 짚고 물통을 들고 항상 그 손을 깨끗이 합니다. 그 사람들은 잘 설법합니다. '착한 남자들이여, 매달 보름날에 깨 가루나 암마라 가루로 머리를 감고 청정하게 하는 재법을 행하고, 새롭고 깨끗한 긴 털로 된 흰 천을 감고, 소똥을 땅에 바르고, 그 위에 누워라. 착한 남자들이여, 새벽에 일찍 일어나 손을 땅에 대고 이렇게 말하라. 이 땅은 청정하다. 나는 깨끗한 손으로 소똥덩이와 날풀을 잡는다고, 그리고 이렇게 말하라. 이것은 청정하다. 나도 이렇게 깨끗하다고. 그렇게 하면 생각이 청정해지지만 그렇게 하지 않으면 영원히 청정해지지 않는다.'

부처님이시여, 이런 부류의 사문이나 바라문이 청정하다면 나는 그들을 존경하겠습니다."

부처님께서는 순타에게 말씀하셨다.

"검은 법에는 검은 갚음이 있고, 더러움에는 더러운 결과가 있으며, 무거운 것을 지면 구부러지는 것이다. 그러한 나쁜 법을 익히면 아무리 이른 새벽에 일찍 일어나 손을 땅에 대고 청정하다고 외쳐도 그것은 더러운 것이며, 땅에 대지 않더라도 더러운 것이다. 쇠똥덩이나 날

풀을 잡고 청정하다고 외치더라도 그것은 더러운 것이며, 대지 않더라도 더러운 것이다.

순타여, '검은 법에는 검은 갚음이 있고, 더러움에는 더러운 결과가 있으며, 무거운 것을 지면 구부러지고, 대거나 대지 않거나 다 더럽다'는 것은 어떤 것인가?

순타여, 살생하는 나쁜 업이니 손은 언제나 피투성이며, 마음은 항상 때리고 죽이는 것을 생각하면서 부끄러워할 줄도 모르고 탐내고 아끼며, 일체 중생과 곤충에까지도 살생하기를 그치지 못한다.

부락이나 밖에서 남의 재물을 훔치는 것이다. 온갖 음행을 행하는 것이니 부모, 형제, 자매, 남편, 주인, 친척이 힘으로 보호하는 여자나 기생까지도 함부로 음행을 행한다. 진실하지 않은 거짓말이니, 왕의 집을 내 집이라고 진실인 듯 말하고, 대중이 많이 모인 곳을 찾아 거짓말을 퍼뜨린다. 보지 않은 것을 보았다하고, 본 것을 보지 않았다하며, 듣지 않은 것을 들었다하고, 들은 것을 듣지 않았다하며, 아는 것을 모른다 하고, 모르는 것을 안다하며, 자기를 위해서나 남을 위해서나 혹은 재물을 위해 일부러 거짓말을 해 거짓말을 버리지 못한다. 이것을 거짓말이라 한다.

두 가지 말로 이간하는 것이니, 저 사람에게는 이 말을 전하고, 이 사람에게는 저 말을 전하여, 양쪽을 다 헐뜯어 친한 사이를 벌어지게 하고, 벌어지면 기뻐한다. 이것을 두 가지 말이라 한다. 나쁜 말을 버리지 않는 것이니, 사람이 부드러운 말을 하면 귀에도 즐겁고 마음도 기쁘며, 바르고 떳떳해 알기도 쉬우며, 뽐냄이 없는 말은 듣기도 즐겁다. 그래서 사람들은 사랑하고 그 뜻에 맞아 고요한 마음을 해치지 않는다. 거칠고 사나우면 사람들은 미워하고 사랑하지 않으며, 그 뜻에도 맞지 않아 고요한 마음을 거스린다. 이런 말은 거칠고 딱딱함을 떠나지 못하니 나쁜 말이라 한다.

꾸며 무너지는 말이니 때아닌 말, 진실하지 않은 말, 뜻이 없는 말, 법이 아닌 말, 요령이 없는 말이다. 이것을 무너지는 말이라 한다. 탐욕을 떠나지 못함이니, 남의 재물에 탐욕을 일으켜 '이것은 내 것'이라고 말한다. 성내고 모질기를 좋아해 버리지 않는 것이니, 마음으로 생각하기를 '저 중생은 결박해야 한다. 때려야 한다. 항복 받고 죽여야 한다.' 그리하여 사건이 생기기를 좋아하는 것이다.

삿된 소견과 착각을 버리지 못하여, 이렇게 보고 이렇게 말하는 것이다. 즉 '보시도 없고 갚음도 없으며, 복도 없고, 착한 행이나 악한 행도 없고, 착하거나 악한 업의 결과와 갚음도 없으며, 이 세상도 없고 저 세상도 없으며, 부모도 없고 중생이 세상에 나는 일도 없다. 세상에는 아라한의 세계로 같이 향해 이 세상에서나 저세상에서 스스로 증득한 줄을 알아, 나의 생은 이미 다하고, 범행은 이미 서고, 할 일은 이미 마쳐 다음 생의 몸을 받지 않음을 스스로 안다는 것도 없다.'

순타여, '검은 법에는 검은 갚음이 있고, 더러움에는 더러운 결과가 있으며 대거나 대지 않는 것이 다 더러운 것'임을 말한다.

순타여, 흰 법에는 흰 갚음이 있고 깨끗함에는 깨끗한 결과가 있다. 가벼운 신선으로 위로 오르기를 성취한 뒤에는 이른 아침에 땅에 손을 대고 '이것도 깨끗하고 나도 깨끗하다'고 해도 청정할 것이며, 대지 않아도 청정하다. 소똥이나 날풀을 잡아도 인이 깨끗하고 결과가 깨끗하면 잡거나 잡지 않거나 다 청정하다.

순타여, '흰 법에는 흰 갚음이 있고 잡거나 잡지 않거나 다 청정하다'는 것은 무엇인가?

사람이 살생하지 않고 살생을 떠나는 것이니, 칼이나 막대기를 버리고 부끄러워할 줄 알며, 일체 중생을 가엾게 생각한다. 도둑질하지 않고 도둑질을 떠나는 것이니, 주는 것은 가지고 주지 않는 것은 가지지 않으며, 깨끗한 마음으로 탐하지 않는다. 음행을 떠나는 것이니, 부모가 보호하고 기생까지도 함부로 음행을 행하지 않는다. 거짓말을 떠나는 것이니, 자세하고 진실하게 말한다. 두 가지 말을 떠나는 것이니, 이 말을 저기에 전하거나 저 말을 여기에 전해 양쪽을 다 헐뜯지 않아, 사이가 벌어진 사람은 친하게 되고 친하면 따라서 기뻐한다.

나쁜 말을 떠나 거칠거나 사납지 않은 것이니, 사람들은 그 말을 즐겨한다. 다음에는 무너지는 말을 떠나는 것이니, 자세한 말, 때에 맞는 말, 진실한 말, 뜻있는 말, 보고 하는 말이다. 탐욕을 떠나는 것이니, 남의 재물이나 남의 기구를 보고 자기 소유라는 생각을 내 탐하거나 집착하지 않는다. 성냄을 떠나는 것이니, 때리고 결박하고 죽여 여러 가지 사건을 일으키려는 생각을 하지 않는다.

바른 소견을 성취하여 착각하지 않는 것이니, 보시도 있고 주장도 있으며, 갚음도 있고 복도 있으며, 착하고 악한 행의 결과와 갚음도 있고 이 세상도 있고 부모도 있고 중생의 남도 있으며, 세상에는 아라한의 세계로 '이 세상이나 저세상에서 현재 스스로 증득한 줄을 알아 나의 생은 이미 다하고, 범행은 이미 서고, 할 일은 이미 마쳐 다음 생 몸을 받지 않음을 스스로 안다'는 것이다.

순타여, 이것이 '흰 법에는 흰 갚음이 있고, 대거나 대지 않거나 다 청정하다'는 것이다."

그때 순타 장자는 부처님 말씀을 듣고 기뻐하면서 예배하고 떠났다.

10. 복전수행

(10-1) 15중아함사경

이와 같이 나는 들었다.

어느 때 부처님께서는 사위성에 유행하시면서 기수급고독원에 계셨다. 그때 부처님께서는 여러 비구에게 말씀하셨다.

"일부러 짓는 업이 있으면, 반드시 그 갚음을 받되 현세에서 받거나 후세에서 받는다. 일부러 지은 업이 아니면, 반드시 그 갚음을 받는다고는 말하지 않는다. 그중에는 몸으로 짓는 세 가지 업이 있다. 그것은 선하지 않아 괴로움의 결과를 주고 괴로움의 갚음을 받게 한다. 입으로 짓는 네 가지 업이 있고, 뜻으로 짓는 세 가지 업이 있다. 그것은 선하지 않아 괴로움의 결과를 주고 괴로움의 갚음을 받게 한다.

몸으로 짓는 세 가지 업으로써, 첫째는 산 목숨을 죽이는 것이니, 지극히 악해 피를 마시고 그것을 해치고자 하며 중생과 곤충까지도 사랑하지 않는다. 둘째는 남이 주지 않는 것을 취하는 것이니, 남의 재물에 집착하여 도둑질할 뜻으로 그것을 취하는 것이다. 셋째는 사음이다. 그에게는 아버지의 보호가 있고, 어머니의 보호가 있고, 부모의 보호가 있으며, 자매의 보호가 있고, 형제의 보호가 있으며, 아내 부모의 보호가 있고, 친구의 보호가 있으며, 같은 성의 보호가 있고, 남의 부녀로서 채찍의 벌을 받는 두려움이 있는 이러한 여자를 범하는 것이다. 이것을 몸으로 짓는 세가지 업이라 하고, 그것은 선하지 않아 괴로움의 결과를 주고 괴로움의 갚음을 받게 한다.

입으로 짓는 네 가지 업으로써, 첫째는 거짓말이다. 그는 대중 가운

데 있거나 권속들 가운데 있거나 왕가에 있어, 그를 불러 '너는 알거
던 말하라'고 물으면, 그는 모르면서 안다 하고 알면서 모른다고 하
며, 보지 않은 것을 보았다 하고 본 것을 보지 않았다 하며, 자기를 위
하고 남을 위하고 혹은 재물을 위해, 알면서 거짓말을 하는 것이다.
둘째는 이간하는 말이니, 남을 갈리게 한다. 여기서 듣고 저기에 말해
이것을 부수고자 하고, 저기서 듣고 여기에 말해 저것을 부수고자 한
다. 모인 자는 떠나고자 하고 떠난 자는 다시 떠나, 그러면서 당파를
만들고 당파를 즐기며 당파를 칭찬한다. 셋째는 추한 말이다. 그가 말
을 내면, 말 기운은 추악하고 악한 소리는 귀에 거슬려, 여럿이 기뻐
하지 않고 사랑하지 않으며, 남을 괴롭게 하여 안정을 얻지 못한다.
넷째는 꾸며 대는 말이다. 그는 때가 아닌데 말하고 진실이 아닌 것을
말하며, 뜻이 없는 것을 말하고 법이 아닌 것을 말하며, 그치고 쉬지
않고 말한다. 쉬지 않는 일을 칭찬하고, 때를 어기어 잘 가르치지 않
으며, 또한 잘 꾸짖지도 않는다. 이것을 입으로 일부러 짓는 네 가지
업이며, 그것은 선하지 않아 괴로움의 결과를 주고 괴로움의 갚음을
받게 한다.

뜻이 짓는 세 가지 업으로써, 첫째는 탐심이다. 남의 재물과 모든 생
활의 기구를 엿보고, 구하고 원하여 나의 소득으로 만들고자 한다. 둘
째는 미워하고 성내는 진심이다. 뜻에 미움을 품어 이런 생각을 가진
다. '저 사람은 죽여야 하고 묶어야 하며, 재물을 거두어야 하고 파면
시켜야 하며, 배척해 쫓아내야 한다.' 그래서 그로 인해 한량없는 괴
로움을 받도록 한다. 셋째는 삿되고 어리석은 치심이다. 그의 소견은
거꾸로 되어 이와 같이 보고 말한다. '보시도 없고 재도 없으며, 주술
도 없다. 선과 악의 업도 없고 선악의 업의 갚음도 없으며, 이 세상도
저 세상도 없다. 아비도 없고 어미도 없다. 세상에서는 진인이 사는

좋은 곳에 가고, 이 세상 저 세상에 잘 가고 잘 향하며, 스스로 알고 깨달으며, 스스로 중득하고 성취하여 유행하는 것도 없다.' 이것을 뜻으로 짓는 세 가지 업이라 하며, 그것은 선하지 않아 괴로움의 결과를 주고 괴로움의 갚음을 받게 한다.

많이 들은 거룩한 제자는 몸의 선하지 않은 업을 버리고 몸의 선한 업을 닦고, 입과 뜻의 선하지 않은 업을 버리고 입과 뜻의 선한 업을 닦는다. 많이 들은 거룩한 제자는 이와 같이 정진의 계덕을 갖추어 몸의 깨끗한 업을 성취하고, 입과 뜻의 깨끗한 업을 성취한다. 그는 성냄을 떠나고 다툼을 여의며 잠을 없앤다. 날뛰는 마음이 없고 의심을 끊으며, 거만을 버려 바른 생각과 바른 지혜로써 어리석음이 없다. 그의 마음은 사랑과 함께하여 동방에 두루 차서 성취하여 즐긴다. 이와 같이 서, 남, 북방과 네 간방과 상하의 모든 곳에 두루 한다. 그 마음은 자비를 함께 하므로 맺음도 없고 원한도 없으며, 성냄도 없고 다툼도 없다. 극히 넓고 매우 크며, 한량 없이 잘 닦아 일체 세간에 두루 차서 성취하여 즐긴다. 그는 이렇게 생각한다. '나는 본래 이 마음이 작고 잘 닦지 않았다. 이제 나는 이 마음은 한량이 없고 잘 닦는다'고.

많이 들은 거룩한 제자는 그 마음을 이와 같이 한량 없이 잘 닦는다. 만일 처음부터 악한 스승으로 인하여 방일한 행동을 행하고 선하지 않은 업을 지으면, 그는 데리고 갈 수가 없고 더럽힐 수가 없으며, 서로 따를 수 없다. 만일 어린 동남·동녀가 세상에 나자 애욕 하는 마음의 해탈을 행했다면, 뒷날 그 몸과 입과 뜻으로 다시 선하지 않은 업을 짓겠느냐."

비구들이 말했다.

"아닙니다, 부처님이시여. 왜냐하면 스스로 악한 업을 짓지 않으므로 악한 업이 어떤 것으로 인해 생길 수가 없기 때문입니다."

"그러므로, 남자나 여자는 집에 있거나 집을 떠나거나, 항상 애욕 하는 마음의 해탈을 부지런히 닦아야 한다. 남자나 여자는 집에 있거나 집을 떠나거나, 애욕 하는 마음의 해탈을 닦으면, 이 몸을 가지고 저 세상에 가는 것이 아니며, 마음을 따라 이곳을 떠난다. 비구는 마땅히 이렇게 생각하라. '나는 본래 방일하여 선하지 않은 업을 지었다. 이에 대해 지금 그 갚음을 받아야 하는 것이며, 뒤 세상에 있는 것이 아니다'라고. 만일 이와 같이 애욕 하는 마음의 해탈을 행하기를 한량 없이 하여 잘 닦는 자가 있으면, 그는 반드시 아나함을 얻고, 다시 아라한을 얻는다.

이와 같이 슬퍼하는 마음과 기뻐하는 마음과 평등한 마음을 함께 하면, 맺음도 없고 원한도 없으며, 성냄도 없고 다툼도 없어, 지극히 넓고 매우 크며 한량없이 잘 닦아 일체 세상에 두루 차서 성취하여 즐긴다. 그는 이렇게 생각한다. '나는 본래 이 마음이 적고 잘 닦지 않았다. 이제 나는 이 마음을 한량 없이 잘 닦는다'라고. 많이 들은 거룩한 제자는 그 마음을 이와 같이 한량 없이 잘 닦는다.

본래부터 악한 스승으로 인하여 방일한 행동을 행하고 선하지 않은 법을 짓는다면, 그는 데리고 갈 수가 없고 더럽힐 수 없으며, 다시 서로 따를 수 없다. 만일 어린 동남·동녀가 세상에 나자 버리는 마음의 해탈을 행했다면, 뒷날에 그 몸과 입과 뜻으로 선하지 않은 법을 짓겠느냐."

"아닙니다, 부처님이시여. 스스로 악한 업을 짓지 않았는데, 악한 업이 무엇으로 인해 생기겠습니까."

부처님께서 이렇게 말씀하시니, 여러 비구는 부처님 말씀을 듣고 기뻐하며 받들어 행했다.

(10-2) 604잡아함아육왕경

이와 같이 나는 들었다.

어느 때 부처님께서는 왕사성 죽림정사에 계셨다. 그때 부처님께서는 이른 아침에 가사를 입고 발우를 가지고, 여러 비구와 함께 성에 들어가 걸식하면서 다음 게송을 읊으셨다.

몸 빛깔은 금산과 같고
단정하고 엄숙하고 미묘하다.
걸음걸이는 큰 거위 같고
얼굴은 깨끗한 보름달 같으니
부처님은 대중들과 함께 하신다.

그때 부처님께서는 성문이 선 땅을 밟으시는데 땅은 여섯 가지로 진동했다.

큰 바다와 모든 땅덩이
성과 모든 산
성인 모니의 발로 밟으시는 곳
물결의 배처럼 흔들렸다.

부처님께서 이와 같은 신통을 나타내자 여러 사람은 큰 소리로 외쳤다.

'이상해라! 일찍 없었던 일이다. 부처님께서 성으로 들어오시면서 나타나는 이러한 여러 가지 기이한 일은 일찍 없었던 일이다.' 다음 게송을 읊었다.

낮은 땅은 평평해지고
높은 땅은 도리어 낮아집니다.

부처님의 위엄있는 신력으로써
가시밭, 기와 쪽과 조약돌들은
모두 다 다시는 보이지 않고
귀머거리, 장님과 벙어리들은
곧 보고 듣고 말하게 되며
그때 사위성은 악기인 것처럼
두드리지 않아도 묘한 소리를 냅니다.

그때 부처님 광명은 두루 비추어 마치 천 개 햇빛의 불꽃같았다.

부처님 몸의 빛나는 광명이
온 도시를 두루 비추며
백성들은 부처님 광명을 입어
시원하기가 챤다나를 바른 것 같았다.

그때 부처님께서는 도시를 따라가셨다. 거기 두 소년이 있었는데 한 명은 바라문이며 또 한 명은 찰제리로서 모래밭에서 장난하고 있었다. 이름은 쟈야와 비쟈야였다. 그들은 멀리서 삼십이상 대인상으로 장엄된 부처님께서 오시는 것을 보았다. 그때 쟈야 소년은 나는 보릿가루로 공양하리라 생각하고 이내 가는 모래를 손으로 바쳐 부처님의 발우에 담았다. 그때 비쟈야는 합장하고 따라 기뻐하며 게송을 읊었다.

크게 자비로운 부처님 뵙습니다
온몸에 한 발의 광명이 있으며
용맹스러운 부처님 얼굴 뵙고
마음으로 크게 존경하고 믿음 내어
나고 죽는 경계를 떠나신 성인께
모래로 받들어 공양합니다.

그때 그 소년은 '이 보시의 공덕으로 한 천하와 한 국토의 왕이 되어, 이생에서 여러 부처님께 공양하도록 해 주소서'라고 했으니, 다음 게송과 같다.

성인 모니는 아셨네.
그의 마음과 뜻하는 바의 소원은
큰 결과를 얻고 선근 더하려는 것,
그리고 그의 복 밭의 힘을 위해
큰 자비스러운 마음으로
그가 올리는 모래 공양 받으셨네.

그때 쟈야는 이 선근으로 장차 왕이 될 수 있어 인도대륙(Jambudvipa)의 왕이 되고, 나아가서는 위없는 정각을 이룰 수 있었다. 그래서 부처님께서는 빙그레 웃으셨다. 그때 아난은 부처님께서 빙그레 웃으시는 것을 보고, 합장하고 부처님께 여쭈었다.
"부처님이시여, 여러 부처님, 부처님, 아라한, 삼먁삼붓다께서는 아무 이유도 없이 빙그레 웃으시지 않습니다. 이제 부처님께서는 무슨 까닭으로 빙그레 웃으십니까?"

다음 게송으로 여쭈었다.

부처님은 실없는 웃음 떠나셨으니
세상에서 위없는 높으신 어른
이는 백옥 같은데
가장 훌륭한 분 이제 웃으셨네.

용맹스럽게 부지런히 정진하여
스승 없이 스스로 깨치셨으니
묘한 말은 듣는 이 즐겁게 하네.

위없는 부드럽고 맑은 소리로
그 소년 앞날을 예언하실 때
범음은 멀리까지 맑게 퍼져나가고
위없는 양족존께서
모래로 보시한 결과 예언하셨네.

그때 부처님께서는 아난에게 말씀하셨다.

"그렇다, 네 말과 같다. 모든 부처님은 이유 없이 웃지 않는다. 내가 웃는 것은 이유가 있다. 아난이여, 알아야 한다. 내가 세상을 떠난 지 3백 년 뒤에 이 소년은 파련불(巴蓮弗, pataliputra) 성에서 일방을 차지하여 전륜왕이 될 것이다. 성은 공작이며, 이름은 아육(阿育, Aśokaḥ)으로서 바른 법으로서 다스리고 교화할 것이다. 또 내 사리를 널리 퍼뜨리고 팔만 사천 법왕의 탑을 만들어 한량없는 중생을 안락하게 할 것이다.

내가 이 세상 떠난 뒤에는
이 사람은 장차 왕이 되리니
성은 공작이며 이름은 아육이다
마치 저 정생왕처럼
이 인도대륙에서
홀로 왕으로서 세상의 존경받는다.

"아난이여, 이 발우에 보시 받은 모래를 가져다 내가 경행 하는 곳에
두라. 그리로 가라."
아난은 분부를 받고 발우의 모래를 가져다 경행하는 곳에 두었다.

(10-3) 969잡아함장조경
이와 같이 나는 들었다.
어느 때 부처님께서는 왕사성 죽림정사에 계셨다. 그때 집을 나온 장
조장자는 부처님께 나아가 예배하고 한 쪽에 물러앉아 여쭈었다.
"부처님이시여, 저는 일체의 견해를 인정하지 않습니다."
부처님께서는 장조장자에게 말씀하셨다.
"너는 모든 견해를 인정하지 않는다고 말하는 그 견해도 인정하지 않
는가?"
"이제 말한 '모든 견해도 인정하지 않는다'는 그 견해도 인정하지 않
습니다."
부처님께서 말씀하셨다.
"그렇게 알고 그렇게 보아 버리면, 그 견해는 이미 끊기고 버려지고
떠나고, 다른 견해는 계속되지 않고 생기지 않는다. 장조장자여, 많은
사람도 네 견해와 같다. 그들도 그렇게 보고 말한다. 너도 또한 그들

과 같다. 모든 사문이나 바라문들이 그런 견해를 버리고 다른 견해도
일어나지 않는다면, 그런 사문이나 바라문은 이 세상에서도 극히 드
물 것이다.

장조장자여, 그들은 세 가지 견해를 의지한다. 어떤 이는 이렇게 주
장한다. '나는 일체를 인정한다'고. 다시 어떤 이는 이렇게 주장한다.
'나는 일체를 인정하지 않는다'고. 다시 어떤 이는 이렇게 주장한다.
'나는 어떤 것은 인정하고 어떤 것은 인정하지 않는다'고.

장조장자여, 만일 '일체를 인정한다'고 말한다면, 그 견해는 탐욕과
함께 생기는 것이며, 탐하지 않는 것이 아니다. 또 질투와 어리석음과
함께 생기며, 질투하고 어리석지 않은 것이 아니다. 그것은 구속으로
서 구속을 떠나지 못하고, 그것은 번뇌로서 청정하지 못하며, 거기서
즐김과 집착이 생긴다.

또 '나는 일체를 인정하지 않는다'고 한다면 그 견해는 탐욕을 함께
하지 않고, 질투와 어리석음을 함께 하지 않는다. 그것은 청정하여 번
뇌가 아니며 구속을 떠나 구속이 아니다. 그래서 즐기지 않고 붙잡지
않으며 집착하지 않는다.

장조장자여, 만일 '나는 어떤 것은 인정하고 어떤 것은 인정하지 않는
다'고 말한다면, 그 인정하는 것에는 탐욕이 있어 즐겨 집착한다. '그
런 견해는 인정하지 않는다'고 하면 거기서는 탐욕을 함께 하지 않고
즐겨 집착하지 않는다.

그러나 많이 아는 성인의 제자는 이렇게 생각한다. '내가 일체를 인정
한다고 주장하면 두 가지의 나무람과 힐난을 당한다'고. '일체를 인정
하지 않는다'는 견해와 '어떤 것은 인정하고 어떤 것은 인정하지 않는
다'는 견해를 가지면 이들의 비난을 받는다. 나무라기 때문에 힐난하
고, 힐난하기 때문에 해친다. 그는 나무람과 힐난과 해침을 받기 때문

에 그 견해를 버리고 다른 견해를 일으키지 않는다. 이리하여 견해를 끊고 버리고 떠나서, 다른 견해는 계속되지 않고 일어나지 않고 생기지 않는다.

그러나 많이 아는 성인의 제자는 이렇게 생각한다. '내가 만일 일체를 인정하지 않는다고 주장하면 두 가지 힐난을 당한다'고. 어떤 것이 둘인가. 즉 '일체를 인정한다'는 견해와 '어떤 것은 인정하고 어떤 것은 인정하지 않는다'는 견해이니, 이 두 가지 나무람과 힐난이 있고, 계속되지 않고 일어나지 않고 생기지 않는다.

그러나 많이 아는 성인의 제자는 이렇게 생각한다. '내가 일체를 인정하고 어떤 것은 인정하지 않는다'고 주장하면, '두 가지 나무람과 힐난이 있다'고. '일체를 인정한다'는 견해와 '일체를 인정하지 않는다'는 견해이니 두 가지 나무람이 있고, 계속되지 않고 일어나지 않고 생기지 않는다.

장조장자여, 성인의 제자는 이 육체의 추한 네 가지 요소는 영원하지 않다고 관하고, 나고 사라지는 것, 욕심을 떠나야 할 것, 사라져 없어질 것, 버려야 할 것이라고 관해야 한다. 만일 성인의 제자가 그것은 영원하지 않다고 관하고, 사라지는 것, 욕심을 떠나야 할 것, 사라져 없어질 것, 버려야 할 것이라고 관해 머물면, 그는 그 몸에 대한 욕심과 생각, 애욕, 즐김, 집착이 아주 사라져 남지 않는다.

불씨여, 세 가지 느낌이 있다. 괴롭다는 느낌, 즐겁다는 느낌, 괴롭지도 즐겁지도 않다는 느낌이다. 이 세 가지 느낌은 무엇이 원인이며, 무엇의 쌓임이며, 무엇에서 생기고 무엇이 변한 것인가? 이 세 가지 느낌은 촉이 원인이며, 촉의 쌓임이며, 촉에서 생기고 촉이 변한 것이다. 그러므로 그 촉이 모이면 느낌이 모이고, 촉이 사라지면 느낌도 사라져, 지극히 고요하고 맑고 시원하게 된다.

그는 이 세 가지 느낌, 괴롭다는 느낌, 즐겁다는 느낌, 괴롭지도 즐겁지도 않다는 느낌에 대해서, 그 느낌의 원인, 사라짐, 맛, 근심, 그리고 거기서 벗어날 길을 참답게 알고, 참답게 안 뒤에는, 그 느낌은 영원하지 않다고 관하고, 나고 사라지는 것, 욕심을 떠나야 할 것, 사라져 없어질 것, 버려야 할 것이라고 관한다. 그리하여 그는 몸의 한계와 감각에 대해 참답게 알고, 목숨의 한계와 감각에 대해 참답게 알아서, 몸이 무너지고 목숨이 끝난 뒤에는 일체 느낌은 아주 사라져 남음이 없다.

그때 그는 이렇게 생각한다. '즐거움을 느낄 때도 몸은 허물어지고, 괴로움을 느낄 때도 몸은 허물어지며, 괴롭지도 않고 즐겁지도 않음을 느낄 때도 몸은 허물어지고 있다.' 그래서 그는 괴로움을 벗어나게 된다. 즐거운 느낌에도 얽매이지 않아 얽매임을 떠나고, 괴로운 느낌에도 얽매이지 않아 얽매임을 떠나며, 괴롭지도 않고 즐겁지도 않은 느낌에도 얽매임을 떠나 얽매이지 않는다. 어떤 얽매임을 떠나게 되는가. 탐욕과 성냄과 어리석음을 떠나고, 태어남, 늙음, 병, 죽음과 근심, 슬픔, 번민, 고통을 떠나게 된다. 나는 이것을 괴로움에서 떠난다고 한다."

그때 존자 사리불은 구족계를 받은 지 겨우 반 달이 지났다. 그는 부처님 뒤에 서서 부채질을 하고 있다가 이렇게 생각했다. '부처님께서는 여러 가지 법에 대해서 욕심을 끊고 떠나고 없애고 버리기를 칭찬하신다.' 그때 그는 여러 가지 법은 '영원하지 않다'고 관하고, '나고 사라지는 것, 욕심을 떠나야 할 것, 사라져 없어질 것, 버려야 할 것이다'고 관했다. 그래서 모든 번뇌를 일으키지 않고, 마음의 해탈을 얻었다. 그때 장조장자는 티끌과 때를 멀리 떠나 법눈이 깨끗하게 되어, 법을 보아 법을 얻고 법을 깨달아 법에 들어갔다. 모든 의혹을 끊어

남의 힘을 의지하지 않고, 바른 법, 율에 들어가 두려움이 없게 되었다. 그는 곧 자리에서 일어나 옷을 바르게 하여 예배하고 합장하고 부처님께 여쭈었다.

"원컨대 바른 법, 율 안에서 비구가 되어 구족계를 받고, 부처님 법안에서 여러 가지 범행을 닦겠습니다."

부처님께서 말씀하셨다.

"너는 바른 법, 율 안에서 비구가 되어 구족계를 받고 비구 신분을 얻었느니라."

그는 선래(善來) 비구가 되어 착한 남자로서 수염과 머리를 깎고 가사를 입고, 바른 믿음으로 집을 나와 도를 배우는 까닭을 생각하고, 마음의 해탈을 얻어 아라한이 되었다.

부처님께서 이 경을 말씀하시자, 사리불과 장조장자는 기뻐하며 받들어 행했다.

11. 전법

(11-1) 311잡아함부루나경

이와 같이 나는 들었다.

어느 때 부처님께서는 사위성 기수급고독원에 계셨다. 그때 존자 부루나(富樓那, Purna)는 부처님 계신 곳에 나아가 머리를 조아려 발에 예배하고 한 쪽에 물러앉아 부처님께 여쭈었다.

"장하십니다! 부처님이시여, 저는 혼자 고요한 곳에 앉아 알뜰히 생각하면서 수행하고 있습니다. 또한 스스로 후세의 몸을 받지 않는다고 알고 있습니다."

부처님께서는 부루나에게 말씀하셨다.

"착하고 착하다! 부루나여, 여래에게 그와 같은 이치를 묻는구나. 자세히 듣고 잘 생각해라. 어떤 비구가 눈으로 사랑할 만하고 즐겨 할 만하며 생각할 만하며 뜻할 만하여 욕심을 길러 자라게 하는 색을 보면 기뻐하고 반가워하며 찬탄하고 매여 집착한다. 기뻐하고 반가워하며 찬탄하고 매여 집착한 뒤에는 기뻐하고, 기뻐한 뒤에는 즐겨 집착하며, 즐겨 집착한 뒤에는 탐하여 사랑하고, 탐하여 사랑한 뒤에는 막히고 걸린다. 기뻐하고 즐겨 집착하며 탐하여 사랑하고 막히고 걸리기 때문에 그는 열반에서 멀리 떨어졌으며 귀·코·혀·몸·뜻에서도 또한 그와 같다.

부루나여, 어떤 비구는 눈으로 사랑하고 즐겨할 만하며 생각할 만하고 뜻할 만하여 욕심을 길러 자라게 하는 색을 보아도 그것을 보고는 기뻐하거나 반가워하지 않고 찬탄하지 않으며 매이고 집착하지 않는다. 기뻐하거나 반가워하지 않고 찬탄하지 않으며 매여 집착하지 않기 때문에 기뻐하지 않고, 기뻐하지 않기 때문에 깊이 즐겨 하지 않으며, 깊이 즐겨 하지 않기 때문에 탐하여 사랑하지 않고, 탐하여 사랑하지 않기 때문에 막히거나 걸리지 않는다. 기뻐하지 않고 깊이 즐겨 하지 않으며 탐하여 사랑하지 않고 막히거나 걸리지 않기 때문에 점점 열반에 가까워지며 귀·코·혀·몸·뜻에서도 또한 그와 같다."

부처님께서는 말씀하셨다.

"나는 이미 간단히 법의 가르침을 말했다. 너는 어디에서 머물고자 하는가?"

부루나는 부처님께 말씀드렸다.

"부처님이시여, 저는 이미 부처님께서 말씀하신 가르침을 깊이 새겼습니다. 저는 서방 수나(輸那, Suna)국으로 가서 그곳에서 전법 하려고 합니다."

부처님께서는 말씀하셨다.

"서방의 수나국 사람들은 거칠고 모질며 가볍고 성급하며 포악스럽고 사나워 꾸짖기를 좋아한다. 부루나여, 네가 그들의 거칠고 모질며 가볍고 성급하며 포악스럽고 사나우며 꾸짖기를 좋아하여 헐뜯고 욕하는 말을 들으면 어떻게 하겠느냐?"

부루나는 부처님께 말씀드렸다.

"부처님이시여, 서방의 수나국 사람들이 눈앞에서 흉악하여 나무라고 꾸짖으며 헐뜯고 욕하면 저는 '이 서방의 수나국 사람들은 어질고 착하며 지혜가 있다. 비록 내 앞에서 거칠고 모질며 포악스럽고 사나워서 나무라고 꾸짖더라도 나는 아직 그들이 손이나 돌로 나를 치는 것을 보지 못했다'고 생각하겠습니다."

부처님께서 말씀하셨다.

"저 서방의 수나국 사람들이 거칠고 모질며 가볍고 성급하며 포악스럽고 사나와서 나무라거나 욕만 한다면 너는 벗어날 수 있지만 다시 손이나 돌로써 친다면 어찌하겠느냐?"

부루나는 부처님께 말씀드렸다.

"부처님이시여, 저 서방의 수나국 사람들이 손이나 돌로써 저를 친다면 저는 '수나국 사람들은 어질고 착하며 지혜가 있다. 비록 손이나 돌로 나를 치지만 칼이나 몽둥이를 쓰지 않는다'고 생각하겠습니다."

"만일 그 사람들이 칼이나 몽둥이로 대한다면 너는 어떻게 하겠느냐?"

"부처님이시여, 만일 그 사람들이 혹 칼이나 몽둥이로 저에게 대한다면 저는 '이 수나국 사람들은 어질고 착하며 지혜가 있다. 비록 칼이나 몽둥이로 내게 대하지만 죽이는 것을 보지 못했다'고 생각하겠습니다."

부처님께서는 말씀하셨다.

"그 사람들이 너를 죽인다면 어떻게 하겠느냐?"

부루나는 부처님께 말씀드렸다.

"부처님이시여, 만일 서방의 수나국 사람들이 저를 죽인다면 저는 '모든 부처님의 제자는 마땅히 몸을 싫어하고 근심스럽게 여겨, 칼로 자살하고 독약을 먹으며 스스로 묶고 깊은 구덩이에 던져야 할 것입니다. 그런데 저 서방 수나국 사람들은 어질고 착하며 지혜로워 썩어 무너질 몸을 간단한 방편으로써 해탈하게 한다.'고 생각하겠습니다."

"착하다! 부루나여, 너는 욕 참기를 잘 배웠구나! 너는 이제 수나국으로 가서 살 수 있을 것이다. 너는 가서 건지지 못한 사람은 건지고, 편안하지 못한 사람은 편안케 하며, 열반을 얻지 못한 자는 열반을 얻게 하라."

그때 부루나는 부처님 말씀을 듣고 기뻐하면서 예배하고 물러났다. 이것이 부처님과 부루나와 마지막 만남이었으며, 부루나도 눈물을 삼켰다.

존자 부루나는 밤이 지나고 이른 아침에 가사를 입고 발우를 들고 사위성으로 들어가 밥을 빌었다. 밥을 다 먹고는 침구를 챙겨 가사와 발우를 가지고 서방 수나국에 이르러 전법을 했다. 그곳에서 여름 안거를 지냈고, 오백 우바새를 위하여 설법하고, 오백의 사원을 세웠다. 3개월이 지난 뒤에는 삼명을 두루 갖추고 곧 남음이 없는 열반에 들었다.

(11-2) 574잡아함니건경

이와 같이 나는 들었다.

어느 때 부처님께서는 암라 마을 암라숲에서 여러 비구들과 함께 계셨다. 그때 니간타 니건(尼揵, Mahavira)는 오백 권속들과 함께 암라숲으로 와서, 칫타장자를 꾀어 제자로 삼으려 했다. 칫타장자는 니간타 나아타풋타가 오백 권속들과 함께 암라숲으로 와서, 자기를 꾀어 제자로 삼으려 한다는 말을 듣고 곧 그 곳으로 가서 서로 인사를 마치고 각각 한쪽에 앉았다.

"너는 사문 고타마를 믿어 각도 없고 관도 없는 삼매를 얻었는가?"
칫타장자는 말했다.

"나는 당신을 믿음으로써 여기 온 것이 아니다."

"너는 아첨하지 않고 속이지 않고 순박하고 곧아서, 순박하고 곧은 데서 난 사람이다. 장자여, 각과 관을 쉴 수 있다면 노끈으로 바람을 잡아맬 수도 있을 것이며, 각과 관을 쉴 수 있다면 한줌 흙으로 항하강의 물을 막을 수도 있을 것이다. 나는 다니거나 섰거나 앉거나 누웠거나 언제나 지견을 낸다.

"믿음이 앞에 있는가. 지혜가 앞에 있는가. 믿음과 지혜는 어느 것이 먼저며, 어느 것이 훌륭한가."

"믿음이 앞에 있고, 그 뒤에 지혜가 있어야 하며, 믿음과 지혜를 서로 비교하면 지혜가 훌륭하다."

"나는 이미 각과 관이 쉬기를 구해, 안으로 깨끗한 한 마음이 되어, 각도 없고 관도 없는 삼매에서 기쁨과 즐거움이 생겨 제이선을 완전히 갖추어 머문다. 그래서 나는 낮에도 삼매에 머물고, 밤에도 삼매에 머물며, 밤이 새도록 언제나 삼매에 머문다. 이미 이러한 지혜가 있는데, 믿음이 무슨 소용이 있겠는가."

"너는 아첨하고 거짓되고 곧지 않아서, 곧지 않은 데서 생긴 사람이다."

"너는 조금 전에는 나를 아첨하지 않고 속이지 않고 순박하고 곧아서, 순박하고 곧은 데서 생긴 사람이라고 말하더니, 지금은 어째서 '아첨하고 거짓되고 곧지 않아서 곧지 않은 데서 생긴 사람이다'고 말하는가. 만일 너의 먼저 말이 진실이라면 뒤의 말은 거짓이며, 뒤의 말이 진실이라면 먼저 말은 거짓이다. 너는 '나는 다니거나 섰거나 앉거나 누웠거나 언제나 지견을 낸다'고 말했는데, 앞뒤의 조그마한 일도 알지 못하면서 어떻게 사람을 뛰어나는 법에서 알고 보고 안락하게 머무는 일을 알겠는가."

"니간다 나아타풋타여, 한 가지 물음, 한 가지 말, 한 가지 주장이나 열 가지 물음, 열 가지 말, 열 가지 주장이 있는데, 너는 그것을 가지고 있는가. 만일 한 가지 물음, 한 가지 말, 한 가지 주장이나 열 가지 물음, 열 가지 말, 열 가지 주장이 없다면 어떻게 나를 설득하려고 이 암라 숲에 와서 나를 속이려 하는가."

이에 니간타 나아타풋타는 숨이 막혀 머리를 저으며 팔짱을 끼고 나가, 다시는 돌아보지도 않고 갔다.

(11-3) 1096잡아함승색경

이와 같이 나는 들었다.

어느 때 부처님께서는 바라나시 녹야원에 계시면서 여러 비구에게 말씀하셨다.

"나는 이미 인간과 천상의 밧줄을 벗어났다. 너희들도 인간과 천상의 밧줄을 벗어났다. 너희들은 인간 세상에 나가 많이 제도하고 많이 이익되게 하여 인간과 하늘을 안락케 하되, 짝지어 다니지 말고 한 사람씩 다녀야 한다. 나도 지금 우루벨라촌으로 가서 전법할 것이다."

때에 악마 파아피만은 생각했다.

'사문 고타마는 바라나시 녹야원에 있으면서 성문들을 위해 이렇게 설법한다. '나는 이미 인간과 천상의 밧줄을 벗어났고 너희들도 그렇다. 너희들은 각각 인간을 교화하라. 나도 지금 우루벨라아촌으로 가서 전법할 것이다'라고. 나는 지금 가서 부처님의 전법을 방해할 것이다.'

그는 곧 젊은이로 변해 부처님 앞에 서서 게송으로 말했다.

벗어나지 못하고서 벗어났다고 생각하고
이미 벗어났다고 스스로 생각하면
큰 결박에 묶여
나는 이제 마침내 놓지 않는다.

그때 부처님께서는 '이것은 악마 파아피만이 장난하는 것이다'를 알고 말씀하셨다.

나는
인간 천상 밧줄을 벗어났으니
이미 알았다 너 파아피만
곧 여기서 사라져라.

그때 악마 파아피만은 '사문 고타마는 이미 내 마음을 알았구나!' 생
각하고, 근심과 슬픔을 안고 이내 사라져 나타나지 않았다.

2
우리말 숫타니파타

한문번역 / 지겸

───────────── 해 설 ─────────────

『숫타니파타(Sutta Nipāta, 經集, Sn)』는 최초 성립된 불교 경전이다. 초기경전이며 시기적으로 상당히 오래된 시기에 속한다. 남방불교에서 매우 중요하게 여기는 불경이다. 이 경전은 부처님께서 하신 설법을 부처님 열반 후 제자들이 모여 운문 형식으로 모음집을 구성한 이후 전래되었다고 한다.

팔리 삼장(三藏, Tipiṭaka)에는 『법구경(法句經, Dhammapada)』 등과 함께 경장(經藏, Sutta Piṭaka) 소부(小部, Khuddaka Nikāya)에 분류되어 있다.

『숫타니파타Suttanipata』는 〈남전대장경南傳大藏經〉에 수록되어 있는 것을 완역한 것이다. '숫타Sutta'는 '말의 묶음經', '니파타nipata'는 '모음集'이란 뜻으로, '말의 모음집'이란 뜻을 가지고 있다. 숫타니파타는 경전을 모은 것이라는 뜻이다.

이 경전처럼 시와 짧은 글귀로 결집되어 전해진 또 하나의 경전이 『법구경(Dammapada, 진리의 말씀法句經)』이다. 이러한 경전들은 대개 아쇼카 왕(기원전 268년에 즉위 232년까지 다스림) 이전에 성립된 것으로 보는데, 그 중에서도 숫타니파타는 가장 오래된 것이다. 제4장 '여덟 편의 시'와 제5장 '피안에 이르는 길'은 다른 장보다도 더 일찍 이루어진 것이라고 학계에서는 평가한다. 물론 맨 처음부터 숫타니파타로 한데 묶여 형성된 것은 아니다. 각 장이 따로따로 독립된 경전으로 전해지다가 어떤 시기에 와서 하나의 '경집經集'으로 묶여진 것이다. 여승女僧에 대한 말이 한 마디도 없는 것으로 보아 이 경전이 가장 초기의 불교 형태를 전하고 있음을 알 수 있다.

이 『숫타니파타』는 모두 1,149수의 시를 70경에 정리, 이것을 다섯 장으로 나누고 있다. '뱀의 비유(蛇品)' 작은 장(小品)' '큰 장(大品)' '여덟 편의 시(義品)' '피안에 이르는 길(彼岸道品)'로 이루어져 있다.

첫째, '뱀의 비유'는 열두 개의 경으로 되어 있다. 그중 제1경에 '수행자는 이 세상도 저 세상도 다 버린다. 뱀이 묵은 허물을 벗어 버리듯'이라는 구절이 되풀이 되어 사경(蛇經)이라고 부른다. 제2경은 소치는 다니야 대목으로 16편의 시구로 된 경이다. 제3경에는 독신 수행자를 위해 모든 집착을 버리고 '무소의 뿔처럼 혼자서 가라'는 유명한 구절의 반복이 있다.

둘째, '작은 장'은 비교적 짧은 경 열네 개로 구성되어 있다. 제11경은 8편의 시로 되어 있고, 부처님의 아들인 라후라를 위해 말씀하신 부분이다. 부처님의 아들이라고 해서 함께 있는 승단의 선배들을 가볍게 보거나 교만한 생각을 가져서는 안 된다고 타이르는가 하면, 다시는 세속에 돌아가지 말라고 간곡히 당부하고 있다.

셋째, '큰 장'에는 상당히 긴 열두 개의 경이 실려 있다. 제1 '출가경' 제2 '정진경' 제11 '나라카경' 등 세 경은 부처님의 전기에 대한 가장 오래된 자료다. 제9 '비셋타경'에서는 출신 성분에 의해 바라문이 되는 것이 아니라, 오로지 그가 하는 행위에 의해 바라문도 될 수 있고 천민도 될 수 있다고, 사성평등의 이치를 여러 가지 비유를 들어서 설명하고 있다, 또

———————————— 해 설 ————————————

한 제12 '두 가지 관찰'은 소박한 형식으로 모든 사물의 기원이나 유래를 설명하고 있다.

넷째, '여덟 편의 시'는 전부 여덟 편의 시로 이루어진 경이기 때문에 붙여진 이름이다. 특히 두 번째의 '동굴'과 세 번째의 '분노'등은 여덟 편의 시로 이루어져 있다. 일찍부터 16경으로 구성되어 있었는데, 한역 '의품경(義品經)'은 바로 이 경이다.

다섯째, '피안에 이르는 길'은 앞의 경전들과는 달리 전체가 통일성을 지니고 있다. 열여섯 바라문들이 한 사람씩 부처님께 물으면 대답해 주는 문답식 16절과 서와 결론을 합해 18절로 되어 있다.

팔리어로 된 경전 중에는 수많은 숫타가 있는데 하필 이 경만을 '경집'이라 부른 까닭은, 다른 경전에는 그 나름의 특정한 이름이 있지만 이 경에는 그러한 이름이 없어 경집이라 불리게 된 것이다. 그리고 이 경집에는 '닛데사 Niddesa'라는 오래된 주석서가 붙어 있다. '닛데사'는 '의미의 해석'이란 뜻이다. 이 주석서는 4장과 5장, 그리고 1장 제3경에 대한 주석이다. 이 닛데사의 성립시대인 아쇼카 왕 시대에는 아직도 경집 전체가 정리되지 않았던 것 같다.

이 경전은 다섯 장 중에서 제4장만 일찍이 한역되어 대장경 안에 수록되었고 전체의 번역은 없었다. 한역은 불설의족경(佛說義足經) 두 권인데, 쿠샤나 왕조(1세기 후반에서 3세기 전반에 걸쳐 융성했던 인도의 통일 왕조) 치하 서북 인도의 재가신자인 지겸(支謙)이 중국에 와서 오나라 초기 (223~253)에 번역한 것이다.

『숫타니파타』에는 발전, 수정되기 전의 소박하고 단순한 초기의 불교가 그대로 심어져 있다. 여기서는 후기에 이루어진 경전처럼 현학적이고 번거로운 교리는 전혀 찾아 볼 수 없다.

부처님은 단순하고 소박하게 인간으로서 가야 할 길을, 모순과 갈등으로 이루어진 이 세계에서 해탈의 세계에 이르는 길을 말씀하신 것이다.

─────────────── 차 례 ───────────────

3. 큰 장 Mahā-vagga(大品)

─────────────────── 차 례 ───────────────────

5. 피안에 이르는 길 Pārāyana-vagga(彼岸道品)

1. (숫타니파타) 뱀의 비유

이와 같이 나는 들었다. 어느 때 부처님께서는 구살라(拘薩羅, Kosala) 국 사위성(舍衛城, 室羅筏城실라벌성, Śrāvastī)의 기수급고독원(祈樹給孤獨圓, Jetavananathapindadasyarama)에서 많은 제자와 함께 계셨다. 그때 부처님께서는 유행하시면서 만난 다양한 사람들에게 설하신 법문들을 말씀해주셨다.

대중들이 알아듣기 쉽게 뱀의 비유, 소치는 아이, 무소의 뿔처럼 혼자서 가라 등의 비유로 설명하시고, 보배, 부끄러움, 행복 등 가벼운 내용을 말씀하시고, 출가, 정진, 방황 등의 뜻이 무거운 것도 말씀하시고, 욕망, 분노, 청정 등의 마음을 가다듬는 경책도 말씀하시고, 피안에 이르려는 제자들과 수행자의 질문과 그 질문에 대해 답변도 말씀해 주셨다.

(1-1) 뱀의 비유

(1-1-1) (숫타니파타)뱀의 비유
뱀의 독이 몸에 퍼지는 것을 약으로 다스리듯, 치미는 화를 삭이는 수행자는 뱀이 허물을 벗어 버리듯 이 세상도 저 세상도 다 버린다.

(1-1-2) (숫타니파타)뱀의 비유
연못에 핀 연꽃을 물속에 들어가 꺾듯이, 육체의 욕망을 말끔히 끊어 버린 수행자는 뱀이 허물을 벗어 버리듯 이 세상도 저 세상도 다 버린다.

(1-1-3) (숫타니파타)뱀의 비유
넘쳐흐르는 집착의 물줄기를 남김없이 말려 버린 수행자는 뱀이 묵은 허물을 벗어 버리듯 이 세상도 저 세상도 다 버린다.

(1-1-4) (숫타니파타)뱀의 비유
거센 물줄기가 갈대로 만든 연약한 다리를 무너뜨리듯, 교만한 마음을 남김없이 없애 버린 수행자는 뱀이 허물을 벗어 버리듯 이 세상도 저 세상도 다 버린다.

(1-1-5) (숫타니파타)뱀의 비유
무화과나무 숲에서는 꽃을 찾아도 얻을 수 없듯이, 모든 존재를 영원한 것으로 보지 않는 수행자는 뱀이 허물을 벗어 버리듯 이 세상도 저 세상도 다 버린다.

(1-1-6) (숫타니파타)뱀의 비유
안으로는 성냄이 없고, 밖으로는 세상의 부귀영화를 초월한 수행자는 뱀이 허물을 벗어 버리듯 이 세상도 저 세상도 다 버린다.

(1-1-7) (숫타니파타)뱀의 비유
잡념을 남김없이 불살라 없애고 마음을 잘 다듬은 수행자는 뱀이 허물을 벗어 버리듯 이 세상도 저 세상도 다 버린다.

(1-1-8) (숫타니파타)뱀의 비유

너무 빨리 달리거나 느리지도 않고, 잡념을 모두 끊어 버린 수행자는 뱀이 허물을 벗어 버리듯 이 세상도 저 세상도 다 버린다.

(1-1-9) (숫타니파타)뱀의 비유

너무 빨리 달리거나 느리지도 않고, 이 세상의 모든 것이 덧없음을 아는 수행자는 뱀이 허물을 벗어 버리듯 이 세상도 저 세상도 다 버린다.

(1-1-10) (숫타니파타)뱀의 비유

너무 빨리 달리거나 느리지도 않고, 이 세상이 덧없다는 것을 알아 탐욕에서 떠난 수행자는 뱀이 허물을 벗어 버리듯 이 세상도 저 세상도 다 버린다.

(1-1-11) (숫타니파타)뱀의 비유

너무 빨리 달리거나 느리지도 않고, 이 세상의 모든 것이 덧없다는 것을 알아 육체의 욕망에서 벗어난 수행자는 뱀이 허물을 벗어 버리듯 이 세상도 저 세상도 다 버린다.

(1-1-12) (숫타니파타)뱀의 비유

너무 빨리 달리거나 느리지도 않고, 이 세상의 모든 것이 덧없다는 것을 알아 미움에서 벗어난 수행자는 뱀이 허물을 벗어 버리듯 이 세상도 저 세상도 다 버린다.

(1-1-13) (숫타니파타)뱀의 비유

너무 빨리 달리거나 느리지도 않고, 이 세상의 모든 것이 덧없다는 것을 알아 어리석은 집착에서 벗어난 수행자는 뱀이 허물을 벗어 버리듯 이 세상도 저 세상도 다 버린다.

(1-1-14) (숫타니파타)뱀의 비유
나쁜 버릇이 조금도 없고, 악의 뿌리를 송두리째 뽑아 버린 수행자는 뱀이 허물을 벗어 버리듯 이 세상도 저 세상도 다 버린다.

(1-1-15) (숫타니파타)뱀의 비유
이 세상에 환생할 인연이 되는 번뇌를 조금도 갖지 않은 수행자는 뱀이 허물을 벗어 버리듯 이 세상도 저 세상도 다 버린다.

(1-1-16) (숫타니파타)뱀의 비유
생존에 얽매이는 것은 집착이다. 그 집착이 없는 수행자는 뱀이 허물을 벗어 버리듯 이 세상도 저 세상도 다 버린다.

(1-1-17) (숫타니파타)뱀의 비유
탐욕, 분노, 우울, 들뜸, 의심, 이 다섯 가지 장애물을 뛰어넘고, 번뇌와 의혹을 물리쳐 괴로움을 벗어 던진 수행자는 뱀이 허물을 벗어 버리듯 이 세상도 저 세상도 다 버린다.

(1-2) 소 치는 아이

(1-2-18) (숫타니파타)소 치는 아이
소 치는 다니야가 말했다.
"나는 이미 밥도 지었고, 우유도 짜 놓았습니다. 큰 강변에서 처자와 함께 살고 있습니다. 내 움막 지붕에는 이엉을 덮어 놓았고, 집 안에는 불을 지펴 놓았습니다. 그러니 신이여, 비를 뿌리려거든 비를 뿌리소서."

(1-2-19) (숫타니파타)소 치는 아이
스승은 대답하셨다.

"나는 성내지 않고 마음의 끈질긴 미혹도 벗어 버렸다. 큰 강변에서 하룻밤을 쉬리라. 내 움막에는 아무 것도 걸쳐 놓지 않았고, 탐욕의 불은 남김없이 꺼 버렸다. 그러니 신이여, 비를 뿌리려거든 비를 뿌리소서."

(1-2-20) (숫타니파타)소 치는 아이
소 치는 다니야가 말했다.

"모기나 쇠파리도 없고, 소들은 들판의 우거진 풀을 뜯어먹으며, 비가 와도 견뎌 낼 것입니다. 그러니 신이여, 비를 뿌리려거든 비를 뿌리소서."

(1-2-21) (숫타니파타)소 치는 아이
스승은 대답하셨다.

"내 뗏목은 이미 잘 만들어져 있다. 욕망의 거센 흐름에도 끄떡없이 피안에 이르렀으니, 이제는 뗏목이 필요 없다. 그러니 신이여, 비를 뿌리려거든 비를 뿌리소서."

(1-2-22) (숫타니파타)소 치는 아이
소치는 다니야가 말했다.

"내 아내는 착하고 허영심이 없습니다. 오래 함께 살아도 항상 내 마음에 흡족합니다. 그녀에게 어떤 나쁜 점이 있다는 말을 듣지 못했습니다. 그러니 신이여, 비를 뿌리려거든 비를 뿌리소서."

(1-2-23) (숫타니파타)소 치는 아이
스승은 대답하셨다.
"내 마음은 순종하고, 모든 것으로부터 벗어나 있다. 오랜 수행으로 잘 다스려졌다. 내게는 그 어떤 나쁜 것도 남아 있지 않다. 그러니 신이여, 비를 뿌리려거든 비를 뿌리소서."

(1-2-24) (숫타니파타)소 치는 아이
소 치는 다니야가 말했다.
"나는 놀지 않고 내 힘으로 살아가고 있습니다. 아이들은 모두 다 건강합니다. 그들에게 그 어떤 나쁜 점이 있다는 말도 듣지 못했습니다. 그러니 신이여, 비를 뿌리려거든 비를 뿌리소서."

(1-2-25) (숫타니파타)소 치는 아이
스승은 대답하셨다.
"나는 누구에게도 속해 있지 않다. 스스로 얻은 것으로 세상을 거닌다. 남에게 소속될 이유가 없다. 그러니 신이여, 비를 뿌리려거든 비를 뿌리소서."

(1-2-26) (숫타니파타)소 치는 아이
소 치는 다니야가 말했다.
"나에게는 갓 태어난 송아지도 있고, 젖을 먹는 어린 소도 있습니다. 새끼 밴 어미 소도 있고, 암내 내는 암소도 있습니다. 그리고 암소의 짝인 황소도 있습니다. 그러니 신이여, 비를 뿌리려거든 비를 뿌리소서.”

(1-2-27) (숫타니파타)소 치는 아이
스승은 대답하셨다.
“나에겐 갓 태어난 송아지도 없고, 젖을 먹는 어린 소도 없다. 새끼
밴 어미 소도 없으며, 암내 낸 암소도 없다. 그리고 암소의 짝인 황소
도 없다. 그러니 신이여, 비를 뿌리려거든 비를 뿌리소서.”

(1-2-28) (숫타니파타)소 치는 아이
소 치는 다니야가 말했다.
“소를 매 놓은 말뚝은 땅에 박혀 흔들리지 않습니다. 새로 엮은 밧줄
은 튼튼해서 소가 그것을 끊을 수 없습니다. 그러니 신이여, 비를 뿌
리려거든 비를 뿌리소서.”

(1-2-29) (숫타니파타)소 치는 아이
스승은 대답하셨다.
“황소처럼 고삐를 끊고 코끼리처럼 냄새나는 넝쿨을 짓밟았으니, 나
는 다시 인간의 모태에 들어가지 않을 것이다. 그러니 신이여, 비를
뿌리려거든 비를 뿌리소서.”

(1-2-30) (숫타니파타)소 치는 아이
이때 갑자기 사방이 어두워지고 검은 구름이 비를 뿌리더니 골짜기
와 언덕에 물이 넘쳤다. 신께서 뿌리는 빗소리를 듣고 다니야는 이렇
게 말했다.

(1-2-31) (숫타니파타)소 치는 아이

"우리는 거룩한 스승을 만나 얻은 바가 참으로 큽니다. 눈을 뜬 분이여, 우리는 당신께 귀의합니다. 스승이 되어 주소서 위대한 성자시여.

(1-2-32) (숫타니파타)소 치는 아이

아내도 저를 따라 거룩하신 분 곁에서 열심히 수행을 하겠습니다. 그러면 더 이상 생사의 윤회가 없는 피안에 이르러 고통에서 벗어나게 될 것입니다."

(1-2-33) (숫타니파타)소 치는 아이

이때 악마 파피만이 말했다.

"자녀가 있는 이는 자녀로 인해 기뻐하고, 소를 가진 이는 소로 인해 기뻐한다. 사람들은 집착으로 기쁨을 삼는다. 그러니 집착할 것이 없는 사람은 기뻐할 것도 없는 것이다."

(1-2-34) (숫타니파타)소 치는 아이

스승은 대답하셨다.

"자녀가 있는 이는 자녀로 인해 근심하고, 소를 가진 이는 소 때문에 걱정한다. 사람들이 집착하는 것은 마침내 근심이 된다. 집착할 것이 없는 사람은 근심할 것도 없다."

(1-3) 무소의 뿔

(1-3-35) (숫타니파타)무소의 뿔

모든 살아 있는 것에게 폭력을 쓰지 말고, 살아 있는 어떤 것도 괴롭히지 말며, 또 자녀를 갖고자 하지도 말라. 친구도 구하지 말라. 무소의 뿔처럼 혼자서 가라.

(1-3-36) (숫타니파타)무소의 뿔

만남이 깊어지면 사랑과 그리움이 생긴다. 사랑과 그리움에는 고통이 따른다. 사랑으로부터 근심걱정이 생기는 줄 알고, 무소의 뿔처럼 혼자서 가라.

(1-3-37) (숫타니파타)무소의 뿔

친구를 좋아한 나머지 마음이 거기에 얽매이게 되면 본래의 뜻을 잃는다. 가까이 사귀면 그렇게 될 것을 미리 알고, 무소의 뿔처럼 혼자서 가라.

(1-3-38) (숫타니파타)무소의 뿔

자식이나 아내에 대한 집착은 마치 가지가 무성한 대나무가 서로 엉켜 있는 것과 같다. 죽순이 다른 것에 달라붙지 않도록, 무소의 뿔처럼 혼자서 가라.

(1-3-39) (숫타니파타)무소의 뿔

묶여 있지 않는 사슴이 숲속에서 먹이를 찾아 여기저기 다닌다, 지혜로운 이여 독립과 자유를 찾아, 무소의 뿔처럼 혼자서 가라.

(1-3-40) (숫타니파타)무소의 뿔

동행이 있으면 쉬거나 가거나 섰거나 여행하는 데도 간섭을 받게 된다. 남들의 간섭을 원치 않는 독립과 자유를 찾아, 무소의 뿔처럼 혼자서 가라.

(1-3-41) (숫타니파타)무소의 뿔
동행이 있으면 유희와 환락이 따른다. 또 그들에 대한 애정은 깊어만 간다. 사랑하는 사람과 헤어지는 것이 싫으면, 무소의 뿔처럼 혼자서 가라.

(1-3-42) (숫타니파타)무소의 뿔
사방으로 돌아다니지 말고, 남을 해치려 들지 말고, 무엇이든 얻은 것으로 만족하고, 온갖 고난을 이겨 두려움 없이 무소의 뿔처럼 혼자서 가라.

(1-3-43) (숫타니파타)무소의 뿔
출가를 했어도 불만을 품고 있는 사람이 있다. 또한 출가하지 않고 집에서 수행하는 재가자 중에도 그런 사람이 있다. 남에게 집착하지 말고 무소의 뿔처럼 혼자서 가라.

(1-3-44) (숫타니파타)무소의 뿔
잎이 진 코빌라라 나무처럼, 재가 수행자의 흔적을 없애 버리고 집안의 굴레를 벗어나 용기 있는 이는 무소의 뿔처럼 혼자서 간다.

(1-3-45) (숫타니파타)무소의 뿔
그대가 지혜롭고 성실하고 예의 바르고 현명한 동반자를 얻었다면 어떤 난관도 극복할 것이니, 기쁜 마음으로 생각을 가다듬고 그와 함께 가라.

(1-3-46) (숫타니파타)무소의 뿔

그대가 지혜롭고 성실하고 예의 바르고 현명한 동반자를 얻지 못했다면 마치 왕이 정복했던 나라를 버리고 가듯, 무소의 뿔처럼 혼자서 가라.

(1-3-47) (숫타니파타)무소의 뿔

우리는 친구를 얻는 행복을 바란다. 자기보다 뛰어나거나 대등한 친구와 친해야 한다. 그러나 이런 친구를 만나지 못할 때는 허물을 짓지 말고, 무소의 뿔처럼 혼자서 가라.

(1-3-48) (숫타니파타)무소의 뿔

금세공이 잘 만들어 낸 두 개의 황금 팔찌가 한 팔에서 서로 부딪히는 소리를 듣고, 무소의 뿔처럼 혼자서 가라.

(1-3-49) (숫타니파타)무소의 뿔

이와 같이, 두 사람이 함께 있으면 잔소리와 말다툼이 일어난다. 언젠가는 이런 일이 일어날 것을 미리 살펴, 무소의 뿔처럼 혼자서 가라.

(1-3-50) (숫타니파타)무소의 뿔

욕망은 그 빛깔이 곱고 감미로우며 우리를 즐겁게 한다. 그러나 여러 가지 모양으로 우리의 마음을 어지럽힌다. 욕망의 대상에는 이러한 근심 걱정이 있는 것을 알고, 무소의 뿔처럼 혼자서 가라.

(1-3-51) (숫타니파타)무소의 뿔

이것이 내게는 재앙이고 종기이고 화이며, 질병이고 화살이고 공포이다. 모든 욕망의 대상에는 그와 같은 두려움이 있는 줄 알고, 무소의 뿔처럼 혼자서 가라.

(1-3-52) (숫타니파타)무소의 뿔
추위와 더위, 굶주림, 갈증, 바람, 그리고 뜨거운 햇볕과 쇠파리와 뱀 등을 이겨 내고, 무소의 뿔처럼 혼자서 가라.

(1-3-53) (숫타니파타)무소의 뿔
마치 어깨가 떡 벌어진 얼룩 코끼리가 무리를 떠나 자유로이 숲 속을 거닐 듯이, 무소의 뿔처럼 혼자서 가라.

(1-3-54) (숫타니파타)무소의 뿔
연회를 즐기는 사람에게는 잠깐 동안의 해탈도 없다. 거룩한 성자가 한 이 말을 명심하여, 무소의 뿔처럼 혼자서 가라.

(1-3-55) (숫타니파타)무소의 뿔
서로 다투는 철학자들의 논쟁을 초월하여 진정한 깨달음의 도를 얻은 사람은 '나는 지혜를 얻었으니 이제는 남의 지도를 받을 필요가 없다'는 것을 알고, 무소의 뿔처럼 혼자서 가라.

(1-3-56) (숫타니파타)무소의 뿔
탐내지 말고 속이지 말며, 갈망하지 말고, 남의 덕을 가리지도 말며, 혼탁과 미혹을 버리고 세상의 온갖 집착에서 벗어나, 무소의 뿔처럼 혼자서 가라.

(1-3-57) (숫타니파타)무소의 뿔

의롭지 못한 것을 보고 그릇되고 굽은 것에 사로잡힌 나쁜 친구를 멀리하라. 탐욕에 빠져 게으른 사람을 가까이 하지 말고, 무소의 뿔처럼 혼자서 가라.

(1-3-58) (숫타니파타)무소의 뿔

널리 배워 진리를 알고 생각이 깊고 현명한 친구를 가까이 하라. 그것이 이익됨을 알고 의심을 버리고, 기쁜 마음으로 그와 함께 가라.

(1-3-59) (숫타니파타)무소의 뿔

세상의 유희나 오락 또는 쾌락에 젖지 말고 관심도 갖지 말라. 꾸밈없이 진실을 말하며, 무소의 뿔처럼 혼자서 가라.

(1-3-60) (숫타니파타)무소의 뿔

아내도 자식도 부모도 재산도 곡식도, 친척이나 모든 욕망까지도 다 버리고, 무소의 뿔처럼 혼자서 가라.

(1-3-61) (숫타니파타)무소의 뿔

‘이것은 집착이구나. 이곳에는 즐거움도 편안함도 적고 괴로움뿐이다. 이것은 고기를 낚는 낚시구나.’ 이와 같이 깨달은 지혜로운 자여, 무소의 뿔처럼 혼자서 가라.

(1-3-62) (숫타니파타)무소의 뿔

물고기가 그물을 찢듯이, 한 번 불탄 곳에는 다시 불이 붙지 않듯이, 모든 번뇌의 매듭을 끊어 버리고, 무소의 뿔처럼 혼자서 가라.

(1-3-63) (숫타니파타)무소의 뿔

눈을 아래로 두고 두리번거리거나 헤매지 말고, 모든 감각을 억제하여 마음을 지켜라. 번뇌에 휩쓸리지 말고 번뇌에 불타지도 말고, 무소의 뿔처럼 혼자서 가라.

(1-3-64) (숫타니파타)무소의 뿔

잎이 떨어져 버린 파리찻타 나무처럼, 재가자의 모든 흔적을 버리고 출가하여 가사를 걸치고, 무소의 뿔처럼 혼자서 가라.

(1-3-65) (숫타니파타)무소의 뿔

여러 가지 맛에 빠져들지 말고 요구하지도 말며 남을 부양하지도 말라. 누구에게서나 밥을 빌어먹고 어느 집도 집착하지 말고, 무소의 뿔처럼 혼자서 가라.

(1-3-66) (숫타니파타)무소의 뿔

마음속의 다섯 가지 장애물을 벗어 던지고 온갖 번뇌를 버리고 어느 것에도 의지하지 않으며 욕망의 고리를 끊어 버리고, 무소의 뿔처럼 혼자서 가라.

(1-3-67) (숫타니파타)무소의 뿔

경험했던 즐거움과 괴로움을 모두 던져 버리고, 쾌락과 근심을 떨쳐 버리고 맑은 고요와 안식을 얻어, 무소의 뿔처럼 혼자서 가라.

(1-3-68) (숫타니파타)무소의 뿔

최고의 목표에 이르기 위해 열심히 노력하고, 마음의 안일함을 물리치고 수행에 게으르지 말며, 부지런히 정진하여 몸의 힘과 지혜의 힘을 갖추고, 무소의 뿔처럼 혼자서 가라.

(1-3-69) (숫타니파타)무소의 뿔

홀로 앉아 명상하고 모든 일에 항상 이치와 법도에 맞도록 행동하며 살아가는 데 있어서 무엇이 근심인지 똑똑히 알고, 무소의 뿔처럼 혼자서 가라.

(1-3-70) (숫타니파타)무소의 뿔

집착을 없애는 일에 게으르지 말고, 벙어리도 되지 말라. 학문을 닦고 마음을 안정시켜 이치를 분명히 알며, 자제하고 노력해서, 무소의 뿔처럼 혼자서 가라.

(1-3-71) (숫타니파타)무소의 뿔

소리에 놀라지 않는 사자처럼, 그물에 걸리지 않는 바람처럼, 진흙에 더럽혀지지 않는 연꽃처럼, 무소의 뿔처럼 혼자서 가라.

(1-3-72) (숫타니파타)무소의 뿔

이빨이 억세며 뭇 짐승의 왕인 사자가 다른 짐승을 제압하듯이, 궁핍하고 외딴 곳에 거처를 마련하고, 무소의 뿔처럼 혼자서 가라.

(1-3-73) (숫타니파타)무소의 뿔

자비와 고요와 동정과 해탈과 기쁨을 적당한 때에 익히고, 모든 세상을 저버림 없이, 무소의 뿔처럼 혼자서 가라.

(1-3-74) (숫타니파타)무소의 뿔

탐욕과 혐오와 어리석음을 버리고, 속박을 끊고 목숨을 잃어도 두려워하지 말고, 무소의 뿔처럼 혼자서 가라.

(1-3-75) (숫타니파타)무소의 뿔

사람들은 자신의 이익을 위해 친구를 사귀고 또한 남에게 봉사한다. 오늘 당장의 이익을 생각하지 않는 사람은 보기 드물다. 자신의 이익만을 아는 사람을 사귀지 말고, 무소의 뿔처럼 혼자서 가라.

(1-4) 밭을 가는 바라드바자

이와 같이 나는 들었다. 어느 때 거룩하신 스승님께서는 마갈타(摩竭陀, 摩竭, Magadha)국 남산에 있는 '한 포기 띠'라고 하는 바라문 촌에 계셨다. 그때 밭을 갈고 있던 바라문 바라드바자는 씨를 뿌리려고 오백 개의 쟁기를 소에 매었다. 스승님께서는 오전 중에 발우와 가사를 걸치고, 밭을 갈고 있는 바라문 바라드바자에게로 가셨다. 때마침 음식을 나누어주고 있었으므로 한 쪽에 섰다. 바라문 바라드바자는 음식을 받기 위해 서 있는 스승님을 보고 말했다.

"사문이여, 나는 밭을 갈고 씨를 뿌립니다. 밭을 갈고 씨를 뿌린 후에 먹습니다. 당신도 밭을 가십시오. 그리고 씨를 뿌리십시오. 갈고 뿌린 다음에 먹으십시오."

스승은 대답하셨다.

"바라문이여, 나도 밭을 갈고 씨를 뿌립니다. 갈고 뿌린 다음에 먹습니다."

바라문이 말했다.

"그러나 우리는 고타마 당신의 쟁기나 호미, 작대기나 소를 본 일이 없습니다. 그런데 당신은 어째서 '나도 밭을 갈고 씨를 뿌립니다. 갈고 뿌린 다음에 먹습니다'라고 하십니까?"
이때 밭을 갈던 바라문 바라드바자는 시로써 스승에게 여쭈었다.

(1-4-76) (숫타니파타)밭을 가는 바라드바자
"당신은 농부라고 자처하지만
우리는 일찍이 밭 가는 것을 보지 못했습니다.
당신이 밭을 간다는 사실을
우리들이 알아듣도록 말씀해 주십시오."

(1-4-77) (숫타니파타)밭을 가는 바라드바자
스승은 대답하셨다.
"나에게 믿음은 씨앗이며, 고행은 비이며, 지혜는 쟁기와 호미, 부끄러움은 호미자루, 의지는 쟁기를 매는 줄, 생각은 호미 날과 작대기입니다.

(1-4-78) (숫타니파타)밭을 가는 바라드바자
몸을 근신하고 말을 조심하며, 음식을 절제하여 과식하지 않습니다. 나는 진실을 김매는 일로 업을 삼고 있습니다. 부드러움과 온화함이 내 소를 쟁기에서 떼어놓습니다.

(1-4-79) (숫타니파타)밭을 가는 바라드바자
노력은 소이며 나를 절대 자유의 경지로 실어다 줍니다. 물러남이 없이 앞으로 나아가 그곳에 이르면 근심 걱정이 사라집니다.

(1-4-80) (숫타니파타)밭을 가는 바라드바자

밭갈이는 이렇게 해서 이루어지고 단 이슬의 열매를 가져옵니다. 이런 농사를 지으면 온갖 고뇌에서 풀려나게 됩니다."

이때 밭을 가는 바라문 바라드바자는 커다란 청동 그릇에 우유죽을 하나 가득 담아 스승님께 올렸습니다.

"고타마께서는 우유죽을 드십시오. 당신은 진실로 밭을 가는 분이십니다. 고타마께서는 단 이슬의 열매를 가져다주는 농사를 짓기 때문입니다."

(1-4-81) (숫타니파타)밭을 가는 바라드바자

"바라문이여, 시를 읊어 얻은 것을 나는 먹을 수 없습니다. 이것은 눈 뜬 사람들의 법이 아닙니다. 시를 읊어 얻은 것을 눈 뜬 사람들은 받지 않습니다. 바라문이여. 법도를 따르는 이것이 바로 눈 뜬 사람들의 생활 태도입니다.

(1-4-82) (숫타니파타)밭을 가는 바라드바자

완전에 이른 사람, 위대한 성자, 번뇌의 더러움을 다 없애고 나쁜 행위를 소멸시킨 사람에게는 다른 음식을 받치십시오. 그것은 공덕을 바라는 이에게 더 없는 기회가 될 것입니다."

"그러면 고타마시여. 이 우유죽을 누구에게 드려야 합니까?"

"바라문이여, 신, 악마, 범천들이 있는 세계에서 신, 인간, 사문, 바라문을 포함한 여러 중생 가운데서 완전에 이른 사람과 그의 제자를 빼놓고는, 아무도 이 우유죽을 먹고 소화시킬 사람은 없습니다. 그러므로 바라문이여, 이 우유죽은 생물이 없는 물속에 버리십시오."

그리하여 밭을 가는 바라문 바라드바자는 우유죽을 생물이 없는 물

속에 쏟아 버렸다. 그런데 우유죽을 물속에 버리자마자 부글부글 소리를 내면서 많은 거품이 끓어올랐다. 마치 온종일 뙤약볕에 뜨거워진 호미 날을 물속에 넣었을 때 부글부글 소리를 내면서 많은 거품이 이는 것과 같았다. 이때 바라문 바라드바자는 온몸이 오싹하여 두려움에 떨면서 스승 곁에 다가섰다. 그리고 스승의 두 발에 머리를 숙이며 여쭈었다.

"훌륭한 말씀입니다, 고타마시여. 훌륭한 말씀입니다, 고타마시여. 마치 넘어진 사람을 일으켜 주듯이, 덮인 것을 벗겨 주듯이, 길 잃은 이에게 길을 가르쳐 주듯이, 또는 '눈 있는 사람은 빛을 보리라'하고 어둠 속에서 등불을 비춰 주듯이, 당신 고타마께서는 여러 가지 방편으로 진리를 밝혀 주셨습니다. 저는 당신께 귀의합니다. 그리고 진리와 도를 닦는 수행자들의 모임에 귀의합니다. 저는 고타마 곁에 출가하여 완전한 계율을 받겠습니다."

이렇게 해서 밭을 가는 바라문 바라드바자는 부처님 곁에 출가하여 완전한 계율을 받았다. 그 후에 바라드바자는 사람들을 멀리하고 홀로 부지런히 정진하여, 마침내 수행의 최종적인 목표를 이생에서 깨달아 증명하고 실천하며 살았다. '태어나는 일은 이제 끝났다. 수행은 이미 완성되었다. 할 일을 다 마쳤다. 이제 또 다시 이런 생사를 받지 않는다.'라고 깨달았다. 그리하여 바라문 바라드바자는 성인이 되었다.

(1-5) 대장장이 순타

(1-5-83) (숫타니파타)대장장이 순타
대장장이 아들 순타가 말했다.
"위대하고 지혜로운 성인, 눈을 뜬 어른, 진리의 주인, 집착을 떠난 분, 최고의 인간, 뛰어난 마부께 저는 묻겠습니다. 세상에는 어떤 수행자들이 있는지 말씀해 주십시오.”

(1-5-84) (숫타니파타)대장장이 순타
스승은 대답하셨다.
“순타여, 네 종류의 수행자가 있고, 다섯 번째는 없느니라. 지금 그 물음에 답하겠다. ‘도의 승리자’ ‘도를 말하는 사람’ ‘도에 의해 사는 사람’ 그리고 ‘도를 더럽히는 자’이다.”

(1-5-85) (숫타니파타)대장장이 순타
대장장이 순타가 말했다.
“눈을 뜬 사람은 누구를 가리켜 ‘도의 승리자’라고 부르십니까? ‘도를 말하는 사람’은 어째서 다른 사람과 견줄 수 없으며, ‘도에 의해 산다’는 것은 무슨 뜻인지 설명해 주십시오. 그리고 ‘도를 더럽히는 자’에 대해서도 말씀해 주십시오.

(1-5-86) (숫타니파타)대장장이 순타
“의혹을 넘어서고, 고뇌를 이기고 열반을 즐기며, 탐욕을 버리고 신들을 포함한 세계를 이끄는 사람, 이런 사람을 ‘도의 승리자’라고 눈을 뜬 사람들은 말한다.

(1-5-87) (숫타니파타)대장장이 순타
이 세상에서 가장 으뜸가는 것을 가장 으뜸가는 것으로 알고 법을 설하고 판별하는 사람, 의혹을 버리고 동요하지 않는 성인을 ‘도를 말하는 사람’이라 부른다.

(1-5-88) (숫타니파타)대장장이 순타

잘 설명된 진리의 말씀인 도에 의지해 살면서 스스로 절제하고, 깊이 생각해 잘못된 말을 하지 않는 사람을 '도에 의해 사는 사람'이라 부른다.

(1-5-89) (숫타니파타)대장장이 순타

맹세한 계율을 잘 지키는 체하지만, 고집 세고 가문을 더럽히며, 오만하고 남을 속이며, 자제력 없고 말이 많고 잘난 체하는 사람을 '도를 더럽히는 자'라고 한다.

(1-5-90) (숫타니파타)대장장이 순타

학식이 있고 현명한 재가수행자는, '네 종류의 수행자는 다 이와 같다.'고 알아, 그들을 통찰하여 그와 같음을 보더라도 믿음이 변하지 않는다. 그는 더럽혀진 것과 더럽혀지지 않은 것, 깨끗한 이와 깨끗하지 않은 자를 혼동할 염려가 없기 때문이다."

(1-6) 파멸

이와 같이 나는 들었다. 어느 날 거룩한 스승께서는 사위성의 기수급고독원에 계셨다. 그때 아름다운 신이 한밤중에 기타림(祇陀林, Jeta-vana)을 두루 비추며 스승께 가까이 다가갔다. 그리고 예의를 갖춰 절한 뒤, 한 쪽에 서서 시로써 물었다.

(1-6-91) (숫타니파타)파멸

"파멸하는 사람에 대해서 고타마께 여쭈어 보겠습니다, 파멸에 이르는 문은 어떤 것입니까?"

(1-6-92) (숫타니파타)파멸

스승은 대답하셨다.

"잘 되는 사람도 알아보기 쉽고, 파멸하는 사람도 알아보기 쉽다. 진리를 좋아하는 사람은 잘 되고, 진리를 싫어하는 사람은 파멸한다."

(1-6-93) (숫타니파타)파멸

"잘 알겠습니다. 옳은 말씀입니다. 이것이 첫째 파멸의 문입니다. 스승님, 둘째 파멸의 문은 무엇입니까?"

(1-6-94) (숫타니파타)파멸

"나쁜 사람들을 가까이 하고 착한 사람들을 멀리하며, 나쁜 사람이 하는 일을 좋아하면 이것은 파멸의 문이다."

(1-6-95) (숫타니파타)파멸

"잘 알겠습니다. 옳은 말씀입니다. 이것이 둘째 파멸의 문입니다. 스승님, 셋째 파멸의 문은 무엇입니까?"

(1-6-96) (숫타니파타)파멸

"아무 때나 잠자는 버릇이 있고, 사람들과 잘 어울리는 버릇이 있고, 분발하여 정진하지 않고 게으르며, 걸핏하면 화를 내는 사람이 있다. 이것은 파멸의 문이다."

(1-6-97) (숫타니파타)파멸

"잘 알겠습니다. 옳은 말씀입니다. 이것이 셋째 파멸의 문입니다. 스승님, 넷째 파멸의 문은 무엇입니까?"

(1-6-98) (숫타니파타)파멸

"자기는 풍족하게 살고 있으면서 늙고 병든 부모는 돌보지 않는 사람이 있다, 이것이 파멸의 문이다."

(1-6-99) (숫타니파타)파멸

"잘 알겠습니다. 옳은 말씀입니다. 이것이 넷째 파멸의 문입니다. 스승님, 다섯째 파멸의 문은 무엇입니까?"

(1-6-100) (숫타니파타)파멸

"바라문이나 사문 또는 걸식하는 이를 거짓말로 속이면, 이것은 파멸의 문이다."

(1-6-101) (숫타니파타)파멸

"잘 알겠습니다. 옳은 말씀입니다. 이것이 다섯째 파멸의 문입니다. 스승님, 여섯째 파멸의 문은 무엇입니까?"

(1-6-102) (숫타니파타)파멸

"많은 재물과 먹을 것이 풍족한 사람이 그것을 혼자서만 독차지한다면, 이것은 파멸의 문이다."

(1-6-103) (숫타니파타)파멸

"잘 알겠습니다. 옳은 말씀입니다. 이것이 여섯째 파멸의 문입니다. 스승님, 일곱째 파멸의 문은 무엇입니까?"

(1-6-104) (숫타니파타)파멸

"혈통을 뽐내고 재산과 가문을 자랑하면서 친척을 멸시하는 사람이 있다. 이것이 파멸의 문이다."

(1-6-105) (숫타니파타)파멸

"잘 알겠습니다. 옳은 말씀입니다. 이것이 일곱째 파멸의 문입니다. 스승님, 여덟째 파멸의 문은 무엇입니까?"

(1-6-106) (숫타니파타)파멸

"여자에게 미치고 술과 도박에 빠져, 버는 대로 써 버리는 사람이 있다. 이것이 파멸의 문이다."

(1-6-107) (숫타니파타)파멸

"잘 알겠습니다. 옳은 말씀입니다. 이것이 여덟째 파멸의 문입니다. 스승님, 아홉째 파멸의 문은 무엇입니까?"

(1-6-108) (숫타니파타)파멸

"자기 아내로 만족하지 않고, 매춘부와 놀아나고 남의 아내와 어울린다면, 이것은 파멸의 문이다."

(1-6-109) (숫타니파타)파멸

"잘 알겠습니다. 옳은 말씀입니다. 이것이 아홉째 파멸의 문입니다. 스승님, 열번째 파멸의 문은 무엇입니까?"

(1-6-110) (숫타니파타)파멸

"한창 때가 지난 남자가 틴발 열매처럼 불룩한 젖가슴을 가진 젊은

여인을 유혹하고 그녀에게 질투하는 일로 밤잠을 이루지 못한다면,
이것은 파멸의 문이다."

(1-6-111) (숫타니파타)파멸
"잘 알겠습니다. 옳은 말씀입니다. 이것이 열번째 파멸의 문입니다.
스승님, 열한번째 파멸의 문은 무엇입니까?"

(1-6-112) (숫타니파타)파멸
"술과 고기 맛에 빠져 재물을 헤프게 쓰는 여자나 남자에게 집안 일
을 맡긴다면, 이것은 파멸의 문이다."

(1-6-113) (숫타니파타)파멸
"잘 알겠습니다. 옳은 말씀입니다. 이것이 열한 번째 파멸의 문입니
다. 스승님, 열두 번째 파멸의 문은 무엇입니까?"

(1-6-114) (숫타니파타)파멸
"찰제리 집안에 태어난 사람이 권세는 작은데 욕망만 커서, 이 세상
에서 왕위를 얻고자 한다면, 이것은 파멸의 문이다."

(1-6-115) (숫타니파타)파멸
세상에는 이와 같은 파멸의 문이 있다는 것을 잘 살펴, 현자와 성자들
은 진리를 보고 행복한 세계에 이른다."

(1-7) 천한 사람
이와 같이 나는 들었다. 어느 날 거룩한 스승께서는 사위성의 기수급

고독원에 계셨다. 그때 스승께서는 오전에 발우와 가사를 걸치고 밥을 빌러 사위성에 들어가셨다.

그때 불을 섬기는 바라문 바라드바자의 집에는 성화가 켜지고 재물이 올려져 있었다. 스승은 사위성의 거리에서 걸식하면서 그의 집에 가까이 가셨다. 불을 섬기는 바라문 바라드바자는 스승이 멀리서 오는 것을 보더니 말했다.

"까까중아 거기 있거라. 엉터리 사문아, 거기 멈춰라. 천한 놈아 거기 섰거라."

스승께서는 불을 섬기는 바라문 바라드바자에게 말씀하셨다.

"바라문이여, 도대체 당신은 어떤 사람이 참으로 천한 사람인지 알고나 있소?"

"고타마여, 나는 사람을 천하게 만드는 조건을 알지 못합니다. 사람을 천하게 만드는 조건이 무엇인지 알 수 있도록 나에게 그 이치를 말씀해 주십시오."

"바라문이여, 그러면 주의깊게 들으시오, 내가 말해 주겠소."

"네, 어서 말씀해 주십시오."

조금 전까지 이놈 저놈 하면서 서슬이 퍼렇게 대들던 바라문이, 바로 그 자리에서 고분고분 대하고 있는 모습이 의아하지 않을 수 없다.

(1-7-116) (숫타니파타)천한 사람

"화를 잘 내고 원한을 쉽게 품으며, 성질이 못돼 남의 미덕을 덮어 버리고, 그릇된 생각으로 음모를 꾸미는 사람을 천한 사람이라 합니다.

(1-7-117) (숫타니파타)천한 사람

한 번 태어나는 것이나 두 번 태어나는 것이나, 이 세상에 있는 생물을 해치고 동정심이 없는 사람을 천한 사람이라 합니다.

(1-7-118) (숫타니파타)천한 사람
시골과 도시를 파괴하고 공격하여, 독재자로 널리 알려진 사람을 천한 사람이라 합니다.

(1-7-119) (숫타니파타)천한 사람
마을에서나 숲에서나 남의 것을 훔치려는 생각으로 이것을 취하는 사람을 천한 사람이라 합니다.

(1-7-120) (숫타니파타)천한 사람
빚이 있어 돌려 달라는 독촉을 받으면 '당신에게 언제 빚진 일이 있느냐'고 발뺌을 하는 사람을 천한 사람이라 합니다.

(1-7-121) (숫타니파타)천한 사람
얼마 안 되는 물건을 탐내어 행인을 살해하고 물건을 약탈하는 사람을 천한 사람이라 합니다.

(1-7-122) (숫타니파타)천한 사람
증인으로 불려 나갔을 때 자신의 이익을 위해, 또는 재물을 위해 거짓으로 증언하는 사람을 천한 사람이라 합니다.

(1-7-123) (숫타니파타)천한 사람
때로는 폭력을 쓰거나, 또는 서로 눈이 맞아 친척 또는 친구의 아내와 놀아나는 사람을 천한 사람이라 합니다.

(1-7-124) (숫타니파타)천한 사람

가진 재산이 풍족하면서도 늙고 병든 부모를 섬기지 않는 사람을 천한 사람이라 합니다.

(1-7-125) (숫타니파타)천한 사람

부모, 형제, 자매, 또는 계모를 때리거나 욕하는 사람을 천한 사람이라 합니다.

(1-7-126) (숫타니파타)천한 사람

상대가 이익되는 일을 물었을 때, 불리하게 가르쳐 주거나 숨긴 일을 발설하는 사람을 천한 사람이라 합니다.

(1-7-127) (숫타니파타)천한 사람

나쁜 일을 하면서, 아무도 자기가 한 일을 모르기를 바라며 숨기는 사람을 천한 사람이라 합니다.

(1-7-128) (숫타니파타)천한 사람

남의 집에 갔을 때는 융숭한 대접을 받았으면서, 그 쪽에서 손님으로 왔을 때는 예의로써 보답하지 않는 사람을 천한 사람이라 합니다.

(1-7-129) (숫타니파타)천한 사람

바라문이나 사문 또는 걸식하는 사람을 거짓말로 속이는 사람을 천한 사람이라 합니다.

(1-7-130) (숫타니파타)천한 사람

식사 때가 되었는데도 바라문이나 사문에게 욕하며 먹을 것을 주지 않는 사람을 천한 사람이라 합니다.

(1-7-131) (숫타니파타)천한 사람
어리석음에 이끌려 변변치 않은 물건을 탐내어 사실이 아닌 일을 말하는 어리석은 사람을 천한 사람이라 합니다.

(1-7-132) (숫타니파타)천한 사람
자기를 내세우고 남을 무시하며, 스스로의 교만 때문에 비굴해진 사람을 천한 사람이라 합니다.

(1-7-133) (숫타니파타)천한 사람
남을 괴롭히고 욕심이 많으며, 인색하고 덕이 없으면서 존경을 받으려 하며, 부끄러워할 줄 모르는 사람을 천한 사람이라 합니다.

(1-7-134) (숫타니파타)천한 사람
깨달은 사람을 비방하고 출가자나 재가 수행자들을 헐뜯는 사람을 천한 사람이라 합니다.

(1-7-135) (숫타니파타)천한 사람
성자 아라한도 아니면서 성자라고 지칭하는 사람은 우주의 도둑이오. 그런 사람이야말로 가장 천한 사람입니다.

(1-7-136) (숫타니파타)천한 사람
날 때부터 천한 사람이 되는 것은 아닙니다. 태어나면서부터 바라문이 되는 것도 아닙니다. 그 행위에 의해서 천한 사람도 되고 바라문도 됩니다.

(1-7-137) (숫타니파타)천한 사람
찬다라족(도축업에 종사함)의 아들이며, 개백정 마탕가로 세상에 알려진 사람이 있었소.

(1-7-138) (숫타니파타)천한 사람
마탕가는 얻기 어려운 최상의 지혜를 얻었소. 많은 왕족과 바라문들이 그를 섬기려 모여들었소.

(1-7-139) (숫타니파타)천한 사람
그는 신들의 길, 더러운 먼지를 떨어 버린 성스러운 길에 들어섰으며, 탐욕을 버리고 범천의 세계에 가게 되었소. 천한 태생인 그가 범천의 세계에 태어나는 것을 아무도 막을 수 없었소.

(1-7-140) (숫타니파타)천한 사람
베다를 외우는 자의 집에서 태어나 베다의 글귀에 친숙한 바라문들도 때로 나쁜 행위를 하는 것을 볼 수 있습니다.

(1-7-141) (숫타니파타)천한 사람
이와 같이 되면 현세에서는 비난을 받고 내세에는 악도에 태어납니다. 신분이 높은 태생도 나쁜 곳에 태어나게 되며 비난 받는 것을 막을 수가 없습니다.

(1-7-142) (숫타니파타)천한 사람

날 때부터 천한 사람이 되는 것은 아닙니다. 날 때부터 바라문이 되는 것도 아닙니다. 오로지 행위에 의해서 천한 사람도 되고 바라문도 됩니다."

이와 같이 말씀하셨을 때 불을 섬기는 바라문 바라드바자는 스승께 말했다.

"훌륭한 말씀이십니다, 고타마시여. 훌륭한 말씀입니다, 고타마시여. 마치 넘어진 사람을 일으켜 주듯이, 덮인 것을 벗겨 주듯이, 길 잃은 이에게 길을 가르쳐 주듯이, '눈이 있는 사람은 빛을 볼 것이다'하고 어둠 속에서 등불을 비춰 주듯이, 고타마께서는 여러 가지 방편으로 진리를 밝혀 주셨습니다. 저는 고타마께 귀의합니다. 진리와 도를 닦는 수행자의 모임에 귀의합니다. 고타마께서는 저희들을 재가수행자로서 받아 주십시오. 오늘부터 목숨이 다할 때까지 귀의하겠습니다."

(1-8) 자비

(1-8-143) (숫타니파타)자비

사물에 통달한 사람이 평화로운 경지에 이르러 해야 할 일은 다음과 같다. 유능하고 정직하고, 말씨는 상냥하고 부드러우며, 잘난 체하지 말아야 한다.

(1-8-144) (숫타니파타)자비

만족할 줄 알고 많은 것을 구하지 않고, 잡일을 줄이고 생활을 간소하게 하며, 모든 감각이 안정되고 지혜로워 마음이 흐트러지지 않으며, 남의 집에 가서도 욕심을 내지 않는다.

(1-8-145) (숫타니파타)자비

현명한 사람들로부터 비난을 살 만한 비열한 행동을 결코 해서는 안 된다. 살아 있는 모든 것은 다 행복하라. 평안하라. 안락하라.

(1-8-146) (숫타니파타)자비

어떠한 생물일지라도, 약하거나 강하거나 굳세거나, 긴 것이건 짧은 것이건 중간치건, 굵은 것이건 가는 것이건, 작은 것이건 큰 것이건, 살아 있는 모든 것은 다 행복하라. 평안하라. 안락하라.

(1-8-147) (숫타니파타)자비

눈에 보이는 것이나 보이지 않는 것이나, 멀리 살고 있는 것이나 가까이 살고 있는 것이나, 이미 태어난 것이나 앞으로 태어날 것이나, 살아 있는 모든 것은 다 행복하라. 평안하라. 안락하라.

(1-8-148) (숫타니파타)자비

어느 누구도 남을 속여서는 안된다. 어디서나 남을 경멸해서도 안 된다. 남을 곯려 줄 생각으로 화를 내어 남에게 고통을 주어서도 안 된다. 살아 있는 모든 것은 다 행복하라. 평안하라. 안락하라.

(1-8-149) (숫타니파타)자비

마치 어머니가 목숨을 걸고 외아들을 지키듯이, 살아있는 모든 것에 대해서 한량없는 자비심을 발하라. 살아 있는 모든 것은 다 행복하라. 평안하라. 안락하라.

(1-8-150) (숫타니파타)자비

또한 세계에 대해서 무한한 자비를 행하라. 위로 아래로 옆으로, 장애
도 원한도 적의도 없는 자비를 행하라, 살아 있는 모든 것은 다 행복
하라. 평안하라. 안락하라.

(1-8-151) (숫타니파타)자비

서 있을 때나 길을 갈 때나 앉아 있을 때나 누워서 잠들지 않는 한, 자
비심을 굳게 가져라. 이 세상에서는 이러한 상태를 신성한 경지라 부
른다. 살아 있는 모든 것은 다 행복하라. 평안하라. 안락하라.

(1-8-152) (숫타니파타)자비

빗나간 생각에 흔들리지 말고, 계율을 지키고 지혜를 갖추어 모든 욕
망에 대한 집착을 버린 사람은 인간의 모태에 드는 일이 없다. 살아
있는 모든 것은 다 행복하라. 평안하라. 안락하라.

(1-9) 설산에 사는 사람

(1-9-153) (숫타니파타)설산에 사는 사람

칠악 야차가 말했다.
"오늘은 보름, 포살 날이다. 눈부신 밤이 가까워졌다. 세상에서 가장
뛰어난 스승 고타마를 만나러 가자."

(1-9-154) (숫타니파타)설산에 사는 사람

설산 야차가 말했다.
"그의 마음은 살아 있는 모든 것에 대해서 안정되어 있을까. 그리고
좋아하는 것이나 좋아하지 않는 것에 대해서도 그는 스스로를 자제

할 수 있을까."

(1-9-155) (숫타니파타)설산에 사는 사람
칠악 야차는 대답했다.

"그분의 마음은 살아 있는 모든 것에 대해서 안정되어 있다. 그리고 좋아하는 것이나 좋아하지 않는 것에 대해서도 그는 스스로를 잘 자제할 수 있다."

(1-9-156) (숫타니파타)설산에 사는 사람
설산 야차가 말했다.

"그는 주지 않는 것은 가지려 하지 않을까. 그는 살아 있는 것을 죽이려 하지 않을까. 그는 게으르지 않을까. 그는 명상을 멈추고 있지 않을까."

(1-9-157) (숫타니파타)설산에 사는 사람
칠악 야차는 대답했다.

"그분은 주지 않는 것은 가지려 하지 않는다. 그분은 산 것은 죽이지 않는다. 그분은 게으르지 않다. 눈을 뜬 사람은 명상을 멈추지 않는다."

(1-9-158) (숫타니파타)설산에 사는 사람
설산 야차가 말했다.

"그는 거짓말을 하지 않을까. 거친 욕설을 하지 않을까. 이간질을 하지 않을까. 쓸데없는 말을 하지 않을까."

(1-9-159) (숫타니파타)설산에 사는 사람

칠악 야차는 대답했다.

"그분은 거짓말을 하지 않는다. 그분은 거친 욕설을 하지 않는다. 그분은 이간질을 하지 않는다. 그분은 쓸데없는 말을 하지 않는다."

(1-9-160) (숫타니파타)설산에 사는 사람

설산 야차가 말했다.

"그는 욕망의 쾌락에 빠지는 일은 없을까. 그의 마음은 혼탁하지 않을까. 마음의 방황에서 벗어났을까. 그리고 모든 사물을 똑똑히 볼 수 있는 눈을 가지고 있을까."

(1-9-161) (숫타니파타)설산에 사는 사람

칠악 야차는 대답했다.

"그분은 욕망의 쾌락에 빠지지 않는다. 그분의 마음은 혼탁하지 않다. 모든 방황에서 벗어났다. 그리고 모든 사물을 명확히 볼 수 있는 눈을 가지고 있다."

(1-9-162) (숫타니파타)설산에 사는 사람

설산 야차가 말했다.

"그는 밝은 지혜를 갖추고 있을까. 그의 행동은 순수할까. 그는 온갖 번뇌의 때를 소멸해 버렸을까. 그는 또 다시 태어나는 일은 없을까."

(1-9-163) (숫타니파타)설산에 사는 사람

칠악 야차는 대답했다.

"그분은 밝은 지혜를 갖추었다. 그분의 행동은 순수하다. 그분은 온갖 번뇌의 때를 소멸해 버렸다. 그리고 그분은 다시는 세상에 태어나는 일이 없다."

설산 야차가 말했다.
"성인의 마음은 행동과 말에 잘 나타나 있다. 밝은 지혜와 맑은 수행을 갖추고 있는 그를 그대가 찬탄하는 것은 당연한 일이다.
성인의 마음은 행동과 말에 잘 나타나 있다. 밝은 지혜와 맑은 수행을 갖추고 있는 그를 그대가 기뻐하는 것은 당연한 일이다."

(1-9-164) (숫타니파타)설산에 사는 사람
칠악 야차가 말했다.
"성인의 마음은 행동과 말에 잘 나타나 있다. 자, 그럼 우리는 밝은 지혜와 맑은 수행을 갖추고 있는 고타마를 만나러 가자."

(1-9-165) (숫타니파타)설산에 사는 사람
설산 야차가 말했다.
"그 성인의 정강이는 영양과 같이 여위고 가늘다. 그분은 지혜롭고, 많이 먹지 않으며, 탐욕스럽지 않고, 숲속에서 조용히 사색하고 있다. 자, 우리는 고타마를 만나러 가자.

(1-9-166) (숫타니파타)설산에 사는 사람
욕망을 돌아보는 일 없이 마치 사자처럼, 코끼리처럼 홀로 가는 그에게 우리는 물어보자. 죽음의 멍에에서 벗어나는 길을."

(1-9-167) (숫타니파타)설산에 사는 사람

두 야차가 함께 말했다.
"열어 보이는 분, 풀어서 밝히는 분, 모든 사물의 궁극에 이르고 원망과 두려움을 초월하여 눈을 뜬 고타마께 물어보자."

(1-9-168) (숫타니파타)설산에 사는 사람
설산 야차가 물었다.
"세상은 무엇으로 인해 생겨났습니까. 무엇으로 인해 사랑하게 됩니까. 세상 사람들은 무엇에 집착하고 있으며, 또 무엇에 괴로워하고 있습니까?"

(1-9-169) (숫타니파타)설산에 사는 사람
스승은 대답하셨다.
"설산에 사는 자여, 눈, 귀, 코, 혀, 몸, 뜻의 여섯 가지로 인해 세상은 생겨 났고, 여섯가지 것으로 인해 사랑하게 되고, 사람들은 여섯 가지에 집착하며, 또 그 여섯 가지에 괴로워하고 있다."

(1-9-170) (숫타니파타)설산에 사는 사람
"세상 사람들이 괴로워하는 집착이란 무엇입니까. 거기서 벗어나는 길을 말씀해 주십시오. 어떻게 하면 괴로움에서 벗어날 수 있습니까?"

(1-9-171) (숫타니파타)설산에 사는 사람
"세상에는 형상, 소리, 향기, 맛, 감촉의 다섯 가지 욕망의 대상이 있고 의지의 대상인 법은 여섯 번째이다. 그런 것에 대한 탐욕에서 벗어난다면 곧 괴로움에서 벗어난다.

(1-9-172) (숫타니파타)설산에 사는 사람

이와 같이, 세상에서 벗어나는 길을 그대들에게 사실대로 밝히고 말했다. 이렇게 하면 괴로움에서 벗어나게 된다."

(1-9-173) (숫타니파타)설산에 사는 사람

"이 세상에서 어떤 사람이 윤회의 거센 흐름을 건널 수 있겠습니까? 이 세상에서 어떤 사람이 윤회의 바다를 건널 수 있겠습니까? 의지할 것도, 붙잡을 것도 없는 깊은 바다에 들어가면 어떤 사람이 가라앉지 않습니까?"

(1-9-174) (숫타니파타)설산에 사는 사람

"항상 계율을 몸에 지니고 지혜가 있고 마음을 한곳에 모아 안으로 살피고 염원이 있는 사람은 건너기 어려운 거센 흐름을 건널 수 있다.

(1-9-175) (숫타니파타)설산에 사는 사람

관능의 욕망에서 떠나 모든 속박에서 벗어나고 쾌락을 생각하지 않는 사람은 깊은 바다에 가라앉지 않는다."

(1-9-176) (숫타니파타)설산에 사는 사람

설산 야차는 동료들에게 말했다.
"지혜가 깊고 심오한 뜻을 깨닫고 아무것도 갖지 않고 육체의 욕망에 집착하지 않으며 모든 구속에서 벗어나 진리의 길을 가는 저 위대한 선인을 보라.

(1-9-177) (숫타니파타)설산에 사는 사람

명성이 높고 심오한 뜻을 깨닫고 지혜를 가르쳐 주고 욕망의 집착에서 벗어나 모든 것을 알고 거룩한 길을 가는 저 위대한 선인을 보라.

(1-9-178) (숫타니파타)설산에 사는 사람

오늘 우리는 눈부신 태양을 보고, 아름다운 새벽을 만나 상쾌한 기분으로 새날을 맞이했다. 거센 흐름을 건너 번뇌의 때가 묻지 않은, 깨달은 사람을 만났기 때문이다.

(1-9-179) (숫타니파타)설산에 사는 사람

여기 1천이나 되는 야차의 무리들은 신통력이 있고 명성도 가지고 있지만, 우리들은 모두 당신께 귀의합니다. 당신은 우리들의 더 없는 스승이기 때문입니다.

(1-9-180) (숫타니파타)설산에 사는 사람

우리들은 깨달은 분과 진리의 위대함에 예배드리면서, 마을에서 마을로, 산에서 산으로 돌아다니겠습니다."

(1-10) 알라바카 야차

이와 같이 나는 들었다. 어느 때 거룩하신 스승께서는 알라비국 알라바카 야차의 처소에 계셨다. 그때 알라바카 야차가 밖에서 돌아와 스승에게 말했다.

"사문이여, 나가 주시오."

"좋다, 친구여."

스승은 나가셨다.

또 알라바카는 말했다.

2

"사문이여, 들어오시오."

"좋다, 친구여."

스승은 들어가셨다.

또 알라바카가 말했다.

"사문이여, 나가 주시오."

"좋다, 친구여."

스승은 다시 나가셨다.

또 알라바카가 말했다.

"사문이여, 들어오시오."

"좋다, 친구여."

스승은 또 들어가셨다.

세 번째 또 알라바카 야차가 스승에게 말했다.

"사문이여, 나가 주시오."

"좋다, 친구여."

스승은 나가셨다.

또 알라바카는 말했다.

"사문이여, 들어오시오."

"좋다, 친구여."

스승은 들어가셨다.

네 번째 또 알라바카 야차가 말했다.

"사문이여, 나가 주시오."

그러자 스승은 대답하셨다.

"나는 더 나가지 않겠다. 네 할 일이나 해라."

야차가 말했다.

"사문이여, 제가 당신에게 묻겠습니다. 만일 당신이 내게 대답을 못한다면, 당신의 마음을 어지럽히고 당신의 심장을 찢은 뒤, 두 다리를 붙잡아 항하(恒河, ganga, ganges)강에 내던지겠소.”

스승은 대답하셨다.

“친구여, 신, 악마, 범천을 포함한 세계에서, 그리고 사문, 바라문, 신, 인간 등 모든 살아 있는 것 중에서 내 마음을 어지럽히고 내 심장을 찢은 뒤, 두 다리를 붙잡아 항하강에 내던질만한 자를 나는 아직 보지 못했다. 친구여, 그대가 묻고 싶은 것이 있거든 무엇이든 물어보라.”

알라바카 야차는 스승에게 다음의 시로써 여쭈었다.

(1-10-181) (숫타니파타)알라바카 야차

“이 세상에서 사람에게 으뜸가는 재산은 무엇입니까?

어떠한 선행이 안락을 가져옵니까?

맛 중에서 참으로 맛있는 것은 어떤 것입니까?

그리고 어떻게 사는 것을 최상의 삶이라고 할 수 있습니까?”

(1-10-182) (숫타니파타)알라바카 야차

스승은 대답하셨다.

“이 세상에서 믿음이 으뜸가는 재산이다.

덕행이 두터우면 안락을 가져오고, 진실이야말로 맛 중의 맛이며, 지혜롭게 사는 것이 최상의 삶이다.”

(1-10-183) (숫타니파타)알라바카 야차

“사람은 무엇으로 생사의 거센 흐름을 건넙니까? 무엇으로 바다를 건너며, 무엇으로 고통을 극복합니까? 그리고 무엇으로 완전히 맑고 깨끗해질 수 있습니까?”

(1-10-184) (숫타니파타)알라바카 야차

"사람은 신앙의 힘으로 거센 흐름을 건너고, 정진으로 바다를 건너며, 근면으로써 고통을 극복할 수 있고, 지혜로써 완전히 맑고 깨끗해진다."

(1-10-185) (숫타니파타)알라바카 야차

"사람은 어떻게 해서 지혜를 얻습니까? 어떻게 해서 재물을 얻고, 어떻게 해서 명성을 떨치며, 어떻게 해서 친구를 사귑니까? 어떻게 하면 이 세상에서 저 세상으로 갔을 때 걱정이 없겠습니까?"

(1-10-186) (숫타니파타)알라바카 야차

"성자들이 열반을 얻는 이치를 믿고 부지런히 배우면 그 가르침을 들으려는 열망에 의해서 지혜를 얻는다.

(1-10-187) (숫타니파타)알라바카 야차

적절하게 일을 하고 참을성 있게 노력하면 재물을 얻는다. 성실을 다하면 명성을 떨치고, 베풂으로써 친구를 사귄다.

(1-10-188) (숫타니파타)알라바카 야차

깊은 신앙심을 가지고 가정생활을 하는 사람에게 성실과 자제와 인내와 베풂의 덕이 있으면, 그는 저 세상에 가서도 걱정이 없다.

(1-10-189) (숫타니파타)알라바카 야차

이 세상에 성실과 자재와 인내와 베풂보다 더 나은 것이 있다면, 그것이 무엇인지 사문이나 바라문에게 물어 보라."

(1-10-190) (숫타니파타)알라바카 야차

알라바카가 말했다.

"무엇 때문에 다시 사문이나 바라문에게 물을 필요가 있겠습니까. 저
는 오늘 이 세상에 이익되는 일을 깨달았습니다.

(1-10-191) (숫타니파타)알라바카 야차

아, 깨달은 분께서 알라비에 오신 것은, 저를 이롭게 하기 위해서였습니
다. 오늘 저는 남에게 베풀면 위대한 열매가 얻어지는 것을 알았습니다.

(1-10-192) (숫타니파타)알라바카 야차

저는 깨달은 분과 진리의 위대함에 예배드리면서 시골에서 시골로
도시에서 도시로 돌아다니겠습니다."

(1-11) 극복

(1-11-193) (숫타니파타)극복

걷거나 서고, 앉거나 눕고, 몸을 구부리거나 편다. 이것은 육체의 동
작이다.

(1-11-194) (숫타니파타)극복

몸은 뼈와 힘줄로 연결되어 있고 살과 살갗으로 덮여 있어, 있는 그대
로 볼 수는 없다.

(1-11-195) (숫타니파타)극복

몸의 내부는 위와 장과 간, 방광, 심장, 폐장, 신장, 비장으로 차 있다.

(1-11-196) (숫타니파타)극복

그리고 콧물, 침, 땀, 지방, 피, 관절액, 담즙, 기름 등이 있다.

(1-11-197) (숫타니파타)극복

이 몸의 아홉 구멍에서는 끊임없이 오물이 나온다. 눈에서는 눈곱, 귀에서는 귀지가 나온다.

註) 아홉 구멍 : 양쪽 눈, 양쪽 귀, 양쪽 콧구멍, 입, 항문, 생식기

(1-11-198) (숫타니파타)극복

코에서는 콧물, 입에서는 침과 가래, 몸에서는 땀과 때가 나온다.

(1-11-199) (숫타니파타)극복

머릿속의 빈 곳은 뇌수로 가득 차 있다. 어리석은 사람들은 무지에 이끌려서 이런 육신을 깨끗한 것으로 착각한다.

(1-11-200) (숫타니파타)극복

죽어서 쓰러졌을 때는 몸이 부어서 검푸르게 되고, 무덤에 버려져 친척도 돌보지 않는다.

(1-11-201) (숫타니파타)극복

개나 여우, 늑대, 벌레들이 파먹고, 까마귀나 독수리 같은 날짐승이 쪼아 먹는다.

(1-11-202) (숫타니파타)극복

이 세상에서 지혜로운 수행자는 깨달은 사람의 말씀을 듣고 그것을

완전히 이해한다. 왜냐하면 있는 그대로 보기 때문이다.

(1-11-203) (숫타니파타)극복

죽은 시체도 얼마 전까지는 살아 있는 내 몸뚱이와 같은 것이었다. 살아 있는 이 몸도 언젠가는 죽은 시체처럼 될 것이다.
이와 같이 알고 안팎으로 몸에 대한 집착에서 벗어난다.

(1-11-204) (숫타니파타)극복

이 세상에서 육체의 욕망을 떠난 지혜로운 수행자는 죽지 않고, 평화롭고 멸하지 않는 열반의 경지에 도달한다.

(1-11-205) (숫타니파타)극복

인간의 몸은 부정하고 악취를 풍기므로 꽃이나 향으로 은폐되어 있다. 그렇지만 온갖 오물로 가득 차 있어 여기저기서 흘러나오고 있다.

(1-11-206) (숫타니파타)극복

이런 몸뚱이를 지니고 있으면서 스스로 잘난 체하거나 남을 무시하면 눈먼 소경이 아니고 무엇이겠는가.

(1-12) 성인

(1-12-207) (숫타니파타)성인

친한 데서 두려움이 생기고 가정생활에서 더러운 먼지가 낀다. 그러므로 친함도 없고 가정생활도 없다면 그것이 바로 침묵을 지키면서 수행하는 성인의 생활이다.

(1-12-208) (숫타니파타)성인
이미 돋아난 번뇌의 싹을 잘라 버리고 새로 심지 않고 지금 생긴 번뇌를 기르지 않고, 홀로 가는 사람을 성인이라 부른다. 저 위대한 성인은 청정한 평화의 경지를 본 것이다.

(1-12-209) (숫타니파타)성인
모든 번뇌가 일어나는 근본을 살펴 원인을 헤아려 알고 그것에 집착하는 마음을 기르지 않으면, 참으로 삶과 죽음을 뛰어넘은 청정한 평화의 세계를 본 성인이다. 그는 이미 망상을 초월했기 때문에 미궁에 빠진 자의 무리 속에 끼지 않는다.

(1-12-210) (숫타니파타)성인
집착이 일어나는 곳을 알아 아무 것도 바라지도 않고, 탐욕을 떠나 욕심이 없는 성인은 따로 구하지 않는다. 그는 이미 청정한 평화의 세계에 도달했기 때문이다.

(1-12-211) (숫타니파타)성인
모든 것을 이기고 모든 것을 알며, 지극히 지혜롭고 여러 가지 사물에 더럽혀지지 않으며, 모든 것을 버리고 집착을 끊어 해탈한 사람을 성인이라 한다.

(1-12-212) (숫타니파타)성인
지혜의 힘이 있고 계율과 맹세를 지키고, 마음이 한곳으로 집중되어 있고 명상을 즐기며, 생각이 깊고 집착에서 벗어나 거칠지 않고, 번뇌의 때가 묻지 않은 사람을 성인이라 한다.

(1-12-213) (숫타니파타)성인
홀로 걸어가고, 게으르지 않으며, 비난과 칭찬에도 흔들리지 않고, 소
리에 놀라지 않는 사자처럼, 그물에 걸리지 않는 바람처럼, 진흙에 더
럽히지 않는 연꽃처럼, 남에게 이끌리지 않고 남을 이끄는 사람을 성
인이라 한다.

(1-12-214) (숫타니파타)성인
남들이 입에 침이 마르도록 칭찬하거나 욕을 하더라도 목욕하는 강
가의 기둥처럼 태연하고, 육체의 욕망을 떠나 모든 감각을 잘 다스리
는 사람을 성인이라 한다.
註) 목욕하는 강가의 기둥은 목욕을 하는 곳에 몸을 문지를 수 있도록
세워놓은 네모와 팔모의 기둥이다.

(1-12-215) (숫타니파타)성인
베를 짜는 북처럼 곧고 편안하게 서서 모든 악한 행위를 싫어하고, 바
른 것과 바르지 않은 것을 잘 알고 있는 사람을 성인이라 한다.

(1-12-216) (숫타니파타)성인
스스로 자재하여 악을 행하지 않고, 젊었을 때나 늙었어도 자신을 억
제한다. 그는 남을 괴롭히지 않고 남한테서 괴로움을 받지도 않는다.
사람들은 그를 성인이라 한다.

(1-12-217) (숫타니파타)성인
남이 주는 것으로 생활하고, 새로운 음식이나 먹던 음식이나 먹고 남
은 찌꺼기를 받더라도 먹을 것을 준 사람을 칭찬하지도 않고 화를 내

욕하지도 않는 사람을 성인이라 한다.

(1-12-218) (숫타니파타) 성인
성의 접촉을 끊고 젊은 여성에게도 마음을 빼앗기지 않으며, 교만하지도 태만하지도 않아 속박에서 벗어난 사람을 성인이라 한다.

(1-12-219) (숫타니파타) 성인
세상을 잘 알고 최고의 진리를 보고 거센 흐름과 바다를 건넌 사람, 속박을 끊어 버리고 어디에도 의존하지 않으며 번뇌의 때가 묻지 않은 사람을 성인이라 한다.

(1-12-220) (숫타니파타) 성인
출가 수행자와 재가 수행자는 거처와 생활양식이 같지 않다. 재가 수행자는 처자를 부양하지만, 출가 수행자는 무엇을 보아도 내 것이라는 집착이 없다. 재가 수행자는 남의 목숨을 해치거나 절제하기 어렵지만, 출가 수행자는 자제하고 항상 남의 목숨을 보호한다.

(1-12-221) (숫타니파타) 성인
마치 하늘을 나는 목이 푸른 공작새가 아무리 애를 써도 백조를 따를 수 없는 것처럼, 재가 수행자는 세속을 떠나 숲 속에서 명상하는 수행자에게 미치지 못한다.

2. (숫타니파타) 작은 장

(2-1) 보배

(2-1-222) (숫타니파타)보배

모든 살아 있는 것이여, 지상에 사는 것과 공중에 사는 것들은 기뻐하라. 그리고 마음을 가다듬고 내 말을 들으라.

(2-1-223) (숫타니파타)보배

모든 살아 있는 것이여, 귀를 기울이라. 밤낮으로 재물을 바치는 사람에게 자비를 베풀어라. 함부로 대하지 말고 그들을 지켜라.

(2-1-224) (숫타니파타)보배

이 세상과 저 세상의 어떤 부라도, 천상의 뛰어난 보배일지라도, 우리들의 완전한 스승에게 견줄 만한 것은 없다. 뛰어난 보배는 눈 뜬 사람 안에 있다. 이 진리에 의해서 행복하라.

(2-1-225) (숫타니파타)보배

마음의 통일을 얻은 스승은 번뇌와 욕망과 죽음이 없는 경지에 도달한다. 이치와 견줄 만한 것은 아무 것도 없다. 뛰어난 보배는 그 이치 속에 있다. 이 진리에 의해서 행복하라,

(2-1-226) (숫타니파타)보배

부처가 찬탄해 마지않는 맑고 고요한 마음의 안정을 '빈틈없는 마음의 안정'이라고 한다. 이 마음의 안정과 견줄 만한 것은 아무것도 없다. 뛰어난 보배는 그 이치 속에 있다. 이 진리에 의해서 행복하라,

(2-1-227) (숫타니파타)보배

착한 사람들이 칭찬하는 여덟 지위를 가진 사람은 네 쌍의 사람이다. 그들은 행복한 사람(부처님)의 제자이며 베풂을 받을 만한 사람들이다. 그들에게 베푼 사람은 커다란 열매를 얻는다. 뛰어난 보배는 승단 안에 있다. 이 진리에 의해서 행복하라.

註) 여덟 지위 : 불교의 성자를 수다원, 사다함, 아나함, 아라한의 넷으로 나누는데, 이것을 네 쌍四雙이라 한다. 그 경지를 향해 나아가고 있는 지위位와 도달한 경지果로 나누어 여덟 지위이다.

(2-1-228) (숫타니파타)보배

고타마의 가르침에 따라 굳은 결심으로 부지런히 일하고 욕심을 버리면, 죽음이 없는 곳에 들어가고 도달해야 할 경지에 이르며 평안의 즐거움을 누리게 된다. 이 뛰어난 보배는 승단 안에 있다. 이 진리에 의해서 행복하라.

(2-1-229) (숫타니파타)보배

성문 밖에 선 기둥이 땅속 깊이 박혀 있으면 거세게 불어오는 바람에도 흔들리지 않는 것처럼, 성스런 진리를 관찰하는 착한 사람도 이와 같다. 뛰어난 보배는 승단 안에 있다. 이 진리에 의해서 행복하라.

(2-1-230) (숫타니파타)보배

깊은 지혜를 가진 사람이 말씀하신 거룩한 진리를 분명하게 아는 사람은 커다란 잘못에 빠지는 일이 있어도 여덟 번째 생존을 받지 않는다. 뛰어난 보배는 승단 안에 있다. 이 진리에 의해서 행복하라.

(2-1-231) (숫타니파타)보배

자신이 실제로 존재한다고 믿는 견해와 의심과 형식적인 신앙, 이 세 가지가 조금 남아 있다 해도, 진리를 깨닫는 순간 그것들은 사라진다. 그는 네 가지 악한 곳을 떠나, 여섯 가지 큰 죄를 범하지 않는다. 뛰어난 보배는 승단 안에 있다. 이 진리에 의해서 행복하라.

(2-1-232) (숫타니파타)보배

또 그가 몸과 말과 생각으로 사소한 나쁜 짓을 했을지라도 그것을 감출 수가 없다. 청정한 평화의 세계를 본 사람은 감출 수가 없다. 이 뛰어난 보배는 승단 안에 있다. 이 진리에 의해서 행복하라.

(2-1-233) (숫타니파타)보배

초여름의 더위가 숲속의 나뭇가지에 꽃을 피우듯이, 눈 뜬 사람은 평안에 이르는 방법을 가르치셨다. 이 뛰어난 보배는 눈 뜬 사람 안에 있다. 이 진리에 의해서 행복하라.

(2-1-234) (숫타니파타)보배

뛰어난 것을 알고, 뛰어난 것을 주고, 뛰어난 것을 가져오는 위없는 이가 으뜸가는 진리를 설했다. 이 보배는 눈 뜬 사람 안에 있다. 이 진리에 의해서 행복하라.

(2-1-235) (숫타니파타)보배

묵은 업은 이미 다 했고, 새로운 업은 이제 생기지 않는다. 그 마음은 미래의 생존에 집착하지 않고, 집착의 싹을 없애고, 성장을 원치 않는 현자들은 등불이 꺼지듯 열반에 든다. 뛰어난 보배는 승단 안에 있다. 이 진리에 의해서 행복하라.

(2-1-236) (숫타니파타)보배

모든 살아 있는 것이여, 지상에 사는 것이나 공중에 사는 것이나, 신과 인간이 다 같이 섬기는 눈 뜬 사람에게 예배하자. 행복하라.

(2-1-237) (숫타니파타)보배

모든 살아 있는 것이여, 지상에 사는 것이나 공중에 사는 것이나, 신과 인간이 다 같이 섬기는 진리에 예배하자. 행복하라.

(2-1-238) (숫타니파타)보배

모든 살아 있는 것이여, 지상에 사는 것이나 공중에 사는 것이나, 신과 인간이 다 같이 섬기는 승단에 예배하자. 행복하라.

(2-2) 비린 것

(2-2-239) (숫타니파타)비린 것

텃사 바라문이 지난 겁의 부처님인 캇사파에게 말했다.
"성인은 수수, 딩굴라카, 치나카 콩, 야채, 구근, 덩굴 열매를 선한 사람한테서 얻어 먹으며 욕심 부리지 않고 거짓말을 안 합니다.

(2-2-240) (숫타니파타)비린 것

캇사파여, 맛있게 잘 지어진 밥을 남한테 얻어서 입맛을 다시며 먹는 사람은 비린 것을 먹는 것입니다.

(2-2-241) (숫타니파타)비린 것

바라문인 당신은 잘 요리된 닭고기와 함께 쌀밥을 맛있게 먹으면서도 '나는 비린 것을 허락하지 않는다'고 하십니다.

캇사파여, 나는 그 의미를 당신에게 묻습니다. 당신이 말한 비린 것이란 어떤 것입니까?"

(2-2-242) (숫타니파타)비린 것

캇사파는 말했다.

"산 것을 죽이는 일, 때리고 자르고 묶는 일, 훔치고 거짓말 하는 일, 사기 치고 속이는 일, 그릇된 것을 배우는 일, 남의 아내와 가까이 하는 일이 비린 것이지 고기를 먹는 것이 비린 것이 아니다.

(2-2-243) (숫타니파타)비린 것

이 세상에서 욕망을 억제하지 않고, 맛있는 것을 탐내고, 부정한 생활에 어울리고, 허무론을 가지고 바르지 못한 행동을 하는 완고하고 어리석은 사람들이 비린 것이지 고기를 먹는 것이 비린 것이 아니다.

(2-2-244) (숫타니파타)비린 것

난폭하고 잔혹하며, 험담을 하고, 친구를 배신하고, 무자비하며, 몹시 오만하고 인색해서 아무 것도 남에게 주지 않는 사람들이 비린 것이지 고기를 먹는 것이 비린 것이 아니다.

2

(2-2-245) (숫타니파타)비린 것

성내고 교만하고 고집스럽고, 반항심과 속임수, 질투, 허풍이 많고, 더없이 오만하고 불량배와 어울리는 사람들이 비린 것이지 고기를 먹는 것이 비린 것이 아니다.

(2-2-246) (숫타니파타)비린 것

성질이 나쁘고 빚을 갚지 않고, 밀고를 하고, 재판정에서는 위증을 하며, 정의를 가장하여 사악한 짓을 하는 등 이 세상에서 가장 몹쓸 사람들이 비린 것이지 고기를 먹는 것이 비린 것이 아니다.

(2-2-247) (숫타니파타)비린 것

살아 있는 것을 마음대로 죽이고, 남의 것을 빼앗으면서 도리어 그들을 해치려 하고, 성미가 나빠 욕심 많고 난폭하며 무례한 사람들이 비린 것이지 고기를 먹는 것이 비린 것이 아니다.

(2-2-248) (숫타니파타)비린 것

살아 있는 것을 마음대로 지배하고 배반하고 부당한 행동을 하고 항상 나쁜 짓을 하는 자는, 죽어서는 암흑에 빠지며 머리를 거꾸로 처박고 지옥에 떨어진다. 이같은 사람들이 비린 것이지 고기를 먹는 것이 비린 것이 아니다.

(2-2-249) (숫타니파타)비린 것

생선이나 고기를 먹지 않는 것도, 단식, 나체, 삭발, 결발, 먼지, 거치른 사슴가죽을 입는 것도, 불의 신을 섬기는 것도, 또는 불사의 생명을 얻기 위한 고행도, 베다의 주문, 공양, 제사나 계절에 따른 고행도 모두 의심을 넘어서면 그 사람을 청정하게 할 수 있다.

(2-2-250) (숫타니파타)비린 것
감각을 지키고 다스리며 행동하라. 진리를 확립하고, 바르고 솔직한 것을 즐기고, 집착을 떠나 모든 고통을 버린 어진 이는 보고 듣는 것으로 더럽혀지지 않는다.”

(2-2-251) (숫타니파타)비린 것
이와 같은 이야기를 거룩한 스승 캇사파 부처님께서는 되풀이 해서 말했다. 베다의 신주에 통달한 바라문은 그것을 알았다. 비린 것을 떠나 아무 것에도 걸림이 없는, 그리고 뒤따르기 힘든 부처님은 여러 가지 시구로써 그것을 말했다.

(2-2-252) (숫타니파타)비린 것
눈 뜬 사람이 가르치신 ‘비린 것을 떠나 모든 고통을 제거하라’는 훌륭한 말씀을 듣고, 바라문은 겸허한 마음으로 완전한 이에게 절하고, 그 자리에서 출가할 것을 원했다.

(2-3) 부끄러움

(2-3-253) (숫타니파타)부끄러움
부끄러움을 잊어 버리고 또 싫어해서 ‘나는 당신의 친구다’라고 말하면서도 도움을 주지 않는 사람은 친구가 아님을 알아야 한다.

(2-3-254) (숫타니파타)부끄러움

친구들에게 실천이 없이 말만 앞세우는 사람은, 말만 하고 실천하지 않는 사람임을 어진 이는 알고 있다.

(2-3-255) (숫타니파타)부끄러움

우정이 끊어질까 염려하여 듣기 좋은 말을 하면서도 친구의 결점만을 보는 사람은 진정한 친구가 아니다. 아기가 엄마의 품에 안기듯이 그 사람을 의지하고, 다른 사람 때문에 사이가 멀어지지 않는 사람이야말로 진정한 친구다.

(2-3-256) (숫타니파타)부끄러움

일의 성과를 바라는 사람은 인간으로서 지고 가야 할 짐을 지고 기쁨을 낳고 칭찬을 받으며 안락을 가져올 터전을 닦는다.

(2-3-257) (숫타니파타)부끄러움

멀어지고 떠나는 맛과 평안해지는 맛을 알고 진리의 기쁨을 마시는 사람은 고뇌를 떠나고 악을 멀리한다.

(2-4) 더 없는 행복

이와 같이 나는 들었다. 어느 날 거룩한 스승께서는 사위성의 기수급고독원에 계셨다. 그때 아름다운 신이 한밤중에 기타림(祇陀林, Jeta-vana)을 두루 비추며 스승께 가까이 다가왔다. 그리고 예의를 갖춰 절한 뒤, 한쪽에 서서 시로써 물었다.

(2-4-258) (숫타니파타)더 없는 행복

"많은 신과 사람들은 행복을 바라고 있습니다.

으뜸가는 행복을 말씀해 주십시오."

(2-4-259) (숫타니파타)더 없는 행복

"어리석은 사람들을 가까이하지 말고 어진 이와 가깝게 지내며 존경할 만한 사람을 존경하는 것. 이것이 더 없는 행복이다.

(2-4-260) (숫타니파타)더 없는 행복

분수에 맞는 곳에 살고 일찍이 공덕을 쌓고 스스로 바른 서원을 하는 것. 이것이 더 없는 행복이다.

(2-4-261) (숫타니파타)더 없는 행복

지식과 기술을 쌓고 그 위에 말솜씨가 뛰어난 것. 이것이 더 없는 행복이다.

(2-4-262) (숫타니파타)더 없는 행복

부모를 섬기고 아내와 자식을 사랑하고 보호하며 일에 질서가 있어 혼란스럽지 않은 것. 이것이 더 없는 행복이다.

(2-4-263) (숫타니파타)더 없는 행복

남에게 베풀고 이치에 맞게 행동하며 적을 사랑하고 보호하며 비난을 받지 않게 처신하는 것. 이것이 더 없는 행복이다.

(2-4-264) (숫타니파타)더 없는 행복

악을 싫어하고 멀리하며 술을 절제하고 덕행을 소홀히 하지 않는 것. 이것이 더 없는 행복이다.

(2-4-265) (숫타니파타)더 없는 행복
존경과 겸손과 만족과 감사와, 때로는 가르침을 듣는 것. 이것이 더 없는 행복이다.

(2-4-266) (숫타니파타)더 없는 행복
인내하고 온화하게 말하고, 수행자를 만나고 때로는 진리에 대한 가르침을 받는 것. 이것이 더 없는 행복이다.

(2-4-267) (숫타니파타)더 없는 행복
수행을 하고 깨끗하게 행동하고 거룩한 진리를 깨닫고 열반의 경지를 실현하는 것. 이것이 더 없는 행복이다.

(2-4-268) (숫타니파타)더 없는 행복
세상 일에 부딪혀도 마음이 흔들리지 않고, 걱정과 티가 없이 편안한 것. 이것이 더 없는 행복이다.

(2-4-269) (숫타니파타)더 없는 행복
이러한 일을 한다면 어떤 일이 닥쳐도 실패하지 않는다. 어느 곳에서나 행복할 수 있다. 이것이 더 없는 행복이다."

(2-5) 수칠로마 야차
이와 같이 나는 들었다. 어느 날 거룩한 스승께서는 가야(伽耶, Gayah, 여기서 약 10km 떨어진 곳에 부처님이 도를 이루신 부다가야가 있다)의 탕기타 석상에 있는 수칠로마 야차의 집에 계셨다. 그때 두 야차가 스승이 계신 근처를 지나가고 있었다. 카라 야차가 수칠로

마 야차에게 말했다.

"그는 수행자이다."

그러나 수칠로마 야차는 이렇게 말했다.

"그가 진정한 수행자인지, 엉터리 수행자인지 알 때까지는 그를 수행자로 인정할 수 없다."

수칠로마 야차는 스승께 가까이 갔다. 그러나 스승은 몸을 피하셨다. 그는 스승께 여쭈었다.

"수행자여, 당신은 나를 두려워하고 있군요."

"친구여, 나는 그대를 두려워하지 않는다. 그러나 그대와 부딪히는 것은 좋지 않다."

"수행자여 당신에게 묻겠소. 당신이 내 질문에 대답을 못한다면, 당신의 마음을 어지럽히고 당신의 심장을 찢은 뒤, 두 다리를 붙잡아 항하 강에 내던지겠소."

"친구여, 신, 악마, 범천을 포함한 세계에서 사문, 바라문, 신, 인간을 망라한 모든 살아 있는 것 중에서 내마음을 어지럽히고 심장을 찢은 뒤, 두 다리를 붙잡아 항하 강에 내던질 만한 자를 나는 아직 보지 못했다. 친구여, 그대가 묻고 싶은 것이 있거든 무엇이든 물어라."

수칠로마 야차는 스승께 시로써 물었다.

(2-5-270) (숫타니파타)수칠로마 야차

"마치 어린아이가 잡았던 까마귀를 놓아 버리는 것처럼,
탐욕과 혐오는 어디에서 생기는 것입니까?
좋고 싫은 것, 소름끼치는 일은 어디에서 생기는 것입니까?
또 온갖 망상은 어디에서 일어나 우리를 방심하게 합니까?"

(2-5-271) (숫타니파타)수칠로마 야차

"탐욕과 혐오는 자신에게서 생긴다. 좋고 싫은 것과 소름끼치는 일도 자신으로부터 생긴다. 온갖 망상도 자신에게서 생겨 방심하게 된다. 마치 어린아이가 잡았던 까마귀를 놓아 버리는 것처럼.

(2-5-272) (숫타니파타)수칠로마 야차

그것들은 집착에서 생겨나고 자신에게서 일어난다. 마치 바냔 나무의 어린 싹이 가지에서 생기듯이. 모든 욕망에 집착해 있는 덩굴이 숲속에 뻗어 있는 것과 같다.

(2-5-273) (숫타니파타)수칠로마 야차

야차여 듣거라. 번뇌가 어디에서 일어나는 것인지 아는 사람은 번뇌를 버릴 수 있다. 그들은 건너기 어렵고, 아직 아무도 건넌 사람이 없는 이 거센 흐름을 건너서 다시는 사람의 몸을 받는 일이 없다."

(2-6) 이치에 맞는 행동

(2-6-274) (숫타니파타)이치에 맞는 행동

"비록 집을 떠나 출가의 몸이라 할지라도, 이치에 맞는 행동과 깨끗한 행동은 더 없는 보배이다.

(2-6-275) (숫타니파타)이치에 맞는 행동

거친 말을 하고 남을 괴롭히기 좋아하며 짐승 같은 짓을 한다면, 그 사람의 삶은 사악해지고 더러워진다.

(2-6-276) (숫타니파타)이치에 맞는 행동
논쟁을 좋아하고 어리석음을 깨닫지 못하는 수행자는 눈 뜬 사람의 설법을 알아듣지 못한다.

(2-6-277) (숫타니파타)이치에 맞는 행동
그는 무지에 이끌려 수양을 쌓은 사람들을 괴롭히고 번뇌가 지옥으로 가는 길임을 알지 못한다.

(2-6-278) (숫타니파타)이치에 맞는 행동
이러한 수행자는 고난의 장소에 태어나고 사람의 모태에서 다른 모태로, 암흑에서 암흑으로 전전하며 죽은 후에도 고통을 받게 된다.

(2-6-279) (숫타니파타)이치에 맞는 행동
마치 똥구덩이가 세월이 지나면 똥으로 가득 차듯이, 불결한 사람은 깨끗해지기가 어렵다.

(2-6-280) (숫타니파타)이치에 맞는 행동
수행자들이여! 이와 같은 출가 수행자는, 사실은 집에 기대고 있는 사람이고, 빗나간 욕망에 사로잡혀 있으며 그릇된 생각과 행동을 하면서 나쁜 곳에 있는 사람인 줄을 알아라.

(2-6-281) (숫타니파타)이치에 맞는 행동
그대들은 힘을 합해 그런 사람을 물리치라. 그를 쌀겨처럼 키질하여 티끌처럼 날려 버려라.

(2-6-282) (숫타니파타)이치에 맞는 행동

그리고 수행자가 아니면서 수행자인체 하는 '쌀겨'들도 날려 버려라. 빗나간 욕망에 사로잡혀 있고 그릇된 행동을 하며 나쁜 곳에 있는 그들을 날려 버려라.

(2-6-283) (숫타니파타)이치에 맞는 행동

스스로 깨끗한 이가 되고, 서로 이해하고 맑고 깨끗한 사람들과 함께 살도록 하라. 그곳에서 사이좋게 지혜롭게, 그리고 고통과 번뇌를 없애도록 하라."

(2-7) 바라문에게 어울리는 일

이와 같이 나는 들었다. 어느 날 거룩한 스승께서는 사위성의 기수급고독원에 계셨다. 그때 구살라국에 사는 늙어 쇠약해졌지만 큰 부자인 바라문이, 스승이 계신 곳에 가까이 와서 인사를 하였다. 서로 기억에 남을 만한 즐거운 인사를 나누더니 한쪽에 가서 앉았다.

큰 부자인 바라문은 스승께 물었다.

"고타마시여, 지금의 바라문들은 옛날 바라문들이 지켜온 바라문의 법을 따르고 있는 것입니까?"

"바라문들이여, 지금의 바라문들은 옛날 바라문들이 지켰던 법을 따르고 있지 않습니다."

"그렇다면 고타마시여, 옛날 바라문들이 지켜 온 바라문의 법을 말씀해 주십시오."

"바라문이여, 명심해 잘 들으시오. 내가 말을 해 드리리다."

"어서 말씀해 주십시오."

스승은 다음과 같이 말씀하셨다.

(2-7-284) (숫타니파타)바라문에게 어울리는 일
"옛 성인들은 자신을 다스리는 고행자였소. 그들은 다섯 가지 욕망의
대상을 버리고 자기의 이상을 실천하였소,

(2-7-285) (숫타니파타)바라문에게 어울리는 일
바라문들에게는 가축도 없었고, 황금도 곡식도 없었소. 그러나 그들
은 베다 경전 외우는 것을 재산으로 삼고 곡식으로 삼아, 바라문의 창
고를 지켰던 것이오.

(2-7-286) (숫타니파타)바라문에게 어울리는 일
사람들은 그들을 위해 문간에 음식을 마련해 놓았소.

(2-7-287) (숫타니파타)바라문에게 어울리는 일
아름답게 물들인 옷가지와 이불과 집을 가진 시골의 잘 사는 사람들
과 도시 사람들은 모두 바라문을 찾아왔소.

(2-7-288) (숫타니파타)바라문에게 어울리는 일
바라문들은 법의 보호를 받았기 때문에 그들을 죽이거나 굴복시킬
수 없습니다. 그들이 문간에 서 있는 것을 아무도 막을 수 없습니다.

(2-7-289) (숫타니파타)바라문에게 어울리는 일
옛날의 바라문들은 사십팔 년 동안 순결한 몸을 지켰습니다. 그들은
지혜와 덕행을 추구했던 것입니다.

(2-7-290) (숫타니파타)바라문에게 어울리는 일

바라문들은 다른 종족의 여자를 얻지 않습니다. 또 그들은 아내를 사지도 않습니다. 그들은 서로 사랑하고 살면서 화목하고 즐거워했습니다.

(2-7-291) (숫타니파타)바라문에게 어울리는 일

함께 살면서 즐거워했지만, 바라문들은 월경 때문에 아내를 멀리 해야 할 때도 결코 다른 여자와의 성 접촉을 갖지 않았습니다.

(2-7-292) (숫타니파타)바라문에게 어울리는 일

그들은 순결과 계율, 정직, 온화함, 고행, 부드러움과 자비와 관용을 칭찬했습니다.

(2-7-293) (숫타니파타)바라문에게 어울리는 일

그들 중에서 용맹하고 으뜸가는 바라문들은 끝까지 순결을 지켰습니다.

(2-7-294) (숫타니파타)바라문에게 어울리는 일

이 세상에 있는 지혜로운 사람들은 그들의 행동을 본받아 순결과 계율과 인내를 칭찬했습니다.

(2-7-295) (숫타니파타)바라문에게 어울리는 일

쌀과 이불과 옷가지, 가구, 기름을 시주 받아 제사를 지냈습니다. 그들은 제사를 지낼 때 결코 소를 잡지 않았습니다.

(2-7-296) (숫타니파타)바라문에게 어울리는 일

부모 형제 또는 다른 친척들과 마찬가지로 소는 우리들의 선량한 벗입니다. 소한테서는 여러 가지 이익이 생깁니다.

(2-7-297) (숫타니파타)바라문에게 어울리는 일
소에서 생긴 약은 식료품이 되어 우리에게 기운을 주고 피부를 윤택하게 하며 즐거움을 줍니다. 소한테 이러한 이익이 있음을 알아 그들은 소를 죽이지 않았던 것입니다.

(2-7-298) (숫타니파타)바라문에게 어울리는 일
바라문들은 손발이 부드럽고 몸이 크며 외모가 단정하고 명성이 있으며, 자기 의무에 충실하여 할 일은 하고 해서 안 될 일은 하지 않으려고 노력했습니다. 그들이 세상에 있는 동안에 이 세상 사람들은 행복하고 번영했습니다.

(2-7-299) (숫타니파타)바라문에게 어울리는 일
왕자의 부귀영화와 곱게 단장하고 화려하게 입은 여인들을 보고 그들의 생각이 바뀌게 되었습니다.

(2-7-300) (숫타니파타)바라문에게 어울리는 일
준마가 이끄는 훌륭한 수레, 아름다운 옷, 여러 가지로 설계된 잘 지어진 집을 보기 시작하면서, 그들의 생각이 바뀌게 되었습니다.

(2-7-301) (숫타니파타)바라문에게 어울리는 일
바라문들은 많은 가축을 소유하고 미녀에게 둘러싸여 인생의 즐거움을 누리고 싶은 욕망에 사로잡히고 말았습니다.

(2-7-302) (숫타니파타)바라문에게 어울리는 일

그래서 그들은 베다의 주문을 편찬하고, 감자왕에게 가져가서 말했습니다. '당신은 곡식도 재산도 풍성합니다. 제사를 지내십시오. 당신의 재산은 많습니다. 제사를 지내십시오. 당신의 재산은 많습니다.'

(2-7-303) (숫타니파타)바라문에게 어울리는 일

그래서 수레와 군사의 주인인 왕은 바라문들의 권유로 말에 대한 제사, 인간에 대한 제사, 화살과 창에 대한 제사, 소에 대한 제사, 아무에게나 공양하는 제사 등 온갖 제사를 지내고 재물을 바라문들에게 주었습니다.

(2-7-304) (숫타니파타)바라문에게 어울리는 일

소, 이불, 옷가지, 아름답게 꾸민 여인과 준마가 이끄는 훌륭한 수레며, 아름답게 수놓인 옷들,

(2-7-305) (숫타니파타)바라문에게 어울리는 일

쓸모 있게 잘 설계된 훌륭한 집에 여러 가지 곡식을 가득 채워 바라문에게 주었습니다.

(2-7-306) (숫타니파타)바라문에게 어울리는 일

이와 같이 그들은 재물을 얻었는데, 이번에는 그것을 저장하고 싶은 욕망이 생긴 것입니다. 그들은 욕심에 사로잡혀 많은 것을 갖고 싶어 했습니다. 그래서 또 베다의 주문을 편찬하여 다시 감자왕을 찾아갔습니다.

(2-7-307) (숫타니파타)바라문에게 어울리는 일

'물과 땅과 황금과 재물과 곡식이 살아가는데 필수품이듯이, 소도 사
람들의 필수품입니다. 제사를 지내십시오, 당신의 재산은 많습니다.
제사를 지내십시오. 당신의 재산은 많습니다.'

(2-7-308) (숫타니파타)바라문에게 어울리는 일

그래서 수레와 군사의 주인인 왕은 바라문들의 권유로 수백 수천 마
리의 소를 제물로 잡게 되었습니다.

(2-7-309) (숫타니파타)바라문에게 어울리는 일

튼튼한 다리와 날카로운 뿔을 갖고도 결코 우리에게 해를 끼치지 않
는 소는 양처럼 유순하고, 항아리가 넘치도록 젖을 짤 수 있었습니다.
그런데 왕은 뿔을 잡고 칼로 찔러서 소를 죽이게 했던 것입니다.

(2-7-310) (숫타니파타)바라문에게 어울리는 일

칼로 소를 찌르자, 모든 신과 조상의 신령과 제석천, 아수라, 나찰들
은 '불법한 짓이다!'라고 소리쳤습니다.

(2-7-311) (숫타니파타)바라문에게 어울리는 일

예전에는 탐욕과 굶주림과 늙음, 이 세 가지 병밖에는 없었습니다. 그
런데 제사를 지내기 위해 많은 가축을 죽인 까닭에 아흔여덟 가지나
되는 병이 생긴 것입니다.

(2-7-312) (숫타니파타)바라문에게 어울리는 일

이와 같이 살생의 몽둥이를 부당하게 내려치는 일은 그 옛날부터 시

작해서 지금에 이르렀습니다. 아무런 해도 끼치지 않는 소를 죽인 것입니다. 제사를 지내는 사람은 도리를 거스르고 있는 것입니다.

(2-7-313) (숫타니파타)바라문에게 어울리는 일
이와 같이 예전부터 내려온 좋지 못한 풍습은 지혜로운 이의 비난을 받아 왔습니다. 사람들은 이러한 일을 볼 때마다 제사 지내는 일을 비난하게 되었습니다.

(2-7-314) (숫타니파타)바라문에게 어울리는 일
이렇게 법이 무너질 때, 노예와 서민이 둘로 나눠졌고, 여러 왕족이 흩어졌고, 아내는 남편을 경멸하게 되었습니다.

(2-7-315) (숫타니파타)바라문에게 어울리는 일
왕족이나 바라문이나 제도에 의해 지켜왔던 다른 사람들도 생명의 존엄성을 버리고 욕망에 사로잡히고 만 것입니다.”
이와 같이 말씀하시자, 큰 부자인 바라문은 스승께 말했다.
“훌륭한 말씀입니다, 고타마시여. 훌륭한 말씀입니다, 고타마시여. 마치 넘어진 사람을 일으켜 주듯이, 덮인 것을 벗겨 주듯이, 길 잃은 이에게 길을 가르쳐 주듯이, ‘눈이 있는 사람은 빛을 볼 것이다’ 하고 어둠 속에서 등불을 비춰 주듯이, 당신 고타마께서는 여러 가지 방편으로 진리를 밝혀 주셨습니다. 저희들은 당신께 귀의합니다. 그리고 진리와 수행자의 집단에 귀의합니다. 당신 고타마께서 저희들을 재가 수행자로서 받아 주십시오. 오늘부터 목숨이 다할 때까지 귀의하겠습니다.”

(2-8) 배

(2-8-316) (숫타니파타)배

남한테서 배워 진리를 알게 되었다면, 그 사람 섬기기를 마치 신들이 인드라신 섬기듯 해야 한다. 배움이 깊은 사람은 존경을 받으면 진심으로 기뻐하며 진리를 보인다.

(2-8-317) (숫타니파타)배

어진 이는 그것을 이해해서 듣고, 그 진리를 실천한다. 이러한 사람을 가까이하고 부지런히 배운다면 지혜로운 이, 분별할 줄 아는 이, 현명한 이가 된다.

(2-8-318) (숫타니파타)배

아직도 그것을 이해하지 못하고 질투심만 있는 소인배나 어리석은 이를 가까이 하면, 이 세상에서 진리를 알지 못하고 의심을 버리지 못한 채 죽음에 이른다.

(2-8-319) (숫타니파타)배

마치 물이 많고 물결이 거센 강에 빠지면, 사람이 물결에 휩쓸려 떠내려가는 것과 같다. 그런 이가 어찌 남을 건네 줄 수 있겠는가.

(2-8-320) (숫타니파타)배

그와 마찬가지로, 진리를 알지도 못하고 배움이 깊은 사람에게서 듣지도 않는다면 스스로 의문을 풀 수 없다. 그가 어찌 남의 마음을 움직일 수 있겠는가.

(2-8-321) (숫타니파타)배

튼튼한 배를 타고 노와 키가 있다면, 배를 저을 줄 아는 경험자는 많은 사람을 태워서 강을 건네 줄 수 있다.

(2-8-322) (숫타니파타)배

베다에 통달하고 수양하여 많은 것을 배워 동요하지 않는 사람은, 자신이 알고 있기 때문에 가르침을 듣고 따르려는 사람들의 마음을 움직일 수 있다.

(2-8-323) (숫타니파타)배

그러므로 지혜롭고 배움이 깊은 성실한 사람과 가까이 하라. 사물의 이치를 알고 실천하면서 진리를 깨달은 사람은 평안을 얻는다.

(2-9) 도덕 실천

(2-9-324) (숫타니파타)도덕 실천

사람들이 바르게 살고 최상의 진리에 도달하기 위해서는 어떤 도덕을 지키고, 어떤 행동을 하며, 어떤 행위를 부지런히 해야 할 것인가?

(2-9-325) (숫타니파타)도덕 실천

손위의 사람을 공경하고 시기하지 말며 스승을 만나 진리에 대한 이야기를 들을 기회를 얻어서 열심히 설법을 들으라.

(2-9-326) (숫타니파타)도덕 실천

고집을 버리고 겸허한 태도로 때를 맞추어 스승을 찾아가라. 진리와 절제와 맑고 깨끗한 행동을 늘 마음에 두고 이를 실천하라.

(2-9-327) (숫타니파타)도덕 실천

진리를 즐기고 진리를 기뻐하며 진리에 머무르고 진리의 길을 알며 진리를 비방하는 말을 입에 담지 말라. 훌륭하게 설해진 진리에 따라 생활하라.

(2-9-328) (숫타니파타)도덕 실천

웃음, 농담, 울음, 혐오, 거짓말, 사기, 탐욕, 오만, 격분, 난폭, 더러움, 탐닉을 버리고 교만을 떠나 자신을 안정시켜 행동하라.

(2-9-329) (숫타니파타)도덕 실천

훌륭한 설법을 듣고 이해하면 힘이 된다. 듣고 안 것을 실천하면 힘이 된다. 사람이 성급하거나 게으르면 지혜도 배움도 늘지 않는다.

(2-9-330) (숫타니파타)도덕 실천

성인이 말씀하신 진리를 좋아하는 사람들은 말과 생각과 행동이 가장 뛰어나게 된다. 그들은 부드러움과 온화함과 명상 속에 머무르면서 배움과 지혜의 본질에 이른다.

(2-10) 배움

(2-10-331) (숫타니파타)배움

일어나 앉으라. 잠을 자서 무슨 이익이 있겠는가. 화살에 맞아 고통받는 이에게 잠이 웬 말인가.

(2-10-332) (숫타니파타)배움
일어나 앉으라. 평안을 얻기 위해 열심히 배우라. 게으르면 '죽음의 왕'이 그대들을 힘으로 굴복시키고, 헤매게 만들 것이다.

(2-10-333) (숫타니파타)배움
신과 인간은 집착에 얽매여 무엇인가를 갖고자 한다. 집착에서 벗어나라. 짧은 세월을 헛되이 보내지 말라. 그렇지 않으면 지옥에 떨어져 한탄한다.

(2-10-334) (숫타니파타)배움
게으름은 때와 같은 것. 때는 게으름 때문에 생긴다. 애써 닦아 밝은 지혜로써 그대의 영혼에 박힌 화살을 뽑으라.

(2-11) 라후라

(2-11-335) (숫타니파타)라후라
스승께서 말씀하셨다.
"라후라야, 늘 가까이 함께 있기 때문에 너는 어진 이를 가볍게 여기는 것은 아니냐. 모든 사람을 위해 횃불을 비춰 주는 사람을 너는 존경하고 있느냐?"

(2-11-336) (숫타니파타)라후라
라후라는 대답했다.
"늘 함께 있다고 해서 어진 이를 가볍게 여기는 일은 없습니다. 모든 사람을 위해 횃불을 비춰 주는 사람을 저는 항상 존경하고 있습니다."

(2-11-337) (숫타니파타)라후라

"사랑스럽고 즐거움이 되는 다섯 가지 욕망의 대상을 버리고 믿음으로 집을 떠나 고통을 없애는 사람이 되라.

(2-11-338) (숫타니파타)라후라

선한 친구와 사귀라. 마을을 떠나 깊고 고요한 곳에서 머물라. 그리고 음식의 양을 절제할 줄 아는 사람이 되라.

(2-11-339) (숫타니파타)라후라

옷과 음식과 병자를 위한 물건과 거처에 욕심을 부려서는 안 된다. 다시는 세속으로 돌아가지 말라.

(2-11-340) (숫타니파타)라후라

계율을 지키고 다섯 가지 감각을 지켜 네 몸을 살피라. 참으로 이 세상에 대한 미련을 버려라.

(2-11-341) (숫타니파타)라후라

육체의 욕망 때문에 아름답게 보이는 겉모양을 떠나서 생각하라. 육신은 부정한 것이라고 마음에 새겨 두고 마음을 하나로 집중시켜라.

(2-11-342) (숫타니파타)라후라

마음에 자취를 두지 말라. 마음에 숨겨진 오만을 버려라. 오만을 없애면 그대는 편안한 나날을 보낼 것이다."

참으로 거룩한 스승은 라후라 존자에게 이와 같은 시로써 되풀이해 가르치셨다.

(2-12) 수행자 방기사

이와 같이 나는 들었다. 거룩한 스승께서는 알라비국에 있는 악갈리바 나무 밑에 계셨다. 그때 방기사 존자의 스승인 니그로다칻파 장로가 그 나무 밑에서 죽은 지 얼마 되지 않았다. 방기사 존자는 홀로 앉아 명상에 잠겨 이런 생각을 했다. '우리 스승은 정말로 돌아가신 것일까, 그렇지 않으면 아직 살아 계실까?'

방기사 존자는 저녁때가 되자 명상에서 깨어나 부처님이 계신 곳으로 갔다. 거룩한 스승께 절한 뒤 한 쪽에 앉아 여쭈었다.

"거룩하신 스승이시여, 제가 홀로 앉아 명상에 잠겨 있을 때 이런 생각이 들었습니다. '우리 스승은 정말로 돌아가신 것일까, 그렇지 않으면 아직 살아 계시는 것일까?"

방기사 존자는 일어서서 가사를 왼쪽 어깨에 걸치고 스승께 합장하더니, 다음과 같은 시로써 말했다.

(2-12-343) (숫타니파타)수행자 방기사

"이 세상에서 모든 의심을 끊고 더 없는 지혜를 가지신 스승께 묻겠습니다. 세상에 널리 알려지고 명망 높고 마음이 평안의 경지에 들어간 수행자가 악갈리바에서 돌아가셨습니다.

(2-12-344) (숫타니파타)수행자 방기사

스승이시여, 그 바라문의 이름은 '니그로다칻파' 였습니다. 오로지 진리만을 보시는 분이시여, 그는 당신을 존경하고 따랐으며 해탈을 위해 열심히 노력했습니다.

(2-12-345) (숫타니파타)수행자 방기사

스승이시여, 널리 보시는 분이여, 저희들은 당신의 제자에 대해서 알고 싶습니다. 저희 귀는 들을 준비가 되어 있습니다. 당신은 저희 스승이십니다. 당신은 가장 뛰어난 분이십니다.

(2-12-346) (숫타니파타)수행자 방기사
저희의 의혹을 풀어 주십시오. 이것을 말씀해 주십시오. 지혜 많은 분이시여, 그가 아주 죽었는지 아닌지를 천 개의 눈을 가진 제석천이 신들에게 말하듯이 저희에게 말씀해 주십시오. 널리 보시는 분이시여!

(2-12-347) (숫타니파타)수행자 방기사
이 세상에는 여러 가지 속박이 있고, 그것은 미혹으로 가는 길이고 무지와 의혹으로 인한 것이지만, 완전한 사람을 만나면 그런 것은 다 사라지고 맙니다. 그 눈은 인간 중에서 으뜸가는 눈이기 때문입니다.

(2-12-348) (숫타니파타)수행자 방기사
바람이 구름을 걷어 버리듯, 부처님이 번뇌의 티끌을 털어 버리지 않는다면, 온 세상은 어둠으로 뒤덮일 것입니다. 빛을 가진 사람들도 빛을 내지 못할 것입니다.

(2-12-349) (숫타니파타)수행자 방기사
지혜로운 이들은 세상을 비추는 분입니다. 지혜로운 분이시여, 저는 당신을 그런 분이라고 생각합니다. 저희는 당신을 있는 그대로를 보는 분으로 알고 이렇게 찾아온 것입니다. 대중 앞에서 저희들을 위해 니그로다캅파에 대한 일을 밝혀 주십시오.

(2-12-350) (숫타니파타)수행자 방기사

원컨대 선하고 미묘한 음성으로 말씀해 주십시오. 백조가 목을 늘이고 천천히 우는 것처럼, 잘 다듬어진 부드러운 음성으로 말씀해 주십시오. 저희는 명심해서 듣겠습니다.

(2-12-351) (숫타니파타)수행자 방기사

삶과 죽음을 뛰어넘고, 맑고 깨끗한 몸이 되신 분께 청해 가르침을 듣습니다. 보통 사람들은 알고 싶고 말하고 싶은 것을 다 할 수 없지만, 완전한 사람은 마음먹은 대로 다 할 수 있기 때문입니다.

(2-12-352) (숫타니파타)수행자 방기사

완전한 예언이 올바른 지자인 당신 덕분에 잘 보전된 것입니다. 저희는 최후의 합장을 드립니다. 스스로는 잘 알면서도 말씀하지 않음으로써 저희들을 헤매게 하지 마십시오. 지혜로운 분이시여!

(2-12-353) (숫타니파타)수행자 방기사

거룩한 진리를 알고 계시면서 저희를 헤매게 하지 마십시오. 정진에 뛰어나신 분이여! 한여름 더위에 지친 사람이 물을 찾듯이, 저희는 당신의 말씀을 갈구합니다. 말씀의 비를 내려 주십시오.

(2-12-354) (숫타니파타)수행자 방기사

칸파가 깨끗한 수행으로 이루려 했던 목적은 헛된 것이었습니까? 또는 해탈한 사람처럼 사라진 것입니까? 아니면 생존의 근원을 남겨 둔 것입니까? 저희는 그것이 알고 싶습니다."

(2-12-355) (숫타니파타)수행자 방기사
스승은 대답하셨다.
"그는 이 세상의 이름과 형태에 대한 집착을 끊어 버린 것이다. 오랫
동안 빠져 있던 검은 악마의 흐름을 끊어 버린 것이다."
가장 뛰어난 스승은 이렇게 말씀하셨다.

(2-12-356) (숫타니파타)수행자 방기사
"일곱 번째 현자여, 당신의 말씀을 듣고 저는 기쁩니다. 제 물음은 헛
되지 않았습니다. 당신께서는 저를 헤매게 하지 않았습니다.

(2-12-357) (숫타니파타)수행자 방기사
눈 뜬 사람의 제자인 니그로다칸파는 말한 대로 실행하여, 사람을 속
이는 죽음의 악마가 펼친 질긴 그물을 찢어 버렸습니다.

(2-12-358) (숫타니파타)수행자 방기사
스승이시여, 칸파는 집착의 뿌리를 보았습니다. 아아, 칸파는 가장 건
너기 어려운 죽음의 강을 건넌 것입니다."

(2-13) 올바른 수행

(2-13-359) (숫타니파타)올바른 수행
"지혜가 많고, 강을 건너 피안에 도달하고 완전한 열반에 들어 마음
이 평화로운 성인께 여쭙니다. 출가하여 여러 가지 욕망을 없앤 수행
자는 어떻게 해야 이 세상을 바르게 살아가겠습니까?"

(2-13-360) (숫타니파타)올바른 수행

스승은 말씀하셨습니다.

"점을 치는 일이나 해몽, 관상 보는 일을 완전히 버리고, 길흉화복의 판단을 버린 수행자는 세상 바르게 살아간다.

(2-13-361) (숫타니파타)올바른 수행

수행자가 삶과 죽음을 초월하고 진리를 깨달아 인간계와 천상의 모든 향락에 대한 욕심을 버리면, 그는 세상 바르게 살아간다.

(2-13-362) (숫타니파타)올바른 수행

수행자가 거짓말을 버리고 분노와 인색을 버리고 순리와 역리의 생각을 떠나면, 그는 세상 바르게 살아간다.

(2-13-363) (숫타니파타)올바른 수행

좋아하는 것이나 좋아하지 않는 것을 다 버리고 아무 것에도 집착하거나 매이지 않고 온갖 속박에서 벗어나면, 그는 세상 바르게 살아간다.

(2-13-364) (숫타니파타)올바른 수행

생존을 이루는 요소 가운데 영원한 것은 없음을 알고 모든 집착과 탐욕을 버리며 얽매임에도 이끌리지 않으면, 그는 세상 바르게 살아간다.

(2-13-365) (숫타니파타)올바른 수행

말과 행동이 거슬리지 않고 바르게 법을 알아 열반의 경지를 구하면, 그는 세상 바르게 살아간다.

(2-13-366) (숫타니파타)올바른 수행

수행자가 '사람들이 나를 존경한다'라고 하면서 거만하지 않고, 욕을 먹더라도 마음에 두지 않으며, 남에게서 대접을 받았다고 해서 교만하지 않으면, 그는 세상 바르게 살아간다.

(2-13-367) (숫타니파타)올바른 수행

수행자가 탐욕과 삶에 대한 집착을 버리고, 살아 있는 것을 자르거나 묶지 않고, 의혹을 넘어서 번뇌의 화살을 뽑아 버리면, 그는 세상 바르게 살아간다.

(2-13-368) (숫타니파타)올바른 수행

수행자가 자기 분수를 알고, 세상에서 아무것도 해치지 않고, 있는 그대로 진리를 알면, 그는 세상 바르게 살아간다.

(2-13-369) (숫타니파타)올바른 수행

드러나지 않는 집착도 없고 악을 뿌리째 뽑아 버리고, 바라는 것도 구하는 것도 없으면, 그는 세상 바르게 살아간다.

(2-13-370) (숫타니파타)올바른 수행

번뇌의 때를 털어 버리고 거만한 생각을 버리고 모든 탐욕을 넘어 스스로 절제하고 평안에 이르러 마음의 안정을 얻으면, 그는 세상 바르게 살아간다.

(2-13-371) (숫타니파타)올바른 수행

믿음이 있고 배움이 있는 지혜로운 이가 궁극의 경지에 이르는 분명한 길을 보고, 무리들 사이에 있으면서도 무리에 맹종하지 않으며 탐욕과 혐오와 분노를 삼키면, 그는 세상 바르게 살아간다.

(2-13-372) (숫타니파타)올바른 수행

맑고 깨끗한 수행으로 번뇌를 이기고, 덮여 있는 것을 벗겨 모든 사물을 지배하고, 피안에 이르러 흔들리지 않고, 생존을 구성하는 모든 요소를 잘 인식하면, 그는 세상 바르게 살아간다.

(2-13-373) (숫타니파타)올바른 수행

과거와 미래에 대해서 쓸데없는 생각을 하지 않고 지극히 깨끗한 지혜가 있어 모든 변화하는 현상의 영역에서 벗어나 있으면, 그는 세상을 바르게 살아간다.

(2-13-374) (숫타니파타)올바른 수행

궁극의 경지를 알고 진리를 깨달아 번뇌의 때를 씻고 생존을 구성하는 모든 요소를 없애 버리면, 그는 세상 바르게 살아간다."

(2-13-375) (숫타니파타)올바른 수행

"거룩한 스승이시여, 참으로 그렇습니다. 그와 같이 스스로 절제하는 수행자는 모든 속박에서 벗어난 것입니다. 그는 세상 바르게 살아갈 것입니다."

(2-14) 제자 담비카의 물음

이와 같이 나는 들었다. 어느 날 거룩한 스승께서는 사위성의 기수급 고독원에 계셨다. 그때 담비카라는 재가 신자가 오백 명의 신자들과 같이 스승께 와서 예의를 갖춰 절한 뒤, 시로써 물었다.

(2-14-376) (숫타니파타)제자 담비카의 물음
"지혜가 넓으신 고타마시여, 당신께 묻겠습니다. 가르침을 받으려는 사람은 출가하는 것과 집에서 믿는 것 중 어느 쪽이 더 좋겠습니까?

(2-14-377) (숫타니파타)제자 담비카의 물음
당신께서는 신들을 포함한 이 세상의 모든 추한 것과 아름다운 것과 궁극의 목적을 알고 계십니다. 깊은 진리를 보는 데는 당신을 따를 자가 없습니다. 세상 사람들은 당신을 훌륭하고 눈 뜬 분이라고 부릅니다.

(2-14-378) (숫타니파타)제자 담비카의 물음
당신께서는 깊이 깨달으시고, 살아 있는 모든 것을 불쌍히 여겨, 진리를 말씀하십니다. 널리 보는 분이시여, 당신께서는 세상에 덮인 것을 벗겨 주시고, 티 없이 온 세상을 비추십니다.

(2-14-379) (숫타니파타)제자 담비카의 물음
에라바나라고 부르는 코끼리 왕은 당신이 승리자임을 듣고 당신께 왔었습니다. 그도 당신의 말씀을 듣고 기뻐하며 '참 좋구나'하면서 돌아갔습니다.

(2-14-380) (숫타니파타)제자 담비카의 물음
부를 관장하는 비사문 천왕 쿠베라도 가르침을 듣고자 당신께 왔었습니다. 어지신 분이여, 그가 물었을 때도 당신은 말씀하셨습니다. 그도 또한 당신의 말씀을 듣고 기뻐했습니다.

(2-14-381) (숫타니파타)제자 담비카의 물음
아지바카 교도이거나 자이나 교도이거나 논쟁을 즐기는 어떤 이교도
일지라도, 지혜로는 당신을 따를 수 없습니다. 마치 서 있는 사람이
달리는 사람을 따를 수 없는 것처럼.

(2-14-382) (숫타니파타)제자 담비카의 물음
논쟁을 즐기는 어떤 바라문이라도, 그가 늙었거나 중년이거나 또는
청년이라도, '나야말로 논객이다'라고 자부하는 사람들조차도 다들
당신의 도움을 얻고자 합니다.

(2-14-383) (숫타니파타)제자 담비카의 물음
스승이시여, 당신께서 말씀하신 진리는 오묘하고 또한 편안을 가져
다 줍니다. 원컨데 저희들에게도 설해 주십시오. 더 없이 눈 뜬 분이
시여.

(2-14-384) (숫타니파타)제자 담비카의 물음
출가 수행자들과 재가 수행자들은 눈 뜬 분의 말씀을 들으려고 여기
모였습니다. 눈 뜬 분이 깨닫고 가르치는 진리를 듣기 위해서. 마치
신들이 인드라신의 말을 듣는 것처럼."

(2-14-385) (숫타니파타)제자 담비카의 물음
스승께서 말씀하셨다.
"수행자들이여, 내 말을 들으라. 번뇌를 없애는 이치를 말하겠다. 그
대들은 모두 그것을 잘 지켜라. 뜻을 보는 지혜로운 이는 출가한 사람
에게서 그 행동을 보고 따르라.

(2-14-386) (숫타니파타)제자 담비카의 물음

수행자는 때가 아닌 때는 돌아다니지 말라. 정해진 시각에 걸식을 하러 마을에 가라. 때가 아닌데 다니는 것은 집착에 얽매인 것이다. 그러므로 눈 뜬 사람은 때가 아닌 때에는 다니지 않는다.

(2-14-387) (숫타니파타)제자 담비카의 물음

모든 형상, 소리, 냄새, 맛, 촉감은 사람을 도취시킨다. 다섯 가지 욕망을 삼가고 정해진 시각에 아침밥을 얻으러 마을에 들어가라.

(2-14-388) (숫타니파타)제자 담비카의 물음

그리고 수행자는 정해진 때에 얻은 밥을 가지고 홀로 그늘에 앉으라. 자신을 다스리고 안으로 돌이켜, 마음이 밖으로 내닫게 해서는 안 된다.

(2-14-389) (숫타니파타)제자 담비카의 물음

만일 가르침을 듣고자 하는 사람이 있거나 다른 수행자들과 함께 이야기할 일이 있거든, 그 사람에게 훌륭한 진리를 보여 주어라. 이간하는 말이나 헐뜯는 말을 해서는 안된다.

(2-14-390) (숫타니파타)제자 담비카의 물음

어떤 사람은 비방하는 말에 반발한다. 옹졸한 사람을 우리는 칭찬하지 않는다. 논쟁의 집착이 이곳저곳에서 일어나 그들을 속박하므로 방심하게 된다.

(2-14-391) (숫타니파타)제자 담비카의 물음

지혜가 뛰어난 제자는 행복한 사람의 설법을 듣고 음식과 거처와 침구와 가사를 세탁할 물을 조심해서 사용한다.

(2-14-392) (숫타니파타)제자 담비카의 물음

그러므로 수행자는 음식을 씻고 침구와 가사를 세탁할 물에 집착하여 더럽히는 일이 없다. 마치 연꽃잎에 구르는 물방울처럼.

(2-14-393) (숫타니파타)제자 담비카의 물음

다음은 재가자가 해야 할 일이다. 이와 같은 사람은 좋은 가르침을 듣고 배워서 따르라. 순수한 출가 수행자에 대한 규율을 소유의 번거로움이 있는 사람이 지키기는 어렵다.

(2-14-394) (숫타니파타)제자 담비카의 물음

살아 있는 것을 직접 죽여서는 안 된다. 또 남을 시켜 죽여서도 안 된다. 그리고 죽이는 것을 보고 묵인해도 안 된다. 난폭한 짓을 두려워하는 모든 생물에 대해서 폭력을 거두어야 한다.

(2-14-395) (숫타니파타)제자 담비카의 물음

가르침을 받는 사람은 주지 않는 것은 무엇이든지 또 어디에 있든지 그것을 가지지 말라. 남을 시켜 가지거나 남이 가지는 것을 묵인하지도 말라. 주지 않는 것은 무엇이든지 가져서는 안 된다.

(2-14-396) (숫타니파타)제자 담비카의 물음

지혜로운 사람은 음행을 하지 말라. 타오르는 불구덩이를 피하듯. 음행을 실천할 수 없더라도 남의 아내를 범해서는 안 된다.

(2-14-397) (숫타니파타)제자 담비카의 물음

둘이 있거나 여럿이 함께 있거나 누구도 남에게 거짓말을 해서는 안 된다. 남에게 거짓말을 시켜도 안 된다. 또 남이 거짓말하는 것을 묵인해도 안 된다. 모든 허망한 말을 하지 말라.

(2-14-398) (숫타니파타)제자 담비카의 물음

술을 마셔서는 안 된다. 이 가르침을 기뻐하는 재가 수행자는 남에게 술을 마시게 해도 안 된다. 남이 술을 마시는 것을 묵인해도 안 된다. 술은 마침내 사람을 취하게 하고 미치게 하는 것임을 알라.

(2-14-399) (숫타니파타)제자 담비카의 물음

그러나 어리석은 사람들은 취함으로써 나쁜 짓을 하고, 또한 남들로 하여금 게으르게 하고 나쁜 짓을 하게 한다. 불행의 원인을 회피하라. 그것은 사람을 취하게 하고 미치게 하며 어둡게 하는 것인데, 어리석은 사람들은 이것을 즐긴다.

(2-14-400) (숫타니파타)제자 담비카의 물음

첫째, 살아 있는 것을 해치지 말라. 둘째, 주지 않는 것을 가지지 말라. 셋째, 거짓말을 하지 말라. 넷째, 술을 마시지 말라. 다섯째, 부정한 짓을 하지 말라. 여섯째, 밤에는 음식을 먹지 말라.

(2-14-401) (숫타니파타)제자 담비카의 물음

일곱째, 화려하게 치장하지 말고 향수를 쓰지 말라. 여덟째, 땅 위에 마련된 자리에서만 자라. 이것이 여덟 가지 재계이다. 고뇌를 없애 버린 부처가 가르친 것이다.

(2-14-402) (숫타니파타)제자 담비카의 물음

그리고 각각 보름 동안 제8일, 제14일, 제15일에 포살을 행하라. 또 특별한 달에는 여덟 부분으로 된 원만한 재계를 맑은 마음으로 행하라.

(2-14-403) (숫타니파타)제자 담비카의 물음

재계를 행한 지혜로운 사람은 고요하게 가라앉은 마음으로 기뻐하며, 이튿날 아침 일찍 수행자에게 음식을 베풀어 주어라.

(2-14-404) (숫타니파타)제자 담비카의 물음

법답게 얻은 재물을 가지고 부모를 섬겨라. 떳떳한 장사를 하라. 이와 같이 열심히 살고 있는 재가자는 죽은 후 '저절로 빛이 난다'는 신들 곁에 태어난다.

떳떳한 장사란 무기 판매, 고기 판매, 살아 있는 생명의 매매, 술의 판매, 독극물 판매, 이 다섯 가지 직업을 제외한 모든 직업을 말한다.

3. (숫타니파타) 큰 장

(3-1) 출가

(3-1-405) (숫타니파타)출가
눈이 있는 사람은 어째서 출가를 했는지, 그는 무엇을 생각한 끝에 출가를 선택했는지, 그의 출가에 대해서 이야기할 것이다.

(3-1-406) (숫타니파타)출가
'집에서 사는 생활은 비좁고 번거로우며 번뇌가 쌓인다. 그러나 출가는 넓은 들판이며 번거로움이 없다.'고 생각해 출가한 것이다.

(3-1-407) (숫타니파타)출가
출가한 다음에는 몸으로 짓는 나쁜 행위를 멈춘다. 말로 짓는 악행도 버리고 아주 깨끗한 생활을 한다.

(3-1-408) (숫타니파타)출가
눈 뜬 사람은 마갈타국의 수도인 왕사성(王舍城, Rājagṛha)으로 갔다. 수려한 모습을 가진 그는 걸식하기 위해 그곳으로 간 것이다.

(3-1-409) (숫타니파타)출가
마갈타국 빈바사라(頻婆沙羅, Bimbisara)왕은 높은 다락 위에서 그를 보았다. 수려한 모습을 가진 그를 보고 신하들에게 말했다.

(3-1-410) (숫타니파타)출가

"그대들은 저 사람을 보아라. 아름답고 건장하고 깨끗할 뿐 아니라, 당당하게 앞만을 본다.

(3-1-411) (숫타니파타)출가

그는 눈을 아래에 두고 정신을 모으고 있다. 저 사람은 천한 집 출신이 아닌 것 같다. 그대들이여, 뛰어가 그를 따르라. 저 수행자는 어디로 가는가?"

(3-1-412) (숫타니파타)출가

왕의 신하들은 그의 뒤를 따라갔다.
'저 수행자는 어디로 가는 것일까. 그는 어디에 사는 것일까?' 하면서.

(3-1-413) (숫타니파타)출가

그는 모든 감각을 억제하고 잘 다스리고 바르게 깨닫고 조심하면서 집집마다 음식을 빌어 발우를 채웠다.

(3-1-414) (숫타니파타)출가

거룩한 분은 걸식을 끝내고 도시 밖으로 나와 왕사성 둘레에 있는 판다바산으로 향했다. 아마 그는 그곳에 살고 있는 모양이다.

(3-1-415) (숫타니파타)출가

고타마가 자기의 처소 가까이 이른 것을 보자, 왕의 신하들은 그에게로 갔다. 그리고 한 신하는 왕궁으로 돌아가 왕에게 말했다.

(3-1-416) (숫타니파타)출가

"대왕이시여, 그 수행자는 판다바산 앞쪽에 있는 굴 속에 호랑이나 사자처럼 앉아 있습니다."

(3-1-417) (숫타니파타)출가

신하의 말을 듣자 빈비사라왕은 화려한 수레를 타고 판다바산으로 길을 재촉했다.

(3-1-418) (숫타니파타)출가

왕은 수레로 갈 수 있는 곳까지 달려간 뒤 수레에서 내려 걸어 올라가 그의 곁에 앉았다.

(3-1-419) (숫타니파타)출가

왕은 기뻐하면서 인사를 나눈 후 이렇게 말했다.

(3-1-420) (숫타니파타)출가

"당신은 젊음이 넘치는 인생의 봄입니다. 용모가 수려한 것으로 보아 귀한 왕족 태생인 것 같습니다.

(3-1-421) (숫타니파타)출가

코끼리 떼를 앞세운 날쌘 군대를 당신께 선물로 드리겠으니 받아 주십시오. 나는 당신의 태생을 알고 싶으니 말해 주시겠습니까?"

(3-1-422) (숫타니파타)출가

"왕이여, 저쪽 히말라야산 기슭에 한 정직한 민족이 있습니다. 예전부터 구살라국의 주민으로 부와 용기를 갖추고 있습니다.

(3-1-423) (숫타니파타)출가
성은 '태양의 후예'라 하고, 종족은 '석가족'이라 합니다. 왕이여, 나는 그런 집에서 출가했습니다. 욕망을 채우기 위해서가 아닙니다.

(3-1-424) (숫타니파타)출가
모든 욕망에는 근심이 있고, 출가는 편안이 있다는 것을 알아 힘써 정진합니다. 내 마음은 이것을 즐기고 있습니다."

(3-2) 정진

(3-2-425) (숫타니파타)정진
네란자라 강기슭에서 평안을 얻기 위해 힘써 수행하고 명상하는 나에게,

(3-2-426) (숫타니파타)정진
악마 나무치가 위로의 말을 건네며 다가왔다.
"당신은 여위었고 안색이 나쁩니다. 당신은 죽음에 임박해 있습니다.

(3-2-427) (숫타니파타)정진
당신이 죽지 않고 살 가망은 천에 하나입니다. 당신은 살아야 합니다. 생명이 있어야만 착한 일도 할 수 있지 않습니까?

(3-2-428) (숫타니파타)정진

당신이 베다를 배우는 사람으로서 맑은 수행을 하고 성화에 재물을
올리는 공덕을 쌓는다 해서 무슨 소용이 있겠습니까?

(3-2-429) (숫타니파타)정진

힘써 정진하는 길은 가기 힘들고 행하기 힘들며 도달하기도 어렵습
니다."
이같은 시를 읊으면서 악마는 눈 뜬 분 곁에 섰다.

(3-2-430) (숫타니파타)정진

부처님은 다음과 같이 말씀하셨다.
"게으름뱅이 친구여. 악한 자여! 그대는 세속의 선업을 구해서 여기
에 왔지만,

(3-2-431) (숫타니파타)정진

내게는 세속의 선업을 찾아야 할 필요가 털끝만큼도 없다. 악마는 선
업의 공덕을 구하는 자에게 가서 말하라.

(3-2-432) (숫타니파타)정진

내게는 믿음이 있고 노력이 있고 지혜가 있다. 이처럼 정진하는 나에
게 너는 어찌하여 삶의 집착을 말하는가.

(3-2-433) (숫타니파타)정진

힘써 정진하며 일어나는 바람은 강물도 마르게 할 것이다. 오로지 수
행에만 정진하는 내 몸의 피가 어찌 마르지 않겠는가.

(3-2-434) (숫타니파타)정진

몸의 피가 마르면 쓸개도 가래침도 마를 것이다. 살이 빠지면 마음은 더욱더 밝아질 것이다. 내 생각과 지혜와 하나된 마음은 더욱 더 편안하게 될 것이다.

(3-2-435) (숫타니파타)정진

나는 이토록 큰 고통을 받으면서도 편안히 수행하고 있다. 그러므로 내 마음은 어떤 욕망도 돌아보지 않는다. 보라, 이 마음과 몸의 깨끗함을!

(3-2-436) (숫타니파타)정진

너의 첫째 군대는 욕망이고, 둘째 군대는 혐오이며, 셋째 군대는 굶주림, 넷째 군대는 집착이다.

(3-2-437) (숫타니파타)정진

다섯째 군대는 권태와 수면, 여섯째 군대는 공포, 일곱째 군대는 의혹, 여덟째 군대는 겉치레와 고집이다.

(3-2-438) (숫타니파타)정진

그릇된 방법으로 얻은 이득과 명성과 존경과 명예와, 또한 자기를 칭찬하고 남을 경멸하는 것.

(3-2-439) (숫타니파타)정진

나무치여, 이것들이 바로 너의 군대이다. 검은 악마의 공격군이다. 용감한 사람이 아니면 너를 이겨낼 수가 없지만, 용감한 사람은 너를 이겨서 즐거움을 얻는다.

(3-2-440) (숫타니파타)정진

내가 문자풀을 입에 물고 항복할 것 같은가? 나에게 목숨은 전혀 중요하지 않다. 나는 굴욕적으로 사는 것보다는 싸워서 죽는 편이 오히려 낫다.

(3-2-441) (숫타니파타)정진

어떤 수행자나 바라문들은 너의 군대에게 패배하여 더 이상 보이지 않는다. 그리고 덕 있는 사람들조차 갈 길을 알지 못한다.

(3-2-442) (숫타니파타)정진

악마의 군대가 코끼리를 타고 사방을 포위하고 있으니, 나는 그들을 맞아 싸우리라. 나를 이곳에서 물러나게 하지는 못할 것이다.

(3-2-443) (숫타니파타)정진

신들도 세상 사람도 너의 군대를 꺾을 수 없지만, 나는 지혜를 가지고 그것을 깨뜨린다. 마치 굽지 않은 흙단지를 돌로 깨뜨려 버리듯.

(3-2-444) (숫타니파타)정진

자유롭게 생각하고 굳은 신념을 가지고 여러 제자를 거느리고 이 나라 저 나라로 두루 다닌다.

(3-2-445) (숫타니파타)정진

그들은 내 가르침을 실천하면서 게으르지 않으려고 노력하고 있다.

그들은 근심할 것이 없고 욕망이 없는 경지에 도달할 것이다."

(3-2-446) (숫타니파타)정진
악마는 말했다.
"우리는 칠 년 동안이나 당신을 한걸음 한걸음 따라다녔다. 그러나 항상 조심하고 있는 정각자에게는 뛰어들 틈이 없었다.

(3-2-447) (숫타니파타)정진
까마귀가 기름을 발라 놓은 바위 둘레를 맴돌며 '이곳에서 말랑말랑한 것을 얻을 수 있을까. 맛좋은 먹이가 있을까' 하며 날아다니는 것처럼.

(3-2-448) (숫타니파타)정진
그곳에서 맛있는 것을 얻을 수 없었기 때문에 까마귀는 날아가 버렸다. 바위에 가까이 가 본 그 까마귀처럼, 우리는 지쳐서 고타마를 떠나간다."

(3-2-449) (숫타니파타)정진
근심에 잠긴 악마의 옆구리에서 비파가 뚝 떨어졌다. 야차는 그만 기운 없이 그 자리에서 사라지고 말았다.

(3-3) 훌륭한 말씀
이와 같이 나는 들었다. 어느 날 거룩한 스승께서는 사위성의 기수급고독원에 계셨다. 그때 스승은 여러 사문을 불렀다.
"사문들이여."

"거룩한 스승이시여."

사문들은 스승께 대답했다.

"사문들이여, 네 가지의 특징이 있는 말은 훌륭하게 설해져 조금도 잘못되지 않았다. 모든 지혜로운 이들이 보아도 결점이 없어 비난받지 않을 것이다.

네 가지란 무엇인가? 수행자가 훌륭하게 설한 것만을 말하고 잘못 설해진 것은 말하지 않으며, 진리만을 말하고 진리 아닌 것은 말하지 않으며, 좋은 것만 말하고 좋지 않은 것은 말하지 않으며, 진실만을 말하고 거짓된 것은 말하지 않는 것이다. 사문들이여, 이 네 가지 특징이 있는 말은 훌륭하게 설해진 말이다. 모든 지혜로운 이가 보아도 결점이 없어 비난받지 않을 것이다."

이와 같이 말씀하신 후, 행복한 사람인 스승께서는 또 다음과 같이 말씀하셨다.

(3-3-450) (숫타니파타)훌륭한 말씀

"훌륭한 사람들은 이렇게 말했다. 가장 옳은 말을 하라. 이것이 첫째다. 진리를 말하고 진리 아닌 것은 말하지 말라. 이것이 둘째다. 좋은 말을 하고 좋지 않은 말은 하지 말라. 이것이 셋째다. 진실을 말하고 거짓을 말하지 말라. 이것이 넷째다."

이때 방기사 장로는 자리에서 일어나, 옷을 왼쪽 어깨에 걸치고 스승이 계신 곳을 향해 합장하고 말했다.

"문득 생각나는 일이 있습니다. 행복한 분이시여."

"방기사여, 말해 보라."

스승은 말씀하셨다. 방기사 장로는 스승 앞에서 시로써 스승을 찬양했다.

2. 우리말 숫타니파타   337

(3-3-451) (숫타니파타)훌륭한 말씀

"'자기를 괴롭히지 않고 남을 해하지 않는 말만을 하여라.' 이것이야 말로 참으로 잘 설해진 말씀입니다.

(3-3-452) (숫타니파타)훌륭한 말씀

'좋은 말만 하여라.' 이것은 기꺼이 환영받을 말입니다. 느낌이 나쁜 말을 쓰지 않고 기분 좋은 말만을 하는 것입니다.

(3-3-453) (숫타니파타)훌륭한 말씀

진실은 불멸의 말입니다. 이것은 영원한 법칙입니다. 착한 사람들은 진실에, 사물에, 이치에 안주하고 있습니다.

(3-3-454) (숫타니파타)훌륭한 말씀

절대 편안에 이르기 위해서, 고통을 끝내기 위해서, 스승께서 설하신 말씀은 여러 말 가운데서 가장 뛰어난 것입니다."

(3-4) 불을 섬기는 순다리카

이와 같이 나는 들었다. 어느 때 부처님께서는 구살라국 순다리카 강변에 살고 계셨다. 마침 그때 바라문인 순다리카 바라드바자는 순다리카 강변에서 성스러운 불을 만들어 공양을 올리고 있었다. 그런데 바라문인 그는 불 공양이 끝나자 자리에서 일어나 사방을 두루 살피면서 말했다.

"이 남은 음식을 누구에게 줄까?"

그는 멀지 않은 곳에 거룩한 스승이 나무 아래서 머리까지 가사를 둘러쓰고 앉아 있는 것을 보았다. 그는 왼손에는 남은 음식을 들고, 바른손에는 물병을 들고 스승에게 갔다. 스승은 그의 발소리를 듣고 머리에 둘렀던 것을 벗었다.

순다리카 바라드바자는 '이 분은 머리를 깎은 분이다. 이 분은 삭발한 분이다'하며 되돌아가려고 했다. 그러다가 이렇게 생각했다. '설사 머리를 깎았다 할지라도 어떤 사람은 바라문일 수도 있다. 가까이 가서 그의 출신을 물어 보자.'

그는 스승께 가까이 가서 물었다.

"당신의 출신은 무엇입니까?"

스승은 바라문인 순다리카 바라드바자에게 시로써 말씀하셨다.

(3-4-455) (숫타니파타)불을 섬기는 순다리카

"나는 바라문(婆羅門, Brahman)도 아니고 찰제리(刹帝利, Ksatriya)도 아니오. 나는 비사(毘舍, Vaisya) 사람도 아니고 다른 아무 것도 아니오. 나는 어떤 계급에도 속하지 않고 아무 것도 가진 것이 없지만, 깊은 생각을 하며 세상을 두루 다니오.

(3-4-456) (숫타니파타)불을 섬기는 순다리카

나는 가사를 걸치고 집이 없으며, 수염과 머리를 깎고 마음을 편안히 하고, 세상 사람들에게 누를 끼치지 않으면서 다니고 있소. 바라문이여, 당신이 내게 출신을 묻는 것은 당치 않소."

(3-4-457) (숫타니파타)불을 섬기는 순다리카

"바라문이 바라문을 만났을 때는 '당신은 바라문이 아닙니까?'라고 묻는 법입니다."

"만일 당신이 자신이 바라문이거든 바라문이 아닌 내게 대답하시오.

나는 당신에게 세 구절 스물 넉자로 된 저 사비트리 찬가('리그 베다'
에 나오는 태양신 사비트리에 대한 찬탄의 노래)를 묻겠소."

(3-4-458) (숫타니파타)불을 섬기는 순다리카

"이 세상에서 성자나 왕족, 바라문이나 일반인들은 무엇 때문에 신에
게 여러 가지 공물을 바칩니까?"
스승께서는 대답하셨다.
"베다에 통달한 궁극에 이른 사람이 제사 때 세속인의 공물을 받는다
면, 그 제사는 의미 있는 것이오?"

(3-4-459) (숫타니파타)불을 섬기는 순다리카

바라문이 말했다.
"나는 베다에 뛰어난 사람을 이렇게 보았기 때문에, 그 사람에 대한
나의 공물은 성취된 것입니다. 이전에는 당신 같은 사람을 만나지 못
해 다른 사람이 남긴 음식을 먹었습니다."

(3-4-460) (숫타니파타)불을 섬기는 순다리카

스승께서 말씀하셨다.
"그러므로 바라문이여, 당신은 의로운 사람이며 의를 구했으니 가까
이 와서 물으시오. 아마도 이곳에서 평안하고 성냄이 없고, 괴로움과
욕심이 없는 지혜로운 사람을 만날 것이오."

(3-4-461) (숫타니파타)불을 섬기는 순다리카

"고타마시여, 저는 제사를 즐깁니다. 제사를 지내려고 생각합니다.
그러나 저는 제대로 알지를 못합니다. 제게 가르쳐 주십시오. 어디에

바치는 공물이 효과가 있는가를."

"그럼 바라문이여, 귀를 기울이시오. 나는 당신에게 진리를 설하리라.

(3-4-462) (숫타니파타)불을 섬기는 순다리카

출생을 묻지 말고 행위를 물으시오. 불은 온갖 섶에서 일어나는 것. 천한 집에 태어난 사람이라도 믿음이 깊고 부끄러워할 줄 알고 뉘우치는 마음으로 행동을 삼가면 고귀한 사람이 되는 것입니다.

(3-4-463) (숫타니파타)불을 섬기는 순다리카

진실로 자제하고 모든 감각을 절제하며 베다의 뜻에 통달하고 깨끗이 수행하는 사람들. 그들에게 때때로 공양을 바치시오. 복과 덕을 구하는 바라문은 그들을 공양해야 합니다.

(3-4-464) (숫타니파타)불을 섬기는 순다리카

모든 욕망을 버리고 집 없이 살아가며, 자기 분수를 잘 알아 절제하고, 베틀의 북처럼 곧은 사람들. 그들에게 때때로 공양을 바치시오. 복과 덕을 구하는 바라문은 그들을 공양해야 합니다.

(3-4-465) (숫타니파타)불을 섬기는 순다리카

탐욕을 떠나 모든 감각을 조용히 다스리고, 달이 라후신의 손길에서 벗어나듯이 걸림이 없는 사람들. 그들에게 공양을 바치시오. 복과 덕을 구하는 바라문은 그들을 공양해야 합니다.

(3-4-466) (숫타니파타)불을 섬기는 순다리카

집착하는 일 없이 항상 마음을 다스려 내 것이라고 고집했던 모든 것을 버리고 세상을 거니는 사람들, 그들에게 때때로 공양을 바치시오. 복과 덕을 구하는 바라문은 그들을 공양해야 합니다.

(3-4-467) (숫타니파타)불을 섬기는 순다리카

모든 욕망을 버리고 욕심을 이겨 생사의 끝을 알고 평안에 돌아가, 맑고 시원하기가 호수처럼 완전한 사람인 여래는 공양을 받을 만합니다.

(3-4-468) (숫타니파타)불을 섬기는 순다리카

완전한 사람은 평등한 자와 과거에 눈이 열린 사람들, 여러 부처님과 같고, 평등하지 않은 사람과는 멀리 떨어져 있소. 그는 끝없는 지혜를 가지고 이 세상에서도 저 세상에서도 때가 묻지 않소. 이런 완전한 사람은 공양을 받을 만합니다.

(3-4-469) (숫타니파타)불을 섬기는 순다리카

거짓과 교만과 탐욕을 떠나 내 것이라고 집착하거나 욕망과 성냄이 없고, 마음이 고요하여 근심의 때를 버린 바라문인 완전한 사람은 공양을 받을 만합니다.

(3-4-470) (숫타니파타)불을 섬기는 순다리카

마음의 집착을 끊고 아무 것에도 붙들리지 않으며, 이 세상에서나 저 세상에서나 걸림이 없는 완전한 사람은 공양을 받을 만합니다.

(3-4-471) (숫타니파타)불을 섬기는 순다리카

마음을 한결같이 안정시켜 거센 흐름을 건너고, 가장 뛰어난 지혜로써 진리를 알고, 번뇌의 때를 소멸해 최후의 몸을 가진 완전한 사람은 공양을 받을 만합니다.

(3-4-472) (숫타니파타)불을 섬기는 순다리카

생존의 더러움과 거친 말씨도 모두 버렸소. 그는 베다에 통달한 사람이고 모든 일에 해탈했소. 완전한 사람은 공양을 받을 만합니다.

(3-4-473) (숫타니파타)불을 섬기는 순다리카

집착을 뛰어넘어 집착함이 없고, 교만한 마음이 가득한 사람들 가운데 있으면서 교만한 마음이 없으며, 밭이나 땅과 함께 괴로움을 잘 알고 있는 완전한 사람은 공양을 받을 만합니다.

(3-4-474) (숫타니파타)불을 섬기는 순다리카

욕망에 끌리지 않고 진리를 찾아 멀리 떠나고, 남들이 가르치는 다른 견해를 초월하여 아무 것에도 걸리지 않는 완전한 사람은 공양을 받을 만합니다.

(3-4-475) (숫타니파타)불을 섬기는 순다리카

모든 사물의 이치를 깨달아 이미 그것으로 인한 고통이 존재하지 않소. 평안에 돌아가 집착을 버리고 해탈한 완전한 사람은 공양을 받을 만합니다.

(3-4-476) (숫타니파타)불을 섬기는 순다리카

번뇌의 속박과 이 세상에 태어남이 멸해 버린 궁극의 경지를 보고 육체의 욕망을 남김없이 끊고, 맑고 고요해서 티 없이 투명한 완전한 사람은 공양을 받을 만합니다.

(3-4-477) (숫타니파타)불을 섬기는 순다리카
자기 자신을 깊이 관찰하고 마음이 안정되고 신체가 곧아 스스로 편히 머물러 동요되지 않으며, 마음이 거칠지 않고 의혹이 없는 완전한 사람은 공양을 받을 만합니다.

(3-4-478) (숫타니파타)불을 섬기는 순다리카
어리석음으로 인해 일어나는 장애가 없고 모든 것에 대해 알고 있으며 마지막 인간의 몸으로 더없이 완벽한 깨달음을 얻은 완전한 사람은 공양을 받을 만합니다."

(3-4-479) (숫타니파타)불을 섬기는 순다리카
"당신과 같은 베다에 뛰어난 사람을 만났으니, 저의 공양은 참 공양이 될 수 있습니다. 하늘의 신께서 증인이 되어 살펴 주십시오, 스승이시여, 원컨데 저의 공양을 받아 주십시오. 스승이시여, 저의 공양을 받아 주십시오."

(3-4-480) (숫타니파타)불을 섬기는 순다리카
"시를 읊어 얻은 것을 나는 먹을 수 없습니다. 바라문이여, 이것은 바르게 보는 사람들의 법이 아닙니다. 시를 읊어 얻은 것을 눈 뜬 사람들은 받지 않습니다. 바라문이여, 이것이 눈 뜬 사람들의 생활 태도입니다.

(3-4-481) (숫타니파타)불을 섬기는 순다리카
완전에 이른 사람, 위대한 성자, 번뇌의 더러움을 없애고 나쁜 행위를 소멸시킨 사람에게는 다른 음식을 바치시오. 그것이 공덕을 바라는 이의 복밭입니다."

(3-4-482) (숫타니파타)불을 섬기는 순다리카

"스승이시여! 보시를 받을 수 있는 사람, 제사 때 찾아가 공양을 드릴 사람을, 당신의 가르침을 통해 알고 싶습니다."

(3-4-483) (숫타니파타)불을 섬기는 순다리카

"격정을 떠나 마음에 흐림이 없고, 모든 욕망에서 벗어나 근심을 없 앤 사람,

(3-4-484) (숫타니파타)불을 섬기는 순다리카

번뇌를 넘어 생사를 다 알고 성인의 덕을 몸에 갖춘 그러한 성인이 제 사 때 찾아오면,

(3-4-485) (숫타니파타)불을 섬기는 순다리카

찌푸리지 말고 그에게 합장하며 인사하시오. 음식을 가지고 그를 공 양하시오. 이러한 보시는 뜻을 이루게 하고 많은 보답을 가져올 것입 니다."

(3-4-486) (숫타니파타)불을 섬기는 순다리카

"눈을 뜬 당신은 공양을 받기에 마땅합니다. 당신은 으뜸가는 복밭이 고 온 세상의 보시를 받으실 분입니다. 당신께 드린 공양은 많은 보답 을 가져올 것입니다."

바라문 순다리카 바라드바자는 스승께 말씀드렸다.

"훌륭하십니다. 고타마시여. 훌륭하십니다, 고타마시여. 마치 넘어진 사람을 일으켜 주듯이, 가려진 것을 벗겨 주듯이, 길을 잃은 자에게 길을 가르쳐 주듯이, 그리고 '눈 있는 이는 빛을 보리라' 하면서 암흑

속에서 등불을 비춰주듯이, 고타마께서는 여러 가지 방법으로 법을 보여 주셨습니다. 저는 고타마 당신께 귀의합니다. 그리고 진리와 도를 닦는 수행자의 모임에 귀의합니다. 저는 고타마께 출가하여 완전한 계율을 받겠습니다."

그리하여 바라문 순다리카 바라드바자는 스승께 출가하여 완전한 계율을 받았다. 얼마 후에 순다리카 바라드바자는 홀로 멀리 떠나 게으르지 않고 힘써 정진한 끝에 더없이 맑고 깨끗한 행의 궁극을 스스로 깨달아 이를 증명하고 실천하면서 세월을 보냈다.

'태어나는 일은 이제 끝났다. 맑고 깨끗한 수행은 이미 완성 되었다. 할 일을 다 해 마쳤다. 이제 두 번 다시 이런 생사를 받지 않는다.'라고 깨달았다. 그래서 순다리카 바라드바자 장로는 성인이 되었다.

(3-5) 젊은 마가의 물음

이와 같이 나는 들었다. 어느 날 스승께서는 왕사성(王舍城, Rajagrha)에 있는 영취산(靈鷲山, Grahrakuta)의 수리봉에 계셨다. 그때 마가 청년은 스승이 계신 곳으로 가서 인사를 드렸다. 기억에 남을 만한 기쁜 인사를 나눈 뒤 곁에 앉아 스승께 말했다.

"고타마시여, 저는 보시를 실행하는 시주며 누구에게나 구하는 대로 베풉니다. 법에 따라 재물을 벌어들이고 법에 의해서 얻은 재물을 한 사람에게도 주고 두 사람에게도 주고 세 사람 등 백 사람에게도 주며 더 많은 사람에게도 나누어줍니다. 고타마시여, 내가 이렇게 주고 이와 같이 바친다면 얼마나 많은 복과 덕을 얻겠습니까?"

"젊은이여, 그대가 참으로 베풀고 그와 같이 바친다면 많은 복과 덕을 얻게 될 것이다. 누구든지 진정으로 나누어주는 보시이거나, 관대하여 구하는 대로 베풀며, 정당하게 재산을 얻고 그 재산을 한 사람

등 백 사람에게 나누어 주며, 더 많은 사람에게 나누어 주는 사람은
많은 복과 덕을 얻게 될 것이다."

(3-5-487) (숫타니파타)젊은 마가의 물음
마가 청년은 시로써 물었다,
"가사를 입고 집 없이 다니는 너그러우신 스승 고타마께 묻겠습니다.
보시를 구하는 이에게 보시하는 사람, 복과 덕을 구하고 복과 덕을 위
해 공양을 바치는 사람이 남에게 음식을 베풀 때 누구에게 바치는 재
물이 가장 깨끗합니까?"

(3-5-488) (숫타니파타)젊은 마가의 물음
스승은 대답하셨다.
"마가여, 보시를 구하는 사람에게 보시하는 사람, 복과 덕을 구하고
복과 덕을 위해 공양을 바치는 사람은, 이 세상에서 남에게 음식을 베
풀 때 그것을 받는 사람들을 기쁘게 해 주어야 한다."

(3-5-489) (숫타니파타)젊은 마가의 물음
마가 청년이 말했다.
" 스승이시여, 보시를 구하는 사람에게 보시하는 사람, 복과 덕을 구
하고 복과 덕을 위해 공양을 바치는 사람이, 남에게 음식을 베풀 때
마땅히 보시 받을 사람이 누구인지 말씀해 주십시오."

(3-5-490) (숫타니파타)젊은 마가의 물음
"참으로 집착 없이 세상을 걸어가고 아무 것도 가진 것 없이 자기를
다스리는 완전한 사람, 그들에게 때때로 공양을 바치라. 복과 덕을 구

하는 바라문은 그들을 공양하라."

(3-5-491) (숫타니파타)젊은 마가의 물음

모든 속박을 끊고 자재하고 해탈하여 괴로움과 욕심이 없는 사람들. 그들에게 때때로 공양을 바치라. 복과 덕을 구하는 바라문은 그들을 공양하라.

(3-5-492) (숫타니파타)젊은 마가의 물음

모든 속박에서 벗어나 자재하고 해탈하여 괴로움과 욕심이 없는 사람들. 그들에게 때때로 공양을 바치라. 복과 덕을 구하는 바라문은 그들을 공양하라.

(3-5-493) (숫타니파타)젊은 마가의 물음

탐욕과 혐오와 어리석음을 버리고 번뇌의 더러움에서 벗어나 깨끗한 수행을 하는 사람들. 그들에게 때때로 공양을 바치라. 복과 덕을 구하는 바라문은 그들에게 공양하라.

(3-5-494) (숫타니파타)젊은 마가의 물음

거짓도 없고 교만도 없고 탐욕을 떠나 내 것이라고 집착하지도 않고 욕망을 가지지도 않은 사람들. 그들에게 때때로 공양을 바치라. 복과 덕을 구하는 바라문은 그들에게 공양하라.

(3-5-495) (숫타니파타)젊은 마가의 물음

참으로 온갖 집착에 붙잡히지 않고 이미 거센 흐름을 건너 내 것이라는 집착없이 다니는 사람들. 그들에게 때때로 공양을 바치라. 복과 덕을 구하는 바라문은 그들에게 공양하라.

(3-5-496) (숫타니파타)젊은 마가의 물음
이 세상이나 저 세상이나 어떤 세상에 있어서도 갖가지 생존에 대한 집착이 없는 사람들. 그들에게 때때로 공양을 바치라. 복과 덕을 구하는 바라문은 그들에게 공양하라.

(3-5-497) (숫타니파타)젊은 마가의 물음
모든 욕망을 버리고 집 없이 다니며 자신을 절제하고 베틀의 북처럼 똑바른 사람들. 그들에게 때때로 공양을 바치라. 복과 덕을 구하는 바라문은 그들에게 공양하라.

(3-5-498) (숫타니파타)젊은 마가의 물음
탐욕을 떠나 모든 감각기관을 안정시켜 달이 월식에서 벗어나듯이 붙들리지 않는 사람들. 그들에게 때때로 공양을 바치라. 복과 덕을 구하는 바라문은 그들에게 공양하라.

(3-5-499) (숫타니파타)젊은 마가의 물음
마음이 평화롭고 탐욕을 떠나 성내지 않으며 이 세상에서 생존의 모든 요소를 버리고 갈 곳이 없는 사람들. 그들에게 때때로 공양을 바치라. 복과 덕을 구하는 바라문은 그들에게 공양하라.

(3-5-500) (숫타니파타)젊은 마가의 물음
생과 사를 버리고 모든 의혹을 넘어선 사람들. 그들에게 때때로 공양을 바치라. 복과 덕을 구하는 바라문은 그들에게 공양하라.

(3-5-501) (숫타니파타)젊은 마가의 물음
자기를 의지처로 하여 세상을 다니고 아무 것도 가진 것 없이 모든 것
으로부터 해탈한 사람들. 그들에게 때때로 공양을 바치라. 복과 덕을
구하는 바라문은 그들에게 공양하라.

(3-5-502) (숫타니파타)젊은 마가의 물음
'이것이 마지막 생존이고 다시는 생을 받지 않는다'라고 이 세상에서
분명히 알고 있는 사람들. 그들에게 때때로 공양을 바치라. 복과 덕을
구하는 바라문은 그들에게 공양하라.

(3-5-503) (숫타니파타)젊은 마가의 물음
베다를 잘 알고 고요한 마음을 즐기며 생각이 깊고 깨달음을 얻어 많
은 사람을 귀의시킨 사람. 그들에게 때때로 공양을 바치라. 복과 덕을
구하는 바라문은 그들에게 공양하라."

(3-5-504) (숫타니파타)젊은 마가의 물음
"참으로 제 질문은 헛되지 않았습니다. 참으로 보시 받을 사람을 가
르쳐 주셨습니다. 스승이시여, 당신께서는 이 모든 일을 분명히 알고
계십니다. 당신께서는 이 이치를 잘 알고 계시기 때문입니다."

(3-5-505) (숫타니파타)젊은 마가의 물음
마가 청년이 다시 말했다.
"스승이시여, 보시를 구하는 이에게 보시하는 사람, 복과 덕을 구하
고 복과 덕을 위해 공양을 바치는 사람이, 남에게 음식을 베풀 때 완
전한 제사가 어떤 것인지를 저에게 가르쳐 주십시오."

(3-5-506) (숫타니파타)젊은 마가의 물음

거룩한 스승은 대답하셨다,

"마가여, 제사를 지내라. 제사를 지내는 사람은 어떤 경우라도 마음을 깨끗이 하라. 제사 지낼 사람이 전념할 일은 오로지 제사뿐이다. 그는 편안히 머물러 사악함을 버린다.

(3-5-507) (숫타니파타)젊은 마가의 물음

그는 탐욕에서 떠나 사악함을 누르고 한없는 자비심을 일으켜 밤낮으로 게으르지 않아서 그 마음이 사방에 가득 차게 된다."

(3-5-508) (숫타니파타)젊은 마가의 물음

"누가 깨끗해지고 해탈하는 것입니까? 누가 붙들려 얽매이는 것입니까? 무엇으로 인해 사람은 스스로 범천계에 이르게 됩니까? 성인이시여, 몰라서 묻는 것이니 일러 주십시오. 스승이시여, 저는 지금 범천을 눈앞에서 보았습니다. 진실로 당신은 범천과 같은 분이십니다. 밝은 빛을 지니신 분이여, 어떻게 하면 범천계에 태어날 수 있겠습니까?"

(3-5-509) (숫타니파타)젊은 마가의 물음

스승은 대답하셨다.

"마가여, 세 가지 조건을 갖춘 완전한 제사를 지낼 수 있는 사람은 보시 받는 사람들을 기쁘게 한다. 보시를 베푸는 사람이 이처럼 바르게 제사를 지낸다면 범천계에 태어날 것이다."

이와 같이 말씀하셨을 때, 마가 청년은 스승께 아뢰었다.

"훌륭한 말씀입니다, 고타마시여. 훌륭한 말씀입니다, 고타마시여. 마치 넘어진 사람을 일으켜 주듯이, 덮인 것을 벗겨 주듯이, 길 잃은

2

이에게 길을 가르쳐 주듯이, 또는 '눈이 있는 사람은 빛을 보리라' 하고 어둠 속에서 등불을 비춰 주듯이, 당신 고타마께서는 여러 가지 방편으로 진리를 밝혀 주셨습니다, 저는 당신께 귀의합니다. 그리고 진리와 도를 닦는 수행자들의 모임에 귀의합니다. 당신 고타마께서는 저희들을 재가 수행자로서 받아주십시오. 오늘부터 목숨이 다할 때까지 귀의하겠습니다."

(3-6) 방랑하는 수행자 사비야

이와 같이 나는 들었다. 어느 날 거룩한 스승께서는 왕사성 죽림정사 (竹林精舍, Vemuvana-vihara)에 있는 다람쥐 사육장에 머물고 계셨다. 그때 방랑하는 수행자 사비야에게 한 신이 말했다.

"사비야여, 사문이나 바라문이나 그대가 질문을 했을 때 분명히 대답할 수 있는 사람이 있으면 그 밑에서 깨끗한 수행을 닦아라."

방랑하는 수행자 사비야는 그와 같은 말을 듣고 여섯 스승을 찾아가 물었다. 푸라나 캇사파(Furana-Kassapa), 막칼리 고사라 (Makkahali-Gosala), 아지타 케사캄발리(Ajita-Kesakambali), 파쿠다 캇차야나, 베랏티족의 아들인 산자야, 나타족의 아들 니간타 (Niganta-Nataputta)였다. 그들은 사문이나 바라문으로서 많은 무리를 이끄는 집단의 스승이었다. 명성이 있는 교파의 지도자이며 많은 사람으로부터 성인이라고 숭배를 받고 있었다.

그들은 사비야에게 질문을 받았지만, 만족스런 대답을 하지 못했다. 그뿐 아니라 화를 내고 혐오와 근심의 빛을 감추지 못했으며, 도리어 사비야에게 반문을 했다. 그래서 사비야는 이렇게 생각했다.

'이 사문과 바라문들은 많은 무리를 이끄는 단체의 스승이며 명성이 있는 교파의 지도자로서 많은 사람으로부터 존경을 받고 있다. 그러나 그들은 내게서 질문을 받고도 만족스러운 대답을 못했다. 뿐만 아니라 화를 내고 혐오와 근심의 빛을 감추지 못했으며, 내게 도리어 반문을 했다. 나는 그만 집으로 돌아가 세속적인 욕망이나 누릴까 보다.'

그러다가 사비야는 다시 이렇게 생각했다.

'여기 계신 사문 고타마도 많은 무리를 이끄는 단체의 스승이며 명성이 있는 교파의 지도자로서 많은 사람으로부터 성인이라 숭배받고 있다. 고타마를 찾아가 물어 봐야겠다.'

그러면서 사비야는 이런 생각도 했다.

'여기 있는 사문과 바라문들은 모두 장로이고 경험을 많이 쌓았으며 출가한 지도 꽤 오래되었다. 그런데도 내게 해답을 주지 못했는데, 사문 고타마는 아직 젊고 출가한 지도 오래되지 않았는데 내 물음에 똑똑히 답해 줄 수 있을까?'

사비야는 또 이렇게 생각했다.

'사문이 젊다고 해서 그를 우습게 보거나 경멸해서는 안 된다. 그는 젊지만 사문이다. 그에게는 신통과 위력이 있다. 나는 고타마에게 가서 물어 볼 것이다.'

그리하여 사비야는 왕사성을 향해 길을 떠났다. 죽림정사 다람쥐 사육장에 계시는 거룩한 스승을 뵈었다. 기뻐하며 기억에 남을 만한 인사를 나눈 뒤 한쪽에 앉아 스승께 시로써 물었다.

(3-6-510) (숫타니파타)방랑하는 수행자 사비야

"의문이 있어 왔습니다. 저를 위해 그 의문을 풀어 주십시오, 저의 물음에 대해 법에 따라 분명하게 대답해 주시겠습니까?"

(3-6-511) (숫타니파타)방랑하는 수행자 사비야

스승은 대답하셨다.

"당신은 질문을 하려고 멀리서 왔소. 당신을 위해 그것을 풀어 줄 것이다. 당신이 물으면 차례대로 법에 따라 분명히 대답해 주겠소.

(3-6-512) (숫타니파타)방랑하는 수행자 사비야
사비야여, 무엇이든지 마음에 있는 것을 물어 보시오. 나는 낱낱이 대답해 주겠소."
이때 사비야는 생각했다.
'참으로 놀라운 일이다. 정말 희한한 일이다. 내가 다른 사문이나 바라문에게서는 들을 기회조차 얻지 못했는데, 사문 고타마께서는 그 기회를 주시는구나.'

(3-6-513) (숫타니파타)방랑하는 수행자 사비야
그는 기뻐하면서 스승께 물었다.
"어떤 사람을 수행자라 부릅니까? 어떤 사람을 온화한 사람이라 합니까? 어떤 사람을 절제한 사람이라 합니까? 어떤 사람을 눈 뜬 사람이라 합니까? 스승이시여 이것을 제게 설명해 주십시오."

(3-6-514) (숫타니파타)방랑하는 수행자 사비야
스승은 대답하셨다.
"사비야여, 스스로 도를 닦아 완전한 평안에 이르고 의혹을 뛰어넘고 생과 사를 버리고 청정한 수행을 하며 이 세상에 거듭 태어나지 않는 사람을 '수행자'라 합니다.

(3-6-515) (숫타니파타)방랑하는 수행자 사비야
모든 일에 차분히 마음을 가라앉혀 이 세상 어느 것에도 해를 끼치지

않으며 거센 흐름을 건너 세속의 때에 더렵혀지지 않고 육체적 욕망
이 일어나지 않는 사문을 '온화한 사람'이라 합니다.

(3-6-516) (숫타니파타)방랑하는 수행자 사비야
온 세상에서 안팎으로 모든 감각을 잘 다스리고 이 세상과 저 세상이
싫어 멀리하며, 죽음을 두려워하지 않고 수행하는 사람이 '절제한 사
람'입니다.

(3-6-517) (숫타니파타)방랑하는 수행자 사비야
모든 시간과 윤회와 목숨이 있는 것의 생과 사, 그 두 가지를 분별하
고 번뇌를 털어 버리고 깨끗하게 생을 멸한 사람을 '눈 뜬 사람'이라
합니다."
그때 사비야는 스승의 말씀을 듣고 몹시 기뻐하며 환희에 찬 마음으
로 다시 스승께 물었다.

(3-6-518) (숫타니파타)방랑하는 수행자 사비야
사비야가 물었다.
"어떤 사람을 바라문이라 합니까? 어떤 사람을 사문이라 합니까? 어
떤 사람을 목욕하는 사람이라고 합니까? 어떤 사람을 용이라고 부릅
니까? 스승이시여, 제 물음에 대답해 주십시오."

(3-6-519) (숫타니파타)방랑하는 수행자 사비야
스승은 말씀하셨다.
"사비야여, 모든 악을 물리치고 때 묻지 않고, 마음을 잘 가라앉혀 스
스로 안정시키며, 윤회를 넘어서 완전한 자가 되어 걸림이 없는 사람

을 '바라문'이라 합니다.

(3-6-520) (숫타니파타)방랑하는 수행자 사비야
절대 평안의 세계에 들어가 선과 악을 버리고 때 묻지 않으며, 이 세
상과 저 세상을 알고 생과 사를 초월한 사람이 '사문'입니다.

(3-6-521) (숫타니파타)방랑하는 수행자 사비야
온 세상에서 안팎으로 모든 죄악을 씻어 버리고, 시간의 지배를 받는
신과 인간 속에 살면서도 시간에 얽매이지 않는 사람을 '목욕하는 사
람'이라 합니다.

(3-6-522) (숫타니파타)방랑하는 수행자 사비야
세속에 있으면서 어떠한 죄악도 짓지 않고 온갖 얽힘을 풀어 버리고
모든 것을 해탈한 사람을 '용'이라 합니다."
그때 방랑하는 수행자 사비야는 스승의 말씀을 듣고 몹시 기뻐하며
환희에 차서 또다시 스승께 물었다.

(3-6-523) (숫타니파타)방랑하는 수행자 사비야
사비야는 물었다.
"무엇 때문에 밭의 승리자라 부릅니까? 무엇 때문에 뛰어난 사람이라
부릅니까? 무엇 때문에 현자라 부릅니까? 무엇 때문에 성인이라 부릅
니까? 스승이시여, 제 물음에 대답해 주십시오."

(3-6-524) (숫타니파타)방랑하는 수행자 사비야
스승은 대답하셨다.

"사비야여, 하늘의 밭, 사람의 밭, 범천의 밭, 모든 밭을 분별하고 밭의 근본인 속박에서 벗어난 이런 사람이 '밭의 승리자'라고 불립니다.

(3-6-525) (숫타니파타)방랑하는 수행자 사비야
하늘의 곳간, 사람의 곳간, 범천의 곳간, 모든 곳간을 분별하고 곳간의 근본인 속박에서 벗어난 사람을 '뛰어난 사람'이라고 불립니다.

(3-6-526) (숫타니파타)방랑하는 수행자 사비야
안팎으로 흰 것을 알고 맑고 깨끗한 지혜가 있고 흑과 백을 초월한 사람, 이런 사람이 '현자'라 불립니다.

(3-6-527) (숫타니파타)방랑하는 수행자 사비야
안팎으로 바른 것과 그른 것을 알고 인간과 신의 숭배를 받아 집착의 그물을 벗어난 사람이 '성인'이라 불립니다."
그때 방랑하는 수행자 사비야는 스승의 말씀을 듣고 몹시 기뻐하며 환희에 차 또다시 스승께 물었다.

(3-6-528) (숫타니파타)방랑하는 수행자 사비야
사비야가 물었다.
"어떤 사람을 베다에 통달한 이라 부릅니까? 어떤 사람을 달관한 이라 부릅니까? 어떤 사람을 힘써 노력하는 이라 부릅니까? 태생이 좋은 사람은 어떤 사람입니까? 스승이시여, 이것들을 가르쳐 주십시오."

(3-6-529) (숫타니파타)방랑하는 수행자 사비야
스승은 대답하셨다.

"사비야여, 사문이나 바라문들이 가지고 있는 모든 베다를 잘 이해해서 감수에 대한 욕심을 버리고 감수마저 초월한 그런 사람을 '베다에 통달한 사람'이라 부릅니다.

(3-6-530) (숫타니파타)방랑하는 수행자 사비야
안팎으로 이름과 형태의 헛됨을 알아서 모든 병의 근원인 속박에서 벗어난 사람을 '달관한 사람'이라 부릅니다,

(3-6-531) (숫타니파타)방랑하는 수행자 사비야
이 세상에서 모든 죄악을 떠나 지옥의 고통을 초월하고 부지런히 노력하는 사람, 힘을 다해 정진하는 현자, 그런 사람을 '힘써 노력하는 사람'이라 부릅니다.

(3-6-532) (숫타니파타)방랑하는 수행자 사비야
안팎으로 집착의 근원인 모든 속박을 끊어버리고 속박에서 벗어난 사람, 그런 사람을 '태생이 좋은 사람'이라 부릅니다."
그때 방랑하는 수행자 사비야는 스승의 말씀을 듣고 기뻐하며 환희에 가득 차서 또다시 스승께 물었다.

(3-6-533) (숫타니파타)방랑하는 수행자 사비야
사비야가 물었다.
"어떤 사람을 배움이 깊은 사람이라 부릅니까? 어떤 사람을 거룩한 사람이라 부릅니까? 어떤 사람을 행이 갖추어진 사람이라 부릅니까? 방랑하는 수행자란 도대체 어떤 사람입니까? 스승이시여, 가르쳐 주십시오."

(3-6-534) (숫타니파타)방랑하는 수행자 사비야

스승은 말씀하셨다.

"사비야여, 가르침을 듣고 세상의 옳고 그른 모든 이치를 잘 알고 모든 일을 정복하는 사람, 의혹이 없는 사람, 해탈한 사람, 괴로움이 없는 사람을 '배움이 깊은 사람'이라 부릅니다.

(3-6-535) (숫타니파타)방랑하는 수행자 사비야

모든 더러움과 장애를 끊은 지혜로운 이는 사람의 모태에 들지 않습니다. 세 가지 생각과 더러움을 털어 버리고 망상 분별을 하지 않는 그런 사람을 '거룩한 사람'이라 부릅니다.

(3-6-536) (숫타니파타)방랑하는 수행자 사비야

이 세상에서 여러 가지 할 일을 다 하고 항상 이치를 알며 어떤 일에도 집착하지 않고 해탈하여 성냄이 없는 사람, 그를 '행이 갖추어진 사람'이라 부릅니다.

(3-6-537) (숫타니파타)방랑하는 수행자 사비야

위로 아래로, 옆으로 가운데로 모름지기 괴로움이 생기는 행위를 피하고, 법을 잘 알아 그대로 행동하고, 거짓과 교만한 마음과 탐냄과 성냄과 이름과 형태를 없애고, 얻을 것을 얻은 사람, '그를 방랑하는 수행자'라 부릅니다."

그때 방랑하는 수행자 사비야는 스승의 말씀을 듣고 몹시 기뻐하며 환희에 차서 자리에 일어나 옷을 왼쪽 어깨에 걸치고, 스승께 합장하며 다음과 같은 시로써 스승을 찬탄했다.

(3-6-538) (숫타니파타)방랑하는 수행자 사비야

"사문들이 논쟁하고 있는 이름과 문자에 의해 생겨난 예순세 가지 다른 생각을 이기고, 지혜 많은 분은 거센 흐름을 건너셨습니다.

(3-6-539) (숫타니파타)방랑하는 수행자 사비야

당신은 괴로움을 모두 없애고 피안에 이른 분입니다. 당신은 참사람이고 깨달은 분입니다. 당신은 번뇌의 때를 씻어 버린 분입니다. 당신에게는 빛이 있고 이해가 깊고 지혜가 많습니다. 괴로움을 없앤 분이시여, 당신은 저를 구해 주셨습니다.

(3-6-540) (숫타니파타)방랑하는 수행자 사비야

당신은 저에게 의혹이 있는 것을 아시고 저를 의혹에서 건져 주셨습니다. 저는 당신께 예배 드립니다. 성인이시여, 성인의 길을 다하신 분이여, 마음이 거칠지 않은 태양의 후예시여, 당신은 인자하십니다.

(3-6-541) (숫타니파타)방랑하는 수행자 사비야

당신은 제가 품었던 의문을 분명히 밝혀 주셨습니다. 눈이 있는 이여, 성인이시여, 참으로 당신은 깨달은 분입니다. 당신에게는 장애되는 것이 없습니다.

(3-6-542) (숫타니파타)방랑하는 수행자 사비야

당신의 번민은 모두 사라졌습니다. 당신은 시원스럽고 절제하고 흔들리지 않으며 성실하게 사는 분입니다.

(3-6-543) (숫타니파타)방랑하는 수행자 사비야

코끼리 중에 왕이시며 위대한 영웅이신 당신께서 말씀하실 때 모든 신은 나라다와 팝바타들과 함께 기뻐합니다.

(3-6-544) (숫타니파타)방랑하는 수행자 사비야

고귀하신 분이시여, 당신께 예배드립니다. 가장 뛰어난 분이시여, 당신께 예배드립니다. 신들을 포함한 온 세상에서 당신에게 견줄 만한 사람은 아무도 없습니다.

(3-6-545) (숫타니파타)방랑하는 수행자 사비야

당신은 깨달은 분입니다. 당신은 스승이십니다. 당신은 악마를 정복한 분이며 현자이십니다. 당신은 번뇌의 숨은 힘을 끊고, 스스로 거센 흐름을 건너셨고 또 사람들을 건네주십니다.

(3-6-546) (숫타니파타)방랑하는 수행자 사비야

당신은 속박을 뛰어넘었고 모든 번뇌의 더러움을 없앴습니다. 당신은 집착하지 않고 두려움에 떨지 않는 사자입니다.

(3-6-547) (숫타니파타)방랑하는 수행자 사비야

아름다운 흰 연꽃이 더러운 물에 물들지 않듯이, 당신은 선과 악 어느 것에도 물들지 않습니다. 용감한 분이시여, 두 발을 뻗으십시오. 사비야는 스승께 예배드립니다."

방랑하는 수행자 사비야는 거룩한 스승의 두 발에 머리를 숙이고 절을 하며 말했다.

"훌륭한 말씀입니다, 고타마시여. 훌륭한 말씀입니다, 고타마시여. 마치 넘어진 사람을 일으켜 주듯이, 덮인 것을 벗겨 주듯이, 길 잃은 이에게 길을 가르쳐 주듯이, '눈이 있는 사람은 빛을 보리라' 하고 어둠 속에서 등불을 비춰 주듯이, 당신 고타마께서는 여러 가지 방편으로 진리를 밝혀 주셨습니다. 저는 당신께 귀의합니다. 그리고 진리와 도를 닦는 수행자들의 집단에 귀의합니다. 저는 고타마 곁으로 출가하여 완전한 계율을 받겠습니다."

"사비야여, 과거에 이교도였던 이가 내 가르침과 계율에 따라 출가하여 완전한 계율을 받고자 하면, 넉 달 동안 따로 살아야 합니다. 넉 달이 지난 후 괜찮다고 생각한다면, 여러 수행자는 그를 출가시키고 완전한 계율을 받게 해서 수행자가 되게 합니다. 그러나 사람에 따라 그 기간에 차이가 있을 수 있습니다."

"거룩한 스승이시여. 저는 넉 달이 아니라 네 해 동안이라도 따로 살겠습니다. 그래서 사 년이 지나 이제는 괜찮다고 생각하신다면, 여러 수행자들은 저를 출가시키고 완전한 계율을 받게 하여 수행자가 되게 해 주십시오."

이렇게 해서 방랑하는 수행자 사비야는 스승 앞에서 출가하여 완전한 계율을 받았다. 그후 얼마 되지 않아 사비야는 사람들을 멀리하고 홀로 부지런히 정진하여, 마침내 수행의 최종적인 목표를 깨달아 증명하고 실천하며 살았다. '태어나는 일은 이제 끝났다. 수행은 이미 완성되었다. 할 일을 다 해 마쳤다. 이제 또다시 생사를 받지 않는다.'라고 깨달았다. 그리하여 사비야 장로는 성인이 되었다.

(3-7) 바라문 세라

이와 같이 나는 들었다. 어느 날 스승께서는 수행자 천이백오십 인과 함께 앙굿타라파를 두루 다니시다가 아파나라는 마을에 들어가셨다. 머리를 땋은 수행자 케니야는 생각했다.

'석가족의 아들인 사문 고타마는 석가족의 집에서 출가하여, 수행자 천이백오십 인의 큰 무리를 이끌고 다니다가 아파나에 이르렀다. 고타마에게는 좋은 평판이 있다. 그는 참사람, 깨달은 사람, 지혜와 덕행을 갖춘 사람, 행복한 사람, 세상을 알고 있는 사람, 더 없이 완벽한 사람, 사람들을 길들이는 이, 신과 인간의 스승, 눈 뜬 사람, 거룩한 스승이라고 불린다. 그는 스스로 진리를 깨닫고 증명하여 신, 악마, 범천을 포함한 세계와 사문, 바라문, 신, 인간을 포함하는 모든 살아 있는 것에게 가르침을 베푼다. 그는 처음도 좋고 중간도 좋고 마지막도 좋고, 말과 뜻이 잘 갖추어진 가르침과 원만하고 청정한 수행을 설한다고 한다. 그토록 훌륭하고 존경받는 사람을 만나는 것은 영광스런 일이 아니겠는가.'

케니야는 스승이 계신 곳으로 가서 인사를 드렸다. 기뻐하며 기억에 남을 만한 인사를 나눈 후에 한쪽에 앉았다. 스승께서는 머리를 땋은 수행자 케니야에게 법에 대해 말씀하시고 용기를 주어 기쁘게 해주셨다.

케니야는 스승께 말씀드렸다.

"고타마께서는 수행자의 무리와 함께 제가 올리는 음식을 받아 주십시오."

이 말을 듣고, 스승은 케니야에게 말씀하셨다.

"케니야여, 수행자의 무리는 천이백오십 인이나 됩니다. 또 당신은 바라문을 섬기고 있지 않습니까?"

케니야는 거듭 스승께 여쭈었다.

"고타마시여, 수행자의 무리는 천이백오십 인이나 되며, 또 저는 바라문을 섬기고 있습니다. 고타마께서는 수행자들과 함께 제가 올리는 음식을 받아 주십시오."

케니야는 거듭 여쭈었고, 고타마도 같은 대답을 거듭했다.

세 번째는 스승께서 침묵으로써 승낙하셨다. 케니야는 스승께서 승낙하신 것을 알고 자리를 떠나 자기의 암자로 갔다,

그리고는 친구와 친척들에게 말했다.

"여러분, 내 말을 들으십시오. 나는 사문 고타마와 제자인 수행자의 무리를 내일 식사에 초대했습니다. 여러분은 나를 도와 주십시오."

케니야의 친구와 친척들은 승낙하고, 어떤 이는 솥을 걸고 장작을 패며, 어떤 이는 그릇을 씻고 독에 물을 길어다 붓고 자리를 준비했다. 그리고 케니야는 천막을 쳐서 식당을 만들었다.

이때 세라 바라문이 아파나에 살고 있었는데, 그는 3베다의 깊은 뜻을 깨달아 어휘, 활용론, 음운론, 어원론과 제4의 아타르바 베다와 제5 고담(古譚)의 어구와 문법에 통달했고, 순세론(順世論)과 위인의 관상에 통달했으며, 삼백 명의 소년에게 베다를 가르치고 있었다. 케니야는 세라 바라문을 따르고 있었던 것이다. 마침 세라 바라문은 삼백 명의 소년들에게 둘러싸여 있었다. 그는 오랫동안 앉아 있어 생긴 피로를 풀기 위해 여기저기 산책을 하다가 케니야의 암자에 가게 되었다.

세라 바라문은 케니야의 암자에 사는 머리를 땋은 친구와 친척들이 솥을 걸고 장작을 패며, 그릇을 씻고 독에 물을 길어다 붓고 혹은 자리를 준비하며, 케니야는 몸소 천막을 쳐서 식당을 만들고 있는 것을 보았다. 그래서 케니야에게 물었다.

"케니야여, 당신 아들이 장가라도 가는 것입니까? 또는 딸이 시집이라도 가는 것입니까? 아니면 큰 제사가 있습니까? 마갈타국 빈비사라 왕이 군대를 이끌고 내일 식사라도 하러 옵니까?"

"세라여, 저는 아들을 장가 보내지도 않고 딸을 시집 보내지도 않으며, 마갈타국 빈비사라왕을 초대하지도 않았습니다. 저에게는 머지

않아 큰 공양이 있습니다, 석가족의 아들인 사문 고타마가 석가족의 집에서 출가하여 앙굿타라파를 두루 다니다가 그를 따르는 수행자 천이백오십 인과 함께 아파나에 오셨습니다. 그 고타마에게는 좋은 평판이 있습니다. 참 사람, 깨달은 사람, 지혜와 덕행을 갖춘 사람, 행복한 사람, 세상을 알고 있는 사람, 더 없이 완벽한 사람, 사람을 길들이는 이, 신과 인간의 스승, 눈 뜬 사람, 거룩한 스승이라고 불립니다. 저는 그분을 수행자들과 함께 내일 식사에 초대했습니다."

"케니야여, 당신은 그를 눈 뜬 사람이라고 부릅니까?"

"세라여, 나는 그를 눈 뜬 사람이라 부릅니다."

그때 세라 바라문은 생각했다.

'눈 뜬 사람이란 이 세상에서 그 목소리도 듣기조차 힘든 일이다. 그런데 우리들 성전 속에 위인의 상이 서른두 가지 전해지고 있다. 그것을 갖추고 있는 위인에게는 단 두 가지 길이 있을 뿐 이다. 만일 그가 세속의 생활을 한다면, 그는 전륜왕이 되어 정의를 지키는 법왕이며 세상의 정복자로서 나라와 백성을 안정시키고 일곱 가지 보배를 갖게 될 것이다. 그에게는 바퀴, 코끼리, 말, 구슬, 여자, 재산 그리고 지휘자라는 보배가 따를 것이다. 또 그에게는 천 명 이상의 아들이 있어 모두가 용감무쌍하며 적을 쳐부순다. 그는 이 대지를 사해의 끝에 이르기까지 무력을 쓰지 않고 정의로써 정복하고 지배한다. 그러나 그가 만일 집을 떠나 출가자가 된다면 참사람, 깨달은 사람이 되어 이 세상 온갖 번뇌를 없앨 것이다."

세라는 케니야에게 물었다.

"케니야여, 참사람, 깨달은 사람인 고타마께서는 지금 어디에 계십니까?"

케니야는 바른팔을 들어 세라 바라문에게 말했다.

"세라여, 저쪽으로 가면 푸른 숲이 있습니다. 그분은 그곳에 계십니다."

그리하여 세라 바라문은 삼백 명의 소년들과 함께 스승이 계신 곳으로 갔다. 그때 세라 바라문은 같이 온 바라문들에게 말했다.

"너희들은 천천히 걸어 소리를 내지 말고 따라 오너라, 모든 스승은 사자처럼 홀로 거니는 분이며 가까이 하기 어렵기 때문이다. 그리고 내가 사문 고타마와 이야기를 나누고 있을 때 너희들은 중간에 끼어 들어서는 안 된다. 내 말이 끝날 때까지 기다려야 한다."

세라 바라문은 거룩하신 스승이 계신 곳으로 갔다. 스승께 절을 하고 나서 기뻐하며 기억에 남을 만한 인사를 나눈 뒤 한쪽에 앉았다. 그리고 세라 바라문은 스승의 몸에 서른두 가지 위인의 상이 있는지 살폈다. 스승의 몸에서 단 두 가지 상을 빼고는 서른두 가지 위인의 상이 갖추어져 있음을 보았다. 그는 두 가지 상이 과연 스승께 있는지 없는지 의심되어 '눈 뜬 사람'이라는 것을 믿을 수 없었다. 두 가지란 몸의 막 속에 들어 있는 음부와 광장설상이었다.

그때 스승은 생각하셨다.

'이 세라 바라문은 내 몸에 있는 서른두 가지 위인의 상을 거의 보았지만, 단 두 가지는 보지 못했다. 몸의 막 속에 들어 있는 음부와 광장설이라는 두 위인상이 과연 내게 있는지 없는지 의심하고, 눈 뜬 사람임을 믿지 않는구나.'

그래서 스승께서는 세라 바라문이 몸의 막 속에 들어 있는 음부를 볼 수 있도록 신통력을 보이셨다. 그리고 혀를 내밀어 혓바닥으로 양쪽 귓속을 아래위로 핥으시고, 양쪽 콧구멍을 아래위로 핥으시며, 또 이마를 핥으셨다.

세라 바라문은 이렇게 생각했다.

'사문 고타마는 서른두 가지 위인상을 완전히 갖추고 계신다. 그러나 그가 부처님인지 아닌지는 아직 모르겠다. 다만 나는 늙고 나이가 많아, 스승이나 또는 그의 스승인 바라문들이, 모든 존경받는 사람과 깨친 사람은 자기가 칭찬 받았을 때는 자신을 나타낸다고 말하는 것을 들은 적이 있다. 그러면 나는 적당한 시로써 사문 고타마를 찬양할 것이다.'

그래서 세라 바라문은 적당한 시로써 스승의 앞에서 찬양했다.

(3-7-548) (숫타니파타)바라문 세라

"스승이시여, 힘이 넘치는 이여, 당신의 몸은 완전하고 빛이 나며 보기에도 아름답습니다. 금빛으로 빛나며 아주 하얗습니다.

(3-7-549) (숫타니파타)바라문 세라

그리고 훌륭한 사람의 특성은 모두 위인의 상으로서 당신 몸에 갖추어져 있습니다.

(3-7-550) (숫타니파타)바라문 세라

당신의 눈은 맑고 얼굴도 보기 좋으며 몸집은 크고 단정하며, 수행자들 속에서도 태양처럼 빛납니다.

(3-7-551) (숫타니파타)바라문 세라

당신은 아름다운 수행자로 피부는 황금빛입니다. 이렇듯 용모가 훌륭한데 어찌 수행자가 되었습니까?

(3-7-552) (숫타니파타)바라문 세라

당신은 전륜왕이 되어 군대를 거느리고 천하를 정복하여 인도의 통치자가 되셔야 합니다.

(3-7-553) (숫타니파타)바라문 세라
왕족이나 시골의 왕들은 당신께 충성을 맹세할 것입니다. 고타마시여, 왕 중의 왕으로서, 인류의 제왕으로서 세상을 다스리십시오.”

(3-7-554) (숫타니파타)바라문 세라
스승은 대답하셨다.
“세라여, 나는 왕이로되 더없는 진리의 왕입니다. 진리로써 바퀴를 굴리는 것입니다. 거꾸로 돌 수 없는 바퀴를.”

(3-7-555) (숫타니파타)바라문 세라
세라 바라문이 말했다.
“당신은 정각자라고 스스로 말씀하셨습니다. 고타마시여, 당신은 ‘더없는 진리의 왕이고, 진리로써 바퀴를 굴린다’고 말씀하십니다.

(3-7-556) (숫타니파타)바라문 세라
그렇다면 누가 당신의 장군입니까? 당신을 이어받을 제자는 누구입니까? 누가 당신의 뒤를 이어 진리의 바퀴를 굴릴 것입니까?”

(3-7-557) (숫타니파타)바라문 세라
스승은 대답하셨다.
“세라여, 내가 굴린 더없는 진리의 바퀴를 사리불(舍利弗, Sāriputra)이 굴릴 것입니다. 그는 완전한 사람을 따라 나타난 사람입니다.

(3-7-558) (숫타니파타)바라문 세라
나는 알아야 할 것을 이미 알았고 닦아야 할 것을 이미 닦았으며 끊어야 할 것을 이미 끊어버렸습니다. 그러므로 나는 부처입니다.

(3-7-559) (숫타니파타)바라문 세라
나에 대한 의혹을 푸십시오. 바라문이여. 그리고 나를 믿으십시오. 깨달은 사람들을 만나기란 아주 어려운 일입니다.

(3-7-560) (숫타니파타)바라문 세라
눈 뜬 사람이 세상에 나타난 것은 보기 어려운 일인데, 나는 바로 그 정각자입니다. 바라문이여, 나는 번뇌의 화살을 꺾어 버린 더없이 완벽한 사람입니다.

(3-7-561) (숫타니파타)바라문 세라
나는 신성한 사람이며, 비길 데가 없고, 악마의 군대를 물리쳤으며, 모든 적을 항복시켰고, 아무 것에도 두려움 없이 기뻐합니다.”

(3-7-562) (숫타니파타)바라문 세라
세라는 제자들에게 말했다.
“너희들은 눈이 있는 이의 말씀을 들어라. 그는 번뇌의 사슬을 끊어 버린 사람이며 위대한 영웅이시다. 마치 사자가 숲 속에서 포효하는 것과 같다.

(3-7-563) (숫타니파타)바라문 세라
신성한 분, 비길 데가 없고, 악마의 군대를 물리친 분을 보고 누가 믿지 않을 것인가. 피부가 검은 종족 출신이라도 믿을 것이다.

(3-7-564) (숫타니파타)바라문 세라
따르고 싶은 자는 나를 따르라. 그리고 따르고 싶지 않는 자는 떠나가 거라. 나는 뛰어난 지혜를 가진 분에게 출가하겠다.”

(3-7-565) (숫타니파타)바라문 세라
세라의 제자들이 말했다.
“만일 스승님께서 깨달은 분의 가르침을 기뻐하신다면, 저희들도 뛰어난 지혜를 가진 분에게 출가하겠습니다.”

(3-7-566) (숫타니파타)바라문 세라
세라가 스승께 말했다.
“저희들 삼백 명의 바라문은 합장하고 부탁합니다. 스승이시여, 저희들은 당신 곁에서 깨끗한 수행을 닦겠습니다.”

(3-7-567) (숫타니파타)바라문 세라
스승이 말씀하셨다.
“세라여, 깨끗한 수행은 잘 설해져 있습니다. 그것은 눈앞에서 당장 열매를 가져옵니다. 도를 닦는 사람이 게으르지 않고 출가하여 깨끗한 수행을 닦는 것은 헛된 일이 아닙니다.”
세라 바라문은 제자들과 함께 스승 곁으로 출가하여 완전한 계율을 받았다.
한편 머리를 땋은 수행자 케니야는 그날 밤이 지나자 자기 암자에 여러 가지 맛있는 음식을 차려 놓고 스승께 시간이 된 것을 알렸다.

"고타마시여, 시간이 되었습니다. 공양 준비가 되었습니다."

스승은 오전 중에 속옷과 겉옷을 입고 발우를 들고 머리를 땋은 수행자 케니야의 암자로 가셨다. 그리고 수행자의 무리와 함께 미리 마련된 자리에 앉으셨다. 케니야는 부처님과 수행자들에게 손수 맛좋은 음식을 나르면서 마음껏 들도록 권했다. 그리고 케니야는 스승께서 공양을 마치시고 발우에서 손을 떼시자 스승의 발치에 앉았다. 스승은 다음과 같은 시로써 케니야에게 감사의 말씀을 하셨다.

(3-7-568) (숫타니파타)바라문 세라

"불에 대한 공양은 공양 중에도 가장 으뜸입니다. 사비트리는 베다의 시구 중에서 으뜸이고, 왕은 사람 중에서 으뜸이며, 큰 바다는 모든 강 중에도 으뜸입니다.

(3-7-569) (숫타니파타)바라문 세라

달은 별들 중에서 으뜸이며, 태양은 빛나는 것 중에서 으뜸이고, 수행자들은 복과 덕을 바라고 공양하는 사람들 중에서 으뜸입니다."

스승은 이러한 시를 읊어 케니야에게 감사의 뜻을 말씀하시고 자리에서 일어나 돌아가셨다.

세라 장로는 자기를 따르던 무리들을 떠나 홀로 부지런히 정진하여 마침내 수행의 최종적인 목표를 이생에서 깨달아 증명하고 실천하며 살았다. '태어나는 일은 이제 끝났다. 수행은 이미 완성되었다. 할 일을 다 해 마쳤다. 이제 또 다시 생사를 받지 않는다'라고 깨달았다. 그리하여 세라 장로는 그의 무리와 함께 성인의 한 사람이 되었다.

그후 세라 장로는 그의 무리들과 함께 스승이 계신 곳으로 갔다. 그리고 옷을 왼쪽 어깨에 걸치고, 합장하며 다음의 시로써 여쭈었다.

(3-7-570) (숫타니파타)바라문 세라

"스승이시여, 눈이 있는 분이시여, 여드레 전에 우리는 당신께 귀의 했습니다. 그리고 일곱 밤을 지나 당신의 가르침 속에서 안정을 얻었 습니다.

(3-7-571) (숫타니파타)바라문 세라

당신은 깨달은 분이십니다. 당신은 스승이십니다. 당신은 악마를 정 복한 분이시며 현자이십니다. 당신은 번뇌의 감추어진 힘을 끊고 스 스로 거센 흐름을 건너셨고, 또 사람들을 건네주십니다.

(3-7-572) (숫타니파타)바라문 세라

당신은 속박을 뛰어넘었고 모든 번뇌의 더러움을 없앴습니다. 당신 은 집착하지 않고 두려워 떨지 않는 사자입니다.

(3-7-573) (숫타니파타)바라문 세라

이들 삼백 명의 수행자는 합장하고 서 있습니다. 용감한 분이시여, 두 발을 뻗으십시오. 여기 수행자들이 스승께 예배드리도록 하겠습니다."

(3-8) 화살

(3-8-574) (숫타니파타)화살

사람의 목숨은 정해져 있지 않아 얼마를 살지 아무도 모른다. 사람의 삶은 애처롭고 짧으며 고뇌로 엉켜 있다.

(3-8-575) (숫타니파타)화살

태어난 것은 죽음을 피할 길이 없다. 늙으면 죽음이 찾아온다. 생이
있는 자의 운명은 이런 것이다.

(3-8-576) (숫타니파타)화살
익은 과일은 빨리 떨어진다. 그와 같이 한번 태어난 자는 죽지 않으면
안 된다. 그들에게는 항상 죽음의 두려움이 있다.

(3-8-577) (숫타니파타)화살
이를테면 옹기장이가 만든 질그릇이 마침내는 깨어지고 말듯이 사람
의 목숨도 또한 그러하다.

(3-8-578) (숫타니파타)화살
젊은이도, 늙은이도, 어리석은 이도, 지혜로운 이도 모두 죽음에는 굴
복하고 만다. 모든 사람은 반드시 죽는다.

(3-8-579) (숫타니파타)화살
그들은 죽음에 붙잡혀 저 세상으로 가는데, 아비도 그 자식을 구하지
못하고 친척도 구하지 못한다.

(3-8-580) (숫타니파타)화살
보라, 친척들이 애타는 마음으로 지켜보지만, 사람들은 하나씩 도살
장에 끌려가는 소처럼 사라져 간다.

(3-8-581) (숫타니파타)화살
이렇듯 세상 사람들은 죽음과 늙음으로 인해서 고통 받는다. 그러나

지혜로운 이는 이것의 참 모습을 알고 슬퍼하지 않는다.

(3-8-582) (숫타니파타)화살

그대는 온 사람의 길을 모르고, 간 사람의 길도 모른다. 그대는 생과 사 양쪽 끝을 보지 못해 부질없이 슬피 운다.

(3-8-583) (숫타니파타)화살

어리석음에 붙들려 자기 몸을 해치는 사람이 슬피 울어서 이익이라도 생긴다면, 지혜로운 사람도 이미 그렇게 했을 것이다.

(3-8-584) (숫타니파타)화살

슬피 우는 것으로는 마음의 평안을 얻을 수 없다. 다만 괴로움만 깊어지고 몸만 여윌 따름이다.

(3-8-585) (숫타니파타)화살

괴로워할수록 몸은 여위고 추하게 된다. 그렇다고 해서 죽은 사람이 살아나는 것도 아니므로 슬피 우는 것은 아무 이득도 없는 일이다.

(3-8-586) (숫타니파타)화살

슬픔을 버리지 않는 사람은 점점 더 괴로워질 뿐이다. 죽은 사람 때문에 우는 것은 슬픔에 사로잡힌 것이다.

(3-8-587) (숫타니파타)화살

자신이 지은 업에 따라 죽어가는 사람들을 보라. 또 살아 있는 자는 죽음에 붙잡혀 떨고 있지 않은가.

(3-8-588) (숫타니파타)화살

사람마다 어떤 것을 원할지라도 결과는 다르게 나타난다. 기대에 어긋나는 것도 이와 같다. 보라, 세상의 저 모습을!

(3-8-589) (숫타니파타)화살

사람이 백 년을 살거나 그 이상을 산다 할지라도 결국은 친족들을 떠나 이 세상에서의 생명을 버리게 된다,

(3-8-590) (숫타니파타)화살

그러므로 존경하는 사람의 말씀을 듣고, 죽은 사람을 보았을 때에는 '그에게는 이미 내 힘이 미치지 못하게 되었구나.'라고 깨달아 슬퍼하거나 탄식하지 말라.

(3-8-591) (숫타니파타)화살

집에 불이 난 것을 물로 꺼 버리듯, 지혜로운 사람들은 걱정이 생기면 이내 지워 버린다. 마치 바람이 솜털을 날려 버리듯이.

(3-8-592) (숫타니파타)화살

진정한 즐거움을 구하는 사람은 슬픔과 욕심과 걱정을 버린다. 번뇌의 화살을 뽑으라.

(3-8-593) (숫타니파타)화살

번뇌의 화살을 뽑아 버리고 마음의 평안을 얻는다면, 모든 걱정을 초월하여 근심 없는 자, 절대 평화의 세계에 들어간 자가 된다.

2

(3-9) 젊은이 바셋타

이와 같이 나는 들었다. 어느 날 거룩한 스승께서는 잇차낭갈라 숲에 머물고 계셨다. 그곳에는 재산이 많고 유명한 바라문들이 많이 살고 있었다. 찬킨 바라문, 타루카 바라문, 폭카라사티 바라문, 자눗소니 바라문, 토데야 바라문 등이었다.

그때 바셋타와 바라드바자라고 하는 두 젊은이가 오랫동안 앉아 있었기 때문에 피로를 풀기 위해 여기저기 거닐면서 논쟁을 벌였다.

"도대체 바라문이란 어떤 것인가?"

바라드바자는 다음과 같이 말했다.

"아버지와 어머니 양쪽이 다 칠 대의 조상에 이르기까지 혈통에 대해서 지탄이나 비난을 받은 일이 없는 순수한 모태에서 태어난 사람, 이런 사람을 바라문이라 합니다."

바셋타는 말했다.

"계율을 지키며 덕행을 갖추고 있는 사람, 바로 이런 사람이 바라문입니다."

바라드바자는 바셋타를 설득할 수 없었고, 바셋타도 바라드바자를 설득할 수 없었다. 그래서 바셋타는 바라드바자에게 말했다.

"바라드바자여, 석가족의 아들인 사문 고타마는 출가하여 이곳 잇차낭갈라 숲에 머물고 있습니다. 고타마에게는 다음과 같은 좋은 평판이 있습니다. 그는 참사람, 깨달은 사람, 지혜와 덕행을 갖춘 사람, 행복한 사람, 세상을 알고 있는 사람, 더없이 완벽한 사람, 사람들을 길들이는 이, 신과 인간의 스승, 눈 뜬 사람, 거룩한 스승이라고 불립니다. 사문 고타마에게 가 봅시다. 거기 가서 물어 봅시다. 그의 대답에 따라 그것을 믿읍시다."

그들은 스승이 계신 곳으로 찾아갔다. 스승께 절하고 나서, 기뻐하며 기억에 남을 만한 인사를 나눈 뒤 한쪽에 앉았다. 바셋타 바라문은 다음과 같은 시로써 스승께 여쭈었다.

(3-9-594) (숫타니파타)젊은이 바셋타

"저희 두 사람은 3베다의 학자라고 스승도 인정을 했습니다. 저는 폭카라사티의 제자이고 이 사람은 타루카의 제자입니다.

(3-9-595) (숫타니파타)젊은이 바셋타

저희들은 3베다에 쓰여 있는 모든 것을 완전히 알고 있습니다. 저희는 베다의 어구와 문법에 통달했고 독송도 스승에게 견줄 만합니다.

(3-9-596) (숫타니파타)젊은이 바셋타

고타마시여, 저희는 태생에 대한 논쟁을 했습니다. '태생에 따라 바라문이 된다.'고 바라드바자는 말합니다. 그러나 저는 '행위에 따라 바라문이 된다.'라고 주장합니다. 눈이 있는 분이시여, 이런 상황입니다.

(3-9-597) (숫타니파타)젊은이 바셋타

저희 두 사람은 서로 상대방을 설득시킬 수가 없습니다. 그래서 눈 뜬 사람으로 널리 알려진 스승께 물으러 온 것입니다.

(3-9-598) (숫타니파타)젊은이 바셋타

사람들이 보름달을 향해 합장하고 절하듯이, 세상 사람들은 고타마를 향해 절합니다.

2

(3-9-599) (숫타니파타)젊은이 바셋타

세상의 눈으로 출현하신 고타마께 묻습니다. 태생에 따라 바라문이
됩니까? 행위에 따라 바라문이 됩니까? 바라문이 무엇인지 알 수 있
도록 말씀해 주십시오."

(3-9-600) (숫타니파타)젊은이 바셋타

스승은 대답하셨다.

"바셋타여, 그대들을 위해 모든 생물에 대한 구별을 설명해 주겠다.
생물에게 여러 가지 종류가 있는 것은 태생이 다르기 때문이다.

(3-9-601) (숫타니파타)젊은이 바셋타

풀이나 나무에도 종류와 구별이 있다. 그러나 그것들은 '우리는 풀이
다'라든가 '우리는 나무다'라고 주장하지 않는다. 그들의 특징은 태생
에 따르고 있는데, 그 태생이 여러 가지로 다르기 때문이다.

(3-9-602) (숫타니파타)젊은이 바셋타

구더기나 귀뚜라미로부터 개미에 이르는 것들도 종류와 구별이 있
다. 그들의 특징은 태생을 따르고 있는데, 그 태생이 여러 가지로 다
르기 때문이다.

(3-9-603) (숫타니파타)젊은이 바셋타

작은 것이나 큰 것이나 네 발 달린 짐승에게도 종류와 구별이 있다.
그들의 특징은 태생을 따르고 있는데, 그 태생이 여러 가지로 다르기
때문이다.

(3-9-604) (숫타니파타)젊은이 바셋타

배로 기어 다니는 길이가 긴 것들에도 종류와 구별이 있다. 그들의 특
징은 태생을 따르고 있는데, 그 태생이 여러 가지로 다르기 때문이다.

(3-9-605) (숫타니파타)젊은이 바셋타

물에서 태어나 물에서 사는 물고기들도 종류와 구별이 있다. 그들의
특징은 태생을 따르고 있는데, 그 태생이 여러 가지로 다르기 때문
이다.

(3-9-606) (숫타니파타)젊은이 바셋타

날개를 펴고 하늘을 나는 새들도 종류와 구별이 있다. 그들의 특징은
태생을 따르고 있는데, 그 태생이 여러 가지로 다르기 때문이다.

(3-9-607) (숫타니파타)젊은이 바셋타

이와 같이 생물은 태생의 특징이 여러 가지로 다르지만, 사람에게는
그 특징이 다르지 않다.

(3-9-608) (숫타니파타)젊은이 바셋타

머리카락이나 머리, 귀, 눈, 코, 입술이나 눈썹에 대해서도 그 특징이
다르지 않다.

(3-9-609) (숫타니파타)젊은이 바셋타

목이나 어깨, 배, 등, 엉덩이, 가슴, 음부에 대해서도 그 특징이 다르
지 않다.

(3-9-610) (숫타니파타)젊은이 바셋타

손이나 발, 손가락, 손톱, 종아리, 허벅지, 피부색이나 음성에 대해서
도, 다른 생물처럼 태생에 따른 특징의 구별이 사람에게는 없다.

(3-9-611) (숫타니파타)젊은이 바셋타

몸을 가지고 태어난 생물 사이에는 각각 구별이 있지만, 인간에게는
그런 구별이 없다. 인간 사이에서 구별이 있는 것은 다만 그 이름뿐
이다.

(3-9-612) (숫타니파타)젊은이 바셋타

바셋타여, 인간 중에는 소 치는 목동으로 사는 사람이 있다면 그를 목
동이라 부르지 바라문이라 부르지 않는다.

(3-9-613) (숫타니파타)젊은이 바셋타

바셋타여, 인간 중에는 여러 가지 기술로 사는 사람이 있다면 그를 기
술자라 부르지 바라문이라 부르지 않는다.

(3-9-614) (숫타니파타)젊은이 바셋타

바셋타여, 인간 중에는 사고 파는 것으로 사는 사람이 있다면 그를 상
인이라 부르지 바라문이라 부르지 않는다.

(3-9-615) (숫타니파타)젊은이 바셋타

바셋타여, 인간 중에는 남의 일을 해 주는 것으로 사는 사람이 있다면
그를 고용인이라 부르지 바라문이라 부르지 않는다.

(3-9-616) (숫타니파타)젊은이 바셋타
바셋타여, 인간 중에는 훔친 것으로 사는 사람이 있다면 그를 도둑이
라 부르지 바라문이라 부르지 않는다.

(3-9-617) (숫타니파타)젊은이 바셋타
바셋타여, 인간 중에는 무술로 사는 사람이 있다면 그를 무사라 부르
지 바라문이라 부르지 않는다.

(3-9-618) (숫타니파타)젊은이 바셋타
바셋타여, 인간 중에는 제사 지내는 것으로 사는 사람이 있다면 그를
제관이라 부르지 바라문이라 부르지 않는다.

(3-9-619) (숫타니파타)젊은이 바셋타
바셋타여, 인간 중에는 마을이나 나라를 차지하는 사람이 있다면 그
를 왕이라 부르지 바라문이라 부르지 않는다.

(3-9-620) (숫타니파타)젊은이 바셋타
나는 바라문의 어머니에게서 태어났기 때문에 그를 바라문이라고 부
르지는 않는다. 그는 '그대여, 라고 불리는 사람'이다. 그는 무엇인가
소유물에 걸려 있다. 아무것도 가진 것이 없고 집착이 없는 사람을 바
라문이라 부른다.

(3-9-621) (숫타니파타)젊은이 바셋타
모든 속박을 끊고 두려움이 없으며, 집착을 초월하고 어디에도 구속
되지 않는 사람을 바라문이라 부른다.

(3-9-622) (숫타니파타)젊은이 바셋타

고삐와 함께 가죽 끈과 줄을 끊어 버리고 어리석음을 없애 눈을 뜬 사람을 바라문이라 부른다.

(3-9-623) (숫타니파타)젊은이 바셋타

죄 없이 욕을 먹고 구타나 구속을 참고 견디며, 인내력이 있고 마음이 굳센 사람을 바라문이라 부른다.

(3-9-624) (숫타니파타)젊은이 바셋타

성내지 않고 도덕을 지키며 계율에 따라 욕심을 부리지 않고 몸을 잘 다스려 '최후의 몸'에 이른 사람을 바라문이라 부른다.

(3-9-625) (숫타니파타)젊은이 바셋타

연꽃 위의 이슬처럼, 송곳 끝의 겨자씨처럼, 온갖 욕정에 더럽혀지지 않는 사람을 바라문이라 부른다.

(3-9-626) (숫타니파타)젊은이 바셋타

이 세상에서 이미 고뇌가 소멸된 것을 알고 무거운 짐을 내려놓고 걸림이 없는 사람을 바라문이라 부른다.

(3-9-627) (숫타니파타)젊은이 바셋타

지혜가 깊고 현명하며 온갖 길에 통달해 최고의 목적에 도달한 사람을 바라문이라 부른다.

(3-9-628) (숫타니파타)젊은이 바셋타

재가자나 출가자 하고도 섞이지 않고, 집 없이 두루 다니며 욕심이 없는 사람을 바라문이라 부른다.

(3-9-629) (숫타니파타)젊은이 바셋타

힘세거나 약한 생물에게 폭력을 쓰지 않고, 또 죽이거나 죽이도록 하지 않는 사람을 바라문이라 부른다.

(3-9-630) (숫타니파타)젊은이 바셋타

적의를 품은 자들과 함께 있으면서도 그들에게 적의를 품지 않고, 폭력을 휘두르는 자와 함께 있으면서도 마음이 온화하며, 집착하는 자들과 함께 있으면서도 집착하지 않는 사람을 바라문이라 부른다.

(3-9-631) (숫타니파타)젊은이 바셋타

겨자씨가 송곳 끝에서 떨어지듯이, 집착과 증오와 오만과 거짓을 털어 버린 사람을 바라문이라 부른다.

(3-9-632) (숫타니파타)젊은이 바셋타

거칠지 않고 사연을 전하는 데 진실한 말을 하며, 말로써 남의 감정을 상하게 하지 않는 사람을 바라문이라 부른다.

(3-9-633) (숫타니파타)젊은이 바셋타

이 세상에서 길거나 짧거나, 가늘거나 굵거나, 깨끗하거나 더러운 것을 막론하고 주지 않은 것은 갖지 않는 사람을 바라문이라 부른다.

(3-9-634) (숫타니파타)젊은이 바셋타

현세도 내세도 바라지 않고, 욕심도 걸림도 없는 사람을 바라문이라
부른다.

(3-9-635) (숫타니파타)젊은이 바셋타

집착이 없고 완전히 깨달아 의혹이 없고 불사의 경지에 도달한 사람
을 바라문이라 부른다.

(3-9-636) (숫타니파타)젊은이 바셋타

이 세상의 재앙이나 복과 덕, 그 어느 것에도 집착하지 않고 근심과
티가 없이 깨끗한 사람을 바라문이라 부른다.

(3-9-637) (숫타니파타)젊은이 바셋타

구름에 가리지 않은 달처럼, 깨끗하고 맑아 환락의 생활을 끝낸 사람
을 바라문이라 부른다.

(3-9-638) (숫타니파타)젊은이 바셋타

힘들고 어려운 길, 윤회와 헤맴을 넘어 피안에 이르고, 깊이 명상하여
욕망도 집착도 없어 마음이 고요한 사람을 바라문이라 부른다.

(3-9-639) (숫타니파타)젊은이 바셋타

이 세상에 대한 욕망을 끊고 집을 떠나 두루 다니며 욕망의 생활을 끝
낸 사람을 바라문이라 부른다.

(3-9-640) (숫타니파타)젊은이 바셋타

이 세상에 대한 집착을 끊고 집을 떠나 두루 다니며 집착하는 생활을

끝낸 사람을 바라문이라 부른다.

(3-9-641) (숫타니파타)젊은이 바셋타

인간의 인연을 끊고 천상의 인연도 끊어 모든 굴레를 벗어 던진 사람을 바라문이라 부른다.

(3-9-642) (숫타니파타)젊은이 바셋타

쾌락도 쾌락 아닌 것도 버리고, 맑고 깨끗해져 얽매임 없이 세상을 이겨낸 영웅을 바라문이라 부른다.

(3-9-643) (숫타니파타)젊은이 바셋타

모든 살아 있는 생물의 생사를 알고 집착 없이 행복한 사람, 깨달은 사람을 바라문이라 부른다.

(3-9-644) (숫타니파타)젊은이 바셋타

신도 귀신(간다르바)도 인간도 그 행방을 알 수 없는 사람, 번뇌의 더러움을 씻어 버린 사람을 바라문이라 부른다.

(3-9-645) (숫타니파타)젊은이 바셋타

과거에도 현재에도 미래에도 단 하나의 물건도 갖지 않고 집착하지 않는 사람을 바라문이라 부른다.

(3-9-646) (숫타니파타)젊은이 바셋타

황소처럼 늠름하고 기품 있는 영웅, 위대한 성자, 도의 승리자, 욕망 없는 사람, 목욕하는 사람, 깨달은 사람을 바라문이라 부른다.

(3-9-647) (숫타니파타)젊은이 바셋타

삶의 모든 일을 알고 천국과 지옥을 보며 생존을 멸해 버린 사람을 바라문이라 부른다.

(3-9-648) (숫타니파타)젊은이 바셋타

세상에서 쓰는 이름이나 성은 부르기 위한 것에 지나지 않는다. 사람이 태어나는 그때마다 임시로 붙여지는 것이다.

(3-9-649) (숫타니파타)젊은이 바셋타

이름이나 성이 임시로 붙여진 것임을 모르는 사람은 그릇된 선입견을 오래 가지게 된다. 모르는 사람은 말한다, '태생에 의해서 바라문이 된다'고

(3-9-650) (숫타니파타)젊은이 바셋타

태생에 의해 바라문이 되는 것은 아니다. 태생에 의해 바라문이 안 되는 것도 아니다. 행위로 인해 바라문이 되기도 하고, 행위로 인해 바라문이 안 되기도 한다.

(3-9-651) (숫타니파타)젊은이 바셋타

행위에 의해 목동이 되고, 행위에 의해 기술자가 되며, 행위에 의해 상인이 되고, 또한 행위에 의해 고용인이 된다.

(3-9-652) (숫타니파타)젊은이 바셋타

행위에 의해 도둑이 되고, 행위에 의해 무사가 되며, 행위에 의해 제관이 되고, 행위에 의해 왕이 된다.

(3-9-653) (숫타니파타)젊은이 바셋타

현자는 이와 같이 행위를 있는 그대로 본다. 그들은 '연기(緣起)'를 보는 자이며, 행위와 그 결과를 잘 알고 있다.

(3-9-654) (숫타니파타)젊은이 바셋타

세상은 행위에 의해 존재하며, 사람들도 행위에 의해서 존재한다. 살아 있는 모든 것은 행위에 매여 있다. 마치 달리는 수레바퀴가 축에 매여 있듯이.

(3-9-655) (숫타니파타)젊은이 바셋타

고행과 청정한 수행과 감각의 절제와 자제, 이것으로 바라문이 된다. 이것이 으뜸가는 바라문이다.

(3-9-656) (숫타니파타)젊은이 바셋타

지식인들이 볼 때 3베다를 갖추고 마음이 편안하여 다시는 이 세상에 태어나지 않는 사람이 범천이며 제석천이다. 바셋타여, 이런 줄을 알아라."

이와 같은 말씀을 듣고 바셋타와 바라드바자 청년은 스승께 말씀드렸다.

"훌륭한 말씀입니다, 고타마시여. 훌륭한 말씀입니다, 고타마시여. 마치 넘어진 사람을 일으켜 주듯이, 덮인 것을 벗겨 주듯이, 길 잃은 이에게 길을 가르쳐 주듯이, 또는 '눈이 있는 사람은 빛을 볼 것이다' 하고 어둠속에서 등불을 비춰 주듯이, 고타마께서는 여러 가지 방편으로 진리를 밝혀 주셨습니다. 저희는 당신께 귀의합니다. 그리고 진리와 도를 닦는 수행자의 집단에 귀의합니다. 고타마께서는 저희들

을 재가 수행자로서 받아 주십시오. 오늘부터 목숨이 다할 때까지 귀
의하겠습니다."

(3-10) 비난하는 코칼리야

이와 같이 나는 들었다. 어느 날 거룩한 스승께서는 사위성의 기수급
고독원에 계셨다. 그때 수행자 코칼리야는 스승께 가까이 다가왔다.
그리고 예의를 갖춰 절한 뒤, 한쪽으로 가서 앉아 말씀드렸다.

"거룩한 스승이시여, 사리불과 목건련(目犍連, Maudgalyāyana)은
그릇된 생각을 가지고 나쁜 욕망에 사로잡혀 있습니다."

이말을 들은 스승은 수행자 코칼리야에게 일렀다.

"코칼리야여, 그렇게 말하지 말아라. 코칼리야여, 그렇게 말하지 말
아라. 사리불와 목건련은 선량한 사람들이다."

코칼리야는 거듭 말씀드렸다.

"거룩한 스승이시여, 저는 스승을 믿고 의지하고 있습니다만, 사리불
과 목건련은 그릇된 생각을 가지고 나쁜 욕망에 사로잡혀 있습니다."

스승은 다시 수행자 코칼리야에게 말씀하셨다.

"코칼리야여, 그렇게 말하지 말아라, 사리불과 목건련을 믿고 사랑해
라. 그들은 선량한 사람들이다."

코칼리야는 세 번째로 말씀드렸다.

"거룩하신 스승이시여, 저는 스승을 믿고 의지하고 있습니다만, 사리불
과 목건련은 그릇된 생각을 가지고 나쁜 욕망에 사로잡혀 있습니다."

스승께서는 세 번 같은 말씀을 하셨다.

"코칼리야여, 그렇게 말하지 말아라, 그들을 믿고 사랑해라. 그들은
선량한 사람들이다."

그러자 수행자 코칼리야는 자리에서 일어나 스승께 절하고 바른쪽으

로 돌아 나가버렸다. 그는 나가자마자 온몸에 겨자씨만한 종기가 생겼다. 처음에는 겨자씨만 하던 것이 점점 커져 팥알만해졌다. 팥알만 하던 것이 콩알만해졌다. 그러더니 대추만해졌다. 이와 같이 감자만 해지고 덜 익은 모과 열매만해지고 익은 모과만 하던 것이 마침내 터져서 고름과 피가 되어 흘렀다. 코칼리야는 마침내 그 병 때문에 죽고 말았다. 그리고 그는 사리불과 목건련에게 적의를 품었기 때문에 죽어서 홍련지옥에 떨어졌다.

그때 사바세계의 주인인 범천왕은 한밤중이 지났을 무렵, 아름다운 얼굴로 기타림을 두루 비추며 스승이 계신 곳으로 찾아갔다. 스승께 예를 갖춰 인사를 드린 뒤, 한쪽에 서서 말했다.

"거룩하신 스승이시여, 수행자 코칼리야는 죽었습니다. 거룩하신 스승이시여, 수행자 코칼리야는 사리불과 목건련에게 적의를 품었기 때문에 죽어서 홍련지옥에 떨어졌습니다."

사바세계의 주인인 범천왕은 이렇게 말하며 스승께 절하고 바른편으로 돌아 사라졌다.

날이 밝자 스승은 여러 수행자에게, 어젯밤에 범천왕이 왔던 일을 말씀하셨다. 그때 한 수행자가 이렇게 말했다.

"거룩한 스승이시여, 홍련지옥의 수명은 얼마나 됩니까?"

"수행자여, 홍련지옥의 수명은 길다, 그것을 몇 년이라든가, 몇백 년, 몇천 년, 몇만 년이라고 헤아리는 것은 어려운 일이다."

"거룩한 스승이시여, 그렇지만 비유로써 설명해줄 수는 있지 않습니까?"

"그렇다. 그렇게는 말할 수 있다."

하시면서 스승께서는 말씀하셨다.

"수행자여, 이를테면 구살라국의 말로 헤아려서 스무 카리카(한 수레

분)의 깨가 있는데, 그것을 꺼낸다고 하자. 한 사람이 백 년마다 한 알씩 꺼내는 방법으로 스무 카리카의 깨를 다 꺼낸다면 그것이 한 압부다지옥이다. 그리고 스무 압부다지옥은 한 니랍부다지옥과 같다. 또 스무 니랍부다지옥은 한 아바바지옥이며, 스무 아바바지옥은 한 아하하지옥이며, 스무 아하하지옥은 한 아타타지옥이며, 스무 아타타지옥은 한 황련지옥과 같으며, 스무 황련지옥은 한 백수련지옥과 같으며, 스무 백수련지옥은 한 청련지옥이며, 스무 청련지옥은 한 백련지옥이며, 스무 백련지옥은 한 홍련지옥에 해당된다. 수행자들이여, 그런데 코칼리야는 사리불과 목건련에게 적의를 품었기 때문에 홍련지옥에 떨어진 것이다.

행복한 사람인 스승은 다시 말씀하셨다.

(3-10-657) (숫타니파타)비난하는 코칼리야

"사람이 태어날 때는 입 안에 도끼를 가지고 나온다. 어리석은 자는 욕설을 함으로써, 그 도끼로 자신을 찍고 만다.

(3-10-658) (숫타니파타)비난하는 코칼리야

비난 받을 사람을 칭찬하고 칭찬해야 할 사람을 비난하는 사람, 그는 입으로 죄를 짓고 그 죄 때문에 즐거움을 누리지 못한다.

(3-10-659) (숫타니파타)비난하는 코칼리야

도박으로 재산을 잃은 자는 자신까지 포함해 모든 것을 잃는다 하더라도 그 불행이 오히려 적다. 그러나 완전한 경지에 이른 사람에게 악의를 품는 사람의 죄는 아주 무겁다.

(3-10-660) (숫타니파타)비난하는 코칼리야
나쁜 말이나 나쁜 뜻을 가지고 성인을 비방하는 사람은 십만삼십육
니랍부다지옥에 떨어진다.

(3-10-661) (숫타니파타)비난하는 코칼리야
거짓말하는 자는 지옥에 떨어진다. 거짓말을 했으면서 안 했다고 하
는 자도 마찬가지다. 둘 다 똑같이 행동이 비열한 사람들이라 죽은 후
에는 지옥에 떨어진다,

(3-10-662) (숫타니파타)비난하는 코칼리야
남을 해칠 마음이 없고 깨끗하고 더럽혀지지 않은 사람을 미워하는
자에게는 반드시 나쁜 과보가 되돌아온다. 바람을 거슬러서 먼지가
날아오는 것처럼.

(3-10-663) (숫타니파타)비난하는 코칼리야
여러 가지 탐욕에 빠져 믿음도 없고 인색하며 불친절하고 이기적이
며 이간질을 하는 사람은 말로써 남을 때리는 것과 같다.

(3-10-664) (숫타니파타)비난하는 코칼리야
입이 더럽고 불성실하며 천한 자여, 산 것을 죽이고 사악한 행위를 하
는 자여, 야비하고 불량하며 덜된 자여, 말을 함부로 하지 말라. 그대
는 지옥에 떨어진다.

(3-10-665) (숫타니파타)비난하는 코칼리야
그대는 먼지를 뿌려서 세상을 더럽히고 착한 사람들을 비난하여 죄

를 지으며 온갖 나쁜 일을 해 깊은 지옥에 빠진다.

(3-10-666) (숫타니파타)비난하는 코칼리야
그 어떤 업도 없어지지 않는다. 그것은 반드시 자신에게 되돌아온다. 어리석은 자는 이 세상에서 죄를 짓고 저 세상에서 괴로운 죄의 대가를 받는다.

(3-10-667) (숫타니파타)비난하는 코칼리야
지옥에 떨어진 자는 쇠꼬챙이에 꿰이고, 날카로운 철창에 찔린다. 또한 불에 달군 쇠꼬챙이를 속세에서 지은 업만큼 먹어야 한다.

(3-10-668) (숫타니파타)비난하는 코칼리야
지옥의 옥졸들은 '잡아라!' '때려라!' 소리칠 뿐 부드러운 말을 하지 않으며 상냥한 얼굴로 대해 주지 않고 의지가 되어 주지 않는다. 지옥에 떨어진 자는 숯불 위에 앉아야 하며 뜨거운 불길 속에 들어가야 한다.

(3-10-669) (숫타니파타)비난하는 코칼리야
지옥의 옥졸들은 지옥에 떨어진 사람들을 철망에 몰아넣은 후 쇠망치로 내려친다. 그리고 새까만 암흑 속에 가두는데, 그 어둠은 안개처럼 끝없이 퍼져 있다.

(3-10-670) (숫타니파타)비난하는 코칼리야
그 다음에는 펄펄 끓어오르는 가마솥에 들어가야 한다. 오랫동안 끓는 가마솥 안에서 삶기면서 몸은 떴다 가라앉았다 한다.

(3-10-671) (숫타니파타)비난하는 코칼리야
피고름이 가득 찬 솥이 있어, 죄를 지은 자는 그 속에서 삶긴다. 그는
어디로 가든지 피고름 때문에 더렵혀진다.

(3-10-672) (숫타니파타)비난하는 코칼리야
구더기가 우글거리는 가마솥이 있어 죄를 지은 자는 그 안에서 삶긴
다. 나오려 해도 붙잡을 것이 없다, 그 솥은 안으로 굽고 둘레가 모두
한결같기 때문이다.

(3-10-673) (숫타니파타)비난하는 코칼리야
날카로운 칼날로 된 숲이 있어 지옥에 떨어진 자는 그 속에서 팔다리
가 잘린다. 지옥의 옥졸들은 꼬챙이로 혀를 꿰어 잡아당기면서 괴롭
힌다.

(3-10-674) (숫타니파타)비난하는 코칼리야
또 지옥에 떨어진 자는 예리한 면도칼이 흐르는 베다라니 강에 이른
다. 어리석은 사람들은 나쁜 일을 하고 죄를 지음으로써 그곳에 떨어
진다.

(3-10-675) (숫타니파타)비난하는 코칼리야
그곳에는 검은 개와 늑대와 여우들이 있어 울부짖는 사람들을 뜯어
먹는다. 또 독수리와 까마귀들도 살을 쪼아 먹는다.

(3-10-676) (숫타니파타)비난하는 코칼리야
죄를 지은 자가 살아야 하는 지옥에서의 삶은 실로 비참하기 이를 데

없다. 그러므로 사람들은 이 세상에서 생명이 남아 있는 동안 해야 할 일을 하고 헛되이 지내지 말아야 한다,

(3-10-677) (숫타니파타)비난하는 코칼리야
홍련지옥에 떨어진 자의 수명은 수레에 실은 깨알의 수만큼 된다고 지혜로운 사람은 말했다. 그 햇수는 오조 오천만 년이다.

(3-10-678) (숫타니파타)비난하는 코칼리야
그 기간 동안은 지옥의 고통을 받으면서 지옥에 머물러야 한다. 그렇기 때문에 인간은 맑고 깨끗하고 어질고 착한 미덕을 위해 항상 말과 마음을 지켜야 한다."

(3-11) 홀로 가는 수행자 나라카

(3-11-679) (숫타니파타)홀로 가는 수행자 나라카
아시타 현자는 한낮의 휴식 때에 깨끗하고 단정한 옷을 입고 서른 명이나 되는 신들이 기뻐하고 즐거워하면서 옷을 벗어 흔들며 제석천을 찬양하는 것을 보았다.

(3-11-680) (숫타니파타)홀로 가는 수행자 나라카
기뻐서 뛰노는 신들을 보고 현자는 조심스레 물었다.
"신들이 기뻐하고 있는 것은 무슨 까닭입니까? 왜 당신들은 옷을 벗어 흔들고 있습니까?

(3-11-681) (숫타니파타)홀로 가는 수행자 나라카

만일 아수라와의 싸움에서 신들이 이기고 아수라가 졌다 할지라도 몸의 털을 곤두세울 만큼 기뻐할 수는 없을 텐데, 어떤 희귀한 일이 있기에 그토록 기뻐합니까?

(3-11-682) (숫타니파타)홀로 가는 수행자 나라카

당신들은 소리 높여 노래하고 악기를 연주하고 손뼉을 치면서 춤을 추고 있습니다. 나는 수미산 꼭대기에 살고 있는 당신들께 묻습니다. 존경하는 분들이여, 제 궁금증을 풀어 주십시오."

(3-11-683) (숫타니파타)홀로 가는 수행자 나라카

신들은 대답했다.

"비할 데 없이 뛰어난 보배인 보살이 모든 사람의 이익과 평안을 위해 인간 세계에 태어났습니다. 석가족 마을 룸비니 동산에. 그래서 우리는 기뻐하고 있습니다.

(3-11-684) (숫타니파타)홀로 가는 수행자 나라카

무릇 살아 있는 자 가운데 가장 으뜸가는 사람, 가장 높은 사람, 황소 같은 사람이 머지않아 성인들이 모이는 숲에서 진리의 바퀴를 굴릴 것입니다. 용맹스런 사자가 다른 모든 짐승을 제압하고 포효하듯이."

(3-11-685) (숫타니파타)홀로 가는 수행자 나라카

현자는 그 말을 듣고 급히 인간 세계로 내려왔다. 그리고 숫도다나 왕의 궁전에 가서 석가족에게 이렇게 말했다.

"왕자는 어디에 있습니까? 나도 한 번 뵙고 싶습니다."

(3-11-686) (숫타니파타)홀로 가는 수행자 나라카

그래서 석가족의 사람들은 솜씨 좋은 금세공이 만든 황금처럼 반짝
이며 행복에 빛나는 거룩한 아기의 얼굴을 아시타 현자에게 보였다.

(3-11-687) (숫타니파타)홀로 가는 수행자 나라카

불꽃처럼 빛나고 하늘의 달처럼 밝으며 구름을 헤치고 비치는 가을 태
양처럼 환한 아기를 보고 아시타 현자는 환희에 넘쳐 몹시 기뻐했다.

(3-11-688) (숫타니파타)홀로 가는 수행자 나라카

신들은 천 개의 둥근 고리가 달린 양산을 공중에 펼쳤다. 또 황금자루
가 달린 불자를 위 아래로 흔들었다. 그러나 그들의 모습이 사람들의
눈에는 보이지 않았다.

(3-11-689) (숫타니파타)홀로 가는 수행자 나라카

아시타 현자는 얼굴을 흰 양산으로 가리고 빨간 담요에 싸여 있는 황
금 보물 같은 아기를 보고 기뻐서 가슴에 안았다.

(3-11-690) (숫타니파타)홀로 가는 수행자 나라카

관상과 베다에 통달한 그는 황소같이 훌륭한 석가족의 아기를 안고
남다른 상을 살피더니 환호성을 질렀다.
"이 아기는 최고로 뛰어난 사람, 이 세상에서 가장 위대합니다!"

(3-11-691) (숫타니파타)홀로 가는 수행자 나라카

그러더니 현자는 자기의 얼마 남지 않은 삶을 생각하고 말없이 눈물
을 흘렸다. 현자가 우는 것을 보고 석가족의 사람들은 물었다.

(3-11-692) (숫타니파타)홀로 가는 수행자 나라카

석가족의 사람들이 걱정하는 것을 보고 현자는 말했다.

"왕자에게 어떤 불길한 상이 있어 우는 것이 아닙니다. 이분은 평범
한 상이 아닙니다. 정성껏 길러 주십시오.

(3-11-693) (숫타니파타)홀로 가는 수행자 나라카

이 왕자는 깨달음의 최고 경지에 이를 것입니다. 이 아기는 가장 으뜸
가는 맑고 순수함을 볼 것이며 모든 사람에게 이익을 주고 그들을 불
쌍히 여긴 나머지 진리의 바퀴를 굴릴 것입니다. 그의 청정한 덕행은
널리 퍼져나갈 것입니다.

(3-11-694) (숫타니파타)홀로 가는 수행자 나라카

그러나 이 세상에서의 내 삶은 얼마 남지 않았습니다. 이제 곧 내게는
죽음이 찾아옵니다. 나는 비할 데 없이 큰 힘을 가진 이분의 가르침을
듣지 못해서 슬퍼하는 것입니다."

(3-11-695) (숫타니파타)홀로 가는 수행자 나라카

청정한 수행자 아시타 현자는 석가족의 사람들에게 커다란 기쁨을
안겨 주고 궁전을 떠나갔다.

그는 자기의 조카 나라카를 불러 비할 데 없이 큰 힘을 가진 사람의
가르침을 따르도록 했다.

(3-11-696) (숫타니파타)홀로 가는 수행자 나라카

"네가 나중에 '눈 뜬 사람이 깨달음을 펴고 진리의 길을 간다.'는 말
을 듣거든, 그때 그곳으로 가서 그분의 가르침을 따라 청정한 수행을

닦아라."

(3-11-697) (숫타니파타)홀로 가는 수행자 나라카
미래에 으뜸가는 순수함을 지닌 분이 온다는 것을 예견한 그 현자의
가르침을 받고 나라카는 온갖 선업을 쌓고 자신의 감각을 다스리며
승리자를 기다렸다.

(3-11-698) (숫타니파타)홀로 가는 수행자 나라카
훌륭한 승리자가 진리의 바퀴를 굴린다는 소문을 듣고, 아시타 현자
가 일러 준 대로 가장 지혜로운 분을 보고 기뻐하며 거룩한 성인에게
수행의 길을 물었다.

(3-11-699) (숫타니파타)홀로 가는 수행자 나라카
나라카가 말했다.
"아시타 현자께서 들려 준 말이 진실임을 잘 알았습니다. 그러니 고
타마시여, 모든 것에 통달하신 당신께 묻겠습니다.

(3-11-700) (숫타니파타)홀로 가는 수행자 나라카
저는 출가하여 걸식의 수행을 쌓으려 하오니, 성자의 경지와 최상의
경지를 말씀해 주십시오."

(3-11-701) (숫타니파타)홀로 가는 수행자 나라카
스승은 말씀하셨다.
"그대에게 성자의 경지를 일러 줄 것이다. 이것은 행하기 어렵고 이
루기 힘들다. 이제 그대에게 그것을 알려 줄 것이니 마음을 굳게 가지

도록 하라.

(3-11-702) (숫타니파타)홀로 가는 수행자 나라카
세상 사람들에게 욕을 먹든지 절을 받든지 한결같은 태도로 대하라.
욕을 먹더라도 성내지 말며 절을 받더라도 우쭐대지 말고 무심하라.

(3-11-703) (숫타니파타)홀로 가는 수행자 나라카
숲속에 있어도 불꽃처럼 여러 가지 유혹이 나타난다. 부녀자는 수행
자를 유혹한다. 부녀자가 유혹하지 못하도록 하라.

(3-11-704) (숫타니파타)홀로 가는 수행자 나라카
모든 육체적 즐거움을 버려라. 모든 욕망을 버려라. 약한 것이든 강한
것이든 모든 생명 있는 것을 미워하지 말고 좋아하지도 말라.

(3-11-705) (숫타니파타)홀로 가는 수행자 나라카
그들은 나와 같고 나도 그들과 같다고 생각하여, 살아 있는 것들을 죽
여서는 안 된다. 또한 남들에게 죽이게 해서도 안 된다.

(3-11-706) (숫타니파타)홀로 가는 수행자 나라카
보통 사람은 욕망과 탐욕에 집착하지만 눈 있는 사람은 그것을 버리
고 진리의 길을 간다. 그리하여 세상의 지옥을 벗어난다.

(3-11-707) (숫타니파타)홀로 가는 수행자 나라카
배를 비우고 음식을 절제하여 욕심을 없애고 탐내지 말라. 욕망을 버
리면 욕심이 없어 평안하다.

(3-11-708) (숫타니파타)홀로 가는 수행자 나라카
수행자는 걸식을 끝내고 숲에 돌아와 나무 아래 앉아야 한다.

(3-11-709) (숫타니파타)홀로 가는 수행자 나라카
그리고 정신을 안정시키고 나무 아래에서 명상함으로써 스스로 즐거움을 찾아야 한다.

(3-11-710) (숫타니파타)홀로 가는 수행자 나라카
날이 밝으면 마을로 내려가야 한다. 누구에게 식사 초대를 받거나 마을 사람들이 음식을 가져올지라도 결코 반겨서는 안 된다.

(3-11-711) (숫타니파타)홀로 가는 수행자 나라카
그리고 마을에 이르러서는 이집 저집 조급하게 돌아다녀서는 안 된다. 입을 다물고, 음식을 구하는 말을 꺼내서는 안 된다.

(3-11-712) (숫타니파타)홀로 가는 수행자 나라카
'음식을 얻어서 잘 됐다' '얻지 못해서 잘됐다' 생각하고, 어떤 경우라도 편안한 마음으로 돌아온다. 마치 과일을 주우려고 나무 밑에 간 사람이 과일을 줍거나 줍지 못해도 편안한 마음으로 돌아오듯이.

(3-11-713) (숫타니파타)홀로 가는 수행자 나라카
발우를 손에 들고 돌아다니는 그는 벙어리처럼 보일 것이다. 시주 받은 것이 적다고 가볍게 여기지 말고, 시주한 사람을 업신여겨서도 안 된다."

(3-11-714) (숫타니파타)홀로 가는 수행자 나라카

스승은 피안에 이르는 여러 가지 수행에 대해서 말씀하셨다.

"거듭 피안에 이르는 일은 없으나 단번에 이르는 일도 없다.

(3-11-715) (숫타니파타)홀로 가는 수행자 나라카

윤회의 흐름을 끊은 수행자에게는 집착이 없다. 해야 할 선도, 하지 말아야 할 악도 버렸기 때문에 번뇌가 없다."

(3-11-716) (숫타니파타)홀로 가는 수행자 나라카

스승은 다시 말씀하셨다.

"그대에게 최상의 경지를 말하리라. 음식을 얻을 때에는 칼날의 비유를 생각하라. 혀를 입천장에 붙이고 스스로 배를 비우라.

(3-11-717) (숫타니파타)홀로 가는 수행자 나라카

마음이 어두워서는 안 된다. 또한 쓸데없이 많은 것을 생각해서도 안 된다. 비린내가 없이, 걸림이 없이, 청정한 수행을 궁극의 의지처로 삼으라.

(3-11-718) (숫타니파타)홀로 가는 수행자 나라카

홀로 있는 일을 배우라. 으뜸가는 수행은 홀로 있는 것이다. 홀로 있어야만 진정으로 즐거울 수 있다.

(3-11-719) (숫타니파타)홀로 가는 수행자 나라카

그렇게 하면 그는 온 세상에 빛나리라. 욕망을 버리고 명상하고 있는 그의 이름을 들으면, 내 제자는 더욱 더 겸손해지고 믿음이 깊어질 것이다.

(3-11-720) (숫타니파타)홀로 가는 수행자 나라카

이것을 깊은 강물과 얕은 개울물의 비유로 알라. 바닥이 얕은 개울물은 소리 내어 흐르지만, 깊은 강물은 소리 없이 흐르는 법이다.

(3-11-721) (숫타니파타)홀로 가는 수행자 나라카

모자라는 것은 소리를 내지만, 가득 찬 것은 아주 조용하다. 어리석은 자는 물이 반쯤 찬 항아리 같고, 지혜로운 이는 물이 가득 찬 연못과 같다.

(3-11-722) (숫타니파타)홀로 가는 수행자 나라카

사문이 의미 있는 말을 많이 하는 것은 스스로 알고 법을 설하기 때문이다. 스스로 알고 많은 것을 말하기 때문이다.

(3-11-723) (숫타니파타)홀로 가는 수행자 나라카

그러나 스스로 알면서도 자제하여 많은 말을 하지 않는다면, 그것은 성인의 행동으로 볼 수 있다. 그는 성인으로서 성인의 행동을 보인 것이다."

(3-12) 두 가지 관찰

이와 같이 나는 들었다. 어느 날 거룩한 스승께서는 사위성의 동산에 있는 미가라 장자네 어머니의 누각에 계셨다.

그때 달 밝은 보름밤에 수행자의 무리에 둘러싸여 계셨다. 거룩한 스승께서는 묵묵히 앉아 있는 수행자들을 둘러보시고 말씀하셨다.

"수행자들이여, 거룩하게 출가하여 깨달음에 이르는 여러 가지 진리가 있다. 그대들이 거룩하게 출가하여 깨달음에 이르는 여러 가지 진리를 듣는 것은 무슨 까닭인가? 하고 누가 묻거든, 이렇게 말하라. '두 가지 진리를 있는 그대로 보기 위해서'라고. '이것은 괴로움이다. 이것은 괴로움의 원인이다.' 하는 것이 첫째 관찰이고 '이것은 괴로움의 소멸이다. 이것은 괴로움을 소멸하게 하는 길이다' 하는 것이 둘째 관찰이다. 수행자들이여, 이렇게 두 가지를 바르게 관찰하여 부지런히 정진하는 수행자에게는 두 가지 열매 중 어느 하나를 기대할 수 있다. 이 세상에서 지혜를 얻든가, 또는 번뇌가 남아 있는 윤회의 생존에 다시 돌아오지 않든가 하는 것이다."

그리고 행복한 스승은 또 다음과 같이 말씀하셨다.

(3-12-724) (숫타니파타) 두 가지 관찰
"괴로움을 모르고 괴로움의 원인을 모르며, 괴로움의 소멸을 모르고 괴로움을 소멸시키는 길도 모르는 사람들.

(3-12-725) (숫타니파타) 두 가지 관찰
그들은 마음의 해탈을 얻지 못하고, 지혜의 해탈도 얻지 못한다. 그들은 윤회를 끊어 버릴 수가 없다. 그들은 생과 사를 계속 받는다.

(3-12-726) (숫타니파타) 두 가지 관찰
그러나 괴로움을 알고 괴로움의 원인을 알고, 괴로움의 소멸을 알고 또 괴로움을 소멸하는 길을 아는 사람들.

(3-12-727) (숫타니파타) 두 가지 관찰
그들은 마음의 해탈을 얻고, 지혜의 해탈도 얻는다. 그들은 윤회를 끊어 버릴 수가 있다. 그들은 생과 사를 더 이상 받지 않는다."

"수행자들이여, 또 다른 방법에 의해서도 두 가지 진리를 있는 그대로 볼 수 있는가? 하고 누가 묻거든 '있다'고 대답하라. '모든 괴로움은 업에 따라 생기는 것이다.' 하는 것이 첫째 관찰이다. '그러나 업을 남김없이 끊어 버리면 괴로움이 생기지 않는다.' 하는 것이 둘째 관찰이다. 이렇게 두 가지를 바르게 관찰하여 부지런히 정진하는 수행자들에게는, 두 가지 열매 중 어느 하나를 기대할 수 있다. 이 세상에서 지혜를 얻든가, 또는 번뇌가 남아 있는 윤회의 생존에 다시 돌아오지 않든가 하는 것이다.

(3-12-728) (숫타니파타)두 가지 관찰
세상에 있는 모든 괴로움은 생존의 업에 따라 생긴다. 이것을 알지 못하고 생존의 업을 짓는 어리석은 자는 계속해서 괴로움을 받는다. 그러므로 이것을 분명히 알고 괴로움이 생기는 원인을 관찰해 업을 짓지 말라."

"수행자들이여, 또 다른 방법에 의해서도 두 가지 진리를 볼 수 있는가 하고 누가 묻거든 '있다'고 대답하라. '모든 괴로움은 무지로 인해서 생긴다' 하는 것이 첫째 관찰이다. '그러나 무지를 남김없이 없애 버리면 괴로움은 생기지 않는다' 하는 것이 둘째 관찰이다. 이렇게 두 가지를 바르게 관찰하여 부지런히 정진하는 수행자들에게는, 두 가지 열매 중 어느 하나를 기대할 수 있다. 이 세상에서 지혜를 얻든가, 또는 번뇌가 남아 있는 윤회의 생존에 다시 돌아오지 않든가 하는 것이다.

(3-12-729) (숫타니파타)두 가지 관찰

이 삶에서 다른 삶으로 되풀이하여 윤회를 받는 사람들의 원인은 무지에 있다.

(3-12-730) (숫타니파타)두 가지 관찰
무지란 기나긴 헤매임이다. 이로 말미암아 윤회가 나타나는 것이다. 그러나 밝은 지혜에 이른 사람은 다시는 생존을 받는 일이 없다."

"수행자들이여, 또 다른 방법에 의해서도 두 가지 진리를 있는 그대로 볼 수 있는가? 하고 누가 묻거든 '있다'고 대답하라. '모든 괴로움은 물질로 인해 생긴다' 하는 것이 첫째 관찰이다. '그러나 물질에 대한 집착을 남김없이 없애 버리면 괴로움은 생기지 않는다' 하는 것이 둘째 관찰이다. 이렇게 두 가지를 바르게 관찰하여 부지런히 정진하는 수행자들에게는 두 가지 열매 중 어느 하나를 기대할 수 있다. 이 세상에서 지혜를 얻든가, 또는 번뇌가 남아 있는 윤회의 생존에 다시 돌아오지 않든가 하는 것이다.

(3-12-731) (숫타니파타)두 가지 관찰
모든 괴로움은 물질로 인해 생긴다. 물질에 대한 집착을 남김없이 없애버리면 괴로움은 더 이상 생기지 않는다.

(3-12-732) (숫타니파타)두 가지 관찰
괴로움은 물질로 인해 생긴다는 것을 알아 모든 물질에 대한 집착을 없애고 욕망을 끊는다면, 괴로움은 없어지고 만다. 이것을 있는 그대로 알라.

(3-12-733) (숫타니파타)두 가지 관찰
있는 그대로를 보고, 있는 그대로 아는 현자나 베다에 통달한 사람은
악마의 속박에서 벗어나 다시는 생존을 받지 않는다."

"수행자들이여, 또 다른 방법에 의해서도 두 가지 진리를 있는 그대
로 볼 수 있는가? 하고 누가 묻거든 '있다'고 대답하라. '모든 괴로움
은 분별작용으로 인해서 생긴다' 하는 것이 첫째 관찰이다. '그러나
분별작용을 남김없이 없애 버리면 괴로움은 생기지 않는다.' 하는 것
이 둘째 관찰이다. 이렇게 두 가지를 바르게 관찰하여 부지런히 정진
하는 수행자에게는, 두 가지 열매 중 어느 하나를 기대할 수 있다. 이
세상에서 지혜를 얻든가, 또는 번뇌가 남아 있는 윤회의 생존에 다시
돌아오지 않든가 하는 것이다.

(3-12-734) (숫타니파타)두 가지 관찰
모든 괴로움은 분별작용으로 인해 일어난다. 분별작용이 없어지면
괴로움은 생길 수 없다.

(3-12-735) (숫타니파타)두 가지 관찰
괴로움은 분별작용에 의해 생긴다는 것을 알아 분별작용을 고요히
가라앉힌 수행자는, 쾌락에서 벗어나 평안에 이르게 된다."

"수행자들이여, 또 다른 방법에 의해서도 두 가지 진리를 있는 그대
로 볼 수 있는가? 하고 누가 묻거든 '있다'고 대답하라. '모든 괴로움
은 접촉으로 인해서 생긴다' 하는 것이 첫째 관찰이다. '그러나 접촉
을 남김없이 없애 버리면, 괴로움은 생기지 않는다' 하는 것이 둘째

관찰이다. 이렇게 두 가지를 바르게 관찰하여 부지런히 정진하는 수행자들에게는, 두 가지 열매 중 어느 하나를 기대할 수 있다. 이 세상에서 지혜를 얻든가, 또는 번뇌가 남아 있는 윤회의 생존에 다시 돌아오지 않든가 하는 것이다.

(3-12-736) (숫타니파타)두 가지 관찰

접촉에 얽매이고, 생존의 물결에 휩쓸리며, 그릇된 길에 들어선 사람은 속박을 끊기 어렵다.

(3-12-737) (숫타니파타)두 가지 관찰

그러나 접촉을 잘 알아 평안을 즐기는 사람은 접촉을 없애 버렸기 때문에 쾌락에서 벗어나 평안에 이르게 된다.”

“수행자들이여, 또 다른 방법에 의해서도 두 가지 진리를 있는 그대로 볼 수 있는가? 하고 누가 묻거든 ‘있다’고 대답하라. ‘모든 괴로움은 느낌으로 인해서 생긴다’ 하는 것이 첫째 관찰이다. ‘그러나 느낌을 남김없이 없애 버리면, 괴로움은 생기지 않는다’ 하는 것이 둘째 관찰이다. 이렇게 두 가지를 바르게 관찰하여 부지런히 정진하는 수행자들에게는, 두 가지 열매 중 어느 하나를 기대할 수 있다. 이 세상에서 지혜를 얻든가, 또는 번뇌가 남아 있는 윤회의 생존에 다시 돌아오지 않든가 하는 것이다.

(3-12-738) (숫타니파타)두 가지 관찰

“즐겁든, 괴롭든, 괴롭지도 즐겁지도 않든, 내적으로든, 외적으로든, 느낀 것은 모두 괴로움이다.

(3-12-739) (숫타니파타)두 가지 관찰

괴로움인 것을 알고, 없어지고 허망한 것을 느낄 때마다 그것의 소멸을 인정하고서야 느낌에 대한 집착을 버릴 수 있다. 느낌에 대한 집착을 버렸기 때문에 수행자는 쾌락에서 벗어나 평안에 이르게 된다."

"수행자들이여, 또 다른 방법에 의해서도 두 가지 진리를 있는 그대로 볼 수 있는가? 하고 누가 묻거든 '있다'고 대답하라. '모든 괴로움은 망상으로 인해서 생긴다' 하는 것이 첫째 관찰이다. '그러나 망상을 남김없이 없애버리면, 괴로움은 생기지 않는다' 하는 것이 둘째 관찰이다. 이렇게 두 가지를 바르게 관찰하여 부지런히 정진하는 수행자들에게는, 두 가지 열매 중 어느 하나를 기대할 수 있다. 이 세상에서 지혜를 얻든가, 또는 번뇌가 남아 있는 윤회의 생존에 다시 돌아오지 않든가 하는 것이다.

(3-12-740) (숫타니파타)두 가지 관찰

망상을 벗 삼는 사람은 이 생에서 저 생으로 전전하며 윤회를 벗어나지 못한다,

(3-12-741) (숫타니파타)두 가지 관찰

괴로움은 망상으로 인해 생긴다는 것을 알아, 수행자는 망상을 버리고 바른 생각을 가지고 정진해야 한다."

"수행자들이여, 또 다른 방법에 의해서도 두 가지 진리를 있는 그대로 볼 수 있는가 하고 누가 묻거든 '있다'고 대답하라. '모든 괴로움은 집착으로 인해서 생긴다' 하는 것이 첫째 관찰이다. '그러나 집착을

남김없이 없애버리면, 괴로움은 생기지 않는다' 둘째 관찰이다. 이렇게 두 가지를 바르게 관찰하여 부지런히 정진하는 수행자들에게는, 두 가지 열매 중 어느 하나를 기대할 수 있다. 이 세상에서 지혜를 얻든가, 또는 번뇌가 남아 있는 윤회의 생존에 다시 돌아오지 않든가 하는 것이다.

(3-12-742) (숫타니파타)두 가지 관찰
집착으로 인해 생존이 생긴다. 생존하는 자는 괴로움을 받는다. 태어난 자에게는 죽음이 따른다. 이것이 괴로움이 생기는 원인이다.

(3-12-743) (숫타니파타)두 가지 관찰
그러므로 현자들은 집착을 끊고 태어남을 멈출 수 있는 방법을 잘 알아 다시는 생존을 받지 않는다."

"수행자들이여, 또 다른 방법에 의해서도 두 가지 진리를 있는 그대로 볼 수 있는가? 하고 누가 묻거든 '있다'고 대답하라. '모든 괴로움은 나쁜 행위로 인해서 생긴다' 가 첫째 관찰이다. '그러나 그 행위를 남김없이 없애 버리면, 괴로움은 생기지 않는다' 하는 것이 둘째 관찰이다. 이렇게 두 가지를 바르게 관찰하여 부지런히 정진하는 수행자들에게는, 두 가지 열매 중 어느 하나를 기대할 수 있다. 이 세상에서 지혜를 얻든가, 또는 번뇌가 남아 있는 윤회의 생존에 다시 돌아오지 않든가 하는 것이다.

(3-12-744) (숫타니파타)두 가지 관찰
모든 괴로움은 나쁜 행위로 인해 생긴다. 모든 나쁜 행위가 없어지면 괴로움도 생기지 않는다.

(3-12-745) (숫타니파타)두 가지 관찰

괴로움은 나쁜 행위로 인해 생긴다는 것을 알아 모든 나쁜 행위를 버리고, 행위가 없는 상태로 해탈하라.

(3-12-746) (숫타니파타)두 가지 관찰

생존에 대한 집착을 끊고 마음이 고요한 수행자는 윤회를 벗어난다. 그는 다시 생존을 받지 않는다."

"수행자들이여, 또 다른 방법에 의해서도 두 가지 진리를 있는 그대로 볼 수 있는가? 하고 누가 묻거든 '있다'고 대답하라. '모든 괴로움은 음식으로 인해서 생긴다' 가 첫째 관찰이다. '그러나 음식에 대한 집착을 남김없이 없애버리면, 괴로움은 생기지 않는다' 하는 것이 둘째 관찰이다. 이렇게 두 가지를 바르게 관찰하여 부지런히 정진하는 수행자들에게는, 두 가지 열매 중 어느 하나를 기대할 수 있다. 이 세상에서 지혜를 얻든가, 또는 번뇌가 남아 있는 윤회의 생존에 다시 돌아오지 않든가 하는 것이다.

(3-12-747) (숫타니파타)두 가지 관찰

모든 괴로움은 음식으로 인해서 생긴다. 음식에 대한 집착이 소멸되면 괴로움도 생기지 않는다.

(3-12-748) (숫타니파타)두 가지 관찰

괴로움은 음식으로 인해 생긴다는 것을 알고 음식에 집착하지 않는다.

(3-12-749) (숫타니파타)두 가지 관찰

모든 번뇌의 때를 없애 버리면 병이 생기지 않는다는 것을 바르게 알고, 반성하며 법에 따라 사는 베다의 달인은 어리석은 생존의 고리에 들어가지 않는다."

"수행자들이여, 또 다른 방법에 의해서도 두 가지 진리를 있는 그대로 볼 수 있는가? 하고 누가 묻거든 '있다'고 대답하라. '모든 괴로움은 마음의 동요로 인해서 생긴다' 가 첫째 관찰이다. '그러나 마음의 동요를 남김없이 없애버리면, 괴로움은 생기지 않는다' 하는 것이 둘째 관찰이다. 이렇게 두 가지를 바르게 관찰하여 부지런히 정진하는 수행자들에게는, 두 가지 열매 중 어느 하나를 기대할 수 있다. 이 세상에서 지혜를 얻든가, 또는 번뇌가 남아 있는 윤회의 생존에 다시 돌아오지 않든가 하는 것이다.

(3-12-750) (숫타니파타)두 가지 관찰

모든 괴로움은 마음의 동요로 인해 생긴다. 모든 마음의 동요가 그치게 되면 괴로움도 생기지 않는다.

(3-12-751) (숫타니파타)두 가지 관찰

괴로움은 마음의 동요로 인해 생긴다는 것을 알아, 수행자는 마음의 동요를 버리고 모든 물질에 대한 집착을 버려서, 무동요 무집착의 바른 생각으로 정진해야 한다."

"수행자들이여, 또 다른 방법에 의해서도 두 가지 진리를 있는 그대로 볼 수 있는가? 하고 누가 묻거든 '있다'고 대답하라. '구속이 있는 사람은 주저한다' 가 첫째 관찰이다. '그러나 구속이 없는 사람은 주저하지 않는다' 하는 것이 둘째 관찰이다. 이렇게 두 가지를 바르게 관찰하여 부지런히 정진하는 수행자들에게는, 두 가지 열매 중 어느 하나를 기대할 수 있다. 이 세상에서 지혜를 얻든가, 또는 번뇌가 남아 있는 이 윤회의 생존에 다시 돌아오지 않든가 하는 것이다.

(3-12-752) (숫타니파타)두가지 관찰
구속이 없는 사람은 주저하지 않는다. 그러나 구속이 있는 사람은 이 생에서 저 생으로 전전하며 윤회를 벗어나지 못한다.

(3-12-753) (숫타니파타)두 가지 관찰
여러 가지 구속 속에 커다란 두려움이 있다는 것을 알아, 수행자는 구속 없고 집착 없이 바른 생각을 가지고 정진해야 한다."

"수행자들이여, 또 다른 방법에 의해서도 두 가지 진리를 있는 그대로 볼 수 있는가? 하고 누가 묻거든 '있다'고 대답하라. '물질적 영역보다도 비물질적 영역이 더 고요하다' 가 첫째 관찰이다. '비물질적 영역보다 소멸의 영역이 더욱 더 고요하다' 하는 것이 둘째 관찰이다. 이렇게 두 가지를 바르게 관찰하여 부지런히 정진하는 수행자들에게는, 두 가지 열매 중 어느 하나를 기대할 수 있다. 이 세상에서 지혜를 얻든가, 또는 번뇌가 남아 있는 이 윤회의 생존에 다시 돌아오지 않든가 하는 것이다.

(3-12-754) (숫타니파타)두 가지 관찰
물질적 영역에 사는 모든 생물과 비물질적 영역에 사는 모든 생물은 소멸을 모르기 때문에 다시 이 세상에 태어난다.

(3-12-755) (숫타니파타)두 가지 관찰
그러나 물질적 영역을 잘 알고 비물질적 영역에 안주하며 소멸의 영역에 이른 사람들은 죽음에서 벗어난 것이다."

"수행자들이여, 또 다른 방법에 의해서도 두 가지 진리를 있는 그대로 볼 수 있는가? 하고 누가 묻거든 '있다'고 대답하라. 신과 악마가 공존하는 세계에서, 사문, 바라문, 신, 인간을 포함한 모든 생존자가 '이것은 진리다'라고 생각한 것을 성자들은 '이것은 허망하다'라고 있는 그대로 바른 지혜를 가지고 본다가 첫째 관찰이다. 신과 악마가 공존하는 세계에서, 사문, 바라문, 신, 인간을 포함한 모든 생존자가 '이것은 허망하다'라고 생각한 것을, 성자들은 '이것은 진리다'라고 있는 그대로 바른 지혜를 가지고 본다. 이것이 둘째 관찰이다. 이렇게 두 가지를 바르게 관찰하여 부지런히 정진하는 수행자들에게는, 두 가지 열매 중 어느 하나를 기대할 수 있다. 이 세상에서 지혜를 얻든가, 또는 번뇌가 남아 있는 윤회의 생존에 다시 돌아오지 않든가 하는 것이다.

(3-12-756) (숫타니파타)두 가지 관찰
보라, 신과 세상 사람들은 내가 아닌 것을 나라고 생각하고, 그 이름과 형태에 집착하면서 '이것이야말로 진리다'라고 생각하고 있다.

(3-12-757) (숫타니파타)두 가지 관찰
어떤 것에 대해서, 이렇게 저렇게 생각하더라도 그것은 사실과 다르다. 왜냐하면, 어리석은 자의 생각은 허망하기 때문이다. 지나가 버리는 것은 모두 허망한 것이므로.

(3-12-758) (숫타니파타)두 가지 관찰

그러나 해탈은 허망한 것이 아니다. 성자들은 이것을 진리로 알고 있다. 그들은 진리를 깨달았기 때문에, 쾌락에서 벗어나 평안에 들어간 것이다."

"수행자들이여, 또 다른 방법에 의해서도 두 가지 진리를 있는 그대로 볼 수 있는가? 하고 누가 묻거든 '있다'고 대답하라. 신과 악마가 공존하는 세계에서, 사문, 바라문, 신, 인간을 포함한 모든 생존자가 '이것은 안락이다'라고 생각한 것을, 성자들은 '이것은 괴로움이다'라고 있는 그대로 바른 지혜로 본다가 첫째 관찰이다. 신과 악마가 공존하는 세계에서, 사문, 바라문, 신, 인간을 포함한 모든 생존자가 '이것은 괴로움이다'라고 생각한 것을, 성자들은 '이것은 안락이다'라고 있는 그대로 바른 지혜로 본다. 이것이 둘째 관찰이다. 이렇게 두 가지를 바르게 관찰하여 부지런히 정진하는 수행자들에게는, 두 가지 열매 중 어느 하나를 기대할 수 있다. 이 세상에서 지혜를 얻든가, 또는 번뇌가 남아 있는 윤회의 생존에 다시 돌아오지 않든가 하는 것이다.

(3-12-759) (숫타니파타)두 가지 관찰

존재는 형상, 소리, 냄새, 맛, 감촉, 그리고 생각하는 것으로 한결같이 사랑스럽고 마음에 든다.

(3-12-760) (숫타니파타)두 가지 관찰

이것을 신이나 세상 사람들은 '기쁨'이라고 생각한다. 또 그것이 사라질 때 '괴로움'이라고 생각한다.

(3-12-761) (숫타니파타) 두 가지 관찰

그러나 성인들은 자기 몸에 대한 집착을 끊는 것을 '기쁨'이라고 생각한다. 바르게 보는 사람들의 생각은 세상 사람들과는 다르다.

(3-12-762) (숫타니파타) 두 가지 관찰

세상 사람들이 '기쁨'이라 하는 것을 성자들은 '괴로움'이라고 말한다. 세상 사람들이 '괴로움'이라고 하는 것을 성자들은 '기쁨'이라고 생각한다. 알기 어려운 진리를 보라. 어리석은 사람들은 이것을 모르고 헤매게 된다.

(3-12-763) (숫타니파타) 두 가지 관찰

덮여 있는 사람에게는 어둠이 있다. 바르게 보지 않는 사람에게는 암흑이 있다. 그러나 선량한 사람에게는 모든 것이 펼쳐 보여진다. 마치 볼 수 있는 사람에게 빛이 있는 것처럼, 진리가 무엇인지 모르는 짐승 같은 바보는 진리가 옆에 있어도 알아보지 못한다.

(3-12-764) (숫타니파타) 두 가지 관찰

생에 대한 욕심에 사로잡히고 생존의 흐름에 떠내려가, 악마의 영토에 들어간 사람은 이 진리를 깨닫기 힘든다.

(3-12-765) (숫타니파타) 두 가지 관찰

성자가 아니고 누가 이 경지를 깨달을 수 있을 것인가. 이 경지를 바르게 알면, 번뇌의 때가 없어 절대 평안의 세계에 들어가게 된다."

스승은 이와 같이 말씀하셨다. 수행자들은 기뻐하면서 스승의 가르침을 받아들였다. 이 설법이 있을 때 육십 명의 수행자들은 집착을 없애, 마음이 더러움에서 해탈된다.

4. 숫타니파타 여덟 편의 시

(4-1) 욕망

(4-1-766) (숫타니파타)욕망

욕망을 이루고자 하는 사람이 욕망을 이루면, 그는 얻고자 하는 것을 얻었기 때문에 기뻐한다.

(4-1-767) (숫타니파타)욕망

욕망을 이루고자 하는 사람이 욕망을 이루지 못하게 되면, 그는 화살에 맞은 사람처럼 괴로워하고 번민한다.

(4-1-768) (숫타니파타)욕망

뱀의 머리를 밟지 않으려고 조심하는 것처럼, 모든 욕망을 피하는 사람은 바른 생각을 가지게 되고 이 세상의 집착을 넘어서게 된다.

(4-1-769) (숫타니파타)욕망

논밭, 집, 황금, 말과 소, 노비, 고용인, 여자, 친척, 그밖에 여러 가지를 탐내는 사람이 있으면,

(4-1-770) (숫타니파타)욕망

온갖 번뇌가 그를 이기고 위험과 재난이 그를 짓밟는다. 마치 부서진 배에 물이 새어 들듯이 괴로움이 그를 따르게 된다.

(4-1-771) (숫타니파타)욕망
그래서 사람은 항상 바른 생각을 지키고 모든 욕망을 피해야 한다. 배에 스며든 물을 퍼내듯이, 욕망을 버리고 거센 강을 건너 피안에 도달한 사람이 되라.

(4-2) 동굴

(4-2-772) (숫타니파타)동굴
동굴 속에 머무르며 집착하고 온갖 번뇌에 뒤덮여 어리석음에 빠져 있는 사람은 집착에서 벗어날 수 없다. 참으로 이 세상의 욕망을 버리기란 어렵기 때문이다.

(4-2-773) (숫타니파타)동굴
욕망에 따라 생존의 쾌락에 붙잡힌 사람들은 해탈하기 어렵다. 남이 그를 해탈시켜 줄 수 없기 때문이다. 그들은 미래와 과거에 집착하면서 눈앞의 욕망에만 빠져든다.

(4-2-774) (숫타니파타)동굴
그들은 욕망을 탐하고 거기에 빠지며, 인색하고 옳지 못한 일에 친근하지만, 죽으면 나는 어떻게 될까 하고 괴로움에 짓눌려 슬퍼한다.

(4-2-775) (숫타니파타)동굴
그러므로 사람들은 여기서 배워야 한다. 세상에서 옳지 못하다고 하는 그 어떤 일에도 휩쓸려서는 안 된다. 사람의 목숨이 짧은 것이라고 현자는 말하지 않았던가.

(4-2-776) (숫타니파타)동굴

세상 사람들은 생존에 대한 집착에 붙들려 떨고 있다. 어리석은 사람들은 여러 가지 생존에 대한 집착을 떠나지 못한 채 죽음에 직면해 울고 있다.

(4-2-777) (숫타니파타)동굴

무엇인가를 내 것이라고 생각하며 집착하는 사람들을 보라. 그들의 모습은 물이 말라 가는 개울에서 허덕이는 물고기와 같다. 이 꼴을 보고 '내 것'이라는 생각을 버려야 한다. 여러 가지 생존에 대해 집착을 버려야 한다.

(4-2-778) (숫타니파타)동굴

현자는 양극단에 대한 욕망을 절제하고, 감각과 대상의 관계를 잘 알아서 탐하는 일이 없다. 자기 자신조차 비난할 만한 나쁜 짓을 하지 않고, 보고 듣는 일에 끌리지 않는다.

(4-2-779) (숫타니파타)동굴

생각을 가다듬고 거센 강을 건너라. 성인은 소유하고자 하는 집착으로 자신을 더럽히지 않으며, 번뇌의 화살을 뽑아 버리고 열심히 정진하여 이 세상도 저 세상도 바라지 않는다.

(4-3) 분노

(4-3-780) (숫타니파타)분노

마음으로부터 화를 내고 남을 비방하는 사람이 있다. 또 마음이 진실한 사람이라도 남을 비방하는 일이 있다. 비방하는 말을 들을지라도 성인은 그것에 흔들리지 않는다. 성인은 어떠한 일에도 마음이 거칠어지지 않는다.

(4-3-781) (숫타니파타)분노

욕심에 끌리고 욕망에 붙들린 사람이 어떻게 자기의 생각을 뛰어 넘을 수 있을까. 그는 자신이 옳다고 생각하는 대로 행동하고 아는 대로 떠들어 댈 것이다.

(4-3-782) (숫타니파타)분노

누가 묻지도 않았는데 남에게 자기의 계율과 도덕을 자랑하는 사람, 스스로 자기 일을 떠들고 다니는 사람은 거룩한 진리를 지니지 못한 사람이라고, 진리에 도달한 사람들은 말한다.

(4-3-783) (숫타니파타)분노

마음이 평안하고 안정된 수행자가 계율에 대해, 나는 이렇게 하고 있다면서 뽐내지 않고, 이 세상 어디에 있더라도 번뇌에 불타지 않는다면, 그는 거룩한 진리를 지닌 사람이라고, 진리에 도달한 사람들은 말한다.

(4-3-784) (숫타니파타)분노

때묻은 교법을 만들어 놓고 거기에 치우쳐서, 자기 안에서만 훌륭한 열매를 보는 사람들은 '흔들리는 평안'에 기대고 있는 것이다.

(4-3-785) (숫타니파타)분노

모든 사물의 본질을 정확하게 알고 자기의 생각에 집착하지 않는 것은 쉬운 일이 아니다. 그래서 사람들은 자기만의 좁은 생각의 울타리 안에 갇혀 진리를 등지고 집착을 끊지 못한다.

(4-3-786) (숫타니파타)분노

사악함을 물리친 사람은 이 세상 어디를 가던 모든 살아 있는 것에 대한 편견을 보이지 않는다. 사악함을 물리친 사람은 교만과 거짓을 버렸거늘, 어찌 윤회에 떨어질 것인가. 그에게는 이미 의지할 것도 가까이할 것도 없다.

(4-3-787) (숫타니파타)분노

모든 일에 기대고 의지하는 사람은 비난을 받는다. 그러나 기대고 의지함이 없는 사람은 어떻게 비난받을 수 있겠는가. 그는 집착하지도 않고 버리지도 않는다. 그는 이 세상에서 모든 편견을 없애 버렸다.

(4-4) 청정

(4-4-788) (숫타니파타)청정

'으뜸이고 청정한 사람을 나는 본다. 사람이 청정해지는 것은 그 견해에 달려 있다.' 이와 같은 생각을 으뜸으로 알고 청정을 생각하는 사람은 견해를 가장 높은 경지에 도달해서 얻은 지혜라고 생각한다.

(4-4-789) (숫타니파타)청정

만일 사람이 견해에 의해서 청정해질 수 있다면, 사람이 지식에 의해 괴로움을 버릴 수 있다면, 번뇌에 얽매인 사람이 바른길 이외의 다른 방법으로도 청정해 질 수 있을 것이다. 이와 같이 말하는 사람은 '편견이 있는 사람'이다.

(4-4-790) (숫타니파타)청정
바라문은 바른길 이외에 본 것, 배운 것, 계율과 도덕, 생각한 것 중 어느 것도 청정하다고 말하지 않는다. 그는 재앙과 복에 때 묻지 않고 자아를 버려, 이 세상에서 재앙과 복의 원인을 만들지 않는다.

(4-4-791) (숫타니파타)청정
옛 스승을 버리고 다른 스승을 의지하며, 번뇌에 따라 흔들리고 있는 사람은 집착을 뛰어 넘을 수 없다. 그들은 원숭이가 나뭇가지를 잡았다가 다시 놓아 버리듯이 버렸다가 또 잡는다.

(4-4-792) (숫타니파타)청정
스스로 맹세와 계율을 가진 사람은 생각이 많아 여러 가지 잡다한 일을 한다. 그러나 지혜로운 사람은 베다를 통해 진리를 알고 이해하며, 잡다한 일을 하지 않는다.

(4-4-793) (숫타니파타)청정
그는 모든 사물에 대해 보고 배우고 생각한 것을 다스리고 지배한다. 이렇게 관찰하고 걸림없이 행동하는 사람이 어찌 이 세상에서 그릇된 생각을 할 수 있겠는가.

(4-4-794) (숫타니파타)청정
그들은 그릇된 생각을 하지 않고, 어떤 것을 남달리 소중하게 여기지도 않으며, '궁극의 청정'을 말하지도 않는다. 얽매인 모든 집착을 끊고 세상의 어떤 사물에 대해서도 더 이상 바라는 것이 없다.

(4-4-795) (숫타니파타)청정

바라문은 번뇌에 초월해 있다. 그가 무엇을 보거나 알아서 집착하는 일은 없다. 그는 욕망에 사로잡히지 않고, 욕망을 거부하지도 않는다. 그는 자기가 세상의 으뜸이라고 생각하는 것에 부질없이 집착하지 않는다.

(4-5) 으뜸

(4-5-796) (숫타니파타)으뜸

세상 사람들이 훌륭하다고 보는 것을 '으뜸가는 것'이라 생각하고, 그 생각에 붙들려 다른 것들은 모두 '뒤떨어졌다'고 생각하는 사람이 있다. 이런 사람은 여러 가지 논쟁을 뛰어넘을 수가 없다.

(4-5-797) (숫타니파타)으뜸

그는 본 것, 배운 것, 계율과 도덕, 사색한 것에 대해서 결론을 내리고, 그것에 집착하여 다른 것은 모두 뒤떨어진 것으로 안다.

(4-5-798) (숫타니파타)으뜸

사람이 어느 한 가지만 중요하다고 여긴 나머지 그 밖의 다른 것은 모두 가치 없다고 본다면, 그것은 커다란 장애라고, 진리에 도달한 사람들은 말한다. 그렇기 때문에 수행자는 본 것, 배운 것, 사색한 것, 또는 계율과 도덕에 붙잡혀서는 안 된다.

(4-5-799) (숫타니파타)으뜸

지혜에 대해서도, 계율이나 도덕에 대해서도 편견을 가져서는 안 된다. 자기를 남과 동등하다거나 남보다 못하다거나 남보다 뛰어나다고 생각해서도 안 된다.

(4-5-800) (숫타니파타)으뜸

그는 자신의 견해를 버리고 집착하지 않으며, 지혜에도 특별히 의지하지 않는다. 그는 실로 여러 가지 다른 견해로 분열된 사람들 사이에 있으면서도 어느 한 쪽을 따르는 일이 없고, 어떤 견해일지라도 그대로 믿는 일이 없다.

(4-5-801) (숫타니파타)으뜸

그는 양극단에 대해서, 여러 생존에 대해서, 이 세상에 대해서도 저 세상에 대해서도 원하는 것이 없다. 모든 사물에 대해 단정하는 편견이 그에게는 조금도 없다.

(4-5-802) (숫타니파타)으뜸

그는 이 세상에서 본 것, 배운 것, 사색한 것에 대해 티끌만한 편견도 가지지 않는다. 어떤 견해에도 집착하지 않는 바라문이 이 세상에서 어찌 그릇된 생각을 하겠는가.

(4-5-803) (숫타니파타)으뜸

그는 그릇된 생각을 하지 않고, 어느 한 견해만을 특별히 존중하지도 않는다. 그는 모든 가르침을 원하지도 않는다. 바라문은 계율이나 도덕에 이끌리지도 않는다. 이러한 사람은 피안에 이르러 다시는 이 세상에 돌아오지 않는다.

(4-6) 늙음

(4-6-804) (숫타니파타)늙음
아, 짧도다 인간의 생명이여.
백 살도 못 되어 죽어 버리는가.
아무리 오래 산다 해도 결국은 늙어서 죽는 것을.

(4-6-805) (숫타니파타)늙음
사람은 내것이라고 집착하는 물건 때문에 근심한다. 자기가 소유한
것은 영원한 것이 아니기 때문이다. 이 세상은 모두 변하고 없어진다
는 것을 알아, 집착과 욕망의 집에 머무르지 말라.

(4-6-806) (숫타니파타)늙음
사람이 내 것이라고 생각하는 물건, 그것은 그 사람이 죽음으로써 잃
게 된다. 나를 따르는 사람은 현명하게 이 이치를 깨달아, 내 것이라
는 생각에 사로잡히지 않는다.

(4-6-807) (숫타니파타)늙음
잠이 깬 사람은 꿈 속에서 만난 사람을 다시 볼 수 없듯이, 사랑하는
사람도 죽어 이 세상을 떠나면 다시는 만날 수 없다,

(4-6-808) (숫타니파타)늙음
권세가 있던 사람도 한 번 죽은 후에는 그 이름만이 남을 뿐이다.

(4-6-809) (숫타니파타)늙음

내 것이라고 집착하여 욕심을 부리는 사람은 걱정과 슬픔과 인색함을 버리지 못한다. 그러므로 평안을 얻은 성인들은 모든 소유를 버리고 떠난다.

(4-6-810) (숫타니파타)늙음

세상에서 물러나 수행을 닦는 사람은 멀리 떨어진 곳을 즐겨 찾는다. 그가 생존의 영역 속에 자기를 집어넣지 않는 것은 그에게 어울리는 일이다.

(4-6-811) (숫타니파타)늙음

성인은 어떤 곳에도 머무르지 않고, 사랑하거나 미워하지도 않는다. 또 슬픔도 인색함도 그를 더럽히지 않는다. 마치 진흙에 더럽혀지지 않는 연꽃처럼.

(4-6-812) (숫타니파타)늙음

연꽃잎에 물방울이 묻지 않듯이, 성인은 보고 배우고 사색한 어떤 것에도 더럽혀지지 않는다.

(4-6-813) (숫타니파타)늙음

사악함을 털어 버린 사람은 보고 배우고 생각한 어떤 것에도 집착하지 않는다. 그는 다른 것에 기대어 깨끗해지려고 하지 않는다. 그는 탐내지 않고 탐욕에서 떠나려 하지도 않는다.

(4-7) 구도자 팃사 마이트레야

(4-7-814) (숫타니파타)구도자 팃사 마이트레야
구도자 팃사 마이트레야가 말했다.
"스승이시여, 성교에 빠지는 자의 파멸을 말씀해 주십시오. 당신의
가르침을 듣고 우리도 배우겠습니다."

(4-7-815) (숫타니파타)구도자 팃사 마이트레야
스승께서는 대답하셨다.
"마이트레야여, 성교에 빠지는 자는 가르침을 잃고 그 수행은 그릇되
고 나쁘다. 이것은 그들 안에 있는 천한 요소이다.

(4-7-816) (숫타니파타)구도자 팃사 마이트레야
지금까지는 순결하게 살다가 나중에 성교에 빠지는 자는 길에서 벗
어난 수레와 같다. 세상 사람들은 그를 천한 범부라 부른다.

(4-7-817) (숫타니파타)구도자 팃사 마이트레야
지금껏 그가 쌓았던 명예와 명성을 다 잃게 된다. 이것을 알고 성교를
끊도록 힘써라.

(4-7-818) (숫타니파타)구도자 팃사 마이트레야
그는 온갖 욕망에 사로잡혀 굶주린 사람처럼 생각하고 행동한다. 그
리고 남의 비난을 듣고 부끄러워한다.

(4-7-819) (숫타니파타)구도자 팃사 마이트레야
그는 남에게 욕을 먹으면 날카롭게 반응하고 거짓말을 한다. 이것이
그의 커다란 결점이다.

(4-7-820) (숫타니파타)구도자 팃사 마이트레야

순결을 지킬 때는 지혜로운 분이라고 존경받던 사람도, 성교에 빠지면 어리석은 사람처럼 괴로워한다.

(4-7-821) (숫타니파타)구도자 팃사 마이트레야

성자는 이 세상에서 언제든 이러한 재난이 있을 수 있음을 알아, 굳게 순결을 지키고 성교에 빠지지 말아야 한다.

(4-7-822) (숫타니파타)구도자 팃사 마이트레야

속된 일에서 떠나는 것을 배우라. 이것은 모든 성자에게 있어 으뜸가는 일이다. 그렇지만 이것만으로 자기가 최상이라고 생각해서는 안된다. 다만 평안에 가까워졌을 뿐이다.

(4-7-823) (숫타니파타)구도자 팃사 마이트레야

성자는 온갖 욕망을 거들떠보지 않으며, 이를 떠나 수행하고 거센 흐름을 건넜기 때문에, 온갖 욕망에 속박되어 살고 있는 사람들은 그를 부러워한다."

(4-8) 파수라

(4-8-824) (숫타니파타)파수라

어떤 사람들은 '이것만이 청정하다'고 고집하면서, 다른 가르침은 청정하지 않다고 말한다. 자기가 따르고 있는 것만을 진리라 하면서, 서로 다른 진리를 고집하고 있다.

(4-8-825) (숫타니파타)파수라

그들은 토론을 좋아하고, 토론장에 나가 서로 상대방을 어리석은 자라고 비방하며, 스승을 등에 업고서 논쟁을 벌인다. 자신이 논쟁에서 이기려고 스스로를 진리에 도달한 사람이라 한다.

(4-8-826) (숫타니파타)파수라

논쟁을 하는 사람은 이기고자 애를 쓴다. 그리고 패배하면 풀이 죽어 상대방의 결점을 찾다가 남에게 비난을 받고 화를 낸다.

(4-8-827) (숫타니파타)파수라

다른 사람들이 그에게 '그대는 패배했다. 논파당했다'라고 하면, 그는 슬피 울고 '저 사람이 나를 이겼다'며 비탄에 잠긴다.

(4-8-828) (숫타니파타)파수라

이러한 논쟁이 수행자들 사이에 일어나면, 이기는 사람이 있고 지는 사람이 있다. 사람들은 이것을 보고 논쟁을 하지 말아야 한다. 논쟁에서 이겨도 잠시 칭찬을 받는 것 이외에 아무런 이익도 없기 때문이다.

(4-8-829) (숫타니파타)파수라

또는 다른 사람들 앞에서 자기 의견을 말하고 칭찬을 받으면 속으로 기대했던 이익을 얻어 기뻐 우쭐해진다.

(4-8-830) (숫타니파타)파수라

우쭐해진다는 것은 오히려 그를 해치는 일이다. 그는 교만해지고 허세를 부리게 된다. 그러므로 논쟁을 해서는 안 된다. 지혜로운 사람은 논쟁으로 깨끗함을 얻을 수 있다고 말하지 않는다.

(4-8-831) (숫타니파타)파수라

국왕의 병사가 적의 병사를 보고 달려가는 것과 같다. 병사여, 그 적이 있는 곳으로 가라. 그러나 우리가 싸워야 하는 적은 처음부터 정해져 있는 것이 아니다.

(4-8-832) (숫타니파타)파수라

자기만의 철학적 견해를 가지고 논쟁하며 '이것만이 진리다'라고 말하는 사람들이 있다. 그들에게 말하라. '논쟁이 일어나도 그대를 상대해 줄 사람이 여기에는 없다'

(4-8-833) (숫타니파타)파수라

번뇌의 군대를 물리치고, 바른 견해가 모든 편견과 부딪히지 않게 하는 사람들이 있다. 그대는 그들에게서 무엇을 얻으려 하는가. 파수라여, 오랫동안 '으뜸가는 것'이었다고 해서 변하지 않는 것은 이 세상에 없다.

(4-8-834) (숫타니파타)파수라

그런데 그대는 '나야말로 승리를 거두리라' 생각하며, 마음속에 여러 가지 편견으로 사악함을 물리친 사람과 같이 걸어가고 있지만, 그것만으로는 진리에 이르지 못한다.

(4-9) 마간디야

(4-9-835) (숫타니파타)마간디야

스승께서 말씀하셨다.

"나는 예전에 도를 닦을 때에 집착과 혐오와 탐욕이라는 세 마녀를 보고도 그녀들과 어울리고 싶다는 생각이 들지 않았다. 그 여자들은 도대체 무엇인가. 오줌똥으로 가득 찬 그녀들에게 나는 발을 대기조차 싫었다."

(4-9-836) (숫타니파타)마간디야

마간디야가 말했다.

"만약 당신이 여러 왕들이 원했던 여자나 보물을 구한 것이 아니라면, 당신은 어떤 견해, 어떤 계율이나 도덕, 생활법, 그리고 어떤 생존 상태로 태어나는 것을 말씀하시는 것입니까?"

(4-9-837) (숫타니파타)마간디야

스승께서 대답하셨다.

"마간디야여, '나는 이런 것을 말한다'고 정해 놓은 것이 없다. 모든 사물에 대한 집착을 분명히 알고, 모든 견해에는 과오가 있음을 알고 어떤 견해를 고집하는 일 없이, 안으로 살피면서 마음의 평안을 알고 있다."

(4-9-838) (숫타니파타)마간디야

마간디야가 말했다.

"성인이시여, 당신께서는 생각하고 정해 놓은 것을 고집하지 않으며 '마음의 평안'이란 말씀을 하시는데, 다른 현인들은 어떻게 말하고 있습니까?"

(4-9-839) (숫타니파타)마간디야
스승은 대답하셨다.

"마간디야여, 견해나 학문에 의해서, 지식이나 계율, 또는 도덕에 의해서 깨끗해 질 수 있다고 나는 말하지 않는다. 견해와 학문과 지식이 없이도, 계율과 도덕 없이도 깨끗해질 수 있다고도 말하지 않는다. 그것들을 버리고 고집하지 않고 집착하지 않으며, 덧없는 생존을 원하지도 않는다. 이것이 '마음의 평안'이다."

(4-9-840) (숫타니파타)마간디야
마간디야가 말했다.

"만약 견해나 학문에 의해, 지식이나 계율 또는 도덕에 의해서도 깨끗해질 수 없다 하고, 또 무견해, 무학, 무식에 의해서도, 계율과 도덕 없이도 깨끗해질 수 없다고 한다면, 그것은 사람을 혼란스럽게 만드는 가르침이라고 생각합니다. 어떤 사람들은 견해에 의해 깨끗해질 수 있다고 생각합니다."

(4-9-841) (숫타니파타)마간디야
스승은 대답하셨다.

"마간디야여, 그대의 소견에 의지하여 묻기 때문에 집착에 빠진 것이다. 그대는 마음의 평안에 대해서 조금도 생각해 보지 않았다. 그래서 나에게 사람을 혼란하게 만든다고 말하는 것이다.

(4-9-842) (숫타니파타)마간디야
'뛰어나다'든가 '동등하다'든가 혹은 '뒤떨어진다'고 생각하는 사람, 그런 생각 때문에 흔들릴 것이다. 이 세 가지에 대해서 흔들리지 않는

사람에게는 '뛰어나다'든가 '동등하다'든가 혹은 '뒤떨어진다'는 생각
이 없다.

(4-9-843) (숫타니파타)마간디야

그런 바라문이 무엇 때문에 '내 말은 진실하다'고 하겠는가. 또 '네 말
은 거짓이다'라고 하며 누구와 논쟁하겠는가. 같다든가 같지 않다는
분별이 없어진 사람이 누구와 논쟁을 벌이겠는가.

(4-9-844) (숫타니파타)마간디야

집을 버리고 거처 없이 방랑하며 마을 사람들과 친교를 갖지 않는 성
인은, 온갖 욕망을 떠나 미래에 희망을 가져서도 안 되며, 또한 군중
들에게 이론을 내세워 논쟁을 벌여서도 안 된다.

(4-9-845) (숫타니파타)마간디야

성인은 모든 편견을 떠나 세상을 두루 다니며 수행하기 때문에, 고집
을 부리며 논쟁해서는 안 된다. 수련이나 연꽃이 물이나 진흙에 더럽
혀지지 않듯이, 성인은 평안을 말하는 사람이므로 탐내지 않고, 욕망
에도 세속에도 더럽혀지지 않는다.

(4-9-846) (숫타니파타)마간디야

베다에 통달한 사람은 견해나 사색에도 교만하지 않다. 그의 본성은
그런 것이 아니기 때문이다. 그는 업에도 학문에도 이끌리지 않는다.
그는 어떤 집착에도 끌려가지 않는다.

(4-9-847) (숫타니파타)마간디야

생각을 떠난 사람에게는 얽매임이 없다. 지혜에 의해서 해탈한 사람에게는 어리석음이 없다. 그러나 생각과 견해를 고집하는 사람들은 남과 충돌하면서 세상을 방황한다."

(4-10) 죽음 전

(4-10-848) (숫타니파타)죽음 전
"무엇을 보고 어떤 계율을 지키는 사람을 '평안하다'고 말할 수 있습니까? 고타마여, 가장 훌륭한 사람을 제게 말씀해 주십시오."

(4-10-849) (숫타니파타)죽음 전
스승은 대답하셨다.
"죽기 전에 집착을 떠나 과거에 얽매이지 않고 현재에 대해서도 이것저것 생각하지 않는다면, 그는 미래에 대해서도 별로 걱정할 것이 없다.

(4-10-850) (숫타니파타)죽음 전
그는 화내지 않고, 두려움에 떨지 않고, 교만하지 않고, 후회하지 않으며, 주문을 외거나 경박하게 굴지 않고, 말을 삼간다.

(4-10-851) (숫타니파타)죽음 전
미래를 원하지도 않고, 과거를 추억하며 우울해하지도 않는다. 감각에 닿는 모든 대상에서 멀리 떨어질 것을 생각하며, 어떤 견해에도 이끌리지 않는다.

(4-10-852) (숫타니파타)죽음 전

탐욕에서 멀리 떠나 거짓이 없고 욕심 내지 않으며, 인색하거나 거만 하지 않으며, 미움 받지 않고 두 가지 말을 하지 않는다.

(4-10-853) (숫타니파타)죽음 전
쾌락에 빠지지 않고 거만하지 않으며, 부드럽고 상냥하게 말하며, 어 떤 것을 무조건 믿는 일도 없고 욕심을 부리는 일도 없다.

(4-10-854) (숫타니파타)죽음 전
이익을 기대하고 배우는 것이 아니다. 이익이 없을지라도 성내지 않 는다. 집착 때문에 남을 미워하지 않으며 맛있는 음식을 탐내지도 않 는다.

(4-10-855) (숫타니파타)죽음 전
항상 침착하고 바른 생각을 가지고 있다. 남을 자기와 같다고도, 또 스스로 뛰어나거나 못하다고 생각하지도 않는다. 그에게는 더 이상 번뇌의 불이 타오르지 않는다.

(4-10-856) (숫타니파타)죽음 전
진리를 아는 사람은 걸림이 없다. 그에게는 생존을 위한 집착도, 생존 을 끊어버리려는 집착도 없다.

(4-10-857) (숫타니파타)죽음 전
모든 욕망을 돌아보지 않는 사람, 그런 사람이야말로 '평안한 사람'이 라고 나는 말한다. 그에게는 더 이상 얽매임이 없고, 이미 모든 집착 을 뛰어넘었다.

(4-10-858) (숫타니파타)죽음 전

그에게는 자식도 가축도 논밭도 집도 없다. 이미 얻은 것도, 아직 얻지 못한 것도 그에게서는 찾아 볼 수 없다.

(4-10-859) (숫타니파타)죽음 전

범부와 사문 또는 바라문들이 그를 비난하여 탐욕의 허물이 있다고 하겠지만, 그는 탐욕 같은 것을 생각해 본 적이 없다. 그는 여러 가지 논쟁에도 동요하지 않는다.

(4-10-860) (숫타니파타)죽음 전

성인은 탐욕을 떠나 인색하지 않으며 '나는 뛰어나다'든가 '나는 동등하다'든가 '나는 뒤떨어진다'고 말하지 않는다. 그는 이런 생각을 하지 않기 때문에, 그릇된 생각에도 빠지지 않는다.

(4-10-861) (숫타니파타)죽음 전

그는 세상에서 가진 것이 없다. 또 무소유를 걱정하지도 않는다. 그는 어떤 사물에도 이끌리지 않는다. 그는 참으로 '평안한 사람'이다."

(4-11) 투쟁

(4-11-862) (숫타니파타)투쟁

"투쟁, 논쟁, 근심, 슬픔, 인색, 오만, 거친 말은 어디서 일어나는 것인지 말씀해 주십시오."

(4-11-863) (숫타니파타)투쟁

"투쟁, 논쟁, 근심, 슬픔, 인색, 오만, 거친 말은 사랑하고 좋아하는
데서 생겨난다. 투쟁과 논쟁에는 인색이 따르고, 논쟁이 일어나면 거
친 말이 나온다."

(4-11-864) (숫타니파타)투쟁

"세상에서 사랑하고 좋아하는 것은 무엇에서 일어납니까. 또 세상에
널리 퍼져 있는 욕심은 무엇에서 일어나며, 사람이 내세에 대한 희망
과 그 성취는 무엇에서 일어납니까?"

(4-11-865) (숫타니파타)투쟁

"세상에서 사랑하고 좋아하는 것과 욕심은 욕망에서 일어난다. 또 사
람들이 내세에 대한 희망과 성취도 욕망에서 일어난다."

(4-11-866) (숫타니파타)투쟁

"그러면 욕망은 무엇에서 일어납니까? 형이상학적인 단정은 무엇에
서 일어납니까? 분노와 거짓말과 의혹과 사문이 말하는 일은 무엇에
서 일어납니까?"

(4-11-867) (숫타니파타)투쟁

"세상에서 유쾌, 불쾌라는 감정에서 욕망이 일어난다. 모든 물질적
존재에 생기고 소멸하는 것을 보고 세상 사람들은 외적인 사물에 사
로잡혔다고 단정을 내린다.

(4-11-868) (숫타니파타)투쟁

분노와 거짓말과 의혹은 유쾌, 불쾌의 두 가지 감정이 있을 때 일어난

다. 의혹이 있는 자는 지혜의 길에서 배우라. 사문은 알고 있기 때문에 여러 가지 일을 말하는 것이다."

(4-11-869) (숫타니파타)투쟁

"유쾌, 불쾌는 무엇에서 일어납니까. 또 무엇이 없을 때 이것이 일어나지 않습니까? 생기고 소멸하는 뜻과 그 원인이 되는 것을 말씀해 주십시오."

(4-11-870) (숫타니파타)투쟁

"유쾌, 불쾌는 접촉에서 일어난다. 접촉이 없을 때는 일어나지 않는다. 생기고 소멸하는 뜻과 그 원인이 되는 감촉을 나는 너에게 말한다."

(4-11-871) (숫타니파타)투쟁

"감촉은 무엇에서 일어납니까? 집착은 무엇에서 일어납니까? 무엇이 없을 때 집착이 없어집니까? 무엇이 없을 때 접촉이 없어집니까?"

(4-11-872) (숫타니파타)투쟁

"접촉은 이름과 형태에서 일어난다. 모든 집착은 요구에서 일어난다. 요구가 없을 때는 집착도 없어지며, 형태가 없을 때는 접촉도 없어진다."

(4-11-873) (숫타니파타)투쟁

"어떻게 수행하는 자에게 형태가 소멸됩니까? 소멸되는 모습을 말씀해 주십시오. 나는 그것이 알고 싶습니다. 나는 이같이 생각했습니다."

(4-11-874) (숫타니파타)투쟁

"바르게 생각하지도 말고 잘못 생각하지도 말며, 생각을 가지지도 말고 생각을 없애지도 말라. 이렇게 수행하는 자에게 형태가 소멸된다. 그러나 의식은 생각을 인연으로 넓어지는 것이다."

(4-11-875) (숫타니파타)투쟁

"우리가 당신께 물은 것은 당신께서는 잘 말씀해 주셨습니다. 우리는 또 다른 것을 당신께 묻겠습니다. 그것을 말씀해 주십시오. 이 세상에서 어떤 현자들은 이 상태야말로 사람의 가장 청정한 경지라고 말합니다. 혹시 이보다 더 청정한 경지가 있다고 말하는 사람이 있습니까?"

(4-11-876) (숫타니파타)투쟁

"이 세상의 어떤 현자들은 이 상태야말로 가장 청정한 경지라고 말한다. 또 그 가운데 어떤 사람은 단멸을 말하며, 정신도 육체도 남김없이 소멸되면 가장 청정한 경지가 있다고 말한다.

(4-11-877) (숫타니파타)투쟁

그러나 생각이 깊은 성인은, 이 사람들은 '걸림이 없다'는 것, 여러 가지 걸림을 알고 '현자는 덧없는 생존을 받지 않는다.'는 것을 알아, 해탈한 사람은 논쟁에 끼어들지 않는다."

(4-12) 첫째 문답

(4-12-878) (숫타니파타)첫째 문답

"세상 학자들은 저마다 서로 다른 견해를 가지고, 자기야말로 진리에 도달한 사람이라면서 여러 가지 주장을 한다. '이것을 아는 사람은 진리를 아는 사람이다. 이것을 비난하는 사람은 완전한 사람이 아니다'라고.

(4-12-879) (숫타니파타)첫째 문답

이렇듯 다른 견해를 가지고 논쟁하며 '저 사람은 어리석어 진리에 이르지 못했다'고 말한다. 그들은 모두 자기야말로 진리에 이른 사람이라 생각하는데, 그들 중 누구의 말이 진실한 것일까?

(4-12-880) (숫타니파타)첫째 문답

만약 남의 가르침을 인정하지 않는 사람이 어리석고 저속하여 지혜가 없는 자라면, 그들은 각자의 견해만을 고집하기 때문에 어리석고 지혜가 없는 것이다.

(4-12-881) (숫타니파타)첫째 문답

만약 자기의 견해로 인해 깨끗해지고, 완전한 지혜를 가진 자, 진리를 터득한 자, 밝은 지혜를 지닌 자가 된다면, 그들의 견해는 완전하기 때문에 그들 가운데 지혜가 부족한 자는 없을 것이다.

(4-12-882) (숫타니파타)첫째 문답

나는 어리석은 사람들이 서로 비방하는 말을 듣기만 할 뿐, '이것이 진실이다'고 그들에게 말하지 않는다. 그들은 각자의 견해만을 진실이라 생각하고 남을 '어리석은 자'라고 여긴다.

(4-12-883) (숫타니파타)첫째 문답

어떤 사람들이 '진리다, 진실하다'고 하는 것을 다른 사람들은 '거짓이다. 허황하다'고 말한다. 그들은 서로 다른 견해를 가지고 논쟁한다. 어째서 사문들은 똑같은 것을 똑같게 말하지 않는 것일까.

(4-12-884) (숫타니파타)첫째 문답
진리는 하나일 뿐, 둘은 없다. 그 진리를 아는 사람은 다투는 일이 없다. 그들은 각기 다른 진리를 찬양하고 있다. 그러므로 사문들은 똑같은 것을 똑같게 말하지 않는다.

(4-12-885) (숫타니파타)첫째 문답
스스로 진리에 이르렀다고 생각하며 그렇게 말하는 사람들이, 어째서 여러 가지 다른 진리를 내세우는 것일까. 그들은 여러 가지 다른 진리를 남에게 들은 것일까. 아니면, 자기의 생각에 의한 것일까.

(4-12-886) (숫타니파타)첫째 문답
세상에 여러 가지 진리가 영원히 존재하는 것은 아니다. 다만 영원할 것으로 상상할 뿐이다. 그들은 자기만의 편견에 사로잡혀 사색하고 탐구한 나머지 '내 말은 진리다' '다른 사람의 말은 허황하다'라고 말한다.

(4-12-887) (숫타니파타)첫째 문답
오래 전부터 전해 오는 견해나 학문, 계율, 서원, 사색 등 남의 말에 기대어, 자기 학설만을 고집하며 '반대하는 자는 어리석은 사람이다. 진리에 이르지 못한 사람이다.'

(4-12-888) (숫타니파타)첫째 문답

반대하는 사람은 어리석은 사람이라고 여기는 동시에, 자신은 진리에 이른 사람이라고 생각한다. 스스로 진리에 이른 사람이라 하면서 다른 사람을 무시한다.

(4-12-889) (숫타니파타)첫째 문답

그는 그릇된 생각으로 차 있고 교만이 넘쳤다. 자기를 완전하다고 생각하고, 최고의 인간이라고 생각한다. 자신이 볼 때 그처럼 완성된 것이다.

(4-12-890) (숫타니파타)첫째 문답

만약 남이 자기를 어리석은 사람이라고 말한다고 정말 어리석은 사람이 된다면, 그렇게 말하는 사람 자신도 상대방과 함께 어리석은 사람이 될 것이다. 또한 스스로를 베다에 통달한 사람, 지혜로운 사람이라 부를 수 있다면, 여러 사문 중에 어리석은 사람은 단 한 사람도 없다.

(4-12-891) (숫타니파타)첫째 문답

'내 학설 이외의 가르침을 말하는 사람들은 청정하지 않으며 완전한 사람이 아니다'라고 이교도들은 말한다. 그들은 자신들의 견해에 빠져 때가 끼인 것이다.

(4-12-892) (숫타니파타)첫째 문답

자기 학설만이 청정하고, 남의 가르침은 청정하지 않다고 한다. 이교도의 무리들은 이와 같은 집착에 빠져 자기의 학설만을 완고하게 내세운다.

(4-12-893) (숫타니파타)첫째 문답
자기의 학설을 완고하게 내세우지만, 어느 누구를 어리석은 사람이
라 볼 수 있을 것인가. 남의 가르침을 어리석다거나 옳지 않다고 한다
면, 그는 스스로 옹고집이 된다.

(4-12-894) (숫타니파타)첫째 문답
학설의 결정에 있어 스스로 잘 헤아리면서도 다시 세상에서 논쟁을
만들게 된다. 모든 철학적 단정을 버렸다면 고집을 부리지 않는다.”

(4-13) 둘째 문답

(4-13-895) (숫타니파타)둘째 문답
“이렇게 자신의 견해를 고집하면서 ‘이것만이 진리다’라고 주장하는
사람은 다른 사람으로부터 비난을 받는다. 다만 그를 따르는 일부 사
람들의 칭찬을 받을 뿐.

(4-13-896) (숫타니파타)둘째 문답
칭찬을 받는다 할지라도 그것은 순간이어서 평안을 얻지 못한다. 논
쟁의 결과는 칭찬과 비난 두 가지 뿐이다. 이것을 보고 그대들은 논쟁
이 없는 절대 평안의 경지를 알아 논쟁을 하지 마라.

(4-13-897) (숫타니파타)둘째 문답
저속한 무리들이 갖는 이러한 세속적인 견해를 지혜로운 사람은 가
까이하지 않는다. 그는 보고 듣는 일에 대해 ‘이것이다’라고 단정하지
않기 때문에 걸림이 없다. 그가 무엇에 걸릴 것인가.

(4-13-898) (숫타니파타)둘째 문답

계율을 으뜸으로 여기는 사람들은 '계율을 지킴으로써 청정을 얻을 수 있다'고 말하며 계율을 받는다. '이 가르침을 따르자, 그러면 청정을 얻을 수 있을 것이다'라고 하면서, 진리에 이르렀다고 말하는 사람들은 덧없는 생존에 유혹된다.

(4-13-899) (숫타니파타)둘째 문답

계율이나 도덕을 깨뜨리게 되면 그는 두려움에 떨 것이다. 그는 '이곳에만 청정이 있다'라며 그것을 바랄 것이다. 카라반에서 떨어진 상인이 카라반을 찾고, 집을 떠난 나그네가 집을 찾듯이.

(4-13-900) (숫타니파타)둘째 문답

모든 계율과 맹세를 버리고, 세상에서 죄가 있든 없든 모든 행위를 버리고, 청정하거나 청정하지 않다고 하면서 어떤 것을 구하는 일도 없이, 평안을 고집하지도 말고 얽매이지도 말고 수행하라.

(4-13-901) (숫타니파타)둘째 문답

하기 싫은 고행을 하고, 보고 배우고 생각한 것을 가지고 목청을 높여 청정을 찬양하는 이는, 덧없는 생존에 대한 집착을 버리지 못한다.

(4-13-902) (숫타니파타)둘째 문답

원하고 구하는 이에게는 욕심이 따른다. 계획을 짜는 이에게는 두려움이 따른다. 이 세상에서 생도 사도 없는 사람, 그가 무엇을 두려워하며 무엇을 원하고 구할 것인가.

(4-13-903) (숫타니파타)둘째 문답

어떤 사람은 '가장 뛰어난 것'이라고 하고 다른 사람들은 '천박한 것'이라고 한다. 그들은 저마다 자신이야말로 진리에 이른 사람이라고 하는데, 누구의 말이 진실한 것일까.

(4-13-904) (숫타니파타)둘째 문답

그들은 자기의 가르침만을 완전하다고 하고 남의 가르침은 천박하다고 한다. 그들은 이렇게 서로 다른 견해를 가지고 논쟁하며, 저마다 자기의 가르침을 진리라고 말한다.

(4-13-905) (숫타니파타)둘째 문답

남이 천박하다고 비난하면 정말 천박해진다면 모든 가르침 중에 뛰어난 것은 하나도 없다. 세상 사람들은 자기 가르침만 고집하고, 남의 가르침은 불완전하다고 하기 때문이다.

(4-13-906) (숫타니파타)둘째 문답

그들은 스스로 자기의 길을 찬양하는 것처럼, 자기의 가르침을 존중하고 있다. 그렇다면 세상의 모든 가르침은 진실하다고 해야 할 것이다. 그들에게 있어서 그 가르침은 모두가 청정하기 때문이다.

(4-13-907) (숫타니파타)둘째 문답

바라문들은 남에게 이끌리지 않는다. 또한 여러 가르침에 대해서 단정을 내리지도 않는다. 그러므로 그들은 모든 논쟁에서 초월해 있으며, 남의 가르침을 가장 훌륭하다고 보지도 않는다.

(4-13-908) (숫타니파타)둘째 문답

'우리는 안다, 우리는 본다, 이것은 사실이다'라는 견해에 의해 청정해질 수 있다고 어떤 사람은 말한다. 비록 그가 보았다 해도 그것이 무슨 소용이 있겠는가. 그는 바른 길에서 벗어난 채, 다른 것에 의해 청정해질 수 있다고 한다.

(4-13-909) (숫타니파타)둘째 문답

보는 사람은 이름과 형태를 본다. 보고 나서는 그것들이 영원하며, 즐거움을 주고, 실제로 존재한다고 믿는다. 보고 싶은 사람은 많든 적든 그렇게 볼 것이다. 그러나 진리에 도달한 사람들은 그렇게 봄으로써 청정해진다고 말하지 않는다.

(4-13-910) (숫타니파타)둘째 문답

집착하여 말하는 사람은 자신의 견해만 존중하므로 그를 인도하기란 매우 어렵다. 자기가 믿고 있는 것만을 옳다고 하며, 그것에 의해서만 청정을 얻을 수 있다고 주장하는 사람은 그와 같이 하나만을 본다.

(4-13-911) (숫타니파타)둘째 문답

바라문은 바르게 알고 그릇된 생각을 하지 않는다. 자기 소견에 휩쓸리지 않고 지식에 기대지도 않는다. 그는 범속한 모든 견해를 알고 있지만 어느 것에도 마음을 두지 않는다. 다른 사람들은 거기에 집착하고 있지만.

(4-13-912) (숫타니파타)둘째 문답

성자는 이 세상에서 모든 속박을 버리고, 논쟁이 벌어졌을 때에도 어느 한쪽에 가담하지 않는다. 그는 불안한 사람들 가운데 있으면서도 평안하고 집착이 없다.

(4-13-913) (숫타니파타)둘째 문답

지나간 허물은 버리고 새로운 허물은 짓지 않으며, 욕심 부리지 않고 논쟁에 집착하는 일도 없다. 현자는 모든 견해에서 벗어나 세상에 물들지 않으며 자책할 일도 없다.

(4-13-914) (숫타니파타)둘째 문답

현자는 보고 배우고 생각한 어떤 일에 대해서도 맞서지 않는다. 그는 모든 짐을 벗어 버렸다. 그는 계략을 꾸미지 않고, 쾌락에 빠지지 않으며, 아무것도 바라지 않는다.”

(4-14) 빠름

(4-14-915) (숫타니파타)빠름

“태양의 후예이신 위대한 성인께 세속에서 멀리 떠나는 일과 평안의 경지에 대해 묻겠습니다. 수행자는 어떻게 해야 세상의 어떤 것에도 집착하지 않고 평안에 들 수 있겠습니까?”

(4-14-916) (숫타니파타)빠름

스승은 대답하셨다.

“나는 존재한다는 의식을 모두 잘라 버리고, 내 안에 도사리고 있는 온갖 집착까지도 눌러 버리도록 항상 열심히 배워라.

(4-14-917) (숫타니파타)빠름

안으로든 밖으로든, 진리를 알기 위해 노력하라. 그렇다고 마음이 교만해져서는 안 된다. 진리에 도달한 사람은 그것을 평안이라고 하지 않는다.

(4-14-918) (숫타니파타)빠름

이로 말미암아 '나는 뛰어나다'든가 '나는 뒤떨어진다' 또는 '나는 동등하다'라고 생각해서는 안 된다. 여러 가지 질문을 받더라도 자기가 뛰어나다고 망령되이 생각하지 말라.

(4-14-919) (숫타니파타)빠름

수행자는 마음이 평안해야 한다. 밖에서 고요함을 찾지 말라. 안으로 평안하게 된 사람은 고집할 것이 없다. 하물며 버릴 것이 있으랴.

(4-14-920) (숫타니파타)빠름

바다 깊은 곳에는 파도가 일지 않고 잔잔하듯이, 고요히 멎어 움직이지 말라. 수행자는 어떤 욕심도 내서는 안 된다."

(4-14-921) (숫타니파타)빠름

"눈을 뜨신 분께서는 직접 체험하신 위험과 재난을 극복하는 방법을 말씀해 주십시오. 바른 길을 일러 주십시오. 계율이나 정신을 안정시키는 방법도 함께 말씀해 주십시오."

(4-14-922) (숫타니파타)빠름

"눈으로 보는 것을 탐내지 말라. 저속한 이야기에 귀 기울이지 말라.

맛에 빠져 들지 말라. 세상에 있는 어떤 것도 내 것이라고 고집하지
말라.

(4-14-923) (숫타니파타)빠름

고통을 겪을 때도 수행자는 결코 비탄에 빠져서는 안 된다. 생존에 집
착해서는 안 된다. 무서운 것을 만났을 때도 두려워해서는 안 된다.

(4-14-924) (숫타니파타)빠름

음식이나 옷을 얻더라도 너무 많아서는 안 된다. 또 그런 것을 얻을
수 없다고 해서 걱정해서도 안 된다.

(4-14-925) (숫타니파타)빠름

마음을 안정시켜라. 흔들려서는 안 된다. 후회하지 말라. 게으르지 말
라. 그리고 수행자는 한가하고 고요한 자리와 누울 곳에서 살아야 한다.

(4-14-926) (숫타니파타)빠름

잠을 많이 자서는 안 된다. 부지런하고 늘 깨어 있어야 한다. 게으름
과 수다와 이성의 사귐과 겉치레를 버려라.

(4-14-927) (숫타니파타)빠름

내 제자는 꿈을 해몽하거나 관상을 보거나 점을 쳐서는 안 된다. 그리
고 임신술이나 의술을 행해서도 안 된다.

(4-14-928) (숫타니파타)빠름

수행자는 비난을 받더라도 걱정해서는 안 된다. 칭찬을 받더라도 우

쭐거려서는 안 된다. 탐욕과 인색과 성냄과 욕설을 멀리해야 한다.

(4-14-929) (숫타니파타)빠름

수행자는 장사를 해서는 안 된다. 결코 남을 비방해서는 안 되고 마을 사람들과 가까이 사귀어서도 안 된다. 이익 때문에 사람들을 만나서는 안 된다.

(4-14-930) (숫타니파타)빠름

수행자는 거만해서는 안 된다. 자신의 이익을 위해 말을 꾸며서도 안 된다. 거만하거나 불화를 일으킬 말을 해서도 안 된다.

(4-14-931) (숫타니파타)빠름

거짓말을 하지 마라. 남을 속이지 않도록 하라. 그리고 생활에 대해서 지혜에 대해서, 계율이나 도덕에 대해서 스스로 남보다 뛰어나다고 생각해서는 안 된다.

(4-14-932) (숫타니파타)빠름

출가 수행자는 말 많은 세속인들한테 욕을 먹거나 불쾌한 말을 듣더라도 거친 말로 대꾸해서는 안 된다. 진정한 수행자는 적대적인 대답을 하지 않는다.

(4-14-933) (숫타니파타)빠름

수행자는 이 이치를 알아, 깊이 생각하고 늘 조심해서 배워라. 모든 번뇌가 소멸된 상태가 '평안'임을 알고, 고타마의 가르침을 게을리 하지 말라.

(4-14-934) (숫타니파타)빠름

그는 스스로 이기거나 남에게 지는 일이 없다. 남에게서 전해들은 것이 아니고 스스로 깨달은 진리를 보았다. 그러므로 스승의 가르침에 게으르지 말고, 항상 예배하고 따라 배워라." 하고 스승은 말씀하셨다.

(4-15) 무기를 드는 일

(4-15-935) (숫타니파타)무기를 드는 일

"서로 죽이려고 싸우는 사람들을 보라. 무기를 드는 데서 두려움이 생긴다. 내가 어떻게 해서 그것을 멀리했는지 말하리라.

(4-15-936) (숫타니파타)무기를 드는 일

물이 말라가는 개울의 물고기처럼 두려움에 떨고 있는 사람들을 보고, 서로 미워하는 사람들을 보고 나는 두려웠다.

(4-15-937) (숫타니파타)무기를 드는 일

이 세상 어느 곳도 견고하지 않다. 어느 곳이나 모두 흔들리고 있다. 나는 내가 의지해야 할 곳을 찾았지만, 이미 죽음과 고통에 사로잡히지 않은 곳이 없었다.

(4-15-938) (숫타니파타)무기를 드는 일

모든 살아 있는 것이 결국 죽어가는 것을 보고 나는 불안해졌다. 그리고 그들의 마음속에 차마 볼 수 없는 번뇌의 화살이 박혀 있는 것을 보았다.

(4-15-939) (숫타니파타)무기를 드는 일

이 화살이 박힌 자는 사방을 헤맨다. 이 화살을 뽑아 버리면 헤매지도 않고 죽지도 않는다.

(4-15-940) (숫타니파타)무기를 드는 일

세상에서는 여러 가지 학문을 배운다. 그러나 여러 가지 속박의 굴레에 빠져서는 안 된다. 모든 욕망을 완전히 알고 나서 평안을 배워라.

(4-15-941) (숫타니파타)무기를 드는 일

성자는 성실해야 한다. 오만하지 않고, 더러운 탐욕과 인색을 초월해야 한다.

(4-15-942) (숫타니파타)무기를 드는 일

마음의 평안을 얻고자 하는 사람은, 잠과 권태와 우울을 이겨내야 한다. 게을러서는 안 된다. 교만해서도 안 된다.

(4-15-943) (숫타니파타)무기를 드는 일

거짓말을 하지 마라. 아름다운 겉모양에 집착하지 말라. 또 교만한 마음을 잘 알고 포악하지 말라.

(4-15-944) (숫타니파타)무기를 드는 일

낡은 것을 좋아하지 말라. 새로운 것에 매혹당하지도 말라. 사라져 가는 것을 슬퍼하지 말라. 잡아끄는 것에 붙잡히지 말라.

(4-15-945) (숫타니파타)무기를 드는 일

나는 잡아끄는 것을 탐욕, 거센 흐름, 빨아들이는 욕망이라고 부르며, 또는 계략, 넘기 힘든 욕망의 진흙탕이라고도 한다.

(4-15-946) (숫타니파타)무기를 드는 일
성자와 바라문은 진실에서 떠나지 않고, 확실한 언덕 위에 서 있다. 그는 모든 것을 버리고 '평안에 이른 사람'이라 불린다.

(4-15-947) (숫타니파타)무기를 드는 일
그는 지혜로운 사람이고 베다에 통달한 사람이다. 그는 진리를 알아 걸림이 없다. 그는 세상에서 바르게 행동하고, 어떤 것도 부러워하지 않는다.

(4-15-948) (숫타니파타)무기를 드는 일
이 세상에서 모든 욕망을 초월하고, 극복하기 어려운 집착을 넘어선 사람은 거센 흐름에 떠내려가지도 않고 얽매이지도 않는다. 걱정하지 않고 누군가를 좋아해 애태우지도 않는다.

(4-15-949) (숫타니파타)무기를 드는 일
과거에 있었던 번뇌를 지워 버려라. 미래에는 아무 것도 없게 하라. 현재 어떤 일에도 집착하지 않는다면 그대는 평안해진다.

(4-15-950) (숫타니파타)무기를 드는 일
이름과 형태에 대해서 내 것이라는 생각이 전혀 없는 사람, 또는 무엇인가 없다고 해서 근심하지 않는 사람, 그는 참으로 늙지 않는다.

(4-15-951) (숫타니파타)무기를 드는 일

'이것이 내 것이다' 또는 '이것은 남의 것이다' 하는 생각이 없는 사람, 그는 내 것이라는 관념이 없으므로, 내게 없다고 해서 슬퍼하지 않는다.

(4-15-952) (숫타니파타)무기를 드는 일

시기하지 않고, 탐내지 않으며, 마음이 흔들려 괴로워하지 않고, 만물에 대해 평등하며, 어떤 것도 두려워하지 않는 사람이 있다. 그에 대해 묻는 이가 있거던, 나는 그의 아름다운 점을 이렇게 말한다.

(4-15-953) (숫타니파타)무기를 드는 일

지혜가 있는 사람은 마음이 흔들려 괴로워하지 않고, 그에게는 어떤 거짓도 있을 수 없다. 그는 꾸밈에서 벗어나 가는 곳마다 평안을 본다.

(4-15-954) (숫타니파타)무기를 드는 일

성자는 자기가 대등한 사람들 속에 있다고 생각하지 않고, 못난이들 속에 있다거나 잘난 사람들 속에 있다고도 하지 않는다. 그는 평안에 들어가 인색하지 않으며, 어떤 것도 가지거나 버리지 않는다."

(4-16) 사리불

(4-16-955) (숫타니파타)사리불

제자 사리불이 물었다.

"중생의 주인이신 스승께서 도솔천에서 내려오시어 이와 같이 훌륭하게 설법하신 것을 저는 아직 본 적도 없고 누구에게서 들은 적도 없습니다.

(4-16-956) (숫타니파타)사리불

눈 있는 사람은 신과 세상 사람들이 보는 것처럼, 모든 어둠을 벗겨버리고 홀로 진리의 즐거움을 얻으셨습니다.

(4-16-957) (숫타니파타)사리불

걸림 없이, 거짓 없이 오신 스승이시여, 눈 뜬 사람인 당신께 번뇌에 쌓인 많은 사람을 위해 묻습니다.

(4-16-958) (숫타니파타)사리불

수행자는 세상이 싫어 사람이 없는 곳이나 나무 아래, 혹은 묘지나 산골짜기의 동굴 속을 거처로 합니다.

(4-16-959) (숫타니파타)사리불

그리고 이런 곳에서는 얼마나 무서운 일이 생길지 모릅니다. 수행자는 소리 없는 곳에서 지내더라도 무서워하지 않습니다.

(4-16-960) (숫타니파타)사리불

아무도 가보지 않은 곳으로 갈 때는 위험이 따르게 마련입니다. 그러나 수행자는 외딴 곳에 살더라도 위험을 이겨 내야 합니다.

(4-16-961) (숫타니파타)사리불

부지런히 정진하는 수행자에게는 어떤 위험이 있습니까? 그의 행동은 어떻게 합니까? 또 계율이나 맹세는 어떻게 합니까?

(4-16-962) (숫타니파타)사리불
마치 대장장이가 은의 때를 벗겨 내듯, 마음을 안정시켜 바르게 생각
하는 어진 사람은 어떤 학문으로 몸에 묻은 때를 씻어 버립니까?"

(4-16-963) (숫타니파타)사리불
스승은 대답하셨다.
"사리불이여, 세상이 싫어 사람이 없는 곳에서 살고 깨달음을 구하는
사람들이 즐기는 경지와, 법에 따라 실천해야 하는 것을 내가 그대에
게 말할 것이다.

(4-16-964) (숫타니파타)사리불
똑바로 정신을 차리고 분수를 지키는 지혜로운 수행자는 다섯 가지
두려움에 떨어서는 안 된다. 쇠파리, 모기, 뱀, 도둑을 만나는 일과 네
발 가진 짐승들이다.

(4-16-965) (숫타니파타)사리불
이교도들을 두려워해서는 안 된다. 그들에게 두려워할 것이 많을지
라도. 또한 진리를 추구하며 모든 위험과 재난을 이겨내라.

(4-16-966) (숫타니파타)사리불
병이나 굶주림, 추위나 더위를 견뎌야 한다. 저 집 없는 사람은 그런
것들이 닥쳐와도 용기를 가지고 굳세게 살아야 한다.

(4-16-967) (숫타니파타)사리불
도둑질을 하지 말라. 거짓말을 하지 말라. 약한 것이나 강한 것이나

모든 생물을 자비로운 마음으로 대하라. 마음의 혼란을 느꼈을 때는 '악마의 무리'라 생각하고 물리쳐라.

(4-16-968) (숫타니파타)사리불

분노와 교만에 지배되지 말라. 그것을 뿌리째 뽑아 버려라. 또 유쾌한 것이나 불쾌한 것이나 모두 극복해야 한다.

(4-16-969) (숫타니파타)사리불

지혜를 소중히 여기고 선을 좋아하여 위험과 재난을 물리쳐라. 거친 땅에 눕는 불편함을 참으라. 다음 네 가지 걱정을 극복해야 한다.

(4-16-970) (숫타니파타)사리불

'나는 무엇을 먹을까?'
'나는 어디서 먹을까?'
'어젯밤 나는 잠을 편히 자지 못했다.'
'오늘밤 나는 어디서 잘 것인가?'
집을 버리고 진리를 배우는 사람은, 이러한 네 가지 걱정을 극복하라.

(4-16-971) (숫타니파타)사리불

적당한 때 음식과 옷을 얻고, 양이 적더라도 만족할 줄 알라. 옷과 음식에 욕심을 부리지 말고, 마을을 지날 때는 조심하며 욕을 먹더라도 거친 말로 대꾸해서는 안된다.

(4-16-972) (숫타니파타)사리불

눈을 아래로 두고, 여기저기 두리번거리지 말며, 깊이 생각하고 언제나 깨어 있으라. 마음을 고요히 하고 정신을 하나로 모아 집착과 욕망과 회환을 끊어버려라.

(4-16-973) (숫타니파타)사리불

남에게 충고를 받았을 때는 반성하고 감사하라. 함께 수행하는 사람에게 거친 마음을 가져서는 안 된다, 좋은 말을 하고 때에 맞지 않은 말을 해서는 안 된다. 남을 비방해서도 안 된다.

(4-16-974) (숫타니파타)사리불

또 세상에는 다섯 가지 티끌이 있다. 주의깊은 사람은 절제할 것을 배워라. 형상, 소리, 냄새, 맛, 접촉에 대한 욕망을 이겨 내라.

(4-16-975) (숫타니파타)사리불

수행자는 온전히 자유로운 마음을 가지고 이런 것에 대한 욕망을 절제하라. 그는 적당한 때에 법을 바르게 살피고 마음을 통일시켜 어둠을 없앤다."
이와 같이 스승은 말씀하셨다.

5. 숫타니파타 피안에 이르는 길

(5-1) 피안에 이르는 길 서문

(5-1-976) (숫타니파타)피안에 이르는 길 서문

베다에 통달한 바라문이 무소유의 경지에 이르고자 구살라국의 아름
다운 도시에서 남국으로 내려왔다.

(5-1-977) (숫타니파타)피안에 이르는 길 서문

그는 앗사카와 아리카 두 나라 중간을 흐르는 고다바리 강가에서 이
삭을 줍고 나무 열매를 먹으면서 살고 있었다.

(5-1-978) (숫타니파타)피안에 이르는 길 서문

그 강가에는 큰 마을이 있었는데, 그곳에서 얻은 것으로 그는 큰 제사
를 지냈다.

(5-1-979) (숫타니파타)피안에 이르는 길 서문

그가 제사를 끝내고 암자로 돌아왔을 때 바라문 한 사람이 찾아왔다.

(5-1-980) (숫타니파타)피안에 이르는 길 서문

그의 발은 상했고 목은 검게 탔으며 이는 더럽고 머리는 먼지로 뒤덮
여 있었다. 그는 암자 안의 바라문에게 금화 오백 냥을 구걸했다.

(5-1-981) (숫타니파타)피안에 이르는 길 서문

바라문은 그를 보자 앉을 자리를 권하고 그의 안부와 건강을 물으면서, 다음과 같이 말했다.

(5-1-982) (숫타니파타)피안에 이르는 길 서문

"내가 가지고 있던 것은 다 베풀어 주었습니다. 바라문이여, 용서해 주시오. 내게는 금화 오백 냥이 없습니다."

(5-1-983) (숫타니파타)피안에 이르는 길 서문

"내가 구걸하는데도 당신이 베풀어 주지 않는다면, 지금부터 칠 일 후에 당신의 머리는 부서져 일곱 조각이 날 것이오."

(5-1-984) (숫타니파타)피안에 이르는 길 서문

거짓말을 한 그 바라문은 주문을 외우며 무서운 저주를 퍼부었다. 그 말을 듣고 바라문은 괴로워했다.

(5-1-985) (숫타니파타)피안에 이르는 길 서문

그는 걱정의 화살을 맞아 음식도 먹지 못하고 풀이 죽어 있었다. 이런 사람은 정신의 안정을 누릴 수 없는 법이다.

(5-1-986) (숫타니파타)피안에 이르는 길 서문

바라문이 두려워하고 괴로워하고 있는 것을 본, 암자를 지키는 여신이 이렇게 말했다.

(5-1-987) (숫타니파타)피안에 이르는 길 서문

"그는 머리를 알지 못합니다. 그는 재물을 탐내는 사기꾼입니다. 그는 머리가 부서지는 것도 알지 못합니다."

(5-1-988) (숫타니파타)피안에 이르는 길 서문
"그럼 당신은 알고 있겠군요. 바라건대, 머리가 부서지는 것을 내게 가르쳐 주십시오. 나는 당신의 말을 듣고 싶습니다."

(5-1-989) (숫타니파타)피안에 이르는 길 서문
"나는 그것을 알지 못합니다. 그것에 대한 지식이 내게는 없습니다. 머리가 부서지는 것을 부처님은 알고 계십니다."

(5-1-990) (숫타니파타)피안에 이르는 길 서문
"그럼 이 세상에서 머리가 부서지는 것은 누가 알고 있습니까? 여신이여, 그것을 내게 말해 주십시오."

(5-1-991) (숫타니파타)피안에 이르는 길 서문
"옛날 가비라위(迦毘羅衛, Kapila-vastu) 성에서 태어난 세상의 지도자가 계십니다. 그는 감자왕의 후예이고 석가족의 아들로서, 세상을 비추고 있습니다.

(5-1-992) (숫타니파타)피안에 이르는 길 서문
바라문이여, 그는 참으로 눈을 뜬 사람이고 모든 것에 통달해 있습니다. 온갖 신통력을 가지고 있고 모든 것을 꿰뚫어 보는 눈을 가졌습니다. 온갖 것을 소멸한 경지에 이르렀고 번뇌를 멸해 해탈했습니다.

(5-1-993) (숫타니파타)피안에 이르는 길 서문

눈 뜬 분, 거룩한 스승, 눈 있는 분으로 불리는 그는 세상에서 법을 설하십니다. 당신은 그분께 가서 물으십시오. 그분은 말씀해 주실 것입니다."

(5-1-994) (숫타니파타)피안에 이르는 길 서문

'눈 뜬 분'이란 말을 듣고 바라문은 몹시 기뻐했다. 근심은 가벼워졌고 기쁨이 넘쳤다.

(5-1-995) (숫타니파타)피안에 이르는 길 서문

바라문은 기뻐하며 여신에게 물었다.
"세상의 지도자는 어느 마을, 어느 거리, 어느 집에 계십니까? 그곳에 가서 가장 뛰어난 정각자에게 예배드리겠습니다."

(5-1-996) (숫타니파타)피안에 이르는 길 서문

"승리자, 지혜가 많은 사람, 티 없는 사람, 머리가 부서지는 것을 알고 있는 사람, 소의 왕 같은 사람, 석가족의 아들은 구살라국의 수도인 사위성에 계십니다."

(5-1-997) (숫타니파타)피안에 이르는 길 서문

그는 베다에 통달한 제자 바라문들에게 말했다.
"바라문들이여. 나는 너희들에게 알리니, 내 말을 들으라.

(5-1-998) (숫타니파타)피안에 이르는 길 서문

세상에 출현하기 어려운 고귀한, 저 눈 뜬 분이 지금 세상에 나타나셨다. 너희들은 어서 사위성으로 가서 뛰어난 그분을 뵈어라."

(5-1-999) (숫타니파타)피안에 이르는 길 서문

"스승이시여, 우리가 그분을 보고 '눈 뜬 분'임을 어떻게 알아볼 수 있는지 가르쳐 주십시오. 우리는 알 수가 없습니다."

(5-1-1000) (숫타니파타)피안에 이르는 길 서문

"베다에 서른두 가지 완전한 위인의 상이 전해지고 있고, 차례로 설명되어 있다.

(5-1-1001) (숫타니파타)피안에 이르는 길 서문

몸에 그런 서른두 가지 위인의 상이 있는 사람, 그의 앞에는 두 가지 길이 있을 뿐, 셋째 길은 없다.

(5-1-1002) (숫타니파타)피안에 이르는 길 서문

만약 그가 세상에 머문다면 이 천하를 정복한다. 형벌이나 무기에 의존하지 않고 진리로 통치한다.

(5-1-1003) (숫타니파타)피안에 이르는 길 서문

또 그가 집을 나와 집 없는 사람이 된다면 덮여 있는 것을 벗기고, 더없이 높은 눈 뜬 사람, 존경받는 사람이 된다.

(5-1-1004) (숫타니파타)피안에 이르는 길 서문

내가 태어난 해와 이름과 모습의 특징과 제자들과 머리와 머리가 부서지는 것을 마음속으로 그에게 물으라.

(5-1-1005) (숫타니파타)피안에 이르는 길 서문
만약 그가 진정 눈 뜬 사람이라면, 마음속으로 묻는 질문에 말로써 대답할 것이다."

(5-1-1006) (숫타니파타)피안에 이르는 길 서문
바라문의 말을 듣고 제자인 열여섯 명의 바라문은 아지타와 팃사 메티야, 푼나카, 멧타구,

(5-1-1007) (숫타니파타)피안에 이르는 길 서문
도타카, 우파시바, 난다, 헤마카, 토디야, 캅파, 현자 자투칸닌,

(5-1-1008) (숫타니파타)피안에 이르는 길 서문
바드라우다, 우다야, 포사라 바라문과 지혜로운 모가라자와 위대한 수행자 핑기야이다.

(5-1-1009) (숫타니파타)피안에 이르는 길 서문
그들은 저마다 무리들을 이끌고 있었으며 세상에 이름을 떨치고 정신이 안정된 이들이며, 평안한 마음을 즐기고 현명하며 전생에 온갖 선한 일을 했던 사람들이다.

(5-1-1010) (숫타니파타)피안에 이르는 길 서문
머리를 땋고 염소 가죽을 걸친 그들은 모두 바라문에게 예를 갖춰 절하고, 또 바른편으로 돌아나가 북쪽으로 떠났다.

(5-1-1011) (숫타니파타)피안에 이르는 길 서문

무라카의 수도 파티타나에 들어갔고, 옛날의 수도인 마힛사티로, 또 웃제니, 고낫다, 베디사, 바나사라는 곳으로,

(5-1-1012) (숫타니파타)피안에 이르는 길 서문

그리고 코삼비, 사케타, 최고의 도시 사위성으로 갔다. 또 세타비야, 카필라밧투, 구시성의 궁전으로 들어갔다.

(5-1-1013) (숫타니파타)피안에 이르는 길 서문

그리고 향락의 도시 파바로, 비사리로, 마갈타국의 수도 왕사성으로 가서, 아름답고 상쾌한 돌의 영지에 이르렀다.

(5-1-1014) (숫타니파타)피안에 이르는 길 서문

목마른 사람이 냉수를 찾듯이, 상인이 큰 이익을 구하듯이, 더위에 지친 사람이 나무 그늘을 찾듯이 그들은 서둘러 거룩한 스승이 계신 산으로 올라갔다.

(5-1-1015) (숫타니파타)피안에 이르는 길 서문

그때 거룩한 스승은 여러 수행자들 앞에서 사자가 숲속에서 포효하듯 법을 설하고 계셨다.

(5-1-1016) (숫타니파타)피안에 이르는 길 서문

아지타는 빛을 비추는 태양 같고 둥근 보름달 같은 눈 뜬 사람을 보았다.

(5-1-1017) (숫타니파타)피안에 이르는 길 서문

그때 아지타는 부처님 몸에 위인의 상이 있는 것을 보고 기뻐하면서

한쪽에 서서 마음속으로 이렇게 물었다.

(5-1-1018) (숫타니파타)피안에 이르는 길 서문
'저의 스승 바라문의 태어난 해를 말하시오. 이름과 모습의 특징을 말하시오. 몇 명의 제자를 가르치고 있는 지 말해 보시오.'

(5-1-1019) (숫타니파타)피안에 이르는 길 서문
"그의 나이는 백 이십 살이다. 그의 이름은 바라문이고 몸에는 세 가지 특징이 있으며 그는 3베다의 깊은 뜻에 통달해 있다.

(5-1-1020) (숫타니파타)피안에 이르는 길 서문
위인의 특징과 전설과 어휘와 의례에 통달하고, 오백 명의 제자를 가르치며 자기 교설의 극치에 도달해 있다."

(5-1-1021) (숫타니파타)피안에 이르는 길 서문
'집착을 끊어버린 으뜸가는 분이시여, 바라문이 가진 모든 특징을 자세히 말씀해 주십시오. 제가 의심을 갖지 않도록 해주십시오.'

(5-1-1022) (숫타니파타)피안에 이르는 길 서문
"바라문이여, 그는 혀로 자신의 얼굴을 덮을 수 있다. 그의 양미간에는 흰털이 있고 음부는 감추어져 있다."

(5-1-1023) (숫타니파타)피안에 이르는 길 서문
질문자가 아무 것도 묻지 않았는데 부처님께서 이렇게 대답하시는 것을 보고, 사람들은 감격하고 합장하고 생각했다.

(5-1-1024) (숫타니파타)피안에 이르는 길 서문

'누구일까, 신일까, 범천일까, 혹은 제석천일까. 도대체 누구에게 대답을 하신 것일까?' 모두 마음속으로 이와 같이 생각했다.

(5-1-1025) (숫타니파타)피안에 이르는 길 서문

"바라문은 머리가 부서지는 것에 대해서 물었습니다. 스승이시여, 그것을 설명해 주십시오. 성인이시여, 우리들의 의문을 풀어 주십시오."

(5-1-1026) (숫타니파타)피안에 이르는 길 서문

"무지가 머리인 줄 알라. 신앙과 생각과 명상과 욕심과 노력에 연결되어 있는 밝은 지혜가 머리를 깨어 부수는 것이다."

(5-1-1027) (숫타니파타)피안에 이르는 길 서문

그 바라문은 크게 감동하여 뛸 듯이 기뻐하며, 염소 가죽으로 만든 옷을 왼쪽 어깨에 걸치고, 부처님의 발 밑에 머리를 숙여 절했다.

(5-1-1028) (숫타니파타)피안에 이르는 길 서문

아지타가 말했다.

"거룩한 분이시여, 바라문은 그의 여러 제자들과 함께 기뻐하며 거룩한 스승의 발 밑에 예배드립니다. 눈이 있는 분이시여."

(5-1-1029) (숫타니파타)피안에 이르는 길 서문

스승은 대답하셨다.

"바라문은 여러 제자들과 함께 기뻐하라. 바라문이여, 그대도 또한 기뻐하라. 오래 살라.

(5-1-1030) (숫타니파타)피안에 이르는 길 서문
바라문이나 그대들은 모든 의문이 풀렸을 것이다. 마음속에 의문이
있거든 무엇이든 물으라."

(5-1-1031) (숫타니파타)피안에 이르는 길 서문
눈 뜬 분에게서 허락을 받았으므로 아지타는 합장하고 앉아서 완전
한 사람에게 첫째 질문을 했다.

(5-2) 아지타의 질문

(5-2-1032) (숫타니파타)아지타의 질문
아지타가 물었다.
"세상은 무엇에 덮여 있습니까? 세상은 무엇 때문에 빛을 내지 않습
니까? 세상을 더럽히는 것은 무엇입니까? 세상에서 가장 큰 두려움은
무엇입니까?"

(5-2-1033) (숫타니파타)아지타의 질문
스승은 대답하셨다.
"아지타여, 세상은 무지에 덮여 있다. 세상은 탐욕과 게으름 때문에
빛을 내지 않는다. 욕심은 세상의 더러움이며, 고뇌는 세상의 가장 큰
두려움이라고 나는 말한다."

(5-2-1034) (숫타니파타)아지타의 질문
아지타가 물었다.
"번뇌의 흐름은 어느 곳에나 있습니다. 그 흐름을 막는 것은 무엇입

니까? 그 흐름을 막고 그치게 하는 것은 무엇입니까? 그것을 말씀해 주십시오."

(5-2-1035) (숫타니파타)아지타의 질문

스승은 대답하셨다.

"아지타여, 세상에서 모든 번뇌의 흐름을 막는 것은 조심하는 일이다. 그것이 번뇌의 흐름을 막고 그치게 한다. 그 흐름은 지혜로써 막을 수 있는 것이다."

(5-2-1036) (숫타니파타)아지타의 질문

아지타가 물었다.

"지혜와 조심하는 일과 이름과 형태는 어떤 때 소멸합니까? 그것을 말씀해 주십시오."

(5-2-1037) (숫타니파타)아지타의 질문

"아지타여, 잘 물었다. 분별작용이 없어질 때 이름과 형태가 남김없이 사라진다."

(5-2-1038) (숫타니파타)아지타의 질문

"이 세상에는 진리를 찾아 밝힌 사람도 있고, 배우고 있는 사람도 있으며 범부도 있습니다. 바라건대, 현자께서는 그들의 행동을 말씀해 주십시오."

(5-2-1039) (숫타니파타)아지타의 질문

"수행자는 여러 가지 욕망에 빠져서는 안 된다. 마음이 혼탁해서는 안 된다. 모든 사물의 본질을 깨달아 정신을 차리고 수행해야 한다."

(5-3) 팃사 메티야의 질문

(5-3-1040) (숫타니파타)팃사 메티야의 질문

팃사 메티야가 물었다.

"이 세상에서 만족하고 있는 사람은 누구입니까? 흔들리지 않는 사람은 누구입니까? 양극단을 통달하고 깊이 생각해 양극단이나 중간에도 더럽혀지지 않는 사람은 누구입니까? 당신은 누구를 위인이라 부릅니까? 이 세상에서 번뇌를 초월한 사람은 누구입니까?"

(5-3-1041) (숫타니파타)팃사 메티야의 질문

스승은 대답하셨다.

"메티야여, 모든 욕망에 대해서 청정한 수행을 지키고 집착을 떠나 항상 조심하고 깊이 살펴 생각하고 평안에 들어간 수행자는 흔들림이 없다.

(5-3-1042) (숫타니파타)팃사 메티야의 질문

그는 양 극단을 통달하고 깊이 생각해 양 극단이나 중간에도 더럽혀지지 않는다. 그를 위인이라 부른다. 그는 이 세상의 모든 번뇌를 초월해 있다."

(5-4) 푼나카의 질문

(5-4-1043) (숫타니파타)푼나카의 질문

푼나카가 물었다.

"흔들리지 않는 근본을 깨달은 당신께 여쭙고자 왔습니다. 성인이나 무사나 왕족이나 바라문들은 무엇 때문에 신들에게 제물을 바쳤습니까?"

(5-4-1044) (숫타니파타)푼나카의 질문

스승은 대답하셨다.

"푼나카여, 성인이나 무사나 왕족이나 바라문들이 세상에서 신들에게 재물을 바친 것은, 우리들이 늙고 병들기 때문에 건강한 생존 상태를 희망하기 때문에 제물을 바친 것이다."

(5-4-1045) (숫타니파타)푼나카의 질문

푼나카가 물었다.

"스승이시여, 이 세상에서 성인이나 무사나 왕족이나 바라문들이 모두 신에게 재물을 바쳤습니다만, 제사에 게으르지 않았던 그들은 생과 늙음을 초월했습니까?"

(5-4-1046) (숫타니파타)푼나카의 질문

스승은 대답하셨다.

"푼나카여, 그들은 희망하고 찬양하고 열망하여 제물을 바친다. 이득을 얻고 욕망을 달성하기를 희망한다. 제물 바치기에 몰두하는 사람들은 이 세상의 생존에 대한 집착을 버리지 않는다. 그들은 생과 늙음을 초월하지 못했다고 나는 말한다."

(5-4-1047) (숫타니파타)푼나카의 질문

푼나카가 물었다.

"제물 바치기에 몰두해 있는 그들이 제사로써도 생과 늙음을 초월하지 못했다면, 신과 인간의 세계에서 생과 늙음을 초월한 사람은 누구입니까?"

(5-4-1048) (숫타니파타)푼나카의 질문
스승께서 말씀하셨다.
"푼나카여, 세상에서 이런 저런 상태를 깊이 살펴 아무 것에도 흔들리지 않고, 평안에 머물러 나쁜 연기도 고뇌도 욕망도 없는 사람, 이런 사람이 생과 늙음을 초월했다고 나는 말한다."

(5-5) 멧타구의 질문

(5-5-1049) (숫타니파타)멧타구의 질문
멧타구가 물었다.
"스승이시여, 당신께 묻겠습니다. 당신은 베다에 통달한 분, 마음을 수양한 분이라고 저는 생각합니다. 이 세상에 있는 갖가지 괴로움은 도대체 어디에서 생겨난 것입니까?"

(5-5-1050) (숫타니파타)멧타구의 질문
스승은 대답하셨다.
"멧타구여, 그대는 내게 괴로움이 생기는 원인을 물었다. 내가 알고 있는 것을 그대에게 말한다. 세상의 온갖 괴로움은 집착에서 생긴다.

(5-5-1051) (숫타니파타)멧타구의 질문
집착을 만드는 어리석음 때문에 또다시 괴로움에 다가선다. 그러므

로 괴로움이 생기는 것을 본 지혜로운 사람은 집착을 만들어서는 안
된다.”

(5-5-1052) (숫타니파타)멧타구의 질문
“어떻게 하면 번뇌의 흐름, 생과 늙음, 근심과 슬픔을 초월할 수 있습
니까? 성인이시여, 그것을 제게 설명해 주십시오. 당신은 그것을 분
명히 알고 계십니다.”

(5-5-1053) (숫타니파타)멧타구의 질문
스승은 대답하셨다.
“멧타구여, 전해들은 것이 아닌 이 진리를 나는 그대에게 말하겠다.
명심해서 듣고 잘 수행하여 세상의 집착을 초월해라.”

(5-5-1054) (숫타니파타)멧타구의 질문
“위대한 현자시여, 저는 으뜸가는 진리를 받아 그지없이 기쁩니다.
그 진리대로 행하여 세상의 집착을 초월하겠습니다.”

(5-5-1055) (숫타니파타)멧타구의 질문
스승은 말씀하셨다.
“멧타구여, 상하 좌우 중간 어느 곳에서나, 그대가 아는 어떤 것이라
도, 그것에 대한 기쁨과 집착과 식별을 버리고 덧없는 생존 상태에 머
물지 말라.

(5-5-1056) (숫타니파타)멧타구의 질문
이렇게 조심하고 게으르지 않는 수행자는 내 것이라고 고집했던 것

을 버리고, 생과 늙음, 근심과 슬픔을 버리고, 지혜로운 사람이 되어 이 세상의 모든 괴로움에서 벗어난다.”

(5-5-1057) (숫타니파타)멧타구의 질문

“위대한 성인의 말씀을 듣고 기쁩니다. 고타마시여, 번뇌의 요소가 없는 경지를 잘 설명해 주셨습니다. 확실히 스승님은 괴로움을 버리셨습니다. 당신께서는 이 진리를 바르게 알고 계십니다.

(5-5-1058) (숫타니파타)멧타구의 질문

성인이시여, 당신께서 가르치고 이끌어 주신 사람들은 곧 괴로움을 버리게 될 것입니다. 스승이시여, 당신께 가까이 가서 예배드리겠습니다. 스승이시여, 저를 가르치고 이끌어 주십시오.”

(5-5-1059) (숫타니파타)멧타구의 질문

“아무것도 소유하지 않고 생존의 욕망에 집착하지 않는 바라문, 베다에 통달한 사람이라고 아는 사람, 그는 확실히 이 번뇌의 흐름을 건넜다. 그는 피안에 이르러 마음이 평안하고 의혹도 없다.

(5-5-1060) (숫타니파타)멧타구의 질문

그는 이 세상에서는 지혜로운 사람이고 베다에 통달한 사람이며, 여러 가지 생존에 대한 집착을 버리고 고뇌도 없고 희망도 없다. 그는 생과 늙음을 뛰어넘었다.”

(5-6) 도타카의 질문

(5-6-1061) (숫타니파타)도타카의 질문

도타카가 물었다.

"스승이시여, 당신께 묻겠습니다. 제게 말씀해 주십시오. 위대한 스승이시여, 저는 당신의 말씀을 듣고 싶습니다. 당신의 음성을 듣고 평안을 배우겠습니다."

(5-6-1062) (숫타니파타)도타카의 질문

스승은 말씀하셨다.

"도타카여, 그러면 이 세상에서 부지런히 수행하고 정진하라. 내 입에서 나오는 말을 듣고 평안을 배워라."

(5-6-1063) (숫타니파타)도타카의 질문

"당신이야말로 신과 인간의 세계에서 아무것도 소유하지 않고 행동하는 바라문입니다. 널리 보는 분이시여, 저는 당신께 예배드립니다. 고타마시여, 저를 온갖 의혹에서 벗어나게 해주십시오."

(5-6-1064) (숫타니파타)도타카의 질문

"도타카여, 나는 이 세상에서 어떤 사람이라 할지라도 그를 의혹에서 벗어나게 해 주지는 못한다. 다만 그대가 으뜸가는 진리를 알면, 그대는 스스로 번뇌의 흐름을 건너게 된다."

(5-6-1065) (숫타니파타)도타카의 질문

"스승이시여, 자비를 베풀어 그 초월의 진리를 가르쳐 주십시오. 저는 그것을 알아야만 되겠습니다. 저는 마치 허공처럼 변함없는 모습으로, 고요하고 걸림 없이 수행하겠습니다."

(5-6-1066) (숫타니파타)도타카의 질문
스승은 말씀하셨다.
"도타카여, 전해들은 것이 아닌 평안을 그대에게 말하겠다. 명심해서 듣고 잘 수행하여 세상의 집착을 뛰어넘으라."

(5-6-1067) (숫타니파타)도타카의 질문
"위대한 성인이시여, 저는 으뜸가는 평안에 대한 가르침 앞에 그지없이 기쁩니다. 그것을 알고 열심히 수행하여 세상의 집착을 뛰어넘겠습니다."

(5-6-1068) (숫타니파타)도타카의 질문
스승께서 말씀하셨다.
"도타카여, 상하 좌우 중간 어느 곳에서나 그대가 아는 무엇이건, 그것을 세상의 집착이라고 알고 생존에 대한 집착을 가져서는 안 된다."

(5-7) 우파시바의 질문

(5-7-1069) (숫타니파타)우파시바의 질문
우파시바가 물었다.
"석가시여, 널리 보는 분이시여. 저는 아무 것에도 의지하지 않고 혼자서 큰 번뇌의 흐름을 건널 수는 없습니다. 제가 의지해 건널 수 있도록 가르쳐 주십시오."

(5-7-1070) (숫타니파타)우파시바의 질문
거룩한 스승은 대답하셨다.

"우파시바여, 무소유에 의지하면서 '거기에는 아무 것도 없다'라는 생각으로써 번뇌의 흐름을 건너라. 모든 욕망을 버리고 의혹에서 벗어나 집착의 소멸을 밤낮으로 살펴라."

(5-7-1071) (숫타니파타)우파시바의 질문

우파시바가 물었다.

"모든 욕망에 대한 집착에서 벗어나 무소유에 의해 모든 것을 버리고, 모든 생각으로부터 해탈한 사람은 물러남 없이 편안히 머무를 수 있겠습니까?"

(5-7-1072) (숫타니파타)우파시바의 질문

"우파시바여, 모든 욕망에 대한 집착에서 벗어나 무소유에 의해 모든 것을 버리고, 가장 높은 상념의 해탈에 도달한 자는 물러남 없이 편안히 머문다.

(5-7-1073) (숫타니파타)우파시바의 질문

"널리 보는 분이시여, 만약 그가 물러남 없이 여러 해 동안 머문다면, 그는 해탈하여 청량하게 되겠습니까? 그러한 사람에게는 분별작용이 있습니까?"

(5-7-1074) (숫타니파타)우파시바의 질문

"우파시바여, 사나운 바람이 불면 불씨는 꺼져 버려 불이 되지 않는 것처럼, 성인은 몸과 마음에서 해탈하였고, 그에게는 분별작용이 더 이상 존재하지 않는다."

(5-7-1075) (숫타니파타)우파시바의 질문

"번뇌를 소멸해 버린 그는 존재하지 않는 것입니까? 혹은 여전히 존재하는 것입니까? 성인이시여, 그것을 제게 말씀해 주십시오. 당신은 이것을 잘 알고 계십니다."

(5-7-1076) (숫타니파타)우파시바의 질문

스승은 대답하셨다.

"우파시바여, 번뇌를 소멸해 버린 자에게는 그것을 헤아릴 기준이 없다. 이렇다 저렇다 말할 만한 기준이 그에게는 없다. 모든 것이 끊어지면 논리의 길도 완전히 끊어져 버린다."

(5-8) 난다의 질문

(5-8-1077) (숫타니파타)난다의 질문

난다가 물었다.

"세상에는 여러 성자가 있다고 합니다. 어째서 그렇습니까? 세상 사람들은 지식이 깊은 사람을 성자라고 합니까? 아니면 행적이 뛰어난 사람을 성자라고 합니까?"

(5-8-1078) (숫타니파타)난다의 질문

스승은 대답하셨다.

"난다여, 진리에 도달한 사람은 견해나 학문이나 지식을 가지고 성자라고 하지는 않는다. 성자는 번뇌를 깨뜨려 고뇌가 없고 욕망이 없이 행동한다."

(5-8-1079) (숫타니파타)난다의 질문
난다가 물었다.
"사문이나 바라문들은 견해나 학문에 의해서 청정해질 수 있다고 합
니다. 계율이나 도덕에 의해서도 청정해질 수 있다고 합니다. 이밖에
여러 가지 방법에 의해서 청정해질 수 있다고 말합니다. 존경하는 스
승이시여, 그들은 이런 것을 가지고 스스로 절제하고 있지만, 과연 생
과 늙음을 초월한 것입니까?"

(5-8-1080) (숫타니파타)난다의 질문
스승은 대답하셨다.
"난다여, 사문이나 바라문들은 견해에 의해 청정해지고, 계승된 학문
에 의해서도 청정해진다. 계율이나 도덕에 의해서도 청정해진다. 이
밖에 여러 가지 방법에 의해서 청정해진다. 그러나 그들이 절제한다
할지라도, 생과 늙음을 초월한 것은 아니다."

(5-8-1081) (숫타니파타)난다의 질문
난다가 물었다.
"사문이나 바라문들은 견해나 학문에 의해서, 또는 계율이나 도덕에
의해서 청정해진다고 합니다. 이밖에 여러 가지 방법에 의해서 청정
해진다고 합니다. 성인이시여, 만일 당신께서 '그들은 아직도 번뇌의
흐름을 건너지 못했다'고 하신다면, 신과 인간의 세계에서 생과 늙음
을 초월한 사람은 누구입니까? 스승이시여, 당신께 묻습니다."

(5-8-1082) (숫타니파타)난다의 질문
스승은 대답하셨다.

"난다여, 모든 사문이나 바라문들이 생과 늙음에 갇혀 있지 않고, 이 세상에서 견해나 학문, 사색이나 계율, 혹은 도덕을 다 버리고, 또 여러 가지 방법을 다 버리고, 집착을 깊이 살펴 그 본질을 깨닫고, 마음에 때가 묻지 않은 사람은 참으로 '번뇌의 흐름을 건넌 사람들'이다."

(5-8-1083) (숫타니파타)난다의 질문
"위대한 현자의 말씀을 듣고 저는 한없이 기쁩니다. 고타마시여, 번뇌의 요소가 없는 경지를 훌륭하게 밝혀 주셨습니다. 이 세상에서 견해, 학문, 사색, 계율, 도덕을 모두 버리고, 또 여러 가지 방법을 다 버리고, 집착을 깊이 살펴 그 본질을 깨닫고, 마음에 때가 묻지 않은 사람은 참으로 '번뇌의 흐름을 건넌 사람들'이라고 저도 생각합니다."

(5-9) 헤마카의 질문

(5-9-1084) (숫타니파타)헤마카의 질문
헤마카가 물었다.
"고타마 이전의 옛 사람들이 '이전에는 이러했다. 미래는 이렇게 될 것이다'하고 제게 말해 준 것은 모두 전해들은 것에 불과합니다. 그것은 사색을 혼란시킬 뿐입니다.

(5-9-1085) (숫타니파타)헤마카의 질문
저는 그들의 말을 즐겨하지 않습니다. 성인이시여, 집착을 끊어 버리는 방법을 말씀해 주십시오. 그것을 듣고 잘 수행해서 세상의 집착을 뛰어넘겠습니다."

(5-9-1086) (숫타니파타)헤마카의 질문
"헤마카여, 이 세상에서 보고 듣고 생각하고 식별한 아름다운 사물에 대해서 탐욕을 없애는 것이 영원한 열반의 경지이다.

(5-9-1087) (숫타니파타)헤마카의 질문
이것을 잘 알고 명심해 이 세상에서 번뇌를 완전히 벗어버린 사람은 항상 평안에 들어가 있다. 세상의 집착을 뛰어넘은 것이다."

(5-10) 토디야의 질문

(5-10-1088) (숫타니파타)토디야의 질문
토디야가 물었다.
"모든 욕망에 머무르지 않고 집착을 없애고 온갖 의혹을 초월한 사람은 어떤 해탈을 구하면 좋겠습니까?"

(5-10-1089) (숫타니파타)토디야의 질문
스승은 대답하셨다.
"토디야여, 모든 욕망에 머무르지 않고 집착을 없애고 온갖 의혹을 초월한 사람은 따로 해탈이 없다."

(5-10-1090) (숫타니파타)토디야의 질문
"널리 보는 분이시여. 그는 소원이 없는 사람입니까? 아니면 무언가를 소원하고 있는 것입니까? 그는 지혜를 가진 사람입니까? 아니면 지혜로써 무엇을 꾸미는 사람입니까? 고타마시여, 그가 성인임을 제가 알 수 있도록 말씀해 주십시오."

(5-10-1091) (숫타니파타)토디야의 질문
"그는 아무 소원도 없는 사람이다. 그는 아무것도 소원하지 않는다. 그는 지혜를 가진 사람이지만, 지혜로써 무엇을 꾸미지 않는다. 토다야여, 성인은 이러한 사람이라는 것을 알라. 그는 아무 것도 소유하지 않으며, 생존의 욕망에 집착하지도 않는다."

(5-11) 캅파의 질문

(5-11-1092) (숫타니파타)캅파의 질문
캅파가 물었다.
"거센 물결이 밀려왔을 때 호숫가에 있는 사람들, 늙음과 죽음에 짓눌려 있는 사람들을 위해 의지할 만한 섬을 말씀해 주십시오. 괴로움이 다시는 일어나지 않을 피난처를 제게 보여 주십시오."

(5-11-1093) (숫타니파타)캅파의 질문
스승은 대답하셨다.
"캅파여, 아주 거센 물결이 밀려왔을 때 호숫가에 있는 사람들, 늙음과 죽음에 짓눌려 있는 사람들을 위한 섬을 너에게 말해 주겠다.

(5-11-1094) (숫타니파타)캅파의 질문
어떤 소유도 없고 집착도 없고 취할 것도 없는 것이 바로 의지할 만한 섬이다. 그것을 열반이라고 한다. 그것은 늙음과 죽음의 소멸이다.

(5-11-1095) (숫타니파타)캅파의 질문
이것을 분명히 알고 명심해 이 세상에서 번뇌를 완전히 떠난 사람들은 악마에게 굴복하지 않는다. 그들은 악마의 종이 되지 않는다."

(5-12) 자투칸닌의 질문

(5-12-1096) (숫타니파타)자투칸닌의 질문
"눈이 있는 분이시여, 스승이시여, 저는 용사로, 욕망이 없는 사람이 있다는 말을 듣고 거센 흐름을 건넌 사람에게 "욕망 없는 것"에 대해 묻고자 이곳에 왔습니다. 평안의 경지를 말씀해 주십시오.

(5-12-1097) (숫타니파타)자투칸닌의 질문
거룩한 스승께서는 모든 욕망을 다스리며 사십니다. 마치 빛나는 태양이 그 빛으로 대지를 이기는 것과 같습니다. 지혜 많은 분이시여, 지혜가 적은 저에게 법을 설해 주십시오. 이 세상에서 생과 늙음을 버리는 일에 대해서 말씀해 주십시오."

(5-12-1098) (숫타니파타)자투칸닌의 질문
스승은 대답하셨다.
"자투칸닌이여, 모든 욕망에 대한 집착을 버려라. 버림을 평안으로 보라. 그대에게는 취할 것도 버릴 것도 있어서는 안된다.

(5-12-1099) (숫타니파타)자투칸닌의 질문
과거에 있었던 번뇌를 지워버려라. 미래에는 그대에게 아무 것도 없게 하라. 현재 아무 일에도 집착하지 않는다면 그대는 평안해진다.

(5-12-1100) (숫타니파타)자투칸닌의 질문

2

자투칸닌이여, 이름과 형태에 대한 집착을 떠난 사람에게는 여러 가지 번뇌가 있을 수 없다. 그러므로 그는 죽음에 지배되지 않는다."

(5-13) 바드라우다의 질문

(5-13-1101) (숫타니파타)바드라우다의 질문
바드라우다가 물었다.
"집착의 주소를 버리고 집착을 끊어 괴로움이나 흔들리는 일 없이, 즐거움을 버리고 거센 흐름을 건너 이미 해탈한 현명한 당신께 원합니다.

(5-13-1102) (숫타니파타)바드라우다의 질문
스승이시여, 당신의 말씀을 듣고자 많은 사람이 여러 지방에서 모여들었습니다. 당신의 말씀을 듣고 나서야 사람들은 이곳에서 물러날 것입니다. 그들을 위해 말씀해 주십시오. 당신께서는 진리를 있는 그대로 알고 계십니다."

(5-13-1103) (숫타니파타)바드라우다의 질문
거룩한 스승은 대답하셨다.
"바드라우다여, 상하 좌우 중간 어디에도 집착을 없애라. 세상에 있는 어느 것에라도 집착하면 악마가 따라다니게 된다.

(5-13-1104) (숫타니파타)바드라우다의 질문
그렇기 때문에 수행자는 바르게 알고 명심해서, 세상에 있는 어느 것에도 집착해서는 안 된다. 죽음의 영역에 집착하는 이런 사람들을 '집착하는 사람들'이라고 본다."

(5-14) 우다야의 질문

(5-14-1105) (숫타니파타)우다야의 질문
우다야가 물었다.
"이 세상의 티끌과 때를 벗고 명상에 잠겨 할 일을 다 마치고, 번뇌의
더럽힘 없이 모든 사물의 피안에 도달한 스승께 묻고자 이곳에 왔습
니다. 무지를 깨뜨리는 일과 사물에 대한 이해에 의한 해탈을 말씀해
주십시오."

(5-14-1106) (숫타니파타)우다야의 질문
거룩한 스승은 대답하셨다.
"우다야여, 욕정과 근심, 이 두 가지를 버리는 것, 침울한 기분을 없
애는 것, 후회하지 않는 것.

(5-14-1107) (숫타니파타)우다야의 질문
고요한 마음과 깨끗한 생각과 진리에 대한 사색을 먼저 하는 것. 이것
이 무지를 깨뜨리는 일이며, 사물에 대한 이해에 의한 해탈이다.

(5-14-1108) (숫타니파타)우다야의 질문
세상 사람들은 즐거움에 속박되어 있다. 생각이 세상 사람들을 움직
이게 한다. 집착을 끊어버림으로써 평안에 이른다."

(5-14-1109) (숫타니파타)우다야의 질문
"깊이 생각하며 열심히 수행하는 사람의 분별작용은 어떻게 없앨 수 있
습니까? 그것을 스승께 묻고자 합니다. 스승님의 말씀을 듣고 싶습니다."

(5-14-1110) (숫타니파타)우다야의 질문

"안으로나 밖으로나 감각적 느낌을 기뻐하지 않는 사람, 이와 같이 깊이 생각하며 수행하는 사람의 분별작용은 소멸되는 것이다."

(5-15) 포사라의 질문

(5-15-1111) (숫타니파타)포사라의 질문

포사라가 물었다.

"과거의 일들에 얽매이지 않고 괴로워하지 않고 흔들리지 않으며 모든 의혹을 끊고 모든 사물의 피안에 이른 스승께 묻고자 왔습니다.

(5-15-1112) (숫타니파타)포사라의 질문

몸과 마음을 모두 버리고, 안으로나 밖으로나 '아무 것도 없다'고 보는 사람의 지혜에 대해 묻습니다. 스승이시여, 그러한 사람은 인도될 수 있습니까?"

(5-15-1113) (숫타니파타)포사라의 질문

거룩한 스승은 대답하셨다.

"포사라여, 모든 식별작용의 상태를 알아 버린 완전한 사람은 그가 존재하는 모양도 알고 있다. 그는 해탈하여 거기에 서 있는 것이다.

(5-15-1114) (숫타니파타)포사라의 질문

무소유가 필요한 까닭은 '기쁨은 속박 없음이다'는 것을 알아 그것에 대해 조용히 생각한다. 안정된 바라문에게는 이와 같은 분명한 지혜가 있다."

(5-16) 모가라자의 질문

(5-16-1115) (숫타니파타)모가라자의 질문

모가라자가 물었다.

"저는 지난날 두 번이나 물었지만 대답해 주시지 않았습니다. 하지만 부처님은 세 번째에는 설명해 주신다고 들었습니다.

(5-16-1116) (숫타니파타)모가라자의 질문

이 세상도, 저 세상도, 신과 함께 있는 범천의 세계도, 명망이 높은 고타마의 견해를 다 헤아리지 못했습니다.

(5-16-1117) (숫타니파타)모가라자의 질문

이와 같이 뛰어난 분께 묻고자 합니다. 세상을 어떻게 보면 죽음의 왕에게 보이지 않겠습니까?"

(5-16-1118) (숫타니파타)모가라자의 질문

스승께서는 대답하셨다.

"항상 조심하며 자기가 고집하는 편견을 버리고, 세상을 빈 것으로 보라. 그러면 죽음을 넘어설 수 있을 것이다. 이렇게 세상을 보는 사람을 죽음의 왕은 보지 못한다."

(5-17) 핑기야의 질문

(5-17-1119) (숫타니파타)핑기야의 질문

핑기야가 물었다.

"나는 나이를 먹어서 기력도 없고 빛도 바랬습니다. 눈도 제대로 보이지 않고 귀도 잘 들리지 않습니다. 내가 헤매다가 죽지 않도록 해주십시오. 원컨대, 진리를 말씀해 주십시오, 이 세상에서 생과 늙음을 버리는 길을 알고 싶습니다."

(5-17-1120) (숫타니파타)핑기야의 질문
스승은 대답하셨다.
"핑기야여, 몸이 있기 때문에 사람들이 늙어 가는 것을 볼 수 있고, 몸이 있기 때문에 사람들은 병에 시달린다. 핑기야여, 그러므로 당신은 몸에 대한 집착을 버려 다시는 삶을 받아 이 세상에 돌아오지 않도록 하시오."

(5-17-1121) (숫타니파타)핑기야의 질문
"사방과 그 사이와 위아래 등, 이 시방세계에서 당신에게 보이지 않고, 들리지 않고, 생각되지 않는 것은 하나도 없습니다. 원컨대, 법을 설해 주십시오. 이 세상에서 생과 늙음을 버리는 길을 저는 알고 싶습니다."

(5-17-1122) (숫타니파타)핑기야의 질문
스승은 대답하셨다.
"핑기야여, 사람들은 집착에 빠져 고뇌하고 늙음에 쫓기는 것을 볼 수 있다. 그러므로 당신은 집착을 끊어 다시는 삶을 받아 이 세상에 돌아오지 않도록 하시오."

(5-18) 열여섯 바라문들의 질문에 대한 결론

(5-18-1123) (숫타니파타)열여섯 바라문들의 질문에 대한 결론
스승께서는 마갈타국 파사나카 사당에 계실 때 위와 같은 설법을 하시고, 바라문의 제자인 열여섯 바라문의 질문에 따라 대답하셨다. 만약 그 질문 하나 하나의 의미와 이치를 알고 그것에 따라 실천한다면, 늙음과 죽음이 없는 피안에 이를 것이다. 이 가르침은 '피안에 이르는 길'이라 부른다.

(5-18-1124) (숫타니파타)열여섯 바라문들의 질문에 대한 결론
아지타와 팃사 멧티야, 푼나카, 멧타구, 도타카, 우파시바, 난다, 그리고 헤마카

(5-18-1125) (숫타니파타)열여섯 바라문들의 질문에 대한 결론
토디야, 캅파, 현자 자투칸닌, 바드라우다, 우다야, 포사라 바라문과 지혜로운 모가라자와 위대한 수행자 핑기야.

(5-18-1126) (숫타니파타)열여섯 바라문들의 질문에 대한 결론
이들은 수행이 갖추어진 눈 뜬 분께 가까이 갔다. 여러 가지 질문을 하면서 그들은 부처님께 다가갔다.

(5-18-1127) (숫타니파타)열여섯 바라문들의 질문에 대한 결론
그들의 질문에 따라 눈 뜬 분은 있는 그대로 대답을 하셨다. 성인은 모든 질문에 대해 시원스런 대답을 했기 때문에 바라문들은 매우 만족했다.

(5-18-1128) (숫타니파타)열여섯 바라문들의 질문에 대한 결론

그들은 태양의 후예인 눈 뜬 분, 눈이 있는 분에게 만족하여 뛰어난 지혜로운 사람 밑에서 청정한 수행을 했다.

(5-18-1129) (숫타니파타)열여섯 바라문들의 질문에 대한 결론
하나하나의 질문에 대해서는 눈 뜬 분의 말씀을 그대로 실천하는 사람은 차안에서 피안에 이른다.

(5-18-1130) (숫타니파타)열여섯 바라문들의 질문에 대한 결론
으뜸가는 길을 닦는 사람은 차안에서 피안으로 갈 수 있다. 그것은 피안에 이르는 길이다. 그러므로 '피안에 이르는 길'이라고 한 것이다.

(5-18-1131) (숫타니파타)열여섯 바라문들의 질문에 대한 결론
핑기야가 바라문에게 돌아가 들은 대로 말했다.
"'피안에 이르는 길'을 외우겠습니다. 티가 없고 지혜가 많은 분께서는 스스로 본 대로 말씀하셨습니다. 욕심이 없고 번뇌의 숲이 없어진 분께서 어찌 허망한 말씀을 하시겠습니까.

(5-18-1132) (숫타니파타)열여섯 바라문들의 질문에 대한 결론
더러움과 어리석음에서 벗어나고, 교만과 거짓을 버린 사람을 저는 찬양하겠습니다.

(5-18-1133) (숫타니파타)열여섯 바라문들의 질문에 대한 결론
바라문이시여, 암흑을 지워버린 눈 뜬 사람, 널리 보는 사람, 세상의 궁극에 이른 사람, 모든 생존 상태를 초월한 사람, 티 없는 사람, 모든 괴로움을 버린 사람, 그는 참으로 '눈 뜬 사람'이라고 불리기에 마땅한 사람입니다. 저는 그분을 가까이 모셨습니다.

(5-18-1134) (숫타니파타)열여섯 바라문들의 질문에 대한 결론
새들이 엉성한 숲을 떠나 열매가 풍성한 숲에 깃들듯이, 저도 또한 소견이 좁은 사람들을 떠나 백조처럼 넓은 바다에 이르렀습니다.

(5-18-1135) (숫타니파타)열여섯 바라문들의 질문에 대한 결론
고타마 이전의 옛 사람들이 '이전에는 이러했다, 미래에는 이렇게 될 것이다' 하고, 저에게 말해 준 것은 전해들은 것에 불과합니다. 그것은 사색을 혼란시킬 뿐입니다.

(5-18-1136) (숫타니파타)열여섯 바라문들의 질문에 대한 결론
그는 홀로 번뇌의 암흑을 지워 버리고 앉아, 빛으로 비치고 있습니다. 고타마는 지혜가 많은 분입니다. 그는 지혜가 넘치는 분입니다.

(5-18-1137) (숫타니파타)열여섯 바라문들의 질문에 대한 결론
그 즉시 효과가 있는, 시간을 초월한 진리, 번뇌가 없는 집착의 소멸을 저에게 말씀해 주셨습니다. 그분에게 견줄 사람은 없습니다."

(5-18-1138) (숫타니파타)열여섯 바라문들의 질문에 대한 결론
바라문이 말했다.
"핑기야여, 그대는 지혜가 많은 고타마, 지혜가 넘치는 고타마 곁에서 잠시라도 떨어져 살 수 있겠는가?

(5-18-1139) (숫타니파타)열여섯 바라문들의 질문에 대한 결론

그가 그대에게 설해 준 즉시 효과가 있는, 시간을 초월한 진리, 즉 번뇌가 없는 집착의 소멸을 내게도 설해 주었다."

(5-18-1140) (숫타니파타)열여섯 바라문들의 질문에 대한 결론
핑기야가 말했다.
"바라문이시여, 저는 지혜가 많은 고타마, 지혜가 넘치는 고타마 곁은 떠나서는 한시도 살 수 없습니다.

(5-18-1141) (숫타니파타)열여섯 바라문들의 질문에 대한 결론
그 즉시 효과가 있는, 시간을 초월한 진리, 번뇌가 없는 집착의 소멸을 제게 설명해 주셨습니다. 그분에게 견줄 사람은 없습니다.

(5-18-1142) (숫타니파타)열여섯 바라문들의 질문에 대한 결론
바라문이시여, 저는 게으르지 않게 밤낮으로 마음의 눈을 가지고 그분을 보고 있습니다. 그분을 예배하면서 밤을 보냅니다. 그러므로 저는 그 분과 함께 살고 있다고 생각합니다.

(5-18-1143)(숫타니파타)열여섯 바라문들의 질문에 대한 결론
내 믿음과 기쁨과 마음과 생각은 고타마의 가르침에서 떠나지 않습니다. 지혜 많은 분이 어느 쪽으로 가거나 그곳을 향해 예배하겠습니다.

(5-18-1144) (숫타니파타)열여섯 바라문들의 질문에 대한 결론
나는 이제 늙어서 기력도 없습니다. 그러므로 내 몸은 그곳으로 갈 수가 없습니다. 그러나 생각은 항상 그곳에 가 있습니다. 바라문이시여, 내 마음은 그분과 맺어져 있습니다.

(5-18-1145) (숫타니파타)열여섯 바라문들의 질문에 대한 결론

나는 더러운 흙탕물에 누워 여기저기 떠 다녔습니다. 그러다가 마침내 거센 흐름을 건넌, 티 없이 깨끗한 분을 만났습니다."

(5-18-1146) (숫타니파타)열여섯 바라문들의 질문에 대한 결론

이때 거룩한 스승께서 말씀하셨다.

"박카리와 바드라우다 또는 알라비 고타마가 믿음에 의해 깨달은 것처럼, 당신도 믿음에 의해 깨달으십시오. 당신은 죽음의 영역에서 벗어날 것입니다. 핑기야여."

(5-18-1147) (숫타니파타)열여섯 바라문들의 질문에 대한 결론

핑기야가 말했다.

"저는 성인의 말씀을 듣고 더욱 더 믿게 되었습니다. 깨달은 사람은 번뇌의 덮임에서 벗어나 마음이 거칠지 않고 말솜씨가 있는 분입니다.

(5-18-1148) (숫타니파타)열여섯 바라문들의 질문에 대한 결론

신들은 초월했다는 법을 잘 알아 이것저것 모든 것을 다 알고 있습니다. 스승께서는 의심을 가지고 묻는 사람들의 질문에 분명한 대답을 해주셨습니다.

(5-18-1149) (숫타니파타)열여섯 바라문들의 질문에 대한 결론

아무 데도 비할 바 없고, 빼앗기지 않으며, 흔들리지 않는 경지에 틀림없이 도달한 것입니다. 이것에 대해서 조금도 의심이 없습니다. 제 마음이 이와 같이 믿고 알고 있는 것을 인정해 주십시오."

3
우리말 능엄경

한문번역 / 반랄밀제

──────────────────── 차 례 ────────────────────

서문

1. 경이 설해진 연기

4. 삼매를 말해 한 문으로 들어가게 하다

6. 처음 배우는 이의 필요한 일을 말하다

(6-1) 세계를 보임/ (6-1-1) 일곱 갈래가 벌어지는 까닭

(6-1-2) 지옥/ (6-1-2-1) 열 가지 원인/ (6-1-2-2) 여섯 가지 과보

(6-1-2-2-1) 보는 업보/ (6-1-2-2-2) 듣는 업보

(6-1-2-2-3) 냄새 맡는 업보/ (6-1-2-2-4) 맛보는 업보

(6-1-2-2-5) 접촉하는 업보/ (6-1-2-2-6) 생각하는 업보

(6-1-3) 아귀, 축생, 인간, 신선/ (6-1-3-1) 아귀/ (6-1-3-2) 축생

(6-1-3-3) 인간/ (6-1-3-4) 신선/ (6-1-4) 천상, 아수라

(6-1-4-1) 천상/ (6-1-4-1-1) 욕계6천/ (6-1-4-1-2) 색계18천

(6-1-4-1-2-1) 초선천3/ (6-1-4-1-2-2) 이선천3

(6-1-4-1-2-3) 삼선천3/ (6-1-4-1-2-4) 사선천4

(6-1-4-1-2-5) 오불환천5/ (6-1-4-1-3) 무색계

(6-1-4-1-3-1) 공처천/ (6-1-4-1-3-2) 식처천

(6-1-4-1-3-3) 무소유처천/ (6-1-4-1-3-4) 비상비비상처천

(6-1-4-2) 아수라/ (6-1-5) 통틀어 맺는 말

(6-2) 오십 가지 마를 경계하라/ (6-2-1) 마가 생기는 까닭

(6-2-2) 마의 종류

(6-2-2-1) 색음의 마

(6-2-2-1-1) 색음의 마1/ (6-2-2-1-2) 색음의 마2

(6-2-2-1-3) 색음의 마3/ (6-2-2-1-4) 색음의 마4

(6-2-2-1-5) 색음의 마5/ (6-2-2-1-6) 색음의 마6

(6-2-2-1-7) 색음의 마7/ (6-2-2-1-8) 색음의 마8

차 례

결문

서 문

1. 경이 설해진 연기

(1-1) 경이 설해진 곳과 설법을 들은 이들

이와 같이 나는 들었다. 어느 때에 부처님께서 사위성(舍衛城, Śrāvastī) 기원정사(祇圓精舍, Jetavana-vihara)에서 수행자 1250명과 함께 계셨다. 그들은 모두 번뇌가 없어진 아라한이었으며 부처님의 대를 이을 아들로서 불법을 지니고 있었다. 나고 죽는 데서 묘하게 뛰어났고, 어떤 세상에서나 날적마다 신수가 좋고, 행동이 점잖으며, 부처님을 따라다니면서 법문을 연설해, 부처님의 부촉을 감당할 만했다. 계행이 깨끗해 삼계에 모범이 되며, 한량없는 화신을 나타내어 중생을 제도하며, 오는 세상 중생들까지 제도해 생사번뇌에서 벗어난 수행자들이었다. 이 비구들 중에서 지혜가 뛰어난 사리불(舍利弗, Śāriputra), 목건련(目犍連, Maudgalyāyana), 구치라(俱絺羅, Kausthila), 부루나(富樓那, Purna), 수보리(須菩提, Subhūti), 우바리(優波離, Upāli)가 으뜸이 되었다.

또 벽지불과 아라한과 처음 발심한 이들이 부처님 계신 곳에 모이니, 때는 마침 비구들이 여름 안거를 마치고, 그동안에 잘못한 것을 참회하고 지적하는 자자 날이었다.

시방 보살들이 의심스러운 것을 물으려고 모여들었다.

그때 부처님께서 자리를 펴고 가부좌하시고 모인 이들에게 깊고 묘한 법문을 말씀하시니, 모였던 대중들은 처음 느끼는 즐거움을 얻었고, 아름다운 음성이 시방세계에 펴졌다. 항하사 보살이 도량으로 모여들었으며 문수보살(文殊菩薩, Manjusri)이 으뜸이 되었다.

3

2. 경을 설한 동기

이때 구살라(拘薩羅, Kosala)국의 바사닉(波斯匿, Prasenajit)왕이 부왕의 제삿날에 공양을 차리고 부처님을 청해 내전으로 모셨으며, 좋은 음식을 많이 마련하고 여러 보살까지 초청했다. 성중에 있던 장자와 거사들도 이 기회에 수행자들께 공양 올리며 부처님이 오셔서 공양받으시기를 기다리고 있었다. 부처님이 문수보살에게 분부해 보살과 아라한들을 데리고 가서 공양을 받게 했다.

마침, 아난(阿難, Ānanda)은 초청을 받았지만 멀리 갔다가 아직 돌아오지 못해서 대중의 차례에 참여하지 못했다. 그때 아난은 제자와 아사리도 없이 혼자 돌아오던 길인데 그날은 공양하라는 이가 없었다. 그래서 지나오던 성중에서 발우를 들고 생각하기를 오늘은 수행자들에게 한번도 공양올린 적이 없는 시주자에게 가서 밥을 얻어야겠다고 생각했다. 그래서 깨끗한 집이거나 더러운 집이거나 바라문(婆羅門, Brahman)이거나 수타라(首陀羅, Sudra)이거나 미천한 집도 빼놓지 않고 평등한 마음으로 밥을 빌어서 여러 중생에게 한량없는 공덕을 짓게 했다. 또 아난은 여래께서 수보리와 가섭(迦葉, Kāśyapa)을 보고, "아라한이 되고서도 마음이 평등하지 못하구나." 하고 나무라신 것을 알고 부처님께서는 아무런 제한이 없어서 여러 사람의 의심과 비방을 받지 않음을 마음으로 존경했다. 성문으로 천천히 걸으면서 점잖은 거동으로 밥을 빌었다.

그때 아난이 기생집을 지나가다가 요술할 줄 아는 마등가(摩登伽, Matanga)를 만났다. 마등가는 아난을 보고 사비가라 외도들이 전하는 범천주문으로 기생방에 들여 놓고 음란하게 몸을 만지고 비비면서 아난의 계행을 깨뜨리려고 했다. 부처님께서 아난이 마등가의 요술에 붙들린 것을 아시고, 공양을 마치고 기원정사로 돌아오셨다. 바사닉왕과 대신과 장자와 거사들도 모두 따라와서 부처님의 법문을 들으려고 했다.

이때 부처님께서 정수리로 백 가지 보배롭고 두려움 없는 광명을 놓으시니, 그 광명 속에는 천 잎 연꽃이 솟아나고, 연꽃 위에는 부처님 화신이 가부좌하고 신비한 주문을 외우셨다. 부처님께서 문수보살에게 명령해 이 주문을 가지고 가서 아난을 구하게 했다. 문수보살이 가서 신비한 주문을 외우니 마등가의 나쁜 주문의 세력이 소멸되었다. 문수보살은 아난과 마등가를 데리고 부처님 계신 곳으로 돌아왔다.

본문

3. 사마타를 말하여 참 마음을 알게 하다

(3-1) 공여래장을 말하다
(3-1-1) 허망한 마음을 밝히다

아난이 부처님을 뵙고 머리를 숙이며 예배하고 눈물을 흘리면서 끝없는 옛적부터 불법을 많이 알기만 하고 수행하지 않은 것을 후회했다. 그리고 시방 부처님들이 도를 이루시던 묘한 사마타(奢摩他, samatha)와 비바사나(毘婆舍那, Vipasyana)와 선정의 첫 방편을 조심스럽게 물었다. 그때 수많은 보살과 시방에서 온 아라한들과 벽지불들도 모두 부처님의 법문을 들으려고 조용하게 앉아서 부처님 말씀을 기다리고 있었다.

부처님은 아난을 보면서 법문을 시작했다.

부처님 "너와 내가 사촌이지만 정리로는 형제나 다름이 없다. 네가 처음 출가할 때 나의 가르침에서 무슨 좋은 모양을 보았느냐? 세상 사람들이 소중하게 여기는 부모 형제의 은혜와 애정을 어떻게 끊어 버렸느냐?"

아난 "부처님의 삼십이상의 거룩한 몸매가 훌륭하고 뛰어났고 기묘하고 몸이 수정같이 깨끗하고 맑았습니다. 스스로 생각하기를 이렇게 훌륭한 몸매는 애욕으로 생긴 것이 아닐 것이라고 생각했습니다. 그 까닭을 말씀드리면 애욕이란 추하고 더러운 것이어서 비린내와 누린내가 나며, 피와 고름이 뒤섞인 것으로 저렇게 깨끗하고 묘하고 밝은 금빛을 발하지 못함을 알았습니다. 그래서 간절하게 존경해 부처님을 따라 머리를 깎았습니다.”

부처님 “좋은 말이다. 아난아. 모든 중생이 끝없는 옛적부터 나고 죽는 일이 끊이지 않는 것은 항상 참마음의 깨끗하고 밝은 본체는 알지 못하고, 허망한 생각을 자신의 마음인 줄 아는 까닭이다. 이 허망한 생각이 참된 것이 아니므로 나고 죽는 데서 쳇바퀴 돌 듯 하는 것을 알아야 한다.

네가 지금 위없는 보리의 참되고 밝은 성품을 구하려거든 내가 묻는 것을 정직한 마음으로 대답해라. 시방의 부처님이 모두 같은 길로 나고 죽음을 여의었다. 그것은 정직한 마음 때문이다. 말과 마음이 정직하므로 처음부터 끝까지 조금도 거짓 모양이 없다. 아난아. 너는 처음 출가할 마음을 낸 것은 여래의 삼십이상의 거룩한 몸매를 보고 발심했다고 했는데 무엇으로 보았으며, 무엇을 사랑했느냐?”

아난 “부처님이시여. 그것은 저의 마음과 눈으로 했습니다. 눈으로는 여래의 삼십이상의 거룩한 몸매를 보았으며 마음으로 사모하는 생각을 내었으며 나고 죽는 일을 여의려는 마음을 내었습니다.”

부처님 “너의 말과 같이, 사랑하는 것이 마음과 눈으로 인했는데, 마음과 눈이 어디에 있는지를 알지 못하고는 번뇌를 항복시킬 수 없을 것이다. 마치 임금이 적군의 침략을 받았을 때 군대를 보내 토벌하려면 적군이 있는 곳을 알아야 할 것이다. 네가 나고 죽게 하는 것은 마음과 눈의 허물이니, 너의 마음과 눈이 어디 있느냐?”

아난 “부처님이시여, 이 세상에 존재하는 열 가지 중생은 마음이 몸속에 있습니다. 부처님의 푸른 연잎 같으신 눈은 부처님 얼굴에 있으며 아난의 눈은 아난의 얼굴에 있으며 아난의 마음은 아난의 몸속에 있습니다."

부처님 "아난아, 네가 지금 여래의 강당에 앉아서 기타림(祇陀林, Jeta-vana)을 보고 있는데 강당과 기타림이 어디에 있느냐?"

아난 "부처님이시여, 층층으로 된 훌륭한 강당은 기원정사에 있으며, 기타림은 강당 밖에 있습니다."

부처님 "아난아, 네가 강당 안에 앉아서 먼저 무엇을 보느냐?"

아난 "아난은 강당 안에서 먼저 부처님을 보고 다음에 대중을 보고 그리고 밖으로 기타림과 기원정사를 봅니다."

부처님 "아난아, 네가 기타림과 기원정사를 본다고 했는데 어떻게 보게 되느냐?"

아난 "부처님이시여, 이 훌륭한 강당에는 문과 창이 모두 열려 있어서 멀리 내려다볼 수 있습니다."

그때 부처님이 대중 가운데서 팔을 내밀어 아난의 정수리를 만지면서 아난과 대중에게 말씀하셨다.

부처님 "삼매가 있으니, 이름이 '크고 부처 정수리 같은 수능엄왕"이라 한다. 여기에 보살의 온갖 행을 갖추었으며, 시방에 여래가 하나의 문으로 생사를 뛰어나서 묘하게 장엄한 바다에 이르는 길이다. 자세히 들어라."

아난이 머리를 조아리며 예배하고 부처님의 말씀을 듣고 있었다.

부처님 "아난아, 너의 말대로 강당 안에 있어서 문과 창이 열린 탓으로 기타림과 기원정사를 본다고 했는데 누군가가 강당 안에 있어서 여래는 보지 못하면서, 강당 밖을 보는 이가 있겠느냐?"

아난 "부처님이시여, 누구든지 강당 안에 있으면서 여래는 보지 못하고 기타림과 냇물을 본다는 것은 있을 수 없는 일입니다."

부처님 "아난아, 모든 것을 분명하게 아는 너의 마음이 참으로 몸 안에 있다면 몸 안에 있는 것들을 먼저 알아야 한다. 어떤 중생이 몸 안의 것을 먼저 보고 그다음에 몸 밖에 물건을 보겠느냐? 설사 몸 안에 있는 폐, 간, 췌장, 위 등은 못 본다 해도 손톱이 나고, 머리카락이 자라고, 힘줄이 움직이고, 핏대가 뛰는 것은 보고 알 것이다. 몸 안의 것을 알지 못하면서 몸 밖에 있는 것은 어떻게 알겠느냐? 너의 말대로 깨닫고 아는 마음이 몸 안에 있다는 말은 옳지 않다."

아난은 머리를 숙이고 예를 올리며 다시 여쭈었다.

아난 "부처님의 법문을 듣고 마음이 몸 밖에 있다는 생각이 들었습니다. 마치 방 안에 등불을 켜면 그 불빛이 먼저 방 안을 비추고 그다음에 문을 통해 뜰과 마당을 비추는 것입니다. 모든 중생이 몸 안은 보지 못하면서 몸 밖에 것을 보는 것은 역시 방 밖에 켠 등불이 방 안을 비추지 못하는 것과 같습니다. 이 이치는 부처님 뜻과 같을 것입니다."

부처님 "아난아, 이 비구들이 조금 전에 나를 따라 사위성에서 밥을 빌어 기타림으로 돌아왔다. 나는 밥을 벌써 먹었지만 이 비구들을 보라. 한사람이 먹어서 여러 사람을 배부르게 할 수 있겠느냐?"

아난 "부처님이시여, 그렇지 않습니다. 이 비구들이 비록 아라한이지만 몸이 같지 않기 때문에 한사람이 먹어서 어떻게 여러 사람의 배를 부르게 하겠습니까?"

부처님 "아난아, 너의 마음이 만일 몸 밖에 있다면 너의 몸과 마음이 따로 떨어져 있어서 서로 관계되지 않는다. 그렇다면 너의 마음이 아는 것을 너의 몸은 알지 못한다. 또한 너의 몸이 아는 것을 너의 마음이 알지 못한다. 아난아, 지금 너의 눈앞에 있는 도라지 뿌리 같은 내 손을 보라. 너의 눈이 내 손을 보고 있지만 나의 마음이 무슨 생각을 하고 있는지 알겠느냐?"

아난 "그렇습니다. 부처님이시여. 손을 보고 마음이 생각하는 것은 알 수가 없습니다."

부처님 "그렇다면, 너의 눈과 마음이 서로 긴밀한 사이인데 어떻게 너의 마음이 몸 밖에 있다고 하겠느냐. 너의 말대로 깨닫고 아는 마음이 몸 밖에 있다는 말은 옳지 않다."

아난 "부처님이시여, 부처님 말씀과 같이 몸속을 보지 못하므로 마음이 몸 안에 있는 것이 아니며 몸과 마음이 서로 알며, 서로 여의지 못하는 탓으로 몸 밖에 있는 것도 아닙니다. 지금 다시 생각하니, 마음이 있는 곳을 알겠습니다."

부처님 "그래, 그러면 마음이 어디에 있느냐?"

아난 "이 마음이 몸속을 알지 못하면서도 몸 밖에 것은 잘 보는 관계로 눈 속에 들어 있습니다. 마치 사람이 유리 조각을 두 눈에 대면 유리 조각이 두 눈을 가릴지라도 조금도 장애가 되지 않는 것처럼 눈이 밖에 것을 보는 대로 눈 속에 있다가 마음이 따라 분별하는 것 같습니다. 나의 마음이 몸속의 것을 보지 못하는 것은 눈 속에 있기 때문이며 밖에 것을 분명히 보지만 장애가 없는 것은 유리같이 맑은 눈 속에 들어있기 때문입니다."

부처님 "아난아, 너의 말대로 마음이 눈 속에 들어있는 것이 마치 유리를 눈에 댄 것 같다면 유리로 눈을 가린 사람이 산과 강을 볼 때에 유리를 보느냐, 보지 못하느냐?"

아난 "부처님이시여, 그 사람이 유리로 눈을 가렸으므로 산과 강을 볼 때 유리를 봅니다."

부처님 "너의 마음이 눈 속에 들어 있는 것이라면 눈에 유리를 댄 것과 같을 것인데 너의 마음이 산과 강을 볼 때에 어찌하여 눈을 보지 못하는 것이냐? 만일 눈을 본다면 눈이 밖에 있는 물건과 같은 것이냐? 다른 것이냐? 그렇다면 네가 앞에서 말한 것과 같이 "눈이 밖에 것을 보는 대로 마음이 따라 분별하는 것 같다." 하는 말은 맞지 않다. 또 눈을 보지 못한다면 어찌하여 "마음이 눈 속에 들어있는 것이 마치 유리를 눈에 댄 것 같다고 하느냐? 그러니까 너의 말대로 마음이 눈 속에 들어있는 것이 마치 눈에 유리를 댄 것 같다는 것도 맞지 않다."

아난 "부처님이시여, 또 이렇게 생각합니다. 중생의 몸을 살펴보면 내장은 몸 안에 있고 콧구멍은 밖에 있어 내장은 어두운 것이며 콧구멍은 밝은 것입니다. 지금 부처님 앞에서 눈을 뜨고 밝은 것을 보는 것은 몸 안에 있는 마음이 밖에 것을 보는 것이며, 눈을 감고 어두운 것을 보는 것은 몸속을 보는 것이라면 이 이치가 맞겠습니까?"

부처님 "아난아, 네가 눈을 감고 어두운 것을 볼 때 그 어두운 것이 눈과 마주했느냐 마주하지 않았느냐? 만일 눈과 마주했다면 그 어두운 것이 눈앞에 있는 것인데 어떻게 몸속을 보는 것이라 하겠느냐. 만일 눈앞에 있는 어두운 것이라도 몸속을 보는 것이라면 어두운 방 안에서 해와 달과 등불이 없을 때는 그 어두운 방 안이 모두 너의 내장이 되겠구나. 만일 어두운 것이 눈과 마주하지 않았다면 네가 어떻게 보느냐? 만일 네가 고집하기를 눈앞으로 마주 선 것만 보는 것이 아니라 눈 뒤로 마주선 것도 볼 수 있다고 하면 눈을 감고 어두운 것을 보는 것을 몸속을 보는 것이라고 하면 눈이 180도 돌아서서 볼 수도 있는 것이다. 그렇다면 눈을 뜨고 밝은 것을 볼 때에는 어찌해 너의 얼굴을 보지 못하느냐? 만일 얼굴을 보지 못한다면 눈이 180도 뒤로 마주 선 것을 본다는 말도 옳지 않다.

만일 밝은 것을 볼 때 너의 얼굴을 본다면 네 마음과 눈이 네 몸을 떠나서 허공에 있어야 할텐데 어떻게 마음이 몸 안에 있다고 할 수 있겠느냐? 그리고 또 눈과 마음이 허공에 있다면 그 눈과 마음은 너의 것이라 할 수 없다. 그래도 너의 것이라 고집한다면 지금 내가 너의 얼굴을 보는 것도 너의 눈이 본다고 하겠구나. 또 너의 몸을 떠나서 허공에 있는 눈이 볼 때에는 너의 몸속은 알지 못해야 할 것이다. 네가 만일 끝끝내 고집해 눈도 알고 몸도 안다고 하면 너의 한 몸에 두 알음알이가 있는 것이니 너 한 사람이 두 부처를 이루어야 할 것이다. 너의 말대로 눈을 감고 어두운 것을 보는 것을 몸속을 보는 것이라고 하는 것도 옳지 않다."

아난 "전에 들은 적이 있습니다. 부처님께서 네 갈래 대중에게 말씀하시기를 "마음이 일어나는 것을 원인으로 해 여러 가지 법이 일어나고, 법이 일어나는 것을 원인으로 해 여러 가지 마음이 일어난다"고 했습니다. 아난이 이제 생각하기를 생각하는 자체가 곧 아난의 마음일 것이며 경계와 마음이 합하는 곳에 마음이 있는 것입니다. 그러므로 마음은 안에도 밖에도 중간에도 있는 것이 아닙니다."

부처님 "아난아, 너의 말대로 법이 일어나는 것을 원인으로 해서 여러 가지 마음이 일어난다면 경계와 마음이 합하는 곳에 마음이 있다고 할 것이다. 그러나 만일 마음 자체가 없다면 합할 수가 없을 것이며 또 자체가 없어도 합할 수가 있다고 한다면 그것은 십구계가 칠진과 합한다는 것이니 그럴 수는 없다.

마음 자체가 있다고 한다면 너의 손이 너의 몸을 만질 때 그 아는 마음이 몸에서 나오느냐? 몸 밖에서 들어오는 것이냐? 만일 몸에서 나온다면 마음이 몸에서 나오는 것이 될 것이며 몸 밖에서 들어오는 것이라면 마음이 몸 밖에 있는 것이 된다. 만일 몸속에서 나온다면 마음이 몸속에 있는 내장을 보았어야 할 것이며, 또 밖에서 들어왔다면 마음이 밖에 있는 것이니 너의 얼굴을 쉽게 보았어야 할 것이다."

아난 "보는 것은 눈이 하는 일이며 마음은 알기만 하는 것이므로 보
았어야 할 것이라는 말씀은 맞지 않습니다."

부처님 "만일 눈만으로도 볼 수가 있다면 네가 방 안에 있을 때 눈만
으로도 보아야 하는데 그렇지 못한 것이다. 그리고 금방 죽은 사람도
눈은 있을 것인데 죽은 사람이 물건을 어떻게 볼 수 있겠느냐. 만일
물건을 본다고 하면 어찌해 죽었다고 하겠느냐?

아난아, 또 너의 마음이 반드시 체가 있을 것인데 그 마음의 체가 하
나이냐 그렇지 않으면 여럿이냐? 너의 몸 전체에 두루 해 있느냐 그
렇지 않으면 두루 하지 않는 것이냐? 하나라면 너의 손으로 다른 사
람의 한 팔을 찌를 때에 너의 활개(어깨에서 팔까지 부위)가 모두 깨
달아야 할 것이며, 너의 활개가 모두 깨닫는다면 찌르는 데가 따로 있
다고 할 수 없고, 찌르는 데가 따로 있다면 마음의 체가 하나란 말이
될 수 없는 것이다. 마음의 체가 여럿이라면 여러 사람이 될 것이니
어느 마음을 진짜 너라고 하겠느냐?

또 마음이 너의 몸에 두루 있다면 다른 사람의 한 팔을 찌를 때와 같
을 것이다. 만일 두루 하지 않는 것이라면 너의 머리부터 발까지 만져
보아라. 머리가 만지는 줄을 안다면 발은 만지는 줄을 몰라야 하는데
그렇지가 않다. 너의 말대로 경계와 마음이 합하는 곳에 마음이 있다
는 말도 옳지 않다."

아난 "부처님이시여, 저도 들었습니다. 부처님께서 문수보살과 여러
보살과 더불어 참된 이치를 말씀하실 때에 "마음은 안에도 있지 않고
밖에도 있지 않다."고 말씀하셨습니다. 지금 생각하니 안으로는 내장
을 보지 못하고 밖으로는 몸과 마음이 서로 아는 것인데, 몸속을 알지
못하므로 몸 안에 있다고 할 수 없고, 몸과 마음이 서로 아는 것인데
밖에 있다고도 할 수 없습니다. 이제 몸과 마음이 서로 알면서도 몸속

을 보지 못하는 것으로 미루어 보아 마땅히 중간에 있겠습니다."

부처님 "네가 지금 중간에 있다고 하니 그 중간이란 것이 막연한 말이 아니고 반드시 일정한 곳이 있을 것이다. 네가 어느 곳이 중간인지 찾아보아라. 중간이란 곳이 어디 있느냐? 몸 밖 다른 곳에 있느냐. 너의 몸에 있느냐? 만일 몸에 있다고 하자. 몸의 겉에 있으면 중간이라 할 수 없고 몸 안에 있으면 내장을 보아야 할 것이다. 만일 몸 밖 다른 곳에 있다면 표시할 수 있느냐 없느냐? 표시할 수 없다면 중간이란 곳은 없는 것이다. 설사 표시할 수 있다 해도 일정하지 않을 것이다. 왜냐하면 어떤 사람이 푯말을 세워 중간을 표시했을 때 동에서 보면 서가 되고 남에서 보면 북이 되어서 표시하는 자체가 혼동이 되므로, 마음도 필시 어지러울 것이다."

아난 "중간이라는 것은 이 두 가지를 말한 것이 아닙니다. 부처님께서도 말씀하신 것 처럼 안근과 색경이 인연이 되어 안식을 낸다고 했습니다. 안근은 분별하는 작용이 있고 색경은 알음이 없는 것인데 그 가운데서 식이 생기는 것이며 이것을 마음이 있는 곳이라 하겠습니다."

부처님 "너의 마음이 근과 경의 중간에 있다면 이 마음의 자체가 근과 경으로 더불어 어울렸느냐, 어울리지 않았느냐? 두 가지와 어울렸다면 대상인 경과 자체인 근이 섞였을 것이다. 대상은 앎이 없는 것이고 자체는 아는 것이어서 따로 편이 되어 갈라섰을 것이니 어떻게 중간이 되겠느냐?

만일 어울리지 않았다면 근의 아는 것도 아니고 경의 앎이 없는 것도 아니므로 마음이라 할 성질이 없는 것이니, 중간이라는 무슨 모양이 되겠느냐? 그러므로 너의 말대로 중간에 있다는 것이 옳지 않다."

아난 "부처님이시여, 부처님께서 예전에 목건련, 수보리, 부루나, 사리불 등의 제자와 함께 교리에 대해 설법하실 때에, '알고 분별하는 마음이 안에도 있지 않고 밖에도 있지 않고 중간에도 있지 않아 아무 데도 없다'고 했습니다. 이것은 온갖 것에 집착함이 없는 것을 마음이라 한 것이니 아난은 집착함이 없는 것으로 마음이라 하겠습니다."

부처님 "아난아, 너의 말이 "알고 분별하는 마음이 아무 곳에도 없다"고 했으니 이 세간과 허공에서 물에 살고 육지에 살고 날아다니는 여러 가지 생명을 온갖 것이라 하는데 네가 말하는 집착하는 데가 없는 것이란 뜻은 온갖 것은 있는데 집착함이 없다는 것이냐. 온갖 것이 없어서 집착함이 없다는 것이냐?

온갖 것이 없다고 하면 거북의 털, 토끼의 뿔과 같은 것이니 무엇에 집착함이 없다는 것이냐? 만일 온갖 것은 있는데 집착하지 않는다고 하면 이것은 벌써 온갖 것을 인정하는 것이므로 집착이 없다가 아니다. 왜냐하면 모양이 없다면 전혀 없는 것이며 없는 것이 아니라면 모양이 있는 것이니, 모양이 있다면 벌써 집착한 것이다. 그러므로 어떻게 집착함이 없다고 하겠느냐? 너의 말대로, 온갖 것에 집착함이 없는 것을 마음이라 한다는 말도 옳지 않은 것이다."

(3-1-2) 참 마음을 가리다

그때 아난이 대중 가운데서 일어나 오른쪽 어깨에 옷을 걸쳐 메고 오른쪽 무릎을 땅에 대고 합장하고 공손하게 여쭈었다.

아난 "저는 부처님의 사촌 동생으로 부처님의 사랑을 받고 출가했습니다. 부처님께서 귀여워하는 것만 믿고 알기만 하고 수행을 소홀히 하여 번뇌에서 벗어나지 못했습니다. 마등가의 사비가라 주문에 홀려 기생방에 들어갔습니다. 참마음이 있는 곳을 알지 못해 이런 일이 일어났습니다. 부처님이시여, 아난과 수행자들을 어여삐 여겨 사마타에 나아갈 방법을 보여 주시며 일천 제자들의 미혹을 깨뜨리게 해

주시기 바랍니다."

이 말을 마치고는 두 팔과 두 무릎과 이마를 땅에 대고 정성을 다해 대중과 함께 부처님의 말씀을 기다리고 있었다.

이때 부처님께서 정수리로부터 여러 가지 광명을 놓으시니 그 빛이 휘황찬란해 십만 개의 해가 한꺼번에 뜬 듯했으며 여러 세계가 여섯 가지로 진동했으며 시방에 있는 티끌같이 많은 세계가 일시에 나타났다. 부처님께서 위신력으로 이 세계를 합해 한 세계를 만드니 그 세계에 있는 여러 보살이 모두 이 한 세계에 있었으며 합장하고 진지하게 듣고 있었다.

부처님 "아난아, 온갖 중생이 끝없는 옛적부터 여러 가지로 뒤바뀌어 업을 짓고 고통받는 것이 악차수(惡叉樹, aksa) 열매가 한데 모이듯 하는구나. 수행하면서 위없는 보리를 이루지 못한 이나 성문이나 연각이나 외도나 천상사람이나 마왕이나 마왕의 권속이나 모두 두 가지 근본을 알지 못하고 잘못 닦은 탓이다. 마치 모래를 쪄서 좋은 음식을 만들려는 것 같아서 아무리 오랜 세월이 지나도 모래가 밥이 될 수 없는 것과 같다.

두 가지 근본에서 첫째는 끝없는 옛적부터 나고 죽는 것이다. 지금 중생들이 밖의 물건에 반연하는 마음을 잘못 알아 자기의 본래 성품인 것처럼 여기는 것이다. 둘째는 끝없는 옛적부터 본래 깨끗한 보리와 열반의 본체이다. 지금 너의 본래 밝은 식의 정기가 반연하는 마음을 내었지만, 반연하는 마음 때문에 보리와 열반을 잃어버린 것이다. 모든 중생이 본래 밝은 본체를 잃어버린 탓에 보고 듣고 하면서도 이 본체를 깨닫지 못하고 여러 갈래로 들어가게 된다.

아난아, 네가 지금 사마타에 나아가는 길을 알아서 나고 죽음에서 벗어나기를 원하면 다시 네게 묻는다." 하시면서 팔을 들어 다섯 손가락을 구부려 쥐고 아난에게 물으셨다.

부처님 "이것이 보이느냐?"

아난 "보입니다."

부처님 "무엇이 보이느냐?"

아난 "부처님께서 손가락을 구부려 빛나는 주먹을 만든 것이 나의 마음과 눈에 비침을 봅니다."

부처님 "네가 무엇으로 보느냐?"

아난 "저와 대중들이 모두 눈으로 봅니다."

부처님 "네 말이 '부처님이 손가락을 구부려 빛나는 주먹을 만들어서 아난 너의 마음과 눈에 비친다.'하니, 너의 눈은 보겠지마는 무엇을 마음이라 하며 내 주먹이 비친다고 하느냐?"

아난 "부처님께서 마음이 있는 곳을 묻는데 아난은 마음으로 그 있는 곳을 찾아보는 것입니다. 이 찾아보는 생각을 마음이라 하겠습니다."

부처님 "아니다. 아난아, 그것은 너의 마음이 아니다."

아난이 놀라 일어나 자리에서 비켜서서 합장하고 여쭈었다.

아난 "이것이 내 마음이 아니면 무엇을 내 마음이라 합니까?"

부처님 "그것은 앞에 것들을 분별하는 허망한 생각이니 너의 참 성품을 의혹케 하는 것이다. 네가 끝없는 옛적부터 지금까지 도적을 잘못 알아 아들인 줄 여기는 것과 같다. 본래 있는 참마음을 잃어버린 탓으로 그것을 네 마음인 줄 알고 나고 죽는 곳에서 바퀴가 돌 듯했다."

아난 "부처님이시여, 아난은 부처님의 사랑하는 동생으로서 부처님을 사모하여 출가했습니다. 이 마음이 어찌 부처님만 공양했겠습니까. 여러 세계로 다니면서 많은 부처님과 선지식들을 섬기는 일도 이 마음으로 했으며, 용맹한 생각을 내어 여러 가지 행하기 어려운 불사를 이 마음으로 했으며, 설사 불법을 비방하고 선근이 물러나는 것이라도 역시 이 마음으로 했습니다. 만일 이것이 내 마음이 아니라면 나는 마음이 없어서 목석과 같을 것이며 또 알음알이를 여의고는 다른 마음이 없거늘 어찌하여 이것을 내 마음이 아니라고 하시는 것입니까? 참으로 놀라운 일입니다. 다른 대중들도 모두 의심하는 마음을 버리지 못하고 있으니 자비하신 마음으로 저희들을 가르쳐 주시면 고맙겠습니다."

그때 부처님께서 아난과 대중에게 나지도 죽지도 않는 법을 아는 지혜를 얻게 하려고 사자좌에서 아난의 정수리를 어루만지면서 말씀하셨다.

부처님 "여래가 항상 말하기를 온갖 법이 생기는 것은 마음으로 나타나는 것이다. 범부나 성현이나 큰 세계나 작은 티끌이나 모두 마음으로 되는 것이라고 하지 않았느냐. 아난아, 모든 세계에 있는 온갖 물건 중에 조그만 풀잎이나 실오리까지도 그 근원을 따져 보면 모두 자체가 있고 허공이라 해도 이름과 모양이 있는 것이다. 하물며 맑고 깨끗하고 묘하고 밝은 마음이 온갖 물건의 성품이 되면서 어찌하여 자신의 본체가 없겠느냐.

네가 분별하고 살펴보고 깨닫고 아는 성품을 고집해 이것을 너의 마음이라고 한다면 이 마음이 온갖 형상과 냄새와 맛과 소리와 여러 가지를 여의고도 자신의 성품이 따로 있어야 할 것이다. 그러나 네가 지금 내 법문을 듣는 것은 소리로 말미암아 분별이 있는 것이며 설사 보는 것 듣는 것 깨닫는 것과 아는 것을 없애고 마음속으로 고요함을 느낀다고 해도 이것은 법진을 분별하는 그림자에 지나지 않는 것이다.

내가 지금 너에게 설명해 이것이 너의 본래 마음이 아님을 억지로 인식하라는 것은 아니지만 마음으로 자세하게 생각해 보아라. 만일 앞에 물건을 여의고도 분별하는 성품이 있다면 그것은 참으로 너의 마음이라고도 할 수 있지만 그렇지 않으면 너의 분별하는 본체의 그림 자일 뿐이다.

앞에 물건이 본래 항상한 것이 아니며 그것이 변화해 없어질 때는 분별하던 마음은 거북의 털이나 토끼의 뿔과 같을 것이다. 그렇다면 너의 법신이 전혀 없는 것과 같아서 무엇이 나지도 죽지도 않는 법을 아는 지혜를 얻겠느냐?"

그때 아난과 대중들이 아무 말도 없이 가졌던 것을 잃어버린 듯이 했다.

부처님 "아난아, 이 세상에서 공부한다는 사람들이 쉽게 차례로 닦는 아홉 가지 선정을 이루더라도 번뇌가 없어지지 않은 상태에서 아라한을 이루는 것은 모두 나고 죽고 하는 허망한 생각을 잘못 알아 참마음인 줄로 여기는 탓이다. 그래서 아난 네가 비록 아는 것이 많지만 성인을 이루지 못한 것이다."

(3-1-3) 바르게 본 것을 드러내다

아난이 이 말씀을 듣고 감격해 두 팔과 두 무릎과 이마를 땅에 대고 엎드려 절을 하고 꿇어앉아 합장하고 여쭈었다.

아난 "부처님을 따라 출가한 뒤로 부처님의 위신력만 믿고 항상 생각하기를 내가 애써 닦지 않아도 부처님께서 삼매를 얻게 해 주실 줄 알았습니다. 몸과 마음은 다른 사람이 대신 해 줄 수 없는 것임을 알지 못해 나의 본래 마음을 잃어버렸습니다. 몸은 비록 출가했으나 마음은 도에 들어가지 못한 것이 마치 거지 아들이 아버지를 보고도 알지 못하는 것과 같습니다. 오늘에야 아무리 많이 알아도 행을 닦지 않으면 마치 음식 이야기만 하는 사람이 배가 부를 수 없는 것과 같음을 알았습니다.

부처님이시여, 우리들이 지금 번뇌장과 소지장에 얽매여 있는 것은 고요하고 항상 하는 참마음을 알지 못했기 때문입니다. 바라건대 저의 부족함을 불쌍히 여겨 묘하고 밝은 마음을 설해 도를 아는 눈을 열어주시기 원합니다."

그때 부처님께서 가슴에 만자로써 훌륭한 광명을 놓으시니 그 광명이 찬란하고 현란해 십만 가지 빛이 나타나며 티끌같이 많은 시방세계에 한꺼번에 퍼져서 시방세계에 계시는 여러 부처님의 정수리를 비추고 다시 돌아와서 아난과 대중들의 정수리를 비추었다.

부처님 "이제 너를 위해 큰 법당간을 세우며 시방 중생들에게 묘하고 비밀스러운 본성의 깨끗하고 밝은 마음을 알아서 맑고 깨끗한 눈을 얻게 할 것이다.

아난아, 네가 대답하기를 빛나는 주먹을 본다고 했는데 주먹이 어찌하여 빛이 있으며 어떻게 주먹이 되었으며 무엇으로 보느냐?"

아난 "부처님의 전신이 염부단금 빛이어서 금덩이처럼 빛나므로 빛이 있는 것이며 아난이 눈으로 보았으며 손가락을 구부려 쥐었으므로 주먹이 되었습니다."

부처님 "오늘 진실한 말로 설명해 지혜가 있는 사람들은 비유로써 알게 할 것이다.

아난아, 내 손이 없으면 주먹을 만들 수 없을 것이다. 너의 눈이 없으면 볼 수 없을 것이며 너의 눈으로 내 주먹에 비유하면 그 이치가 같겠느냐?"

아난 "그렇습니다. 부처님이시여, 아난의 눈이 없으면 볼 수 없으며 부처님의 주먹에 비유하면 사실과 이치가 같겠습니다."

부처님 "아난아, 같다는 말은 옳지 않다. 왜냐하면 손이 없는 사람은 주먹이 없으며, 눈이 없는 사람은 보는 것이 없다. 네가 큰 길에 나가서 장님에게 "무엇이 보이느냐?"고 물으면 "눈이 없는데 무엇이 보이겠습니까? 내 눈에는 까맣게만 보여 아무것도 보이지 않는다."라고 할 것이다. 이것으로 말하면 장님의 앞엣것이 어두울 뿐이지 보는 것이 무슨 잘못됨이 있겠느냐."

아난 "장님의 눈에 꺼멓게만 보이는 것을 어떻게 본다고 하겠습니까?"

부처님 "아난아, 장님의 눈이 멀어서 꺼멓게 보는 것이 눈이 밝은 사람이 어두운 방에 있을 때 꺼멓게 보이는 것과 같겠느냐? 다르겠느냐?"

아난 "부처님이시여, 어두운 방에 있는 사람이 꺼멓게만 보이는 것과 장님이 꺼멓게 보는 것을 비교하면 다르지 않습니다."

부처님 "아난아, 눈이 먼 사람이 꺼먼 것만 보다가 문득 눈이 회복되어 대상을 볼 수 있게 되면 앞의 물건의 여러 가지 형상을 볼 것이다. 이것을 눈이 본다고 한다면 마치 어두운 방 속에 있는 사람이 꺼먼 것만 보다가 문득 등불을 얻어 밝아지면 앞의 물건의 여러 가지 형상을 볼 것이다. 이것은 등이 본다고 해야 할 것이다. 만일 등이 보는 것이 아니라고 한다면 이는 등이 보는 작용이 있으므로 등이라 하지 못할 것이며 또 등 자체가 보는 것이라면 너하고 무슨 관계가 있겠느냐? 등은 형상을 비추는 작용만 있을 뿐이며 보는 것은 눈이지 등이 아니다. 이와 같이 눈은 형상을 비추는 작용만 있을 뿐이며 보는 성품은 마음에 있는 것이지 눈에 있는 것이 아니다."

아난은 이 말을 듣고 대중들과 함께 할 말이 없으나 마음으로는 아직도 분명히 깨닫지 못해 부처님께서 다시 일러주시기를 합장하고 기다리고 있었다.

그때 부처님께서 부드럽고 빛나는 손을 들어 손가락을 펴시고 아난과 대중에게 말씀하셨다.

부처님 "내가 처음 도를 이루고 녹야원(鹿野園, Sarnath)에서 아야교진여(阿若憍陳如, Ajñāta Kauṇḍinya) 등 다섯 비구(아야교진여,

마승(馬勝, Asvajit), 마하마남(摩訶摩男, Mahānāman), 바제(婆提, Bhadrika), 바부(婆敷, Vāspa))에게 말하기를 "모든 중생이 보리나 아라한을 이루지 못하는 것은 분별하는 번뇌와 구생하는 번뇌 때문이라"고 했는데 그때 다섯 비구는 어떻게 깨닫고 아라한을 이루었겠느냐?"

교진여가 자리에서 일어나 다음과 같이 여쭈었다.

교진여 "저는 나이가 많아서 대중 가운데서 '알았다'는 이름을 얻게 된 것은 분별하는 번뇌와 구생하는 번뇌를 깨달은 까닭입니다.

부처님이시여, 분별하는 번뇌는 길가는 손이 객주에 들러 밥을 먹거나 잠을 자고는 행장을 차리고 길을 떠나는 것과 같습니다. 오래 머물러 있지 않는 것입니다. 객주의 주인은 가지 않는 것입니다. 머물지 않는 것은 손이며, 머물러 있는 이는 주인이니, 머물러 있지 않는 것을 분별하는 번뇌라 하겠습니다.

또 비가 개고 볕이 나서 햇빛이 창틈으로 들어오면 허공에 있는 티끌을 보게 됩니다. 티끌은 조용히 흔들리고 허공은 고요한 것입니다. 고요한 것은 허공이며 흔들리는 것은 티끌이니, 티끌처럼 흔들리는 것을 구생하는 번뇌라 하겠습니다."

부처님 "그렇다. 그렇다."

그때 부처님께서 다섯 손가락을 구부렸다 폈다 폈다 구부리며 말씀하셨다.

부처님 "아난아, 네가 지금 무엇을 보았느냐?"

아난 "부처님께서 보배로운 손을 구부렸다 폈다 하시는 것을 보았습니다."

부처님 "아난아, 네 말이 내가 손을 구부렸다 폈다 함을 보았다고 하니 그것은 내 손이 구부렸다 폈다 했느냐? 네가 보는 것이 구부렸다 폈다 했느냐?"

아난 "부처님께서 손을 구부렸다 폈다하실 때 아난이 본 것이며 부처님의 손이 구부렸다 폈다 했고 아난의 보는 성품은 구부리거나 펴지거나 한 것이 아닙니다."

부처님 "어느 것이 움직이고 어느 것이 고요했느냐?"

아난 "부처님의 손이 가만히 있지 않은 것이며, 저의 보는 성품이야 본래 고요하다는 것도 없지만 가만히 있지 않았다는 것은 무엇입니까?"

그때 부처님께서 손으로 광명을 놓아 아난의 오른쪽 이마에 비추니 아난이 머리를 돌려 오른쪽을 바라보고 다시 한 광명을 놓아 아난의 왼쪽 이마에 비추니 아난은 또 머리를 돌려 왼쪽을 바라보았다.

부처님 "아난아, 네 머리가 어찌하여 움직이느냐?"

아난 "부처님께서 광명을 놓아 저의 오른쪽 이마와 왼쪽 이마에 비추시니 제가 그것을 본다고 머리를 움직였습니다."

부처님 "아난아, 네가 부처님의 광명을 보려고 머리가 좌우로 움직였다고 하니 너의 머리가 움직였느냐? 너의 보는 성품이 움직였느냐?"

아난 "부처님이시여, 아난의 머리가 움직인 것이며 아난의 보는 성품은 고요하다 할 것도 없고 움직였다 할 것도 없습니다."

부처님 "그렇다."

그리고 부처님께서는 대중들에게 말씀하셨다.

부처님 "중생들이 움직이는 것을 분별하는 번뇌라고 하고 가만히 있지 않는 것을 구생하는 번뇌라 한다면 너희들은 보라. 아난의 머리가 움직였을지언정 보는 성품은 흔들리지 않았고, 내 손이 구부렸다 폈다 했지만 아난의 보는 성품은 구부렸다 폈다 하지 않았다. 그런데 너희들이 움직이는 것을 몸인 줄 알고 움직이는 것을 앞엣것인 줄 알면서 어찌하여 처음부터 끝까지 몸이니 앞엣것이니 하는 데서 생각이 일어났다 없어졌다 해 참 성품을 잃어 버리고 뒤바뀌게 생각하는 것이냐. 그래서 참 마음은 잃어 버리고 물건을 내 몸인 줄 잘못 아는 탓으로 이 몸이니 앞엣것이니 하는 데서 바퀴 돌 듯하는 것은 모두 본인의 잘못으로 헤매는 것이다."

(3-1-4) 바르게 본 것은 없어지지 않는다

그때 아난과 대중들이 부처님의 말씀을 듣고 몸과 마음이 편안해져서 가만히 생각하니 끝없는 옛적부터 본래 마음은 잃어버리고 앞엣것을 분별하는 그림자를 자신의 마음인 줄 알았다. 이제 알고 보니 마치 젖을 잃었던 아이가 뜻밖에 어머니를 만난 것 같아 합장해 부처님께 예배하고 이 몸과 마음이 어느 것은 참되고 어느 것은 허망하며 어느 것은 일어났다 없어졌다 하는 것이며 어느 것은 나지도 않고 없어지지도 않는 것인 줄을 부처님께서 분명하게 말씀해 주시기를 기다리고 있었다.

그때 바사닉왕이 자리에서 일어나서 부처님께 여쭈었다.

바사닉왕 "제가 부처님의 말씀을 듣기 전에 가전연(迦旃延, Katyayana)존자와 비라지자존자를 만났습니다. 그들의 말이 이 몸이 죽은 뒤에 아무것도 없는 것을 열반이라고 했습니다. 지금 부처님을 뵙게 되니 아직도 그때의 열반에 대한 의혹이 남아 있는데 어찌하면 이 마음이 나지도 않고 없어지지도 않는 것임을 분명하게 알겠습니까? 여기 대중들도 번뇌가 있는 이는 모두 듣기를 원합니다."

부처님 "대왕이여, 당신의 몸이 지금 여기 있는데 이 몸이 금강과 같아 영원히 살겠습니까? 혹은 변해 없어지겠습니까?"

바사닉왕 "부처님이시여, 이 육신은 결국에는 없어질 것입니다."

부처님 "대왕의 몸이 일찍 없어져 본 적이 없는데 어떻게 없어질 것을 압니까?"

바사닉왕 "부처님이시여, 무상하게 변하고 있는 이 몸이 비록 없어지는 것을 보지는 못했지만 지금도 시시각각으로 변하고 있으며 조금씩 달라지는 것을 봅니다. 마치 불이 다 타고 재가 되듯이 점점 늙어지는 것을 볼 수 있으며 이 몸이 결국에는 없어질 줄을 압니다."

부처님 "그렇습니다. 대왕의 나이는 이미 늙었으며 얼굴은 아이 때와 비교해 어떻습니까?"

바사닉왕 "부처님이시여, 제가 어렸을 때에는 손발이 토실토실하고 살결이 고왔는데 점점 자라서는 혈기가 충실했으며 지금은 늙어서 다 죽게 되었습니다. 살은 여위고 정신은 혼미하고 머리카락은 희어지고 얼굴은 쭈그러져 오래 살지 못할 것입니다. 이런 몸이 어떻게 젊었을 때와 비교할 수 있겠습니까?"

부처님 "대왕의 얼굴이 갑자기 늙지는 않았을 것입니다."

바사닉왕 "부처님이시여, 조금씩 달라지는 것을 느끼지는 못하나 세월이 흘러감에 점점 이렇게 늙었습니다. 그 까닭을 말하면 스무 살 때는 젊었다고는 하지만 열 살 보다는 늙었고 서른 살 때는 또 스무 살 때보다는 늙었으며 지금은 예순두 살인데 쉰 살 때를 생각하면 그때보다 훨씬 늙었습니다.

부처님이시여, 조금씩 달라져 이렇게 변했는데 그동안에 변한 것을 십 년씩 말했습니다. 어찌 십 년 이십 년 뿐이겠습니까. 해마다 늙었으며 어찌 해마다 뿐이겠습니까. 달마다 달라졌으며 어찌 달마다 뿐이겠습니까. 사실은 날마다 변했으니, 잠시도 머물러 있지 않은 것을 알겠습니다. 결국에는 이 몸이 없어지는 것을 알겠습니다."

부처님 "대왕이시여, 당신이 변하고 달라져서 가만히 있지 않는 것을 보고 이 몸이 결국에는 없어질 줄을 안다고 했는데 없어지는 몸 가운데 없어지지 않는 것이 있음을 알고 있습니까?"

바사닉왕은 이 말을 듣고 합장하고 다시 여쭈었다.

바사닉왕 "그것은 알지 못합니다."

부처님 "지금 일어났다 없어졌다 하지 않는 성품을 보여주겠습니다. 대왕의 나이 몇 살 때에 항하(恒河, ganga, ganges)강을 보았습니까?"

바사닉왕 "세 살 때에 어머니가 저를 데리고 기바천사당에 가서 제사를 올릴 때 이 강을 건너게 되었으며 그때 건넌 강이 커서 보니 항하강인 줄 알았습니다."

부처님 "대왕의 말대로 스무 살 때에 열 살 때보다 늙었고 지금 육십두 살이 되도록 날마다 달라졌다고 하니 세 살 때에 보았던 항하강의 물과 열세 살 때에 보았던 항하강의 물은 같습니까? 다릅니까?"

바사닉왕 "지금 예순두 살일 때 본 항하강은 세 살 때나 조금도 달라지지 않았습니다."

부처님 "대왕이 지금 머리카락이 희어지고 얼굴이 쭈그러들었다고 했는데 얼굴은 어렸을 때보다 쭈그러졌지만 지금 항하강을 보는 기운이 어려서 보던 것보다 늙어졌습니까?"

바사닉왕 "부처님이시여, 그렇지 않습니다."

부처님 "대왕의 얼굴은 비록 쭈그러졌지만, 보는 기운은 쭈그러지지 않았습니다. 쭈그러지는 것은 변했지만 쭈그러지지 않는 것은 변하지 않았습니다. 변하는 것이 없으며 변하지 않는 것은 원래부터 일어났다 없어졌다 하는 것이 아니므로 몸은 죽더라도 몸을 지탱하는 기운은 없어지는 것이 아닙니다. 어찌하여 죽은 뒤에는 아주 없어진다는 다른 사상가들은 주장을 되풀이하고 있습니까?"

바사닉왕이 이 말씀을 듣고는 죽은 뒤에도 이생을 버리고 다른 생에 태어날 줄을 알고 여러 대중과 함께 기뻐하며 처음으로 보는 일처럼 좋아했다.

(3-1-5) 바르게 본 것은 잃을 수 없다

아난이 자리에서 일어나 부처님께 합장하며 예배하고 다시 꿇어앉아 여쭈었다.

아난 "부처님이시여, 만일 보고 듣는 성품이 일어났다 없어졌다 하는 것이 아니라면 어찌하여 저희에게 '참 성품을 잃어버리고 옳고 그름을 뒤바뀌게 행한다.'고 하십니까? 자비하신 마음으로 저희들의 번뇌를 씻어주시기를 바랍니다."

그때 부처님께서 팔을 흔들면서 손을 아래로 내리고 말씀하셨다.

부처님 "아난아, 나의 손이 똑바로 있느냐. 거꾸로 있느냐?"

아난 "세상 사람들은 그것을 '거꾸로 있다'라고 하지만 저는 부처님의 손이 똑바로 있는지 거꾸로 있는지 알지 못합니다."

부처님 "아난아, 세상 사람들이 이것을 거꾸로 있는 것이라고 한다면 어떤 것을 똑바로 있는 것이라 하겠느냐?"

아난 "부처님께서 팔을 세우고 손이 위로 허공을 가리키면 똑바로라고 하겠습니다."

부처님은 곧 팔을 세우고 말씀하셨다.

부처님 "아난아, 이렇게 팔을 내리고 세우는 것은 머리와 꼬리가 서로 바뀌었을 뿐인데 세상 사람들은 한 번 잘못 보고 두 번 잘못 보는 것이다.

아난아, 너의 몸과 여래의 깨끗한 몸을 팔에 비유해 말하면 여래의 몸은 올바르게 아는 것이라 하고 너희들의 몸은 성품이 뒤바뀐 것이라고 한다. 아난아, 자세하게 살펴보아라. 네 몸과 여래의 몸에서 어디를 가리켜 뒤바뀐 것이라 하느냐?"

이때 아난은 대중들과 함께 눈을 크게 뜨고 부처님을 보면서 눈을 깜박거리지 않고 생각했지만, 몸과 마음의 뒤바뀐 곳을 알지 못했다.

부처님은 자비한 마음으로 아난과 대중들에게 조용한 음성으로 말씀하셨다.

부처님 "좋은 벗들이여, 내가 항상 말하기를 색법과 심법과 모든 인연과 마음에서 일어나는 생각과 여러 가지 반연할 법들이 참 마음으로 나타나는 것이라고 하지 않았느냐. 너의 몸이나 마음도 묘하고 밝고 참된 가운데 나타나는 것이다. 너희들이 어찌하여 본래 묘하고 밝고 뚜렷한 마음과 보배롭고 밝고 묘한 성품을 잃어버리고 깨달음이 아득한 것으로 잘못 알고 있느냐?

밝은 성품을 잘못 아는 탓으로 깜깜해 허공이 되고 허공과 깜깜한 가운데서 어두운 것이 작용해 물질이 되었다. 이 물질이 허망한 생각과 섞여 모양을 내 몸으로 알고 반연하려는 것이 모여서 몸속에서는 흔들리고 밖으로는 앞엣것을 분별하는 것이다. 그래서 아득하고 시끄러운 것을 자신의 마음으로 인정한다. 한 번 잘못 알아 자신의 마음이라 인정하면 이 마음이 결정코 자신의 몸속에 있는 줄로 생각한 탓으로 자신의 몸이나 밖에 있는 산과 강이나 허공이나 땅덩어리 등을 모두 묘하고 밝은 참마음 가운데 있는 것인 줄을 알지 못한 것이다. 마치 맑고 묘한 큰 바닷물은 버리고 한방울 물거품을 잘못 인식해 바닷물의 전체인 줄 알고는 이것이 온갖 바다에 가득하다고 생각하는 것과 같다.

그러니까 너희들은 아득한 것을 잘못 알아 두 번 잘못 보는 사람이니 내가 손을 드리운 것과 다름이 없으므로 너희들을 가련하다고 하는 것이다."

(3-1-6) 바르게 본 것은 돌려보낼 수 없다

아난은 부처님께서 자비로 구해 주시고 간절하게 일러 주심을 생각하고 눈물을 흘리면서 두 손을 모아 부처님께 여쭈었다.

아난 "저는 부처님의 법문을 듣고, 묘하고 밝은 마음이 본래 원만해 늘 있는 것으로 알았습니다. 제가 부처님의 법문하신 내용을 깨달아 알려고 하는 것은 분명히 듣고 보는 마음으로 사모하고 있습니다. 묘하고 밝은 마음을 알았다 하더라도 그것이 저의 본래 마음이라고는 인정하기 어렵습니다. 바라건대 저를 어여삐 여겨 원만한 말씀으로 가르쳐 주시어 의심을 끊고 위없는 도에 나아가기를 원합니다."

부처님 "아난아, 네가 오히려 듣고 보는 마음으로 내 법문을 들을 때 내가 설한 이 법은 들을 수 있기 때문에 참된 법이 아니다. 어떤 사람이 손가락으로 달을 가리켜 김이라는 사람에게 보일 때 김이라는 사람이 저 손가락을 따라서 달을 봐야 할 것이다. 만일 손가락을 보고 달이라 한다면 김이라는 사람은 달만 모르는 것이 아니라 손가락까지 모르는 것이다. 왜냐하면 가리키는 손가락을 밝은 달인 줄 알기 때문이다. 또 어찌 손가락만 모르는 것이겠느냐. 밝은 것과 어두운 것도 모르는 것이다. 왜냐하면 어두운 손가락을 밝은 달이라고 잘못 알기 때문에 밝은 것인지 어두운 것인지 모르는 것이다. 지금 너도 그와 같다.

만일 나의 법문하는 소리를 깨달아 아는 것이 너의 마음이라면 그 마음이 나의 음성을 여의고도 분별하는 성품이 있어야 한다. 비유해 말하면 손님이 객주에 들렀을 때 얼마 동안 머물지 항상 머물러 있는 것도 아니지만 객주의 주인은 떠나지 않고 그 집을 지키는 것이다. 그래서 이것이 참으로 너의 마음이라면 떠나지 않아야 할 것인데 어찌하여 나의 음성을 여의고는 분별하는 성품이 없는 것이냐.

이것은 음성을 분별하는 마음만 그런 것이 아니라 나의 얼굴을 분별하는 마음도 같은 것이다. 내 얼굴을 여의고 분별하는 마음이 아주 없어지면 그것은 빛도 아니고 허공도 아닌 것을 몰라서 명체라고 한다. 이것도 법진의 반연을 여의고 분별하는 성품이 없는 것이다. 그러므로 너의 마음이라는 것을 제각각 돌려보낼 곳이 있으니 어떻게 주인이라 하겠느냐?"

아난 "만일 저의 마음을 제각각 돌려보낼 곳이 있다면 부처님께서 말씀하시는 묘하고 밝은 본래 마음은 어찌하여 돌려보낼 곳이 없습니까? 저를 불쌍히 여기시어 자세하게 말씀해 주시기를 원합니다."

부처님 "아난아, 네가 나를 볼 때에 보는 정기의 밝은 것이 비록 묘하고 밝은 참마음은 아니라 해도 옆에 있는 달과 같지만 달의 그림자는 아니다. 아난아, 자세히 들어라. 돌려보낼 곳이 없는 까닭을 설명할 것이다.

아난아, 큰 강당에 동쪽이 환하게 열려 해가 뜨면 밝아지고 그믐밤에 구름이 끼면 어두워지고 창틈으로는 밖과 통함이 있고 담과 지붕은 막혀 있고 여러 가지 물건이 채워져 있는 곳은 반연할 물건이며 물건이 없는 빈 곳은 허공이다. 흐리고 흙이 섞여 비오는 모양은 어두운 티끌이며 비가 개면 맑은 날씨를 볼 것이다.

아난아, 네가 보고 있는 이 여덟 가지 변화하는 모양을 이제 모두 그 본고장으로 돌려보낼 것이다. 어떤 것이 본고장이냐?

아난아, 여러 가지 모양에서 밝은 것은 해로 보낸다.

해가 없으면 밝지 못하니 밝은 원인은 해에 있다. 그래서 해로 보내는 것이다. 어두운 것은 그믐밤에 보내고, 통한 것은 창틈에 보내고, 막힌 것은 담벼락과 지붕에 보내고, 반연할 물건은 차별에 보내고, 빈 것은 허공에 보내고, 흙비는 티끌에 보내고, 맑은 날씨는 개인 곳으로 돌려보낸다.

이 세상 온갖 것이 이와 같은 여덟 가지 밖에 없다. 이 여덟 가지를 볼 수 있는 정기의 밝은 성품은 어디로 보내겠느냐? 만일 밝은 데로 보낸다면 밝지 않을 때는 어두운 것을 보지 못해야 하는데 그렇지가 않다. 밝고 어두운 것은 여러 가지 차별이 있지만 보는 성품은 차별이 없다. 돌려보낼 수 있는 것은 너의 본래 마음이 아니며 네가 돌려보낼 수 없는 것이다. 그러면 너의 본래 마음이 아니고 무엇이겠느냐.

너의 본래 마음은 묘하고 밝고 깨끗하지만 네가 혼미하고 알지 못해 본래 마음을 잃어 버리고 바퀴 돌듯 하면서 나고 죽는 데서 헤매고 있으므로 너를 가련한 사람이라 한다."

(3-1-7) 바르게 본 것은 섞이지 않는다

아난 "보는 성품을 돌려보낼 곳이 없는 줄은 알지만 이것이 나의 참 성품인 줄 어떻게 알겠습니까?"

부처님 "아난아, 네가 비록 번뇌가 없어진 깨끗한 성과는 얻지 못했으나 나의 신통력으로 인해 초선천까지는 막힘없이 보았다. 아나율은 남섬부주 보기를 손바닥 위에 암마라(菴摩羅, amra) 열매를 보듯 하며 여러 보살은 백천 세계를 보며 시방의 여래는 티끌같이 많은 세계를 보지만 중생들이 보는 것은 극히 일부에 지나지 않다.

아난아, 내가 너와 더불어 사천왕의 궁전을 볼 때에 물과 육지와 허공에 사는 것들을 보았는데 비록 밝은 것과 어두운 것의 여러 가지 모양은 다르나 모두 눈앞에 펼쳐져 있는 물건이므로 눈에 보인다. 네가 이 가운데 자신의 보는 성품과 다른 물건들을 분별할 것이다. 이것들 가운데 어느 것이 너의 보는 성품이며 어느 것이 물건인지를 구별해 보아라.

아난아, 네가 볼 수 있는 대로 보아라. 해와 달까지를 보더라도, 모두 물건이며, 너의 보는 성품은 아니다. 실금산을 두루 보아도, 여러 가지 빛깔은 다르나, 역시 물건이며, 너의 보는 성품이 아니다. 구름이 떠가고 새가 날고 바람이 불고 티끌이 날리는 것이나, 풀, 나무, 산, 강, 사람, 짐승들이 모두 물건이며, 너의 보는 성품이 아니다.

아난아, 가까이 있는 물건이나 멀리 있는 물건들이 제각각 다르나 모두 너의 깨끗한 정기로 보는 것이며, 저 물건들은 차별이 있으나 보는 성품은 차별이 없으니 차별 없는 묘하고 밝은 정기가 참으로 너의 보는 성품인 것이다.

보는 성품이 물건이라면 네가 나의 보는 성품을 보아야 할 것이다.

나와 네가 한 물건을 함께 보는 것을 말하여, 나의 보는 성품을 네가 본다고 한다면 내가 물건을 보지 않을 때는 어찌하여 내가 보지 않는 데를 네가 보지 못하느냐.

나의 보지 않는 데를 네가 본다고 하면 네가 본다고 하는 나의 보는 성품은 저절로 내가 보지 않는 저 물건의 모양이 아닐 것이며, 나의 보지 않는 데를 보지 못한다면 나의 보는 성품은 저절로 물건이 아닐 것이니, 보는 성품이 물건이 아니라면 어찌해서 너의 참 성품이 아니 겠느냐.

또 네가 지금 물건을 볼 때 물건이 보는 성품이라면 네가 물건을 보듯이 물건도 너를 보니, 그렇다면 보는 중생과 보이는 물건의 체성이 한데 섞여 너와 나와 모든 세간이 제대로 있지 못한다.

아난아, 네가 나를 볼 때 그것이 너의 보는 것이며 나의 보는 것이 아니며, 너의 보는 성품이 온갖 물건에 두루해 있으니 어찌하여 너의 참 성품이 아니겠느냐.

어찌하여 네게 있는 참 성품이 참되지 않다고 의심해 내게 물어 참되고 참되지 않음을 따지려 하느냐?"

(3-1-8) 바르게 본 것은 한량이 없다

아난 "부처님이시여, 보는 성품이 원래 가득해 반드시 내 것이며 다른 것이 아니라면 내가 부처님과 함께 사천왕의 승장보배로 된 궁전을 보느라고 일월궁에 있을 때는 이 견이 사바세계에 가득했다가 절에 돌아와서는 절집만 보이고 방안에서 공부할 때는 처마와 행랑만 보입니다. 부처님이시여, 이 견의 자체가 본래는 온 세계에 가득 찼다가 방 안에 있을 때는 방 안에만 가득하니, 이것은 큰 견을 뭉쳐서 줄인 것입니까? 지붕과 담벼락에 막히어 끊어진 것입니까? 제가 이 까닭을 알지 못하니 크신 자비로 일러주시기를 바랍니다."

부처님 "아난아, 이 세간에서 크다 작다 안이다 밖이다 하는 여러 가지 형용하는 것이 모두 앞에 물건을 두고 하는 말이니, 견이 줄어든다, 끊어진다고 하는 것이 아니다. 마치 모난 그릇 속에서 허공을 보면 모난 것으로 보이는 것과 같다. 모난 그릇 속에서 보는 모난 허공이 모난 것으로 결정되어 변하는 것이냐? 변하지 않는 것이냐?

결정적 모난 것이라면 다시 둥근 그릇에 담더라도 그 허공이 둥글지 않아야 할 것이며, 변하는 모난 것이면 모난 그릇 속에서도 모난 허공이 없을 때가 있어야 할 것이다. "그 까닭을 알 수 없다"고 네가 말하지만 그 까닭이란 것이 이러한 것이니, 어떻게 따질 수 있겠느냐.

아난아, 만일 모나고 둥근 것이 없는 자리에 이르고자 하면 모난 그릇만 치우면 된다. 허공은 본래부터 모난 것도 둥근 것도 아니다. 허공의 모난 것을 치워야 하겠다고 말하는 것이 아니다.

네 말대로 방에 들어갔을 때 큰 견을 뭉쳐서 줄였다면, 해를 볼 때 견을 늘려 해에 댄 것이겠느냐? 또 지붕과 담벼락에 막혀 견이 끊어졌다면 벽에 구멍을 뚫었을 때는 어찌하여 견을 이은 매듭이 없느냐. 그 이치가 그렇지 않다.

온갖 중생이 옛적부터 본래 성품을 잘못 알아 물건인 것처럼 여기면서 본마음을 잃어버리고, 물건의 지배를 받는 탓에 그 가운데서 큰 것을 보고 작은 것을 보는 것이다. 만일 물건을 지배할 수 있게만 되면 여래와 같이 마음이 뚜렷하고 밝아서 도량에서 떠나지 않고서도, 한 터럭 끝에 시방세계를 넣을 수 있다."

(3-1-9) 바르게 본 것은 차별이 없다

아난 "부처님이시여, 견의 정기가 나의 묘한 성품인데, 이 묘한 성품이 지금 내 앞에 있는데, 앞에 있는 견이 나의 참 성품이면, 내 몸과 마음은 무엇입니까? 이 몸과 마음은 견을 분별하는 실체가 있는데, 저 견은 내 몸을 분별하는 성품이 없습니다.

저 견이 참으로 내 마음이면 내가 물건을 보게 할 것이며, 분별없는 견이 도리어 내가 되며, 이 몸은 내가 아닙니다. 그렇다면 부처님께서 말씀하신 "물건도 나를 보리라" 하시던 것과 무엇이 다릅니까? 자비하신 마음으로 저희들을 깨우쳐 주십시오."

부처님 "아난아, '견이 네 앞에 있다'는 것이 옳지 않다. 그 견이 참으로 네 앞에 있어서 네가 본다면 견의 처소가 있어서, 네가 어디에 있다고 지적할 수 있어야 한다.

내가 지금 너와 기원정사에 앉아서 숲과 냇물과 법당을 보며, 위로는 해와 달을 보고, 앞에는 항하강을 보며, 네가 내 사자좌 앞에서 손으로 분명히 가리켜 보아라. 여러 가지 모양이 그늘진 것은 숲이며, 밝은 것은 해며, 막힌 것은 벽이며, 통한 것은 허공이며, 풀과 나무와 검불과 쓰레기라도 크고 작은 것은 다르다. 형상 있는 것은 가리키지 못할 것이 없으며 견이 반드시 네 앞에 있다면 손으로 분명하게 가리켜 낼 것이다. 어느 것이 견이냐?

아난아, 허공이 견이라면 허공이 이미 견이 되었으니, 무엇을 허공이라 하겠느냐. 만일 물건이 견이라면 물건이 이미 견이 되었으니, 무엇을 물건이라 하겠느냐. 너는 여러 가지 물건에서 낱낱이 쪼개어 밝고 묘한 견을 내게 보이되, 저 물건들처럼 분명해 의심이 없게 하라.”

아난 “아난이 지금 이 훌륭한 강당에서 멀리 항하강을 보고, 위로는 해와 달을 보며, 손으로 가리킬 수 있는 것과 눈으로 볼 수 있는 것은 모두 물건뿐이며 견이라고 할 것이 없습니다. 부처님이시여, 부처님의 말씀과 같이 아난은 아직 배우는 성문이지만 비록 보살이라도 여러 가지 물건 앞에서 견의 정기를 쪼개어 온갖 물건을 여의고 따로 견의 성품인 것을 가리키지 못할 것입니다.”

부처님 “그렇다. 아난아, 네 말과 같이 물건을 여의고는 따로 견의 성품이 없으므로 네가 가리키는 물건 가운데는 견이 없어야 할 것이다. 지금 다시 묻는다. 네가 부처님과 함께 기원정사에 앉아서, 숲과 동산과 해와 달과, 여러 가지 물건을 보는데 이 가운데 반드시 네가 가리킬 견이 없다면 다시 생각해 보아라, 이 물건들 가운데 어느 것이 견이 아니냐?”

아난 “아난이 다시 기타림을 두루 살펴보아도 어느 것이 견이 아닌지를 알 수 없습니다. 그 이유는 만일 나무가 견이 아니라면 어떻게 나무를 보며, 나무가 견이라면 어찌 나무라 합니까? 이와 같이 허공이 견이 아니라면 어떻게 허공을 보며, 허공이 견이라면 어찌 허공이라 합니까? 아난이 다시 생각하니 이 여러 가지 물건 가운데 자세하게 따져 보면 견 아닌 것이 없습니다.”

부처님 “그렇다.”

대중 가운데 배움이 없는 이들이 부처님의 말씀을 듣고, 이치의 끝과 처음을 알지 못해 한참 동안 어리둥절해 어찌할 바를 몰랐습니다. 부처님께서 그들이 놀라워하는 것을 아시고, 가엾게 여겨 아난과 대중을 위로하며 말씀하셨다.

부처님 "깨달음에 마음을 낸 자들이여, 부처님의 말씀은 진실하며, 진리에 맞으며, 속이지 않으며, 허망하지 않다. 말뿐인 자의 죽지 않으려고 어지럽게 속이는 네 가지 허망한 말이 아니다. 너희들은 잘 생각해, 부질없이 기대하는 마음을 가지지 말라."

이때 문수보살이 사부 대중을 딱하게 여겨, 자리에서 일어나 부처님께 예배하고 합장하며 여쭈었다.

문수보살 "부처님이시여, 대중들이 부처님께서 말씀하신 물건이나 허공이 견인지 견이 아닌지, 두 가지 뜻을 알지 못합니다. 부처님이시여, 앞에 있는 물건이나 허공이 만일 견이라면 가리킬 수가 있어야 할 것이며, 견이 아니라면 보지 못해야 할 것입니다. 지금 그 이치가 어찌 된 까닭인 줄 알지 못해 놀라워하는 것이며, 선근이 부족해 그런 것이니 크신 자비로 일러주시기를 바랍니다. 여러 가지 물건과 견이란 것을 맞다 아니다 할 수 없습니까?"

부처님 "문수보살이여, 시방의 부처님이나 보살들이 머물러 있는 삼매 가운데는 보는 정기나 볼 물건이나 인식하는 마음이나 몸이 모두 허공에서 보는 헛꽃과 같아서, 본래부터 있는 것이 아니다. 견이나 물건이나 인식하는 것들이 원래 보리의 묘하고 밝은 본체이니, 어찌 이 가운데 맞다 아니다 할 수가 있겠느냐?

문수보살이여, 마치 네가 문수라면 다시 옳은 문수라 할 문수가 있겠느냐? 없겠느냐?"

문수보살 "부처님이시여, 제가 참 문수이니, 옳은 문수라 할 것이 없으며, 만일 옳은 문수가 있으면, 문수가 둘이 되겠습니다. 지금 문수가 없는 것이 아니므로 여기에는 옳다 아니다 할 것이 없습니다."

부처님 "견이 묘하고 밝지만, 저 허공과 물건들도 역시 그러하다. 원래 묘하고 밝은 위없는 보리의 깨끗하고 뚜렷한 참 마음으로써 허망하게 물건들과 허공과 보는 것 듣는 것이 되었으니, 마치 곁에 있는 달을 보고 옳은 달이고 가짜 달이라 할 수 없는 것과 같다. 문수보살이여, 한 달만이 참 달이니, 그 가운데서 옳은 달이다 가짜 달이다 할 것이 없다.

그러므로 네가 이것은 견이라 하고 이것은 물건이라 하면서, 여러 가지로 분별하는 것이 모두 허망한 생각이므로, 이 가운데서 맞다 아니다 하는 것을 벗어나지 못하는 것이다. 참된 정기의 묘하고 밝은 각의 본성을 깨닫기만 하면, 바로 '견이라고 가리킬 수 있다 가리킬 수 없다.'에서 벗어나게 된다."

(3-1-10) 바르게 본 것은 요량할 수 없다

아난 "부처님이시여, 진실로 부처님의 말씀과 같이 본각의 반연하는 것이 시방세계에 두루 하며 항상 고요하게 있어, 생겨나는 것도 아니며 없어지는 것도 아닙니다. 사비가라바라문들은 명체라 하고, 외도들은 진아라고 하는데, 시방세계에 가득 차 있다고 주장하는 것과 무엇이 다릅니까? 부처님께서도 능가산(楞伽山, Lanka)에서 대혜보살에게 이런 이치를 말씀하실 때 '외도들은 자연을 주장하는데 내가 말하는 인연은 외도의 주장과 다르다.' 했습니다.

그러나 아난이 생각건대, 본각의 성품이 자연이어서 생겨나는 것도 아니며 없어지는 것도 아니라, 온갖 허망한 것과 뒤바뀐 것을 여의어서, 인연이 아닌 듯하니, 외도들이 주장하는 자연과 어떻게 분간해야 잘못된 소견에 빠지지 않고, 참되고 묘하고 밝은 본각 마음을 얻겠습니까?"

부처님 "아난아, 내가 이렇게 여러 가지 방편으로 진실하게 말했는데 너는 아직도 깨닫지 못하고, 자연인가 의심하느냐?

아난아, 견의 성품이 반드시 자연이라면 자연이란 것이 분명하여 자연의 본체가 있어야 할 것이다.

네가 묘하고 밝은 견의 성품을 보라. 무엇으로 자연의 본체라 하느냐? 견의 성품이 밝음을 보는 것이 자연의 본체라 하느냐? 아니면 어두운 것을 보는 것이 자연의 본체라 하느냐? 빈 것을 자연의 본체라 하느냐? 막힌 것을 자연의 본체라 하느냐?

아난아, 만일 밝음을 보는 것을 자연의 본체라 한다면, 어두운 것은 보지 못해야 한다. 만일 빈 것 봄을 자연의 본체라 한다면, 막힌 것은 보지 못해야 한다.

이처럼 어둠을 보는 것을 자연의 본체라 한다면, 밝을 때는 견의 성품이 없어질 것인데 어떻게 밝은 것을 보느냐?"

아난 "견의 성품이 반드시 자연이 아니라면 인연이라고 할 것이지만, 내 마음에 오히려 분명치 못해 부처님께 묻습니다. 어찌하면 이 이치가 인연에 맞습니까?"

부처님 "네가 인연이라 하기에, 다시 묻는다. 네가 지금 밝은 것과 어두운 것을 봄으로 인해, 견의 성품이 나타난다. 견의 성품이 밝음으로 인해 있느냐. 어두움으로 인해 있느냐, 빈 것으로 인해 있느냐. 막힘으로 인해 있느냐. 아난아, 밝음으로 인해 견의 성품이 있다면, 어두운 것은 보지 못해야 하며, 어두움으로 인해 있다면, 밝은 것은 보지 못해야 한다. 이와 같이 빈 것으로 인해 있다면, 막힘으로 인해 있다 하는 것도, 밝음으로 인해 있다는 것이나, 어두움으로 인해 있다는 것과 같이 보지 못해야 한다.

그러므로 이 묘하고 밝은 본각의 정기는 인도 아니며 연도 아니며 자연도 아니며 인연이 아닌 것도 아니며, 자연이 아닌 것도 아니며, 아니라는 것도 없고, 아닌 것이 아니라는 것도 없으며, 정기라는 것도 없고, 정기가 아니라는 것도 없다.

온갖 분별하는 허망한 생각을 여의면, 곧 온갖 것은 모두 참된 것이다. 네가 어찌 이 가운데 망령된 생각을 내어 세상의 희롱 거리 논리와 이름과 모양을 가지고 분별하느냐? 마치 손바닥으로 허공을 만지려는 것과 같아서 부질없다. 허공이 어찌 네게 잡히겠느냐?"

(3-1-11) 바르게 본 것은 볼 수 없다

아난 "부처님이시여, 이 묘한 본각의 성품이 인연이 아니라면, 어찌 부처님께서 항상 비구들에게 말씀하시기를 '보는 성품이 네 가지 인연을 갖추어야 한다. 이른바 빈 것을 인하며, 밝은 것을 인하며, 마음을 인하며, 눈을 인함이다.'라고 하셨습니다."

부처님 "아난아, 그것은 세간에서 인연으로 된 모양을 말한 것이며, 제일의 뜻을 말한 것이 아니다.

아난아, 네게 다시 묻는다. 세상 사람들이 모두 내가 본다고 말하는데, 어떤 것을 본다고 하며 어떤 것을 보지 못한다고 하느냐?"

아난 "세상 사람들이 햇빛이나 달빛이나 등불 등으로 인해, 여러 가지 모양을 보는 것을 본다고 하고, 이 세 가지 빛이 없으면, 보지 못한다고 합니다."

부처님 "아난아, 만일 밝은 빛이 없을 때 보지 못한다고 하면, 어두운 것도 보지 못해야 할 것인데, 만일 어두운 것을 본다면, 이것은 밝음이 없는 것일 뿐 어찌하여 보는 것이 없다고 하겠느냐?

아난아, 만일 어두울 때, 밝은 것을 보지 못하므로 보지 못한다고 한다면 밝을 때 어두운 것을 보지 못하는 것도, 보지 못한다고 해야 할 것이다. 그렇다면 밝을 때와 어두울 때를 둘 다 보지 못한다 해야 한다. 이것은 밝은 것과 어두운 것이 서로 쫓아내고 독차지하는 것이지만 너의 보는 성품은 잠시도 없는 것이 아니니, 이것은 두 가지를 모두 본다 해야 할 것인데 어찌하여 보지 못한다고 하겠느냐?

그래서 아난아, 밝은 것을 볼 때에 보는 것이 밝은 것이 아니며, 어두운 것을 볼 때에 보는 것이 어두운 것이 아니며, 빈 것을 볼 때에 보는 것이 빈 것이 아니며, 막힌 것을 볼 때에 보는 것이 막힌 것이 아니다. 네 가지 예로 설명했으니 다시 생각해 보아라. 보는 것을 다시 볼 때 다시 봄은 보는 것이 아니다. 다시 보는 것은 오히려 보는 것을 여의어서 보는 것으로도 미칠 수 없는 것인데, 어찌 인연이니 자연이니 화합이니 하는 말을 하느냐.

너희 성문들이 소견이 좁고 아는 것이 없어 맑고 깨끗한 실상인 참 성품을 알지 못하므로 다시 네게 설명하니, 잘 생각해 보리에 나아가는 길에서 힘들어하거나 게을리하지 말라."

(3-1-12) 허망한 봄에서 바르게 보는 것을 보이다

아난 "부처님이시여, 저희를 위해 인연과 자연을 말씀하셨으나 화합인지 화합이 아닌지에 대해서 마음이 열리지 못했는데, 이제 '보는 것을 다시 보는 것은 보는 것이 아니다'는 말씀을 듣고 더욱 답답합니다. 넓으신 자비로 큰 지혜의 눈을 베풀어 주시어 본각인 마음이 밝고 깨끗하게 해 주십시오."

이 말을 마치고 벅찬 마음으로 예배하고, 부처님의 거룩한 말씀을 들었다.

부처님이 아난과 대중을 가엾이 여겨 큰 다라니의 여러 삼매와 묘하게 닦아 나갈 길에 대해 법문을 계속하셨다.

부처님 "아난아, 네가 비록 기억을 잘하지만, 그것은 많이 아는 데만 필요할 뿐이다. 사마타의 미묘하고 비밀스러운 것을 보아 살피는 것은 분명하게 알지 못한다. 지금 너에게 분별해 보이며, 번뇌가 있는 중생들에게 보리를 얻게 한다.

아난아, 온갖 중생이 세간에서 바퀴 돌 듯 하는 것은 뒤바뀌어 분별하는 두 가지 허망한 소견으로 인해 생기는 것이며, 제 업으로 바퀴 돌 듯 하는 것이다.

두 가지 허망한 소견은 혼자인 허망한 소견과 다 같은 허망한 소견이다.

어떤 것이 혼자인 허망한 소견인가? 세상 사람들이 눈에 삼(물체가 둘이나 여러 개로 보이는 현상)이 서면, 밤에 등불을 볼 때에 이상하게 오색이 영롱한 등무리(여러가지 색깔의 무리)를 본다. 너는 어떻게 생각하느냐? 등불에 나타나는 등무리는 등불의 빛이냐? 견의 빛이냐?

아난아, 등무리가 등불의 빛이라면 삼이 서지 않는 사람은 어찌해 보지 못하고, 삼이 선 사람만 보느냐? 견의 빛이라면 견이 이미 등무리 빛이 되었으니, 삼이 선 사람이 등무리를 보는 것은 무엇이라 하겠느냐?

또 아난아, 이 등무리가 등불을 여의고 따로 있다면, 곁에 있는 병풍이나 휘장이나 책상이나 안석을 볼 때에도, 등무리가 있어야 할 것이며, 견을 여의고 따로 있다면, 눈으로 볼 것이 아닌데 어찌하여 삼이 선 사람의 눈에만 보이느냐?

그러니까, 빛은 실로 등불에 있는데 견의 삼병이 등무리가 된 것인 줄 아는 것이다. 등무리와 견의 병이 모두 삼눈 탓이지만, 삼눈 탓으로 보는 것은 삼병이 아니니, 이 등무리가 등불 탓이며 견 탓이라 할 것이 아니며, 또 등불 탓이 아니며 견 탓이 아니라고 말할 것도 아니다.

마치 곁에 있는 달이 보는 성품으로 있는 것도 아니며, 달의 그림자로 생긴 것도 아닌데, 어떻게 그러하냐? 곁에 있는 달은 눈을 눌러서 생기는 것이므로 지혜 있는 사람이면 곁에 있는 달을 달의 형상이다, 혹은 달의 형상이 아니라고 하지 않을 것이며, 또 견 탓이라고 견 탓이 아니라고 하지도 않는다.

등무리도 이와 같이 삼눈 탓으로 나타나는 것인데, 무엇을 일러 등불 탓이라 하며 견 탓이라 하겠느냐? 하물며 등불 탓이 아니며, 견 탓이 아니라고 분별하겠는가.

어떤 것을 다 같은 허망한 소견이라 하느냐? 아난아, 이 남섬부주에서 바다를 제외하고 중간에 있는 육지에 삼천 섬이 있는데, 가운데 대륙에는 동쪽에서 서쪽까지 이천삼백 나라가 있고, 또 어떤 섬에는 한 나라나 두 나라가 있기도 하고, 혹은 삼십 나라, 오십 나라가 있다.

아난아, 어떤 섬에 두 나라가 있는데, 한 나라 사람들은 다 같이 나쁜 괴변을 보게 되어 그 나라 사람만이 여러 가지 괴변을 본다. 두 달이 뜨기도 하고, 두 해가 뜨기도 하며, 달무리나 햇무리도 보며, 일식 월식도 보며, 해의 귀고리, 해성, 뿔별, 별똥, 유성, 등무지개, 곁무지개, 숫무지개, 암무지개 등 여러 가지 나쁜 모양을 보는데, 옆의 나라 사람들은 이런 괴변을 보지도 않으며 듣지도 않는다.

아난아, 이 두 가지 상황을 자세히 설명할 것이다. 아난아, 중생의 혼자인 허망한 소견으로 보는 등무리가 앞에 물건처럼 나타나지만, 이것은 보는 이의 삼눈 때문에 생기는 것이다. 삼눈은 보는 성품이 피로해져서 생기는 것이며, 참 색진이 있는 것이 아니므로, 삼눈 탓으로 보는 자체는 견의 허물이 없다.

이것으로써, 산과 물과 세계와 중생들을 보는데 견주어 보면 모두 끝없는 옛날부터의 견의 병으로 생긴 것이다.

보는 작용과 견으로 반연한 것들이 앞에 경계를 나타내는 듯하지만 원래 각의 밝은 것으로 반연함을 보는 것은 삼병이다. 각으로 보는 것은 삼병이 아니며, 본각의 밝은 마음이 여러 가지 반연을 깨닫는 것은 삼병이 아니다. 깨달을 것을 깨닫는 것은 삼병이지만, 깨닫는 본체는 삼병이 아니며, 보는 것을 다시 보는 것이다. 어찌하여 깨닫는다, 듣는다, 안다, 본다고 하겠느냐?

그러므로 네가 지금의 나를 보고, 너를 보고, 여러 세계를 보고, 중생들을 보는 것이 모두 견의 삼병이다. 삼병임을 보는 것이 아니라 견의 참된 정기는 성품이 삼병이 아니므로 견이라 하지 않는다.

아난아, 중생들의 허망한 소견에 대해, 한 사람의 허망한 소견에 견주어 보면, 눈에 삼이 선 사람은 한 나라와 같고, 그 사람이 보는 등무리는 삼눈 때문에 생긴 것이다. 이 나라 사람들의 보는 괴변은 다 같은 허망한 소견의 고장으로 일어나, 두 가지가 모두 끝없는 옛날부터 허망한 소견으로 생기는 것이다.

비교해 보면 남섬부주의 삼천 섬들과 네 바다와 사바세계와 시방에 있는 여러 세계와 모든 중생이 본각의 밝고 묘한 마음의 보고 듣고 깨닫고 아는 것은 허망한 병의 인연으로 화합해 허망하게 생기며 없어진다.

화합하는 인연과 화합하지 않는 인연을 멀리 여의면 생겼다 없어졌다 하는 원인을 없애고, 보리의 나지도 않고 없어지지도 않는 성품을 원만하게 갖추어 맑고 깨끗한 본래 마음의 본각이 항상 있게 된다.

아난아, 네가 비록 묘하고 밝은 본각의 성품이 인연도 아니고 자연도 아닌 줄을 알았으나, 이러한 본각이 화합도 아니고 화합 아닌 것도 아닌 줄은 알지 못한다.

아난아, 네가 지금도 이 세상에서 허망한 생각으로 화합하는 인연으로 보리를 증득하는 본마음도 화합으로 생겼다고 의심하니, 지금 너의 묘하고 깨끗한 견의 정기가 밝은 것과 화합했느냐? 어두운 것과 화합했느냐? 통한 것과 화합했느냐? 막힌 것과 화합했느냐?

밝은 것과 화합했다면, 내가 밝은 것을 볼 때 밝은 것이 앞에 나타나는데 어느 곳에 견이 있느냐? 보는 모양은 분별할 수 있지만 섞인 것은 어떤 모양이겠느냐?

밝은 것이 견이 아니라면, 어떻게 밝은 것을 보느냐? 만일 밝은 것이 견이면, 어떻게 견을 보겠느냐? 반드시 견이 가득할 것인데 어느 곳에 밝은 것이 섞였겠느냐? 만일 밝은 것이 가득하면 견과 섞이지 않는다.

견은 밝은 것과 다르므로, 섞였다면 밝다는 본 성품의 이름을 잃을 것이며, 섞여서 밝다는 성품을 잃으면 아직도 밝은 것과 섞였다고 하는 말이 옳지 않다.

이처럼 어두운 것과 화합했다, 통한 것과 화합했다, 막힌 것과 화합했다는 것도 역시 이와 같다.

아난아, 너의 묘하고 깨끗한 견의 정기가 밝은 것과 합했느냐. 어두운 것과 합했느냐. 통한 것과 합했느냐. 막힌 것과 합했느냐?

밝은 것과 합했다면 어두울 때는 밝은 것이 없고, 견이 어두운 것과는 합하지 않았는데 어떻게 어두운 것을 보느냐? 만일 어두운 것을 볼 때 견이 어두운 것과 합하지 않았다면, 밝은 것과 합한 견도 밝은 것을 보지 못할 것이다.

밝은 것을 보지 못하면 어떻게 밝은 것과 합했다고 하며, 또 밝은 것이 어두운 것이 아닌 줄을 어떻게 알겠느냐?

이처럼 어두운 것과 합했다, 통한 것과 합했다, 막힌 것과 합했다는 것도, 역시 이와 같다."

아난 "부처님이시여, 이 묘한 각이 앞에 것이지 마음과는 화합한 것이 아닌 것 같습니다."

부처님 "네가 또 묘한 각이 화합한 것이 아니라 하니, 이 묘한 견의 정기가 화합한 것이 아니라면 밝은 것과 화합하지 않았느냐? 어두운 것과 화합하지 않았느냐? 통한 것과 화합하지 않았느냐? 막힌 것과 화합하지 않았느냐?

밝은 것과 화합하지 않았다면, 견과 밝은 것이 경계선이 있어야 한다. 어디까지가 밝은 것이며, 어디까지가 견이냐? 어디가 견과 밝은 것의 경계가 되느냐?

아난아, 밝은 가운데 견이 없다면, 견과 밝은 것이 서로 닿지 못해, 밝은 것이 있는 곳도 알지 못하므로, 어떻게 경계가 있겠느냐.

이처럼 어두운 것과 화합하지 않았다, 통한 것과 화합하지 않았다, 막힌 것과 화합하지 않았다는 것도, 역시 이와 같다.

또 묘한 견의 정기가 화합한 것이 아니라면 밝은 것과 합하지 않았느냐? 어두운 것과 합하지 않았느냐? 통한 것과 합하지 않았느냐? 막힌 것과 합하지 않았느냐?

밝은 것과 합하지 않았다면 견과 밝은 것이 서로 어긋나서, 마치 귀와 밝은 것과는 서로 관계가 없는 것 같아서 보더라도 밝은 곳을 알지 못할 것이니, 어떻게 합했다 합하지 않았다는 것을 따지겠느냐.

이처럼 어두운 것과 합하지 않았다, 통한 것과 합하지 않았다, 막힌 것과 합하지 않았다는 것도 역시 이와 같다.

(3-1-13) 오온 육입 십이처 십팔계에서 여래장을 보이다

아난아, 네가 오히려, 요술같이 변화하는 허망한 모양이 생겼다가 없어지는 것임을 알지 못하니, 허망한 것을 모양이라 하니 그 본성품은 진심으로 묘한 각의 밝은 본체이다.

그리하여 오온 육입 십이처 십팔계가 인과 연이 화합하면 허망하게 생겨나고, 인과 연이 흩어지면 허망하게 없어지는 것이니, 이렇게 생겼다 없어졌다 왔다 갔다 하는 것이 본래 늘 있고, 묘하고, 밝고, 움직이지 않고, 두루 가득한 여래장인 묘한 진여의 성품인 것을 알지 못한다. 참 성품인 항상 하는 본체에서는 오고 가고 모르고 깨닫고 나고 죽고 하는 것을 찾아보려 해도 찾을 수 없다.

(3-1-13-1) 오온
(3-1-13-1-1) 색음

아난아, 어찌하여 오온이 본래 여래장인 묘한 진여의 성품이라 하느냐?

아난아, 어떤 사람이 깨끗한 눈으로 맑은 허공을 볼 때 다만 청명한 허공뿐이며, 아무것도 없다가 그 사람이 눈을 깜박거리지 않고 보다가 피로하면 허공에서 이상한 헛꽃을 보기도 하며 여러 가지 움직이는 모양을 보게 되니 색음도 이러한 것이다.

아난아, 허공의 헛꽃이 허공에서 온 것도 아니며, 눈에서 난 것도 아니다.

아난아, 허공에서 왔다면 허공에서 왔으므로 도로 허공으로 들어갈 것이니 나오고 들어감이 있다면 허공이 빈 것이 아니다. 허공이 빈 것이 아니라면 스스로 헛꽃이 났다 없어졌다 함을 용납할 수 없는 것이 마치 아난의 몸에 아난을 용납할 수 없다는 말과 같다.

눈에서 났다면 눈에서 나왔으므로 도로 눈으로 들어가야 할 것이며, 또 이 헛꽃이 눈에서 나왔으므로 보는 성품이 있다. 보는 성품이 있다면 나가서 허공에 꽃이 되어야 하며, 돌아와서는 눈을 보아야 한다.
만일 보는 성품이 없다면 나가서 허공을 가렸을 때, 돌아와서는 눈을
가려야 할 것이며, 또 헛꽃을 볼 때에는 눈에서 가림이 없을 것이다.
그때는 깨끗한 눈이라 할 것이다. 어찌 헛꽃이 없는 허공을 보아야 깨
끗한 눈이라 하느냐?

그러므로 색음이란 것이 허망한 것임을 알며, 본래부터 인연도 아니
며 자연도 아닌 성품이다.

(3-1-13-1-2) 수음

아난아, 어떤 사람이 손과 발이 편안하고 몸도 편안해, 문득 살아있는
것을 잊어버린 듯 좋은 것도 나쁜 것도 없다가 까닭 없이 두 손을 마
주 비비면, 난데없이 손바닥이 껄끄럽거나, 맷맷하거나, 차거나, 따뜻
함을 느낄 것이다. 수음도 이러한 것이다.

아난아, 여러 가지 느낌이 허공에서 오는 것도 아니며 손바닥에서 나
는 것도 아니다.

아난아, 허공에서 왔다면, 어찌하여 손바닥에만 닿고, 몸에는 닿지 않
느냐? 허공에 가려 닿지 않는 것은 아닐 것이다.

손바닥에서 난다면, 손바닥을 비벼도 날 것이 아니며, 손바닥에서 나
오는 것이므로 손바닥을 합할 때 알게 된다면, 뗄 때는 도로 들어갈
것이다. 그렇다면 손목과 팔과 팔뼈가 들어가는 자취를 알아야 한다.
반드시 나오고 들어감을 안다면, 그 촉감이 스스로 몸속에서 오고 가
는 것인데, 어찌하여 접촉해 아는 것을 촉이라 하느냐?

그러므로 수음이란 것이 허망한 것임을 알며, 본래부터 인연도 아니
며 자연도 아닌 성품이다.

(3-1-13-1-1-3) 상음

아난아, 어떤 사람이 매실을 이야기하면, 입에 침이 생기고, 높은 벼랑에 오를 것을 생각하면, 발바닥이 저린다. 상음도 이러한 것이다.

아난아, 신맛 이야기로 생긴 침이 매실에서 나는 것도 아니며 입으로 들어오는 것도 아니다.

아난아, 침이 매실에서 난다면 매실이 말할 것인데, 어찌하여 사람이 말할 때를 기다려서 침이 생기느냐?

침이 입으로 들어온다면 입으로 이야기를 들어야 할 것인데, 어찌하여 귀로 듣느냐? 귀로 듣는다면 침이 어찌하여 귀에서 나지 않느냐? 높은 곳에 오를 것을 생각하는 것도 매실 이야기와 같다.

그러므로 상음이란 허망한 것임을 알며, 본래부터 인연도 아니며 자연도 아닌 성품이다.

(3-1-13-1-4) 행음

아난아, 빨리 흐르는 물에 물결이 서로서로 잇따라 흐르지만, 앞 물결 뒷물결이 서로 뛰어넘지 않는다. 행음도 이러하다.

아난아, 이 흐르는 성품이 허공으로 인해 생기는 것도 아니며 물로 인해 있는 것도 아니며 물의 성품도 아니며 허공과 물을 여의고 있는 것도 아니다.

아난아, 허공으로 인해 생겼다면 시방의 끝없는 허공이 끝없는 흐름을 이룰 것이니, 온 세계가 모두 물속에 들어갈 것이다.

물로 인해 있다면 흐르는 성품은 물이 아닐 것이며, 흐르는 모양이 물을 떠나서 따로 있어야 할 것이다. 흐르는 것이 물의 성품이라면 흐르지 않고 고요할 때는 물의 본체가 아닐 것이다. 허공과 물을 여의고 흐르는 것이 있다면 허공은 바깥이 있는 것도 아니며, 물밖에는 흐르는 것이 없다.

그러므로 행음이란 것이 허망한 것임을 알며, 본래부터 인연도 아니며 자연도 아닌 성품이다.

(3-1-13-1-5) 식음

아난아, 어떤 사람이 가릉빈가 병의 두 구멍을 막고 병 속에 허공을 담아서 천 리 먼 곳에 가서 사용한다. 식음도 이러한 것이다.

아난아, 병 속에 있는 허공이 저곳에서 가져온 것도 아니며 이곳에서 들어간 것도 아니다.

아난아, 저곳에서 왔다면 병 속에 허공을 담아서 왔으므로 병이 있던 곳에는 허공이 조금 작아져야 하며, 이곳에서 들어갔다면 마개를 뽑고 병을 기울일 때는 허공이 나와야 한다.

그러므로 식음이란 것이 허망한 것임을 알며, 본래부터 인연도 아니며 자연도 아닌 성품이다.

(3-1-13-2) 육입
(3-1-13-2-1) 안입

아난아, 어찌하여 육입이 본래 여래장인 묘한 진여의 성품이라 하느냐?

아난아, 눈을 깜박거리지 않고 떠 있으면 피로해진다. 눈과 피로해진 것이 다 함께 보리마음을 바르게 알아 피로해진 것이다.

밝은 것과 어두운 두 가지 허망한 것으로 인해 봄을 내어 그 가운데에 끌어들이는 것을 보는 성품이라 한다. 보는 성품이 밝은 것과 어두운 것을 여의면 자체가 없다.

아난아, 보는 성품은 밝은 곳에서나 어두운 곳에서 오는 것이 아니며, 눈에서 나는 것도 아니며, 허공에서 생기는 것도 아니다.

밝은 데서 온다면 어두울 때는 없어질 것이니, 어두운 것을 보지 못해야 할 것이며, 어두운 데서 온다면 밝을 때는 없어질 것이니, 밝은 것을 보지 못해야 한다. 눈에서 난다면 밝은 것과 어두운 것과는 관계가 없으니, 보는 정기에는 제 성품이 없다.

허공에서 생긴다면 앞으로 색진을 보았을 때 돌아와서는 눈을 보아야 함으로 허공을 보는 것이니, 너의 눈과 무슨 관계가 있겠느냐.

그러므로 눈으로 끌어들이는 것이 허망한 것임을 알며, 본래부터 인연도 아니고 자연도 아닌 성품이다.

(3-1-13-2-2) 이입

아난아, 어떤 사람이 손가락으로 귀를 막으면 귀가 피로해진다. 그러면 머리 속에서 소리가 들린다. 귀와 피로해진 것이 다 함께 보리마음을 바르게 알아 피로해진 것이다.

시끄러운 것과 조용한 두 가지 허망한 것으로 인해 들음을 내어 가운데로 끌어들이는 것을 듣는 성품이라 한다. 듣는 성품이 시끄러운 것과 조용한 것을 여의면 자체가 없다.

아난아, 듣는 성품이 시끄러운 데서나 조용한 데서 오는 것 아니며, 귀에서 나는 것도 아니며, 허공에서 생기는 것도 아니다.

조용한 데서 온다면 시끄러울 때는 없어져 시끄러운 것을 듣지 못할 것이며, 시끄러운 데서 온다면, 조용할 때는 없어져, 조용함을 알지 못해야 한다.

귀에서 난다면 시끄러운 것과 조용한 것과는 관계가 없으니, 듣는 자체가 제 성품이 없다.

허공에서 생긴다면 듣는 작용이 있어서 허공의 성품이 되었으므로 빈 허공이라 할 수 없으며, 또 허공이 듣는 것이니, 너의 귀와는 무슨 관계가 있겠느냐.

그러므로 귀로 끌어들이는 것이 허망한 것임을 알며, 본래부터 인연도 아니고 자연도 아닌 성품이다.

(3-1-13-2-3) 비입

아난아, 어떤 사람이 코로 숨을 들이켜 오래되면 코가 피로해진다. 콧속에 서늘한 느낌이 생기면 통함과 막힘과 향기와 구린내를 분별한다. 코와 피로해진 것이 다 함께 보리마음을 바르게 알아 피로해진 것이다.

통함과 막힘의 두 가지 허망함이 맡음을 내어 그 가운데서 앞에 것을 끌어들임을 맡는 성품이라 하며, 맡는 성품이 통함과 막힘을 여의면 자체가 없다.

아난아, 맡는 성품이 통한 데서나 막힌 데서 오는 것이 아니며, 코에서 나는 것도 아니며, 허공에서 생기는 것도 아니다.

통한 데서 온다면 막힐 때는 맡는 성품이 없어질 것이니 어떻게 막히는 줄을 알며, 막힘으로 인해 있다면, 통할 때는 없어질 것이니 어떻게 향기롭고 구린 줄을 알겠느냐.

코에서 난다면 통함과 막힌 것과는 관계가 없으니, 맡는 작용이 제 성품이 없다.

허공에서 생긴다면 돌아서서 너의 코로 맡아야 하며, 허공이 맡는 것이니, 너의 코와는 무슨 관계가 있겠느냐. 그러므로 코로 끌어들이는 것이 허망함을 알며, 본래부터 인연도 아니고 자연도 아닌 성품이다.

(3-1-13-2-4) 설입

아난아, 어떤 사람이 혀로 입술을 오래 핥으면 피로해진다. 그 사람이 병이 있으면 쌉쌀하고, 병이 없으면 달콤하다. 혀가 앓지 않을 때는 싱거운 것이다. 그 혀가 피로해진 것은 다 함께 보리마음을 바르게 알기 때문이다. 단 것과 쓴 것의 두 가지 허망함으로 인해 맛봄을 내어 그 가운데에 끌어들이는 것을 맛보는 성품이라 하며, 맛보는 성품이 단 것과 쓴 것의 두 가지를 여의면 자체가 없다.

아난아, 맛보는 성품이 단 것과 쓴 것에서 오는 것이 아니며, 싱거움으로 인해 있는 것도 아니며, 혀에서 나는 것도 아니며, 허공에서 생기는 것도 아니다.

왜냐하면 단 것, 쓴 것에서 온다면, 싱거울 때는 맛보아도 아는 것이 없으니, 어떻게 싱거운 줄을 알겠는가. 싱거운 데서 온다면, 달 때에는 달다는 것의 앎이 없어지니, 어떻게 단 줄, 쓴 줄을 알겠느냐.

혀에서 난다면, 단 것, 쓴 것과 싱거운 것과는 관계가 없으니, 맛보는 자체가 제 성품이 없다.

허공에서 생긴다면, 허공이 맛보는 것이니 너의 입이 아는 것이 아니며, 또 허공이 아는 것이니 너의 입과는 무슨 관계가 있겠느냐.

그러므로 혀로 끌어들이는 것이 허망함을 알며, 본래부터 인연도 아니고 자연도 아닌 성품이다.

(3-1-13-2-5) 신입

아난아, 어떤 사람이 찬 손으로 더운 손을 만질 때, 찬 느낌이 많으면 더운 손이 차지고, 더운 느낌이 많으면 찬 손이 더워지니, 만져서 아는 촉감으로 떼어서 아는 것을 나타낸다. 적은 편이 많은 편을 따르는 것은 촉감의 흐름으로 인한 것이니, 몸과 흐름으로 인한 것이 함께 보리마음을 바르게 알아 촉감의 변화가 생긴 것이다.

맞대는 것과 떼는 두 가지 허망한 것으로 인해 깨달음을 내어 그 가운데 있어서 앞에 것을 끌어들이는 것을 만져 아는 성품이라 하며, 만져 아는 성품이 맞대는 것과 떼는 것과 좋고 나쁜 두 가지 앞에 것을 여의면 자체가 없다.

아난아, 만져 아는 성품은 맞대는 것과 떼는 데서 오는 것이 아니며, 좋고 나쁜 데서 오는 것도 아니며, 몸에서 나는 것도 아니며, 허공에서 생기는 것도 아니다.

왜냐하면 맞대는 데서 온다면 뗄 적에는 아는 것이 없어지니, 어떻게 떼는 줄을 알겠는가. 좋고 나쁜 데서 온다는 것도 이와 같다.

몸에서 난다면 맞대는 것, 떼는 것과 좋은 것, 나쁜 것과는 관계가 없으므로 만져 아는 자체가 제 성품이 없는 것이다. 허공에서 생긴다면 허공이 아는 것이니, 너의 몸과 무슨 관계가 있겠느냐.

그러므로 몸으로 끌어들이는 것이 허망함을 알아, 본래부터 인연도 아니고 자연도 아닌 성품이다.

(3-1-13-2-6) 의입

아난아, 어떤 사람이 피로하면 실컷 자고 난 뒤에, 앞에 것을 보면 기억하고, 기억이 없으면 잊어버리니, 이것은 뒤바뀐 나고 머물고 달라지고 없어지는 것이다.

이 모양을 끌어들여 마음으로 돌아가서, 뛰어넘지 않는 것을 뜻이라 하며, 흐름으로 인한 것이 함께 보리마음이 바르게 알아 앎의 변화가 생긴 것이다. 생겨나는 것과 없어지는 두 가지 허망한 것으로 인해, 앎을 모아 그 가운데 법진을 끌어 모은다. 지난 때 보고 들었던 것을 생각하기도 하고, 생각하지 못하는 것을 아는 성품이라 한다. 아는 성품이 깨는 것과 자는 것과 나는 것과 없어지는 두 가지 앞에 것을 여의고는 자체가 없다.

아난아, 마주쳐 아는 성품이 맞댐과 떨어짐에서 오는 것이 아니며, 좋고 나쁨에서 오는 것도 아니며, 몸에서 나는 것도 아니며, 허공에서 생기는 것도 아니다.

앎이 맞대는 것에서 온다면 떨어질 때는 없어질 것이니 어떻게 떨어지는 줄 알겠는가. 좋고 나쁨에서 온다는 것도 이와 같다.

앎이 몸에서 난다면, 맞대는 것과 떨어지는 것과 좋은 것과 나쁜 것과는 관계가 없으니, 마주쳐 보아 아는 자체가 제 성품이 없다.

앎이 허공에서 생긴다면, 허공이 아는 것이니 너의 의와는 무슨 관계가 있겠느냐.

그러므로 의로 끌어들이는 것이 허망한 것임을 알 것이며, 본래부터 인연도 아니며 자연도 아닌 성품이다.

(3-1-13-3) 십이처
(3-1-13-3-1) 안-색처

아난아, 어찌하여 십이처가 본래 여래장인 묘한 진여의 성품이라 하느냐?

아난아, 네가 기타림과 냇물을 본다면 어떻게 생각했느냐. 이것은 색이 눈의 견을 냈다 했느냐? 눈이 색을 냈다 했느냐?

아난아, 눈이 색을 냈다면 공을 볼 때는 색이 아닐 것이며, 눈에 있던 색의 성품이 없어졌을 것이다. 없어졌다면 아무 색도 나타낼 수가 없을 것이니, 색이 없으면 어떻게 공을 인식했겠느냐? 눈이 공을 낸다는 것도 이와 같은 것이다.

색이 눈의 견을 냈다면 공을 볼 때는 색이 아닐 것이며 견이 반드시 없어질 것이다. 견이 없어졌다면 전혀 없을 것이니 어떻게 공인지 색인지를 분간했겠느냐?

그러므로 견이나 색과 공이 모두 처가 없어서 색의 처와 견의 처가 허망함을 알아 본래부터 인연도 아니며 자연도 아닌 성품이다.

(3-1-13-3-2) 이-성처

아난아, 기원정사에서 음식이 마련되면 북을 치고 종을 쳐서, 대중이 모인다. 종소리와 북소리가 끊어지지 않는 것을 들을 수 있다. 이것은 소리가 귀에 오는 것이냐, 귀가 소리 나는 데 가는 것이냐?

아난아, 소리가 귀에 온다면, 내가 사위성에서 밥을 빌 때에는 기원정사에는 내가 없다. 이 소리가 아난의 귀에 왔을 때에는 목건련이나 가섭은 듣지 못해야 할 것인데 어떻게 일천 이백 오십 명이 한꺼번에 종소리를 듣고 공양하는 곳으로 오겠느냐?

네 귀가 소리 나는 곳에 간다면 내가 기원정사에 돌아왔을 때는 사위성에는 내가 없다. 네가 북소리를 들을 때에 귀가 북 치는데 갔다면 종소리가 동시에 들리더라도 듣지 못해야 할 것인데 어떻게 코끼리 소리, 말 소리, 소 소리, 양의 소리를 한꺼번에 듣느냐?

소리가 오지도 않고 귀가 가지도 않는다면 소리를 듣지 못해야 할 것이다.

그러므로 듣는 것이나 소리가 모두 곳이 없어서 들음의 곳과 소리의 곳이 허망함을 알아, 본래부터 인연도 아니며 자연도 아닌 성품이다.

(3-1-13-3-3) 비-향처

아난아, 네가 향로에 피우는 전단향기를 맡는다면 이 향을 다섯 푼만 피워도 사위성 사십 리 안에서 한꺼번에 향기를 맡게 된다. 어떻게 생각하느냐. 이 향기가 전단나무에서 난다고 하느냐. 코에서 난다고 하느냐. 허공에서 난다고 하느냐?

아난아, 만일 이 향기가 너의 코에서 난다면 코에서 나는 것이므로 코로부터 나와야 하며, 코가 전단이 아닌데 어찌하여 전단 냄새가 나겠느냐? 또 네가 냄새를 맡는 것이므로 코로 들어가야 하는데 코에서 나오는 향기를 맡는다고 할 수가 없다.

허공에서 난다면 허공은 항상 있는 것으로 향기도 항상 있으며 어찌하여 향로에 전단나무를 태워야 향기가 나느냐?

전단나무에서 난다면 이 향나무가 타서 연기가 되므로 코가 향기를 맡을 때 연기가 코로 들어가야 할 것인데 그 연기가 공중으로 올라가서 멀리 퍼지기도 전에 사위성 사십 리 안에서 어떻게 맡게 되느냐?

그러므로 향기나 코나 맡는 것이 모두 처가 없어서 맡는 처와 향기의 처가 허망함을 알 것이며 본래부터 인연도 아니며 자연도 아닌 성품이다.

(3-1-13-3-4) 설-미처

아난아, 네가 매일 두 번씩 대중 가운데서 발우공양을 할 때 우유로 만든 제호를 먹으면 맛이 좋은 것을 알 것이다. 어떻게 생각하느냐. 이 맛이 허공에서 생기느냐. 혀에서 나느냐. 음식에서 나느냐?

아난아, 이 맛이 너의 혀에서 난다면 너의 입에는 혀가 하나뿐이므로 한번 우유 맛을 느끼면 사탕을 먹어도 맛이 달라지지 않아야 한다. 달라지지 않으면 맛을 안다고 할 수 없고, 달라진다면 혀는 여럿이 아닌데 어떻게 한 혀로 여러 가지 맛을 알겠느냐.

음식에서 난다면 음식에는 알음알이가 있는 것이 아닌데 어떻게 알며 음식이 아는 것이면 다른 사람이 먹어도 맛이 같을 것이며 너와는 무슨 관계가 있어서 맛을 안다고 하느냐?

맛이 허공에서 생긴다면 네가 허공을 씹어 보라. 무슨 맛이 나느냐.

허공이 짜다 하면 네 혀를 짜게 했으므로 네 얼굴도 짜게 할 것이니 이 세상 사람들이 바다의 고기와 같아서 항상 짜기만 하므로 싱거운 줄 알지 못하며, 싱거운 줄 모른다면 짠 것도 알지 못할 것이며, 아무 맛도 모른다면 어떻게 맛이라 하겠느냐.

그러므로 맛이나 혀나 맛보는 것이 모두 곳이 없어서 맛보는 곳과 맛의 곳이 허망함을 알며 본래부터 인연도 아니며 자연도 아닌 성품이다.

(3-1-13-3-5) 신-촉처

아난아, 네가 아침마다 손으로 머리를 만지는데, 어떻게 생각하느냐. 만져서 아는 것은 어떤 것이 닿아 아는 것이냐? 닿아 아는 것이 손에 있느냐. 머리에 있느냐?

닿아 아는 것이 손에 있다면 머리는 앎이 없을 것이며, 머리에 있다면 손은 앎이 없을 것이며, 머리와 둘 다 닿아 앎이 있다면 아난의 몸이 두 개라야 한다.

머리와 손이 한 감촉이라면 손과 머리가 한 덩어리일 것이며, 한 덩어리라면 감촉을 이룰 수 없고, 두 덩어리라면 감촉이 어디에 있는 것이냐? 닿아 아는 것이면 닿는 것이 아니다. 닿는 것이면 닿아 아는 것이 아니다. 그러면 허공이 너에게 감촉하지 않을 것이다.

그러므로 감촉이나 몸이 모두 곳이 없어서, 몸의 곳과 감촉의 곳이 허망함을 알 것이며, 본래부터 인연도 아니며 자연도 아닌 성품이다.

(3-1-13-3-6) 의-법처

아난아, 너의 뜻 가운데 반연하는 착한 성품, 나쁜 성품, 무기 성품을 법진이라 하며, 이 법진이 마음에 즉한 것이냐? 아니면 마음을 여의고 따로 있느냐?

아난아, 이 법진이 마음에 즉했다면, 진이 아니므로 마음으로 반연할
것이 아니며, 어떻게 곳이 되겠느냐?

마음을 여의고 따로 있다면, 법진의 성품이 아는 성품이 있는 것이냐.
아니면 아는 성품이 없느냐?

아는 성품이 있다면 마음이라 할 것인데, 너와는 다르고 법진은 아니
니, 다른 이의 마음과 같을 것이다. 만일 네게 즉하였고 또 마음이라
면, 어찌하여 네 마음이 너에게 둘이 있겠느냐.

아는 성품이 없다면, 이 법진이 형상과 소리와 냄새와 맛이 부딪치고
떼고, 차고, 더운 것이 아니며, 허공도 아니니, 어디에 있는 것이냐?

이 법진을 색이라 할 수도 없고, 공이라 할 수도 없으며, 또 이 세상에
허공 밖에 무엇이 있을 리 없다. 마음이라면 반연할 바가 아니며, 법
진의 곳이 어떻게 성립되겠느냐.

그러므로 법진이나 마음이 모두 곳이 없어서, 뜻의 곳과 법진의 곳이
허망한 것임을 알아, 본래부터 인연도 아니며 자연도 아닌 성품이다.

(3-1-13-4) 십팔계

(3-1-13-4-1) 안식계

아난아, 네가 아는 바와 같이 눈과 형상이 인연이 되어 안식을 낸다.
이 식이 눈으로 인하여 눈을 계라 하겠느냐? 형상으로 인하여, 형상
을 계라 하겠느냐?

아난아, 눈으로 인해 났다면 보지 않음이 없으면, 눈이 아는 것이 없
으니, 알음알이도 없다. 눈이 내었다는 식이 무슨 모양이겠느냐?

눈으로 보는 것을 식이라 한다면, 보고 보지 않음이 없으므로 보는 것
이 없을 것이며, 어떻게 형상과 냄새와 맛과 촉으로 된 수정체를 안계
라 하겠느냐. 식계가 무엇으로 더불어 성립되겠느냐?

형상에서 났다면, 식이 형상으로 인해 있는 것이므로, 보는 것과는 관계가 없으며 봄이 없으면 형상도 있는 곳이 없다.

식은 형상에서 난다고 하고, 형상은 봄으로 인해 형상 모양이 있다고 한다. 형상을 볼 적에 식을 보아야 한다. 식을 보지 못한다면 형상이 식을 내는 계가 아니며, 본다면 식이 형상과 같아서 식이 보이는 것이 되었으니, 식이 무엇을 보는 줄을 알겠느냐. 만일 아는 것이 없다면 초목과 같다.

또 형상과 봄이 함께 어울려서 중간의 식계를 이루지도 않았을 것이며, 중간이란 계가 없다면 안과 밖이 어떻게 성립되겠느냐.

그러므로 눈과 형상이 인연이 되어 안식계를 낸다 하나, 세 군데가 모두 허망함을 알 것이며, 눈과 형상이 안식의 세계가 본래부터 인연도 아니며 자연도 아닌 성품이다.

(3-1-13-4-2) 이식계

아난아, 네가 아는 바와 같이 귀와 소리가 인연이 되어 이식을 낸다. 이 식이 귀로 인해 났다 하여 귀를 계라 하겠느냐? 소리로 인해 났다 하여 소리를 계라 하겠느냐?

아난아, 귀로 인해 났다면 떠들고 조용함이 없으면, 귀가 아는 것이 없어, 알음알이도 없다. 귀가 내었다는 식이 무슨 모양이겠느냐?

귀로 듣는 것을 식이라 한다면, 떠들고 조용함이 없으므로 듣는 것이 없을 것이며, 어떻게 빛과 냄새와 맛과 촉으로 된 귓바퀴를 식계라 하겠느냐. 식계가 무엇으로 더불어 성립되겠느냐?

소리에서 났다면, 식이 소리로 인하는 것이므로 듣는 것과는 관계가 없으며 들음이 없으면 소리도 있는 곳이 없다.

식은 소리에서 난다고 하고, 소리는 들음으로 인해 소리 모양이 있다고 한다. 소리를 들을 때에 식을 들어야 한다. 식을 듣지 못한다면 소리가 식을 내는 계가 아니며, 듣는다면 식이 소리와 같아서 식이 들리는 것이 되었으니, 식이 무엇을 듣는 줄을 알겠느냐. 만일 아는 것이 없다면 초목과 같다.

또 소리와 들음이 함께 어울려서 중간의 식계를 이루지도 않았으며, 중간이란 계가 없다면 안과 밖이 어떻게 성립되겠느냐.

그러므로 귀와 소리가 인연이 되어 이식계를 낸다 하나, 세 군데가 모두 허망한 것임을 알 것이며, 귀와 소리와 이식의 세계가 본래부터 인연도 아니며 자연도 아닌 성품이다.

(3-1-13-4-3) 비식계

아난아, 네가 아는 바와 같이 코와 냄새가 인연이 되어 비식을 낸다. 이 식이 코로 인해 났다 하여 코를 계라 하겠느냐. 냄새로 인해 났다 하여 냄새를 계라 하겠느냐?

아난아, 코로 인해 났다면 무엇을 코라 하겠느냐? 쌍손톱 모양 같은 살덩이를 코라 하겠느냐. 맡아서 아는 성품을 코라 하겠느냐?

살덩이를 코라 한다면, 살덩이는 몸이며, 몸으로 아는 것은 촉이니, 몸이라면 코가 아니다. 촉이라면 몸이며 코라는 이름도 없는데 어떻게 계가 성립되겠느냐?

맡아서 아는 성품을 코라면 무엇을 안다 하느냐? 살덩이로 된 코가 안다면, 살덩이로 아는 것은 촉이며 코가 아니다. 콧구멍의 허공이 안다면 허공이 아는 것이므로, 살덩이로 된 코는 아는 것이 아니다. 그렇다면 허공이 네가 될 것이며, 네 몸은 아는 것이 아니며, 지금 아난이 있는 곳이 없다.

향기가 안다면, 아는 것이 향기에 있으니 너와 무슨 관계가 있겠느냐? 향내와 구린내가 네 코에서 나는 것이라면, 향내와 구린내가 이 허공과 전단나무에서 나지 않을 것이니 이 두 가지가 없을 때는 네가 네 코를 맡아보라. 향기로우냐. 구리냐. 구리다면 향기로움이 아닐 것이며, 향기롭다면 구린내가 아닐 것이다.

향내와 구린내를 다 맡는다면 한 사람에게 두 코가 있는 것이며, 나에게 도를 물을 때도 두 아난이 있을 것이니, 어느 아난이 너의 본체이냐? 코가 하나라면 향내와 구린내가 두 가지가 아니다. 구린내가 향내가 되고 향내가 구린내가 될 것이니, 두 가지가 있지 않으면 식계가 어떻게 성립되겠느냐.

냄새로 인해 난다면 식이 냄새로 인해 있는 것이며, 마치 눈으로 인해 견이 있으므로 눈을 보지 못하는 것처럼 냄새로 인해 식이 있으므로 냄새를 알지 못한다.

식이 냄새를 안다면 냄새에서 난 것이 아니며, 냄새를 알지 못한다면 식이라 할 수 없다.

냄새가 앎을 인해 있는 것이 아니라면 냄새의 계가 성립될 수 없고, 식이 냄새를 알지 못한다면 식계가 냄새로 인해 성립된 것이 아니다. 만일 중간이 없다면 안과 밖이 생기지 못하며, 맡는다는 것이 끝까지 허망하다.

그러므로 코와 냄새가 인연이 되어 비식계를 낸다 하나 세 곳이 모두 허망함을 알아 코와 냄새와 비식의 세가지가 본래부터 인연도 아니며 자연도 아닌 성품이다.

(3-1-13-4-4) 설식계

아난아, 또 네가 아는 바와 같이 혀와 맛이 인연이 되어 설식을 낸다. 이 식이 혀로 인해 났다하여 혀를 계라 하겠느냐? 맛으로 인해 났다

하여, 맛을 계라 하겠느냐?

아난아, 혀로 인해 났다면 이 세상에 사탕·매실·황련·소금·세신·새 앙·계피가 모두 맛이 없을 것이다. 네가 혀로 맛보아라, 다냐? 쓰냐? 혀가 쓰다면, 무엇이 혀로 맛보겠느냐. 혀가 혀를 맛보지는 못할 것이 니, 무엇이 쓴 줄을 알겠느냐. 혀가 쓰지 않다면 맛이 나지 않을 것이 니 어떻게 식계가 성립되겠느냐. 맛으로 인해 식이 난다면 식이 곧 맛 인데 혀가 혀를 맛보지 못하는 것과 같다. 어떻게 맛인지 맛 아닌지를 알며, 또 여러 가지 맛이 한 물건에서 나는 것이 아니니, 맛이 여러 가 지에서 난다면 식도 여러 가지가 되어야 한다.

식은 하나라고 하면서 식이 맛에서 난다면 짠맛 싱거운맛 단맛 매운 맛 섞인 맛 본래 맛 변한 맛들이 온통 한맛이 되어 분별이 없다. 분별 이 없다면 식이라 할 수 없으며, 어떻게 설식계라 하겠느냐. 허공이 너의 식을 내지는 않는다.

혀와 맛이 화합해 식을 냈다면 중간이란 제 성품이 없는데 어떻게 계 가 생기겠느냐.

그러므로 혀와 맛이 인연이 되어 설식계를 낸다 하나 세 곳이 모두 허 망함을 알아, 혀와 맛과 설식의 세계가 본래부터 인연도 아니며 자연 도 아닌 성품이다.

(3-1-13-4-5) 신식계

아난아, 또 네가 아는 바와 같이 몸과 촉이 인연이 되어 신식을 낸다. 이 식이 몸으로 인해 났다 하여 몸을 계라 하겠느냐? 촉으로 인해 났 다 하여 촉을 계라 하겠느냐?

아난아, 신식이 몸으로 인해 났다면 맞대고 떼는 몸으로 아는 두 가지 인연이 없을 것인데 몸이 무엇을 알겠느냐?

촉으로 인해 난다면 몸은 관계가 없으며 몸이 아니고 맞대고 떼는 것을 아는 것이 어디에 있겠느냐?

아난아, 물건은 촉해도 알지 못하고 몸으로 촉을 아는 것이다. 몸을 아는 것은 촉이며, 촉을 아는 것은 몸이다. 아는 것이 촉이면 몸은 아니며, 아는 것이 몸이면 촉은 아니다. 몸과 촉의 두 모양이 원래 있는 곳이 없으니 촉이 몸에 합했으면 몸 자체일 것이며, 몸을 여의었으면 허공과 같아서 안과 밖이 없다면 중간이 어떻게 성립되며 중간이 성립되지 못하면 안이다 밖이다 하는 성품도 공하게 된다. 설사 네 식이 알아도 무엇으로 인해 계가 성립되겠느냐.

그러므로 몸과 촉이 인연이 되어 신식계를 낸다 하나 세 곳이 모두 허망함을 알 것이며, 몸과 촉과 신식의 세계가 본래부터 인연도 아니며 자연도 아닌 성품이다.

(3-1-13-4-6) 의식계

아난아, 네가 아는 바와 같이 뜻과 법진이 인연이 되어 식을 낸다. 이 식이 뜻으로 인해 났다 하여 뜻을 계라 하겠느냐? 법진으로 인해 났다 하여 법진을 계라 하겠느냐?

아난아, 뜻으로 인해 의식이 난다면 네 뜻에 반드시 생각할 법진이 있어야 뜻을 반연할 것이며, 법진이 없으면 뜻이 생길 수 없다. 법진의 반연을 여의고는 뜻의 모양이 없으니, 식이 무슨 소용이 있겠느냐.

너의 의식이 생각하고 요량하는 뜻의 분별하는 성품과 같다 하겠느냐, 다르다 하겠느냐. 뜻과 같으면 뜻일 것인데 어찌하여 뜻에서 난 것이라 하겠느냐.

뜻과 다르면 뜻의 아는 성품과는 다를 것이므로 아는 작용이 없으며, 앎이 없으면 어떻게 뜻에서 난 것이라고 하며, 앎이 있으면 어떻게 뜻을 알겠느냐. 같다거나 다르다거나 모두 결정할 수 없으니 계가 어떻게 성립되겠느냐.

법진으로 인해 나타난다면 이 세상의 법이란 것이 오진(형상과 소리와 냄새와 맛과 촉의 다섯 가지 법)뿐이니 이 모두 제 모양이 분명하여 오근을 상대하는 것이어서, 뜻으로 반연할 바가 아니다.

그런데 너의 의식이 법진으로 인해 난다면 그 법진이란 법이 어떤 모양인가? 색과 공, 떠드는 것과 조용한 것, 통한 것과 막힌 것, 대는 것과 떼는 것, 나는 것과 없어지는 것을 여의고, 이 밖에는 다른 법이 없다. 난다면 색법과 공법들이 나고, 없어진다면 색법과 공법들이 없어지는 것이다. 인연할 법진부터 없는데 인해 났다는 식이 무슨 모양이 있으며, 모양이 없다면 계가 어떻게 생기겠느냐.

그러므로 뜻과 법진이 인연이 되어 의식계를 낸다 하나 세 곳이 모두 허망함을 알 것이며, 뜻과 법진과 의식의 세 가지가 본래부터 인연도 아니며 자연도 아닌 성품이다."

(3-1-14) 칠대에서 여래장을 보이다
(3-1-14-1) 지대

부처님께서 이렇게 법문하시는 것을 듣고 아난은 다시 여쭈었다.

아난 "부처님이시여, 부처님께서는 항상 화합하는 인연을 말씀하셨는데, 온갖 세간의 여러 가지 변화하는 것이 모두 사대의 화합으로 인해 나타난다고 했습니다. 부처님께서는 어찌하여 인연과 자연이 아니라고 하십니까? 그 까닭을 알지 못하니, 중도의 분명한 이치를 보여주시기 바랍니다."

이때 부처님께서 이렇게 말씀하셨다.

부처님 "아난아, 네가 성문, 연각의 소승법을 싫어하고 위없는 보리를 얻으려 하므로 제일 의제를 말해 준 것인데, 어찌하여 세간의 희롱거리인 허망한 인연에 얽매이고 있느냐. 네가 많이 알기는 하지만, 마치 약 이야기하는 사람이 약을 분별하지 못하는 것과 같다. 그래서 너를 가련한 사람이라 하는 것이다.

너를 위하여 분별해 설명할 테니 잘 들어라. 다음 세상에 대승법을 닦는 이에게 실상을 알게 할 것이다."

아난은 조용하게 부처님의 법문을 듣고 있었다.

부처님 "아난아, '사대가 화합해 세간의 여러 가지 변화하는 것을 나타낸다.'했다. 사대의 체성이 화합이 아니라면 다른 대와 화합하지 못할 것이며, 마치 허공이 색법과 화합하지 않음과 같은 것이다. 화합한다면 변화함과 같아서 처음과 나중이 서로 이루어지고, 나고 없어짐이 서로 계속되어, 났다가 죽고, 죽었다가 나며, 나고 죽고 나고 죽는 것이 불을 둘러 고리가 되듯이, 쉴 새가 없다.

아난아, 물이 얼음이 되고, 얼음이 다시 물이 되는 것과 같다.

지대의 성품을 보라. 큰 것은 땅덩이며 작은 것은 먼지인데, 인허진(허공직전 미진, 10^{-20})은 색진 중에 크기가 가장 작은 극미진을 일곱 개로 쪼갠 것이며, 인허진을 다시 쪼개면 허공(10^{-21})이 된다.

아난아, 인허진을 쪼개서 허공이 되며, 허공을 끝없이 합하면 색이 된다.

네가 묻기를 '화합함으로 인해 여러 가지 변화가 생긴다.'했으니, 이 인허진은 얼마나 허공을 화합해 생긴 것이냐? 인허진이 화합해 인허진이 되지는 않는다.

인허진을 쪼개어 허공이 된다면, 인허진을 얼마나 쪼개면 허공이 되겠느냐? 색진이 모였을 때는 색을 모은 것이라 한다. 허공을 합했을 때는 공을 합한 것이므로 아무리 합해도 색이 아니다. 색은 쪼갤 수가 있겠지만 허공은 어떻게 합하겠느냐?

여래장 가운데 색의 성품을 가진 참된 공과, 공의 성품을 가진 참된 색이, 맑고 깨끗하고 본래 법계에 가득 차 있으면서, 중생의 마음을 따르고, 아는 만큼 나타나는 것이다.

업을 따라 나타나는 것이어서 세상 사람들이 알지 못하고 인연이나 자연인 줄 여긴다. 이것이 모두 허망한 마음으로 분별하고 억측하는 것이다. 말만 있으며 전혀 그러한 이치가 없다.

(3-1-14-2) 수대

아난아, 물의 성품이 일정하지 않아서 흐르고 그치는 것이 항상 하지 않는다. 사위성에 사는 가비라선인이나 작가라선인이나 바두마선인이나 하살다선인의 환술로 생긴 사람들이 달의 정기를 받아서 환술약을 깰 때 보름달이 떴을 때 그릇을 들고 달의 물을 받으면 이 물이 그릇에서 나느냐? 허공에서 생기느냐? 달에서 오는 것이냐?

아난아, 달에서 온다면 멀리 있는 그릇으로 물이 흘러 들어오는 것인데 오는 곳마다 나무와 숲에서도 물이 흘러야 할 것이며 그릇에까지 물이 흘러야 한다. 흐르다가 숲에 막혀 물이 흐르지 않는다면 물이 달에서 오는 것이 아니다.

물이 그릇에서 난다면 어느 때나 그릇에서 항상 물이 흐를 것인데 어찌하여 보름날 밤중에 달이 비춰야 받게 되느냐?

허공에서 생긴다면 허공이 끝없는 것인데 물도 끝이 없어서 인간에서 천상까지 모두 물속에 들 것이니 어찌 바다와 육지와 허공의 분별이 있겠느냐?

아난아, 자세하게 보아라. 달은 하늘에 떴고, 그릇은 손에 들렸고, 물 받는 그릇은 사람이 놓은 것이니 물이 어디서 흘러오느냐? 달과 그릇은 서로 멀어서 화합할 수 없으며, 물이 난데없이 저절로 생기지도 않는다.

아난아, 여래장 가운데 물의 성품을 가진 참된 공과 공의 성품을 가진 참된 물이 맑고 깨끗하고 본래 법계에 가득하면서 중생의 마음을 따르고 아는 것 만큼에 맞춘다. 한곳에서 그릇을 들면 한곳에 물이 나고 온 법계에서 그릇을 들면 온 법계에 물이 흐르는 것이니 물이 세상에 가득하게 흐르는데 어찌 나는 곳이 따로 있다고 하겠느냐?

업을 따라 나타나는 것이며 세상 사람들이 알지 못하고 인연이나 자연인 줄 여기니 이것이 모두 허망한 마음으로 분별하고 억측하는 것이다. 말만이 있을 뿐 전혀 그러한 이치가 없다.

(3-1-14-3) 화대

아난아, 불의 성품은 혼자 있지 못하고, 여러 인연에 의지하며, 사위성에서 저녁을 지으려고 불을 붙이려면 손에 화경을 들고 쑥에 햇볕을 비추어 불이 나게 한다.

아난아, 이것을 화합이라 하면 나와 너와 1,250명 비구가 화합하여 하나의 대중이 되는 것과 같다. 대중으로는 하나이지만 근본을 따져 보면 제각각 몸이 있고 성과 이름이 있어서 사리불은 바라문종이며, 우루빈나는 가섭종이며, 아난은 구담종으로 서로 다르다.

아난아, 이 불이 화합으로 났다면 저 사람이 손에 화경을 들고 햇볕에서 불을 얻었는데 이 불이 화경에서 난 것이냐? 쑥에서 난 것이냐? 해에서 온 것이냐?

아난아, 해에서 온 것이라면 멀리 있는 해가 네 손에 있는 쑥을 태우려고 오는 곳마다 풀과 나무가 모두 타야 할 것이다.

화경에서 난다면 화경에서 나온 불이 쑥을 태우는데 화경은 어찌하

여 녹지 않는 것이냐? 네 손에 들린 화경이 더운 기운도 없는데 어찌
하여 녹겠느냐?

쑥에서 난다면 어찌하여 햇볕과 화경이 마주친 뒤에야 불이 나겠느냐?
아난아, 자세히 보아라. 화경은 손에 들렸고, 해는 하늘에 떴고, 쑥은
땅에 있는데 불은 어디서 오느냐? 해와 화경은 서로 멀리 떨어져 화
합할 수 없으며 불이 난데없이 저절로 생기지도 않는다.

여래장 가운데 불의 성품을 가진 참된 햇빛과 공의 성품을 가진 참된
불이 맑고 깨끗하고 본래 법계에 가득하면서 중생의 마음을 따르고
아는 것 만큼 맞추는 것이다.

아난아, 세상 사람이 한곳에서 화경을 들면 한곳에 불이 나고 온 법계
에서 화경을 들면 온 세계에 불이 날 것이며 불이 세상에 가득하게 나
는데, 어찌 나는 곳이 따로 있다고 하겠느냐.

업을 따라 나타나는 것이며 세상 사람들이 알지 못하고 인연이나 자
연으로 여기니 이것이 모두 허망한 마음으로 분별하고 억측하는 것이
이다. 말만이 있을 뿐 전혀 그러한 이치가 없다.

(3-1-14-4) 풍대

아난아, 바람의 성품은 자체가 없어 움직이고 고요함이 떳떳하지 않다.
네가 가사를 입고 대중에게 들어갈 때 가사자락이 펄럭거리면서 가벼
운 바람이 곁에 있는 사람의 얼굴에 부딪힐 것이다. 이 바람이 가사 자
락에서 나느냐? 허공에서 생기느냐? 그 사람의 얼굴에서 나느냐?

아난아, 가사에서 바람이 난다면 네가 바람을 입었으므로 옷이 날려
벗겨져야 할 것인데 너는 지금 법을 말하면서 가사를 입고 있다. 너의
가사를 보라. 바람이 어디 있느냐. 가사 속에 바람 넣는 곳이 없다.

허공에서 생긴다면 너의 가사가 펄럭거리지 않을 때는 어찌하여 바

람이 불지 않느냐? 허공이 항상 있는 것이므로 바람도 항상 생겨야 할 것이며, 바람이 없을 때 허공도 없어져야 한다. 바람 없는 것은 볼 수 있지만 허공이 없어지는 것은 볼 수 있겠느냐? 바람이 났다 없어졌다 함이 있으면 허공이라 할 수 없고 허공이라 하면 어떻게 바람이 나겠느냐? 저 사람의 얼굴에서 난다면, 저 사람의 얼굴에서 너에게로 불어와야 할 것인데 네가 가사를 바로 할 때 어찌하여 거꾸로 부느냐?

가사는 네가 바로 하고, 얼굴은 저 사람에게 있고, 허공은 고요하여 흔들리지 않는데 바람이 어디서 불어오느냐? 바람과 허공은 성질이 달라서 화합할 수 없으며, 바람이 난데없이 저절로 생기지도 않는다. 여래장 가운데 바람의 성품을 가진 참된 공과 공의 성품을 가진 참된 바람이 맑고 깨끗해 법계에 가득해 있으면서 중생의 마음을 따르고 아는 것에 맞추는 것이다.

아난아, 네가 가사를 펄럭거리면 가벼운 바람이 나고 온 법계가 펄럭이면 온 세계에 바람이 날 것이니 바람이 세상에 가득하게 불 것인데, 어찌 바람나는 곳이 따로 있다고 하겠느냐?

업을 따라 나타나는 것인데 세상 사람들이 알지 못하고 인연이나 자연으로 여긴다. 이것이 모두 허망한 마음으로 분별하고 억측하는 것이다. 말만이 있을 뿐 전혀 그러한 이치는 없다.

(3-1-14-5) 허공

아난아, 허공의 성품이 형상이 없어 빛으로 인해 나타나는 것이다. 이 사위성의 강이 먼 곳에서 찰제리(刹帝利, ksatriya)나 바라문(婆羅門, Brahman)이나 비사(毘舍, Vaisya)나 수타라(首陀羅, sudra)나 파라타나 전타라들이 집을 지으면서 우물을 팔 때 흙이 한 자 나오면 한 자만큼 허공이 생기고 한길 흙이 나오면 한길만큼 허공이 생겨서 허공의 얕고 깊음이 나오는 흙의 적고 많음을 따른다. 이 허공이 흙으로 인해 나느냐? 흙을 팜으로 인해 있느냐? 까닭 없이 저절로 생기느냐? 아난아, 이 허공이 까닭 없이 저절로 생긴다면 흙을 파기 전에는 어찌하여 꽉 막혀서 땅덩이만 보이고 훤하게 트이지 않았느냐.

흙으로 인해 난다면 흙이 나올 때 허공이 들어가는 것을 보아야 하며 흙만 먼저 나오고 허공이 들어가지 않는다면 어찌하여 흙으로 인해 허공이 난다고 하겠느냐?

나오거나 들어가거나 함이 없다면 허공과 흙이 원래 다르지 않는 것이며, 다르지 않다면 같은 것인데, 흙이 나올 때 허공은 어찌하여 나오지 않는 것이냐?

파는 것으로 인해 난다면 파서 허공이 나오는 것이며, 흙은 나오지 않아야 하며. 파는 것으로 인하여 나는 것이 아니라면 파는 대로 흙만 나올 것인데 어찌하여 허공을 보게 되느냐?

아난아, 흙 파는 괭이는 사람의 손을 따라 이리저리 옮기고, 흙은 땅으로 인해 옮겨지며, 허공은 무엇으로 인해 나느냐? 파는 것은 참이며 허공은 빈 것이어서 서로 작용할 수 없으며 화합할 수 없으며 허공이 난데없이 저절로 생기지도 않는다.

허공의 성품이 뚜렷하고 가득해 본래부터 움직이지 않는다. 앞에서 말한 지대·수대·화대·풍대와 함께 오대라 한다. 성품이 참으로 원만하고 융통해 모두 여래장이어서 본래 났다 없어졌다 하는 것이 아니다.

아난아, 너의 마음이 혼미해 사대가 본래 여래장인 줄을 알지 못하는 것이다. 이 허공을 보라. 나오느냐, 들어가느냐. 나오지 않는 것이냐, 들어가지 않는 것이냐.

여래장 가운데 각의 성품을 가진 참된 공과 공의 성품을 가진 참된 각이 맑고 깨끗하고 본래 그러하여 법계에 가득해 중생의 마음을 따르고 아는 것만큼 나타난다.

아난아, 한 우물을 파면 허공이 한 우물만큼 나고, 시방 허공도 역시 그러하여 시방에 가득 차 있는데 어찌 나는 곳이 따로 있겠느냐.

업을 따라 나타나는 것이며 세상 사람들이 알지 못하고 인연이나 자연으로 여기는 것이며 이것이 모두 허망한 마음으로 분별하고 억측한다. 말만 있을 뿐 전혀 그러한 이치가 없다.

(3-1-14-6) 견의 성품

아난아, 견의 성품은 앎이 없어 빛과 공으로 인해 있게 된다. 네가 지금 기타림에 있어서 아침이면 밝고 저녁이면 어둡다. 밤중이라도 보름이면 밝고 그믐이면 어두움으로 인해 견이 분별된다. 견이 밝음과 어두움과 허공과 함께 하나의 체냐, 아니냐? 혹 같기도 하고 같지 않기도 하며 다르기도 하고 다르지 않기도 하느냐?

아난아, 견이 밝음과 어두움과 허공과 더불어 원래 한 체라면 밝은 것과 어두운 것은 서로 없다. 어두울 때는 밝음이 없고, 밝을 때는 어두움이 없는 것이다. 어두움과 한 체라면 밝을 때는 견이 없어지며, 밝음과 한 체라면 어두우면 견이 없어진다. 견이 없어졌을 때 어떻게 밝은 것을 보고 어두운 것을 보겠느냐?

밝은 것과 어두운 것은 비록 다르나 견은 났다 없어졌다 하지 않는다면, 한 체라는 말이 어떻게 성립되겠느냐.

견의 정기가 어두움과 밝음과 더불어 한 체가 아니면 네가 밝은 것과 어두운 것과 허공을 여의고 견을 가려내면 무슨 모양이겠느냐? 밝음과 어두움과 허공을 여읜다면 견이란 것은 거북의 털이나 토끼의 뿔과 같다. 밝음과 어두움과 허공을 모두 여의고는 무엇으로 견을 나타내겠느냐.

밝은 것과 어두운 것은 서로 어긋나는 것인데 어떻게 같다 하겠는가.
이 세 가지를 여의고는 견이 없는 것인데 어떻게 다르다 하겠는가. 허
공과 견을 나누려 하나 본래 경계선이 없는데 어떻게 같지 않다 하겠
는가. 어두움을 보고 밝음을 보아도 견의 성품은 변하지 않으니 어떻
게 다르지 않다 하겠는가.

밝은 것은 해로 인함이며, 어두운 것은 그믐밤으로 인함이며, 통한 것
은 허공으로 인함이며, 막힌 것은 땅으로 인함이다. 견의 정기는 무엇
으로 인해 생겼느냐? 견은 깨닫는 것이며 허공은 아득한 것이어서 화
합할 수 없으며, 견의 정기가 난데없이 저절로 생기지도 않는다.

보고 듣고 아는 성품이 뚜렷하고 가득해 본래부터 흔들리지 않으며,
움직이지 않는 끝이 없는 허공과 흔들리는 지대·수대·화대·풍대와
함께 육대라 한다. 성품이 참으로 원만하고 융통해 모두 여래장이라
본래 났다 없어졌다 하는 것이 아니다.

아난아, 네 성품이 혼침해 보고 듣고 깨닫고 알고 하는 것이 본래 여
래장인 줄 알지 못한다. 네가 보고 듣고 깨닫고 알고 하는 것을 보라.
나느냐? 없어지느냐? 같으냐? 다르냐? 나는 것도 아니며, 없어지는
것도 아니며, 같은 것도 아니며, 다른 것도 아니다.

여래장 가운데 견의 성품을 가진 각의 밝음과 각의 정기인 밝은 견이
맑고 깨끗해 법계에 가득해 있으면서, 중생의 마음을 따르고 아는 능
력에 맞추어 나타난다. 견근의 보는 것이 법계에 가득함과 같이 듣는
것과 맡는 것과 맛보는 것과 깨닫는 것과 아는 것이 묘한 덕이 환히
밝아서 시방세계에 가득한데 어찌 나는 곳이 따로 있겠느냐.

업을 따라 나타나는 것이다. 세상 사람들이 알지 못하고 인연이나 자
연으로 여기니, 이것이 모두 허망한 마음으로 분별하고 억측한다. 말
만 있을 뿐 전혀 그러한 이치가 없다.

(3-1-14-7) 식의 성품

아난아, 식의 성품이 근원이 없어 육근과 육진으로 인해 나타난다. 네가 지금 여기 있는 여러 대중을 볼 때 눈으로써 보지만 눈으로 보는 것은 거울과 같아 분별이 없다. 너의 식이 차례로 지목해 이는 문수이며, 이는 부루나이며, 이는 목건련이며, 이는 수보리이며, 이는 사리불이라고 한다. 식으로 아는 것이 견에서 나오느냐? 모양에서 나오느냐? 허공에서 생기느냐? 까닭 없이 저절로 나느냐?

아난아, 너의 식이 견에서 난다면 밝은 것과 어두운 것과 빛과 허공과는 관계가 없다. 이 네 가지가 없으면 너의 견도 없으며 견의 자성도 없다. 무엇에서 식이 나겠느냐.

식이 모양에서 난다면 견으로 나는 것은 아니다. 이미 밝은 것도 보지 않고, 어두운 것도 보지 않고, 밝고 어두운 것을 보지 않으면 색과 공도 없다. 그러면 모양도 없으니, 식이 어디에서 나겠느냐.

허공에서 생긴다면 모양도 아니며 견도 아니다. 견이 아니라면 분별이 없어서 밝은 것과 어두운 것과 색과 공을 알지 못하며, 모양이 아니라면 보고 듣고 깨닫고 아는 것이 의지할 곳이 없다. 모양도 아니며 공도 아닌 것에 의지한다면 공이 전혀 없으며, 있다고 해도 물건이 있는 것과는 같지 않다. 식을 낸다면 무엇을 분별하겠느냐. 까닭 없이 저절로 난다면 어찌하여 낮에는 밝은 달을 보지 못하느냐.

아난아, 견은 너의 눈을 의지하는 것이며, 모양은 앞에 것을 말하는 것이며, 형상 있는 것은 색이며. 형상 없는 것은 허공이다. 이러한데 식은 무엇으로 인해 나는 것이냐?

식은 움직이는 것이며 견은 고요한 것이어서 화합할 수 없다. 듣고 맡고 깨닫고 아는 것도 이와 같으니, 식이 난데없이 저절로 생기지도 않는다.

만일 이 식이 본래 쫓아온 곳이 없다면 분별하는 것과 듣는 것과 깨닫는 것과 아는 것도 원만하고 고요해 쫓아온 곳이 없다. 견과 허공과 지대와 수대와 화대와 풍대와 함께 모두 칠대라 한다. 성품이 참으로 원만하고 융통해 모두 여래장이다. 본래 났다 없어졌다 하는 것이 아니다.

아난아, 네 마음이 거칠고 들떠서 보고 듣고 깨닫고 아는 것이 본래 여래장인 줄을 알지 못한다. 여섯 군데 알음알이 하는 마음을 보라. 같은 것이냐, 다른 것이냐, 공한 것이냐, 있는 것이냐, 같은 것도 아니며 다른 것도 아니며, 공한 것도 아니며 있는 것도 아닌 것이냐.

여래장 가운데 식의 성품을 가진 밝은 이름과 각의 밝은 참된 식과 묘한 각이 고요하고 맑아 법계에 두루해 시방 허공을 삼키고 뱉는 것이다. 어찌 다른 것이 있겠느냐.

업을 따라 나타나는 것이며 세상 사람들이 알지 못하고 인연이나 자연으로 여기는 것이다. 이것이 모두 허망한 마음으로 분별하고 억측하는 것이다. 말만 있을 뿐 전혀 그러한 이치가 없다."

(3-1-15) 아난이 기뻐하다

그때 아난과 대중이 부처님께서 미묘하게 일러주심을 듣고 마음과 몸이 가볍고 평안해 조금도 걸림이 없어졌다. 그리하여 제 각각의 마음이 시방에 두루 했음을 알았고 시방 허공 보기를 손에 가진 나뭇잎 보듯 하며 온갖 세간의 모든 물건이 보리의 묘하고 밝은 마음임을 깨달았다.

또 정의로운 마음이 가득하고 뚜렷해 시방을 삼켰다. 돌이켜 부모가 낳아 준 몸을 보니 마치 시방 허공 가운데 티끌 하나를 날린 것이며, 있는 듯 없는 듯했다. 또 크고 넓은 바다에 물거품 하나 뜬 것이며, 생기는 듯 꺼지는 듯했다. 본래 묘한 마음의 본체가 항상 있어 없어지지 않는 것을 분명하게 깨닫고 합장해 부처님께 예배하고 희유한 생각을 내어 부처님을 찬탄했다.

(3-2) 불공여래장을 말하다

그때 부루나가 대중 가운데서 일어나 오른 어깨에 옷을 걸쳐 메고 오른쪽 무릎을 땅에 대고 합장하고 부처님께 여쭈었다.

부루나 "거룩하고 행복하신 부처님이시여, 중생을 위해 여래의 제일의제를 잘 말씀하셨습니다. 부처님께서 항상 말씀하시기를 법문을 하는 사람 중에는 백 보 밖에서 모기 소리를 듣는 것 같아서 보지도 못했는데 어떻게 소리를 듣겠습니까? 부처님께서 분명하게 일러주어 의혹을 덜게 했지만 아직도 그 뜻을 자세히 알지 못합니다. 끝까지 의심이 없어지지 않습니다.

부처님이시여, 아난 존자는 비록 깨달았다고 하나 아직 익힌 번뇌가 없어지지 않았습니다. 저희들은 생사를 벗어나 온갖 번뇌가 없어졌지만 지금 부처님의 법문을 듣고 의심이 없지는 않습니다.

부처님이시여, 오온 육입 십이처 십팔계와 세상에 있는 모든 것이 여래장입니다. 맑고 깨끗해 본래 그러하면 어찌하여 산과 물과 땅과 여러 가지 모양이 생겨서 차례로 변화하여 멸했다가 다시 생하는 것입니까?

부처님께서 말씀하시기를 지대·수대·화대·풍대의 성품이 원융해 법계에 가득하며 고요하게 항상 있는 것이라고 했습니다. 부처님이시여, 지대의 성품이 가득하며 고요하게 항상 있는 것이라 했습니다. 지대의 성품이 가득하면 어떻게 수대를 용납할 수 있으며, 수대의 성품이 가득하면 화대는 있지 못하는데, 어떻게 수대와 화대가 함께 허공에 가득해 서로 쫓아내고 독차지하지 않는 이치를 설명하겠습니까.
부처님이시여, 지대의 성품은 막히는 것이며, 허공의 성품은 통하는
것인데 어떻게 둘이 모두 법계에 가득할 수 있습니까.

이 이치가 어떻게 된 까닭인지 알지 못합니다. 부처님께서 자비하신
마음으로 우리들의 아득한 의심을 풀어주시기를 바랍니다.”

이 말씀을 마치고 대중들과 함께 몸의 다섯 부위를 땅에 대고 부처님
의 자비하신 가르침을 간절하게 기다렸다.

그때 부처님께서 부루나와 번뇌가 없는 여러 아라한에게 말씀하셨다.

부처님 “여래가 오늘 이 회상에 모인 대중을 위해 승의제 중의 참 승의
제를 말해 이 회상에 있는 성문과 공을 얻지 못한 이들과 보살승으로
돌아선 아라한들로 인해 모두 다 일승의 고요한 자리인 참으로 조용하
고 올바르게 수행할 곳을 설명할 것이다. 너희들은 자세히 들으라.”

부루나와 대중들은 부처님의 분부를 받들어 조용하게 듣고 있었다.

부처님 “부루나야, 네 말대로 '맑고 깨끗해 본래 그러하다면 어찌하
여 산과 물과 땅이 생겼겠느냐?'고 말하면서 '자성인 각은 밝고 묘하
며 본래 각은 밝고 묘하다.'고 하는 말은 듣지 못했느냐?”

부루나 “그러합니다. 부처님이시여, 부처님께서 그렇게 말씀하시는
것을 들었습니다.”

부처님 “네가 말하는 각이 밝다고 하는 것은 자성이 밝은 것을 각이
라고 하느냐? 각이 밝지 않은 것을 밝혀야 할 각이라고 한다 하느냐?”

부루나 “밝힐 것 없는 것을 각이라 하면 밝힐 것이 없겠습니다.”

부처님 “밝힘이 있으면 각이 아니며, 밝힘이 없으면 밝음이 아니니,
밝음이 없으면 각의 맑고 밝은 성품이 아니다.

자성인 각은 반드시 밝은 것인데 허망하게 밝혀야 할 각이 되었다. 자
성인 각은 밝힐 것이 아니지만 밝음을 인해 밝힐 것이 있게 되었고,

밝힐 것이 있게 되므로 너의 밝히려는 것이 생기게 되었다. 같고 다름이 없는 데서 환하게 다른 것이 생기게 된다. 다른 것을 다르게 여기므로 다른 것으로 인해 같은 것을 나타내며 같은 것과 다른 것을 밝혀서 다시 같음도 없고 다름도 없는 것을 나타낸다.

이렇게 흔들리고 어지러운 것이 서로 의지해 혼란이 생기고, 혼란이 오래 계속되어 티끌이 생겨서 모양이 흐리멍덩하게 되며, 이리하여 티끌 같은 번뇌 망상이 일어나게 된다.

일어나면 세계가 되고, 고요하면 허공이 된다. 허공은 같은 것이며, 세계는 다른 것이니, 같음도 없고 다름도 없는 것이 유위법이다.

각의 밝은 것과 허공의 어두운 것이 차례로 바뀌어 흔들림으로 풍륜이 있어 세계를 받들게 되었다.

허공으로 인해 흔들림이 생기고 밝은 것을 굳혀 막힘이 되니, 금이란 것은 밝은 각이 굳혀진 것이므로 금륜이 있어 땅을 받치게 되었다.

각이 굳어 금이 되고, 밝은 것을 흔들어 바람이 생겼으며 바람과 금이 서로 갈라짐으로 불이 생겨 변화하는 성품이 되었다.

밝은 금이 축축함을 내고 불은 위로 솟아올라 수륜이 되어 시방세계를 둘러싸고 있다.

불은 올라가고 물은 내려가서 교대로 발동해 굳혀지므로 젖은 것은 바다가 되고 마른 것은 육지와 섬이 되었다. 이러한 이치로 바다 가운데는 불빛이 일어나고 육지와 섬에는 강물이 흐르게 된다.

물 세력이 불보다 적으면 엉기어 높은 산이 되며 산에서 돌이 서로 부딪치면 불꽃이 일어나고 녹으면 물이 된다.

흙 세력이 물보다 적으면 빼어나 풀과 나무가 되며 그래서 숲이 타면 흙이 되고, 짜면 물이 된다.

허망한 것들이 서로 얽혀 생겨나게 되며 교대로 서로 씨가 되며 이러한 인연으로 세계가 서로 계속하게 된다.

부루나야, 밝은 것이 허망한 것과 다른 것이 아니며, 각의 밝은 것이 허물이 되니 허망한 것이 생긴 뒤에는 밝은 이치가 뚫고 지나갈 수 없으며, 이러한 인연으로 듣는 것은 소리에 뛰어나지 못하고, 보는 것은 빛을 넘어갈 수 없어서, 빛과 소리와 냄새와 맛과 촉과 법의 여섯 가지 허망한 것이 생긴다. 이것으로 인해 보고 듣고 냄새 맡고 깨닫는 것이 나누어져서 같은 업은 서로 얽히고 합하고 여의어서 형상이 생기기도 하고 변화해 나기도 한다.

밝은 곳을 보아서 빛이 나타나고, 밝게 보고는 생각을 이루고, 소견이 다르면 미워지고 생각이 같으면 사랑하게 되며, 사랑을 흘려 넣어 씨가 되고, 생각을 받아들여 태를 이룬다. 만나 어울려 생겨날 때 같은 업을 끌어들이며, 이러한 인연으로 갈라람(羯邏藍, kalala, 입태 후 초 7일간의 상태)과 알부담(頞部曇, arbuda, 입태 후 제2의 7일간의 상태)이 생기게 된다.

태로 나고 알로 나고 습기로 나고 변화해서 나는 것들이 제 각각 마땅함을 따르며 알로 나는 것은 생각만으로 생기고, 태로 나는 것은 정으로 생기고, 습기로 나는 것은 합해서 생기고, 변화해서 나는 것은 여의어서 생긴다. 정으로 생기고 생각으로 생기고 합해서 생기고 여의어 생기는 것들이 교대로 바뀌고 서로 변해 업으로 받는 과보가 날기도 하고 잠기기도 하니 이러한 인연으로 중생이 서로 계속하게 된다.

부루나야, 생각과 애정이 함께 얽혀 사랑을 여의지 못하면 이 세상의 부모와 자손이 서로 낳아 그치지 않으니, 이것들은 사랑하는 탐욕이 근본이 되었다.

탐욕과 애정으로 함께 어울려 탐심이 그치지 못하면 이 세상에 알로 나고 변화해서 나고 습기로 나고 태로 나는 것들이 기운 세고 약함을 따라서 교대로 서로 잡아먹으니, 이것들은 잡아먹는 탐욕이 근본이 되었다.

사람이 양을 잡아먹으면 양은 죽어서 사람이 되고 사람은 죽어 양이 되며, 나쁜 업으로 함께 나서 오는 세상이 끝이 없으며 이것들은 훔쳐 먹는 탐욕이 근본이 되었다.

너는 나에게 목숨 빚을 졌고 나는 너에게 돈 빚을 갚을 때 이런 인연으로 백천 겁을 지내도 항상 생사 중에 있게 되며, 너는 나의 마음을 사랑하고 나는 너의 얼굴을 사랑해 이런 인연으로 백천 겁을 지내도 항상 번뇌에 얽히게 된다.

이렇게 잡아먹는 탐욕과 훔쳐 먹는 탐욕과 음행하는 탐욕이 근본이 되었으므로 이러한 인연으로 업을 지어 과보 받는 일이 계속된다.

부루나야, 이 세 가지가 되풀이해 계속되는 것은 모두 밝은 각의 밝음을 아는 성품이 앎으로 인해 형상을 내어 허망한 소견으로 생기는 것이다. 산과 강과 땅과 모든 유위의 것이 차례차례 변천하되 이 허망함으로 인해 마쳤다가 다시 시작되는 것이다."

부루나 "이 묘한 각의 본래 묘하고 밝은 것이 여래의 마음으로 더불어 더하지도 않고 덜하지도 않지만, 이유 없이 산과 강과 땅과 끝이 있는 것들이 생겼습니다. 부처님께서 지금 묘하고 공한 각을 얻으셨으며 언제 산과 강과 땅과 유위의 것들이 다시 생기겠습니까?"

부처님 "부루나야, 미혹한 사람이 어떤 동네에서 남쪽을 잘못 알아 북쪽인 줄로 안다면 이 사람의 미혹한 것이 아득함으로 인해 생겼느냐? 깨달음으로 인해 생겼느냐?"

부루나 "이 미혹한 사람은 아득함으로 인한 것도 아니며, 깨달음으로 인한 것도 아닙니다. 미혹한 것이 본래 근본이 없는 것이므로 아득함으로 인했다고 할 수 없고, 깨달은 데서는 미혹이 생기는 것이 아니므로 깨달음으로 인했다고 할 수가 없습니다."

부처님 "미혹한 사람이 한창 미혹했을 때에 아는 사람이 일러주어 깨닫게 하면 이 사람이 비록 미혹했으나 다시 미혹하겠느냐?"

부루나 "아닙니다, 부처님이시여."

부처님 "부루나야, 여래도 역시 그렇다. 이 미혹한 것이 근본이 없어서 철저하게 공한 것이다. 이전에 본래 미혹하지 않았던 것이 지금 미혹한 듯하지만 미혹한 것을 깨달아 미혹했던 것이 없어지면 깨달은 데서 다시 미혹이 생기지 않는다.

또 눈이 피로해진 사람이 허공꽃을 보다가 피로한 병이 없어져서 헛꽃이 허공에서 없어진다. 어떤 어리석은 사람이 헛꽃이 없어진 자리에서 다시 헛꽃이 나기를 기다린다면 네가 보기에 이 사람이 어리석은가? 지혜로운가?"

부루나 "허공에 원래 꽃이 없는 것을 허망하게 났다 없어졌다 함을 보는 것입니다. 헛꽃이 허공에서 없어짐을 보는 것부터 잘못인데, 다시 나기를 기다리는 것은 참으로 잘못된 사람인데 이런 사람을 어리석다 하겠습니다."

부처님 "네 소견이 그렇다면 어찌 여래의 묘하고 밝은 각에서 언제 다시 산과 강과 땅이 생기느냐고 묻느냐.

마치 광석에 섞여 있던 금이 한번 순금이 되면 다시는 광석에 섞이지 않는 것과 같다. 또 나무가 재가 되면 다시는 나무가 되지 않는 것과 같아서 여러 부처님의 보리와 열반도 역시 그러하다."

(3-3) 공불공여래장을 말하다

부루나야, 네가 또 묻기를, "지대·수대·화대·풍대의 성품이 원융하여 법계에 가득하다면 물과 불이 어떻게 서로 쫓아내고 독차지하지

않느냐?" 또 "허공과 지대가 함께 법계에 가득한데 어찌 서로 용납할
수 있느냐?"고 생각한다.

부루나야, 허공 자체는 여러 가지 모양이 아니지만 여러 가지 모양이
일어나는 것을 거부하지 않음과 같겠는가?

부루나야, 허공에 햇빛이 비치면 밝고, 구름이 끼면 어둡고, 바람이
불면 흔들리고, 날이 개면 맑고, 기운이 엉기면 흐리고, 먼지가 쌓이
면 흙비가 되고, 물이 맑으면 비친다. 너는 어떻게 생각하느냐? 여러
곳에 생기는 여러 가지 모양이 제 각각 인연으로 인해 생기는 것이
냐? 허공으로 인해 있느냐?

부루나야, 여러 가지 인연으로 말미암았다면 햇빛이 비칠 때는 해의
밝은 것에 의한다. 그렇다면 시방세계가 모두 햇빛이 되었을 것인데
어찌하여 따로 둥근 해를 보게 되느냐? 허공이 밝은 것이라면 허공이
스스로 비추어야 할 것인데 어찌 구름이 끼어도 밝게 비치지 않느냐?
그러므로 이 밝은 것은 해로 인한 것도 아니며 허공으로 인한 것도 아
니며 해와 다른 것도 아니며 허공과 다른 것도 아니다.

모양으로 보면 원래 허망해 따질 수 없는 것이 마치 허공꽃에서 허공
열매 맺기를 기다리는 것 같다. 어떻게 서로 쫓아내고 독차지하지 않
는 이치를 따지겠느냐. 성품으로 보면 원래 참된 것이어서 오직 묘한
각의 밝은 것뿐이니 묘한 각의 밝은 마음이 본래 물도 아니며 불도 아
닌데 어찌 서로 용납하지 못하는 것을 의심하느냐.

참되고 묘한 각의 밝은 것도 역시 그러하여 네가 공으로 밝게 하면 공
이 나타나고, 지대·수대·화대·풍대로 밝게 하면 지대·수대·화대·풍
대가 나타나고, 한꺼번에 밝게 하면 한꺼번에 나타난다.

어떤 것이 한꺼번에 나타나는 것이냐? 부루나야, 강에 해그림자가 비
친 것을 두 사람이 함께 보다가 한 사람은 동쪽으로 가고 한 사람은

서쪽으로 가면 강에 비쳤던 해 그림자도 역시 그 사람을 따라 하나는 동쪽으로 가고 하나는 서쪽으로 간다. 본래부터 일정한 표준이 없는 것이다. 이것을 보고 '해가 본래 하나인데, 어찌하여 제 각각 따라가느냐? 해그림자가 분명히 둘인데, 어떻게 한곳에 나타났느냐?'고 따질 수 없는 것이니, 모두 허망해 분명한 증거가 될 수 없다.

부루나야, 너는 색과 공으로써 여래장에서 당기기도 하고 놓기도 하지만 여래장이 따라서 색도 되고 공도 되어 법계에 가득하게 된다. 그러므로 바람은 불고 허공은 고요하고 해는 밝고 구름은 어두워, 중생들이 아득하고 갑갑해 각을 등지고 번뇌에 합하는 탓으로 번뇌 망상이 생겨 세간의 여러 가지 현상이 있게 된다.

나는 묘하고 없어지지도 않고 나지도 않는 것으로써 여래장에 합하므로 여래장이 다만 묘한 각의 밝은 것 뿐이어서 법계에 두루 비치게 된다. 그러므로 이 가운데서 하나가 한량없는 것이 되고 한량없는 것이 하나가 되며, 작은 가운데 큰 것을 나타내고 큰 가운데 작은 것을 나타내며, 도량에서 움직이지 않고 시방세계에 두루 퍼지며, 한 몸 속에 넓은 허공을 포함하며 한 터럭 끝에 많은 세계를 나타내며, 티끌 속에 앉아서 큰 법륜을 굴리니 번뇌를 없애고 각에 합하는 탓으로 진여의 묘하고 밝은 각의 성품을 드러내게 된다.

그러나 여래장의 본래 묘한 원만한 마음은 마음도 아니며 공도 아니며 땅도 아니며 물도 아니며 바람도 아니며 불도 아니며, 눈도 아니며 귀도 아니며 코도 아니며 혀도 아니며 몸도 아니며 뜻도 아니며, 빛도 아니며 소리도 아니며 냄새도 아니며 맛도 아니며 접촉도 아니며 법진도 아니며 안식계도 아니다. 그와 같이 의식계도 아니며, 명도 아니며 무명도 아니며 명의 무명이 끝난 것도 아니며 그와 같이 늙는 것도 아니며 죽은 것도 아니며 늙는 것이 끝난 것도 아니며 죽은 것이 끝난 것도 아니다. 고제도 아니며 집제도 아니며 멸제도 아니며 도제도 아니며, 지혜도 아니며 얻은 것도 아니며 보시도 아니며 지계도 아니며 인욕도 아니며 정진도 아니며 선정도 아니며 지혜도 아니며 바라밀도 아니다. 또한 여래도 아니며 응공도 아니며 정변지(正遍知, sam-yak-sambuddha)도 아니며 대열반도 아니며 상덕도 아니며 낙덕도 아니며 아덕도 아니며 정덕도 아니니, 이것이 세간법도 아니며 출세간법도 아닌 까닭이다.

곧 여래장의 원래 밝은 묘한 마음은 곧 마음이며 공이며, 땅이며 물이며 바람이며 불이며, 눈이며 귀이며 코이며 혀이며 몸이며 뜻이며, 빛이며 소리며 냄새며 맛이며 닿는 것이며 법진이며 안식계이다. 또한 의식계이며 명이며 무명이며 명의 무명이 끝난 것이다. 또한 늙는 것이며 죽는 것이며 늙는 것이 끝난 것이며 죽는 것이 끝난 것이며 고제며 집제며 곧 멸제며 도제이다. 지혜며 얻는 것이다. 또한 보시며 지계며 인욕이며 정진이며 선정이며 지혜며 바라밀이다. 또한 여래며 응공이며 정변지며 대열반이며 상덕이며 낙덕이며 아덕이며 정덕이니, 이것이 곧 세간법이며 동시에 출세간법인 까닭이다.

곧 여래장의 묘하고 밝은 원래 마음은 곧 그것도 아니며, 아닌 것도 아니다. 또한 그것이기도 하고, 아니기도 하다. 어떻게 세간의 중생들과 출세간의 성문과 연각들이 그들의 아는 능력으로 여래의 위없는 깨달음을 추측해 세상 말로써 부처님의 지견에 들어갈 수 있겠느냐. 마치 거문고나 비파에 미묘한 소리가 있지만 미묘한 손가락이 아니면 소리를 낼 수 없는 것이니, 너희들 중생도 역시 보배로운 각의 참마음이 제 각각 원만하지만 내가 손가락을 놀리면 바다에 하늘과 구름이 비치듯이 분명하게 드러나고, 너는 잠깐만 마음을 두어도 번뇌

망상이 먼저 일어난다. 이러한 마음은 위없는 깨달음을 부지런히 구하지 않았고 소승법을 좋아해 조그만 것을 얻고도 만족한 탓이다."

부루나 "부처님의 보배로운 각의 뚜렷하고 밝고 참되고 묘한 마음과 마찬가지로 원만하지만, 예전부터 끝없는 허망한 생각으로 인해 생사하는 데서 바퀴 돌 듯 했으므로, 지금 성인의 법을 얻기는 했으나 아직도 끝까지 이르지 못했습니다. 부처님께서는 온갖 망상이 없어지고 묘한 지혜가 참되고 항상 하셨습니다. 부처님이시여, 중생들은 무슨 인연으로 허망한 생각이 생겨 밝고 묘한 성품을 가리고 태어났다 죽었다 하면서 헤매게 되는 것입니까?"

부처님 "부루나야, 네가 비록 의심이 없어졌다고 했지만 아직도 남은 의혹이 끝나지 않았으니 지금 일어나는 세상 일로 이야기할 것이다. 사위성에 있는 연야달다(演若達多, Yainadatta, 하늘에 기도해 낳은 아들)가 어느 날 아침에 거울을 보다가 거울 속에 있는 사람은 얼굴이 얌전하게 생겼는데 자신의 머리에는 눈도 코도 보이지 않아 도깨비라고 하며 미쳐서 달아났다 하니, 무슨 인연으로 달아나는 마음이 생기겠느냐?"

부루나 "그 사람은 마음이 미친 탓이며 다른 인연은 없습니다."

부처님 "묘한 각이 본래 뚜렷하고 밝은 것인데 허망하다고 하니 어떤 인연이 있겠느냐. 만일 인연이 있다면 어찌 허망하다 하겠느냐. 까닭 없는 허망한 생각들이 서로 인연이 되어 미혹을 더하여 끝없는 세월을 지냈으므로 비록 부처님의 변재로도 그 원인을 따질 수 없다.

이렇게 미혹한 것은 미혹한 탓으로 있는 것이다. 미혹한 것이 인연이 없는 줄을 알면 허망한 것이 의지할 곳이 없어서 본래 난 것도 없는데 무엇을 없애려 하겠느냐. 깨달음을 얻은 이는 꿈을 깬 사람이 꿈꾸던 이야기를 하는 것처럼 마음으로는 분명하지만 어떻게 꿈속의 물건을 가져올 수 있겠느냐.

허망한 것이란 원래 원인이 없어서 애초부터 있는 것이 아니다. 마치 저 연야달다가 어찌 인연이 있어서 자신의 머리가 없어 무섭다고 달아났겠느냐? 미친 증세만 없어지면 머리가 딴 데 간 것이 아니며 설사 미친 증세가 없어지지 않아도 머리가 어찌 없어졌겠느냐. 부루나야, 허망한 성품이 본래 이런 것이니 어찌 까닭이 있겠느냐.

네가 다만 세계와 중생과 업을 지어 받는 과보 세 가지가 계속되는 것을 따라서 분별하지 않으면 세 가지의 연유가 없어지므로 세 가지 원인이 생기지 않아 네 마음속에 있는 연야달다의 미친 증세가 저절로 없어진다. 없어지기만 하면 곧 깨달음의 훌륭하고 깨끗하고 밝은 마음이 본래부터 법계에 가득한 것이다. 다른 데서 얻을 것이 아니니 무슨 까닭으로 애써서 닦으려 하겠느냐.

마치 어떤 사람이 자기의 옷 속에 여의주를 차고 있으면서도 알지 못하고 여러 곳으로 돌아다니면서 옷과 밥을 구걸하는 것과 같다. 아무리 궁핍해도 여의주는 없어지지 않는 것이다. 문득 지혜 있는 사람이 여의주를 가리키면 이 사람의 소원이 이루어져 큰 부자가 될 것이며 그때 훌륭한 여의주가 다른 데서 온 것이 아닌 줄을 알게 된다."

(3-4) 인연이란 의심을 끊다

이때 아난이 대중 가운데 있다가 부처님 발에 정례하고 일어서서 부처님께 여쭈었다.

아난 "부처님께서 방금 말씀하시기를 살생하는 것, 훔치는 것, 음행하는 것의 세 가지 연유가 없어지면, 세 가지 원인이 생기지 않아 마음속에 있는 연야달다의 미친 증세가 저절로 없어지기만 하면 곧 보리를 다른 곳에서 얻을 것이 아니라고 하시면서 어찌하여 부처님께서 인연을 아주 버리십니까?

저도 인연으로 인해 마음이 열렸습니다. 부처님이시여, 이 이치는 어찌 저희 성문뿐이겠습니까. 이 회상에 있는 목건련·사리불·수보리 같은 이들도 본래 바라문으로서 부처님의 인연법을 듣고 마음이 열려 아라한이 되었습니다. 보리는 인연으로 얻는 것이 아니라 하시니 왕사성(王舍城, Rājagṛha)에 있는 외도들이 주장하는 자연이 옳을 듯합니다. 바라건대 자비하신 마음으로 저의 아둔한 소견을 열어주시기를 바랍니다."

부처님 "연야달다의 미친 인연이 없어지기만 하면 바른 성품이 저절로 날 것이니 인연이라 자연이라 하는 것은 여기서 끝날 것이다.

아난아, 연야달다의 머리가 본래 자연이라면 어떤 것이나 자연 아닌 것이 없을 것인데 무슨 까닭으로 머리가 없는 것이 무섭다고 미쳐서 달아났느냐?

만일 자연인 머리가 인연으로 인해 미쳤다면 어찌하여 자연인 머리가 인연으로 인해 잃지 않았느냐? 본래 머리가 잃지 않는 것으로 허망하게 미친 증세가 생겼다면 조금도 변한 것이 없으니 어찌 인연으로 인했다 하겠느냐.

본래 미친 것이 자연이라면 미치기 전에는 미친 증세가 어디에 숨었더냐? 미친 것이 자연이 아니므로 머리가 본래 잘못된 것이 아니니 어찌하여 미쳐서 달아났느냐.

본 머리를 깨달아서 미쳐서 달아났던 줄 알면 인연이니 자연이니 하는 말이 희롱 거리인 줄 알아 세 가지 연유가 없어짐으로 보리마음이라 한다.

보리마음이 일어났다면, 일어났다 없어졌다 하는 마음은 없어졌을 것이다. 이것도 역시 나고 없어지는 것뿐이다. 없어지는 것과 나는 것이 모두 없어져서 아무 작용도 없는 곳에 자연이 있다고 생각하면 이 것은 자연이라는 마음이 나고, 났다 없어졌다 한다는 마음이 없어진 것이니 역시 나고 없어지는 것이다.

나는 것도 없고 없어지는 것도 없는 것을 자연인이라고 하면 이것은 마치 세상 사람들이 여러 가지가 섞여서 하나 된 것을 화합이라고 하고, 화합이 아닌 것을 본연이라는 말과 같은 것이다. 본연이라 아니라, 화합이라 아니라 하는 화합이니 본연이니 하는 것들을 함께 여의고, 여의었다 여의지 않았다고 하는 것까지 모두 아는 것이 희롱거리가 아닌 법이다.

보리와 열반은 멀어서, 네가 여러 겁을 드나들면서 애써 닦아 얻을 수 있는 것이 아니니 비록 시방 여래의 십이부경의 미묘한 이치를 수없이 외운다 해도 이야기 거리에 지나지 않는다.

네가 비록 인연과 자연을 분명하게 말해 세상 사람들이 너를 가리켜 많이 알기로는 첫째라 하지만 마등가의 장난을 벗어나지 못했다. 나의 능엄다라니의 힘에 의지해 마등가의 마음속에 있던 음란한 불길이 한꺼번에 없어졌지만, 네가 아나함과를 얻어서 불법 가운데 정진림을 이루어 애욕이 아주 없어져서 해탈한 것은 아니다.

그러므로 아난아, 네가 아무리 여러 겁을 지내면서 여래의 비밀한 법문을 기억한다고 해도, 하루 동안에 생사를 벗어나는 무루업을 닦아 이 세상의 미워하고 사랑하는 두 가지 고통을 영원히 여의는 것만 못하다.

마등가는 본래 기생이지만 능엄다라니의 신력으로 인해 애욕이 없어지고 불법 중에 들어와서 성비구니가 되어 라후라의 어머니인 야수다라와 함께 전생의 인연을 깨달아 여러 생을 지내오면서 탐욕과 애정으로 고통받은 것을 알고 한 생각에 생사를 해탈하는 좋은 업을 닦

앉다. 마등가는 번뇌에서 벗어나고 야수다라는 수기를 받았거늘 너
는 어찌하여 스스로 속아서 아직 보는 것이나 듣는 것에서 갈팡질팡
하느냐."

4. 삼매를 말해 한 문으로 들어가게 하다

(4-1) 두 가지 결정한 뜻
(4-1-1) 인행 때의 마음

아난과 대중이 부처님의 말씀을 듣고 의심이 없어지고 실상법을 깨달아 몸과 마음이 가뿐해 유쾌한 상태를 얻었다. 감격해 부처님 발에 정례하고 꿇어앉아 합장하고 부처님께 여쭈었다.

아난 "자비하시고 깨끗하신 부처님께서 나의 마음을 잘 깨우쳐 주셨습니다. 여러 가지 인연과 방편으로 이끌어 주시며 캄캄한데 빠진 이들을 인도해 고통바다에서 나오게 하십니다.

부처님이시여, 내가 지금 부처님의 법문을 듣고 여래장인 묘한 각의 밝은 마음이 시방세계에 두루 하고 깨끗해 부처님의 여러 국토를 장엄하는 줄을 알았습니다. 부처님께서 또 책망하시기를 많이 알기만 한 것은 효력이 없어서 실제로 행을 닦는 것만 못하다 하시니 과객으로 다니던 사람이 임금이 주는 좋은 집을 받기는 했으나 문을 찾아 들어갈 줄 알아야 합니다.

부처님이시여, 대자대비를 베푸시어 어리석은 중생이 소승을 버리고 여래께서 대열반에 나아가시려고 발심하던 길을 얻게 해 주십시오. 처음 배우는 이들이 어떻게 해야 옛날에 분별하던 고집을 굴복시키고 다라니를 얻어 부처님 지견에 들어갈 수 있겠습니까?"

이렇게 여쭙고 땅에 엎드려 오체투지 하고 대중들이 일심으로 부처님의 말씀을 기다리고 있었다.

그때 부처님께서 회상에 있는 연각과 성문으로서 보리에 자재하지 못하는 이들을 가엾이 여겨 부처님 열반하신 후 말법중생으로서 보리마음을 낼 이를 위해 위없는 바른 법에 나아갈 수행의 길을 열어 주었다. 부처님께서 아난과 대중에게 말씀하셨다.

부처님 "너희들이 결정코 보리마음을 내어 여래의 묘한 삼매에 나아가는데 고달프고 게으른 생각을 내지 않으려면 깨달을 수 있는 생각을 내는 첫 마음에 두 가지 결정한 뜻을 먼저 알아야 한다.

첫째는 인행 때에 내는 마음이 과보를 받을 때에 얻을 각과 같은가 다른가를 잘 살펴보아야 한다. 인행 때 났다 없어졌다 하는 마음으로 근본을 삼고 수행해 나지 않고 없어지지 않는 불법을 구하는 것은 옳지 않다.

이러한 까닭으로 무정 세간의 유위법을 보라. 모두 변천해 없어지게 된다. 이 세상의 유위법에 어느 것이 없어지지 않겠느냐. 허공은 없어지는 것이 아니니 허공은 유위법이 아니므로 처음부터 나중까지 그대로인 것이다.

아난아, 네 몸 가운데 굳은 것은 지대이며, 젖은 것은 수대이며, 따뜻한 것은 화대이며, 흔들리는 것은 풍대이다. 이 네 가지가 얽히는 탓으로 고요하고 뚜렷한 묘한 각의 밝은 마음을 가로막아 보고 듣고 깨닫고 아는 것을 만들었다. 그리하여 처음부터 나중까지 다섯 갈래로 흐리멍덩하게 되었다.

맑은 물은 본래 깨끗한데 티끌과 흙은 본성질이 막는 것이어서, 두 가지 성품이 서로 맞지 않다. 세상 사람이 흙을 가져다가 맑은 물에 타면 흙은 막히는 성질을 잃어버리고 물은 맑은 성품이 없어져서 모양이 흐리멍덩하게 된 것을 흐리다 하며 너의 다섯 갈래 흐린 것도 역시 그러하다.

아난아, 네가 허공이 시방에 두루 함을 보지만 허공과 견을 나누지 못한다. 허공은 자체가 없고 견은 깨달음이 없어서 서로 얽혀 허망한 것이 되었으니, 이것이 첫째 갈래 견의 흐림이다.

또 사대가 뭉쳐 몸덩이가 되었는데 보고 듣고 깨닫고 아는 것에 사대의 막음으로 걸리게 되고, 물과 불과 바람과 흙은 보고 듣는데 잡혀서 깨닫게 되어 서로 얽혀 허망한 것이 되었으니, 이것이 둘째 갈래 견의 흐림이다.

또 네 마음속에 기억하고 인식하고 헤아리는 것의 성품은 깨닫는 작용을 내고 모양은 여섯 경계를 나타내니 경계를 여의고는 모양이 없고, 깨닫는 것을 여의고는 성품이 없어, 서로 얽혀 허망한 것이 되었으니, 이것이 셋째 갈래 번뇌의 흐림이다.

또 아침저녁으로 났다 없어졌다 함이 쉬지 아니해 알고 보는 것을 항상 세상에 머물고자 하고, 업으로 움직임은 항상 다른 곳으로 옮아가려 하여, 서로 얽혀 허망한 것이 되었으니, 이것이 넷째 갈래 중생의 흐림이다.

또 너의 보고 듣는 것은 원래 다른 성품이 없지만 여러 티끌이 사이를 막아 까닭 없이 다른 성품이 생겼으며 성품으로는 서로 알지만 작용으로는 서로 어긋나게 되었다. 같고 다름이 일정한 표준이 없어 서로 얽혀 허망한 것이 되었으니, 이것이 다섯째 갈래 목숨의 흐림이다.

아난아, 네가 지금 보고 듣고 깨닫고 아는 것으로써 여래의 상덕, 낙덕, 아덕, 정덕에 계합하려면 먼저 생사의 근본이 가려 났다 없어졌다 하지 않는 뚜렷하고 고요한 성품을 의지해야 한다. 고요한 것으로써 허망하게 났다 없어졌다 하는 것을 굴복시켜 원래의 각으로 돌려보내고 났다, 없어졌다 하지 않는 본래의 각으로 인행 때의 마음으로 삼은 후에 닦아서 증득하는 과를 원만하게 이루게 된다.

마치 흐린 물을 맑히려 할 때 고요한 그릇에 담아서 오래 흔들지 않으면 흙은 가라앉고 맑은 물이 나타나는 것처럼 손 번뇌 티끌 번뇌를 처음으로 굴복시키는 것이며, 흙 앙금을 버리고 맑은 물만 남는 것은 근본 무명을 아주 끊어 버리는 것이니 밝은 모양이 정미롭고 순일해지면 온갖 것을 나타내어도 번뇌가 되지 않고, 맑고 깨끗한 열반의 묘한 공덕과 합해진다.

(4-1-2) 업을 짓는 근본

둘째는 너희들이 보리 마음을 내고, 보살법에 큰 용맹을 내어, 모든 유위법을 버리려면, 번뇌의 근본을 자세하게 살펴보아야 한다. 이것이 끝없는 옛날부터 업을 짓고, 씨앗을 싹트게 하되, 무엇이 짓고 무엇이 받는가 하는 것이다.

아난아, 네가 보리를 닦으려면 번뇌의 근본을 자세하게 살펴야 하며, 허망한 근과 진의 어디가 뒤바뀌었는지 알아야 한다. 뒤바뀐 곳을 알지 못하고는 어떻게 항복 받고 여래의 자리에 나아가겠느냐.

아난아, 맺힌 곳을 보지 못하고는 매듭을 풀지 못하며, 허공을 망가뜨렸다는 말은 듣지 못했으니, 허공은 형체가 없어서 맺히고 풀림이 없는 탓이다. 네가 지금 갖고 있는 눈과 귀와 코와 혀와 몸과 뜻의 여섯 도적의 앞잡이가 되어 집안에 보배를 훔쳐내니, 끝없는 옛날부터 중생 세계에 얽혀 있는 탓으로 기세간에서 뛰어나지 못한다.

아난아, 어떤 것을 중생세계라 하느냐? 세라는 것은 흘러 옮아가는 것이며 계라는 것은 방위를 말하는 것이니, 동과 서와 남과 북과 동남과 서남과 동북과 서북과 위와 아래는 계가 되고, 과거와 현재와 미래는 삼이 되니, 방위는 열이며 흐르는 것은 셋이다.

온갖 중생이 허망함에 얽혀 서로 이루는 것이므로 몸 안에서 바뀌어 옮아가는 것이 세와 계가 서로 얽히는 것이다. 계가 비록 열 방위이지만 일정한 방위로 분명한 것은 세상 사람들이 동·서·남·북만 말하니, 위와 아래는 자리가 분명하지 못하고 간방은 일정한 곳이 없는 것이다. 사방이 삼세로 더불어 서로 얽히므로 넷과 셋이 서로 곱하여 완연하게 열둘이 되고, 흘러 변하기를 세 번 포개어 하나가 열이 되고 백이 천이 되니, 처음과 나중을 통틀어 말하면 육근의 공덕이 각각 일천이백이 되는 것이다.

아난아, 네가 이 가운데서 잘하고 못한 것을 가려 보라. 눈으로 보는 것은 뒤는 어둡고 앞은 밝으나, 앞은 온통 밝고, 뒤는 온통 어둡고, 좌와 우로는 곁으로 보아서 삼분의 이가 되니 통틀어 말하면 공덕이 온전하지 못해 삼분의 일은 공덕이 없어서 눈은 다만 팔백 공덕인 것이다.

귀로 듣는 것은 시방에 빠지는 것이 없어서 떠드는 것은 가깝고 먼 것이 있는 듯 하나 조용한 것은 끝이 없으니, 귀는 일천이백 공덕이 원만한 것이다.

코로 맡은 것은 내쉬고 들이쉬는 숨을 통했으니 내쉬는 것이 있고 들이쉬는 것이 있으나 중간의 어울림에는 공덕이 없어서 삼분의 일은 공이 없어 코는 다만 팔백 공덕인 것이다.

혀로 말하는 것은 세간 지혜와 출세간 지혜를 다하는 것이니 말하는 것은 나눔이 있으며, 이치는 다함이 없으므로 혀는 일천이백 공덕이 원만한 것이다.

몸으로 접촉하면 순하거나 거슬림을 알며 댈 적에는 깨닫고 뗄 적에는 알지 못하니 뗄 적에는 하나이며 댈 적에는 둘이므로, 몸으로 말하면 삼분중 일은 공이 없으니, 몸은 다만 팔백 공덕인 것이다.

뜻으로 생각하는 것은 시방과 삼세의 세간법과 출세간법을 고요히 요량하며, 성현과 범부를 모두 생각해 남김이 없으니, 뜻은 일천이백 공덕이 원만한 것이다.

아난아, 네가 지금 나고 죽는 흐름을 거슬러서 흐르는 근원까지 이르러 났다 없어졌다 하지 않는 데까지 나아가려면 여섯 가지 근이 어느 것은 합하고 어느 것은 여의고, 어느 것은 깊고, 어느 것은 얕고, 어느 것은 원통하고 어느 것은 원통하지 못한지를 잘 알아야 한다.

여기에서 원통한 근을 알아서 옛날부터 허망하게 얽힌 생사의 흐름을 거슬러 올라가 원통한 근을 닦으면 원통하지 못한 근을 의지해 닦는 것과는 하루와 한 겁의 비례로 다르게 된다.

내가 지금 육근에 본래부터 갖추어 있는 고요하고 밝은 공덕의 수량을 말했다. 마음대로 닦아 들어갈 만한 것을 선택해 보아라. 내가 너를 위해 닦는 차례를 말할 것이다. 시방에 계신 부처님들은 십팔계에서 하나씩을 수행해 모두 위없는 보리를 원만하게 얻으셨다. 그 가운데 좋고 못함이 없지만 근기가 낮으면 원만하고 자재한 지혜를 갖추지 못하므로 내가 지금 한 문으로 깊이 들어가도록 말하니, 들어가서 허망한 것이 없어지면 여섯 근이 한꺼번에 깨끗하게 된다.

아난 "부처님이시여, 어떻게 해야 생사의 흐름을 거슬러 올라가며 한 문으로 깊이 들어가서 여섯 근이 한꺼번에 깨끗하게 되겠습니까?"

부처님 "아난아, 네가 이미 수다원과를 얻어서 삼계 중생들의 도를 볼 적에 끊어야 할 번뇌는 없어졌지만, 오히려 오랫동안 육근 가운데 쌓여 있는 여러 가지 습기는 알지 못하니 이 습기는 도를 닦는 자리에서 끊어진다. 이 가운데 있는 나고 머물고 달라지고 없어지는 여러 가지 종류와 수량은 더 말해 무엇하겠느냐.

너는 이제 다시 보라. 이 여섯 근이 하나이냐? 여섯이냐? 하나라면 귀는 어찌하여 보지 못하며, 눈은 어찌하여 듣지 못하며, 머리는 어찌하여 다니지 못하며, 말은 어찌하여 말이 없느냐.

만일 육근이 여섯이라면, 내가 지금 여기서 법을 말하는데 너의 육근에서 어느 것이 받느냐?"

아난 "귀로 법문을 듣습니다."

부처님 "너의 귀가 듣는다면 몸과 입은 관계가 없을 텐데, 어찌하여 입으로는 이치를 묻고, 몸으로는 일어나서 공경하여 받드느냐. 그러므로 하나가 아니라 여섯이며, 여섯이 아니라 하나인 듯하지만, 너의 근은 원래 하나도 아니며 여섯도 아니다.

아난아, 근은 원래 하나도 아니며 여섯도 아니지만 끝없는 옛날부터 뒤바뀌어 헤맨 탓으로 뚜렷하고 고요한 가운데 하나에서 여섯이라는 것이 생겼으며, 수다원이 여섯은 비록 없어졌으나 아직도 하나는 없어지지 못했다.

마치 큰 허공에 여러 그릇을 늘어놓으면 그릇 모양이 각각 다름으로 말미암아 허공이 다르다고 말한다. 그릇을 치우고 허공을 보면 허공이 하나라고 한다. 허공이 어찌하여 같기도 하고 같지 않기도 하겠느냐. 어찌 다시 하나다 아니다 하겠느냐. 너의 깨닫고 알고하는 여섯 가지 근도 역시 마찬가지다.

아난아, 여기 있는 아나율(阿那律, Aniruddha)은 눈이 없으나 보며, 발난타용은 귀가 없으나 들으며, 항하여신은 코가 없으나 냄새를 맡으며, 교범바제(憍梵波提, Gavampati)는 다른 혀로도 맛을 알며, 순야다신은 몸이 없으나 접촉하여 알기도 하고, 여래의 광명에 비추어 잠깐 나타났지만, 체질이 바람이어서 몸이 원래 없으며, 멸진정에 들어 고요해진 마하가섭은 뜻이 없어졌지만, 마음에 의지하지 않고도 분명하게 안다.

아난아, 모든 근에서 벗어나서 속으로 빛을 내게 되면 허망한 티끌과 기세간의 여러 가지 변화하는 것들이 끓는 물에 얼음 녹듯 하고 한 생각을 따라서 위없는 각을 이루게 된다.

아난아, 세상 사람이 보는 정기를 눈에만 모았다가 갑자기 눈을 감아서 캄캄한 모양이 앞에 나타나면 여섯 근이 아득하여 머리와 발을 분별하지 못하며 그 사람이 손으로 몸을 만지면 비록 보지는 못하나 머리와 발을 낱낱이 분별하여 알고 깨닫는 것이 밝을 때와 같다.

반연함을 보는 것은 밝음 때문이므로 어두워지면 보지 못한다. 밝지 않아도 보는 작용이 생기면 어둠이 계속되어도 어둡지 않을 것이니 근과 진이 없어지기만 하면 각의 밝음이 원만하고 묘해지지 않겠느냐.”

아난 “부처님이시여, 인행 때 깨닫는 마음으로 항상한 과를 얻으려면 과위의 이름과 같아야 한다고 하셨습니다.

얻는 보리와 열반과 진여와 불성과 암마라식과 공여래장과 대원경지의 일곱 가지 이름이 비록 다르나 그 본체는 맑고 깨끗하고 원만하고 굳고 흔들리지 않아 금강이 항상하여 망가지지 않는 것과 같습니다. 보고 듣는 것이 밝은 것, 어두운 것, 떠드는 것, 조용한 것, 통한 것, 막힌 것을 여의고는 자체가 없다 하면 마치 허망하게 생각하는 마음이 앞에 것을 여의고 제 성품이 없다고 하는 것과 같아 어떻게 자체가 없는 것으로써 수행할 인을 삼아 여래의 항상 있는 일곱 가지 과를 얻겠습니까?

부처님이시여, 밝은 것과 어두운 것을 여의면 보는 것이 없는데 마치 앞에 것이 없으면 생각하는 자성이 없다는 것과 같아 아무리 생각해 보아도 내 마음과 같을 바가 없겠습니다. 무엇으로 인을 삼아서 위없는 각을 구합니까? 부처님께서 말씀하시기를 고요한 정기가 뚜렷하고 항상하다고 했으나 진실한 말씀이 아니며 희롱 거리가 되었으니,

부처님을 어떻게 진실한 말씀을 하시는 분이라 하겠습니까? 큰 자비를 베풀어 저희들의 어리석음을 깨우쳐주십시오."

부처님 "아난아, 너는 많이 기억만 하고 번뇌를 끊지 못했으므로 뒤바뀐 인연을 알지만 제대로 뒤바뀐 것이 앞에 나타난 것은 알지 못한다. 네가 아직도 진심으로는 믿지 않는 듯하니 내가 이제 세속의 일로써 너의 의심을 풀어 줄 것이다."

이렇게 말씀하시면서 라후라(羅睺羅, Rāhula)에게 종을 치게 하고 아난에게 물었다.

부처님 "네가 지금 듣느냐?"

아난과 대중 "예 듣습니다."

종소리가 없어진 뒤에

부처님 "네가 지금 듣느냐?"

아난과 대중 "듣지 못합니다."

그때 라후라는 또 종을 쳤다.

부처님 "네가 지금 듣느냐?"

아난과 대중 "듣습니다."

부처님 "아난아, 너는 어떤 것을 듣는다 하고, 어떤 것을 듣지 못한다 하느냐."

아난과 대중 "종을 쳐서 소리가 나면 듣는다 하고, 치고 난 뒤 소리가 없어지고 메아리까지 사라지면 들음이 없습니다."

부처님께서 또 라후라를 시켜 종을 치게 하고, 아난에게 물으셨다.

부처님 "지금 소리가 나느냐."

아난과 대중 "소리가 납니다."

종소리가 없어진 뒤에

부처님 "지금 소리가 나느냐."

아난과 대중 "소리가 없습니다."

조금 후에 라후라가 또 종을 쳤다.

부처님 "지금 소리가 들리느냐."

아난과 대중 "예, 소리가 납니다."

부처님 "아난아, 너는 어떤 것을 소리가 난다고 어떤 것을 소리가 없다고 하느냐?"

아난과 대중 "종을 쳐서 소리가 들리면 소리 난다고, 치고 난 뒤에 소리가 없어지고 메아리까지 사라지면 소리가 없다 합니다."

부처님 "너는 어찌하여 말이 이랬다저랬다 하느냐."

아난과 대중 "저희들이 어찌하여 이랬다저랬다 한다고 하십니까."

부처님 "들느냐 물으면 듣는다고 하고, 소리가 나느냐 물으면 소리난다고 하여 듣는 것과 소리 나는 것과에 대답이 일정하지 않으니, 이것이 이랬다저랬다 하는 것이 아니냐.

아난아, 소리가 없어지고 메아리까지 사라지면 들음이 없다고 하니 정말 들음이 없다면 듣는 성품이 없어져서 나무등걸과 같다. 종을 다시 치는 것을 네가 어떻게 아느냐. 있는 줄 알고 없는 줄 아는 것은 소리가 있었다 없었다 하는 것이지 어찌 너의 듣는 성품이 있었다 없었다 하는 것이겠느냐. 들음이 참으로 없으면 무엇이 소리 없는 줄을 알겠느냐. 그러므로 아난아, 듣는 가운데서 소리가 났다 없어졌다 하는 것이지 네가 소리 나고 소리 없어지는 것을 듣는다고 해서 너의 듣는 성품이 있었다 없었다 하는 것은 아니다.

네가 오히려 생각이 잘못되어 소리가 없는 것을 들음이 없는 줄로 아는 것이다. 육근의 성품이 항상한 것을 없어지는 것으로 여긴 것인데 무엇을 그리 이상하다 하겠느냐. 그러나 떠들고 조용하고 막히고 열림을 여의고는 듣는 성품이 없다고 말하는 것은 아니다.

마치 깊이 잠든 사람이 잘 때 옆에서 다듬이질하거나 방아를 찧으면 그 사람이 꿈결에 방망이 소리나 절구 소리를 듣고 북소리나 종소리로 여기면서 종소리가 어찌하여 나무 두들기는 소리 같으냐 하다가 문득 깨면 절구 소리인 줄을 알고는 집안 식구들에게 말하기를 내가 지금 꿈을 꾸었는데 절구 소리를 북소리로 들었다고 할 것이다.

아난아, 이 사람이 꿈속에서 어떻게 조용하고 떠들고 열리고 막힘을 생각하느냐? 몸은 비록 잠을 자지만 듣는 성품은 혼미하지 않아서 너의 몸이 죽어 목숨이 없어진들 이 성품이 어찌 없어지겠느냐.

중생들이 끝없는 옛날부터 빛과 소리를 따라 허망하게 헤매면서 깨끗하고 항상한 성품을 깨닫지 못하므로 항상한 성품을 따르지 못하고 났다 없어졌다 하는 것만 쫓아다니면서 세세생생 허망하게 흘러다닌다. 만일 났다 없어졌다 함을 버리고 참되고 항상한 성품을 찾으면 항상한 광명이 앞에 나타나서 근과 진과 식이 한꺼번에 없어진다. 생각하는 모양이 티끌이며 인식하는 것이 때 묻는 것이다. 이 두 가지까지 멀리 여의면 법의 눈이 밝아져 어찌 위없는 각을 이루지 못하겠느냐."

(4-2) 맺힌 것을 풀고 원통한 근을 택함
(4-2-1) 맺힌 것을 푸는 것

아난 "부처님이시여, 둘째 뜻을 말씀하시는데 세상에서 맺힌 것을 푸는 사람이 맺힌 근원을 알지 못하면 풀지 못합니다. 저와 이 회중에 있는 처음 배우는 성문들도 역시 그러하여 끝없는 옛날부터 무명으로 더불어, 함께 나고 함께 없어졌습니다. 비록 많이 들은 선근으로 출가는 했으나 마치 하루거리 학질 같습니다. 바라건댄 크신 자비로 생사에 헤매는 것을 어여삐 여기소서. 이 몸과 마음이 어찌하여 맺혔으며 어떻게 하면 풀리겠습니까? 오는 세상에 고생할 중생들도 바퀴 돌 듯 하는 데서 벗어나 삼계에 떨어지지 않게 해주십시오."

말을 마치고 대중들과 함께 오체투지하고 눈물을 흘리며 정성을 다해 부처님께서 깨우쳐 주기를 기다리고 있었다.

그때 부처님께서 아난과 여러 제자를 가엾게 생각하시며 오는 세상 여러 중생을 위해 출세할 인연을 만들며 장래의 눈을 삼고자 염부단금빛 같으신 손으로 아난의 정수리를 만지셨다. 즉시 시방의 여러 세계가 여섯 가지로 진동하며 그 세계에 계시는 티끌같이 많은 부처님께서 각각 정수리로 보배광명을 놓으시니 그 광명이 한꺼번에 여러 세계로부터 기타림으로 모였다. 부처님의 정수리에서 뻗어 나오는 광명을 여러 대중이 처음 보았다.

이때 아난과 대중들은 시방에 계신 여러 부처님께서 같은 말씀으로 법문하시는 것을 들었다.

여러 부처님 "좋다, 아난아. 수억 겁을 네 몸과 함께 한 무명이 너를 생사에서 헤매게 하는 뿌리는 오직 너의 육근이다. 또 위없는 보리가 네가 즐겁고 자유롭고 고요하고 항상한 이치를 증득하게 하는 것도 역시 너의 육근이다."

아난이 비록 이러한 법문을 들었으나 분명하게 알지 못해 머리를 조아리고 부처님께 여쭈었다.

아난 "어찌하여 제가 생사에서 헤매게 하는 것과 즐겁고 항상함을 얻게 하는 것이 다 같은 육근이라 하십니까?"

부처님 "근과 진이 근본이 같고 얽매이고 벗어나는 것이 둘이 아니며 인식하는 성품이 허망하여 허공의 꽃과 같다. 아난아, 진으로 알음알이를 내고 근으로 인하여 모양이 있는 것이니 모양과 보는 것이 제 성품이 없어서 기대어 서 있는 갈대와 같다.

그러므로 네가 지금 안다는 생각을 내면 무명의 근본이며, 알고 보고
하는데 본다는 소견이 없으면 곧 열반으로 번뇌가 없고 참된 것이니
이 가운데 어찌 다른 물건을 용납하겠느냐."

이때 부처님께서 이 뜻을 다시 펴시려고 게송으로 말씀하셨다.

참된 성품 가운데는 유위법이 없건만
인연으로 생겨서 요술같이 허망하네.
하염없는 법이란 생도 멸도 없어서
진실하지 못함이 허공꽃과 같네.

허망함을 말해 참된 성품 나투면
두 가지가 모두 다 허망하게 되리니.
참된 것도 아니며 아닌 것도 아니니
보는 것인가 볼 것인가 말할 것도 없네.

중간이란 그것이 참된 성품 없으며
기대서는 갈대가 서 있는 것 같네.
맺고 푸는 것 그 인연이 한 가지이며
성인이나 범부나 두 갈래 길 없네.

기대 섰는 갈대의 성품을 보느냐
있는 것도 아니며 없는 것도 아니니,
아득하여 모르면 무명이라 말하고
밝게 깨닫는 것을 해탈이라 한다.

맺힌 것을 풀려면 차례차례로 해서
여섯 근을 다 풀면 하나까지 없어져,
육근에서 골라서 원통한 근을 가리면
성인에 들어서 위없는 각 이룬다.
아타나식 그 모양 알아보기 어려워
익혀 오는 저 습기 폭포수가 되었네.

진성인지 아닌지 모를까 봐 두려워
오늘까지 한 번도 말하지 않았네.
안 찾으면 요술법 아닌 것도 없어
없는 데서 어떻게 요술법이 생길까.

이를 이름하여 연꽃같이 묘하고
금강같이 굳으신 보배로운 각이며,
요술같이 허망한 삼매라고 하니
손 튕기는 동안에 무학을 뛰어넘네.

이 세상에서 비길 데가 없으니
이것을 아비달마 법이라고 하며,
시방세계 계신 여러 바가범께서
이 길이 열반에 들어가는 문이라 하네.

이때 아난과 대중이 부처님께서 자비하게 일러주시는 기야와 가타의
문장이 아름답고 이치가 미묘함을 듣고, 마음눈이 환하게 열려 처음
봄을 찬탄하면서, 합장해 정례하고 부처님께 여쭈었다.

아난 "제가 지금 부처님께서 자비롭게 말씀하시는 깨끗하고 묘하고 항상한 참된 법문을 들었으나, 아직도 여섯이 풀리면 하나까지 없어지는 매듭 푸는 차례를 알지 못하니, 바라건대 크신 자비로 저희들과 다음 사람들을 어여삐 여겨 법문을 말씀하시어 깊은 번뇌를 씻어 주십시오."

그때 부처님께서 사자좌에 앉아 열반송을 하시며, 옷깃을 여미시고, 칠보로 만든 책상을 끌어당겨서 그 위에 있는 겁바라천이 바친 비단 수건을 들어 대중 앞에서 한 매듭을 맺으시고 아난에게 보이면서 말했다.

부처님 "이것을 무엇이라 하느냐?"

아난과 대중 "그것은 매듭입니다."

부처님께서 또 한 매듭을 맺으시고,

부처님 "이것은 무엇이냐?"

아난과 대중 "그것도 매듭입니다"

이렇게 차례차례로 여섯 매듭을 맺으시면서, 한 매듭을 맺으실 때마다 아난에게 보이면서 "이것은 무엇이냐."고 물으시고, 아난과 대중은 계속해서 "그것도 매듭입니다." 하고 대답했다.

부처님 "내가 처음 수건을 맺은 것을 매듭이라 했다. 이 비단 수건은 본래 하나인데 어찌하여 둘째 셋째를 모두 매듭이라고 하느냐?"

아난 "부처님이시여, 이 비단으로 만든 수건이 본래는 하나이지만 부처님께서 한번 맺으시면 한 매듭이라 하고, 백번 맺으시면 백 매듭이라 하는데 이 수건은 여섯 매듭뿐이지만 부처님께서는 어찌하여 첫 매듭만 인정하시고, 둘째 셋째는 매듭이라 하지 않으십니까."

부처님 "아난아, 이 수건이 본래 하나인데 내가 여섯 번 맺어, 여섯 매듭이란 이름이 있게 되었다. 수건 자체는 같지만 맺음으로 인하여 매듭이 다르게 되었다. 첫 번 맺은 것을 첫 매듭이라 하고, 이렇게 여섯 매듭이 생겼으니 내가 이제 이 여섯째 매듭을 첫 매듭이라 하면 되겠느냐."

아난 "아닙니다, 부처님이시여, 여섯 매듭이 있으면 여섯째 매듭이 첫 매듭이 될 수가 없습니다. 어떻게 여섯 매듭의 이름을 바꿀 수 있겠습니까."

부처님 "그렇다. 여섯 매듭이 같지 않으나 근본을 따져 보면 한 수건으로 되었지만 그 매듭을 섞이게 할 수 없듯이, 너의 육근도 그와 같아서 같은 데서 다른 것이 되었다.

아난아, 여섯 매듭이 제 각각 있는 것을 싫어해 하나 되기를 원하면 어떻게 해야 하겠느냐."

아난 "매듭들이 그냥 있으면 맞다 아니다 하는 말이 어지럽게 일어납니다. 이 매듭은 저 매듭이 아니며, 저 매듭은 이 매듭이 아니라 할 것입니다. 부처님께서 모두 풀어서 한 매듭도 없게 하면 이것이다 저것이라 할 것이 없어서, 하나도 없는데 여섯이 어디 있겠습니까."

부처님 "여섯이 풀리면 하나까지 없어지는 것도 역시 그러하다. 너의 본마음이 미치고 어지러워, 알고 보는 것이 허망하게 생겼고, 허망한 것이 생기는 것이 끊임없어 보는 것이 피로해져서 티끌이 생긴다. 마치 눈이 피로해지면 고요하고 밝은 데서 까닭없이 헛꽃이 어지럽게 일어나는 것과 같다. 이 세상의 산과 강과 땅과 나고 죽는 것과 열반 등 모든 것이 미치고 피로해서 생기는 뒤바뀐 헛꽃이다."

아난 "이 피로해진 것이 매듭 같은데 어찌해야 풀리겠습니까."

부처님이 매듭 맺은 수건을 손에 들고 왼쪽으로 당기면서,

부처님 "아난아, 이렇게 하면 풀 수 있겠느냐."

아난 "못합니다, 부처님이시여."

부처님께서 매듭을 다시 오른쪽으로 당기면서,

부처님 "아난아, 이렇게 하면 풀 수 있겠느냐."

아난 "못합니다, 부처님이시여."

부처님 "아난아, 내가 지금 왼쪽으로 당기고 오른쪽으로 당겨 풀지 못했으니, 네가 방편을 내어라. 어떻게 하면 풀겠느냐."

아난 "부처님이시여, 매듭 한가운데서 풀어야 합니다."

부처님 "아난아, 그렇다. 매듭을 풀려면 매듭 한가운데서 풀어야한다.

아난아, 불법이 인연으로 쫓아 난다고 말한 것은 세간에서 화합으로 생기는 거친 모양을 말한 것이 아니다. 여래는 세간법과 출세간법을 잘 알아서 그 원인이 무슨 반연으로 생기는 것을 알며, 또 항하사 처럼 많은 세계에 내리는 빗방울의 수를 알고, 앞에 있는 소나무는 곧고, 멧대추나무는 곱고, 따오기는 희고, 까마귀는 검은 것을 모두 그 원인을 안다.

그러므로 아난아, 네 마음대로 육근에서 선택해 보아라. 근의 맺힌 데가 풀리면 육진도 저절로 사라진다. 모든 허망한 것이 사라져 없어지면 참된 성품이 아니고 무엇이겠느냐.

아난아, 이 겁바라천이 바친 수건이 여섯 매듭이 맺혔으니 한꺼번에 풀어 버릴 수 있겠느냐?"

아난 "아닙니다, 부처님이시여. 매듭이 원래 차례차례 맺힌 것이므로 차례차례로 풀어야 합니다. 여섯 매듭의 본체는 같지만 맺히던 때가 같지 않아, 풀 때 어떻게 한꺼번에 풀 수 있겠습니까."

부처님 "육근을 푸는 것도 역시 그렇다. 이근이 처음 풀리면 먼저 나라는 것이 공함을 얻고, 공한 성품이 뚜렷이 밝아지면 법에서 해탈하게 되고, 법에서 해탈한 뒤에 모두 공했다는 것까지도 나지 않아,

이것을 보살들의 삼매로 무생법인을 얻는 것이라 한다.”

(4-2-2) 원통을 얻는 것
(4-2-2-1) 육진 원통

아난과 대중이 부처님의 법문을 듣고 각의 지혜가 원통하여 의심이 없어졌다. 모두 합장하며 부처님 발에 정례하고 다시 여쭈었다.

아난 “이제 몸과 마음이 환하게 열려 조금도 걸림이 없습니다. 여섯이 풀리면 하나까지 없어지는 이치를 알았으나 아직도 원통한 본래근을 알지 못합니다.

부처님이시여, 제가 여러 겁을 살아오면서 외롭게 지내다가 무슨 인연인지 부처님의 아우가 되었습니다. 마치 젖을 잃었던 아이가 어머니를 만난 듯합니다. 이 좋은 기회에 도를 이루게 되면 이번에 들은 법문으로 본래 깨달은 것 같지만 지금은 듣지 못한 것이나 다름이 없습니다. 바라건대 자비로 저희에게 비밀스러운 법문을 일러주시어 부처님의 마지막 가르치심을 이루게 해 주십시오.”

이 말을 마치고 오체투지로 절하고 물러앉아 비밀스러운 뜻을 듣기 위하여 부처님의 가르침을 기다리고 있었다.

이때 부처님께서 여러 보살과 번뇌가 없어진 아라한들에게 말씀하셨다.

부처님 “너희들 보살과 아라한들이 나의 불법 가운데서 더 배울 것 없음을 이루었는데 너희들이 처음에 발심하고 깨달을 때 십팔계에서 어느 것이 원통한 것이며 무슨 방편으로 삼매에 들어갔느냐?”

(4-2-2-1-1) 색진 원통

우바니사타가 자리에서 일어나 부처님 발에 정례하고 말했다.

“저도 부정한 모양을 관하다가 부처님께서 처음 성도 하심을 보고 싫은 생각을 내어 색진의 성품을 깨달았습니다. 부정한 것으로부터 백골과 티끌까지 허공으로 돌아가고 허공과 색진이 모두 없어져서 무학을 이루었습니다. 여래께서 저를 인가해 '니사타'라 이름하시며 티끌인 색은 없어지고 묘한 색이 그윽하여 뚜렷해졌으며, 저는 색으로 쫓아 아라한을 얻었습니다. 부처님께서 원통을 물으시니 제가 증득한 바로는 색진이 으뜸이 되겠습니다."

(4-2-2-1-2) 성진 원통

교진여 등 다섯 비구가 자리에서 일어나 부처님 발에 정례하고 말했다. "저희들이 사슴동산과 구구타절에서 부처님께서 처음 성도 하심을 뵙고 부처님의 음성으로 사성제를 깨달았으며, 부처님이 비구들에게 물으실 때 제가 먼저 알았다고 했습니다. 여래께서 저를 인가하여 '아야(잘 알았다는 뜻)'라 이름하시며 묘한 소리가 그윽하여 뚜렷해졌으며, 저는 음성으로 쫓아 아라한을 얻었습니다. 부처님께서 원통을 물으시니 제가 증득한 바로는 음성이 으뜸이 되겠습니다."

(4-2-2-1-3) 향진 원통

향엄동자가 자리에서 일어나 부처님 발에 정례하고 말했다. "부처님께서 저에게 모든 유위법을 자세히 관하라 하심을 듣고, 조용한 방에 편안히 앉아 있을 때 비구들이 침수향 피우는 향기가 코에 들어왔습니다. 이 향기가 나무도 아니며, 공한 것도 아니며, 연기도 아니며, 불도 아니며 가서 닿는 데가 없고 와도 쫓는 데가 없습니다. 이로부터 뜻이 없어지고 무루를 체득했더니 여래께서 저를 인가해 '향엄'이라 이름하시며 티끌 기운은 없어지고 묘한 향기가 그윽하여 뚜렷해졌으며, 저는 향기를 쫓아 아라한을 얻었습니다. 부처님이 원통을 물으시니 제가 증득한 바로는 냄새가 으뜸이 되겠습니다."

(4-2-2-1-4) 미진 원통

약왕·약상보살 두 법왕자가 오백 범천과 함께 자리에서 일어나 부처님 발에 정례하고 말했다.

"저는 끝없는 옛날에 좋은 의원이 되어 입으로 이 사바세계에 있는 풀과 나무와 쇠와 돌을 맛보았습니다. 맛본 것이 십만팔천이었으며 맛이 쓰고 시고 짜고 싱겁고 달고 매운 것과 섞인 맛과 본래 맛과 변한 맛이었습니다. 그 성질이 차고 덥고 독이 있고 없는 것을 모두 알았습니다. 여래를 섬기면서 맛의 성품을 알아보니 공한 것도 아니며, 있는 것도 아니며 몸과 마음에 즉한 것도 아니며, 몸과 마음을 여읜 것도 아니었습니다. 맛의 원인을 분별하다가 깨달았으니, 여래께서 저의 형제를 인가하여 약왕보살 약상보살이라 이름했으며 이 회중에서 법왕자가 되었습니다. 맛으로 인하여 각 보살이 밝게 열려 보살 지위에 올랐습니다. 부처님께서 원통을 물으시니 제가 증득한 바로는 맛이 으뜸이 되겠습니다."

(4-2-2-1-5) 촉진 원통

발타바라보살이 함께 온 십육 보살과 자리에서 일어나 부처님 발에 정례하고 말했다.

"저희들은 처음에 위음왕부처님께 법을 듣고 출가했습니다. 비구가 목욕할 때 차례를 따라 목욕간에 들어갔다가 홀연히 물의 인을 깨닫고 보니 티끌을 씻음도 아니며, 자체를 씻음도 아니며, 중간에서 자재하게 편안해져 아무것도 없게 되었습니다. 그때의 습기가 없어지지 않다가 이 세상에 와서는 부처님을 따라 출가해 무학의 자리에 올랐습니다. 부처님께서 저를 '발타바라'라 이름했으며 묘한 촉이 환하게 밝아져 아라한이 되었습니다. 부처님께서 원통을 물으시니 제가 증득한 바로는 촉의 인이 으뜸이 되겠습니다."

(4-2-2-1-6) 법진 원통

마하가섭과 붉은 금빛 비구니들이 자리에서 일어나 부처님 발에 정례하고 말했다.

"지난 겁에 이 세계에 일월등부처님이 출현하셨는데 제가 친근하게 모시고 법을 듣고 공부했습니다. 부처님이 열반에 드신 뒤 사리를 모시고 등불을 켜서 공양 올리며 붉은 금으로 불상에 도금했더니 그 후부터 세세생생에 몸에 붉은 금빛이 원만했습니다. 이 붉은 금빛 비구니들도 저의 권속으로서 함께 발심했습니다. 나는 세상의 여섯 가지 진이 변천함을 관하고 공하고 고요한 것으로 멸진정을 닦아서 몸과 마음이 백천 겁을 지내는 것이 손가락 튕기는 동안 같으며, 공한 법으로 아라한을 이루었습니다. 부처님께서 저를 '두타행 제일'이라 말씀하시며 묘한 법이 밝게 열리고 모든 번뇌가 없어져 아라한이 되었습니다. 부처님께서 원통을 물으시니 제가 증득한 바로는 법의 인이 으뜸이 되겠습니다."

(4-2-2-2) 육근 원통
(4-2-2-2-1) 안근 원통

아나율이 자리에서 일어나 부처님 발에 정례하고 말했다.

"저는 처음 출가해 잠자기를 좋아했습니다. 부처님께서 잠을 많이 자면 축생이 된다고 꾸중하심을 듣고 눈물을 흘리며 뉘우치며 이렛 동안을 자지 않아 두 눈이 멀었습니다. 부처님께서 보는 성품이 환하게 밝아지는 금강삼매를 가르쳐 주셨으며 저는 눈에 의지하지 않고도 시방을 밝게 보며 참된 정기가 환히 열려 손바닥에 과일 보듯 했습니다. 부처님께서 저를 인가하여 아라한을 이루었습니다. 부처님께서 원통을 물으시니 제가 증득한 바로는 보는 것을 돌리어 근원을 따르는 것이 으뜸이 되겠습니다."

(4-2-2-2-2) 이근원통
관세음보살이 이근원통을 뒤에서 따로 밝히고 있다.

(4-2-2-2-3) 비근 원통
주리반특(周利槃特, Cudapanthaka)이 자리에서 일어나 부처님 발에 정례하고 말했다.

"저는 외우는 총기가 없어 배운 것을 기억하지 못했는데 처음에 부처님 법문을 듣고 출가해 부처님께서 말씀하신 게송 한 구절을 백날 동안 읽어도 앞에 말을 외우면 뒤에 말을 잊고 뒤에 말을 외우면 앞에 말을 잊어버려 외우지 못했습니다. 부처님이 저를 딱하게 여기시고 조용하게 앉아서 숨 쉬는 것을 고르게 하라고 하셨습니다. 제가 그때 숨 쉬는 것에 관해 나고 머물고 달라지고 없어지는 변천하는 법이 잠깐인 줄을 세밀하게 궁구했더니 마음이 환히 열려 걸림이 없게 되고 번뇌가 다 하여 아라한이 되어 부처님 자리 앞에 앉을 수 있었습니다. 부처님께서 저를 인가하여 무학을 이루었습니다. 부처님께서 원통을 물으시니 제가 증득한 바로는 숨을 돌리어 공을 따르는 것이 으뜸이 되겠습니다."

(4-2-2-2-4) 설근 원통

교범바제가 자리에서 일어나 부처님 발에 정례하고 말했다.

"저는 입버릇이 나빠서 지난 겁에 수행자를 업신여긴 탓으로 세세생생 소 삭임질병이 있었습니다. 여래께서 저에게 한결같이 깨끗한 마음자리 법문을 가르쳐 주시므로 잡념이 없어지고 삼매에 들어 맛보아 아는 것이 자체도 아니며 물건도 아닌 줄을 관하니 한 생각 동안에 세간의 모든 번뇌를 뛰어나서 안으로는 몸과 마음에서 벗어나고 밖으로는 세계를 잊어버렸습니다. 삼계를 여읜 것이 마치 새가 새장에서 나온 듯하여, 때와 티끌이 녹아 법눈이 깨끗해져 아라한을 이루었습니다. 부처님께서 저를 인가하여 무학지위에 올랐다 했습니다. 부처님께서 원통을 물으시니 제가 증득한 바로는 맛보는 것을 돌리어 지견을 따르는 것이 으뜸이 되겠습니다."

(4-2-2-2-5) 신근 원통

필릉가바차(畢陵伽婆蹉, Pilinda-vatsa)가 자리에서 일어나 부처님 발에 정례하고 말했다.

"저는 처음 발심하고 부처님을 따라 출가하여 부처님께서 이 세간의 여러 가지 즐겁지 못한 일을 말씀하시는 것을 자주 들었습니다. 성에서 밥을 빌면서 법문을 생각하다가 길에서 독한 가시에 발을 찔려 전신이 매우 아팠습니다. 제가 생각하니 알음알이가 있는 탓으로 아픈 줄을 아는 것인데 아픈 줄 아는 것과 아픈 것이 있더라도 본각의 깨끗한 마음에는 아픈 것과 아픈 줄 아는 것이 없다고 하셨습니다. 다시 생각하니 한 몸에 어찌 두 가지 각이 있을까? 했으며, 이렇게 생각한 지 오래지 않아서 몸과 마음이 문득 공해지고, 이십일 일 동안에 온갖 번뇌가 없어져서 아라한을 이루었습니다. 부처님께서 인가하여 무학을 이루었습니다. 부처님께서 원통을 물으시니 제가 증득한 바로는 본각을 순일하게 하고 몸을 잊는 것이 으뜸이 되겠습니다."

(4-2-2-2-6) 의근 원통

수보리가 자리에서 일어나 부처님 발에 정례하고 말했다.

"저는 오랜 겁 전부터 마음에 막힘이 없어져서 이 세상에 태어났어도 항하사처럼 많은 것을 기억하며 어머니 배속에 있을 때부터 공한 이치를 알았고 시방세계도 공해졌으며 다른 중생까지도 공한 성품을 증득하게 했습니다. 여래께서 각의 성품을 가진 참된 공을 말씀하심에 힘입어 공한 성품이 뚜렷이 밝아져서 아라한을 이루고 여래의 보배롭고 밝은 공 가운데 들어가 부처님의 지견과 같이 되었습니다. 부처님이 무학을 이루었다 하시고 본 성품의 공한 데서 해탈하기는 제가 첫째라 했습니다. 부처님께서 원통을 물으시니 제가 증득한 바로는 모든 모양이 공해지고 공한 것과 공할 것까지 공해서, 법을 돌리어 끝까지 공한 것을 따르는 것이 으뜸이 되겠습니다."

(4-2-2-3) 육식 원통
(4-2-2-3-1) 안식 원통

사리불이 자리에서 일어나 부처님 발에 정례하고 말했다.

"저는 여러 겁 전부터 마음으로 보는 것이 맑고 깨끗하여, 이렇게 생을 받은 것이 항하사와 같으며, 세간과 출세간의 여러 가지 변화하는 것을 한번 보면 통하게 되어 걸릴 것이 없었습니다. 저는 길을 가면서 가섭 형제가 인연법을 말하는 것을 듣고 마음이 끝이 없음을 깨닫고 부처님을 쫓아 출가하여 보는 각이 밝고 뚜렷해지고 두려움이 없어져 아라한을 이루었습니다. 부처님의 맏아들이 되었으니, 부처님의 입으로 쫓아 났으며 법으로 쫓아 화생했습니다. 부처님께서 원통을 물으시니 제가 증득한 바로는 마음으로 보는 것이 광명을 내고 광명이 지극해진 지견이 제일이 되겠습니다."

(4-2-2-3-2) 이식 원통

보현(普賢, samantabhadra)보살이 자리에서 일어나 부처님 발에 정례하고 말했다.

"저는 일찍부터 항하사 여래의 법왕자가 되었으며, 시방 여래께서 보살 근기를 가진 제자들을 교화하실 때, 보현행을 닦으라 하시는 것은 제 이름을 말하는 것입니다.

부처님이시여, 저는 마음으로 듣고 중생의 지견을 분별하며, 항하사처럼 많은 다른 세계에서 한 중생이라도 보현행을 행하는 이가 있으면 제가 큰 코끼리를 타고 백천 분신을 나타내어 그곳에 가겠습니다. 그 사람이 업장이 두터워서 저를 보지 못할지라도 저는 그윽한 가운데서 그 사람의 머리를 만져 보호하고 위로하여 소원을 성취하게 합니다. 부처님께서 원통을 물으시니 저의 인행을 말하면 마음으로 듣는 것이 밝은 빛을 내어 분별하기를 자재롭게 하는 것이 제일이 되겠습니다."

(4-2-2-3-3) 비식 원통

손타라난타(孫陀羅難陀, Sundara-Nanda)가 자리에서 일어나 부처님 발에 정례하고 말했다.

"저는 처음 출가해 불도에 들어가 계율을 받았으나 삼매에 들 때에는 마음이 산란하여 무루를 얻지 못했습니다. 부처님께서 말씀하시기를 구치라와 함께 코끝이 희어짐을 관하라 하셨습니다. 처음 관하여 21일을 지나니 콧속으로 드나드는 숨이 연기와 같아지고 몸과 마음이 안으로 밝아지며 온 세계에 뚜렷이 사무쳐 막힘이 없이 깨끗하기가 마치 수정과 같았습니다. 연기 모양이 점점 스러지고 코에서 쉬는 숨이 희어지면서 마음이 열리고 번뇌가 없어졌으며 드나드는 숨이 광명으로 화하여 시방세계에 비치어 아라한을 얻었습니다. 부처님이 저에게 수기를 주시기를 '마땅히 보리를 얻을 것이다' 하셨습니다. 부처님께서 원통을 물으시니 저의 경험으로는 숨을 소멸하여 광명을 내고 광명이 뚜렷하여 번뇌를 멸하는 것이 제일이 되겠습니다."

(4-2-2-3-4) 설식 원통

부루나가 자리에서 일어나 부처님 발에 정례하고 말했다.

"저는 오랜 겁 전부터 변재가 걸림이 없어 괴롭고 공한 이치를 말하며 실상을 깊이 알았고, 여러 부처님의 비밀한 법문까지도 저는 두려움 없이 대중 가운데서 공교롭게 연설했더니, 부처님께서 저의 변재를 아시고 음성륜으로 저를 가르쳐 제가 부처님 앞에서 부처님을 보좌하여 법륜을 굴렸으며, 사자후를 함으로 아라한을 이루니 부처님이 저를 인가하시고 법문 잘하는 사람 중에 으뜸이라 하셨습니다. 부처님께서 원통을 물으시니, 저의 경험으로는 법문하는 음성으로 마와 원수를 항복 받고 번뇌를 소멸하는 것이 제일이 되겠습니다."

(4-2-2-3-5) 신식 원통

우바리가 자리에서 일어나 부처님 발에 정례하고 말했다.

"저는 몸소 부처님을 모시고 성을 넘어 출가하여 여래께서 육 년 동안 고행하시는 것을 보았습니다. 또 여래께서 마의 군중의 항복을 받고 외도들을 절제하심을 보고 세간의 탐욕과 여러 가지 번뇌를 해탈했으며 부처님의 계율을 받들어 삼천 위의와 팔만 사천 가지의 자성인 업과 말나식 업을 깨끗하게 지녔습니다. 나아가 몸과 마음이 고요해져 아라한을 이루었습니다. 부처님의 대중 가운데서 규율을 맡는 두목이 되었으며, 부처님께서 인가하여 계행을 가지고 몸을 닦는 데는 으뜸이라 했습니다. 부처님께서 원통을 물으시니 저의 경험으로는 먼저 몸을 단속하여 몸이 자재해지고 다음에 마음을 단속하여 마음이 통달해진 후에 몸과 마음이 원통하여 뜻대로 되는 것이 제일이 되겠습니다."

(4-2-2-3-6) 의식 원통

목건련이 자리에서 일어나 부처님 발에 정례하고 말했다.

"저는 처음에 길가에서 밥을 빌다가 우루빈나 가섭과 가야 가섭과 나제 가섭을 만나 여래의 인연법의 깊은 뜻을 듣고 발심하여 크게 통달했습니다. 부처님께서 저를 사랑하여, 가사가 몸에 입혀지고 머리카락과 수염이 저절로 깎아졌으며 제가 시방에 돌아다니되 걸림이 없었고 신통을 성취하는 것이 으뜸이 되어 아라한을 이루었습니다. 어찌 부처님뿐이겠습니까, 시방 여래께서도 저의 신통력이 뚜렷하고 밝고 깨끗하고 자재하여 두려울 것이 없음을 찬탄했습니다. 부처님께서 원통을 물으시니 저의 경험으로는 인식하는 것을 고요한 데로 돌이켜 마음의 광명을 드러나게 하되 마치 흐린 물을 맑힐 때에 오래두면 맑고 깨끗하게 되는 것이 제일이 되겠습니다."

(4-2-2-4) 칠대 원통
(4-2-2-4-1) 지대 원통

지지보살이 자리에서 일어나 부처님 발에 정례하고 말했다.

"저의 전생을 돌아보니 옛날 보광여래가 세상에 출현했을 때 출가해 비구가 되었습니다. 여러 중요한 길과 나루에 땅이 좁고 험하고 평탄하지 못해 수레나 말이 지나가기 불편한 곳이 있으면 평탄하게 메우기도 하고, 다리를 놓기도 하고, 흙을 져다 메우기도 하여, 이렇게 애쓰기를 한량없는 부처님이 출현할 때마다 했습니다. 어떤 중생이 복잡한 곳에서 사람에게 품삯 주어 짐을 지우려 하면 먼저 지고 그 사람이 가는 곳까지 가서 짐을 내려놓고는 삯을 받지 않았습니다. 비사부 부처님이 세상에 출현했을 때 흉년이 들었는데, 저는 짐꾼이 되어서 멀거나 가깝거나 삯은 한 푼만 받았으며, 혹시 수레 멘 소가 구덩이에 빠졌을 때는 신력으로 바퀴를 밀어 빼 주었습니다. 어느 때는 그 나라 임금이 부처님을 청하려고 공양을 차리고 있는데 그때 길을 평탄하게 닦고 부처님이 지나가시기를 기다렸더니 비사부 부처님께서 내 정수리를 만지면서 '마음만 평안히 하면 온 세상과 땅이 모두 평탄해진다.'고 했습니다. 내가 그 말씀을 듣고 마음이 열려 몸에 있는 미진이 세계를 조성한 미진과 조금도 차별이 없는 것을 알았으며, 그리하여 미진의 성품이 서로 저촉되지 않으며 칼과 병장기까지도 저촉되지 않게 되어 모든 법의 성품에서 무생법인을 깨달아 아라한이 되었습니다. 이제는 마음을 회향하여 보살 지위에 이르러 여래의 묘련화의 불지견을 말씀하심을 듣고 제가 먼저 증명하여 으뜸이 되었습니다. 부처님께서 원통을 물으시니, 저의 경험으로는 몸에 있는 미진이나 세계를 조성한 미진이 조금도 차별이 없습니다. 본래 여래장으로서 허망하게 티끌이 생긴 줄을 관찰하여 티끌이 가라앉고 지혜가 원만하여 위없는 도를 이루는 것이 원통이 되겠습니다."

(4-2-2-4-2) 수대 원통
월광 동자가 자리에서 일어나 부처님 발에 정례하고 말했다.

"저의 전생을 돌아보니 옛날 항하사(10^{52})겁 전에 부처님이 세상에 출현했을 때 이름이 수천이며 보살들이 수관을 닦아 삼매에 들게 했습니다. 몸 안에 있는 물 성품이 서로 어기지 않아 콧물이나 침이나 여러 가지 진액이나 정기나 피나 대소변까지도 몸 안에 돌아다니는 물의 성품이 한결같음을 관하며, 몸속에 있는 물이나 산같이 높이 솟은 화장세계에 있는 여러 향수해물이나 다 같이 차별이 없는 것을 보라고 하셨습니다. 그때 내가 처음 이 수관을 이루니 물만 보이고 몸은 없어지지 않았습니다. 나는 비구로서 방안에서 좌선할 때 제자가 창구멍을 뚫고 방안을 엿보니 맑은 물만 방에 가득하고 아무것도 보이지 않아서 어린 것이 철이 없어 기왓장을 물에 던져 물소리를 내고는 힐끔힐끔 돌아보며 갔습니다. 조금 후에 내가 선정에서 나오니 문득 가슴이 아픈 것이 마치 사리불이 원귀를 만난 것 같았습니다. 가만히 생각해보니 내가 이미 아라한이 되어서 병의 인연을 여읜지가 오래되었는데 오늘 가슴이 아픈 것이 웬일인가? 도력이 퇴보한 것이 아닌가 생각했습니다. 그때 제자가 와서 그런 말을 하기에 내가 말하기를 '이다음에 물을 보거든 문을 열고 들어가서 기왓장을 집어내라.'고 했더니 제자가 그 말을 듣고 훗날 내가 선정에 들었을 때 물을 보니 기왓장이 있어 문을 열고 집어낸 뒤 선정에서 나오니 몸이 평소와 같았습니다. 그 후에 한량없는 부처님을 만났으며 산해자재통왕여래 때에 이르러 비로소 몸이 없어지고 시방세계의 향수해와 더불어 성품이 진공에 합하여 차별이 없게 되었습니다. 이제 부처님께 동진보살이란 이름을 얻어 보살회에 참여했습니다. 부처님께서 원통을 물으시니, 저의 경험으로는 물의 성품이 한결같이 흐르는 것을 관해 무생법인을 얻어 깨달음을 원만하게 하는 것이 원통이 되겠습니다."

(4-2-2-4-3) 화대 원통

예적명왕(穢跡明王, ucchusma)이 부처님 앞에서 합장하고 발에 정
례하고 말했다.

"저의 전생을 돌아보니 오랜 겁 전부터 탐욕이 많았습니다. 공왕부처
님이 세상에 출현했을 때 말씀하시기를 '음욕이 많은 사람은 뜨거운
불무더기가 된다'고 하시면서 '여러 골절과 팔다리에 있는 더운 기운
을 관하라.' 하셨습니다. 그렇게 관하고 나니 신비로운 광명이 속으로
엉키면서 음란한 마음이 변화하여 지혜불이 되었습니다. 그때부터
부처님께서 저를 화두금강이라고 불렀으며, 화광삼매의 힘으로 아라
한을 이루고, 마음에 큰 원력을 세워 부처님께서 성도하실 때마다 수
호의 역사가 되어 마와 원수에게 항복 받았습니다. 부처님께서 원통
을 물으시니, 몸과 마음의 따뜻한 기운을 관해 걸림 없이 골고루 통하
게 되고 모든 번뇌가 소멸하고 큰 보배 불길을 내어 위없는 각에 오르
는 것이 원통이 되겠습니다."

(4-2-2-4-4) 풍대 원통

유리광법왕자가 자리에서 일어나 부처님 발에 정례하고 말했다.

"저의 전생을 돌아보니 지난 옛날 항하사겁 전에 무량성 부처님이 세
상에 출현했습니다. 그때 부처님께서는 보살들에게 본각의 묘하고
밝은 것을 열어 보이셨습니다. 이 세계와 중생들의 몸이 모두 허망한
인연인 바람의 힘으로 움직이는 것임을 관하라 했습니다. 그때 세계
는 나란히 펼쳐있는 것이며, 세월은 시간이 흐르는 것이며, 몸은 움직
이고 그치는 것이며, 마음은 생각이 일어나는 것인 줄을 관했습니다.
여러 움직이는 것이 둘이 아니어서 차별이 없으며, 또 동시에 여러 움
직이는 성품이 와도 오는 곳이 없고 가도 가는 곳이 없으니, 시방에

티끌같이 많은 뒤 바뀐 중생이 한결같이 허망한 것인 줄을 알았습니다. 삼천대천세계에 있는 중생들이 마치 한 그릇 속에 백천 마리 모기와 등에가 그 좁은 공간 속에서 웅성거리고 떠드는 것 같음을 알았습니다. 부처님을 만난 지 오래지 않아 무생법인을 얻으니 그때 마음이 열려 동방부동불국의 부처님을 뵙고 법왕자가 되었습니다. 시방 부처님을 섬기며 몸과 마음에 광명을 내어 걸림없이 환하게 사무쳤습니다. 부처님이 깨달아 삼매에 들고 시방 부처님과 합하여 묘한 마음을 전하는 것이 원통이 되겠습니다."

(4-2-2-4-5) 공대 원통

허공장(虛空藏, Akasagarbha)보살이 자리에서 일어나 부처님 발에 정례하고 말했다.

"저의 전생을 돌아보니 정광불에게 끝이 없는 몸을 얻었고, 그때 큰 보배구슬 네 개를 들고 시방의 미진 세계를 비추어 허공으로 화했으며, 마음에 크고 둥근 거울을 나타내고 그 속으로써 열 가지 미묘한 광명을 놓아 시방 허공의 끝까지 비치니, 허공에 있는 여러 세계는 거울 속으로 들어와서 제 품 안으로 스며들고 제 몸은 허공처럼 서로 부딪치지 않으며, 여러 국토에 널리 들어가서 불사를 행하되 뜻대로 되었으니, 이러한 신력은 사대가 의지할데 없이 허망한 생각으로서 다 없어졌다고 하는 것이고, 허공도 둘이 아니고 세계가 본래 같은 줄을 관찰함으로써 알게 되어 무생법인을 얻었습니다. 부처님께서 원통을 물으시니 저의 경험으로는 허공이 끝이 없는 것을 관찰해 삼매에 들어가서 묘한 신력이 원통하여 밝아지는 것이 원통이 되겠습니다."

(4-2-2-4-6) 식대 원통

미륵(彌勒, Maitreya)보살이 자리에서 일어나 부처님 발에 정례하고 말했다.

"저의 전생을 돌아보니 지나간 옛날 미진겁 전에 일월등 부처님이 세상에 출현하셨습니다. 저는 그 부처님을 따라 출가했으나 세상 명예를 좋아해 바라문들과 사귀어 놀기를 즐겼더니, 그때 부처님께서 유심식정을 닦아서 삼매에 들어가라고 말씀하셨습니다. 그 후부터 여러 겁 동안에 이 삼매를 닦아 많은 부처님을 섬겼더니 세상 명예를 좋아하던 마음이 없어졌으며, 연등부처님이 출현했을 때 위가 없고 묘하고 뚜렷한 식심삼매를 얻었습니다. 허공에 가득한 여러 세계의 깨끗한 것이나 더러운 것이나, 있는 것이나 없어지는 것이 모두 내 마음으로 변화하여 생긴 것입니다.

부처님이시여, 저는 이렇게 온갖 것이 마음으로 됨을 깨달아 마음으로부터 한량없는 여래를 내었으며, 이제 수기를 받아 보처불이 되었습니다. 부처님께서 원통을 물으시니, 저의 경험으로는 시방이 다만 식심인 줄을 관찰해 마음이 뚜렷하게 밝아져 원성실성에 들어가고 의타기성과 변계소집성을 멀리 여의어 무생법인을 얻는 것이 원통이 되겠습니다."

(4-2-2-4-7) 견대 원통

대세지보살이 오십이 명의 보살과 함께 자리에서 일어나 부처님 발에 정례하고 말했다.

"저의 전생을 돌아보니 지나간 옛날 항하사겁 전에 무량광 부처님이 출현하셨습니다. 열두 부처님이 한 겁 동안에 계속해 나셨는데 그 마지막 부처님이 초일월광입니다. 그 부처님이 염불삼매를 가르치시기를 '마치 한 사람은 전심으로 생각하고 한 사람은 전심으로 잊기만 하면, 이 두 사람은 만나도 만나지 못하고 보아도 보지 못한다. 두 사람이 서로 생각해 생각하는 마음이 함께 간절하면, 이생에서 저생으로 또 저저생에 이르도록 몸에 그림자 따르듯이 서로 어긋나지 않는다. 시방 여래께서 중생 생각하시기를 어미가 자식 생각하듯 해 자식이 도망가면 생각한들 무엇 하겠는가. 자식이 어미 생각하기를 어미가 자식 생각하듯이 하면 어미와 자식이 세세생생 서로 어긋나지 않는다. 만일 중생들이 지극한 마음으로 부처님을 생각하고 부처님을 염하면 이생에서나 저생에서 결정코 부처님을 뵐 것이며, 부처님과 멀지 않아 방편을 가지지 않고도 저절로 마음이 열리는 것이 마치 향기를 맡는 사람이 몸에 향기가 배는 것 같다. 이것이 향광장엄이다.' 했습니다. 저는 본래 인행 때 염불하는 마음으로 무생법인을 얻었고 지금도 이 세계에서 염불하는 사람을 인도하여 서방정토로 가게 합니다. 부처님께서 원통을 물으시니, 이것저것을 가리지 말고 육근을 모두 닦아 항상 염불하되 깨끗한 생각이 서로 계속되어 삼매를 얻는 것이 원통이 되겠습니다."

(4-2-2-5) 관세음보살의 이근 원통
(4-2-2-5-1) 삼매에 듬
관세음(觀世音, Avalokitesvara)보살이 자리에서 일어나 부처님 발에 정례하고 말했다.
"부처님이시여, 저의 전생을 돌아보니 옛날 항하사겁 전에 관세음부처님이 세상에 출현하셨습니다. 제가 부처님께 보리마음을 내었더니, 부처님께서 듣고 생각하고 닦음으로 삼매에 들라고 했습니다. 처음에 듣는 성품에서 흐르는데 들어가서 들은 것이 없어지고, 들은 것과 들어가는 것이 고요해지면서 떠들고 조용한 두 가지가 일어나지 않습니다. 이와 같이 점점 더 나아가서 들음과 들을 바가 다 없어지고 들음이 없어졌다는 것까지 남아있지 않아 깨달음과 깨달을 바가 함께 공했으며, 공했다는 각이 지극히 원만하여 공했다는 것과 공한 바가 없어지고, 나는 것과 없어지는 것이 소멸해지며 고요하고 멸한 것이 앞에 나타났습니다.

문득 세간과 출세간을 뛰어넘어 시방이 뚜렷하게 밝아지면서 두 가지 특별한 경계를 얻었습니다. 하나는 위로 시방 부처님의 본래 묘한 각의 마음과 합하여 부처님과 어여삐 여기는 힘이 같으며, 둘째는 아래로 시방의 여섯 갈래 중생과 합해, 모든 중생에게 자비한 마음이 같습니다.

(4-2-2-5-2) 서른두 가지 응신을 이룸

부처님이시여, 저는 관세음 부처님께 공양하고, 부처님이 일러주시는 환술같은 금강삼매에 들었습니다. 부처님과 어여삐 여기는 힘으로 제 몸으로 서른두 가지 응신을 이루어 여러 국토에 들어갔습니다.

부처님이시여, 보살들이 삼매에 들어가서 무루를 닦아 좋은 알음알이가 뚜렷이 나타나면 제가 부처의 몸을 나타내어 법문을 해 해탈케 하겠습니다.

아직도 배우는 이들이 고요하고 묘하게 밝아 좋고 묘한 것이 뚜렷이 나타나면 제가 독각의 몸을 나타내어 법문을 말하여 해탈케 하겠습니다.

아직도 배우는 이들이 십이인연을 끊어 인연이 끊어진 좋은 성품에 좋고 묘한 것이 뚜렷이 나타나면 제가 연각의 몸을 나타내어 법문을 말하여 해탈케 하겠습니다.

아직도 배우는 이들이 사제가 공하여 도를 닦아 열반에 들려고 할 때 좋은 성품이 뚜렷이 나타나면 제가 성문의 몸을 나타내어 법문을 말하여 해탈케 하겠습니다.

중생들이 음욕을 분명히 깨닫고 범하지 않고 몸이 깨끗하면 제가 범천왕의 몸을 나타내어 법을 말해 해탈케 하겠습니다.

중생들이 제석천왕이 되어 여러 하늘을 거느리려고 하면 제가 제석천왕의 몸을 나타내어 법을 말해 그 뜻을 이루도록 하겠습니다.

중생들이 몸을 마음대로 하여 시방으로 다니려고 하면 제가 자재천의 몸을 나타내어 법을 말해 이루도록 하겠습니다.

중생들이 몸이 마음대로 되어 허공에 날아다니려고 하면 제가 대자재천의 몸을 나타내어 법을 말해 이루도록 하겠습니다.

중생들이 귀신을 거느리고 국토를 구호하려고 하면 제가 천대장군의 몸을 나타내어 법을 말해 이루도록 하겠습니다.

중생들이 세계를 통솔하고 중생을 보호하려고 하면 제가 사천왕의 몸을 나타내어 법을 말해 이루도록 하겠습니다.

중생들이 천궁에 나서 귀신을 부리려고 하면 제가 사천왕국 태자의 몸을 나타내어 법을 말해 이루도록 하겠습니다.

중생들이 인간의 왕이 되려고 하면 제가 임금의 몸을 나타내어 법을 말해 이루도록 하겠습니다.

중생들이 양반 중에 으뜸이 되어 세상에서 받들어 주기를 좋아하면 제가 장자의 몸을 나타내어 법을 말해 이루도록 하겠습니다.

중생들이 좋은 말을 하면서 품위 있게 살려고 하면 제가 거사의 몸을 나타내어 법을 말해 이루도록 하겠습니다.

중생들이 나라를 다스려 지방제도를 잘 마련하려고 하면 제가 재상의 몸을 나타내어 법을 말해 이루도록 하겠습니다.

중생들이 도술과 의학을 배워 몸을 조섭하고 생명을 보호하려고 하면 제가 바라문의 몸을 나타내어 법을 말해 이루도록 하겠습니다.

어떤 남자가 배우기를 좋아하고 출가하여 계율을 잘 지키려고 하면 제가 비구의 몸을 나타내어 법을 말해 이루도록 하겠습니다.

어떤 여자가 배우기를 좋아하고 출가하여 금계를 잘 지키려고 하면 제가 비구니의 몸을 나타내어 법을 말해 이루도록 하겠습니다.

착한 남자가 오계를 지키려 하면 제가 우바새의 몸을 나타내어 법을 말해 이루도록 하겠습니다.

착한 여자가 오계를 지키려고 하면 제가 우바이의 몸을 나타내어 법을 말해 이루도록 하겠습니다.

어떤 여인이 집안 살림이나 나랏일을 잘하려고 하면 제가 황후나 왕비나 마님이나 여선생의 몸을 나타내어 법을 말해 이루도록 하겠습니다.

어떤 중생이 남근을 잘 보전하려고 하면 제가 동남의 몸을 나타내어 법을 말해 이루도록 하겠습니다.

어떤 처녀가 처녀의 몸을 사랑하여 정조를 파하지 않으려고 하면 제가 동녀의 몸을 나타내어 법을 말해 이루도록 하겠습니다.

하늘 사람들이 하늘 무리에서 벗어나기를 원하면 제가 하늘 사람의 몸을 나타내어 법을 말해 이루도록 하겠습니다.

어떤 용들이 용의 무리에서 벗어나기를 원하면 제가 용의 몸을 나타내어 법을 말해 이루도록 하겠습니다.

어떤 야차들이 야차의 무리에서 벗어나려고 하면 제가 야차의 몸을 나타내어 법을 말해 이루도록 하겠습니다.

어떤 건달바들이 무리에서 벗어나려고 하면 제가 건달바의 몸을 나타내어 법을 말해 이루도록 하겠습니다.

어떤 아수라들이 무리에서 벗어나려고 하면 제가 아수라의 몸을 나타내어 법을 말해 이루도록 하겠습니다.

어떤 긴나라들이 무리에서 벗어나려 하면 제가 긴나라의 몸을 나타내어 법을 말해 이루도록 하겠습니다.

어떤 마후라가들이 무리에서 벗어나려 하면 제가 마후라가의 몸을 나타내어 법을 말해 이루도록 하겠습니다.

어떤 중생들이 사람을 좋아하여 사람되는 도를 닦으면 제가 사람의 몸을 나타내어 법을 말해 이루도록 하겠습니다.

사람 아닌 이가 형상 있는 이나 형상 없는 이나, 생각 있는 이나, 생각 없는 이들이, 그 무리에서 벗어나려고 하면 제가 각각 그들의 몸을 나타내어 법을 말해 이루도록 하겠습니다. 이것이 여러 국토에 들어가는 서른두 가지 묘하고 깨끗한 몸이며, 이것이 모두 금강삼매의 묘한 힘으로 마음대로 되는 것입니다.

(4-2-2-5-3) 열네 가지 공덕을 얻음

부처님이시여, 또 금강삼매의 자연스러운 묘한 힘으로 시방 삼세의 여섯 갈래 중생과 사모함이 같습니다. 중생들에게 제 몸과 마음에서 열네 가지 두려워할 것 없는 공덕을 얻게 합니다.

첫 번째, 소리를 관하지 않고 관하는 이를 관함으로 시방에서 고통받는 중생들이 그 음성을 관하여 벗어나게 합니다.

두 번째, 보는 것을 돌이켜 회복했으므로 중생들이 큰 불에 들어가도 타지 않게 합니다.

세 번째, 듣는 것을 돌이켜 회복했으므로 중생들이 큰물에 휩쓸려도 빠지지 않게 합니다.

네 번째, 허망한 생각을 끊어서 죽이려는 마음이 없어졌으므로 중생들이 귀신의 세계에 들어가도 귀신들이 해하지 못하게 합니다.

다섯 번째, 들음을 익혀 옳게 들음을 이루고, 육근이 녹아 회복되어 소리를 들음과 같으므로 중생들이 죽임을 당해도 칼이 조각조각 부서지며 창이나 병장기가 마치 물을 베는 듯하고, 불을 부는 듯해 성품의 변화가 없게 합니다.

여섯 번째, 들어 쉼이 정미롭고 밝아 법계에 두루 비치어 어두운 성품이 완전하지 못하므로 중생들이 야차나 나찰이나 구반다나 비사차나 부단나들이 곁에 가더라도 그들이 눈으로 보지 못하게 합니다.

일곱 번째, 소리의 성품이 스러지고 듣는 것이 되돌아 들어가 허망한 티끌을 여의었으므로 중생들이 얽어매는 것과 쇠고랑과 칼과 오랏줄 같은 것이 몸에 붙지 못하게 합니다.

여덟 번째, 소리를 소멸하고 듣는 성품을 뚜렷하게 해 모두 자비한 힘을 내게 했으므로 중생들이 험난한 길을 지나가더라도 도적이 겁탈하지 못하게 합니다.

아홉 번째, 듣는 것을 익히고 티끌을 여의어 색이 건드리지 못하므로 음심이 많은 중생이 음욕을 멀리 여의게 합니다.

열 번째, 소리 들음이 순일하여 티끌이 없어지고 근과 경계가 원융해 서로 상대가 되지 않으므로 분심이 많은 중생의 성내는 마음이 없어지게 합니다.

열한 번째, 티끌을 없애고 밝음을 돌이켜 법계와 몸과 마음이 유리와 같이 환히 비치고 막힘이 없으므로 혼미하고 우둔하고 성품이 막힌 일천재들에게 어리석음을 영원히 여의게 합니다.

열두 번째, 형상을 융통하고 듣는 성품을 회복했으므로 도량에서 움직이지 않고, 세계를 끌어들이되 세계를 손상하지 않으며, 시방세계에 두루 퍼져 미진같은 부처님께 공양하여 여러 부처님의 법왕자가 되었으므로 법계의 아들 없는 중생들이 아들 낳기를 원하면 복덕이 있고 지혜로운 아들을 낳게 합니다.

열세 번째, 육근이 원통하고 밝게 비침이 둘이 없어 시방세계를 포함했으며 대원경지와 공여래장을 세워 시방의 미진수 부처님을 받들어 섬기며 비밀한 법문을 받들어 잃어버리지 않았으므로 법계의 자식 없는 중생들의 딸 낳기를 원하는 이는 단정하고 복덕스럽고 유순하여 여러 사람의 사랑과 공경을 받을 만한 딸을 낳게 합니다.

열네 번째, 삼천대천세계 백억 일월에 현재 세간에 있는 육십이억 항하사 보살이 법을 수행하고 규모를 세워 중생을 교화하는데 수순하는 방편과 지혜가 같지 않습니다. 제가 얻은 원통한 본근이 귀에서 묘한 작용을 내고, 몸과 마음이 미묘하게 삼키고 받아들여, 법계에 두루 하므로 내 이름을 외워 지니는 중생의 복덕과 육십이억 항하사보살의 이름을 외워 지니는 중생의 복덕이 다르지 않습니다.

부처님이시여, 저 한 사람의 이름이 여러 보살의 이름과 복덕이 다르지 않는 것은 제가 참된 원통을 닦아 얻었기 때문입니다. 이것이 열네 가지 두려워할 것 없는 힘으로써 중생에게 복을 주는 것입니다.

(4-2-2-5-4) 묘한 덕을 얻음

부처님이시여, 또 이 원통을 얻어 위없는 도를 증득한 까닭으로 네 가지 생각할 수 없고 말할 수 없는 저절로 되는 묘한 덕을 얻었습니다.

첫째, 묘하게 듣는 마음을 얻었습니다. 마음이 정미로워지고, 들음에서 벗어나 보고 듣고 깨닫고 아는 것이 장벽을 막지 못하고 원융하고 깨끗한 보배로운 각을 이루었으므로 여러 가지 얼굴을 나타내며 한량없는 주문을 말합니다.

그 가운데서 한 머리 세 머리 다섯 머리 일곱 머리 아홉 머리 열한 머리를 나타내며, 이와 같이 백여덟 머리 천 머리 만 머리 팔만사천 금강같은 머리를 나타내기도 합니다. 두 팔 네 팔 여섯 팔 여덟 팔 열 팔 열두 팔 열네 팔 열여섯 팔 열여덟 팔 스무 팔 스물네 팔을 나타내며, 이와 같이 백여덟 팔천 팔만 팔만사천 결인한 팔을 나타내기도 합니다. 두 눈 세 눈 네 눈 아홉 눈을 나타내며, 이와 같이 백여덟 눈 천 눈 만 눈 팔만사천 깨끗한 좋은 눈을 나타내기도 하며, 혹 자비하게, 혹 위엄있게, 혹 선정으로, 혹 지혜로, 중생들을 구호하여 크게 자재함을 얻게 합니다.

둘째, 듣고 생각함이 육진을 벗어난 것이 마치 소리가 담을 넘어 막힘이 없는 듯하므로 기묘하게 여러 가지 몸을 나타내고, 여러 가지 주문을 말하며, 몸과 주문들이 두려움 없음을 중생들에게 베풀어줍니다. 그러므로 시방의 여러 세계에서 나를 가리켜 두려움 없는 것으로 보시하는 보살이라고 합니다.

셋째, 본래 원통하고 묘하게 깨끗한 본근을 닦아 익힌 탓으로 여러 세계에 가는 곳마다 중생들이 몸과 재물을 보시하여 원하는 것을 얻게 합니다.

넷째, 부처님의 마음에 계합하여 끝까지 증득하고 여러 가지 보배로 시방 부처님께 공양했으며 또한 법계의 여섯 갈래 중생에게 베풀었으므로 부인을 구하면 부인을 얻게 하고, 아들을 구하면 아들을 얻게 하고, 삼매를 구하면 삼매를 얻게 하고, 장수하기를 구하면 장수하게 하고, 이와 같이 열반을 구하면 열반을 얻게 합니다.

(4-2-2-5-5) 삼매의 성취는 이근 원통이 제일이다

부처님이 원통을 물으시니 저는 귀로 쫓아 뚜렷이 비치는 삼매를 얻고 인연을 따라 교화하는 마음이 자재하기에 흐르는 모양에 들어가서 삼매를 얻고 보리를 성취하는 것이 제일이 되겠습니다.

부처님이시여, 부처님께서 제가 원통한 법문을 얻었다 찬탄하고 대중 가운데서 관세음이라고 수기했으며, 저의 듣는 것이 시방에 원만했으므로 관세음이라는 이름이 시방세계에 가득했습니다.

그때 부처님께서 사자좌에 앉아 계시며 다섯 활개로 광명을 놓으셨습니다. 시방세계에 계시는 여러 부처님과 여러 법왕자보살의 정수리에 대고 여러 부처님도 다섯 활개에서 한꺼번에 훌륭한 광명을 놓으셨습니다. 또한 여러 곳으로부터 여기에 와서 부처님 정수리에 대며, 여러 보살과 아라한들의 정수리에 대니, 숲과 나무와 못과 시내에서 모두 법문을 연설하며 광명이 서로 어긋나게 보배실로 짠 그물과 같았고 여러 대중이 처음 보는 즐거움을 느끼며 한꺼번에 모두 금강삼매를 얻었습니다.

이때 하늘에서 여러 가지 보배로운 연꽃을 뿌려 푸르고 누렇고 붉고 흰 것이 사이사이 섞여 찬란하게 되었습니다. 시방 허공이 칠보빛을 이루니 사바세계의 땅과 산과 강물이 문득 나타나지 않고 시방의 미진 같은 세계가 합하여 한 세계가 되었으며 범패 소리와 노래하는 곡조가 저절로 들렸습니다."

(4-2-2-6) 문수보살의 선택

이때 부처님께서 문수보살에게 말씀하셨다.

"문수보살이여, 이십오 무학 보살과 아라한들을 보라. 제 각각 처음에 도를 이루던 방편을 말하면서 모두 진실한 원통을 닦았다고 한다. 저들이 수행하는 것은 참으로 잘하고 못하고 앞서고 뒤서고 하는 차별이 없다. 내가 지금 아난을 깨닫게 하려면 이십오 원통에서 어느 것이 그의 근기에 적당하며, 또 내가 열반한 뒤에 이 세계 중생들이 보살승에 들어가서 위없는 도를 구하려 하면 어느 방편문으로 닦아야 성취할 수 있겠느냐?"
문수보살이 부처님의 자비하신 분부를 받들고 자리에서 일어나 부처
님 발에 정례하고 게송으로 대답했다.

각의 바다 성품 맑고 둥글어 맑은 각이 원래 묘하고
밝은 것이 비치어 밝힐 것 나타나며 뒤에는 비침이 없습니다.
아득한 무명으로 허공 생기고 허공을 의지해 세계가 되니
망상이 가라앉아 국토가 되고 깨닫고 아는 것을 중생이라 합니다.

크고 둥근 각에서 허공 생긴 것 넓고 넓은 바다에 거품 한방울.
났다가 없어지는 많은 세계 허공을 의지해 생긴 것이니,
물거품 없어지면 허공도 없어 하물며 삼계가 어디에 있겠습니까.
근본으로 가는 길 둘 없지만 방편으로 닦으니 여러 문입니다.

성인의 성품으로 모두 원통인데 거슬림도 순함도 방편이지만,
초학으로 삼매에 들어가는 데는 더디고 빠른 것이 딴판입니다.
색진은 망상이 맺혀 된 것, 마음으로 보아서 뚫지 못하니
뚫어볼 수 없는 색진으로써 어떻게 원통을 얻겠습니까.

음성은 여러 말이 섞여 된 것, 낱말과 구절과 뜻과 글자인데,
한 말이 여러 뜻을 못 가지니 어떻게 원통을 얻겠습니까.
구린 냄새 향냄새 맡아야 알고 여의면 원래부터 없는 것이니
항상 있지 않는 냄새로써 어떻게 원통을 얻겠습니까.

맛은 늘 있는 것 아니며 혀로써 맛볼 때만 있는 것이니

항상하지 않는 맛으로써 어떻게 원통을 얻겠습니까.
촉은 접촉이 있어야 알고 접촉이 없으면 촉도 없으니
대고 떼는 성품 일정하지 않는데 어떻게 원통을 얻겠습니까.

법은 내진이라 하는 것이니 진이라면 반드시 곳이 있는데
곳이 있으면 원만하지 못하거늘 어떻게 원통을 얻겠습니까.
보는 성품 아무리 환하더라도 앞만 밝고 뒤는 밝지 못하니
사방에서 하나밖에 못 보는데 어떻게 원통을 얻겠습니까.

코로는 들이쉬고 내쉬지만, 들고나는 중간에는 공덕이 없어
있다 없다 하는 것 원만하지 않으니 어떻게 원통을 얻겠습니까.
맛보는 까닭이 없지 않아서 달고 쓴맛 있어야 알게 되니
맛 없으면 앎도 없어지는데 어떻게 원통을 얻겠습니까.

몸은 접촉하는 것인데 둘 다 깨달음이 원만하지 못하니
몸과 촉의 경계선 없앨 수 없으니 어떻게 원통을 얻겠습니까.
뜻으로 아는 것은 섞인 생각뿐 고요하고 맑은 것은 볼 수 없으니
망상을 벗어날 도리가 없으니 어떻게 원통을 얻겠습니까.

안식으로 보는 것 세 가지 화합인데 근본을 따져보면 제 모양 없어,
자체부터 확실하지 못한 것으로 어떻게 원통을 얻겠습니까.
마음으로 듣는 일 시방에 가득한데 크나큰 인행으로 생긴 힘이니,
초학은 들어갈 수가 없는데 어떻게 원통을 얻겠습니까.

코끝을 보라는 것 본래가 방편인데 마음을 잡아들여 단속하는 법

단속하면 마음이 머물 것이니 어떻게 원통을 얻겠습니까.
설법이란 음성과 문자의 희롱인데 깨달은 이나 할 수 있는 일
낱말이나 구절이 무루 아니니 어떻게 원통을 얻겠습니까.

계율은 몸을 단속하는 일인데 이 몸이 없는데 단속도 빈말
원래가 온갖 법에 두루 하지 않는데 어떻게 원통을 얻겠습니까.
신통은 본래부터 전생의 인연 법진의 분별과는 관계가 없어,
의식의 경계를 여의지 못했는데 어떻게 원통함을 얻겠습니까.

지대의 성품을 말하면 굳고 막혀 본래가 통하는 것 아닌데
유위법은 성인의 성품 아니니 어떻게 원통함을 얻겠습니까.
수대의 성품을 말하면 생각하는 것은 진실한 법이 아닌데
진여는 깨달아서 알 수 없는데 어떻게 원통을 얻겠습니까.

화대의 성품을 말하면 싫어함은 참 여읨이 원래 아닌데
초학으로 행할 방편이 아니니 어떻게 원통을 얻겠습니까.
바람의 성품을 말하면 움직이고 고요함이 상대가 되니
상대 있으면 무상각 될 수 없는데 어떻게 원통을 얻겠습니까.

허공의 성품을 말하면 어둡고 캄캄한 것은 각이 아니니
각이 아니면 보리와 같지 않는데 어떻게 원통을 얻겠습니까.
식대의 성품을 말하면 관하는 유식부터 항상 하지 못한데
마음을 둔다는 것은 허망한데 어떻게 원통을 얻겠습니까.
변천하는 행법이 항상 하지 않고 염불하는 성품 원래가 생멸인데
인과는 다르게 과를 얻는데 어떻게 원통을 얻겠습니까.

부처님께 여쭙습니다. 부처님께서 사바세계에 나와 계시니
이곳에서 가르치고 설법하심은 맑고도 깨끗한 음성입니다.
누구나 삼매를 얻고자 하면 소리 듣는 귀로 들어갑니다.
모든 고생 여의고 해탈 얻으면 거룩하신 관세음보살님.

많은 겁 오래오래 지내오면서 미진수 불국토에 드나들면서
크나큰 자재력과 무외력으로 마음대로 중생을 건져 주십니다.
묘음이신 관세음보살 깨끗한 범음이며 해조음으로
세간을 건져서는 안녕하고 출세간 해 상주과 얻습니다.

다시 부처님께 여쭙습니다. 관세음이 이르신 말씀과 같이
사람들이 조용히 쉬고 있을 때 시방에서 한꺼번에 북을 칩니다.
함께 울리는 북소리를 열 곳이나 스무 곳 삼십 곳이나
한 귀로써 일시에 다 들으니, 이것을 원진실이라 합니다.

눈으로는 막힌 데를 보지 못하며 입으로도 코로도 그러하듯이
몸으로는 물건이 닿아야 알고 생각은 어지러워 두서가 없습니다.
담과 벽을 넘어서 소리를 듣고 멀거나 가깝거나 모두 들으니,
다섯 근은 도저히 따를 수 없으니, 이것을 통진실이라 합니다.

떠들고 조용한 건 소리의 성품인데 듣는 데는 있기도 없기도 하나
소리가 없다 하여 들음이 없는데 듣는 성품 정말 없습니까.
소리가 없을 때도 없어지지 않고 소리가 있을 때도 나지 않으니
없어지고 나는 것 여의었으니 이를 일러 상진실이라 합니다.
아무리 꿈속에서라도 생각하지 않는다고 없지 않으며

본각으로 듣는 일 생각 밖이니, 마음과 몸으로는 못 미칩니다.
사바세계 이 나라 음성으로 제 생각을 분명히 설명하는데
중생이 듣는 성품 잊어버리고 소리만 따르므로 헤매입니다.

아난이 제 아무리 총명해도 잘못된 딴생각에 떨어졌으니,
생사에 떨어지지 않을 수 없지만 흐름만 돌이키면 그만입니다.
아난아 잘 들어라. 내가 오늘날 부처님 신력으로, 금강왕이고
요술같고 생각해 말할 수 없고 불모이신 진삼매를 말합니다.

미진수 부처님이 말씀하신 비밀스러운 온갖 법문 다 들은 네가
번뇌를 미리 덜지 못하고 많이 알기만 해 허물 되었습니다.
부처님 불법만 듣고 어찌하여 듣는 성품 듣지 못하느냐.
듣는 것이 저절로 생기지 않고 소리가 있어야만 듣습니다.

듣는 성품 돌이켜 소리 여의면 그것을 무엇이라 이름합니까?
한 근만 근본으로 돌아간다면 여섯 근이 따라서 해탈합니다.
보는 것과 듣는 것 요술 같고 허공에서 꽃 보는 눈과도 같고
삼계가 모두 다 허공의 헛꽃, 어느 것이 허망하지 않겠습니까.

듣는 성품 돌리고 허공꽃 보는 눈병까지 깨끗이 맑아질 때
티끌은 스러지고 각이 깨끗해지고 깨끗하면 빛이 환합니다.
고요하고 비치고 허공을 삼켜 이럴 때 세간에 돌아와 보면
세상일 모두 꿈속이니 꿈꾸는 마등가가 어찌 너를 붙들겠습니까.

요술쟁이 장난인 남자와 여자 손과 발 놀리지만 고동은 한 곳,

고동만 쉬고 보면 고요한 것뿐 뛰놀던 여자 남자 어디에 있습니까.
우리의 여섯 근도 역시 그러해 본래는 한 정기가 나누어져서
화합한 여섯 근이 생겼으니 한 곳만 쉬면 여섯근 다 없습니다.

한 생각에 번뇌는 다 녹고 밝고 묘한 참 성품 나타나는데,
무명이 남은 이는 무학 될 때까지 깨끗해야 여래가 됩니다.
아난아 대중들아, 잘못 듣는 귀 듣는 성품 돌이켜 자성 들으라,
자성으로 무상도 성취하리니 진정한 원통이란 이러합니다.

이것이 부처님 열반 가는 길 지나간 부처님도 지금 여래도
모두 다 이문으로 성불하셨고 이 세상 보살들도 그러합니다.
이다음 학인들도 성불하려면 이 법으로 따라서 가야 합니다,
나 역시 이 문으로 들어갔으니 관세음보살만이 간 것 아닙니다.

부처님이 나를 시켜 보리 얻기에 가장 쉬운 방편문 택하라 하심은
오는 세상 중생들이 세간을 나와 성도 하려는 이를 건지려 함이니
위없는 열반심을 이루는 데는 관세음 이근원통이 제일이며,
그밖에 여러 가지 방편문은 모두 다 부처님의 위신력입니다.

제 각각 당할 일에 마땅한 대로 번뇌를 버리도록 하는 것이며,
얕고 깊은 근기들 다 같이 닦아 오래 두고 배울 법 못됩니다.
말로도 할 수 없고 생각도 못 할 끝이 없는 여래장에 정례합니다.
오는 세상 중생들 가피주시어 이문에서 의심이 없게 하소서.

이루기 쉬운 법문 좋은 방편문 아난 가르치기 알맞은 법문

말법 중에 헤매는 여러 중생 교화하기 적당한 법문이니,
누구나 이근으로 닦게 하소서. 스물넷 방편보다 훨씬 더 빠른
원통 중에 원통한 방편이니 진실한 나의 마음 살피옵소서.

이에 아난과 대중이 몸과 마음이 분명하게 밝아, 크게 열어 보이심을
받들어 부처님의 보리와 열반을 보니, 마치 어떤 사람이 볼 일이 있어
멀리 갔다가 아직 집에 돌아가지 못했으나 돌아갈 길을 분명하게 아
는 것 같았다. 여기 모인 하늘사람과 용과 팔부와, 아직도 배우는 이
승과 새로 발심한 보살들의 수가 열 항하사나 되는 이들이 모두 본각
의 마음을 얻고 무명 번뇌를 여의어 법눈이 깨끗해졌으며, 성 비구니
는 이 게송을 듣고 아라한을 이루었으며, 한량없는 중생들은 위없는
바른 깨달음을 이루겠다는 마음을 내었다.

(4-3) 도량을 차리고 수행하는 일
(4-3-1) 네 가지 계율
아난이 옷을 바로 하고 합장하고 정례 하면서 참마음과 닦을 길이 뚜
렷하게 밝아 슬픔과 기쁨이 사라졌다. 다음 세상의 중생들을 이익되
게 하려고 부처님께 여쭈었다.
아난 "대자대비하신 부처님이시여, 저는 이미 성불하는 법문을 깨달
아 수행하는 길에 의심이 없습니다. 부처님이 항상 말씀하시는 '자기
는 비록 도를 얻지 못했으나 먼저 남을 제도하려는 것은 보살의 발심
이며, 자기의 깨달음이 원만해지고 나서 남을 깨닫게 하는 것은 여래
가 세상에 나는 것이다.'는 것을 들었습니다. 저는 제도를 받지 못했
으나 말세의 중생들을 제도하려 합니다.
부처님이시여, 이 중생들이 부처님을 떠난 것은 점점 멀어지고, 사특

한 무리의 학설이 항하사 같이 많을 때 그 마음을 거두어 삼매에 들려면 도량을 어떻게 차려야 마의 장난이 없어지고, 보리를 구하려는 마음이 물러나지 않겠습니까?"

이때 부처님이 대중 가운데 아난을 칭찬하면서 법문을 계속하셨다.

부처님 "좋다, 좋다. 너의 물음과 같이 도량을 법답게 차려서 말세에 헤매는 중생을 구호할 방법을 알려 줄 테니 자세히 들어라."

아난과 대중 "그렇게 하겠습니다."

부처님 "아난아, 율장에 있는 수행하는데 필요한 세 가지 이치를 들었을 것이다. 마음을 바르게 하는 것이 계율이며, 계율로 인하여 정이 생기고, 정으로 인하여 지혜가 나는 것이니, 이것이 세 가지 무루를 얻는 공부이다.

(4-3-1-1) 음란한 마음

아난아, 어찌하여 마음을 바르게 하는 것을 계율이라 하느냐? 이 세계의 여섯 갈래 중생이 마음이 음란하지 않으면 났다 죽었다 하는 일이 계속되지 않는다. 삼매를 닦는 것은 번뇌를 벗어나려고 하는 것인데, 음란한 마음을 끊지 않으면 번뇌에서 벗어나지 못한다. 설사 지혜가 있어 선정이 앞에 나타나더라도 음행을 끊지 않으면 반드시 마의 길에 떨어져서, 으뜸은 마왕이 되고, 중간은 마의 백성이 되고 끝으로는 마의 계집이 된다. 마들도 무리가 있어서 제각각 위없는 도를 얻었다고 하는 것이다.

내가 열반한 뒤 말법 시대에 이러한 마의 무리가 세상에 많이 성행하여 음행하면서도 선지식이라 하여 중생들이 애욕과 사견에 빠져, 보리로 가는 길을 잃게 한다.

네가 세상 사람들이 삼매를 닦게 하려거든 먼저 음욕을 끊게 해야 한다. 이것이 여래와 부처의 첫째 결정인 맑고 깨끗한 가르침이다.

그러므로 아난아, 음욕을 끊지 않고 선정을 닦는 것은 모래를 삶아서 밥을 만들려는 것과 같아서 백천 겁을 지내도 뜨거운 모래일 뿐 밥이 아니다. 음행하는 몸으로 불과를 얻으려는 것은 아무리 묘하게 깨닫는다고 해도 모두 음욕의 근본일 뿐이다. 근본이 음욕이므로 나쁜 세 갈래에서 바퀴 돌듯 하고 벗어나지 못하는데 여래의 열반을 어떻게 닦아 증득하겠느냐. 음란한 뿌리까지 몸과 마음에서 아주 끊어 버리고 끊었다는 성품까지 없어져야 부처님의 보리를 희망할 수 있다.

이와 같은 말은 부처의 말씀이며, 그렇지 않은 말은 파순의 말이다.

(4-3-1-2) 살생하는 마음

아난아, 또 이 세계의 여섯 갈래 중생이 마음에 산 것을 죽이지 않으면 태어났다 죽었다 하는 일이 계속되지 않는다. 삼매를 닦는 것은 번뇌를 벗어나려 함이나 죽일 마음을 끊지 않으면 번뇌에서 벗어나지 못한다. 설사 지혜가 있어 선정이 앞에 나타날지라도 죽일 마음을 끊지 않으면, 반드시 귀신의 길에 떨어져서 으뜸은 기운 센 귀신이 되고 중간은 날아다니는 야차와 귀신의 장수가 되고 끝으로는 땅에 다니는 나찰이 되니, 저 귀신들도 무리가 있어서 제각각 위없는 도를 얻었다고 한다.

내가 열반한 뒤 말법 시대에 이러한 귀신 무리가 세상에 많이 성행하여 고기를 먹고도 보리에 이르는 길을 얻는다고 한다.

아난아, 내가 비구들에게 다섯 가지 깨끗한 고기 먹을 것을 허락했으나 이 고기는 나의 신력으로 변화해 만든 것이어서 본래 생명이 없었다. 너희 바라문들이 땅이 찌는 듯하고 습기가 많고 모래와 돌이 많아서 푸성귀가 나지 못하므로 나의 자비와 신력으로 가피해 고기라고 하는 것을 너희가 먹었던 것이다. 여래가 열반한 뒤에 중생의 고기 먹는 사람을 어떻게 불제자라 하겠느냐. 이 고기 먹는 사람들은 설사 마음이 열려 삼매를 얻은 듯하더라도 모두 나찰이다. 과보가 끝나면 반드시 났다 죽었다 하는 고통바다에 빠질 것이며 불제자가 아니다. 이런 사람들은 서로 죽이고 서로 삼키고 서로 잡아먹기를 끊임없이 해 이 사람이 어떻게 삼계에 뛰어나겠느냐.

네가 세상 사람들에게 삼매를 닦게 하려거든 죽이는 일을 끊게 해야 한다. 이것이 부처님과 먼저 여래의 둘째 결정인 맑고 깨끗한 가르침이다.

그러므로 아난아, 산 것을 죽이는 것을 끊지 않고 선정을 닦는 것은 제 귀를 막고 큰소리를 치면서 남이 듣지 못하기를 원하는 것처럼 숨길수록 드러난다. 청정한 비구나 보살들이 길을 다닐 적에 풀도 밟지 않는데 하물며 풀을 뽑겠는가. 자비를 행한다면서 어찌 중생의 고기를 먹겠느냐.

비구들이 동쪽 나라에 있는 명주실이나 풀솜이나 비단 등과 이 지방에서 나는 가죽신이나 가죽옷이나 털옷을 입지 않으며, 짐승의 젖이나 젖으로 만든 음식을 먹지 않으면 세간에서 벗어나서 묵은 빚을 갚는 것이므로 삼계에 다시 나지 않는다. 짐승의 몸을 입거나 먹으면 모두 그들의 인연이 되어 마치 사람이 땅에서 나는 곡식을 먹고 발이 땅에서 떨어지지 못하는 것과 같다. 반드시 몸과 마음으로 중생의 살이나 몸을 입거나 먹지 말아야 참으로 해탈한 사람이라 한다. 이렇게 하는 말은 부처님의 말씀이며, 이렇지 않은 말은 파순의 말이다.

(4-3-1-3) 훔치는 마음

아난아, 또 이 세계의 여섯 갈래 중생이 마음으로 훔치지 않으면 났다 죽었다 하는 일이 계속되지 않는다. 네가 삼매를 닦는 것은 번뇌를 벗어나려 함이나 훔치는 마음을 끊지 않으면 번뇌에서 벗어나지 못한다. 설사 지혜가 있어 선정이 앞에 나타날지라도 훔치는 마음을 끊지 않으면 반드시 사특한 길에 떨어져서 으뜸은 정령이 되고 중간은 도깨비가 되고 끝으로는 귀신 들린 사람이 되니, 저 요물들도 무리가 있어서 제 각각 위없는 도를 얻었다고 한다.

내가 열반한 뒤 말법 시대에 이러한 요물들이 세상에 많이 성행하여 숨기고 속이는 것으로 선지식이라 하며 성인의 법을 얻었다 하고 무식한 사람들을 꾀여 의혹하고 두렵게 하며 본마음을 잃게 하고 가는 곳마다 그 집 살림을 없어지게 한다. 내가 비구들에게 밥을 빌게 한 것은 탐욕을 버리고 보리를 이루게 함이며 비구들이 제 손으로 익혀 먹지 않게 한 것은 살아 있는 동안 삼계에 나그네가 되어 한 번 다녀가고 다시 오지 않음을 보인 것이다. 어찌하여 도적 같은 사람들이 나의 옷을 빌려 입고 여래를 팔아 가지가지 업을 지으면서 모두 불법이라 말하고, 출가하여 계율 닦는 비구들을 도리어 소승이라고 비방해 옳지 않게 여기며 한량없는 중생을 의혹시켜 무간지옥에 떨어지게 한다.

만일 내가 열반한 뒤에 어떤 비구가 삼매를 닦을 마음을 내고 여래의 형상 앞에서 몸에 등잔을 켜거나 손가락을 태우거나 몸 위에 향을 사루면 이 사람은 끝없는 묵은 빚을 한꺼번에 갚아 버리고 영원히 이 세상을 하직하고 모든 번뇌를 벗어 버렸다고 하겠다. 비록 그 자리에서 위없는 도를 깨닫지 못했다 해도 이 사람은 보리마음이 결정된 것이다. 만일 이러한 몸을 버리는 작은 인연이라도 짓지 않으면 설사 도를 이루더라도 반드시 인간으로 되돌아와서 묵은 빚을 갚아야 하며 내가 말먹이 보리를 먹은 것과 같다.

네가 세상 사람들을 삼매를 닦게 하려거든 훔치는 일을 끊게 해야 한다. 이것이 부처님과 먼저 여래의 셋째 결정인 맑고 깨끗한 가르침이다.

그러므로 아난아, 만일 훔치는 일을 끊지 않고 선정을 닦는 것은 마치 새는 그릇에 물을 부어 가득 차기를 바라는 것과 같아서 미진 겁이 지나도 가득 차지 못한다.

만일 비구들이 가사와 발우 밖에는 아무 것도 남겨 두지 않으며, 빌어 온 밥을 남겨 주린 중생에게 주며, 여러 사람이 모인 곳에서 합장하고 예하며, 다른 이가 치거나 꾸짖더라도 칭찬하는 것처럼 여겨서 몸과 마음에서 모두 버리고 몸과 살과 뼈와 피를 중생들과 함께하며, 여래의 방편으로 한 말로 닦아 제 뜻대로 해석해 초학들을 그르치지 않으면 이런 사람은 진정한 삼매를 얻었다 한다.

이런 말은 부처님의 말씀이며, 이렇지 않은 말은 파순의 말이다.

(4-3-1-4) 거짓말하는 마음

아난아, 또 이 세계의 여섯 갈래 중생이 비록 몸과 마음에 죽이는 일과 훔치는 일과 음행하는 일이 없어서 세 가지 행실이 원만해도 거짓말을 하면 삼매가 깨끗하지 못하고 애욕과 사견의 마가 되어 여래의 종자를 잃게 된다. 거짓말은 얻지 못한 것을 얻었다고 하고 증득하지 못한 것을 증득했다고 하는 것이니 혹 이 세상에서 가장 높은 사람이 되고자 하여 다른 이에게 말하기를 '나는 이미 수다원과나 사다함과나 아나함과나 아라한도나 벽지불승이나 십지나 지전의 보살 지위를 얻었다.'하여, 그들의 예배를 구하고 그들의 공양을 구하는 일천제는 불종자가 소멸되어 마치 톱으로 다라나무를 끊은 듯하니 이 사람은 영원히 선근이 없어지고 다시 지견이 생기지 못해 세 고통바다에 빠져서 삼매를 이루지 못한다.

내가 열반한 뒤에 보살이나 아라한들을 시켜서 말법시대에 화현해 여러 가지 형상을 나타내어 바퀴 돌 듯 헤매는 중생들을 제도하되, 혹 사문이나 거사나 임금이나 대관이나 동남동녀나 기생이나 과부나 간사한 도적이나 백정이나 관청 사람의 몸을 나타내어 그들과 함께 일하면서 불법을 칭찬하여 그들로 하여금 삼매에 들게 해도 끝끝내 '내가 보살이다, 아라한이다.'하여 후학들에게 부처님의 비밀을 누설하지 않게 했다. 다만 죽을 때 유언은 할 수 있지만 어찌하여 이 사람이 중생들을 의혹케 하는 거짓말을 했겠는가.

네가 세상 사람에게 삼매를 닦게 하려거든 끝으로 거짓말을 끊게 해야 한다. 이것이 여래와 먼저 부처님의 넷째 결정인 맑고 깨끗한 가르침이다.

그러므로 아난아, 거짓말을 끊지 않는 이는 마치 똥을 깎아 전단향을 만드는 것과 같아서 향기 나기를 구해도 될 수 없다. 내가 비구들에게 말하기를 '곧은 마음이 도량이다.'고 했으니 다닐 때나 서 있을 때나 앉았을 때나 누워 있을 때나 거짓 꾸미는 일이 없게 해야 한다. 어떻게 함부로 성인이 되었다 하겠느냐. 마치 거지가 임금이라 했다가 사형을 받는 것처럼 어떻게 법왕을 자칭하겠느냐. 인행 때가 곧지 못하면 굽은 과보를 받을 것이니 비록 부처님의 보리를 구해도 배꼽 씹는 사람과 같으니 어떻게 될 수 있겠느냐.

비구의 마음이 활줄같이 곧으면 온갖 일에 진실해 삼매에 들어가 영원히 마의 장난이 없어서 보살의 위없는 지각을 이룬다고 인가한다. 이렇게 하는 말은 부처님의 말씀이며, 이렇지 않은 말은 파순의 말이다.

(4-3-2) 다라니를 외우는 일
(4-3-2-1) 다라니를 외우는 규모

아난아, 마음 거둬들임을 묻기에 먼저 삼매에 들어가서 공부할 묘한 문을 말했다. 보살도를 구하려거든 먼저 이 네 가지 계율을 얼음같이 깨끗하게 지니면 저절로 가지와 잎이 나지 못해 마음으로 짓는 세 가지 업과 입으로 짓는 네 가지 업이 생길 인연이 없어진다. 아난아, 이 네 가지 계율을 지키면 마음으로 형상과 냄새와 맛과 감촉도 반연하지 않을 것인데, 여러 가지 마의 장난이 어떻게 생기겠느냐.

예전 버릇을 없앨 수 없으면 그 사람에게 부처님 정수리의 광명으로 '마하살달다반달라'주를 일심으로 외우게 하라. 이것은 여래의 볼 수 없는 정수리의 수없이 많은 마음 부처님이 정수리로 광명을 놓고 보배연꽃 위에 앉아서 말씀하신 주문이다.

너와 마등가는 오래전부터 여러 겁 동안 내려오는 인연이다. 사랑의 습기가 한 생이나 한 겁만이 아니지만 한 번 이 주문을 외우면 애욕에서 영원히 벗어나 아라한과에 들게 된다. 음란한 여인으로서 수행할 마음이 없었건만 주문의 신력으로 무학을 증득했는데, 하물며 너희들 성문으로서 가장 높은 법을 구하는 이는 결정코 부처를 이룰 것이다. 마치 순풍에 먼지를 날리는 듯하니 무슨 어려울 것이 있겠느냐.

만일 말세 중생이 도량에 앉으려면 먼저 비구의 청정한 계율을 받아 가져야 하며, 반드시 계행이 청정한 제일가는 사문을 가리어 스승을 삼아야 한다. 계율이 청정한 비구를 만나지 못하면 너의 계율은 성취되지 못한다. 계율을 성취한 뒤에는 깨끗한 새 옷을 입고 향을 피우고 고요히 앉아서 마음 부처의 주문을 백팔 번 외운 후에 결계지를 정해 도량을 차리고, 현재 시방에 계시는 부처님들이 대비광명을 보내어 정수리에 대기를 구할 것이다.

아난아, 이렇게 청정한 말세의 비구나 비구니나 재가자들이 마음에 탐심과 음욕이 없어지고 부처님의 계율을 깨끗이 지키며 도량 안에서 보살원을 발하고 날적 들적마다 반드시 목욕하고 여섯때로 도를 행하며, 삼칠 일을 자지 않고 지내며 내가 그 사람 앞에 나타나서 정수리를 만져 위로하여 마음이 열려 깨닫게 할 것이다."

아난 "부처님이시여, 저는 부처님께서 자비롭게 가르쳐 주심에 마음이 열려 무학을 닦아 증득할 길을 알았습니다. 말법 시대에서 수행하려는 이가 도량을 차리려면 어떻게 결계지를 마련해야 부처님의 청정한 규모에 맞겠습니까?"

부처님 "아난아, 만일 말세 중생이 도량을 차리려면 먼저 설산에서 비니풀을 먹은 흰 소를 구해야 하며, 이 소는 설산에서 맑은 물만 먹었으므로 똥이 매우 깨끗하고 부드럽다. 그 똥을 가져와 전단향을 섞어서 땅에 바르도록 해라.

설산에 있는 흰 소가 아니면 똥이 구리고, 더러워서 땅에 바를 수가 없다. 특별히 따로 평지에서 겉흙을 다섯 자쯤 파서 버리고, 그 속에 황토로 상품전단과 침수향과 소합향과 훈륙향과 울금향과 백교향과 청목향과 영릉향과 감송향과 계설향 열 가지를 곱게 갈고 부드럽게 가루를 만들어 그 황토와 반죽을 해 도량을 차릴 땅에 바르고 모나고 둥글게 열여섯 자가 되는 팔각단을 만들도록 해라.

단 가운데는 금과 은과 구리와 나무로 만든 연꽃을 놓고 연꽃 속에는 그릇을 놓고, 그릇에는 팔월 이슬을 담고 이슬 가운데는 피는 꽃잎을 둘 것이며, 둥근 거울 여덟을 가져다가 각 모마다 놓되 꽃과 그릇을 둘러싸게 하고, 거울 밖에는 연꽃 열여섯과 향로 열여섯을 세워 놓으며, 꽃과 향로를 가지런히 놓으며, 향로를 곱게 고이고 침수향을 피워, 불이 보이지 않게 한다.

또 흰 소젖 열여섯 그릇을 놓고, 우유로 전병을 만들고, 사탕과 유병과 젖죽과 소합과 밀강과 순소와 순밀을 각각 열여섯 그릇씩 연꽃 밖에 둘러놓아 부처님과 보살들에게 공양 올리고, 낮과 밤에 꿀 반 되와 채소 두 홉(되의 1/10, 약 80ml)을 태우되 단 앞에 작은 화로를 따로 놓고 도라바향을 다린 물로 숯을 씻어서 매우 성하게 불을 피우고 꿀과 소를 숯 피운 화로에 던져서 연기가 사라질 때까지 태워서 부처님과 보살에게 공양 올릴 것이다.

바깥에는 깃발과 꽃들이 두루 날고 단 있는 방 안 네 벽에는 시방 여래와 보살들의 형상을 모신다. 정면에는 노사나불과 석가모니불과 미륵불과 아촉불과 아미타불을 모시고, 여러 가지로 변화된 관세음보살과 금강장보살의 형상을 좌우에 모시고, 제석천왕과 범천왕과 오추슬마와 람디가와 군다리와 비구지와 사천왕과 빈나와 야가를 문 곁으로 좌우에 두고, 거울 여덟 개를 가져다가 허공에 거꾸로 달아서 단 위에 놓은 거울과 마주 대하여 그 형상과 그림자가 겹겹으로 서로 비치게 한다.

첫 이레 동안에는 지성으로 시방 여래와 큰 보살들과 아라한들에게 정례하고, 여섯 때로 항상 주문을 외우면서 단을 돌아 지극한 마음으로 도를 행하며, 한시에 백팔 번씩 행한다. 둘째 이레 동안에는 한결같은 마음으로 보살원을 세우며, 마음이 잠깐이라도 끊어지지 않게 하며, 계율을 지키며 그 가운데 가르친 원이 있게 한다.

셋째 이레 동안에는 열두 시를 한결같이 반달라주문을 외울 것이며, 이레가 되는 날에는 시방 여래가 한꺼번에 나타나서 거울 빛이 어울린 곳에서 정수리를 만져 주심을 받는다. 즉시 그 도량에서 삼매를 닦을 것이며, 말세에서 이렇게 수행하는 사람의 몸과 마음이 깨끗해져 마치 수정과 같다.

아난아, 이 비구의 본래 계를 받은 전계사나 회중에 같이 있는 열 비구나 그중에서 한 사람이라도 깨끗하지 못한 이가 있으면 원이 성취되지 않는다. 세 번 이레가 지난 후부터는 안거하고 단정하게 앉아 백날을 지내면 근기가 영특한 이는 그 자리에서 일어나지 않고 수다원과를 증득하며, 설사 성인의 과를 이루지 못한다고 해도 결정코 성불할 것을 알며, 네가 질문한 도량 차리는 것이 이렇다."

(4-3-2-2) 능엄다라니

아난은 부처님 발에 정례하고, 부처님께 여쭈었다.

아난 "제가 출가한 후부터 부처님의 사랑만 믿고 알기에만 힘쓴 탓으로 위없는 도를 증득하지 못하여 사비가라 주문에 홀렸을 적에, 마음으로는 분명하지만, 몸으로는 어찌할 수가 없었습니다. 다행히 문수보살을 만나 요술에서 벗어났습니다. 비록 부처님의 불정신주의 가피를 얻어 그 신력을 입었으나 몸소 체득하지 못했으니, 원컨대 다시 말씀하시어 이 회중에서 수행하는 이들과 오는 말법시대에서 헤매는 중생들을 불쌍히 여겨 부처님의 비밀한 말씀을 듣고 몸과 뜻을 해탈하게 해 주십시오."

이때 회중에 있는 여러 대중이 모두 예배하고 부처님의 비밀한 주문을 조용히 들었다.

그때 부처님께서 살상투로써 보배로운 광명이 솟아오르고 광명 가운데서 천 잎 연꽃이 솟아나고, 연꽃 위에 화신부처님이 앉았으며, 정수리로 열 줄기 훌륭한 광명을 놓으니, 낱낱 광명에 열 항하사(10^{52}) 처럼 많은 금강신을 나타내어 산을 받들고, 금강저를 쥐고, 허공에 가득했다. 대중들은 그것을 우러러보고 두려운 생각과 사랑하는 마음을 아울러 가지고 부처님께서 도와주시기를 기다리면서, 부처님 정수리에서 광명 놓으시며 여래께서 말씀하시는 주문을 일심으로 듣고 있었다.

(4-3-2-3) 능엄다라니의 공덕

부처님 "아난아, 이 부처의 정수리 광명이 모여 된 살달다반달라 무상보인의 비밀한 가타, 미묘한 글은 시방의 온갖 부처님을 내는 것이니, 시방 여래가 이 주문으로 인해 위없는 바른 깨달음을 이룬다. 시방 여래가 이 주문을 듣고 모든 마를 항복 받고 외도를 이기는 것이며, 이 주문을 마음에 담아 보배연꽃에 앉아 미진 같은 세계에 들어간다. 시방 여래가 이 주문을 입으로 암송하며 미진같은 세계에서 법륜을 굴리신다. 시방 여래가 이 주문을 가지고 시방세계에서 정수리를 만져 수기를 주신다. 자기의 과를 이루지 못했으면 시방 부처님의 수기를 받으며, 시방 여래가 이 주문을 의지해 시방세계에서 여러 고생하는 이를 제도한다. 지옥고와 아귀고와 축생고와 눈먼 고와 귀먹은 고와 벙어리 고와 말더듬이 고와 미운 원수를 만나는 고와 사랑을 여의는 고와 구하는 것을 얻지 못하는 고와 오음이 치성하는 고와 큰 횡액 작은 횡액을 한꺼번에 벗어 버리며, 도적과 난리와 법에 걸리는 것과, 옥에 갇혀 우는 것과, 풍재 화재 수재와 배고픈 고와 목마른 고와 가난한 고들이 한 생각에 소멸한다. 시방 여래가 이 주문을 따라서 시방 국토에서 선지식을 섬기어, 앉을 때 누울 때 갈 때 섰을 때 마음대로 공양하며, 항하사여래의 법왕자가 된다. 시방 여래가 이 주문을 행하여, 시방에서 친한 이와 인연있는 이를 붙들어 주시며, 소승들이 비밀한 법문을 듣고도 놀라지 않게 한다. 시방 여래가 이 주문을 외워 위없는 정각을 이루어 보리수 아래 앉으시고, 대열반에 드시며, 시방 여래가 이 주문을 전해 열반하신 뒤에 불법을 유촉하여 나중까지 머물러 있게 하며 계율을 엄정하게 가지고 청정하게 한다. 내가 만일 이 부처님 정수리의 광명이 모여 된 반달라주의 공덕을 다 말하면 아침부터 저녁까지, 음성이 끊기지 않고 중간에 더하는 말이 없게 하기를 항하사겁이 지나도록 해도 다 말할 수 없다.

이 주문을 여래의 정수리라고도 이름하며, 배우는 사람들이 바퀴 돌듯 함을 끝내지 못하고, 지극한 마음으로 아라한을 이루고자 하면서도 이 주문을 외우지 않고 도량에 앉아서 몸과 마음에 마의 장난이 없기를 바라는 것은 옳지 않다.

아난아, 만일 여러 세계 여러 나라에 사는 중생들이 그 나라에서 나는 벚나무 껍질이나, 다라나무 잎새나, 종이나, 천 등 전에 이 주문을 써서 향낭에 간직할 것이다. 이 사람이 총명이 부실해 외울 수 없거든, 몸에 차거나 방안에 써 두기만 해도 이 사람은 일생에 어떠한 독으로도 해치지 못한다.

아난아, 내 다시 이 주문이 세상 중생들을 구호하여 두려움이 없게 하며, 여러 중생에게 세간에서 뛰어난 지혜를 이루게 할 일을 말할 것이다.

내가 열반한 뒤에 말세 중생들이 이 주문을 외우거나 남을 시켜 외우게 하면, 이 중생들은 불이 태우지 못하며, 물에 빠지지 않으며, 독한 것도 해치지 못하며, 용이나 하늘사람이나 귀신이나 구미호나 도깨비나 마귀의 나쁜 주문들이 건드리지 못한다. 마음에 삼매를 얻어서, 온갖 방자와 미신과 독한 약과 금독과 은독과 초목의 독과 벌레의 독과 뱀의 독과 만물의 독기가 이 사람의 입에 들어가면 곧 감로로 변하며, 온갖 나쁜 별이나 귀신들이나 악독한 마음으로 남을 해롭게 하는 것들이라도 이 사람에게는 감히 나쁜 짓을 하지 못한다. 빈나와 야가와 악귀의 왕과 그 권속들이 모두 큰 은혜를 입었으므로 항상 이 사람을 보호한다.

아난아, 이 주문은 팔만 사천 나유타(10^{60})의 금강장왕보살의 종족들이 제 각각 여러 금강신중으로 권속을 삼아 밤낮으로 따라다니면서 보호하며, 어떤 중생이 삼매가 아닌 산란한 때도 마음으로 생각하고 입으로 외우면 이러한 금강왕들이 항상 따라다니면서 보호한다. 이 모든 금강장왕보살의 마음정기가 빨리 통하여 이 사람의 정신을 새롭게 하여, 즉시 팔만 사천 항하사 겁 일을 분명하게 기억하며 모두 알게 되어 조금도 의혹이 없게 한다.

보리심을 낸 첫 겁부터 마지막 몸에 이르기까지 세세생생에 야차나 나찰이나 부단나나 가타부단나나 구반다나 비사차들이나 악귀들이나 형상 있는 것이나 형상 없는 것이나 생각 있는 것이나 생각 없는 것이나 나쁜 곳에 태어나지 않으며, 선남자가 이 주문을 읽거나 외우거나 그리거나 차거나 간직하거나 가지각색으로 공양하면 날 때마다 가난하고 궁하고 낮고 천하고 좋지 않은 곳에 태어나지 않는다.

이 중생들이 복을 짓지 못했더라도 시방 여래가 가진 공덕을 모두 이 사람에게 주어 무량대수(10^{68}) 겁 동안을 항상 부처님과 한 곳에 태어나며, 한량없는 공덕이 악차 모이듯 하여, 부처님과 한곳에서 함께 수행하여 영원토록 나누어지지 않는다.

그리하여 계율을 파한 사람에게는 계율이 청정하게 되며, 계를 얻지 못한 사람에게는 계를 얻게 하며, 정진하지 못하는 사람에게는 정진하게 하며, 지혜가 없는 사람에게는 지혜를 얻게 하며, 청정하지 못한 사람에게는 청정하여 지계하며, 재계를 가지지 못하는 사람에게는 저절로 재계를 이루게 한다.

아난아, 선남자가 이 주문을 지니면 설사 그 전에 금계를 범했더라도 주문을 지닌 뒤부터는 여러 가지 파계한 죄가 소멸할 것이다. 술을 먹었거나 다섯 가지 매운 채소와 부정한 것을 먹었더라도 여러 부처님이나 보살들이나 금강신이나 하늘사람이나 신선이나 귀신들이 모두 허물하지 않는다. 부정한 헌 옷을 입었더라도 가거나 멈추거나 모두 깨끗한 것과 같으며, 단을 차리지 않고 도량에 들어가지 않고 도를 행하지 않았더라도 이 주문을 외우면 단에 들어가 도를 행한 공덕과 같다. 무간지옥에 들어갈 다섯 가지 역적죄나, 비구의 네 가지 바라이죄나, 비구니의 여덟 가지 바라이죄를 지었더라도 이 주문을 외우면 중한 죄업이 마치 맹렬한 바람에 모래를 날리듯이 모두 없어진다.

아난아, 어떤 중생이 한량없는 옛날로부터 지은 가볍고 무거운 죄업을 지난 세상에 한 번도 참회하지 못했더라도 이 주문을 읽거나 외우거나 써서 몸에 차거나 거처하는 방과 뜰 안과 집에 두면 많은 죄업이라도 끓는 물에 눈을 녹이듯이 없어질 것이며, 오래지 않아서 무생법인을 얻게 된다.

아난아, 어떤 여인이 아들딸을 낳지 못해 임신을 원하면 지극한 정성으로 이 주문을 외우거나 몸에 차면 복스럽고 덕 있고 지혜로운 아들과 딸을 낳을 것이다. 장수하기를 원하면 장수하고, 과보가 원만해지기를 원하면 원만해지며, 그와 같이 몸이나 생명이나 빛깔이나 정력도 역시 그러하다. 목숨을 마친 뒤에는 소원대로 시방세계에 왕생할 것이며, 결정코 변방에나 낮고 천한 곳에 나지 않을 것인데, 하물며 사람이 아닌 잡류의 몸을 받겠는가.

아난아, 만일 어떤 나라나 도나 군이나 도시나 촌에 흉년이 들거나 병이 들거나 난리가 나거나 도적이 일어나거나 싸움질이 생기거나, 그 외에 여러 가지 액난이 있는 지방이라도 이 주문을 쓰거나 인쇄하여, 사방 성문이나 깨끗한 곳이나 깃대 같은데 모시거나 그 지방에 사는 사람들에게 이 주문을 받들어 모시고 공경하고 공양하고 예배하게 하거나, 몸에 차거나, 집에 모시게 하면 온갖 재앙이 모두 소멸하게 된다.

아난아, 이 주문이 있는 데는 가는 곳마다 어느 국토나 어느 중생이나, 천상사람과 용도 기뻐하며, 비가 고루 오고 바람이 순하게 불어 오곡이 풍년들고 만민이 안락하다. 또 나쁜 별들이 각처에서 일으키는 변괴를 소멸해 재앙이 일어나지 않을 것이며, 사람들은 횡액이나 요사한 일이 없고 오랏줄이나 칼이나 쇠고랑으로 몸을 묶지 않으며, 밤과 낮으로 편안히 잠자게 되어 항상 나쁜 꿈을 꾸지 않는다.

아난아, 이 사바세계에 팔만 사천 가지 재변을 일으키는 나쁜 별이 있는데 그중 스물여덟 개의 나쁜 별이 으뜸이 되고 여덟 개의 큰 나쁜 별이 괴수가 되어 여러 가지 모양으로 세상에 나타날 때 중생들에게 여러 가지 재앙이 오더라도 이 주문이 있는 곳에는 모두 소멸되고 십이 유순 이내는 결계한 곳이 되어 온갖 나쁜 재변이 들어오지 못한다. 그러므로 여래가 이 주문을 일러 다음 세상까지 전하면서 처음으로 마음을 내는 수행자를 보호하여 삼매에 들게 하며, 몸과 마음이 태평하여 안락하게 하며, 마의 장난과 귀신의 희작과 지난 세상의 원수와 횡액과 재앙이 없게 하며, 예전 업장과 묵은 빚이 따라다니면서 시끄럽게 하는 일이 없게 한다. 너와 이 회상에 있는 처음 배우는 이들이나 다음 세상에서 수행하는 이들은 큰 단을 모으고 도량을 차리고 법답게 계율을 가지며, 계를 일러주는 전계사도 청정한 이를 만나 이 주문에 의심을 내지 않는다. 이러한 사람은 부모가 낳아준 이 육신으로 도통함을 얻지 못하면 시방 여래가 모두 거짓말이 될 것이다.”

(4-3-2-4) 신장들이 보호함

법문을 마치시니 회중에 있던 한량없는 백천 금강신이 일시에 부처님 앞에 합장 정례하며 말했다.

“부처님의 말씀처럼 우리들이 지극한 성심으로 보리를 닦는 이를 보호하겠습니다."

이때 범천왕과 제석천왕과 사천왕들이 일시에 부처님 앞에 정례하며 말했다.

"이렇게 수행하는 사람이 있으면 저희도 지극한 마음으로 이 사람을 보호하여 그가 하려는 일이 이루어지도록 하겠습니다."

또 한량없는 야차대장과 나찰왕과 부단나왕과 구반다왕과 비사차왕과 빈나와 야가와 여러 귀왕과 귀신장수들이 부처님 앞에 합장하고 정례하며 말했다.

"저희도 이 사람을 보호하여 보리심이 빨리 원만하도록 하겠습니다."

또 한량없는 일천자와 월천자와 바람과 비와 구름과 번개와 해와 별들을 다스리는 풍사, 우사, 운사, 뇌사, 연세순관과 계성권속들이 부처님 발에 정례하며 말했다.

"저희도 이렇게 수행하는 사람을 보호하여 도량을 차릴 때 두려움이 없게 하겠습니다."

또 한량없는 산신과 해신과 토지신들과 물과 육지와 허공에 있는 만물의 정기와 풍신왕과 무색계천들이 부처님 앞에서 머리를 조아리고 말했다.

"저희들도 이렇게 수행하는 사람을 보호하여, 보리를 이루게 하며 영원히 마의 장난이 없게 하겠습니다."

이때 팔만 사천 나유타 금강장왕보살이 회중에 있다가 자리에서 일어나 부처님 발에 정례하며 말했다.

"부처님이시여, 저희들의 닦은 공덕은 벌써 보리를 이루었겠지만, 열반을 취하지 않고 항상 이 주문을 따라다니면서 말세에서 삼매를 닦아 올바르게 수행하는 이를 구호하겠습니다.

부처님이시여, 이렇게 마음을 닦아 삼매를 얻으려는 사람이 도량에

있거나 경행을 할 때에 우리들이 항상 이 사람을 따라다니면서 구호
하며, 마왕이 해치지 못하게 하며, 조그만 귀신들은 이 사람에게서 십
유순 밖으로 떨어지게 하며, 그들로서 발심하여 선정 닦기를 좋아하
는 무리까지도 보호하겠습니다.

부처님이시여, 이러한 악마나 마의 권속들이 와서 이 사람을 침노하
면 제가 금강저로 그 머리를 부수어 가루가 되게 하며, 항상 이 사람
이 하는 일이 이루어지게 하겠습니다."

5. 선을 말하여 수행하는 차례를 보이다

(5-1) 십이 종류 중생이 생기는 이야기

아난이 자리에서 일어나 부처님 발에 정례하고 여쭈었다.

"제가 어리석어 많이 알기만 좋아하고 번뇌에서 벗어나기를 구하지 않았습니다. 이제 부처님의 자비로 가르침을 받아 옳게 닦는 법을 얻었고 몸과 마음이 시원하여 큰 이익을 얻었습니다.

부처님이시여, 이렇게 삼매를 닦아서 증득할 때 열반에 이르지 못했을 때는 어떤 것을 간혜지라 하며 사십사심이라 합니까? 어느 정도까지 이르러야 수행하는 명목을 얻으며, 어디까지 나아가야 진중함에 들었다 하며, 어떤 경계를 등각보살이라 합니까?"

이렇게 말하고 오체투지하여 대중들과 함께 한결같은 마음으로 부처님말씀을 기다리면서 우러러보고 있었다.

이때 부처님께서 아난을 칭찬하시면서 말씀하셨다.

"좋다, 좋다. 네가 이 대중들과 말법시대의 중생들을 위하여 삼매를 닦아 대승법을 구할 때, 범부의 자리로부터 열반에 이르는 수행하는 길을 미리 보여 주기를 원하니 자세히 들어라. 너에게 말해 주겠다."

아난과 대중이 합장하고 마음을 깨끗이 했다.

부처님 "아난아, 묘한 성품이 뚜렷하고 밝아 이름도 모양도 여의어 본래 세계와 중생이 없는데, 허망함으로 인해 태어났고, 나는 것으로 인해 없어지며, 났다 없어졌다 하는 것은 허망하다. 허망함이 없어지는 것을 참됨이라 하며, 이것이 여래의 위없는 보리와 열반의 두 가지를 옮겨서 의지하는 것이라 한다.

아난아, 네가 이제 진정한 삼매를 닦아서 여래의 열반에 나아가려면 이 중생과 세계의 뒤바뀐 원인을 알아야 하며, 뒤바뀐 것이 생기지 않으면 여래의 진정한 삼매라 한다.

(5-1-1) 중생의 뒤바뀜

아난아, 어떤 것을 중생의 뒤바뀜이라 하느냐? 자성의 밝은 마음의 성품이 밝고 뚜렷하여 허망하게 밝음으로 인해 허망한 업식의 성품이 생기고, 업식으로 인해 허망한 소견이 생긴다. 그러므로 없는 곳에서 마침내 있는 업을 이루게 된다. 있게 하는 소견과 있는 업이 인도 아니며 인이 되는 것도 아니다. 머물러 있는 것과 머물게 하는 것에 아주 근본이 없으니, 이 의지할 데 없는 것을 근본으로 삼아 세계와 중생이 생긴다.

본래 뚜렷하고 밝은 본체를 미혹하여 허망함이 생겼으며, 허망한 성품의 자체가 없어서 의지할 곳이 없다. 진정한 곳으로 돌아가도 이미 참된 진여의 성품은 아니다. 진정하지 않은 곳에서 돌아가기를 구하면 잘못된 모양을 이루어 잘못되게 나는 것과 잘못되게 머무는 소에 잘못된 마음과 잘못된 법이 차츰차츰 생겨난다. 생기는 힘이 발생하고 익혀 업을 이루게 된다. 같은 업으로 서로 받게 되며, 그로 인하여, 서로 없애고 나서 중생의 뒤바뀜이 있게 된다.

(5-1-2) 세계의 뒤바뀜

아난아, 어떤 것을 세계의 뒤바뀜이라 하느냐? 번뇌와 업과 있는 정보로 말미암아 분단생사가 허망하게 생기며, 이것으로 인하여 계가 성립된다. 이것은 인도 아니며 인 되는 것도 아니다. 머물러 있는 것도 없고, 머물게 하는 것도 없어서, 계속 흘러 머물지 않는다. 이것으로 인하여 세계가 성립되어 삼세와 사방이 화합하여 서로 포개져서 변화하는 중생이 십이 종류가 된다.

그러므로 세계가 움직임으로 인하여 소리가 있고, 소리로 인하여 빛이 있고, 빛으로 인하여 냄새가 있고, 냄새로 인하여 촉이 있고, 촉으로 인하여 맛이 있고, 맛으로 인하여 법진을 안다. 여섯 가지 어지러운 망상이 업의 성품을 이루므로 열두 가지가 윤회하며, 소리와 냄새와 맛과 촉이 열두 가지 변화를 일으켜 한 바퀴 휘돌아진다. 이렇게 윤회하는 뒤바뀜을 의지하여 세계에는 알로 낳고 태로 낳고 습기로 나고 변화하여 나는 것과 빛깔 있는 것, 빛깔 없는 것, 생각 있는 것, 생각 없는 것, 빛깔 있지 않는 것, 빛깔 없지 않은 것, 생각 있지 않은 것, 생각 없지 않은 것이 있다.

(5-1-3) 십이 종류의 중생이 생김

아난아, 세계에 허망하게 바퀴 돌듯 뒤바뀜으로 인해 기운과 화합하여 팔만사천 가지 날거나 잠기는 어지러운 생각을 이루며, 알로 낳는 갈라람이 국토에 흘러들어 고기와 새와 거북과 뱀 같은 종류로 가득 찼다.

세계에 추잡함으로 바퀴 돌듯 하는 욕애의 뒤바뀜 탓으로 물기운과 화합하여 팔만사천 가지 서서 다니고 기어 다니는 어지러운 생각을 이루게 된다. 그리하여 태로 낳는 알부담이 국토에 흘러들어 사람과 짐승과 용과 신선 같은 종류로 가득 찼다.

세계에 집착으로 바퀴 돌듯 붙는 뒤바뀜 탓으로 따뜻함과 화합하여 팔만사천 가지 엎어지며 자빠지는 어지러운 생각을 이루게 된다. 그리하여 습기로 나는 폐시(蔽尸, pesi, 입태 후 제3의 7일간 상태)가 국토에 흘러들어 우물거리며 쭈물거리며 꿈틀거리는 종류로 가득 찼다.

세계에 변해 바뀌어 바퀴 돌듯 의지하는 뒤바뀜 탓으로 건드림과 화합하여 팔만사천 가지 새로움과 낡은 어지러운 생각을 이루게 된다. 그리하여 변화하여 나는 갈라람이 국토에 흘러들어 허물 벗으며 날아다니는 종류로 가득 찼다.

세계에 걸림으로 바퀴 돌듯 막히는 뒤바뀜 탓으로 나타남과 화합하여 팔만사천 가지 정미롭고 반짝거리는 어지러운 생각을 이루게 된다. 그리하여 빛깔 있는 갈라람이 국토에 흘러들어 좋고 나쁜 정미롭고 밝은 종류로 가득 찼다.

세계에 흩어지고 스러져 바퀴 돌듯 의혹하는 뒤바뀜 탓으로 어두움과 화합하여 팔만사천 가지 가만히 숨는 어지러운 생각을 이루게 된다. 그리하여 빛깔이 없는 갈라람이 국토에 흘러들어 허공에 흩어지며 스러져 숨는 종류로 가득 찼다.

세계에 헛꼴로 바퀴 돌듯 그림자 뒤바뀜 탓으로 생각함과 화합하여 팔만사천 가지 가만히 엉키는 어지러운 생각을 이루게 된다. 그리하여 생각이 있는 갈라람이 국토에 흘러들어 귀신과 허깨비와 정령의 종류로 가득 찼다.

세계에 우둔하게 바퀴 돌듯 어리석게 뒤바뀜 탓으로 미욱함과 화합하여 팔만사천 가지 마르고 빳빳한 어지러운 생각을 이루게 된다. 그리하여 생각이 없는 갈라람이 국토에 흘러들어 정신이 변화하여 흙이 되며 나무가 되며 쇠가 되며 돌이 되는 종류로 가득 찼다.

세계에 기대어 바퀴 돌듯 거짓된 뒤 바뀜 탓으로 지저분함과 화합하여 팔만사천 가지 의지하며 기대는 어지러운 생각을 이루게 된다. 그리하여 빛깔이 없는 것은 아니지만 빛깔이 있는 갈라람이 국토에 흘러들어 해파리 같은 종류로 가득 찼다.

세계에 끌어내어 바퀴 돌듯 성품의 뒤바뀜 탓으로 주문과 화합하여 팔만사천 가지 불러내는 어지러운 생각을 이루게 된다. 그리하여 빛깔이 없는 것은 아니지만 빛깔이 없는 갈라람이 국토에 흘러들어 주문과 방자로 생겨나는 종류로 가득 찼다.

세계에 허망하게 만나 바퀴 돌듯 아득한 뒤바뀜 탓으로 다른 종류와 화합하여 팔만사천 가지 돌려 바뀌는 어지러운 생각을 이루게 된다. 그리하여 생각이 있는 것은 아니지만 생각 있는 갈라람이 국토에 흘러들어 같은 것에서 다른 것으로 변화시키는 종류로 가득 찼다.

세계에 원형으로 바퀴 돌듯 죽이는 뒤바뀜 탓으로 괴상하게 화합해 팔만사천 가지 어미 아비 잡아먹는 어지러운 생각을 이루게 된다. 그리하여 생각이 없는 것은 아니지만 생각이 없는 갈라람이 국토에 흘러들어 올빼미가 흙덩이를 붙들고 안아 새끼를 만들며 파경이가 독한 나무 열매를 품어 새끼를 까는 것처럼 새끼가 자라서는 어미나 아비를 잡아먹는 종류로 가득 찼다.

이것이 중생의 십이 종류이다.

(5-2) 보살의 수행하는 단계와 이 경의 이름

아난아 중생들의 낱낱 종류 가운데 제 각각 열두 가지 뒤바꿈을 갖추었으니, 마치 눈을 비비면 헛꽃이 나타나듯이 묘하고 둥글고 참되고 깨끗한 밝은 마음이 뒤바뀌어서 허망하고 어지러운 생각을 갖추었다. 네가 지금 삼매를 닦아 증득하려면 근본 원인이 되는 어지러운 생각에 세 가지 차례를 세우고 닦아야 없앨 수 있다. 마치 깨끗한 그릇에 있는 독한 진액을 씻어 버리려면 끓는 물과 재와 향수로 여러 번 씻고 헹궈 그릇이 깨끗해진 후에 감로수를 담을 수 있다.

세 가지 차례에서, 첫째는 닦아 익힘이니 돕는 원인을 덜어버리는 것이며, 둘째는 참으로 닦음이니 그 근본 성품을 깎아 버리는 것이며,

셋째는 더욱 나아감이니 현재의 업을 짓지 않는다.

아난아, 돕는 원인이라는 것은 이 세계의 십이 종류 중생이 그냥은 살지 못하고 네 가지 먹는 것을 의지해야 부지할 수 있다. 작게 잘라 먹는 것과 흠향하여 먹는 것과 생각으로 먹는 것과 인식으로 먹는 것이 네 가지다. 그러므로 부처님께서 온갖 중생이 먹는 것으로 목숨을 부지한다고 말씀하셨다.

(5-2-1) 매운 채소를 끊음

아난아, 온갖 중생이 단것을 먹으면 살고 독한 것을 먹으면 죽는다. 중생들이 삼매를 구하면 세간에 있는 다섯 가지 매운 채소를 끊어야 한다. 다섯 가지 매운 채소는 익혀 먹으면 음란한 마음을 돕고 날것으로 먹으면 성내는 마음을 돕는다. 이 세상에서 다섯 가지 매운 채소를 먹는 사람이 아무리 십이부경을 말해도 시방의 천상사람이나 신선들은 그 냄새를 싫어해 멀리 떠나며 아귀들은 그 사람이 밥 먹을 때에 입술을 핥아먹음으로 항상 귀신들과 함께 있게 되어 복덕이 날로 감해지고 이익될 것이 없다.

매운 채소 먹는 사람은 아무리 삼매를 닦더라도 보살이나 천상사람이나 신선이나 착한 귀신들이 와서 보호하지 않으며, 마왕이 그 틈을 타서 부처님 모양을 하고 법을 말하면서 계율은 나쁘다 훼방하고 음행이나 성내는 것이나 우치한 것이 좋은 것이라고 찬탄하며, 이 사람이 죽어서는 마왕의 권속이 되었다가 마의 복을 다 받은 뒤에는 무간지옥에 떨어지게 된다.

아난아, 보리를 닦는 사람은 영원히 다섯 가지 매운 채소를 먹지 말아야 하니 이것이 첫째 수행하는 차례이다.

(5-2-2) 계율을 지킴

아난아, 어떤 것을 근본 성품이라 하느냐? 중생이 삼매에 들려면 먼저 계율을 깨끗하게 지녀야 하며 음행을 영원히 끊어 버리고 고기와 술을 먹지 않으며 불로 음식을 깨끗하게 하고 날것을 먹지 말아야 한다.

아난아, 수행하는 사람으로서 음행과 살생을 끊지 않고는 삼계에서 벗어날 수 없는 것이다. 음욕이 독사와 같고 원수로 여기며 성문의 네 가지 바라이계와 여덟 가지 바라이계를 지녀 몸을 단속하여 움직이지 않게 하고 뒤에 보살의 청정한 계율을 행하여 음행과 살생의 마음이 일어나지 않게 해야 한다.

이 계율이 이루어지면 세상에서 서로 낳고 서로 죽이는 일이 없어질 것이며, 훔치는 일을 하지 않으면 이 세상에서 묵은 빚을 갚지 않는다. 이렇게 깨끗한 사람이 삼매를 닦으면 부모가 낳아 준 육신으로써 천안통을 얻지 않고도 저절로 시방세계를 볼 것이며, 부처님을 뵙고 법문을 들어 부처님의 거룩한 말씀을 받들 것이며, 큰 신통을 얻어 시방세계에 마음대로 다닐 것이며, 숙명통이 깨끗해져서 어렵고 힘난한 일이 없어지니 이것이 둘째 수행하여 나아가는 차례이다.

(5-2-3) 현재의 업

아난아, 어떤 것을 현재의 업이라 하느냐? 이렇게 깨끗하게 계율을 가지는 사람은 마음에 음탐이 없어져서 밖으로 육진에 끌리는 일이 적으며, 육진에 끌리지 않음으로 근본 성품으로 돌아간다. 앞엣것을 반연치 않으므로 육근이 짝할 것이 없어지고 밖으로 흘러가던 것을 돌려 하나인 성품에 합하면 여섯 군데 작용이 일어나지 않는다.

그리하여 시방국토가 밝고 깨끗함이 마치 수정 속에 밝은 달을 놓은 듯하며 몸과 마음이 상쾌하여 묘하고 뚜렷하고 평등하여 크게 편안함을 얻게 된다. 온갖 부처님의 비밀하고 뚜렷하고 깨끗하고 묘한 이치가 모두 이 가운데 나타나며 이 사람은 빨리 무생법인을 얻게 되고 이로부터 점차로 닦아 나가며 가는 곳마다 수행하여 성인의 자리에 이르게 되니 이것이 셋째 수행하는 차례이다.

(5-2-4) 보살의 십신

아난아, 선남자가 욕심과 애정이 말라 버리고 근과 앞엣것이 짝하지 않으므로 지금 남아 있는 이 몸이 다시는 나지 않게 되며, 고집하던 마음이 훤칠하게 밝아져서 순전한 지혜분이며 지혜의 체성이 밝고 뚜렷하여 시방세계가 환하게 맑아서 간혜지의 마른 지혜만 있게 되며 욕애의 습기가 말라서 여래의 법으로 흐르는 물과 어울린다.

이 마음으로 가운데로 점점 들어가서 뚜렷하며, 미묘한 것이 비로소 열리고 참되게 묘하고 뚜렷한 데서 더욱 참되게 미묘한 것을 발생하여 묘한 신심이 항상 머물러 있고 온갖 허망한 생각은 없어져서 중도의 이치가 순전하고 참된 것을 신심이라 한다.

참된 신심이 분명하여 온갖 것이 원통해지고 오음과 십이처와 십팔계가 다시 장애가 되지 않으며, 지나간 세상 오는 세상 수없는 겁 동안에 몸을 버렸고 몸을 받을 온갖 습기가 모두 앞에 나타난다. 이 사람이 모두 기억하여 하나도 잊어 버리지 않는 것을 염심이라 한다.

묘하고 뚜렷한 것이 순전히 참되어 참된 정기가 변화하는 힘을 내어 예전 습기가 한결같이 정미롭고 밝아지면 이 정미롭고 밝은 것으로써 참되고 깨끗한 곳으로 나아가는 것을 정진심이라 한다.

정미로운 마음이 앞에 나타나서 순전한 지혜뿐인 것을 혜심이라 하며, 지혜의 밝음을 그냥 유지하여 두루 하고 고요하며, 고요하고 묘한 것이 항상 엉기어 있는 것을 정심이라 한다.

정심의 빛이 밝아지고 밝은 성품이 깊이 들어가 그대로 나아가기만 하고 물러나지 않는 것을 불퇴심이라 한다.

마음으로 정진하는 것이 편안해지며 보전하여 잃어 버리지 않으며 시방 여래의 기분과 서로 어울리는 것을 호법심이라 한다.

각의 밝은 것을 보전했거든 묘한 지혜의 힘으로써 부처님의 자비한 광명을 돌이켜서 부처님을 향하여 편안히 머무는 것이 마치 두 거울의 밝은 빛이 서로 대하는 것 같다. 그 가운데 묘한 그림자가 거듭 서로 비치는 것과 같은 것을 회향심이라 한다.

마음 빛이 가만히 회향하여 부처님의 항상 엉김과 위없는 묘하고 깨끗함을 얻어 끝없는 도에 편안히 머물러 잃어버리지 않음을 계심이라 한다.

계심에 머물러 자재해지고 시방으로 다니는 것이 소원대로 가게 되는 것을 원심이라 한다.

(5-2-5) 보살 십주

아난아, 선남자가 진여의 방편으로 열 가지 마음을 내며 마음의 정기가 빛을 내어 열 가지 작용을 거둬들여 한마음을 원만하게 이루는 것을 초발심주라 한다.

마음 가운데서 밝음을 내는 것이 깨끗한 수정 속에 순금을 담은 것 같아서 묘한 마음으로 다져서 지정을 닦는 것을 치지주라 한다.

마음과 지정이 서로 알아서 함께 밝아지고 시방으로 다니며 조금도 거리낌이 없는 것을 수행주라 한다.

수행하는 것이 부처님과 같아서 부처님의 기분을 받는 것이 마치 중음신이 부모가 될 이를 구할 때 그윽한 기별이 가만히 통하는 듯이 여래의 종성에 들어가는 것을 생귀주라 한다.

불도의 태 속에 노닐면서 부처님의 지혜를 받들어 불자가 되는 것이 마치 태 속에서 자라는 아기가 사람의 모양을 갖춘 것처럼 되는 것을 구족방편주라 한다.

용모가 부처님과 같고 마음도 같은 것을 정심주라 하며, 몸과 마음이 함께 이루어져서 날마다 점점 자라는 것을 불퇴주라 하며, 십신의 영특한 모양을 한꺼번에 갖추는 것을 동진주라 한다.

형상이 이루어져서 태에서 나와 부처님의 아들이 되는 것을 법왕자주라 하며, 어른이 되었다고 표시하되 마치 임금이 나라 정사를 태자에게 맡기며 찰제리왕이 세자로 자라 관정식을 하는 것처럼 되는 것을 관정주라 한다.

(5-2-6) 세상의 중생들에게 베푸는 보살 십행

아난아, 선남자가 부처님의 아들이 되어 여래의 한량없는 묘한 공덕을 갖추어 시방으로 다니면서 수순하는 것을 환희행이라 한다.

온갖 중생을 이익되게 하는 것을 요익행이라 하며, 스스로 깨닫고 남을 깨닫게 하는 일에 조금도 거슬리지 않는 것을 무위역행이라 한다.

여러 종류를 다 벗어나게 하되 오는 세상의 끝까지 하여 삼세가 평등하고 시방에 통달하는 것을 무굴요행이라 하며, 온갖 것이 합하여 같아지는 종종 법문에 잘못되지 않는 것을 이치란행이라 한다.

같은 것에서 여러 가지 다른 것을 나타내고 낱낱 다른 데서 제 각각 같음을 보는 것을 선현행이라 하며, 이리하여 시방 허공에 티끌을 채우고 낱낱 티끌 속에 시방세계를 나타내어 티끌을 나타내거나 세계를 나타내는데 서로 거리낌이 없음을 무착행이라 한다.

여러 가지가 앞에 나타나는데 모두 제일바라밀인 것을 난득행이라 하며, 이렇게 원융해져서 시방 부처님의 규모를 이루는 것을 선법행이라 한다.

낱낱 것이 모두 청정하여 누가 없어지고 한결같이 참되고 끝이 없어 본래 그러한 성품인 것을 진실행이라 한다.

(5-2-7) 보살 십회향

아난아, 선남자가 신통에 만족하며 불사를 성취했으며 순전하게 깨끗하고 정미롭고 참되어 모든 거리낌을 멀리 여의었으며 중생을 제도하되 제도한다는 상이 없으며 끝없는 마음을 돌이켜 열반 길로 향하며, 온갖 중생을 제도하면서도 중생이라는 상을 여읜 것을 구호일체중생이중생상회향이라 한다.

모두 부수고 여러 가지를 멀리 여읜 것을 불괴회향이라 한다.

본래 각이 고요하고 맑아 깨달은 것이 부처님의 깨달음과 같은 것을 등일체불회향이라 한다.

정미롭고 참된 것이 밝은 빛을 내어 경지가 부처님 경지와 같은 것을 지일체처회향이라 한다.

세계와 여래가 서로서로 들어가되 걸림이 없는 것을 무진공덕장회향이라 한다.

부처님 경지와 같아서 제 각각 청정한 인을 내고 인을 의지하여 빛을 드러내어 열반 길을 취하는 것을 수순견고일체선근회향이라 한다.

진정한 선근이 이루어지면 시방 중생이 모두 나의 본성품이며 성품이 원융하게 성취하면서도 중생을 잃지 않는 것을 수순등관일체중생회향이라 한다.

온갖 법에 들어가서 온갖 상을 여의어 들어가는 것이나 여의는 것이나 두 가지에 모두 집착하지 않는 것을 진여상회향이라 한다.

참으로 같은 이치를 얻어서 시방에 거리낌이 없는 것을 무박무착해탈회향이라 한다.

성품인 공덕이 원만하게 성취되어 법계에 한량이 없는 것을 법계무량회향이라 한다.

(5-2-8) 보살의 네 가지 가행지

아난아, 선남자가 청정한 사십이심을 끝까지 닦아 네 가지 묘하고 뚜렷한 가행을 이루게 된다.

부처님의 각으로써 내 마음을 삼았으나 날듯 날듯 하면서도 나지 않는 것이 마치 나무를 비벼 불을 내 나무를 태우는 것을 난지라 한다.

자기의 마음으로 부처님의 뜻한 바를 이루었으나 의지하지 않고 마치 높은 산에 올라가서 몸이 허공에 들어갔으나 조금 걸림이 있는 듯한 것을 정지라 한다.

마음과 부처가 같아서 중도를 얻은 것이 마치 일을 참는 사람이 품는 것도 아니며 내버리는 것도 아님을 인지라 한다.

셈으로 요량하는 것이 소멸해져서 아득한 중도나 깨달은 중도에 지목할 것이 없는 것을 세제일지라 한다.

(5-2-9) 보살 십지

아난아, 선남자가 보리를 잘 통달하되 깨달음이 여래와 융통하여 부처님의 경계를 극진한 것을 환희지라 한다.

다른 성품이 같게 되고 같은 성품까지 없어진 것을 이구지라 한다.

깨끗한 것이 지극하여 밝은 빛이 나는 것을 발광지라 한다.

밝은 것이 지극하여 각이 원만한 것을 염혜지라 한다.

일체의 같다 다르다 하는 것으로 미칠 수 없는 것을 난승지라 한다.

무위의 진여성품이 밝고 깨끗하게 드러나는 것을 현전지라 한다.

진여의 끝까지 다한 것을 원행지라 한다.

한결같이 진여의 마음뿐인 것을 부동지라 한다.

진여의 작용을 내는 것을 선혜지라 한다.

아난아, 보살들이 닦는 공부를 마치고 공덕이 원만하므로 여기까지를 수습하는 지위라 한다.

자비한 그늘과 묘한 구름이 열반바다에 덮인 것을 법운지라 한다.

여래는 흐르는 것을 거슬러 올라오며, 보살은 흐름을 따라 내려가서 각의 경계선에 들어가 어울린 것을 등각이라 한다.

아난아, 간혜지로부터 등각까지 이르면 각이 비로소 금강심 가운데의 초간혜지를 얻는다. 이렇게 홑으로 겹으로 열두 번을 거듭해야 비로소 묘각이 극진하여 위없는 도를 이루게 된다.

여러 가지 지위는 모두 환술 같은 열 가지로 비유하는 금강처럼 관찰하는 사마타 가운데서 여래의 위빠사나로써 깨끗하게 닦아 증하여 차례로 깊이 들어간다.

아난아, 이것들은 모두 세 가지 차례로 닦아 나아가는 것으로 오십 위의 참된 깨달음의 길을 성취한 것은 올바른 관이라 하고 다르게 보는 것은 잘못된 관이라 한다."

그때 문수보살이 대중 가운데서 일어나 부처님 발에 정례하고 부처님께 여쭈었다.

문수 "이 경의 이름은 무엇이며 대중들은 어떻게 받아 지녀야 합니까?"

부처님 "이 경의 이름은 부처 정수리 같은 '실달다반달라'이고 위없는 보배로운 인이며, 시방 여래의 맑고 깨끗한 바다 같은 눈이며, 친척과 인연 있는 이를 구원한다. 아난과 이 회중에 있는 성비구니를 제도하여 보리마음을 얻어 두루 아는 바다에 들어가게 하며, 여래의 비밀한 인이며 닦아 증득할 요의라고 하며 또 크고 방정하고 넓고 묘한 연꽃왕이며, 시방 부처님 어머니인 다라니주라 하며 또 관정하는 글발이며 보살들의 온갖 수행인 수능엄이라 하니 통틀어 말하면 '대불정여래밀인수증요의제보살만행수능엄경'이며 줄여 '수능엄경, 능엄경'이라 하니 너희들이 이렇게 받아 지니도록 하라."

3

6. 처음 배우는 이의 필요한 일을 말하다

(6-1) 세계를 보임
(6-1-1) 일곱 갈래가 벌어지는 까닭

이 법문을 마치시니 아난과 대중이 부처님께서 일러주시는 비밀한 인인 반달라주의 뜻을 받들어 이 경의 이름을 듣고 선정을 닦아 성인의 지위에 나아가는 수승한 이치를 깨달았으므로 마음이 환하게 고요해졌다. 삼계의 도를 닦는 자로서 부처님께 정례하고 합장하고 공경하며 여쭈었다.

"큰 위덕을 갖추신 부처님이시여, 자비하신 말씀으로 중생들의 미세한 의혹을 잘 열어 주시며 저희들의 몸과 마음이 통쾌하여 큰 이익을 얻었습니다.

부처님이시여, 만일 이 묘하고 밝고 참되고 깨끗한 마음이 본래 원만했으며, 땅과 풀과 나무와 꾸물거리고 꿈틀거리는 벌레들까지도 곧 여래의 근본인 진여이며 성불하신 본체입니다. 부처님의 본체가 진실하거늘 어찌하여 지옥과 아귀와 축생과 아수라와 인간과 천상의 여러 가지 갈래가 있습니까? 여러 갈래는 본래부터 있는 것입니까? 중생들의 허망한 습기로 생기는 것입니까?

부처님이시여, 보련향비구니는 보살계를 지니고 남몰래 음행을 하고는 음행은 살생도 아니고 훔치는 것도 아니므로 업보가 없다고 허망한 말을 하자마자 여근에서 맹렬한 불이 일어나고 나중에는 마디마다 불이 타면서 무간지옥에 떨어졌습니다. 유리왕은 구담종족을 모두 죽였고 선성비구는 온갖 법이 공하다고 허망한 말을 하다가 산채로 아비지옥에 떨어졌습니다. 이런 지옥은 일정한 곳이 있습니까? 혹은 제 각각 업을 지어 제 각각 받는 것입니까? 바라건댄 자비하신 마음으로 어리석은 소견을 열어 주시며 계행을 지니는 여러 중생도 결정적인 이치를 듣고 기쁘게 받들어 범하는 일이 없으면 합니다."

부처님 "아난아, 통쾌하다. 이 물음은 여러 중생이 사특한 소견에 끌리지 않도록 자세히 들어라. 차근히 일러줄 것이다.

아난아, 온갖 중생이 본래 참되고 깨끗하지만, 허망한 소견으로 인하여 허망한 버릇이 생겨 자격 안의 일과 자격 밖의 일이 갈라진다.

아난아, 자격 안의 일이란 것은 중생의 분수 안의 것을 말하는 것이다. 지저분한 애욕으로 인해 허망한 애정이 생기고 정이 쌓여 쉬지 않으면 애욕의 물을 내게 된다. 그러므로 중생들이 맛 나는 음식을 생각하면 입에서 침이 생기며, 앞에 사람을 생각하되 사랑하거나 원망하면 눈에 눈물이 고이며, 재물에 탐을 내어 속으로 침을 흘리면 온몸에 기름이 쌓이며, 마음으로 음행할 것을 생각하면 남근과 여근에 물이 흐른다. 아난아 여러 가지 애정이 다르지만, 물이 흘러 맺히는 것은 마찬가지라 축축하고 젖어서 올라갈 수 없으므로 자연히 떨어지게 되며 이것을 자격 안의 일이라 한다.

아난아, 자격 밖의 일이란 것은 중생의 분수 밖의 것을 말한다. 우러러 사모함으로 인해 빈 생각이 생기고 생각이 쌓여 쉬지 않으면 수승한 기운을 내게 된다. 그러므로 중생들이 마음으로 계율을 가지면 몸이 가볍고 맑아지고, 주문을 외우거나 결인을 익히면 눈 기운이 씩씩하고, 마음으로 천상에 나가기를 원하면 꿈에 날아다니고, 마음을 불세계에 두면 성스러운 경계가 나타나고, 선지식을 섬기면 목숨을 가벼이 여긴다. 아난아, 여러 가지 생각이 다르지만 가벼워 뜨는 것은 마찬가지이므로 날아 뜨고 잠기지 않으므로 자연히 뛰어나게 되며 이것을 자격 밖의 일이라 한다.

아난아, 온갖 세간의 나고 죽는 것이 계속되며 나는 것은 순한 버릇을 따라서 있게 되는 것이며, 죽는 것은 거슬린 버릇을 따라 변해 가는 것이며, 목숨이 떨어지려할 때 따뜻한 기운이 식지 않아서 거슬린 버릇과 순한 버릇이 서로 어울리면서 일생에 지은 착한 짓과 나쁜 짓이 한꺼번에 나타난다.

순전한 생각만 가진 이는 날아올라 천상에 나게 되며, 나는 마음에 복과 지혜와 깨끗한 서원까지 겸하면 저절로 마음이 열려 시방 부처님을 뵙게 되며 여러 정토에 소원대로 나게 된다.

애정은 적고 생각이 많은 이는 멀리 날아오르지 못해 날아다니는 신선이나 기운 센 귀왕이나 야차나 땅에 다니는 나찰이 되어 사천으로 다니며 거리낌이 없으며, 그 가운데 좋은 원력과 좋은 마음으로 불법을 보호하거나 계율을 보호하고 이를 따랐거나 주문을 보호하고 이를 따라다녔거나 선정 닦는 이를 보호하여 법인을 안전하게 보전했으면 이런 이는 부처님의 자리 앞에 나게 된다.

애정과 생각이 적당한 이는 날지도 않고 떨어지지도 않아 인간에 나며 생각은 밝으므로 총명하게 되고 애정은 어두워서 우둔하게 된다.

정이 많고 생각이 적은 이는 축생에 들어가며, 중하면 기는 짐승이 되고 경하면 나는 짐승이 된다.

정이 칠푼이며 생각이 삼푼이면 수륜을 지나 내려가서 화륜에 나게 되며 맹렬한 불기운을 받아서 아귀가 되므로 몸에는 항상 불이 타고 물도 몸을 해롭게 하여 먹지도 못하고 마시지도 못하면서 백천 겁을 지낸다.

정이 구푼이며 생각이 일푼이면 화륜을 뚫고 내려가서 풍륜과 화륜이 맞닿은 데까지 들어가며 경하면 유간지옥에 나고 중하면 무간지옥에 난다.

순전히 애정만 있는 이는 아비지옥에 떨어지며 떨어지는 마음에 대
승을 비방했거나, 부처님의 계율을 파했거나 거짓말로 법문을 연설
했거나 신자의 보시를 헛되게 탐했거나, 덕이 없으면서도 공경을 받
았거나 오역죄와 십중죄를 지었으면 다시 시방지옥으로 가서 난다.
나쁜 업은 지은 대로 스스로 받는 것이지만 여러 사람이 같이 받으므
로 일정한 곳이 있는 것이다.

(6-1-2) 지옥

아난아, 이런 것은 모두 중생이 스스로 지은 업으로 받는 것이며 열 가
지 익힌 버릇이 원인이 되어 여섯 가지 두루 어울리는 과보를 받는다.

(6-1-2-1) 열 가지 원인

아난아, 첫째는 음행하는 버릇으로 마주 붙음으로 서로 비비는 데서
비롯하며 비비기를 쉬지 않으면 맹렬한 불길이 그 가운데서 일어나
는 것이 마치 사람이 두 손을 서로 비비면 따뜻한 기운이 나는 것과
같다. 두 버릇이 서로 태우는 탓으로 무쇠 평상과 구리기둥과 그러한
여러 가지가 있으며 시방의 여래께서 음행하는 것을 이름하여 애욕
불구덩이라 했으며 보살들은 음욕 보기를 불구덩이를 피하듯 한다.
둘째는 탐심 내는 버릇으로 마주 고집함이 서로 빨아들이는 데서 비
롯하니 빨아들이기를 쉬지 않으면 혹독한 차가움과 굳은 얼음이 그
가운데서 꽁꽁 어는 것이 마치 사람이 입으로 바람을 빨아들이면 찬
기운이 생기는 것과 같다. 두 버릇이 서로 침노하는 탓으로 '어허 으
흐 호호'하는 지옥과 '푸른연꽃 붉은연꽃 흰연꽃' 같은 지옥과 '찬 얼
음'지옥 등 여러 가지가 있다. 그러므로 시방의 여래께서 탐심 내는

것을 이름하여 탐욕물이라 했으며 보살들은 탐욕 보기를 토질 있는 바닷물을 피하듯 한다.

셋째는 교만한 버릇으로 서로 업신여김에서 비롯하니 거슬러 흐르기를 쉬지 않으며 솟구치며 뛰어넘는 파도가 쌓여 물결이 되는 것이 마치 사람이 입과 혀를 서로 빨면 침이 나는 것과 같다. 두 버릇이 서로 닥치는 탓으로 피바다와 잿물강과 뜨거운 모래와 독한 바다와 구리 녹은 물을 목구멍에 붓는 여러 가지 행동이 있다. 그러므로 시방의 여래께서 아만을 어리석은 물을 마시는 것이라 했으며 보살들은 아만 보기를 큰 수렁을 피하듯 한다.

넷째는 성내는 버릇으로 마주 충돌함이 서로 거슬리는 데서 비롯하니 거슬리기를 쉬지 않으면 속이 타서 화를 내고 기운을 녹여 쇠가 되어 칼산과 쇠곤장과 칼나무와 칼바퀴와 도끼와 작두와 창과 톱이 있는 것이 마치 사람이 원한을 품으면 살기가 뻗치는 것과 같다. 두 버릇이 서로 마주치는 탓으로 붙이고 가르고 베고 찍고 썰고 찌르고 부수고 치는 여러 가지 행동이 있다. 그러므로 시방의 여래께서 성내는 것을 이름하여 잘 드는 칼이라 했으며 보살들은 성내는 것 보기를 못 찍는 것을 피하듯 한다.

다섯째는 간사한 버릇으로 마주 달램이 서로 꾀는 데서 비롯하니 꾀고 꾀기를 쉬지 않으면 오랏줄로 옭고 주리로 틀고 차꼬로 채우는 것이 마치 밭에 물을 대면 초목이 자라는 것과 같다. 두 버릇이 서로 끄는 탓으로 고랑과 수갑과 칼과 족쇄와 채찍과 곤장과 초달등 여러 가지 짓이 있다. 그러므로 시방의 여래께서 간사함을 이름하여 참소하는 도적이라 했으며 보살들은 간사한 것 보기를 늑대와 이리를 두려워하듯 한다.

여섯째는 허망한 버릇으로 마주 속임이 서로 거짓말하는 데서 비롯하니 속여 넘기기를 쉬지 않으며 간사한 마음으로 꾀를 내어 티끌과 먼지와 똥과 오줌과 더럽고 부정한 것이 마치 티끌을 바람에 날리면 아무것도 보이지 않는 것과 같다. 두 버릇이 서로 겹치는 탓으로 빠져 가라앉는 것과 차올리는 것과 날렸다 떨어지는 것과 빠져 흐르는 여러 가지 짓이 있다. 그러므로 시방의 여래께서 속임을 이름하여 겹살이라 했으며 보살들은 속이는 것을 뱀을 밟는 듯이 여긴다.

일곱째는 원통하게 하는 버릇으로 마주 미워함이 원한 품는 데서 비롯하니 돌을 던지고 바위를 굴리고 뒤주에 가두고 수레에 싣고 독에 넣고 부대에 넣어 치는 것이 마치 몰래 해하려는 사람이 악독한 마음을 품는 것과 같다. 두 버릇이 서로 없애려는 탓으로 던지며 차며 붙들며 사로잡으며 치며 쏘며 내버리며 움켜쥐는 여러 가지 행동이 있다. 그러므로 시방의 여래께서 원수를 이름하여 위해귀라 했으며 보살들은 원수 보기를 사약 마시는 것처럼 여긴다.

여덟째는 나쁜 소견으로 마주 변명하는 신견과 견취와 계금취와 사견들이 서로 거슬리고 서로 반항하는 데서 비롯한다. 재판하는 이, 문초하는 이들이 증거를 들고 증인을 세우고 증거 문서를 내는 것이 마치 길 가는 사람들이 가고오고 하면서 서로 만나는 것과 같다. 두 버릇이 서로 마주하는 탓으로 심문하는 것과 넘겨짚는 것과 고문하는 것과 조사하는 것과 들춰내는 것과 증거 대는 것과 선동자 악동자가 문서를 들고 증명하는 여러 가지 행동이 있다. 그러므로 시방의 여래께서 나쁜 소견을 이름하여 사견구렁이라 했으며 보살들은 허망하고 좁은 소견 보기를 독한 구렁에 가는 것처럼 여긴다.

아홉째는 억울하게 하는 버릇으로 마주 덮어씌움이 서로 얽어 머무는 데서 비롯한다. 산으로 깔고 돌로 누르고 연자로 틀고 맷돌로 갈아 보습으로 째는 것이 마치 남을 모함하는 사람이 선량한 사람을 얽어 세우는 것과 같다. 두 버릇이 서로 미는 탓으로 누르며 주무르며 두들기며 밀며 차며 거르며 달아매며 뽑아내는 여러 가지 짓이 있다. 그러므로 시방의 여래께서 얽어 넣는 것을 이름하여 참소하는 법이라 했으며 보살들은 억울한 것 보기를 벼락 맞는 것처럼 여긴다.

열 번째는 들추어내는 버릇으로 마주 드러내는 것이 감추어 덮는 데서 비롯한다. 거울로 비치며 촛불로 밝히는 것이 마치 햇볕 아래서 그림자를 감출 수 없는 것과 같다. 두 버릇이 서로 고발하는 탓으로 나쁜 친구와 업경과 구술들이 옛 죄를 들춰내고 묵은 업을 증거 대는 여러 가지 짓이 있다. 그러므로 시방의 여래께서 감추는 것을 이름하여 숨은 도적이라 했으며 보살들은 덮는 것 보기를 높은 산을 이고 깊은 바다에 들어가는 듯이 여긴다.

(6-1-2-2) 여섯 가지 과보
(6-1-2-2-1) 보는 업보

아난아, 무엇이 여섯 가지 두루 어울리는 과보인가? 온갖 중생이 육식으로 업을 지었으므로 불러오는 나쁜 과보가 육근으로부터 나게 된다.

첫째는 보는 업보로 나쁜 결과를 불러내는 것이다. 보는 업이 어울리면 죽을 때 먼저 맹렬한 불이 시방세계에 가득함을 보게 되어 죽는 이의 정신이 날았다가 떨어지면서 연기를 타고 무간지옥에 들어가서 두 가지 모양을 발견한다. 하나는 밝게 보는 것이니 여러 가지 나쁜 것을 보고 한량없는 무서움을 내는 것이며, 둘째는 어둡게 보는 것이니 캄캄해 보이지 않아 한량없는 두려움을 내는 것이다.

이러한 과보는 불길이 듣는데 타면 끓는 솥과 구리물이 되고, 숨에 타면 검은 연기와 검은 불꽃이 되고, 맛에 타면 볶은 탄환과 무쇠 죽이

되고, 촉에 타면 뜨거운 재와 이글이글하는 숯불이 되고, 뜻에 타면 별 같은 불이 쏟아져 뿌려 허공에 흩어진다.

(6-1-2-2-2) 듣는 업보

둘째는 듣는 업보로 나쁜 결과를 불러내는 것이다. 듣는 업이 어울리면 죽을 때 파도가 천지에 뒤덮임을 보게 되어 죽는 이의 정신이 빠져 내려가면서 물결을 타고 무간지옥에 들어가서 두 가지 모양을 발견한다. 하나는 귀가 열리는 것이니 여러 가지 떠드는 것을 듣고 정신이 어지러워지는 것이며, 둘째는 귀가 막히는 것이니 적막하게 들림이 없이 넋이 가라앉는다.

이러한 듣는 물결이 듣는 데 대면 꾸짖는 것과 힐문하는 것이 되고, 보는데 대면 우레와 영악함과 악독한 기운이 되고, 숨에 대면 비와 안개가 되며 여러 가지 독한 벌레를 뿌려 온몸에 가득하게 되고, 맛에 대면 고름과 피와 여러 가지 더러운 것이 되고, 촉에 대면 짐승과 귀신과 똥과 오줌이 되고, 뜻에 대면 번개와 우박이 되어 마음과 넋을 부수는 것이다.

(6-1-2-2-3) 냄새 맡는 업보

셋째는 맡는 업보로 나쁜 결과를 불러내는 것이다. 맡는 업이 어울리면 죽을 때 먼저 독한 기운이 먼 곳과 가까운 곳에 가득함을 보게 되어 죽는 이의 정신이 땅속에서 솟아 나와 무간지옥에 들어가서 두 가지 모양을 발견한다. 하나는 코가 열리는 것이니 여러 가지 나쁜 냄새를 맡고 마음이 소란해지는 것이며, 둘째는 코가 막히는 것이니 숨이 통하지 못하여 기절한다.

이러한 맡는 기운이 숨에 쏘이면 막히는 것과 통하는 것이 되고, 보는

데 쏘이면 불과 횃불이 되고, 듣는데 쏘이면 빠지는 것과 솟아오르는 것과 넘치는 것과 끓는 것이 되고, 맛에 쏘이면 썩는 것과 상한 것이 되고, 촉에 쏘이면 터지는 것과 끈적거리는 것이 되며 살이 화상을 입어 백천 구멍이 생겨 한량없는 것이 빨아먹고, 생각에 쏘이면 재와 쟁기가 되며 모래와 자갈을 날려 온몸에 뿌려 부수게 된다.

(6-1-2-2-4) 맛보는 업보

넷째는 맛보는 업보로 나쁜 결과를 불러내는 것이다. 맛보는 업이 어울리면 죽을 때 먼저 쇠 그물에 맹렬한 불이 붙어 세계가 불길에 휩싸임을 보게 되며 죽는 이의 정신이 그물에 걸려 거꾸로 매달려 무간지옥에 들어가서 두 가지 모양을 발견한다. 하나는 빨아들임이니 얼음이 맺혀 몸과 살이 얼어 터지는 것이며 둘째는 내뿜는 것이니 맹렬한 불을 날려 살과 뼈를 태우는 것이다.

이러한 맛보는 것이 맛에 닿으면 승낙하는 것과 참는 소리가 되고 보는데 닿으면 타는 쇠와 녹는 돌이 되고 듣는데 닿으면 날카로운 칼과 병장기가 되고, 숨에 닿으면 큰 철망이 되어 국토에 가득히 덮이고, 촉에 닿으면 활과 살과 쇠뇌와 쏘는 것이 되고, 생각에 닿으면 뜨거운 쇠를 날려 공중에서 쏟아져 내리는 것이다.

(6-1-2-2-5) 접촉하는 업보

다섯째는 촉하는 업보로 나쁜 결과를 불러내는 것이다. 촉하는 업이 어울리면 죽을 때 큰 산이 사방으로부터 와서 마주치며 나갈 길이 없음을 보게 되어 죽는 이의 정신이 무쇠성에 불뱀과 불개와 호랑이와 사자가 있음을 보고 우두옥졸과 마두나찰이 창을 들고 성문으로 몰아넣어 무간지옥에 들어가서 두 가지 모양을 발견한다. 하나는 누르

는 촉이니 산이 합하여 몸을 짜며 뼈와 살과 피가 터져 나오는 것이
며, 둘째는 떼어 내는 촉이니 칼로 몸을 찢어 염통과 간을 오려 낸다.
이러한 누르는 촉이 촉에 닿으며 길과 삼문과 관청과 문초하는 곳이
되고, 보는데 닿으면 태우는 것과 사르는 것이 되고, 듣는데 닿으면
두들기는 것과 치는 것과 칼로 쑤시는 것과 활로 쏘는 것이 되고 숨에
닿으면 흘리는 것과 고문하는 것과 결박하는 것이 되고, 맛에 닿으면
쇳조각으로 가는 것과 재갈 물리는 것과 찍는 것과 끊는 것이 되고,
생각에 닿으면 떨어지고 날리고 볶고 굽는 것이 된다.

(6-1-2-2-6) 생각하는 업보

여섯째는 생각하는 업보로 나쁜 결과를 불러내는 것이다. 생각하는
업이 어울리면 죽을 때 나쁜 바람이 불어 세계를 부수는 것을 보게 되
어 죽는 이의 정신이 바람에 날려 공중에 올라갔다가 다시 떨어지면
서 바람 따라 무간지옥에 들어가서 두 가지 모양을 발견한다. 하나는
깨닫지 못함이니 매우 아득하고 갑갑하여 함부로 헤매는 것이며, 둘
째는 아득하지 않음이니 분명하게 아는 것이 괴로워서 한량없이 지
지고 볶는 것을 참을 수가 없다.

이러한 나쁜 생각이 뜻에 맺히면 형벌 받는 지방과 장소가 되고, 보는
데 맺히면 거울과 증거가 되고, 듣는데 맺히면 마주치는 큰 돌과 얼음
과 서리와 먼지와 안개가 되고, 숨에 맺히면 불수레와 불배와 불함거
가 되고, 맛에 맺히면 크게 외치는 것과 뉘우치는 것과 우는 것이 되
고, 촉에 닿으면 커지고 작아지고 하루 동안에 만 번 살고 만 번 죽고
엎어지고 자빠지는 것이 된다.

아난아, 이것이 지옥의 열 가지 원인과 여섯 가지 과보이니 모두 중생
이 아득하고 허망함으로 짓는다.

만일 중생들이 악한 업을 두루 지었으면 아비지옥에 들어가서 한량 없는 고통을 받으면서 한량없는 겁을 지낸다. 육근으로 각각 짓는 것이 경계를 겸하고 근을 겸하면 여덟 가지 무간지옥에 들어간다. 몸과 입과 뜻으로 살생과 훔치는 것과 음행을 지으면 십팔 지옥에 들어간다. 삼업을 겸하지 않으면 중간에 살생이나 훔치는 것 한 가지를 지으면 삼십육 지옥에 들어간다.

보는 것이나 보이는 것이나 한 근으로 한 가지 업만 지었으면 백팔 지옥에 들어간다.

중생들이 제각각 따로 지었지만, 온 세계에서 같은 죄로 같은 곳에 가게 되는 것이며 허망한 생각으로 생기는 것이며 본래부터 있는 것은 아니다.

(6-1-3) 아귀, 축생, 인간, 신선
(6-1-3-1) 아귀

아난아, 중생들이 계율을 파했거나 보살계를 범했거나 부처님의 열반법을 훼방했거나 그밖에 여러 가지 업을 지으면 여러 겁 동안 불타는 고생을 겪다가 죄받는 일이 끝나면 귀신의 보를 받는다.

업인을 지을 적에 물건을 탐하여 죄를 지었던 이가 죄를 마치고 물건을 만나서 형상을 이루면 괴귀가 된다.

색을 탐하여 죄를 지었던 이가 죄를 마치고 바람을 만나서 형상을 이루면 발귀가 된다.

의혹을 탐하여 죄를 지었던 이가 죄를 마치고 짐승을 만나서 형상을 이루면 매귀가 된다.

원한을 탐하여 죄를 지었던 이가 죄를 마치고 벌레를 만나서 형상을 이루면 고독귀가 된다.

기억을 탐하여 죄를 지었던 이가 죄를 마치고 쇠 기운을 만나서 형상을 이루면 여귀가 된다.

교만을 탐하여 죄를 지었던 이가 죄를 마치고 어두운 기운을 만나서 형상을 이루면 아귀가 된다.

거짓을 탐하여 죄를 지었던 이가 죄를 마치고 오싹함을 만나서 형상을 이루면 염귀가 된다.

밝은 것을 탐하여 죄를 지었던 이가 죄를 마치고 정령을 만나서 형상을 이루면 망량귀가 된다.

이루어짐을 탐하여 죄를 지었던 이가 죄를 마치고 밝음을 만나서 형상을 이루면 역사귀가 된다.

당파를 탐하여 죄를 지었던 이가 죄를 마치고 사람을 만나서 형상을 이루면 전송귀가 된다.

아난아, 이 사람들은 모두 순전한 애정으로 지옥에 떨어졌다가 업화로 타서 없어지고 올라와서 귀신이 된 것이며 모두 본의의 망상으로 지은 업보로 불러온 것이므로 보리를 깨달으면 묘하고 뚜렷하고 밝아서 본래 있는 것이 아니다.

(6-1-3-2) 축생

아난아, 귀신의 업보가 끝나면 애정과 생각이 함께 공하게 되어 세간에서 빚졌던 사람과 원수끼리 만나면서 축생이 되어 묵은 빚을 갚게 되는 것이다.

물건에 붙었던 괴귀가 물건이 스러지고 과보가 끝나면 세간에 나서 흔히 올빼미 종류가 된다.

바람에 어울렸던 발귀가 바람이 스러지고 과보가 끝나면 세간에 나서 흔히 나쁜 일을 미리 알려주는 짐승 종류가 된다.

여러 가지 축생에 붙었던 매귀가 축생이 죽고 과보가 끝나면 세간에 나서 흔히 여우 종류가 된다.

벌레에 붙었던 고독귀가 벌레가 없어지고 과보가 끝나면 세간에 나서 흔히 독한 종류가 된다.

쇠기운을 만났던 여귀가 쇠기운이 다하고 과보가 끝나면 세간에 나서 흔히 회충 종류가 된다.

어두운 기운을 받았던 아귀가 기운이 스러지고 과보가 끝나면 세간에 나서 흔히 잡아먹히는 종류가 된다.

오싹함을 만났던 염귀가 오싹한 것이 없어지고 과보가 끝나면 세간에 나서 흔히 사람에게 복종하는 종류가 된다.

정령과 어울렸던 망량귀가 어울렸던 것이 스러지고 과보가 끝나면 세간에 나서 흔히 시절을 찾아다니는 종류가 된다.

밝음과 어울렸던 역사귀가 밝은 것이 스러지고 과보가 끝나면 세간에 나서 흔히 상서로운 종류가 된다.

여러 가지 사람을 만났던 전송귀가 사람이 죽고 과보가 끝나면 세간에 나서 흔히 순종하는 종류가 된다.

아난아, 이런 것들은 모두 업화가 말라 버려서 묵은 빚을 갚느라고 축생이 된 것이다. 이것들도 역시 자기의 허망한 업으로 불러온 것이므로 보리를 깨달으면 이 허망한 인연이 본래 있는 것이 아니다. 네 말과 같이 보련향비구나 유리왕이나 선성비구의 나쁜 업이 본래 스스로 발병한 것이다. 하늘에서 내려온 것도 아니며 땅에서 솟은 것도 아니며 다른 사람이 준 것도 아니며 오직 자기의 망상으로 부른 것을 스스로 도로 받는 것이다. 보리마음에서는 모두 허무한 망상으로 맺힌 것이다.

(6-1-3-3) 인간

아난아, 이런 중생들이 묵은 빚을 갚을 때 받는 이가 지나치게 받으면 그 중생이 다시 사람이 되어서 지나친 것을 도로 받아 간다. 도로 갚아 줄 사람이 힘이 있고 복과 덕까지 겸해 있으면 인간에서 사람의 몸을 버리지 않고 더 받은 힘을 갚아 주며 만일 복덕이 없으면 도리어 축생이 되어 더 받았던 것을 갚게 된다.

아난아, 만일 돈이나 재물을 사용했거나 그 힘을 부렸던 것은 갚을 만큼 갚으면 자연히 그치게 되지만, 중간에 그의 목숨을 죽였거나 그의 고기를 먹었으면 극미진 처럼 많은 겁을 지나면서 서로 잡아먹고 서로 죽이게 되는 것이 마치 굴러가는 수레바퀴와 같이 오르락내리락 하면서 그치지 않는다. 삼매를 닦거나 부처님의 출현하심을 만나면 그치게 된다.

올빼미 종류가 갚을 만큼 갚고 형상을 회복하여 사람이 되면 우악한 사람으로 태어난다.

나쁜 일을 미리 알려 주는 종류가 갚을 만큼 갚고 형상을 회복하여 사람이 되면 괴이한 사람으로 태어난다.

여우 종류가 갚을 만큼 갚고 형상을 회복하여 사람이 되면 용렬한 사람으로 태어난다.

독한 종류가 갚을 만큼 갚고 형상을 회복하여 사람이 되면 심술궂은 사람으로 태어난다.

회충의 종류가 갚을 만큼 갚고 형상을 회복하여 사람이 되면 미천한 사람으로 태어난다.

잡아먹히는 종류가 갚을 만큼 갚고 형상을 회복하여 사람이 되면 겁약한 사람으로 태어난다.

복종하는 종류가 갚을 만큼 갚고 형상을 회복하여 사람이 되면 노동하는 사람으로 태어난다.

시절을 찾아다니는 종류가 갚을 만큼 갚고 형상을 회복하여 사람이 되면 글을 아는 사람으로 태어난다.

상서로운 종류가 갚을 만큼 갚고 형상을 회복하여 사람이 되면 총명한 사람으로 태어난다.

순종하는 종류가 갚을 만큼 갚고 형상을 회복하여 사람이 되면 통달한 사람으로 태어난다.

아난아, 이들은 모두 묵은 빚을 갚고 사람으로 태어났으나 끝없는 옛적부터 업보로 얽혀 뒤바뀐 탓으로 서로 낳고 서로 죽이니 부처님을 만나지 못하며 옳은 법을 듣지 못하고 번뇌 속에서 바퀴 돌듯 하므로 이런 무리들은 불쌍하고 가련한 것이다.

(6-1-3-4) 신선

아난아, 사람으로서 정각을 의지하여 삼매를 닦지 않고 허망한 마음으로 수행하여 생각을 보존하고 몸을 굳히어 사람이 갈 수 없는 산과 숲 사이로 다니는 열 가지 신선이 있다.

아난아, 중생들이 약 먹는 것을 견고히 하고 쉬지 않으며 먹는 도가 원만하게 성취한 이는 지행선이라 한다.

풀과 나무 먹는 것을 견고히 하고 쉬지 않으며 약을 먹는 도가 원만하게 성취한 이는 비행선이라 한다.

쇠나 돌을 견고히 하고 쉬지 않으며 변화하는 도가 원만하게 성취한 이는 유행선이라 한다.

움직이고 그치는 것을 견고히 하고 쉬지 않으며 기운과 정기를 원만하게 성취한 이는 공행선이라 한다.

진액을 견고히 하고 쉬지 않으며 윤택한 덕을 원만하게 성취한 이는 천행선이라 한다.

정기와 빛을 견고히 하고 쉬지 않으며 정수를 빨아들이는 것을 원만하게 성취한 이는 통행선이라 한다.

주문과 글귀를 견고히 하고 쉬지 않으며 술법을 원만하게 성취한 이는 도행선이라 한다.

생각하는 마음을 견고히 하고 쉬지 않으며 생각하는 정신을 원만하게 성취한 이는 조행선이라 한다.

만나서 어울림을 견고히 하고 쉬지 않으며 감응하는 것을 원만하게 성취한 이는 정행선이라 한다.

변화하는 도를 견고히 하고 쉬지 않으며 깨닫는 이치를 원만하게 성취한 이는 절행선이라 한다.

아난아, 이들은 모두 사람으로서 마음을 수련했으나 정각을 닦지 않고 따로 오래 사는 이치를 얻어서 천년이나 만년을 살면서 깊은 산중과 바다의 섬이나 사람들이 살지 않는 곳에 살면서 역시 바퀴 돌듯이 하는 망상으로 흘러 다니는 것이다. 삼매를 닦지 않았으므로 과보가 끝나면 도로 와서 여러 갈래로 들어가게 된다.

(6-1-4) 천상, 아수라

(6-1-4-1) 천상

(6-1-4-1-1) 욕계6천

아난아, 세상 사람들이 항상 머물러 있기를 구하지 않으므로 아내나 첩의 애정을 버리지 못하나 정당하지 못한 음행에는 마음이 흘러가지 않으며 고요하고 맑아져서 밝은 빛이 나는 이는 목숨이 마친 뒤에 해와 달에 이웃하게 되니 이런 무리를 사천왕천이라 한다.

자기 아내에게도 애욕이 엷어졌으나 깨끗하게 있을 때에 온전한 맛을 얻지 못하는 이는 목숨이 마친 뒤에 일월의 밝은 데를 지나가서 인간의 꼭대기에 나게 되니 이런 무리를 도리천이라 한다.

음욕의 경계를 만나면 잠깐 어울리나 떠나면 생각이 없어져서 인간세상에서 흔들림이 적고 고요할 때가 많은 이는 목숨을 마친 뒤에 허공에 명랑하게 머물러 있으며 햇빛과 달빛이 위로 비치지 못하므로 이 사람들은 제각기 광명이 있으니 이런 무리를 야마천이라 한다.

항상 고요하다가도 어울리려는 것이 오면 거절하지 못하는 이는 목숨이 마친 뒤에 정미로운 데로 올라가서 아래 있는 인간이나 천상과는 접촉하지 않으며 멸망하는 겁을 만나도 삼재가 미치지 못하니 이런 무리를 도솔천이라 한다.

생각이 없지만 대상을 응하여 일을 행하며 할 수 없이 만날 때에도 맛이 밀을 씹는 것과 같은 이는 목숨이 마친 뒤에 변화하는 하늘에 나게 되니 이런 무리를 화락천이라 한다.

세간에 마음이 없으면서도 세간과 같이 일을 하며 어울리는 일에는 아주 초월한 이는 목숨이 마친 뒤에 변화있고 변화없는 경지에서 뛰어나니 이런 무리를 타화자재천이라 한다.

아난아, 이러한 여섯 하늘이 형상으로는 흔들리는 데서 뛰어나며 마음으로 자취로 어울리므로 여기까지를 욕계라 한다.

(6-1-4-1-2) 색계18천
(6-1-4-1-2-1) 초선천3

아난아, 이 세상에서 마음 닦는 사람들이 선을 의지하지 않으므로 지혜가 없으나 몸을 단속하여 음욕을 행하지 않고, 다니거나 앉거나 할 때 생각까지 전혀 없어져서 애욕이 생기지 않고 욕계에 머물고자 하지 않으면 이 사람이 즉시 범천에 나게 되니 이런 지위를 범중천이라 한다.

욕계의 버릇이 없어지고 욕심을 여읜 마음이 현저하게 나타나서 여러 가지 계율을 좋아하는 이 사람은 그때부터 범천의 덕을 행하니 이런 지위를 범보천이라 한다.

몸과 마음이 묘하고 원만하여 위의가 어지럽지 않고 계행을 깨끗이 가지며 밝게 깨달으면 이 사람은 그때부터 범천대중을 통솔하여 대범왕이 되니 이런 지위를 대범천이라 한다.

아난아, 이 세 가지 뛰어난 무리는 온갖 고통과 번뇌가 침노하지 못하며 비록 진정한 삼매를 닦는 것은 아니나 청정한 마음에 모든 번뇌가 일어나지 않으므로 초선천이라 한다.

(6-1-4-1-2-2) 이선천3

아난아, 그다음 범천은 범천사람들을 거느리고 범천의 행을 원만히 했으며 깨끗한 마음이 흔들리지 않고 고요하고 맑아서 광명이 나니 이런 지위를 소광천이라 한다.

광명과 광명이 서로 비추어 밝게 비침이 끝이 없고 시방세계가 수정같이 비치니 이런 지위를 무량광천이라 한다.

뚜렷한 광명을 빨아들여 교화하는 자체를 이루고 청정한 교화를 행하며 응하여 작용하는 것이 다함이 없으니 이런 무리를 광음천이라 한다.

아난아, 이 세 가지 수승한 무리는 온갖 걱정이 침노하지 못하며 비록 진정한 삼매를 닦는 것은 아니나 청정한 마음에 거친 번뇌를 굴복시켰으므로 이선천이라 한다.

(6-1-4-1-2-3) 삼선천3

아난아, 하늘사람들의 뚜렷한 광명은 음성이 되고 소리를 내어 묘한 이치를 드러내며 정미로운 행을 이루어 적멸한 즐거움과 통하니, 이런 무리를 소정천이라 한다.

깨끗하고 공한 것이 앞에 나타나고 끝없이 끌어내며 몸과 마음이 경쾌하고 편안하여 적멸한 즐거움을 이루니 이런 지위를 무량정천이라 한다.

세계와 몸과 마음이 모두 깨끗해지고 깨끗한 덕을 성취하여 의탁할 좋은 경계가 앞에 나타나서 적멸한 즐거움에 돌아가니 이런 무리를 변정천이라 한다.

아난아, 이 세 가지 수승한 무리는 수순함을 얻었고 몸과 마음이 편안하여 한량없이 즐거움을 얻으니 비록 진정한 삼매를 얻은 것은 아니나 편안한 마음에 기쁨을 갖추었으므로 삼선천이라 한다.

(6-1-4-1-2-4) 사선천4

아난아, 하늘사람들이 몸과 마음에 침노함이 없어 괴로운 원인이 없어졌으나 즐거움도 항상 있는 것이 아니며 오래되면 없어질 것이니 괴롭고 즐거운 두 마음을 한꺼번에 버려 거친 모양이 없어지고 깨끗한 복의 성품이 나니 이런 지위를 복생천이라 한다.

괴로움도 즐거움도 아닌 마음이 원융해서 뛰어난 알음알이가 깨끗해지고 복이 한없는 데서 묘하게 수순함을 얻어 오는 세상까지 이르니 이런 지위를 복애천이라 한다.

아난아, 하늘에는 두 갈래 길이 있다. 하나는 마음에서 깨끗한 빛이 한량이 없고 복과 덕이 뚜렷하고 밝아져서 닦아 획득한 이들을 광과천이라 한다. 둘은 마음에서 괴로움과 즐거움을 모두 싫어하고 고도 낙도 아닌 마음을 정밀하게 연구하기를 간단함이 없어 고도 낙도 아닌 도를 원만하게 궁구하면 몸과 마음이 함께 없어지면서 생각이 재와 같이 되어 오백 겁을 지내며 이 사람이 났다 없어졌다 하는 마음으로 근본인을 삼았으므로 나지도 않고 없어지지도 않는 성품을 발명하지 못해서 첫 반 겁 동안에는 없어지고 나중 반 겁 동안에는 도로 나니 이런 지위를 무상천이라 한다.

아난아, 이 네 가지 수승한 무리는 온갖 세간의 괴로움과 즐거움으로는 움직일 수 없으니 비록 진정한 움직이지 않는 경지는 아니지만 얻는다는 마음에는 공부의 작용이 잘 익어졌으므로 사선천이라 한다.

(6-1-4-1-2-5) 오불환천5

아난아, 이 가운데 또 아나함들이 모여 사는 오불환천이 있다. 욕계의 구품습기를 함께 끊어버리고 괴로움과 즐거움을 모두 잊어버려서 아래에는 있을 곳이 없으므로 고도 낙도 아닌 마음이 다 같은 가운데 있을 곳을 마련한 것이다.

아난아, 괴로움과 즐거움이 모두 없어져서 싸우는 마음이 일어나지 않는 이런 지위를 무번천이라 한다.

고도 낙도 아닌 마음이 일어나듯 꺼지는 듯하면서 시샘할 여지조차 없는 이런 지위를 무열천이라 한다.

시방세계를 묘하게 보는 것이 뚜렷이 맑아지고 앞의 경계와 걸리는 생각까지 아주 없어진 이런 지위를 선견천이라 한다.

정미로운 견이 앞에 나타나서 온갖 작용이 마음대로 되어 걸림이 없는 이런 지위를 선현천이라 한다.

모든 기미를 끝까지 다하고 색성의 성품까지 다하여 경계의 끝까지 들어간 지위를 색구경천이라 한다.

아난아, 이 다섯 가지 불환천은 사선의 네 천왕들도 듣기만 하고 부러워할 뿐 보지도 알지도 못하니, 마치 이 세상의 깊은 산과 넓은 들의 거룩한 도량이 모두 아라한이 있는 곳이므로 세상 사람들은 보지 못하는 것과 같다.

아난아, 십팔천은 홀로 다니면서 어울림이 없어 형상의 얽힘이 끝나지 못했으므로 여기까지를 색계라 한다.

(6-1-4-1-3) 무색계
(6-1-4-1-3-1) 공처천

아난아, 색구경천인 색계 위에 두 길래 길이 있다. 고도 낙도 아닌 마음에서 지혜를 발현해 지혜의 광명이 원통해지면 티끌세상에서 뛰어나 아라한을 이루어 보살승에 들어가니 이런 무리를 마음을 돌이킨 큰 아라한이라 한다.

고도 낙도 아닌 마음에서 그것까지 싫어하는 생사를 이루고 몸까지도 장애 되는 것을 깨달아서 장애를 소멸하고 공에 들어가는 이런 무리를 공처천이라 한다.

(6-1-4-1-3-2) 식처천

모든 장애가 소멸하고 장애가 없어졌다는 것까지 없어지면 아뢰야식과 말나식의 미세한 흐름만 남게 되니 이런 무리를 식처천이라 한다.

(6-1-4-1-3-3) 무소유처천

공과 색이 모두 없어지고 식의 마음까지도 없어져서 시방이 고요하게 되어 환하여 갈 데가 없어진 이런 무리를 무소유처천이라 한다.

(6-1-4-1-3-4) 비상비비상처천

식의 성품이 움직일 수 없어 멸하는 것으로써 끝까지 궁구하되 다함이 없는 데서 다한다는 성품을 발현하여, 있는 듯하면서도 있는 것이 아니며 다한 듯하면서도 다한 것이 아니니 이런 무리를 비상비비상 처천이라 한다.

이런 무리는 공함을 궁구했으나 공한 이치를 다하지 못했으니 불환 천부터 성인의 도가 끝난 이런 무리는 마음을 돌이키지 못한 둔근 아라한이라 한다. 무상천부터 오는 외도천들은 공함을 다했으나 돌아가지 못하는 이는 번뇌가 있는 것을 잘못 알았고 들은 것이 없으므로 문득 바퀴 돌 듯하는데 들어간다.

아난아, 여러 천상의 하늘사람들은 범부의 업보로 받는 것이므로 과보가 끝나면 바퀴 돌 듯하는데 들어간다. 천왕들은 삼매에 다니는 보살로서 점점 닦아 성인의 무리로 향해 수행하는 길로 들어간다.

아난아, 사공천은 몸과 마음이 다하여 없어지고 선정의 성품이 앞에 나타나서 업과의 색이 없어져 무색계라 한다.

이런 이들은 모두 묘한 각의 밝은 마음을 알지 못하고 허망한 집착으로 인해 삼계가 있게 되었으며 그 중간에서 허망하게 일곱 갈래를 따라 헤매는 것이므로 보특가라들이 제각각 그 종류를 따르게 된다.

(6-1-4-2) 아수라

아난아, 이 삼계에 네 가지 아수라가 있다. 귀신 갈래에서 불법을 보호한 힘으로 신통을 얻어 허공에 들어가는 것이 있으니 이런 아수라는 알로 나는 것으로 귀신 갈래에 잡힌다.

천상 갈래에서 덕이 모자라서 떨어진 것은 해와 달과 이웃했으니 이런 아수라는 태로 나는 것으로 인간 갈래에 잡힌다.

어떤 아수라는 세계를 붙들고 있으며 기운이 세고 두려움이 없으므로 범천왕과 제석천왕과 사천왕과 더불어 권리를 다투며 이런 아수라는 변화하여 나는 것으로 천상 갈래에 잡힌다.

아난아, 따로 한 종류의 못난 아수라가 있어서 바다속에서 생겨나서 물구멍에 잠겨 있으면서 아침에는 허공으로 돌아다니다가 저녁에는 물에 돌아와서 잔다. 이런 아수라는 습기로 나는 것으로 축생 갈래에 잡힌다.

(6-1-5) 통틀어 맺는 말

아난아, 지옥과 아귀와 축생과 인간과 신선과 천상과 아수라의 일곱 갈래를 자세히 살펴보면 모두 어둡고 캄캄한 유위법의 모양이다. 허망한 생각으로 몸을 받아서 나고 허망한 생각으로 업보를 따르는 것이며, 묘하고 뚜렷하고 밝은 무위법의 본마음에는 모두 허공꽃과 같아서 원래 집착할 것이 없으니 한결같이 허망한 것뿐이며, 아무 근거도 없다.

아난아, 이 중생들이 근본 마음을 알지 못해 바퀴 돌 듯하면서 한량없는 겁을 지내도 참되고 깨끗한 본 성품을 얻지 못하는 것은 살생과 훔치는 것과 음행을 따르는 탓이며 이 세 가지를 버리면 살생과 훔치는 것과 음행이 없는 곳에 나게 되며, 세 가지가 있는 곳은 귀신 갈래며 없는 곳은 천상 갈래다. 있는 곳과 없는 곳으로 오르락내리락하면서 바퀴 돌듯 하게 된다. 묘하게 삼매를 닦아 얻은 이는 바로 묘하고 항상 하고 고요하여 있는 곳과 없는 곳이 모두 없어지고 없어졌다는 것까지도 없어져서 살생하지 않고 훔치지 않고 음행하지 않는 것도 없는데 살생하고 훔치고 음행하는 일을 어찌 따르겠느냐.

아난아, 세 가지 업을 끊지 못해 제 각각 따로 짓는 일이 있게 되고 제 각각 따로 지음으로 인하여 여러 사람의 따로 짓는 일이 한데 모이게 되므로 일정한 곳이 있게 된다. 자기의 허망한 생각으로 생기는 것이며 허망한 것을 내는 원인이 없으므로 따질 수 없다.

네가 이제 행을 닦아, 보리를 얻으면 세 가지 의혹을 끊어야 한다. 이 의혹을 끊지 못하면 신통을 얻더라도 모두 세상의 유위법은 몸과 입과 뜻으로 짓는 공용이며 습기가 없어지지 않았으므로 마의 길에 떨어진다. 아무리 허망함을 끊으려 해도 거짓 일만 더하게 되므로 여래가 가엾은 사람이라고 한다. 너의 허망함으로 스스로 짓는 것이며 보리의 허물이 아니다. 이렇게 하는 말은 올바른 말이고 다르게 하는 말은 마왕의 말이다.

(6-2) 오십 가지 마를 경계하라

(6-2-1) 마가 생기는 까닭

그때 부처님께서 사자좌에서 칠보안석을 잡아당겨 금산 같은 몸을 돌려 다시 기대어 앉으시고 대중과 아난에게 말씀하셨다.

"너희들이 배우고 있는 연각과 성문들이 마음을 돌려 위없는 보리 묘각자리에 나아가려 하면 내가 이미 진정하게 수행하는 법을 말했다. 사마타와 위빠사나를 닦을 때 미세한 마의 장난이 생기는 것은 너희들이 아직 알지 못한다. 마의 경계가 나타날 때에 알지 못하면 마음을 올바르게 가지지 못하므로 나쁜 소견에 떨어지게 된다. 너의 오온에서 생기는 마나 하늘에서 오는 마나 혹 귀신이 붙거나 도깨비를 만날 때에 마음으로 분명하게 알지 못하여 도적을 아들인양 여기게 된다. 또 그 가운데서 조금 얻고 만족하며 마치 사선천을 알지 못하는 비구가 성과를 얻었다고 허망하게 말했다가 천상 과보가 다하여 쇠잔하는 모양을 보고 아라한도 다시 몸을 받는다고 비방하면 아비지옥에 떨어지게 된다. 자세히 들어라, 너를 위해 설해 줄 것이다."

아난이 일어나서 회중에 있는 배우는 이들과 함께 기뻐하며 정례하고 부처님의 자비하신 법문을 듣고 있었다.

부처님은 아난과 대중에게 말씀하셨다.

"있다가 없어졌다 하는 세계에 있는 열두 가지 중생의 묘하고 밝고 뚜렷한 본각 마음의 본체는 시방의 부처님과 같아서 둘이 없고 다르지 않다. 너의 허망한 생각으로 진리를 모르는 것이 허물이 되어 어리석음과 애욕이 생겨나고 두루 혼미한 탓으로 허공이 생겼으며 변화하는 것이 계속하여 세계가 생겼다. 이 시방의 티끌 같은 번뇌가 있는 국토들은 모두 이러한 허망한 생각으로 생겼다.

허공이 너의 마음에서 생겨 마치 한 조각 구름이 맑은 허공에서 일어난 것과 같다. 허공을 의지하는 여러 세계도 같다. 너희 한 사람이 참된 성품을 발현하여 근본으로 돌아가면 시방 허공이 온통 부서질 것이며 허공을 의지하고 있는 국토들이 어찌 깨어지지 않겠느냐.

너희들이 선을 닦아서 삼매를 장엄하여 시방의 보살이나 번뇌가 없어진 아라한들도 마음정기가 통해 그 자리에서 고요하게 맑아지면 여러 마왕과 귀신과 범천이 그 궁전이 까닭 없이 무너짐을 볼 것이며, 땅이 진동하고 깨져서 물에 사는 것, 육지에 사는 것, 날아다니는 것들이 모두 놀란다. 범부들은 혼미하여 변천되는 줄을 모르며 천마들은 모두 오신통을 얻었지만 누진통만 얻지 못했으므로 티끌세상을 사랑하는데 어찌 네가 그들의 처소를 부수는 것을 그냥 두겠느냐. 그러므로 저 귀신과 천마와 도깨비와 요정들이 몰려와서 너의 삼매를 시끄럽게 한 것이다.

그러나 저 마와 귀신들이 아무리 성을 내도 티끌 번뇌 속에 있는 것이며 묘각 가운데 있는 것이므로 바람이 광명을 부는 것과 같으며 칼로 물을 베는 것과 같아서 조금도 건드리지 못한다. 너는 끓는 물과 같

고 저들은 굳은 얼음과 같아서 더운 기운이 가까워지면 녹아 버릴 것
이니 저들이 비록 신통력을 믿지만 객일 따름이다. 이루어지거나 허
물어지는 것은 네 마음속에 있는 오온주인에게 달렸다. 주인이 혼미
하여 어쩔 줄 모르면 객이 그 틈을 타서 제멋대로 하지만 그 자리에서
선이 견고하여 깨닫고 의혹하지 않으면 마의 장난이 너를 어찌하지
못한다. 오온이 스러지고 밝은 곳으로 들어가면 사귀와 마들은 모두
어두운 기운으로 된 것이니 밝은 것은 어두운 것을 파멸시키므로 가
까이 가면 저절로 소멸할 것인데 어떻게 머물러 있어서 너의 선을 시
끄럽게 하겠느냐.

분명하게 알지 못하고 저들에게 홀리면 아난은 마왕의 자식이 되어
마의 무리가 된다. 저 마등가는 보잘것없는 미천한 것이지만 오히려
주문으로 너를 홀려서 부처님의 계율을 파하게 했다. 팔만 세 행 중에
서 한 가지만 파하려 했지만 마음이 청정한 탓으로 마침내 빠지지 않
았다. 마는 너의 보배로운 각의 전체를 망친다. 재상집에서 내쫓기는
것과 같아서 완전히 낭패가 되어 구해 줄 수 없다.

(6-2-2) 마의 종류
(6-2-2-1) 색음의 마

아난아, 도량에 앉아서 모든 생각을 녹여버리되 그 생각이 다해지면
경계에 온갖 것이 정미롭고 밝아지며 움직이고 고요하며 변동되지
않고 기억하고 잊는 것이 한결같아 삼매에 들어가면 마치 눈뜬 사람
이 어둠 속에 있는 듯하여 정미로운 성품이 묘하고 깨끗하나 마음이
빛을 내지 못하니 이것을 색음의 움 속이라 한다.

눈이 밝아지고 시방이 환하게 통하여 캄캄하던 것이 없어지면 색음
이 끝난다. 이 사람은 바로 겁의 흐림을 뛰어넘는다. 그것은 견고한

망상으로 근본이 되었던 까닭이다.

(6-2-2-1-1) 색음의 마1
아난아, 이 가운데서 묘하고 밝은 성품을 정미롭게 연구하여 사대가 얽히지 않으면 잠깐 동안 이 몸이 장애에서 벗어나니 이것은 정미롭고 밝아서 앞엣것에 넘친다. 이런 것은 공부의 힘으로 잠깐 동안 일어나는 것이지 성인의 증하는 경계가 아니다. 성인의 경계라는 마음을 내지 않으면 좋은 경계이지만, 성인의 경계라는 생각을 지으면 여러 가지 사마의 홀림을 받게 된다.

(6-2-2-1-2) 색음의 마2
아난아, 다시 이 마음으로 묘하고 밝은 성품을 정미롭게 연구하여 몸이 속으로 밝아지면 갑자기 몸속에서 회충 같은 것을 끄집어내도 몸이 조금도 상하지 않으며 정미롭고 밝은 것이 몸 안에 넘친다. 이것은 정진하는 수행으로 잠깐 동안 일어나는 것으로 성인의 증하는 경계가 아니다. 성인의 경계라는 마음을 내지 않으면 좋은 경계지만 성인의 경계라는 생각을 지으면 여러 가지 사마의 홀림을 받게 된다.

(6-2-2-1-3) 색음의 마3
또 이 마음으로 안과 밖으로 정미롭게 연구하여 혼과 넋과 마음과 뜻과 정신이 몸만 빼놓고 모두 교대로 들어와 손님인척 주인인척 하면 문득 허공에서 법문 하는 소리를 듣기도 하며 시방에서 비밀한 이치를 말하는 것을 듣게 된다. 이것은 정신과 넋이 떨어졌다 합했다 하면서 착한 종자를 이룸으로 잠깐이지만 성인의 증하는 경계가 아니다. 성인의 경계라는 마음을 내지 않으면 좋은 경계이나 성인의 경계라는 생각을 지으면 여러 가지 사마의 홀림을 받게 된다.

(6-2-2-1-4) 색음의 마4

또 이 마음으로 맑게 드러나고 밝게 사무쳐 속으로 빛이 밝아지면 시방이 모두 염부단 금빛이 되며 온갖 종류가 여래로 변화하여 문득 비로자나불이 천관대에 앉아 계시고 천불이 모시고 계시며 백억 국토와 연꽃이 함께 나타남을 보게 된다. 이것은 마음이 신령스러운데 물든 것이니 마음 빛이 밝아져서 세계에 비침으로 잠깐이지만 성인의 증하는 경계는 아니다. 성인의 경계라는 마음을 내지 않으면 좋은 경계지만 성인의 경계라는 생각을 지으면 여러 가지 사마의 홀림을 받게 된다.

(6-2-2-1-5) 색음의 마5

또 이 마음으로 묘하고 밝은 성품을 정미롭게 연구하되 관찰하기를 쉬지 않아 억누르며 항복하며 제어하여 그치게 함이 지나치면 문득 시방 허공이 칠보 빛이 되기도 하고 백 가지 보배 빛이 되기도 하여 한꺼번에 두루 가득하되 서로 구애되지 않고 푸른빛 누런빛 붉은빛 흰빛이 각각 순전하게 나타난다. 이것은 억누르는 공부가 너무 지나쳐서 잠깐이지만 성인의 증하는 경계는 아니다. 성인의 경계라는 마음을 내지 않으면 좋은 경계지만 성인의 경계라는 생각을 지으면 여러 가지 사마의 홀림을 받게 된다.

(6-2-2-1-6) 색음의 마6

또 이 마음으로 연구하는 것이 맑게 사무쳐 정신의 빛이 혼란하지 않으면 문득 밤중에 어두운 방 안에서 여러 가지 이상한 물건을 보는 것이 밝은 낮과 다르지 않고 방 안에 있던 물건도 없어지지 않는다. 이 것은 마음이 너무 세밀하고 고요하게 맑아져서 어두움을 뚫어 보게 되지만 성인의 증하는 경계가 아니다. 성인의 경계라는 마음을 내지 않으면 좋은 경계지만 성인의 경계라는 생각을 지으면 여러 가지 사마의 홀림을 받게 된다.

(6-2-2-1-7) 색음의 마7

또 이 마음으로 텅 비고 융통한데 들어가면 팔다리가 갑자기 초목과 같이 불로 태우고 칼로 깎아도 아프지 않으며 또는 불이 태우지 못하고 살을 베어도 나무 깎는 것처럼 된다. 이것은 오진이 어울리어 쓰러지고 사대의 성품을 밀어내어 한결같이 순전한데 들어가므로 잠깐이지만 성인의 증하는 경계는 아니다. 성인의 경계라는 마음을 내지 않으면 좋은 경계지만 성인의 경계라는 생각을 지으면 여러 가지 사마의 홀림을 받게 된다.

(6-2-2-1-8) 색음의 마8

또 이 마음으로 맑고 깨끗함을 성취하되 마음을 깨끗이 하는 공부가 지극해지면 문득 시방 국토의 산과 강들이 불국 세계를 이루어 칠보가 구족하고 광명이 가득함을 보며 항하사 같이 많은 부처님이 허공에 가득하고 누각과 궁전의 화려함을 본다. 아래로는 지옥을 보고 위로는 천궁을 보는 것이 조금도 막힘이 없으니 좋아하고 싫어하는 생각이 간절하다가 그 생각이 점점 오래되어 변화되는 것이지 성인의 증하는 경계는 아니다. 성인의 경계라는 마음을 내지 않으면 좋은 경계지만 성인의 경계라는 생각을 지으면 여러 가지 사마의 홀림을 받게 된다.

(6-2-2-1-9) 색음의 마9

또 이 마음으로 연구를 깊이 하면 홀연히 밤중에 멀리 있는 도시나 촌락이나 친척과 권속을 보기도 하고 그 말을 듣기도 한다. 이것은 마음을 지나치게 핍박하여 마음광명이 날아온 것으로 막힌 바깥 것을 보는 것이지 성인의 증하는 경계는 아니다. 성인의 경계라는 마음을 내지 않으면 좋은 경계지만 성인의 경계라는 생각을 지으면 여러 가지 사마의 홀림을 받게 된다.

(6-2-2-1-10) 색음의 마10

또 이 마음으로 정밀하게 연구하기를 지극히 하면 문득 선지식의 모습이 금방 달라지며 잠깐 여러 가지로 변화하는 것을 본다. 이것은 사특한 마음으로 도깨비가 들었거나 혹 천마가 든 것으로 까닭 없이 법문을 하며 묘한 이치를 통달하게 되지만 성인의 증하는 경계는 아니다. 성인의 경계라는 마음을 내지 않으면 좋은 경계지만 성인의 경계라는 생각을 지으면 여러 가지 사마의 홀림을 받게 된다.

아난아, 이 열 가지 선의 경계가 나타나는 것은 모두 색음에 대하여 마음의 작용이 번갈아 일어나 이런 일이 나타나는 것이다. 중생들이 혼미하여 헤아리지 못하므로 이런 인연을 만날 때 아득하여 알지 못하고 성인의 경계에 올랐다고 생각하면 거짓이 되어 무간지옥에 떨어진다. 너희들은 이 말을 의지하여 여래가 열반한 뒤 말법 세상에서 이 뜻을 널리 선전하여 천마들이 틈을 얻지 못하게 잘 보호하고 두호하여 위없는 도를 이루게 하라.

(6-2-2-2)수음의 마

아난아, 선남자가 삼매와 사마타를 닦는 가운데 색음이 다한 이는 부처님 마음 보는 것이 거울 가운데 그림자가 나타나는 것과 같다. 얻은 것이 있는 듯하나 쓸 수가 없는 것이 마치 가위눌린 사람이 손과 발이 온전하고 보고 듣는 것이 분명하지만 마음대로 움직이지 못하는 것처럼 이것을 수음의 움 속이라 한다.

가위눌린 증세가 없어지고 마음이 몸에서 떠나 자기 얼굴을 보게 되며 가고 머무는 것이 자유로워서 조금도 거리낌이 없어지면 이것은 수음이 끝난 것이다. 이 사람은 바로 소견의 흐림을 뛰어나게 된다. 그 이유가 텅 비고 밝은 망상으로 근본이 되었던 까닭이다.

(6-2-2-2-1) 수음의 마1

아난아, 선남자가 이 가운데 있어서 큰 빛이 환하게 비침을 얻고 마음에 밝은 이치를 깨달아 속으로 책망하기를 분에 넘치면 문득 그 자리에서 한량없는 슬픈 마음을 내게 되어 모기나 등에를 보고도 어린아이같이 여기며 가엾은 마음을 내어 눈물을 흘리니 이것은 공부하는 작용으로 지나치게 억누른 탓이다. 깨달으면 허물이 없어지며 성인의 증하는 경계가 아니며 알아차리고 속지 않으면 시간이 지나면 저절로 없어진다. 만일 성인의 경계라는 마음을 내면 슬픈 마가 마음속에 들어가서 사람만 보면 슬피 울기를 한량없이 하니 삼매를 잃어 버렸으므로 반드시 타락하게 된다.

(6-2-2-2-2) 수음의 마2

아난아, 또 선정 가운데 선남자가 색음이 없어지고 수음이 분명하여 수승한 모양이 앞에 나타남을 보고 감격하기를 분에 넘치면 문득 그 가운데서 한량없는 용맹한 마음을 내게 된다. 마음이 날카롭고 뜻이 부처님과 같은 듯하여 삼 아승기(10^{56}) 겁을 한 생각에 뛰어넘을 것 같지만 이것은 공부하는 작용으로 지나치게 업신여기는 탓이라 깨달으면 허물이 없어지며 성인의 증하는 경계는 아니다. 알아차리고 속지 않으면 시간이 지나면 저절로 없어질 것이며 성인의 경계라는 마음을 내면 미친 마가 마음속에 들어가서 사람만 보면 자랑한다. 아만이 비길 데 없어 위로 부처님도 보이지 않고 아래로 사람이 보이지 않으며 삼매를 잃어 버렸으므로 반드시 타락하게 된다.

(6-2-2-2-3) 수음의 마3

또 선정 가운데 선남자가 색음이 없어지고 수음이 분명하여 앞으로는 새로 증한 것이 없으며 예전의 것이 없어질 것이다. 지혜가 쇠잔하여 중간이 망가진 경지에 들어가서 보이는 것이 없으면 문득 마음에 남아 있는 생각을 내어 밤낮으로 침울함이 흩어지지 않아 이것을 부지런히 정진하는 줄 안다. 이것은 마음을 닦다가 지혜가 없어 방편을 잃은 탓이며 깨달으면 허물이 없어지며 성인의 증하는 경계가 아니다. 성인의 경계라는 마음을 내면 마가 마음속에 들어가서 아침저녁으로 마음을 움켜쥐고 한곳에 매달게 되며 삼매를 잃어 버렸으므로 반드시 타락하게 된다.

(6-2-2-2-4) 수음의 마4

또 선정 가운데 선남자가 색음이 없어지고 수음이 분명함을 보고 지혜의 힘이 선정력보다 지나쳐서 뛰어나다는 생각을 마음속에 품게 되면 스스로 생각하기를 '내가 노사나불이다'하여 조금 얻고 만족하니 이것은 마음을 쓰다가 자세하게 살피지 못하고 잘못 믿는 소견에 빠진 탓이다. 깨달으면 허물이 없으며 성인의 증하는경계가 아니다. 만일 성인의 경계라는 마음을 내면 마가 마음속에 들어가서 '내가 위없는 제일의 체를 얻었다'생각하며, 삼매를 잃어버렸으므로 반드시 타락하게 된다.

(6-2-2-2-5) 수음의 마5

또 선정 가운데 선남자가 색음이 없어지고 수음이 분명하여 새로 증한 것은 없는데 예전 마음은 이미 없어졌음을 보고 앞뒤를 두루 살펴보고 스스로 어려운 생각을 내면 홀연히 끝없는 근심이 생겨 쇠 평상에 앉은 것 같고 독약을 먹은 것 같으며 살고 싶은 생각이 없어서 '나를 죽여주면 빨리 해탈을 얻을 것이다'하는 생각을 한다. 이것은 행을 닦다가 방편을 잃은 탓이라 깨달으면 허물이 없지만 성인의 증하는 경계가 아니다. 성인의 경계라는 마음을 내면 항상 근심하는 마가 마음속에 들어가서 손에 칼을 쥐고 제 살을 깎으면서 죽기를 좋아하고 항상 근심하면서 산으로 들어가 사람 보기를 싫어하며 삼매를 잃어 버렸으므로 반드시 타락하게 된다.

(6-2-2-2-6) 수음의 마6

또 선정 가운데 선남자가 색음이 없어지고 수음이 분명함을 보고 맑고 깨끗한 가운데 있으면서 마음이 편안해지면 문득 스스로 한량없는 기쁨이 생겨 마음으로 즐거움을 금치 못한다. 이것은 가볍고 편안함을 참을 지혜가 없는 탓이며 깨달으면 허물이 없지만 성인의 증하는 경계가 아니다. 성인의 경계라는 마음을 내면 마가 마음속에 들어가서 사람을 보기만 하면 웃으면서 길거리에서 노래하고 춤추며 스스로 말하기를 구애할 것 없는 해탈을 얻었다고 한다. 삼매를 잃어 버렸으므로 반드시 타락하게 된다.

(6-2-2-2-7) 수음의 마7

또 선정 가운데 선남자가 색음이 없어지고 수음이 분명함을 보고 이만하면 만족하다고 여기면 문득 까닭 없이 큰 아만이 생기며 교만과 못난이로 자처하는 교만이 한꺼번에 일어나서 마음으로 시방 여래도 우습게 여기는데 하물며 성문이나 연각은 어떻게 생각하겠는가. 이것은 소견이 수승한 것을 구원할 지혜가 없는 탓이며 깨달으면 허물이 없지만 성인의 증하는 경계가 아니다. 성인의 경계라는 마음을 내면 아만을 가진 마가 마음속에 들어가서 탑이나 불상 앞에 예배하지 않고 보시자에게 말하기를 '이것은 금이며 이것은 구리며 이것은 흙이며 이것은 나무이다. 경이란 것은 나뭇잎이며, 헝겊이며, 육신이 참된 것인데 이것은 공경하지 않고 도리어 흙과 나무를 숭배하는 것은 참으로 잘못된 소견이다'라고 한다. 신심이 있던 이들도 그가 하는 대로 파괴하여 땅속에 묻게 되어 중생들은 무간지옥에 들어가게 되며 삼매를 잃어버린 탓으로 반드시 타락하게 된다.

(6-2-2-2-8) 수음의 마8

또 선정 가운데 선남자가 색음이 없어지고 수음이 분명함을 보고 정미롭고 밝은 가운데서 정미로운 이치를 원만하게 깨달아 크게 수순함을 얻게 되며 문득 한량없는 편안한 마음이 생겨 이제 성인이 되어 자재함을 얻었다고 생각한다. 이것은 지혜로 인해 경쾌하게 된 것이라고 깨달으면 허물이 없지만 성인의 증하는 경계는 아니다. 성인의 경계라는 마음을 내면 한편 경쾌한 것을 좋아하는 마가 마음속에 들어가서 이만하면 만족하다고 다시 나아가기를 구하지 않게 되어, 아는 것 없는 비구가 되어 중생들을 그르쳐서 아비지옥에 떨어지게 하며 삼매를 잃어 버린 탓으로 반드시 타락하게 된다.

(6-2-2-2-9) 수음의 마9

또 선정 가운데 선남자가 색음이 없어지고 수음이 분명함을 보고 밝게 깨달은 데서 텅 비고 밝은 성품을 얻으면서 홀연히 없어진 곳으로 들어가게 되어 원인도 없고 과보도 없다 하고 한결같이 공한데 빠져서 공한 마음이 앞에 나타나면 영원히 아무것도 없다는 생각을 내게 된다. 깨달으면 허물이 없지만 성인의 증하는 경계가 아니다. 성인의 경계라는 마음을 내면 곧 공한 마가 마음속에 들어가서 계행을 지키는 이를 소승이라고 비방하고, 보살은 공한 이치를 깨달았는데 어찌 계를 가지고 범함이 있는가 하면서 신심 있는 보시자를 대하여 술 먹고 고기 먹고 음행을 하되 마의 힘 탓으로 앞에 사람들을 의심하거나 비방하지 않는다. 귀신의 마음이 들렸으므로 혹시 똥이나 오줌을 먹으면서도 술이나 고기처럼 여기고, 온갖 것이 모두 공하다면서 부처님의 계율을 파하고 사람들을 그르쳐 죄에 빠지게 하며 삼매를 잃어버렸으므로 반드시 타락하게 된다.

(6-2-2-2-10) 수음의 마10

또 선정 가운데 선남자가 색음이 없어지고 수음이 분명함을 보고 텅 비고 밝은데 맛 들여 뼛속까지 깊이 들어가면 문득 한량없는 애착을 내고 발광을 하여 애욕이 된다. 이것은 삼매 중에서 포근한 경계가 마음에 드는 것을 스스로 유지할 지혜가 없어서 애욕으로 들어간 탓이다. 깨달으면 허물이 없지만 성인의 증하는 경계가 아니다. 성인의 경계라는 마음을 내면 곧 애욕의 마가 마음속에 들어가서 음욕을 보리도라 하고 흰옷 입은 이들과 평등하게 음욕을 행하면서 음행한 사람을 가리켜 '법'자를 가지는 것이라 하며, 귀신의 탓으로 말세에서 어리석은 범부들을 모아 그 수효가 백도 되고, 이백도 되고, 천도 되고 만도 된다. 그러다가 마가 싫증이 나서 그 사람의 몸에서 떠나면 위덕이 없어져서 어려움에 빠질 것이며 여러 중생을 그르쳐서 무간지옥에 들어가게 하며 삼매를 잃어 버린 탓으로 반드시 타락하게 된다.

아난아, 열 가지 선의 경계가 나타나는 것은 모두 수음에 대하여 마음의 작용이 번갈아 일어나 나타나는 것이다. 중생들이 혼미하여 헤아리지 못하므로 이런 인연을 만나면 아득하여 알지 못하고 성인의 경계에 올랐다고 생각하면 거짓말이 되어 무간지옥에 떨어진다. 너희들은 여래의 말을 전하여 여래가 열반한 뒤 말법 세상에서 중생들이 이런 이치를 알게 하며 천마들이 틈을 얻지 못하게 잘 보호하여 위없는 도를 이루게 하라.

(6-2-2-3) 상음의 마

아난아, 선남자가 삼매를 닦아서 수음이 다 한 이는 번뇌는 다 하지 못했으나 마음은 형체에서 떠난 것이 마치 새가 새장에서 벗어난 듯하여 범부의 몸으로부터 보살의 육십 가지 성인의 지위를 성취하고 뜻대로 나는 몸을 얻어 가는 곳마다 거리낄 것이 없다. 비유하면 어떤 사람이 잠꼬대할 때 이 사람이 비록 알지는 못하나 소리가 분명하고 차례가 있어서 잠들지 않는 이는 잘 알아듣는 것과 같으니, 이것을 상음의 움 속이라 한다.

움직이던 생각이 다 하고 뜬 생각이 소멸하여 각의 밝은 마음이 티끌을 씻어버린 듯해지면 한결같이 태어났다 죽었다 하는 처음과 나중

을 뚜렷이 알게 되니 상음이 끝난 것이다. 이 사람은 바로 번뇌의 물
듦을 벗어나는데 이유는 융통한 망상으로 근본이 되었던 까닭이다.

(6-2-2-3-1) 상음의 마1

아난아, 선남자가 수음이 비어 묘해지고 잘못된 생각을 만나지 않고
뚜렷한 선정이 밝음을 낼 적에 삼매 가운데서 뚜렷하게 밝은 것을 좋
아하고 정미로운 생각을 날카롭게 하여 공교로운 것을 탐내 구하면 그
때 천마가 틈을 타서 정령을 날려 사람에게 붙게 한다. 그 사람이 경법
을 말할 때, 마가 붙은 줄을 알지 못하고 위없는 열반을 얻었다고 한
다. 공교함을 구하는 선남자에게 가서 자리를 펴고 법문을 할 때 그 형
상이 잠깐 동안에 비구가 되고 제석천왕이 되고 여자가 되고 비구니가
되며 어두운 방 안에서 잘 때에 몸에 광명이 나타나기도 한다. 이 사람
이 어리석고 의혹하여 자신이 참으로 보살인 줄 여기며 가르치는 말을
믿고 마음이 방탕하여 부처님의 계율을 파하고 탐욕을 행한다.
입으로 재앙과 상서와 변괴를 말하기를 좋아하여 여래가 어느 곳에 출
현했다고 하며, 겁의 재화가 일어난다고 하고, 전쟁의 겁이 생긴다고
하며, 사람들을 공포스럽게 하며, 그 집 재산이 까닭 없이 흩어지게 하
니 이것은 괴귀가 늙어 마가 된 것이다. 이 사람을 시끄럽게 하다가 싫
증이 나서 떠나면 제자와 스승이 함께 어려움을 겪는다. 깨달으면 윤
회하지 않지만 미혹하여 알지 못하면 무간지옥에 떨어지게 된다.

(6-2-2-3-2) 상음의 마2

아난아, 또 선남자가 수음이 비어 묘해지고 잘못된 생각을 만나지 않
아 뚜렷한 선정이 밝음을 낼 때에 삼매 가운데서 이리저리 다니기를
좋아하고 정미로운 생각을 떨쳐 여러 곳으로 다니는 것을 탐내 구하

면 그때 천마가 틈을 타서 정령을 날려 사람에게 붙게 한다. 그 사람이 경법을 말할 때, 마가 붙은 줄은 알지 못하고 위없는 열반을 얻었다고 하면서 다닌다. 보리를 구하는 선남자에게 자리를 차리고 법문을 할 때 그의 형상은 변하지 않으나 법을 듣는 사람이 문득 그 몸이 훌륭한 연꽃 위에 앉아 전신이 금빛 덩어리가 된 것을 보았으며 듣는 사람도 제각각 그러하여 처음 보는 일이 되는데 이 사람이 어리석고, 의혹하여 참으로 보살인 줄 여긴다. 마음이 음탕하게 되어 부처님의 계율을 파하고 탐욕을 행한다.

부처님이 세상에 나셨다는 것을 말하기를 좋아하여 어느 곳 누구는 부처님의 화신으로 이 세상에 오신 것이며 누구는 보살의 화신으로 인간에 온 것이라 하며 갈망하고 존경하는 마음을 내고 사특한 소견이 일어나서 바른 지혜가 소멸한다. 이것은 발귀가 늙어 마가 된 것이며 시끄럽게 하다가 싫증이 나서 떠나면 제자와 스승이 어려움에 처한다. 깨달으면 윤회하지 않지만 미혹하여 알지 못하면 무간지옥에 떨어진다.

(6-2-2-3-3) 상음의 마3

선남자가 수음이 비어 묘해지고 잘못된 생각을 만나지 않아 뚜렷한 선정이 밝음을 낼 때 삼매 가운데서 그윽하게 계합되기를 좋아하고 정미로운 생각을 맑혀 틀림없이 맞기를 탐내 구하면 천마가 틈을 타서 정령을 날려 사람에게 붙게 한다. 그 사람이 경법을 말할 때, 마가 붙은 줄은 모르고 위없는 열반을 얻었다면서 깨달음을 구하는 선남자에게 자리를 차리고 법문을 할 때, 그의 형상이나 법문 듣는 사람들이 겉으로는 변천함이 없으나 듣는 이가 법을 듣기도 전에 마음이 열려 자주 달라지며 숙명통을 얻고 타심통을 얻고 지옥을 보고 인간의 좋고 나쁜 일을 안다. 입으로 경전을 외우면서 제 각각 환희하여 처음 보는 일을 얻은 듯하며 이 사람이 어리석고, 의혹하여 참으로 보살인 줄 여기며 마음으로 애착하게 되어 부처님의 계율을 파하고 탐욕을 행한다.

큰 부처님과 작은 부처님이 있으며 아무 부처님은 맏 부처님이며 아무 부처님은 막내 부처님이며 진짜 부처님과 가짜 부처님과 남자 부처님과 여자 부처님이 있다고 즐겨 말한다. 보살들도 그러한데 이 사람이 분명히 보는 탓으로 본마음을 씻어 버리고 사특한 소견에 쉽게 들어가는 것은 매귀가 늙어 마가 된 것이다. 이 사람을 시끄럽게 하다가 싫증이 나서 떠나면 스승과 제자가 함께 어려움을 겪는다. 깨달으면 윤회하지 않지만 미혹하여 알지 못하면 무간지옥에 떨어진다.

(6-2-2-3-4) 상음의 마4

선남자가 수음이 비어 묘해지고 잘못된 생각을 하지 않아 뚜렷한 선정이 밝음을 낼 적에 삼매 가운데 근본을 사랑하여 물건이 변화하는 성품의 처음과 나중을 궁구하며 마음을 가다듬어 밝게 분석하기를 탐하여 구하면 그때 천마가 틈을 타서 정령을 날려 사람에게 붙게 한다. 그 사람이 경법을 말할 때, 마가 붙은 줄 알지 못하고 위없는 열반을 얻었다면서 근본을 구하는 선남자에게 자리를 펴고 법문을 할 때 먼저 위신으로 근본을 구하는 이를 굴복시켜 그 자리에서 법을 듣기도 전에 진심으로 복종케 하고 부처님의 열반과 보신과 법신이 나의 육신을 말하는 것이라 한다. 아비와 아들이 대대로 서로 낳는 것이 법신이 항상 하여 끊어지지 않는 것이라 하며 오로지 현재를 가리켜 부처님 국토라 한다. 정토나 금빛 몸이 따로 있는 것이 아니지만 이 사람이 그대로 믿어 먼저 마음을 잃어 버리고 목숨으로 귀의하여 처음

보는 일이라 하며 이들이 어리석고, 의혹하여 참으로 보살인 줄 여기고 그 마음을 추측하여 부처님의 계율을 파하고 탐욕을 행한다.

눈과 귀와 코와 혀가 모두 정토며 남근과 여근이 보리와 열반의 참된 곳이라 하는 더러운 말을 그대로 믿는다. 이것은 고독귀나 염승귀가 늙어 마가 된 것이다. 이 사람을 시끄럽게 하다가 싫증이 나서 떠나면 스승과 제자가 함께 어려움을 겪는다. 깨달으면 윤회하지 않지만 미혹하여 알지 못하면 무간지옥에 떨어진다.

(6-2-2-3-5) 상음의 마5

선남자가 수음이 비어 묘해지고 잘못된 생각을 만나지 않아 뚜렷한 선정이 밝음을 낼 적에 삼매 가운데 멀리서 감응해 주기를 좋아하고 여러 방면으로 정미롭게 연구하여 감동하기를 탐내 구하면 그때 천마가 틈을 타서 정령을 날려 사람에게 붙게 한다. 그 사람이 경법을 말할 때, 원래 마가 붙은 줄은 알지 못하고 위없는 열반을 얻었다면서 감응하기를 구하는 선남자에게 자리를 펴고 법문을 한다. 듣는 이가 잠깐 동안 몸이 백 살 천 살이나 된 것처럼 보이게 하여 마음으로 사모하는 애착을 내어 잠시라도 떠나지 못하고 종이 되어 네 가지를 공양하되 고달픈 줄도 모른다. 앞에 있는 여러 사람이 예전 스님이며 본래의 선지식인 줄로 여기며 특별히 법을 위한 사랑을 내어 처음 보는 일인 것처럼 한다. 이 사람이 어리석고, 의혹하여 참으로 보살인 줄 여기고 마음으로 친근하여 부처님의 계율을 파하고 탐욕을 행한다.

내가 과거의 어느 생에 아무를 먼저 제도했으니 그때 내 아내며 첩이며 형이며 동생이었는데 이제 또 제도하게 되었다고 즐겨 말한다. 서로 따라다니다가 어느 세계에서 아무 부처님께 공양할 것이며 부처님이 계시는 대광명천에는 여러 부처님이 쉬고 계시는 곳이라고 해서 무지한 사람들이 이 허황한 말을 믿고 본마음을 잃어 버린다. 이것은 여귀가 늙어 마가 된 것이다. 이 사람을 시끄럽게 하다가 싫증이 나서 떠나면 스승과 제자가 함께 어려움을 겪는다. 깨달으면 윤회하지 않지만 미혹하여 알지 못하면 무간지옥에 떨어진다.

(6-2-2-3-6) 상음의 마6

선남자가 수음이 비어 묘해지고 잘못된 생각을 만나지 않아 뚜렷한 선정이 밝음을 낼 적에 삼매 가운데 깊이 들어가기를 좋아하고 마음을 억제하며 부지런히 애써서 고요한데 있기를 즐기며 조용한 것을 탐하여 구하면 그때 천마가 틈을 타서 정령을 날려 사람에게 붙게 한다. 그 사람이 법문을 말할 때, 마가 붙은 줄은 알지 못하고 위없는 열반을 얻었다면서 고요한 곳을 구하는 선남자에게 자리를 차리고 법문을 할 때, 듣는 사람에게 본래 지은 업을 알게 하고 네가 아직 죽기도 전에 벌써 짐승이 되었다 하며 다른 사람을 시켜 꼬리를 밟으라 하면 그 사람이 갑자기 일어나지 못한다. 모든 대중이 정성을 다하여 공경하며 다른 사람의 생각을 먼저 알고 부처님의 계율보다 더 까다롭게 하면서 비구니들을 비방하고 제자들을 꾸짖으며 남의 비밀을 들추어내며 혐의를 피하지 않는다.

입으로 앞날의 화와 복을 말하기를 좋아한다. 이것은 대력귀가 늙어 마가 된 것이다. 이 사람을 시끄럽게 하다가 싫증이 나서 떠나면 스승과 제자가 함께 어려움을 겪는다. 깨달으면 윤회하지 않지만 미혹하여 알지 못하면 무간지옥에 떨어진다.

(6-2-2-3-7) 상음의 마7

선남자가 수음이 비어 묘해지고 잘못된 생각을 만나지 않아 뚜렷한 선정이 밝음을 낼 때에 삼매 가운데 미리 알기를 좋아하고 부지런히 애쓰며 깊이 연구하여 숙명통을 탐하여 구하면 그때 천마가 틈을 타서 정령을 날려 사람에게 붙게 한다. 그 사람이 법문을 말할 때, 마가 붙은 줄은 알지 못하고 위없는 열반을 얻었다면서 미리 알기를 구하는 선남자에게 와서 자리를 펴고 법문을 말할 때 이 사람이 까닭없이 보배구슬을 얻는다. 어떤 때는 그 마가 짐승으로 변화해 입으로 구슬이나 여러 가지 보배나 오래된 문서나 이상한 글줄이나 귀중한 인장이나 신기한 물건을 물어다가 먼저 그 사람에게 주고 그 몸에 붙으며 혹 듣는 이들을 꾀어 땅속에 들어가라 하며 명월주가 그곳에 비치면 듣는 사람들이 처음 보는 일이라 했다. 약초만 먹고 좋은 음식도 먹지 않으며 어떤 때는 하루에 삼씨 하나와 보리 한 알만을 먹어도 몸이 충실한 것은 마의 힘으로 유지하는 탓이며 비구들을 비방하고 제자들을 꾸짖되 혐의를 피하지 않는다.

입으로 다른 곳에 쌓여있는 보배들과 시방 성현들이 숨어있는 곳을 말하기를 좋아하며 뒤에 가는 사람들이 이상한 사람이 있는 것을 보게 되면 이것은 산신이나 목신이나 토지신이나 성황신이나 수신 등이 늙어 마가 된 것이다. 음행을 해 부처님의 계율을 파하기도 하고 받들어 섬기는 이들도 가만히 음행을 행하며 정진도 하고 풀과 나무만 먹기도 하여 일정한 행사가 없이 이 사람을 시끄럽게 하다가 싫어져 떠나면 스승과 제자가 함께 어려움을 겪는다. 깨달으면 윤회하지 않지만 미혹하여 알지 못하면 무간지옥에 떨어진다.

(6-2-2-3-8) 상음의 마8

선남자가 수음이 비어 묘해지고 잘못된 생각을 만나지 않아 뚜렷한 선정이 밝음을 낼 적에 삼매 가운데 신통과 여러 가지 변화하는 것을 좋아하여 그 원리를 연구해 신통을 탐하여 얻으려 하면 그때 천마가 틈을 타서 정령을 날려 사람에게 붙게 한다. 그 사람이 경법을 말할 때, 마가 붙은 줄은 알지 못하고 위없는 열반을 얻었다면서 신통을 구하는 선남자에게 자리를 펴고 법문을 할 때, 그 사람이 손에 불빛을 들기도 하고 손으로 불빛을 떼어 법문 듣는 사부대중의 머리 위에 두기도 해 정수리에 불빛이 두 자씩이나 일어나도 뜨겁지도 않고 타지도 않는다. 물 위로 걸어 다니기를 평지처럼 하며 공중에 단정히 앉아서 움직이지 않으며 병 속에 들어가며 주머니 속에 들어가며 좁은 들창으로 나가며 담벼락을 뚫고 넘어가더라도 조금도 장애 되지 않는다. 다만 칼이나 병자기에는 어찌하지 못하며 본인이 부처라면서 흰옷을 입고 비구들의 절을 받으며 선정과 계율을 비방하고 제자들을 꾸짖으며 남의 일을 들추며 혐의를 피하지 않는다.

입으로 신통 자재한 일을 말하기를 좋아하며 눈으로 불국토를 보게 하지만 모두 귀신의 힘으로 사람을 홀리는 것으로 진짜가 아니다. 음행하는 것을 찬탄하고 추잡한 행실을 나무라지 않고 여러 가지 외설스러운 행위를 말하며 법을 전하는 것이라 하니 이것은 천지간에 기운 많은 산정이나 해정이나 풍정이나 하정이나 토정이나 초목의 정매나 용의 정매나 목숨을 마친 신선이 다시 살아나서 헛것이 된 것이다. 신선 수명이 다하여 벌써 죽었어야 하는데 형체가 식기 전에 다른 괴물이 붙어 늙어 마가 된 것이다. 이 사람을 시끄럽게 하다가 싫증이 나서 떠나면 스승과 제자가 함께 어려움을 겪는다. 이것을 깨달으면 윤회하지 않으며 미혹하여 알지 못하면 무간지옥에 떨어진다.

(6-2-2-3-9) 상음의 마9

선남자가 수음이 비어 묘해지고 잘못된 생각을 만나지 않아 뚜렷한 선정이 밝음을 낼 적에 삼매 가운데 공해 없어지기를 좋아하고 변화하는 성품을 연구해 깊이 공해짐을 탐하여 구하면 그때 천마가 틈을 타서 정령을 날려 사람에게 붙게 한다. 그 사람이 경법을 말할 때, 마가 붙은 줄은 알지 못하고 위없는 열반을 얻었다면서 공함을 구하는 선남자에게 자리를 펴고 법문을 할 때, 대중 속에서 몸이 홀연히 없어져서 사람들이 보지 못하다가 다시 허공에서 불쑥 나타나서 들락날락하며 온몸이 수정과 같아서 꿰뚫어 보이며 손발에는 전단향 냄새가 나며 똥과 오줌이 사탕 같기도 하며 계율을 비방하며 출가한 이들을 업신여긴다.

원인도 없고 과보도 없다고 말하며 한번 죽으면 아주 없어지는 것이며 내생이 없고 범부도 없고 성인도 없다고 한다. 비록 공적한 이치를 얻었다고는 하나 가만히 음욕을 행하며 음욕을 당한 이도 마음이 공해져서 인도 없고 과보도 없다고 한다. 이것은 일식 월식의 정기나 금이나 옥이나 지초나 기린이나 봉이나 거북이나 학 같은 것들이 천 년이나 만 년이나 지나도 죽지 않고 정령이 되어 세상에 났던 것들이 늙어 마가 된 것이다. 이 사람을 시끄럽게 하다가 싫증이 나서 떠나면 스승과 제자가 함께 어려움을 겪는다. 깨달으면 윤회하지 않지만 미혹하여 알지 못하면 무간지옥에 떨어진다.

(6-2-2-3-10) 상음의 마10

선남자가 수음이 비어 묘해지고 잘못된 생각을 만나지 않아 뚜렷한 선정이 밝음을 낼 적에 삼매 가운데 오래 머물기를 좋아하고 애써서 기미를 연구하여 오래 살기를 탐하며 분단생사를 버리고 변역생사하는 몸을 얻어서 미세한 몸이 항상 머물기를 희망하면 그때 천마가 틈을 타서 정령을 날려 사람에게 붙게 한다. 그 사람이 경법을 말할 때,

마가 붙은 줄은 알지 못하고 위없는 열반을 얻었다고 하면서 장수를 구하는 선남자에게 자리를 펴고 법문을 말할 적에 다른 지방으로 왕래하는 일이 거리낄 것 없다고 자랑하며 만 리 밖에 갔다가 순식간에 돌아오며 그 지방에서 나는 물건을 가지고 오기도 한다. 같은 방 안에 있으면서 어떤 이에게 두 걸음 되는 윗목에서 아랫목으로 가는데 이 사람이 달음박질을 해서 몇 분이 지나도 이르지 못하며 이것을 보고 깊이 믿어 부처님이 출현한 줄로 여긴다.

시방 중생들이 모두 내 아들이며 내가 여러 부처님을 낳았으며 내가 세계를 내었으며 첫 부처라고 말한다. 자연으로 이 세상에 출세한 것이며 수행하여 된 것이 아니다. 이것은 세상에 있는 자재천마가 그 권속인 자문다나 사천왕의 비사동자로서 발심하지 못한 이를 시켜서 이 사람의 텅 비고 밝은 경계를 이용해 정기를 막게 한 것이다. 어떤 때는 스스로 인하지 않고도 수행하는 사람에게 "금강신이 너를 오래 살게 하리라" 말하는 것을 친히 보게 하며 아름다운 여자의 몸을 나타내어 마음껏 탐욕을 행하게 하지만 한 해가 지나지 않아서 간과 뇌가 말라 버리며 입으로 중얼거리는 것이 귀신의 소리와 같다. 이 사람은 자세히 살피지 못하고 어려움에 걸려 형벌을 받기도 전에 먼저 말라 죽게 된다. 이렇게 사람을 못 견디게 하여 결국에 죽게 된다. 깨달으면 윤회하지 않지만 미혹하여 알지 못하면 무간지옥에 떨어진다.

아난아, 열 가지 마가 말법 세상에 법 가운데 나서 출가하여 도를 닦는 척하면서 다른 사람의 몸에 붙으며 스스로 몸을 나타내기도 하여 모두 정각을 이루었다면서 음욕을 찬탄하고 부처님의 계율을 파하며 마의 스승과 마의 제자가 음행으로 서로 전해가면서 마음을 홀린다. 가까우면 구 생이며 오래되면 백 생을 지나서 진정으로 수행하는 사람이 마의 권속이 되었다가 목숨이 마친 뒤에는 마의 백성이 되어 보리를 잃어 버리고 무간지옥에 떨어지게 된다. 너는 모름지기 멸을 취하지 말며 설사 무학을 증득해도 원을 세우고 말법 가운데 들어가서 자비한 마음을 내어 올바른 마음으로 깊이 믿는 중생들을 제도하여 마에게 홀리지 말고 바른 지견을 얻게 하라. 내가 너를 제도하여 생사에서 벗어나게 했으니, 부처님의 말씀을 순종하는 것이 부처님의 은혜를 갚는 것이다.

아난아, 열 가지 선의 경계가 나타나는 것은 모두 상음에 대하여 마음의 작용이 번갈아 드러냄으로 이런 일이 나타나는 것이다. 중생들이 혼미하여 요량하지 못하므로 이런 인연을 만날 적에 아득해 알지 못하고 성인의 경계에 올랐다고 하면 거짓말이 되어 무간지옥에 떨어진다. 너희들이 여래의 말로 내가 열반한 뒤 말법 세상에 전하여 중생들에게 이런 이치를 알게 하며 천마들에게 틈을 얻지 못하게 하고 잘 보호하고 두호하여 위없는 도를 이루게 하라.

(6-2-2-4) 행음의 마

아난아, 선남자가 삼매를 닦아 상음이 다한 이는 어느 때나 꿈과 생각이 없고 잘 때와 깰 때도 항상 한 모양이며, 각의 밝은 성품이 텅 비고 고요함이 마치 맑은 허공과 같아서 거칠고 앞에 무거운 것의 그림자가 없으며, 이 세계의 땅과 산과 물을 보는 것이 마치 거울에 모양이 비치는 듯하여 와도 묻을 것이 없고 가도 자취가 없어서 받아들이는 것 없이 비칠 뿐이다. 묵은 습기는 조금도 없고 정미롭고 참되기만 하며 생겼다 없어졌다 하는 근본이 비로소 드러나서 시방에 있는 십이 종류의 중생을 모두 보게 되며 그들의 생명이 처음 생긴 원인까지는 통하지 못했지만, 함께 나는 기초가 아지랑이처럼 아른거리며 반짝거리는 것을 보게 되면 부진근이 생겨나는 근본이니 이것을 행음의 움 속이라 한다.

만일 아른거리며 반짝거리는 근본 성품이 원래 고요한데 들어가서 근원 습기를 맑히면 마치 파도가 가라앉아 고요한 물이 된 것처럼 행음이 끝난 것이다. 이 사람은 바로 중생의 물듦을 뛰어난다. 이유는 깊고 그윽한 망상으로 근본이 되었던 까닭이다.

(6-2-2-4-1) 행음의 마1

아난아, 선남자가 바른 지견을 얻은 사마타 가운데 고요하고 밝은 바른 마음에 열 가지 천마가 틈을 타지 못하면 비로소 정미롭게 연구하여 중생들의 근본을 철저하게 궁구할 수 있다. 본 종류 가운데 생긴 근원이 드러난 이는 그윽하게 아른거리는 뚜렷한 근원을 관찰하고 억측을 내는 이는 두 가지 원인이 없다는 주장에 떨어진다.

첫째는 근본에 원인이 없다고 한다. 이 사람은 태어나는 기틀이 드러남을 얻고는 눈의 팔백 공덕에 의지해 팔만 겁 안에 있는 중생들을 보는데 업보의 물결이 굽이쳐 돌아서 여기서 죽어 저곳에 나는데 다만 중생들이 그곳에서 바퀴 돌 듯 하는 것만 본다. 팔만 겁 밖에는 캄캄해 보이지 않으며 문득 '이 세상의 시방 중생들이 팔만 겁 이전에는 원인 없이 저절로 생겼다'는 생각을 하게 된다. 이렇게 억측하므로 올바른 지견을 잃어버리고 외도에 떨어져, 보리의 성품을 의혹한다.

둘째는 끝에도 원인이 없다고 한다. 이 사람은 이미 태어나는 근본을 보았으므로 사람은 사람을 낳고 새는 새를 낳고 까마귀는 본래부터 검고 따오기는 본래부터 희고 사람과 천상사람은 서서 다니고 축생은 기어다니며 흰 것은 씻어서 된 것이 아니며 검은 것도 물들여 된 것이 아니다. 팔만 겁 동안에 변동이 없는 것을 알고는 이 형상이 다

하더라도 당초부터 보리를 보지 못했는데 어찌 보리를 이루는 일이 있겠는가. 그러므로 오늘날 온갖 물건이 모두 끝에도 원인이 없다는 것이다.

이렇게 억측하므로 올바른 지견을 잃어버리고 외도에 떨어져, 보리의 성품을 의혹하니 이것이 첫째 외도의 원인이 없다는 주장을 세우게 하는 것이다.

(6-2-2-4-2) 행음의 마2

아난아, 선남자가 삼매 가운데 고요하고 밝은 바른 마음에 천마가 틈을 타지 못하면 중생들의 근본을 철저하게 궁구하여 그윽하게 아른거리는 항상한 근원을 관찰하고, 뚜렷이 항상한 데서 억측을 내는 이는 네 가지가 두루 항상하다는 주장에 떨어진다.

첫째, 마음과 경계의 성품을 궁구해 두 곳에 원인이 없어 닦아 익혀서 이만 겁 안에 시방중생들의 생겼다 없어졌다함을 알아 '모두 고리 돌 듯하는 것이며 흩어져 없어지는 것이 아니다'하며 항상하다고 억측한다.

둘째, 사대의 성품을 궁구하여 네 가지 성품이 항상 있는 것이라고 닦아 익혀서 사만 겁 안에 시방중생들의 생겼다 없어졌다함을 알아 "모두 체성이 항상한 것이며 흩어져 없어지는 것이 아니다"하며 항상하다고 억측한다.

셋째, 육식과 말나식과 집수식을 궁구하여 마음과 뜻과 식의 본래 성품이 항상하다고 닦아 익혀서 팔만 겁 안에 온갖 중생이 모두 고리 돌 듯하여 없어지지 않고 본래 항상한 것임을 알아 없어지지 않는 성품을 궁구해 항상하다고 억측한다.

넷째, '상음의 근원을 끝내어 태어나는 이치는 다시 흐르고 그치고 옮아가는 일이 없다'고 생각하며 생겼다 없어졌다 하는 생각이 아주 없어졌으며 당연히 생겼다 없어졌다 하지 않는 성품을 이루었다고 마음으로 요량해 항상하다고 억측한다.

이렇게 억측하므로 올바른 지견을 잃어 버리고 외도에 떨어져, 보리의 성품을 의혹하니 이것이 둘째 외도의 항상하다는 주장을 세우는 것이다.

(6-2-2-4-3) 행음의 마3

선남자가 삼매 가운데 군고 고요한 바른 마음에 천마에게 틈을 주지 않고 중생들이 근본을 철저하게 궁구하여 항상한 근원을 관찰하고 자기와 다른 것 가운데서 억측하는 이는 한쪽은 항상하지 않고 한쪽은 항상하다는 네 가지 뒤바뀐 주장에 떨어진다.

첫째, 묘하고 밝은 마음이 시방에 두루함을 보고 고요한 것으로써 억측이 된다. 이로부터 밝은 마음이 시방에 두루하여 고요하고 밝아 움직이지 않으면 온갖 중생은 내 마음 가운데서 스스로 났다 스스로 없어지는 것이니 내 마음은 항상한 것이며 생겼다 없어졌다 하는 것은 항상하지 않은 것이다.

둘째, 마음은 보지 않고 시방의 항하사 같은 국토만을 보고 괴겁에 소멸하는 곳을 보고 끝까지 항상하지 않은 것이라 하고, 괴겁에 소멸하지 않는 곳을 보고 끝까지 항상한 것이라 한다.

셋째, 내 마음은 정미롭고 세밀함이 미진과 같아서 시방에 다녀도 성품이 달라지지 않으며 이 몸은 바로 나고 바로 없어지는 것이며 따로 관찰하고 소멸하지 않는 것은 나의 항상한 성품이며 나고 죽는 것이 나로부터 흘러나오는 것은 항상하지 않는 성품이라 한다.

넷째, 상음은 없어지고 행음이 흘러다님을 보고서 행음은 항상 흐르니 항상한 성품이며 색음과 수음과 상음은 이미 없어졌으니 항상하지 않다.

이렇게 한쪽은 항상한 것이 아니며 한쪽은 항상한 것이라고 억측하므로 외도에 떨어져서 보리의 성품을 의혹하니 이것이 셋째 외도의 한쪽만 항상하다는 주장을 세운다.

(6-2-2-4-4) 행음의 마4

선남자가 삼매 가운데 굳고 고요한 바른 마음에 천마가 틈을 타지 못하면 중생들의 근본을 철저하게 궁구하여 그윽하게 아른거리는 항상한 근원을 관찰하고, 분별하는 자리에 억측을 내는 이는 네 가지 끝이 있다는 주장에 떨어진다.

첫째, 태어나는 근원의 흐르는 작용이 쉬지 않으며 과거와 미래가 끝이 있다고 억측하여 현재의 계속되는 마음이 끝이 있다고 억측한다.

둘째, 팔만 겁까지는 중생이 보이고 팔만 겁 이전은 고요해 듣고 보이는 것이 없음을 관찰하고 듣고 보이는 것이 없는 데는 끝이 없고 그후 중생이 있는 데는 끝이 있다고 억측한다.

셋째, 자신은 두루 알며 끝이 없는 성품을 얻었다 생각하고 다른 사람은 자신이 아는 가운데 나타나며 자신이 그들의 성품을 알지 못하니 그들은 끝이 없는 성품을 얻지 못했으므로 끝이 있는 성품이라 억측한다.

넷째, 행음이 공한 것이라고 궁구하고 자신이 보는 대로 생각하며 온갖 중생의 몸 가운데 반은 나는 것이며 반은 없어지는 것이라 억측하고 세계에 있는 온갖 물건도 반은 끝이 있는 것이며 반은 끝이 없다고 생각한다.

이렇게 끝이 있는 것과 끝이 없는 것을 억측하므로 외도에 떨어져서 보리의 성품을 의혹하니 이것이 넷째 외도의 끝이 있다는 주장을 세우는 것이다.

(6-2-2-4-5) 행음의 마5

선남자가 삼매 가운데 굳고 고요한 바른 마음에 천마가 틈을 타지 못하면 중생들의 근본을 철저하게 궁구하여 항상한 근원을 관찰하고, 억측을 내는 이는 죽지 않으려고 네 가지의 뒤바뀐 어지럽게 속이는 허망한 주장에 떨어진다.

첫째, 변화하는 근원을 관찰해 옮겨가는 곳을 보고 변하는 것이라 하며 계속되는 곳을 보고는 항상한 것이라 한다. 볼 것을 보는 것은 생겨나는 것이라 하고 볼 것을 보지 못하는 것은 없어지는 것이라 한다. 서로 계속하는 인이 끊어지지 않는 것을 늘어남이라 하며 서로 계속하는 가운데 사이가 뜨는 것을 줄어듦이라 한다. 제 각각 생겨나는 것을 있는 것이라 하며 서로 없어지는 것을 없음이라 한다. 이치로는 함께 보고 마음으로는 분별하므로 법을 구하는 사람이 와서 이치를 물으면 나기도 하고 없어지기도 하고 있기도 하고 없기도 하고 늘기도 하고 줄기도 하며 항상 어지럽게 말하여 종잡을 수 없게 한다.

둘째, 마음의 제 각각 없는 데를 관찰하고 없으므로 인하여 증득하고는 누가 물으면 없다고 대답하고 없다는 말 외에는 다른 말을 하지 않는다.

셋째, 마음의 제 각각 있는 데를 관찰하고 있으므로 인하여 증득하고는 누가 물으면 있다고 대답하고 있다는 말 외에는 다른 말을 하지 않는다.

넷째, 있고 없는 것을 함께 관찰하여 경계가 두 갈래인 탓으로 마음도 어지러워져 누가 물으면 있기도 한 것이 없기도 한 것이며 없기도 한 가운데 있기도 한 것이라 하여 모든 것을 어지럽게 속여 따질 수 없게 한다.

이렇게 어지럽고 허망하게 속이는 탓으로 외도에 떨어져서 보리의 성품을 의혹하니 이것이 다섯째 외도의 네 가지 뒤바뀐 죽지 않으려고 어지럽게 속이는 허망한 주장을 세우는 것이다.

(6-2-2-4-6) 행음의 마6

선남자가 삼매 가운데 굳고 고요한 바른 마음에 천마가 틈을 타지 못하면 중생들의 근본을 철저하게 궁구하여 항상한 근원을 관찰하고 끝없이 흐르는데 억측을 내는 이는 죽은 뒤에 상이 있다는 뒤바뀐 마음에 떨어지게 된다.

육신을 견고하게 하여 색음을 낸다. 내가 원만하여 국토를 포함해 색을 가졌다며 앞엣것들이 나를 따라 돌아다녀 색이 내게 부속된다. 내가 색음 가운데서 상속된다고 하여 죽은 뒤에 상이 있다고 억측하므로 윤회해 십육 상이 있으며 끝까지 번뇌며 보리라고 한다. 두 가지 성품이 가지런히 나아가서 서로 꺼리지 않는다.

이렇게 죽은 뒤에 상이 있다고 억측하므로 외도에 떨어져서 보리의 성품을 의혹하니 이것이 여섯째 외도의 오온 가운데서 죽은 뒤에 상이 있다는 마음이 뒤바뀐 허망한 주장을 세우는 것이다.

(6-2-2-4-7) 행음의 마7

선남자가 삼매 가운데 굳고 고요한 바른 마음에 천마가 틈을 타지 못하면 중생들의 근본을 철저하게 궁구하여 항상한 근원을 관찰하고, 먼저 없어진 색음 수음 상음 가운데 억측을 내는 이는 죽은 뒤에 상이 없다는 뒤바뀐 마음에 떨어지게 된다.

색음이 없어짐을 보고 몸이 원인이 아니라 하며, 상음이 없어짐을 보고 마음이 얽매인 데가 없어 수음이 없어짐을 알고, 몸과 마음이 연락될 수 없다 하면서 세 음이 없어졌으니 설사 태어나는 이치가 있더라도 수음과 상음이 없으므로 초목과 같다. 이 몸이 지금 상을 얻을 수 없으면 죽은 뒤에 어떻게 상이 있겠는가 하고 생각한다. 이리하여 죽은 뒤에 상이 없다고 단정하므로 이렇게 윤회하여 여덟 가지 상이 없다고 억측하기를 열반의 원인과 결과도 모두 공해서 이름만 있는 것이며 결국에는 아주 없어지는 것으로 생각한다.

이렇게 죽은 뒤에 상이 없다고 억측하므로 외도에 떨어져서 보리의 성품을 의혹하니 이것이 일곱째 외도의 오온 가운데서 죽은 뒤에 상이 없다는 뒤바뀐 주장을 세우는 것이다.

(6-2-2-4-8) 행음의 마8

선남자가 삼매 가운데 굳고 고요한 바른 마음에 천마가 틈을 타지 못하면 중생들이 근본을 철저하게 궁구하여 항상한 근원을 관찰하고 행음이 있는 가운데 수음과 상음은 없어지므로 있는 것과 없는 것을 함께 헤아려 두 가지가 서로 파한다고 생각하는 이는 죽은 뒤에 모두 뒤바뀐 주장에 떨어지게 된다.

색음과 수음과 상음 가운데 있는 것을 보지만 있는 것이 아니며, 행음이 옮겨가는 곳에서 없어진 것을 보지만 없어진 것이 아니라고 생각하므로, 윤회하면서 네 가지 음에서 여덟 가지가 아니라는 것을 궁구하고, 어느 한 가지 음에서든지 죽은 뒤에는 다 상이 있고 상이 없다고 말한다. 또 온갖 법의 성품이 바뀌는 것이므로 알았다는 소견으로 있는 것도 없는 것도 아니라고 억측하여 허망하고 참된 것을 알지 못한다. 이렇게 죽은 뒤에는 모두 아니라고 억측하며 뒤에 일이 캄캄하여 말할 수 없으므로 외도에 떨어져서 보리의 성품을 의혹하니 이것이 여덟째 외도의 오온 가운데서 죽은 뒤에 모두 아니라는 뒤바뀐 주장을 세운다.

(6-2-2-4-9) 행음의 마9

선남자가 삼매 가운데 굳고 고요한 바른 마음에 천마가 틈을 타지 못하면 중생들이 근본을 철저하게 궁구하여 항상한 근원을 관찰하고, 뒷세상은 없는 것이라고 억측하는 이는 일곱 가지 없어진다는 주장에 떨어지게 된다.

몸이 없어진다고 하며 탐욕의 끝과 고통의 끝과 즐거움의 끝과 고도낙도 아닌 것이 없어진다면서 일곱 군데를 궁구해 지금 것이 없어지고 다시 생기지 않는다고 생각한다. 이렇게 죽은 뒤에는 아주 없어진다고 억측하므로 외도에 떨어져서 보리의 성품을 의혹하니 이것이 아홉째 외도의 오온 가운데서 죽은 뒤에 없어진다는 뒤바뀐 주장을 하는 것이다.

(6-2-2-4-10) 행음의 마10

선남자가 삼매 가운데 굳고 고요한 바른 마음에 천마가 틈을 타지 못하면 중생들의 근본을 철저하게 궁구하여 항상한 근원을 관찰하고, 뒤로 있는 것이라고 억측하는 이는 다섯 군데가 지금 이대로 열반이라는 주장에 떨어지게 된다.

욕계천을 의지할 곳이라 하면 뚜렷이 밝은 것을 보고 사모하는 탓이며, 초선천을 의지할 곳이라 하면 마음에 고통이 없는 탓이며, 이선천을 의지할 곳이라 하면 근심이 없는 탓이며, 삼선천을 의지할 곳이라 하면 즐거운 탓이며, 사선천은 고통과 즐거움이 모두 없어져서 윤회하듯이 생겼다 없어졌다 하지 않는 탓이다. 번뇌가 있는 천상을 잘못 알아 무위의 곳이라는 소견을 내고는 이 다섯 군데가 편안해서 깨끗하고 의지할 곳이라면서 고리 돌듯이 다섯 군데가 막다른 곳이라 한다. 이렇게 다섯 군데를 열반이라고 억측하므로 외도에 떨어져서 보리의 성품을 의혹하니 이것이 열 번째 외도의 오온 가운데서 다섯 군데가 열반이라는 뒤바뀐 주장을 세운다.

아난아, 열 가지 선의 허황한 소견은 모두 행음에 대하여 마음의 작용이 교대로 나타난 탓이다. 중생들이 혼미해 헤아리지 못하므로 이런 소견이 나타날 때 잘못된 것을 옳다고 알고 성인의 경계에 올랐다 하면 큰 거짓말이 되어 무간지옥에 떨어진다. 너희들은 반드시 여래의 말을 명심해 내가 열반한 뒤 말법 시대에 전해 중생들에게 이런 이치를 깨닫게 하며, 마음의 마가 큰 허물을 일으키지 못하게 잘 보호하고 두호하여 나쁜 소견이 없어지게 해야 한다. 몸과 마음으로 참된 뜻을 깨닫게 하고 위없는 도에 갈래길을 만나지 않게 하며 조금 얻고 만족한 생각을 하지 않고 부처가 되는 것을 목표로 삼게 하라.

(6-2-2-5) 식음의 마

아난아, 선남자가 삼매를 닦아서 행음이 다한 이는 여러 세간의 체성으로 다 같이 태어나는 기미가 홀연히 깊고 미세한 고동이 망가지고 보특가라의 업에 의지하여 태어나던 명맥이 감하고 응하는 것이 끊어지고 열반 하늘이 밝아지는 것이 마치 닭이 울면 동이 훤하게 트는 것 같다. 육근이 텅 비고 고요하여 밖으로 돌아다니지 않고 안과 밖이 고요하고 밝아서 들어가던 것도 들어갈 데가 없으며, 시방의 십이 종류 중생의 목숨 받는 근본 원인을 깊이 알고는 모든 종류가 태어나지 못하며, 시방세계의 공통됨을 얻고 정미로운 빛이 잠기지 않아 깊고 비밀한 것을 나타내니 이것을 식음의 움 속이라 한다.

만일 여러 종류가 태어나는 공통됨을 얻어 여섯 문을 녹여 버리고 합하여 열리는 것이 성취되면 보는 것과 듣는 것이 한 곳으로 통하여 서로 작용함이 청정해진다. 시방세계와 몸과 마음이 수정처럼 안팎이 밝게 사무치니 식음이 끝난다. 이 사람은 즉시 목숨의 흐림을 뛰어넘는다. 그것은 허무맹랑한 뒤바뀐 망상으로 근본이 되었던 까닭이다.

(6-2-2-5-1) 식음의 마1

아난아, 선남자가 행음이 공한 것을 궁구하고 식음으로 돌아가서 나는 것과 없어지는 것이 이미 소멸되었으나 고요하고 멸한 데에 정미롭고 묘한 것이 아직 원만하지 못했지만, 육근의 막혔던 것이 합하여 열리고 시방의 모든 종류와 각의 성품이 공통되어 깨닫고 아는 것이 한곳으로 합해 뚜렷한 근원에 들어간다.

만일 돌아갈 곳에 참되고 항상 하는 인을 세워서 좋다는 생각을 내면 인할 만한 데에 인했다는 고집에 떨어져서 명체라고 하는 사비가라들과 짝이 되어 부처님의 보리를 잘못 알고 지견을 잃어 버린다. 이것은 첫째 얻었다는 마음을 세워 돌아가는 곳의 과이며 원통과는 멀어지고 열반성을 등지게 되어 외도 종류에 태어난다.

(6-2-2-5-2) 식음의 마2

아난아, 선남자가 행음이 공한 것을 궁구해 나는 것과 없어지는 것이 이미 소멸되었으나 고요하고 멸한 곳에 정미롭고 묘한 것이 아직 원만하지 못했지만, 돌아갈 곳을 자신의 몸이라 하여 세계의 십이 종류 중생이 모두 내 몸에서 흘러나왔다는 생각을 낸다. 그러면 이 사람은 할 수가 없는 것을 할 수 있다고 하는 고집에 떨어져서 가없는 몸을 나타내는 마예수라들과 짝이 되어 부처님의 보리를 잘못 알고 지견을 잃어버린다. 이것은 둘째 할 수 있다는 마음을 세운 과이며 원통과는 멀어지고 열반성을 등지게 되어 두루 하고 원만하다는 대만천 종류에 태어난다.

(6-2-2-5-3) 식음의 마3

또 선남자가 행음이 공한 것을 궁구해 나는 것과 없어지는 것이 이미 소멸되었으나 고요하고 멸한 것에 정미롭고 묘한 것이 아직 원만하지 못했지만, 돌아가서 의지할 수 있는 곳이라 해도 몸과 마음도 거기서 흘러나왔는지 의심한다. 시방 허공도 모두 거기서 생겼다 하여 온갖 것이 생겨났을 것이라는 곳에 나지도 않고 없어지지도 않는 항상한 몸이라는 소견을 내고는, 났다 없어졌다 하는 가운데 있으면서 항상 머물러 있는 것이라고 억측하여 나지 않고 없어지지 않는 것도 모르고 나고 없어지는 것까지도 알지 못해 아득한 데 있으면서 좋다는 생각을 한다. 그러면 항상하지 않은 것을 항상한 것이라는 고집에 떨어져서 자재천을 주장하는 이들과 짝이 되어 부처님의 보리를 잘못 알고 지견을 잃어버린다. 이것은 셋째 의지할 곳이라는 마음을 세워 허망하게 억측한 과이며 원통과는 멀어지고 열반성을 등지게 되어 거꾸로 원만하다는 종류에 태어난다.

(6-2-2-5-4) 식음의 마4

선남자가 행음이 공한 것을 궁구하여 나는 것과 없어지는 것이 이미 소멸되었으나 고요하고 멸함에 정미롭고 묘한 것이 아직 원만하지 못했지만, 아는 것이 두루 원만하다고 생각하여 알음으로 인하여 소견을 낸다. 시방의 초목들도 모두 정이 있어서 사람과 다르지 않아 초목도 사람이 될 수 있고 사람이 죽으면 초목이 된다고 유정과 무정을 가릴 것 없이 모두 알음이 있어 좋다는 생각을 내면 알음이 없음을 안다고 하는 고집에 떨어진다. 온갖 것을 다 안다고 하는 파타와 선니와 짝이 되어 부처님의 보리를 잘못 알고 지견을 잃어 버린다. 이것이 넷째 두루 안다는 마음을 내어 허황하고 잘못된 과이며 원통과는 멀어지고 열반성을 등지게 되어 거꾸로 안다는 종류에 태어난다.

(6-2-2-5-5) 식음의 마5

선남자가 행음이 공한 것을 궁구해 나는 것과 없어지는 것이 이미 소멸되었으나 고요하고 멸함에 정미롭고 묘함이 아직 원만하지 못했지만, 원용한 근이 서로 작용하는 가운데 수순함을 얻고는 문득 원용하여 변화하는 데서 온갖 것이 생겨난다. 불에 광명을 구하며, 물에 맑음을 좋아하며, 바람의 유통함을 사랑하며, 티끌이 만드는 것을 보고는 제 각각 숭배하고 섬기면서 여러 가지 진으로 만들어내는 근본이 된다 하여 항상 머물러 있다는 소견을 내지 못함을 낸다고 하는 고집에 떨어진다. 가섭 삼형제들이나 바라문들이 몸과 마음을 수고롭게 하면서 불을 섬기고 물을 숭배하여 생사에서 벗어나려는 이들과 짝이 되어 부처님의 보리를 잘못 알고 지견을 잃어 버려 다섯째 숭배하고 섬기는데 의혹하여 마음을 모르고 물건을 따르면서 허망하게 구하는 인을 세워 허망하게 바라는 과를 이룸이다. 원통과는 멀어지고 열반성을 등지게 되어 뒤바뀌게 변화한다는 종류에 태어난다.

(6-2-2-5-6) 식음의 마6

선남자가 행음이 공한 것을 궁구하여 나는 것과 없어지는 것이 이미 소멸되었으나 고요하고 멸한 것에 정미롭고 묘한 것이 아직 원만하지 못했지만, 두루하고 밝은 곳에서 가운데가 비었다고 억측하여 모든 변화하는 것을 잘못되었다 하여 전혀 없는 것으로 돌아가 의지할 곳이라 여겨 좋다는 생각을 낸다. 이들은 돌아갈 곳이 없는 것을 돌아갈 곳이라고 하는 고집에 떨어져서 무상천의 순야다들과 짝이 되어 부처님의 보리를 잘못 알고 지견을 잃어 버린다. 이것은 여섯째 뚜렷이 허무하다는 마음을 세워 아무것도 없다는 과이다. 원통과는 멀어지고 열반성을 등지게 되어 아주 없어진다는 종류에 태어난다.

(6-2-2-5-7) 식음의 마7

또 선남자가 행음이 공한 것을 궁구해 나는 것과 없어지는 것이 이미 소멸되었으나 고요하고 멸한 곳에 정미롭고 묘한 것이 아직 원만하지 못했지만, 뚜렷하고 항상한 것에서 몸을 견고히 하여 항상 머문다. 성품이 뚜렷한 것처럼 영원히 죽지 않는다는 좋은 생각을 하면 탐내지 않을 것을 탐내는 고집에 떨어져서 아사타들의 오래 살기를 구하는 이들과 짝이 되어 부처님의 보리를 잘못 알고 지견을 잃어 버린다. 이것은 일곱째 생명의 근원이라 고집하여 허망한 것을 견고하게 하는 인을 세운 과이다. 원통과는 멀어지고 열반성을 등지게 되어 허망하게 오래 살려는 종류에 태어난다.

(6-2-2-5-8) 식음의 마8

선남자가 행음이 공한 것을 궁구해 나는 것과 없어지는 것이 이미 소멸되었으나 고요하고 멸한 곳에 정미롭고 묘한 것이 아직 원만하지 못했지만, 수명이 서로 통함을 보고 진로에 머물러 소멸할까 두려워하여 연꽃 궁전에 앉아서 일곱 가지 보배로 변화하며 예쁜 아가씨들을 두고 마음껏 즐기려는 것을 좋은 생각으로 내면 이 사람은 참이 아닌 것을 참이라 하는 고집에 떨어져서 타기가라들과 짝이 되어 부처님의 보리를 잘못 알고 지견을 잃어 버린다. 이것은 여덟째 잘못된 생각의 인을 내어 진로를 치성하게 하는 과이다. 원통과는 멀어지고 열반성을 등지게 되어 천마의 종류에 태어난다.

(6-2-2-5-9) 식음의 마9

선남자가 행음이 공한 것을 궁구해 나는 것과 없어지는 것이 이미 소멸되었으나 고요하고 멸한 곳에 정미롭고 묘한 것이 아직 원만하지 못했지만, 목숨이 밝아진 가운데서 정묘하고 거친 것을 분별하며 참되고 거짓됨을 판단한다. 원인과 결과가 서로 갚아지는 것이라 하여 감하고 응하는 것만 구하고 청정한 도를 등지니, 고를 보고 집을 끊으면 멸을 증하려고 도를 닦아서 멸에 이르고는 다시 앞으로 나아가지 않으면서 좋다는 생각을 낸다. 이 사람은 붙박이 성문에 떨어져서 아는 것이 없는 비구의 아만을 가진 이들과 짝이 되어 부처님의 보리를 잘못 알고 지견을 잃어버린다. 이것은 아홉째 정미롭게 응하려는 마음을 원만히 하여 고요한데 나아가는 과이다. 원통과는 멀어지고 열반성을 등지게 되어 공한데 얽매이는 종류에 태어난다.

(6-2-2-5-10) 식음의 마10

또 선남자가 행음이 공한 것을 궁구해 나는 것과 없어지는 것이 이미 소멸되었으나 고요하고 멸한 곳에 정미롭고 묘한 것이 아직 원만하지 못했지만, 원융하고 청정한 각의 밝은 데서 깊고 묘한 것을 연구하고 획득한다. 이것을 열반이라 하고 앞으로 나아가지 않으면서 좋다는 생각을 내면 이 사람은 벽지불에 떨어져서 마음을 돌이키지 못하는 연각이나 독각들과 짝이 되어 부처님의 보리를 잘못 알고 지견을 잃어 버린다. 이것은 열 번째 원용한 각과 통하는 마음을 내어 고요하고 밝은 과이다. 원통과는 멀어지고 열반성을 등지게 되어 각이 원용하고 밝았으나 뚜렷한 것에 변화하지 못하는 종류에 나게 된다.

아난아, 이러한 열 가지 선에서 중도에 미친 소견을 내거나 미혹함으로 넉넉지 못한 데서 만족한다는 생각을 내는 것은 모두 식음에 대하여 마음의 작용이 번갈아 나타나므로 이 자리에 난다. 중생들이 혼미하여 헤아리지 못하므로 이런 것이 나타날 때 제각각 먼저부터 사랑하여 익히던 잘못된 마음에서 스스로 쉬면서 반드시 돌아가서 편안히 있을 곳으로 여기고, 위없는 보리를 만족했다고 거짓말을 하여 외도와 사마들은 받는 업보가 끝나면 무간지옥에 떨어진다. 성문과 연각은 더 나아가지 못한다.

너희들이 마음을 먹고 여래의 도를 붙들어 이 법문을 기억하여 내가 열반한 뒤 말법 시대에 전하여 중생들에게 이런 이치를 깨닫게 하며 소견이 잘못된 마가 큰 허물을 짓지 않도록 잘 보호하며 구원하여 나쁜 인연을 쉬고 몸과 마음이 부처님 지견에 들어가서 처음부터 성취할 때까지 갈래길을 만나지 않게 해라.

이 법문은 지나간 세상 항하사 겁 동안에 많은 여래께서 의지하여 마음이 열려 위없는 도를 얻으셨다. 식음이 없어지면 너의 모든 근이 서로 작용하게 되며 보살의 금강혜에 들어가서 뚜렷하고 밝고 정미로운 마음이 그 속에서 변화하되 마치 깨끗한 수정속에 밝은 달을 넣은 듯하다. 이렇게 십신과 십주와 십행과 십회향과 사가행을 뛰어넘어 보살들이 행하는 금강 같은 십지와 등각이 뚜렷이 밝아지고 여래의 묘하게 장엄한 바다에 들어가서 보리가 원만하여 얻은 바가 없는 곳에 이른다.

여기서 설한 법문은 과거의 부처님께서 사마타 가운데서 위빠사나의 시각지혜로 분별하신 미세한 마의 장난이다. 이 마의 경계가 앞에 나타날 때 마음속에 때를 씻어 버리고 사특한 소견에 떨어지지 않으면, 오온의 마는 소멸하고 천마는 부서지고 기운 센 귀신들은 넋을 잃고 도망하여 도깨비 허깨비는 다시 나오지 못하며 보리에 이르도록 부족함이 없으며 못나고 용렬하게 나아가던 이들도 열반이 멀지 않다.

말법 세상에 어리석은 중생들로서 선을 못하고 법문을 알지 못하면서 삼매 닦기를 좋아하는 이들이 사마와 같아지면 일심으로 대불정다라니를 지니게 하며 외우지 못하거든 법당에 써 두거나 몸에 지니면 모든 마가 감히 시끄럽게 하지 못한다.

너는 마땅히 시방 여래의 끝까지 닦아 나가는 것을 마지막으로 일러 주시는 것을 공경히 받들어라.

(6-2-3) 오온의 근본

아난이 자리에서 일어나 부처님의 말씀을 듣고 정례하고 공경하여 받들며 다시 여쭈었다.

"부처님의 말씀대로 오온 가운데는 다섯 가지 망상으로 근본이 되었으나 저희들은 부처님께서 자세하게 설명하시는 것을 듣지 못했습니다. 다섯 가지 온을 한꺼번에 녹여 버릴 수 있습니까? 차례로 하나씩 끊어야 합니까? 다섯 겹은 어디가 경계선이 됩니까? 원컨대 부처님께서 자비를 베푸시어 대중의 마음눈을 밝게 하시며 말세의 중생들을 위하여 미래의 눈이 되게 하십시오."

부처님 "아난아, 정미롭고 참되고 묘하고 밝은 본각이 원만하고 청정하여 죽는 것과 나는 것과 티끌과 때와 허공까지도 머물러 있지 않지만 모두 망상으로 말미암아 생겨난다. 이것이 본래 본각의 묘하고 밝고 정미롭고 참된 것이 허망하게 모든 기세간을 일으켜 낸 것이니 마치 연야달다가 제 머리를 모르고 그림자를 잘못 아는 것과 같다.

망은 원래 원인이 없지만 망상 가운데서 인연이란 것을 세우고 인연을 모르는 이는 자연이라 하며 허공도 실로 환으로 난 것이니 인연이니 자연이니 하는 것이 모두 중생의 허망한 마음으로 억측하는 것이다. 아난아, 망이 생긴 것을 알면 망의 인연을 말할 수도 있지만 망이 원래 없는 것인데 망의 인연을 말해도 원래 있는 것이 아니라서 알지 못하고 자연이라고 말한다. 그러므로 여래가 말씀하시기를 오온의 근본 원인이 다 망상이라고 했다.

(6-2-3-1) 견고한 망상

네 몸이 부모의 생각으로 인하여 생긴 것이니 네 마음이 생각이 아니라면 생명을 전하지 못했다. 마음으로 신맛을 생각하면 입안에 침이 생기고 높은 벼랑에 오를 것을 생각하면 발바닥이 저려 오니, 높은 벼랑이 참으로 있는 것 아니며 신맛이 온 것이 아니다. 네 몸이 허망한 종류가 아니라면 입에 침이 어찌하여 신 이야기로 인하여 생기느냐. 그러므로 지금 색음으로 된 너의 몸은 첫째 견고한 망상이라고 한다.

(6-2-3-2) 텅 비고 밝은 망상

벼랑에 올라가려는 생각에 저려 옴을 느끼는 것인데 수음이 생김으로 육신을 움직이는 것이니 지금에 순하면 좋고 거슬리면 해로운 두 가지 작용을 둘째 텅 비고 밝은 망상이라고 한다.

(6-2-3-3) 융통한 망상

너의 생각으로 너의 몸을 시키니 몸이 생각의 종류가 아닌데 어찌하여 생각의 시킴을 따라 여러 가지로 모양을 취하며 생각이 나면 몸이 취하여 생각으로 더불어 서로 응한다. 깨면 생각이고 자면 꿈이니 곧 너의 상음의 흔들리는 허망한 생각을 셋째 융통한 망상이라고 한다.

(6-2-3-4) 깊고 그윽한 망상

변화하는 이치가 가만히 있지 않고 변천하는 것이 조금씩 움직여 손톱이 자라고 머리카락이 나고 기운이 쇠하고 얼굴이 쭈그러지는 것이 밤낮으로 교대해도 깨닫지 못한다. 아난아, 이것이 네가 아니라면 어찌하여 몸이 변하며 만일 참으로 너라면 어찌하여 깨닫지 못하느냐? 너의 행음이 제대로 변하는 것을 넷째 깊고 그윽한 망상이라 한다.

(6-2-3-5) 뒤바뀐 미세한 망상

정미롭고 밝은 것이 고요하고 흔들리지 않음을 항상한 것이라 하면 몸에서 보고 듣고 깨닫고 아는 것이 생기지 않는다. 만일 참으로 정미로운 참성품이라면 허망한 습기를 받지 않을텐데 어찌하여 네가 예전에 기이한 물건을 보고 여러 해가 지나도록 잊고 기억을 못하는지 알 수 없다가 뒤에 다시 그것을 보면 기억이 분명하여 잊어버리지 않는다. 이 정미롭고 고요하여 흔들리지 않는 가운데 제대로 훈습을 받는 것을 어찌 헤아릴 수 있겠느냐?

아난아, 고요한 것이 참되지 않은 것이 마치 빨리 흐르는 물이 보기에는 고요한듯하나 흐르지 않는 것이 아닌 것과 같다. 만일 생각의 근본이라면 어찌 허망한 훈습을 받겠느냐. 너의 육근이 서로 작용하고 합하여 열림이 아니면 이 망상은 없어지지 않으므로 지금 보고 듣고 깨

닫고 아는 가운데서 항상 훈습 하는 기미를 고요하고 분명한 가운데
잠긴 것을 다섯째 허무맹랑하고 뒤바뀐 미세한 망상이라 한다.

아난아, 이것이 오온이 다섯 가지 망상으로 되었다는 것이다.
네가 지금 이 오온계의 얕고 깊은 것을 알고자 하면 색과 공은 색음의
가장자리며, 집착하고 여의는 것은 수음의 가장자리며, 기억하고 잊
는 것은 상음의 가장자리며, 없어지고 나는 것은 행음의 가장자리며,
고요한데 들어가고 고요한데 합하는 것은 식음의 가장자리다.
오온은 원래 겹겹으로 포개어 생겼다. 나는 것은 식으로 인하여 있고
없어지는 것은 색으로부터 들린다. 이치로는 한꺼번에 깨닫는 것이
며 깨달으면 없어지고, 한꺼번에 들리는 것이 아니며, 차례로 없어진
다. 내가 이미 겁바라천의 수건 맺는 것을 보였는데 왜 다시 묻느냐?
너는 마땅히 이 망상의 근본을 마음으로 사무쳐 통달하고 말법 시대
에 수행하는 이들에게 전하여 허망한 줄을 알고 싫은 생각을 내게 하
며 열반의 성품이 있는 줄을 알아서 삼계를 그리워하지 않게 하라.

결문

7. 이 경의 퍼짐

"아난아, 어떤 사람이 시방 허공에 칠보를 가득 쌓아서 부처님께 받들어 공양하고 잠시도 멈추지 않으면 이 사람은 보시한 인연으로 많은 복을 받겠느냐?"

아난 "허공이 끝이 없고 보배가 가없으니, 옛적에 어떤 중생이 부처님께 적은 양의 칠보를 보시하고도 죽은 뒤에 전륜왕이 되었는데 하물며 허공에 가득하고 불세계에 충만한 칠보로 보시하면 엄청난 복을 받겠습니다. 겁이 다하도록 미칠 수 없는데 어찌 끝이 있겠습니까?"

부처님 "아난아, 여래께서 하신 말씀은 허망한 것이 없다. 어떤 사람이 네 가지 중대한 죄와 열 가지 바라이죄를 짓고 순식간에 이 세계 저 세계의 아비지옥을 낱낱이 돌아다니고 또다시 시방의 아비지옥까지 샅샅이 지내야 하지만, 한 생각만이라도 이 법문을 가지고 말법 시대에서 처음 배우는 이에게 말해 주면 이 사람의 죄업이 즉시 소멸되고 받아야 할 지옥이 변하여 극락세계가 된다. 그리고 다시 복덕을 받는 것이 칠보로 보시한 사람보다 천만억 배가 될 것이며 산수나 비유로써 말할 수 없다.

아난아, 만일 어떤 중생이 이 경을 외우거나, 이 주문을 지니면 그 공덕을 내가 겁이 끝나도록 말해도 다 말할 수 없으며 나의 말을 의지하여 가르친 대로 도를 닦으면 즉시 보리를 이룰 것이며 다시는 마의 장난이 없다.”

부처님께서 이 경 설함을 마치니 비구와 비구니와 우바새와 우바이와 온갖 세간의 천상사람과 인간사람과 아수라와 다른 곳에서 온 보살과 이승과 성선동자와 처음 발심한 기운 센 귀신들이 모두 기뻐하고 즐거워하며 정례하고 물러갔다.

4
우리말 유마경

한문번역 / 구마라집

──────────────── 차 례 ────────────────

암나수원에서

1. 부처님 나라(佛國品)

2. 중생과 더불어(方便品)

3. 부처님의 제자들(第子品)

4. 진리를 추구하는 구도자(菩薩品)

유마의 방

5. 문수보살의 질문(文殊師利問疾品)

6. 불가사의한 세계(不思義品)

7. 중생들의 마음을 살펴보고(觀衆生品)

──────────────── 차 례 ────────────────

10. 향적부처님이 계시는 곳(香積佛品)

다시 부처님 계신 곳으로

11. 구도자의 삶이여!(菩薩行品)

12. 깨달음의 세계(見阿촉佛品)

13. 진정한 공양(法供養品)

———————————————— 차 례 ————————————————

1. 부처님 나라

(1-1) 이와 같이 나는 들었다

이와 같이 나는 들었다. 한때에 부처님께서는 비사리(毘舍離, 毗耶離, Vaiśālī)성에 있는 암라수원(菴羅樹園, Amrapali-arama)에서 우안거를 보내셨다. 그때 이 절에는 수행자 8,000명이 부처님과 함께 수행하고 있었다. 그들은 모두 부처님처럼 되고자 지극정성으로 수행해 행위는 법도에 어긋남이 없었으며 세상과 사물을 보는 지혜가 성숙했다. 부처님께서 전법을 위해 다른 지방으로 유행을 떠나시고 나면 누구나 부처님을 대신해 설법을 할 수 있었다. 그리해 비사리성에 살고 있는 많은 사람에게 전법해 부처님의 법에 따라 맑고 밝은 생활을 영위하게 했으며, 또 다른 종교를 믿고 있는 외도들도 설득해 부처님에게 귀의해 수행자가 되게 했다.

(1-2) 진실한 삶에 대한 믿음

부처님의 제자들은 진실한 삶에 대한 확고한 믿음이 있었기 때문에 부처님께서 가르치신 대로 수행해 세상에 대한 소유욕이나 권력욕, 명예욕을 모두 여의었고 마음은 항상 고요한 선정에 들어 있었다.
바른 법을 위해서는 목숨이라도 내놓을 만큼 베풂에 철저했으며, 바른 법을 듣기 위해 며칠 씩이나 그대로 앉아 있었으며, 부처님의 말씀대로 수행하면 최상의 삶을 성취한다는 확신을 가지고 정진과 선정에 들었다. 이러한 수행력으로 모두 밝은 태양과 같이 지혜가 충만해 최상의 성취를 이루었고, 상대방의 근기에 따라 알맞은 비유를 들어 쉽게 이해하도록 해 즉시 잘못된 것을 바로잡아 진리의 길로 나아가게 했다.

(1-3) 교화하는데 걸림이 없음

그들은 법에 맞는 것과 어긋나는 것을 분명하게 알기 때문에 자신을 다스리고 교화하는 데 걸림이 없었으며, 어떤 일이 일어났을 때 그 원인을 꿰뚫어 알 수 있기 때문에 자신을 다스리고 교화하는 데 걸림이 없었으며, 더 나아가 끊임없이 되풀이 되는 삶과 죽음에 대해서도 초월해 자신을 다스리고 교화하는 데 걸림이 없었다. 마침 부처님께서 수행자들에게 법을 설하는 날이어서 비사리성에 있는 많은 사람이 구름처럼 몰려들어 함께 법을 청했다.

(1-4) 보적이라는 청년

대중들 사이에 보적이라는 비사리성 부호의 아들이 있었다. 젊은 보적은 진리를 좋아해 다른 부호들의 아들 오백 명과 무리를 지어 매일 나무 그늘에 앉아 토론을 했다. 이날도 오백 명의 벗들과 토론을 하다가 부처님의 설법을 듣기 위해 양산을 하나씩 받쳐들고 암나나무동산절로 모여 들었다. 부처님께서는 이 광경을 보시고 신통을 부려 오백 개의 양산을 하나의 양산이 되게 해 그 양산 속에 천상세계, 인간세계, 아수라세계, 축생세계, 지옥세계, 아귀세계와 같은 온 우주를 나타나게 해 모여 있는 모든 대중에게 마음 씀씀이에 따라 일어나는 여러 세계에 대한 생생한 체험을 하게 했다. 그들은 부처님의 거룩한 신통력을 보고 환희심이 가득 찬 마음으로 부처님께 예배를 올렸다.

(1-5) 젊은 보적의 찬탄
시적 능력이 뛰어난 보적은 벅차오르는 감정을 누르지 못하고 부처
님 앞으로 나아가 다음과 같은 게송으로 부처님을 찬탄했다.

맑은 눈 깊고 넓고 청련화 같은데
마음은 맑고 고요해 선정에 드셨고
공덕을 쌓고 쌓아 인품도 하늘이네
중생들의 스승이신 부처님께 정례합니다.

스승께서 신통으로 변화하시어
시방 세계 많은 국토 나타내시니
국토마다 부처님의 설법이시네
숨 죽이며 귀 기울여 듣고 봅니다.

원래부터 짓고 받을 인과 없건만
선과 악의 업보만은 분명하구나
보리수 아래서 모든 번뇌 항복 받아
연기법 깨달아서 성불 하셨네.

마음과 마음 작용 고요해 흔들림이 없으니
삿된 소견 외도들을 조복시키고
사성제의 거룩한 법 바퀴를 굴리니
번뇌의 나무에서 열반 꽃 피는구나.

하늘에서 인간에서 이 도를 펴니
올바름과 깨끗함이 세상을 덮어
중생들의 바른 삶에 이정표 되어
받아 지녀 닦으니 열반을 얻네.

칭찬에도 비방에도 움직이지 않고
착한 이와 악한 이를 분별하지 않으며
나고 죽음 제도하는 진리의 법왕님께
진심으로 머리 숙여 정례합니다.

중생들이 오가는 곳 모두 아시고
모든 법의 존재 실상 바로 아시며
이 세상에 애착 없기가 연꽃 같으며
모든 법의 공한 성품 깨달으시니
세간과 출세간을 통달해 걸림이 없고
허공 같이 텅 빈 부처님께 귀의합니다.

(1-6) 부처님께 법을 청하다

게송을 마친 보적은 환희에 가득 찬 마음으로 부처님께 여쭈었다.

"부처님이시여, 이 오백 명의 젊은이들은 인간으로 태어나 세상을
이롭게 하고자 '최상의 깨달음을 성취하겠다'고 굳게 맹세했습니
다. 진정한 이상 세계가 어떤 것인지 부처님의 귀한 말씀을 듣고자
원합니다. 수행자들이 이상 세계의 실현을 위해서 어떻게 살았는지
예를 들어 말씀해 주시면 저희들이 좋은 귀감으로 삼겠습니다."

보적의 행위와 말을 조용히 듣고 계시던 부처님께서 말씀하셨다.

"착하고, 착하다. 보적아. 진지한 삶을 추구하는 젊은이라면 응당히 보적이와 같은 그런 마음을 낼 것이다. 수행자들이 이상 세계를 실현하기 위해서 어떻게 살았는지 얘기해 줄 테니 잘 듣고 생각해 보아라."

항상 토론을 좋아했던 오백 명의 젊은이들은 더할 수 없는 마음의 충족감을 느끼면서 조용히 부처님의 말씀에 귀를 기울였다.

(1-7) 이상세계의 실천

부처님께서 대중들을 한번 둘러보시고 조용히 말씀하셨다.

"보적아, 수행자들이 생각하는 이상 세계는 인간들만을 위한 세계가 아니라 모든 생명을 위한 세계이다. 그러므로 수행자가 생각하는 이상 세계는 교화할 대상이 인간이라면 인간에게 맞게, 동물이라면 동물에게 맞는 이상 세계가 실현되도록 하는 것이다.

병자라면 병을 낮게 해 바르게 살도록 하는 것이 이상 세계로 들어가는 것이며, 술꾼이라면 맑은 정신으로 세상을 살아가도록 해 이상 세계에 들어가게 하는 것이다. 이미 부처님의 법을 따라 바른 삶을 살고 있는 자에게는 참선이나 염불이나 경전 공부 중에서 그의 근기에 맞는 방편으로 삶을 성숙시켜 주는 것이다.

수행자들이 깨끗한 마음으로 살아가는 것은 자신을 이익되게 하며 나아가 모든 생명을 이익되게 하기 위함이다. 소유와 집착을 벗어난 자유로운 마음은 빈 땅에 건물을 지으려는 것과 같이 마음먹은 대로 무엇이든지 지을 수 있지만, 자기 것으로 만들겠다는 탐욕과 내것이라는 집착으로 가득 찬 마음은 건물이 빽빽이 들어서 있는 곳에 집을 지으려는 것과 같이 마음대로 되지 않는다.

(1-8) 보살이 추구하는 이상세계

보적아!

바른 마음이 보살이 추구하는 이상 세계이며, 진지하게 살아가는 사람들이 이 나라의 백성들이다. 고요한 마음이 보살이 추구하는 이상 세계이며, 성실하게 살아가는 사람들이 이 나라의 백성들이다. 최상의 깨달음이 보살이 추구하는 이상 세계이며, 분명한 목표를 가지고 살아가는 사람들이 이 나라의 백성들이다. 아무리 귀한 것도 필요한 사람에게 아낌 없이 베풀 수 있는 그 마음이 보살이 추구하는 이상 세계이며, 소유욕에서 자유로운 사람들이 이 나라의 백성들이다. 윤리와 질서를 지킴으로써 많은 사람을 행복하게 살게하는 그 마음이 보살이 추구하는 이상 세계이며, 오계와 같은 계율을 잘 지키는 사람들이 이 나라의 백성들이다. 참기 어려운 것을 참을 수 있는 그 마음이 보살이 추구하는 이상 세계이며, 더 높은 이상을 실현시키기 위해 어떤 어려움도 참고 견디는 사람들이 이 나라의 백성들이다. 깨달음을 성취하기 위해 자신을 향상시키는 그 마음이 보살이 추구하는 이상 세계이며, 목표를 향해 끊임없이 나아가는 사람들이 이 나라의 백성들이다. 나와 너의 분별이 없는 그 마음이 보살이 추구하는 이상 세계이며, 자신의 몸뚱이에 집착하지 않고, 애욕에 물들지 않는 사람들이 이 나라의 백성들이다.

모든 생명을 사랑하고 불쌍히 여기며, 좋은 일은 함께 기뻐하고 어떤 잘못도 용서해 줄 수 있는 넓은 마음 가득 찬 세상이 보살이 추구하는 이상 세계이며, 자신의 몸 때문에 삿된 생각이 일어나면 백 년 후에는 없어질 몸뚱이임을 생각하고, 상대방의 몸으로 인해 애욕적인 감각이 일어나면 상대방의 몸 속에 들어 있는 피와 고름을 생각해 더러운 몸뚱이임을 알아 애욕이 없고 집착이 없는 마음이 가득 찬 세상이 보살이 추구하는 이상 세계이다.

이미 생긴 나쁜 것은 부지런히 노력해 없애고, 아직 생기지 않은 나쁜 것은 생기지 않게 하며, 아직 생기지 않은 착한 것은 생기게 하며, 이미 생긴 착한 것은 더욱더 성하도록 노력하는 마음이 가득 찬 세상이 보살이 추구하는 이상 세계이며, 올바른 생각과 올바른 행위와 올바른 생활과 올바른 수행으로 충만된 세상이 보살이 추구하는 이상 세계이다. 자신이 행한 행위에 대해 보답을 바라지 않고 다른 사람이 행한 정당한 행위를 마음껏 칭찬해 주는 그런 마음이 가득 찬 세상이 보살이 추구하는 이상 세계이다.

그러므로 보적아,

보살은 그 마음이 바르므로 좋은 일을 행하게 되고 좋은 일을 행하므로 마음이 고요해지고 마음이 고요하니 생각이 자유로워 질서를 벗어나지 않고 생각대로 행해도 법에 맞으며 행위를 하되 행위의 결과에 집착하지 않으므로 세상을 이롭게 하며 세상을 이롭게 하고자 하는 마음뿐이니 이롭게 하는 방법이 저절로 생기며 이 방법에 따라 모든 생명을 교화하니 모든 생명은 자연히 이롭게 되어 이상 세계가 이루어진다. 이러한 이상 세계는 원하는 모든 것이 성취된 세계이므로 소유와 집착에서 자유로와 저절로 깨끗해지고, 세계가 깨끗하므로 그 세계에서 설해지는 설법이 깨끗하며, 설법이 깨끗하므로 거기에서 나오는 지혜 또한 깨끗해 그 마음이 깨끗하고, 마음이 깨끗하므로 온 우주가 깨끗해진다.

(1-9) 마음이 깨끗하면 세상은 깨끗하다

그러므로 보적아,

"보살이 이상 세계를 실현하려면 먼저 그 마음이 깨끗해야 한다. 마음이 깨끗하면 우주는 저절로 깨끗해지고 그 속에서 이상 세계는 어느 곳에서든지 이루어진다."

이 말을 듣고 사리불(舍利弗, Śāriputra)은 마음 속으로 이렇게 생각했다.

"만일 보살의 마음이 깨끗하면 이상 세계가 깨끗해진다고 하셨는데 부처님께서 보살행을 행하실 때도 마음이 더럽지 않았을 것인데 어찌해 지금 눈 앞에 펼쳐져 있는 이 세상은 깨끗하지 못할까?"

부처님께서는 그 생각을 아시고 이렇게 물었다.

"사리불아, 너는 어떻게 생각하느냐? 저 하늘 높이 떠 있는 해와 달이 없어서 장님이 보지 못하느냐?"

"그렇지 않습니다. 부처님이시여, 그것은 장님이 앞을 못 보기 때문에 보이지 않는 것이지 해와 달이 없어서 못 보는 것이 아닙니다."

"바로 그렇다. 사리불아, 모든 생명이 탐하는 마음과 화내는 마음과 어리석은 마음에 의한 업 때문에 세계가 더럽게 보일 뿐이지 이 세계는 본래 깨끗한 것이다. 이 세계는 본래 깨끗하건만 너희들이 보지 못할 뿐이니라."

(1-10) 사리불의 불만

그때 나계법왕이 사리불에게 말했다.

"사리불이여, 이 세계가 깨끗하지 못하다는 생각을 하지 마십시오. 지금 부처님이 계시는 이 세계는 하늘 나라와 같이 깨끗합니다."

만족스럽지 못한 표정으로 사리불이 말했다.

"내 눈에 보이는 이 세계는 높고 험한 산과 깊은 골짜기로 이루어져 있으며 그 속에는 귀중하지도 않는 가시덤불과 모래와 흙과 돌과 강으로 채워져 있소."

나계법왕이 말했다.

"사리불이여, 당신의 마음이 평등하지 못하기 때문에 높고 낮은 것이 있으며 이 세계가 더럽게 보이는 것입니다. 보살은 모든 생명에게 한결 같이 평등하고 고요한 마음이 맑고 깨끗해 부처님의 지혜를 믿고 따르기 때문에 이 세계가 깨끗하게 보이는 것입니다."

(1-11) 세계가 어떻게 보이느냐?

그때 부처님께서는 조용히 선정에 들어 우주를 귀중한 보물로 가득 채워 보장엄부처님이 계시는 나라와 같은 장엄 세계로 보이도록 신통을 부리셨다. 황홀경에 빠져 주위를 살펴본 모든 대중은 처음 보는 신비한 세계를 찬탄했다. 마치 하늘에 떠 있는 것 같아서 자신의 발 밑을 내려다 보니 자신들도 연꽃 보배 위에 서 있었다.

부처님께서는 사리불에게 말씀하셨다.

"사리불아, 너가 지금 보고 있는 이 세계가 어떻게 보이느냐?"

"부처님이시여, 제가 지금 보고 있는 이 세계는 이제까지 본 적도 없고 들은 적도 없는 깨끗하게 장엄된 멋진 세상입니다."

부처님께서 사리불에게 말씀하셨다.

"사리불아, 진리의 세계는 항상 거룩하고 깨끗하건만 진실을 보지 못하는 사람들의 눈에는 더럽고 나쁜 것으로 가득 찬 세상처럼 보이는 것이다. 같은 물을 먹고도 세상을 이롭게 하는 소 젖이 되기도 하고 해로운 독이 되기도 하는 것과 같은 이치이다. 같은 세상에 살고 있으면서도 보살에게는 거룩하고 깨끗한 세계로 보이며 너희들에게는 보잘것 없고 더러운 세계로 보이는 것이다. 그러므로 마음이 깨끗하면 세상이 달라지는 것이다."

(1-12) 깨달음 성취의 서원

부처님께서 신통으로 거룩하고 깨끗한 세계를 나타낼 때 보적과 함께 온 오백 명의 젊은이들은 모두 나고 죽음의 본질을 꿰뚫어 진리의 세계에 들어갔으며, 비사리성에서 모여든 많은 사람도 깨달음을 성취하겠다는 원을 세웠다.

부처님께서 신통을 거두시고 본래의 모습으로 돌아오자 많은 수행자는 이 세상에 존재하고 있는 형상들이 끊임없이 변하고 무상하다는 존재의 실상을 꿰뚫어 보고 모든 법이 공한 이치를 깨달아 번뇌가 다 소멸되어 마음이 열렸다.

2. 중생과 더불어

(2-1) 유마라는 사람

그 당시 비사리성에는 유마(維摩, 淨名, Vimala-kīrti)라고 불리는 부유한 사람이 살고 있었다.

그는 전생에 한량없는 부처님을 받들어 모시고 수행 정진해 이미 최상의 깨달음을 성취했다. 사람들을 진리의 세계로 들어오게 하는 설득력이 뛰어나 걸림이 없었으며, 신통이 자재해 마군이나 강도에게도 두려움이 없었으며, 진리를 깨달아 나고 죽는 바다를 건넜다. 어리석은 사람들을 바르게 인도하는 마음 다스리는 법을 알고 있었으며, 사람들의 근기에 따라 알맞는 법을 설해 진실을 보게 했으며 일할 때나 이야기 할 때도 선정에 들어 마음은 항상 고요했다. 모든 생명을 깨달음의 세계에 들게 하겠다는 큰 서원을 세워 깨달음을 성취했음에도 세속에 머물러 있었는데 그의 마음의 크기는 바다와 같아 헤아릴 수 없었다. 모든 부처님과 부처님의 제자들과 하늘 나라의 왕들과 여러 나라의 왕도 그를 존경했다.

(2-2) 교묘한 방편

유마는 사람들에게 진리를 가르치기 위해 교묘한 방편으로 비사리성에 살고 있었다. 수많은 재물을 적절하게 사용해 가난한 사람을 교화했으며, 드러나지 않게 계행을 지켜 삶의 목표가 없고 생활이 무질서한 사람들에게 은근히 따르게 해 진실한 삶으로 돌아오게 했다. 보통 사람들이 참기 힘든 극한 상황에 처해도 평소와 같이 아무 일 없는 듯이 잘 참음으로써 화를 잘 내는 성질이 급한 사람들로 하여금 스스로를 돌아보게 해 인욕을 가르쳤다. 한결 같은 마음으로 삶에 임하는 굴곡 없는 꾸준한 정진으로 게으른 사람들로 하여금 스스로 반성하게 해 지극하게 살게 했다. 하나가 된 안정된 마음으로 다른 사람들을 대함으로써 평안하고 자유로운 마음이 되어 삶에 대한 기쁨을 느끼게 했다. 행동으로써 진실한 지혜를 나타내어 어리석은 사람들로 부터 "왜 사는지?" "어떻게 살아야 하는지?" 근본 명제를 던져 주어 삶의 진정한 의미를 스스로 찾게 했다.

(2-3) 유마의 삶

흰 옷을 입은 속인이지만 진실한 삶을 추구하는 수행자의 삶을 살았으며, 처자와 더불어 세속에서 살림을 했지만 세속적인 부와 명예와 애욕에도 집착하지 않았다. 형제와 친척들이 있었지만 정에 치우쳐 집안 문제를 돌보지 않고 진실에 비추어 정당하게 집안을 다스렸다. 몸은 항상 깊은 선정으로 치장해 맑고 밝음이 가득했으며, 음식은 몸을 지탱하기 위한 최소한의 양을 섭취했다. 장기와 바둑과 같은 오락을 즐기되 오락에 빠져 인생을 허무하게 보내고 있는 사람들을 제도하기 위해 그들과 더불어 놀 때만 두었다.

(2-4) 유마의 교화 방편

외도들과 어울릴 때는 바른 믿음이 어떤 것인지 보여 주었으며, 다른 사람들을 교화할 때 불법만 이야기 하는 것이 아니라 세상의 다른 좋은 가르침도 함께 가르쳐 스스로 불법으로 돌아오게 했다. 사람을 사귀되 아이들과 어울리면 아이들의 친구가 되고 어른들과 어울리면 그들의 친구가 되어 아이와 어른을 가리지 않았다. 재물이 들어오면 재물에 집착하지 않고 필요한 곳에 아무도 모르게 슬쩍 갖다 주었다. 세상에 있으면서도 세상에 집착하지 않고 더불어 살고 있는 고통 받는 모든 사람에게 자유와 평등의 씨를 뿌려 주었다.

돈이 많은 부자들과 함께 있을 때는 베풀어줌의 미덕을 이야기하여 스스로 베푸는 마음을 내게 했으며, 가난한 사람들과 함께 있을 때는 욕심을 버린 깨끗한 삶을 이야기하여 스스로 무소유의 마음으로 살게 했다. 귀한 왕족들과 함께 있을 때는 천민들이 살아가는 모습을 이야기해 스스로 인욕을 알게 해 사회 질서가 양심으로 유지되게 했다. 바라문들과 함께 있을 때는 모든 생명의 귀하고 천함이 출신에 있는 것이 아님을 알게 해 스스로 교만심에서 벗어나 진정한 종교인이 되게 했다. 나라 일을 보고 있는 대신들과 함께 있을 때는 권력의 허무함을 알게 해 높은 자리에 있을 때 많은 사람의 이익을 위해 바른 법을 펴도록 가르쳤다. 유마는 이와 같이 한량없는 방편으로 모든 생명을 이익되게 해 이 땅이 바로 극락이게 했다.

(2-5) 유마가 병이 남

하루는 점심 공양을 하고 방안에 앉아 그대로 선정에 들었다. 저녁 무렵 선정에서 깨어난 유마는 자리를 펴고 눕더니 몸에 갑자기 병이 들어 움직일 수가 없다고 소문을 퍼뜨렸다. 유마가 병이 났다는 소문이 하루만에 온 성에 퍼졌다. 다음 날 오후가 되자 임금님과 대신들과 바라문들과 성내 사람들 수천 명이 찾아와 병 문안을 했다. 유마는 몸에 병이 난 것을 인연으로 병 문안을 오는 모든 사람에게 법문을 했다.

(2-6) 덧없음을 설하다

"벗들이여, 이 몸은 덧없는 것이어서 항상 건강한 것도 아니며 큰 힘이 있는 것도 아니며 끊임없이 늙어 가는 것이므로 괴로운 것이며 믿을 것이 못됩니다. 건강한 것 같지만 조금만 방심하면 모든 병이 이 몸으로부터 생겨 납니다.

벗들이여, 이 몸은 물거품과 같아서 아무리 애지중지 해도 곧 없어지는 것이며, 이 몸은 목말라 하는 애욕으로 생겨 났으므로 아무리 애지중지 해도 봄날 아지랑이처럼 곧 없어지는 것입니다. 이 몸은 파초와 같이 속이 텅텅 비어 있어서 진실함이 없으며, 이 몸은 요술쟁이의 눈속임 같아서 있는 것 같으면서 없는 것입니다. 꿈과 같아 깨고 나면 허망한 것이며, 이 몸은 그림자처럼 업으로 나타났으며, 이 몸은 메아리처럼 인연의 울림으로 이루어진 것이며, 이 몸은 구름과 같아서 끊임없이 변화하는 것이며, 번개와 같아서 한 순간도 머물지 못합니다.

(2-7) 이 몸도 덧없음

이몸은 지대(단단한 성질), 수대(유동적인 성질), 화대(뜨거운 성질), 풍대(움직이는 성질)로 이루어져 있으며 인연이 다하면 공으로 돌아 갑니다.

그러므로 이 몸은 땅과 같아서 자기 주장 밖에 모르는 고집불통이며, 때로는 불과 같아 활활 타오르다가 꺼져 나라고 하는 것이 없으며, 때로는 바람처럼 순간적으로 지나쳐 영원하지 못하며, 때로는 물처럼 끊임없이 변해 고정된 실체가 없습니다.

그러므로 이 몸은 독사와 같고 원수와 같고 도둑과 같으며, 현상적으로는 늙고 병 들고 죽지만, 이 몸은 본래 공해 나라는 것이 없으며, 나와 남의 구별이 없어 돌멩이와 초목도 이 몸과 하나이며, 이 몸은 본래 적정해 바다 밑과 같이 고요하면서도 성성해 밤하늘의 별처럼 밝게 깨어 있습니다.

(2-8) 유마의 병문안

벗들이여, 이 몸의 현상에 따라 고통과 윤회의 원인을 쫓지 말고 본래 성품을 바로 보아 깨달음의 세계로 들어가야 합니다. 한량없는 공덕과 지혜는 깨달음의 나라의 문을 여는 열쇠이며, 모든 생명을 사랑하고 불쌍히 여기며, 좋은 일을 함께 기뻐하고 어떤 잘못도 용서해 줄 수 있는 넓은 마음이 깨달음의 나라의 문을 여는 열쇠이며, 모든 악한 것을 끊고 착한 일을 행하는 것이 깨달음의 나라의 문을 여는 열쇠이며, 지극하고 하나 된 마음이 깨달음의 나라의 문을 여는 열쇠입니다.

착한 벗들이여, 내 병을 낫게 할려거든 당신들이 깨달음을 성취해 부처가 되는 방법 밖에 다른 도리가 없습니다."

유마가 병 문안을 온 사람들에게 이와 같이 법을 설함으로써 많은 사람이 '깨달음을 이루겠다'는 큰 원을 세우게 했다.

3. 부처님의 제자들

(3-1) 지혜제일 사리불의 병문안

백성들이 미혹에 빠져 헤매듯이 부처님의 제자인 수행자들도 형상에 집착해 바른 법을 보지 못하는 것을 유마는 안타까워 했다. 진리에 대한 간절한 유마의 마음을 부처님께서 헤아려 보시고 제자들을 둘러보며 유마의 병 문안을 보낼려고 했다.

부처님께서는 먼저 사리불에게 말했다.

"사리불이여, 너가 유마에게 가서 그의 병을 문안해라."

"부처님이시여, 저는 유마의 병 문안을 갈 수가 없습니다. 제가 한때에 깊은 숲 나무 밑에 앉아 조용히 좌선을 하고 있는데 유마가 찾아와 이렇게 말했습니다.

아! 사리불. 앉아 있는 것만이 좌선이 아닙니다. 좌선이란 생사를 거듭하는 미혹의 세계에 있으면서도 몸이나 마음의 작용을 나타내지 않는 것을 말합니다. 또 깨달음의 길을 걸으면서도 세속적인 일상생활을 보내는 것이 좌선이며, 마음이 안으로 갇혀 정적에 잠기는 것도 아니고 밖을 향해 어지러워지지 않는 것이 좌선이며, 번뇌를 끊지 않은 채 궁극적인 깨달음에 들어가는 것이 좌선입니다.

만약 이와 같이 좌선을 할 수 있다면, 부처님께서도 인정해 주실 것입니다. 생활과 격리된 깨달음은 있을 수 없으며 깨달음의 성취도 바로 생활 속에서 이루어져야 합니다. 깨달음의 세계는 환상도 허구도 아닙니다. 실재 생활 속에 내재하고 있는 현실의 향기이며 여운인 것입니다.

저는 그때 유마의 말을 듣고 아무 말도 하지 못했습니다. 그러므로 제가 유마를 찾아가 병 문안을 하는 것은 도리어 유마의 마음을 아프게 할 뿐입니다."

(3-2) 신통제일 목건련의 병문안
부처님께서는 사리불 옆에 앉아 있는 목건련(目犍連, Maudgalyāyana)에게 말했다.
"목건련이여, 너가 유마의 병을 문안하고 오너라."
목건련이 부처님께 말씀드렸다.
"부처님이시여, 저도 유마의 병 문안을 갈 수가 없습니다. 제가 한때에 비사리성의 어느 마을에서 젊은이들을 모아 놓고 설법을 하고 있을 때 유마가 나타나서 제가 하는 설법을 잠자코 듣고 있더니 다음과 같이 말했습니다.

'목건련이여, 신자들에게 법을 설할 때 당신처럼 그렇게 설해서는 안 됩니다. 설법은 법대로 설해야 합니다. 그러면 법이란 무엇인가? 세상 사람들은 영원히 변하지 않는 주체적인 실체를 생각하지만, 법에는 그런 것이 없습니다. 법에는 그것을 특징 지우는 모습이 없으며, 모습으로써 포착할 것도 없습니다. 말로써 표현되지 않으니까 명칭이 없고, 형태도 없으며, 마음에 떠오를 것도 없습니다. 법은 사물의 있는 그대로의 모습과 같으며, 오는 일도 가는 일도 없으며, 좋고 나쁜 것도 없으며, 늘고 줄어듦도 없으며 나고 죽음도 없습니다. 눈이나 귀, 코, 혀, 피부, 마음으로서는 잡을 수 없는 것이며, 본래 있는 그래로의 모습일 뿐입니다.

당신처럼 그렇게 설해서는 이 법을 충분히 설명할 수도 없으며, 또 들을려해도 들을 수도 없고 얻을려고 해도 얻을 수도 없습니다. 이를테면 환술사가 스스로 만들어 낸 사람을 향해 법을 설하는 것과 같아서, 거기에는 아무것도 설해지지 않으며 들어주는 이도 없습니다. 그러므로, 무심한 경지에 서서 법을 설해야 바른 법을 설하는 것이 됩니다.

또 듣는 사람의 능력이나 상태를 생각하고, 진실을 꿰뚫어 보는 지혜를 연마해야 되며, 세상 사람을 구하는 데는 대승의 길 밖에 없다고 생각해서 그 가르침을 찬탄하고, 부처님의 은혜에 보답하기 위해서는 부처님과 그 가르침과 승단이 영원히 보존되어야 한다는 생각으로 법을 설해야 합니다. 형식에 얽매여 법을 설하고 있는 당신들은 이미 부처님의 제자가 아닙니다. 어떤 일이 이루어지는 과정에서 처음에는 정신이 살아 있었지만 세월이 흐르면 정신은 없어지고 형식만 남게 됩니다. 생활과 시대에 어울리는 살아있는 법을 설하지 못하고 고여 있는 물과 같은 죽은 법을 설하면서 법이라고 말할 수 없습니다. 법은 초역사적인 진리이지만 법의 표현은 시대와 지역에 따라 맞는 옷으로 갈아 입어야 합니다.'

유마의 법문을 듣고 그 자리에 있던 수백 명의 젊은이들이 '위없는 바른 깨달음'을 이루겠다는 마음을 냈습니다. 저는 그때 유마의 법문을 듣고 아무 말도 하지 못했습니다 그러므로 제가 유마를 찾아가 병 문안을 하는 것은 도리어 유마의 마음을 아프게 할 뿐입니다. 이것이 제가 유마에게 가지 못하는 이유입니다."

(3-3) 두타제일 가섭의 병문안

그러자 부처님께서는 가섭(迦葉, Kāśyapa)에게 말씀하셨다.

"가섭이여, 너가 유마에게 갔다 오너라."

가섭이 부처님께 말씀드렸다.

"부처님이시여, 저는 유마의 병 문안을 갈 수가 없습니다. 어느 때에 제가 가난한 마을에서 걸식하고 있는데 유마가 다가와서 다음과 같이 말했습니다.

'가섭이여! 자비심을 지녔으면서 부잣집은 피하고 가난한 사람에게서만 먹을 것을 빈다는 것은 진정한 자비심이라고는 볼 수 없습니다. 모은 것은 평등하다는 진리를 따르고, 자연스러운 순서로 걸식해야 합니다. 걸식은 잘 먹기 위해서가 아니라 먹지 않기 위한 행위입니다. 음식을 취하는 것은 여러 요소의 결합에 의해 구성된 육체를 보존하기 위함이 아니라 도리어 이에 대한 집착을 버리기 때문이며 나아가 깨달음을 얻고자 하는 것입니다. 마을에 가서 먹을 것을 빌 때에도 아무도 없는 빈 마을에 들어간 것처럼 집착없는 마음을 지녀야 합니다. 그리고 아름답고 더러움을 분간 못하는 소경과 같은 생각을 가지고 보시하는 사람에게서는 그 사람의 목소리를 단순한 음향처럼 듣고, 음식 냄새를 단순한 바람처럼 생각하고 맛이 있고 없음이 분명하지 않고, 몸에 닿는 부드러운 감촉에도 얽매이지 않고, 모든 존재는 환상에 지나지 않는다고 생각하면서 음식을 받아야 합니다. 또 음식을 먹을 때에는 이것은 옳고 이것은 그르다는 피상적인 생각을 버리고 바름이나 삿됨이나 그 본성은 언제나 같다고 이해한 다음 얼마 안 되는 음식이라도 평등한 마음으로 모든 사람에게 나누어 주고 부처님이나 성자들에게 공양하고 난 후에 먹어야 합니다.

그리고 이렇게 해서 먹는 경우는 식욕을 채우려는 것도 아니요, 식욕을 떠나서 먹는 것도 아니며, 고요한 무심의 경지에서 먹는 것도 아니요, 무심의 경지를 초월해 먹는 것도 아니기에 자기 중심인 소승의 성자와 길을 달리하는 보살의 모습이 인정되는 것이지만, 보시하는 사람에 대해서도 그 보시 공덕의 대소를 생각하는 집착심을 버릴 때 보시된 음식은 헛된 것이 아닙니다.'

저는 그때 유마의 이와 같은 말을 듣고 아무 말도 하지 못했습니다. 그러므로 제가 유마의 병 문안을 가는 것은 유마의 마음을 더욱 아프게 할 뿐입니다. 이것이 제가 유마에게 병 문안을 갈 수 없는 이유입니다."

(3-4) 해공제일 수보리의 병문안

부처님께서 수보리(須菩提, Subhūti)에게 말씀하셨다.

"수보리야, 너가 유마의 병을 문안하고 오너라."

수보리가 부처님께 말씀하셨다.

"부처님이시여, 저도 유마의 병 문안을 갈 수 없습니다. 한때에 제가 걸식하고 있을 때 그의 집에 가서 걸식한 적이 있습니다. 그는 저의 밥그릇을 가지고 가서 다음과 같이 말했습니다.

'만약 음식에 대해 평등할 수가 있으면 모든 것에 대해서도 평등할 수가 있고, 모든 것에 대해 평등할 수가 있으면 음식에 대해서도 평등할 수가 있습니다. 평등한 마음으로 밥을 빌 수만 있다면 주는 것을 먹어도 됩니다.

번뇌에서 벗어난 것도 아니며 그렇다고 번뇌 속에 있는 것도 아니며, 또 어리석지 않으나 그 어리석음에서 벗어난 것도 아니며, 성인도 아니며 그렇다고 성인이 아닌 것도 아닌 평등한 공의 이치를 체득할 수 있다면 이 음식을 먹어도 좋습니다. 또 만약 부처님이나 부처님의 가르침에는 눈길도 주지 않고 이교도를 스승으로 삼아 잘못된 길을 가서 지옥에라도 떨어질 각오가 되어 있다면, 이 음식을 먹어도 좋습니다.

또 그릇된 생각을 버리지 않으면서 깨달음에 대한 생각도 없고, 번뇌 속에서 헤어나지도 못하면서 깨달으려고도 하지 않는다면 이 음식을 먹어도 좋습니다. 공의 이치를 체득해 그대가 분쟁이 없는 삼매 속에 들어간다면 모든 사람도 똑같이 이 경지에 들어가겠지만 그 경지에 들어가지 못한 그대에게 보시해 봤자 공덕이 되지도 않으며, 지옥이나 아귀, 축생의 경계에 떨어질 것입니다. 그러므로 악마와 손을 잡아 번뇌의 벗이 되든지 아니면 악마나 번뇌와 하나가 되어 모든 사람을 원망하고 부처님의 가르침을 훼방해서 깨달음을 이루려고 하는 생각을 버린다면 이 음식을 먹어도 좋습니다.

수보리여! 걱정하지 말고 음식을 가져 가십시오. 부처님이 만드신 환상의 인간이라면 이런 말을 들었다 해서 대답할 바를 몰라 걱정하겠습니까?

일체의 존재는 환상과 같은 것이니까 당신은 걱정할 필요가 없습니다. 왜냐하면 모든 언어도 환상임을 깨달아야 합니다. 지혜로운 사람은 문자에 집착해 근심하는 일이 없습니다. 문자는 그것을 나타내고자 하는 사물에서 분리된 것입니다. 말하자면 문자는 처음부터 없었던 것입니다.

이것이 바로 진정한 해탈이며, 이 해탈의 모습이 곧 일체의 존재입니다.

우리는 사회의 부패나 악을 제도 때문이라고 생각해 제도를 고치거나 새로운 규정을 만들기도 합니다. 그러나 근본적인 문제는 제도가 아니라 우리들 자신임을 알아야 합니다. 선과 교, 전통불교와 민중불교, 모두 긍정적으로 볼 때는 불교이지만, 부정적으로 볼 때는 불교가 아닌 것입니다. 우리가 깨달음을 획득했을 때에는 모든 것이 불교 안에 있지만, 깨달음이 없을 때에는 경전이라 하더라도 불교 밖에 있는 것입니다.'

유마가 이렇게 말했을 때 저는 아무 말도 할 수가 없었습니다. 그러므로 제가 유마의 병 문안을 가는 것은 유마의 마음을 더욱 아프게 할 뿐입니다. 이것이 제가 유마에게 병 문안을 갈 수 없는 이유입니다."

(3-5) 설법제일 부루나의 병문안

부처님께서는 부루나(富樓那, Purna)에게 말씀하셨다.

"부루나여, 너가 유마의 병 문안을 갔다 오너라."

부루나가 부처님께 말씀드렸다.

"부처님이시여, 저는 유마의 병 문안을 갈 수가 없습니다. 어느 때에 제가 큰 숲 속에서 출가한 지 얼마 안 된 수행자에게 설법하고 있을 때 유마가 다가와 다음과 같이 말했습니다.

부루나여, 설법을 하려거든 먼저 선정에 들어 설법을 듣는 사람들의 근기와 인연을 관찰해 거기에 맞는 것을 설하는 것이 설법입니다. 정에 들지 않고 입 안에서만 맴도는 설법은 더러운 음식을 금으로 빚은 보배 그릇에 담는 것과 같습니다. 유리를 가지고 수정이라고 할 수 없는 것처럼 설법을 듣고 있는 저 수행자들이 무엇을 생각하고 있는지 알아야 합니다. 근본적으로 이 몸이 받고 있는 업의 뿌리를 알아야 바른 법을 설할 수 있는 것입니다. 큰 길로 가려고 하는 사람에게 좁은 뒷길을 가리켜 주지 말 것이며, 햇빛을 반딧불과 같다고 억지를 쓰지 마십시오.

부루나여, 이 수행자들은 이미 전생에 다 닦은 수행자들로서 〈모든 생명과 함께 깨달음〉을 성취하겠다고 큰 마음을 낸 사람들인데 어찌해 자신만 깨달으면 된다는 소승법을 가르치고 있습니까?

유마는 선정에 들어 수행자에게 전생을 보여줌으로써 자신들이 이제까지 닦아온 수행의 과정을 속속들이 들여다 보고 〈위 없는 바른 깨달음〉을 성취하겠다는 마음에서 한 발자국도 물러나지 않았습니다.

그때 저는 유마에게 아무 말도 할 수 없었습니다. 그러므로 제가 유마의 병 문안을 가는 것은 유마의 마음을 더욱 아프게 할 뿐입니다. 이것이 제가 유마의 병 문안을 갈 수 없는 이유입니다."

(3-6) 논의제일 가전연의 병문안

부처님께서는 가전연(迦旃延, Katyayana)에게 물었다.

"가전연이여, 너가 가서 유마의 병을 문안하고 오겠느냐?"

가전연이 부처님께 말씀드렸다.

"부처님이시여, 저는 유마의 병을 문안 갈 수가 없습니다. 한 때에 제가 큰 숲 속에서 수행자들에게 무상에 대하여, 무아에 대하여, 공에 대하여, 고에 대하여, 열반에 대하여 설법하고 있을 때 유마가 다가와 다음과 같이 말했습니다.

'가전연이여, 나고 죽는 존재 본질에 대해 집착하는 마음으로 말하지 마십시오. 모든 법을 바로 보기만 하면 태어나는 것도 하나의 현상이고 죽는 것도 하나의 현상일 뿐입니다. 이것을 바로 아는 것이 무상이며, 어떤 불변하는 실체가 있어서 나라고 불리는 것이 아니라 인연에 의해서 생성되었다가 없어지는 관계를 바로 보는 것이 무아이며, 정해진 법이라는 것은 본래 없으므로 공이며, 시간의 흐름에 따라 변하지 않는 영원한 것은 없으며 공간 속에서 변하지 않는 절대적인 것이 없음을 꿰뚫어 보는 것이 고이며, 나와 너가 본래 하나이므로 있는 그대로를 보기만 하면 고요하고 적멸해 열반이라고 하는 것입니다.'
유마가 이렇게 말했을 때 저는 아무 말도 할 수 없었습니다. 그러므로 제가 유마의 병 문안을 가는 것은 유마의 마음을 더욱 아프게 할 뿐입니다. 이것이 제가 유마에게 병 문안을 갈 수 없는 이유입니다."

(3-7) 천안제일 아나율의 병문안
부처님께서는 아나율(阿那律, 아누루타阿㝹樓馱, Aniruddha)에게 말했다
"아나율이여, 너가 유마에게 가서 병 문안을 하고 오너라."
아나율은 부처님에게 말씀했다.

"부처님이시여, 저는 유마의 병을 문안 갈 수가 없습니다. 한때에 제가 숲 속에서 생각에 잠겨 거닐고 있을 때 엄정이라는 범천왕이 저에게 다가와 묻기를 '하늘의 눈으로 이 우주를 보면 얼마나 넓고 큽니까?' 하기에 저는 자만에 빠져 이렇게 대답했습니다. '하늘의 눈으로 이 우주를 보면 손바닥에 놓여 있는 호두알을 보는 것과 같습니다.' 언제 다가왔는지 유마가 옆에서 듣고 있다가 다음과 같이 말했습니다.

아나율이여, 하늘의 눈으로 우주를 보았을 때 보겠다는 생각을 일으켜 보았습니까? 보겠다는 생각을 일으키지 않고 보았습니까?

만약 보겠다는 생각을 일으켰다면 업과 식이 따르게 되어 바른 법이 아니며, 보겠다는 생각을 일으키지 않았다면 식의 작용이 없어서 아무 것도 볼 수 없었을 것입니다."

부처님이시여, 유마가 이렇게 말했을 때 저는 아무 말도 할 수 없었습니다. 이때 범천왕은 유마의 말을 듣고 진실로 기뻐하면서 "유마여, 그러면 누가 진정한 하늘의 눈을 가졌습니까?" 하고 물으니 유마는 "부처님께서 진정한 하늘의 눈을 갖고 계십니다. 부처님께서는 항상 삼매 중에 있으면서도 세상과 함께 있고, 부처의 세계와 중생의 세계를 둘로 보지 않습니다."하고 말했습니다.

이 말을 들은 범천왕은 〈위없는 바른 깨달음〉을 성취하겠다는 큰 마음을 내고 유마에게 감사의 인사를 드리고 돌아갔습니다. 이것이 제가 유마의 병 문안을 가지 못하는 이유입니다.

(3-8) 지계제일 우바리의 병문안

부처님께서는 우바리(優波離, Upāli)에게 말씀하셨다.

"우바리여, 너가 유마의 병 문안을 갔다 오너라,"

우바리가 부처님께 말씀드렸다.

"부처님이시여, 저는 유마의 병 문안을 갈 수가 없습니다. 어느 때에 두 비구가 계율을 범하고는 부끄러워하면서 저를 찾아와 물었습니다. "우바리여, 우리들은 건강한 몸으로 술을 먹었습니다. 그러나 죄스러운 마음이 들어 부처님께 말씀드릴 수가 없습니다. 우리들의 의혹과 뉘우침을 풀어주시어 허물을 없애주길 바랍니다."

제가 그들을 위해 법대로 말하고 있는데 유마가 다가와서 저의 말이 끝나자 이렇게 말했습니다.

'우바리여, 죄에 대해서 형식대로 참회할 것을 가르치면 도리어 죄를 무겁게 하는 결과가 됩니다. 죄가 생기는 것은 간접의 원인인 인연 때문이며 죄 자체라는 것은 없습니다. 죄는 본래 그것을 범한 사람의 내부에 있는 것도 아니며, 외부에 있는 것도 아닙니다.

마음의 본성에서는 번뇌를 찾아볼 수 없습니다. 오히려 망상이야말로 번뇌입니다. 그러므로 망상이 없어지면 저절로 청정해집니다. 사람들은 생멸해 멈춤이 없는 꿈이나 물에 비친 달 처럼 실재성 없는 것에 대해 그것이 변하지 않고 분명 거기에 있는 듯 생각하는것은 망상이 만들어 낸 결과입니다. 그리고 이 도리를 아는 사람이 바르게 계율을 지키는 자입니다.

어떤 사회든지 그 사회를 유지케 하는 질서가 있습니다. 양심의 최소한인 윤리 질서가 무너지면 지옥이 됩니다. 오계는 불교가 불교이게 하는 최소한의 질서입니다. 오계는 소극적이어서는 안되며 적극적이어야 합니다. 적극적일 때 시대를 초월한 진실입니다.

생명을 소중히 다루어 생명을 살려라.

자신의 처지에 만족할 줄 알아 항상 베푸는 마음으로 살아라.

적은 이익에 얽매이지 말고 바르게 말하라.

술과 오락 등 중독성 있는 것을 멀리해 항상 바른 생각을 하라.'

유마가 이렇게 말했을 때 저는 아무 말도 할 수 없었습니다. 그러므로 제가 유마의 병 문안을 가는 것은 유마의 마음을 더욱 아프게 할 뿐입니다. 이것이 제가 유마에게 병 문안을 갈 수 없는 이유입니다.

(3-9) 밀행제일 라후라의 병문안

부처님께서는 라후라(羅睺羅, Rāhula)에게 말씀하셨다.

"라후라여, 너가 유마의 병 문안을 갔다 오너라."

라후라가 부처님께 말씀드렸다.

"부처님이시여, 저는 유마의 병 문안을 갈 수가 없습니다. 어느 때에 비사리성의 젊은이들이 찾아와 위대한 성자의 아들로서 출가한 공덕에 대해서 물었습니다. 그때 제가 법대로 출가의 공덕을 말했더니 유마가 다가와 이렇게 말했습니다.

"라후라여, 출가에는 저것도 없고 이것도 없으며 또 그 중간도 없습니다. 출가가 절대적 무위의 깨달음을 추구하는 것이라면 본인의 깨달음을 위해 노력하는 것으로 끝나서는 안 됩니다. 반드시 다른 사람에게 작용해 그들의 구원을 위해 최선을 다해야 합니다. 악에서 멀어지는 것도, 뛰어난 능력을 얻는 것도, 일체의 번뇌를 끊어 버리는 것도, 모든 것은 그대로 타인의 마음을 지켜주려는 행위가 되어야 합니다.

출가 형식에 의해서 공덕이 있는 것이 아니라 출가한 행위를 함으로써 공덕이 주어지는 것입니다. 먹물 옷을 입고 절을 지킨다고 승려가 되는 것이 아니라 어떤 옷을 입었든지 간에 출가자로서 합당한 행위를 할 때 좋은 과보를 받는 것입니다. 이름으로 출가하는 것이 아니라 행위로 출가하는 것입니다. '위없는 바른 깨달음'을 이루겠다고 서원을 하고 그에 대한 행위가 따르는 것이 진정한 출가입니다.

유마가 이렇게 말했을 때 저는 아무 말도 할 수 없었습니다. 그러므로 제가 유마의 병 문안을 가는 것은 유마의 마음을 더욱 아프게 할 뿐입니다. 이것이 제가 유마의 병 문안을 갈 수 없는 이유입니다."

(3-10) 다문제일 아난의 병문안

부처님께서는 아난(阿難, Ānanda)에게 말씀하셨다.

"아난이여, 너가 유마의 병 문안을 갔다 오너라."

아난이 부처님께 말씀드렸다.

"부처님이시여, 저는 유마의 병 문안을 갈 수가 없습니다. 어느 때에 부처님께서 몸이 불편하시어 약간의 우유가 필요 했습니다. 제가 새벽에 발우를 들고 바라문의 집 앞에 서 있다가 유마를 만났습니다. 유마가 저를 보고 물었습니다.

"아난이여, 이른 새벽부터 웬 일입니까?"

"부처님께서 몸이 불편하시어 약간의 우유를 얻으려고 여기에서 기다리고 있습니다."

유마가 이렇게 말했습니다.

"아난이여, 부처님의 몸은 금강과 같아 아무 것도 침범할 수가 없습니다. 부처님의 몸은 나쁜 것이 이미 끊어졌고 착한 것들만 모여 있으므로 병이 생길 이유가 없으며 괴로움을 당하지 않습니다. 그냥 돌아가십시오. 부처님의 몸을 비방하지 마십시오.

비사리성의 백성들이나 다른 수행자들이나 보살들이 이와 같은 추한 말을 듣는다면 부처님을 어떻게 생각하겠습니까? 성실하게 살아가는 일반 사람들도 병에 잘 걸리지 않는 데 하물며 지혜와 복덕으로 충만된 부처님의 몸으로 병을 앓겠습니까? 빨리 수행처로 돌아가십시오. 이른 새벽부터 부처님을 그림자처럼 따르는 당신이 다른 수행자들이나 바라문들의 눈에 띈다면 그들이 부처님을 어떻게 생각하겠습니까?

아난이여, 부처님의 몸은 애욕과 탐욕과 집착을 벗어난 법의 몸입니다. 부처님의 몸은 나고 죽음에 자유로우며 윤회의 원인이 되는 모든 번뇌가 소멸했으며 세간 속에 머물러 계시지만 세간에 물들지 않으며, 육신을 가지고 있으면서도 죽음에 떨어지지 않는데 몸에 무슨 병이 있겠습니까?"

유마가 이렇게 말했을 때 저는 아무 말도 할 수 없었습니다.

그러면서 유마의 속삭이는 소리가 저의 고막을 찢는 것처럼 아프게 들렸습니다.

"아난이여, 부끄러워하지 말고 우유를 가지고 가시오. 중생이 아프기 때문에 부처도 중생에 따라 병이 날 뿐입니다."

그러므로 제가 유마의 병 문안을 가는 것은 유마의 마음을 더욱 아프게 할 뿐입니다. 이것이 제가 유마에게 병 문안을 갈 수 없는 이유입니다."

부처님의 제자들은 모두 과거에 유마와 있었던 일들을 말씀드리면서 유마의 병 문안을 갈 수 없다고 했다.

4. 진리를 추구하는 구도자

(4-1) 미륵보살의 병문안

부처님께서는 멀리서 지켜보고 있는 보살들을 돌아보며 말했다.

"미륵(彌勒, Maitreya)보살이여, 그대가 유마를 찾아가 병 문안을 하고 오너라."

미륵보살이 부처님께 말씀드렸다.

"부처님이시여, 저도 유마에게 병 문안을 갈 수 없습니다. 제가 도솔천왕에게 어떻게 하면 진실한 법을 깨달아 부처를 이룰 것인가에 대해 설법하고 있을 때 유마가 다가와 이렇게 말했습니다.

미륵보살이여, 당신이 수기를 받았다는 일생은 과거, 현재, 미래 중 어느 때입니까? 만일 과거라면 이미 사라진 시간이니까 과거의 일생이란 없는 것으로 성불한다는 수기를 받을 수도 없었을 것입니다. 또 미래도 아직 오지 않았으니까 미래에도 예언은 들을 수가 없으며, 그러므로 성불한다는 예언을 들을 수가 없었을 것입니다. 현재라 해도 부처님께서 '네가 지금 동시에 나고 늙고 멸하고 있다.'고 하셨듯이 현재는 한 순간도 멈추지 않기 때문에 현재라는 것도 없습니다. 그러므로 현재에도 예언을 받지 못했을 것입니다. 모든 사람과 모든 존재도 진실 자체이며, 성현이나 미륵도 진실 자체이므로 미륵 당신이 성불한다는 예언을 받을 수 있었다고 하면 다른 모든 사람도 성불의 예언을 받은 것이 될 것입니다. 어리석은 자도 진실 자체이며 성자도 진실 자체입니다. 그러므로 어리석은 자와 성자는 본래 하나입니다. 그러기에 당신이 깨달음을 얻는다면 다른 모든 사람도 깨달음을 얻을 것이며, 당신이 열반을 얻는다면 다른 모든 사람 또한 열반을 얻게 될 것입니다.

결국 부처님이 수기를 준 것은 미륵의 이름을 빌어 모든 생명에게 깨달음의 수기를 준 것입니다. 미륵이라는 이름이 깨달음을 얻는 것이 아니라 미륵과 같이 절실하게 지극 정성으로 정진하는 자가 깨달음을 얻을 것입니다.

이러한 이유 때문에 제가 유마의 병 문안을 가는 것은 유마의 마음을 더욱 아프게 할 뿐입니다. 이것이 제가 유마에게 병 문안을 갈 수 없는 이유입니다."

(4-2) 광명동자의 병문안
이번에는 부처님께서 광명동자에게 말했다.
"광명이여, 그대가 유마의 병 문안을 다녀오는 것이 좋겠구나."

광명이 부처님께 말씀드렸다.
"부처님이시여, 저도 유마의 병 문안을 갈 수 없습니다. 제가 비사리성으로 들어가 걸식을 마치고 수행처로 돌아오는 길에 유마를 만난 적이 있습니다. 그때 제가 유마에게 "거사님이시여, 당신은 어디로부터 오시는 것입니까?" 하고 물었습니다. 그때 유마는 "광명이시여, 저는 도량(수행처)에서 오는 길입니다." 제가 다시 "거사님이시여, 도량이란 어떤 곳을 말하는 것입니까?"하고 물었습니다. 그러자 유마는 말했습니다.

광명이시여, 청순한 마음이 도량입니다. 거짓이 없기 때문입니다. 마음을 일으켜 수행하는 일이 도량입니다. 공덕을 늘여 깨달음에 가깝게 하기 때문입니다. 깨달음을 구하는 마음이 도량입니다. 진리에 대한 확신으로 의심함이 없기 때문입니다. 베품이 도량입니다. 진정한 베품은 대가를 바라지 않기 때문입니다. 바르고 맑은 생활이 도량입니다. 바르고 맑은 생활은 모든 생명을 살리기 때문입니다. 능히 참기 어려운 것을 참는 것이 도량입니다. 진정한 참음은 모든 고난을 극복해 열반에 들게 하기 때문입니다. 목적을 이루기 위해 부지런히 노력하는 것이 도량입니다. 끊임없는 노력은 마침내 맹세한 것을 성취하도록 합니다.

선정을 닦는 것이 도량입니다. 선정을 닦아 마음의 안정이 이루어지면 모든 분별심이 떨어지기 때문입니다.

지혜가 도량입니다. 지혜는 모든 법을 분명하게 보고 실천함으로써 깨달음을 이루게 합니다.

뽐내지 않는 마음이 도량입니다. 그러므로 모든 생명을 평등하게 보게 됩니다.

자비로운 마음이 도량입니다. 그러므로 괴로움과 피로함도 자비로운 마음으로 극복됩니다.

기뻐하는 마음이 도량입니다. 세상을 긍정적으로 봄으로써 어려움이 없게 됩니다.

집착하지 않는 마음이 도량입니다. 사랑하고 미워하는 마음을 초월하면 세상의 모든 일에 걸림이 없습니다.

신통의 성취도 도량입니다. 다섯 가지 신통을 성취하고 마지막 육신통인 누진통을 성취할 수 있기 때문입니다.

해탈도 도량입니다. 애욕과 번뇌에서 벗어나 자유자재하기 때문입니다.

방편을 쓰는 것도 도량입니다. 방편으로써 중생들을 교화해 깨달음의 세계로 들수 있습니다.

경전을 보고 많이 아는 것이 도량입니다. 수행해 철저하게 앎으로써 깨달음을 성취할 수 있습니다.

마음을 잘 다스리는 것이 도량입니다. 안정된 마음의 거울에는 진실한 법의 바다가 그대로 비칩니다.

37조도품과 사성제와 12인연법이 모두 도량입니다.

더욱 적극적으로 살펴보면 번뇌가 곧 도량입니다. 번뇌의 실상을 바로 보면 번뇌가 바로 지혜이기 때문입니다.

중생이 도량입니다. 중생이 한마음만 잘 쓰면 보살이기 때문입니다.

마군이가 도량입니다. 마군이가 중심을 잡아 마음의 요동이 없으면 곧 도인이기 때문입니다. 그러므로 일체 법이 도량이며, 이 우주가 도량입니다.

유마가 이렇게 말했을 때 저는 아무 말도 할 수 없었습니다. 그러므로 제가 유마의 병 문안을 가는 것은 유마의 마음을 더욱 아프게 할 뿐입니다. 이것이 제가 유마에게 병 문안을 갈 수 없는 이유입니다."

(4-3) 지세보살의 병문안

부처님께서 지세보살에게 말했다.

"지세보살이여, 그대가 유마를 찾아가 병 문안을 하고 오너라."

지세보살이 부처님께 말씀드렸다.

"부처님이시여, 저도 유마의 병 문안을 갈 수가 없습니다. 제가 어떤 집에서 수행하고 있을 때 마왕 파순이 제석천왕으로 변신해 이만 이천 명의 천녀(아리따운 아가씨)들을 데리고 나타났습니다. 저는 그가 제석천왕인 줄 알고 다음과 같이 말했습니다.

"어서 오시오, 제석천이여, 오욕락이 비록 복덕이 있다해도 함부로 받아들이면 안됩니다. 오욕락은 몸과 생명과 재물과 같아서 무상한 것인 줄 알아야 합니다. 선의 씨앗을 심어 영원히 죽지 않는 법의 나무를 키워야 합니다."

그러자 제석천으로 변신한 마왕이 저에게 말했습니다.

"보살이시여, 일만 이천 명의 천녀들을 당신의 시중을 드는 몸종으로 삼으십시오."

"제석천왕이여, 법답지 아니한 것으로 나를 유혹하지 마십시오. 그것은 나에게 어울리는 것이 아닙니다."

이 말이 끝나자마자 언제 다가왔는지 유마가 저의 곁에 서 있었습니다. 그는 이렇게 말했습니다.

"저자는 제석이 아니라 마왕으로서 당신을 악의 구렁텅이로 꾀이는 것입니다."

그리고 마왕에게 다음과 같이 말했습니다.

"이 천녀들을 나에게 달라. 나의 시중을 들게 하겠다."

이 말을 들은 마왕은 놀라서 두려워하며 도망을 가려고 모든 신통을 부렸지만 그 자리에서 꼼짝할 수가 없었습니다. 마왕은 어쩔 수 없이 천녀들을 유마에게 주었습니다.

(4-4) 마왕과 천녀

그때 유마는 천녀들에게 이렇게 말했습니다.

"너희들의 주인인 마왕이 너희들을 나에게 주었으니 이제부터 너희들은 자유의 몸이다. 진정한 자유를 누리기 위해서 삶에 대한 분명한 목적이 있어야 한다. '위없는 바른 깨달음을 이루겠다'는 서원을 세워라.

너희들은 이미 깨달음을 이루겠다고 맹세했으니 도에 맞는 행위를 해 법락을 즐기고 다시는 육신에 얽매이는 오욕락을 즐기지 말라."

천녀 : "어떻게 하는 것이 법락을 즐기는 것입니까?"

유마 : "깨달음을 이루겠다는 확신을 갖는 것이 법락을 즐기는 것이며, 수행자에게 기쁜 마음으로 공양 올리는 것이 법락을 즐기는 것이며, 육신을 수행하는 도구로 생각해 육신에 집착하지 않으면 법락을 즐기는 것이며, 육신을 나라고 집착함으로써 일어나는 모든 분별 의식이 진실이 아님을 알면 법락을 즐기는 것이다. 세속의 부귀영화가 진실한 삶의 지표가 아님을 알면 법락을 즐기는 것이며, 눈을 통해 보이는 아름답고 추함에, 귀를 통해 들리는 칭찬하는 소리와 헐뜯는 소리에, 코를 통해 느껴지는 향기로운 냄새와 역한 냄새에, 혀를 통해 느껴지는 달콤한 맛과 쓴 맛에, 몸을 통해 느껴지는 여러 가지 감각에 끄달리지 않으면 법락을 즐기는 것이다. 이렇게 법락을 즐기다 보면 자연히 도가 이루어지며, 모든 생명을 이롭게 하는 행위를 하게 되며, 스승을 공경하게 되며, 무엇이든지 베풀어 주기를 좋아해 베품을 행하게 되며, 계율은 저절로 지켜지며, 어려움을 참고 견디며, 믿고 따르는 마음으로 모임은 저절로 화합되며, 선한 마음의 씨앗들은 자연히 뿌려지고, 생활 속에서 선정은 이루어지며,

바른 마음은 저절로 자라나며, 잘못된 마음도 저절로 사라진다. 모든 번뇌가 끊어지며, 진실한 마음으로 불국토가 이루어지며, 원만한 모습도 저절로 이루어지며, 진지하게 수행해 도량을 청정하게 하며, 진실한 말 듣기를 좋아하며, 결과에 대해서 조급하지 않으며, 벗들의 허물을 말하지 않으며, 나쁜 습관에 물들지 않도록 항상 조심하며, 진정한 수행자와 만나기를 즐기며, 항상 맑고 깨끗함 속에 머물면서 도를 이루겠다는 마음이 법락을 즐기는 것이다."

마왕 : "유마거사여, 자신의 몸까지도 남을 위해 베풀어 주는 것이 보살입니다. 저를 위해 이 천녀들을 저에게 돌려주시기 바랍니다."

유마 : "내가 이미 그들에게 자유를 주었으니 그들은 자유의 몸이다. 만약 그들이 너를 따르기를 원한다면 데려가도 좋다."

(4-5) 무진등이라는 말

그때 천녀들이 유마에게 물었다.

"저희들이 마의 궁전에서 어떻게 행동하면 되겠습니까?"

유마 : "누이들이여, 무진등이라는 말이 있다. 무진등은 한 등불이 있어 다음 등불에 불 붙이고 또 다음 등불에 불 붙이기를 수천만 등을 밝혀 우주를 맑히는 것을 말한다. 이와 같이 한 명의 보살이 있어 수천만 중생을 교화해 위없는 바른 깨달음을 이루겠다는 마음을 내게 해 부처님의 바른 법이 영원히 꺼지지 않고 전해지게 된다. 너희들이 비록 마의 궁전에 있다 하더라도 무진등과 같이 마의 나라에 있는 마왕을 한 사람씩 교화해 진실하게 살게 하고 깨달음을 성취하겠다는 서원을 세우게 하면 마의 나라가 곧 불국토가 되는 것이다."

그러자 천녀들은 즐거운 마음으로 마왕을 따라 마의 궁전으로 돌아갔습니다. 이것이 유마의 모습입니다. 그러므로 제가 유마를 찾아가 병 문안을 한다는 것은 유마의 마음을 더욱 아프게 할 뿐입니다. 이 것이 제가 유마를 병 문안 갈 수 없는 이유입니다."

5. 문수보살의 질문

(5-1) 문수보살의 병문안

그때 부처님께서는 문수(文殊, Manjusri)보살에게 말했다.

"문수여, 그대가 유마를 찾아가 병 문안을 하고 오너라."

문수가 부처님께 말씀드렸다.

"부처님이시여, 유마를 찾아가 병 문안을 한다는 것은 매우 어렵습니다. 그는 존재하고 형상 있는 것들의 이치를 깊이 깨달아 법문을 잘해 상대방을 감동시키며, 비유를 들어 설명함에 막힘이 없고 지혜가 걸림이 없으며, 보살이 이룩한 성취도도 막힘이 없고 보살이 이룩한 성취도를 모두 터득했고 부처님의 모든 미묘 법문을 알고 있으며, 잘못된 삶을 영위하고 있는 사람들을 바른 길로 인도하며, 신통이 부처님 못지 않습니다. 그러한 유마가 병이 들어 누워 있으니 부처님을 대신해 제가 가서 위로하고 오겠습니다."

거기에 있던 모든 대중은 문수보살을 따라 비사리성으로 들어가 유마의 집으로 향했다. 이때 유마는 자리에 누워 문수가 여러 대중들과 함께 오는 것을 관해 보고 신통력으로 자신이 누워 있는 방을 평상만 있는 빈 방으로 만들어 놓고 문수의 일행을 기다리고 있었다.

(5-2) 문수보살의 위문

문수가 유마의 집에 도착해 그가 누워 있는 방으로 들어가니 혼자 평상 위에 누워 있을 뿐 아무 것도 없었다.

유마 : "어서 오십시오. 문수여, 당신은 온다는 모습 없이 왔으며, 본다는 모습 없이 보고 있습니다."

문수 : "그렇습니다. 유마여, 왔다 해도 온 것이 아니며 갔다 해도 간 것이 아닙니다. 왔다는 것은 쫓아서 온 데가 없고 갔다해도 간 데가 없으며, 본다는 것도 실상을 보는 것이 아니라 현상을 보는 것이니 본다 해도 본 것이 아닙니다.

유마여, 병은 좀 어떻습니까? 부처님께서는 지극한 마음으로 당신의 병이 낫기를 기원하고 계십니다. 거사님의 병은 무슨 인연으로 생겼으며, 얼마나 오래 되었으며, 어떻게 하면 낫겠습니까?"

유마 : "무명으로부터 애착이 생겨서 이 몸에 병이 난 것입니다. 일체중생이 병이 들었으므로 나도 병이 들었으니, 만일 일체중생의 병이 없어진다면 내 병도 없어질 것입니다. 왜냐하면 보살은 중생을 위해 나고 죽음이 있는 현상세계에 머무르는 것이며, 나고 죽음이 있으면 병이 있는 것입니다. 만일 중생이 깨달음을 성취해 부처가 되어 병을 여의면 보살의 병은 저절로 없어질 것입니다.

비유하자면 어떤 사람이 외아들을 두었는데 그 아들이 병이 나면 부모도 병이 나고, 아들의 병이 나으면 부모의 병도 낫는 것처럼 보살의 병도 그와 같아서 중생 사랑하기를 아들과 같이 하므로 밝지 못한 중생이 병 들면 보살도 병이 들고, 중생이 병이 나으면 보살도 병이 낫는 것입니다.

이 몸에 병이 생긴 인연은 모든 생명을 내 몸과 같이 생각하며 형상 있는 것들이 시시각각으로 허물어져 가는 것을 불쌍히 여기는 대비심으로 생긴 것입니다."

(5-3) 유마와 문수보살의 대담

문수 : "유마여, 당신의 방은 어찌해 비어 있으며, 병든 몸인데 시중을 드는 시자도 없습니까?"

유마 : "본래 부처의 세계가 비어 있으므로 이 방도 비어 있습니다."

문수 : "어떤 상태를 비어 있다고 하는 것입니까?"

유마 : "존재 실상은 본래 공하여 비어 있다고 하는 것입니다."

문수 : "그러면 본래 공한 것을 어떻게 체험할 수가 있습니까?"

유마 : "좋고 나쁘고, 옳고 그르고 하는 분별심을 떠나고 나면 본래 공한 세계를 체험할 수가 있습니다."

문수 : "그러면 당신이 말하는 공이라는 것은 분별할 수 있습니까?"

유마 : "공이라는 것도 진리의 세계를 나타내는 하나의 표현일 뿐이므로 분별도 또한 공한 것입니다."

문수 : "그러면 공은 어디에 존재합니까?"

유마 : "진리의 눈으로 보면 번뇌가 곧 깨달음이며 죽음이 곧 삶이지만, 미혹의 눈으로 보면 깨달음도 번뇌이며 삶 또한 죽음일 뿐입니다. 그러므로 공의 세계는 이 우주의 어디든지 존재하고 있지만 드러나지 않을 뿐입니다."

문수 : "드러나지 않는 것을 어떻게 볼 수 있습니까?"

유마 : "해가 있어도 장님은 해를 볼 수 없는 것처럼 미혹한 마음으로는 보이지 않지만 부처의 마음이 되면 저절로 드러나게 됩니다."

문수 : "어떻게 하면 부처의 마음이 될 수 있습니까?"

유마 : "중생을 버리지 않고 철저하게 중생과 더불어 살 때 부처의 마음이 될 수 있습니다."

문수 : "그러면 당신은 왜 시자가 없습니까?"

유마 : "나는 지금도 많은 시자를 거느리고 있습니다. 모든 마군이와 외도들이 나의 시자입니다. 왜냐하면 마군이는 생사를 좋아하지만 보살은 생사에 물들지 아니하며, 외도들은 모든 소견을 좋아하는데 보살은 모든 소견에 흔들리지 않기 때문입니다."

문수 : "거사님의 병은 어떤 모양입니까?"

유마 : "내 병은 형상이 없어 볼 수가 없습니다."

문수 : "몸으로 생겨난 병입니까? 마음으로 생겨난 병입니까?"

유마 : "몸은 본래 공하므로 몸으로 생겨난 병은 아니며, 마음은 본래 요술장이 같아 끊임없이 변하므로 마음으로 생겨난 병도 아닙니다."

문수 : "그러면 지대, 수대, 화대, 풍대 중 어디에서 생긴 병입니까?"

유마 : "이 병은 지대의 병도 아니며 그렇다고 지대를 여읜 것도 아닙니다. 수대, 화대, 풍대 또한 이와 같습니다. 그러나 중생의 병은 4대를 쫓아 일어나며, 지금 중생이 병들어 있기 때문에 나도 병이 들었을 뿐입니다."

(5-4) 병이 난 보살을 위로하는 법

문수 : "유마여, 그러면 병이 난 보살에게는 어떻게 위문해야 합니까?"

유마 : "몸이 무상하다고 말할지언정 몸을 여의라고 말하지 말 것이며, 몸이 괴로운 것이라고 말할지라도 이 몸을 떠나 궁극적인 자유와 평안의 세계인 열반이 없음을 말할 것이며, 몸이 공하다고 말할지언정 필경에는 그 공 속에서 모든 것이 생겨나는 묘유의 진리를 말할 것이며, 이제까지 지은 죄를 참회하라고 말하면서도 과거에 얽매이지 않아 현재를 놓치지 않도록 할 것이며, 자신의 병을 보고 남

의 병을 불쌍히 여겨야 하며, 지나간 세상에서 한량없이 고통 받았던 것을 알아 일체중생을 이익되게 할 것이며, 어떤 잘못된 일을 근심만 하지 말고 적극적으로 생각하고 행동해 잘못된 것을 극복해 바르게 할 것이며, 유명한 의사가 되어 중생의 병을 상황에 맞게 적절하게 치료할 것이며, 보살은 이와 같은 마음을 내고 행동해 병든 보살을 기쁘게 하면 저절로 위문이 됩니다."

문수 : "거사님, 병이 있는 보살이 어떻게 그 마음을 다스려야합니까?"

유마 : "원래 모든 병은 집착으로부터 생기는 것이기 때문에 병이 있는 보살은 다음과 같은 사실을 알아야 합니다. 병이란 억겁의 세월을 윤회하면서 욕심내는 마음과 성내는 마음과 어리석은 마음을 일으켜 진실하지 않은 것에 집착함으로써 생긴 것이기 때문에 원래 내 것이라고는 아무 것도 없음을 철저하게 깨달음으로 욕심내는 마음으로부터 벗어나고, 나와 대상이 하나임을 철저하게 깨달음으로 성내는 마음으로부터 벗어나며, 나와 대상의 상의성을 철저하게 깨달아 어리석은 마음으로부터 벗어남으로써 병을 다스릴 수가 있습니다."

(5-5) 병의 원인을 알면 치료할 수 있다

병의 근본이 무엇인지 알고 있다면 어떤 병도 치유 할 수 있습니다. 병을 병으로 생각하고 치유할려고 하면 근복적으로 치유 될 수 없습니다. 거룩한 생각으로 꽉 차 있는 사람에게는 나쁘고 사악한 생각이 비집고 들어올 수 없는 것처럼 바른 법을 생각함으로써 중생이라는 생각이 저절로 사라지며 중생이라는 생각이 없으면 병은 저절로 없어지게 됩니다.

또 법이라는 생각에 집착하면 법에 빠지게 됩니다. 취하고 버림이 있는 간택심만 없으면 법의 집착으로부터 벗어날 수 있습니다. 평등함은 법과 법 아님의 구별이 없는 것을 뜻합니다. 지극한 한마음으로 대하면 법 아님이 없기 때문에 간택심만 버리면 모든 것이 법입니다.

이러한 평등한 마음을 얻게 되면 차별이 없어지므로 병이 더 이상 병으로 존재할 수 없습니다. 결국 병과 보살이 둘이 아니므로 병은 저절로 없어지게 됩니다. 설사 몸에 괴로움이 있더라도 성내는 마음이 가득해 지옥의 고통을 받고 있는 중생을 생각하거나, 어리석은 마음이 가득해 축생의 고통을 받고 있는 중생을 생각한다면 몸에 있는 괴로움은 저절로 없어질 것입니다.

나와 남의 구별로부터 떠나야 보살이 되듯이 진정한 보살은 안과 밖의 구별이 없습니다. 내 안이 산란하면 아무리 조용한 세상이라도 시끄럽게 보입니다. 세상이 아무리 떠들썩해도 마음이 적정해 삼매에 들어 있으면 떠들썩한 그대로 적정의 세계가 됩니다. 잘못되고 미혹된 생각에서 벗어나면 이 세상은 그대로 우주 삼매에 들어 있음을 깨닫게 됩니다.

문수여, 이렇게 되면 보살의 병은 저절로 나을 수밖에 없습니다. 결국 보살이 해야 할 일은 늙고 병들고 죽는 괴로움으로부터 벗어야 합니다. 생사의 도리를 분명하게 밝히지 못하면 아무리 수행한다고 앉아 있어도 땀을 흘려가며 땅을 파는 농부보다 못한 것이며, 번뇌를 다스린다고 수행자로 남아 있어도 거룩한 수행자에게 정성껏 공양 올리는 보시자보다 못합니다. 늙고 병들고 죽음을 한꺼번에 끊을 수 있는 지혜의 칼을 가지고 있어야 보살이라 합니다.

(5-6) 병이 병 아님을 알아야 한다

보살은 보살의 병이 방편으로 생긴 것처럼 중생의 병도 병이 아님을 알아야 합니다. 만약 어떤 사람이 중생들의 병을 꼭 낫게 하겠다는 큰 자비심을 일으켰더라도 결과에 집착하는 마음이 조금이라도 남아 있으면 보살이 아닙니다. 왜냐하면 보살은 자비심으로 중생을 보살피지만 결과에 집착하는 마음이 없이 마음을 일으키기 때문입니다. 자비심으로 행하되 결과에 집착하는 마음이 없으면 고달프고 힘든 일을 하면서도 마음이 즐거워 얽매임의 원인을 만들지 않습니다. 스스로 얽매임이 없어야 다른 사람의 얽매임을 풀어줄 수 있습니다. 집착함이 없이 마음을 일으키기 때문입니다.

또 방편이 없는 지혜는 얽매임이요, 방편이 있는 지혜는 얽매임에서 벗어나게 하며, 지혜가 없는 방편은 얽매임이요, 지혜가 있는 방편은 얽매임에서 벗어나게 합니다.

예를 들면 다음과 같습니다.

법의 공한 실체를 모르고 집착하는 마음으로 중생들을 교화해 극락세계를 이루려고 하는 것은 방편이 없는 지혜로 얽매임이 되며, 법의 공한 실체를 체득해 집착하는 마음이 없이 지극한 마음으로 자신의 길을 걸어가면 중생들은 교화되어 저절로 극락세계가 이루어지는 방편이 있는 지혜는 얽매임에서 벗어남이 됩니다. 어떤 사람이 욕심 내는 마음과 성 내는 마음과 어리석은 마음으로 번뇌에 머물면서 공덕의 씨앗을 뿌린다면 지혜가 없는 방편이 되어 얽매임이 됩니다. 만약 어떤 사람이 욕심을 내지 않고 성을 내지 않는 밝은 마음으로, 번뇌를 떠난 지극한 마음으로 공덕의 씨앗을 뿌린다면 위없는 바른 깨달음을 성취하게 될 것이며 이것은 지혜가 있는 방편으로써 얽매임에서 벗어나게 됩니다.

문수여, 이 몸이 무상하고 괴롭고 공하며 나라고 할 것이 없음을 관하는 것이 지혜이며, 몸은 비록 병이 났으나 삶과 죽음속에 있으면서도 삶과 죽음에 얽매이지 않고 모든 중생을 이익되게 하면서 항상 부지런한 것은 방편이며, 몸과 병이 둘이 아닌 줄 알아 몸과 병을 함께 잘 다스리는 것은 지혜이며, 비록 이 몸에 병이 있지만 중생을 위해 영원히 열반에 들지 않는 것은 방편이니 병이 있는 보살은 이렇게 마음을 다스려야 합니다.

마음을 다스리지 않는 곳에도 머물지 말며, 마음을 다스리는 곳에도 머물지 않아야 합니다. 왜냐하면 마음을 다스리지 않는 자는 어리석은 자이며, 마음을 다스릴 줄만 아는 자는 자신 밖에 모르는 수행자이기 때문입니다. 그러므로 이 두 가지 법을 떠나는 것이 보살행입니다.

(5-7) 보살행

생사 속에 있으면서도 나쁜 행위를 하지 않고, 열반에 머물면서도 열반만을 고집하지 않는 것이 보살행이며, 평범한 삶과 성인의 위대한 삶에 얽매이지 않는 것이 보살행이며, 더러운 행위나 깨끗한 행위에 집착하지 않는 것이 보살행이며, 마군이와 어울려 행동을 하면서도 마군이의 마음을 감동시켜 스스로 선으로 돌아오게 하는 것이 보살행이며, 일체의 지혜를 구하면서도 지혜에 얽매이지 않는 것이 보살행이며, 법의 존재 실상을 여실히 알면서도 바른 법만을 고집하지 않는 것이 보살행이며, 12인연을 관해 존재의 상의성을 여실히 알면서도 바른 생각만을 고집하지 않는 것이 보살행이며, 모든 중생

을 사랑하면서도 애착하지 않는 것이 보살행이며, 세속과 멀리 떨어
지기를 좋아하면서도 세속에 머무는 것이 보살행이며, 육도를 윤회
하면서도 육도에 물들지 않는 것이 보살행입니다.

공한 것을 행하면서도 공덕의 씨앗을 심는 것이 보살행이며, 모양
없는 것을 행하면서도 중생을 제도하는 것이 보살행이며, 집착하지
않고 행하면서도 몸을 받는 것이 보살행이며, 일어남이 없는 것을
행하면서도 일체의 착한 행을 일으키는 것이 보살행이며, 육바라밀
을 행하면서도 중생의 마음과 마음의 작용들을 모두 아는 것이 보살
행이며, 육신통을 행하면서도 신통의 위력에 집착해 번뇌를 일으키
지 않는 것이 보살행이며, 사무량심을 행하면서도 하늘 나라에 나는
것을 탐내지 않는 것이 보살행이며, 선정에 들어 삼매 속에 있으면
서도 범부들과 같이 행동하는 것이 보살행이며, 사념처를 행하면서
도 몸과 느낌과 마음과 법을 떠나지 않고 그 속에 함께 있는 것이 보
살행이며, 사정근을 행하면서도 몸과 마음으로 정진함을 버리지 않
는 것이 보살행이며, 사여의족을 행하면서도 자재한 신통을 얻는 것
이 보살행이며, 오근을 행하면서도 중생들의 영리함과 우둔함을 분
별하는 것이 보살행이며, 오력을 행하면서도 부처님의 십력을 구하
는 것이 보살행이며, 일곱 가지를 행하면서도 부처님의 지혜를 분별
하는 것이 보살행이며, 팔정도를 행하면서도 한량없는 부처님의 도
를 좋아하는 것이 보살행이며, 지와 관으로 도를 돕는 법을 행하면
서도 끝끝내 적멸한데 떨어지지 않는 것이 보살행이며, 형상에 집착
하지 않으면서도 삼십이상과 팔십종호로 몸을 장엄하는 것이 보살
행이며, 깨끗함을 떠나지 않으면서도 형편에 따라 몸을 나타내는 것
이 보살행이며, 부처님 나라의 고요함이 허공과 같음을 알아 청정한

세계를 나타내는 것이 보살행이며, 깨달음을 성취해 부처를 이루었으면서도 끝내 보살행을 버리지 않는 것이 보살의 행입니다."

유마가 이렇게 법문했을 때 문수가 데리고 온 모든 대중은 위없는 바른 깨달음을 이루겠다는 마음을 밝혔다.

6. 불가사의한 세계

(6-1) 법과 도를 구하는 수행자의 모습

이렇게 거룩한 순간에 사리불은 방안에 앉을 자리가 없음을 보고 마음 속으로 생각하기를 여기 있는 여러 보살과 많은 제자는 어디에 앉을 것인가 하고 걱정했다. 그러자 유마는 조용히 미소를 띄우며 사리불에게 물었다.

"사리불이여, 그대는 법을 위해 왔습니까? 그렇지 않으면 편안하기 위해 왔습니까?"

사리불이 얼굴을 붉히며 대답했다.

"유마여, 나는 법을 위하는 지극한 마음으로 이곳에 왔습니다."

유마의 입에서 나오는 가장 평범한 진리가 사리불을 위시한 부처님의 모든 제자의 가슴에 비수처럼 파고 들었다.

"사리불이여, 법을 구하는 수행자는 몸과 목숨도 아끼지 않아야 하며, 오로지 도를 이루겠다는 한 생각뿐이어야 합니다. 사리불이여, 형상에 대한 집착과 형상으로 일어나는 느낌과 형상으로 인해 일어나는 생각과 이러한 관계에 의해 이루어지는 행위와 이러한 색·수·상·행의 근본 뿌리가 되는 의식으로는 천 년을 수행해도 법을 볼 수가 없습니다. 법은 나와 대상이 부딪히는 경계에 있는 것도 아니며, 12인연법에 있는 것도 아니며, 이 우주를 철저하게 안다 해도 법을 보는 것과는 거리가 먼 것입니다.

사리불이여, 도를 구하는 자는 부처에게도 집착하지 않아야 하며,

법에도 집착하지 않아야 하며, 나는 수행자다 라는 생각에도 집착하지 않아야 합니다. 또한 이 세상의 모든 것은 끊임없이 변하는 무상이라 괴로움뿐이다 하는 극단적인 생각에서도 벗어나야 하며, 번뇌를 끊는 것이 아니라 번뇌 속에 도가 있음을 보아야 하며, 즐거움이 가득한 열반의 세계에 들고자 도를 구해서도 안 되는 것입니다.

왜냐하면 법이라는 것도, 번뇌라는 것도, 열반이라는 것도 마음에서 일어나는 마음의 작용이기 때문입니다.

(6-2) 법은 그냥 있을 뿐

사리불이여, 마음이 고요하고 멸하면 그대로가 법입니다. 하나 되지 못한 산란한 마음으로 아무리 참선을 해 생사해탈을 구해도 법을 볼 수가 없습니다. 마음이 평등해 애착이 없으면 그대로가 법입니다. 삶과 죽음에 대해 평등하지 못한 마음으로 열반에 들겠다고 애착한다면 평생을 수행해도 법을 볼 수가 없습니다. 마음이 안정되어 오고 감이 없으면 그대로가 법입니다. 티끌 만큼이라도 경계에 끄달림이 있으면 아무리 노력해도 법을 볼 수가 없습니다. 마음이 하나 되어 취하고 버림이 없으면 그대로 법입니다. 좋고 나쁨에 물들어진 집착하는 마음이 조금이라도 남아 있으면 아무리 청정하게 수행을 해도 법을 볼 수가 없습니다. 법에는 장소가 없는데 구태여 사찰을 고집해서 무엇하겠습니까? 형상이 있는 모든 것은 끊임없이 변한다는 진리 앞에 젊고 예쁘고, 늙고 추하다는 분별심이 왜 생기겠습니까? 만일 마음이 고요해 법에 머물러 있다고 생각한다면 모든 생명 현상은 단지 존재하고 있을 뿐이라는 존재 본질을 보지 못함입니다.

법을 보고 듣고 깨닫고자 한다면 인식에 대한 앎이 생기는 것이지 존재 본질에 대한 인식은 아닙니다. 법은 그냥 있을 뿐입니다."

(6-3) 또 다른 우주, 수미상 세계

유마의 말을 듣고 부처님의 많은 제자는 마음속에서 솟구치는 희열을 주체할 수가 없었다.

이러한 상황을 둘러본 유마는 문수보살에게 조용히 물었다.

"당신께서는 한량없는 세계를 다니셨습니다. 어느 세계에 가장 묘하고 훌륭한 공덕으로 이루어진 사자좌가 있었습니까?"

문수보살이 유마의 의도를 알아차리고 다음과 같이 대답했다.

"지금 우리가 있는 이곳으로부터 동쪽으로 삼십육 항하사 세계를 지나가면 수미상이라는 세계가 있고 그 세계에 수미등이라는 부처님이 계시는데 키가 매우 커 팔만 사천 육순이나 되며 높이가 팔만 사천 유순이나 되는 사자좌에 앉아 있습니다. 이 사자좌가 제가 본 것 중에는 가장 묘하고 훌륭한 공덕으로 만들어진 것이었습니다."

이때 유마는 신통을 부려 자신이 누워 있는 조그마한 방에 수미등 부처님의 사자좌와 같은 의자를 삼만 이천 개를 가져다 놓았다. 신기하게도 그 좁은 방은 의자가 없었던 때와 마찬가지로 사자좌가 있어도 보기 좋았다.

유마가 문수보살에게 의자에 앉을 것을 권했다.

"문수보살이여, 당신과 함께 병 문안 온 여러 보살께서 피곤하실 것입니다. 이 사자좌에 나아가 편안히 앉도록 하십시오."

신통을 얻은 보살들은 쉽게 사자좌에 앉았으나, 신통을 얻지 못한 보살들은 의자에 앉을 수가 없었다. 이때 유마는 사리불에게 눈짓하며 의자에 앉으라고 말했다. 그러자 사리불은 의자가 너무 높아 앉을 수 없다고 퉁명스럽게 대답했다.

유마가 웃으면서 말했다.

"사리불이여, 신통이라는 것은 아무 것도 아닙니다. 이 의자의 주인
인 수미등 부처님께 혼신의 힘을 다해 예배 드리면 이 의자에 앉을
수가 있을 것입니다."

유마가 시키는 대로 오로지 한 마음으로 예배하자마자 큰 사자좌가
보통의 의자처럼 보여 앉았더니 어느새 자신이 그 높은 사자좌에 앉
아 있었다. 너무 신기해 사리불은 유마에게 말했다.

"유마여, 신기한 일입니다. 이렇게 좁은 방에 높고 큰 의자들이 꽉
찼는 데도 방이 비좁지 않으며, 비사리성의 모습도 달라진 것이 없
습니다."

(6-4) 일즉일체다즉일 일미진중함시방

부처님께서 말씀하신 진실들이 유마의 입을 통해 흘러 나왔다.

"사리불이여, 지극하게 수행해 생각할 수 없는 높은 마음 경지에 도
달한 사람들은 마음을 꿰뚫어 자신과 우주가 하나가 되어 있습니다.
이러한 수행자는 지구를 티끌 하나에도 넣을 수 있으며, 티끌 하나
를 지구만큼 크게도 할 수 있습니다. 이렇게 하더라도 지금 제가 보
인 신통처럼 본래 모습은 그대로 있습니다.

큰 바다를 머리카락에 옮겨 놓더라도 바닷물 속에서 놀고 있는 거
북, 자라, 모든 고기는 조금도 의식하지 못하고 자유롭게 돌아다
니며, 바다 깊숙이 있는 용이나 귀신들도 자신의 몸이 줄어드는
것을 의식하지 못하며, 원래 바다의 성품도 변하지 않고 그대로
있습니다.

사리불이여, 시간적으로도 신통 현상이 일어납니다. 하루를 천 년이 되게도 하며, 천 년을 하루가 되게도 합니다. 그러나 우주의 질서는 변하지 않고 그대로 입니다.

이 우주를 구슬만한 크기에 담아 보여주기도 하며, 이 우주에 있는 모든 생명을 손바닥에 올려 놓고 그 마음을 모두 헤아릴 수가 있습니다. 손바닥을 관해 고통이 있는 곳으로 달려간다 해도 손바닥 안에 있는 우주도 달려간 곳도 변하지 않고 그대로 있습니다.

그리고 하나의 몸을 천 개의 몸으로 나타내기도 하며, 천 개의 몸을 하나의 몸으로 나타내기도 합니다, 수행자에게는 수행자의 몸으로, 술꾼에게는 술꾼의 몸으로, 거지에게는 거지의 몸으로, 창녀에게는 창녀의 몸으로 나타나 바른 삶으로 인도합니다. 어떤 때는 바람 소리로, 어떤 때는 새 소리로, 어떤 때는 물 소리가 되어 생명 있는 모든 것에 좋은 길잡이가 되기도 합니다."

(6-5) 위없는 바른 깨달음을 이루겠다는 마음

이때 가섭은 생각할 수 없는 깊은 마음 법문을 듣고 찬탄하면서 사리불에게 말했다.

"비가 오고 난 뒤 아름다운 무지개가 산마루에 걸려 있어도 눈 먼 사람이 볼 수 없듯이, 생각할 수도 없이 깊은 마음 법문을 듣고도 마음이 열리지 않는 사람들이 있으니 한탄스럽구나. 이제 이 법문을 듣고 어느 누가 〈위없는 바른 깨달음을 이루겠다는 마음〉을 내지 않겠는가! 이러한 마음을 낸 자는 어떠한 고난이 있어도 극복하고 기어코 도를 이룰 것이다."

가섭의 이 말을 듣고 거기 모인 모든 보살이 〈위없는 바른 깨달음을 성취하겠다는 마음〉을 내니 세상이 더욱 밝게 빛났다.

그때 유마가 가섭에게 말했다.

"거룩합니다. 가섭이여, 이러한 큰 마음을 낸 사람들은 선과 악을 가리지 않으며, 귀함과 천함을 가리지 않으며, 진실과 거짓을 가리지 않습니다. 어떤 때는 마왕의 몸을 나타내어 어리석은 마음을 다스리기도 하며, 뜻이 견고하지 못한 자에게는 시련을 주어 뜻을 견고하게 하기도 하며, 어떤 때는 재물과 권력의 무상함을 보여 진리로 돌아오게도 합니다. 이와 같이 삶에 확신을 갖고 있는 사람은 방편을 적절하게 사용해 쓴 약의 달콤한 껍질이 되게 합니다."

7. 중생들의 마음을 살펴보고

(7-1) 물속의 달을 보듯
그때 문수보살이 유마에게 물었다.
"보살은 어떻게 중생을 보아야 합니까?"

유마 : "마치 요술쟁이가 요술로 만든 사람을 보듯이 해야 합니다. 지혜로운 사람이 물 속의 달을 보듯이 하며, 거울 속에 비치는 자신을 보듯이 하며, 아지랑이 보듯 하며, 소리를 지를 때 나는 메아리 같이 여겨야 하며, 하늘에서 피었다 없어지는 구름같이 여겨야 하며, 파도에 부서지는 거품처럼 보아야 하며, 번개가 머무는 순간처럼 이 목숨이 찰나임을 알아야 하며, 있는 것 같으면서도 공한 진실을 바로 보아야 합니다.

무색 속에서 빛깔을 보는 것 처럼 하며, 볶은 곡식이 싹트는 것 처럼 하며, 수다원(須陀洹, srotaāpatti, 영원한 평안에의 흐름을 탄 사람)이 몸을 생각하는 것처럼 하며, 아나함(阿那含, anāgāmi, 이제는 다시 태어나 오지 않는 자)이 태중에 들어 있는 것처럼 생각하며, 아라한(阿羅漢, arhat, 집착에서 벗어난 존경 받을 만한 사람)이 욕심과 화냄과 어리석음에 물들어 있는 것처럼 생각하며, 결정코 부처를 이룰 보살이 파계하는 것처럼 생각하며, 허공의 새 발자국처럼 생각하며, 열반에 든 자가 몸 받는 것처럼 보살은 중생을 이렇게 보아야 합니다."

(7-2) 자비의 실천

문수 : "보살이 중생을 관할 때 어떻게 사랑을 실천해야 합니까?"

유마 : "아무도 모르게 밤에 피는 달맞이 꽃처럼 조용히 감동을 주는 것이 진실한 사랑입니다. 진정한 사랑은 태어나고 죽는 것이 아니기 때문에 결과에 대한 아무런 대가도 생각하지 않고 따뜻한 마음이 담긴 사랑 자체를 행합니다. 진정한 사랑은 분별을 떠나 번뇌가 없기 때문에 대상을 골라 자기 마음에 드는 대상에게만 사랑을 베풀지 않으며 모든 대상에게 평등하게 사랑을 행합니다. 진정한 사랑은 마음이 고요해 경계에 대해 혼란스럽지 않기 때문에 다툼이 없는 사랑을 행합니다. 진정한 사랑은 나와 남의 구별이 없기 때문에 오직 하나 된 사랑을 행합니다. 진정한 사랑은 소유욕에서 자유롭기 때문에 영원한 사랑을 행합니다. 진정한 사랑은 육신을 초월해 마음으로 하기 때문에 어떤 극한 상황에서도 깨어지지 않습니다. 진정한 사랑은 집착에서 자유롭기 때문에 어떤 대상에서도 청정함을 잃지 않습니다. 진정한 사랑은 허공과 같기 때문에 흔적을 남기지 않습니다. 진정한 사랑은 보살의 마음이기 때문에 모든 생명을 편안하게 합니다. 진정한 사랑은 부처의 마음이기 때문에 모든 생명을 깨달음에 들도록 합니다. 진정한 사랑은 가식이 없는 있는 그대로를 보여주며, 취하고 버림이 없는 있는 그대로를 인정하며, 좋고 나쁨이 없는 있는 그대로를 받아들입니다.

(7-3) 진정한 사랑

진정한 사랑은 눈의 도적을 물리쳐 모든 빛의 경계를 떠나 마음에 인색함이 일어나지 않아서 형상에 집착하지 않기 때문에 진실한 베품을 행하게 됩니다. 진정한 삶은 귀의 도적을 물리쳐 소리의 경계에 끄달리지 않으며 스스로 구속 속에 있으나 구속에서 자유롭기 때문에 진실한 계율을 행하게 됩니다. 진정한 사랑은 코와 도적을 물리쳐 향기로운 냄새와 악취가 나는 나쁜 냄새에 균등하게 길들여지기 때문에 진정으로 참고 견딤을 행하게 됩니다. 진정한 사랑은 혀의 도적을 물리쳐 삿된 맛을 탐내지 않으며, 바른 법 말하기를 좋아하기 때문에 진실한 정진을 행하게 됩니다. 진정한 사랑은 몸의 도적을 물리쳐 모든 애욕에 초연해 요동하지 않고 물들지 않기 때문에 애욕 속에 있으면서도 진실한 성정을 행하게 됩니다. 진정한 사랑은 뜻의 도적을 물리쳐 어리석고 미혹에 물들지 않고 항상 생각이 깨어 있어 행하는 모든 행위가 법에 맞기 때문에 상대방의 마음을 거스르지 않고 진실한 지혜를 행하게 됩니다.

이와 같이 보살의 사랑은 끝이 없습니다."

(7-4) 자비도 버려라

문수 : "측은하게 여기는 마음인 비는 어떤 것입니까?"

유마 : "중생들을 생각하는 마음이 간절해 자신의 일을 걱정하듯이 중생의 일을 걱정하는 것이 곧 비라고 합니다."

문수 : "버리는 마음인 사는 무엇입니까?"

유마 : "목적한 것을 성취하기 위해 열심히 노력하면서 노력한 것에 대한 대가를 생각하지 않는 것을 사라고 합니다."

문수보살은 또 물었다.

"나고 죽는 것이 두려운 일인데 보살은 무엇에 의지합니까?"

유마 : "보살이 나고 죽는 두려움 속에 있을 때는 여래의 공덕에 의

지합니다.”

문수 : “보살이 여래의 공덕에 의지한다면 어떻게 마음을 내야 합니까?”

유마 : “모든 것에 대한 집착하는 마음을 철저히 끊어야 합니다. 특히 자신에 대한 집착을 경계해야 합니다.”

문수 : “집착하는 마음을 끊으려면 어떻게 해야 합니까?”

유마 : “바른 생각 속에 자신을 머물게 하므로써 집착으로부터 자유로워집니다.”

문수 : “어떻게 하는 것이 바른 생각을 하는 것입니까?”

유마 : “이것은 무엇인가? 왜 사느냐? 와 같은 생명 본질의 문제를 생각하는 것입니다.”

문수 : “그러한 생각들의 뿌리는 무엇입니까?”

유마 : “근본은 몸입니다.”

문수 : “몸에는 무엇이 근본입니까?”

유마 : “탐욕이 근본입니다.”

문수 : “탐욕에는 무엇이 근본입니까?”

유마 : “허망한 분별심이 근본입니다.”

문수 : “분별심에는 무엇이 근본입니까?”

유마 : “없는 것을 있는 것처럼 착각하는 거꾸로 된 망상이 근본입니다.”

문수 : “거꾸로 된 망상은 무엇을 근본으로 합니까?”

유마 : “머무는 바 없는 것이 근본이 됩니다.”

문수 : “머무는 바 없는 것은 무엇을 근본으로 합니까?”

유마 : “문수여, 머무는 바 없는 것은 근본이 없습니다. 그래서 머무는 바 없는 것을 근본으로 해 온갖 법이 나왔습니다.”

(7-5) 하늘 아가씨가 하늘 꽃을 뿌리다

그때 유마의 방에서 대중들과 함께 법문을 듣고 있던 하늘아가씨가 기쁨에 넘쳐 여러 보살 앞으로 나아가더니 하늘꽃을 뿌렸다. 수행이 깊어 마음이 고요한 보살들에게는 꽃이 붙지 않았지만 그렇지 못한 부처님의 제자들의 옷에 붙은 꽃들은 땅에 떨어지지 않았다 여러 제자들이 신통력으로 꽃을 떨어뜨리려 했으나 떨어지지 않았다.

이때 하늘아가씨가 사리불에게 물었다.

"어찌해 꽃을 떨어버리려 하십니까?"

사리불 : "꽃은 법답지 않아 청빈한 수행자에게 어울리지 않기 때문입니다."

하늘아가씨 : "꽃을 법답지 않다고 말씀하시지 마십시오. 꽃은 분별이 없건만 스님께서 분별하는 마음을 내는 것입니다. 도를 이루기 위해 출가한 수행자가 분별을 내는 것은 법답지 못한 것이며, 분별하는 마음이 없으면 그대로 법입니다. 꽃이 붙지 않은 저 보살들은 분별심이 없기 때문입니다. 사람들이 두려워하면 귀신들이 기회를 보아 장난하는 것처럼, 수행자가 생사를 두려워하면 형상, 소리, 냄새, 맛, 접촉, 생각들에 끄달려 그들의 노예가 되는 것입니다. 생사의 두려움을 뛰어넘은 수행자에게는 세속적인 부와 권력과 명예는 아무 것도 아닙니다. 지금 옷에 그 꽃이 붙어 있는 수행자들은 세속적인 욕망이 눈꼽만큼이라도 남아 있는 자들입니다."

사리불 : "아가씨가 이 집에 있은 지는 얼마나 됩니까?"

하늘아가씨 : "제가 이 집에 있은 지는 처음 우주가 만들어 질 때부터 있었습니다."

사리불 : "어떻게 그토록 오래 될 수가 있습니까?"

하늘아가씨 : "스님의 해탈은 얼마나 오래 되었습니까?"

아무 말도 못하고 서 있는 사리불의 얼굴은 꽃에 반사되어 더욱 붉게 보였다.

(7-6) 해탈에 대해

하늘아가씨 : "스님, 왜 아무 말씀이 없으십니까?"

사리불 : "해탈이란, 말로 설명할 수 없는 것이므로 대답할 바를 모르겠습니다."

하늘아가씨 : "말이나 글도 모두 해탈입니다. 사리불님, 말과 글을 떠나서 해탈을 말하려고 하지 마십시오. 모든 것이 있는 그대로 해탈이기 때문입니다."

사리불 : "아가씨, 나는 음욕과 성냄과 어리석음을 여의는 것을 해탈이라고 생각하고 있습니다."

하늘아가씨 : "부처님께서는 거만해 자신밖에 모르는 사람을 위해 음욕과 성내는 것과 어리석음을 여의면 해탈이라고 말씀하셨습니다. 그렇지만 음욕과 성내는 것과 어리석은 성품 자체는 번뇌도 아니고 해탈도 아니고 아무 것도 아닙니다. 음욕이 거만한 사람을 만나면 번뇌가 되고 진지한 수행자를 만나면 수행하는 데 좋은 귀감이 되어 해탈이 됩니다."

사리불 : "좋다, 좋다. 아가씨여, 그대는 무엇을 얻었기에 말재주가 그렇게 뛰어납니까?"

하늘아가씨 : "저는 아무 것도 얻은 것이 없습니다. 만약 얻은 것이 있다면 자신에게 빠져 진정한 법은 볼 수가 없습니다."

(7-7) 수행하는 목적

사리불 : "그대는 수행하는 목적이 무엇입니까?"

하늘아가씨 : "성문법으로 중생을 교화할 때는 성문이 되고, 인연법으로 중생을 교화할 때는 벽지불이 되며, 대비법으로 중생을 교화할 때는 보살이 됩니다. 그러나 복사꽃 숲에 들어가면 복사꽃 향기만 맡는 것처럼 부처님의 마음에 들어오면 부처님 외에 다른 것은 아무것도 없습니다.

사리불님, 제석천왕이나 범천왕이나 사천왕이나 하늘 나라 사람이나 용이나 귀신들도 이 집에 들어와서는 부처님의 향기를 맡고 부처가 되고자 원을 세울 뿐입니다. 사람들이 사는 세상에는 욕망만 보이고, 보살들이 사는 세상에는 대자대비의 마음만 있을 뿐이며, 부처의 나라에는 오직 부처님의 향기만 있을 뿐입니다.

(7-8) 여덟 가지 신비한 법

사리불님, 이 집에는 만나기 어려운 여덟 가지 신비한 법이 있습니다. 이 집에는 진리를 깨친 거룩한 수행자가 있어서 밤이나 낮이나 금빛 광명이 빛나고 있으며, 이 집에는 진리를 깨친 거룩한 수행자가 있어서 이 집에 들어오기만 하면 모든 번뇌가 사라져 마음이 편안해지며, 이 집에는 항상 진정한 삶의 문제를 토론하는 보살들이 끊이지 않으며, 이 집에는 부처를 이루기 위해 육바라밀을 실천하는 보살들이 끊이지 않으며, 이 집에는 진리를 깨친 거룩한 수행자가 있어서 마음을 편안하게 해 열반으로 인도하는 법문이 끊이지 않으며, 이 집에는 진리를 깨친 거룩한 수행자가 있어서 도를 이루는 바른 길을 일러주며, 이 집에는 부처가 살고 있는 청정한 국토를 보여 주고 있습니다. 누구든지 이 곳에 오기만 하면 성문, 벽지불, 보살은 모두 없어지고 부처님의 향기만 있을 뿐입니다."

(7-9) 눈에 보이는 것은 허상일 뿐이다

사리불 : "그대는 어찌해 진리를 보고 있으면서도 여자의 몸으로 있는가?"

하늘아가씨 : "저는 12년 동안이나 몸 구석구석을 살펴보았지만 여자의 모습을 찾지 못했는데 무엇이 여자의 몸으로 보이게 합니까? 만일 요술쟁이가 요술로 여자를 만들었다면 요술로 만들어진 여자의 진실한 실체가 무엇입니까? 이러한 여자도 여자로서 의미가 있습니까? 우리가 보는 것은 단지 허상에 지나지 않습니다. 저의 몸도 그와 같습니다. 모든 법도 그와 같아서 일정한 모양이 있는 것이 아니며, 모양은 단지 그림자에 불과한 것입니다."

이 순간 하늘아가씨는 신통을 부려 자신의 몸을 사리불로 바꾸고, 사리불을 자신의 몸으로 바꾸었다. 그리고는 사리불에게 "당신은 어째서 몸을 바꾸지 않고 여자의 몸으로 있습니까?" 하고 묻자 사리불이 "나는 내가 어떻게 해 여자의 몸으로 바뀌었는지 모르겠습니다."라고 대답했다. 그러자 하늘아가씨가 신통력을 거두니 사리불은 다시 예전의 몸으로 바뀌었다. 하늘아가씨가 사리불에게 말했다.

하늘아가씨 : "사리불님이 지금 여자의 몸으로 있는 자신을 다른 몸으로 바꿀 수 있다면 다른 여자들도 모두 자신의 몸을 바꿀 수 있을 것입니다. 그들은 여자의 몸이 아닙니다. 그러므로 나타난 형상만을

가지고 남자니 여자니 하는 것은 잘못된 것입니다. 사리불님, 조금 전 여자의 몸이 지금은 어디에 있습니까?"

사리불 : "조금 전에 있었던 여자의 몸은 있으면서도 없는 것이며, 없으면서도 있는 것처럼 보인 것 뿐입니다."

하늘아가씨 : "모든 법도 또한 그러하여 있으면서도 없으며, 없으면서도 있는 것 처럼 보일 뿐입니다."

(7-10) 본래 부처의세계도 없다

사리불 : "아가씨여, 그대가 여기서 없어지면 어느 세상에 다시 태어나겠습니까?"

하늘아가씨 : "부처님께서 화신으로 여러 몸을 나타낸 것처럼 저도 또한 그렇게 태어나겠습니다."

사리불 : "부처님께서 화신으로 나타내는 것은 죽고 태어나는 것이 아닙니다."

하늘아가씨 : "모든 생명도 그와 같이 없어지고 나고 하지 않습니다. 단지 우리의 눈에 그렇게 보일 뿐입니다."

사리불 : "그러면 아가씨께서는 언제 부처가 됩니까?"

하늘아가씨 : "사리불님께서 부처가 되겠다는 결심을 포기하고 수행을 하지 않을 때 그때 저는 부처가 됩니다."

사리불 : "내가 부처 되기를 포기한다는 것은 있을 수 없는 일입니다."

하늘아가씨 : "그와 마찬가지입니다. 제가 부처가 된다는 것은 잘못된 생각입니다. 부처는 본래 이루어야 할 어떤 상태가 아니므로 누구도 얻을 수가 없는 것입니다."

사리불 : "아가씨여, 지금 우리들의 스승님도 부처를 이루었고, 이미

부처를 이룬 자도 앞으로 부처를 이룰 자도 항하강의 모래만큼 많은데 이것을 어떻게 설명하겠습니까?"

하늘아가씨 : "모두 세속의 눈으로 볼 때 부처를 이룬 것 처럼 보이지만 부처의 눈으로 보면 과거, 현재, 미래도 없으며, 본래 부처의 세계도 없는 것입니다. 스님께서는 아라한의 도를 얻었습니까?"

사리불 : "얻을 것이 없으므로 그냥 얻었다고 말하는 것입니다."

하늘아가씨 : "부처의 세계도 그와 같이 얻을 것이 없으므로 그냥 얻었다고 말할 뿐입니다."

8. 도를 이루려고

(8-1) 불도의 통달에 대해

그때 문수보살이 유마에게 물었다.

"보살이 어떻게 하면 불도를 통달했다고 할 수 있겠습니까?"

유마 : "만일 보살이 불도에 집착하지 않고 행하면 불도를 통달한 것입니다."

문수 : "어떻게 하는 것이 불도에 집착하지 않고 행하는 것입니까?"

유마 : "만일 보살이 데바달다가 부처님을 해치려다 부처님 발에 상처를 낸 것과 같은 대역죄를 행하면서도 마음이 고요해 흔들림이 없으면 지옥에 가더라도 극락에 있는 것과 같으며, 동물의 몸을 받더라도 어리석음과 거만함이 없으며, 아귀의 몸을 받더라도 공덕을 두루 갖추고 있으며, 색계와 무색계에 가더라도 대단하게 여기지 않으며, 탐욕을 행하는 것 같아도 애착을 여의었으며, 성을 내고 있어도 생명을 미워하는 마음이 없는 자비로운 마음뿐입니다. 아끼고 탐내는 것 같이 보여도 안팎이 없어 몸과 목숨을 아끼지 아니하며, 계행을 파하는 것 같으면서도 진실한 윤리에 어긋남이 없으며, 조그마한 허물에도 죄스러운 마음을 가지며, 게으른 것 같으면서도 부지런하고 성실하며, 마음이 들떠 있는 것 같으면서도 항상 선정 속에 있으며, 어리석은 것처럼 보이지만 세간과 출세간의 지혜를 통달했으며, 경전을 근본으로 한 여러 가지 방편으로 부처님의 가르침을 널리 유

포하며, 방편으로 교만을 부려 중생들에게 자신감을 갖게 하며, 방편으로 번뇌를 보이면서 상대방을 청정 속에 들게 합니다. 삿된 무리 속에 어울려 있으면서도 부처님의 정법으로 돌아오게 하며, 가난하게 살면서도 이웃과 함께 따뜻한 마음을 나누며, 방편으로 불구자의 몸을 받아 그들과 함께 있으면서도 불구자들을 떳떳하게 살게 하며, 천한 집에 태어났어도 서원이 크고 바르며 깨끗하게 살며, 못난 형상으로 태어났더라도 다른 사람들에게 밉게 보이지 않아 함께 있기를 즐거워합니다. 늙고 병들어도 존재의 본질을 꿰뚫어 삶과 죽음에 초연하며, 세속에 살면서 소유와 집착에 자유로워 인생의 무상함을 직접 깨우치게 하며, 어리석게 보이지만 생각과 행동이 상대방의 마음을 감동시키며, 삿됨을 보여 상대방으로 하여금 바른 길을 가도록 마음을 내게 하며, 뭇 생명들과 함께 육도를 윤회하면서도 윤회에서 벗어났고, 열반을 보이면서도 생사 속에 있는 것입니다.

 문수사리여, 보살이 이와 같이 불도 아닌 것에도 집착하지 않고 행할 수 있으면 불도를 통달한 것입니다."

(8-2) 부처의 종자

이번에는 유마가 문수에게 물었다.

"문수여, 어떤 것이 부처의 종자입니까?"

문수 : "나고 죽는 이 몸이 부처의 종자이며, 어리석음에 덮혀 밝지 못하고 애욕에 집착하는 것이 부처의 종자이며, 욕심 내는 마음과 성내는 마음과 어리석은 마음이 부처의 종자이며, 이 세상이 영원하고 불변하는 즐거운 곳으로 잘못 생각하는 것이 부처의 종자이며, 욕심스럽고 의심하고 게으르고 잠이 많으며 생각이 산란한 마음이

부처의 종자이며, 우리의 몸을 이루고 있는 눈·귀·코·입·몸·의식의 육식으로 받아들이는 것들이 부처의 종자이며, 여덟 가지의 바르지 못한 생각과 행위가 부처의 종자이며, 수 많은 생을 윤회하면서 익힌 어리석고 미워하며 집착하는 나쁜 습이 부처의 종자이며, 살생하고 도둑질하며 거짓말하는 나쁜 행동이 부처의 종자이며, 이와 같이 모든 번뇌가 바로 부처의 종자입니다."

(8-3) 번뇌바다에서 지혜꽃이 핀다

유마 : "어떻게 해서 그렇습니까?"

문수 : "출세간 법을 보고 수행자가 되려고 결심한 자는 결코 최상의 깨달음을 이룰 수가 없습니다. 좋은 토양에는 연꽃이 피지 않지만 진흙탕에서 연꽃이 피어나는 것과 같은 이치입니다. 조용한 산 속에 혼자 수행할 때 마음이 고요한 것은 진정으로 마음을 조복 받아 흔들림이 없는 것이 아닙니다. 부딪침이 없어서 그냥 마음이 선정에 들어 있는 것처럼 보일 뿐입니다. 세속의 거친 유혹 속에 있으면서도 바위처럼 흔들림 없는 그 마음이라야 최상의 깨달음을 얻을 수 있는 것입니다. 진정한 깨달음은 번뇌 속에서 이루어집니다. 조용한 산 속의 선정을 찾아 수행한 자는 불법의 씨앗을 틔우지 못하며, 모든 번뇌가 얽히고 설켜 있는 세속에서도 조용한 산에서처럼 마음의 흔들림이 없이 선정에 들 수 있는 수행자라야 최상의 깨달음을 이루는 불법의 씨앗을 틔울 수 있습니다. 그러므로 번뇌는 부처의 나라로 들어가는 최상의 종자인 것입니다. 크고 깊은 바다에 들어가야만 최상의 보물을 건질 수 있듯이 번뇌의 바다에 들어가지 않고는 최상의 지혜 보배를 얻을 수 없습니다."

(8-4) 타성에서 벗어나라

이때 조용히 듣고 있던 가섭이 문수보살을 찬탄하며 말했다.

"문수여, 진정으로 훌륭합니다. 말씀하신 바와 같이 번뇌는 진실로 부처의 종자가 됩니다. 당신이 지적한 대로 우리들은 최상의 깨달음을 성취하겠다고 발심은 했지만 번뇌에 부딪히면 밀고 나갈 힘이 없습니다. 대역죄를 지은 자도 발심해 불법으로 다시 태어날 수 있지만 타성에 젖어 있는 저희들은 처음 불법에 들어올 때와 같이 순수한 마음으로 발심할 수가 없습니다. 저희들의 경지에 만족해 자만심만 가득 차 있어서 수행에 아무런 진전도 이익도 없습니다. 그러므로 중생들은 불법으로 다시 태어날 수 있지만 성문들은 다시 불법으로 태어날 수가 없는 안타까움이 있습니다. 잘못된 수행자는 마음만 위없는 깨달음을 성취하겠다는 공허한 결심만 하고 이 몸이 다할 때까지 많은 법문을 듣는다 하더라도 자신의 구렁텅이에 빠져 진정한 자비와 보리 마음을 낼 수가 없습니다."

(8-5) 지혜는 어머니, 방편은 아버지

이때 대중 가운데서 보현색신보살이 앞으로 나와 유마에게 물었다.

"유마여, 부모와 처자와 친척들과 관리인과 친구들과 노복들과 마소와 수레들은 모두 어디에 있습니까?"

유마가 웃으면서 게송으로 대답했다.

지혜는 어머니요 방편은 아버지니
여러세계 부처님네 여기에서 나시었네
법희로는 아내삼고 자비심은 딸이되고

진실한맘 아들이요 공적한건 내집일세.

여러세계 많은중생 공한줄은 알지마는
불국토를 장엄하려 모든중생 교화하며
중생들의 형상이며 목소리와 온갖거동
큰실력을 얻은보살 한꺼번에 나타내네.

마군의일 알면서도 그행동을 따라하며
공교로운 방편지혜 마음대로 다나투며
늙고병나 죽는일로 여러중생 성취하되
요술인줄 환히알고 통달해 걸림없네.

(8-6) 끝없는 중생 교화

말겁적에 불이일어 하늘땅이 다타는데
항상한줄 믿는중생 깨우쳐서 알게하며
수천만억 중생들이 한꺼번에 청하거든
집집마다 찾아가서 불법으로 교화하고
경전이나 주문이나 신비로운 여러재주
있는대로 나타내어 여러중생 이익주네.

질병겁이 돌적에는 여러가지 약풀되어
중생들이 먹고보면 병은낫고 독풀리며
큰굶주림 말세에는 쌀이되고 밥이되어
굶은이를 배불리고 좋은법문 일러주네.

큰전쟁이 일어나면 대비심을 베풀어서
많은중생 교화해 다툴마음 없게하며
두나라가 대립되어 큰싸움을 겨룰때는
큰위신력 나타내어 화해해 어울리네.

철위산중 많은지옥 죄보받는 저중생들
곳곳마다 나아가서 그고통을 건져주며
여러세계 축생들이 서로잡아 먹는것은
그곳에서 태어나서 이익되게 해주네.

(8-7) 보리 마음

오욕락을 받으면서 좌선공부 닦게되면
어지러운 산란한맘 틈을타지 못하나니
불가운데 솟은연꽃 희유하다 하려니와
욕심속에 선닦는일 그것보다 못할손가.

어떤때는 기생되어 호색자를 꾀어다가
정욕으로 마음사서 불지혜에 들게하며
어떤때는 성주되고 어떤때는 상인되며
고관대작 몸도되어 중생들을 도와주네.

가난한 사람에게 무진보장 되어주고
좋은말로 권유해 보리마음 내게하며
교만한 사람에게 장사의몸 나타내어

아만심을 꺾어주고 최상심을 내게하네.

두려움에 떠는이는 앞에가서 위로해
무외심을 내게해 보리마음 가득하며
어느곳에 음욕끊고 신통얻은 신선되어
중생들을 제도해 지계인욕 닦게하네.

다른사람 심부름을 잘시키는 사람에게
그의뜻을 맞춘뒤에 도의마음 내게하며
구하는것 따라주고 불법중에 들게하되
교묘로운 방편으로 소원대로 이뤄주네.

이러한일 한량없고 행하는것 가이없고
지혜또한 끝이없어 많은중생 제도하니
한량없는 부처님네 수천억겁 두고두고
이공덕을 칭찬해도 끝날줄이 없는것을
어느누가 이법듣고 보리마음 안낼손가.

9. 진리는 하나

(9-1) 둘 아닌 법에 들어가다

그때 유마가 여러 보살에게 말했다.

"여러 보살이여, 당신들은 어떻게 해서 둘 아닌 법에 들어갈 수 있었습니까?"각자의 생각을 한번 말씀해 보십시오.

법자제보살 : "생겨나고 없어지는 것이 둘이지만 법은 본래 생겨나지도 않으며 없어지는 것도 아닙니다. 이러한 진실한 법을 알면 둘 아닌 법에 들어갈 수 있습니다."

(9-2) 덕수보살

덕수보살 : "나와 내 것이 둘이지만 내가 있으므로 말미암아 내 것이 있는 것이므로 내가 없으면 내 것이 없습니다. 이 이치를 알면 둘 아닌 법에 들어갈 수 있습니다."

(9-3) 보현보살

보현보살 : "받는 것과 받지 않는 것이 둘이지만 법을 받아들이지 않는다면 얻을 것이 없으며 얻은 것이 없으므로 취할 것이 없고 버릴 것도 없고 생각할 것도 없고 행할 것도 없으니 이렇게 하면 둘 아닌 법에 들어가게 됩니다."

(9-4) 덕정보살

덕정보살 : "더러운 것과 깨끗한 것이 둘이지만 더럽고 깨끗함의 참 성품을 살펴보면 더럽고 깨끗함도 없으며 단지 적정하고 고요함을 따르게 되니 이렇게 보면 둘 아닌 법에 들어갑니다."

(9-5) 선숙보살

선숙보살 : "움직이는 것과 생각하는 것이 둘이지만 움직이지 않으면 생각이 일어나지 않고 생각이 일어나지 않으면 분별이 없을 것이니 이렇게 하면 둘 아닌 법에 들어가게 됩니다."

(9-6) 선안보살

선안보살 : "모양 있는 것과 모양 없는 것이 둘이지만 모양 있는 것이 결국은 모양 없는 것인 줄 알면 모양 있는 것과 모양 없는 것에 치우지지 않고 평등한 마음을 내게 되니 둘 아닌 법에 들어갑니다."

(9-7) 묘비보살

묘비보살 : "보살 마음과 성문 마음이 둘이지만 마음이 본래 공해 보살도 없고 성문도 없음을 알면 둘 아닌 법에 들어가게 됩니다."

(9-8) 불사보살

불사보살 : "착함과 악함이 둘이지만 착한 마음과 악한 마음을 일으키지 않으면 착함과 악함에 물들지 않으니 이렇게 마음을 내면 둘 아닌 법에 들어가게 됩니다."

(9-9) 사좌보살

사좌보살 : "죄와 복이 둘이지만 죄의 성품을 바로 알면 복의 성품과 다르지 않으니 금강과 같은 지혜로 모양을 바로 알면 둘 아닌 법에 들어갑니다."

(9-10) 사자의보살

사자의보살 : "번뇌 있음과 번뇌 없음이 둘이지만 모든 법의 평등함을 알면 번뇌가 있음과 번뇌가 없음이 다르지 않아 형상에도 집착하지 않고 형상 없음에도 머물지 않으니 이렇게 하면 둘 아닌 법에 들어가게 됩니다."

(9-11) 정해보살

정해보살 : "인위적인 힘을 가해 일어나는 것과 자연적으로 일어나는 것이 둘이지만 차별을 벗어나면 마음이 허공과 같아 걸릴 것이 없으므로 둘 아닌 법에 들어갑니다."

(9-12) 나라연보살

나라연보살 : "세간과 출세간이 둘이지만 세간 성품이 공해 세간에 집착함이 없는 것이 출세간이며 그 가운데 들어가지도 않고 나오지도 않아 마음이 항상 고요하면 이것이 둘 아닌 법이니 이렇게 될 수 있으면 둘 아닌 법에 들어갑니다."

(9-13) 선의보살

선의보살 : "생사와 열반이 둘이지만 생사가 일어나는 본바탕을 바

로 보면 생사도 없고 얽힘도 없고 풀림도 없는 바로 열반이니 이렇게 볼 수 있으면 둘 아닌 법에 들어갑니다."

(9-14) 현견보살

현견보살 : "다함과 다하지 않음이 둘이지만 법의 본바탕에서 보면 다함도 없고 다하지 않음도 없는 것이니 이렇게 본바탕을 바로 보기만 하면 둘 아닌 법에 들어가게 됩니다."

(9-15) 보수보살

보수보살 : "내가 있다는 생각과 내가 없다는 생각이 둘이지만 참 성품에서 보면 나 자체가 있고 없음을 떠나 있으므로 이렇게 본질을 바로 본다면 둘 아닌 법에 들어가게 됩니다."

(9-16) 전천보살

전천보살 : "깨어있는 명과 어리석음에 덮혀있는 무명이 둘이지만 무명의 참 성품이 명이며, 명과 무명을 있는 그대로만 볼 수 있다면 분별을 떠나 명과 무명이 평등한 것이니 이렇게 보면 둘 아닌 법에 들어가게 됩니다."

(9-17) 희견보살

희견보살 : "형상과 공함이 둘이지만 형상이 곧 공함이며 공함 속에서 형상이 있으므로 형상과 공함이 둘 아닌 줄을 알면 진리의 세계를 여실히 보게 되니 이렇게 알면 둘 아닌 법에 들어가게 됩니다."

(9-18) 명상보살

명상보살 : "형상을 이루고 있는 지수화풍과 법의 본래 성품인 공함이 둘이지만 형상을 이루고 있는 모든 것의 공함을 알면 지수화풍과 공함이 같은 것임을 철저히 알면 둘 아닌 법에 들어가게 됩니다."

(9-19) 묘의보살

묘의보살 : "눈과 형상이 둘이지만 눈의 성품을 알고 형상의 경계를 떠나면 마음에 인색함이 없어지므로 탐냄과 어리석음이 일어나지 않아 마음이 항상 편안하고 고요하며, 이와 같이 귀과 소리, 코와 냄새, 혀와 맛, 몸과 접촉, 뜻과 집착에 대해서도 마음이 항상 편안하고 고요하면 둘 아닌 법에 들어갈 수 있게 됩니다."

(9-20) 무진의보살

무진의보살 : "베풂과 회향이 둘이지만 베풀면서 베풂의 결과에 집착함이 없으면 베풂과 회향이 동시에 일어나 베풂이 곧 회향이 되는 것이며, 이와 같이 지계와 인욕과 정진과 선정과 지혜에 대해서도 집착함이 없이 행하면 원인과 결과가 둘이면서도 동시에 일어나 하나가 되니 둘 아닌 법에 들어가게 됩니다."

(9-21) 심혜보살

심혜보살 : "공함과 형상 없음과 지음 없음이 다른 것이지만 공함이 형상 없는 것이며, 형상 없는 것이 지음 없는 것이니 이 세 가지 해탈이 다른 것이면서도 같음을 알면 둘 아닌 법을 보게 됩니다."

(9-22) 적근보살

적근보살 : "깨달음과 올바름과 청정함이 다른 것이지만 청정함이 바로 올바름이며, 올바름이 바로 깨달음에 이르는 길이니 깨달음과 올바름과 청정함이 다르면서도 다르지 않음을 알면 둘 아닌 법을 보게 됩니다."

(9-23) 심무애보살

심무애보살 : "몸과 몸 없어짐이 둘이지만 몸의 실상을 알고 나면 몸이 곧 없어짐을 알게 되어 몸과 몸 없어짐이 같음을 알고, 있고 없음에 분별이 없으므로 둘 아닌 법에 들어가게 됩니다."

(9-24) 상선보살

상선보살 : "몸으로 짓는 업과 입으로 짓는 업과 뜻으로 짓는 업이 다른 것이지만 몸과 입과 뜻은 같은 육신에서 작용해 나타나는 것으로 하나의 육신으로 통섭되는 것이며, 이것이 지음 없는 무위법임을 알면 몸과 입과 뜻으로 짓는 것들이 지음 없음인 줄 알게 되어 둘 아닌 법을 봅니다."

(9-25) 복전보살

복전보살 : "복된 행위와 죄 되는 행위는 둘이지만 참 성품은 공해 복도 없고 죄도 없는 것이어서 행위는 있되 행위의 결과에 떠나 있으므로 둘 아닌 법을 볼 줄 알면 둘 아닌 법에 들어가게 됩니다."

(9-26) 화엄보살

화엄보살 : "나로 말미암아 나와 남으로 분별되어 둘이 되는 것이니 실상을 보게 되면 분별이 끊어져 나와 남의 구별이 없어 두 가지 법에 머물지 않고 둘 아닌 법을 보게되니 이렇게 볼 줄 알면 둘 아닌 법에 들어가게 됩니다."

(9-27) 덕장보살

덕장보살 : "소유와 얻음이 둘이지만 얻는 것이 없으면 소유가 없어 취하고 버림이 없고, 취하고 버림이 없는 것이 둘이 아닌 법이 되면 둘 아닌 법으로 들어가게 됩니다."

(9-28) 월상보살

월상보살 : "어둠과 밝음이 둘이지만 어둠이 있기 때문에 밝음이 있고 밝음이 있기 때문에 어둠이 있는 것이지 원래부터 밝음과 어둠이 있는 것을 알면 둘 아닌 법에 들어가게 됩니다."

(9-29) 보인수보살

보인수보살 : "출세간을 좋아하고 세간을 싫어하는 것이 둘이지만 원래 세간과 출세간은 도에 이르는 방편이지 본질적으로 구별이 있는 것이 아니므로 세간이나 출세간에 얽매이지 않으면 둘 아닌 법을 볼 수 있어 둘 아닌 법에 들어가게 됩니다."

(9-30) 주정왕보살

주정왕보살 : "정과 사가 둘이지만 선정에 머물면 정이니 사니 분별하

지 않아 둘이면서도 둘을 여의게 되면 둘 아닌 법에 들어가게 됩니다."

(9-31) 낙실보살

낙실보살 : "실다운 것과 실답지 못한 것이 둘이지만 진실을 보는 이는 실다운 것도 실답지 못한 것도 보지 않으며 오직 지혜의 눈으로 본질만을 보는 자는 둘 아닌 법에 들어가게 됩니다."

(9-32) 문수보살

문수보살 : "진실한 법은 말도 없고 말할 것도 없고 보는 것도 없고 알 것도 없어서, 모든 문답을 떠나 둘 아닌 법에 들어갑니다."

(9-33) 문수보살이 유마를 찬탄하다

많은 보살이 말을 마치자 문수보살이 유마에게 물었다.

"우리들이 제각각 자신의 생각을 말했습니다. 거룩한이여, 당신은 어떤 것이 둘 아닌 법에 들어가는 것이라고 생각하십니까?"

유마는 아무 말 없이 그냥 그대로 있었다.

한참 후 문수보살은 유마를 찬탄해 말했다.

"훌륭합니다. 글자도 없고 말까지도 없는 것이 참으로 둘 아닌 법에 들어가는 것입니다."

이렇게 진리가 하나임을 말할 때 대중 가운데 오천 보살들이 분별심에서 벗어나 둘 아닌 법에 들어가 큰 깨달음을 얻었다.

10. 향적부처님이 계시는 곳

(10-1) 향적부처님 세계

이때 사리불이 생각하기를 "공양 때가 되었는데 이 많은 대중이 어디에서 어떻게 공양해야 할까?"하고 걱정을 했다. 유마가 그의 생각을 꿰뚫어 보고 이렇게 말했다.

"부처님께서 말씀하신 법문을 놓고 진지하게 의견을 나누고 있는데 밥 때가 되었다고 공양을 걱정하십니까? 공양할 생각이 있으면 잠깐만 기다리십시오. 처음 보는 음식으로 공양하게 해 드리겠습니다."

유마가 삼매에 들어 신통으로 대중들에게 신비한 세계를 보여 주었다. 위쪽으로 삼십이 항하사 세계를 지나면 중향이라는 세계가 있고 그 세계에는 향적이라는 부처님이 계셨다. 맑고 달콤한 최상의 향기가 여러 세계에까지 뻗쳤으며, 그 나라의 백성들은 모두 순수하고 깨끗한 마음을 가졌으며, 성실하고 지극한 하나 된 마음으로 보살도를 행하고 있었다. 그 나라 안에 있는 건물과 땅과 산과 음식 등 모든 것이 거룩한 부처님의 향기로 덮혀 있었다. 때마침 공양 시간이라 부처님과 보살들이 공양을 들고 계셨고, 하늘사람들이 모두 위없는 큰 깨달음을 이루겠다는 마음을 내어 부처님과 보살들에게 공양 올리는 것을 볼 수 있었다.

(10-2) 초발심자를 업신여기지 말라

유마가 보살들에게 물었다.

"누가 저 부처님의 공양을 얻어올 수 있습니까?"

모든 보살이 아무 말없이 앉아 있자, 유마가 말하기를 "이렇게 많은 대중 중에서 어느 누구도 대답이 없으니 부끄러운 일이 아니냐?"라고 말하자 문수가 받아 말했다.

"부처님께서 말씀하시기를 '처음 배우는 이들을 업신여기지 말라'했습니다."

유마가 자리에서 일어나지 않고 대중 앞에서 화현으로 된 보살을 나타내니 모습도 뛰어나게 잘 생겼고 수행자다운 맑고 거룩함을 나타내었다.

유마가 화현보살에게 이렇게 말했다.

"그대가 지금 위쪽으로 삼십이 향하사 세계를 지나면 중향세계가 있고 그곳에서 향적부처님이 대중들과 함께 공양을 들고 계신다. 그곳에 가서 부처님께서 드시고 있는 공양을 얻어 오너라."

(10-3) 중향세계의 음식을 얻다

대중들이 지켜보는 가운데 화현보살은 위쪽으로 올라가 중향세계에 이르러 향적부처님이 계시는 곳에 다달아 이렇게 여쭈었다.

"유마가 부처님의 거룩함에 머리는 숙여 찬탄합니다. 부처님의 안정되고 거룩한 모습을 뵙게 되니 모든 불편함이 저절로 없어집니다. 지금 부처님께서 공양을 드시고 계시니 음식이 남았으면 조금 얻어 갈까 합니다." 불법이 정착하기가 어려운 사바세계에까지 화현보살의 말소리가 대중들의 귀에 분명하게 들렸다. 이 소리를 들은 대중들은 저절로 환희심이 우러나왔다. 중향세계 보살들은 불법을 위해 이렇게 노력하는 것은 처음 보는 일이라고 찬탄하면서 "이 보살은

어디에서 왔으며, 사바세계는 어디에 있는 것이냐?"하고 향적부처님
께 여쭈었다.

(10-4) 화현보살로 전법하다

향적부처님 : "여기서 아래쪽으로 삼십이 항하사 세계를 지나가면
사바세계가 있고 그곳에 석가모니라는 부처님이 계신다. 괴로움이
가득찬 오탁악세에 계시면서 작은 뜻에 만족해 진정한 불법을 모르
는 이들을 위해 끊임없이 불법을 펴고 계신다. 그곳에 불가사의한
해탈에 머물러 있는 유마보살이 있어 이 화현보살을 나에게로 보내
진정한 수행자가 나아가야 할 길을 물어 왔느니라."

중향보살 : "그 사람이 어떤 보살인데 이 화현보살을 만들었으며, 공
덕과 두려움 없는 힘과 신통력이 얼마나 뛰어났습니까?"

향적부처님 : "우주의 구석구석까지 화현보살을 보내 불사를 하며
중생을 이익되게 하고 있느니라."

하시면서 조금 남아 있는 공양을 화현보살이 가지고 간 그릇에 담아
주었다. 그때 중향세계의 구백만 보살들이 한꺼번에 말했다.

"저희들도 사바세계로 가서 석가모니부처님을 공양하고 유마와 여
러 보살을 한번 만나 보고 싶습니다."

항적부처님 : "가고 싶으면 가거라. 그러나 그대들의 몸 향기를 거
두어 그곳 중생들로 하여금 의심하고 반하는 마음이 없도록 해라.
또 그대들의 본래 형상을 버리고 수행하는 보살로서 부끄럼 없이 하
라. 또 사바세계를 업신 여기는 마음을 내어 스스로 장애되는 생각
을 짓지 말 것이니라. 왜냐하면 시방국토가 모두 허망한 것이며, 모
든 부처님이 바른 삶의 지침이 되어 중생들을 교화하기 위해 청정한

국토를 그대로 나타내지 않고 방편으로 보이게 하기 때문이니라."

(10-5) 공양물 한 그릇으로 수많은 대중이 먹다

그때 화현보살이 발우에 공양을 가지고 다시 유마의 앞에 나타났으며, 구백만의 보살들도 홀연히 모습을 감추더니 잠시 후에 유마의 집에 이르렀다.

이때 유마는 여러 보살과 사리불과 성문들에게 말했다.

"수행자들이여, 지금 공양하십시오. 부처의 감로반이며, 큰 자비로 만들어진 공양이므로 집착하는 마음이 남아 있는 자는 이 공양을 먹을 수가 없습니다."

여러 대중이 속으로 말하기를 "공양은 한 그릇인데 이 많은 대중이 어떻게 먹을 수 있겠는가?" 화현보살이 대중들의 생각을 헤아려 이렇게 말했다.

"성문의 작은 덕과 작은 지혜로 부처의 무량한 복덕과 지혜를 헤아리려고 하지 마십시오. 바닷물이 다 마를지언정 이 공양은 다하지 않습니다. 이 공양은 끝없는 지계와 옳음과 지혜와 해탈지견의 공덕으로 이루어졌기 때문에 다함이 없는 것입니다."

이 말을 듣고 대중들은 안심하고 공양을 들었다. 모든 대중이 다 공양하고도 발우에 밥은 그대로 남아 있었고, 공양을 하고 나니 마음은 상쾌하기 그지 없었으며 모든 대중의 몸에서도 중향세계의 나무에서 향기가 나고 있었다.

(10-6) 향적 부처님의 법문

이때 유마가 중향세계에서 온 보살에게 물었다.

"향적부처님께서는 어떻게 법문을 설하십니까?"

중향보살 : "중향세계의 부처님께서는 말이나 글이 없으시고, 여러 가지 향기로써 대중들을 계행으로 들게 하며, 보살들은 모두 향나무 아래 앉아서 선정에 들면 즉시 마음이 고요하고 편안한 삼매에 들게 됩니다."

그 보살이 유마에게 물었다.

"석가모니부처님께서는 어떤 법문을 설하십니까? 한번 들어보고 싶습니다."

유마는 다음과 같이 말했다.

"이 사바세계의 중생들은 생각이 완강하고 억세어 진실한 삶에 눈을 뜨게 하는 것이 매우 어렵습니다. 믿음이 약해 교화하기 어려운 사람들의 마음은 원숭이 같아서 여러 가지 방법으로 그 마음을 다스려야 조복 받을 수 있습니다. 마치 코끼리나 말이 사나워서 길들지 아니하면 채찍으로 갈겨 뼈에 사무치는 고통을 줌으로써 길들여지는 것과 같이 완강하고 억세어 진실한 삶의 길로 인도하기 어려운 중생들에게는 온갖 호되고 매서운 말로 일러 바른 삶으로 들어가게 하는 것입니다. 지옥에 살고 있는 중생에게는 지옥의 과보를 말해 주고 다스리며, 축생의 세계에 살고 있는 중생에게는 축생의 과보를 말해 주고 다스리며, 아귀의 세계에 살고 있는 중생에게는 아귀의 과보를 말해 주어 다스리며, 살생하는 자에게는 살생의 과보를 말해 주어 바른 길로 돌아오게 하며, 도둑질한 자에게는 도둑질한 과보를 일러 주어 바른 길로 돌아오게 하며, 삿된 음행을 한 자에게는 음행한 과보를 일러주어 바른 삶으로 돌아오게 하며, 욕심내고 성내고 미워한

자에게는 그 과보를 말해 주어 바른 길로 돌아오게 하며, 게으르고 파계한 자에게는 그 과보를 말해 주어 바른 길로 돌아오게 합니다.

반면에 마음이 잘 다스려진 보살들은 중생을 어여삐 여기는 자비심으로 중생을 돌보며 깨달음의 길을 당당하게 걸어가고 있습니다.

진정한 베품으로 물질적으로 정신적으로 가난한 사람들을 돌보아 주며, 모범적인 생활을 하므로써 파계한 사람들의 길잡이가 되어주며, 욕됨을 잘 참음으로써 성내는 사람들을 바르게 인도하는 길잡이가 되며, 정진하므로써 게으른 사람들에게 성실한 삶의 길잡이가 되어 주며, 마음이 안정된 선정으로써 마음이 산란한 사람들의 길잡이가 되어 바른 삶을 살도록 하며, 지혜로써 어리석은 사람들을 다스리며, 어려움을 잘 극복하므로써 어려움을 당한 중생들의 길잡이가 되어 주며, 큰 뜻을 펼쳐 조그마한 성취에 만족하는 사람들에게 큰 서원을 세우게 해 세세생생 부처님 법 만나도록 인도해 주며, 착한 마음 뿌리를 심어 공덕이 없는 사람들을 제도해 스스로 진실한 삶을 찾아가도록 인도해 줍니다."

(10-7) 여덟 가지 좋은 법

중향보살이 유마에게 물었다.

"그러면 보살은 몇가지의 좋은 법을 성취해야 정토에 태어납니까?"

병상에 누워 있는 채로 유마의 대답이 이어졌다.

"보살은 여덟 가지 좋은 법을 성취하면 정토에 태어납니다. 중생을 이익되게 하되 대가를 바리지 말며, 일체중생을 대신해 모든 고통을 받으며, 짓는 공덕을 모두 다른 사람에게 돌리며, 평등한 마음으로 중생을 대해 겸손한 마음이 한결 같아야 하며, 모든 중생을 부처님

같이 보고 받들어 모실 것이며, 보지 못한 경전이라고 의심하지 말
것이며, 다른 사람이 공양받는 것을 질투하지 말며, 자신을 자랑하
지 말 것이며, 항상 자신의 허물을 살피고 다른 사람의 허물을 말하
지 말 것이니 이렇게 법을 지키면 정토에 태어납니다."

이 법문을 듣고 많은 대중은 위없는 깨달음을 이루겠다는 마음을 발
했으며, 일반 보살들도 큰 깨달음을 얻었다.

11. 구도자의 삶이여!

(11-1) 유마와 문수보살이 부처님 계신 곳으로

문수보살을 비롯하여 많은 제자는 유마의 병 문안을 보내놓고 부처님께서는 암라나무 우거진 정원에 앉아 설법을 하고 계셨다. 갑자기 정원이 온통 금빛으로 빛났다.

아난이 이러한 기적을 보고 부처님께 여쭈었다.

"부처님이시여, 무슨 인연으로 이런 상서로운 일이 일어납니까? 별안간 땅이 넓고 깨끗하며 주위가 온통 금빛으로 빛나고 있습니다."

부처님께서 말씀하셨다.

"아난이여, 이것은 유마와 문수가 여러 대중에게 둘러쌓여 함께 여기로 오려고 하니 유마를 공경하는 대중들의 정성에 의해 이러한 상서로움이 나타나는 것이다."

유마 : "문수여, 우리끼리 많은 법담을 나누었으니 이제 부처님을 찾아 뵙고 법을 청함이 좋을 듯합니다."

문수 : "좋습니다. 마침 때가 적당합니다. 함께 가서 부처님을 뵙도록 합시다."

(11-2) 유마의 신통력

유마가 신통력으로 방안에 있는 모든 대중과 사자좌를 손바닥에 올려놓고 부처님이 계시는 암라나무절로 갔다. 부처님 앞에 대중들과 사자좌를 펼쳐 놓으니 절 마당에 가득했다. 유마가 지극한 마음으로 부처님께 절을 올리니 모든 대중도 따라 정성으로 절을 올렸다. 부처님께서는 여러 보살과 대중들을 칭찬하시며 자리에 앉기를 권하자 모두 자기 자리에 편안하게 앉았다.

부처님이 사리불에게 말씀하셨다.

"너는 유마보살의 자유자재한 신통력을 보았느냐?"

사리불 : "부처님이시여, 잘 보았습니다."

부처님 : "너는 어떻게 생각하느냐?"

사리불 : "부처님이시여, 유마의 그 불가사의함은 저의 능력과 지혜로는 헤아릴수가 없습니다."

(11-3) 중향세계의 향기

이때 아난이 부처님께 여쭈었다.

"부처님이시여, 지금 여기에 가득한 이 향기는 한번도 맡아 본 적이 없는 향기입니다. 이것이 무슨 향기입니까?"

부처님 : "이 향기는 중향세계의 보살들에게서 나는 것이다."

사리불이 아난에게 말했다.

"아난이여, 우리들의 몸에서도 이 향기가 나고 있습니까?"

아난 : "그 향기가 어디서 생겼습니까?"

사리불 : "중향세계에 계시는 향적부처님께서 유마의 청에 따라 부처님께서 공양하시던 것을 우리에게 나누어 주고 그 공양을 먹은 후로 향기가 납니다."

다시 아난이 유마에게 물었다.

"이 향기는 얼마 동안 나겠습니까?"

유마 : "우리들이 공양한 밥이 다 삭을 때까지 납니다."

아난 : "얼마 후에 삭겠습니까?"

유마 : "이 공양은 칠 일이 지나야 삭게 됩니다. 칠 일이 의미하는 것은 육바라밀의 실천을 모두 마쳐 몸과 마음에 번뇌의 독기가 완전히 없어진 상태를 말하는 것이며, 이 공양은 부처님께서 드시던 것이므로 번뇌 독기가 없어야 삭게 되는 것입니다."

(11-4) 불토를 이루는 방법

부처님 : "아난아, 잘 들어라.

어떤 사람은 부처님의 밝은 지혜가 불국토를 이룬다고 생각하며, 어떤 사람은 보살의 자비심이 불국토를 이룬다고 생각하며, 어떤 사람은 깨달음을 성취하겠다는 큰 원이 불국토를 이룬다고 생각하며, 어떤 사람은 부처님께 올리는 의복이나 좌복이나 음식으로 불국토를 이룰 수 있다고 생각하며, 어떤 사람은 부처님을 모실 나무로 된 누각을 지음으로 불국토를 이룰수 있다고 생각하며, 어떤 사람은 원만하고 뛰어난 형상을 가지면 불국토를 이룰 수 있다고 생각하며, 어떤 사람은 인생의 무상함을 철저히 가르쳐 실천하므로써 불국토를 이룰 수있다고 생각하며, 어떤 사람은 법문이나 경전을 통해 삶을 성숙 시킴으로써 불국토를 이룰 수 있다고 생각하고 있으며, 또 어떤 사람은 선정으로써 마음의 고요함과 편안함을 성취해 불국토를 이룰 수 있다고 생각하는 것처럼 중생의 숫자만큼 불국토가 있는 것이다.

아난아.

팔만 사천 가지의 번뇌가 중생에게는 고통이지만 부처에게는 번뇌가 바로 열반인 것이다. 그러므로 깨달은 자는 번뇌로써 불국토를 장엄하는 것이다. 이러한 불법문에 들어간 보살은 깨끗하고 훌륭한

불국토를 보고도 기뻐하지도 않으며, 탐내지도 않으며, 거만하지도
않으며, 더럽고 천한 불국토를 보고도 근심하지 않고, 장애라고 생
각하지도 않으며, 물러나지도 않는다.

오직 부처님을 생각하는 한마음뿐이다. 그러므로 모든 번뇌와 최악
의 극한 상황까지도 청정하게 보이며, 즐거운 일로 보이는 것이다.

궁극적인 깨달음은 하나이지만 중생을 교화해 깨달음에 나아가는
방법은 중생의 숫자만큼이나 많다. 강물이 흘러 바다에 이르면 하나
가 되듯이 깨달음을 추구하는 방법은 자신의 근기에 맞는 것을 택해
수행하지만, 깨달음을 성취하고 나면 지혜바다만 있을 뿐이다.

그러므로, 아난이여,

위에서 열거한 것처럼 불국토를 이루는 방법은 여러 가지지만 이 모
든 것이 성취되고 나면 같은 결과를 가져와 평등하므로 이름을 〈변정
각〉이라고 부르며, 〈여래〉라고 부르며, 〈붓다〉라고 부르는 것이다."

(11-5) 보살의 선정과 지혜와 변재의 공덕

아난 : "부처님이시여, 제가 지금까지 부처님의 말씀을 제일 많이 들
었다고 생각했는데 이제부터는 부처님의 말씀을 많이 들었다고 할
수 없겠습니다."

부처님 : "아난아, 그렇게 생각하지 말아라. 그래도 성문 중에서는
제일 많이 들었느니라. 닫힌 마음으로는 아무리 보살의 마음을 헤아
리려고 해도 헤아릴 수 없다. 항하강의 모래수를 다 헤아린다 해도
보살의 선정과 지혜와 변재와 공덕은 다 헤아릴 수 없다. 유마가 한
번 보인 이 신통력은 성문이나 벽지불이 수천만 년 동안 부린 신통
을 모두 합한 것보다 변재가 더 큰 것이다."

(11-6) 중향세계 보살들에게 설법하다

그때 중향세계에서 온 보살들이 합장하고 부처님께 여쭈었다.

"부처님이시여, 저희들이 처음에는 이 사바세계를 보고 업신여기는 마음을 가졌습니다. 부처님의 말씀을 듣고 뉘우치며 그런 마음을 모두 버렸습니다. 이제는 사바세계도 모두 방편임을 알았습니다. 이제 저희들이 돌아가야 할 시간도 얼마 남지 않았습니다. 저희들을 위해 법을 베풀어 주시면 영원히 수행의 지침이 되겠습니다."

부처님께서는 향적세계의 보살들을 위해 다음과 같은 법을 설하셨다.

"번뇌를 다 떨쳐버리고 나면 끝없는 지혜가 열리는 해탈 법문이 있다. 번뇌가 있으면 삶과 죽음이 있고, 번뇌를 여의면 열반에 들어가는 것이다. 보살들은 삶과 죽음 속에 있으면서도 삶과 죽음에 대해 자유로우며, 열반에 있으면서도 열반에 얽매이지 않는다. 중생들과 함께 삶과 죽음을 윤회하면서 그들과 더불어 함께 기뻐하고 함께 슬퍼하며, 그들을 가엾게 여기며, 깨달음을 이루겠다는 마음에서 물러나지 않으며, 중생을 교화하는 마음이 흐트러지지 않으며, 중생과 더불어 살면서 모든 문제는 부처님께서 가르치신 사성제의 법에 따라 풀려고 노력하며, 바른 법 지키기에 몸과 목숨을 아끼지 아니하며, 행위는 하되 결과에 구애되지 않으며, 바른 법을 구하는데 온 정성을 다하면, 바른 법을 펴는데 자신을 돌보지 않고 적극적이며, 모든 살아 있는 생명을 다 사랑하는 것이다.

(11-7) 삶과 죽음에서 자유롭다

그러므로 삶과 죽음을 두려워하지 않으며, 잘 살고 못 사는데 기뻐하거나 근심하지 않으며, 공부하지 않는 자를 업신여기지 않으며,

부지런히 공부하는 자를 부처님 같이 존경하며, 번뇌 속에 떨어진 사람들에게 바른 생각을 가지게 하며, 세속을 떠난 한가로움을 귀하게 여기지 않으며, 나의 즐거움에 집착하지 않으며, 다른 사람의 즐거움을 함께 기뻐하며, 마음이 고요해 선정 속에 있으면서도 마음이 산란해 지옥을 헤매는 중생을 잊지 아니하며, 고난과 시련 속에 있으면서도 즐거운 마음으로 견디며, 찾아와 도를 묻는 사람을 스승처럼 대하고, 계율이 흐트러져 삶의 질서를 잃어버린 사람에게는 바른 길로 인도하며, 도를 이루는 행위를 부모 같이 여기며, 선한 마음 뿌리를 심는 데는 시간과 장소를 구별하지 않으며, 다른 사람의 성취를 자신의 일인 것처럼 기뻐하며, 외부적인 모습과 마음 씀씀이를 구족하며, 온갖 나쁜 것을 버려 몸과 입과 뜻을 깨끗하게 하며, 끝이 없는 생사바다도 용감하게 헤쳐나가며, 부처님의 한량없는 공덕 닦는 일에도 부지런하며, 지혜의 칼로 번뇌의 도적을 베어내고, 인연법을 철저하게 깨우쳐 윤회에서 헤어나며, 모든 중생을 깨달음의 세계로 인도하며, 산란한 마음과 여러 가지 유혹을 정진으로 뛰어넘고, 세간에 있으면서도 무소유 정신으로 아무리 작은 성취에도 만족할 줄 알며, 세속에 있으면서도 도를 버리지 않으며, 의심이 많은 중생에게는 신통을 보여 주어 믿게 하며, 중생들의 근기를 잘 분별하며 적절한 법문을 설하며, 진실을 말하므로써 걸림이 없게 하며, 착한 일을 행해 하늘 사람의 복을 받고, 끝없는 자비 마음을 내어 범천의 세계를 열고, 부처님의 행위와 마음을 닮고자 끝없이 노력하고 수행하는 것이 보살들이 삶과 죽음 속에 있으면서도 삶과 죽음에서 자유롭게 되는 길이다.

(11-8) 중향세계로 돌아가다

또한 공함을 배우고 닦아 공에 머물지 않고 세간 속에 공의 꽃을 피워내며, 항상 고요한 선정을 닦고 배워도 선정에 머물지 않고 세간 속에서 선정의 꽃을 피워내며, 인생을 관해 무상함을 알면서도 삶과 죽음을 미워하지 않으며, 존재의 본질을 관조해 〈나〉라는 실체가 없음을 알면서도 다른 사람들에게 바른 길로 가도록 교화하며, 마음이 고요함에 머물러 있으면서도 행동은 활발하며, 마음은 세속을 떠나 있으면서도 몸과 마음으로 착한 일을 즐겨 닦으며, 윤회하는 몸뚱이를 살펴보니 돌아갈 데가 없는 줄 알면서도 바르고 깨끗한 삶을 영위하며, 다시 태어남이 없는 줄을 알면서도 중생들과 더불어 번뇌 속에서 살며, 행할 것이 없는 줄 알면서도 행동을 보임으로써 중생들의 모범이 되며, 모든 형상 있는 것은 허망해 끊임없이 변하는 것인 줄 알면서도 세상의 변화무쌍함 속에 뛰어들어 중생과 더불어 사는 것이 진정한 보살의 길인 것이다.

삶과 죽음의 세계에 뛰어들어 복덕의 씨를 뿌리며, 자비의 씨를 뿌리며, 마음의 병을 낫게 하는 법약의 씨를 뿌리며, 이상의 세계에 머물면서 지혜의 꽃을 피우며, 서원의 꽃을 피우며, 법약의 꽃을 피워 중생의 병을 없애 주는 것이 보살의 길이며, 이것이 깨달음의 법이니 마땅히 그렇게 받아 지닐지니라."

이때 중향세계 보살들은 이 법문을 듣고 크게 기뻐하며 아름답고 향기로운 꽃으로 우주에 가득 뿌리며 "석가모니 부처님은 방편을 잘 행하시도다." 하며 부처님을 찬탄하면서 중향세계로 돌아갔다.

12. 깨달음의 세계

(12-1) 어떻게 하면 부처를 보는가?

그때 부처님께서 유마에게 물으셨다.

"그대가 부처를 보고자 하니, 어떻게 하는 것이 부처를 보는 것인가?"

유마는 부처님께 예를 올리고 나서 말했다.

"스스로 몸의 실상을 보는 것처럼 그렇게 보면 부처를 볼 수 있습니다. 부처는 미래에 나타나는 것도 아니며, 과거에 나타난 것도 아니며, 지금 현재에 머물러 있는 자도 아닙니다. 부처는 형상으로 볼 수 없으며, 형상을 떠난 공함으로도 볼 수 없으며, 형상을 이루고 있는 성품으로도 볼 수 없습니다. 받아들임과 생각과 행위와 느낌도 그러합니다. 부처는 육신을 갖추고 있으면서도 허공과 같으며, 부처는 눈, 귀, 코, 혀, 몸, 뜻으로 인식되는 세계가 아니라 의식을 포함한 초월의식에 뿌리를 두고 있으며, 과거, 현재, 미래 속에 있으면서도 과거, 현재, 미래가 없는 영겁에 살고 있으며, 햇빛과 같은 지혜를 갖추었으면서도 중생과 더불어 무명 속에 헤매며, 형상이 있으면서도 상황에 따라 천백억의 몸을 나타내어 형상이 있는 것도 아니고 형상이 없는 것도 아니며, 깨달음의 언덕에 서 있는 것 같으면서도 번뇌의 바다에서 중생들과 함께 허우적거리며, 마음은 고요해 흔들림이 없지만 행해야 할 바를 부지런히 닦으며, 분별을 뛰어넘었으면서도 중생과 더불어 분별하며, 지혜로운 자에게는 무명의 세계를, 무명에 가려진 자에게는 지혜의 세계를 보여 주어 더 넓은 세계를 알게 하며, 부처는 원래 깨끗하지도 않으며 더럽지도 않으며, 한 곳에 있지도 않으며 또 그곳에 떠나지도 않으며, 삶과 죽음 속에 있으면서도 열반 속에 머물며, 나타내어 보여줄 것도 아니며, 말로 나타낼 수 있는 상태도 아니며, 계행을 파계하지도 않으면서 지키지도 않고, 게으른 것 같으면서도 끊임없이 정진하며, 마음이 산란해 어지러운 것 같으면서도 흔들림이 없으며, 어리석은 것 같으면서도 진실하며, 거짓말을 하는 것 같으면서도 진실하며, 오지도 않으며 가지도 않고, 나오지도 않으며, 들어가지도 않고, 취하지도 않으며 버리지도 않고, 모양이 있는 것도 아니며 모양이 없는 것도 아니며, 크지도 않으며 작지도 않고, 복밭도 아니며 복밭 아닌 것도 아니며, 얻음도 없으며 잃음도 없고, 맑음도 아니며 흐림도 아니고, 인위적으로 일어나게 하는 것도 아니며 자연적으로 일어나는 것도 아니고, 나는 것도 없으며 없어지는 것도 아닙니다.

그러면서도 모든 구속에서 자유로우며, 지혜와도 평등하고 중생과도 평등하며, 모든 법에 분별이 없으며, 모든 애욕을 떠나 좋고 싫어함이 없습니다.

부처님이시여, 부처의 몸이 이와 같다고 생각하고 있습니다.”

(12-2) 법의 생성소멸

이때 사리불이 유마에게 물었다.

“유마여, 당신은 어디에 있다가 여기에서 태어났습니까?”

유마 : “사리불이여, 법에 없어지고 생기고 하는 것이 있습니까?”

사리불 : “없어지고 생기고 함이 없습니다.”

유마 : "모든 법이 없어지고 생기고 하는 것이 없는데, 어찌해 저에게 어디에 있다가 여기에 왔느냐고 묻습니까? 요술쟁이가 요술로 사람을 만들 때 없어지고 생기는 것이 있다고 하겠습니까?"

사리불 : "없어지고 생기고 하는 것은 환상에 지나지 않는 것입니다."

유마 : "부처님께서 모든 법은 요술과 같다고 하셨습니다. 모든 법이 요술과 같다면 어디에 있다가 여기로 왔겠습니까?

사리불이여,

없어진다는 것은 허망한 법이 부서지는 모양이며, 나타난다는 것은 허망한 법이 계속되는 모양이니, 보살은 없어지더라도 착한 마음 뿌리는 다하지 않으며, 나타난다 하더라도 나쁜 종자가 자라나지 않습니다."

(12-3) 유마는 묘희세계에서 왔다

그때 부처님께서 사리불에게 말씀하셨다.

"저기 묘희세계가 있고, 그 세계에 계시는 부처님은 무동불이니, 유마는 그 세계에 있다가 여기에 태어났느니라."

사리불 : "흔하지 않는 일입니다. 부처님이시여.

유마는 스스로 보살의 세계를 버리고 번뇌로 가득한 사바세계로 왔습니다."

유마 : "사리불이여, 햇빛이 빛날 때 어두운 것과 밝은 곳이 구별 되겠습니까?"

사리불 : "햇빛이 빛날 때는 모든 것이 밝게 됩니다."

유마 : "사리불이여, 보살도 그와 같습니다. 원래 밝음과 어둠은 없는 것입니다. 지옥이라 하더라도 보살이 그곳에 가면 그 보살로 말미암아 지옥은 보살세계가 되는 것입니다."

이때 대중들은 묘희세계를 한번 보기를 간절히 원했다. 부처님께서 대중들의 마음을 알고 유마에게 말했다.

"유마여, 이 대중들이 묘희세계를 보기를 원하니 대중들이 묘희세계를 볼 수 있도록 하라."

유마가 삼매에 들어 신통력으로 묘희세계를 오른 손바닥 위에 펼쳐 놓았다.

대중들은 아무 것도 없는 허공에서 끝없이 넓고 거룩한 묘희세계가 눈앞에 펼쳐지자 환희심이 절로 났다. 남선부주로부터 도리천까지 뻗어 있는 끝도 없는 계단에는 수많은 보살이 구도행각을 하고 있었으며, 계단을 둘러싸고 있는 계곡과 강과 바다와 산과 숲과 짐승들은 이제까지 본 적이 없는 묘하고 신비한 것이었다.

향적세계와 묘희세계를 체험한 대중들은 끝도 없이 넓고 다양한 우주를 보고 자신만의 세계에 빠져 있던 닫힌 마음이 사라지고 더 넓고 높은 세계를 볼 수 있는 마음의 눈이 열리게 되었다. 부처님께서는 대중들을 둘러보시고 "너희들도 부지런히 수행해 마음이 청정해지면 유마처럼 너희들의 마음 속에서도 이러한 세계가 이루어진다."고 말씀하셨다.

부처님 : "사리불아, 너는 묘희세계와 무동부처를 보았느냐?"

사리불 : "부처님이시여, 잘 보았습니다. 지금 저의 가슴에도 환희로움이 가득차 있습니다. 모든 생명이 무동부처님과 같이 깨끗한 불국토를 이루며, 유마와 같이 큰 신통을 얻기를 원하옵니다. 지금 설하

신 이 법문이 부처님께서 열반에 드신 다음에도 이 세상에 남아 큰 이익이 되었으면 원이 없겠습니다. 다음 세상에 이 법문을 받아 지니는 이가 있다면 그는 틀림없이 유마와 같은 신통을 얻어 부처를 이룰 것입니다. 이 법문이 있는 한 이 세상에는 진리의 샘이 영원히 솟을 것입니다. 한 수행자로서 기쁜 마음 그지 없습니다."

13. 진정한 공양

(13-1) 불법 수도를 맹세하다

그때 제석환인이 대중 가운데 있다가 앞으로 나와 부처님께 말씀드렸다.

"부처님이시여, 제가 지금까지 많은 법문을 들었지만 이렇게 마음이 맑고 밝은 환희심으로 가득찬 적은 없었습니다. 만약 다음 세상에서라도 누가 이 법문을 받아 지니고 청정하게 수행하는 자가 있다면 하늘이든 지옥이든 찾아가 정성으로 공양 올릴 것이며, 수해하는 데 방해가 되지 않도록 목숨을 걸고 보호하겠습니다.

부처님이시여.

오늘 이 인연으로 말미암아 저는 진정으로 진실한 세계를 알게 되었습니다."

(13-2) 진정한 공양의 공덕

부처님께서 제석에게 말했다.

"제석이여, 그렇게 말하니 나도 한없이 기쁘구나.

과거, 현재, 미래의 모든 부처님도 결국은 이 법문에 의해 위없는 깨달음을 성취했으며, 성취하며, 성취할 것이다. 그러므로 이 법문을 받아 지님은 바로 부처님께 공양 올리는 것과 같은 것이다.

만약 어떤 사람이 있어 우주에 가득찬 보물로써 부처님께 공양을 올린다면 이 사람의 공덕은 어떻겠느냐?"

제석 : "매우 크겠습니다. 부처님이시여, 그 공덕은 한 겁 동안 칭찬하더라도 모자랄 것입니다."

부처님 : "그렇다. 제석이여, 그러나 바른 생각을 가진 사람이 이 법문을 받아 지니고 이 법문에 따라 청정하게 수행한다면 이 공덕이 앞의 공덕보다 더 크다. 진실한 마음으로 올리는 공양이 영원히 줄어들지 않는 최상의 공덕인 것이다. 나도 전생에 도를 이루겠다는 결심으로 이와 같은 법 공양을 올리고 이에 따라 수행한 인연으로 부처를 이루게 된 것이다. 누구든지 나와 같이 오로지 도를 이루겠다는 한 마음으로 지극하게 수행한다면 결정코 부처를 이룰 것이다. 이러한 마음이 없이 수천억 겁을 부처님께 공양 올리며 수행하더라도 부처를 이룰 수 없다. 진정한 공양은 마음에서 우러나는 지극한 정성인 것이다."

14. 부처님의 이름으로

(14-1) 다음 세계를 미륵보살에게 부촉하다

부처님께서는 대중들을 둘러보시고는 미륵에게 말했다.

"미륵이여, 내가 무량한 겁 동안 공양 올리고 받아 지닌 위없는 깨달음을 이루는 법문을 이제 그대들에게 부촉하노니, 내가 멸도한 뒤 말세가 되면 이 법문이 더욱 절실하게 될 것이다. 그때 그대들은 진실한 삶을 추구하려는 모든 생명이 이 법을 만나지 못해 무명에 빠져 헤매지 않도록 널리 법을 베풀도록 해라.

(14-2) 수행자의 길

미륵이여, 말세가 되면 말과 글을 쫓아 따르는 보살도 있을 것이며, 이 법문을 따라 진실한 수행을 행하는 보살도 있을 것이다. 말과 글을 쫓는다고 비방하고 버리지 말라. 말과 글을 쫓다가 인연이 성숙하면 자연스럽게 진실한 수행으로 돌아오는 것이니 그대들은 조급하지도 말며, 단편적으로 보지도 말며, 모든 것을 부정적으로 보지도 말 것이며, 지금의 잠깐 인연은 수억 겁의 긴 시간에 비해 찰나에 불과한 것임을 알고 모든 것을 다 포용할 수 있도록 하라. 말세일수록 감각적이고 단편적이며 순간적인 것이 더욱 만연해 정신의 황폐를 가져올 것이니 이럴수록 즐거운 마음으로 참고 견디며 대상들을 긍정적으로 받아들여 줄 때 부처의 씨앗이 성숙되는 것이며, 불국토가 이룩되는 것이다. 이것은 이 세상이 없어진다 하더라도 수행자가 걸어가야 할 길이며, 수행자는 자신의 길을 감으로써 비로소 부처를 이루는 것이다."

(14-3) 미륵보살의 수행과 전법

미륵보살이 이 말씀을 듣고 부처님께 말씀드렸다.

"거룩하십니다. 부처님이시여, 저희들도 부처님께서 무량겁 동안 받아 지닌 이 법문을 받아 지닐 것이며, 이 법이 영원토록 이 세상을 밝히는 등불이 되도록 할 것이며, 저희들도 이 법문에 의지해 결정코 부처를 이루겠으며, 모든 생명이 다 부처를 이룰 때까지 저희들은 이 법문을 연설하며 이 법문에 따라 수행하도록 하겠습니다."

이때 사천왕이 환희심을 발해 다음과 같이 말했다.

"만약 다음 세상에도 누가 이 법문을 받아 지니고 청정하게 수행하는 자가 있다면 하늘이든 지옥이든 가리지 않고 찾아가 정성으로 공양 올릴 것이며, 이 법문이 소멸하지 않도록 목숨을 걸고 보호하겠습니다.

부처님이시여, 오늘 이 인연으로 말미암아 저는 진정으로 진실한 세계를 볼 수 있어서 기쁘기 한이 없습니다."

(14-4) 이 법문의 이름

이때 아난이 부처님께 여쭈었다.

"부처님이시여, 저희들도 이 법문을 널리 유포할 것이며, 이 법문에 따라 수행하겠습니다. 그러면 이 법문의 이름을 어떻게 부르면 되겠습니까?"

부처님께서 말씀하셨다.

"아난아, 이 법문의 이름은 〈유마힐소설경(維摩詰所說)〉이며, 〈불가사의해탈법문(不可思議解脫法門)〉이니라. 이렇게 받아 지니도록 해라."

부처님께서 이 법문을 설해 마치시니 유마와 문수보살과 사리불과 아난과 미륵보살과 모든 하늘 사람과 아수라와 모든 대중이 크게 기뻐하며, 믿고 지니고 받들어 행하였다.

4

5
우리말 원각경

한문 번역 / 불타다라

──────────── 차 례 ────────────

서장

1. 문수보살장

2. 보현보살장

3. 보안보살장

4. 금강장보살장

(4-1) 금강장보살이 중생의 무명에 관해 묻다

(4-2) 무명의 인과를 설하다

(4-3) 미묘한 원각의 마음

(4-4) 금광석도 녹여야 순금을 얻는다

5. 미륵보살장

5

(5-1) 미륵보살이 윤회의 근본에 관해 묻다

(5-2) 애욕이 윤회의 원인이다

(5-3) 다섯 가지 성품의 차별

(5-4) 번뇌장과 소지장

6. 청정혜보살장

(6-1) 청정혜보살이 원각에 관해 거듭 묻다

(6-2) 중생들을 위하여 점차와 차별을 설하다

(6-3) 중생이 원각의 성품에 수순하다

(6-4) 보살이 원각의 성품에 수순하다

(6-5) 일체종지의 성취에 대하여

(6-6) 보살도 중생도 없다

──────────────   차 례   ──────────────

서 장

부처님의 법회에 함께 하다

이와 같이 나는 들었다.

어느 때 부처님께서 사위성(舍衛城, 室羅筏城실라벌성, Śrāvastī) 기수급고독원(祈樹給孤獨圓, Jetavananathapindadasyarama)에서 신통대광명장 삼매에 드셨다. 모든 여래가 빛나고 장엄하게 머무시는 자리며, 모든 중생의 청정한 깨달음의 자리며, 몸과 마음이 적멸하여 평등한 근본 자리이다.

시방에 원만하여 둘이 아님을 따르고 둘이 아닌 경지에서 모든 정토를 나타내셨다.

보살 십만 인과 함께 했으니, 그 이름은 문수보살, 보현보살, 보안보살, 금강장보살, 미륵보살, 청정혜보살, 위덕자재보살, 변음보살, 정제업장보살, 보각보살, 원각보살, 현선수보살 등이었다. 그들이 우두머리가 되어 여러 권속과 함께 삼매에 들어 여래의 평등한 법회에 함께 했다.

1. 문수보살장

부처님의 수행법으로 우주의 본체에 도달하다

(1-1) 문수보살이 수행에 관해 묻다

이때 문수보살(文殊菩薩, 문수사리보살文殊師利菩薩, Manjusri)이 대중 가운데 있다가 자리에서 일어나 부처님 발에 엎드려 절하며 오른쪽으로 세 번 돌고 두 무릎을 꿇고 합장하며 부처님께 말씀드렸다.

"대비하신 부처님이시여, 바라옵건대 이 법회에 모인 모든 대중을 위하여 여래께서 본래 일으키신 청정한 지위를 성취하는 근본이 되는 인지의 법다운 수행을 말씀해 주십시오. 그리고 보살들이 대승법에 청정한 마음을 일으켜 모든 병을 멀리 여의는 방법을 설하시어, 미래의 말법세계 중생으로서 대승을 구하는 이들이 사견에 떨어지지 않게 해 주시기를 바랍니다."

이렇게 말씀드리고 오체를 땅에 대고 절하는 오체투지를 세 번하며 거듭 청했다.

그때 부처님께서 문수보살에게 말씀하셨다.

"착하고 착하도다. 보살이여, 그대가 모든 보살을 위하여 여래의 인지의 법에 맞는 수행을 물으며, 또 말법세계의 일체 중생 가운데 대승을 구하는 이들을 위하여 바르게 머무를 수 있게 해 사견에 떨어지지 않게 하니 그대는 자세히 들으라, 내 지금 그대를 위하여 설할 것이다."

(1-2) 원각 법문을 설하다

그때 문수보살이 가르침을 받들어 기뻐하며 모든 대중과 함께 조용히 들었다.

"보살이여, 위없는 법왕의 다라니문을 원각이라 한다.

일체 청정한 진여와 보리와 열반과 바라밀 법문으로 보살을 가르쳐 주시니, 모든 여래께서 본래 일으키신 인지에서 청정한 깨달음의 모습의 원만함에 의지하여 영원히 무명을 끊고 비로소 부처의 도를 이루셨다.

보살이여, 무명은 일체 중생이 옛부터 비롯함이 없는 갖가지로 뒤바뀐 것이 마치 어리석은 사람이 사방으로 장소를 바꾼 것처럼 사대를 잘못 알아 자기의 몸이라 하며, 육진의 그림자를 자기의 마음이라 한다.

비유하면 병든 눈이 허공꽃이나 가짜 달을 보는 것과 같다. 보살이여, 허공에는 실제로 꽃이 없는데 눈병 난 사람이 망령되이 집착을 해 허망한 집착 때문에 허공의 자성을 미혹할 뿐 아니라, 실제의 꽃이 나오는 자리까지도 미혹하게 된다. 이런 까닭에 허망하게 생사에 헤맴이 있으니, 그것을 무명이라 한다.

보살이여, 이 무명이란 것은 실제로 체가 없다. 마치 꿈속의 사람이 꿈꿀 때는 있으나 꿈을 깨고 나서는 얻을 것이 없는 것과 같으며, 뭇 허공꽃이 허공에서 사라지나 일정하게 사라진 곳이 있다고 말하지 못함과 같다. 왜냐하면 난 곳이 없기 때문이다.

일체 중생이 남이 없는 데 허망하게 생멸을 보니, 생사에 헤맨다고 이름한다.

보살이여, 여래의 인지에서 원각을 닦는 이가 이것이 가짜 꽃인 줄 알면 돌고 도는 윤회가 없으며, 또한 몸과 마음이 생사의 받음도 없으며, 짓는 까닭이 없으므로 본성이 없다. 알고 깨닫는 것도 허공과 같으며, 허공인 줄 아는 것도 곧 허공꽃의 모양이되, 또한 알고 깨닫는 성품이 없다고도 말할 수 없으니, 있고 없음을 함께 보내면 곧 정각에 수순한다고 이름한다. 무슨 까닭인가? 허공의 성품이기 때문이며, 항상 요동하지 않기 때문이며, 여래장 중에 일어나고 멸함이 없기 때문이며, 지견이 없기 때문이며, 법계의 성품이 구경에 원만하여 시방에 두루하니, 이것을 인지법행이라 한다.

보살이 이에 의하여 대승 가운데 청정한 마음을 일으키니, 말법세계 중생이 이를 의지하여 수행하면 사견에 떨어지지 않는다."

(1-3) 게송으로 거듭 설하다

그때 부처님께서 거듭 이 뜻을 펴시려고 게송을 말씀하셨다.

문수보살이여, 그대는 마땅히 알아라.
일체 모든 여래께서 본래의 인지로부터
모두 다 지혜로써 깨달음 얻어
무명에서 벗어났느니라.

몸과 마음이 허공꽃인 줄 알면
능히 유전을 면할 것이며,
또 꿈꾸는 사람이 꿈속의 것을
꿈을 깨면 얻을 수 없음과 같다.

깨달음은 허공과 같아서
평등하여 요동함이 없으며
깨달음이 시방세계에 두루 하면

곧 불도를 이루게 된다.

여러 환이 멸해도 처소가 없으며
도를 이룸도 또한 그러하니
본성이 원만하기 때문이다.

보살이 이 가운데서
보리심을 일으키며
말법세계 모든 중생도
이를 닦으면 사견을 면한다.

2. 보현보살장

연기를 밝히다

(2-1) 보현보살이 원각 수행에 관해 묻다

그때 보현(普賢, samantabhadra)보살이 대중 가운데 있다가 자리에서 일어나 부처님 발에 정례하며 오른쪽으로 세 번 돌고 무릎을 꿇고 합장하고서 부처님께 말씀드렸다.

"대비하신 부처님이시여, 원하옵니다. 이 모임의 여러 보살과 말법세계의 모든 중생이 대승법을 닦기 위해서 원각의 청정한 경계를 듣고 어떻게 수행해야 합니까?

부처님이시여, 저 중생이 일체가 환과 같은 줄 아는 자이면 몸과 마음도 또한 환이거늘 어떻게 환으로써 환을 닦습니까? 만일 모든 환의 성질이 다 없어지면 몸과 마음도 없으니, 누가 수행하는 것이며, 어찌해 수행함이 환과 같다고 말씀하십니까?

만일 중생들이 처음부터 수행하지 않는다면 생사 가운데 항상 허공꽃에 머물러 있어 일찍이 환 같은 경계임을 알지 못하니, 망상의 마음에서 어떻게 벗어나겠습니까?

원하오니, 말법세계의 일체 중생들을 위하여 어떤 방편을 지어서 점차 닦아서 익혀 중생들에게 온갖 환을 영원히 여의게 되겠습니까?"

이렇게 말씀드리고 오체를 땅에 대고 절하며, 이같이 세 번 거듭 청했다.

(2-2) 원각을 나무에 비유하여 설명하다

이때 부처님께서 보현보살에게 말씀하셨다.

"착하고 착하도다. 보살이여. 그대들이 모든 보살과 말법세계 중생들을 위해 보살이 환과 같은 삼매를 닦아 익힐 방편과 점차를 물어서 중생들에게 모든 환을 여의게 하는구나. 그대는 이제 자세히 들으라. 마땅히 그대를 위해 설할 것이다."

그때 보현보살이 기뻐하며 대중들과 함께 조용히 들었다.

"보살이여, 일체 중생의 갖가지 환화는 모두 여래의 원각묘심에서 나온 것이니, 마치 허공꽃이 허공에서 생긴 것과 같다. 환화는 멸하더라도 허공의 본성은 멸하지 않으니, 중생의 환과 같은 마음도 환에 의해 사라지나 모든 환이 다 사라졌다 해도 본각의 마음은 움직이지 않는다.

환에 의해 각을 말함도 또한 환이며, 각이 있다고 말해도 아직 환을 여의지 못함이며, 각이 없다고 말함도 또한 환을 여의지 못한 것이다. 그러므로 환이 멸함을 부동이라 한다.

보살이여, 일체 보살과 말법세계 중생들이 환화인 허망한 경계를 멀리 벗어나야 할 것이며, 허망한 경계를 멀리 벗어나려는 마음에 집착한 까닭에 생긴 환에서도 벗어나야 하며, 환을 멀리 벗어나야겠다는 생각도 환이 되므로 벗어나야 한다. 환을 멀리 벗어났다는 그 생각까지도 없게 되면 곧 모든 환은 없어진다.

비유하면 불을 피울 때 나무를 비벼 불이 붙어 나무가 타고 없어지면 재도 날아가고 연기까지 모두 사라지는 것과 같다. 환으로써 환을 닦는 것도 그와 같아서 모든 환이 비록 다 없어지더라도 아주 끊어져 없어지지 않는다.

보살이여, 환인 줄 알면 곧 벗어나게 되며, 방편을 짓지 않고 환을 벗어나면 곧 깨달음이니, 또한 점차도 없는 것이다.
일체 보살과 말법세계의 중생들이 이에 의지하여 수행을 하면 모든
환을 영원히 벗어나게 된다."

(2-3) 본각의 마음은 동요하지 않는다
그때 부처님께서 이 뜻을 거듭 펴시려고 게송으로 말씀하셨다.

보현보살이여, 그대는 마땅히 알아라.
일체 중생의 비롯함이 없는 환의 무명이
모든 여래의
원각심에서 생겼느니라.

마치 허공꽃이 허공에 의지해
모양이 생기는 것과 같이
허공꽃이 사라져도
허공은 본래로 변동이 없다.

환은 원각에서 생겨나
환이 없어져도
각은 본래 그대로이므로
본각의 마음은 동요하지 않는다.

모든 보살과 말법세계 중생은
항상 환을 멀리 여의어야 하며
환을 모두 다 여의면

나무가 다 타고 나면 불이 꺼지는 것과 같다.

깨달음은 점차가 없으며
방편도 또한 그러하다.

3. 보안보살장

수행의 방편, 관행을 묻다

(3-1) 보안보살이 수행하는 순서와 단계를 묻다

그때 보안보살(普眼菩薩)이 대중 가운데 있다가 일어나 부처님의 발에 정례하며 오른쪽으로 세 번 돌고 무릎을 꿇고 합장하고서 부처님께 여쭈었다.

"거룩하신 부처님이시여, 원하옵니다. 이 법회의 모든 보살과 말세의 일체 중생들을 위해 보살이 수행하는 순서와 단계를 말씀해 주십시오. 어떻게 생각하고 어떻게 머물러야 합니까? 중생들이 깨닫지 못하면 어떤 방편을 써야 합니까?

부처님이시여, 중생들이 바른 방편과 바른 생각이 없으면 부처님이 말씀하신 〈삼매〉를 듣고도 의심하는 마음이 생겨 원만한 깨달음에 들어갈 수 없습니다. 원컨대 자비를 베풀어 저희와 말세 중생들을 위해 방편을 말씀해 주십시오."

이와 같이 말하고 경건하게 예배드리면서 세 번을 거듭 청했다.

(3-2) 수행의 차례와 방편을 설하다

그때 부처님께서 보안보살에게 말씀하셨다.

"착하고, 착하도다. 보안이여, 그대가 이제 보살들과 말세 중생들을 위해 깨달음에 이를 수행의 차례와 생각과 머무름과 가지가지 방편을 묻는구나. 그대를 위해 설할 것이니 자세히 들어라."

보안보살은 기뻐하며 대중들과 함께 조용히 듣고 있었다.

"보안보살이여, 새로 공부하는 보살과 말세 중생이 여래의 청정한 원각심을 구하려면, 생각을 바르게 해 모든 허망한 것을 멀리 여의어야 한다. 먼저 여래의 사마타(奢摩他, samatha) 수행에 의지하고 계율을 굳게 지니며, 대중들과 편안하게 지내고 조용한 수행처에 단정하게 앉아서 항상 이렇게 생각하라.

'지금 이 몸은 지수화풍의 사대로 화합된 것이다. 머리카락, 털, 손발톱, 치아, 가죽, 살, 힘줄, 뼈, 골수, 골, 더러운 몸뚱이는 모두 흙[地]으로 돌아가고, 침, 콧물, 고름, 피, 진액, 점액, 가래, 눈물, 정기, 대소변은 물[水]로 돌아가고, 따뜻한 기운은 불[火]로 돌아가고, 움직이는 작용은 바람[風]으로 돌아간다.

사대가 제각기 흩어지면 허망한 몸은 어디에 있는 것인가?'

곧 이 몸이 끝내 실체가 없는데 화합하여 형상이 이루어진 것이 실은 허깨비임을 알아야 한다.

네 가지 인연이 임시로 화합해서 허망하게 육근이 된 것이다.

육근과 사대가 합하여 안팎을 이루었는데, 허망하게도 인연으로 이루어진 기운이 쌓여서 인연의 모습이 있는 것처럼 되었으니, 이름을 붙여 마음이라 한 것이다.

보살이여, 이 허망한 마음은 육진이 없으면 있을 수 없으며, 사대가 흩어지고 나면 육진도 얻을 수 없다.

인연과 육진이 각각 흩어져 없어지면 마침내 반연하는 마음도 없다.

보살이여, 중생이 환인 몸이 멸하기 때문에 환인 마음도 멸하며, 환인 마음이 멸하기 때문에 환인 경계도 멸하며, 환인 경계가 멸하기 때문에 환의 멸함도 멸하며, 환의 멸함이 멸하기 때문에 환 아닌 것은 멸하지 않는다.

(3-3) 거울에 먼지가 없으면 밝음이 나타난다

비유하면 거울을 닦아서 더러운 먼지가 없어지면 밝음이 나타나는 것과 같다.

보살이여, 마땅히 알라. 몸과 마음이 다 환의 때이니, 때의 모습이 영원히 사라지면 시방세계가 청정해진다.

보살이여, 마치 깨끗한 마니 보배 구슬에 오색의 빛을 비추면 방향에 따라 빛깔이 다르게 나타나는데, 어리석은 사람은 마니 구슬에 실제로 오색이 있는 줄 안다.

보살이여, 원각의 청정한 성품이 몸과 마음을 나타내어 종류에 따라 제각기 응하면 어리석은 사람들은 청정한 원각에 실제로 몸과 마음에 대한 자신의 모습이 있다고 말하므로 환화를 멀리 여의지 못하는 것이다. 그래서 몸과 마음이 환의 때라고 말하며, 환의 때를 여읜 이를 보살이라 이름 하니, 번뇌가 다 하고 대상의 경계가 없어지면 곧 대상과 번뇌와 그리고 대상과 번뇌의 이름도 없어진다.

보살이여, 이 보살과 말법세계 중생들이 온갖 환의 실체를 알아 영상을 멸하면 그때 문득 시공을 벗어난 청정을 얻는다. 끝없는 허공도 원각에서 나타난다.

깨달음이 뚜렷하고 밝은 까닭에 마음의 청정함이 드러나고, 마음이 청정한 까닭에 보이는 경계가 청정하고, 보이는 경계가 청정한 까닭에 안근이 청정하고, 안근이 청정한 까닭에 안식이 청정하다. 식이 청정한 까닭에 들리는 경계가 청청하고, 들리는 경계가 청청한 까닭에 이근이 청정하고, 이근이 청정한 까닭에 이식이 청정하고, 이식이 청정한 까닭에 감각하는 경계가 청정하다. 이와 같이 비, 설, 신, 의도 또한 그렇다.

보살이여, 근이 청정한 까닭에 육진인 형상이 청정하고, 형상이 청정한 까닭에 소리가 청정하며, 냄새, 맛, 감촉, 법도 그렇다.

보살이여, 육진이 청정한 까닭에 지대가 청정하고, 지대가 청정한 까닭에 수대가 청정하며, 화대, 풍대도 또한 그렇다.

보살이여, 사대가 청정한 까닭에 십이처, 십팔계, 이십오유도 청정하다.

십력, 사무소외, 사무애지, 십팔불공법, 삼십칠조도품이 청정하여 팔만 사천 다라니도 모두 청정하다.

보살이여, 모든 실상의 성품이 청정하니 한 몸이 청정하고, 한 몸이 청정하니 여러 몸이 청정하고, 여러 몸이 청정하니 시방 중생들의 원각도 다 청정하다.

(3-4) 청정으로 적멸하다

보살이여, 한 세계가 청정하니 여러 세계가 청정하고, 여러 세계가 청정하니 허공을 다 하고, 삼세를 두루하여 일체가 평등하여 청정하고 움직이지 않는다.

보살이여, 허공이 이처럼 평등하여 움직이지 않으므로 깨달음의 성품도 평등하여 움직이지 않으며, 사대가 움직이지 않으므로 깨달음의 성품도 평등하여 움직이지 않는다. 팔만 사천 다라니 문까지 평등하여 움직이지 않으므로 깨달음의 성품도 평등하여 움직이지 않는 줄 알아야 한다.

보살이여, 깨달음의 성품이 두루 원만하고 청정하며 움직이지 않아 원만함이 끝이 없으므로 육근이 법계에 가득한 줄 알며, 근이 가득하므로 육진도 법계에 가득한 줄 알며, 육진이 법계에 가득하므로 사대가 법계에 가득한 줄 알며 다라니문까지 법계에 두루 가득한 것을 알아야 한다.

보살이여, 묘한 깨달음의 성품이 가득한 까닭에 근의 성품과 진의 성품이 무너짐도 없고 섞임도 없으며, 근과 진이 무너짐이 없으므로 다라니 문까지 무너짐도 없고 섞임도 없는 것이다. 마치 백천 개의 등불의 빛이 한 곳에 비치면 그 빛이 가득하여 무너짐도 없고 섞임도 없다.

보살이여, 깨달음을 성취한 보살은 법에 매이지 않고, 법에서 벗어나기를 구하지도 않으며, 생사를 싫어하지 않으며, 열반을 좋아하지도 않으며, 계행 지키는 이를 공경하지 않으며, 계를 범한 이를 미워하지도 않으며, 오래 수행한 이를 소중히 여기지 않으며, 처음 배우는 이를 가벼이 여기지도 않는다.

왜냐하면 온갖 것이 모두 깨달음이기 때문이다.

이를테면 눈빛이 앞의 경계를 보면 그 빛이 원만하여 미워할 것도 좋아할 것도 없어서 앞에 있는 것들을 훤히 아는 것이다. 왜냐하면 빛의 체는 둘이 아니어서 미워하고 좋아함이 없기 때문이다.

보살이여, 보살과 말세의 중생이 이 마음을 닦아 익혀 성취하면 닦을 것도 없고 성취할 것도 없다. 원각이 두루 비추어 적멸해서 둘이 없는 것이다.

그 가운데 백천만 억 항하사 아승기의 모든 부처님 세계가 마치 허공꽃이 어지러이 피었다가 어지러이 멸하여 가까이하지도 않고 여의지도 않으며, 얽매일 것도 없고 해탈도 없다. 중생이 본래 부처이고 생사와 열반이 지난밤 꿈과 같음을 비로소 알게 된다.

보살이여, 지난 밤의 꿈과 같으므로 생사와 열반이 일어남도 없고 멸함도 없으며 옴도 없고 감도 없다.

깨달음을 얻음도 없고 잃음도 없으며, 취함도 없고 버림도 없다. 깨달은 이도 지음도 없고, 그침도 없고, 맡김도 없고 멸함도 없다.

그래서 깨달음에는 주체도 없고 대상도 없어서 깨달을 것도 없고 깨달을 사람도 없어서 일체 법의 성품이 평등하여 무너지지 않는다. 보살들은 이와 같이 수행하며, 차례로 하며, 사유하며, 머물며, 방편을 쓰고, 깨달아야 한다. 이와 같은 법을 구하면 미혹하거나 답답하지 않다."

(3-5) 삼세가 모두 평등하다
그때 부처님께서 이 뜻을 거듭 펴시려고 게송으로 말씀하셨다.

보안보살이여,
그대는 마땅히 알아라.
일체 중생의
몸과 마음은 모두 환과 같다.

몸은 사대에 속하고
마음은 육진으로 돌아가니
사대의 본체가 제각기 흩어지면
어느 것을 화합했다 하겠는가.

이와 같이 차례로 수행하면
움직이지 않고 온 법계에 두루 하니
지음도 그침도 맡김도 멸함도 없고
깨달은 이도 없다.

모든 부처님 세계가

허공꽃과 같아서
과거 현재 미래가 평등하여
마침내 오고 감이 없다.

처음 발심한 보살과
말법세계의 중생들이
부처의 길에 들어가고자 하면
이와 같이 닦아 익혀야 한다.

5

4. 금강장보살장

미혹의 본질, 삼혹을 변별하다

(4-1) 금강장보살이 중생의 무명에 관해 묻다

그때 금강장보살이 대중 가운데 있다가 일어나 부처님 발에 정례하고, 오른쪽으로 세 번 돌고 무릎을 꿇고 합장하며 부처님께 말씀드렸다.

"대비하신 부처님이시여, 모든 보살을 위해 여래 원각의 청정한 대다라니의 인지법행과 점차 방편을 널리 말씀해 주어 모든 중생의 어리석음을 깨우쳐 주셨으니, 이 모임에 온 법회 대중들은 부처님의 자비로운 가르침을 받아 환의 가림이 밝아져서 지혜의 눈이 깨끗해졌습니다.

부처님이시여, 만약 중생들이 본래 부처였다면 어찌하여 다시 온갖 무명이 있습니까?

모든 무명이 중생에게 본래부터 있는 것이라면 무슨 인연으로 여래께서는 '중생이 본래 성불해 있다'고 설하시며, 시방의 다른 중생들이 본래 불도를 이루고 있음에도 무명을 일으킨다면, 모든 여래께서는 어느 때 다시 온갖 번뇌를 일으키는 것입니까?

원하오니, 막힘이 없는 큰 자비를 베풀어 모든 보살을 위해 여래의 비밀스러운 창고를 열고, 말법세계의 일체 중생들이 경의 가르침인 요의 법문을 듣고 의심과 뉘우침을 영원히 끊게 해 주십시오.

오체투지하고 세 번 거듭 청했다.

(4-2) 무명의 인과를 설하다

그때 부처님께서 금강장보살에게 말씀하셨다.

"착하고 착하다. 보살이여.

그대들은 모든 보살과 말법세계 중생들을 위해서 여래에게 매우 깊고 비밀스러운 구경 방편을 묻는구나.

이것은 보살들의 최상의 가르침인 요의대승이다. 시방 세계에서 수학하는 보살과 말법세계의 일체 중생들에게 결정한 믿음을 얻어서 영원히 의혹과 뉘우침을 끊게 한다. 그대는 지금 자세히 들어라. 마땅히 그대를 위해 설할 것이다."

그때 금강장보살이 기뻐하면서 대중들과 함께 조용히 들었다.

"보살이여, 모든 세계의 시작과 끝, 생김과 멸함, 앞과 뒤, 있음과 없음, 모임과 흩어짐, 일어나고 멈춤이 생각 사이에도 상속하여 돌고 돌아오고 가는 것이니, 취하고 버리는 마음이 윤회이다.

윤회에서 벗어나지 못하고 원각을 분별하면 그 원각의 성품마저 함께 유전하므로 윤회를 면했다고 하면 옳지 않다.

비유하면 눈을 깜박이면 잔잔한 물이 흔들리는 듯 하며, 또 가만히 있는 눈이 빙빙 도는 불로 인해 따라서 도는 것과 같다. 구름이 지나감에 달이 움직이는 것, 배가 지나감에 언덕이 움직이는 것도 같다.

보살이여, 빙빙 도는 것이 그치기 전에는 저 물건이 먼저 멈추는 일은 없다. 하물며 생사에 윤회하는 때 묻은 마음으로 부처님의 원각을 보려면 어찌 뒤바뀌지 않겠는가. 이런 까닭에 그대들이 세 가지 미혹을 일으키는 것이다.

보살이여, 비유하면 환의 가림으로 허공꽃을 보다가 환의 가림이 없어지면, 환의 가림이 없어졌으니 언제 다시 일체 모든 환의 가림이 일어나겠는가 라고 생각하지 말라. 왜냐하면 환의 가림과 허공꽃 두 가지 법이 서로 기다리지 않기 때문이다.

또 허공꽃이 허공에서 없어졌을 때 언제 다시 생기겠는가 라고 생각하지 않아야 한다. 왜냐하면 허공에는 본래 꽃이 없어서 생기고 사라지는 것이 아니기 때문이다.

생사와 열반도 일어났다 없어졌다 하지만, 묘각이 원만하게 비칠 때는 허공꽃도 환의 가림도 여읜다.

보살이여, 마땅히 알라. 허공은 잠시도 있는 것이 아니며 또한 잠시도 없는 것이 아닌데 여래의 원각이 수순하여 허공의 평등한 본성이 되겠는가.

(4-3) 미묘한 원각의 마음

보살이여, 금광석에서 금은 녹여서 생기는 것이 아니며 이미 금을 이루고 나면 다른 광석이 되지 않는다. 한량없는 시간이 지나도록 금의 성품은 무너지지 않으니, 본래부터 성취된 것이 아니라고 말하지 말라. 부처님의 원각도 이와 같다.

보살이여, 일체 여래의 미묘한 원각의 마음은 본래 보리와 열반이 없다. 성불과 성불하지 못함이 없으며, 윤회와 윤회가 아닌 것도 없다.

보살이여, 다만 성문들의 뚜렷한 경계도 몸과 마음과 말이 모두 끊어져 없어졌더라도 직접 증득하여 나타난 열반에는 미치지 못한다. 어찌 사유하는 마음으로 여래의 원각 경계를 헤아릴 수 있겠는가?

마치 반딧불로써 수미산을 태울 수 없는 것처럼, 윤회하는 마음이나 윤회하는 견해로는 여래의 적멸 바다에 끝내 이르지 못한다.

그러므로 일체 보살들과 말법세계 중생들에게 '먼저 끝없는 윤회의 근본을 끊으라.'라고 말한다.

보살이여, 작용이 있는 사유는 유위의 마음에서 일어나는 것이니, 모두 육진의 망상을 조건으로 한 인연 기운이며, 실제 마음의 본체는 아니다.

이미 허공꽃과 같은 생각으로 부처의 경계를 분별한다면, 마치 허공꽃이 다시 허공에서 열매를 맺는 이치이므로 망상만 더할 뿐이다.

보살이여, 허망하고 들뜬 마음은 교묘한 소견이므로 원각의 방편은 성취할 수 없다. 이와 같은 분별은 올바른 물음이 아니다."

(4-4) 금광석도 녹여야 순금을 얻는다

그때 부처님께서 거듭 이 뜻을 펴시려고 게송으로 말씀하셨다.

금강장이여, 마땅히 알라.

여래의 적멸한 성품은

처음부터 시작과 끝이 없으니

만일 윤회하는 마음으로

사유하면 곧 뒤바뀌어서

윤회하는 경계에 이를 뿐이며

부처님의 바다에는 들지 못한다.

비유하면 금광석을 녹임에

원래부터 금이 있었고

본래 순금 성품을 갖고 있어도

결국 녹여야 순금이 된다.

한번 순금으로 만들어지면

다시는 다른 광석이 되지 않는다.

생사와 열반과
범부와 부처님이
똑같은 허공꽃의 모습이며
생각 자체가 환화이다.

어떻게 허망하다고 따지겠는가.
만일 이런 마음을 바로 안다면
원각을 구할 것이다.

5. 미륵보살장

윤회의 본질을 알아 윤회를 끊다

(5-1) 미륵보살이 윤회의 근본에 관해 묻다

그때 미륵보살(彌勒菩薩, Maitreya)이 대중 가운데 있다가 자리에서 일어나 부처님 발에 정례하고 오른쪽으로 세 번 돌고 무릎을 꿇고 합장하고서 부처님께 말씀드렸다.

"대비하신 부처님이시여, 모든 보살을 위해 여래의 비밀장을 열어 보여주시니 대중들은 윤회를 깨달아 잘못되고 바른 것을 분별하게 하시어 말법세계에 두려움 없는 깨달음의 안목을 베푸시어 열반에 대해 믿음을 내고 다시는 윤회의 경계를 따라 헤매는 소견을 일으키지 않게 했습니다.

부처님이시여, 만일 모든 보살과 말법세계 중생들이 여래의 적멸 바다에 이르고자 한다면 어떻게 해야 윤회의 근본을 끊습니까? 윤회에는 몇 가지 성품이 있으며, 부처님의 보리를 닦을 때는 몇 가지 차별이 있으며, 번뇌를 돌이킬 때에도 몇 가지 종류의 교화 방편으로 중생을 제도해야 합니까?

바라옵건대, 세상을 구하려는 자비심을 버리지 마시고 수행하는 모든 보살과 말법세계 중생들의 지혜의 눈이 맑고 깨끗해져 마음 거울을 비추어 여래의 위없는 지견을 깨닫게 해 주시기를 바랍니다."

미륵보살은 오체투지를 하며 세 번 거듭 청했다.

(5-2) 애욕이 윤회의 원인이다

그때 부처님께서 미륵보살에게 말씀하셨다.

"착하고 착하다, 보살이여. 그대들이 모든 보살과 말법세계 중생들을 위해서 여래의 깊고 오묘하며 비밀스럽고 미묘한 뜻으로 보살들의 지혜의 눈을 맑게 하며, 일체 말법세계 중생들이 영원히 윤회를 끊고 실상을 깨달아 무생법인을 갖추게 하는구나. 이제 그대들을 위하여 자세히 설할 것이다."

그때 미륵보살이 기뻐하며 모든 대중과 함께 조용히 들었다.

"보살이여, 모든 중생이 옛날부터 여러 가지 은애와 탐욕이 있으므로 윤회가 있는 것이다.

모든 세계의 일체 종류의 난생, 태생, 습생, 화생이 음욕으로 인해서 목숨을 유지하는 것이니, 윤회는 애욕이 근본이 된다. 온갖 탐욕이 갈애의 성품을 일어나게 해 생사가 상속하게 된다.

탐욕은 갈애로 인하여 생기고 목숨은 애욕으로 인하여 있는 것이며, 중생들이 목숨을 사랑하는 것은 탐욕의 근본에 의지함이니 애욕은 원인이 되고 목숨을 사랑함은 결과이다.

탐욕의 경계는 따르거나 거스르는 마음을 일으킨다. 경계가 사랑하는 마음을 거스르면 미워하고 질투하는 마음을 일으켜 갖가지 업을 지어 다시 지옥이나 아귀에 떨어진다.

탐욕을 싫어할 줄 알고 업을 싫어하는 도를 사랑하여, 악을 버리고 선을 즐기면 다시 하늘이나 인간에 태어난다. 또한 온갖 애욕을 싫어하고 미워해야 됨을 아는 까닭에 애욕을 버리고 평등한 버림[捨]을 즐겨도 오히려 애욕의 근본을 도와서 문득 유위의 선한 과보가 더욱 더 크게 나타난다. 이것은 모두 윤회하는 까닭에 성스러운 도를 이루지 못한다. 그러므로 중생이 생사를 벗어나고 윤회를 면하고자 하면, 먼저 탐욕을 끊고 갈애를 없애야 한다.

보살이여, 보살이 세간에 나타나는 것은 애욕이 근본이 되어 나타나는 것이 아니다. 단지 자비로써 중생들의 애욕을 버리게 하려고 온갖 탐욕을 부리면서 생사에 들어간 것이다.

만일 말법세계의 일체 중생들이 온갖 탐욕을 버리고 미워하고 사랑하는 마음을 없애 영원히 윤회를 끊고 여래의 원각경계를 힘써 구하면 청정한 마음이 곧 깨달음을 얻는다.

보살이여, 일체 중생들이 본래의 탐욕 때문에 무명을 일으켜 구분되는 다섯 가지 성품인 성문승, 연각승, 보살승, 부정승, 외도승을 차별해 같지 않음이 드러나고, 두 가지 장애에 의해 깊고 얕음을 나타낸다.

무엇이 두 가지 장애인가? 하나는 이치의 장애[理障]인 소지장이니 바른 지견을 장애하는 것이며, 둘은 사물의 장애[事障]인 번뇌장이니 모든 생사를 상속하는 것이다.

(5-3) 다섯 가지 성품의 차별

무엇이 오성인가?

보살이여, 두 가지 장애를 끊지 못하면 성불하지 못한 것이다. 중생들이 탐욕을 버려 사물의 장애는 제거했으나 이치의 장애를 끊지 못하면 성문, 연각에 깨달아 들어가지만, 보살의 경계에 머물지는 못한다.

보살이여, 만일 말법세계의 일체 중생들이 여래의 원각바다에 들어가고자 한다면, 먼저 원을 세워서 부지런히 두 가지 장애를 끊어야 한다. 두 가지 장애가 조복되면 곧 보살의 경계에 깨달아 들어간다. 사물의 장애와 이치의 장애를 끊어버리고, 곧 여래의 미묘한 원각에 들어가서 보리와 열반을 만족하게 한다.

보살이여, 일체 중생들은 원각을 증득할 수 있다. 선지식을 만나서 그가 했던 인지의 법다운 수행을 의지하면 그때 닦아 익힘에 따라 순간적으로 익힘이 이루어지는 돈과 점차적으로 익힘이 이루어지는 점이 있게 된다. 여래의 위없는 보리의 바른 수행의 길을 만나면 근기의 크고 작음에 관계없이 모두 불과를 이루게 된다.

중생들이 아무리 훌륭한 벗을 구해도 삿된 견해를 가진 이를 만나면 바른 깨달음을 얻지 못한다. 이를 외도종성이라 하며, 삿된 소견을 지닌 스승의 허물이지 중생의 허물이 아니다. 이것을 중생의 다섯 가지 성품의 차별이라 한다.

보살이여, 보살은 오직 대비의 방편으로써 세간에 들어가서 깨닫지 못한 이를 깨우쳐 주며, 여러 가지 형상을 나타내어 역경계와 순경계를 한 몸으로 행하고[同事] 교화해 성불하게 한다. 모두 시작이 없는 청정한 원력에 의지해서 이루어진 것이다.

말법세계의 일체 중생들이 원각에 대하여 증상심을 일으키려면, 먼저 보살이 청정한 큰 서원을 세워야 한다.

'원하옵니다. 제가 이제 부처님의 원각에 머물러서 선지식을 구하여 외도와 이승은 만나지 않게 해 주십시오.'

이러한 서원에 의해 수행하여 모든 장애를 끊고 서원이 원만해지면, 해탈의 청정한 법의 궁전에 올라 대원각의 미묘한 장엄의 경지를 증득한다."

(5-4) 번뇌장과 소지장

그때 부처님께서 거듭 이 뜻을 펴시려고 게송으로 말씀하셨다.

미륵이여, 그대는 마땅히 알라.
일체 중생들이

해탈을 얻지 못함은
모두 탐욕으로 인해
생사에 떨어지기 때문이다.

미움과 사랑을 끊고
탐욕과 성냄과 어리석음을 끊으면
차별된 성품에 구애되지 않고
모두 다 불도를 이룬다.

두 가지 장애, 번뇌장과 소지장을 영원히 없애고
스승을 구하여 바른 깨달음을 얻어
보살의 서원을 따르고
거룩한 열반에 의지하라.

시방의 보살들이
모두 대자비의 원으로써
생사에 드는 모습을 보이시니

현재 수행하는 이와
말법세계의 중생들이
애욕의 견해를 부지런히 끊으면
문득 대원각에 돌아간다.

6. 청정혜보살장

수행의 계위

(6-1) 청정혜보살이 원각에 관해 거듭 묻다

이때 청정혜보살이 대중 가운데 있다가 자리에서 일어나 부처님 발에 정례하며 오른쪽으로 세 번 돌고 무릎을 세워 꿇고 합장하며 부처님께 말씀드렸다.

"대비하신 부처님이시여, 저희를 위해 불가사의한 일을 설해 주시니, 이전에는 보지 못했던 일이며 듣지 못한 일입니다.

저희가 지금 부처님의 간곡하신 가르침을 받고 몸과 마음이 태연하여 큰 이익을 얻었습니다.

원하오니 이 법회에 온 일체 대중들을 위해 법왕의 원만한 깨달음의 성품을 거듭 말씀해 주십시오. 일체 중생과 모든 보살과 여래 부처님의 증득함에는 어떤 차별이 있습니까?

말법세계 중생들이 거룩한 가르침을 듣고 수순하고 깨달아 점차 들어가게 하소서."

이렇게 말하고는 오체투지를 하며 세 번 거듭 청했다.

(6-2) 중생들을 위하여 점차와 차별을 설하다

그때 부처님께서 청정혜보살에게 말씀하셨다.

"착하고 착하다, 보살이여. 그대들은 모든 보살과 말법세계 중생들을 위해서 여래에게 점차와 차별을 묻는구나. 그대는 이제 자세히 들어

라. 마땅히 그대를 위해 설하리라."

그때 청정혜보살이 기뻐하면서 대중들과 함께 조용히 들었다.

"보살이여, 원각의 자성은 본래 성품이 있는 것이 아니다. 모든 성품을 따라 일어날 뿐 취함도 없고 증득함도 없다. 실상에는 보살도 중생도 없다.

왜냐하면 보살과 중생은 모두 허깨비인데, 허깨비는 사라질 뿐 취하고 증득함이 없다.

비유하면 안근이 자기 눈을 보지 못하는 것처럼 성품은 스스로 평등하지만 평등하게 만드는 자가 없다.

중생이 미혹하고 전도되어 일체 허깨비를 없애지 못하므로, 멸함과 멸하지 못함에 대한 허망한 공용 가운데 문득 차별을 나타낸다. 만일 여래의 적멸에 수순할 수 있으면, 실은 적멸도 없고 적멸하는 주체도 없다.

(6-3) 중생이 원각의 성품에 수순하다

보살이여, 일체 중생이 끝없는 옛날부터 허망하게도 나라고 생각하는 마음과 나를 사랑하는 마음을 내어 잠깐 사이에 생하고 멸함을 알지 못한 것이다. 그러므로 미워하고 사랑하는 마음을 일으켜서 오욕에 탐착한다.

만일 좋은 벗을 만나 가르침을 받아 청정한 원각의 성품을 깨달아 생겨나고 멸하는 이유를 알면 우리의 삶이 성품만 공연히 번거롭고 피로하게 했음을 안다.

또 어떤 사람이 번거로운 고달픔이 영원히 끊어져서 법계의 청정함을 알게 되면 그 청정하다는 견해가 스스로 장애가 되어서 원각에 자재하지 못한다.

이것을 범부가 원각의 성품에 수순하는 것이다.

(6-4) 보살이 원각의 성품에 수순하다

보살이여, 모든 보살은 보고 아는 것이 장애가 됨을 알고 아는 장애를 끊었으나 아직도 깨달음을 보려는 경지에 머물러서 깨달으려는 장애에 걸려 자재하지 못한다.

이것은 보살로서 십지에 들어가지 못한 자가 원각의 성품에 수순하려는 것이다.

보살이여, 비춤이 있고 깨달음이 있음은 모두 장애라 한다. 그러므로 보살은 항상 깨달음에 머물지 않아서 비추는 것과 비추는 자가 동시에 적멸하게 된다.

비유하면, 어떤 사람이 스스로 자신의 머리를 끊음에 머리가 이미 끊어진 까닭에 끊는 자마저 없는 것과 같다. 곧 장애가 되는 마음으로 스스로 모든 장애를 멸해 버리면, 멸해야 될 장애와 장애를 멸하는 자도 없다.

이것을 경에서 "마치 달을 가리키는 손가락과 같다"고 말한다. 만일 여기서 달을 보았으면 가리키던 손가락은 달이 아님을 분명히 아는 것처럼, 일체 여래의 갖가지 가르침으로 보살들에게 열어 보임도 그와 같다.

이것을 일러 보살로서 이미 십지에 든 보살이 원각의 성품에 수순함이다.

(6-5) 일체종지의 성취에 대하여

보살이여, 일체 장애가 곧 구경각이니 바른 생각을 얻거나 잃어버리거나 해탈 아닌 것이 없으며, 이루어진 법과 파괴된 법이 모두 열반이며, 지혜와 어리석음은 지혜이며, 보살과 외도가 성취한 법이 보리이며, 무명과 진여의 경계가 다름이 없다.

모든 계 · 정 · 혜와 음욕 · 성냄 · 어리석음이 다 청정한 행이며, 중생과 국토가 동일한 법의 성품이며, 지옥과 극락이 모두 정토이며, 성품이 있는 것과 없는 것 모두 불도를 이루며, 일체 번뇌가 결국에는 해탈이다.

법계 바다의 지혜로 모든 현상을 비추어 요달함이 마치 허공과 같으니, 이것을 여래가 원각에 수순하는 것이다.

보살이여, 다만 모든 보살과 말법세계 중생이 순간에 머물러서 허망한 생각을 일으키지 말아야 하며, 허망한 마음을 쉬어 없애려 하지도 말며, 망상 경계에 머물러 있으면서 알려고 하지 말며, 분명히 알지 못한 것을 진실이라고 분별하지 말아야 한다.

중생들이 이 법문을 듣고서 믿고 이해하고 받아 지녀 놀라거나 두려워하지 않으면, 이것이 원각의 성품을 수순하는 것이다.

보살이여, 그대들은 알아야 한다. 이러한 중생들은 이미 백천만억 항하사 부처님과 보살들에게 공양하여 온갖 공덕의 근본을 심었으니, 부처님께서 이런 사람은 일체 종지를 성취했다고 하셨다.

(6-6) 보살도 중생도 없다

그때 부처님께서 이 뜻을 거듭 펴시려고 게송으로 말씀하셨다.

청정혜여, 그대는 알라.
원만한 보리의 성품은
취할 것도 없고 증득할 것도 없으며
보살과 중생도 없다.

깨닫고 깨닫지 못할 때
점차와 차별이 있으니
중생은 보고 아는 견해가 장애 되고
보살은 깨달음의 소견을 여의지 못한다.

십지에 들어간 이는 영원히 적멸하여
모든 형상에 머물지 않고
대각은 모두 원만해
두루 수순한다.

말법세계의 중생들이
마음에 허망한 생각을 내지 않으면
부처님께서 이러한 사람은
현세에 보살이라 하셨다.

항하사 부처님께 공양하여
공덕이 이미 원만해졌으니
비록 많은 방편이 있으나
모두 수순하는 지혜라고 한다.

7. 위덕자재보살장

세 가지 관행법

(7-1) 위덕자재보살이 수행하는 사람의 종류를 묻다

그때 위덕자재보살이 대중 가운데 있다가 자리에서 일어나 부처님의 발에 정례하며 오른쪽으로 세 번 돌고 두 무릎을 세워 꿇고 합장하며 부처님께 말씀드렸다.

"대비하신 부처님이시여, 저희를 위해 원각의 성품을 수순하는 법을 분별하고 보살들이 마음의 광명을 깨닫게 하시고 부처님의 원음을 받아 듣게 해 닦아 익히지 않고도 좋은 이익을 얻었습니다.

부처님이시여, 비유하면 큰 성에 네 개의 문이 있어서 사방에 길이 열려 오는 이가 하나의 길에만 그치지 않는 것처럼 일체 보살이 부처님 국토를 장엄하고 보리를 이루는 것도 한 가지 방편만이 아닐 것입니다.

부처님이시여, 원하옵건대 저희를 위해 모든 방편 점차와 수행하는 사람이 몇 종류가 있는지 말씀해주십시오. 이 모임의 보살과 말법세계의 중생들이 대승을 구하는 자가 속히 깨달음을 얻어서 여래의 적멸 바다에 들어가게 하시기를 바랍니다."

이렇게 말하며 오체투지하고, 세 번 거듭 청했다.

(7-2) 성품의 차별에는 세 종류가 있다

그때 부처님께서 위덕자재보살에게 말씀하셨다.

"착하고 착하다, 보살이여. 그대들은 보살들과 말법세계 중생을 위하

여 여래에게 이와 같은 방편을 묻는구나. 자세히 들어라. 그대들에게
말해 줄 것이다.”
이에 위덕자재보살이 가르침을 받들고 기뻐하며 대중들과 함께 조용
히 들었다.

“보살이여, 위없는 미묘한 깨달음이 시방에 두루해 여래를 나타내니,
모든 법과 한 몸이므로 평등하여 모든 수행에 둘이 없다.
방편으로 수순함은 그 수가 한량없어 돌아갈 바를 원만히 거둔다면
성품을 따라 차별함이 세 종류가 있다.
보살이여, 보살들이 청정한 원각을 깨달아서 청정한 원각의 마음으
로 고요함을 취해 수행으로 삼으면, 모든 생각이 맑아져 식심이 번거
롭게 요동했음을 깨닫고 고요한 지혜가 생겨난다.
몸과 마음의 번뇌가 영원히 소멸하므로 문득 안으로 적정한 경안을
일으킨다.
적정으로 인해 시방세계에 계신 모든 여래의 마음이 그 속에 나타남
이 마치 거울 속에 훤히 나타나는 형상과 같다. 이런 방편은 사마타라
고 한다.
보살이여, 보살들이 청정한 원각을 깨달아 청정한 원각의 마음으로
성품과 육근과 육진이 모두 허깨비임을 안다. 환이 되는 것을 없앨 때
온갖 환을 변화시켜 환의 무리를 깨우쳐 준다.
환을 일으키지만 마음속으로 바꾸어 자비의 경안을 일으킨다.
일체 보살이 수행을 일으켜 점차 증진해, 환인 것을 관찰함은 환과 같
지 않은 까닭이며, 환과 같지 않다고 관하는 것도 모두 환인 까닭에
환의 모습을 영원히 여읜다.
이것은 보살들이 원만하게 하는 미묘한 행으로써 흙이 싹을 자라게

하는 것처럼, 이 방편은 삼매(三昧, 三摩跋提, samadhi)라 이름 한다.

보살이여, 보살들이 청정한 원각을 깨달아 청정한 원각의 마음으로 허깨비 같은 고요한 모습에 집착하지 않으면, 몸과 마음이 다 걸림이 되는 줄 분명히 알며 지각이 없는 명은 온갖 장애에 의지하지 않고 장애와 장애 없는 경계를 영원히 초월한다.

수용하는 세계와 몸과 마음이 서로 티끌 세상에 있으나, 마치 그릇 속의 쇠 북소리가 밖으로 나가는 것처럼 번뇌와 열반이 서로 걸리지 않으니, 안으로 적멸의 경안을 일으킨다.

묘각이 수순하는 적멸의 경계는 나와 남의 몸과 마음으로 미치지 못하며, 중생과 수명이 다 들뜬 생각이니, 이 방편은 선정이라 한다.

보살이여, 이 세 가지 법문은 모두 원각을 친근하고 수순하는 길이니, 시방의 여래께서 이로 인해 성불하셨으며, 시방의 보살들이 여러 방편으로 일체가 같고 다른 것이 세 가지 사업에 의한 것이니, 원만히 증득하면 곧 원각을 이룬다.

보살이여, 어떤 사람이 거룩한 도를 닦아서 백천만억의 아라한과와 벽지불과를 성취하더라도, 이 원각의 무애 법문을 듣고 찰나 사이에 수순하고 닦아 익힌 것보다 못하다."

(7-3) 세 가지 차별이 원각에 수순한다

그때 부처님께서 이 뜻을 거듭 펴시려고 게송으로 말씀하셨다.

위덕자재여, 그대는 마땅히 알라.

위없는 대각의 마음은

실제가 두 모양이 없으나

온갖 방편에 따라서

그 수가 한량없다.

여래가 모두 열어 보임에
적멸에는 세 종류가 있다.

번뇌 없고 편안한 사마타는
거울에 모든 형상이 비침과 같고
환 같은 삼매는
새싹이 점점 자라남과 같고
적멸한 경계인 선정은
그릇 속의 쇠 북소리와 같다.

세 가지 묘한 법문이
모두 원각에 수순함이다.

시방에 계신 모든 여래와 보살이
이로 인해 도를 이루셨고
세 가지 일을 원만히 증득하여
구경 열반이라 한다.

8. 변음보살장

스물다섯 가지 선정

(8-1) 변음보살이 방편에 관해 묻다

그때 변음보살이 대중 가운데 있다가 자리에서 일어나 부처님 발에 정례하며, 오른쪽으로 세 번 돌고 무릎을 세워 꿇고 합장하며 부처님께 말씀드렸다.

"대비하신 부처님이시여, 이러한 법문은 매우 희유합니다.

부처님이시여, 모든 방편은 일체 보살이 원각의 문에 대하여 몇 가지로 닦아 익혀야 합니까? 원하오니 대중과 말법세계의 중생들을 위해 방편을 열어 보이시고 실상을 깨닫게 해 주십시오."

오체투지를 하며 세 번 거듭 청했다.

(8-2) 스물다섯 가지의 청정한 선정의 가르침

그때 부처님께서 변음보살에게 말씀하셨다.

"착하고 착하다, 보살이여. 그대들이 모든 대중과 말법세계 중생을 위해 여래에게 법을 묻는구나.

이제 자세히 들으라. 마땅히 그대를 위해 설하리라."

그때 변음보살이 기뻐하며 대중들과 조용히 들었다.

"보살이여, 여래의 원각이 청정하여 본래 닦아 익힐 것도 없고 닦아 익힐 주체도 없다.

일체 보살과 말법세계 중생이 깨달음이 아닌 것에 의지하여 환의 힘으로 닦아 익히므로 스물다섯 가지의 청정한 선정의 가르침이 있는 것이다.

1) 보살들이 오직 지극히 고요함만을 취하면 고요함의 힘 때문에 영원히 번뇌를 끊고 구경을 성취해 그 자리에서 열반에 든다. 이런 보살은 사마타 하나만 닦는다.

2) 보살들이 오직 허깨비 같은 것만 관하면 부처님의 힘으로 세계의 갖가지 작용을 변화시켜 보살의 청정하고 미묘한 행을 갖추어 닦는다. 다라니에서 고요한 생각과 고요한 지혜를 잃지 않으니, 이런 보살은 삼매 하나만 닦는다.

3) 보살들이 오직 모든 환을 멸하여 작용을 취하지 않고 오로지 번뇌만을 끊어 번뇌가 다 하면 문득 실상을 증득한다. 이런 보살은 선정 하나만 닦는다.

4) 보살들이 지극히 고요함을 취하여 고요한 지혜의 마음으로 모든 환을 비추고 문득 그 가운데서 보살행을 일으킨다. 이런 보살은 먼저 사마타를 닦고 나중에 삼매를 닦는다.

5) 보살들이 고요한 지혜로 지극히 고요한 성품을 증득하고 문득 번뇌를 끊어서 영원히 생사를 벗어난다. 이런 보살은 먼저 사마타를 닦고 나중에 선정을 닦는다.

6) 보살들이 적정한 지혜로 다시 환의 힘을 나타내고 여러 가지로 변화하여 중생들을 제도하고 후에 번뇌를 끊고 적멸에 든다. 이런 보살은 먼저 사마타를 닦고 중간에 삼매를 닦고 후에 선정을 닦는다.

7) 보살들이 지극히 고요한 힘으로 번뇌를 끊고 뒤에 보살의 청정하고 미묘한 행을 일으켜 중생을 제도한다. 이런 보살은 먼저 사마타를 닦고 중간에 선정을 닦고 나중에 삼매를 닦는다.

8) 보살들이 지극히 고요한 힘으로 번뇌를 끊고 다시 중생을 제도하기 위해 세계를 건립한다. 이런 보살은 먼저 사마타를 닦고 삼매와 선정을 함께 닦는다.

9) 보살들이 지극히 고요한 힘으로 온갖 변화가 일어나도록 돕고 뒤에 번뇌를 끊는다. 이런 보살은 먼저 사마타와 삼매를 함께 닦고 후에 선정을 닦는다.

10) 보살들이 지극히 고요한 힘으로 적멸을 돕고 나중에 작용을 일으켜 경계를 변화한다. 이런 보살은 먼저 사마타와 선정을 닦고 나중에 삼매를 닦는다.

11) 보살들이 변화의 힘으로 가지가지로 수순하여 지극히 고요함을 취한다. 이런 보살은 먼저 삼매를 닦고 후에 사마타를 닦는다.

12) 보살들이 변화의 힘으로 갖가지 경계에서 적멸을 취한다. 이런 보살은 먼저 삼매를 닦고 후에 선정을 닦는다.

13) 보살들이 변화의 힘으로 불사를 하고 편안히 적정에 머물러서 번뇌를 끊는다. 이런 보살은 먼저 삼매를 닦고 중간에 사마타를 닦고 후에 선정을 닦는다.

14) 보살들이 변화의 힘으로 걸림 없이 작용하고 번뇌를 끊은 까닭에 지극히 고요함에 머무른다. 이런 보살은 먼저 삼매를 닦고 중간에 선정을 닦고 후에 사마타를 닦는다.

15) 보살들이 변화의 힘으로, 방편으로 사용하여 지극히 고요함과 적멸을 둘 다 함께 수순한다. 이런 보살은 먼저 삼매를 닦고 후에 사마타와 선정을 함께 닦는다.

16) 보살들이 변화의 힘으로 갖가지 작용을 일으켜 지극히 고요함을 돕고 뒤에 번뇌를 끊는다. 이런 보살은 먼저 삼매와 사마타를 닦고 후에 선정을 닦는다.

17) 보살들이 변화의 힘으로 적멸을 돕고 뒤에 청정한 지음이 없는 선정에 머무른다. 이런 보살은 먼저 삼매와 선정을 함께 닦고 후에 사마타를 닦는다.

18) 보살들이 적멸의 힘으로 지극히 고요함을 일으켜 청정에 머무른다. 이런 보살은 먼저 선정을 닦고 후에 사마타를 닦는다.

19) 보살들이 적멸의 힘으로 작용을 일으켜 일체 경계에서 적멸의 작용에 수순한다. 이런 보살은 먼저 선정을 닦고 후에 삼매를 닦는다.

20) 보살들이 적멸의 힘인 갖가지 자성으로 선정에 안주하여 변화를 일으킨다. 이런 보살은 먼저 선정을 닦고 중간에 사마타를 닦고 후에 삼매를 닦는다.

21) 보살들이 적멸의 힘인 지음이 없는 자성으로 작용을 일으키고 청정한 경계에서 선정에 돌아간다. 이런 보살은 먼저 선정을 닦고 중간에 삼매를 닦고 후에 사마타를 닦는다.

22) 보살들이 적멸의 힘인 갖가지 청정으로 선정에 머물러 변화를 일으킨다. 이런 보살은 먼저 선정을 닦고 나중에 사마타와 삼매를 함께 닦는다.

23) 보살들이 적멸의 힘으로 지극히 고요함을 도와 변화를 일으킨다. 이런 보살은 먼저 선정과 사마타를 함께 닦고 후에 삼매를 닦는다.

24) 보살들이 적멸의 힘으로 변화를 도와 지극히 고요하고 맑고 밝은 경계의 지혜를 일으킨다. 이런 보살은 먼저 선정과 삼매를 함께 닦고 후에 사마타를 닦는다.

25) 보살들이 원각의 지혜로 일체에 원만하게 화합하여 모든 성품과 형상에서 깨달음의 성품을 여읨이 없다. 이런 보살은 세 가지를 원만히 닦아서 자성의 청정함을 수순한다.

보살이여, 이것을 보살의 스물다섯 가지 수행법이라 한다. 일체 보살의 수행이 이와 같다.

만일 모든 보살과 말법세계 중생이 이 수행법에 의지하려는 이는 마땅히 깨끗한 범행을 지니고 적정하게 사유해 간절하게 참회를 구해야 한다. 이십일 일이 지나도록 스물다섯 가지 수행법을 각각 표기해 두고, 가엾고 지극한 마음으로 손에 잡히는 대로 표를 집어 그 표에 나타난 표시대로 수행한다.

그러면 문득 돈과 점을 알게 되고 한 생각이라도 의심하거나 뉘우치면 성취하지 못한다."

(8-3) 지혜는 선정에서 생긴다
그때 부처님께서 이 뜻을 거듭 펴시려고 게송으로 말씀하셨다.

변음보살이여, 그대는 마땅히 알라.
일체 모든 보살의
걸림 없는 청정한 지혜는
모두 선정에서 생긴다.

이른바 사마타와
삼매와 선정이니,
세 가지 법을 돈과 점으로 닦는 데
스물다섯 가지가 있다.

시방세계의 모든 여래와
삼세의 수행자들이
이 법으로 인해
보리를 이루었다.

그러나 몰록 깨달은 사람과
법에 수순하지 않는 이는 제외한다.

일체 모든 보살과
말법세계 중생들은
항상 이 관문을 지녀
수순하고 부지런히 닦아 익히면
부처님의 대비하신 힘에 의지해
오래지 않아서 열반을 증득한다.

9. 정제업장보살장

사상을 없애다

(9-1) 정제업장보살이 본래 청정의 오염에 관해 묻다

그때 정제업장보살이 대중 가운데 있다가 자리에서 일어나 부처님의 발에 정례하며, 오른쪽으로 세 번 돌고 무릎을 세워 꿇고 합장하고 부처님께 말씀드렸다.

"대비하신 부처님이시여, 저희를 위해 이와 같이 부사의한 일인 일체 여래의 인지에서 행하시던 행상을 널리 말씀하여, 대중들로 하여금 일찍이 듣지 못한 가르침을 얻게 했습니다.

부처님께서 항하사 겁을 지나도록 애쓰신 경계인 일체 공용을 마치 일념과 같이 하시니, 저희 보살들은 마음 깊이 기뻐합니다.

부처님이시여, 만일 이 원각의 본래 성품이 청정하다면 무엇 때문에 더럽혀져 중생들이 혼란하여 원각에 들어가지 못합니까?

오직 원하옵니다. 여래께서 널리 저희를 위해 법의 성품을 자세히 보여주시고 대중과 말법세계 중생이 장래의 밝은 안목을 갖게 해 주십시오."

이렇게 말씀드리고 오체투지를 하며 세 번 거듭 청했다.

(9-2) 원각이 오염된 원인을 설하다

그때 부처님께서 정제업장보살에게 말씀하셨다.

"착하고 착하다, 보살이여, 그대들이 모든 대중과 말법세계 중생을 위해 여래에게 이런 방편을 묻는구나. 이제 자세히 들으라. 마땅히 그대를 위해 설하리라."

그때 정제업장보살이 기뻐하면서 대중들과 조용히 들었다.

"보살이여, 일체 중생이 비롯함이 없는 옛날부터 망상으로 나와 남과 중생과 수명이 있다고 집착해 네 가지 뒤바뀜을 잘못 알아 참나의 본체가 있다고 여겼다.

그래서 미움과 사랑의 두 경계가 생기고 허망한 몸을 거듭 허망하게 집착했다. 두 허망이 서로 의지하여 허망한 업의 길이 생긴 것이다.

허망한 업이 있는 까닭에 망령되이 윤회를 보며 윤회를 싫어하는 이는 망령되이 열반을 보아 청정한 깨달음에 들지 못한다. 이것은 원각이 깨달아 들어가는 이들을 거부하고 멀리하는 것이 아니며, 깨달아 들어가는 이가 있더라도 원각에 들어가게 하는 것이 아니다.

이 때문에 생각을 움직이고 생각을 쉼이 모두 미혹하고 흐릿한 곳으로 돌아가는 것이다. 왜냐하면 시작이 없이 본래 일어난 무명으로 자기의 주재로 삼았기 때문이다.

일체 중생이 태어날 때부터 지혜의 눈이 없어서 몸과 마음의 성품이 모두 무명이다. 비유하면 사람이 스스로 자기의 목숨을 끊지 못하는 것과 같다.

그러므로 분명히 알아야 한다. 나를 사랑하는 이는 내가 수순해주고 수순하지 않는 이에게는 원망을 품는다. 미워하고 사랑하는 마음이 무명을 자라게 하는 까닭으로 도를 구해도 다 성취하지 못한다.

(9-3) 사상에 대해 설하다

보살이여, 무엇이 아상(我相)인가? 중생들이 마음으로 증득한 것을 아상이라 한다.

보살이여, 비유하면 어떤 사람이 온몸이 편안하고 건강할 때는 내 몸을 잊고 있다가, 사지가 당기거나 늘어져서 병이 났을 때 그 자리에 침을 놓거나 뜸을 뜨면 그 반응으로 내가 있다는 것을 아는 것과 같다.

그러므로 증득해 취하는 것이 있어야 '나'라는 몸의 정체가 나타난다.

보살이여, 여래께서 분명히 아신 청정열반을 증득할지라도 모두 아상일 뿐이다.

보살이여, 무엇이 인상(人相)인가? 중생들이 마음으로 증득한 것을 깨닫는 것을 인상이라 한다.

보살이여, 나가 있다고 깨달은 이는 다시는 나를 나라고 인정하여 집착하지 않거니와 나가 아니라고 아는 깨달음도 그와 같다.

깨달음이 일체 증득한 것을 초월했다 하더라도 인상일 뿐이다.

보살이여, 그 마음에서 열반이 나라고 뚜렷이 깨달을지라도, 그 마음에 조금이라도 깨달았다는 생각으로 증득한 이치를 널리 갖추었다면 이것을 모두 인상이라 한다.

보살이여, 무엇이 중생상(衆生相)인가? 중생이 스스로 마음으로 증득하거나 깨달음으로 미치지 않는 것을 중생상이라 한다.

보살이여, 비유하면 어떤 사람이 말하기를 '나는 중생이다'고 하면, 그 사람이 중생이라 말한 것은 나도 아니며, 남도 아닌 줄 아는 것과 같다.

어찌하여 나가 아닌가? 내가 중생이라고 했기 때문에 나가 아니다. 어찌하여 남도 아닌가? 내가 중생이라 했기 때문에 남도 나가 아닌 것이다.

보살이여, 단지 중생들의 증득함과 깨달음이 모두 아상, 인상이니, 아상, 인상이 미치지 못하는 곳에 조금이라도 알았다는 생각이 있으면 이것을 중생상이라 한다.

보살이여, 무엇이 수명상(壽命相)인가? 중생들의 마음의 비춤이 청정하여 깨달아 안 것을 수명상이라 한다.

일체 업을 아는 지혜로 업의 근본을 보지 못하는 것이 마치 목숨과 같다. 보살이여, 마음으로 일체 깨달음을 비추어 보는 것은 모두 번뇌이니, 깨달은 이와 깨달은 바가 번뇌를 여의지 못했기 때문이다.

마치 끓는 물로 얼음을 녹임에 따로 얼음이 있어 얼음이 녹은 것인 줄로 알지만 얼음이 따로 없듯이, 내가 있어서 나를 깨닫는 것도 이와 같다.

보살이여, 말법세계 중생이 네 가지 상을 알지 못하면 비록 여러 겁동안 힘써 도를 닦더라도 단지 유위일 뿐이며, 일체 성스러운 과보를 이루지 못한다. 그러므로 이를 정법의 말법세계라 한다.

왜냐하면 모든 나를 인정하여 열반이라 여기기 때문이다. 즉 증득함이 있고 깨달음이 있다는 마음으로써 성취한 것이다.

비유하면, 어떤 사람이 잘못 알아 도둑을 아들로 삼아 그 집의 재산을 온전하게 보전하지 못한 것과 같다.

왜냐하면 나를 애착하는 이는 열반도 사랑하여 나에 대한 애착이 근원을 굴복시키고는 열반의 모습으로 여긴다.

또한 나에 대해 미워함이 있으면 생사도 미워하여 사랑하는 것이 참된 생사임을 알지 못해 생사를 미워하니, 해탈이 아니다.

어찌하여 법다운 해탈이 아님을 아는가?

보살이여, 저 말법세계 중생으로서 보리를 익힌 자가 자기의 조그마한 증득으로써 스스로 청정이라 여기니, 아상의 근본을 없애지 못함이다.

만일 어떤 사람이 그 법을 찬탄하면 기뻐하며 제도하려 한다.

다시 그가 얻은 것을 비방하면 화를 내고 원한을 품으니, 아상에 견고하게 집착해 장식에 깊이 숨었다가 육근에 나타나 일찍이 아상을 끊은 적이 없다는 것을 알게 된다.

보살이여, 그런 도를 닦는 사람들은 아상을 없애지 못했기 때문에 청정한 깨달음에 들어가지 못한다.

보살이여, 만일 내가 공한 줄 알면 나를 헐뜯을 이가 없으며, 아상을 가지고 법을 설하는 이는 아상이 아직 끊어지지 않았기 때문이며, 중생상과 수명상도 이와 같다.

보살이여, 말법세계 중생이 병을 법이라 말하니, 참으로 가여운 자이다. 아무리 애써 정진하나 온갖 병만 더할 뿐이다. 그런 까닭에 청정한 원각에는 들지 못한다.

보살이여, 말법세계 중생이 네 가지 상을 분명히 알지 못하므로 여래에 대한 견해와 행한 자취로써 자기의 수행인 것처럼 여기니, 이 중생은 공부를 끝내 성취하지 못한다.

혹 어떤 중생은 얻지 못한 것을 얻었다 하고, 증득하지 못한 것을 증득했다고 하며, 나보다 뛰어난 이를 보면 질투심을 내니, 그 중생은 자신에 대한 애착을 끊지 못했기 때문이다. 그래서 청정한 원각에 들지 못한다.

보살이여, 말법세계 중생이 도 이루기를 희망하되 깨달음을 구하지 않고 오직 듣는 것만 더하여 나라는 소견을 더욱 자라게 한다.

다만 부지런히 정진하여 번뇌를 항복시키고 큰 용맹을 일으켜서 얻지 못한 것을 얻게 하며, 끊지 못한 것을 끊게 하여, 탐냄, 성냄, 애욕, 교만과 아첨, 왜곡, 질투하는 마음이 경계를 만나도 생기지 않으며, 남과 나의 은애가 적멸하면, 이 사람은 점차로 원각을 성취할 것이다. 선지식을 구하면 사견에 떨어지지 않지만 만일 구하는 바에 따로 미움과 사랑을 일으키면 청정한 원각에 들지 못한다."

(9-4) 사상이 있으면 보리를 이루지 못한다
그때 부처님께서 이 뜻을 거듭 펴시려고 게송으로 말씀하셨다.

정제업장보살이여!
그대는 마땅히 알라.
일체 중생들이
모두 나를 사랑하여 집착하므로
끝없는 옛날부터 허망하게 윤회했으니
네 가지 상을 제거하지 못하면
보리를 이루지 못한다.

사랑과 미움이 마음에서 생기고
아첨과 왜곡이 생각 속에 있으니
혼란하고 답답함이 많아서
깨달음의 성에 들어가지 못한다.

만일 깨달음의 세계로 돌아가려면
탐, 진, 치를 버리고
법의 사랑까지도 마음에 남지 않으면
점차로 성취할 수 있다.

내 몸도 본래 있는 것이 아닌데
미움과 사랑이 어디서 생기는가.

이런 사람이 선지식을 구하면
끝까지 사견에 떨어지지 않는다.

구하는 바에 생각을 내면
끝내 성취하지 못한다.

10. 보각보살장

네 가지 병을 여의는 법

(10-1) 보각보살이 발심하는 방법을 묻다

그때 보각보살이 대중 가운데 있다가 자리에서 일어나 부처님 발에 정례하며, 오른쪽으로 세 번 돌고 무릎을 세워 꿇고 합장하여 부처님께 말씀드렸다.

"대비하신 부처님이시여, 흔쾌히 참선하다 생긴 선병을 설하시어 대중들이 일찍이 느끼지 못했던 기쁨을 얻게 하시고 마음이 활짝 트여 큰 편안을 얻게 했습니다.

부처님이시여, 말법세계의 중생이 부처님과 거리가 점점 멀어짐에 현인과 성인은 숨고 삿된 법은 더욱 치성해 중생들이 어떤 선지식을 구하며, 어떤 법에 의지하며, 어떤 행을 행하며, 어떤 병을 제거하며, 어떻게 발심해야 눈먼 이들이 사견에 떨어지지 않겠습니까?"

오체투지하고 세 번 거듭 청했다.

(10-2) 바른 지견을 가진 자

그때 부처님께서 보각보살에게 말씀하셨다.

"착하고 착하다, 보살이여. 그대들이 여래에게 말법세계의 일체 중생에게 두려움 없는 도안을 베풀어 중생이 거룩한 도를 이루게 하는 수행을 묻는구나. 이제 자세히 들어라. 그대들에게 말해 주리라."

그때 보각보살이 기뻐하면서 대중들과 조용히 들었다.

"보살이여, 말법세계 중생이 장차 큰 마음을 일으켜 선지식을 구하여 수행하려는 이는 일체 바른 지견을 가진 사람을 구해야 한다.

그러한 사람은 마음이 상에 머무르지 않으며 성문이나 연각의 경계에 집착하지 않으며, 비록 번뇌의 모습을 나타내지만 마음이 항상 청정하며, 허물이 있는 듯하나 청정한 행을 찬탄하여, 중생들이 잘못된 계율에 들어가지 않게 해야 한다.

이와 같은 사람을 구하면 곧 무상정등각을 성취할 것이다.

말법세계 중생은 공양은 하지만 몸과 목숨을 아끼지 말아야 한다. 그 선지식이 움직이고 머물고 걷고 눕고 하는 행주좌와 가운데 항상 청정함을 나타내며 갖가지 허물을 보이더라도 교만한 마음이 없는데, 재물을 모으거나 처자와 권속을 거느리겠는가?

만일 선남자가 훌륭한 벗에 대하여 나쁜 생각을 일으키지 않으면 구경에 정각을 성취하여 마음의 꽃이 밝게 피어 시방세계를 비출 것이다.

(10-3) 네 가지 병

보살이여, 선지식이 증득한 미묘한 법은 네 가지 병을 여의어야 한다. 어떤 것이 네 가지 병인가?

첫째, 조작하는 작병이다. 만일 어떤 사람이 말하기를 '나는 본심에 갖가지 행을 지어서 원각을 구하리라' 하면, 원각의 성품은 지어서 얻어지는 것이 아니므로 병이라 한다.

둘째, 맡기는 임병이다. 만일 어떤 사람이 말하기를 '나는 지금 생사를 끊지도 않으며, 열반을 구하지도 않는다. 열반과 생사에 일어나거나 멸한다는 생각이 없고 일체에 맡기어 모든 법성을 따라 원각을 구하리라' 하면, 원각의 성품은 일체의 흐름에 맡겨진 것이 아니므로 병이라 한다.

셋째, 그치는 지병이다. 만일 어떤 사람이 말하기를 '나는 지금 마음의 모든 망념을 영원히 쉬어 일체 법성이 고요한 평등을 얻어서 원각을 구하리라' 하면, 원각의 성품은 생각을 그침으로써 부합되는 것이 아니므로 병이라 한다.

넷째, 멸하는 멸병이다. 만일 어떤 사람이 말하기를 '나는 지금 일체 번뇌를 영원히 끊어 몸과 마음도 공해 아무것도 없는데 근과 진의 허망한 경계이겠는가. 일체가 영원히 적멸함으로써 원각을 구하리라' 하면, 원각의 성품은 공적한 모습이 아니므로 병이라 한다.

이 네 가지 병을 여읜 이는 청정함을 알 것이다. 이와같이 청정한 관을 짓는 것은 정관이라 하고, 다르게 관하는 것은 사관이라 한다.

(10-4) 선지식을 친근해야 한다

보살이여, 말법세계 중생으로서 수행하는 이는 목숨이 다해 훌륭한 벗에게 공양하며 선지식을 섬겨야 한다.

선지식이 와서 친근하면 마땅히 교만한 마음을 끊고, 만일 멀리하더라도 성을 내거나 원한을 품지 않아야 한다.

자신의 경계에 순행하거나 역행함이 나타나더라도 마치 허공과 같이 여기며 몸과 마음이 평등하여 중생들과 동체여서 조금도 차이가 없는 줄 분명히 알아야 한다. 이와 같이 수행해야 바야흐로 원각에 들어간다.

보살이여, 말법세계 중생이 도를 이루지 못함은 비롯함이 없는 옛날부터 나와 남을 미워하고 사랑하는 일체 종자가 있기 때문이다. 그러므로 해탈하지 못한 것이다.

만일 어떤 사람이 원수 보기를 자기 부모와 같이 해 마음에 둘이 없으면 곧 모든 병이 없어지니, 모든 법 가운데 나와 남을 미워하고 사랑함도 또한 이와 같다.

(10-5) 발심하여 맹세하다
보살이여, 말법세계 중생이 원각을 먼저 발심하여 맹세하기를 '온 허공의 일체 중생을 내가 다 구경 원각에 들게 하되, 원각 가운데 깨달음을 취하는 이가 없어서 아상과 인상 및 일체 모든 상을 없애리라' 이와 같이 발심하면 사견에 떨어지지 않는다."

(10-6) 원각을 증득하고 열반에 들다
그때 부처님께서 이 뜻을 거듭 펴시려고 게송으로 말씀하셨다.

보각보살이여, 그대는 마땅히 알라.
말법세계의 모든 중생이
선지식을 구하려면
바른 깨달음을 가진 이로써
이승의 생각을 여읜 이를 구하라.

법 가운데 짓고, 그치고, 맡기고, 멸하는
네 가지 병이 없어야 한다.
선지식을 친근해도 교만함이 없으며
멀리해도 성냄과 원한이 없어서
갖가지 경계를 나타내 보일지라도
기쁜 마음을 내며
부처님이 세상에 오신 것처럼 하라.

그릇된 계율을 범하지 않으면
계의 근본이 영원히 청정하리니
일체 중생을 제도하여
마침내 원각에 들게 한다.

나다 너다 하는 상이 없어서
항상 바른 지혜에 의지하면
문득 삿된 견해를 초월해
원각을 증득하고 열반에 든다.

5

11. 원각보살장

세 가지 기한과 참회하는 법

(11-1) 원각보살이 말세중생을 위하여 원각을 묻다

그때 원각보살이 대중 가운데 있다가 자리에서 일어나 부처님 발에 정례하며 오른쪽으로 세 번 돌고 무릎을 꿇어 합장하고 부처님께 말씀드렸다.

"대비하신 부처님이시여, 저희를 위해 청정한 원각의 갖가지 방편을 널리 말씀하시어 말법세계 중생에게 큰 이익이 되게 하셨습니다.

부처님이시여, 저희는 이미 깨달음을 얻었습니다. 만약 부처님께서 열반하신 후 말법세계 중생으로서 깨달음을 얻지 못한 이는 어떻게 수행하여 원각의 청정한 경계를 닦아야 합니까? 이 원각의 세 가지 청정한 관법중에 무엇을 첫머리를 삼아야 합니까?

오직 원하오니 대비로 모든 대중과 말법세계 중생을 위해 큰 이익을 베풀어 주십시오."

오체투지를 하며 세 번 거듭 청했다.

(11-2) 도량을 세우고 기간을 정하여 수행하기

그때 부처님께서 원각보살에게 말씀하셨다.

"착하고 착하다, 보살이여. 그대들이 여래에게 방편을 물어 큰 이로움을 중생들에게 베푸는구나. 그대는 이제 자세히 들어라. 그대를 위하여 말하리라."

이에 원각보살이 기뻐하며 대중들과 조용히 들었다.

"보살이여, 부처님께서 세상에 계실 때나 열반에 드신 뒤에나 말법 시대에 중생들로서 대승의 성품을 갖춘 이가 부처님의 비밀스러운 원각의 마음을 믿고 수행하여 정사에서 대중들과 함께 공부한다면, 인연 있는 방편을 따라 살펴 공부하는 것은 내가 이미 설한 것과 같다.

만일 특별한 인연이 없으면 곧 도량을 건립하되 기한을 정해야 한다. 기간이 길면 120일, 중간 기간이면 100일, 기간이 짧으면 80일로 정하고, 청정한 거처를 꾸미도록 해라.

(11-3) 부처님 형상을 모셔놓고 안거 수행하기

만일 부처님께서 계시면 마땅히 부처님의 가르침을 따라 바르게 사유하며, 부처님께서 입멸하신 후에는 형상을 모셔 놓고 살아 계신 모습을 보는 듯 바른 기억을 되살려, 부처님이 계실 때처럼 수행해야 한다. 온갖 번기와 꽃을 달고 삼칠 일 동안 시방 부처님의 명호 앞에 머리를 조아려 진정으로 참회하면 좋은 경계를 만나 마음이 가볍고 편안한 경안을 얻는다. 삼칠 일이 지나도록 한결같이 마음을 가다듬어야 한다. 초여름 석 달 동안 안거에는 마땅히 청정한 보살의 경계인 그치고 머무름이 되며, 성문의 경계를 떠나서 부질없이 대중에게 휩쓸리지 않도록 하라.

'안거하는 날에는 부처님 앞에 서원하기를 '나 비구, 비구니, 우바새, 우바이인 아무는 보살승에 의지하여 적멸의 행을 닦아서 청정한 실상에 함께 머무르며, 원각으로 가람을 삼고 몸과 마음이 적정에 편안히 머무는 것은 열반의 자성이 번뇌에 얽매임이 없기 때문입니다.

이제 저는 성문에 의지하지 않고 시방의 여래와 보살들과 함께 석 달 동안 안거하기를 경건히 청합니다.

보살의 위없는 묘각을 닦는 큰 인연이 된 까닭에 부질없는 대중에게 휩쓸리지 않겠습니다' 라고 해라.

보살이여, 이것이 보살의 안거라 한다. 세 가지 기한의 날을 지내면 어디를 가든지 장애가 없다.

(11-4) 삼관을 수행하다

보살이여, 만일 말법세계에 수행하는 중생이 보살도를 구하여 세 가지 기한에 들어간 자는 본인이 들은 바가 아니면 일체 경계를 반드시 취하지 말라.

보살이여, 만일 중생들이 사마타를 닦으려면 먼저 지극히 고요함을 취해 생각을 일으키지 않으면 고요함이 지극해 문득 깨달을 것이다. 이와 같이 처음의 고요함이 한 몸으로부터 한 세계에 이르니, 깨달음도 그와 같다.

보살이여, 깨달음이 한 세계에 두루 원만한 것이라면 한 세계에 있는 한 중생이 한 생각을 일으키는 것까지 다 알며, 백천 세계도 그와 같다. 들은 바가 아니면 일체의 경계를 취하지 말라.

보살이여, 중생들이 삼매를 닦으려면 먼저 시방 여래와 시방 세계의 일체 보살이 갖가지 문에 의지함을 기억해, 점차 수행하고 삼매를 부지런히 애써서 큰 서원을 널리 일으켜 스스로 훈습해서 종자를 이룰 것이다. 들은 바가 아니면 일체의 경계를 취하지 말라.

보살이여, 만일 중생들이 선정을 닦으려면 먼저 수관(하나, 둘, 셋 숫자를 헤아리면서 마음을 통일함)을 취하여 마음속에서 일어나고 머물고 멸하는 생각의 분제와 수효를 분명히 알아서 두루하면, 네 가지 위의 가운데 분별하는 생각의 수효를 알지 못함이 없어서 점차로 나아가게 된다. 결국 백천 세계의 한방울 물까지 알되, 마치 수용하는 물건을 눈으로 보는 것 같이 된다. 들은 바가 아니면 일체 경계를 취하지 말라.

이것이 삼관의 첫 방편이니, 만일 중생들이 세 가지를 두루 닦아서 부지런히 정진하면 여래께서 세상에 출현하셨다고 하느니라.

만약 말법세계에 근기가 둔한 중생이 도를 구하려 하나 성취하지 못한다면 옛적의 업장 때문이니, 부지런히 참회하여 항상 희망을 일으켜서 먼저 미워하고 사랑함과 질투하고 아첨함을 끊고 뛰어난 마음을 일으켜야 한다. 세 가지 청정한 관에서 하나의 일을 따라 배우되 이 관으로 얻지 못하면 다른 관을 익혀 마음에서 놓아 버리지 말고 점차로 증득을 구할 것이다."

(11-5) 부지런히 정진하라

그때 부처님께서 이 뜻을 거듭 펴시려고 게송으로 말씀하셨다.

원각보살이여, 그대는 마땅히 알라.
일체 중생들이
위없는 도를 구하려면
마땅히 세 가지 기한을 정하여
비롯함이 없는 지난 업을 참회하라.

삼칠 일을 지나고 나서
그런 후에 바르게 사유하되
부처님께 들은 경계가 아니면
결코 취하지 말라.

사마타는 지극히 고요하고
삼매는 바르게 기억하고
선정은 수관을 밝히니
이것이 세 가지 청정한 관이다.

만일 부지런히 닦아 익히면
이는 부처님이 세상에 출현하신 것과 같다.

근기가 둔하여 성취하지 못하는 이는
항상 부지런한 마음으로
비롯함이 없는 모든 죄를 참회하라.

모든 업장이 녹아 없어지면
부처의 경계가 문득 나타난다.

12. 현선수보살장

경을 호법하고 유통하는 공덕

(12-1) 현선수보살이 전법에 관해 묻다

그때 현선수보살이 대중 가운데 있다가 자리에서 일어나 부처님의 발에 정례하고 오른쪽으로 세 번 돌고 무릎을 세워 꿇고 합장하며 부처님께 말씀드렸다.

"대비하신 부처님이시여, 저희와 말법세계 중생을 위하여 이와 같은 불가사의 한 일을 깨닫게 하셨습니다. 부처님이시여, 이 대승의 가르침은 무엇이며, 어떻게 받들어 지니며, 중생이 닦아 익힘에 무슨 공덕을 얻으며, 경을 지니는 이를 보호하며, 이 가르침을 유포하면 어떤 경지에 이르게 됩니까?"

오체투지를 하며 세 번 거듭 청했다.

(12-2) 경의 이름을 밝히다

그때 부처님께서 현선수보살에게 말씀하셨다.

"착하고 착하다, 보살이여, 그대들이 모든 보살과 말법세계 중생을 위해 여래에게 경의 공덕과 이름을 묻는구나. 그대들은 자세히 들어라. 마땅히 그대를 위해 설하리라."

그때 현선수보살이 가르침을 받들어 기뻐하면서 대중들과 함께 조용히 들었다.

"보살이여, 이 경은 백천만억 항하사 부처님들께서 설하신 것이며,

삼세의 여래께서 수호하시는 것이며, 시방의 보살이 귀의하는 것이며, 십이부경의 청정한 안목이다. 이 경은 대방광원각다라니(大方廣圓覺陀羅尼)라 이름하며, 또한 수다라요의(修陀羅了義)라 하며, 또한 비밀왕삼매(祕密王三昧)라 하며, 여래결정경계(如來決定境界)라 하며, 여래장자성차별(如來藏自性差別)이라 이름하니, 그대는 마땅히 받들어 지니도록 하라.

보살이여, 이 경은 오직 여래 경계만을 드러냈으니, 오직 부처님, 여래만이 설하실 수 있다. 모든 보살과 말법세계 중생이 이를 의지하여 수행하면 점차 증진하여 부처의 경지에 이른다.

보살이여, 이 경은 돈교대승이라 이름하니 단번에 깨닫는 돈기의 중생이 이를 따라 깨달음을 얻을 것이며, 또한 점차로 닦는 일체 중생도 부지런히 수행하여 깨달음을 얻을 것이다.

비유하면 큰 바닷가 작은 개울도 사양하지 않는 것과 같다. 모기와 등에와 아수라와 그 물을 마시는 이는 모두 충만한 기쁨을 얻을 것이다.

(12-3) 이 경의 수지독송의 공덕

보살이여, 어떤 사람이 순전히 칠보로써 삼천대천세계에 가득 보시하더라도, 이 경의 이름과 한 구절의 뜻을 듣는 것만 못한 것이다.

보살이여, 어떤 사람이 백천 항하사 중생을 교화하여 아라한과를 얻게 하더라도 이 경을 설하여 반 게송을 분별하는 것만 못한 것이다.

보살이여, 어떤 사람이 이 경의 이름을 듣고 신심이 의혹하지 않으면, 이 사람은 한 부처님이나 두 부처님께 모든 복과 지혜를 심었을 뿐 아니라 항하사 일체 부처님 처소에서 모든 선근을 심어 이 경의 가르침을 들은 것이다.

보살들은 마땅히 말법세계의 수행자를 보호해서 악마와 외도들이 몸과 마음을 괴롭혀도 물러남이 없도록 할 것이다."

(12-4) 부처님의 게송으로 전법의 공덕을 밝히다
그때 부처님께서 이 뜻을 거듭 펴시려고 게송으로 말씀하셨다.

현선수보살이여, 마땅히 알라.
이 경의 가르침인 모든 내용이
부처님의 말씀이며 여래의 보물
십이부 경전 가운데의 안목이다.

그 이름은 대방광원각다라니
여래의 모든 경계를 나타냈으며
이것에 의지하여 수행하는 자
부처님의 정토에 도달한다.

큰 바다가 모든 강물을 받아들이듯
법의 감로 마시는 자 충만한 기쁨
칠보를 베풀어서 보시를 해
온 세계에 가득 쌓이더라도
이 경을 듣는 것만 못하다.

만일 많은 중생을 제도하여
모두 다 아라한이 되었더라도
그 공덕은 이 경의 반 게송을 못 미친다.
너희들은 미래의 세상에

이 경을 지닌 자를 보호하여
물러나는 마음이 없게 하라.

(12-5) 팔부신중과 천왕들의 경전 수호

그때 대중 가운데 화수금강, 최쇄금강, 니람파금강 등 팔만 금강이 있어 그 권속과 함께 자리에서 일어나 부처님의 발에 정례하며 오른쪽으로 세 번 돌고 부처님께 말씀드렸다.

"부처님이시여, 만일 말법세계 중생들로서 대승을 지니는 이가 있으면 저희가 마땅히 안목을 보호하듯 수호하며, 도량의 수행하는 곳에 금강이 스스로 무리를 이끌고 가서 아침저녁으로 수호하여 물러나지 않게 하며, 그 집에 영원히 재앙, 장애가 없고 역병이 소멸하며 재보가 풍족하여 항상 모자라지 않게 하겠습니다."

이에 대범왕과 이십 팔천 왕과 수미산왕과 호국천왕 등도 자리에서 일어나 부처님 발에 정례하며 오른쪽으로 세 번 돌고 부처님께 말씀드렸다.

"부처님이시여, 저희도 이 경을 지니는 이를 수호해 항상 안온하게 마음이 물러남이 없게 하겠습니다."

또한 길반다 대력귀왕이 십 만 귀왕과 함께 자리에서 일어나 부처님의 발에 정례하며 오른쪽으로 세 번 돌고 부처님께 말씀드렸다.

"부처님이시여, 저희도 이 경을 지니는 이를 수호해서 아침저녁으로 보호하여 물러서지 않게 할 것이며, 그 사람이 기거하는 곳에서 한 유순 내에 귀신이 그 경계를 침범하면 저희가 마땅히 그를 먼지처럼 부수어 버리겠습니다."

부처님께서 이 경을 모두 설해 마치시니 일체 보살과 하늘, 용, 귀신, 팔부 권속과 모든 천왕 범왕 등 일체 대중이 부처님의 말씀을 듣고 크게 기뻐하며 믿고 받들어 행하였다.

6
우리말 금강경

한문번역 / 구마라집

─────────────── 차 례 ───────────────

6

1. 소중한 인연(法會因由分)

(1-1) 이와 같이 나는 들었다.

한때에 부처님이 사위성(舍衛城, 室羅筏城실라벌성, Śrāvastī) 기수급고독원(祈樹給孤獨圓, Jetavananathapindadasyarama)에서 비구 1250명과 함께 계셨다.

(1-2) 마침 공양을 드실 때여서 부처님께서는 비구들과 함께 옷을 입으시고 밥그릇을 들고 사위성으로 들어갔다. 음식을 얻어 드시고 기원정사(祈圓精舍, Jetavana-vihara)로 돌아와 의발을 거두고 발을 씻은 다음 자리를 펴고 앉아 선정에 드셨다.

2. 마음의 문을 열고(善現起請分)

(2-1) 그때 수보리(須菩提, Subhūti) 장로가 대중 가운데 있다가 자리에서 일어나 오른쪽 어깨를 드러내고 오른쪽 무릎을 땅에 대고 공경하는 마음으로 합장하며 부처님께 여쭈었다.

(2-2) 거룩하고 행복하신 부처님이시여!
부처님께서는 부처가 되고자 수행하는 보살들을 잘 보살펴 주시며, 설한 법을 잘 이해하고 있는 보살에게 부처님 대신 법을 설할 것을 잘 부촉하십니다.

(2-3) 부처님이시여,
보살이 되려고 마음을 낸 자(선남자선여인善男子善女人, Kulaputro va Kuladuhita va)는 어떻게 생각하고 어떻게 수행하며 어떻게 마음을 지키는 것이 좋겠습니까?

(2-4) 착하고, 착하다. 수보리야,
너의 말과 같이 부처님은 모든 보살을 잘 보살피며, 또한 불법을 잘 부촉하느니라.

(2-5) 그리고 수보리야, 자세히 들어라.
보살이 되려고 마음을 낸 자는 어떻게 생각하고 수행하며 어떻게 마음을 지켜야 하는지 설명해 줄 것이다.

(2-6) 감사합니다. 부처님이시여,
여기 있는 모든 대중이 부처님의 말씀을 듣고자 원합니다.

3. 연기(大乘正宗分)

(3-1) 수보리야.

보살이 되려고 마음을 낸 자는 〈생명 있는 모든 것을 반드시 고뇌가 없는 영원한 평안에 들게 하리라〉 하는 큰 서원을 세워야 한다.

알로 생기는 생명, 태로 생기는 생명, 습기로 생기는 생명, 변화하여 생기는 생명, 형태가 있는 생명, 형태가 없는 생명, 생각이 있는 생명, 생각이 없는 생명, 생각이 있는 것도 아니고 없는 것도 아닌 생명 등 모든 생명을 〈고뇌가 없는 영원한 평안〉에 들게 해야 한 것이다.

(3-2) 이와 같이 모든 생명을 〈고뇌가 없는 영원한 평안〉에 들게 했다하더라도, 실상은 〈영원한 평안〉으로 인도되어 들어온 생명은 하나도 없다.

(3-3) 왜냐하면, 수보리야.

보살은 존재하는 것이 실재한다는 생각을 일으키지 않기 때문이다.

(3-4) 그러므로, 수보리야.

〈내가 있다는 생각(아상我相, atman-samjna 자아)〉, 〈상대가 있다는 생각(인상人相, java-samjna 개체)〉, 〈다른 생명들이 있다는 생각(중생상衆生相, pudgala 개인)〉, 〈영원한 것이 있다는 생각(수자상壽者相, sattva-samjna 살아있는 것이 실존한다는 생각)〉을 하고 있으면 그는 이미 보살이 아니다.

4. 대가 없는 행위(妙行無住分)

(4-1) 그리고 또 수보리야,
보살은 마땅히 집착하는 마음을 일으키지 않고 보시를 행해야 한다.
이른바 형상에 집착하지 않고 보시를 행하는 것이며, 소리와 냄새와
맛과 감촉과 생각의 대상에 집착하지 않고 보시를 행해야 할 것이다.

(4-2) 수보리야, 보살은 응당 이와 같이 내가 보시했다는 생각을 일
으키지 않고 보시를 해야 한다.

(4-3) 만약 보살이 이와 같이 보시했다는 생각을 일으키지 않고 보
시를 행하면 그 복덕은 헤아릴 수 없이 크다.

(4-4) 수보리야, 너의 생각은 어떠하냐?
동쪽 허공의 크기가 얼마나 큰지 측량할 수 있겠느냐?
측량할 수 없습니다. 부처님이시여.

(4-5) 수보리야,
남쪽, 서쪽, 북쪽과 위쪽, 아래쪽 허공의 크기도 얼마나 큰지 측량할
수 있겠느냐?
측량할 수 없습니다. 부처님이시여.
(4-6) 수보리야,

보살이 형상에 집착하는 마음을 일으키지 않고 보시를 행할 때의 복덕도 이와 같이 측량할 수 없이 크다.

(4-7) 수보리야,
보살이 되려고 마음을 낸 자는 집착하는 마음을 일으키지 않고 보시를 행해야 한다.

5. 깨달음(如理實見分)

(5-1) 수보리야, 너의 생각은 어떠하냐?
부처는 신체적 특징을 갖추고 있다고 생각하느냐?
부처님이시여,
그렇게 생각할 수는 없습니다. 신체적으로 거룩한 모습을 갖추었다
고 여래라고 볼 수는 없습니다.

(5-2) 왜냐하면 부처님이시여,
신체적으로 거룩한 모습을 갖추었다고 여래께서 말씀하셨지만 그것
은 실재로 거룩한 모습을 갖춘 것이 아니기 때문입니다.

(5-3) 수보리야.
신체적 특징을 갖추고 있거나 신체적 특징을 갖추고 있지 않거나 여
래를 볼 수 있어야 한다.

(사구게1) 존재하고 있는 것의 모든 형상은
끊임없이 변하는 허망한 것이니
모든 형상이 항상 같은 모습을 갖고 있지 않음을 알면
곧 부처를 보는 것이다.

6. 깨달음의 시간성(正信希有分)

(6-1) 부처님이시여, 후세 사람들이 이와 같은 말씀을 듣고 혹은 글귀를 보고 진실한 믿음을 내는 이가 있겠습니까?

(6-2) 수보리야, 물론 있기 마련이다. 부처가 멸한 이천 오백 년 뒤에도 계율을 지키고 올바른 삶을 영위하는 사람이 있어 이 글귀를 보고 믿는 마음을 낼 것이며, 진실하게 여긴다.

(6-3) 보살과 보살이 되려고 마음을 낸 자는 한두 분의 부처님 밑에서 착한 마음뿌리를 심은 것이 아니라 헤아릴 수 없이 많은 부처님 밑에서 착한 마음뿌리를 심었기 때문에 이 경전을 보고 한결같이 깨끗한 믿음을 낸다.

(6-4) 수보리야,
여래는 이러한 사람들이 한량없는 복덕을 얻는다는 것을 모두 알고 있다.
왜냐하면 이러한 사람들에게는 〈내가 있다는 생각〉, 〈상대가 있다는 생각〉, 〈다른 생명들이 있다는 생각〉, 〈영원한 것이 있다는 생각〉이 일어나지 않는다. 또한 〈법이다라는 생각〉도 일어나지 않으며, 〈법 아니다 라는 생각〉도 일어나지 않기 때문이다.

(6-5) 수보리야, 그들에게는 생각하는 것도, 생각하지 않는 것도 일어나지 않는다.

(6-6) 만약 법이라는 생각을 일으킨다는 것은 곧 〈내가 있다〉, 〈상대가 있다〉, 〈다른 생명들이 있다〉, 〈영원한 것이 있다〉는 것에 집착한다는 것이다.
그렇기 때문에 법에도 집착하지 않아야 하며, 법 아닌 것에도 집착하지 않아야 한다.

(6-7)(사구게2) 뜻이 이러하기 때문에 너희 수행자들은
여래의 설법이 뗏목과 같음을 알아야 한다.
법도 마땅히 버려야 하는데
하물며 법 아닌 것은 말해 무엇 하겠느냐!

7. 깨달음의 존재성(無得無說分)

(7-1) 수보리야, 너는 어떻게 생각하느냐?
여래가 가장 높은 바른 깨달음을 얻었다고 생각하느냐?
여래가 설한 법이 있다고 생각하느냐?

(7-2) 제가 부처님께서 말씀하신 법문의 뜻을 이해하기로는 원래 얻은 것이 없기 때문에 여래는 가장 높은 바른 깨달음이라고 하는 법을 얻지 않았습니다.
또 여래가 설하여 가르쳐 주신 법도 없습니다.

(7-3) 왜냐하면 여래께서 깨달으시고 설하신 법은 인식할 수도 없으며, 말로 설명할 수도 없기 때문입니다. 그것은 법도 아니고 법 아닌 것도 아닙니다.

(7-4) 왜냐하면 성인들은 조작함이 없는 그대로의 법에 의해서 드러내지기 때문입니다.

8. 물질적 베품을 넘어서(依法出生分)

(8-1) 수보리야,

너의 생각은 어떠하냐?

보살이 되려고 마음을 낸 자가 우주에 가득한 보물을 여래나 존경받을 만한 사람에게 보시한다면 이 사람이 얻는 복덕이 얼마나 많겠느냐?

(8-2) 매우 많겠습니다. 부처님이시여.

왜냐하면 복덕이라고 말하지만 그것은 복덕성이 아니라고 여래께서 말씀하셨습니다. 그래서 여래께서는 복덕이 많다고 하는 것입니다.

(8-3) 수보리야.

이 법문 중에 사행시 하나라도 다른 사람을 위해 설명해주면 이 복덕이 앞에서 말한 물질적인 복덕보다 더 크다.

왜냐하면, 수보리야.

일체의 모든 부처와 부처의 가장 높은 바른 깨달음이 이 법문으로부터 나오기 때문이다.

(8-4) 그렇다 하더라도 수보리야,

〈불법을 깨친 자〉라 말하지만 불법이 아니라고 여래께서 말씀하셨다.

9. 형상을 꿰뚫고(一相無相分)

(9-1) 수보리야, 너의 생각은 어떠하냐?
수다원이 내가 수다원과를 증득했다는 생각을 일으키겠느냐?

(9-2) 아닙니다. 부처님이시여.
왜냐하면 수다원은 '영원한 평안에의 흐름에 들어간다'는 이름이지만 실제로 들어가는 것이 아닙니다.
영원한 평안에의 흐름에 들어가는 그런 형상을 얻은 것도 아니며, 그런 소리를 얻은 것도 아니며, 그런 냄새를 얻은 것도 아니며, 그런 맛을 얻은 것도 아니며, 그런 감촉을 얻은 것도 아니며, 그런 생각의 대상을 얻은 것도 아닙니다. 단지 이름이 수다원일 뿐입니다.
부처님이시여,
만약 수다원이 '영원한 평안에의 흐름에 들어간다'고 생각한다면 그것은 '내가 있다고 집착하는 것이며, 상대가 있다고 집착하는 것이며, 대상이 있다고 집착하는 것이며, 영원한 것이 있다고 집착하는 것'이 되겠습니다.

(9-3) 수보리야, 너의 생각은 어떠하냐?
사다함이 내가 사다함과를 증득했다는 생각을 일으키겠느냐?

(9-4) 아닙니다. 부처님이시여.

왜냐하면 사다함은 '한번만 다시 태어나서 깨닫는다'는 이름이지만
실은 가고 옴이 없습니다. 단지 이름이 사다함일 뿐입니다.

(9-5) 수보리야, 너의 생각은 어떠하냐?
아나함이 내가 아나함과를 증득했다는 생각을 일으키겠느냐?

(9-6) 아닙니다. 부처님이시여.
왜냐하면 아나함은 '다시는 태어나 오지 않음'을 이름하지만 실은
오지 않음이 없습니다. 단지 이름이 아나함일 뿐입니다.

(9-7) 수보리야, 너의 생각은 어떠하냐?
아라한이 내가 아라한도를 증득했다는 생각을 일으키겠느냐?

(9-8) 아닙니다. 부처님이시여.
아라한은 내가 아라한도를 증득했다는 생각을 일으키지 않습니다.
왜냐하면 아라한은 '존경받을 만한 사람'이라는 뜻이지만 존경받을
만한 아무 것도 없기 때문입니다. 그래서 아라한이라고 불려집니다.

(9-9) 부처님이시여, 만약 아라한이 내가 아라한도를 증득했다는 생
각을 일으킨다면, 그것은 곧 〈내가 있다〉, 〈상대가 있다〉, 〈다른 생
명들이 있다〉, 〈영원한 것이 있다〉에 집착하는 것입니다.

(9-10) 부처님이시여,
부처님께서는 저를 미혹이 없는 삼매를 얻은 자 가운데 으뜸이라고

말씀하십니다. 이는 존경 받을 만하며, 아예 욕망이 없는 아라한이라는 뜻입니다.

(9-11) 부처님이시여,
저는 존경을 받을 만하며, 욕망을 떠난 아라한이라는 생각을 일으키지 않습니다.
부처님이시여,
제가 만일 이러한 생각을 일으킨다면, 부처님께서는 수보리는 미혹에서 벗어난 행을 즐기며 다툼을 떠난 자라고 말씀하시지 않습니다.

(9-12) 무아이기 때문에 수보리라는 실체가 없으므로 실은 행한 바가 없으며, 이름이 수보리일 뿐입니다. 이 도리를 아는 것이 미혹에서 벗어난 행위를 즐기는 것입니다.

6

10. 청정한 마음(莊嚴淨土分)

(10-1) 수보리야, 너의 생각은 어떠하냐?
먼 옛날 내가 연등부처님 처소에 있었을 때, 연등불로부터 얻은 법
이 있었겠느냐?
없었습니다. 부처님이시여. 부처님께서 연등부처님 처소에 있었을
때도 법에 대해 얻은 바가 없었습니다.

(10-2) 수보리야, 너의 생각은 어떠하냐?
보살이 부처로부터 법을 얻어 깨달음을 성취해도 부처의 세계를 장
엄할 수는 없다.
왜냐하면 부처의 세계를 장엄한다고 말하지만 장엄이 아니라고 여
래께서 말씀하셨다. 그냥 장엄이라고 말하는 것이다.

(10-3) 그런 까닭에, 수보리야.

(사구게3) 보살은 마땅히 이와 같은 청정한 마음을 일으켜야 한다.
형상에 머무름 없이 마음을 일으키는 것이며, 소리와 냄새와 맛과
감촉과 생각의 대상에 머무름 없이 마음을 일으키는 것이다. 응당히
이와 같이 머무르는 바 없이 마음을 일으켜야 한다.

(10-4) 수보리야,

비유하자면 어떤 사람이 수미산만 하다면 크겠느냐?'

매우 큽니다. 부처님이시여.

왜냐하면 큰 몸이라고 하지만 몸이 아니라고 여래께서 말씀하셨습니다. 그냥 큰 몸이라고 말합니다.

11. 자신으로부터 남에게까지(無爲福勝分)

(11-1) 수보리야,
항하(恒河, ganga, ganges)강의 모래 수만큼 항하강이 있다면 이 모든 강의 모래의 수는 얼마나 많겠느냐?

(11-2) 매우 많습니다. 부처님이시여.
항하강의 모래 수만 하더라도 무수히 많은데 그 모든 강의 모래 수는 얼마나 많겠습니까!

(11-3) 수보리야, 내가 지금 진실한 말을 할 것이니 잘 들어라.
만약 어떤 사람이 항하강의 모래 수만큼 많고 끝없이 넓은 우주를 가득 채울 보물을 여래나 존경받을 만한 사람에게 보시한다면 그 사람이 얻는 복덕은 얼마나 크겠느냐?'

(11-4) 매우 크겠습니다. 부처님이시여.

(11-5) 수보리야,
만약 보살이 되려고 마음을 낸 자가 이 법문을 받아 지녀 알거나 사행시 등을 다른 사람을 위해 설명해준다면 이 복덕이 앞의 복덕보다 더 크다.

12. 부처님이 계시는 곳(尊重正較分)

(12-1) 그리고 또 수보리야,
이 법문 중에 사행시 하나라도 설해지는 곳은 일체 세간의 하늘 사람 아수라 등 모두가 공양하기를 부처님의 탑묘에 하듯이 해야 한다.

(12-2) 하물며 어떤 사람이 이 법문의 전부를 받아 지니고 읽고 외운다면 말해 무엇 하겠느냐!

(12-3) 수보리야,
이 사람은 가장 높고 매우 희유한 법을 성취한 것임을 마땅히 알아라.

(12-4) 그러므로 이 법문이 있는 곳이면 곧 부처님이나 존경받는 제자가 있는 것과 같다.

13. 지혜의 끝(如法受持分)

(13-1) 부처님이시여,

이 법문의 이름은 무엇이며, 저희들은 어떻게 받들어 지니면 좋겠습니까?

(13-2) 수보리야,

이 법문의 이름은 〈금강반야바라밀〉이니, 너희들은 마땅히 이 이름으로 받들어 지니도록 해라.

수보리야,

〈반야바라밀〉이라고 말하지만 〈반야바라밀〉이 아니라고 여래께서 말씀하셨다. 그냥 〈반야바라밀〉이라고 말한다.

(13-3) 수보리야, 너는 어떻게 생각하느냐?

여래가 설한 법이 있겠느냐?'

부처님이시여, 여래께서 설하신 법은 없습니다.

(13-4) 수보리야, 너의 생각은 어떠하냐?

끝없는 우주에 있는 먼지가 많겠느냐? 적겠느냐?

매우 많습니다. 부처님이시여.

수보리야,

먼지라고 말하지만 먼지가 아니라고 여래께서 말씀하셨다. 그냥 먼지라고 말하는 것이다.

또한 세계라고 말하지만 세계가 아니라 그 이름이 세계인 것이다.

(13-5) 수보리야, 너는 어떻게 생각하느냐?

서른두 가지 거룩한 모습을 가지고 있다고 부처라고 볼 수 있겠느냐?

볼 수 없습니다. 부처님이시여.

서른두 가지 거룩한 모습을 가지고 있다고 부처라고 할 수는 없습니다.

왜냐하면 서른두 가지 거룩한 모습을 말하지만 거룩한 모습이 아니라고 여래께서 말씀하셨습니다. 그냥 거룩한 모습이라고 말합니다.

(13-6) 수보리야,

만약 어떤 사람이 항하강의 모래 수만큼 많은 여러 생 동안 보시를 한 것보다 이 법문 가운데 사행시 하나라도 다른 사람을 위해 말해주거나 설명해준다면 이 복덕이 더 크다.

14. 연기의 사슬을 끊고(離相寂滅分)

(14-1) 그때 수보리가 이 경을 듣고 깊이 이해하여 깨닫고는 감격의 눈물을 흘리며 부처님께 말씀드렸다.

훌륭하십니다. 행복하신 부처님이시여,

제가 오래 전에 얻은 지혜의 눈으로도 부처님께서 이같이 뜻이 깊은 경전을 말씀하시는 것을 아직까지 들어보지 못했습니다.

(14-2) 부처님이시여!

만약 어떤 사람이 있어 이 경전을 얻어 듣고 믿는 마음이 청정하면, 바로 실상이 생긴 것이니, 이 사람은 제일 고귀한 공덕을 성취한 것이 되겠습니다.

(14-3) 부처님이시여,

이 실상이라는 것은 상이 아니기 때문입니다. 그냥 실상이라고 말씀하셨습니다.

(14-4) 부처님이시여,

제가 지금 이 경전을 얻어 듣고 믿고 이해하고 받아 지니기는 과히 어렵지 않습니다.

만일 이천 오백 년 뒤에 바른 법이 허물어졌을 때, 어떤 사람이 이 경전을 얻어 듣고 믿고 이해하고 받아 지닌다면 제일 고귀한 사람이 되겠습니다.

(14-5) 왜냐하면 이 사람은 〈내가 있다는 생각〉이 없고, 〈상대가 있다는 생각〉도 없고, 〈다른 생명들이 있다는 생각〉도 없고, 〈영원한 것이 있다는 생각〉도 없기 때문입니다. 또한 그는 생각도 일어나지 않으며 생각 아님도 일어나지 않습니다.

왜냐하면 〈내가 있다〉는 것은 〈내가 있다〉는 것이 아니기 때문이며, 〈상대가 있다〉는 것은 〈상대가 있다〉는 것이 아니기 때문이며, 〈다른 생명들이 있다〉는 것은 〈다른 생명들이 있다〉는 것이 아니기 때문이며, 〈영원한 것이 있다〉는 것은 〈영원한 것이 있다〉는 것이 아니기 때문입니다.

(14-6) 왜냐하면 부처는 이와 같이 일체의 모든 생각에서 벗어나 있기 때문입니다.

(14-7) 그렇고, 그렇다. 수보리야,

만약 어떤 사람이 있어 이 경을 듣고 놀라지도 않고 겁내지도 않으며 두려워하지도 않는다면, 이 사람은 매우 훌륭한 성품을 갖추고 있다.

(14-8) 왜냐하면 수보리야,

이와 같은 성취를 〈최고의 완성〉이라 말했지만 〈최고의 완성〉이 아니라고 여래께서 말씀하셨다. 그냥 〈최고의 완성〉이라고 말한다.

수보리야,

여래가 〈최고의 완성〉이라고 말한 것을 모든 부처님도 그렇게 말하고 있다. 그렇기 때문에 〈최고의 완성〉이라고 말하는 것이다.

(14-9) 수보리야, 이와 마찬가지로 〈인욕의 완성〉이라고 말했지만 〈인욕의 완성〉이 아니라고 여래께서 말씀하셨다.
왜냐하면 수보리야,
옛날에 가리왕이 내 몸을 베고 자르고 할 때, 나에게는 〈내가 있다는 생각〉도 없었고, 〈상대가 있다는 생각〉도 없었고, 〈다른 생명들이 있다는 생각〉도 없었고, 〈영원한 것이 있다는 생각〉도 없었기 때문이다.

(14-10) 왜냐하면 마디마디 사지가 찢길 때마다 만약 〈내가 있다는 생각〉, 〈상대가 있다는 생각〉, 〈다른 생명들이 있다는 생각〉, 〈영원한 것이 있다는 생각〉이 있었다면 마땅히 성내고 원망하는 마음을 내었을 것이다.

(14-11) 수보리야,
또 생각하니 과거 오백생 동안 인욕선인의 몸을 받았을 그때도 〈내가 있다는 생각〉, 〈상대가 있다는 생각〉, 〈다른 생명들이 있다는 생각〉, 〈영원한 것이 있다는 생각〉이 없었다.

(14-12) 그러므로 수보리야,
보살은 마땅히 모든 생각을 여의고, 〈가장 높은 바른 깨달음으로 향하는 마음〉을 일으켜야 한다.

마땅히 형상에 머물러 마음을 일으키지 말며, 소리와 냄새와 맛과 감촉과 생각의 대상에 머물러 마음을 일으키지 말아야 한다.

(14-13) 마땅히 집착함이 없이 마음을 일으켜야 한다.
왜냐하면 집착을 말하지만 집착이 아니기 때문이다.

(14-14) 그래서 부처님께서는
〈보살은 마땅히 마음을 형상에 집착하지 말고 베풂을 행하라〉 하셨다.

(14-15) 수보리야,
보살은 모든 생명을 이익되게 하기 위해 마땅히 이와 같이 베풂을 행해야 한다. 여래가 설한 모든 존재의 관념은 관념이 아니기 때문이며, 존재하는 것이라고 말하는 것도 존재하는 것이 아니기 때문이다.

(14-16) 수보리야,
부처는 진실을 말하는 자이며, 사실을 말하는 자이며, 있는 그대로를 말하는 자이며, 거짓말을 하지 않는 자이며, 다르게 말하지 않는 자이기 때문이다.

(14-17) 수보리야,
부처가 성취한 깨달음은 형상이 있는 것도 아니며 공허한 것도 아니다.

(14-18) 만약 보살이 집착하는 마음을 일으켜 베풂을 행하는 것은 어둠 속에서 사물을 보는 것과 같으며, 보살이 집착하는 마음을 일

으키지 않고 베풂을 행하는 것은 밝은 햇빛 아래서 사물을 보는 것
과 같다.

(14-19) 수보리야,
미래 세계에 보살이 되려고 마음을 낸 자가 있어 이 법문을 받아 지
니고 읽고 외워 깨닫는다면 이 사람은 진리와 하나가 되는 삶을 살
기 때문에 한량없는 공덕을 성취하게 된다.

15. 복덕과 공덕(持經功德分)

(15-1) 수보리야,

어떤 사람이 자신의 몸으로 아침에 항하강의 모래 수만큼 많은 베풂을 행하고, 낮에도 또한 항하강의 모래 수만큼 많은 베풂을 행하고, 저녁에도 항하강의 모래 수만큼 많은 베풂을 행하기를 한량없는 세월 동안 행해 그 복덕도 매우 크지만 이 법문을 듣고 믿는 마음을 내기만 해도 이 복덕이 더 크다.

(15-2) 하물며 이 법문을 읽고 쓰고 깨달아 알며, 다른 사람들에게 설명해준다면 그 복덕은 말해 무엇하겠느냐!

(15-3) 수보리야,

이 법문은 생각할 수도 헤아릴 수도 없는 공덕이 있다.

그러므로 부처님께서는 모든 생명을 이익되게 하겠다는 큰 마음을 낸 사람들을 위해 이 법문을 설하며, 가장 높은 바른 깨달음을 성취하겠다는 큰 마음을 낸 사람들을 위해 이 법문을 설하는 것이다.

(15-4) 만약 어떤 사람이 이 법문을 받아 지녀 읽고 외우고 깨달아 알며, 다른 사람에게 말해준다면 이 사람은 진리와 하나가 되는 삶을 살기 때문에 생각할 수도 없는 많은 공덕을 쌓아 마침내 〈가장 높은 바른 깨달음〉을 성취하게 된다.

(15-5) 수보리야,

믿음이 약한 사람이 〈내가 있다는 생각〉, 〈상대가 있다는 생각〉, 〈다른 생명들이 있다는 생각〉, 〈영원한 것이 있다는 생각〉에 집착해 이 경을 읽고 외운다 하더라도 진실한 뜻을 알지 못하며, 다른 사람에게 말해주어도 소용이 없다.

(15-6) 수보리야,

이 법문이 있는 곳이면 어떤 곳이든지 그곳의 하늘과 사람들과 귀신들이 우러러 받들어 공양을 올릴 것이다.

(15-7) 마땅히 알아라.

이 법문이 있는 곳은 바로 부처님이 계시는 것과 같아 우러러 받들어 공경할 것이며, 꽃을 뿌리고 향을 흩어 거룩하게 해야 한다.

16. 산의 정상에서(能淨業障分)

(16-1) 수보리야,

보살이 되려고 마음을 낸 자가 이 경전을 받아 지녀 읽고 외우는 데도 다른 사람에게 업신여김을 받게 된다면, 이 사람은 전생에 지은 죄업으로 마땅히 악도에 떨어질 것이지만 금생에 다른 사람들에게 업신여김을 받음으로써 전생의 죄업이 소멸되어 악도에 떨어지지 않으며, 결국에는 〈가장 높은 바른 깨달음〉을 성취하게 된다.

(16-2) 수보리야,

헤아릴 수 없는 먼 옛날 일을 생각해보면 연등부처님이 계셨고, 그 전에도 수없이 많은 부처님이 계셨다. 나는 이 모든 부처님을 만나 뵙고 그 뜻을 받들어 섬겨 한 분도 그냥 지나친 적이 없었다.

(16-3) 만약 어떤 사람이 있어 훗날 말세가 되었을 때 이 경전을 받아 지니고 읽고 외워 깨달아 안다면 그 공덕은 내가 모든 부처님을 받들어 섬긴 공덕보다 수천 배나 더 크다.

(16-4) 수보리야,

보살이 되려고 마음을 낸 자에게 훗날 말세에 이 경전을 받아 지니고 읽고 외워 깨달아 믿는 공덕을 내가 모두 말한다면, 이 말을 듣는 사람은 마음이 어지러워 의심하고 믿지 않는다.

(16-5) 수보리야, 마땅히 알아라.

이 경전의 뜻은 생각할 수도 없고 그 과보도 또한 생각할 수 없다.

17. 다시 세상으로 내려와(究竟無我分)

(17-1) 부처님이시여,
보살이 되려고 마음을 낸 자가 〈가장 높은 바른 깨달음〉을 성취하겠다는 마음을 내었을 때 어떻게 행동하고 어떻게 수행하며 어떻게 마음을 지켜야 합니까?

(17-2) 수보리야,
보살이 되려고 마음을 낸 자가 〈가장 높은 바른 깨달음〉을 성취하겠다고 마음을 내었으면 먼저 〈생명 있는 모든 것을 깨달음에 들도록 하겠다〉는 서원을 세워야 한다. 〈가장 높은 바른 깨달음〉을 성취하겠다는 마음으로 많은 사람을 깨달음으로 인도했다 하더라도 깨달음의 세계로 인도된 사람은 한 명도 없다.

(17-3) 왜냐하면 수보리야,
보살이 〈내가 있다는 생각〉, 〈상대가 있다는 생각〉, 〈다른 생명들이 있다는 생각〉, 〈영원한 것이 있다는 생각〉에 집착하면 이미 보살이 아니다.

(17-4) 그리고 수보리야,
가장 높은 바른 깨달음을 성취하겠다고 마음을 낸 자는 존재하고 있는 모든 것이 실체가 없다는 것을 알고 있기 때문이다.

(17-5) 수보리야, 너는 어떻게 생각하느냐?

내가 연등부처님 밑에서 수행할 때 존재하는 법이 있어 〈가장 높은 바른 깨달음〉을 얻었겠느냐?

아닙니다. 부처님이시여,

부처님께서는 연등부처님에게 어떤 법이 있어서 〈가장 높은 바른 깨달음〉을 이루신 것이 아닙니다.

(17-6) 그렇다. 수보리야,

실로 존재하는 법이 있어서 부처가 〈가장 높은 바른 깨달음〉을 성취한 것은 아니다.

만일 어떤 법이 있어서 부처가 〈가장 높은 바른 깨달음〉을 이루었다면, 연등부처님께서 '젊은 수행자여, 그대는 다음 세상에 반드시 부처가 되어 이름을 석가모니라 할 것이다.'라고 말씀하시지 않았을 것이다.

사실 〈가장 높은 바른 깨달음〉은 실상이 없으므로 연등부처님께서 나를 보시고 '젊은 수행자여, 그대는 다음 세상에 반드시 부처가 되어 이름을 석가모니라 할 것이다.'라고 말씀하셨다.

(17-7) 수보리야,

여래라는 것은 궁극적 실체를 드러낸 존재의 본질이라는 뜻이다.

어떤 사람이 여래가 〈가장 높은 바른 깨달음을 지금 성취했다〉고 하더라도 실제로는 깨달음의 실상이 있는 것이 아니다.

(17-8) 수보리야,

부처가 깨달아 보인 〈가장 높은 바른 깨달음〉에는 진실한 것도 없고 허망한 것도 없다.

그러므로 '모든 것이 다 불법이다'라고 말한다.

(17-9) 수보리야,

모든 법이라는 것은 법이 아니라고 여래가 말씀하셨다. 그냥 모든 법이라고 말하는 것이다.

(17-10) 수보리야,

비유하면 큰 사람이 있다고 말하는 것과 같다.

(17-11) 부처님이시여,

큰 사람이라고 말한 것은 큰 사람이 아니라고 여래께서 말씀하셨습니다. 그냥 큰 사람이라고 말하는 것입니다.

(17-12) 수보리야,

보살도 이와 같은 것이다.

만일 〈내가 많은 생명을 깨달음의 세계로 들게 하였다〉는 생각을 일으키면 그는 이미 보살이 아니다.

(17-13) 왜냐하면 수보리야,

우리가 살아 있다고 생각하는 것도 허망해 실은 살아 있는 것이 아닌 것이며, 그렇기 때문에 그냥 살아 있는 것으로 말해진 것이다.

그러므로 존재하고 있는 모든 것에는 〈내가 있다는 생각〉, 〈상대가 있다는 생각〉, 〈다른 생명들이 있다는 생각〉, 〈영원한 것이 있다는 생각〉도 없는 것이다.

(17-14) 수보리야,

만약 보살이 〈내가 부처가 된다〉는 생각을 일으키면 그는 이미 보살이 아니다.

왜냐하면 부처가 된다고 말하지만 부처가 되는 것이 아니라고 여래께서 말씀하셨다. 그냥 〈부처가 된다〉라고 말하는 것이다.

(17-15) 수보리야,

만약 보살이 〈나라는 것은 없다〉, 〈형상 있는 모든 것은 허망한 것이다〉라고 철저히 깨달아 안다면 그는 진정한 보살이 되는 것이다.

18. 하나의 생명체(一體同觀分)

(18-1) 수보리야, 너는 어떻게 생각하느냐?

부처에게는 육신의 눈이 있느냐?

그렇습니다.

부처에게는 육신의 눈이 있습니다.

(18-2) 수보리야, 너는 어떻게 생각하느냐?

부처에게는 하늘나라를 볼 수 있는 하늘의 눈이 있느냐?

그렇습니다.

부처에게는 하늘의 눈이 있습니다.

(18-3) 수보리야, 너는 어떻게 생각하느냐?

부처에게는 존재의 관계성을 볼 수 있는 지혜의 눈이 있느냐?

그렇습니다.

부처에게는 지혜의 눈이 있습니다.

(18-4) 수보리야, 너는 어떻게 생각하느냐?

부처에게는 존재의 본질을 볼 수 있는 법의 눈이 있느냐?

그렇습니다.

부처에게는 법의 눈이 있습니다.

(18-5) 수보리야, 너는 어떻게 생각하느냐?

부처에게는 본래 청정함을 볼 수 있는 깨달음의 눈이 있느냐?

그렇습니다.

부처에게는 깨달음의 눈이 있습니다.

(18-6) 수보리야,

항하강의 모래에 대해 부처가 말한 적이 있느냐?

그렇습니다.

부처님께서는 항하강의 모래에 대해 말씀하셨습니다.

수보리야, 너는 어떻게 생각하느냐?

항하강의 모래 수만큼의 항하강이 있고 그 많은 모래 수만큼 세계가 있다면 이 세계는 많겠느냐?

매우 많겠습니다. 부처님이시여.

(18-7) 부처는 이렇게 많은 세계에 살아 있는 모든 생명의 의식의 흐름을 모두 알고 있다.

왜냐하면 의식의 흐름이라고 말하지만 의식의 흐름이 아니라고 여래가 말씀하셨다. 그냥 의식의 흐름이라고 말하는 것이다.

(18-8) 그렇기 때문에 수보리야,

과거에 일어난 의식의 흐름도 없는 것이며,

미래의 의식의 흐름도 없는 것이며,

현재의 의식의 흐름도 없는 것이다.

19. 진실한 베풂(法界通化分)

(19-1) 수보리야, 너는 어떻게 생각하느냐?
보살이 되려고 마음을 낸 자가 한없이 넓은 우주에 가득 채워진 일곱 가지 보물을 부처님께 공양을 올린다면 공덕을 많이 쌓겠느냐?

(19-2) 그렇겠습니다. 부처님이시여,
이 사람은 이 행위로 매우 많은 공덕을 쌓겠습니다.

(19-3) 수보리야,
〈공덕을 쌓는다〉 하는 것은 공덕을 쌓는 것이 아니라고 여래께서 말씀하셨기 때문이다. 그냥 〈공덕을 쌓는다〉라고 말하는 것이다.
그렇기 때문에 공덕을 쌓는 일이 있다면 부처님께서는 〈공덕을 쌓는다〉라고 말씀하시지 않았을 것이다.

20. 텅 빈 곳에서 채워지는 형상(離色離相分)

(20-1) 수보리야, 너는 어떻게 생각하느냐?
뛰어난 모습을 갖추고 있으면 부처라고 할 수 있겠느냐?

(20-2) 그렇지 않습니다. 부처님이시여,
거룩한 모습을 갖추고 있는 몸이라도 부처로 볼 수는 없습니다.
왜냐하면 〈거룩한 모습을 갖추고 있는 몸〉이라고 말하지만 〈거룩한
모습을 갖추고 있는 몸〉이 아니라고 여래께서 말씀하셨습니다. 그냥
〈거룩한 모습을 갖추고 있는 몸〉이라고 말합니다.

(20-3) 수보리야, 너는 어떻게 생각하느냐?
〈거룩한 모습을 갖추고 있는 자〉라면 부처라고 볼 수 있느냐?

(20-4) 아닙니다. 부처님이시여,
〈거룩한 모습을 갖추고 있는 자〉라 하더라도 부처라고 볼 수 없습
니다.
왜냐하면 〈거룩한 모습을 갖춤〉을 말하지만 〈거룩한 모습을 갖춤〉
이 아니라고 여래께서 말씀하셨기 때문입니다. 그냥 〈거룩한 모습을
갖춤〉이라고 말합니다.

21. 마음을 꿰뚫고(非說小說分)

(21-1) 수보리야, 너는 어떻게 생각하느냐?
내가 법을 설했다는 생각이 여래에게 일어나겠느냐?'
부처님이시여, 그렇지 않습니다.
〈내가 법을 설했다〉는 생각이 여래에게는 일어나지 않습니다.

(21-2) 수보리야, 바로 그렇다.
〈여래가 법을 설했다〉라고 하는 사람이 있다면 그는 진실이 아닌 것에 집착해 여래를 비방하는 것이 된다.

(21-3) 수보리야,
〈법을 설한다〉고 말하지만 원래 설해져야 할 법은 없으므로 그 이름이 설법인 것이다.

(21-4) 부처님이시여,
이천 오백 년 후 바른 법을 믿는 사람이 없을 때 이러한 법을 듣고 믿는 마음을 내는 사람이 있겠습니까?

(21-5) 수보리야, 그런 생각 하지 마라. 믿는 마음을 내는 사람은 당연히 있게 마련이다.
그들은 존재하는 것도 아니며 존재하지 않는 것도 아니다.

왜냐하면 수보리야,

〈존재하는 것〉이라고 하는 것은 존재하는 것이 아니라고 여래께서
말씀하셨기 때문이다. 그냥 〈존재하는 것〉이라고 말한다.

22. 빈 손 빈 마음(無法可得分)

(22-1) 수보리야,
여래는 〈가장 높은 바른 깨달음〉을 성취했다고 하는데 성취된 무엇
이 있겠느냐?
부처님이시여, 〈가장 높은 바른 깨달음의 성취〉에는 이루어진 것이
아무 것도 없습니다.

(22-2) 그렇다. 그렇다. 수보리야,
깨달음의 성취에는 성취했다고 인식되는 것이 아무 것도 없으며 이
름이 〈가장 높은 바른 깨달음〉이다.

23. 행위의 아름다움(淨心行善分)

(23-1) 수보리야,

깨달음은 평등해 높고 낮음의 차별이 없으니 〈가장 높은 바른 깨달음〉이라고 말한다.

(23-2) 〈내가 있다는 생각〉, 〈상대가 있다는 생각〉, 〈다른 생명들이 있다는 생각〉, 〈영원한 것이 있다는 생각〉의 분별을 일으키지 않으므로 평등한 것이며, 이러한 분별을 떠난 바른 법의 실천에 의해서 〈깨달음〉은 성취된다.

(23-3) 수보리야,

선법이라고 말하지만 그것은 선법이 아니라고 여래께서 말씀하셨다. 그래서 선법이라 해서는 안 되는 것이다. 선법의 실상을 말로 표현할 수가 없다. 그렇기 때문에 선법이라고 말한다.

24. 경전에 매이지 않고(福智無比分)

(24-1) 수보리야,

어떤 사람이 끝없이 넓은 우주에 가득 찬 보물을 여래나 존경받을 만한 사람에게 보시하는 것과 보살이 되려고 마음을 낸 자가 이 경에 나오는 한 문장만이라도 읽고 외워 깨달아 다른 사람에게 말해 준다면 공덕을 쌓는 방법에 있어서 앞의 방법보다 후자의 방법이 수천 배나 더 큰 공덕을 쌓는 것이다.

6

25. 우리를 찾아(化無所化分)

(25-1) 수보리야,

너는 어떻게 생각하느냐?

〈나는 살아 있는 모든 것을 제도했다〉라는 생각이 여래에게 일어나 겠느냐?

수보리야, 그런 생각은 해서는 안 되는 것이다.

왜냐하면 살아 있는 것 중에는 여래에 의해 제도된 것은 없기 때문 이다.

(25-2) 여래께서 〈제도해야 할 살아 있는 것이 있다〉라고 한다면, 여래께서는 〈나〉에 대한 집착, 〈상대〉에 대한 집착, 〈다른 생명〉에 대한 집착, 〈영원〉에 대한 집착이 있는 것이다.

(25-3) 수보리야,

여래께서 설하신 '나'라는 것은 곧 내가 없음인데, 어리석은 사람은 내가 있다고 집착한다.

수보리야,

어리석은 사람이라고 말하지만 어리석은 사람이 아니라고 여래께서 말씀하셨다. 그냥 어리석은 사람이라고 말한다.

26. 이 세상이 바로 극락(法身非相分)

(26-1) 수보리야, 너는 어떻게 생각하느냐?

서른두 가지 뛰어난 모습을 갖추고 있으면 부처라고 할 수 있겠느냐?

아닙니다. 부처님이시여.

서른두 가지 뛰어난 모습을 갖추고 있다 해도 부처라고 할 수 없습니다.

(26-2) 그렇다. 수보리야,

서른두 가지의 뛰어난 모습을 갖춘 자를 부처라 한다면 위대한 왕도 부처라고 해야 할 것이다. 그러므로 서른두 가지의 뛰어난 모습을 갖추었다고 부처로 볼 수는 없다.

(26-3) 부처님이시여, 저도 그렇게 생각합니다.

부처는 육체적 특징을 갖춘 자로 보아서는 안 되는 것입니다.

(26-4) 그렇다. 수보리야, 이 사행시를 들어 보아라.

(사구게4) 만일 형상으로써 나를 보거나

소리로써 나를 보려고 한다면

이 사람은 잘못된 생각을 하고 있으니

아무리 애를 써도 여래를 볼 수가 없다.

(사구게5) 깨달은 사람들은 법의 눈으로 세상을 보며
모든 스승은 법을 몸으로 한다
그렇지만 법의 본질은 깊이 숨어 있어서
아무리 보려 해도 볼 수가 없구나.

27. 있는 그대로의 모습(無斷無滅分)

(27-1) 수보리야, 너는 어떻게 생각하느냐?
서른두 가지 뛰어난 모습을 갖추고 있으면 〈가장 높은 바른 깨달음〉
을 성취할 수 있겠느냐?
수보리야, 그렇게 생각해서는 안 된다.
왜냐하면 서른두 가지 뛰어난 모습을 갖추고 있다고 깨달음을 성취
한 것은 아니다.

(27-2) 수보리야, 간혹 〈가장 높은 바른 깨달음을 성취하겠다고 마
음을 낸 사람에게는 모든 법이 다 끊어지고 사라진다.〉고 잘못 생각
하는 사람이 있다.

(27-3) 하지만 수보리야, 그렇게 생각해서는 안 된다.
〈가장 높은 바른 깨달음을 성취하겠다고 마음을 낸다.〉해도 형상
있는 모든 것이 끊어지고 사라지는 것은 아니다. 깨달음은 형상 있
는 그 속에서 이루어지는 인식이다.

28. 나도 없는데!(不受不貪分)

(28-1) 수보리야,

만약 보살이 되려고 마음을 낸 자가 항하강의 모래 수만큼의 세계를 보물로 가득 채워 여래나 존경받을 만한 사람에게 보시하는 것과 보살이 '모든 형상 있는 것에는 나라는 실체가 없으며 생기는 것도 아니다.'라는 진리를 깨달아 체득한 것은 앞의 것보다 비교할 수도 없는 큰 공덕을 쌓는 것이다.

(28-2) 그러나 보살은 자신이 쌓은 공덕을 자기 것으로 해서는 안 된다.

(28-3) 부처님이시여,

왜 보살은 공덕을 자기 것으로 해서는 안 되는 것입니까?'

수보리야,

보살은 자신이 한 행위의 대가에 대해 집착하지 않는다. 그러므로 공덕을 자기 것으로 하지 않는다.

29. 오고 감이여!(威儀寂靜分)

(29-1) 수보리야,

만일 어떤 사람이 〈여래께서 오기도 하고, 가기도 하고, 머물기도 하고, 앉기도 하고, 눕기도 한다.〉라고 한다면 이 사람은 내가 말한 뜻을 알지 못한 것이다.

(29-2) 왜냐하면 여래란 어디로부터 오지도 않으며 다른 곳으로 가지도 않기 때문에 여래라고 이름 하는 것이며, 존경받을 만한 분이며 바르게 깨달은 분이라고 말해진다.

6

30. 당신은 누구십니까?(一合理相分)

(30-1) 수보리야,

보살이 되려고 마음을 낸 자가 끝없이 넓은 우주를 부수어 〈원자의 집합〉으로 만든다면 이 가루는 얼마나 많겠느냐?

매우 많습니다. 부처님이시여,

만약 〈원자의 집합〉이 참으로 있는 것이라면 부처님께서는 〈원자의 집합〉이 많다고 하지 않았을 것입니다.

왜냐하면 〈원자의 집합〉이라 말하지만 〈원자의 집합〉이 아니라고 여래께서 말씀하셨기 때문입니다. 그냥 〈원자의 집합〉이라고 말합니다.

(30-2) 부처님이시여,

여래께서 삼천대천세계를 말하지만 그것은 세계가 아니라고 여래께서 말씀하셨습니다. 그냥 삼천대천세계라고 말하는 것입니다.

왜냐하면 세계가 실제로 있다면 〈하나로 된 전체적인 모습〉이 있다는 것에 집착하게 됩니다.

(30-3) 여래께서 〈하나로 된 모습〉을 말씀하셨지만 그것은 〈하나로 된 모습〉이 아니라고 여래께서 말씀하셨기 때문입니다. 그냥 〈하나로 된 모습〉이라고 말합니다.

(30-4) 수보리야,

〈하나로 된 모습〉이라는 것은 말로 표현할 수 없는 것이며, 형상도 아니고 형상 아닌 것도 아닌 것이다. 다만 사람들의 집착일 뿐이다.

6

31. 부처의 마음(知見不生分)

(31-1) 수보리야,

어떤 사람이 여래께서 〈나에 대한 생각〉, 〈상대에 대한 생각〉, 〈다른 생명들에 대한 생각〉, 〈영원한 것에 대한 생각〉에 관해 말했다고 한다면 이 사람은 내가 말한 뜻을 안다고 하겠느냐?

아닙니다. 부처님이시여,

이 사람은 여래께서 말씀하신 뜻을 알지 못합니다.

왜냐하면 〈내가 있다는 생각〉을 말했지만 〈내가 있다는 생각〉이 아니라고 여래께서 말씀하셨기 때문입니다. 그냥 〈내가 있다는 생각〉이라고 말합니다.

(31-2) 수보리야,

〈가장 높은 바른 깨달음을 성취하겠다고 마음을 낸 사람〉은 형상 있는 모든 것의 관계를 보고 알아야 하며, 그러면서도 형상이라는 생각에도 머물지 않고 마음을 내야 한다.

(31-3) 왜냐하면, 수보리야,

〈형상이 있는 모든 것의 관계〉라는 것은 관계가 아니라고 여래가 말씀하셨기 때문이다. 그냥 〈형상이 있는 모든 것의 관계〉라고 말한다.

32. 우리의 마음(應化非眞分)

(32-1) 수보리야,

만일 보살이 한량없는 많은 세계를 일곱 가지 보물로 가득 채워 여래나 존경받을 만한 사람에게 보시한다 해도 보살이 되려고 마음을 낸 자가 '지혜의 완성'이라는 법문 중에 사행시라도 읽고 외워 깨달아 다른 사람에게 말해 준다면 이 행위가 앞의 행위보다 비교할 수 없을 만큼 더 큰 공덕을 쌓는 것이 된다.

(32-2) 그러면 무엇을 다른 사람에게 말해 주고 설명해 주어야 하겠는가?

(사구게6) 일체의 인연 따라 이루어졌다 없어지는 모든 현상은
꿈이며 환상이며 물거품이며 그림자이며
이슬과 같고 번개와 같나니
마땅히 이와 같이 보아야 한다.

(32-3) 부처님께서 이 경을 설해 마치니 수보리와 비구, 비구니, 우바새, 우바이와 모든 세계의 하늘사람, 사람, 귀신이 부처님의 말씀을 듣고 모두 크게 기뻐하며 찬탄하고 받들어 행했다.

7
우리말 묘법연화경

한문번역 / 구마라집

─────────────── 차 례 ───────────────

서분

1. 서품

정종분

2. 방편품

3. 비유품

───────────────   차 례   ───────────────

8. 오백제자수기품

9. 수학무학인기품

10. 법사품

──────────────── 차 례 ────────────────

15. 종지용출품

(15-1) 육만 항하사 보살의 출현/ (15-2) 부처님의 병 없음을 문안/

(15-3) 육만 항하사 보살의 인연을 묻다/ (15-4) 미륵보살이 묻다/

(15-5) 육만 항하사 보살은 부처님이 교화하셨다/ (15-6) 보살들이 의심하다

(15-7) 거듭 의심을 밝히다

16. 여래수량품

(16-1) 여래의 비밀하고 신통한 힘/ (16-2) 연등불 수기는 방편이다/

(16-3) 제7 의자유의 비유/ (16-4) 아들이 믿게 방편을 쓰다/

(16-5) 훌륭한 의사의 좋은 방편

7

17. 분별공덕품

(17-1) 보살들의 깨달음 성취/ (17-2) 미륵보살의 찬탄

(17-3) 우주가 그대로 불국토이다/ (17-4) 부처님의 수명은 끝이 없다

(17-5) 묘법연화경의 위력/ (17-6) 경전을 받아 지니는 공덕

18. 수희공덕품

(18-1) 다른 사람에게 전법하는 공덕/ (18-2) 전법 공덕은 끝이 없다

(18-3) 게송으로 전법 공덕을 설명하다

19. 법사공덕품

(19-1) 이 경의 눈과 귀에 대한 공덕/ (19-2) 공덕을 게송으로 찬탄하다

━━━━━━━━━━━━━━━━ 차 례 ━━━━━━━━━━━━━━━━

7

서분

1. 서품

(1-1) 이와 같이 나는 들었다

이와 같이 나는 들었다. 어느 때 부처님께서는 왕사성(王舍城, Rājagṛha) 기사굴산(耆闍崛山, 영취산靈鷲山, Gṛdhrakūṭa)에서 수행자 일만 이천 대중과 함께 계셨다. 그들은 모두 아라한으로 집착의 씨앗과 애욕의 나무를 뿌리채 뽑아 삶과 죽음을 초월해 번뇌가 없었으며, 진실한 삶에 대한 확고한 믿음이 있었으며, 인연법을 철저히 깨달아 존재의 결박으로부터 자유로웠으며, 마음은 항상 고요한 선정에 들어 있었다.

대중 속에는 최초로 부처님의 제자가 된 아야교진여(阿若憍陳如, Ajñāta Kauṇḍinya, 혹은 교진여), 두타제일 마하가섭(摩訶迦葉, Mahākāśyapa), 지혜제일 사리불(舍利弗, Śāriputra), 신통제일 목건련(目犍連, 目連, Maudgalyāyana), 설법제일 부루나(富樓那, Purna), 해공제일 수보리(須菩提, Subhūti), 다문제일 아난(阿難, Ānanda), 밀행제일 라후라(羅睺羅, Rāhula) 등이 있었으며, 배움이 있는 수행자와 배움이 없는 수행자 이천 명과 마하파사파제 비구니와 권속 육천 명과 야수다라 비구니와 그의 권속들도 함께 있었다.

(1-2) 대승법문 설법으로 보살들 모여 듦

부처님께서 대승법을 설하신다는 소문을 듣고 위없는 바른 깨달음을 성취하겠다고 굳게 맹세한 뛰어난 수행자 팔만 명의 보살들이 모여들었다.

그들은 뛰어난 말솜씨로 중생들을 제도하며 한량없는 부처님 전에 공양해 깨달음을 이루기 위한 덕의 근본을 심어 항상 부처님으로 부터 칭찬을 받았으며, 자비로운 마음으로 부지런히 수행 정진해 부처의 지혜를 증득했다.

그들의 이름은 문수보살, 관세음보살, 득대세보살, 상정진보살, 불휴식보살, 보장보살, 약왕보살, 용시보살, 보월보살, 월광보살, 만월보살, 대력보살, 무량력보살, 월삼계보살, 발타바라보살, 미륵보살, 보적보살, 도사보살이며 이러한 보살들 팔만 명이 함께 있었다.

(1-3) 천왕들과 팔부신중

제석천왕은 월천자, 보향천자등 그의 권속 이만 천자를 거느리고 나타났다.

사대천왕은 그의 권속 일만 천자를 거느리고 나타났으며, 자재천자와 대자재천자는 그의 권속 삼만 천자를 거느리고 나타났으며, 사바세계를 다스리는 시기대범 범천왕, 광명대범 범천왕 등은 그의 권속 일만 이천 천자를 거느리고 나타났다.

여덟 용왕이 있으니 난타용왕, 발난타용왕, 사가라용왕, 화수길용왕, 덕차가용왕, 아나바달다용왕, 마나사용왕, 우발라용왕은 각각 그의 권속 십만을 거느리고 나타났다.

네 긴나라왕이 있으니 법긴나라왕, 묘법긴나라왕, 대법긴나라왕, 지법긴나라왕은 각각 그의 권속 십만을 거느리고 나타났다.

네 건달바왕이 있으니 악건달바왕, 악음건달바왕, 미건달바왕, 미음건달바왕은 각각 그의 권속 십만을 거느리고 나타났다.

네 아수라왕이 있으니 바치아수라왕, 거라건타아수라왕, 비마질다라아수라왕, 나후아수라왕은 각각 그의 권속 십만을 거느리고 나타났다.

네 가루라왕이 있으니 대위덕가루라왕, 대신가루라왕, 대만가루라왕, 여의가루라왕은 각각 그의 권속 십만을 거느리고 나타났다.

위제희의 아들 아사세왕도 수많은 신하들을 거느리고 나타나 부처님 발에 정례하고 한 쪽에 물러가 앉았다.

(1-4) 대승법을 설하시고 무량의처삼매에 듦

기사굴산은 모여 든 사부대중으로 가득차 버렸다.

그때 부처님께서는 선정에서 깨어나 중생들을 위해 대승법을 설하셨다. 부처님께서는 이 대승법을 설하신 후 가부좌를 하시고 무량의처삼매에 들어 몸과 마음이 움직이지 않으셨다. 하늘은 축복으로 꽃비를 내렸고, 땅은 놀라움으로 진동했다. 모든 대중은 환희로움에 충만되어 합장하고 한 마음으로 부처님을 우러러 보았다.

이때 부처님께서는 미간의 백호상에서 광명을 놓아 동쪽 일만 팔천 세계를 비추니 그 세계가 대중들의 눈앞에 생생하게 펼쳐졌다. 아래로는 아비지옥에서부터 위로는 색구경천에 이르기까지 육도 윤회하는 모습이 그대로 펼쳐졌으며, 또 그곳에 계신 부처님의 법문도 들을 수 있는 귀한 시간을 가졌으며, 그곳 수행자들이 깨달음을 성취하기 위해 목숨을 걸고 수행하는 모습을 보기도 했으며, 보살들이 근기에 맞게 인연따라 보살도를 행하는 모습을 보기도 했다.

부처님께서 열반에 드시는 일을 보았으며, 열반에 드시고 난 뒤에 부처님의 사리로 칠보탑을 세우는 것을 보기도 했다.

(1-5) 신통변화의 인연

이때 미륵(彌勒, Maitreya)보살은 이렇게 생각했다.

'부처님께서 이러한 신통 변화를 나타내시니, 무슨 인연으로 이러한 상서로움이 있는 것일까? 부처님께서는 지금 삼매에 드셨으니, 불가 사의하고 드물게 일어나는 이러한 일을 누구에게 물어 보아야 그 대 답을 들을 수 있을까?

문수(文殊, Manjusri)보살은 과거 한량없는 부처님들을 모시고 공양 해 왔으니, 이러한 불가사의한 모습을 보았을 것이다.'

이때 모든 사부대중도 미륵보살과 같은 생각을 하고 있었다.

미륵보살이 문수보살에게 물었다.

"문수보살이여, 무슨 인연으로 이러한 상서로운 신통이 나타나 큰 광명으로 동쪽 세계를 비추어, 부처님 나라의 장엄함을 모두 보게 됩니까?"

(1-6) 미륵보살의 질문

이때 미륵보살은 이 뜻을 거듭 펴시려고 게송으로 물었다.

"부처님께서는 무슨 일로 미간의 백호에서
큰 광명을 놓으시어 일만 팔천 세계를 비추시며
만다라꽃 만수사꽃이 하늘에서 비 오듯 내려오고
전단향 향기가 바람에 실려 모든 중생을 기쁘게 합니까?

이 인연으로 땅은 모두 깨끗해지고 세계가 여섯 가지로 진동하며,
대중들은 기쁨에 넘쳐 있고 몸과 마음 유쾌하기 그지 없습니다.

아비지옥부터 색구경천까지 육도 윤회하는 중생들의 모습
나고 죽고 헤매면서 받게 되는 여러 과보 여기에서 다 봅니다.

뛰어나고 지혜로운 거룩한 부처님이 경전을 설하시니
미묘하고 제일이며 청정한 음성으로 부드러운 말씀으로
수많은 보살을 가르치시며 모든 생명 좋아하는 깊고 묘한
법음으로 보이는 세계마다 바른 법을 연설합니다.

가지가지 인연과 한량없는 비유로써
법륜을 굴리시어 탐욕스럽고 어리석은 중생들을 깨우치며
늙고 병들어 죽는 괴로움에서 자유롭기를 원하면
열반을 연설해 번뇌를 끊어 괴로움에서 벗어나게 합니다.

복이 있는 어떤 사람 부처님께 공양하고
훌륭한 법 구할 때는 연각을 설해 주고
진실한 어떤 불자가 여러 가지 행을 닦아
위없는 지혜 구할 때는 청정한 도를 말씀하십니다.

(1-7) 문수보살에게 물음
문수보살이여!
내가 여기 있으면서 듣고 봄이 이러해
천억 가지에 이르지만
그 중에서 대강만 말하겠습니다.

저 세계에 살고 있는 항하(恒河, ganga) 강의 모래 같이 많은 보살
가지가지 인연으로 불도를 구하는데 보시를 행하는 보살은
금은과 산호 진주, 노비와 수레, 보배 연을 기꺼이 보시하며
삼계에 제일 가는 진리를 터득하니 부처님이 칭찬합니다.

또 어떤 보살은 네 말이 이끄는 보배 수레
난간 있고 일산 받친 보배 수레 보시하며
용맹한 어떤 보살 몸과 살과 손발이며
마음까지 보시해 위없는 도를 구합니다.

문수보살이여! 내가 보니 여러 임금
부처님께 나아가서 위없는 도를 묻고는
나라와 궁전이며 왕비와 신하들을 다 버리고
머리와 수염 깎고 가사를 받아 지녀 수행자가 되었습니다.

또 어떤 보살 수행자가 되어 깊은 산중 들어가
천 억년을 용맹정진 해 부처 되기를 기원하며
어떤 보살 선정 지혜 구족해 한량없는 비유로써 듣기 좋은
말솜씨로 대중에게 연설하니 온 우주에 법의 소리 가득합니다.

또 어떤 보살은 숲속에서 빛을 놓아
지옥 중생을 제도해 불도에 들게 하며
어떤 보살은 참는 힘이 뛰어나서
좋아하고 싫어하는 간택함이 아예 없습니다.

또 어떤 보살은 맑은 허공과 같이
모든 법의 성품이 둘 아님을 보고 알며
어떤 보살은 집착 없는 마음으로
미묘한 지혜로 위없는 불도를 구합니다.

(1-8) 상서로움이 일어나는 인연
문수보살이여! 어떤 보살은 부처님 열반하신 후에
사리에 공양하고, 어떤 보살은 수많은 탑을 쌓아 국토를 장엄하니
이슬처럼 반짝이는 보배휘장으로 높고 묘한 보배 탑, 하늘 용 귀신
사람 우주 만물이 꽃과 향기 소리로써 항상 공양합니다.

부처님께서 이러한 모습을 보시고 광명을 놓으시니
중생들은 사바세계의 여러 가지 모양을 빠짐없이 보았으며
부처님의 위없는 지혜와 끝없는 자비로 다시 광명을 놓으시니
한량없는 세계들이 눈앞에 펼쳐집니다.

문수보살이여!
부처님께서 무슨 일로 광명을 놓으십니까?
앞으로 어떤 상서가 일어나려고 이러한 광명을 놓으십니까?
부처님께서 미묘한 법을 말씀하시려는 것입니까?

수기를 주시려는 것입니까?
무슨 인연으로 이러한 상서로움이 일어나는 것입니까?
문수보살이여!

모든 사부대중이 당신의 대답을 기다리고 있습니다.”

(1-9) 문수보살의 대답

문수보살이 미륵보살과 대중들을 둘러보시고 대답했다.

“거룩한 수행자들이여,

내 생각으로는 부처님께서 대승법문을 설하시며, 큰 법비를 내리시며, 법라를 부시며, 법고를 치시며, 대승 법문의 인연을 설하시려는 것 같습니다.

거룩한 수행자들이여,

나는 과거에도 많은 부처님이 계신 곳에서 이러한 상서로움을 보았는데, 반드시 이러한 광명을 놓으시고는 대승법을 설하셨습니다. 세간의 생각으로는 믿기 어려운 법을 알게 하시려고 이러한 상서로움을 나타내신 것으로 생각됩니다.

거룩한 수행자들이여!

아득히 먼 과거 아승기겁에 일월등명여래라는 부처님이 계셨습니다. 바른 법을 설하시니, 처음도 좋고 중간도 좋고 끝도 좋으며, 말은 단순하지만 뜻은 깊으며, 순수하고 맑고 깨끗한 수행자의 모습을 갖추고 있었습니다.

성문을 구하는 자에게는 사제법을 설해 생·노·병·사를 건너 마침내 열반에 이르게 하시고, 벽지불을 구하는 자에게는 십이연기법을 설해 자연의 이치를 터득하게 했으며, 보살에게는 육바라밀을 설해 최상의 깨달음을 얻어 마침내 일체종지를 이루게 했습니다.

(1-10) 일월등명 부처님의 역사

그 앞에 한 부처님이 계셨는데, 이름은 역시 일월등명이라 했으며, 그 뒤에 또 한 부처님이 계셨는데 이름은 같았습니다. 앞뒤 이만 부처님의 이름도 모두 일월등명이라 했으며, 성씨는 모두 파라타였습니다.

미륵보살이여! 맨 나중 일월등명여래께서 출가하기 전에 왕이 되어 나라를 다스리고 있을 때 그에게는 유의, 선의, 무량의, 보의, 증의, 제의의, 향의, 법의라는 여덟 명의 왕자가 있었습니다 여덟 왕자는 덕을 갖추었고, 지혜와 용맹이 뛰어나 각각 사 천하를 다스렸습니다. 왕자들은 아버지께서 출가해 최상의 깨달음을 성취했다는 소문을 듣고 모두 아버지를 따라 출가했습니다. 도를 이루겠다는 큰 뜻을 품고 청정한 수행의 길을 걸었습니다. 천만의 부처님 처소에서 온갖 착하고 바른 행위를 해 선근을 심었습니다.

(1-11) 일월등명 부처님께서 대승법을 설하시다

이때 일월등명여래께서 대승법을 설하시니 이름을 무량의라 했습니다. 이 경전을 설하시고는 곧 대중 가운데서 가부좌를 하시고 무량의처 삼매에 드시니 몸과 마음이 움직이지 않으셨습니다. 이때 하늘은 꽃비를 내려 축복했으며, 땅은 감동으로 뒤흔들렸습니다. 모든 대중은 기쁨에 넘쳐 합장하고 일심으로 부처님을 공경했습니다. 이때 부처님께서는 미간의 백호상에서 광명을 놓아 동쪽으로 일만 팔천 세계를 비추니 모든 세계가 눈앞에 생생하게 펼쳐졌습니다. 수억 겁이 지났지만 세계는 조금도 변하지 않고 지금과 똑같았습니다. 미륵보살이여!

이때 그 모임에는 이십억이나 되는 보살들이 즐겨 부처님 법을 듣고 있었습니다. 보살들은 광명이 널리 세계를 비추는 것을 보고 일찍이 없었던 일이라 해, 그 광명이 비추어지게 된 인연을 알고자 했습니다. 부처님께서는 대중들의 뜻을 아시고 삼매에서 깨어나 대승법을 설했습니다. 이 법의 이름은 묘법연화이며 보살을 가르치는 법이었습니다.

(1-12) 부처님께서 무여열반에 드심

부처님께서는 육십 소겁(10세부터 100년마다 1세씩 늘어 8만 세에 이르기까지의 기간을 1소겁이라 한다, 약 8백만년) 동안 몸과 마음을 움직이지 않으시고 법을 설했으며, 대중들도 육십 소겁 동안 몸과 마음을 움직이지 않고 부처님의 법을 듣고 있었습니다. 마침내 일월등명여래께서는 법을 설해 마치시고 대중들을 둘러보시며 "여래는 오늘밤 무여열반에 들 것이다." 라고 말씀하셨습니다. 그때 대중 속에 있는 덕장보살을 불러 수기를 주셨습니다.
"덕장보살은 다음 생에 도를 이루어 부처가 될 것이다. 이름은 정신이라 할 것이다."
부처님은 수기를 주신 후에 무여열반에 드셨습니다.

(1-13) 묘광보살이 묘법연화경을 전법함

부처님께서 열반에 드신 후 대중 속에 있던 묘광보살은 팔 백 명의 제자를 거느리고 이 묘법연화경을 팔십 소겁 동안 중생들을 위해 연설했습니다. 일월등명여래의 여덟 왕자들은 묘광보살을 스승으로 모시고 백천 만억 부처님께 공양하고, 열심히 수행 정진하여 차례로 성불을 했는데 최후에 성불한 이의 이름이 연등이었습니다.

묘광보살의 제자 중 구명이라는 수행자가 있었는데, 구명은 세간의 명리에 탐착해 이 경전을 아무리 독송해도 금방 잊어버리고 뜻을 알지 못했습니다. 구명보살은 그 후에 수많은 부처님께 공양 올리며 찬탄하며 선근을 심었습니다.

(1-14) 구명보살이 미륵보살의 전생
미륵보살이여!
구명보살이 바로 당신의 전생이었습니다.
지금 이 상서로움은 그때와 다름이 없습니다. 부처님께서는 틀림없이 대승경을 설하실 것입니다. 이름은 묘법연화이며, 보살에게 맞는 가르침이며, 부처님께서 마음속 깊이 간직했던 것입니다.

(1-15) 여덟 왕자가 이 경을 전법하다
문수보살이 이 뜻을 거듭 펴려고 게송으로 말했다.

"문수보살 대답하기를
지나간 한량없는 겁 전에 일월등명 부처님이 계셨습니다.
부처님께서는 법을 설해 한량없는 중생들과 보살들을
제도해 부처님의 지혜에 들게 했습니다.

부처님 출가하기 전 왕의 몸을 받았을 때 여덟 왕자를 두었는데
아버지의 출가를 보고 모두 따라 출가해 범행을 닦았습니다.
부처님께서 무량의경이라는 대승경전을 설하시니

여덟 왕자는 이 경을 이해하고 해석해 쉽게 대중들에게 설했습니다.
부처님께서는 이 경을 설하시고 법상 위에서 그대로 무량의처 삼매
에 드시니
하늘이 만다라 꽃비를 내리고 하늘 북이 저절로 울렸습니다.
하늘 사람 용 귀신들이 부처님께 공양 올리니
부처님께서는 미간에 광명을 놓으시고 드물게 일어나는 상서를 나
타내셨습니다.

(1-16) 동방 일만 팔천 세계의 실상

그 광명으로 동방 일만 팔천 세계를 비추니
어떤 세계는 유리빛 수정빛으로 장엄되었고
하늘에서 지옥까지 나고 죽는 모든 모습 눈앞에 펼쳐지며
부처님께서는 대중들 가운데서 법을 설하시고 계셨습니다.

어떤 비구들은 산속에서 계행을 지키며 정진하고
어떤 보살들은 보시하고 참고 견디기도 하며
어떤 보살들은 선정에 들어 몸과 마음이 움직이지 않으며
성문 보살들이 수행하는 모습을 생생하게 보게 되었습니다.

(1-17) 묘법연화경을 설하시고 열반에 들다

그때 대중들이 일월등명 부처님께 '무슨 인연으로
이러한 일들이 일어나는 것입니까?' 하고 말씀드리니
삼매에서 깨어나신 부처님께서 묘광보살을 찬탄하시며
그대는 세상의 눈, 모든 생명 귀의하리니 법장을 받을지니라.

부처님께서 육십 소겁 동안
묘법연화경을 설하시고 열반에 드시면서
'너희들은 부지런히 정진해라. 불법 만나기가 쉽지 않으니'
하고 말씀하셨습니다.

(1-18) 덕장보살에게 수기를주다
또 부처님께서는 열반에 드신 후 다음 세상을 위해
덕장보살이 세상의 실상을 모두 통달해
공한 도리를 터득했으므로
다음 생에 정신 부처가 될 것이라는 수기를 주셨습니다.

그후 묘광보살이 일월등명 부처님의 여덟 왕자를 거느리고
이 묘법연화경을 팔십 소겁 동안 널리 설했습니다.
여덟 왕자는 차례로 성불했고 마지막으로 성불한 왕자가
연등불이며 한량없는 중생들을 제도했습니다.

섶이 다해 불 꺼지듯 밤에 열반에 드시니
사리를 나누어 수많은 탑을 세웠습니다.
부처님 열반을 보고 수많은 수행자는
더욱 정진해 위없는 불도를 구했습니다.

묘광보살에게 게으르고 명예와 이익만을 탐하는
구명이라는 제자가 있었습니다.
부귀영화를 구해 양반 집에 태어나더니

전생의 모든 인연 잊어버렸습니다.

그래도 부처님께 정성으로 공양올리고
육바라밀 가르침 따라 행한 공덕으로
석가모니 부처님을 뵙게 되었고
다음 생에 미륵부처가 될 것이라는 수기를 받았습니다.

(1-19) 묘광보살이 석가모니의 전신

과거 생에 묘광보살은 나의 전신이었고
게으른 구명은 미륵보살의 전신이었습니다.
이제 이러한 상서로움이 있으니 석가모니 부처님께서
묘법연화경을 설하실 것입니다.

시방세계에 있는 모든 대중이여!
일심으로 합장하고 부처님을 찬탄하소서.
부처님의 감로법이 구도자들의 모든 의심을 끊게 할 것이며
부처님의 은혜로운 법 비가 우주를 적실 것입니다."

정종분
2. 방편품

(2-1) 부처의 지혜는 한량이 없다

그때 부처님께서 조용히 삼매에서 깨어나 사리불에게 말씀하셨다.

"모든 부처님의 지혜는 매우 깊고 한량이 없다. 그 지혜의 문을 이해하기도 어렵고 들어가기는 더욱 어렵다. 성문이나 벽지불은 도저히 알 수가 없다. 왜냐하면 부처님의 마음을 이해하려고 하면 수천만억 부처님 전에 공양을 올려 복덕을 쌓고, 수십억 생을 용맹 정진해 지혜를 성숙시켜야만 가능한 것이기 때문이다.

나는 성불해 지금까지 여러 가지 인연과 수많은 비유로 널리 가르침을 폈고 무수한 방편으로 중생들을 제도해 모두 집착을 떠나 바른 수행자의 길을 걷게 했다.

(2-2) 여래의 지견

사리불이여,

존재의 본질과 생명의 본질을 꿰뚫어 깨달음을 성취한 여래의 지견은 넓고 깊어 상상하기조차 어렵다. 여래는 사무량심, 사무애, 십력, 두려움 없음, 선정, 해탈, 삼매와 같은 성취하기 어려운 법을 모두 성취했다.

사리불이여, 여래는 여러 가지로 분별해 모든 법을 교묘하게 설해 중생들의 마음을 기쁘게 한다. 구체적으로 말하자면 여래는 모든 법의 모양, 성품, 본체, 힘, 작용, 원인, 인연, 결과, 회향, 근본, 처음과 끝 모두를 알고 있다.”

(2-3) 부처님의 게송
부처님께서 이 뜻을 거듭 펴시려고 게송으로 말씀하셨다.

“하늘이나 인간들과 모든 중생은
부처님을 제대로 이해하는 자 아무도 없으며
신통력과 두려움 없음과 해탈과 삼매
부처님의 신통력 아무도 헤아리지 못할 것이다.

수많은 부처님 따라 온갖 도를 닦았지만
심오하고 미묘한 법 알기 어렵네.
수억 겁 오랜 세월 닦고 또 닦아
도량에서 이룩한 과보 모두 알았네.

이와 같은 과보의 성품과 모양과 뜻을
진실로 깨친 자 부처만이 능히 알 수 있을 뿐
볼 수 없고 말로도 할 수 없는 미묘한 법
미혹한 중생들의 근기로는 알 수 없구나.

사리불과 같은 번뇌 다해 최후의 몸 받아 태어난 자도
벽지불과 같은 지혜로운 자나 처음으로 보살된 자나
불퇴전의 지위에 오른 보살까지도
부처님의 끝없고 심오한 지혜는 알 수 없도다.

사리불이여! 도저히 생각할 수 없는 미묘한 이 법
내 이제 구족하게 얻었으므로
나만이 법의 실상 알았으며
시방의 모든 부처 또한 그러하니라.

(2-4) 방편으로 삼승을 설함

사리불이여, 시방의 모든 부처 한결 같으니
부처가 설한 법 듣고 큰 믿음 내어라.
성문과 연각에 집착하는 중생들에게
부처는 방편으로 삼승을 설하시네."

(2-5) 성문은 이해하기 어렵다

이때 대중 가운데 성문으로서 번뇌가 없어진 아야교진여등 일천 이백 명과 처음 불법에 귀의한 많은 대중은 다음과 같이 생각했다.
'왜 부처님께서는 깨달음을 성취한 자의 지혜는 깊고 한량이 없어 성문이나 벽지불은 그 문으로 들어가기가 어렵다고 하시는 것일까?'
사리불이 대중들의 의심을 알아차리고 부처님께 여쭈었다.
"부처님이시여, 왜 부처님께서는 깨달음을 성취한 자의 지혜는 깊고 한량이 없어 성문이나 벽지불은 이해하기가 어렵다고 하십니까? 제가 부처님을 모시고 수행한지 오래 되었지만 한 번도 그렇게 말씀하신 적이 없었습니다. 지금 많은 대중은 부처님이 말씀하신 깊은 뜻을 이해하지 못하고 있으니 어리석은 저희들을 위해 자세히 말씀해 주시면 고맙겠습니다."

(2-6) 최상승법을 설하기를 간청하다

사리불이 이 뜻을 거듭 펴시려고 게송으로 말했다.

"열반을 얻었다고 착각하는 성문들이나
번뇌가 다했다고 자만하는 아라한들과
하늘 사람 용과 귀신 시방세계 모든 대중이
의심만 하고 모르니 미묘한 법을 설해 주소서.

지혜와 복덕 구족하신 부처님이시여
두려움 없는 선정 삼매 해탈 모든 법 통달하셨네.
이제 저희들도 깨달음에 대한 새 각오를 서원했습니다.
부디 자비로운 마음으로 최상승법 설해 주소서."

그러자 부처님께서 사리불에게 말씀하셨다.

"사리불아, 너희들보다 내가 더 안타깝구나. 그만 두자. 그만 두자.
아무리 진리를 말해도 이해하는 사람이 없구나. 세상의 모든 사람과
하늘 사람들도 모두 놀라기만 하고 의심하고 믿지 않을 것이다."
사리불이 물러서지 않고 간절한 마음으로 다시 간청했다.

"부처님이시여, 원컨대 저희들을 위해 자비를 베풀어 주십시오. 저
희들이 비록 부처를 이루지는 못했지만 그래도 부처님을 믿고 따르
고 평생 수행 정진하고 있습니다. 아무리 엄청난 말씀이라도 의심함
이 없이 믿고 따르겠습니다."

(2-7) 사리불이 거듭 청함

부처님께서는 고개를 가로 저으시면서 사리불에게 '그만 두어라' 하면서 말씀하셨다.

"만일 이 일을 말한다면 하늘에서 지옥까지 육도 중생 모두가 놀라고 의심하고 믿지 않으며 잘난 체하는 비구와 비구니들은 지옥의 구렁텅이에 떨어질 것이다."

그래도 사리불은 거듭 부처님께 법을 청했다.

"인간 중에 더없이 존귀한 분이시여
위없는 부처님 미묘한 진리의 비를 저희들에게 뿌려 주소서.
여기 모인 대중들을 대표해 다시 청합니다.
모든 대중은 즐거운 마음으로 믿고 따르겠습니다.

지난 세상 부처님도 저희들과 같은 중생을 제도하셨습니다.
모두 일심으로 합장해 법음을 기다립니다.
바라오니 대승법을 설해서 감로비를 뿌려 주소서.
모든 대중이 크게 기뻐해 즐거워 할 것입니다."

(2-8) 시절인연으로 설법한다

그렇게 간청을 해도 부처님의 태도는 변함이 없었다. 사리불도 태도를 조금도 누그러뜨리지 않고 부처님의 대승법문을 어떻게든지 꼭 들어야 되겠다는 일념으로 세 번이나 간청했다. 그러는 사이에 어떤 무리들은 기다리지 못하고 부처님을 비방하면서 집으로 돌아가 버렸다. 떠날 사람들은 떠나고 부처님의 말씀을 듣고자 기다리는 사람들은 더욱 간절한 마음이 되었다. 조금 후 법회 분위기가 다시 평온을 되찾자 부처님께서 말씀하셨다.

"지금 내가 말하려고 하는 이 미묘한 법문은 부처나 여래라도 시절 인연이 되어야 하는 것이다. 삼천 년에 한 번 피는 우담발라와 같이 때가 되어야 피는 것처럼 이 법문도 때가 되어야 설하는 것이다. 사리불이여, 너희들은 나의 말을 믿으라.

(2-9) 일대사인연

부처님들이 깨달은 바 진리 자체를 말할 때는 이해하기가 어렵다. 그래서 내가 지금 여러 가지 방편과 인연과 비유로써 설명할 테니 잘 듣고 이해하도록 해라. 분별심으로 이 법을 이해하려고 한다면 더 큰 혼란과 의심만 가득할 것이다. 결국 진리는 진리를 깨친 자만이 이해할 수 있다.

사리불이여, 부처님은 오직 일대사 인연으로 이 세상에 나타나는 것이다.

사리불이여, 그러면 무엇을 말해 부처님이 이 세상에 나타나시는 일대사 인연이라 하는가?

부처님은 중생들에게 깨달음을 성취해 부처의 지견을 열어서 청정하게 하기 위해 세상에 나타나며, 중생들에게 깨달음을 성취해 부처의 지견을 깨닫게 하기 위해 이 세상에 나타난다.

(2-10) 일불승법을 설하심

사리불이여,

부처님께서는 이러한 일대사 인연으로 세상에 나타나시는 것이다.

부처님께서는 오직 보살만을 교화해 깨달음의 세계에 나아가게 하시며, 이러한 사실을 중생들에게 보여 진실을 깨닫게 한다.

사리불이여, 여래는 다만 일불승(부처, 최상의 깨달음)으로서 중생들에게 법을 말하는 것이며, 이승이나 삼승(성문승, 연각승, 보살승)의 다른 법이 없음을 보여준다.

사리불이여, 과거의 여러 부처님들이 여러 가지 방편과 인연과 비유로써 중생들을 위해 모든 법을 설했으니 이 법은 모두 일불승이므로 중생이 부처님의 법을 듣고는 깨달음을 성취해 지혜를 얻었다.

사리불이여, 미래의 여러 부처님들도 여러 가지 방편과 인연과 비유로써 중생들을 위해 모든 법을 설할 것이며, 이 법은 모두 일불승이므로 중생이 부처님의 법을 듣고는 깨달음을 성취해 지혜를 얻을 것이다.

사리불이여, 현재 시방 세계의 한량없는 백 천 만억 국토에 계시는 부처님께서는 모든 중생을 이익되게 하고 편안하게 하신다. 이 부처님들도 여러 가지 방편과 인연과 비유로써 중생들을 위해 모든 법을 설하며 이 법은 모두 일불승이므로 모든 중생이 부처님의 법을 듣고는 깨달음을 성취해 지혜를 얻는다.

사리불이여, 부처님은 오직 보살만을 교화하시니, 이것이 부처님의 지견을 중생들에게 보이는 이유이며, 부처님 지견으로 중생들을 깨닫게 하는 이유이며, 중생들로 하여금 부처님의 지견에 들어가게 하는 이유이다.

(2-11) 중생들이 욕망에서 벗어남

사리불이여,

지금 나도 그와 같아서 중생들이 여러 가지 욕망에 집착함을 알고 욕망을 벗어나 본 성품을 따르도록 여러 가지 인연과 비유와 방편으로써 법을 설한다. 이렇게 하는 것이 모두 일불승과 깊은 지혜를 얻게 하려는 것이다. 사리불아, 이와 같으므로 시방 세계에는 이승도 없는데 어찌 삼승이 있겠느냐? 사리불이여, 부처님께서는 다섯 가지 탁한 나쁜 세상에 출현해 중생을 제도하신다. 시대가 혼탁한 나쁜 세상, 번뇌가 왕성한 탁한 세상, 모자라는 사람들이 득세하는 탁한 세상, 잘못된 사상들이 활개치는 탁한 세상, 생명을 가볍게 여기는 탁한 세상의 중생들을 제도하신다. 이러한 탁한 나쁜 세상에서는 부처님께서 방편으로 일불승 대신 삼승을 설하기도 한다.

(2-12) 목적지는 부처

사리불이여, 아라한이나 벽지불을 말하는 것은 탁한 세상의 방편일 뿐이지, 부처가 궁극적으로 말하려고 하는 진리가 아니라는 것을 알아야 한다. 그러므로 우리가 추구하는 궁극적인 목표는 최상의 깨달음인 부처임을 깊이 인식하지 않으면 안된다. 특히 아라한과 벽지불이 가장 조심해야 할 문제이다.

아라한들은 이렇게 생각하기 쉽다. '내가 아라한과를 증득해 최후의 몸이 되었으니 마침내 열반에 이르리라.'고 생각해 최상의 깨달음을 추구해 부처가 되려고 하지 않는다면 더 이상 삶은 성숙되지 않으며 수행자로서 생명이 다한 것임을 명심해야 한다. 수행자의 최종 목표는 부처이며, 부처를 이룰 때까지 수행정진은 계속되어야 하는 것이다.

사리불이여, 그대들은 한점의 의심도 없이 이 말을 믿고 이해하고 받아 지녀라. 어떤 세상에서도 우리가 진정으로 추구해야할 것은 부처뿐이다. 알겠느냐?"

(2-13) 오천 명이 떠남
부처님께서 이 뜻을 거듭 펴시려고 게송으로 말씀하셨다.

오만한 비구와 비구니 교만한 우바새
믿음이 없는 우바이 오 천 명 복이 없는 그들
무리 속에 끼어 있다가 부처님 법 못듣고 돌아갔구나.
인연 없는 중생들 부처님 법 듣기는 더욱 어렵네.

사리불아, 부처님은 중생들이 갖고 있는
욕망과 성품 전생에 행한 행위에 따라
비유와 방편으로 한량없는 중생들을 위해
법을 설해 그들을 기쁘게 하시네.

(2-14) 우둔한 근기를 위해
세상의 부귀영화에 얽매여 생사를 탐착하는
우둔한 근기를 위해 열반을 설하며
마음이 깨끗하고 지혜로운 수행자에게는
대승법을 설해 성불 수기 주시네.

(2-15) 부처님의 출현
수행자의 마음 깨끗하고 총명해
부처님 계신 곳에서 한량없는 불도를 행하면

인연이 성숙해 대승법을 듣게 되며
다음 세상에 성불해 부처 이루리라.
성문이나 연각이나 보살로서
이 법문의 한 게송이라도 들으면 부처 이루리.
진정한 깨달음엔 부처만 있고
이승도 삼승도 중생을 제도하는 방편일 뿐이다.

모든 생명에게 깨달음을 알리려고
부처님 출현했고
이것만이 진실이며
그 외 다른 모든 것은 거짓임을 명심하라.

(2-16) 부처의 서원

부처가 만일 소승법으로 중생을 제도한다면
그는 이미 부처가 아님을
부처는 오로지 선정과 지혜로 중생을 제도하며
평등한 대승으로 중생을 인도하네.

부처는 모든 악을 끊었으므로
두려움이 없으며 모습은 저절로 삼십이상 길상이 되며
옛날 수행자 시절에 서원하기를
모든 중생 깨달음에 들게 하리라 맹세했네.

(2-17) 일불승 밖에 없음

중생들을 그대로 내버려두면
바른 성품 알지 못하고 오욕에 집착해
탐욕으로 말미암아 삼악도에 떨어져서
육도를 윤회하며 온갖 괴로움 겪네.

태어나는 세상마다 복이 없으며
있음과 없음 등의 사견에 꽉 차 잘못된 법에 집착해
진실되지 못하며 이러한 중생들
천만 겁이 지나도록 제도하기 어려워라.

그러므로 사리불이여,
괴로움이 없는 열반을 설했지만 참 열반이 아니며
모든 법은 본래부터 적멸한 모양
이 도리 바로 알면 다음 생엔 기필코 성불하리라.

부처는 방편으로 삼승을 설하지만
나와 모든 부처의 진실한 법은 오직 일승뿐이네.
대중들이여, 의심하지 말라.
시방의 모든 부처 진정으로 깨달음만 가르치시네.

(2-18) 불법의 지중한 인연

중생들의 마음을 바로 살펴서
방편으로 깨달음에 들게 하시니

무수한 부처님들 모두 일승법을 설하시며
무량 중생 교화해 불도에 들게 했네.

보시 지계 인욕으로 복 닦은 중생
정진 선정 지혜로 덕 닦은 중생 모두 성불했네.
부처님 열반하신 뒤
성품이 깨끗하고 착한 중생들 모두 성불했네.

부처님 열반하신 뒤 탑을 세워 찬탄한 중생들이나
진주 보배로 장엄한 중생들이나
심지어 장난으로 모래 탑을 쌓은 중생도
불법의 지중한 인연으로 모두 성불했네.

(2-19) 부처님 상을 만든 인연
등신불을 만든 이나 철, 나무, 흙으로 부처님상을 만든 이나
탱화를 조성한 이나 원만한 부처님상을 그린 이나
다른 사람에게 그리게 한 이나 장난으로 부처님을 그린 이도
불법의 지중한 인연으로 모두 성불했네.

(2-20) 부처님께 공양한 인연
북이나 소라등 소리로써 공양한 이
환희에 넘치는 마음으로 부처님을 노래한 이
한송이 꽃이라도 부처님 전에 공양한 이
불법의 지중한 인연으로 모두 성불했네.

생각없이 부처님 전에 공양 한번 올린 인연으로
합장해 절 한번 한 인연으로
산란한 마음으로 '나무불' 염불 한 번 한 인연으로
불법의 지중한 인연 맺어 결국에는 모두 성불했네.

(2-21) 중생들의 업과 근기에 따라 설함

부처님의 모든 법문 오직 일승 깨달음 뿐
중생들을 위해 이 법을 설함이며
다만 중생들의 업과 근기에 따라
그에 맞는 인연과 비유로써 방편을 설할 뿐이다.

법에는 성품이 없고 부처의 씨앗은 연기하며
세상의 모든 것은 있는 그대로이네.
과거 현재 미래의 모든 부처님도
방편으로 성문 연각 보살의 삼승법을 설하시네.

깨달음의 씨앗은 인연으로 일어나는 것.
중생들의 전생에 익힌 업과 근기에 따라 방편을 설할 뿐
한량없는 방편을 고요한 마음으로 관조해 보면
불법은 모두 일불승으로 돌아가는 것이다.

(2-22) 보시는 지혜복덕의 씨앗

탐진치에 휩싸여 앞 못 보는 중생 위해
방편으로 법 설해 모두를 기쁘게 하네.

보시하는 마음 없어 전생에도 이생에도 지혜와 복덕이 없으며
다음 생에도 인간으로 지옥으로 육도를 윤회하네.
탐욕과 애욕에 빠져 있는 저 중생들
모자라고 어리석어 눈앞 쾌락에 집착하네.
이러한 중생들을 위해 서원하기를
'반드시 깨달음에 들게 하리라' 대비심을 내었네.

(2-23) 천왕들도 법을 청함
범천왕 제석천왕 사천왕 그들의 권속들
대자재천과 모든 하늘 백천만 권속들이
공경하고 합장하며 간청하기를
법 바퀴 굴리기를 청하고 또 청했네.

중생들의 근기를 살펴보고 생각하니
대승법을 설하면 믿을 중생 별로 없네.
지난 세상 부처처럼 방편을 생각해
삼승법을 설하기로 마음속에 결심했네.

지난 세상 부처님들 설한대로 나도 따라 행하리라.
결심하고는 오교진여 있는 바라날로 길 떠났네.
법의 적멸한 모양 말로 할 수 없지마는
고집멸도 사제법을 오비구에게 설했노라.

(2-24) 부처님의 진심은 성불에 있다
부처님께서는 수억 겁 동안 방편으로 열반을 찬탄하며
생사의 고통이 없는 법을 설하셨네.
여래가 출현하심은 대승법을 설하기 위함이며
사리불이여, 지금이 바로 그때이다.

사리불이여, 마땅히 알아라.
우둔하고 교만한 사람들은 믿지를 않는구나.
보살들 가운데 깨달음에 가까운 자를 위해
방편을 뛰어넘어 위 없는 도를 설하리라.

머나먼 옛날부터 부처님 방편으로 열반을 설했지만
진정으로 설하고 싶은 것은 깨달음뿐이라
이제 보살들과 아라한들을 위해
대승법을 설하니 모두 성불할 것이다.

(2-25) 대승법은 만나기 어렵다
부처님 출현함은 만나기 어려우며
대승법 설하심 듣는 것도 또한 어려우며
이 법 얻어듣기는 우담발라 피는 것만큼 귀하며
알아듣는 사람 정말로 없구나.

대승법 얻어듣고 찬탄하는 것은
삼세 부처님께 공양한 것과 같으며

의심하지 말고 진정으로 믿으라.
성문 연각은 방편일 뿐 오직 일불승이 있을 뿐이네.

(2-26) 스스로가 부처일 뿐이다

사리불이여, 성문과 보살들이여,
이 묘법이 모든 부처의 비밀한 법장임을 명심하라.
욕망만 난무하는 오탁악세에서
중생들은 불도를 구하지 않을 것이다.

일승법을 듣고 믿지 않고 비방하는 중생들은
지옥아귀 축생의 악도에 떨어질 것이며
열심히 정진한 청정한 수행자에게는
일승법을 설해 깨달음에 들게 하리라.

사리불아, 명심하라.
세월이 아무리 흐르고 세상이 아무리 바뀌어도
공부하지 않는 중생은 법을 알지 못할 것이며
너 자신이 스스로 부처임을 명심하라.

사리불아, 또 명심해라.
모든 부처님의 법문 이와 같으니
만억의 방편으로 중생을 교화하려고
수시로 설법을 하시는구나."

3. 비유품

(3-1) 사리불의 마음이 열림

이때 사리불은 뛸듯이 기뻐하며 일어나 합장하고 부처님의 얼굴을 우러러보면서 말씀드렸다.

"부처님이시여!

이렇게 감동스러운 법문은 들은 적이 없었으며, 엄청난 마음의 변화가 생겼습니다. 그 까닭은 이렇습니다. 부처님의 법문 중에 보살에게는 '다음 생에 성불할 것이다'라고 수기를 주시는 것을 보고 저희들은 그 일에 참여하지도 못하고 부처님의 한량없는 지견까지 잃었음을 슬퍼했습니다.

부처님이시여,

저는 항상 깊은 숲에서 혼자 참선에만 열중했습니다. 또 생각에 잠겨 걸을 때도 다음과 같이 생각했습니다. '누구나 다 법의 성품은 같은데 여래께서는 무엇 때문에 보살들에게는 대승법을 설하시고 우리들에게는 소승법을 설하시는가?'

이것은 저희들의 허물이지 부처님의 탓이 아님을 알고 있습니다. 저희들이 최상의 깨달음을 성취하겠다는 오직 한 마음만 내었더라면 부처님께서 대승법으로 저희들을 제도했을 터인데, 방편으로 말씀하신 아라한과가 진정한 성취의 목표인 줄 믿었기 때문입니다.

저의 잘못된 생각을 깊이 참회했더니, 부처님께서 은혜를 베푸시어 저희 수행자들을 위해 최상의 깨달음에 대한 법문을 설해 주셨습니다. 이제는 모든 의혹과 뉘우침을 끊고 몸과 마음이 태연해 편안함을 얻었습니다.

오늘에야 비로소 부처님의 아들임을 알았습니다. 저희들의 본래 모습은 부처님의 입으로부터 나왔으며, 법으로부터 태어난 것임을 철저히 알았습니다."

(3-2) 사리불의 의심이 사라지다

사리불이 말하기를 "내 이제 전에 없던 법문을 듣고
모든 의심 눈 녹듯이 없어졌으며
수억 겁을 내려오며 부처님의 가르침 따라 수행을 해
번뇌가 다하고 모든 근심 걱정 없어졌습니다.

산 속에서나 나무 아래서나 이 일을 생각하면
내가 왜 삼승법에 속았던가 하고 책망하면서
부처님의 위없는 바른 법 들었었지만
오는 세상에서 위없는 바른 법을 말하지 못했습니다.

서른두 가지 뛰어난 상호와 팔십 가지 잘 생긴 몸매와
열 가지 힘과 여러 해탈 열여덟 가지 함께 하지 않는 법
저의 교만 때문에 이러한 공덕들을 모두 잃었는데
이제야 대승법 듣고 진정으로 해야 할 것이 무엇인지 알았습니다.

(3-3) 법의 공한 모습을 증득함

제가 사견에 빠져 범지의 스승이 되었더니

부처님께서 열반을 말씀하시어 법의 공한 모습을 증득했고
부처님께서 대중 앞에서 저에서 성불 수기를 주시니
이 말씀 듣고서야 모든 의심 눈 녹듯 없어졌습니다.

(3-4) 교화의 원력을 세움

처음 부처님 말씀 듣고 의심과 놀람뿐이었는데
부처님께서 갖가지 인연과 비유와 방편으로 말씀하시니
이 마음 바다같이 편안해졌습니다.
이제는 의심의 그물 찢어지고 믿음뿐입니다.

과거 현재 미래의 한량없이 많은 부처님
모두 방편으로 이러한 법문 말씀하시네.
나는 이제 부처 이루어 하늘 인간의 존경을 받으며
위없는 법륜을 굴려 여러 보살을 교화하겠습니다."

(3-5) 사리불에게 수기를 주다

이때 부처님께서 사리불에게 말씀하셨다.

"내가 옛날에 이만억 부처님의 처소에서도 위없는 도를 성취하도록 너희들을 교화했다. 너희들은 무명 속에 헤매면서도 나의 가르침을 따르려고 노력했다. 너희들의 진리에 대한 애정이 가상해 방편으로 인도해 법 가운데 나게 했다.

사리불이여, 내가 너희들을 가르칠 때 처음부터 불도를 이루기를 원했지만, 너희들은 모두 최상의 깨달음을 잊어버리고 스스로 생각하기를 이미 열반을 얻었다고 착각했다. 그러므로 이제 다시금 너희

성문들에게 최상의 깨달음에 마음을 내도록 대승법을 설하니, 이름이 묘법연화경이다.

이 법은 보살을 교화하는 법이며 부처님께서 마음 깊이 간직하고 있는 것이다.

사리불이여, 그대는 수억 겁을 지나면서 수천만억 부처님께 공양 올리고 바른 법을 받아 지니며 보살도를 구족해 마침내 성불할 것이니 이름은 화광여래라 한다. 수억 겁이 지나 그대가 성불할 나라 이름은 이구인데, 그 땅은 평평하고 청정하며, 안락하고 풍족해 하늘사람과 성숙된 인간들이 번영할 것이다. 또 유리와 같이 맑고 투명한 땅에는 황금과 칠보가 가득하고, 길거리에는 아름다운 꽃들이 만발해 있다. 그대 화광여래는 그곳에서 역시 삼승법으로 중생을 교화한다.

사리불이여, 그대가 성불할 그때가 나쁜 세상은 아니지만 그대의 원래 서원대로 삼승법으로 중생을 교화할 것이다. 그 나라에서는 수행하는 보살을 최고의 보배로 여기기 때문에 겁의 이름을 대보장엄이라 한다.

(3-6) 화광여래의 수명은 십이 소겁

그러므로 그 나라에는 보살이 한량없이 많으며, 능력 또한 불가사의해 부처님의 지혜가 아니고는 알 수가 없다. 보살들이 걸으면 걸음걸음마다 보배, 연꽃이 피어나 보살세계를 거룩하고 아름답게 장엄한다.

그 보살들은 이생에서 처음 발심한 것이 아니라 오래 전부터 공덕의 근본을 심었으며, 한량없는 백천만억 부처님 처소에서 범행을 닦았었다. 또한 그 보살들의 능력은 부처님의 지혜를 닦아 큰 신통을 갖추었으며, 세상의 모든 이치를 통달했고, 질박하고 정직해 부처님의 칭찬을 받았었다.

사리불이여, 화광여래의 수명은 십이 소겁이니, 성불하기 전 왕자의 몸으로 있었던 기간은 제외한 것이며, 그 나라 백성들의 수명은 팔 소겁이다. 화광여래가 십이 소겁을 지낸 후 견만보살에게 최상의 깨달음에 대한 수기를 주면서 여러 수행자에게 말하기를 "이 견만보살이 다음 세상에 부처가 될 것이며, 이름은 화족안행이며, 나라의 이름은 지금과 같다."

사리불이여, 이 화광여래가 열반한 뒤 정법이 세상에 머무는 기간은 삼십이 소겁, 상법이 머무는 기간도 삼십이 소겁이 된다."

(3-7) 화광여래의 중생 제도
부처님께서 이 뜻을 거듭 펴시려고 게송으로 말씀하셨다.

"대중들이여, 잘 들어라. 사리불이 오는 세상에
화광여래라는 부처 되어 수많은 중생을 제도할 것이네.
한량없는 세월 흘러 대보장엄 겁에 이구 세계에서 성불하리니
세상은 깨끗하고 땅은 투명하며 칠보로 된 가로수가 가득하다.

보살들은 뜻이 견고하고 신통과 지혜 고루 갖추었고
그대는 왕자의 몸으로 출가해 부귀영화 덧없음을 몸소 보이네.
화광여래 수명은 십이 소겁이며 부처님 열반한 뒤 삼십이 소겁 동안
정법이 머무르며 상법도 삼십이 소겁 동안 머물러 중생을 제도하네."

(3-8) 대중들이 기뻐하다

그때, 남자 수행자, 여자 수행자, 남자 재가 수행자, 여자 재가 수행자, 하늘 사람, 용, 야차, 건달바(제석천왕의 음악을 맡은 신, 8부중의 하나), 아수라(싸우기를 좋아하는 귀신), 가루라(용을 잡아먹는다는 조류의 왕, 8 부중의 하나), 긴나라(사람인지 짐승인지 새인지 알 수 없는 노래하고 춤추는 괴물, 8부중의 하나), 마후라가(몸은 사람이고 머리는 뱀의 형상을 하고 있음, 8부중의 하나) 등은 사리불이 부처님으로부터 최상의 깨달음을 이룰 것이라는 수기를 받는 것을 보고 기뻐 어쩔 줄 몰라 하면서 자기 몸에 걸쳤던 옷을 벗어 부처님께 공양 올리고, 제석천왕, 범천왕들도 수많은 하늘사람들과 함께 묘한 하늘나라의 옷과 하늘나라 꽃과 만다라 꽃으로 공양을 올렸다. 하늘에서는 꽃비를 내려 축복하면서 다음과 같이 속삭였다.

"부처님께서 옛적에 바라나 사슴동산에서 처음 법륜을 굴리시더니, 이제 또 큰 법륜을 굴리시네."

(3-9) 하늘사람들의 게송

하늘사람들은 이 뜻을 거듭 펴려고 게송으로 말했다.

"부처님께서 옛적에 바라나에서 사성제법을 설하시며
모든 법을 근원을 설하시어
다섯 가지 쌓임의 생멸함을 말씀하시더니
이제 다시 위없는 큰 법륜을 굴리십니다.

부처님께서 이렇게 깊고 묘한 법 처음으로 설하시며

사리불에게 성불의 수기를 주셨습니다.

저희들에게 오늘 같이 기쁜 날은 처음입니다.

부지런히 정진해 기필코 깨달음을 이루겠습니다.

(3-10) 비유를 들어 뜻을 밝힘

이때 사리불이 부처님께 말씀드렸다.

"부처님이시여,

저는 이제 성불에 대한 의심이 없으며, 부처님께 최상의 깨달음에 대한 수기를 받았습니다. 그러나 저와 함께 수행하던 일천 이백 수행자들은 부처님께서 말씀하신 '내 법은 나고 늙고 병들고 죽는 일을 떠나서 반드시 열반을 얻는다.'라고 알고 있었습니다. 이에 저희 수행자들은 모두 '나' 라는 소견과 '있다', '없다' 하는 소견을 떠나 열반을 얻었다고 생각했습니다.

그런데, 지금 부처님으로부터 일찍이 듣지 못하던 말씀을 듣고 의혹에 빠졌습니다.

거룩하신 부처님이시여,

원하옵건데 미혹한 저희들을 위해 그 인연을 말씀하셔서 의혹에서 벗어나게 해 주시면 감사하겠습니다."

"사리불이여, 내가 이미 말한 것과 같이, 갖가지 인연과 비유와 언사를 가지고 방편으로 법을 설하는 것은 모두 최상의 깨달음을 위한 것이며, 보살들을 교화하기 위한 것이다. 비유를 들어서 이 이치를 밝힐 것이며, 지혜 있는 이들은 이해할 수 있을 것이다.

사리불이여,

어떤 마을에 한 장자가 있었는데, 그는 비록 늙었으나 재물이 한량없이 많고, 전답과 가옥과 시종들이 많았으며, 오백 명이나 되는 식구들이 그 집에서 살고 있었다.

(3-11) 제1 화택의 비유

그 집은 매우 컸으나 문은 하나뿐이었고, 집과 누각은 오래되어 낡았으며, 담과 벽은 퇴락 했으며, 기둥은 썩고 대들보는 기울어져 있었다. 어느 날 그 집에 불이 나서 모든 건물이 타 들어가고 있는데 집안에는 스무 명이나 되는 장자의 아들들이 있었다.

장자는 집이 불타는 것을 보고 깜짝 놀라면서 이렇게 생각했다.

'나는 불타고 있는 집안에서 무사히 빠져 나왔지만 아들들은 불타고 있는 집 안에서 장난치기만 좋아하고, 집이 불타고 있는 것도 알지도 못하며, 놀라지도 두려워하지도 않으며, 불길이 몸에 닿아 고통이 닥칠 것인데도 놀라거나 걱정하지도 않고 오히려 나오려는 생각도 하지 않는구나.'

사리불이여, 장자는 또 이렇게 생각했다. '아직 내가 힘을 쓸 수 있으니까 옷 담는 함이나 책상 위에 아이들을 얹어 들고 나올까.' 그러나, 다시 생각하기를 '문은 하나뿐이고 좁기 때문에 오히려 철없이 장난에만 정신이 팔려 있는 이이들을 안고 나오다가 떨어뜨리면 불에 탈 것이 아닌가. 대신 불이 얼마나 무서운가를 말해 주고 지금 집이 불타고 있음을 빨리 알려 주어 집 밖으로 뛰어 나오라고 하자.' 하고 "집이 불타고 있으니 밖으로 빨리 나오너라." 하고 말했다.

아버지가 안타까운 마음으로 아무리 소리를 질러도 아이들은 장난만 좋아하고 믿으려 하지도 않으며, 놀라지도 않고 두려운 마음도 없이 집 밖으로 나가야겠다는 생각도 없었다. 더구나 불이 무엇인지

집이 무엇인지, 또 어떤 것이 타는지도 모르는 채 소리를 지르고 있
는 아버지를 흘끗 쳐다보고 계속 놀고 있을 뿐이었다.

(3-12) 아이들의 마음을 읽다

이때 장자는 또 이런 생각을 했다. '이제 집은 완전히 불길에 휩싸여
버렸는데 아이들이 아직도 나오지 못하면 반드시 타 버릴 것이니,
내가 방편을 써서 아이들을 빨리 구해야겠다.' 아버지는 아들들이
장난감을 보면 좋아할 것이라 생각하고 아들들에게 이렇게 말했다.
"너희들이 좋아하고 가지고 싶어하던 신기한 장난감이 여기 있으니
지금 당장 밖으로 나와서 가지고 가도록 해라. 양이 끄는 수레, 사슴
이 끄는 수레, 소가 끄는 수레가 지금 대문 밖에 있으니, 타고 놀기
에 아주 좋다. 아이들아, 불타는 집에서 빨리 나오너라. 그러면 원하
는 것을 모두 주마."

이때 아들들은 아버지가 말하는 장난감들이 마음에 들어 매우 기뻐
하면서 서로 밀치고 앞을 다투어 불타는 집에서 뛰쳐나왔다.

이때 장자는 아이들이 무사히 불타는 집을 빠져 나와 한 곳에 모여
있는 것을 보고 무척 기뻐했다. 아들들은 아버지에게 말했다. "아버
지, 먼저 주시겠다고 하시던 양이 끄는 수레, 사슴이 끄는 수레, 소
가 끄는 수레를 주십시오."

(3-13) 일불승으로 회통하다

사리불이여, 이 말을 들은 장자는 아들들에게 똑같이 큰 수레를 나
누어 주었는데, 그 수레는 높고 크고 여러 가지 보배로 꾸미고 난간
을 두르고 사면에 풍경이 달려 있었다. 또 수레 위에는 일산을 받치

고 휘장을 쳤는데, 모두 귀중한 보배로 장식했으며, 보배로 줄을 엮어 늘어뜨리고 꽃과 영락을 드리웠으며, 포근한 자리를 겹겹이 깔고 보랏빛 장침을 놓았으며, 흰 코끼리로 멍에를 매우고 통통하게 살이 쪘고 빛깔이 투명하고 깨끗했고, 몸이 좋고 기운이 세어 걸음이 평탄하고 바람같이 빠르며, 또 여러 시종들이 수레 뒤를 따랐다.

이러한 수레를 주면서 장자는 생각했다. '나의 재물이 한량없이 많은데 변변치 못한 작은 수레를 아이들에게 줄 수는 없다. 모두 내 아들이니, 그 중 한 명만을 사랑할 수도 없다.

내게는 칠보로 만든 큰 수레가 헤아릴 수 없을 만큼 많으니, 마땅히 평등한 마음으로 골고루 나누어 주어야 하며 차별이 있을 수 없다. 내가 가진 재물로 온 나라 사람들에게 모두 나누어 주더라도 모자라지 않을 것인데, 하물며 내 아들들에게 주는 것쯤이야."

그리하여 모든 아이가 각각 큰 수레를 타고 전에 없는 즐거움을 얻었는데, 이것은 아이들이 본래 희망하던 것은 아니었다.

사리불이여, 너는 어떻게 생각하느냐? 장자가 여러 아들에게 훌륭한 보배 수레를 똑같이 준 것을 허망하다 하겠느냐?"

"아닙니다, 부처님이시여. 장자의 아들들이 화재를 면하고 목숨만 보전해도 허망한 것이 아닙니다. 그 까닭을 말씀드리면 목숨만 보전한 것도 이미 훌륭한 장난감을 얻은 것보다 나은데, 하물며 방편으로써 이 아이들을 불타는 집에서 구제한 것은 말해 무엇하겠습니까? 부처님이시여, 만일 이 장자가 아이들에게 한 대의 작은 수레도 주지 않았다 해도 허망하지 않습니다. 아이들이 불타는 집 밖으로 나온 것만으로도 허망함이 없는데, 하물며 장자가 자기의 재물이 한량없음을 알고 아이들을 이롭게 하려고 똑같이 큰 수레를 나누어 준 것은 말해 무엇 하겠습니까?"

"착하다, 착하다, 사리불이여, 너의 말과 같다.

(3-14) 삼독에서 벗어나게 하다

사리불이여, 여래도 그와 같아서, 모든 세상의 아버지로서 온갖 공포와 쇠잔함과 시끄러움과 근심 걱정과 무명과 어두움이 영원히 소멸해 남음이 없으며, 한량없는 지견과 힘과 두려움 없음을 모두 성취하고, 큰 신통한 지혜의 힘이 있으며, 최상의 방편과 최고의 지혜와 대자대비를 모두 갖추어 모든 중생을 이롭게 했다. 그리하여 여래는 삼계의 낡고 썩은 불타는 집에 태어나서 중생들의 나고 늙고 병들고 죽고 근심하고 슬퍼하고 괴로워함과 어리석고 우매한 세 가지 독의 불에서 건져 그들을 교화해 위없는 최상의 깨달음을 얻게 하려는 것이다. 모든 중생은 생·로·병·사·우·비·고뇌 등의 불속에 타고 있으며, 또 다섯 가지 욕망과 재물을 얻기 위해 고통을 받으며, 또 탐착하고 끝없이 구하려 하므로 현세에서 온갖 고통을 받으며, 나중에는 지옥·축생·아귀의 괴로움을 받기도 하고, 어쩌다가 천상이나 인간 세상에 나더라도 빈궁해 고생스럽다.

사리불이여, 여래는 이러한 모습을 보시고 이렇게 생각했다. '내 분명 중생의 아버지이므로 그들이 받고 있는 고난을 제거하고, 끝없는 불지혜의 즐거움을 주어 그들의 삶을 즐겁게 하겠다.'

(3-15) 지혜와 방편으로 중생을 구제하다

사리불이여, 마치 장자가 자신의 몸에 큰 힘이 있지마는 아이들을 구하는데 힘을 쓰지 않고 은근하게 방편을 써서 아들들을 불타는 집에서 건져 낸 뒤에 훌륭하고 보배로운 큰 수레를 준 것처럼 여래도 그와 같아서 비록 힘이 있고 두려움이 없어도 그 힘을 쓰지 아니하고, 다만 지혜와 방편으로써 삼계라는 불타는 집에서 중생을 제도하기 위해 성승문·벽지불승·보살승 등 삼승을 연설하면서 이렇게 말씀하셨다. "너희들은 이 삼계라는 불타는 집에 있기를 좋아하지 말라. 변변치 않은 빛깔·소리·냄새·맛·닿음을 탐하지 말라. 만일 탐내어 집착하면 반드시 불타게 된다. 너희들이 이 삼계에서 빨리 나오면, 성문승·벽지불승·보살승을 얻을 것이다. 그러므로 너희들은 부지런히 정진하라.

삼승의 법은 성인들이 칭찬하는 것으로써 자유자재해 속박이 없고 의지해 구할 것도 없으니, 이 삼승에 의하면 누설이 없는 오근·오력·칠각지·팔정도·선정·해탈·삼매 등을 스스로 즐기면서 한량없는 편안함과 쾌락함을 얻게 된다."

(3-16) 성문, 연각, 보살의 비유

사리불이여, 어떤 중생이 안으로 지혜가 있어 부처님 법을 듣고 믿으며, 부지런히 정진해 삼계에서 벗어나려고 스스로 열반을 구하면 성문승이라 하며, 저 아이들이 양이 끄는 수레를 가지려고 불 타고 있는 집에서 뛰쳐나옴과 같다. 어떤 중생이 자연의 지혜를 구하며 혼자 있기를 좋아하고, 모든 법의 인연을 깊이 알면 이를 벽지불승이라 하며, 저 아들들이 사슴에 멍에를 씌운 수레를 가지려고 불타는 집에서 뛰쳐나옴과 같다.

어떤 중생이 한량없는 중생을 가엾게 여겨 안락하게 하며, 하늘사람과 사람들을 이롭게 하며, 모든 사람을 제도하면 이를 대승이라 하며, 대자 대비한 마음으로 대승을 구하면 이를 보살승이라 한다. 저 아들들이 소에게 멍에를 씌운 수레를 가지려고 불타는 집에서 뛰쳐 나옴과 같다.

(3-17) 삼승을 회통해 일불승으로

사리불이여, 마치 장자가 아이들이 불타는 집에서 무사히 빠져 나와 두려움이 없는 곳에 이르렀음을 보고 자기의 재산이 한량이 없음을 생각해 아들들에게 평등하게 큰 수레를 준 것처럼 여래도 그와 같다. 중생들의 아버지이신 여래는 중생들이 삼계의 고해에서 벗어나 진리의 문으로 들어와 무섭고 험한 길에서 열반을 얻었음을 보고는, 여래께서는 다음과 같이 생각했다. '나는 한량없는 지혜와 힘과 두려움 없음을 가졌으므로 이 중생들은 모두 나의 아들들이니 평등하게 대승을 줄 것이요, 한 사람이라도 혼자 열반을 얻게 하지는 않을 것이며, 모두가 여래의 열반을 얻게 할 것이다.'

사리불이여, 저 장자가 처음에는 세 가지 수레로 아들을 달래어 나오게 하고, 나중에 보물로 장엄해 편안하고 제일가는 큰 수레를 주었다. 장자에게 허물이 없는 것과 같이 여래도 그와 같다. 처음에는 삼승으로 중생을 인도하고 나중에는 대승으로만 제도해 해탈하게 한 것이다. 처음부터 중생들에게 대승법을 줄 수도 있지마는 저들이 받아들이지 못함을 알고 부처님께서 방편으로 삼승을 말해 일불승으로 돌아가는 것이다."

(3-18) 화택 비유의 게송

부처님께서 이 뜻을 거듭 펴시려고 게송으로 말씀하셨다.

"옛날에 한 장자가 큰 저택에 살고 있었는데
집은 낡고 오래되어 기둥은 썩었고 대들보는 기울어졌고
축대는 무너졌고 벽과 담은 허물어졌고 서까래는 드러났고
더러운 것 가득한데 오백 명이 그 속에서 살고 있었네.

올빼미 부엉이 독수리 까마귀 까치 뻐꾸기 뱀과 전갈 지네
도마뱀 노리개 족제비 살쾡이 여러 가지 나쁜 벌레 가득하며
여기저기 똥오줌 구린 곳 여우와 이리들 날뛰면서
시체를 물어뜯어 뼈와 살이 널려 있네.

(3-19) 세상은 난장판
개들이 몰려와서 먹을 것을 찾느라고
으르렁 거리면서 싸우는 소리
곳곳마다 도깨비와 허깨비, 야차들과 아귀들
송장을 씹어 먹고 잡아먹는 소리.

목이 바늘같이 가는 아귀 제멋대로 놀려 대는 구반도 귀신이며
머리털이 헝클어진 흉악한 귀신이며
싸우고 다투는 소리, 서로 잡아먹는다고 울부짖는 소리
이와 같이 난장판이며 밤마다 무섭기가 한량이 없네.

(3-20) 낡은 집에 불이 남
집주인 장자가 볼일 있어 집을 비운 사이
갑자기 불이 나서 사면에서 한꺼번에 불길이 타올라

대들보와 기둥이며 서까래가 튀는 소리
담과 벽이 무너지는 소리 여기가 바로 지옥이네.

불길에 놀란 부엉이 독수리 짐승들 울부짖는 소리
구반도 귀신들은 얼이 빠져 어쩔 줄 모르고
비사사 귀신들은 불길에 쫓기면서도 서로를 잡아먹네.
궂은 연기 곳곳마다 자욱하고 가득하며 불길은 하늘을 치솟네.

(3-21) 아이들은 노는데 정신 팔림
장자 볼일을 마치고 집에 돌아오니
불길은 아득한데 이웃 사람 말하기를
당신네 아이들이 노는데 정신 팔려
불난 것도 모르고 집안에서 놀고 있소.

장자가 애가 타서 큰 소리로 여러 번 불렀지만
이 일을 어쩔거나,
노는 데 정신 팔려 나올 생각 전혀 없네.
장차 이 일을 어찌할꼬.

불이 난 집안에는 구반도 귀신 비사사 귀신 가득하고
독사 전갈 여우 짐승들 이리저리 날뛰는구나.
아버지 애가 타서 무섭고 다급한 이 환난을 설명해도
아이들은 아무 것도 모르고 정신없이 놀고 있네.

(3-22) 장자 근심만 가득하네
아이들이 이러하니 장자 근심 걱정 가득하네.
이리저리 궁리 끝에 좋은 방편을 생각해 아이들에게 말하기를
보배로 만든 진기한 수레, 양과 사슴과 소에 멍에를 씌운 수레
대문 밖에 쌓였으니 빨리 나와 가져가라.

이 말을 들은 아이 다투어 밀치면서
불타는 집에서 뛰쳐나와 모든 환난 면했네.
밖으로 뛰쳐나와 거리에 모여 있는 아이들을 보고
이제는 모든 걱정 없어졌구나 하고 안심하는 장자여.

이때 아이들 편안하게 앉아 있는 장자에게로 나아가서
조금 전에 말씀하신 세 가지 좋은 수레
저희들이 나오면 주겠다고 하셨는데
지금이 그때이니 나누어 주십시오.

(3-23) 아이들에게 장난감을 주다
장자는 재산 많아 창고마다 금은보화 가득하네.
여러 가지 보물로 큰 수레를 만들어서
사면에는 풍경 달고 황금 줄로 엮었으며
진주 그물 만들어서 수레 위에 덮었네.

이러한 수레들을 아이에게 나눠 주니 아이들이 기뻐해
수레를 타고 사방으로 달리면서 거침없이 노는구나.

사리불아, 나도 또한 그와 같아 세상의 아버지라
중생들이 모두 나의 아들이며 삼계화택 속에서 그들을 구하네.

삼계는 불타는 집과 같은 것
모든 고통 가득해 무섭기 한이 없네.
나고 죽고 병들고 늙는 여러 가지 근심 걱정
탐진치의 불길들이 맹렬하게 타고 있네.

불타는 삼계를 벗어나서 진리의 바다에 이르니
불타는 삼계가 그대로 열반적정이네.
오욕락에 집착해 아무리 설명해도
믿지도 않으며 따르지도 않는구나.

중생의 근기따라 성문 연각 보살을 방편으로 말하는 것
사제법과 연기법을 부지런히 닦으면
세 가지 밝음과 여섯 가지 신통을 얻게 되지만
궁극은 일불승, 믿고 따라 수행하면 다음 생에 부처되리.

(3-24) 불타는 집에서 구해내다

천만 가지 신통력과 해탈이며 선정이며 지혜로
성문 대중 여러 보살 일불승 가르침인 깨달음에 들게 하며
사리불아, 이러한 인연으로 시방세계 구해도
부처님의 방편을 제하고는 진실한 법 없느니라.

너희가 오랜 겁을 고통의 불에 타는 것을
내가 모두 제도해 삼계에서 구해냈네.
너희에게 열반했다 말한 것은 생사를 다 했을 뿐 진실한 열반 아니니
진정 너희들이 이룰 것은 부처 지혜뿐이니라.

(3-25) 방편으로 열반에 들게 하다
괴로움의 근본을 모르고 고통 받는 모든 중생
세상의 모든 것이 무상하고 덧없어 고임을 설하노라.
괴로움의 원인이 집착임을 밝혀 주고
방편으로 인도해 열반에 들게 하네.

자신을 깊이 관조해 여덟 가지 바른 실천으로
괴로운 현실이 극복된 멸의 진리에 이르게 되네.
부처님께서 가르치신 진리에 이르는 방법은
다름 아닌 고·집·멸·도 사성제의 실천이네.

괴로움 벗어나고 실상이 허망함을 바로 알아 해탈을 얻었는데
부처님께서는 이러한 해탈을 참된 열반이라 아니 하시는구나.
나는 이미 법왕되어 모든 법에 자유자재
중생들을 건지려고 이 세상에 온 것이니라.

내가 설한 이 가르침은 세간의 복밭이네.
함부로 교화하다 오해하면 더 큰 죄를 짓게 되며
어떤 사람 이 법 듣고 기뻐하는 마음 일어나면

이 사람이 다름 아닌 불퇴전의 보살이네.

(3-26) 묘법연화경에 대한 믿음
이 경전을 믿는 이가 있다면 그는 진정한 일불승이네.
이 사람은 지난 세상 부처님 만나 뵙고 목숨걸고 수행한 자
성문과 벽지불의 지혜로는 이 경을 이해할 수 없으며
그래도 이 경전을 듣고 믿고 받드는 이, 보살들뿐이구나.

사리불이여,
교만하고 게으르고 나에 집착하는 자와
오욕에만 탐착하는 범부 중생들에게는
이 묘법연화경을 설하지 말라.

이 경전을 믿지 않고 비방하는 어떤 사람
수억 겁을 지내면서 부처 종자 끊어지며
의혹심을 일으키면 이 사람이 받을 과보
자세히 설할 테니 귀기울여 들어 보라.

(3-27) 경전 불신의 업보
그 사람 죽은 뒤에 아비지옥 떨어져서
한 겁 동안 죄를 받고 나고 죽음, 무수 겁을 지내다가
개가 되고 짐승되어 축생 과보 받게 되며
가는 곳마다 사람에게 미움 받고 천대 받게 되리라.

낙타나 당나귀로 태어나서 무거운 짐 등에 싣고
채찍을 맞으면서 여물만 생각할 뿐 다른 것은 모르나니
이 경전 비방하면 이런 과보 받느니라.
이러한 과보 받아 부처의 종자까지 끊어지네.

들짐승 몸을 받아 마을에 내려오면 아이들에게 시달리고
온갖 고통을 다 받다가 결국에는 죽게 되며
여기서 다시 구렁이 몸을 받아 모든 사람이 외면하네.
이 경전 비방하면 이런 과보 받느니라.

(3-28) 경전 비방의 업보
이 경전 비방하면 사람 몸 받더라도
난쟁이 곰배팔이 절름발이 곱사등이 몸을 받고,
눈은 멀고 귀는 먹고
무슨 말을 해도 사람들이 믿지 않네.

입냄새 고약하고 거지 몸 받게 되며
귀신들이 따라붙어 평생 동안 병을 앓고
역적 도모 강도죄와 절도죄로
이유 없이 걸려들어 억울한 형벌 받네.

죄 많은 이 사람은 어려운 곳에 태어나며
귀먹고 마음 산란해 불법을 듣지 못하며
삼악도 윤회하기를 자기 집 안방 드나들 듯 하네.

이 경전을 비방하면 이런 과보 받느니라.

날 때마다 귀가 먹고 장님 되며
말못하는 벙어리 되고 몸은 불구 되며
수종 소갈증 옴 연주창 등창이 끊이지 않으며
몸은 항상 악취 나서 견딜 수가 없구나.

음탕한 마음 치성해
부모형제도 안 가리며 짐승도 안 가리네.
이 경전 비방하면 받는 과보
한 겁을 해도 끝이 없네.

(3-29) 경전을 믿고 설법 듣는 이의 공덕
어떤 사람 영리해 지혜 있고 총명해
부처도를 구하는 이, 지난 세상 부처님께 공양 올려
믿는 마음 견고한 이, 이와 같은 사람들은
이 경전을 믿고 따르리니 그들에게 설해라.

부지런히 정진해 자비심이 가득한 이,
마음에 탐욕 적어 예의가 반듯한 이, 어리석음 멀리 떠나
산수를 좋아하는 이, 이와 같은 사람들은
이 경전을 믿고 따르리니 그들에게 설해라.

생활이 반듯해 오계를 잘 지키는 이
생명들을 사랑해 마음이 부드럽고 성 안 내는 이
이와 같은 사람들은 대승법을 이해하고 믿을 것이니
일불승 묘법연화경을 그들에게 설해라.

무량겁을 말해도 어찌 다 할까마는
사리불이여, 부처 도를 구하는 이
이와 같은 사람들은 이해하고 믿으리니
미묘한 법화경을 그들에게 설해라.

지극한 마음으로 불사리 구하는 이
또한 그러한 마음으로 경전을 구해
두 마음 내지 않고 정수해 불법을 구하네
다른 데 뜻이 없으니 경전만을 그들에게 설할 뿐이네."

4. 신해품

(4-1) 수기는 생명에 대한 축복이며 가능성이다

이때 장로 수보리와 가전연(迦旃延, Katyayana)과 마하 가섭과 목건련이 부처님으로부터 드물고 귀한 법문을 처음 들었으며, 또 부처님께서 사리불에게 최상의 깨달음에 대한 수기를 주는 것을 보고 더할 수 없는 최상의 마음으로 기뻐하면서, 자리에서 일어나 옷을 바르게 하고 오른쪽 어깨를 드러내고 오른쪽 무릎을 땅에 대고 지극한 마음으로 합장하고 허리를 굽혀 공경했다. 마하 가섭이 부처님을 우러러 보면서 말씀드렸다.

"저는 대중 가운데 나이가 제일 많은 수행자입니다. 스스로 '이미 열반을 얻었으며 더 이상 할 일이 없다'라고 생각해 최상의 깨달음을 구하려고 노력하지 않았습니다. 지금 부처님의 말씀을 듣고 진정으로 참회합니다. 다시금 이 몸이 죽어 한줌의 흙으로 돌아갈 때까지 목숨을 걸고 기쁜 마음으로 수행 정진해 최상의 깨달음을 성취하겠습니다. 진정 즐거운 마음으로 수행하겠습니다. 부처님 감사합니다. 사리불에게 최상의 깨달음을 성취할 수 있다는 수기를 주심은 진정 크나큰 은혜입니다. 어찌 사리불에게만 주시는 수기이겠습니까? 이것은 생명에 대한 진정한 축복이며 가능성입니다. 정말 감사합니다.

(4-2) 제2 장자 궁자의 비유

제가 다른 수행자들이 이해하기 쉽도록 비유를 들어 저의 뜻을 밝히겠습니다.

어떤 사람이 어릴 때에 이웃 마을로 놀러갔다가 길을 잃어 집으로 돌아오지 못하고 집을 찾아 헤매다가 거지가 되었습니다. 이 지방 저 지방으로 다니면서 십 년, 이십 년, 오십 년을 살았습니다.

사방으로 구걸을 하며 다니다가 우연히 고향으로 돌아오게 되었습니다. 한편 아버지는 자식을 찾아 나섰다가 포기하고 고향에 머물러 살았습니다. 그 아버지는 대단히 부유해 금은 보화등 재물이 한량없었으며, 논밭을 내주고 품삯을 받아들이는 일이 다른 나라에까지 미쳐 출입하는 장사치와 거간꾼들이 수없이 많았습니다.

아버지는 아들과 이별한 지가 오십 년이 되었으나, 한시도 아들을 잊은 적이 없었지만 다른 사람들에게는 아들의 일을 말하지 않고 마음속에만 묻어 두었습니다. 스스로 한탄하기를 '아들이 살아 있어서 이 재산을 물려줄 수만 있다면 더 이상 무엇을 바라겠는가?'라고 생각했습니다.

(4-3) 거지 아들 우연히 집을 기웃거리다

부처님이시여, 이때 거지가 된 아들은 이집저집 떠돌아다니다가 우연히 아버지가 사는 집에 이르러 대문 밖에 서 있었습니다. 거지가 된 아들이 대문에서 집 안쪽을 바라보니 주인은 사자좌에 앉아서 보배로 만든 받침에다 발을 올려놓고 바라문과 찰제리, 거사들이 그를 공경해 에워싸고 있으며, 관리인들과 하인들이 흰 불자를 들고 좌우에 시위하고 있었습니다. 또한 보배 휘장을 두르고 화번을 드리웠으며, 향수를 땅에 뿌리고, 온갖 훌륭한 꽃을 흩어 매우 호화롭게 장식되어 있었고 주인은 위엄과 덕이 있는 훌륭한 사람으로 보였습니다.

거지가 된 아들은 주인의 화려한 치장과 부유함을 보고 그가 큰 세력가인 줄 알고 두려운 생각에 여기 온 것을 후회하면서 다음과 같이 생각했습니다. '이 집 주인은 왕이거나 혹은 높은 벼슬을 하는 어른인가 보다. 이곳은 내가 품을 팔아 삯을 받을 곳이 아니다. 차라리 다른 가난한 마을을 찾아가서 마음 편히 품을 팔아 살아가는 것이 나을 것 같다.   여기서 머뭇거리다가 붙들리면 강제로 일을 시킬지도 모르는 일이다.' 이렇게 생각하고 빨리 그곳을 떠났습니다.

(4-4) 장자가 거지 아들을 쫓아가다

그때 장자는 사자좌에서 그 거지가 아들임을 알아보고 매우 기뻐하면서 이렇게 생각했습니다. '내 창고에 가득한 재산을 이제 전해 줄 이가 생겼구나. 내가 아들을 항상 생각하면서도 만날 수가 없더니, 이제 아들이 나타났으니 나의 소원을 이루게 되었구나.'하고 곧 하인을 보내어 데려오게 했습니다. 그때 하인이 쫓아가서 거지 아들을 붙드니, 아들은 놀라서 크게 부르짖었습니다. "나는 아무 잘못이 없는데 왜 나를 쫓느냐?" 하인은 거지가 된 아들을 강제로 데려가려 했습니다.

그때 아들은 '붙들려 가면 반드시 죽게 될 것이다'.라고 생각하고 매우 놀라서 기절하고 말았습니다. 아버지가 멀리서 이 광경을 보고 하인에게 말했습니다. "그 사람은 필요 없으니 억지로 데려오지 말고, 얼굴에 냉수를 끼얹어 정신이 들도록 하되 그에게 아무 말도 하지 말라." 아버지는 아들이 자신의 부를 몹시 두려워하고 있음을 알아차리고 그가 아들이란 것을 아무에게도 말하지 않았습니다. 그래서 방편으로 스스로 인식하게 하려고 마음 먹었습니다. 하인은 정신을 차린 거지에게 말하기를 "이제 너를 놓아줄 터이니 마음대로 가라." 했습니다. 거지는 뛸 듯이 기뻐하면서 얼른 그 집을 떠났습니다.

(4-5) 장자의 방편

그때 장자는 아들을 데려오려고 한 방편을 생각해 냈습니다. 그리하여 행색이 초라하고 보잘것없는 두 사람을 몰래 보내면서 이렇게 일렀습니다. "너희들은 그 사람에게 가서, 품팔 곳이 있는데 삯은 곱을 준다고 해라. 그래서 그가 가겠다고 하거든 데려오고, 무슨 일을 할 것이냐고 묻거든, 거름을 치는 일인데 너희들도 함께 일한다고 해라." 두 사람은 거지가 된 아들을 찾아가서 장자가 시킨 대로 말했습니다. 그 후부터 거지가 된 아들은 장자의 집에 머물면서 거름을 치고 삯을 받으면서 지냈습니다. 어느 날 장자가 방안에서 창틈으로 내다보니, 아들의 몸은 야위어 초췌하고, 먼지와 거름이 몸에 잔뜩 묻어 더럽기 짝이 없었습니다.

그래서 아버지는 때가 묻은 허름한 옷으로 갈아입고 오른손에 거름 치는 삽과 괭이를 들고 조심조심 일꾼들이 일하는 곳으로 갔습니다. "그대들은 부지런히 일하고 게으름을 부리지 말라."하면서 아들에게 가까이 가서 말했습니다. "가엾다, 이 사람아. 그대는 이제부터 다른 곳에는 가지 마라. 품삯도 차차 올려 줄 것이고, 지내는 데 필요한 물건들을 넉넉하게 줄 테니 걱정하지 말아라. 나를 아버지 같이 여기면서 지내거라. 너는 일을 할 때에 게으르거나 속이지 않으며 말이 없고 착해서 내 마음에 든다."

그때, 궁한 아들은 이런 대우를 받는 것이 기뻤으나, 여전히 머슴살이하는 천한 사람이라는 것을 잊지 않았습니다. 그렇게 이십 년 동안을 항상 거름만 치면서 지내는 동안 장자와 거지가 된 아들은 서로 믿고 허물없이 지내는 사이가 되었지만 아들은 일꾼의 신분을 잊지 않고, 여전히 본래의 거처를 옮기지 않았습니다.

(4-6) 거지 아들이 자신의 아들임을 선언하다

부처님이시여, 어느 날 장자가 병이 났습니다.

죽을 때가 멀지 않았음을 알고 아들에게 말하기를 "나의 창고에는 금은 보배가 가득차 있다. 오늘부터 모두 네가 맡아서 처리해라. 내 마음이 이러하니, 너는 내 뜻을 받들어라. 모든 재산이 너의 것이라고 생각하고, 소홀히 다루거나 실수하지 말라."고 했습니다.

거지가 된 아들은 그날부터 창고를 지키면서 조금도 그 재물을 탐내지 않았을 뿐만 아니라 항상 일꾼들이 거처하는 곳에서 지냈습니다. 얼마 후, 장자는 거지가 된 아들의 마음이 점점 나아져서 큰 뜻을 품게 되었고, 예전의 용렬했던 모습이 없어진 것을 알았습니다. 그러다가 임종이 가까워 오자 아들을 시켜 친척과 국왕과 대신과 찰제리와 거사들을 모이게 한 후 이렇게 선언했습니다.

"여러분, 이 아이는 내 아들이오. 내가 낳아서 길렀는데, 아무 해에 고향에서 길을 잃어 버리고 여러 곳으로 떠돌기를 오 십여 년이었소. 이 아이의 본명은 아무개이고 내 이름은 아무개요. 그때 고향에서 아이를 잃어 버렸을 때 찾으려고 무척 애를 썼는데 찾지 못하다가 거지가 된 모습으로 내 집에서 뜻밖에 만나게 된 것입니다. 지금부터는 내가 소유했던 모든 재산이 이 아이의 소유며, 예전부터 출납하던 것도 이 아이가 알아서 할 것이오."

부처님이시여, 이때 아들은 아버지의 말을 듣고 크게 기뻐해 얻기 힘든 것을 얻었다 하면서 '나는 본래 이 재산에 대해서 아무런 바람도 없었는데, 이제 엄청난 보배 창고가 저절로 왔다.'고 생각하고 좋아했습니다.

(4-7) 부처님의 자비

부처님이시여, 큰 재산을 가진 장자는 여래이시며, 저희들은 집을 잃어 버린 아이와 같습니다. 언제나 저희들에게 자비로우신 부처님, 진정 감사합니다.

부처님이시여, 저희들이 세 가지 괴로움으로 인해 생사를 거듭하면서 온갖 번뇌의 꽃을 피웠고 소승법만 좋아하면서 저희들의 소견이 맞다고 고집했습니다. 지금도 저희들은 조그마한 성취에 만족해 그것이 저희들이 도달해야 할 목적지이며, 전부인 줄 알고 만족하고 있었습니다.

그러나 부처님께서는 소승법을 좋아하는 저희들의 모자라는 마음까지도 때가 될 때까지 내버려두는 자비로움을 베풀어 주셨습니다. 저희들은 부처님께서 가르쳐 주신 열반에 이르는 하루 품삯이 열반의 전부인 줄 알고 고집하며 자만했습니다. 부처님께서는 저희들이 소승법이 최고인 줄 알고 소승을 좋아하는 것을 아시면서도 방편으로 저희들의 뜻에 맞추어 바르게 나아갈 수 있게 해 주셨습니다.

(4-8) 수행자들의 목표

이제야 비로소 대승법으로 저희들의 눈을 열어 주셨습니다. 소승이 대승으로 환원되는 귀한 가르침을 주셔서 정말 감사합니다. 비로소 부처님께서 얼마나 큰 자비로움으로 저희들을 지켜보고 계시는 것을 알겠습니다. 여기서 말씀하신 일불승의 뜻을 조금이나마 깨닫고 수행자들이 진정으로 추구해야 할 것이 최상의 깨달음이라는 것을 이제야 알겠습니다."

(4-9) 가섭, 게송으로 비유하다
마하가섭 말하기를,
"저희들이 오늘 부처님 말씀 듣고
크게 기뻐해 얻기 힘든 귀중한 것을 얻었습니다.
비유를 들어 말씀을 드리면 어린아이 집을 나가
여러 지방 떠돈 지가 오십 년이 되었습니다.

장자는 아들 찾아 수십 년을 헤맨 끝에 한 성에 머물렀네.
주고받는 장사 일이 타국까지 두루 퍼져 논밭과 하인들
그 집에 머무는 장사치와 거간꾼들 수없이 많으며
벼슬아치 명문 거족 임금까지 존경했습니다.

나이가 들수록 아들 생각 더욱 간절한데
아무 것도 모르는 거지 아들 이 마을 저 마을 걸식하며 다니는데
굶주리고 야위었고 옴과 버짐이 몸에 가득 악취를 피워 내며
이곳저곳 헤매다가 마침내 아버지 사시는 성에 당도했습니다.

(4-10) 거지 아들 놀라 기절함
그때 장자는 보배 휘장을 둘러치고 사자좌에 앉아 있네.
권속들은 둘러싸고 시중들이 호위하며

어떤 이는 금은 보화 주판으로 계산하고
들고 나는 재산을 장부에 기록하고 있었습니다.

대문 틈으로 들여다보는 거지를 아비가 바라보니
한 눈에 아들이라 사람을 보내 붙들어 오게 하니
이 사람들 날 붙드니 틀림없이 죽이리라 생각하고
거지 아들 놀라서 기절했습니다.

거지 자식 용렬해 자신의 말을 믿지 않음을 알고
애꾸눈에 난쟁이 못난 하인을 시켜 품팔 것을 설득하네.
거름을 치워 주면 품삯 곱을 준다고 하니 거지 아들 기뻐하며
못난이 하인과 방과 마루를 치우며 열심히 일을 했습니다.

(4-11) 장자 방편으로 거지 아들에게 접근
장자가 허름한 옷으로 바꿔 입고
거지 아들에게 접근해 부지런히 일 잘하면
품삯도 올려 주고 먹을 것도 넉넉하게 입을 것도 따뜻하게
대우를 잘 해 주니 믿고 잘 따랐습니다.

이십 년이 지나 집안일 전체를 보게 하고 문간방에 거처하며
장자는 아들에게 재산을 물려주려고 국왕 대신
친족과 동네 사람들을 모아놓고 이 아이가 오십 년 전에 집 나간
내 아들이오. 재산을 물려주니 그렇게 아시오 했습니다.

가난하던 아들 마음 편협하고 여유 없더니
오늘날 아버지의 큰 재산 물려받게 되어
큰 집과 많은 재산 모두 내 것이 되었으니
기쁘기 한량없고 전에 없었던 일입니다.

(4-12) 위없는 바른 깨달음을 설하시다
부처님도 그와 같아 저희들이 좋아하는 성문을 가르치고
그 다음에 대승법인 최상승 법을 가르쳐서 성불 수기 주시네.
보살들을 위해 여러 가지 인연과 갖가지 비유로써
위없는 바른 깨달음 설하십니다.

이때 여러 부처님 그들에게 수기 주어
'그대들은 다음 생에 성불하리라' 하시네.
모든 부처님이 은밀히 간직한 법
어리석은 저희 성문들은 알지 못했습니다.

저 아들이 아버지를 친근하게 모시면서
모든 재산 맡았으나 가질 마음 없었던 것처럼
저희들도 대승법을 입으로는 말했지만
원하지 않았던 것이 또한 이와 같습니다.

번뇌만 끊고 나면 해야 할 모든 일을 마친 줄 알고
불국토를 깨끗하게 하고 중생을 교화하는 일 접어 두고
진정한 열반도 아닌 유여열반을 최상의 법으로 착각하고

깨달음을 성취해 부처님의 은혜를 보답했다고 생각했습니다.

(4-13) 거지 아들 방편으로 성문이 되다

장자가 용렬한 아들 방편으로 마음을 조복 받듯이
부처님도 방편으로 소승을 깨뜨리고 마음을 조복 받고
대승 지혜 가르치시니 지혜 복덕 저절로 불어나듯
궁한 아들 뜻밖에 많은 보배 얻음과 같습니다.

부처님이시여, 저희들이 오랜 세월 청정계율 닦고 닦아
이제서야 그 과보를 얻습니다.
부처님의 마음으로 중생소리 듣게 되어 참 성문 되었으며
참된 아라한 되어 하늘과 사람들의 공양을 받습니다.

부처님도 방편으로
마음을 조복 받은 후 대승 지혜를 가르치시니
궁한 아들 뜻밖에 많은 보배 얻음과 같으며
오늘에야 성문 아라한 되어 대중 가운데 공양 받게 되었습니다.

(4-14) 부처님의 은혜

부처님의 크고 크신 은혜
중생들을 제도하신 은덕
생명의 참 성품을 밝히신 은덕
한량없는 세월에도 누가 능히 갚겠습니까?

머리 조아려 예경하고 항하사 겁 동안에
진귀한 보물과 온갖 약재를 공양하고
우두전단으로 탑을 지어 공양하며
온갖 것을 공양한들 부처님 은혜 갚을 길 없습니다.

(4-15) 근기에 맞게 법을 설하다
한량없고 그지없어 생각할 수 없는 부처님이시여
상에 탐착한 중생들을 위해 진리를 설하시고
모든 법에 자유자재 하시어
중생들의 욕망과 뜻을 낱낱이 아십니다.

중생들의 근기 따라 이해할 수 있도록
한량 없는 비유로써 법을 설하시며
지난 생에 심어 놓은 중생들의 근기를 낱낱이 살피시어
일불승의 불도를 삼승으로 나누어 알맞게 설법하십니다."

5. 약초유품

(5-1) 제3 약초의 비유

그때 부처님께서는 마하 가섭과 여러 제자에게 말씀하셨다.

"착하고 착하다. 가섭이여, 여래의 진실한 공덕을 잘 말했다. 진실로 너의 말과 같으며, 여래는 한량없고 그지없는 무한한 덕이 있으니 너희들이 억만 겁을 말해도 다 할 수 없다.

가섭이여, 여래는 모든 존재의 본질을 꿰뚫어 알고 있으므로 말하는 모든 것이 진실하다. 여래는 모든 법에 대해 상대방의 근기에 따라 지혜와 방편으로 말씀하시어 수행자를 최고의 지혜에 이르게 한다. 여래는 모든 법이 돌아갈 곳을 관조해 알며, 모든 중생의 마음의 움직임을 통달해 걸림이 없다. 또한 모든 법의 근원을 알아 중생들에게 온갖 지혜를 보여 준다.

가섭이여, 비유하자면 삼천대천세계의 산과 들에서 자라는 초목들과 약초들은 수없이 많다. 비구름이 삼천대천세계를 덮고 일시에 비가 내리면 초목들과 약초들의 뿌리와 줄기와 잎들은 각각 필요한 만큼 물을 받아들이며, 초목들과 약초들의 종류와 성질에 따라 잎과 줄기가 성장하며 꽃이 피고 열매를 맺는다. 비록 한 땅에 나고 같은 비로 적심을 받는다 해도 뿌리와 줄기와 잎들이 다르게 받아들이듯이 중생들의 근기와 성품에 따라 각각 다른 결과를 가져오게 된다.

(5-2) 여래 십호로 중생을 제도하다

가섭이여, 여래도 그와 같아서 세상에 출현하심은 큰 구름이 일어나는 것과 같고, 큰 음성으로 진리를 설해 하늘, 사람, 아수라에게 두루 들리게 함은 큰 비가 삼천대천세계의 모든 초목에게 골고루 내리는 것과 같다. 그리하여 여래는 여러 대중에게 다음과 같이 선언한다.

"나는 여래, 응공, 정변지, 명행족, 선서, 세간해, 무상사, 조어장부, 천인사, 불 세존이니, 제도하지 못한 자를 제도하고, 이해하지 못한 자를 이해시키고, 편안하지 못한 자를 편안하게 하고, 열반에 들지 못한 자를 열반에 들게 한다. 또한 전생, 현생, 내생을 분명히 알아 일체를 아는 자며, 일체를 보는 자며, 도를 아는 자며, 도를 여는 자며, 도를 설하는 자이다. 너희 하늘, 사람, 아수라들은 법을 들으려면 다 여기로 오너라."이때 하늘, 사람, 아수라 등 수천억 종류의 생물들이 부처님 계신 곳에 와서 법문을 들었다. 부처님께서는 중생들의 근기가 영리하고 둔함에 따라, 부지런하고 게으름에 따라 법을 설해 수많은 중생이 즐거워하고 기뻐했으며, 또한 그들은 많은 이익을 얻었다.

중생들이 이 법을 들으면 이생에는 편안하고, 내생에는 좋은 곳에 태어나 도를 닦아 즐거움을 누리고, 또한 진리를 듣게 되고 나아가 진리를 실천해 모든 장애를 여의고 그의 능력에 따라 점점 도의 세계에 들어가 결국에는 견성 성불하게 된다. 마치 큰 구름이 모든 초목과 약초에 비를 내리면 그 종류와 성품에 따라 적당하게 성장하는 것과 같다.

(5-3) 법은 한 모양이다

여래가 설하는 법은 한 모양이며 한 맛이다. 해탈상, 이상, 멸상, 구경열반상, 적멸상으로써 공을 설하며 마침내 일체종지에 이르는 것이다. 어떤 중생이 여래의 법을 듣고 받들어 지니거나 독송하거나 가르침에 따라 수행한다면 얻는 공덕은 말로 다 할 수가 없다. 여래는 중생들의 종류와 모양과 본체와 성품을 잘 알고 있기 때문에 중생들이 무엇을 기억하고 있으며, 무엇을 생각하며, 무엇을 닦는지, 또 어떤 생각을 하면 어떤 결과가 나타나고, 어떻게 닦으면 어떤 결과가 올 것인지를 알고 있다. 중생들은 자신이 처해 있는 경지를 알지 못하지만 여래는 분명히 보아 밝게 알고 있으니, 마치 저 초목들이 스스로의 상·중·하 성품을 알지 못하되 여래는 이들의 성품을 아는 것과 같다.

가섭이여, 너희들이 수행자로서의 성품을 갖추고 있으니 한량없이 기쁘다. 여래가 설하는 법은 근기에 따라 설하지만 중생들의 잘못된 업 때문에 이해하기도 어렵고, 실천하기는 더욱 어려운데 너희들은 믿고 따라 수행하니 이 또한 큰 복이다."

부처님께서 이 뜻을 거듭 펴시려고 게송으로 말씀하셨다.

"시방에 골고루 내리는 단비는
산과 내와 골짜기 초목과 약초들 큰 나무와 작은 나무
온갖 곡식들 한 맛의 비를 맞아 모두 풍성하게 자라지만
키 큰 나무, 작은 나무 성품 따라 제 각기 생장하네.

뿌리와 줄기, 가지와 잎새, 꽃의 색깔, 열매의 모양
한 맛의 비를 맞아 싱싱하고 빛나지만
그 본질과 성품과 모양에 따라
적시는 비는 하나이지만 무성함은 제각기 다르네.

(5-4) 법비는 평등하게 내린다
부처님도 그와 같아 이 세상에 오시는 일은
구름이 온 세상을 덮는 것과 같으며
이 세상에 오신 뒤엔 모든 중생을 위해
모든 법의 참된 이치 분별해 설하시네.

세상을 덮는 큰 구름이 큰 비를 내리듯이
고통 받는 중생들에게 감로비를 뿌리시네.
괴로움을 벗어나서 편안하고 즐거운 열반을 설하시며
궁극의 깨달음을 위해 인과 연을 지으시네.

부처의 눈으로 보면 모든 것은 한결같고 평등해
귀하고 천하고 높고 낮음 원래 없네.
지혜로운 이와 어리석은 이를 가리지 않고
평등하게 법비를 내리시네.

모든 중생 능력대로 여러 지위에 머무니
전륜성왕 제석천왕 범천왕으로 태어남은 소품 약초이며
산속에서 정진하는 연각은 중품이며
선정 닦아 정진해 깨달음을 구함은 상품 약초이네.

(5-5) 약초와 작은 나무와 큰 나무의 비유
항상 자비를 행하며 성불을 구하는 이는 작은 나무이며
보살행을 행하며 중생을 제도하며 성불을 구하는 이 큰 나무이네.

부처님의 평등한 법문 단비와 같지만 중생들의 근기 따라
크고 작은 초목처럼 성문 연각 보살을 길러 내시네.

부처님께서는 여러 가지 비유와 방편으로 말씀하시지만
결국에는 한가지 최상승법으로 돌아가네.
내가 이제 법비를 내려 우주에 가득하니
성품대로 도를 닦아 언젠가는 성불하네.

산속에 정진해 성문이나 연각의 과를 얻는 것은 약초와 같고
지혜와 행이 뛰어나 보살의 과를 얻는 것은 작은 나무와 같고
모든 법의 공함을 터득해 깨달음을 증득하면 큰 나무와 같네.
부처님 말씀 한 맛이지만 사람 꽃에 맺는 열매 성품 따라 달라지네.

가섭이여, 자세히 알라.
이러한 인연들과 여러 가지 비유로써
불도를 보이니
이것은 모든 부처님의 방편이다.

내가 이제 너희들 위해 참된 사실 말하니
성문 연각은 참 열반이 아니며
너희들이 닦아 수행할 것은 보살의 도이며
점차로 닦아 행해 결국에는 부처 이루리라.”

6. 수기품

(6-1) 가섭의 수기

이때 부처님께서는 게송을 말씀하시고 모든 대중에게 이렇게 선언
하셨다.

"마하가섭은 미래세에 삼백만억의 부처님을 받들어 공양하고, 공경
하며, 찬탄해 부처님께서 설하신 법을 널리 펴다가 최후로 몸 받은
세상에서 성불할 것이다. 이름은 광명여래이며, 나라 이름은 광덕이
며, 시대(겁)의 이름은 대장엄이며, 부처님의 수명은 십이 소겁이며,
바른 법이 세상에 머무는 기간은 이십 소겁이 될 것이다.

그 나라는 깨끗하고 장엄하게 꾸며져 있어 더러운 것이 없으며, 땅
은 평평하고 비옥하며 유리와 같이 투명하며, 거리에 있는 모든 것
이 금은 보화로 만들어져 진귀하다. 그 나라에는 보살과 성문들이
수천억이나 되며, 비록 사도를 따르는 무리들이 있다 해도 결국에는
불법으로 돌아올 것이다."

부처님께서 이 뜻을 거듭 펴시려고 게송으로 말씀하셨다.

"마하가섭은 미래세에 무수겁 동안 부처가 되기 위해
삼백만억 부처님을 받들어 공양하고 찬탄하며
부처님의 법을 널리 펴다가 광명여래로 성불할 것이니
나라 이름은 광덕이며 시대의 이름은 대장엄이니라.

나라는 깨끗하고 장엄하게 꾸며져 있으며
땅은 평평하고 비옥하며 유리와 같이 투명하며
그 나라에는 보살과 성문들이 수천억이나 되며
비록 사도들이라 해도 결국은 불법으로 돌아올 것이다.

부처님께서는 대승법으로 중생들을 교화하시며
그 부처님의 수명은 십이 소겁이 되며
정법이 세상에 머무는 기간은 이십 소겁이 되며
상법이 세상에 머무는 기간도 이십 소겁이 된다.

(6-2) 목건련과 수보리와 가전연의 게송

이때 목건련, 수보리, 가전연이 감격의 눈물을 흘리며 일심으로 합장하고 부처님을 우러러 보며 함께 게송으로 말씀드렸다.

"석가족으로 태어나 법왕 되시어
크게 용맹하신 세존이시여
저희들을 어여삐 여기시고
지혜와 자비의 비 내리소서.

흉년 든 나라에서 모든 백성이
임금이 주는 음식을 받고도
송구해 먹지 못하다가
명령을 받고서야 비로소 음식을 먹듯이.

저희들의 마음 살피시고
성불 수기를 주신다면
지친 이 마음에 감로수 뿌려
탐심 진심 녹여 내고 이 마음 빛이 될 것입니다."

(6-3) 수보리의 수기

이때 부처님께서는 제자들의 마음을 아시고 수보리와 가전연과 목
건련에게도 수기를 주셨다.

"수보리야, 너는 미래세에 삼백만억 부처님을 받들어 공양하고, 공
경하며, 찬탄해 부처님께서 설하신 법을 널리 펴고 수행 생활을 깨
끗하게 하며 최후로 몸 받은 세상에서 성불한다. 이름은 명상여래이
며, 나라 이름은 보생이며, 시대(겁)의 이름은 유보이며, 부처님의
수명은 십이 소겁이며, 바른 법이 세상에 머무는 기간도 십이 소겁
이 된다.

그 나라는 깨끗하고 장엄하게 꾸며져 있어 더러운 것이 없으며, 땅
은 평평하고 비옥하며 유리와 같이 투명하며, 거리에 있는 모든 것
이 금은 보화로 만들어져 진귀하다. 명상여래는 그 나라에서 수행하
고 있는 수많은 보살과 성문들을 제도한다."

부처님께서 그 뜻을 거듭 펴시려고 게송으로 말씀하셨다.

"대중들이여 한결같은 마음으로 나의 말을 들어라.
수보리는 삼백만억 나유타 부처님께 공양 올리고
명상여래라는 이름으로 성불하리니 삼십이상 아름다운 몸매
갖추었으며, 국토는 깨끗하게 장엄되었네.

모든 중생 근성이 총명해 진리에서 물러나지 않으며
성문과 보살들이 수없이 많고 삼명과 육신통 모두 갖추었네.
여러 하늘과 사람들 합장하고 나의 말을 들어라.
부처님 수명은 십이 소겁이며 정법은 이십 소겁 동안 머문다."

(6-4) 가전연의 수기

"이제 가전연에게 성불 수기를 주리라. 잘 들어라.
가전연은 다음 세상에 팔천억 부처님께 공양물로 공양을 올리고, 받들어 섬기며, 부처님이 멸도하신 후 거대한 탑묘를 세워 찬탄할 것이며 최후로 몸 받은 세상에서 성불한다. 이름은 염부나제금광 여래이며, 부처님의 수명은 십이 소겁이며, 바른 법이 세상에 머무는 기간도 십이 소겁이 된다.
그 나라는 깨끗하고 장엄하게 꾸며져 있어 더러운 것이 없으며, 땅은 평평하고 비옥하며 유리와 같이 투명하며, 거리에 있는 모든 것이 금은 보화로 만들어져 진귀하다. 염부나제금광여래가 다스리는 나라에는 지옥, 아귀, 축생, 아수라가 없어 다툼이 없고 평화로우며, 하늘과 사람들이 많아 수행하고 있는 보살들과 성문들이 그 나라를 장엄하게 한다."
부처님께서 이 뜻을 거듭 펴시려고 게송으로 말씀하셨다.

"가전연은 팔천억 부처님이 열반하신 뒤 칠보탑을 조성하고
꽃과 향으로 사리에 공양하고 그 인연으로
염부나제금광 여래라는 이름으로 성불하리라.
한량없는 중생들을 제도해 해탈케 하리라.

부처님의 찬란한 광명보다 더할 이가 없으며

국토는 맑고 깨끗하며 모든 번뇌를 끊은

보살과 성문이 수없이 많아 그 나라를 장엄한다.

부처님 수명은 십이 소겁이며 정법은 십이 소겁 동안 머물 것이다."

(6-5) 목건련의 수기

"이제 목건련에게 성불 수기를 주리라. 잘 들어라.

목건련은 다음 세상에 이백만억 부처님께 공양물로 공양을 올리고, 받들어 섬기며, 부처님이 멸도하신 후 가로와 세로가 오백 유순이나 되며 높이가 일천 유순(16,000 Km)이나 되는 거대한 탑묘를 세워 찬탄하며 최후로 몸받은 세상에서 성불한다. 이름은 다마라발전단향 여래, 응공, 정변지, 명행족, 선서, 세간해, 무상사, 조어장부, 천인사, 불 세존이며, 나라 이름은 의락이며, 시대(겁)의 이름은 희만이며, 부처님의 수명은 이십사 소겁이며, 바른 법이 세상에 머무는 기간은 사십 소겁이 된다.

다라마발전단향 여래가 다스리는 나라는 모두가 즐거워할 것이며, 국토는 반듯하고 평평하며, 땅은 수정으로 되어 있으며, 보배나무로 장엄되고 거리에는 진주로 된 꽃을 피워 보는 이 마다 기쁨에 넘친다. 하늘과 사람들이 많아 수행하고 있는 보살들과 성문들이 그 나라를 장엄한다."

(6-6) 부처님 제자들의 수기에 대한 게송

부처님께서 이 뜻을 거듭 펴시려고 게송으로 말씀하셨다.

"목건련은 팔천 이백 만억 부처님을 공양 찬탄하며
여러 부처님 계신 곳에서 범행을 닦으며
부처님 열반 하신 뒤에는 칠보로 탑을 쌓고
꽃과 향으로 부처님 탑에 공양하리라.

마침내 보살도가 구족해 의락국에서 성불하리니
이름은 다마라발전단향 여래이며
한량없는 성문 대중들이 삼명과 육신통을 얻을 것이며
부처님 수명은 이십사 소겁이며 정법은 사십 소겁 세상에 머문다.

그 외 오백 명이나 되는 나의 제자들
끝없는 수행정진으로 미래세에 모두 성불하리라.
나와 너희들의 전생 인연을 말해 줄 것이니
자세히 듣고 깨달음을 성취하는데 도움이 되도록 하라."

7

7. 화성유품

(7-1) 태초에는 대통지승여래가 계셨다

부처님께서 여러 수행자에게 말씀하셨다.

"지금 이 우주가 있기 전에 또 다른 태초에는 대통지승 여래라는 부처님이 계셨다. 그 나라의 이름은 호성이며, 시대(겁)의 이름은 대상이었다.

수행자들이여, 이 부처님 열반하신 지가 얼마나 오래 되었는지를 비유하자면 삼천대천세계에 있는 모든 형상을 가루로 만들어서 동방으로 일천 국토를 지나가서 한 티끌을 놓고 또 일천 국토를 지나 한 티끌을 놓아 이 티끌 하나 놓는 것을 일 겁으로 셈해 이 가루를 다한 것만큼 오래 되었다.

이 우주가 있기 전의 또 다른 태초의 일을 너희들에게 이야기하는 것은 여래의 깊은 지견으로 인연의 뿌리가 얼마나 깊고 또 긴 것인지를 보여 주어 수행하는데 도움이 되고자 한다. 나는 여래의 지견이 있어 그렇게 오래된 일을 오늘 일어난 일처럼 알 수가 있다."

부처님께서 이 뜻을 거듭 펴시려고 게송으로 말씀하셨다.

"지금 이 우주가 있기 전 또 다른 태초에
대통지승여래라는 부처님이 계셨으니 부처님의 신통력으로
그때 열반하신 것을 지금 열반하시는 듯 보며
부처님의 지혜 뛰어나 지난 모든 겁의 일을 훤히 알고 계시네.

대천세계에 있는 모든 형상을 가루로 만들어서
일천 국토 지나서 한 티끌 놓고 이것을 일겁으로 셈해
이 가루를 다한 것만큼
대통지승 여래가 열반한 것은 오래 되었네."

(7-2) 대통지승여래의 수명

"수행자들이여, 대통지승여래의 수명은 오백사십만억 나유타 겁이다. 그 부처님께서는 수행하던 도량에서 탐, 진, 치의 마군이를 깨뜨리고 나서도 위없는 바른 깨달음이 이루어지지 않아 십 소겁 동안 가좌부한 채로 몸과 마음을 움직이지 않으셨다.

그때 도리천에서 먼저 알고 그 부처님을 위해 보리수 아래 놓인 단의 높이가 일 유순이나 되는 사자좌를 만들어 놓고 부처님의 출현을 맞이했다. 부처님께서 그 사자좌에 앉아 선정에 드니 모든 범천왕이 하늘에 꽃을 뿌리기를 십 소겁 동안 했으며 여러 사천왕은 하늘 북을 울려서 찬탄하기를 십 소겁 동안 했다. 그 후 부처님께서는 위없는 바른 깨달음을 성취하시게 되었다.

(7-3) 왕자들의 부처님 찬탄과 전법 의지

그 부처님께서 출가하기 전 왕으로 계실 때 열여섯 명의 왕자가 있었다. 아버지가 위없는 바른 깨달음을 성취하셨다는 소문을 듣고 어머께 하직 인사를 하고 모두 출가해 수행자가 되었다.

전륜성왕인 조부와 백 명의 대신들과 수많은 대중이 함께 부처님 도량에 이르러 대통지승 여래에게 나아가 합장 공경하며 찬탄하기를 게송으로 했다.

지혜와 복덕 두루 갖추신 부처님이시여,
뭇 생명에게 진리의 길 가르치려고 수억 겁의 세월을
선정에 드셨다가 이제야 비로소 성불하셨네.
모든 서원 이미 구족하셨으니 거룩하고 더 없는 길상이시네.

부처님의 선정력은 끝이 없어 한 번 가부좌에 십 겁이 흘러갔네.
고요히 관조하며 몸과 마음 움직임이 없으시네.
마침내 무념무상으로 적멸을 이루시어
무루법에 머무시니 위없는 성취이시네.

중생의 백년 살이 번뇌뿐인데 번뇌에서 벗어나는 해탈의 길
알지 못하고 긴긴 밤을 또 다시 업만 더하네.
문 좁은 지옥은 늘어만 가고, 문 넓은 극락은 텅텅 비었네.
이제야 바른 법을 만났으니 부처님께 머리 숙여 귀의합니다.”

이때 열여섯 왕자는 부처님을 찬탄하며 불법이 세상에 전파되기를
지극한 마음으로 간청했다.
“부처님이시여, 법을 설하소서. 모든 하늘과 인간에게 편안함과 이
익이 많을 것입니다.” 하면서 게송으로 말씀드렸다.

“지혜와 자비로 세상을 장엄하시니 세상에서 으뜸가는 최고의 영웅
저희들과 뭇 생명들 제도하시면
이 세상엔 진리의 문 행복의 문 열리오리다.
저희들의 성불함을 보이는 것은 중생들에겐 크나큰 축복입니다.

수행과 정진으로 일구어 낸 삶, 탐욕과 분별로 얼룩진 삶
수억 겁 중생들이 걸어온 업의 자취를
부처님께서는 천안으로 모두 보시니
탐진치 여의고 진리의 바다에 이르게 하소서."

(7-4) 상서로움이 나타나다

이때 부처님께서는 수행자들을 보시며 다음과 같이 말씀하셨다.
"대통지승 여래께서 위없는 바른 깨달음을 성취하셨을 때, 우주에
있는 오백만억 세계가 육도 중생들을 제도하기 위해 여섯 가지 소
리로 진동했으며, 빛이 미치지 못하는 세계와 세계의 중간 지점까지
밝아지는 기적이 일어났다. 동방세계도 평소보다 배나 더 밝아졌으
므로 동방의 범천왕들이 생각하기를 '세상이 전에 없이 이렇게 밝게
빛나고 있으니 무슨 인연으로 이런 상서로움이 나타나는가?' 하며
궁금해 했다."
그때 '구일체'라는 범천왕이 게송으로 말했다.

'우리들이 살고 있는 동방세계가 밝게 빛나고 있으니
이것이 무슨 인연일까? 성인이 나시려는가?
부처님이 세상에 출현하시려는 조짐인가?
어마어마한 광명이 시방세계를 두루 비치네.'

오백만억 국토의 범천왕들이 상서로움의 원인을 찾다가 서쪽을 바
라보니 대동지승 여래가 보리수 아래 사자좌에 앉아 계시는 것이 보
였다. 부처님 주위에는 열여섯 왕자를 비롯해 수많은 대중이 모여

부처님을 찬탄하고 있었다. 범천왕들도 부처님께 나아가 하늘 꽃을 뿌려 축하하며 합장 공경해 지극한 마음으로 인사를 올렸다.
그리고 그들의 궁전을 부처님께 바치면서 말씀드렸다.
"저희들을 가엾게 여겨 이로움을 주시고, 이 궁전을 바치오니 부디 받아 주십시요."
이때 범천왕들이 한결같은 마음으로 계송을 읊었다.

세상에서 만나기 어려운 부처님이시여.
한량없는 공덕으로 중생들을 제도합니다.
저희 오백만억 국토의 궁전을 공양하오니
어여삐 여기시어 받아 주소서.

(7-5) 범천왕이 부처님을 찬탄하다
그리고 여러 범천왕은 "부처님이시여, 이 사바세계에 법륜을 굴리시어 중생들을 제도하소서." 하면서 부처님을 찬탄했다.

지혜와 복덕 구족하신 부처님이시여
대승법문 듣는 것이 저희들의 소원입니다.
어리석은 중생 위해 큰 자비를 베푸소서.
고통받는 저희들을 진리의 바다로 인도하소서.

이때 대통지승 여래께서 법을 설하실 것을 허락하셨다.
또 대중들이여, 동남방세계의 오백만억 국토에 있는 대범천왕들도 궁전을 비추는 광명이 예전에 볼 수 없었던 것임을 보고 놀라기도 했지만 마음 속에서 저절로 환희로움이 일어나 기뻐하며 한 곳으로 모여 '세상에 전에 없이 이렇게 밝게 빛나고 있으니 무슨 인연으로 이런 상서로움이 나타나는가?'하며 궁금해 했다.

그때 '대비'라는 범천왕이 게송으로 말했다.

이것이 무슨 인연일까? 성인이 나시려는가?
부처님이 세상에 출현하시려는 조짐인가?
어마어마한 광명이 시방세계를 두루 비치네.
아마도 중생을 제도하려고 부처님의 오심이라.

오백만억 범천왕들이 이 상서로움의 원인을 찾다가 서북쪽을 바라보니 대통지승 여래께서 보리수 아래 사자좌에 앉아 계시는 것이 보였다. 부처님 주위에는 열여섯 왕자를 비롯해 용왕, 건달바, 긴나라, 마후라가, 사람, 사람 아닌 이들 수많은 대중이 모여 부처님을 찬탄하고 있었다. 왕자들이 부처님께 '중생들을 위해 법을 설하소서.' 하면서 법륜을 굴리기를 청하고 있었다. 범천왕들도 부처님께 나아가 하늘꽃을 뿌려 축하하며 합장 공경해 지극한 마음으로 인사를 올렸다. 그리고 모든 범천왕이 함께 부처님을 찬탄했다.

하늘과 땅에서 가장 존귀하신 부처님께 예배합니다.
백팔십 겁 지나도록 부처님이 계시지 않는 암흑이었습니다.
아귀 지옥 축생은 늘어만 가고 하늘 대중은 보기 어렵습니다.
그래도 저희들은 전생의 복락으로 지금 부처님을 뵙습니다.

(7-6) 범천왕이 법을 설할 것을 청하다

이때 범천왕들이 부처님께 간청하기를 "부처님이시여, 고통 속에 헤매는 이 중생들을 불쌍히 여겨 법륜을 굴리시어 중생들을 제도하소서." 하고 말하면서 게송으로 부처님을 찬탄했다.

거룩한 부처님께서 모든 법의 공한 모양 보여 주시고
중생들을 제도해 즐거움 얻게 하소서.
중생들이 법을 얻어 하늘에 나면,
착한 일 하는 사람 많아질 것입니다.

이때 대통지승 여래께서 법을 설하실 것을 허락하셨다.
또 대중들이여, 남방세계의 오백만억 국토에서도 같은 현상이 일어났다.
이때 묘법이라는 대범천왕이 게송으로 말했다.

어마어마한 광명이 궁전과 시방세계에 두루 비치네.
지난 백천 겁 동안 이러한 상서로움 한번도 없었는데
이것이 무슨 인연일까? 성인이 나시려는가?
부처님이 세상에 출현하시려는 조짐인가?

오백만억 범천왕들이 이 상서로움의 원인을 찾다가 북쪽을 바라보니 대통지승 여래께서 보리수 아래 사자좌에 앉아 계시는 것이 보였다. 부처님 주위에는 열여섯 왕자를 비롯해 용왕, 건달바, 긴나라, 마후라가, 사람, 사람 아닌 이들, 수많은 대중이 모여 부처님을 찬탄하고 있었다. 왕자들이 부처님께 '중생들을 위해 법을 설하소서.' 하면서 법륜을 굴리기를 청하고 있었다. 범천왕들도 부처님께 나아가 하늘 꽃을 뿌려 축하하며 합장 공경해 지극한 마음으로 인사를 올렸다. 그리고 모든 범천왕이 함께 부처님을 찬탄했다.

모든 번뇌 깨뜨리고 성자되신 부처님이시여
일백삼십 겁을 지내고서 이제야 뵙습니다.
진리에 목마르고 굶주린 중생에게 법비를 내리소서.
광명으로 장엄된 저 궁전들, 부처님 전에 공양 올립니다.

(7-7) 대통지승여래 법을 설하다

이때 범천왕들이 부처님께 간청하기를
"부처님이시여, 고통 속에 헤매는 이 중생들을 불쌍히 여겨 법륜을 굴리시어 중생들을 제도하소서." 하고 말하면서 게송으로 부처님을 찬탄했다.

하늘이나 사람 중에 가장 존귀하신 부처님이시여
법북을 치시고 법소라를 불며 법비를 내리시어
한량없는 중생들을 제도하소서.
부처님께서 법 설하시기를 두 손 모아 청합니다.

이때 대통지승 여래께서 법을 설하실 것을 허락하셨다.
서남방 세계와 하방 세계에서도 남방세계에서와 같은 현상이 일어났다.

그때 상방 세계의 오백만억 국토에서도 같은 현상이 일어났다. 오백만억 범천왕들이 이 상서로움의 원인을 찾다가 하방을 내려다보니 대통지승 여래께서 보리수 아래 사자좌에 앉아 계시는 것이 보였다. 부처님 주위에는 열여섯 왕자를 비롯해 용왕, 건달바, 긴나라, 마후라가, 사람, 사람 아닌 이들, 수많은 대중이 모여 부처님을 찬탄하고 있었다. 왕자들이 부처님께 '중생들을 위해 법을 설하소서.' 하면서 법륜을 굴리기를 청하고 있었다. 범천왕들도 부처님께 나아가 예배하고 백천 번을 돌며 하늘 꽃을 뿌려 축하하며 지극한 마음으로 인사를 올렸다. 그리고 모든 범천왕이 함께 부처님을 찬탄했다.

(7-8) 범천왕이 게송으로 찬탄하다
그리고 나서 모든 범천왕이 함께 게송으로 말했다.

지혜와 복덕 구족하신 부처님이시여, 세상을 구하시는
부처님 뵈오니 저희들 마음에는 자유와 평화 가득 합니다.
하늘에서 지옥까지 굽어살피며 가엾은 중생 위해
감로 법문 내리시어 널리 모든 중생 제도하십니다.

한량없는 오랜 세월을 허송하며 지냈었구나.
탐진치 가득해 온 우주가 암흑에 휩싸여
부처님이 출현하시기만 기다리는데
지옥은 늘어만 가고 하늘나라에 태어나는 이는 아예 없구나.

부처님의 바른 법 듣지 못하고 잘못된 일만 행하니

즐겁다는 생각조차 잊어버리고 나쁜 인연만 가득하구나.
올바른 생각, 행위 알지 못하며 삼악도에 빠져 있는 중생들에겐
부처님의 교화, 가뭄의 단비처럼 그립습니다.

세상의 옳고 그름 바로 아시는 부처님이시여
멋모르는 중생들을 어여삐 여겨 오랜만에 이 땅에 출현하시니
유정이나 무정이나 모든 존재에 크나큰 축복입니다.
저희들 기뻐하고 찬탄하오며 일체 모든 중생도 한 뜻입니다.

광명으로 장엄한 저희들 궁전
이제 부처님께 바치오니 어여삐 여기시어 받아 주소서.
이 공덕 모든 생명에게 두루 미치어 함께 성불을 원합니다.
모든 중생 원하오니 무량 겁 닦고 익힌 미묘한 법을 널리 펴소서.

(7-9) 사제법과 십이연기법을 설하다

이때 대통지승 여래는 시방 모든 범천왕과 십육 왕자의 청을 듣고
사제법과 십이연기법의 법문을 세 번이나 연설했다.
"내가 이제 너희들을 위해 다시 설할테니 잘 듣도록 해라.
'이것은 고이며, 이것은 고의 원인이며, 이것은 고의 멸함이며, 이것
은 고를 없애는 도이다.'
이어서 십이연기법을 설했으니, '무명으로 행위의 형성력이 생기고,
행위의 형성력으로 재생의 식이 생기고, 재생의 식으로 영혼과 육체
의 결합이 생기고, 영혼과 육체의 결합으로 여섯 가지 감각 기관이
생기고, 여섯 가지 감각 기관으로 접촉이 생기고, 접촉으로 느낌이

생기고, 느낌으로 갈애가 생기고, 갈애로 집착이 생기고, 집착으로 생성력이 생기고, 생성력으로 태어남이 생기고, 태어남으로 늙음과 죽음, 슬픔과 근심이 생기게 된다.

무명이 멸하면 행위의 형성력이 멸하고, 행위의 형성력이 멸하면 이와 같이 역으로 계속해 태어남이 멸하고, 태어남이 멸하면 늙음과 죽음, 슬픔과 근심이 멸하게 된다.'"

대통지승 여래가 하늘, 사람들에게 이 법을 설했을 때, 육백만억 나유타 사람들이 모든 것에서 집착을 버리고 이 법을 듣고 믿은 까닭에 모든 번뇌에서 벗어나 해탈을 얻었으며, 깊고 묘한 선정과 세 가지 밝음과 여섯 가지 신통을 얻었으며, 여덟 가지 해탈을 갖추었다. 두 번째, 세 번째, 네 번째 설하실 때에도 천만억 항하사 나유타 중생들이 모든 것에서 집착을 버리고 듣고 믿은 까닭에 모든 번뇌에서 벗어나 해탈을 얻었으니, 이로부터 성문들의 수가 가히 헤아릴 수 없을 만큼 많아졌다.

이 법문을 듣고 십육왕자와 전륜성왕이 데리고 온 많은 대중도 출가해 수행자가 되었다. 십육 왕자는 부처님께 말씀드렸다.

"부처님이시여, 여기 있는 일천만억 성문들은 이미 아라한과를 성취했습니다. 저희들을 위해 위없는 바른 깨달음을 설해 주십시오. 저희들이 목숨을 걸고 닦고 배우겠습니다."

(7-10) 묘법연화경을 설하다

대통지승 여래께서는 십육 왕자의 청을 받아들여서 이만 겁이 지나고 나서 대중들에게 이 대승경을 설하시니 이름은 묘법연화경이었다.

부처님은 팔천 겁 동안 이 경을 설하셨고, 경을 다 설하신 후 고요한 방에 들어가 팔만사천 겁을 선정에 들었다. 이때 십육 왕자는 부처님께서 선정에 드심을 알고 각각 법좌에 올라가 팔만사천 겁 동안 대중들을 위해 이 묘법연화경을 설했다. 육백만억 나유타 항하사 중생들이 이 법을 듣고 위없는 바른 깨달음을 이루겠다는 서원을 하셨다.

팔만사천 겁이 지나서 대통지승 여래가 삼매에서 깨어나 법좌에 편안히 앉으시고 대중들에게 말씀하셨다.

"이 십육 왕자는 매우 드물게 뛰어났다. 이목구비가 뚜렷하고 지혜로우며, 일찍이 한량없는 천만억 부처님께 공양 올리고 모든 부처님 처소에서 항상 청정범행을 닦으며 수행 정진했다. 그들은 부처님의 지혜를 받아 지니고 중생들에게 보여 주어 중생에게 지혜를 체득하게 했다. 만약 성문이나 벽지불이나 보살들이 십육 왕자가 설하는 이 묘법연화경을 믿고 그에 따라 수행한다면 마땅히 위없는 바른 깨달음을 성취하게 될 것이다."

또한 부처님께서는 수행자들을 둘러보며 다음과 같이 말씀하셨다.

"이 십육 왕자는 묘법연화경을 즐겨 설했다. 이 경을 들은 수많은 중생은 왕자를 따라 세세생생 수행을 멈추지 않고 지금도 왕자와 함께 깨달음을 성취하려고 애쓰고 있다.

(7-11) 십육 왕자 성불 인연

수행자들이여, 십육 왕자들은 모두 위없는 바른 깨달음을 성취해 지금 현재 시방국토에서 법을 설하고 있으며 한량없는 백천만억 보살과 성문들이 그를 따라 수행하고 있다.

그 중 두 왕자인 아촉 여래와 수미정 여래는 부지런히 수행 정진해 동방세계에서 성불했다. 또 두 왕자인 사자음 여래와 사자상 여래는 부지런히 수행 정진해 동남방세계에서 성불했다. 또 두 왕자인 허공주 여래와 상멸 여래는 부지런히 수행 정진해 남방세계에서 성불했다. 또 두 왕자인 제상 여래와 범상 여래는 부지런히 수행 정진해 서남방세계에서 성불했다. 또 두 왕자인 아미타 여래와 도일체세간고뇌 여래는 부지런히 수행 정진해 서방세계에서 성불했다. 또 두 왕자인 다마라발전단향신통 여래와 수미상 여래는 부지런히 수행 정진해 서북방세계에서 성불했다. 또 두 왕자인 운자재 여래와 운자재왕 여래는 부지런히 수행 정진해 북방세계에서 성불했다.

나머지 두 왕자인 괴일체세간포외 여래와 나 석가모니 여래는 부지런히 수행 정진해 동북방세계에서 성불했으니 이 사바국토에서 위없는 바른 깨달음을 이루었다.

이 경전을 듣지 못한 성문이나 보살이 있어 자신이 도달한 경지가 위없는 바른 깨달음이라고 착각할 수도 있다. 만약 이러한 성문이나 보살이 있다면 내가 열반에 들어 다른 세계에 있더라도 이 경을 보고 듣고 따라 수행하도록 해 진정한 위없는 바른 깨달음에 들게 한다.

수행자들이여, 잘 들어라. 성문이나 보살의 성취는 최상의 깨달음이 아니라 최상의 깨달음을 성취하기 위한 방편으로 말한 것임을 알아야 한다. 오직 일불승만이 진정한 열반에 드는 것이며, 위없는 바른 깨달음을 이루는 것이다.

여러 수행자여, 여래가 깊은 선정에 들어 헤아려 보니 여래께서 열반에 들 시기에 이르렀고, 또 대중들이 청정해 믿고 이해함이 견고하며 공의 이치를 철저히 깨달아 깊은 선정에 들어있을 때, 성문이나 보살들은 이승으로는 진정한 열반에 들 수 없으며 오직 일불승으로만 진정한 열반에 들 수 있음을 알아야 한다.

(7-12) 제4 화성의 비유

수행자들이여, 여래는 중생들이 소승법을 좋아하며 오욕에 탐착하는 중생들의 근기를 잘 알고 있기 때문에 방편으로써 성문이나 보살이 열반이라고 말하는 것을 그들이 그대로 믿고 따르는 것이다.

이제 비유를 들어 말할 테니 잘 이해하도록 해라.

세상에서 가장 귀한 보물이 설산(雪山, Himalaya) 꼭대기에 있다는 소문이 온 나라에 퍼졌다. 많은 사람이 안내자를 따라 설산 입구까지는 무사히 왔지만 산의 중턱쯤 올라가자 길이 매우 험하고 몸이 피로하고 지치게 되자 많은 사람이 중도에 포기하려고 했다.

그들은 안내자에게 말했다.

"우리들은 피로하고 지쳤으며 무서워서 더 이상 갈 수 없습니다. 여기서 되돌아갈까 합니다."

안내자는 보물이 눈앞에 있는데 그만두려고 하는 그들이 불쌍해 방편으로써 도중에 성을 하나 만들어 놓고 그들에게 말했다.

"그대들은 무서워하지 말며 되돌아가려고도 하지 말라. 바로 눈앞에 큰 성이 있으니 거기까지만 가면 편안히 쉴 수 있으며, 그 곳에 머물러도 좋다."

이때 피로에 지친 사람들은 크게 기뻐하며 안내자를 따랐다. 얼마 가지 않아서 실제로 화성이 눈앞에 나타났다. 그들은 화성에 들어가서 편안한 마음으로 쉬었다. 며칠이 지나자 안내자는 방편으로 만들었던 성을 없애고 그들에게 말했다.

"그대들이여, 어서 가자. 이제 보물이 있는 곳이 멀지 않다. 조금 전에 있었던 성은 쉬어가기 위해 내가 신통으로 만든 것이다."

(7-13) 화성을 만들어 중생들을 위로하다

수행자들이여, 여래도 저 안내자와 같은 것이다. 중생들이 생사의 길을 벗어나 해탈의 세계에 이르는 것은 매우 힘들고 어려운 것인 줄 여래는 알고 있다. 중생들은 일불승만 들으면 부처가 되는 길은 멀고 아득하며 오래오래 닦고 힘써야 이룰 수 있다는 생각에 아예 마음을 내지 않는 경우가 많다. 그래서 부처님은 근기가 약한 중생들을 위해 방편으로써 중도에 두세 가지 열반을 만들어 놓고 그 경지에 다다르면 화성을 만들어 보물을 얻게 한 안내자처럼 다시 일불승을 설해 위없는 바른 깨달음에 이르도록 한다.

수행자들이여, 성문이나 보살이 우리들이 추구하는 목적지가 아니다. 이제 위없는 바른 깨달음이 가까이 있다. 선정에 들어 깊이 관조하고 헤아려 보라. 일불승에 도달하기 위해 방편으로써 성문이나 연각이나 보살의 삼승을 말했을 뿐 내가 너희들에게 말하는 것은 저 지혜로운 안내자와 같이 방편일 뿐이다."

부처님께서 이 뜻을 거듭 펴시려고 게송으로 말씀하셨다.

"십 소겁 동안 선정에 들었던 대통지승 여래가 부처 이루니
그의 아들 열여섯 명 어머니 허락 받고 출가했네.
수많은 대중은 부처님을 찾아와 위없는 법문을 청하며
부처님의 처소에서 수행 정진해 도를 구하네.

(7-14) 왕자들의 수행과 대승법을 설하다

동방의 오백만억 국토에 있는
범천왕의 궁전을 밝게 비추니

범천왕이 상서를 보고 부처님 계신 곳을 찾아
하늘꽃 뿌려 공양하고, 궁전을 받들어 공양 올리네.

남서북방 상방 하방 모두 그러하여
꽃 뿌려 공양하고, 궁전 받들어 공양 올리며
뵈옵기 어려운 부처님이시여, 자비하신 원력으로
감로법을 설해 위없는 법륜 굴리소서.

선정에서 깨어난 부처님께서
고집멸도 사성제 무명 노사 십이연기 온갖 법을 설하니
육백만억 나유타 중생과 그 후에도 수없이 많은 중생
모든 괴로움 벗어나 아라한도를 이루었네.

출가한 열여섯 왕자 수행자들이
대승법 설하시라고 부처님께 간청하네.
저희들과 여러 대중들의 유일한 바람은
부처님처럼 부처 이루고자 하는 소원뿐입니다.

출가한 열여섯 아들 위없는 바른 깨달음을 성취하려고
목숨걸고 용맹 정진하며 끝없이 수행하네.
부처님께서 아이들의 마음과 전생에 수행한 공덕을 아시고
대승법인 법화경을 설하시니 모든 국토가 기쁨으로 진동하네.

부처님 경전을 설하신 뒤 고요한 방에서 선정에 들어

7

팔만사천 겁 동안 그대로 고요히 앉아 계시네.
부처님 열반에 드신 뒤 열여섯 명의 수행자들은
이 대승법을 설해 끝없이 중생들을 제도하네.

(7-15) 이 땅과 석가모니부처님의 인연
부처님 열반하신 뒤 이 법문을 들은 중생
그 공덕으로 항상 부처님 계신 곳에 태어났으며
열여섯 명의 수행자들은 부지런히 불도를 행해
시방세계에서 각각 부처를 이루었네.

그 열여섯 명 중의 하나이던 나 석가모니도
이제 너희들에게 바른 법을 설해
방편으로 이끌어
궁극에는 부처의 세계로 인도하느니라.

내가 지금 비유를 들어 설명할 테니
세상에서 가장 귀한 보물이 험난하고 위험한 히말라야 산
꼭대기에 있으니, 많은 사람이 안내자의 안내를 받으며
중턱에 다다르자 무섭고 피곤에 지쳐 중도에서 포기하려고 하네.

안내자 바로 눈앞에 방편으로 성을 하나 만들어 놓고
그대들이여 포기하지 말라 바로 눈앞에 성이 하나 있으니
그곳까지만 가면 편안히 쉬고 즐길 수 있다고 말하는구나.
그들은 화성에 도착해 며칠 동안 편안하게 잘도 쉬었다.

편안하게 쉬고 나서 안내자 말하기를

이 성은 내가 신통으로 만든 가짜 성일 뿐

우리가 가야 할 목적지는 조금만 더 가면 되네.

그대들이 부지런히 조금만 가면 보물이 있는 곳에 가게 되리라.

(7-16) 삼승은 중생을 위한 방편

대중들이여 잘 들어라 나의 가르침도 그와 같아서

번뇌에 휩싸여 생사의 험한 길을 건너지 못하고

중도에서 지쳐있는 중생들 위해 방편으로 삼승을 말할 뿐

진정한 바른 길은 위없는 바른 깨달음 성취하는 일승뿐이네.

이제 진실을 설할 것이니 자세히 들어라.

너희들이 얻은 것은 참 열반이 아니네.

크게 발심해 삼십이상 갖추고 참 열반에 들도록 하라.

그것이 진정한 깨달음을 성취해 부처를 이루는 것이네."

8. 오백제자수기품

(8-1) 설법제일 부루나의 인연

그 자리에 있었던 부루나는 부처님께서 지혜의 방편으로 근기에 따라 설하심을 들었고, 여러 제자에게 위없는 바른 깨달음을 이룰 것이라는 수기를 주시는 것을 보았고, 숙세 인연의 이야기를 들었고, 부처님께서 신통과 방편으로써 중생들을 교화하시는 것을 보았다.

마음이 맑고 편안해지며 가슴에 북받치는 환희로움을 주체하지 못하고 자리에서 일어나 머리를 조아려 부처님 발에 예배하고 물러가 자리로 돌아가며 다음과 같이 생각했다.

'부처님께서 하시는 일은 우리들의 생각으로는 이해하기 어렵다. 중생들의 성품과 근기에 따라 여러 가지 방편으로 법을 설해 중생들을 여러 가지 탐착에서 구해 주셨다. 우리의 능력으로 부처님의 공덕을 다 헤아릴 수는 없지만, 부처님께서는 우리들의 소원을 다 알고 계실 것이다.'

부처님께서는 부루나의 마음을 아시고 수행자들에게 말했다.

"너희들은 부루나를 보았느냐? 나는 그를 설법하는 사람 중에서 으뜸이라고 말하며, 그의 여러 가지 공덕을 찬탄했다. 부루나는 부지런히 정진해 진리를 실천하며, 널리 대중들에게 보이며, 가르치며, 법을 잘 해석해 이해시키며, 함께 수행하는 대중들을 이롭게 했다. 너희들은 부루나가 내 법만 지키고 도와 준다고 말하지 말라. 과거 구십억 부처님 처소에서도 부처님의 바른 법을 받들어 지니고 부처님을 도와 교화했으며, 그때도 설법하는 사람들 중에서 으뜸이었다. 또한 부처님이 말씀하신 공한 법을 분명히 통달해 네 가지 걸림이 없는 지혜를 얻었으며, 밝고 청정하며 조리에 맞게 설법해 의혹이 없었으며, 목숨이 다하도록 청정범행을 닦았으므로 그 당시 도반들이 '진정한 성문'이라고 칭찬했다.

(8-2) 부루나의 수기

수행자들이여, 부루나는 또한 과거칠불 때에도 설법하는 사람들 중에서 으뜸이었으며, 지금 또한 설법하는 사람들 중에서 으뜸이며, 현겁 중에 나타날 부처님의 법을 설하는 사람들 중에서도 으뜸이 되며, 부처님의 바른 법을 받아 지니고 대중들을 교화할 것이며, 많은 대중이 위없는 바른 법을 성취하겠다는 마음을 내게 하며, 이러한 것들로 부처님의 나라를 장엄한다.

부루나여, 잘 들어라. 너는 한량없는 아승기 겁을 지나고 이 세계에서 위없는 바른 깨달음을 성취할 것이며, 이름을 법명 여래라 한다. 그때 이 나라 국토는 평탄하기가 손바닥 같으며 모든 것이 칠보로 장식되어 있으며, 하늘궁전들이 가까운 허공에 있어서 하늘과 사람들이 서로서로 볼 수 있다.

이 나라의 백성들은 선량하고 겸손해 지옥, 아귀, 아수라와 같은 삼악도에 떨어지는 자가 없으며, 모든 생명이 화생을 해 탐심과 진심이 없어서 음욕도 없다. 모든 사람은 신통을 얻어 몸에서 빛이 나며 마음대로 날아다닐 수 있으며, 믿음이 견고해 매일매일 부지런히 정진하고 지혜도 있어 삼십이상으로 스스로를 장엄하고 있다.

그 나라 백성들은 법의 독송과 선정을 음식으로 삼아 살아가고 있다. 신통과 네 가지 걸림 없는 지혜를 터득한 보살들이 무수히 많아 중생들을 잘 교화하고 있으며, 육신통과 삼명과 팔해탈을 얻은 성문들도 수없이 많아 그 국토를 장엄하고 있다. 겁의 이름은 보명이며, 나라 이름은 선정이며, 부처님의 수명은 무량아승기겁이며, 정법도 오래 간다. 부처님이 멸도한 후에 부처님을 찬탄하며 기리는 칠보탑이 그 나라에 가득찰 것이다."

(8-3) 부루나의 공양과 공덕

이때 부처님께서 이 뜻을 거듭 펴시려고 게송으로 말씀하셨다.

"수행자들이여, 잘 들어라.
부처님께서 불도를 행함에 있어
방편법을 보이시는 것은
불가사의한 대승법을 근기 따라 가르치기 때문이네.

소승을 좋아하는 성문승 연각승에게는
성문이나 연각의 몸으로 그들을 제도하며
욕망을 자제해 생사를 뛰어넘어
결국에는 미래에 부처를 이루게 하노라.

설법을 잘하는 부루나는
옛날부터 천억 부처님을 공양하며
계율을 잘 지키며 부지런히 수행해
부처님 수제자로 불법을 널리 폈네.

현재나 미래에도 여러 가지 방편으로
두려움 없이 법을 설하며 불법을 수호하네.
대승에 머무르게 해 불국토를 깨끗하게 해
한량없는 많은 중생 깨달음에 들게 하리라.

그리고 나서 법명이라는 이름으로 부처를 이룰 것이니
그 국토의 이름은 선정이며 겁의 이름은 보명이며
수많은 보살은 큰 신통을 얻었고 성문 대중들도
삼명과 팔 해탈을 얻었고 네 가지 지혜를 갖춘 이가 가득하리라.

그 세계의 중생들 화식으로 태어나 음욕이 없으며
그 나라의 백성들은 경전을 독송하며 선정으로 하루를 보내며
그 나라에는 여인들이 없으며 지옥 아귀 축생이 없으며
부루나는 지혜와 자비를 성취해 이러한 정토를 얻느니라."

(8-4) 오백 아라한의 수기

이때 부처님께서는 천이백 아라한들의 마음을 아시고 그들을 둘러보며 그들에게도 수기를 주셨다.

"이들 천이백 아라한에게도 지금 차례로 위없는 바른 깨달음을 성취한다는 수기를 줄 것이니 잘 들어라. 이들 가운데 나의 큰 제자 교진여는 육만이천억 부처님께 공양 올리고 수행 정진한 후 성불하며, 이름은 보명 여래이다."

이어서 오백 아라한에게도 성불 수기를 주셨다.

"우루빈나 가섭, 가야 가섭, 나제 가섭, 가류타이, 우타이, 아나율,

이바다, 겁빈나, 박구라, 사가타 등 오백 아라한 모두는 수많은 세월을 끝없이 수행 정진하면 언젠가는 위없는 바른 깨달음을 성취할 것이다.”

교진여는 한량없는 부처님께 공양올리고
아승기겁을 지나 부처를 이루리라.
항상 큰 광명을 놓고 몸은 신통이 구족해
명성이 시방에 퍼져 모든 이의 공경을 받으리라.

위없는 도를 항상 설해 이름을 보명이라 하며
국토는 평평하고 보살들은 모두 용맹해
시방세계에 다니면서 모든 중생을 교화하네.
부처님의 수명은 육만 겁이며   정법은 십이만 겁을 가네.

오백 아라한들도 끝없이 정진해
다 같이 보명이라는 이름으로 부처를 이루리라.
국토는 깨끗함으로 장엄되고 가는 곳마다 신통함 넘치네.
부처님 수명은 육만 겁이며 정법은 십이만 겁을 가네.

(8-5) 제5 의리계주유의 비유
부처님께 수기를 받은 오백 아라한은 자리에서 일어나 앞으로 나아가 머리를 조아려 부처님의 발에 예배를 하고 참회의 눈물을 흘리며 말했다.
“부처님이시여, 저희들은 부끄러워 몸둘 바를 모르겠습니다. 저희들이 성취한 아라한과를 구경열반인 줄 착각하고 마음속에 교만심만 가득 채웠습니다.

부처님이시여, 비유하면 어떤 사람이 친구 집에 놀러갔다가 술에 취해 자고 있었습니다. 친구는 관청에 볼일이 있어 가면서 자고 있는 친구의 호주머니에 보배구슬을 넣어 두었습니다. 술이 깬 친구는 고향으로 돌아가 어렵게 살았습니다. 오랜 세월이 흐른 뒤 두 친구는 다시 만났습니다. 궁하게 살고 있는 친구를 보며 "이 친구야, 내 그대를 위해 호주머니에 보배구슬을 넣어 두었는데 어찌 아직도 궁색하게 살고 있느냐?" 하면서 전에 보배구슬을 넣어 주었던 호주머니를 뒤져보니 보배구슬이 그대로 있었습니다. "친구야, 지금도 늦지 않았네. 이 보배구슬을 팔아 편하고 여유롭게 생활하도록 해라."

부처님이시여, 저희들도 이와 같습니다. 부처님께서 주신 진정한 보배 구슬을 그냥 호주머니 속에 넣어 두고 내 것을 진짜 보배 구슬인 줄 잘못 알고 있었음을 이제야 깨달았습니다. 저희들이 터득한 아라한도는 부처님께서 방편으로 설하신 것이며, 진정한 구경의 멸도가 아니라는 것을 이제야 알고 그 동안 자만하며 목숨을 걸고 수행 정진하지 아니한 것을 진심으로 참회합니다.

부처님께서 주신 수기 진심으로 감사드립니다. 이 수기로 오늘 저희들은 다시 태어난 것과 같습니다. 방편을 진실인 줄 알고 있던 저희들에게 방편이 방편임을 알게 하시고 진실에 눈을 뜨게 하셨습니다. 이제는 삼승이 방편인 줄 알았습니다. 진실한 것은 일불승 밖에 없음도 알았습니다.

부처님이시여, 저희들 모두는 이 성불 수기 인연으로 너무나 기쁘고 감격스럽습니다. 진심으로 감사합니다."

(8-6) 아야교진여의 게송

아야교진여 등이 이 뜻을 거듭 펴려고 게송으로 말했다.

저희들을 위해 수기 주심에
한량없는 기쁜 마음으로 예배 올립니다.
지금 부처님 앞에서 모든 허물 뉘우치고
작은 것에 만족한 어리석음을 진심으로 참회합니다.

이때 아야교진여 자리에서 일어나 부처님께 말씀드리기를
조그만 지혜에 만족한 저희들 친구 찾아간 가난한 사람 같습니다
부유한 친구는 가난한 친구를 극진하고 성대히 대접하고는
가난한 친구가 자는 사이에 구슬보배를 옷 속에 넣어 두었습니다.

가난한 친구는 옷 속의 보배를 알지 못하고 어렵게 살았네.
부유한 친구 이 모습 보고 옷 속의 구슬을 보여 준 것은
부처님의 수기 주심으로 저희들을 일깨워 주심과 같은 것이며
이제야 부처님 바른 법 얻어 몸과 마음 기쁘기 한량없습니다.

9. 수학무학인기품

(9-1) 다문제일 아난의 수기

'부처님의 제자들과 많은 아라한이 성불 수기를 받았으니 나도 성불 수기를 받는다면 얼마나 좋을까!' 하고 아난과 라후라가 똑같은 생각을 했다.

아난과 라후라는 자리에서 일어나 부처님 앞으로 나아가 머리를 조아려 발에 예배를 올리고 부처님께 말씀드렸다.

"부처님이시여, 여러 제자와 많은 아라한이 지금 부처님으로부터 성불 수기를 받았습니다. 저희들이 도달해야 할 목적지가 위없는 바른 깨달음의 성취라는 것을 알았습니다. 이 자리에는 모든 세간의 하늘, 사람, 아수라들이 지켜보고 있습니다. 아난은 부처님의 시자가 되어 불법을 잘 수호하고 있으며, 라후라는 부처님의 아들입니다. 부처님께서 저희들에게도 성불 수기를 주신다면 저희들의 소원은 이루어질 것이며, 여러 사람의 바람도 또한 만족스러울 것입니다."

그때 배움이 있는 성문 제자와 배울 것이 없는 성문 제자 이천 명이 자리에서 일어나 오른쪽 어깨를 드러내고 부처님 앞으로 나아가 일심으로 합장하고 부처님을 우러러 뵙고는 아난과 라후라 곁에 머물러 있었다.

이때 부처님께서 아난에게 말씀하셨다.

"아난이여, 그대는 미래세에 성불할 것이며, 이름을 산해혜자재통왕여래라 한다. 육십이억 부처님께 공양 올리며 부처님의 바른 법을 수호하고 교화하고 난 후에 위없는 바른 깨달음을 이룰 것이며 수많은 보살을 교화해 위없는 바른 깨달음을 이루게 한다.

나라 이름은 상립승번이며 겁의 이름은 묘음변만이며 부처님의 수명은 천만억 아승기겁이며, 정법이 세상에 머무는 기간은 부처님 수명의 배가 되며 상법이 머무는 기간은 정법이 머무는 기간의 배가 되며, 국토는 투명한 유리로 이루어져 있다."

부처님께서 이 뜻을 거듭 펴시려고 게송으로 말씀하셨다.

"부처님의 법장을 수호하는 아난은
수많은 부처님께 공양 올린 뒤 산해혜자재통왕 부처가 되리니
국토 이름은 상립승번이며 중생들의 수명은 한량이 없네
황하수 모래만큼 수많은 중생 불도의 인연을 심으리라."

그때 자리를 함께 한 새로 발심한 팔천 명의 보살들이 '우리도 아직 성불 수기를 받지 못했는데 무슨 인연으로 저 성문들은 성불 수기를 받는 것일까?'하고 생각했다.

(9-2) 라후라의 수기

부처님께서는 보살들의 생각을 알아차리시고 부처님과 아난과의 과거 인연을 말씀해 주셨다.

"과거 내가 수행자 시절에 아난과 함께 공왕불 처소에서 위없는 바른 깨달음을 이루겠다는 원을 세웠다. 아난은 항상 법을 듣기를 좋아했고, 나는 부지런히 수행 정진하기를 좋아했다. 수행 정진한 공덕으로 나는 이미 성불했고, 법을 듣기를 좋아한 아난은 그 공덕으

로 지금도 나의 법을 수호하고 교화하고 있으며, 미래세에도 여러 부처님의 법을 수호하고 교화하면서 많은 대중이 위없는 바른 깨달음을 이루겠다는 서원을 세우게 할 것이다. 그의 본래 서원이 그러하므로 이런 수기를 주는 것이다."

아난은 부처님께서 수기 주심을 듣고 기뻐하며 과거세의 수많은 부처님의 법을 들었던 것이 순간적으로 되살아나 그 법들을 통달하게 되었다. 그리고 자신의 본래 서원도 알게 되었다. 아난은 감격하면서 게송으로 부처님을 찬탄했다.

거룩하십니다, 부처님이시여,
과거세의 수많은 부처님에게 들었던 법을 생생하게 기억나게 하시니
다시는 의혹이 없어 불법에 안주하게 되었으니
방편으로 시자되어 부처님 법을 지킬 뿐입니다.

그때 부처님께서 라후라에게 말씀하셨다.
"라후라야, 너는 미래세에 성불할 것이며, 이름을 도칠보화 여래라 한다. 수많은 부처님께 공양 올리고 이생과 같이 많은 부처님의 장자로 태어나 출가해 수행 정진하며, 그 후에 위없는 바른 깨달음을 성취하게 된다."

부처님께서 이 뜻을 거듭 펴시려고 게송으로 말씀하셨다.

"라후라는 내가 태자로 있을 때 장자이더니
오는 세상에도 수많은 부처님의 장자로 태어나
밀행을 행하며 도를 구하는 것은 수많은 중생의 귀감되리니

한량없는 공덕으로 결국에는 깨달음 성취해 부처되리라."

(9-3) 수학무학 성문들의 수기

이때 부처님께서는 아난과 라후라 곁에 머물러 있는 배울 것이 있고 배울 것이 없는 수행자 이천 명의 성문 제자들이 일심으로 합장하며 공경하는 그들의 마음을 아시고 아난을 쳐다보면서 말씀하셨다.

"아난아, 이 사람들은 오십 세계의 수많은 부처님들을 공양하고 공경하고 존중하며 법을 수호하고 수행 정진하다가 마지막 시방세계에서 모두 함께 견성성불할 것이니 이름은 모두 보상 여래라 한다. 수명은 일 겁이며, 정법도 일 겁이 될 것이며, 많은 성문과 보살이 국토를 장엄하게 한다."

부처님께서 이 뜻을 거듭 펴시려고 게송으로 말씀하셨다.

"지금 내 앞에 있는 이천 성문에게 성불 수기를 주리라.
수없이 많은 부처님께 공양 올리고 법장을 수호하다가
여러 국토에서 한꺼번에 보상이라는 이름으로 부처 이루니
모든 국토의 한량없이 많은 중생 환희하며 기뻐하네."

10. 법사품

(10-1) 묘법연화경과의 인연이 되도록

이때 부처님께서는 약왕보살을 중심으로 서 있는 팔만보살에게 말씀하셨다.

"약왕이여, 이 대중들 가운데 있는 수많은 하늘, 용왕, 야차, 건달바, 아수라, 가루라, 마후라가, 사람, 사람 아닌 이와, 출가 수행자들과 재가 수행자들을 보라.

그들은 성문이 되기를 원하기도 하고, 벽지불이 되기를 원하기도 하고, 보살이 되기를 원하기도 하고, 부처가 되기를 원하기도 한다. 부처님 앞에서 이 묘법연화경의 한 게송이나 한 구절이라도 들은 사람에게는 성불의 수기를 줄 것이니, 그대들은 언젠가는 위없는 바른 깨달음을 성취해 부처가 될 것이다.

그대들은 바른 생각으로 바른 삶을 이루어 하루 빨리 묘법연화경과 인연이 되도록 해라.

또 여래가 멸도한 후에라도 어떤 사람이 있어 이 묘법연화경의 한 구절이라도 듣고 기뻐하는 사람이 있다면 그에게도 성불 수기를 줄 것이니, 그들도 또한 위없는 바른 깨달음을 성취할 것이다.

또 어떤 사람이 묘법연화경의 한 구절이라도 받아 지니고 읽고 외우고 해설하고 쓰거나, 이 경전을 부처님처럼 공경한다면 이 사람들은 이미 십만억 부처님에게 공양을 올린 것이다.

약왕이여, 또 어떤 사람이 '어떤 중생이 오는 세상에 견성성불하겠느냐?'고 묻는다면, 위와 같은 사람이 오는 세상에 반드시 성불한다고 하라. 왜냐하면, 묘법연화경의 한 게송이나 한 구절이라도 받아지니고 읽고 외운 사람은 이미 위없는 바른 깨달음을 성취하겠다는 마음을 낸 사람이기 때문이다. 또한 이러한 보살들 중에는 이미 위없는 바른 깨달음을 성취했지만 중생들을 불쌍히 여겨 그들에게 하루라도 빨리 진리의 세계로 나아가도록 길잡이가 되기 위해 사람의 몸을 받아 그들 속에서 그들을 교화하고 있다.

(10-2) 수지독송 방해자는 무간지옥 떨어진다

약왕이여, 만약 어떤 사람이 묘법연화경을 읽고 외우는 것을 방해한다면 그는 틀림없이 무간지옥에 떨어져 지옥중생이 될 것이다.

약왕이여, 만약 묘법연화경을 읽고 외우는 사람이 있다면 이 사람은 부처님의 장엄함으로써 자신을 장엄하게 하는 것과 같으며, 여래를 수호하는 호법 신장들이 어떤 상황에서도 이 사람을 지켜준다. 또한 이 사람에게 부처님께 예배 올리는 것처럼 공경하고 예배를 올려라. 왜냐하면 묘법연화경을 한 구절이라도 읽거나 외운 사람은 이미 위없는 바른 깨달음을 성취하겠다고 마음을 낸 사람이기 때문이다."

부처님께서 이 뜻을 거듭 펴시려고 게송으로 말씀하셨다.

"부처의 도에 들고자 자연의 이치를 터득하려면
묘법연화경 받아 지니는 이를 부지런히 공양할 것이며
누구든지 위없는 바른 깨달음 이루고자 하면
묘법연화경을 받아 지니고 읽고 외우고 쓰도록 해라.

이 묘법연화경 받아 지니는 이는
중생을 가엾게 여기는 부처님의 심부름꾼
그는 청정한 국토 마다하고 중생 위해 사바세계에 태어나네.
또한 나쁜 세상에서 위없는 법을 널리 설하느니라.

법화경 외우고 해설해 중생들을 교화하는 이에게
하늘꽃 하늘향 천상의 옷으로 공양할지니
열반한 뒤 나쁜 세상에서 이 경전을 지니는 이는
합장하고 공경하기를 여래에게 하듯이 하라.

(10-3) 묘법연화경의 찬탄
일 겁 동안 나쁜 마음을 품고 부처님을 훼방한 죄보다
잠깐 동안 법화경을 읽고 지니는 이를 비방한 죄가 더 크며
어떤 사람이 불도를 구하려고 일 겁 동안 찬탄한 공덕보다
이 경전을 지니고 찬탄한 공덕이 더욱 크다.

가장 훌륭한 빛과 소리와 향기와 맛과 접촉으로
이 경전을 지니는 이를 공경하고 찬탄해라.
이 경전의 한 구절이라도 얻어들으면 크나큰 이익 얻게 되며
내가 설한 모든 법문 중에 이 묘법연화경이 으뜸이니라.”

“약왕보살이여, 잘 들어라. 내가 이제까지 설한 경전도 수없이 많으
며 앞으로 설할 경전도 수없이 많지만 그 중에 이 묘법연화경이 가
장 믿기 어렵고 이해하기 어려운 경전이다.

약왕이여, 이 경전은 여러 부처님의 비밀스러운 중요한 법장이니 함부로 가르치고 전하지 말라. 옛날부터 여러 부처님께서도 한 번도 드러내놓고 가르치신 적이 없었다. 이 경전은 부처님이 계실 적에도 원망과 질시가 많았고 부처님께서 멸도하신 후에는 더욱 심할 것이다.

약왕이여, 여래가 열반한 뒤 어떤 사람이 이 경전을 읽고 외우고 쓰고 지녀, 다른 사람에게 말해 주어 위없는 바른 깨달음을 성취하겠다는 마음을 내게 한다면 그 공덕은 가히 헤아릴 수 없다. 그에게는 부처님의 위신력이 충만해 어떤 상황에서도 어려움 없이 하고자 하는 일을 이룰 수 있는 힘이 있다.

약왕이여, 이 경전이 말해지는 곳이나, 이 경전이 있는 곳에는 칠보탑을 쌓아 장엄하게 꾸미지만 사리탑은 쌓지 않아도 좋다. 왜냐하면 이 경전 속에는 여래의 진실한 뜻이 있기 때문에 사리탑과 같다.

그러므로 어떤 사람이 이 칠보탑에 예배하면 그 공덕으로 위없는 바른 깨달음을 성취하겠다는 마음을 내게 한다.

(10-4) 이 경전을 지니면 도를 이룬다

약왕이여, 세속에 있거나 출가해 수행자가 되었거나 이 경전에 의지하면 위없는 바른 깨달음을 성취할 수 있음을 명심해라. 이 경전을 받아 지니는 것만으로도 이미 도의 반은 이루어진 것이다.

약왕이여, 어떤 사람이 물을 구하려고 우물을 판다고 하자. 마른 흙이 자꾸 나오면 물줄기가 아직 멀리 있는 것을 알며, 쉬지 않고 파내려 가면 젖은 흙이 나오고, 점점 더 파서 진흙이 나오면 물줄기에 가까운 줄을 안다. 이와 마찬가지로 보살이 성불하기 위해 수행정진을 하고 있을 때 묘법연화경을 한 번도 보지 못한 것은 성불이 아직 멀리 있는 줄 알아야 하며, 이 경전을 받아 지니고 읽고 외우고 이해했다면 성불이 가까웠음을 안다.

이 경전은 방편으로써 진리의 문을 열어 보이는 것이니, 경전의 본래 뜻은 깊고 심오해 어느 누구도 쉽게 알 수 없지만, 이제 부처님께서 보살들을 교화하고 위없는 바른 깨달음을 성취하게 하기 위해 이 경전을 열어 보이시는 것이다.

약왕이여, 만약 보살이 이 경전을 듣고 놀라 의심하고 두려워한다면 이는 새로 발심한 보살이며, 성문이 이 경전을 듣고 놀라 의심하고 두려워한다면 이는 잘난 체하는 성문이다.

어떤 수행자가 여래가 멸도한 후 대중들을 위해 이 경전을 설할 때 어떻게 해야 바르게 설하는 것인지 말할 테니 잘 들어라. 수행자는 여래의 방에 들어가 여래의 옷을 입고 여래의 자리에서 이 경전을 말해야 한다. 그렇지 않을 때는 지옥고를 면하지 못한다.

여래의 방은 모든 생명을 불쌍히 여기는 대자비한 마음이며, 여래의 옷은 탐욕과 진심을 떨쳐버린 부드럽고 화평한 마음이며, 여래의 자리는 법의 공한 이치를 터득한 마음이다. 이러한 마음으로 이 경전을 말해야 부처님의 뜻을 바르게 받드는 것이다.

(10-5) 묘법연화경 지님은 깨달음의 조짐

약왕이여, 어떤 사람이 이 경전을 진실로 이해하고 있다면 사바세계에 있더라도 그 사람 주위에는 이 경전을 듣기 위해 대중들이 모이며, 심지어 지옥세계에 간다 해도 부처님의 위신력으로 이 경전을 듣고 발심하는 지옥중생이 있을 것이다. 알겠느냐?"

부처님께서 이 뜻을 거듭 펴시려고 게송으로 말씀하셨다.

"어떤 사람이 게으른 생각 가지고는
이 경전 듣기 어렵고 믿고 지니기는 더욱 어렵네.
약왕이여, 마땅히 알라.
법화경 듣지 못하고는 깨달음을 성취할 수가 없음을.

어떤 사람이 물이 필요해 우물을 팔 때
점점 파서 진흙이 나오면 물줄기가 가까운 것을 아는 것처럼
깨달음을 위해 수행 정진할 때 이 경전을 듣고 지니게 되면
이 사람은 위없는 바른 깨달음에 가까워졌음을 알리라.

어떤 사람이 이 경전을 설할 때는 여래의 방에 들어가
여래 옷을 입고 여래 자리에 앉아 대중들에게 설해야 하리라.
자비심이 여래의 방이며 부드럽고 편안한 것이 여래의 옷이며
공한 진리는 여래의 자리이니 여기에 앉아 법을 설하라.

이 경전을 설할 때 어떤 사람이 욕설하고 돌을 던져도
부처님 생각하며 참고 또 참아라.
나도 이러한 상황 모두 이겨내고
결국에는 부처되어 끝없이 중생을 제도하노라.

이 경전을 설하는 법사를 어떤 사람이 악한 마음을 먹고
칼이나 돌로 해치려 하면 신장이 나타나 그를 보호할 것이며
외딴 곳에서 홀로 법을 설하게 될 때도 천신 용 야차
귀신들이 나타나 법을 듣는 대중이 될 것이니라."

11. 견보탑품

(11-1) 칠보탑의 출현

그때 부처님 앞에 높이가 오백 유순이나 되며 가로 세로가 이백오십 유순이나 되는 칠보탑이 솟아올라 공중에 머물러 있었다. 갖가지 보물로 장엄하게 장식되어 있었으며 사방에는 다마라발전단향기가 가득했다. 삼십삼천의 하늘나라에서는 꽃비를 내려 칠보탑에 공양하며, 용과 야차, 건달바와 아수라, 가루나와 긴나라, 마후라가와 사람, 그외 다른 중생들이 모두 칠보탑을 공양하며 공경하며 예배하며 찬탄했다. 그때 칠보탑 속에서 석가모니불을 찬탄하는 큰소리가 들렸다.

"장하고, 장하다. 석가모니불이여, 이 경전은 평등한 지혜로써 보살들을 가르치는 법이다. 모든 부처님이 호념하시는 이 묘법연화경을 대중들에게 설하니 정말 장엄하구나. 석가모니불이 말하는 것은 모두 진실하니라."

이때 사부대중들은 공중에 솟아 있는 칠보탑 속에서 나오는 소리를 듣고 모두 기쁨과 감격으로 가슴이 벅차올랐다. 자리에서 일어나 일심으로 합장공경을 하면서 옆으로 물러나 있었다. 대요설보살이 대중들 중에서 사람, 아수라 등이 의심함을 알고 부처님께 여쭈었다.

"부처님이시여, 무슨 인연으로 칠보탑이 땅에서 솟아올랐으며, 그속에서 거룩한 음성이 나옵니까?"

부처님께서 대요설보살에게 말씀하셨다.

"이 칠보탑 속에는 부처님의 전신이 있기 때문이다. 옛적에 동방으로 천만억 아승기 세계를 지나 보정이라는 나라가 있었는데 그곳에 다보여래께서 머물고 계셨다. 다보여래께서 보살도를 행하실 때 이 묘법연화경을 보시고 크게 기뻐하셨다. 그래서 '내가 성불했다가 열반에 든 뒤에도 묘법연화경을 설하는 데가 있으면 어느 곳이라도 칠보탑을 출현하게 해 찬탄하며 이 칠보탑으로 인해 깨달음에 대한 결정적인 믿음을 내게 한다.'라고 서원을 세우셨다."

(11-2) 탑을 세워 장엄하다

다보여래께서는 성불했다가 열반에 드실 때 수행자들에게 '내가 열반한 뒤 나의 전신에 공양하려거든 탑을 세워 장엄하라. 그러면 내가 탑이 있는 곳에 출현해 아무리 말세라도 깨달음에 대한 믿음을 가지게 할 것이다.' 라고 말했다.

이 인연으로 다보여래의 신통과 원력으로 우주의 어느 곳에서나 묘법연화경을 설하는 이가 있으면 칠보탑이 그 앞에 솟아나 찬탄하는 것이다."

부처님께서는 대요설보살과 모든 대중이 다보여래를 한 번 뵙기를 원하는 것을 아시고 대요설보살에게

"대요설이여, 다보여래께서는 후세의 대중들이 너와 같은 생각을 할 것을 아시고 '시방세계에서 묘법연화경을 설하고 계시는 부처님의 분신들을 한 곳에 모으면 그 곳에 내 몸을 나타낼 것이다.'라고 서원하셨음을 말씀하셨다."

"부처님이시여, 저희들도 이제 부처님의 분신 부처님들을 뵈옵고 예배하고 공양 올립니다. 저희들의 소원이 이루어지기를 원합니다."

이때 부처님께서 미간 백호상으로 한 광명을 놓으시니 동방으로 오백만억 나유타 항하사 국토에 계시는 부처님들이 보였다. 국토의 모든 땅은 투명한 보석으로 장엄하게 빛나고, 나무와 옷들도 보석으로 장엄하게 빛나고 있었으며, 천만억 보살들이 불법을 전파하고 정진하면서 국토를 장엄하게 빛내고 있었다.

남방, 서방, 북방과 네 간방과 상, 하방에도 백호상의 광명을 놓으시니 모두 동방과 같았다.

(11-3) 삼천대천세계는 분신 부처님으로 가득차다

이때 시방의 여러 분신 부처님들이 보살들에게 말했다.

"보살들이여, 나는 지금 석가모니 부처님이 계시는 사바세계로 가서, 다보여래 칠보탑에 공양할 것이다."

이때 사바세계는 맑고 깨끗하고 투명한 유리로 된 세계로 변했으며, 그곳에 있는 하늘이나 사람들도 부처님의 위신력으로 모두 위없는 바른 깨달음을 성취하겠다는 원력을 세워 한순간에 모두 보살이 되었다.

시방세계에 흩어져 법을 설하고 계시는 분신 부처님들이 한 곳에 모여드니 정말 장관이었다. 삼천대천세계는 부처님으로 가득했다.

전무후무한 일이 기사굴산에서 펼쳐지고 있었다. 높이가 오백 유순이나 되는 보배 나무들이 가득했고, 그 보배 나무 아래에는 오백 유순이나 되는 사자좌가 놓여 있었다. 모든 분신 부처님은 이 사자좌에 가부좌하고 앉으셨다.

이 위신력으로 국토는 모두 유리로 변해 좋고 나쁜 것이 모두 없어졌으며, 나무는 갑자기 꽃을 피우고 열매를 맺는 등 시간의 개념이 없어졌으며, 석가모니 부처님 앞에 펼쳐져 있는 조그마한 공간에는 수억만이나 되는 분신 부처님이 들어와 앉았는데도 조금도 비좁지 않았다. 그리고 또 지옥, 아귀, 축생, 아수라, 사람, 하늘을 육도 윤회하는 모든 중생이 위없는 바른 깨달음을 성취하겠다는 원력을 세워 보살이 되었다. 이 인연으로 시방세계가 모두 불국토가 되었다.

(11-4) 분신 부처님이 석가모니 부처님을 문안하다

석가모니 부처님께서는 여러 분신 부처님을 앉으시게 하려고 팔방에 각각 이백만억 나유타 세계를 변화시켜 모두 청정하게 하셨다.

그 나라에는 지옥, 아귀, 축생, 아수라가 없었으며, 보살들이 가득했다. 땅은 유리로 되어 투명했으며 거리에는 높이가 오백 유순이나 되는 보배 나무로 장엄되었다. 보배 나무 아래에는 높이가 오백 유순이나 되는 사자좌가 놓여 있었다.

바다와 강은 평탄했으며, 목진린타산이나 철위산이나 수미산 같은 높고 큰 산이 없이 평평해 전체가 통일된 하나의 불국토를 이루고 있었다.

이때에 동방의 십만억 나유타 항하사의 국토에 계시며 법을 설하던 석가모니 부처님의 분신 부처님들이 나타나서 사자좌에 앉으셨다.

차례로 시방세계의 분신 부처님들이 다 모여들어 팔방에 앉으셨다. 모여든 모든 분신 부처님은 석가모니 부처님께 문안드리고자 시자들을 기사굴산으로 보냈다.

시자들에게 다음과 같이 말씀하셨다.

"선남자여, 석가모니 부처님께 나아가 '병환이 없으시고, 번뇌가 없으시고 편안하시며, 보살 성문 대중들도 모두 편안하십니까? 저의

부처님께서는 석가모니 부처님과 함께 이 칠보탑을 열고자 합니다.'
라고 여쭈어라.”
시자들은 석가모니 부처님께로 나아가 게송으로 문안을 드렸다.

석가모니 부처님이시여!
병환이 없으시고 번뇌가 없으시고 편안하시며
보살 성문 대중들도 모두 편안하십니까?
칠보탑을 열어보는 것이 저희들의 소원입니다.

이 말을 들은 석가모니 부처님께서는 삼매에서 깨어나 공중에 올라
가 머무시었다. 모든 사부대중은 일어서서 합장하고 일심으로 부처
님을 공경했다. 이때 석가모니 부처님께서 오른 손가락을 튕기니 다
보여래가 계시는 칠보탑이 서서히 열렸다.

(11-5) 다보여래의 묘법연화경 설법을 증명하다

칠보탑의 문이 열리니 그 속에 다보여래께서는 사자좌에 앉아 선정
에 들어 계셨다. 허공에서 '거룩하도다. 거룩하도다. 석가모니 부처
님이 묘법연화경을 설하심을 듣고자 여기 왔노라.'하시는 소리가 들
려왔다. 이때 사부대중들은 과거 한량없는 천만억 겁 전에 열반에
드신 다보 부처님께서 이렇게 말씀하심을 듣고 환희로움에 가슴이
벅차올랐다.
갖고 있던 모든 것을 다보 부처님과 석가모니 부처님 전에 공양 올
리며 부처님을 찬탄했다. 다보여래께서는 칠보탑의 사자좌에 반쯤
앉으시고 반을 비워 놓고 석가모니 부처님을 쳐다보셨다. 석가모니

부처님께서는 칠보탑 안으로 들어가서 다보여래 옆에 가부좌하고 앉으시어 대중들에게 말씀하셨다.

"이 사바세계에서 묘법연화경이 언제 설해지는가? 지금이 바로 그때이다. 여래는 오래지 않아 열반에 들 것이며, 앞으로 있을 깨달음을 위해 지금 이 경을 설하겠다."

부처님께서 이 뜻을 거듭 펴시려고 게송으로 말씀하셨다.

"거룩하신 다보여래께서 열반하신 지 오래지만
보탑 안에 계시면서 법을 위해 이 사바에 오시거늘
그런데 어찌해 사람들은 깨달음 위해
이 경전을 읽고 외우고 지니지 않는가?

다보여래 열반에 드신지 수억 겁이 지났지만
대승법 얻어 듣기는 정말로 어려워라.
중생들을 위한 다보여래의 끝없는 원력이
이 묘법연화경이 설해지는 곳이면 어느 곳이든 출현하시네.

나의 몸을 나눈 한량없는 분신 부처님
항하강의 모래 수만큼 많은 사람이 와서 법을 듣고
다보여래 뵈올려고 미묘한 국토의 수많은 제자들과
하늘 사람 용 귀신 모두 지금 이 곳으로 몰려드네.

(11-6) 묘법연화경의 위력
보배나무 아래 사자좌에 앉으신 부처님들

광명을 놓으시고 묘한 향기는 시방세계에 가득하네
중생들이 향기 맡고 기쁜 마음 억누를 수 없으니
큰 바람이 세게 불어 작은 가지 누임과 같네.

이와 같은 방편으로 불법이 오래 동안 머물게 하시고
내가 열반한 뒤 누가 이 경전을 수호하고 독송하겠느냐?
다보 부처님과 석가모니 부처님과
여기 모인 분신 부처님은 그 뜻을 아시느니라.

다보여래 보탑 안에 계시면서 시방세계 다니심도
이 묘법연화경을 위함이요 대중들이여 큰 서원 세워라
이 경전을 수호하는 것은
나 석가모니와 다보 부처님께 공양함과 같느니라.

대중들이여 잘 생각해 큰 서원을 세워라
수많은 여러 경전 설하기도 어렵지만
부처님 열반에 드신 뒤 나쁜 세상 가운데서
이 묘법연화경을 설하는 것은 어렵고도 어렵네.

수미산 들어올려 저쪽으로 옮기는 일
대천세계 들어올려 다른 국토로 던지는 일 어려운 일이지만
부처님 열반에 드신 뒤 지옥과 같은 나쁜 세상 가운데서
이 묘법연화경을 설하는 것은 어렵고도 어려운 일이네.

(11-7) 묘법연화경 듣기 어렵다

허공을 휘어잡고 자유롭게 다니는 일
땅을 발등에 올려 범천까지 올라가는 일
모두 모두 어려운 일이지만
법화경을 읽고 지니고 설하는 일 이것이 가장 어려운 일이라네.

활활 타는 불속에 마른 풀을 등에 지고
불속에 들어가는 일 어려운 일이지만
부처님 열반한 뒤 나쁜 세상 가운데서
법화경을 읽고 지니고 설하는 일 이것이 가장 어려운 일이네.

경전을 듣고 여섯 신통을 얻게 하고
아라한 도를 얻게 하는 것도 어려운 일이지만
처음부터 지금까지 여러 경전 설했지만
그 많은 경전 중에 이 묘법연화경이 제일이네.

내가 열반한 뒤 이 묘법연화경을 지니는 일 더욱이 어렵구나
아무리 말세라도 어떤 사람이 이 경전을 읽고 지닌다면
위 없는 부처의 도 하루 빨리 얻으리라.
그리고 하늘까지 공양할 것이며 천상과 천하의 눈이 되리라."

12. 제바달다품

(12-1) 부처님과 제바달다의 전생 인연

이때 부처님이 모든 보살과 하늘과 사람과 대중에게 말씀하셨다.

"내가 옛날부터 한량없는 겁 동안에 위없는 바른 깨달음을 성취하기 위해 최선을 다해 수행정진을 했고, 비록 여러 겁 동안 국왕의 몸을 받았더라도 깨달음을 구하는 마음은 조금도 변하지 않았었다. 보시, 지계, 인욕, 정진, 선정, 지혜의 육바라밀을 성취하기 위해 재물과 보물 등은 물론 생명까지도 보시했다. 또한 국왕의 자리에 있을 때도 깨달음을 성취하기 위해 왕위를 왕자에게 물려주고 수행자의 길을 걷기도 했다. 어떤 때는 선인에게 대승법의 한 구절을 얻어듣기 위해 온 몸과 마음을 다 바쳐 정성껏 시중들기를 천년 동안 한 적도 있었다. 그렇게 수행 정진한 공덕으로 국왕은 부처가 되었다.

지난 겁을 생각하니 태자의 몸을 받아 왕이 되었지만
탐욕이 없었으며 대승법을 위해 왕위까지 버렸는데
아사 선인이 나타나 대승법을 설하기에 기꺼이 몸종이 되어
나무하고 힘든 일 많이 해도 몸과 마음 괴로운 줄 몰랐었다.

위없는 바른 깨달음을 성취하고자 부지런히 수행 정진했고
내 자신을 위한다는 생각이나 오욕락은 아예 없었으며
마침내 도를 이루어 이제 너희들에게 법을 설하니

그때의 선인은 제바달다이며 왕은 바로 나이니라.

(12-2) 제바달다의 수기

대중들이여, 그때 그 국왕이 지금의 나이며 그때 국왕에게 대승법인 묘법연화경을 설해 준 선인이 지금의 제바달다(提婆達多, Devadatta)이다. 지금 내가 위없는 바른 깨달음을 성취해 삼십이상의 거룩한 몸매와, 팔십 가지의 잘 생긴 모양과, 자주빛 도는 황금색의 피부와, 열가지 힘과 네 가지 두려움 없음과, 네 가지 붙들어 주는 법과, 열여덟 가지 함께 하지 않는 법과, 신통과 도력을 구족해 중생들을 널리 제도하고 있는 것도 모두 제바달다 선인으로 말미암아 이루어진 것이다.

대중들은 잘 들어라. 제바달다는 한량없는 겁 동안 수행 정진해 부처가 될 것이며, 이름은 천왕여래이며, 그 세계 이름은 천도라 할 것이다. 천왕여래는 이십 중겁 동안 중생들을 제도할 것이며, 수많은 중생이 아라한과를 증득해 벽지불을 이룰 것이며, 위없는 바른 깨달음을 성취하겠다는 마음을 내게 해 무생법인을 이룬다.

천왕여래는 열반에 드신 뒤 정법이 세상에 머무는 기간은 이십 중겁이며 전신사리로 칠보탑을 세울 것이며 높이가 육십 유순 가로, 세로가 사십 유순이나 될 것이다. 이 칠보탑에 천신과 사람들이 꽃과 향으로, 의복과 목걸이로, 당기와 번기와 일산으로 공양하고 예배한다. 오는 세상에 수행자나 재가 수행자가 이 묘법연화경의 제바달다 품을 듣고 순수한 마음으로 믿고 공경하는 이는 지옥이나 아귀나 축생에 떨어지지 않으며, 부처님이 계신 나라에 왕생해 나는 곳마다 항상 이 경전을 듣고 지닐 것이다. 만약 하늘이나 인간 세상에 나면 가장 훌륭한 즐거움을 받으며 위없는 바른 깨달음을 성취하기 위해 수행 정진한다.”

(12-3) 문수보살과 지적보살의 법담

다보여래께서 돌아갈 시간이 되었으므로 다보여래를 따라온 지적보살이 “석가모니 부처님이시여, 저희들은 이제 본국으로 돌아갈까 합니다.” 했더니 부처님께서 지적보살에게 말씀하셨다.

“지적보살이여, 잠깐만 기다려라. 여기 문수보살과 법담을 나누고 본국으로 돌아가도 좋으리라.”

부처님의 말씀이 떨어지자 잎이 천개나 되는 연꽃에 쌓여 문수보살이 지적보살 앞에 나타났다. 지적보살이 문수보살에게 물었다.

“문수보살이여, 만나서 반갑습니다. 보살이 이제까지 용궁에서 교화한 중생이 얼마나 됩니까?”

“제가 이제까지 용궁에서 교화한 중생은 한량없이 많아 셀 수가 없습니다. 잠깐만 기다리면 스스로 증명됩니다.”

말이 끝나자마자 보배 연꽃에 앉은 수많은 보살이 바다로부터 솟아올라와 영취산의 허공에 머물렀다.

“제가 바다에서 교화한 보살들의 모습입니다.”

지적보살이 문수보살을 게송으로 찬탄했다.

지혜와 복덕과 용기를 가지고 한량없는 많은 중생 제도하셨네.
존재의 실상 꿰뚫어 보시고 최상의 일승법을 열어 보이셨네.
모든 중생 탐진치 여의고 하루 빨리 보리 마음 이루게 하셨네.
문수보살이여, 당신의 선행을 진심으로 찬탄합니다.

(12-4) 용녀의 깨달음

문수보살이 말했다.

"저는 용궁에서 항상 묘법연화경만을 설했습니다."

"묘법연화경은 뜻이 깊고 미묘해 모든 경전 중에 으뜸입니다. 중생들이 이 경전을 받아 지니고 믿고 행하면 빨리 부처를 이룰 수가 있겠습니까?"

"사라갈 용왕에게는 여덟 살 된 딸이 있었습니다. 비록 어리지만 묘법연화경을 받아 지니고 읽고 외운 공덕으로 지혜가 있어 중생들의 근성과 행하는 업을 잘 알고 있었으며, 자비롭기가 보살과 같아 중생들을 어머니가 아기 보듯이 어여삐 여겼습니다. 또한 시간이 있을 때마다 선정에 들어 우주와 하나가 되었습니다. 공덕이 구족해 마음으로 생각하고 입으로 말하는 모든 것이 진리에 어긋남이 없으며 모든 중생이 믿고 잘 따라 불퇴전의 보리 마음을 내도록 했습니다."

"석가모니 부처님께서도 도를 이루기 위해 수억겁 동안 수행 정진하며 몸과 마음을 다 바쳐 보살도를 행한 후에 비로소 부처님이 되셨는데 용녀가 잠깐 동안에 깨달음을 성취한다는 것은 믿을 수가 없습니다."

말이 끝나기도 전에 용왕의 딸이 나타나 부처님께 머리를 조아려 예배하고 한 쪽으로 물러나 게송으로 찬탄했다.

중생들의 죄와 복을 깊이 통달하시고 시방세계 비추시며
미묘하고 깨끗한 법신 거룩한 몸매로 장엄하셨네.
하늘 사람 용과 귀신 일체중생들 모두 우러러 받듭니다.
제가 대승법을 널리 열어 모든 중생을 건지오리다.

이때 사리불이 용녀에게 말했다.

"네가 위없는 바른 깨달음을 성취한다는 것은 불가능하다. 왜냐하면 업이 두터운 여자의 몸은 법의 그릇이 아니기 때문에 여자의 몸으로는 도를 이루지 못한다. 또 여자의 몸으로 이룰 수 없는 것이 다섯 가지가 있다. 첫째 범천왕이 되지 못하며, 둘째 제석천왕이 되지 못하며, 셋째 마왕이 되지 못하며, 넷째 전륜성왕이 되지 못하며, 다섯째는 부처가 되지 못한다. 그런데 너는 여자의 몸으로 어떻게 부처가 되겠다고 하느냐?"

(12-5) 삼천 중생들의 서원

용녀가 말했다.

"여러분은 신통으로 제가 부처가 되는 것을 볼 수 있습니다."

모든 대중이 용녀를 쳐다보니 눈 깜짝할 사이에 용녀는 남자로 변해 보살행을 갖추고 남방 무구세계에 가서 연꽃 위에 앉아 부처를 이루니 삼십이상과 팔십종호가 원만하게 갖추어졌다. 널리 중생들을 위해 묘법연화경을 설법했다.

이때 사바세계의 보살, 성문, 하늘, 용, 사람, 사람 아닌 것 등 모두가 이 광경을 보고 크게 기뻐하며 우러러 찬탄했다. 그리고 수많은 중생들이 위없는 바른 깨달음을 성취하겠다는 서원을 세웠다.

무구세계는 여섯 가지로 진동했고, 사바세계의 삼천 중생들은 세세생생 위없는 바른 깨달음을 성취하겠다는 서원을 굳게 해 부처님으로부터 성불 수기를 받았다.

13. 권지품

(13-1) 보살의 전법 의지와 마하파사파제의 수기

그때 약왕보살과 대요설보살이 이만 명이나 되는 보살들과 함께 부처님 앞에서 두 손을 합장하며 원을 세웠다.

"부처님이시여, 저희들은 부처님께서 멸도하신 후 이 경을 받들어 지니고 뜻을 바르게 알아 중생들을 교화하겠습니다. 말세에는 성품이 착한 중생들이 적고, 교만심이 가득찬 중생들이 많으며, 자신의 이익 밖에 모르는 중생들이 많아 교화하기가 어렵습니다. 그렇지만 저희들이 이러한 중생들이 진리의 세계로 돌아올 때까지 참고 견디며 이 경전을 읽고 지니고 교화하는데 목숨을 아끼지 않겠습니다."

이때 부처님께 성불 수기를 받은 오백 아라한들과 배울 것이 있는 수행자와 배울 것이 없는 수행자 팔천 명이 자리에서 일어나 합장하며 부처님을 우러러보며 원을 세웠다.

이때 부처님께 성불 수기를 받은 오백 아라한들과 배우고 배우지 못한 수행자 팔천 명이 자리에서 일어나 합장하며 부처님을 우러러보며 원을 세웠다.

"부처님이시여, 저희들도 다른 국토에서 이 경전을 읽고 지니고 교화하는데 목숨을 아끼지 않겠습니다. 사바세계에는 악한 사람들이 많고 교만한 사람들이 많으며 공덕이 천박해 일이 뜻대로 되지 않아 성 잘 내는 중생들이 많으며, 또한 아첨을 잘해 진실하지 못한 사람들이 많아 교화하기가 어렵습니다. 그렇지만 저희들이 이러한 중생

들이 진리의 세계로 돌아올 때까지 참고 견디며 이 경전을 읽고 지
니고 교화하는데 목숨을 아끼지 않겠습니다.”
이때 부처님께서는 근심스러운 눈으로 쳐다보고 있는 마하파사파제
(摩訶波闍波提, Mahaprajapati) 비구니에게 말씀하셨다.
“어찌해 그대는 근심스러운 얼굴로 여래를 보느냐? 내가 그대의 이
름을 불러서 성불 수기를 주지 않았다고 그러는 것이냐? 조금 전에
모든 성문에게 한꺼번에 성불 수기를 주었다. 그대는 오는 세상에
육만팔천억 모든 부처님 법을 통달해 대법사가 되며, 여기 있는 육
천 명의 여자 수행자들도 대법사가 된다. 마하파사파제는 점점 보살
도를 구족해 마땅히 부처를 이룰 것이니 이름을 일체중생희견 여래
라 하며, 육천 명의 여자 수행자들도 차례로 부처를 이룰 것이다.”

(13-2) 야수다라의 수기
그리고 나서 부처님께서는 라후라의 어머니인 야수다라(耶輸陀羅,
Yasodhara)를 보면서 말했다.
“야수다라여, 그대는 오는 세상에 백천만억 부처님 회상에서 보살행
을 닦으며 대법사가 되었다가 부처를 이룰 것이며, 이름을 구족천만
광상 여래이며, 수명은 무량 아승기 겁에 이를 것이다.”
이때 마하파사파제와 야수다라를 비롯해 많은 여자 수행자가 부처
님을 찬탄했다.

대도사이신 부처님이시여!
하늘세상과 인간세상을 편안하게 하시며
또한 저희들에게 성불 수기를 주시니

마음이 편안하고 흡족해 만족스럽습니다.

그리고 마하파사파제를 비롯한 모든 여자 수행자는 부처님께 말씀
드렸다.
"부처님이시여, 저희들도 다른 국토에서 이 경전을 읽고 지니고 교
화하는데 목숨을 아끼지 않겠습니다."
이때 다른 국토에서 온 팔십만억 나유타나 되는 보살들이 자리에서
일어나 부처님 앞으로 나아가 합장공경하며 말씀드렸다.
"부처님이시여, 저희들도 부처님께서 열반에 드신 후 시방세계로 다
니면서 중생들에게 이 묘법연화경을 받아 지니고 읽고 외우고 그 뜻
을 해설해 법대로 생각하고 수행하도록 하는데 신명을 바치겠습니
다. 이것은 모두 부처님의 위신력입니다.
부처님께서 멀리 다른 곳에 계시더라도 부처님의 가피가 있기를 원
합니다."

(13-3) 보살의 전법 서원
여러 보살 서원해 말하기를
부처님께서 열반에 드신 후 시기 질투 싸움이 가득하고
삿되고 교만하고 잘못된 마음 가득한 말세라도
저희들이 목숨 바쳐 중생들을 교화하겠습니다.

위없는 바른 법을 위해 출가한 수행자로서
세속의 부귀와 영화에 눈이 먼 사람
자신의 이익을 위해 승단의 화합을 깨는

그러한 출가 수행자도 이 목숨 바쳐 제도하겠습니다.

죄악과 잘못된 생각으로 가득찬 수행자들
우리들을 나쁘다고 비방해도
욕설하고 빈축하고 내쫓아도 참고 이겨내며
이 목숨 바쳐 바른 법 전파하겠습니다.

부처님에 대한 믿음으로 모든 것을 물리치고
이 경전을 설하기 위해 어떠한 어려움도 참고 견디겠습니다
불도를 보호하는데 이 목숨 아끼지 않을 것이며
세세생생 부처님 법을 보호하고 지키겠습니다.

부처님의 손과 발이 되어 법을 전하며
부처님 앞에서 미래에 오실 수많은 부처님 앞에서
저희들의 이러한 서원을 발원하오니
하루빨리 이루어지도록 굽어 살펴 주옵소서.

14. 안락행품

(14-1) 보살은 머물 곳에 머물러야 한다

그때 법왕자 문수사리보살이 부처님께 말씀드렸다.

"부처님이시여, 이 보살들은 묘법연화경이 말세에도 유포될 수 있도록 큰 서원을 세웠습니다. 이 보살들이 어떻게 연설하면 말세에도 이 경이 쉽게 받아들여지겠습니까?"

"만일 보살들이 말세에도 이 경전을 연설하려면 네 가지를 명심해야 한다. 첫째 보살로서 올바른 실천을 해야 하며 보살로서 머물 곳에 머물러야 한다. 그렇게 해야 말세 중생들이 그 보살을 따를 것이며 이 경전을 연설할 수 있게 된다. 보살은 인욕바라밀을 실천해 어떠한 상황에서도 부드럽고 화평하고 조급하지 않으며, 공포심이 없으며, 사물의 진실한 실상을 바로 알아 집착하지 않고 분별하지 않는 것이 바른 실천이다. 또한 보살은 국왕이나 대신 등 권력자를 멀리하며, 장자와 같은 부귀한 자를 멀리하며, 세속의 명예를 추구하는 외도들과도 멀리하며, 술과 놀이, 잡기를 즐기는 자를 멀리하며, 개, 닭 등 짐승을 기르는 자를 멀리하며, 생명을 대상으로 사냥을 하고 고기를 잡고 즐기는 자를 멀리하는 것이 보살로서 머물 곳에 머무는 것이다. 혹시 그러한 자가 가까이 오면 그들이 바른 길을 갈 수 있도록 법을 설하며, 성문을 구하는 출가 수행자나 재가 수행자도 멀리하며, 쓸데없이 대중들과 어울려 잡담도 하지 말며, 함께 있지도 말 것이다. 누구에게나 기회가 되면 바른 법을 설하라. 그와 같은 자들과 일체의 행위나 말도 하지 않는 것이 보살이 머물 곳에 머무는 것이다.

또한 여자를 대할 때 애욕을 일으키지 말며, 보지도 말하지도 말며, 혼자서는 남의 집에 들어가지도 말 것이며, 꼭 들어가야 할 경우에는 일심으로 염불을 해야 한다. 혹시 여자에게 법을 설할 때는 단정한 몸과 깨끗한 마음으로 설하라. 나이 어린 제자와 사미와 어린아이를 기르기를 좋아하지 말며, 어울려 한 스승을 섬기기를 즐기지도 말며, 항상 좌선하기를 좋아해 혼자 한적한 곳에서 마음을 닦아 고요한 선정에 드는 것이 보살이 머물 곳에 머무는 것이다.

(14-2) 진실한 법에 머물다

보살은 일체 법을 관해 실상의 공함을 볼 것이며, 공함 속에 실상이 있음을 볼 것이며, 뒤바뀌지도 않고 흔들리지도 않으며 물러가지도 않는 실상을 바르게 관해 아무 것도 가지지 않는 공의 성품을 볼 것이다. 원래 진실한 법은 생기지도 않고 나오지도 않고 일어나지도 않으며 말로써 어떻게 할 수 없는 것이다. 또한 이름도 없고 모양도 없고 있는 것 같지만 없으며, 그러면서도 매우 커서 끝이 없으며 걸림도 없고 막힘도 없지만 단지 인연에 의해 있는 것 같이 보일 뿐이며, 이것으로부터 전도되어 생각이 일어나게 된다. 이와 같이 진실한 법에 머무는 것이 보살의 두 번째 머물 곳에 머무는 것이다."

부처님께서 이 뜻을 거듭 펴시려고 게송으로 말씀하셨다.

국왕이나 대신들, 흉악한 자와 장난꾼, 외도와 범지들
뛰어난 체하는 사람, 소승을 좋아하는 사람, 파계한 수행자들

오욕락을 즐기는 사람, 과부나 처녀, 백정이나 사냥꾼
낚시꾼 등 이러한 사람들을 가까이 하지 말라.

음란한 여자들을 가까이 하지 말 것이며
외딴 곳에서 여인에게 설법하지 말 것이며
마을에 가서 걸식할 때엔 다른 비구들과 함께 갈 것이며
만일 혼자일 때는 일심으로 염불하라.

법을 설할 때는 두려움 없는 마음으로 설할 것이며
편안한 마음으로 법을 설하라. 또한 남자와 여자를 분별하지 말고
모든 분별을 없애고 공한 마음으로 법을 설하라.
이것이 보살이 행할 곳이라 하느니라.

일체 법은 원래 공해
항상 있는 것도 아니며 일어나지도 멸하지도 않나니
이러한 것을 보살이 가까이할 곳이며, 그러하니 보살은
한적하고 고요한 곳에 머물러 동하지 않기를 수미산 같이 하라.

(14-3) 안락행에 머물다
온갖 법이 모두 공해 마치 허공과 같으며
생기거나 나지도 않고 흔들리거나 물러나지 아니해
항상 한 모양이니, 이것을 보살이 가까이할 곳이라 하며
보살은 내가 열반한 후에 행할 곳과 가까이할 곳에 들어가라.

보살은 고요한 방에 앉아 삼매에 들어 법을 관하고
삼매에서 깨어났을 때에는 임금이나 백성들을 위해
법을 설하라. 문수보살이여 이것이 보살들의 첫 법에 머무름이며
내가 열반한 후에 법화경을 설함이라 하느니라.

"문수보살이여, 여래가 멸도한 후 말법 시대에 이 경전을 설할 때 마
땅히 안락행에 머물러야 한다. 말법 시대일수록 경전을 설하는 법사
의 마음가짐이 중요한 것이다.

법사가 경전을 설할 때는 남의 허물을 말하지 말며, 다른 법사들을
업신여기는 말을 하지 말며, 다른 사람의 좋고 나쁜 점을 말하지 말
며, 성문들의 이름을 거론하면서 칭찬하지도 말며 비방하지도 말며,
어느 누구에게도 원망하거나 싫어하는 마음을 내지 말 것이며, 경전
을 설하는 법사의 마음이 편안하면 듣는 사람들의 마음도 편안해지
며, 질문을 하거든 본질에 근거를 둔 대승법으로 말해 주어 그들이
위없는 바른 깨달음을 얻게 한다."

(14-4) 잘못을 시비하지 말라
부처님께서 이 뜻을 거듭 펴시려고 게송으로 말씀하셨다.

보살들은 어느 때에나 즐거운 마음으로 법을 설하라.
법상에 편안히 앉아 물음에 따라 법을 설하라.
어려운 질문이 있으면 이치에 맞게 대답할 것이며
인연과 비유로써 상대방이 알아듣게 자세히 설명하라.

이와 같은 방편으로 모두 발심하게 해

위없는 바른 법을 성취하는데 마음을 내게 하라.
근심 걱정 뛰어넘어 자비의 마음으로 법을 설하라.
적절한 비유로 중생들을 깨우쳐 환희의 마음을 내게 하라.

내가 열반한 후 이와 같이 이 경전을 설하는 이는
마음에 근심 걱정, 질투와 장애, 공포심과 두려움이 모두 없으니
지혜 있는 사람은 이와 같이 안락행에 머물 것이며
이와 같은 공덕은 천만 겁이 지나도록 다 말할 수 없네.

문수보살이여, 말법 시대에 이 경전을 받아 지니고 읽고 외우는 자의 마음가짐도 또한 편안해야 한다.
경전을 읽을 때에는 질투하고 속이려는 마음을 품지 말고, 불법을 배우는 이를 업신여기고 꾸짖지 말며, 그의 좋은 점이나 나쁜 점을 들추어 내지 말며, 만일 출가 수행자나 재가 수행자가 성문이 되기를 원하거나, 벽지불이 되기를 원하거나, 보살이 되기를 원해도 그들의 목적이 잘못되었음을 시비하지 말라.
내 속에 지혜와 자비가 가득하면 중생들을 대할 때 저절로 자비하는 마음으로 가득찰 것이며, 부처님이나 보살을 대하면 아버지와 스승을 대하는 듯한 마음이 일어날 것이며, 시방세계를 향해 항상 간절하게 기도하는 마음이 될 것이며, 생각하는 것과 행동하는 것이 법에 어긋남이 없다.
이것이 세 번째로 보살이 머물러야 할 곳이다.

(14-5) 말과 행동이 법에 어긋나지 않다

문수보살이여, 이러한 보살이 경전을 설할 때에는 아무리 말법 시대라 해도 방해하는 자가 없을 것이며, 함께 경전을 설하는 도반이 반드시 있을 것이며, 어떤 상황이라도 경전을 듣는 대중들이 모이게 된다.

문수보살이여, 말법 시대라 해도 이 묘법연화경을 지니고 읽는 사람은 재가나 출가 수행자를 보면 저절로 마음이 편안해지고, 중생들을 보면 불쌍히 여기는 마음이 저절로 일어날 것이다. 그래서 길을 잃고 헤매는 중생들을 보면 내가 가지고 있는 신통과 지혜의 힘으로 그들을 바른 믿음의 세계에 이르도록 하는 간절한 기도가 저절로 일어나게 된다.

문수보살이여, 보살은 어떠한 행동이나 말을 해도 법에 어긋남이 없어야 한다. 이것이 보살이 넷째로 머물러야 할 곳이다. 이러한 보살에게는 출가 수행자, 재가 수행자, 국왕, 대신, 모든 백성이 공양하고 공경하며 존중하고 찬탄하며, 하늘이 법을 듣기 위해 따라다니며 옹호한다. 또한 마을이나 산속에서 법을 설할 때에도 하늘이 호위해 듣는 사람이 기쁜 마음을 내게 한다. 그 이유는 과거, 현재, 미래의 모든 부처님이 신통으로 이 경전을 수호하기 때문이다.

부처님께서 이 뜻을 거듭 펴시려고 게송으로 말씀하셨다.

질투와 성냄, 교만과 아첨, 사견과 거짓을 버리고
항상 정직하고 바르게 행을 닦아라.
멸시와 웃음거리, 의심스러운 말, 성불 못한다는 말을 하지 말며
모든 것을 자비로 대하니 게으른 마음 내지 않네.

시방의 보살들이 중생을 위해 도를 행하니

모든 중생을 나를 깨달음으로 인도하는 스승이라고 생각하라.

교만한 마음 깨뜨려 법을 설하매 장애 없게 하라.

이것을 한마음으로 안락하게 행하면 모든 중생이 공경하리라.

(14-6) 제6 계중명주유의 비유

문수보살이여, 내가 비유로써 말할 테니 잘 들어라. 힘이 센 어떤 전
륜성왕이 주위에 있는 작은 나라들을 병합해 통일된 나라를 만들려
고 한다. 군대를 일으켜 작은 나라들을 토벌하고 난 뒤 공이 있는 장
군과 병사들에게는 집이나 논밭이나 고을을 포상으로 주기도 하며,
의복이나 금은 보화나 코끼리나 노예를 주기도 하지만 왕을 상징하
는 금관을 주지는 않는다. 왕을 상징하는 왕관은 오직 왕만이 갖고
있는 것이며 그 외 어느 누구도 가질 수 없는 것이기 때문이다.
문수보살이여, 여래도 그와 같아서 선정과 지혜의 힘으로 불법의 국
토를 얻어 삼계의 법왕이 되었는데, 마왕들이 순종해 항복하지 않으
면 보살들과 수행자들이 부처님을 도와 삿된 마왕을 쳐부수고 바른
법의 나라를 세울려고 애를 쓴다. 부처님께서는 교화를 잘한 대중
들에게 여러 경전을 설해 환희의 세계에 머물게 하며, 선정 해탈 무
루법등 온갖 법의 성취를 주지만 다만 묘법연화경은 설해 주지 않는
다. 이 묘법연화경은 위없는 바른 깨달음을 성취하겠다고 서원을 세
운 보살이나 수행자들을 위해 여래가 큰 결심을 하고 설해 주는 것
이다. 탐심과 진심과 치심의 삼독을 멸하고 삼계에서 벗어나 마의
그물을 깨뜨리고 곧 깨달음을 성취할 수행자를 보면 여래는 환희해
그가 바로 견성 성불할 수 있도록 이 경전을 설해 준다. 세간에는 원

망하는 마음이 가득하고 믿음이 없는 이때에 여래는 큰 결심을 하고
이 경전을 설해 주는 것이다.
문수보살이여, 이 묘법연화경은 여래의 법문 중에 으뜸이며, 여래의
가르침 중에 가장 심오한 것이어서 가장 최후에 설해 준다."

(14-7) 명주를 상으로 주다
모든 것을 불쌍히 여겨 부처님이 찬탄하신 이 경전을 설하라
미래의 말세에서 이 경전을 지니는 이는
살아 있는 모든 것에 자비한 마음을 내라
이 법을 설해서 모든 중생이 이 법 가운데 머물게 해라.

비유해 말하면 어떤 전륜성왕이
전쟁을 치루고 상을 주는데
코끼리와 말과 수레, 집과 전답, 마을과 도성, 금은 보배와 노비
최고의 장군에게는 상투에 꽂았던 명주를 뽑아서 상으로 주네.

법의 왕 부처님도 그와 같아
대자대비 마음으로 중생을 위해 법을 설할 때
크나큰 방편으로 여러 경전을 설하네.
공부가 익은 최고의 보살에게는 이 경전을 설하시네.

천만 겁이 지나도록 설하지 않았던 법문인데
지금 시절인연이 되어 내 이제 너희들에게 설하노라.
이 경전 지니는 이는 근심 걱정 없으며 병도 없고 천한 곳에

태어나지 않으며 지혜 광명이 태양과 같이 비치리라.

(14-8) 이 경은 최고의 공덕이다
꿈속에도 묘한 일을 보게 되며
사자좌에 앉아 부처님이 설법하시는 것을 보게 되며
용왕과 신장들과 아수라들이 공경하고 합장할 때
자신이 그 속에서 법 설함을 보게 되네.

한량없는 광명 놓아 온갖 것 다 비추며
청정한 음성으로 여러 법을 설하시네.
부처님이 대중에게 위없는 법 설하실 때
자신이 그 속에서 합장하고 찬탄함을 보게 되리라.

법을 듣고 환희해 부처님께 공양하고
신통을 얻어 물러나지 않는 지혜를 증득하네.
부처님께서 불도에 깊이 들어갔음을 아시고
부처 이룰 것이라는 성불 수기 주시네.

장차 오는 세상에 한량없는 지혜 얻어 부처를 이룰 것이라는
수기 주시니, 사부대중들이 모여 합장하고 법 들으리
깊은 산속에 앉아 불도를 닦아 실상의 공함을 증득하고
깊이 선정에 들어 부처님을 뵙네.

세속의 모든 욕망 뿌리까지 없애고 보리수 아래 가부좌 틀고

앉았으니, 위없는 도를 성취한 후에 법륜을 굴리면서
이 묘법연화경을 설해서 한량없는 중생을 제도하니
세상에서 최고의 공덕을 얻어 가장 큰 이익을 얻으리라.

15. 종지용출품

(15-1) 육만 항하사 보살의 출현

이때 다른 국토에서 온 수많은 보살이 자리에서 일어나 합장 예배하고 부처님께 말씀드렸다.

"부처님이시여, 저희들이 부처님께서 열반에 드신 후 사바세계에서 부지런히 정진하며 이 경전을 지니고 읽고 외우고 교화하는 것을 허락하신다면 신명을 다해 지극정성으로 하겠습니다."

"그 말은 고맙지만 그렇게 하지 않아도 된다. 이 사바세계에 육만 항하사(10^{52})의 보살들이 있고 내가 열반에 든 뒤에 보살들이 이 경전을 지니고 읽고 외우고 교화할 것이기 때문이다."

부처님께서 이렇게 말씀하실 때 삼천대천세계의 땅이 진동하고 갈라지면서 그 속에서 수행 정진해 중생을 제도하고 있던 한량없는 보살들이 한꺼번에 솟아올랐다.

이 보살들의 몸은 금빛이었고, 삼십이상의 훌륭한 몸매를 갖추고 있었으며, 사바세계의 아래에 있는 허공 세계에 있다가 석가모니 부처님의 음성을 듣고 올라왔다.

이 보살들은 각각 육만 항하사 권속들을 거느리고 나타났다. 이렇게 많은 권속을 거느린 보살들은 물론 일이만 항하사 권속이나 몇천억의 권속을 거느리고 있는 보살들이나 혼자 있기를 좋아하는 보살들까지 모여 들었다.

이 보살들은 수억 겁 동안 보시를 베풀었으며 바른 생활을 영위해 중생들의 모범이 되었으며, 부지런히 수행 정진하여 깨달음을 성취하려고 노력했으며, 법을 설해 중생들을 제도했으며, 시간과 여유가 있을 때는 혼자 멀리 떨어져 선정에 들기를 좋아했다.

이 모든 보살은 땅 속에서 솟아 나와 허공으로 치솟아 올라 칠보탑 안에 계신 다보여래와 석가모니 부처님 앞에 머리를 조아려 예배하고, 또 보배 나무 아래 사자좌에 앉아 계신 분신 부처님께 예배하고 오른쪽으로 세 번 돌고 합장하고 공경하며 모든 부처님을 찬탄하고는 한쪽으로 물러나 앉아 두 부처님을 우러러보았다. 이 보살들이 부처님을 찬탄하기를 오십 소겁 동안 했다.

이때 석가모니 부처님과 모든 분신 부처님은 오십 소겁 동안 잠자코 앉아 계셨는데 부처님의 신통력으로 대중들이 느끼기에는 한 나절이 지나간 것 처럼 생각되었다.

(15-2) 부처님의 병 없음을 문안

그들 중에 상행보살과 무변행보살과 정행보살과 안립행보살이 부처님 앞으로 나와 합장하며 부처님께 문안을 드렸다.

"부처님께서는 병이 없으시고 고뇌가 없으시며 안락한 행을 하십니까? 중생들이 순수히 잘 따라 진리의 세계로 들어갑니까? 부처님을 피곤하게 하지 않습니까? 오랫 동안 부처님을 뵙지 못했기에 근심스러운 마음으로 여쭈어 봅니다."

이때 네 보살이 게송으로 말씀드렸다.

부처님께서 안락하시고
병이 없으시며 번거로움 없으십니까?

중생들을 교화하시기에 피곤하지 않으십니까?
어리석은 중생들이 부처님을 피곤하게 하지 않습니까?

"고맙구나. 고맙구나. 보살들이여,
여래는 안락하고 병이 없으며 번거롭지 않다. 그리고 중생들도 피곤
하게 하지 않는다. 이 모든 중생은 세세생생 나의 교화를 받았고 과
거 여러 부처님 처소에서 착한 뿌리를 심었기 때문이다. 그러므로
이 중생들은 나의 말을 듣고 바로 믿고 즐거운 마음으로 행해 부처
의 지혜에 들어갔다."
이때 모든 보살이 게송으로 부처님을 찬탄했다.

거룩하신 부처님이시여
모든 중생의 의지처입니다.
이제 저희들이 부처님의 말씀을 듣고 믿고 행하오니
기쁜 마음 한량없습니다.

(15-3) 육만 항하사 보살의 인연을 묻다

부처님께서는 조용히 웃으시면서 우두머리 보살들을 칭찬하셨다.
"보살들이여, 정말 고맙다. 여래는 병도 없고 고뇌도 없으며, 또한
중생들이 잘 따라 피곤하지도 않다. 너희들은 여래의 마음을 기쁘게
하는구나."
이러한 광경을 보고 있던 미륵보살과 팔천 항하사 보살은 너무나 놀
랐다. 미륵이 여러 보살들의 생각이 자신과 같음을 알고 합장하며
부처님께 게송으로 여쭈었다.

"저희들이 수억 겁 동안을 교화하며 부처님을 모셨지만
이러한 광경은 처음입니다.
이 보살들은 어디로 부터 왔으며
무슨 인연으로 모였습니까?

사방의 땅이 진동하며 열려 그 속에서 솟아나니
부처님이시여, 이러한 광경은 처음입니다.
모두가 궁금해하오니 부디 설해 주소서.
이 보살들은 어디로 부터 왔습니까?

수억 겁 동안 여러 국토 다녔었지만
부처님이시여, 이러한 광경은 처음입니다.
저는 이들 중에 한 보살도 알지 못합니다.
홀연히 땅에서 솟아나니 그 인연을 설해 주소서.

이렇게 많은 보살이 누구에게서 발심했으며
어떤 부처님 법을 찬탄하며
무슨 경전을 받아 지니고 외우며
어떻게 수행 정진했습니까?

지금 여기 모여 있는 모든 대중
모두 이 일을 알고자 합니다.
이 보살들의 처음과 나중의 인연을 설해
저희들의 의심을 풀어 주소서."

(15-4) 미륵보살이 묻다

이때 다른 국토에서 온 천만억 분신 부처님들이 팔방에 놓여 있는 보배 나무 아래에 있는 사자좌에 결가부좌하고 계셨다. 이 분신 부처님들의 시자들도 보살 대중들이 삼천대천세계의 사방의 땅속에서 솟아 올라와 허공에 머물러 있음을 보고 각각 부처님에게 여쭈었다. "부처님이시여, 이 한량없는 많은 보살 대중이 어디로부터 왔습니까?" 이러한 상황을 둘러보신 부처님께서는 미륵보살을 보며 말씀하셨다. "착하고 착하다. 미륵보살이여, 대중들의 마음을 알고 먼저 묻는구나. 그대들은 먼저 위없는 바른 깨달음을 성취하겠다는 굳은 결심을 하는 것이 가장 먼저 선행되어야 할 일이다. 지금 이러한 상서로움은 여래의 끝없는 지혜와 자재한 신통과 위없는 용맹을 보이는 것이다." 부처님께서 이 뜻을 거듭 펴시려고 게송으로 말씀하셨다.

"마땅히 한마음으로 정진하라.
내 이제 이 인연을 말하리라.
여우같이 의심하는 마음을 일으키지 말라.
부처님의 지혜는 불가사의하다.

이제 이러한 인연을 설하리니 의심하거나 놀라지 말라.
부처님 말씀은 거짓이 없고 지혜도 헤아리기 어려우니라.
위없는 깨달음 깊고 깊어 분별할 수 없지만
일찍이 듣지 못하던 것을 이제 모두 듣게 되리라.

미륵보살이여,

땅으로부터 솟아 올라온 이 한량없는 보살들은 내가 수행자 시절부터 부처를 이룬 지금까지 수억 겁 동안 교화하고 마음 깊이 감동을 주어 보리심을 내게 한 자들이다. 이 보살들은 사바세계에 머물러 중생들을 교화하고 있다.

(15-5) 육만 항하사 보살은 부처님이 교화하셨다

바른 말이 아니면 하지 않고 고요한 곳에서 부지런히 정진하기를 좋아하며 하늘이나 사람들뿐만 아니라 축생이나 지옥도 싫어하지 않으며 중생들과 더불어 있으면서 위없는 바른 깨달음을 성취하려고 수행 정진하는 보살들이다.”

미륵이 부처님께 여쭈었다.

“부처님이시여, 부처님께서는 석가족의 태자로 태어나 궁궐에 계시다가 젊으신 나이로 출가해 육 년 동안 고행 정진 끝에 마갈타(摩竭陀, Magadha)국 에서 위없는 바른 깨달음을 성취했습니다. 도를 이루신 그때부터 지금까지 사십 년 밖에 되지 않았는데 그 짧은 기간 동안 어떻게 이 많은 보살을 교화해 보살의 도를 얻게 했는지 궁금합니다.

부처님이시여, 수억 겁을 수행 정진해 보살이 된 이들을 보고 지금 부처님께서 내가 교화한 보살이라 하는 것은 여기 모인 모든 대중은 믿기 어려울 것입니다.“

부처님께서 이 뜻을 거듭 펴시려고 게송으로 말씀하셨다.

“미륵보살이여, 이 많은 보살은 무수한 겁 옛날부터
부처의 지혜 닦아 익혔으며

내가 이들을 교화해 처음으로 도에 마음을 내게 했으며
지금은 물러남 없는 자리에 있어 앞으로 모두 부처 되리라.

이들은 항상 두타를 행하고 고요한 곳을 좋아하며
시끄럽고 말 많은 것을 피해 한적한 곳에 머물며
밤낮으로 정진해 부처님 도를 구하기 위해
사바세계의 하방인 허공에 머물러 있었노라.

뜻과 생각의 힘이 견고하고
가지가지 묘한 법을 듣고는 두려움이 없어졌으며
그대들은 한마음으로 믿고 따르라.
내가 오랜 옛날부터 이 보살들을 교화했노라."

"부처님이시여, 부처님께서는 석가족의 태자로 태어나 궁궐에 계시다가 젊은 나이로 출가하여 육년 동안 고행 정진 끝에 마갈타에서 위없는 바른 깨달음을 성취하셨습니다. 도를 이루신 그때부터 지금까지 사십 년 밖에 되지 않는데 그 짧은 기간 동안 어떻게 이 많은 보살을 교화해 보살의 도를 얻게 했는지 궁금합니다.
부처님이시여, 수억 겁을 수행 정진해 보살이 된 이들을 보고 지금 부처님께서 내가 교화한 보살들이라 하시는 것은 여기 모인 모든 대중은 믿기 어려울 것입니다.

(15-6) 보살들이 의심하다
마치 이십 세 된 젊은이가 팔십 된 노인을 보고 저 노인은 내 아들이다 하는 것과 같습니다.

부처님께서도 이와 같아서 도를 이루신지 얼마 되지 않으셨는데 이 보살 대중들은 한량없는 천만억 겁 전부터 불도를 구하기 위해 부지런히 정진했으며 모든 착한 법을 모두 익혀 사람들 가운데 뛰어났으며 소중하고 보기 드문 보배들입니다.

오늘 부처님께서 말씀하시기를 '부처님께서 불도를 이룬 후 처음으로 이 보살대중들을 교화해 위없는 바른 깨달음을 성취하겠다는 마음을 내게 했다.'고 하셨습니다. 부처님께서 불도를 이루신 지 얼마 되지 않는데 어떻게 해 이렇게 큰 공덕을 능히 지으셨습니까?

여기 있는 모든 보살이 저와 같은 의문을 갖고 있습니다. 부처님께서는 어리석은 저희들을 위해 또 부처님께서 열반에 드신 후 이 말씀을 믿지 못하고 죄업의 인연을 일으킬 중생들의 의심을 풀어 주시기 바랍니다."

(15-7) 거듭 의심을 밝히다
미륵이 이 뜻을 거듭 펴려고 게송으로 말했다.

미륵이 부처님께 여쭙기를 부처님께서 석가족의 왕자로
출가해 보리수 아래에서 도를 이루신 지가 얼마 되지 않는데
어떻게 이 많은 보살을 교화하셨는지 믿을 수 없습니다
저희들의 의심을 없애기 위해 사실대로 말씀해 주소서.

비유해 말하자면 이십오 세 된 젊은이가 백세 된 백발노인을
'이 사람은 내 아들이다'라고 말한다면 누가 믿겠습니까

부처님께서도 도를 이루신 지 얼마 되지 않았는데
이 많은 보살을 교화했다고 한다면 누가 믿겠습니까?

수많은 보살은 한량없는 옛날부터 보살도를 행해
두려운 마음 전혀 없고 참는 마음 결정되었고
단정하고 위엄 있고 항상 선정에 있으면서
부처의 도를 구하기 위해 이 세계 아래에 있습니다.

저희들은 부처님의 말씀을 듣고 의심하지 않지만
오는 세상의 중생들을 위해 말씀해 설해 주소서
어떻게 그 짧은 시간에 이 많은 보살을
교화하고 발심시켜 깨달음에서 물러나지 않게 했습니까?

16. 여래수량품

(16-1) 여래의 비밀하고 신통한 힘

그때 부처님께서는 여러 보살과 대중들에게 말씀하셨다.

"선남자들이여, 그대들은 부처님의 진실하고 참된 말을 믿고 이해하도록 하라."

부처님께서는 세 번이나 거듭 이 말씀을 되풀이하여 대중들에게 말씀하셨다.

이때 미륵보살이 우두머리가 되어 모든 보살과 대중들이 부처님께 말씀드렸다.

"부처님이시여, 저희들을 위해 말씀해 주시기 바랍니다. 저희들은 진심으로 부처님의 말씀을 믿고 따르겠습니다."

이렇게 세 번을 되풀이해 부처님께 간절히 요구하며 다시 말씀드렸다.

"부처님이시여, 저희들을 위해 말씀해 주시기 바랍니다. 저희들은 진심으로 부처님의 말씀을 믿고 따르겠습니다."

대중들의 간절히 요구함이 계속되자 부처님께서 말씀하셨다.

"그대들은 여래의 비밀하고 신통한 힘을 자세히 들어라.

내가 이생에서 석가족으로 가비라위(迦毘羅衛, Kapila-vastu)국의 궁전에서 태어나 마갈타에서 도를 이루어 부처가 되었지만, 실제로 도를 이루어 성불한 것은 백천만억 나유타 겁 전이다. 백천만억 나유타 겁 전부터 나는 이 사바세계에서 법을 설하고 중생들을 교화했으며 다른 국토에서도 법을 설해 수많은 중생을 교화했다. 말하자면 지금 이 우주가 생기기 전의 세계, 이 세계보다 그 전의 세계에서 이미 부처가 되어 있었다. 대중들이여, 이것을 셈으로 헤아릴 수 있겠느냐?"

미륵보살 등이 부처님께 말씀드렸다.

"부처님이시여, 저희들은 그만큼 한량없고 끝이 없는 세월은 셈할 수도 없으며 생각할 수도 없으며 상상할 수도 없습니다."

부처님께서는 대중들을 둘러보시며 힘차게 말씀하셨다.

"선남자들이여, 다시 말하는데 내가 도를 이루어 성불한 것은 백천만억 나유타 겁 전이다. 백천만억 나유타 겁 전부터 나는 이 사바세계에서 법을 설하고 중생들을 교화했으며 다른 국토에서도 법을 설해 수많은 중생을 교화했다.

(16-2) 연등불 수기는 방편이다

보살들이여, 이생에서 부처를 이룰 것이라는 연등불에게 성불 수기를 받은 것은 방편으로 보인 것임을 알라.

어떤 사람이 나를 찾아와 법을 물으면 연기를 설해 주기도 하고, 열반을 설해 주기도 하고, 여러 가지 비유를 들어 설명해 주는 것은 그 사람을 진리의 문으로 들어오도록 하는 방편인 것처럼 연등불께서 성불 수기를 주신 것도 방편일 뿐이다.

보살들이여, 잘 들어라. 내가 설한 모든 경전은 오로지 중생들을 제도하기 위해 그들의 근기에 맞는 그때그때의 방편으로 설한 것임을 알아야 한다. 그러나 여래가 설한 것은 허망한 것이 없다. 왜냐하면 여래는 삼계(우주)에서 일어나는 모든 현상을 실제로 보기도 하고 공함으로 보기 때문이다. 그러므로 여래는 태어남도 없으며 죽음도 없다는 것을 알며, 세상에 살고 있는 이도 없으며 열반에 드는 이도 없다는 것을 알며, 모든 것이 같지도 않으며 다르지도 않다는 것을 알아 삼계가 공이며 공이 삼계임을 알고 있는 것이다.

여래는 이러한 모든 현상과 본질을 밝게 보고 알지만 중생들의 분별심에 따라 성품과 근기에 맞게 비유를 들어 설해 준다. 내가 성불한 것은 헤아릴 수 없는 오래 전의 일이지만 중생들을 교화하기 위해 방편으로 이생에서 성불하고 열반에 든 것이다. 만약 여래가 이 세상에 영원히 머물러 있으면 어리석은 중생들은 항상 여래가 이 세상에 머물러 있음을 보고 애써 노력하고 정진하려는 생각을 내지 않는다. 그러면 박복한 사람들은 선근을 심으려고 애를 쓰지 않으며 가난하고 천하면서도 오욕락을 탐해 윤회의 굴레를 벗어날 길이 없다. 또한 속은 텅 비었으면서도 교만해 공경하는 마음을 내지 않으며 부지런히 노력해 성취하려고 하지 않는다.

그러므로 여래는 방편으로 이렇게 말하는 것이다.

(16-3) 제7 의자유의 비유

'수행자들이여, 부처님이 세상에 오셨을 때 만나 뵙는 것은 어려운 일이다. 더구나 박복한 사람은 한량없는 백천만억 겁이 지나도록 부처님을 만나 뵙기 어렵다.'

중생들이 이 말을 들으면 부처님을 만나기 어렵다는 생각에 사모하는 마음이 일어나 부처님을 갈망해 선근을 심게 된다.

그래서 여래는 중생들에게 바른 법을 만나기가 어렵다는 것을 보여주기 위해 바른 법을 만났을 때 목숨을 걸고 수행 정진하는 계기가 될 수 있도록 방편으로 열반에 든 것이다.

보살들이여! 여래의 법은 이와 같이 중생을 위하는 것이므로 모두 진실하고 허망하지 않다.

옛날 유명한 의사가 한 명 있었는데 그는 환자의 병에 따라 약 처방을 하고 약을 제조해 모든 병을 낫게 했다. 그 의사에게는 아들이 열 명이나 있었다. 어느 날 이웃 나라에 환자가 있어 치료하러 간 사이에 아이들이 잘못해 독약을 먹었다. 아버지가 집에 돌아와 보니 어떤 아들은 정신을 완전히 잃어 버렸고, 어떤 아들은 정신을 반쯤 잃고 이리저리 뒹굴고 있었다. 반쯤 정신을 잃은 아들들이 아버지를 보고 반가워하며 말씀드렸다.

"아버지, 잘 다녀오셨습니까?

저희들이 실수로 독약을 먹었습니다. 빨리 해독약을 처방해 저희들을 구해 주십시오."

아버지는 급히 해독하는 약을 처방해 아들에게 주었더니 반쯤 정신을 잃은 아들은 해독약을 먹고 해독이 되었지만, 완전히 정신을 잃어 버린 아들은 아버지가 주는 해독약을 의심하고 먹지 않았다.

(16-4) 아들이 믿게 방편을 쓰다

아버지는 방편으로써 정신없는 아들에게 해독약을 먹게 하려고 이렇게 말했다. "나는 이제 늙어서 죽을 때가 다 되었다. 이 해독약은 여기에 두고 갈테니 생각이 있으면 먹도록 해라." 그리고 나서 이웃 나라로 간 아버지는 곧 바로 '죽었다'는 소식을 아들에게 알렸다. 아버지가 돌아가셨다는 소식을 듣고 상심한 아들들은 슬픔으로 나날을 보내다가 정신이 반쯤 회복되었다. 그러자 아버지가 놓아둔 해독약을 먹고 중독되었던 병이 깨끗하게 나았다. 아들들이 병이 다 나았음을 알고 아버지는 집으로 돌아왔다."

"미륵보살이여, 어떻게 생각하느냐? 이때 의사가 거짓말을 했다고 하겠느냐?"

"그렇지 않습니다. 부처님이시여."하고 미륵이 대답했다.

부처님께서 대중들을 둘러보시며 말씀하셨다.

"나도 그와 같아서 성불한지가 한량없고 끝이 없지만, 중생들을 제도하기 위해 방편으로써 열반을 보이는 것이다."

부처님께서 이 뜻을 거듭 펴시려고 게송으로 말씀하셨다.

내가 성불한 것은 이미 백천만억 아승기 겁 전이며
중생들을 제도하기 위해 방편으로 열반을 보이지만
참으로 열반한 것이 아니고 어디서든지 항상 법을 설하고 있느니라.
단지 생각이 뒤바뀐 중생의 눈에는 보이지 않을 뿐이다.

중생들은 내가 열반함을 보고 사리에 공경하며
사모하는 마음으로 부처님을 갈망해
한결같은 마음으로 부처를 보고자 목숨을 아끼지 않으면
그때 나는 대중들과 함께 영취산에 나타날 것이다.

그때 내가 중생들에게 말하기를
항상 여기 있어 멸함이 없지만
중생 위해 멸함을 보일 뿐이로다.
여래는 어디서나 항상 법을 설하고 있느니라.

(16-5) 훌륭한 의사의 좋은 방편

원래 이 세상은 공적한 정토인 것을, 중생들의
눈으로 보니 이 세상은 근심 공포 괴로움 가득한 고통의 바다
악업의 인연으로 아승기 겁이 지나도록 불법 듣지 못하나
내 지금 여기 있어 법문 설해 모두 불법으로 돌아오게 하네.

어떤 때는 부처의 수명 한량없다 설하고, 어떤 사람에게는
부처 만나기 어려우니 부지런히 정진하라고 설하고
중생을 향한 부처의 자비와 지혜 광명 한량이 없는데
무수 겁의 수명은 오래 닦은 업으로 얻은 것이다.

훌륭한 의사 좋은 방편으로 중독된 아들의 병 고치려고
살았으면서 죽었다고 말한 것처럼
나도 이 세상의 아버지로서 중생들의 뒤바뀐 생각병 고치려고
고통의 바다에서 구제하고자 열반했다 말하는 것이니라.

내가 항상 이 세상에 머물러 있음을 보면 교만하고 방자해져
게으르고 오욕락을 탐해 지옥의 불구덩이에 떨어지나니
근기와 상황에 따라 그때그때 방편으로 법을 설해
어리석은 저 중생들 어떻게 하면 위없는 바른 도를 이루게 하나.

17. 분별공덕품

(17-1) 보살들의 깨달음 성취

그곳에 모였던 대중들은 부처님께서 한량없는 무량 겁 전에 성불해 부처의 수명이 끝이 없다는 말씀을 듣고 전생과 내생에 대한 확신을 가짐으로 큰 이익을 얻었다.

이때 부처님께서는 미륵에게 말씀하셨다.

"미륵보살이여, 내가 여래의 수명이 끝이 없음을 설했을 때 육백팔십만억 나유타 중생들이 무생법인을 얻었다. 또 천 배의 보살들이 듣고 지니는 다라니문을 얻었다.

또한 세계의 수많은 보살이 말하기를 걸림이 없는 변재를 얻었으며, 한량없는 선 다라니를 얻었다.

또 삼천대천세계의 수많은 보살은 물러나지 않는 법륜을 굴렸으며, 또한 이천 중천세계의 수많은 보살은 청정한 법륜을 굴렸다.

또 소천 세계의 수많은 보살은 팔 생 만에 위없는 바른 깨달음을 성취했다.

또 사사 천하의 수많은 보살은 사 생 만에 위없는 바른 깨달음을 성취했다.

또 삼사 천하의 수많은 보살은 삼 생 만에 위없는 바른 깨달음을 성취했다.

또 이사 천하의 수많은 보살은 이 생 만에 위없는 바른 깨달음을 성취했다.

또 일사 천하의 수많은 보살은 일 생 만에 위없는 바른 깨달음을 성취했다.

또 팔 세계의 수많은 보살도 모두 위없는 바른 깨달음을 성취했다.”

부처님께서 이 일을 말씀하실 때 허공에서는 연꽃과 만다라꽃이 내려 사자좌에 앉아 계시는 여러 부처님과 칠보탑 속에 앉아 계신 다보여래와 석가모니 부처님을 장엄했으며, 차츰 부처님 주위 뿐만 아니라 삼천대천세계에까지 꽃비를 뿌렸다.

또한 허공에서는 맑고 아름다운 소리를 내는 하늘북이 울렸으며, 보배향의 향내가 사방으로 퍼져 나갔다. 부처님 머리 위에는 보살들이 번기와 일산을 들고 차례로 이어져 올라가 범천에 이르렀으며, 미묘한 음성으로 부처님을 찬탄했다.

(17-2) 미륵보살의 찬탄

이때 미륵보살이 자리에서 일어나 오른쪽 어깨를 드러내고 합장하며 부처님을 향해 게송으로 말씀드렸다.

희유한 법 애초에는 듣지 못했는데
부처님께서 설하시는 진리의 말씀을 듣고
예전에 들을 수 없었던 대승법문을 듣고
이제 저희들은 기쁨으로 가슴 가득합니다.

어떤 보살들은 불퇴지를 얻고
어떤 보살들은 변재를 얻고 선 다라니를 얻고
대천세계 티끌 수의 보살들은 물러나지 않는 법륜을 굴리고 중천세계 티끌 수의 보살들은 청정한 법륜을 굴립니다.

소천세계 티끌 수의 보살들은 팔 생 후에 부처를 이루며
사사천하 티끌 수의 보살들은 사 생 후에 부처를 이루며
삼사천하 티끌 수의 보살들은 삼 생 후에 부처를 이루며
일사천하 티끌 수의 보살들은 일 생 후에 부처를 이룹니다.

이러한 보살들은 번뇌가 없는 청정한 과보를 받으며
팔 세계 티끌 수 중생들은 위없는 보리심을 일으키며
이러한 중생들도 결국에는 일체지를 이룹니다.
저희들은 기필코 위없는 바른 깨달음을 성취하겠습니다.

제석천왕은 만다라 꽃비를 내리고 범천왕은 전단향기를 흩으며
하늘북은 저절로 울고 하늘옷이 하늘을 장엄하며
부처님 어전마다 당간에 번기를 달고 천만 가지 게송으로
부처님 공덕을 노래하니 이러한 일은 일찍이 없었던 일입니다.

이때 부처님께서는 미륵보살에게 말씀하셨다.
"미륵보살이여, 어떤 중생이 부처님의 수명이 끝없음을 듣고 의심함
없는 믿는 마음을 내면 한량없는 공덕을 얻을 것이다. 이러한 공덕
은 위없는 바른 깨달음의 성취에 대한 믿음 때문에 생기는 것이다.
만일 어떤 사람이 있어 깨달음을 성취하기 위해 팔십만억 나유타 겁
동안 보시, 지계, 인욕, 정진, 선정을 행한다 해도 이 공덕은 앞의 공
덕보다 백 분의 일에도 미치지 못한다.

(17-3) 우주가 그대로 불국토이다

부처님께서 이뜻을 거듭 펴시려고 게송으로 말씀하셨다.

위없는 바른 깨달음을 성취하려거든
팔십만억 나유타 겁 동안
보시를 베풀며, 계율을 지키며, 모든 것을 참고 견디며
부지런히 정진하며, 마음은 선정에 들어야 하네.

모든 보살 대중에게
깨끗한 음식과 수행자에 어울리는 의복을 보시하고
숲과 동산을 장엄하며, 절을 짓는데 보시하며
이러한 보시들을 불도를 구하는데 회향하네.

계율을 청정하게 지켜 모자람이 없으며
여러 가지 나쁜 일을 마음 흔들림 없이 잘 참고 견디며
깨달음의 성취에 대한 생각이 확고해 부지런히 정진하며
억만 겁을 지나도 한결같은 마음이네.

고요하고 한적한 곳에서
마음을 조복 받아 선정에 드네
선정의 공덕으로 위없는 깨달음을 구해
일체지를 획득해 결국에는 부처를 이루네.

어떤 사람이 백천만억 겁 동안

오바라밀 행한 공덕 이루 헤아릴 수 없이 크지만
이 경전에서 설한 장구한 수명을 믿는 공덕
이 공덕이 앞의 공덕보다 더 크니라.

유정이나 무정이나 모든 생명을 위해
부처님께서는 두려움 없이 법을 설하네.
깊은 믿음이 있어 맑고 깨끗한 마음으로 믿고 따르면
우주가 그대로 불국토이네.

(17-4) 부처님의 수명은 끝이 없다

"미륵보살이여, 어떤 사람이 부처님의 수명이 끝없음을 듣고 그 뜻을 이해한다면 그 사람은 한량없는 공덕을 얻을 것이며, 위없는 바른 깨달음을 성취하겠다는 마음을 낸다.

또한 이 경전을 듣거나 듣게 하거나, 지니거나 지니게 하거나, 쓰거나 쓰게 하거나, 경전에 공양하거나 공양하게 한다면 그 사람의 공덕은 한량이 없으며 큰 지혜를 얻는다.

어떤 사람이 부처님의 수명이 끝없음을 듣고 그 뜻을 깊이 이해하고 믿는다면 신통으로 부처님께서 영취산에 계시면서 보살 성문 대중들에게 법문하시는 광경을 보게 된다.

또한 땅이 유리와 같아서 평평하고 투명하며, 거리에는 보배나무가 줄지어 서 있으며, 수행처에는 보살 대중들로 가득한 것을 보게 되며, 이 사바세계가 그대로 불국토가 된다.

미륵보살이여, 여래가 열반한 뒤에 이 경전을 믿어 읽고 기쁜 마음을 일으킨다면 그는 곧 여래를 보는 것과 같다. 그러므로 이러한 사람은 탑을 쌓은 것과 같으며 절을 지은 것과 같으며 스님께 공양 올린 것과 같아서 따로 공양할 필요가 없다. 왜냐하면 이 경전을 읽고 외운 것은 칠보로 된 사리탑에 공양하는 공덕과 같으며 오랜 세월 동안 꽃과 향기를 뿌려 세상을 아름답게 하고 밝히는 공덕과 같다.

(17-5) 묘법연화경의 위력

미륵보살이여, 여래가 열반한 뒤에 경전을 듣고 받아 지니고 쓰거나 다른 사람에게 쓰게 한다면 붉은 전단나무로 된 서른두 칸의 크고 아름다운 절을 지어서 수천명의 수행자가 거주할 수 있도록 한다. 거기에다 원림, 욕지와 산책로와 석굴과 의복, 음식과 침구, 양약 등 모든 기구가 갖추어져 있으며, 수행하기에 적당한 절이 한량없이 많아 누구든지 마음만 내면 공부할 수 있도록 갖추어져 있다. 그러므로 이러한 사람은 탑을 쌓은 것과 같으며 절을 지은 것과 같으며 스님께 공양 올린 것과 같다.

하물며 이 경전을 받아 지니면서 보시와 지계, 인욕과 정진, 선정과 지혜를 행하면 그 공덕이 한량없으며, 머지않아 위없는 바른 깨달음을 성취하게 된다.

또한 어떤 사람이 이 묘법연화경을 바르게 이해하고 받아들여 계행을 청정하게 가지며, 욕됨을 참아 성내지 않으며, 뜻이 견고하고 항상 좌선하기를 좋아해 깊은 선정에 들며, 용맹하게 정진해 바른 법을 지키며, 마음을 편안하고 자유롭게 하며, 주위에서 일어나는 일들과 진리에 관한 일에 지혜롭게 대답하는 사람은 이미 위없는 바른 깨달음을 성취하기 위해 보리수나무 아래 가부좌하고 앉아 있는 것이다.

미륵보살이여, 이러한 사람이 있는 곳에는 탑을 쌓아 찬탄할 것이며, 부처가 계시는 곳과 같이 예배하고 공양할 것이다.

내가 열반한 후 이 경전을 받아 지니는 공덕 어찌 말로 다 할 수 있겠는가. 칠보 사리탑에 공양하는 공덕, 오랜 세월 동안 꽃과 향기로 공양하며 세상을 아름답게 하고 밝히는 공덕, 절을 지어 보시하는 공덕, 이 경전을 지니는 공덕과 같다.

누가 이 경전을 받아 지니고 경전의 가르침대로 깨달음을 성취하기 위해 보시, 지계, 인욕, 정진, 선정을 행하는 이러한 수행자를 보거든 부처님 본 듯 마음을 내라. 이러한 사람은 곧 도를 이루어 세상을 크게 이익되게 할 것이다."

(17-6) 경전을 받아 지니는 공덕
부처님께서 이 뜻을 거듭 펴시려고 게송으로 말씀하셨다.

내가 열반한 후 이 경전을 받아 지니는 공덕
어찌 말로 다 할 수 있겠는가.
칠보 사리탑에 공양하는 공덕과 같으며
꽃과 향기로 공양해 세상을 아름답게 하는 공덕과 같다.

우두 전단의 좋은 나무로 절을 지어 보시하는 공덕
승당이 서른두 칸이나 되며 높이가 팔 다라수나 되는
큰 절을 지어 장엄하는 공덕
이 경전을 지니는 공덕과 같느니라.

어떤 사람이 이 경전을 받아 지니고
경전의 가르침대로 깨달음을 성취하기 위해
계행을 지키며 참고 견디는 공덕
어찌 말로 다할 수 있겠는가.

어떤 사람이 이 경전을 받아 지니고
경전의 가르침대로 깨달음을 성취하기 위해
부지런히 정진하며 선정을 닦는 공덕
어찌 말로 다할 수 있겠는가.

어떤 사람이 이 경전을 받아 지니고
경전의 가르침대로 깨달음을 성취하기 위해
교만하고 편견된 마음을 버리고 지혜를 생각하는 공덕
어찌 말로 다할 수 있겠는가.

이러한 수행자를 보거든
부처님 본 듯 마음을 내라.
이러한 사람은 곧 도를 이루어
세상을 크게 이익 되게 하리라.

18. 수희공덕품

(18-1) 다른 사람에게 전법하는 공덕
그때 미륵보살이 부처님께 여쭈었다.
"부처님이시여, 만약 이 묘법연화경을 듣고 기뻐하는 마음을 내어 다른 사람에게 전하는 사람은 어떤 공덕을 받습니까?"
미륵보살이 게송으로 한 번 더 말씀드렸다.

부처님께서 열반에 드신 후
이 경전을 듣고
따라서 기뻐하는 사람은
어떤 공덕이 있습니까?

"미륵보살이여, 내가 그 공덕을 말할 것이니 잘 들어라. 여래가 열반에 든 뒤 출가 수행자나 재가 수행자들 중에서 이 경전을 읽고 지녀 기뻐하며 법회가 열리는 곳에서나 한적한 곳에서나 거리에서나 다른 사람에게 전하고 이 사람이 또 다른 사람에게 전해 오십 번째 되는 사람의 공덕은 다음과 같다. 사백만억 아승기 세계의 지옥, 아귀, 축생, 아수라, 사람, 하늘의 육도 중생과 태생, 난생, 습생, 화생의 사생의 중생과 유형, 무형의 중생과 유상, 무상, 비유상, 비무상의 중생 등 이 우주에 존재하고 있는 단세포 생물로부터 하늘 사람에 이르기까지 모든 생명에게 금은 등 여러 가지 보물과 코끼리, 말 등 여러 가지 짐승과 궁전과 누각 등 물질적인 보시를 팔십 년 동안 했으며, 그 후에는 부처님의 법으로 법보시를 해 그들이 수다원과 사다함과 아나함과 아라한도를 얻었고, 모든 번뇌가 없어져서 깊은 선정에 들었다면, 이 사람의 공덕은 어떻겠느냐?"

"부처님이시여, 이 사람의 공덕은 한량이 없습니다. 팔십 년 동안 물질적인 보시만 해도 한량이 없는데 하물며 아라한과를 얻게 되었는데 무엇을 더 말하겠습니까?"

(18-2) 전법 공덕은 끝이 없다

"그렇다. 미륵보살이여, 그 공덕은 한량이 없다.

그렇지만 오십 번째 이 묘법연화경을 읽고 지니고 전한 사람의 공덕과 비교한다면 이 사람의 공덕은 백분의 일에도 미치지 못한다. 하물며 처음 이 경전을 받아 지녀 읽고 전한 사람의 공덕은 말해 무엇하겠느냐!

미륵보살이여, 어떤 사람이 이 경전의 한 구절이라도 들었다면 이 인연으로 다음 생에는 코끼리와 말과 금과 은 같은 재물이 많은 부유한 집에 태어날 것이며, 또한 하늘나라에도 태어날 것이다.

이 경전을 설하는 것을 듣고 있던 어떤 사람이 자신의 자리를 다른 사람에게 양보해 준다면 그 사람은 이 공덕으로 다음 생에는 제석천왕이나 범천왕이나 전륜성왕의 자리에 앉게 된다.

어떤 사람이 이 경전 설함을 알고 함께 가서 듣기를 권해 한 구절이라도 듣는다면 그 사람은 이 공덕으로 수행이 뛰어난 보살과 함께 있게 된다. 다음 생에 몸을 받을 때 성품이 뛰어나고 지혜가 있으며, 벙어리나 말더듬이나 언청이로 태어나지 않으며, 입에서 냄새가 나지 않으며, 입과 혀에는 병이 없으며, 이빨은 희고 가지런하며, 부스럼도 없으며, 납작 코도 아니어서 다른 사람들이 싫어하지 않으며, 날 때부터 부처님 법을 만나게 될 것이다.

(18-3) 게송으로 전법 공덕을 설명하다
미륵보살이여, 한 사람을 불법으로 이끌어도 공덕이 한량없는데 이 경전을 받아 지니고 읽고 외우고 경전대로 수행하는 사람의 공덕은 어떻게 말로 다 표현할 수 있겠느냐?"
부처님께서 이 뜻을 거듭 펴시려고 게송으로 말씀하셨다.

어떤 사람이 묘법연화경 설함을 듣고
한 게송만이라도 기뻐하면서 다른 사람에게 설해
차례로 전해 오십 번째 사람에게 이를 때
이 사람이 얻는 공덕 다음과 같느니라.

어떤 사람이 금은 보화를 팔십 년 동안 보시하고
그 후에 법을 설해 아라한 도를 얻게 해
육신통과 삼명과 팔해탈을 성취하게 한 공덕
이 공덕보다 더 크다.

세세생생 입병이 없고 이빨은 튼튼하며
입술은 알맞게 두터우며 혀는 적당하게 길며
코는 높고 이마는 넓고 반듯하며
이 경전 설함을 들은 공덕으로 이런 과보 받느니라.

얼굴과 눈은 모두 단정하며
사람들이 기쁘게 대하며 입에는 냄새가 없고
몸에서는 우담발라 향기가 나며
이 경전 설함을 들은 공덕으로 이런 과보를 받느니라.

법화경 들으려고 절을 찾아가는 공덕
인간이나 하늘에 태어나서
코끼리, 말, 수레와 보배로 꾸민 가마를 타고
하늘 궁전에 오르는 과보를 받느니라.

이 법문 설하는 곳에 사람을 보내 듣게 하는 공덕
하늘과 인간 몸 받더라도 귀하게 태어나며
제석과 범천과 전륜왕의 자리를 얻네.
이 경전의 뜻을 이해하고 행하는 자 그 공덕 끝이 없네.

19. 법사공덕품

(19-1) 이 경의 눈과 귀에 대한 공덕

그때 부처님께서 상정진보살에게 말씀하셨다.

"어떤 사람이 이 묘법연화경을 받아 지녀 읽고 외우고 쓰거나 해설한다면 이 사람은 눈의 팔백 공덕과, 귀의 일천 이백 공덕과, 코의 팔백 공덕과, 혀의 일천 이백 공덕과, 몸의 팔백 공덕과, 뜻의 일천 이백 공덕을 얻어 모두 청정할 것이다.

이 사람은 청정한 눈으로 삼천대천세계를 보며, 아래로는 아비지옥에서부터 위로는 색구경천을 보며, 모든 중생의 업과 인과를 분명히 보고 태어나며 죽음에 대해서도 분명히 알고 있다.

부처님께서 이 뜻을 거듭 펴시려고 게송으로 말씀하셨다.

대중 가운데 두려움 없는 마음으로
이 경전을 해설하는 사람의 공덕을 들어 보라
이 사람은 팔백 가지 훌륭한 눈의 공덕을 얻어
그 눈은 매우 청정하리라.

부모가 낳아 준 눈으로 삼천대천세계를 보며
미루산과 수미산과 철위산을 모두 보고
산과 숲과 바다와 강 모든 생명을 훤하게 보며
색구경천에서 아비지옥까지 모든 세계를 훤히 보게 되리라.

상정진보살이여, 어떤 사람이 이 묘법연화경을 받아 지녀 읽고 외우고 쓰거나 해설한다면 귀의 일천이백 공덕을 얻을 것이다. 이 청정한 귀로 삼천대천세계에 있는 아래로는 아비지옥에서부터 위로는 색구경천에 이르기까지 모든 육도 중생의 말과 음성을 들을 수 있다. 코끼리의 소리, 말의 소리, 수레의 소리, 북의 소리, 방울의 소리, 사람의 소리, 하늘의 소리, 용의 소리, 야차의 소리, 건달바의 소리, 아수라의 소리, 가루라의 소리, 긴나라의 소리, 마후라가의 소리, 바람 소리, 지옥의 소리, 축생의 소리, 아귀의 소리, 성문의 소리, 벽지불의 소리, 보살의 소리, 부처의 소리를 들을 수 있다.
부모가 낳아준 청정한 귀로 삼천대천세계의 온갖 소리를 들을 수 있다.

(19-2) 공덕을 게송으로 찬탄하다
부처님께서 이 뜻을 거듭 펴시려고 게송으로 말씀하셨다.

이 경전을 해설한 공덕은 부모가 낳아 준 귀로
삼천대천세계에서 일어나는 모든 소리를 들으리라.
짐승 우는 소리 풍경 소리 북소리 비파 소리 노래소리
어떤 소리 듣더라도 집착함이 없네.

하늘에서 울려퍼지는 아름다운 소리
깊은 산과 골짜기에서 들려오는 가릉빈가의 소리
남자와 여자 등 모든 사람의 소리
부모가 낳아 준 귀로 이러한 소리들을 모두 듣고 알 수 있네.

지옥에서 괴로워하는 신음 소리, 아귀가 배고파
음식 찾는 소리, 아수라들이 싸우는 시끄러운 소리
아래로는 아비지옥에서 위로는 유정천까지 그 많은 소리
모두 들어도 귀는 다치지 않으며 모든 소리 분별해 아느니라.

광음천이나 색구경천의 하늘 나라의 모든 말과 소리
수행자들이 경을 읽고 외우고 설해 주는 소리
보살들이 중생들을 교화하는 소리
법사는 여기 있으면서 모두 다 들을 수 있네.

거룩하신 부처님께서 중생을 교화하기 위해
대중들 가운데서 미묘한 법 설하시는 소리
법화경 받아 지니는 이는 모두 다 들을 수 있네.
그 귀는 총명해 모두 분별해 아느니라.

(19-3) 이 경의 코에 대한 공덕

상정진보살이여, 어떤 사람이 이 경전을 받아 지녀 읽거나 외우거나
해설하거나 이 경을 쓴다면 그 공덕으로 그의 코는 팔백 공덕을 성
취하게 된다.

이 청정한 코로 삼천대천세계에 있는 모든 냄새를 맡을 수 있다.

즉 수만나화 향기, 사제화 향기, 적련화 향기, 청련화 향기, 백련화
향기, 과수향 향기, 전단향 향기 등 꽃과 과실의 향기와 코끼리 냄
새, 말 냄새, 소 냄새, 양 냄새 등 짐승 냄새와 남자 냄새, 여자 냄새,
중생 냄새, 풀 냄새, 나무 냄새 등 모든 냄새를 맡을 수 있으며, 분별

해 착오가 없다. 또한 하늘나라 향기 등 모든 향기를 맡으며, 제석천
왕이 궁전에서 오욕락을 즐기면서 희롱할 때의 향기, 묘법당에서 도
리천에게 설법할 때의 향기, 동산에서 여유롭게 산책할 때의 향기
등 모든 하늘사람에게서 나는 향기를 멀리서도 맡을 수 있다.

아비지옥의 냄새에서 색구경천의 향기까지 모든 냄새와 향기를 맡
지마는 코는 병들지도 않고 분별심을 내지도 않는다.

또 성문의 향기, 벽지불의 향기, 보살의 향기, 부처님의 향기를 멀리
서 맡고도 그들이 있는 곳을 알 수 있다.

부처님께서 이 뜻을 거듭 펴시려고 게송으로 말씀하셨다.

또한 부모가 낳아 준 코로
수만나화향 사제향 다마라발향 전단향
침수향 계수향 가지가지 꽃과 과실의 향기
삼천대천세계의 모든 향기를 맡느니라.

부모가 낳아 준 청정한 코로
중생들의 냄새, 남자의 냄새, 여자의 냄새
멀리서 맡고도 그들이 있는 곳을 알며
향기만 맡아도 생각하고 있는 것을 알게 되느니라.

몸에 지니고 있는, 보물땅에 묻혀 있는 보물
향기만 맡고도 그것이 있는 곳을 알며
하늘 사람들이 하는 행위, 신통 변화를 부리는 일
법화경을 지니는 이는 향기만 맡고도 모두 아느니라.

아수라와 그들의 권속들의 냄새만 맡아도
싸우고 즐기고 하는 모든 감정을 알며
사자와 코끼리와 호랑이와 이리와 들소와 물소
짐승들의 향기만 맡아도 그들이 있는 곳을 아느니라.

아기를 임신한 냄새만 맡아도
아들인지 딸인지 알 수 있으며
복되고 총명한지 박복하고 어리석은지 알 수 있으며
냄새만 맡아도 사람들의 행실과 생각을 알 수가 있네.

(19-4) 이 경의 혀에 대한 공덕
하늘에 있는 여러 가지 꽃, 만다라꽃 만수사꽃
향기만 맡아도 알 수 있으며
하늘동산과 하늘궁전 수많은 누각에서 일어나는 일
바람에 실려오는 향기만 맡아도 알 수가 있네.

천신들이 법을 듣거나 오욕락을 즐기는 것도
바람에 실려 오는 향기만 맡아도 알 수 있으며
범천 세계의 사람들이 선정에 드는 일도
구름에 묻혀오는 향기만 맡아도 알 수가 있네.

광음천 변정천 색구경천까지
태어나고 소멸하는 것도 향기만 맡아도 알 수 있으며
대중들이 정진하며 나무 아래에서 좌선하는 것도

바람에 실려오는 향기만 맡아도 있는 곳을 알 수가 있네.

보살들이 중생들에게 법을 설하는 것도
부처님께서 중생들의 공양을 받는 일, 설법하는 일
향기만 맡아도 모두 알 수 있으며
이 경전을 해설한 공덕으로 이러한 코를 얻게 되느니라.

상정진보살이여, 어떤 사람이 이 경전을 받아 지녀 읽거나 외우거나
해설하거나 이 경을 쓴다면 그 공덕으로 그의 혀는 일천이백 공덕을
성취하게 된다.
그의 청정한 혀는 맛이 좋거나 맛이 없거나 짜거나 싱겁거나 떫거나
써거나 해도 맛에 분별하지 않으며, 그의 혀에 닿는 것은 모두 좋은
맛으로 변해 하늘나라의 감로수가 된다.
대중들에게 연설할 때도 깊고 묘한 음성으로 뛰어난 변재로 모두를
기쁘게 해 마음을 흡족하게 하며, 이 경전을 들으면 지옥에서부터
하늘나라에 이르는 모든 육도 중생도 기쁜 마음을 내어 부처님의 품
안으로 돌아오게 된다.
용, 야차, 건달바, 아수라, 가루라, 긴나라, 마후라가들도 그의 혀로
설해지는 법을 듣기 위해 모두 공경하며 공양한다.
또 비구, 비구니, 우바새, 우바이, 임금, 대신, 신하들과 그들의 권속
들도 법을 듣기 위해 모여 들며, 크고 작은 전륜왕들도 법을 듣기 위
해 그의 권속들과 함께 모여 들며, 한 번이라도 법을 들은 사람들은
목숨이 다할 때까지 따라다니며 이 경전을 설한 사람을 공양한다.
또 성문과 벽지불과 보살과 부처님들도 깊고 묘한 음성으로 그가 법

을 설하는 것을 듣기 좋아하며, 부처님께서 법을 설하실 때도 항상 그
가 있는 곳을 향해 법을 설하시므로 부처님의 법을 받아 지니게 된다.
그는 언제나 깊고 묘한 음성을 내게 된다.

(19-5) 이 경의 몸에 대한 공덕
부처님께서 이 뜻을 거듭 펴시려고 게송으로 말씀하셨다.

그의 혀는 깨끗해 맛있는 것이나 맛없는 것이나
그 사람이 먹는 것 모두 감로가 되네.
깊고 미묘한 음성으로 대중들에게 법을 설할 때
듣는 사람 모두 기뻐하며 공양 올리네.

전륜성왕이나 그의 권속들도 범천왕이나 자재천도
즐거운 마음으로 설법하는 데 모여드네.
부처님과 제자들도 그의 음성을 들으면
그를 수호하며 어떤 때는 신통으로 몸까지 나타내네.

상정진보살이여, 어떤 사람이 이 경전을 받아 지녀 읽거나 외우거나
해설하거나 이 경을 쓴다면 그 공덕으로 그의 몸은 팔백 공덕을 성
취하게 된다.
청정한 몸은 투명한 유리와 같아 중생들이 보기를 좋아하며, 그의
몸이 청정하므로 삼천대천세계의 중생들의 태어나는 때와 죽는 때
가 모두 그의 몸에 나타나며, 좋은 곳에 태어나는지 나쁜 곳에 태어
나는지 그것도 모두 그의 몸에 나타난다.

또 그는 청정한 몸으로 삼천대천세계에 있는 어떤 형상이나 모양도 분별하지 않으며, 지옥에서부터 하늘나라에 이르는 모든 중생의 형상과 모양이 그의 청정한 몸 안에 나타나며, 성문과 보살까지도 그의 청정한 몸 안에 나타나며, 부처님이 설하는 법문도 그의 청정한 몸 안에 형상으로 나타난다.

부처님께서는 이 뜻을 거듭 펴시려고 게송으로 말씀하셨다.

법화경을 받아 지니는 이는 몸은 청정하고 깨끗해
유리같이 투명해 중생들이 보기를 좋아하네.
깨끗한 맑은 거울에 온갖 것 다 비치듯이
깨끗한 몸에 세상의 모든 것 다 비쳐 보이네.

삼천대천세계의 모든 생물
하늘 사람 아수라 지옥 축생 등 모든 형상이
깨끗한 그의 몸에 나타나며
청정한 보통 몸으로 모든 것 나타내리라.

성문과 벽지불과 보살들과 부처님들
대중들을 거느리고 설법하는 일 모두 나타나고
비록 무루의 법신은 얻지 못했다 해도
청정한 보통 몸으로 모든 것 다 나타내리라.

(19-6) 이 경의 뜻에 대한 공덕
상정진보살이여, 어떤 사람이 이 경전을 받아 지녀 읽거나 외우거나 해설하거나 이 경을 쓴다면 그 공덕으로 그의 마음은 일천 이백 공덕을 성취하게 된다.

이 청정한 마음으로 경전의 한 구절만이라도 듣거나 읽거나 쓰거나 하면 그 경전에 능통하게 된다.

이 이치를 통달하면 다른 사람에게 연설할 때도 실상과 잘 계합하게 한다.

만약 그가 세속적인 책을 읽고 사업 등을 말해도 바른 법에 어긋나지 않는다.

삼천대천 세계에 있는 육도 중생들이 마음으로 행하는 일과 마음의 작용을 모두 알고 있으며, 항상 말과 행동이 부처님의 법에 어긋나는 것이 없다."

부처님께서 이 뜻을 거듭 펴시려고 게송으로 말씀하셨다.

마음은 청정하고 맑아 세상의 모든 이치 터득하리라.
하늘에서 지옥까지 중생들의 마음에서 일어나는 모든 일 알며
여러 법의 모양을 알며, 이치에 따라 관계를 알아
능숙한 말솜씨로 법을 설함은 이 법화경을 해설한 공덕이니라.

법화경을 지니는 이는 마음이 깨끗해서
무루의 법신은 얻지 못했다 해도
이 경전 지니는 공덕으로 항상 최상의 자리에 머물며
모든 중생이 기뻐해 공경하며 공양한다."

20. 상불경보살품

(20-1) 상불경보살

그때 부처님께서 주위를 둘러보시며 득대세보살에게 말씀하셨다.

"득대세보살이여, 이 법화경을 지니고 있는 비구, 비구니, 우바새, 우바이를 어떤 사람이 욕하거나 비방하면 큰 죄를 받을 것이다. 이 경전을 받아 지니는 비구, 비구니, 우바새, 우바이는 그 공덕으로 눈과 귀와 코와 혀와 몸과 뜻이 청정해 진다.

득대세보살이여, 지나간 옛날 한량없는 아승기 겁 전에 위음왕 부처님이 계셨으며, 겁의 이름은 이쇠이며, 국토의 이름은 대성이었다. 위음왕 부처님께서는 하늘 사람 아수라를 위해 법을 설했는데, 성문을 구하는 이에게는 사성제법을 설해 나고 늙고 병들고 죽는 일에서 벗어나 마침내 열반에 들게 했으며, 벽지불을 구하는 이에게는 십이연기법을 설했으며, 보살들에게는 육바라밀법을 설해 마침내 부처의 지혜를 얻게 했다.

득대세보살이여, 이 위음왕 여래의 수명은 사십 만억 나유타 겁이었으며, 정법이 세상에 머무는 기간은 남섬부주의 티끌 수 겁이었으며, 상법이 세상에 머무는 기간은 사 천하의 티끌 수 겁이었다. 이 부처님은 한량없는 항하사 중생을 이익되게 하신 후 열반에 드셨다. 그 후에 위음왕 여래라는 이름으로 이만억 부처님이 출현해 끝없이 중생들을 교화하고 제도했다. 마지막 위음왕 여래께서 열반에 드신 뒤 정법이 없어지고 수행자들은 부지런히 수행 정진하지 않고 스스

로 잘난 체했다. 이때 한 수행자가 있었으니 이름이 상불경보살이
있었다.

득대세보살이여, 이 상불경보살은 누구든지 보기만 하면 '미래의 부
처님이여, 당신을 공경하고 찬탄합니다. 그대는 부지런히 수행 정진
하며 보살도를 행해 마땅히 성불할 것입니다.'라고 했다. 대중들 중
에 성품이 나쁜 이는 욕을 하며 말하기를 '이 무식한 비구야, 너의
앞도 제대로 닦지 못하면서 누구에게 성불 수기를 주느냐?'라고 했
다. 모든 대중이 여러 해 동안 욕을 하고 경멸해도 웃으면서 '그대들
은 마땅히 성불할 것입니다.'라고 했다.

이렇게 말할 때마다 대중들은 상불경보살을 욕하고 경멸하고 막대
기로 때리기도 하고 돌을 던지기도 했지만, 상불경보살은 오히려 성
내지도 않고 '미래의 부처님' 하면서 웃으면서 받아들였다.

그의 태도가 항상 이러하므로 잘난 체하는 비구, 비구니, 우바새, 우
바이들이 별명을 지어 상불경이라 불렀다.

(20-2) 상불경보살의 공덕으로 빨리 성불하다

이 보살이 열반에 들 때에 허공에서 위음왕 여래께서 묘법연화경 전
부를 설해 주셨다. 이 경전을 모두 들은 상불경보살은 눈과 귀와 코
와 혀와 몸과 뜻이 청정해지고, 수명이 연장되어 이백만억 나유타
년 동안 수많은 사람들에게 이 묘법연화경을 연설했다.

그 당시 상불경보살을 엽신 여기고 천대하며 잘난 체하던 수행자들
도 그가 신통을 얻어 뛰어난 말재주와 고요하고 그윽한 힘을 보고
교만심을 버리고 진정한 수행자가 되었으며 위없는 바른 깨달음을
성취하는 마음을 내게 되었다.

수명이 다한 후에 다시 태어나 일월등명 부처님이 계시는 국토에서 묘법연화경을 연설했다. 그 인연으로 다시 운자재등왕 부처님이 계시는 국토에서 태어나 묘법연화경을 연설했다.

득대세보살이여, 이 상불경보살은 여러 부처님께 공양하고 공경하고 찬탄하며 선근을 심었으며, 그 후에도 천만억 부처님이 계시는 국토에서 태어나 부처님을 친견하고 지극정성으로 모시면서 이 경전을 연설했다. 이 공덕으로 마침내 그는 성불해 부처가 되었다.

득대세보살이여, 그때의 상불경보살이 바로 나의 전생이었으며, 이 묘법연화경을 읽고 지니고 외우고 연설한 공덕으로 빨리 부처를 이루게 된 것이다. 그때 나를 업신여기고 천대한 수행자들은 이백억 겁 동안 부처님도 만나지 못하고 바른 법도 만나지 못하고 바른 수행자도 만나지 못했으며, 또한 그 과보로 일천 겁 동안 아비지옥에서 고통을 받았다.

득대세보살이여, 그때 이 상불경보살을 경멸했던 사람들은 과보를 다 받고 다시 불법의 품으로 돌아오게 되었다. 그때 상불경보살을 경멸하던 이는 지금 이 대중 가운데 있는 발타바라보살 등 오백 보살이며, 오백 비구이며, 니사불 우바새 등 오백 우바새들이다. 그들도 이제는 위없는 깨달음을 성취하겠다는 서원이 조금도 흐트러지지 않는 수행자가 되었다.

득대세보살이여, 이 묘법연화경은 모든 보살에게 큰 이익이 되어 위없는 바른 깨달음을 성취하게 한다. 그러므로 보살들은 내가 열반한 뒤에도 이 경전을 항상 받아 지니고 읽고 외우고 연설하는데 힘써야 한다.

(20-3) 만나는 사람마다 미래의 부처님
부처님께서 이 뜻을 거듭 펴시려고 게송으로 말씀하셨다.

지난 세상에 위음왕 여래가 계셨으며
신묘한 지혜로 한량없는 중생을 제도했네.
하늘 사람 용 귀신들도 공양했는데
부처님 열반에 드신 후 정법은 끝나고 말법 시대가 되었네.

이때 상불경이라는 보살이 있었으니
여러 대중들이 법에 집착하는 것을 보고
'미래의 부처님, 당신을 찬탄합니다.'라고 하니
모든 대중이 멸시하고 욕했지만 잘 참고 견디었네.

만나는 대중들마다
'미래의 부처님이여, 당신을 공경하고 찬탄합니다
그대는 보살도를 행해
마땅히 성불할 것입니다' 라고 말했네.

상불경보살이 숙세의 인연 다해 임종하는데
법화경 들은 신통의 힘으로 몸과 정신 청정해져
다시 수명을 이었으며
수많은 세월 동안 다른 사람 위해 이 법화경을 설했네.

법에 집착하는 교만한 대중들

상불경의 교화로 불법에 돌아오고
이러한 인연으로 공덕이 빨리 자라
상불경보살은 빨리 부처의 도를 이루게 되었네.

그때의 상불경이 지금의 내 몸이요
그때 형상과 법에 집착했던 대중들은
지금 여기 모여 있는 오백 명의 보살이며
오백 명의 비구이며 오백 명의 우바새들이네.

나는 이전 세상에도 이 경전을 지니고 연설했으며
앞으로도 최고의 가르침인 이 경전을 연설할 것이고
한결같은 마음으로 이 경전을 설할 것이니
하루빨리 부처님 만나 이 법 듣고 성불할 것이다.”

21. 여래신력품

(21-1) 석가모니 부처님이 계시는 곳

그때 땅속에서 올라온 수많은 보살들이 자리에서 일어나 일심으로 합장하고 부처님께 말씀드렸다.

"부처님이시여, 저희들이 부처님께서 열반하신 뒤에 부처님의 분신이 계시는 국토와 열반하신 곳에서 이 경전을 널리 연설하겠습니다."

이때 부처님께서는 문수보살과 사바세계에 있던 수많은 보살과 출가 수행자들, 재가 수행자들, 하늘, 용, 야차, 아수라, 사람, 사람 아닌 것들 등의 대중들 앞에서 신통을 나타내시며 털구멍마다 여러 가지 빛깔의 광명을 놓아 삼천대천세계를 모두 비추었다.

사자좌에 앉아 계시던 부처님들도 모두 신통으로 털구멍마다 여러 빛깔의 광명을 놓아 삼천대천세계를 모두 비추니 모든 국토가 여섯 가지로 진동했다. 무수한 중생들은 부처님의 이러한 신통력에 힘입어 사바세계에서 보배 나무 아래 사자좌에 앉아 계시는 여러 부처님을 보았으며, 보배탑 속의 사자좌에 앉아 계시는 다보여래와 석가모니 부처님을 보았으며, 백천만억 보살들과 사부대중들이 부처님을 공경하며 둘러싸고 앉아 있는 모습을 보았다.

이러한 광경을 본 중생들은 기뻐하며 마음이 편안하고 충족됨을 느꼈으며, 그때 허공에서 문득 소리가 들렸다.

"백천만억 아승기 세계를 지나 국토가 있으니 이름이 사바세계이며, 석가모니 부처님이 계셔서, 지금 보살들을 위해 묘법연화경이라는 대승경전을 설하려고 하신다. 이 경전은 보살들을 가르치는 경이며, 부처님께서 심중에 깊이 간직하신 경이다. 그대들은 합장하고 예배하도록 해라."

중생들이 합장해 공경하며 '석가모니불 석가모니불'하며 부처님의 명호를 큰 소리로 불렀다. 그리고 꽃과 향과 금 은 보화등 여러 가지 보배들을 사바세계를 향해 던졌다. 이것들이 모두 변해 보배 휘장이 되어 부처님들을 장엄했으며, 이때 시방세계가 툭 터져 막힘이 없는 하나의 세계가 되었다.

이때 부처님께서는 상행보살과 모든 대중에게 말씀하셨다.

"부처님의 신통력은 한량이 없고 가이 없어서 생각할 수도 없으며 의논할 수도 없다. 이 경전을 받아 지니는 공덕 또한 그와 같다. 이 경전에는 여래의 자재하신 신통력과 여래의 비밀한 법장이 모두 들어 있다.

(21-2) 이 경이 있는 곳이 부처님 도량이다

그러므로 그대들은 여래가 열반한 뒤에 한결같은 마음으로 받아 지니고 읽고 외우고 해설하고 쓰고 내용대로 수행하여라.

어떤 국토에서나 이 경전을 받아 지니고 읽고 외우고 해설하고 쓰고 내용대로 수행하는 사람과 이 경전이 있는 곳이면 바로 도량이니 탑을 쌓아 찬탄하고 공경해야 한다.

모든 부처님이 이 경전으로 위없는 바른 깨달음을 얻었으며, 모든 부처님이 이 경전으로 법륜을 굴리며, 모든 부처님이 이 경전을 통해 열반에 드신다."

부처님께서 이 뜻을 거듭 펴시려고 게송으로 말씀하셨다.

부처님께서 중생들의 믿음 견고하게 할려고
신통을 보이시니 부처님의 설함은 범천에 이르고
몸에서 끝없는 광명 놓으며, 손가락을 퉁기시니
시방세계에 두루 퍼져 땅이 여섯 가지로 진동하네.

부처님 열반하신 뒤 이 경전을 받아 지니는 공덕
시방의 허공과 같아 끝이 없으며
이 경전을 지니는 이의 찬탄함도 한량이 없네.
이 경전을 지니는 이는 이미 나를 본 것과 같느니라.

이 경전을 지니는 이는
다보여래와 여러 분신 부처님을 보았으며
지금 내가 보살들을 교화하는 것도 보았으며
오래지 않아 최고의 깨달음을 성취하리라.

이 경전의 인연과 관계를 알고
뜻에 의해 실상대로 법을 설하면
햇빛이 어둠을 물리치듯
세간의 모든 중생의 무명을 깨뜨리네.

한량없는 보살들을 교화해서
마침내는 부처 되는 일불승에 머물게 하리니
내가 열반한 뒤에도 이 경전을 받아 지니라.
확고한 믿음으로 결국에는 부처 이루리라.

22. 촉루품

(22-1) 끝없는 전법

그때 석가모니 부처님께서 법상에서 일어나 오른손을 들어 보살들의 이마에 얹으면서 세 번이나 거듭 말씀하셨다.

"내가 백천만억 아승기 겁 동안 피나는 수행 정진 끝에 성취한 위없는 바른 깨달음을 이제 너희들에게 부촉하니, 너희들은 지극 정성으로 이 법을 연설해 사바세계에서 대승법이 끊어지지 않도록 해라.

여래의 지혜와 자비는 끝이 없어서 모든 중생에게 주고도 남는다. 그러므로 너희들도 여래의 법을 다른 사람들에게 베푸는 것에 인색하지 말라.

오는 세상에 어떤 사람이 있어 불법을 믿고 따르면 이 묘법연화경을 설해 위없는 바른 깨달음에 이르도록 마음을 내게 한다. 불법을 믿지 않는 사람을 만나면 그 사람에게 바른 삶의 모범을 보여 불법을 바로 알게 하고 기쁜 마음으로 믿게 해라. 그렇게 하는 것이 부처님의 은혜에 천만분의 일이라도 보답하는 것이 되는 것이다."

여러 보살들이 자리에서 일어나 합장해 입을 모아 세 번이나 거듭 말했다.

"부처님이시여, 말씀하신대로 받들어 불법을 널리 전파하겠습니다."

"여러 분신 부처님께서는 이제 자신의 국토로 돌아갈 시간이 되었습니다. 다보여래께서는 여기 모인 대중들을 위해 조그만 더 계시옵소서."

이러한 장엄한 광경을 지켜보고 있던 다보여래와 분신 부처님들과
상행보살과 모든 대중은 부처님의 말씀을 듣고 크게 기뻐했다.

부처님의 지혜와 자비는 끝이 없어서
중생들에게 부처님의 법을 아무리 베풀어도 다함이 없네.
수행자에게 이 법화경을 설해 깨달음을 성취하게 하라.
그렇게 하면 부처님의 은혜에 조금이라도 보답하게 되리라.

7

보살들의 능력과 전법
23. 약왕보살본사품

(23-1) 약왕보살의 인연

그때 숙왕화보살이 부처님께 여쭈었다.

"부처님이시여, 모든 중생의 병을 다 고쳐 주시는 약왕보살이 어떠한 인연으로 사바세계에 계십니까? 과거 수억 겁 동안 어떠한 고행과 수행정진으로 약왕보살이 되었는지 여기 모인 모든 대중이 궁금해하고 있습니다. 저희들을 위해 말씀해 주시면 고맙겠습니다."

"숙왕화보살이여, 아득한 옛날 한량없는 항하사 겁 이전에 일월정명덕 여래라는 부처님이 계셨다. 그 부처님께서는 팔십억 보살들과 칠십이 항하사 성문을 거느리고 있었다.

부처님의 수명은 사만이천 겁이며, 보살들의 수명도 그와 같았다.

그 국토에는 여인이 없었으며, 지옥, 아귀, 축생, 아수라들도 없었고, 어려움도 없었다.

그 나라의 국토는 반듯하고 평탄했으며 투명한 유리로 되었고, 거리에는 금은 보화 휘장으로 장식된 보배 나무로 장엄되어 있었다. 금은 보화로 만든 병과 향로가 나라 안에 가득했고, 칠보로 된 사자좌가 모든 보배 나무 밑에 놓여 있으며 사자좌에 보살과 성문들이 앉아 있었다. 보배 나무 위 하늘에는 하늘사람들이 하늘풍악을 울리고 노래하며 부처님을 찬탄하고 공양했다."

이때 부처님께서는 일체중생희견보살과 다른 여러 보살과 성문 대중들을 위해 묘법연화경을 설했다.

고행하기를 좋아한 일체중생희견보살은 일만이천 년 동안 목숨을 걸고 수행 정진한 끝에 빛깔과 형상이 있는 몸으로 법신을 성취해 색신 삼매를 얻었다. 색신 삼매를 성취하고는 매우 기뻐서 다음과 같이 말했다.

"내가 색신 삼매를 성취한 것은 묘법연화경을 들은 공덕이니, 부처님과 이 경전에 공양을 올릴 것이다"

그리고 곧 삼매에 들어 만다라 꽃비를 내리고 전단향 비를 내리니, 꽃비와 전단향의 향기가 사바세계에 가득했다.

(23-2) 진정한 소신공양을 실행하다

이렇게 공양하고는 자리에서 일어나 '내가 비록 신통으로 부처님께 공양했으나 진실한 이 몸을 공양으로 올리는 것만 못하다.'라고 생각했다. 다시 천이백 년 동안 선정에 들었다가 깨어나 스스로 몸을 불살라 부처님께 소신공양을 올리니 삼매에 들었던 천이백 년 동안 탔으며, 팔십억 항하사 세계가 광명으로 밝게 빛났다. 그 세계에 계신 부처님들께서 입을 모아 찬탄했다.

'착하고 착하다. 진정한 구도자여, 그대의 소신공양은 진정한 정진이며, 참으로 법답게 부처님께 공양하는 것이다. 육신만 불사르는 소신공양은 오히려 잘못하면 죄를 짓게 되나, 깊은 선정에 들어 올리는 소신공양은 진정한 보시이며, 지계이며, 인욕이며, 정진이며, 선정이며, 지혜인 것이다.' 일체중생희견보살이 이렇게 법공양을 해 목숨이 다한 뒤에 다시 일월정명덕 부처님 국토에 태어났다."

정덕왕의 가문에 결가부좌하고 환생해 아버지 정덕왕에게 게송으로 말했다.

대왕이시여, 이제 마땅히 아소서.
내가 저곳을 거닐면서 온갖 색신을 나타내는 삼매를 얻었습니다.
부지런히 정진해 이 몸을 불살라 부처님께 공양한 것은
위없는 깨달음을 구함입니다.

정덕왕은 부처님께 공양하고 모든 중생의 말을 알아들을 수 있는 다라니를 얻게 된 후에 이 묘법연화경을 얻어 듣게 되었다. 그는 부처님 앞으로 나아가 발에 예배하고 게송으로 찬탄했다.

부처님의 지혜광명 시방세계에 두루합니다.
전생에 공양 올린 공덕으로
이생에서 또 다시 친견하게 되어
기쁘기 끝이 없습니다.

(23-3) 끝없는 공양, 팔을 공양하다

이때 일체중생희견보살은 게송을 읊은 다음 일월정명덕 부처님께 말씀드렸다.

"부처님이시여, 부처님께서는 저희들 중생을 위해 언제까지 세상에 머물러 계십니까?"

"보살이여, 여래는 이제 열반에 들 때가 되었다. 오늘 밤에 열반에 들 것이니 그대는 평상을 준비해 놓아라. 불법을 그대에게 부촉할테니 내가 열반에 든 뒤 불법을 널리 전파하며 공양을 많이 베풀고 수천 개의 탑을 쌓도록 해라."

일월정명덕 부처님은 이렇게 분부하시고 늦은 밤에 열반에 드시었다. 일체중생희견보살은 해안가에 있는 전단나무로 작은 산을 만들어 부처님 몸에 공양해 불사르고 불이 꺼진 뒤에 팔만사천 개의 항아리에 사리를 담아 하늘에 닿을 만큼 높은 팔만사천 개의 탑을 쌓았다. 이때 일체중생희견보살은 다시 생각하기를 '내가 지금 이렇게 공양을 하고 있지만 마음이 흡족하지 못하니 다시 사리에 공양할 것이다.' 하며 모든 보살과 하늘 용 야차등 대중들에게 말했다.

"그대들은 일심으로 생각하라. 내 이제 일월정명덕 부처님의 사리에 공양할 것이다."

이렇게 말하고는 백 가지 복으로 장엄한 팔을 칠만이천 년 동안 태워서 공양해 성문을 구하는 수많은 대중과 위없는 바른 깨달음을 성취하겠다고 마음을 낸 한량없는 많은 대중을 온갖 색신을 나타내는 일체색신 삼매에 머물게 했다.

(23-4) 묘법연화경은 경중에 으뜸이다

수많은 보살 대중들이 팔이 없어진 것을 보고 슬퍼하자 일체중생희견보살은 이렇게 서원을 말했다.

"내가 이제 도를 얻기 위해 진실한 마음으로 팔을 공양했으니 나의 생각과 뜻이 진실하다면 전과 같이 팔이 다시 생길 것이며, 이 몸은 부처님의 몸과 같이 금빛으로 빛날 것이다."

서원이 끝나자마자 두 팔은 원래대로 생겨났으며 몸은 금빛으로 빛났다. 진실로 지극한 마음일 때는 원하는 것이 그대로 이루어진다는 것을 보여 주었다.

이때 삼천대천세계는 여섯 가지로 진동했으며 하늘에서는 금은 보화가 비 내리듯 쏟아졌다.

부처님께서 숙왕화보살에게 말씀하셨다.

"숙왕화보살이여, 어떻게 생각하느냐?"

일체중생희견보살은 다른 사람이 아닌 지금의 약왕보살이다. 그는 몸을 불살라 보시한 것이 한량없다.

부처를 이루고자 지극한 마음으로 서원을 하고 손가락 하나라도 태워서 불탑에 공양하는 공덕은 삼천대천세계에 있는 모든 보물을 공양한다 해도 이 공덕과는 비교할 수가 없다. 왜냐하면 진정한 보시는 진리를 위해 자신의 몸과 마음을 불태우는 것이기 때문이다. 또한 삼천대천세계에 있는 모든 보물을 공양한다 해도 이 묘법연화경한 게송을 받아 지니고 읽고 외운 공덕보다 못한 것이다.

숙왕화보살이여, 모든 시내와 강과 바다 중에 바다가 제일 크고 깊듯이 부처님의 모든 경전 중에 이 묘법연화경이 가장 크고 깊으며, 모든 산 중에 수미산이 제일 높듯이 부처님의 모든 경전 중에 묘법연화경이 으뜸이다.

모든 별 중에 달이 가장 밝게 빛나듯이 모든 경전 중에 묘법연화경이 가장 밝게 빛나며, 해가 모든 어둠을 없애고 세상을 밝게 하듯이 묘법연화경은 탐진치를 깨뜨리고 지혜 광명을 자라나게 한다.

숙왕화보살이여, 모든 왕 중에 전륜성왕이 제일이듯이 묘법연화경이 모든 경전 중에 으뜸이며, 제석천왕이 삼십삼천 중에 가장 높듯이 이 묘법연화경이 모든 경전 중에 가장 높으며, 대범천왕이 모든 중생의 아버지이듯이 이 묘법연화경도 그와 같아서 부처가 되려고 마음을 낸 모든 보살의 아버지이다.

모든 범부 중에 수다원 사다함 아나함 아라한 벽지불이 제일이듯이 이 경전도 그와 같아서 여래와 보살, 성문이 말한 여러 경전 중에서 제일이며, 이 경전을 받아 지니는 사람도 중생들 중에 가장 뛰어난 사람이다.

부처님이 모든 법의 왕이듯이 이 경전도 그와 같아서 모든 경 중에 으뜸이다.

(23-5) 약왕보살본사품 독송의 공덕

숙왕화보살이여, 이 경전은 일체중생이 괴로움을 여의게 하며, 이익을 얻게 해 중생들의 소원을 들어주어 일체중생을 구원한다.

마치 깨끗한 물이 목마른 사람을 만족하게 함과 같으며, 추운 사람이 불을 얻음과 같으며, 헐벗은 사람이 옷을 얻음과 같으며, 강을 건너려는 사람이 배를 만남과 같으며, 병이 난 사람이 의사를 만남과 같으며, 어둠 속에서 등불을 얻음과 같으며, 가난한 사람이 보물을 얻음과 같으며, 백성이 임금을 만남과 같으며, 횃불이 어둠을 없애는 것처럼 이 묘법연화경도 그와 같아서 중생들의 모든 고통과 병을 여의게 하며, 삶과 죽음의 속박에서 벗어나게 한다. 어떤 사람이 이 묘법연화경을 듣고 쓰거나 남에게 쓰게 한다면 그 공덕은 헤아릴 수 없을 만큼 크다. 또한 이 경전을 쓰고 꽃과 향으로 공양하고, 기름으로 등을 밝혀 공양하면 그 공덕이 한량이 없다.

숙왕화보살이여, 어떤 사람이 있어 이 약왕보살본사품을 들으면 한량없는 공덕을 얻을 것이며, 여인의 몸으로 이 품을 듣고 받아 지닌다면 다시는 여자의 몸을 받지 않을 것이다. 만일 여래가 열반한 뒤, 후 오백세 가운데 어떤 여인이 이 경전을 듣고 들은 대로 수행하다가 명이 다하면 극락세계의 아미타 부처님 전에 태어날 것이다.

이 경전은 일체중생으로 하여금 괴로움을 여의게 하고 이익을 얻게 해 중생들의 소원을 들어주며 중생들을 제도한다. 마치 깨끗한 물이 목마른 사람을 만족케 하는 것처럼, 추워하는 사람이 불을 얻음과 같다. 이 경전을 듣고 쓰고 지니는 것은 헐벗은 사람이 옷을 얻음과 같으며, 강을 건너려는 사람이 배를 만남과 같은 것이며, 병이 난 사람이 의사를 만남과 같으며, 어둠 속에서 등불을 얻음과 같다.

(23-6) 불가사의한 공덕을 성취하다

다시는 탐욕의 괴로움을 받지 않으며, 성냄과 어리석음의 괴로움을 받지 않으며, 교만과 질투와 온갖 번뇌의 괴로움도 받지 않으며, 보살의 신통과 무생법인을 얻는다. 이 법인을 얻으면 눈이 청정해지고 이 청정한 눈으로 칠백만 이천억 나유타 항하사 부처님을 뵙게 된다.

숙왕화보살이여, 어떤 사람이 이 약왕보살본사품을 듣고 기뻐하고 찬탄한다면 이 사람의 입에서는 청련화 향기가 나고 몸에서는 우두전단 향기가 나며, 얻는 공덕은 한량이 없다. 그러므로 숙왕화보살이여, 이 약왕보살본사품을 그대에게 부촉할 것이니 내가 열반에 든 뒤 오백 년 동안 남섬부주에 널리 전파해 이 경전이 끊어지지 않게 해라.

숙왕화보살이여, 그대는 마땅히 신통의 힘으로 이 경전을 수호할 것이며, 남섬부주 사람들의 병에 이 경전은 좋은 약이 된다. 만일 병이 있는 사람이 이 경전을 들으면 번뇌가 소멸해 마음이 평안해지고 늙지도 않고 죽지도 않을 것이다.

숙왕화보살이여, 그대가 만일 이 경전을 읽고 지니는 사람을 보거든 청련화 향기를 뿌려 찬탄할 것이다. 이 경전을 읽고 지니는 사람은 머지않아 깊은 선정에 들어 생노병사의 고해를 건너 해탈할 것이므로 그 사람을 보면 공경하는 마음을 낸다."

이때 여러 부처님이 멀리서 칭찬했다.

"착하고 착하다. 숙왕화보살이여, 그대가 석가모니 부처님 법 중에서 이 경전을 받아 지니고 읽고 외우고 다른 사람을 위해 연설하면 얻는 복덕이 한량이 없어서 불로도 태우지 못하고 물로도 빠뜨리지 못할 것이며, 그대의 공덕은 일천 부처님께서도 다 말할 수 없을 만큼 크다. 그대는 이제 탐진치의 마군을 깨뜨렸으며, 생사를 해탈해 모든 원적을 멸했다. 여러 부처님이 신통으로 그대를 수호할 것이며, 일체 세간 하늘 사람 중에 그대 같은 성취를 이루는 자는 없다. 모든 성문과 벽지불과 보살 중에도 그대와 같이 선정에 드는 이는 없을 것이며, 지혜로운 이도 없다."

다보여래가 보탑 안에서 숙왕화보살을 찬탄했다.

"착하고 착하다. 숙왕화보살이여,

그대는 이제 불가사의한 공덕을 성취했으며, 한량없는 모든 중생을 이익되게 한다."

부처님께서 이 약왕보살본사품을 말씀하실 때 팔만사천 보살들은 모든 중생의 말을 알아들을 수 있는 다라니를 얻었다.

24. 묘음보살품

(24-1) 묘음보살

그때 석가모니 부처님께서 대인상인 육계에 광명을 놓으시고, 미간 백호상에서도 광명을 놓으시어 동방 백팔만억 나유타 항하사 부처님 세계를 비추었다. 이러한 세계를 지나면 정광장엄이라는 세계가 있는데, 이 세계에는 정화수왕지 여래라는 부처님이 계셨다. 정화수왕지 부처님께서 수많은 보살 대중에게 둘러 쌓여 공경을 받으면서 법을 설하고 계시는데, 석가모니 부처님의 백호상의 광명이 그 국토를 비추었다. 이 세계에 묘음이라는 보살이 있어, 한량없는 백천만억 부처님께 공양하고 깊은 지혜를 모두 성취해 백천만억 항하사의 모든 삼매를 얻었다.

그가 성취한 삼매를 보면 묘당상삼매, 법화삼매, 정덕삼매, 숙왕희삼매, 무연삼매, 지인삼매, 모든 중생의 말이나 언어를 이해하는 삼매, 모든 공덕을 모으는 삼매, 청정삼매, 불공삼매, 일선삼매 등이다.

석가모니 부처님의 광명이 그 몸을 비추니 정화수왕지 부처님께 여쭈었다.

"부처님이시여, 제가 사바세계에 가서 석가모니 부처님께 예배드리고 공양하며, 문수보살, 약왕보살 등을 만나려고 합니다."

이때 정화수왕지 부처님이 묘음보살에게 말했다.

"그대는 사바세계를 업신여기며 천하다고 생각하지 말라. 비록 사바세계가 높고 낮고 평탄하지 못하며, 땅에는 더러운 것이 가득하며,

사람들의 몸집도 작다. 그대의 몸은 사만이천 유순이나 되며 매우 단정해 백천만 복덕이 구족하므로 사바세계 부처님과 보살들을 보더라도 업신여기지 않도록 해라.”

“부처님이시여, 제가 사바세계에 가는 것은 모두 여래의 힘이며, 여래의 신통이며, 여래의 공덕과 지혜에 힘입은 것입니다.”

그리고는 그 자리에서 그대로 삼매에 들었다. 삼매의 힘으로 부처님이 계시는 기사굴산의 사자좌에서 멀리 떨어지지 않는 곳에 팔만사천 보배 연꽃을 만들었다. 가장 질 좋은 금으로 줄기를 만들고, 하얀 은으로 잎을 만들고, 금강으로 꽃술을 만들고, 견숙가보배로 꽃받침을 만들었다.

이때 문수보살이 이 연꽃을 보고 부처님께 여쭈었다.

“부처님이시여, 무슨 인연으로 이러한 상서로움이 나타나는 것입니까?”

(24-2) 묘음보살의 공덕과 신통력

“이러한 상서로움은 정화수왕지 부처님이 계시는 정광장엄세계의 묘음보살이 팔만사천 보살들에 둘러싸여 이 사바세계에 와서 나에게 공양하고 묘법연화경을 들으려고 하는 지극한 정성으로 이러한 상서로움이 생기는 것이다.”

“부처님이시여, 묘음보살은 어떤 선근을 심었으며 무슨 공덕을 닦아서 이렇게 큰 신통력이 있습니까? 무슨 삼매를 행하는 것입니까? 삼매의 이름을 말씀해 주시면 저희들도 부지런히 닦아 그 삼매를 성취하겠습니다. 부처님께서는 신통으로 묘음보살을 이 사바세계에 오게 해 저희들을 만나게 해 주시기 바라옵니다.”

석가모니 부처님께서 다보여래를 쳐다보자, 보탑 안에서 문수보살의 말을 잠자코 듣고 계시던 다보여래께서 말씀하셨다.

"묘음보살이여, 이리 오너라. 문수보살이 그대의 몸을 보고 싶어 하는구나."

그러자 묘음보살은 신통으로 팔만사천 보살들과 함께 석가모니 부처님이 계시는 기사굴산에 이르러 머리를 조아려 발에 예배하고 합장하며 부처님께 여쭈었다.

"부처님이시여, 병이 없으시며 고뇌도 없으시며 기사굴산이 수행처로써 적절하며 제자들과도 잘 지내십니까? 사대가 잘 조화되어 있습니까? 탐욕이 많고 성내고 어리석고 질투하고 간탐하는 교만한 중생들은 어떻게 제도하십니까?

부모에게 불효하고 수행자을 공경하지 않고 삿된 소견을 가진 악한 중생들은 어떻게 제도하십니까?

애욕에 빠져 있는 중생들은 어떻게 제도하십니까?

마군과 원수들은 어떻게 항복받습니까?

다보여래께서는 칠보탑 안에 계시는 동안에도 이 경을 설하는 것을 들으셨습니까?

부처님이시여, 다보여래를 친견하고 싶습니다. 저희들의 소원이 이루어지기를 바라옵니다."

석가모니 부처님께서 다보여래께 말씀드렸다.

"이 묘음보살이 부처님을 뵙고자 합니다."

이때 다보여래께서는 묘음보살의 마음을 아시고 다음과 같이 말씀하셨다.

"착하고 착하다. 묘음이여, 그대가 석가모니 부처님께 공양하고 묘법연화경을 들으려고, 그리고 문수보살을 보기 위해 여기 왔구나."

(24-3) 묘음보살의 전생 공덕

그때 화덕보살이 옆에 있다가 자리에서 일어나 합장하며 부처님께 여쭈었다.

"부처님이시여, 묘음보살은 어떤 선근을 심었으며 어떤 공덕을 닦았기에 이러한 신통이 있는 것입니까?"

"과거 세상에 운뢰음왕 부처님이 계셨는데, 국토의 이름은 현일체세간이고, 겁의 이름은 희견이었다.

그 국토에 묘음보살이라는 한 보살이 있었는데 이 보살은 일만이천 년 동안 지극정성으로 운뢰음왕 부처님께 공양한 인연과 과보로 지금의 정화수왕지 부처님 국토에 났으며 이와 같은 신통력을 갖게 되었다.

화덕보살이여, 일만이천 년 동안 지극정성으로 공양한 그 묘음보살이 지금 사바세계로 온 묘음보살의 전생이다

화덕보살이여, 지금 그대는 묘음보살이 여기에 있는 줄 알고 있지만, 이 순간에도 수 만개의 몸으로 나타내어 여러 곳에서 중생들을 위해 이 묘법연화경을 연설하고 있다. 범천왕이 되기도 하고, 제석천왕이 되기도 하고, 자재천왕이 되기도 하고, 전륜성왕이 되기도 하고, 장자의 몸을 나타내기도 하고, 거사의 몸을 나타내기도 하고, 재상의 몸을 나타내기도 하고, 바라문의 몸을 나타내기도 하고, 수행자나 여자 수행자의 몸을 나타내기도 하고, 하늘, 용, 야차, 건달바, 아수라, 가루라, 긴나라, 마후라가가 되기도 하고, 사람이나 사람 아닌 몸이 되기도 해 지옥, 아귀, 축생등 육도를 윤회하면서 이

경전을 연설하고 있다.

(24-4) 보살들이 일체색신삼매를 얻다

화덕보살이여, 묘음보살은 사바세계의 모든 중생을 보살피고 있다. 성문의 몸으로 제도할 이에게는 성문의 몸으로 나타내어 법을 설하고, 벽지불의 몸으로 제도할 이에게는 벽지불의 몸으로 나타내어 법을 설하고, 보살의 몸으로 제도할 이에게는 보살의 몸으로 나타내어 법을 설하고, 부처의 몸으로 제도할 이에게는 부처의 몸으로 나타내어 법을 설하고, 열반을 보여 제도할 이에게는 열반을 보여주어 진리에 들게 한다.

화덕보살이여, 묘음보살의 신통력은 이와 같이 끝이 없다.”

“부처님이시여, 묘음보살은 어떤 삼매를 성취했기에 여러 곳에서 여러 몸을 나타내어 중생들을 제도합니까?”

“화덕보살이여, 묘음보살은 온갖 색신을 나타내는 삼매를 성취했으며, 이 삼매의 공덕으로 모든 중생을 이익 되게 하는 것이다.”

부처님께서 묘음보살품을 말씀하실 때 묘음보살과 함께 왔던 팔만사천 보살과 사바세계의 수많은 보살이 온갖 색신을 나타내는 삼매를 얻었다.

묘음보살이 정화수왕지 부처님에게 돌아갈 때 지나가는 국토마다 진동했고 연꽃비를 내려 찬탄했다. 자기 국토로 돌아가서 정화수왕지 부처님께 말씀드렸다.

“부처님이시여, 제가 사바세계에 가서 중생을 이익 되게 했으며, 석가모니 부처님과 다보여래께 예배하고 공양했으며, 문수사리보살과 약왕보살과 용시보살 등을 보았으며, 팔만사천 보살들을 일체색신

삼매를 얻게 했습니다."

이 묘음보살품을 설할 때 사만이천 하늘 사람들이 무생법인을 얻었으며, 화덕보살은 법화삼매를 얻었다.

부처님께서 이 뜻을 거듭 펴시려고 게송으로 말씀하셨다

묘음보살은 일만이천 년 동안
운뢰음왕 여래께 공양한 인연으로 모든 신통 얻었네.
지금 이 순간에도 수만 개의 몸을 나타내어
묘법연화경을 설하며 중생을 교화하네.

묘음보살 사바세계의 중생들을 살펴보고는
성문으로 제도할 이에게는 성문의 몸을 나타내어 법을 설하고
어떤 때는 벽지로서 보살로서 부처로서 법을 설하고
열반을 보여 제도할 이에게는 열반을 보여 진리에 들게 하네.

25. 관세음보살보문품

(25-1) 관세음보살

그때 무진의보살이 자리에서 일어나 오른쪽 어깨를 드러내고 합장하면서 부처님께 여쭈었다.

"부처님이시여, 관세음보살은 어떤 인연으로 관세음이라 합니까?"

"무진의보살이여, 어떤 사람이 괴로움을 받고 있을 때 관세음보살의 이름을 일념으로 부르면 관세음(觀世音, Avalokitesvara)보살이 지극한 정성에 감응해 관세음보살 부르는 소리를 듣고 위신력을 발휘해 그 괴로움으로부터 벗어나게 해 준다. 관세음보살의 이름을 일념으로 부르면 설사 불속에 들어가더라도 불이 그를 태우지 못한다.

갑자기 큰비가 내려 떠내려가더라도 관세음보살의 이름을 일념으로 부르면 얕은 곳에 이르게 되며, 금은, 보화, 유리, 산호, 마노 등의 보배를 얻으려고 바다에 나아갔다가 폭풍우를 만났다 해도 관세음보살의 이름을 일념으로 부르면 무사히 목숨을 보전해 육지로 돌아오게 된다. 이와 같이 위급함을 당했을 때 일념으로 부르면 위급함으로부터 구해 주는 인연으로 관세음이라 이름하는 것이다.

어떤 사람이 강도를 만나 해를 입게 되었을 때에도 관세음보살의 이름을 일념으로 부르면 강도가 가진 흉기들이 조각조각 부서지고 그 위험으로부터 벗어나게 된다.

악마와 귀신에게 시달림을 당해도 관세음보살의 이름을 일념으로 부르면 악마와 귀신이 물러가고 시달림에서 벗어나게 된다. 어떤 사

람이 죄를 짓고 쇠고랑을 차게 되었을 때도 관세음보살의 이름을 일
념으로 부르면 쇠고랑이 부서지고 끊어져서 속박으로부터 벗어나게
된다.

귀중한 보물을 가지고 산길을 가다가 도적을 만났을 때에도 관세음
보살의 이름을 일념으로 부르면 무서움과 두려움에서 벗어나 도적
의 난을 면하게 된다.

(25-2) 관세음보살의 이름을 부르는 공덕

음욕이 많은 어떤 사람이 관세음보살의 이름을 일념으로 부르면 음
욕을 여의게 된다. 성을 잘 내는 사람이 관세음보살의 이름을 일념
으로 부르면 성내는 마음을 여의게 된다.

어리석은 사람이 관세음보살의 이름을 일념으로 부르면 어리석음을
여의게 된다.

임신한 여인이 관세음보살의 이름을 일념으로 부르면 복덕이 많고
지혜로운 아이를 낳게 된다. 딸을 낳기를 원하면 단정하고 잘 생긴
딸을 낳게 되며 그 아이는 전생에 많은 복덕을 심었으므로 모든 사
람의 사랑과 공경을 받을 것이다.

누구든지 관세음보살의 이름을 일념으로 부르면 그 복덕이 헛되지
않을 것이니 관세음보살의 이름을 일념으로 부르도록 하라.

무진의보살이여, 관세음보살의 공덕과 신통은 이와 같이 한량없으
므로 누구든지 관세음보살의 이름을 일념으로 부르고 공경한다면
한량없는 복덕과 이익을 얻을 것이다.

무진의보살이여, 어떤 사람이 육십이억 항하사 보살의 이름을 찬탄
하면서 일생 동안 음식과 의복과 침구를 공양한다면 그 공덕은 많겠

느냐? 어떻겠느냐?"

"부처님이시여, 매우 많겠습니다."

"그렇다. 무진의여, 그 공덕은 백천만억 겁이 지나도록 다하지 않는다. 이와 같이 어떤 사람이 관세음보살의 이름을 부르는 공덕도 한량이 없다."

"부처님이시여, 관세음보살은 어떻게 사바세계에 나타나며, 중생들을 위해 어떻게 법을 설하며, 방편의 힘은 어떠합니까?"

"부처의 몸으로 제도할 이에게는 부처의 몸으로 나타내어 법을 설하고, 벽지불의 몸으로 제도할 이에게는 벽지불의 몸으로 나타내어 법을 설하고, 성문의 몸으로 제도할 이에게는 성문의 몸으로 나타내어 법을 설하고, 범천왕의 몸으로 제도할 이에게는 범천왕의 몸으로 나타내어 법을 설하고, 제석천왕의 몸으로 제도할 이에게는 제석천왕의 몸으로 나타내어 법을 설하고, 자재천의 몸으로 제도할 이에게는 자재천의 몸으로 나타내어 법을 설하고, 하늘 대장군의 몸으로 제도할 이에게는 하늘 대장군의 몸으로 나타내어 법을 설하고, 외도의 몸으로 제도할 이에게는 외도의 몸으로 나타내어 법을 설한다.

또 임금이나 재상의 몸으로 제도할 이에게는 임금이나 재상의 몸으로 나타내어 법을 설하고, 장자나 거사의 몸으로 제도할 이에게는 장자나 거사의 몸으로 나타내어 법을 설하고, 바라문의 몸으로 제도할 이에게는 바라문의 몸으로 나타내어 법을 설하고, 수행자의 몸으로 제도할 이에게는 수행자의 몸으로 나타내어 법을 설하고, 여자의 몸으로 제도할 이에게는 여자의 몸으로 나타내어 법을 설하고, 하늘, 용, 야차, 건달바 등의 몸으로 제도할 이에게는 하늘, 용, 야차, 건달바 등의 몸으로 나타내어 법을 설하고, 사람이나 사람 아닌 몸으로 제도할 이에게는 사람이나 사람 아닌 몸으로 나타내어 법을 설하고, 집금강신의 몸으로 제도할 이에게는 집금강신의 몸으로 나타내어 법을 설한다.

무진의보살이여, 관세음보살은 묘법연화경을 지니고 읽고 연설한 공덕으로 이와 같은 공덕을 성취해 온갖 몸으로 여러 국토를 다니면서 중생들을 제도해 해탈하게 한다. 그러므로 그대들은 일념으로 관세음보살의 이름을 부르고 공경하도록 하라. 관세음보살은 무섭고 위급한 환난을 만나면 두려움을 없애 주므로 사바세계에서는 그를 두려움을 없애 주는 보살이라고 부른다."

(25-3) 관세음보살의 인연

무진의보살이 자신의 몸에 걸치고 있던 영락을 벗어 관세음보살에게 공양을 하자 관세음보살이 사양했다. 이 공경을 부처님께서 보시고 관세음에게 말씀하셨다.

"관세음이여, 여기 모인 모든 대중을 어여삐 여겨 무진의의 영락을 받으라."

관세음보살은 영락을 받아서 두 몫으로 나누어 하나는 다보여래께 바치고 또 한 몫은 석가모니 부처님께 바쳤다.

무진의보살이 부처님께 여쭙기를
부처님께서 미묘한 형상을 갖추고 계십니다
제가 지금 저 일을 거듭 묻고자 합니다
불자는 어떠한 인연으로 관세음이라 부르는 것입니까?

부처님께서 말씀하시기를 관세음의 큰 서원은 바다같이 깊어
수억겁 동안 여러 부처님을 모시며 청정한 큰 서원을 세웠느니라.
관세음의 이름만 들어도 몸만 보아도 일념으로 불러도
세상의 모든 괴로움 소멸하리라.

불구덩이로 떨어져도 불구덩이는 못으로 변하게 되리라.
큰 바다에 빠져 떠내려갈 때도 용이나 귀신을 만났을 때도
지극한 마음으로 관세음보살을 부르면
사나운 물결은 잠잠해지고 귀신은 보살이 되어 옹호하리라.

흉악한 사람에게 쫓길 때도 도적들이 칼을 들고 해치려 해도
잘못 재판해 사형을 당할 때도 손발에 쇠고랑을 찼을 때도
지극한 마음으로 관세음보살을 부르면
모든 재앙 소멸하며 자비한 마음 생겨나리라.

저주와 독으로 상하게 할 때도 나찰이나 귀신을 만났을 때도
천재지변이 일어나더라도 한량없는 괴로움 닥치더라도
지극한 마음으로 관세음보살을 부르면
모든 재앙 소멸하리라.

(25-4) 모든 어려움이 저절로 없어진다
신통과 지혜 갖추고 나고 늙고 병들고 죽는 고통 모두 없애고
진리를 관하고 깨끗함을 관하고 지혜를 관하고 자비를 관하고
풍재와 화재를 굴복시키고 감로 같은 법비를 뿌려

지극한 마음으로 관세음보살을 부르면 모든 신통 나타나리라.

나고 늙고 병들고 죽는 고통 모두 없애고
풍재와 화재를 굴복시키고 감로의 법비를 뿌려
지극한 마음으로 관세음보살을 부르면
모든 재앙 소멸하리라.

미묘한 소리, 세상을 관하는 소리,
청정한 소리, 진리의 소리,
세간의 소리보다 뛰어났으며
일심으로 염해 의심하지 말라

관세음보살의 성스러움은
괴로움과 번뇌와 죽음의 바다에서도
지극한 마음으로 관세음보살을 부르면
모든 어려움 저절로 없어지리라.

7

26. 다라니품

(26-1) 약왕보살의 다라니 공덕

그때 약왕보살이 자리에서 일어나 오른쪽 어깨를 드러내고 합장하고 부처님께 여쭈었다.

"부처님이시여, 만약 어떤 사람이 이 묘법연화경을 받아 지니고 읽고 외우고 통달하거나 이 경전을 모두 쓴다면 어떠한 복을 받겠습니까?"

"이 경전을 받아 지녀 읽고 외우고 쓴다면 그 복덕은 한량없어 말로 다할 수가 없다."

"부처님이시여, 제가 이제부터 묘법연화경을 지녀 읽고 외우는 사람은 이 다라니로써 지키고 보호하겠습니다.

안니 만니 마네 마마네 지례 차리제 샤먀 샤리다위 선예 목례 목다리 사리 아위사리 상리 사리 사예 아사예 아기니 선예 샤리 다라니 아로가바사파자비사니 네비뎨 아변다라네리뎨 아단다파례수디 우구례 무구례 아라례 파라례 수가차 아삼마삼리 부다비기리질뎨 달마파리차례 싱가녈구사네 바사바사수디 만다라 만다라사야다 우루다 우루다교사랴 악사라 악사야다야 아바로 아마야나다야

부처님이시여, 이 다라니는 육십이억 항하사 부처님께서 말씀하신 주문입니다. 만일 이 경전을 연설하는 법사를 침노하고 훼손하는 것은 부처님을 침노하고 훼손하는 것과 같습니다."

"착하고 착하다. 약왕이여,

그대가 법사를 어여삐 여겨 지키고 보호하기 위해 이 다라니를 말하니 더할 수 없는 큰 이익을 얻을 것이다."

이때 용시보살이 부처님께 말씀드렸다.

"부처님이시여, 저도 이 경전을 받아 지니고 읽고 외우는 사람을 지키고 보호하기 위해 다라니를 말하겠습니다. 이 다라니를 외우면 악마와 귀신들이 달려들지 못할 것입니다.

자례 마하자례 욱기 목기 아례 아라바제 널례제 널례다바제 이디니 위디니 지디니 널례지니 널리지바디

부처님이시여, 이 다라니는 항하사 부처님께서 말씀하신 주문입니다. 만일 이 경전을 연설하는 법사를 침노하고 훼손하는 것은 부처님을 침노하고 훼손하는 것과 같습니다."

(26-2) 비사문천왕 등의 다라니 공덕

이때 세상을 보호하는 비사문천왕이 부처님께 말씀드렸다.

"부처님이시여, 저도 중생들을 어여삐 여기며 이 경전을 연설하는 법사를 지키며 보호하기 위해 다라니를 말하겠습니다. 이 다라니를 외우면 백 유순 동안 어떤 근심 걱정도 없게 하겠습니다.

아리 나리 노나리 아나로 나리 구나리"

이때 지국천왕이 수많은 건달바에게 둘러쌓여 부처님 앞에 나아가

합장하며 말씀드렸다.

"부처님이시여, 저도 다라니 신주로 이 경전을 지니는 사람을 지키고 보호하겠습니다.

아가네 가네 구리 건다리 전다리 마등기 상구리 부루사니 알디

부처님이시여, 이 다라니는 사십이 억 부처님께서 말씀하신 주문입니다. 만일 이 경전을 연설하는 법사를 침노하고 훼손하는 것은 부처님을 침노하고 훼손하는 것과 같습니다."

이때 나찰의 여자들이 귀자모와 그녀의 아들과 권속들이 함께 부처님 앞으로 나아가 합장하며 예배하고 말씀드렸다.

"부처님이시여, 저희들도 이 경전을 받아 지니는 사람들과 이 경전을 연설하는 법사를 지키고 보호하기 위해 다라니를 말하겠습니다.

이제리 이제민 이제리 아제리 이제리 니리 니리 니리 니리 니리 류혜 류혜 류혜 류혜 다혜 다혜 다혜 도혜 로혜

이 주문을 외우면 차라리 나를 괴롭힐지언정 법사를 괴롭히지 못하게 할 것이며, 귀신이나 악귀들이 꿈 속에서도 나타나지 못하게 하겠습니다.

나의 주문에 순종하지 않고 법사가 법을 설할 때 방해하면 머리가 일곱 조각으로 깨어질 것입니다. 법을 설하는 것을 방해하는 것은 부모를 죽인 죄와 같으며, 저울과 되를 속인 죄와 같으며, 조달과 같이 화합 승단을 깨뜨린 죄와 같아서 이 법사를 침해한 자는 그와 같

은 재앙을 받을 것입니다."

부처님께서 나찰의 여자들에게 말씀하셨다.

"착하고 착하다. 나찰들이여, 이 경전을 지니는 사람을 지키고 보호해도 이익이 한량이 없는데, 이 경전을 통달해 연설하는 법사를 지키고 보호한다면 더 큰 이익을 얻을 것이다."

이 다라니를 말할 때 육만 팔천 사람이 무생법인을 얻었다.

부처님께서 이 뜻을 거듭 펴시려고 게송으로 말씀하셨다

약왕보살, 용시보살, 비사문천왕, 지국천왕, 나찰의 여자들
법화경을 설하는 법사를 수호하기 위해 다라니를 말하네.
그리고 또 다라니를 말해 이 경전을 받아 지니고 읽고
외우고 쓰는 사람을 지키고 보호하기 위해 목숨을 바치네.

27. 묘장엄왕본사품

(27-1) 묘장엄왕

그때 부처님께서 대중들에게 말씀하셨다.

"지나간 옛날에 한량없는 불가사의 아승기 겁 전에 운뢰음수왕화지 부처님이 계셨으며, 국토의 이름은 광명장엄이고, 겁의 이름은 희견 이었다.

그 당시 묘장엄이라는 임금이 나라를 다스리고 있었는데, 부인의 이 름은 정덕이었으며, 아들은 신통력과 지혜가 있었으며, 전생으로부 터 보살행을 닦아 보시, 지계, 인욕, 정진, 선정, 지혜의 육바라밀이 구족했다.

모든 중생에게 기쁨을 주려는 자무량심이 충만했고, 모든 중생의 고 통과 슬픔을 자신의 것으로 생각하고 해결해 줄려는 비무량심이 충 만했고, 중생들의 기쁨을 함께 기뻐해 주는 희무량심이 충만했고, 탐 진치가 없으며, 교만과 편견도 없어 모든 것을 진리로 회향하는 사무 량심이 충만했고, 서른일곱 가지의 도를 돕는 법에 통달했다. 또한 부 지런히 수행 정진해 보살의 정삼매와 일성수삼매와 정광삼매와 정색 삼매와 정조명삼매와 장장엄삼매와 대위덕장삼매를 얻었다.

그때 부처님께서 묘장엄왕과 중생들을 가엾게 생각해 불법으로 인 도하고자 묘법연화경을 설하시려고 했다. 이때 정장 정안 두 아들이 어머니에게 나아가서 "어머님, 부처님께서 하늘, 사람, 대중들을 위 해 묘법연화경을 설하시려고 합니다. 저희들이 어머니를 모시고 함께 부처님께 공양하고 예배하겠습니다."라고 말씀드리자 어머니가 아들에게 말했다.

"너의 아버지가 외도를 믿고 바라문의 법에 빠져 있으니 아버지를 모시고 함께 가도록 하자. 너희들이 신통변화를 보이면 아버지께서 보시고 마음이 깨끗해져서 우리들과 함께 부처님을 뵈러 갈 것이다"

이에 두 아들은 아버지를 생각해 허공으로 일곱 다라수(49척, 14.85m) 올라가서 허공에서 걷기도 하고 눕기도 하고 몸에서 물을 뿜기도 하고 불을 뿜기도 하고, 몸을 크게 하기도 하고 작게 하기도 하며, 연꽃이나 짐승으로 변하면서 신통 변화를 부렸다.

(27-2) 묘장엄왕의 불법 귀의

두 아들이 부리는 신통변화를 보고 아버지는 매우 기뻐하면서 마음이 흡족해 아들에게 "너희들의 스승은 누구냐?" 하고 물었다.

두 아들은 "운뢰음수왕화지 부처님이 저희들의 스승입니다. 지금 부처님께서는 보리수 아래에 있는 법좌에 앉으시어 모든 하늘 사람 대중을 위해 묘법연화경을 설하려고 하십니다. 아버지께서도 저희들과 함께 부처님에게 가셨으면 합니다."

두 아들은 허공에서 내려와 어머니 앞에 합장하며 말했다.

"아버지께서 이제 바른 법을 믿게 되었으니 위없는 바른 깨달음을 성취하겠다는 마음을 낼 것입니다. 저희들이 아버지를 위해 불사를 지었으니 어머니께서는 저희들이 출가해 부처님의 제자가 되어 도를 닦도록 허락해 주십시요."

어머니는 "부처님 법 만나기 어려운데 지금 너희들이 출가의 마음을 내었으니 즐거운 마음으로 허락한다." 하고 말씀하셨다.

이에 두 아들은 부모님께 말씀드렸다.

"아버지 어머니, 거룩하십니다. 이제 부처님께 나아가 공양 올립시다. 부처님 만나기가 우담바라꽃이 피는 것을 보는 것만큼 어렵고, 거북이가 바다 위로 머리를 내밀 때 망망대해에 떠 있는 나무토막의 구멍 속에 머리가 들어가는 것만큼 어렵습니다. 이제 저희들은 전생의 복이 두터워 금생에 부처님 법을 만났습니다. 그리고 시절 인연이 맞아 부모님께서 출가를 허락했습니다."

정장 정안 두 아들이 묘장엄왕에게 말하기를
부처님 만나기가 우담바라꽃이 피는 것을 보기만큼 어렵고
거북이 망망대해에 떠 있는 나무토막에 머리 넣기만큼 어렵습니다
저희들은 전생에 복이 두터워 금생에 부처님 법을 만났습니다.

(27-3) 묘장엄왕의 아들 정안과 정장

그때 이미 정안은 법화삼매를 통달했고, 정장은 나쁜 갈래를 여의는 삼매를 통달해 모든 중생으로 하여금 나쁜 갈래를 여의게 했으며, 왕의 부인은 부처님을 모시는 삼매를 얻어서 부처님의 비밀스러운 법장을 알고 있었다. 두 아들이 방편으로 아버지를 교화해 진심으로 불법을 믿게 했다.

이때 묘장엄왕은 여러 신하와 권속들을 거느리고, 정덕부인은 후궁과 시녀들을 거느리고, 두 아들은 사만이천 백성들을 거느리고 부처님 계신 곳으로 나아갔다. 부처님을 뵙고 머리를 조아려 발에 예배하고 한쪽에 물러가 앉아 있었다. 이때 부처님께서는 대중들을 위해 묘법연화경을 설하시니 왕과 모든 사람이 매우 기뻐하며 큰 이익을

얻었다. 왕과 부인은 진귀한 진주 목걸이를 부처님 머리 위에 흩으며 공양하고 찬탄했다.

이때 운뢰음수왕화지 부처님께서 말씀하셨다.

"너희들은 내 앞에 합장하고 서 있는 묘장엄왕이 보이느냐? 그는 지금 출가해 부지런히 수행정진하며 부처님의 법을 전파하는 것을 도우며 마땅히 성불할 것이다. 이름은 사라수왕 여래이며, 국토의 이름은 대광이며, 겁의 이름은 대고왕이다. 그 국토에는 한량없는 보살 대중들과 성문들이 있으며, 땅은 평평하고 반듯하며, 백성들의 공덕도 한량이 없다."

왕은 출가해 팔만사천 년 동안 묘법연화경을 설하고 부지런히 수행정진해 일체정공덕장엄삼매를 얻고는 허공에 있는 일곱 다라수에 올라가 부처님께 여쭈었다.

"부처님이시여, 저의 두 아들은 불사를 지어 신통변화로 저의 삿된 마음을 버리게 해 불법으로 귀의하게 했습니다. 두 아들은 저의 스승입니다. 저희들은 전생에 어떤 인연이었기에 두 아들이 저를 이익되게 하려고 저의 집에 태어났습니까"

(27-4) 묘장엄왕과 아들 정안, 정장의 인연

그때 운뢰음수왕화지 부처님께서 묘장엄왕에게 말씀하셨다.

"만일 어떤 사람이 착한 성품으로 행동하고 업을 지으면 뛰어난 스승을 만나게 되고, 그 스승은 불사를 지어 보여 주고 가르쳐 이익되게 하며 기쁘게 하며, 위없는 바른 깨달음을 성취하게 한다. 묘장엄이여, 바로 알아라. 스승은 무엇과도 비교할 수 없는 큰 인연이다. 이 인연으로 부처님의 법을 만나 결국에는 위없는 바른 깨달음을 성취하는 것이다.

묘장엄이여, 두 아들은 이미 육천오백천만억 나유타 항하사 부처님께 공양하고 찬탄했으며, 묘법연화경을 받아 지니고 연설해 삿된 소견을 가진 중생들을 바른 견해로 돌아오게 했다"'

묘장엄왕은 부처님의 한량없는 공덕을 찬탄하며 부처님께 말씀드렸다.

"부처님이시여, 부처님의 법은 바르고 진실한 것입니다. 그 가르침을 따라 수행하면 마음이 편안해지고 상쾌해집니다. 저는 오늘부터 마음대로 행동하지 않겠습니다. 삿된 생각과 교만한 버릇과 성내는 나쁜 마음을 내지 않겠습니다." 이렇게 맹세하고는 부처님께 예배하고 궁궐로 돌아갔다."

부처님께서 대중들에게 말씀하셨다.

"묘장엄왕은 지금의 화덕보살이며, 정덕부인은 이 앞에 있는 광조장엄상보살이며, 두 아들은 약왕보살과 약상보살이다.

이 약왕보살과 약상보살은 한량없는 백천만억 부처님 처소에서 덕의 뿌리를 심었으며, 불가사의 한 여러 가지 선근을 성취했다.

만일 두 보살의 이름을 알기만 해도 하늘과 사람들이 존경하고 찬탄할 것이다."

부처님께서 이 묘장엄왕본사품을 말씀하실 때 팔만사천 사람들이 번뇌의 티끌을 멀리하고 죄악의 때에서 벗어나 깨끗한 법안을 얻었다.

부처님께서 이 뜻을 거듭 펴시려고 게송으로 말씀하셨다.

착한 성품으로 행동하고 업을 지으면

스승을 만나고 위없는 바른 깨달음을 성취하게 된다.
두 아들은 수많은 부처님을 공양하고 찬탄했으며
이 경전을 연설해 잘못된 중생들을 바른 길로 돌아오게 하네.

28. 보현보살권발품

(28-1) 보현보살

그때 자재한 신통력과 위덕과 명성을 지닌 보현(普賢, samantabhadra)
보살이 여러 보살과 함께 동방으로부터 오는데 거쳐 오는 국토마다 모
두가 진동했으며, 하늘에서는 보배 연꽃비가 내렸다.

또한 수많은 하늘, 용, 야차, 건달바, 아수라, 가루라, 긴나라, 마후라가,
사람, 사람 아닌 것 등의 대중에 둘러싸여 사바세계의 기사산굴에 이르
렀다. 보현보살은 석가모니 부처님께 머리를 조아려 예배하고 오른쪽으
로 일곱 바퀴를 돌고 부처님께 여쭈었다.

"부처님이시여, 제가 보위덕상왕 부처님 국토에 있으면서 부처님께
서 사바세계에서 묘법연화경을 설하시기에 수많은 보살 대중과 다
른 여러 대중을 거느리고 왔습니다. 부처님께서 저희들을 위해 경전
을 설해 주시기 바랍니다. 그리고 또 어떤 사람이 여래가 열반한 뒤
어떻게 하면 이 경전을 만날 수 있겠습니까?"

"어떤 사람이 네 가지 법을 성취하면 여래가 열반한 뒤에도 묘법연
화경을 만날 수 있다. 첫째는 부처님을 호념하는 것이며, 둘째는 모
든 덕의 근본을 심는 것이며, 셋째는 정정취에 들어가는 것이며, 넷
째는 모든 중생을 제도하겠다는 마음을 내는 것이다."

"부처님이시여, 이천육백 년 후 혼탁하고 악한 세상에서 이 경전을
받아 지니는 사람이 있으면 제가 그 사람을 지키고 보호하며, 재앙
을 덜어 주고 편안함을 얻게 하겠습니다. 나쁘고 악한 귀신이나 마

귀들이 그 사람에게 접근하지 못하게 하겠습니다. 어떤 사람이 이 경전을 읽고 외우면 제가 흰코끼리를 타고 여러 보살과 함께 그의 처소에 가서 지키고 보호하며 공양하겠습니다. 어떤 사람이 이 경전을 생각하고 해설한다면 제가 흰 코끼리를 타고 그의 처소에 나타나 이 경전을 통달하게 하겠습니다."

보현보살이 이 뜻을 거듭 펴려고 게송으로 말했다.

"네 가지 법을 성취하면 여래가 열반에 든 뒤에도
법화경을 만날 수 있다고 말씀하시네. 부처님을 호념하는
것이며, 덕의 근본을 심는 것이며, 정정취에 들어가는
것이며, 모든 중생을 제도하겠다는 마음을 내는 것입니다.

(28-2) 보현보살의 다라니 공덕

이 경전을 받아 지닌 사람이 저의 몸을 본다면 매우 기뻐하며 더욱 정진할 것이며, 저의 몸을 본 인연으로 삼매와 선다라니를 얻을 것입니다.

부처님이시여, 혼탁하고 악한 이천육백 년 후에 이 경전을 받아 지니고 읽고 외우려면 이십일 일 동안 한결같은 마음으로 정진해야 하며, 이십일 일이 되면 제가 흰 코끼리를 타고 여러 보살 대중과 함께 그의 앞에 나타나 법을 설해 이익 되게 하며, 기쁜 마음을 내게 하며, 다라니를 주겠습니다. 이 다라니를 얻으면 사람 아닌 것들이 파괴하지 못할 것이며, 애욕의 유혹을 받지 않을 것이며, 저도 이 사람을 지키고 보호하겠습니다.

아딘디 단디바디 단다바뎨 단다구사례 단다수다례 수다례 수다라바

디 붓타파션네 살바다라니 아바다니 살바바사아바다니 수아바다니
싱가바리사니 싱가녈가다니 아싱기 싱가바가디 녜례아다싱가도랴
아라녜파라녜 살바싱가디삼마디가란디 살바달마수파리찰뎨 살바살
타루타교사랴아누가디 신아비기리디뎨

부처님이시여, 이 다라니를 듣는 보살이 있다면 그것은 보현의 원력
에 의한 보현의 신통력인 줄 알아야 합니다. 이 경전이 남섬부주의
사바세계에 유포되어 받아 지니는 사람이 있다면 그것은 보현의 위
덕과 신통력인 줄 알아야 할 것입니다.

(28-3) 이 경전의 수지독송 공덕

만일 이 경전을 받아 지니고 읽고 외우고 뜻을 해설하고 내용대로
수행하는 사람이 있으면 그 사람은 보현의 행을 행하는 것이며, 한
량없는 부처님 처소에서 선근을 심어 부처님의 지혜를 성취한 자입
니다. 이 경전을 쓰기만 해도 도리천의 극락세계에 태어날 것입니
다. 이 경전을 받아 지녀 읽고 외우고 뜻을 해설하면 이 사람은 무서
움과 두려움에서 벗어나며, 목숨이 다하면 미륵보살이 계시는 도솔
천의 극락세계에 태어날 것입니다.
부처님이시여, 저는 신통력으로 이 경전을 지키고 보호하며, 여래가
열반에 든 뒤에 사바세계에 널리 전파해 최상의 법이 끊어지지 않게
하겠습니다.”
“착하고 착하다. 보현이여,
그대가 이 경전을 지키고 보호해 많은 중생을 안락하게 하고 이익
되게 했으니, 그대는 불가사의한 공덕을 성취해 머지 않아 위없는

바른 깨달음을 성취할 것이다. 그대가 이러한 원을 세웠으니 내가 신통력으로 보현보살의 이름을 부르는 자를 지키고 보호하겠다.

보현보살이여, 이 경전을 받아 지니고 읽고 외우고 쓰고 경전을 따라 수행하는 사람이 있으면, 이 사람은 석가모니 부처님이 바로 경전을 설해 주는 것을 들음과 같은 줄 알며, 석가모니 부처님께 공양하는 것인 줄 알며, 석가모니 부처님의 지혜를 터득함인 줄 알며, 석가모니 부처님의 가피를 입은 줄 알아야 한다.

이런 사람은 세간의 욕락을 탐하지 않으며, 세속의 책들을 좋아하지 않으며, 다른 사람들과 어울리기를 좋아하지 않으며, 백정이나 사냥꾼이나 짐승을 기르는 사람이나 나쁜 일을 하고 있는 사람들과 어울리기를 좋아하지 않는다. 이런 사람은 마음이 곧고 바르며 복덕이 있으므로 탐진치의 삼독의 시달림을 받지 않으며, 질투심과 교만심도 없어서 부끄럽지 않으며, 욕심이 없어 있는 대로 만족할 줄 안다.

이 경전을 지니는 이는 세간의 욕락을 탐하지 않으며
다른 사람과 어울리기를 좋아하지 않으며, 탐진치 삼독의
시달림을 받지 않으며, 질투심과 교만심이 없어 부끄럽지 않으며
있는 대로 만족할 줄 알아 보현행을 닦는 자이다.

(28-4) 이 경 설하심을 마침

보현보살이여, 여래가 열반한 뒤 이천육백 년 후에 이 경전을 받아 지니고 읽고 외우는 사람이 있으면 그 사람은 물질을 탐하지 않으며, 마군이를 깨뜨리고 위없는 바른 깨달음을 성취해 법륜을 굴리고 법비를 내리고 마땅히 사자좌에 앉아 불법을 설할 것이다.

이 경전을 받아 지니는 사람을 업신여기고 비방하면 그 사람은 그 과보로 태어날 때마다 눈이 멀게 될 것이며, 세세생생 이가 성글고 잘 빠지며, 입술이 추악하고, 코가 납작하고, 손발이 비뚤어지고, 몸에 더러운 냄새가 나고, 종기가 나서 피고름이 나며, 배가 튀어나오며, 숨이 가쁘며, 온갖 나쁜 병에 걸리게 될 것이다.

그러므로 보현보살이여, 이 경전을 받아 지니는 사람을 보거든 일어나서 멀리 나가 영접해 부처님을 공경하듯 정성을 다 해라."

이 보현보살권발품을 말씀하실 때에 한량없는 항하사 보살들은 선다라니를 얻었으며, 삼천대천세계의 수많은 보살은 보현의 도를 구족했다.

부처님께서 이 경전을 말씀하실 때 보현 등 여러 보살과 사리불 등 성문과 하늘, 용, 사람, 사람 아닌 것 등 모든 대중이 크게 환희하며 부처님의 말씀을 받아 지녀 예배하고 물러갔다.

부처님께서 이 뜻을 거듭 펴시려고 게송으로 말씀하셨다.

혼탁하고 악한 이천육백 년 후에 이 경전을 받아 지니고
수행 정진하는 이는 보현의 행을 행하는 것이네.
이 경전을 쓰기만 해도 도리천의 극락세계에 태어날 것이며
이 경전을 해설하는 이는 미륵보살이 계시는 도솔천에 태어나네.

부처님께서 이 경전을 설하실 때
보현 등의 여러 보살과 사리불 등의 성문과
하늘, 용, 사람, 사람 아닌 것등 모든 대중이 크게 기뻐하며
부처님의 말씀을 받아 지니고 예배하고 물러갔다.

8
우리말 대방광불화엄경

한문번역 / 실차난타

대방광불화엄경 39품 중(8품)

제1품 세주묘엄품, 제7품 여래명호품, 제11품 정행품, 제15품 십주품, 제21품 십행품, 제25품 십회향품, 제26품 십지품, 제36품 보현행품을 우리말 번역으로 수록했다.

──────────── Ⅰ. 대방광불화엄경 구성 ────────────

제1회 보리도량(보현보살의 찬탄)
1. 세주묘엄품
2. 여래현상품
3. 보현삼매품
4. 세계성취품
5. 화장세계품
6. 비로자나품

제2회 보광명전(문수보살의 찬탄)
7. 여래명호품
8. 사성제품
9. 광명각품
10. 보살문명품
11. 정행품
12. 현수품
13. 승수미산정품
14. 수미정상게찬품

제3회 도리천궁(법혜보살의 찬탄)
15. 십주품
16. 범행품
17. 초발심공덕품
18. 명법품

제4회 야마천궁(공덕림보살의 찬탄)
19. 승야마천궁품
20. 야마궁중게찬품
21. 십행품

22. 십무진장품

제5회 도솔천궁
23. 승도솔천궁품(공덕림보살의 찬탄)
24. 도솔궁중게찬품(공덕림보살의 찬탄)
25. 십회향품(금강장보살의 찬탄)

제6회 타화자재천궁
26. 십지품(금강장보살의 찬탄)
27. 십정품(보현보살의 찬탄)
28. 십통품(보현보살의 찬탄)
29. 십인품(보현보살의 찬탄)
30. 아승기품(부처님)
31. 수량품(심왕보살)

제7회 보광명전
32. 제보살주처품(심왕보살)
33. 불부사의법품(연화장보살의 찬탄)
34. 여래십신상해품(보현보살의 찬탄)
35. 여래수호광명공덕품(부처님)
36. 보현행품(보현보살의 찬탄)
37. 여래출현품(보현보살의 찬탄)

제8회 보광명전
38. 이세간품(보현보살의 찬탄)

제9회 기수급고독원
39. 입법계품(선재동자의 구법)

―――――――――― Ⅱ. 대방광불화엄경의 구조 ――――――――――

대방광불화엄경 설법 구조

6처 타화자재천궁
6회

26품 – 31품

5처 도솔천궁
5회

23품 – 25품

4처 야마천궁
4회

19품 – 22품

3처 도리천궁
3회

15품 – 18품

7처 기수급고독원
9회

39품

1품 – 6품

1처 보리도량
1회

2처 보광명전
2회, 7회, 8회

2회 7품 – 14품
7회 32품 – 37품
8회 38품

─────────────── Ⅲ. 대방광불화엄경에서 수행의 과위 ───────────────

보살의 십신, 십주, 십행, 십장, 십회향, 십지, 십해탈, 십정, 십통, 십인

1. 십신
신심(信心), 염심(念心), 정진심(精進心), 혜심(慧心), 정심(定心), 불퇴심(不退心), 호법심(護法心), 회향심(廻向心), 계심(戒心), 원심(願心)

2. 십주
초발심주(初發心住), 치지주(治地住), 수행주(修行住), 생귀주(生貴住), 구족방편주(具足方便住), 정심주(正心住), 불퇴주(不退住), 동진주(童眞住), 법왕자주(法王子住), 관정주(灌頂住)

3. 십행
환희행(歡喜行), 요익행(饒益行), 무위역행(無違逆行), 무굴요행(無屈撓行), 이치란행(離癡亂行), 선현행(善現行), 무착행(無著行), 난득행(難得行), 선법행(善法行), 진실행(眞實行)

4. 십장
신장(信藏), 계장(械藏), 참장(慙藏), 괴장(愧藏), 문장(聞藏), 시장(施藏), 혜장(慧藏), 염장(念藏), 지장(持藏), 변장(辯藏)

5. 십회향
구호일체중생이중생상회향(救護一切衆生離衆生相廻向), 불괴회향(不壞廻向), 등일체불회향(等一切佛廻向), 지일체처회향(至一切處廻向), 무진공덕

──────────── Ⅲ. 대방광불화엄경에서 수행의 과위 ────────────

장회향(無盡功德藏廻向), 수순견고일체선근회향(隨順堅固一切善根廻向), 수순등관일체중생회향(隨順等觀一切衆生廻向), 진여상회향(眞如相廻向), 무박무착해탈회향(無縛無著解脫廻向), 법계무량회향(法界無量廻向)

6. 십지

환희지(歡喜地), 이구지(離垢地), 발광지(發光地), 염혜지(焰慧地), 난승지(難勝地), 현전지(現前地), 원행지(遠行地), 부동지(不動地), 선혜지(善慧地), 법운지(法雲地)

7. 십해탈

보살대원지환해탈(普薩大願知幻解脫), 무애념청정장엄해탈(無碍念清淨莊嚴解脫), 선지중예보살해탈(善知衆藝菩薩解脫), 무의처도량보살해탈(無依處道場普薩解脫), 무착념청정장엄보살해탈(無着念清淨莊嚴普薩解脫), 정지광명보살해탈(淨智光明普薩解脫), 무진상보살해탈(無盡相普薩解脫), 성원어보살해탈(誠願語普薩解脫), 환주보살해탈(幻住普薩解脫), 입삼세일체경계불망념지장엄장해탈(入三世一切境界不忘念智莊嚴藏解脫)

8. 십정

보광명대삼매(普光明大三昧), 묘광명대삼매(妙光明大三昧), 차제변왕제불국토대삼매(次第編王諸佛國土大三昧), 청정심심행대삼매(清淨深心行大三昧), 지과거장엄장대삼매(知過去莊嚴藏大三昧), 지광명장대삼매(知光明藏大三昧), 요지일체세계불장엄대삼매(了知一切世界佛莊嚴大三昧), 중생차별신대삼매(衆生差別身大三昧), 법계자재대삼매(法界自在大三昧), 무애륜

대삼매(無碍輪大三昧)

9. 십통

타심지신통(他心智神通), 천안지신통(天眼智神通), 수념지신통(隨念智神通, 宿命通), 진미래제겁지신통(盡未來際劫智神通, 未來智通), 천이지신통(天耳智神通, 天耳通), 일체불찰지신통(一體佛刹智神通, 神足通), 일체언사지신통(一體言辭智神通, 言辭通), 색신장엄지신통(色身莊嚴智神通, 色身通), 법지신통(法智神通, 法智通), 삼매지신통(三昧智神通, 三昧通) ===〉 일체삼세무애지신통(一體三世無礙智神通)

10. 십인

음성인(音聲忍), 순인(順忍), 무생법인(無生法忍), 여환인(如幻忍), 여염인(如焰忍), 여몽인(如夢忍), 여향인(如響忍), 여영인(如影忍), 여화인(如化忍), 여공인(如空忍)

8

─────────── Ⅳ. 각품(各品) 의 내용 ───────────

남섬부주에 출현한 석가모니부처님이 마갈타(摩竭陀, 摩竭, Magadha)국 보리도량에서 도를 이루어 부처가 되어 묵묵히 앉아 광채를 발하고 있다. 이때 석가모니는 진리의 본체인 비로자나불과 일체가 된다. 석가모니부처님의 성불인연으로 우주의 모든 천신에게도 해탈의 꽃비가 내려 세상을 이익되게 하고 장엄했다. 이것이 대방광불화엄경을 설법하게 된 인연이다.

경전을 구성하는 육성취는 신성취, 문성취, 시성취, 주성취, 처성취, 중성취 이다. 화엄경에서 신성취는 여시아문으로 아난이 부처님께서 말씀하신 것을 듣고 전한다는 것은 믿을 수 있음을 뜻하며, 주성취(누가)는 법을 설한 주체인 비로자나불과 일체가 된 석가모니부처님이며, 중성취(누구와)는 열 세계의 한량없이 많은 보살과 신들로부터 대자재천왕에 이르기까지 39 중이며, 시성취(언제)는 석가모니가 도를 이룬 때이며, 처성취(어디서)는 보리도량이며, 문성취(어떻게 하는 것을)는 광채를 발하며 우주에 보살들을 위하여 법을 설할 준비를 하고 있는 상황이다.

『화엄경』의 본래 이름은 『대방광불화엄경』이며, 약칭으로 화엄경이라 한다. 현재 한역본으로는 권수에 따라 불타발타라가 번역한 60화엄과 실차난타가 번역한 80화엄, 반야가 번역한 40화엄 등 세 가지가 있으며, 이들은 모두 우리나라에서 널리 유통되었다. 이 한역본이 나타난 이래 우리나라 및 중국에 화엄사상을 형성했을 뿐 아니라, 그 회통적인 철학성은 동양 사상 속에서 하나의 강력한 흐름을 형성했다.

60화엄의 경우 7처 8회 34품, 80화엄의 경우는 7처 9회 39품으로 구성되었지만, 그 내용에는 큰 차이가 없다. 40화엄은 60권본과 80권본의 마지막 장인 입법계품에 해당된다.

석가모니부처님이 처음 깨달았을 때의 경지를 설하고 또한 그 경지에 도달하는 방법을 설한 경전이다. 용수(龍樹, Nagarjuna)보살이 용궁에서 가져왔다는 전승이 있다.

학자들은 화엄경을 바닷가 근처에서 결집한 경전이라고 추측한다. 우리가 아는 아승기, 나유타 등 여러 가지 수 단위의 출처이기도 하다.

경을 설한 장소를 80화엄에 의해서 살펴보면, 제1 보리도량과 제2 보광명전은 지상이다. 제3 도리천궁과 제4 야마천궁, 제5 도솔천궁, 제6 타화자재천궁은 천상(天上)이다. 제7과 8은 다시 지상의 보광명전에서 설했다. 제9는 기수급고독원에서 설했다. 이 구회 중 보광명전이 세 번 있으므로 7처가 된다.

이 대방광불화엄경에서는 3회에서 6회의 설법에서 도리천궁, 야마천궁, 도솔천궁, 타화자재천궁으로 장소를 옮겨 설법할 때, 천왕들이 부처님을 영접하는 과정을 묘사하여 설법 장소와 설법 전개를 생동감 있게 하였다.

그 내용을 보면, 제1회에서는 석가모니부처님이 마갈타국의 보리수 밑에서 도를 이루고 묵묵히 앉아 광채를 발하고 비로자나불과 일체가 된다. 그 둘레에는 많은 보살이 있어 한 사람씩 일어나 부처님의 덕을 찬탄한다.

제2회에서는 석가모니가 자리를 옮겨 보광명전의 사자좌에 앉아 있다. 문수보살이 먼저 고집멸도 사제의 법을 설한 뒤 10명의 보살들이 각각 열 가지의 심오한 진리를 설했다.

제3회부터는 설법 장소가 천상으로 옮겨진다. 제3회에서는 도리천궁에

─────────── Ⅳ. 각품(各品)의 내용 ───────────

서 법혜보살이 무량방편삼매에 들어 부처님의 찬탄을 받으며 십주의 법을 설했다. 제4회에서는 야마천궁에서 공덕림보살이 선사유삼매에 들어 부처님의 찬탄을 받으며 십행의 법을 설한다. 제5회에서는 도솔천궁에서 금강당보살이 보살지광삼매에 들어 부처님의 찬탄을 받으며 십회향의 법을 설했다. 제6회에서는 타화자재천궁에서 금강장보살이 보살대지혜광명삼매에 들어 부처님의 찬탄을 받으며 십지의 법을 설했다. 제7회와 제8회는 다시 보광명전으로 내려와 보현보살이 부처님이 세상에 출현하신 이유와 인연의 법을 설했다. 제 9회는 천상설법의 우주 오케스트라를 선재동자를 통해 지상에서 펼쳐진 지상 설법이다.

각 품을 살펴보면 다음과 같다.
제1회
제1품 세주묘엄품은 9회의 대방광불화엄경 설법에 대한 서문이다.
제2품 여래현상품은 근본 법륜인 큰 법을 연설하기 위하여 모인 대중이 설법을 청한다.
제3품 보현삼매품은 보현보살은 부처님의 광명을 비추어 여러 보살의 마음을 짐작하고 부사의한 미묘 법문을 연설하려고, 삼매에서 일어나는 법을 연설할 의식을 밝혔다.
제4품 세계성취품은 중생의 몸과 마음을 의지할 세계를 말하여 모든 부처님의 근원이 됨을 밝혔다.
제5품 화장세계품은 화장장엄 세계해는 비로자나불이 과거에 인행을 닦을 적에 머물렀던 엄청난 큰 서원으로 청정하게 장엄한 것임을 말한다.
제6품 비로자나품은 5품에서 말한 세계해는 반드시 그러한 원인이 있다고 하면서 부처님이 열반하신 뒤에 다시 세 분의 부처님을 섬기다가 목숨을 마치고 다시 수미산 위에 태어나서 부처님의 법문을 듣고 삼매의 힘으로 실상바다에 들어가서 이익을 얻은 일」을 말했으니 그 대위왕 태자가 비로자나불의 전신임을 말했다.

제2회
제7품 여래명호품은 시방세계에 있는 부처님의 명호를 말하고 있으니 부처님의 하시는 업은 모든 근기에 맞추어 가지가지 묘한 상호를 보이며 자유롭게 화현함을 나타냈다.

제8품 사성제품은 중생의 욕망이 각각 다르므로 부처님의 가르치는 방법도 같지 않음을 보이기 위하여, 시방 법계의 모든 세계에서 사성제를 일컫는 이름이 제각기 다른 것을 들어서 부처님의 입으로 하시는 업이 헤아릴 수 없음을 보였다.

제9품 광명각품은 문수보살이 지혜의 광명으로 평등한 이치를 비추며, 몸의 광명과 지혜의 광명이 합하여 하나가 되어 진리와 현상이 원융한 이치를 깨닫게 했다.

제10품 보살문명품은 문수보살이 재수, 보수등 아홉 보살에게 연기와 교화와 업과와 설법과 복밭과 바른 가르침과 바른 행과 도를 돕는 일과 한결같은 도의 이치를 묻는다.

제11품 정행품은 바른 지혜에 대한 행을 보이기 위하여 일상생활에서 보고 듣는 대로 서원을 내어 행을 깨끗하게 하는 일을 밝혔다.

제12품 현수품은 행을 닦는 데는 덕이 나타나는 것이므로 지혜와 수행이 원만하여 보현보살의 수승한 공덕을 밝혔다.

──────── Ⅳ. 각품(各品)의 내용 ────────

제3회

제13품 승수미산정품은 보살이 수행하는 계단에 들어가는 것으로 십주의 법문을 말한 것이다. 수미산 꼭대기 제석천궁에 올라가서 걸림 없이 화신을 나타내 보이셨다.

제14품 수미정상게찬품은 시방의 부처님 세계에서 법혜보살등 열 보살과 수많은 보살이 와서 부처님의 공덕을 찬탄했다.

제15품 십주품은 법혜보살이 부처님의 가피를 받들어 무량방편삼매에 들었고, 부처님이 여러 가지 지혜를 받고 삼매에서 일어나서 십주의 법문을 말했다. 초발심주, 치지주, 수행주, 생귀주, 구족방편주, 정심주, 불퇴주, 동진주, 법왕자주, 관정주이다.

제16품 범행품은 십주 지지를 통틀어서 청정한 행을 말했다. 참된 지혜로 여래의 열 가지 힘을 닦으므로 관과 행이 서로 어울리고 자비와 지혜가 원융하여 처음 발심하는 자리에서 곧 깨달음을 이룬다는 뜻을 밝혔다.

제17품 초발심공덕품은 처음 발심한 공덕은 광대하고 끝이 없어 보현보살의 모든 덕을 포섭하고 있으며, 인행과 과덕을 구족한 것으로 그 공덕이 법계와 동등하다고 말했다.

제18품 명법품은 정진혜보살의 물음에 대해 법혜보살이 방일하지 않는 열 가지 행법과 행법으로부터 이루는 열 가지 청정한 법을 말했다.

제4회

제19품 승야마천궁품은 십행의 법을 설하고 있다. 부처님이 보리수 아래와 수미산 꼭대기를 떠나지 않고 야마천궁의 보장엄전으로 향하셨다.

제20품 야마궁중게찬품은 부처님의 신통력으로써 시방세계에서 공덕림 보살 등의 열 보살이 한량없는 보살들과 게송으로 부처님을 찬탄했다.

제21품 십행품은 공덕림 보살이 선사유 삼매에 들어 부처님이 가피하시는 지혜를 얻어 삼매에서 일어나서 보살의 열 가지 행을 말했다.

기뻐하는 환희행이며, 이익되게 하는 요익행이며, 어기지 않는 무위역행이며, 굽히지 않는 무굴요행이며, 우치와 산란을 여의는 이치란행이며, 선을 나타나게 하는 선현행이며, 집착 없는 무착행이며, 얻기 어려운 난득행이며, 법을 잘 말하는 선법행이며, 진실한 행인 진실행이다.

1) 환희행은 가진 물건을 모두 다 보시하는데, 그 마음이 평등하여 후회하거나 아까워 함이 없으며, 과보를 바라지 않으며, 명성을 구하지 않으며, 이양을 탐하지도 않았다.

2) 요익행은 깨끗한 계율을 수호하여 가지며, 빛과 소리와 냄새와 맛과 감촉에 대하여 집착하지 않고, 권세를 구하지도 않고, 문벌을 구하지도 않고, 부귀를 구하지도 않고, 몸매를 구하지도 않고, 임금의 지위를 구하지도 않았다.

3) 무위역행은 항상 인욕하는 법을 닦아 겸손하고 공경하여 스스로 해하지 않고 남을 해하지 않으며, 스스로 탐하지 않고 남을 탐하게 하지 않으며, 스스로 집착하지 않고 남을 집착하게 하지 않으며, 명예와 이양도 구하지 않았다.

4) 무굴요행은 성품에 삼독이 없고 교만이 없고 숨김이 없고 간탐과 질투

──────── Ⅳ. 각품(各品) 의 내용 ────────

가 없고 아첨과 속임이 없고, 스스로 부끄러워하며, 한 중생이라도 시끄럽지 않게 하기 위하여 정진을 행하는 것이다.

5) 이치란행은 바른 생각을 성취하여 마음이 산란하지 않고 견고하여 동하지 않으며, 최상이고 청정하고 넓고 크고 한량없어 미혹하지 않은 것이다.

6) 선현행은 몸으로 짓는 업이 청정하고 말로 짓는 업이 청정하고 뜻으로 짓는 업이 청정하여, 얻을 것 없는 데 머물러서 얻을 것 없는 몸과 말과 뜻의 업을 보이며, 삼업이 모두 없는 것인 줄을 아는 것이며, 허망함이 없으므로 얽매임이 없으며, 나타내 보이는 것이 성품도 없고 의지함도 없다.

7) 무착행은 집착이 없는 마음으로 찰나마다 아승기 세계에 들어가서 아승기 세계를 깨끗이 장엄해도 모든 세계에 집착하는 마음이 없다.

8) 난득행은 모든 행을 닦을 때에 불법에 대하여 수승한 이해를 얻고, 부처님 보리에 대하여 큰 이해를 얻고, 보살의 서원에 조금도 쉬지 않고 일체 겁이 다해도 게으른 마음이 없으며, 모든 고통에 싫은 생각을 내지 않고, 모든 마군이에 동요하지 않으며, 부처님이 호념하시는 것이며, 보살의 고행을 행하게 하고, 보살의 행을 닦되 꾸준하여 게으르지 않으며, 대승에 대한 소원이 물러나지 않는다.

9) 선법행은 일체 세간의 하늘, 사람, 마군, 범천, 사문, 바라문, 건달바 들을 위하여 청량한 법의 못이 되어 바른 법을 거두어 지녀 부처의 종성이 끊어지지 않게 한다.

10) 진실행은 제일 진실하고 참된 말을 성취하여 말한 대로 하고 행하는 대로 말했다.

이러할 때에 시방의 세계가 여섯 가지로 진동하고 무수한 보살들이 와서 공덕림보살을 찬탄했으며, 공덕림보살은 게송으로 십행의 뜻을 말했다.
제22품 십무진장품은 공덕림보살이 더 훌륭하게 나아가는 덕을 보이는
데 열 가지 무진한 행상을 말했다.

제5회 도솔천궁
제23품 승도솔천궁품은 부처님이 보리수 아래와 야마천궁을 떠나지 않
고 도솔천궁으로 올라가 보배로 장엄한 궁전으로 나아간다.
제24품 도솔궁중게찬품은 금강당보살을 우두머리로 하여 열 보살이 게
송으로 부처님을 찬탄했다.
제25품 십회향품은 금강당 보살이 지광삼매에 들어 부처님의 한량없는
지혜를 얻고, 삼매에서 일어나 열 가지 회향을 말했다. 대비심을 중생에
게 베풀어 중생에게 회향하고, 보리를 구하기 위하여 보리에 회향하고,
진여에 회향하여 끝이 없는 수행의 바다로 보현법계의 공덕을 성취하는
일을 말했다.

제6회 타화자재천궁
제26품 십지품은 5회의 설법을 마친 부처님은 타화자재천궁의 마니보장
전에서 다른 세계에서 온 여러 보살과 함께 계셨다. 금강장 보살이 부처
님의 신력을 받들어 대지혜광명삼매에 들어 여래의 가장 미묘한 몸과 입
과 뜻으로 구족한 장엄을 받고, 삼매에서 일어나 십지의 행상을 말했다.
환희지(歡喜地), 이구지(離垢地), 발광지(發光地), 염혜지(焰慧地), 난승지
(難勝地), 현전지(現前地), 원행지(遠行地), 부동지(不動地), 선혜지(善慧
地), 법운지(法雲地)이다.

─────────── Ⅳ. 각품(各品) 의 내용 ───────────

제7회 보광명전

제27품 십정품은 지혜의 근본인 열 가지 선정을 말했다. 보현보살은 부처님의 명을 받아 열 가지 삼매를 말했다. 넓은 광명삼매, 묘한 광명삼매, 여러 부처님 국토에 차례로 가는 삼매, 청정하고 깊은 마음의 행 삼매, 과거에 장엄한 갈무리를 아는 삼매, 지혜광명의 갈무리 삼매, 모든 세계 부처님의 장엄을 아는 삼매, 일체중생의 차별한 몸삼매, 법계에 자재한 삼매, 걸림 없는 바퀴 삼매다.

이 삼매에 들면 걸림 없는 몸의 업·걸림 없는 뜻의 업에 머물며, 걸림 없는 부처님 국토에 머무르며, 걸림 없이 중생을 성취하는 지혜를 얻으며, 걸림 없이 중생을 조복하는 지혜를 얻으며, 걸림 없는 광명을 놓으며, 걸림 없는 광명 그물을 나타내며, 걸림 없이 광대한 변화를 보이며, 걸림 없이 청정한 법륜을 굴리며, 보살의 걸림 없이 자유자재함을 얻는다.

제28품 십통품은 선정을 의지하여 일어나는 보살의 신통을 말했다. 다른 이의 마음을 아는 신통, 걸림이 없는 하늘눈 신통, 전생 일을 아는 신통, 내생 일을 아는 신통, 걸림없이 청정한 하늘귀 신통, 성품도 없고 동작도 없이 모든 세계에 가는 신통, 모든 말을 잘 분별하는 신통, 수없는 형상, 몸을 나투는 신통, 모든 법을 아는 신통, 모든 법이 다 없어지는 삼매에 들어가는 신통이다.

제29품 십인품은 열 가지 신통의 의지가 되는 지혜인 인을 말했다. 음성인, 승인, 무생인, 눈언저리 같은 인, 아지랑이 같은 인, 꿈같은 인, 메아리 같은 인, 그림자 같은 인, 변화와 같은 인, 허공과 같은 인이다.

제30품 아승기품은 십왕보살의 물음에 대하여 부처님이 친히 말씀하신 것이다. 일백 낙차가 한구지(1 구지= 10의 16승)며, 일백 구지가 한 아유다(1 아유다는 구지의 백배)며, 이렇게 하여 일백다섯 째가 한 아승기(1 아승기= 10의 56승)며, 124째가 한 불가사의(1 불가사의= 10의 64승) 곱이라고 말씀하셨다.

제31품 여래수량품은 모든 부처님 세계의 수명을 심왕보살이 말했다. 석가모니 부처님이 계시는 사바세계의 한 겁은 극락세계 아미타불 세계의 하루 낮 하루 밤이 되고, 극락세계의 한 겁은 가사당 세계 금강견 부처님 세계의 하루 낮 하루 밤이 되며, 이렇게 차례차례로 아승기 세계를 지나가서 마지막 세계의 한 겁은 승련화세계의 하루 낮 하루 밤이 되는데, 보현보살과 함께 수행하는 큰 보살들이 모두 그 가운데 가득했다고 말하고 있다.

제32품 보살주처품은 보살들이 머무는 곳은 끝닿은 데가 없다고 심왕보살이 말했다.

제33품 불부사의품은 닦아서 생기는 과덕의 부사의함을 말했다. 그때 보살들은 "부처님의 국토, 서원, 종성, 부처님의 몸, 음성, 지혜는 어떤 부사의가 있는가?"하고 생각했다. 부처님이 아시고, 청련화장보살에게 가지(加技)하여 다함이 없는 지혜의 문을 알게 하고, 여러 보살에게 말하게 했다. 청련화장보살은 "부처님은 한량없이 머무는 곳이 있고, 끝이 없는 청정한 몸과 걸림이 없는 눈들의 열 가지 법이 있어 한량없고 끝이 없는 법계에 두루했고, 열 가지 지혜, 열 가지 때를 놓치지 않음, 견줄 데 없는 부사의한 경계, 끝까지 청정함, 그지없는 지혜바다. 부사의한 부처님 삼매, 걸림 없는 해탈등 32문이 있다."고 말했다.

제34품 여래십신상품은 여래에게 있는 여러 가지 복덕의 모습을 말했다. 여래십신이란 여래의 몸을 그 공덕에 의하여 열 가지로 말했는데, 보리신

──────────── IV. 각품(各品)의 내용 ────────────

과 원신과 화신과 역지신과 상호장엄신과 위세신과 의생신과 복덕신과 법신과 지신이다.

보현보살은 "여래의 정수리에는 보배 장엄한 32가지 거룩한 모습이 있으며, 한량없는 광명 그물이 있어 여러 가지 광명을 놓고, 여래의 눈, 코, 혀, 입, 이, 어깨, 가슴, 손, 발, 발가락까지 97가지의 거룩한 모습을 비롯하여, 세계의 티끌 수 거룩한 모습이 있다."고 말했다.

제35품 여래수호광명공덕품은 여래에게 갖추어져 있는 잘 생긴 모습의 공덕을 말했다. 부처님께서 보수보살에게 "여래에게는 원만왕이라는 잘 생긴 모습이 있고, 치성이라는 큰 광명이 있는데, 칠백만 아승기 광명으로 권속을 삼았다. 내가 보살로 있을 때에 투시타 천궁에서 큰 광명을 놓으니 이름이 빛난 당기왕이며, 티끌 수 세계의 지옥 중생들이 고통이 없고 환희하면서 목숨을 마치고는 투시타 하늘에 났고, 그리고 여래의 발바닥에서 두루 비추는 왕이라는 광명을 놓으니, 아비지옥 중생들이 이 광명에 비추어 천상에 났다. 그때 하늘 북에서 소리를 내어 이 천자들에게 미묘한 법을 말하니, 천자들이 그 법문을 듣고는 기뻐하면서 비로자나 여래께 공양했다."고 말했다.

제36품 보현행품은 37품《여래출현품》과 평등한 인과를 말했는데, 이품은 보현보살의 평등한 인행을 말했다.

보현보살이 "여래는 교화를 받을 중생을 위하여 세상에 출현하며, 만일 보살이 다른 보살에 대하여 성 내는 마음을 일으키면, 보살을 보지 못하는 장난, 바른 법을 듣지 못하는 장난, 부정한 세계에 태어나는 장난, 나쁜 길에 태어나는 장난 따위의 백만 장난을 이루게 되느니라. 그러므로 보살이 보살의 행을 빨리 만족하려면, 모든 중생을 버리지 않고, 여러 보살이 여래와 같이 생각하고 부처님 법을 비방하지 말고, 보살의 행을 매우 좋아하는 열 가지 법을 닦아야 하고, 열 가지 청정함을 구족하고, 열 가지 광대한 법을 갖추고, 열 가지 두루 들어가고, 열 가지씩 묘한 마음에 머물러서, 열 가지 부처님 법의 교묘한 지혜를 얻으면, 위가 없는 바른 깨달음을 얻어서 세상 부처님들과 평등하게 된다.”고 말했다.

제37품 여래출현품은 평등한 과를 말했다.

보현보살은 묘덕보살 등에게 이렇게 말했다.

“여래는 한 가지 인연이나 한 가지 사실로써 나는 것이 아니고, 열 가지의 한량없는 아승기 인연으로 나며, 모든 중생을 거두어 주는 보리심을 이루기 위하여, 청정하고 훌륭한 뜻을 이루기 위하여, 모든 중생을 구호할 수 있는 대자대비를 이루기 위하여, 법과 이치를 통달하기 위하는 등의 마치 삼천대천세계가 한량없는 인연과 한량없는 사실로써 이루어지는 것과 같다.”

제8회 보광명전

제38품 이세간품은 보살의 모든 지위를 포섭하여 실제로 수행함을 말했다.

부처님께서 마갈타국의 보리도량에 있는 보광명전에 계셨는데 보현보살이 불화장엄삼매에 들었다가 일어나 보혜보살이 물었다.

“어떤 것이 보살의 의지며 기특한 생각이며 행이며 선지식이며 부지런한 정진이며 마음의 편안함을 얻음이며 중생을 성취함이며 계율이며 스스로 수기 받을 줄 알며 보살에 들어감이며 여래에 들어감이며 중생의 마음에 들어감이며 여래의 반열반을 보이는 것이냐?”고 이백 가지를 물었고, 보

─────────── Ⅳ. 각품(各品) 의 내용 ───────────

현보살은 한 가지 물음에 열 가지씩 대답하여 모두 이천 대답을 했다.

처음 이백 대답은 십신의 행을 말한 것이며, 둘째 이백 대답은 십주의 행을 말한 것이며, 셋째 삼백 대답은 십행의 행을 말한 것이며, 넷째 이백구십 대답은 십회향의 행을 말한 것이며, 다섯째 오백 대답은 십지의 행을 말한 것이며, 여섯째 오백열 대답은 인이 원만하고 과가 만족함을 말한 것이니, 곧 등각의 지위이다.

제9회 기수급고독원

제39품 입법계품은 위의 《이세간품》까지의 8회에서 말한 것을 선재동자라는 한사람의 수행자가 실천하는 것을 말했다. 《40화엄경》은 이 《입법계품》을 독립한 한 경으로 만들었다.

부처님께서 사위성에 있는 기수급고독원에서 보현보살, 문수보살을 우두머리로 한 오백 보살과 오백 성문과 함께 하실 때에 사자의 기운이 뻗는 삼매에 드셨다. 그때 시방에서 각각 티끌 수 보살들이 모여와서 부처님을 찬탄했고, 보현보살은 열 가지 법으로 사자의 기운 뻗는 삼매의 뜻을 말했다. 부처님은 모든 보살을 이 삼매에 머물게 하기 위하여 미간의 흰털로 큰 광명을 놓아 시방 세계에 두루 비추니, 모든 보살은 온갖 세계의 장엄을 보고 여래의 공덕 바다에 깊이 들어갔으니 이것을 기타림의 근본 법회라 한다.

문수보살이 기타림을 떠나 사리불, 목견련등 여러 사람을 데리고 남쪽으로 가다가, 북성의 동쪽에 이르러 장엄한 당기의 사라숲에 있는 탑에 머물렀다. 우바새, 우바이, 동자, 동녀들이 무수히 모였다.

문수보살은 그 중에서 바른 법을 받아 지닐 만한 선재동자를 발견하고,

"그대는 이미 보리심을 냈으니, 온갖 지혜를 성취하려거든 선지식을 찾아서 그들의 가르침을 순종해야 한다. 여기서 부터 남방으로 가면서 여러 선지식을 방문하고 행을 닦으라."고 했다.

선재동자는 문수보살의 가르침대로 남방으로 일백열 성을 지나가면서 53 선지식을 찾아서 각각 묘한 법문을 얻었다.

처음 문수보살을 만난 것은 십신위 선지식을 만난 것이고, 십주위 선지식은 (1)덕운비구 (2)해운비구 (3)선주비구 (4)미가장자 (5)해탈장자 (6)해당비구 (7)휴사우바이 (8)비목구사선인 (9)승열바라문 (10)자행동녀이며, 십행위 선지식은(11)선견비구 (12)자재주동자 (13)구족우바이 (14)명지거사 (15)법보계장자 (16)보안장자 (17)무염족왕 (18)대광왕 (19)부동우바이 (20)변행외도이며, 십회향위 선지식은 (21)육향장자 (22)바시라선사 (23)무상승장자 (24)사자빈신비구니 (25)바수밀다녀 (26)비슬지라거사 (27)관자재보살 (28)정취보살 (29)대천신 (30)안주신이며, 십지위 선지식은 (31)바산바연저주야신 (32)보덕정광주야신 (33)회목관찰중생주야신 (34)보구중생묘덕주야신 (35)적정음해주야신 (36)수호일체성주야신 (37)개부일체수화주야신 (38)대원정진력주야신 (39)람비니림신 (40)석녀구파이며, 십해탈위 선지식은 (41)마야부인 (42)천주광천녀 (43)변우동자사 (44)선지중예동자 (45)현승우바이 (46)견고해탈장자 (47)묘월장자 (48)무승군장자 (49)적장바라문 (50)덕생동자이다.

다시 미륵보살을 찾고, 문수보살을 만나서 각각 법문을 얻은 것은 등각의 지위라 한다.

마지막으로 보현보살에게서 열 가지 깨뜨릴 수 없는 지혜법문을 얻고, 보현보살의 털구멍에 들어가 수없는 세계를 지나가 모든 경계가 부처님과

──────────── Ⅳ. 각품(各品) 의 내용 ────────────

평등하게 된 것으로 묘각의 지위라 한다.

그때 시방의 세계들이 여섯 가지로 진동하고 부처님은 보현보살을 찬탄
하고 보현보살은 게송을 말하며 화엄법회를 마쳤다.

──────────────── 차 례 ────────────────

Ⅰ. 대방광불화엄경 구성
Ⅱ. 대방광불화엄경의 구조
Ⅲ. 대방광불화엄경에서 수행의 과위
Ⅳ. 각품(各品) 의 내용

1. 세주묘엄품(世主妙嚴品)

8

————————————   차 례   ————————————

법/ (1-7-14) 구반다왕(鳩槃茶王) 대중들의 득법/ (1-7-15) 용왕(龍王) 대중의 득법/ (1-7-16) 야차왕(夜叉王) 대중들의 득법/ (1-8-17) 마후라가왕(摩睺羅伽王) 대중의 득법/ (1-7-18) 긴나라왕(緊那羅王) 대중들의 득법

(1-7-19) 가루라왕(迦樓羅王) 대중들의 득법/ (1-7-20) 아수라왕(阿修羅王) 대중들의 득법/ (1-7-21) 주주신(主晝神) 대중들의 득법/ (1-7-22) 주야신(主夜神) 대중들의 득법/ (1-7-23) 주방신(主方神) 대중들의 득법/ (1-7-24) 주공신(主空神) 대중들의 득법/ (1-7-25) 주풍신(主風神)대중의 득법/ (1-7-26) 주화신(主火神) 대중들의 득법/ (1-7-27) 주수신(主水神) 대중들의 득법/ (1-7-28) 주해신(主海神) 대중의 득법/ (1-7-29) 주하신(主河神) 대중들의 득법/ (1-7-30) 주가신(主稼神) 대중들의 득법/ (1-8-31) 주약신(主藥神) 대중들의 득법/ (1-7-32) 주림신(主林神) 대중들의 득법/ (1-7-33) 주산신(主山神) 대중들의 득법/ (1-7-34) 주지신(主地神) 대중들의 득법/ (1-7-35) 주성신(主城神) 대중들의 득법/ (1-7-36) 도량신(道場神) 대중들의 득법/ (1-7-37) 족행신(足行神) 대중들의 득법/ (1-7-38) 신중신(身衆神) 대중들의 득법/ (1-7-39) 집급강신(執金剛神) 대중들의 득법/ (1-7-40) 보현(普賢) 보살의 득법/ (1-7-41) 십보(十普) 보살 대중들의 득법/ (1-7-42) 십이명(十異名) 보살 대중들의 득법

(1-8) 사자좌(獅子座)의 보살
(1-8-1) 출처/ (1-8-2) 보살들의 이름/ (1-8-3) 공양구름/ (1-8-4) 세존을 돌다
(1-8-5) 보살들의 덕을 밝힘

(1-9) 상서를 보이다
(1-9-1) 땅이 진동하다/ (1-8-2) 공양구름
(1-10) 무궁무진으로 맺다

8

───────────────── 세 부 차 례 ─────────────────

───

15. 십주품(十住品)

8

──────────────── 세 부 차 례 ────────────────

같았다/ (21-4-3) 십 만 세계 미진수 보살들의 찬탄

25. 십회향품

────────────── 세 부 차 례 ──────────────

(25-6) 제4 지일체처(至一切處)회향

(25-6-1) 보살의 선근으로 일체처에 이르다/ (25-6-2) 부처님의 갖가지 업(業)으로 생긴 모든 것/ (25-6-3) 부처님께 공양하기를 원하다/ (25-6-4) 부처님께 공양한 선근을 회향하다/ (25-6-5) 삼세 부처님께 선근으로 회향하다/ (25-6-6) 중생에게 회향하다/ (25-6-7) 선근으로 일체불법을 널리 포섭한다/ (25-6-8) 일체중생계를 다 포섭한다/ (25-6-9) 상을 떠난 회향을 밝히다/ (25-6-10) 일체 법을 다 안다/ (25-6-11) 보살이 아는 법을 중생에게 회향한다/ (25-6-12) 선근을 회향한 이익을 밝히다/ (25-6-13) 제4 회향의 과위를 밝히다/ (25-6-14) 금강당보살이 게송을 설하다

(25-7) 제5 무진공덕장회향(無盡功德藏廻向)

(25-7-1) 보살은 열 가지 선근/ (25-7-2) 보살의 불국토 장엄/ (25-7-3) 과거세의 부처님이 장엄한 세계/ (25-7-4) 미래세의 부처님이 장엄한 세계/ (25-7-5) 현재세의 부처님이 장엄한 세계/ (25-7-6) 세계 속에 있는 부처님의 국토/ (25-7-7) 모든 부처님의 국토를 선근으로 회향하다/ (25-7-8) 국토에 충만한 보살들의 덕행을 원하다/ (25-7-9) 방편으로 회향하다/ (25-7-10) 이익을 이루다/ (25-7-11) 상을 떠난 회향/ (25-7-12) 망심(妄心)을 떠나다/ (25-7-13) 중생에게 회향하다/ (25-7-14) 회향으로 덕(德)을 이루다/ (25-7-15) 회향의 과위(果位)

(25-8) 제6 수순견고일체선근(隨順堅固一切善根)회향

(25-8-1) 보살이 제왕이 되어 중생을 구제하다/ (25-8-2) 보살의 자재한 공덕/ (25-8-3) 60종의 보시 명목을 열거하다/ (25-8-4) 평등하게 보시(布施)하다/ (25-8-5) 잘 거두는 마음을 내어 회향하다/ (25-8-6) 60종의 보시/ (25-8-

────────────── 세 부 차 례 ──────────────

향의 이익/ (25-10-7) 상을 떠난 실제 회향/ (25-10-8) 실제 회향의 행/ (25-10-9) 진여를 들어 진여상회향을 널리 밝히다/ (25-10-10) 이익을 밝히다/ (25-10-11) 과위를 밝히다/ (25-10-12) 금강당보살이 게송을 설하다

(25-11) 제9 무착무박해탈회향(無着無縛解脫廻向)
(25-11-1) 회향할 바의 선근/ (25-11-2) 회향하는 행을 수행하다/ (25-11-3) 보현의 삼업과 정진/ (25-11-4) 보현의 총지의 덕에 관한 네 가지 문/ (25-11-5) 보현의 자재한 힘에 관한 열두 가지 문/ (25-11-6) 보현행의 일곱 가지 원/ (25-11-7) 법을 포섭함이 광대 자재한 덕/ (25-11-8) 상즉상입의 주고받는 겹치는 덕/ (25-11-9) 보현의 미세하게 법을 아는 덕/ (25-11-10) 실제회향/ (25-11-11) 여러 문을 모두 맺다/ (25-11-12) 이익의 성취를 밝히다/ (25-11-13) 과위를 밝히다

(25-12) 제10 등법계무량회향(等法界無量廻向)
(25-12-1) 법사의 지위에 올라 법보시를 하다/ (25-12-2) 보시 중에 법보시가 으뜸/ (25-12-3) 불법을 듣고 자리이타를 원함/ (25-12-4) 법을 얻어 자타가 이익 하기를 원하다/ (25-12-5) 원만한 자리이타행/ (25-12-6) 수행이 법계에 합하기를 원하다/ (25-12-7) 부처님을 친견하여 법을 알기를 원하다/ (25-12-8) 법계를 알기를 원하다/ (25-12-9) 일체중생이 법사가 되기를 원하다/ (25-12-10) 집착하지 않는 회향을 밝히다/ (25-12-11) 허물을 떠나고 덕을 이루는 회향/ (25-12-12) 회향하는 뜻/ (25-12-13) 원만한 음성 얻기를 원하다/ (25-12-14) 인과가 원만하기를 원하다/ (25-12-15) 보리에 회향하다/ (25-12-16) 회향하는 까닭을 널리 밝히다/ (25-12-17) 회향하여 이익을 이룸/ (25-12-18) 과위

──────────── 세 부 차 례 ────────────

8

────────────── 세 부 차 례 ──────────────

36. 보현행품

(36-1) 중생의 근기에 따라서 여래의 경계를 설하다

(36-2) 성내는 마음의 백만 가지 장애

(36-3) 장애를 다스리는 심묘(深妙)한 법

(36-3-1) 열 가지 법을 부지런히 닦다/ (36-3-2) 열 가지 청정함을 구족하다/ (36-3-3) 열 가지 광대한 지혜를 구족하다/ (36-3-4) 열 가지 두루 들어감에 들어가다/ (36-3-5) 열 가지 수승하고 미묘한 마음에 머물다/ (36-3-6) 열 가지 불법의 교묘[善巧]한 지혜를 얻다/ (36-3-7) 공경히 받아 지니기를 권하다

(36-4) 증명을 보이다

(36-4-1) 상서를 나타내어 증명하다/ (36-4-2) 보살들이 증명하다

(36-5) 보현보살이 게송을 설하다

(36-5-1) 게송을 설하는 뜻을 펴다/ (36-5-2) 공경하여 듣기를 권하다/ (36-5-3) 과거 보살의 행을 말하고자 하다/ (36-5-4) 삼세의 불보살의 행을 설하다/ (36-5-5) 자비에 나아가서 큰 지혜를 행하다/ (36-5-6) 지혜에 나아가서 큰 자비를 행하다

1. 세주묘엄품

(1-1) 시성정각

이와 같이 나는 들었다.

어느 날 부처님께서 마갈타(摩竭陀, 摩竭, Magadha)국 보리도량에 계실 때였다. 비로소 정각을 이루셨다. 부처님의 성불인연으로 우주의 모든 천신에게도 해탈의 꽃비가 내려 세상을 이익되게 장엄했다.

(1-2) 장엄

(1-2-1) 땅의 장엄

땅은 견고해 금강석으로 이루어졌다. 아름다운 보륜과 여러 가지 보배로운 꽃과 청정한 마니로 꾸며져 있었으며, 여러 가지 색깔의 바다가 끝없이 나타나 있었다. 마니로 된 깃대에서는 항상 광명을 놓고 끊임없이 아름다운 소리를 냈다.

여러 가지 보석으로 된 그물과 미묘한 향기가 나는 꽃다발로 드리워졌고, 으뜸가는 마니보석이 자유자재하게 변화해 나타났다. 수많은 보석과 여러 가지 미묘한 꽃들이 소낙비가 내리듯이 그 땅에 흩뿌렸다. 보석으로 된 나무들이 줄지어 있는데 가지와 잎들은 무성하게 빛나고 있었다. 모두가 부처님의 위신력으로써 이 도량의 모든 장엄이 영상으로 나타나게 했다.

(1-2-2) 보리수의 장엄

보리수는 높이 솟아 아주 특별했다. 금강석으로 몸통이 되고 유리로 줄기가 되었으며, 온갖 아름다운 보석들로 가지가 되었다. 또 보석으로 된 잎은 무성해 그늘을 드리운 것이 마치 구름과 같았다. 보석으로 된 꽃들은 온갖 색깔로 가지마다 달려 있었다. 또 마니보석으로 열매가 되어 빛을 머금고 불꽃을 발하며 꽃과 꽃 사이에 있었다. 보리수의 주위에는 모두 광명을 놓고, 광명 안에는 마니보석이 비 오듯이 쏟아지며, 마니보석 안에는 수많은 보살이 있었으며, 보살 대중들은 구름이 몰려오듯이 함께 나타났다.

또한 여래의 위신력으로 그 보리수가 항상 미묘한 소리를 내어 가지가지 법을 설하는데 끝도 없고 다함도 없었다.

(1-2-3) 궁전의 장엄

여래가 거처하시는 궁전의 누각은 아주 넓고 장엄하고 화려해 시방세계에 두루 했다. 가지가지 색깔로 빛나는 마니보석으로 이루어졌다. 가지가지 보석 꽃으로 장엄했으며 또 여러 가지 장엄구들은 광명을 쏟아내는 것이 마치 구름이 일 듯하고 궁전과 궁전 사이의 그림자들이 모여 깃대를 이루었다. 그리고 한량없는 보살과 도량에 있는 대중들은 모두 그곳에 모여 모든 부처님의 광명을 나타내 보이며 불가사의한 소리를 냈으며, 또 마니보석으로 그 궁전의 그물이 되었다.

여래의 자재하신 신통력으로 모든 경계가 그물로부터 나왔다. 일체 중생이 살고 있는 집들까지 모두 그곳에서 그림자로 나타나 있었다. 또한 모든 부처님의 위신력으로 가피를 내려 한순간에 온 법계를 다 에워쌌다.

(1-2-4) 사자좌의 장엄

사자좌는 높고 넓으며 매우 아름다웠다. 사자좌는 마니보석으로 받침대가 놓여 있으며, 연꽃으로 된 그물이 있으며, 둘레는 청정하고 미묘한 보석으로 되었다. 여러 가지 색깔로 된 갖가지 꽃들은 영락으로 되어있고 당우와 정자와 누각과 섬돌과 문호와 온갖 물건은 격식을 갖추어서 장엄했다. 보석으로 된 나무들은 가지와 열매가 무성해 두루 돌아가며 사이마다 펼쳐져 있었다. 마니보석의 광명 구름은 서로서로 밝게 비추며, 시방의 모든 부처님이 화현한 큰 구슬에는 많은 보살이 있고, 보살들의 상투 위에는 아름다운 보석들이 모두다 광명을 놓아서 밝고 찬란하게 비추었다.

또한 모든 부처님의 위신력으로 여래의 광대한 경계를 연설하시니 미묘한 음성이 멀리 퍼져서 들리지 않는 곳이 없었다.

(1-3) 세존의 불가사의한 덕

그때 세존께서 사자좌에 앉아서 모든 법에서 가장 바른 깨달음을 이루셨다. 지혜는 과거·현재·미래에 다 들어가서 낱낱이 평등했다. 그 몸은 일체 세간에 충만했다. 음성은 시방 국토에 두루두루 순응했다. 비유컨대 마치 허공은 온갖 물건을 품고 있지만 모든 경계에 차별하는 것이 없었다. 또한 허공은 온갖 세상에 두루 하면서 그 모든 국토에 평등하게 따라 들어가는 모습이었다.

몸은 항상 일체 도량에 두루 앉아 계시면서 보살 대중 가운데에 그 위광이 혁혁한 것이 마치 태양이 떠서 온 세계를 밝게 비추는 것과 같았다. 과거·현재·미래에 수행하신 여러 가지 복덕의 바다는 모두 청정했다.

항상 모든 부처님의 국토에 태어남을 보였다. 끝없는 색상과 원만한 광명은 법계에 두루 비추어 차별 없이 평등했다. 일체법을 연설하시는 것이 마치 큰 구름이 펼쳐지듯 했다. 낱낱 털끝에서 일체 세계를 넣어도 넘치지 않으며, 각각 한량없는 신통의 힘을 나타내어 일체중생을 교화하고 조복하셨다. 법신은 시방에 두루 미치나 오고감이 없었다. 지혜는 모든 형상에 다 들어가서 법의 공적함을 밝게 알았다. 과거·현재·미래의 모든 부처님의 신통변화를 광명 속에서 남김없이 다 보았으며, 일체국토의 불가사의한 겁의 장엄들을 모두 다 나타나게 했다.

(1-4) 화엄회상의 대중
(1-4-1) 보살대중의 이름과 덕행
(1-4-1-1) 동명보살

열 세계의 미진수처럼 많은 보살이 함께 에워싸고 있었다. 그들의 이름은 보현보살과 보덕최승등광조보살과 보광사자당보살과 보보염묘광보살과 보음공덕해당보살과 보지광조여래경보살과 보보계화당보살과 보각열의성보살과 보청정무진복광보살과 보광명상보살이었다.

(1-4-1-2) 이명보살

해월광대명보살과 운음해광무구장보살과 공덕보계지생보살과 공덕자재왕대광보살과 선용맹연화계보살과 보지운일당보살과 대정진금강제보살과 향염광당보살과 대명덕심미음보살과 대복광지생보살이었다. 이 보살들이 상수가 되어 열 세계 미진수처럼 많았다.

(1-4-1-3) 보살 대중의 덕행

이 모든 보살은 지난날 비로자나여래와 함께 선근을 모아 보살행을 닦았다. 그래서 모두가 여래의 선근바다로부터 태어났다. 모든 바라밀이 이미 원만하며 혜안이 명철해 과거·현재·미래를 평등하게 관찰하며 모든 삼매를 구족해 청정했다.

변재가 바다와 같아서 끝없이 광대하며, 부처님의 공덕을 갖추어 존엄함이 공경할 만하며, 중생들의 근기를 알아서 알맞게 교화하고 조복했다.

법계장에 들어가서 지혜가 차별이 없었다. 부처님 해탈의 심심하고 광대함을 증득했다. 능히 방편을 따라서 한 지위에 들어가서 일체 지위를 함께 하되 원력대로 했으며 미래 세상이 다할 때까지 항상 지혜와 함께했다.

모든 부처의 희유하고 광대하고 비밀스러운 경계를 다 통달했으며, 일체 부처님의 평등한 법을 잘 알며, 여래의 넓은 광명의 경지를 이미 다 밟았으며, 한량없는 삼매 바다의 문에 들어갔다.

일체 처에 따라 몸을 나타내어 세상의 법을 행함에 그 일을 모두 함께 하며, 총지가 광대해 온갖 법을 모으며, 변재가 뛰어나서 물러서지 않는 법륜을 굴렸다.

모든 여래의 공덕 바다가 그 몸에 다 들어갔으며, 모든 부처의 국토에 원력을 따라 가며, 이미 모든 부처에게 공양해 한량없는 겁 동안 환희해 게으름이 없으며, 모든 여래가 보리를 얻은 곳에 항상 있으면서 친근하며, 보현행원으로 항상 일체중생에게 지혜의 몸을 구족해 한량없는 공덕을 성취했다.

(1-4-2) 잡류 제신중의 이름과 덕행
(1-4-2-1) 집금강신

또 열 세계에 한량없이 많은 집금강신이 있었다. 묘색나라연 집금강신과 일륜속질당 집금강신과 수미화광 집금강신과 청정운음 집금강신과 제근미묘과 가애락광명 집금강신과 대수뢰음 집금강신과 사자왕광명 집금강신과 밀염승목 집금강신과 연화광마니계 집금강신이었다. 이들 금강신이 우두머리가 되었다.

이들은 모두 한량없는 겁 동안 큰 서원을 세워서 모든 부처님을 항상 친근하고 공양할 것을 발원했다. 서원을 따르는 행이 원만해서 피안에 이르렀다.

한량없는 청정한 복업을 쌓았으며, 모든 삼매로서 행할 곳의 경계를 밝게 통달했다. 신통력을 얻어서 여래를 따라 머물며, 불가사의한 해탈의 경계에 들어갔다. 대중들이 모인 법회에 있으면서 몸에서 발하는 빛이 뛰어났으며, 모든 중생에게 알맞은 몸을 나타내어 조복함을 보였다. 또 모든 부처의 변화한 형상이 있는 곳을 따라 변화해 가며, 모든 여래가 머무는 곳을 항상 부지런히 수호했다.

(1-4-2-2) 신중신

열 세계에는 한량없이 많은 신중신이 있었다. 그들의 이름은 화계장엄 신중신과 광조시방 신중신과 해음조복 신중신과 정화엄계 신중신과 무량위의 신중신과 최상광엄 신중신과 정광향운 신중신과 수호섭지 신중신과 보현섭취 신중신과 부동광명 신중신이었다. 이들이 우두머리가 되었다. 이들은 모두 옛적에 큰 서원을 성취해서 모든 부처님을 공양하고 받들어 섬겼다.

(1-4-2-3) 족행신

열 세계에는 한량없이 많은 족행신이 있었다. 그들의 이름은 보인수 족행신과 연화광 족행신과 청정화계 족행신과 섭제선견 족행신과 묘보성당 족행신과 낙토묘음 족행신과 전단수광 족행신과 연화광 명 족행신과 미묘광명 족행신과 적집묘화 족행신이었다. 이들이 우 두머리가 되었다. 이들은 모두 과거 한량없는 겁동안 여래를 친근해 따라다니며 떠난 적이 없었다.

(1-4-2-4) 도량신

열 세계에는 한량없이 많은 도량신이 있었다. 그들의 이름은 정장엄 당 도량신과 수미보광 도량신과 뇌음당상 도량신과 우화묘안 도량 신과 화영광계 도량신과 우보장엄 도량신과 용맹향안 도량신과 금 강채운 도량신과 연화광명 도량신과 묘광조요 도량신이었다. 이들 이 우두머리가 되었다. 이들은 모두 과거에 한량없는 부처님을 만나 서 원력을 성취해 공양을 널리 일으켰다.

(1-4-2-5) 주성신

열 세계에는 한량없이 많은 주성신이 있었다. 그들의 이름은 보봉광 요 주성신과 묘엄궁전 주성신과 청정희보 주성신과 이우청정 주성 신과 화등염안 주성신과 염당명현 주성신과 성복광명 주성신과 청 정광명 주성신과 향계장엄 주성신과 묘보광명 주성신이었다. 이들 이 우두머리가 되었다. 이들은 모두 한량없는 부사의 겁 동안 여래 께서 거처하시는 궁전을 청정하게 장엄했다.

(1-4-2-6) 주지신

열 세계에는 한량없이 많은 주지신이 있었다. 그들의 이름은 보덕정화 주지신과 견복장엄 주지신과 묘화엄수 주지신과 보산중보 주지신과 정목관시 주지신과 묘색승안 주지신과 향모발광 주지신과 열의음성 주지신과 묘화선계 주지신과 금강엄체 주지신이었다. 이들이 우두머리가 되었다. 이들은 모두 옛적에 깊고 무거운 서원을 발원해서 항상 부처님을 친근해 함께 복업 닦기를 서원했다.

(1-4-2-7) 주산신

열 세계에는 한량없이 많은 주산신이 있었다. 그들의 이름은 보봉개화 주산신과 화림묘계 주산신과 고당보조 주산신과 이진정계 주산신과 광조시방 주산신과 대력광명 주산신과 위광보승 주산신과 미밀광륜 주산신과 보안현견 주산신과 금강밀안 주산신이었다. 이들이 우두머리가 되었다. 모두 법에 청정한 눈을 얻었다.

(1-4-2-8) 주림신

열 세계에는 한량없이 많은 주림신이 있었다. 그들의 이름은 포화여운 주림신과 탁간서광 주림신과 생아발요 주림신과 길상정엽 주림신과 수포염장 주림신과 청정광명 주림신과 가의뇌음 주림신과 광향보변 주림신과 묘광형조 주림신과 화과광미 주림신이었다. 이들이 상수가 되어 한량이 없었다. 모두 한량없이 많은 사랑할 만한 광명을 지녔다.

(1-4-2-9) 주약신

열 세계에는 한량없이 많은 주약신이 있었다. 그들의 이름은 길상 주약신과 전단림 주약신과 청정광명 주약신과 명칭보문 주약신과 모공광명 주약신과 보치청정 주약신과 대발후성 주약신과 폐일광당 주약신과 명견시방 주약신과 익기명목 주약신이었다. 이들이 우두머리가 되었다. 성품은 때를 여의어 인자함으로 중생을 도와주었다.

(1-4-2-10) 주가신

열 세계에는 한량없이 많은 주가신이 있었다. 그들의 이름은 유연승미 주가신과 시화정광 주가신과 색력용건 주가신과 증장정기 주가신과 보생근과 주가신과 묘엄환계 주가신과 윤택정화 주가신과 성취묘향 주가신과 견자애락 주가신과 이구정광 주가신이었다. 이들이 우두머리가 되었다. 모두가 다 큰 환희를 성취했다.

(1-4-2-11) 주하신

열 세계에는 한량없이 많은 주하신이 있었다. 그들의 이름은 보발신류 주하신과 보결천간 주하신과 이진정안 주하신과 시방변후 주하신과 구호중생 주하신과 무열정광 주하신과 보생환희 주하신과 광덕승당 주하신과 광조보세 주하신과 해덕광명 주하신이었다. 이들이 우두머리가 되었다. 모두가 부지런히 뜻을 내어 중생들을 이익되게 했다.

(1-4-2-12) 주해신

열 세계에는 한량없이 많은 주해신이 있었다. 그들의 이름은 출현보광 주해신과 성금강당 주해신과 원리진구 주해신과 보수궁전 주해신과 길상보월 주해신과 묘화용계 주해신과 보지광미 주해신과 보염화광 주해신과 금강묘계 주해신과 해조뇌성 주해신이었다. 이들이 우두머리가 되었다. 모두 여래 공덕의 큰 바다로써 그 몸을 충만하게 했다.

(1-4-2-13) 주수신

열 세계에는 한량없이 많은 주수신이 있었다. 그들의 이름은 보흥운단 주수신과 해조운음 주수신과 묘색륜계 주수신과 선교선복 주수신과 이구향적 주수신과 복교광음 주수신과 지족자재 주수신과 정희선음 주수신과 보현위광 주수신과 후음변해 주수신이었다. 이들이 우두머리가 되었다. 항상 부지런히 일체중생을 구호해서 이익되게 했다.

(1-4-2-14) 주화신

열 세계에는 한량없이 많은 주화신이 있었다. 그들의 이름은 보광염장 주화신과 보집광당 주화신과 대광보조 주화신과 중묘궁전 주화신과 무진광계 주화신과 종종염안 주화신과 시방궁전여수미산 주화신과 위광자재 주화신과 광명파암 주화신과 뇌음전광 주화신이었다. 이들이 우두머리가 되었다. 모두 다 가지가지 광명을 나타내어 모든 중생의 뜨거운 번뇌를 소멸하게 했다.

(1-4-2-15) 주풍신

열 세계에는 한량없이 많은 주풍신이 있었다. 그들의 이름은 무애광명 주풍신과 보현용업 주풍신과 표격운당 주풍신과 정광장엄 주풍신

과 역능갈수 주풍신과 대성변후 주풍신과 수초수계 주풍신과 소행무
애 주풍신과 종종궁전 주풍신과 대광보조 주풍신이었다. 이들이 우
두머리가 되었다. 모두 부지런히 아만심(我慢心)을 흩어 소멸했다.

(1-4-2-16) 주공신

열 세계에는 한량없이 많은 주공신이 있었다. 그들의 이름은 정광보
조 주공신과 보유심광 주공신과 생길상풍 주공신과 이장안주 주공
신과 광보묘계 주공신과 무애광염 주공신과 무애승력 주공신과 이
구광명 주공신과 심원묘음 주공신과 광변시방 주공신이었다. 이들
이 우두머리가 되었다. 마음에는 때를 여의어서 넓고 크고 밝고 깨
끗했다.

(1-4-2-17) 주방신

열 세계에는 한량없이 많은 주방신이 있었다. 그들의 이름은 변주일
체 주방신과 보현광명 주방신과 광행장엄 주방신과 주행불애 주방
신과 영단미혹 주방신과 보유정공 주방신과 대운당음 주방신과 계
목무란 주방신과 보관세업 주방신과 주변유람 주방신이었다. 이들
이 우두머리가 되었다. 능히 방편으로 널리 광명을 놓아 항상 시방
을 끊임없이 비추어 끊어지지 않게 했다.

(1-4-2-18) 주야신

열 세계에는 한량없이 많은 주야신이 있었다. 그들의 이름은 보덕정
광 주야신과 희안관세 주야신과 호세정기 주야신과 적정음해 주야
신과 보현길상 주야신과 보발수화 주야신과 평등호육 주야신과 유

희쾌락 주야신과 제근상희 주야신과 출생정복 주야신이었다. 이들이 우두머리가 되었다. 모두 부지런히 닦고 익혀서 법으로써 즐거움을 삼았다.

(1-4-2-19) 주주신
열 세계에는 한량없이 많은 주주신이 있었다. 그들의 이름은 시현궁전 주주신과 발기혜향 주주신과 낙승장엄 주주신과 향화묘광 주주신과 보집묘약 주주신과 낙작희목 주주신과 보현제방 주주신과 대비광명 주주신과 선근광조 주주신과 묘화영락 주주신이었다. 이들이 우두머리가 되었다. 모두 미묘한 법에 믿음과 이해를 내어서 늘 함께 부지런히 힘써 궁전을 장엄했다.

(1-4-3) 팔부사왕중의 이름과 덕행
(1-4-3-1) 아수라왕
열 세계에는 한량없는 아수라왕이 있었다. 그들의 이름은 라후 아수라왕과 비마질다라 아수라왕과 교환술 아수라왕과 대권속 아수라왕과 대력 아수라왕과 변조 아수라왕과 견고행묘장엄 아수라왕과 광대인혜 아수라왕과 출현승덕 아수라왕과 묘호음성 아수라왕이었다. 이들이 우두머리가 되었다. 모두 부지런히 노력해 아만과 모든 번뇌를 꺾어서 조복했다.

(1-4-3-2) 가루라왕
열 세계에는 한량없는 가루라왕이 있었다. 그들의 이름은 대속질력 가루라왕과 무능괴보계 가루라왕과 청정속질 가루라왕과 심불퇴전

가루라왕과 대해처섭지력 가루라왕과 견고정광 가루라왕과 교엄관계 가루라왕과 보첩시현 가루라왕과 보관해 가루라왕과 보음광목 가루라왕이었다. 이들이 우두머리가 되었다. 모두 큰 방편의 힘을 성취해서 일체중생들을 잘 구호했다.

(1-4-3-3) 긴나라왕

열 세계에는 한량없는 긴나라왕이 있었다. 그들의 이름은 선혜광명천 긴나라왕과 묘화당 긴나라왕과 종종장엄 긴나라왕과 열의후성 긴나라왕과 보수광명 긴나라왕과 견자흔락 긴나라왕과 최승광장엄 긴나라왕과 미묘화당 긴나라왕과 동지력 긴나라왕과 섭복악중 긴나라왕이었다. 이들이 우두머리가 되었다. 모두 부지런히 정진해 일체법을 관찰해 마음이 항상 즐거우며 자유자재하게 유희했다.

(1-4-3-4) 마후라가왕

열 세계에는 한량없는 마후라가왕이 있었다. 그들의 이름은 선혜 마후라가왕과 청정위음 마후라가왕과 승혜장엄계 마후라가왕과 묘목주 마후라가왕과 여등당위중소귀 마후라가왕과 최승광명당 마후라가왕과 사자억 마후라가왕과 중묘장엄음 마후라가왕과 수미견고 마후라가왕과 가애락광명 마후라가왕이었다. 이들이 우두머리가 되었다. 모두 광대한 방편을 부지런히 닦아서 모든 중생에게 베풀어 어리석음의 그물을 영원히 끊어 버리게 했다.

(1-4-3-5) 야차왕

열 세계에는 한량없는 야차왕이 있었다. 그들의 이름은 비사문 야차왕과 자재음 야차왕과 엄지기장 야차왕과 대지혜 야차왕과 염안주 야차왕과 금강안 야차왕과 용건비 야차왕과 용적대군 야차왕과 부자재 야차왕과 역괴고산 야차왕이었다. 이들이 우두머리가 되었다. 모두 부지런히 일체중생을 수호했다.

(1-4-3-6) 용왕
열 세계에는 한량없는 용왕들이 있었다. 그들의 이름은 비루박차 용왕과 사갈라 용왕과 운음묘당 용왕과 염구해광 용왕과 보고운당 용왕과 덕차가 용왕과 무변보 용왕과 청정색 용왕과 보운대성 용왕과 무열뇌 용왕이었다. 이들이 우두머리가 되었다. 모두 부지런히 힘써서 구름을 일으키고 비를 쏟아서 모든 중생의 뜨거운 번뇌를 소멸시켰다.

(1-4-3-7) 구반다왕
열 세계에는 한량없는 구반다왕이 있었다. 그들의 이름은 증장 구반다왕과 용주 구반다왕과 선장엄당 구반다왕과 보요익행 구반다왕과 심가포외 구반다왕과 미목단엄 구반다왕과 고봉혜 구반다왕과 용건비 구반다왕과 무변정화안 구반다왕과 광대천면아수라안 구반다왕이었다. 이들이 우두머리가 되었다. 모두 부지런히 걸림이 없는 법문을 닦고 배워서 큰 광명을 놓았다.

(1-4-3-8) 건달바왕
열 세계에는 한량없는 건달바왕이 있었다. 그들의 이름은 지국 건달바왕과 수광 건달바왕과 정목 건달바왕과 화관 건달바왕과 보음 건

달바왕과 낙요동묘목 건달바왕과 묘음사자당 건달바왕과 보방보광
명 건달바왕과 금강수화당 건달바왕과 낙보현장엄 건달바왕이었다.
이들이 우두머리가 되었다. 모두 큰 법에 깊은 믿음과 이해로 환희
하며 사랑하고 소중하게 여겨 부지런히 닦아 게으름이 없었다.

(1-4-4) 욕계천의 이름과 덕행
(1-4-4-1) 월천자
열 세계에는 한량없는 월천자가 있었다. 그들의 이름은 월 천자와
화왕계광명 천자와 중묘정광명 천자와 안락세간심 천자와 수왕안광
명 천자와 시현청정광 천자와 보유부동광 천자와 성숙왕자재 천자
와 정각월 천자와 대위덕광명 천자였다. 이들이 우두머리가 되었다.
모두 부지런히 중생의 마음의 보배를 나타냈다.

(1-4-4-2) 일천자
열 세계에는 한량없는 일 천자가 있었다. 그들의 이름은 일 천자와
광염안 천자와 수미광가외경당 천자와 이구보장엄 천자와 용맹불퇴
전 천자와 묘화영광명 천자와 최승당광명 천자와 보계보광명 천자
와 광명안 천자와 지승덕 천자와 보광명 천자였다. 이들이 우두머리
가 되었다. 모두 부지런히 닦고 익혀서 중생을 이익되게 해 선근을
증장했다.

(1-4-4-3) 삼십삼천왕
열 세계에는 한량없는 삼십삼천왕이 있었다. 그들의 이름은 석가인
다라 천왕과 보칭만음 천왕과 자목보계 천왕과 보광당명칭 천왕과

발생희락계 천왕과 가애락정념 천왕과 수미승음 천왕과 성취념 천왕과 가애락정화광 천왕과 지일안 천왕과 자재광명능각오 천왕이었다. 이들이 우두머리가 되었다. 모두 부지런히 모든 세간의 광대한 업을 일으켰다.

(1-4-4-4) 수야마천왕

열 세계에는 한량없는 수야마천왕이 있었다. 그들의 이름은 선시분 천왕과 가애락광명 천왕과 무진혜공덕당 천왕과 선변화단엄 천왕과 총지대광명 천왕과 부사의지혜 천왕과 윤제 천왕과 광염 천왕과 광조 천왕과 보관찰대명칭 천왕이었다. 이들이 우두머리가 되었다. 모두 부지런히 광대한 선근을 닦고 익혀서 마음이 항상 기쁘고 만족했다.

(1-4-4-5) 도솔천왕

열 세계에는 한량없는 도솔천왕이 있었다. 그들의 이름은 지족 천왕과 희락해계 천왕과 최승공덕당 천왕과 적정광 천왕과 가애락묘목 천왕과 보봉정월 천왕과 최승용건력 천왕과 금강묘광명 천왕과 성숙장엄당 천왕과 가애락장엄 천왕이었다. 이들이 우두머리가 되었다. 모든 신은 모든 부처님의 명호를 기억하고 있었다.

(1-4-4-6) 화락천왕

열 세계에는 한량없는 화락천왕이 있었다. 그들의 이름은 선변화 천왕과 적정음광명 천왕과 변화력광명 천왕과 장엄주 천왕과 염광 천왕과 최상운음 천왕과 중묘최승광 천왕과 묘계광명 천왕과 성취희혜 천왕과 화광계 천왕과 보견시방 천왕이었다. 이들이 우두머리가 되었다. 모두 부지런히 일체중생을 조복시켜 해탈을 얻게 했다.

(1-4-4-7) 타화자재천왕

열 세계에는 한량없는 타화자재천왕이 있었다. 그들의 이름은 득자재 천왕과 묘목주 천왕과 묘관당 천왕과 용맹혜 천왕과 묘음구 천왕과 묘광당 천왕과 적정경계문 천왕과 묘륜장엄당 천왕과 화예혜자재 천왕과 인다라력묘장엄광명 천왕이었다. 이들이 우두머리가 되었다. 모두 자재한 방편과 광대한 법문을 부지런히 닦아 익혔다.

(1-4-5) 색계천중의 이름과 덕행
(1-4-5-1) 대범천왕

열 세계에는 한량없는 대범천왕이 있었다. 그들의 이름은 시기천왕, 혜광천왕, 선혜광명천왕, 보운음천왕, 관세언음자재천왕, 적정광명안천왕, 광변시방천왕, 변화음천왕, 광명조요안천왕, 열의해음천왕이었다. 이들이 우두머리가 되었다. 모두 큰 자비를 갖추고 중생을 가엾이 여기며 빛을 널리 비추어 쾌락을 얻게 했다.

(1-4-5-2) 광음천왕

열 세계에는 한량없는 광음천왕이 있었다. 가애락광명천왕, 청정묘광천왕, 능자재음천왕, 최승염지천왕, 가애락청정묘음천왕, 선사유음천왕, 보음변조천왕, 심심광음천왕, 무구칭광명천왕, 최승정광천왕이었다. 이들이 우두머리가 되었다. 모두 넓고 크고 고요하고 즐겁고 걸림 없는 법문으로 중생을 제도했다.

(1-4-5-3) 변정천왕

열 세계에는 한량없는 변정천왕이 있었다. 청정명칭천왕, 최승견천왕, 적정덕천왕, 수미음천왕, 정념안천왕, 가애최승광조천왕, 세간자재주천왕, 광염자재천왕, 락사유법변화천왕, 변화당천왕, 성숙음묘장엄천왕이었다. 이들이 우두머리가 되었다. 모두 광대한 법문에 머물러 있으면서 모든 세간에서 이익되게 하는 이들이었다.

(1-4-5-4) 광과천왕

열 세계에는 한량없는 광과천왕이 있었다. 애락법광명당천왕, 청정장엄해천왕, 최승혜광명천왕, 자재지혜당천왕, 락적정천왕, 보지안천왕, 락시혜천왕, 선종혜광명천왕, 무구적정광천왕, 광대청정광천왕이었다. 이들이 우두머리가 되었다. 모두 고요한 법으로 궁전을 삼고 편안히 있는 이들이었다.

(1-4-5-5) 대자재천왕

열 세계에 한량없는 대자재천왕이 있었다. 묘염해천왕, 자재명칭광천왕, 청정공덕안천왕, 가애락대혜천왕, 부동광자재천왕, 묘장엄안천왕, 선사유광명천왕, 가애락대지천왕, 보음장엄당천왕, 극정진명칭광천왕이었다. 이들이 우두머리가 되었다. 모두 형상 없는 법을 부지런히 관찰해 행하는 바가 평등했다.

(1-5) 화엄 회상 대중들의 위의

그때 여래의 도량에 바다와 같은 대중이 모두 모였다. 끝없는 품류들이 가득했는데 형색과 부류가 각각 다르며, 제각기 온 방위를 따라서 부처님을 친근하고 일심으로 우러러보았다.

(1-6) 대중들의 덕행과 인연

모든 대중은 일체 번뇌와 마음의 때와 그리고 남은 습기들을 벌써 떠났으며 무거운 업장의 산을 무너뜨리고 부처님을 보는 데 아무런 장애가 없었다. 이들은 모두 비로자나 여래가 지나간 많은 겁 동안 보살행을 닦으면서 네 가지 일로써 섭수했다. 모든 부처님의 처소에서 선근을 심을 때에 이미 잘 섭수했다. 갖가지 방편으로 교화하고 성숙해 일체 지혜의 길에 편안히 머물렀다.

또 한량없는 선근을 심어서 온갖 복을 얻었으며, 모두 방편과 원력의 바다에 들어갔으며, 행해야 할 행을 구족하고 청정하게 했으며, 벗어나야 할 길에는 이미 잘 벗어났으며, 항상 부처님을 친견하되 분명하고 밝게 비춰보았다. 분명하게 이해하는 힘으로 여래 공덕의 큰 바다에 들어갔으며, 모든 부처님이 얻으신 해탈의 문을 얻어서 신통으로 유희했다.

(1-7) 화엄 회상 대중들의 득법
(1-7-1) 대자재천왕과 대중들의 득법

묘염해대자재 천왕은 법계와 허공계의 적정과 방편의 힘인 해탈문을 얻었다.

자재명칭광 천왕은 일체법을 관찰하는데 자재한 해탈문을 얻었으며, 청정공덕안 천왕은 모든 법이 나지도 않고 멸하지도 않고, 오지도 않고 가지도 않음을 알아서 공용이 없는 행의 해탈문을 얻었다. 가애락대혜 천왕은 일체법의 진실상을 환하게 보는 지혜바다의 해탈문을 얻었으며, 부동광자재 천왕은 중생들에게 끝없는 안락을 주는 큰 방편과 선정의 해탈문을 얻었다.

묘장엄안 천왕은 고요한 법을 관해서 어리석음의 공포를 소멸하는 해탈문을 얻었으며, 선사유광명 천왕은 끝없는 경계에 잘 들어가면서 모든 존재에 대해 생각하는 업을 일으키지 않는 해탈문을 얻었다. 가애락대지 천왕은 시방에 널리 가서 설법해도 흔들리지 않고 의지하는 바가 없는 해탈문을 얻었으며, 보음장엄당 천왕은 부처님의 적정경계에 들어가서 광명을 널리 나타내는 해탈문을 얻었으며, 극정진명칭광 천왕은 스스로 깨달은 곳에 머물면서 끝없이 광대한 경계로써 반연할 바를 삼는 해탈문을 얻었다.

그때 묘염해 천왕이 부처님의 위신력을 받들어 일체 자재천의 대중들을 널리 관찰하고 게송을 설해 말씀하셨다.

부처님의 몸은 대회에 두루 계시며/ 법계에 충만해 다함이 없네.
적멸해 체성이 없어 취할 수 없지만/ 세간 구제하기 위해 출현하셨다.

여래 법왕께서 세간에 출현해/ 세상을 비춰주는 법의 등불 밝히시니
경계가 끝 없고 다함 없는 것은/ 자재명칭광 천왕이 증득한 것이다.

부처님은 불가사의해/ 그 형상은 시방 어디에도 없음을 깨닫고
세상을 위해 청정한 길을 여시니/ 이것을 청정공덕안 천왕이 보았다.

여래의 지혜는 끝이 없어서/ 모든 세간이 측량할 수 없네.
중생들의 어리석은 마음 없애니/ 가애락대혜 천왕이 안주했다.

여래의 공덕은 불가사의해/ 중생들이 보고는 번뇌가 없어지고
온 세간이 널리 안락을 얻게 되니/ 부동광자재 천왕이 보았다.

중생은 항상 어리석음으로 덮혀 있어서/ 여래가 그를 위해 법을 설하시니
세상을 비추는 지혜의 등불이라/ 묘장엄안 천왕이 이 방편을 알았다.

여래의 청정 미묘하신 몸이여/ 시방에 나타나도 비교할 사람 없어
이 몸은 체성도 의지할 곳도 없으니/ 선사유광명 천왕이 관찰한 것이다.

여래의 음성은 제한이 없어서/ 교화를 받을 이가 모두 듣지만
부처님은 고요해 움직임 없으니/ 가애락대지 천왕의 해탈이다.

조용히 해탈한 천인의 주인이여/ 시방에 나타나지 않은 데 없으시네.
광명 비춰 세간에 가득하니/ 이 법을 보엄장엄당 천왕이 보았다.

부처님은 끝없는 세월 동안/ 중생을 위해서 보리를 구하시고
신통으로 모든 이 교화하시니/ 명칭광선정진 천왕이 이 법을 알았다.

(1-7-2) 광과천왕과 그 대중들의 득법
애락법광명당 천왕은 일체중생들의 근기를 널리 관찰해 법을 설해
의심을 끊는 해탈문을 얻었다. 청정장엄해 천왕은 기억을 따라서 부
처님을 보게 하는 해탈문을 얻었다. 최승혜광명 천왕은 법의 성품
이 평등해서 거리낌이 없는 장엄한 몸의 해탈문을 얻었다. 자재지혜
당 천왕은 일체 세간 법을 알아서 한 생각에 불가사의한 장엄바다에

편안히 머무는 해탈문을 얻었다. 낙적정 천왕은 한 모공에서 불가사
의한 세계를 나타내도 장애가 없는 해탈문을 얻었다. 보지안 천왕은
넓은 문에 들어가서 법계를 관찰하는 해탈문을 얻었다. 낙시혜 천왕
은 일체중생을 위해서 가지가지로 출현하되 끝없는 겁 동안 항상 나
타나는 해탈문을 얻었다. 선종혜광명 천왕은 일체 세간경계를 관찰
하고 불가사의한 법에 들어가는 해탈문을 얻었다.

무구적정광 천왕은 일체중생에게 생사에서 벗어나는 요긴한 법을
보여 주는 해탈문을 얻었다. 광대청정광 천왕은 교화받을 중생을 관
찰해서 부처님 법에 들어가게 하는 해탈문을 얻었다.

그때 애락법광명당 천왕이 부처님의 위신력을 받들어 모든 소광천
과 무량광천과 광과천의 대중들을 널리 살피고 게송으로 말했다.

모든 부처님의 경계는 불가사의해/ 일체중생이 측량할 수 없거늘
그 마음에 믿고 이해함을 내게 하시니/ 광대한 즐거움 다함이 없다.

어떤 중생이 법을 받아들이면/ 부처님은 위신력으로 그를 인도해
항상 부처님이 있음을 보게 하시니/ 정장엄해 천왕이 이와 같았다.

모든 법의 성품은 의존함이 없으며/ 부처님이 나타나심도 이와 같아
모든 존재에 의존함이 없으시니/ 이 뜻은 최승혜광천왕이 관찰했다.

중생의 마음에 하고자 함을 따라/ 부처님이 신통력을 나타내시되
가지각색 차별해 불가사의하시니/ 자재지혜당 천왕의 해탈이다.

과거에 있었던 모든 국토를/ 한 모공 속에서 다 나타내신 것은
모든 부처님의 신통이라고/ 애락적정 천왕이 연설했다.

일체 법문의 끝없는 바다가/ 한 법의 도량 안에 모두 모여 있네.
법의 성품은 부처님이 설하신 것이니/ 보지안 천왕이 방편을 밝혔다.

시방에 있는 모든 국토의/ 그 가운데서 설법하시되
부처님의 몸은 감도 없고 옴도 없으시니/ 애락혜선 천왕의 경계다.

부처님은 세상 법을 그림자처럼 보시고/ 깊은 곳까지 들어가셔서
법의 성품이 고요함을 말씀하시니/ 선종사유 천왕이 이것을 보았다.

부처님께서 모든 경계를 아시고/ 중생의 근기 따라 법비를 내리시어
생각하기 어렵고 벗어난 문을 여시니/ 무구적정 천왕의 깨달음이다.

부처님께서 항상 큰 자비로써/ 중생들을 이익되게 하려고 출현해
골고루 법비를 내려 그릇을 채우시니/ 광대청정광 천왕이 연설했다.

(1-7-3) 변정천왕과 그 대중들의 득법

청정명칭 천왕은 일체중생이 해탈하는 길을 깨닫는 방편의 해탈문을 얻었다. 최승견 천왕은 모든 하늘 대중이 즐기는 것을 따라 그림자처럼 널리 나타나는 해탈문을 얻었다. 적정덕 천왕은 모든 부처님의 경계를 청정하게 장엄하는 큰 방편의 해탈문을 얻었다. 수미음 천왕은 모든 중생을 따라서 생사의 바다에 영원히 흘러 다니는 해탈

문을 얻었다. 정념안 천왕은 여래가 중생을 조복시키는 행을 기억하는 해탈문을 얻었다. 가애락최상광 천왕은 넓은 문의 다라니 바다에서 흘러나오는 해탈문을 얻었다. 세간자재주 천왕은 중생들에게 부처님을 만나서 믿음을 내게 하는 해탈문을 얻었다. 광염자재 천왕은 일체중생들이 법문을 듣고는 믿고 기뻐해 번뇌를 벗어나게 하는 해탈문을 얻었다. 낙사유법변화 천왕은 일체 보살들의 조복시키는 행이 허공과 같아서 끝도 없고 다함도 없는데 들어가는 해탈문을 얻었다. 변화당 천왕은 중생들의 한량없는 번뇌를 관찰하는 넓은 자비와 지혜의 해탈문을 얻었다. 성숙음묘장엄 천왕은 광명을 놓아서 부처님을 나타내어 삼륜으로 섭수해 교화하는 해탈문을 얻었다.

(1-7-4) 광명천왕과 대중들의 득법

가애락광명 천왕은 항상 고요한 낙을 받으면서 세상에 나타나 세간의 고통을 소멸하는 해탈문을 얻었다. 청정묘광 천왕은 대비심이 상응하는 바다에서 일체중생이 즐거워하는 해탈문을 얻었다. 능자재음 천왕은 한 생각 속에서 끝없는 겁의 모든 중생의 복덕의 힘을 널리 나타내는 해탈문을 얻었다. 최승염지 천왕은 성립하고 머물고 무너지는 일체 세간으로 하여금 모두 다 허공처럼 텅 비어 청정한 해탈문을 얻었다. 가애락청정묘음 천왕은 모든 성인의 가르침을 좋아하고 즐기고 믿고 받아들이는 해탈문을 얻었다. 선사유음 천왕은 겁이 지나도록 머물면서 모든 지위의 뜻과 방편을 연설하는 해탈문을 얻었다. 보음변조 천왕은 모든 보살이 도솔천궁에서 내려와서 태어날 때 크게 공양하는 방편의 해탈문을 얻었다. 심심광음 천왕은 끝없는 신통과 지혜의 바다를 관찰하는 해탈문을 얻었다. 무구칭광명

천왕은 모든 부처님의 공덕바다가 만족해 세간에 출현하는 방편력의 해탈문을 얻었다. 최승정광 천왕은 여래가 지난 옛적 서원의 힘으로 깊은 믿음과 애착과 즐거움을 발생하는 해탈문을 얻었다.

(1-7-5) 대범천왕과 그 대중들의 득법
시기범왕은 널리 시방의 도량에 머물면서 법을 설하되 행하는 것이 청정해서 물들거나 집착하지 않는 해탈문을 얻었다. 혜광 범왕은 일체중생으로 하여금 선 삼매에 들어가서 머물게 하는 해탈문을 얻었다. 선혜광명 범왕은 일체 불가사의한 법에 널리 들어가는 해탈문을 얻었다. 보운음 범왕은 모든 부처님의 일체 음성의 바다에 들어가는 해탈문을 얻었다. 관세음자재 범왕은 보살이 일체중생을 교화하는 방편을 기억하는 해탈문을 얻었다. 적정광명안 범왕은 일체세간 업보의 모습이 각각 차별함을 나타내는 해탈문을 얻었다. 광변시방 범왕은 일체중생의 품류가 차별화 되어 모두 그 앞에 나타나서 조복시키는 해탈문을 얻었다. 변화음 범왕은 일체 법의 청정한 모습과 적멸한 행의 경계에 머무는 해탈문을 얻었다. 광명조요안 범왕은 일체 존재에 집착할 바가 없으며, 끝이 없으며, 의지가 없어서 항상 부지런히 출현하는 해탈문을 얻었다. 열의해음 범왕은 다 함이 없는 법을 항상 사유하고 관찰하는 해탈문을 얻었다.

(1-7-6) 타화자재천왕과 그 대중들의 득법
득자재천왕은 눈앞에서 한량없는 중생들을 성숙시켜서 자재 하는 해탈문을 얻었다. 묘목주 천왕은 일체중생의 즐거움을 관찰해서 성인 경계의 즐거움에 들어가는 해탈문을 얻었다. 묘관당 천왕은 모든 중생의 갖가지 욕망과 이해에 의해 행을 일으키게 하는 해탈문을 얻었다. 용맹혜 천왕은 일체중생을 위해서 말한 뜻을 널리 거두어들이는 해탈문을 얻었다. 묘음구 천왕은 여래의 넓고 큰 자비를 기억해서 자신의 행할 바를 증장시키는 해탈문을 얻었다. 묘광당 천왕은 큰 자비의 문을 보여 모든 교만의 깃대를 꺾어 없애는 해탈문을 얻었다. 적정경계문 천왕은 모든 세간의 중생이 성내어 해치는 마음을 조복시키는 해탈문을 얻었다. 묘륜장엄당 천왕은 시방의 한량없는 부처님이 기억에 의해 해탈문을 얻었다. 화예혜자재 천왕은 중생의 생각을 따라 정각을 이루는 것을 널리 나타내는 해탈문을 얻었다. 인다라역묘장엄광명 천왕은 일체 세간에 널리 들어가는 큰 위력의 자재한 법의 해탈문을 얻었다.

(1-7-7) 화락천왕과 대중들의 득법

선변화 천왕은 모든 업이 변화하는 힘을 나타내 보이는 해탈문을 얻었다. 적정음광명 천왕은 모든 반연을 떠나는 해탈문을 얻었다. 변화력광명 천왕은 널리 모든 중생의 어리석은 마음을 소멸하고 지혜가 원만해지는 해탈문을 얻었다. 장엄주 천왕은 끝없이 기쁜 마음의 소리를 들려주는 해탈문을 얻었다. 염광 천왕은 모든 부처님의 다함 없는 복덕상을 아는 해탈문을 얻었다. 최상운음 천왕은 과거 모든 겁이 이뤄지고 무너지는 차제를 두루 아는 해탈문을 얻었다. 중묘최승광 천왕은 모든 중생을 깨닫게 하는 지혜의 해탈문을 얻었다. 묘계광명 천왕은 광명을 펴서 시방 허공에 가득차게 하는 해탈문을 얻었다. 성취희혜 천왕은 모든 일을 무너뜨릴 수 없는 정진력의 해탈문을 얻었다. 화광계 천왕은 일체중생이 업으로 받는 과보를 아는 해탈문을 얻었다. 보견시방 천왕은 부사의한 중생들의 모양과 종류를 차별함을 나타내 보이는 해탈문을 얻었다.

(1-7-8) 도솔천왕과 그 대중들의 득법
지족천왕은 모든 부처님이 세상에 출현해 교법을 원만하게 하는 해탈을 얻었다.

희락해계 천왕은 온 허공계가 청정한 광명의 몸인 해탈문을 얻었다. 최승공덕당 천왕은 세간의 고통을 소멸하는 청정한 원력의 해탈문을 얻었다. 적정광 천왕은 널리 몸을 나타내어 법을 설하는 해탈문을 얻었다. 가애락묘목 천왕은 일체중생을 두루 청정하게 하는 해탈문을 얻었다. 보봉정월 천왕은 세간을 널리 교화해서 항상 눈앞에 무진장을 나타내는 해탈문을 얻었다. 최승용건력 천왕은 일체 부처님 정각의 경계를 열어 보이는 해탈문을 얻었다. 금강묘광명 천왕은 일체중생의 보리심을 견고하게 해 무너지지 않게 하는 해탈문을 얻었다. 성숙장엄당 천왕은 모든 부처님이 출현함에 친근하게 관찰해서 중생들을 조복시키는 방편의 해탈문을 얻었다. 가애락장엄 천왕은 한 생각에 중생들의 마음을 다 알아서 근기를 따라 응해 나타나는 해탈문을 얻었다.

(1-7-9) 수마야천왕과 대중들의 득법
선시분 천왕은 일체중생의 선근을 일으켜서 근심과 고뇌를 영원히 없애는 해탈문을 얻었다. 가애락광명 천왕은 모든 경계에 널리 들어가는 해탈문을 얻었다. 무진혜공덕당 천왕은 모든 근심을 소멸하는 큰 자비의 해탈문을 얻었다. 선변화단엄 천왕은 삼세 일체중생의 마음을 아는 해탈문을 얻었다. 총지대광명 천왕은 다라니문의 광명으로 모든 법을 기억해서 잊어버리지 않는 해탈문을 얻었다. 부사의지혜 천왕은 모든 업의 자성에 잘 들어가는 부사의 한 방편의 해탈문을 얻었다. 윤제 천왕은 법륜을 굴려 중생을 성취시키는 해탈문을 얻었다. 광염 천왕은 넓고 큰 눈으로 중생들을 널리 살펴 조복시키는 해탈문을 얻었다. 광조 천왕은 모든 업장에서 벗어나서 마가 하는 짓을 따르지 않는 해탈문을 얻었다. 보관찰대명칭 천왕은 모든 하늘대중을 잘 가르쳐서 그들에게 잘 받아 행해 마음이 청정하게 되는 해탈문을 얻었다.

(1-7-10) 삼십삼천 천왕과 대중들의 득법

석가인다라 천왕은 과거·현재·미래 부처님의 출현과 세계가 이뤄지고 무너지는 일을 다 기억해서 밝게 보아 크게 환희하는 해탈문을 얻었다. 보칭만음 천왕은 가장 청정하고 광대한 부처님의 색신을 얻어 세상에서 비교할 수 없는 해탈문을 얻었다. 자목보계 천왕은 자비의 구름이 널리 덮히는 해탈문을 얻었다. 보광당명칭 천왕은 부처님이 모든 세간의 주인 앞에 갖가지 형상으로 위엄이 있고 덕이 있는 몸을 나타내는 것을 항상 보는 해탈문을 얻었다. 발생희락계 천왕은 모든 중생의 성읍과 궁전이 어떤 복업으로부터 생겼는지를 아는 해탈문을 얻었다. 가애락정념 천왕은 모든 부처님이 중생을 성숙시키는 일을 열어 보이는 해탈문을 얻었다. 수미승음 천왕은 모든 세간이 이뤄지고 무너지는 겁의 변화하는 모습을 아는 해탈문을 얻었다. 성취념 천왕은 미래의 보살이 중생을 조복시키는 행을 모두 기억하는 해탈문을 얻었다. 가애락정화광 천왕은 모든 하늘의 쾌락의 원인을 아는 해탈문을 얻었다. 지일안 천왕은 모든 하늘의 천자가 선근을 열어 보여서 어리석은 미혹을 없애는 해탈문을 얻었다. 자재광명능각오 천왕은 모든 하늘대중을 개오시켜 갖가지 의심을 영원히 끊게 하는 해탈문을 얻었다.

(1-7-11) 일천자와 대중들의 득법

일천자는 청정한 광명으로 시방의 중생들을 널리 비추어 미래의 겁이 다하도록 항상 이익을 주는 해탈문을 얻었다. 광염안 천자는 모든 종류의 중생을 따르는 몸으로 중생들을 깨우쳐서 지혜의 바다에 들어가게 하는 해탈문을 얻었다. 수미광가외경당 천자는 일체중생의 주인을 위해 그지없이 청정한 공덕을 부지런히 닦게 하는 해탈문을 얻었다. 이구보장엄 천자는 온갖 고행을 닦아 깊은 마음으로 환희하는 해탈문을 얻었다.

용맹불퇴전 천자는 걸림이 없는 광명을 널리 비추어 모든 중생이 그 정기를 더 하는 해탈문을 얻었다. 묘화영광명 천자는 청정한 광명으로 중생의 몸을 널리 비추어 환희로운 신심과 이해시키는 해탈문을 얻었다. 최승당광명 천자는 광명이 모든 세간을 널리 비추어 갖가지 묘한 공덕을 갖추게 하는 해탈문을 얻었다. 보계보광명 천자는 큰 자비의 바다로 그지없는 경계의 갖가지 색상의 보배를 나타내는 해탈문을 얻었다. 광명안 천자는 모든 중생의 눈을 깨끗하게 다스려서 법계장을 보게 하는 해탈문을 얻었다. 지승덕 천자는 청정하고 상속하는 마음을 내어 무너지지 않게 하는 해탈문을 얻었다. 보광명 천자는 태양의 궁전을 널리 운전해서 시방의 모든 중생을 비추어 짓는 업을 성취시키는 해탈문을 얻었다.

(1-7-12) 월천자와 그 대중들의 득법

월천자는 청정한 광명으로 법계를 널리 비추어 중생들을 거두어 교화하는 해탈문을 얻었다. 화왕계광명 천자는 모든 중생계를 관찰해서 끝없는 법에 두루 들어가게 하는 해탈문을 얻었다. 중묘정광명 천자는 모든 중생의 마음바다가 가지가지 반연으로 달라짐을 아는 해탈문을 얻었다. 안락세간심 천자는 모든 중생에게 불가사의한 즐거움을 주어 뛸 듯이 기뻐하는 해탈문을 얻었다. 수왕안광명 천자는 예컨대 농부가 농사를 지음에 종자와 싹과 줄기를 때에 따라 지키고 보호해서 성취시키는 해탈문을 얻었다. 시현청정광 천자는 자비로서 모든 중생을 구호해서 고를 받고 낙을 받는 일을 환히 보게 하는 해탈문을 얻었다. 보유부동광 천자는 청정한 달로 시방에 널리 나타내는 해탈문을 얻었다. 성숙왕자재 천자는 모든 법이 환술과 같고 허공과 같아서 형상도 없고 자성도 없는 해탈문을 얻었다. 정각월 천자는 일체중생을 위해서 널리 큰 업의 작용을 일으키는 해탈문을 얻었다. 대위덕광명 천자는 모든 의혹을 널리 끊어버리는 해탈문을 얻었다.

(1-7-13) 건달바왕 대중들의 득법

지국 건달바왕은 자재한 방편으로 일체중생을 거두어 주는 해탈문을 얻었다. 수광 건달바왕은 모든 공덕 장엄을 널리 보는 해탈문을 얻었다. 정목 건달바왕은 모든 중생의 근심과 고통을 끊어서 환희롭게 하는 해탈문을 얻었다. 화관 건달바왕은 모든 중생의 삿된 소견과 미혹을 영원히 끊는 해탈문을 얻었다. 보음 건달바왕은 구름이 널리 퍼지듯 모든 중생을 널리 덮어 윤택하게 하는 해탈문을 얻었다. 낙요동묘목 건달바왕은 광대하고 미묘하고 아름다운 몸을 나타내어 모든 이에게 안락을 얻게 하는 해탈문을 얻었다. 묘음사자당 건달바왕은 시방의 온갖 큰 이름의 보배를 널리 뿌리는 해탈문을 얻었다. 보방보광명 건달바왕은 모든 이가 크게 환희하는 광명이 청정한 몸을 나타내는 해탈문을 얻었다. 금강수화당 건달바왕은 모든 수목을 무성하게 해서 환희롭게 하는 해탈문을 얻었다. 낙보현장엄 건달바왕은 모든 부처님의 경계에 잘 들어가서 중생에게 안락을 주는 해탈문을 얻었다.

(1-7-14) 구반다왕 대중들의 득법

증장 구반다왕은 모든 원망과 해침을 소멸시키는 해탈문을 얻었다. 용주 구반다왕은 끝없는 행문의 바다를 닦아 익히는 해탈문을 얻었다. 선장엄당 구반다왕은 모든 중생의 마음에 즐기는 바를 아는 해탈문을 얻었다. 보요익행 구반다왕은 청정한 대광명으로써 짓는 업을 널리 성취하는 해탈문을 얻었다. 가포외 구반다왕은 모든 중생에게 편안해 두려움이 없는 길을 열어 보이는 해탈문을 얻었다. 미목단엄 구반다왕은 모든 중생 애욕의 바다를 다 소멸시키는 해탈문을 얻었다. 고봉혜 구반다왕은 여러 갈래에 광명구름을 널리 나타내는 해탈문을 얻었다. 용건비 구반다왕은 널리 광명을 비추어 산과 같이 무거운 업장을 소멸시키는 해탈문을 얻었다. 무변정화안 구반다왕은 불퇴전의 큰 자비의 창고를 열어 보이는 해탈문을 얻었다. 광명천면아수라안 구반다왕은 여러 갈래에 유전하는 몸을 널리 나타내는 해탈문을 얻었다.

(1-7-15) 용왕 대중들의 득법

비루박차 용왕은 모든 용의 치성한 고통을 소멸해버리는 해탈문을
얻었다. 사갈라 용왕은 한 생각 사이에 스스로 용의 형상을 바꿔 한
량없는 중생들의 몸을 나타내는 해탈문을 얻었다. 운음묘당 용왕
은 모든 중생의 갈래에서 청정한 음성으로 부처님의 그지없는 명호
를 설하는 해탈문을 얻었다. 염구해광 용왕은 끝이 없는 세계가 건
립되는데 차별함을 나타내는 해탈문과 일체중생의 성내고 어리석음
의 번뇌를 여래가 자비로 불쌍히 여겨 소멸시키는 해탈문을 얻었다.
보고운당 용왕은 모든 중생의 큰 기쁨과 즐거움의 복덕을 열어 주는
해탈문을 얻었다. 덕차가 용왕은 청정하게 구호해 모든 두려움을 소
멸하는 해탈문을 얻었다. 무변보 용왕은 모든 부처님의 몸과 머무는
겁의 차제를 나타내는 해탈문을 얻었다. 청정색 용왕은 일체중생의
큰 애착과 즐거움과 환희의 바다를 나타내는 해탈문을 얻었다. 보운
대성 용왕은 일체가 평등하고 기쁘고 걸림 없는 음성을 나타내 보이
는 해탈문을 얻었다.
무열뇌 용왕은 큰 자비로써 구름처럼 널리 덮어 모든 세간의 고통을
소멸하는 해탈문을 얻었다.

(1-7-16) 야차왕 대중들의 득법

비사문 야차왕은 끝없는 방편으로 악한 중생을 구호하는 해탈문을
얻었다. 자재음 야차왕은 중생을 널리 관찰해서 방편으로 구호하는
해탈문을 얻었다. 엄지기장 야차왕은 많이 야위고 추악한 모든 중생
을 돕고 이익되게 하는 해탈문을 얻었다.
대지혜 야차왕은 모든 성인의 공덕바다를 일으키고 드날리는 해탈

문을 얻었다. 염안주 야차왕은 일체중생을 널리 관찰하는 큰 자비와 지혜의 해탈문을 얻었다. 금강안 야차왕은 갖가지 방편으로 모든 중생을 이익되게 하고 안락하게 하는 해탈문을 얻었다.

용건비 야차왕은 일체 모든 법의 뜻에 널리 들어가는 해탈문을 얻었다. 용적대군 야차왕은 모든 중생을 수호하고 도에 안주해 헛되지 않게 하는 해탈문을 얻었다. 부자재 야차왕은 모든 중생의 복덕의 무더기를 증장해서 항상 쾌락을 느끼게 하는 해탈문을 얻었다. 역괴고산 야차왕은 생각에 의해 부처님의 힘과 지혜의 광명을 내는 해탈문을 얻었다.

(1-7-17) 마후라가왕 대중들의 득법

선혜 마후라가왕은 모든 신통과 방편으로 중생에게 공덕을 짓게 하는 해탈문을 얻었다. 청정위음 마후라가왕이 모든 중생의 번뇌를 제거하고 청량한 즐거움을 얻게 하는 해탈문을 얻었다. 승혜장엄계 마후라가왕은 온갖 선하고 선하지 못한 생각을 하는 중생이 청정한 법에 들게 하는 해탈문을 얻었다. 묘목주 마후라가왕은 일체 집착함이 없어 복덕이 자재하고 평등한 모양을 분명하게 통달하는 해탈문을 얻었다. 여등당위증소귀 마후라가왕은 일체중생에게 업을 보여 어둡고 두려운 길을 여의게 하는 해탈문을 얻었다. 최승광명당 마후라가왕은 모든 부처님의 공덕을 알고 환희를 내는 해탈문을 얻었다. 사자억 마후라가왕은 용맹스러운 힘으로 모든 중생을 구호하는 주인이 되는 해탈문을 얻었다. 중묘장엄음 마후라가왕은 일체중생에게 생각에 의해 그지없는 즐거움을 느끼게 하는 해탈문을 얻었다. 수미견고 마후라가왕은 일체 반연에 결정코 움직이지 않고 피안에 이르러 만족하는 해탈문을 얻었다. 가애락광명 마후라가왕은 평등하지 못한 중생을 위해서 평등한 길을 알게 하는 해탈문을 얻었다.

(1-7-18) 긴나라왕 대중들의 득법

선혜광명천 긴나라왕은 기쁘고 즐거운 업을 짓는 해탈문을 얻었다. 묘화당 긴나라왕은 최상의 법의 기쁨으로 모든 이에게 안락을 받게 하는 해탈문을 얻었다. 종종장엄 긴나라왕은 모든 공덕에 만족해서 광대하고 청정한 신해의 창고인 해탈문을 얻었다. 열의후성 긴나라왕은 모든 마음을 기쁘게 하는 소리를 항상 듣는 이에게 근심과 두려움을 여의게 하는 해탈문을 얻었다. 보수광명 긴나라왕은 큰 자비로 일체중생을 편안히 머물게 해서 반연할 바를 깨닫게 하는 해탈문을 얻었다. 견자흔락 긴나라왕은 여러 가지 미묘한 몸을 나타내 해탈문을 얻었다.

최승광장엄 긴나라왕은 모든 뛰어난 장엄의 과보로 생겨나는 업을 분명하게 아는 해탈문을 얻었다. 미묘화당 긴나라왕은 일체 세간의 업으로 생기는 과보를 잘 관찰하는 해탈문을 얻었다. 동지력 긴나라왕은 중생들을 이익되게 하는 온갖 일을 일으키는 해탈문을 얻었다. 섭복악중 긴나라왕은 모든 긴나라의 마음을 잘 알아 제어하는 해탈문을 얻었다.

(1-7-19) 가루라왕 대중들의 득법

대속질력 가루라왕은 집착이 없고 걸림이 없는 눈으로 중생세계를 널리 관찰하는 해탈문을 얻었다. 무능괴보계 가루라왕은 법계에 널리 안주해서 중생을 교화하는 해탈문을 얻었다. 청정속질 가루라왕은 바라밀의 정진력을 널리 성취하는 해탈문을 얻었다. 심불퇴전 가루라왕은 용맹스러운 힘으로 여래의 경계에 들어가는 해탈문을 얻었다. 대해처섭지력 가루라왕은 부처님이 행하는 광대한 지혜바다에 들어가는 해탈문을 얻었다. 견고정광 가루라왕은 끝없는 중생을 성취시키는 차별된 지혜의 해탈문을 얻었다. 교엄관계 가루라왕은 불법의 성을 장엄하는 해탈문을 얻었다. 보첩시현 가루라왕은 깨뜨릴 수 없는 평등한 힘을 성취하는 해탈문을 얻었다. 보관해 가루라왕은 모든 중생의 몸을 분명히 알고 그들을 위해 형상을 나타내는 해탈문을 얻었다. 보음광목 가루라왕은 모든 중생의 나고 죽는 행에 널리 들어가는 지혜의 해탈문을 얻었다.

(1-7-20) 아수라왕 대중들의 득법

라후 아수라왕은 큰 회상에서 높고 훌륭한 주인이 되는 해탈문을 얻었다. 비마질다라 아수라왕은 한량없는 겁을 나타내 보이는 해탈문을 얻었다. 교환술 아수라왕은 모든 중생의 고통을 소멸해서 청정케 하는 해탈문을 얻었다. 대권속 아수라왕은 모든 고행을 닦아서 스스로 장엄하는 해탈문을 얻었다. 대력 아수라왕은 시방의 끝없는 경계를 진동시키는 해탈문을 얻었다. 변조 아수라왕은 갖가지 방편으로 일체중생을 안립하는 해탈문을 얻었다. 견고행묘장엄 아수라왕은 깨뜨릴 수 없는 선근을 널리 모아서 물들고 집착함을 깨끗이 하는 해탈문을 얻었다. 광대인혜 아수라왕은 큰 자비의 힘으로 의혹이 없는 주인의 해탈문을 얻었다. 출현승덕 아수라왕은 널리 부처님을 뵙고 받들어 섬기며 공양해 모든 선근을 닦게 하는 해탈문을 얻었다. 묘호음성 아수라왕은 모든 중생의 갈래에 들어가서 평등하게 행하는 해탈문을 얻었다.

(1-7-21) 주주신 대중들의 득법

시현궁전 주주신은 모든 세간에 두루 들어가는 해탈문을 얻었다. 발기혜향 주주신은 일체중생을 널리 관찰하고 모두 이익되게 해 환희하고 만족시키는 해탈문을 얻었다. 낙승장엄 주주신은 끝없이 사랑스러운 법의 광명을 놓는 해탈문을 얻었다.

화향묘광 주주신은 끝없는 중생의 청정한 믿음과 이해하는 마음을 개발하는 해탈문을 얻었다. 보집묘약 주주신은 넓은 광명의 힘을 모아 장엄하는 해탈문을 얻었다.

낙작희목 주주신은 모든 고락을 받는 중생들을 널리 깨우쳐서 모두 법의 즐거움을 얻게 하는 해탈문을 얻었다. 보현제방 주주신은 시방법계에 차별한 몸의 해탈문을 얻었다. 대비광명 주주신은 모든 중생을 호구해서 편안하고 즐겁게 하는 해탈문을 얻었다. 선근광조 주주신은 기쁘고 만족스러운 공덕의 힘을 두루 내는 해탈문을 얻었다.

묘화영락 주주신은 명성이 널리 알려져 중생들이 보고 이익을 얻는 해탈문을 얻었다.

(1-7-22) 주야신 대중들의 득법

보덕정광 주야신은 고요한 선정의 즐거움에서 크게 용맹한 해탈문을 얻었다. 희안관세 주야신은 광대하고 청정하며 사랑스러운 공덕의 모양을 한 해탈문을 얻었다.

호세정기 주야신은 세간에 두루 나타나서 중생들을 조복시키는 해탈문을 얻었다. 적정음해 주야신은 광대한 환희심을 모으는 해탈문

을 얻었다. 보현길상 주야신은 매우 깊고 자재해 마음을 즐겁게 하
는 말씀의 해탈문을 얻었다. 보발수화 주야신은 광명에 만족해 광대
한 환희의 창고인 해탈문을 얻었다. 평등호육 주야신은 중생을 깨우
쳐서 선근을 성숙케 하는 해탈문을 얻었다. 유희쾌락 주야신은 중생
을 구호하는 끝없는 자비의 해탈문을 얻었다. 제근상희 주야신은 장
엄을 널리 나타내는 큰 자비문과 해탈문을 얻었다. 출생정복 주야신
은 일체중생에게 즐거움을 주는 해탈문을 얻었다.

(1-7-23) 주방신 대중들의 득법
변주일체 주방신은 널리 구호하는 힘의 해탈문을 얻었다. 보현광명
주방신은 모든 중생을 교화하는 신통의 업을 마련하는 해탈문을 얻
었다. 광행장엄 주방신은 일체 어두운 장애를 깨뜨려서 기쁘고 즐거
운 큰 광명을 내는 해탈문을 얻었다.
주행불애 주방신은 여러 곳에 나타나지만 헛되이 수고하지 않는 해
탈문을 얻었다. 영단미혹 주방신은 모든 중생의 수와 같은 이름을
나타내 보여서 공덕을 일으키는 해탈문을 얻었다. 보유정공 주방신
은 항상 미묘한 소리를 내어 듣는 이를 기쁘게 하는 해탈문을 얻었
다. 대운당음 주방신은 마치 용이 비를 내리듯이 중생들에게 환희롭
게 하는 해탈문을 얻었다. 계목무란 주방신은 일체중생의 업이 차별
없음을 나타내는 자재한 힘의 해탈문을 얻었다. 보관세업 주방신은
모든 갈래의 중생 중에서 갖가지 업을 관찰하는 해탈문을 얻었다.
주변유람 주방신은 하는 일을 다 끝맺어 일체중생을 기쁘게 하는 해
탈문을 얻었다.

(1-7-24) 주공신 대중들의 득법

정광보조 주공신은 여러 갈래의 중생의 마음을 널리 아는 해탈문을 얻었다. 보유심광 주공신은 법계에 널리 들어가는 해탈문을 얻었다. 생길상풍 주공신은 끝없는 경계의 몸의 모습을 분명하게 아는 해탈문을 얻었다. 이장안주 주공신은 모든 중생의 업과 미혹의 장애를 제거하는 해탈문을 얻었다. 광보묘계 주공신은 광대한 수행의 바다를 관찰하고 사유하는 해탈문을 얻었다. 무애광염 주공신은 큰 자비의 광명으로 모든 중생의 액난을 널리 구호하는 해탈문을 얻었다. 무애승력 주공신은 모든 것에 두루 들어가되 집착이 없는 복덕의 힘을 성취한 해탈문을 얻었다.

이구광명 주공신은 일체중생들의 마음에 모든 번뇌를 떠나 청정하게 하는 해탈문을 얻었다. 심원묘음 주공신은 시방의 지혜 광명을 널리 보는 해탈문을 얻었다. 광변시방 주공신은 본래의 처소에서 움직이지 않고 세간에 두루 나타나는 해탈문을 얻었다.

(1-7-25) 주풍신 대중의 득법

무애광명 주풍신은 부처님의 법과 모든 세간에 두루 들어가는 해탈문을 얻었다. 보현용업 주풍신은 한량없는 국토에 부처님이 출현해 광대하게 공양하는 해탈문을 얻었다. 표격운당 주풍신은 향기로운 바람으로 일체중생의 병을 모두 소멸해 주는 해탈문을 얻었다. 정광장엄 주풍신은 일체중생에게 선근을 널리 펴서 무거운 번뇌의 산을 깎아 소멸시키는 해탈문을 얻었다. 역능갈수 주풍신은 끝없는 악마의 무리를 깨뜨리는 해탈문을 얻었다. 대성변후 주풍신은 모든 중생의 공포를 영원히 소멸시키는 해탈문을 얻었다. 수초수계 주풍신은 일체 모든 법의 실상에 들어가는 변재바다의 해탈문을 얻었다. 소행무애 주풍신은 모든 중생을 조복시키는 방편창고의 해탈문을 얻었다. 종종궁전 주풍신은 고요한 선정의 문에 들어가서 지극히 무거운 어리석음의 어두움을 소멸시키는 해탈문을 얻었다. 대광보조 주풍신은 일체중생을 수순해 걸림없는 힘을 행하는 해탈문을 얻었다.

(1-7-26) 주화신 대중들의 득법

보광염장 주화신은 세간의 어두움을 소멸시키는 해탈문을 얻었다. 보집광당 주화신은 일체중생이 여러 가지 미혹으로 뜨거운 고뇌에 표류함을 쉬게 하는 해탈문을 얻었다. 대광보조 주화신은 흔들리지 않는 복력과 자비가 끝없이 솟아 나오는 해탈문을 얻었다. 중묘궁전 주화신은 여래의 신통력으로 끝없는 곳까지 나타냄을 관찰하는 해탈문을 얻었다. 무진광계 주화신은 광명이 끝없는 허공계에 밝게 비치는 해탈문을 얻었다. 종종염안 주화신은 갖가지 복으로 장엄한 고요한 광명의 해탈문을 얻었다. 시방궁전여수미산 주화신은 일체 세간 여러 갈래의 대열병 번뇌의 고통을 소멸시키는 해탈문을 얻었다. 위광자재 주화신은 모든 세상을 자재하게 깨우치는 해탈문을 얻었다. 광명파암 주화신은 어리석고 집착하는 견해를 영원히 깨트리는 해탈문을 얻었다. 뇌음전광 주화신은 일체 원력을 성취해 크게 소리치는 해탈문을 얻었다.

(1-7-27) 주수신 대중들의 득법

보흥운당 주수신은 모든 중생에게 평등하게 이익을 주는 자비의 해탈문을 얻었다. 해조운음 주수신은 끝없는 법으로 장엄한 해탈문을 얻었다. 묘색륜계 주수신은 마땅히 교화할 이를 관찰해 방편으로 널리 섭수하는 해탈문을 얻었다.

선교선복 주수신은 모든 부처님의 매우 깊은 경계를 널리 연설하는 해탈문을 얻었다. 이구향적 주수신은 청정하고 광명을 널리 나타내는 해탈문을 얻었다.

복교광음 주수신은 청정한 법계는 형상도 없고 체성도 없는 해탈문을 얻었다. 지족자재 주수신은 다함이 없는 자비바다의 해탈문을 얻었다. 정희선음 주수신은 보살 대중들이 모인 도량에서 환희의 창고가 되는 해탈문을 얻었다. 보현위광 주수신은 걸림 없고 광대한 복덕의 힘으로 널리 출현하는 해탈문을 얻었다. 후음변해 주수신은 모든 중생을 관찰해서 허공처럼 조복시키는 방편을 일으키는 해탈문을 얻었다.

(1-7-28) 주해신 대중의 득법

출현보광 주해신은 평등한 마음으로 모든 중생에게 복덕의 바다를 보시해 온갖 보배로 몸을 장엄하는 해탈문을 얻었다. 성금강당 주해신은 교묘한 방편으로 일체중생의 선근을 보호하는 해탈문을 얻었다. 원리진구 주해신은 일체중생의 번뇌 바다를 말려 버리는 해탈문을 얻었다. 보수궁전 주해신은 일체중생에게 악도를 떠나게 하는 해탈문을 얻었다. 길상보월 주해신은 어리석음을 소멸하는 해탈문을 얻었다. 묘화용계 주해신은 일체 모든 고통을 소멸해서 안락을 주는 해탈문을 얻었다. 보지광미 주해신은 일체중생의 여러 가지 소견과 어리석은 성품을 맑게 다스리는 해탈문을 얻었다. 보염화광 주해신은 온갖 보배 종자의 성품인 보리심을 키우는 해탈문을 얻었다. 금강묘계 주해신은 마음이 동요하지 않는 공덕바다의 해탈문을 얻었다. 해조뇌음 주해신은 법계의 삼매문에 널리 들어가는 해탈문을 얻었다.

(1-7-29) 주하신 대중들의 득법

보발신류 주하신은 법의 비를 널리 쏟는 해탈문을 얻었다. 보결천간 주하신은 모든 중생 앞에 두루 나타나서 번뇌를 영원히 여의게 하는 해탈문을 얻었다.

이진정안 주하신은 큰 자비방편으로 일체중생의 모든 미혹과 번뇌의 때를 씻어 버리는 해탈문을 얻었다. 시방변후 주하신은 항상 중생을 이익되게 하는 소리를 내는 해탈문을 얻었다. 구호중생 주하신은 모든 중생에게 괴로움의 고통이 없는 자비를 일으키는 해탈문을 얻었다. 무열정광 주하신은 온갖 청량한 선근을 널리 보이는 해탈문을 얻었다. 보생환희 주하신은 구족한 보시를 닦아서 모든 중생에게 아끼고 집착하는 것을 떠나게 하는 해탈문을 얻었다. 광덕승당 주하신은 모두가 기뻐하는 복전을 짓는 해탈문을 얻었다.

광조보세 주하신은 모든 중생에게 더러움에 물든 이는 청정하게 하고, 성내어 독을 품은 이에게는 기쁘게 하는 해탈문을 얻었다. 해덕광명 주하신은 모든 중생에게 해탈의 바다에 들어가서 항상 구족한 즐거움을 받게 하는 해탈문을 얻었다.

(1-7-30) 주가신 대중들의 득법

유연승미 주가신은 모든 중생에게 자양분이 많고 좋은 법을 주어서 부처님의 몸으로 성취시키는 해탈문을 얻었다. 시화정광 주가신은 일체중생들에게 광대한 기쁨과 즐거움을 받게 하는 해탈문을 얻었다. 색력용건 주가신은 일체 원만한 법문으로 모든 경계를 청정하게 하는 해탈문을 얻었다. 증장정기 주가신은 부처님의 자비와 한량없는 신통 변화의 힘을 보는 해탈문을 얻었다. 보생근과 주가신은 부처님의 복전을 널리 나타내어 종자를 심어서 손실이 없게 하는 해탈문을 얻었다.

묘엄환계 주가신은 중생들의 청정한 신심의 꽃을 널리 피게 하는 해탈문을 얻었다. 윤택정화 주가신은 사랑하고 불쌍히 여기는 마음으로 모든 중생을 건져서 복덕의 바다를 증장케 하는 해탈문을 얻었다. 성취묘향 주가신은 온갖 수행법을 널리 열어 보이는 해탈문을 얻었다. 견자애락 주가신은 법계의 모든 중생에게 게으름과 근심과 괴로움을 버리고 마음을 청정하게 하는 해탈문을 얻었다. 이구정광명 주가신은 일체중생의 선근을 관찰하고 알맞게 설법해 여러 대중을 기뻐하게 하고 만족시키는 해탈문을 얻었다.

(1-7-31) 주약신 대중들의 득법

길상 주약신은 일체중생의 마음을 널리 관찰해서 부지런히 거두어들이는 해탈문을 얻었다. 전단림 주약신은 광명으로 중생을 거두어들여서 보는 이가 지나치지 않게 하는 해탈문을 얻었다. 청정광명 주약신은 청정한 방편으로 일체중생의 번뇌를 소멸하는 해탈문을 얻었다. 명칭보문 주약신은 큰 이름으로 선근의 바다를 증장시키는 해탈문을 얻었다. 모공광명 주약신은 자비의 깃대로써 온갖 병의 경계에 빨리 나아가는 해탈문을 얻었다.

보치청정 주약신은 모든 중생의 어두운 눈을 치료해서 지혜의 눈을 청정하게 하는 해탈문을 얻었다. 대발후성 주약신은 부처님의 소리를 내어 모든 법의 차별된 뜻을 말하는 해탈문을 얻었다. 폐일광당 주약신은 일체중생의 선지식이 되어 보는 이가 선근을 닦는 해탈문을 얻었다. 명견시방 주약신은 청정한 사랑과 가엾게 여기는 마음으로 방편을 써서 믿음과 이해를 시키는 해탈문을 얻었다.

익기명목 주약신은 방편으로 부처님을 생각해 일체중생의 병을 소멸시키는 해탈문을 얻었다.

(1-7-32) 주림신 대중들의 득법

포화여운 주림신은 광대무변한 지혜바다 창고의 해탈문을 얻었다. 탁간서광 주림신은 정해진 방법대로 수행해 두루 청정하게 하는 해탈문을 얻었다. 생아발요 주림신은 갖가지 청정한 신심의 싹을 증장시키는 해탈문을 얻었다. 길상정엽 주림신은 여러 가지 청정한 공덕의 장엄무더기의 해탈문을 얻었다. 수포염장 주림신은 넓은 문과 청정한 지혜로 법계를 항상 둘러보는 해탈문을 얻었다. 청정광명 주림신은 일체중생 행의 바다를 널리 알아서 법의 구름을 일으키는 해탈문을 얻었다.

가의뇌음 주림신은 마음에 들지 않는 소리를 참고 받아들여 청정한 소리를 연설하는 해탈문을 얻었다. 광향보변 주림신은 옛적에 닦았던 광대한 수행의 경계를 시방에 널리 나타내는 해탈문을 얻었다. 묘광형요 주림신은 온갖 공덕의 법으로 세간을 이익되게 하는 해탈문을 얻었다.

화과광미 주림신은 일체중생이 부처님이 세상에 나타나심을 보고 공경하는 생각을 잊지 않고 장엄하는 공덕 창고의 해탈문을 얻었다.

(1-7-33) 주산신 대중들의 득법

보봉개화 주산신은 크고 고요한 선정의 광명에 들어가는 해탈문을 얻었다. 화림묘계 주산신은 자비의 선근을 닦아서 불가사의한 중생을 성숙케 하는 해탈문을 얻었다. 고당보조 주산신은 일체중생들의 마음에 즐기는 것을 관찰해 육근을 청정하게 하는 해탈문을 얻었다. 이진정계 주산신은 끝없는 겁 동안 부지런히 정진해서 게으르지 않은 해탈문을 얻었다. 광조시방 주산신은 끝없는 공덕의 광명으로 널리 깨닫는 해탈문을 얻었다. 대력광명 주산신은 스스로 성숙하고 다시 중생들에게 어리석은 행을 떠나게 하는 해탈문을 얻었다. 위광보승 주산신은 모든 고통을 없애 남음이 없는 해탈문을 얻었다. 미밀광륜 주산신은 교법의 광명을 연설해 모든 여래의 공덕을 나타내는 해탈문을 얻었다. 보안현견 주산신은 모든 중생에게 현실이나 꿈속까지 선근을 증장케 하는 해탈문을 얻었다. 금강밀안 주산신은 끝이 없는 이치의 바다를 나타내는 해탈문을 얻었다.

(1-7-34) 주지신 대중들의 득법

보덕정화 주지신은 자비심으로 순간순간 일체중생을 널리 관찰하는 해탈문을 얻었다. 견복장엄 주지신은 일체중생의 복덕의 힘을 널리 나타내는 해탈문을 얻었다.

묘화엄수 주지신은 모든 법에 널리 들어가서 일체 부처님 세계의 장엄을 나타내는 해탈문을 얻었다. 보산중보 주지신은 갖가지 모든 삼매를 닦아서 중생들에게 업장의 때를 없애는 해탈문을 얻었다. 정목관시 주지신은 모든 중생을 항상 즐겁게 하는 해탈문을 얻었다. 묘색승안 주지신은 여러 가지 청정한 몸을 나타내어 중생을 조복시키는 해탈문을 얻었다. 향모발광 주지신은 모든 부처님의 공덕바다와 큰 위력을 밝게 아는 해탈문을 얻었다. 열의음성 주지신은 온갖 중생들의 음성바다를 거두어 지니는 해탈문을 얻었다. 묘화선계 주지신은 온 세계에 가득한 때를 떠난 성품의 해탈문을 얻었다. 금강엄체 주지신은 모든 부처님의 법륜으로 거두어 널리 출현하는 해탈문을 얻었다.

(1-7-35) 주성신 대중들의 득법

보봉광요 주성신은 방편으로 중생들을 이익되게 하는 해탈문을 얻었다. 묘엄궁전 주성신은 중생의 근기를 알아서 교화하고 성숙시키는 해탈문을 얻었다. 청정희보 주성신은 늘 기뻐하며 일체중생에게 여러 가지 복덕을 받게 하는 해탈문을 얻었다.

이우청청 주성신은 온갖 두려움을 구제해 주는 큰 자비의 창고인 해탈문을 얻었다. 화등염안 주성신은 밝고 넓은 지혜의 해탈문을 얻었다. 염당명현 주성신은 넓은 방편으로 나타내는 해탈문을 얻었다. 성복광명 주성신은 널리 일체중생을 관찰해서 넓고 큰 복덕의 바다를 닦게 하는 해탈문을 얻었다. 청정광명 주성신은 어리석은 중생을 깨닫게 하는 해탈문을 얻었다. 향계장엄 주성신은 여래의 자재한 힘이 세간에 두루 해서 중생이 조복시키는 것을 관찰하는 해탈문을 얻었다. 묘보광명 주성신은 큰 광명으로 일체중생의 장애산을 깨뜨리는 해탈문을 얻었다.

(1-7-36) 도량신 대중들의 득법

정장엄당 도량신은 부처님께 공양하는 넓고 큰 장엄구를 나타내는 서원의 힘인 해탈문을 얻었다. 수미보광 도량신은 모든 중생 앞에 나타나서 광대한 보리행을 성취하는 해탈문을 얻었다. 뇌음당상 도량신은 일체중생의 마음에 즐기는 것에 따라서 꿈속에서도 부처님을 보게 하기 위해서 설법하는 해탈문을 얻었다. 우화묘안 도량신은 버리기 어려운 온갖 보배 장엄구를 비처럼 내리는 해탈문을 얻었다. 화영광계 도량신은 근기를 따라 설법해 바른 생각을 내게 하는 해탈문을 얻었다. 우보장엄 도량신은 변재로써 끝이 없는 환희의 법을 널리 비 내리는 해탈문을 얻었다. 용맹향안 도량신은 모든 부처님의 공덕을 널리 칭찬하는 해탈문을 얻었다. 금강채운 도량신은 한량 없는 색깔의 나무를 나타내어 도량을 장엄하는 해탈문을 얻었다. 연화광명 도량신은 보리수나무 밑에서 고요히 움직이지 않은 채 시방에 두루 하는 해탈문을 얻었다. 묘광조요 도량신은 여래의 가지가지 힘을 나타내 보이는 해탈문을 얻었다.

(1-7-37) 족행신 대중들의 득법

보인수 족행신은 온갖 보배를 널리 비 내려서 넓고 큰 환희를 내는 해탈문을 얻었다. 연화광 족행신은 부처님의 몸이 여러 빛깔의 연꽃으로 된 자리에 앉아 있음을 나타내 보는 이를 기쁘게 하는 해탈문을 얻었다. 청정화계 족행신은 낱낱 생각 중에 모든 여래의 대중이 모이는 도량을 건립하는 해탈문을 얻었다. 섭제선견 족행신은 발을 들어 걸음을 걸을 때 한량없는 중생을 다 조복시키는 해탈문을 얻었다. 묘보성당 족행신은 생각 가운데 갖가지 연꽃그물광명을 나타내어 온갖 보석을 널리 비 내리며 미묘한 음성을 내는 해탈문을 얻었다. 낙토묘음 족행신은 끝이 없는 기쁨의 바다를 만드는 해탈문을

얻었다. 전단수광 족행신은 향기로운 바람으로 모든 도량의 대중을
널리 깨우치는 해탈문을 얻었다. 연화광명 족행신은 모든 털구멍에
광명을 놓아 미묘한 법음을 연설하는 해탈문을 얻었다. 미묘광명 족
행신은 그 몸에서 갖가지 광명그물을 내어 널리 비추는 해탈문을 얻
었다. 적집묘화 족행신은 모든 중생을 깨우쳐서 선근의 바다를 만드
는 해탈문을 얻었다.

(1-7-38) 신중신 대중들의 득법

화계장엄 신중신은 부처님의 지난 옛적 서원의 바다를 기억하는 해
탈문을 얻었다. 광조시방 신중신은 광명으로 그지없는 세계를 널리
비추는 해탈문을 얻었다. 해음조복 신중신은 큰 소리로 모든 중생
을 널리 깨우쳐서 기쁘게 조복시키는 해탈문을 얻었다. 정화엄계 신
중신은 몸이 허공과 같아서 두루 머무는 해탈문을 얻었다. 무량위의
신중신은 일체중생에게 모든 부처님의 경계를 보여주는 해탈문을
얻었다.

최상광엄 신중신은 모든 굶주린 중생에게 육신의 힘을 만족케 하는
해탈문을 얻었다. 정광향운 신중신은 일체중생의 번뇌의 때를 제거
하는 해탈문을 얻었다. 수호섭지 신중신은 모든 중생의 어리석은 마
의 업을 바꾸는 해탈문을 얻었다. 보현섭취 신중신은 온갖 세간 주
인의 궁전 속에 장엄한 모습을 나타내 보이는 해탈문을 얻었다. 부
동광명 신중신은 모든 중생을 널리 거두어서 청정한 선근을 내게 하
는 해탈문을 얻었다.

(1-7-39) 집금강신 대중들의 득법

묘색나라연 집금강신은 여래의 온갖 색상을 나타내 보이는 몸을 친견하는 해탈문을 얻었다. 일륜속질당 집금강신은 부처님 몸의 낱낱 터럭마다 태양처럼 갖가지 광명구름을 나타내는 해탈문을 얻었다. 수미화광 집금강신은 한량없는 몸으로 큰 신통변화를 나타내는 해탈문을 얻었다. 청정운음 집금강신은 한량없는 소리의 종류에 대한 해탈문을 얻었다. 제근미묘 집금강신은 모든 세간의 주인으로 나타나서 중생을 깨우치는 해탈문을 얻었다. 가애락광명 집금강신은 모든 부처님 법의 차별한 문을 널리 열어 보여 남김없이 다 교화하는 해탈문을 얻었다. 대수뇌음 집금강신은 사랑스러운 장엄구로 일체 나무의 신을 거두는 해탈문을 얻었다.

사자왕광명 집금강신은 여래의 광대한 복의 장엄 무더기를 모두 구족해 밝게 아는 해탈문을 얻었다. 밀염승목 집금강신은 험악한 중생의 마음을 널리 관찰해서 위엄이 있는 몸을 나타내는 해탈문을 얻었다. 연화광마니계 집금강신은 일체 보살의 장엄구인 마니상투를 널리 비 내리는 해탈문을 얻었다.

(1-7-40) 보현 보살의 득법

보현보살은 불가사의한 해탈문의 방편바다에 들어갔으며, 여래의 공덕바다에 들어갔다.

모든 부처님의 국토를 청정하게 장엄하고 중생들을 조복시켜 생사에서 끝까지 벗어나게 하는 해탈문을 얻었다. 일체여래의 처소에 널리 나아가서 공덕의 경계를 닦아 구족하는 해탈문을 얻었다. 모든 보살의 지위와 서원의 바다를 안치해서 세우는 해탈문을 얻었다. 법계에서 한량없는 몸을 널리 나타내는 해탈문을 얻었다. 모든 국토에 두루 하는 불가사의한 차별된 이름을 연설하는 해탈문을 얻었다. 모든 먼지 속에 한량없는 보살의 신통 경계를 나타내는 해탈문을 얻었다. 한순간에 삼세 겁 동안의 이루어지고 무너지는 일을 나타내는 해탈문을 얻었다. 모든 보살 근의 바다가 각각 자신의 경계에 들어감을 나타내 보이는 해탈문을 얻었다. 신통의 힘으로써 갖가지 몸을 변화시켜 끝이 없는 경계에 두루한 해탈문을 얻었다. 모든 보살의 수행하는 법과 차례의 문을 나타내 지혜의 넓고 큰 방편에 들어가는 해탈문을 얻었다.

(1-7-41) 십보 보살 대중들의 득법

정덕묘광 보살은 시방의 보살 회중에 두루 가서 도량을 장엄하는 해탈문을 얻었다. 보덕최승등광조 보살은 한 생각 중에 끝이 없는 정각을 이루는 문을 나타내 부사의한 중생세계를 교화하고 성숙시키는 해탈문을 얻었다. 보광사자당 보살은 보살의 복덕을 닦아서 모든 불국토를 장엄해 나타내는 해탈문을 얻었다. 보보염묘광 보살은 부처님의 신통경계를 관찰해서 미혹이 없는 해탈문을 얻었다.

보음공덕해당 보살은 한 도량에서 모든 부처님 국토의 장엄을 나타내 보이는 해탈문을 얻었다. 보지광조여래경 보살은 여래를 따라서 깊고 광대한 법계장을 관찰하는 해탈문을 얻었다. 보각열의성 보살은 모든 부처님을 친근하고 받들어 섬기는 공양장의 해탈문을 얻었다. 보청정무진복위광 보살은 모든 신통변화를 출생해 넓고 크게 가지는 해탈문을 얻었다.

보보계화당 보살은 온갖 세간의 행에 들어가서 보살의 끝이 없는 행문을 만드는 해탈문을 얻었다. 보상최승광 보살은 형상 없는 법계속에서 모든 부처님의 경계를 출현시키는 해탈문을 얻었다.

(1-7-42) 열명의 보살 대중의 득법

해월광대명 보살은 보살의 모든 지위와 모든 바라밀을 나타내어 중생을 교화하고 일체 부처님 국토를 깨끗이 장엄하는 방편의 해탈문을 얻었다. 운음해광이구장 보살은 생각 속에서 법계의 가지가지 차별된 곳에 널리 들어가는 해탈문을 얻었다.

지생보계 보살은 불가사의한 겁 동안 모든 중생 앞에 청정하고 광대한 공덕을 나타내는 해탈문을 얻었다. 공덕자재왕정광 보살은 시방의 모든 보살이 처음 도량에 나아갈 때 갖가지 장엄함을 널리 보는 해탈문을 얻었다. 선용맹연화계 보살은 중생들의 근성과 이해에 의해 모든 불법을 널리 나타내 보이는 해탈문을 얻었다.

보지운일당 보살은 여래의 지혜를 성취해서 영원히 한량없는 겁 동안 머무르는 해탈문을 얻었다. 대정진금강제 보살은 끝없는 법인의 힘에 널리 들어가는 해탈문을 얻었다. 향염광당 보살은 현재의 모든 부처님이 보살행을 처음 닦은 일과 지혜의 무더기를 성취함을 나타내 보이는 해탈문을 얻었다. 대명덕심미음 보살은 비로자나 부처님의 큰 서원의 바다에 안주하는 해탈문을 얻었다. 대복지생 보살은 여래가 법계에 두루 하며 매우 깊은 경계를 나타내 보이는 해탈문을 얻었다.

(1-8) 사자좌의 보살

(1-8-1) 출처

그때 여래의 사자좌에 있는 온갖 보배로 된 미묘한 꽃과 좌대와 계단과 섬돌과 모든 창문 등 이러한 장엄구에서 각각 부처님 세계에서 한량없는 보살이 나왔다.

(1-8-2) 보살들의 이름
그들의 이름은 해혜자재신통왕 보살과 뇌음보진 보살과 중보광명계 보살과 대지일용맹혜 보살과 부사의공덕보지인 보살과 백목연화계 보살과 금염원만광 보살과 법계보음 보살과 운음정월 보살과 선용 맹광명당 보살들이었다. 이 보살들이 우두머리가 되어 수많은 부처님 세계에 한량없는 보살들이 동시에 출현했다.

(1-8-3) 공양구름
이 모든 보살은 제각기 여러 가지의 공양구름을 일으켰다. 온갖 마니보석으로 된 꽃구름과, 온갖 연꽃의 묘한 향기구름과, 온갖 보배가 원만한 광명구름과, 끝없는 경계의 향기로운 불꽃구름과, 일장마니로 된 바퀴광명구름과, 온갖 마음을 기쁘게 하는 음악소리구름과, 그지없는 색상의 온갖 보배로 된 등불광명 불꽃구름과, 온갖 보배로 된 나뭇가지의 꽃열매구름과, 다함없는 보배의 청정한 광명마니왕 구름과, 모든 장엄구의 마니왕구름이었다. 이와 같은 모든 공양구름이 부처님 세계에 티끌 수처럼 한량없이 있었다.
저 모든 보살이 낱낱이 이와 같은 공양구름을 일으켜서 모든 도량의 대중바다에 비오듯 쏟아 내리는 것이 서로 이어져서 끊어지지 않았다.

(1-8-4) 부처님을 돌다
이러한 공양구름을 나타내고 나서 부처님의 오른쪽으로 백천 번을 돌았다. 그리고 그들이 온 방향을 따라서 부처님과 멀지 않은 곳에 한량없는 가지가지의 보배로 된 연꽃사자좌를 만들었다. 각각 그 사자좌 위에 결가부좌를 하고 앉았다.

(1-8-5) 보살들의 덕을 밝힘

이 모든 보살의 수행은 청정해 넓고 크기가 바다와 같았다. 지혜의 빛을 얻어서 보문법을 비추며, 모든 부처님을 수순해서 행이 걸림이 없으며, 온갖 변재로 법의 바다에 들어갔다. 불가사의한 해탈법문을 얻었으며, 여래의 넓은 문의 지위에 머물며, 이미 모든 다라니문을 얻어서 일체 법의 바다를 다 수용했다. 삼세가 평등한 지혜의 땅에 잘 머물며, 깊은 믿음과 넓고 큰 즐거움을 이미 얻었다. 끝없는 복무더기는 매우 훌륭하고 청정하며, 허공법계를 모두 다 관찰하며, 시방세계의 모든 국토에 출현하시는 부처님을 부지런히 공양했다.

(1-9) 상서를 보이다
(1-9-1) 땅이 진동하다

그때 화장장엄세계바다가 부처님의 위신력으로 땅에 있는 모든 것이 여섯 가지 열여덟 모양으로 진동했다. 흔들흔들하고 두루 흔들흔들하고 널리 두루 흔들흔들하며, 들먹들먹하고 두루 들먹들먹하고 널리 두루 들먹들먹하며, 울쑥불쑥하고 두루 울쑥불쑥하고 널리 두루 울쑥불쑥하며, 우르르하고 두루 우르르하고 널리 두루 우르르하며, 와르르하고 두루 와르르하고 널리 두루 와르르하며, 와지끈하고 두루 와지끈하고 널리 두루 와지끈했다.

(1-9-2) 공양구름

이 모든 세간의 주인이 낱낱이 다 불가사의한 공양구름을 나타내어 여래의 도량 대중바다에 비처럼 쏟아 내렸다. 온갖 향기 나는 꽃으로 장엄한 구름과 온갖 마니보석으로 아름답게 꾸민 구름과 온갖 보배가 불꽃처럼 빛나는 그물구름과 끝없는 종류의 마니보석이 원만하게 빛나는 구름과 여러 가지 색의 보석 진주 창고구름과 온갖 보배의 전단향기구름과 온갖 보배일산구름과 청정하고 묘한 소리의 마니보석구름과 햇빛 같은 마니보석영락바퀴구름과 온갖 보배광명 창고구름과 각별한 장엄거리구름이었다. 이와 같은 모든 공양구름이 한량이 없어 불가사의했다.

(1-10) 무궁무진으로 맺다

이 모든 세간 주인이 낱낱이 다 이와 같은 공양구름을 나타내어 여래의 도량 대중바다에 쏟아 놓아 두루 하지 않은 곳이 없었다. 이와 같은 세계 중의 낱낱 세간 주인들이 기뻐하는 마음으로 공양했듯이 화장장엄세계바다에 있는 모든 세계의 세간 주인도 이와 같이 공양했다.

그 모든 세계에는 다 여래가 도량에 계셨다. 낱낱 세간 주인은 믿고 이해함과 인연과 삼매방편문과 닦아서 도를 돕는 법과 성취와 환희와 나아가 들어감과 깨달아 아는 여러 가지 법문으로, 여래의 신통경계에 들어가며, 여래의 힘의 경계에 들어가며, 여래의 해탈경계에 들어갔다.

이 화장장엄세계바다에서와 같이 시방의 온 법계와 허공계에 있는 모든 세계바다에서도 이와 같았다.

7. 여래명호품

(7-1) 서분
(7-1-1) 정각을 이루다
그때 부처님께서 마갈타국 보리도량에서 처음 정각을 이루시고 보광명전에서 연화장 사자좌에 앉으셨다.

(7-1-2) 부처님의 덕
묘하게 깨달음이 원만하시니 두 가지 행법이 영원히 끊어졌고 모양 없는 법을 통달했다. 부처님은 머무시는 데 머물러 부처님의 평등을 얻었으며, 장애 없는 곳에 이르러 가히 굴릴 수 없는 법을 굴리며, 행하심에 걸림이 없으며, 헤아릴 수 없는 뜻을 세우며 삼세를 두루 보셨다.

(7-1-3) 보살 대중과 덕행
한량없는 많은 보살과 함께 계셨는데, 모두 일생보처로서 다른 곳에서 왔다.
모든 중생계와 법계와 세계와 열반계와 모든 업의 과보와 마음으로 행하는 차례와 온갖 글과 뜻과 세간과 출세간, 유위법과 무위법, 과거와 현재와 미래를 모두 잘 관찰했다.

(7-2) 40문의 법을 청하다
(7-2-1) 사유로 10문을 청하다

이때 모든 보살은 이런 생각을 했다.

'만일 부처님께서 우리들을 불쌍히 여겨 좋아함을 따라서, 부처님 세계와 부처님의 머무심과 부처님 세계의 장엄과 부처님 법의 성품과 부처님 세계의 청정함과 부처님이 말씀하신 법과 부처님 세계의 자체 성품과 부처님의 위덕과 부처님 세계의 성취와 부처님의 큰 보리를 열어 보여 주십시오.'

(7-2-2) 법을 청하는 까닭

시방세계의 부처님은 모든 보살을 성취시키기 위해, 여래의 종성이 끊어지지 않게 하려고, 모든 중생을 구제하려고, 중생들로 하여금 모든 번뇌를 끊게 하려고, 모든 행을 분명히 알려고, 모든 법을 연설하려고, 모든 더러움을 깨끗이 하려고, 모든 의심 그물을 영원히 끊으려고, 모든 희망을 뽑으려고, 모든 애착하는 곳을 멸하려고 하십니다.

(7-2-3) 불과의 인 10문

모든 보살의 10주와 10행과 10회향과 10장과 10지와 10원과 10정과 10통과 10인과 10정을 설해 주십시오.

(7-2-4) 불과의 과 20문

(7-2-4-1) 여래의 덕 10문

또 여래의 지위와 경계와 신력과 행하심과 힘과 두려움 없음과 삼매와 신통과 자재함과 걸림 없음을 설해 주십시오.

(7-2-4-2) 여래의 체상 10문

여래의 눈과 귀와 코와 혀와 몸과 뜻과 변재와 지혜와 뛰어남을 설해 주십시오.

(7-3) 신통을 보이다
그때 부처님께서 여러 보살의 생각을 아시고 각각 그 종류를 따라서 신통을 나타내셨다.

(7-4) 시방의 보살대중
(7-4-1) 동방의 문수보살
신통으로 보이신 세계는 다음과 같았다. 동쪽으로 한량없는 세계를 지나서 금색세계에 부동지부처님과 문수보살이 계셨다. 한량없는 보살과 함께 부처님 계신 곳에 나아가 예배하고, 동쪽 연화장 사자좌를 변화시켜 결가부좌를 했다.

(7-4-2) 남방의 각수보살
남쪽으로 한량없는 세계를 지나서 묘색세계에 무애지부처님과 각수보살이 계셨다. 한량없는 보살과 함께 부처님 계신 곳에 나아가 예배하고, 남쪽 연화장 사자좌를 변화시켜 결가부좌를 했다.

(7-4-3) 서방의 재수보살
서쪽으로 한량없는 세계를 지나서 연화색세계에 멸암지부처님과 재수보살이 계셨다. 한량없는 보살들과 함께 부처님 계신 곳에 나아가 예배하고, 서쪽 연화장 사자좌를 변화시켜 결가부좌를 했다.

(7-4-4) 북방의 보수보살

북쪽으로 한량없는 세계를 지나서 첨복화색세계에 위의지부처님과 보수보살이 계셨다. 한량없는 보살들과 함께 부처님 계신 곳에 나아가 예배하고, 북쪽 연화장 사자좌를 변화시켜 결가부좌를 했다.

(7-4-5) 동북방의 공덕수보살

동북쪽으로 한량없는 세계를 지나서 우바라화색세계에 명상지부처님과 공덕수보살이 계셨다. 한량없는 보살과 함께 부처님 계신 곳에 나아가 예배하고, 동북쪽 연화장 사자좌를 변화시켜 결가부좌를 했다.

(7-4-6) 동남방의 목수보살

동남쪽으로 한량없는 세계를 지나서 금색세계에 구경지부처님과 목수보살이 계셨다. 한량없이 많은 보살과 함께 부처님 계신 곳에 나아가 예배하고, 동남쪽 연화장 사자좌를 변화시켜 결가부좌를 했다.

(7-4-7) 서남방의 정진수보살

서남쪽으로 한량없는 세계를 지나서 보색세계에 최승지부처님과 정진수보살이 계셨다. 한량없는 보살과 함께 부처님 계신 곳에 나아가 예배하고, 서남쪽 연화장 사자좌를 변화시켜 결가부좌를 했다.

(7-4-8) 서북방의 법수보살

서북쪽으로 한량없는 세계를 지나서 금강색세계에 자재지부처님과 법수보살이 계셨다. 한량없는 보살과 함께 부처님 계신 곳에 나아가 예배하고, 서북쪽 연화장 사자좌를 변화시켜 결가부좌를 했다.

(7-4-9) 하방의 지수보살

하방으로 한량없는 세계를 지나서 파려색세계에 범지부처님과 지수 보살이 계셨다. 한량없는 보살과 함께 부처님 계신 곳에 나아가 예배하고, 아래쪽 연화장 사자좌를 변화시켜 결가부좌를 했다.

(7-4-10) 상방의 현수보살

상방으로 한량없는 세계를 지나서 평등색세계에 관찰지부처님과 현수보살이 계셨다. 한량없는 보살과 함께 부처님 계신 곳에 나아가 예배하고, 위쪽 연화장 사자좌를 변화시켜 결가부좌를 했다.

(7-5) 문수보살의 설법
(7-5-1) 부처님 경계의 불가사의

그때 문수보살이 부처님의 위신력을 받들어 모든 보살 대중을 두루 관찰하고 이렇게 말했다.

"이 보살들은 매우 희유합니다. 보살들이여, 부처님의 국토는 헤아릴 수 없으며, 부처님의 머무심과 부처님 세계의 장엄과 부처님 법의 성품과 부처님 세계의 청정함과 부처님의 설법과 부처님의 출현함과 부처님 세계의 성취함과 부처님의 위없는 바른 깨달음도 헤아릴 수 없습니다.

왜냐하면 보살들이여, 시방세계 부처님이 여러 중생의 좋아함과 욕망이 같지 않음을 알고 알맞게 법을 설해 믿고 따르게 하시며, 법계와 허공계까지도 이와 같이 믿고 따르게 합니다.

(7-5-2) 여래의 종종경계

보살들이여, 여래가 이 사바세계의 모든 사천하에서 여러 가지 몸과 이름과 모양과 길고 짧음과 수명과 처소와 근과 나는 곳과 말씀함과 관찰함으로써 여러 중생들이 각각의 능력만큼 보게 합니다.

(7-5-3) 사천하의 여래명호

(7-5-3-1) 사천하의 10종 명호

보살들이여, 여래가 이 사천하에서 열 가지 이름으로 불리는데 일체의성이며, 원만월이며, 사자후이며, 석가모니이며, 제칠선이며, 비로자나이며, 구담씨이며, 대사문이며, 최승이며, 도사입니다. 이러한 이름이 만 가지나 되니 중생들이 각각의 능력만큼 보게 합니다.

(7-5-3-2) 동방의 10종 명호

보살들이여, 사천하 동쪽에 세계가 있는데 이름이 선호이며, 여래가 이 세계에서 열 가지 이름으로 불리는데 금강이며, 자재이며, 지혜이며, 난승이며, 운왕이며, 무쟁이며, 능위주이며, 심환희이며, 무여등이며, 단언론입니다. 이러한 이름이 만 가지나 되니 중생들이 각각의 능력만큼 보게 합니다.

(7-5-3-3) 남방의 10종 명호

보살들이여, 사천하 남쪽에 세계가 있는데 이름이 난인이며, 여래가 이 세계에서 열 가지 이름으로 불리는데 제석이며, 보칭이며, 이구이며, 실어이며, 능조복이며, 구족희이며, 대명칭이며, 능이익이며, 무변이며, 최승입니다. 이러한 이름이 만 가지나 되니 중생들이 각각의 능력만큼 보게 합니다.

(7-5-3-4) 서방의 10종 명호

보살들이여, 사천하 서쪽에 세계가 있는데 이름이 친혜이며, 여래가 이 세계에서 열 가지 이름으로 불리는데 수천이며, 희견이며, 최승 왕이며, 조복천이며, 진실혜이며, 도구경이며, 환희이며, 법혜이며, 소작이판이며, 선주입니다. 이러한 이름이 만 가지나 되니 중생들이 각각의 능력만큼 보게 합니다.

(7-5-3-5) 북방의 10종 명호

보살들이여, 사천하 북쪽에 세계가 있는데 이름이 사자이며, 여래가 이 세계에서 열 가지 이름으로 불리는데 대모니이며, 고행이며, 세 소존이며, 최승전이며, 일체지이며, 선의이며, 청정이며, 예라발나이 며, 최상시이며, 고행득입니다. 이러한 이름이 만 가지나 되니 중생들 이 각각의 능력만큼 보게 합니다.

(7-5-3-6) 동북방의 10종 명호

보살들이여, 사천하 동북쪽에 세계가 있는데 이름이 묘관찰이며, 여 래가 이 세계에서 열 가지 이름으로 불리는데 조복마이며, 성취이 며, 식멸이며, 현천이며, 이탐이며, 승혜이며, 심평등이며, 무능승이 며, 지혜음이며, 난출현입니다. 이러한 이름이 만 가지나 되니 중생 들이 각각의 능력만큼 보게 합니다.

(7-5-3-7) 동남방의 10종 명호

보살들이여, 사천하 동남쪽에 세계가 있는데 이름이 희락이며, 여래 가 이 세계에서 열 가지 이름으로 불리는데 극위엄이며, 광염취이

며, 변지이며, 비밀이며, 해탈이며, 성안주이며, 여법행이며, 정안왕
이며, 대용건이며, 정진력입니다. 이러한 이름이 만 가지나 되니 중
생들이 각각의 능력만큼 보게 합니다.

(7-5-3-8) 서남방의 10종 명호

보살들이여, 사천하 서남쪽에 세계가 있는데 이름이 심견뇌이며, 여
래가 이 세계에서 열 가지 이름으로 불리는데 안주이며, 지왕이며,
원만이며, 부동이며, 묘안이며, 정왕이며, 자재음이며, 일체시이며,
지중선이며, 승수미입니다. 이러한 이름이 만 가지나 되니 중생들이
각각의 능력만큼 보게 합니다.

(7-5-3-9) 서북방의 10종 명호

보살들이여, 사천하 서북쪽에 세계가 있는데 이름이 묘지이며, 여래
가 이 세계에서 열 가지 이름으로 불리는데 보변이며, 광염이며, 마
니계이며, 가억념이며, 무상의이며, 상희락이며, 성청정이며, 원만
광이며, 수비이며, 주본입니다. 이러한 이름이 만 가지나 되니 중생
들이 각각의 능력만큼 보게 합니다.

(7-5-3-10) 하방의 10종 명호

보살들이여, 사천하 아래쪽에 세계가 있는데 이름이 염혜이며, 여래
가 이 세계에서 열 가지 이름으로 불리는데 집선근이며, 사자상이
며, 맹리혜이며, 금색염이며, 일체지식이며, 구경음이며, 작이익이
며, 도구경이며, 진실천이며, 보변승입니다. 이러한 이름이 만 가지
나 되니 중생들이 각각의 능력만큼 보게 합니다.

(7-5-3-11) 상방의 10종 명호

보살들이여, 사천하 위쪽에 세계가 있는데 이름이 지지이며, 여래가 이 세계에서 열 가지 이름으로 불리는데 유지혜이며, 청정면이며, 각혜이며, 상수이며, 행장엄이며, 발환희이며, 의성만이며, 여성화이며, 지계이며, 일도입니다. 이러한 이름이 만 가지나 되니 중생들이 각각의 능력만큼 보게 합니다.

(7-5-3-12) 총결

보살들이여, 사바세계에 백억 사천하가 있으며, 여래가 그 가운데서 백억만 갖가지 명호를 두어서 중생들이 각각의 능력만큼 보게 합니다.

(7-5-4) 사바세계의 여래명호
(7-5-4-1) 동방의 10종 명호

보살들이여, 이 사바세계 동쪽에 밀훈세계가 있고, 여래가 이 세계에서 열 가지 이름으로 불리는데 평등이며, 수승이며, 안위이며, 개효의이며, 문혜이며, 진실이며, 득자재이며, 최승신이며, 대용맹이며, 무등지입니다. 이러한 이름이 백만억 가지나 되니 중생들이 각각의 능력만큼 보게 합니다.

(7-5-4-2) 남방의 10종 명호

보살들이여, 이 사바세계 남쪽에 풍일세계가 있고, 여래가 이 세계에서 열 가지 이름으로 불리는데 본성이며, 근의이며, 무상존이며, 대지거이며, 무소의이며, 광명장이며, 지혜장이며, 복덕장이며, 천중천이며, 대자재입니다. 이러한 이름이 백만억 가지나 되니 중생들이 각각의 능력만큼 보게 합니다.

(7-5-4-3) 서방의 10종 명호

보살들이여, 이 사바세계 서쪽에 이구세계가 있고, 여래가 이 세계에서 열 가지 이름으로 불리는데 의성이며, 지도이며, 안주본이며, 능해박이며, 통달의이며, 요분별이며, 최승견이며, 조복행이며, 중고행이며, 구족력입니다. 이러한 이름이 백만억 가지나 되니 중생들이 각각의 능력만큼 보게 합니다.

(7-5-4-4) 북방의 10종 명호

보살들이여, 이 사바세계 북쪽에 풍락세계가 있고, 여래가 이 세계에서 열 가지 이름으로 불리는데 첨복화색이며, 일장이며, 선주이며, 현신통이며, 성초매이며, 혜일이며, 무애이며, 여월현이며, 신질풍이며, 청정신입니다. 이러한 이름이 백만억 가지나 되니 중생들이 각각의 능력만큼 보게 합니다.

(7-5-4-5) 동북방의 10종 명호

보살들이여, 이 사바세계 동북쪽에 섭취세계가 있고, 여래가 이 세계에서 열 가지 이름으로 불리는데 영리고이며, 보해탈이며, 대복장이며, 해탈지이며, 과거장이며, 보광명이며, 이세간이며, 무애지이며, 정신장이며, 심부동입니다. 이러한 이름이 백만억 가지나 되니 중생들이 각각의 능력만큼 보게 합니다.

(7-5-4-6) 동남방의 10종 명호

보살들이여, 이 사바세계 동남쪽에 요익세계가 있고, 여래가 이 세계에서 열 가지 이름으로 불리는데 현광명이며, 진지이며, 미음이며, 승근이며, 장엄개이며, 정진근이며, 도분별피안이며, 승정이며, 간언사이며, 지혜해입니다. 이러한 이름이 백만억 가지나 되니 중생들이 각각의 능력만큼 보게 합니다.

(7-5-4-7) 서남방의 10종 명호
보살들이여, 이 사바세계 서남쪽에 선소세계가 있고, 여래가 이 세계에서 열 가지 이름으로 불리는데 모니주이며, 구중보이며, 세해탈이며, 변지근이며, 승언사이며, 명료견이며, 근자재이며, 대선사이며, 개도업이며, 금강사자입니다. 이러한 이름이 백만억 가지나 되니 중생들이 각각의 능력만큼 보게 합니다.

(7-5-4-8) 서북방의 10종 명호
보살들이여, 이 사바세계 서북쪽에 환희세계가 있고, 여래가 이 세계에서 열 가지 이름으로 불리는데 묘화취이며, 전단개이며, 연화장이며, 초월제법이며, 법보이며, 부출생이며, 정묘개이며, 광대안이며, 유선법이며, 전념법이며, 망장입니다. 이러한 이름이 백만억 가지나 되니 중생들이 각각의 능력만큼 보게 합니다.

(7-5-4-9) 하방의 10종 명호
보살들이여, 이 사바세계 아래쪽에 관약세계가 있고, 여래가 이 세계에서 열 가지 이름으로 불리는데 발기염이며, 조복독이며, 제석궁이며, 무상소이며, 각오본이며, 단증장이며, 대속질이며, 상요시이며, 분별도이며, 최복당입니다. 이러한 이름이 백만억 가지나 되니 중생들이 각각의 능력만큼 보게 합니다.

(7-5-4-10) 상방의 10종 명호
보살들이여, 이 사바세계 위쪽에 진음세계가 있고, 여래가 이 세계에서 열 가지 이름으로 불리는데 용맹당이며, 무량보이며, 요대시이며, 천광이며, 길흥이며, 초경계이며, 일체주이며, 불퇴륜이며, 이중악이며, 일체지입니다. 이러한 이름이 백만억 가지나 되니 중생들이 각각의 능력만큼 보게 합니다.

(7-5-4-11) 총결
보살들이여, 사바세계의 동쪽을 보면 생각할 수도 없고 헤아릴 수도 없고 말할 수도 없는 한량없는 법계 허공계가 있으며 이 모든 세계 가운데 여래의 이름이 가지가지로 같지 않은 것처럼 남쪽, 서쪽, 북쪽과 네 간방과 위쪽과 아래쪽도 역시 이와 같습니다.

(7-5-5) 세계 차별의 이유
부처님께서 옛날 보살로 계실 때에 여러 가지 담론과 말씀과 음성과 업과 과보와 처소와 방편과 근과 믿고 이해함과 지위로서 성숙함을 얻었기 때문이며, 또한 중생들이 이렇게 보도록 법을 설합니다.

11. 정행품(淨行品)

(11-1) 지수보살이 문수보살에게 묻다
(11-1-1) 불과의 삼업
부처님께서 마칼타국 보리도량에서 정각을 이루시고 보광명전에 계실 때 였다.

그때 지수보살이 문수보살에게 물었다.

"문수보살이여, 보살이 어떻게 허물이 없는 몸과 말과 뜻의 업을 얻으며, 해롭지 않는 몸과 말과 뜻의 업을 얻으며, 훼손할 수 없는 몸과 말과 뜻의 업을 얻으며, 깨뜨릴 수 없는 몸과 말과 뜻의 업을 얻으며, 물러가지 않는 몸과 말과 뜻의 업을 얻으며, 움직이지 않는 몸과 말과 뜻의 업을 얻으며, 뛰어난 몸과 말과 뜻의 업을 얻으며, 청정한 몸과 말과 뜻의 업을 얻으며, 물들지 않는 몸과 말과 뜻의 업을 얻으며, 지혜가 길잡이가 되는 몸과 말과 뜻의 업을 얻습니까?

(11-1-2) 불과의 구족
어떻게 태어나는 곳과 종족과 가문과 색과 모양과 생각과 지혜와 행과 두려움 없음과 깨달음의 구족을 얻습니까?

(11-1-3) 십종지혜
어떻게 수승하고 가장 높고 가장 수승한 지혜와 생각할 수 없고 헤아릴 수 없고 같을 이 없고 측량할 수 없고 말할 수 없는 지혜를 얻습니까?

(11-1-4) 열 가지 힘

어떻게 원인과 욕구와 방편과 간접 원인과 반연함과 근과 관찰과 사마타와 비파사나와 생각의 힘을 얻습니까?

(11-1-5) 법의 선교

어떻게 온의 선교(善巧, 중생을 교화하고 제도하는 방법이 뛰어남)와 계와 처와 연기와 욕계와 색계와 무색계와 과거와 현재와 미래의 선교를 얻습니까?

(11-1-6) 칠각분

어떻게 기억하는 깨달음의 분인 염각분과 법을 가리는 깨달음의 분인 택법각분과 정진하는 깨달음의 분인 정진각분과 기뻐하는 깨달음의 분인 희각분과 홀가분한 깨달음의 분인 제각분과 선정하는 깨달음의 분인 정각분과 버리는 깨달음의 분인 사각분이 공하고 모양이 없고 원이 없음을 잘 닦아 익히는 것입니까?

(11-1-7) 육바라밀과 사무량심

어떻게 보시바라밀과 지계바라밀과 인욕바라밀과 정진바라밀과 선정바라밀과 지혜바라밀을 얻으며 어떻게 자애로움과 가엾이 여김과 기쁨과 버림을 얻습니까?

(11-1-8) 십종력

합당한 곳과 합당하지 않는 곳임을 아는 지혜의 힘과, 과거·현재·미래의 업과 과보를 아는 지혜의 힘과, 근기의 수승하고 낮음을 아는 지혜의 힘과, 경계를 아는 지혜의 힘과, 알음알이를 아는 지혜의 힘과, 어떤 곳이든지 이르는 길을 아는 지혜의 힘과, 선정·삼매·해탈의 물들고 깨끗함을 아는 지혜의 힘과, 지난 세상의 일을 아는 지혜의 힘과, 걸림 없는 천안을 아는 지혜의 힘과, 모든 습기를 끊는 지혜의 힘을 얻습니까?

(11-1-9) 시왕공경
어떻게 천왕, 용왕, 야차왕, 건달바왕, 아수라왕, 긴나라왕, 마후라가왕, 인왕, 범왕들이 호위하고 공경하고 공양함을 얻습니까?

(11-1-10) 요익이 되다
어떻게 일체중생의 의지가 되며 구호가 되며 귀의할 곳이 되며 나아갈 곳이 되며 횃불이 되며 밝음이 되며 비춤이 되며 인도자가 되고 뛰어난 인도자가 되며 두루 인도하는 자가 됨을 얻습니까?

(11-1-11) 뛰어나게 존귀한 지위
어떻게 일체중생 중에 제일이 되며 큼이 되며, 수승함이 되며 가장 수승함이 되며, 묘함이 되며 지극히 묘함이 되며, 위가 되며 위가 없음이 되며, 같을 이 없음이 되며 같을 이 없으면서 같음이 되는 것입니까?"

(11-2) 문수보살의 답
(11-2-1) 문법을 칭찬하다
이때 문수보살이 지수보살에게 말했습니다.
"지수보살이여, 보살은 지금 많은 것을 이익되게 하고 안락하게 하

고, 세상을 불쌍히 여기고, 하늘사람을 이롭게 하고, 즐겁게 하려고
이러한 이치를 묻고 있습니다.

(11-2-2) 마음을 잘 쓰는 것이 답이다

보살이여, 만일 보살이 마음을 잘 쓰면 온갖 수승하고 묘한 공덕을
얻어서 부처님의 법에 걸림이 없으며, 과거·현재·미래의 여러 부처
님의 도에 머물며, 중생을 따라 머물러 항상 여의지 않으며, 법의 모
양을 통달하며, 온갖 나쁜 것을 끊고 모든 선한 것을 구족하며, 마땅
히 보현과 같이 얼굴 형색과 몸매가 제일이며, 온갖 행과 원을 구족
하며, 일체 법에 자재하지 않음이 없어서 중생에게 부처님 다음가는
스승이 됩니다.

(11-2-3) 게송으로 답하다

보살이여, 어떻게 마음을 써야 일체의 수승하고 묘한 공덕을 얻겠습
니까?

(11-2-3-1) 집에 있을 때의 서원

보살이 집에 있을 때는/ 집의 성품이 공함을 알아서/
그 핍박을 면해야 합니다.

부모를 효성으로 섬길 때에는/ 중생들이 부처님을 섬기듯/
온갖 것을 보호하고 공양 올리기를 원해야 합니다.

아내와 자식이 모여 있을 때에는/ 마땅히 보살들이 원수거나 친한

이에게 평등하듯이/ 영원히 탐착을 여의기를 원해야 합니다.

오욕을 얻었을 때에는/ 보살이 욕심의 화살을 빼어 버리듯이/
끝까지 안락하기를 원해야 합니다.

즐거운 놀이에는/ 보살이 법으로써 스스로 즐기듯이/
놀이는 참이 아님을 알아야 합니다.

궁궐에 있을 때에는/ 보살이 성인의 지위에 들어 탐욕이 없듯이/
더러운 탐욕이 영원히 없기를 원해야 합니다.

영락을 걸칠 때에는/ 중생들이 거짓 단장을 모두 버리고/
진실한 곳에 이르기를 원해야 합니다.

누각에 오를 때에는/ 보살이 법 누각에 올라가서 보듯이/
온갖 것을 철저하게 보기를 원해야 합니다.

보시하는 일이 있을 때에는/ 보살이 온갖 것을 버리듯이/
마음에 애착이 없기를 원해야 합니다.

여러 대중이 모일 때에는/ 보살이 모이는 법을 버리고 지혜 얻듯이/
온갖 지혜를 이루기를 원해야 합니다.

액난을 만날 때에는/ 보살이 마음대로 자재를 얻듯이/

어디 가든 장애가 없기를 원해야 합니다.

(11-2-3-2) 출가할 때의 서원

집을 버리고 수행의 길을 갈 때는/ 보살이 해탈을 얻어 장애 없듯이/
마음의 해탈을 얻기를 원해야 합니다.

절에 들어갈 때에는/ 어기거나 다툼이 없어/
함께하는 여러 가지 법을 얻기를 원해야 합니다.

깨달음을 주는 스승께 나아갈 때에는/ 스승님을 잘 섬겨/
선한 법을 익히고 행하기를 원해야 합니다.

출가하기를 구할 때에는/ 물러가지 않는 법을 얻어/
마음에 장애가 없기를 원해야 합니다.

세속의 옷을 벗을 때에는/ 선근을 부지런히 닦아/
모든 죄의 멍에를 벗기를 원해야 합니다.

머리털과 수염을 깎을 때에는/ 영원히 번뇌를 여의고/
결국에는 적멸하기를 원해야 합니다.

가사를 입을 때에는/ 마음이 번뇌에 물들지 않아/
신선의 도를 갖추기를 원해야 합니다.

바로 출가할 때에는/ 부처님과 같이 출가해/
모든 중생을 구제하기를 원해야 합니다.

스스로 부처님께 귀의할 때에는/ 부처님의 종성을 이을려고/
위없는 뜻을 내기를 원해야 합니다.

스스로 법에 귀의할 때에는/ 경장에 깊이 들어가/
지혜가 바다와 같기를 원해야 합니다.

스스로 승가에 귀의할 때에는/ 대중을 통솔하고 다스려/
모든 것에 다툼이 없기를 원해야 합니다.

계율을 받아 배울 때에는/ 계율을 잘 행해서/
불선법을 짓지 말기를 원해야 합니다.

아사리의 가르침을 받을 때에는/ 온갖 위의를 갖추어서/
행하는 것이 진실하기를 원해야 합니다.

화상의 가르침을 받을 때에는/ 생멸이 없는 지혜에 들어가/
의지할 데 없는 곳에 이르기를 원해야 합니다.

구족계를 받을 때에는/ 모든 방편을 구족해/
가장 승한 법을 얻기를 원해야 합니다.

8

(11-2-3-3) 좌선할 때의 서원
좌선방에 들어갈 때에는/ 위없는 당에 올라가서/
편히 머물러 동요하지 않기를 원해야 합니다.

평상에 앉을 자리를 펼 때에는/ 선한 법을 펼쳐서/
진실한 모양 보기를 원해야 합니다.

몸을 곧게 하고 단정히 앉을 때에는/ 보리좌에 앉아서/
마음에 집착이 없기를 원해야 합니다.

결가부좌하고 앉을 때에는/ 선근이 견고해/
흔들리지 않는 지위를 얻기를 원해야 합니다.

선정을 닦을 때에는/ 정으로 마음을 조복해/
결국에는 번뇌가 없기를 원해야 합니다.

관을 닦을 때에는/ 실상의 이치를 보아서/
어기거나 다툼이 없기를 원해야 합니다.

가부좌를 풀 때에는/ 모든 무상한 법이/
흩어져 없어짐을 보기를 원해야 합니다.

(11-2-3-4) 걸어다닐 때의 서원
발을 내려놓고 앉을 때에는/ 마음에 해탈을 얻어서/

편안히 머물러 움직이지 않기를 원해야 합니다.

발을 들 때에는/ 생사의 바다를 벗어나/
모든 선한 법을 갖추기를 원해야 합니다.

아래옷을 입을 때에는/ 모든 선근을 입어서/
부끄러움을 감추기를 원해야 합니다.

옷을 정돈하고 띠를 맬 때에는/ 선근을 살피고 단속해/
흩어지거나 잃지 않기를 원해야 합니다.

윗옷을 입을 때에는/ 수승한 선근을 얻어서/
법의 저 언덕에 이르기를 원해야 합니다.

승려의 옷을 걸칠 때에는/ 보살의 지위에 들어가/
동요하지 않는 법을 얻기를 원해야 합니다.

(11-2-3-5) 용변을 보고 손을 씻을 때의 서원
손에 치솔을 잡을 때에는/ 중생들이 묘한 법을 얻어서/
구경에는 청정하기를 원해야 합니다.

칫솔로 이빨을 닦을 때에는/ 그 마음이 고르고 깨끗해/
모든 번뇌를 없애기를 원해야 합니다.

대소변을 볼 때에는/ 탐심과 진심과 치심을 버리고/
죄업을 없애기를 원해야 합니다.

일을 마치고 물에 나아갈 때에는/ 출세하는 법 가운데/
빨리 가기를 원해야 합니다.

몸의 더러운 것을 씻을 때에는/ 깨끗하고 부드럽게 해/
마음의 때까지 없기를 원해야 합니다.

물로 손을 씻을 때에는/ 깨끗한 손을 얻어서/
부처님 법을 받아 지니기를 원해야 합니다.

물로 얼굴을 씻을 때에는/ 청정한 법문을 얻어서/
더러움에 물듦이 없기를 원해야 합니다.

(11-2-3-6) 걸식할 때의 서원
손으로 석장을 잡을 때에는/ 크게 보시하는 모임을 베풀어서/
실상과 같은 도를 보기를 원해야 합니다.

탁발을 위해 발우를 들 때에는/ 법기를 성취해/
하늘과 사람의 공양받기를 원해야 합니다.

발을 내딛어 길을 갈 때에는/ 부처님의 행하시던 곳으로 나아가/
의지할 데가 없는 곳에 들어가기를 원해야 합니다.

길에 있을 때에는/ 부처님 도를 행해/
무위법에 향하기를 원해야 합니다.

길을 걸어갈 때에는/ 청정한 법계를 밟아서/
마음에 장애 없기를 원해야 합니다.

오르막을 볼 때에는/ 삼계에서 뛰어나/
마음에 겁약함이 없기를 원해야 합니다.

내리막을 볼 때에는/ 마음이 겸손하고 하심해/
부처님의 선근이 길러지기를 원해야 합니다.

굽은 길을 볼 때에는/ 바르지 않는 길을 버리고/
영원히 나쁜 소견이 없기를 원해야 합니다.

곧은 길을 볼 때에는/ 마음이 곧고 발라서/
아첨하고 속임이 없기를 원해야 합니다.

티끌이 많은 길을 볼 때에는/ 티끌을 멀리 여의고/
청정한 법 얻기를 원해야 합니다.

먼지가 없는 길을 볼 때에는/ 큰 자비를 행해/
마음이 윤택하기를 원해야 합니다.

험한 길을 볼 때에는/ 바른 법계에 머물러서/
죄와 어려움을 여의기를 원해야 합니다.

(11-2-3-7) 산림에 들어갈 때의 서원
대중이 모인 곳을 볼 때에는/ 깊고 깊은 법을 설해/
모든 것이 화합하기를 원해야 합니다.

큰 기둥을 볼 때에는/ 다투는 마음을 여의고/
분한 원한이 없어지기를 원해야 합니다.

수행처를 볼 때에는/ 하늘과 사람들이/
공경하고 예배하기를 원해야 합니다.

높은 산을 볼 때에는/ 선근이 뛰어나서/
정상에 이르러도 만족함이 없기를 원해야 합니다.

가시나무를 볼 때에는/ 세 가지 독한 가시를/
뽑아버리기를 원해야 합니다.

나뭇잎이 무성함을 볼 때에는/ 선정과 해탈로써/
그늘을 원해야 합니다.

꽃이 피는 것을 볼 때에는/ 신통과 여러 법이/
꽃 피듯 하기를 원해야 합니다.

꽃이 핀 나무를 볼 때에는/ 여러 상호가 꽃과 같아서/
삼십이 상이 구족하기를 원해야 합니다.

열매가 맺은 것을 볼 때에는/ 가장 수승한 법을 얻어서/
보리도를 증득하기를 원해야 합니다.

큰 강을 볼 때에는/ 법의 흐름에 함께 해/
부처님의 지혜 바다에 들어가기를 원해야 합니다.

큰 늪을 볼 때에는/ 부처님들의 한결같은 법을/
빨리 깨닫기를 원해야 합니다.

연못을 볼 때에는/ 말솜씨가 두루 구족해/
미묘하게 연설하기를 원해야 합니다.

물 긷는 우물을 볼 때에는/ 변재를 구족해/
온갖 법을 연설하기를 원해야 합니다.

퐁퐁 솟는 샘물을 볼 때에는/ 방편이 증장해/
선근이 다함없기를 원해야 합니다.

다리 놓인 길을 볼 때에는/ 모든 중생을 제도해/
다리와 같기를 원해야 합니다.

흘러가는 물을 볼 때에는/ 선한 의욕을 얻어서/
의혹의 때가 씻어지기를 원해야 합니다.

밭 매는 것을 볼 때에는/ 오욕의 밭에서/
애욕의 풀 뽑기를 원해야 합니다.

근심 없는 숲을 볼 때에는/ 탐욕과 애정을 멀리 여의고/
근심과 두려움이 없기를 원해야 합니다.

동산이나 공원을 볼 때에는/ 모든 행을 부지런히 닦아/
부처님의 도에 나아가기를 원해야 합니다.

(11-2-3-8) 사람을 대할 때의 서원
찬란하게 장엄한 사람을 볼 때에는/ 부처님의 삼십이 상 몸매로/
장엄하게 단장되기를 원해야 합니다.

장엄하지 않은 사람을 볼 때에는/ 모든 장식을 버리고/
두타행을 원해야 합니다.

즐거움에 집착하는 사람을 볼 때에는/ 법을 스스로 즐기며/
기뻐하고 좋아해 버리지 않기를 원해야 합니다.

즐거움에 집착이 없는 사람을 볼 때에는/ 여러 가지 일 가운데/
즐기는 마음이 없기를 원해야 합니다.

기뻐하고 즐거워하는 사람을 볼 때는/ 항상 안락을 얻어서/
부처님께 공양올리기 좋아하기를 원해야 합니다.

괴로워하는 사람을 볼 때에는/ 모든 중생이 근본지를 얻어/
온갖 고통이 소멸하기를 원해야 합니다.

병이 없는 사람을 볼 때에는/ 진실한 지혜에 들어가서/
병과 시끄러움이 영원히 없기를 원해야 합니다.

병든 사람을 볼 때에는/ 몸이 공적함을 알아서/
어기거나 다투는 법을 여의기를 원해야 합니다.

단정한 사람을 볼 때에는/ 부처님과 보살에게/
깨끗한 믿음을 내기를 원해야 합니다.

누추한 사람을 볼 때에는/ 좋지 않는 일에는/
집착하지 않기를 원해야 합니다.

은혜 갚는 사람을 볼 때에는/ 부처님과 보살에게/
은덕 갚는 것을 알기를 원해야 합니다.

은혜를 배반하는 사람을 볼 때에는/ 악한 사람에게/
앙갚음을 하지 않기를 원해야 합니다.

사문을 볼 때에는/ 조화롭고 유순하고 고요해/
제일이 되기를 원해야 합니다.

바라문을 볼 때에는/ 영원히 범행을 지녀서/
온갖 나쁜 일을 여의기를 원해야 합니다.

고행하는 사람을 볼 때에는/ 고행에 의지해/
구경의 곳에 이르기를 원해야 합니다.

절제된 행위가 있는 사람을 볼 때에는/ 절개와 행실을 굳게 가져서/
불도를 버리지 않기를 원해야 합니다.

갑옷을 입은 사람을 볼 때에는/ 선행의 갑옷을 입고/
최상의 법에 나아가기를 원해야 합니다.

갑옷을 입지 않은 사람을 볼 때에는/ 착하지 않는 온갖 업을/
영원히 떠나기를 원해야 합니다.

논의하는 사람을 볼 때에는/ 여러 가지 논의를/
다 꺾어 굴복하기를 원해야 합니다.

바르게 사는 사람을 볼 때에는/ 청정한 목숨을 얻어서/
거짓 위의를 차리지 않기를 원해야 합니다.

임금을 볼 때에는/ 법왕이 되어서/
바른 법을 연설하기를 원해야 합니다.

왕자를 볼 때에는/ 법으로부터 화생해/
부처님의 아들이 되기를 원해야 합니다.

장자를 볼 때에는/ 온갖 일을 밝게 판단해/
악법을 행하지 않기를 원해야 합니다.

높은 관리를 볼 때에는/ 바른 생각을 항상 가지고/
모든 선한 일을 행하기를 원해야 합니다.

(11-2-3-9) 걸식하러 갈 때의 서원
성곽을 볼 때에는/ 견고한 몸을 얻어서/
마음이 굴복하지 않기를 원해야 합니다.

나라의 수도를 볼 때에는/ 공덕을 함께 모아서/
마음이 항상 기쁘고 즐기기를 원해야 합니다.

숲속에 있음을 볼 때에는/ 하늘이나 세상 사람들이/
우러러 찬탄하는 바가 되기를 원해야 합니다.

마을에 들어가 걸식할 때에는/ 깊은 법계에 들어가/
마음에 걸림이 없기를 원해야 합니다.

남의 집 앞에 이르렀을 때에는/ 온갖 불법의 문에/
들어가기를 원해야 합니다.

그 집에 들어갔을 때에는/ 부처님의 법에 들어가/
삼세가 평등하기를 원해야 합니다.

버리지 못하는 사람을 볼 때에는/ 수승한 공덕의 법을 이루어/
진리를 버리지 않기를 원해야 합니다.

버리는 사람을 볼 때에는/ 삼악도의 고통을/
여의기를 원해야 합니다.

발우가 빈 것을 볼 때에는/ 마음이 청정해/
텅 비어 번뇌가 없기를 원해야 합니다.

가득 찬 발우를 볼 때에는/ 모든 선법을 구족해/
마음에 선법이 가득하기를 원해야 합니다.

공경을 받을 때에는/ 모든 불법을/
공경히 닦기를 원해야 합니다.

공경을 받지 못할 때에는/ 모든 선하지 못한 법을/
행하지 않기를 원해야 합니다.

부끄러워하는 사람을 볼 때에는/ 부끄러워하는 행을 갖추어/
모든 근을 감추고 보호하기를 원해야 합니다.

부끄러움이 없는 사람을 볼 때에는/ 부끄러움이 없음을 떠나/
큰 자비의 길에 머물기를 원해야 합니다.

좋은 음식을 얻었을 때에는/ 소원에 만족해/
부러워하는 마음이 없기를 원해야 합니다.

좋지 못한 음식을 얻었을 때에는/ 모든 삼매의 맛을/
얻기를 원해야 합니다.

부드러운 음식을 얻었을 때에는/ 자비로 훈습해서/
마음이 유연하기를 원해야 합니다.

거친 음식을 얻었을 때에는/ 마음에 물듦이 없어/
세상의 탐애를 끊기를 원해야 합니다.

밥을 먹을 때에는/ 선정의 기쁨으로/
법의 즐거움이 가득하기를 원해야 합니다.

음식의 맛을 볼 때에는/ 부처님이 느끼는 최상의 맛으로/
감로가 만족하기를 원해야 합니다.

8

밥을 먹고 났을 때에는/ 할 일을 모두 마치고/
모든 불법이 구족하기를 원해야 합니다.

법을 설할 때에는/ 다함이 없는 변재를 얻어/
법의 요체를 널리 전하기를 원해야 합니다.

(11-2-3-10) 목욕할 때의 서원
집에서 나갈 때에는/ 부처님 지혜에 깊이 들어가/
삼계를 길이 벗어나기를 원해야 합니다.

물에 들어갈 때에는/ 온갖 지혜에 들어가/
삼세가 평등함을 알기를 원해야 합니다.

목욕을 할 때에는/ 몸과 마음에 때가 없어/
안팎이 빛나고 깨끗하기를 원해야 합니다.

여름에 매우 더울 때에는/ 모든 번뇌를 여의어/
온갖 것이 다 없어지기를 원해야 합니다.

더위가 물러가고 서늘할 때에는/ 위없는 법을 증득해/
구경에는 청량하기를 원해야 합니다.

(11-2-3-11) 간경하고 예불할 때의 서원
경을 읽을 때에는/ 부처님의 설하신 법문에 따라/

기억하고 잊지 않기를 원해야 합니다.

부처님을 뵐 때에는/ 걸림이 없는 눈을 얻어/
부처님을 뵙기를 원해야 합니다.

부처님을 자세히 살펴볼 때는/ 보현보살과 같이/
단정하고 엄숙하기를 원해야 합니다.

부처님 탑을 볼 때는/ 공경하는 마음이 탑을 대함과 같아/
하늘과 사람들의 공양 받기를 원해야 합니다.

공경하는 마음으로 탑을 볼 때는/ 여러 하늘과 세간 사람들이/
함께 우러러보기를 원해야 합니다.

탑에 정례할 때는/ 모든 하늘이나 사람들이/
정수리를 보지 못하기를 원해야 합니다.

탑을 오른쪽으로 돌 때에는/ 행하는 일이 거슬림이 없어/
온갖 지혜 이루기를 원해야 합니다.

탑을 세 바퀴 돌 때에는/ 부처님 도를 부지런히 구해/
게으른 마음이 없기를 원해야 합니다.

부처님 공덕을 찬탄할 때에는/ 모든 덕이 구족해/

끝없이 찬탄하기를 원해야 합니다.

부처님의 모습을 찬탄할 때에는/ 부처님의 삼십이 상을 성취해/
형상 없는 법을 증득하기를 원해야 합니다.

(11-2-3-12) 잠자고 쉴 때의 서원
발을 씻을 때에는/ 신족통을 구족해/
행이 걸림이 없기를 원해야 합니다.

잠자고 쉴 때에는/ 몸이 편안해/
마음이 어지럽지 않기를 원해야 합니다.

잠에서 깰 때에는/ 모든 지혜를 깨달아서/
시방을 두루 살피기를 원해야 합니다.

(11-2-4) 이익을 찬탄하다
보살들이여, 보살이 이렇게 마음을 쓰면 온갖 수승하고 묘한 공덕을
얻을 것이며, 모든 세간의 하늘과 마군과 범천과 사문과 바라문과
건달바와 아수라와 성문과 연각이 거스르지 못할 것입니다.

15. 십주품

(15-1) 삼매와 가피를 보이다
(15-1-1) 법혜보살이 삼매에 들다
부처님께서 마갈타국 보리도량에서 정각을 이루시고, 보리도량을 떠나지 않으시고 수미산 정상의 제석천궁에 오르시자 제석천왕이 찬탄하며 영접했다. 부처님께서는 제석천왕의 찬탄을 받으며 묘승전의 보광명장 사자좌에 앉으셨다.

그때 법혜보살이 부처님의 위신력을 받들어 보살의 무량방편삼매에 들었다.

(15-1-2) 가피를 입다
시방으로 각각 일천 부처님 세계에서 수없이 많은 세계 밖에 일천 부처님 세계의 수없이 많은 부처님이 계시는데 다 같이 이름이 법혜불이었다. 부처님들이 삼매의 힘으로 법혜보살 앞에 나타나서 말씀하셨다.

(15-1-3) 가피와 삼매의 인연
"훌륭하다. 훌륭하다. 보살이여, 그대가 보살의 무량방편삼매에 들었구나. 보살이여, 시방으로 각각 일천 부처님 세계의 수없이 많은 부처님이 위신력으로 그대에게 가피주시며, 또한 비로자나여래의 지난 세상의 서원과 위신력과 그대가 닦은 선근의 힘으로 이 삼매에 들어서 그대에게 법문을 설하게 했다.

(15-1-4) 가피하는 열 가지 이유

가피주는 이유는 부처님의 지혜를 증장시키려고, 법계에 깊이 들어가게 하려고, 중생의 세계를 잘 알게 하려고, 들어가는 데 걸림이 없게 하려고, 행하는 것이 장애되지 않게 하려고, 같을 이 없는 방편을 얻게 하려고, 온갖 지혜의 성품에 들게 하려고, 모든 법을 깨닫게 하려고, 모든 근기를 알게 하려고, 모든 법을 지니게 하려는 것입니다. 이것은 여러 보살의 십종주를 일으키려는 것이다.

(15-1-5) 입의 가피

보살이여, 그대는 부처님의 위신력을 받들어 이 법을 연설하라."

(15-1-6) 뜻의 가피

이때 모든 부처님이 법혜보살에게 걸림없는 지혜와 집착없는 지혜와 끊어짐이 없는 지혜와 어리석음이 없는 지혜와 다름이 없는 지혜와 잃어버림이 없는 지혜와 한량없는 지혜와 누구에게도 지지 않는 지혜와 게으름 없는 지혜와 가져 갈 수 없는 지혜를 주었다. 삼매의 힘이 그와 같은 지혜를 주신 것이다.

(15-1-7) 몸의 가피

이때 모든 부처님이 각각 오른손을 펴서 법혜보살의 정수리를 만지니 법혜보살이 선정에서 깨어나 보살들에게 말했다.

(15-2) 보살의 십주
(15-2-1) 머무는 곳의 체상
"보살들이여, 보살이 머무는 곳은 넓고 커서 법계와 허공과 같습니다. 보살은 삼세의 모든 부처님 집에 머무릅니다. 보살의 머무는 곳을 이제 말하겠습니다.

(15-2-2) 이름을 열거하다
보살들이여, 보살이 머무는 곳은 과거와 현재와 미래의 모든 부처님이 이미 말씀하셨고 앞으로도 말씀하시며 지금도 말씀하고 있습니다. 보살이 머무는 열 가지는 초발심주와 치지주와 수행주와 생귀주와 구족방편주와 정심주와 불퇴주와 동진주와 법왕자주와 관정주입니다.

(15-2-3) 제1 발심주
(15-2-3-1) 발심의 열 가지 일
보살들이여, 보살이 부처님의 형상이 단정하고 상호가 원만해 사람들이 보기를 좋아하며, 만나 뵙기 어렵고 큰 위력이 있음을 보며, 신통을 보며, 수기함을 들으며, 가르침을 들으며, 중생들이 온갖 고통을 받는 것을 보며, 여래의 넓고 큰 불법을 듣고 보리심을 내어 온갖 지혜를 구하는 것이 보살의 발심주입니다.

(15-2-3-2) 열 가지 얻기 어려운 법
보살은 열 가지 얻기 어려운 법을 인연해서 마음을 냅니다. 옳은 것과 그른 것을 아는 지혜, 선악의 업으로 받는 과보를 아는 지혜, 모든 근이 수승하고 낮음을 아는 지혜, 여러 가지 이해의 차별을 아는 지혜, 여러 가지 경계의 차별을 아는 지혜, 모든 곳에 이르러 갈 곳을 아는 지혜, 모든 선정과 해탈과 삼매를 아는 지혜, 과거 전생의 인과를 걸림없이 아는 지혜, 천안통으로 알 수 있는 걸림없는 지혜, 삼세의 번뇌가 모두 다한 지혜, 이것이 열 가지입니다.

(15-2-3-3) 열 가지 법을 배우기를 권함

보살이여, 보살은 열 가지 법 배우기를 권합니다. 부지런히 부처님께 공양하고, 생사에 머물기를 좋아하고, 세간을 주도해 악한 업을 버리게 하고, 수승하고 묘한 법으로 항상 가르치고, 위없는 법을 찬탄하고, 부처님의 공덕을 배우고, 부처님 계실 때 태어나서 거두어 주심을 받고, 방편으로 적정삼매를 연설하고, 나고 죽음의 윤회를 멀리 여의는 것을 찬탄하고, 고통 받는 중생의 귀의할 곳이 되는 것입니다.

(15-2-3-4) 까닭을 말하다

이러한 법을 배우는 이유는 보살들이 부처님 법 가운데서 마음을 더욱 넓게 하며, 법을 듣고 스스로 이해해 다른 이의 가르침에 의지하지 않는 것입니다.

(15-2-4) 제2 치지주
(15-2-4-1) 중생에게 열 가지 마음을 내다

보살들이여, 보살은 중생들에 대해 열 가지 마음을 내는 것이 보살의 치지주입니다.

중생을 이익되게 하려는 마음, 불쌍히 여기는 마음, 안락하게 하려는 마음, 편안히 머물게 하려는 마음, 가엾이 여기는 마음, 거두어 주려는 마음, 수호하려는 마음, 내 몸과 같이 여기는 마음, 스승같이 여기는 마음, 도사같이 여기는 마음입니다.

(15-2-4-2) 열 가지 법을 배우기를 권함
보살들이여, 보살은 열 가지 법 배우기를 권합니다. 외우고 익혀 많이 아는 것, 한가해 고요한 것, 선지식을 가까이 하는 것, 화평하고 즐겁게 말하는 것, 말할 시기를 아는 것, 두려운 마음이 없는 것, 이치를 잘 아는 것, 법대로 행하는 것, 어리석음을 멀리 여의는 것, 편안히 머물러 마음이 움직이지 않는 것입니다.

(15-2-4-3) 까닭을 말하다
이러한 법을 배우는 이유는 보살들이 중생에 대해 대비심을 증장케 하며, 법을 듣고 스스로 이해해 다른 이의 가르침에 의지하지 않게 하려는 까닭입니다.

(15-2-5) 제3 수행주
(15-2-5-1) 열 가지 행으로 온갖 법을 관찰합니다
보살들이여, 보살은 열 가지 행으로 모든 법을 관찰하는 것이 보살의 수행주입니다. 모든 법이 무상하고, 괴롭고, 공하고, 나가 없고, 지음이 없고, 맛이 없고, 이름과 같지 않고, 처소가 없고, 분별을 여의었고, 견실함이 없음을 관찰하는 것입니다.

(15-2-5-2) 열 가지 법을 배우기를 권함

보살들이여, 보살은 마땅히 열 가지 법 배우기를 권합니다. 중생계와 법계와 세계를 관찰하며, 지계·수계·화계·풍계를 관찰하며, 욕계·색계·무색계를 관찰합니다.

(15-2-5-3) 까닭을 말하다

이러한 법을 배우는 이유는 보살들이 지혜가 분명하고 법을 듣고 스스로 이해해 다른 이의 가르침에 의지하지 않게 하는 까닭입니다.

(15-2-6) 제4 생귀주
(15-2-6-1) 열 가지 법을 성취하다

보살들이여, 보살은 성인의 교법으로부터 나서 열 가지 법을 성취하는 것이 보살의 생귀주입니다. 영원히 퇴전하지 않으며, 부처님께 깨끗한 신심을 내며, 법을 잘 관찰하며, 중생과 국토와 세계와 업의 행과 과보와 생사와 열반을 잘 아는 것입니다.

(15-2-6-2) 열 가지 법을 배우기를 권함

보살들이여, 보살은 열 가지 법 배우기를 권합니다. 과거와 현재와 미래의 모든 부처님 법을 분명히 알며, 과거와 현재와 미래의 모든 부처님 법을 닦으며, 과거와 현재와 미래의 부처님 법을 원만하게 구족해 부처님의 평등함을 분명히 아는 것입니다.

(15-2-6-3) 까닭을 말하다

이러한 법을 배우는 이유는 더욱 나아가 삼세 가운데 마음이 평등함이며, 법을 듣고는 스스로 이해해 다른 이의 가르침에 의지하지 않게 하는 까닭입니다.

(15-2-7) 제5 구족방편주
(15-2-7-1) 선근의 열 가지 일
보살들이여, 보살이 닦는 선근은 모든 중생을 구호하고, 이익되게 하고, 안락하게 하고, 가엾이 여기고, 제도해 해탈하게 하며, 모든 재난을 여의게 하며, 생사의 고통에서 벗어나게 하며, 깨끗한 신심을 내게 하며, 조복함을 얻게 하며, 열반을 증득 하려는 것이 보살의 구족방편주입니다.

(15-2-7-2) 열 가지 법을 배우기를 권함
보살들이여, 보살은 열 가지 법 배우기를 권합니다. 중생의 제도가 끝없음을 알며, 번뇌가 한량없음을 알며, 수가 한량없음을 알며, 능력이 부사의함을 알며, 한량없는 빛을 알며, 헤아릴 수 없음을 알며, 성품이 공함을 알며, 지음이 없음을 알며, 있는 바 없음을 알며, 제 성품이 없음을 아는 것입니다.

(15-2-7-3) 까닭을 말하다
이러한 법을 배우는 이유는 그 마음이 더욱 늘고 수승해 물들지 않게 하며, 법을 듣고는 스스로 이해해 다른 이의 가르침에 의지하지 않게 하는 까닭입니다.

(15-2-8) 제6 정심주

(15-2-8-1) 믿음이 결정되어 흔들리지 않는다

보살들이여, 보살은 열 가지 법을 듣고 믿음을 결정해 흔들리지 않는 것이 보살의 정심주입니다. 부처님을 찬탄하거나 부처님을 훼방함을 듣고도 불법 가운데 마음이 흔들리지 않으며, 법을 찬탄하거나 법을 훼방함을 듣고도 불법 가운데 마음이 결정되어 흔들리지 않으며, 보살을 찬탄하거나 보살을 훼방함을 듣고도 불법 가운데 마음이 흔들리지 않으며, 보살의 행하는 법을 찬탄하거나 훼방함을 듣고도 불법 가운데 마음이 흔들리지 않으며, 중생이 한량 하거나 한량없습니다고 말함을 듣고도 불법 가운데 마음이 흔들리지 않으며, 중생이 때가 있거나 없음을 말함을 듣고도 불법 가운데 마음이 흔들리지 않으며, 중생이 제도하기 쉽거나 제도하기 어렵다고 말함을 듣고도 불법 가운데 마음이 흔들리지 않으며, 법계가 한량 하거나 한량없다고 말함을 듣고도 불법 가운데 마음이 흔들리지 않으며, 법계가 이룩하는 것도 있고 무너지는 것도 있다고 말함을 듣고도 불법 가운데 마음이 흔들리지 않으며, 법계가 있거나 없다고 말함을 듣고도 불법 가운데 마음이 흔들리지 않습니다.

(15-2-8-2) 열 가지 법을 배우기를 권함

보살들이여, 보살은 열 가지 법 배우기를 권합니다. 온갖 법이 모양이 없고, 자체가 없고, 닦을 수 없고, 있는 것이 없고, 진실하지 않고, 공하고, 성품이 없고, 환술과 같고, 꿈과 같고, 분별이 없는 것입니다.

(15-2-8-3) 까닭을 말하다

이러한 법을 배우는 이유는 마음이 더욱더 증진해 물러나지 않는 무생법인(無生法忍)을 얻게 함이며, 법을 듣고는 스스로 이해해 다른 이의 가르침에 의지하지 않는 까닭입니다.

(15-2-9) 제7 불퇴주
(15-2-9-1) 열 가지 법을 듣고 퇴전하지 않다

보살들이여, 보살은 열 가지 법을 듣고 믿음을 결정해 흔들리지 않는 것이 보살의 불퇴주입니다. 부처님이 있다 없다 함을 듣고도 불법 가운데 마음이 물러나지 않으며, 법이 있다 없다 함을 듣고도 불법 가운데 마음이 물러나지 않으며, 보살이 있다 없다 함을 듣고도 불법 가운데 마음이 물러나지 않으며, 보살의 행이 있다 없다 함을 듣고도 불법 가운데 마음이 물러나지 않으며, 보살이 행을 닦아 뛰어나거나 뛰어나지 못하다 함을 듣고도 불법 가운데 마음이 물러나지 않으며, 지난 세상에 부처님이 있다 없다 함을 듣고도 불법 가운데 마음이 물러나지 않으며, 오는 세상에 부처님이 있다 없다 함을 듣고도 불법 가운데 마음이 물러나지 않으며, 지금 세상에 부처님이 있다 없다 함을 듣고도 불법 가운데 마음이 물러나지 않으며, 부처님의 지혜가 다한다 하지 않는다 함을 듣고도 불법 가운데 마음이 물러나지 않으며, 삼세가 한 모양이다 아니다 함을 듣고도 불법 가운데 마음이 물러나지 않으니, 이것이 열 가지입니다.

(15-2-9-2) 열 가지 법을 배우기를 권함

보살들이여, 보살은 마땅히 열 가지 광대한 법 배우기를 권합니다. 하나가 많다고 말하며, 많은 것이 하나라 말하며, 글이 뜻을 따르고 뜻이 글을 따르며, 있지 않은 것이 있는 것이고 있는 것이 있지 않음

이며, 모양 없는 것이 모양이고 모양이 모양 없는 것이며, 성품 없는
것이 성품이고 성품이 성품 없는 것입니다.

(15-2-9-3) 까닭을 말하다
이러한 법을 배우는 이유는 그가 더 나아가서 온갖 법에서 잘 뛰어
나게 함이며, 법을 듣고는 스스로 이해해 다른 이의 가르침에 의지
하지 않는 까닭입니다.

(15-2-10) 제8 동진주
(15-2-10-1) 보살은 열 가지 업에 머문다
보살들이여, 보살은 열 가지 업에 머무는 것이 보살의 동진주입니
다. 몸으로 행함과 말의 행과 뜻의 행이 잘못됨이 없으며, 뜻하는 대
로 태어나고, 중생의 가지가지 욕망을 알고, 중생의 가지가지 이해
를 알고, 중생의 가지가지 경계를 알고, 중생의 가지가지 업을 알고,
세계가 이루어지고 무너짐을 알고, 신통이 자재해 걸림이 없으니,
이것이 열 가지입니다.

(15-2-10-2) 열 가지 법을 배우기를 권함
보살들이여, 보살은 마땅히 열 가지 법 배우기를 권합니다. 모든 부
처님의 세계를 알며, 움직이며, 지니며, 관찰합니다. 모든 부처님의
세계에 나아가며, 노닐며, 법을 받으며, 변화가 자재한 몸을 나타내
며, 넓고 크고 두루 가득한 음성을 내며, 한 찰나에 수없는 부처님을
받들어 섬기고 공양합니다.

(15-2-10-3) 까닭을 말하다

이러한 법을 배우는 이유는 그가 더 나아가 온갖 법에 공교한 방편을 얻게 함이며, 법을 듣고는 스스로 이해해 다른 이의 가르침에 의지하지 않게 하는 까닭입니다.

(15-2-11) 제9 법왕자주
(15-2-11-1) 열 가지 법을 잘 알다

보살들이여, 보살은 열 가지 법을 잘 아는 것이 보살의 법왕자주입니다. 모든 중생의 태어나는 것을 알며, 모든 번뇌가 현재에 일어나는 것을 알며, 버릇이 계속되는 것을 알며, 행할 방편을 알며, 한량없는 법을 알며, 모든 위의를 이해하며, 세계의 차별을 알며, 앞일과 뒷일을 알며, 세상 법을 연설할 줄 알며, 제일의제를 연설할 줄 아는 것입니다.

(15-2-11-2) 열 가지 법을 배우기를 권함

보살들이여, 열 가지 법 배우기를 권합니다. 법왕의 지위에 능란함과 법왕처에 대한 법도와 법왕처의 궁전과 법왕처에 나아가고 들어옴과 법왕처를 관찰함과 법왕의 관정과 법왕의 힘으로 유지함과 법왕의 두려움 없음과 법왕의 편히 주무심과 법왕을 찬탄하는 것입니다.

(15-2-11-3) 까닭을 말하다

이러한 법을 배우는 이유는 그가 더욱 나아가 마음에 장애가 없으며, 법을 듣고는 스스로 이해해 다른 이의 가르침에 의지하지 않게 하는 까닭입니다.

(15-2-12) 제10 관정주
(15-2-12-1) 열 가지 지혜를 성취하다
보살들이여, 보살은 열 가지 지혜를 성취하는 것이 보살의 관정주입니다. 수없이 많은 세계를 진동하며, 밝게 비추며, 깨끗이 하며, 열어 보이며, 관찰하며, 나아가며, 중생의 근기를 알며, 중생을 들어가게 하며, 중생을 조복시키는 것입니다.

또한 보살들은 몸과 몸으로 짓는 업과 신통변화와, 과거의 지혜와 현재의 지혜와 미래의 지혜와 부처님 세계를 성취함과 마음의 경계와 지혜의 경계를 다 알 수 없으며, 법왕자 보살들도 또한 알지 못합니다.

(15-2-12-2) 열 가지 법을 배우기를 권함
보살들이여, 부처님의 열 가지 지혜를 배우기를 권합니다. 삼세의 지혜와 불법의 지혜와 법계의 걸림없는 지혜와 법계의 끝없는 지혜와 모든 세계에 가득한 지혜와 모든 세계를 두루 비추는 지혜와 모든 세계에 머무는 지혜와 모든 중생을 아는 지혜와 모든 법을 아는 지혜와 끝없는 부처님을 아는 지혜입니다.

(15-2-12-3) 까닭을 말하다
이러한 법을 배우는 이유는 갖가지 지혜를 증장시키며, 법을 듣고는 스스로 이해해 다른 이의 가르침에 의지하지 않게 하려는 까닭입니다.”

(15-2-13) 6종18상으로 진동해 상서를 보이다
이때 부처님의 신력으로 시방에 각각 일만 부처님 세계의 수없이 많은 세계가 여섯 가지로 진동했다. 움직임과 두루 움직임과 온통 두루 움직임과 일어남과 두루 일어남과 온통 두루 일어남과 솟음과 두루 솟음과 온통 두루 솟음과 떨림과 두루 떨림과 온통 두루 떨림과 부르짖음과 두루 부르짖음과 온통 두루 부르짖음과 부딪침과 두루 부딪침과 온통 두루 부딪침이었다.

(15-2-14) 천상의 꽃과 음악 등으로 상서를 보이다

하늘의 묘한 꽃과 가루향과 꽃타래와 여러 가지 향과 보배 옷과 보배 구름과 장엄이 비 내리듯 내리며, 모든 음악이 저절로 울리며, 광명과 묘한 음성이 비치고 들렸다.

이와 같이 사천하의 수미산 꼭대기에 있는 제석천왕 궁전에서 십주법을 설하면서 온갖 신통 변화를 나타내는 것처럼 시방에 있는 온갖 세계에서도 그러했다.

(15-2-15) 시방 보살들의 찬탄과 증명

또한 부처님의 위신력으로 시방으로 각각 일만 부처님 세계의 수없이 많은 세계를 지나가서 열 부처 세계의 수없이 많은 보살이 여기에 와서 이렇게 말했다.

"훌륭하고 훌륭합니다. 보살들이여, 법을 잘 설했습니다. 우리들은 다 같이 법혜라 이름하며, 우리들이 지나온 나라는 다 같이 법운국이며, 그 나라 여래의 명호는 모두 묘법입니다. 우리들의 부처님이 계신 곳에서도 십주법을 설하시니, 모인 권속들과 문구와 뜻과 이치도 모두 이와 같아서 더하거나 덜함이 없습니다.

보살들이여, 우리들이 부처님의 위신력을 받들고 이 모임에 와서 그대를 위해 증명하니, 이 회상과 같이 시방에 있는 모든 세계에서도 다 이와 같습니다."

(15-3) 게송을 설해 거듭 밝히다
(15-3-1) 제1 발심주
(15-3-1-1) 발심의 인연

그때 법혜보살이 부처님의 위신력을 받들어 시방법계를 관찰하고 게송으로 말했다.

가장 수승한 지혜와 미묘하신 몸/ 단정한 상호 갖추었으니
존중하는 마음으로 뵙기 어려운데/ 보살이 처음으로 발심했네.

견줄 이가 없는 큰 신통을 보고/ 마음을 기억함과 가르침 듣고
여러 갈래 중생의 끝없는 고통/ 보살이 이를 위해 처음 발심했네.

여래의 넓고 수승한 법문 들으니/ 여러 가지 공덕을 모두 성취하며
허공을 분별할 수 없는 것처럼/ 보살이 이를 위해 처음 발심했네.

(15-3-1-2) 열 가지 힘을 얻기 위한 발심

삼세의 인과 과는 옳은 곳이며/ 우리들의 자성은 그릇된 곳이니
진실한 뜻 모두 알고자/ 보살이 이를 위해 처음으로 발심했네.

과거 현재 미래 세상에서/ 행한 선과 악의 모든 업보를
끝까지 분명하게 모두 알고자/ 보살이 이를 위해 처음으로 발심했네.

선정과 해탈이며 모든 삼매의/ 물들고 청정함이 한량이 없는데
모두 알아 들어가고 머물고 나와/ 보살이 이를 위해 처음 발심했네.

중생들의 뛰어나고 저열한 근성에 따라/ 가지가지 정진하는 힘
분명하게 모두 알아 분별하려고/ 보살이 이를 위해 처음 발심했네.

중생들의 이해함도 가지가지/ 마음에 좋아함도 각각 다르니
한량없는 차별 모두 알고자/ 보살이 이를 위해 처음으로 발심했네.

중생의 모든 경계 제각기 달라/ 이러한 세간들 한량이 없는데
자체와 성품을 모두 알고자/ 보살이 이를 위해 처음으로 발심했네.

생각이 다양한 갖가지 인행의 길은/ 하나하나 이르러 갈 곳 있으니
참된 성품 모두 알고자/ 보살이 이를 위해 처음으로 발심했네.

온 세계의 모든 중생 업을 따라/ 헤매면서 잠시도 쉴 새 없으니
천안통을 얻어서 밝게 보고자/ 보살이 이를 위해 처음으로 발심했네.

지난 세상에서 있었던 모든 일/ 저러한 성품이나 저러한 모양
그 숙명을 분명히 알고자/ 보살이 이를 위해 처음으로 발심했네.

온갖 중생 여러 가지 맺힌 번뇌에 의해/ 계속 일어나고 익힌 버릇들
모두 알고 끝까지 다해/ 보살이 이를 위해 처음으로 발심했네.

(15-3-1-3) 속제의 지혜를 얻기 위한 발심
중생들이 마련한 모든 언론과/ 가지가지 말하는 길을 따라서
세속 일을 모두 알고자/ 보살이 이를 위해 처음으로 발심했네.

(15-3-1-4) 진제의 지혜를 얻기 위한 발심
모든 법이 말을 여의고/ 성품이 고요해 지음 없으니
진실한 이치 밝게 알고자/ 보살이 이를 위해 처음으로 발심했네.

(15-3-1-5) 신통 지혜를 얻기 위한 발심
시방의 국토를 흔들어 놓고/ 엄청난 바닷물을 쏟아 버리는
부처님의 큰 신통 구족하고자/ 보살이 이를 위해 처음으로 발심했네.

(15-3-1-6) 해탈 지혜를 얻기 위한 발심
하나의 털구멍에서 광명을 놓아/ 한량없는 시방세계 두루 비추고
광명마다 온갖 일 모두 알고자/ 보살이 이를 위해 처음 발심했네.

부사의한 부처님의 많은 세계를/ 손바닥에 놓아도 꼼짝 않으니
모든 것이 요술과 같은 줄 알고/ 보살이 이를 위해 처음 발심했네.

한량없는 세계의 많은 중생을/ 한 터럭 끝에 두어도 비좁지 않아
나도 없고 대상도 없는 줄 알고/ 보살이 이를 위해 처음 발심했네.

터럭 끝으로 바닷물을 찍어 내어/ 크나큰 바다를 모두 말리니
그런 물방울을 모두 알고자/ 보살이 이를 위해 처음으로 발심했네.

헤아릴 수 없는 모든 국토를/ 다 부수어 티끌 만들고
그 수효를 낱낱이 헤아려 알고자/ 보살이 이를 위해 처음으로 발심했네.

(15-3-1-7) 겁의 지혜를 얻기 위한 발심
지난 세월 오는 세월 한량없는 겁/ 모든 세간 이루고 무너지는 일
끝까지 궁구해 모두 알고자/ 보살이 이를 위해 처음으로 발심했네.

(15-3-1-8) 삼승의 지혜를 얻기 위한 발심
삼세에 나시는 모든 여래와/ 일체의 독각이나 여러 성문들
그 법을 남김없이 모두 알고자/ 보살이 이를 위해 처음 발심했네.

(15-3-1-9) 삼밀의 지혜를 얻기 위한 발심
한량없고 그지없는 모든 세계를/ 한 터럭으로써 사뿐히 온통 들어
자체와 모양 모두 알고자/ 보살이 이를 위해 처음으로 발심했네.

한량없이 많은 윤위산을/ 한 털구멍 속에 모두 넣어서
큰 것과 작은 것 모두 알고자/ 보살이 이를 위해 처음으로 발심했네.

고요하고 미묘한 음성으로/ 시방 중생 종류 따라 법을 말해
그것들을 분명히 알게 하고자/ 보살이 이를 위해 처음으로 발심했네.

여러 가지 중생의 말하는 법을/ 한 말로 남김없이 연설해서
그들의 성품을 모두 알고자/ 보살이 이를 위해 처음으로 발심했네.

세상이 온갖 음성 지어서/ 그것들이 열반을 증득케 하는
묘한 혀를 가지고 싶어/ 보살이 이를 위해 처음으로 발심했네.

시방의 모든 세계 이루어지고/ 무너지는 모양을 보게 해서
분별로 생기는 줄 알게 하고자/ 보살이 이를 위해 처음 발심했네.

시방 널려 있는 모든 세계에/ 한량없는 부처님이 계시는데
부처님 법을 모두 알고자/ 보살이 이를 위해 처음 발심했네.

(15-3-1-10) 마음의 지혜를 얻기 위한 발심
갖가지로 변화하는 한량없는 몸/ 모든 세계의 티끌 수처럼 많으니
마음으로 생긴 줄을 모두 알고자/ 보살이 이를 위해 처음 발심했네.

(15-3-1-11) 일다무애의 지혜를 얻기 위한 발심
지난 세상 지금 세상 오는 세상의/ 한량없고 수많은 모든 여래를
한 생각에 분명히 알고자/ 보살이 이를 위해 처음으로 발심했네.

한 구절의 법문을 갖추어 말하면/ 아승기겁으로도 다할 수 없고
글과 뜻도 제각기 같지 않으니/ 보살이 이를 위해 처음 발심했네.

시방의 모든 세계 많은 중생/ 그들의 나고 죽고 헤매는 모양
한 생각에 분명히 모두 알고자/ 보살이 이를 위해 처음으로 발심했네.

(15-3-1-12) 방편과 진실이 하나인 지혜를 얻기 위한 발심

몸과 말과 뜻으로 짓는 업으로/ 시방세계 두루 가도 걸림이 없고
삼세가 공함을 확실하게 알고자/ 보살이 이를 위해 처음 발심했네.

(15-3-1-13) 더 수승한 법에 나아가다
보살이 이와 같이 발심하고는/ 마땅히 시방세계 두루 다니며
여래를 공경하고 공양해서/ 이것으로 퇴전함이 없네.

보살이 용맹하게 불도 구하며/ 생사에 머물러도 싫은 줄 몰라
저를 위해 칭찬하고 따라 행해/ 퇴전함이 없네.

시방의 한량없는 많은 세계에/ 곳곳마다 가장 높은 법이 되어서
보살들을 위해 이렇게 연설해/ 퇴전함이 없네.

가장 높고 가장 위고 제일인/ 매우 깊고 미묘하고 청정한 법을
보살들이 사람에게 말해/ 이와 같이 번뇌를 여의게 하네.

모든 세간 아무도 같을 이 없고/ 흔들거나 굴복할 수 없는 경계를
보살들을 위해 늘 칭찬해/ 퇴전함이 없네.

부처님은 세간에서 큰 힘 가진 이/ 여러 가지 공덕을 갖추었거든
보살들이 이 가운데 머물게 해/ 이것으로 대장부가 되네.

한량없고 그지없는 부처님들께/ 모두 다 나아가서 친근케 하고
부처님의 거두어 주심 받으며/ 퇴전함이 없네.

고요하고 적정한 모든 삼매를/ 모두 다 연설해 남음이 없고
보살들을 위해 이렇게 설해/ 퇴전함이 없네.

생사에 헤매는 일 부숴 버리고/ 청정하고 묘한 법륜 운전하면서
온 세간에 조금도 집착이 없어/ 모든 보살 위해 설명하네.

온갖 중생 나쁜 갈래 떨어져 있어/ 끝이 없는 고통에 부대끼거늘
그들을 구호해 의지가 되며/ 모든 보살 위해 설명하네.

(15-3-1-14) 발심주를 모두 맺다
이것이 보살들의 발심주로서/ 한결같이 위없는 도 구하니
내가 말한 가르치는 법/ 모든 부처님도 이러하니라.

(15-3-2) 제2 치지주
(15-3-2-1) 치지주의 법을 말하다
치지주에 이른 보살은/ 마땅히 이와 같은 마음을 내어
원하기를 시방의 모든 중생/ 여래의 가르침을 따르게 하네.

이익되고 자비롭고 안락한 마음/ 잘 머물고 딱한 생각 거두어 주며
내 몸같이 중생을 수호하는 마음/ 스승 되어 지도하는 도사 마음이네.

(15-3-2-2) 더 수승한 법에 나아가다
이렇게 묘한 마음에 머문 뒤/ 외우고 익혀 많이 알도록
늘 즐겁고 고요하고 바르게 생각해/ 일체의 선지식을 친근히 하네.

하는 말이 화평해 거칠지 않고/ 때에 맞게 말함으로 두려움 없어
이치 알고 법도 있게 행을 닦으며/ 우매함을 여의고 동하지 않네.

(15-3-2-3) 치지주를 모두 맺다
이것이 바르게 배우는 보리행이니/ 이렇게 행하는 이는 진정한 불자
저들이 행할 일을 지금 말하니/ 불자가 배울지니라.

(15-3-3) 제3 수행주
(15-3-3-1) 수행주의 법을 말하다
셋째 보살들의 수행주이니/ 부처님 교법대로 관찰해 보니
모든 법이 무상하고 괴롭고 공해/ 나도 남도 다 없고 지음도 없네.

모든 법은 하나도 즐겁지 않고/ 이름과도 같지 않지만 처소도 없어
분별할 것도 없고 참도 없으니/ 이렇게 보는 이를 보살이라 하네.

(15-3-3-2) 더 수승한 법에 나아가다
그 다음에 중생계를 관찰케 하고/ 온 법계를 관찰하라 권할 것이니
세계의 모든 차별 남음이 없이/ 모두 다 부지런히 관찰을 하네.

시방의 세계들과 허공까지도/ 지대 수대 화대와 풍대들이며
욕계와 색계와 무색계까지/ 낱낱이 관찰해 모두 다 알게 하네.
저 세계의 차별함을 다 관찰하고/ 자체와 성품들을 끝까지 연구해
이렇게 부지런히 수행을 하면/ 진실한 불자라 하네.

(15-3-4) 제4 생귀주
(15-3-4-1) 생귀주의 법을 말하다

넷째 생귀주에 이른 보살은/ 성인의 교법으로 태어나
모든 유(有)가 없음을 분명히 알고/ 저 법을 뛰어넘어 법계에 나네.

신심이 견고해 흔들 수 없고/ 적멸한 법 관찰해 마음이 편안하며
중생들을 따라서 일어난 성품이/ 허망해 진실함이 없는 줄 아네.

온 세계와 국토와 업과 과보와/ 생사와 열반이 모두 그러해
불자가 이렇게 법을 본다면/ 부처로부터 나왔으므로 불자라 하네.

(15-3-4-2) 더 수승한 법에 나아가다

지난 세상 지금 세상 오는 세상에/ 거기 있는 여러 가지 부처님 법을
잘 알아서 익히고 원만히 하며/ 닦고 배워 끝까지 아네.

삼세에 계시는 모든 여래를/ 관찰하니 모두 다 평등해
가지가지 차별을 얻을 수 없어/ 살펴보고 삼세를 통달하네.

(15-3-4-3) 생귀주를 찬탄하다

나와 같이 선양하고 칭찬하는/ 이것이 제사주의 공덕이니
이 법을 의지해 닦아 행하면/ 위없는 보리도를 속히 이룬다.

(15-3-5) 제5 구족방편주
(15-3-5-1) 구족방편주의 법을 말하다

위로 다섯째 보살 지위를/ 구족방편주라고 이름하니
한량없이 공교한 방편에 들어/ 마음 내어 공덕을 끝내려 하네.

보살이 닦아 놓은 모든 복덕은/ 오로지 중생들을 구호함이며
이익 주고 안락 주고 어여삐 여겨/ 제도하고 해탈 하려 함이네.

온 세상의 재난을 없애고/ 삼유에서 끌어내어 환희케 하며
낱낱이 조복해 빠지지 않고/ 공덕을 갖추어서 열반을 얻게 하네.

(15-3-5-2) 더 수승한 법에 나아가다
모든 중생 끝없고 한량 없어/ 헤아릴 수가 없으며
측량할 수 없는 이들이/ 여래의 이러한 법 받아 지니네.

(15-3-5-3) 구족방편주를 찬탄하다
이것이 다섯째의 진실한 불자이며/ 방편으로 모든 중생을 제도함이며
온갖 공덕 갖추고 지혜 크신 이/ 법으로써 가르쳐 보이네.

(15-3-6) 제6 정심주
(15-3-6-1) 정심주의 법을 말하다
여섯째 정심주가 원만해서/ 모든 법의 성품에 의혹이 없고
바른 마음 생각해 분별 여의니/ 천상 인간세계에서 흔들 이가 없네.

(15-3-6-2) 더 수승한 법에 나아가다
부처님과 불법과 보살과 행을/ 찬탄하고 훼방함을 듣는다거나

중생의 번뇌가 한량 있거나 없거나/ 제도하기 쉽다고 말하네.

법계가 이루어지고 파괴되고/ 있다 없다 말해도 흔들리지 않고
지난 세상 오는 세상 지금이라도/ 생각하여 신중하게 결정하네.

온갖 법 모양 없고 자체도 없어/ 성품 없고 공해 진실하지 않아
요술 같고 꿈 같고 분별 없으니/ 이런 뜻 항상 듣기가 좋다.

(15-3-7) 제7 불퇴주
(15-3-7-1) 불퇴주의 법을 말하다
일곱째 불퇴주에 이른 보살은/ 부처님과 불법과 보살과 행이
있다 없다 뛰어난다 못뛰어난다 해도/ 이런 말을 들어도 물러나지 않네.

(15-3-7-2) 더 수승한 법에 나아가다
지난 세상 지금 세상 오는 세상에/ 부처님이 있다거나 없다거나
부처 지혜 다 한다 못한다 해도/ 삼세가 한 모양인가 아닌가 해도

하나가 여럿이고 여럿이 하나이며/ 글이 뜻을 따르고 뜻이 글 따르며
온갖 것이 이렇게 이뤄지는 일을/ 불퇴주 이 사람께 말할 것이며,

모든 법 모양 있다 없다 해도/ 성품이 있다거나 없다 해도
가지가지 차별을 부촉할 것이며/ 이 사람이 그 뜻을 이룰 것이네.

(15-3-8) 제8 동진주

(15-3-8-1) 동진주의 법을 말하다
여덟째 보살들의 동진주라 하니/ 몸과 말과 뜻으로 행하는 일이
구족하고 청정해 잘못 없으며/ 마음대로 태어나 자재도 하고,

중생들의 마음에 좋아하는 일/ 가지가지 이해와 모든 차별과
여러 가지 법들과 시방세계의/ 이루고 무너짐을 모두 다 알며,

빠르고 묘한 신통 모두 다 얻고/ 모든 곳에 뜻대로 두루 다니며
여러 부처님께 들은 법문을/ 찬탄하고 수행해 게으러지 않네.

(15-3-8-2) 더 수승한 법에 나아가다
부처님의 모든 국토 분명히 알고/ 움직이고 가지않고 관찰도 하며
헤아릴 수 없는 세계 다 지나서/ 수없이 많은 세계에 다닌다.

아승기 부처님께 법 물어 받들고/ 뜻대로 받는 몸이 다 자재하고
음성이 교묘하고 두루 충만해/ 수없는 부처님을 섬겨 받드네.

(15-3-9) 제9 법왕자주
(15-3-9-1) 법왕자주의 법을 말하다
아홉째 보살 지위 법왕자주니/ 중생들의 태어나는 차별을 보고
번뇌와 현행 습기 모두 다 알고/ 행하는 모든 방편 잘 아네.

모든 법과 위의가 각각 다르고/ 세계의 다른 것과 앞뒤 시간과
세상의 모든 일과 제일의제를/ 분명하게 잘 알아 남음이 없네.

법왕의 능란하게 안립한 곳과/ 처소에 따르면서 있는 법도와
궁전에 나아가고 들어가는 일/ 법왕 처소 관찰함을 잘 아네.

(15-3-9-2) 더 수승한 법에 나아가다

법왕의 정수리에 물 붓는 법과/ 신력으로 나투면서 두려움 없고
궁전에 주무심과 찬탄하는 일/ 이것으로 법왕자를 가르치도다.

이러한 말씀을 끝까지 해/ 그 마음에 집착을 없애니
이런 것을 잘 알고 정념(正念) 닦으면/ 부처님이 그 앞에 나타나시네.

(15-3-10) 제10 관정주
(15-3-10-1) 관정주의 법을 말하다

열째 관정주는 진실한 불자/ 가장 높은 제일 법에 만족해서
무수한 시방세계 다 진동하고/ 밝은 광명 세계에 두루 비치네.

머물러 지니는 일 나아가는 일/ 깨끗한 장엄들을 모두 갖추고
수없는 중생들을 열어 보이며/ 관찰하고 근성 알아 모두 다했네.

마음 내어 조복함도 끝이 없으며/ 큰 보리를 향해 나아가게 하고
온 법계를 골고루 관찰하면서/ 시방의 모든 국토 모두 다 가네.

그 가운데 있는 몸과 몸으로 짓는/ 신통과 변화함을 측량 못하며
삼세의 불국토의 모든 경계를/ 법왕자 보살들도 알지 못하네.

(15-3-10-2) 더 수승한 법에 나아가다

온갖 것 보는 이의 삼세의 지혜와/ 부처님 법 분명하게 아는 지혜와
법계의 걸림 없는 끝없는 지혜와/ 시방 세계에 가득한 모든 지혜와

온 세계를 비추고 지니는 지혜와/ 중생들과 모든 법 아는 지혜와
부처님의 지혜가 끝없음을 아는 지혜를/ 여래께서 끝까지 말씀하시네.

(15-3-11) 십주를 모두 찬탄하다

이와 같은 십주의 여러 보살은/ 여래의 법으로써 화생한 이들이며
그들의 가진 공덕의 한 가지 행도/ 하늘이나 인간이 측량 못하네.

(15-3-12) 발심주를 특별히 찬탄하다

지난 세상 지금 세상 오는 세상에/ 도를 구하는 이가 끝이 없으며
시방의 많은 세계에 가득찬 이들/ 모두 다 온갖 지혜 두루 이루었네.

수많는 국토들이 끝이 없는데/ 세계와 중생들과 법도 그렇고
번뇌와 업과 욕망 각각 다르니/ 이것을 위해 보리심을 처음 내었네.

부처의 도 구하는 생각을/ 세간의 중생들과 성문 연각도
다 알지를 못하는데/ 하물며 그 나머지 공덕은 말해 무엇하랴.

시방에 널려 있는 모든 세계를/ 한 터럭으로써 모두 다 들 수 있으면
여래께 향하는 불자의 지혜를/ 그런 이는 반드시 압니다.

시방에 흘러 있는 큰 바닷물을/ 터럭 끝으로 찍어내어 말린다면
잠깐 동안 수행하는 불자의 공덕을/ 그런 이는 능히 알 것입니다.

온 세계를 부수어 티끌 만들고/ 그 수효를 헤아려 알 수 있으면
이 보살이 행하는 보리의 도를/ 그런 이는 반드시 알 것입니다.

(15-3-13) 발심수행에 대한 찬탄
시방 삼세 수많은 부처님과/ 수많은 독각이나 성문들까지
가지가지 미묘한 변재를 다해/ 처음 낸 보리심을 열어 보여도,

초발심한 공덕은 측량 못하며/ 시방의 중생계에 가득찼으며
지혜로 말해도 다하지 못하는데/ 여러 행이야 말해 무엇 하겠는가.

21. 십행품

(21-1) 공덕림보살이 삼매에 들다

부처님께서 마갈타국 보리도량에서 정각을 이루시고, 보리도량을 떠나지 않으시고 제석천궁에 올라 설법을 마치시고 야마천왕의 영접을 받으며 야마천궁으로 올라 보련화장 사자좌에 앉으셨다.

그때 공덕림보살이 부처님의 신력을 받들어 보살의 선사유 삼매에 들었다.

(21-2) 부처님이 가피를 내리다

(21-2-1) 가피의 인연을 말하다

삼매에 드니, 시방으로 각각 일만 부처 세계의 한량없는 세계 밖에 일 만 세계의 한량없는 부처님들이 계시니, 명호가 다 같이 공덕림이며, 공덕림보살 앞에 나타나서 말씀하셨다.

"훌륭하다. 보살이여, 그대는 선사유 삼매에 들었다. 보살이여, 이것은 시방으로 각각 일만 세계의 한량없는 명호가 같은 부처님들이 그대에게 가피내리는 것입니다. 비로자나여래의 지난 세상의 서원하신 힘과 위신력과, 모든 보살의 선근의 힘으로써 그대가 이 삼매에 들어서 법을 연설케 하려는 것이다.

(21-2-2) 부처님의 가피가 하는 일을 말하다

부처의 지혜를 증장하려고, 법계에 깊이 들게 하려고, 중생세계를 분명히 알게 하려고, 들어가는 데 걸림이 없게 하려고, 행하는 일에 장애가 없게 하려고, 한량없는 방편을 얻게 하려고, 온갖 지혜의 성품을 거두어 지니려고, 모든 법을 깨닫게 하려고, 모든 근성을 알게 하려고, 온갖 법으로 설법 하려는 까닭입니다. 이것이 보살의 열 가지 행을 일으키는 것이다.

(21-2-3) 가피의 모양을 보이다
(21-2-3-1) 말의 가피
보살이여, 그대는 마땅히 부처님의 위신력을 받들어 이 법을 연설하라."

(21-2-3-2) 뜻의 가피
이때 모든 부처님이 공덕림보살에게 걸림 없고, 집착 없고, 끊이지 않고, 스승 없고, 어리석지 않고, 다르지 않고, 허물 없고, 한량없고, 이길 이 없고, 게으름 없고, 빼앗을 수 없는 지혜를 주었다. 이 삼매의 힘에는 그러한 능력이 있다.

(21-2-3-3) 몸의 가피
그때 여러 부처님이 각각 오른손을 내밀어 공덕림보살의 정수리를 만졌다.

(21-3) 공덕림보살의 열 가지 보살행
(21-3-1) 보살행의 근본을 말하다
공덕림보살은 삼매로부터 일어나 모든 보살에게 말했다.

"보살들이여, 보살의 행은 한량없어 법계와 허공계로 더불어 평등합니다. 왜냐하면 보살은 삼세의 부처님들을 배워서 행을 닦는 까닭입니다.

(21-3-2) 열 가지 행의 이름을 열거하다

보살들이여, 보살에게는 열 가지 행이 있습니다. 이것은 삼세의 모든 부처님이 말씀하신 것입니다.

기뻐하는 환희행이며, 이익되게 하는 요익행이며, 어기지 않는 무위역행이며, 굽히지 않는 무굴요행이며, 우치와 산란을 여의는 무치란행이며, 선을 나타나게 하는 선현행이며, 집착 없는 무착행이며, 얻기 어려운 난득행이며, 법을 잘 말하는 선법행이며, 진실한 행인 진실행입니다.

(21-4) 제1 환희행
(21-4-1) 보살은 대시주다

보살들이여, 보살이 큰 시주가 되어 가진 물건을 다 보시하는데, 그 마음이 평등해 후회하거나 아까워 함이 없으며, 과보를 바라지 않으며, 명성을 구하지 않으며, 이익을 탐하지도 않는 것이 보살의 환희행입니다.

(21-4-2) 중생들의 이익과 행복을 위해

다만 일체중생을 구호하며 일체중생을 거두어 주며 일체중생을 이익되게 하며, 부처님이 닦으시던 행을 배우며, 생각하며, 좋아하며, 청정 하며, 증장하며, 머물러 지니며, 나타내며, 연설해 중생들이 괴로움을 여의고 낙을 얻게 하는 것입니다.

(21-4-3) 보시의 행을 밝히다

보살들이여, 보살이 행을 닦을 때에 모든 중생이 환희하고 즐겁게 하는 것입니다. 어디든지 가난한 곳이 있거든 원력으로써 그 곳에 태어나되 호사스럽고 부귀해 재물의 다함이 없으며, 잠깐 동안에 한량없는 중생들이 보살에게 와서 말하기를 '선량하신 보살님이여, 저희들은 몹시 가난해 끼니를 이어갈 수 없으며 굶주리고 곤궁해 목숨을 부지할 수 없으니, 불쌍히 여겨 몸을 보시해 먹고 살아나게 하소서' 하면, 보살은 곧 보시해 그가 환희하고 만족케 합니다.

이렇게 한량없는 중생이 와서 구걸하더라도 보살은 조금도 싫어하거나 겁약한 기색이 없고, 자비한 마음이 증장하니, 중생들이 모두 와서 구걸하는 것을 보살이 보고는 더욱 환희해 이렇게 생각합니다. '나는 지금 좋은 이익을 얻었다. 이 중생들은 나의 복밭이며 선지식이니, 구하지도 않고 청하지도 않았지만 와서 나를 불법 가운데 들게 하는 것입니다. 나는 마땅히 이렇게 배우고 닦아서 모든 중생의 마음을 어기지 않을 것이다.'

또 생각하기를 '나는 이미 지었거나 지금 짓거나 장차 지을 모든 선근으로써, 오는 세상에는 모든 세계의 중생 가운데 엄청나게 큰 몸을 받아, 그 몸으로써 모든 굶주린 중생들의 배를 채워 만족케 하되, 한 명의 중생이라도 배가 차지 않으면, 나는 목숨을 버리지 않을 것이며, 내 몸에서 베어내는 살도 다하지 않을 것이다.'라고 서원할 것입니다.

(21-4-4) 깨달음으로 회향하는 보시

이러한 선근으로 위없는 바른 깨달음을 얻고 열반을 증득하기를 원하며, 나의 살을 먹은 중생들도 역시 '위없는 바른 깨달음을 얻고 평등한 지혜를 가지며, 불법을 갖추어 불사를 널리 짓다가 무여열반에 들어지다'라고 원하고, 한 중생이라도 만족하지 않는다면, 나는 위없는 바른 깨달음을 증득하지 않겠습니다'라고 서원할 것입니다.

(21-4-5) 보시의 인과 법이 다 공함

보살이 이렇게 중생을 이익되게 하지만, 나라는 생각, 중생이란 생각, 있다는 생각, 목숨이란 생각, 여러 가지란 생각, 존재라는 생각, 사람이란 생각, 마납바(摩納婆, manava, 바라문의 청년)란 생각, 짓는 사람이라는 생각, 받는 사람이라는 생각이 모두 없고, 다만 법계와 중생계의 끝없고 경계가 없는 법과 공한 법과 있는 것이 없는 법과 형상이 없는 법과 체가 없는 법과 처소가 없는 법과 의지가 없는 법과 지음이 없는 법을 관찰합니다.

(21-4-6) 인과 법이 공한 이익을 밝히다

이런 관찰을 할 때에는 제 몸도, 보시하는 물건도, 받는 이도, 복밭도, 업도, 과보도, 결과도 보지 않습니다.

(21-4-7) 법의 보시를 행하기를 원하다

그때 보살은 과거·현재·미래의 모든 중생의 받아 난 몸이 멸하는 것을 보고, 문득 생각하기를 '이상하다, 중생이여. 어리석고 지혜가 없어 죽고 사는 속에서 수없는 몸을 받지만, 위태하고 연약해 머물러

있지 못하고 속히 멸하는데, 이미 멸했거나 지금 멸하거나 장차 멸할
것인데, 견고하지 못한 몸으로써 견고한 몸을 구하지 않는구나. 내가
마땅히 모든 부처님이 배우신 것을 모두 배우며, 온갖 지혜를 얻어 온
갖 법을 알고 있는 중생들을 위해 삼세가 평등하고 고요하며 무너지
지 않는 법의 성품을 말해 주어, 편안한 쾌락을 얻게 할 것이다.'
보살들이여, 이것을 보살의 첫째 환희행이라 합니다.

(21-5) 제2 요익행
(21-5-1) 계를 가지는 행을 밝히다
보살들이여, 보살이 깨끗한 계율을 수호해 가지며, 형상과 소리와
냄새와 맛과 감촉에 대해 집착하지 않고, 중생들에게 계율을 수호하
며 육경에 집착하지 말라고 하며, 권세를 구하지도 않고, 문벌을 구
하지도 않고, 부귀를 구하지도 않고, 몸매를 구하지도 않고, 임금의
지위를 구하지도 않는 것이 보살을 이익되게 하는 것이 요익행입니
다. 이런 것에는 조금도 집착이 없고, 청정한 계율을 견고하게 가지
면서, '내가 청정한 계율을 가지는 것은 반드시 온갖 얽힘과 속박과
탐심과 시끄러움과 모든 재난의 핍박과 훼방과 탁란함을 버리고 부
처님께서 찬탄하시는 평등한 정법을 얻는다.'고 생각합니다.

(21-5-2) 섭율의계
보살들이여, 이렇게 청정한 계율을 가질 때에, 하루에 수많은 악마
가 보살이 있는 곳에 나오면서, 저마다 한량없는 천녀를 데리고 왔
는데, 모두 오욕에 대해 방편을 잘 행하며, 단정하고 아름다워 사람
의 마음을 홀리게 하며, 갖가지 훌륭한 물건을 가지고 와서 보살의

도심을 의혹하고 어지럽게 합니다.

이때 보살은 '이 오욕은 도를 막는 것이며, 위없는 보리까지도 막는 것이다.' 생각하면서 잠시도 탐욕을 내지 않고 깨끗한 마음이 부처님과 같고, 오직 방편으로 중생을 교화하는 일만 했습니다. 지혜의 마음을 버리지 않았기 때문입니다.

(21-5-3) 섭중생계

보살들이여, 탐욕으로 한 중생도 시끄럽게 하지 않으며, 목숨을 버릴지언정 중생을 시끄럽게 하는 일을 행하지 않습니다. 보살이 부처님을 뵌 후로는 조금도 탐욕심을 내지 않았는데, 하물며 실제로 일을 행하겠습니까. 혹시라도 그런 일을 행합니다는 것은 있을 수 없습니다.

그때 보살은 '일체중생이 오랜 세월에 오욕을 생각하고 오욕을 향해 나아가고 오욕을 탐착하면서, 그 마음에 물들고 빠져서 그를 따라 헤매고 자재함을 얻지 못한 것입니다. 내 이제 마땅히 이 마군과 천녀와 모든 중생이 위없는 계율에 머물게 할 것이며, 온갖 지혜에 마음이 물러서지 않아 위없는 바른 깨달음을 얻으며, 무여열반에 들게 할 것입니다. 왜냐 하면 우리가 마땅히 행할 일이므로 부처님을 따라서 배워야 할 것입니다.'라고 생각합니다.

(21-5-4) 섭선법계

이렇게 배우고 나쁜 행동과 '나'라고 고집하는 무지를 여의고, 지혜로 일체 부처님 법에 들어가서 중생에게 법을 말해 뒤바뀐 생각을 버리게 하고, 중생을 떠나서 뒤바뀐 생각이 있지 않고, 뒤바뀐 생각을 떠나서 중생이 있지도 않으며, 뒤바뀐 생각 속에 중생이 있지도 않고 중생 속에 뒤바뀐 생각이 있지도 않으며, 뒤바뀐 생각이 곧 중생도 아니고 중생이 곧 뒤바뀐 생각이 아니며, 중생이 안의 법도 아니고 중생이 밖의 법도 아닌 줄 압니다.

온갖 법이 허망하고 진실하지 못해 잠깐 일어났다 순간 없어지는 것이며, 견고하지 못해 꿈과 같고 그림자 같고 요술 같고 변화함과 같아서 어리석은 이를 의심 하는 것입니다.

이렇게 알면 모든 행을 깨달아 나고 죽는 일과 열반을 통달하며, 부처님의 보리를 증득하며, 스스로 제도하고 남을 제도하며, 스스로 해탈하고 남을 해탈케 하며, 스스로 조복하고 다른 이를 조복케 하며, 스스로 고요하고 다른 이를 고요하게 하며, 스스로 편안하고 은닉하고 남을 편안하게 하고 은닉하며, 스스로 때를 여의고 남도 때를 여의게 하며, 스스로 청정하고 남도 청정하게 하며, 스스로 열반에 들고 남도 열반에 들게 하며, 스스로 쾌락하고 남도 쾌락하게 합니다.

(21-5-5) 더욱 수승한 행을 닦을 것을 생각하다

보살들이여, '나는 마땅히 여래를 따르며, 세간의 행을 여의며, 부처님 법을 갖추며, 위없이 평등한 곳에 머물며, 중생을 평등하게 보며, 경계를 밝게 통달하며, 허물을 여의고, 분별을 끊고, 집착을 버리고, 공교하게 뛰어나며, 마음은 항상 위없고 말할 수 없고 의지한 데 없고 변동이 없고 한량없고 끝나지 않고 모양이 없고 깊은 지혜에 머물 것이다.' 라고 생각합니다.

보살들이여, 이것을 보살의 요익행이라 합니다.

(21-6) 제3 무위역행

(21-6-1) 인욕행을 밝히다

보살들이여, 보살이 항상 인욕하는 법을 닦아 겸손하고 공경해 스스로 해하지 않고 남을 해하지 않으며, 스스로 탐하지 않고 남을 탐하게 하지 않으며, 스스로 집착하지 않고 남을 집착하게 하지 않으며, 명예와 이양도 구하지 않는 것이 보살의 어기지 않는 무위역행입니다. 또 이렇게 '내가 마땅히 중생에게 법을 말해 그가 모든 나쁜 짓을 여의고, 탐욕, 성내는 일, 어리석음, 교만, 감추는 일, 간탐, 질투, 아첨, 속임을 끊게 하고, 부드럽게 화평해 참고 견디는 데 항상 머물게 할 것이다.' 라고 생각합니다.

(21-6-2) 원한과 침해를 참는 인욕 수행

보살들이여, 이렇게 인욕을 성취하면 한량없는 중생이 그곳에 오는데, 중생마다 한량없는 입을 가지고 각각 입으로 한량없는 많은 말을 하는데, 기쁘지 않은 말, 선하지 않은 말, 반갑지 않은 말, 사랑할 수 없는 말, 어질지 않은 말, 성인의 지혜가 아닌 말, 성현과 상응하지 않는 말, 성현에게 친근할 수 없는 말, 매우 역한 말, 차마 들을 수 없는 말들입니다. 이런 말로 보살을 헐뜯어 욕을 합니다. 또 이 중생들이 저마다 한량없는 손을 가졌고, 손마다 한량없는 병장기를 들고 보살을 박해하기를, 아승기겁이 지나도록 쉬지 않습니다.

보살이 이렇게 극심한 고초를 당해 머리카락이 곤두서고 생명이 끊어지더라도 생각하기를, '내가 이만한 고통에 마음이 흔들리면, 자신을 조복하지 못하고, 수호하지 못하고, 분명히 알지 못하고, 닦지 못하고, 바르게 정하지 못하고, 고요하지 못하고, 아끼지 못해 집착을 버리니, 어떻게 다른 이의 마음을 청정하게 하겠느냐.'고 생각합니다.

(21-6-3) 고통을 편안히 받아들이는 인욕 수행

보살이 '내가 옛적부터 생사 속에 있으면서 모든 고통을 받았구나'
하고 생각하며, 다시 정신을 가다듬어 마음이 청정해 환희하고, 스
스로 조화하고 거두어 들여서 불법 가운데 편안히 머물고 또 중생에
게 이런 법을 얻게 합니다.

(21-6-4) 법의 이치를 관찰하는 인욕 수행

'이 몸은 공한 것이어서 나도 없고 내 것도 없으며, 진실하지 않고 성
품이 공해 둘이 아니며, 괴롭고 즐거움이 없으며, 모든 법이 공한 것
을 내가 이해하고 다른 이에게 널리 말해 여러 중생에게 이런 소견
을 없애게 할 것이니, 그러므로 내가 비록 이런 고통을 당해도 참고
견뎌야 할 것이다.'

(21-6-5) 인욕을 수행하는 의미

'중생을 염려하고, 중생에게 이익을 주려고, 중생을 안락케 하고, 가
엾이 여기고, 거두어 붙들고, 중생을 버리지 않고, 스스로 깨달으려
는 까닭이며, 다른 이를 깨닫게 하려고, 마음이 퇴전하지 않고, 부처
님 도를 향해 나아가기 위한 까닭이라'고 합니다. 이것을 보살의 셋
째 어기지 않는 행인 무위역행이라 합니다.

(21-7) 제4 무굴요행
(21-7-1) 열 가지의 정진

보살들이여, 보살은 모든 정진을 수행하는 것이 보살의 굽히지 않는 무굴요행입니다. 제일 정진과 큰 정진과 수승한 정진과 특별히 수승한 정진과 가장 수승한 정진과 가장 묘한 정진과 상품 정진과 위없는 정진과 같을 이 없는 정진과 두루한 정진입니다.

(21-7-2) 과오를 떠나다

성품에 삼독이 없고 교만이 없고 숨김이 없고 간탐과 질투가 없고 아첨과 속임이 없고 성품이 스스로 부끄러워함이며, 마침내 한 중생이라도 시끄럽지 않게 하기 위해 정진을 행합니다.

(21-7-3) 정진 수행의 20가지 이유

모든 번뇌를 끊기 위해 정진을 하고, 일체 의혹의 근본을 뽑기 위해, 일체 습기를 제하기 위해, 일체중생의 세계를 알기 위해, 일체중생이 나고 죽는 것을 알기 위해, 일체중생의 번뇌를 알기 위해, 일체중생의 마음에 좋아함을 알기 위해, 일체중생의 경계를 알기 위해, 일체중생의 성품이 수승하고 열악함을 알기 위해, 오직 일체중생의 마음으로 행함을 알기 위해 정진을 행합니다.

또 일체 법계를 알기 위해, 일체 불법의 근본 성품을 알기 위해, 일체 불법의 평등한 성품을 알기 위해, 삼세의 평등한 성품을 알기 위해, 일체 불법의 지혜 광명을 알기 위해, 지혜를 증득하기 위해, 한결같은 실상을 알기 위해, 끝없음을 알기 위해, 광대하고 결정하고 공교한 지혜를 얻기 위해, 불법의 구절과 뜻을 분별해 연설하는 지혜를 얻기 위해 정진을 행하는 것입니다.

(21-7-4) 다시 문답으로 정진행을 밝히다

보살들이여, 이러한 정진행을 성취하고는, 어떤 사람이 말하기를 '그대가 한량없는 세계에 있는 중생을 위할 때에, 단 한 명의 중생을 위해 아비지옥에서 수없는 겁 동안에 모든 고통을 받으면서, 저 중생으로 하여금 날 때마다 부처님께서 세상에 출현하심을 만나게 하고, 여러 가지 낙을 받으며, 무여열반에 들게 한 후 그대가 위없는 바른 깨달음을 얻으리니, 그렇게 할 수 있느냐' 하면, '그렇게 하겠다'고 대답합니다.

또 어떤 사람이 말하기를 '한량없는 아승기겁 동안 중생을 위해 많은 겁을 지나면서 매 순간순간 고통 받기를 끝없이 하라'고 하더라도, 보살이 이 말을 들었다고 해서 잠깐이라도 후회하는 마음을 내지 않고, 다시 환희하는 마음을 크게 내어 스스로 다행하게 생각하고 큰 이익을 얻습니다고 하면서, '나의 힘으로써 저 중생들을 모든 고통에서 영원히 벗어나게 할 것이다'고 생각합니다.

(21-7-5) 일체중생에게 열반을 얻게 하다

보살이 방편으로 일체 세계에서 일체중생이 무여열반을 얻게 합니다. 이것을 보살의 넷째 무굴요행이라 합니다.

(21-8) 제5 이치란행
(21-8-1) 어리석음과 산란을 떠나는 행

보살들이여, 보살이 바른 생각을 성취해 마음이 산란하지 않고 견고해 동하지 않으며, 최상이고 청정하고 넓고 크고 한량없어 미혹하지 않은 것이 보살이 우치와 산란을 여의는 이치란행입니다.

(21-8-2) 경계에 나아가도 어리석음과 산란함이 없다

생각이 바름으로 세간의 온갖 말을 잘 알고, 출세간법의 말과, 색법과 색 아닌 법의 말과, 색의 성품을 건립하는 말과, 수, 상, 행, 식의 성품을 건립하는 말을 지녀 마음이 우치하고 산란하지 않습니다. 세간에 있어 여기서 죽고 저기 나지만, 태에 들고 태에서 나오지만, 보리심을 내도, 선지식을 섬겨도, 불법을 부지런히 닦아도, 마군의 일을 알아도, 마군의 업을 여의고 마음이 우치하고 산란하지 않으며, 한량없는 겁 동안 보살행을 닦는데 마음이 우치하고 산란하지 않습니다.

(21-8-3) 선정의 힘으로 온갖 법을 듣다

보살이 이렇게 한량없는 바른 생각을 성취하고 아승기겁 동안 부처님과 보살과 선지식에게서 바른 법을 듣습니다. 매우 깊은 법, 넓고 큰 법, 장엄한 법, 여러 가지 장엄한 법, 여러 가지 낱말 구절 소리의 굴곡을 연설하는 법, 보살의 장엄하는 법, 부처님 신력과 광명의 위없는 법, 바른 희망으로 결정한 청정한 법, 일체 세간에 집착하지 않는 법, 일체 세간을 분별하는 법, 매우 깊고 광대한 법, 어리석음을 떠나 일체중생을 분명히 아는 법, 일체 세간이 함께 하고 함께 하지 않는 법, 보살 지혜의 위없는 법, 온갖 지혜로 자재한 법들입니다. 보살이 이런 법을 듣고는 아승기겁을 지내도 잊지 않고 잃지 않고 항상 기억해 끊어짐이 없습니다.

(21-8-4) 선정 수행의 인과를 밝히다

보살이 한량없는 겁 동안 모든 행을 닦을 때에 한 중생도 시끄럽게 하지 않아 바른 생각을 떠나지 않았으며, 바른 법을 파괴하지 않고 선근을 끊지 않아 마음에 항상 광대한 지혜를 증장합니다.

(21-8-5) 선정을 성취하면 어떤 음성도 산란하지 않다

보살은 여러 가지 음성에도 산란하지 않습니다. 높고 큰 음성, 거칠고 탁한 음성, 사람을 공포스럽게 하는 음성, 뜻에 기쁜 음성, 기쁘지 않는 음성, 귀를 시끄럽게 하는 음성, 육근을 망가뜨리는 음성입니다.

(21-8-6) 온갖 음성에도 마음이 산란하지 않다

이 보살은 한량없는 음성이 아승기 세계에 가득해도, 잠깐 동안도 마음이 산란하지 않습니다. 바른 생각과, 경계와, 삼매와, 깊은 법에 들어감과, 보리행을 닦음과, 보리심을 내는 것과, 부처님을 생각함과, 진실한 법을 관찰함과, 중생을 교화하는 지혜와, 중생을 청정하게 하는 지혜와, 깊은 이치를 결정적으로 알아 산란하지 않습니다.

(21-8-7) 모든 장애를 떠나다

악업을 짓지 않으므로 악업의 장애가 없고, 번뇌를 일으키지 않으므로 번뇌의 장애가 없고, 법을 가볍게 여기지 않아 법의 장애가 없고, 정법을 비방하지 않으므로 과보의 장애가 없습니다.

(21-8-8) 선정을 닦은 보살의 마음은 움직이지 않다

보살들이여, 앞에서 말한 음성들이 낱낱이 아승기 세계에 가득해 한량없는 겁에 잠시도 끊이지 않으면서 중생의 몸과 마음과 모든 근을 무너뜨리더라도 이 보살의 마음은 무너뜨리지 못합니다. 보살은 삼

매에 들어 성인의 법에 머물고, 일체 음성을 생각하고 관찰하며, 음
성의 나고 머물고 멸하는 모양을 잘 알며, 음성의 나고 머물고 멸하
는 성품을 잘 압니다.

(21-8-9) 청정을 얻다
이렇게 듣고 탐심을 내지 않으며 성을 내지 않으며 생각을 잃지 않
으며, 그 모양을 잘 취해 물들지 않으며, 온갖 음성이 없는 것이어서
얻을 수 없으며, 지은 이도 없고 근본의 경계도 없어서 법계와 평등
해 차별이 없습니다.

(21-8-10) 선정의 공덕
보살이 적정한 몸과 말과 뜻으로 하는 행을 성취하고 온갖 지혜에
이르도록 영원히 물러나지 않으며, 온갖 선정의 문에 잘 들어가서
모든 삼매가 동일한 성품임을 알며, 일체 법이 끝이 없음을 알며, 일
체 법의 진실한 지혜를 얻으며, 음성을 여읜 깊은 삼매를 얻으며, 아
승기 삼매문을 얻어서 한량없이 광대한 대비심을 증장합니다. 이때
보살이 잠깐 동안에 한량없는 삼매를 얻어 이런 음성을 들어도 마음
이 산란하지 않고 삼매가 점점 더 깊어지게 합니다.

(21-8-11) 중생들을 더욱 이익되게 할 것을 생각하다
'일체중생이 위없이 청정한 생각에 편안히 머물러 온갖 지혜에 물러
나지 않고 필경에 무여 열반을 성취 할 것입니다.' 하고 생각합니다.
이것을 보살의 다섯째 우치와 산란을 여의는 이치란행이라 합니다.

(21-9) 제6 선현행
(21-9-1) 선현행을 해석하다

보살들이여, 보살의 몸으로 짓는 업이 청정하고 말로 짓는 업이 청정하고 뜻으로 짓는 업이 청정한 것이 보살의 선함을 나타내는 선현행입니다. 선현행은 얻을 것 없는 데 머물러서 얻을 것 없는 몸과 말과 뜻의 업을 보이며, 삼업이 모두 없는 것인 줄을 아는 것이며, 허망함이 없으므로 얽매임이 없으며, 나타내어 보이는 것이 성품도 없고 의지함도 없습니다.

(21-9-2) 선현행의 상을 널리 분별하다

실제와 같은 마음에 머물러 한량없는 마음의 성품을 알며, 온갖 법의 성품을 알지만 얻은 것도 없고 형상도 없고 매우 깊어 들어가기 어려우며, 바른 자리인 진여의 법성에 머물러서 방편을 내지만 업보가 없어 나지도 않고 멸하지도 않으며, 열반계에 머물고 고요한 성품에 머물고 진실해 성품이 없는 성품에 머무르며, 말로 할 수도 없고 세간을 초월해 의지한 데가 없습니다. 분별을 여의어 속박이 없는 법에 들어갔으며, 뛰어난 지혜의 진실한 법에 들어갔으며, 세간으로는 알 수 없는 출세간법에 들어갔습니다. 이것이 보살의 교묘한 방편으로 선함을 나타나게 하는 것입니다.

(21-9-3) 이치로써 사상을 알다

보살들이여, '일체중생이 성품 없음으로 성품을 삼았고, 일체 법이 무위법으로 성품을 삼았고, 일체 국토가 형상 없음으로 모양을 삼았으며, 일체 삼세가 오직 말뿐이며, 모든 말이 여러 법 가운데 의지한 곳이 없고 모든 법이 말 가운데 의지한 곳이 없다.'라고 생각합니다.

(21-9-4) 이치와 사상이 걸림이 없다

보살이 모든 법이 깊음을 알며, 모든 세간이 고요하고, 불법이 더함이 없고 불법이 세간법과 다르지 않고, 세간법이 불법과 다르지 않고, 불법과 세간법이 섞이지 않으며 또 차별도 없음을 이해해, 법계의 자체 성품이 평등하면 삼세에 두루 들어가는 것인 줄을 분명히 아는 것입니다.

(21-9-5) 이치를 따라서 자비를 일으키다

보리심을 영원히 버리지 않고, 중생을 교화하는 마음이 항상 물러나지 않으며, 자비심이 더욱 증장해 일체중생의 의지할 데가 됩니다.

(21-9-6) 내가 교화하지 않으면 누가 교화하겠는가!

보살이 이때 '내가 중생을 성숙시키지 않으면 누가 성숙시키며, 내가 중생을 조복시키지 않으면 누가 조복시키며, 내가 중생을 교화하지 않으면 누가 교화하며, 내가 중생을 깨우치지 않으면 누가 깨우치며, 내가 중생을 청정케 하지 않으면 누가 청정케 하겠는가. 이것은 나에게 마땅한 일이니 내가 해야 할 것이다.'라고 생각합니다.

(21-9-7) 나만 이 법을 알면 다른 중생은 어찌 되겠는가

'나만 이 깊은 법을 알면 나 한 사람만이 위없는 바른 깨달음을 성취할 것이니, 다른 중생들은 눈이 없어 캄캄하고 험난한 길에 들어갈 것이며, 모든 번뇌에 속박되어 중병에 걸린 사람이 항상 고통을 받는 것 처럼, 탐애의 옥에 떨어져 나오지 못한다. 지옥, 아귀, 축생, 염라왕 세계를 벗어나지 못해 고통을 멸하지 못하고 악업을 버리지 못하며, 어두운 데 항상 있으면서 진실한 이치를 보지 못하고, 생사에 헤매면서 뛰어나지 못하고, 팔난에 있으면서 더러운 때에 물들고 가지가지 번뇌가 마음을 가리워서 삿된 소견에 빠져 바른 도를 행하지 못한다.'라고 생각합니다.

(21-9-8) 중생들을 먼저 교화하라

보살이 이렇게 중생을 관찰하고 이런 생각을 합니다.
'중생들이 성숙되지 못하고 조복되지 못한 것을 그냥 버려두고 내가 위없는 바른 깨달음을 증득합니다는 것은 차마 못할 일이다. 먼저 중생들을 교화시키면서 한량없는 겁 동안에 보살의 행을 행해, 성숙하지 못한 이를 성숙케 하고 조복되지 못한 이를 조복시킬 것이다.'

(21-9-9) 이러한 보살을 섬기면 깨달음을 이룬다

보살이 이 행에 머물러 있을 때에 모든 하늘, 마군, 범천, 사문, 바라문과 모든 세간의 건달바와 아수라들을 만나거나 잠깐이라도 함께 있거나 공경하고 존중하고 섬기고 공양하거나, 잠깐 귀로 들었거나 마음에 한번 거치기만 해도, 이런 일이 헛되지 않아 위없는 바른 깨달음을 이룰 것입니다. 이것을 보살의 여섯째 선현행이라 합니다.

(21-10) 제7 무착행
(21-10) 세계를 장엄하나 마음에 집착이 없다

보살들이여, 보살이 집착이 없는 마음으로 찰나마다 아승기 세계에 들어가서 아승기 세계를 깨끗이 장엄해도 모든 세계에 집착하는 마음이 없는 것이 보살의 집착 없는 무착행입니다.

(21-10-2) 부처님께 공양하지만 마음에 집착이 없다

아승기 여래가 계신 곳에 나아가 공경하고 예배하고, 받들어 섬기고 공양하며, 아승기 꽃과 향과 화만과 바르는 향과 가루향과 의복과 보배와 당기와 깃발과 일산과 모든 장엄거리를 공양합니다. 이렇게 공양하는 것은 지음이 없는 법을 끝내기 위함이며, 부사의한 법에 머물기 위한 까닭입니다.

잠깐 동안에 한량없는 부처님을 친견하지만 부처님에게 집착하는 마음이 없으며, 부처님 세계에도, 부처님 잘 생긴 몸매에도, 부처님의 광명을 보고 부처님의 법문을 듣는 데도, 시방의 세계와 부처님과 보살과 모인 대중에게도 집착하는 마음이 없으며, 불법을 듣고는 환희한 마음을 내고 뜻과 힘이 광대해, 모든 보살의 행을 가지고 행하면서도 부처님 법에 집착하는 마음이 없습니다.

(21-10-3) 불법 가운데는 더러움도 깨끗함도 없다

보살이 한량없는 겁에 헤아릴 수 없이 많은 부처님이 세상에 출현하심을 보고, 부처님 계신 곳에서 섬기고 공양하기를 한량없는 겁동안 하더라도 마음에 만족함이 없으며, 부처님을 뵙고 법을 듣고 보살과 모인 대중의 장엄을 보더라도 집착함이 없으며, 부정한 세계를 보고도 미워하는 생각이 없습니다. 왜냐하면 이 보살이 부처님과 같이 법을 관찰하는 까닭입니다. 불법 가운데는 때묻음도 깨끗함도 없고, 어둠도 밝음도 없고, 다름도 같음도 없고, 진실함도 허망함도 없고,

편안함도 험난함도 없고, 바른 길도 삿된 길도 없기 때문입니다.

(21-10-4) 온갖 만행을 닦더라도 집착이 없다

보살이 이렇게 법계에 깊이 들어가 중생을 교화하되 집착을 하지 않고, 모든 법을 받아 지니되 법에 집착을 하지 않고, 보리심을 내어 부처님 머무시는 곳에 머물되 집착을 하지 않고, 말을 하나 말에도 집착함이 없고, 들어가고 머무르되 삼매에 집착함이 없고, 한량없는 부처님 국토에 나아가 들어가기도 하고 보기도 하고 그 가운데 머물기도 하되 부처님 국토에 집착함이 없고, 버리고 갈 적에도 그리워하지 않습니다.

(21-10-5) 집착이 없으므로 얻는 이익

보살이 집착함이 없는 까닭으로 불법 가운데 마음이 불편하지 않으며, 부처님의 보리를 알고 법의 모자를 증득하고 바른 가르침에 머무르며, 보살의 행을 닦고 마음에 머물고 해탈법을 생각하면서도 머무는 곳에 물들지 않고 행하는 데에 집착함이 없이, 도를 청정케 해 보살의 수기를 받습니다.

(21-10-6) 집착이 없으므로 남을 이롭게 한다

수기를 받고는 이렇게 생각합니다. '범부가 어리석어 알지도 보지도 못하며 신심이 없고 이해가 없고 총명하고 민첩한 행이 없으며, 어리석고 미련해 생사에 헤매면서 부처님 뵙기를 구하지 않고, 밝은 곳으로 인도함을 따르지 않고 마음을 잘 조절함을 믿지 않으므로 아득하고 잘못되어 험난한 길에 들어가는 것이며, 십력을 가진 이를 공경하지 않고, 보살의 은혜를 알지 못하며, 머무른 곳에만 탐착해 모든 법이 공하다는 말을 듣고는 두려운 마음을 내며, 바른 법을 떠나고 삿된 법에 머물며, 평탄한 길을 버리고 험난한 길에 들어가 부처님 뜻을 등지고 마군의 뜻을 따르면서 모든 것에 집착하고 버리지 못합니다. 보살은 이렇게 중생을 관찰하고 대비심을 증장해 모든 선근을 내면서도 집착하지 않습니다.

(21-10-7) 큰 자비심으로 중생을 구제하다

보살은 또 이렇게 생각합니다. '내가 마땅히 한 중생을 위해 시방세계의 국토에서 한량없는 겁을 지내면서 교화해 성숙케 할 것이며, 한 중생을 위하는 것 같이, 모든 중생을 위해서도 그렇게 할 것이다. 이것을 위해 싫거나 고달픈 마음을 내어 그냥 버려두고 다른 데 가지 않을 것이며, 또 털끝으로 법계를 두루 재면서 한 털끝만한 곳에서 한량없는 겁이 다하도록 일체중생을 교화하고 조복하며, 털끝만한 곳에서도 그와 같이 할 것이다.'

(21-10-8) 집착이 없음을 널리 나타내다

손가락 한 번 튕기는 동안이라도 나라는 것에 집착해 나라는 생각과 내 것이라는 생각을 일으키지 않으며, 오는 세월이 끝나도록 보살의 행을 닦아도 몸에도, 법에도, 생각에도, 소원에도, 삼매에도, 관찰에도, 고요한 선정에도, 경계에도, 중생을 교화해 조복시키는 데도 집착하지 않으며, 다시 법계에 들어가는 것도 집착하지 않습니다.

(21-10-9) 집착이 없는 까닭

보살은 다음과 같이 생각하기 때문입니다. '내가 마땅히 일체 법계가 요술과 같은 줄 관하며, 모든 부처님이 그림자 같고 보살의 행이 꿈과 같고 부처님의 법을 말함이 메아리 같은 줄 관한다. 왜냐하면 일체 세간이 변화해 나타나는 허망한 것은 업보로 유지되는 까닭이며, 차별한 몸이 요술과 같으니 행의 힘으로 일으킨 까닭이며, 일체중생이 마음과 같으니 가지가지로 물든 까닭이며, 일체 법이 실제와 같으니 변할 수 없는 까닭이기 때문이다.'

(21-10-10) 집착이 없는 행의 광대함

또 '내가 마땅히 허공이 끝나고 법계에 두루한 시방의 국토에서 보살의 행을 행하며, 찰나마다 일체 불법을 분명히 통달하고 바른 생각이 앞에 나타나 집착이 없을 것이다.'라고 생각합니다.

(21-10-11) 집착이 없는 행의 만족함

보살이 이와 같이 몸이 나라고 할 것이 없음을 관하고 부처님 보기를 걸림 없이 하며, 중생을 교화하려고 법을 연설해 부처님 법에 한량없는 즐거움과 청정한 신심을 내게 하며, 모든 이를 구호해도 고달프거나 싫은 생각이 없습니다.

고달픈 생각이 없으므로 모든 세계에서 중생이 성취하지 못했거나 조복받지 못한 곳이 있으면, 그곳에 나아가 방편으로 교화해 제도합니다. 중생이 여러 가지 음성과 업과 집착과 시설과 화합과 유전함과 지음과 경계와 태어남과 죽는 것을 큰 서원으로 편안하게 교화하되, 그 마음이 변하거나 물러서지 않게 하며, 잠깐이라도 물드는 생각을 내지 않습니다.

왜냐하면 집착함이 없고 의지한 데가 없으므로 자기를 이롭게 하고
다른 이를 이롭게 함이 청정하고 만족하기 때문입니다. 이것을 보살
의 일곱째 무착행이라 합니다.

(21-11) 제8 난득행
(21-11-1) 열 가지 선근의 성취
보살들이여, 보살이 얻기 어려운 선근과 굴복하기 어려운 선근과 가
장 수승한 선근과 깨뜨릴 수 없는 선근과 가장 뛰어난 선근과 헤아
릴 수 없는 선근과 다하지 않는 선근과 힘이 자재한 선근과 큰 위덕
있는 선근과 모든 부처님과 성품이 같은 선근을 성취하는 것이 보살
의 얻기 어려운 난득행입니다.

(21-11-2) 선근을 닦아 이익을 얻다
보살이 모든 행을 닦을 때에 불법에 대해 수승한 이해를 얻고, 부처
님 보리에 대해 큰 이해를 얻고, 보살의 서원에 조금도 쉬지 않고 일
체 겁이 다 해도 게으른 마음이 없으며, 모든 고통에 싫은 생각을 내
지 않고, 모든 마군에 동요하지 않으며, 부처님이 호념하시는 것이
며, 보살의 고행을 행하게 하고, 보살의 행을 닦되 꾸준해 게으르지
않으며, 대승에 대한 소원이 물러나지 않습니다.

(21-11-3) 얻기 어려운 행을 이룬 이익
보살이 얻기 어려운 행에 편안히 머물고는, 생각마다 아승기겁에 나
고 죽음을 되풀이하면서도 보살의 대원을 버리지 않으며, 어떤 중생
이 받들어 섬기고 공양하거나, 보고 듣기만 해도 모두 위없는 바른

깨달음에서 물러나지 않습니다.

(21-11-4) 중생 제도함을 비유로 나타내다
보살이 비록 중생이 없는 것을 알지만, 일체중생을 버리지 않으며, 마치 뱃사공이 이 언덕에도 저 언덕에도 중류에도 머물지도 않으면서, 이 언덕 중생을 건네어 저 언덕에 이르게 합니다. 왕래해 쉬지 않습니다.

(21-11-5) 비유와 법을 합해 나타내다
보살도 그와 같아서 생사에도 열반에도 생사의 흐름에도 머물지도 않으면서, 이 언덕 중생을 건네어 편안하고 두려움이 없고 근심이 없고 시끄러움이 없는 저 언덕에 둡니다. 중생의 수에 집착하지도 않으며, 한 중생을 버리고 여러 중생에 집착하지도 않으며, 여러 중생을 버리고 한 중생에 집착하지도 않으며, 중생계가 더하지도 않고 중생계가 감하지도 않으며, 중생계가 나지도 않고 중생계가 멸하지도 않으며, 중생계가 다하지도 않고 중생계가 자라지도 않으며, 중생계를 분별하지도 않고 중생계를 둘로 나누지도 않습니다.

(21-11-6) 까닭을 나타내다
무슨 까닭이냐 하면, 보살이 중생계가 법계와 같은데 깊이 들어가서 중생계와 법계가 둘이 없고 둘이 아님을 아는 까닭입니다. 둘이 없는 법에는 더함도 줄어듦도 나는 것도 멸함도 없습니다. 있지도 없지도 않으며, 취함도 의지함도 집착함의 둘도 없습니다.

(21-11-7) 고요하고 움직임이 걸림이 없다

보살이 이렇게 좋은 방편으로 깊은 법계에 들어가서 모양이 없는 곳에 머물러 청정한 모양으로 그 몸을 장엄하며, 법의 성품이 없음을 알지만 일체 법의 모양을 분별하며, 중생에게 집착하지 않으면서도 중생의 수를 알며, 세계에 집착하지 않으면서도 부처님 세계에 몸을 나타내며, 법을 분별하지 않으면서도 부처님 법에 잘 들어가며, 이치를 깊이 통달하고도 말로 가르침을 자세히 연설하며, 일체 법이 탐욕을 여읜 진정한 경계를 알면서도 보살의 도를 끊지 않고 보살의 행에서 물러나지 않으며, 부지런히 다함이 없는 행을 닦아서 자재하게 청정한 법계에 들어갑니다.

(21-11-8) 비유로써 밝히다

비유컨대 나무를 비벼 불을 내거든 불타는 일이 한량없으나 불은 꺼지지 않습니다. 보살도 그와 같아서 중생을 교화하는 일이 다함이 없으나 세간에 있어서 항상 머물고 멸하지 않습니다.

(21-11-9) 두 가지 행을 모두 버리다

구경(究竟)도 구경 아님도 아니며, 집착도 집착 아님도 아니며, 의지도 의지 없음도 아니며, 세상 법도 부처님 법도 아니며, 범부도 보살의 과를 얻은 것도 아닙니다.

(21-11-10) 더 수승한 행에 나아가다

보살이 얻기 어려운 마음을 성취하고 보살행을 닦을 때에 이승법도 부처님 법도 세간도 세간법도 중생도 중생 없음도 때 묻은 것도 깨끗한 것도 말하지 않습니다. 왜냐 하면 보살은 일체 법이 물들지도 않고 집착도 없고 전변하지도 않고 물러가지도 않음을 아는 까닭이며, 보살이 이렇게 적멸하고 미묘하고 매우 깊고 가장 수승한 법 가운데서 수행할 때에 '내가 현재에 이 행을 닦고 이미 이 행을 닦았고 장차 이 행을 닦을 것이다.'라는 생각을 하지 않으며, 오온, 십팔계, 십이처에 집착하지 않고, 안 세간, 바깥 세간, 안팎 세간과 일으킨 큰 소원의 바라밀과 일체 법에도 집착하지 않습니다.

(21-11-11) 고정된 법이 없다

왜냐 하면 법계 중에는 어떤 법이 성문승에 속합니다, 독각승에 속합니다고 할 것이 없으며, 어떤 법이 보살승에 속합니다 위없는 바른 깨달음에 속합니다고 할 것이 없으며, 어떤 법이 범부 세계에 속합니다고, 어떤 법이 물드는 데 속합니다 깨끗한 데 속합니다 생사에 속합니다 열반에 속합니다고 할 것이 없는 까닭이며, 모든 법이 둘도 없고 둘이 아님도 없는 까닭입니다.

(21-11-12) 비유와 법을 합해 밝히다

마치 허공을 시방에서 과거나 현재나 미래에 구해도 얻을 수 없으나, 허공이 없는 것이 아닌 것과 같이 보살도 그와 같아서 일체 법이 모두 얻을 수 없음을 관찰하지만 일체 법이 없지도 않으며 실상과 같지도 다르지도 않습니다. 짓는 일을 잃지 않고 보살의 행을 수행함을 보이며, 큰 원력을 버리지 않고 중생을 조복시키며, 정법의 수레를 운전해 인과 과를 무너뜨리지 않아 평등하고 묘한 법에도 어기지 않으며, 삼세의 여래들과 더불어 평등해 부처의 종성을 끊지 않고 실상을 깨뜨리지 않으며, 법에 깊이 들어가 변재가 다하지 않으며, 법을 듣고 집착하지 않으나 법의 깊은 데까지 이르러 잘 열어 연설해 두려운 마음이 없으며, 부처님 머무는 곳을 버리지 않고 세상 법을 어기지 않으며, 세간에 두루 나타나지만 세간에 집착하지 않습니다.

(21-11-13) 자비행을 말하다

보살이 이렇게 얻기 어려운 지혜의 마음을 성취해 모든 행을 닦으면서, 삼악취에서 중생들을 교화하고 조복시켜 삼세의 부처님 도에 편안히 두고 동요하지 않습니다. 또 '세간의 중생들이 은혜 갚을 줄 모르고 원수로 상대하며, 삿된 소견에 집착해 미혹하고 뒤바뀌며, 어리석고 지혜가 없어 신심이 없고 나쁜 벗을 따라 나쁜 생각을 일으키며, 탐욕과 애착과 무명과 가지가지 번뇌가 가득하지만, 이것이 내가 보살행을 닦을 만한 곳이라고 생각하며, 설사 은혜를 알고 총명하고 지혜가 있으며 선지식이 세간에 가득하다면 나는 이 가운데서 보살행을 닦지 않을 것이다. 왜냐 하면 나는 중생에게 친하고 섬길 것도 없고 바라는 것도 없으며, 실 한올, 풀 한줄기를 구하거나 칭찬하는 말 한마디를 구함도 아니며, 오는 세월이 끝나도록 보살행을 닦으면서도 한번도 내 몸을 위하지 않았으며, 모든 중생을 제도해 청정케 하고 영원히 뛰어나게 하려는 것이다.'라고 생각합니다.

(21-11-14) 보살의 법

중생들을 지도하는 이는 응당히 집착하지도 않고 구하는 것도 없으며, 중생들을 위해 보살의 도를 닦으며, 그들이 편안한 저 언덕에 이르러서 위없는 바른 깨달음을 이루게 하려는 것입니다. 이것을 보살의 여덟째 난득행이라 합니다.

(21-12) 제9 선법행

(21-12-1) 부처님 종성이 끊어지지 않게 하다

보살들이여, 보살은 일체 세간의 하늘, 사람, 마군, 범천, 사문, 바라문, 건달바들을 위해 청량한 법의 못이 되어 바른 법을 거두어 지녀 부처의 종성이 끊어지지 않게 하는 것이 보살의 법을 잘 말하는 선법행입니다.

(21-12-2) 열 가지 다라니를 얻다

청정한 광명 다라니를 얻었으므로 법을 말하고 수기하는 변재와, 뜻을 구족한 다라니를 얻었으므로 뜻을 말하는 변재와, 실상 법을 깨닫는 다라니를 얻었으므로 법을 말하는 변재와, 훈고해 해석하는 말 다라니를 얻었으므로 연설의 변재와, 끝이 없는 글 구절과 다함없는 뜻의 걸림없는 문 다라니를 얻었으므로 걸림없는 변재와, 부처님의 관정 다라니를 얻어 정수리에 물을 부었으므로 환희케 하는 변재와, 남을 의지하지 않고 깨닫는 다라니를 얻었으므로 광명 변재와, 같은 말 하는 다라니를 얻었으므로 같은 말을 하는 변재와, 여러 가지 뜻과 구절과 글을 훈고 해석하는 다라니를 얻었으므로 훈고하는 변재와, 끝이 없이 돌아가는 다라니를 얻었으므로 끝이 없는 변재가 다함이 없습니다.

(21-12-3) 삼업으로 중생을 이롭게 하다

이 보살은 대비심이 견고해 중생들을 널리 거두어 주며, 삼천대천세계에서 몸을 금빛으로 변해 불사를 지으며, 중생들의 근성과 욕락을 따라서 길고 넓은 혀로써 한 음성에 한량없는 소리를 내어 때에 맞추어 법을 말해 환희케 합니다.

(21-12-4) 법을 앎이 깊고 수승함

말할 수 없는 여러 가지 업보로 생긴 무수한 중생들이 한 곳에 모였으며, 그러한 모임이 한량없는 세계에 가득하며, 보살이 대중 가운데 앉았을 때에, 그 모임에 있는 중생들이 아승기 입을 가졌고, 그 입마다 나유타 음성을 내어 한꺼번에 말하는데, 말이 각각 다르고 묻는 말이 각각 다른 것을, 보살이 한 생각 동안에 모두 알아듣고 따로따로 대답해 그들의 의혹을 덜어 주며, 한 모임에서와 같이 수없이 많은 모임에서도 모두 그와 같이 합니다.

(21-12-5) 법을 앎이 더욱 미세함

한 털끝에서, 잠깐 동안 한량없는 도량에 모인 대중을 일체의 털 끝만 한 곳에서도 그와 같이 내기를 오는 겁이 다하도록 합니다. 이 겁은 다합니다 해도 대중의 모임은 다함이 없으며, 이러한 모임의 대중들이 잠깐 동안 제각기 다르게 질문하더라도, 보살은 한 생각 동안에 모두 다 알아듣고, 두려움도 없고 겁도 없고 의심도 없고 잘못 아는 일도 없이 생각합니다.

(21-12-6) 법을 앎이 두루 해 동시임을 나타내다

'일체중생이 모두 이와 같은 말로써 한꺼번에 묻더라도 나는 그들에게 법을 말하되 끊임도 없고 다함도 없으며, 그로 하여금 환희해 선한 도에 머물게 하며, 또 그들로 하여금 온갖 말을 잘 알아서 중생에게 가지가지 법을 말하되 말에 대해 조금도 분별함이 없으며, 한량없는 말로써 어렵게 묻더라도, 한 생각에 다 알고 한 음성으로 대답해 모두 깨닫게 하고 남음이 없게 한다.'라고 생각합니다. 왜냐하면 온갖 지혜로 관정함을 얻고, 걸림 없는 장을 얻고, 온갖 법의 원만한 광명을 얻고, 온갖 지혜를 구족한 까닭입니다.

(21-12-7) 삼천대천세계에서 불사를 짓다
보살들이여, 보살이 선법행에 편히 머물고, 스스로 청정하고, 역시 집착이 없는 방편으로 일체중생을 이익케 하면서도 중생이 벗어나는 일이 없으며, 한량없는 삼천대천세계에서 몸을 금색으로 변하고 묘한 음성을 구족해 온갖 법에 막힘이 없이 불사를 짓습니다.

(21-12-8) 보살이 열 가지의 몸을 성취하다
보살들이여, 보살은 열 가지 몸을 성취합니다. 그 까닭은 그지없는 법계에 들어가는 모든 갈래가 아닌 몸이니 일체 세간을 멸하며, 그지없는 법계에 들어가는 모든 갈래의 몸이니 일체 세간에 나며, 나지 않는 몸이니 남이 없이 평등한 법에 머무르며, 멸하지 않는 몸이니 일체의 멸함을 말로 할 수 없으며, 진실하지 않은 몸이니 실상과 같음을 얻으며, 허망하지 않은 몸이니 마땅한 대로 나타내며, 변천하지 않는 몸이니 여기서 죽어 저기 나는 일을 여의며, 무너지지 않는 몸이니 법계의 성품이 무너짐이 없으며, 한 모양 몸이니 삼세의 말할 길이 끊어지며, 모양 없는 몸이니 법의 모양을 잘 관찰합니다.

(21-12-9) 열 가지 몸을 성취한 목적

보살이 이러한 열 가지 몸을 성취합니다. 일체중생의 집이 되어 모든 선근을 기르는 까닭이며, 일체중생의 구호함이 되어 크게 편안함을 얻는 까닭이며, 일체중생의 돌아갈 데가 되어 그들의 의지할 곳이 되는 까닭이며, 일체중생의 지도자가 되어 위없이 벗어나게 하는 까닭이며, 일체중생의 스승이 되어 진실한 법에 들게 하는 까닭이며, 일체중생의 등불이 되어 그들이 업보를 환히 보게 하는 까닭이며, 일체중생의 빛이 되어 깊고 묘한 법을 비추게 하는 까닭이며, 일체 삼세의 횃불이 되어 실상 법을 깨닫게 하는 까닭이며, 일체 세간의 비춤이 되어 광명한 땅 속에 들게 하는 까닭이며, 일체 갈래의 밝음이 되어 여래의 자재함을 나타내는 까닭입니다.

(21-12-10) 일체중생을 위해 청량한 법의 연못이 되다

보살들이여, 보살이 이 행에 머무르면, 일체중생을 위해 청량한 법의 연못이 되어 일체 불법의 근원을 다하는 것입니다. 이것을 보살의 아홉째 선법행이라 합니다.

(21-13) 제10 진실행

(21-13-1) 말과 같이 행하다

보살들이여, 보살은 제일 진실하고 참된 말을 성취해 말한 대로 행하고 행하는 대로 말하는 것이 보살의 진실한 진실행입니다.

(21-13-2) 진실한 행의 행상

이 보살이 삼세 부처님들의 진실한 말을 배우며, 종성에 들어가며,

두 가지 없는 말을 얻으며, 삼세의 부처님들과 선근이 동등하며, 여래를 따라 배워서 지혜를 성취했습니다.

(21-13-3) 열 가지 지혜의 성취

보살은 중생의 옳은 곳과 그른 곳을 아는 지혜와 과거·현재·미래에 업으로 받는 과보를 아는 지혜와 근성이 이롭고 둔함을 아는 지혜와 가지가지 경계를 아는 지혜와 가지가지 이해를 아는 지혜와 온갖 곳에 이르러 갈 길을 아는 지혜와 모든 선정, 해탈, 삼매의 때 묻음과 깨끗함이 일어나는 때와 때 아님을 아는 지혜와 온갖 세계에서 지난 세상에 머물던 일을 기억해 아는 지혜와 천안통의 지혜와 누진통의 지혜를 성취하고도 일체의 보살행을 버리지 않습니다. 왜냐하면 일체중생을 교화해 모두 청정하게 하려는 까닭입니다.

(21-13-4) 중생을 먼저 제도하다

보살은 더 나아가는 마음인 증상심을 다시 냅니다.

'내가 일체중생을 위없는 해탈도에 머물지 못하게 하고 내가 먼저 깨달음을 이룬다면 나의 본래의 소원에 어긋나는 것이다. 그러므로 나는 먼저 일체중생을 위없는 보리와 무여열반을 얻게 한 뒤에 성불할 것이다. 왜냐 하면 중생들이 나에게 청해서 발심한 것이 아니고, 내가 중생에게 청하지 않은 벗이 되더라도 일체중생은 선근에 만족해 온갖 지혜를 이루게 한다.

그러므로 내가 가장 수승하니 일체 세간에 집착하지 않으며, 내가 가장 높으니 위없는 지위에 있으며, 내가 가림을 여의였으니 중생의 끝이 없음을 알며, 내가 이미 찬탄했으니 본래의 소원을 성취하며,

내가 잘 변화해 보살의 공덕으로 장엄하며, 내가 좋은 의지가 되니 삼세의 부처님들이 거두어 주신다.'

(21-13-5) 보살의 본래의 서원

보살은 본래의 소원을 버리지 않았으므로 위없는 지혜의 장엄에 들어가서, 중생들을 이익되고 만족게 하며, 본래의 소원을 따라 끝까지 이르게 하며, 일체 법 가운데서 지혜가 자재하며, 모든 중생을 두루 청정케 하며, 생각마다 시방세계에 두루 유행하며, 생각마다 한량없는 부처님 국토에 두루 나아가며, 생각마다 한량없이 많은 부처님과 부처님의 장엄과 청정한 국토를 다 보며, 여래의 자재하신 신통의 힘을 나타내어 법계와 허공계에 두루 가득합니다.

(21-13-6) 부처님의 종성에 들어가다

보살은 한량없는 몸을 나타내어 세간에 두루 들어가되 의지함이 없으며, 몸 가운데 모든 세계와 중생과 법과 부처님을 나타냅니다. 보살이 중생의 가지가지 생각과 욕망과 이해와 업보와 선근을 알고, 적당하게 몸을 나타내어 조복하며, 모든 보살이 요술과 같고 온갖 법이 변화와 같고 부처님의 출현하심이 그림자와 같고 일체 세간이 꿈과 같음을 관찰하며, 뜻의 몸과 글의 몸이 무진장함을 얻고 바른 생각이 자재해 일체 법을 결정적으로 알며, 지혜가 수승해 모든 삼매의 진실한 모양에 들어가니, 한 성품이며 둘이 아닌 자리에 머뭅니다.

(21-13-7) 삼세제불의 진실한 말을 배우다

보살은 중생들이 두 가지에 집착함을 여의어, 대비에 머물러서 적멸한 법을 닦아 행하며, 부처님의 십력을 얻어 인다라 망의 법계에 들어가고, 여래의 걸림 없는 해탈을 성취해 사람 중에 영특한 이로서 큰 사자후로 두려움이 없어 걸림 없고 청정한 법 수레를 운전하며, 지혜의 해탈을 얻어 일체 세간의 경계를 알고, 생사의 소용돌이를 끊고 지혜의 바다에 들어가 모든 중생을 위해 삼세 부처님들의 바른 법을 보호해 일체 부처님 법 바다의 실상인 근원에 이릅니다.

(21-13-8) 십행 법문을 맺고 이익을 얻다

보살이 진실한 행에 머물고, 일체 세간의 하늘, 사람, 마군, 범천, 사문, 바라문, 건달바, 아수라들로서 친근하는 이는 모두 마음이 열리어 깨달아 환희하고 청정하게 합니다. 이것을 보살의 열째 진실행이라 합니다."

(21-14) 상서를 나타내어 증명하다
(21-14-1) 6종 18상의 진동과 하늘 공양

이때 부처님의 신통력으로 시방에 각각 부처님 세계의 티끌 수 세계들이 여섯 가지로 진동했다. 흔들흔들, 두루 흔들흔들, 온통 두루 흔들흔들, 들먹들먹, 두루 들먹들먹, 온통 두루 들먹들먹, 울쑥불쑥, 두루 울쑥불쑥, 온통 두루 울쑥불쑥, 우르르, 두루 우르르, 온통 두루 우르르, 와르릉, 두루 와르릉, 온통 두루 와르릉, 와지끈, 두루 와지끈, 온통 두루 와지끈거렸다. 하늘꽃, 하늘향, 하늘가루향, 하늘화만, 하늘옷, 하늘보배, 하늘장엄거리를 비 내리며, 하늘 음악을 연주하고 하늘 광명을 놓고 하늘의 미묘한 음성으로 화창하게 연설했다.

(21-14-2) 다른 야마천궁에서도 그와 같았다

이 세계의 야마천궁에서 십행의 법을 말하면서 나타내는 신통 변화처럼 시방세계에서도 그러했다.

(21-14-3) 십만 세계 미진수 보살들의 찬탄

다시 부처님의 신력으로써 시방으로 각각 십만 부처님 세계의 티끌 수 세계 밖에 있는 십만 부처님 세계의 티끌 수 보살들이 함께 이 국토에 와서 시방에 가득차 있었다. 공덕림보살에게 말했다.

"보살이여, 잘 하십니다. 보살의 행을 잘 연설합니다. 우리들은 모두 같은 이름인 공덕림입니다. 우리가 있는 세계의 이름은 모두 공덕당이며, 그 세계에 계시는 모든 부처님의 명호가 보공덕이신데, 우리들의 부처님 계신 곳에서도 이 법문을 말씀하며, 모인 대중과 권속과 말과 이치가 모두 같아서 더하거나 덜함이 없습니다.

보살이여, 우리들은 모두 부처님의 신력을 받들고 이 회상에 와서 당신들을 위해 증명하는 것이며, 시방세계에서도 다 그와 같습니다."

(21-15) 게송을 설해 거듭 밝히다
(21-15-1) 게송을 설하는 까닭

이때 공덕림보살이 부처님의 위신력을 받들어 시방의 일체 회중과 법계를 두루 관찰하고, 부처님의 종성을 끊어지지 않게 하려고, 보살의 종성을 청정케 하려고, 서원의 종성을 물러서지 않게 하려고, 행의 종성을 항상 하려고, 삼세의 종성을 모두 평등케 하려고, 삼세 일체 부처님의 종성을 거두어 붙들려고, 심은 모든 선근을 연설하려고, 모든 근성과 욕망과 이해와 번뇌와 습성과 마음으로 하고 짓는 일을 관찰하려고, 일체 부처님의 보리를 비추어 알기 위해 게송으로 말했다.

(21-15-2) 부처님께 귀의해 예경하다

십력 가진 높은 이와 때 여의고/ 청정해 걸림 없이 보는 이와
보는 경계 깊고 멀어 짝이 없고/ 공한 도에 머문 이에 경례합니다.

(21-15-3) 삼세의 부처님께 배워 수행하다

지난 세상 인간 중에 수승하고/ 공덕들이 한량없고 집착 없어
용맹하고 제일이고 짝 없으니/ 티끌들을 여읜 이가 도를 행하네.

지금 세상 시방의 국토에서/ 첫째 뜻을 잘 펴서 연설하며
모든 허물 없어지고 청정하며/ 의지한 곳 없는 이가 도를 행하네.

오는 세상 인간 중에 사자인 자/ 온 법계에 두루두루 다니면서
부처님의 대비심을 내셨으니/ 이익되는 이들이 도를 행하네.

시방삼세 계시는 뛰어난 분/ 절로절로 어리석음 없애시고
온갖 법에 모두 것이 평등하니/ 큰 힘을 얻은 자가 도를 행하네.

(21-15-4) 수행의 근본을 말하다

한량없고 그지없는 모든 세계/ 온갖 것과 모든 갈래 두루 보며
보시고는 그 마음에 분별없네/ 동요하지 않는 자가 도를 행하네.

이 법계에 있는 것을 바로 알고/ 제일가는 이치들이 청정해

진심 교만 어리석음 깨뜨리니/ 이 공덕을 갖춘 자가 도를 행하네.

여러 가지 중생을 분별하고/ 이 법계의 참 성품에 들어가서
다른 사람 의지 않고 깨달아서/ 허공처럼 평등한 자 도를 행하네.

온 허공에 널려 있는 국토에서/ 모두 가서 법을 알게 하며
말씀이 청정해 깨뜨릴 자 없으니/ 수승하신 모니께서 도를 행하네.

구족하고 견고해 후퇴없어/ 가장 좋고 존중한 법 성취하니
원력이 그지없고 저 언덕에 바로 가니/ 수행을 잘하는 자 도를 행하네.

한량없고 그지없는 땅덩이의/ 넓고 크고 깊은 묘한 경계
모두모두 알고보고 남음이 없네/ 논리들의 사자왕이 도를 행하네.

모든 것의 구절과 뜻 바로 알고/ 여러 가지 논리를 굴복하고
교법에서 결정해 걸림 없네/ 크신 모니께서 도를 행하네.

(21-15-5) 제1 환희행을 말하다
(21-15-5-1) 재물의 보시
일체 세간 모든 걱정 여의시고/ 중생에게 편안한 즐거움 널리 주어
뛰어나고 크신 도사 되어/ 묘한 공덕 가진 자가 도를 행하네.

(21-5-5-2) 두려움 없는 보시
두려움이 없으므로 중생에게 보시해/ 모든 이가 기뻐하며 좋아하네

그 마음은 청정해 혼탁함이 없어/ 동등할 이 없는 자가 도를 행하네.
이 마음이 청정해 조화되고/ 모든 희롱 여의고 말 점잖고
위의가 원만해 대중들이 공경하니/ 세간에서 훌륭한 자 도를 행하네.

(21-15-5-3) 법의 보시
진실한 뜻 보고 들어 피안 가고/ 그 공덕에 머물러서 마음도 고요해
부처님을 호념해 잊지 않네/ 모든 유위를 멸한 자가 도를 행하네.

나를 멀리 여의어 시끄러움 없고/ 큰 음성으로 바른 법을 말하시니
시방세계 모든 국토 두루하네/ 비교할 수 없는 자가 도를 행하네.

(21-15-5-4) 인과가 원만하다
보시완성 실천해 성취하고 / 백천 가지 복된 상호 장엄해
중생들의 보는 자가 기뻐하며 / 수승한 지혜 얻은 자가 도를 행하네.

(21-15-6) 제2 요익행을 말하다
(21-15-6-1) 율의를 섭하는 계
지혜의 깊은 곳에 들어가기 어렵지만/ 미묘하신 지혜로써 잘 머무니
그 마음이 다할 때까지 동요하지 않아/ 수행해 견고한 이 도를 행하네.

(21-15-6-2) 착한 법을 섭하는 계
이 법계에 간 곳마다 들어가며/ 들어가는 곳에서는 끝까지 가
묘한 신통으로 모든 것을 포섭하니/ 법의 광명 가진 자가 도를 행하네.

같을 이가 없으시는 모니께서/ 삼매를 닦아 두 가지의 모양 없고
이 마음은 적정해/ 두루 보는 자가 도를 행하네.

(21-15-6-3) 중생을 이익되게 하는 계

미세하고 또 광대한 여러 국토/ 서로서로 들어가도 차별해
모든 경계를 모두 아니/ 저 지혜의 산왕들이 도를 행하네.

(21-15-6-4) 세 가지의 계를 맺다

항상 뜻은 깨끗해 때 여의고/ 삼계에서 어느 것도 집착함이 없으시니
모든 계율 지니고 피안 가니/ 그 마음이 깨끗한 자 도를 행하네.

(21-15-7) 제3 무위역행을 말하다

지혜들이 끝이 없고 말할 수 없구나/ 이 법계와 허공계에 가득해
닦고 닦아 배워 여기에 있으니/ 금강 지혜 있는 자가 도를 행하네.

삼세 일체 부처님의 깊은 경계/ 지혜로 잘 들어가 두루해
잠시라도 피로한 맘 내지 않네/ 뛰어나고 수승한 자 도를 행하네.

열 가지의 지혜 힘 분별하고/ 온갖 곳에 이르는 길 바로 알며
이 몸으로 하는 일이 자재하니/ 공덕의 몸 이룬 자가 도를 행하네.

시방세계 한량없는 중생세계/ 거기 있는 한량없는 중생
내가 모두 구호해 제도하네/ 두려움이 없는 자가 도를 행하네.

(21-15-8) 제4 무굴요행을 말하다

부처님의 모든 법을 닦아 익혀/ 정진해 게으르지 않고
모든 세간 깨끗하게 다스리니/ 저 크고 큰 용왕들이 도를 행하네.

중생들의 근성이 다르구나/ 욕망과 이해도 각기각기 차별하니
가지가지 여러 세계 밝게 알아/ 넓고 깊게 들어간 자 도를 행하네.

온 시방에 한량없는 모든 세계/ 태어나는 그 수효가 그지없네
한 생각도 피로하단 마음 없어/ 즐거워서 하는 자가 도를 행하네.

한량없는 광명그물 두루 놓아/ 일체 모든 세계를 환히 비춰
비춰지는 광명 따라 법성에 드니/ 선한 지혜 얻은 자가 도를 행하네.

시방세계 한량없는 국토들이/ 끝도 없이 낱낱이 진동해도
중생들을 놀라지도 않게 하니/ 그 세상에 이익 준 자 도를 행하네.

(21-15-9) 제5 이치란행을 말하다

일체 모든 말하는 법 해득해/ 질문하고 대답함이 총명해
그 현철한 변재 지혜 모두 뛰어나/ 두려움이 없는 자가 도를 행하네.

뒤엉킨 모든 세계 이해해/ 분별하고 생각해 모두 얻고
다함없는 국토에 머물게 하며/ 좋은 지혜 있는 자가 도를 행하네.

(21-15-10) 제6 선현행을 말하다
공덕들이 한량없는 나유타며/ 부처의 도 구하려고 닦고 닦네
열반의 저 언덕에 이르러니/ 다함없는 행 닦은 자 도를 행하네.

세상에서 뛰어나신 논사이며/ 제일가는 변재로서 사자후를 하시는데
많은 중생 피안세계 이르게 하며/ 마음이 깨끗한 자 도를 행하네.

(21-15-11) 제7 무착행을 말하다
부처님들 관정하는 다르마법/ 법으로 정수리에 물을 부어
마음에 바른 법문 머무니/ 광대한 맘 가진 자가 도를 행하네.

일체중생 한량없이 차별해/ 그 마음이 통달해 두루 하고
결정하고 부처 법장 수호하니/ 수미산과 같은 자가 도를 행하네.

하나하나 말하는 소리 가운데/ 한량없는 음성을 나타내어
중생들이 종류 따라 알게 하니/ 걸림 없이 보는 이 도를 행하네.

가지가지 문자들과 말하는 법/ 지혜로써 들어가나 분별하지 않고
이 진실한 경계 속에 머무르니/ 성품들을 보는 자가 도를 행하네.

(21-15-12) 제8 난득행을 말하다
(21-15-12-1) 자신 수행의 원
깊고 깊은 법바다에 머물러서/ 온갖 법을 모두 모두 인정하며
모양 없고 진실한 법 바로 아니/ 실상들을 보는 자가 도를 행하네.

15-12-2) 신통을 일으키는 원

하나하나 불국토에 나아가서/ 한량없는 무량 겁이 다하도록
관찰하고 생각하기 쉽지 않네/ 게으르지 않은 자가 도를 행하네.

한량없고 끝이 없는 모든 여래/ 가지가지 명호들이 같지 않네
한 터럭 끝에 모두 밝게 보니/ 깨끗한 복 가진 자가 도를 행하네.

털 끝만한 곳에서도 보는 여래/ 그 수효가 한량없이 많고 많네
일체 모든 법계에도 그러하니/ 진실한 맘 내는 자가 도를 행하네.

한량없고 끝이 없는 여러 겁을/ 한 찰나에서 밝게 보고
길고 짧아 같지 않음 아는구나/ 해탈행을 얻은 자가 도를 행하네.

(21-15-12-3) 밖으로 교화하는 원

보는 이가 헛되지 않게 하고/ 불법에서 좋은 인연 심게 해
하는 일에는 집착 없네/ 모든 것에 수승한 자 도를 행하네.

(21-15-12-4) 보리를 구하는 원

나유타 겁 동안에 부처님을 뵙고/ 잠시라도 싫은 마음 내는 일 없고
그 마음에 환희해 더욱 증장하며/ 공하지도 않은 자가 도를 행하네.

(21-15-12-5) 중생을 성숙시키는 원

한량없는 겁이 다할 때까지는/ 일체 모든 중생 세계 관찰하네
한 중생도 있는 것으로 보지 않네/ 견고하신 사람들이 도를 행하네.

(21-15-13) 제9 선법행을 말하다

끝이 없는 복과 지혜 닦고 익혀/ 서늘하신 공덕 못을 만들어서
일체 모든 중생에게 이익을 주니/ 첫째가는 사람들이 도를 행하네.
온 법계에 여러 종류 많은 중생/ 이 허공에 두루 가득 한량없네
모두 말을 의지해서 아는구나/ 사자후를 하는 자가 도를 행하네.

하나하나 모든 삼매 어디에서나/ 수도 없는 모든 삼매 들어가서
법문들의 깊은 곳에 이르니/ 달을 보고 논하는 자 도를 행하네.

부지런히 인욕닦아 저 언덕에 이르니/ 수승하신 적멸법을 참아
그 마음은 평등해 동요 않네/ 그지없이 지혜로운 자 도를 행하네.

한 세계의 한 자리에 앉아 있어/ 그 몸들은 고요해 움직이지 않네
온갖 곳에 몸을 두루 나타내니/ 그지없는 몸 가진 자 도를 행하네.

한량없고 그지없는 모든 국토/ 한 티끌 속에 모두 넣어
두루 포용해도 장애 없으니/ 끝이 없이 생각하는 이 도를 행하네.

(21-15-14) 제10 진실행을 말하다
(21-15-14-1) 열 가지의 힘을 얻다

옳은 곳과 그른 곳을 바로 알고/ 모든 힘에 균등하게 들어가서
부처님의 최상력을 성취하니/ 제일의 힘을 가진 자가 도를 행하네.

지난 세상 오는 세상 지금 세상/ 한량없고 끝이 없는 모든 업보

언제든지 지혜로써 모두 아니/ 통달해 아는 자가 도를 행하네.

온 세간의 때이거나 아니거나/ 조복시켜 중생들을 통달해
적당한 때 모두 알아/ 이런 것을 잘 아는 자 도를 행하네.

(21-15-14-2) 변재가 무궁하다
몸과 말과 마음까지 잘 지켜서/ 언제든지 법에 따라 행을 닦아
모든 집착 여의고 마군을 항복받아/ 지혜로운 사람들이 도를 행하네.

모든 법에 공교함을 알아/ 진여법의 평등한 곳 들어가서
변재로서 연설함이 끝이 없어/ 부처님 행 닦는 자가 도를 행하네.

여러 가지 다라니문 원만하고/ 걸림 없는 속에서 머물면서
모든 법계 모두 통달하니/ 깊이 들어간 자 도를 행하네.

(21-15-14-3) 부처님 선근과 같다
시방삼세 계시는 부처님들/ 모든 이들 마음 같고 지혜도 같아
한 성품과 한 모양이 다르지 않고/ 이 종성을 가진 자가 도를 행하네.

일체 모든 어리석음 없어지고/ 광대무변 지혜 바다 들어가서
중생에게 청정한 눈 보시하니/ 지혜의 눈 있는 자가 도를 행하네.

일체 모든 도사들이 구족하며/ 평등하신 신통으로 두 행이 없네
부처님의 자재한 힘 얻으시니/ 이것들을 닦은 자가 도를 행하네.

온 시방의 모든 세계 두루 다녀/ 그지없이 묘한 법비 널리 내려
이치에서 결정함을 얻게 하니/ 법의 구름 이룬 자가 도를 행하네.
부처님의 지혜와 해탈에/ 깨끗한 신심 내어 물러나지 않으시고
신심으로 지혜 뿌리 내리는 것/ 이것을 잘 배운 자가 도를 행하네.

한 생각에 일체중생 모두 알고/ 한 중생도 남기지를 않으면서
저 중생의 마음 성품 아는 것이/ 무성들을 통달한 자 도를 행하네.

(21-15-14-4) 부처님의 종성에 들어가다
이 법계에 한량없는 국토에서/ 이 몸들을 변화시켜 두루 가며
가장 묘한 몸 짝할 이 없으시니/ 최고의 행을 이룬 자가 도를 행하네.

부처 세계 끝이 없고 한량없네/ 한량없는 여래 속에 있으시네
보살들이 그곳마다 앞에 있어/ 친근하고 공양하고 존중하시네.

보살들이 오로지 한 몸으로/ 이 삼매에 들어가서 고요하네
한량없는 그의 몸의 모든 것이/ 삼매에서 일어남을 보게도 하네.

(21-15-14-5) 부처님 자비의 종성에 들어가다
보살들이 머문 곳이 깊고 묘해/ 행위하고 짓는 일이 희론들을 초월해
그 마음이 청정하고 늘 기쁘며/ 중생들을 모두 환희케 하네.

모든 근과 방편들이 다르지만/ 지혜로 분명하게 보고
육근이 의지한 곳 없음을 아니/ 힘든 이를 조복한 자가 행하는 도네.

교묘하신 방편으로 분별해/ 일체 법에 자재함을 얻어
시방세계 각기각기 같지 않네/ 그 가운데 있으면서 불사를 짓네.

모든 근이 미묘하고 행도 같아/ 중생들을 위해 법 말하니
듣는 이는 모두 기뻐하네/ 허공같이 평등한 자 도를 행하네.

(21-15-14-6) 부처님 지혜의 종성에 들어가다
지혜의 눈 청정해 뛰어났고/ 온갖 법을 모두 밝게 보니
공교로운 지혜로써 분별하네/ 이 같은 자가 도를 행하네.

그지없이 광대해 복 갖춘 자/ 온갖 것을 수행해 성취하여
중생들을 청정하게 하오니/ 비길 데가 없는 자가 도를 행하네.

도를 돕는 여러 법 닦기 권해/ 그들을 방편 지위 들게 해
중생들을 제도함이 끝이없지만/ 중생이란 생각들이 조금도 없네.

온갖 근기 인연들을 관찰해/ 저의 뜻을 보호해 다투지를 않게 하고
중생에게 편안한 곳 널리 보여/ 방편들을 얻은 자가 도를 행하네.

(21-15-14-7) 부처님의 진실한 말을 배우다
가장 높고 제일 가는 지혜 이뤄/ 한량없는 지혜들을 구족해
대중에게 두렵지가 않으니/ 방편 지혜 갖춘 자가 도를 행하네.

일체 모든 세계들과 모든 법에/ 두루두루 들어가서 자재 얻고

모든 대중 모인 곳에 또 들어가/ 중생들을 제도하기 셀 수가 없네.

시방세계 널려 있는 국토에서/ 큰 법고를 울려 중생들을 깨우치고
불법으로 보시해 가장 높아/ 멸하지도 않는 자가 도를 행하네.

이 한몸이 가부 틀고 앉았는데/ 한량없는 세계에도 가득해
그 몸들은 비좁지도 않으니/ 이 법신을 증득한 자 도를 행하네.

한 이치와 한 글자의 가운데서/ 한량없고 끝없는 법 연설해도
끝간 데를 얻지 못해/ 끝이 없는 지혜로운 자 도를 행하네.

부처님의 해탈법을 닦아 배워/ 부처님의 지혜 얻어 장애 없고
두려움도 없어 이 세상의 영웅되어/ 방편을 얻은 자가 도를 행하네.

온 시방의 세계바다를 알고/ 일체 불찰바다도 알았으며
지혜바다 법바다를 모두 아니/ 중생들을 보는 자가 좋아하시네.

혹은 태에 들어가서 태어나고/ 도량에서 나타나서 최정각을 성취해
이런 일을 세간들이 보게 하니/ 이것들은 끝없는 자가 도를 행하네.

한량없는 천만억의 국토에서/ 반열반에 드는 몸을 나타내네
서원을 버리고도 멸도하지 않으니/ 영웅같은 논사들이 도를 행하네.

견고하고 비밀하고 묘한 몸이/ 부처님과 평등해 차별 없으며

중생들은 차별해 보았으며/ 한결같이 진실한 몸 도를 행하네.

이 법계가 평등해 차별 없어/ 한량없고 끝이 없는 모든 뜻을 구족해
모양 보는 마음 움직이지 않으니/ 시방의 지혜로운 자 도를 행하네.

시방 모든 중생에게 여래 법을/ 건립하고 가지하기 모두 해
가지하는 힘을 얻어 부처 같네/ 최상 가지 받은 자가 도를 행하네.

신족통에 걸림없어 여래 같고/ 천안통에 걸림 없어 청정하며
천이통으로 모든 소리 들리니/ 걸림 없는 뜻 가진 자가 도를 행하네.

여러 가지 신통들을 모두 갖춰/ 그의 지혜 따라 모두 성취해
온갖 것을 잘 알아 짝이 없네/ 지혜 있고 어진 자가 도를 행하네.

그 마음이 정에 들어 동요하지 않고/ 그 지혜가 넓고 커서 끝이 없네
온갖 경계 모두 밝게 통달하니/ 일체를 보는 자가 도를 행하네.

일체 공덕 이 언덕에 이르고/ 차례차례 중생들을 건지되
그 마음은 끝까지 만족함 없네/ 부지런하고 쉼 없는 자 도를 행하네.

시방삼세 모든 부처님 법/ 여기에서 일체 것을 알고 보아
부처님의 종성으로 태어나네/ 저기 모든 불자가 도를 행하네.

순수하게 따르는 말 이루어서/ 부정하고 어기는 말 꺾어버려

부처님의 보리도를 향해/ 끝도 없이 지혜로운 자 도를 행하네.

(21-15-14-8) 중생을 이익되게 함이 헛되지 않다
한 광명을 비치는 일 끝이 없어/ 시방세계 모든 국토 가득하네
세상으로 큰 광명을 얻게 하니/ 이 어둠을 깨뜨린 자 도를 행하네.

공양하고 볼 수 있는 그를 따라/ 부처님의 청정한 몸 나타내어
백천만억 중생들을 교화해/ 부처 세계 장엄함도 그와 같더라.

(21-15-14-9) 십행법문의 깊고 넓음을 찬탄하다
중생들을 세간에서 벗어나게/ 여러 가지 묘한 행을 닦아 익혀
이런 행은 넓고 커서 끝이 없네/ 어느 누가 이런 것을 알겠는가.

그의 분신 말할 수가 없구나/ 이 법계와 허공계와 같은 자가
한가지로 그 공덕 찬탄해도/ 백천만 겁 지내도록 못다 합니다.

보살들의 공덕들은 끝이 없어/ 여러 가지 닦을 행을 모두 갖춰
한량없고 끝이 없는 부처님이/ 수겁 동안 말을 해도 못다 하거든.

이 세상의 천상들과 인간들과/ 일체 모든 성문이나 연각들이
한량없고 끝이 없는 겁 동안에/ 아무리 찬탄해도 다할 수 없네.

25. 십회향품

(25-1) 금강당보살이 삼매에 들다

부처님께서 마갈타국 보리도량에서 정각을 이루시고, 보리도량을 떠나지 않으시고 야마천궁에 올라 설법을 마치시고 도솔천왕의 영접을 받으며 도솔천궁으로 올라 마니장 사자좌에 앉으셨다.

그때 금강당보살이 부처님의 신력을 받들어 보살지광삼매에 들었다.

(25-2) 부처님이 가피를 내리다

(25-2-1) 미진수의 금강당 부처님이 계시다

이 삼매에 든 뒤에는 시방으로 각각 십만 세계의 먼지만큼 많은 세계를 지나 한량없는 부처님이 계셨다. 그들의 명호는 금강당 부처님이다. 모든 부처님이 금강당보살 앞에 나타났다.

(25-2-2) 금강당보살을 찬탄하다

다 함께 칭찬하며 말씀하셨다. "착하다. 착하다. 보살이여, 그대는 보살의 지혜광명 삼매에 들었다. 이것은 시방으로 한량없는 부처님들이 신력으로 그대에게 가피하려는 것이며, 비로자나 여래의 옛적 서원의 힘과 위신의 힘이며, 그대의 지혜가 청정한 까닭이며, 모든 보살의 선근이 더욱 수승한 까닭으로 그대가 이 삼매에 들어서 법을 연설하게 하려는 것이다."

(25-2-3) 가피하는 까닭을 밝히다
(25-2-3-1) 가피 이룰 것을 밝히다

"모든 보살이 청정하고 두려움 없음을 얻게 하려는 것이며, 걸림이 없는 변재를 갖추게 하려는 것이며, 걸림이 없는 지혜의 자리에 들어가게 하려는 것이며, 일체 지혜의 마음에 머물게 하려는 것이며, 다함없는 선근을 성취하려는 것이며, 걸림이 없는 선한 법을 만족케 하려는 것이며, 넓은 문인 법계에 들게 하려는 것이며, 모든 부처님의 신력을 나타내는 것이며, 지난 시절을 생각하는 지혜가 끊이지 않게 하려는 것이며, 일체 부처님께서 여러 근을 보호하심을 얻으려는 것이다."

(25-2-3-2) 가피 지을 것을 밝히다

"한량없는 문으로 여러 가지 법을 연설 하려는 것이며, 듣고는 다 알아 받아 가지고 잊지 않게 하려는 것이며, 모든 보살의 일체 선근을 거두어들이게 하려는 것이며, 세상을 뛰어넘는 도를 이루게 하려는 것이며, 일체 지혜의 지혜를 끊지 않게 하려는 것이며, 서원을 개발하려는 것이며, 진실한 이치를 해석하려는 것이며, 법계를 깨달아 알려는 것이며, 모든 보살로 하여금 환희하게 하려는 것이며, 일체 부처님의 평등한 선근을 닦게 하려는 것이며, 일체 여래의 종성을 보호하려는 것이다."

(25-2-4) 가피의 상을 보이다
(25-2-4-1) 말의 가피를 밝히다

"보살이여, 그대는 부처님 위신력을 받들어 이 법을 연설할 것이다.

왜냐하면 부처님의 호념을 얻은 까닭이며, 가문에 편안히 머문 까닭이며, 출세간의 공덕을 더하는 까닭이며, 다라니의 광명을 얻은 까닭이며, 장애 없는 불법에 들어간 까닭이며, 큰 광명으로 법계를 널리 비추는 까닭이며, 허물없는 깨끗한 법을 모은 까닭이며, 광대한 지혜의 경계에 머문 까닭이며, 장애 없는 법의 광명을 얻은 까닭이다."

(25-2-4-2) 뜻의 가피를 보이다
이때 여러 부처님이 금강당보살에게 한량없는 지혜를 주고, 걸림이 없는 변재를 주고, 글귀와 뜻을 분별하는 좋은 방편을 주고, 걸림이 없는 법의 광명을 주고, 여래의 평등한 몸을 주고, 한량없이 차별되는 음성을 주고, 보살의 경계를 부사의하게 잘 관찰하는 삼매를 주고, 파괴할 수 없는 선근으로 회향하는 지혜를 주고, 모든 법을 관찰해 성취하는 공교한 방편을 주고, 모든 곳에서 온갖 법을 연설하는 끊임없는 변재를 주었다. 그것은 삼매에 들어간 선근의 힘이기 때문이다.

(25-2-4-3) 몸의 가피를 보이다
그때 여러 부처님이 각각 오른손으로 금강당보살의 이마를 만지셨다.

(25-2-5) 금강당보살이 삼매에서 일어나다
그러자 금강당보살은 곧 선정에서 깨어났다.

(25-2-6) 금강당보살이 열 가지 회향을 설하다
(25-2-6-1) 삼세 부처님의 회향을 배우다

모든 보살에게 말했다. "보살들이여, 보살의 부사의한 서원이 있어서 법계에 충만해 일체중생을 널리 구호하니. 과거·현재·미래의 모든 부처님의 회향을 닦아 배운 것입니다."

(25-2-6-2) 십회향의 명칭

"보살들이여, 보살의 회향에는 열 가지가 있으며, 삼세의 부처님이 다 함께 연설하셨습니다.

첫째는 일체중생을 구호하면서도 중생이라는 상을 떠나는 구호일체중생이중생상회향이며, 둘째는 깨뜨릴 수 없는 불괴회향이며, 셋째는 일체 모든 부처님과 평등한 등일체불회향이며, 넷째는 온갖 곳에 이르는 지일체처회향이며, 다섯째는 다함이 없는 공덕의 창고인 무진공덕장회향이며, 여섯째는 수순견고일체선근회향이며, 일곱째는 일체중생을 평등하게 따라 주는 수순일체중생회향이며, 여덟째는 진여의 모양인 진여상회향이며, 아홉째는 속박도 없고 집착도 없는 해탈인 무박무착해탈회향이며, 열째는 법계에 들어가는 등법계무량회향입니다."

(25-3) 제1 구호일체중생이중생상회향
(25-3-1) 보살이 선근을 닦아 염원하다

"보살들이여, 보살이 보시바라밀을 행하고, 지계바라밀을 청정하게 하고, 인욕바라밀을 닦고, 정진바라밀을 일으키고, 선정바라밀에 들어가고, 지혜바라밀에 머물러서, 대자대비 대희대사로 한량없는 선근을 닦는 것이 보살의 일체중생을 구호하면서도 중생이라는 상을 떠난 구호일체중생이중생상회향 입니다.

선근을 닦을 때는 '원컨대 이 선근으로 일체중생을 이익되게 해 청정케 하며, 구경에는 지옥, 아귀, 축생, 염라왕 등의 한량없는 고통을 영원히 떠나게 하여지다.'라고 생각합니다.

(25-3-2) 중생을 이익하게 하고 구호하다

보살이 선근을 심을 때에 자신의 선근으로 이렇게 회향합니다. '내가 일체중생을 위해 집이 되어 괴로운 일을 면하게 할 것이다. 일체중생을 구호해 번뇌에서 해탈케 할 것이다. 일체중생의 귀의처가 되어 공포를 떠나게 할 것이다. 일체중생의 나아갈 곳이 되어 일체 지혜에 이르게 할 것이다. 일체중생의 안락처가 되어 편안한 곳을 얻게 할 것이다. 일체중생의 광명이 되어 지혜의 빛을 얻어 어리석은 어둠을 멸하게 할 것이다. 일체중생의 횃불이 되어 무명의 암흑을 깨뜨릴 것이다. 일체중생의 등불이 되어 청정한 곳에 머물게 할 것입니다. 일체중생의 길잡이가 되어 진실한 법에 들게 할 것이다. 일체중생의 대도사가 되어 걸림이 없는 지혜를 줄 것이다.'

보살들이여, 보살이 모든 선근으로 이와 같이 회향해 일체중생에게 평등하게 이익을 주며, 구경에는 일체 지혜를 얻게 합니다.

(25-3-3) 고통 받는 이를 구호하다
(25-3-3-1) 친구 아닌 이를 친구로 여기다

보살들이여, 보살은 친구가 아닌 이를 수호하고 회향하되 친구와 다름이 없게 합니다. 보살은 일체법이 평등한 성품에 들어갔으므로 중생에게 잠시도 친구가 아니라는 생각을 내지 않으며, 어떤 중생이 보살에게 해치려는 마음을 일으키더라도 자비로운 눈으로 보고 성내지 않으며, 널리 중생들의 선지식이 되어 바른 법을 연설해 그들이 닦아 익히게 합니다."

(25-3-3-2) 큰 바다에 비유하다
바다는 모든 독한 것으로도 변하게 할 수 없듯이, 보살도 그러해 어리석고 지혜 없고 은혜도 모르고 성내고 심술궂고 완악하고 교만해 잘난 체하고 마음이 캄캄해 선한 법을 알지 못하는 나쁜 중생들이 갖가지로 못 견디게 굴더라도 움직이게 할 수 없습니다.

(25-3-3-3) 태양에 비유하다
태양이 세간에 나타날 때 장님들이 보지 못합니다고 해서 없는 것이 아니며, 건달바의 성이나, 아수라의 손이나, 염부제의 나무나, 높은 바위나, 깊은 골짜기나, 티끌, 안개, 연기, 구름 등이 가린다고 해서 없는 것이 아니며, 또 세월이 변합니다 해서 숨고 나타나지 않는 것이 아닙니다.

(25-3-3-4) 법과 비유를 함께 해석하다
보살도 그와 같아서 복덕이 있고, 마음이 깊고 넓으며, 바른 생각으로 관찰해 물러나지 않고, 공덕과 지혜에 끝까지 이르며, 높고 훌륭한 법에 뜻을 두어 구하며, 법의 광명이 두루 비치어 온갖 이치를 보며, 모든 법문에 지혜가 자재해 항상 일체중생을 이익케 하려고 선법을 닦으며, 중생을 버리려는 마음을 내지 않습니다.

(25-3-3-5) 악한 중생에게도 선근을 회향합니다

중생들의 성품이 추악하고, 소견이 잘못 되고, 성을 잘 내고, 흐려 조복시키기 어렵다해도, 버리고 회향하는 일을 닦지 않는 것이 아닙니다. 보살은 오직 큰 원력의 갑옷으로 스스로 장엄해 중생을 구호하고 잠시도 퇴전하지 않습니다.

중생들이 은혜 갚을 줄을 모른다고 보살의 행에서 퇴전해 보살의 도를 버리지 않습니다. 범부들과 한 곳에 있다고 진실한 선근을 버리지 않으며, 중생들이 허물을 자주 일으켜 참을 수 없어도 싫증내는 마음을 일으키지 않습니다.

(25-3-3-6) 비유를 들어 거듭 해석하다

왜냐하면 해가 한 가지 일만을 위해 세간에 나타나는 것이 아니듯이, 보살도 또한 그와 같아 한 중생만을 위해 선근을 닦아 위없는 바른 깨달음에 회향하는 것이 아니라 일체중생을 구호하기 위해 선근을 닦아 위없는 바른 깨달음에 회향하는 것입니다."

"이와 같이 한 부처님의 세계를 깨끗이 하거나, 한 부처님만을 믿으려하거나, 한 부처님만을 친견하려거나, 한 법만을 알기 위해서 지혜와 원력을 일으켜 위없는 바른 깨달음에 회향하는 것이 아닙니다. 모든 부처님 세계를 청정케 하고, 모든 부처님을 널리 믿고, 받들어 섬기며 공양하고, 모든 부처님의 법을 널리 알고, 큰 서원을 세우고, 모든 선근을 닦아서 위없는 바른 깨달음에 회향하는 것입니다.

(25-3-4) 회향하는 마음

보살들이여, 보살이 부처님의 법으로 반연할 경계를 삼아 광대한 마음과 물러가지 않는 마음을 내고, 한량없는 겁 동안에 희유하고 얼기 어려운 본래의 마음을 닦아서 부처님과 평등하게 됩니다. 보살이 이와 같이 선근을 살펴보고, 신심이 청정하며, 대비심이 견고해, 깊은 마음과 환희한 마음과 청정한 마음과 가장 수승한 마음과 부드러운 마음과 자비한 마음과 불쌍히 여기는 마음과 거두어 보호하는 마음과 이익되는 마음과 안락한 마음으로써 널리 중생을 위해 진실하게 회향하는 것입니다.

(25-3-5) 회향하는 원

보살들이여, 보살이 모든 선근으로 다음과 같이 회향합니다. '나의 선근으로써 모든 갈래의 중생이 청정해져 공덕이 원만해 파괴할 수 없게 되며, 다함이 없게 되며, 존중하게 되며, 바르게 생각하고 잊지 않으며, 결정한 지혜를 얻고 한량없는 지혜를 갖추어, 몸과 입과 뜻으로 짓는 업의 일체 공덕을 원만하게 장엄해지기를 원합니다. 또한 일체중생이 부처님을 받들어 섬기며 공양해 잘 지내며, 청정한 신심이 무너지지 않으며, 바른 법을 듣고 의혹을 끊으며, 기억해 그대로 수행하며, 여래에게 공경하는 마음을 내고 몸으로 짓는 일이 청정해 한량없이 광대한 선근에 편안히 머물며, 빈궁함을 영원히 여의고 일곱 재물이 만족해지기를 원합니다.

또 부처님 계신 곳에서 배우고 한량없이 수승하고 묘한 선근을 성취해 평등하게 깨달아 일체 지혜에 머물며, 걸림 없는 눈으로 중생을 평등하게 보며, 32상호로 몸을 장엄해 흠이 없으며, 음성이 청정하고 아름다워 공덕이 원만하고, 육근이 조복되어 열 가지 힘을 성취하며, 선한 마음이 만족해 의지한 데 없는 데 머무르며, 일체중생이 부처님의 즐거움을 얻게 하며, 한량없이 머무름을 얻어 부처님이 머

무시는 곳에 머물게 하기를 원합니다.'

(25-3-6) 중생의 고통을 대신 받고 구호하다
(25-3-6-1) 중생의 고통을 대신 받는 마음

보살들이여, 중생들이 나쁜 업을 지어 온갖 고통을 받으며, 이런 장애로 부처님을 보지 못하고, 법을 듣지도 못하고, 수행자를 알지 못함을 보고는 '내가 모든 악도에서 중생들을 대신해 갖가지 괴로움을 받고 그들을 해탈케 할 것이다.'라고 생각합니다.

보살은 이와 같이 괴로움을 받으면서도 더욱 정진해 버리지도 않고, 피하지도 않고, 놀라지도 않고, 두려워하지도 않고, 물러가지도 않고, 겁내지도 않고, 고달파하지도 않습니다. 왜냐하면 그가 서원한 대로 일체중생을 책임지고 해탈케 하려는 까닭입니다.

보살은 '일체중생이 나고 늙고 병들고 죽고 하는 여러 가지 고통 중에서 업을 따라 헤매고 삿된 소견에 지혜가 없어 모든 선한 법을 잃었으니, 내가 마땅히 그들을 구호해 벗어나게 할 것입니다.'라고 생각합니다.

보살은 그것을 보고 자비한 마음과 이익되게 하려는 마음을 일으키고, 중생들이 해탈을 얻게 해 선근으로 회향하고 광대한 마음으로 회향하되 삼세 보살들이 닦는 회향과 같게 합니다. 『대회향경』에서 말한 '모든 중생이 널리 청정함을 얻으며 구경에는 일체를 아는 지혜를 성취하기를 원합니다.'라고 서원합니다.

(25-3-6-2) 회향하는 마음

또 '내가 닦은 행은 중생들에게 가장 높은 지혜를 이루게 하려는 것이며, 내 자신을 위해 해탈을 구함이 아니다. 일체중생이 지혜의 마음을 얻어 생사의 흐름에서 벗어나 모든 괴로움을 해탈케 하려는 것이다.

또 일체중생을 위해 온갖 고통을 받으면서, 그들이 한량없이 나고 죽는 고통의 구렁텅이에서 벗어나게 할 것이며, 나는 모든 세계의 온갖 나쁜 갈래에서 미래의 겁이 다하도록 온갖 고통을 받으면서도 중생들을 위해 선근을 부지런히 닦을 것이다. 내가 이러한 고통을 받을지라도 중생들을 지옥에 떨어지지 않게 할 것이며, 지옥, 축생, 염라왕 등의 험난한 곳에서 이 몸을 볼모로 잡히고 모든 악도의 중생들을 속죄해 해탈케 할 것이다.'라고 생각합니다.

(25-3-6-3) 굳은 뜻으로 보호하는 마음

또 '일체중생을 보호해 끝까지 버리지 않을 것이다. 나는 일체중생을 구호해 제도하려고 보리심을 낸 것이며, 내 몸을 위해 가장 높은 도를 구함이 아니다. 또한 다섯 가지 탐욕의 경계나 삼계의 갖가지 즐거움을 구하기 위해 보리행을 닦는 것이 아니다. 왜냐하면 세간의 낙이란 것은 모두 고통이며, 온갖 마군의 경계이며, 어리석은 사람이 탐하는 것이며, 부처님이 꾸중하신 것이다. 모든 괴로움이 이것으로 생기며, 지옥과 아귀와 축생과 염라왕의 처소는 성내고 싸우고 서로 훼방하고 능욕하며, 이런 나쁜 일들은 다섯 가지 욕망을 탐하므로 생기는 것입니다. 욕망을 탐하면 부처님을 멀리 여의게 되고 천상에 태어나는 일을 막는데, 하물며 어떻게 위없는 바른 깨달음을 얻겠는가.'라고 생각합니다.

보살은 이렇게 세간에서 조그만 욕심을 탐하다가 한량없는 고통 받

음을 관찰하고는 다섯 가지 욕망을 없애기 위해 가장 높은 보리를
구하거나 보살의 행을 닦습니다. 일체중생을 안락케 하려고 마음을
내어 수행해 서원을 만족해, 중생들의 고통의 오랏줄을 끊고 해탈을
얻게 합니다.

(25-3-6-4) 중생들이 낙을 얻게 하다
보살들이여, 보살은 '내가 마땅히 선근으로 이렇게 회향하고, 일체
중생들이 구경의 낙과, 이익되게 하는 낙과, 받지 않는 낙과, 고요한
낙과, 의지한 데 없는 낙과, 변동하지 않는 낙과, 한량없는 낙과, 버
리지 않고 물러가지 않는 낙과, 멸하지 않는 낙과, 일체 지혜의 낙을
얻게 할 것이다.'라고 생각합니다.

(25-3-6-5) 중생들을 위한 지혜의 횃불
또 '내가 일체중생을 위해 조복시키고 다스리는 스승인 조어사가 되
고, 군대를 맡은 신하가 되어 지혜의 횃불을 들고 편안한 길을 보여 험
난함을 여의게 하며, 좋은 방편으로 진실한 뜻을 알게 할 것이다. 나고
죽는 바다에서 일체 지혜와 훌륭한 기술을 가진 좋은 뱃사공이 되어
모든 중생을 건너 저 언덕에 이르게 할 것이다.'라고 생각합니다.

(25-3-6-6) 중생들의 행원이 구족하게 하려는 회향
보살들이여, 보살이 여러 가지 선근으로 이렇게 회향하는 것은 일체
중생을 구호해 생사에서 뛰어나게 하며, 부처님을 섬기고 공양하게
하며, 장애 없는 지혜를 얻게 하며, 온갖 마군을 여의며, 나쁜 벗을
멀리 하고 모든 보살과 선지식을 친근하게 하며, 모든 죄를 멸하고

청정한 업을 이루게 하며, 보살의 광대한 행과 원과 무량한 선근을 구족게 하려는 것입니다.

(25-3-6-7) 일체중생들을 널리 제도하기 위한 회향

"보살들이여, 모든 선근으로 회향하고는 '사천하의 중생이 많다고 여러 개의 해가 뜨는 것이 아니라 하나의 해가 떠서 일체중생을 모두 비추는 것입니다. 또 중생들이 자신의 광명으로 인해 낮과 밤을 알고 다니며 관찰해 여러 가지 일을 짓는 것이 아니라 해가 뜨는 것으로 말미암아 이런 일을 이루는 것입니다. 그러나 해는 하나뿐이며 둘이 아니다.'라고 생각합니다.

보살도 이와 같아서 선근을 닦아서 회향할 때에 '중생들이 자신도 구호하지 못하는데 어떻게 남을 구호하겠는가.'라 생각합니다.

이렇게 하는 것은 일체중생을 제도하려는 것이며, 널리 비추려는 것이며, 인도하려는 것이며, 깨우치려는 것이며, 돌아보아 기르려는 것이며, 거두려는 것이며, 성취하려는 것이며, 환희케 하려는 것이며, 즐겁게 하려는 것이며, 의심을 끊게 하려는 것입니다.

(25-3-6-8) 은혜를 생각해 회향하는 것이 아니다

보살들이여, 보살은 '해가 온갖 것에 두루 비치어도 은혜를 갚으려 하지 않는 것같이, 중생들의 나쁜 일을 모두 받아들이면서도 서원을 버리지 않으며, 악한 한 중생 때문에 일체중생을 버리지 않습니다. 부지런히 선근을 닦아 회향해 중생들이 모두 안락을 얻게 할 것이다.'라고 생각합니다.

선근이 비록 적으나 중생들을 널리 포섭해 환희한 마음으로 회향하며, 선근이 있으면서도 일체중생을 이익되게 하지 않으면 회향이라 이름할 수 없지만, 한 선근이라도 중생으로써 반연할 바를 삼으면 회향이라 이름합니다.

(25-3-6-9) 상을 떠나는 회향
(25-3-6-9-1) 여러 가지의 회향
회향에는 여러 가지가 있습니다. 중생을 집착할 것이 없는 법의 성품에 안치해 두는 회향과 중생의 성품이 동요하지 않고 변하지 않음을 보는 회향과 회향하는 데 의지함도 없고 취함도 없는 회향과 선근의 모양을 취하지 않는 회향과 업과 과보의 자체 성품을 분별하지 않는 회향입니다. 오온의 모양에 집착하지 않는 회향과 오온의 모양을 깨뜨리지 않는 회향과 업을 취하지 않는 회향과 과보를 구하지 않는 회향과 인연에 물들지 않는 회향과 인연으로 일으킨 것을 분별하지 않는 회향과 명칭에 집착하지 않는 회향과 처소에 집착하지 않는 회향과 허망한 법에 집착하지 않는 회향입니다.

중생의 모양, 세계의 모양, 마음의 모양에 집착하지 않는 회향과 마음의 전도, 생각의 전도, 소견의 전도를 일으키지 않는 회향과 말하는 길에 집착하지 않는 회향과 일체법의 진실한 성품을 관하는 회향과 일체중생의 평등한 모양을 관하는 회향과 법계의 인으로 여러 선근을 인하는 회향과 모든 법의 탐욕을 여읜 것을 관하는 회향입니다. 일체 법이 없음을 알아서 선근을 심음도 또한 이와 같고, 모든 법이 둘이 없으며 나지도 않고 멸하지도 않음을 관하는 회향도 또한 이와 같습니다.

(25-3-6-9-2) 업과 지혜

이와 같은 선근으로 회향하면 청정하게 대치하는 법을 수행해 생기는 선근은 모두 출세간법을 따라가는 것이므로 둘이란 모양을 짓지 않습니다. 업에 나아가 일체 지혜를 닦는 것이 아니고, 업을 여의고 일체 지혜에 회향하는 것이 아니며, 일체 지혜가 곧 업이 아니지만 업을 떠나서 일체 지혜를 얻는 것도 아닙니다.

업은 그림자가 텅 빈 것과 같아 과보도 그림자가 텅 빈 것과 같으며, 일체 지혜도 그림자와 같이 텅 비어서 나와 내 것이라는 시끄러움과 사유와 분별을 여의었다. 이와 같이 알고서 모든 선근의 방편으로 회향하는 것입니다.

(25-3-6-10) 회향의 이익

보살이 이와 같이 회향할 때에 중생을 제도해 쉬는 일이 없고, 법이라는 모양에 머물지 않습니다. 모든 법이 업도 없고 과보도 없는 줄을 알지만, 업과 과보를 잘 내어 어기지 않으며, 이와 같은 방편으로 회향을 닦는다. 보살이 이와 같이 회향할 때에 일체 허물을 여의어 부처님께서 찬탄하십니다.

보살들이여, 이것이 보살의 제1 구호일체중생이중생상회향입니다."

(25-3-7) 금강당 보살이 게송을 설하다

(25-3-7-1) 게송을 설하는 뜻

이때 금강당보살이 시방의 일체 대중들과 법계를 관찰하고, 깊은 뜻에 들어서 한량없는 마음으로 수승한 행을 닦아 자비로 일체중생을 두루 감싸며 삼세 여래의 종성을 끊지 않게 하며, 여래의 공덕 법장에 들어가 부처님의 법신을 나타내며, 중생들의 마음을 잘 분별해 그들의 선근이 성숙함을 알고, 법신에 머무르면서 청정한 육신을 나타내고 부처님의 신력을 받들어 게송으로 설했다.

(25-3-7-2) 회향할 선근을 밝히다
(25-3-7-2-1) 사무량심
부사의한 겁 동안 불도를 닦아서/ 정진하는 굳은 마음 걸림 없으며
중생의 무리에 이익 주려고/ 부처님의 공덕법을 항상 구합니다.

세간을 다스리는 뛰어난 사람이/ 그 뜻을 잘 닦아서 밝고 깨끗해
중생 건지려는 마음을 내니/ 그 사람 회향 창고에 잘 들어갑니다.

용맹하게 정진해 힘을 갖추고/ 지혜가 총명하고 뜻도 청정해
수많은 중생을 널리 건지니/ 그 마음 잘 참아 움직이지 않습니다.

마음이 잘 안주해 같을 이 없고/ 뜻이 항상 청정해 크게 기쁘며
중생 위해 부지런히 수행하니/ 대지가 널리 수용하듯 합니다.

자기 한몸 쾌락을 구하지 않고/ 다만 모든 중생을 구호하려고
이와 같이 대비심을 일으키므로/ 걸림 없는 지위에 빨리 듭니다.

시방 일체 모든 세계에/ 있는 바의 모든 중생 다 섭수해
그들을 구호하려고 잘 안주하는 마음/ 모든 회향 닦아 배웁니다.

(25-3-7-2-2) 육바라밀
보시를 수행해 크게 기쁘고/ 계율을 잘 지니어 범하지 않고
용맹정진 그 마음 동하지 않아/ 여래의 일체 지혜에 회향합니다.

그 마음 크고 넓어 끝 간 데 없고/ 참는 힘에 안주해 동하지 않네.
깊고 깊은 선정으로 항상 비치며/ 지혜가 미묘해 부사의 합니다.

시방 일체 세계 중에서/ 청정행을 다 갖추어 닦고
이와 같은 공덕을 모두 회향해/ 한량없는 중생을 안락케 합니다.

(25-3-7-3) 회향하는 행
(25-3-7-3-1) 상을 따르는 회향
보살이 선한 업을 열심히 닦아/ 한량없고 그지없어 셀 수 없으니
모든 중생에게 이익 주어서/ 불가사의 높은 지혜 머물게 합니다.

널리 일체중생을 건지시려고/ 불가사의 겁 동안 지옥에 있어
이와 같이 해도 싫어하는 생각 없고/ 용맹한 마음으로 늘 회향합니다.

빛과 소리 향기 맛을 구하지 않고/ 부드러운 촉각도 바라지 않고
모든 중생을 구제하려고/ 높고 수승한 지혜를 항상 구합니다.

지혜의 청정함이 허공과 같아서/ 끝없는 보살의 행 닦아 익히며
부처님 행하시던 모든 행을/ 저 사람 그와 같이 항상 배웁니다.

보살이 모든 세계 두루 다니며/ 많은 중생 모두 다 편안케 하고
모든 이를 널리 다 환희케 하며/ 보살행을 닦는 일 좋아합니다.

여러 가지 독한 마음 떨어버리고/ 높은 지혜를 사유해 항상 닦되
내 몸의 안락을 구하지 않고/ 중생들이 고통 떠나기를 원합니다.

이 사람의 회향이 구경에 가서/ 마음이 청정해 모든 독을 다 떠나고
삼세의 여래께서 부촉하신 대로/ 위없는 큰 법성에 머물러 있습니다.

(25-3-7-3-2) 상을 떠나는 회향
모든 색에 조금도 물들지 않고/ 수와 상과 행과 식도 그와 같아서
그 마음 삼유에서 아주 뛰어나/ 가진 공덕 모두 다 회향합니다.

부처님이 알고 보는 많은 중생을/ 모두 다 거두어서 남기지 않고
서원 세워 해탈을 얻게 하려고/ 그들 위해 수행하며 환희합니다.

그 마음 생각마다 항상 편히 머물고/ 지혜도 넓고 커서 짝이 없으니
어리석음 떠난 생각 고요해서/ 모든 업이 언제나 청정합니다.

저 모든 보살이 세상에 있어도/ 안과 밖 모든 법에 집착이 없는 것이
바람이 걸림없이 허공에 불 듯해/ 보살들의 마음도 또한 그러합니다.

몸으로 짓는 업이 모두 청정하고/ 여러 가지 말씀도 허물이 없어
마음은 언제나 여래께 향해/ 부처님들 모두 다 환희케 합니다.

시방의 한량없이 많은 국토에/ 부처님 계신 곳은 모두 나아가
그곳에서 대비 세존 만나 뵈옵고/ 공경하고 우러러 섬깁니다.

마음이 청정하고 허물이 없으며/ 세간에 들어가도 두렵지 않고
위없는 여래도에 머무르고도/ 삼유의 큰 법의 못이 다시 됩니다.

온갖 법을 부지런히 관찰도 하고/ 유와 비유를 수순해 생각하면서
참 이치에 나아가서 이르고/ 다툼이 없는 깊은 곳에 들어갑니다.

이것으로 견고한 도를 이루면/ 일체중생들이 깨뜨릴 수가 없으며
모든 법의 성품을 통달해/ 삼세에 널리 집착이 없습니다.

이와 같이 회향해 저 언덕 가서/ 중생들이 모든 때를 여의게 해
일체 의지한 곳 길이 여의고/ 의지할 데 없는 곳에 들게 합니다.

일체중생들이 말하는 법이/ 그들의 종류 따라 각각 다른데
보살이 분별해 모두 말하나/ 마음에 집착 없고 걸림도 없습니다.

보살이 이와 같이 회향을 닦아/ 공덕이나 방편을 말할 수 없고
시방의 모든 세계 가운데서/ 일체 부처님들이 모두 칭찬하십니다.

(25-4) 제2 불괴회향
(25-4-1) 회향할 선근
"보살들이여, 보살은 일체 부처님을 받들어 섬긴 까닭으로 과거·현

재·미래의 부처님이 계신 곳에서 깨뜨릴 수 없는 신심을 얻는 것이 보살의 깨뜨릴 수 없는 불괴회향입니다.

보살들은 일체 보살의 선근을 서원해 닦으면서 고달픈 줄을 모르는 까닭으로 오랜 세월이나 혹은 처음으로 한 생각만이라도 마음을 내어 일체 지혜를 구하는 이에게서 깨뜨릴 수 없는 신심을 얻었습니다. 깊이 좋아하는 뜻을 낸 까닭으로 일체 부처님 법에 깨뜨릴 수 없는 신심을 얻었으며, 수호하고 머물러 지닌 까닭으로 일체 부처님의 가르침에 깨뜨릴 수 없는 신심을 얻었습니다.

인자한 눈으로 평등하게 관찰하고 선근으로 회향해 널리 이익 주는 까닭으로 일체중생에게 깨뜨릴 수 없는 신심을 얻었습니다.

수없이 많은 선근을 널리 모으는 까닭으로 백정법에 깨뜨릴 수 없는 신심을 얻었습니다.

수승한 욕망과 이해를 만족하는 까닭으로 일체 보살의 회향하는 도에 깨뜨릴 수 없는 신심을 얻었습니다.

보살에게 부처님이란 생각을 일으키는 까닭으로 보살인 법사에게 깨뜨릴 수 없는 신심을 얻었습니다.

부처님의 불가사의한 일을 깊이 믿는 까닭으로 부처님의 자재한 신통에 깨뜨릴 수 없는 신심을 얻었습니다.

수없이 많은 수행할 경계를 거두어 가지는 까닭으로 보살의 공교한 방편행에 깨뜨릴 수 없는 신심을 얻었습니다.

보살들이여, 보살이 이와 같이 깨뜨릴 수 없는 신심에 편안히 머무를 때에 부처님과 보살과 성문과 독각과 부처님의 교법과 중생들과 이와 같은 여러 가지 경계에 여러 가지 선근을 심는 것이 한량없고 끝이 없습니다.

보리심이 더욱 자라게 하며, 자비심이 광대해 평등하게 관찰하며, 부처님의 지으시는 일을 따라 배우며, 청정한 선근을 거두어 지니며, 진실한 이치에 들어가서 복덕의 행을 모으며, 보시를 행하고 모든 공덕을 닦으며, 삼세를 평등하게 관찰합니다.

(25-4-2) 회향하는 행

보살이 이와 같은 선근공덕으로 일체 지혜에 회향하되, 부처님을 항상 친견하며, 선지식을 친근하며, 보살들과 함께 머물며, 일체 지혜를 생각하는 것이 잠시도 마음에서 떠나지 않으며, 부처님의 교법을 받아 지니고 부지런히 수호하며, 일체중생을 교화하고 성숙하며, 마음으로 항상 출세간의 길에 회향하며, 모든 법사를 공양하고 섬기며, 모든 법을 분명히 알아 기억하고 잊지 않으며, 큰 원을 수행해 다 만족하게 되기를 서원합니다.

보살이 이와 같이 선근을 쌓으며, 성취하며, 증장하며, 생각하며, 분별하며, 좋아하며, 닦아 익힌다. 또한 선근에 마음을 매어 두며, 편안히 머뭅니다.

(25-4-3) 선근의 과보와 보살행

보살이 여러 가지 선근을 모으고 회향한 과보로써 보살의 행을 닦아 잠시라도 한량없는 부처님을 뵙고 잘 받들어 섬기고 공양합니다. 아승기 보배와 꽃과 화만과 의복과 일산과 당기와 깃발과 장엄거리를 공양 올립니다.

아승기 시중과 장식한 땅과 바르는 향과 가루향과 혼합한 향과 사르는 향과 깊은 신심과 사랑과 깨끗한 마음과 존중과 찬탄과 예경으로 공양합니다.

또 아승기 보배 자리와 꽃 자리와 향 자리와 화만 자리와 전단 자리와 옷 자리와 금강 자리와 마니 자리와 비단 자리와 보배빛 자리를 공양합니다.

또 아승기 보배로 된 경행하는 곳과 꽃으로 된 경행하는 곳과 향으로 된 경행하는 곳과 화만으로 된 경행하는 곳과 옷으로 된 경행하는 곳과 보배가 섞인 경행하는 곳과 보배채단으로 된 경행하는 곳과 보배다라나무로 된 경행하는 곳과 보배로 난간 두른 경행하는 곳과 보배의 방울그물이 덮인 경행하는 곳을 공양합니다.

또 아승기 보배궁전과 꽃궁전과 향궁전과 화만궁전과 전단궁전과 견고묘향장궁전과 금강궁전과 마니궁전이 모두 특별하고 기묘해 하늘의 궁전보다 뛰어난 것으로 공양합니다.

또 아승기 보배나무와 향나무와 보배옷 나무와 음악나무와 보배장엄거리나무와 미묘한 음성나무와 싫어함이 없는 보배나무와 보배채단나무와 보배귀걸이나무와 꽃, 향, 당기, 깃발, 화만, 일산으로 장엄한 나무등 으로 이와 같은 나무들이 무성하고 그늘을 지어 궁전을 장엄한 것을 공양합니다.

그 궁전에는 아승기 난간장엄과 창호장엄과 문장엄과 누각장엄과 반달장엄과 휘장장엄으로 공양합니다. 아승기 금그물로 그 위에 덮었고, 향기가 두루 풍기며, 옷이 땅에 널렸습니다.

(25-4-4) 공경 공양과 중생

보살들이여, 이와 같은 공양거리로 한량없는 겁 동안에 깨끗한 마음으로 부처님께 공경하고 공양하며 퇴전하지도 쉬지도 않으며, 여래께서 열반하신 뒤에는 사리를 모시고 또한 이와 같이 공경하고 공양합니다.

중생들이 깨끗한 신심을 내게 하려는 까닭이며, 선근을 거둬들이게 하려는 까닭이며, 고통을 여의게 하려는 까닭이며, 광대하게 알게 하려는 까닭이며, 장엄으로써 장엄하게 하려는 까닭입니다.

모든 짓는 일이 끝까지 이르게 하려는 까닭이며, 부처님의 출현하심을 만나기 어려운 줄을 알게 하려는 까닭이며, 여래의 한량없는 힘을 만족하게 하려는 까닭이며, 부처님의 탑을 장엄하고 공양하려는 까닭이며, 부처님의 법에 머물러 지니게 하려는 까닭입니다. 이와 같이 현재 부처님과 부처님이 열반한 뒤에 사리에 공양하니, 공양하는 일은 아승기 겁 동안에 말해도 다할 수 없습니다.

(25-4-5) 공덕 수행과 중생

이와 같이 한량없는 공덕을 닦는 것은 중생들을 성숙시키기 위한 것이니, 퇴전하지도 않고, 쉬는 일도 없고, 고달픈 마음도 없으며, 집착함이 없어서 모든 생각을 여의었으며, 의지함이 없어 의지할 바를 영원히 끊습니다.

나와 내 것을 멀리 여의고 실제와 같은 법의 도장으로 업의 문에 도장 찍으며, 법의 생멸이 없음을 얻어 부처님이 머무시는 데 머물며, 생멸이 없는 성품을 관찰해 모든 경계를 도장 찍습니다.

(25-4-6) 회향의 상

여러 부처님의 호념으로 마음을 내어 회향하니, 법의 성품과 서로 응하는 회향과 지음이 없는 법에 들어가 짓는 일을 성취하는 방편회향과 모든 일에 집착하는 생각을 여의게 하는 방편회향과 한량없이 공교한 데 머무는 회향과 모든 유에서 영원히 벗어나는 회향과 모든 행을 수행하되 상에 머물지 않는 선교회향입니다.

선근을 널리 거두는 회향과 보살의 행을 깨끗이 하는 광대한 회향과 위없는 보리심을 내는 회향과 선근과 함께 있는 회향과 최상의 믿고 이해하는 마음을 만족하는 회향입니다.

(25-4-7) 상을 따르는 회향의 행이 이루어지다

보살들이여, 보살이 선근으로 이와 같이 회향할 때에 비록 생사를 따르지만 바꾸지 않으며, 지혜를 구해 퇴전하지 않으며, 모든 유에 있으면서도 마음이 흔들리지 않으며, 일체중생을 제도해 해탈케 하며, 유위법에 물들지 않으며, 걸림 없는 지혜를 잃지 않습니다.

보살의 수행하는 지위의 인연이 다함이 없으며, 세간의 모든 법으로 변동하지 못하며, 청정한 바라밀을 구족하며, 지혜의 힘을 다 성취합니다. 보살이 이와 같이 어리석음의 어둠을 여의고 보리심을 이루며, 광명을 열어 보이고 청정한 법을 증장하며, 수승한 도로 회향해 여러 가지 행을 구족합니다.

(25-4-8) 상을 떠난 회향의 행이 이루어지다

텅 빈 마음으로 잘 분별해 일체 법이 다 마음따라 나타나는 줄을 알며, 업은 환영과 같고, 업의 과보는 영상과 같고, 행은 환화와 같고, 인연으로 생기는 법은 메아리와 같고, 보살의 행은 일체가 그림자와 같음을 압니다.

집착이 없는 청정한 법의 눈을 나타내어 지음이 없는 광대한 경계를 보며, 적멸한 성품을 증득해 법에 두 가지가 없음을 알아 법의 실상을 얻었으며, 보살의 행을 갖추고 일체 형상에 집착함이 없으며, 잘 수행해서 모든 업을 함께 행하며, 희고 깨끗한 법을 항상 폐하지 않으며, 모든 집착을 여의고 행에 머뭅니다.

(25-4-9) 이와 사가 걸림이 없다

보살이 이와 같이 잘 생각해 미혹이 없어졌으므로 모든 법을 어기지 않고 업의 인을 깨뜨리지 않으며, 진실한 것을 분명히 보아 공교하게 회향합니다. 법의 성품을 알고 방편의 힘으로 업의 과보를 성취해 저 언덕에 이르며, 지혜로 모든 법을 관찰해 신통의 지혜를 얻고 모든 업의 선근을 짓는 일이 없이 행하되 마음대로 자재합니다.

(25-4-10) 회향하는 일

보살이 선근으로 이와 같이 회향하는 것은 일체중생을 제도하려고 부처님의 종성을 끊지 않고, 마군의 업을 여의며, 일체 지혜의 끝이 없음을 보고 믿고 좋아해 버리지 않으며, 세간의 경계를 떠나서 여러 가지 물드는 일을 끊습니다.

중생들이 청정한 지혜를 얻고 깊은 방편에 들어가며, 생사의 법에서 벗어나 부처님의 선근을 얻고 마군의 일을 끊으며, 평등한 인으로 모든 업에 도장 찍으며, 마음을 내 일체 종지에 들어가서 출세간법을 성취하기를 서원합니다.

(25-4-11) 제2회향의 위과를 밝히다

보살들이여, 이것이 보살의 제2 불괴회향입니다. 보살이 이 회향

에 머무는 때에는 부처님을 뵙고 한량없이 청정하고 묘한 법을 성취
해 널리 중생들에게 평등한 마음을 얻게 하고, 일체 법에 의혹이 없
어지고, 부처님의 신력으로 가피를 입어 모든 마군을 항복받아 그의
업을 아주 여웝니다.

귀한 문중에 태어나는 일을 성취해 보리심에 만족하며, 걸림 없는
지혜를 얻되 다른 이의 이해로 인하지 않으며, 일체 법과 뜻을 잘 열
어 보이며, 생각에 따라 일체 세계에 들어가며, 중생들을 널리 비추
어 모두 청정케 합니다. 보살이 깨뜨릴 수 없는 회향의 힘으로 모든
선근을 거두어서 이와 같이 회향합니다.

(25-4-12) 금강당보살의 게송
이때 금강당보살이 부처님의 신력을 받들어 시방을 관찰하고 게송
으로 말했다.

(25-4-12-1) 회향하는 공덕
보살이 깨뜨릴 수 없는 뜻을 얻고/ 일체의 선한 업을 닦아 행해
부처님이 환희케 했으니/ 지혜 있는 이들이 이것으로 회향합니다.

한량없는 부처님께 공양하며/ 보시와 지계로 근을 조복 받아
수없는 중생을 이익되게 해/ 모두 청정케 합니다.

(25-4-12-2) 회향하는 일
묘한 여러 가지 향과 꽃들과/ 한량없는 가지가지 수승한 의복들이며
보배로 된 일산과 장엄거리로/ 모든 부처님께 공양 올립니다.

이와 같이 부처님께 공양하기를/ 한량없는 겁 동안하여
공경하고 존중하고 환희케 해/ 잠시도 싫은 생각내지 않습니다.

일체 세간의 큰 등불이신/ 부처님만을 생각하니
시방세계에 계시는 모든 여래가/ 눈앞에 나타나서 보는 것과 같습니다.

한량없는 겁 동안/ 여러 가지를 보시하되 싫어할 줄 모르고
백천만 억 겁 동안에/ 선한 법 닦는 일도 이와 같습니다.

모든 여래께서 열반하신 뒤/ 사리에 공양하고 싶은 줄 몰라
가지각색 미묘한 장엄거리로/ 부사의한 온갖 탑묘를 건립합니다.

최고 훌륭한 형상을 조성해/ 보석이 박혀 있는 금으로 장엄한 것이
높고 커서 수미산 같은/ 그 형상 수가 한량없이 많습니다.

청정한 마음으로 공양하고/ 환희하고 이익되게 할 생각을 내어
부사의 겁 동안 세간에 살고 있으면서/ 중생을 구호해 해탈케 합니다.

중생들이 망상인 줄 분명히 알고/ 그들에게 분별이 전혀 없지만
중생의 근성들을 잘 가려내어/ 그들을 위해 큰 이익 널리 펼칩니다.

(25-4-12-3) 회향하는 마음
보살이 모든 공덕 닦아 익히니/ 크고 넓고 수승해 짝이 없으나
그 성품 없음을 사무쳐 알고/ 이와 같이 결정해 회향합니다.

수승한 지혜로 법을 관찰하니/ 그 가운데 한 법도 생기는 일이 없어
이 같은 방편으로 회향을 닦으니/ 그 공덕 한량없고 다함이 없습니다.

이러한 방편으로 마음을 깨끗히 해/ 일체 여래와 평등하니
방편의 힘 다하지 않아/ 복덕의 과보가 끝이 없습니다.

위없는 보리심을 일으켜/ 일체 세간에서 의지할 것이 없으며
시방의 모든 세계 두루 다녀도/ 온갖 것에 장애가 없습니다.

(25-4-12-4) 회향의 상

일체 여래가 세간에 출현하심은/ 중생 마음 열어서 인도하지만
그 심성과 같이 관찰하건대/ 끝까지 찾아봐도 얻을 것 없습니다.

일체 모든 법이 남김 없이/ 진여에 다 들어가서 체성이 없으니
청정한 눈으로 회향해/ 저 세간의 생사지옥 열어 헤칩니다.

(25-4-12-5) 회향의 행이 이루어지다

비록 모든 유로 청정케 하나/ 또한 모든 유를 분별하는 일이 없으며
모든 유의 성품이 없는 줄 알고/ 마음이 환희하며 뜻이 청정합니다.

한 부처님 국토에 의지함 없고/ 모든 부처님 국토에도 이와 같으며
또한 유위법에도 물들지 않아/ 법성은 의지할 데 없는 줄 압니다.

이것으로 일체 지혜를 닦아 이루며/ 가장 높은 지혜를 장엄하며

모든 부처님이 환희하시니/ 이것이 보살들의 회향하는 업입니다.

보살이 전심으로 부처님의/ 가장 높은 지혜와 선교방편을 생각하고
부처님이 의지함이 없듯이/ 이 공덕을 닦아 이루기를 서원합니다.

(25-4-12-6) 회향하는 행
전심으로 일체중생 구호해/ 여러 가지 나쁜 업을 멀리 여의며
이같이 중생들 이익 주려고/ 뜻을 두어 생각하고 버리지 않습니다.

지혜 지위에 머물러 법을 수호하며/ 다른 법으로 열반을 취하지 않고
부처님의 무상도를 얻기 원하니/ 보살이 이와 같이 잘 회향합니다.

중생들이 하는 말과/ 일체 유위의 허망한 일을 취하지 않아
언어를 의지하지 않지만/ 말이 없는 것에도 집착하지 않습니다.

시방세계에 계시는 모든 여래가/ 모든 법을 남김없이 깨달아 아시니
일체 법이 다 공적함을 알지만/ 공적하다는 마음도 내지 않습니다.

한 장엄으로 모든 것을 장엄하지만/ 법에 대해 분별을 내지 않으니
이 같이 중생을 깨우치지만/ 일체가 성품이 없고 볼 바도 없습니다.

(25-5) 제3 등일체제불회향
(25-5-1) 경계를 대해 마음이 변하지 않는다
보살들이여, 보살이 과거·현재·미래의 모든 부처님의 회향하는 도를

따라 배우는 것이 보살의 일체 모든 부처님과 평등한 등일체제불회
향입니다.

이와 같이 회향하는 도를 배울 때에 일체 색진이나 촉진과 법진이
아름답거나 추악함을 보더라도 사랑하고 미워함을 내지 않습니다.
마음이 자재해 모든 허물이 없으며 넓고 크고 툭 터져 기쁘고 즐거워
서 근심과 번뇌가 없으며, 마음이 부드럽고 모든 근이 청량해집니다.

(25-5-2) 부처님의 즐거움이 증장하기를 원하다

"보살들이여, 이와 같은 안락함을 얻었을 때에 다시 마음을 내어 모
든 부처님께 회향해 이러한 생각을 합니다. '원컨대 내가 지금 심은
선근이 부처님으로 인해 낙이 더욱 늘어나기를 원합니다.'

불가사의한 부처님의 머무시는 낙과 짝할 이 없는 부처님 삼매의 낙
과 한량없는 대자비의 낙과 모든 부처님의 해탈의 낙과 끝이 없는
신통의 낙과 지극하고 존중하며 자재한 낙과 광대하고 끝까지 이르
는 무량한 힘의 낙과 깨달아 아는 것을 여의는 고요한 낙과 걸림없
는 머무름에 머무는 바른 선정의 낙과 둘이 없는 행을 행해 변하지
않는 낙입니다.

(25-5-3) 부처님께 회향한 선근으로 보살에게 회향하다

보살들이여, 보살이 선근으로 부처님께 회향하고 다시 이 선근으로
보살에게 회향합니다. 이른바 원이 원만하지 못한 것은 원만케 하
고, 마음이 청정하지 못한 것은 청정케 하고, 모든 바라밀이 만족스
럽지 못한 것은 만족케 합니다.

금강과 같은 보리심에 편안히 머물며, 일체 지혜에 퇴전하지 않으

며, 정진해 보리문의 일체 선근을 수호하며, 중생들이 아만을 버리고 보리심을 내게 하며, 소원을 성취해 보살의 머무는 곳이 편안하며, 보살의 밝고 영리한 모든 근을 얻게 하며, 선근을 닦아서 일체지를 증득케 합니다.

(25-5-4) 적은 선근의 중생에게 회향하다

"보살들이여, 보살에게 회향하고 다시 일체중생에게 회향합니다. '원컨대 일체중생이 가진 선근이 작더라도 손가락 한 번 퉁기는 동안에 부처님을 친견하고 법을 들으며 성스러운 수행자를 공경하기를 원합니다.'라고 서원합니다.

"선근으로 장애를 여의며, 부처님의 원만함을 생각하고 법의 방편을 생각하고 수행자의 존중함을 생각하며, 부처님 친견함을 떠나지 않아 마음이 청정해지고, 부처님의 법을 얻어 한량없는 공덕을 모으며, 신통을 깨끗이 해 법에 대한 의심을 여의고 교법에 의지해 머뭅니다.

(25-5-5) 성문과 연각에게 회향하다

중생을 위해 회향하듯이 성문과 벽지불에게 회향함도 이와 같이 합니다.

(25-5-6) 악도 중생에게 회향하다

또 '일체중생이 지옥, 아귀, 축생, 염라왕 등의 모든 나쁜 곳을 영원히 여의고, 위없는 보리심을 증장하며, 전심전력으로 일체지혜를 구하고, 부처님의 바른 법을 훼방하지 않으며, 부처님의 안락을 얻고, 몸과 마음이 청정해 일체지혜를 증득하기를 원합니다.'라고 서원합니다.

(25-5-7) 보살의 선근은 넓고 크다

"보살들이여, 보살이 가진 선근은 서원을 바르게 일으키고, 바르게 모으며, 바르게 증장해, 크고 넓게 하고 구족하고 충만하게 합니다.

(25-5-8) 보살의 재가생활과 보리심

보살들이여, 보살이 처자와 함께 살지만 보리심을 잠시도 버리지 않고 일체지의 경계를 바르게 사유해 자기도 제도하고 남도 제도해 끝까지 이르게 하며, 좋은 방편으로 자기의 권속을 교화해 보살의 지혜로 성숙해 해탈케 하며, 비록 함께 있으나 집착하는 마음이 없고, 본래의 대비로 인자한 마음으로 처자를 수순하지만 보살의 청정한 도에는 장애가 없습니다.

(25-5-9) 보살의 재가 사업과 지혜

보살이 비록 모든 사업을 하지만 잠시도 일체 지혜에 대한 마음을 버리지 않습니다. 옷을 입거나, 맛난 음식을 먹거나, 약을 먹거나, 얼굴을 씻고 양치하고 바르고 만지거나, 몸을 돌리거나, 돌아보거나, 가고 서고 앉고 눕거나, 몸과 말과 뜻의 업과, 자나깨나, 이와 같은 모든 일을 할 때에도, 마음은 항상 일체지혜의 길에 회향해 뜻을 두어 생각하고 잠시도 버리지 않습니다.

(25-5-10) 보살의 중생 이익

일체중생을 이익되게 해 보리의 무량한 대원에 머물며, 수없이 광대한 선근을 거두어 지닙니다. 모든 선한 일을 부지런히 닦아 일체중생을 구호하되, 온갖 교만과 방일함을 영원히 여의고 확실하고 분명하

게 일체 지혜의 지위에 나아갑니다. 마침내 다른 길로 향할 생각을 내
지 않고 일체 모든 부처님의 보리를 항상 관찰하며, 온갖 잡되고 물드
는 법을 영원히 버리고 일체보살들이 배우는 것을 닦아 행합니다.

일체 지혜의 길에 나아가 장애가 없고, 지혜의 지위에 머물러 즐기
고 좋아해 외우고 익히며, 한량없는 지혜로 모든 선근을 모으며, 마
음에는 일체 세간을 그리워하지도 않고 또한 행하는 일에 물들거나
집착하지도 않으며, 전심으로 모든 부처님이 가르치신 법을 받아 지
닌다. 보살이 이와 같이 집에 있으면서 선근을 두루 거두어 증장케
해 모든 부처님의 위없는 보리에 회향합니다.

(25-5-11) 보살의 큰 서원

보살들이여, 보살이 그때 축생에까지 한 술의 밥과 한 톨의 곡식을
주더라도 이러한 서원을 세웁니다. '이들이 축생의 길을 버리고, 이
익되고 안락해 마침내는 해탈케 하되, 고통바다를 영원히 건너며,
괴로운 느낌을 소멸하고, 괴로움의 쌓임을 제거하고, 괴로움의 감각
을 끊으며, 괴로움의 무더기와 괴로움의 행과 괴로움의 인과 괴로움
의 근본과 괴로운 곳을 중생들이 모두 다 여의기를 서원합니다.'
보살은 이와 같이 전일한 마음으로 생각을 일체중생에게 두고, 이러
한 선근을 먼저 생각하고 일체종지에 회향합니다.

(25-5-12) 보살은 모든 선근을 다 회향하다

보살이 처음 보리심을 내면서부터 중생들을 널리 거두어 닦은 선근
을 모두 회향합니다. 중생들이 나고 죽는 거친 벌판을 떠나 여래의
걸림 없는 쾌락을 얻게 하며, 번뇌의 바다에서 뛰어나 불법의 도를

닦게 하며, 인자한 마음이 가득하고 가엾이 여기는 힘이 광대해 모든 이들에게 청정한 낙을 얻게 합니다.

선근을 수호하고 불법을 친근케 하며, 마의 경계를 벗어나서 부처의 경계에 들게 하며, 세간의 씨를 끊고 여래의 종자를 심으며, 삼세의 평등한 법에 머물게 합니다. 보살은 이와 같이 이미 모았고, 지금도 모으고 장차 모으는 선근을 모두 회향합니다.

(25-5-13) 과거의 불보살이 행한 회향을 생각하다

또 지난 세상에 부처님이나 보살들이 부처님께 공경하고 공양한 것은 중생들을 제도해 벗어나게 하고, 부지런히 닦아 익힌 일체 선근으로 회향하지만 집착이 없습니다.

물질을 의지하지 않고, 느낌에 집착하지 않고, 전도된 생각이 없고, 행을 짓지 않고, 의식을 취하지 않으며, 육처를 떠나서 세간 법에 머물지 않고 출세간법을 좋아합니다.

일체법이 허공과 같아서 온 곳이 없으며, 나지도 않고 멸하지도 않으며, 진실도 없으며, 물들고 집착한 바도 없어서 일체 분별하는 소견을 멀리 떠나서 움직이지도 않으며, 바뀌지도 않으며, 잃지도 않고 무너지지도 않으며, 실제에 머물러서 상도 없고 상을 떠남도 없어서 오직 한 가지 모양일 따름이다. 이와 같이 일체 법의 성품에 깊이 들어가고 넓은 문의 선근을 항상 즐겁게 닦아 행해 부처님의 대중 모임을 다 봅니다.

(25-5-14) 부처님이 회향하듯 나도 또한 회향하다

지난 세상의 일체 여래가 선근으로 회향한 것처럼 나도 또한 이와 같이 회향합니다. 이와 같은 법을 알며, 증득하며, 의지해 마음을 닦아서 법의 모양을 어기지 않습니다. 닦는 행이 환영과 같고, 그림자 같고, 물속의 달과 같고, 거울 속의 영상과 같아서, 인과 연이 화합해 나타나는 것임을 알며, 마침내 여래의 구경의 경지에 이릅니다.

(25-5-15) 삼세의 부처님이 회향하듯 나도 또한 회향하다

보살들이여, 보살이 과거의 부처님이 보살행을 닦을 때에 모든 선근으로 회향한 것처럼 현재와 미래도 역시 이와 같이 하시니, 나도 지금 저 부처님처럼 발심해 모든 선근으로 회향합니다.

이것은 첫째가는 회향이며, 수승한 회향이며, 가장 수승한 회향이며, 위가 되는 회향이며, 위없는 회향이며, 같을 이 없는 회향이며, 같을 이 없으면서 같은 회향이며, 비길 이 없는 회향이며, 대적할 이 없는 회향이며, 존중한 회향이며, 미묘한 회향이며, 평등한 회향이며, 정직한 회향이며, 큰 공덕 회향이며, 광대한 회향이며, 선한 회향이며, 청정한 회향이며, 악을 여읜 회향이며, 악을 따르지 않는 회향입니다.

(25-5-16) 회향의 이익을 밝히다

보살이 이와 같이 선근으로써 회향하고는 몸과 말과 뜻이 청정한 업을 성취해 보살의 자리에 머물며, 모든 허물이 없으며, 선한 업을 닦으며, 몸과 말의 악을 떠나서 마음에 때와 더러움이 없으며, 일체 지혜를 닦아 광대한 마음에 머물며, 일체 법이 지을 것 없음을 알고, 출세간법에 머물며, 한량없는 업을 분별해 회향하는 좋은 방편을 성취하며, 집착하는 근본을 영원히 없애버립니다.

(25-5-17) 제3회향의 과위를 밝히다

보살들이여, 이것이 보살이 부처님과 동등한 제3회향입니다. 이 회향에 머무르면 여래의 업에 깊이 들어가며, 여래의 수승하고 미묘한 공덕에 나아가며, 깊고 청정한 지혜의 경계에 들어갑니다.

모든 보살의 업을 여의지 않으며, 교묘한 방편을 잘 분별하며, 깊은 법계에 들어가 보살의 수행하는 차례를 알며, 부처님의 종성에 들어가 공교한 방편으로 한량없고 그지없는 모든 법을 분별해 압니다. 다시 몸을 나타내어 세상에 태어나도 세상 법에 마음이 집착하지 않습니다.

(25-5-18) 금강당 보살이 게송을 설하다

그때 금강당 보살이 부처님의 위신력을 받들어 시방을 널리 관찰하고 게송으로 말했다.

(25-5-18-1) 회향의 이름을 해석하다

모든 보살이/ 지나간 부처님의 회향을 닦고
또한 현재 세상 미래 세상의/ 도사들이 행하시던 회향도 배웁니다.

(25-5-18-2) 경계에 대한 회향

모든 경계에서 안락을 얻어/ 부처님 여래들의 칭찬을 받고
넓고 광명의 청정한 눈으로/ 모두 회향해 총명하고 현철합니다.

보살들의 신근이 안락하거든/ 눈과 귀와 코와 혀도 또한 그러해
이와 같이 한량없이 묘한 낙으로/ 가장 수승한 모든 일에 회향합니다.

일체 세간의 여러 가지 선한 법과/ 여래께서 성취하신 모든 공덕을
남김없이 모두 다 거둬/ 따라서 기뻐하며 중생을 이익케 합니다.

세간에 기쁜 것이 여러가지인데/ 이 회향으로 중생을 위하니
사람 중의 사자께서 가지신 낙을/ 중생들이 원만케 합니다.

일체 국토 모든 여래의/ 알고 보시는 가지가지 낙을
원컨대 모든 중생 다 얻게 해/ 세상을 비춰주는 등불 되소서.

보살이 얻으신 수승하고 미묘한 낙을/ 모두 다 중생에게 회향하니
중생을 위해 회향하지만/ 회향에는 집착이 없습니다.

(25-5-18-3) 더욱 나아가는 회향

보살이 이 회향을 닦아 행하고/ 한량없는 대비심을 일으켜
부처님이 닦으신 회향의 공덕과 같이/ 닦고 행해 만족하기 원합니다.

가장 수승한 이가 성취하시는 것처럼/ 일체 지혜의 미묘한 낙과
내가 세상에서 행한 바와/ 모든 보살이 행한 무량한 낙과

모든 갈래 들어가 편안한 낙과/ 모든 근을 잘 지켜 고요한 낙을
모두 다 중생에게 회향해서/ 위없는 지혜를 이루게 합니다.

몸과 말과 뜻도 업이 아니며/ 이것을 떠나서도 있지 않지만
방편으로 어리석음 없애버리면/ 이와 같이 무상지혜 닦아 이룹니다.

(25-5-18-4) 쌓은 회향

보살이 닦아 행한 모든 업으로/ 한량없이 좋은 공덕 쌓아 모으고
여래를 수순해 불가에 태어나니/ 고요하고 산란 없는 회향입니다.

시방 일체 모든 세계에/ 살고 있는 중생들 모두 거두어
모든 선근 저들에게 회향해서/ 편안한 즐거움 갖추기를 원합니다.

나를 위해 이익을 구하지 않고/ 일체중생 모두 안락하게 하려고
희론의 마음은 내지 않으며/ 제법이 공하고 무아임을 관찰합니다.

(25-5-18-5) 경계를 상대한 선근회향

시방에 한량없는 가장 수승한/ 일체 진실한 보살들에게
모두 그들에게 선근으로 회향해/ 깨달음을 이루기를 원합니다.

일체 세간의 수많은 중생/ 평등한 마음으로 남김없이 거두어
내가 행한 모든 선한 업으로/ 저 중생들이 속히 성불하기 원합니다.

한량없고 끝없는 크나큰 서원/ 가장 높은 도사께서 연설하신 것이니
바라건대 모든 보살 다 청정해/ 좋아하는 마음대로 이뤄지기 원합니다.

시방의 모든 세계 두루 살피고/ 온갖 공덕 다 베풀어서
묘한 장엄 이루어지기 발원하니/ 보살이 이와 같은 회향을 배웁니다.

마음으로 두 가지 법 일컫지 않고/ 항상 둘 아닌 법을 밝게 통달해

법이 둘이거나 둘 아니거나/ 그 가운데 끝까지 집착하지 않습니다.

시방의 일체 모든 세간/ 다 중생의 생각으로 분별하는 것
생각도 생각 아닌 것도 얻을 것 없어/ 이와 같이 생각을 밝게 압니다.

(25-5-18-6) 이익을 말하다
보살의 몸이 청정해지면/ 뜻의 업도 청정해 때가 없으며
말의 업도 청정해 허물이 없으니/ 뜻도 청정해 집착이 없습니다.

(25-5-18-7) 과위를 말하다
일심으로 과거의 부처님을 생각하고/ 또 미래의 부처님을 생각하며
현재의 부처님도 생각해/ 그분들이 설하신 법을 다 배웁니다.

삼세 일체 모든 여래께서/ 지혜가 밝게 통달해 마음에 걸림이 없어
중생들을 이익되게 하려고/ 보리에 회향하는 온갖 업을 모읍니다.

(25-5-18-8) 맺어서 찬탄하다
최고의 지혜와 광대한 지혜와/ 허망하지 않은 지혜와 올바른 지혜와
평등한 지혜와 청정한 지혜와/ 지혜 있는 이가 이와 같이 설합니다.

(25-6) 제4 지일체처회향
(25-6-1) 보살의 선근으로 일체 처에 이르다
보살들이여, 보살이 일체 모든 선근을 닦아 선근공덕의 힘으로 일체
처에 이른 것이 보살의 일체 처에 이르는 지일체처회향입니다.

실제로 이르지 못하는 데가 없습니다. 일체 물건에 이르고, 세간에 이르고, 중생에 이르고, 국토에 이르고, 법에 이르고, 허공에 이르고, 삼세에 이르고, 유위와 무위에 이르고, 말과 음성에 이르는 것입니다.

선근도 또한 이와 같아서 여래가 계신 곳에 두루 이르러 삼세의 모든 부처님께 공양하되, 과거의 부처님들은 소원에 다 만족했고, 미래의 부처님들은 장엄을 구족하고, 현재의 부처님과 그 국토와 도량에 모인 대중과 일체의 허공과 법계에 가득하기를 원하는 것입니다. '믿고 이해하는 큰 위덕의 힘인 연고와, 광대한 지혜가 장애됨이 없는 연고와, 일체 선근을 모두 회향한 연고로, 하늘에 있는 모든 공양거리와 같은 공양이 한량없고 그지없는 세계에 충만하소서.'라고 서원합니다.

(25-6-2) 부처님의 갖가지 업으로 생긴 모든 것

보살들이여, 부처님이 일체 허공법계와 갖가지 업으로 생긴 시방의 말할 수 없는 일체 세계종의 세계와 말할 수 없는 부처님의 국토와 부처님의 경계와 가지가지 세계와 한량없는 세계와 구분이나 제한이 없는 세계와 회전하는 세계와 곁에 있는 세계와 위를 향한 세계와 엎어진 세계에 두루 하십니다.

이와 같은 일체 모든 세계에 오래 머물며 갖가지 신통변화를 나타내 보이십니다. 어떤 보살은 이해하는 힘으로써 교화를 받을 만한 중생들을 위해 일체 모든 세계 중에서 훌륭한 여래로 화현해 세상에 출현합니다.

일체 처에 이르는 지혜로 여래의 무량하고 자재한 신력을 보이시며,

법신이 두루 나아가서 차별이 없으며, 일체 법계에 평등하게 들어가 며, 여래장신이 나타나지도 않고 멸하지도 않지만 공교한 방편으로 세간에 널리 나타납니다.

법의 진실한 성품을 증득해 일체를 초월했으며, 퇴전하지 않고 걸림 없는 힘을 얻었으며, 여래의 장애가 없는 지견과 광대한 종성 가운데에 태어났습니다.

(25-6-3) 부처님께 공양하기를 원하다

보살들이여, 그가 심은 바 모든 선근으로써 모든 여래의 처소에 여러 가지 아름다운 꽃과 묘한 향과 화만과 일산과 당기와 깃발과 의복과 등촉과 그밖에 일체 모든 장엄거리로써 공양하기를 서원합니다. 또한 부처님의 형상이나 부처님의 탑묘에도 다 이와 같이 합니다.

(25-6-4) 부처님께 공양한 선근을 회향하다

이런 선근으로써 회향합니다. 산란하지 않은 회향과 일심으로 한 회향과 제 뜻으로 하는 회향과 존경하는 회향과 동요하지 않는 회향과 머물지 않는 회향과 의지함이 없는 회향과 중생의 마음이 없는 회향과 조급한 마음이 없는 회향과 고요한 마음으로 한 회향입니다.

(25-6-5) 삼세 부처님께 선근으로 회향하다

온 법계 허공계에서 과거·현재·미래의 모든 겁 동안에 부처님께서 일체 지혜를 얻어 보리를 이루십니다. 부처님 이름이 각각 다른데 여러 시기에 출현해 정각을 이루고 모두 다 오래 계시면서 오는 세월이 끝나도록 일일이 각각 법계의 장엄거리로 그 몸을 장엄하십니다. 도량에 모인 대중들도 법계에 가득해 일체 국토에서 때를 따라 출현해 불사를 지으셨습니다.

이와 같은 모든 부처님께 선근으로 회향합니다. 수많은 향일산과 향당기와 향깃발과 향휘장과 향그물과 향형상과 향광명과 향불꽃과 향구름과 향평상과 향경행하는 곳과 향의 머무는 곳과 향의 세계와 향산과 향바다와 향강과 향나무와 향의복과 향연꽃과 수많은 향궁전들이었습니다.

또한 한량없는 꽃일산에서 꽃궁전까지며 끝이없는 화만일산에서 화만궁전까지며 짝할 이 없는 바르는 향일산에서 향궁전까지며 셀 수 없는 가루 향일산에서 가루 향궁전까지며 일컬을 수 없는 옷일산에서 일산 옷궁전까지 있었습니다.

또 생각할 수 없는 보배일산에서 보배궁전까지며 헤아릴 수 없는 등광명일산에서 등광명궁전까지며 말할 수 없는 장엄거리일산에서 장엄거리궁전까지 있었습니다.

또 말할 수 없는 마니보배 일산과 당기와 깃발과 휘장과 그물과 형상과 광명과 불꽃과 구름과 평상과 경행하는 땅과 머무는 곳과 세계와 산과 바다와 강과 나무와 의복과 연꽃과 궁전이 말할 수 없이 많습니다.

이와 같은 낱낱 경계 가운데 제각기 수많은 난간과 궁전과 누각과 문과 반달과 망루와 창호와 청정한 보배와 장엄거리가 있으니, 이러한 물건들로써 부처님께 공경하며 공양합니다.

(25-6-6) 중생에게 회향하다

원컨대 일체 세간이 다 청정해지고, 일체중생이 다 뛰어나서 십력의 지위에 머물러서 일체 법에서 걸림이 없는 법의 밝음을 얻게 합니다.

일체중생이 선근을 구족해 조복함을 얻으며, 그 마음이 한량없는 허공계와 같으며, 모든 세계에 가되 이를 바가 없으며, 일체 국토에 들어가서 모든 선한 법을 베풉니다.

항상 부처님을 뵙고 모든 선근을 심으며, 대승을 성취해 모든 법에 집착하지 않으며, 여러 가지 선을 구족해 한량없는 행을 세우며, 끝없는 온갖 법계에 두루 들어가서 부처님의 신통한 힘을 성취하며, 여래의 일체 지혜를 얻습니다.

(25-6-7) 선근으로 일체 불법을 널리 포섭한다

마치 무아가 모든 법을 두루 포섭하듯이 나의 선근도 그와 같아서 일체 부처님을 포섭하니, 모두 공양해 남음이 없게 합니다.

모든 법을 포섭하니 다 깨달아서 장애가 없으며, 일체 보살대중을 포섭하니 구경에 선근이 같으며, 일체 보살의 행을 포섭하니 본래의 원력이 다 원만하며, 일체 보살의 법의 밝음을 포섭하니 모든 법을 통달해 걸림이 없습니다.

부처님의 큰 신통력을 포섭하니 한량없는 선근을 성취하며, 부처님의 힘과 두려움 없음을 포섭하니 한량없는 마음을 내어 온갖 것에 가득하며, 보살들의 삼매와 변재와 다라니문을 포섭하니 둘이 없는 법을 잘 비추어 알며, 부처님의 공교한 방편을 포섭하니 여래의 큰 신력을 나타냅니다.

삼세의 일체 부처님이 탄생하시고 성도하시고 법의 수레를 굴리시고 중생을 조복하고 열반에 듦을 포섭하니 공경하고 공양함을 두루 하며, 시방의 일체 세계를 포섭하니 부처님 세계를 끝까지 청정하게

장엄하며, 일체 모든 광대한 대겁을 포섭하니 그 가운데 출현해 보
살행을 닦아서 끊어지지 않게 합니다.

(25-6-8) 일체중생계를 다 포섭한다

일체의 갈래에서 태어나는 일을 포섭하니 그 가운데 태어나며, 일체
중생계를 포섭하니 보현보살의 행을 구족하며, 일체 모든 미혹과 습
기를 포섭하니 방편으로 모두 청정케 하며, 일체중생의 모든 근성을
포섭하니 한량없는 차별을 아는 것입니다.

일체중생의 이해와 욕망을 포섭하니 잡란하고 물드는 것을 여의고
청정하게 하며, 중생을 교화하는 일체의 행을 포섭하니 그에게 마땅
한 몸을 나타내며, 중생에게 맞추는 일체의 도를 포섭하니 일체중생
계에 들어가고, 일체 여래의 지혜 성품을 포섭하니 일체 모든 부처
님의 교법을 보호해 지닙니다.

(25-6-9) 상을 떠난 회향을 밝히다

보살들이여, 모든 선근으로 회향할 때에 얻을 것 없이 방편을 삼으
니, 업 가운데서 과보를 분별하지 않고, 과보 가운데서 업을 분별하
지 않습니다.

분별함이 없으나 법계에 두루 들어가고, 짓는 일이 없으나 항상 선
근에 머물고, 일으킴이 없으나 수승한 법을 부지런히 닦습니다.

모든 법을 믿지는 않으나 깊이 들어가고, 법을 있다고는 하지 않으
나 모두 알며, 짓거나 짓지 않거나 다 얻을 수 없고, 모든 법의 성품
을 알지만 항상 자재하지 않으며, 모든 법을 보지만 보는바가 없고,
온갖 것을 다 알지만 아는바가 없습니다.

(25-6-10) 일체 법을 다 안다

보살이 이와 같이 경계를 분명히 알아 일체 법에는 인연이 근본이 되는 줄 알며, 부처님의 법신을 보아 일체 법이 물듦을 떠난 실제에 이르고, 이 세간이 다 변화함과 같음을 알며, 모든 중생이 오직 한 가지 법이며, 두 성품이 없는 줄 분명하게 통달합니다.

업과 경계의 공교한 방편을 버리지 않으며, 유위의 경계에서 무위의 법을 보이되 유위의 모양을 파괴하지 않고, 무위 경계에서 유위의 법을 보이면서도 무위의 성품을 분별하지 않습니다.

(25-6-11) 보살이 아는 법을 중생에게 회향한다

보살이 일체법이 적멸한 줄을 관찰해 일체 청정한 선근을 성취해 중생을 구호하려는 마음을 낸다. 지혜가 일체 법의 바다를 통달해 어리석음을 여의는 법을 항상 즐겁게 수행합니다. 세간을 뛰어나는 공덕을 성취해 다시 세간법을 배우지 않으며, 깨끗한 지혜의 눈을 얻어 모든 어리석은 눈병을 떠나고 좋은 방편으로 회향하는 도를 닦습니다.

(25-6-12) 선근을 회향한 이익을 밝히다

보살들이여, 보살이 선근으로 회향하면 부처님의 마음에 잘 맞으며, 부처님의 국토를 청정하게 장엄하며, 일체중생을 교화해 성취하며, 부처님 법을 구족하게 받아 지니며, 일체중생의 가장 높은 복전이 되며, 모든 장사꾼의 지혜로운 안내자가 되며, 일체 세간의 청정한 태양이 되며, 낱낱 선근이 법계에 가득하며, 일체중생을 다 구호해 모두 청정한 일체 공덕을 구족하게 합니다.

보살들이여, 이와 같이 회향할 때에 부처님 종자를 보호해 지니며, 일체중생을 성숙시키며, 모든 국토를 청정하게 장엄하며, 일체 모든 업을 파괴하지 않으며, 모든 법을 잘 알며, 모든 법이 둘이 없음을 관찰하며, 시방 세계에 두루 다니며, 탐욕을 여읜 실제를 잘 통달하며, 청정한 믿음과 이해를 잘 성취하며, 밝고 민첩한 모든 근을 구족합니다. 보살들이여. 이것이 보살의 제4 지일체처회향입니다.

(25-6-13) 제4 회향의 과위를 밝히다

보살이 이 회향에 머물렀을 때에, 온갖 곳에 이르는 몸의 업을 얻으니 일체 세계에 두루 응해 나타나며, 온갖 곳에 이르는 말의 업을 얻으니 일체 세계에서 법을 연설하며, 온갖 곳에 이르는 뜻의 업을 얻으니 모든 부처님이 말씀하신 법을 받아 지닙니다.

온갖 곳에 이르는 신족통을 얻으니 중생들의 마음을 따라가서 응하며, 온갖 곳에 이르러는데 따라 증득하는 지혜를 얻으니 일체 법을 두루 통달하며, 온갖 곳에 이르는 총지와 변재를 얻으니 중생들의 마음을 따라 환희케 하며, 온갖 곳에 이르는 법계에 들어감을 얻으니 한 모공에 일체 세계를 두루 넣습니다.

온갖 곳에 이르는 두루 들어가는 몸을 얻으니 한 중생의 몸에 모든 중생의 몸을 두루 넣으며, 온갖 곳에 닿아 널리 보는 겁을 얻으니 낱낱 겁에서 모든 여래를 항상 보며, 온갖 곳에 닿아 널리 보는 생각을 얻으니 낱낱 생각 가운데 모든 부처님이 앞에 나타납니다.

보살들이여, 보살이 일체 처에 이르는 회향을 얻으면 선근으로써 이와 같이 회향합니다.

(25-6-14) 금강당보살이 게송을 설하다

그때 금강당보살이 부처님의 위신력을 받들어 시방을 관찰하고 게송으로 말했다.

(25-6-14-1) 중생과 보리에 회향하다

안이나 밖이나 일체 모든 세간에/ 보살은 아무것에도 집착이 없고
중생을 이익케 하는 업을 버리지 않아/ 이런 지혜를 닦아 행합니다.

시방에 널려 있는 모든 국토에/ 의지한 데도 없고 머물지도 않으며
살아가는 여러 법 취하지 않고/ 여러 가지 분별을 내지 않습니다.

시방의 모든 세계 일체중생을/ 모두 다 거두어서 남기지 않고
그 체성 없는 줄을 자세히 보아/ 일체 처 이르도록 잘 회향합니다.

유위법과 무위법 모두 거두어/ 그 가운데 헛된 생각 내지 않으며
세간법에도 그러하니/ 세상을 비추는 등불이 이와 같음을 알았습니다.

보살이 닦으시는 업과 행은/ 상품과 중품과 하품으로 차별하지만
모두 시방세계 모든 여래께/ 한결같이 선근으로 회향합니다.

보살이 회향해 저 언덕 가서/ 여래를 따라 배워 다 성취하고
미묘한 지혜로써 잘 생각해/ 인간의 수승한 법을 구족합니다.

청정한 선근으로 널리 회향해/ 중생이 이익되도록 버리지 않고

일체중생에게/ 가장 높은 세상 비추는 등불을 이루게 합니다.

(25-6-14-2) 실제에 회향하다

중생들을 분별해 취하지 않고/ 모든 법을 망상으로 생각지 않으며
비록 세간에 있으나 물들지 않고/ 모든 중생을 버리지 않습니다.

보살이 적멸한 법을 늘 즐기고/ 수순해 열반의 경계에 가기도 하나
중생의 도를 버리지 않고/ 이와 같이 묘한 지혜를 얻어 지닙니다.

보살이 모든 업을 분별하지 않으며/ 모든 과보에도 집착하지 않으니
세간 인연으로 나는 것이며/ 인연을 떠나지 않고 모든 법을 봅니다.

(25-6-14-3) 이익을 말하다

이와 같은 깊은 경계 들어갔으나/ 그 가운데 분별을 내지 않습니다.
일체중생을 다스리는 이가/ 이것을 환히 알고 잘 회향합니다.

(25-7) 제5 무진공덕장회향
(25-7-1) 보살의 열 가지 선근

보살들이여, 보살의 다함이 없고 끝이 없는 공덕으로 일으킨 선근을
저장하는 것이 무진공덕장회향입니다. 보살이 일체 모든 업의 중대
한 장애를 참회하고 일으킨 선근과 삼세의 일체 부처님께 예경하고
일으킨 선근과 일체 모든 부처님께 설법하시기를 권청해 일으킨 선
근입니다.
부처님의 설법하심을 듣고 부지런히 수행해 부사의하고 넓고 큰 경

계를 깨닫고 일으킨 선근과 과거·현재·미래의 모든 부처님과 일체중
생에게 있는 선근을 다 따라서 기뻐하고 일으킨 선근입니다.

과거·현재·미래의 모든 부처님의 선근이 다함이 없는 것을 보살들이
부지런히 닦아서 얻는 선근과 삼세 모든 부처님이 등정각을 이루고
정법의 바퀴를 운전해 중생들을 조복시키는 것을 보살이 모두 알고
따라서 기뻐하는 마음을 내 생긴 선근입니다.

삼세의 모든 부처님이 처음 발심해 보살의 행을 닦고 정각을 이루
며, 열반에 드심을 나타내 보이고, 열반에 드신 뒤에는 바른 법이 세
상에 머물러 있으며, 법이 다해 없어지기까지 이와 같은 일에 대해
다 따라 기뻐하는 마음을 내 생긴 선근입니다.

(25-7-2) 보살의 불국토 장엄

보살이 말할 수 없는 부처님의 경계와 자기의 경계와 보리의 장애
없는 경계를 생각합니다. 이와 같이 광대하고 한량없이 차별한 일체
선근으로 쌓아 모은 것이나, 믿고 이해한 것이나, 따라서 기뻐한 것
이나, 원만한 것이나, 성취한 것이나, 수행한 것이나, 얻은 것이나,
깨달은 것이나, 거두어 지닌 것이나, 증장한 것을 모두 회향해 모든
부처님의 국토를 장엄합니다.

(25-7-3) 과거세의 부처님이 장엄한 세계

과거세상의 끝없는 겁의 일체 세계가 일체 여래의 행하시던 곳으로,
한량없는 세계종이 부처님의 지혜로 아는 것이며, 보살이 아는 것이
며, 큰마음으로 받아들여 세계를 장엄함입니다.

청정한 업과 행으로 흘러나오고 이끌어온 것이며, 중생에 응해 일어

난 것이며, 여래의 신력으로 나타낸 것이며, 부처님의 출현하신 청정한 업으로 이룬 것이며, 보현보살의 미묘한 행으로 일으킨 것이니, 모든 부처님이 이 가운데서 성도하시고 가지가지 자재한 신력을 나타내 보이셨습니다.

(25-7-4) 미래세의 부처님이 장엄한 세계

오는 세월이 끝날 때까지 계시는 여래 응공 정등각께서 법계에 머무시면서 불도를 이루실 것이며, 청정하게 장엄한 공덕의 불토를 얻을 것입니다. 모든 법계 허공계에 끝없고 경계가 없으며, 끊이지 않고 다함이 없으며, 다 여래의 지혜로 생긴 한량없는 아름다운 보배로 장엄할 것입니다.

온갖 향으로, 꽃으로, 옷으로, 공덕장으로, 부처님의 힘으로, 부처님의 국토로 장엄합니다. 지난 세상에 함께 수행하던 불가사의한 모든 청정대중이 그 가운데 있으며, 오는 세상에 정각을 이루실 모든 부처님이 성취하시는 것입니다. 세상 사람으로는 볼 수 없고 보살의 청정한 눈으로만 보입니다.

이 보살들이 큰 위덕을 갖추고 숙세에 선근을 심었으니 일체 법이 환영과 같고 변화와 같음을 알며 보살의 청정한 업을 행하며, 부사의하게 자재한 삼매에 들어가 공교한 방편으로 불사를 지으며, 부처님이 광명을 놓아 세간을 널리 비추는 것이 끝이 없습니다.

(25-7-5) 현재세의 부처님이 장엄한 세계

현재에 계신 부처님도 이와 같이 세계를 장엄하시니, 한량없는 형상과 광명이 모두 공덕으로 이루어진 것입니다. 한량없는 향과 보배와 나무와 장엄과 궁전과 음성입니다.

또 지난 세상 인연의 모든 선지식을 수순해 일체 공덕의 장엄을 나타내 보인 것이 끝이 없습니다. 온갖 향 장엄과 일체 꽃다발 장엄과 일체 가루향 장엄과 일체 보배장엄과 일체 깃발장엄과 일체 보배채단 장엄과 일체 보배난간 장엄과 아승기 금그물 장엄과 아승기 강 장엄과 아승기 구름과 비 장엄과 아승기 음악 장엄으로 미묘한 소리를 연주하는 것입니다.

(25-7-6) 세계 속에 있는 부처님의 국토

이와 같이 한량없는 장엄거리로 일체 법계 허공세계를 장엄했으니, 시방의 한량없는 갖가지 업으로 일어났으며, 부처님께서 아시는 바이며, 부처님이 말씀하시는 일체 세계입니다.

그 가운데에 있는 부처님 국토는 장엄하고 청정하고 평등하고 아름답고 위덕이 있고 광대하고 안락하고 깨뜨릴 수 없고 다함이 없고 한량이 없고 동하지 않고 두려움 없고 광명이 있었습니다.

또 부처님 국토들은 어기지 않고 사랑스럽고 널리 비치고 훌륭하고 화려하고 교묘하고 제일 가고 수승하고 높고 같을 것이 없고 비길 바가 없고 비유할 수 없습니다.

(25-7-7) 모든 부처님의 국토를 선근으로 회향하다

이와 같은 과거·현재·미래의 일체 부처님의 국토에 있는 장엄을 보살이 자기의 선근으로 발심해 회향하며 '원컨대 이와 같은 과거 현재 미래의 일체 부처님이 가지신 국토의 청정한 장엄으로써 한 세계를 장엄하되, 모든 부처님의 국토에 있는 장엄을 모두 성취하고 청정하고, 모으고, 나타내고, 훌륭하게 하고, 머물러 있을 것이다. 저한 세계와 같이 온 법계 허공계도 또한 이와 같이 해 삼세의 모든 부처님 국토의 갖가지 장엄을 모두 구족하소서.'라고 서원합니다.

(25-7-8) 국토에 충만한 보살들의 덕행을 원하다

다시 선근으로 회향하면서 서원했습니다. '내가 닦은 모든 부처님의 국토에 큰 보살들이 충만하소서. 보살들은 성품이 진실하고 지혜가 통달하며, 일체 세계와 중생계를 잘 분별하고, 법계와 허공계에 깊이 들어가서 어리석음을 버리며, 부처님의 생각을 성취하며, 법이 진실해 불가사의함을 생각하고, 수행자들이 한량없는 줄을 생각하소서.

또한 버리는 것을 생각하며, 법의 태양이 원만해 지혜의 빛이 널리 비추어 장애가 없으며, 생겨날 것이 없는 것으로부터 모든 부처님의 법을 내어 여러 가지 수승하고 높은 선근의 주인이 되며, 위없는 보리심을 내고 여래의 힘에 머물러 일체 지혜에 나아가며, 모든 마군의 업을 깨뜨리고 중생의 세계를 청정케 하며, 법의 성품에 깊이 들어가 뒤바뀜을 영원히 여의고, 선근과 큰 원이 모두 헛되지 않으며, 보살들이 그 국토에 충만해 이와 같은 곳에 태어나서 덕이 있게 하소서.

항상 불사를 지어 부처님의 보리와 청정한 광명을 얻으며, 법계의 지혜를 갖추며, 신통력을 나타내어 한 몸이 모든 법계에 충만하며, 큰 지혜를 얻고 온갖 지혜로 행하는 경계에 들어가서 한량없고 끝이 없는 법계의 구절과 뜻을 잘 분별하며, 일체 세계에 조금도 집착이 없으면서도 모든 부처님의 국토에 널리 나타나며, 마음은 허공과 같아서 의지할 데가 없으면서도 일체 법계를 분별하며, 불가사의한 깊은 삼매에 잘 들어가게 하소서.

일체지혜에 나아가 모든 부처님의 국토에 머물며, 모든 부처님의 힘을 얻어 아승기 법문을 열어 보여 연설하되 두려움이 없게 하소서. 또한 삼세 모든 부처님의 선근을 따르며, 일체 여래의 법계를 두루 비추어, 일체 부처님의 법을 받아 지니며, 아승기의 언어의 법을 알아 불가사의하게 차별된 음성을 내게 하소서.

가장 높은 부처님의 자재한 지위에 들어가고, 시방의 모든 세계에 두루 다니되 장애가 없으며, 다툼이 없고 의지한 데 없는 법을 행하되 분별할 것이 없으며, 보리심을 닦아 익히고 더욱 넓혀서 공교한 지혜를 얻고, 구절과 뜻을 잘 알아서 차례대로 열어 보여 연설하게 하소서.

원컨대 모든 큰 보살이 그 국토를 장엄하고 가득히 분포해 수순하고 편안히 닦아 익히고, 지극히 닦아 익히며, 순정하고 지극히 순정해 화평하고 고요하게 하소서.

한 세계의 한 방소를 따라 모두 이와 같이 한량없고, 끝이 없고, 짝이 없고, 일컬을 수 없고, 생각할 수 없고, 말할 수 없는 보살들이 두루 충만해, 한 방소와 같이 일체 방소에도 또한 온 허공과 법계에도 다 이와 같게 하소서.'

(25-7-9) 방편으로 회향하다

보살들이여, 모든 선근으로써 부처님의 세계에 방편으로 회향하며, 일체 보살에게 방편으로 회향하며, 여래에게 방편으로 회향하며, 부처님의 보리에 방편으로 회향하며, 일체 넓고 큰 서원에 방편으로 회향하며, 일체 뛰어나고 요긴한 길에 방편으로 회향합니다.

방편으로 회향해 일체중생계를 깨끗이 하며, 일체 세계에서 부처님이 세상에 출현하심을 보며, 여래의 수명이 한량없음을 보며, 모든 부처님이 법계에 가득해 걸림 없고 물러가지 않는 법의 바퀴를 굴리는 것을 봅니다.

(25-7-10) 이익을 이루다

보살들이여, 보살이 모든 선근으로써 이와 같이 회향할 때에 일체 부처님의 국토에 두루 들어가므로 부처님의 세계가 청정하며, 일체 중생계에 두루 이르므로 일체 보살이 다 청정하며, 일체 모든 부처님의 국토에 출현하시기를 원하므로 일체 법계의 일체 부처님의 국토에 모든 여래의 몸이 초연하게 출현합니다.

(25-7-11) 상을 떠난 회향

보살들이여, 보살이 이와 같은 비길 데 없는 회향으로 일체 지혜에 나아가면 마음이 광대하기가 허공과 같아 부사의한 데 들어가며, 일체 업과 과보가 적멸한 줄을 알며, 마음이 항상 평등하고 끝이 없어서 일체 법계에 두루 들어갑니다.

(25-7-12) 망심을 떠나다

보살들이여, 이와 같이 회향할 때에 '나'와 '나의 것'을 분별하지 않으며, 부처님과 부처님 법을 분별하지 않으며, 세계와 세계의 장엄을 분별하지 않으며, 중생과 중생 조복함을 분별하지 않으며, 업과 업의 과보를 분별하지 않습니다.

생각과 생각으로 일으키는 것에 집착하지 않으며, 인을 깨뜨리지 않고 과도 깨뜨리지 않으며, 일을 취하지 않고 법을 취하지 않으며, 생사가 분별이 있다고 말하지 않고 열반이 항상 고요하다고 말하지 않습니다. 여래가 부처님 경계를 증득했습니다 라고 말하지 않으니, 작은 법도 법과 더불어 같이 머물지 않기 때문입니다.

(25-7-13) 중생에게 회향하다

보살들이여, 이와 같이 회향할 때에 모든 선근을 중생에게 보시합니다. 확실하게 성숙시키고 평등하게 교화하며, 모양이 없고 연이 없으며, 헤아릴 수 없고 허망하지 않아 일체 분별과 집착을 여의었습니다.

(25-7-14) 회향으로 덕을 이루다
(25-7-14-1) 다함이 없는 선근을 얻다

보살이 이와 같이 회향하고 다함이 없는 선근을 얻습니다. 삼세의 모든 부처님을 생각하므로 다함이 없는 선근을 얻으며, 일체 보살을 생각하므로 다함이 없는 선근을 얻으며, 일체중생계를 깨끗이 하므로 다함이 없는 선근을 얻습니다.

법계에 깊이 들어가므로 다함이 없는 선근을 얻으며, 한량없는 마음을 닦아 허공계와 평등해 다함이 없는 선근을 얻으며, 일체 부처님의 경계를 깊이 이해하므로 다함이 없는 선근을 얻으며, 보살의 업을 부지런히 닦으므로 다함이 없는 선근을 얻으며, 삼세를 분명하게 통달하므로 다함이 없는 선근을 얻습니다.

(25-7-14-2) 아와 법이 공한 지혜의 덕

보살들이여, 보살이 일체 선근으로 이와 같이 회향할 때에 일체중생 세계에 중생이 없음을 알며, 일체 법에 수명이 없음을 알며, 일체법을 지은 이가 없음을 알며, 일체 법에 보특가라(補特伽羅, pudgala, 살다가 죽고 다시 태어나는 나가 있다는 견해)가 없음을 깨달으며, 일체법이 분을 내어 다툼이 없음을 압니다.

일체 법이 인연으로 생긴 것으로 있는 곳이 없음을 관찰하며, 일체 사물이 모두 의지한 데가 없음을 알며, 일체 세계가 다 머무는 데가 없음을 알며, 일체 보살의 행도 또한 다 처소가 없음을 보며, 일체 경계가 모두 있는 것이 아님을 봅니다.

"이것이 있으므로 저것이 있고, 이것이 없으므로 저것이 없으며, 이것이 일어나므로 저것이 일어나고, 이것이 사라지므로 저것이 사라진다."라고 설해 연기의 이치를 간단히 밝히기도 합니다. 그러므로 아와 법이 공한 지혜의 덕을 밝혔다고 합니다.

(25-7-14-3) 경계가 청정한 덕

보살들이여, 보살이 이와 같이 회향할 때에 눈으로는 부정한 세계를 보지 않으며, 다른 형상인 중생도 보지 않으며, 조그만 법도 지혜로 들어갈 것이 없고, 또한 조그만 지혜도 법에 들어갈 것이 없으며, 여래의 몸이 허공과 같지 않음을 압니다. 일체 공덕과 한량없이 묘한 법으로 원만하며, 일체처에서 중생들이 선근을 모아 다 충족케 합니다.

(25-7-14-4) 복과 지혜가 다함이 없는 덕

보살들이여, 순식간에 십력의 지위를 얻어서 일체 복덕을 구족하고 청정한 선근을 성취해 일체중생의 복전이 됩니다.

보살이 뜻대로 되는 마니공덕장을 성취하니, 필요한 대로 일체 즐길 거리를 다 얻게 되며, 다니는 곳마다 일체 국토를 깨끗이 장엄하며, 가는 곳마다 말할 수 없는 중생들을 다 청정하게 해 복덕을 거두어 모든 행을 닦습니다.

(25-7-14-5) 복과 지혜가 뛰어난 덕

보살들이여, 이와 같이 회향할 때에 모든 보살의 행을 닦아서 복덕이 뛰어나고 몸매가 비길 데 없으며, 위력과 광명이 모든 세간에서 뛰어나서, 마군과 마군의 졸개들이 마주 대하지 못하며, 선근을 구족하고 대원을 성취했습니다.

그 마음이 더욱 넓어 일체 지혜와 평등하며 한 생각 동안에 한량없는 부처님 세계에 두루 가득하고, 지혜의 힘이 한량이 없어 일체 모든 부처님의 경계를 통달하며, 일체 부처님께 깊은 믿음과 이해를 얻고 그지없는 지혜에 머물렀으며, 보리심의 힘은 법계처럼 광대하고 허공처럼 끝까지 이른다. 보살들이여, 이것이 보살의 제5 무진공덕장회향입니다.

(25-7-15) 회향의 과위

보살이 이 회향에 머무르면 열 가지 무진장을 얻습니다. 부처님을 뵙는 무진장을 얻어 한 모공에서 아승기 부처님이 세상에 출현하심을 본다. 법에 들어가는 무진장을 얻어 부처님의 지혜의 힘으로 일체 법이 한 법에 들어감을 관찰합니다.

기억하는 무진장을 얻어 모든 부처님의 말씀하신 법을 받아 지니고 잊어버리지 않습니다. 결정한 지혜의 무진장을 얻어 모든 부처님께서 말씀하신 법과 비밀한 방편을 잘 압니다. 뜻과 취지를 아는 무진장을 얻어 모든 법의 이치와 분한의 정도를 잘 압니다.

끝없이 깨달아 아는 무진장을 얻어 허공과 같은 지혜로 삼세의 일체 법을 통달합니다. 복덕의 무진장을 얻어 일체 모든 중생의 뜻을 충만해 다함이 없습니다. 용맹한 지혜로 깨닫는 무진장을 얻어 일체중생의 어리석음은 번뇌를 없애버립니다. 결정한 변재의 무진장을 얻어 모든 부처님의 평등한 법문을 연설해 모든 중생을 다 깨닫게 합니다.

열 가지 힘과 두려움 없는 무진장을 얻어 모든 보살의 행을 구족해 때가 없는 비단을 이마에 매고 장애가 없는 일체 지혜에 이릅니다. 이러한 열 가지 무진장을 얻습니다.

(25-8) 제6 수순견고일체선근회향
(25-8-1) 보살이 제왕이 되어 중생을 구제하다

보살들이여, 사섭법으로 모든 중생을 포섭하고, 전륜왕이 되어 모든 사람을 두루 구제하는 것이 견고한 일체 선근을 수순하는 수순견고일체선근회향입니다. 보살이 제왕이 되어 큰 나라에 군림하면 위덕이 널리 퍼지고 이름이 천하에 떨칩니다. 모든 원수와 적이 귀순하며, 명령을 내릴 적에는 바른 법에 의지합니다.

한 일산을 들어 천하를 덮으며, 천하를 두루 다녀도 가는 곳마다 거리낄 것 없고, 청정한 비단을 이마에 매었으며, 법에 자재하여 보는 이가 다 굴복하고, 형벌을 쓰지 않으나 덕으로 감복해 교화를 따릅니다.

(25-8-2) 보살의 자재한 공덕

보살이 이와 같은 자재한 공덕에 안주해 많은 권속이 있어 저해할 수 없고, 허물이 없으며, 보는 이가 싫어하지 않고, 복덕으로 장엄해 상호가 원만하고, 형체와 손발이 구족하게 조화로우며, 나라연과 같이 견고한 몸을 얻고 큰 힘을 성취해 굴복할 자가 없으며, 청정한 업을 얻어 모든 업장을 여의었습니다.

(25-8-3) 60종의 보시 명목을 열거하다

온갖 보시를 구족하게 행하는데, 음식과 맛좋은 것을 보시하고, 수레를 보시하고, 의복을 보시하고, 화만을 보시하고, 여러 가지 향과 바르는 향과 평상과 방사와 머무는 처소와 좋은 등촉과 병에 쓰는 탕약과 보배그릇과 보배수레와 길이 잘던 코끼리와 말을 훌륭하게 장식해 기쁘게 보시합니다.

어떤 이가 와서 왕의 평상과 덮개와 일산과 당기와 깃발과 보물이나, 장엄거리나, 멀리에 쓴 보관이나, 상투에 꽂은 진주동곳이나, 왕의 지위를 요구하더라도 조금도 아까워함이 없이 보시합니다.

중생이 감옥 속에 있는 이를 보면 온갖 재물이나 보배나 처자나 권속이나 몸까지 버려서라도 그들을 구호해 벗어나게 하며, 감옥 속에 갇힌 죄수가 사형을 당하게 된 이를 보면 몸을 버려서 그 사람의 목숨을 대신하며, 이마의 가죽을 달라 하면 기쁘게 주고 또한 아끼지 않습니다.

눈과 귀와 코와 혀와 그리고 치아와 머리와 이마와 손과 발과 피와 살과 뼈와 골수와 염통과 신장과 간과 허파와 대장과 소장과 가죽과 피부와 손가락과 발가락과 살이 붙은 손톱까지라도 환희한 마음으로 남김없이 보시합니다.

일찍이 있지 않던 법을 구하기 위해 몸을 던져 큰 불구덩이에 들어가고, 부처님의 정법을 보호하기 위해 온갖 고초를 달게 받으며, 법을 구할 적에 한 글자를 위해서도 네 개의 바다 안에 있는 모든 소유를 다 버리고, 항상 바른 법으로 중생들을 교화해 선행을 닦고 모든 악행을 버리게 합니다.

중생들이 다른 이의 신체를 해치는 것을 보거든 자비한 마음으로 구원해 죄업을 짓지 않게 하며, 여래께서 정각을 이루시거든 칭찬하고 찬탄해 여러 사람이 듣게 하며, 땅을 보시해 절이나 집이나 전당을 지어서 거처하게 하며, 시중들을 보내어 받들고 섬기게 합니다.

내 몸을 구걸하는 이에게 주거나 부처님께 바치기도 하며, 법을 구하기 위해 환희용약하고 중생을 위해 받들어 섬기고 공양하며, 임금의 지위나 국성이나 촌락이나 궁전이나 원림이나 처자 권속까지 버려 구걸하는 이의 소원을 만족케 하며, 온갖 살림살이에 필요한 물건들을 베풀어 막음이 없는 큰 보시의 법회를 베풉니다.

(25-8-4) 평등하게 보시하다

그 가운데 중생들의 갖가지 복전이 먼 곳에서 왔거나 가까운 곳에서 왔거나 어질거나 어리석거나 아름답거나 추하거나 남자거나 여자거나 사람이거나 사람 아니거나, 마음과 행동이 같지 않고 구걸하는 것이 각각 다르더라도 평등하게 베풀어 모두 만족케 합니다.

(25-8-5) 잘 거두는 마음을 내어 회향하다

보살들이여, 이렇게 보시할 때에 잘 거두는 마음을 내어 회향하니,

색음(色陰)을 잘 거두어서 견고한 일체 선근을 수순하며, 수음과 상음과 행음과 식음을 잘 거두어 견고한 일체 선근을 수순합니다.

국왕의 지위를 잘 거두고, 권속을 잘 거두고, 살림살이를 잘 거두고, 은혜롭게 보시하는 일을 잘 거두어 견고한 일체 선근을 수순하는 것입니다.

(25-8-6) 60종의 보시
(25-8-6-1) 좋은 음식으로 중생에게 보시하다

보살들이여, 보시하는 물건이 한량없고 그 선근으로 회향하니, 좋은 음식으로 중생에게 보시할 적에 마음이 청정해 보시하는 물건에 탐욕이 없고, 집착이 없고 아끼는 생각이 없어서 구족하게 보시를 행하고, 선근으로 회향합니다.

(25-8-6-2) 마실 것을 보시하다

보살들이여, 마실 것을 보시할 때에는 원컨대 일체중생이 법맛의 물을 마시고 부지런히 닦아서 보살의 도를 구족하며, 세간의 목마른 애욕을 끊고 부처님의 지혜를 구하기를 서원하며 보시해 선근으로 회향합니다.

욕심의 경계를 떠나 법에 대한 기쁨을 얻으며, 청정한 법에서 몸이 생기고 항상 삼매로써 마음을 다스리며, 지혜의 바다에 들어가 큰 법의 구름을 일으켜 큰 법의 비가 오기를 서원하며 보시해 선근으로 회향합니다.

(25-8-6-3) 훌륭한 맛으로 보시하다

보살들이여, 맵고 시고 짜고 싱겁고 달고 쓴 갖가지 훌륭한 맛으로 보시합니다. 윤택하고 구족해 사대육신이 편안하고 화평해 신체가 충실하고 기운이 강건하며, 마음이 청정해, 항상 환희합니다.

씹고 삼킬 때에도 기침이 나거나 구역질하지 않으며, 모든 근이 상쾌하고 내장이 충실하며, 독기가 침노하지 못하고, 병이 손상시키지 못하며, 처음부터 나중까지 근심이 없어 길이 안락합니다. 이렇게 보시하고 일체중생이 가장 좋은 맛을 얻어 감로가 충만하기를 원하며, 일체중생이 법과 지혜의 맛을 얻어 모든 맛의 작용을 알게 되기를 원하며, 일체중생이 한량없는 법의 맛을 얻어 법계를 통달하고 실제인 큰 법의 성중에 머물기를 원하는 선근으로 회향합니다.

또 일체중생이 탐착이 없는 일체 좋은 맛들을 얻어 세간의 맛에 물들지 않고 일체 불법을 부지런히 닦으며, 일체중생이 한 가지 법의 맛을 얻어 모든 불법이 차별 없음을 알며, 일체중생이 가장 좋은 맛을 얻고 일체 지혜에 의지해 퇴전하지 않기를 서원하며 보시합니다. 일체중생이 부처님의 다르지 않은 법의 맛을 얻어 일체 모든 근성을 잘 분별하며, 일체중생이 법의 맛이 증장해 걸림 없는 불법에 항상 만족하기를 서원하며 보시합니다. 이것이 보살이 맛을 보시할 때에 선근으로 회향하는 것입니다. 일체중생들이 복덕을 부지런히 닦아서 걸림 없는 지혜의 몸을 모두 다 구족하는 까닭입니다.

(25-8-6-4) 수레등속으로 보시하다

보살들이여, 보살이 수레등속으로 보시할 때에, 모든 선근으로 회향합니다. 일체중생이 일체 지혜의 법을 구족해 대승과 깨뜨릴 수 없는 법과 가장 수승한 법과 가장 높은 법과 가장 빠른 법과 큰 힘 갖춘 법과 복덕이 구족한 법과 출세간하는 법과 무량한 보살을 내는 법을 알 수 있게 서원하며 보시하며, 선근으로 회향하는 것입니다.

(25-8-6-5) 옷으로 보시하다

보살들이여, 옷으로 보시할 때에 모든 선근으로 회향합니다. 일체중생이 부끄러워서 옷으로 몸을 가리며, 삿된 외도들의 알몸을 드러내는 나쁜 법을 버리며, 얼굴이 윤택하고 피부가 부드러워 부처님의 첫째가는 낙을 성취하고 가장 청정한 일체 지혜를 얻을 수 있도록 서원하며 보시하고 선근으로 회향하는 것입니다.

(25-8-6-6) 갖가지 꽃으로 보시하다

보살들이여, 항상 갖가지 훌륭한 꽃으로 보시합니다. 미묘하고 향기로운 꽃과 갖가지 빛깔의 꽃과 한량없는 기묘한 꽃과 보기 좋은 꽃과 기쁜 꽃과 어느 때나 피는 꽃과 하늘 꽃과 인간 꽃과 세상에서 사랑하는 꽃과 매우 향기롭고 뜻에 맞는 꽃입니다.

한량없는 아름다운 꽃으로 현재의 부처님과 또한 부처님께서 열반하신 뒤 탑에 공양합니다. 법을 말하는 사람에게 공양하고, 비구와 일체 보살과 선지식과 성문과 독각과 부모와 친척과 자신과 가난하고 고독한 사람들에게 공양할 적에 이 모든 선근으로 회향합니다.

일체중생이 부처님의 삼매의 꽃을 얻어 일체 모든 법을 펴게 하며, 일체중생이 부처님과 같아서 보는 이가 환희해 싫어함이 없으며, 일체중생의 소견이 순해 마음이 혼란하지 않기를 서원하며 보시합니다.

일체중생이 광대하고 청정한 업을 갖춰 행하며, 일체중생이 항상 선지식을 생각해 마음에 변동하지 않으며, 일체중생이 아가타의 약과 같이 일체 번뇌의 온갖 독을 없애며, 일체중생이 큰 원을 만족해 위없는 지혜를 얻도록 서원하며 보시합니다.

일체중생이 지혜의 햇빛으로 어리석음의 어둠을 깨뜨리며, 일체중생이 보리의 밝은 달이 만족스럽게 증장하며, 일체중생이 큰 보물섬에 들어가 선지식을 친견하고 일체 선근을 구족하게 이루기를 서원하며 보시합니다. 또한 선근으로 회향하는 것입니다. 중생들이 청정하고 걸림 없는 지혜를 얻게 하려는 까닭입니다.

(25-8-6-7) 꽃다발로 보시하다

보살들이여, 꽃다발을 보시할 적에 모든 선근으로 회향합니다.

일체중생을 사람들이 보기를 좋아해 보는 이가 칭찬하고, 보는 이가 친선하고, 보는 이가 사랑하고, 보는 이가 우러르고, 보는 이의 걱정이 없어지고, 보는 이가 기뻐하고, 보는 이가 악을 여의고, 보는 이가 항상 부처님을 친근하고, 보는 이가 청정해 온갖 지혜를 얻기를 서원하고 보시하며, 선근으로 회향하는 것입니다.

(25-8-6-8) 향으로 보시하다

보살들이여, 향을 보시할 적에 모든 선근으로 이와 같이 회향합니다.

일체중생이 계향을 구족해 모자라지 않는 계와 섞이지 않는 계와 더럽히지 않는 계와 뉘우침이 없는 계와 얽매임을 여읜 계와 열기가 없는 계와 범함이 없는 계와 그지없는 계와 출세간 계와 보살의 바라밀 계를 얻도록 서원하며 보시합니다.

일체중생이 이 계로 말미암아 부처님의 계의 몸을 성취하기를 서원하며 보시합니다. 이것이 보살이 향을 보시할 때에 선근으로 회향하는 것입니다. 중생들로 하여금 원만하고 걸림 없는 계를 얻게 하려는 까닭입다.

(25-8-6-9) 바르는 향으로 보시하다

보살들이여, 바르는 향을 보시할 적에 모든 선근으로 회향합니다.

일체중생이 보시하는 향이 널리 풍겨 일체 소유한 것을 모두 베풀어 주며, 일체중생이 계행을 지니는 향이 널리 풍겨 여래는 끝까지 청정한 계를 얻게 하며, 일체중생이 인욕의 향이 널리 풍겨 일체 음해하는 마음을 떠나며, 일체중생이 정진하는 향이 널리 풍겨 대승의 정진하는 갑옷을 입히며, 일체중생이 선정하는 향이 널리 풍겨 모든 부처님이 앞에 나타나는 삼매에 머물며, 일체중생이 지혜의 향이 널리 풍겨 한 생각에 위없는 지혜의 왕이 이루어지며, 일체중생이 법의 향이 널리 풍겨 위없는 법에 두려움이 없어지기를 서원하며 보시합니다.

일체중생이 덕의 향이 널리 풍겨 일체 큰 공덕지혜를 성취해 일체중생이 보리의 향이 널리 풍겨 부처님의 십력을 얻어 저 언덕에 이르며, 일체중생이 청정한 선한 법의 묘한 향이 널리 풍겨 선하지 않은 법을 영원히 멸하기를 서원하며 보시합니다. 이것이 보살이 바르는 향을 보시할 때에 선근으로 회향하는 것입니다.

(25-8-6-10) 평상을 보시하다

보살들이여, 평상을 보시할 적에 모든 선근으로 회향합니다.

일체중생이 천상의 평상을 얻어 큰 지혜를 증득하며, 일체중생이 성현의 평상을 얻어 범부의 뜻을 버리고 보리심에 머물며, 일체중생이 안락한 평상을 얻어 모든 생사의 괴로움과 번뇌를 여의며, 일체중생이 구경에 이르는 평상을 얻어 모든 부처님의 자재한 신통을 보며, 일체중생이 평등한 평상을 얻어 일체 선한 법을 항상 두루 닦으며, 일체중생이 가장 좋은 평상을 얻어 청정한 업을 갖추어서 세상에 짝할 이 없으며, 일체중생이 편안한 평상을 얻어 진실한 법을 증득하고 끝까지 구족하기를 서원하며 보시합니다.

일체중생이 청정한 평상을 얻어 여래의 청정한 지혜의 경계를 닦으며, 일체중생이 편안히 머무는 평상을 얻어 선지식이 항상 따르고 보호하게 되며, 일체중생이 사자좌를 얻어 여래와 같이 항상 오른쪽으로 눕기를 서원하며 보시합니다. 이것이 보살이 평상을 보시할 적에 선근으로 회향하는 것입니다. 중생들이 바른 생각을 닦아서 모든 근을 잘 보호하기 때문입니다.

(25-8-6-11) 방사를 보시하다

보살들이여, 방사를 보시할 적에 모든 선근으로 회향합니다.

일체중생이 모두 청정한 세계에 안주해 일체 공덕을 부지런히 닦으며, 깊고 깊은 삼매의 경계에 안주해 모든 사는 곳의 집착을 떠나며, 모든 사는 곳이 다 없는 줄을 깨달아서 모든 세간을 떠나고 일체 지혜에 안주하기를 서원하며 보시합니다.

모든 부처님이 계시는 곳을 거두어서 구경의 도인 안락한 곳에 안주하며, 제일 청정한 선근에 항상 머물러서 마침내 부처님의 가장 높이 머무는 곳을 떠나지 않기를 서원하며 보시합니다. 이것이 보살이 방사를 보시할 때에 선근으로 회향하는 것입니다. 일체중생을 이익되게 해 마땅히 생각하고 구호하려는 까닭입니다.

(25-8-6-12) 사는 곳을 보시하다

보살들이여, 사는 곳을 보시할 적에 모든 선근으로 회향합니다.

일체중생이 항상 좋은 이익을 얻어 그 마음이 안락하며, 일체중생이 여래를 의지해 있으며, 큰 지혜를 의지해 있으며, 선지식을 의지해 있기를 서원하며 보시합니다.

높고 수승한 이를 의지해 있으며, 선한 행을 의지해 있으며, 대자를 의지해 있으며, 대비를 의지해 있으며, 육바라밀을 의지해 있으며, 큰 보리심을 의지해 있으며, 일체 보살의 도를 의지해 있기를 서원하며 보시합니다.

이것이 보살이 사는 곳을 보시할 적에 선근으로 회향하는 것입니다. 모든 사람의 복덕을 청정케 하려는 까닭이며, 구경까지 청정케 하려는 까닭이며, 지혜를 청정하게 하려는 까닭이며, 도가 청정해지는 까닭이며, 법을 청정하게 하려는 까닭이며, 계행을 청정하게 하려는 까닭이며, 뜻을 청정하게 하려는 까닭이며, 믿고 이해함을 청정하게 하려는 까닭이며, 서원을 청정하게 하려는 까닭이며, 일체 신통과 공덕을 청정하게 하려는 까닭입니다.

(25-8-6-13) 등을 밝혀 보시하다

보살들이여, 여러 가지 등을 켜서 보시합니다. 우유 등불과 참기름 등불과 보배 등불과 마니 등불과 칠 등불과 불 등불과 침수향 등불과 전단향 등불과 일체향 등불과 한량없는 색 등불입니다. 이와 같은 한량없는 등불을 보시할 때에 일체중생에게 이익되게 함이며, 일체중생을 포섭함 입니다. 이 선근으로 회향합니다.

일체중생이 한량없는 빛을 얻어 모든 부처님의 바른 법을 두루 비추며, 일체중생이 청정한 빛을 얻어 세간에 극히 미세한 색을 비추며, 일체중생이 가림이 없는 빛을 얻어 중생계가 공해 아무 것도 없음을 알며, 일체중생이 그지없는 빛을 얻어 몸에서 미묘한 광명이 나와 온갖 것을 두루 비추기를 서원하며 보시합니다.

일체중생이 두루 비추는 빛을 얻어 모든 부처님의 법에 퇴전하는 마음이 없으며, 일체중생이 부처님의 청정한 빛을 얻어 모든 세계에 다 나타나며, 일체중생이 장애 없는 빛을 얻어 한 빛으로 일체 법계를 두루 비추기를 서원하며 보시합니다.

일체중생이 끊임없는 빛을 얻어 모든 부처님 세계를 비추어 광명이 끊이지 않으며, 일체중생이 지혜당기의 빛을 얻어 세간을 널리 비추며, 일체중생이 한량없는 색의 광명을 얻어 모든 세계를 비추어서 신통력을 나타내기를 서원하며 보시합니다.

보살이 이와 같이 등을 켜서 보시할 때에 일체중생을 이익케 하고 일체중생을 안락케 하기 위한 까닭에 이 선근으로 중생을 따르며, 포섭하며, 분포하며, 어여삐 여기며, 덮어주어 기르며, 중생을 구호하는 것입니다.

이 선근으로 중생을 충만케 하며, 염려하며, 평등하게 이익을 주며 관찰합니다. 이것이 보살이 등을 밝혀 보시할 적에 선근으로 회향하는 것입니다. 이와 같이 회향하는 데 장애가 없어서 널리 중생들을 선근에 머물게 합니다.

(25-8-6-14) 탕약을 보시하다

보살들이여, 탕약을 보시할 적에 모든 선근으로 회향합니다.

일체중생의 모든 번뇌에서 벗어나며, 일체중생이 병든 몸을 여의고 여래의 몸을 얻으며, 일체중생이 훌륭한 약이 되어 모든 병을 멸해 지기를 서원하며 보시합니다.

일체중생이 아가타약을 이루어 보살의 퇴전하지 않는 자리에 편안히 머물며, 일체중생이 여래인 약을 이루어 모든 번뇌의 독한 화살을 뽑으며, 일체중생이 성현을 친근해 모든 번뇌를 소멸하고 청정한 행이 닦아지기를 서원하며 보시합니다.

일체중생이 큰 약왕이 되어 모든 병을 없애고 재발하지 않게 하며, 일체중생이 부서지지 않는 약나무가 되어 일체중생을 모두 치료하며, 일체중생이 일체 지혜의 광명을 얻어 모든 병의 화살을 뽑으며, 일체중생이 세간의 약과 방문을 잘 알아서 모든 질병을 구호해 지기를 서원하며 보시합니다.

보살이 탕약을 보시할 적에 일체중생이 모든 병을 여의게 되며, 구경에 편안케 되며, 청정케 되며, 부처님처럼 병이 없게 되며, 온갖 병의 화살을 뽑아버리며, 그지없이 견고한 몸을 얻게 되며, 금강 철위산의 깨뜨릴 수 없는 몸을 얻게 되며, 견고하고 만족한 힘을 얻게 되며, 원만하고 뺏을 수 없는 부처님의 낙을 얻게 되며, 일체 부처님의 자재하고 견고한 몸을 얻게 되며 모든 선근으로 이와 같이 회향합니다.

(25-8-6-15) 일체 그릇을 보시하다
(25-8-6-15-1) 그릇의 종류

보살들이여, 보살이 일체 그릇을 보시합니다. 황금그릇에 여러 가지 보배를 가득 담고, 백은그릇에 여러 가지 기묘한 보배를 담고, 유리그릇에 갖가지 보배를 담고, 파려그릇에 한량없는 보배장엄거리를 가득 담고, 자거그릇에 붉은 지주를 담습니다.

마노그릇에 산호와 마니주보배를 가득 담고, 백옥그릇에 아름다운 음식을 담고, 전단그릇에 하늘의 의복을 담고, 금강그릇에 여러 가지 묘한 향을 담고, 무량무수한 가지각색 보배그릇에 무량무수한 가지각색 보배를 담습니다.

(25-8-6-15-2) 보시할 대상

부처님께 보시하니 복밭이 부사의함을 믿는 까닭이며, 보살께 보시하니 선지식을 만나기 어려움을 아는 까닭이며, 거룩한 스님께 보시하니 부처님 법이 세상에 오래 머물게 하는 까닭이며, 성문과 벽지불에게 보시하니 모든 성인에게 청정한 신심을 내는 까닭입니다.

부모에게 보시하니 존중하는 까닭이며, 스승에게 보시하니 항상 인도해 성인의 가르침을 의지해 공덕을 닦게 하는 까닭이며, 하열하고 빈궁하고 외로운 이에게 보시하니 대자대비한 눈으로 중생들을 평등하게 보는 까닭이며, 과거·현재·미래의 모든 보살의 보시바라밀을 만족케 하려는 까닭이며, 여러 가지 물건으로 모든 사람에게 보시하니 모든 중생을 버리지 않는 까닭입니다.

이와 같이 보시할 때에 그 보시하는 물건과 받는 이에게 조금도 집착함이 없습니다. 보살이 가지가지 보배그릇에 한량없는 보배를 담아 보시할 적에 모든 선근으로 회향합니다.

(25-8-6-15-3) 회향하다

일체중생이 허공처럼 끝이 없는 그릇을 이루고 기억력이 광대해 세간과 출세간의 일체 경서를 모두 받아 지니고 잊어버리지 않고, 일체중생이 청정한 그릇을 이루어 모든 부처님의 심히 깊고 바른 법을 깨닫기를, 일체중생이 위없이 보배로운 그릇이 되어 삼세의 부처님 법을 모두 받기를 서원하며 보시합니다. 일체중생이 여래의 광대한 법의 그릇을 이루어 깨뜨릴 수 없는 신심으로 삼세의 모든 부처님의 보리법을 거두어 받고 일체중생이 가장 훌륭한 보배로 장엄한 그릇을 이루어 큰 위덕 있는 보리심에 머물고 일체중생이 공덕의 의지할 곳의 그릇을 이루어 모든 여래의 한량없는 지혜에 깨끗한 신심과 이해를 하고 일체중생이 오는 세월이 끝나도록 보살행의 그릇을 얻어 중생들이 모두 다 일체 지혜의 힘에 머물고 일체중생이 일체 지혜에 들어가는 그릇을 이루어 여래의 걸림 없는 해탈을 성취하기를 서원하며 보시합니다. 일체중생이 삼세 모든 부처님의 종성인 수승한 공덕의 그릇을 성취해 부처님의 묘한 음성으로 설하신 법문을 모두 받아 지니고 일체중생이 온 법계 허공계와 일체 세계와 일체여래의 도량에 모인 이들을 모두 용납하는 그릇을 성취해 대장부로서 설법을 찬탄하는 우두머리가 되어 모든 부처님께 바른 법륜 굴리기를 서원하며 보시합니다.

이것은 보현보살의 행과 원의 그릇을 원만케 하려는 까닭입니다.

(25-8-6-16) 보배로 장엄한 수레를 보시하다
(25-8-6-16-1) 보시할 대상

보살들이여, 가지가지 수레에 보배로 장엄하게 장식해 모든 부처님과 보살과 스승과 선지식과 성문과 연각과 가지가지 복전과 빈궁하고 외로운 사람들에게 보시합니다.

모든 사람이 멀리서 오고, 가까운 데서 오고, 보살의 소문을 듣고 보살의 인연으로 오고, 보살이 옛날에 세운 보시하려는 소원을 듣고 보살이 소원으로 청해 온 것입니다.

(25-8-6-16-2) 보시한 수레의 종류

보살이 이때 보배수레와 황금수레를 보시하니, 다 아름답게 장엄해 방울과 그물로 덮고 보배 띠를 드리웠습니다. 또한 가장 훌륭한 유리 수레를 보시하니, 한량없는 진귀한 보배로 장식했습니다.

백은수레를 보시하니, 황금그물을 덮고 준마호로 가득 찼습니다. 한량없는 여러 가지 보배로 장엄한 수레를 보시하니, 보배그물을 덮고 향기 나는 코끼리로 가득 찼습니다. 전단수레를 보시하니, 묘한 보배로 바퀴가 되고, 잡색보배로 일산이 되고, 보배 사자좌를 훌륭하게 놓았으며, 백천 채녀가 둘러앉았고, 십만 명의 장부가 끌고 갑니다. 파려보배수레를 보시하니, 여러 가지 묘한 보배로 장엄하게 단장하고, 단정한 여인들이 그 안에 가득한데, 보배휘장을 위에 덮고 당기와 깃발을 든 이들이 곁에 있었습니다.

마노수레를 보시하니, 여러 가지 보배로 장식하고, 여러 가지 향기를 풍기며, 가지각색 꽃으로 장엄하고, 백천 채녀들이 보배영락을 가지고, 균형을 잡고 몰아 험한 길을 달려도 편안합니다. 견고한 향수레를 보시하니, 여러 보배로 바퀴가 되고, 장엄이 매우 훌륭해 보배휘장을 위에 덮고, 보배그물을 드리웠으며, 갖가지 보배천을 그 안에 깔았으니, 청정한 향기가 밖으로 흘러나와 향기가 아름다워 사람들의 마음을 기쁘게 하며, 한량없는 많은 천신이 보호해 좌우로 다니면서 싣고 오는 온갖 보배로 때에 따라 보시했습니다.

광명이 있는 보배수레를 보시하니, 가지각색 보배에서 아름다운 빛이 환히 비치며, 여러 가지 보배그물이 위에 덮였고, 보배영락이 두루두루 사방에 드리웠으며, 가루향을 뿌려 안팎이 향기롭고, 사랑스러운 남녀들이 타고 있었습니다.

(25-8-6-16-3) 부처님께 보시해 회향하다

보살들이여, 등 보배수레들을 부처님께 보시할 적에 이런 선근으로 회향합니다.

일체중생들이 가장 높은 복전에 공양할 줄을 알고, 부처님께 보시함에 한량없는 과보 받음을 깊이 믿으며, 일체중생이 일심으로 부처님께 한량없고 청정한 복전을 만나 일체중생이 여래에게 아낌 없이 보시하는 마음을 구족하게 성취하며, 일체중생이 부처님 계신 곳에서 보시를 행하며, 이승의 소원을 버리고 여래의 걸림 없는 해탈과 일체 지혜를 얻으며, 일체중생이 부처님 계신 곳에서 다함없는 보시를 행해 부처님의 한량없는 공덕과 지혜에 들어가며, 일체중생이 부처님의 수승한 지혜에 들어가 청정하고 위없는 지혜의 왕을 이루며, 일체중생이 부처님께서 가시는 길에 걸림 없는 신통을 얻어, 가고 싶은 곳을 마음대로 가게하며, 일체중생이 대승에 깊이 들어가 한량없는 지혜를 얻어 동요하지 말며, 일체중생이 일체 지혜의 법을 내어 천상인간의 가장 높은 복전이 되며, 일체중생이 부처님이 계신 곳을 꺼리고 싫어하는 마음이 없이 부지런히 선근을 심고 부처님 지혜를 즐겨 구하며, 일체중생이 마음대로 모든 세계에 가며, 한 찰나에 법계를 두루 하되 게으르지 않고 일체중생이 보살의 자재한 신통을 얻고 몸을 나누어 허공계에 가득하며 모든 부처님께 친근하고 공양하며, 일체중생이 비길 데 없는 몸을 얻고 시방에 두루 이르되 싫은 마음이 없으며, 일체중생이 광대한 몸을 얻고 날아다니며 마음대로 가되 게으르지 말며, 일체중생이 부처님의 끝까지 자재한 위신력을 얻고, 한 찰나 동안에 온 허공계에서 부처님의 신통변화를 모두 나타내며, 일체중생이 안락한 행을 닦아서 모든 보살의 도를 수순하며, 일체중생이 빠른 행동을 얻어 십력과 지혜와 신통을 이루며, 일체중생이 법계의 시방 국토에 두루 들어가 끝이 다하도록 차별이 없으며, 일체중생이 보현의 행을 수행해 퇴전하지 말고 저 언덕에 이르러 일체 지혜를 이루며, 일체중생이 비길 데 없는 지혜의 법에 의해 법의 성품을 따라 실상과 같은 이치를 알도록 서원하며 보시합니다.

이것이 보살이 모든 보배수레로 부처님과 부처님께서 열반하신 뒤에 탑묘에 받들어 보시해 선근으로 회향하는 것입니다. 중생들이 여래의 구경에 벗어나는 걸림 없는 법을 얻게 하려는 까닭입니다.

(25-8-6-16-4) 보살과 선지식에게 보시하다

보살들이여, 온갖 보배수레를 보살과 선지식에게 보시할 적에 모든 선근으로 이와 같이 회향합니다.

일체중생이 항상 마음으로 선지식의 가르침을 기억하고 부지런히 수호해 잊어버리지 말며, 일체중생이 선지식과 더불어 이치와 이로움이 동일해 모든 이를 두루 포섭해 선근을 함께하며, 일체중생이 선지식을 친근해 존중하고 공양하며 가진 것을 모두 버리고 마음을 수순하며, 일체중생이 훌륭한 뜻을 얻어서 선지식을 따라다니고 떠나지 말며, 일체중생이 모든 선지식을 항상 만나서 마음 다해 섬기고 그의 가르침을 어기지 말며, 일체중생이 선지식을 좋아해 항상 떠나지 말고, 사이가 나빠지지 않고 섞임도 없으며 또한 잘못함도 없으며, 일체중생이 몸으로 선지식께 보시하고 가르치는 명령에 순종해 어기지 말며, 일체중생이 선지식의 거두어줌이 되어 자비를 닦아서 모든 악을 멀리 떠나며, 일체중생이 선지식을 따라 다니면서 모든 부처님이 말씀하신 바른 법을 믿으며, 일체중생이 선지식과 더불어 선근이 같아 업과 과보가 청정하며, 보살들과 더불어 행과 원이 같아 십력을 얻으며, 일체중생이 선지식의 법을 모두 받아 지니며, 일체 삼매의 경계와 지혜와 신통을 얻으며, 일체중생이 일체 바른 법을 모두 받아 지니고 여러 가지 행을 닦아서 저 언덕에 이르며, 일체중생이 대승을 타고서 장애가 없으며 구경에 일체 지혜의 도를 성취하며, 일체중생이 일체 지혜의 법을 타고서 편안한 곳에 이르러 물러나지 말며, 일체중생이 실제처럼 행함을 알고 일체 불법을 들은 대로 구경에 이르러 영원히 잊지 말며, 일체중생이 부처님의 거두어주심을 받들고 걸림 없는 지혜를 얻어 모든 법을 끝까지 이루며, 일체중생이 물러가지 않는 자재한 신통을 얻고, 가고자 하는 곳에 눈깜짝 할 사이 모두 이르며, 일체중생이 마음대로 다니면서 널리 교화해 대승에 머물게 하며, 일체중생이 행하는 바가 공하지 않아 지혜의 수레를 타고 구경의 지위에 도달하며, 일체중생이 걸림 없는 법을 얻고 걸림 없는 지혜로 일체 곳에 이르기를 서원하며 보시합니다. 이것이 보살이 선지식에 갖가지 수레를 보시할 때에 선근으로 회향하는 것입니다. 중생들의 공덕이 구족해 부처님이나 보살과 더불어 평등해 다름이 없게 하는 까닭입니다.

(25-8-6-16-5) 승가에게 보시하다

보살들이여, 여러 가지 보배수레로 승가에 보시할 적에 일체 보시를 배우려는 마음과 지혜로 잘 알려는 마음과 깨끗한 공덕의 마음과 버리는 것을 따르려는 마음과 승보를 만나기 어렵다는 마음과 승보를 깊이 믿는 마음과 바른 교법을 거두어 가지려는 마음을 일으켜서, 훌륭한 생각에 머물러 미증유를 얻으며, 크게 보시하는 모임을 만들어 한량없이 광대한 공덕을 내고, 부처님의 가르침을 깊이 믿어 깨뜨릴 수 없습니다. 모든 선근으로 이렇게 회향합니다.

일체중생이 법계에 들어가는 장애 없는 방편을 얻어 잠시라도 시방국토에 두루 다니기를 서원하며 보시합니다. 이것이 보살이 승보에게 수레를 보시하면서 선근으로 회향하는 것입니다. 중생들이 청정하고 위가 없는 지혜의 수레를 타고 일체 세간에서 걸림 없는 법의 지혜수레를 운전케 하는 까닭입니다.

(25-8-6-16-6) 성문과 독각에게 보시하다

보살들이여, 여러 가지 보배수레를 성문과 독각에게 보시할 때에 이와 같은 마음을 일으킵니다. 복전이라는 마음과 존경하는 마음과 공덕바다라는 마음과 공덕과 지혜를 내는 마음과 여래의 공덕으로 생기는 마음과 나유타 겁에 닦아 익히려는 마음과 한량없는 겁동안 보살행을 닦으려는 마음과 온갖 마군의 속박을 벗어나려는 마음과 모든 마군을 쳐부수려는 마음과 지혜의 빛으로 위없는 법을 비추려는 마음입니다.

이 수레를 보시한 선근으로 회향합니다.

일체중생이 부처님 가르침의 진실한 공덕을 믿고 이해하며 가진 것을 모두 버려서 공경하고 공양하기를 서원하며 보시합니다. 이것이 보살이 성문과 독각에게 갖가지 수레를 보시하면서 선근으로 회향하는 것입니다. 중생들이 청정하고 제일인 지혜와 신통을 성취하고 부지런히 수행해 게으르지 않으며, 일체 지혜와 힘과 두렵지 아니함을 얻게 하는 까닭입니다.

(25-8-6-16-7) 모든 복전에 보시하다
보살들이여, 보살이 보배수레로 모든 복전과 빈궁하고 고독한 이에게 보시할 때에, 그들이 구하는 대로 모든 것을 다 주며 기쁜 마음으로 싫어 할 줄 모릅니다.

그때 마니보배수레를 보시하니, 남섬부주에서 제일가는 여자가 그 위에 가득하며, 금으로 장엄한 수레를 보시하니, 인간의 여자들이 가득합니다.

일체중생이 일체 지혜의 가장 높은 보배수레를 타고 보현보살의 행과 원에 만족해 게으르지 않기를 서원하며 보시합니다. 이것이 보살이 보배수레를 모든 복전과 빈궁하고 고독한 사람에게 보시하며 선근으로 회향하는 것입니다. 중생들이 한량없는 지혜를 갖추고 환희하며 뛰놀고 구경에 일체 지혜의 수레를 다 얻게 하려는 까닭입니다.

(25-8-6-17) 코끼리와 말을 보시하다
보살들이여, 코끼리와 말 등 60가지를 보시합니다. 모든 종류를 보시해도 즐거운 마음으로 하면 고달프지가 않습니다.

이어지는 보시는 다음과 같습니다.

사자좌를 보시하며, 보배일산을 보시하며, 깃대와 깃발로 보시하며, 여러 가지 보배를 보시하며, 장엄거리로 보시하며, 보배 관과 머리 위의 구슬을 보시합니다. 옥중의 중생을 구출하는 보시를 하며, 몸을 버려서 생명을 대신하는 보시를 하며, 정수리의 육계를 보시하며, 눈을 보시하며, 귀와 코를 보시하며, 치아를 보시하며, 혀를 보시하며, 머리를 보시하며, 수족을 보시하며, 피를 보시하며, 골수와 살을 보시하며, 심장을 보시하며, 창자와 콩팥과 간과 허파를 보시하며, 팔다리와 뼈를 보시하며, 피부를 보시하며, 손가락과 발가락을 보시하며, 손톱을 보시합니다. 불구덩이에 몸을 던져 보시하며, 법을 구하기 위해 고통을 받는 보시를 하며, 처자권속과 왕위를 보시하며, 왕이 되어 살생을 금하는 보시를 하며, 자비로써 구제하는 보시를 하며, 여래 출현을 찬탄하는 보시를 합니다. 큰 땅을 보시하며, 하인을 보시하며, 몸을 버려 낮추는 보시를 하며, 법을 듣고 기뻐하는 보시를 하며, 몸으로써 일체중생에게 널리 보시하며, 몸으로써 모든 부처님을 시봉하는 보시를 합니다. 국토와 왕위를 보시하며, 나라의 수도를 보시하며, 내궁의 권속들을 보시하며, 사랑하는 처자들을 보시하며, 집과 살림도구를 보시하며, 동산과 숲을 보시하며, 광대한 보시의 모임을 만들어 보시하며, 생활에 필요한 모든 물건을 보시합니다.

(25-8-7) 60종 보시의 선근회향을 모두 맺다

보살들이여, 중생들의 일체 요구하는 바에 따라 아승기 물건을 보시해 불법이 끊어지지 않도록 합니다.

대비로 일체중생을 널리 구호해 크게 인자한 데 머물러 보살의 행을 닦게 하며, 부처님께서 가르치신 말씀을 끝까지 어기지 않고, 교묘한 방법으로 여러 가지 선한 일을 수행합니다. 일체 모든 부처님의 종성을 끊이지 않도록 구하는 대로 보시하되 싫어하는 마음이 없고,

모든 것을 버리면서도 후회하는 일이 없으며, 온갖 지혜의 길로 부지런히 회향합니다.

(25-8-8) 환희한 마음으로 선지식을 대하듯 하다

이때 시방세계의 갖가지 형상과 갈래와 복전이 모두 모여 보살에게 와서 갖가지로 달라는 것을 보살이 보고는 모두 거두어들여 환희한 마음으로 선지식을 친견한 것처럼 했습니다.

대비로 불쌍하게 생각하고 그의 소원을 만족시키며, 보시하는 마음이 증장해 쉬지도 않고 고달프지도 않으며, 구하는 대로 다 만족시켜 빈궁한 고통을 여의게 합니다.

(25-8-9) 보살이 칭찬하는 소문을 듣고 기뻐하다

이때 구걸하는 이들이 크게 기뻐하면서 소문을 내 칭찬하며 그 덕을 찬탄해 아름다운 소문이 멀리까지 퍼져서 여러 곳에서 돌아오는 것을 듣고 보살이 한량없이 환희합니다.

나유타 겁에 제석천의 낙을 받거나, 무수한 겁에 야마천의 낙을 받거나, 한량없는 겁에 도솔천의 낙을 받거나, 그지없는 겁에 화락천의 낙을 받거나, 비할 데 없는 겁에 타화자재천의 낙을 받거나, 셀수 없는 겁에 범천의 낙을 받거나, 일컬을 수 없는 겁에 전륜왕이 삼천 국토를 통치하는 낙을 받거나, 생각할 수 없는 겁에 변정천의 낙을 받거나, 말할 수 없는 겁에 정거천의 낙을 받는 것으로는 미칠 수 없습니다.

보살은 구걸하는 이가 오는 것을 보고 환희하고 좋아하며 기뻐해 신심이 증장하고, 생각이 청정하고, 여러 근이 조복되고, 믿고 이해함에 만족하며, 부처님의 보리가 증진합니다.

(25-8-10) 모든 선근은 중생의 이익과 안락을 위해 회향하다

보살들이여, 이러한 선근으로써 일체중생을 이익케 하려고 회향하며, 일체중생을 안락케 하려고 회향합니다.

일체중생에게 큰 이치와 이익을 얻게 하려고, 청정을 얻게 하려고 회향합니다. 일체중생에게 보리를 구하게 하려고 회향하며, 평등을 얻게 하려고 회향합니다. 일체중생에게 어질고 선한 마음을 얻게 하려고 회향하며, 대승에 들게 하려고 회향합니다.

일체중생에게 어질고 선한 지혜를 얻게 하려고 회향하며, 보현보살의 행과 원을 갖추고 십력의 법에 만족해 지금 있는 그대로가 바른 깨달음이 되도록 회향합니다.

(25-8-11) 이상회향을 밝히다

보살들이여, 모든 선근으로 회향할 때에 몸과 입과 뜻으로 짓는 업이 모두 해탈해 집착도 없고 속박도 없습니다.

중생이란 생각도 없고, 오래 산다는 생각도 없고, 보특가라라는 생각도 없고, 사람이라는 생각도 없고, 동자라는 생각도 없으며, 생겨난 이란 생각도 없고, 짓는 이란 생각도 없고, 받는 이란 생각도 없습니다. 있다는 생각도 없고 없다는 생각도 없으며, 이 세상과 오는 세상이란 생각도 없고, 여기서 죽어 저기 난다는 생각도 없으며, 항상하다는 생각도 없고 무상하다는 생각도 없으며, 삼유라는 생각도 없고 삼유가 없다는 생각도 없으며, 생각도 아니고 생각 아닌 것도 아닙니다.

이와 같이 속박이 아닌 것으로 회향하며, 속박을 푼 것이 아닌 것으로 회향하며, 업이 아닌 것으로 회향하며, 업의 과보가 아닌 것으로 회향하며, 분별이 아닌 것으로 회향합니다.

분별없음이 아닌 것으로 회향하며, 생각이 아닌 것으로 회향하며, 생각해 마침이 아닌 것으로 회향하며, 마음이 아닌 것으로 회향하며, 마음 없음이 아닌 것으로 회향합니다.

(25-8-12) 선근을 회향해 일체 집착을 떠나다

보살들이여, 이와 같이 회향할 때에 안에도 집착하지 않고, 밖에도 집착하지 않고, 반연함도 집착하지 않고, 반연할 것에도 집착하지 않고, 인에도 집착하지 않고, 과에도 집착하지 않습니다.

법에도 집착하지 않고, 법 아닌 데도 집착하지 않고, 생각에도 집착하지 않고, 생각 아닌 데도 집착하지 않으며, 색에도 집착하지 않고, 색이 나는 데도 집착하지 않고, 색이 멸하는 데도 집착하지 않으며, 수·상·행·식에도 집착하지 않고, 수·상·행·식이 나는 데도 집착하지 않고, 수·상·행·식이 멸하는 데도 집착하지 않습니다.

(25-8-12-1) 집착하지 않으므로 속박되지 않는다

보살들이여, 법에 집착하지 않으면, 색에도 속박되지 않고, 색이 나는 데도 속박되지 않고, 색이 멸하는 데도 속박되지 않으며, 수·상·행·식에도 속박되지 않고, 수·상·행·식이 멸하는 데도 속박되지 않습니다.

(25-8-13) 일체 법을 바르게 관찰하다

만약 모든 법에 속박되지 않으면 또한 모든 법에 해탈하지도 않을 것입니다. 조그만 법도 지금 나거나 이미 났거나 장차 날 것이 없으므로 법을 취할 수도 없고, 법에 집착할 수도 없습니다. 일체 모든 법에 제 모양이 이와 같으며, 제 성품이 없어 스스로의 성품과 모양을 여의었습니다.

하나도 아니고 둘도 아니며, 여럿도 아니고 무량한 것도 아니며, 작은 것도 아니고 큰 것도 아니며, 좁은 것도 아니고 넓은 것도 아니며, 깊은 것도 아니고 얕은 것도 아니며, 고요한 것도 아니고 희론거리도 아니며, 옳은 곳도 아니고 그른 곳도 아니며, 옳은 법도 아니고 그른 법도 아니며, 자체도 아니고 자체가 아닌 것도 아니며, 있는 것도 아니고 있지 않는 것도 아닙니다.

보살이 모든 법을 관찰하면 법이 아닌 것이 되며 말로써 세상을 따라 건립하면 법이 아닌 것이 법이 되니, 모든 업의 도를 끊지 않고 보살의 행을 버리지 않으면서 온갖 지혜를 구해 퇴전이 없습니다.

일체 업의 인연은 꿈과 같고, 음성은 메아리와 같고, 중생은 그림자와 같고, 모든 법이 요술과 같음을 알지마는, 또한 인연과 업의 힘을 무너뜨리지 않습니다. 모든 업은 그 작용이 광대한 줄을 알며, 일체 법이 짓는 일이 없음을 이해하지만 지음이 없는 도를 행해 잠시도 폐하지 않습니다.

보살들이여, 온갖 지혜에 머물러 옳은 곳이나 그른 곳이나 모두 온갖 지혜의 성품으로 회향하는 것이며, 모든 곳에 두루 회향해 퇴전함이 없습니다.

(25-8-14) 회향이라는 이름의 뜻을 밝히다

무슨 뜻으로 회향이라 이름 하는가? 영원히 세간을 제도해 저 언덕에 이르게 하므로 회향이라 하며, 여러 가지 쌓인 데서 영원히 뛰어나 저 언덕에 이르게 하므로 회향이라 하며, 언어의 길을 지나서 저 언덕에 이르게 하므로 회향이라 합니다.

갖가지 생각을 떠나서 저 언덕에 이르게 하므로 회향이라 하며, 길이 몸이라는 소견을 끊어서 저 언덕에 이르게 하므로 회향이라 하며, 의지한 곳을 아주 여의어 저 언덕에 이르게 하므로 회향이라 합니다.

짓는 일을 영원히 끊고 저 언덕에 이르게 하므로 회향이라 하며, 모든 유에서 영원히 뛰어나 저 언덕에 이르게 하므로 회향이라 하며, 모든 취를 영원히 버리고 저 언덕에 이르게 하므로 회향이라 하며, 세상 법을 영원히 떠나서 저 언덕에 이르게 하므로 회향이라 합니다.

(25-8-15) 회향해 머무는 곳을 밝히다

보살들이여, 회향할 때에 곧 부처님을 수순해 머물며, 법을 수순해 머물며, 지혜를 수순해 머물며, 보리를 수순해 머물며, 이치를 수순해 머물며, 회향을 수순해 머물며, 경계를 수순해 머물며, 행을 수순해 머물며, 진실함을 수순해 머물며, 청정을 수순해 머뭅니다.

(25-8-16) 회향하는 것이 일체법을 통달함이다

보살들이여, 회향하는 것이 곧 일체법을 분명히 통달함이며, 일체 모든 부처님을 받들어 섬김이니, 한 부처님도 섬기지 않음이 없으며, 한 법도 공양하지 않음이 없습니다.

한 법도 파괴할 수 없고, 한 법도 어길 수 없으며, 한 물건도 탐할 것이 없고, 한 법도 싫은 것이 없으며, 안과 밖에 있는 일체 모든 법이 조금도 파괴되거나 인연의 도리를 어기지 않으며, 법력이 구족해 쉬지 않습니다.

보살들이여, 이것이 보살의 제6 수순견고일체선근회향입니다.

(25-8-17) 회향의 지위를 밝히다

보살이 이 회향에 머물 때에 항상 부처님의 호념하심이 되며, 견고하고 물러가지 않아 깊은 법의 성품에 들어가며, 일체 지혜를 닦아서 법의 뜻을 수순하고, 법의 성품을 수순하며, 일체의 견고한 선근을 수순하며, 일체의 원만한 큰 서원을 수순하며, 견고한 법을 구족하게 수순하며, 금강으로도 깨뜨릴 수 없으며, 모든 법 가운데서 자재함을 얻습니다.

(25-8-18) 금강당보살이 게송을 설하다

(25-8-18-1) 게송을 설하는 인연을 말하다

그때 금강당보살이 시방을 관찰하고, 모인 대중들을 관찰하며, 법계를 관찰하고 경전의 깊은 뜻에 들어갔다. 무량하고 광대한 마음을 닦고, 대비심(大悲心)으로 두루 세간을 덮고, 과거·현재·미래의 부처님 종성(種性)의 마음을 기르며, 부처님의 공덕에 들어가서 부처님의 자재하신 몸을 성취하며, 중생들의 마음에 좋아함을 살피고, 성숙할 수 있는 선근을 따라서 법성의 몸을 의지해 색신을 나타내고, 부처님의 신력을 받들어 게송으로 말했다.

(25-8-18-2) 의지할 바의 몸을 말하다

보살이 국왕으로 나투시니/ 세간의 지위에선 높아 짝할 이 없고
복덕과 위엄과 광명이 뛰어나/ 중생들을 위해서 이익을 짓습니다.

그 마음 청정해 물들지 않고/ 세상에 자재해 모두 다 공경하며
바른 법을 선전해 가르치시니/ 중생들이 안락을 얻게 합니다.

귀족 중에 태어나 왕위에 오르시고/ 교법에 의지해 법륜을 굴리어
성품이 인자하고 해악이 없으니/ 시방 중생이 교화를 따릅니다.

지혜로운 분별이 항상 명료하며/ 몸매와 재능이 모두 구족해
온 나라를 통치하니 모두 다 복종해/ 마군을 쳐부수어 남김이 없습니다.

계율을 굳게 지키어 범하지 않고/ 결정한 뜻 참아 흔들리지 않으며
성내고 분한 마음 영원히 없애고/ 불법 수행하기 항상 즐깁니다.

(25-8-18-3) 상을 따르는 회향을 말하다

음식과 향과 화만과 의복/ 수레와 말과 평상과 침구와 의자와 등불을
모두 보시해 사람들을 구제하며/ 온갖 것을 한량없이 베풉니다.

중생을 이익케 하려고 보시를 행하며/ 광대한 마음을 내게 하니
높으신 곳이거나 다른 곳이나/ 생각이 청정해 환희심을 냅니다.

보살이 모든 이에게 보시할 적에/ 안팎으로 가진 것을 모두 버리고
그 마음 항상 청정하게 해/ 비좁고 용렬한 마음 내지 않습니다.

머리도 보시하고 눈도 빼주며/ 손도 주고 발도 보시하며
피부와 살과 뼈와 골수와/ 모두 보시해도 인색한 마음 없습니다.

보살의 몸이 국왕 자리에 올라/ 종족도 귀하고 사람들 중에 높은데
혀를 뽑아 중생에게 보시하되/ 그 마음 환희하고 염려하지 않습니다.

저렇게 혀를 보시한 공덕을/ 모든 중생에게 회향하면서
이 인연으로 서원하기를/ '여래의 광장설을 얻기를 원합니다.'

처자와 왕의 지위를 보시하고/ 이 몸을 보시해 하인이 되지만
그 마음이 청정하고 항상 환희해/ 모든 것에 뉘우침 없습니다.

즐겨 구하는 것을 베풀어 주고/ 때를 맞추어 공급해 싫은 줄 모르며
일체 소유를 다 버리어/ 구하는 모든 사람을 만족케 합니다.

법문을 듣기 위해 몸을 바치고/ 모든 고행 닦아서 보리 구하며
중생을 위해 모두 버려도/ 높은 지혜 구하는데 퇴전치 않습니다.

부처님께 바른 법을 듣기 위해/ 스스로 이 몸을 바쳐 시중을 들고
중생들을 널리 구제하기 위해서는/ 한량없는 기쁜 마음 내게 됩니다.

보살은 부처님 대도사께서/ 자비한 마음으로 이익되게 하심을 보고
뛸 듯이 기쁜 마음을 내어/ 여래의 깊은 법문을 듣고 행하게 됩니다.

보살이 소유한 모든 선근을/ 모든 중생에게 다 회향하면서
하나도 빠짐없이 모두 구호해/ 영원히 해탈해 안락케 합니다.

보살이 소유한 모든 권속/ 얼굴도 단정하고 말도 잘하며
꽃다발과 의복과 바르는 향으로/ 가지가지 장엄해 구족합니다.

이러한 모든 권속 매우 희유해/ 보살이 일체를 다 보시하고
정각을 구해 중생도 제도하니/ 마음을 잠시도 버리지 않습니다.

보살이 자세히 사유해/ 가지가지 광대한 업 모두 행하고
모두 다 중생에게 회향하지만/ 집착하는 마음을 내지 않습니다.

보살이 대왕의 저 지위를 버리고/ 국토와 여러 도시들과 성읍과
궁전과 누각과 원림과/ 시중들까지 모두 보시해도 아끼지 않습니다.

보살은 한량없는 백천 겁동안/ 곳곳마다 다니면서 보시해 주고
그로 인해 모든 중생 가르쳐서/ 저 언덕에 오르게 합니다.

한량없이 차별한 여러 종류들/ 방의 세계에서 와서 모이니
보살이 보고나서 환희한 마음으로/ 족한 것을 주어 만족케 합니다.

삼세의 부처님들 회향하듯이/ 보살들도 이런 업을 닦으며
조어장부 천인사 행하신 대로/ 따라 배워서 저 언덕에 이릅니다.

(25-8-18-4) 상을 떠난 회향을 말하다
보살이 일체 법을 관찰해/ 누가 이 법에 들어간 분이며
어떻게, 어디에 들어가는가?/ 이같이 보시해 머무는데 없습니다.

보살은 교묘한 지혜에 회향하며/ 방편법에 회향하며
참된 뜻에 회향하지만/ 그런 법에 조금도 집착이 없습니다.

마음은 일체 업을 분별치 않고/ 업의 과보에도 집착하지 않습니다.
보리성품이 인연으로 생김을 알아/ 법계에 들어가서 어기지 않습니다.

몸 가운데는 업이 있지도 않고/ 마음을 의지해 머물지도 않아
지혜로는 업의 성품 없음을 알고 있으나/ 인연은 그렇지 않습니다.

지나간 법을 허망하게 취하지 않고/ 미래의 일도 탐내지 않으며
현재에 머물지도 않으니/ 삼세가 모두 공한 줄을 통달했습니다.

보살이 색의 언덕에 이르렀으며/ 수와 상과 행과 식도 또한 그러해
세간의 생사의 흐름에서 뛰어났으니/ 그 마음 겸손하고 청정합니다.

오온과 십팔계와/ 십이처와 자기 몸까지 자세히 관찰하고
낱낱이 보리를 구하려 하나/ 그 성품을 다 함에 얻을 수 없습니다.

법이 항상하다 취하지 않고/ 아주 없다는 소견에도 집착 않으니
법의 성품 있지도 않고 없지도 않지만/ 업의 이치 다함이 없습니다.

모든 법에 머물러 있지 않으면/ 중생이나 보리를 볼 수 없으니
시방의 국토나 삼세 가운데/ 끝까지 구해도 얻을 수 없습니다.

이와 같이 모든 법을 관찰합니다면/ 부처님의 이해함과 같을 것이니
그 성품 구해서 찾지 못하나/ 보살의 행하는 일 헛되지 않습니다.

법은 인연으로부터 있음을 알아/ 일체의 행할 도를 어기지 않고
해탈하는 업의 자취 열어 보여/ 중생들을 청정하게 하니
지혜로운 이가 행하는 길이며/ 여래가 말씀하신 가르침입니다.

(25-8-18-5) 제6 회향을 해석하다

수순 사유해 바른 뜻에 들어가면/ 자연히 깨달아서 보리를 이루며
모든 법은 생함도 멸함도 없고/ 오는 것도 가는 것도 없습니다.

여기 죽어 저기에 나지 않으면/ 이 사람이 불법을 깨달아 알며
모든 법의 참 성품 분명히 알면/ 모든 법의 성품에 분별이 없습니다.

법은 성품도 분별도 없음을 알면/ 부처님의 지혜에 들어간 것이며
법의 성품 온갖 곳에 두루 있으며/ 일체중생들과 여러 국토와
삼세에 모두 있어 남음 없지만/ 그래도 그 형상을 얻을 수 없습니다.

일체 모든 부처님이 깨달은 것을/ 모두 다 남김없이 거두어
삼세의 일체 법을 비록 설하나/ 법은 하나도 있는 것이 아닙니다.

법의 성품이 일체에 두루 함과 같이/ 보살의 회향도 그러하니
모든 중생에게 회향해/ 항상 세간에서 퇴전함이 없습니다.

(25-9) 제7 등수순일체중생회향
(25-9-1) 일체 선근을 모으다

보살들이여, 보살이 가는 곳마다 일체 선근을 쌓아 모으는 것이 보살의 일체중생을 평등하게 수순하는 등수순일체중생 회향입니다.

이른바 작은 선근, 큰 선근, 넓은 선근, 많은 선근, 한량없는 선근, 갖가지 선근, 티끌 수 같은 선근, 아승기 선근, 한계가 없는 선근, 생각할 수 없는 선근, 헤아릴 수 없는 선근입니다.

부처님 경계 선근, 법 경계 선근, 승경계 선근, 선지식 경계 선근, 일체중생 경계 선근, 방편의 공교한 경계 선근, 모든 선한 마음을 닦는 경계 선근, 안 경계 선근, 바깥 경계 선근, 끝이 없는 도를 돕는 법 경계 선근입니다.

모든 보시를 부지런히 닦는 선근, 훌륭한 뜻을 세워 끝까지 계율을 지니는 선근, 일체 버리는 것을 모두 받아 견디고 참는 선근, 항상 정진하는 마음이 물러가지 않는 선근, 큰 방편으로 무량한 삼매에 들어가는 선근, 지혜로 잘 관찰하는 선근, 모든 중생의 마음과 행동의 차별함을 아는 선근, 그지없는 공덕을 모으는 선근, 보살의 업과 행을 부지런히 닦는 선근, 일체 세간을 덮어 기르는 선근입니다.

(25-9-2) 선근을 닦아 덕을 이루다

보살들이여, 보살이 이 선근을 닦아 행하고, 편안히 머물고, 나아가 들어가고, 거두어 가지고, 쌓아 모으고, 마련하여 갖추고, 깨달아 알고, 마음이 깨끗하며, 열어 보이고, 발기하여 일으킬 때 견디고 참는 마음을 얻고 나쁜 갈래의 문을 닫아 버립니다.

여러 근을 잘 거두어 위의가 구족하며, 전도함을 멀리 떠나서 바른 행이 원만합니다. 능히 일체 모든 부처님의 법의 그릇이 되고, 또 중생들의 복덕의 좋은 밭을 짓습니다. 부처님의 호념하심이 되어 선근을 증장하며, 서원에 머물러 전법을 행합니다.

마음이 자재함을 얻어 삼세의 부처님과 평등하며, 부처님의 도량에 나아가 여래의 힘에 들어가고, 부처님의 상호를 갖추어 모든 세간을 초월합니다.

천상에 나기를 좋아하지 않고 부귀를 탐하지 않으며, 모든 행에 집착하지 않고 일체 선근을 회향합니다. 모든 중생의 공덕장이 되고 구경의 도에 머물러 모두를 널리 덮어줍니다. 허망한 길에서 중생을 구해 선한 법에 편안히 머물게 합니다.

여러 경계에 두루 하여 그치지 않으며 다함도 없으며, 일체 지혜에 나아가는 보리의 문을 열고, 지혜의 깃발을 세워 큰 도를 깨끗이 장엄합니다.

일체 세간에 나타나서 때를 제거하게 하며, 마음이 잘 조복되어 여래의 가문에 나며, 부처님의 종성을 청정하게 하여 공덕이 구족합니다. 큰 복전을 지어 세상에서 의지할 곳이 되며, 중생이 편안히 머물러 모두 청정하게 하며, 항상 일체 선근을 부지런히 닦습니다.

(25-9-3) 모든 선근은 보리심이다

보살들이여, 보살이 청정한 뜻과 원과 보리심의 힘으로 모든 선근을 닦을 적에 이러한 생각을 합니다. '이 모든 선근은 보리심으로 쌓아 모은 것이며, 생각한 것이며, 일어난 것이며, 즐겨하는 것이며, 증장한 것이니, 일체중생을 연민하게 여긴 것이며, 일체 지혜를 구하기 위함이며, 여래의 십력을 성취하기 위한 것이다.'라고. 이렇게 생각할 때 선근이 더욱 늘어서 물러나지 않습니다.

(25-9-4) 모든 선근을 일체중생에게 회향하다

보살들이여, 보살이 생각하기를 '원컨대 나는 이 선근의 과보로 오는 세월이 다하도록 보살의 행을 닦아서, 일체중생에게 보시하며, 일체중생에게 모두 회향하기를 원합니다. 또 아승기 세계에 보배를 가득히 하고, 의복을 가득히 하고, 묘한 향을 가득히 하고, 장엄거리를 가득히 하고, 한량없는 마니보배를 가득히 하고, 묘한 꽃을 가득히 하고, 좋은 음식을 가득히 하고, 재물을 가득히 하고, 평상을 가득히 하되 보배휘장을 두르고 묘한 의복을 깔았으며, 갖가지로 장엄한 보배 관이 가득하기를 원합니다. 어떤 사람이 미래 겁이 끝나도록 항상 와서 구걸하는 이에게 이런 물건으로 보시하되, 싫은 생각도 없고 쉬지도 않으며, 한 사람에게 하는 것과 같이 일체중생에게도 다 그렇게 되기를 원합니다.' 라고 합니다.

(25-9-5) 보시의 뛰어남을 밝히다

보살들이여, 보살이 이와 같이 보시할 때 거짓된 마음이 없고, 바라는 마음도 없고, 명예를 위하는 마음도 없고, 중간에 후회하는 마음도 없고, 번뇌하는 마음도 없습니다.

다만 일체 지혜를 구하는 마음과 모든 것을 다 버리는 마음과 중생을 어여삐 여기는 마음과 교화하여 성숙하려는 마음과 일체 지혜의 지혜에 머물게 하려는 마음을 냅니다.

보살들이여, 보살이 모든 선근으로 이와 같이 회향하여 미래 겁이 끝나도록 항상 보시를 행하여 온갖 지혜의 지혜마음에 머뭅니다.

(25-9-6) 아승기 세계에 가득한 보시를 원하다

보살들이여, 또 다음과 같이 생각합니다. '내가 한 중생을 위하여 아승기 세계에 코끼리가 가득하게 하며, 그 코끼리는 일곱 가닥이 구족하고 성질이 유순하며, 황금 깃대를 세우고 황금그물을 덮었으며, 갖가지 기묘한 보배로 장엄한 것으로 보시하기를 원합니다. 아승기 세계에 말이 가득하게 하며, 그 말이 용과 같이 가지각색 보배 장엄거리로 꾸민 것으로 보시하기를 원합니다. 아승기 세계에 기생들이 가득하게 하며, 모두 가지가지 아름다운 음악을 연주하는 그런 것으로 보시하기를 원합니다. 아승기 세계에 남자와 여자가 가득하며 그것을 보시하기를 원합니다. 아승기 세계에 내 몸이 가득하며, 보리심을 내어서 내 몸을 보시하기를 원합니다. 아승기 세계에 내 머리가 가득하며, 게으르지 않은 마음을 일으켜 보시하기를 원합니다. 아승기 세계에 내 눈이 가득하며, 그것을 보시하기를 원합니다. 아승기 세계에 내 몸의 피와 살과 골수가 가득하며, 그것을 아무 생각도 없이 보시하기를 원합니다. 아승기 세계에 자재한 왕이 가득하며, 그것을 보시하기를 원합니다. 아승기 세계에 노복과 하인이 가득하며, 그것을 보시하기를 원합니다.'

(25-9-7) 일체세계 일체중생에게도 이와 같이 하다

보살들이여, 보살이 한 세계에서 오는 세월이 끝나도록 보살의 행을 닦으면서 이런 물건으로 한 중생에게 보시하니, 이와 같이 일체중생에게 베풀어 주어 모두 만족하게 합니다.

한 세계에서와 같이 허공과 법계에 가득한 일체세계에서도 다 이와 같이 합니다. 큰 자비가 덮여 순간도 쉬지 않으며, 모두 불쌍히 여겨 그들에게 필요한 대로 공급하고 공양하며, 보시하는 행이 인연을 만나서 쉬지 않으며, 잠시라도 고달픈 생각을 내지 않습니다.

(25-9-8) 보시할 때 내는 마음

보살들이여, 보살이 이와 같이 보시할 적에 집착이 없는 마음, 속박이 없는 마음, 해탈하는 마음, 큰 힘을 가진 마음, 매우 깊은 마음, 잘 거두어 주는 마음, 고집이 없는 마음, 오래 산다는 생각이 없는 마음, 잘 조복시키는 마음, 산란하지 않은 마음을 냅니다.

허망하게 억측하지 않는 마음, 갖가지 참 성품을 갖춘 마음, 과보를 바라지 않는 마음, 모든 법을 통달하는 마음, 큰 회향에 머무는 마음, 모든 이치를 잘 결정하는 마음과, 일체중생에게 위없는 지혜에 머물게 하는 마음, 큰 법의 광명을 내는 마음, 일체 깊은 지혜에 들어가는 마음을 냅니다.

(25-9-9) 선근으로 회향하는 마음

보살들이여, 보살이 모은 선근으로써 잠깐 동안에 이와 같이 회향합니다.

'원컨대 일체중생이 재물이 풍족하여 모자람이 없기를 원합니다. 일체중생이 끝이 없는 큰 공덕의 곳집을 성취하며, 일체중생이 편안하고 쾌락함을 구족하며, 일체중생이 보살의 업을 증장하며, 일체중생이 무량하고 뛰어난 법을 이루며, 일체중생이 물러나지 않는 일체 지혜 법을 얻으며, 일체중생이 시방의 모든 부처님을 모두 친견하며, 일체중생이 세간의 모든 번뇌와 때를 영원히 여의며, 일체중생이 모두 청정하고 평등한 마음을 얻으며, 일체중생이 험난한 곳을

떠나서 일체 지혜를 얻기를 원합니다.'

(25-9-10) 회향하는 바를 밝히다
(25-9-10-1) 십신위를 나타내는 수행

보살들이여, 보살이 이와 같이 회향할 적에 환희한 마음을 냅니다. 일체중생이 이익과 안락을 얻게 하려는 까닭이며, 평등한 마음을 얻게 하려는 까닭이며, 능히 버리는 마음에 머물게 하려는 까닭입니다. 일체중생이 모든 것을 보시하는 마음에 머물게 하려는 까닭이며, 환희하게 보시하는 마음에 머물게 하려는 까닭이며, 빈궁을 여의는 보시하는 마음에 머물게 하려는 까닭이며, 모든 보물을 보시하는 마음에 머물게 하려는 까닭입니다.

일체중생이 무수한 재물을 보시하는 마음에 머물게 하려는 까닭이며, 이 세상에 한량없이 모든 것을 보시하는 마음에 머물게 하려는 까닭이며, 오는 세월이 끝나도록 보시하는 마음에 머물게 하려는 까닭입니다.

일체중생이 온갖 것을 버려도 후회와 번뇌가 없이 보시하는 마음에 머물게 하려는 까닭이며, 살림살이의 물건을 모두 버려서 보시하는 마음에 머물게 하려는 까닭이며, 수순하여 보시하는 마음에 머물게 하려는 까닭입니다.

일체중생이 거두어 주며 보시하는 마음에 머물게 하려는 까닭이며, 광대하게 보시하는 마음에 머물게 하려는 까닭이며, 무량한 장엄거리를 버려서 공양하고 보시하는 마음에 머물게 하려는 까닭이며, 집착이 없이 보시하는 마음에 머물게 하려는 까닭입니다.

일체중생이 평등하게 보시하는 마음에 머물게 하려는 까닭이며, 금강처럼 아주 큰 힘으로 보시하는 마음에 머물게 하려는 까닭이며, 태양의 광명처럼 보시하는 마음에 머물게 하려는 까닭이며, 여래의 지혜를 포섭하고 보시하는 마음에 머물게 하려는 까닭입니다.

(25-9-10-2) 종성위인 십주위의 수행

일체중생이 선근의 권속을 구족케 하려는 까닭이며, 선근의 지혜가 항상 앞에 나타나게 하려는 까닭이며, 깨뜨릴 수 없는 청정한 마음이 원만함을 얻게 하려는 까닭입니다.

일체중생이 가장 뛰어나고 청정한 선근을 성취케 하려는 까닭이며, 번뇌와 수면 속에서 깨달음을 얻게 하려는 까닭이며, 일체 모든 의혹을 멸하게 하려는 까닭입니다.

일체중생이 평등한 지혜와 청정한 공덕을 얻게 하려는 까닭이며, 공덕이 원만하여 파괴할 사람이 없게 하려는 까닭이며, 청정하고 동요하지 않는 삼매를 구족케 하려는 까닭이며, 깨뜨릴 수 없는 깊은 지혜에 머물게 하려는 까닭입니다.

(25-9-10-3) 해행위의 수행

일체중생이 보살의 한량없이 청정한 신통의 행을 이루게 하려는 까닭이며, 집착이 없는 선근을 닦게 하려는 까닭이며, 과거·현재·미래의 모든 부처님의 마음이 청정함을 생각하게 하려는 까닭입니다.

일체중생이 청정하고 뛰어난 선근을 내게 하려는 까닭이며, 모든 마군이가 지은 업과 도를 장애하는 법을 소멸하게 하려는 까닭이며, 걸림 없이 청정하고 평등한 공덕의 법을 구족케 하려는 까닭입니다.

일체중생이 광대한 마음으로 모든 부처님을 항상 생각하여 게으름이 없게 하려는 까닭이며, 항상 모든 부처님을 가까이하여 부지런히 공양하게 하려는 까닭이며, 모든 선근의 문을 활짝 열고 백법을 두루 원만하게 하려는 까닭이며, 무량한 마음과 광대한 마음과 가장 뛰어난 마음을 모두 청정하게 하려는 까닭입니다.

(25-9-10-4) 십지위의 십바라밀 수행

일체중생이 청정하고 평등하게 보시하는 마음을 성취하게 하려는 까닭이며, 모든 부처님의 지계바라밀을 받아 지녀 청정하게 하려는 까닭이며, 견디고 참는 바라밀을 얻게 하려는 까닭입니다.

일체중생이 정진바라밀에 머물러 항상 게으름이 없게 하려는 까닭이며, 무량한 선정에 머물러 갖가지 신통한 지혜를 일으키게 하려는 까닭이며, 일체법이 체성이 없음을 아는 반야바라밀을 얻게 하려는 까닭입니다.

일체중생이 끝이 없는 청정한 법계를 원만케 하려는 까닭이며, 모든 신통과 청정한 선근을 원만히 이루려는 까닭이며, 평등한 행에 머물러 선한 법을 모두 원만케 하려는 까닭이며, 모든 부처님의 경계에 잘 들어가서 모두 두루 하게 하려는 까닭입니다.

(25-9-10-5) 등각위의 수행

일체중생이 몸과 입과 뜻으로 짓는 업이 다 청정케 하려는 까닭이며, 선한 업의 과보가 모두 청정케 하려는 까닭이며, 모든 법을 통달하여 모두 청정케 하려는 까닭입니다.

일체중생이 진실한 이치를 통달하여 모두 청정케 하려는 까닭이며, 모든 뛰어난 행을 닦는 것이 모두 청정케 하려는 까닭이며, 모든 보살의 서원을 성취하여 모두 청정케 하려는 까닭입니다.

일체중생이 모든 공덕과 지혜를 증득하여 모두 청정케 하려는 까닭이며, 모든 체성이 같은 선근을 성취하고 회향하여 모든 지혜 법을 내어 모두 다 원만케 하려는 까닭이며, 모든 부처님의 국토를 장엄하여 모두 원만케 하려는 까닭이며, 모든 부처님을 뵙고 집착함이 없이 모두 원만케 하려는 까닭입니다.

(25-9-10-6) 불과위의 수행

일체중생이 모든 상호와 공덕 장엄을 갖추어 모두 원만케 하려는 까닭이며, 60가지 음성을 얻어 말이 진실하여 모두 믿으며, 백천 가지의 법으로 장엄하여 여래의 걸림 없는 공덕의 음성을 모두 원만케 하려는 까닭입니다.

일체중생이 십력으로 장엄하여 걸림 없이 평등한 마음을 성취케 하려는 까닭이며, 모든 부처님의 다함없는 법의 밝음과 온갖 변재를 얻어 다 원만케 하려는 까닭이며, 위가 없고 두려움이 없이, 사람 중의 영웅으로서 사자후함을 얻게 하려는 까닭입니다.

일체중생이 일체 지혜를 얻고 물러나지 않는 다함없는 법의 수레를 굴리게 하려는 까닭이며, 온갖 법을 알고 열어 보이며 연설하여 다 원만케 하려는 까닭이며, 상황에 따라 청정한 선법을 닦아서 다 원만케 하려는 까닭입니다.

일체중생이 불도의 위없는 깨달음을 성취하여 평등하고 청정케 하려는 까닭이며, 한 장엄과 무량한 장엄과 큰 장엄과 모든 부처님의 장엄을 모두 원만케 하려는 까닭이며, 삼세의 모든 경계에 평등하게 들어가 모두 두루 하게 하려는 까닭입니다.

(25-9-10-7) 종성위의 인행이 원만함

일체중생이 부처님의 세계에 나아가 바른 법을 듣고 모두 두루 하게 하려는 까닭이며, 지혜와 이익이 세상에 널리 퍼져 부처님과 평등케 하려는 까닭입니다.

일체중생이 지혜로써 모든 법을 알아 다 원만케 하려는 까닭이며, 부동한 업을 행하여 걸림 없는 과를 얻어 다 원만케 하려는 까닭입니다.

일체중생이 여러 근에서 신통을 얻어 일체중생의 근성을 알게 하려는 까닭이며, 차별 없고 평등한 지혜를 얻어 한 모양인 법에 다 청정케 하려는 까닭입니다. 일체중생이 이치와 어긋나지 않는 모든 선근을 다 구족케 하려는 까닭이며, 모든 보살의 자재한 신통을 환히 통달케 하려는 까닭입니다.

일체중생이 부처님의 다함없는 공덕을 얻어 복이나 지혜가 다 평등케 하려는 까닭이며, 보리심을 내고 모든 법의 평등한 한 모양을 알아서 결함이 없게 하려는 까닭입니다.

(25-9-10-8) 해행위의 인과가 원만함

일체중생이 바른 법을 통달하여 세상에서 가장 높은 복덕의 밭이 되게 하려는 까닭이며, 평등하고 청정한 대비를 이루어 모든 보시하는 이의 큰 힘을 가진 밭이 되게 하려는 까닭입니다. 일체중생이 견고함을 얻어 파괴할 사람이 없게 하려는 까닭이며, 보면 반드시 이익이 되게 하여 꺾을 사람이 없게 하려는 까닭입니다.

일체중생이 가장 뛰어나고 평등한 마음을 이루게 하려는 까닭이며, 모든 법을 잘 통달하여 크게 두려움이 없음을 얻게 하려는 까닭입니다.

일체중생이 광명을 놓아 시방세계를 모두 비치게 하려는 까닭이며, 모든 보살의 정진하는 행을 닦아 게으름이 없게 하려는 까닭입니다. 일체중생이 한 가지 행과 원으로써 모든 행과 원을 만족케 하려는 까닭이며, 한 가지 투명한 음성으로써 듣는 이가 모두 이해하게 하려는 까닭입니다.

(25-9-10-9) 십지위의 인행이 원만함

일체중생이 모든 보살의 청정한 마음을 모두 구족케 하려는 까닭이며, 널리 선지식을 만나서 받들어 섬기게 하려는 까닭입니다.

일체중생이 보살의 행을 닦으며 중생을 조복하여 쉬지 않게 하려는 까닭이며, 묘한 변재로 모든 음성을 갖추어 근기를 따라 연설하되 끊어짐이 없게 하려는 까닭입니다. 일체중생이 한 마음으로 온갖 마음을 알고 모든 선근으로 평등하게 회향하게 하려는 까닭이며, 모든 선근으로 중생을 깨끗한 지혜에 나란히 서게 하려는 까닭입니다.

일체중생이 일체 지혜로 복덕과 지혜의 청정한 몸을 얻게 하려는 까닭이며, 모든 중생의 선근을 알아서 관찰하고 회향함을 두루 성취케 하려는 까닭입니다.

(25-9-10-10) 불과가 원만함

일체중생이 일체 지혜를 얻고 등정각을 이루어 두루 원만케 하려는 까닭이며, 구족한 신통과 지혜를 얻어 한 곳에서 출현하면 모든 곳에 다 출현케 하려는 까닭입니다.

일체중생이 두루 장엄하는 지혜를 얻어 한 대중의 모임을 장엄하면 모든 대중의 모임을 다 장엄케 하려는 까닭이며, 한 부처님의 국토에서 모든 부처님의 국토를 다 보게 하려는 까닭입니다. 일체중생이 모든 장엄 거리와 매우 귀중한 장엄 거리와 한량없는 장엄 거리와 다함이 없는 장엄 거리로써 모든 부처님의 국토를 장엄하여 두루 가득하게 하려는 까닭이며, 모든 법에서 깊은 이치를 능히 다 분명하게 알게 하려는 까닭입니다.

일체중생이 여래의 최상이고 제일인 자재한 신통을 얻게 하려는 까닭이며, 하나이면서 모두인 모든 공덕과 자재한 신통을 얻게 하려는 까닭입니다.

일체중생이 모든 평등한 선근을 구족하여 부처님이 정수리에 물을 부으심이 되게 하려는 까닭이며, 모두 청정한 지혜의 몸을 성취하여 모든 존재 가운데서 가장 존중케 하려는 까닭입니다.

(25-9-11) 이익을 이룸

보살들이여, 이와 같이 일체중생을 불쌍하게 여겨 그들을 이익되게 하고 안락하게 하며, 모두 청정하게 하여 아끼고 질투함을 영원히 여의고, 뛰어나고 미묘한 낙을 받아 큰 위덕을 갖추게 하며, 믿음과 이해를 내게 합니다.

성내는 일과 가리고 혼탁한 것을 여의며, 그 마음이 청정하고 순박하고 곧고 바르며 부드러워 아첨과 미혹과 어리석음이 없으며, 벗어나는 행을 행하며, 견고하여 깨뜨릴 수 없게 합니다.

평등한 마음이 물러나지 않으며, 희고 깨끗한 법과 힘을 구족하게 성취하고, 시끄러움도 없고 잘못도 없어 교묘하게 회향하며, 항상 바른 행을 닦아 중생을 조복하고, 일체 모든 선하지 못한 업을 제거하며, 고행하는 모든 선근을 닦아 행하게 합니다.

(25-9-12) 중생에게 권하는 회향

중생들에게 권하여 닦아 익히게 하며, 널리 중생을 위하여 여러 가지 고통을 받으며, 큰 지혜의 눈으로 모든 선근을 관찰하여 모두가 지혜로써 성품이 된 줄을 알고, 방편으로 일체중생에게 회향합니다. 일체중생이 모든 청정한 공덕의 처소에 머물게 하려는 까닭이며, 일체 선근을 섭수하여 모든 공덕의 성품과 그 이치를 알게 하려는 까닭입니다. 일체중생이 일체 모든 선근을 두루 청정하게 하려는 까닭이며, 복전의 경계 가운데 모든 선한 법을 심어 마음에 후회함이 없게 하려는 까닭입니다.

일체중생이 중생들을 널리 포섭하여 낱낱이 일체 지혜에 나아가게 하려는 까닭이며, 모든 선근을 널리 거두어 낱낱이 평등한 회향으로 서로 응하게 하려는 까닭입니다.

(25-9-13) 구경의 회향

모든 선근으로 이와 같이 회향합니다. '원컨대 일체중생이 끝까지 편안하며, 청정하며, 안락하며, 해탈하며, 평등하기를 원합니다. 일체중생이 끝까지 통달하며, 백법에 편안히 머물며, 장애 없는 눈을 얻으며, 마음을 잘 조복하며, 십력을 구족하여 중생을 조복하기를 원합니다.'

(25-9-14) 실제에 회향하다

보살들이여, 이와 같이 회향할 때 업에 집착하지 않고, 과보에 집착하지 않고, 몸에 집착하지 않고, 물건에 집착하지 않고, 세계에 집착하지 않고, 방위에 집착하지 않고, 중생에 집착하지 않고, 중생 없는

데 집착하지 않고, 모든 법에 집착하지 않고, 모든 법이 없는데 집착하지 않습니다.

왜냐하면 이 선근으로 세간에 널리 보시해서 일체중생이 부처님 지혜를 이루어서 청정한 마음을 얻으며, 지혜가 명료하며, 안으로 마음이 고요하고 밖으로 인연에 움직이지 않으며, 삼세 부처님의 종성을 증장하고 성취하기를 원하기 때문입니다.

(25-9-15) 인위의 광대한 덕

보살들이여, 이와 같이 회향을 수행할 때 모든 것을 초월하여 지나갈 사람이 없고, 일체 세간의 온갖 말로 함께 칭찬해도 다할 수 없으며, 일체 보살의 여러 가지 행을 두루 닦아서 부처님 세계에 나아가며, 모든 부처님을 두루 뵙는데 장애가 없습니다.

또 일체 세계 보살의 수행함을 널리 볼 수 있으며, 좋은 방편으로 모든 중생을 위하여 모든 법의 깊은 글귀와 뜻을 분별하고, 다라니를 얻어 미묘한 법을 연설하며 미래의 겁이 다해도 끊어지지 않습니다.

중생들을 위해 잠깐마다 한량없는 거대한 세계에 그림자처럼 몸을 나타내어 모든 부처님께 공양하고, 부처님의 국토를 깨끗이 장엄하며, 돌아다니면서 부처님의 세계를 장엄하는 지혜를 수행해도 만족함이 없습니다.

잠깐마다 백천억 나유타 중생들이 본래 성품인 청정을 성취하여 평등하고 만족케 하며, 모든 국토에서 온갖 바라밀을 부지런히 닦으면서 중생들을 포섭합니다.

청정한 업을 성취하며 걸림이 없는 귀를 얻어 한량없는 거대한 부처님 세계에서 부처님께서 설하시는 법문을 듣고 받들어 부지런히 닦으며 잠깐이라도 떠나려는 마음을 내지 않습니다.

얻을 것이 없고, 의지함이 없고, 지음이 없고, 집착이 없는 보살의 신통에 머물러서, 한 찰나 동안에 분신하여 한량없는 거대한 모든 부처님 세계에 널리 나아가서 모든 보살과 견해가 한 가지로 평등합니다.

(25-9-16) 과위의 덕은 청정하다

보살들이여, 이와 같이 보살의 행을 닦을 때 한량없는 청정한 공덕을 쌓아 기억하고 칭찬하기를 다할 수 없는데 하물며 위없는 보리를 이룸은 어떻겠습니까?

모든 부처님과 일체중생과 일체 몸과 일체 근과 일체 업과 과보와 모든 대중의 도량이 평등하고 청정합니다.

또한 일체 원만한 행과, 일체 법의 방편과 지혜와, 일체 여래의 서원과 회향과, 일체 모든 부처님의 신통한 경계가 평등하고 청정합니다.

(25-9-17) 어기지 않은 자재한 덕

보살들이여, 이와 같이 회향할 때 일체 공덕이 청정하게 되어 환희하는 법문을 얻어서 무량한 공덕으로 원만하게 장엄합니다.

이와 같이 회향할 때 중생이 모든 국토와 어기지 않고 국토가 모든 중생과 어기지 않으며, 국토와 중생이 업과 어기지 않고 업이 국토와 중생과 어기지 않습니다.

생각이 마음과 어기지 않고 마음이 생각과 어기지 않으며, 생각과 마음이 경계와 어기지 않고 경계가 생각과 마음과 어기지 않습니다.

업이 과보와 어기지 않고 과보가 업과 어기지 않으며, 업이 업의 길과 어기지 않고 업의 길이 업과 어기지 않습니다.

법의 성품이 모양과 어기지 않고, 법의 모양이 성품과 어기지 않으며, 법의 나는 것이 성품과 어기지 않고, 법의 성품이 나는 것과 어기지 않습니다.

국토의 평등이 중생의 평등과 어기지 않고, 중생의 평등이 국토의 평등과 어기지 않습니다.

일체중생의 평등이 일체법의 평등과 어기지 않고, 일체법의 평등이 일체중생의 평등과 어기지 않습니다.

탐욕을 떠난 경계의 평등이 일체중생의 편안히 머무는 평등과 어기지 않고, 일체중생의 편안히 머무는 평등이 탐욕을 떠난 경계의 평등과 어기지 않습니다.

과거가 미래와 어기지 않고, 미래가 과거와 어기지 않으며, 과거와 미래가 현재와 어기지 않고, 현재가 과거와 미래와 어기지 않습니다.

세상의 평등이 부처님의 평등과 어기지 않고, 부처님의 평등이 세상의 평등과 어기지 않으며, 보살의 행이 일체 지혜와 어기지 않고, 일체 지혜가 보살의 행과 어기지 않습니다.

(25-9-18) 상이 다한 평등한 덕

보살들이여, 이와 같이 회향할 때 업의 평등을 얻고, 과보의 평등을 얻고, 몸의 평등을 얻고, 방편의 평등을 얻고, 소원의 평등을 얻습니다.

일체중생의 평등을 얻고, 일체 세계의 평등을 얻고, 일체 행의 평등을 얻고, 일체 지혜의 평등을 얻고, 삼세 모든 부처님의 평등을 얻습니다.

일체 모든 부처님을 섬기게 되며, 일체 보살을 공양하게 되며, 일체 선근을 심게 되며, 모든 큰 서원을 만족하게 되며, 일체중생을 교화하게 되며, 일체 업을 분명히 알게 됩니다.

일체 선지식을 공양하고 섬기게 되며, 모든 청정한 대중이 모인 도량에 들어가게 되며, 일체 바른 교법을 통달하게 되며, 모든 백법을 성취하게 됩니다. 보살들이여, 이것이 제7 일체중생을 평등하게 수순하는 등수순일체회향입니다.

(25-9-19) 과위를 말하다

보살이 이 회향을 성취하면 모든 마군과 원수를 꺾어 소멸하고 모든 탐욕의 가시를 뽑으며, 출세간의 낙을 얻어 둘이 없는 성품에 머뭅니다.

큰 위덕을 갖추어 중생들을 구호하며, 공덕의 왕이 되어 신통이 걸림이 없으며, 모든 국토에 가서 적멸한 자리에 들어갑니다.

모든 몸을 갖추고 보살의 행을 이루어서, 모든 행과 원에 마음이 자재하며, 일체 모든 법을 분별하여 알고, 모든 부처님 세계에 두루 태어납니다.

걸림이 없는 귀를 얻어 모든 세계의 음성을 다 들으며, 청정한 지혜의 눈을 얻어 부처님을 뵙기를 잠시도 멈추지 않으며, 모든 경계에서 선근을 성취하여 마음에 높고 낮음이 없으며, 모든 법에 대하여 얻을 것이 없게 됩니다. 보살이 모든 선근으로써 일체중생을 평등하게 수순하여 이와 같이 회향합니다.

(25-9-20) 금강당보살이 게송을 설하다

그때 금강당보살이 부처님의 신력을 받들어 시방을 두루 살펴보고 게송으로 말했다.

(25-9-20-1) 회향할 선근

보살이 지으시는 모든 공덕이/ 미묘하고 광대하고 깊고 멀어
한 생각 동안에도 닦고 행하여/ 끝없는 저 경계까지 회향합니다.

보살이 소유한 살림 도구가/ 가지가지 풍성하여 한량이 없으며
코끼리와 말수레에 메고/ 의복이며 귀한 보물이 뛰어나고 묘합니다.

머리나 눈이거나 손과 발까지/ 몸에 붙은 살이나 뼈와 골수들
시방세계 두루 가득해/ 일체중생에게 보시하여 충만케 합니다.

한량없는 겁 동안에 닦아 익힌 것/ 그 일체 공덕을 다 회향하여
모든 중생을 제도하고자/ 그 마음 끝까지 물러나지 않습니다.

보살이 많은 중생 제도하려고/ 가장 뛰어난 회향을 항상 닦아서
삼계의 중생을 안락케 하며/ 미래에는 가장 높은 불과를 이룹니다.

보살이 널리 평등한 원을 일으켜/ 닦고 닦은 청정한 업을 따라
모두 중생에게 회향하니/ 이와 같은 서원을 버리지 않습니다.

보살의 큰 서원이 끝이 없어/ 온갖 세간을 다 거두어 받아들이며
이와 같이 중생에게 회향하면서/ 잠시도 분별심을 내지 않습니다.

원컨대 중생들의 지혜가 밝아/ 보시하고 계율 가져 다 청정하고
정진하고 수행함을 멈추지 않아/ 이와 같은 서원을 쉬지 않습니다.

8

보살이 회향하여 저 언덕에 이르러/ 청정하고 묘한 법문 널리 열어서
지혜는 양족존과 같아지며/ 실상의 뜻 분별하여 이루어집니다.

보살이 온갖 말을 다 통달하고/ 가지가지 지혜도 이와 같거든
이치대로 설법하여 막힘이 없으며/ 집착하는 마음도 없습니다.

모든 법에 두 가지를 짓지도 않고/ 두 가지가 아닌 것도 짓지 않아
둘과 둘 아닌 것, 다 떠났으니/ 모두 말뿐인 줄을 알고 있습니다.

(25-9-20-2) 인의 덕이 광대함

세간이 모두 평등함을 아니/ 마음과 말로 지은 일체 업이며
중생도 진실한 모양이 아니니/ 과보가 여기서 생기는 것입니다.

세간에 널려 있는 모든 것이/ 가지가지 과보가 제각기 같지 않으니
모든 것이 업력으로 생겼지만/ 모두 헛된 것입니다.

(25-9-20-3) 과의 덕이 청정함

보살이 모든 세간 두루 살피니/ 몸과 입과 뜻의 업이 모두 평등해
중생을 평등한 데 머물게 하여/ 짝이 없는 세존과 같게 합니다.

보살이 선한 업을 모두 회향해서/ 널리 중생들이 색신을 청정케 하며
복덕과 방편을 구족하게 하여/ 위없는 조어장부와 같게 합니다.

보살이 모든 중생에게 이익을 주려고/ 공덕의 큰 바다를 다 회향하여

위덕과 광명이 세상을 초월하여/ 용맹하고 힘센 몸을 이룹니다.

닦고 닦은 공덕으로/ 온 세간이 모두 청정하기를 원하고
부처님의 청정하심과/ 중생들의 청정함도 그러하길 원합니다.

보살이 진리에서 선교 방편을 얻고/ 부처님의 뛰어난 법을 다 알고
선한 업으로 회향하여/ 중생들이 여래와 같아지기를 서원합니다.

(25-9-20-4) 상이 다하여 평등함
보살이 모든 법이 공한 줄 아니/ 일체 세간이 아무것도 없어
지은 것도 짓는 이도 없지만/ 중생의 업과 과보는 잃지 않습니다.

모든 법이 적멸하다 적멸하지 않다는/ 두 가지 분별심을 멀리 떠나면
분별은 세속의 소견임을 알아/ 바른 지위 들어가 분별이 없어집니다.

진실한 모든 불자가/ 여래의 법으로부터 변화하여 태어난 것이며
보살들이 이와 같이 회향하니/ 세간의 모든 의혹 없어집니다.

(25-10) 제8 진여상회향
(25-10-1) 선근을 쌓다
보살들이여, 보살이 바른 생각이 분명하여 마음이 견고하게 머물며,
미혹을 멀리 떠나서 집중하는 마음인 전의로 수행하며, 깊은 마음이
동요하지 않아 무너지지 않는 업을 이루는 것이 보살의 진여 모양을
가진 진여상회향입니다.

일체 지혜에 나아가 끝까지 물러나지 않으며, 대승을 구하되 용맹하여 두려움이 없으며, 여러 가지 덕의 근본을 심어 세간을 두루 편안케 하며, 뛰어난 선근을 내고 희고 깨끗한 법을 닦으며, 대비가 증장하여 마음의 보배를 성취합니다.

항상 부처님을 생각하고 바른 법을 보호하며, 보살의 도에 신심이 견고하며, 한량없이 청정하고 미묘한 선근을 성취하며, 모든 공덕과 지혜를 부지런히 닦으며, 조어장부가 되어 여러 선한 법을 내게 하며, 지혜와 방편으로 회향합니다.

(25-10-2) 선근을 관찰하다

보살이 그때 있는 선근이 한량없고 끝이 없음을 지혜의 눈으로 관찰하여 압니다. 그 모든 선근을 닦을 때 보조적인 조건인 연을 구하거나, 도구를 마련하거나, 깨끗하게 다스리거나, 나아가 들어가거나, 전력하여 힘쓰거나, 행을 일으키거나, 분명하게 통달하거나, 자세하게 살피거나, 열어 보입니다.

이와 같은 모든 것이 갖가지 문과 경계와 모양과 일과 분위와 행과 이름과 분별과 출생과 닦는 일이 있습니다.

그 가운데 있는 일체 선근은 모두 십력의 법에 나아가는 마음으로 건립된 것이며, 모두 일체종지에 회향하는 것이어서 오직 하나이며, 둘이 없습니다.

(25-10-3) 보리에 회향하다

모든 선근으로 이와 같이 회향합니다. '원컨대 원만하여 걸림이 없는 몸으로 하는 업을 얻어 보살의 행을 닦기를 원합니다. 청정하고 걸림이 없는 입으로 하는 업을 얻어 보살의 행을 닦기를 원합니다. 걸림이 없는 뜻의 업을 성취하여 대승에 머물기를 원합니다. 원만하고 장애가 없는 마음을 얻어 일체 모든 보살의 행을 청정하게 닦기를 원합니다. 무량하고 광대한 보시할 마음을 내어 끝이 없는 일체중생들에게 두루 공급하기를 원합니다. 모든 법에 마음이 자재하여 큰 법의 지혜를 연설하되 장애 할 사람이 없어지기를 원합니다. 온갖 지혜로 이를 곳을 분명히 통달하고 보리심을 내어 세간을 두루 비춰지기를 원합니다. 삼세의 모든 부처님을 항상 바르게 기억하여 여래가 항상 앞에 계신 줄로 생각하기를 원합니다. 원만하게 더욱 나아가는 뜻에 머물러 모든 마군과 원수를 멀리 여의기를 원합니다. 부처님의 십력의 지혜에 머물러서 중생을 두루 포섭하기를 쉬지 않기를 원합니다. 삼매를 얻어 여러 세계에 다니되 세간에 물들지 않기를 원합니다. 여러 세계에 있어도 고달프지 않으며 중생을 교화하되 항상 쉬지 않기를 원합니다. 한량없이 생각하는 지혜와 방편을 일으키어 보살의 부사의 한 도를 성취하기를 원합니다. 여러 지방에 미혹하지 않는 지혜를 얻어 모든 세간을 잘 분별하기를 원합니다. 온갖 법의 성품에 두루 들어가 일체 세간이 모두 청정함을 보기를 원합니다. 차별이 없는 지혜를 일으켜 한 찰나 동안에 일체 세계에 들어가기를 원합니다. 온갖 세계에 장엄하는 일로써 모든 것을 나타내어 무량무변한 중생을 교화하기를 원합니다. 한 부처님 세계에서 그지없는 법계를 나타내며 모든 부처님 세계에서도 그렇게 하기를 원합니다. 자재하고 큰 신통의 지혜를 얻어 모든 부처님 세계에 두루 나아가기를 원합니다.'

(25-10-4) 중생에게 회향하다

보살들이여, 보살이 모든 선근으로 일체 부처님의 국토를 장엄하기를 원하며, 일체 세계에 두루 하기를 원하며, 지혜로 관찰함을 성취하기를 원하되, 자기의 몸을 위하여 이와 같이 회향하는 것처럼 일체중생을 위해서도 그렇게 합니다.

이른바 '원컨대 일체중생이 모든 지옥과 축생과 염라왕의 갈래를 영원히 여의기를 원합니다. 일체중생이 모든 장애 되는 업을 멸하기를 원합니다. 일체중생이 넓은 마음과 평등한 지혜를 얻기를 원합니다. 일체중생이 원수거나 친한 이를 평등한 마음으로 섭수하여 모두 안락하고 지혜가 청정케 하기를 원합니다. 일체중생이 지혜가 원만하고 청정하여 그 광명이 널리 비춰지기를 원합니다. 일체중생이 생각하는 지혜가 원만하여 진실한 이치를 알아지기를 원합니다. 일체중생이 청정하고 그윽한 낙으로 보리를 구하여 무량한 지혜를 얻어지기를 원합니다. 일체중생이 편안하게 있을 곳을 보여지기를 원합니다.'

보살들이여, 보살이 항상 선량한 마음으로 이와 같이 회향합니다. 일체중생들이 청량한 구름을 만나 진리의 법비를 내리게 하려는 까닭이며, 복전인 뛰어난 경계를 만나게 하려는 까닭입니다. 일체중생이 보리심의 곳집에 들어가서 스스로 보호하게 하려는 까닭이며, 모든 번뇌를 떠나서 편안히 있게 하려는 까닭입니다.

일체중생이 걸림 없는 신통과 지혜를 얻게 하려는 까닭이며, 자재한 몸을 얻어 널리 나타내게 하려는 까닭입니다.

일체중생이 가장 뛰어난 일체 종지를 성취하고 이익을 널리 일으켜 헛되게 지나감이 없게 하려는 까닭이며, 여러 중생을 널리 포섭하여 청정케 하려는 까닭입니다. 일체중생이 모든 지혜를 끝까지 얻게 하려는 까닭이며, 마음이 동요하지 않고 장애가 없게 하려는 까닭입니다.

(25-10-5) 경계에 회향하다

보살들이여, 보살이 좋아하고 즐거워하는 국토나 원림이나 초목이나 꽃이나 열매나 좋은 향이나 훌륭한 옷이나 보배나 재물이나 여러 장엄 거리를 봅니다.

혹은 좋아하고 즐거워하는 마을을 보거나, 임금의 위덕이 자재함을 보거나, 머무는 곳에서 온갖 복잡한 데를 떠난 것을 보고, 방편과 지혜로써 부지런히 닦아서 한량없는 훌륭한 공덕을 냅니다.

모든 중생을 위하여 선량한 법을 부지런히 구하며 마음이 방일하지 않으며, 여러 선한 일을 모아 바다처럼 하며, 다함이 없는 선근으로 일체중생을 두루 덮습니다. 모든 선한 법의 의지할 데가 되며, 모든 선근을 방편으로 회향하되 분별이 없으며, 한량없는 갖가지 선근을 열어 보이며, 지혜로 항상 일체중생을 관찰합니다. 마음으로는 항상 선근의 경계를 생각하여, 평등한 진여와 평등한 선근으로 중생에게 회향하기를 쉬지 않습니다.

보살은 이때 모든 선근으로 이렇게 회향합니다.

이른바 '원컨대 일체중생이 모든 여래의 사랑스러운 견해를 얻어 법의 참 성품을 보되, 평등하여 집착함이 없이 원만하고 청정하기를 원합니다. 일체중생이 여래의 자애로움을 보고 원만하게 공양하며, 일체중생이 모든 번뇌가 없고 자애로운 청정한 부처님의 세계에 왕생하며, 일체중생이 모든 부처님의 자애로운 법을 보며, 일체중생이 모든 보살의 자애로운 행을 항상 즐겁게 수호하며, 일체중생이 선지식의 자애로운 눈을 얻어 막힘없이 보며, 일체중생이 자애로운 물건을 항상 보되 어김이 없기를 원합니다. 일체중생이 모든 자애로운 법을 증득하고 부지런히 수호하며, 일체중생이 모든 부처님의 자애로운 법에서 깨끗한 광명을 얻으며, 일체중생이 모든 보살의 온갖 것을 버리는 자애로운 마음을 닦으며, 일체중생이 두려움 없음을 얻어 모든 자애로운 법을 연설하며, 일체중생이 보살의 매우 자애로운 깊은 삼매를 얻으며, 일체중생이 모든 보살의 매우 자애로운 다라니를 얻으며, 일체중생이 보살의 매우 자애로운 자재한 신통을 나타내기를 원합니다. 일체중생이 모든 부처님의 대중 가운데서 자애로운 깊고 묘한 법을 연설하며, 일체중생이 방편으로써 매우 자애로운 차별한 글귀를 열어 보이고 연설하며, 일체중생이 매우 자애로운 평등한 대비심을 항상 내며, 일체중생이 잠깐마다 자애로운 큰 보리심을 내어 육근이 항상 즐거워하며, 일체중생이 매우 자애로운 여래의 집에 들어가며, 일체중생이 모든 자애로운 행을 얻어 중생을 조복하기를 쉬지 말며, 일체중생이 모든 보살의 자애로운 다함이 없는 변재를 얻어 법을 연설하며, 일체중생이 한량없는 겁 동안에 일체 자애로운 모든 세계에 있으면서 중생을 교화하되 게으른 마음이 없어지기를 원합니다. 일체중생이 한량없는 방편으로 자애롭고 청정한 부처님의 법문을 깨달아 들어가기를 원합니다. 일체중생이 자애롭고 걸림 없는 방편을 얻어 모든 법이 근본이 없음을 알며, 일체중생이 자애로운 탐욕을 여원 경계를 얻어 모든 법이 둘이 없음을 알고 온갖 장애를 끊으며, 일체중생이 자애로운 탐욕을 여원 경계를 얻어 모든 법이 평등하고 진실함을 알며, 일체중생이 모든 보살의 자애롭고 진지한 법을 구족하게 이루며, 일체중생이 금강장 같은 정진하는 마음을 얻어 자애로운 온갖 지혜의 길을 이루며, 일체중생이 자애로운 걸림 없는 선근을 갖추어 모든 번뇌와 원수를 굴복시키며, 일체중생이 사랑스러운 온갖 지혜의 문을 얻어 넓은 세간에서 정각을 이루기를 원합니다.'

(25-10-6) 회향의 이익
보살들이여, 보살이 이와 같은 모든 선근을 닦을 때에 지혜의 광명을 얻어 선지식의 섭수하는 바가 됩니다. 여래 지혜의 태양이 그 마음을 밝게 비추어 어리석음의 어둠을 영원히 소멸합니다. 바른 법을 부지런히 닦아 모든 지혜의 업에 들어갑니다. 지혜의 지위를 잘 배우고 선근이 퍼져 법계에 충만합니다. 지혜로 회향하여 모든 보살의 선근의 근원까지 다하고 지혜로 큰 방편의 바다에 깊이 들어가 무량하고 광대한 선근을 성취합니다.

(25-10-7) 상을 떠난 실제 회향
보살들이여, 보살이 이런 선근으로 회향합니다. 세간에 집착하지 않고 중생을 취하지 않으며, 그 마음이 청정하여 의지할 데가 없습니다. 모든 법을 바르게 생각하여 분별하는 소견을 여의며, 부처님의 자재하신 지혜를 버리지 않고, 삼세 모든 부처님의 바르게 회향하는 문을 어기지 않습니다. 일체에 평등한 바른 법을 수순하고, 여래의 진실한 모습을 파괴하지 않습니다.
삼세를 평등하게 관찰하며 중생에 대한 상이 없으며, 부처님의 도를 잘 따르고 법을 잘 설하며, 그 뜻을 깊이 압니다.
가장 뛰어난 경지에 들어가며, 진실한 법을 깨달아 지혜가 원만하고 믿음과 좋아하는 마음이 견고합니다.

(25-10-8) 실제 회향의 행

바른 법을 잘 닦지만 업의 성품이 공함을 알고, 일체 법이 환술과 같음을 알고, 자체 성품이 없음을 압니다. 모든 이치와 갖가지 행을 관찰해서 세상을 따라 말하지만 집착할 것이 없어서 모든 집착하는 인연을 소멸합니다.

실상과 같은 이치를 알아서 모든 법의 성품이 다 적멸함을 관찰하여, 일체 법이 실상과 같음을 압니다. 모든 법의 모양이 서로 위배되지 않음을 알고 모든 보살과 함께 있으면서 그 도를 닦습니다.

중생을 잘 거두어서 과거·현재·미래의 일체 보살의 회향하는 문에 들어갑니다. 불법에 대해 두려워하는 마음이 없고, 무량한 마음으로써 모든 중생을 널리 청정케 합니다. 시방세계에서 '나'와 '내 것'에 집착하는 마음을 내지 않고, 모든 세간에서도 분별하는 바가 없습니다.

경계에 물드는 집착을 내지 않고, 출세간법을 부지런히 닦습니다. 모든 세간에는 취함도 없고 의지함도 없고, 깊고 미묘한 도에는 바른 소견이 견고하며, 모든 허망한 견해를 떠나서 진실한 법을 분명히 압니다.

(25-10-9) 진여를 들어 진여상회향을 널리 밝히다

(25-10-9-1) 두루 행하는 진여 덕의 열 가지 비유

비유하면 진여가 온갖 곳에 두루 하여 끝이 없듯이, 선근의 회향도 그와 같아서 온갖 곳에 두루 하여 끝이 없습니다.

진여가 진실함으로 성품을 삼듯이, 선근의 회향도 그와 같아서 모든 법의 진실함을 알고 성품으로 삼습니다. 진여가 항상 본 성품을 지키고 달라짐이 없듯이, 선근의 회향도 그와 같아서 본 성품을 지키고 처음부터 나중까지 변하지 않습니다. 진여가 온갖 법의 성품이 없으므로 성품을 삼듯이, 선근의 회향도 그와 같아서 온갖 법의 성품이 없음을 알고 성품으로 삼습니다. 진여가 모양이 없으므로 모양을 삼듯이, 선근의 회향도 그와 같아서 온갖 법의 모양이 없음을 알고 모양으로 삼습니다. 진여를 얻은 이가 있으면 마침내 물러남이 없듯이, 선근의 회향도 그와 같아서 얻은 이가 있으면 모든 부처님 법에서 길이 물러나지 않습니다. 진여는 일체 모든 부처님의 행함이므로 선근의 회향도 그와 같아서 모든 여래의 행함입니다.

진여가 경계를 여읜 것으로 경계를 삼듯이, 선근의 회향도 그와 같아서 경계를 여읜 것으로 삼세의 모든 부처님의 원만한 경계로 삼습니다. 진여가 편안함을 건립하듯이 선근의 회향도 그와 같아서 일체 중생을 편안하게 건립합니다. 진여가 성품을 항상 수순하듯이, 선근의 회향도 미래 겁이 다하도록 수순하여 끊어지지 않습니다.

(25-10-9-2) 가장 뛰어난 진여 덕의 열 가지 비유

비유하면 진여를 측량할 수가 없듯이 선근의 회향도 그와 같아서 허공계와 평등한 모든 중생의 마음을 다해도 측량할 수가 없습니다.
진여가 모든 것에 충만하듯이 선근의 회향도 그와 같아서 한 찰나에 법계에 두루 합니다. 진여가 항상 있어서 다함이 없듯이 선근의 회향도 그와 같아서 구경에 다함이 없습니다. 진여가 비교하여 상대할 수 없듯이 선근의 회향도 그와 같아서 모든 불법에 원만해서 비교하여 상대할 수가 없습니다. 진여의 자체 성품이 견고하듯이 선근의 회향도 그와 같아서 자체 성품이 견고하여 모든 번뇌로 저해할 수가 없습니다. 진여를 파괴할 수 없듯이 선근의 회향도 그와 같아서 일체중생이 깨뜨리지 못합니다. 진여가 밝게 비치는 것으로써 본체를 삼듯이, 선근의 회향도 그와 같아서 널리 비침으로 성품을 삼습니다. 진여는 없는 데가 없듯이 선근의 회향도 그와 같아서 모든 처소에 없는 데가 없습니다. 진여가 항상 두루 하듯이 선근의 회향도 그와 같아서 항상 두루 합니다. 진여의 성품이 항상 청정하듯이 선근의 회향도 그와 같아서 세간에 있으나 자체가 항상 청정합니다.

(25-10-9-3) 뛰어나게 흐르는 진여의 덕의 열 가지 비유

비유하면 진여가 법에 걸림이 없듯이 선근의 회향도 그와 같아서 모든 곳에 두루 다녀도 걸림이 없습니다.

진여가 여러 가지 법의 눈이 되듯이 선근의 회향도 그와 같아서 일체중생의 눈이 됩니다. 진여의 성품이 피로함이 없듯이 선근의 회향도 그와 같아서 일체 보살의 모든 행을 수행하면서도 피로함이 없습니다. 진여의 체성이 매우 깊듯이 선근의 회향도 그와 같아서 그 성품이 매우 깊다. 진여는 한 물건도 없듯이 선근의 회향도 그와 같아서 그 성품이 한 물건도 없음을 압니다.

진여의 성품이 출현하는 것이 아니듯이 선근의 회향도 그와 같아서 그 자체가 미묘하여 볼 수가 없습니다.

진여가 어리석음의 때를 여의었듯이 선근의 회향도 그와 같아서 지혜의 눈이 청정하여 모든 어리석음을 여의었습니다. 진여의 성품이 같을 이가 없듯이 선근의 회향도 그와 같아서 모든 보살의 행을 성취하여 최상이므로 같을 이가 없습니다.

진여의 체성이 고요하듯이 선근의 회향도 그와 같아서 고요한 법을 잘 따릅니다.

진여는 근본이 없듯이 선근의 회향도 그와 같아서 온갖 근본이 없는 법에 들어갑니다.

(25-10-9-4) 섭수함이 없는 진여 덕의 열 가지 비유

비유하면 진여의 체성이 끝이 없듯이 선근의 회향도 그와 같아서 중생을 청정케 하는 것이 끝이 없습니다.

진여의 체성이 집착함이 없듯이 선근의 회향도 그와 같아서 결국 일체 모든 집착을 멀리 여읩니다. 진여는 장애할 것이 없듯이 선근의 회향도 그와 같아서 모든 세간의 장애를 소멸시킵니다. 진여는 세간에서 행할 바가 아니듯이 선근의 회향도 그와 같아서 모든 세간에서 행할 바가 아닙니다. 진여의 체성은 머무름이 없듯이 선근의 회향도 그와 같아서 모든 생사의 머무는 바가 아닙니다. 진여의 성품은 지은 것이 아니듯이 선근의 회향도 그와 같아서 온갖 지은 것을 모두 떠나 있습니다. 진여의 체성이 편안히 머물듯이 선근의 회향도 그와 같아서 진실한 데 편안히 머뭅니다. 진여가 모든 법과 서로 응하듯이 선근의 회향도 그와 같아서 보살들의 듣고 익히는 것을 모두 응합니다. 진여는 모든 법에서 성품이 항상 평등하듯이 선근의 회향도 그와 같아서 모든 세간에서 평등한 행을 닦습니다.

진여는 모든 법을 여의지 않듯이 선근의 회향도 그와 같아서 미래제가 다하도록 세간을 버리지 않습니다.

(25-10-9-5) 모든 것과 다르지 않은 진여 덕의 열 가지 비유

비유하면 진여는 모든 법에서 끝까지 다함이 없듯이 선근의 회향도 그와 같아서 모든 중생에게 회향함이 다하지 않습니다.

진여가 온갖 법과 서로 어긋나지 않듯이 선근의 회향도 그와 같아서 삼세의 일체 불법과 어긋나지 않습니다. 진여가 모든 법을 두루 포섭하듯이 선근의 회향도 그와 같아서 일체중생의 선근을 모두 포섭합니다. 진여가 온갖 법과 함께 그 체성이 같듯이 선근의 회향도 그와 같아서 삼세 부처님들과 체성이 같습니다.

진여는 온갖 법과 더불어 서로 떠나지 않듯이 선근의 회향도 그와 같아서 모든 세간법과 출세간법을 섭수하여 가집니다. 진여는 덮어서 가릴 수 없듯이 선근의 회향도 그와 같아서 모든 세간이 덮어서 가릴 수 없습니다. 진여는 동요하지 않듯이 선근의 회향도 그와 같아서 모든 마군의 업이 동요할 수 없습니다. 진여의 성품에는 번뇌가 없듯이 선근의 회향도 그와 같아서 보살의 행을 닦아 번뇌가 없습니다. 진여는 변함이 없듯이 선근의 회향도 그와 같아서 중생을 불쌍히 여기는 마음에 변함이 없습니다. 진여는 다할 수가 없듯이 선근의 회향도 그와 같아서 모든 세상 법으로 다할 수 없습니다.

(25-10-9-6) 증감이 없는 진여 덕의 열 가지 비유

비유하면 진여의 성품은 항상 깨달음이듯이 선근의 회향도 그와 같아서 일체 모든 법을 깨달아 압니다.

진여는 잃어버리고 파괴될 수 없듯이 선근의 회향도 그와 같아서 중생들에게 뛰어난 뜻과 원을 일으켜 영원히 잃어버리고 파괴되지 않습니다. 진여는 크고 밝게 비추듯이 선근의 회향도 그와 같아서 큰 지혜의 광명으로 세간을 비춥니다.

진여는 말로 형용할 수 없듯이 선근의 회향도 그와 같아서 모든 말로 말할 수 없습니다. 진여가 모든 세간을 유지하듯이 선근의 회향도 그와 같아서 일체 보살의 모든 행을 지닙니다. 진여가 세상의 말을 따르듯이 선근의 회향도 그와 같아서 모든 지혜의 말을 따릅니다. 진여가 모든 법에 두루 하듯이 선근의 회향도 그와 같아서 시방의 일체 부처님 세계에 두루 하여 큰 신통을 나타내고 등정각을 이룹니다. 진여는 분별이 없듯이 선근의 회향도 그와 같아서 모든 세간에서 분별할 것이 없습니다. 진여가 모든 몸에 두루 하듯이 선근의 회향도 그와 같아서 시방세계의 한량없는 몸에 두루 합니다. 진여의 체성은 나는 일이 없듯이 선근의 회향도 그와 같아서 방편으로 나는 일을 보이지만 나는 바가 없습니다.

(25-10-9-7) 법에 다름이 없는 진여 덕의 열 가지 비유

비유하면 진여는 있지 않은 데가 없듯이 선근의 회향도 그와 같아서 시방 삼세의 모든 부처님의 국토에서 신통을 널리 나타내어 있지 않은 데가 없습니다.

진여가 밤에도 두루 하듯이 선근의 회향도 그와 같아서 모든 밤에 큰 광명을 놓아 불사를 짓습니다. 진여가 낮에 두루 하듯이 선근의 회향도 그와 같아서 낮에 있는 중생이 부처님의 신통변화를 보고 물러가지 않는 법을 연설하며 때를 여의고 청정하여 헛되이 지나는 이가 없게 합니다. 진여가 달빛에도 두루 하듯이 선근의 회향도 그와 같아서 모든 세간의 시절을 따라 좋은 방편을 얻어 잠깐 동안에 모든 시간을 압니다. 진여가 한량없는 시간에 두루 하듯이 선근의 회향도 그와 같아서 무량한 겁을 지내면서 모든 근성을 분명히 알고 성숙하여 모두 다 원만케 합니다.

진여가 생기는 성겁에나 무너지는 괴겁에 두루 하듯이 선근의 회향도 그와 같아서 모든 겁에 있으면서 깨끗하고 물들지 않아 중생을 교화하여 청정케 합니다.

진여가 오는 세월이 끝나도록 있듯이 선근의 회향도 그와 같아서 오는 세월이 끝나도록 모든 보살의 청정한 행을 닦아서 큰 서원을 만족하고 물러나지 않습니다.

진여가 삼세에 두루 하듯이 선근의 회향도 그와 같아서 중생들이 한 찰나 동안에 삼세의 부처님을 보면서 잠깐도 여의지 않습니다.

진여가 모든 곳에 두루 하듯이 선근의 회향도 그와 같아서 삼계에서 뛰어나 온갖 것에 두루 하여 자재하게 됩니다.

진여가 있는 법과 없는 법에 머물러 있듯이 선근의 회향도 그와 같아서 모든 있는 법과 없는 법을 통달하여 끝까지 청정합니다.

(25-10-9-8) 증감이 없는 진여 덕의 열 가지 비유

비유하면 진여의 체성이 청정하듯이 선근의 회향도 그와 같아서 방편으로써 도를 돕는 법을 모아 일체 모든 보살의 행을 깨끗이 합니다. 진여의 체성이 밝고 깨끗하듯이 선근의 회향도 그와 같아서 모든 보살이 삼매의 밝고 깨끗한 마음을 얻게 합니다. 진여의 체성이 때가 없듯이 선근의 회향도 그와 같아서 여러 가지 때를 여의고 일체 모든 청정한 뜻을 만족케 합니다.

진여는 '나'와 '나의 것'이 없듯이 선근의 회향도 그와 같아서 '나'와 '나의 것'이 없는 청정한 마음으로 시방의 모든 부처님 국토에 충만합니다. 진여의 체성이 평등하듯이 선근의 회향도 그와 같아서 평등한 일체 지혜의 지혜를 얻어 모든 법을 비추어 알고 모든 어리석음을 여읩니다. 진여가 모든 수량을 초월하듯이 선근의 회향도 그와 같아서 수량을 초월한 일체 지혜의 법인 큰 힘을 가진 법장과 함께 있으면서 시방의 모든 세계에 광대한 법 구름을 널리 일으킵니다. 진여가 평등하게 머물듯이 선근의 회향도 그와 같아서 일체 모든 보살의 행을 발생하여 일체 지혜의 길에 평등하게 머뭅니다.

진여가 모든 중생세계에 두루 있듯이 선근의 회향도 그와 같아서 걸림이 없는 일체 종지를 만족하고 중생계의 앞에 모두 나타납니다. 진여가 분별이 없으며 일체 음성의 지혜 속에 두루 있듯이 선근의 회향도 그와 같아서 일체 모든 말과 음성의 지혜를 구족하고 갖가지 말을 널리 나타내 보여 중생들에게 나타내 보입니다. 진여가 세간을 여의듯이 선근의 회향도 그와 같아서 중생들이 세간에서 뛰어나게 합니다.

(25-10-9-9) 지혜가 자재하게 의지하는 진여 덕의 열 가지 비유

비유하면 진여의 체성이 광대하듯이 선근의 회향도 그와 같아서 과거·현재·미래의 광대한 불법을 받아 지니고 항상 잃어버리지 않으며, 일체 보살의 모든 행을 부지런히 닦습니다.

진여가 중간에 쉬는 일이 없듯이 선근의 회향도 그와 같아서 일체중생을 큰 지혜의 지위에 편안히 있게 하려고 일체 겁에서 보살의 행을 닦으며 쉬는 일이 없습니다.

진여의 체성이 넓어서 일체 법에 두루 하듯이 선근의 회향도 그와 같아서 청정한 생각이 걸림이 없어 모든 법문을 두루 거두어 가집니다.

진여가 여러 종류의 중생을 두루 포섭하였듯이 선근의 회향도 그와 같아서 한량없는 종류의 지혜를 증득하고 보살의 진실하고 미묘한 행을 닦습니다.

진여가 취하는 바가 없듯이 선근의 회향도 그와 같아서 일체 법을 취하는 바가 없으며 일체 세간의 집착을 멸하여 모두 청정케 합니다. 진여의 체성이 움직이지 않듯이 선근의 회향도 그와 같아서 보현의 원만한 행과 원에 머물러 끝까지 동하지 않습니다. 진여가 부처님의 경계이듯이 선근의 회향도 그와 같아서 중생들에게 모든 큰 지혜의 경계를 만족하고 번뇌의 경계를 멸하여 청정케 합니다. 진여를 제어할 사람이 없듯이 선근의 회향도 그와 같아서 일체 마군의 일이나 외도의 삿된 논리로 제어되지 않습니다.

진여는 닦을 거나 닦지 못할 것이 아니듯이 선근의 회향도 그와 같아서 일체 망상과 집착함을 여의어서 '닦는다' '닦지 않는다'에 분별하지 않습니다. 진여가 물러가거나 버림이 없듯이 선근의 회향도 그와 같아서 모든 부처님을 뵙고 보리심을 내며 큰 서원으로 장엄하고 영원히 물러가거나 버림이 없습니다.

(25-10-9-10) 업이 자재하게 의지하는 진여 덕의 열 가지 비유

비유하면 진여가 일체 세간의 음성을 두루 포섭하듯이 선근의 회향도 그와 같아서 일체 차별한 음성과 신통과 지혜를 얻고서 일체 갖가지 말을 두루 냅니다.

진여가 일체 법에 구하는 것이 없듯이 선근의 회향도 그와 같아서 중생들이 보현의 수레를 타고 벗어나게 하되 일체 법에 탐하는 일이 없습니다.

진여가 온갖 지위에 머물듯이 선근의 회향도 그와 같아서 일체중생이 세간의 지위를 버리고 지혜의 지위에 머물러서 보현의 행으로 스스로 장엄합니다.

진여가 끊어짐이 없듯이 선근의 회향도 그와 같아서 온갖 법에 두려움이 없어지고 여러 종류의 소리를 따라가는 곳마다 연설하여 끊어짐이 없습니다.

진여가 모든 번뇌를 여의듯이 선근의 회향도 그와 같아서 중생들이 법에 대한 지혜를 성취하여 법을 통달하고 보리의 무루공덕을 원만케 합니다.

진여는 어떠한 법으로도 파괴하거나 어지럽게 하여 깨닫는 성품이 없게 할 수 없듯이 선근의 회향도 그와 같아서 일체 모든 법을 널리 깨우쳐서 그 마음이 한량이 없어 법계에 두루 하게 합니다.

진여는 과거도 처음이 아니고, 미래도 끝이 아니고, 현재도 다른 것이 아니듯이 선근의 회향도 그와 같아서 일체중생을 위하여 보리심의 서원을 새롭게 일으켜서 널리 청정하여 생사를 영원히 여의게 합니다.

진여가 삼세에 분별함이 없듯이 선근의 회향도 그와 같아서, 현재에 순간순간 마음이 항상 깨어 있으며 과거와 미래에도 모두 청정합니다.

진여가 일체 모든 부처님과 보살을 성취하듯이 선근의 회향도 그와 같아서 일체 큰 서원과 방편을 일으켜 모든 부처님의 광대한 지혜를 성취합니다.

진여가 끝까지 청정하여 일체 모든 번뇌와 함께하지 않듯이, 선근의 회향도 그와 같아서 일체중생의 번뇌를 소멸하고 청정한 지혜를 원만케 합니다.

(25-10-10) 이익을 밝히다

보살들이여, 보살이 이와 같이 회향할 때 일체 부처님의 세계가 평등하게 됩니다. 왜냐하면 온갖 세계를 널리 청정하게 장엄한 까닭입니다.

일체중생이 평등하게 되니, 걸림 없는 법륜을 널리 운전한 까닭이며, 일체 보살이 평등하게 되니, 일체 지혜와 서원을 널리 출생하는 까닭입니다.

일체 모든 부처님이 평등하게 되니, 모든 부처님의 체성이 둘이 아님을 관찰한 까닭이며, 일체 법이 평등하게 되니, 모든 법의 성품이 변함이 없음을 두루 아는 까닭입니다. 일체 세간이 평등하게 되니, 방편의 지혜가 온갖 말하는 길을 잘 아는 까닭이며, 일체 보살의 행이 평등하게 되니 갖가지 선근을 따라 모두 회향한 까닭입니다.

일체 시간이 평등함을 얻으니, 불사를 부지런히 닦아서 모든 때에 끊임이 없는 까닭이며, 일체 업과 과보가 평등하여지니, 세간과 출세간에 있는 선근이 다 물들지 않아 끝까지 이른 까닭입니다.

일체 부처님의 자재한 신통이 평등함을 얻으니, 세간을 따라서 불사를 나타내는 까닭입니다. 이것이 보살의 제8 진여상회향입니다.

(25-10-11) 과위를 밝히다

보살이 이 회향에 머물러 한량없이 청정한 법문을 증득하고 여래의 큰 사자후를 하며 자재하여 두려움이 없습니다.

훌륭한 방편으로 한량없는 보살을 교화하고 성취하여 일체 시간에 쉬지 않습니다. 부처님의 한량없이 원만한 몸을 얻어 한 몸이 일체 세계에 충만합니다. 부처님의 한량없이 원만한 음성을 얻어 한 음성으로 일체중생을 깨우칩니다. 부처님의 한량없이 원만한 힘을 얻어 한 모공에 일체 국토를 모두 용납합니다.

부처님의 한량없이 원만한 신통을 얻어 모든 중생을 한 티끌 속에 둡니다. 부처님의 한량없이 원만한 해탈을 얻어 한 중생의 몸에 일체 부처님의 경계를 나타내어 등정각을 이룬다. 부처님의 한량없이 원만한 삼매를 얻어서 한 삼매 가운데 일체 삼매를 널리 나타내 보입니다.

부처님의 한량없이 원만한 변재를 얻어 한 구절의 법문을 말할 적에 미래의 세상이 끝나도록 해도 다할 수 없으며 일체중생의 의혹을 모두 없앱니다.

부처님의 한량없이 원만한 중생을 얻어 부처님의 십력을 구족하고 온 중생계가 정각 이룸을 보입니다. 보살들이여, 이것이 보살이 일체 선근으로써 진여의 모양을 따르는 진여상회향입니다.

(25-10-12) 금강당보살이 게송을 설하다
(25-10-12-1) 회향할 행의 체를 밝히다
그때 금강당보살이 부처님의 위신력을 받들어 시방을 널리 살펴보고 게송으로 말했다.

보살은 뜻에 즐겁게 머물러/ 바른 생각 견고하고 어리석음 떠나고
그 마음 착하고 부드럽고 청량해/ 끝없는 공덕행을 쌓아 모읍니다.

보살이 겸손하고 순해 어기지 않고/ 가진바 뜻과 소원 모두 청정해
지혜의 광명을 이미 얻어서/ 모든 업을 비추어 다 압니다.

(25-10-12-2) 회향할 바의 행을 밝히다

보살이 생각하는 광대한 업이/ 가지가지 차별하여 매우 희유한데
결정한 뜻은 수행함에 퇴전치 않고/ 모든 중생 요익케 합니다.

모든 업이 한량없이 차별해도/ 보살이 부지런히 닦아 익혀
중생의 뜻을 따라 어기지 않고/ 그 마음 청정하고 환희케 합니다.

중생을 다스리는 자리에 올라/ 번뇌 여의고 마음에 걸림 없으며
법과 이치 분명히 알고/ 중생을 이익케 하려고 부지런히 수행합니다.

보살이 수행하는 온갖 선한 일들이/ 한량없고 많지만 각각 다르며,
그것을 분별해 모두 다 알고/ 중생을 이익케 하려고 회향합니다.

(25-10-12-3) 진여를 널리 밝힘

끝까지 광대하고 진실한 이치를/ 미묘한 지혜로써 항상 관찰하며
생사를 끊어서 남기지 않고/ 진여의 성품과 같이 잘 회향합니다.

진여가 모든 것에 두루 하듯이/ 모든 세간 다 포섭하고
보살은 이 마음으로 회향하여/ 중생들이 집착이 없게 합니다.

보살의 원력이 일체에 두루 한 것이/ 진여가 모든 곳에 다 있듯이
보는 데나 못 보는 데나 다 두루 하고/ 이러한 공덕으로 회향합니다.

밤에도 머무르고 낮에도 있고/ 한 달이나 몇 해나 따라 있으며

몇 겁이나 모두 있으니/ 진여가 그러하고 행도 그러합니다.

끝이 없는 삼세와 모든 세계와/ 모든 중생과 모든 법의
그 속에 있지만 있는 데 없어/ 이와 같은 행으로써 회향합니다.

비유하면 진여의 본 자성과 같이/ 보살이 이와 같이 큰마음을 내어
진여가 있는 데에 모두 다 있어/ 행으로써 회향합니다.

비유하면 진여의 본 자성과 같이/ 그 속에는 한 법도 있지 않아
제 성품 못 찾는 게 참 성품이니/ 업으로써 회향합니다.

진여의 형상처럼 업도 그렇고/ 진여의 성품처럼 업도 그러해
진여 성품 본래가 진실하듯이/ 업도 또한 진여와 같습니다.

비유하면 진여가 끝이 없듯이/ 업도 역시 끝이 없거늘
그 가운데 속박도 집착도 없으므로/ 이 업이 청정합니다.

(25-10-12-4) 법에 나아가서 밝히다
이와 같이 총명하고 진실한 불자/ 뜻과 원이 견고하여 움직이지 않고
지혜의 힘으로써 잘 통달하여/ 부처님의 방편장에 들어갑니다.

법왕의 진실한 법 깨닫고 보니/ 그 가운데 집착도 속박도 없어
자재한 마음 걸림 없으니/ 한 법도 일어남을 보지 못합니다.

여래의 법신으로 지으시는 업이여/ 일체 세간이 저 모양과 같거든
법의 모양이 없다 설하니/ 모양을 아는 것이 법을 아는 것입니다.

보살이 불가사의한 데에 머물렀거든/ 사의하려 해도 다할 수 없어
불가사의한 곳에 들어가면/ 사의와 불가사의가 모두 적멸합니다.

모든 법의 성품을 사유해/ 일체 업의 차별을 통달하면
'나'라는 집착을 소멸하고/ 공덕에 머물러서 동할 수 없습니다.

보살의 모든 업과 모든 과보는/ 다함없는 지혜로 인증한 것이며
다함없는 성품이 다해지니/ 다함없는 방편마저 소멸합니다.

마음이 밖에 있는 것도 아니고/ 안에도 있지 않음을 관찰해
그 마음이 없는 줄을 알게 되어서/ 나와 법을 떠나 적멸합니다.

(25-10-12-5) 이익을 이루다

일체 법의 성품이 항상 공적함을/ 불자가 이와 같이 알게 되면
한 법도 지을 것이 없어서/ 모든 부처님과 같이 무아를 깨닫습니다.

일체 모든 세간이/ 진여의 성품과 모양과 평등함을 알아
이 불가사의한 모양을 보면/ 이것이 모양 없는 법을 아는 것입니다.

만약 이러한 매우 깊은 법에 머물면/ 즐겁게 보살행을 항상 닦아서
모든 중생에게 이익 주려고/ 서원으로 장엄하여 물러나지 않습니다.

이것은 곧 세간을 초월하여/ 생사의 헛된 분별 내지 않으며
마음이 환영인 줄 알고/ 온갖 행을 닦아 중생을 제도합니다.

보살이 바른 생각으로/ 세간이 다 업으로부터 생긴 것임을 관찰해
중생을 건지려고 행을 닦아서/ 삼계를 포섭하고 남김이 없습니다.

중생의 가지가지 차별한 것이/ 생각과 의식의 작용임을 알아
관찰하여 밝게 알지만/ 법의 성품 파괴하지 않습니다.

(25-10-12-6) 맺음

지혜로운 사람이 부처님 법을 알고/ 이와 같은 행으로 회향하면서
일체 모든 중생을 불쌍히 여겨/ 실상법을 바르게 생각케 합니다.

(25-11) 제9 무착무박해탈회향
(25-11-1) 회향할 바의 선근

보살들이여, 보살이 일체 선근에 존중하는 마음을 내는 것이 보살의
집착도 없고 속박도 없는 무착무박해탈회향입니다.

이른바 생사에서 벗어나는 데 존중하는 마음을 냅니다. 일체 선근을
포섭하는 데 존중하는 마음을 내고, 일체 선근을 희망하여 구하는
데 존중하는 마음을 냅니다. 모든 허물을 뉘우치는 데 존중하는 마
음을 내며, 선근을 따라서 기뻐하는 데 존중하는 마음을 냅니다.
모든 부처님께 예경하는 데 존중하는 마음을 내고, 합장하고 공경하
는 데 존중하는 마음을 냅니다. 탑에 정례 하는 데 존중하는 마음을
내고, 부처님께 법문 말씀하심을 청하는 데 존중하는 마음을 냅니

다. 이와 같은 여러 가지 선근에 모두 존중하는 마음을 내어 수순하고 인가합니다.

(25-11-2) 회향하는 행을 수행하다

보살들이여, 보살이 선근에 존중하는 마음을 내어 수순하고 인가할 때 끝까지 기뻐하며 견고하게 믿고 이해하여, 자신이 편안히 머물고 다른 이도 편안히 머물게 합니다.

부지런히 닦아 집착이 없으며, 자재하게 모으고 훌륭한 뜻을 이루며, 여래의 경계에 머무르면서 세력이 증장하고 모두 알고 봅니다.

(25-11-3) 보현의 삼업과 정진

모든 선근으로 이와 같이 회향합니다. 이른바 집착이 없고 속박이 없이 해탈한 마음으로써 보현의 몸으로 짓는 업을 성취케 하며, 보현의 말로 짓는 업을 청정하게 하며, 보현의 뜻으로 짓는 업을 원만케 하며, 보현의 광대한 정진을 일으킵니다.

(25-11-4) 보현의 총지의 덕에 관한 네 가지 문

집착이 없고 속박이 없이 해탈한 마음으로 보현의 걸림이 없는 음성 다라니문을 구족하니, 그 음성이 광대하여 시방에 두루 합니다.

집착이 없고 속박이 없이 해탈한 마음으로 보현의 모든 부처님을 보는 다라니문을 구족하여 시방의 일체 모든 부처님을 항상 봅니다.

집착이 없고 속박이 없이 해탈한 마음으로 일체 음성을 아는 다라니문을 성취하여 일체 음성과 같은 한량없는 법을 연설합니다. 집착이 없고 속박이 없이 해탈한 마음으로 보현의 모든 겁에 머무는 다라니문을 성취하고 시방세계에서 널리 보살의 행을 닦습니다.

(25-11-5) 보현의 자재한 힘에 관한 열두 가지 문
(25-11-5-1) 일다자재의 구원

집착이 없고 속박이 없이 해탈한 마음으로 보현의 자재한 힘을 성취해 한 중생의 몸에서 일체 보살의 행을 닦으며, 미래의 겁이 다하도록 끊어지지 않으며, 한 중생의 몸에서와 같이 일체중생의 몸에서도 역시 그러합니다.

집착이 없고 속박이 없이 해탈한 마음으로 보현의 자재한 힘을 성취해 일체 대중의 도량에 널리 들어가서 일체 모든 부처님의 앞에서 보살의 행을 닦습니다.

집착이 없고 속박이 없이 해탈한 마음으로 보현 부처님의 자재한 힘을 성취해 한 문에서 한량없는 겁을 지내도 다함이 없음을 나타내 보여서, 일체중생이 깨달아 들어가게 합니다.

집착이 없고 속박이 없이 해탈한 마음으로 보현 부처님의 자재한 힘을 성취해 갖가지 문에서 한량없는 겁을 지나도 다함이 없음을 나타내 보여서, 일체중생이 깨달아 들어가서 그 몸이 모든 부처님 앞에 널리 나타나게 합니다.

집착이 없고 속박이 없이 해탈한 마음으로 보현의 자재한 힘을 성취해 잠깐 동안에 한량없는 중생이 십력의 지혜에 머무르되 마음에 힘듦이 없게 합니다.

집착이 없고 속박이 없이 해탈한 마음으로 보현의 자재한 힘을 성취해 일체중생의 몸속에서 모든 부처님의 자재한 신통을 나타내어 일체중생들이 보현의 행에 머물게 합니다. 집착이 없고 속박이 없이 해탈한 마음으로 보현의 자재한 힘을 성취해 낱낱 중생의 말하는 소리 가운데서 일체중생의 말을 하여 일체중생이 낱낱이 온갖 지혜의 자리에 머물게 합니다. 집착이 없고 속박이 없이 해탈한 마음으로 보현의 자재한 힘을 성취하여 낱낱 중생의 몸 가운데 일체중생의 몸을 두루 용납하되 모두 스스로 생각합니다. '부처님 몸을 성취하기를 원합니다.' 집착이 없고 속박이 없이 해탈한 마음으로 보현의 자재한 힘을 성취해 한 꽃으로 모든 시방세계를 장엄합니다.

(25-11-5-2) 광대하고 자재한 세 가지 원

집착이 없고 속박이 없이 해탈한 마음으로 보현의 자재한 힘을 성취해 법계에 두루 하는 큰 음성을 내되 모든 부처님의 국토에 들리게 하여 일체중생을 거두어 조복합니다. 집착이 없고 속박이 없이 해탈한 마음으로 보현의 자재한 힘을 성취해 말할 수 없이 말할 수 없는 미래겁이 다하도록 잠깐 동안에 일체 세계에 두루 들어가서 부처님의 신통력으로 마음대로 장엄합니다.

"집착이 없고 속박이 없이 해탈한 마음으로 보현의 자재한 힘을 성취해 미래가 다하도록 머무는 겁에서 항상 일체 세계에 들어가서 성불함을 나타내 보여 세상에 출현합니다.

(25-11-6) 보현행의 일곱 가지 원
(25-11-6-1) 신통의 네 가지 원

집착이 없고 속박이 없이 해탈한 마음으로 보현의 행을 이루어서 한 광명이 온 허공의 일체 세계를 두루 비춥니다.

집착이 없고 속박이 없이 해탈한 마음으로 보현의 행을 이루어서 한량없는 지혜를 얻고 모든 신통을 갖추어 갖가지 법을 연설합니다. 집착이 없고 속박이 없이 해탈한 마음으로 보현의 행을 이루어서 일체 겁이 다해도 측량할 수 없는 여래의 신통과 지혜에 들어갑니다. 집착이 없고 속박이 없이 해탈한 마음으로 보현의 행을 이루어서, 온 법계의 모든 부처님의 처소에 머무르면서 부처님의 신통력으로 일체 모든 보살의 행을 닦되 몸이나 입이나 뜻으로 짓는 업에 조금도 게으름이 없습니다.

(25-11-6-2) 사변의 세 가지 원

집착이 없고 속박이 없이 해탈한 마음으로 보현의 행을 이루어서, 뜻에도 어기지 않고 법에도 어기지 않으며, 말이 청정하고 말하기를 좋아하는 변재로 일체중생을 교화하고 조복하여, 그들이 부처님의 위없는 보리를 얻게 합니다.

집착이 없고 속박이 없이 해탈한 마음으로 보현의 행을 닦아 한 법문에 두루 들어갈 적에 무량한 광명을 놓아 불가사의한 일체 법문을 비추며, 한 법문과 같이 일체 법문에도 또한 이와 같이 통달하고 걸림이 없어 구경에는 일체 지혜의 지위를 얻습니다.

집착이 없고 속박이 없이 해탈한 마음으로 보살의 행에 머물러서, 법에 자재하여 보현으로 장엄한 저 언덕에 이르며, 낱낱 경계에서 일체 지혜로 관찰해 깨달음에 들어가도 일체 지혜는 다하지 않습니다.

(25-11-7) 법을 포섭함이 광대 자재한 덕
(25-11-7-1) 지혜의 세 가지 원

집착이 없고 속박이 없이 해탈한 마음으로 처음 이생으로부터 오는 세월이 끝나도록 보현의 행에 머물러서 항상 쉬지 않으며 일체 지혜를 얻고, 한량없는 진실한 법을 깨달으며, 모든 법에 구경까지 미혹함이 없습니다.

집착이 없고 속박이 없이 해탈한 마음으로 보현의 업을 닦아, 방편에 자재하고 법의 광명을 얻어 모든 보살이 수행하는 행을 비추되 장애가 없습니다. 집착이 없고 속박이 없이 해탈한 마음으로 보현의 행을 닦고, 모든 방편의 지혜를 얻어 일체 방편을 얻습니다.

이른바 한량없는 방편과 부사의 한 방편과 보살의 방편과 온갖 지혜의 방편과 일체 보살의 조복시키는 방편과 무량한 법륜을 굴리는 방편과 말할 수 없는 시간의 방편과 갖가지 법을 말하는 방편과 끝이 없고 두려움이 없는 장의 방편과 일체 법을 설하여 남음이 없는 방편입니다.

(25-11-7-2) 이익의 두 가지 원

집착이 없고 속박이 없이 해탈한 마음으로 보현의 행에 머물러서 몸으로 하는 업을 성취하고, 일체중생이 환희하여 비방하지 않게 하며, 보리심을 내어 영원히 물러나지 않고 구경에 청정케 합니다.

집착이 없고 속박이 없이 해탈한 마음으로 보현의 행을 닦아 일체중생의 말과 청정한 지혜를 얻고, 구족하게 장엄한 모든 말로써 중생에게 널리 응하여 모두 환희케 합니다.

(25-11-7-3) 광대한 삼업의 한 가지 원

집착이 없고 속박이 없이 해탈한 마음으로 보현의 행에 머물러서, 뛰어난 뜻을 세우고 청정한 마음을 구족해 광대한 신통과 광대한 지혜를 얻어서, 광대한 시간과 국토와 중생의 처소에 나아가 여래의 한량없이 광대한 법과 광대하게 장엄한 원만장을 설합니다.

(25-11-7-4) 청정한 삼업의 한 가지 원

집착이 없고 속박이 없이 해탈한 마음으로 보현의 회향하는 행과 소원을 이루어, 일체 부처님의 청정한 몸과 창정한 마음과 청정한 이해를 얻습니다. 부처님의 공덕을 포섭하고 경계에 머무르며, 지혜의 인으로 널리 비추어 보살의 청정한 업을 나타내 보입니다. 모든 차별한 글귀와 뜻에 잘 들어가서 모든 부처님과 보살들의 광대하게 자재함을 보이며, 일체중생을 위하여 정각 이룸을 나타냅니다.

(25-11-7-5) 육근 삼업의 한 가지 원

집착이 없고 속박이 없이 해탈한 마음으로 보현의 여러 근과 행과 원을 닦아, 총명한 근과 조화롭고 순하는 근과 일체 법에 자재한 근과 다함이 없는 근과 일체 선근을 부지런히 닦는 근입니다.
일체 부처님의 경계가 평등한 근과 일체 보살이 물러나지 않습니다는 수기를 받아 정진하는 근과 일체 불법을 잘 아는 금강계의 근과 일체 여래의 지혜 광명으로 비추는 금강염의 근입니다.
일체 모든 근기를 잘 분별하는 자재한 근과 무량한 중생을 일체 지혜에 안정하게 세우는 근과 끝이 없이 광대한 근과 일체 원만한 근과 청정하여 걸림이 없는 근을 얻습니다.

(25-11-7-6) 신통력 삼업의 한 가지 원

집착이 없고 속박이 없이 해탈한 마음으로 보현의 행을 닦아 일체 보살의 신통력을 얻습니다. 이른바 한량없이 광대한 힘의 신통력과 자재한 지혜의 신통력과 몸을 움직이지 않고 모든 부처님 세계에 널리 나타내는 신통력입니다.

걸림 없고 끊임없이 자재한 신통력과 모든 부처님 세계를 두루 거두어 한 곳에 두는 신통력과 한 몸이 모든 부처님 세계에 가득 차는 신통력과 걸림 없는 해탈로 유희하는 신통력과 짓는 일이 없이 한 생각에 자재한 신통력입니다.

성품이 없고 의지할 데 없는데 머무는 신통력과 한 모공에서 말할 수 없는 세계를 차례로 정돈하여 두고, 법계의 여러 부처님 도량에 두루 다니면서 모든 중생에게 보여 큰 지혜의 문에 들어가게 하는 신통력입니다.

(25-11-8) 상즉상입의 주고받는 겹치는 덕
(25-11-8-1) 보현문에 들어가는 세 가지 원

집착이 없고 속박이 없이 해탈한 마음으로 보현의 문에 들어가서 보살의 행을 내어 자재한 지혜로 잠깐 동안에 한량없는 부처님의 국토에 들어가고, 한 몸에 한량없는 부처님의 세계를 용납하여 들며, 부처님의 국토를 깨끗이 장엄하는 지혜를 얻고, 항상 지혜로써 그지없는 부처님의 국토를 관찰하며, 이승의 마음을 내지 않습니다.

집착이 없고 속박이 없이 해탈한 마음으로 보현의 방편행을 닦아 지혜의 경계에 들어가고 여래의 가문에 태어나서 보살의 도에 머물며, 한량없는 부사의 한 뛰어난 마음을 구족하며, 한량없는 서원을 행하여 잠깐도 쉬지 않고 삼세의 일체 법계를 압니다.

집착이 없고 속박이 없이 해탈한 마음으로 보현의 청정한 법문을 성취하여 한 털끝만 한 곳에 온 허공과 법계에 있는 한량없는 국토를 다 포용하여 모두 분명히 보게 하며, 한 털끝만 한 곳에서와 같이 온 법계 허공계의 낱낱 털끝만 한 곳에서도 역시 그러합니다.

(25-11-8-2) 보현방편의 세 가지 원
집착이 없고 속박이 없이 해탈한 마음으로 보현의 깊은 마음의 방편을 성취하여 한 생각 동안에 한 중생의 한량없는 겁에 생각하는 마음을 나타내며, 그와 같이 일체중생의 겁에 생각하는 마음도 나타냅니다.

집착이 없고 속박이 없이 해탈한 마음으로 보현의 회향하는 행의 방편에 들어가서, 한 몸속에 온 법계의 한량없는 몸을 용납해도 중생계는 증감이 없으며, 한 몸과 같이 법계에 가득한 모든 몸도 역시 그러합니다.

집착이 없고 속박이 없이 해탈한 마음으로 보현의 큰 서원의 방편을 성취하여 일체 생각의 뒤바뀜과 마음의 뒤바뀜과 견해의 뒤바뀜을 버리고, 일체 모든 부처님의 경계에 널리 들어갑니다.

모든 부처님의 허공계와 같은 청정한 법신이 상호로 장엄하여 신력이 자재함을 항상 봅니다.

항상 미묘한 음성으로 법을 열어 연설하되 걸림도 없고 끊어짐도 없어 듣는 이로 하여금 말한 것과 같이 받아 지니게 하지만 여래의 몸에는 얻은 바가 없습니다.

(25-11-8-3) 보현지위의 두 가지 원
집착이 없고 속박이 없이 해탈한 마음으로 보현의 행을 닦아 보살의 지위에 머물러 있으면서 한순간에 일체 세계에 들어갑니다.

이른바 우러러보고 있는 세계와 엎어진 세계와 한량없는 시방의 일체 곳에 있는 광대한 세계에 들어가는 것입니다.

인타라의 그물처럼 분별하는 방편으로 일체 법계를 두루 분별하여 갖가지 세계로 한 세계에 들어가며, 한량없는 무량한 세계로 한 세계에 들어가며, 일체 법계에 나란히 펼쳐져 있는 무량한 세계로 한 세계에 들어가며, 일체 허공계에 나란히 펼쳐져 있는 무량한 세계로 한 세계에 들어가며 또한 나란히 펼쳐져 있는 모양을 무너뜨리지 않고 모두 분명히 보게 합니다.

집착이 없고 속박이 없이 해탈한 마음으로 보현보살의 행과 원을 닦아 부처님의 관정하심을 얻고, 잠깐 동안에 방편에 들어가서 편안하게 여러 행에 머무는 지혜의 보배를 성취하고 일체 모든 생각을 다 분명히 압니다.

다음과 같은 52종의 생각입니다. 중생이라는 생각, 법이라는 생각, 세계라는 생각, 방위라는 생각, 부처라는 생각, 세상이라는 생각, 업이라는 생각, 행이라는 생각, 계라는 생각, 이해합니다는 생각입니다. 근기라는 생각, 시간이라는 생각, 가진다는 생각, 번뇌라는 생각, 청정한 생각, 성숙하는 생각, 부처님을 보는 생각, 법륜을 굴리는 생각, 법을 듣고 이해하는 생각, 조복시키는 생각입니다.

한량없는 생각, 뛰어난 생각, 갖가지 지위라는 생각, 한량없는 지위라는 생각, 보살의 아는 생각, 보살의 닦는 생각, 보살의 삼매라는 생각, 보살의 삼매에서 일어나는 생각, 보살의 성취하는 생각, 보살의 파괴하는 생각입니다.

보살의 죽는 생각, 보살의 나는 생각, 보살의 해탈하는 생각, 보살의 자재한 생각, 보살의 머물러 지니는 생각, 보살의 경계라는 생각, 겁의 이뤄지고 무너지는 생각, 밝은 생각, 어두운 생각입니다.

낮이라는 생각, 밤이라는 생각, 보름, 한 달, 한 시간, 한 해가 변천하는 생각, 가는 생각, 오는 생각, 머무르는 생각, 앉는 생각, 자는 생각, 깨는 생각입니다.

이러한 생각들을 잠깐 동안에 모두 분명히 알면서도 일체 생각을 여의어 분별함이 없으며, 일체 장애를 끊어서 집착함이 없으며, 일체 부처님의 지혜가 그 마음에 충만합니다.

모든 부처님의 법으로 선근이 증장해 모든 여래와 더불어 한 몸이 평등하여 모든 부처님이 거두어 주시는 것으로 때가 없이 청정한 모든 불법을 다 따라 배워서 저 언덕에 이릅니다.

(25-11-8-4) 보현대지의 네 가지 원

집착이 없고 속박이 없이 해탈한 마음으로 일체중생을 위하여 보현의 행을 닦아 큰 지혜의 보배를 내고, 낱낱 마음속에서 한량없는 마음을 알며, 그 의지함을 따르고, 그 분별을 따르고, 그 종성을 따르고, 그 짓는 바를 따르고, 그 업의 작용을 따르고, 그 형상을 따르고, 그 깨달음을 따라서 가지가지로 같지 않은 것을 모두 다 분명히 봅니다.

집착이 없고 속박이 없이 해탈한 마음으로 보현의 큰 서원과 지혜의 보배를 성취하고, 한 곳에서 한량없는 곳을 알며, 한 곳에서와 같이 모든 곳에서도 또한 그러한 것을 압니다.

집착이 없고 속박이 없이 해탈한 마음으로 보현의 행하는 업과 지혜의 지위를 닦고, 한 가지 업에서 한량없는 업을 알며, 그 업이 가지

가지 인연으로 된 것을 분명히 알며, 한 가지 업에서와 같이 일체 업
에서도 또한 그러한 것을 압니다.

집착이 없고 속박이 없이 해탈한 마음으로 보현의 모든 법을 아는
지혜를 닦아 익히고, 한 법에서 한량없는 법을 알며, 일체 법 가운데
서 한 법을 압니다. 이러한 모든 법이 제각기 차별하여 장애가 되지
도 않고 어기지도 않고 집착함도 없습니다.

(25-11-8-5) 보현문설의 두 가지 원

집착이 없고 속박이 없이 해탈한 마음으로 보현의 행에 머물러서 보
현의 걸림 없는 귀를 구족하고, 한 마디 음성 속에서 한량없는 말을
알며, 한량없고 끝이 없어 갖가지로 차별해도 집착함이 없고 한 음
성에서와 같이 일체 음성에서도 역시 그러한 것을 압니다.

집착이 없고 속박이 없이 해탈한 마음으로 보현의 지혜를 닦고 보현
의 행을 일으켜 보현의 지위에 머물고, 낱낱 법 가운데서 한량없는
법을 연설해도, 그 법이 광대하며 가지가지로 차별합니다.

교화하고 거두어주는 것이 부사의 한 방편과 서로 응하며, 한량없는
시간과 모든 시간에서 중생들이 가진 욕망과 이해를 따르며 근성을
따르고 시기를 따라서 부처님의 음성으로 법을 설합니다. 한 마디
묘한 음성으로써 수많은 도량의 대중과 한량없는 중생을 모두 환희
케 합니다.

모든 여래의 처소에 한량없는 보살이 법계에 가득하여 뛰어난 뜻을
세우고 광대한 소견을 내어 구경에 일체 모든 행을 알며, 보현의 지
위에 있으면서 말하는 바의 법을 따라 잠깐 동안에 다 증득해 들어
갑니다.

한 찰나 동안에 한량없는 지혜를 증장해 미래의 겁이 끝나도록 연설하며, 일체 세계에서 허공처럼 광대한 행을 닦아서 원만하게 성취합니다.

(25-11-8-6) 보현이 잘 아는 육근에 관한 한 가지 원

집착이 없고 속박이 없이 해탈한 마음으로 보현의 여러 근의 행을 닦아서 행의 왕을 이루고, 낱낱 근에서 한량없는 모든 근과 한량없는 마음으로 좋아함과 부사의 한 경계로 생기는 묘한 행을 압니다.

(25-11-9) 보현의 미세하게 법을 아는 덕
(25-11-9-1) 세간법을 아는 미세한 지혜

집착이 없고 속박이 없이 해탈한 마음으로 보현의 행으로 크게 회향하는 마음에 머물러서, 색과 몸과 세계와 겁과 세상과 방위와 시간과 수와 업보와 청정에 대한 매우 미세한 지혜를 얻습니다.

이와 같이 일체의 매우 미세한 지혜를 잠깐 동안에 모두 알지만, 마음이 두렵지도 않고 미혹하지도 않고 착란하지도 않고 산란하지도 않고 흐리지도 않고 용렬하지도 않아 마음이 한 가지를 반연하고 고요하고 잘 분별하고 잘 머뭅니다.

(25-11-9-2) 중생들의 갈래를 아는 미세한 지혜

집착이 없고 속박이 없이 해탈한 마음으로 보살의 지혜에 머물러 보현의 행을 닦으면서 게으르지 않아 중생들의 미세한 지혜를 모두 압니다. 중생의 갈래와 중생의 죽음과 중생의 남과 중생의 머묾과 중생의 처소와 중생의 종류와 중생의 경계와 중생의 행과 중생의 취함과 중생의 반연함 등 입니다. 이와 같은 매우 미세한 지혜를 잠깐 동안에 다 압니다.

(25-11-9-3) 보살행의 덕을 아는 미세한 지혜

집착이 없고 속박이 없이 해탈한 마음으로 깊은 뜻을 세우고 보현행을 닦아서, 일체 보살이 처음 발심한 때부터, 일체중생을 위하여 보살행 덕의 미세한 지혜를 모두 압니다. 보살행을 닦음과 보살이 있는 곳과 보살의 신통과 보살이 부처님의 세계에 머무름과 보살의 법의 광명 등의 미세한 지혜입니다.

보살의 청정한 눈이 매우 미세함과, 보살의 훌륭한 마음을 성취함이 매우 미세함과, 보살이 일체 여래의 대중이 모인 도량에 나아감이 매우 미세함과, 보살의 다라니문의 지혜가 매우 미세함과, 보살이 한량없이 두려움이 없는 자리에서 일체 변재로 연설함이 매우 미세함을 능히 압니다.

보살의 한량없는 삼매가 매우 미세함과, 보살이 모든 부처님을 보는 삼매의 지혜가 매우 미세함과, 보살의 매우 깊은 삼매의 지혜가 매우 미세함과, 보살의 대장엄삼매의 지혜가 매우 미세함과, 보살의 법계삼매의 지혜가 매우 미세함을 능히 압니다.

보살의 대자재신통삼매의 지혜가 매우 미세함과, 보살이 오는 세상이 끝나도록 광대한 행에 머물러 유지하는 삼매의 지혜가 매우 미세함과, 보살의 무량한 차별한 삼매를 내는 지혜가 매우 미세함과, 보살이 모든 부처님 앞에 나서 부지런히 공양을 닦아 버리지 않는 삼매의 지혜가 매우 미세함을 능히 압니다.

보살이 이렇게 매우 깊고 넓고 장애가 없는 삼매를 수행하는 지혜가 매우 미세함과 보살이 온갖 지혜의 자리와 행에 머물러 유지하는 지혜의 자리와 큰 신통의 자리와 결정한 이치의 자리에 끝까지 이르러 장애를 여의는 삼매의 지혜가 매우 미세함을 압니다.

(25-11-9-4) 보살 지위의 덕을 아는 미세한 지혜

집착이 없고 속박이 없이 해탈한 마음으로 보현의 행을 닦아서 일체 보살의 나란히 정돈하는 지혜와 보살의 지위와 보살의 한량없는 행과 보살의 회향과 보살이 일체 부처님의 장을 얻음이 매우 미세함을 다 압니다.

보살의 관찰하는 지혜와 보살의 신통과 원력과, 보살의 연설하는 삼매와 보살의 자재한 방편과 보살의 인이 매우 미세함을 다 압니다.

보살의 일생보처와 보살이 도솔천에 나는 것과 보살이 천궁에 머무름과 보살이 국토를 장엄함과 보살이 인간 세상을 관찰함이 매우 미세함을 압니다.

보살이 큰 광명을 놓는 것과, 보살의 종족이 훌륭함과, 보살의 도량에 모인 대중과, 보살이 일체 세계에 태어남과, 보살이 한 몸에 모든 몸을 나타내 보여 목숨을 마침이 매우 미세함을 다 압니다.

보살이 어머니의 태에 드는 것과, 보살이 어머니의 태에 머무는 것과, 보살이 어머니의 태속에서 일체 법계의 도량에 모인 대중을 자재하게 나타내는 것과, 보살이 어머니의 태속에서 일체 부처님의 신통력을 나타내 보이는 것과, 보살이 탄생하는 일을 보이는 것이 매우 미세함을 다 압니다.

보살이 사자처럼 일곱 걸음을 다니는 지혜와, 보살이 왕궁에 거처함을 보이는 공교한 방편과, 보살이 출가하여 조복시키는 행을 닦음과, 보살이 보리수 아래의 도량에 앉으심과, 보살이 마군의 무리를 깨뜨리고 위없는 바른 깨달음을 성취하는 것이 매우 미세함을 다 압니다.

여래가 보리좌에 앉아서 큰 광명을 놓아 시방세계를 비추는 일과, 여래가 무량한 신통변화를 나타내심과, 여래가 사자후로 열반하심과, 여래가 일체중생을 조복시키는 데 장애가 없음이 매우 미세함을 다 압니다.

여래의 부사의 하게 자재한 힘과 금강 같은 보리심과, 여래가 일체 세간의 경계를 두루 호념하심과, 여래가 일체 세계에서 불사를 지으며 오는 세월이 끝나도록 쉬지 않으심이 매우 미세함을 다 압니다.

여래의 걸림 없는 신통력으로 법계에 두루 하심과, 여래가 온 허공의 일체 세계에서 성불함을 널리 나타내어 중생을 조복함과, 여래가 한 몸에 한량없는 부처님의 몸을 나타내심과, 여래가 과거·현재·미래의 삼세에서 모두 도량에 계시는 자재한 지혜가 매우 미세함을 다 압니다.

이와 같이 일체 미세한 것을 다 알고 청정함을 성취하여 일체 세간에 두루 나타내며, 잠깐 동안에 지혜를 증장하고 원만하여 물러나지 않으며, 교묘한 방편으로 보살의 행을 닦아 쉬는 일이 없습니다.

보현의 회향하는 자리를 성취하여 일체 여래의 공덕을 구족하며 보살의 행할 것을 영원히 버리지 않으며, 보살의 눈앞의 경계를 내어 한량없는 방편을 모두 청정하게 합니다.

일체중생을 모두 편안케 하려고 보살의 행을 닦으며, 보살의 큰 위덕을 성취해 모든 보살의 마음으로 좋아함을 얻으며, 금강당보살의 회향하는 문을 얻고 법계의 모든 공덕장을 내어, 항상 모든 부처님의 호념하시는 바가 됩니다.

모든 보살의 깊고 묘한 법문에 들어가서 진실한 뜻을 연설하며, 법에 매우 교묘해 어기는 일이 없으며, 큰 서원을 내어 중생을 버리지 않으며, 한 생각 동안에 모든 마음의 처지와 마음이 아닌 처지의 경계의 장을 다 알고, 마음이 아닌 곳에 마음을 내도 말을 여의고 지혜에 편안히 머뭅니다.

보살의 수행과 같이하여 자재한 힘으로 불도를 이룸을 보인다. 미래세가 다 하도록 쉬지 않으며, 일체 세간과 중생과 겁을 망상과 말로써 건립하는 것을 신통과 원력으로 모두 나타내 보입니다.

(25-11-9-5) 중생 세계를 아는 미세한 지혜

집착이 없고 속박이 없이 해탈한 마음으로 보현의 행을 닦아서 일체 중생계의 매우 미세한 지혜를 얻습니다.

이른바 중생계의 분별과 중생계의 말과 중생계의 집착과 중생계의 다른 종류에 대해 매우 미세한 지혜입니다. 중생계의 같은 종류와 중생계의 한량없는 갈래와 중생계의 부사의 한 갖가지 분별과 중생계의 한량없이 뒤섞이고 물든 것과 중생계의 한량없이 청정한 것에 대한 매우 미세한 지혜입니다.

이러한 일체중생계의 경계가 미세한 것을 잠깐 동안에 지혜로써 사실대로 알아서 중생들을 널리 포섭하고 갖가지 청정한 법문을 설하며, 보살의 광대한 지혜를 닦게 하고 화신이 한량없어 보는 이들이 환희케 하며, 지혜의 햇빛으로 보살의 마음을 비춰 그들을 깨닫게 하여 지혜가 자재하게 합니다.

8

(25-11-9-6) 세계를 아는 미세한 지혜

집착이 없고 속박이 없이 해탈한 마음으로 일체중생을 위하여 모든 세계에서 보현의 행을 닦아, 온 허공계와 법계의 일체 세계에 대하여 매우 미세한 지혜를 얻습니다.

"이른바 작은 세계와 큰 세계와 더러운 세계와 청정한 세계와 견줄 데 없는 세계에 대해 매우 미세한 지혜입니다. 여러 가지 세계와 넓은 세계와 좁은 세계와 걸림 없이 장엄한 세계와 일체 세계에 두루하게 부처님이 출현하는 데에 대해 매우 미세한 지혜입니다. 일체 세계에 두루 하여 바른 법을 연설하는 것과 몸을 나타내는 것과 큰 광명을 놓는 것과 일체 세계가 끝나는 데까지 모든 부처님의 자재한 신통을 나타내는 매우 미세한 지혜입니다. 일체 세계가 끝난 데까지 한 음성으로 일체 음성을 보이는 것과 일체 세계에 모든 부처님 국토의 도량에 모인 대중 가운데 들어가는 것과 일체 법계의 부처님 세계로 한 부처님 세계를 만드는 것과 한 부처님 세계로 일체 법계의 부처님 세계를 만드는 것에 대해 매우 미세한 지혜입니다. 일체 세계가 꿈과 같음을 아는 것과 영상과 같음을 아는 것과 환영과 같음을 아는 것에 대해 매우 미세한 지혜입니다.

이와 같이 알고는 일체 보살의 도를 내며, 보현의 행과 지혜와 신통에 들어가서 보현의 관찰을 갖추어 보살의 행을 닦기를 항상 쉬지 않으며, 모든 부처님의 자재한 신통 변화를 얻고 걸림 없는 몸을 갖추어 의지 없는 지혜에 머뭅니다. 여러 선한 법에 집착함이 없고 마음이 행하는 바에 얻을 것이 없으며, 모든 처소에서는 멀리 여의는 생각을 내고, 보살이 행에는 깨끗이 닦을 생각을 일으키고, 온갖 지혜에는 취하려는 생각이 없으며, 모든 삼매로 스스로 장엄하고 지혜로 모든 법계를 수순합니다.

(25-11-9-7) 법계를 아는 미세한 지혜

집착이 없고 속박이 없이 해탈한 마음으로 보현보살의 수행하는 문에 들어가서 한량없는 법계와 일체 법계에 대한 연설과 광대한 법계에 들어가는 것과 부사의 한 법계에 대한 분별과 일체 법계를 분별하는 것에 대해 매우 미세한 지혜를 얻습니다.

또 잠깐 동안에 일체 법계에 두루 하는 것과 두루 들어가는 것과 얻을 것 없음을 아는 것과 걸릴 것 없음을 관찰하는 것과 나는 것이 없음을 아는 것과 신통 변화를 나타내는 것에 대해 매우 미세한 지혜를 얻습니다.

이와 같은 일체 법계의 매우 미세한 것을 광대한 지혜로 다 사실과 같이 알아 법에 자재하며, 보현의 행을 보여서 모든 중생을 모두 만족케 하며, 이치를 버리지도 않고 법에 집착하지도 않아 평등하고 걸림이 없는 지혜를 내어 걸림이 없는 근본을 알며, 일체 법에 머무르지도 않고 법의 성품을 깨뜨리지도 않으면서, 실상과 같이 물들지 않음이 마치 허공과 같습니다.

세간이 수순해 말을 일으키고 진실한 이치를 펼쳐 놓아 적멸한 성품을 보이며, 모든 경계에 의지함도 없고 머물지도 않고 분별도 없지만 법계가 광대하게 나란히 건립된 것을 분명히 보며, 모든 세간과 일체 법이 평등하고 둘이 없는 줄을 알아서 모든 집착을 여의었습니다.

(25-11-9-8) 겁을 아는 미세한 지혜

집착이 없고 속박이 없이 해탈한 마음으로 보현의 행을 닦아 모든 겁에 매우 미세한 지혜를 냅니다.

이른바 한량없는 겁을 한 생각으로 생각하는 매우 미세한 지혜, 한 생각으로 한량없는 겁으로 생각하는 매우 미세한 지혜, 아승기 겁을 한 겁에 넣는 매우 미세한 지혜, 한 겁을 아승기 겁에 넣는 매우 미세한 지혜입니다.

또 긴 겁을 짧은 겁에 넣는 매우 미세한 지혜, 짧은 겁을 긴 겁에 넣는 매우 미세한 지혜, 부처님이 있는 겁을 부처님이 없는 겁에 들어가는 매우 미세한 지혜, 일체 겁의 수효를 아는 매우 미세한 지혜, 일체 겁과 겁이 아닌 것을 아는 매우 미세한 지혜, 한 생각 가운데 삼세의 모든 겁을 보는 매우 미세한 지혜입니다.

이와 같은 모든 겁에 매우 미세한 것을 여래의 지혜로써 한 생각 동안에 다 실상과 같이 압니다. 모든 보살이 행을 원만히 하는 마음과 보현의 행에 들어가는 마음과 일체를 분별하는 외도의 희롱 거리 언론을 여의는 마음과 큰 원을 내어 쉬지 않는 마음을 얻습니다. 또 한량없는 세계에 한량없는 부처님이 충만함을 모두 보는 마음과, 모든 부처님의 선근과 모든 보살의 행을 듣고 지니는 마음과, 일체중생을 위로하는 광대한 행을 듣고 잊지 않는 마음을 얻습니다. 일체 겁에 부처님이 출현하심을 나타내는 마음과, 낱낱 세계에서 오는 세월이 끝나도록 동요하지 않는 행을 닦아 쉬지 않는 마음과, 일체 세계에서 여래의 몸으로 짓는 업이 보살의 몸에 충만한 마음을 얻습니다.

(25-11-9-9) 법을 아는 미세한 지혜

집착이 없고 속박이 없이 해탈한 마음으로 보현의 행을 닦아 물러나지 않으면 일체법에 매우 미세한 지혜를 얻습니다.

이른바 깊고 깊은 법과 광대한 법과 갖가지 법과 장엄한 법과 일체 법이 한량이 없는 것에 대해 매우 미세한 지혜입니다. 또 한 법이 일체법에 들어가는 것과 일체법이 법 아닌 데 들어가는 것과 법이 없는 가운데 일체법을 나란히 건립하되 어기지 않는 것과 일체 불법의 방편에 들어가서 남김이 없는 것에 대해 매우 미세한 지혜입니다.

이러한 일체 세계에 모든 말로 건립한 법에 대해 미세한 지혜는 그것들과 동등하고 그 지혜는 걸림이 없어 모두 사실과 같이 알며, 그 지없는 법계에 들어가는 마음을 얻고, 낱낱 법계에 깊은 마음으로 굳게 머물러 걸림 없는 행을 이루며, 온갖 지혜로 여러 근에 가득하고, 모든 부처님의 지혜인 바른 생각의 방편에 들어갑니다.

모든 부처님의 광대한 공덕을 성취하여 법계에 가득하며, 일체 모든 여래의 몸에 들어가서 모든 보살의 몸으로 짓는 업을 나타내며, 모든 세계의 말을 따라서 법을 연설하며, 모든 부처님의 신통력으로 가피한 지혜의 업으로 한량없는 교묘한 방편을 내어 모든 법을 분별하는 일체 지혜를 얻습니다.

(25-11-9-10) 일체를 아는 미세한 지혜

집착이 없고 속박이 없이 해탈한 마음으로 보현의 행을 닦아 일체 매우 미세한 지혜를 냅니다.

이른바 일체 세계를 아는 것과 일체중생을 아는 것과 일체 법의 과보를 아는 것과 일체중생의 마음을 아는 것과 일체법을 설할 때를 아는 것에 대해 매우 미세한 지혜입니다. 또 일체 법계를 아는 것과 일체 온 허공계의 삼세를 아는 것과 모든 말하는 길을 아는 것과 일체 세간의 행을 아는 것과 일체 출세간의 행을 아는 것에 대한 매우 미세한 지혜입니다.

일체 여래와 일체보살과 일체중생의 도를 아는 매우 미세한 지혜로, 보살의 행을 닦고 보현의 도에 머물러서 글이나 뜻을 모두 실제와 같이 압니다.

그리고 그림자 같은 지혜를 내며, 꿈과 같은 지혜를 내며, 환영과 같은 지혜를 내며, 메아리와 같은 지혜를 내며, 변화와 같은 지혜를 내며, 허공과 같은 지혜를 내며, 적멸한 지혜를 내며, 일체 법계의 지혜를 내며, 의지할 데 없는 지혜를 내며, 일체 불법의 지혜를 냅니다.

(25-11-10) 실제회향

보살들이여, 보살이 집착이 없고 속박이 없이 해탈한 마음으로 회향하며, 세간과 세간법을 분별하지 않습니다.

깨달음과 깨달은 중생을 분별하지 않습니다. 보살의 행과 벗어나는 길을 분별하지 않습니다. 부처님과 일체 부처님의 법을 분별하지 않습니다. 중생을 조복함과 중생을 조복하지 않음을 분별하지 않습니다. 선근과 회향함을 분별하지 않습니다.

자신과 다른 사람을 분별하지 않습니다. 보시하는 물품이나 보시 받는 이를 분별하지 않습니다. 보살의 행과 등정각을 분별하지 않습니다. 법과 지혜를 분별하지 않습니다.

(25-11-11) 여러 문을 모두 맺다

보살들이여, 보살이 이러한 선근으로 이와 같이 회향합니다. 이른바 마음에 집착이 없고 속박 없이 해탈하며, 몸에 집착 없고 속박 없이 해탈하며, 입에 집착 없고 속박 없이 해탈하며, 업에 집착 없고 속박 없이 해탈하며, 과보에 집착 없고 속박 없이 해탈하며, 세간에 집착 없고 속박 없이 해탈하며, 부처님 세계에 집착 없고 속박 없이 해탈하며, 중생에 집착 없고 속박 없이 해탈하며, 법에 집착 없고 속박 없이 해탈하며, 지혜에 집착 없고 속박 없이 해탈합니다.

즉 마음과 몸과 말에 집착이 없고 속박이 없는 해탈이며, 업과 업의 과보에 집착이 없고 속박이 없는 해탈이며, 세간과 세계와 중생에 집착이 없고 속박이 없는 해탈이며, 법과 지혜에 집착이 없고 속박이 없는 해탈이다. 이것이 무착무박해탈회향입니다.

(25-11-12) 이익의 성취를 밝히다

보살이 이와 같이 회향할 때 삼세의 모든 부처님이 보살로 계실 때 닦으시던 회향과 같이 회향한 것입니다. 과거 모든 부처님의 회향을 배우며, 미래 모든 부처님의 회향을 성취하며, 현재 모든 부처님의 회향에 머뭅니다.

또 과거 부처님들의 회향하던 길에 편안히 머물며, 미래 부처님의 회향할 길을 버리지 않으며, 현재 부처님들의 회향하는 길을 수순합니다.

또 과거 모든 부처님의 가르침을 닦으며, 미래 모든 부처님의 가르침을 성취하며, 현재 모든 부처님의 가르침을 압니다.

또 과거 모든 부처님의 평등을 만족하며, 미래 모든 부처님의 평등을 성취하며, 현재 모든 부처님의 평등에 머뭅니다.

또 과거 모든 부처님의 경계를 행하며, 미래 모든 부처님의 경계에 머물며, 현재 모든 부처님의 경계와 평등합니다.

또 삼세 일체 모든 부처님의 선근을 얻으며, 종성을 갖추며, 행하심에 머물며, 경계를 따릅니다. 보살들이여, 이것이 보살의 제9 집착이 없고 속박이 없이 해탈하는 마음의 회향인 무착무박해탈회향입니다.

(25-11-13) 과위를 밝히다

보살이 이 회향에 머물 때 일체 금강륜위산을 깨뜨릴 수 없으며, 일체중생 중에 몸매가 제일이어서 따를 자가 없습니다.

모든 마군의 삿된 업을 꺾어 버리고 시방일체세계에 널리 나타나서 보살의 행을 닦으며, 일체중생을 깨우치기 위하여 좋은 방편으로 모든 불법을 설하여 큰 지혜를 얻게 하며, 모든 부처님의 법에 마음이 미혹하지 않게 됩니다.

태어나는 곳마다 다니거나 머무를 때 무너지지 않는 권속을 항상 만나며, 삼세 모든 부처님께서 말씀한 정법을 청정한 생각으로 받아 지닙니다.

미래의 겁이 다하도록 보살의 행을 닦아 쉬지 않고 의지하여 집착하지도 않습니다.

또 보현의 행과 원을 구족하게 증장하여 일체 지혜를 얻으며, 부처님의 일을 지어서 보살의 자재한 신통을 성취합니다.

(25-12) 제10 등법계무량회향

(25-12-1) 법사의 지위에 올라 법보시를 하다

보살들이여, 보살이 깨끗한 비단을 이마에 매고 법사의 지위에 머물면서 법보시를 널리 행하는 것이 보살의 법계와 같은 한량없는 등법계무량회향입니다.

자비심을 내어 중생들을 보리심에 편안히 머물게 하며, 항상 요익한 일을 행하여 쉬지 않으며, 보리심으로 선근을 기르며, 모든 중생을 위해 조어사가 되어서 모든 중생에게 일체지혜의 길을 보입니다.

모든 중생을 위해 법장의 태양이 되어 선근의 광명으로 일체세계를 널리 비추며, 모든 중생에게 그 마음이 평등하여 모든 선행을 닦아서 쉬지 않으며, 마음이 깨끗하여 물들지 않고 지혜가 자재하여 일체 선근의 업을 버리지 않습니다.

모든 중생에게 큰 지혜가 있는 장사의 물주가 되어 그들이 편안하고 바른 길에 들어가게 하며, 모든 중생을 위해 지도하는 우두머리가 되어 일체 선근의 법과 행을 닦게 하며, 모든 중생을 위해 깨뜨릴 수 없는 굳건한 선지식이 되어 선근이 자라서 성취케 합니다.

(25-12-2) 보시 중에 법보시가 으뜸

보살들이여, 이 보살이 법보시를 베풀면서 모든 청정한 법을 내고, 섭수하여 일체 지혜의 마음에 나아가며, 뛰어난 원력이 끝까지 견고하며, 성취하고 증장하여 큰 위덕을 갖추며, 선지식을 의지하여 아첨하는 마음이 없으며, 일체 지혜의 문과 끝이 없는 경계를 생각하고 관찰합니다.

(25-12-3) 불법을 듣고 자리이타를 원함
(25-12-3-1) 전체를 밝히다

이 선근으로 이와 같이 회향합니다. '원컨대 닦고 익혀서 광대하고 걸림이 없는 일체 경계를 성취하고 증장하기를 원합니다. 부처님의 바른 교법에서 한 구절이나 한 게송만이라도 듣고 받아 지니고 연설할 수 있게 하기를 원합니다. 법계와 평등하여 한량없고 끝이 없는 일체 세계의 과거·현재·미래에 계시는 일체 모든 부처님을 생각하며, 보살행을 닦기를 원합니다.

(25-12-3-2) 부처님을 생각하는 선근

원컨대 부처님을 생각한 선근으로 한 중생을 위하여 한 세계에서 오는 세월이 끝나도록 보살의 행을 닦기를 원합니다. 한 세계에서와 같이 온 법계와 허공계의 일체 세계에서도 그처럼 되기를 원합니다. 한 중생을 위한 것과 같이 일체중생을 위해서도 그러하며, 훌륭한 방편으로 낱낱이 다 오는 세월이 끝나도록 큰 서원으로 장엄하여 끝까지 부처님과 선지식을 떠날 생각이 없기를 원합니다. 항상 부처님들이 앞에 나타나심을 보며, 한 부처님이라도 세상에 출현하실 적에 친근치 않음이 없기를 원합니다.'

(25-12-3-3) 범행을 닦음

일체 모든 부처님과 모든 보살이 찬탄하고 말씀하신 청정한 범행을 서원하고 수행하여 성취케 합니다.

이른바 파괴되지 않는 범행, 결손이 없는 범행, 잡스럽지 않는 범행, 티 없는 범행, 실수 없는 범행, 가릴 수 없는 범행, 부처님이 칭찬하는 범행, 의지한 데 없는 범행, 얻은 것 없는 범행, 보살의 청정을 더하게 하는 범행입니다.

삼세의 부처님이 행하시던 범행, 걸림이 없는 범행, 집착이 없는 범행, 다툼이 없는 범행, 멸하지 않는 범행, 편안히 머무는 범행, 비길 데 없는 범행, 동하지 않는 범행, 산란치 않는 범행, 성냄이 없는 범행입니다.

(25-12-3-4) 자기를 위한 수행이 중생을 위함이다

보살들이여, 보살이 자기를 위해 이처럼 청정한 범행을 수행하면 일체중생을 위하게 됩니다.

일체중생이 편안히 머물게 하며, 알게 하며, 성취케 하며, 청정케 합니다. 일체중생이 때가 없게 하며, 밝게 비춤을 얻게 하며, 티끌을 여의게 하며, 막힘이 없게 합니다. 일체중생이 번뇌를 여의게 하며, 속박을 여의게 하며, 나쁜 일을 여의게 하며, 해침이 없고 끝까지 청정케 합니다.

(25-12-3-5) 까닭을 되돌려 해석하다

무슨 까닭입니까? 보살이 자기의 범행이 청정치 못하면 다른 이도 청정케 하지 못합니다. 또한 자기의 범행에 물러남이 있으면 다른 이도 물러남이 없게 하지 못합니다. 자기가 범행에 잘못됨이 있으면 다른 이도 잘못됨이 없게 하지 못합니다. 자기가 범행을 지키지 못하면 다른 이도 지키도록 하지 못합니다.

자기가 범행에 게으르면 다른 이도 게으르지 않게 하지 못합니다. 자기가 범행에 믿고 이해하지 못하면 다른 이도 믿고 이해시키지 못합니다. 자기가 범행에 편안히 머무르지 않으면 다른 이도 편안히 머물게 하지 못합니다. 자기가 범행을 증득하지 못하면 다른 이도 마음을 증득케 하지 못합니다. 자기가 범행을 버리면 다른 이도 버리지 않도록 하지 못합니다. 자기가 범행에 흔들림이 있으면 다른 이도 마음을 흔들리지 않게 하지 못합니다.

(25-12-3-6) 까닭을 순리로 해석하다

보살이 전도됨이 없는 행에 머물러야 전도됨이 없는 법을 설합니다. 말하는 바가 진실해야 말한 대로 수행합니다. 몸과 입과 뜻이 깨끗해야 모든 더러움을 여읩니다. 걸림이 없는 행에 머물러야 일체 장애를 소멸합니다.

보살이 스스로 깨끗한 마음을 얻어야 다른 이에게 청정한 마음의 법을 연설합니다.

스스로 화평하고 참아서 모든 선근으로 마음을 조복해야 다른 사람도 화평하고 참아서 모든 선근으로 마음을 조복하게 합니다.

스스로 의혹을 여의어야 다른 사람도 의혹을 여의게 합니다. 스스로 깨끗한 신심을 얻어야 다른 사람도 깨끗한 신심을 깨뜨리지 않게 합니다. 자기가 바른 법에 머물러야 중생들도 바른 법에 편안히 머물게 합니다.

(25-12-4) 법을 얻어 자타가 이익 하기를 원하다
(25-12-4-1) 법을 얻음을 모두 밝히다

보살들이여, 보살이 법보시로 생긴 선근을 이와 같이 회향합니다. '원컨대 내가 일체 여러 부처님의 다함없는 법문을 얻어서, 중생들에게 널리 분별하고 해설하여 모두 환희하여 마음을 만족케 하며, 외도의 논리를 깨뜨리기를 원합니다.'

(25-12-4-2) 법을 연설하다

'원컨대 내가 일체중생에게 삼세 모든 부처님의 법을 연설하며, 낱낱 법이 생기는 데와, 낱낱 법의 이치와, 낱낱 법의 이름과, 낱낱 법의 안정하게 세우는 안립과, 낱낱 법의 해설과, 낱낱 법의 나타내 보임과, 낱낱 법의 문호와, 낱낱 법의 깨달음과, 낱낱 법의 관찰과, 낱낱 법의 부분 부분의 지위에서 끝없고 다함없는 법장을 모두 얻어 두려움이 없음을 얻으며, 네 가지 변재를 구족하고 널리 중생을 위하여 분별하여 해설하며, 오는 세월이 끝나도록 다함이 없기를 원합니다.'

(25-12-4-3) 법을 연설하는 까닭

일체중생이 훌륭한 뜻과 원을 세우고 걸림이 없고 그릇됨이 없는 변재를 내게 하려는 것입니다.

일체중생이 다 환희케 하려는 것입니다. 일체중생이 모든 깨끗한 법의 광명을 성취하고 그 종류의 음성을 따라 끊임없이 연설케 하려는 것입니다. 일체중생이 깊이 믿고 환희하여 온갖 지혜에 머물러서 여러 가지 법을 분명히 알아 의혹이 없게 하려는 것입니다.

(25-12-4-4) 스스로 닦아 덕을 이룸

보살이 생각합니다. '내가 마땅히 널리 일체 세계의 모든 중생을 위해 부지런히 수행하여 법계에 두루 한 한량없이 자재한 몸을 얻기를 원합니다. 법계에 두루 한 한량없이 광대한 마음을 얻어, 법계와 동등한 한량없이 청정한 음성을 갖추며, 법계와 동등한 한량없는 대중이 모인 도량을 나타내어, 법계와 동등한 한량없는 보살의 업을 닦으며, 법계와 동등한 한량없는 보살의 머무는 데를 얻으며, 법계와 동등한 한량없는 보살의 평등을 증득하며, 법계와 동등한 한량없는 보살의 법을 배울 것입니다. 법계와 동등한 한량없는 보살의 행에 머물며, 법계와 동등한 한량없는 보살의 회향에 들기를 원합니다.'

이것이 보살이 여러 선근으로 회향함이니, 중생들이 온갖 지혜를 모두 성취케 하려는 것입니다.

(25-12-5) 원만한 자리이타행
보살들이여, 보살이 다시 선근으로 회향합니다.

이른바 법계와 동등한 한량없는 부처님을 친견하고자 하는 것이며, 부처님의 세계에 머물려는 것이며, 중생을 조복하려는 것입니다. 법계와 동등한 한량없는 보살의 지혜를 증득하려는 것이며, 두려움 없음을 얻으려는 것이며, 보살의 다라니를 이루려는 것입니다.

법계와 동등한 한량없는 보살이 불가사의하게 머무는 데를 얻으려는 것이며, 공덕을 갖추려는 것이며, 중생을 이익케 하는 선근을 만족하려는 것입니다.

또 '원컨대 이선근 인연으로써 복덕과 지혜와 힘과 두려움 없음과 청정함과 자재함과 정각과 설법과 이치와 결정함과 일체 신통의 평등함을 얻어 이와 같은 평등의 법이 모두 원만하며, 일체중생도 또한 이와 같이 얻어서 나와 같아서 다름이 없기를 원합니다.'

(25-12-6) 수행이 법계에 합하기를 원하다
보살들이여, 보살이 다시 선근으로 이와 같이 회향합니다.

'법계가 한량이 없는 것처럼 선근으로 회향함도 또한 그와 같아서 얻는 지혜가 한량이 없으며, 법계가 끝없는 것처럼 선근의 회향도 또한 그와 같아서 일체 부처님을 친견함이 끝없으며, 법계가 제한이 없는 것처럼 선근의 회향도 또한 그와 같아서 모든 부처님의 세계에 나아감이 제한이 없으며, 법계가 끝이 없는 것처럼 선근의 회향도 또한 그와 같아서 일체 세계에서 보살의 행을 닦는 것이 끝이 없으며, 법계가 단절함이 없는 것처럼 선근의 회향도 또한 그와 같아서 일체 지혜에 머물러서 단절함이 없으며, 법계가 한 성품인 것처럼 선근의 회향도 또한 그와 같아서 일체중생과 더불어 지혜의 성품이 한결같으며, 법계의 성품이 청정한 것처럼 선근의 회향도 또한 그와 같아서 일체중생이 구경까지 청정케 하며, 법계가 따라 순종하는 것처럼 선근의 회향도 또한 그와 같아서 일체중생이 모두 보현의 행과 원을 따르게 하며, 법계가 장엄한 것처럼 선근의 회향도 또한 그와 같아서 일체중생이 보현의 행으로 장엄하며, 법계가 깨뜨릴 수 없는 것처럼 선근의 회향도 또한 그와 같아서 보살들이 모든 청정한 행을 영원히 깨뜨리지 않기를 원합니다.'

(25-12-7) 부처님을 친견하여 법을 알기를 원하다

보살들이여, 보살이 다시 이 선근으로 이와 같이 회향합니다.

이른바 '원컨대 이 선근으로 일체 모든 부처님과 보살을 받들어 섬겨서 환희케 하며, 이 선근으로 일체 지혜의 성품에 빨리 들어가며, 이 선근으로 모든 곳에 두루 하여 일체 지혜를 닦으며, 이 선근으로 일체중생이 부처님 계신 데 가서 문안하며, 이 선근으로 일체중생이 항상 모든 부처님을 친견하고 불사를 짓게 하며, 이 선근으로 일체중생이 항상 부처님을 친견하고 부처님 일에 태만한 마음을 내지 말며, 이 선근으로 일체중생이 항상 부처님을 친견하고 마음이 청정하여 물러나지 말며, 이 선근으로 일체중생이 항상 부처님을 친견하고 마음에 잘 이해하며, 이 선근으로 일체중생이 항상 부처님을 친견하고 집착을 내지 말며, 이 선근으로 일체중생이 항상 부처님을 친견하고 걸림이 없음을 통달하며, 이 선근으로 일체중생이 항상 부처님을 친견하고 보현의 행을 이루며, 이 선근으로 일체중생이 항상 부처님을 친견하고 잠시도 떠나지 않으며, 이 선근으로 일체중생이 항상 부처님을 친견하고 보살의 한량없는 힘을 내게 하며, 이 선근으로 일체중생이 항상 부처님을 친견하고 모든 법을 영원히 잊지 않기를 원합니다.'

(25-12-8) 법계를 알기를 원하다

보살들이여, 보살이 또 모든 선근으로 이와 같이 회향합니다.

이른바 법계의 일어남이 없는 성품과 같이 회향하며, 법계의 근본 성품과 같이 회향하며, 법계 자체의 성품과 같이 회향하며, 법계의 의지함이 없는 성품과 같이 회향하며, 법계의 잊어버림이 없는 성품과 같이 회향합니다.

법계가 공하여 없는 성품과 같이 회향하며, 법계의 처소가 없는 성품과 같이 회향하며, 법계의 변동이 없는 성품과 같이 회향하며, 법계의 차별이 없는 성품과 같이 회향합니다.

(25-12-9) 일체중생이 법사가 되기를 원하다

보살들이여, 보살이 다시 법을 보시하는 것으로써 펴서 보이고, 깨우쳐 주고, 그것으로 생긴 선근으로 회향합니다.

이른바 '원컨대 일체중생이 보살법사가 되어 항상 모든 부처님의 호념 하심이 되며, 일체중생이 가장 높은 법사가 되어 일체중생을 온갖 지혜에 나란히 있게 하며, 일체중생이 굽히지 않는 법사가 되어 모든 어려운 문제에 막힘이 없으며, 일체중생이 걸림이 없는 법사가 되어 일체법에 걸림이 없는 광명을 얻으며, 일체중생이 지혜의 법장인 법사가 되어 모든 부처님의 법을 교묘하게 설하며, 일체중생이 모든 여래의 자재한 법사가 되어 여래의 지혜를 잘 분별하며, 일체중생이 명안법사가 되어 실상과 같은 법을 말하되 다른 이의 가르침을 말미암지 않게 하며, 일체중생이 모든 불법을 기억하는 법사가 되어 이치대로 연설하되 구절과 뜻을 어기지 않게 하며, 일체중생이 형상이 없는 도를 수행하는 법사가 되어 여러 가지 묘한 모습으로 스스로 장엄하고 한량없는 광명을 놓아 모든 법에 잘 들어가며, 일체중생이 큰 법사가 되어 그 몸이 모든 국토에 두루 하여 큰 법 구름을 일으켜 불법의 비를 내리며, 일체중생이 법장을 보호하는 법사가 되어 이길 사람이 없는 깃발을 세우고 모든 불법을 보호하여 바른 법이 이지러짐이 없게 하며, 일체중생이 부처님의 변재를 얻어 모든 법에 가장 뛰어난 법사가 되어 모든 법을 잘 연설하며, 일체중생이 아름다운 음성의 방편인 법사가 되어 끝이 없는 법계의 곳집을 잘 설하며, 일체중생이 법의 저 언덕에 이른 법사가 되어 지혜의 신통으로 정법의 창고를 열며, 일체중생이 바른 법에 편안히 머무는 법사가 되어 여래의 구경의 지혜를 연설하기를 원합니다. 일체중생이 모든 법을 통달한 법사가 되어 무량하고 무진한 공덕을 능히 설하며, 일체중생이 세간을 속이지 않는 법사가 되어 능히 방편으로써 실제에 들어가게 하며, 일체중생이 모든 마군을 깨뜨리는 법사가 되어 모든 마군의 업을 잘 소멸하며, 일체중생이 모든 부처님이 거두어 주시는 법사가 되어 나와 나의 것에 섭수되는 마음을 여의며, 일체중생이 모든 세간을 편안케 하는 법사가 되어 보살의 설법하는 원력을 성취하기를 원합니다.'

(25-12-10) 집착하지 않는 회향을 밝히다

보살들이여, 보살이 다시 모든 선근으로 회향합니다.

이른바 업에 집착하지 않고 회향하며, 과보에 집착하지 않고 회향하며, 마음에 집착하지 않고 회향하며, 법에 집착하지 않고 회향하며, 일에 집착하지 않고 회향합니다.

인에 집착하지 않고 회향하며, 말과 음성에 집착하지 않고 회향하며, 명사와 구절과 글자에 집착하지 않고 회향하며, 회향에 집착하지 않고 회향하며, 중생을 이익케 하는 데 집착하지 않고 회향합니다.

(25-12-11) 허물을 떠나고 덕을 이루는 회향
(25-12-11-1) 허물을 떠나다

보살들이여, 보살이 다시 선근으로 회향합니다.

"이른바 색의 경계를 탐착하지 않고 회향하며, 소리, 향기, 맛, 감촉, 법진의 경계를 탐착하지 않고 회향하며, 하늘에 태어나기를 구하지 않는 회향하며, 욕락을 구하지 않는 회향합니다.

욕심의 경계를 집착하지 않고 회향하며, 권속을 구하지 않는 회향하며, 자재함을 구하지 않는 회향하며, 생사의 즐거움을 구하지 않는 회향하며, 생사에 집착하지 않는 회향합니다.

모든 유를 즐겨하지 않는 회향하며, 화합의 즐거움을 구하지 않는 회향하며, 즐겨할 만한 곳을 구하지 않는 회향하며, 독해하려는 마음을 품지 않는 회향합니다.

선근을 파괴하지 않는 회향하며, 삼계에 의지하지 않는 회향하며, 선정, 해탈, 삼매를 집착하지 않는 회향하며, 성문이나 벽지불을 구하지 않는 회향합니다.

(25-12-11-2) 덕을 이루다

일체중생을 교화하고 조복하려고 회향하며, 일체 지혜의 지혜를 만족하려고 회향하며, 걸림 없는 지혜를 얻으려고 회향하며, 장애가 없고 청정한 선근을 얻으려고 회향합니다.

일체중생이 생사에서 뛰어나서 지혜를 증득케 하려고 회향하며, 보리심이 금강과 같아서 깨뜨릴 수 없게 하려고 회향하며, 구경까지 죽지 않는 법을 성취하려고 회향합니다.

한량없는 장엄 거리로 부처님의 종성을 장엄하여 온갖 지혜의 자재함을 나타내려고 회향하며, 보살의 일체법에 밝은 신통과 지혜를 구하려고 회향합니다. 온갖 법계 허공계의 일체 세계에서 보현의 행을 행하여 원만하여 물러가지 않고, 견고한 서원의 갑옷을 입고, 모든 중생이 보현의 지위에 머물게 하려고 회향합니다. 오는 세월이 끝나도록 중생을 제도하여 쉬지 않으며 일체 지혜의 지위에서 걸림 없는 광명을 나타내어 항상 끊어지지 않게 하려고 회향합니다.

(25-12-12) 회향하는 뜻
(25-12-12-1) 실제에 회향하다

보살들이여, 보살이 저 선근으로 회향할 때 이와 같은 마음으로 회향합니다.

이른바 본 성품이 평등한 마음으로 회향하며, 법의 성품이 평등한 마음으로 회향하며, 일체중생의 한량없이 평등한 마음으로 회향하며, 다툼이 없는 평등한 마음으로 회향하며, 자성이 일어남이 없이 평등한 마음으로 회향합니다.

모든 법이 잡란함이 없음을 아는 마음으로 회향하며, 삼세가 평등한 데 들어가는 마음으로 회향하며, 삼세 모든 부처님의 종성을 내는 마음으로 회향하며, 물러가지 않는 신통을 얻는 마음으로 회향하며, 일체 지혜의 행을 이루는 마음으로 회향합니다.

(25-12-12-2) 중생에게 회향하다

일체중생이 지옥을 여의게 하려고 회향하며, 축생의 갈래에 들어가지 않게 하려고 회향하며, 염라대왕의 처소에 가지 않게 하려고 회향합니다.

일체중생이 도를 장애 하는 모든 법을 멸하게 하려고 회향하며, 모든 선근을 만족케 하려고 회향하며, 때를 따라 법륜을 굴려 모든 이를 환희케 하려고 회향합니다.

일체중생이 십력의 바퀴에 들어가게 하려고 회향하며, 보살의 그지없이 청정한 법에 대한 소원을 만족케 하려고 회향하며, 모든 선지식의 가르침을 따라 보리심을 만족케 하려고 회향합니다.

일체중생이 깊은 불법을 받아 수행하여 부처님의 지혜 광명을 얻게 하려고 회향하며, 보살의 걸림이 없는 행을 닦아서 항상 앞에 나타나게 하려고 회향하며, 부처님이 그 앞에 나타남을 항상 보게 하려고 회향합니다.

일체중생이 청정한 법의 광명이 항상 나타나게 하려고 회향하며, 두려움이 없는 보리심이 항상 나타나게 하려고 회향하며, 보살의 부사의 한 지혜가 항상 나타나게 하려고 회향합니다.

일체중생이 중생을 널리 구호하여 청정케 하려는 대비심이 항상 나타나게 하려고 회향하며, 한량없는 훌륭한 장엄 거리로 부처님의 세계를 장엄하려고 회향하며, 모든 마군의 싸우는 그물의 업을 파멸하려고 회향합니다.

일체중생이 부처님의 세계에서 의지한 데 없이 보살행을 닦게 하려고 회향하며, 갖가지 지혜의 마음을 내어 부처님 법의 광대한 문에 들어가게 하려고 회향합니다.

(25-12-12-3) 보리에 회향하다

보살들이여, 보살이 또한 이 선근으로써 바른 생각이 청정해지려고 회향하며, 지혜를 견고히 하려고 회향하며, 일체 불법의 방편을 알려고 회향하며, 한량없고 걸림이 없는 지혜를 성취하려고 회향하며, 청정하고 뛰어난 마음을 만족하려고 회향합니다.

일체중생이 인자함에 머물게 하려고 회향하며, 불쌍히 여김에 머물게 하려고 회향하며, 기뻐함에 머물게 하려고 회향하며, 버리는 데 머물게 하려고 회향합니다.

두 가지 집착을 여의고 훌륭한 선근에 머물게 하려고 회향하며, 모든 인연으로 생기는 법을 생각하고 관찰하고 분별하여 연설하려고 회향하며, 용맹한 깃발을 세우는 마음을 위하여 회향합니다.

이길 사람 없는 깃발의 법장을 세우려고 회향하며, 모든 마군의 무리를 깨뜨리려고 회향하며, 일체 법에 청정하고 걸림이 없는 마음을 얻으려고 회향합니다.

모든 보살의 행을 닦아 물러나지 않으려고 회향하며, 제일 훌륭한 법을 구하는 마음을 얻으려고 회향하며, 모든 공덕의 법에 자재하고 청정한 지혜를 구하는 마음을 얻으려고 회향합니다.

일체 소원을 만족하며 투쟁을 없애고 부처님의 자재하고 걸림 없는 청정한 법을 얻어 일체중생을 위하여 물러나지 않는 법륜을 굴리려고 회향합니다.

여래의 최상인 뛰어난 법과 지혜의 태양을 얻어서 백천 광명의 장엄으로 일체 법계의 중생을 널리 비추려고 회향합니다.

일체중생을 조복하고 그 즐기는 것을 따라 항상 만족케 하며, 본래의 소원을 버리지 않고 오는 세월이 끝나도록 바른 법을 듣고 큰 행을 닦으며, 깨끗한 지혜의 때를 여읜 광명을 얻어 일체 교만을 끊고 일체 번뇌를 소멸하며, 애욕의 그물을 찢고 어리석음의 어둠을 깨뜨리며, 때가 없고 장애가 없는 법을 구족하려고 회향합니다.

일체중생이 아승기겁 동안에 일체 지혜의 행을 항상 부지런히 닦아서 물러나지 않으며, 낱낱이 걸림 없는 묘한 지혜를 얻고, 부처님의 자재한 신통을 나타내어 쉬는 일이 없게 하려고 회향합니다.

(25-12-12-4) 허물 떠남을 밝히다

보살들이여, 보살이 모든 선근으로 이와 같이 회향할 때 응당히 삼유와 오욕의 경계를 탐착하지 않습니다.

왜냐하면 보살이 응당히 탐욕이 없는 선근으로 회향하며, 성내는 일이 없는 선근으로 회향하며, 어리석음이 없는 선근으로 회향하는 까닭입니다. 해롭게 하지 않는 선근으로 회향하며, 교만을 떠난 선근으로 회향하며, 아첨하지 않는 선근으로 회향하는 까닭입니다. 꾸미거나 숨김이 없이 정직한 선근으로 회향하며, 성실하게 정진하는 선근으로 회향하며, 수행하는 선근으로 회향하는 까닭입니다.

(25-12-12-5) 이익 이룸을 밝히다

보살들이여, 보살이 이와 같이 회향할 때 깨끗한 신심을 얻고 보살의 행을 기쁘게 받아들이며, 청정한 보살의 도를 닦아 부처님의 종성을 구족하고, 지혜를 얻으며, 모든 나쁜 짓을 버리고, 마군의 업을 여의며, 선지식을 친근하여 자신의 원을 이루고, 모든 중생을 청하여 보시하는 법회를 베풉니다.

(25-12-13) 원만한 음성 얻기를 원하다
보살들이여, 보살이 다시 이 법을 보시하는 것으로 생긴 선근으로써 이와 같이 회향합니다.

이른바 일체중생이 깨끗하고 미묘한 음성을 얻게 하며, 부드러운 음성을 얻게 하며, 하늘 북의 소리를 얻게 하며, 한량없고 부사의한 음성을 얻게 하며, 자비로운 음성을 얻으며, 청정한 음성을 얻으며, 일체 세계에 두루 하는 음성을 얻게 하려는 것입니다.

백 천 나유타 공덕으로 장엄한 음성을 얻으며, 높고 멀리 퍼지는 음성을 얻으며, 광대한 음성을 얻으며, 산란한 것을 소멸하는 음성을 얻으며, 법계에 가득한 음성을 얻으며, 일체중생의 말을 알아듣는 음성을 얻게 하려는 것입니다.

일체중생의 모든 음성을 아는 지혜를 얻으며, 청정한 언어의 음성 지혜를 얻으며, 한량없는 언어의 음성 지혜를 얻으며, 자재한 음성으로 일체 음성에 들어가는 지혜를 얻게 하려는 것입니다.

청정하게 장엄한 음성을 얻으며, 세간에서 싫어함이 없는 음성을 얻으며, 세간에 얽매이지 않는 음성을 얻으며, 환희하는 음성을 얻으며, 부처님의 청정한 언어의 음성을 얻게 하려는 것입니다.

불법을 설하여 어리석음을 여의고 이름이 널리 퍼지는 음성을 얻으며, 일체중생이 법 다라니로 장엄한 음성을 얻으며, 한량없는 종류의 법을 설하는 음성을 얻게 하려는 것입니다.

법계의 한량없는 대중들이 모인 도량에 널리 이르는 음성을 얻으며, 불가사의한 법을 두루 포섭한 금강 같은 글귀의 음성을 얻으며, 일체법을 열어 보이는 음성을 얻으며, 말할 수 없는 글귀의 차별을 아는 지혜의 음성을 얻으며, 일체법을 연설하되 집착이 없고 끊이지 않는 음성을 얻게 하려는 것입니다.

일체법의 광명으로 비치는 음성을 얻으며, 일체 세간이 청정해서 구경에 온갖 지혜에 이르게 하는 음성을 얻으며, 일체법의 구절과 뜻을 두루 포섭한 음성을 얻으며, 신통력으로 보호하여 자재하고 걸림이 없는 음성을 얻으며, 일체 세간의 저 언덕에 이르는 지혜의 음성을 얻게 하려는 것입니다.

이 선근으로써 일체중생이 용렬하지 않는 음성을 얻으며, 두려움이 없는 음성을 얻으며, 물들지 않는 음성을 얻으며, 일체 도량의 대중이 환희하는 음성을 얻으며, 수순하는 아름답고 묘한 음성을 얻게 하려는 것입니다.

일체 불법을 잘 연설하는 음성을 얻으며, 일체중생의 의혹을 끊어 모두 깨닫게 하는 음성을 얻으며, 변재를 구족한 음성을 얻으며, 일체중생의 긴 밤에 자는 잠을 깨우는 음성을 얻게 하려는 것입니다.

(25-12-14) 인과가 원만하기를 원하다

보살들이여, 보살이 다시 모든 선근으로 이와 같이 회향합니다.

이른바 '원컨대 일체중생이 모든 허물을 떠난 청정한 법신을 얻으며, 일체중생이 모든 허물을 떠난 깨끗하고 묘한 공덕을 얻으며, 일체중생이 모든 허물을 떠난 청정하고 묘한 모습을 얻으며, 일체중생이 모든 허물을 떠난 청정한 업의 과보를 얻으며, 일체중생이 모든 허물을 떠난 청정한 온갖 지혜의 마음을 얻으며, 일체중생이 모든 허물을 떠난 한량없이 청정한 보리심을 얻으며, 일체중생이 모든 허물을 떠나고 여러 근을 아는 청정한 방편을 얻으며, 일체중생이 모든 허물을 떠난 청정한 믿음과 이해를 얻으며, 일체중생이 모든 허물을 떠나고 걸림이 없는 행을 부지런히 닦는 청정한 원을 얻으며, 일체중생이 모든 허물을 떠나고 청정한 바른 생각과 지혜와 변재를 얻어지기를 원합니다.'

(25-12-15) 보리에 회향하다
(25-12-15-1) 바른 결과를 얻다

보살들이여, 보살이 다시 모든 선근으로 일체중생을 위하여 이와 같이 회향하면서 가지가지 청정하고 아름다운 몸을 얻기를 원합니다.
이른바 광명한 몸, 흐림을 떠난 몸, 물들지 않는 몸, 청정한 몸, 매우 청정한 몸, 먼지를 떠난 몸, 먼지를 아주 떠난 몸, 때를 떠난 몸, 사랑스러운 몸, 장애가 없는 몸입니다.
일체 세계에서 모든 업의 영상을 나타내며, 일체 세간에서 말하는 영상을 나타내며, 일체 궁전에서 나란히 건립하는 영상을 나타내는 것이 마치 밝은 거울과 같이 갖가지 색상이 나타나서 모든 중생에게 큰 보리의 행을 보입니다.
모든 중생에게 깊고 미묘한 법을 보이며, 갖가지 공덕을 보이며, 수행하는 도를 보이며, 성취하는 행을 보이며, 보살의 행과 원을 보입니다.
모든 중생에게 한 세계에서 일체 세계의 부처님이 세상에 출현하심을 보이며, 일체 모든 부처님의 신통과 변화를 보이며, 일체 보살의 불가사의한 해탈과 위력을 보이며, 보현보살의 행과 원을 성취하는 일체 지혜의 성품을 보입니다. 보살이 이와 같이 미묘하고 청정한 몸으로써 방편으로 일체중생을 포섭하여 모두 청정한 공덕과 일체 지혜의 몸을 성취하게 합니다.

(25-12-15-2) 원인과 결과가 원만하기를 원하다
(25-12-15-2-1) 이치에 나아가 작용을 일으키다

보살들이여, 보살이 다시 법을 보시하여 생긴 선근으로 회향합니다. '원컨대 몸이 일체 세계를 따라 머물면서 보살행을 닦고, 그것을 보는 중생들은 보리심을 내어 영원히 물러나지 않기를 원합니다. 진실한 이치에 순응하여 누구도 움직일 수 없으며, 일체 세계에서 미래의 겁이 다하도록 보살의 도에 머물러서 피로함이 없으며, 자비심이 두루 하여 법계의 분량과 같으며, 중생들의 근성을 알고 때를 맞추어 법을 설하여지기를 원합니다. 선지식을 바르게 생각하여 한 찰나도 버리지 않으며, 모든 부처님이 앞에 나타나고 바르게 생각하여 잠깐도 게으르지 않으며, 모든 선근을 닦아서 거짓이 없어지기를 원합니다. 모든 중생을 지혜에서 물러나지 않게 하며, 부처님 법의 광명을 구족하여 법구름을 지니고, 법비를 받으며, 보살의 행을 닦기를 원합니다.'

(25-12-15-2-2) 하는 일에 나아가 깊은 데 들어가다

'또 일체중생에게 들어가며, 일체 부처님의 세계에 들어가며, 일체 법에 들어가며, 일체 삼세에 들어가며, 일체중생의 업보의 지혜에 들어가며, 일체 보살의 공교한 방편 지혜에 들어가며, 일체 보살의 출생하는 지혜에 들어가며, 일체 보살의 청정한 경계의 지혜에 들어가며, 일체 부처님의 자재한 신통에 들어가며, 모든 끝이 없는 법계에 들어가서 편히 머물면서 보살의 행을 닦아지기를 원합니다.'

(25-12-15-3) 의보의 과가 원만하기를 원하다
(25-12-15-3-1) 원의 상을 밝히다

보살들이여, 보살이 다시 법을 보시하여 수행한 선근으로 이와 같이 회향합니다.

'원컨대 모든 부처님의 세계가 청정하여, 한량없는 장엄 거리로 장엄하며, 낱낱 세계가 넓고 커서 법계와 같으며, 순일하게 선하고 걸림이 없으며, 청정하고 밝기를 원합니다. 모든 부처님이 그 가운데서 정각을 이룸을 나타내며, 한 부처님 세계의 청정한 경계에 일체 부처님 세계를 나타내며, 한 부처님 세계와 같이 일체 부처님의 세계도 또한 다시 이와 같기를 원합니다.'

(25-12-15-3-2) 내보의 장엄

그 낱낱 세계가 법계와 동등하고 한량없는 청정한 묘한 보배장엄거리로 장엄했습니다.

이른바 아승기 청정한 보배자리에는 여러 가지 보배 천을 깔았고, 보배휘장에는 보배그물로 드리웠고, 보배일산에는 일체 아름다운 보배가 서로 비치었고, 보배구름에는 여러 가지 보배를 비로 내렸습니다.

아승기 보배 꽃이 두루 청정하고, 보배로 이루어진 난간에는 청정하게 장엄하였고, 보배풍경에서는 모든 부처님의 미묘한 음성을 연설하여 법계에 두루 했습니다.

아승기 보배연꽃은 가지각색 보배 빛으로 찬란하게 피었으며, 보배나무는 사방으로 늘어섰는데 아름다운 보배로 꽃과 열매가 되었고, 보배궁전에는 한량없는 보살이 그 안에 머물고 있었습니다.

아승기 보배누각은 넓고 화려하여 길이가 길기도 하도 짧기도 하고, 망루는 보배로 장엄하여 매우 아름답고, 보배문과 창문에는 묘한 보배 영락이 두루 드리웠습니다.

아승기 보배들창에는 부사의한 보배로 청정하게 장엄하고, 보배다라나무는 모양이 반달과 같은 여러 가지 보배로 이루어졌습니다.

이와 같은 모든 것은 여러 가지 보배로 장엄하게 꾸몄으니, 때가 없고 청정하며 헤아릴 수 없으니, 모두 여래의 선근으로 생긴 것이라 무수한 보배의 장엄을 구족했습니다.

(25-12-15-3-3) 외보의 장엄

아승기 보배 하천에서는 일체 청정한 선한 법이 흘러나오고, 보배바다에는 불법의 물이 가득하고, 분타리 꽃에서는 미묘한 법의 분타리 소리가 항상 나오고 있었습니다.

아승기 보배 수미산에서는 지혜의 산이 청정하게 빼어났고, 팔모로 된 묘한 보배는 보배실로 꿰어서 깨끗하기 짝이 없고, 청정한 광명 보배에서는 장애 없는 지혜의 광명을 놓아 법계에 두루 비쳤습니다.

아승기 보배방울은 서로 부딪혀 아름다운 소리를 내고, 청정한 보배에는 모든 보살보배가 구족하게 충만하고, 보배비단은 곳곳에 드리워 빛깔이 찬란했습니다.

아승기 보배깃대에는 보배반달로 장엄하고, 보배 번에서는 무량한 보배 번들이 두루 내리고, 보배 띠는 공중에서 드리워져 장엄이 뛰어나게 아름다웠습니다.

아승기 보배방석은 갖가지 부드럽고 즐거운 촉감을 내고, 미묘한 보배로 된 소용돌이에서는 보살의 일체 지혜의 눈을 나타내고, 보배영락은 낱낱 영락이 백천 보살의 훌륭한 장엄이었습니다.

아승기 보배궁전이 모든 것을 뛰어넘어 아름다움이 비교할 데 없으며, 보배장엄거리는 금강마니로 훌륭하게 꾸몄고, 갖가지 미묘한 보배장엄거리에서는 일체가 청정하고 아름다운 빛을 나타내었습니다.

아승기 깨끗한 보배는 특별한 형상과 기이한 광채가 비쳐 빛나고, 보배 산으로 담장이 되어 둘러쌓고 청정하여 걸림이 없고, 보배 향에서는 향기가 일체 세계에 풍기고, 보배의 변화하는 일에는 낱낱 변화하는 것이 법계에 두루 하고, 보배광명은 낱낱 광명이 모든 빛을 나타내었습니다.

(25-12-15-3-4) 하는 일에 나아가서 법을 이룸

아승기 보배 광명에서는 청정한 지혜의 광명이 모든 법을 비추고, 걸림 없는 보배 광명은 낱낱 광명이 법계에 두루 하고, 보배 처소에서는 일체 모든 보배가 모두 구족했습니다.

아승기 보배 창고에서는 모든 정법의 보배가 가득했고, 보배 깃대에는 여래의 깃대 모양이 우뚝 솟았고, 보배 현인에게는 큰 지혜 있는 현인의 형상이 구족하게 청정했습니다.

아승기 보배 동산에서는 모든 보살의 삼매의 즐거움을 내고, 보배 음성은 여래의 미묘한 음성을 세간에 두루 나타내고, 보배 형상은 낱낱 형상에서 한량없는 묘한 법의 광명을 놓았습니다.

아승기 보배 모양은 낱낱 모양이 여러 모양을 다 뛰어나고, 보배 위의는 보는 이마다 보살의 즐거움을 내고, 보배무더기는 보는 사람마다 지혜의 보배 무더기를 내었습니다.

아승기 보배의 편안히 머무름은 보는 사람마다 잘 머무는 보배 마음을 내고, 보배 의복은 입는 사람마다 모든 보살의 비할 데 없는 삼매를 내고, 보배 가사는 입는 사람 처음 발심하면 선견다라니를 얻습니다.

(25-12-15-3-5) 법의 존귀함

아승기 보배 닦음이 있으니 보는 이는 일체 보배가 모두 업의 과보인 줄 알아 확실하고 청정하며, 보배 걸림이 없는 지견이 있으니 보는 이는 일체를 분명히 아는 청정한 법의 눈을 얻고, 보배 광명장이 있으니 보는 이는 지혜의 곳집을 성취합니다.

(25-12-15-3-6) 사상의 보배가 법문을 이룸

아승기 보배 자리에는 부처님이 그 위에 앉아 사자후를 하시고, 보배 등불은 청정한 지혜의 광명을 놓습니다.

아승기 보배 다라나무는 차례로 줄을 지었는데 보배 노끈으로 얽어서 장엄이 청정하고, 그 나무에 다시 아승기 보배 줄기가 있어 밑동에서 솟아올라 곧고 둥글고 정결했습니다.

아승기 보배가지는 가지각색의 보배로 조밀하게 장엄하였는데, 부사의 한 새들이 아름다운 소리로 바른 법을 선양하고, 보배 잎에서는 큰 지혜의 광명을 놓아 모든 곳에 가득했습니다.

아승기 보배 꽃에는 송이마다 한량없는 보살이 그 위에서 결가부좌하고 법계에 두루 다니고, 보배 열매는 보는 사람마다 일체 깊은 지혜에서 물러나지 않는 과보를 얻습니다.

아승기 보배 취락에는 보는 사람마다 세속의 취락의 법을 버릴 것이며, 보배 도시에는 걸림 없는 중생이 가득하고, 보배 궁궐에는 임금이 있으면서 보살의 금강과 같은 몸을 갖추어 용맹하고 견고하며, 법의 갑주를 입고 마음이 물러나지 않습니다.

아승기 보배 집은 그곳에 들어가는 사람이 집을 그리워하는 마음이 없어지고, 보배 옷은 그 옷을 사람이 집착이 없음을 알게 하고, 보배 궁전에는 출가한 보살이 그 속에 가득합니다.

아승기 보배 장난감은 보는 사람마다 한량없이 환희한 마음을 내고, 보배 바퀴는 부사의 한 지혜 광명을 놓아 물러가지 않는 법륜 굴리고, 보배 발타나무는 인타라 그물로 청정하게 장엄합니다.

아승기 보배 땅은 부사의 한 보배로 사이사이 장엄하고, 보배 피리는 음향이 맑고 아름다워 법계에 충만하고, 보배 북은 아름다운 소리가 잘 어울려 겁이 다하도록 끊어지지 않습니다.

(25-12-15-3-7) 육근과 삼업의 보배

아승기 보배중생은 모두 위없는 법보를 포섭하여 가지고, 보배 몸은 한량없는 공덕의 묘한 보배를 구족하고, 보배 입은 일체 묘한 법의 보배 음성을 연설하고, 보배 마음은 청정한 뜻과 지혜와 서원의 보배를 갖추었습니다.

아승기 보배 생각은 어리석음을 끊어 구경에 일체 지혜의 보배를 견고히 하고, 보배 총명은 부처님의 법보를 다 외우고, 보배 지혜는 일체 부처님의 법장을 분명히 알고, 보배 지식은 원만한 일체 지혜의 보배를 얻습니다.

아승기 보배눈은 십력의 보배를 보아 장애가 없고, 보배귀는 한량없는 온 법계의 소리를 들어 청정하여 걸림이 없고, 보배코는 뜻을 따르는 청정한 보리 향을 맡고, 보배혀는 한량없이 말하는 법을 말하고, 보배몸은 시방에 두루 다녀도 걸림이 없고, 보배뜻은 보현의 행과 원을 항상 닦습니다.

아승기 보배 음성은 청정하고 묘한 음성이 시방세계에 두루 하고, 보배 몸으로 짓는 업은 일체 하는 일이 지혜로써 우두머리로 삼으며, 보배 말의 업은 항상 수행하는데 걸림이 없는 지혜 보배를 말하고, 보배로운 뜻의 업은 장애가 없이 광대한 지혜의 보배를 얻어 구경까지 원만합니다.

(25-12-15-3-8) 사람 보배로써 장엄함

보살들이여, 보살이 일체 모든 부처님의 세계 가운데서 한 세계, 한 지방, 한 처소, 한 털끝만 한 곳에 한량없는 보살이 있어 모두 청정한 지혜를 성취하고 머뭅니다. 한 세계, 한 지방, 한 처소, 한 털끝만 한 곳과 같이 이와 같이 온 허공과 온 법계의 낱낱 세계, 낱낱 지방, 낱낱 처소, 낱낱 털끝만 한 곳에도 모두 또한 이와 같습니다.

(25-12-15-4) 모두 맺다

이것이 보살이 모든 선근으로 회향하면서 일체 모든 부처님의 국토가 다 갖가지 묘한 보배의 장엄을 구족하기를 널리 원하는 것입니다.

(25-12-15-5) 다른 여러 가지 장엄

보배의 장엄을 이와 같이 광대하게 말한 것처럼, 향의 장엄, 꽃의 장엄, 화만의 장엄, 바르는 향의 장엄, 사르는 향의 장엄, 가루 향의 장엄, 옷의 장엄, 일산의 장엄, 깃대의 장엄, 깃발의 장엄, 마니 보배의 장엄들도 이보다 백배가 넘게 지나가며, 보배의 장엄과 같이 광대하게 설합니다.

(25-12-16) 회향하는 까닭을 널리 밝히다
(25-12-16-1) 중생을 위한 회향

보살들이여, 보살이 법을 보시하여 모은 선근으로써 일체 선근을 기르기 위하여 회향하며, 세계를 장엄하기 위하여 회향하며, 일체중생을 성취시키기 위해 회향합니다.

일체중생이 마음이 깨끗하여 동요하지 않게 하려고 회향하며, 깊은 불법에 들어가게 하려고 회향하며, 청정한 공덕을 얻게 하려고 회향합니다.

일체중생이 청정한 복력을 얻게 하려고 회향하며, 다하지 않은 지혜의 힘을 얻어 모든 중생을 제도하여 불법에 들게 하려고 회향합니다.

일체중생이 평등하고 청정한 음성을 얻게 하려고 회향하며, 평등하고 걸림 없는 눈을 얻어 온 허공과 법계에 두루 하는 지혜를 성취케 하려고 회향합니다.

일체중생이 청정한 생각을 얻어 지나간 겁의 일체 세계를 알게 하려고 회향하며, 걸림 없는 지혜를 얻어 일체 법장을 통달케 하려고 회향합니다.

일체중생이 한량없는 보리를 얻어 법계에 두루 하여 장애가 없게 하려고 회향하며, 평등하여 분별이 없는 자체와 같은 선근을 얻게 하려고 회향합니다.

일체중생이 모든 공덕으로 구족하게 장엄하여 청정한 몸과 입과 뜻의 업을 얻게 하려고 회향하며, 보현과 같은 행을 얻게 하려고 회향합니다.

일체중생이 모두 체성이 같은 청정한 부처님의 세계에 들어가게 하려고 회향하며, 온갖 지혜를 관찰하여 원만한 데 들어가게 하려고 회향합니다.

일체중생이 모두 불평등한 선근을 멀리 여의게 하려고 회향하며, 평등하여 다른 모양이 없는 깊은 마음을 얻어 온갖 지혜를 원만케 하려고 회향합니다.

일체중생이 선한 법에 편안히 머물게 하려고 회향하며, 잠깐 동안에 일체 지혜를 증득하여 구경의 세계를 성취케 하려고 회향하며, 청정한 지혜의 길을 원만히 성취케 하려고 회향합니다.

(25-12-16-2) 보리를 위한 회향

보살들이여, 보살이 널리 일체중생을 위해 이와 같이 회향하고 이 선근으로써 일체 청정한 행을 연설하는 법력을 성취케 하려고 회향합니다.

청정한 행의 위력을 성취하여 한량없는 법의 바다를 얻으려고 회향하며, 낱낱 법의 바다에 항상 법계와 평등하고 청정한 지혜의 광명을 구족하려고 회향합니다.

일체 법의 차별한 구절과 뜻을 보여 연설하려고 회향하며, 끝이 없고 광대한 일체 법의 광명삼매를 성취하려고 회향하며, 삼세 모든 부처님들의 변재를 따라 수순하려고 회향합니다.

과거·현재·미래의 모든 부처님의 자재한 몸을 성취하려고 회향하며, 일체 부처님의 자비롭고 장애가 없는 법을 존중하려고 회향하며, 대비심을 만족하고 일체중생을 구호하여 물러나지 않게 하려고 회향합니다.

부사의 하게 차별한 법과 장애가 없는 지혜를 성취하고 마음에 때가 없어 모든 근이 청정하여 일체 대중이 모인 도량에 두루 들어가려고 회향합니다.

일체 엎어지고 잡히고 크고 작고 넓고 좁고 잘고 굵고 물들고 깨끗한 이와 같은 부처님 국토에서 평등하고 물러가지 않는 법륜을 항상 굴리려고 회향합니다.

잠깐 동안에 두려움이 없고 다함이 없는 갖가지 변재의 미묘한 법의 광명을 얻어서 연설하려고 회향합니다.

여러 가지 선한 일을 구하려고 발심해 닦으며, 여러 근이 뛰어나서 일체 법에 신통과 지혜를 얻어 일체 모든 법을 분명하게 알려고 회향합니다.

일체 도량에 모인 대중에게 친근하여 공양하며, 일체중생을 위해 일체 법을 연설하여 모두 환희케 하려고 회향합니다.

(25-12-16-3) 실제를 위한 회향

보살들이여, 보살은 또 이 선근으로 회향합니다. 이른바 법계에 머문 한량없는 머무름으로써 회향합니다.

법계에 머문 한량없는 몸의 업으로 회향하며, 말의 업으로 회향하며, 법계에 머문 한량없는 뜻의 업으로 회향합니다. 법계에 머문 한량없는 색이 평등함으로 회향하며, 수 상 행 식이 평등함으로 회향하며, 온이 평등함으로 회향하며, 계가 평등함으로 회향하며, 처가 평등함으로 회향합니다.

법계에 머문 한량없는 안의 것이 평등함으로 회향하며, 밖의 것이 평등함으로 회향하며, 일으키는 것이 평등함으로 회향하며, 깊은 마음이 평등함으로 회향합니다. 법계에 머문 한량없는 방편이 평등함으로 회향하며, 신심과 이해가 평등함으로 회향하며, 근이 평등함으로 회향하며, 처음과 중간과 나중이 평등함으로 회향합니다.

법계에 머문 업과 과보가 평등함으로 회향하며, 물들고 깨끗함이 평등함으로 회향하며, 한량없는 중생이 평등함으로 회향하며, 한량없는 세계가 평등함으로 회향합니다. 법계에 머문 한량없는 법이 평등함으로 회향하며, 세간의 광명이 평등함으로 회향하며, 부처님과 보살이 평등함으로 회향하며, 보살의 행과 원이 평등함으로 회향합니다.

법계에 머문 한량없는 보살의 번뇌에서 벗어남이 평등함으로 회향하며, 보살의 교화와 조복이 평등함으로 회향하며, 법계가 둘이 없이 평등함으로 회향하며, 여래의 도량에 모인 대중이 평등함으로 회향합니다.

(25-12-17) 회향하여 이익을 이룸

보살들이여, 보살이 이와 같이 회향할 때 법계의 한량없이 평등하고 청정한 몸에 편안히 머물며, 말에 편안히 머물며, 마음에 편안히 머뭅니다.

법계의 한량없이 평등하고 청정한 보살의 행과 원에 편안히 머물며, 대중이 모인 도량에 편안히 머물며, 보살에게 모든 법을 설하는 청정한 지혜에 편안히 머뭅니다.

법계의 한량없이 평등하여 온 법계의 일체 세계에 들어가는 몸에 편안히 머물며, 일체 법의 광명이 청정하여 두려움이 없는 데 편안히 머뭅니다.

한 소리로 일체중생의 의심을 끊고 그의 근성과 욕망을 따라 환희케 하며, 지혜와 힘과 두려움 없음과 자재와 신통과 광대한 공덕과 번뇌에서 벗어나는 법에 머뭅니다.

보살들이여, 이것이 보살의 열 번째, 평등하고 한량없는 법계에 머무는 등법계무량회향입니다.

(25-12-18) 과위를 밝히다

보살이 법을 보시하는 등 일체 선근으로써 이와 같이 회향할 때, 보현의 한량없고 끝이 없는 보살의 행과 원을 원만하게 성취하며, 온 허공과 법계의 모든 부처님 세계를 깨끗하게 장엄합니다.

일체중생이 이와 같이 끝없는 지혜를 구족하게 성취하여 일체 법을 알게 하며, 잠깐 동안에 모든 부처님이 세상에 출현하심을 보게 하며, 부처님의 한량없고 끝이 없이 자재한 힘을 보게 합니다.

이른바 광대하게 자재한 힘과 집착 없이 자재한 힘과, 걸림 없이 자재한 힘과, 부사의 하게 자재한 힘과, 일체중생을 청정케 하는 자재한 힘과, 일체 세계를 건립하는 자재한 힘과, 수많은 말을 나타내는 자재한 힘입니다.

때에 맞추어 나타내는 자재한 힘과, 물러나지 않는 신통과 지혜에 머무는 자재한 힘과, 끝이 없는 법계를 연설해 남음이 없게 하는 자재한 힘과, 보현보살의 끝이 없는 눈을 출생하는 자재한 힘입니다.

걸림이 없는 귀로 한량없는 모든 부처님의 정법을 듣는 자재함 힘과, 몸이 결가부좌하고 시방의 한량없는 법계에 두루 하며 모든 중생에게 비좁지 않게 하는 자재한 힘과, 원만한 지혜로 삼세의 한량없는 법에 두루 들어가는 자재한 힘입니다.

또한 한량없이 청정함을 얻습니다. 이른바 일체중생의 청정과 일체 부처님 세계의 청정과, 일체법의 청정과, 일체 처소를 두루 아는 지혜의 청정과, 허공에 가득한 끝이 없는 지혜의 청정입니다.

일체 차별한 음성의 지혜를 얻어 갖가지 말로써 중생을 널리 응하는 청정과, 한량없이 원만한 광명을 놓아 그지없는 일체 세계를 두루 비추는 청정과, 일체 삼세의 보살행을 출생하는 지혜의 청정입니다.

한 생각에 삼세 일체 부처님의 도량에 들어가는 지혜의 청정과, 그지없는 일체 세간에 들어가서 일체중생이 모두 할 일을 하게 하는 청정입니다.

이와 같이 모두 구족하고, 모두 성취하고, 모두 닦고, 모두 평등하고, 모두 앞에 나타나고, 모두 알아보고, 모두 깨달아 들어가고, 모두 관찰하고 모두 청정하여 저 언덕에 이릅니다.

26. 십지품

(26-1) 제1 환희지
(26-1-1) 설법할 수 있는 인연을 갖추다
(26-1-1-1) 설법한 때와 장소

부처님께서 마갈타국 보리도량에서 정각을 이루시고, 보리도량을 떠나지 않으시고 도솔천궁에 올라 설법을 마치시고 타화자재천왕의 영접을 받으며 타화자재천궁으로 올랐다.

그때 부처님께서는 타화자재천왕궁의 마니보장전에서 보살 대중과 함께 계셨다.

(26-1-1-2) 함께한 대중
(26-1-1-1) 대중들의 덕을 찬탄하다

보살들은 위없는 바른 깨달음에서 물러나지 않았으며, 모두 다른 세계로부터 왔으며, 모든 보살의 지혜로 머무는 경계에 머무르고, 모든 여래의 지혜로 들어간 곳에 들어가서 부지런히 수행해 쉬지 않았으며, 가지가지 신통을 잘 나타내며, 하는 일은 모든 중생을 교화하고 조복해 때를 놓치지 않으며, 보살의 모든 원을 성취하기 위해 모든 세간과 겁과 세계에서 모든 행을 부지런히 닦고 쉬지 않았다.

보살의 복과 지혜와 도를 돕는 일을 구족해 모든 중생을 이익되게 했으며, 일체 보살의 지혜 방편과 필경의 저 언덕에 이르렀으며, 생사와 열반에 들어감을 보이지만 보살행 닦기를 그만두지 않았으며,

일체 보살의 선정과 해탈과 삼매에 잘 들어가서 신통과 밝음과 지혜로 하는 모든 일이 자재하며, 일체 보살의 자재한 신력을 얻어, 잠시라도 흔들리지 않고 모든 여래의 대중이 모인 도량에 나아가서 대중의 우두머리가 되어 부처님께 설법을 청하며, 부처님의 바른 법륜을 보호해 유지하고, 광대한 마음으로 여러 부처님을 공양하고 섬기며, 일체 보살의 수행을 부지런히 닦는 이들이었다. 그 몸은 일체 세간에 두루 나타내고, 그 음성은 시방 법계에 고루 미치고, 마음과 지혜는 걸림이 없어 삼세의 모든 보살이 가지는 공덕을 모두 보고, 수행해 원만하게 되어, 한량없는 겁 동안에 말해도 다할 수 없다.

(26-1-1-2) 대중들의 이름을 열거하다

그 이름은 금강장보살, 보장보살, 연화장보살, 덕장보살, 연화덕장보살, 일장보살, 소리야장보살, 무구월장보살, 어일체국토보현장엄장보살, 비로자나지장보살, 묘덕장보살, 전단덕장보살, 화덕장보살, 구소마덕장보살, 우발라덕장보살, 천덕장보살, 복덕장보살, 무애청정지덕장보살, 공덕장보살, 나라연덕장보살, 무구장보살, 이구장보살, 종종변재장엄장보살, 대광명망장보살, 정위덕광명왕장보살, 금장엄대공덕광명왕장보살, 일체상장엄정덕장보살, 금강염덕상장엄장보살, 광명염장보살, 성수왕광조장보살, 허공무애지장보살, 묘음무애장보살, 다라니공덕지일체중생원장보살, 해장엄장보살, 수미덕장보살, 정일체공덕장보살, 여래장보살, 불덕장보살, 해탈월보살 등이었다.

한량없는 보살 대중 가운데 금강장보살이 우두머리가 되었다.

(26-1-2) 삼매에 들다

그때 금강장보살이 부처님의 신력을 받들어 보살대지혜광명삼매에 들었다.

(26-1-3) 가피를 내리다

삼매에 들었을 때에 시방으로 각각 십억 부처 세계의 티끌 수 세계 밖에 각각 십억 세계의 티끌 수 부처님이 계시니, 그들 이름은 모두 금강장인데, 앞에 나타나 말씀하셨다.

"훌륭하고 훌륭하다. 금강장보살이여, 보살대지혜광명삼매에 들었구나. 보살이여, 이것은 시방에 계시는 각각 십억 부처 세계의 티끌 수 부처님들이 그대에게 가피하려는 것이니, 비로자나여래·응공·정등각의 본래 원력이며, 위신력이며, 또한 그대의 수승한 지혜의 힘이다.

그대가 모든 보살에게 부사의한 부처님 법의 광명을 말하게 하려는 것입니다. 지혜의 자리에 들게 하려고, 일체 선근을 포섭케 하려고, 일체 불법을 잘 택하게 하려고, 모든 법을 자세히 알게 하려고, 법을 잘 말하게 하려고, 분별 없는 지혜가 청정하게 하려고, 모든 세상법에 물들지 않게 하려고, 출세의 선근이 청정하게 하려고, 부사의한 지혜의 경계를 얻게 하려고, 온갖 지혜를 가진 사람의 지혜 경계를 얻게 하려는 것이다.

또 보살 십지의 처음과 나중을 얻게 하려고, 보살 십지의 차별한 모양을 사실대로 말하게 하려고, 일체 불법을 반연해 생각게 하려고, 번뇌가 없는 법을 닦아 분별케 하려고, 큰 지혜의 광명으로 교묘하게 장엄함을 잘 선택해 관찰케 하려고, 결정한 지혜의 문에 잘 들어가게 하려고, 머무는 곳을 따라 두려움 없는 것을 차례로 나타내어 말하게 하려고, 걸림이 없는 변재의 광명을 얻게 하려고, 큰 변재의 지위에 머물러 잘 결정케 하려고, 보살을 생각해 잊지 않게 하려고, 일체중생계를 성숙케 하려고, 모든 곳에 두루 이르러 결정코 깨우치게 하려는 것이다.

보살이여, 그대에게 마땅히 이 법문의 차별되고 공교한 법을 말할 것이다. 부처님의 신력을 받드는 것이니 여래의 지혜와 밝음으로써 가피하고, 선근을 깨끗이 하고, 법계를 두루 청정케 하고, 중생들을 두루 포섭하고, 법신과 지혜의 몸에 깊이 들어가고, 일체 부처님의 관정을 받고, 일체 세간의 가장 높고 큰 몸을 얻고, 일체 세간의 길에서 초월하고, 출세간 선근을 청정케 하고, 온갖 지혜를 만족하게 한다."

그때 시방의 부처님들이 금강장보살에게, 힘으로 빼앗을 수 없는 몸을 주고, 걸림없이 말하는 변재를 주고, 분별을 잘하는 청정한 지혜를 주고, 기억해 잊지 않는 힘을 주고, 결정해 환히 아는 지혜를 주고, 온갖 곳에 이르러 깨달아 아는 지혜를 주고, 도를 이루어 자재하는 힘을 주고, 여래의 두려움 없음을 주고, 온갖 지혜를 가진 사람이 모든 법문을 관찰해 분별하는 변재의 지혜를 주고, 일체 여래의 가장 묘한 몸과 말과 뜻으로 구족하여 장엄함을 주었다.

왜냐하면 삼매를 얻으면 그러한 능력이 생기는 까닭이다. 이러한 능력은 본래의 원으로 일으키며, 깊은 마음을 잘 깨끗하게 하며, 지혜의 바퀴를 깨끗하게 하며, 도를 돕는 법을 잘 모으며, 지을 것을 잘 닦으며, 한량없는 법기를 생각하며, 청정한 믿음과 지혜를 알며, 착오가 없는 총지를 얻으며, 법계 지혜의 인으로 잘 인가한다.

(26-1-4) 삼매에서 일어나 십지의 강요를 말하다

그때 시방 부처님께서 각각 오른손을 펴서 금강장보살의 정수리를 만지셨다. 그러자 금강장보살이 삼매에서 일어나 일체 보살 대중에게 말했다.

"보살들이여, 모든 보살의 원은 잘 결정되어 혼잡하지 않음을 알 수 있으며, 광대하기가 법계와 같고 끝없는 허공과 같아서 오는 세상이 끝날 때까지 이르며, 모든 부처님 세계에 두루 해서 일체중생을 구호하며, 일체 부처님의 호념함이 되어 과거·현재·미래의 여러 부처님 지혜의 지위에 들어갑니다.

보살들이여, 어떤 것을 보살의 지혜의 지위라 하는가? 보살의 지혜의 지위에는 열 가지가 있습니다. 과거·현재·미래의 부처님들이 이미 말씀하셨고, 장차 말씀할 것이며, 지금 말씀하시니, 나도 그렇게 말합니다.

하나는 환희지, 둘은 이구지, 셋은 발광지, 넷은 염혜지, 다섯은 난승지, 여섯은 현전지, 일곱은 원행지, 여덟은 부동지, 아홉은 선혜지, 열은 법운지입니다.

보살들이여, 보살의 십지는 삼세 부처님께서 이미 말씀하셨고 장차 말씀하실 것이고 지금 말씀하시는 것입니다.

보살들이여, 모든 부처님 국토에 계신 여래로 이 십지를 말씀하지 않은 부처님을 나는 보지 못했습니다. 보살이 보리로 가는 가장 좋은 길이며, 또한 청정한 법 광명의 문이니, 보살의 모든 지위를 분별해 연설하는 것입니다. 보살이여, 이 처소는 헤아릴 수 없으며, 여러 보살의 증명을 따르는 지혜입니다."

8

(26-1-5) 자세히 설해줄 것을 청하다

이때 금강장보살이 보살 십지의 이름만을 말하고는 잠자코 있으면서 다시는 분별하지 않았다. 이때 모든 보살은 보살 십지의 이름만 들었고 설명은 듣지 못했으므로 갈망하는 마음을 내어 이렇게 생각했다. '무슨 인과 연으로 금강장보살은 보살 십지의 이름만 말하고 설명하지 않는가?'

해탈월보살은 대중의 마음을 알고, 게송으로 물었다.

무슨 일로, 깨끗하게 깨달으시고/ 염과 지와 공덕을 갖춘 이로서
가장 묘한 지위의 이름만 말하시고/ 힘 있어도 해석하지 않으십니까.

모든 사람 근성이 결정되었고/ 용맹해 겁약하지 않커늘
무슨 일로 십지 이름만 말하시고/ 저희를 위해 해석하지 않으십니까.

여러 지위의 심오하고 묘한 이치를/ 이 대중이 듣기를 갈망하며
마음도 겁약하지 않으니/ 원컨대 분별해 말씀해 주십시오.

여기 모인 무리들 청정하고/ 게으름을 여의어 정결하며
마음이 견고하고 흔들림 없어/ 공덕과 모든 지혜 갖추었습니다.

서로서로 쳐다보고 공경하며/ 모두 전일하게 우러르기를
벌들이 좋은 꿀을 생각하듯이/ 목마른 이 감로수를 원하듯 합니다.

그때 큰 지혜 있고 두려움 없는 금강장보살이 이 말을 듣고, 모인 이

들의 마음을 즐겁게 하려고 보살들을 위해 게송으로 말했습니다.

보살들이 행하는 십지의 일은/ 가장 높은 부처님의 근본이시며
드러내고 분별해 설명하기란/ 으뜸가고 희유해 매우 어렵습니다.

미묘하고 심오해 보기 어렵고/ 생각을 여의었고 마음을 초월해
부처님 경계를 내는 것이며/ 듣는 이 아득해 의혹합니다.

들으려는 마음이 금강과 같고/ 부처님의 뛰어난 지혜 깊이 믿으며
마음 자리 알려면 내가 없어야/ 수승한 법 듣습니다.

허공에 그려놓은 그림과 같고/ 공중에 부는 바람 모양과 같아
부처님의 지혜가 이와 같으며/ 분별하거나 보기가 어렵습니다.

부처님의 지혜가 가장 거룩해/ 헤아릴 수 없음을 보살이 아니
이 이치 아는 사람 없기에/ 잠잠하고 말하지 않는 것입니다.

이때 해탈월보살이 이 말을 듣고 금강장보살에게 말했다.
"보살님이여, 지금 회중이 모두 모였습니다. 깊은 마음이 깨끗하고,
생각함이 조촐하고, 여러 행을 잘 닦았고, 도를 돕는 법을 잘 모았
고, 백천억 부처님께 친근해 한량없는 공덕과 선근을 성취했으며,
어리석은 의혹을 버려서 때에 물들지 않았고, 깊은 마음으로 믿고
이해하며, 불법 가운데 있어 다른 가르침을 따르지 않습니다. 보살
님이여, 부처님의 신력을 받들어 연설해 주십시오. 이 보살들이 깊

은 지혜도 증득해 알고자 합니다."

그때 해탈월보살이 다시 그 뜻을 펴려고 게송으로 말했다.

바라건대 첫째로 편안하신/ 보살의 위없는 행을 말씀해주십시오.
여러 지위의 이치를 분별하고/ 지혜가 청정해 정각 이루고자 합니다.

이 대중 여러 가지 때가 없으며/ 뜻과 지해 밝고도 조촐하며
한량없는 부처님 섬겼으니/ 이 지위(地)의 바른 이치 알 것입니다.

그때 금강장보살이 말했다.
"보살이시여, 비록 이 대중들은 생각이 깨끗하고 우치와 의혹을 여의어 매우 깊은 법에서 다른 가르침을 따르지 않습니다고 하지만, 이 밖에 이해가 부족한 중생들이 매우 깊고 부사의한 일을 들으면 의혹을 내어 긴긴 밤에 여러 가지 시끄러움을 받을 것입니다. 이를 딱하게 생각해 잠자코 있는 것입니다."

그때 금강장보살이 이 뜻을 다시 펴려고 게송으로 말했다.

이 대중은 청정하고 지혜가 많고/ 영리하고 총명해 결정과 선택 잘하며
흔들림 없는 그 마음 수미산 같고/ 바다 같아 기울일 수 없다고 하지만

수행이 오래지 않고 지혜가 얕아/ 의식만 따라가고 지혜가 없어
법을 의심하면 악도에 떨어지니/ 그들이 불쌍해 설명하지 않습니다.

그때 해탈월보살이 금강장보살에게 말했다.

"보살이시여, 바라건대 부처님의 신력을 받들어 이 부사의한 법을 분별해 주십시오. 이 사람들은 마땅히 여래가 호념하시므로 믿고 받듭니다. 왜냐 하면 십지를 말할 적에는 모든 보살이 부처님의 호념을 받으며, 호념을 받으므로 이 지혜의 지위에 용맹을 낼 것입니다. 그 이유를 말하면, 보살이 최초에 행하는 것이며, 일체 부처님의 법을 성취하는 까닭입니다. 마치 글씨와 글자와 수와 말이 모두 자모로 근본이 되고 자모가 구경이어서 조금도 자모를 떠난 것이 없습니다. 보살이시여, 일체 불법이 다 십지로 근본이 되고 십지가 구경이어서 수행해 성취하면 온갖 지혜를 얻게 됩니다. 보살이시여, 원컨대 연설해주십시오. 이 사람이 반드시 여래의 호념하심으로 믿어 받들겠습니다."

그때 해탈월보살이 그 뜻을 거듭 펴려고 게송으로 말했다.

보리에 나아가는 지위의 행을/ 연설하는 보살이시여,
시방에 계시는 자재한 부처님/ 지혜 근본 호념하지 않는 이 없습니다.

잘 머무는 지혜도 구경이어서/ 온갖 불법이 여기서 나니
글씨와 수가 자모에 속하는 것처럼/ 불법은 지위에 의지합니다.

이때 여러 보살이 일시에 똑같은 소리로 금강장보살을 향해 게송으로 말했다.

최상이고 미묘하고 때 없는 지혜/ 끝없이 분별하는 훌륭한 변재
깊은 뜻 설명하는 아름다운 말/ 제일의 이치와 서로 응합니다.

기억해 지니는 청정한 행/ 열 가지 힘을 얻고 공덕 모으며
말 잘하는 솜씨로 뜻을 분별해/ 가장 승한 십지법 말씀해주십시오.

정과 계로 모은 바른 마음이/ 아만과 나쁜 소견 여의었으며
이 대중은 의혹한 생각이 없어/ 좋은 말씀 듣기를 원합니다.

목마를 때 냉수를 생각하듯이/ 굶주린 이 좋은 음식 생각하듯이
병난 이가 좋은 약 생각하듯이/ 벌떼가 단 꿀을 좋아하듯이,
우리들도 그들과 같이/ 감로 법문 듣기를 원합니다.

훌륭하고 넓고 큰 지혜 가진 이/ 모든 지위에 들어가 열 가지 힘과
장애 없는 자비지혜 갖추려고/ 부처님의 모든 행을 말해 주십시오.

이때 부처님께서 양미간에서 청정한 광명을 놓으니 이름이 보살력
염명이었다. 아승기 광명으로 권속이 되었으며, 시방에 두루 비치니
모든 세계에 두루하지 않은 곳이 없어 세 가지 나쁜 갈래의 고통이
모두 쉬었고, 또 모든 여래의 회중에 비추어 부처님의 부사의한 힘
을 나타내고, 또 시방 일체 세계에 계시는 부처님들의 가피로 법을
말하는 보살의 몸에 비치었다. 이런 일을 하고는 허공 위에서 큰 광
명 그물인 대광명운망대가 되어 머물렀다.
이때 시방의 부처님들께서도 양미간으로 청정한 광명을 놓으니 그

이름과 권속과 하는 일이 모두 이와 같았고, 또한 이 사바세계의 부처님과 대중과 금강장보살의 몸과 사자좌에 비추어 허공 위에서 대광명운망대가 되었다.

그때 광명대 속에서 부처님의 위신력으로 게송을 말했다.

부처님의 무등등 허공과 같고/ 십력과 한량없는 훌륭한 공덕
인간의 최상이고 세상의 으뜸/ 석사자 법으로써 가피하시네.

보살이여, 부처님의 신력 받들어/ 법왕의 가장 좋은 법장을 열고
여러 지의 넓은 지혜 미묘한 행을/ 부처님의 위신으로 자세히 말합니다.

선서의 신력으로 가피하시면/ 법보가 그 마음에 다 들어가고
여러 지의 청정행을 차례로 이뤄/ 여래의 열 가지 힘 구족합니다.

바닷물과 겁화 중에 있게 되어도/ 이 법을 들을 수 있지만
의심 하고 믿지 않는 무리는/ 영원히 이 이치를 듣지 못합니다.

말하라, 여러 지위의 지혜의 길에/ 들고 나면서 차례로 닦아
행과 경계로부터 지혜 생김을/ 일체중생이 이익되기 위해서입니다.

그때 금강장보살이 시방을 관찰하고 대중에게 청정한 믿음을 주려고 게송으로 말했다.

거룩한 신선이신 부처님의 도/ 현미하고 묘해 알 수 없는 일
생각이 아니며 생각을 여의어/ 보려고 해도 볼 수가 없습니다.

나는 것도 아니고 멸하지 않아/ 성품이 깨끗하고 항상 고요해
때가 없고 총명한 사람은/ 그 지혜로 짐작할 수가 있습니다.

제 성품 본래 공적해서/ 둘도 없고 다하지도 않으니
여러 가지 갈래에서 벗어났으며/ 열반과 평등하게 머물러 있습니다.

처음이나 중간도 끝도 아니며/ 말로써는 설명할 수가 없으니
과거·현재·미래를 초월했으며/ 그 모양 허공과 같습니다.

고요하고 멸한 것 부처님의 행/ 말로는 무어라고 할 수 없으니
십지의 여러 행도 그와 같아서/ 말할 수도 느낄 수도 없는 일입니다.

지혜를 일으키는 부처님 경계/ 생각할 수도 없고 마음을 떠나
온·계·처의 문도 아니니/ 지혜로는 알지만 뜻은 못 미칩니다.

허공에 날아가는 새의 발자국/ 말할 수도 보일 수도 없는 것이니
십지의 깊은 이치 그와 같아서/ 마음과 뜻으로는 알지 못합니다.

자비하신 마음과 원과 힘으로/ 여러 가지 지에 들어가는 행을 내어
차례차례 원만하는 그러한 마음/ 지혜로는 미칠 생각은 안됩니다.

이 경계는 보기 어려워/ 압니다고 말할 수 없어
부처님 힘 받들어 설명하리니/ 그대들 공경해 잘 들으십시오.

지혜로 들어가는 행/ 억겁 동안 말해도 다할 수 없고
내 지금 간략하게 연설해/ 진실한 뜻 남음이 없도록 밝힙니다.

일심으로 공경해 기다리시면/ 부처님 힘 받들어 말하리니
훌륭한 십지법을 묘한 소리로/ 비유와 좋은 글자로 응합니다.

한량없는 부처님 신통의 힘이/ 모두 다 나의 몸에 들어왔으니
설명하기 어렵지만/ 내 이제 조금 말해 볼 것입니다.

(26-1-6) 환희지를 설하다

"보살들이여, 어떤 중생이 선근을 깊이 심고 모든 행을 잘 닦고 도를 돕는 법을 잘 모으고 여러 부처님께 잘 공양하고 청정한 법을 잘 쌓고, 선지식의 거두어 중심이 되고 깊은 마음을 청정하게 해 광대한 뜻을 세우고, 광대한 지혜를 내면 자비가 앞에 나타납니다. 부처님의 지혜를 구함이며, 열 가지 힘을 얻으려 함이며, 크게 두려움 없음을 얻으려 함이며, 부처님의 평등한 법을 얻으려 함이며, 일체 세간을 구호 함이며, 큰 자비를 깨끗이 함이며, 십력과 남음이 없는 지혜를 얻으려 함이며, 모든 부처님 세계를 깨끗이 해 장애가 없게 함이며, 잠깐 동안에 일체 삼세를 알고자 함이며, 큰 법륜을 굴릴 적에 두려움이 없는 까닭으로, 보살이 이런 마음을 일으키는 것입니다. 대비심을 으뜸으로 해 지혜가 늘고, 공교한 방편에 포섭되고, 가장

훌륭한 마음으로 유지되며, 여래의 힘이 한량없어 잘 관찰하고 분별하며, 용맹한 힘과 지혜의 힘으로 걸림없는 지혜가 앞에 나타나고, 순종하는 자연의 지혜로 일체 불법을 받아들여 교화하니, 광대하기가 법계와 같고 끝없는 허공과 같아서 오는 세월의 끝까지 다합니다. 보살들이여, 보살이 처음 이런 마음을 내고는, 범부의 지위를 뛰어넘어 보살의 지위에 들어가서 여래의 집에 태어납니다. 가문의 허물을 말할 이가 없으며, 세간의 모든 갈래를 떠나서 출세간의 도에 들어가며, 보살의 법을 얻고 보살의 자리에 머물며, 삼세가 평등한 데 들어가 여래의 종성에서 위없는 보리를 얻습니다. 보살이 이런 법에 머물면 환희지에 머물렀다 하니, 동하지 않는 법과 서로 응하는 까닭입니다.

보살들이여, 환희지에 머무르면 여러 가지 환희와 청정한 신심과 즐거움과 희열과 기쁜 경사와 함께 좋아함과 용맹과 투쟁이 없음과 시끄러움이 없음과 성내지 않음을 성취합니다.

보살들이여, 환희지에 머물러 부처님을 생각해 환희하고, 부처님 법을 생각해 환희하고, 보살을 생각해 환희하고, 보살의 행을 생각해 환희하고, 청정한 바라밀을 생각해 환희하고, 보살의 지위가 수승함을 생각해 환희하고, 보살의 깨뜨릴 수 없음을 생각해 환희하고, 여래의 중생 교화함을 생각해 환희하고, 중생들에게 이익을 얻게 함을 생각해 환희하고 일체 여래의 지혜와 방편에 들어감을 생각해 환희합니다.

또 이렇게 생각합니다. 내가 모든 세간의 경계를 점점 여의어 환희하고, 모든 부처님을 친근하므로 환희하고, 범부의 처지를 여의어 환희하고, 지혜의 자리에 가까워져 환희하고, 모든 나쁜 갈래를 아주 끊었으므로 환희하고, 일체중생의 의지할 곳이 되어 환희하고, 일체 여래를 뽑고 환희하고, 부처님의 경계에 났으므로 환희하고, 일체 보살의 평등한 성품에 들어가 환희하고, 온갖 무섭고 털이 곤두서는 일을 여의어 환희합니다고 합니다.

무슨 까닭인가? 보살은 환희지를 얻어 살아갈 수 없는 것에 대한 두려움, 나쁜 이름이 날 것에 대한 두려움, 죽음에 대한 두려움, 나쁜 갈래에 대한 두려움, 대중의 위덕에 대한 두려움을 모두 여읩니다.

왜냐 하면 보살이 나란 고집을 떠나 내 몸도 아끼지 않는데, 재물을 아끼겠습니까. 그러므로 살아갈 수 없는 것에 대한 두려움이 없습니다. 다른 이에게 공양을 바라지 않고 일체중생에게 보시 하니, 나쁜 이름이 날 것에 대한 두려움이 없습니다. 나란 소견을 여의어 나라는 생각이 없으니, 죽음에 대한 두려움이 없습니다. 본인이 죽어도 결정코 부처님이나 보살을 떠나지 않음을 아니, 나쁜 갈래에 대한 두려움이 없습니다. 내가 좋아하는 것은 일체 세간에서 동등할 이도 없는데, 어찌 더 나은 이가 있겠습니까. 그러므로 대중의 위덕에 대한 두려움이 없습니다. 보살이 이와 같이 두려움과 털이 곤두서는 일을 멀리 여읩니다.

보살들이여, 대비로 으뜸을 삼는 광대한 뜻을 방해할 이가 없고, 부지런히 모든 선근을 닦아서 성취하니, 신심이 늘며, 청정한 신심이 많아지며, 지혜가 청정하며, 믿음이 결정적이며, 가엾이 여기는 생각을 내며, 인자함을 성취하며, 고달픈 마음이 없으며, 부끄러움으로 장엄하며, 화순함을 성취하며, 부처님의 가르치신 법을 공경하고 존중합니다.

밤낮으로 선근을 닦아 만족함이 없으며, 선지식을 친근하며, 항상 법을 사랑하며, 많이 알기를 구해 만족을 모르며, 들은 법대로 관찰하며, 마음에 의탁함이 없으며, 이양이나 명예나 공경 받기를 탐하지 않으며, 온갖 살아갈 물품을 구하지 않으며, 보물 같은 마음을 내어 만족함이 없습니다.

온갖 지혜의 지위를 구하며, 여래의 힘과 두려움 없음과 함께하지 않는 불법을 구하며, 바라밀의 도를 돕는 법을 구하며, 아첨과 속임을 여의며, 말한 대로 행하며, 진실한 말을 항상 두호하며, 여래의 가문을 더럽히지 않으며, 보살의 계율을 어기지 않으며, 온갖 지혜의 마음을 내어 산처럼 흔들리지 않으며, 일체 세간의 일을 버리지 않고 출세간의 도를 성취하며, 보리를 돕는 부분법을 모아 만족함이 없으며, 가장 위가 되는 수승한 도를 항상 구합니다.

보살들이여, 깨끗이 다스리는 지위의 법을 성취하는 것이 보살의 환희지에 편안히 머무른 것입니다.

보살들이여, 환희지에 머물러 원과 용맹과 작용을 성취하니, 광대하고 청정하고 결정한 알음알이를 내어 모든 공양거리로써 일체 부처님께 공경하고 공양해 남음이 없으며, 광대하기가 법계와 같고 끝없는 허공과 같아서 오는 세월이 끝나도록 쉬지 않습니다.

또 큰 원을 세우기를 '일체 부처님의 법륜을 받아지니며, 일체 부처님의 보리를 거두어지기를 원합니다. 일체 부처님의 교법을 보호하며, 일체 부처님의 법을 지니기를 원합니다.' 하니, 광대하기가 법계와 같고, 끝없음이 허공과 같아 오는 세월이 끝나도록 모든 겁 동안 쉬지 않습니다.

또 큰 원을 세우기를, '일체 세계에서 부처님께서 세상에 나실 적에, 도솔천궁에서 모태에 들고 태에 머물고, 탄생하고 출가하고 성도하

고 설법하고 열반하시는 것을 내가 친근하고 공양하며, 대중의 우두
머리가 되어 바른 법을 받아 행하며, 모든 곳에서 한꺼번에 법을 연
설해지기를 원합니다.' 하니, 광대하기가 법계와 같고, 끝없는 허공
과 같아, 오는 세월이 끝나도록 모든 겁 동안에 쉬지 않았습니다.

또 큰 원을 세우기를, '일체 보살의 행이 넓고 커서 한량없고 부서지
지 않고 섞이지 않으며, 여러 바라밀을 거두어 여러 지위를 깨끗이
다스리며, 전체인 모양, 각각인 모양, 같은 모양, 다른 모양, 이루는
모양, 무너지는 모양으로 온갖 보살의 행을 사실대로 말해, 일체중
생을 가르쳐서 받아 마음이 증장케 해지기를 원합니다.' 하니, 광대
하기가 법계와 같고, 끝없는 허공과 같아, 오는 세월이 끝나도록 모
든 겁 동안에 쉬지 않았습니다.

또 큰 원을 세우기를 '일체중생계에서 빛깔 있는 것, 빛깔 없는 것,
생각있는 것, 생각없는 것, 생각있지 않는 것, 생각없지 않는 것, 알
로 태어나는 것, 태로 태어나는 것, 습기로 태어나는 것, 화해 태어
나는 것 들이 삼계에 얽매이고 여섯 갈래에 들어가서 태어나는 온갖
곳에서 이름과 물질에 소속되니, 이런 무리들을 내가 모두 교화해
부처님 법에 들어가서, 여러 세간 갈래를 끊고 온갖 지혜에 편안히
머물게되기를 원합니다.' 하니, 광대하기가 법계와 같고 끝없는 허공
과 같아, 오는 세월이 끝나도록 모든 겁 동안에 쉬지 않았습니다.

또 큰 원을 세우기를 '일체 세계가 넓고 커서 한량이 없고 굵고 자잘
하고, 어지럽게 있고, 거꾸로 있고, 바르게 있고, 들어가고 다니고
가는 것이 제석천의 그물처럼 차별하며, 시방에 한량없는 같지 않은
것을 지혜로써 분명히 알아 앞에 나타난 듯이 알고 보이기를 원합니
다.'하니, 광대하기가 법계와 같고 끝없는 허공과 같아 오는 세월이

끝나도록 모든 겁 동안에 쉬지 않았습니다.

또 큰 원을 세우기를 '일체 국토가 한 국토에 들어가고 한 국토가 일체 국토에 들어가며, 한량없는 부처님 국토가 모두 청정하고, 여러 가지 광명으로 장엄하며, 일체 번뇌를 여의고 청정한 도를 성취하며, 한량없는 지혜로운 중생들이 그 가운데 충만하며, 광대한 부처님의 경계에 들어가 중생의 마음을 따라 나타나서 모두 환희하기를 원합니다.' 하니, 광대하기가 법계와 같고 끝없는 허공과 같아 오는 세월이 끝나도록 모든 겁 동안에 쉬지 않았습니다.

또 큰 원을 세우기를 '일체 보살과 더불어 뜻과 행이 같으며, 원수와 미운 이가 없는 선근을 모으며, 일체 보살이 평등하게 한 가지를 반연하고, 항상 함께 모여서 서로 떠나지 않으며, 마음대로 가지가지 부처님 몸을 나타내며, 자기의 마음대로 여래의 경계와 위력과 지혜를 알며, 물러가지 않고 뜻대로 되는 신통을 얻어, 모든 세계에 다니고, 여러 회중에 몸을 나타내고, 일체중생의 나는 곳에 들어가서 부사의한 대승을 성취하고 보살의 행을 닦아지기를 원합니다.' 하니, 광대하기가 법계와 같고 끝없는 허공과 같아 오는 세월이 끝나도록 모든 겁 동안에 쉬지 않았습니다.

또 큰 원을 세우기를 '물러가지 않는 법륜을 타고 보살의 행을 행하되 몸과 말과 뜻으로 짓는 업이 헛되지 않아, 잠시만 보아도 부처님 법에 결정한 마음을 내고, 소리만 들어도 진실한 지혜를 얻고, 겨우 깨끗한 신심을 내어도 영원히 번뇌를 끊게 되며, 약왕 나무와 같은 몸을 얻고, 여의주와 같은 몸을 얻어, 일체 보살의 행을 수행해지기를 원합니다.' 하니, 광대하기가 법계와 같고 끝없는 허공과 같아 오는 세월이 끝나도록 모든 겁 동안에 쉬지 않았습니다.

또 큰 원을 세우기를 '일체 세계에서 위 없는 바른 깨달음을 이루어서, 한 터럭 끝도 떠나지 않고 모든 털끝마다, 탄생하고 출가하고 도량에 나아가고 정각을 이루고 법륜을 굴리고 열반에 드는 일을 나타내며, 부처님의 경계이신 큰 지혜를 얻고, 찰나마다 일체중생의 마음을 따라 성불함을 보여 적멸함을 얻게 하며, 삼보리로써 일체 법계가 열반하는 모양임을 알게 하며, 한 가지 음성으로 법을 말해 일체중생의 마음이 모두 환희케 되며, 일부러 대열반에 들어가면서도 보살의 행을 끊지 않으며, 큰 지혜의 지위에 있어서도 모든 법을 나란히 건립하며, 법지통과 신족통과 환통으로 자재하게 변화해 일체 세계에 충만해지기를 원합니다.' 하니, 광대하기가 법계와 같고 끝없는 허공과 같아 오는 세월이 끝나도록 모든 겁 동안에 쉬지 않았습니다.

보살들이여, 환희지에 머물러 이렇게 큰 서원과 용맹과 작용을 내니, 열 가지 원이 시작되어 아승기 원을 만족케합니다.

보살들이여, 큰 원으로 중생계가 끝나고, 세계가 끝나고, 허공계가 끝나고, 법계가 끝나고, 열반계가 끝나고, 부처님의 출현하는 계가 끝나고, 여래의 지혜의 계가 끝나고, 마음으로 반연하는 계가 끝나고, 부처님 지혜로 들어갈 경계의 계가 끝나고, 세간의 진전, 법의 진전, 지혜의 진전하는 계가 끝납니다.

중생계가 끝나면 나의 원도 끝나며, 세계와 세간의 진전, 법의 진전, 지혜의 진전하는 계가 끝나면 나의 원도 끝납니다. 중생계가 끝날 수 없으며, 세간의 진전, 법의 진전, 지혜의 진전하는 계가 끝날 수 없으므로, 나의 원의 선근도 끝날 수 없습니다.

보살들이여, 큰 원을 세우는 곧 이익되는 마음, 부드러운 마음, 따라 순종하는 마음, 고요한 마음, 조복시키는 마음, 적멸한 마음, 겸손한 마음. 윤택한 마음, 동하지 않는 마음, 흐리지 않은 마음을 얻습니다.

깨끗한 신심을 이룬 이는 신심의 공용이 있어 여래께서 본래 행으로 들어가신 것을 믿으며, 바라밀의 성취함을 믿으며, 여러 훌륭한 지위에 들어감을 믿으며, 힘을 성취한 것을 믿으며, 두려움 없는 마음의 구족함을 믿으며, 깨뜨릴 수 없고 함께하지 않는 불법을 생장함을 믿으며, 부사의한 불법을 믿으며, 중간도 가장자리도 없는 부처님 경계를 내는 것을 믿으며, 여래의 한량없는 경계에 따라 들어감을 믿으며, 과보를 성취함을 믿습니다. 요건을 말하면 일체 보살의 행과 여래의 지혜와 말하는 힘을 믿는 것입니다.

보살들이여, 또 이런 생각을 합니다.

'부처님의 바른 법이 이렇게 깊고 고요하고 적멸하고 공하고 모양이 없고 원이 없고 물들지 않고 한량이 없고 광대한데, 범부들은 삿된 소견에 빠져 무명에 가리였으며, 교만의 당기를 세우고 애정의 그물에 들어가, 아첨의 숲 속에 다니면서 나오지 못하고, 마음에 간탐과 질투가 서로 응해 버리지 못하고, 여러 갈래에 태어날 인연을 지으며, 탐욕과 성내는 일과 어리석음으로 모든 업을 지어 밤낮으로 증장하고, 분노의 바람으로 마음의 불을 붙혀 성성한 불꽃이 쉬지 않으며, 모든 짓는 업이 뒤바뀌게 되며, 욕계의 폭류, 색계의 폭류, 무명의 폭류, 소견의 폭류가 서로 계속되어 마음, 뜻, 식의 종자를 일으킵니다.

삼계란 밭에 다시 고통의 싹을 내니, 이름과 물질이 나와 함께 나서 떠나지 않으며, 이름과 물질이 증장해 여섯 군데의 기관을 내고, 그 속에서 서로에 대해서 접촉함을 내며, 접촉하므로 받아들임을 내고, 받아들임으로 사랑함을 내고, 사랑이 자라서 취함을 내고, 취함이 늘어서 유를 내고, 유가 났으므로 태어나고 늙고 죽고 근심하고 슬퍼하고 괴로움과 시끄러움을 내니, 중생들이 고통 속에서 생장하며, 이런 속이 모두 공해 나와 내 것을 여의었으므로 알음알이도 없고 깨닫지도 못하고 짓는 것도 없고 받는 것도 없어서 초목이나 돌과 같으며, 영상과도 같지만, 중생들은 깨닫지도 못하고 알지도 못합니다.'

보살은 모든 중생이 이런 고통 속에서 벗어나지 못함을 보고, 자비와 지혜를 내며 생각하기를 '이 중생들을 내가 구제해 안락한 곳에 이르게할 것이며, 자비와 광명과 지혜를 내게 할 것입니다' 합니다.

보살이여, 대자와 대비를 따라서 깊고 소중한 마음으로 초지에 머무니, 모든 물건을 아끼지 않고 부처님의 지혜를 구하며, 버리는 마음을 수행해 가진 것을 모두 보시했습니다. 재물, 곡식, 창고, 금은, 마니, 진주, 유리, 보석, 벽옥, 산호 등과, 보물과 영락 등 몸을 장식하는 기구와, 코끼리, 말, 수레, 노비, 백성과 도시와 마을과 원림과 누대와 처첩과 아들과 딸과 안팎 권속들과 그 외의 훌륭한 물건들과, 머리, 눈, 손발, 피, 살과 뼈, 골수 등의 모든 몸붙이를 하나도 아끼지 않았습니다. 이렇게 해 부처님의 광대한 지혜를 구했습니다.

이것 보살이 초지에서 크게 버리는 마음을 성취하는 것입니다.

보살들이여, 자비로 보시하는 마음으로써 일체중생을 구호하기 위해 세간과 출세간의 여러 가지 이익되는 일을 구하면서도 고달픈 마음이 없어 고달픈 줄 모르는 마음을 성취하며, 이 마음을 얻고는 일체 경과 논을 겁내지 않으니, 일체 경론의 지혜를 성취합니다.

이 지혜를 얻어 지을 일과 짓지 않아야할 일을 잘 요량하고, 상중하

품의 중생에 대해 마땅함을 따르고 힘을 따르고 익힌 바를 따라서
행해, 보살이 세간의 지혜를 이루게 되고, 시기를 알고 깜냥을 알아
부끄러운 장엄으로 스스로를 이롭게 하고 다른 이를 이롭게 하는 행
을 닦아 장엄을 성취합니다. 이런 행에서 벗어나는 일을 부지런히
닦아 퇴전하지 않으면 견고한 힘을 이루어 부처님께 부지런히 공양
하며 부처님의 교법에 따라 실행합니다.

보살이여, 여러 지위를 깨끗이 하는 열 가지 법을 성취합니다. 신심,
불쌍히 여김, 인자함, 버리는 것, 고달픔이 없음, 경론을 아는 일, 세
간법을 아는 것, 부끄러움, 견고한 힘, 부처님께 공양하고 가르친 대
로 수행하는 것입니다.

보살이여, 환희지에 머물러서는 큰 원력으로 많은 부처님을 보게 됩
니다. 백 부처님, 천 부처님, 나유타 부처님을 봅니다.

모두 큰 마음과 깊은 마음으로 공경하고 존중하고 받들어 섬기고 공
양하며, 의복과 음식과 와구와 의약과 모든 필수품으로 보시하며,
또한 모든 스님에게도 공양하며, 이 선근으로써 위없는 보리에 회향
합니다. 보살이여, 여러 부처님께 공양했으므로 중생을 성취하는 법
을 얻습니다.

또한 두 가지 거두어 주는 법으로 중생을 포섭합니다. 보시하는 것
과 좋은 말하는 것이며, 다른 두 가지 거두어 주는 법은 다만 믿고
아는 힘으로 행하는 것이며 잘 통달하지는 못합니다. 이것은 십바라
밀 중 보시바라밀이 더 많은 것이니, 다른 바라밀을 닦지만 힘을 따
르고 분한을 따를 뿐입니다.

보살이 간 곳마다 부처님께 공양하고 중생을 교화하는 일을 부지런
히 해 청정한 지위의 법을 수하고, 그러한 선근으로 온갖 지혜의 지

위에 회향하며, 점점 더 밝고 깨끗해지고, 조화롭고 부드러운 결과가 성취되어 마음대로 소용합니다.

보살들이여, 마치 대장장이가 금을 연단할 적에 자주 불에 넣으면 점점 더 밝고 깨끗해지고, 고르고 부드럽게 되어 마음대로 소용하듯이, 보살도 부처님께 공양하고 중생을 교화함이 모두 청정한 지위의 법을 수행함이며, 그러한 선근으로 온갖 지혜의 지위에 회향하며, 점점 더 밝고 깨끗해지고, 조화롭고 부드러운 결과가 성취되어 마음대로 소용합니다.

보살들이여, 초지에 머물러 부처님과 보살과 선지식에게 지의 모양과 얻는 결과를 구하고 물어서 만족함이 없는 것은 지의 법을 성취함입니다. 이와 같이 제삼, 제사, 제오, 제육, 제칠, 제팔, 제구, 제십지 중의 모양과 얻는 결과를 구하고 물어서 만족함이 없는 것은 각 지의 법을 성취 함입니다.

보살이 여러 지위의 장애와 다스리는 일을 잘 압니다. 지위의 이루고 부서짐, 모양과 결과, 얻음과 닦음, 법이 청정함, 지와 지의 옮겨 행함, 지와 지의 옳은 곳과 그른 곳, 지와 지의 수승한 지혜, 지와 지의 퇴전하지 않음을 잘 압니다. 일체 보살의 지를 깨끗이 다스림과 여래의 지위에 들어감을 잘 압니다.

보살들이여, 지의 모양을 잘 알고, 처음 초지에서 행을 일으켜 끊어지지 않고 이와 같이 제십지까지 들어가도록 끊어지지 않으며, 여러 지의 지혜 광명으로 여래의 지혜 광명을 이룹니다.

보살들이여, 마치 장사주인이 방편을 잘 알면 장사치들을 데리고 큰 성으로 장사 떠나기 전에 가는 동안에 있을 공덕과 허물과 머물러 있을 곳과 편안하고 위태한 것을 먼저 자세히 물을 것이며, 또 도중에 필요한 양식을 준비하고 필요한 것들을 마련할 것입니다. 보살이여, 저 장사주인이 비록 길을 떠나지 않았으나 도중에 있을 편안하고 위태함을 잘 알고, 지혜로 생각하고 관찰해 필요한 것을 준비하고 부족함이 없게 한 후에 장사치들을 데리고 떠나서 무사히 큰 성에 들어가며, 본인과 장사치들이 걱정하지 않게 합니다.

보살들이여, 장사주인과 같아서, 초지에 머물러 있으면서 여러 지위의 장애와 다스릴 바를 알고, 일체 보살지의 청정함을 알며, 옮겨서 여래의 지에 들어가고, 그런 뒤에 복과 지혜의 양식을 준비해 모든 중생을 데리고 죽고 사는 넓은 벌판과 험한 곳을 지나서 무사히 보리의 성에 이릅니다. 본인과 중생들이 환난을 받지 않으며 게으르지 않고 여러 지의 수승하고 깨끗한 업을 부지런히 닦으며, 여래의 지혜인 부처의 지위에 나아갈 것입니다.

보살들이여, 이것은 초지의 문에 들어감을 간략히 말한 것입니다. 자세히 말하자면 아승기 동안 말해도 다하지 못합니다.

보살들이여, 초지에 머물러서는 흔히 염부제의 왕이 되어 호화롭고 자재하며 바른 법을 보호하고, 크게 보시하는 일로 중생들을 거두어 중생의 간탐하는 허물을 없애며, 항상 크게 보시함을 끊임없이 보시하고, 좋은 말을 하고 이익되게 하고 일을 같이 합니다.

하는 일이 부처님을 생각하고 법을 생각하고 승가를 생각하고, 함께 수행하는 보살을 생각하고 보살의 행을 생각하고 모든 바라밀을 생각하고 여러 지위를 생각하고 힘을 생각하고 두려움 없음을 생각하고 함께 하지 않는 불법을 생각하며, 갖가지 지혜와 온갖 지혜의 구족함을 떠나지 않습니다.

또 '내가 일체중생 가운데서 머리가 되고 나은 이가 되고 더 나은 이가 되고, 묘하고 미묘하고, 위가 되고 위없는 이가 되고, 길잡이가 되고 장수가 되고 통솔자가 되며, 온갖 지혜와 지혜의 의지함이 될 것입니다' 라고 생각합니다.

이 보살이 출가해 수행하면 문득 집과 처자와 다섯 가지 욕락을 버리고 여래의 가르침을 따라 출가해 도를 배우게 됩니다. 출가해서는 부지런히 정진해 잠깐 사이에 삼매를 얻고, 부처님을 보고, 부처님의 신통력을 알고, 부처님의 세계를 진동하고, 부처님의 세계를 지나가고, 부처님의 세계를 비추고, 부처님 세계의 중생을 교화하고, 백 겁을 살고, 앞뒤로 백 겁 일을 알고, 백 법문에 들어가고, 백 가지 몸을 나타내고, 몸마다 백 보살을 권속으로 삼습니다.

보살의 훌륭한 원력으로 자세하게 나타나면 나유타 겁 동안 말해도 다 할 수 없습니다."

(26-2) 이구지

(26-2-1) 제2 이구지에 들어가는 열 가지 마음

그때 금강장보살이 해탈월보살에게 말했다.

"보살이여, 초지를 이미 닦고서, 제이지에 들어가려면 열 가지 깊은 마음을 일으켜야 합니다. 정직한 마음, 부드러운 마음, 참을성 있는 마음, 조복한 마음, 고요한 마음, 순일하게 선한 마음, 잡란하지 않은 마음, 그리움이 없는 마음, 넓은 마음, 큰마음이니, 보살이 열 가지 마음으로 제이 이구지에 들어가는 것입니다.

(26-2-2) 이구지에 머무는 마음, 삼취정계를 말하다

보살이여, 이구지에 머물면, 성품이 저절로 일체 살생을 멀리 여의

고 칼이나 작대기를 두지 않고, 원한을 품지 않고, 부끄럽고 수줍음
이 있어 인자하고 용서함이 구족하며, 일체중생으로 생명 있는 자에
게는 항상 이익하고 사랑하는 마음을 내며, 나쁜 마음으로 중생을
시끄럽게 하지도 않는데, 남에게 중생이란 생각을 내면서, 거치른
마음으로 살해를 했겠습니까.

성품이 훔치지 않습니다. 보살이 자기의 재산에 만족함을 알고 다른
이에게는 인자하고 사랑해 침노하지 않으며, 다른 사람에게 소속한
물건에는 남의 것이라는 생각을 내어 훔치려는 마음이 없고, 풀잎
하나라도 주지 않는 것은 가지지 않는데, 생활에 필요한 물건을 훔
치겠습니까.

성품이 사음하지 않습니다. 보살이 자기의 아내에 만족함을 알고 남
의 아내를 탐하지 않으며, 다른 이의 아내나 첩이나, 다른 이가 수호
하는 여자나, 친족이 보호하거나, 약혼했거나, 법으로 보호하는 여
인에게 탐하는 마음도 내지 않는데, 어떻게 일을 벌리겠으며, 제 것
이 아닌 것을 탐했겠습니까.

성품이 거짓말을 하지 않습니다. 보살은 항상 진실한 말과 참된 말
과 시기에 맞는 말을 하고, 꿈에서라도 덮어두는 말을 하지 못하며,
하려는 마음도 없는데 어떻게 거짓말을 했겠습니까.

성품은 이간질하는 말을 하지 않습니다. 보살은 이간하는 마음도 없
고 해치려는 마음도 없으며, 이 말이나 저 말로써 저를 파괴하기 위해
저에게 말하지 않으며, 아직 파괴하지 않은 것을 파괴하지 않고, 이미
파괴한 것을 더 증장하지 않으며, 이간질하는 것을 기뻐하지도 않고,
이간질 하기를 좋아하지도 않으며, 이간질 할 말을 짓지도 않고, 이간
질하는 말은 실제하거나 실제가 아니거나 말하지도 않습니다.

성품이 나쁜 말인 악구를 하지 않습니다. 해롭게 하는 말, 거치른 말, 남을 괴롭히는 말, 남을 성내게 하는 말, 앞에 대한 말, 앞에 대하지 않은 말, 불공한 말, 버릇없는 말, 듣기 싫은 말, 듣는 이에게 기쁘지 않은 말, 분노한 말, 속을 태우는 말, 원한 맺는 말, 시끄러운 말, 좋지 않은 말, 달갑지 않은 말, 나와 남을 해롭게 하는 말, 이런 말은 모두 버리고, 윤택한 말, 부드러운 말, 뜻에 맞는 말, 듣기 좋은 말, 듣는 이가 기뻐하는 말, 남의 마음에 잘 들어맞는 말, 운치있고 규모 있는 말, 여러 사람이 좋아하는 말, 여러 사람이 기뻐하는 말, 몸과 마음이 즐거워 하는 말을 항상 말합니다.

성품이 번드르르한 말인 기어를 하지 않습니다. 보살은 언제나 잘 생각해 하는 말, 시기에 맞는 말, 진실한 말, 이치에 맞는 말, 법다운 말, 도리에 맞는 말, 교묘하게 조복시키는 말, 때에 맞추어 요량해 결정한 말을 좋아합니다. 이 보살은 웃음거리도 항상 생각해 말하는데, 어찌 산란한 말을 했겠습니까.

성품은 탐내지 않습니다. 보살은 남의 재물이나 다른 이의 물건을 탐하지 않고 원하지 않고 구하지도 않습니다. 성품은 성내지 않습니다. 보살은 일체중생에게 항상 자비한 마음, 이익되는 마음, 가엾이 여기는 마음, 환희한 마음, 화평한 마음, 포섭하는 마음을 내, 미워하고 원망하고 해치고 시끄럽게 하는 것을 버리고, 인자하고 도와주고 이익되는 일을 생각해 행합니다.

또 삿된 소견이 없습니다. 보살은 바른 도리에 머물러서 점치지 않고, 나쁜 계율을 가지지 않고, 마음과 소견이 정직해 속이고 아첨하지 않으며, 불보와 법보와 승보에 결정한 신심을 냅니다.

보살이여, 십선업도를 행해 항상 끊임이 없습니다. 또 '일체중생이 악취에 떨어짐은 모두 십불선업을 행한 까닭이니, 마땅히 스스로 바른 행을 닦고, 다른 이에게도 바른 행을 닦으라 권할 것이다. 왜냐하면 스스로 바른 행을 행하지 못하면서 다른 이로 하여금 바른 행을 닦게 함은 옳지 않다'고 생각합니다.

보살이여, '십불선업은 지옥이나 아귀나 축생에 태어나는 인이며, 십선업은 인간에나 천상이나 색계나 무색계에 태어나는 인이다. 또 상품 십선업을 지혜로써 닦지만 마음이 용렬하며, 삼계를 두려워하며, 대비심이 없으며, 다른 이의 말을 듣고 깨달아 성문승이 된다.

또 상품 십선업을 청정하게 닦지만 남의 가르침을 받지 않고 스스로 깨달으며, 대비 방편을 갖추지 못했지만, 깊은 인연법을 깨달았지만 독각승이 된다.

또 상품 십선업을 청정하게 닦으면서 마음이 한량없이 광대하고 자비를 구족하고 방편에 포섭되고 큰 서원을 내고 중생을 버리지 않고 부처님의 지혜를 구하고 보살의 여러 지위를 깨끗이 다스리고 바라밀을 닦아 보살의 광대한 행을 이루게 된다.

또 상상품 십선업으로는 온갖 것이 청정한 까닭이며, 십력과 사무소외를 증득하는 연고로 부처님 법을 성취해 열 가지 선을 평등하게 행하며, 온갖 것을 청정하게 합니다. 이런 방편을 보살이 마땅히 배울 것이다'라고 생각합니다.

보살이여, 또 '열 가지 나쁜 업에서 상품은 지옥의 인이 되고, 중품은 축생의 인이 되고 하품은 아귀의 인이 된다. 첫째 살생하는 죄는 지옥, 축생, 아귀에 떨어지며, 인간에 태어나더라도 단명하고, 병이 많은 과보를 받는다.

둘째 훔치는 죄는 삼악도에 떨어지며, 인간으로 태어나더라도 빈궁하고, 재물이 있어도 마음대로 하지 못하는 과보를 받는다.

셋째 사음하는 죄는 삼악도에 떨어지며, 인간으로 태어나더라도 아내의 행실이 부정하고, 마음에 드는 권속을 얻지 못하는 과보를 받는다.

넷째 거짓말하는 죄는 삼악도에 떨어지며, 인간으로 태어나더라도 비방을 많이 받고, 남에게 속게 되는 과보를 받는다.

다섯째 이간하는 죄는 삼악도에 떨어지며, 인간으로 태어나더라도 권속이 뿔뿔이 흩어지고, 험악한 친족들을 만나는 과보를 받는다.

여섯째 나쁜 말 하는 죄는 삼악도에 떨어지며, 인간으로 태어나더라도 항상 나쁜 평을 듣고, 다투는 일이 많은 과보를 받는다.

일곱째 번드르한 말을 하는 죄는 삼악도에 떨어지며, 인간으로 태어나더라도 사람들이 내 말을 그대로 듣지 않고, 말이 분명치 못한 과보를 받는다.

여덟째 탐욕을 내는 죄는 삼악도에 떨어지며, 인간으로 태어나더라도 만족할 줄을 모르고, 욕심이 끝이 없는 과보를 받는다.

아홉째 성내는 죄는 삼악도에 떨어지며, 인간으로 태어나더라도 항상 남들에게 시비를 받게 되고, 남의 괴로워하는 해를 받는 과보를 받는다.

열째는 삿된 소견을 내는 죄는 삼악도에 떨어지며, 인간으로 태어나더라도 삿된 소견을 내는 집에 태어나게 되고, 마음이 아첨하고 속이게 되는 과보를 받는다.'라고 생각합니다.

보살이여, 십불선업은 한량없는 큰 고통을 내는 것으로 '나는 열 가지 나쁜 길을 멀리 여의고, 열 가지 선한 길로 법의 동산을 삼아 편안히 있으면서, 그 속에 머무르고 다른 이도 거기 머물도록 권할 것이다.'라고 생각합니다.

보살이여, 또 중생에게 이익되게 하려는 마음, 안락케 하는 마음, 인자한 마음, 가엾이 여기는 마음, 딱하게 여기는 마음, 거두어 주는 마음, 수호하는 마음, 자기와 같다는 마음, 스승이라는 마음, 대사라는 마음을 냅니다.

'중생이 가련해 삿된 소견에 떨어졌으니, 나쁜 지혜와 욕망과 도의 숲이다. 그가 바른 소견에 머물러서 진실한 도를 행하게 할 것이다'라고 생각합니다.

'일체중생이 나와 남을 분별해, 서로 파괴하고 다투고 미워함이 쉬지 않습니다. 그가 위없는 인자함에 머물게 할 것이다'라고 생각합니다.

'일체중생이 탐하는데 만족한 줄 모르고, 재물만을 구하며 잘못되게 살아가려 한다. 그가 몸과 말과 뜻으로 짓는 일이 청정해 옳게 살게 할 것이다'라고 생각합니다.

'일체중생이 삼독만 따르므로 여러 가지 번뇌가 치성하고, 벗어날 방편을 구할 줄 모른다. 모든 번뇌의 불을 멸하고, 청량한 열반의 자리에 있게 할 것이다'라고 생각합니다.

'일체중생이 어리석어 깜깜함과 허망한 소견에 덮여, 답답하게 막힌 숲속에 들어가서 지혜의 광명을 잃고, 거치른 벌판 험한 길에서 나쁜 소견을 일으킨다. 장애가 없이 청정한 지혜의 눈을 얻어 일체 법의 실상을 알고 다른 가르침을 따르지 않게 할 것이다'라고 생각합니다.

'일체중생이 나고 죽는 험한 길에 있으면서, 지옥, 축생, 아귀에 떨어지거나 나쁜 소견에 들어가서, 어리석은 숲속에서 길을 잃고 삿된 길을 따라가며 뒤바뀐 짓을 행할 것이다. 마치 눈먼 사람이 인도해 주는 사람도 없이, 빠져나갈 길이 아닌데 나갈 길인 줄 알고, 마군의 경계에 들어가 도둑에게 붙잡히고, 마군의 마음을 따르고 부처님의 뜻과는 멀어진다. 험난한 곳에서 구제되어 두려움이 없는 온갖 지혜의 성중에 머물게 할 것이다'라고 생각합니다.

'일체중생이 빨리 흐르는 폭류에 휩쓸려서, 욕계의 폭류, 색계의 폭류, 무명의 폭류, 소견의 폭류에 들어가, 생사에서 소용돌이치고 애욕에 헤매면서, 빠르게 솟구치고 심하게 부딪치느라고 살펴볼 겨를도 없이, 탐내는 생각, 성내는 생각, 해치려는 생각을 따라서 버리지 못했는데, 내 몸이라고 고집하는 나찰에게 붙들려서 애욕의 숲속으로 끌려 들어가, 탐욕과 애정에 집착을 내고 나라는 교만의 언덕에 머물며, 육처라는 동리에 있게 되어 구원할 이도 없고 제도할 이도 없으니, 내가 마땅히 그에게 대비심을 일으키고 여러 선근으로 구제해, 환난이 없게 하고, 물든 것을 떠나서 고요하게 온갖 지혜의 섬에 머물게 할 것이다'라고 생각합니다.

'일체중생이 세간의 옥중에 있으면서 고통이 많고, 사랑하고 미워하는 생각을 품어 스스로 공포하며, 탐욕의 고랑에 얽매이고 무명의 숲속에 가렸으므로, 삼계에서 벗어나지 못한다. 그가 삼유를 여의고 장애가 없는 대열반에 머물게 할 것이다'라고 생각합니다.

'일체중생이 나라는 데 집착해 오온 속에서 벗어나지 못하고, 육처라는 마을을 의지해 네 가지 뒤바뀐 행을 일으키며, 네 마리 독사에게 시달리고 오온이란 원수에게 살해를 당하면서 한량없는 고통을 받는다. 그가 훌륭하고 집착이 없는 곳에 머물게 하니 장애가 없어진 위없는 열반이다'라고 생각합니다.

'일체중생의 마음이 용렬해 지혜의 도를 행하지 못하므로, 성문승과 벽지불승을 벗어나려고 하면서도 좋아한다. 광대한 부처님 법과 지혜에 머물게 할 것이다'라고 생각합니다.

(26-2-3) 이구지에 머문 공과를 밝히다

보살이여, 이렇게 계율을 보호해 지니며 자비한 마음을 증장케 합니다. 보살이 이구지에 머물고 서원하는 힘으로 많은 부처님을 보게 됩니다. 백 부처님, 천 부처님, 나유타 부처님을 봅니다.

여러 부처님 계신 곳에서 광대하고 깊은 마음으로 공경하고 존중하고 받들어 섬기고 공양하며, 의복과 음식과 와구와 의약과 모든 필수품으로 보시하며, 또한 모든 스님에게도 공양하니, 선근으로써 위없는 바른 깨달음에 회향합니다. 또 여러 부처님 계신 곳에서 존중하는 마음으로 다시 십선도법을 받아 행하며, 그 받은 것을 따르고, 보리를 잊지 않습니다.

이 보살이 한량없는 나유타겁 동안에 아끼고 미워하고 파계한 허물을 멀리 여의었고 보시하고 계행 가지는 일이 청정하고 만족하니, 마치 진금을 명반 가운데 넣고 법대로 연단하면 쇠똥이 없어지고 점점 더 밝고 깨끗해집니다. 보살이 이구지에 머무는 것도 그와 같습니다.

보살이여, 사섭법 중에서는 사랑스러운 말인 애어에 치우쳐 많고, 십바라밀 중에서는 지계바라밀이 치우쳐 많으니, 다른 것을 행하지만 힘을 따르고 분한을 따를 뿐입니다.

보살이여, 이것은 제이 이구지를 간략히 말한 것입니다.

보살이 이구지에 머물러서는 흔히 전륜성왕이 되고, 큰 법주가 되어 칠보가 구족하고 자재한 힘이 있어, 일체중생의 아끼고 탐하고 파계한 허물을 제멸하고, 좋은 방편으로써 그들을 십선도에 머물게 하며, 큰 시주가 되어 널리 주는 일이 끝나지 않으며, 베풀어주는 보시와 좋은 말하는 애어와 이익케 하는 이행과 함께 하는 동사, 이와 같이 하는 일이 모두 부처님을 생각하고 법을 생각하고 승가를 생각함을 떠나지 않으며, 온갖 지혜를 구족하려는 생각을 떠나지 않습니다.

'내가 일체중생 가운데서 머리가 되고 나은 이가 되고, 묘하고 미묘하고, 위가 되고 위없는 이가 되고, 온갖 지혜로 의지함이 될 것이다' 라고 생각합니다.

보살이 집을 버리고 불법 가운데서 부지런히 정진하면, 문득 집과 처자와 다섯 가지 욕락을 버리며, 출가하고는 정진을 부지런히 해 잠깐 사이에 삼매를 얻고, 부처님을 보고, 부처님의 신통력을 알고, 천 세계를 진동하며, 천 가지 몸을 나타내고, 몸마다 천 보살을 나타내어 권속을 삼습니다.

보살의 훌륭한 원력으로 자세하게 나타나게 되면 나유타겁 동안 말해도 다 할 수 없습니다."

(26-3) 발광지

(26-3-1) 발광지에 들어가는 열 가지 깊은 마음

그때 금강장보살이 해탈월보살에게 말했다.

"보살이여, 제이지를 깨끗이 수하고, 제삼지에 들어가려면 여러 가지 깊은 마음을 일으켜야 합니다. 청정한 마음, 편안히 머무는 마음, 싫어서 버리는 마음, 탐욕을 여의는 마음, 물러가지 않는 마음, 견고한 마음, 밝고 성대한 마음, 용맹한 마음, 넓은 마음, 큰 마음입니다. 보살은 열 가지 마음으로 제삼지에 들어갑니다.

(26-3-2) 유위법의 실상을 관찰하다

보살이여, 제삼지에 머물러 유위법의 실상을 관찰하니, 무상하고, 괴롭고, 부정하고, 안온하지 못하고, 파괴하고, 오래 있지 못하고, 찰나에 났다 없어지고, 과거에서 오는 것도 아니고, 현재에 있는 것도 아니고, 미래로 가는 것도 아닙니다.

또 이 법을 관찰하면 구원할 이도 없고, 의지할 데도 없고, 근심과 함께하고, 슬픔과 함께하고, 고통과 함께 있으며, 사랑하고 미워하는 데 얽매이고, 걱정이 많아지고, 정지해 있지 못하며, 탐욕, 성내는 일, 어리석은 불이 쉬지 않고, 여러 근심에 얽매여 밤낮으로 늘어나며, 요술과 같아서 진실하지 않습니다.

(26-3-3) 불지혜에 나아가다

유위법에 대한 싫증이 배로 더 부처님 지혜로 나아가는데, 부처님 지혜는 헤아릴 수 없고, 동등할 이 없고, 한량이 없고, 얻기 어렵고, 섞이지 않으며, 시끄러움이 없고, 근심이 없고, 두려움 없는 성에 이르러 다시 물러가지 않고, 한량없이 고통 받는 중생을 구제하는 것을 봅니다.

(26-3-4) 일체중생에게 열 가지 불쌍한 마음

보살은 이와 같이 여래의 지혜가 한량없이 이익함을 보고, 유위법은 한량없이 걱정되는 것으로 일체중생에게 열 가지 불쌍히 여기는 마음을 냅니다. 중생들이 고독해 의지할 데 없음을 보고, 중생이 빈궁해 곤란함을 보고, 중생들이 삼독의 불에 타는 것을 보고, 중생들이 모든 업보의 옥에 갇혀있음을 보고, 중생들이 번뇌의 숲에 막혔음을 보고, 중생들이 살펴보지 못함을 보고, 중생들이 선한 법에 욕망이 없음을 보고, 중생들이 부처님 법을 잃어버린 것을 보고, 중생들이 생사의 물결에 따르는 것을 보고, 중생들이 해탈하는 방편을 잃었음을 보고 불쌍한 마음을 냅니다.

(26-3-5) 보살이 크게 정진할 마음을 내다

보살이 이렇게 중생계의 한량없는 고통과 시끄러움을 보고, 크게 정진할 마음을 내어 '이 중생들을 내가 구호하고, 해탈케 하고, 깨끗하게 하고, 제도하고, 선한 곳에 두고, 편안히 있게 하고, 즐겁게 해주고, 알고 보게 하고, 조복하게 하고, 열반케 할 것입니다'라고 생각합니다.

보살이 유위법을 싫어하고, 일체중생을 불쌍히 여기고, 온갖 지혜에 의지해 중생을 제도하려고 '이 중생들이 번뇌와 큰 고통 속에 빠졌으니, 어떠한 방편으로 구제해 구경열반의 낙에 머물게 할 것인가'라고 생각 합니다.

'중생을 제도해 열반에 머물게 하려면 장애가 없이 해탈한 지혜를 여의지 않아야 하며, 일체 법을 실상과 같이 깨달음을 여의지 않고, 그것은 만들어짐도 없고 생멸도 없는 행의 지혜를 여의지 않고, 선정의 공교롭고 결정하도록 관찰하는 지혜를 여의지 않고, 선정의 공교롭게 많이 아는것을 여의지 않는다'라고 생각합니다.

(26-3-6) 정법을 부지런히 수행하다

보살은 이렇게 관찰해 알고는, 바른 법을 곱으로 부지런히 닦으며, 밤낮으로 생각합니다. '법을 듣고 기뻐하고 좋아하고 의지하고 따르

고 해설하고 순종하고 행하고 법에 이르고 머물기를 원합니다.'
보살이 이렇게 부지런히 불법을 구하면서, 가진 재물을 아끼지 않
고, 어떤 물건도 희귀하고 소중하게 보지 않으며, 불법을 말하는 사
람을 만나기가 어렵다는 생각을 냅니다. 그러므로 안과 바깥 재물을
불법을 구하기 위해 모두 보시하며, 공경도 행하지 못할 것이 없고,
교만도 버리지 못할 것이 없고, 섬기는 일도 행하지 못할 것이 없고,
고생도 받지 못할 것이 없습니다.

(26-3-7) 정법 한 구절의 가치를 밝히다

듣지 못했던 법의 한 구절만 들어도 크게 환희해 삼천대천세계에 가
득한 보배를 얻은 것보다 좋아하고, 듣지 못했던 법을 한 게송만 들
어도 크게 환희해 전륜왕의 지위를 얻은 것보다 기뻐하며, 듣지 못
했던 법을 한 게송만이라도 얻어서 보살의 행을 깨끗이 하면 제석천
왕이나 범천왕의 지위를 얻어 한량없는 백천 겁을 지내는 것보다 낫
다고 생각합니다.

(26-3-8) 정법 한 구절로 고통을 극복하다

또 말하기를 '내게 부처님의 말씀 한 구절로 보살의 행을 깨끗이 하
는데, 그대가 큰 불구덩이에 들어가서 엄청난 고통을 겪으면 일러주
겠다' 하면, 그때 보살은 생각하기를 '내가 부처님께서 말씀하신 한
구절의 법을 듣고 보살의 행을 깨끗이 할 수 있다면, 삼천대천세계
에 가득한 불구덩이 속에라도, 대범천에서 몸을 던져 떨어지는 것도
기꺼이 할 것인데, 하물며 이 조그만 불속에 들어가지 못하겠는가.
그리고 불법을 구하기 위해서는 온갖 지옥의 고통도 마다하지 않는

데, 인간의 조그만 고통인들 받지 않겠는가' 하니, 보살은 이와 같이 부지런히 정진해 불법을 구하고, 들은 대로 관찰하고 수행합니다.

보살은 법을 듣고 마음을 거두어서 고요한 곳에 있으면서 '말한 대로 행을 닦고 불법을 얻을 것이며, 말만 해서는 청정할 수 없다'라고 생각합니다.

(26-3-9) 발광지에서 수행하는 사선과 사공

보살이여, 발광지에 머물렀을 때에는 욕심과 악한 일과 선하지 못한 법을 여의고, 각과 관이 있고, 여의는 데서 생기는 기쁨과 즐거움으로 초선에 머뭅니다. 각과 관을 멸하고 안으로 깨끗한 한마음이 되어 각도 없고 관도 없는, 선정에서 생기는 기쁨과 즐거움으로 제이선에 머뭅니다. 기쁨을 여의고, 평등함에 머물러 기억과 바른 앎을 갖추고 몸에 즐거움을 받아, '평등함과 기억을 갖추어 즐거움을 받는' 제삼선에 머뭅니다. 즐거움을 끊고, 이미 고통도 제거하고, 기쁨과 근심이 멸해 괴롭지도 않고 즐겁지도 않은, 평등함과 기억을 갖춘 청정한 제사선에 머뭅니다.

모든 색이란 생각을 초월하고 상대가 있다는 생각을 멸해 가지가지 생각을 하지 않으면, 허공이 끝없는 데 들어가 허공무변처에 머뭅니다. 일체 허공이 끝없는 데를 초월하면 식이 끝없는 데 들어가 식무변처에 머뭅니다.

일체 식이 끝없는 곳을 초월하면 조그마한 것도 소유함이 없는 데 들어가 무소유처에 머뭅니다. 일체 소유함이 없는 데를 초월하면 비유상비무상처에 머뭅니다. 그러나 다만 법을 따라서 행할지언정 즐거워 집착하는 일은 없습니다.

보살의 마음이 인자함을 따르니, 넓고 크고 한량없고 둘이 아니고 원수가 없고 상대가 없고 장애가 없고 시끄러움이 없으며, 온갖 곳에 두루 이르며, 법계와 허공계를 끝까지 해 일체 세간에 두루합니다. 불쌍히 여김, 따라 기뻐함, 평등함에 머무는 것도 그와 같습니다.

보살이여, 한량없는 신통의 힘을 얻어서, 땅을 흔들며, 한 몸으로 여러 몸이 되고, 여러 몸으로 한 몸이 되며, 숨기도 하고 나타나기도 하며, 돌이나 절벽이나 산으로 막혀도 장애 없이 통과하기를 허공과 같이해, 공중에서 가부좌하고 가기를 나는 새와 같이 하며, 땅에 들어가기를 물과 같이하고, 물을 밟고 가기를 땅과 같이 하며, 몸에서 연기와 불길을 내는 것이 불더미와 같고, 물 내리기를 큰 구름과 같이 하며, 해와 달이 허공에 있듯이 큰 위력이 있어 손으로 만지고 주무르고 부딪치며, 몸이 자재해 범천에까지 이릅니다.

이 보살은 천이통이 청정해 인간의 귀보다 뛰어나 인간이나 천상이나 가까운 데나 먼 데 있는 음성을 모두 들으며, 모기, 등에, 파리 따위의 소리들도 다 듣습니다.

이 보살이 타심통의 지혜로 다른 중생의 마음을 사실대로 압니다. 탐심이 있으면 탐심이 있음을 사실대로 알고, 탐심이 없으면 탐심이 없음을 사실대로 알며, 성내는 마음, 성냄을 떠난 마음, 어리석은 마음, 어리석음을 떠난 마음, 번뇌가 있는 마음, 번뇌가 없는 마음, 작은 마음, 넓은 마음, 큰마음, 한량없는 마음, 간략한 마음, 간략하지 않은 마음, 산란한 마음, 산란하지 않은 마음, 선정의 마음, 선정이 아닌 마음, 해탈한 마음, 해탈하지 못한 마음, 위가 있는 마음, 위가 없는 마음, 물든 마음, 물들지 않은 마음, 광대한 마음, 광대하지 않은 마음 을 모두 사실대로 압니다. 보살이 이와 같이 타심통의 지혜로 중생의 마음을 압니다.

이 보살은 한량없는 지나간 세상의 일을 압니다. 한 생의 일을 알고, 이 생, 삼 생, 사 생과, 십 생, 이십 생, 삼십 생으로, 백 생, 무량 백 생, 무량 천 생, 무량 백천 생의 일과, 생겨나는 겁, 소멸하는 겁, 생겨나고 소멸하는 겁, 한량없이 생겨나고 소멸하는 겁을 알며, 내가 어느 때 아무 곳에 어떤 이름, 어떤 성, 어떤 가문, 어떤 음식이며, 얼마의 수명으로 얼마나 오래 살았고, 어떤 고통과 낙을 받은 일과, 어디서 죽어 아무 곳에 났고, 아무 데서 죽어 여기 났으며, 어떤 형상, 어떤 모습, 어떤 음성, 이러한 지난 날의 한량없는 차별을 다 기억해 압니다.

이 보살은 천안통이 청정해 인간의 눈보다 뛰어나서, 모든 중생의 나는 때, 죽는 때, 좋은 몸, 나쁜 몸, 좋은 갈래, 나쁜 갈래에 업을 따라 가는 것을 보며, 중생이 몸으로 나쁜 행을 짓고, 말로 나쁜 행을 짓고, 뜻으로 나쁜 행을 지으며, 성현을 비방하고, 나쁜 소견과 나쁜 소견의 업을 구족하면, 그 인연으로 몸이 죽어서는 나쁜 갈래에 떨어져서 지옥에 태어나고, 중생이 몸으로 선한 행을 짓고, 말로 선한 행을 짓고, 뜻으로 선한 행을 지으며, 성현을 비방하지 않고, 바른 소견과 바른 소견의 업을 구족하면, 그 인연으로 몸이 죽어서는 좋은 갈래에 태어나 천상에 나는 것을 보살이 천안통으로 사실대로 모두 압니다.

이 보살은 선정과 삼매에 마음대로 들고 나면서도, 그 힘을 따라 태어나는 것이 아니고, 보리분을 만족할 수 있는 곳을 따라서 마음과 원력으로 태어납니다.

보살이여, 이 발광지에 머물고 서원하는 힘으로 많은 부처님을 보게 됩니다. 백 부처님을 보며, 나유타 부처님을 봅니다.

모두 광대한 마음과 깊은 마음으로 공경하고 존중하고 받들어 섬기고 공양하며, 의복과 음식과 와구와 탕약과 모든 필수품으로 보시하며, 또한 일체 스님에게 공양하고, 이 선근으로 위없는 바른 깨달음에 회향하며, 그 부처님 계신 곳에서 공경해 법을 듣고 받아 지니며, 힘대로 수행하며, 일체 법이 나지도 않고 멸하지도 않아 인연으로 생기는 줄을 관찰합니다.

소견의 속박이 먼저 멸하고, 욕계의 속박, 색계의 속박, 무색계의 속박, 무명의 속박이 점점 희박해지고, 나유타 겁에 모아 쌓지 않으므로 삿된 탐욕, 삿된 성내는 일, 삿된 어리석음이 모두 끊어지고, 모든 선근이 점점 더 밝고 깨끗해집니다.

보살이여, 마치 진금을 공교롭게 연단하면 근량이 줄지 않고 더욱 밝고 깨끗해 지는 것처럼 보살도 그와 같아서 이 발광지에 머무르면 모아 쌓지 않으므로 삿된 탐욕, 삿되게 성내는 일, 삿된 어리석음이 끊어지고, 선근이 점점 더 밝고 깨끗해지니, 이 보살의 참는 마음, 화평한 마음, 동하지 않는 마음, 혼탁하지 않은 마음, 높고 낮음이 없는 마음, 갚음을 바라지 않는 마음, 은혜를 갚는 마음, 아첨하지 않는 마음, 속이지 않는 마음, 음험하지 않고 바른 마음들이 점점 청정해집니다.

이 보살은 네 가지로 거두어 주는 법 중에서는 이롭게 하는 행이 치우쳐 많고, 십바라밀 중에는 인욕바라밀이 치우쳐 많으며, 다른 것을 닦지만 힘을 따르고 분한을 따를 뿐입니다.

보살이여, 이것을 보살의 제삼 발광지라 합니다. 보살이 이 발광지에 머물러서는 삼십삼천왕이 되며, 방편으로써 중생들이 탐욕을 버리고, 보시하고 좋은 말을 하고 이로운 행을 하고 일을 함께하니, 이와 같이 모든 일이 부처님을 생각하고 법을 생각하고 승가를 생각함을 떠나지 않으며, 온갖 지혜를 구족하려는 생각을 더하지 않습니다. 또 '내가 중생들 가운데서 머리가 되고 나은 이가 되고, 묘하고 미묘하고, 위가 되고 위없는 이가 되고, 온갖 지혜로 의지함이 될 것입니다'라고 생각합니다. 부지런히 정진하면 잠깐 동안에 백천 삼매를 얻고, 부처님을 보고, 부처님의 신통력을 알고, 부처님의 세계를 진동하며, 백천 가지 몸을 나타내고, 몸마다 백천 보살로 권속을 삼습니다. 보살의 훌륭한 원력으로 자세하게 나타내면, 이보다 지나서 나유타 겁동안 말해도 다 말할 수 없습니다."

(26-4) 염혜지
(26-4-1) 제4 염혜지에 들어가는 십법명문
이때 금강장보살이 해탈월보살에게 말했다.

"보살이여, 제삼지를 이미 청정하게 닦고 제사 염혜지에 들어가려면 법에 밝은 문 열 가지를 수행해야 합니다. 중생계를 관찰하고, 법계를 관찰하고, 세계를 관찰하고, 허공계를 관찰하고, 식계를 관찰하고, 욕계를 관찰하고, 색계를 관찰하고, 무색계를 관찰하고, 넓은 마음으로 믿고 아는 계를 관찰하고 큰마음으로 믿고 아는 계를 관찰하는 것이니, 보살은 법에 밝은 열 가지 문으로 제사 염혜지에 들어갑니다.

(26-4-2) 여래의 집에 태어나는 열 가지 지혜를 성숙하는 법
보살이여, 염혜지에 머물면, 열 가지 지혜로써 성숙한 법으로 안에 법을 얻고 여래의 가문에 태어납니다. 왜냐하면 깊은 마음이 물러가지 않는 까닭이며, 삼보에 깨끗한 신심을 내어 끝까지 무너지지 않는 까닭이며, 모든 행법이 생멸함을 관찰하는 까닭이며, 모든 법의 성품이 나지 않음을 관찰하는 까닭이며, 세간이 이루어지고 소멸하는 것을 관찰하는 까닭이며, 업으로 인해 생이 있음을 관찰하는 까닭이며, 생사와 열반을 관찰하는 까닭이며, 중생의 국토에 대한 업을 관찰하는 까닭이며, 지나간 세월과 오는 세월을 관찰하는 까닭이며, 아무 것도 다할 것이 없음을 관찰하는 까닭입니다.

(26-4-3) 염혜지에서 수행하는 37조도품

보살이여, 제사지에 머물러서는 안몸을 관해 몸을 두루 관찰하며, 부지런하고 용맹하게 생각하고 알아서, 세간의 탐욕과 근심을 없앱니다. 바깥 몸을 관해 몸을 두루 관찰하며, 부지런하고 용맹스럽게 생각하고 알아서, 세간의 근심을 없앱니다. 안팎 몸을 관해 몸을 두루 따라 관찰하며, 부지런하고 용맹스럽게 생각하고 알아서, 세간의 근심을 없앱니다.

이와 같이 안으로 받아들이고 밖으로 받아들이고 안팎으로 받아들임을 관해 받아들임을 따라 관찰하며, 안과 바깥 마음과 안팎 마음을 관해 마음을 따라 관찰하며, 안법과 바깥 법을 관하고 안팎법을 관해 법을 따라 관찰해, 부지런하고 용맹하게 생각하고 알아서, 세간의 탐욕과 근심을 없앱니다.

또 보살은 아직 생기지 않은 악한 법은 생기지 못하도록 부지런히 정진하며, 이미 생긴 선하지 않은 법을 끊으려고 부지런히 정진하며, 아직 생기지 않은 선한 법은 생기게 하려고 부지런히 정진하며,

이미 생긴 선한 법은 잃지 않으려 하며, 더욱 증대하게 하려고 부지런히 정진합니다.

또 보살은 정력으로 끊는 행을 수행해 신족통을 성취하고, 싫어함을 의지하며 떠남을 의지하며 멸함을 의지해 버리는 대로 회향합니다. 정진하는 정력과 마음의 정력과 관하는 정력으로 끊는 행을 수행해 신족통을 성취하고, 싫어함을 의지하며 떠남을 의지하며 멸함을 의지해 버리는 대로 회향합니다.

또 보살은 믿는 근을 수행하며, 싫어함을 의지해 떠남을 의지하며, 멸함을 의지해 버리는 대로 회향합니다. 정진하는 근과, 생각하는 근과 선정의 근과 지혜의 근을 수행하며, 싫어함을 의지하며, 떠남을 의지하며 멸함을 의지해 버리는 대로 회향합니다.

또 보살은 믿는 힘을 수행하며, 싫어함을 의지하며 떠남을 의지하며 멸함을 의지해 버리는 대로 회향합니다. 정진하는 힘과 생각하는 힘과 선정의 힘과 지혜의 힘을 수행하며, 싫어함을 의지하며 떠남을 의지하며, 멸함을 의지해 버리는 대로 회향합니다.

또 보살은 생각하는 각인 염각분을 수행하며, 싫어함을 의지하며 떠남을 의지하며 멸함을 의지해 버리는 대로 회향합니다. 법을 선택하는 각인 택법각분과 정진하는 각인 정진각분과 기뻐하는 각인 희각분과 편안한 각인 경각분과 선정에 든 각인 정각분과 버리는 각인 사각분을 수행하며, 싫어함을 의지하며 떠남을 의지하며 멸함을 의지해 버리는 대로 회향합니다.

또 보살은 바른 소견을 수행하며, 싫어함을 의지하며 떠남을 의지하며 멸함을 의지해 버리는 대로 회향합니다. 바르게 생각함과 바른 말과 바른 행위와 바른 삶과 바른 정진과 바른 관조와 바른 선정을 수행하며, 싫어함을 의지하며 떠남을 의지하며 멸함을 의지해 버리는 대로 회향합니다.

(26-4-4) 37조도품을 수행하는 열 가지 이유

보살이 이런 공덕을 수행함은 일체중생을 버리지 않으려는 까닭이며, 본래의 원으로 지니는 까닭이며, 대비가 으뜸이 된 까닭이며, 대자로 성취한 까닭이며, 온갖 지혜를 생각하는 까닭이며, 장엄한 불국토를 성취하는 까닭이며, 여래의 힘과 두려움 없음과 함께하지 않는 부처님 법을 성취하고 상호와 음성을 다 구족하려는 까닭이며, 수승한 도를 구하려는 까닭이며, 부처님의 해탈을 따르는 까닭이며, 지혜와 공교한 방편을 생각하는 까닭입니다.

(26-4-5) 염혜지에서 얻은 공과

보살이여, 이 염혜지에 머물러 몸이란 소견이 머리가 되어 나란 고집, 사람이란 고집, 중생이란 고집, 오래 산다는 고집, 온, 계, 처로 일으킨 집착과, 나오고 빠지고 하는 것을 생각하고 관찰하는 것과, 나의 소유와, 재물과, 집착하는 것을 다 여읩니다.

보살은 부처님께서 꾸중하신 업과 번뇌에 물든 것을 모두 떠나고, 업이 보살의 도를 따르는 것이고 부처님께서 찬탄하신 것이면 다 닦아 행합니다.

보살이여, 일으킨 방편과 지혜로 도와 도를 돕는 부분을 닦아 모은 윤택한 마음, 부드럽고 연한 마음, 조화롭고 순한 마음, 이익되고 안락케 하는 마음, 잡되고 물들지 않는 마음, 상상의 수승한 법을 구하는 마음, 수승한 지혜를 구하는 마음, 일체 세간을 구호하는 마음,

높은 덕을 공경하고 가르치는 명령을 어기지 않는 마음, 들은 법을 따라서 잘 수행하는 마음을 얻습니다.

이 보살은 은혜를 알고 갚을 줄 알며, 마음이 화평해 함께 있으면서 안락하며, 정직하고 유순해 빽빽한 숲과 같은 행이 없으며, 나라는 교만이 없고, 가르침을 받아서 말하는 이의 뜻을 얻습니다. 이 보살이 참는 일을 성취하고, 조화롭고 부드러움을 성취하고, 고요함을 성취합니다.

이렇게 참는 일과 조화롭고 부드러움과 고요함을 성취해 다음 지위의 업을 깨끗이 다스리고 마음을 두어 수행할 때에, 쉬지 않는 정진과, 섞이고 물들지 않는 정진과, 물러가지 않는 정진과, 광대한 정진과, 끝이 없는 정진과, 치성한 정진과, 같음이 없는데 같은 정진과, 깨뜨릴 수 없는 정진과, 일체중생을 성취하는 정진과, 도와 도 아닌 것을 잘 분별하는 정진을 얻습니다.

이 보살은 마음 경계가 청정하고, 깊은 마음을 잃지 않아 깨달아 아는 것이 명쾌하고 선근이 증장하며, 세간의 혼탁을 여의고 모든 의혹을 끊었으며, 밝게 판단함이 구족하고 기쁨이 충만하며, 부처님께서 호념해 한량없이 좋은 뜻을 모두 성취합니다.

보살이여, 이 염혜지에 머물러 서원하는 힘으로 많은 부처님을 보게 됩니다. 백 부처님을 보며, 나유타 부처님을 봅니다.

모두 공경하고 존중하고 받들어 섬기고 공양하며, 의복과 침구와 음식과 탕약과 필수품을 보시하며, 스님에게 공양하고, 이 선근으로 위없는 바른 깨달음에 회향하며, 그 부처님 계신 데서 공경해 법을 듣고 받아 지니며, 구족하게 받고, 다시 부처님의 법에 출가해 수도합니다.

또 다시 닦아서 깊은 마음으로 믿고 이해하며, 나유타 겁 동안에 선근이 더욱 밝고 청정해집니다. 보살이여, 마치 금세공장이가 진금을 잘 연단해 장엄거리를 만들면, 다른 금은 미치지 못하니, 보살도 이 지위에 있으면서 닦은 선근은 아래 지위의 선근으로는 미칠 수 없습니다.

청정한 마니보배가 놓는 광명을 다른 보배로는 미칠 수 없어서 폭풍우으로도 깨뜨릴 수 없는 것처럼, 보살도 이 지위에 머무르면, 아랫 지위의 보살들은 미칠 수 없으며, 마군과 번뇌로도 깨뜨리지 못합니다.

이 보살은 사섭법 중에서는 일을 함께하는 것에 치우쳐 많고, 십바라밀 중에는 정진바라밀이 치우쳐 많으며, 다른 것을 닦지만 힘을 따르고 분한을 따를 뿐입니다.

보살이여, 이것은 제사 염혜지를 간략히 말한 것입니다.

보살이 이 지위에 머물러서는 수야마천왕이 되며 선방편으로 중생들의 몸이란 소견 등의 의혹을 제해 바른 소견에 머물게 하며, 보시하고, 좋은 말을 하고, 이로운 행을 하고, 일을 함께하니, 모두 부처님을 생각하고 법을 생각하고 승가를 생각함을 떠나지 않으며, 갖가지 지혜와 온갖 지혜를 구족하는 생각을 떠나지 않습니다.

또 '내가 중생들 가운데 머리가 되고 나은 이가 되고, 묘하고 미묘하고, 위가 되고 위없는 이가 되고, 온갖 지혜로 의지함이 될 것입니다' 라고 생각합니다.

이 보살이 부지런히 정진하면 잠깐 동안에 삼매에 들어가고, 부처님을 보고, 부처님의 신통력을 알고, 부처님의 세계를 진동하며, 억 가지 몸을 나타내고, 몸마다 억 보살로 권속을 삼습니다.

만일 보살의 훌륭한 원력으로 자세하게 나타내 나유타 겁 동안 말해도 다 할 수 없습니다."

(26-5) 난승지
(26-5-1) 난승지에 들어가는 열 가지의 평등하고 청정한 마음
그때 금강장보살이 해탈월보살에게 말했다.

"보살이여, 제사지에서 행할 것을 이미 원만하고, 제오지에 들어가려면 열 가지 평등하고 청정한 마음으로 들어가야 합니다. 과거의 불법과 현재의 불법과 미래의 불법과 계율과 마음과 소견과 의혹을 끊음과 도와 도 아닌 것을 가리는 지혜와 수행하는 지견과 모든 보리분법의 관찰과 일체중생을 교화하는 마음이니, 보살은 이 열 가지 마음으로 보살의 제오지에 들어갑니다.

(26-5-2) 제5지에서 닦는 수행
보살이여, 제오지에 머무는 것은 보리분법을 잘 닦으며, 깊은 마음을 깨끗이 하며, 상품이고 수승한 도를 구하며, 진여를 순종하며, 원력으로 부지하며, 일체중생에게 불쌍히 여기는 생각을 버리지 않으며, 복과 지혜로 도를 돕는 일을 모아 쌓으며, 부지런히 닦기를 쉬지 않으며, 교묘한 방편을 내며, 수승한 지혜를 관찰해 밝게 비치며, 여래의 호념을 받으며, 지혜의 힘으로 지킵니다. 이러한 것으로 물러나지 않는 마음을 얻습니다.

(26-5-3) 제5지 보살이 통달해 아는 법
보살이여, 이것이 고성제며, 고집성제며, 고멸성제며, 고멸도성제임을 실상대로 압니다. 세속의 이치와 제일가는 이치와 형상의 이치와 차별한 이치와 성립하는 이치와 사물의 이치와 생기는 이치와 다해 생기지 않는 이치와 도에 들어가는 지혜의 이치와 모든 보살의 지위가 차례로 성취되는 이치와 여래의 지혜가 성취되는 이치를 잘 압니다.

(26-5-4) 아는 까닭을 밝히다

이 보살은 중생의 좋아하는 뜻을 따라서 환희케 하려고 세속의 이치를 알며, 한결같은 실상을 통달하려고 제일가는 이치를 알며, 법의 제 모양과 공통된 모양을 깨달으므로 형상의 이치를 알며, 여러 법의 시분과 지위의 차별을 알아서 차별한 이치를 알며, 온과 계와 처를 잘 분별하므로 성립하는 이치를 알며, 몸과 마음의 괴로움을 깨달으므로 사물의 이치를 알며, 여러 갈래와 태어나는 것이 계속 이어짐을 깨달으므로 생기는 이치를 알며, 모든 번뇌가 멸하므로 다해 생기지 않는 지혜의 이치를 알며, 둘이 없는 것으로 도에 들어가는 지혜의 이치를 알며, 모든 행상을 바로 깨달아 보살의 지위가 차례로 성취되는 이치와 여래의 지혜가 성취되는 이치를 압니다. 믿고 이해하는 지혜의 힘을 아는 것이고, 끝까지 이른 지혜의 힘을 아는 것은 아닙니다.

(26-5-5) 중생을 위한 보살의 방편

보살이여, 여러 가지 이치를 아는 지혜를 얻으면 모든 유위법이 허망하고 거짓되어 어리석은 사람을 속이는 것을 실상대로 알아, 중생에게 대비심이 점점 더해 대자의 광명을 냅니다.

보살이여, 이러한 지혜의 힘을 얻으면 일체중생을 버리지 않고 부처님 지혜를 구해, 유위의 행의 지난 적과 오는 적을 실상대로 관찰해,

지난 적의 무명으로부터 애욕이 있으므로 나는 일이 있으며, 생사에 헤매면서 오온이란 집에서 헤어나지 못하고 고통무더기가 증장하며, 나도 없고 오래 사는 이도 없고 길러주는 이도 없으며, 다시 뒷갈래의 몸을 받을 이도 없어, 나와 내 것을 여읜 줄을 아니, 지난 때와 같이 오는 때도 그와 같아서 아무것도 없으며, 허망하게 탐하고 집착함을 끊어버리면 벗어나게 되어, 있거나 없거나를 사실대로 압니다.

보살은 또 이렇게 생각합니다.

'중생들이 어리석고 지혜가 없으니 매우 딱하다. 무수한 몸이 이미 없어졌고, 지금 없어지고, 장차 없어질 것이며, 이렇게 없어지지만, 몸에 대해 싫증은 내지 않고, 기계적으로 받는 고통만 더욱 증장해 생사에 헤매면서 돌아올 줄을 모르고, 오온의 굴레에서 벗어나지 않으며, 네 마리 독사가 무서운 줄을 알지 못하고, 교만과 잘못된 소견의 화살을 뽑지 못하며, 삼독의 불을 끄지 못하고, 무명의 어둠을 깨트리지 못하고, 애욕의 바다를 말리지 못하고 열 가지 힘을 가진 대도사를 희구할 줄 모르고, 마군의 생각의 숲속에 들어가서 나고 죽는 바다에서 깨닫고 관찰하는 파도에 휩쓸리는구나.'

'이 중생들이 이런 고통을 받으며 고독하고 곤궁하지만, 구할 이도 없고 의지할 데도 없고 섬도 없고 집도 없고 인도할 이도 없고 눈도 없어서, 무명에 덮이고 어둠에 싸였으니, 내가 일체중생을 위해 복과 지혜로 도를 돕는 법을 수행하며, 혼자서 발심하고 친구를 구하지 않을 것이며, 여러 중생이 이 공덕에 의지해 끝까지 청정하며, 여래의 열 가지 힘과 걸림없는 지혜를 얻게 할 것이다'라고 생각합니다.

(26-5-6) 일체중생의 교화

보살이여, 이런 지혜로 관찰하며 닦는 선근은 일체중생을 구호하며, 이익되게 하며, 안락하게 하며, 불쌍히 여기며, 성취하게 하며, 해탈하게 하며, 거두어 주며, 시끄러운 괴로움을 여의게 하며, 청정함을 얻게 하며, 모두 조복하게 하며, 진정한 열반인 반열반에 들게 합니다.

(26-5-7) 제5지에 머무는 보살의 수행과 명칭

보살이여, 제오 난승지에 머물면서 법을 잊지 않아 생각하는 이라 하며, 잘 결정하므로 지혜 있는 이라 하며, 경의 이치가 차례로 연합되므로 지혜의 성취가 있는 이라 하며, 스스로 보호하고 남을 보호하므로 부끄러움을 아는 이라 하며, 계행을 버리지 않으므로 굳은 이라 하며, 옳은 곳과 그른 곳을 관찰하므로 깨달은 이라 하며, 다른 것을 따르지 않으므로 지혜로운 이라 하며, 이치에 맞고 맞지 않는 말을 잘 알므로 지혜를 따르는 이라 하며, 선정을 닦으므로 신통 있는 이라 하며, 세상을 따라 행하므로 교묘한 방편이 있는 이라 합니다.

복덕을 잘 모아 만족함이 없는 이라 하며, 항상 지혜를 구해 쉬지 않는 이라 하며, 대자비를 모아 고달프지 않는 이라 하며, 일체중생을 열반에 들게 하므로 남을 위해 부지런히 수행하는 이라 하며, 여래의 역과 무외와 불공법을 구하므로 부지런히 구하는 이라 하며, 부처님 세계를 장엄함을 성취하므로 뜻을 내어 행하는 이라 하며, 상호를 구족하므로 선한 업을 부지런히 닦는 이라 하며, 부처님의 몸과 말과 뜻을 장엄함을 구하므로 수행하는 이라 하며, 보살과 법사께서 가르치는 대로 행하므로 법을 존중하고 존경하는 이라 하며, 방편으로 세간에 항상 다니므로 마음에 장애가 없는 이라 하며, 일체중생을 교화하기를 항상 좋아하므로 마음을 밤낮으로 여의는 이라 합니다.

(26-5-8) 중생을 교화하는 방편

보살이여, 이렇게 부지런히 행할 때에 보시함으로 중생을 교화하며, 좋은 말과 이익된 행과 일을 함께 함으로써 중생을 교화하며, 색신을 나타내어 중생을 교화하며, 법을 연설해 중생을 교화하며, 보살의 행을 보여서 중생을 교화하며, 여래의 큰 위엄을 나타내어 중생을 교화하며, 나고 죽는 허물을 보여 중생을 교화하며, 여래의 지혜와 이익을 칭찬해 중생을 교화하며, 큰 신통력을 나타내어 중생을 교화하며, 여러 가지 방편의 행으로 중생을 교화합니다.

보살이여, 이와 같이 부지런한 방편으로 중생을 교화하는데, 마음이 서로 계속해 부처님의 지혜에 나아가며, 짓는 선근이 줄어들지 않으며, 수승을 행하는 법을 부지런히 배웁니다.

(26-5-9) 세간의 중생들을 수순하는 지혜

보살이여, 중생을 이익케 하기 위해 세간의 기예를 모두 익힙니다. 글과 산수와 그림과 서적과 인장과 지대, 수대, 화대, 풍대와 가지가지 언론을 모두 통달하며, 처방법을 잘 알아서 간질과 미친 증세와 소갈병 등 여러 가지 병을 치료하며, 귀신이 씌여서 도깨비에 놀래고 모든 방자와 저주를 제멸하며, 문장과 글씨와 시와 노래와 춤과 풍악과 연예와 웃음거리와 고담과 재담 따위를 모두 잘 하며, 도

성과 성시와 촌락과 가옥과 원림과 샘과 못과 내와 풀과 나무와 꽃
과 약초들을 계획하고 가꾸는데 모두 묘리가 있고, 금은, 마니, 진
주, 유리, 나패, 벽옥, 산호 등이 있는 곳을 알아 채굴하여 사람들에
게 보이며, 일월성신이나, 새가 울고 천둥치고 지진나고 길하고 흉
한 것이나, 관상과 신수가 좋고 나쁜 것을 잘 관찰합니다.
계행을 가지고 선정에 들고, 신통의 도술과 사무량심과 사무색정과
그 외의 여러 가지 세간의 일로 중생을 해롭게 하지 않으며 이익되
는 일이면 모두에게 보여 위없는 불법에 머물게 합니다.

(26-5-10) 제5난승지에 머문 공과

보살이여, 난승지에 머물고 서원하는 힘으로 많은 부처님을 보게 됩
니다. 백 부처님을 보며, 나유타 부처님을 봅니다. 모두 공경하고 존
중하고 받들어 섬기고 공양하며, 의복과 음식과 침구와 탕약과 필수
품을 보시하며, 스님에게도 공양하고, 이 선근으로 위없는 바른 깨
달음에 회향하며, 부처님 계신 곳에서 공경해 법을 듣고 받아 지니
며 힘에 따라 수하고, 다시 부처님의 법에서 출가합니다.
출가해 법을 듣고 다라니를 얻어 듣고 지니는 법사가 되어, 이 지위에
있으면서 백 겁을 지내고, 나유타 겁 동안에 닦은 선근이 점점 더 밝
고 청정해집니다. 보살이여, 마치 진금을 자거로써 갈고 닦으면 더욱
밝고 깨끗해지는 것처럼 이 지위에 있는 보살의 선근도 그와 같아서
방편과 지혜로 생각하고 관찰하므로 더욱 밝고 깨끗해집니다.

보살이여, 난승지에 있으면서 방편과 지혜로 성취한 공덕은 아랫 지
위의 선근으로는 미칠 수 없습니다. 마치 해와 달과 별들의 광명은

바람의 힘으로 유지되는 것이어서 저해할 수 없으며, 다른 바람으로도 동요할 수 없는 것처럼 이 지위의 보살이 가진 선근도 방편과 지혜로 따르면서 관찰하는 것이므로 저해할 수 없으며, 모든 성문이나 독각이나 세간의 선근으로는 움직일 수 없습니다. 이 보살은 십바라밀 중에서 선정바라밀에 치우쳐 많으며, 다른 것을 닦지만 힘을 따르고 분한을 따를 뿐입니다.

보살이여, 이것 제오 난승지를 간략히 말한 것입니다.

보살이 이 지위에 머물러서는 도솔천왕이 되며, 중생들에게 하는 일이 자재해 모든 외도의 삿된 소견을 굴복하고, 중생들이 진실한 이치에 머물게 하며, 보시하고 좋은 말을 하고 이익된 행을 하고 일을 함께해, 모두 부처님을 생각하고 법을 생각하고 승가를 생각함을 떠나지 않으며, 갖가지 지혜와 온갖 지혜를 구족하려는 생각을 떠나지 않습니다.

'내가 중생들 가운데 머리가 되고 나은 이가 되고, 묘하고 미묘하고, 위가 되고, 온갖 깊은 지혜로 의지함이 될 것이다'라고 생각합니다. 이 보살이 부지런히 정진하면 잠깐 동안에 삼매를 얻고, 부처님을 뵙고, 부처님의 신통력을 알고, 부처님의 세계를 진동하며, 천억 몸을 나타내고, 몸마다 천억 보살로 권속을 삼습니다.

보살의 훌륭한 원력으로 자세하게 나타내면 나유타 겁동안 말해도 다 말할 수 없습니다."

(26-6) 현전지
(26-6-1) 제6에 들어가는 열 가지 평등한 법
그때 금강장보살이 해탈월보살에게 말했다.

"보살이여, 제오지를 구족하고 제육 현전지에 들려면 열 가지 평등한 법을 관찰해야 합니다. 일체 법이 형상이 없으므로 평등하고, 자체가 없으므로 평등하고, 나는 일이 없으므로 평등하고, 성장함이 없으므로 평등하고, 본래부터 청정하므로 평등하고, 희롱하는 말이 없으므로 평등하고, 취하고 버림이 없으므로 평등하고, 고요하므로 평등하고, 요술 같고 꿈 같고 영상 같고 메아리 같고 물 속의 달 같고 거울 속의 모습 같고 아지랑이 같고 화현과 같으므로 평등하며, 있고 없음이 둘이 아니므로 평등합니다.

보살이 이렇게 일체 법을 관찰해 제 성품이 청정하고, 따라 순종하며 어김이 없으면 제육 현전지에 들어가며 밝고 이로운 수순인은 얻었으나 무생법인은 얻지 못했습니다.

(26-6-2) 연기를 열 가지 순역으로 관찰하다
보살이여, 이렇게 관찰하고는 다시 대비를 으뜸으로 해 대비가 늘어나고 대비가 만족하며, 세간의 나고 멸함을 관찰해 이런 생각을 합니다.

'세간에 태어나는 것이 모두 나에 집착한 탓이니, 나를 여의면 날 곳이 없을 것이다.'

'중생은 지혜가 없어 나에 집착해 항상 있는 것과 없는 것을 구하며, 바르게 생각하지 못하고 허망한 행을 일으켜 사특한 도를 행하므로, 죄 받을 업과 복 받을 업과 변하지 않는 업이 쌓이고 증장하며, 여러 가지 행에 마음의 종자를 심고 번뇌도 있고 취함도 있으므로, 다시 오는 생의 나고 늙고 죽음을 일으키며, 업은 밭이 되고, 식은 종자가 되는데, 무명이 덮이고, 애정의 물이 적셔주고, 나라는 교만이 물을 대어주므로 소견이 증장해 명색이란 싹이 난다.

명색이 증장해 오근이 생기고, 여러 근이 상대해 촉이 생기고, 촉과 상대해 수가 생기고, 수 뒤에 희망해 구하므로 애가 생기고, 애가 증장해 취가 생기고, 취가 증장해 유가 생기고, 유가 생겨 여러 갈래 중에 오온으로 된 몸을 일으키는 것을 난다 하고, 나서는 변하고 쇠하는 것을 늙는다 하고, 필경에 없어지는 것을 죽는다 하며, 늙어서 죽는 동안에 여러 가지 시끄러움이 생기고, 시끄러움으로 인해 근심하고 걱정하고 슬퍼하고 탄식하는 여러 가지 고통이 모이게 된다.

이는 인연으로 모으는 이가 없으며, 그와 같이 멸하는 이가 없으며, 보살이 이런 인연으로 생기는 모양을 따라서 관찰하는 것이다'

보살이여, 또 이렇게 생각합니다.

'제일의제를 알지 못하므로 무명이라 하고, 지어놓은 업과를 행이라 하고, 행을 의지한 첫 마음이 식이며, 식과 함께 난 사취온을 명색이라 하고, 명색이 증장해 육처가 되고, 근과 경과 식의 세 가지가 화합한 것을 촉이라 하고, 촉과 함께 생긴 것을 수라 하고, 수에 물드는 것을 애라 하고, 애가 증장한 것을 취라 하고, 취가 일으킨 유루업이 유가 되고, 업으로부터 온을 일으키는 것을 생이라 하고, 온이 성숙함을 노라 하고, 온이 무너짐을 사라 하고, 죽을 때에 이별하는 것을 어리석고 탐내고 그리워해 가슴이 답답한 것을 걱정이라 하고, 눈물 흘리며 슬퍼함을 탄식이라 하며, 오근에 있어서는 괴로움이라 하고, 뜻에 있어서는 근심이라 하고, 근심과 괴로움이 점점 많아지면 시달림이라 하며, 이리하여 괴로움이란 나무가 자라며, 나도 없고 내 것도 없고 짓는 이도 없고 받는 이도 없는 것이다.'

'짓는 이가 있으면 짓는 일이 있을 것이며, 만일 짓는 이가 없으면 짓

는 일도 없을 것이며, 제일가는 이치에는 모두 찾아볼 수가 없는 것이다'

보살이여, 또 이렇게 생각합니다.

'삼계에 있는 것이 오직 한 마음뿐인데, 여래가 이것을 분별해 십이유지라 말했습니다. 한 마음을 의지해 이렇게 세운 것인데 무슨 까닭인가. 일을 따라서 생기는 탐욕이 마음과 함께 나니, 마음은 식이며, 일은 행이다. 행에 미혹함이 무명이며, 무명과 마음으로 더불어 함께 나는 것이 명색이며, 명색이 증장한 것이 육처며, 육처의 셋이 합한 것이 촉이며, 촉과 함께 생긴 것이 수며, 수가 싫어함이 없는 것이 애며, 애가 거두어 버리지 않음이 취며, 여러 존재의 가지가 생기는 것이 유며, 유가 일으킨 것이 생이며, 나서 성숙함이 노며, 늙어서 무너짐을 사라 한다'

보살이여, 무명에는 두 가지 업이 있는데 하나는 중생이 반연한 바를 미혹하게 하는 것이며, 둘은 행이 생겨나는 인이 됩니다. 행에도 두 가지 업이 있는데 하나는 장래의 과보를 드러내는 것이며, 둘은 식이 생겨나는 인이 됩니다. 식에도 두 가지 업이 있는데 하나는 여러 유를 서로 계속되게 하는 것이며, 둘은 명색이 생겨나는 인이 됩니다. 명색에도 두 가지 업이 있는데 하나는 서로 도와서 성립케 하는 것이며, 둘은 육처가 생겨나는 인이 됩니다. 육처에도 두 가지 업이 있는데 하나는 각각 제 경계를 취하는 것이며, 둘은 촉이 생겨나는 인이 됩니다. 촉에도 두 가지 업이 있는데 하나는 반연할 것을 부딪치는 것이며, 둘은 수가 생겨나는 인이 됩니다.

수에도 두 가지 업이 있는데 하나는 사랑스러운 일과 미운 일을 받아들이는 것이며, 둘은 애가 생겨나는 인이 됩니다. 애에도 두 가지 업이 있는데 하나는 사랑할 만한 일에 물드는 것이며, 둘은 취가 생겨나는 인이 됩니다. 취에도 두 가지 업이 있는데 하나는 여러 가지 번뇌를 서로 계속되게 하는 것이며, 둘은 유가 생겨나는 인이 됩니다. 유에도 두 가지 업이 있는데 하나는 다른 갈래에 태어나게 하는 것이며, 둘은 생이 생겨나는 인이 됩니다. 생에도 두 가지 업이 있는데 하나는 여러 온을 일으키는 것이며, 둘은 노가 오게 하는 인이 됩니다. 노에도 두 가지 업이 있는데 하나는 여러 근이 변하게 하는 것이며, 둘은 사에 이르게 하는 인이 됩니다. 사에도 두 가지 업이 있는데 하나는 모든 행을 파괴하는 것이며, 둘은 알지 못하므로 서로 계속되어 끊어지지 않습니다.

보살이여, 이 가운데서 무명은 행의 연이 되고, 나는 것은 늙어 죽음의 연이 됩니다는 것은, 무명이나 태어남이 연이 되어서 행이나 늙어 죽음이 끊어지지 않게 하고 도와서 이루게 하는 까닭입니다. 무명이 멸하면 행이 멸하고, 태어남이 멸하면 늙어 죽음이 멸합니다는 것은 무명이나 태어남이 연이 되지 않아서 행이나 늙어 죽음이 끊어져 없어지므로 도와서 이루게 하지 않는 까닭입니다.

보살이여, 이 가운데서 무명과 애와 취가 끊어지지 않는 것은 번뇌의 길이며, 행과 유가 끊어지지 않는 것은 업의 길이며, 다른 것이 끊어지지 않는 것은 고통의 길입니다. 앞의 것과 뒤의 것을 분별하는 것이 멸하면 삼도가 끊어지며, 삼도가 나와 내 것을 여의고, 나고 멸하는 것만이 있는 것은 마치 묶어 세운 갈대와 같습니다. 무명이 행의 연이 됨은 과거를 관함이며, 식과 수는 현재를 관함이며, 애와 유는 미래를 관함이니, 이 뒤부터 차츰차츰 서로 계속됩니다.

무명이 멸하면 행이 멸함은 관찰하고 의지해 끊는 것입니다.

또 십이유지를 세 가지 괴로움이라 하며, 이 가운데서 무명과 행과 육처는 변천하는 괴로움인 행고이며, 촉과 수는 고통의 괴로움인 고고이며, 다른 것들은 무너지는 괴로움인 괴고입니다.

무명이 멸하면 행이 멸하는데 세 가지 괴로움이 끊어지는 것입니다. 또 무명이 행의 연이 되는 것은 무명의 인연으로 여러 행을 내는 것이며, 무명이 멸하면 행이 멸합니다 함은 무명이 없으므로 여러 행도 멸함이니, 다른 것들도 역시 그러합니다.

또 무명이 행의 연이 되는 것은 얽매여 속박됨을 내는 것이며, 무명이 멸하면 행이 멸합니다는 것은 얽매여 속박됨을 멸함이니, 다른 것들도 역시 그러합니다. 또 무명이 행의 연이 되는 것은 아무것도 없는 관찰을 따름이며, 무명이 멸하면 행이 멸합니다 함은 다해 멸하는 관찰을 따름이니, 다른 것도 역시 그러합니다.

(26-6-3) 십문을 총결하다

보살이여, 이렇게 열 가지의 역순으로 모든 연기를 관찰합니다. 연기의 관찰은 십이유지가 계속되는 까닭이며, 한 마음에 포섭되는 까닭이며, 자기의 업이 다른 까닭이며, 서로 여의지 않는 까닭이며, 삼도가 끊어지지 않는 까닭이며, 과거와 현재와 미래를 관찰하는 까닭이며, 세 가지 괴로움이 모이는 까닭이며, 인연으로 나고 없어지는 까닭이며, 얽매여 속박됨을 내고 멸하는 까닭이며, 아무것도 없고 다함을 관하는 까닭입니다.

(26-6-4) 열 가지 관문의 과를 밝히다

보살이여, 이러한 열 가지 모양으로 연기를 관찰해 내가 없고 사람이 없고 수명이 없고, 제 성품이 공하고 짓는 이가 없고 받는 이가 없음을 알면, 곧 공해탈문이 앞에 나타나게 됩니다. 모든 유지가 다 제 성품이 멸함을 관찰해, 결국에는 해탈하고 조그만 법도 서로 내는 것이 없으면, 곧 모양 없는 무상해탈문이 앞에 나타나게 됩니다. 이와 같이 공하고 모양 없는 데 들어가서는 원하는 것이 없고, 다만 대비를 으뜸으로 해 중생을 교화할 뿐이니, 곧 원이 없는 무원해탈문이 앞에 나타나게 됩니다.

보살이 이와 같이 세 해탈문을 닦으면 남이다 나다 하는 생각을 여의고, 짓는 이다 받는 이다 라는 생각을 여의며, 있다 없다 하는 생각을 여읩니다.

보살이여, 대비가 점점 더해서 부지런히 닦습니다. 아직 원만하지 못한 보리분법을 원만케 하려는 까닭입니다. 이렇게 '유위법이 화합하면 생겨나고, 화합하지 않으면 생겨나지 않으며, 연이 모이면 생겨나고, 연이 모이지 않으면 생기지 않는다. 유위법이 이렇게 허물이 많은 줄 알았으니, 마땅히 이 화합하는 인연을 끊을 것이나 중생을 성취시키기 위해 끝까지 여러 행을 멸하지 않을 것이다'라고 생각합니다.

보살이여, 이렇게 유위법은 허물이 많고 제 성품이 없어서 나지도 않고 멸하지도 않음을 관찰하고는 대비심을 항상 일으켜 중생을 버리지 않으면, 곧 지혜바라밀이 앞에 나타나니, 이름이 장애가 없는 지혜의 광명입니다. 이러한 지혜의 광명을 성취하고는 보리의 부분인 인연을 닦더라도 유위법에 머물지 않으며, 유위법의 성품이 적멸함을 관찰하더라도 적멸한 가운데도 머물지 않으니, 보리분법이 아직 원만치 못한 까닭입니다.

(26-6-5) 현전지에 머문 공과

보살이여, 현전지에 머물고는 들어감에 공한 삼매와, 제 성품이 공한 삼매와, 제일가는 이치의 공한 삼매와 첫째 공 삼매와, 크게 공한 삼매와, 합함이 공한 삼매와, 일어남이 공한 삼매와, 실상과 같이 분별하지 않음이 공한 삼매와, 떠나지 않음이 공한 삼매와, 떠남과 떠나지 않음이 공한 삼매를 얻습니다.

보살이 이렇게 열 가지 공한 삼매문을 얻은 것이 머리가 되어, 백천 가지 공한 삼매가 모두 앞에 나타나며, 열 가지 모양 없는 삼매문과, 열 가지 원이 없는 삼매문이 머리가 되어, 백천 가지 모양 없고 원이 없는 삼매문이 모두 앞에 나타납니다.

보살이여, 현전지에 머물면 다시 닦아서 파괴하지 못할 마음을 구족해, 결정한 마음, 순전하게 선한 마음, 매우 깊은 마음, 퇴전하지 않는 마음, 쉬지 않는 마음, 광대한 마음, 그지없는 마음, 지혜를 구하는 마음, 방편 지혜와 서로 응하는 마음이 모두 원만합니다.

보살이여, 이 마음으로 부처님의 보리를 따르고 다른 논리를 두려워하지 않으며, 지혜의 지위에 들어가, 이승의 길을 여의고 부처님 지혜에 나아가며, 여러 번뇌의 마군이 저해하지 못하고, 보살의 지혜 광명에 머물며, 공하고 모양 없고 원이 없는 법 가운데서 잘 닦아 익히며, 방편의 지혜와 서로 응하며, 보리분법을 항상 버리지 않습니다.

보살이여, 현전지에 머물면 반야바라밀행이 증장하고, 제삼의 밝고 이로운 수순인을 얻으니, 모든 법의 실상과 같은 것을 따르고 어기지 않는 까닭입니다.

보살이여, 현전지에 머물면 서원하는 힘으로 많은 부처님을 보게 됩니다. 나유타 부처님을 보는데, 모두 광대한 마음과 깊은 마음으로 공양하고 공경하고 존중하고 찬탄하며, 의복과 음식과 침구와 탕약과 필수품을 보시하며, 스님에게도 공양하고 이 선근으로 위없는 바른 깨달음에 회향하며, 여러 부처님 계신 데서 공경해 법을 듣고 받아 지니며, 실상과 같은 삼매와 지혜의 광명을 얻고, 따라 수행하며 기억하고 버리지 않으며, 또 부처님의 매우 깊은 법장을 얻으며 백 겁을 지나고 천 겁을 지나고, 나유타 겁을 지나더라도 갖고 있는 선근은 점점 더 밝고 청정합니다.

마치 진금을 비유리로 자주 갈고 닦으면 더욱 밝고 깨끗해지는 것과 같습니다. 이 지위에 있는 보살의 선근도 그와 같아서 방편과 지혜로 따르고 관찰하므로 더욱 밝고 깨끗해지고, 다시 적멸해서 가리워 무색케 할 것이 없습니다. 마치 달빛이 중생의 몸에 비추어 서늘하게 함을 네 가지 바람둘레로도 깨뜨릴 수 없는 것처럼 이 지위에 있는 보살의 선근도 나유타 중생의 번뇌불을 멸하며, 네 가지 마군의 도술로도 깨뜨리지 못합니다.

이 보살은 십바라밀 중에서는 지혜바라밀에 치우쳐 많으니, 다른 것을 닦지만 힘을 따르고 분한을 따를 뿐입니다.

보살이여, 이것이 제육 현전지를 간략히 말한 것입니다.

보살이 이 지위에 머물러서는 선화천왕이 되며, 하는 일이 자재해 모든 성문의 문난으로는 굴복할 수 없으며, 중생들의 아만심을 제하고 연기에 깊이 들어가게 하며, 보시하고 좋은 말을 하고 이익된 행을 하고 일을 함께하며, 이렇게 짓는 업이 모두 부처님 생각을 떠나지 않으며, 갖가지 지혜와 온갖 지혜를 구족하려는 생각을 떠나지 않습니다.

또 '내가 중생들 가운데 머리가 되고 나은 이가 되고, 온갖 지혜로 의지함이 될 것이다'라고 생각합니다. 이 보살은 부지런히 정진하면 잠깐 동안에 백천억 삼매를 얻으며, 백천억 보살을 나타내어 권속을 삼으며, 서원하는 힘으로 자세하게 나타내면 나유타 겁 동안 말해도 다 말할 수 없습니다.

(26-7) 원행지
(26-7-1) 제7지에 들어가는 열 가지 방편지혜
이때 금강장보살이 해탈월보살에게 말했다.

"보살이여, 육지의 수행을 구족하고, 제칠 원행지에 들어가려면 열 가지 방편 지혜를 닦으며 수승한 도를 일으켜야 합니다. 공하고 모양 없고 원이 없는 삼매를 닦지만 자비한 마음으로 중생을 버리지 않으며, 부처님의 평등한 법을 얻었지만 항상 부처님께 공양하기를 좋아하며, 공함을 관찰하는 지혜의 문에 들었지만 복덕을 부지런히 모으며, 삼계를 멀리 떠났지만 그래도 삼계를 장엄하며, 모든 번뇌의 불꽃을 끝까지 멸했지만 일체중생을 위해 탐하고 성내고 어리석은 번뇌의 불꽃을 일으키며, 모든 법이 요술 같고 꿈 같고 그림자 같고 메아리 같고 아지랑이 같고 변화와 같고 물 속의 달 같고 거울 속에 영상 같아서 성품이 둘이 없는 줄 알지만 마음을 따라 한량없이 차별한 업을 짓습니다.

비록 일체 국토가 허공과 같은 줄 알지만 청정하고 묘한 행으로 부처님 국토를 장엄하며, 부처님의 법신은 본 성품이 몸이 없는 줄 알지만 상호로 몸을 장엄하며, 부처님의 음성은 성품이 적멸해 말할 수 없는 줄 알지만 일체중생을 따라서 여러 가지 차별한 맑은 음성을 내며, 부처님을 따라서 삼세가 오직 한 생각인 줄 알지만 중생들의 뜻으로 이해하는 분별을 따라서 여러 가지 모양, 시기, 겁으로써 모든 행을 닦습니다. 보살이 이렇게 열 가지 방편 지혜로 수승한 행을 일으키므로, 제육지로부터 제칠지에 들어가는 것이며, 들어간 뒤에는 이 행이 항상 앞에 나타나는 것을 제칠 원행지에 머뭅니다고 합니다.

(26-7-2) 한량없는 법을 수행해 장애를 다스리다

보살이여, 제칠지에 머물고는, 한량없는 중생계에 들어가고, 부처님의 중생을 교화하는 업에 들어가며, 세계 그물에 들어가고, 부처님의 청정한 국토에 들어가고, 가지가지 차별한 법에 들어가고, 부처님의 현재에 깨닫는 지혜에 들어가며, 겁에 들어가며, 부처님의 삼세를 깨닫는 지혜에 들어가며, 중생이 차별하게 믿고 이해하는 데 들어가고, 부처님의 가지가지 이름을 나타내는 색신에 들어가며, 중생의 욕망과 좋아함과 근성이 차별한 데 들어가고, 부처님의 말씀과 음성으로 중생을 즐겁게 하는 데 들어가며, 중생의 여러 가지 마음과 행동에 들어가고, 부처님의 분명하게 아시는 광대한 지혜에 들어갑니다.

한량없는 성문의 믿고 이해하는 데 들어가고, 부처님 지혜의 도를 말해 믿고 이해하는 데 들어가며, 벽지불이 성취하는 데 들어가고, 부처님의 매우 깊은 지혜문을 말해 나아가게 하는 데 들어가며, 보살의 방편행에 들어가고, 부처님이 말씀하신 대승을 모아서 집대성하는 일에 들어가서 보살을 들어가게 합니다. 이 보살은 '이와 같이 한량없는 여래의 경계는 나유타 겁에도 알 수 없는 것이니, 내가 마땅히 공용이 없고 분별이 없는 마음으로 원만하게 성취할 것이다'라고 생각합니다.

보살이여, 깊은 지혜로 이렇게 관찰하고, 방편 지혜를 부지런히 닦고 수승한 도를 일으켜 편안히 머물고 동하지 않으며, 한 생각도 쉬거나 폐하지 않고, 가고 서고 앉고 눕거나 꿈에라도 번뇌와 업장으로 더불어 서로 응하지 않으며, 이런 생각을 언제나 버리지 않습니다.

(26-7-3) 열 가지 바라밀의 법을 닦다

보살은 생각마다 열 가지 바라밀을 항상 구족하는데 대비를 으뜸으로 합니다. 부처님 법을 수행해 부처님 지혜에 향하는 까닭입니다. 자기에게 있는 선근을 부처님 지혜를 구하기 위해 중생에게 주는 것을 보시바라밀이라 하고, 일체 번뇌의 뜨거움을 멸하는 것을 지계바라밀이라 하고, 자비를 으뜸으로 해 중생을 해롭히지 않는 것을 인욕바라밀이라 하고, 훌륭하고 선한 법을 구해 만족함이 없는 것을 정진바라밀이라 하고, 온갖 지혜의 길이 항상 앞에 나타나서 잠시도 산란하지 않는 것을 선정바라밀이라 하고, 모든 법이 나지도 않고 멸하지도 않음을 인정하는 것을 지혜바라밀이라 하고, 한량없는 지혜를 내는 것을 방편바라밀이라 하고, 상상품의 수승한 지혜를 구하는 것을 원바라밀이라 하고, 모든 이단의 언론과 마군들이 깨뜨릴 수 없는 것을 역바라밀이라 하고, 일체 법을 실제와 같이 아는 것을 지바라밀이라 합니다.

보살이여, 열 가지 바라밀은 보살이 찰나마다 모두 구족했으며, 이와 같이 사섭법, 사총지, 삼십칠조도법, 삼해탈문과 일체 보리분법을 찰나마다 모두 원만히 합니다."

(26-7-4) 제7지와 보리분법과의 관계

그때 해탈월보살이 금강장보살에게 물었다.

"보살이시여, 제칠지에서만 보리분법을 만족합니까? 여러 지위에서도 만족합니까?"

"보살이여, 십지 중에서 보리분법을 모두 만족하지만 제칠지에서 가장 수승합니다. 왜냐하면 칠지에서 공용의 행이 만족해서 지혜의 자재하는 행에 들어가기 때문입니다.

보살이여, 초지에서는 일체 불법을 상대하고 원을 세워 구하므로 보리분법을 만족하며, 2지에서는 마음의 때를 여의며, 3지에서는 원이 더욱 증장해 법의 광명을 얻으며, 4지에서는 도에 들어가며, 5지에서는 세상의 하는 일을 따르며, 6지에서는 깊은 법문에 들어가며, 7지에서는 일체 불법을 일으키므로 모두 보리분법을 만족합니다. 왜냐하면 보살이 초지로부터 제7지에 이르도록 지혜의 공용 있는 부분을 성취하는 것이며, 이 공용의 힘으로 제8지에 들어가서 제10지에 이르도록 공용이 없는 행을 모두 성취하기 때문입니다.

비유하면 여기 두 세계가 있는데 한 곳은 물들었고, 한 곳은 청정합니다. 두 세계의 중간은 지나가기 어렵지만 다만 보살로서 큰 방편과 신통과 원과 힘이 있는 이는 지나갈 수 있습니다. 보살의 여러 지위도 이와 같아서 물든 행도 있고 청정한 행도 있는데 이 두 지위의 중간은 지나가기 어렵지만 오직 보살로서 큰 원과 힘과 방편과 지혜가 있는 이는 지나갈 수 있습니다."

(26-7-5) 제7지와 염정의 관계

해탈월보살이 금강장보살에게 물었다.

"보살이시여, 이 제7지 보살은 물든 행입니까, 청정한 행입니까?"

"보살이여, 초지로부터 제7지에 이르도록 수행하는 여러 행이 모두 번뇌의 업을 떠나서 위없는 보리로 회향하는 것이므로 부분적으로 평등한 도를 얻었지만 번뇌를 초월한 행이라고는 하지 못합니다.

보살이여, 마치 전륜성왕이 하늘 코끼리를 타고 사천하로 다닐 때에, 빈궁하고 곤란한 사람이 있는 줄 알면서도 그들의 걱정에 물들지 않지만 그래도 인간의 지위를 초월했다고는 하지 않습니다. 전륜성왕의 몸을 버리고 범천에 태어나서 하늘 궁전을 타고 천 세계를 보면서 다닐 적에, 범천의 광명과 위력을 나타내면, 그제야 인간의 지위를 초월했다고 합니다.

보살도 그와 같습니다. 처음 초지로부터 제7지에 이르도록 바라밀을 타고 세간에 다닐 적에, 세간의 번뇌와 근심을 알면서도, 바른 도를 탔으므로 번뇌의 허물에 물들지는 않지만 번뇌를 초월한 행이라고는 하지 못합니다. 일체 공용 있는 행을 버리고 제7지로부터 제8지에 들어가서 보살의 청정한 법을 타고 세간에 다닐 적에는, 번뇌의 허물을 알지만 거기에 물들지 않으며, 그때 번뇌를 초월한 행이라 하는데 온갖 것을 초월한 까닭입니다.

보살이여, 제7지 보살이 탐욕이 많은 번뇌를 모두 초월해 이 지위에 머물면, 번뇌가 있는 이라 이름하지도 않고 번뇌가 없는 이라 이름하지도 않습니다. 왜냐하면 일체 번뇌가 현재에 행하지 않으므로 있는 이라 하지도 않고, 여래의 지혜를 구하는 마음이 아직 만족하지 못했으므로 없는 이라 하지도 않습니다.

(26-7-6) 제7지 보살의 업청정

보살이여, 제7지에 머물러서는, 깊고 깨끗한 마음으로 몸과 말과 뜻의 업을 성취해, 부처님께서 싫어하는 불선업을 모두 여의고, 선한 일체 업으로서 부처님이 칭찬하신 것을 항상 닦아 행하며, 세간에 있는 경전이나 기술이나 제6지에서 말한 것들을 모두 자연으로 행하게 되며 힘들여 공을 드리는 것이 아닙니다.

이 보살은 삼천대천세계에서 밝은 스승이 됩니다. 여래와 제8지 이상 보살을 제외하고, 다른 보살의 깊은 마음과 묘한 행으로는 동등할 이가 없으며, 모든 선정의 삼매와 신통과 해탈이 모두 앞에 나타나지만 그것은 닦아서 이루어진 것이고, 제8지와 같이 과보로 얻은 것이 아닙니다. 이 지위의 보살이 찰나마다 구족하게 닦아 모은 방편 지혜와 모든 보리분법이 점점 더 원만해집니다.

(26-7-7) 제7지에서 얻는 삼매

보살이여, 이 지위에 머무르면, 보살의 잘 관찰해 선택하는 선관택 삼매와, 이치를 잘 선택하는 선택의 삼매와, 가장 승한 지혜인 최승혜 삼매와, 이치의 장을 분별하는 분별의장 삼매와, 실제와 같이 뜻을 분별하는 여실분별의 삼매와, 견고한 뿌리에 잘 머무는 선주견고근 삼매와, 지혜와 신통의 문인 지혜신통문 삼매와, 법계의 업인 법계업 삼매와, 여래의 수승한 이익인 여래승이 삼매와, 가지가지 뜻을 갈무리한 생사 열반의 문인 종종의장생사열반문 삼매에 들어가며, 이와 같이 큰 지혜와 신통의 문을 구족한 백천 삼매에 들어가서 이 지위를 깨끗하게 다스립니다. 보살은 이 삼매를 얻고는 방편 지혜를 잘 다스려 깨끗이 하며, 큰 자비의 힘으로 이승의 지위를 뛰어넘어 지혜의 지위를 관찰하게 됩니다.

(26-7-8) 청정한 삼업

보살이여, 이 지위에 머물러서 몸과 말과 뜻으로 짓는 한량없는 업의 모양 없는 행을 깨끗이 해 무생법인의 광명을 얻습니다."

(26-7-9) 이승과의 차별

해탈월보살이 금강장보살에게 물었다.

"보살이시여, 초지로부터 닦은 몸과 말과 뜻으로 지은 한량없는 업은 어찌해 이승을 뛰어넘지 못합니까?"

"보살이여, 6지까지는 부처님 법을 구하기 원해 하는 일이고, 자기의 지혜로 관찰하는 힘이 아닙니다. 이제 제7지는 자기 지혜의 힘으로 하는 것이므로 모든 이승이 미치지 못하는 것입니다. 마치 왕자가 왕의 가문에 태어나면, 왕후가 나았고 왕의 모습을 갖추었으므로, 나면서부터 백성들보다 수승하지만 그것은 오직 왕의 힘이며, 자기의 힘이 아니지만 몸이 자라고 기예를 모두 이루면 자기의 힘으로 다른 사람보다 뛰어난 것과 같습니다. 보살도 그와 같아서, 처음 발심할 때부터 대승법에 뜻을 두어 구하므로 일체 성문과 독각을 넘어섰지만 이 지위에 머물러서는 자신이 행하는 지혜의 힘으로 일체 이승의 지위에 지나가는 것입니다.

보살이여, 제7지에 머물러서는 매우 깊고 멀리 여의었으며, 행함이 없이 항상 행하는 몸과 말과 뜻으로 짓는 업을 얻고, 윗자리의 도를 부지런히 구해 버리지 않습니다. 그러므로 보살이 비록 실제를 행하지마는 증하지는 않습니다."

(26-7-10) 정에 드는 일

해탈월보살이 금강장보살에게 물었다.

"보살이시여, 어느 지위로부터 적멸한 선정에 듭니까?"

"보살은 제6지로부터 적멸한 선정에 듭니다. 지금 이 지위에서는 찰나마다 들어가고, 일어나면서도 증하지는 않습니다. 그러므로 이 보살을 '몸과 말과 뜻으로 짓는 부사의한 업을 성취하고, 실제를 행하지만 증하지는 않습니다'라고 합니다. 마치 어떤 사람이 배를 타고 바다에 들어갔으나 교묘한 방편의 힘으로 물의 재난을 만나지 않음과 같으니, 이 지위의 보살도 그래 바라밀의 배를 타고 실제라는 바다에 다니면서도 서원의 힘으로 열반을 증하지 않습니다.

(26-7-11) 제7지 보살이 방편으로 보이다

보살이여, 삼매의 지혜를 얻는 큰 방편으로써, 비록 생사를 나타내지만 항상 열반에 머물며, 권속들이 둘러앉았지만 항상 멀리 여의기를 좋아하며, 원력으로써 삼계에 태어나지만 세상법에 물들지 않으며, 항상 적멸하지만 방편의 힘으로 도로 치성하며, 비록 불사르지만 타지 않으며, 부처님의 지혜를 따르지만 성문이나 벽지불의 지위에 들어가며, 부처님의 경계를 얻었지만 마군의 경계에 머물며, 마군의 도를 초월했지만 마군의 법을 행하며, 외도의 행과 함께하지만 부처님의 법을 버리지 않으며, 모든 세간을 따르지만 출세간법을 행하며, 일체 장엄하는 일이 하늘, 용, 야차, 건달바, 아수라, 가루라, 긴나라, 마후라가 등의 사람인 듯 아닌 듯한 이들과, 제석천왕, 범천왕, 사천왕이 가진 것보다 지나지만 법을 좋아하는 마음을 버리지 않습니다.

(26-7-12) 원행지에 머문 공과

보살이여, 이런 지혜를 성취해 원행지에 머물고는, 서원하는 힘으로 많은 부처님을 뵙게 됩니다. 백 부처님을 보며, 나유타 부처님을 봅니다. 부처님 계신 곳에서 광대한 마음과 더욱 승한 마음으로 공양하고 공경하고 존중하고 찬탄하며, 의복과 음식과 침구와 의약과 필수품을 보시하며, 스님에게도 공양하고, 이 선근으로 위없는 바른 깨달음에 회향하며, 또 부처님 계신 곳에서 공경해 법을 듣고 받아지니며, 실상과 같은 삼매와 지혜의 광명을 얻고, 따라 수행하며, 여러 부처님 계신 곳에서 바른 법을 보호해 지니므로 항상 여래의 찬탄을 받으니, 모든 이승의 능력으로는 물러나게 하지 못합니다.

중생에게 이익을 주며 법인이 청정해, 나유타 겁을 지나도 갖고 있는 선근은 점점 더 훌륭해지고 마치 진금에다 묘한 보배로 사이사이 장엄하면 더욱 훌륭해지고 광명이 많아져서, 다른 장엄거리로는 미치지 못하는 것과 같습니다. 보살이 제7지에 머물러서 가진 선근도 그와 같아서, 방편 지혜의 힘으로 더욱 밝고 깨끗해지니, 이승으로는 미치지 못합니다.

보살이여, 비유하면 햇빛은 달이나 별 따위의 빛으로는 미칠 수 없으며, 염부제에 있는 진창을 모두 말립니다. 이 원행지 보살도 그와 같아서 일체 이승으로는 미칠 수 없으며, 모든 중생의 번뇌 진창을 모두 말립니다. 이 보살은 십바라밀 중에서 방편바라밀에 치우쳐 많으며, 다른 것을 닦지만 힘을 따르고 분한을 따를 뿐입니다.

보살이여, 이것이 제칠 원행지를 간략히 말한 것입니다.

보살이 이 지에 머물러서는 자재천왕이 되며, 중생들에게 승한 지혜의 법을 말해 증득하며, 보시하고 좋은 말을 하고 이익된 행을 함께 합니다. 이렇게 여러 가지 짓는 업이 모두 부처님 생각함을 떠나지 않으며, 온갖 깊은 지혜를 구족하려는 생각을 떠나지 않습니다.

또 '내가 중생들 가운데 머리가 되고 나은 이가 되고, 내지 온갖 지혜의 지혜로 의지함이 될 것이다'라고 생각합니다.

이 보살이 만일 부지런히 정진하면 잠깐 동안에 나유타 삼매를 얻으며, 나유타 보살로 권속을 삼으며, 보살의 수승한 원력으로 자세히 나타내어 나유타 겁동안 말해도 다 말할 수 없습니다.

(26-8) 부동지

(26-8-1) 방편을 닦아 익히다

그때 금강장보살이 해탈월보살에게 말했다.

"보살이여, 제7지에서 방편 지혜를 잘 닦으며, 도를 깨끗히 하며, 돕는 법을 모으며, 큰 원력으로 붙들어 유지하고 여래의 힘으로 가피하고, 자기 선근의 힘으로 유지하므로 여래의 힘과 두려움 없음과 함께하지 않는 부처님 법을 항상 생각하며, 깊은 마음으로 생각함을 청정케 하며, 행덕과 지혜를 성취하며, 대자대비로 중생을 버리지 않고 한량없는 지혜의 도에 들어가게 합니다.

(26-8-2) 무생법인을 얻다

일체 법에 들어가니, 본래 나는 일도 없고 일어남도 모양도 이룸도 무너짐도 다함도 옮아감도 없으며, 성품이 없는 것으로 성품을 삼으며, 처음과 중간과 나중이 모두 평등하며, 분별이 없는 진여와 같은 지혜로 들어가는 곳입니다.

무생법인을 얻어 모든 마음과 뜻과 식으로 분별하는 생각을 여의었

으며, 집착함이 없으며, 허공과 같으며, 일체 법에 들어가 허공의 성
품과 같습니다.

(26-8-3) 수승한 행을 얻다

보살이여, 인을 성취하고 제8 부동지에 들어가, 깊이 행하는 보살이
됩니다. 알기 어려우며, 차별이 없으며, 일체 모양과 일체 생각과 일
체 집착을 여의며, 한량이 없고 끝이 없으며, 성문과 벽지불이 미칠
수 없으며, 시끄러움을 여의어서 적멸이 앞에 나타납니다.

비구가 신통을 구족하고 마음이 자재하게 되어, 차례로 멸진정에까
지 들어가면 동하는 마음과 기억하는 분별을 모두 쉬게 됩니다. 보
살도 그와 같아서 일체 공들여 작용하는 행을 버리고 공들여 작용함
이 없는 법에 들어가서, 몸과 입과 뜻으로 하는 업과 생각과 일이 모
두 쉬고 과보의 행에 머뭅니다.

어떤 사람이 꿈에 큰 강에 빠졌는데, 건너기 위해 용기를 내어 방편
을 베풀었고, 용기를 내어 방편을 베풀었는데 꿈을 깨고 나니 하는
일이 모두 쉬게 되는 것과 같습니다. 보살도 그와 같아서 중생의 몸
이 네 가지 폭류에 있음을 보고 제도하기 위해 용기를 내어 크게 정
진해 부동지에 이릅니다. 이 지위에 이르면 일체 공들여 작용함이
모두 쉬어서, 두 가지 행과 형상 있는 행이 나타나지 않습니다.

보살이여, 범천에 태어나면 욕계의 번뇌가 나타나지 않음과 같습니
다. 부동지에서는 마음과 뜻과 식으로 하는 행이 나타나지 않습니
다. 이 보살은 보살의 마음, 부처님 마음, 보리 마음, 열반마음도 일
으키지 않는데 하물며 세간의 마음을 일으키겠습니까.

(26-8-4) 제불이 나타나 격려하다

보살이여, 본래의 원력으로 여러 부처님 세존이 나타나 여래의 지혜로 법의 흐름을 아는 법류문에 들어가게 하고 이렇게 말을 합니다. '장하고 장하다, 보살이여, 이 인은 부처님의 법을 순종하는 것입니다. 그러나 보살이여, 열 가지 힘과, 두려움이 없음과, 열여덟 가지 함께하지 않는 부처님의 법은 그대가 아직 얻지 못했으니 그대는 이 법을 성취하기 위해 부지런히 정진할 것이며, 이 인의 문에서 방일하지 말라.

보살이여, 그대는 비록 고요한 해탈을 얻었지만 중생들은 증득하지 못했으므로 여러 가지 번뇌가 앞에 나타나기도 하고, 깨닫고 관찰함을 방해하니, 그대는 이런 중생들을 불쌍하게 생각하라.

보살이여, 그대는 본래 세운 서원을 기억하고 일체중생을 모두 이익되게 해 부사의한 지혜의 문에 들어가게 하라.

보살이여, 모든 법의 성품은 부처님께서 세상에 나셨거나 나지 않았거나 항상 있어 다르지 않으며, 부처님께서 이 법을 얻었다고 해서 여래라고 이름하는 것은 아니며, 이승도 이 분별없는 법을 얻습니다.

보살이여, 그대는 나의 몸과 지혜와 국토와 방편과 광명과 청정한 음성이 한량없음을 보게 되며, 그대는 이제 이 일을 성취하도록 하라.

보살이여, 그대는 다만 한 가지 법의 밝음을 얻었지만, 일체 법이 남이 없고 분별이 없는 것입니다. 보살이여, 여래의 법에 밝음은 한량없는 데 들어가서 한량없이 작용하고 굴러가며, 나유타 겁에도 알 수 없으니, 그대는 마땅히 수행해 이 법을 성취하라.

보살이여, 그대는 시방의 한량없는 국토와 중생과 법의 가지가지로 차별한 것을 보니, 모두 사실과 같이 그런 일을 통달하라.'

(26-8-5) 지혜를 일으키는 문을 주다

보살이여, 부처님 세존께서는 이 보살에게 이렇게 한량없이 지혜를 일으키는 문을 주어서, 한량없고 끝이 없이 차별한 지혜의 업을 일으키게 합니다. 보살이여, 부처님께서 이 보살에게 지혜를 일으키는 문을 주지 않았으면, 그때 구경의 열반에 들어서 모든 중생을 이익되게 하는 업을 버렸을 것입니다. 여러 부처님께서 이렇게 한량없고 끝이 없이 지혜를 일으키는 문을 주었으므로, 잠깐 동안에 낸 지혜의 업은 처음 발심한 때부터 칠지에 이르도록 닦은 행으로는 백분의 일에도 미치지 못하며, 나유타분의 일에도 미치지 못합니다.

왜냐하면 보살이 먼저 한 몸으로 행을 일으켰지만 이제 이 지위에서는 한량없는 몸과 음성과 지혜와 태어남과 깨끗한 국토를 얻었으며, 한량없는 중생을 교화하고, 부처님께 공양하고, 법문에 들어가고, 신통을 갖추고, 대중이 모인 도량을 가졌으며, 몸과 말과 뜻으로 짓는 업에 머물러서 모든 보살의 행을 모으지만 동요하지 않는 법인 까닭입니다.

보살이여, 배를 타고 바다에 나아갈 때에, 바다까지 이르지 못하면 많은 공력을 써야 하지만, 바다에 나아가서는 바람을 따라다니고 사람의 힘을 빌리지 않습니다. 바다에 이르러서 하루 동안 행하는 것이 바다에 이르지 못했을 때에 백 년 동안 가도 미치지 못합니다.

보살이여, 광대한 선근의 양식을 모아서 대승의 배를 타고 보살행의 바다에 이르면 잠깐 동안에 공력을 쓰지 않는 지혜로 온갖 지혜의 경계에 들어가는 것을, 본래 공력을 쓰는 행으로는 나유타 겁을 지나도 미치지 못합니다.

(26-8-6) 모든 불국토가 청정하다

보살이여, 보살이 제8지에 머물러서는 큰 방편과 교묘한 지혜로 일으킨 공용이 없는 지혜로써 온갖 지혜로 행할 경계를 관찰합니다. 세간이 이루어짐을 관찰하고 소멸함을 관찰하며, 업이 모여 이루어지고 다해 소멸하며, 얼마 동안 이루어지고 소멸하며, 얼마 동안 머물고 소멸해 머무는 것을 모두 사실대로 압니다.

지대 경계의 크고 작은 모양과 한량없고 차별한 모양을 알고, 수대, 화대, 풍대 경계의 크고 작은 모양과 한량없고 차별한 모양을 알며, 작은 티끌의 미세한 모양과 차별한 모양을 알며, 어떤 세계에 있는 티끌의 무더기와 티끌의 차별한 모양도 모두 사실대로 알며, 어떤 세계에 있는 지대, 수대, 화대, 풍대의 경계가 각각 얼마만한 티끌의 모양과, 거기 있는 보물의 티끌이 얼마인 것과, 중생의 몸의 티끌이 얼마인 것과, 국토들의 티끌이 얼마인 것을 사실대로 알며, 중생의 크고 작은 몸이 각각 얼마의 티끌로 이루어졌는지를 알며, 지옥과 축생과 아귀와 아수라와 하늘과 인간의 몸이 각각 얼마의 티끌로 이루어졌는지를 압니다. 이렇게 티끌의 차별을 아는 지혜를 얻습니다. 욕계와 색계와 무색계의 이루어짐과 소멸함을 알며, 욕계와 색계와 무색계의 작은 모양, 큰 모양, 한량없는 모양, 차별한 모양을 알아서 삼계의 차별을 관찰하는 지혜를 얻습니다.

보살이여, 다시 지혜의 광명을 일으켜서 중생을 교화하니, 중생의 차별한 몸을 알며, 분별하며, 태어나는 곳을 알아서, 그 인연에 맞게 몸을 나타내어 교화하고 성숙하게 합니다. 이 보살은 삼천대천세계에서 중생의 몸과 믿고 아는 차별을 따라서 지혜의 광명으로 태어나는 일을 나타내며, 말할 수 없는 삼천대천세계에서 모든 중생의 몸과 믿고 아는 차별을 따라서 그 가운데서 널리 태어남을 나타냅니다. 이 보살은 이러한 지혜를 성취했으므로, 한 부처님 세계에서 몸이 동요하지 않으며, 말할 수 없는 세계의 대중이 모인 가운데서 그 몸을 나타냅니다.

보살이여, 중생들의 몸과 마음과 믿음과 아는 일이 가지가지로 차별함을 따라서 부처님의 대중 가운데서 몸을 나타냅니다. 사문 대중 가운데서는 사문의 형상을 보이고, 바라문 대중 가운데서는 바라문의 형상을 보이고, 찰제리 대중 가운데서는 찰제리의 형상을 나타내며, 이와 같이 비사 대중, 수타 대중, 거사 대중, 사천왕 대중, 삼십삼천 대중, 야마천 대중, 도솔천 대중, 화락천 대중, 타화자재천 대중, 마군 대중, 범천 대중, 아가니타천 대중 가운데서도 각각 그들의 종류를 따라서 형상을 나타냅니다.

성문의 몸으로 제도할 이에게는 성문의 형상을 나타내고, 벽지불의 몸으로 제도할 이에게는 벽지불의 형상을 나타내고, 보살의 몸으로 제도할 이에게는 보살의 형상을 나타내고, 여래의 몸으로 제도할 이에게는 여래의 형상을 나타냅니다. 보살이여, 이와 같이 말할 수 없는 많은 부처님의 국토에서 중생들의 믿고 좋아하는 차별을 따라서 몸을 나타냅니다.

보살이여, 몸에 대한 분별을 아주 여의고 평등한 데 머물며, 중생인 몸과 국토인 몸과 업으로 받는 몸과 성문의 몸과 독각의 몸과 보살의 몸과 여래의 몸과 지혜인 몸과 법인 몸과 허공인 몸을 압니다. 이 보살은 중생들의 좋아함을 알고는, 중생인 몸으로써 자기의 몸을 짓기도 하고, 국토인 몸과 업으로 받는 몸과 허공인 몸을 짓기도 합니다. 또 국토인 몸으로써 자기의 몸을 짓기도 하고, 중생인 몸과 업으로 받는 몸과 허공인 몸을 짓기도 합니다. 또 업으로 받는 몸으로써 자기의 몸을 짓기도 하고, 중생인 몸과 국토인 몸과 허공인 몸을 짓기도 하며, 또 중생들의 몸과 국토인 몸과 허공인 몸을 짓습니다. 중생들의 좋아함이 같지 않음에 따라서 이 몸으로 이런 형상을 나타냅니다.

이 보살이 중생들의 업이 모인 집업신과 보신과 번뇌신과 형상 있는 색신과 형상 없는 무색신을 알며, 또 국토인 몸의 작은 모양, 큰 모양, 한량없는 모양, 더러운 모양, 깨끗한 모양, 넓은 모양, 거꾸로 있는 모양, 바로 있는 모양, 널리 들어간 모양, 사방으로 그물처럼 차별한 모양을 압니다.

또 업으로 갚아진 몸이 붙인 이름으로 차별한 가명차별과, 성문과 독각과 보살의 몸이 붙인 이름으로 차별한 것을 알며, 여래의 몸에 보리신, 원신, 화신, 힘으로 유지하는 역지신, 몸매로 장엄한 상호장엄신, 위엄과 세력 있는 위세신, 뜻대로 나는 의생신, 복덕신, 법신, 지혜신이 있음을 압니다.

또 지혜의 몸에 잘 생각하는 모양, 사실대로 결정하는 모양, 결과와 행에 거두어진 모양, 세간과 출세간의 차별한 모양, 삼승이 차별한 모양, 함께하는 모양, 함께하지 않는 모양, 뛰어난 모양, 뛰어나지 않은 모양, 배우는 모양, 배울 것 없는 모양, 뛰어나지 않은 모양, 배우는 모양, 배울 것 없는 모양을 압니다. 또 법의 몸에 평등한 모양, 깨뜨릴 수 없는 모양, 때를 따르고 시속을 따라 붙인 이름이 차별한 모양, 중생과 중생 아닌 법의 차별한 모양, 부처님 법과 거룩한 스님의 법이 차별된 모양을 압니다. 또 허공인 몸에 한량없는 모양, 두루한 모양, 형상 없는 모양, 다르지 않은 모양, 그지없는 모양, 형상 몸을 나타내는 모양을 압니다.

(26-8-7) 열 가지의 자재

보살이여, 이러한 몸과 지혜를 성취하고는, 목숨과 마음과 재물과 업과 나는 곳과 서원과 아는 것과 뜻대로 하는 것과 지혜와 법에 자유롭습니다.

(26-8-8) 지혜와 업과 힘의 수승함

이와 같은 열 가지 자유로움을 얻었으므로, 헤아릴 수 없이 지혜로운 이, 한량없이 지혜로운 이, 넓고 크게 지혜로운 이, 깨뜨릴 수 없이 지혜로운 이가 됩니다.

보살은 이렇게 들어가고 이렇게 성취하고는 허물없는 몸의 업과 말의 업과 뜻의 업을 얻으며, 몸과 말과 뜻으로 짓는 업이 지혜를 따라 행해 반야바라밀이 늘어나고, 가엾이 여기는 마음이 머리가 되어 공교한 방편으로 잘 분별하며 큰 서원을 일으키고, 부처님의 힘으로 보호 되어 중생을 이익되게 할 지혜를 부지런히 닦으며 끝이 없이 차별한 세계에 널리 머뭅니다.

보살이여, 이 부동지에 머물러서는 몸과 말과 뜻의 업으로 하는 일이 모두 부처의 법을 쌓아 모으는 것입니다.

보살이여, 이 지위에 머물러서는, 번뇌가 일어나지 않아 잘 머무른 깊은 마음의 힘을 얻으며, 도를 여의지 않아 잘 머무른 훌륭한 마음의 힘을 얻으며, 중생을 이익되게 함을 버리지 않아 잘 머무른 대비의 힘을 얻으며, 모든 세간을 구호해 잘 머무른 대자의 힘을 얻으며, 법을 잊지 않아 잘 머무른 다라니 힘을 얻으며, 법을 관찰하고 분별해 잘 머무른 변재의 힘을 얻으며, 끝이 없는 세계에 머물러 신통의 힘을 얻으며, 보살의 지을 것을 버리지 않아 잘 머무른 큰 서원의 힘을 얻으며, 불법을 성취해 잘 머무른 바라밀의 힘을 얻으며, 온갖 지혜의 지혜가 앞에 나타나 여래의 호념하시는 힘을 얻습니다. 보살은 이러한 지혜의 힘을 얻고는 모든 지어야 할 일을 나투며, 모든 일에 허물이 없습니다.

(26-8-9) 제8지의 열 가지 이름

보살이여, 지혜의 지위를 깨뜨릴 수 없어 부동지라 하며, 지혜가 물러나지 않아 불퇴전지라 하며, 일체 세간에서 헤아릴 수 없어 난득지라 하며, 모든 허물을 여의므로 동진지라 하며, 따라 즐거워함이 자유로와 생지라 하며, 다시 이룰 것이 없어 성지라 하며, 지혜가 구경에 닿아 구경지라 하며, 소원을 따라 성취해 변화지라 하며, 다른 이가 흔들지 못하는 역지지라 하며, 이미 성취해 무공용지라 합니다.

(26-8-10) 제8지에서 성취하는 능력

보살이여, 이런 지혜를 이루면 부처님의 경계에 들어가며, 공덕을 비쳐보며, 위의를 따르며, 경지가 앞에 나타나며, 항상 여래의 호념하심이 되며, 범천과 제석천과 사천왕과 금강역사가 항상 따라 모시고 호위하며, 여러 삼매를 떠나지 않으며, 한량없는 여러 가지 몸의 차별함을 나타내며, 낱낱 몸마다 큰 세력이 있으며, 과보로 신통을 얻으며, 삼매에 자유로우며, 교화할 중생이 있는 데를 따라서 바른 깨달음을 이룹니다.

보살이여, 이와 같이 대승의 모임에 들어가서 신통을 얻으며, 광명을 놓으며, 걸림이 없는 법계에 들어가며, 세계의 차별함을 알며, 모든 공덕을 나타내며, 마음대로 자유로우며, 앞 세상 뒷세상을 통달하며, 모든 마군과 외도들을 굴복하며, 여래의 행하시는 경지에 깊이 들어갑니다. 한량없는 국토에서 보살의 행을 닦아서 물러나지 않는 법을 얻었으므로 부동지에 머물렀다고 합니다.

(26-8-11) 부동지의 공과

보살이여, 이 부동지에 머물면 삼매의 힘으로써 한량없는 부처님을 뵈오며, 떠나지 않고 받들어 섬기며 공양합니다. 이 보살이 모든 겁마다 낱낱 세계에서 나유타 부처님을 뵙고 공경하고 존중하며 섬기고 공양하며, 온갖 필수품을 보시하며, 여러 부처님에게서 여래의 깊고 깊은 법장을 얻고 차별한 세계들과 같은 한량없는 법을 밝게 알게 되므로 세계의 차별함을 묻는 이가 있더라도 대답함에 막힘이 없습니다. 이렇게 나유타 겁을 지나면 선근이 점점 더 밝고 깨끗해집니다.

비유컨대 진금으로 보배관을 만들어 염부제 임금이 머리에 쓰면, 모든 신하의 장엄거리로는 같을 이가 없듯이, 이 지위의 보살이 가진 선근도 그와 같아서 모든 이승이나 제7지 보살이 가진 선근으로는 미칠 수 없습니다. 이 지위에 머물러서는 큰 지혜의 광명으로 중생들의 캄캄한 번뇌를 멸하고 지혜의 문을 잘 여는 까닭입니다.

보살이여, 하늘세계의 주인인 대범천왕은 자비한 마음을 널리 운전하고 광명을 두루 놓아서 하늘세계에 가득합니다. 이 지위의 보살도 그와 같아서 광명을 놓아 백만 세계의 티끌 수 같은 세계를 비추어, 중생들이 번뇌의 불길을 멸하게 합니다. 이 보살은 십바라밀 중에는 원바라밀을 가장 많이 닦았고, 다른 바라밀을 닦지만 힘을 따르고 분한을 따를 뿐입니다.

이것이 보살의 제팔 부동지를 간략히 말한 것입니다. 자세히 말하면 한량없는 겁을 지나도 다 말할 수 없습니다.

보살이여, 이 지위에 머물러서는 대범천왕이 되어 하늘세계를 주관하며, 훌륭하고 자유롭게 이치를 말해 성문이나 벽지불에게 보살의 바라밀을 일러주며, 세계의 차별을 힐난하는 이가 있더라도 굽히지 않습니다. 보시하고 좋은 말을 하고 이익된 행을 하고 일을 함께하며, 여러 가지 짓는 업이 모두 부처님 생각함을 떠나지 않으며, 갖가지 지혜를 생각함을 떠나지 않습니다.

또 '내가 중생들 가운데 머리가 되고 나은 이가 되며, 온갖 깊은 지혜로 의지함이 될 것이다'라고 생각합니다. 이 보살이 크게 정진하는 힘을 내면, 잠깐 동안에 삼천대천세계의 티끌 수 같은 삼매를 얻으며, 백만 삼천대천세계의 티끌 수 보살로 권속을 삼습니다. 보살의 수승한 원력으로 자유롭게 나타내어 나유타 겁 동안 말해도 다하지 못합니다."

(26-9) 선혜지
(26-9-1) 선혜지에 들어가는 열 가지 방편

이때 금강장보살이 해탈월보살에게 말했다.

"보살이여, 보살은 이렇게 한량없는 지혜로 생각하며 관찰하고는, 다시 더 좋은 적멸한 해탈을 구하며, 여래의 지혜를 닦으며, 비밀한 법에 들어가며, 부사의한 지혜의 성품을 관찰하며, 다라니와 삼매의 문을 깨끗이 하며, 광대한 신통을 갖추며, 차별한 세계에 들어가며, 힘과 두려움 없음과 함께하지 않는 법을 닦으며, 부처님을 따라 법륜을 굴리며, 크게 가엾이 여기는 본래의 원력을 버리지 않으려고 보살의 제9 선혜지에 들어갑니다.

(26-9-2) 선혜지에 머무는 열 가지 행법
보살이여, 보살이 이 선혜지에 머물러서는 선과 불선과 무기의 법의 행과, 새고 새지 않는법의 행과, 세간과 출세간법의 행과, 헤아리고 헤아릴 수 없는 법의 행과, 결정하고 결정하지 못하는 법의 행과, 성문과 독각법의 행과, 보살행의 법의 행과, 여래지의 법의 행과, 유위법의 행과 무위법의 행을 사실대로 압니다.

(26-9-3) 여실히 아는 열 가지 행
이 보살은 이러한 지혜로써, 중생들의 마음의 숲과 번뇌의 숲과, 업의 숲과, 근기의 숲과, 지혜의 숲과, 근성의 숲과, 욕망의 숲과, 수면의 숲과, 태어나는 숲과, 습관의 숲과 세 종류 차별의 숲을 사실대로 압니다.

이 보살은 중생들의 마음의 가지가지 모양을 사실대로 압니다. 섞여 일어나는 모양, 빨리 구르는 모양과 헐리고 헐리지 않는 모양, 바탕이 없는 모양, 가이없는 모양, 청정한 모양, 때묻고 때묻지 않은 모양, 얽매고 얽매지 않은 모양, 요술처럼 지어지는 모양, 여러 갈래에 나는 모양 등이 무량한 것을 모두 사실대로 압니다.

또 여러 번뇌의 가지가지 모양을 압니다. 오래도록 멀리 따라다니는 모양, 그지없이 끌어 일으키는 모양, 함께 나서 버리지 못하는 모양, 자는 것과 일어남이 한 뜻인 모양, 마음과 서로 응하거나 응하지 않는 모양, 갈래를 따라 태어나서 머무는 모양, 삼계가 차별한 모양, 애정과 소견과 어리석음과 교만이 화살처럼 깊이 들어가 걱정되는

모양, 세 가지 업의 인연이 끊어지지 않는 모양 등 팔만 사천 모양을
모두 사실대로 압니다.

또 여러 업의 가지가지 모양을 압니다. 선과 악과 선도 악도 아닌 모
양, 표시할 수 있고 할 수 없는 모양, 마음과 함께 나서 떠나지 않는
모양, 인의 성품이 찰나에 헐어지지마는 차례로 결과가 모여 잃지
않는 모양, 갚음이 있고 갚음이 없는 모양, 검고 검은 따위의 여러
가지 갚음을 받는 모양, 밭과 같아 한량없는 모양, 범부와 성인이 차
별한 모양, 이승에 받고 저승에 받고 뒷승에 받는 모양, 승과 승 아
닌 것이 결정하고 결정하지 않은 모양 등 팔만 사천 가지를 모두 사
실대로 압니다.

또 여러 근기의 둔하고 승한 모양, 먼저와 나중이 차별하고 차별하
지 않은 모양, 상품과 중품과 하품의 모양, 번뇌가 함께 나서 서로
여의지 않는 모양, 승과 승 아닌 것이 결정하고 결정하지 않은 모양,
잘 성숙되어 부드러운 모양, 따르는 근의 속박하고 가볍고 점점 무
너지는 모양, 더 늘어서 파괴할 수 없는 모양, 물러나고 물러나지 않
는 차별한 모양, 함께 남을 멀리 따라서 같지 않은 모양 등 내지 팔
만 사천 가지를 모두 사실대로 압니다.

또 지혜와 근성과 욕망이 하품이고 중품이고 상품인 모양, 팔만 사
천 가지를 모두 사실대로 압니다.

또 따라다니며 수면의 가지가지 모양을 압니다. 깊은 마음과 함께
나는 모양, 마음으로 더불어 함께 나는 모양, 마음과 서로 응하고 서
로 응하지 않는 것이 차별한 모양, 오래 전부터 따라다니는 모양, 비
롯함이 없는 적부터 뽑지 못한 모양, 온갖 선정, 해탈, 삼매, 신통과
서로 어기는 모양, 삼계에 계속해 태어나서 얽매이는 모양, 끝이 없

는 마음이 계속해 현재에 일어나게 하는 모양, 여러 처소의 문을 여는 모양, 굳고 진실해 다스리기 어려운 모양, 지처에 성취하고 성취하지 못한 모양, 오직 성인의 도로써 뽑아내는 모양을 모두 사실대로 압니다.

또 태어나는 차별한 모양을 압니다. 업을 따라 태어나는 모양, 여섯 갈래가 차별한 모양, 형상 있고 형상 없음이 차별된 모양, 생각 있고 생각 없음이 차별된 모양, 업의 밭에 사랑의 물로 축이고 무명으로 덮어서 식이란 종자가 뒷세상 싹을 내게 하는 모양, 마음과 물질로 함께 나서 서로 떠나지 않는 모양, 무명과 애욕으로 계속해 있기를 희구하는 모양, 받아들이려 하고 태어나려는 끝없는 때부터 좋아해 집착하는 모양, 허망하게 삼계에 나려고 욕구하는 모양을 모두 사실대로 압니다.

또 습관의 가지가지 모양을 압니다. 하고 행하지 않는 차별한 모양, 갈래를 따라 익힌 버릇의 모양, 중생의 행을 따라 익힌 버릇의 모양, 업과 번뇌를 따라 익힌 버릇의 모양, 선과 악과 무기의 익힌 버릇의 모양, 뒷세상에 들어감을 따라 익힌 버릇의 모양, 차례로 익힌 버릇의 모양, 번뇌를 끊지 않고 멀리 가면서 버리지 않고 익힌 버릇의 모양, 진실하고 진실하지 않은 익힌 버릇의 모양, 성문, 독각, 보살, 여래를 보고 듣고 친근해 익힌 버릇의 모양을 모두 사실대로 압니다.

또 중생이 바르게 결정되고 잘못 결정되고 결정되지 못한 모양을 압니다. 바른 소견으로 바르게 결정된 모양, 삿된 소견으로 삿되게 결정된 모양, 두 가지가 모두 결정되지 않은 모양, 오역의 잘못 결정된 모양, 오근으로 바르게 결정된 모양, 이 두 가지가 모두 결정되지 않은 모양, 팔사로 삿되게 결정된 모양, 바른 성품으로 바르게 결정된 모양, 다시 두 가지를 짓지 않고 다 여의어서 결정되지 않은 모양, 삿된 법에 물들어 삿되게 결정된 모양, 성인의 도를 행해 바르게 결정된 모양, 두 가지를 다 버려서 결정되지 않은 모양을 모두 사실대로 압니다.

(26-9-4) 설법이 성취되다

보살이여, 이런 지혜를 따라 순종함을 선혜지에 머뭅니다 하니 이 지위에 머물러서는 중생들의 여러 행의 차별을 알고 교화하고 조복해 해탈을 얻게 합니다.

보살이여, 성문승의 법과 독각승의 법과 보살승의 법과 여래 지위의 법을 잘 연설하는데, 온갖 행할 곳에서 지혜가 따라 행하므로, 중생의 근기와 성품과 욕망과 지혜와 행할 바가 다름과 여러 갈래의 차별을 따르며, 또한 태어난 번뇌와 수면 하는 속박과 여러 업의 버릇을 따라서, 그들에게 법을 말해 믿고 이해함을 내고 지혜를 늘게 해 각각 그 승법에서 해탈을 얻게 합니다.

보살이여, 선혜지에 머물러서는 법사가 되고 법사의 행을 갖추어서 여래의 법장을 수호하며, 한량없이 공교한 지혜로 네 가지 걸림없는 변재를 일으키고 보살의 말로써 법을 연설합니다. 보살은 항상 네 가지 걸림없는 지혜를 따라서 연설하고 잠시도 버리지 않습니다. 법에 걸림없는 지혜와, 뜻에 걸림없는 지혜와, 말에 걸림없는 지혜와, 말하기 즐기는 데 걸림없는 지혜입니다.

법에 걸림없는 지혜로는 모든 법의 제 모양을 알고, 뜻에 걸림없는 지혜로는 모든 법의 차별한 모양을 알고, 말에 걸림없는 지혜로는 그릇되지 않게 말하고, 말하기를 즐기는 데 걸림없는 지혜로는 끊어짐이 없이 말합니다.

법에 걸림없는 지혜로는 모든 법의 제 성품을 알고, 뜻에 걸림없는 지혜로는 모든 법의 나고 사라짐을 알고, 말에 걸림없는 지혜로는 온갖 법을 안돈해 세우고 끊지지 않게 말하고, 말하기를 즐기는 데 걸림없는 지혜로는 안돈해 세움을 따라 파괴할 수 없고 그지없이 말합니다.

또 법에 걸림없는 지혜로는 지금 있는 법의 차별을 알고, 뜻에 걸림없는 지혜로는 지나간 법과 오는 법의 차별을 알고, 말에 걸림없는 지혜로는 지나간 법과 오는 법과 지금 법을 그릇되지 않게 말하고, 말하기를 즐기는 데 걸림없는 지혜로는 모든 세상에서 그지없는 법을 분명하게 말합니다.

또 법에 걸림없는 지혜로는 법의 차별을 알고, 뜻에 걸림없는 지혜로는 이치의 차별을 알고, 말에 걸림없는 지혜로는 그들의 말을 따라 말하고, 말하기를 즐기는 데 걸림없는 지혜로는 그들의 좋아함을 따라 말합니다.

또 법에 걸림없는 지혜는 법의 지혜로 차별함이 다르지 않음을 알고, 뜻에 걸림없는 지혜는 견주는 지혜로 차별함이 실상과 같음을 알고, 말에 걸림없는 지혜는 세상 지혜로 차별하게 말하고, 말하기를 즐기는데 걸림없는 지혜는 첫째가는 지혜로 공교하게 말합니다.

또 법에 걸림없는 지혜로는 모든 법이 한 모양이어서 무너지지 않음을 알고, 뜻에 걸림없는 지혜로는 온과 계와 처와 제와 인연이 교묘함을 알고, 말에 걸림없는 지혜로는 모든 세간에서 알기 쉽고 미묘한 음성과 글자로써 말하고, 말하기를 즐기는 데 걸림없는 지혜로는 더욱 수승하고 그지없는 법에 밝은 지혜로 말합니다.

또 법에 걸림없는 지혜로는 일승의 평등한 성품을 알고, 뜻에 걸림 없는 지혜로는 여러 승의 차별한 성품을 알고, 말에 걸림없는 지혜로는 온갖 승의 차별없음을 말하고, 말하기를 즐기는 데 걸림없는 지혜로는 낱낱 승마다 그지없는 법을 말합니다.

또 법에 걸림없는 지혜로는 일체 보살의 행인 지혜행과 법행과 지혜로 따라 증득함을 알고, 뜻에 걸림없는 지혜로는 십지의 나누어진 위치의 뜻이 차별함을 알고, 말에 걸림없는 지혜로는 십지의 길이 차별없는 모양을 말하고, 말하기를 즐기는 데 걸림없는 지혜로는 낱낱 지의 그지없는 행의 모양을 말합니다.

또 법에 걸림없는 지혜로는 모든 여래께서 한 생각에 바른 깨달음을 이루고, 뜻에 걸림없는 지혜로는 여러 때와 여러 곳들이 각각 차별함을 알고, 말에 걸림없는 지혜로는 바른 깨달음을 이루는 차별을 말하고, 말하기를 즐기는 데 걸림없는 지혜로는 낱낱 글귀의 법을 한량없는 겁에 말해도 다하지 못합니다.

또 법에 걸림없는 지혜로는 일체 여래의 말씀과 힘과 두려울 것 없음과 함께하지 않는 부처님 법과 대자비와 변재와 방편과 법륜을 굴리는 온갖 지혜의 지혜로 따라 증득함을 알고, 뜻에 걸림없는 지혜로는 여래께서 팔만 사천 중생의 마음과 행과 근기와 이해를 따르는 차별한 음성을 알고, 말에 걸림없는 지혜로는 일체중생의 차별을 따라 여래의 음성으로써 차별하게 말하고, 말하기를 즐기는 데 걸림없는 지혜로는 중생의 믿음과 이해를 따라 여래의 지혜로써 청정한 행을 원만하게 말합니다.

보살이여, 제9지에 머물면 이러한 공교하고 걸림없는 지혜를 얻으며, 여래의 미묘한 법장을 얻어서 큰 법사가 되며, 뜻 다라니와 법

다라니와 지혜 다라니와 광명이 비치는 다라니와 선한 지혜 다라니와 여러 재물 다라니와 위덕다라니와 걸림없는 문 다라니와 그지없는 다라니와 가지가지 이치 다라니와 아승기 다라니문을 얻어 모두 원만하고, 아승기의 공교한 음성과 변재의 문으로 법을 연설합니다. 보살은 아승기 다라니문을 얻어 한량없는 부처님 계신 곳에서 아승기 다라니문으로 바른 법을 들으며, 듣고는 잊어버리지 않고 한량없이 차별한 문으로 다른 이를 위해 연설합니다. 이 보살은 처음 부처님을 뵙고 머리를 조아려 예경하고, 부처님 계신 곳에서 한량없는 법문을 얻었습니다. 이 법문은 듣고 기억하는 성문들이 백천 겁 동안에도 들을 수 있는 것이 아닙니다.

보살이 다라니와 이러한 걸림없는 지혜를 얻고 법상에 앉아서 법을 말할 때에, 대천세계에 가득한 중생들에게 좋아하는 마음의 차별함을 따라서 연설했으니, 여러 부처님과 직위를 받은 보살들을 제하고는 다른 대중들은 그 위덕과 광명을 비길 이가 없습니다.

보살은 법상에 앉아서, 한 음성으로써 모든 대중이 다 알게 되며, 가지가지 음성으로써 모든 대중을 다 깨닫게 하며, 큰 광명을 놓아서 법문을 연설하도록 하며, 그 몸에 있는 털구멍마다 모두 법을 연설하도록 하며, 삼천대천세계에 있는 형상이 있거나 형상이 없는 물건들이 모두 법문하는 음성을 내게 하며, 한 말을 내어도 법계에 가득 퍼져서 여럿에게 알게 하며, 온갖 음성이 모두 법문의 소리가 되어 항상 머물고 없어지지 않게 하며, 모든 세계의 퉁소, 저, 종, 북과 노래와 모든 풍류 소리가 다 법문을 연설하도록 하며, 한 글자 가운데 온갖 법문 구절과 음성과 말의 차별한 것을 모두 구족케 하며, 마음으로 말할 수 없이 한량없는 세계의 땅, 물, 불, 바람 등 사대의 덩어리에 있는 티끌들마다 모두 말할 수 없는 법문을 연설하도록 하는데, 이렇게 생각하는 것이 모두 마음대로 됩니다.

보살이여, 삼천대천세계에 있는 모든 중생이 그 앞에 와서 제각기 한량없는 말로 질문하는데, 그 낱낱 질문이 각각 같지 않더라도, 보살이 한 생각 동안에 모두 듣고, 바로 한 음성으로 두루 해석해 그들의 마음을 따라서 제각기 환희케 합니다.

이와 같이 말할 수 없는 세계에 있는 중생들이 한 찰나 동안에 낱낱이 한량없는 말과 음성으로 질문하는데, 낱낱 질문이 각각 같지 않더라도, 보살이 한 생각 동안에 모두 듣고, 또한 한 음성으로 두루 해석해 그들의 마음을 따라서 제각기 환희케 하며, 수없이 많은 세계에 있는 중생들을, 모두 그 마음을 따르고 근성을 따르고 지혜를 따라서 법을 말하며, 부처님의 신통력을 받들고 불사를 널리 지어 일체중생의 의지할 바가 됩니다.

보살이여, 다시 정진해 밝은 지혜를 성취합니다. 한 털 끝만한 곳에 말할 수 없는 세계의 티끌 수 같이 많은 부처님의 대중들이 모였고, 대중들이 모인 데마다 말할 수 없는 세계의 티끌 수 같이 많은 중생이 있고, 낱낱 중생마다 말할 수 없는 세계의 티끌 수 같은 근성과 욕망이 있는데, 부처님들이 그들의 근성과 욕망을 따라서 각각 법문을 일러 주면 한 터럭 끝만한 곳에서와 같이, 일체 법계처마다 모두 그러하며, 이와 같이 열설하신 한량없는 법문을, 보살이 한 생각에 모두 듣고 기억해 잊지 않습니다.

(26-9-5) 선혜지의 공과를 밝히다

보살이여, 제9지에 머물러서는, 밤낮으로 부지런히 정근하고 다른 생각이 없으며, 부처님 경지에 들어가서 여래를 친근하며, 보살들의 매우 깊은 해탈에 들어가서 항상 삼매에 있으면서 여러 부처님을 뵙고 잠시도 떠나지 않습니다. 낱낱 겁마다 한량없는 부처님과 나유타 부처님을 뵙고 공경하고 존중하고 받들어 섬기고 공양하며, 여러 부처님 계신 곳에서 가지가지로 질문해 설법 다라니를 얻어 그러한 선근이 점점 더 밝고 깨끗해집니다.

마치 공교한 진금으로 보배관을 만들어 전륜성왕의 머리에 장엄하면 사천하 안에 있는 모든 왕과 신하들의 장엄은 그와 같을 수 없는 것처럼 제9지 보살의 선근도 그와 같아서 일체 성문이나 벽지불이나 아래 지위에 있는 보살들이 가진 선근으로는 같을 수가 없습니다.

보살이여, 하늘세계 가운데 있는 깊고 먼 곳을 모두 비추어서 어둠을 없애는 것처럼 이 지위의 보살의 선근도 그와 같아서 광명을 내어 중생의 마음에 비추어 번뇌의 어둠을 모두 없어지게 합니다. 이 보살은 십바라밀 중에서는 역바라밀이 가장 수승하며, 다른 바라밀을 닦지만 힘을 따르고 분한을 따를 뿐입니다.

보살이여, 이것이 보살의 제9 선혜지를 간략히 말한 것입니다. 자세히 말하려면 한량없는 겁에도 다 말할 수 없습니다.

보살이여, 이 지위에 머물러서는 하늘세계의 임금인 대범천왕이 되어 잘 통치하며 자유롭게 이익하고, 성문과 연각과 보살들을 위해 바라밀행을 분별해 연설하며, 중생의 마음을 따라 질문해도 굽힐 수 없습니다. 보시하고 좋은 말을 하고 이익한 행으로 일을 함께하며, 이렇게 여러 가지 짓는 업이 모두 부처님 생각함을 떠나지 않으며, 온갖 지혜를 생각함을 떠나지 않습니다.

또 '내가 모든 중생 가운데 머리가 되고 나은 이가 되며, 온갖 깊은 지혜로 의지함이 될 것입니다'라고 생각합니다.

이 보살이 부지런히 정진하면 잠깐 동안에 아승기 국토의 티끌 수 같이 많은 삼매를 얻으며, 아승기 국토의 티끌 수 같이 많은 보살을 나투어 권속으로 삼으며, 보살의 수승한 원력으로 자유롭게 나타내면 나유타겁 동안 말해도 다 말할 수 없습니다.

(26-10) 법운지
(26-10-1) 수행방편을 모두 갖추다
그때 금강장보살이 해탈월보살에게 말했다.

"보살이여, 초지로부터 제9지에 이르면서, 이렇게 한량없는 지혜로 관찰해 깨닫고 생각해 닦으며, 백법을 만족하고 도를 돕는 법을 모으며, 복덕과 지혜를 증장하고 가엾이 여기는 마음을 널리 행해, 세계의 차별함을 알며, 중생세계의 숲에 들어가며, 여래께서 행하시는 곳에 들어가며, 여래의 적멸한 행을 따라 순종하며, 여래의 힘과 두려움 없음과 함께하지 않는 부처님 법을 항상 관찰하며, 갖가지 지혜와 온갖 지혜의 지혜를 얻은 직책을 받는 지위입니다.

(26-10-2) 삼매를 얻다
보살이여, 이러한 지혜로 직책을 받는 지위에 들어가서는 보살의 때를 여의는 삼매와, 법계의 차별한 삼매와 도량을 장엄하는 삼매와 온갖 종류의 화광삼매와 해장삼매와 해인삼매와 허공이 넓고 큰 삼매와 모든 법의 제 성품을 관찰하는 삼매와 일체중생의 마음과 행동을 아는 삼매와 모든 부처님이 앞에 나타나는 삼매에 들어갑니다. 아승기 삼매가 모두 앞에 나타납니다. 보살은 이 모든 삼매에 들어가고 일어날 적에 선교함을 얻으며, 모든 삼매의 짓는 일이 차별함도 알며, 이 마지막 삼매를 온갖 지혜와 수승한 직책을 받는 지위라 합니다.

(26-10-3) 십지위의 모든 것을 갖추다

이 삼매가 앞에 나타날 때에 넓고 커서 삼천대천세계와 같은 보배 연꽃이 홀연히 솟아나는데 여러 가지 묘한 보배로 사이사이 장엄했습니다. 일체 세간의 경계를 초월해 출세간의 선근으로 생겼으며, 모든 법이 요술과 같은 성품인 줄을 아는 여러 행으로 이룬 것이며, 항상 광명을 놓아 법계에 두루 비칩니다. 비유리 마니보배로 줄기가 되고 전단으로 꽃판이 되고 마뇌로 꽃술이 되고 염부단금으로 잎이 되었는데, 언제나 한량없는 광명이 있고, 여러 보배로 연밥이 되고 보배 그물로 덮였으니, 삼천대천세계의 티끌처럼 많은 연꽃으로 권속이 되었습니다. 그때 보살이 이 꽃자리에 앉으니, 몸의 크기가 잘 어울리고, 한량없는 보살로 권속이 되었는데, 각각 다른 연꽃 위에 앉아서 둘러쌌으며, 제각기 삼매를 얻고, 보살을 향해 일심으로 우러러보고 있었습니다.

보살이여, 이 보살과 권속들이 꽃자리에 앉았을 적에 놓는 광명과 말과 음성이 시방 법계에 두루 가득해 모든 세계가 한꺼번에 진동해, 나쁜 갈래는 고통이 쉬고 국토가 깨끗해져서 함께 수행하는 보살이 모두 와서 모였으며, 인간과 천상의 풍류에서 한꺼번에 소리를 내니 모든 중생이 안락함을 얻었고, 부사의한 공양거리로 부처님께 공양하니, 부처님의 대중들이 다 나타났습니다.

(26-10-4) 열 가지의 광명을 보이다

보살이여, 큰 연꽃 자리에 앉았을 때에, 두 발바닥으로 아승기 광명을 놓으니 시방의 여러 지옥에 비추어 지옥 중생들의 고통을 멸하며, 두 무릎으로 아승기 광명을 놓으니 시방의 여러 축생 갈래에 비추어 축생들의 고통을 멸하며, 배꼽으로 아승기 광명을 놓으니 시방의 염라왕 세계에 비치어 중생들의 고통을 멸하며, 좌우의 옆구리로 아승기 광명을 놓으니 시방의 모든 인간에게 비치어 중생들의 고통을 멸하며, 두 손바닥으로 아승기 광명을 놓으니 시방의 모든 천상과 아수라들의 궁정에 비추며, 두 어깨로 아승기 광명을 놓으니 시방의 모든 성문에게 비추며, 목덜미로 아승기 광명을 놓으니 시방의 벽지불들의 몸에 비추었습니다. 입으로 아승기 광명을 놓으니 시방의 처음으로 발심한 보살과 구지 보살의 몸에 비추며, 두 눈썹 사이로 아승기 광명을 놓으니 시방에서 지위를 받은 보살들에게 비추어 마군의 궁전들을 나타나지 못하게 했습니다.

정수리로 아승기 삼천대천세계 티끌수 같은 광명을 놓으니 시방 일체 세계에 있는 모든 부처님의 도량에 모인 대중에게 비치어 오른쪽으로 열 바퀴를 돌고는 허공에 머물러서 광명 그물이 되었으니 이름이 광명이 치성한 치연광명입니다. 여러 가지 공양거리를 내어 부처님께 공양하니, 보살들이 처음 발심한 때로부터 9지에 이르기까지 공양은 이 공양에 비하면 백분의 일에도 미치지 못합니다. 그 광명 그물이 시방의 모든 부처님의 대중들이 모인 데 두루해, 여러 가지 묘한 향과 꽃타래와 의복과 당기와 번기와 보배 일산과 여러 가지 마니의 장엄거리를 비내려 모든 세간의 경계를 초월했으며, 중생들이 이것을 보고 알면 위없는 바른 깨달음에서 물러나지 않습니다.

보살이여, 이 큰 광명이 이렇게 공양하는 일을 마치고는 다시 시방의 모든 세계에 있는 부처님의 도량마다 모인 대중들을 열 바퀴를 돌고, 여러 여래의 발바닥으로 들어갔습니다. 그때 부처님과 보살들이 어떤 세계의 어떤 보살이 이런 광대한 행을 행하고 직책을 받는 지위에 이른 줄을 알았습니다. 보살이여, 이때 시방에 있던 한량없는 보살과, 제9지의 보살들까지 모두 와서 둘러싸고 공경하며 한결같은 마음으로 관찰했으며, 그 보살들이 각각 십천 삼매를 얻었습니다.

이때 시방에 있는 직책을 받은 보살들이 모두 가슴에 있는 금강으로 장엄한 공덕 모양에서 광명을 놓으니 이름이 마군과 원수를 파괴한 능괴마원입니다. 아승기 광명으로 권속을 삼고 시방을 두루 비추어 한량없는 신통 변화를 나타내고, 이런 일을 마치고는 보살들의 가슴에 있는 금강으로 장엄한 공덕 모양으로 들어갔으며, 그 광명이 들어간 후에는 이 보살들의 지혜가 세력을 더해 백천 곱절을 지났습니다.

(26-10-5) 지위를 얻다

그때 시방의 모든 부처님의 양미간으로부터 청정한 광명이 나오니 이름이 온갖 지혜와 신통을 더한 증익일체지신통입니다. 무수한 광명으로 권속을 삼아 시방의 일체 세계에 비추면서 오른쪽으로 열 바퀴를 돌고, 여래의 광대하게 자재함을 나타내며, 나유타 보살을 깨우치고, 부처님 세계를 두루 진동해, 나쁜 갈래의 고통을 없애고, 마군의 궁전을 가리며, 부처님들께서 보리를 얻으신 도량에 있는 대중들의 장엄한 위덕을 보였습니다. 이와 같이 온 허공과 법계에 가득한 모든 세계를 두루 비추고는 이 보살들의 회상에 돌아와서 오른쪽으로 두루 돌면서 가지가지로 장엄한 일을 나타냈습니다.

이런 일을 나타내고는 큰 보살의 정수리로 들어가니, 그 권속 광명들도 보살들의 정수리로 들어갔습니다. 그래서 보살들이 전에 얻지 못했던 직책을 받는 지위를 얻는 위이득수직지위라는 삼매를 얻었으며, 부처님의 경계에 들어가서 열 가지 힘을 구족하고 부처님들 속에 있었습니다.

(26-10-6) 비유를 들어 보이다

보살이여, 전륜성왕이 낳은 태자는 어머니가 왕후며, 몸매가 구족한데, 전륜왕이 태자를 흰 코끼리 등에 마련한 황금자리에 앉게 하고, 그물로 된 휘장을 두르고 당기와 번기를 세우고 향을 사르고 꽃을 뿌리고 음악을 연주하며, 황금병으로 사해의 물을 길어다가 왕이 손수 병을 들고 태자의 정수리에 부으면, 이것을 '왕의 직책을 받는 지위'라 해, 머리에 물을 부은 찰제리왕의 축에 들게 되며, 열 가지 착한 도를 행해 전륜성왕이란 이름을 얻는 것과 같습니다. 보살이 직책을 받는 것도 그와 같아서 부처님의 지혜물을 정수리에 부으므로 직책을 받는다 하며, 여래의 열 가지 힘을 구족했으므로 부처님들 속에 있게 됩니다.

(26-10-7) 법운지에 머물다

보살이여, 이것을 보살이 '큰 지혜의 직책'을 받았다 하며, 보살이 이 지혜의 직책을 받으므로, 나유타나 되는 행하기 어려운 행을 행하며, 한량없는 지혜 공덕을 증장하니, 이를 법운지에 머뭅니다 합니다.

(26-10-8) 지혜의 광대함을 설하다

보살이여, 법운지에 머물면, 사실대로 욕심세계의 모임과 형상세계의 모임과 형상 없는 세계의 모임과 세계의 모임과 법계의 모임과 함이 있는 세계의 모임과 함이 없는 세계의 모임과 중생계의 모임과 인식계의 모임과 열반계의 모임을 압니다. 이 보살이 사실대로 모든 소견과 번뇌 행의 모임을 알며, 세계가 이루어지고 소멸하는 모임을 알며, 성문 행의 모임과 벽지불 행의 모임과 보살행의 모임을 압니다. 여래의 힘과 두려움 없음과 형상의 몸인 색신과 법의 몸인 법신의 모임과, 갖가지 지혜와 온갖 지혜의 지혜 모임과, 보리를 얻어 법륜 굴림을 보이는 것의 모임과, 온갖 법에 들어가 분별하고 결정하는 지혜의 모임을 알며, 온갖 지혜로써 온갖 모임을 앎니다.

보살이여, 상상품의 깨달은 지혜로써, 중생의 업의 변화함과 번뇌와 여러 소견과 세계와 법계와 성문과 벽지불과 보살과 여래와 일체 분별있고 분별없는 변화함을 사실대로 알며, 이런 것을 다 사실대로 앎니다.

또 부처님의 가지와 법과 승과 업과 번뇌와 시절과 원력과 공양과 행과 겁과 지혜의 가지를 사실대로 알며, 이런 것을 다 사실대로 앎니다.

또 부처님 여래의 미세한 데 들어가는 지혜를 사실대로 앎니다. 수행함에 대한, 지혜와 목숨을 마침에 대한, 태어남에 대한, 집 떠남에 대한, 신통을 나타냄에 대한, 바른 깨달음을 이룸에 대한, 법륜 굴림에 대한, 목숨을 유지함에 대한, 열반에 듦에 대한, 교법이 세상에 머묾에 대한 미세한 지혜에 대해 다 사실대로 앎니다.

또 여래의 비밀한 곳에 들어갑니다. 몸과 말과 마음과 때와 때 아님의 생각과 보살에게 수기함과 중생을 거두어줌과 가지가지 승과 일체중생의 근성과 행의 차별함과 업으로 지음과 보리를 얻는 행의 비밀에 대해 다 사실대로 앎니다.

또 부처님들께서 겁에 들어가는 지혜를 압니다. 한 겁이 아승기겁에 들어가고 아승기겁이 한 겁에 들어감과, 몇 겁이 수없는 겁에 들어가고 수 없는 겁이 몇 겁에 들어감과, 한 찰나가 겁에 들어가고 겁이 한 찰나에 들어감과, 겁이 겁 아닌 데 들어가고 겁 아닌 것이 겁에 들어감과, 부처님 있는 겁이 부처님 없는 겁에 들어가고 부처님 없는 겁이 부처님 있는 겁에 들어감과, 과거 겁과 미래 겁이 현재 겁에 들어가고 현재 겁이 과거 겁과 미래 겁에 들어감과, 오랜 겁이 짧은 겁에 들어가고 짧은 겁이 오랜 겁에 들어감에 대해 다 사실대로 압니다.

또 여래께서 들어가는 지혜를 압니다. 터럭같은 범부에 들어가는 지혜와 작은 티끌에 들어가는 지혜와 국토의 몸으로 바로 깨닫는 데 들어가는 지혜와 중생의 몸으로 바로 깨닫는 데 들어가는 지혜와 중생의 마음으로 바로 깨닫는 데 들어가는 지혜와 중생의 행으로 바로 깨닫는 데 들어가는 지혜와 온갖 곳을 따라서 바로 깨닫는 데 들어가는 지혜와 두루 행함을 보이는 데 들어가는 지혜와 수순하는 행을 보이는 데 들어가는 지혜와 거슬리는 행을 보이는 데 들어가는 지혜와 헤아릴 수 있고 헤아릴 수 없는 세간을 알고 알지 못하는 행을 보이는 데 들어가는 지혜와 성문의 지혜, 벽지불의 지혜, 보살의 행, 여래의 행을 보이는 데 들어가는 지혜입니다.

보살이여, 모든 부처님의 지혜가 광대하고 한량이 없으며 이 지위의 보살은 들어갑니다.

(26-10-9) 모든 해탈을 다 얻다

보살이여, 이 지위에 머물러서는, 보살의 부사의한 해탈과 걸림없는 해탈과 깨끗하게 관찰하는 해탈과 두루 밝게 비치는 해탈과 여래장 해탈과 따라 순종해 걸림없는 바퀴 해탈과 삼세를 통달하는 해탈과 법계장 해탈과 해탈한 광명의 바퀴 해탈과 남음 없는 경계의 해탈이 니, 이 열 가지를 으뜸으로 해 아승기 해탈문이 있는데, 모두 이 제 10지에서 얻으며, 이와 같이 내지 한향없는 아승기 삼매문과 다라니 문과 신통문을 모두 성취합니다.

(26-10-10) 법운지의 이름을 해석하다

보살이여, 이러한 지혜를 통달하고는 한량없는 보리를 따라서 공교 하게 생각하는 힘을 성취했으므로 시방의 한량없는 부처님들이 가 지신 한량없는 큰 법의 광명과 비침과 잠깐 동안에 모두 견디고 받 고 거두고 유지합니다.

비유하면 사가라용왕이 내리는 큰 비를, 바다를 제하고는 어떠한 곳 에서도 견디지 못하며 받지 못하며 거두지 못하며 유지하지 못하듯 이, 여래의 비밀한 법장인 법의 광명과 비침과 비도 그와 같아서, 제 10지 보살을 제하고는 다른 모든 중생이나 성문이나 독각이나 제9 지 보살들도 견디지 못하며 받지 못하며 거두지 못하며 유지하지 못 합니다.

보살이여, 큰 바다는 한 용왕이 내리는 큰 비를 견디고 받고 거두고 유지하며, 한량없는 용왕의 비가 잠깐 동안에 한꺼번에 내리더라도 다 견디고 받고 거두고 유지하는 것은 한량없고 크고 넓은 그릇인 까닭에 가능한 것입니다. 법운지에 있는 보살도 그와 같아서 한 부처님의 법의 광명과 비침과 비를 견디고 받고 거두고 유지하며, 한량없는 부처님께서 잠깐 동안 한꺼번에 연설하시더라도 또한 이와 같습니다. 그러므로 이 지를 법운이라 이름합니다."

해탈월보살이 금강장보살에게 물었다.

"보살이시여, 이 지위의 보살이 한 찰나 동안 몇 여래의 처소에서 법의 광명과 비침과 비를 견디고 받고 거두고 유지합니까?"

"보살이여, 산수로는 알 수 없으니, 비유를 말하겠습니다. 보살이여, 비유컨대 시방에 각각 열 배의 나유타 부처 세계의 티끌 수 세계가 있고, 그 세계 가운데 있는 낱낱 중생이 모두 듣고 지니는 다라니를 얻고 부처님의 시자가 되어 성문 대중 중에 많이 듣기로 제일인 금강연화상부처님 회상의 대승비구와 같이, 한 중생이 받은 법을 다른 이는 다시 받지 않습니다 하면, 이 중생의 받은 법이 한량이 있겠습니까, 한량이 없겠습니까?"

해탈월보살이 말했다.

"그 수효가 매우 많아서 한량없습니다."

금강장보살이 말했다.

"보살이여, 이 법운지 보살이 한 부처님 계신 곳에서 한 찰나 동안에 견디고 받고 거두고 유지한 법의 광명과 비침과 비가 삼세의 부처님 법장을 앞에 말한 그러한 세계의 일체중생이 듣고 지닌 법으로는 백분의 일에도 미치지 못합니다. 한 부처님 계신 곳에서와 같이, 한량없는 부처님이 계신 곳에 그 낱낱 여래의 처소에 있는 법의 광명과 비침과 비인 삼세의 부처님 법장을 모두 다 견디고 받고 거두고 유지합니다. 그러므로 이 지위를 법운지라 합니다.

보살이여, 이 지위의 보살은 자기의 원력으로 크게 자비한 구름을 일으키고 큰 법의 우레를 진동하며 육통과 삼명과 두려움 없음으로 번개가 되고 복덕과 지혜는 빽빽한 구름이 되며, 여러 가지 몸을 나타내어 가고 오며 두루 돌아다니면서, 잠깐 동안에 시방으로 나유타 세계의 티끌 수 국토에 두루해 큰 법문을 연설해 마군과 원수들을 꺾어 굴복하며, 이보다 더 지나서 나유타 세계의 티끌 수 국토에서 중생들의 좋아하는 마음을 따라서 단이슬비를 내려 일체 번뇌의 불을 멸합니다. 그러므로 이 지위를 법운지라 합니다.

보살이여, 이 지위의 보살은 도솔천에서 내려오며, 열반에 들도록 제도를 받을 중생들의 마음을 따라서 불사를 나타내며, 나유타 세계의 티끌 수 국토에서도 그와 같이 합니다. 그러므로 이 지를 법운지라 합니다.

(26-10-11) 신통에 대해 밝히다

보살이여, 이 지위의 보살은 지혜가 밝게 통달하고 신통이 자재하므로 그 생각을 따라서 좁은 세계를 넓은 세계로 넓은 세계를 좁은 세계로 만들며, 더러운 세계를 깨끗한 세계로 깨끗한 세계를 더러운 세계로 만들며, 어지럽게 있고 차례대로 있고 거꾸로 있고 바로 있는 이렇게 한량없는 세계를 다 서로 만듭니다. 생각을 따라서 한 티끌 속에 한 세계의 수미산과 모든 산과 강을 넣더라도 티끌의 모양이 본래와 같고, 세계도 줄어들지 않습니다. 또 가장 작은 한 티끌 속에, 한량없는 세계의 수미산과 모든 산과 강을 넣더라도, 저 작은 티끌 모양이 본래와 같고 그 속에 있는 세계도 분명히 나타납니다.

생각을 따라서 한 세계의 장엄을 나타내기도 하고, 한 세계의 장엄 가운데 한량없는 세계를 나타내기도 하며, 생각을 따라서 말할 수

없는 세계에 있는 중생들을 한 세계에 두기도 하고, 세계에 있는 중생들을 말할 수 없는 세계에 두더라도 그 중생들에게는 시끄럽거나 해로움이 없습니다.

생각을 따라서 한 털구멍에 모든 부처님 경계와 장엄한 일을 나타내기도 하며, 혹은 생각을 따라서 한 생각 동안에 말할 수 없는 세계의 티끌 수 몸을 나타내고, 낱낱 몸마다 티끌 수 손을 나타내고, 낱낱 손마다 항하의 모래 수 같은 꽃바구니, 향상자, 화만, 일산, 당기, 번기를 들고 시방으로 돌아다니면서 부처님께 공양하며, 또 낱낱 몸마다 티끌 수 머리를 나타내고, 낱낱 머리에 저러한 티끌 수 혀를 나타내어 찰나 동안에 시방으로 다니면서 부처님의 공덕을 찬탄합니다.

생각을 따라서 잠깐 동안에 시방에 두루해 바른 깨달음을 이루며, 열반에 드는 일과 국토를 장엄하는 일을 보이기도 하고, 그 몸이 삼세에 두루함을 나타내는데, 몸 가운데 한량없는 부처님과 부처님 국토의 장엄한 일이 있기도 하고, 세계가 성취하고 파괴하는 일을 나타내며, 혹은 자신의 한 털구멍에서 온갖 바람을 내지만 중생에게는 시끄럽지 않습니다.

생각을 따라서 그지없는 세계로 바다를 만들고, 그 바다 가운데에 큰 연꽃이 나타나는데, 광명이 훌륭해 한량없고 그지없는 세계를 두루 덮으며, 그 가운데 큰 보리수와 장엄하는 것을 보이기도 하고, 갖가지 지혜를 성취함을 보이기도 합니다. 그 몸을 시방세계에 나타내는데, 온갖 광명과 마니구슬과 해와 달과 별과 구름과 번개의 빛이 모두 나타나며, 입으로 바람을 토하며 시방의 한량없는 세계를 흔들지마는 중생들을 놀라지 않게 하며, 시방에 풍재와 화재와 수재를 나타냅니다.

중생의 마음을 따라서 형상 몸을 나타내는데 장엄이 구족하며, 자기의 몸에 부처님 몸을 나타내고, 부처님 몸에 자기의 몸을 나타내며, 부처님 몸에 자기의 국토를 나타내고, 자기의 국토에 부처님 몸을 나타냅니다. 보살이여, 법운지 보살은 이러한 신통과 나유타의 자유로운 신통을 나타냅니다."

그때 회중에 있는 보살들과 하늘과 용과 야차와 건달바와 아수라와, 세상을 보호하는 사천왕과 제석환인과 범천왕과, 정거천과 마혜수라의 여러 천자들이 이렇게 생각했다.

"보살의 신통과 지혜의 힘이 이러하면 부처님은 어떠하시겠는가?"

이때 해탈월보살이 여러 모인 대중의 생각을 알고 금강장보살에게 말했다.

"보살이시여, 이 대중이 보살의 신통과 지혜의 힘을 듣고 의심하는 마음이 일어났습니다. 거룩하고 어진이시여. 저들의 의심을 풀기 위해 보살의 신통한 힘과 장엄하는 일을 조금만 나타내주시기 바랍니다."

이때 금강장보살이 일체 부처님 국토의 자체 성품인 체성삼매에 들었다. 이 삼매에 들었을 적에 여러 보살과 모든 대중이, 자기의 몸이 금강장보살의 몸속에 있음을 보았으며, 그 속에서 삼천대천세계에 있는 가지가지 장엄한 일을 보았다. 그 가운데서 보리수는 밑둥이 삼천대천세계가 되고 높이는 백만 삼천대천세계가 되며, 가지와 잎으로 덮인 것도 그와 같으며, 나무의 형체에 알맞게 사자좌가 있고, 일체지통왕부처님 계셨다. 모든 대중이 보니 부처님께서 보리수 아래 있는 사자좌에 앉으셨는데, 보배로 꾸미고 장엄한 것은 억 겁을 두고 말해도 다할 수 없다.

금강장보살이 이렇게 신통을 나타내고는, 모인 대중에게 각각 제 자리에 있게 했습니다. 그때 대중이 전에 없던 일을 보고 이상한 생각을 가지고 잠자코 있으면서 금강장보살을 일심으로 우러러보았다.

그때 해탈월보살이 금강장보살에게 말했다.

"보살이시여, 지금 드신 삼매는 매우 희유하고 큰 세력이 있는데, 이름이 무엇입니까?"

"그 삼매는 '체성삼매'입니다."

"이 삼매의 경계는 어떠합니까?"

"보살이여, 이 삼매를 닦으면 생각하는 대로 자기의 몸에 항하사 세계의 티끌 수 부처님 세계를 나타내며, 그것을 지나서 한량이 없고 끝이 없습니다.

보살이여, 보살이 법운지에 머물러서는 이렇게 한량없는 삼매를 얻었으므로, 이 보살의 몸과 몸으로 짓는 업을 헤아릴 수 없으며, 말과 말로 짓는 업과, 뜻과 뜻으로 짓는 업이 신통하고 자유로워 삼세를 관찰하는 삼매의 경계와 지혜의 경계와 모든 해탈문에 유희하는 일과 변화로 짓는 일과 신력으로 짓는 일과 광명으로 짓는 일 등 한량없이 많습니다. 이러한 경계는 법왕자로서 선혜지에 머무른 보살도 알지 못합니다.

보살이여, 법운지 보살의 가진 경계를 간략히 말해 이렇습니다. 자세히 말한다면 아승기겁 동안에도 다 말할 수 없습니다."

"보살이시여, 만일 보살의 신통한 경계가 이러하면, 부처님의 신통한 힘은 어떠하겠습니까?"

"보살이여, 어떤 사람이 사천하에서 한 덩이 흙을 들고 말하기를 '이 흙이 많은가? 끝이 없는 세계의 흙이 많겠는가?' 하고 묻습니다. 그대가 묻는 것도 그와 같아서 여래의 지혜는 끝이 없는데, 어떻게 보살의 지혜와 견주어 말하겠습니까?"

또 보살이여, 사천하에서 한 덩이 흙을 든 것보다는 나머지 흙이 한량없이 많은 것과 같이 법운지의 신통과 지혜를 한량없는 겁 동안에 말한 것과 이와 같으니, 여래의 신통은 어떠하겠습니까?

보살이여, 어떻게 다른 일을 가지고 증명해 여래의 경계를 알게 하겠습니다.

보살이여, 가령 시방의 낱낱 방위에 각각 그지없는 세계의 티끌 수 같은 많은 부처님의 국토가 있고, 낱낱 국토마다 이 지위의 보살과 같은 이들이 가득해 사탕수수, 대, 갈대, 벼, 삼대, 숲같이 많고, 여러 보살이 나유타 겁에 보살의 행을 닦아서 생긴 지혜를 한 부처님 지혜의 경계와 비교합니다면 백분의 일에도 미치지 못합니다.

보살이여, 이런 지혜에 머물고는, 여래의 몸의 업, 말의 업, 뜻의 업과 다르지도 않고, 보살의 여러 삼매의 힘을 버리지도 않으면서, 수없는 겁 동안에 모든 부처님을 받들어 섬기며 공양올립니다. 낱낱 겁마다 갖가지 공양거리로 공양했고, 모든 부처님의 신통의 힘으로 가피해 지혜의 광명이 더욱 증장하고 훌륭했으며, 온 법계에서 묻는 질문을 잘 해석해 백천억 겁에도 굴복할 이가 없습니다.

보살이여, 은장이가 상품의 진금으로 몸에 장엄할 거리를 만들고 마니보배로 사이사이 장식한 것을 자재천왕이 몸에 장식하면, 다른 천인들의 장엄거리로는 미칠 수 없는 것과 같습니다. 이 지위의 보살도 그와 같아서 초지로부터 제9지에 이르는 모든 보살의 지혜와 행으로는 미칠 수 없습니다.

이 지위의 보살의 지혜 광명은 중생들이 온갖 지혜에 들어가게 하며 다른 지혜의 광명으로는 이와 같을 수 없습니다. 보살이여, 마혜수라천왕의 광명은 중생들의 몸과 마음을 청량하게 하는 것으로 모든 광명으로는 미칠 수 없는 것처럼, 이 지위의 보살의 지혜광명도 그와 같아서 중생들이 서늘함을 얻게 하며, 온갖 지혜에 머물게 합니다. 성문이나 벽지불이나 제9지 보살의 지혜광명으로는 미치지 못합니다.

(26-10-12) 십지의 공과

보살이여, 이러한 지혜에 편안히 머물렀는데, 여러 부처님 세존께서 다시 그에게 삼세의 지혜, 법계의 차별한 지혜, 일체 세계에 두루 하는 지혜, 일체 세계를 비추는 지혜, 일체중생을 인자하게 생각하는 지혜를 말해, 온갖 지혜의 지혜를 얻도록 합니다. 이 보살은 십바라밀 중에서는 지혜바라밀이 가장 승한데, 다른 바라밀도 닦지 않는 것은 아닙니다.

보살이여, 이것이 보살의 제십 법운지를 간략하게 말한 것입니다. 자세히 말하면 아승기겁 동안에도 다 말할 수 없습니다.

보살이여, 이 지위에 머물러서는 마혜수라천왕이 되어 법에 자재하며, 중생들에게 성문이나 독각이나 모든 보살의 바라밀 행을 주며, 법계 가운데 있는 질문으로는 굽힐 이가 없습니다. 보시하고 좋은 말을 하고 이익되는 행으로 일을 함께하며, 여러 가지 짓는 업이 모두 부처님 생각함을 떠나지 않으며, 온갖 지혜를 구족하도록 생각함을 떠나지 않습니다. 또 '내가 모든 중생 가운데 머리가 되고 나은 이가 되며, 온갖 깊은 지혜로 의지함이 될 것이다'라고 생각합니다.

부지런히 정진하면 잠깐 동안에 나유타 부처 세계의 티끌 수 같은 삼매를 얻으며, 티끌 수 같은 보살을 나투어 권속을 삼습니다. 보살의 수승한 원력으로 자유롭게 나타내면 이보다 지나가며, 수행과 장엄과 믿고 이해함과 짓는 것과 몸과 말과 광명과 여러 근과 신통 변화와 음성과 행하는 곳을 나유타 겁을 헤아려도 알지 못할 것입니다.

보살이여, 열 가지 지위의 행상이 차례로 앞에 나타나서 온갖 지혜에 들어갑니다. 아뇩달못에서 네 줄기 큰 강이 흘러가는데, 그 강이 염부제에 두루 흘러도 다하지 않고 더욱 불어서 바다에까지 들어가서 가득 차게 하는 것과 같습니다.

보살도 보리심으로부터 선근과 큰 서원의 물이 흘러나와서 사섭법으로 중생에게 가득 차게 하지만 다하지 않고 더욱 불어서, 온갖 지혜의 바다에까지 들어가서 가득 차게 합니다.

보살이여, 보살의 열 가지 지위는 부처님의 지혜에 의지해 차별이 있는 것이, 마치 땅에 의지해 열 산이 있는 것과 같습니다. 설산, 향산, 비다리산, 선산, 유간다라산, 마이산, 니민다라산, 작갈라산, 계도말저산, 수미산입니다.

보살이여, 설산은 온갖 약초가 있어서 아무리 캐어도 다하지 않듯이, 보살이 머물러 있는 환희지도 그와 같아서 일체 세간의 경전과 예술과 글과 게송과 주문과 기술을 억 겁 동안 말해도 다할 수 없습니다.

보살이여, 향산은 온갖 향이 있어서 가져와도 다하지 않듯이, 보살이 머물러 있는 이구지도 그와 같아서 모든 보살의 계행과 위의를 억겁을 말해도 다할 수 없습니다.

보살이여, 비다리산은 순전한 보배로 이루었으며 온갖 보배가 거기 있어서 취해도 다하지 않듯이, 보살이 머물러 있는 발광지도 그와 같아서 모든 세간의 선정, 신통, 해탈, 삼매를 억겁을 말해도 다할 수 없습니다.

보살이여, 신선산은 순전한 보배로 되었고 오신통을 얻은 신선들이 거기 있어서 다함이 없듯이, 보살이 머물러 있는 염혜지도 온갖 도의 수승한 지혜를 억겁을 말해도 다할 수 없습니다.

보살이여, 유간다라산은 순전한 보배로 되었고 야차신들이 거기 있어서 다함이 없듯이, 보살이 머물러 있는 난승지도 일체 자재하고 뜻대로 되는 신통을 억겁을 말해도 다할 수 없습니다.

보살이여, 마이산은 순전한 보배로 이루었고 모든 과일이 거기 있어서 취해도 다하지 않듯이, 보살이 머물러 있는 현전지도 그와 같아서 연기의 이치에 들어가 성문과를 증하는 일을 억겁을 말해도 다할 수 없습니다.

보살이여, 니민다라산은 순전한 보배로 되었고 기운센 용신들이 거기 있어서 다함이 없듯이, 보살이 머물러 있는 원행지도 그와 같아서 방편 지혜로 연각의 과를 증하는 일을 억겁을 말해도 다할 수 없습니다. 마치 작갈라산은 순전한 보배로 되었고 여러 자재한 무리들이 거기 있어서 다함이 없듯이, 보살이 머물러 있는 부동지도 모든 보살의 자재한 행의 차별한 세계를 억겁을 말해도 다할 수 없습니다.

계도말저산은 순전한 보배로 되었고 큰 위덕 있는 아수라왕이 거기 있어서 다함이 없듯이, 보살이 머물러 있는 선혜지도 일체 세간의 나고 사라지는 지혜의 행을 억겁동안 말해도 다할 수 없습니다.

수미산은 순전한 보배로 되었고 큰 위덕 있는 하늘들이 거기 있어서 다함이 없듯이, 보살이 머물러 있는 법운지도 여래의 힘과 두려움 없음과 함께하지 않은 일체 부처님의 일을 묻고 대답기를 억 겁을 말해도 다할 수 없습니다.

보살이여, 열 가지 보배산이 다 같이 큰 바다에 있으면서 차별하게 이름을 얻듯이, 보살의 십지도 다같이 온갖 지혜의 가운데 있으면서 차별되게 이름을 얻은 것입니다.

보살이여, 바다는 열 가지 모양으로써 바다라는 이름을 얻어 고치거나 뺄 수 없는 것과 같습니다. 하나는 차례로 점점 깊어짐이며, 둘은 송장을 받아두지 않음이며, 셋은 다른 물이 그 가운데 들어가면 모두 본래의 이름을 잃음이며, 넷은 모두 다 한 맛이며, 다섯은 한량없는 보물이 있고, 여섯은 바닥까지 이를 수 없고, 일곱은 넓고 커서 한량이 없고, 여덟은 큰 짐승들이 사는 곳이며, 아홉은 조수가 기한을 어기지 않고, 열은 큰 비를 모두 받아도 넘치지 않습니다.

보살의 행도 그와 같아서 열 가지 모양으로써 보살의 행이라 이름해 고치거나 뺄 수 없습니다. 왜냐하면 환희지는 큰 서원을 내어 점점 깊어지는 까닭이며, 이구지는 모든 파계한 송장을 받지 않는 까닭이며, 발광지는 세간에서 붙인 이름을 여의는 까닭이며, 염혜지는 부처님의 공덕과 맛이 같은 까닭이며, 난승지는 한량없는 방편과 신통인 세간에서 만드는 보배들을 내는 까닭이며, 원행지는 넓고 큰 깨닫는 지혜를 잘 관찰하는 까닭이며, 부동지는 광대하게 장엄하는 일을 나타내는 까닭이며, 선혜지는 깊은 해탈을 얻고 세간으로 다니면서 사실대로 알아서 기한을 어기지 않는 까닭이며, 법운지는 모든 부처님 여래의 큰 법의 밝은 비를 받으면서 만족함이 없는 까닭입니다.

보살이여, 큰 마니 구슬은 열 가지 성질이 다른 보배보다 뛰어납니다. 하나는 바다에서 나왔고, 둘은 솜씨 좋은 장인이 다스렸고, 셋은 둥글고 만족해 흠이 없고, 넷은 청정해 때가 없고, 다섯은 안팎이 투명하게 밝고, 여섯은 교묘하게 구멍을 뚫었고, 일곱은 보배 실로 꿰었고, 여덟은 유리로 만든 당기 위에 달았고, 아홉은 가지가지 광명을 널리 놓고, 열은 왕의 뜻을 따라 모든 보물을 내며 중생들의 마음과 같이 소원을 만족케 합니다.

보살도 그와 같아서 열 가지가 여러 성인보다 뛰어납니다. 하나는 온갖 깊은 지혜를 얻으려는 마음을 냄이며, 둘은 계행을 가지어 두타의 행이 맑음이며, 셋은 선정과 삼매가 원만해 흠이 없고, 넷은 도행이 청백해 때를 여의었고, 다섯은 방편과 신통이 안팎으로 사무치게 밝고, 여섯은 연기의 지혜로 뚫었고, 일곱은 가지가지 방편과 지혜의 실로 꿰었고, 여덟은 자유로운 높은 당기 위에 두었고, 아홉은 중생의 행을 관찰해 듣고 가지는 광명을 놓고, 열은 부처님 지혜의 직책을 받아 부처님 가운데 들어가 중생을 위해 불사를 널리 지음입니다.

(26-10-13) 십지의 이익을 나타내다

보살이여, 갖가지 지혜와 온갖 지혜의 공덕을 모으는 보살행의 법문은 여러 중생이 선근을 심지 않고는 듣지 못하는 것입니다."

해탈월보살이 금강장보살에게 물었다.

"이 법문을 들으면 어떤 복을 얻겠습니까?"

"온갖 지혜로 모으는 복덕과 같이, 이 법문을 들은 복덕도 그와 같습니다. 왜냐하면 이 공덕의 법문을 듣지 못하면 믿고 이해하거나 받아 지니고 읽고 외우지도 못하는데, 어떻게 노력하고 말한 대로 수행하겠습니까. 그러므로 온갖 지혜의 공덕을 모으는 법문을 들어야 믿고 이해하고 받아 지니고 닦아 익힐 것이며, 온갖 지혜의 지위에 이를 수 있음을 알아야 합니다."

그때 부처님의 신력이며, 그러한 법이므로, 시방으로 각각 십억 부처 세계의 티끌 수 세계가 여섯 가지의 열여덟 모양으로 진동했다. 흔들흔들, 두루 흔들흔들, 온통 두루 흔들흔들, 들썩들썩, 두루 들썩들썩, 온통 두루 들썩들썩, 울쑥불쑥, 두루 울쑥불쑥, 온통 두루 울쑥불쑥, 우르르, 두루 우르르, 온통 두루 우르르, 와르릉·두루 와르릉, 온통 두루 와르릉, 와지끈, 두루 와지끈, 온통 두루 와지끈 하는 것이었다.

여러 하늘 꽃과 화만과 옷과 보배 장엄거리와 당기와 번기와 비단 일산을 내리며, 풍류를 연주하니, 소리가 화평하며 한꺼번에 소리를 내어 온갖 지혜의 지위에 있는 공덕을 찬탄했다. 이 세계의 타화자재천왕 궁전에서 이 법을 연설하는 것과 같이, 시방의 모든 세계에서도 모두 이와 같이 했다.

이때 다시 부처님의 신통력으로써 시방으로 각각 십억 부처 세계의 티끌 수 같은 세계 밖에 십억 부처 세계의 티끌 수 같은 보살들이 이 회상에 와서 이렇게 말했다.

"잘하셨습니다, 금강장이여. 이 법을 통쾌하게 말씀하셨습니다. 우리들은 다 같이 이름이 금강장이며, 살고 있는 세계가 각각 다르지만 이름이 다 같이 금강덕이며, 부처님 명호는 모두 금강당입니다. 우리도 우리의 세계에 있으면서 모두 부처님의 위신력을 받들고 이 법을 연설해, 모인 대중들도 모두 같고, 글자나 구절이나 뜻도 여기서 말하는 것과 같습니다. 모두 부처님의 신력으로써 이 모임에 와서 당신을 위해 증명합니다. 우리들이 지금 이 세계에 들어온 것처럼 시방의 모든 세계에서도 다 이와 같이 증명할 것입니다."

(26-10-14) 게송으로 십지를 다시 설하다

그때 금강장보살이 시방의 모든 대중이 모인 것이 법계에 두루함을 관찰하고 온갖 지혜를 얻으려는 마음을 찬탄하고, 보살의 경계를 나타내며, 보살의 수행하는 힘을 깨끗이 하고, 갖가지 지혜를 거두어 가지는 길을 말하고, 모든 세간의 때를 없애며, 온갖 지혜를 베풀어 주고, 부사의한 지혜의 장엄을 나타내 보이고, 모든 보살의 공덕을 드러내며, 이러한 지위의 뜻을 더욱 열어 보이게 하고자 부처님의 위신력을 받들어 게송으로 말했다.

그 마음 고요하고 항상 화평해 / 평등하고 걸림없기 허공 같으며
더러운 것 여의고 도에 머무니 / 이렇게 훌륭한 행을 들으십시오.

천억 겁 동안 착한 행 닦아/ 한량없고 끝이없는 부처님께 공양하고
성문과 연각도 역시 그러해/ 중생을 이익되게 하려고 마음 냅니다.

꾸준하고 계행 갖고 참고 유순해/ 부끄럼과 복과 지혜 다 구족하고
부처 지혜 구하려고 지혜 닦으며/ 열 가지 힘 얻고자 큰 마음 냅니다.

삼세의 부처님들 다 공양하고/ 갖가지 국토들을 깨끗이 장엄하며
모든 법 평등함을 알고/ 중생을 이익되게 하려고 환희지에 듭니다.

초지에 머물러서 이 마음 내고/ 나쁜 짓 아주 떠나 항상 기쁘며
원력으로 선한 법 널리 닦아서/ 어여삐 여김으로 이구지에 듭니다.

계행 다문 갖추고 중생을 생각하며/ 번뇌 씻으니 마음이 깨끗하고
세간에서 세 가지 불 관찰하며/ 마음을 열어 발광지에 듭니다.

세 가지 있는 곳이 모두 무상해/ 화살에 맞은 듯이 고통이 치성하며
유위법 떠나서 불법 구하려/ 큰 지혜 있는 이가 염혜지 듭니다.

지혜가 구족해 보리를 얻고/ 한량없는 백천의 부처님께 공양하며
가장 승한 공덕을 늘 관찰하면/ 이러한 보살이 난승지에 듭니다.

지혜와 모든 방편 잘 관찰하고/ 가지가지 나타내어 중생 구하며
위없는 십력 갖춘 부처님께 공양하면/ 생멸이 없는 현전지에 듭니다.

세상에서 모든 것 다 알고/ 나를 고집하지 않고 유무 떠나며
법의 성품 고요한데 인연 따르면/ 묘한 지혜 얻어 원행지에 듭니다.

지혜와 방편이며 광대한 마음으로/ 행하고 굴복하고 알기 어려워
적멸을 증하고도 항상 닦으면/ 허공 같은 부동지에 나아갑니다.

부처님 말씀 적멸한 데서 일어나/ 가지가지 지혜 업을 널리 닦아서
열 가지 자재 갖춰 세간을 관찰하며/ 묘한 방편으로 선혜지에 듭니다.

미묘한 지혜로써 중생 마음과/ 업과 번뇌 빽빽한 숲 다 관찰하고
그들을 교화하려 도에 나아가/ 부처님의 깊은 도리 연설합니다.

차례로 수행해 착한 일 구족하며/ 구지에서 복과 지혜 쌓아 모으고
부처님의 위없는 법 항상 구해/ 부처님 지혜 물을 머리에 붓습니다.

수없이 많은 삼매를 골고루 얻고/ 삼매의 짓는 업도 분명히 알아
삼매를 이루어 지위에 오르니/ 광대한 경계에 움직이지 않습니다.

보살이 이 삼매를 얻을 때에는/ 보배 연꽃 어느덧 앞에 나타나
연꽃 같이 큰 몸으로 위에 앉으니/ 보살들이 둘러 앉아 우러러봅니다.

찬란한 백억 줄기 큰 광명 놓아/ 중생의 모든 고통 없애버리고
정수리에 또다시 광명을 놓아/ 시방의 부처 회상에 두루 들어갑니다.

공중에서 광명 그물 모두 되어서/ 부처님께 공양하고 좇아 들어가
그때 부처님은 이 보살들이/ 직책 받는 지위에 오른 줄 압니다.

시방의 보살들이 와서 살피니/ 직책 받은 보살들 광명을 펴고
부처님 미간에서도 광명을 놓아/ 여기 와서 비추고는 정상에 듭니다.

시방의 세계들이 다 진동하고/ 모든 지옥 고통이 소멸되며
그때 부처님이 직책을 주어/ 전륜왕의 태자가 되듯 합니다.

정수리에 부처님이 물을 부으면/ 법운지에 올랐다 이름하니
지혜가 점점 늘어 끝이 없으며/ 모든 세간 중생을 깨우쳐 줍니다.

욕심세계 형상세계 무형세계와/ 법계와 모든 세계 중생세계들
셀 수 있고 없고 허공까지도/ 이런 것을 모두 다 통달합니다.

일체를 교화하는 위덕의 힘과/ 부처님이 가지한 미세한 지혜
비밀한 많은 겁과 범부들까지/ 모두 다 사실대로 관찰합니다.

태어나고 집을 떠나 바른 도 이뤄/ 법 바퀴 굴리며 열반에 들고
결국에 적멸하고 해탈하는 법/ 말하지 않은 것도 다 압니다.

보살이 법운지에 머물러서는/ 생각하는 힘 구족해 불법 갖추니
바다가 용의 비를 받듯이/ 이 지위에서 받는 법도 그러합니다.

시방에 한량없는 모든 중생/ 부처님 법 얻어 듣고 지녔거든
한 부처님 계신 곳에서 들은 불법도/ 저보다 지나가서 한량없습니다.

옛적의 지혜 서원 위신력으로/ 잠깐 동안에 시방세계 널리 퍼지며
단이슬 비내려서 번뇌를 소멸하며/ 경계가 이러해 법운지라 합니다.

신통을 나타내어 시방에 두루하며/ 인간·천상 경계를 뛰어났는데
이보다 지나는 한량없는 힘/ 세상 꾀로 생각하면 마음이 아득합니다.

발 한 번 드는 동안 지혜와 공덕은/ 선혜지 보살들도 알 수 없는데
하물며 모든 범부 중생이나/ 성문이나 벽지불이 어찌 알겠습니까.

이 지위의 보살들이 부처님 공양하며/ 시방의 모든 국토 두루 다니고
지금 있는 성인께도 공양해서/ 구족하게 부처님 공덕을 장엄합니다.

이 지위에 머물러선 다시 삼세에/ 걸림없는 법계 지혜 연설하며
중생과 국토들도 다 그러해/ 부처님의 모든 공덕에 이르게 됩니다.

이 지위에 있는 보살의 지혜 광명이/ 중생에게 바른 길 보여주니
자재천 광명이 세간 어둠 멸하듯이/ 이 광명도 어둠을 멸합니다.

이 지위에 머물러선 삼계왕 되어/ 삼승의 모든 법문 연설도 하고
잠깐 동안에 한량없는 삼매 얻으며/ 부처님 뵙는 것 이와 같습니다.

이 지위 공덕 대강 말했으며/ 전부를 말하자면 끝이 없으니
이런 지위는 부처님의 지혜 가운데/ 열 가지 산왕처럼 우뚝 솟습니다.

초지의 모든 예술 끝이 없어서/ 설산에 여러 약초 모이듯 하고
이지의 계율 다문 향산과 같고/ 삼지는 비다산에 묘한 꽃 핍니다.

염혜지는 도의 보배 다함이 없어/ 신선산에 어진 이들 머문 것 같고
5지의 자재 신통 유간산 같고/ 6지는 마이산에 과일이 많습니다.

7지의 큰 지혜는 니민다라산 같으며/ 8지의 자재함은 작갈라 같고
9지는 계도산에 걸림없듯이/ 10지는 수미처럼 모든 덕 구족합니다.

초지는 서원이며 2지는 계율/ 3지는 공덕이니 4지는 정진
5지는 미묘하고 6지는 깊고/ 7지는 넓은 지혜 8지는 장엄입니다.

9지에서는 미묘한 뜻을 헤아려/ 세간의 모든 길을 뛰어났으며
10지에선 부처님의 법을 받아서/ 이러한 수행 바다 마를 줄 모릅니다.

열 가지 행 뛰어나니 초지는 발심하며/ 계율은 2지며 선정은 3지이며
행은 4지며 5지는 성취이며/ 십이인연은 6지며 꿰는 건 7지입니다.

제8은 금강 당기 위에 두는 듯/ 9지는 빽빽한 숲 관찰하는 것
10지의 관정위는 왕의 뜻 따라/ 공덕 보배 점점 깨끗해집니다.

시방 국토 부수어 티끌된 것은/ 한 생각에 그 수효 알 수도 있고
털 끝으로 허공 재어 안다 해도/ 이 공덕은 다 말 못합니다.

36. 보현행품

(36-1) 중생의 근기에 따라서 여래의 경계를 설하다

부처님께서 마갈타국의 보리도량에서 정각을 이루시고 보광명전에서 연화장 사자좌에 앉으셨다.

그때 보현보살이 대중에게 말했다.

"보살들이여, 지난 때에 말한 것은 중생의 근기에 따라서 여래 경계를 말한 것입니다. 부처님 세존께서는 중생들이 지혜가 없어 나쁜 짓을 하고 '나가 있다' 내 것이다'라고 생각하며, 몸에 국집하고 뒤바뀌게 의혹하고 삿된 소견으로 분별을 내어 여러 가지 결박과 어울리며, 삶과 죽음의 고통이 따르고 여래의 도를 멀리하는 까닭으로 세상에 나오신 것입니다.

(36-2) 성내는 마음의 백만 가지 장애

보살들이여, 다른 보살에게 성내는 마음을 일으키는 것이 가장 큰 허물입니다. 왜냐 하면 보살이 다른 보살에게 성내는 마음을 일으키면 백만 가지의 장애되는 문을 이루게 되는 까닭입니다. 백만의 장애는 다음과 같습니다. 보리를 보지 못하는 장애, 바른 법을 듣지 못하는 장애, 부정한 세계에 나는 장애, 악취에 나는 장애, 여러 어려운 곳에 나는 장애, 병이 많은 장애, 비방을 받는 장애, 우둔하게 나는 장애, 바른 생각을 잃는 장애, 지혜가 모자라는 장애, 눈 장애, 귀 장애, 코 장애, 혀 장애, 몸 장애, 뜻 장애, 악지식 장애, 나쁜 친구

장애, 편협한 법 익히기를 좋아하는 장애, 용렬한 이를 친근하는 장애, 큰 위력 있는 이를 믿지 않는 장애, 바른 소견 없는 사람과 함께 있기를 좋아하는 장애, 외도의 집안에 나는 장애, 마의 경계에 머무는 장애, 부처님의 바른 가르침을 여의는 장애, 선지식을 보지 못하는 장애입니다.

선근을 가로막는 장애, 착하지 못한 법이 느는 장애, 못난 곳을 얻게 되는 장애, 변방에 나는 장애, 악한 사람의 집에 나는 장애, 나쁜 귀신 중에 나는 장애, 나쁜 용·야차·건달바·아수라·가루라·긴나라·마후라가·나찰 속에 나는 장애, 불법을 좋아하지 않은 장애, 동몽법을 익히는 장애, 편협한 법을 좋아하는 장애, 보편적인 법을 좋아하지 않는 장애, 놀라는 성질이 많은 장애, 마음이 항상 걱정되는 장애, 삶과 죽음에 애착하는 장애, 불법에 전념하지 못하는 장애, 부처님의 자재한 신통을 듣고 보기를 기뻐하지 않는 장애입니다.

보살의 모든 근을 얻지 못하는 장애, 보살의 행을 닦지 못하는 장애, 보살의 깊은 마음을 겁내는 장애, 보살의 큰 서원을 내지 못하는 장애, 온갖 지혜의 마음을 내지 못하는 장애, 보살의 행에 게으른 장애, 모든 업을 깨끗이 다스리지 못하는 장애, 큰 복을 거둬들이지 못하는 장애, 지혜의 힘이 날카롭지 못한 장애, 광대한 지혜를 끊는 장애, 보살의 행을 보호해 가지지 못하는 장애, 온갖 지혜로 하는 말을 비방하기 좋아하는 장애, 부처의 보리를 멀리 여의는 장애, 여러 마의 경계에 있기 좋아하는 장애, 부처의 경계를 전심으로 닦지 않는 장애, 보살의 큰 서원을 결정적으로 내지 못하는 장애입니다.

보살과 함께 있기를 좋아하지 않는 장애, 보살의 선근을 구하지 않는 장애, 성품에 의심이 많은 장애, 마음이 항상 어리석은 장애, 보살의 평등한 보시를 행하지 못하는 탓으로 버리지 못함을 일으키는 장애, 여래의 계율을 지니지 못하는 탓으로 계를 파하는 장애, 견디고 참는 문에 들어가지 못하는 탓으로 어리석고 시끄럽고 성내는 일을 일으키는 장애, 보살의 정진을 행하지 못하는 탓으로 나태함을 일으키는 장애, 삼매를 얻지 못해 산란을 일으키는 장애, 반야바라밀을 닦지 못해 나쁜 지혜를 일으키는 장애, 옳은 곳과 옳지 못한 곳에 방편이 없는 장애, 중생을 제도하는데 방편이 없는 장애, 보살의 지혜를 잘 관찰하지 못하는 장애, 보살의 세간을 여의는 법을 알지 못하는 장애입니다.

보살의 열 가지 광대한 눈을 성취하지 못해 눈봉사 같은 장애, 귀로 걸림없는 법을 듣지 못해 벙어리와 같은 장애, 상호를 갖추지 못해 코가 망그러진 장애, 중생의 말을 알지 못해 말 못하는 혀를 갖는 장애, 중생을 업신여긴 탓으로 불구의 몸을 갖는 장애, 마음에 산란함이 많은 탓으로 정신병을 갖는 장애, 세 가지 계율을 지니지 못해 악취가 나는 몸의 업을 갖는 장애, 네 가지 허물을 일으킨 탓으로 말을 잘 하지 못하는 업을 갖는 장애, 탐욕·성냄·삿된 소견을 내어 저열한 뜻의 업을 갖는 장애입니다.

도둑의 마음으로 법을 구하는 장애, 보살의 경계를 끊는 장애, 보살의 용맹한 법에 겁나서 물러가는 마음을 내는 장애, 보살의 벗어나는 도에 게으른 마음을 내는 장애, 보살의 지혜 광명 문에 그만두는 마음을 내는 장애, 보살의 기억하는 힘에 용렬한 마음을 내는 장애, 여래의 가르친 법에 머물러 지니지 못하는 장애, 보살의 잘못됨이 없는 도를 닦지 않는 장애, 이승의 지위를 따르는 장애, 삼세 부처님의 보살 종성을 멀리 여의는 장애입니다.

보살이 보살에게 한 번 성내는 마음을 일으키면 이러한 백만 가지 장애되는 문을 이루게 됩니다. 그런 까닭에 어떤 법의 허물이라도 보살이 다른 보살에게 성내는 마음을 일으키는 것보다 더 큰 장애는 없는 것입니다.

(36-3) 장애를 다스리는 심묘한 법
(36-3-1) 열 가지 법을 부지런히 닦다

보살이 행을 빨리 성취하려면 열 가지 법을 부지런히 닦아야 합니다. 마음에 일체중생을 버리지 않음과, 여러 보살에게 여래라는 생각을 내는 것과, 일체 불법을 영원히 비방하지 않음과, 모든 국토가 다하지 않음을 아는 일과, 보살의 행에 믿고 좋아함을 내는 일과, 평등한 허공 법계 같은 보리심을 버리지 않음과, 보리를 관찰해 여래의 힘에 들어감과, 걸림없는 변재를 부지런히 익힘과, 중생 교화에 고달픔이 없음과, 일체 세계에 머물 마음에 집착이 없는 것입니다.

(36-3-2) 열 가지 청정함을 구족하다

보살들이여, 보살이 열 가지 법에 머물면 열 가지 청정함을 구족하게 됩니다. 깊은 법을 통달하는 청정과, 선지식을 친근하는 청정과, 부처님 법을 보호하는 청정과, 허공계를 분명히 아는 청정과, 법계에 깊이 들어가는 청정과, 끝이 없는 마음을 관찰하는 청정과, 일체 보살과 선근이 같은 청정과, 모든 겁에 집착하지 않는 청정과, 삼세를 관찰하는 청정과, 일체 불법을 수행하는 청정입니다.

(36-3-3) 열 가지 광대한 지혜를 구족하다

보살이 열 가지 법에 머물면 열 가지 광대한 지혜를 구족합니다. 중생의 마음과 행을 아는 지혜와, 중생의 업보를 아는 지혜와, 부처님 법을 아는 지혜와, 불법의 깊고 비밀한 이치를 아는 지혜와, 다라니 문을 아는 지혜와, 문자와 변재를 아는 지혜와, 중생의 말과 음성과 말 잘하는 방편을 아는 지혜와, 세계에 두루 몸을 나타내는 지혜와, 여럿이 모인 회중에 영상을 나타내는 지혜와, 태어나는 곳에서 온갖 지혜를 갖추는 지혜입니다.

(36-3-4) 열 가지 두루 들어감에 들어가다

보살이 열 가지 지혜에 머물면 열 가지 두루 들어가게 됩니다. 대천세계가 한 터럭만한 데 들어가고 한 터럭만한 것이 대천세계에 들어가며, 일체중생의 몸이 한 몸에 들어가고 한 몸이 일체중생의 몸에 들어가며, 한량없는 겁이 한 찰나에 들어가고 한 찰나가 한량없는 겁에 들어가며, 일체 법이 한 법에 들어가고 한 법이 일체 법에 들어가며, 수없이 많은 처소가 한 처소에 들어가고 한 처소가 수없이 많은 처소에 들어가며, 많은 근이 한 근에 들어가고 한 근이 많은 근에 들어가며, 모든 근이 근 아닌 데 들어가고 근 아닌 것이 모든 근에 들어가며, 일체 생각이 한 생각에 들어가고 한 생각이 일체 생각에 들어가며, 일체 음성이 한 음성에 들어가고 한 음성이 일체 음성에 들어가며, 삼세가 한 세상에 들어가고 한 세상이 삼세에 들어갑니다.

(36-3-5) 열 가지 수승하고 미묘한 마음에 머물다

보살들이여, 이렇게 관찰하고는 열 가지 수승하고 미묘한 마음에 머뭅니다. 일체 세계의 말과 말 아닌 데 머무는 뛰어나고 묘한 마음과,

중생의 생각이 의지할 바 없는 데 머무는 뛰어나고 묘한 마음과, 허공계와 법계에 머무는 뛰어나고 묘한 마음과, 일체 깊고 비밀한 불법에 머무는 뛰어나고 묘한 마음과, 깊고 차별이 없는 법에 머무는 뛰어나고 묘한 마음과, 의혹을 없앤 데 머무는 뛰어나고 묘한 마음과, 모든 세상이 평등하고 차별이 없는 데 머무는 뛰어나고 묘한 마음과, 삼세가 평등하고 차별이 없는 데 머무는 뛰어나고 묘한 마음과, 삼세 부처님들의 평등한 데 머무는 뛰어나고 묘한 마음과 일체 부처님 힘이 한량없는 데 머무는 뛰어나고 묘한 마음입니다.

(36-3-6) 열 가지 불법의 교묘한 지혜를 얻다
보살들이여, 열 가지 뛰어나고 묘한 마음에 머물러 열 가지 불법의 교묘한 지혜인 선교지를 얻습니다. 깊은 불법을 통달하는 교묘한 지혜와, 광대한 불법을 내는 교묘한 지혜와, 가지가지 불법을 연설하는 교묘한 지혜와, 평등한 불법에 깨달아 들어가는 교묘한 지혜와, 차별한 불법을 밝게 하는 교묘한 지혜와, 차별 없는 불법을 깨닫는 교묘한 지혜와, 장엄한 불법에 깊이 들어가는 교묘한 지혜와, 한 방편으로 불법에 들어가는 교묘한 지혜와, 한량없는 방편으로 불법에 들어가는 교묘한 지혜와, 그지없는 불법에 차별 없음을 아는 교묘한 지혜와, 스스로의 힘으로 불법에서 물러나지 않은 교묘한 지혜입니다.

(36-3-7) 공경히 받아 지니기를 권하다
보살들이여, 이 법을 듣고는 마음을 내어 공경하고 받아 지녀야 합니다. 왜냐하면 보살이 이 법을 가지면 공력을 조금만 써도 위없는 바른 깨달음을 얻고 일체 불법을 구족해 삼세 부처님 법과 평등하게 되기 때문입니다.

(36-4) 증명하다
(36-4-1) 상서를 나타내어 증명하다

그때 부처님의 신통한 힘으로 시방으로 각각 나유타 세계의 티끌 수 세계가 여섯 가지로 진동하며, 여러 하늘보다 더 나은 온갖 꽃구름, 향구름, 가루향구름, 의복, 일산, 당기, 번기, 마니보배와 일체 장엄거리를 내리며, 풍류구름을 내리며, 보살 구름을 내리며, 여래의 몸매구름을 내리며, 여래가 잘합니다고 칭찬하는 구름을 내리며, 여래의 음성이 모든 법계에 가득하는 구름을 내리며, 세계를 장엄하는 구름을 내리며, 보리를 증장하는 구름을 내리며, 광명이 밝게 비치는 구름을 내리며, 신통한 힘으로 법을 말하는 구름을 내렸다.

(36-4-2) 보살들이 증명하다

이 세계 사천하의 보리수 아래 보리도량에 있는 보살의 궁전에서 여래께서 등정각을 이루고 이 법을 연설하는 것처럼, 시방의 일체 세계에서도 모두 이와 같이 했습니다. 이러한 현상은 부처님의 신통한 힘이다. 시방으로 한량없는 세계의 티끌 수 세계를 지나가서 거기 있는 열 세계 티끌 수 보살이 이 세계에 와서 시방에 가득 찼는데 이렇게 말했다.

"훌륭하고 훌륭합니다. 보살이여, 이 부처님 여래의 서원으로 수기하는 깊은 법을 말했습니다. 보살이여, 우리들은 모두 이름이 보현이며, 다 각각 보승세계의 보당자재여래 계신 곳으로부터 왔으며, 다같이 부처님의 신통한 힘으로 온갖 곳에서 이런 법을 연설하며,

이 모임에서 이렇게 말함과 같아 더하고 덜함이 없습니다. 우리들이 모두 부처님의 위신력을 받들어 이 도량에 와서 그대들을 위해 증명하는 것이며, 이 도량에 열 부처 세계 티끌 수의 보살이 와서 증명하듯이, 시방의 일체 세계에서도 다 이와 같습니다."

(36-5) 보현보살이 게송을 설하다
(36-5-1) 게송을 설하는 뜻을 펴다

그때 보현보살이 부처님의 신통한 힘과 자신의 선근의 힘으로써 시방과 온 법계를 관찰하면서, 보살의 행을 열어 보이며, 여래의 보리 경계를 연설하며, 서원을 말하며, 모든 세계의 겁의 수효를 말하며, 부처님들이 때에 맞추어 나타남을 밝히며, 여래께서 근성이 성숙한 중생을 따라 나타나서 공양하게 하려는 것을 말하며, 여래께서 세상에 나타나는 공이 헛되지 않음을 밝히며, 이미 심은 선근으로는 반드시 과보 얻음을 밝히며, 위덕 있는 보살이 일체중생을 위해 형상을 나타내고 법을 말해 그들을 깨닫게 하는 것을 밝히며 게송으로 말했다.

(36-5-2) 공경해 듣기를 권하다

그대들은 마땅히 기쁜 마음으로/ 여러 가지 덮인 것 모두 버리고
보살들의 여러 가지 소원과 행을/ 일심으로 공경하며 들어보십시오.

(36-5-3) 과거 보살의 행을 말하고자 하다

지나간 옛 세상의 모든 보살은/ 가장 나은 사람 중의 사자들이니
그들이 닦아서 행하던 일을/ 내 이제 차례차례 말하려고 합니다.

그때 여러 겁과 많은 세계와/ 지은 업과 위없는 부처님과
그 세상에 태어나던 모든 일을/ 지금 자세하게 말해 봅니다.

이렇게 지난 세상 부처님들이/ 큰 서원으로 이 세상에 출현해서
어떻게 모든 중생 위해/ 고통과 번뇌 망상을 멸했습니까?

논리를 잘하시는 여러 사자들/ 닦는 행이 차례차례 원만해서
부처들의 평등한 위없는 법과/ 온갖 지혜 경계를 얻으십니다.

내가 보니 지나간 여러 세상에/ 수많은 사람 중의 여러 사자들
큰 광명의 그물을 멀리까지 놓으며/ 시방의 모든 세계 두루 비춥니다.

생각하고 서원 세우시기를/ '반드시 이 세상의 등불이 되어
부처의 모든 공덕 다 구족하고/ 열 가지 힘 온갖 지혜 다 얻은 뒤에

이 세상 모든 중생 탐하는 마음과/ 성내고 어리석은 마음을
구제해 해탈하게 하며/ 나쁜 길의 괴로움을 없애 줄 것입니다.'

이렇게 세운 크나큰 서원은/ 견고해 조금도 퇴전하지 않고
보살의 행을 갖추고 닦아서/ 열 가지 걸림 없는 힘을 얻었습니다.

이러한 큰 서원을 내고 나서는/ 수행함을 조금도 겁내지 않고
짓는 일도 모두 다 헛되지 않아/ 언론의 사자라고 이름 합니다.

(36-5-4) 삼세의 불보살의 행을 설하다
(36-5-4-1) 시간을 들다

현겁이라 이름 하는 한 겁 동안에/ 천 부처님 세상에 나타나시니
부처님들의 넓으신 눈을/ 내가 이제 차례로 말해 봅니다.

하나의 현겁에서 나신 것처럼/ 한량없는 겁에서도 그러하니
이러한 오는 세상 부처님 행을/ 내 이제 분별해 말할 것입니다.

(36-5-4-2) 처소를 들다

하나의 세계종이 그런 것처럼/ 한량없는 세계종도 그러하니
열 가지 힘을 가진 부처님께서/ 행한 일을 내 이제 말합니다.

(36-5-4-3) 모든 부처님이 세상에 나신 일을 말하다

부처님들 차례로 세상에 나서/ 세운 서원 따르며 이름 따르고
그 부처님 받드는 수기가 따르고/ 세상에 머무시는 수명을 따릅니다.

닦으시는 바른 법 따라가면서/ 전심으로 걸림 없는 도를 구하고
교화할 중생들의 근성을 따라/ 바른 법이 세상에 오래 머뭅니다.

깨끗하게 장엄한 부처 세계와/ 중생들과 굴리는 법륜을 따라
옳은 때와 아닌 때 연설해서/ 차례차례 중생을 청정하게 합니다.

중생들의 착한 업과 나쁜 업이나/ 행하는 일이거나 믿음과 지혜와
상품·중품·하품이 같지 않으며/ 그들을 교화해 익히게 합니다.

(36-5-4-4) 보현보살의 지혜와 서원을 말하다

이와 같은 지혜에 깊이 들어가/ 거기서 가장 좋은 행을 닦으며
언제나 보현보살 선한 업 지어/ 수많은 중생을 모두 건집니다.

몸으로 짓는 업 걸림이 없고/ 말로써 짓는 업도 다 청정하며
뜻으로 행하는 일 역시 그러해/ 삼업 모두 청정합니다.

보살의 이와 같은 행과 소원이/ 끝까지 보현보살 도를 이루고
청정한 지혜의 이해를 나타내어/ 시방의 모든 법계 두루 비춥니다.

장차 오는 세상의 모든 겁과/ 다 말할 수 없는 많은 국토를
한 생각에 낱낱이 분명히 알아/ 거기에는 조금도 분별이 없습니다.

수행하는 사람은 누구나/ 이러한 좋은 지위 들어가며
이것은 모든 보살 실행하는 법/ 내가 이제 일부분 말씀드립니다.

지혜는 끝 닿은 데 없는 것이니/ 부처의 모든 경계 통달해 알고
나의 온갖 것에 들어가서/ 행하는 일 언제라도 퇴전하지 않습니다.

보현보살 지혜를 모두 갖추며/ 보현보살 서원을 가득 이루어
위없는 지혜에 들어가는 일/ 내가 이제 그 행을 말하려 합니다.

(36-5-5) 자비에 나아가서 큰 지혜를 행하다
(36-5-5-1)제석천의 그물과 같은 행

한 개의 작은 티끌 그 가운데서/ 수없는 세계를 모두 보니
중생들은 이 말을 듣기만 해도/ 마음이 어지럽고 산란합니다.

한 개의 티끌에서 그런 것처럼/ 일체의 티끌마다 모두 그러해
온갖 세계 그 가운데 다 들어가니/ 이것은 헤아릴 수 없는 일입니다.

하나하나 티끌 속에 시방세계와/ 삼세 모든 법이 들어 있는데
여러 길과 세계들이 한량없으며/ 모두 다 분별해 분명히 압니다.

하나하나 티끌 속에 한량이 없는/ 여러 종류 부처 세계 들어 있는데
종류들이 한량없으며/ 그 가운데 모르는 것 하나 없습니다.

수없는 법계 속에 들어 있는 것은/ 가지가지 세계의 다른 종류에
여러 길과 종류들도 차별해도/ 모두 다 분별해 다 압니다.

가는 속에 깊이깊이 들어간 지혜/ 여러 가지 세계를 모두 분별해
이뤄지고 무너지는 온갖 겁들을/ 모두 다 분명하게 말할 수 있습니다.

길고 짧은 겁을 다 알고 보니/ 삼세도 잠깐임이 분명한데
모든 행이 같은 것과 같지 않음을/ 모두 다 분별해 자세히 압니다.

(36-5-5-2) 시간과 처소에 깊이 들어가는 행
모든 세계 깊이깊이 들어가 보니/ 넓고 큰 것과 크지 않은 것이네
한 몸에 한량없는 세계가 있고/ 한 세계는 한량없는 몸이 됩니다.

시방 법계 가운데 들어 있는 것은/ 종류가 같지 않은 여러 세계와
넓고 크고 한량없는 모양들/ 온갖 것을 모두 다 앎니다.

일체 삼세 가운데 있는/ 한량없고 끝이 없는 모든 국토
매우 깊은 지혜를 구족해서/ 이뤄지고 무너짐을 다 압니다.

시방의 모든 세계 가운데에는/ 이루어지는 것과 무너지는 것이 있어
이와 같이 말할 수 없는 것들을/ 부처님은 속속들이 모두 잘 압니다.

그 가운데 어떤 국토에서는/ 가지가지 장엄으로 땅을 꾸미고
여러 가지 길도 그러하니/ 이런 것은 청정한 업으로 됩니다.

어떠한 세계에는 한량없는/ 갖가지로 물이 든 것도 있으니
이것도 중생들의 업으로 된 것/ 모두 다 지은 행과 같은 것입니다.

한량없고 끝이 없는 모든 세계도/ 알고 보면 모두가 한 세계이니
이렇게 온 세계에 들어가면/ 그 수가 얼마인지 알 수가 없습니다.

한량없는 일체의 모든 세계가/ 모두 다 한 세계에 들어가지만
세계들은 하나가 되지 않아도/ 그렇다고 잡란한 것도 아닙니다.

세계는 좌로 우로 흔들리기기 하고/ 높고 낮은 것도 있다 하지만
모두 다 중생의 생각뿐이니/ 이런 것을 분별해 모두 다 압니다.

크고 넓은 여러가지 세계들/ 한량없고 끝단 데도 없습니다 하지만
여러 가지 세계가 한 세계이고/ 한 세계가 한량없는 세계입니다.

여보시오, 보현의 보살들이여/ 그대들이 보현의 지혜 가지고
한량없는 세계를 낱낱이 아니/ 그 앎이 참으로 끝이 없습니다.

여러 종류 세계도 변화해 되고/ 국토도 변화이며 중생도 변화이며
법도 불도 변화로 된 줄 알아서/ 모든 것이 끝까지 이르게 됩니다.

일체의 모든 세계 가운데에는/ 작은 세계 큰 세계 모두 있어서
가지각색 다르게 장엄을 하니/ 모두 다 업으로써 생긴 것입니다.

여러분 한량없는 보살들이여/ 잘 배워서 법계에 들어가 보면
자유자재 신통한 힘을 의지해/ 시방의 모든 세계 두루합니다.

중생들의 수효와 같은 겁 동안에/ 저 세계의 이름을 말한다 해도
끝까지 다 말할 도리 없으니/ 부처님의 보이심은 말할 것도 없습니다.

(36-5-5-3) 부처님의 경계를 밝게 아는 행
여러 가지 세계와 모든 여래의/ 한량없는 가지가지 모든 이름을
한량없는 세월을 지내가면서/ 말해도 다 못합니다.

하물며 제일가는 훌륭한 지혜인/ 삼세 부처님의 모든 법이
법계를 의지해 생겨나서/ 여래의 그 지위에 가득합니다.

청정해 장애가 없는 생각과/ 끝이 없고 걸림없는 지혜를 써서
법계를 분별해 연설하면/ 저 언덕에 이르게 됩니다.

(36-5-5-4) 삼세의 부처님이 중생 교화함을 알다
지난 세상 한량없는 모든 세계가/ 넓고 크고 미세하고 차별한 것들
수행하고 익혀서 장엄한 것을/ 한 생각에 골고루 알게 됩니다.

그 가운데 무수한 사람 사자들/ 부처님의 가지가지 행을 닦아서
바른 깨달음을 성취한 뒤에/ 자유자재한 모든 힘을 나타냅니다.

이와 같이 앞으로 오는 세월에/ 차례차례 한량없는 모든 겁 동안
태어나는 사람 중의 높으신 이들/ 보살들이 모두 알게 됩니다.

그들이 소유하신 행과 서원과/ 또한 모든 경계를
이와 같이 부지런히 닦아 행하면/ 바른 각을 이루게 됩니다.

저들의 여러 회상에 모인 이들과/ 수명과 교화할 중생을 알고
이러한 여러 가지 법문으로써/ 중생 위해 법륜을 굴립니다.

보살이 이와 같이 알고 난 뒤에/ 보현이 행하시던 지위에 있어
깊은 지혜 모두 다 분명히 알고/ 수없는 부처님을 내게 됩니다.

현재의 이 세상에 소속해 있는/ 갖가지 부처님의 여러 국토들
이 모든 부처 세계 깊이 들어가/ 법계를 남김없이 통달해 압니다.

저와 같이 수없는 세계 가운데/ 현재에 계시는 모든 부처님
여러 법에 자재함을 얻으셨으며/ 언론에도 거리낄 것이 없습니다.

저들의 모든 회상 모인 이들과/ 정토와 화현하는 힘을 다 알고
한량없는 억만 겁이 다할 때까지/ 언제나 이런 일을 생각합니다.

중생을 구제하는 세존이시여/ 갖고 계신 위엄과 신통한 힘과
끝이 없는 지혜를 감추었지만/ 온갖 것을 모두 다 분명히 압니다.

(36-5-5-5) 육근이 걸림이 없습니다
막힘 없는 눈이며 막힘 없는 귀/ 막힘 없는 몸이며 막힘 없는 코
막힘 없는 넓고 긴 혀를 내어/ 중생들을 기쁘게 합니다.

막힘 없고 위없이 훌륭한 마음/ 넓고 크고 원만해 청정하며
지혜도 두루하고 충만해서/ 삼세 온갖 법을 모두 잘 압니다.

(36-5-5-6) 일체 변화를 잘 배우다
온갖 것이 변화임을 잘 배우면/ 세계도 변화이고 중생도 변화이네
세월도 변화한 것, 조복도 변화/ 변화한 저 언덕에 결국에 이릅니다.

세간에 가지각색 차별한 것들/ 모두가 생각으로 있는 것이니
부처의 방편 지혜 들어가면/ 여기서 모든 것을 다 알게 됩니다.

모든 회상 다 말할 수 없어도/ 하나하나 이 몸을 나타내어

그들에게 여래를 다 보게 하고/ 끝이 없는 중생을 제도합니다.

(36-5-5-7) 세 가지 세간이 자재하다
모든 부처님의 깊은 지혜는/ 밝은 해가 세상에 나타나듯
여러 세계 가운데 두루 나타나/ 언제나 쉬는 일이 없는 것 같습니다.

모든 세간 분명히 통달해 보니/ 이름만 있고 실상이 없어
중생이나 세계가 꿈과도 같고/ 광명에 비치는 그림자 같습니다.

여러 가지 세간의 모든 법에서/ 분별하는 소견을 내지 않으니
분별이란 생각을 잘 여읜 이는/ 분별함을 보지도 않습니다.

한량없어 셀 수 없는 겁도/ 알고 보면 그것이 한 찰나이니
생각함이 생각이 없는 줄 알면/ 이렇게 모든 세간 보게 됩니다.

저렇게 한량없는 모든 세계를/ 한 생각에 모두 다 뛰어넘어서
한량없이 오랜 겁 지낸다 해도/ 본 고장을 떠나지 않습니다.

말로 할 수가 없는 모든 겁도/ 그것이 눈 깜짝할 동안 일이니
오래되고 짧은 것을 보지 않으니/ 결국에는 찰나법이 되는 것입니다.

이 마음은 세간에 머물러 있고/ 이 세간도 마음에 머물렀으니
여기에서 둘이 다 둘이 아니니/ 그런 분별 허망하게 내지 않습니다.

중생이나 세계나 모든 겁이나/ 저러한 부처님과 부처님 법이
모두가 요술 같고 변화 같아서/ 법계가 한결같이 평등합니다.

시방의 모든 세계 두루 가득히/ 한량없는 몸들을 나타내지만
이 몸이 인연으로 생긴 줄 알면/ 결국에 집착할 것 원래 없습니다.

둘이 없는 지혜를 의지해서/ 사람 중의 사자가 나타나니
둘이 없는 법에도 집착 안 해야/ 둘이고 둘 아님이 없음을 압니다.

(36-5-5-8) 지혜정각 세간이 자재하다
분명히 알지어다, 모든 세간이/ 아지랑이 같고 그림자 같고
메아리 같고 꿈과 같고/ 요술 같고 변화한 것 같습니다.

이와 같이 따라서 부처님들의/ 행하시던 자리에 들어가면
보현의 큰 지혜를 성취해서/ 깊고 깊은 법계를 두루 비춥니다. .

중생이나 국토에 물든 집착을/ 이것 저것 모두 다 떼어 버리고
크게 자비한 마음 일으켜서/ 모든 세간 골고루 청정케 합니다.

보살들이 언제나 바른 생각에/ 법을 논하는 사자의 미묘한 법이
청정하기 허공과 같음을 알고/ 크고 큰 좋은 방편 일으킵니다.

세상이 아득하고 뒤바뀜 보고/ 마음 내어 구원하고 제도하며
행하는 일 모두 다 청정해서/ 온 법계에 가득히 두루합니다.

부처님이거나 보살이거나/ 부처님의 법이거나 세간법들에
모두가 진실함을 보기만 하면/ 모든 것에 차별이 없게 됩니다.

(36-5-5-9) 몸이 아닌 데서 몸을 나타내는 행

여래의 참 법신을 감춘 그대로/ 모든 세간 가운데 두루 들었고
아무리 세간 속에 있다 해도/ 세간에 집착함이 조금도 없습니다.

비유하면 깨끗한 물 속에 비친/ 모습은 오고 감이 없는 것처럼
법신이 온 세간에 두루한 것도/ 마땅히 이와 같은 줄을 압니다.

이와 같이 물든 것을 모두 여의면/ 이 몸과 이 세상이 모두 청정해
고요하고 맑아서 허공 같으면/ 온갖 것이 생멸하지 않습니다.

이 몸이 다하는 일 없음을 알면/ 나지도 않고 멸함도 없어
항상함도 아니고 무상 아니지만/ 일부러 온 세간에 나타납니다.

여러 가지 삿된 소견 없애 버리고/ 진정한 바른 소견 열어 보이면
법의 성품 오고 가는 일이 없어서/ '나'와 '내 것'에 집착하지 않습니다.

(36-5-5-10) 한량이 없는 데서 한량을 보이다

비유하면 요술을 잘하는 사람/ 가지각색 사물을 만들지마는
오더라도 어디서 온 곳이 없고/ 간다 해도 어디에 이를 데 없습니다.

요술이란 한량이 있지도 않고/ 한량이 없는 것도 아니지만

대중이 모여 있는 저 가운데서/ 한량 있고 한량없음 보이는 것입니다.

고요한 선정심으로/ 여러 가지 선근을 닦아 익히고
일체의 부처님들 출생하니/ 한량 있고 없음 모두 압니다.

한량있다 한량없다 하는 것들이/ 허망한 생각으로 하는 말이니
참된 이치 통달해 알면/ 한량이 있다 없다에 집착하지 않습니다.

여러 부처님의 매우 깊은 법은/ 넓고 크고 깊어서 적멸하니
매우 깊어 한량없는 지혜로써야/ 깊고 깊은 참 이치를 알게 됩니다.

보살은 아득하고 뒤바뀜 떠나/ 마음이 깨끗해 계속하니
교묘하게 신통한 힘을 가지고/ 한량없는 중생을 구제합니다.

(36-5-6) 지혜에 나아가서 큰 자비를 행하다
(36-5-6-1) 머무름 없이 중생을 교화하다

편안치 못한 이는 편안하게 하고/ 편안한 이 도 닦는 장소를 보여
이렇게 온 법계에 두루하지만/ 마음은 집착함이 아주 없습니다.

실제에 머물지도 않으면서/ 열반에 드는 것도 아니지만
이렇게 온 세간에 가득해서/ 수없는 중생들을 깨우칩니다.

법의 수효와 모든 중생의 수효를/ 분명히 알면서도 집착하지 않고
불법 비를 간 데마다 널리 내려서/ 시방의 모든 세간 흡족케 합니다.

끝이 없는 세계에 두루 펴져서/ 생각마다 바른 각을 이루면서도
보살의 행할 일을 늘 닦아서/ 잠시도 물러나지 않습니다. .

(36-5-6-2) 몸이 아닌 데서 몸을 나타내다
세간에 가지가지 수없는 몸을/ 온갖 것을 모두 다 분명히 알고
몸이란 법을 모두 알고는/ 부처의 청정한 몸 얻게 됩니다.

여러 가지 중생과 겁을/ 또한 세계를 두루 다 알아
시방에 끝단 데가 없는 것까지/ 지혜로 들어가지 못할 데 없습니다.

여러 중생 몸이 한량없지만/ 낱낱이 그들 위해 몸을 나투니
부처님의 청정한 몸 한량없지만/ 지혜 있는 이들이 모두 봅니다.

한 찰나 동안에도 알 수가 있는/ 시방에 나타나는 모든 여래를
한량없는 세월을 지내가면서/ 칭찬해도 끝까지 다할 수 없습니다.

(36-5-6-3) 사리를 분포하다
여러 부처님이 몸을 나투고/ 곳곳마다 열반에 드시는 일이
한 생각 가운데도 한량없으며/ 사리도 모두 각각 차별합니다.

(36-5-6-4) 한량없는 보리심
이와 같이 오는 여러 세상에/ 부처님의 최상 결과 구하는 이들
한량없고 위가 없는 보리 마음을/ 결정한 지혜로써 모두 다 압니다.

8

이렇게 과거·현재·미래 세상에/ 한량없이 출현하는 모든 여래를
그런 이들 모두 다 아는 이를/ 보현행에 머뭅니다고 이름합니다.

(36-5-6-5) 법륜에 깊이 들어가다
한량없는 모든 행 닦는 지위를/ 이렇게 분별해 모두 다 알고
지혜로 깨달을 곳 들어가고는/ 그 법륜 굴림이 물러나지 않습니다.

미묘하고 넓고 큰 청정한 지혜로/ 여래의 깊은 경계 들어가니
들어가고 물러나지 않아야/ 보현보살 지혜라 이름합니다.

온갖 것에 훌륭한 높으신 이가/ 부처님의 경계에 널리 들어가
행을 닦고 물러가지 않으며/ 위없는 보리과를 얻게 됩니다.

(36-5-6-6) 근기를 알다
한량없고 그지없는 모든 마음과/ 제각기 같지 않은 여러 가지 업은
모두가 생각으로 쌓인 것이니/ 평등하게 분명히 모두 압니다.

물들고 물들지 않은 것과/ 배우는 마음이나 무학의 마음과
말할 수가 없는 모든 마음을/ 생각생각 가운데 모두 다 압니다.

알고 보니 하나도 둘도 아니고/ 물든 것도 깨끗함도 모두 아니며
어지러운 일도 없으니/ 모두 자기 생각으로 일어나는 것입니다.

이렇게 분명히 보는 것이니/ 모든 세계 여러 중생의 마음을

제각기 동일하지 않음을 따라/ 가지각색 세간이 일어나는 것입니다.

이와 같은 여러 가지 방편으로써/ 여러 가지 좋은 행을 모두 닦아서
부처님의 법에서 변화해 나면/ 보현이란 이름을 얻게 됩니다.

(36-5-6-7) 세상이 업과 미혹으로 이루어지다
모든 중생이 허망한 생각으로써/ 좋고 나쁜 여러 길을 일으키니
하늘에 나기도 하고/ 지옥에 떨어지는 사람도 있습니다.

보살이 살펴보니 모든 세간이/ 망상으로 업을 지어 일어나는 것을
허망한 그 마음이 끝이 없으며/ 세간도 그를 따라 한량없습니다.

법계에 널리 있는 모든 세계가/ 망상의 그물로써 나타나는 것이며
허망한 생각 그물 방편이므로/ 한 생각에 모두 다 들어갑니다.

(36-5-6-8) 근과 경이 걸림이 없다
눈과 귀와 코까지도 그렇거니와/ 혀와 몸과 마음도 역시 그러하여
세간의 생각들이 차별하지만/ 평등하게 다 들어가는 것입니다.

하나하나 다 다른 눈의 경계에/ 한량없는 눈으로 다 들어가며
성품을 차별하니 한량이 없어/ 말로는 다 할 수가 없습니다.

눈으로 보는 것이 차별이 없고/ 어지럽고 복잡하지 않지만
자기가 지은 업을 각각 따라서/ 좋고 나쁜 과보를 받는 것입니다.

보현보살 지혜 힘 한량이 없어/ 저렇게 온갖 것을 모두 다 알고
갖가지 눈으로써 보는 경계에/ 큰 지혜로 다 들어갑니다.

이러한 여러 가지 모든 세간을/ 모두 다 분별해 분명히 알고
그리고 온갖 행을 항상 닦으며/ 다시는 물러가지 않습니다.

(36-5-6-9) 네 가지의 설법
부처님도 말씀하시고 중생도 하고/ 온 세계의 국토도 역시 말하며
삼세도 이와 같이 말하는 것을/ 가지가지 다 분명히 압니다.

(36-5-6-10) 과거 현재 미래가 서로 포섭되어 있다
과거 세상 가운데 미래가 있고/ 미래 세상 가운데 현재가 있어
삼세가 서로서로 보게 되는 것을/ 낱낱이 분명하게 모두 다 압니다.

이렇게 한량없는 여러 가지로/ 모든 세간 중생을 깨우치니
여러 가지 지혜와 여러 방편을/ 그 끝을 찾아도 찾을 수 없습니다.

9
우리말 화엄경 입법계품

한문번역 / 실차난타

──────────   선재동자가 구법여행에서 만난 53 선지식   ──────────

1. 53명의 선지식

보살(5), 비구(5), 비구니(1), 우바새(1), 우바이(5), 동남(3), 동녀(2), 천신(1), 천녀(1), 외도(1), 바라문(2), 장자(9), 선생(1), 아가씨(1), 뱃사공(1), 국왕(2), 선인(1), 부인(1), 제신(10)

* 문수보살은 2번 등장, 덕생동자와 유덕동녀는 한명으로 계산.

1. 십신위 선지식

문수보살

2. 십주위 선지식

(1)덕운비구 (2)해운비구 (3)선주비구 (4)미가장자 (5)해탈장자 (6)해당비구 (7)휴사우바이 (8)비목구사선인 (9)승열바라문 (10)자행동녀

3. 십행위 선지식

(11)선견비구 (12)자재주동자 (13)구족우바이 (14)명지거사 (15)법보계장자 (16)보안장자 (17)무염족왕 (18)대광왕 (19)부동우바이 (20)변행외도

4. 십회향위 선지식

(21)육향장자 (22)바시라선사 (23)무상승장자 (24)사자빈신비구니 (25)바수밀다녀 (26)비슬지라거사 (27)관자재보살 (28)정취보살 (29)대천신 (30)안주신

5. 십지위 선지식

(31)바산바연저주야신 (32)보덕정광주야신 (33)회목관찰중생주야신 (34)
보구중생묘덕주야신 (35)적정음해주야신 (36)수호일체성주야신 (37)개부
일체수화주야신 (38)대원정진력주야신 (39)람비니림신 (40)석가녀 구파

6. 십해탈위 선지식

(41)마야부인 (42)천주광천녀 (43)변우동자사 (44)선지중예동자 (45)현
승우바이 (46)견고해탈장자 (47)묘월장자 (48)무승군장자 (49)적정바라문
(50)덕생동자와 유덕동녀
(51)미륵보살 (52)문수보살 (53)보현보살

1. 덕운비구(德雲比丘) Meghaśri-, 구역에서는 공덕운(功德雲)

2. 해운비구(海雲比丘) Sāgaramegha 또는 이사나(伊舍那) Iśāna

3. 선주비구(善住比丘) Supratisththita

4. 미가장자(彌伽長者) Megha

5. 해탈장자(解脫長者) Mukta

6. 해당비구(海幢比丘) Sāgaradhvaja

7. 휴사우바이(休舍優婆夷) A^sā

8. 비목구사선인(毘目瞿沙仙人) Bhishmottaranirghosha
   (구) 비목다라(毘目多羅)

9. 승열바라문(勝熱婆羅門) Jayosmāya (구) 방편명(方便命)

10. 자행동녀(慈行童女) Maitrāyani (구) 미다라니(彌多羅尼)

──────────── 선재동자가 구법여행에서 만난 53 선지식 ────────────

11. 선견비구(善見比丘) Sudarśana (구) 선현(善現)

12. 자재주동자(自在主童子) Indriyeśvara (구) 석천주(釋天主)

13. 구족우바이(具足優婆夷) Prabhñtā (구)자재(自在)

14. 명지거사(明智居士) Vidvān (구) 감로정(甘露頂)

15. 법보계장자(法宝髻長者) Ratnacñda-dharmaśresthi

     (구) 법보주라(法寶周羅)

16. 보안장자(普眼長者) Samantanetra (구) 보안묘향(普眼妙香)

17. 무염족왕(無厭足王) Anala (구) 만족(滿足)

18. 무광왕(大光王) Mahāprabha

19. 부동우바이(不動優婆夷) Acala'

20. 변행외도(遍行外道) Sarvagāmin

     (구) 수순일체중생(隨順一切衆生)

21. 육향장자(鬻香長者) Utpalabhñtigādhika

     (구) 청연화향(靑蓮華香)

22. 바시라선사(婆施羅船師) Vairocana (구) 자재(自在)

23. 무상승장자(無上勝長者) Jayottama

24. 사자빈신비구니(師子頻申比丘尼) Simhavikriditā,

     (구) 사자분신(獅子奮迅)

25. 바수밀녀(婆須蜜女) Vasumitrā

26. 비슬지라거사(鞸瑟氏羅居士) Vesāhila (구) 안주(安住)

27. 관자재보살(觀自在菩薩) Avalakiteśvara (구) 관세음(觀世音)

28. 정취보살(正趣菩薩) Ananyagāmin

29. 대천신(大天神) Mahādeva

30. 안주신(安住神) Sthāvarā

31. 바산바연저주야신(婆珊婆演底主夜神) Vasanti(Vasantavayanti)

    (구) 바사바타(婆娑婆陀)

32. 보덕정광주야신(普德淨光主夜神)

    Samantagambhiˆraśrivimalaprabhā

    (구) 심심묘덕이구무명(甚深妙德離垢無明)

33. 희목관찰중생주야신(喜目觀察衆生主夜神)

    Pramuditanayanajagadvirocanā

34. 보구묘덕주야신(普救妙德主夜神) Samantasattvatrānojahśri

    (구) 묘덕구호중생(妙德救護衆生)

35. 적정음해주야신(寂静音海主夜神) Praśāntaru%tasāgaravati

36. 수호일체중생주야신(守護一切衆生主夜神)

    Sarvanagaraksāsabhavatejahśri

    (구) 묘덕수호제성(妙德守護諸城)

37. 개부수화주야신(開敷樹花主夜神)

    Sarvavr-ksapraphāllanasukhasavāsā.

38. 대원정진력주야신(大願精進主夜神)

    Sarvajagadraks-āpran-idhānavñryaprabhā

    (구) 원용광명수호중생(願勇光明守護衆生)

39. 람비니림신(嵐毘尼林神) Sutejoman-dalaratiśr

40. 석가녀구파(釋迦女瞿婆) Gopā (구) 구이(瞿夷)

──────── 선재동자가 구법여행에서 만난 53 선지식 ────────

41. 마야부인(摩耶佛母) Māyā

42. 천주광천녀(天主光天女) Snrendrābha

43. 변우동자사(遍友童子師) Viśvāmitra

44. 중예동자(衆芸童子) Silpābhijña

45. 현승우바이(賢勝優婆夷) Bhadrottama

46. 견고해탈장자(堅固解脱長者) Muktāsāra

47. 묘월장자(妙月長者) Sucandra

48. 무승군장자(無勝軍長者) Ajitasena

49. 적정바라문(寂静婆羅門) śivarāgra (구)시비최승(尸毘最勝)

50. 덕생동자(德生童子) śrisambhava
    유덕동녀(有德童女)

51. 미륵보살(彌勒菩薩) Maitreya

52. 문수보살(文殊菩薩) Mañjuśrī

53. 보현보살(普賢菩薩) śamantabhadra

2. 53선지식의 성취 지위

(십주) 깨달음의 길, 보살의 행, 부처의 경계, 부처의 세계가 열린다.

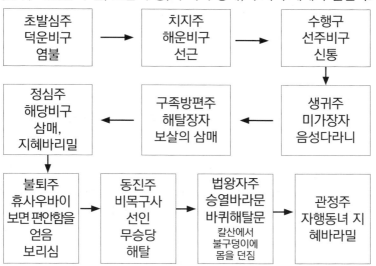

(십행) 깨달음의 길, 보살의 행, 부처의 경계, 부처의 세계가 열린다.

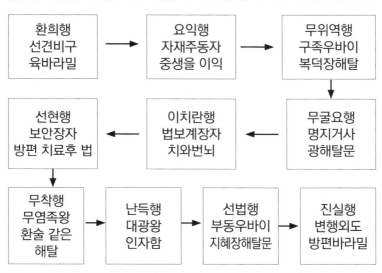

선재동자가 구법여행에서 만난 53 선지식

(십회향) 깨달음의 길, 보살의 행, 부처의 경계, 부처의 세계가 열린다.

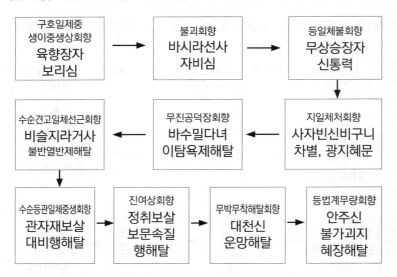

(십지) 깨달음의 길, 보살의 행, 부처의 경계, 부처의 세계가 열린다.

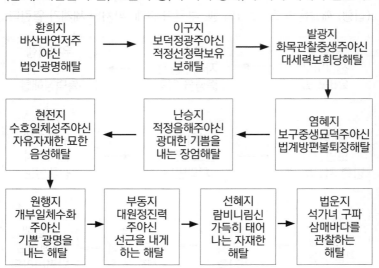

(십해탈) 깨달음의 길, 보살의 행, 부처의 경계, 부처의 세계가 열린다.

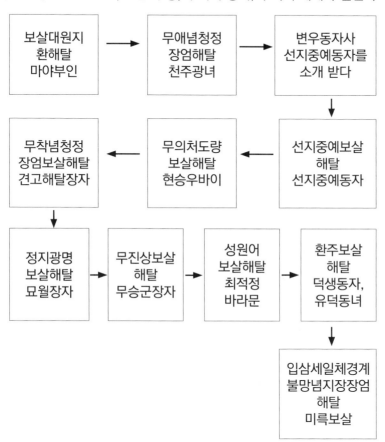

———————————— 차 례 ————————————

선재동자가 구법여행에서 만난 53명의 선지식
53선지식의 성취 지위

3. 십행위선지식

(39-11) 선견비구(善見比丘)

(39-12) 자재주동자(自在主童子)

(39-13) 구족우바이(具足優婆夷)

(39-14) 명지거사(明智居士)

(39-15) 법보계장자(法宝髻長者)

(39-16) 보안장자(普眼長者)

(39-17) 무염족왕(無厭足王)

(39-18) 대광왕(大光王)

(39-19) 부동우바이(不動優婆夷)

(39-20) 변행외도(遍行外道)

4. 십회향위선지식

(39-21) 육향장자(鬻香長者)

(39-22) 바시라선사(婆施羅船師)

(39-23) 무상승장자(無上勝長者)

(39-24) 사자빈신비구니(師子頻申比丘尼)

(39-25) 바수밀다녀(婆須蜜多女)

(39-26) 비슬지라거사(鞞瑟祇羅居士)

(39-27) 관자재보살(觀自在菩薩)

(39-28) 정취보살(正趣菩薩)

(39-29) 대천신(大天神)

(39-30) 안주신(安住神)

9

———————————— 차 례 ————————————

5. 십지위선지식

6. 십해탈위선지식

7. 화엄경 입법계품을 마무리하다

(39-51) 미륵보살(彌勒菩薩)

8. 문수보살이 선재동자를 칭찬하다

(39-52) 문수보살(文殊菩薩)

9. 선재동자가 보현보살을 만나다

(39-53) 보현보살(普賢菩薩)

9

1. 서문

(39-0) 화엄의 세계

(39-0-1) 근본 법회
(39-0-1-1) 부처님
그때 부처님께서 사위성(舍衛城, Śrāvastī) 기수급고독원(祈樹給孤獨
圓, Jetavananathapindadasyarama)의 대장엄 누각에서 보살 오백
명과 함께 계셨다.

(39-0-1-2) 보살 대중
보현보살과 문수보살이 우두머리가 되었다.

(39-0-1-2-1) 사위를 표한 보살
(39-0-1-2-1-1) 십회향을 표한 보살
광염당보살, 수미당보살, 보당보살, 무애당보살, 화당보살, 이구당보
살, 일당보살, 묘당보살, 이진당보살, 보광당보살이다.

(39-0-1-2-1-2) 십행을 표한 보살
지위력보살, 보위력보살, 대위력보살, 금강지위력보살, 이진구위력
보살, 정법일위력보살, 공덕산위력보살, 지광영위력보살, 보길상위
력보살이다.

(39-0-1-2-1-3) 십지를 표한 보살

지장보살, 허공장보살, 연화장보살, 보장보살, 일장보살, 정덕장보살, 법인장보살, 광명장보살, 제장보살, 연화덕장보살이다.

(39-0-1-2-1-4) 십해탈을 표한 보살

선안보살, 정안보살, 이구안보살, 무애안보살, 보견안보살, 선관안보살, 청련화안보살, 금강안보살, 보안보살, 허공안보살, 희안보살, 보안보살이다.

(39-0-1-2-2) 십지를 따로 표한 보살
(39-0-1-2-2-1) 초지를 표한 보살

천관보살, 보조법계지혜관보살, 도량관보살, 보조시방관보살, 일체불장관보살, 초출일체세간관보살, 보조관보살, 불가괴관보살, 지일체여래사자좌관보살, 보조법계허공관보살이다.

(39-0-1-2-2-2) 이지를 표한 보살

법왕계보살, 용왕계보살, 일체화불광명계보살, 도량계보살, 일체원해음보왕계보살, 일체불광명마니계보살, 시현일체허공평등상마니왕당망수부계보살, 출일체불전법륜음계보살, 설삼세일체명자음계보살이다.

(39-0-1-2-2-3) 삼지를 표한 보살

대광보살, 이구광보살, 보광보살, 이진광보살, 염광보살, 법광보살, 적정광보살, 일광보살, 자재광보살, 천광보살이다.

(39-0-1-2-2-4) 사지를 표한 보살

복덕당보살, 지혜당보살, 법당보살, 신통당보살, 광당보살, 화당보살, 마니당보살, 보리당보살, 범당보살, 보광당보살이다.

(39-0-1-2-2-5) 오지를 표한 보살

법음보살, 해음보살, 대지음보살, 세주음보살, 산상격음보살, 변일체법계음보살, 진일체법해뢰음보살, 항마음보살, 대비방편운뢰음보살, 식일체세간고안위음보살이다.

(39-0-1-2-2-6) 육지를 표한 보살

법상보살, 승상보살, 지상보살, 복덕수미상보살, 공덕산호상보살, 명칭상보살, 보광상보살, 대자상보살, 지해상보살, 불종상보살이다.

(39-0-1-2-2-7) 칠지를 표한 보살

광승보살, 덕승보살, 상승보살, 보명승보살, 법승보살, 월승보살, 허공승보살, 보승보살, 당승보살, 지승보살이다.

(39-0-1-2-2-8) 팔지를 표한 보살

사라자재왕보살, 법자재왕보살, 상자재왕보살, 범자재왕보살, 산자재왕보살, 증자재왕보살, 속질자재왕보살, 적정자재왕보살, 부동자재왕보살, 세력자재왕보살, 최승자재왕보살이다.

(39-0-1-2-2-9) 구지를 표한 보살

적정음보살, 무애음보살, 지진음보살, 해진음보살, 운음보살, 법광음보살, 허공음보살, 설일체중생선근음보살, 시일체대원음보살, 도량음보살이다.

(39-0-1-2-2-10) 십지를 표한 보살

수미광각보살, 허공각보살, 이염각보살, 무애각보살, 선각보살, 보조삼세각보살, 광대각보살, 보명각보살, 법계광명각보살, 보광당보살이다.

이 보살들은 십회향, 십행, 십지, 십해탈을 나타냈다.

(39-0-1-2-3) 보살의 덕을 열 가지로 찬탄하다

이 보살들은 모두 보현의 행과 원을 성취했다. 경계에 걸림이 없으니 부처의 세계에 두루 나타난다. 몸을 나툼이 한량없으니 여래에게 친근하다. 깨끗한 눈이 장애가 없으니 부처님의 신통 변화하는 일을 본다. 어떤 곳이든 이를 수 있으니 여래의 바른 각을 이루는 곳에 항상 나아간다. 광명이 끝이 없으니 지혜의 빛으로 실상의 법바다를 두루 비춘다. 법문이 다함이 없으니 청정한 변재가 수없이 많은 겁에 다함이 없다. 허공계와 같아 지혜를 행하는 것이 다 청정하다.
의지한 데가 없으니 중생의 마음을 따라 육신을 나타낸다. 어리석은 눈병이 없으니 중생계에 중생이 없음을 안다. 허공과 같은 지혜이니 큰 광명 그물로 법계를 비춘다.

(39-0-1-3) 성문 대중의 덕을 찬탄하다

오백 명의 성문과 함께 있었으니, 모두 참이치를 깨닫고 진실한 경계를 증득했으며 법의 성품에 깊이 들어가 영원히 생사의 바다에서 벗어났다. 부처님의 공덕에 의지하여 얽매여 부림을 당하는 속박의 번뇌를 떠났다. 걸림없는 곳에 머물러 마음이 고요하기가 허공과 같으며, 부처님의 처소에서 의혹을 아주 끊고 부처의 지혜 바다에 믿음으로 들어갔다.

(39-0-1-4) 세간 대중의 덕을 찬탄하다

한량없는 임금들과 함께 있었으니, 다 한량없는 부처님을 공양했고 항상 일체 중생을 이익되게 했다. 청하지 않은 벗이 되어 부지런히 수호하며 서원을 버리지 않고 세간의 훌륭한 지혜의 문에 들어갔다. 부처님의 가르침으로부터 나서 부처님의 바른 법을 보호하며 큰 서원을 일으키고 부처의 종자를 끊지 않으려고 여래의 가문에 나서 온갖 지혜를 구했다.

(39-0-2) 법을 청하다

(39-0-2-1) 대중들이 부처님 덕의 불가사의함을 생각하다

이때 보살들과 대덕성문과 세간임금들과 그 권속들이 이렇게 생각했다. '여래의 경계, 여래의 지혜의 행, 여래의 대자대비한 힘의 가호, 여래의 힘, 여래의 두려움 없음, 여래의 삼매, 여래의 머무르심, 여래의 자재하심, 여래의 몸, 여래의 지혜를 모든 세간의 하늘과 사람들이 통달함이 없으며 들어감이 없으며 믿고 이해함이 없으며 분명하게 앎이 없으며 참고 받음이 없으며 살펴봄이 없으며 가려냄이 없으며 열어보임이 없으며 펴서 밝힘이 없으며 중생이 알게 함이 없다.

부처님의 가피의 힘, 신통한 힘, 위덕의 힘, 본래 원하신 힘과 지난 세상의 선근의 힘, 그리고 선지식들의 거두어 주는 힘, 깊고 깨끗하게 믿는 힘, 크게 밝혀 아는 힘, 보리로 나아가는 청정한 마음의 힘, 온갖 지혜를 구하는 광대한 서원의 힘은 알 수가 없다.

(39-0-2-2) 청하는 법의 내용

'부처님께서는 중생들이 갖고 있는 갖가지 욕망이나, 이해, 지혜, 말, 자유자재함, 머무는 처지, 근의 청정함, 뜻의 방편, 마음의 경계, 여래의 공덕을 의지함을 잘 알고 있습니다. 여래의 지난 세상에 온갖 지혜를 구하던 마음과 일으킨 보살의 큰 서원과 행한 깨끗한 바라밀들과 획득한 보살의 지위와 원만한 보살의 수행과 성취한 방편과 닦던 도와 성취하여 벗어난 법과 행한 신통한 일과 행한 전생의 일과 인연을 설명해 주십시오. 등정각을 이루고, 묘한 법륜을 굴리고, 불국토를 청정하게 하고, 중생을 조복하고 온갖 지혜의 법성을 열고, 일체 중생의 길을 보이고, 일체 중생이 머무는 곳에 들어가고, 일체 중생의 보시를 받고, 일체 중생에게 보시의 공덕을 말하고, 일체 중생에게 부처님의 형상을 나타내던 그러한 법을 설해 주십시오.'

(39-0-3) 삼매에 들다
(39-0-3-1) 사자빈신삼매에 들다

그때 부처님께서 보살들의 생각을 아시고, 자비한 문이 되고 머리가 되고 법이 되어 방편을 삼아 허공에 충만하여 여래의 사자가 기운 뻗는 광대한 삼매인 사자빈신삼매에 드셨다.

(39-0-3-2) 누각이 홀연히 변하여 갖가지로 장엄되다

삼매에 드니 세간이 깨끗하게 장엄되고 누각이 갑자기 넓어져서 끝이 보이지 않았다. 땅은 금강으로 되었고 보배들로 덮였으며 한량없는 보배꽃과 마니보배들이 흩어져 곳곳에 가득했다.

(39-0-3-3) 기타림이 홀연히 넓어지고 갖가지 보배로 장엄되다

그때 부처님의 신통으로 기타림(祇陀林, Jeta-vana)이 홀연히 커져서 수없이 많은 부처님 세계의 티끌 수의 국토와 면적이 같았는데, 묘한 보배들이 사이사이 장엄하고 땅에도 수없이 많이 흩어져 있었다. 담은 아승기 보배로 되었고 길 좌우로 다라수 보배로 장엄했다. 중간에 한량없는 강이 있었는데 향수가 가득하여 출렁거리며 소용돌이 치며, 보배꽃들이 물결따라 움직이면서 불법의 음성을 내고, 보배꽃나무들이 언덕에 줄지어 섰으며, 언덕 위에는 마니보배로 덮혀 있는 정자들이 수없이 많았다.

(39-0-3-4) 보배깃대로 장엄하다

한량없는 갖가지 보배당기를 세웠다. 보배향당기, 보배옷당기, 보배번당기, 보배비단당기, 보배꽃당기, 보배영락당기, 보배화만당기, 보배방울당기, 마니보배일산당기, 큰 마니보배당기, 광명이 두루 비치는 마니보배당기, 여래의 이름과 음성을 내는 마니왕당기, 사자마니왕당기, 여래의 본생 일을 말하는 바다마니왕당기, 일체 법계의 영상을 나타내는 마니왕당기가 시방에 두루하여 열을 지어 장엄했다.

(39-0-3-5) 기타림 상공에 구름이 펼쳐지다

그때 기타림의 하늘에는 부사의한 하늘궁전구름과 수많은 향나무구름과 수미산구름과 풍류놀이구름과 미묘한 음성을 내어 여래를 찬탄하는 보배연꽃구름과 보배자리구름과 하늘옷을 깔고 보살이 위에 앉아 부처님 공덕을 찬탄하는 천왕의 평상으로 된 마니보배구름과 백진주구름과 적진주누각 장엄거리구름과 금강을 비 내리는 견고한 진주구름이 허공에 가득하게 퍼져 있어 훌륭하게 장식했다.

(39-0-3-6) 여래의 위신력으로 장엄됨을 찬탄하다

여래의 선근과 백법(白法,청정한 일)과 위엄과 힘이 부사의했다. 여래가 한 몸으로 자재하게 변화하여 세계에 두루하는 것과 신통한 힘으로써 부처님과 부처님 국토의 장엄을 그 몸에 들어오게 함과 한 티끌 속에 법계의 모양을 나타냄과 한 털구멍 속에 과거의 부처님을 나타냄과 낱낱의 광명을 놓은 대로 세계에 두루 비침과, 한 털구멍에서 세계의 티끌 수 같은 변화하는 구름을 내어 여러 부처님 국토에 가득함과, 한 털구멍 속에 시방 세계의 이루고 머물고 무너지는 성주괴 겁을 나타냄이 부사의했다.

이 기수급고독원에서 부처님 국토가 청정하게 장엄한 것을 보듯이, 시방의 온 법계와 허공계에 가득한 세계에서도 장엄함을 보았다. 이른바 여래의 몸이 기타림에 계신데 시방법계에 보살 대중이 가득했다.

(39-0-3-7) 시방 허공을 보배구름으로 장엄하다

다음과 같은 장엄구름을 보았다.

장엄을 비 내리는 구름, 보배를 비 내려 광명이 밝게 비추는 구름, 마니보배를 비 내리는 구름, 장엄한 일산을 비 내려 부처님 세계를 뒤덮는 구름, 하늘의 몸을 비 내리는 구름, 꽃나무를 비 내리는 구름, 의복나무를 비 내리는 구름, 보배 화만과 영락을 비 내려 끊이지 않아 온 땅 위에 두루하는 구름, 장엄거리를 비 내리는 구름, 중생의 형상같은 갖가지 향을 비 내리는 구름, 미묘한 꽃그물을 비 내려 계속하고 끊이지 않는 구름, 천녀를 비 내려 보배당기 번기를 들고 허공 속에서 오고 가는 구름, 보배연꽃을 비 내리는데 꽃과 잎 사이에서 갖가지 음악 소리가 저절로 나오는 구름, 사자좌를 비 내려 보배그물과 영락으로 장엄하는 구름이었다.

(39-0-4) 새로운 대중들이 시방에서 모이다
(39-0-4-1) 동방의 대중

그때 동방으로 헤아릴 수 없는 부처 세계의 티끌 수 세계바다를 지나서 그 밖에 금등운당세계가 있고 비로자나승덕왕 부처님이 계셨다. 대중 가운데 비로자나원광명 보살이 있었다. 헤아릴 수 없는 부처 세계의 티끌 수 보살들과 함께 부처님 계신 곳에 와서 신통한 힘으로 여러 가지 구름을 일으켰다. 하늘꽃구름, 하늘향구름, 하늘가루향구름, 하늘화만구름, 하늘보배구름, 하늘장엄거리구름, 하늘보배일산구름, 하늘의 미묘한 옷구름, 하늘보배당기번기구름, 하늘의 모든 보배장엄구름이 허공에 가득했다.

부처님 계신 곳에 이르러 부처님 발에 절하고, 동방에서 보배로 장엄한 누각과 시방을 두루 비추는 보배연화장 사자좌를 변화하여 만들어 여의주보배 그물을 몸에 두르고 권속들과 함께 가부좌하고 있었다.

(39-0-4-2) 남방의 대중

남방으로 헤아릴 수 없는 부처 세계의 티끌 수 세계바다를 지나서 그 밖에 금강장세계가 있고 보광명무승장왕 부처님이 계셨다. 대중 가운데 불가괴정진왕보살이 있었다.

부처님 계신 곳에 이르러 부처님 발에 절하고, 남방에서 세간을 두루 비추는 마니보배로 장엄한 누각과 시방을 두루 비추는 보배연화장 사자좌를 변화하여 만들어 보배꽃그물을 몸에 두르고 권속들과 함께 가부좌하고 있었다.

(39-0-4-3) 서방의 대중

서방으로 헤아릴 수 없는 부처 세계의 티끌 수 세계바다를 지나서 그 밖에 마니보등수미산당 세계가 있고 법계지등 부처님이 계셨다. 대중 가운데 보승무상위덕왕 보살이 있었다.

부처님 계신 곳에 이르러 부처님 발에 절하고, 서방에서 모든 향왕으로 된 누각을 변화하여 만드니, 진주보배 그물이 위에 덮여 있고, 제석의 그림자 당기 보배연화장 사자좌를 변화하여 만들어 묘한 빛 마니그물로 몸에 두르며 심왕보배관으로 머리를 장엄하고 권속들과 함께 가부좌하고 있었다.

(39-0-4-4) 북방의 대중

북방으로 헤아릴 수 없는 부처 세계의 티끌 수 세계바다를 지나서 그밖에 보의광명당 세계가 있고 조허공법계대광명 부처님이 계셨다. 대중 가운데 무애승장왕 보살이 있었다.

부처님 계신 곳에 이르러 부처님 발에 절하고, 북방에서 마니보배 바다로 장엄한 누각과 비유리 보배연화장 사자좌를 변화하여 만들어 사자위덕마니왕그물을 몸에 두르고 청정한 보배왕으로 머리의 밝은 구슬을 삼고 권속들과 함께 가부좌하고 있었다.

(39-0-4-5) 동북방의 대중

동북방으로 헤아릴 수 없는 부처 세계의 티끌 수 세계바다를 지나서 그밖에 일체환희청정광명망 세계가 있고 무애안 부처님이 계셨다. 대중 가운데 화현법계원월왕 보살이 있었다.

부처님 계신 곳에 이르러 부처님 발에 절하고, 동북방에서 모든 법계문 큰 마니누각과 짝할 이 없는 향왕연화장사자좌를 변화하여 만들어 마니꽃을 몸에 두르며 묘한 보배광마니 왕관을 쓰고 권속들과 함께 가부좌하고 있었다.

(39-0-4-6) 동남방의 대중

동남방으로 헤아릴 수 없는 부처 세계의 티끌 수 세계바다를 지나서 그밖에 향운장엄당 세계가 있고 용자재왕 부처님이 계셨다. 대중 가운데 법혜광염왕 보살이 있었다.

부처님 계신 곳에 이르러 부처님 발에 절하고, 동남방에서 비로자나 최상의 보배광명 누각과 금강마니 연화장 사자좌를 변화하여 만들어 여러 보배빛 불꽃마니왕 그물로 몸을 두르고 권속들과 함께 가부좌하고 앉았다.

(39-0-4-7) 서남방의 대중

서남방으로 헤아릴 수 없는 부처 세계의 티끌 수 세계바다를 지나서 그밖에 일광마니장 세계가 있고 보조제법지월왕 부처님이 계셨다. 대중 가운데 최파일체마군지당왕 보살이 있었다.

부처님 계신 곳에 이르러 부처님 발에 절하고, 서남방에서 시방법계의 광명그물을 나타내는 큰 마니보배누각과 향등불꽃보배 연화장사자좌를 변화하여 광마니그물을 몸에 두르고 일체 중생을 떠나 나아가는 음성을 내는 마니왕으로 잘 꾸민 관을 쓰고 권속들과 함께 가부좌하고 있었다.

(39-0-4-8) 서북방의 대중

서북방으로 헤아릴 수 없는 부처 세계의 티끌 수 세계바다를 지나서 그밖에 비로자나원마니왕장 세계가 있고 보광명최승수미왕 부처님이 계셨다. 대중 가운데 원지광명당 보살이 있었다.

부처님 계신 곳에 이르러 부처님 발에 절 하고, 서북방에서 시방에 두루 비추는 마니보배로 장엄한 누각과 세간을 두루 비추는 보배연화장 사자좌를 변화하여 최고의 광명진주그물을 몸에 두르고 보광명 마니보배관을 쓰고 권속들과 함께 가부좌하고 앉았다.

(39-0-4-9) 하방의 대중

하방으로 헤아릴 수 없는 부처 세계의 티끌 수 세계바다를 지나서 그 밖에 일체여래원만광보조 세계가 있고 허공무애상지당왕 부처님이 계셨다. 대중 가운데 파일체장용맹지왕 보살이 있었다.

부처님 계신 곳에 이르러 부처님 발에 절하고, 하방에서 모든 여래의 궁전 모양을 나타내는 여러 보배로 장엄한 누각과 모든 보배연화장 사자좌를 변화하여 도량의 그림자를 나타내는 마니보배관을 쓰고 권속들과 함께 가부좌하고 있었다.

(39-0-4-10) 상방의 대중

상방으로 헤아릴 수 없는 부처 세계의 티끌 수 세계바다를 지나서 그 밖에 설불종성무유진 세계가 있고 보지륜광명음 부처님이 계셨다. 대중 가운데 법계차별원 보살이 있었다.

세계바다의 티끌 수 보살들과 도량을 떠나 사바세계의 석가모니부처 님 계신 곳으로 왔다. 잘 생긴 모습과 털구멍과 몸의 부분과 손과 발 가락과 장엄거리와 의복에서 비로자나 등 과거의 부처님과 미래의 부처님으로 수기를 받은 이와 못 받은 이와 현재 시방 국토에 계신 부 처님과 그 대중들이었다.

과거에 보시바라밀을 행하기도 하고 보시를 받은 이의 본생 일들을 나타냈다. 과거에 지계바라밀을 행하던 본생 일들을 나타냈다. 과거 에 인욕바라밀을 행하면서 온몸을 도려내도 마음이 흔들리지 않던 본생 일들을 나타냈다. 과거에 정진바라밀을 행하면서 용맹하게 물러가지 않던 본생 일들을 나타냈다. 과거에 모든 여래의 선정바라밀을 구하여 성취하던 본생 일들을 나타냈다. 과거에 모든 부처님이 지혜바라밀을 구하여 성취한 법과 용맹한 마음을 내어 온갖 것을 버리던 본생 일들을 나타냈다. 과거에 방편바라밀을 구하여 부처님 뵙기를 좋아하고 보살의 도를 행하기를 좋아하고 중생을 교화하기를 좋아하던 본생 일들을 나타냈다. 과거에 원바라밀을 구하여 보살이 낸 큰 서원을 청정하게 장엄하는 본생 일들을 나타냈다. 과거에 역바라밀을 구하여 보살이 이루었던 용맹하고 깨끗하게 한 힘으로 중생교화하기를 좋아하던 본생 일들을 나타냈다. 과거에 보살이 지바라밀을 닦아 원만하게 모든 것을 이루었던 본생 일들을 나타냈다. 이와 같은 본생의 일바다가 광대한 법계에 가득했다.

부처님 계신 곳에 이르러 부처님 발에 절하고, 상방에서 모든 금강장으로 장엄한 누각과 제청 금강왕으로 된 연화장 사자좌를 변화하여 모든 보배광명마니왕 그물로 몸에 두르고 삼세 여래의 이름을 연설하는 마니보배왕으로 상투에 관을 쓰고 권속들과 함께 가부좌하고 있었다.

(39-0-4-11) 대중들의 덕을 찬탄하다

이러한 시방의 보살과 그 권속들은 보현보살의 행과 서원 가운데서 태어났다. 청정한 지혜 눈으로 삼세 부처님을 보고, 여래가 굴리신 법륜인 경전의 바다를 모두 들었으며, 보살의 자유자재함으로 저 언덕에 이미 이르렀고, 생각생각마다 큰 신통 변화를 나타내어 여래에게 친근하며, 한몸이 변하여 시방세계 여래의 대중이 되어 도량에 가득했다.

한 티끌 속에 세간의 경계를 나타내어 중생을 교화하고 성취하되 때를 놓치지 않으며, 한 털구멍에서 여래의 법을 말하는 음성을 냈다.

중생이 환상과 같음을 알며, 부처님이 그림자와 같음을 알며, 육취에 태어남이 꿈과 같음을 알며, 업을 지어 과보를 받는 것이 거울 속의 모습과 같음을 알며, 생사의 일어남이 아지랑이 같음을 안다. 세계가 변화함과 같음을 알아 여래의 십력과 두려움 없음을 성취했다. 용맹하고 자재하게 사자후를 하여 끝이 없는 변재바다에 깊이 들어갔다. 중생의 말을 아는 모든 법의 지혜를 얻었고, 허공과 법계에 다님이 걸림 없으며 법에 장애가 없었다.

보살의 신통한 경계를 이미 청정하게 했고, 용맹하게 정진하여 마의 군대를 꺾어 굴복시키며, 항상 지혜로 삼세를 통달하며, 법이 허공과 같음을 알아 어김이 없고 집착이 없으며, 부지런히 정진하여 온갖 지혜가 마침내 온 데가 없음을 알고, 경계를 보아 온갖 것이 얻을 수 없음을 알며, 방편의 지혜로 모든 법계에 들어가고 평등한 지혜로 모든 국토에 들어갔다.

자유자재한 힘으로 세계가 차례차례 서로 들어가게 하며, 세계의 곳곳마다 태어나서 여러 세계의 갖가지 형상을 보며, 미세한 경계에 광대한 세계를 나타내고 광대한 경계에 미세한 세계를 나타냈다. 한 부처님 계신 곳에 잠깐 동안 모든 부처님의 위신이 가피되어 시방세계를 보는 데 미혹이 없이 잠깐 동안에 다 나아갈 수 있었다.

이러한 보살이 기타림에 가득 찼으니, 이것은 모두 여래의 위엄과 신통한 힘이었다.

(39-0-5) 잃은 것으로 얻을 것을 나타내다

(39-0-5-1) 여래의 경계를 보지 못하는 사람들

이때에 큰 성문들의 우두머리인 사리불, 목건련, 마하가섭, 이바다, 수보리, 아나율, 난타, 겁빈나, 가전연, 부루나등이 기타림에 있었다.

(39-0-5-2) 여래의 경계

모두 여래의 신통한 힘과 잘 생긴 모습과 경계와 유희와 신통 변화
와 높으심과 묘한 행과 위덕과 머물러 지님과 청정한 세계를 보지
못했다.

(39-0-5-3) 보살의 경계

부사의한 보살의 경계는 다음과 같다. 보살의 대회와 두루 들어감과
널리 모여옴과 널리 나아감과, 신통 변화와 유희와 권속과 방소와 장
엄한 사자좌와 보배의 궁전과 계신 곳과, 들어간 삼매의 자재함과 관
찰과 기운 뻗음과 용맹과 공양과 수기 받음과 성숙함과 건장함과, 청
정한 법의 몸과 원만한 지혜의 몸과 원하는 몸으로 나타남과, 육신을
성취함과 모습이 구족하게 청정함과 광명이 여러 빛으로 장엄함과
큰 광명의 그물과 변화하는 구름과 몸이 시방에 두루함과 행이 원만
함 등이다.

(39-0-5-4) 여래의 경계를 보지 못하는 이유
(39-0-5-4-1) 과거의 인연

성문 제자는 이러한 일들을 보지 못했다. 왜냐하면 선근이 다른 까닭
이며, 부처님을 뵙는 자재한 선근을 본래 익히지 않은 까닭이며, 시방
세계 부처님 국토의 청정한 공덕을 찬탄하지 않은 까닭이며, 부처님
의 갖가지 신통과 변화를 본래 칭찬하지 않은 까닭이다.

본래부터 생사를 헤매는 가운데서 위없는 바른 보리심을 내지 않은
까닭이며, 다른 이를 보리심에 머물게 하지 못한 까닭이며, 여래의 종
자를 끊이지 않게 하지 못한 까닭이며, 중생들을 거두어 주지 못한 까
닭이며, 다른 이를 권하여 보살의 바라밀을 닦게 하지 못한 까닭이다.

본래부터 생사를 헤매면서 중생에게 권하여 가장 훌륭한 큰 지혜의 눈을 구하게 하지 못한 까닭이며, 온갖 지혜를 내는 선근을 닦지 않은 까닭이며, 여래의 출세하는 선근을 성취하지 못한 까닭이며, 부처님 세계를 장엄하는 신통과 지혜를 얻지 못한 까닭이다.

본래부터 보살의 눈으로 아는 경계를 얻지 못한 까닭이며, 세간에 뛰어나 함께하지 않는 보리의 선근을 닦지 않은 까닭이며, 보살의 큰 서원을 내지 않은 까닭이며, 여래의 가피로 태어나지 않은 까닭이며, 법이 환상과 같고 보살이 꿈임을 알지 못한 까닭이며, 여러 큰 보살의 광대한 환희를 얻지 못한 까닭이다.

이런 것이 다 보현보살의 지혜 눈의 경계로써 이승과 함께 하지 않는 것이니, 이런 인연으로 여러 큰 성문들이 보지도 못하고 알지도 못하고 듣지도 못하고 들어가지도 못하고 얻지도 못하고 기억하지도 못하고 관찰하지도 못하고 요량하지도 못하고 생각하지도 못하고 분별하지도 못했다. 그래서 기타림에 있으면서도 여래의 여러 가지 큰 신통 변화를 보지 못했다.

(39-0-5-4-2) 현재의 인연

성문들은 선근이 없고 지혜의 눈이 없고 삼매가 없고 해탈이 없고 신통이 없고 위덕이 없고 세력이 없고 자재함이 없고 머물 곳이 없고 경계가 없는 까닭이다. 그러므로 이것을 알지 못하고 보지 못하고 들어가지 못하고 증득하지 못하고 머물지 못하고 이해하지 못하고 관찰하지 못하고 견디어 받지 못하고 나아가지 못하고 다니지 못하며, 다른 이들을 위해 열어 보이고 해설하고 칭찬하고 인도하여 나아가게 하지 못하며, 향하여 가게 하고 닦아 익히게 하고 편안히 머물게 하고 증득하지 못했다.

왜냐하면 큰 제자들이 성문승을 의지하여 벗어났으므로 성문의 도를 성취하고 성문의 행에 만족하고 성문의 과보에 머물러 있었다. '있다 없다' 하는 진리에 확고한 지혜를 얻고 실제에 항상 머물러서 끝까지 고요하며, 크게 가엾게 여김이 없어 중생을 버리고 자기의 일에만 머무르며, 지혜는 쌓아 모으지도 못하고 닦아 행하지도 못하고 편안히 머물지도 못하고 원하여 구하지도 못하고, 성취하지도 못하고 청정하게 하지도 못하고 들어가지도 못하고 통달하지도 못하고 알고 보지도 못하고 증하여 얻지도 못했다. 기타림에 있으면서도 여래의 광대한 신통 변화를 보지 못했다.

(39-0-5-4-3) 열 가지 비유로써 나타내다

"대중들이여, 항하(恒河, ganga, ganges)강의 언덕에 백천억 한량없는 아귀가 있다. 맨몸에 굶주리고 목마르고 온몸이 불에 타며, 까마귀·수리·승냥이·이리들이 다투어 와서 할퀴며, 기갈에 시달리어 강가에 있으면서도 물을 보지 못하고 설사 보더라도 물이 말랐으니 이는 두터운 업장이 덮인 탓이다.

성문들도 그와 같아 기타림에 있으면서도 여래의 신통한 힘을 보지 못하고 온갖 지혜를 버렸으니 무명의 꺼풀이 눈을 덮은 탓이며, 일찍이 온갖 지혜의 선근을 심지 못한 탓이다.

어떤 사람들이 모인 곳에서 편안히 자다가 꿈을 꾸는데, 수미산 꼭대기에 제석천왕이 있는 선견성을 보았다. 궁전과 동산에 훌륭한 백천만억 천자와 천녀들이 하늘 꽃을 뿌려 땅에 가득하며, 여러 가지 의복나무에서는 묘한 의복이 나오고 갖가지 꽃나무에는 아름다운 꽃이 피고, 음악나무에서는 하늘음악을 연주하고, 하늘아씨들은 아름다운 음성으로 노래하고 한량없는 하늘에서 즐겁게 놀며, 자신도 하늘옷을 입고 그곳에서 오고 가는 것을 보지만 회중에 있는 사람들은 비록 한자리에 있으나 알지도 못하고 보지도 못했다. 왜냐하면 꿈에 보는 것은 대중들이 볼 수 없는 까닭이다.

모든 보살과 세간의 임금들은 본래부터 선근을 쌓은 힘과 온갖 지혜의 광대한 원을 발함과, 부처 공덕을 닦음과 보살의 장엄하는 도를 수행함과 온갖 심오한 지혜법을 원만하게 함과, 보현의 행과 원을 만족하게 함과 보살의 지혜에 들어감과 보살의 머무는 삼매에 유희함과, 보살의 경계를 관찰하여 걸림이 없는 연고로 여래 부처님의 부사의하고 자유자재한 신통변화를 모두 볼 수 있다. 성문인 제자들이 보지 못하고 알지 못하는 것은 보살의 청정한 눈이 없는 까닭이다.

설산에는 여러 가지 약초가 많다. 의사는 모두 잘 알지만, 사냥꾼이나 목동들은 그 산에 항상 있으면서도 약초를 보지 못한다.

이와 같이 보살들은 지혜의 경계에 들어가서 자유자재한 힘을 갖추었으므로 여래의 광대한 신통 변화를 보지만, 큰 제자들은 자기만 이익되게 하고 다른 이를 이익되게 하지 않으며 자기만 편안하려 하고 다른 이는 편안하게 하려 하지 않으므로 기타림 속에 있으면서도 알지도 못하고 보지도 못한다.

땅속에 여러 가지 보물과 귀중한 보배가 가득 찼는데, 어떤 사람이 총명하고 지혜가 있어 묻힌 보물을 잘 알고, 또 큰 복력도 있으므로 마음대로 가져다가 부모를 봉양하고 친족들에게 나누어 주고 병들고 늙고 곤궁한 이들을 구제하지만, 지혜가 없고 복덕이 없는 사람은 비록 보물이 묻힌 곳에 가더라도 알지 못하고 보지 못하여 이익을 얻지 못한다.

보살들은 깨끗한 지혜의 눈이 있으므로 여래의 불가사의한 깊은 경계에 들어가서 부처의 신통한 힘을 보며 여러 가지 법문에 들어가 삼매의 바다에 머물면서 부처님께 공양하고 바른 법으로 중생들을 깨우치고 사섭법으로 중생들을 거두어 주지만 성문들은 여래의 신통한 힘을 보지도 못하고 보살 대중도 보지 못한다.

눈먼 사람이 보배가 많은 섬에 가서 다니고 서고 앉고 누우면서도 보배를 보지 못하며 사용하지 못한다. 큰 제자들도 그와 같아 기타림 속에서 부처님과 친근하면서도 여래의 자유자재한 신통을 보지 못하며, 보살 대중도 보지 못한다. 왜냐하면 보살의 걸림없는 깨끗한 눈이 없어서 차례차례로 법계에 들어가지 못하고 여래의 자재한 힘을 보지 못하는 까닭이다.

어떤 사람이 이구광명이라는 청정한 눈을 얻으면 어둠이 장애가 되지 못하므로 캄캄한 밤중에 백천만억 사람이 있는 곳에서 가고 서고 앉고 누우면서 여러 사람의 형상과 위의를 보지만 이 눈 밝은 사람의 오고 가는 행동을 다른 사람은 보지 못한다. 부처님도 그와 같아 지혜 눈을 성취하여 청정하고 걸림이 없으므로 세상 사람을 보지만, 부처님이 나투시는 신통 변화와 보살들이 모시는 것을 제자들은 보지 못한다.

어떤 비구가 대중 가운데서 온갖 곳에 두루한 선정인 변처정에 들었다. 땅의 모든 곳에 두루한 선정인 변처정, 물의 모든 것에 두루한 선정, 불의 모든 것에 두루한 선정, 바람의 모든 것에 두루한 선정, 푸른 곳에 두루한 선정, 노란 곳에 두루한 선정, 붉은 곳에 두루한 선정, 흰 곳에 두루한 선정, 하늘의 모든 곳에 두루한 선정, 갖가지 중생의 몸에 두루한 선정, 말과 음성의 모든 것에 두루한 선정, 모든 반연할 곳에 두루한 선정들이다. 이 선정에 든 이는 그의 반연함을 보지만 다른 대중은 보지 못한다. 오직 이 삼매에 머무는 이만 볼 수 있다.

여래가 나타내는 불가사의한 부처님의 경계도 그와 같아 보살들은 보지만 성문은 보지 못한다.

어떤 사람이 투명해지는 약을 몸에 바르면 대중 가운데서 오고 가고 앉고 서고 해도 보는 이가 없지만 대중의 하는 일은 모두 본다. 여래도 그와 같아 세간을 초월했지만 세간 일을 두루 본다. 성문들은 보지 못하며, 온갖 지혜의 경계에 나아가는 보살들은 볼 수 있다. 사람이 태어나면 두 하늘이 항상 따라다닌다. 하나는 같이 태어나는 동생인 것이며, 다른 하나는 같은 이름인 동명이다. 하늘은 항상 사람을 보아도 사람은 이 하늘을 보지 못한다. 여래도 그와 같아 보살들 가운데서 큰 신통을 나타내는 것을 성문들은 보지 못한다.

어떤 비구가 마음의 자재함을 얻어 멸진정에 들면 육근으로 짓는 업을 행하지 않고 모든 말을 알지도 못하고 깨닫지 못하지만, 선정의 힘으로 유지되는 까닭으로 멸에 들지 않는다. 성문도 그와 같아 비록 기타림 속에 있으면서 육근을 갖추었지만 여래의 자재함과 보살 대중들이 짓는 일을 알지 못하고 보지 못하고 이해하지 못하고 들어가지 못한다."

(39-0-5-5) 맺다

"여래의 경계는 매우 깊고 광대하여 보기 어렵고 알기 어렵고 측량하기 어렵고 헤아리기 어렵다. 세간을 초월하여 부사의하고 파괴할 이가 없으며 모두 이승의 경계가 아니다. 그러므로 여래의 자유자재함과 신통한 힘과 보살 대중의 모임과 기타림이 청정한 세계에 두루하지만 이러한 일을 성문들은 알지도 못하고 보지도 못한다."

(39-0-6) 보현보살이 삼매를 설하다
(39-0-6-1) 열 가지 법의 글귀

그때 보현보살은 보살의 모임을 두루 관찰하고, 법계와 같은 방편과 허공계와 중생계와 겁과 중생의 업과 욕망과 이해와 근성과 성숙한 때와 그림자와 같은 방편으로써 여러 보살을 위해 열 가지 법으로 사자빈신삼매를 열어 보이며 밝게 설했다.

"법계와 같은 부처 세계의 티끌 속에서 부처님이 나시는 차례와 세계가 이루어지고 무너지는 차례를 나타내는 법을 설했다. 허공계와 같은 부처 세계에서 오는 세월이 끝나도록 여래의 공덕을 찬탄하는 음성을 나타내는 법을 설했다. 허공계와 같은 모든 부처 세계에서 여래가 나서 한량없고 그지없는 바른 깨달음을 이루는 문을 나타내는 법을 설했다. 허공계와 같은 부처 세계에서 부처님은 도량에 보살들 가운데 앉으셨음을 나타내는 법의 글귀를 설했다. 털구멍에 잠깐 동안 삼세 부처님의 변화한 몸을 나타내어 법계에 가득하는 법의 글귀를 설했다. 한 몸이 시방의 세계바다에 가득히 평등하게 나타내는 법의 글귀를 설했다. 경계 가운데 삼세 부처님들의 신통 변화를 나타내게 하는 법의 글귀를 설했다. 부처 세계의 티끌 속에 삼세 부처 세계의 티끌 수와 같은 부처님의 갖가지 신통 변화를 나타내어 한량없는 겁을 지나게 하는 법을 설했다. 털구멍에서 삼세 부처님의 큰 서원바다에 음성을 내어 미래겁이 끝나도록 보살을 열어 교화하고 인도하는 법을 설했다. 부처님의 사자좌의 크기가 법계와 같으며 보살들의 모임과 도량의 장엄이 평등하고 차별이 없는데, 오는 세월이 끝나도록 갖가지 미묘한 법륜을 굴리는 법을 설했다.

보살들이여, 이 열 가지가 머리가 되어 말할 수 없는 부처 세계의 티끌 수만큼 법이 있으니, 다 여래의 지혜의 경계이다."

(39-0-6-2) 게송으로 다시 펴다

그때 보현보살이 이 뜻을 거듭 펴려고 부처님을 관찰하고 대중들을 관찰하고, 부처님의 생각하기 어려운 경계를 관찰하고 부처님의 삼매를 관찰하고, 부사의한 세계바다를 관찰하고 부사의한 환상과 같은 법의 지혜를 관찰하고, 부사의한 삼세 부처님이 다 평등함을 관찰하고 한량없는 말의 변재를 관찰하고 게송으로 말했다.

하나의 털구멍에도 / 티끌 수의 세계바다가 있어
보살 대중들에게 둘러싸여 / 부처님이 앉아 계시네.

하나의 털구멍에도 / 티끌 수의 세계바다가 있어
이 세계 법계에 두루한데 / 부처님이 보리좌에 앉아 계시네.

하나의 털구멍에 / 모든 세계 티끌의 부처님이
보살 대중들에게 둘러싸여 / 보현의 행을 말씀하시네.

부처님 한 국토에 앉아 계시고 / 시방세계가 모두 그러한데
한량없는 보살들이 모여들어 / 부처님의 설법을 듣네.

억만 세계의 티끌 수 같은 / 보살의 공덕바다가
모인 대중 속에서 일어나니 / 시방세계에 가득하네.

모두 보현의 행에 머물러 / 법계바다에 노닐면서
모든 세계를 두루 나타내어 / 평등하게 부처님 회상으로 들어오네.

모든 세계에 편안히 앉아 / 부처님 법문을 들으면서
낱낱 국토에서 / 억겁 동안 수행을 하네.

보살들의 닦는 행은 / 두루 밝은 법바다의 행으로
큰 서원바다에 들어가 / 부처의 경계에 머무르네.

보현의 행을 통달하고 / 부처님의 법을 내어
부처의 공덕바다를 구족하고 / 신통한 일을 널리 나투네.

몸구름이 티끌 수 같아 / 모든 세계에 가득하고
감로의 법비를 내려 / 대중들을 부처의 도에 머물게 하네.

(39-0-7) 백호광명으로 이익을 나타내다
(39-0-7-1) 광명을 놓다

이때 부처님께서 모든 보살을 사자빈신삼매에 들게 하려고 미간의 흰 털로부터 보조삼세법계문 광명을 놓았다. 수없이 많은 부처 세계의 티끌 수 광명으로 권속을 삼아 시방의 모든 세계바다의 여러 부처님 국토에 두루 비추었다.

(39-0-7-2) 광명을 의지하여 법을 보다
(39-0-7-2-1) 기타림 대중들이 광명에 나타난 경계를 보다

이때 기타림에 보살 대중은 부처 세계를 보았다. 법계 허공계에 있는 세계의 수없이 많은 티끌 속에 수없이 많은 부처 세계가 있고 그 수만큼 국토가 있다. 갖가지 이름과 빛과 청정과 머무는 곳과 형상을 나타냈다. 국토마다 보살들이 도량의 사자좌에 앉아서 정등각을 이루어 보살 대중들에 둘러싸여 있으며 세간 임금들이 공양을 올리고 있었다.

(39-0-7-2-2) 시방에서 광명을 나타낸 경계를 보이다

이 회중에 있는 보살 대중이 부처님의 깊은 삼매와 큰 신통의 힘을 보는 것 같이, 온 법계와 허공계의 시방의 방향의 바다에서 중생의 마음을 의지하여 머물렀다. 시작이 없는 과거로부터 현재에 이르는 국토나 중생의 몸이나 허공 가운데 한 티끌만한 곳마다 수없이 많은 세계가 있어 갖가지 업으로 생긴 수없이 많은 세계마다 도량에 모인 보살 대중이 있었다.

이 보살들은 부처님의 신력으로 세상을 허물지도 않고 세간을 허물지도 않고 중생의 마음에 모습을 나타내며, 중생의 마음따라 미묘한 음성을 내고 대중이 모인 데 들어가서 대중 앞에 나타났다. 빛과 모양은 다르나 지혜는 다르지 않으며, 그들에게 맞는 불법을 보이며, 중생을 교화하고 조복시키기를 잠깐도 쉬지 않았다.

(39-0-7-2-3) 옛 인연을 증명하다

부처님의 신력을 보는 보살은 모두 비로자나여래께서 지난 옛적에 선근을 심어준 자들이다. 사섭법으로 붙들어 주고 거두어 준 이들이며, 위 없는 보리심을 내게 한 이들이며, 과거에 부처님 계신 곳에서 선근을 심었거나 온갖 지혜와 교묘한 방편으로 교화하여 성숙시킨 이들이다.

(39-0-7-2-4) 이익을 얻다
(39-0-7-2-4-1) 보살들이 여래의 경계에 들어가다

"그러므로 여래의 부사의한 깊은 삼매와 법계와 허공계의 큰 신통한 힘에 들어갔다. 법의 몸에 들기도 하고 육신에 들기도 했다. 과거에 성취한 행에 들기도 하고 원만한 여러 완성에 들기도 했다. 장엄하고 청정한 행에 들기도 하고 보살의 여러 지위에 들기도 했다. 정각을 이루는 힘에 들기도 하고 부처님이 머무는 삼매와 차별없는 큰 신통 변화에 들기도 했다. 여래의 힘과 두려움 없는 지혜에 들기도 하고 부처님의 걸림이 없는 변재바다에 들기도 했다. 보살들이 갖가지 이해와 도와 문과 들어감과 이치와 따라 줌과 지혜와 도의 도움과 방편과 삼매로 수없이 많은 부처 세계의 한량없는 부처님의 신통 변화바다의 방편문에 들어가는 것이다."

(39-0-7-2-4-2) 보살들의 백 가지 삼매

"무엇을 갖가지 삼매라 하는가? 법계를 두루 장엄하는 삼매, 삼세의 걸림없는 경계를 널리 비추는 삼매, 법계의 차별이 없는 지혜광명삼매, 여래의 경계에 들어가는 흔들리지 않는 삼매, 끝이 없는 허공을 두루 비추는 삼매, 여래의 힘에 들어가는 삼매, 부처의 두려움 없는 용맹으로 기운 뻗고 장엄하는 삼매, 법계의 구르는 광삼매, 달과 같이 법계에 걸림 없는 음성으로 연설하는 삼매, 법계를 청정하게 하는 광명삼매, 걸림 없는 비단법왕당기삼매, 세간에 몸을 나타내는 삼매, 여래의 차별 없는 경계에 들어가는 삼매, 법에 자취가 없음을 아는 삼매, 법이 끝까지 고요함을 아는 삼매, 자유자재로 변하여 세간에 나타나는 삼매, 세계에 두루 들어가는 삼매, 부처의 세계를 장엄하고 정각을 이루는 삼매, 일체 중생의 경계를 보는데 걸림이 없는 삼매 등이다.

보살이 이렇게 말할 수 없는 부처 세계의 수없이 많은 삼매로 잠깐 동안 비로자나여래의 법계에 가득한 삼매의 신통 변화바다에 들어간다."

(39-0-7-2-4-3) 광명을 보고 덕을 갖추다

"보살들은 모두 큰 지혜와 신통을 구족했으니 밝고 예리함이 자유자재하여 여러 지위에 머문다. 광대한 지혜로 모든 것을 두루 보며, 지혜의 성품으로 났으며, 온갖 지혜가 항상 앞에 나타나서 어리석음을 벗어나 청정한 지혜의 눈을 얻었다. 여러 중생을 다스리는 스승이 되어 부처님의 평등한 곳에 머무르며, 법에 분별이 없으며, 경계를 분명히 통달하여 세간의 성품이 고요하여 의지한 곳이 없음을 안다. 부처의 국토에 두루 나아가지만 집착이 없으며, 법을 관찰하나 머무름이 없다. 묘한 법의 궁전에 두루 들어가지만 오는 바가 없으며, 세간을 교화하고 조복시켜 여러 중생에게 편안한 곳을 나타냈다. 그의 행함은 지혜의 해탈을 향하여 항상 지혜의 몸으로 탐욕을 떠난 경계에 머물며, 생사의 바다를 넘어 진실한 경계를 보이고 지혜의 빛이 원만하여 법을 널리 본다. 삼매에 머물러 견고하여 요동하지 않고 중생을 가엾게 여긴다. 법문은 환상과 같고 중생은 꿈 같고 여래는 그림자 같고 말은 메아리 같고 법은 변화와 같음을 안다. 원과 행을 잘 모으고 지혜가 원만하고 방편이 청정하여 마음이 매우 고요하다. 총지의 경계에 잘 들어가고 삼매의 힘을 구족하여 용맹하고 겁이 없다. 밝은 지혜의 눈을 얻어 법계의 경계에 머물고 온갖 법이 얻을 것 없는 데 이른다. 끝없는 지혜의 바다를 닦고 익혀서 지혜바라밀을 터득한다. 신통바라밀로 세간에 널리 들어가고 삼매바라밀에 의지하여 마음이 자재함을 얻었다.

뒤바뀌지 않는 지혜로 이치를 알고 교묘하게 분별하는 지혜로 법장을 열어 보인다. 드러나게 아는 지혜로 글을 해석하고 큰 서원의 힘으로 법을 말하여 다하지 않는다. 두려움이 없는 큰 사자후로 의지한 데 없는 법을 관찰하기 좋아하고 깨끗한 법눈으로 모든 것을 두루 본다. 깨끗한 지혜달로 세간이 생기고 무너지는 것을 본다. 지혜의 빛으로 진실한 이치를 비추며, 복덕과 지혜는 금강으로 된 산과 같아 온갖 비유로 미칠 수 없고 법을 잘 관찰하여 지혜의 뿌리가 증장한다. 용맹하게 정진하여 여러 가지 마를 꺾어 부수고 한량없는 지혜는 위엄과 광채가 치성하여 세간에서 뛰어났다. 법에 걸림없는 지혜를 얻어 다함이 없는 경계를 잘 알고 넓은 경계에 머물러 진실한 경계에 들어간다. 형상 없이 관찰하는 지혜가 항상 앞에 나타난다.

교묘하게 보살들의 행을 성취하고 둘이 없는 지혜로 여러 경계를 안다. 세간의 여러 길을 두루 보고 모든 부처님의 국토에 가고 지혜등불이 원만하여 모든 법에 어둡지 않다. 깨끗한 법의 광명을 놓아 시방세계를 비추고 여러 세간의 진실한 복밭이 되거나 듣는 이는 소원을 이룬다. 복덕이 높고 커서 세간에서 뛰어났고 용맹하고 두려움 없어 외도들을 굴복시킨다. 미묘한 음성이 모든 세계에 두루했다. 부처님을 뵙는 마음은 싫어할 줄 모르고 부처님의 법의 몸에는 이미 자유자재했다. 교화할 중생을 따라 몸을 나타내니 한몸으로 모든 부처님 세계에 가득했다.

자재하여 청정한 신통을 얻었고 큰 지혜의 배를 타고 가는 곳마다 걸림이 없다. 지혜가 원만하여 법계에 두루하니 마치 해가 떠서 세간에 비치면 중생의 마음을 따라 빛과 형상을 나타내듯 중생의 근성과 욕망을 알고 모든 법이 다툼이 없는 경계에 들어간다. 법의 성품이 남도 없고 일어남도 없음을 알아 크고 작은 것에 자유자재하여 서로 들어가게 한다.

부처님 지위의 깊은 뜻을 분명히 알고 다함없는 글귀로 매우 깊은 이치를 말하되 한 구절 가운데 다라니바다를 연설한다. 큰 지혜의 다라니 몸을 얻어 배워 지닌 것을 영원히 잊지 않는다. 한 생각에 한량없는 겁 동안의 일을 기억하고 한 생각에 삼세 중생의 지혜를 안다. 항상 온갖 다라니 문으로 끝이 없는 부처님의 법바다를 연설하고 항상 물러가지 않는 청정한 법륜을 굴리어 중생들이 지혜를 내게 했다.

부처 경계의 지혜광명을 얻어서 잘 보는 깊은 삼매에 들어간다. 법의 장애가 없는 경계에 들어가 온갖 법의 훌륭한 지혜가 자재한다. 경계가 청정하게 장엄되어 시방의 법계에 두루 들어가되 어느 장소에나 이르지 않는 데가 없다. 티끌마다 바른 깨달음을 이루며 색의 성품이 없는 데서 온갖 색을 나타내며 방위를 한 방위에 넣는다.

그 보살들이 이와 같이 그지없는 공덕의 장을 갖추어 항상 부처님의 칭찬을 들었다. 여러 가지 말로 그 공덕을 말해도 다할 수 없으며, 제 타숲 속에 있으면서 여래의 공덕 바다에 들어가서 부처님의 광명이 비치는 것을 보았다.

(39-0-7-2-5) 보살들이 은혜를 입고 공양을 올리다

이때 보살이 부사의한 바른 법의 광명을 얻고 매우 기뻐했다. 광명은 몸과 누각의 장엄 거리와 앉아 있는 사자좌 등 기타림의 물건에 두루 했으며, 가지각색 장엄구름을 나타내어 시방 법계에 충만했다. 잠깐 동안에 큰 광명구름을 놓아 시방에 가득하여 중생을 깨우치며, 마니 보배와 풍경구름을 내어 시방에 가득하여 미묘한 음성으로 삼세 부처님들의 공덕을 일컬어 찬탄하며, 음악구름을 내어 시방에 가득하여 그 음성 속에서 중생의 업과 과보를 연설했다.

보살의 여러 가지 원과 행의 빛깔구름을 내어 시방에 가득하여 보살들이 가진 큰 원을 말하며, 여래의 마음대로 변화하는 구름을 내어 시방에 가득하여 여래의 음성을 내며, 보살의 잘 생긴 모습으로 장엄한 몸 구름을 내어 시방에 가득하여 여래의 국토가 생긴 차례를 말하며, 삼세 여래의 도량구름을 내어 시방에 가득하여 모든 여래께서 등정각을 이루는 공덕장엄을 나타내며, 용왕 구름을 내어 시방에 가득하여 온갖 향의 비를 내리며, 세간 임금의 몸 구름을 내어 시방에 가득하여 보현보살의 행을 연설하며, 보배로 장엄하여 청정한 부처 세계 구름을 내어 시방에 가득하여 여래의 바른 법륜의 굴림을 나타냈다. 이 보살들이 부사의한 법의 광명을 얻었으므로 수없이 많은 부처 세계의 티끌 수의 큰 신통변화로 장엄한 구름을 일으키는 것이다."

(39-0-8) 문수보살이 기타림의 일을 찬탄하다
이때 문수보살이 부처님의 신력으로 기타림에서 여러 신통 변화한 일을 거듭 펴려고 시방을 관찰하고 게송을 말했다.

법륜의 핵심 기타림이 / 부처님의 신력으로 끝없이 넓고
온갖 장엄을 다 나타내어 / 시방의 법계에 가득하네.

시방의 한량없는 모든 국토에 / 수만 가지 종류를 모두 장엄해
거기 있는 사자좌들 경계 가운데 / 온갖 모양 분명히 다 나타나네.

수없는 불자들의 털구멍에서 / 갖가지 장엄한 불꽃구름과
여래의 미묘한 음성을 내어 / 시방의 모든 세계에 가득하네.

보배꽃나무에 몸을 나투니 / 잘 생긴 그 모습이 범천과 같고
선정에서 일어나 걸어다녀도 / 오고가는 거동이 항상 고요하네.

여래의 하나하나 털구멍 속에 / 변화하여 부사의한 몸을 나타내
모두가 보현보살 같이 / 갖가지 상호를 장엄했네.

기타림 위에 있는 허공 중에서 / 여러 가지 장엄으로 소리를 내어

삼세 보살들이 닦아 이루신 / 갖가지 공덕바다 널리 말하네.

기타림 속에 있는 보배나무도 / 한량없이 미묘한 음성을 내어
중생들의 갖가지 업의 바다가 / 제각기 차별함을 말하고 있네.

기타림 속에 있는 여러 경계가 / 삼세의 여래들을 다 나타내어
저마다 큰 신통을 일으키는 일 / 시방의 사바세계 티끌과 같네.

시방에 널려 있는 갖가지 국토 / 모든 세계바다의 티끌 수들이
여래의 털구멍에 다 들어가서 / 차례로 장엄함을 모두 보네.

모든 장엄 속에 나타낸 부처님이 / 중생과 같은 수가 세간에 가득하고
부처마다 큰 광명을 모두 놓아서 / 갖가지로 마땅하게 중생을 교화하네.

향불꽃과 보배광과 여러 가지 꽃 / 갖가지로 미묘하게 장엄한 구름
광대하여 허공과 같은 것들이 / 시방의 국토들에 가득하네.

시방세계 삼세의 모든 부처님 / 여러 가지 장엄한 묘한 도량이
이 동산의 기타림 경계 가운데 / 갖가지 모양들이 다 나타나네.

수많은 보현보살과 모든 불자가 / 백천만 겁 동안 장엄한 세계
그 수가 중생같이 한량없지만 / 이 기타림 속에서 모두 본다.

(39-0-9) 큰 작용은 끝이 없다
(39-0-9-1) 삼매 광명으로 세간의 주인 형상을 나타내다

그때 보살들은 부처님의 삼매 광명의 빛을 받아 같은 삼매에 들어갔다. 제각기 수없이 많은 부처 세계의 티끌 수만큼 가엾게 여기는 문을 얻어 중생을 이익되게 하고 안락하게 했다. 몸에 있는 털구멍마다 말할 수 없는 부처 세계의 티끌 수 광명을 내고, 낱낱의 광명에서 말할 수 없는 부처 세계의 티끌 수 보살들을 변화하여 나타냈다. 그 형상이 세간의 임금과 같으며, 일체 중생의 앞에 나타나 시방 법계에 가득차 여러 가지 방편으로 교화하고 조복시켰다.

(39-0-9-2) 가지가지의 문을 나타내다

수없이 많은 부처 세계에서 수많은 하늘궁전의 무상한 문을 나타내고, 중생의 태어나는 문, 보살의 수행하는 문, 꿈 경계의 문, 보살의 큰 서원문, 세계를 진동시키는 문, 세계를 분별하는 문, 세계가 지금 생기는 문을 나타냈다.

(39-0-9-3) 십바라밀과 지혜의 문을 나타내다

수없이 많은 부처 세계의 티끌 수의 보시바라밀문을 나타내고, 여래가 공덕을 닦아 가지가지로 고행하는 지계바라밀문을 나타냈다. 온몸을 도려내는 인욕바라밀문, 부지런히 닦는 정진바라밀문, 보살들이 삼매를 닦는 선정해탈문, 부처의 도가 원만한 지혜의 광명문을 나타냈다.

수없이 많은 부처 세계의 티끌 수의 불법을 구하면서, 한 글귀 한 토를 위해 무수한 몸과 목숨을 버리는 문, 부처님을 친견하여 법을 물으면서도 고달픈 생각이 없는 문, 중생의 시절과 욕망을 따라 있는 곳에 나아가서 방편을 성숙시켜 온갖 지혜바다의 광명에 머물게 하는 문, 마를 항복 받고 외도를 잘 다스려 보살의 복과 지혜의 힘을 드러내는 문, 기술을 아는 밝은 지혜의 문, 중생의 차별을 아는 밝은 지혜의 문, 법의 차별을 아는 밝은 지혜의 문, 중생이 마음으로 좋아하여 차별함을 아는 밝은 지혜의 문, 중생이 근성과 행동과 번뇌와 습기를 아는 밝은 지혜의 문, 중생의 갖가지 업을 아는 밝은 지혜의 문, 모든 중생을 깨우치는 문을 나타냈다.

(39-0-9-4) 방편으로 곳곳에 가서 중생을 이익되게 하다

이와 같은 말할 수 없는 부처 세계의 티끌 수 방편문으로 중생이 있는 곳에 나아가 깨달음을 성숙하게 했다. 천궁에도 가고, 용궁에도 가고, 야차·건달바·아수라·가루라·긴나라·마후라가 궁에도 가고 범천왕궁에도, 인간의 왕궁에도, 염라대왕의 궁에도 가고 축생·아귀·지옥에도 갔다.

평등한 자비와 원과 지혜와 방편으로 중생들을 거두어 주었다. 보고 조복되는 이도 있고 듣고 조복되는 이도 있고 생각하고 조복되는 이도 있으며, 음성을 듣고 조복되기도 하고 이름을 듣고 조복되기도 하고 둥근 광명을 보고 조복되기도 했다. 광명 그물을 보고 조복되기도 하며, 중생들의 마음에 좋아함에 의해 그들의 처소에 나아가 이익을 얻게 했다.

(39-0-9-5) 보살이 중생을 위해 여러 가지 분신을 나타내 보이다

"대중들이여, 기타림에 있는 보살이 중생들을 성숙시키기 위해 어떤 때는 갖가지로 장엄한 궁전에 있기도 하고, 자기의 누각에서 사자좌에 앉아 있기도 하고, 도량에 모인 대중에 둘러싸여 시방에 두루하여 여럿이 보게 하지만 이 기타림 여래의 처소를 떠나지 않았다.

대중들이여, 보살들이 어떤 때는 한량없는 화신 구름을 나타내기도 하고 동무가 없는 혼자 몸을 나타내기도 했다. 사문의 몸, 바라문의 몸, 고행하는 몸, 성숙한 몸, 의사의 몸, 장사 주인의 몸을 나타내기도 했다. 깨끗이 생활하는 몸, 배우의 몸, 하늘을 섬기는 몸, 솜씨 좋은 기술자의 몸을 나타내어 시골과 도시와 수도와 마을에 있는 중생들의 처소에 가서 갖가지 형상과 위와 음성과 언론으로 인다라 그물과 같은 세간에서 보살의 행을 행했다. 세간의 공교한 사업을 말하며, 지혜로 세상을 비추는 등불을 말하며, 중생의 업력으로 장엄하는 것을 말하며, 시방 국토에서 여러 가지 성취하여 세우는 지위를 말하며, 이와 같이 지혜 등불을 비추는 법의 경계를 말했다. 일체 중생을 교화하여 성취하면서도 여래의 처소인이 기타림을 떠나지 않았다."

(39-00) 화엄경을 열다

(39-00-1) 문수보살
(39-00-1-1) 문수보살이 도반들과 남쪽으로 향하다
(39-00-1-1-1) 부처님 처소에 함께 온 이들

그때 문수보살(文殊菩薩, Manjusri)이 선주누각에서 나와 함께 수행하는 보살, 항상 따르며 시위하는 금강신들, 중생들을 위해 부처님께 공양하는 신중신들, 오래전부터 굳은 서원으로 항상 시중드는 족행신들, 묘한 법을 듣기 좋아하는 땅을 맡은 신들, 항상 대자비를 닦는 물을 맡은 신들, 지혜 빛으로 비추는 불을 맡은 신들, 마니로 관을 만든 바람을 맡은 신들, 시방의 모든 의식을 잘 아는 방위를 맡은 신들, 무명의 어둠을 전력으로 제멸하는 밤을 맡은 신들, 일심으로 부처님 해를 쉬지 않고 밝히는 낮을 맡은 신들, 법계의 모든 허공을 장엄하는 허공을 맡은 신들, 중생을 건져 생사의 바다를 뛰어나게 하는 바다를 맡은 신들, 온갖 지혜와 도를 돕는 선근을 부지런히 모으는 높고 큰 산과 같은 산을 맡은 신들과 중생의 보살마음성을 부지런히 수호하는 성을 맡은 신들, 온갖 지혜와 위없는 법의 성을 부지런히 수호하는 용왕들, 중생을 부지런히 수호하는 야차왕들, 중생들을 항상 즐겁게 하는 건달바왕들, 아귀의 길을 항상 제멸하는 구반다왕들, 중생을 구제하여 생사의 바다에서 뛰어나게 하는 가루라왕들, 여래의 몸을 성취하여 세간에서 뛰어나는 아수라왕들, 부처님을 뵈옵고 환희하여 허리 굽혀 공경하는 마후라가왕들, 생사를 싫어하고 부처님 뵙기를 좋아하는 천왕들, 부처님을 존중하여 찬탄하고 공양하는 대범천왕들과 함께했다.

문수보살은 이러한 공덕으로 장엄한 보살들과 자기가 있던 곳에서 떠나 부처님 계신 곳으로 와서 부처님 오른쪽으로 한량없이 돌고 모든 공양거리로 공양했다. 공양을 마치고 남쪽으로 인간세계를 향해 떠났다.

(39-00-1-2) 문수보살이 복성의 동쪽 장엄당사라숲에 머물다
(39-00-1-2-1) 문수보살이 보조법계경을 설하여 용들을 제도하다

문수보살이 비구들에게 위없는 바른 보리심을 내게 하고 점점 남쪽으로 가다가 복성(福城)의 동쪽에 이르러 장엄당사라숲[莊嚴幢娑羅林]에 머물렀다. 이곳은 옛적에 부처님들이 계시면서 중생을 교화하던 큰 탑이 있는 곳이다. 부처님께서도 과거에 보살행을 닦으면서 버리기 어려운 것을 모두 버리시던 곳이다. 그래서 이 숲은 부처님 세계에 소문이 널리 나 있었다. 하늘, 용, 야차, 건달바, 아수라, 가루라, 긴나라, 마후라가 등의 공양이 끊임없이 이어졌다.

그때 문수보살이 권속들과 함께 이곳에 이르러서 '법계를 두루 비추는 경'을 말씀하니, 한량없는 용들과 복성 사람들이 무리를 지어 모여 들었다.

(39-00-1-2-2) 문수보살이 선재동자의 내력을 살피다

문수보살은 복성 사람들을 위해 그들이 좋아하는 마음에 따라 자유자재한 몸을 나타냈다. 위풍이 찬란하여 대중들을 가렸으며, 자재하여 인자함으로 그들을 청정하게 하며, 자재하게 가엾이 여김으로 법을 말할 생각을 하게 했다. 자재한 지혜로 그 마음을 알고 광대한 변재로 법을 말했다.

그 가운데 선재동자가 있었는데, 그는 과거 여러 부처님께 공양하며 선근을 많이 심었고, 믿고 이해함이 커서 여러 선지식을 항상 가까이 했다. 행동과 말과 생각에 허물이 없고, 보살의 도를 깨끗이 하며, 지혜를 구하여 불법의 그릇을 이루었고, 마음이 청정하기가 허공과 같으며 보리에 회향하여 장애가 없었다.

(39-00-1-2-3) 문수보살이 선재동자를 위해 법을 설하다

문수보살이 선재동자를 살펴보고 위로하고 격려하면서 부처님의 법을 설했다. 부처님의 모으는 법과 계속하는 법과 차제법을 말했다. 또한 모인 대중에게 청정한 법을 말하고, 법륜으로 교화하는 법을 말했다. 육신이 잘 생긴 모습을 받는 법을 말하고, 법의 몸을 성취하는 법을 말하고, 말씀하는 변재의 법을 말하고, 광명을 비추는 법을 말하고, 평등하여 둘이 없는 법을 말했다.

그때 문수보살은 선재동자와 대중들을 위해 이런 법을 말하고 은근하게 권하여 믿음이 늘게 하며, 그들을 기쁘게 하여 위없는 바른 보리심을 내게 했으며, 또 과거에 심은 선근을 기억하게 했다.

(39-00-1-3) 선재동자가 보리심을 발하여 게송을 말하다
(39-00-1-3-1) 고해에 빠진 것을 탄식하다

이때 선재동자는 문수보살에게 부처님의 여러 가지 공덕을 듣고 한 결같은 마음으로 위없는 바른 보리를 구하며 문수보살을 따르면서 게송을 말했다.

삼계의 생사는 성곽이 되고 / 교만한 마음은 담장이며
여러 길은 문이 되고 / 사랑의 물이 해자가 되었습니다.

어리석은 어둠에 덮혀 / 탐욕과 성내는 불이 치성하니
마왕은 임금이 되어 / 어리석고 몽매한 이들이 의지하고 있습니다.

탐심과 애욕은 묶는 노끈이며 / 아첨과 속이는 일은 고삐가 되며
의혹의 눈을 가리어 / 삿된 길로 나아가게 합니다.

간탐과 질투와 교만이 많아 / 지옥 아귀 축생의 삼악취에 들어가고
이러한 나쁜 길에 떨어지면 / 나고 늙고 병들고 죽는 고통뿐입니다.

(39-00-1-3-2) 사람을 찬탄하고 법을 구하다

묘한 지혜를 가진 청정한 해님이여! / 가엾이 여기는 원만한 바퀴로
번뇌의 바다 여의게 하여 / 바라건대 나를 보살펴 주소서.

묘한 지혜를 가진 청정한 달님이여! / 인자하고 티 없는 바퀴로
모든 이를 안락하게 하니 / 바라건대 나를 비춰 주소서.

온갖 법계의 왕이시여! / 법보로 길잡이 삼아
걸림 없이 허공을 다니시니 / 바라건대 나를 가르쳐 주소서.

복 많고 지혜 많은 장사 주인이여! / 용맹하게 보리 구하여
중생들을 이익되게 하니 / 바라건대 나를 보호하소서.

인욕의 갑옷 입으시고 / 손에는 지혜의 검을 들어
마군을 자재하게 항복 받으시니 / 바라건대 나를 구제하소서.

불법이 머무는 수미산 꼭대기에서 / 선정의 시녀들을 항상 모시고
번뇌의 아수라 멸하시니 / 제석이여, 나를 보살피소서.

삼계의 생사는 범부의 집이며 / 의혹과 짓는 업은 삼악취의 원인
보살께서 모두 조복 시키시니 / 등불처럼 나의 길 비춰 주소서.

세간을 초월하신 이여! / 여러 나쁜 길 여의시고
모든 착한 길 깨끗하게 하여 / 해탈의 문을 보여 주소서.

세간의 뒤바뀐 고집 / 항상하고 즐겁고 '나'이며 깨끗하다는 생각
지혜의 눈으로 모두 여의고 / 해탈의 문을 열어 주소서.

바른 길과 삿된 길 잘 아시고 / 분별하는 마음에 겁이 없으며
온갖 것 다 아시는 이여 / 보리의 길을 가르쳐 주소서.

부처님의 바른 소견에 머물고 / 부처님의 공덕나무를 기르며
부처님 법의 묘한 꽃비 내리시니 / 보리의 길을 보여 주소서.

과거 현재 미래의 부처님 / 모든 곳에 두루하시어

해가 세상에 뜬 듯하시니 / 그 길을 말씀하소서.

온갖 업 잘 아시고 / 여러 승의 수행을 통달하시니
결정한 지혜를 가지신이여! / 대승의 길을 보여 주소서.

(39-00-1-3-3) 법을 찬탄하고 법의 수레를 구하다
서원은 바퀴, 자비는 속바퀴 / 신심은 굴대 참는 건 굴대빗장
공덕 보배로 잘 꾸미시니 / 그 수레에 나를 태워 주소서.

다 지닌 총지의 광대한 수레방 / 자비로 장엄한 덮개
변재의 풍경 잘 울리니 / 그 수레에 나를 태워 주소서.

청정한 범행은 돗자리가 되고 / 삼매는 모시는 궁녀들이며
법북의 아름다운 소리 울리니 / 그 수레에 나를 태워 주소서.

네 가지 거둬 주는 다함없는 장 / 공덕은 장엄한 보배
부끄러움은 굴레와 고삐 / 그 수레에 나를 태워 주소서.

보시하는 바퀴 항상 굴리며 / 깨끗한 계율의 향을 바르고
참음으로 굳게 꾸몄으니 / 그 수레에 나를 태워 주소서.

선정과 삼매는 수레방이며 / 지혜와 방편은 멍에가 되어
물러나지 않도록 조복시키니 / 그 수레에 나를 태워 주소서.

큰 서원은 청정한 바퀴 / 다 지니는 견고한 힘

지혜로 이루어졌으니 / 그 수레에 나를 태워 주소서.

보현의 행으로 두루 장식했고 / 자비한 마음 천천히 굴려서
어디로 가나 겁이 없으니 / 그 수레에 나를 태워 주소서.

견고하기는 금강과 같고 / 공교하기는 환술과 같아
모든 것에 장애가 없으니 / 그 수레에 나를 태워 주소서.

법계는 광대하고 매우 청정해 / 중생에게 즐거움을 주는 일
허공이나 법계가 평등하니 / 그 수레에 나를 태워 주소서.

업과 번뇌를 깨끗이 하며 / 헤매는 고통 끊어 버리고
마와 외도를 꺾어 부수니 / 그 수레에 나를 태워 주소서.

지혜는 시방에 가득하고 / 장엄은 법계에 두루하여
중생의 소원 만족하게 하니 / 그 수레에 나를 태워 주소서.

청정하기 허공과 같아 / 애욕과 소견 없애 버리고
모든 중생을 이익되게 하니 / 그 수레에 나를 태워 주소서.

서원의 힘은 빠르게 가고 / 선정의 마음 편안히 앉아
모든 중생을 옮기시니 / 그 수레에 나를 태워 주소서.

땅과 같아 흔들리지 않고 / 물과 같아 모두 이익되게 하여
모든 중생을 옮기시니 / 그 수레에 나를 태워 주소서.

(39-00-1-3-4) 맺다

네 가지로 거둬 주는 원만한 바퀴 / 다 지니는 청정한 광명
이와 같은 지혜의 해를 / 나로 하여금 보게 하소서.

법왕의 지위에 이미 들었고 / 지혜의 관을 이미 쓰셨고
법의 비단을 머리에 맸으니 / 바라건대 나를 돌봐 주소서.

(39-00-1-4) 문수보살이 선재동자를 찬탄하다

이때 문수보살은 코끼리가 한 번 돌 듯이 선재동자를 보고 이렇게 말했다.
"훌륭하고, 훌륭하다. 소년이여, 그대는 이미 위없는 바른 보리심을
냈고, 또 선지식을 가까이 하여 보살의 행을 물으며 보살의 도를 닦으
려 한다. 소년이여, 선지식들을 친근하고 공양함은 온갖 지혜를 구족
하는 첫째 인연이다. 그러므로 이 일에는 고달픈 생각을 내지 말라."

(39-00-1-4-1) 선재동자가 보살의 행을 묻다

"문수보살님. 보살은 어떻게 보살의 행을 배우며, 보살의 행을 닦으
며, 보살의 행에 나아가며, 보살의 행을 행하며, 보살의 행을 깨끗이
하며, 보살의 행에 들어가며, 보살의 행을 성취하며, 보살의 행을 따
라가며, 보살의 행을 생각하며, 보살의 행을 넓히며, 보현의 행을 빨
리 원만케 하는 것입니까?"

(39-00-1-4-2) 문수보살이 보현의 행을 게송으로 권하다

그때 문수보살이 선재동자를 위해 게송을 말했다.

착하다 소년이여, 공덕의 갈무리를 / 나에게 찾아와서

자비한 마음을 내고 / 위없는 깨달음을 구하네.

원대한 서원을 이미 세웠고 / 중생의 괴로움을 없애려고
세상 사람을 제도하기 위해 / 보살의 자비행을 닦네.

만일 어떤 보살이 / 생사의 괴로움을 싫어하지 않으면
보현의 도를 갖추어 / 아무도 깨뜨릴 수 없네.

복의 빛, 복의 위력 / 복의 처소, 복의 깨끗한 바다
그대는 중생을 위해 / 보현의 행을 닦으려 하네.

그대가 수없이 많은 / 시방의 부처님을 뵙고
법을 듣고 받아 지녀 / 결정코 잊지 않네.

그대 시방세계에서 / 한량없는 부처님 뵈옵고
모든 원력의 바다를 성취하면 / 보살의 행을 구족하리라.

방편의 바다에 들어가 / 부처의 보리에 머물면
스승을 따라 배워서 / 온갖 지혜를 이루게 되네.

그대 모든 세계에 두루하여 / 티끌 같은 겁 동안에
보현의 행을 닦아 / 보리의 도를 성취하네.

그대 한량없는 세계에서 / 끝없는 세월에
보현의 행을 닦으면 / 큰 서원을 이루리라.

한량없는 중생들이 / 그대의 소원을 듣고 기뻐하며
끝없는 보리심을 내어 / 보현의 법을 배우려 하네.

(39-00-1-5) 지혜를 성취하기 위해 선지식 찾기를 권하다

그때 문수보살이 이 게송을 말하고 선재동자에게 말했다.

"착하고 착하다. 소년이여. 그대가 이미 위없는 바른 보리심을 내고 보살의 행을 구하는구나. 소년이여, 어떤 중생이 위없는 바른 보리심을 내는 것은 매우 어려운 일이며 마음을 내고 또 보살의 행을 구하는 것은 더욱 어려운 일이다.

소년이여, 온갖 지혜를 성취하려거든 필히 선지식을 찾아야 한다. 소년이여, 선지식을 찾는 일에 고달프고 게으른 생각을 내지 말고, 선지식을 보고는 만족한 마음을 내지 말고, 선지식의 가르침을 그대로 순종하고, 선지식의 교묘한 방편에 허물을 보지 말라.

소년이여, 여기서 남쪽으로 가면 승락(勝樂)이라는 나라가 있고, 그 나라에 묘봉(妙峯)이란 산이 있고, 산중에 덕운 비구가 있다. 그대는 그에게 가서 묻기를 '보살이 어떻게 보살의 행을 배우며, 보살의 행을 닦으며, 보살이 어떻게 보현의 행을 빨리 원만하게 합니까?' 하고 물어라. 덕운비구는 자세히 말해 줄 것이다."

선재동자는 이 말을 듣고 기뻐서 어쩔 줄 몰랐다. 문수보살에게 엎드려 절하고 수없이 돌고 말없이 쳐다보며 눈물을 흘리고 하직하고 남쪽으로 떠났다.

9

2. 십주위 선지식

(39-1) 덕운비구(德雲比丘)
초발심주(初發心住)선지식

(39-1-1) 덕운 비구를 뵙고 법을 묻다
승낙국에 가서 묘봉산에 올랐다. 그 산상에서 동·서·남·북으로 다니면서 살펴보았지만 덕운비구는 보이지 않았다. 칠 일이 지난 뒤에 그 비구가 다른 산 위에서 거니는 것을 보았다.

즉시 그 앞에 나아가 엎드려 발에 절하고 오른쪽으로 세 번 돌고 나서 말했다.

"거룩하신 이여, 저는 이미 위없는 바른 보리심을 발했으나, 보살이 어떻게 보살의 행을 배우며, 보살의 행을 닦거나 보살의 행을 빨리 성취하는지 알지 못합니다. 거룩하신 이께서 잘 가르쳐 주신다고 들었습니다. 바라건대 자비하신 마음으로 말씀해 주십시오. 어떻게하면 보살이 위없는 바른 보리를 성취합니까?"

(39-1-2) 선재동자에게 법을 설하다
(39-1-2-1) 선재동자를 칭찬하다
덕운비구는 선재동자에게 말했다.

"착하고 착하다. 소년이여, 그대가 이미 위없는 바른 보리심을 냈고, 또 보살의 행을 물으니, 이것은 매우 어려운 일이다. 보살의 행을 구하는 것이며, 보살의 경계와 벗어나는 도와 청정한 도와 청정하고 광

대한 마음과 성취한 신통과 해탈문을 구하는 것이다. 보살이 세간에
서 짓는 업을 나타내는 것이며, 보살이 중생의 마음을 살펴 구하는 것
이며, 보살의 생사와 열반의 문을 구하는 것이며, 보살이 유위와 무위
를 관찰하여 마음에 집착이 없음을 구하는 것이다."

(39-1-2-2) 시방의 부처님을 뵙다

"소년이여, 나는 자유자재하고 이해하는 힘을 얻어서 믿는 눈이 청정
하고 지혜의 빛이 밝게 비치므로 경계를 두루 관찰하여 모든 장애를
여의었으며, 교묘하게 관찰하여 눈이 크게 밝아서 청정한 행을 갖추
었으며, 시방세계 모든 국토에 가서 여러 부처님을 공경하고 공양하
며, 항상 모든 부처님을 생각하며, 모든 부처님의 바른 법을 지니고
시방의 모든 부처님을 뵙는다."

(39-1-2-3) 갖가지 수승한 염불문을 찬탄하다

"소년이여, 나는 부처님의 경계를 생각하여 지혜의 광명으로 두루 보
는 법문을 얻었지만, 보살들의 끝이 없는 지혜로 청정하게 수행하는
문을 어떻게 알겠는가.
지혜의 빛으로 두루 비추는 염불문이니 부처님 국토의 갖가지 궁전
을 청정하게 장엄함을 항상 보는 까닭이다. 일체 중생으로 하여금 생
각하게 하는 염불문이니 중생들의 마음 따라 부처님을 뵙고 청정함
을 얻게 하는 까닭이다. 힘에 편안히 머물게 하는 염불문이니 여래의
십력에 들게 하는 까닭이다. 법에 편안히 머물게 하는 염불문이니 한
량없는 부처님을 보고 법을 듣는 까닭이다. 여러 방위에 밝게 비치는
염불문이니 세계에 차별이 없는 평등한 부처님 바다를 보는 까닭이
다. 사람이 볼 수 없는 염불문이니 미세한 경계에 계시는 부처님들의

자유자재한 신통을 다 보는 까닭이다.

여러 겁에 머무는 염불문이니 모든 겁 동안에 여래의 하시는 일들을 항상 보고 잠시도 버리지 않는 까닭이다. 언제나 머무는 염불문이니 모든 시절에 여래를 항상 보고 친근하여 함께 있어서 잠깐도 떠나지 않는 까닭이다. 세계에 머무는 염불문이니 어디든지 부처님 몸은 온갖 것을 초과하여 평등함이 없음을 보는 까닭이다. 세상에 머무는 염불문이니 자기 마음이 좋아함을 따라서 삼세의 여래를 두루 보는 까닭이다. 경계에 머무는 염불문이니 온갖 경계에서 부처님이 차례로 출현하심을 보는 까닭이다. 고요한 데 머무는 염불문이니 잠깐 동안에 세계의 모든 부처님의 열반을 보는 까닭이다.

멀리 떠난 곳에 머무는 염불문이니 하루 동안 부처님이 머무시다 떠나가는 것을 보는 까닭이다. 광대한 데 머무는 염불문이니 낱낱의 부처님이 법계에 계심을 항상 마음으로 관찰하는 까닭이다. 미세한 데 머무는 염불문이니 한 털끝에 수없이 많은 여래가 나타나는 것을 그곳에 가서 섬기는 까닭이다. 장엄한 데 머무는 염불문이니 잠깐 동안에 부처님이 등정각을 이루고 신통 변화를 나타내심을 보는 까닭이다. 하는 일에 머무는 염불문이니 부처님이 세간에 나타나서 지혜의 광명을 놓으며 법륜을 굴리심을 보는 까닭이다.

자유자재한 마음에 머무는 염불문이니 마음이 좋아함을 따라서 부처님이 형상을 나타내는 것을 아는 까닭이다. 자기의 업에 머무는 염불문이니 중생들의 업을 따라 형상을 나타내어 깨닫게 하는 줄을 아는 까닭이다. 신통 변화에 머무는 염불문이니 부처님이 앉으신 큰 연꽃이 법계에 두루 핀 것을 보는 까닭이다. 허공에 머무는 염불문이니 여래의 몸이 법계와 허공계를 장엄했음을 관찰하는 까닭이다. 이러하니 내가 어떻게 그 공덕의 행을 능히 알며 능히 말하겠는가.”

(39-1-3) 다음 선지식 찾기를 권하다

"소년이여, 남쪽에 해문(海門)이라는 나라가 있는데, 거기에 해운비구가 있다. 그대는 그에게 가서 '보살이 어떻게 보살의 행을 배우며, 보살의 도를 닦습니까?'라고 물어라. 해운비구가 광대한 선근을 발하는 인연을 분별하여 말해 줄 것이다.

소년이여, 해운비구가 그대에게 광대한 도를 도와주는 지위에 들어가게 하며, 광대한 선근의 힘을 내게 하며, 보리심을 내는 원인을 말하며, 광대한 승의 광명을 내게 하며, 광대한 바라밀을 닦게 하며, 광대한 수행 바다에 들어가게 하며, 광대한 서원을 채워 주며, 광대하게 장엄하는 문을 깨끗하게 하며, 광대한 자비의 힘을 내게 해 줄 것이다."

선재동자는 덕운비구의 발에 절하고 오른쪽으로 여러 번 돌고 살피면서 길을 떠났다.

(39-2) 해운비구(海雲比丘)
제2 치지주(治地住)선지식

(39-2-1) 해운비구를 뵙고 법을 묻다
(39-2-1-1) 법을 관찰하며 선지식을 찾다

그때 선재동자는 한결같은 마음으로 선지식의 가르침을 생각하여 바른 생각으로 지혜 광명의 문을 관찰했다. 바른 생각으로 보살의 해탈문을 관찰하고, 삼매문을 관찰하고, 바다의 문을 관찰했다. 바른 생각으로 부처님이 앞에 나타나는 문을 관찰하고, 부처님의 방위의 문을 관찰하고, 부처님의 법칙의 문을 관찰하고, 부처님의 허공계와 평등한 문을 관찰하고, 부처님의 차례로 나타나시는 문을 관찰하고, 부처님의 들어가신 방편의 문을 관찰했다. 점점 남쪽으로 가서 해문국에 이르렀다.

(39-2-1-2) 해운비구에게 보살의 길을 묻다

해운비구가 있는 데 가서 엎드려 발에 절하고 오른쪽으로 여러번 돌고 합장하고 말했다.

"거룩하신 이여, 저는 이미 위없는 바른 보리심을 냈고, 위없는 지혜바다에 들고자 하오나, 보살이 어떻게 세속의 집을 버리고 여래의 집에 나는지 모르고 있습니다. 어떻게 생사의 바다를 건너 부처님의 지혜바다에 들어가며, 어떻게 범부의 지위를 떠나 여래의 지위에 들어가며, 어떻게 생사의 흐름을 끊고 보살행의 흐름에 들어가며, 어떻게 생사의 바퀴를 깨뜨리고 보살의 서원 바퀴에 이르게 됩니까? 어떻게 악마의 경계를 없애고 부처의 경계를 나타내며, 어떻게 애욕바다를 말리고 자비바다를 채우게 하며, 어떻게 모든 어려움과 악취에 들어가는 문을 닫고 큰 열반의 문을 열게 하며, 어떻게 삼계의 성에서 벗어나 온갖 지혜의 성에 들어가며, 어떻게 모든 노리개를 버리고 일체중생을 이익되게 할 수 있습니까?"

(39-2-2) 해운비구가 선재동자에게 법을 설하다
(39-2-2-1) 보리심을 내는 자세에 대하여

해운비구가 선재에게 말했다.

"소년이여, 그대는 위없는 바른 보리심을 발했는가?"

"그렇습니다. 저는 이미 위없는 바른 보리심을 발했습니다."

"소년이여, 중생들이 선근을 심지 않으면 위없는 바른 보리심을 내지 못하니, 보현 법문의 선근 광명을 얻어야 한다. 참된 길인 삼매의 광명을 갖추어야 하며, 갖가지 광대한 복바다를 내야 하며, 희고 깨끗한 법을 자라게 하는 데 게으름이 없어야 한다. 선지식을 섬기는 데 고달픈 생각을 내지 말아야 하며, 몸과 목숨을 돌보지 말고 재물을 쌓아 두는 일이 없어야 하며, 평등한 마음이 땅과 같아 높낮이가 없어야 하며, 항상 모든 중생을 사랑하고 가엾게 여겨야 하며, 항상 생사의 길을 생각하고 버리지 말아야 한다. 이렇게 여래의 경계를 관찰하기를 좋아해야 능히 보리심을 발할 수 있다."

(39-2-2-2) 보리심을 내는 것을 밝히다

"보리심을 낸다는 것은 크게 가엾게 여기는 마음을 냄이니 일체 중생을 널리 구원하는 까닭이다. 크게 인자한 마음을 냄이니 세간을 다 같이 복되게 하는 까닭이다. 안락하게 하는 마음을 냄이니 중생들로 하여금 괴로움을 없애는 까닭이다. 이익케 하는 마음을 냄이니 중생이 나쁜 법을 떠나게 하는 까닭이다. 슬피 여기는 마음을 냄이니 두려워하는 이들을 보호하는 까닭이다. 걸림없는 마음을 냄이니 장애를 여의는 까닭이다. 광대한 마음을 냄이니 법계에 두루 가득하는 까닭이다. 그지없는 마음을 냄이니 허공 세계에 가지 않는 데가 없는 까닭이다. 너그러운 마음을 냄이니 여래를 다 뵙는 까닭이다. 청정한 마음을 냄이니 삼세법에 지혜를 어기지 않는 까닭이다. 지혜의 마음을 냄이니 온갖 지혜의 바다에 널리 들어가는 까닭이다."

(39-2-2-3) 바다가 주는 교훈

"소년이여, 내가 이 해문국에 있은 지가 12년인데 항상 바다로 경계를 삼았다.

바다가 광대하여 한량이 없음을 생각하며, 바다가 매우 깊어서 측량할 수 없음을 생각하며, 바다가 점점 깊고 넓어짐을 생각하며, 바다에 한량없는 보물들이 기묘하게 장엄함을 생각하며, 바다에 한량없는 물이 고였음을 생각하며, 바다의 물빛이 같지 않아 헤아릴 수 없음을 생각했다. 바다는 한량없는 중생이 사는 곳인 줄 알며, 바다는 갖가지 몸이 큰 중생을 있게 함을 생각하며, 바다는 큰 구름에서 내리는 비를 모두 받아 둠을 생각하며, 바다는 늘지도 않고 줄지도 않음을 생각했다."

(39-2-2-4) 바다에서 큰 연꽃이 솟다
(39-2-2-4-1) 연꽃의 장엄공양과 예배공양
"소년이여, 나는 또 이렇게 생각했다.
'이 세상에는 이 바다보다 더 넓은 것이 있는가, 이 바다보다 더 한량없는 것이 있는가, 이 바다보다 더 깊은 것이 있는가, 이 바다보다 특수한 것이 있는가?'

(39-2-2-4-2) 연꽃 위에 앉아 계시는 부처님
그때 연꽃 위에 부처님이 가부좌하고 있으셨는데, 몸의 크기가 형상세계의 꼭대기까지 이르렀고, 보배연꽃자리와 도량에 모인 대중의 거룩한 모습과 잘 생기고 원만한 모습과 신통변화와 빛깔이 청정함과 볼 수 없는 정수리와 넓고 긴 혀와 교묘한 말씀과 원만한 음성과 끝이 없는 힘과 청정하여 두려움 없음과 광대한 변재도 헤아릴 수 없었다. 그 부처님이 옛날에 여러 가지 행을 닦으심과 자재하게 도를 이룸과 묘한 음성으로 법을 말함과 여러 문으로 나타나서 갖가지로 장엄함과 좌우로 보는 것에 차별함과 모든 것을 이익되게 하여 원만함도 헤아릴 수 없었다.
그때 부처님께서 오른손을 펴서 내 정수리를 만지시고 나에게 보안법문을 연설하여 여래의 경계를 열어 보이셨다. 보살의 행을 드러내며 부처의 묘한 법을 열어 밝히니 법륜이 다 그 가운데 들었다. 부처님의 국토를 깨끗이 하고 외도의 삿된 이론을 부수고 마의 군중을 멸하여 중생들을 기쁘게 하며, 중생의 마음과 행을 비추고 중생의 근성을 분명히 알아 중생들의 마음을 깨닫게 했다."

(39-2-2-5) 해운비구가 법문을 설하다

"내가 그 부처님이 계신 곳에서 이 법문을 듣고 받아 지녀 읽고 외우고 기억하고 관찰한 것을 어떤 사람이 바닷물로 먹을 삼고 수미산으로 붓을 삼아 이 보안법문의 한 품 가운데 한 문이나, 한 구절을 쓴다 하여도 다 쓸 수 없거늘, 어떻게 이 법문을 다 쓸 수 있겠는가?

소년이여, 내가 그 부처님 계신 곳에서 1천2백 년 동안 보안법문을 받아 지녔다. 날마다 듣는 다라니광명으로 수없는 품을 받아들이고, 적정문다라니 광명으로 수없는 품에 나아가고, 무변시다라니 광명으로 수없는 품에 두루 들어가고, 곳을 따라 관찰하는 다라니 광명으로 수없는 품을 분별하고, 위엄과 역다라니 광명으로 수없는 품을 널리 거둬 가지고, 연꽃장엄다라니 광명으로 수없는 품을 끌어내고, 청정한 음성다라니 광명으로 수없는 품을 연설하고, 허공장다라니 광명으로 수없는 품을 드러내 보이고, 광취다라니 광명으로 수없는 품을 넓히고, 해장다라니 광명으로 수없는 품을 해석했다.

하늘이나 하늘왕이나 용이나 용왕이나 야차나 야차왕이나, 건달바나 건달바왕이나 아수라나 아수라왕이나 가루라나 가루라왕이나 긴나라나 긴나라왕이나 마후라가나 마후라가왕이나, 사람이나 사람왕이나 범천이나 범천왕 등 어떤 중생이든지 오면, 그들을 위해 이 법문을 열어 보이고 해석하고 선양하고 찬탄하여 사랑하고 좋아하게 했다. 이 부처님들의 보살행 광명인 보안법문에 들어가 편안히 머물게 했다."

(39-2-3) 수승한 법을 찬탄하다

"소년이여, 나는 보안법문을 알지만 저 보살들은 모든 보살행의 바다에 깊이 들어가며, 그 원력을 따라서 수행하는 까닭이다. 서원바다에 들어가며, 한량없는 세월 동안 세간에 머문 까닭이다. 중생바다에 들어가며, 그 마음을 따라 널리 이익케 하는 까닭이다. 중생의 마음바다에 들어가며, 십력과 걸림없는 지혜광을 내는 까닭이다. 중생의 근성바다에 들어가며, 때를 맞추어 교화하여 조복하는 까닭이다.

세계바다에 들어가며, 본래의 서원을 성취하여 부처님 세계를 깨끗이 장엄하는 까닭이다. 부처님바다에 들어가며 여래께 항상 공양하기를 원하는 까닭이다. 법바다에 들어가며 지혜로 깨닫는 까닭이다. 공덕바다에 들어가며 낱낱이 수행하여 구족케 하는 까닭이다. 중생의 말씀바다에 들어가며 세계에서 바른 법륜을 굴리는 까닭이다. 내가 어떻게 이러한 공덕의 행을 능히 알고 능히 말하겠는가."

(39-2-4) 다음 선지식 찾기를 권하다

"소년이여, 여기서 남쪽으로 60유순 가면 능가산으로 가는 길 옆에 해안(海岸) 마을이 있다. 그곳에 선주라는 비구가 있다.

그대는 그에게 가서 '보살이 어떻게 보살의 행을 깨끗하게 합니까?' 라고 물어라."

그때 선재동자는 해운비구의 발에 절하고 오른쪽으로 여러 번 돌고 우러러보면서 물러갔다.

(39-3) 선주비구(善住比丘)

제3 수행주(修行住) 선지식

(39-3-1) 선주비구를 뵙고 법을 묻다

(39-3-1-1) 법문을 생각하며 선지식을 찾다

그때 선재동자는 오로지 선지식의 가르침만 생각했다. 보안법문을 생각했으며, 부처님의 신통한 힘을 생각했으며, 법문의 글귀를 지녔으며, 법바다의 문에 들어갔으며, 법의 차별을 생각했으며, 법의 소용돌이에 깊이 들어갔으며, 법의 허공에 널리 들어갔으며, 법의 가림을 깨끗이 했으며, 법보가 있는 데를 관찰하면서 남쪽으로 가다가 능가산으로 가는 길 옆에 있는 해안 마을에 이르러 시방을 살피면서 선주비구를 찾았다.

(39-3-1-2) 선주비구에게 보살의 길을 묻다

선재동자는 이런 일을 보고 마음이 환희로워 합장 예경하고 이렇게 말했다. "거룩하신 이여, 저는 이미 위없는 바른 보리심을 냈으나 보살이 어떻게 불법을 수행하며, 불법을 모으며, 불법을 갖추며, 불법을 익히며, 불법을 증장하며, 불법을 모두 거두며, 불법을 끝까지 마치며, 불법을 깨끗이 다스리며, 불법을 깨끗하게 하며, 불법을 어떻게 통달하는지 알지 못합니다. 거룩하신 이께서 잘 가르치신다 하니 어여삐 여겨 저에게 말해 주시기 바랍니다.

보살이 어떻게 부처님 뵙는 것을 버리지 않고 항상 그곳에서 부지런히 닦습니까? 보살이 어떻게 보살을 버리지 않고 여러 보살들과 선근을 같게 합니까? 보살이 어떻게 불법을 버리지 않고 지혜로 밝게 증득합니까? 보살이 어떻게 큰 서원을 버리지 않고 일체 중생을 두루 이익되게 합니까? 보살이 어떻게 중생의 행을 버리지 않고 온갖 겁에 머무르면서 고달픈 마음이 없는 것입니까?

보살이 어떻게 부처 세계를 버리지 않고 모든 세계를 깨끗하게 장엄합니까? 보살이 어떻게 부처님 힘을 버리지 않고 여래의 자유자재하심을 보고 압니까? 보살이 어떻게 함이 있음을 버리지도 않고 머물지도 않으면서 모든 생사의 길에서 변화하는 것처럼 생사를 받으면서 보살의 행을 닦습니까? 보살이 어떻게 법문 듣는 일을 버리지 않고 부처님들의 바른 가르침을 받습니까? 보살이 어떻게 지혜의 광명을 버리지 않고 삼세에서 지혜로 행할 곳에 두루 들어갑니까?"

(39-3-2) 선주비구가 법을 설하다
(39-3-2-1) 걸림이 없는 지혜광명을 얻다

이때 선주비구는 선재에게 말했다.

"훌륭하고, 훌륭하다. 소년이여, 이미 위없는 바른 보리심을 냈고, 이제 또 마음을 내어 부처의 법과 온갖 지혜의 법과 자연의 법을 묻는구나. 소년이여, 나는 이미 보살의 걸림이 없는 해탈의 행을 성취했으므로 오고가고 그칠 때, 생각하고 닦고 관찰하여 지혜의 광명을 얻었으니 이 몸은 끝까지 걸림이 없다.

이 지혜의 광명을 얻었으므로 일체 중생의 마음과 행을 아는 데 걸림이 없고, 죽고 나는 것을 아는 데 걸림이 없고, 지난 세상일을 아는 데 걸림이 없고, 오는 세상일을 아는 데 걸림이 없고, 지금 세상일을 아는 데 걸림이 없고, 말과 음성이 제각기 다름을 아는 데 걸림이 없고, 의문을 결단하는 데 걸림이 없고, 근성을 아는 데 걸림이 없고, 교화를 받을 만한 곳에 모두 나아가는데 걸림이 없고, 모든 찰나·라바(羅婆)·모호율다(牟呼栗多)·낮·밤·시간을 아는 데 걸림이 없다. 삼세바다에서 헤매는 차례를 아는 데 걸림이 없으며, 이 몸으로 시방의 모든 세계를 두루 이르는 데 걸림이 없다. 왜냐하면 머무름도 없고 짓는 일도 없는 신통한 힘을 얻은 까닭이다."

(39-3-2-2) 신통한 힘으로 중생을 교화하다

"소년이여, 나는 이 신통한 힘을 얻었으므로, 허공 중에서 다니고 서고 앉고 눕기도 하며, 숨고 나타나기도 하고, 한 몸도 나타내고 여러 몸도 나타낸다. 장벽을 뚫고 나가기를 허공처럼 하고, 공중에서 가부좌하고 자유롭게 가고 오는 것이 나는 새와 같으며, 땅속에 들어가기를 물에서와 같이 하고, 물을 밟고 가기를 땅과 같이 한다. 온몸의 아래와 위에서 연기와 불꽃이 나는 것이 불더미 같으며, 어떤 때는 땅을 진동케 하고 어떤 때는 손으로 해와 달을 만지기도 하고, 키가 커서 범천의 궁전까지 이르기도 한다. 사르는 향구름도 나타내고 보배 불꽃구름도 나타내고 변화하는 구름도 나타내고 광명그물구름도 나타내서 시방세계를 두루 덮기도 한다."

(39-3-3) 수승한 보살의 법을 찬탄하다

"소년이여, 나는 빨리 부처님께 공양하고 중생들을 성취시키는 데 걸림이 없는 해탈문만 알 뿐이다. 보살들이 크게 가엾이 여기는 계행, 바라밀 계행, 대승의 계행, 보살의 도와 서로 응하는 계행, 걸림이 없는 계행, 물러가지 않는 계행, 보리심을 버리지 않는 계행, 항상 불법으로 상대할 이를 위하는 계행, 온갖 지혜에 항상 뜻을 두는 계행, 허공 같은 계행, 모든 세간에 의지함이 없는 계행, 허물이 없는 계행, 손해가 없는 계행, 모자라지 않는 계행, 섞이지 않는 계행, 흐리지 않는 계행, 뉘우침이 없는 계행, 청정한 계행, 때를 여읜 계행, 티끌을 여읜 계행, 이러한 공덕을 내가 어떻게 알며 어떻게 말하겠는가."

(39-3-4) 다음 선지식 찾기를 권하다

"소년이여, 여기서 남쪽에 달리비다(達里鼻茶) 나라가 있고, 그 나라

에 자재(自在) 성이 있고, 그 성에 미가장자가 있다. 그대는 그에게 가
서 '보살이 어떻게 보살의 행을 배우며 보살의 도를 닦습니까?'라고
물어라."

그때 선재동자는 그의 발에 예배하고 오른쪽으로 여러번 돌고 우러
러 보면서 하직하고 물러갔다.

(39-4) 미가장자(彌伽長者)
제4 생귀주(生貴住) 선지식

(39-4-1) 미가장자를 뵙고 법을 묻다
(39-4-1-1) 법문을 생각하며 선지식을 찾다
그때 선재동자는 한결같은 마음으로 법의 광명인 법문을 바로 생각
하여 깊은 믿음으로 나아가 오직 부처님만 생각하여 삼보를 끊이지
않게 했다. 욕심을 여읜 성품을 찬탄하고 선지식을 생각하며, 삼세를
널리 비추어 큰 서원을 기억하며, 중생들을 두루 구제하되 유위법에
집착하지 않고 끝까지 법의 성품을 생각하며, 세계를 깨끗이 장엄했
다. 부처님의 도량에 모인 대중에게 집착하지 않으면서 남쪽으로 가
다가 자재성에 이르러 미가장자를 찾았다. 그는 시장에서 사자좌에
앉아 법을 말하는데, 일만의 사람들에게 둘러쌓여 바퀴 륜자 장엄 법
문을 설하고 있었다.

(39-4-1-2) 미가장자에게 보살의 도를 묻다
그때 선재동자가 그의 발 아래 엎드려 절하고 여러번 돌고 합장하고
말했다.

"거룩하신 이여, 저는 이미 위없는 바른 보리심을 냈습니다. 그러나

보살이 어떻게 보살의 행을 배우며, 보살의 도를 닦으며, 여러 생사의 길에 헤매면서도 보리심을 잊지 않으며, 평등한 뜻을 얻어 견고하여 흔들리지 않으며, 파괴되지 않는 청정한 마음을 얻으며, 크게 가엾이 여기는 힘을 내어 항상 고달프지 않으며, 다라니에 들어가서 두루 청정함을 얻으며, 지혜의 광명으로 법에 어둠을 여의며, 걸림없는 이해와 변재의 힘을 얻어 깊은 이치의 창고를 결정하며, 바로 기억하는 힘을 얻어 차별된 법륜을 기억하며, 길을 깨끗이 하는 힘을 얻어 길에서 법을 두루 연설하며, 지혜의 힘을 얻어 법을 능히 결정하고 이치를 분별하는지를 알지 못합니다.”

(39-4-2) 미가장자가 법을 설하다
(39-4-2-1) 선재동자를 공경 공양하고 보리심을 찬탄하다

“소년이여, 그대는 위없는 바른 보리심을 냈는가?”

“그렇습니다. 저는 위없는 바른 보리심을 냈습니다.”

미가장자는 문득 사자좌에서 내려와 선재 앞에서 오체투지를 했다. 금꽃과 은꽃, 값 비싼 보배와 훌륭한 가루 전단향을 뿌리며, 여러 가지 옷을 그 위에 덮고, 여러 가지 향과 꽃과 공양거리를 뿌려서 공양하고, 일어서서 칭찬했다.

“훌륭하고, 훌륭하다. 소년이여, 그대는 위없는 바른 보리심을 냈다. 소년이여, 위없는 바른 보리심을 내는 이는 부처의 종자가 끊어지지 않으며, 부처의 세계를 깨끗이 하며, 중생을 성숙케 하며, 법의 성품을 통달하고, 업의 종자를 깨닫고, 행을 원만케 하며, 서원을 끊지 않으며, 탐욕을 여읜 성품을 사실대로 이해함이며, 삼세에 차별한 것을 분명히 보고, 믿는 지혜를 영원히 견고하게 한다.

여래가 거두어 주시며, 부처님을 생각하며, 보살과 평등하며, 성현의 찬탄함이 되며, 범천왕이 절하여 예경하며, 천왕이 공경하며, 야차가 수호하며, 나찰이 호위하며, 용왕이 영접하며, 긴나라왕이 노래하여 찬탄하며, 세상 임금이 칭찬하고 경축한다.

중생 세계를 편안하게 한다. 나쁜 길을 버리게 하는 까닭이며, 어려움에서 벗어나게 하는 까닭이며, 가난의 근본을 끊게 하는 까닭이며, 하늘이 즐거워하는 까닭이며, 선지식을 만나 친근하는 까닭이며, 광대한 법을 듣고 받아 지니는 까닭이며, 보리심을 내는 까닭이며, 보리심을 청정케 하는 까닭이며, 보살의 길을 비추는 까닭이며, 보살의 지혜에 들어가는 까닭이며, 보살의 지위에 머무는 까닭이다.”

(39-4-2-2) 보살은 모든 중생의 의지처가 된다

“소년이여, 보살이 하는 일은 매우 어렵다. 나기도 어렵고 만나기도 어려우며 보기는 더욱 어렵다.

보살은 낳고 기르고 성취하는 까닭으로 중생이 믿는 곳이다. 보살은 여러 괴로움에서 빼내는 까닭으로 중생을 건진다. 보살은 세간을 수호하는 까닭으로 중생이 의지하는 곳이다. 보살은 공포에서 벗어나게 하는 까닭으로 중생을 구호한다. 보살은 중생이 나쁜 길에 떨어지지 않게 하는 까닭으로 바람 둘레와 같아 세간을 유지한다. 보살은 중생들의 선근을 증장케 하는 까닭으로 땅과 같다. 보살은 복덕이 충만하여 다하지 않는 까닭으로 큰 바다와 같다. 보살은 지혜의 광명이 널리 비추는 까닭으로 밝은 해와 같다. 보살은 선근이 높이 솟아난 까닭으로 수미산과 같다. 보살은 지혜의 빛이 나타나는 까닭으로 밝은 달과 같다. 보살은 마의 군중이 굴복하는 까닭으로 용맹한 장수와 같다. 보살은 불법의 성중에서 마음대로 하는 까닭으로 임금과 같다. 보살은 중생들의 애착하는 마음을 태우는 까닭으로 맹렬한 불과 같다. 보살은 한량없는 법비를 내리는 까닭으로 큰 구름과 같다. 보살은 모든 믿음의 싹을 자라게 하는 까닭으로 때맞춰 오는 비와 같다. 보살은 법바다의 나루를 보여 인도하는 까닭으로 뱃사공과 같다. 보살은 생사의 흐름을 건너게 하는 까닭으로 다리와 같다."

미가장자는 선재동자를 찬탄하여 여러 보살을 기쁘게 하고, 얼굴에서 갖가지 광명을 놓아 삼천대천세계를 비추니, 그 가운데 있는 중생들, 용과 귀신과 범천들이 모두 미가장자가 있는 곳으로 모였다. 미가장자는 방편으로 바퀴 윤자 품의 장엄법문을 연설하고 분별하여 해석하니, 중생들이 그 법문을 듣고 모두 위없는 바른 보리에서 물러나지 않았다.

(39-4-2-3) 모든 음성다라니를 얻다

미가장자가 다시 자리에 올라 앉아 선재에게 말했다.

"소년이여, 나는 이미 묘한 음성다라니를 얻었으므로 삼천대천세계에 있는 모든 하늘의 말(언어)과, 용·야차·건달바·아수라·가루라·긴나라·마후라가 등의 사람인 듯 사람 아닌 듯한 이들과 범천들의 말을 모두 분별하여 안다. 삼천대천세계와 같이 시방의 수없는 세계와 말할 수 없이 많은 세계의 말도 모두 안다."

(39-4-3) 수승한 보살의 법을 찬탄하다

"소년이여, 나는 다만 보살의 묘한 음성다라니 광명 법문만을 알 뿐이다. 여러 보살은 중생의 여러 가지 생각바다와 시설바다와 이름바다와 말씀바다에 들어가고, 비밀을 말하는 법구바다와 모든 것의 끝을 말하는 법구바다와 반연 가운데 삼세에서 반연할 것을 말하는 법구바다와 상품을 말하는 법구바다와 상상품을 말하는 법구바다와 차별을 말하는 법구바다와 온갖 차별을 말하는 법구바다에 두루 들어간다. 세간의 주문바다와 음성의 장엄한 바퀴와 차별된 글자 바퀴의 사이에 두루 들어간다. 이러한 공덕이야 내가 어떻게 알고 말하겠는가."

(39-4-4) 다음 선지식 찾기를 권하다
"소년이여, 여기서 남쪽으로 가면 주림(住林)마을이 있고 그곳에 해탈장자가 있다. 그에게 가서 '보살이 어떻게 보살의 행을 닦으며, 보살이 어떻게 보살의 행을 이루며, 보살이 어떻게 보살의 행을 모으며, 보살이 어떻게 보살의 행을 생각하는가'라고 물어라."
그때 선재동자는 온갖 지혜의 법을 존중하는 마음과 깨끗한 신심을 내 큰 이익을 얻었다. 미가의 발에 예배하고 눈물을 흘리며 수없이 돌고 사모하고 우러러 보면서 하직하고 물러갔다.

(39-5) 해탈장자(解脫長者)
제5 구족방편주(具足方便住) 선지식

(39-5-1) 해탈장자를 뵙고 법을 묻다
(39-5-1-1) 법문을 생각하다
이때 선재동자는 보살의 걸림 없는 지혜다라니의 광명으로 장엄한 문을 생각하여 보살들의 말씀바다문에 깊이 들어갔다. 모든 중생을 알게 하는 미세한 방편문을 기억하고, 청정한 마음의 문을 관찰하고, 선근의 광명문을 성취하는 것을 기억하고, 중생을 교화하는 문을 깨끗하게 다스리는 것을 기억하고, 중생을 거둬 주는 지혜문을 밝히는 것을 기억하고, 넓게 좋아하는 문을 견고하게 하는 것을 기억하고, 훌륭하고 좋아하는 문에 머무는 것을 기억하고, 갖가지로 믿고 이해하는 문을 깨끗하게 다스리는 것을 기억하고, 한량없는 착한 마음의 문을 기억했다.

(39-5-1-2) 법문으로 인하여 수행이 깊어지다

그래서 서원이 견고하여 고달픈 생각이 없고, 갑옷과 투구로 스스로 장엄하며, 정진하는 깊은 마음을 물리칠 수 없으며, 깨뜨릴 수 없는 신심을 갖추고 마음이 견고하기가 금강같으며 불법을 수호하는 신인 나라연과 같아 파괴할 수 없다. 여러 선지식의 가르침을 지녀 경계에서 깨뜨릴 수 없는 지혜를 얻었으며, 넓은 문이 청정하여 행하는 데 걸림이 없으며, 지혜의 광명이 원만하여 모든 것을 두루 비춘다. 지위에서 지니는 광명을 구족하여 법계의 갖가지 차별을 알며, 의지함도 없고 머무름도 없어 평등하여 둘이 없으며, 성품이 청정하여 두루 장엄하고 행하는 것이 구경에 이르렀으며, 지혜가 청정하여 집착을 여의었다.

시방의 차별된 법을 알아 지혜가 걸림이 없으며, 시방의 차별된 곳에 가되 몸이 고달프지 않으며, 시방의 차별된 업을 분명히 안다. 시방의 차별된 부처님을 모두 보며, 시방의 차별된 시간에 깊이 들어갔으며, 청정한 묘한 법이 마음에 가득차고 넓은 지혜의 삼매가 마음을 밝게 비춘다. 마음이 평등한 경계에 항상 들어가 여래의 지혜를 비추어 알며, 온갖 지혜의 흐름이 끊어지지 않으며, 몸과 마음이 불법을 떠나지 않았다. 모든 부처님의 신통으로 가피하고, 여래의 광명으로 비추어서 큰 서원을 성취하고, 서원의 몸이 세계에 두루하며, 온갖 법계가 그 몸에 들어가는 것이다.

(39-5-1-3) 해탈장자에게 보살의 행을 묻다
(39-5-1-3-1) 선지식은 이와 같다

선재동자는 12년 동안을 다니다가 주림성에 머물고 있는 해탈장자를 찾았다. 장자를 보고 엎드려 절하고 합장하고 말했다.

"거룩하신 이여, 제가 이제 선지식을 만났으니 많은 이익을 얻었습니다. 선지식은 보기도 어렵고 듣기도 어렵고 나타나기도 어려우며, 받들어 섬기기도 어렵고 가까이 모시기도 어렵고, 대하여 뵙기도 어렵고 만나기도 어렵고, 함께 있기도 어려우며 기쁘게 하기도 어렵고 따라다니기도 어렵습니다. 저는 이제 만났으니 많은 이익을 얻은 것입니다."

(39-5-1-3-2) 부처가 되기 위해 보리심을 내어 선지식을 찾다

"거룩하신 이여, 저는 이미 위없는 바른 보리심을 냈으니 부처님을 섬기기 위함이며, 만나기 위함이며, 뵙기 위함이며, 관찰하기 위함이며, 알기 위함입니다. 부처의 평등함을 증득하기 위함이며, 서원을 내기 위함이며, 서원을 채우기 위함이며, 지혜의 빛을 갖추기 위함이며, 여러 가지 행을 이루기 위함이며, 신통을 얻기 위함이며, 여러 힘을 갖추기 위함이며, 두려움 없음을 얻기 위함입니다.

부처의 법을 듣기 위함이며, 받기 위함이며, 지니기 위함이며, 이해하기 위함이며, 보호하기 위함입니다. 보살 대중과 한 몸이기 위함이며, 보살의 선근과 평등하여 다르지 않기 위함이며, 바라밀을 원만하게 하기 위함이며, 수행을 성취하기 위함이며, 청정한 서원을 내기 위함이며, 위신의 장을 얻기 위함입니다.

법장의 끝이 없는 지혜와 큰 광명을 얻기 위함이며, 삼매인 광대한 창고를 얻기 위함이며, 한량없는 신통의 장을 성취하기 위함이며, 매우 가엾게 여기는 장으로 중생을 교화하고 조복하여 마침내 끝점[邊際]

에 이르게 하기 위함이며, 신통 변화의 장을 나타내기 위함이며, 자유자재한 장에서 스스로 자재함을 얻기 위함이며, 청정한 장 속에 들어가서 온갖 모습으로 장엄하기 위함입니다.

거룩하신 이여, 이런 마음과 뜻과 낙과 욕망과 희망과 사상과 존경과 방편과 구경과 겸양으로 거룩하신 이에게 왔습니다."

(39-5-1-3-3) 해탈장자의 모습

"거룩하신 이께서는 보살들을 잘 가르쳐 방편으로 얻은 바를 열어 밝히며, 길을 보이며 나루터를 일러 주는 법문을 합니다. 아득한 장애를 제거하고 망설이는 화살을 뽑고 의혹의 그물을 찢고 마음의 숲을 비추고 마음의 때를 씻어서 결백하게 하고 청정하게 하고 아첨을 하고 생사를 끊고 착하지 못함을 멈추게 합니다. 마음의 집착을 풀고, 집착한데서 해탈하게 하고 물든 애욕에서 마음을 돌리게 하며, 온갖 지혜의 경계에 빨리 들어가게 하고, 위없는 법의 성에 빨리 이르게 하고 매우 가엾게 여김에 머물게 하고, 매우 인자함에 머물게 하고, 보살의 행에 들어가게 하고 삼매의 문을 닦게 하고 증득하는 지위에 들게 하고, 법의 성품을 보게 하고 힘을 증장하게 하고 행을 익히게 하여 온갖 것에 마음을 평등하게 합니다.

거룩하신 이여, 어떻게 보살의 행을 배우며 보살의 도를 닦으며, 닦아 익힌 것이 빨리 청정해지며, 빨리 분명해지는 것을 말씀해 주십시오."

(39-5-2) 해탈장자가 삼매에 들다

그때 해탈장자는 과거의 선근의 힘과 부처님 위신력과 문수보살의 생각하는 힘으로 보살의 삼매문에 들어갔다. 모든 부처의 세계를 두루 거두어 끝없이 도는 다라니 보섭일체불찰무변다라니삼매다.

이 삼매에 들어가서는 청정한 몸을 얻었다. 그 몸에서는 시방으로 각 각 열 부처 세계의 수많은 부처님과 부처님의 국토와 도량과 갖가지 광명으로 장엄한 것을 나타내며, 부처님들이 옛적에 행하시던 신통 변 화와 모든 서원과 도를 돕는 법과 벗어나는 행과 청정한 장엄을 나타 내며, 등정각을 이루고 묘한 법륜을 굴리어 중생을 교화함을 보였으 며, 이런 일들이 그 몸 가운데 나타나지만 조금도 장애가 되지 않았다. 여러 가지 형상과 차례로 본래와 같이 머물면서도 섞이거나 혼란스 럽지 않았다. 갖가지 국토와 모인 대중과 갖가지 도량과 장엄들이며, 그 가운데 계시는 부처님이 갖가지 신통한 힘을 나타내고 법의 길을 세우고 서원의 문을 보였다.

도솔천궁에서 지금 불사를 짓기도 하고, 죽어서 불사를 짓기도 하는 데, 태중에 있기도 하고, 탄생도 하고, 궁중에 있기도 하고, 출가도 하 고, 도량에 나가기도 하고, 마의 군중을 깨뜨리기도 하고, 하늘과 용 들이 공경하여 둘러 모시기도 하고, 세상 임금들이 법을 청하기도 하 고, 법륜을 굴리기도 하고, 열반에 들기도 하고, 사리를 나누기도 하 고, 탑을 쌓기도 했다.

부처님께서 갖가지 대중의 모임과 세간과 태어나는 길과 가족과 욕 망과 업과 말과 근성과 번뇌와 습기를 가진 중생들 가운데서, 작은 도 량에 있기도 하고 넓은 도량에 있기도 하고, 1유순이나 되는 도량에 있기도 하고 10유순이나 되는 도량에 있기도 하고, 말할 수 없는 세 계의 티끌 수 유순이 되는 도량에 있기도 하면서, 갖가지 신통과 말과 음성과 법문과 다라니 문과 변재의 문으로써, 여러 가지 성인의 참 이 치 바다에서 여러 가지 두려움 없는 대 사자후로 중생의 갖가지 선근 과 생각을 말하며, 여러 보살의 수기를 주며, 여러 가지 부처의 법을 말했다.

모든 부처님의 말씀을 선재동자가 다 들었으며, 부처님들과 보살들이 부사의한 삼매와 신통 변화를 보기도 했다.

(39-5-3) 해탈문에 들어서 부처님 세계를 보다

해탈장자가 삼매에서 일어나 선재동자에게 말했다.

"소년이여, 내가 이렇게 시방으로 각각 열 부처 세계의 티끌 수 부처님을 보지만 부처님께서 여기 오시지도 않았고 내가 그곳에 가지도 않았다. 부처님이나 내 마음이 모두 꿈과 같음을 알며, 부처님은 그림자 같고 내 마음은 물 같은 줄을 알며, 부처님의 모습과 내 마음이 환상과 같음을 알며, 부처님과 내 마음이 메아리 같음을 안다. 이렇게 알고 뵙는 부처님이 나의 마음으로 인한 것이다.

소년이여, 그렇게 알아라. 보살들이 부처의 법을 닦아 부처의 세계를 청정하게 하며, 묘한 행을 쌓아 중생을 조복시키며, 큰 서원을 내고 온갖 지혜에 들어가 자재하게 유희하며, 부사의한 해탈문으로 부처의 보리를 얻으며, 큰 신통을 나타내고 시방세계에 두루 가며, 미세한 지혜로 여러 겁에 널리 들어가는 것들이 모두 자기의 마음으로 말미암는다.

소년이여, 마땅히 착한 법으로 마음을 붙들며, 법의 물로 윤택하게 하며, 경계에서 깨끗이 다스리며, 꾸준히 노력하므로 마음을 굳게 하며, 참음으로 마음을 평탄하게 하며, 지혜를 증득하여 결백하게 하며, 지혜로써 마음을 명랑하게 하며, 부처의 자재함으로 마음을 개발하며, 부처의 평등으로 마음을 너그럽게 하며, 부처의 십력으로 마음을 비추어 살피는 것이다."

(39-5-4) 수승한 보살의 법을 찬탄하다

"소년이여, 나는 다만 부처의 걸림 없는 장엄 해탈문에 드나들지만 여러 보살이 걸림 없는 지혜를 얻고 걸림 없는 행에 머물며, 모든 부처를 항상 보는 삼매를 얻으며, 열반의 경계에 머물지 않는 삼매를 얻으며, 삼매의 넓은 문 경계를 통달하며, 삼세법이 평등하며, 몸을 나누어 여러 세계에 두루 이르며, 부처님의 평등한 경계에 머물러 시방의 경계가 앞에 나타나면 지혜로 관찰하여 분명히 알며, 몸 가운데 모든 세계가 이루어지고 무너짐을 나타내도 자기의 몸과 여러 세계가 둘이란 생각은 내지 않는다. 이렇게 미묘한 행을 내가 어떻게 알며 어떻게 말하겠는가."

(39-5-5) 다음 선지식 찾기를 권하다

"소년이여, 여기서 남방으로 가서 염부제의 경계선에 이르면 마리가라(摩利伽羅) 마을에 해당비구가 있다. 그대는 그에게 가서 '보살이 어떻게 보살의 행을 배우며 보살의 도를 닦습니까?'라고 물어라."

(39-5-6) 선재동자가 선지식에 대해서 생각하다

이때 선재동자는 해탈장자의 발에 예배하고 오른쪽으로 여러번 돌며 관찰하고 일컬어 찬탄하며, 생각하여 우러러보며 눈물을 흘리면서 '선지식을 의지하며 선지식을 섬기고 선지식을 공경하며, 선지식으로 말미암아 온갖 지혜를 보았으니 선지식에게 거슬리는 생각을 내지 않으며, 선지식에게 아첨하거나 속이는 마음이 없으며, 마음으로 선지식을 항상 순종했습니다. 선지식을 어머니라고 생각할 것이며 모든 무익한 법을 버리는 까닭이며, 선지식을 아버지라 생각할 것이니 모든 선한 법을 내게 하는 까닭입니다' 하면서 하직하고 물러갔다.

(39-6) 해당비구(海幢比丘)
제6 정심주(正心住) 선지식

(39-6-1) 해당비구를 뵙고 법을 묻다
(39-6-1-1) 법을 생각하다
그때 선재동자는 일심으로 장자의 가르침을 생각하며 관찰했다. 부사의한 보살의 해탈문을 기억하며, 지혜 광명을 생각했다. 부사의한 보살의 법계문에 깊이 들어가며, 널리 들어가는 문을 향해 나아갔다. 부사의한 부처의 신통 변화를 밝게 보고, 부사의하게 널리 들어가는 문을 이해하며, 부사의한 부처의 힘으로 장엄함을 분별하며, 부사의한 보살의 삼매 해탈 경계로 나뉘는 지위인 분위를 생각하며, 부사의한 차별된 세계가 걸림이 없음을 통달하며, 부사의한 보살의 견고하고 깊은 마음을 닦아 행하며, 부사의한 보살의 큰 서원과 깨끗한 업을 일으켰다.

(39-6-1-2) 해당비구를 뵙고 일심으로 관찰하다
(39-6-1-2-1) 해당비구는 삼매에 들어 있었다
남방으로 가서 마리가라 마을에 이르러 해당비구를 찾았다. 어떤 곳에서 가부좌하고 삼매에 들어 숨을 쉬지도 않고 무념의 상태로 몸이 편안하고 움직이지 않았다.

(39-6-1-2-2) 삼매에 든 해당비구의 전신을 밝히다
(39-6-1-2-2-1) 발바닥
그 발바닥에서 수없는 백천억 장자와 거사와 바라문들이 나오는데 모두 갖가지 장엄거리로 몸을 장엄했고, 보배관을 쓰고 정수리에 밝은 구슬이 빛나고, 시방의 세계로 가서 보배와 영락과 의복과 법답게 만든 맛있는 음식과 꽃과 화만과 향과 바르는 향과 여러 가지 좋아하고 필요한 물건들을 내리며, 여러 곳에서 빈궁한 중생을 구제하여 거둬 주고, 고통 받는 중생을 위로하여 즐거워하며 마음이 청정하여 위없는 보리의 도를 성취하게 했다.

(39-6-1-2-2-2) 두 무릎

두 무릎에서는 수없는 백천억 찰제리·바라문들이 나왔다. 모두 총명하고 지혜로우며, 갖가지 빛깔과 형상과 의복으로 훌륭하게 장엄했다. 시방의 모든 세계에 두루 펴져 사랑스러운 말과 일을 같이 하면서 중생들을 거두어 주는데, 가난한 이는 넉넉하게 하고, 병든 이는 낫게 하고, 위태한 이는 편안하게 하고, 무서워하는 이는 무섭지 않게 하고, 근심하는 이는 즐겁게 하며, 방편으로 권장하고 인도하여 나쁜 짓을 버리고 선한 법에 머물게 했다.

(39-6-1-2-2-3) 허리

허리에서는 중생의 수만큼 한량없는 신선들이 나왔다. 풀옷을 입기도 하고 나무껍질 옷을 입기도 하며, 물병을 들고 위의가 조용하여 시방세계로 다니면서 공중에서 부처의 묘한 음성으로 부처님을 칭찬하고 법을 연설하며, 청정한 범행도 말하며 닦아 익히고, 여러 감관을 조복하게 하며, 법은 제 성품이 없다고 말하여 자세히 살피고 지혜를 내게 하며, 세간에서 논란하는 법을 말하기도 하고 온갖 지혜와 벗어나는 방편을 말하여 차례대로 업을 닦게 했다.

(39-6-1-2-2-4) 좌우 옆구리

양 옆구리로 부사의한 용과 용녀를 내어 부사의한 용의 신통변화를 보였다. 부사의한 향구름, 꽃구름, 화만구름, 보배일산구름, 보배번기 구름, 보배장엄거리구름, 큰 마니보배구름, 보배영락구름, 보배자리 구름, 보배궁전구름, 보배연꽃구름, 보배관구름, 하늘몸구름, 채녀구름을 비 내리어 허공을 두루 장엄하고 시방세계의 부처님 도량에 가득하여 공양하며, 중생들로 하여금 기쁜 마음을 내게 했다.

(39-6-1-2-2-5) 가슴의 만(卍)자

가슴의 만자에서는 수없는 백천억 아수라왕을 내어 헤아릴 수 없는 자유자재한 환술의 힘을 보였다. 백천 세계를 진동하게 하며, 모든 바닷물은 저절로 치솟고 모든 산은 서로 부딪치며, 하늘의 궁전은 흔들리고, 마의 광명은 모두 가리워지고 마의 군중들은 모두 부서지며, 중생들로 하여금 교만한 마음을 버리고 성내는 마음을 없애고 번뇌의 산을 파괴하고 나쁜 법은 쉬게 하여 투쟁은 없어지고, 영원히 화평하게 했다.

환술의 힘으로 중생들을 깨우쳐서 죄악은 소멸시키고, 생사를 무서워하며, 여러 길에서 벗어나고 물드는 고집을 여의어 위없는 보리심에 머물게 하며, 모든 보살의 행을 닦아 모든 완성에 머물게 하며, 모든 보살의 지위에 들어가서 미묘한 법문을 관찰하고 부처님의 방편을 알게 하니 이런 일들이 법계에 두루했다.

(39-6-1-2-2-6) 등

등으로부터는 이승으로 제도할 이를 위해 수없는 백천억 성문과 연각을 냈다. 나에 집착한 이에게는 나가 없다고 말하며, 항상하다고 집착하는 이에게는 법이 무상하다고 말하며, 탐심이 많은 이에게는 부정관을 말하며, 성내는 일이 많은 이에게는 자비관을 말하며, 어리석은 이에게는 인연관을 말하며, 셋이 균등한 이에게는 지혜와 서로 응하는 경계를 말하며, 경계에 애착한 이에게는 아무 것도 없는 법을 말하며, 고요한 처소에 집착한 이에게는 큰 서원을 내어 모든 중생을 두루 이익되게 하는 법을 말하니 이런 일들이 법계에 두루했다.

(39-6-1-2-2-7) 두 어깨

두 어깨에서는 수없는 백천억 야차왕과 나찰왕이 나오는데 갖가지 빛깔로써 크기도 하고 짧기도 하여 매우 무서운 권속에게 둘러싸였다. 착한 일을 하는 중생과 여러 성현과 보살 대중으로서 바르게 머무는 곳으로 향하는 이나 바르게 머무는 이를 수호하며, 어떤 때는 집금강신으로 나타나서 부처님과 부처님 계신 곳을 수호했다. 어떤 때는 세간을 두루 수호하여 무서워하는 이는 편안하게 하고, 병이 든 이는 낫게 하고, 번뇌가 있는 이는 여의게 하고, 허물이 있는 이는 뉘우치게 하고, 횡액이 있는 이는 없어지게 하여 모든 중생을 이익되게 했다. 그들로 하여금 생사의 윤회를 버리고 바른 법륜을 굴리게 했다.

(39-6-1-2-2-8) 배

배에서는 수없는 백천억 긴나라왕이 나오는데 무수한 긴나라 여인들이 앞뒤로 둘러싸고 있었으며, 수없는 백천억 건달바왕이 나오는데 무수한 건달바 여인들이 앞뒤로 둘러싸고 있었다. 수없는 백천 하늘 음악을 연주하여 법의 참 성품을 노래하며 찬탄하고, 부처님을 노래하며 찬탄하고, 보리심 내는 것을 노래하며 찬탄하고, 보살행 닦음을 노래하며 찬탄하고, 부처님이 바른 깨달음 이루는 문을 노래하며 찬

탄하고, 부처님이 법륜 굴리는 문을 노래하며 찬탄하고, 모든 부처님
이 신통 변화를 나투는 문을 노래하며 찬탄했다.

부처님이 열반에 드시는 문과 부처의 가르침을 수호하는 문과 중생
을 기쁘게 하는 문과 부처 세계를 깨끗이 하는 문과 미묘한 법을 드러
내는 것과 모든 장애를 여의는 문과 선근을 나게 하는 문을 열어 보이
며 연설하는 것이 시방 법계에 두루했다.

(39-6-1-2-2-9) 얼굴

얼굴에서 수없는 백천억 전륜성왕이 나오는데 칠보가 구족하고 네
가지 군대가 둘러싸고 있었다. 크게 버리는 광명을 놓으며, 한량없는
보배 비를 내려 가난한 이를 만족하게 하여 영원히 도둑질하는 행을
끊게 하며, 수없는 백천 단정한 아가씨들에게 모두 보시하면서 마음
에 집착함이 없어 영원히 음란한 행을 끊게 하며, 인자한 마음을 내어
생명을 죽이지 않게 하며, 진실한 말을 끝까지 하여 허황하고 쓸데없
는 말을 하지 않게 하며, 남을 거두어 주는 말을 하고 이간질하지 않
게 하며, 부드러운 말을 하게 하고 추악한 말이 없게 했다.

  항상 깊게 결정하여 분명한 뜻을 연설하고 꾸미고 소용없는 말을 하
지 않게 하며, 욕심이 없을 것을 말하여 탐욕을 제하고 때 낀 마음을
없게 하며, 매우 가엾게 여김을 말하여 분함을 덜고 뜻이 청정하게 하
며, 진실한 이치를 말하여 모든 법을 관찰하고 인연을 깊이 알게 하
며, 참된 이치를 밝게 알고 삿된 소견을 없애며, 의혹을 깨뜨리고 모
든 장애를 다 없애니 이렇게 하는 일이 법계에 가득했다.

(39-6-1-2-2-10) 두 눈

두 눈에서는 수없는 백천억 해가 나오는데, 지옥과 나쁜 길을 널리 비

추어 괴로움을 여의게 하며, 세계의 중간을 비추어 어둠을 덜게 하며, 시방의 중생에게 비추어 어리석은 장애를 여의게 했다.

더러운 국토에는 청정한 광명을 놓고, 은빛 국토에는 황금빛 광명을 놓고, 황금빛 국토에는 은빛 광명을 놓으며, 유리 국토에는 파려빛 광명을 놓고, 파려 국토에는 유리빛 광명을 놓으며, 자거 국토에는 마노빛 광명을 놓고, 마노 국토에는 자거빛 광명을 놓으며, 제청보배 국토에는 일장마니왕빛 광명을 놓고, 일장마니왕 국토에는 제청보배빛 광명을 놓으며, 적진주 국토에는 월광망장마니왕빛 광명을 놓고, 월광망장마니왕 국토에는 적진주빛 광명을 놓았다.

한 보배로 된 국토에는 갖가지 보배빛 광명을 놓고, 갖가지 보배로 된 국토에는 한 보배빛 광명을 놓아서, 모든 중생의 마음숲을 비추어 중생들의 한량없는 불사를 짓게 하며, 온갖 세간의 경계를 장엄하여 중생들의 마음이 맑아서 기쁨을 내게 했으니 이렇게 하는 일이 법계에 가득했다.

(39-6-1-2-2-11) 미간 백호

미간의 흰 털에서는 수없는 백천억 제석이 나오는데 모두 경계에 대하여 자유자재하게 되었다. 마니 구슬을 정수리에 매었으니 광명이 하늘 궁전에 비치며 수미산왕을 진동하게 하고, 하늘 대중을 깨우치며, 복덕의 힘을 찬탄하고 지혜의 힘을 말하며, 좋아하는 힘을 내고 뜻이 있는 힘을 지니고 생각하는 힘을 깨끗이 하고 보리심을 내는 힘을 굳게 하며, 부처님 보기를 좋아한다고 찬탄하여 세상의 탐욕을 덜게 하며, 법문 듣기를 좋아하고 찬탄하여 세상의 경계를 싫어하게 하며, 관찰하는 지혜를 좋아하고 찬탄하여 세상의 물듦을 끊게 하며, 아수라의 전쟁을 그치고 번뇌의 다툼을 끊으며, 죽기를 두려워하는 마음을 없애고 마군 항복을 받는 원을 내며, 바른 법의 수미산왕을 세우고 중생의 모든 사업을 마련하니 이렇게 하는 일이 법계에 두루했다.

(39-6-1-2-2-12) 이마

이마에서는 수없는 백천억 범천이 나오는데 모습이 단정하며 세간에 비길 바가 없었다. 위의가 조용하고 음성이 아름다워 부처님께 권하여 법을 연설하며, 부처님의 공덕을 찬탄하여 보살들을 기쁘게 하며, 중생들의 한량없는 사업을 마련하여 시방세계에 두루했다.

(39-6-1-2-2-13) 머리 위

머리 위에서는 한량없는 부처 세계의 티끌 수 보살 대중이 나오는데, 모두 훌륭한 모습으로 몸을 장엄하고 그지없는 광명을 놓으며 갖가지 행을 말했다. 이른바 보시를 찬탄하여 간탐을 버리고 묘한 보배들을 얻어 세계를 장엄했다. 계율을 지니는 공덕을 찬탄하여 중생들은 나쁜 짓을 영원히 끊고 보살들은 크게 자비로운 계율에 머물게 했다. 모든 것이 꿈과 같다고 말하며, 욕락이 재미가 없다고 말하여 중생들이 번뇌의 속박을 여의게 했다.

참는 힘을 말하여 모든 법에 마음이 자재롭게 했다. 금빛 몸을 칭찬하여 중생들이 성냄을 여의고 다스리는 행을 일으켜 축생의 길을 끊게 했다. 꾸준히 노력하는 행을 찬탄하여 세간에서 방일하는 일을 여의고 한량없는 묘한 법을 부지런히 닦게 했다. 선정바라밀을 찬탄하여 자유자재함을 얻게 했다. 지혜바라밀을 연설하여 바른 소견을 열어 보여 중생들로 하여금 자유자재한 지혜를 좋아하고 나쁜 소견의 독화살을 뽑게 했다.

세간을 따라서 갖가지 짓는 일을 말하여 중생들이 생사를 여의고 여러 길에서 뜻대로 태어나게 했다. 신통 변화를 보이며 목숨에 자재함을 말하여 중생들이 큰 서원을 내게 했다. 다라니를 성취하는 힘과 큰 서원을 내는 힘과 삼매를 깨끗이 다스리는 힘과 뜻대로 태어나는 힘을 말하며, 갖가지 지혜를 연설하니 중생들의 근성을 두루 아는 지혜와 모든 이의 마음과 행을 두루 아는 지혜와 부처님의 십력을 아는 지혜와 부처님들의 자재함을 아는 지혜이다. 이렇게 하는 일이 법계에 두루했다.

(39-6-1-2-2-14) 정수리

정수리로부터는 수없는 백천억 부처의 몸이 나오는데 거룩한 모습과 잘생긴 모양으로 청정하게 장엄했고, 위엄과 빛이 엄숙하고 찬란하여 금산과 같았다. 한량없는 광명이 시방에 두루 비치고 묘한 음성이 법계에 가득하며, 한량없는 큰 신통을 나타내며, 모든 세간을 위해 널리 법비를 내렸다.

보리도량에 있는 보살을 위해 여러 법비를 내렸다. 평등을 두루 아는 법비, 정수리에 물 붓는 보살을 위해 넓은 문에 들어가는 법비, 법왕자 보살을 위해 두루 장엄하는 법비, 동자 보살을 위해 견고한 산의 법비, 물러가지 않는 보살을 위해 바다광 법비, 바른 마음을 성취한 보살을 위해 넓은 경계의 법비, 방편이 구족한 보살을 위해 여러 성품 문의 법비, 귀한 집에 태어나는 보살을 위해 세간을 따라 주는 법비, 수행하는 보살을 위해 두루 가엾게 여기는 법비, 초발심 보살에게는 중생을 거두어 주는 법비, 믿고 이해하는 보살에게는 끝없는 경계가 앞에 나타나는 법비들이었다.

(39-6-1-2-3) 해당비구가 털구멍에서 광명을 놓다
해당비구는 그 몸에 있는 털구멍마다 아승기 세계의 티끌 수 광명그물을 내고, 광명그물마다 아승기 빛깔과 장엄과 경계와 사업을 갖추어서 시방의 법계에 가득했다.

(39-6-1-2-4) 선재동자가 해당비구의 모든 법을 생각하다
선재동자는 일심으로 해당비구를 관찰하면서 우러러 사모하여 그 삼매의 해탈을 생각했다. 부사의한 보살의 삼매를 생각하고, 부사의하게 중생을 이익되게 하는 방편 바다를 생각하고, 부사의하고 무위로 널리 장엄하는 문을 생각하고, 법계를 장엄하는 청정한 지혜를 생각하고, 그의 부처님의 대자대비한 힘의 가호를 받는 지혜를 생각하고, 보살의 자재함을 내는 힘을 생각하고, 보살의 큰 서원을 견고히 하는 힘을 생각하고, 보살의 모든 행을 증장하는 힘을 생각했다.

이렇게 생각하고 관찰하기를 하루낮과 하룻밤을 했고, 7일 낮과 7일 밤을 했고, 보름이나 한 달이나 여섯 달 육일을 했다. 이렇게 지낸 뒤에 해당비구는 삼매에서 나왔다.

(39-6-1-3) 선재동자가 삼매를 찬탄하고 그 이름을 묻다
"거룩하신 이여, 희유하시고 거룩하십니다. 이 삼매는 가장 깊고, 광대하고, 경계가 한량없고, 신력을 생각하기 어렵고, 광명이 비길 데 없고, 장엄이 수가 없고, 힘을 제어하기 어렵고, 경계가 평등하고, 시방을 두루 비추고, 이익이 한량없어 중생의 모든 괴로움을 없앱니다. 중생으로 하여금 가난한 고통을 여의게 하며, 지옥에서 벗어나게 하며, 축생을 면하게 하며, 액난의 문을 닫으며, 사람과 하늘의 길을 열며, 천상 인간의 중생을 기쁘게 하며, 선정의 경계를 사랑하게 하며,

유위의 낙을 늘게 하며, 생사에서 벗어나는 낙을 나타내며, 보리심을 인도하여 복과 지혜의 행을 증장케 하며, 가엾이 여기는 마음을 증장케 하며, 큰 서원의 힘을 일으키게 하며, 보살의 도를 분명히 알게 하며, 가장 높은 지혜[究竟智]를 장엄케 하며, 대승의 경지에 나아가게 하며, 보현의 행을 환히 알게 하며, 보살지위의 지혜 광명을 증득하게 하며, 보살의 원과 행을 성취하게 하며, 온갖 지혜의 경계에 머물게 하는 까닭입니다.

거룩하신 이여, 이 삼매의 이름은 무엇입니까?"

(39-6-2) 해당비구가 삼매에 대하여 설하다

"소년이여, 이 삼매의 이름은 '넓은 눈으로 얻음을 버림'이라고도 하고 '지혜바라밀 경계의 청정한 광명'이라고도 하고 '두루 장엄한 청정한 문'이라고도 한다. 소년이여, 나는 지혜바라밀을 닦았으므로 두루 장엄하고 청정한 삼매 등 백만 아승기 삼매를 얻었다."

"이 삼매의 경계는 결국 이것뿐입니까?"

"소년이여, 이 삼매에 들 때는 세계를 아는 데, 가는 데, 초과하는 데, 장엄하는 데, 다스리는 데, 깨끗이 하는 데 장애가 없다. 부처님을 보는 데, 광대한 위엄과 도덕을 관찰하는 데, 자재한 신통의 힘을 아는 데, 광대한 힘을 증득하는 데, 공덕 바다에 들어가는 데, 한량없는 묘한 법을 받는 데, 법 가운데 들어가서 묘한 행을 닦는 데, 법륜을 굴리는 평등한 지혜를 증득하는 데, 대중이 모인 도량 바다에 들어가는 데, 법을 관찰하는 데 장애가 없다. 매우 가엾이 여기므로 중생을 거둬 주는 데, 인자함을 항상 일으켜 시방에 충만하게 하는 데, 부처님을 보되 싫어하는 마음이 없는 데, 중생바다에 들어가는 데, 중생의 근성바다를 아는 데, 중생의 근기와 차별한 지혜를 아는 데 장애가 없다."

(39-6-3) 수승한 보살의 법을 찬탄하다

"소년이여, 나는 오직 이 한 가지 지혜바라밀 삼매의 광명만을 알 뿐이다. 보살들이 지혜 바다에 들어가 법계의 지경을 깨끗이 하며, 모든 길을 통달하며, 한량없는 세계에 두루하며, 다라니에 자재하고 삼매가 청정하며, 신통이 광대하고 변재가 다하지 않으며, 여러 지위를 잘 말하며, 중생의 의지가 되는 일을 내가 어떻게 그 묘한 행을 알며 그 공덕을 말하며, 그 행할 것을 알며, 그 경계를 밝히며, 그 원력을 끝까지 이루며, 그 중요한 문에 들어가며, 그 증득한 것을 통달하며, 그 길의 부분을 말하며, 그 삼매에 머물며, 그 마음의 경지를 보며, 그 가진 바 평등한 지혜를 얻겠는가."

(39-6-4) 다음 선지식 찾기를 권하다

"소년이여, 여기서 남으로 가면 해조(海潮)마을이 있고 그곳에 보장엄(普莊嚴) 동산이 있다. 그 동산에 휴사우바이가 있다. 그에게 가서 보살이 어떻게 보살의 행을 배우며 보살의 도를 닦느냐고 물어라."

그때 선재동자는 해당비구에게서 견고한 몸을 얻고 묘한 법의 재물을 얻었으며, 깊은 경계에 들어가서 지혜가 밝게 통달하고 삼매가 환히 비치며, 청정한 이해에 머물러 깊은 법을 보았다. 마음은 청정한 문에 편안히 머물고 지혜의 광명이 시방에 가득하여 환희한 마음으로 한량없이 즐거워하며, 땅에 엎드려 발에 절하고 한량없이 돌고 공경하고 우러르며, 생각하고 관찰하며, 찬탄하고 그 이름을 염하고 그 동작을 생각하고 그 음성을 기억하고, 그 삼매와 큰 서원과 행하는 경계를 생각하며, 그 지혜와 청정한 광명을 받으면서 하직하고 물러갔다.

9

(39-7) 휴사우바이(休捨優婆夷)
제7 불퇴주(不退住) 선지식

(39-7-1) 휴사우바이를 뵙고 법을 묻다
(39-7-1-1) 선지식에 대하여 생각하다

이때 선재동자가 선지식의 힘을 입고 선지식의 가르침을 의지하여 선지식을 생각하면서 선지식을 깊이 사랑하는 마음을 내어 이렇게 생각했다.

'선지식들은 부처님을 뵙게 하고 법을 듣게 했다. 선지식은 부처님의 법을 보여 준 까닭에 나의 스승이다. 선지식은 부처님 보기를 허공과 같게 한 까닭에 나의 눈이다. 선지식은 부처님의 연못에 들어가게 하는 까닭에 나의 나룻목이다.' 점점 남으로 가서 해조에 이르렀다.

(39-7-1-2) 휴사우바이

휴사우바이는 황금자리에 앉아서 해장진주그물관을 쓰고 하늘나라 것보다 더 좋은 진금팔찌를 끼고, 검푸른 머리카락을 드리우고 큰 마니그물로 머리를 장엄하고, 사자구 마니보배로 귀걸이를 했고, 여의마니보배로 영락을 만들고, 온갖 보배그물로 몸을 치장했다. 백천억 나유타 중생이 허리를 굽혀 공경하며, 동방에서 한량없는 중생이 모여 왔으니, 범천과 범중천과 대범천과 법보천과 자재천과 사람과 사람 아닌 이들이었다. 남방과 서방과 북방과 네 간방과 상방과 하방도 그러했다.

이 우바이를 보는 이는 병이 없어지고, 번뇌의 때를 여의고 나쁜 소견을 뽑아 버렸으며, 장애의 산을 부수고 걸림 없이 청정한 경계에 들어가며, 선근을 더욱 밝히고 감관을 기르며, 지혜의 문에 들어가고 다라니 문에 들어가서 삼매문과 서원문과 미묘한 수행문과 공덕문들이 앞에 나타나며, 마음이 광대하고 신통을 구족하며 몸에는 장애가 없어 쉽게 모든 곳에 갈 수 있다.

(39-7-1-3) 선재동자가 법을 묻다

그때 선재동자는 장엄동산에 들어가 두루 살피다가 휴사우바이가 묘한 자리에 앉아있는 것을 보고 그곳에 나아가 발에 절하고 여러번 돌고 말했다.

"거룩하신 이여, 저는 이미 위없는 바른 보리심을 냈으나 보살이 어떻게 보살의 행을 배우며, 어떻게 보살의 도를 닦는 지를 알지 못하겠습니다. 거룩하신 이께서 잘 가르치신다 하니 말씀해 주시기 바랍니다."

(39-7-2) 휴사우바이가 법을 설하다
(39-7-2-1) 시방의 부처님이 나에게 법을 설하다

"소년이여, 나는 보살의 한 해탈문을 얻었다. 나를 보거나 듣거나 생각하는 이나 나와 함께 있는 이나 나에게 도움을 준 이는 모두 헛되지 않을 것이다.

소년이여, 중생으로서 선근을 심지 못하고, 선지식의 거둠을 받지못하고, 부처님의 보호를 받지 않는 이는 나를 보지 못한다. 소년이여, 어떤 중생이 나를 보기만 하면 위없는 바른 보리심에서 물러나지 않는다.

소년이여, 동방의 부처님들이 항상 여기 오셔서 보배 자리에 앉아 나에게 법을 설한다. 남방과 서방과 북방과 네 간방과 상방과 하방에 계시는 부처님들도 모두 여기 오셔서 보배 자리에 앉아 나에게 법을 설한다.

9

소년이여, 나는 항상 부처님을 뵙고 법을 들으며 여러 보살과 함께 있다. 소년이여, 나의 대중은 8만 4천억 나유타인데 모두 이 동산에서 나와 함께 수행하며 위없는 바른 보리에서 물러나지 않고, 그 외 다른 중생들도 물러나지 않는 지위에 들어가 있다."

(39-7-2-2) 한량없는 겁 전에 낸 보리심

"거룩하신 이께서 위없는 바른 보리심을 낸 지는 얼마나 되었습니까?"

"소년이여, 나는 과거 연등부처님에게 범행을 닦고 공경하고 공양하면서 법문을 들었고, 그 전에는 이구부처님에게 출가하여 도를 배우며 바른 법을 받아 지녔고, 그 전에는 묘당부처님에게서, 그 전에는 승수미부처님에게서, 그 전에는 연화덕장부처님에게서, 그 전에는 비로자나부처님에게서, 그 전에는 보안부처님에게서, 그 전에는 범수부처님에게서, 그 전에는 금강제부처님에게서, 그 전에는 바루나천부처님에게서 배웠던 것을 기억한다.

소년이여, 나는 과거의 한량없는 겁 동안 태어나서 이렇게 차례차례 36항하사 부처님 계신 곳에서 받들어 섬기고 공경하고 공양하며 법을 듣고 받아 지니고 범행을 닦던 일을 기억하며 그 이전의 일은 부처의 지혜로 알 것이며 나는 알 수가 없다."

(39-7-2-3) 보살의 도는 한량이 없다

"소년이여, 보살은 처음으로 마음을 내는 것이 한량이 없어서 법계에 들어간다. 보살은 세간에 널리 들어가는 까닭에 가엾게 여기는 문이 한량이 없다. 보살이 법계에 끝까지 이르는 까닭에 서원의 문이 한량이 없다. 보살이 중생을 널리 덮는 까닭에 인자한 문이 한량이 없다. 보살이 세계에서 한량없는 겁 동안에 닦은 까닭에 닦는 행이 한량이 없다.

보살은 보살의 도가 물러가지 않게 하는 까닭에 삼매의 힘이 한량이 없다. 보살은 세간을 능히 지니는 까닭에 힘이 한량이 없다. 보살은 삼세에 증득하는 까닭에 지혜 광명의 힘이 한량이 없다. 보살은 세계에 널리 나타나는 까닭에 신통한 힘이 한량이 없다. 보살은 한 음성으로 모든 것을 다 이해하는 까닭에 변재의 힘이 한량이 없다. 보살은 부처의 세계에 두루하는 까닭에 청정한 몸이 한량이 없다."

(39-7-2-4) 보살은 부처님을 섬기기 위해 보리심을 낸다

"거룩하신 이여, 얼마나 수행하면 위없는 바른 보리를 얻게 됩니까?"
"소년이여, 보살은 한 중생을, 백 중생을, 한량없이 많은 중생을, 한 세계의 중생을, 한량없이 많은 세계의 중생을 교화하고 조복시키기 위해 보리심을 내지 않는다.
보살은 염부제의 티끌 수 세계의 중생을 교화하기 위해 보리심을 내지 않으며, 한량없이 많은 삼천대천세계의 티끌 수 세계 중생을 교화하기 위해 보리심을 내지 않는다.
보살은 한 부처님을, 한량없이 많은 부처님을, 한 세계 가운데 차례로 세상에 나는 부처님을, 한량없이 많은 세계에 차례로 나시는 부처님을, 한 삼천대천세계의 티끌 수 세계 가운데 차례로 나는 부처님을, 한량없이 많은 삼천대천세계의 티끌 수 세계 가운데 차례로 세상에 나는 부처님을 공양하기 위해 보리심을 내지 않는다.
보살은 한 세계를 깨끗하게 장엄하기 위해 한량없이 많은 세계를 깨끗하게 하기 위해, 한 삼천대천세계의 티끌 수 세계를 깨끗하게 하기 위해, 한량없이 많은 삼천대천세계의 티끌 수 세계를 깨끗하게 하기 위해 보리심을 내지 않는다.
보살은 한 부처님이 남긴 법을 지니기 위해, 한량없이 많은 부처님이 남긴 법을 지니기 위해, 한 세계 부처님이 남긴 법을 지니기 위해, 한 량없이 많은 세계의 부처님이 남긴 법을 지니기 위해, 한 염부제 티끌 수 세계의 부처님이 남기신 법을 지니기 위해, 한량없이 많은 세계의 티끌 수 세계의 부처님이 남기신 법을 지니기 위해 보리심을 내지 않는다.

한 부처의 서원만을 성취하려고 하지 않은 까닭이며, 한 부처의 국토에만 가려고 하지 않은 까닭이며, 한 부처의 대중이 되지 않은 까닭이며, 한 부처님의 법눈을 지닐려고 하지 않은 까닭이며, 한 부처님의 법륜을 굴리려고 하지 않은 까닭이며, 한 세계의 여러 겁의 차례만을 알려고 하지 않은 까닭이며, 한 중생의 마음바다만 알려고 하지 않은 까닭이며, 한 중생의 근성바다만 알려고 하지 않은 까닭이며, 한 중생의 수행바다만 알려고 하지 않은 까닭이며, 한 중생의 번뇌바다만 알려고 하지 않은 까닭이며, 한 중생의 번뇌 습기바다만 알려고 하지 않은 까닭이다.

한량없이 많은 부처세계의 티끌 수 중생의 번뇌 습기바다를 알려고 하지 않은 까닭으로 보리심을 낸다.

중생을 교화하고 조복시켜 남음이 없게 하려고, 부처님을 섬기고 공양하여 남음이 없게 하려고, 부처님의 국토를 깨끗이 하여 남음이 없게 하려고, 부처님의 바른 가르침을 보호하고 지녀 남음이 없게 하려고, 부처님의 서원을 성취하여 남음이 없게 하려고, 부처님의 국토에 모두 가서 남음이 없게 하려고, 부처님의 대중에 들어가서 남음이 없게 하려고, 세계의 여러 겁의 차례를 알아서 남음이 없게 하려고 보리심을 낸다.

중생의 마음바다를 다 알아서 남음이 없게 하려고, 중생의 근성바다를 다 알아서 남음이 없게 하려고, 중생의 업바다를 다 알아서 남음이 없게 하려고, 중생의 수행바다를 다 알아서 남음이 없게 하려고, 중생의 번뇌바다를 다 멸하여 남음이 없게 하려고, 중생의 번뇌 습기바다를 다 없애 남음이 없게 하려고 보리심을 낸다.

소년이여, 보살은 이러한 백만 아승기 방편의 행을 행하기 위해 보리심을 낸다. 소년이여, 보살의 행은 법에 두루 들어가 다 증득하려는 까닭이며, 세계에 두루 들어가 다 깨끗이 하려는 까닭이다. 소년이여, 그래서 온갖 세계를 깨끗이 하여 마치면 나의 서원도 마칠 것이며, 중생의 번뇌 습기를 뽑아 없애면 나의 서원도 만족할 것이다."

"거룩하신 이여, 이 해탈의 이름은 무엇입니까?"

"소년이여, 이것은 '근심 없고 편안한 당기'라 한다."

(39-7-3) 수승한 보살의 법을 찬탄하다

"소년이여, 나는 다만 이 해탈문만을 알 뿐이다. 보살들의 마음이 바다 같아서 부처의 법을 받아들이며, 수미산과 같이 뜻이 견고하여 동요하지 않으며, 선견약과 같아서 중생들의 번뇌병을 치료하며, 밝은 해와 같아서 중생들의 어두운 무명을 깨뜨리며, 단단한 땅과 같아서 중생의 의지할 데가 되며, 좋은 바람과 같아서 중생의 이익을 지으며, 밝은 등불과 같아서 중생들의 지혜의 빛을 내며, 큰 구름과 같아서 중생에게 고요한 법을 비추며, 깨끗한 달과 같아서 중생에게 복덕의 빛을 놓는다. 제석천과 같아서 모든 중생을 수호하는 일은 내가 어떻게 알며 어떻게 그 공덕의 행을 말하겠는가."

(39-7-4) 다음 선지식 찾기를 권하다

"소년이여, 여기서 남쪽으로 가면 바닷가에 나라소(那羅素)국이 있고 그 곳에 비목구사선인이 있다. 그대는 그에게 가서 보살이 어떻게 보살의 행을 배우며 어떻게 보살의 도를 닦느냐고 물어라."

(39-7-5) 수행의 어려움을 생각하다

선재동자는 그의 발에 절하고 수없이 돌고 은근하게 우러러보며 눈물을 흘리면서 이렇게 생각했다. '보리는 얻기 어렵고, 선지식은 만나기도 어렵고, 친근하기 어렵고, 보살의 근기를 얻기 어렵고, 보살의 근기를 깨끗하게 하기 어렵고, 함께 수행할 선지식을 만나기 어렵고, 이치대로 관찰하기 어렵고, 가르치는 대로 수행하기 어렵고, 착한 마음을 내는 방편을 만나기 어렵고, 온갖 지혜를 증장하게 하는 법의 광명을 만나기 어렵다.'

이렇게 생각하며 인사하고 물러갔다.

(39-8) 비목구사선인(毘目瞿沙仙人)
제8 동진주(童眞住)선지식

(39-8-1) 비목구사선인을 뵙고 법을 묻다
(39-8-1-1) 열 가지 마음을 내어 선지식을 찾다

그때 선재동자는 보살의 바른 가르침을 따라 생각하고, 보살의 깨끗한 행을 따라 생각하며, 보살의 복력을 증장하려는 마음을 내고, 모든 부처님을 분명히 보려는 마음을 내고, 모든 부처님을 태어나게 하려는 마음을 내고, 서원을 증장하게 하려는 마음을 내고, 시방의 법을 두루 보려는 마음을 내고, 법의 참된 성품을 밝게 보려는 마음을 내고, 장애를 없애려는 마음을 내고, 법계를 관찰하여 어둠을 없애려는 마음을 내고, 마군이의 항복을 받으려는 마음을 내면서 나라소국에 이르러 비목구사선인을 찾았다.

(39-8-1-2) 큰 숲의 장엄과 비목구사선인

선재동자는 그 선인이 전단나무 아래서 1만 무리를 거느리고 풀을 깔고 앉아 있는 것을 보았다. 사슴가죽을 입기도 하고 나무껍질을 입기도 하고, 풀을 엮어서 옷을 만들기도 했으며, 상투를 틀고 고리를 드리운 이들이 앞뒤로 둘러 모시고 있었다.

(39-8-1-3) 선지식을 찬탄하고 법을 묻다

선재동자는 그 앞에 나아가서 엎드려 절하며 말했다.

"저는 이제 참 선지식을 만났습니다. 선지식은 지혜에 나아가는 문으로 진실한 도에 들게 합니다. 지혜에 나아가는 법으로 부처의 지위에 이르게 합니다. 지혜에 나아가는 배로서 지혜 보배의 섬에 이르게 합니다. 지혜에 나아가는 횃불로 십력의 빛을 내게 합니다. 지혜에 나아가는 길로 열반의 성에 들어가게 합니다.

선지식은 지혜에 나아가는 등불로 평탄하고 험한 길을 보게 합니다. 지혜에 나아가는 다리로 험난한 곳을 건너게 합니다. 지혜에 나아가는 일산으로 크게 인자한 그늘을 내게 합니다. 지혜에 나아가는 눈으로 법의 성품의 문을 보게 합니다. 지혜에 나아가는 밀물썰물 같이 대비수를 만족하게 합니다."

이렇게 말하고는 일어나 여러 번 돌고 합장하고 여쭈었다.

"거룩하신 이여, 저는 이미 위없는 바른 보리심을 냈으나 보살이 어떻게 보살의 행을 배우며 보살의 도를 닦는지를 알지 못합니다. 거룩한 이께서 잘 가르치신다 하니 바라건대 말씀하여 주시기 바랍니다."

(39-8-2) 선재동자를 찬탄하다

(39-8-2-1) 비목구사선인이 찬탄하다

비목구사선인은 무리들을 돌아보고 말했다.

"선남자들이여, 이 동자는 이미 위없는 바른 보리심을 냈다. 또 중생에게 두려움 없음을 보시했다. 이 소년은 중생에게 이익을 주며, 부처의 지혜바다를 관찰하며, 감로의 법비를 마시며, 광대한 법바다를 측량한다. 이 동자는 중생들을 지혜바다에 머물게 하며, 광대한 자비구름을 일으키며, 광대한 법비를 내리며, 지혜의 달로 세간을 두루 비추며, 세간의 지독한 번뇌를 멸하며, 중생들의 모든 선근을 기른다."

(39-8-2-2) 여러 신선이 찬탄하다

이때 여러 신선은 이 말을 듣고 가지각색 묘한 향과 꽃으로 선재에게 흩뿌리고 절하고 두루 돌며 공경하며 말했다.

"이 소년은 반드시 중생을 구호할 것이다. 지옥의 고통을 멸할 것이며, 축생의 길을 끊을 것이다. 염라대왕의 세계를 바꾸어 놓고 여러 험난한 문을 닫을 것이다. 또 애욕 바다를 말릴 것이며, 괴로움 덩어리를 없앨 것이다. 무명의 어둠을 깨뜨려 탐애의 결박을 끊을 것이다. 복덕의 철위산으로 세간을 둘러쌓아 수미산 같은 지혜를 세간에 드러낼 것이다. 청정한 지혜의 해를 뜨게 하여 선근의 법장을 열어 보일 것이다. 세간 사람들에게 험하고 평탄함을 알게 할 것이다."

(39-8-2-3) 비목구사선인이 보리심 낸 것을 인정하다

이때 비목구사선인이 여러 신선에게 말했다.

"신선들이여, 어떤 사람이 위없는 바른 보리심을 내면 반드시 온갖 지혜의 도를 성취할 것이다. 그러므로 이 동자는 이미 위없는 바른 보리심을 냈으므로 모든 부처의 공덕 바탕을 깨끗이 할 것이다."

(39-8-3) 무승당해탈의 경계를 보이다

비목구사선인은 선재동자에게 말했다.

"소년이여, 나는 보살의 무승당해탈을 얻었다."

"거룩하신 이여, 무승당해탈은 그 경계가 어떠합니까?"

이때 비목구사선인은 오른손을 펴서 선재동자의 정수리를 만지며 손을 잡았다. 그때 선재동자는 자기의 몸이 시방으로 열 세계의 티끌 수 세계에 가서 열 세계의 티끌 수 부처님 처소에 이르렀음을 보았다. 저 세계와 모인 대중과 부처님의 잘 생긴 모습이 여러 가지로 장엄했음을 보았으며, 그 부처님이 중생들의 마음을 따라서 법을 연설함을 듣고 한 글자 한 구절을 모두 통달했으며, 따로따로 받아 지녀 섞이지 않았다.

부처님이 갖가지 지혜로 모든 서원을 깨끗하게 다스리는 것도 보고, 청정한 서원으로 모든 힘을 성취하는 것도 보고, 중생들의 마음을 따라 나타내는 모습도 보고, 큰 광명 그물의 가지각색 빛이 청정하고 원만함도 보고, 걸림없는 지혜와 큰 광명의 힘도 알았다.

자기의 몸이 여러 부처님 계신 곳에서 하루낮 하룻밤을 지내기도 하고, 이레를 지내기도 하고, 혹은 반달이나 한 달이나 일 년이나 십 년이나 백 년이나 천 년이나 억 년을 지내기도 하며, 아유다 억 년이나 나유타 억 년이나 반 겁이나 한 겁이나 백 겁이나 천 겁이나 백천억 겁이나 한량없이 많은 세계의 티끌 수 겁을 지내는 것을 보기도 했다. 그때 선재동자는 보살의 무승당해탈의 지혜 광명으로 비로자나장삼매의 광명을 얻고, 다함 없는 지혜 해탈삼매의 광명으로 여러 방위를 두루 거두는 다라니 광명을 얻었다. 금강륜 다라니문의 광명으로 매우 청정한 지혜의 마음삼매 광명을 얻었다. 넓은 문 장엄장반야바라밀의 광명으로 불허공장륜 삼매의 광명을 얻었다. 일체불법륜삼매의 광명으로 삼세의 다함이 없는 삼매 광명을 얻었다.

이때 비목구사선인이 선재의 손을 놓으니, 선재동자는 자기의 몸이 본래 있던 곳에 있음을 보았다.

그때 비목구사선인은 선재동자에게 말했다.

"소년이여, 그대는 어떻게 생각하는가?"

"그러합니다. 이것이 다 거룩하신 선지식의 힘인 줄 압니다."

(39-8-4) 수승한 보살의 법을 찬탄하다

비목구사선인이 말했다.

"소년이여, 나는 다만 이 보살의 무승당해탈만 알 뿐이다. 보살이 모든 훌륭한 삼매를 성취하여, 모든 시절에 자유자재하고 잠깐 동안에 부처님의 한량없는 지혜를 내고 부처의 지혜등불로 장엄하여 세간을 두루 비추며, 한 생각에 삼세 경계에 두루 들어가서 형상을 나누어 시방의 국토에 두루 가며, 지혜의 몸이 법계에 들어가서 중생의 마음을 따라 그의 앞에 나타나서 그의 근성과 행을 관찰하고 이익되게 하며, 매우 사랑스럽고 깨끗한 광명을 놓는 일을 내가 어떻게 알며, 공덕의 행과 훌륭한 서원과 장엄한 세계와 지혜의 경계와 삼매의 행하는 데와 신통 변화와 해탈의 유희와 몸이 각각 차별함과 음성이 청정함과 지혜의 광명을 어떻게 말하겠는가.

(39-8-5) 다음 선지식을 찾기를 권하다

"소년이여, 여기서 남쪽에 이사나(伊沙那)마을이 있고, 그곳에 승열 바라문이 있다. 그대는 그에게 가서 보살이 어떻게 보살의 행을 배우며 보살의 도를 닦느냐고 물어라."

이때 선재동자는 즐거워하며 그의 발에 절하고 수없이 돌고 은근하게 우러러보면서 하직하고 남쪽으로 떠났다.

(39-9) 승열바라문(勝熱婆羅門)
제9 법왕자주(法王子住)선지식

(39-9-1) 승열바라문을 뵙고 법을 묻다
(39-9-1-1) 무승당해탈의 법력

이때 선재동자는 보살의 '무승당해탈'의 비춤을 받아 부처님의 부사의한 신통의 힘을 얻었으며, 보살의 부사의한 해탈과 신통한 지혜를 증득했으며, 보살의 부사의한 삼매의 지혜광명을 얻었으며, 시기에 닦는 삼매의 지혜광명을 얻었으며, 경계가 다 생각을 의지하여 존재한 것임을 아는 삼매의 지혜광명을 얻었으며, 세간에서 가장 훌륭한 지혜광명을 얻었다.

모든 곳에 몸을 나타내고 끝까지 다다른 지혜로 둘이 없고 분별이 없는 평등한 법을 말하며, 밝고 깨끗한 지혜로 경계를 두루 비추며, 들은 법을 모두 알아 가지며, 청정한 마음과 앎으로 법의 성품을 결정하고 마음에는 보살의 묘한 행을 항상 버리지 않았다.

온갖 지혜를 구하는데 영원히 물러나지 않아 십력과 지혜의 광명을 얻었다. 묘한 법을 부지런히 구하여 싫은 생각이 없었으며, 바르게 행을 닦아 부처의 경지에 들어갔으며, 보살의 한량없는 장엄을 내고 끝이 없는 큰 서원이 모두 청정했다. 다함이 없는 지혜로 끝이 없는 세계그물을 알고, 겁약하지 않은 마음으로 한량없는 중생 바다를 제도하며, 끝이 없는 보살의 수행하는 경계를 알고, 세계의 여러 가지 차별을 보며, 세계의 여러 가지 장엄을 보며, 세계의 미세한 경계에 들어가며, 세계의 여러 가지 이름을 알며, 세계의 여러 가지 말을 알며, 중생의 여러 가지 지혜를 알며, 중생의 여러 가지 행을 보며, 중생의 성숙한 행을 보며, 중생의 차별한 생각을 보았다.

9

(39-9-1-2) 보살도 닦는 법을 묻다

선지식을 생각하면서 이사나 마을에 이르러 승열바라문이 모든 고행을 닦으며 온갖 지혜를 구하는 것을 보았다. 사면에 높고 가파른 칼산 밑에 불구덩이가 있었다. 승열바라문은 그 산 위에 올라가서 몸을 날려 불구덩이에 들어갔다.

"거룩하신 이여, 저는 이미 위없는 바른 보리심을 냈으나 보살이 어떻게 보살의 행을 배우며 어떻게 보살의 도를 닦는지를 알지 못합니다. 거룩하신 이께서 잘 가르치신다 하니 바라건대 말씀해 주시기 바랍니다."

(39-9-2) 승열바라문이 법을 설하다
(39-9-2-1) 칼산에 올라 몸을 불구덩이에 던지다

"소년이여, 이 칼산 위에 올라가서 몸을 불 구덩이에 던지면 모든 보살의 행이 청정해진다."

(39-9-2-2) 선재동자가 선지식을 의심하다

선재동자는 이렇게 생각했다.

'사람의 몸을 얻기 어렵고, 어려움을 여의기 어렵고, 어려움이 없어짐을 얻기 어렵고, 청정한 법을 얻기 어렵고, 부처를 만나기 어렵고, 감관을 구비하기 어렵고, 불법을 얻기 어렵고, 선한 사람을 만나기 어렵고, 선지식을 만나기 어렵고, 이치대로 가르침을 받기 어렵고, 바른 생활을 하기 어렵고, 법을 따라 행하기 어렵다는데 이것은 마가 아닌가, 외도가 시키는 것이 아닌가? 마의 험악한 도량이 보살인 듯이 선지식의 모양으로 꾸며 선근의 어려움을 짓고 수명의 어려움을 지어서 온갖 지혜의 길을 닦는 것을 막고, 나를 끌어서 나쁜 길에 들어가게 하고, 나의 법문을 막고 나의 불법을 막는 것이 아닌가?'

(39-9-2-3) 범천이 승열바라문을 찬탄하다

이렇게 생각할 때에 일만의 범천이 허공에서 말했다.

"소년이여, 그런 생각을 하지 말라. 거룩한 승열바라문은 금강삼매의 광명을 얻었고, 크게 정진하여 중생을 건지려는 마음이 물러나지 않으며, 모든 탐애의 바다를 말리려 하고, 삿된 소견의 그물을 찢으려 하고, 번뇌의 섶을 태우려 하고, 의혹의 숲을 비추려 하고, 늙어 죽는 공포를 끊으려 하고, 삼세 장애를 무너뜨리려 하고, 모든 법의 광명을 놓으려 한다.

소년이여, 범천들이 삿된 소견에 집착하여 스스로 생각하기를 '우리는 자유자재하며, 능히 짓는 이가 되어 이 세간에서 가장 훌륭하다.'고 생각했다. 이 바라문이 몸의 다섯 군데에 불을 갖다 놓는 것을 보았다. 우리 궁전에 사랑하는 마음이 없고 여러 가지 선정에서도 즐거운 맛를 얻지 못하여 바라문에게 법을 청했다.

그때 바라문은 신통한 힘으로 고행을 보이며 우리에게 법을 말하여 우리의 소견을 없애 주고, 교만을 없애 주며, 매우 인자한 마음으로 가엾게 여기며, 광대한 마음을 일으켜 보리심을 내게 하여 항상 부처님을 뵙고 묘한 법을 듣고 모든 곳에 마음이 걸리지 않았다."

(39-9-2-4) 마의 무리가 승열바라문을 찬탄하다

일만의 마의 무리가 공중에서 하늘마니보배로 바라문 위에 흩으며 선재동자에게 말했다.

"소년이여, 이 바라문 몸의 다섯 군데에 불을 갖다 놓고 그 불의 광명이 나의 궁전의 장엄거리를 가려 보이지 않게 하므로 나는 그 궁전에 애착하지 않고 권속들과 함께 그의 처소에 왔더니, 나와 한량없는 다른 천자와 천녀들이 위없는 바른 보리에 물러나지 않게 했다."

(39-9-2-5) 자재천왕의 찬탄

일만의 자재천왕이 허공 중에서 하늘꽃을 뿌리며 말했다.

"소년이여, 이 바라문이 몸의 다섯 군데에 불을 갖다 놓고 그 불의 광명이 나의 궁전의 장엄거리를 가려 보이지 않게 하므로 나는 그 궁전에 애착하지 않고 권속들과 함께 그의 처소에 왔더니, 나로 하여금 마음을 자재하게 하고 번뇌에도 자재하게 하고 태어나는 데도 자재하게 하고 업장에도 자재하게 하고 삼매에도 자재하게 하고 장엄거리에도 자재하게 하고 목숨에도 자재하게 하고 모든 불법까지 자재하게 했다."

(39-9-2-6) 화락천왕의 찬탄

일만의 화락천왕이 허공에서 하늘음악을 연주하여 공경하고 공양하면서 말했다.

"소년이여, 이 바라문이 몸의 다섯 군데에 불을 갖다 놓고 그 불의 광명이 나의 궁전의 장엄거리들과 채녀들에게 비출 때, 나는 욕망을 내지도 않고 욕망을 구하지도 않고 몸과 마음이 부드러워져서 무리들과 함께 그의 처소에 왔더니, 나의 마음이 청량하고 깨끗하고 순일하여지고, 부드러워져 환희하게 되었고 깨끗한 십력과 몸을 얻게 하고 한량없는 몸을 냈다. 부처의 몸과 말과 음성과 마음을 얻었으며, 온갖 지혜까지 구족하게 성취했다."

(39-9-2-7) 도솔천왕과 그 권속들의 찬탄

일만의 도솔천왕과 천자 천녀와 한량없는 권속들이 허공에서 묘한 향을 뿌려서 공경하고 절하면서 말했다.

"소년이여, 이 바라문이 몸의 다섯 군데에 불을 갖다 놓고 그 불의 광명이 비칠 때 하늘들과 권속들이 자기의 궁전을 좋아하지 않고, 그의 처소에 와서 그의 설법을 들었다. 우리들은 경계에 탐하지 않고 욕심이 적어 넉넉함을 알았으며, 마음이 기쁘고 만족하여 선근을 내고 보리심을 냈으며, 불법을 원만하게 했다."

(39-9-2-8) 삼십삼천과 그 권속들의 찬탄

일만의 삼십삼천왕이 있어 권속들과 천자와 천녀들에게 둘러싸여서 허공으로 만다라꽃을 뿌리며 공경하고 공양하면서 말했다.

"소년이여, 이 바라문이 몸의 다섯 군데에 불을 갖다 놓고 그 불의 광명이 비칠 때 우리들은 하늘음악에는 즐거운 생각을 내지 않고 그의 처소에 왔더니, 바라문이 우리에게 법은 무상하고 파괴되는 것이라 말하여, 우리로 하여금 낙을 버리고 교만을 끊게 하여 위없는 보리를 닦게 했다.

소년이여, 우리들이 이 바라문을 보았을 때 수미산 꼭대기가 여섯 가지로 진동하여 기뻐하면서 보리심을 냈는데 견고하여 동요하지 않았다."

(39-9-2-9) 용왕들의 찬탄

일만의 용왕이 있으니, 이나발라용왕과 난타와 우파난타용왕들이었다, 허공에서 흑전단을 비로 내리고 한량없는 용녀들은 하늘음악을 연주하며 하늘꽃과 하늘향수의 비를 내려서 공경하고 공양하며 말했다.

"소년이여, 이 바라문이 몸의 다섯 군데에 불을 갖다 놓고 그 불의 광명이 용궁에 비치어, 용들로 하여금 뜨거운 모래의 공포와 금시조의 공포를 여의고, 성내는 일을 제하고 몸이 청량해지고, 마음에 흐림이 없어 법을 듣고 믿었으며, 용의 종류를 싫어하고 지성으로 업장을 뉘우쳐 없애며, 위없는 바른 보리심을 내어 온갖 지혜에 머물렀다."

(39-9-2-10) 야차왕의 찬탄

일만의 야차왕이 허공 중에서 여러 가지 공양거리로 바라문과 선재동자에게 공경하고 공양하면서 말했다.

"소년이여, 이 바라문이 몸의 다섯 군데에 불을 갖다 놓고 그 불의 광명에서 나와 권속들은 중생에게 가엾이 여기는 마음을 냈고, 나찰과 구반다들도 인자한 마음을 냈다. 인자한 마음을 가졌으므로 중생들을 해롭게 하지 않고 나에게로 왔다. 나와 그들은 자신의 궁전에 대해서 좋아하는 생각이 없었다. 함께 바라문의 처소에 갔더니, 그는 우리에게 적당한 법을 말하여 모두 몸과 마음이 안락했으며, 한량없는 야차와 나찰과 구반다들도 위없는 보리심을 내게 했다."

(39-9-2-11) 건발바왕의 찬탄

일만의 건달바왕이 허공에서 말했다.

"소년이여, 이 바라문이 몸의 다섯 군데에 불을 갖다 놓고 그 불의 광명이 나의 궁전에 비춰 우리들로 하여금 부사의하고 한량없는 즐거움을 받게 했다. 우리들이 그의 처소에 갔더니, 법을 말하여 위없는 바른 보리에서 물러가지 않게 했다."

(39-9-2-12) 아수라왕의 찬탄

일만의 아수라왕이 큰 바다에서 나와 허공에서 오른 무릎을 펴고 합장하고 절하면서 말했다.

"소년이여, 이 바라문이 몸의 다섯 군데에 불을 갖다 놓고 그 불의 위력에 우리 아수라들의 궁전과 바다와 육지들이 모두 진동하여 우리들로 하여금 교만과 방일을 버리게 했다. 우리들은 그의 처소에 가서 법문을 듣고 아첨과 허황함을 버리고 참는 지위에 머물러 견고하여 동요하지 않는 십력을 원만히 했다."

(39-9-2-13) 가루라왕의 찬탄

일만의 가루라왕이 있는데 가장 용맹한 왕이 우두머리가 되었다. 외도의 동자로 변하여 허공에서 이렇게 말했다.

"소년이여, 이 바라문이 몸의 다섯 군데에 불을 갖다 놓고 그 불의 광명이 우리 궁전에 비치니 모든 것이 진동하여 모두 무서워했다. 그의 처소에 갔더니, 우리에게 적당하게 법을 말하여 크게 인자함을 익히고 매우 가엾게 여김을 칭찬하고 생사의 바다를 건너게 하며, 탐욕의 수렁에서 중생들을 건져 보리심을 찬탄하고 방편의 지혜를 일으키며, 적당하게 중생들을 조복시켰다."

(39-9-2-14) 긴나라왕의 찬탄

일만의의 긴나라왕이 허공에서 이렇게 말했다.

"소년이여, 이 바라문이 몸의 다섯 군데에 불을 갖다 놓고 그 불의 광명이 우리가 있는 궁전의 여러 다라나무와 보배풍경그물과 보배비단띠와 음악나무와 묘한 보배나무와 모든 악기에서 저절로 부처의 소리와 법의 소리와 물러나지 않는 보살승의 소리와 위없는 보리를 구하는 소리를 냈다.

'어떤 나라 어느 곳에 어떤 보살이 보리심을 냈고, 어떤 보살이 고행을 행하고 버리기 어려운 것을 버렸으며, 온갖 지혜의 행을 깨끗이 했고, 어떤 보살이 도량에 나아갔으며, 어떤 부처님이 불사를 마치고 열반에 들었다'고 했다.

소년이여, 어떤 사람이 염부제의 초목을 갈아서 작은 티끌을 만드는 것보다 나의 궁전에 있는 보배다라나무와 악기에서 말하는 보살의 이름과 부처님의 이름과 서원과 닦는 행들이 더 많아 끝을 알지 못한다.
소년이여, 우리는 부처의 소리와 법의 소리와 보살승의 소리를 듣고 매
우 기뻐서 바라문의 처소에 왔더니, 적당하게 법을 말하여 나와 다른 한
량없는 중생들로 하여금 위없는 바른 보리에서 물러나지 않게 했다."

(39-9-2-15) 욕계천의 찬탄
한량없는 욕계하늘이 허공에서 아름다운 공양거리로 공경하고 공양
하면서 말했다.
"소년이여, 이 바라문이 몸의 다섯 군데에 불을 갖다 놓고 그 불의 광
명이 아비지옥과 여러 지옥에 비치어 고통받던 일이 쉬었다. 우리도
그 불의 광명을 보고 깨끗한 신심을 냈고, 그곳에서 죽어 하늘에 태어
났으며, 그 은혜를 알았으므로 바라문의 처소에 와서 공경하고 우러
러보면서 싫은 생각이 없었다. 바라문은 우리에게 법을 말하여 한량
없는 중생들이 보리심을 냈다."

(39-9-2-16) 선재동자가 참회하다
그때 선재동자는 이런 법문을 듣고 매우 기뻐했다. 바라문이 진실한
선지식임을 알고 마음을 내어 엎드려 절하며 이렇게 말했다.
"제가 거룩하신 선지식을 의심했습니다. 거룩하신 이여, 저는 의심에
대하여 참회합니다."

(39-9-2-17) 승열바라문이 선재동자에게 게송을 설하다
바라문은 선재동자에게 게송을 말했다.

어떤 보살이라도 / 선지식의 가르침을 순종하면

모든 의심과 두려움이 없어지고 / 편안하여 마음이 흔들리지 않는다.

이런 사람들은 / 광대한 이익을 얻으며
보리수 아래 앉아서 / 위없는 깨달음을 이룰 것이다.

(39-9-3) 선재동자가 칼산에 올라 불구덩이에 몸을 던지다

그때 선재동자는 칼산에 올라가 몸을 불구덩이에 던졌다. 내려가는 중간에 보살의 잘 머무는 삼매를 얻었고, 몸이 불꽃에 닿자 보살의 고요하고 즐거운 신통삼매를 얻었다.

이에 선재동자가 여쭈었다.

"매우 신기합니다. 거룩하신 이여, 칼산과 불에 몸이 닿았을 때에 편안하고 상쾌했습니다."

(39-9-4) 수승한 보살의 공덕을 찬탄하다

"소년이여, 나는 다만 보살의 다함이 없는 바퀴해탈문을 얻었을 뿐이다. 보살의 큰 공덕 불꽃으로서 중생의 잘못된 생각을 불살라 남지 않게 하고, 다함이 없는 마음과 게으르지 않는 마음과 겁이 없는 마음을 물러가지 않게 하며, 금강장 나라연 같은 마음과 빨리 수행하고 지체하지 않는 마음을 내며, 바람 둘레와 같이 여러 가지 노력과 서원을 두루 지나려는 마음에 물러나지 않는 것을 내가 어떻게 알며 어떻게 그 공덕의 행을 말하겠는가."

(39-9-5) 다음 선지식 찾기를 권하다

"소년이여, 여기서 남쪽으로 가면 사자분신(師子奮迅)성이 있고, 그 성에 자행동녀가 살고 있다. 그대는 그에게 가서 보살이 어떻게 보살의 행을 배우며 보살의 도를 닦느냐고 물어라."

그때 선재동자는 그의 발에 엎드려 절을 하고 수없이 돌고 하직하고 물러갔다.

(39-10) 자행동녀(慈行童女)
제10 관정주(灌頂住)선지식

(39-10-1) 자행동녀를 뵙고 법을 묻다
(39-10-1-1) 선지식에게 존중하는 마음을 내다

그때 선재동자는 선지식을 매우 존경하는 마음을 냈다. 광대하고 바른 앎으로 항상 대승을 생각하고 부처 지혜를 일심으로 구했다. 부처님 뵙기를 원하고 법의 경계를 관찰하며, 걸림없는 지혜가 나타나서 모든 법의 참된 경계와 항상 머물러 있는 경계와 모든 삼세와 찰나의 경계와 허공과 같은 경계와 둘이 없는 경계와 모든 법의 분별이 없는 경계와 이치의 걸림이 없는 경계와 겁이 바뀌어도 무너지지 않는 경계와 부처님의 경계가 없는 경계를 안다.

부처에게는 분별하는 마음이 없고 생각의 그물을 깨뜨려 집착이 없다. 부처님들의 대중이 모인 도량도 취하지 않고 부처님의 청정한 국토도 취하지 않으며, 중생들은 모두 나[我]가 없음을 알고 모든 소리는 다 메아리 같고 모든 빛은 다 그림자 같은 줄 안다.

(39-10-1-2) 비로자나장 궁전과 자행동녀

점점 남쪽으로 가다가 사자분신성에 이르러 자행동녀를 찾았다.

이 동녀는 사자당왕의 딸로서 5백 동녀가 시중을 들고 비로자나장 궁전에 있으며, 용승전단이 발이 되고 금실그물을 두르고 하늘옷을 깐 자리에 앉아 묘한 법을 연설한다는 말을 들었다.

선재동자는 왕궁에 나아가 자행동녀를 찾는데 한량없는 사람들이 궁중으로 들어가는 것을 보고, "당신들은 어디로 가느냐?"고 물으니, 그 사람들은 "자행동녀에게 묘한 법을 들으려 간다"고 대답했다.

선재동자는 '이 왕궁의 문은 제한이 없으니 나도 들어가자' 하고 들어가서 비로자나장 궁전을 보았다.

땅은 파려로 덮여 있으며 기둥은 유리로 되었고 벽은 금강으로 되었다. 염부단금으로 담을 쌓았고, 백천 광명은 창호가 되고 아승기 마니보배로 꾸몄으며, 보장마니 거울로 장엄하고 세상에 제일 가는 마니보배로 장식했는데 수없는 보배그물이 위에 덮였으며, 백천의 황금풍경에서는 아름다운 소리가 났다. 이렇게 부사의한 보배로 훌륭하게 꾸몄으며, 자행동녀는 살갗이 금빛이며, 눈은 자줏빛이고 머리카락은 검푸르며, 범천의 음성으로 법을 연설하고 있었다.

(39-10-1-3) 선재동자가 법을 묻다

선재동자는 앞에 나아가 발에 엎드려 절하고 세 번 돌고 합장하고 말했다.

"거룩하신 이여, 저는 이미 위없는 바른 보리심을 냈으나, 보살이 어떻게 보살의 행을 배우며 어떻게 보살의 도를 닦는지를 알지 못합니다. 거룩한 이께서 잘 가르치신다고 들었으니 말씀해 주시기 바랍니다."

(39-10-2) 지혜바라밀로 장엄한 궁전

그때 자행동녀가 선재동자에게 말했다.

"소년이여, 그대는 나의 궁전에 장엄한 것을 보라."

선재동자는 두루 살펴보았다.

낱낱의 벽과 기둥과 거울과 모양과 형상과 마니보배와 장엄거리와 황금풍경과 보배나무와 보배형상과 보배영락으로 치장되어 있었다. 온 법계의 부처님께서 처음 마음을 내고 보살의 행을 닦고 큰 서원에 만족하고 공덕을 갖추고 정등각을 이루는 일과 묘한 법륜을 굴리다가 열반에 드시는 일이 영상처럼 나타나는데 깨끗한 물속에서 일월성신과 모든 형상이 비치는 듯했다. 이런 것이 모두 자행동녀가 지난 세상에 심은 선근의 힘이었다.

이때 선재동자는 궁전의 장엄에서 본 부처님들의 여러 가지 모양을 생각하면서 합장하고 자행동녀를 쳐다보았다.

"소년이여, 이것은 지혜바라밀의 두루 장엄하는 문이니 내가 삼십육 항하사의 부처님 계신 데서 이 법을 얻었다. 저 부처님들이 각각 다른 문으로 이 지혜바라밀로 두루 장엄하는 문에 들어가게 했으며, 한 부처님이 말씀하신 것을 다른 부처님이 다시 말씀하시지 않았다."

(39-10-3) 지혜바라밀로 아승기 다라니문이 앞에 나타나다

"거룩하신 이여, 이 지혜바라밀로 두루 장엄하는 문의 경계는 어떠합니까?"

"소년이여, 내가 이 지혜바라밀로 두루 장엄하는 문에 들어가서 따라 나아가면서 생각하고 관찰하고 기억하고 분별할 때 넓은 문 다라니를 얻으니, 백만 아승기 다라니문이 앞에 나타났다.

부처세계 다라니문, 부처 다라니문, 법 다라니문, 중생 다라니문, 과거 다라니문, 미래 다라니문, 현재 다라니문, 항상 머무는 경계 다라니문, 복덕으로 도를 돕는 다라니문, 지혜 다라니문, 지혜로 도를 돕는 다라니문, 소원 다라니문, 업 다라니문, 바른 업 닦는 다라니문, 업이 자재한 다라니문, 착한 행 다라니문, 삼매 다라니문, 신통한 다라

니문, 마음바다 다라니문, 곧은 마음 다라니문, 마음을 조복시켜 청정
하게 하는 다라니문, 중생이 태어나는 데를 아는 다라니문, 번뇌의 방
편을 아는 다라니문, 중생의 성품을 아는 다라니문, 중생의 욕망을 아
는 다라니문, 시방을 두루 보는 다라니문, 부처의 법 다라니문, 보살
의 법 다라니문, 성문의 법 다라니문, 세간의 법다라니문 등이다."

(39-10-4) 수승한 보살의 도를 찬탄하다

"소년이여, 나는 다만 지혜바라밀을 두루 장엄하는 해탈문을 알 뿐이
다. 보살의 마음이 광대하기가 허공과 같고, 법계에 들어가 복덕이 만
족하며, 출세간 법에 머물러 세간의 행을 멀리하며, 지혜 눈이 걸림없
어 법계를 두루 관찰하며, 지혜 마음이 광대하여 허공과 같으며, 모든
경계를 분명히 보며, 걸림없는 지위의 큰 광명장을 얻어서 온갖 법과
뜻을 잘 분별하며, 세간의 행을 행하여도 세간 법에 물들지 않으며,
능히 세상을 이익되게 하고, 세간에서 파괴한 것이 아니며, 모든 세상
의 의지가 되고 모든 중생의 마음을 두루 알며, 그들에게 알맞게 법을
말하여 모든 시기에 항상 자유자재함을 내가 어떻게 알며 그 공덕의
행을 말하겠는가."

(39-10-5) 다음 선지식 찾기를 권하다

"소년이여, 여기서 남쪽에 삼안(三眼)국이 있고, 거기에 선견비구가
있다. 그에게 가서 보살이 어떻게 보살의 행을 배우며 보살의 도를 닦
느냐고 물어라."
그때 선재동자는 그의 발에 절하고 수없이 돌고 사모하여 우러러보
면서 하직하고 떠났다.

3. 십행위 선지식

(39-11) 선견비구(善見比丘)
제1 환희행(歡喜行)선지식

(39-11-1) 선견비구를 뵙고 법을 묻다
(39-11-1-1) 모든 것이 깊음을 생각하다

이때 선재동자는 보살의 머물러 있는 행과, 증득한 법과, 들어간 곳과, 중생의 미세한 지혜와, 세간의 생각을 의지하여 있음과, 중생의 짓는 행과, 중생의 마음 흐름과, 중생의 그림자 같음과, 중생의 이름과, 중생의 말과, 장엄한 법계와, 갖가지 심은 업과 행과, 업으로 장식한 세간이 깊음을 생각하면서 남쪽으로 갔다.

(39-11-1-2) 선견비구의 용모와 덕화

삼안국에 이르러 도성과 마을과 골목과 저자와 하천과 평원과 산골짜기 등을 두루 다니며 선견비구를 찾다가 숲속에서 거닐고 있는 것을 보았다.

젊은 나이에 용모가 아름답고 단정했다. 검푸른 머리카락이며, 정수리에는 육계가 있고 피부는 금빛이었다. 목에는 세 줄 무늬가 있고 이마는 넓고 반듯하며, 눈은 길고 넓어 청련화 같고 입술은 붉고 깨끗하여 빔바나무 열매 같았다. 가슴에는 만자가 있고 일곱 군데가 평평하며, 팔은 가늘고 길며 손가락에는 그물막이 있었다. 손바닥과 발바닥에는 금강 같은 바퀴 금이 있고, 몸은 유난히 아름다워 정거천인 같고 위와 아래가 곧고 단정하여 나구타 나무 같으며, 거룩한 모습과 잘 생긴 모양이 원만하여 설산과 같으며, 눈은 깜박이지 않고 둥근 후광이 한 길이었다.

지혜는 넓어 큰 바다와 같아 여러 경계에 마음이 흔들리지 않으며, 잠기듯 일어나는 듯, 지혜도 같고 지혜 아님도 같으며, 움직임과 부질없는 말이 모두 멈추었고 부처님이 행하던 평등한 경계를 얻었다. 매우 가엾이 여김으로 중생들을 교화하여 잠깐도 버리지 않으며, 일체 중생을 이익되게 함이며, 부처님의 법눈을 열어 보이기 위함이다. 부처님이 행하던 길을 밟기 위해 느리지도 빠르지도 않게 자세히 살피며 나아갔다.

(39-11-1-3) 선견비구에게 법을 묻다

이때 선재동자는 비구에게 나아가 엎드려 발에 절하고 허리 굽혀 합장하면서 말했다.

"거룩하신 이여, 저는 이미 위없는 바른 보리심을 냈고, 보살의 행을 구합니다. 거룩하신 이께서 보살의 도를 잘 열어 보이신다하니, 보살이 어떻게 보살의 행을 배우며, 어떻게 보살의 도를 닦는지를 말씀해 주시기 바랍니다."

(39-11-2) 선견비구가 법을 설하다
(39-11-2-1) 여러 부처님 처소에서 범행을 닦았다

"소년이여, 나는 젊었고 출가한 지도 오래되지 않았다. 이승에서 삼십팔 항하사 부처님 처소에서 범행을 닦았다. 어떤 부처님 처소에서는 하루낮이나 하룻밤 동안 범행을 닦았으며, 어떤 부처님 처소에서는 칠일 낮이나 칠일 밤 동안 범행을 닦았으며, 어떤 부처님 처소에서

는 반달이나 한 달이나 일 년이나 백 년이나 만 년이나 억 년이나 나
유타 년이나 한 소겁이나 반 대겁이나 한 대겁이나 백 대겁이나 한량
없이 많은 대겁을 지냈다.

그 동안에 묘한 법을 듣고 가르침을 받들어 행하며 모든 서원을 장엄
하고 증득할 곳에 들어가 모든 행을 닦아서 육바라밀을 만족했으며,
그 부처님들이 성도하고 법을 말하심이 각각 차별되어 어지럽지 않
았다. 남기신 가르침을 호지하여 열반하는 데까지 보았으며, 저 부처
님이 본래 세운 서원과 삼매의 원력으로 모든 부처의 국토를 깨끗이
장엄하며, 일체행삼매에 들어간 힘으로 모든 보살의 행을 깨끗이 닦
으며, 보현의 법의 뛰어난 힘으로써 여러 부처의 바라밀을 청정하게
함을 알았다."

(39-11-2-2) 잠깐 동안에 한량없는 법을 성취하다

"소년이여, 내가 거닐던 잠깐 동안에 시방이 다 앞에 나타났으니 지
혜가 청정한 까닭이며, 잠깐 동안에 모든 세계가 앞에 나타났으니 한
량없이 많은 세계를 경과한 까닭이며, 잠깐 동안에 한량없이 많은 부
처의 세계를 깨끗이 장엄했으니 큰 서원을 성취한 까닭이며, 잠깐 동
안에 한량없이 많은 중생의 차별한 행이 앞에 나타났으니 십력의 지
혜를 만족한 까닭이며, 잠깐 동안에 한량없이 많은 부처님들의 청정
한 몸이 앞에 나타났으니 보현의 행과 원을 성취한 까닭이다.

잠깐 동안에 한량없이 많은 부처 세계의 티끌 수 부처님께 공경하고
공양했으니 부드러운 마음으로 부처님께 공양하려는 서원을 성취한
까닭이다. 잠깐 동안에 한량없이 많은 부처님의 법을 받으니 아승기
의 차별한 법을 증득하여 법륜을 유지하는 다라니의 힘을 얻은 까닭
이다. 잠깐 동안에 한량없이 많은 보살의 수행바다가 앞에 나타나니

행을 깨끗이 하여 인다라그물과 같은 서원의 힘을 얻은 까닭이다. 잠깐 동안에 한량없이 많은 삼매바다가 앞에 나타나니 한 삼매문으로 모든 삼매문에 들어가서 서원의 힘을 청정하게 하는 까닭이다.

잠깐 동안에 한량없이 많은 여러 근성바다가 앞에 나타나니 모든 근성의 경계를 알고 한 근성에서 여러 근성을 보는 서원의 힘을 얻은 까닭이다. 잠깐 동안에 한량없이 많은 부처 세계의 티끌 수 시간이 앞에 나타나니 모든 시간에 법륜을 굴리는데 중생계는 다하여도 법륜은 다함이 없는 원력을 얻은 까닭이다. 잠깐 동안에 한량없이 많은 모든 삼세바다가 앞에 나타나니 모든 세계에서 삼세의 나뉘는 지위를 분명히 아는 지혜 광명과 원력을 얻은 까닭이다."

(39-11-3) 수승한 보살의 법을 찬탄하다

"소년이여, 나는 다만 이 보살이 따라주는 등불의 해탈문을 알 뿐이다. 보살이 금강등과 같아 부처님의 가문에 태어나서 죽지 않는 목숨을 성취하면 지혜의 등불을 항상 켜서 꺼지지 않으며, 몸이 견고하여 파괴할 수 없다. 환술 같은 육신을 나타냄이 마치 인연으로 생기는 법이 한량없는 갖가지 차별을 나타내듯 중생의 마음을 따라 제각기 형상과 모습을 나타내어 세상에 짝할 이 없다. 독한 칼이나 화재로도 해할 수 없음이 금강산과 같아 파괴할 수 없으며, 마와 외도의 항복을 받고 몸이 훌륭하기는 황금산과 같아 인간 천상에 제일이다. 소문이 멀리 퍼져서 듣지 못한 이가 없고, 세간을 보되 눈앞에 대한 듯하며, 깊은 법장을 연설함이 바다가 다하지 않는 것 같다. 큰 광명을 놓아 시방에 두루 비치니 보는 이가 있으면 모든 장애의 산을 헐고 착하지 않은 근본을 뽑아 버리고 광대한 선근을 심으며, 이런 사람은 보기도 어렵고 세상에 나기도 어려워 내가 어떻게 알며 그 공덕의 행을 말하겠는가."

(39-11-4) 다음 선지식 찾기를 권하다

"소년이여, 여기서 남쪽에 명문(名聞)국이 있고, 그 나라의 어떤 물가에 자재주동자가 있다. 그대는 그에게 가서 보살이 어떻게 보살의 행을 배우며 보살의 도를 닦느냐고 물어라."

(39-11-5) 더 큰 정진을 위해 나아가다

그때 선재동자는 보살의 용맹하고 청정한 행을 끝내려고 했다. 보살의 큰 힘과 광명을 얻으려 했으며, 보살의 다함이 없는 최고의 공덕행을 닦으려 했으며, 보살의 견고한 큰 원을 만족하려 했다. 보살의 넓고 크고 깊은 마음을 이루려고 했으며, 보살의 한량없이 훌륭한 행을 가지려고 했으며, 보살의 법을 싫어하는 생각이 없고 모든 보살의 공덕에 들어가려 했다. 중생을 거두어 다스리려 했으며, 생사의 숲과 벌판에서 초월하려고 했다. 선지식을 항상 뵙고 섬기고 공양하는 데 게으른 생각이 없었다. 그의 발에 절하고 여러 번 돌고 은근하게 우러러보면서 하직하고 물러갔다.

(39-12) 자재주동자(自在主童子)

제2 요익행(饒益行)선지식

(39-12-1) 자재주동자를 뵙고 법을 묻다

이때 선재동자는 선견비구의 가르침을 받고 기억하고 외우며 생각하고 익혀서 분명하게 결정했으며 그 법문에 깨달아 들어갔다. 하늘·용·야차·건달바들에게 둘러싸여 명문국으로 가서 자재주동자를 찾았다. 이때 하늘·용·건달바들이 공중에서 선재에게 말하기를 '소년이여, 그 동자는 지금 물가에 있다'고 했다.

그때 선재동자는 그곳에 나아가 동자를 보니 일만의 동자에게 둘러싸여 모래로 장난하고 있었다. 선재는 동자의 발에 절하고 한량없이 돌고 합장하고 공경하면서 한 곁에 서서 말했다.

"거룩하신 이여, 저는 이미 위없는 바른 보리심을 냈으나 보살이 어떻게 보살의 행을 배우며 보살의 도를 닦는지를 알지 못하니 말씀해 주시기 바랍니다."

(39-12-2) 자재주동자가 법을 설하다
(39-12-2-1) 신통과 지혜의 법문에 들어가다

"소년이여, 나는 옛날에 문수동자에게 글씨와 산수법과 인과법 등을 배워서 온갖 공교한 신통과 지혜의 법문에 들었다.

소년이여, 나는 이 법문으로 세간의 글씨와 산수법과 인법과 십팔계와 십이처를 알았다. 풍병과 간질과 조갈과 헛것이 들리는 병 등을 치료했다. 성과 마을과 동산과 누각과 궁전과 가옥들을 세우기도 하고, 갖가지 약을 만들기도 하고, 전장과 농사와 장사하는 직업을 경영하기도 했다. 짓고 버리고 나아가고 물러가는 일에 모두 적당하게 했으며, 중생들의 모습을 잘 분별하여 선을 짓고 악을 지어 착한 길에 태어나고 나쁜 길에 태어날 것을 알았다. 이 사람은 성문의 법을 얻고 이 사람은 연각의 법을 얻고 이 사람은 온갖 지혜에 들어가는 일들을 다 알았다. 중생들에게 이런 법을 배우도록 하며, 증장케 하고 결정하게 하여 끝까지 청정하게 했다."

(39-12-2-2) 계산하는 법

"소년이여, 나는 또 보살의 계산하는 법을 알았다. 일백 락차(洛叉, 10^5)가 한 구지(俱胝, 10^7)며, 락차와 구지의 곱이 조(阿庾多, 10^{12})이며, 조와 조의 곱이 한 자(10^{24})이며, 조와 자의 곱이 한 간(10^{36})이며, 자와 자의 곱이 한 극(10^{48})이며, 간과 극의 곱이 항하사(10^{52})이며 억과 극의 곱이 아승기(10^{56})이며, 조와 극의 곱이 나유타(10^{60})이며, 억과 나유타의 곱이 무량대수(10^{68})이다.

소년이여, 나는 이 보살의 산수법으로 한량없는 유순의 모래더미를 계산하여 그 모래수를 다 알며, 동방에 있는 모든 세계의 갖가지 차별과 차례로 머물러 있음을 계산하여 알며, 남방과 서방과 북방과 네 간방과 상하방도 그렇게 안다. 시방에 있는 모든 세계의 이름과 모든 겁의 이름과 모든 부처님의 이름과 모든 법의 이름과 모든 중생의 이름과 모든 업의 이름과 모든 보살의 이름과 모든 진리의 이름을 분명히 다 안다."

(39-12-3) 수를 아는 법을 찬탄하다

"소년이여, 나는 다만 온갖 공교한 큰 신통과 지혜의 광명법문만 알 뿐이다. 보살이 모든 중생의 수를 알며, 법의 종류와 수도 알며, 법의 차별한 수를 알며, 삼세 수를 알며, 중생 이름의 수를 알며, 법 이름의 수를 알며, 부처님의 수를 알며, 부처님의 이름의 수를 알며, 보살의 수를 알며, 보살 이름의 수를 아는 것을 내가 어떻게 그 공덕을 말하며 그 수행을 보이며 그 경계를 드러내며 그 훌륭한 힘을 말하며 그 좋아함을 말하며 그 도를 돕는 것을 말하며 그 큰 원을 나타내며 그 묘한 행을 찬탄하며 그 바라밀을 열어 보이며 그 청정함을 연설하며 그 훌륭한 지혜의 광명을 드러내겠는가."

(39-12-4) 다음 선지식 찾기를 권하다

"소년이여, 여기서 남쪽에 해주(海住)성이 있고, 그곳에 구족우바이가 있다. 그대는 그에게 가서 보살이 어떻게 보살의 행을 배우며 보살의 도를 닦는지를 물어라."

(39-12-5) 희유한 믿음과 많은 법을 얻다

이때 선재동자는 이 말을 듣고 온몸에 털이 곤두서도록 기뻤고 드물게 믿고 좋아하는 마음을 얻었다. 널리 중생을 이익되게 하려는 마음을 성취했으며, 부처님이 세상에 나시는 차례를 분명히 보고, 깊은 지혜와 청정한 법륜을 다 통달했으며, 길에 몸을 나타내고 삼세가 평등한 경계를 알며, 다하지 않은 공덕의 바다를 내고 큰 지혜의 자재한 광명을 놓았다. 세 가지 세계의 성에 감긴 쇠통을 열고는 그의 발에 엎드려 절하고 한량없이 돌고 은근하게 우러러보면서 하직하고 물러 갔다.

(39-13) 구족우바이(具足優婆夷)
제3 무위역행(無違逆行) 선지식

(39-13-1) 구족우바이를 뵙고 법을 묻다
(39-13-1-1) 선지식의 가르침의 역할

이때 선재동자는 선지식의 가르침이 바다와 같아 큰 비를 받아들여도 싫어함이 없음을 알아차리고 이렇게 생각했다.

'선지식의 가르침은 봄 날씨와 같아 착한 법의 싹을 자라게 하며, 보름달과 같아 비치는 곳마다 서늘하게 하며, 여름의 설산과 같아 모든 짐승의 갈증을 없애 주며, 연못에 비치는 해와 같아 모든 착한 마음의 연꽃을 피게 한다. 선지식의 가르침은 대보주와 같아 갖가지 법보가 그 마음에 충만하며, 염부나무와 같아 복과 지혜의 꽃과 열매를 맺으며, 용왕과 같아 허공에서 자재하게 유희한다. 선지식의 가르침은 수미산과 같아 한량없는 선한 법의 삼십삼천이 그 가운데 머물며, 제석과 같아 대중이 둘러 호위해 가릴 이가 없고 능히 외도의 아수라 군중을 항복 받는다.' 이렇게 생각하면서 나아갔다.

(39-13-1-2) 구족우바이

해주성에 이르러 바다에 접한 여러 곳을 다니며 이 우바이를 찾았다. 어떤 사람에게 물으니 "소년이여, 그 우바이는 지금 그의 집에 있습니다."고 했다.

선재는 그 말을 듣고 그의 집으로 갔다. 그 집은 매우 넓은데 여러 가지로 장엄했고, 담은 보배로 쌓였고 사면에는 보배로 장엄한 문이 있었다.

선재동자가 들어가니 그 우바이는 보배 자리에 앉아 있었는데 젊어서 살결이 아름답고 단정하며, 깨끗한 단장에 머리카락이 드리웠고 몸에는 영락이 없으나 모습은 위덕과 광명이 있어 불보살을 제외하고는 미칠 이가 없었다. 그 집안에는 십억의 자리를 깔았는데 천상과 인간에 뛰어났으니 모두 보살의 업으로 이루어진 것이다. 집안에는 의복이나 음식이나 살림살이 도구는 없었고, 앞에는 조그만 그릇 하나가 놓여 있었다.

일만의 동녀가 모시고 있는데 위의와 몸매가 천상의 채녀들과 같고 묘한 장식으로 몸을 단장했다. 음성이 아름다워 듣는 이가 기뻐하며 우바이를 모시고 좌우에 있으면서 우러러보고 생각하고 허리를 굽히며 머리를 숙여 시중을 들었다.

그 동녀들의 몸에서는 묘한 향기가 나서 모든 곳에 풍겼다. 중생들이 이 향기를 맡기만 하면 성내는 마음이 없어지고 원수를 맺지도 않았다. 간탐하는 마음, 아첨하는 마음, 구부러진 마음, 미워하고 사랑하는 마음, 못난이 마음, 교만한 마음이 없어졌다. 평등한 마음을 내고 자비한 마음을 일으키고 이익되게 하는 마음을 냈다. 계율을 지니는 마음에 머물러 탐하는 마음이 없으며, 소리를 들은 이는 기뻐하고 모습을 보는 이는 탐욕이 없어졌다.

(39-13-1-3) 법을 묻다
그때 선재동자는 구족우바이를 보고 그 발에 절하고 공경하여 세번 돌고 합장하고 말했다.

"거룩하신 이여, 저는 이미 위없는 바른 보리심을 냈었으나 보살이 어떻게 보살의 행을 배우며 어떻게 보살의 도를 닦는지를 알지 못합니다. 거룩하신 이께서 잘 가르치신다 하니 바라건대 말씀해 주시기 바랍니다."

(39-13-2) 구족우바이가 법을 설하다
(39-13-2-1) 다함이 없는 복덕장 해탈문을 얻다
"소년이여, 나는 보살의 다함이 없는 복덕장 해탈문을 얻었다. 작은 그릇에서도 중생들의 갖가지 욕망에 따라 갖가지 맛좋은 음식을 내어 모두 배부르게 한다. 시방 세계의 모든 중생이라도 그들의 욕망에 따라 모두 배부르게 해도 그 음식은 줄지도 않고 모자라지도 않는다.
소년이여, 동방의 한 세계에 있는 성문이나 독각이 나의 음식을 먹으면 성문과나 벽지불과를 얻어 마지막 몸에 머문다. 한 세계가 그런 것처럼 수없이 많은 티끌 수 세계에 있는 성문이나 독각이 나의 음식을 먹으면 성문과나 벽지불과를 얻어 마지막 몸에 머문다.
동방처럼 남방·서방·북방과 네 간방과 상방·하방도 그와 같다.
소년이여, 동방의 한 세계나 말할 수없이 수많은 부처세계의 티끌 수

세계에 있는 일생보처 보살이 나의 음식을 먹으면 모두 보리수 아래
나 도량에 앉아 마음을 항복 받고 위없는 바른 보리를 이룬다. 동방과
같이 남방·서방·북방과 네 간방과 상방·하방도 그와 같다."

(39-13-2-2) 일만의 동녀들도 모두 나와 같다

"소년이여, 그대는 나의 일만의 동녀들을 보는가?"

"봅니다."

"소년이여, 이 일만의 동녀가 우두머리가 되는 것처럼 아승기 권속들
이 모두 나와 더불어 행이 같고 원이 같고 선근이 같다. 벗어나는 길
이 같고 청정한 이해가 같고 청정한 생각이 같고 청정한 길이 같다.
한량없는 깨달음이 같고 모든 감각의 기관을 얻음이 같다. 광대한 마
음이 같고 행하는 경계가 같고 이치가 같고 뜻이 같고 분명히 아는 법
이 같다. 깨끗한 모습이 같고 한량없는 힘이 같고 끝까지 정진함이 같
고 바른 법의 음성이 같고 종류를 따르는 음성이 같고 청정하고 제일
가는 음성이 같다.

한량없이 청정한 공덕을 찬탄함이 같고 청정한 업이 같고 청정한 과
보가 같다. 크게 인자함이 두루하여 모든 것을 구호함이 같고 매우
가엾이 여김이 두루하여 중생들을 성숙하게 함이 같다. 청정한 몸의
업이 연을 따라 모인 것을 보는 이를 기쁘게 함이 같고 청정한 입의
업으로 세상의 말을 따라서 법으로 교화함이 같다. 모든 부처님의
대중이 모인 도량에 나아감이 같고 모든 부처님 세계에 가서 공양함
이 같고 모든 법문을 나타내어 보임이 같고 보살의 청정한 행에 머
무름이 같다."

(39-13-2-3) 일만의 동녀들이 수많은 이들에게 공양하다

"소년이여, 일만의 동녀들은 그릇에 좋은 음식을 담아서 찰나 동안에 시방에 두루 가서 모든 나중 몸을 받은 보살과 성문과 독각들에게 공양하며, 여러 아귀까지 배를 채우게 한다.

소년이여, 일만의 동녀들은 그릇을 가지고 천상에 가면 하늘을 만족하게 먹이고 인간에 가면 사람들을 만족하게 먹인다. 소년이여, 잠깐만 기다리면 스스로 볼 것이다."

이렇게 말할 때 한량없는 중생이 네 문으로 들어오는데 모두 이 우바이의 본래의 소원으로 청한 것이었다. 오는 대로 자리를 펴고 앉게 하고, 그들이 달라는 대로 음식을 주어 배부르게 했다.

(39-13-3) 수승한 보살의 공덕을 찬탄하다

그리고 선재동자에게 말했다.

"소년이여, 나는 다만 다함이 없는 복덕장 해탈문을 알 뿐이다. 보살의 모든 공덕은 바다와 같아 깊이가 한이 없고, 허공과 같아 광대하기 끝이 없으며, 여의주와 같아 중생의 소원을 만족하게 하고, 큰 마을과 같아 구하는 대로 얻게 되며, 수미산과 같아 모든 보배가 두루 있고, 깊은 고방과 같아 법의 재물을 항상 쌓아 두며, 밝은 등불과 같아 어둠을 깨뜨리고, 높은 일산과 같아 여러 중생을 가려 주는 일을 내가 어떻게 알며 그의 공덕을 어떻게 말하겠는가."

(39-13-4) 다음 선지식 찾기를 권하다

"소년이여, 남쪽에 대흥(大興)성이 있고, 그곳에 명지거사가 있다. 그대는 그에게 가서 보살이 어떻게 보살의 행을 배우며 보살의 도를 닦느냐고 물어라."

그때 선재동자는 그의 발에 절하고 한량없이 돌고 우러러보며 아쉬워하면서 하직하고 떠났다.

(39-14) 명지거사(明智居士)
제4 무굴요행(無屈撓行) 선지식

(39-14-1) 명지거사를 뵙고 법을 묻다
(39-14-1-1) 다함이 없는 장엄한 복덕장 광명을 얻다
이때 선재동자는 다함이 없이 장엄한 복덕장 해탈의 광명을 얻었다. 복덕의 큰 바다를 생각하고, 허공을 관찰하고, 마을에 나아가고, 산에 오르고, 광을 붙들고, 연못에 들어가고, 연못가를 노닐고, 복덕의 바퀴를 깨끗이 하고, 복덕의 장을 보고, 복덕의 문에 들어가고, 복덕의 길에 다니고, 복덕의 종자를 닦으면서 대흥성에 이르러 명지거사를 찾았다.

(39-14-1-2) 선지식을 생각하며 선근이 자라나다
선지식을 우러르는 마음을 내고 선지식으로 마음을 닦고 선지식에게 뜻이 견고해지고, 방편으로 선지식을 구하는 마음이 물러가지 않고, 선지식을 섬기려는 마음이 게으르지 않으며, 선지식을 의지하므로 모든 착한 일이 원만해지고, 모든 복이 생기고 모든 행이 증장하고, 다른 이의 가르침을 받지 않고도 모든 선지식을 섬길 줄을 알았다.
이렇게 생각할 때에 선근이 자라고 깊은 마음을 깨끗이 하고 근기와 성품이 나아지고 덕의 근본을 더하게 하고 큰 소원이 많아지고 큰 자비가 넓어지며, 온갖 지혜에 가깝고 보현의 도를 갖추며, 모든 부처님의 바른 법을 밝게 비추고 부처님의 십력과 광명이 증장되었다.

(39-14-1-3) 명지거사

이때 선재동자는 명지거사가 성안의 네 거리 칠보대 위에서 무수한 보배로 장엄한 자리에 앉아 있는 것을 보았다. 그 자리가 훌륭하여 청정한 마니보배로 자체가 되고 금강제청보배로 다리가 되었으며, 보배 노끈으로 두루 얽었다. 오백 가지 보배로 장식했는데, 하늘옷을 깔고 하늘당기와 번기를 세우고 큰 보배그물을 덮고 보배휘장을 쳤다. 염부단금으로 일산을 만드니 비유리보배로 일산대가 되어 사람들의 머리 위에 받치고 있었다.

부채는 청정한 거위의 깃으로 되었으며, 여러 묘한 향을 풍기고 여러 하늘꽃을 내렸다. 좌우에서는 오백 가지 음악을 연주하니 그 소리의 아름답기가 하늘풍류보다 뛰어나서 듣는 중생들이 모두 기뻐했다. 일만의 권속이 앞뒤에 둘러섰는데 모습이 단정하여 사람들이 보기를 좋아하며 하늘의 장엄으로 훌륭하게 꾸몄다. 하늘사람 가운데 가장 수승하여 비길 데 없으며, 보살의 뜻을 이미 성취했고, 명지거사와 더불어 옛날에 선근이 같은 이들이 늘어 서서 명령을 받고 있었다.

(39-14-1-4) 모든 중생을 위해 보리심을 내다

그때 선재동자는 그의 발에 엎드려 절하고 여러번 돌고 합장하고 서서 여쭈었다.

"거룩하신 이여, 저는 중생을 이익되게 하려고, 괴로움에서 벗어나게 하려고, 끝까지 안락하게 하려고, 생사의 바다에서 뛰쳐나오게 하려고, 법의 보배섬에 머물게 하려 합니다. 중생의 사랑의 물결을 말리게 하려고, 모든 중생이 큰 자비심을 일으키게 하려고, 애욕을 버리게 하려고, 중생이 부처님의 지혜를 우러러보게 하려고, 중생이 생사의 거친 벌판에서 벗어나게 하려고, 중생이 부처의 공덕을 좋아하게 하려고, 중생이 삼계의 성에서 나오게 하려 합니다. 중생을 온갖 지혜의 성에 들어가게 하려고, 위없는 바른 보리심을 냈으나, 보살이 어떻게 보살의 행을 배우며, 어떻게 보살의 도를 닦으며, 중생의 의지할 곳이 될지 알지 못합니다.”

(39-14-2) 명지거사가 법을 설하다
(39-14-2-1) 보리심을 낸 사람은 만나기 어렵다

거사가 말했다.

“착하고, 착하다. 소년이여, 그대가 능히 위없는 바른 보리심을 냈다. 소년이여, 위없는 바른 보리심을 내는 사람을 만나기가 어렵다. 그 사람은 능히 보살의 행을 구하므로 선지식을 만나는 데 싫어함이 없으며, 선지식을 친근하는 데 게으름이 없으며, 선지식을 공양하는 데 고달프지 않으며, 선지식을 시중하는 데 근심을 내지 않으며, 선지식을 찾는 데 물러가지 않으며, 선지식을 생각하여 버리지 않으며, 선지식을 섬기어 쉬지 않으며, 선지식을 우러러보기를 그치지 않으며, 선지식의 가르침을 행하여 게으르지 않으며, 선지식의 마음을 받들어 그르침이 없다.”

(39-14-2-2) 법을 듣는 대중들

“소년이여, 그대는 나의 이 대중을 보는가?”

“예, 봅니다.”

“소년이여, 나는 그들로 하여금 위없는 바른 보리심을 내게 했다. 부처님의 가문에 나서 백법을 증장하고 한량없는 바라밀에 편안히 있으며, 부처의 십력을 배워 세간의 종자를 여의었다. 부처님의 종성에 머물러 생사의 바퀴를 버리고, 바른 법륜을 굴리어 삼악취를 없애며,

바른 법에 머물러 보살들과 같이 모든 중생을 구원한다.

소년이여, 나는 마음대로 복덕이 나오는 광의 해탈문을 얻었으므로 모든 필요한 것은 다 소원대로 된다. 의복, 영락, 코끼리, 말, 수레, 꽃, 향, 당기, 일산, 음식, 탕약, 방, 집, 평상, 등불, 하인, 소, 양과 시중꾼들의 모든 살림살이에 필요한 물건이 찾는 대로 만족하게 되며, 진실한 법문까지 연설한다."

(39-14-2-3) 보살의 부사의한 해탈 경계를 보이다

"소년이여, 잠깐만 기다려라. 그대는 부사의한 해탈 경계를 보게 될 것이다."

이렇게 말할 때 한량없는 중생이 갖가지 방위, 세계, 국토, 도시로부터 오는데, 종류가 각각 다르고 욕망이 같지 않지만 보살의 과거의 서원으로 끝이 없는 중생들이 와서 제각기 자기의 욕망대로 요청했다.

그때 거사는 여러 중생이 모인 줄을 알고 잠깐 생각하면서 허공을 우러러보니, 그들이 원하는 것들이 허공에서 내려와서 대중의 뜻을 만족하게 했다.

그리고 또 갖가지 법을 연설했다. 맛난 음식을 얻어 만족한 이에게는 갖가지 복덕을 모으는 행과 가난을 여의는 행과, 모든 법을 아는 행과, 법으로 기쁘고 선정으로 즐거운 음식을 성취하는 행과, 모든 거룩한 모습을 닦아 구족하는 행과, 굴복하기 어려움을 증장하여 성취하는 행과, 위없는 음식을 잘 통달하는 행과, 다함이 없는 큰 위엄과 덕의 힘을 성취하여 마와 원수를 항복받는 행을 연설했다. 좋은 음료를 얻어 만족한 이에게는 법을 말하여 나고 죽는 애착을 버리고 부처의 법맛에 들어가게 하며, 갖가지 좋은 맛을 얻은 이에게는 법을 말하여 부처님의 맛좋은 모양을 얻게 하고 수레를 얻어 만족한 이에게는 갖가지 법문을 말하여 대승의 큰 수레를 타게 하며, 의복을 얻어 만족한 이에게는 법을 말하여 청정한 부끄러움의 옷과 부처님의 청정한 모습을 얻게 했다. 이와 같이 모든 것을 만족하게 한 뒤에 법을 연설하니 법문을 듣고는 본고장으로 돌아갔다.

(39-14-3) 수승한 보살의 덕을 찬탄하다

그때 거사는 선재동자에게 보살의 부사의한 해탈의 경계를 보이면서 말했다.

"소년이여, 나는 뜻대로 복덕을 내는 창고의 복덕장 해탈문을 알 뿐이다. 보살이 보배손을 성취하여 시방의 모든 국토를 두루 덮고, 자유자재한 힘으로 모든 살림살이 도구를 비 내린다. 여러 가지 보배와 영락과 보배관과 의복과 음악과 꽃과 향과 가루향과 사르는 향과 보배일산과 당기 번기를 비 내려 중생이 있는 곳과 부처님의 대중이 모인 도량에 가득하여 중생을 성숙시키기도 하고 부처님께 공양 올리기도 하는 것을 내가 어떻게 알며 그 공덕과 자재한 신통의 힘을 말하겠는가."

(39-14-4) 다음 선지식 찾기를 권하다

"소년이여, 여기서 남쪽에 사자궁(師子宮)성이 있고, 그곳에 법보계장자가 있다. 그대는 그에게 가서 보살이 어떻게 보살의 행을 배우며, 보살의 도를 닦느냐고 물어라."

이때 선재동자는 기뻐하면서 뛰고 공경하고 존중하며 제자의 예를 극진히 하고 생각했다.

'이 거사가 나를 생각하므로 내가 온갖 지혜의 길을 보게 되었다. 선지식을 사랑하는 소견을 끊지 않고, 선지식을 존중하는 마음이 무너지지 않고, 선지식의 가르침을 항상 따르고, 선지식의 말씀을 확실하게 믿

고, 선지식을 섬기는 마음을 항상 낼 것이다.' 하면서, 그의 발에 엎드
려 절하고 여러 번 돌고 은근하게 우러러보면서 하직하고 떠났다.

(39-15) 법보계장자(法寶髻長者)
제5 이치란행(離痴亂行) 선지식

(39-15-1) 법보계 장자를 뵙고 법을 묻다
이때 선재동자는 명지거사에게서 해탈문 법문을 듣고, 복덕의 바다
에서 헤엄치고 복덕의 밭을 다스리고 복덕의 산을 우러러보고 복덕
의 나루에 나아가고 복덕의 창고를 열고 복덕의 법을 보고 복덕의 바
퀴를 깨끗이 하고, 복덕의 덩이를 맛보고 복덕의 힘을 내고 복덕의 세
력을 늘리면서 사자궁성을 향하여 법보계장자를 찾았다.
장자가 시장에 있음을 보고 나아가 발에 엎드려 절하고 여러번 돌고
합장하면서 말했다.
"거룩하신 이여, 저는 이미 위없는 바른 보리심을 냈으나 보살이 어
떻게 보살의 행을 배우며 어떻게 보살의 도를 닦는지를 알지 못합니
다. 저에게 보살의 도를 말씀해 주시기 바랍니다. 저는 그 도를 의지
하여 온갖 지혜에 나아가려 합니다."

(39-15-2) 법보계장자가 법을 설하다
(39-15-2-1) 법보계장자의 집
이때 장자가 선재동자의 손을 잡고 거처하는 집을 보여 주었다.
선재가 그 집을 보니 청정하고 광명이 찬란하여 진금으로 되었다. 담
은 은으로 쌓였고 전각은 파려로 되었고 누각은 푸른 유리보배로 되
었고 기둥은 자거로 되었으며, 백천 가지 보배로 두루 장엄되었다. 적

진주 보배로 사자좌를 만들었는데 마니는 휘장이 되었고 진주로 그
물을 만들어 위에 덮었다. 마노로 된 못에는 향수가 넘치고 한량없는
보배나무가 행렬을 지어 둘러있으니 십 층으로 된 그 집은 굉장히 넓
어서 여덟 개의 문이 있었다.

선재동자가 차례로 살펴보았다. 1층에서는 음식을 보시하고, 2층에
서는 보배옷을 보시하고, 3층에서는 보배장식품을 보시하고, 4층에
서는 채녀와 훌륭한 보배를 보시하고, 5층에서는 5지 보살이 구름처
럼 모여 법을 연설하여 세간을 이익되게 하며 모든 다라니문과 삼매
의 결인과 삼매의 행과 지혜의 광명을 성취했다.

6층에서는 모든 보살이 매우 깊은 지혜를 이루어 법의 성품을 분명히
통달했고, 광대한 다라니와 삼매의 걸림없는 문을 성취하여 다니는
데 걸림이 없고 두 가지 법에 머물지 않으며, 말할 수 없이 묘하게 장
엄한 도량에 있으면서 지혜바라밀문을 분별하여 나타내 보였다. 이
른바 고요한 창고지혜바라밀문, 중생들의 지혜를 잘 분별하는 지혜
바라밀문, 흔들리지 않는 지혜바라밀문, 욕심을 여읜 지혜바라밀문,
항복할 수 없는 창고지혜바라밀문, 중생을 비추는 바퀴지혜바라밀
문, 바다창고지혜바라밀문, 큰 안목으로 버리는 지혜바라밀문, 무진
장에 들어가는 지혜바라밀문, 모든 방편바다지혜바라밀문, 모든 세
간바다에 들어가는 지혜바라밀문, 걸림없는 변재지혜바라밀문, 중생
을 따라주는 지혜바라밀문, 걸림없는 광명지혜바라밀문, 과거의 인
연을 항상 살피는 법구름을 펴는 지혜바라밀문이다. 이러한 백만 아
승기 지혜바라밀문을 말했다.

7층에서는 보살들이 메아리와 같은 지혜인 여향인을 얻고 방편과 지
혜로 분별하며 관찰하여 집착에서 벗어나 모든 부처님의 바른 법을
들어 지녔다.

8층에서는 한량없는 보살이 있는데 모두 신통을 얻어 물러나지 않으며, 한 음성으로 시방세계에 두루하고 몸이 모든 도량에 나타나 법계에 두루하며, 부처님의 경계에 들어가서 그 몸을 보며, 부처님의 대중 가운데 우두머리가 되어 법을 설했다.

9층에서는 일생보처 보살들이 모여 있었다.

10층에서는 부처님이 가득했다. 처음 발심한 때부터 보살의 행을 닦으며 생사를 초월하여 큰 서원과 신통을 이루고 부처님의 국토와 도량에 모인 대중을 청정하게 하며, 바른 법륜을 굴려 중생을 조복시켰다.

(39-15-2-2) 수승한 과보의 원인

이때 선재동자는 이것을 보고 여쭈었다.

"거룩하신 이여, 무슨 인연으로 이렇게 청정한 대중이 모였으며, 어떤 선근을 심어서 이런 과보를 얻었습니까?"

장자가 말했다.

"소년이여, 과거 부처 세계의 티끌 수 겁 전에 세계가 있었는데, 이름은 원만장엄이며, 부처의 이름은 무변광명법계보장엄왕 여래·응공·정등각이었고, 십호가 원만했다. 그 부처님이 성에 들어오실 때 내가 음악을 연주하고 향을 피워 공양 올렸다. 그 공덕으로 세 곳에서 회향하여 모든 빈궁과 곤액을 영원히 여의고, 부처님과 선지식을 항상 뵈며, 바른 법을 항상 들었으므로 이 과보를 얻었다."

(39-15-3) 수승한 보살의 공덕을 찬탄하다

"소년이여, 나는 보살의 한량없는 복덕 보배창고 해탈문을 알 뿐이다. 보살이 부사의한 공덕의 보배창고를 얻고, 분별이 없는 부처님의 몸바다에 들어가서 분별없고 가장 높은 법구름을 받으며, 분별없는 공덕의 도구를 닦고, 분별없는 보현의 수행 그물을 일으킨다. 분별없는 삼매의 경계에 들어가서 분별없는 보살의 선근과 평등하고, 분별없는 부처님의 지위에 머무르며, 분별없는 삼세가 평등함을 증득하며, 분별없는 넓은 눈 경계에 머무르며, 모든 겁에 있으면서도 고달픔이 없는 일을 내가 어떻게 알며 어떻게 그 공덕의 행을 말하겠는가.”

(39-15-4) 다음 선지식 찾기를 권하다
“소년이여, 여기서 남쪽에 등근(藤根)국에 보문(普門)성이 있고, 그곳에 보안장자가 있다. 그대는 그에게 가서 보살이 어떻게 보살의 행을 배우며 보살의 도를 닦느냐고 물어라.”
그때 선재동자는 그의 발에 엎드려 절하고 수없이 돌고 은근하게 우러러보면서 하직하고 물러갔다.

(39-16) 보안장자(寶眼長者)
제6 선현행(善現行) 선지식

(39-16-1) 보안장자를 뵙고 법을 묻다
그때 선재동자는 법보계장자에게서 해탈문 법문을 듣고 부처님들의 한량없는 앎에 깊이 들어갔다. 보살의 한량없는 훌륭한 행에 편안히 머물고, 방편을 통달하고, 법문을 구하고, 믿고 이해함을 완전하게 하고, 근기를 예리하게 하고, 소원을 성취하고, 수행을 통달하고, 서원의 힘을 증장했다. 보살의 최고의 당기를 세우며, 보살의 지혜를 일으켜 법을 비추면서 점점 나아갔다.
등근국에 이르러 보문성을 찾았다. 비록 어려운 일을 당하여도 수고롭게 생각지 않고 오직 선지식의 가르침을 생각하면서, 항상 가까이 모시고 섬기며 공양하려고 여러 감각기관을 가다듬고 방일하지 않았다. 보문성은 십만 마을이 주위에 둘러 있고 성곽이 높고 도로가 넓었다. 장자가 있는 곳에 가서 앞에 나아가 엎드려 절하고 합장하고 서서 말했다.

"거룩하신 이여, 저는 이미 위없는 바른 보리심을 냈으나, 보살이 어떻게 보살의 행을 배우며 어떻게 보살의 도를 닦는지를 알지 못합니다."

(39-16-1) 보안장자가 법을 설하다
(39-16-1-1) 모든 중생의 병을 치료하고 법을 설하다

"훌륭하고, 훌륭하다. 소년이여, 그대는 능히 위없는 바른 보리심을 냈다. 나는 모든 중생의 여러 가지 병을 안다. 풍병·황달병·해소·열병·귀신에게 씌임·해충의 독과 물에 빠지고 불에 상한 것 등으로 생기는 여러 가지 병을 방편으로 모두 치료한다.

소년이여, 병이 있는 시방의 중생들은 모두 나에게 오면 된다. 내가 다 치료하여 병을 낫게 하며, 향탕으로 몸을 씻기고 향과 꽃과 영락과 좋은 의복으로 잘 꾸며 주고, 음식과 재물을 보시하여 조금도 모자람이 없게 한다.

그런 뒤에 그들에게 알맞게 법을 말한다. 탐욕이 많은 이는 부정관을 가르치고, 미워하고 성내는 일이 많은 이에게는 자비관을 가르치고, 어리석음이 많은 이에게는 갖가지 법의 모양을 분별하도록 인연관을 가르치고, 세 가지가 평등한 이는 더 나은 법문을 가르친다."

(39-16-1-2) 보리심을 내게 하려고 부처님의 공덕을 찬탄하다

"그들이 보리심을 내도록 부처님의 공덕을 찬탄하며, 매우 가엾게 여기는 생각을 일으키도록 나고 죽는 데 한량없는 고통을 나타내며, 공덕이 늘도록 한량없는 복과 지혜를 모으는 것을 찬탄하며, 큰 서원을 세우도록 모든 중생을 조복시키는 것을 칭찬하며, 보현의 행을 닦도록 보살들이 세계에서 여러 겁 동안에 여러 가지 행을 닦는 것을 찬탄했다.

그들이 부처의 거룩한 모습을 갖추도록 보시바라밀과, 부처의 깨끗한 몸을 얻어 여러 곳에 이르도록 지계바라밀과, 부처님의 청정하고 부사의한 몸을 얻도록 인욕바라밀과, 부처님의 최고의 몸을 얻도록 정진바라밀과, 청정하여 뛰어난 몸을 얻도록 선정바라밀과, 부처님의 청정한 법의 몸을 드러내도록 지혜바라밀을 칭찬했다.

그들이 부처님의 깨끗한 육신을 나타내도록 방편바라밀과, 중생들을 위해 모든 겁에 머물도록 원바라밀과, 청정한 몸을 나타내어 부처님 세계에 나아가도록 역바라밀과, 청정한 몸을 나타내어 중생들의 마음을 따라 기쁘도록 지바라밀을 칭찬했다. 끝까지 깨끗하고 묘한 몸을 얻도록 모든 착하지 않은 법을 아주 떠날 것을 칭찬하며, 이렇게 보시하여 각각 돌아가게 했다."

(39-16-2) 여러 가지 향 만드는 법을 알다

"소년이여, 나는 향을 만드는 여러 가지 방법을 안다. 뛰어난 향, 신두파라향, 최고의 향, 깨닫는 향, 아로나발저향, 굳은 흑전단향, 오락가 전단향, 침수향, 감각기관이 흔들리지 않는 향 등을 만드는 방법을 알고 있다.

소년이여, 나는 이 향을 공양하고 부처님을 뵙고 소원을 만족했다. 중생을 구호하는 소원과 부처 세계를 깨끗이 하는 소원과 부처님께 공양하는 소원이다.

소년이여, 이 향을 피울 때에 한량없는 향기가 나 시방 모든 법계와 부처님 도량에 풍겨 궁궐이나 전각이나 난간이나 담이나 망루나 창호나 누각이나 반월이나 일산이나 당기나 번기나 휘장이나 그물이나 형상이나 장식품이 광명이나 구름비 등에 가득했다."

(39-16-3) 수승한 보살의 일을 찬탄하다

"소년이여, 나는 다만 중생이 부처님을 두루 뵙고 기뻐하는 법문만 알 뿐이다. 보살들이 큰 약왕과 같아 보는 이와 듣는 이와 생각하는 이와 함께 있는 이와 따라다니는 이와 이름을 일컫는 이들이 모두 이 일을 얻어 헛되게 지내는 이가 없으며, 어떤 중생이 잠깐 만나더라도 반드시 번뇌를 소멸하고 부처님 법에 들어가 모든 괴로움을 여의며, 생사에 무서움이 아주 없어지고 두려움이 없는 온갖 지혜에 이르며, 늙고 죽는 산이 무너지고 평등하며 고요한 낙에 머무는 일을 내가 어떻게 알며 어떻게 그 공덕의 행을 말하겠는가."

(39-16-4) 다음 선지식 찾기를 권하다

"소년이여, 이 남쪽에 다라당(多羅幢)성이 있고, 그곳에 무염족(無厭足, 싫어 할 줄 모름)왕이 있다. 그대는 그에게 가서 보살이 어떻게 보살의 행을 배우며 보살의 도를 닦느냐고 물어라."

그때 선재동자는 보안장자의 발에 절하고 한량없이 돌고 은근하게 우러러보면서 하직하고 물러갔다.

(39-17) 무염족왕(無厭足王)

제7 무착행(無着行) 선지식

(39-17-1) 무염족왕을 뵙고 법을 묻다

(39-17-1-1) 보리심에서 물러나지 않도록 열 가지 마음을 내다

그때 선재동자는 선지식의 가르침을 기억하고, '선지식은 나를 거두어 주고 보호하고, 위없는 바른 보리에서 물러나지 않게 할 것이다.' 라고 생각했다. 그래서 환희한 마음과 깨끗이 믿는 마음과 광대한 마음과 화창한 마음과 즐거운 마음과 경축하는 마음과 묘한 마음과 고요한 마음과 장엄한 마음과 집착이 없는 마음과 걸림없는 마음과 평등한 마음과 자유자재한 마음과 법에 머무는 마음과 부처 세계에 두루 가는 마음과 부처의 장엄을 보는 마음과 십력을 버리지 않는 마음을 냈다.

(39-17-1-2) 무염족왕의 방편

점점 남쪽으로 가면서 다라당성에 이르렀다. 어떤 사람에게 궁궐이 있는 곳을 물었다.

"그 왕은 지금 정전의 사자좌에 앉아 법으로 중생을 교화하여 조복시키는데, 다스릴 사람은 다스리고 거두어 줄 사람은 거두어 주며, 죄 있는 사람은 벌 주고 소송을 판결하며, 외롭고 나약한 사람은 어루만져 줍니다. 모두 살생과 훔치는 일과 잘못된 음행을 끊게 하고, 거짓말과 이간하는 말과 욕설과 비단 같은 말을 못하게 하며, 탐욕과 성내는 일과 잘못된 소견을 여의게 합니다."

이때 선재동자는 그 사람의 말을 따라 궁궐을 찾아갔다.

무염족왕이 나라연 금강좌에 앉았는데, 평상 다리가 아승기 보배로 되었고 한량없는 보배 형상으로 장엄했으며, 황금실로 된 그물로 위를 덮었고, 여의주로 관을 만들어 머리를 장엄했으며, 염부단금으로 반월을 만들어 이마를 장엄하고, 제청마니로 귀고리를 만들어 드리웠으며, 수많은 보배로 영락을 만들어 목에 걸었고, 하늘마니로 팔찌를 만들어 단장했다.

염부단금으로 일산을 만들어 여러 보배를 장식하여 살이 되고 큰 유리 보배로 대를 만들고 광미마니로 손잡이를 만들었다. 여러 가지 보배로 만든 풍경에서 아름다운 소리를 내며 큰 광명을 놓아 시방에 두루한 일산을 그 위에 얹었다. 그 아래에 앉아 있는 무염족왕은 큰 세력이 있어 다른 무리들을 굴복시키며 능히 대적할 이가 없었다. 깨끗한 비단을 정수리에 매었고 일만의 대신이 앞뒤로 둘러 모시고 나라 일을 처리했다.

그 앞에는 십만 군졸이 있는데, 형상이 험악하고 의복이 누추하며, 무기를 손에 들고 눈을 부릅뜨고 팔을 뽐내어 보는 사람들이 모두 무서워했다. 남의 물건을 훔치거나 목숨을 살해하거나 유부녀를 간통하거나 삿된 소견을 냈거나 원한을 샀거나 탐욕과 질투로 나쁜 짓을 저질렀으면 오랏줄을 지고 왕의 앞에 끌려오며, 저지른 죄에 따라 형벌을 받았다.

손발을 끊기도 하고 귀와 코를 베기도 하고 눈을 뽑고 머리를 자르며, 살가죽을 벗기고 몸을 오리며, 끓는 물에 삶고 불에 지지며, 높은 산에서 떨어뜨리기도 하여 고통이 한량이 없으니 부르짖고 통곡하는 형상이 대지옥과 같았다.

(39-17-1-3) 선재동자가 무염족왕을 보고 의심하다

선재동자는 이것을 보고 생각했다.

'나는 모든 중생을 이익되게 하려고 보살의 행을 구하고 보살의 도를 닦는데 이 왕은 선한 법은 하나도 없고 큰 죄업을 지으며, 중생을 핍박하여 생명을 빼앗으면서도 장래의 나쁜 길을 두려워하지 않으니 어떻게 여기서 법을 구하며 대비심을 내어 중생을 구호하겠는가.'

(39-17-1-4) 하늘이 경계하는 말을 하다

이렇게 생각하는데 하늘에서 소리가 들렸다.

"소년이여, 그대는 마땅히 보안장자의 가르친 말을 생각하라."

선재동자는 우러러보면서 말했다.

"나는 언제나 생각하며 잊지 않습니다."

하늘이 말했다.

"소년이여, 그대는 선지식의 말을 떠나지 말라. 선지식은 그대를 인도하여 험난하지 않고 편안한 곳에 이르게 한다.

소년이여, 보살의 교묘한 방편지혜와 중생을 거두어 주는 지혜와 중생을 생각하는 지혜와 중생을 성숙하게 하는 지혜와 중생을 수호하는 지혜와 중생을 해탈하게 하는 지혜와 중생을 조복시키는 지혜가 헤아릴 수 없다."

(39-17-1-5) 보살의 행을 묻다

이때 선재동자는 이 말을 듣고 왕의 처소에 나아가 그 발에 엎드려 절하고 여쭈었다.

"거룩하신 이여, 저는 이미 위없는 바른 보리심을 냈으나, 보살이 어떻게 보살의 행을 배우며 어떻게 보살의 도를 닦는지를 알지 못합니다. 거룩한 이께서 잘 가르치신다 하니 말씀해 주시기 바랍니다."

(39-17-2) 법을 설하다

(39-17-2-1) 궁전의 훌륭함을 보다

이때 무염족왕은 일을 마치고 선재동자의 손을 잡고 궁중으로 들어가서 함께 앉아 말했다.

"소년이여, 그대는 내가 있는 궁전을 보라."

선재동자는 왕의 말대로 궁전을 살펴보았다. 그 궁전은 넓고 크기가 비길 데 없으며 모두 묘한 보배로 이루어졌는데 칠보로 담을 쌓고, 누각은 백천 가지 보배로 되었는데 갖가지 장엄이 다 아름답고 훌륭하며, 부사의한 마니보배로 짠 그물이 위를 덮고 십억 시녀들이 단정하고 아름답고 가고 오는 거동이 볼 만하며, 모든 일이 교묘하여 일어나고 눕는데 공순한 마음으로 뜻을 받들었다.

(39-17-2-2) 방편으로 역행을 하다

이때 무염족왕이 선재동자에게 말했다.

"소년이여, 어떻게 생각하는가? 내가 참으로 악한 업을 짓는다면 이런 과보와 육신과 권속과 부귀와 자유자재함을 어떻게 얻었겠는가.

소년이여, 나는 보살의 환술과 같은 해탈을 얻었다.

소년이여, 나의 나라에 있는 중생들이 살생하고 훔치고, 삿된 소견을 가진 이가 많아서 다른 방편으로는 그들의 나쁜 업을 버리게 할 수 없다. 소년이여, 나는 이런 중생을 조복시키기 위해, 나쁜 사람이 되어 여러 가지 죄악을 짓고 갖가지 고통을 받는 것이다. 나쁜 짓 하는 중생들이 보고 무서운 마음을 내고 싫어하는 마음을 내고 겁내는 마음을 내어 그들이 짓던 모든 나쁜 업을 끊고 위없는 바른 보리심을 내게 하려는 것이다.

소년이여, 나는 이렇게 교묘한 방편으로 중생들이 십악업을 버리고 십선도를 행하여 끝까지 쾌락하고 편안하고 마침내 온갖 지혜의 지위에 머물게 하려는 것이다.

소년이여, 나의 몸이나 말이나 뜻으로 짓는 일이 지금까지 한 중생도 해친 일이 없다. 소년이여, 내 마음에는 차라리 오는 세상에 무간 지옥에 들어가 고통을 받을지언정 모기 한 마리나 개미 한 마리라도 죽일 생각을 내지 않는다. 어떻게 사람에게 그런 마음을 내겠느냐. 사람은 복밭이라 모든 선한 법을 능히 낸다."

(39-17-3) 수승한 보살의 공덕을 찬탄하다

"소년이여, 나는 다만 이 환술같은 해탈을 얻었을 뿐이다. 보살들이 생사가 없는 법의 지혜를 얻고, 모든 세계가 환술같고 보살의 행이 모두 요술과 같고, 모든 세간이 그림자 같고, 모든 법이 꿈과 같은 줄을 알았으며, 실상의 걸림없는 법문에 들어가서 제석천왕의 진주그물 같은 행을 닦으며, 걸림없는 지혜로 경계에 행하고 모든 것이 평등한 삼매에 들어가서 다라니에 자유자재함을 얻는 일을 내가 어떻게 알며 어떻게 그 공덕의 행을 말하겠는가."

(39-17-4) 다음 선지식 찾기를 권하다

"소년이여, 여기서 남쪽에 묘광(妙光)성이 있고, 대광왕이 다스린다. 그대는 가서 보살이 어떻게 보살의 행을 배우며 보살의 도를 닦느냐고 물어라."

이때 선재동자는 왕의 발에 절하고 여러 번 돌고 하직하고 물러갔다.

(39-18) 대광왕(大光王)
제8 난득행(難得行) 선지식

(39-18-1) 대광왕을 뵙고 법을 묻다
(39-18-1-1) 앞에 들은 법을 생각하며 선지식을 찾다

그때 선재동자는 한결같은 마음으로 왕이 얻은 환술과 같은 지혜법문을 생각하며, 환술과 같은 해탈을 생각하고, 환술과 같은 법의 성품을 관찰했다. 환술과 같은 소원을 내고, 환술과 같은 법을 깨끗이 하고, 모든 환술과 같은 삼세에 갖가지 환술과 같은 변화를 일으키는 생각을 하면서 남쪽으로 갔다.

도시와 마을에 이르기도 하고 거친 벌판과 산골짜기와 험난한 곳을 지나면서도 고달픈 생각도 없고 쉬지도 않았다. 그러다가 어떤 성에 들어가서 "묘광성이 어디 있습니까?"라고 물었다.

어떤 사람이 대답하기를 "여기가 묘광성이고, 대광왕께서 다스리는 곳입니다"라고 했다.

선재동자는 기뻐하며 이렇게 생각했다.

'나의 선지식이 이 성에 있으니 친히 뵙고 보살의 행과 보살들의 뛰어난 중요한 문과 보살들이 증득한 법과 보살들의 부사의한 공덕과 보살들의 부사의한 자유자재함과 보살들의 부사의한 평등과 보살들의 부사의한 용맹과 보살들의 부사의한 경계의 청정함을 들을 것이다.'

(39-18-1-2) 묘광성의 장엄

성은 금, 은, 유리, 파려, 진주, 자거, 마노의 칠보로 이루어졌고, 일곱 겹을 둘러싸고 있는 팔공덕수가 가득찬 해자도 칠보로 되어 있었다. 바닥에는 금모래가 깔려있고 우발라꽃, 파두마꽃, 구물두꽃, 분다리꽃들이 덮였으며, 보배나무다리가 일곱 겹으로 줄지어 서 있었다. 성의 크기는 가로 세로가 십 유순이며, 팔각면으로 이루어져 있고 면마다 문이 있는데 칠보로 장식되어 있었다. 땅은 비유리로 되었으며, 성안에 10억의 도로가 있었고, 한량없는 중생들이 살고 있었다. 염부단금누각은 비유리마니그물로 위를 덮었고, 수많은 은누각은 적진주마니그물로 위를 덮었고, 수많은 비유리누각은 묘장마니그물로 위를 덮었고, 수많은 파려누각은 광마니왕마니그물로 덮여 있었다.

(39-18-1-3) 대광왕의 공덕과 보시

그때 선재동자는 이 모든 보물이나 남자나 여자나 육진 경계에는 조금도 애착이 없고, 최고의 법을 생각하여 일심으로 선지식을 만나기를 원하면서 다니다가 대광왕이 거처하는 누각에서 멀지 않은 네 거리에서 여의주 마니보배로 만든 연화장 광대장엄 사자좌에 가부좌하고 있는 대광왕을 보았다. 외모는 32종의 거룩한 모습과 80가지의 잘 생긴 모습을 하고 있는 진금산과 같이 빛이 찬란하고 맑은 허공에 뜬 해와 같이 광채가 찬란하며 보름달 같아 보는 사람마다 시원해 했다. 범천왕이 범천 무리 중에 있는 것 같아 공덕의 보배가 끝이 없고 설산과 같아 잘 생긴 모습의 숲으로 꾸민 것 같았다. 큰 구름과 같이 법의 우레를 진동시켜 여러 무리를 깨우치고 허공과 같이 갖가지 법문의 별들을 나타내며, 수미산처럼 네 가지 빛이 중생의 마음바다에 비치고 보배섬처럼 여러 가지 지혜 보배가 가득했다.

중생들의 마음에 따라 보시해 주었다. 성중이나 마을이나 길거리에는 모든 필수품을 쌓아 두고 길거리마다 20억 보살이 있어서 이런 물건으로 중생들에게 보시했다. 중생을 두루 거두어 주기 위해, 중생들을 기쁘게 하기 위해, 중생들을 즐겁게 하기 위해, 중생들의 마음을 깨끗하게 하기 위해, 중생들을 시원하게 하기 위해, 중생들의 번뇌를 없애기 위해, 중생들이 모든 이치를 알게 하기 위해, 중생들을 온갖 지혜의 길에 들어가게 하기 위해, 중생들이 대적하는 마음을 버리게 하기 위해, 중생들이 몸과 말과 뜻으로 짓는 나쁜 짓을 여의게 하기 위해, 중생들의 나쁜 소견을 없애기 위해, 중생들이 모든 업을 깨끗하게 하기 위한 까닭이다.

(39-18-1-4) 대광왕에게 보살의 행을 묻다

이때 선재동자는 오체를 땅에 엎드려 그의 발에 절하고 공경하여 오른쪽으로 여러번 돌고 합장하고 서서 말했다.

"거룩하신 이여, 저는 이미 위없는 바른 보리심을 냈으나 보살이 어떻게 보살의 행을 배우며 보살의 도를 닦는지를 알지 못합니다. 거룩한 이께서 잘 가르쳐 주신다 하니 저에게 말씀해 주시기 바랍니다."

(39-18-2) 대광왕이 법을 설하다
(39-18-2-1) 보살의 인자한 행을 닦다

왕이 말했다.

"소년이여, 나는 보살의 매우 인자한 당기의 행을 닦으며, 당기의 행에 만족했다. 소년이여, 나는 한량없는 백천만억 내지 수없이 많은 부처님의 처소에서 이 법을 묻고 생각하고 관찰하고 닦아서 장엄했다.

소년이여, 나는 이 법으로 왕이 되고 가르치고 거두어 주고 세상을 따라간다. 이 법으로 중생을 인도하고, 수행하게 하고, 나아가게 한다. 방편을 주고, 중생을 이익되게 하고, 중생이 행을 일으키게 하고, 중생이 법의 성품에 머물러서 생각하게 한다. 이 법으로써 중생을 인자한 마음에 머물러서 근본을 삼아 인자한 힘을 갖추게 하며, 이리하여 이익되게 하는 마음과 안락한 마음과 불쌍히 여기는 마음과 거두어 주는 마음과 끊임없이 중생을 수호하여 버리지 않는 마음과 중생의 괴로움을 없애는 마음을 내게 한다.

나는 이 법으로 중생들이 끝까지 쾌락하고 항상 기쁘며, 몸에는 괴로움이 없고 마음은 청량하며, 생사의 애착을 끊고 바른 법의 낙을 즐거워하며, 번뇌의 더러움을 씻고 나쁜 업의 장애를 깨뜨리며, 생사의 흐름을 끊고 진정한 법의 바다에 들어가며, 모든 중생의 길을 끊고 온갖 지혜를 구하며, 마음바다를 깨끗이 하여 무너지지 않는 신심을 내게 한다. 소년이여, 나는 매우 인자한 당기의 행에 머물러서 바른 법으로 세간을 교화한다."

(39-18-2-2) 내 나라 중생들은 두려움이 없다

"소년이여, 내 나라의 모든 중생은 나를 두려워하지 않는다.

소년이여, 빈궁하고 궁핍한 어떤 중생이 나에게 와서 구걸하면, 나는 고방문을 열어 놓고 마음대로 가져가게 하며 말하기를 '나쁜 짓을 하지 말고 중생을 해치지 말고 여러 가지 소견을 일으키지 말고 집착을 내지 말라. 만일 필요한 일이 있거든 나에게 오거나 네거리에 가면, 모든 물건이 구비되어 있으니 마음대로 가져가고 조금도 어려워하지 말라'고 했다.

소년이여, 묘광성에 있는 중생들은 모두 보살로서 대승의 뜻을 냈으며, 마음의 욕망을 따라서 보는 것이 같지 않다. 어떤 이는 이 성이 좁다고 보고, 어떤 이는 이 성이 넓다고 본다. 땅이 흙과 자갈로 된 것으로 보이기도 하고, 여러 보배로 장엄한 것으로 보이기도 한다. 흙을 모아 담을 쌓은 것으로 보이기도 하고, 담이 보배로 둘러쌓여 있다고 보이기도 한다. 돌과 자갈이 많아서 땅이 울퉁불퉁하게 보이기도 하고, 한량없는 마니보배로 장엄하여 손바닥처럼 평탄하게 보이기도 한다. 집들이 흙과 나무로 지어진 것으로 보이기도 하고, 궁전과 누각과 증대와 창호와 난간과 문들이 모두 보배로 된 것으로 보이기도 한다.

소년이여, 중생이 마음이 청정하고 선근을 심었으며, 모든 부처님께 공양하여 온갖 지혜의 길로 나아갈 마음을 내어 온갖 지혜로써 끝까지 이르는 곳에 이르렀거나, 내가 과거에 보살행을 닦을 때 거두어 주었던 사람이면 이 성이 여러 가지 보배로 장엄되었다고 보지만 다른 이들은 더러운 것으로 본다.

소년이여, 이 국토에 있는 중생들이 오탁악세에서 나쁜짓을 많이 지었으므로 내가 가엾게 여기는 마음으로 구호하여 보살들의 인자한 마음이 으뜸이 되어 세간을 따라 주는 삼매에 들어가게 했다. 이 삼매에 들어갈 때는 중생들이 가졌던 무서워하는 마음과 해롭게 하는 마음과 원수로 생각하는 마음과 다투는 마음이 모두 소멸된다. 보살들이 인자한 마음이 으뜸이 되어 세간을 따라 주는 삼매에 들어가면 그렇게 되기 때문이다. 소년이여, 잠깐만 기다리면 마땅히 보게 될 것이다."

(39-18-2-3) 대광왕이 삼매에 들다

이때 대광왕이 이 삼매에 들어가니 그 성의 안팎이 여섯 가지로 진동하며 보배 땅과 보배 담과 보배 강당과 보배 궁전과 누각과 섬돌과 창호 등 모든 것에서 묘한 소리를 내며 왕을 향하여 경례했다. 묘광성에 사는 사람들이 한꺼번에 환희하여 즐거워하며 왕이 있는 곳을 향하여 땅에 엎드리고, 마을이나 성문이나 도시에 사는 사람들도 모두 와서 왕을 보고 기뻐하여 예배하며, 왕의 처소에 가까이 있던 새와 짐승들도 서로 쳐다보고 자비한 마음을 내어 왕을 향하여 공경하고 예배하며, 모든 산과 들과 초목들도 두루 돌면서 왕을 향하여 예경하고 못과 샘과 강과 바다가 모두 넘치게 솟아서 왕의 앞으로 흘러갔다.

(39-18-2-4) 모든 천왕이 공양을 올리다

십천(十天)의 용왕은 향기구름을 일으켜서 번개치고 뇌성하며 장대비를 내렸다. 일만의 천왕으로 도리천왕과 야마천왕과 도솔천왕과 선변화천왕과 타화자재천왕들이 우두머리가 되어 허공에서 여러 가지 풍악을 연주하고, 수많은 천녀들은 노래하고 찬탄하면서 수많은 꽃구름

과 향구름과 보배화만구름과 보배옷구름과 보배일산구름과 보배당기
구름과 보배번기구름을 비 내리며 공중에 장엄하여 왕에게 공양했다.
이라바나(伊羅婆拏) 큰 코끼리는 자유로운 힘으로 공중에서 무수한
큰 보배 연꽃을 펴 놓으며, 무수한 보배영락과 보배띠와 보배화만과
보배장엄거리와 보배꽃과 보배향과 갖가지 기묘한 것을 드리워 훌륭
하게 장엄하고, 무수한 채녀들은 노래하고 찬탄했다.

염부제에 한량없는 백천만억 나찰왕과 야차왕과 구반다왕과 비사사
왕들이 바다에 있기도 하고 육지에 살기도 하면서, 피를 마시고 살을
먹어 중생을 해치던 것이 자비심을 일으키고 이익한 일을 행하며 뒷
세상을 분명히 알고 나쁜업을 짓지 않으며, 공경하고 합장하여 왕에
게 예배했다.

염부제와 같이 다른 세 천하와 삼천대천세계와 시방의 백천만억 나
유타 세계에 있는 모든 악독한 중생도 그러했다.

(39-18-3) 보다 수승한 보살의 법을 찬탄하다

이때 대광왕이 삼매에서 일어나 선재동자에게 말했다.

"소년이여, 나는 다만 보살의 매우 인자함이 으뜸이 되어 세간을 따
라 주는 삼매문을 알 뿐이다. 보살들은 중생을 두루 그늘지어 덮어 주
는 높은 일산이 되며, 하품과 중품과 상품의 행을 평등하게 행하는 행
을 닦으며, 인자한 마음으로 모든 중생을 맡아 지니는 땅덩어리가 되
며, 복덕의 광명이 세간에 평등하게 나타나는 보름달이 되며, 지혜의
빛으로 모든 알아야 할 경계를 비추는 청정한 해가 되며, 모든 중생의
마음속 어둠을 깨뜨리는 밝은 등불이 되며, 중생들의 마음속에 속이
고 아첨하는 흐림을 밝히는 구슬이 되며, 모든 중생의 소원을 만족하
게 하는 여의주가 되며, 중생들이 빨리 삼매를 닦아서 온갖 지혜의 성

중에 들어가게 하는 큰 바람이 된다.

내가 어떻게 그 행을 알고 덕을 말하며, 복덕의 큰 산을 측량하고 공덕의 별을 우러르며, 서원의 바램의 둘레를 관찰하고 깊은 법문에 들어가며, 장엄한 큰 바다를 보이고 보현의 행하는 문을 밝히며, 삼매의 굴을 열어 보이고 대자비한 구름을 찬탄하겠는가.”

(39-18-4) 다음 선지식 찾기를 권하다

“소년이여, 여기서 남쪽에 안주(安住)성이 있고, 그곳에 부동우바이가 있다. 그대는 그에게 가서 보살이 어떻게 보살의 행을 배우며 보살의 도를 닦느냐고 물어라.”

이때 선재동자는 왕의 발에 엎드려 절하고 여러 번 돌고 은근하게 우러러보면서 하직하고 물러갔다.

(39-19) 부동우바이(不動優婆夷)

제9 선법행(善法行) 선지식

(39-19-1) 부동우바이를 뵙고 법을 묻다

(39-19-1-1) 앞에서 들은 법문을 생각하며 감격하다

그때 선재동자는 묘광성에서 나와 걸으면서 대광왕의 가르침을 생각했다. 보살의 매우 인자한 당기의 수행하는 문을 기억하며, 보살의 세간을 따라 주는 삼매의 광명문을 생각하며, 부사의한 서원과 복덕의 자유자재한 힘을 증장시키며, 부사의한 중생을 성숙시키는 지혜를 견고히 하며, 함께 수용하지 않는 큰 위덕을 관찰하며, 차별한 모양을 기억하며, 청정한 권속을 생각하며, 짓는 업을 생각하며 환희하는 마음을 냈다. 깨끗한 신심을 내며 맹렬하고 날카로운 마음을 냈다. 즐기

는 마음을 내며 뛰노는 마음을 냈다. 다행이라고 생각하는 마음을 내
며 흐리지 않은 마음을 냈다. 청정한 마음을 내며 견고한 마음을 냈
다. 광대한 마음을 내며 다함이 없는 마음을 냈다.

이렇게 생각하며 감격하여 눈물을 흘리면서 '선지식은 진실로 드물
어 공덕의 처소를 내며, 보살의 행을 내며, 보살의 깨끗한 생각을 내
며, 다라니 바퀴를 널리 내며, 삼매의 광명을 내며, 부처님의 법비를
내리며, 보살이 서원한 문을 나타내 보이며, 생각할 수 없는 지혜의
광명을 내며, 보살의 뿌리와 싹을 증장시킨다'고 생각했다.

(39-19-1-2) 선지식의 은혜를 생각하다

또 '선지식은 나쁜 길을 널리 구호하며 여러 평등한 법을 널리 연설했
다. 평탄하고 험난한 길을 널리 보이며 대승의 깊은 이치를 널리 열었
다. 보현의 행을 널리 권하여 일으키며 온갖 지혜의 성에 널리 인도하
여 이르게 했다. 법계의 바다에 두루 들어가게 하며 삼세의 법바다를
널리 보게 했다. 여러 성인의 도량을 주며 모든 백법을 증장하게 한
다'고 생각했다.

(39-19-1-3) 하늘이 공중에서 말하다

선재동자가 감격하여 생각할 때마다 항상 따라다니며 보살을 깨우쳐
주는 부처님의 심부름하는 천신이 공중에서 말했다.

"소년이여, 선지식이 가르치는 대로 수행하면 세존이 환희하며, 선지
식의 말을 순종하면 온갖 지혜의 지위에 가까워지며, 선지식의 말에
의혹이 없으면 선지식을 항상 만날 것이며, 마음을 내어 항상 선지식
을 떠나지 않으면 이치를 구족하게 된다. 소년이여, 안주성으로 가라.
부동우바이라는 큰 선지식을 만날 수 있다."

(39-19-1-4) 부동우바이 집의 광명공덕

이때 선재동자는 삼매에서 일어나 지혜광명 충만하여 안주성으로 갔다. "부동우바이가 어디에 있습니까?"하고 물었다.

어떤 사람이 +++대답했다.

"소년이여, 부동우바이는 동녀로서 집에서 부모의 보호를 받으면서 한량없는 그의 친족들에게 묘한 법을 말합니다."

선재동자는 이 말을 듣고 기쁘기가 부모를 본 듯하여 곧 부동우바이의 집으로 갔다. 그 집에서는 금빛 광명이 두루 비치는데, 광명을 받는 이는 몸과 뜻이 청량해졌다.

선재동자는 광명이 몸에 비칠 때 5백 가지 삼매의 문을 얻었다. 희유한 모양을 아는 삼매의 문과 적정에 들어가는 삼매의 문과 세간을 멀리 여의는 삼매의 문과 넓은 눈으로 모두 버리는 삼매의 문과 여래장 삼매의 문 등 5백 가지였다. 이 삼매의 문을 얻었으므로 몸과 마음이 부드럽기가 칠일이 된 태와 같으며, 하늘이나 용이나 건달바나 사람이나 사람 아닌 이에게 있는 향기가 아닌 묘한 향기가 났다.

(39-19-1-5) 부동우바이의 용모

선재동자가 그의 처소에 나아가 공경하며 합장하고 한결같은 마음으로 살펴보았다. 용모는 단정하고 기묘하여 시방세계의 모든 여인은 미칠 수가 없다. 다만 부처님의 정수리에 물을 부은 모든 보살은 견줄 만하다. 입에서 묘한 향기가 나오는 일과 궁전의 장엄도 그 권속 중에는 견줄 만한 이가 없다. 시방세계의 모든 중생이 우바이에게 물드는 마음을 일으킬 수가 없으며, 잠깐 보기만 하여도 모든 번뇌가 소멸한다. 대범천왕은 결코 욕심세계의 번뇌가 생기지 않듯이 이 우바이를 보는 이도 번뇌가 생기지 않는다. 큰 지혜를 구족한 이와 같이 시방

중생들이 이 여인을 보고는 싫은 생각을 일으키지 않는다.

(39-19-1-6) 게송으로 찬탄하다

이때 선재동자는 허리를 굽혀 합장하고 바른 생각으로 관찰했다. 이 여인의 몸은 자유자재하여 헤아릴 수 없으며, 이 세상에는 견줄 이가 없는 빛깔과 용모는 광명에 사무쳐 비추어 막힘이 없어서 중생들을 위해 많은 이익을 짓는다. 털구멍에서는 묘한 향기가 나오고, 권속은 끝이 없으며 궁전은 제일이다. 공덕이 깊고 넓어 끝이 없으므로 기쁜 마음을 내어 게송으로 찬탄했다.

청정한 계를 항상 지키고/ 넓고 큰 참음을 닦아 행하며
꾸준히 노력하여 물러가지 않으니/ 광명이 온 세계에 밝게 비치네.

(39-19-1-7) 보살의 행을 묻다

선재동자는 게송을 마치고 여쭈었다.
"거룩하신 이여, 저는 이미 위없는 바른 보리심을 냈으나, 보살이 어떻게 보살의 행을 배우며, 어떻게 보살의 도를 닦는지를 알지 못합니다. 거룩한 이께서 잘 가르치신다 하니 말씀해 주시기 바랍니다."

(39-19-2) 부동우바이가 법을 설하다
(39-19-2-1) 보살의 꺾을 수 없는 지혜장 혜탈문을 얻다

이때 부동우바이는 보살의 부드럽고 이치에 맞는 말로 선재동자를 위로하며 말했다.
"훌륭하다, 훌륭하다. 소년이여, 그대는 능히 위없는 바른 보리심을 냈다. 소년이여, 나는 보살의 꺾을 수 없는 지혜장 해탈문을 얻었으며, 보

살의 견고하게 받아 지니는 수행의 문을 얻었으며, 보살의 법에 평등하
게 지니는 문을 얻었으며, 보살의 법을 밝히는 변재의 문을 얻었으며,
보살의 법을 구하여 고달픔이 없는 삼매의 문을 얻었다."

"거룩하신 이여, 보살의 꺾을 수 없는 지혜장 해탈문과, 견고하게 받
아 지니는 수행의 문과, 법에 평등하게 지니는 문과, 법을 밝히는 변
재의 문과, 보살의 법을 구하여 고달픔이 없는 삼매의 문과, 법을 구
하여 고달픔이 없는 삼매의 문은 그 경계가 어떠합니까?"

"소년이여, 그것은 알기 어렵다."

"거룩하신 이여, 부처님의 신통으로 설해 주시기 바랍니다. 저는 선
지식으로 인하여 믿고 받아 지니고 알고 통달하며, 관찰하고 닦아 익
히며 순종하여 모든 분별을 떠나서 끝까지 평등하겠습니다."

(39-19-2-2) 지난 세상에 수비부처님을 뵙다

"소년이여, 지난 세상에 이구라는 세상이 있었는데 부처님의 명호는
수비였고, 전수라는 국왕이 있어 한 명의 딸을 두었는데 그가 나의 전
생이다. 늦은 밤 음악 소리가 그치고 부모와 형제는 모두 잠이 들었
고, 5백의 동녀들도 자고 있었다. 나는 누각에서 별을 보고 있다가 허
공에 계시는 그 부처님을 뵈었다. 보배산과 같았고 한량없이 많은 하
늘과 용과 팔부신장과 보살들에게 둘러싸여 있었으며, 부처님 몸에
서 큰 광명 그물을 놓아 시방세계에 두루했다. 나는 그 향기를 맡고
몸이 부드러워지고 마음이 기뻤다.

나는 누각에서 내려와 땅에 서서 열 손가락을 모아 부처님께 예배했고,
부처님을 살펴보았으나 정수리를 볼 수 없었으며, 좌우를 살펴보았으
나 끝을 알 수 없었고, 부처님의 거룩하고 잘 생긴 모습을 생각했으나
만족하지 않았다. 생각하기를 '부처님께서는 어떤 업을 지어서 이렇게

훌륭한 몸을 얻었으며, 거룩한 모습이 원만하고 광명이 구족하며, 권속을 많이 두고 궁전이 장엄하며, 복덕과 지혜가 청정하고 다라니와 삼매가 부사의하며, 신통이 자재하고 변재의 걸림이 없는가.' 했다."

(39-19-2-3) 부처님께 이러한 법을 듣다

"소년이여, 그때 부처님께서 나의 생각을 아시고 말씀하시기를 '너는 깨뜨릴 수 없는 마음을 내어 번뇌를 없애라. 최상의 마음을 내어 집착을 깨뜨려라. 물러나지 않는 마음을 내어 깊은 법문에 들어가라. 참고 견디는 마음을 내어 나쁜 중생을 구호하라. 의혹이 없는 마음을 내어 길에 태어나라. 싫어함이 없는 마음을 내어 부처님 뵙는 생각을 쉬지 말라. 만족할 줄 모르는 마음을 내어 부처님의 법비를 받으라. 옳게 생각하는 마음을 내어 부처님의 광명을 내라. 크게 머물러 지니는 마음을 내어 부처님의 법륜을 굴려라. 널리 유통하려는 마음을 내어 중생의 욕망을 따라 법보를 널리 베풀라' 하셨다.

소년이여, 나는 그 부처님이 계신 곳에서 이러한 법을 듣고 온갖 지혜를 구하며, 부처의 십력을 구하며, 부처의 육신을 구하며, 부처의 잘생긴 모습을 구하며, 부처의 모인 대중을 구하며, 부처의 국토를 구하며, 부처의 위의를 구하며, 부처의 수명을 구했다. 이런 마음을 내니 그 마음이 견고하기가 금강과 같아 모든 번뇌나 이승으로는 깨뜨릴 수 없었다."

(39-19-2-4) 법을 듣고 삼독을 끊다

"소년이여, 내가 이 마음을 내면서부터 염부제의 티끌 수 겁을 지내면서 탐욕심을 내지 않았는데, 하물며 그런 일을 행했겠는가. 이러한 겁 동안 나의 친족에게도 성내는 마음을 일으키지 않았는데 하물며 다른 중생에게 일으켰겠는가. 이러한 겁 동안 나의 몸에도 나라는 소견을 내지 않았는데, 하물며 모든 물건에 내 것이란 생각을 냈겠는가. 이러한 겁 동안 죽을 때와 날 때와 태에 들었을 때에 한 번도 미혹하여 중생이란 생각이나 기억이 없는 무기심을 내지 않았는데, 하물며 다른 때이겠는가.

이러한 겁 동안 꿈속에서 한 분의 부처님을 뵌 것도 잊지 않았는데, 하물며 보살의 열 가지 눈으로 본 것을 잊었겠는가.”

(39-19-2-5) 부처님의 바른 법을 한 글자도 잊지 않다

“이러한 겁 동안 받아 지닌 여러 부처님의 바른 법을 한 글자 한 구절도 잊지 않았고 세속의 말까지도 잊지 않았는데, 하물며 부처님이 설법하신 것을 잊었겠는가.

이러한 겁 동안 받아 지닌 부처님의 법바다에서 한 글자 한 구절도 생각하지 않는 것이 없고, 관찰하지 않는 것이 없으며, 세속의 법도 그러했다. 이러한 겁 동안 이러한 모든 법 바다를 받아지니고 일찍이 한 법에서도 삼매를 얻지 못한 것이 없으며 세간의 기술의 법에서도 그러했다. 이러한 겁 동안 부처님의 법륜을 지녔으며, 지니는 곳마다 한 글자 한 구절도 버린 적이 없으며, 한 번도 세상 지혜를 내지 않았다. 중생을 조복시키기 위한 방편은 여기에 속하지 않는다. 이러한 겁 동안 부처 바다를 뵙고 한 부처님에게도 청정한 서원을 성취하지 못한 것이 없으며, 여러 화신 부처님에게도 그러했다. 이러한 겁 동안 여러 보살이 묘한 행을 닦는 것을 보고 모두 성취했다.”

(39-19-2-6) 청정하고 훌륭한 말로 중생을 깨우치다

“이러한 겁 동안 내가 본 중생들 중에서 한 중생에게도 위없는 바른 보리심을 내도록 권하지 않은 적이 없으며, 성문이나 벽지불의 뜻을 내도록 권한 일이 없다. 이러한 겁 동안 모든 부처의 법에 대하여 한 글자 한 구절에도 의혹을 내지 않고 두 가지 생각을 내지 않고, 분별하는 생각을 내지 않고 갖가지 생각을 내지 않고, 집착하는 생각을 내지 않고 낫다 못하다는 생각을 내지 않고, 사랑하고 미워하는 생각을 내지 않았다.

소년이여, 나는 그때부터 항상 부처님을 보았고, 보살을 보았고, 진실한 선지식을 보았다. 항상 부처님의 서원을 듣고 보살의 행을 듣고 보살의 바라밀문을 듣고 보살의 처지인 지혜의 광명문을 듣고, 보살의 무진장문을 듣고, 끝이 없는 세계의 그물에 들어가는 문을 듣고, 끝이 없는 중생계를 내는 원인의 문을 들었다. 항상 청정한 지혜의 광명으로 중생의 번뇌를 없애고, 지혜로 중생의 선근을 생장케 하고, 모든 중생의 좋아함을 따라 몸을 나타내고, 청정하고 훌륭한 말로 법계의 모든 중생을 깨우친다.”

(39-19-2-7) 삼매문에 들어 자재한 신통 변화를 나타내 보이다
“소년이여, 나는 보살이 온갖 법을 구하여 싫음이 없는 장엄문을 얻었고, 모든 법이 평등한 지위를 다 지니는 총지문을 얻었다. 헤아릴 수 없이 자재한 신통 변화를 나타내는 것을 그대는 보고자 하느냐?”
선재동자는 진심으로 보기를 원한다고 말했다.
그때 부동우바이는 용장사자좌에 앉아서 법을 구하여 싫음이 없는 장엄삼매문과 공하지 않은 바퀴장엄삼매문과 십력의 지혜바퀴가 앞에 나타나는 삼매문과 불종무진장삼매문에 들어갔으며, 이렇게 만 가지 삼매문에 들어갔다.
이 삼매문에 들어갈 때에 시방에 있는 수많은 부처 세계의 티끌 수 세

계가 여섯 가지로 진동했다. 국토는 청정한 유리로 이루어졌고, 낱낱 세계마다 백억 사천하와 백억 부처님이 있는데, 어떤 이는 도솔천에 계시고, 열반에 들기도 하며, 낱낱 부처님께서 광명그물을 놓아 법계에 두루 하니, 도량에 모인 대중이 청정하게 둘러싸고 있으며, 미묘한 법륜을 굴리어 중생들을 깨우쳤다.

(39-19-3) 수승한 보살의 능력을 찬탄하다
이때 부동우바이가 삼매에서 일어나 선재동자에게 말했다.
"소년이여, 그대는 이것을 보았는가?"
"예. 저는 모두 보았습니다."
"소년이여, 나는 다만 이 법을 구하여 싫음이 없는 삼매의 광명을 얻고, 중생에게 미묘한 법을 말하여 기쁘게 할 뿐이다. 보살이 가루라처럼 허공으로 다니면서 걸림이 없이 중생 바다에 들어가서 선근이 성숙한 중생을 보고는 곧 들어다가 열반의 언덕에 두며, 장사꾼들처럼 보배섬에 들어가서 부처님의 십력과 지혜의 보배를 구하며, 고기잡는 사람처럼 바른 법의 그물을 가지고 생사의 바다에 들어가 애욕의 물속에서 중생들을 건졌다. 마치 아수라왕이 세 가지 세계의 큰 성과 번뇌의 바다를 흔들 듯했다.
해가 허공에 떠서 애욕의 진흙에 비추어 마르게 하며, 보름달이 허공에 떠서 교화 받을 사람의 마음꽃을 피게 하며, 땅덩이가 두루 평등하듯이 한량없는 중생이 머물러 있으면서 선한 법의 싹을 증장하게 하며, 바람이 향하는 곳에 걸림이 없듯이 나쁜 소견의 나무를 뽑아 버리며, 전륜왕처럼 세간에 다니면서 사섭법으로 중생들을 거두어 주는 일을 내가 어떻게 알며 어떻게 그 공덕의 행을 말하겠는가."

(39-19-4) 다음 선지식 찾기를 권하다

"소년이여, 여기서 남쪽에 도살라(都薩羅)성이 있고, 그곳에 출가한 변행외도가 있다. 그대는 그에게 가서 보살이 어떻게 보살의 행을 배우며 보살의 도를 닦느냐고 물어라."

그때 선재동자는 그의 발에 예배하고 한량없이 돌고 은근하게 우러러보면서 하직하고 떠났다.

(39-20) 변행외도(遍行外道)
제10 진실행(眞實行) 선지식

(39-20-1) 변행 외도를 뵙고 법을 묻다

그때 선재동자는 부동우바이에게 법을 듣고 일심으로 기억하여 가르친 것을 모두 믿어 받들고 생각하고 관찰하면서 나아가 여러 나라와 도시를 지나서 도살라성에 이르렀다. 해가 질 무렵에 성에 들어가서 상점과 골목과 네 거리로 다니면서 변행외도를 찾았다.

성 동쪽에 선득(善得)산이 있었다. 밤중에 선재동자가 산꼭대기를 보니 초목과 바위에 광명이 환하게 비치어 마치 해가 뜨는 듯했다. 이것을 보고 기쁜 마음으로 생각하기를 '내가 아마 여기서 선지식을 만나려나 보다'하고, 성에서 나와 산으로 올라갔다. 이 외도가 산 위의 평탄한 곳에서 천천히 거니는데, 생긴 모습이 원만하고 위엄과 광채가 찬란하여 대범천왕으로도 미칠 수 없으며, 일만의 범천들이 호위하고 있었다.

선재동자는 그 앞에 나아가 엎드려 절하고 한량없이 돌고 합장하고 서서 말했다.

"거룩하신 이여, 저는 이미 위없는 바른 보리심을 냈으나, 보살이 어떻게 보살의 행을 배우며, 어떻게 보살의 도를 닦는지를 알지 못합니다. 거룩하신 이께서 잘 가르치신다 하니 말씀하여 주시기 바랍니다.”

(39-20-2) 변행외도가 법을 설하다
(39-20-2-1) 모든 곳에 이르는 보살의 행에 머물다
“훌륭하고, 훌륭하다. 소년이여, 나는 모든 곳에 이르는 보살의 행에 편안히 머물렀고, 세간을 두루 관찰하는 삼매의 문을 성취했고, 의지할 데 없고 지음이 없는 신통의 힘을 성취했고, 넓은 문 반야바라밀을 성취했다.

소년이여, 모든 중생은 넓은 세간에서 여러 장소와 형상과 행과 이해로 온갖 길에서 나고 죽는다. 하늘길과 용의 길과 야차의 길과 건달바와 아수라와 가루라와 긴나라와 마후라가와 지옥과 축생의 길이며, 염라왕 세계와 사람과 사람 아닌 이들의 길이다.”

(39-20-2-2) 온갖 법으로 중생들을 이익되게 하다
“여러 가지 소견에 빠지고 이승을 믿고 대승을 좋아하는 중생들 가운데 나는 갖가지 방편과 지혜의 문으로 이익되게 한다. 세간의 갖가지 기술을 연설하여 공교한 기술을 습득하는 다라니지혜를 갖추게 하며, 네 가지로 거두어 주는 방편을 말하여 온갖 지혜의 길을 구족하게 한다. 바라밀을 말하여 온갖 지혜의 지위로 회향하게 하며, 보리심을 칭찬하여 위없는 도의 뜻을 잃지 않게 한다. 보살의 행을 칭찬하여 부처의 국토를 깨끗이 하고 중생을 제도하려는 소원을 만족하게 하며, 나쁜 짓을 하며 지옥 따위에 빠져 여러 가지 고통받는 일을 말하여 나쁜 업을 싫어하게 한다. 부처님께 공양하고 선근을 심으면 온갖 지혜의 과보를 얻는다고 하여 기쁜 마음을 내게 하며, 모든 여래, 응공, 정

등각의 공덕을 찬탄하여 부처의 몸을 좋아하고 온갖 지혜를 구하게
한다. 부처님의 위엄과 공덕을 찬탄하여 부처님의 무너지지 않는 몸
을 좋아하게 하며, 부처님의 자유자재한 몸을 찬탄하여 부처님의 가
릴 수 없는 큰 위덕을 구하게 한다.

소년이여, 이 도살라성의 여러 곳에 있는 많은 남녀 가운데서 나는 갖
가지 방편으로 그들의 형상처럼 나투고 그들에게 알맞게 법을 말한
다. 그 중생들은 내가 어떤 사람인지, 어디서 왔는지를 알지도 못하며
듣는 이로 하여금 사실대로 수행하게 한다. 소년이여, 이 성에서 중생
들을 이익되게 하는 것처럼 염부제의 여러 성과 도시와 마을의 사람
이 사는 곳에서도 이와 같이 이익되게 한다."

(39-20-2-3) 여러 외도를 방편으로 조복시키다

"소년이여, 염부제에 있는 96종 외도들이 제각기 야릇한 소견으로 고
집을 부리면 나는 그 가운데 방편으로 조복하여 잘못된 소견을 버리
게 한다. 염부제에서와 같이 다른 사천하에서도 그렇게 하고, 삼천대
천세계에서도 그렇게 하며, 시방의 한량없는 세계의 중생 바다에서
도 중생의 마음을 따라서 갖가지 방편과 법문과 몸과 말로써 법을 말
하여 이익되게 한다."

(39-20-3) 수승한 보살의 법을 찬탄하다

"소년이여, 나는 다만 이 모든 곳에 이르는 보살의 행만을 알 뿐이다.
보살의 몸은 온갖 중생의 수와 같고, 중생들과 차별이 없는 몸을 얻으
며, 변화된 몸으로 길에 두루 들어가 태어나되 여러 중생의 앞에서 청
정한 광명으로 세간에 널리 비추고 걸림없는 소원으로 온갖 겁에 머
무르며, 제석의 그물 같은 비길 이 없는 행을 얻어 중생을 항상 이익

되게 하고 함께 거처하면서도 집착이 없으며, 삼세에 두루 평등하여 내가 없는 지혜로 널리 비추고 매우 자비한 광명으로 모든 것을 관찰하는 일을 내가 어떻게 알며 그 공덕의 행을 말하겠는가.”

(39-20-4) 다음 선지식 찾기를 권하다

“소년이여, 여기서 남쪽에 광대(廣大)국이 있고, 그곳에 향을 파는 육향장자가 있다. 그대는 그에게 가서 보살이 어떻게 보살의 행을 배우며 보살의 도를 닦느냐고 물어라.”

그때 선재동자는 그의 발에 엎드려 절하고 여러 번 돌고 은근하게 우러러보면서 하직하고 물러갔다.

9

4. 십회향위 선지식

(39-21) 육향장자(鬻香長者)
제1 구호일체중생이중생상(救護一切衆生離衆生相)회향 선지식

(39-21-1) 육향장자를 뵙고 법을 묻다
(39-21-1-1) 오직 부처님 법장을 보호하기를 원하다
그때 선재동자는 선지식의 가르침으로 몸과 목숨도 돌보지 않고, 재물에도 집착하지 않고, 여러 사람을 좋아하지도 않고, 오욕을 탐하지도 않고, 권속을 그리워하지도 않고, 왕의 지위를 소중히 여기지도 않았다.

오직 중생을 교화하고, 부처의 국토를 깨끗이 하고, 부처님께 공양하고, 법의 참된 성품을 알고, 보살의 공덕바다를 닦아 모으고, 공덕을 닦아 행하여 물러가지 않고, 겁마다 큰 서원으로 보살의 행을 닦고, 부처님의 도량에 모인 대중 속에 들어가고, 한 삼매의 문에 들어가서 삼매문의 자재한 신통의 힘을 나타내고, 부처님의 한 털구멍에서 모든 부처님을 보아도 만족함이 없고, 법의 지혜 광명을 얻어서 모든 부처의 법장을 보호하고 유지하기를 원했다.

(39-21-1-2) 보살도를 닦는 법을 묻다
이러한 모든 부처와 보살의 공덕을 일심으로 구하면서 점점 나아가 광대국에 이르러 육향장자 앞에서 엎드려 발에 절하고 여러번 돌고 합장하고 서서 여쭈었다.

"거룩하신 이여, 저는 이미 위없는 바른 보리심을 냈고, 부처님의 평등한 지혜를 구하며, 부처님의 한량없는 큰 서원에 만족하려 하며, 부처님의 육신을 깨끗이 하려 하며, 부처님의 청정한 법의 몸을 뵈려 하며, 부처님의 광대한 지혜의 몸을 알고자 합니다. 모든 보살의 행을 깨끗이 다스리려 하며, 보살의 삼매를 밝히려 하며, 보살의 다라니에 머물고자 하며, 장애를 없애려고 하며, 시방세계에 다니려고 합니다. 그러나 보살이 어떻게 보살의 행을 배우며 어떻게 보살의 도를 닦아서 온갖 지혜를 내는지 알지 못합니다."

(39-21-2) 육향장자의 설법

"훌륭하고, 훌륭하다. 소년이여, 그대는 능히 위없는 바른 보리심을 냈다. 소년이여, 나는 향을 잘 분별하며, 향을 조화롭게 만드는 법을 안다. 사르는 향과 바르는 향과 가루향 등 모든 향이 나는 곳도 안다. 소년이여, 인간세상에 상장향이 있다. 용이 싸울 적에 생기며, 한 개만 피워도 큰 향구름을 일으켜 수도를 덮으며, 칠일 동안 향비를 내리며, 몸에 닿으면 몸이 금빛이 되고 의복이나 궁전이나 누각에 닿아도 금빛으로 변한다. 바람에 날려 궁전 안에 들어가면 그 향기를 맡은 중생은 칠일 동안 밤낮으로 환희하고 몸과 마음이 쾌락하며, 병이 침입하지 못하고 모든 근심이 없어져 놀라지도 무섭지도 어지럽지도 성내지도 않는다. 인자한 마음으로 서로 대하고 뜻이 청정해지며, 나는 그것을 알고 법을 말하여 그들이 위없는 바른 보리심을 내게 한다.
소년이여, 마라야산(摩羅耶山)에서는 전단향이 나는데 이름은 우두이다. 몸에 바르면 불구덩이에 들어가도 타지 않는다.
바다 속에는 무능승향이 있다. 북이나 소라에 바르면 소리가 날 적에 모든 적군이 물러간다.

아나바달다(阿那婆達多) 못가에서는 침수향이 나는데 이름은 연화장
이다. 삼씨만큼만 태워도 향기가 염부제에 풍기며, 중생들이 맡으면
모든 죄를 여의고 계행이 청정해진다.

설산에는 아로나향이 있다. 중생이 이 향을 맡으면 마음이 결정되어
물드는 집착을 여의며, 내가 법을 말하면 듣는 사람이 모두 이구삼매
를 얻는다.

나찰 세계에는 해장향이 있다. 이 향은 전륜왕이 사용하는데, 한 개만
피워도 전륜왕과 네 가지 군대가 모두 허공에 날아오른다.

선법천에는 정장엄향이 있다. 한 개만 피워도 여러 하늘이 부처님을
생각하게 한다.

수야마천에는 정장향이 있다. 한 개만 피워도 수야마천 무리들이 천
왕의 처소로 모여 와서 함께 법을 듣는다.

도솔천에는 선타바향이 있다. 일생보처 보살이 앉은 앞에서 한 개만
피우면 큰 향구름을 일으켜서 법계를 뒤덮고 공양거리를 비로 내려
부처와 보살께 공양한다.

선변화천에는 탈의향이 있다. 한 개를 피우면 이레 동안에 모든 장엄
거리를 비로 내린다."

(39-21-3) 수승한 보살의 도를 찬탄하다

"소년이여, 나는 다만 향을 화합하는 법을 알 뿐이다. 보살들이 모든
나쁜 버릇을 여의어 세상 탐욕에 물들지 않으며, 번뇌 마군의 오랏줄
을 아주 끊고 육취에서 뛰어나며, 지혜의 향으로 장엄하여 세간에 물
들지 않으며, 집착이 없는 계율을 구족하게 성취하며, 집착이 없는 지
혜로 그 경계에 머물며, 모든 곳에 애착이 없고 마음이 평등하여 집착
도 없고 의지함도 없는 것에 대하여 내가 어떻게 그 묘한 행을 알며,

공덕을 말하며, 청정한 계율의 문을 나타내며, 허물없이 짓는 업을 보이며, 물들지 않는 몸과 뜻의 행을 말하겠는가.”

(39-21-4) 다음 선지식 찾기를 권하다

“소년이여, 여기서 남쪽에 누각(樓閣)성이 있고, 그곳에 바시라뱃사공이 있다. 그대는 그에게 가서 보살이 어떻게 보살의 행을 배우며 보살의 도를 닦느냐고 물어라.”

이때 선재동자는 그의 발에 엎드려 절하고 여러 번 돌고 은근하게 우러러보면서 인사하고 물러갔다.

(39-22) 바시라선사(婆施羅船師)

제2 불괴(不壞)회향 선지식

(39-22-1) 바시라선사를 뵙고 법을 묻다

(39-22-1-1) 길을 살피면서 선지식을 생각하다

선재동자는 누각성으로 갔다. 길이 높고 낮음을 보며, 평탄하고 험함을 보며, 깨끗하고 더러움을 보며, 굽고 곧음을 보았다. 걸어가는 도로만 그렇겠는가. 선지식을 찾아가는 그 일이 그렇고, 사람들의 삶이 그럴 것이다. 점점 나아가면서 이렇게 생각했다.

‘내가 마땅히 저 선지식을 친근할 것이다. 선지식은 보살의 도와, 바라밀의 도와, 중생을 거둬 주는 도와, 법계에 두루 들어가되 장애가 없는 도와, 중생이 나쁜 죄를 내지 않는 중생에게 교만을 여의게 하는 도와, 중생에게 번뇌를 없애는 도와, 중생에게 여러 가지 소견을 버리게 하는 도와, 중생에게 온갖 나쁜 가시를 뽑게 하는 도와 중생에게 온갖 지혜의 성에 이르게 하는 도를 수행하여 성취하게 한다.

왜냐 하면 선지식에게서 모든 착한 법을 얻는 까닭이며, 선지식의 힘으로 온갖 지혜의 길을 얻는 까닭이다. 선지식은 보기 어렵고 만나기도 어렵다.'

(39-22-1-2) 보살도를 닦는 일을 묻다
이렇게 생각하면서 걸어가다가 누각성에 이르렀다. 그 뱃사공은 성문 밖 바닷가에 있으면서 많은 장사꾼들과 한량없는 대중에게 둘러싸여 바다의 일을 말하며, 부처님의 공덕 바다를 방편으로 일러 주는 것을 보고, 그 앞에 나아가 발에 절하고 여러번 돌고 합장하며 말했다.
"거룩하신 이여, 저는 이미 위없는 바른 보리심을 냈지만, 보살이 어떻게 보살의 행을 배우며, 보살의 도를 닦는지를 알지 못합니다. 거룩하신 이께서 잘 가르쳐 주신다 하니 말씀해 주시기 바랍니다."

(39-22-2) 바시라의 설법
(39-22-2-1) 선재동자를 찬탄하다
"훌륭하고, 훌륭하다. 소년이여, 그대는 이미 위없는 바른 보리심을 냈다. 이제 또 지혜를 내는 인연과, 생사의 괴로움을 끊는 인연과, 지혜의 보배섬에 가는 인연과, 무너지지 않는 대승의 인연과, 이승들이 생사를 두려워하고 고요한 삼매의 소용돌이에 머무름을 멀리 여의는 인연과, 큰 서원의 수레를 타고 모든 곳에 두루하여 보살의 행을 수행하되 장애가 없는 청정한 도의 인연과, 보살의 행으로 깨뜨릴 수 없는 온갖 지혜를 장엄하는 청정한 도의 인연과, 시방의 법을 두루 관찰하되 장애가 없는 청정한 도의 인연과, 온갖 지혜의 바다에 빨리 들어가는 청정한 도의 인연을 묻는구나."

(39-22-2-2) 중생을 위해 닦는 보살의 도

"소년이여, 나는 이 성의 바닷가에 있으면서 보살이 매우 가엾게 여기는 당기의 행을 깨끗하게 닦았다.

소년이여, 나는 염부제에 있는 빈궁한 중생들을 보고 그들을 이익되게 하려고 보살의 행을 닦으며, 그들의 소원을 만족시키기 위해서 먼저 세상의 물건을 주어 마음을 채우고 다시 법을 설하여 환희하게 한다. 복덕의 행을 닦게 하고 지혜를 내게 하고 선근의 힘을 늘게 하고, 보리심을 일으키게 하고 보리의 원을 깨끗하게 하고 매우 가엾게 여기는 마음을 견고하게 한다. 생사를 없애는 도를 닦게 하고 생사를 싫어하지 않는 행을 내게 하고, 중생 바다를 거둬 주고 공덕 바다를 닦게 하고 법 바다를 비추게 하고, 부처 바다를 보게 하여 온갖 지혜의 바다에 들어가게 한다.

소년이여, 나는 여기 있어서 이렇게 생각하고 뜻을 가지고 모든 중생을 이익되게 한다."

(39-22-2-3) 바다에 있는 모든 보배

"소년이여, 나는 바다에 있는 모든 보배의 섬과 보배의 처소와 보배의 종류와 보배의 종자를 안다. 나는 모든 보배를 깨끗하게 하고 연마하고 나타나게 했고 만들 줄을 안다. 나는 모든 보배의 그릇과 쓰임과 경계와 광명을 안다. 나는 용궁의 처소와 야차 궁전의 처소와 부다(部多) 궁전의 처소를 알고 잘 피하여 그들의 난을 면한다."

(39-22-2-4) 바다에 대한 모든 것을 알다

"소용돌이 치는 곳과 얕은 곳과 깊은 곳과 파도가 멀고 가까운 것과 물빛이 좋고 나쁜 것들이 여러 가지로 같지 않은 것을 잘 분별하여 안

다. 일월성신이 돌아가는 위치와 밤과 낮과 새벽과 신시 때와 시각과
누수가 늦고 빠름을 잘 분별하여 안다. 배의 철물과 나무가 굳고 연한
것과 기관이 만만하고 거셈과 물이 많고 적음과 바람이 순하고 거슬
림을 안다. 모든 편안하고 위태한 것을 분명하게 알아서 갈 만하면 가
고 갈 수 없으면 가지 않는다.

소년이여, 나는 이런 지혜를 성취하여 모든 중생을 이익되게 한다.”

(39-22-2-5) 배로써 중생들을 이익되게 하다

“소년이여, 나는 안전한 배로 장사하는 무리들을 태우고 편안한 길을
가게 하며 법을 말하여 기쁘게 하면서 보배가 있는 섬으로 인도하여
여러 가지 보물을 주어 만족하게 한 후에 염부제로 돌아온다.

소년이여, 나는 큰 배를 가지고 이렇게 다니지만 한 번도 실수한 일이
없다. 어떤 중생이 내 몸을 보거나 내 법을 들은 이는 영원히 나고 죽
는 바다를 무서워하지 않는다. 온갖 지혜의 바다에 들어가서 모든 애
욕의 바다를 말리고 지혜의 광명으로 삼세 바다를 비추며 모든 중생
의 고통 바다를 끝나게 한다. 모든 중생의 마음 바다를 깨끗이 하고
세계바다를 청정하게 하며, 시방의 큰 바다에 두루 가서 모든 중생의
근성 바다를 알고 수행 바다를 알고 그 바다를 널리 따른다.”

(39-22-3) 보살이 아는 바다를 찬탄하다

“소년이여, 나는 다만 크게 가엾게 여기는 당기의 행을 얻었으므로
나를 보거나 내 음성을 듣거나 나와 함께 있거나 나를 생각하는 이는
헛되지 않게 한다. 보살이 생사의 바다에 다니면서도 모든 번뇌 바다
에 물들지 않고 허망한 소견 바다를 버리며, 모든 법의 성품 바다를
살피고 사섭법으로 중생 바다를 거두어 주며, 이미 온갖 지혜의 바다

에 머물러서 모든 중생의 애착 바다를 소멸하고 모든 시간의 바다에 평등하게 있으면서 신통으로 중생 바다를 제도하며, 때를 놓치지 않고 중생 바다를 조복하는 일이야 내가 어떻게 알며, 그 공덕의 행을 말하겠는가."

(39-22-4) 다음 선지식 찾기를 권하다

"소년이여, 여기서 남쪽에 가락(可樂)성이 있고, 그곳에 무상승장자가 있다. 그대는 그에게 가서 보살이 어떻게 보살의 행을 배우며, 보살의 도를 닦느냐고 물어라."

그때 선재동자는 그의 발에 엎드려 절하고 여러 번 돌고 은근하게 우러러보고 기뻐하면서 선지식을 구하는 마음이 싫어할 줄 모르며, 하직하고 떠났다.

(39-23) 무상승장자(無上勝長者)

제3 등일체불(等一切佛)회향 선지식

(39-23-1) 무상승장자를 뵙고 법을 묻다
(39-23-1-1) 선재동자의 구도

이때 선재동자는 크게 인자함으로 두루하는 마음과 크게 가엾게 여김으로 윤택한 마음을 일으켜 계속하여 끊이지 않았다. 복덕과 지혜로 장엄하며, 모든 번뇌의 때를 버리고 평등한 법을 증득하여 마음이 높고 낮지 않으며, 나쁜 가시를 뽑아 모든 장애를 없애며, 견고하게 정진함으로 담과 해자를 삼고 매우 깊은 삼매로 정원을 만들며, 지혜의 햇빛으로 무명의 어둠을 깨뜨리고 방편의 봄바람으로 지혜의 꽃을 피게 하며, 걸림 없는 서원이 법계에 가득하고 마음은 항상 온갖 지혜의 성에 들어가서 보살의 도를 구했다. 점점 앞으로 나아가 그 성에 이르렀다.

(39-23-1-2) 무상승장자

무상승장자가 성의 동쪽에 크게 장엄한 당기와 근심 없는 숲에 있었다. 한량없는 장사꾼과 많은 거사에게 둘러싸였으며, 인간의 갖가지 일을 끊어 버리고 법을 말하여 그들의 교만을 아주 뽑아 내 것을 여의게 하며, 쌓아 둔 것을 버리고 간탐의 때를 없애며, 마음이 청정하여 흐리고 더러움이 없으며, 깨끗이 믿는 힘을 얻어 항상 부처님을 보고 법을 받아 지니기를 좋아하며, 보살의 힘을 내고 보살의 행을 일으키며, 보살의 삼매에 들어가 보살의 지혜를 얻으며, 보살의 바른 생각에 머물러 보살의 원이 늘어나게 했다.

(39-23-1-3) 보살도를 닦는 법을 묻다

이때 선재동자는 그 장자가 대중에게 법을 말함을 보고, 몸을 엎드려 그의 발에 절하고 여쭈었다.

"거룩하신 이여, 저는 선재입니다. 일심으로 보살의 행을 구하고 있습니다. 보살이 어떻게 보살의 행을 배우며 보살의 도를 닦습니까? 닦고 배울 적에 모든 중생을 교화하며 부처님을 뵈오며, 불법을 듣고 지니며 법문에 들어가며, 모든 세계에 들어가서 보살의 행을 배우며 모든 겁에 머물러 있으면서 보살의 도를 닦으며, 부처님의 신통한 힘을 압니다. 어떻게 하면 부처님께서 생각하시는 것과 지혜를 얻겠습니까?"

(39-23-2) 무상승장자의 설법

"훌륭하다, 훌륭하다. 소년이여, 그대는 위없는 바른 보리심을 이미 냈구나. 소년이여, 나는 모든 곳에 이르는 보살의 행하는 문과 의지함이 없고 지음이 없는 신통한 힘을 성취했다.

소년이여, 어떤 것을 모든 곳에 이르는 보살의 행하는 문이라 하는가? 나는 이 삼천대천세계의 욕계에 사는 모든 중생에게 법을 말한다. 삼십삼천과 야마천과 도솔천과 선변화천과 타화자재천과 마의 하늘과 그외에 모든 하늘·용·야차·나찰·구반다·건달바·아수라·가루라·긴나라·마후라가·사람과 사람 아닌 이와 마을과 성중과 도시의 모든 곳에 있는 중생들에게 법을 말한다.

그래서 그른 법을 버리고 다툼을 쉬고 싸움을 없애고 성냄을 그치고 원수를 풀고 속박을 벗고 감옥에서 나와 공포를 없애고 살생을 끊게 한다. 삿된 소견과 나쁜 짓과 하지 못할 일을 모두 금하게 한다. 모든 착한 법에 순종하여 배우고 모든 기술을 닦아 익혀 모든 세간에서 이익을 얻게 한다. 그들에게 갖가지 언론을 분별하여 환희심을 내고 성숙하게 한다. 외도를 따라서 훌륭한 지혜를 말하며 모든 소견을 끊고 불법에 들어오게 한다. 형상 세계의 모든 범천에서도 그들에게 훌륭한 법을 말한다.

이 삼천대천세계에서와 같이 시방의 나유타 부처 세계에서도 그들에게 부처의 법·보살의 법·성문의 법·독각의 법을 말한다. 지옥을 말하고 지옥 중생을 말하고 지옥으로 가는 길을 말한다. 축생을 말하고 축생의 차별을 말하고 축생의 고통을 말하고 축생으로 가는 길을 말한다. 염라왕의 세계를 말하고 염라왕 세계의 고통을 말하고 염라왕 세계로 가는 길을 말한다. 하늘 세계를 말하고 하늘 세계의 낙을 말하고 하늘 세계로 가는 길을 말한다. 인간을 말하고 인간의 고통과 낙을 말하고 인간으로 가는 길을 말한다.

보살의 공덕을 드러내 보이며 생사의 걱정을 여의게 한다. 온갖 지혜를 가진 이의 묘한 공덕을 알게 하며 모든 세계에서 미혹하여 받는 고통을 알게 한다. 걸림이 없는 법을 보게 하며 세간이 생기는 원인을 보인다. 세간의 고요한 낙을 나타내며 중생들의 집착한 생각을 버리게 한다. 부처의 의지함이 없는 법을 얻게 하며 모든 번뇌의 둘레를 없애게 한다. 부처님의 법륜을 굴리게 하려고 중생들에게 이 법을 말한다."

(39-23-3) 수승한 보살의 경계를 찬탄하다

"소년이여, 나는 다만 모든 곳에 이르는 보살이 수행하는 청정한 법문과 의지함이 없고 무위의 신통한 힘을 알 뿐이다. 보살들이 자유자재한 신통을 갖추고 부처의 세계에 두루 이르며, 보안지(普眼地)를 얻어 모든 음성과 말을 들으며, 모든 법에 들어가 지혜가 자재하며, 다투는 일이 없고 용맹하기 짝이 없으며, 넓고 큰 혀로 평등한 음성을 내며, 몸이 훌륭하여 보살들과 같으며, 부처님과 더불어 끝까지 둘이 없고 차별이 없으며, 지혜의 몸이 광대하여 삼세에 두루 들어가며, 경계가 없어 허공과 같은 일이야 내가 어떻게 알며, 어떻게 그 공덕의 행을 말하겠는가."

(39-23-4) 다음 선지식 찾기를 권하다

"소년이여, 여기서 남쪽에 수나(輸那)국이 있고, 그 나라에 가릉가숲[迦陵迦林]이 있다. 그곳에 사자빈신비구니가 있다. 그대는 거기 가서 보살이 어떻게 보살의 행을 배우며, 보살의 도를 닦느냐고 물어라."

선재동자는 그의 발에 절하고 여러 번 돌고 은근하게 우러러보면서 하직하고 물러갔다.

(39-24) 사자빈신비구니(師子頻申比丘尼)
제4 지일체처(至一切處)회향 선지식

(39-24-1) 사자빈신비구니를 뵙고 법을 묻다
(39-24-1-1) 일광동산의 갖가지 장엄
선재동자가 수나국에 이르러 이 비구니를 두루 찾았다. 어떤 사람이 말하기를 "그 비구니는 승광왕이 보시한 일광원에서 법을 말하여 한량없는 중생을 이익되게 하고 있다."고 했다.

이때 선재동자는 그 동산에 가서 두루 살펴보았다. 그 동산에 만월이라는 큰 나무가 있었는데 형상은 누각과 같고 큰 광명을 놓아 한 유순을 비추었다. 보부라는 잎나무가 있는데 모양은 일산과 같고 비유리의 검푸른 광명을 놓았다. 화장이라는 꽃나무가 있는데 모양이 설산과 같았다. 여러 꽃비를 내려 다함이 없는 것이 도리천의 파리질다라(波利質多羅) 나무와 같았다.

그때 선재동자가 이 동산을 보니 한량없는 공덕과 갖가지 장엄이 보살의 업보로 이루어졌고 세상에서 벗어난 선근으로 생겼고 부처님께 공양한 공덕으로 이루어졌다. 이것이 다 사자빈신비구니가 법이 환술과 같음을 알면서도 넓고 크고 청정한 복덕과 착한 업을 쌓아서 성취한 것이라, 삼천대천세계의 하늘과 용과 팔부신중과 한량없는 중생이 이 동산에 모였는데도 좁지 않았다. 왜냐 하면 이 비구니의 부사의한 위덕과 신통으로 생긴 까닭이기 때문이다.

(39-24-1-2) 사자빈신비구니
이때 선재동자는 사자빈신비구니가 모든 보배나무 아래 놓인 사자좌에 앉아 있음을 보았다. 몸매가 단정하고 위의가 고요하며 여러 감관이 조화롭고 큰 코끼리 같았다. 마음에 때가 없음이 깨끗한 연못과 같고, 구하는 대로 베풀어 줌이 화수분과 같고, 세상 법에 물들지 않음은 연꽃과 같았다. 마음에 두려움이 없기는 사자왕과 같고, 깨끗한 계율을 보호하여 흔들리지 않음은 수미산과 같았다. 보는 이마다 서늘하게 함은 묘한 향과 같고 여러 중생의 번뇌를 덜어 줌은 설산의 전단향과 같았다. 보는 중생의 괴로움이 소멸함은 선견약과 같고, 보는 이마다 헛되지 않음은 바루나(婆樓那) 하늘과 같으며, 모든 선근을 길러 줌은 기름진 밭과 같았다.

(39-24-1-3) 사자빈신비구니의 설법

낱낱의 사자좌에 모인 대중도 같지 않으며 말하는 법문도 각각 달랐다. 대자재천자가 거느린 정거천 무리에게는 해탈법문을 했고, 애락범천왕이 거느린 범천 무리에게는 보문차별청정언음륜법문을 했다. 자재천왕이 거느린 타화자재천의 천자와 천녀들에게는 보살청정심법문을 했고, 선변화천왕이 거느린 선변화천의 천자와 천녀들에게는 법을 좋게 하는 장엄함법문을 했다.

도솔천왕이 거느린 도솔천의 천자와 천녀들에게는 심장선회법문을 했고, 야마천왕이 거느린 야마천의 천자와 천녀들에게는 무변장엄법문을 했다. 제석환인이 거느린 삼십삼천의 천자와 천녀들에게는 싫어서 떠나는 법문을 했다.

사가라용왕이 거느린 용자와 용녀에게는 신통경계광명장엄법문을 했고, 비사문천왕이 거느린 야차의 무리에게는 중생구호광법문을 했다. 지국건달바왕이 거느린 건달바 무리에게는 다함이 없는 환희법문을 했다.

라후아수라왕이 거느린 아수라 무리에게는 빨리 법계를 장엄하는 지혜법문을 했고, 빨리 잡는 가루라왕이 거느린 가루라 무리에게는 생사의 바다를 두려워하여 동요됨법문을 했고, 큰 나무 긴나라왕이 거느린 긴나라 무리에게는 불수행광명법문을 했다.

암라숲마후라가왕이 거느린 마후라가 무리에게는 불환희심법문을 했고, 나찰왕이 거느린 나찰 무리에게는 가엾게 여기는 마음냄법문을 했다.

어떤 자리에는 성문승을 믿고 좋아하는 중생들이 앉아 있었는데 그들에게는 지혜의 광명법문을 했고, 어떤 자리에는 연각승을 믿고 좋아하는 중생들이 앉아 있었는데 그들에게는 공덕의 광대한 광명법문을 했다.

어떤 자리에는 대승을 믿고 좋아하는 중생들이 앉아 있었는데 그들에게는 넓은 문 삼매지혜의 광명법문을 했다. 어떤 자리에는 초지 보살들이 앉아 있었는데 그들에게는 부처의 서원법문을 했다.

어떤 자리에는 2지 보살들이 앉아 있었는데 그들에게는 때를 여읜 바퀴법문을 했다. 어떤 자리에는 3지 보살들이 앉아 있었는데 그들에게는 고요한 장엄법문을 했다. 어떤 자리에는 4지 보살들이 앉아 있었는데 그들에게는 온갖 지혜를 내는 경계법문을 했다. 어떤 자리에는 5지 보살들이 앉아 있었는데 그들에게는 묘한 꽃 갈무리법문을 했다. 어떤 자리에는 6지 보살들이 앉아 있었는데 그들에게는 비로자나장법문을 했다. 어떤 자리에는 7지 보살들이 앉아 있었는데 그들에게는 두루 장엄한 땅법문을 했다. 어떤 자리에는 8지 보살들이 앉아 있었는데 그들에게는 법계에 두루한 경계의 몸법문을 했다. 어떤 자리에는 9지 보살들이 앉아 있었는데 그들에게는 얻은 것 없는 힘의 장엄법문을 했다. 어떤 자리에는 십지 보살들이 앉아 있었는데 그들에게는 걸림없는 바퀴법문을 했다. 어떤 자리에는 금강저를 든 신장들이 앉아 있었는데 그들에게는 금강지혜나라연장엄법문을 했다.

선재동자가 이 무리들을 둘러보니 사자빈신비구니가 그들의 욕망과 이해함을 이미 알고 있거나 알지 못함을 차별하여 법을 말하며 위없는 바른 보리에서 물러나지 않게 했다.

왜냐하면 이 비구니는 넓은 눈으로 모두 버리는, 모든 불법을 말하는, 법계가 차별한, 모든 장애를 없애는, 모든 중생의 착한 마음을 내는, 훌륭하게 장엄한, 걸림 없는 진실한, 법계에 원만한, 마음을 갈무리한, 모든 것을 내는 반야바라밀에 들어갔다.

이 열 가지 반야바라밀을 머리로 삼아 수없는 반야바라밀에 들어갔으며, 햇빛동산에 있는 보살과 중생들은 다 사자빈신비구니가 처음으로 권하여 마음을 내게 했고, 바른 법을 받아 지니고 생각하고 닦아서 위없는 바른 보리에서 물러나지 않게 한 이들이다.

이때 선재동자는 사자빈신비구니의 이러한 동산과 사자좌와 거니는 것과 모인 대중과 신통과 변재를 보았다. 부사의한 법문을 듣고 광대한 법구름이 마음을 윤택하게 하여 '내가 마땅히 오른쪽으로 한량없는 백천 바퀴를 돌 것이다.'고 생각했다.

(39-24-1-4) 보살의 행을 묻는 선재동자

이때 이 비구니가 큰 광명을 놓아 그 동산과 모인 대중을 장엄에 비추니 선재동자는 자기의 몸과 동산에 있는 나무들이 오른쪽으로 이 비구니를 향해 도는 것을 보았다. 한량없는 바퀴를 돌고는 선재동자가 합장하고 여쭈었다.

"거룩하신 이여, 저는 이미 위없는 바른 보리심을 냈으나 보살이 어떻게 보살의 행을 배우며 어떻게 보살의 도를 닦는지를 알지 못합니다. 거룩한 이께서 잘 가르친다 하니 말씀해 주시기 바랍니다."

(39-24-2) 사자빈신비구니의 설법

(39-24-2-1) 온갖 지혜를 성취하는 해탈을 얻다

"소년이여, 나는 온갖 지혜를 성취하는 해탈을 얻었다."

"무슨 까닭으로 온갖 지혜를 성취한다 합니까?"

"소년이여, 이 지혜의 광명은 잠깐 동안에 삼세의 모든 법을 두루 비춘다."

"거룩하신 이여, 이 지혜의 광명은 경계가 어떠합니까?"

"소년이여, 나는 이 지혜의 광명문에 들어가서 모든 법을 내는 삼매왕을 얻었다. 이 삼매로 뜻대로 태어나는 몸을 얻게 되어 시방 모든 세계의 도솔천궁에 있는 일생보처보살의 처소에 나아가고, 그 보살들 앞에서 한량없는 몸을 나타내고, 한량없는 부처세계에 수많은 공양을 올렸다. 천왕의 몸과 인간왕의 몸으로 꽃구름을 들고 화만 구름을 들며, 사르는 향, 바르는 향, 가루향, 의복, 영락, 당기, 번기, 비단, 일산, 보배그물, 보배휘장, 보배광, 보배 등의 모든 장엄거리를 받들어 공양했다.

도솔천궁에 계시는 보살과 같이 태에 들어 있고 태에서 탄생하고, 집에 있고 출가하고, 도량에 나아가서 바른 깨달음을 이루고, 바른 법륜을 굴리고 열반에 든다. 이러는 중에 천궁에 있기도 하고, 용궁에 있기도 하고 사람의 궁전에 있기도 하는 그 부처님이 계신 곳에서 이렇게 공양했다."

(39-24-2-2) 중생을 보아도 중생이라는 분별을 내지 않다

"내가 이렇게 부처님께 공양한 것을 아는 이는 모두 위없는 바른 보리에서 물러나지 않았으며, 나에게 오면 반야바라밀을 말해 주었다. 소년이여, 나는 중생을 보아도 중생이란 분별을 내지 않는것은 지혜

의 눈으로 보는 까닭이다. 말을 들어도 말이란 분별을 내지 않으니 마음에 집착이 없는 까닭이다. 부처님을 뵈어도 여래라는 분별을 내지 않은 것은 법의 몸을 통달한 까닭이다. 법륜에 머물러 있으면서도 법륜이란 분별을 내지 않는것은 법의 성품을 깨달은 까닭이다. 한 생각에 모든 법을 두루 알면서도 법이란 분별을 내지 않으니 법이 환술과 같음을 아는 까닭이다."

(39-24-3) 수승한 보살의 공덕행을 찬탄하다

"소년이여, 나는 다만 온갖 지혜를 성취하는 해탈을 알 뿐이다. 보살들이 마음에 분별이 없어 모든 법을 두루 알며, 한 몸이 단정하게 앉아도 법계에 가득하며, 자기의 몸에 모든 세계를 나타내며, 잠깐 동안에 모든 부처님 계신 곳에 나아가며, 자기의 몸 안에 모든 부처님의 신통한 힘을 나타내며, 한 털로 수없이 많은 부처의 세계에 두루 들며, 내 몸의 한 털구멍에 수없이 많은 세계가 이루어지고 무너짐을 나타내며, 한 생각에 한량없이 많은 중생과 함께 있으며, 한 생각 동안에 한량없이 많은 모든 겁에 들어가는 일이야 내가 어떻게 알며 그 공덕의 행을 말하겠는가."

(39-24-4) 다음 선지식 찾기를 권하다

"소년이여, 여기서 남쪽에 험난(險難)국이 있고, 그 나라에 보배장엄성이 있다. 그 성중에 바수밀다 여인이 있다. 그대는 그녀에게 가서 보살이 어떻게 보살의 행을 배우며, 보살의 도를 닦느냐고 물어라."
이때 선재동자는 그의 발에 엎드려 절하고 여러 번 돌고 은근하게 우러러보면서 하직하고 물러갔다.

(39-25) 바수밀다녀(婆須蜜多女)
제5 무진공덕장(無盡功德藏)회향 선지식

(39-25-1) 바수밀다녀를 뵙고 법을 묻다
(39-25-1-1) 선재동자가 지혜 광명으로 마음이 열리다
선재동자는 큰 지혜의 광명이 비치어 마음이 열리고 생각하고 관찰하여 법의 성품을 보았다. 모든 음성을 아는 다라니문을 얻었으며, 모든 법륜을 받아 지니는 다라니문을 얻었으며, 모든 중생이 돌아가 의지할 데가 되는 가엾이 여기는 힘을 얻었으며, 모든 법의 이치를 관찰하는 광명의 문을 얻었으며, 법계에 가득한 청정한 서원을 얻었으며, 시방의 모든 법을 두루 비추는 지혜의 광명을 얻었으며, 모든 세계를 두루 장엄하는 자유자재한 힘을 얻었으며, 모든 보살의 업을 널리 발기하는 원만한 서원을 얻었다. 험난국의 보배장엄성에 이르러 바수밀다 여인을 찾았다.

(39-25-1-2) 성 안에 있는 사람들의 생각
성중의 어떤 사람은 이 여인의 공덕과 지혜를 알지 못하고 이렇게 생각했다.

'이 동자는 여러 감관이 고요하고 지혜가 명철하며, 미혹하지도 않고 산란하지도 않으며, 한결같이 찾으며 자세히 보는 것이 게으르지도 않고 집착함도 없다. 눈을 깜박이지도 않고 마음이 흔들리지도 않으며, 너그럽고 깊어 큰 바다와 같다. 바수밀다 여인에게 사랑하는 마음이나 뒤바뀐 마음이 없어, 깨끗하다는 생각을 내거나 욕심을 내어서 이 여인에게 반하지도 않을 것이다. 이 동자는 마의 행을 행하지도 않고 마의 경계에 들어가지도 않고 탐욕의 수렁에 빠지지도 않고 마의

속박을 받지도 않으며, 하지 않아야 할 것은 하지 않는데 무슨 생각으로 이 여인을 구하는가?'

(39-25-1-3) 선재동자를 찬탄하다

그 사람들 중에는 이 여인이 지혜가 있는 것을 아는 이가 있어서 선재에게 말했다.

"훌륭하고, 훌륭하다. 소년이여, 그대는 이 바수밀다 여인을 찾으니 이미 광대한 좋은 이익을 얻었다. 소년이여, 그대는 결정코 부처의 자리를 구할 것이며, 모든 중생의 의지가 될 것이며, 탐애의 화살을 뽑을 것이며, 남자들이 여자에게 대하여 깨끗하지 못하다는 생각을 깨뜨리게 할 것이다.

소년이여, 바수밀다 여인은 이 성에서 가장 번잡한 시장의 북쪽에 있는 자기 집에 있다."

(39-25-1-4) 바수밀다녀의 집

선재동자는 이 말을 듣고 즐거워하며 그녀의 집 문 앞에 이르렀다. 그 집은 크고 훌륭하여 보배담과 보배나무와 보배해자가 각각 열 겹으로 둘러 있었다. 해자에는 향수가 가득하고 금모래가 깔렸으며, 하늘의 보배꽃과 우발라꽃·파두마꽃·구물두꽃·분타리꽃들이 물 위에 가득 피었다.

(39-25-1-5) 바수밀다녀의 용모

이때 선재동자는 그 여인을 보았다. 용모는 단정하고 모습이 원만하며 살갗이 금빛이었다. 눈매와 머리카락이 검푸르며 길이는 적당하여 욕계의 사람이나 하늘에는 비길 수 없었다. 음성은 미묘하여 범천

보다 뛰어났으며, 모든 중생의 갖가지 말을 모두 구족했으며, 글자와 문장도 잘 알고 언론이 능란했다. 환술과 같은 지혜를 얻어 방편문에 들었고, 보배영락과 장엄거리로 몸을 치장했으며 여의주로 관을 만들어 썼다.

또 한량없는 권속들이 둘러 모였으며 선근이 같고 행과 소원이 같고 온갖 복덕을 구비하여 다함이 없었다.

(39-25-1-6) 보살의 행을 묻다

그때 바수밀다 여인의 몸에서 광대한 광명을 놓아 그 집의 모든 궁전에 비추니 모두 몸이 서늘하고 상쾌했다. 선재동자는 그 앞에 나아가 발에 엎드려 절하고 합장하고 말했다.

"거룩하신 이여, 저는 이미 위없는 바른 보리심을 냈으나, 보살이 어떻게 보살의 행을 배우며 어떻게 보살의 도를 닦는지를 알지 못합니다. 거룩하신 이께서 잘 가르치신다 하니 말씀해 주시기 바랍니다."

(39-25-2) 바수밀다녀의 설법
(39-25-2-1) 탐욕을 떠난 해탈을 얻다

"소년이여, 나는 탐욕을 떠나는 이탐욕제 해탈을 얻었다. 그들의 욕망을 따라 몸을 나타내니 하늘이 볼 때에는 천녀의 형상이 되어 광명이 훌륭하여 비길 데 없으며, 사람이나 사람 아닌 이가 볼 때는 그에 맞는 여인이 되어 그들의 욕망대로 나를 보게 한다.

어떤 중생이 애욕에 얽매여 나에게 오면 그에게 법을 말한다. 그는 법을 듣고는 탐욕이 없어지고 보살의 집착 없는 경계의 삼매를 얻는다. 어떤 중생이 잠깐만 나를 보아도 탐욕이 없어지고 보살의 환희 삼매를 얻는다.

어떤 중생이 잠깐만 나와 말해도 탐욕이 없어지고 보살의 걸림없는 음성 삼매를 얻는다.

어떤 중생이 잠깐만 내 손목을 잡아도 탐욕이 없어지고 보살의 모든 부처 세계에 두루 가는 삼매를 얻는다.

어떤 중생이 내 자리에 잠깐만 올라와도 탐욕이 없어지고 보살의 해탈한 광명의 삼매를 얻는다.

어떤 중생이 잠깐만 나를 살펴보아도 탐욕이 없어지고 보살의 고요하고 장엄한 삼매를 얻는다.

어떤 중생이 잠깐만 나의 활개(어깨에서 팔까지)가 뻗는 것을 보아도 탐욕이 없어지고 보살이 외도를 굴복시키는 삼매를 얻는다.

어떤 중생이 나의 눈이 깜짝이는 것을 보기만 하여도 탐욕이 없어지고 보살의 부처 경계에 광명 삼매를 얻는다.

어떤 중생이 나를 포근히 감싸면 탐욕이 없어지고 보살이 모든 중생을 거두어 주고 떠나지 않는 삼매를 얻는다.

어떤 중생이 나의 입술만 스쳐도 탐욕이 없어지고 보살이 모든 중생의 복덕을 늘게 하는 삼매를 얻는다.

중생들이 나를 가까이 하면 모두 탐욕을 여의는 경계에 머물러 보살의 온갖 지혜가 앞에 나타나는 걸림없는 해탈에 들어간다."

(39-25-2-2) 과거 고행부처님에게 법을 배우다

"거룩한 이께서는 어떤 선근을 심고 어떤 복업을 닦아서 이렇게 자재함을 성취했습니까?"

"소년이여, 지난 세상에 부처님이 나셨으니 이름이 고행이었고, 그 나라의 수도는 묘문이었다.

소년이여, 고행부처님께서 중생을 불쌍히 여기시고 수도에 들어와서 성 문턱을 밟으니 성안에 있던 모든 것이 진동하며 갑자기 넓어지고 보배로 장엄되었다. 한량없는 광명이 서로 비추고, 가지각색 보배꽃을 땅에 뿌리며 하늘류를 한꺼번에 올리니 모든 하늘이 허공에 가득했다. 소년이여, 그때 나는 장자의 아내였는데 이름은 선혜였다. 부처님의 신통을 보고 마음을 깨달았다. 남편과 함께 부처님 계신 곳에 가서 보배돈 한 푼으로 공양했더니, 그때 부처님의 시자인 문수보살이 나에게 법을 말하여 위없는 바른 보리심을 내게 했다.”

(39-25-3) 수승한 보살의 방편 지혜
“소년이여, 나는 다만 이 보살의 탐욕의 경계를 여읜 해탈을 얻었을 뿐, 보살들이 끝이 없는 교묘한 방편의 지혜를 성취하여 그 광대한 장(藏)의 경계가 비길 데 없는 일이야 내가 어떻게 알며 그 공덕의 행을 말하겠는가.”

(39-25-4) 다음 선지식 찾기를 권하다
“소년이여, 여기서 남쪽에 선도(善度)성이 있고, 그 성에 비슬지라 거사가 있다. 그는 항상 전단좌부처님 탑에 공양하고 있다. 그대는 그에게 가서 보살이 어떻게 보살의 행을 배우며 보살의 도를 닦느냐고 물어라.”
이때 선재동자는 그의 발에 엎드려 절하고 여러 번 돌고 은근하게 우러러보면서 하직하고 떠났다.

(39-26) 비슬지라거사(鞞瑟胝羅居士)
제6 수순견고일체선근(隨順堅固一切善根)회향 선지식

9

(39-26-1) 비슬지라거사를 뵙고 법을 묻다

그때 선재동자는 선도성에 이르러 거사의 집에 나아가 발에 엎드려 절하고 합장하고 여쭈었다.

"거룩하신 이여, 저는 이미 위없는 바른 보리심을 냈으나, 보살이 어떻게 보살의 행을 배우며 어떻게 보살의 도를 닦는지를 알지 못합니다. 거룩한 이께서 잘 가르친다 하니 말씀해 주시기 바랍니다."

(39-26-2) 비슬지라거사의 설법

(39-26-2-1) 열반에 들지 않는 해탈

"소년이여, 나는 보살의 불반열반제 해탈을 얻었다. 소년이여, 부처님이 이미 반열반에 들었다거나, 부처님이 지금 반열반에 든다거나, 부처님이 장차 반열반에 들것이다 하는 생각을 하지 않는다. 나는 시방세계의 부처님들이 마침내 반열반에 드는 이가 없는 줄 안다. 중생을 조복시키기 위해 일부러 보이는 것은 예외이다.

소년이여, 내가 전단좌여래의 탑 문을 열 때에 삼매를 얻었으니 이름이 불종무진이다.

소년이여, 나는 생각마다 이 삼매에 들고, 생각마다 한량없는 훌륭한 일을 안다."

(39-26-2-2) 불종무진삼매

"불종무진삼매는 경계가 어떠합니까?"

"소년이여, 내가 이 삼매에 들고는 차례차례 이 세계의 부처님들을 보았다. 가섭불·구나함모니불·구류손불·시기불·비바시불·제사불·불사불·무상승불·무상연화불이다.

이런 이들이 우두머리가 되었으며, 잠깐 동안에 백 부처님을 보고, 천

부처님을 보고, 십만 부처님을 보고, 억 부처님, 천억 부처님, 백천억
부처님, 야유다억 부처님, 나유타 부처님을 보며, 수없이 많은 세계의
티끌 수 부처님들을 차례로 보았다.

부처님들이 처음으로 마음을 내고 선근을 심고 훌륭한 신통을 얻고
큰 원을 성취하고 묘한 행을 닦고 바라밀을 구족하며, 보살의 지위에
들어가서 청정한 법의 지혜를 얻고 마군들을 항복 받고 정등각을 이
루어 국토가 청정하고 대중이 둘러싸고 있음을 보았다.

큰 광명을 놓으며 묘한 법륜을 굴리며 신통으로 변화하는 갖가지 차
별을 다 지니고 기억하고 살펴보고 분별하여 나타낸다. 미래의 미륵
불 등 여러 부처님과 현재의 비로자나불 등 여러 부처님도 다 그와 같
이 하며 이 세계에서와 같이 시방세계에 계시는 삼세의 모든 부처님·
성문·독각·보살 대중들도 그와 같이 한다."

(39-26-3) 수승한 보살의 지혜

"소년이여, 나는 다만 이 보살들이 얻는 불반열반제해탈을 얻었을
뿐, 보살들이 한 생각의 지혜로 삼세를 두루 알며, 잠깐 동안에 모든
삼매에 두루 들어가며, 부처님의 지혜 바다가 항상 마음에 비쳐 모든
법에 분별이 없으며, 모든 부처님이 다 평등하고 부처님과 나와 모든
중생이 평등하여 둘이 없음을 알며, 모든 법의 성품이 청정함을 알아
생각함도 없고 움직임도 없지만 모든 세간에 두루 들어가며, 모든 분
별을 여의고 부처의 법인에 머물러서 법계의 중생들을 모두 깨우치
는 일이야 내가 어떻게 알며 그 공덕의 행을 말하겠는가."

(39-26-4) 다음 선지식 찾기를 권하다

"소년이여, 여기서 남으로 가면 보달락가(補怛洛迦)산이 있고, 그곳

에 관자재보살이 있다. 그대는 그에게 가서 보살이 어떻게 보살의 행을 배우며 보살의 도를 닦느냐고 물어라."
그리고 게송을 말했다.

바다 위에 산이 있고 성인 많으니 / 보배로 이루어져 매우 깨끗해
꽃과 과실나무들이 우거져 있고 / 샘과 못과 시냇물이 갖추어 있네.

용맹한 장부이신 관자재보살이 / 중생에게 이익 주시려 거기 계시니
그대는 가서 모든 공덕 물어 보아라. / 그대에게 큰 방편을 일러 줄 것이다.

이때 선재동자는 그의 발에 절하고 여러 번 돌고 은근하게 우러러보면서 하직하고 물러갔다.

(39-27) 관자재보살(觀自在菩薩)
제7 수순등관일체중생(隨順等觀一切衆生)회향 선지식

(39-27-1) 관자재보살을 뵙고 법을 묻다
(39-27-1-1) 선지식의 공덕을 생각하며 관자재보살을 찾다
그때 선재동자는 일심으로 비슬지라 거사의 가르침을 생각하여 보살의 해탈하는 마지막 단계에 들어가고, 보살의 생각을 따라 주는 힘을 얻었다. 부처님이 나타나는 차례를 기억하고, 계속하는 차례를 생각하고, 부처님의 명호의 차례를 지니고, 부처님들의 말씀하시는 법을 관찰했다. 부처님이 갖추신 장엄을 알고, 부처님들의 정등각의 성취를 보고, 부처님들의 부사의한 업을 분명하게 알았다. 그 산에 이르러 관자재보살을 찾았다.

서쪽 골짜기에 시냇물이 굽이쳐서 흐르고 수목은 우거져 있으며 부드러운 향풀이 오른쪽으로 쏠려 땅에 깔렸다. 관자재보살이 금강석 위에서 가부좌하고 있었고, 한량없는 보살들도 보석 위에 앉아서 공경하며 둘러 모셨다. 관자재보살이 대자대비한 법을 말하여 그들이 모든 중생을 거두어 주도록 했다.

선재동자가 기뻐하면서 합장하고 생각하기를 '선지식은 곧 부처님이며, 모든 법구름이며, 모든 공덕의 창고이다. 선지식은 만나기 어렵고, 십력의 원인이며, 다함이 없는 지혜의 횃불이며, 복덕의 싹이며, 온갖 지혜의 문이며, 지혜 바다의 길잡이며, 온갖 지혜에 이르는 길을 도와주는 기구이다.' 하고 곧 대보살이 있는 곳으로 나아갔다.

(39-27-1-2) 선재동자를 찬탄하는 관자재보살

그때 관자재보살은 멀리서 선재동자를 보고 말했다.

"잘 왔다. 그대는 대승의 마음을 내어 중생들을 널리 거두어 주고, 정직한 마음으로 불법을 구하고, 자비심이 깊어서 모든 중생을 구호하며, 보현의 묘한 행이 계속하여 앞에 나타나고, 큰 서원과 깊은 마음이 원만하고 청정하며, 부처의 법을 부지런히 구하여 모두 받아 지니고, 선근을 쌓아 만족함을 모르며, 선지식을 순종하여 가르침을 어기지 않고, 문수사리보살의 공덕과 지혜의 바다로부터 태어났으므로 마음이 성숙하여 부처의 힘을 얻고, 광대한 삼매의 광명을 얻었으며, 오로지 깊고 묘한 법을 구하고, 항상 부처님을 뵈옵고 크게 환희하며, 지혜의 청정함이 허공과 같아 스스로도 분명히 알고 다른 이에게 말하기도 하며, 부처님의 지혜의 광명에 편안히 머물러 있다."

(39-27-1-3) 보살의 행을 묻는 선재동자

이때 선재동자는 관자재보살의 발에 엎드려 절하고 수없이 돌고 합장하고 여쭈었다.

"거룩하신 이여, 저는 이미 위없는 바른 보리심을 냈으나, 보살이 어떻게 보살의 행을 배우며 어떻게 보살의 도를 닦는 지를 알지 못합니다. 거룩한 이께서 잘 가르치신다 하니 말씀해 주시기 바랍니다."

(39-27-2) 관자재보살의 설법
(39-27-2-1) 보살의 대비행 해탈문

"훌륭하고, 훌륭하다. 소년이여, 그대는 이미 위없는 바른 보리심을 냈다. 소년이여, 나는 보살의 크게 가엾게 여기는 행의 해탈문을 성취했다. 소년이여, 나는 이 보살의 크게 가엾게 여기는 행의 해탈문으로 모든 중생을 평등하게 끊임없이 교화한다.

소년이여, 나는 크게 가엾게 여기는 행의 해탈문에 머물렀으므로 모든 부처님의 처소에 항상 있다. 모든 중생의 앞에 항상 나타나서 보시로써 중생을 거두어 주기도 하고, 사랑하는 말로써 하기도 하고, 이롭게 하는 행으로써 하기도 하고, 같이 일함으로써 중생을 거두어 주기도 한다. 육신을 나투어 중생을 거둬 주기도 하고, 갖가지 부사의한 빛과 깨끗한 광명을 나타내어 중생을 거둬 주기도 하며, 음성으로써 하기도 하고, 위의로서 하기도 한다. 법을 말하기도 하고, 신통 변화를 나타내기도 하며, 그의 마음을 깨닫게 하여 성숙시키고, 같은 형상으로 변화하여 함께 있으면서 성숙하게 하기도 한다."

(39-27-2-2) 대비행으로 중생을 구제하다

"소년이여, 나는 크게 가엾게 여기는 행의 해탈문을 수행하여 중생을 구호한다. 중생이 험난한 길에서 공포를 여의며, 번뇌의 공포, 미혹한 공포, 속박될 공포, 살해될 공포, 빈궁한 공포, 생활하지 못할 공포, 나쁜 이름을 얻는 공포, 죽을 공포, 여러 사람 앞에서의 공포, 나쁜 길에 태어날 공포, 캄캄함 속에서 공포, 옮겨 다닐 공포, 사랑하는 이와 이별할 공포, 원수를 만나는 공포, 몸을 핍박하는 공포, 마음을 핍박하는 공포, 근심 걱정의 공포를 여의게 한다.

여러 중생이 나를 생각하거나 나의 이름을 부르거나 나의 몸을 보거나 하면, 모든 공포를 면하게 한다.

소년이여, 나는 이런 방편으로써 중생들의 공포를 여의게 하고, 위없는 바른 보리심을 내어 영원히 물러가지 않게 한다."

(39-27-3) 보현행의 원을 찬탄하다

"소년이여, 나는 다만 이 보살의 크게 가엾게 여기는 행의 해탈문을 얻었을 뿐이다. 보살들이 보현의 모든 원을 깨끗이 하고, 보현의 모든 행에 머물러 있으면서 모든 착한 법을 항상 행하고, 모든 삼매에 항상 들어가고, 그지없는 겁에 항상 머물고, 모든 삼세 법을 항상 알고, 그지없는 세계에 항상 가고, 모든 중생의 나쁜 짓을 항상 쉬게 하고, 모든 중생의 착한 일을 항상 늘게 하고, 모든 중생의 삶과 죽음의 흐름을 항상 끊는 일이야 내가 어떻게 알며, 그 공덕의 행을 말하겠는가."

(39-27-4) 정취보살

그때 동방에 정취보살이 있었다. 공중으로부터 사바세계에 와서 철위산 꼭대기에서 발로 땅을 누르니, 사바세계는 여섯 가지로 진동하고 모든 것이 여러 가지 보배로 장엄되었다.

정취보살이 몸에서 광명을 놓아 해와 달과 모든 별과 번개의 빛을 가렸다. 하늘과 용들의 팔부와 제석과 범천과 사천왕의 광명들은 어둠으로 변하고, 그 광명이 모든 지옥과 축생과 아귀와 염라왕의 세계를 두루 비추어 모든 나쁜 길의 고통을 소멸하여 번뇌가 일어나지 않고 근심 걱정을 여의게 했다.

모든 부처님 국토에서 모든 꽃과 향과 영락과 의복과 당기와 번기를 내리며, 이러한 여러 가지 장엄거리로 부처님께 공양하고, 중생의 좋아함을 따라 모든 궁전에서 몸을 나타내어 보는 이들을 모두 기쁘게 했다.

(39-27-5) 정취보살에게 나아가기를 권하다

이런 일이 있고 관자재보살이 선재동자에게 말했다.

"소년이여, 그대는 이 정취보살이 여기 오는 것을 보느냐?"

"봅니다."

"소년이여, 그대는 그에게 가서 보살이 어떻게 보살의 행을 배우며 보살의 도를 닦느냐고 물어라."

(39-28) 정취보살(正趣菩薩)

제8 진여상(眞如相)회향 선지식

(39-28-1) 정취보살을 뵙고 보살의 행을 묻다

이때 선재동자는 가르침을 받들고 그 보살이 계신 곳에 나아가 그의 발에 엎드려 절하고 합장하고 여쭈었다.

"거룩하신 이여, 저는 이미 위없는 바른 보리심을 냈으나, 보살이 어떻게 보살의 행을 배우며 어떻게 보살의 도를 닦는지를 알지 못합니다. 거룩한 이께서 잘 가르치신다 하니 말씀해 주시기 바랍니다."

(39-28-2) 정취보살의 설법

(39-28-2-1) 보문속질행 해탈을 얻다

"소년이여, 나는 보살의 모든 것을 빨리 성취할 수 있는 보문속질행 해탈을 얻었다."

"거룩하신 이여, 어느 부처님에게서 이 법문을 얻었으며, 떠나온 세계는 얼마나 멀며, 떠나온 지는 얼마나 오래되었습니까?"

"소년이여, 이 일은 알기 어렵다. 모든 세간의 하늘·사람·아수라·사문·바라문들이 알지 못한다. 용맹하게 정진하여 물러가지 않고 겁이 없는 보살들로서 모든 선지식이 거두어 주고 부처님이 생각하시고 선근이 구족하고 뜻이 청정하여 보살의 근기를 얻고 지혜의 눈이 있어야 능히 듣고 지니고 알고 말한다."

"거룩하신 이여, 제가 부처님의 신통하신 힘과 선지식의 힘을 받들어 능히 믿고 받겠으니 바라옵건대 말씀해 주시기 바랍니다."

(39-28-2-2) 보승생부처님에게서 법문을 듣다

"소년이여, 나는 동방 묘장 세계의 보승생부처님 계신 곳으로부터 이 세계에 왔다. 그 부처님 처소에서 이 법문을 들었다. 그곳을 떠난 지가 수없이 많은 겁을 지났다. 순간순간 수없이 많은 걸음을 걸었고, 부처 세계를 지나왔는데, 부처 세계마다 들어가서 부처님께 공양올렸다. 그 공양거리는 위없는 마음으로 이룬 것이며, 무위법으로 인정한 것이며, 여러 부처님께서 인가한 것이며, 모든 보살이 찬탄한 것이다.

소년이여, 나는 저 세계의 모든 중생을 보고 그 마음을 다 알며 그 근성을 다 안다. 그들의 욕망과 이해를 따라서 몸을 나타내어 법을 말했다. 광명을 놓기도 하고 재물을 보시하기도 하여 갖가지 방편으로 교화하고 조복시키기 위해 조금도 쉬지 않았다. 동방에서와 같이 남방과 서방과 북방과 네 간방과 상방과 하방에서도 그와 같이 했다."

(39-28-3) 수승한 보살의 지혜를 찬탄하다

"소년이여, 나는 다만 보살의 보문속질행해탈을 얻었으므로 빨리 걸어 모든 곳에 이르렀다. 보살들은 시방에 두루하여 가지 못하는 곳이 없으며, 지혜의 경계도 같아 차별이 없다. 몸을 잘 나투어 법계에 두루하며 모든 길에 이르고 모든 세계에 들어가며, 모든 법을 알고 모든 세상에 이르러 평등하게 모든 법문을 연설한다. 한꺼번에 모든 중생에게 비추고, 부처님들에게 분별을 내지 않으며, 모든 곳에 장애됨이 없는 일이야 내가 어떻게 알며, 그 공덕의 행을 말하겠는가."

(39-28-4) 다음 선지식 찾기를 권하다

"소년이여, 여기서 남쪽에 타라발지(墮羅鉢底)성이 있고, 그곳에 대천신이 있다. 그대는 그에게 가서 보살이 어떻게 보살의 행을 배우며 보살의 도를 닦느냐고 물어라."

이때 선재동자는 그의 발에 엎드려 절하고 여러 번 돌고 은근하게 우러러보면서 하직하고 물러갔다.

(39-29) 대천신(大天神)

제9 무박무착해탈(無縛無着解脫)회향 선지식

(39-29-1) 대천신을 뵙고 법을 묻다
(39-29-1-1) 대천신을 찾아가다

그때 선재동자는 보살의 광대한 행에 들어갔다. 보살의 지혜의 경계를 구하며, 신통한 일을 보고, 훌륭한 공덕을 생각하고, 크게 환희함을 내고, 견고한 정진을 일으키고, 부사의하고 자유자재한 해탈에 들어가고, 공덕의 지위를 행하고, 삼매의 경지를 관찰하고, 다 지니는 지위에 머물고, 크게 원하는 지위에 들어가고, 변재의 지위를 얻고, 모든 힘의 지위를 이루었다. 타라발지성에 이르러 대천신을 찾았다. 사람들이 대답하기를 '이 성안에 있으며 거대한 몸을 가졌고 대승에게 법을 말한다'고 했다.

(39-29-1-2) 보살의 행을 묻다

선재동자는 대천신에게 가서 그의 발에 절하고 앞에서 합장하고 말했다.

"거룩하신 이여, 저는 이미 위없는 바른 보리심을 냈으나, 보살이 어떻게 보살의 행을 배우며 어떻게 보살의 도를 닦는지를 알지 못합니다. 거룩하신 이께서 잘 가르치신다 하니 말씀해 주시기 바랍니다."

(39-29-2) 대천신의 설법
(39-29-2-1) 보살은 만나기 어렵다

이때 대천신이 네 손을 길게 펴서 네 바다의 물로 얼굴을 씻으며 황금 꽃을 선재에게 뿌리며 말했다.

"소년이여, 모든 보살은 보기 어렵고 듣기 어렵고 세간에 나오는 일이 드물다. 중생 가운데 제일이며 사람들 중에 분타리꽃이다. 중생들이 돌아갈 곳이며 중생을 구원하는 이며, 세간을 위해 편안한 곳이 되고 세간을 위해 광명이 된다. 미혹한 이에게 편안한 길을 가리키고 길잡이가 되어 중생을 인도하여 불법의 문에 들게 하며, 법의 대장이 되어 온갖 지혜의 성을 수호한다.

보살은 이와 같이 만나기 어려우니 오직 몸과 말과 뜻에 허물이 없어야 그의 형상을 보고 그의 변재를 들으며 언제나 항상 앞에 나타난다.

(39-29-2-2) 운망해탈을 얻다

(39-29-2-2-1) 갖가지 꽃과 보물을 나타내 보이다

"소년이여, 나는 이미 보살의 운망해탈을 성취했다."

"거룩하신 이여, 운망해탈의 경계가 어떠합니까?"

이때 대천신은 선재의 앞에서 금과 은과 유리와 파리와 자거와 마노와, 큰 불꽃보배와 깨끗한 보배와 큰 광명보배와 시방에 두루 나타나는 보배와, 보배관과 보배인장과 보배영락과 보배귀고리와 보배팔찌와 보배자물쇠와, 진주그물과 가지각색 마니보배와 모든 장엄거리와 여의주를 산 같이 나타냈다. 모든 꽃과 화만과 향과 사르는 향과 바르는 향과 의복과 당기 번기와 음악과 다섯 가지 오락 기구를 산과 같이 나타내며, 백천만억 아가씨를 나타냈다.

(39-29-2-2-2) 갖가지 물건들을 보시하다

"소년이여, 이 물건을 가져다가 부처님께 공양하여 복덕을 닦고, 모든 중생에게 보시하여 그들로 하여금 보시바라밀을 배우고 버리기 어려운 것들을 버리게 하라.

소년이여, 내가 그대에게 이런 물건을 보여 주고 그대로 하여금 보시를 행하게 하듯이 모든 중생을 위해서도 그렇게 한다. 이 선근으로써 삼보와 선지식에게 공양하고 공경하여 착한 법을 증장하게 하고 위없는 보리심을 내게 한다."

(39-29-2-2-3) 갖가지 방편으로 중생을 구제하다

"소년이여, 어떤 중생이 오욕을 탐하여 방일하는 이에게는 부정한 경계를 보여 준다. 어떤 중생이 성 잘 내고 교만하여 언쟁을 좋아하는 이에게는 나찰이 피를 빨고 살을 씹는 매우 무서운 형상을 보여 주어 놀래고 두려워하는 마음을 부드럽게 하고 원수를 여의게 한다. 어떤 중생이 혼미하고 게으르면 그에게는 국왕의 법과 도적과 수재와 화재와 중대한 질병을 나타내 두려운 마음을 내고 근심과 고통을 알아서 스스로 힘쓰게 한다.

이러한 갖가지 방편으로써 모든 착하지 않은 행동을 버리고 착한 법을 닦게 한다. 모든 바라밀의 장애를 버리고 바라밀을 구족하게 하며, 모든 험하고 어려운 길을 벗어나서 장애가 없는 곳에 이르게 한다.”

(39-29-3) 수승한 보살의 힘을 찬탄하다

“소년이여, 나는 다만 운망해탈을 알 뿐이다. 보살들이 제석천왕과 같이 모든 번뇌의 아수라를 항복 받으며, 큰 물과 같이 모든 중생의 번뇌의 불을 소멸하며, 맹렬한 불과 같이 모든 중생의 애욕의 물을 말리며, 큰 바람과 같이 모든 중생의 여러 소견의 당기를 꺾어 버리며, 금강과 같이 모든 중생의 ‘나’라는 집착을 깨뜨리는 일이야 내가 어떻게 알며 그 공덕의 행을 말하겠는가.”

(39-29-4) 다음 선지식 찾기를 권하다

“소년이여, 이 염부제 마갈타국의 보리도량에 땅을 관장하는 안주(安住)신이 있다. 그대는 그에게 가서 보살이 어떻게 보살의 행을 배우며 보살의 도를 닦느냐고 물어라.”

(39-30) 안주신(安住神)
제10 등법계무량(等法界無量)회향 선지식

(39-30-1) 안주신을 뵙고 법을 묻다

(39-30-1-1) 땅의 신들이 선재동자를 찬탄하다

그때 선재동자는 마갈타국의 보리도량에 있는 안주신의 처소에 갔다. 백만의 땅을 맡은 신들이 함께 그들의 말을 했다.

"여기 오는 동자는 부처님의 창고이니, 반드시 모든 중생의 의지할 곳이 될 것이며, 모든 중생의 근본 무명을 깨뜨릴 것이다. 이 사람은 이미 법왕의 문중에 났으니 마땅히 번뇌를 여의고 걸림 없는 법비단을 머리에 쓸 것이며, 지혜 보배로써 모든 삿된 다른 이론의 외도들을 꺾을 것이다."

(39-30-1-2) 안주신과 땅의 신들이 광명을 놓다

이때 안주신과 백만의 땅신이 큰 광명을 놓아 삼천대천세계를 두루 비추었다. 땅이 한꺼번에 진동하며 갖가지 보물이 모든 곳을 장엄하며, 깨끗한 그림자와 흐르는 빛이 번갈아 사무쳤다. 모든 잎나무와 꽃나무는 순식간에 자라고, 과실나무의 과실은 순식간에 익었다. 모든 강은 서로 들어가 흐르며, 못에는 물이 넘치고, 가늘고 향기로운 비가 내려 땅을 적시고, 바람이 불어 꽃이 흩어졌다. 무수한 음악을 한꺼번에 연주하고 하늘의 장엄거리에서는 아름다운 소리를 냈다. 소와 코끼리와 사자가 모두 기뻐서 뛰놀며 부르짖는 소리는 메아리쳤다. 백천의 묻힌 갈무리가 저절로 솟아났다.

(39-30-2) 안주신의 설법

(39-30-2-1) 백천 아승기 보장을 나타내보이다

이때 안주신이 선재동자에게 말했다.

"잘 왔다. 소년이여, 그대가 이 땅에서 선근을 심었을 때 내가 나타난다. 보겠는가?"

그때 선재동자는 안주신의 발에 절하고 여러 번 돌고 합장하고 여쭈었다.

"거룩하신 이여, 보고 싶습니다."

이때 안주신이 발로 땅을 눌러서 백천의 아승기 보배창고를 저절로 솟아오르게 하며 말했다.

"소년이여, 이 보배창고는 그대를 따라다니는 것이다. 이것은 그대가 옛적에 심은 선근의 과보이며, 그대의 복덕으로 유지되는 것이니 마음대로 사용하라."

(39-30-2-2) 불가괴지혜장해탈문을 얻다

"소년이여, 나는 보살의 깨트림이 불가능한 지혜창고 해탈인 불가괴지혜장해탈을 얻었다. 항상 이 법으로 중생들을 성취하게 한다.

소년이여, 나는 연등부처님 때부터 항상 보살을 따라서 공경하고 호위했다. 보살들의 마음과 행과 지혜의 경계와 모든 서원과 청정한 행과 모든 삼매와 광대한 신통과 자유자재한 힘과 깨트릴 수 없는 법을 보살폈다. 모든 부처님의 국토에 두루 가서 모든 부처님의 수기를 받았으며, 모든 부처님의 법륜을 굴렸다. 모든 수다라의 문을 널리 말했으며, 큰 법의 광명으로 널리 비추어 모든 중생을 교화하고 조복시켰다. 모든 부처님이 나타내는 신통 변화를 받아 지니고 기억했다."

(39-30-2-3) 과거 묘안부처님에게 법을 얻다

"소년이여, 지나간 옛적 수미산 티끌 수의 겁을 지나서 장엄겁이 있었는데, 세계 이름은 월당이며, 부처님 명호는 묘안이었다. 그 부처님에게서 이 법문을 얻었다.

소년이여, 나는 이 법문을 닦고 익히고 증장했다. 여러 부처님을 항상 뵙고 떠나지 않았으며, 이 법문을 처음 얻고 부터 현겁에 이르기까지 그 동안에 수없이 많은 부처 세계의 티끌 수 여래·응공·정등각을 만나서 받들어 섬기고 공경하고 공양했다. 부처님들이 보리좌에 나아가 큰 신통을 나타내심을 보았으며, 부처님들이 가진 모든 공덕과 선근을 보았다."

(39-30-3) 수승한 보살의 일을 찬탄하다

"소년이여, 나는 다만 불가괴지혜장법문을 알 뿐, 보살들이 부처님을 항상 따라다니면서 모든 부처님의 말씀을 능히 지니며, 모든 부처님의 깊은 지혜에 들어가서 순간순간 모든 법계에 가득하며, 부처님의 몸과 같고 부처님의 마음을 내며 부처님의 법을 구족하고 부처의 일을 짓는 것이야 내가 어떻게 알며 그 공덕의 행을 말하겠는가."

(39-30-4) 다음 선지식 찾기를 권하다

"소년이여, 이 염부제 마갈타국의 가비라성에 바산바연저주야신이 있다. 그대는 그에게 가서 보살이 어떻게 보살의 행을 배우며 보살의 도를 닦느냐고 물어라."

이때 선재동자는 그의 발에 절하고 여러 번 돌고 은근하게 우러러보면서 하직하고 물러갔다.

5. 십지위 선지식

(39-31) 바산바연저주야신(婆珊婆演底主夜神)
제1 환희지(歡喜地) 선지식

(39-31-1) 바산바연저주야신을 뵙고 법을 묻다
(39-31-1-1) 가르침을 생각하며 선지식을 찾다

이때 선재동자는 일심으로 잘 머무는 땅을 다스리는 안주신의 가르침을 생각하고 보살의 깨뜨릴 수 없는 지혜의 불가괴지혜장해탈을 기억했다. 그 삼매를 닦고 규모를 배우고 유희를 살피고 미묘한데 들어가고 지혜를 얻고 평등함을 통달하고 그지없음을 알고 깊이를 헤아리면서 점점 걸어서 그 성에 이르렀다.

동문으로 들어가서 잠깐 동안에 해는 넘어갔다. 마음에 보살의 가르침을 순종하면서 밤을 다스리는 주야신을 보려 했다. 선지식은 부처님과 같다는 생각을 했고, '선지식으로부터 두루한 눈을 얻어 시방의 경계를 볼 것이며, 광대한 지혜를 얻어 모든 반연을 통달할 것이며, 삼매의 눈을 얻어 모든 법문을 관찰할 것이며, 지혜의 눈을 얻어 시방의 세계 바다를 밝게 볼 것이다'라고 생각했다.

(39-31-1-2) 주야신

이렇게 생각하다가 주야신이 허공에 있는 보배 누각의 향연화장사자좌에 앉아 있는 것을 보았다.

몸은 금빛이며, 눈과 머리카락은 검푸르고, 용모가 단정하여 보는 사람마다 즐거워하며, 보배 영락으로 몸을 장엄하고, 몸에는 붉은 옷을 입고 머리에는 범천관을 썼으며 여러 별이 몸에서 반짝거렸다. 털구 멍마다 한량없고 수없는 나쁜 길 중생들을 제도하여 험난한 길을 면 하게 하는 형상을 나타내는데, 이 중생들이 인간에 나기도 하고 천상 에 나기도 하며, 이승의 보리로 향해 가기도 하고 온갖 지혜의 길을 닦기도 했다.

털구멍마다 갖가지 교화하는 방편을 보이는데, 몸을 나타내기도 하 고 법을 말하기도 하며, 성문승의 도를 나타내기도 하고, 독각승의 도 를 나타내기도 했다. 보살의 행, 보살의 용맹, 보살의 삼매, 보살의 자 재, 보살의 있는 곳, 보살의 관찰, 보살의 사자 기운 뻗음, 보살의 해 탈과 유희를 나타내기도 하여 갖가지로 중생을 성숙하게 했다.

(39-31-1-3) 지혜에 이르는 길을 묻다

선재동자는 이런 일을 보기도 하고 듣기도 하여 매우 기뻐서 땅에 엎 드려 발에 절하고 수없이 돌고 합장하고 말했다.

"거룩하신 이여, 저는 이미 위없는 바른 보리심을 냈습니다. 선지식 을 의지하여 부처님의 공덕과 법장을 보호하려 하니, 바라옵건대 저 에게 온갖 지혜에 이르는 길을 보여 주십시오. 그 길로 행하여 십력의 지위에 이르고자 합니다."

(39-31-2) 바산바연저주야신의 설법
(39-31-2-1) 모든 어둠을 깨뜨리는 광명해탈을 얻다
(39-31-2-1-1) 중생들에게 갖가지 마음을 일으키다

그때 주야신이 선재동자에게 말했다.

"훌륭하고, 훌륭하다. 소년이여, 그대는 깊은 마음으로 선지식을 공경하여 그 말을 듣고 가르치는 대로 수행하는 까닭에 결정코 위 없는 바른 보리를 얻을 것이다.

소년이여, 나는 보살이 중생의 어둠을 깨뜨리는 법인 광명의 해탈을 얻었다.

소년이여, 나는 나쁜 죄를 가진 중생에게는 인자한 마음을 일으키고, 착하지 못한 업을 짓는 중생에게는 가엾이 여기는 마음을 일으키고, 착한 업을 짓는 중생에게는 기뻐하는 마음을 일으키고, 착하고 나쁜 두 가지 행을 하는 중생에게는 둘이 아닌 마음을 일으키고, 잡되고 물든 중생에게는 깨끗함을 내게 하는 마음을 일으키고, 삿된 길로 가는 중생에게는 바른 행을 내게 하는 마음을 일으키고, 용렬한 이해심을 가진 중생에게는 이해를 내게 하는 마음을 일으키고, 생사를 좋아하는 중생에게는 윤회를 끝내는 마음을 일으키고, 이승의 길에 머문 중생에게는 온갖 지혜에 머물게 하는 마음을 일으킨다.

소년이여, 나는 이 해탈을 얻었으므로 항상 이런 마음과 서로 응한다.”

(39-31-2-1-2) 중생의 갖가지 고난을 구제하다

“소년이여, 나는 밤이 깊고 고요하여 귀신과 도둑과 나쁜 중생들이 돌아다닐 때, 구름이 끼고 안개가 자욱하고 태풍이 불고 큰 비가 퍼붓고 해와 달과 별빛이 어두워 지척을 분간하지 못할 때, 중생들이 바다에 들어가거나 육지에 다니거나 삼림 속에서나 거친 벌판에서나 험난한 곳에서, 도둑을 만나거나 양식이 떨어졌거나 방향을 모르거나 길을 잃어 놀라서 그 상황을 벗어나지 못할 때, 이를 보고는 갖가지 방편으로 그들을 구제해 준다.

바다에서 헤매는 이에게는 뱃사공이 되고 큰 고기·큰 말·큰 거북·큰 코끼리·아수라나 바다를 맡은 신장이 되어 중생을 위해 폭풍우가 몇

고 파도를 가라앉히고 길을 인도하여 섬이나 언덕을 보여 주어 공포
에서 벗어나 편안하게 한다. 또 생각하기를 '이 선근을 중생에게 회향
하여 모든 괴로움을 여의게 하여지다'하고 기도한다.

육지에 다니는 중생들이 캄캄한 밤에 무서운 일을 당했을 때에는 달
이나 별이나 새벽 하늘이나 저녁 번개가 갖가지 광명이 되기도 하며
집이 되고 여러 사람이 되기도 하여 위험한 액난을 면하게 한다. 또
생각하기를 '이 선근을 중생에게 회향하여 모든 번뇌의 어둠을 멸하
여지이다'하고 기도한다.

중생들이 목숨을 아끼거나 명예를 사랑하거나 재물을 탐하거나 벼슬
을 소중히 여기거나 남녀에게 애착하거나 처첩을 그리워하거나 구하
는 일을 이루지 못하고 근심하는 이들을 내가 모두 구제하여 괴로움
을 여의게 한다. 험한 산악 지대에서 조난당한 이에게는 착한 신장이
되어 친근하기도 하고 좋은 새가 되어 아름다운 소리로 위로하며 신
기한 약초가 되어 빛으로 비춰 주기도 하고 과실나무를 보여 주고 맑
은 샘을 보여 주고 지름길을 보여 주고 평탄한 곳을 보여 주어 모든
액난을 면하게 한다.

거친 벌판이나 빽빽한 숲속이나 험난한 길을 가다가 덩굴에 얽히거
나 안개에 쌓여 두려워하는 이에게는 바른 길을 인도하여 벗어나게
한다. 또 생각하기를 '모든 중생이 삿된 소견의 숲을 베며 애욕의 그
물을 찢고 생사의 벌판에서 뛰어나며 번뇌의 어둠을 멸하고 온갖 지
혜의 평탄한 길에 들어서서 공포가 없는 곳에 이르러 끝까지 안락하
게 하여지이다'하고 기도한다.

소년이여, 어떤 중생이 국토에 애착하여 근심하는 이에게는 방편을 베
풀어 싫어하게 한다. 또 원하기를 '모든 중생이 오온에 애착하지 말고
모두 부처님의 깨달음의 경지에 머무르게 하여지이다'하고 기도한다.

소년이여, 어떤 중생이 고향 마을을 사랑하고 집에 탐착하여 어둠 속에서 괴로움을 받는 이에게는 법을 말하여 싫증을 내고 법에 만족하며 법에 의지하게 한다. 또 생각하기를 '모든 중생이 여섯 군데 마을에 탐착하지 말고 생사의 경지에서 빨리 벗어나 끝까지 온갖 지혜의 성에 머물러지이다'하고 기도한다.

소년이여, 어떤 중생이 캄캄한 밤길을 가다가 방향을 잘못 알아 평탄한 길에는 험난한 생각을 내고 위험한 길에도 평탄한 생각을 내며 높은 데를 낮다 하고 낮은 데를 높다 하여 마음이 홀려 크게 고생하는 이에게는 좋은 방편으로 광명을 비추어서 상황을 바로 알게 한다. 나가려는 이는 문을 보여 주고 다니려는 이는 길을 보여 주고, 시내를 건너려는 이는 다리를 보여 주고 강을 건너려는 이는 배를 주며, 방향을 살피는 이에게는 험하고 평탄함과 위태하고 편안한 곳을 일러 주고, 쉬어 가려는 이에게는 도시와 마을과 물과 숲을 보여 준다. 또 생각하기를 '내가 여기서 캄캄한 밤을 밝혀 주어 세상의 모든 일을 편하게 하듯이, 모든 중생에게 생사의 캄캄한 밤과 무명의 어두운 곳을 지혜의 광명으로 두루 비추게 하여지이다'하고 기도한다.

모든 중생이 지혜의 눈이 없고 허망한 생각과 뒤바뀐 소견에 덮혀서 무상한 것을 항상하다 생각하고, 낙이 없는 것을 즐겁다 생각하고, 나가 아닌 것을 나라 생각하고, 부정한 것을 깨끗하다 생각하며, 나다 사람이다 중생이다 라는 고집과 오온, 십이처, 십팔계의 법에 집착하여 원인과 과보를 모르고 착하고 나쁜 것을 알지 못하며, 중생을 살해하거나 잘못된 소견을 가지며, 부모에게 불효하고 사문과 바라문을 공경하지 않으며, 악한 사람, 선한 사람을 알지 못하고 나쁜 짓을 탐하고 삿된 법에 머물며, 부처님을 훼방하고 바른 법륜을 파괴하는 이들과 보살들을 훼방하고 해롭게 하며, 대승을 업신여기고 보리심을

끊으며 신세진 이에게는 도리어 상해하고 은혜 없는 곳에는 원수로
생각하며, 성현을 비방하고 나쁜 사람을 친근하며, 절이나 탑의 물건
을 훔치고 다섯 가지 역적죄를 지으며, 오래지 않아서 삼악도에 떨어
질 이들을 '원컨대 내가 지혜의 광명으로 중생의 캄캄한 무명을 깨뜨
리고, 빨리 위없는 바른 보리심을 내게 하여지이다'하고 기도한다.

발심한 후에는 보현의 법을 보여 주고 십력을 일러 주며, 여래 법왕의
경계를 보이고 부처님의 온갖 지혜의 성을 보인다. 부처님의 수행과
자재와 성취와 다라니와 모든 부처의 한결같은 몸과 모든 부처의 평
등한 곳을 보여서 그들을 편안히 머물게 한다.

소년이여, 모든 중생이 병에 붙들리기도 하고 늙음에 시달리기도 하
며 가난에 쪼들리기도 하고 화난을 만나기도 하며 국법을 범하고 형
벌을 받게 될 때, 믿을 데 없어 매우 두려워하는 이들을 내가 구제하
여 편안하게 한다. 또 '내가 법으로써 중생들을 포섭하여 모든 번뇌와
나고 늙고 병들고 죽는 일과 근심·걱정·고통에서 해탈하게 하며, 선
지식을 가까이 모시고 법보시를 항상 행하고 착한 업을 부지런히 지
으며, 부처님의 청정한 법의 몸을 얻어 마침내 깨달음의 자리에 머물
게 하여지이다'하고 기도한다.

소년이여, 모든 중생이 소견의 숲에 들어가 삿된 길에 머물며, 여러
경계에 잘못된 분별을 내며, 착하지 않은 몸의 업, 말의 업, 뜻의 업을
행하고 갖가지 잘못된 고행을 부질없이 지으며, 바른 깨달음이 아닌
데 바른 깨달음이라 생각하고, 바른 깨달음을 바른 깨달음이 아니라
생각하며, 나쁜 동무에게 붙들려 나쁜 소견을 내고, 나쁜 길에 떨어지
게 되는 것을 여러 가지 방편으로 구호하여 바른 소견에 들게 하여 인
간이나 천상에 나게 한다.

또 '내가 이 나쁜 길에 떨어질 중생을 구원하는 것처럼, 모든 중생을

널리 구원하여 온갖 괴로움에서 해탈하고 바라밀인 세상에서 벗어나는 성인의 도에 머물러, 온갖 지혜에서 물러가지 않게 하며, 보현의 서원을 갖추어 온갖 지혜에 가까워지며, 보살의 행을 버리지 않고 부지런히 모든 중생을 교화하게 하여지이다'하고 기도한다."

(39-31-2-2) 모든 어둠을 깨뜨리는 광명의 해탈을 펴다
(39-31-2-2-1) 법문의 이름
이때 바산바연저주야신이 이 해탈의 뜻을 다시 펴려고, 부처님의 신통한 힘을 받들고 시방을 관찰하며 선재동자에게 게송을 말했다.

내가 얻은 이 해탈문은 / 깨끗한 법의 광명을 내어
캄캄한 어둠을 깨뜨리고 / 때를 기다려 연설하네.

(39-31-2-2-2) 과거의 인행
그 옛날 오랜 세월 동안 / 넓고 큰 인자함을 행하여
여러 세간 두루 덮었으니 / 불자들은 닦아 배우라.

고요하고 가엾이 여기는 바다가 / 삼세 부처를 내어
중생의 고통 멸하니 / 그대들 이 문에 들어가라.

세간의 낙도 내고 / 출세간의 낙도 내어
내 마음 즐겁게 하니 / 그대들 이 문에 들어가라.

유의법의 근심 버리고 / 성문의 과도 멀리하며
부처의 힘 깨끗이 닦으니 / 그대들 이 문에 들어가라.

(39-31-2-2-3) 과보를 일러주다

나의 눈 매우 청정해서 / 시방세계를 모두 보고
그 세계의 부처님들 / 보리수 아래 앉으심도 보니

잘 생긴 몸매로 몸을 장엄하고 / 한량없는 대중이 둘러 있는데
털구멍에서 / 가지각색 광명을 내네.

또 모든 중생은 / 여기서 죽어 저기에 나고
오취에 헤매면서 / 한량없는 고통을 받는다.

나의 귀 매우 청정해 / 듣지 못하는 것이 없어
모든 말 바다를 / 듣고 기억하고

부처님들 법륜을 굴리는 / 그 음성 비길 데 없어
여러 가지 말과 글자를 / 모두 기억한다.

나의 코 매우 청정해 / 모든 법에 막힘이 없고
온갖 것에 자유자재하니 / 그대들 이 문에 들어가라.

나의 혀 매우 넓고 크고 / 청정하고 말을 잘하여
알맞게 묘한 법 말하니 / 그대들 이 문에 들어가라.

나의 몸 매우 청정해 / 삼세가 모두 진여와 평등
중생의 마음을 따라 / 온갖 것을 모두 나타낸다.

나의 마음 걸림 없이 청정해서 / 허공에 삼라만상 있는 듯하니
모든 부처님을 생각하여도 / 그러나 분별하지 않는다.

한량없는 세계의 / 모든 마음을
근성과 욕락 모두 알지만 / 그러나 분별하지 않는다.

(39-31-2-2-4) 업의 작용
나의 큰 신통의 힘으로 / 한량없는 세계 진동하며
가지 못하는 곳 없어서 / 억센 중생들 모두 다 조복시킨다.

나의 복 엄청나게 커서 / 허공에도 넘치니
모든 부처님을 공양하고 / 일체 중생을 이익되게 한다.

나의 지혜 넓고 청정해서 / 모든 법의 바다 분명히 알고
중생의 의혹 없애니 / 그대들 이 문에 들어가라.

나는 삼세 부처님들과 / 모든 법을 알고
그 방편까지 알아 / 이 문이 넓고 비길 데 없네.

낱낱 티끌 속마다 / 삼세 모든 세계를 보며
그 세계의 부처님 보니 / 이것은 넓은 문의 힘이네.

시방세계의 티끌 속마다 / 노사나부처님
보리수 밑에서 성도하고 / 법 연설함을 보네.

(39-31-2-3) 보리심 내던 옛 일을 말하다

이때 선재동자가 주야신에게 여쭈었다.

"주야신님께서 위없는 바른 보리심을 낸 지는 얼마나 오래되었고, 이 해탈은 언제 얻었으며, 이렇게 중생을 이익되게 합니까?"

주야신이 대답했다.

"나는 부처님을 뵙고 삼매를 얻었으니 이름이 '부처를 보고 중생을 조복시키는 삼세 지혜의 광명을 내는 바퀴'였다. 이 삼매를 얻고는 수미산 티끌 수의 겁을 기억하며, 그 동안에 부처님들의 태어나심을 보았고, 그 부처님이 묘한 법을 말씀하심을 들었으며, 법을 들은 까닭으로 모든 중생의 어둠을 깨뜨리는 법 광명의 해탈을 얻었다.

이 해탈을 얻고 나의 몸이 부처 세계의 티끌 수 세계에 두루 미침을 보았으며, 저 세계에 있는 부처님들도 보고, 또 나의 몸이 그 부처님 계신 데 있음을 보았으며, 또 그 세계의 모든 중생을 보고 그 말을 알고 그 근성을 알고, 지난 옛적에 선지식이 거두어 주었음을 알았으며, 그들이 좋아하는 대로 몸을 나타내어 그들을 기쁘게 했다.

나는 그때 거기서 얻은 해탈이 계속 깊어졌으며, 내 몸이 백천 부처 세계의 티끌 수 세계에 두루 미침을 보았으며, 이와 같이 잠깐 동안에 말할 수 없는 세계의 티끌 수 세계에 이르렀고, 그런 세계의 모든 부처님을 보았으며, 또 내 몸이 저 부처님들의 처소에서 법을 듣고 받아 지니고 기억하고 관찰하여 결정함을 보았다.

또 그 부처님들의 예전에 나셨던 전생 일과 큰 서원을 알았으며, 저 부처님께서 부처 세계를 깨끗이 장엄했고 나도 장엄했으며, 그 세계의 모든 중생을 보고 그들에게 알맞은 몸을 나타내어 교화하고 조복했다. 이 해탈문이 잠깐 동안 지나서 법계에 가득했다."

(39-31-3) 수승한 보살의 행과 공덕

"소년이여, 나는 다만 이 보살이 모든 중생의 어둠을 깨뜨리는 법 광명의 해탈을 알 뿐이다. 보살들이 보현보살의 끝이없는 행과 원을 성취하고, 모든 법계 바다에 두루 들어가고, 보살들의 금강 지혜 당기인 자재한 삼매를 얻고, 큰 서원을 내고, 부처의 종자에 머물러 있으며, 잠깐 동안에 모든 큰 공덕 바다를 이루고, 모든 광대한 세계를 깨끗이 장엄하고, 자유자재한 지혜로 모든 중생을 교화하여 성숙하게 하고, 지혜의 해로 모든 세간의 어둠을 멸하고, 용맹한 지혜로 모든 중생의 잠을 깨우고, 지혜의 달로 모든 중생의 의혹을 결단하고, 청정한 음성으로 모든 생사의 집착을 끊으며, 모든 법계의 낱낱의 티끌마다 자유자재한 신통을 나타내고, 지혜의 눈이 깨끗하여 삼세를 평등하게 보는 일이야 내가 어떻게 그 묘한 행을 알며, 그 공덕을 말하며, 그 경계에 들어가서 그 자재함을 보이겠는가."

(39-31-4) 다음 선지식 찾기를 권하다

"소년이여, 이 염부제 마갈타국 보리도량에 보덕정광주야신이 있다. 나는 본래 그에게서 위없는 바른 보리심을 냈고, 그가 항상 묘한 법으로 나를 깨우쳐 주었다. 그대는 그에게 가서 보살이 어떻게 보살의 행을 배우며 보살의 도를 닦느냐고 물어라."

(39-31-5) 선재동자의 찬탄

그때 선재동자는 바산바연저주야신을 향하여 게송을 말했다.

당신의 청정한 몸을 보니 / 좋은 모습 세간에 우뚝하여
문수사리보살과 같고 / 보배의 산과도 같습니다.

당신의 법의 몸 깨끗하여 / 삼세에 모두 평등하고
세계들도 그 속에 들어가 / 성립되고 파괴됨이 걸림이 없습니다.

모든 태어나는 길을 보니 / 당신의 형상 모두 보이고
하나하나의 털구멍 속에 / 별과 달이 각각 나뉘었습니다.

그대의 마음 넓고 큰 것이 / 허공처럼 시방세계에 두루하니
부처님들 그 가운데 다 들어가도 / 청정하여 분별이 없습니다.

털구멍마다 / 무수한 광명을 놓아
시방의 부처님 계신 곳에 / 장엄거리를 널리 내립니다.

털구멍마다 / 무수한 몸을 나타내
시방의 모든 국토에 / 방편으로 중생을 제도합니다.

털구멍마다 / 무수한 세계를 보이며
중생의 욕망 따라서 / 갖가지로 청정하게 합니다.

어떤 중생이 / 이름을 듣거나 몸만 보아도
모두 공덕을 얻어 / 보리를 성취합니다.

오랜 세월 나쁜 길에 있다가 / 비로소 당신 뵈오며
환희하며 받드니 / 번뇌를 멸하는 까닭입니다.

일천 세계의 티끌 수 겁에 / 한 터럭 공덕을 찬탄하여도

세월은 끝날 수 있어도 / 공덕은 다할 수 없습니다.

선재동자는 이 게송을 말하고는 발에 엎드려 절하고 여러 번 돌고 은
근하게 존경하면서 하직하고 물러갔다.

(39-32) 보덕정광주야신(普德淨光主夜神)
제2 이구지(離垢地) 선지식

(39-32-1) 보덕정광주야신을 뵙고 법을 묻다
(39-32-1-1) 가르침을 생각하며 선지식을 찾아가다
그때 선재동자는 바산바연저주야신을 만나 처음으로 보리심을
일과 보살의 장을 내던 일과 보살의 원을 세우던 일과 바라밀을 깨
하게 하던 일과 지위에 들어가던 일과 행을 닦던 일을 생각했다. 보살
의 벗어나는 길을 행하던 일과 온갖 지혜의 광명 바다와 중생을 구제
하는 마음과 널리 두루하는 크게 가엾게 여기는 마음과 모든 부처 세
계에서 오는 세월이 끝날 때까지 보현의 행과 원을 항상 내는 것을 분
명히 알면서 점점 나아가 보덕정광주야신에게 이르러 그의 발에 절
하고 여러번 돌고 합장하며 말했다.

(39-32-1-2) 선재동자가 보살의 지위에 대하여 묻다
"거룩하신 이여, 저는 이미 위없는 바른 보리심을 냈으나, 보살이 어
떻게 보살의 지위를 수행하며 어떻게 보살의 지위를 내며 어떻게 보
살의 지위를 성취하는지를 알지 못합니다."

(39-32-2) 보덕정광주야신의 설법

(39-32-2-1) 보살을 원만하게 하는 열 가지 법

주야신이 대답했다.

"훌륭하고, 훌륭히. 소년이여, 그대는 위없는 바른 보리심을 냈고 위를 수행하여 성취함을 묻는구나.

이제 또 보살은 열 가지 법을 성취하면 보살의 행을 원만히 한다. 소년이여, 한 삼매를 얻어 모든 부처님을 항상 봄이며, 둘째는 청 첫째, 얻어 모든 부처님의 잘 생긴 모습으로 장엄함을 관찰함이 재는 모든 부처님의 한량없고 끝이없는 공덕의 바다를 아는 것 , 넷째는 법계와 평등한 한량없는 부처님 법의 광명 바다를 아는 것이며, 다섯째는 모든 부처님의 털구멍마다 중생의 수와 같은 큰 광명 바다를 놓아 한량없는 중생을 이익되게 함이며, 여섯째는 모든 부처님의 털구멍마다 모든 보배빛 광명 불꽃을 내는 것을 보는 것이며, 일곱째는 생각마다 모든 부처님의 변화하는 바다를 나타내어 법계에 가득하고 모든 부처의 경계에 끝까지 이르러 중생을 조복하는 것이며, 여덟째는 부처님의 음성을 얻고 모든 중생의 말과 같아 삼세 온갖 부처님의 법륜을 굴리는 것이며, 아홉째는 모든 부처님의 끝이 없는 이름 바다를 아는 것이며, 열째는 모든 부처님께서 중생을 조복하는 부사의하고 자재한 힘을 아는 것이다.

소년이여, 보살이 이 열 가지 법을 성취하면 보살의 모든 행을 원만하게 한다."

(39-32-2-2) 보덕정광주야신이 얻은 해탈

"소년이여, 나는 보살의 적정의 선정에 들어 모든 즐거움을 느끼는 적정선정락보유보 해탈을 얻었다. 삼세의 모든 부처님을 두루 보고 그 부처님들의 청정한 국토와 도량에 모인 대중을 보며 신통과 이름

과 법을 말함과, 수명과 말씀과 모습이 각각 같지 않음을 모두 보면서
도 집착함이 없다.

왜냐하면 모든 부처님은 가는 것이 아니니 세상 길이 아주 없어진 까
닭이며, 오는 것이 아니니 자체 성품의 남이 없는 까닭이다. 나는 것
이 아니니 법의 몸이 평등한 까닭이며, 없어지는 것이 아니니 나는 모
양이 없는 까닭이다. 진실한 것이 아니니 환같은 법에 머무는 까닭이
며, 허망한 것이 아니니 중생을 이익되게 하는 까닭이다. 변하는 것
이 아니니 생사를 초월한 까닭이며, 무너지는 것이 아니니 성품이 변
하지 않는 까닭이다. 한 모양이니 말을 여읜 까닭이며, 모양이 없으니
성품과 모양이 본래 공한 까닭이다.

소년이여, 내가 이렇게 모든 부처님을 알 때, 보살의 고요한 선정의
낙(樂)으로 두루 다니는 해탈문을 분명하게 알고 성취하고 자라게 한
다. 또한 생각하고 관찰하여 견고하게 장엄하며, 모든 허망한 생각과
분별을 일으키지 않고 크게 가엾이 여김으로 모든 중생을 구호하며,
한결같은 마음이 흔들리지 않고 초선을 닦았다. 뜻으로 짓는 모든 업
을 쉬고 모든 중생을 거두어 주며 지혜의 힘이 용맹하고 기쁜 마음이
매우 즐거워 제2선을 닦았으며, 모든 중생의 성품을 생각하며 생사를
여의어 제3선을 닦았으며, 모든 중생의 온갖 고통과 번뇌를 모두 멸
하여 제4선을 닦았다.

그래서 모든 지혜와 서원을 증장하고 원만히 하며, 모든 삼매 바다를
내고, 보살들의 해탈바다의 문에 들어가며, 모든 신통에 유희하고 모
든 변화를 성취하여 청정한 지혜로 법계에 두루 들어갔다.”

(39-32-2-3) 갖가지 방편으로 중생을 성취시키다

“소년이여, 나는 이 해탈을 닦는 중생을 여러 가지 방편으로 성취시

켰다. 집에 있으면서 방일하는 중생에게는 부정한 생각·싫은 생각·고
달프다는 생각·핍박하는 생각·속박되는 생각·나찰이라는 생각·무상
하다는 생각·괴롭다는 생각·나가 없다는 생각· 공한 생각·남이 없다
는 생각·자유롭지 못한 생각·늙고 병들어 죽는 생각을 내게 하며, 스
스로 다섯 가지 욕락에 집착하지 않고 다른 사람에게도 권하여 집착
하지 않게 하며, 다만 법의 즐거움에 머물러서 집을 떠나 집 아닌데
들게 했다.

어떤 사람이 고요한 데 머물렀으면 나쁜 소리를 쉬게 하고, 고요한 밤
에 깊은 법을 말하여 순조롭게 행할 인연을 주고, 출가하는 문을 열어
바른 길을 보이며 광명이 되어 어두운 장애를 없애고 공포를 없애며,
출가하는 일과 불보·법보·승보와 선지식을 찬탄하여 공덕을 갖추게
하며, 또 선지식을 친근하는 행을 찬탄했다."

(39-32-2-4) 해탈을 닦을 때 이런 일을 했다

"소년이여, 내가 해탈을 닦을 때에는 중생들이 법답지 못한 탐욕을
내지 않게 하고 삿된 분별을 일으키지 않게 하며 여러 가지 죄를 짓지
않게 했다. 이미 지은 것은 쉬게 했으며, 만일 착한 법을 내지 못했거
나 바라밀의 행을 닦지 못했거나 온갖 지혜를 구하지 못했거나 큰 자
비심을 일으키지 못했거나 인간과 천상에 태어날 업을 짓지 못한 것
들은 모두 내게 했다. 이미 낸 것은 더욱 증장케 하여, 이렇게 도에 순
종하는 인연을 주거나 온갖 지혜를 이루게 했다."

32-3) 수승한 보살의 도를 찬탄하다

"소년이여, 나는 다만 이 보살의 적정선정락보유보해탈문을 얻었을
뿐이다. 보살들이 보현의 행과 원을 구족하고 그지없는 법계를 통달
하며, 항상 모든 선근을 증장하고 모든 부처님의 십력을 비추어 보며,

모든 부처님의 경계에 머물러서 생사 중에 있으면서도 장애가 없고 온갖 지혜와 원을 빨리 만족하며, 모든 세계에 널리 나아가 모든 부처님을 두루 뵈오며, 모든 부처의 법을 다 듣고 모든 중생의 어리석음을 능히 깨뜨리며, 나고 죽는 밤중에 온갖 지혜의 광명을 내는 일이야 내가 어떻게 알며, 그 공덕의 행을 말하겠는가."

(39-32-4) 다음 선지식 찾기를 권하다
"소년이여, 여기서 멀지 않은 보리도량의 오른쪽에 희목관찰중생주야신이 있다. 그대는 그에게 가서 보살의 행을 어떻게 배우며, 보살의 도를 어떻게 닦느냐고 물어라."

(39-32-5) 해탈의 뜻을 게송으로 펴다
(39-32-5-1) 법문을 설하다
그때 보덕정광주야신이 해탈의 뜻을 거듭 펴려고 게송으로 말했다.

믿고 이해하는 마음이 있어 / 삼세 부처님을 모두 본다면
그 사람 눈이 깨끗해져서 / 부처님 바다에 들어가네.

이때 선재동자는 그의 발에 엎드려 절하고 수없이 돌고 은근하게 우러러보면서 하직하고 물러갔다.

(39-33) 희목관찰중생주야신(喜目觀察衆生主夜神)
제3 발광지(發光地) 선지식

(39-33-1) 희목관찰중생주야신을 보고 법을 묻다

(39-33-1-1) 선지식의 가르침을 생각하다

이때 선재동자는 선지식의 가르침을 공경하고 선지식의 말을 실행하면서 이렇게 생각했다.

'선지식은 보기 어렵고 만나기 어려우니 선지식을 보면 마음이 산란하지 않고, 장애의 산을 깨뜨리고, 크게 가엾이 여기는 바다에 들어가 중생을 구호하고, 지혜의 빛을 얻어 법계를 널리 비추고, 온갖 지혜의 길을 수행하고, 시방의 부처 바다를 두루 보고, 부처님들이 법륜 굴리는 것을 보고 기억하여 잊지 않을 것이다.'

이렇게 생각하면서 희목관찰중생주야신에게 가려고 했다.

(39-33-1-2) 희목관찰중생주야신이 선재동자에게 가피를 내림

이때 희목관찰중생주야신은 선재동자에게 가피하여 선지식을 친근하면 모든 선근을 내어 증장하고 성숙함을 알게 했다.

선지식을 친근하면 도를 도와주는 방법을 닦아 알고, 용맹한 마음을 일으킴을 알게 하고, 깨뜨릴 수 없는 업을 지음을 알게 하고, 굴복할 수 없는 힘을 얻음을 알고, 그지없는 방편에 들어감을 알고, 오래도록 수행함을 알고, 그지없는 업을 마련함을 알고, 한량없는 도를 행함을 알고, 빠른 힘을 얻어 여러 세계에 이름을 알게 하고, 본래 있던 곳을 떠나지 않고도 시방세계에 두루 이름을 알게 했다.

(39-33-1-3) 선지식 친근 공덕을 생각하다

이때 선재동자는 이렇게 생각했다.

'선지식을 친근함으로 온갖 지혜의 길을 용맹하게 닦고, 큰 서원 바다를 빨리 내게 되고, 모든 중생을 위해서는 오는 세월이 끝나도록 끝이 없는 고통을 받을 수 있고, 크게 정진하는 갑옷을 입고 한 티끌 속에서 법을 말하는 소리가 법계에 두루하고, 모든 방위의 바다에 빨리 가게 되며, 한 터럭만한 곳에서 오는 세월이 다하도록 보살의 행을 닦고, 잠깐 동안 보살의 행을 행하여 끝까지 온갖 지혜의 지위에 머물게 되고, 삼세 모든 부처님의 자재한 신통으로 장엄한 길에 들어가고, 모든 법계의 문에 항상 들어가고, 항상 법계를 반연하여 조금도 동하지 않고 시방세계에 갈 것이다.'

(39-33-2) 희목관찰중생주야신의 설법
(39-33-2-1) 십바라밀을 설하다

선재동자는 이렇게 생각하고 기쁜 눈으로 중생을 보는 희목관찰중생주야신에게 나아갔다. 그 신은 부처님의 대중이 모인 도량에서 연화장 사자좌에 앉아 큰 세력으로 널리 기쁘게 하는 당기인 대세력보희당해탈에 들어갔다. 그 몸에 있는 한량없는 털구멍마다 나타난 몸구름이 그들에게 알맞은 묘한 음성으로 법을 말하여 한량없는 중생을 두루 거두어 주었다. 중생들은 환희하며 이익을 얻었다.

(39-33-2-1-1) 보시바라밀

한량없이 나타난 몸구름은 시방의 모든 세계에 가득하여 보살들이 보시바라밀을 행하던 일을 말해 모든 일에 미련이 없고, 모든 중생에게 두루 보시해 주는 마음이 평등하여 교만이 없고, 주기 어려운 안팎의 것을 모두 버리게 했다.

(39-33-2-1-2) 지계바라밀

중생의 수만큼 한량없이 나타난 몸구름이 법계에 가득하여 모든 중생 앞에 나타나서 깨끗하게 계율을 지킴을 말했다. 죄를 짓지 않으며 여러 가지 고행을 닦아 성품이 구족하며, 세간에 의지하지 않고 경계에 애착이 없었다. 윤회하는 생사에서 바퀴 돌 듯이 오고 감을 말하며, 인간과 천상의 성하고 쇠하고 괴롭고 즐거움을 말하며, 모든 경계가 부정하다고 말하며, 모든 법이 무상하다고 말하며, 모든 변천하는 것이 괴롭다고 말했다. 세간 사람들이 뒤바뀐 것을 버리고 부처의 경지에 서 있어 계율을 지니게 하며, 여러 가지 계율을 말해 향기가 널리 퍼져 중생들을 성숙하게 했다.

(39-33-2-1-3) 인욕바라밀

중생의 수만큼 한량없이 나타난 몸구름이 법계에 가득하여 모든 중생 앞에 나타나서 모든 고통을 참으라고 했다. 베고 오리고 때리고 꾸짖고 업신여기고 욕해도 마음이 태연하여 흔들리지도 어지럽지도 않으며, 여러 가지 행에 낮지도 높지도 않고 중생들에게 교만한 마음을 내지 말라고 했다. 법의 성품에 편안히 머물고 그대로 알며, 보리심을 말하되 다함이 없으니, 마음이 다하지 않으므로 지혜도 다하지 않아 모든 중생의 번뇌를 끊으며 중생들의 미천하고 누추하고 완전하지 못한 몸을 말하여 싫어함을 내게 하고, 부처님의 청정하고 미묘하고 위가 없는 몸을 말하여 즐거움을 내게 했다. 이런 방편으로 중생들을 성숙하게 했다.

(39-33-2-1-4) 정진바라밀

중생 세계와 같은 갖가지 몸구름을 내어 중생들의 좋아함을 따라서 용맹하게 정진하여 지혜로 도를 도와주는 법 닦음을 말했다. 용맹하게 정진하여 마와 원수를 항복 받으며, 보리심을 내고 흔들리지도 물러가지도 않도록 했다. 용맹하게 정진하여 중생을 제도하여 생사의 바다에서 벗어나게 하며, 나쁜 길인 악도의 험난을 멸하며, 무지한 산을 깨뜨리게 하며, 부처님에게 공양하되 고달픈 생각을 내지 말며, 부처님의 법륜을 받아 지니게 했다. 장애의 산을 무너뜨리게 하며, 중생을 교화하여 성숙하게 하며, 부처님의 국토를 깨끗하고 장엄하게 하여 이런 방편으로 중생을 성숙하게 했다.

(39-33-2-1-5) 선정바라밀

갖가지 한량없는 몸구름을 내어 여러 가지 방편으로 중생들의 마음을 기쁘게 하여 나쁜 뜻을 버리고 욕망을 싫어하게 하는데 부끄러움을 말해 중생들이 모든 감관을 숨겨 보호하게 했다. 위없이 깨끗한 행을 말하고 욕심 세계는 마의 경계라고 말해 두려움을 내게 했다. 세상의 욕락을 좋아하지 말라고 말해 법의 즐거움에 머물되 차례차례로 선정과 삼매의 낙에 들어가게 했다. 그들로 하여금 생각하고 관찰하여 번뇌를 멸하게 하며, 보살의 삼매 바다와 신통한 힘으로 변화하여 나타나서 자유자재하게 유희함을 말해 중생들로 하여금 기뻐하여 근심을 여의고 마음이 깨끗하며 육근이 용맹하여 법을 소중하게 여겨 닦아 증장하게 했다.

(39-33-2-1-6) 지혜바라밀

중생 세계와 같은 갖가지 몸구름을 내어 그들을 위해 시방 국토에 가서 부처님과 스승과 선지식에게 공양하고 부처님의 법륜을 받아 지니며 부지런히 정진하고 게으르지 말라고 했다. 부처님의 바다를 찬탄하고 법문 바다를 관찰하라고 말해 법의 성품과 모양을 나타내 보였다. 삼매의 문을 열며 지혜의 경계를 열고 중생의 의심 바다를 말리며, 지혜의 금강으로 중생의 소견을 깨뜨리게 하며, 지혜의 해가 떠서 중생들의 어리석은 어둠을 파하여 그들이 환희하여 온갖 지혜를 이루게 했다.

(39-33-2-1-7) 방편바라밀

중생의 세계와 같은 여러 가지 몸구름을 내어 중생 앞에 나아가서 그들에게 알맞은 법을 말하는데 세간의 신통과 복력과 삼계가 무서운 것이라 말했다. 세간의 업을 짓지 말라고 하여 삼계를 여의고 소견의 숲에서 벗어나게 했다. 온갖 지혜의 길을 칭찬하여 이승의 지위에서 뛰어나게 했다. 생사에 머물지도 말고 열반에 머물지도 말라고 하여 유위나 무위에 집착하지 않게 했다. 천상에 머물거나 도량에 머물라고 하여 보리심을 내게 하니 이런 방편으로 중생들을 교화하여 마침내 온갖 지혜를 얻게 했다.

(39-33-2-1-8) 원바라밀

모든 세계의 티끌 수 몸구름을 내어 중생의 앞에 나아가서 순간순간 보현보살의 행과 원을 보였다. 항상 청정한 큰 원이 법계에 가득함을 보이며, 세계 바다를 깨끗하게 함을 보이며, 부처님의 바다에 공양함을 보이며, 법문 바다에 들어감을 보였다. 항상 수없이 많은 세계 바다에 들어감을 보이며, 모든 세계에서 오는 세월이 끝나도록 온갖 지혜의 도를 청정하게 수행함을 보이며, 부처님의 힘에 들어감을 보이며, 삼세의 방편 바다에 들어감을 보였다. 항상 모든 세계에 가서 갖가지 신통 변화를 나타냄을 보이며, 보살의 행과 원을 보여, 중생이 온갖 지혜에 머물게 하며 이렇게 하는 일이 쉬지 않았다.

(39-33-2-1-9) 역바라밀

모든 중생의 마음 수와 같은 몸구름을 내어 중생 앞에 나아가 보살들이 온갖 지혜를 모으는데 도를 도와주는 법을 말했다. 끝이 없는 힘과, 온갖 지혜를 구하는 데 깨뜨릴 수 없는 힘과, 다하지 않는 힘과, 위없는 행을 닦아 물러가지 않는 힘과, 중간에 끊어지지 않는 힘과, 나고 죽는 법에 물들지 않는 힘과, 모든 마의 군중을 파하는 힘과, 번뇌의 때를 여의는 힘과, 업장의 산을 깨뜨리는 힘과, 모든 겁에 있어서 크게 가엾게 여기는 행을 닦는 데 게으르지 않는 힘과, 부처님의 국토를 진동하여 중생들을 환희하게 하는 힘과, 외도를 깨뜨리는 힘과 넓은 세간에서 법륜을 굴리는 힘을 말하여 이런 방편으로 중생들을 성숙시켜 온갖 지혜에 이르게 했다.

(39-33-2-1-10) 지바라밀

중생들의 마음 수와 같은 한량없이 변화하는 몸구름을 내어 시방의 한량없는 세계에 나아가 중생의 마음을 따라 보살의 지와 행을 연설했다. 모든 중생의 세계 바다에 들어가는 지혜, 마음 바다에 들어가는 지혜, 근성 바다에 들어가는 지혜, 수행 바다에 들어가는 지혜를 말했다. 모든 중생을 제도하되 때를 놓치지 않는 지혜, 법계의 음성을 내는 지혜, 잠깐 동안 법계 바다에 두루 하는 지혜, 잠깐 동안 세계 바다가 무너짐을 아는 지혜, 잠깐 동안 세계 바다가 이루어지고 머물고 장엄이 차별함을 아는 지혜, 잠깐 동안 부처님을 자재하게 친근하고 공양하며 법륜을 듣는 지혜를 말했다. 이러한 지바라밀을 보여 중생들을 기쁘게 하며 화창하고 즐겁고 마음이 청정하여 결정적인 이해를 내고 온갖 지혜를 구하여 물러감이 없게 했다.

보살의 십바라밀을 말하여 중생을 성숙하게 하듯이, 보살의 가지가지 수행하는 법을 말하여 이익되게 했다.

(39-33-2-2) 털구멍에서 한량없는 중생들의 몸구름을 내다
낱낱의 털구멍 속에서 한량없는 종류의 중생들의 몸구름이 나왔다.

(39-33-2-3) 처음 발심할 때의 십바라밀의 공덕
이와 같은 여러 가지 음성으로써 희목관찰중생주야신이 처음 발심한 때부터 공덕을 말했다. 선지식을 받들어 섬기며 부처님을 친근하여 착한 법을 수행할 때, 보시바라밀을 행하여 버리기 어려운 것을 버렸으며, 지계바라밀을 행하여 왕의 지위와 궁전과 권속을 버리고 출가하여 도를 닦았으며, 인욕바라밀을 행하여 세간의 모든 괴로움과 보살이 닦는 고행을 참았으며, 바른 법이 견고하여 마음이 흔들리지 않았으며, 중생들이 나의 몸과 마음에 나쁜 짓하고 나쁜 말 하는 것을 능히 참았다. 여러 가지 업을 참아 다 무너뜨리지 않고, 온갖 법을 참아서 결정한 지혜를 내며, 모든 법의 성품을 참아 잘 생각했다.
정진바라밀을 행하여 온갖 지혜의 행을 일으키고 모든 불법을 이루었으며, 선정바라밀을 행하여 그 선정바라밀의 도구와 닦아 익힘과 성취와 청정과 삼매의 신통을 일으킴과 삼매 바다에 들어가는 문을 드러내 보였으며, 지혜바라밀을 행하여 지혜바라밀의 도구와 청정과 큰 지혜의 해와 큰 지혜의 구름과 큰 지혜의 창고와 큰 지혜의 문을 다 드러내 보였다.
방편바라밀을 행하여 방편바라밀의 도구와 수행과 성품과 이치와 청정과 서로 응하는 일을 다 드러내 보였다. 서원바라밀을 행하여 서원바라밀의 성품과 성취와 닦아 익힘과 서로 응하는 일을 다 드러내 보이며, 역바라밀을 행하여 역바라밀의 도구와 인연과 이치와 연설과 서로 응하는 일을 다 드러내 보였다.
지바라밀을 행하여 지바라밀의 도구와 성품과 성취와 청정과 처소와 자라남과 깊이 들어감과 광명과 드러내 보임과 이치와 서로 응하는 일과, 가려냄과 행상과 서로 응하는 법과 거두어 주는 법과, 아는 법과 아는 업과 아는 세계와 아는 겁과 아는 세상과 아는 부처님의 출현하심과 아는 부처님과, 아는 보살과 아는 보살의 마음과 보살의 지위와 보살의 도구와 보살의 나아감과 보살의 회향과 보살의 큰 원과 보살의 법륜과 보살의 가려내는 법과 보살의 법바다와 보살의 법운 바다와 보살의 이치 따위의 지바라밀과 서로 응하는 경계를 다 드러내 보여 중생을 성숙하게 했다.

(39-33-2-4) 모든 공덕이 계속하는 차례를 말하다

또 이 주야신의 처음 발심한 때부터 공덕과, 익힌 선근과, 모든 바라밀과, 죽고 태어나는 이름과, 선지식을 친근하고 부처님을 섬기며 바른 법을 받아 지니고 보살의 행을 닦음을 말했다. 여러 삼매에 들어가서 삼매의 힘으로 널리 부처님을 보고 여러 세계를 보고 여러 겁을 알고 법계에 깊이 들어가 중생을 관찰하며 법계 바다에 들어가 중생들이 여기서 죽어 저기 나는 것을 알며, 청정한 하늘귀를 얻어 온갖 소리를 듣고, 청정한 하늘눈을 얻어 모든 형상을 보고, 남의 속을 아는 지혜를 얻어 중생들의 마음을 알고, 전생을 아는 지혜를 얻어 앞으로 일어날 일을 안다. 의지함도 없고 지음도 없이 뜻대로 움직이는 트임을 얻어 자재하게 다니며 시방세계에 두루하여 이러한 일이 계속하는 차례를 말했다. 보살의 해탈을 얻고 보살의 해탈 바다에 들어가며, 보살의 자유자재함을 얻고 보살의 용맹을 얻으며 보살의 걸음걸이를 얻고 보살의 생각에 머물고 보살의 도에 들어가는 이러한 모든 공덕이 계속되는 차례를 연설하고 분별하여 보여 중생들을 성숙하게 했다.

(39-33-3) 선재동자가 자재한 힘을 내는 해탈을 얻다

이렇게 말할 때 순간순간 시방에서 한량없는 부처님 국토들을 깨끗하게 하며, 나쁜 길 중생을 제도하며, 중생을 인간과 천상에 나서 부귀하고 자재하게 하며, 중생을 생사의 바다에서 벗어나게 하며, 중생을 성문이나 벽지불의 지위에 머물게 하며, 중생을 부처님의 지위에 머물게 했다.

이때 선재동자는 위에 나타낸 희유한 일을 보고 듣고 일어나는 생각마다 관찰하고 생각하고 이해하여 깊이 들어가 편안하게 머물렀다. 부처님의 위신력과 해탈력에 힘입어 보살의 부사의한 큰 세력과 널리 기뻐하는 당기의 자재한 힘을 내는 해탈을 얻었다.

이러한 일이 일어난 이유는 희목관찰중생주야신과 더불어 지난 세상에 함께 수행한 까닭이며, 부처님의 신통한 힘으로 가피한 까닭이며, 부사의한 선근으로 도와주는 까닭이며, 보살의 근성을 얻은 까닭이며, 부처님의 종류로 태어난 까닭이며, 선지식의 힘으로 거두어 주는 까닭이며, 부처님의 호념하심을 받은 까닭이며, 비로자나부처님께서 교화하신 까닭이며, 저런 선근이 이미 성숙한 까닭이며, 보현보살의 행을 닦은 까닭이다.

(39-33-4) 선재동자의 찬탄

그때 선재동자는 이 해탈을 얻고 마음이 환희하여 합장하고 희목관찰중생주야신을 향하여 게송으로 찬탄했다.

한량없고 수없는 겁 동안에 / 부처님의 깊은 법 배우고
교화할 만한 이를 따라서 / 묘한 몸을 나타냅니다.

모든 중생이 미혹하고 / 망상에 빠진 줄 알고
갖가지 몸을 나타내어 / 적합한 대로 조복시킵니다.

법의 몸 항상 고요하고 / 청정하여 두 모양 없지만
중생들을 교화하기 위해 / 가지각색 형상 나타냅니다.

모든 오온·십이처·십팔계에 / 집착하지 않지만
행동과 육신을 보여 / 모든 중생을 조복시킵니다.

안과 밖 모든 법에 집착하지 않고 / 나고 죽는 바다에서 뛰어났지만
가지가지 몸을 나투어 / 모든 세계에 머물게 합니다.

여러 가지 분별 멀리 여의고 / 희롱거리 언론에 흔들리지 않으나
망상에 집착한 이를 위해 / 부처님의 십력을 나타냅니다.

한결같은 마음 삼매에 머물러 / 한량없는 세월에 동하지 않지만
털구멍으로 변화한 구름 내어 / 시방 부처님께 공양올립니다.

부처님 방편의 힘을 얻어 / 생각생각 끝이 없을 때에
갖가지 몸 나타내어 / 여러 중생을 붙들어 줍니다.

모든 생사의 바다 / 갖가지 업으로 장엄한 줄 알고도
걸림이 없는 법을 말하여 / 모두 청정하게 합니다.
형상 있는 몸 짝 없이 묘하고 / 깨끗하기가 보현과 같지만
중생의 마음에 따라 / 세간의 모든 모양을 보입니다.

(39-33-5) 희목관찰중생주야신이 발심한 때의 일을 말하다

"소년이여, 그대는 어떻게 생각하는가? 그때 시방이라는 전륜성왕이 문수사리보살의 전생이며, 나를 깨우쳐 준 주야신은 보현보살의 전생이었다. 나는 그때 왕의 딸로서 주야신의 깨우침을 받고 부처님을 뵙고 위없는 바른 보리심을 냈다. 그때부터 부처 세계의 티끌 수 겁을 지내면서 나쁜 길에는 떨어지지 않고, 항상 인간이나 천상에 태어나서 모든 곳에서 부처님을 뵈었으며, 묘등공덕당부처님 때에 이르러서 대세력보희당해탈을 얻었고, 이 해탈로써 모든 중생을 이익되게 했다."

(39-33-6) 수승한 보살의 일을 찬탄하다

"소년이여, 나는 다만 대세력보희당해탈문을 얻었다. 저 보살들이 잠깐 동안에 모든 부처님의 처소에 두루 나아가서 온갖 지혜의 바다에 빨리 들어가는 일과, 잠깐 동안에 문으로 나아가 큰 서원 바다에 들어가는 일과, 잠깐 동안에 서원 바다의 문으로 오는 세월이 끝나도록 생각마다 모든 행을 내고 낱낱의 행 가운데 모든 세계의 티끌 수 몸을 낸다. 낱낱의 몸으로 모든 법계의 문에 들어가고, 낱낱의 법계의 문마다 모든 부처 세계에서 중생의 마음을 따라서 여러 가지 묘한 행을 말한다. 모든 세계의 낱낱의 티끌 속마다 그지없는 부처님 바다를 보고, 낱낱의 부처님의 처소마다 법계에 두루한 부처님들의 신통을 본다. 낱낱 부처님의 처소마다 지나간 겁에 닦던 보살의 행을 보고, 모든 법륜을 받아 수호했다. 낱낱의 부처님의 처소마다 삼세 모든 부처님의 신통 변화하는 것을 보는 일이야 내가 어떻게 알며 그 공덕의 행을 말하겠는가."

(39-33-7) 다음 선지식 찾기를 권하다

소년이여, 여기 모인 대중 가운데 보구중생묘덕주야신이 있다. 그대는 그에게 가서 보살이 어떻게 보살의 행에 들어가며 보살의 도를 깨끗이 하는가 물어라."

이때 선재동자는 그의 발에 엎드려 절하고 여러 번 돌고 은근하게 우러러보면서 하직하고 떠났다.

(39-34) 보구중생묘덕주야신(普救衆生妙德主夜神)

제4 염혜지(焰慧地) 선지식

(39-34-1) 보구중생묘덕주야신을 뵙고 법을 청하다

(39-34-1-1) 원을 세우고 선지식을 찾다

그때 선재동자는 희목관찰중생주야신에게서 보희당해탈문을 듣고 믿고 이해하고 나아갔다. 알고 순종하고 생각하고 익히면서 선지식의 가르침을 생각하여 잠시도 마음에서 떠나지 않고, 모든 감관이 산란하지 않으며, 일심으로 선지식을 뵈려고 시방으로 두루 구하여 게으르지 않았다. 발원하기를 '항상 선지식을 가까이 모셔 공덕을 내며, 선지식과 선근이 같으며, 선지식의 교묘한 방편의 행을 얻으며, 선지식을 의지하여 정진바다에 들어가서 한량없는 겁 동안 떠나지 말지어다.' 했다.

(39-34-1-2) 광명을 놓아 선재동자의 정수리에 들다

이렇게 원을 세우고 보구중생묘덕주야신이 있는 곳에 나아갔다. 그 주야신은 선재동자를 위해 보살이 중생을 조복하는 해탈의 신통한

힘을 보이고, 여러 가지 거룩한 몸매로 몸을 장엄하며, 지등보조청정
당을 양미간으로 큰 광명을 놓으니 한량없는 광명으로 권속을 삼았
으며, 그 광명이 모든 세간을 비추고는 선재동자의 정수리로 들어가
서 온몸에 가득했다.

(39-34-1-3) 선재동자가 삼매를 얻고 세계와 중생들의 차별한 모습을 보다
선재동자가 모든 세계의 차별함을 보니, 어떤 세계는 더럽고 어떤 세
계는 깨끗하고 어떤 세계는 더러운 데로 나아가고 어떤 세계는 깨끗
한 데로 나아가며, 어떤 세계는 더러우면서 깨끗하고 어떤 세계는 깨
끗하면서 더럽고 어떤 세계는 깨끗하기만 하며, 어떤 세계는 모양이
반듯하고 어떤 세계는 엎어져 있고 어떤 세계는 옆으로 있었다.

(39-34-1-4) 널리 중생 구호하는 것을 보다
이와 같은 여러 세계의 여러 갈래에서 중생을 널리 구호하는 주야신
을 보았는데, 온갖 때와 여러 곳에서 여러 중생의 형상과 말과 행동과
이해에 따라서 방편력으로 그들의 앞에 나타나서 그들에게 맞게 교
화를 했다.
지옥의 중생들은 고통에서 벗어나게 하고 축생의 중생들은 서로 잡
아먹지 않게 하고 아귀의 중생들은 기갈이 없어지게 하고 용들은 공
포를 여의게 하고 욕심 세계의 중생들은 욕심 세계의 고통을 여의게
했다. 사람들에게는 캄캄한 밤에 대한 두려움과 훼방을 받는 것에 대
한 두려움, 나쁜 소문 나는 것에 대한 두려움, 대중에 대한 두려움, 살
아갈 수 없을 것에 대한 두려움, 죽음에 대한 두려움, 악도에 태어나
는 것에 대한 두려움, 선근이 끊어지는 것에 대한 두려움, 보리심에서
물러나는 것에 대한 두려움, 나쁜 친구를 만나게 되는 것에 대한 두려

움, 선지식을 떠나는 것에 대한 두려움, 삼승의 지위에서 떨어질 것에 대한 두려움, 죽고 사는 것에 대한 두려움, 다른 종류들과 함께 있게 되는 것에 대한 두려움, 나쁜 시기에 태어나는 것에 대한 두려움, 나쁜 종족에 태어나는 것에 대한 두려움, 나쁜 업을 짓게 되는 것에 대한 두려움, 업과 번뇌에 장애가 되는 것에 대한 두려움, 여러 생각에 고집하여 속박되는 두려움을 모두 여의게 했다.

(39-34-1-5) 중생들을 구호하는 까닭

난생, 태생, 습생, 화생, 형상 있는 것, 형상 없는 것, 생각 있는 것, 생각 없는 것, 생각 있지도 않고 없지도 않은 것들이 앞에 나타나면 부지런히 구호했다. 보살의 서원하는 힘을 성취하려는 까닭이며, 보살의 삼매의 힘에 깊이 들어가려는 까닭이며, 보살의 신통한 힘을 굳게 하려는 까닭이며, 보현의 행과 원의 힘을 내려는 까닭이며, 보살이 가엾게 여기는 마음을 넓게 하려는 까닭이며, 걸림없는 마음으로 중생을 두루 덮어 주는 인자함을 얻으려는 까닭이며, 중생에게 한량없는 낙을 주려는 까닭이며, 모든 중생을 널리 거두어 주는 지혜와 방편을 얻으려는 까닭이며, 보살의 광대한 해탈과 자유자재한 신통을 얻으려는 까닭이며, 부처의 세계를 깨끗하게 장엄하려는 까닭이며, 법을 분명하게 깨치려는 까닭이며, 부처님께 공양하려는 까닭이며, 부처님의 가르침을 받아 지니려는 까닭이며, 선근을 모으고 묘한 행을 닦으려는 까닭이며, 중생의 마음 바다에 들어가 장애를 없애려는 까닭이며, 중생의 근성을 알고 교화하여 성숙되게 하려는 까닭이며, 중생의 믿고 이해함을 깨끗이 하고 나쁜 장애를 없애려는 까닭이며, 중생의 무지한 어둠을 깨뜨리려는 까닭이며, 온갖 지혜의 청정한 광명을 얻게 하려는 까닭이다.

(39-34-1-6) 선재동자의 기쁨

이때 선재동자는 주야신의 이런 신통의 힘과 헤아릴 수 없는 깊은 경
지와 두루 나타나서 모든 중생을 조복시키는 보살의 해탈을 보고, 한
량없이 기뻐하며 엎드려 예배하고 한결같은 마음으로 우러러보았다.
그때 주야신이 보살의 장엄한 모습을 버리고 본래의 형상을 회복하
면서도 자유자재한 신통의 힘은 버리지 않았다.
이때 선재동자는 공경하고 합장하고 한곁에 물러가서 게송으로 찬탄했다.

(39-34-1-6-1) 보구중생묘덕주야신의 끝없는 덕용

이러한 신통한 힘을 / 내가 뵈옵고
마음이 환희하여 / 게송으로 찬탄합니다.

당신의 높으신 몸의 / 여러 가지 장엄함을 보니
허공에서 반짝이는 여러 별이 / 깨끗하게 단장함과 같습니다.

한량없는 세계에 / 당신이 놓으시는 수많은 훌륭한 광명이
가지가지 아름다운 빛으로 / 시방의 많은 세계 비추십니다.

털구멍마다 중생의 수만큼 / 많은 광명을 놓으니
낱낱 광명에서 / 보배로운 연꽃이 나옵니다.

연꽃에서 나툰 화신의 몸이 나와 / 중생의 고통을 소멸하고
광명에서는 아름다운 향기를 내어 / 여러 중생에게 널리 풍기며
갖가지 꽃으로 비 내려 / 모든 부처님께 공양합니다.

눈썹 사이에는 수미산처럼 / 거대한 광명을 놓아
여러 중생에게 비추니 / 무명의 어리석음 멸해집니다.

입으로 놓는 깨끗한 광명 / 한량없는 해와 같이
광대한 비로자나의 경계를 / 두루 비춥니다.

눈으로 놓는 깨끗한 광명 / 한량없는 달과 같이
시방세계에 널리 비추어 / 세상의 어리석음 없앱니다.

갖가지 몸을 나투니 / 그 모양 중생과 같아
시방세계에 가득하여 / 삼계의 중생을 제도합니다.

미묘한 몸은 시방에 퍼져 / 중생들 앞에 두루 나타나
물과 불과 도둑 따위와 / 국왕들의 온갖 두려움을 없애 줍니다.

(39-34-1-6-2) 이익 얻음을 찬탄하다
나는 기쁜 눈의 가르침 받고 / 당신 계신 곳으로 나오니
당신께서는 양미간으로 / 찬란한 광명을 놓습니다.

시방에 두루 비추어 / 모든 어둠을 멸하시며
신통한 힘을 나투어 / 나의 몸에 들여 보냅니다.

원만한 광명을 받고 / 나의 마음 매우 기쁩니다.
다라니와 삼매를 얻고 / 시방의 부처님 두루 뵙습니다.

지나는 곳마다 / 여러 티끌을 보니
낱낱의 티끌 속마다 / 세계를 보게 됩니다.

한량없는 어떤 세계는 / 모두 흐리고 더러워
중생들 고통을 받느라고 / 항상 울부짖습니다.

더럽고 깨끗한 어떤 세계는 / 즐거움은 적고 근심이 많은데
삼승의 형상을 나투고 / 그곳에 가서 구제합니다.

깨끗하고 더러운 세계에서는 / 중생들 즐거워하는데
보살이 항상 가득해 / 부처님 법을 받아 지닙니다.

하나하나 티끌 가운데 / 한량없는 세계 있으니
비로자나 부처님께서 / 지난 세월에 장엄하신 곳입니다.

부처님은 그 많은 세계에서 / 낱낱이 보리수 아래 앉아서
성도하시고 법륜을 굴려 / 모든 중생을 제도하십니다.

중생을 널리 구호하는 신이 / 저 한량없는 세계에서
부처님 계신 곳마다 / 나아가 공양함을 제가 봅니다.

(39-34-1-7) 해탈에 대해 묻는 선재동자

이때 선재동자는 이 게송을 말하고, 보구중생묘덕주야신에게 말했다.
"주야신이여, 이 해탈은 깊고 깊어 희유합니다. 이름은 무엇이며, 이
해탈을 얻으신 지는 얼마나 오래되었으며, 어떠한 행을 닦아서 청정

하게 되었습니까?"

(39-34-2) 보구중생묘덕주야신의 설법
(39-34-2-1) 헤아리기 어려운 경계
주야신이 대답했다.

"소년이여, 이것은 알기 어렵다. 하늘이나 인간이나 이승들도 헤아리지 못한다. 이것은 보현보살의 행에 머무른 이의 경계이며, 크게 자비한 빛에 머무른 이의 경계이며, 세 가지 나쁜 길과 여덟 가지 어려운 데를 깨끗이 한 이의 경계이며, 부처 세계에서 부처의 종자를 계승하여 끊어지지 않게 하는 이의 경계이며, 부처의 법에 머물러 지니는 이의 경계이며, 온갖 겁 동안에 보살의 행을 닦아 큰 서원 바다를 만족한 이의 경계이며, 법계 바다에서 청정한 지혜의 광명으로 무명의 어두운 장애를 멸한 이의 경계이며, 잠깐 동안 지혜 광명으로 삼세의 방편 바다를 두루 비추는 이의 경계인 까닭이다."

(39-34-2-2) 보구중생묘덕주야신의 초발심
(39-34-2-2-1) 보구중생묘덕주야신이 태어난 과거 세계
"부처님의 힘을 말할테니 잘 들어라.
소년이여, 지나간 옛적 부처 세계의 티끌 수 겁 전에 원만청정 겁이 있었다. 세계의 이름은 비로자나대위덕이며, 수미산 티끌 수의 부처님이 그 세계에 출현하셨다."

(39-34-2-2-2) 부처님이 출현하여 중생을 제도하다
(39-34-2-2-2-1) 도를 얻은 곳
"그때 성 북쪽에 보광법운음당(普光法雲音幢)보리수가 있었다. 잠깐 동안 여래의 도량에 나타나서 견고하게 장엄했다. 마니왕으로 뿌리가 되고 온갖 마니로 줄기가 되고 여러 가지 보배로 잎이 되어 차례차례 피어서 서로 어울렸으며, 상하 사방에 원만하게 장엄하여 보배 광명을 놓고 묘한 음성을 내어 여래의 깊은 경계를 연설했다.

보리수 앞에 향물 못이 있으니 이름은 보배꽃 광명으로 법을 말하는 못이였다. 묘한 보배로 언덕이 되고, 백만억 나유타 보배나무가 둘러 섰는데, 나무마다 모양이 보리수와 같고, 보배 영락을 둘렀으며, 보배로 이루어진 한량없는 누각이 도량에 두루하여 장엄하게 꾸몄으며, 삼세 모든 여래의 장엄한 경계를 나타내는 구름의 향물이 솟아올랐다."

(39-34-2-2-2-2) 최초의 부처님

"수미산 티끌 수 부처님이 나타나셨다. 첫 부처님은 보지보염묘덕당왕이었고, 이 연화 위에서 처음으로 위없는 바른 보리를 얻었고, 천년 동안 바른 법을 연설하여 중생을 성숙시켰다.

여래가 성불하기 만년 전에 이 연화에서 '신통을 나타내어 중생을 성숙시킴'의 깨끗한 광명을 놓았다. 중생으로서 이 광명을 만난 이는 마음이 열려 알지 못함이 없으며, 만년 뒤에 부처님이 출현하실 것을 알았다.

9천 년 전에 '모든 중생의 때를 여읜 등불'의 깨끗한 광명을 놓았다. 중생으로서 이 광명을 만난 이는 청정한 눈을 얻어 모든 빛을 보았으며 9천 년 뒤에 부처님이 출현하실 것을 알았다.

8천 년 전에 '모든 중생의 업을 지어 과보 받는 음성'의 큰 광명을 놓았다. 중생으로서 이 광명을 만난 이는 모든 업의 과보를 모두 알았으며 8천 년 뒤에 부처님이 출현하실 것을 알았다.

7천 년 전에 '모든 선근을 내는 음성'의 큰 광명을 놓았다. 중생으로서 이 광명을 만난 이는 모든 근이 원만했으며 7천 년 뒤에 부처님이 출현하실 것을 알았다.

6천 년 전에 '부처의 부사의한 경계의 음성'의 큰 광명을 놓았다. 중생으로서 이 광명을 만난 이는 마음이 광대하여 자재함을 두루 얻었으며, 6천 년 뒤에 부처님이 출현하실 것을 알았다.

5천 년 전에 '모든 부처의 세계를 깨끗이 하는 음성'의 큰 광명을 놓았다. 중생으로서 이 광명을 만난 이는 모든 부처님의 청정한 국토를 보았으며, 5천 년 뒤에 부처님이 출현하실 것을 알았다.

4천 년 전에 '모든 여래의 경계가 차별 없는 등불'의 큰 광명을 놓았다. 중생으로서 이 광명을 만난 이는 모두 여러 부처님을 뵈었으며, 4천 년 뒤에 부처님이 출현하실 것을 알았다.

3천 년 전에 '삼세의 밝은 등불'의 큰 광명을 놓았다. 중생으로서 이 광명을 만난 이는 모든 여래의 본래 일바다를 다 보았으며, 3천 년 뒤에 부처님이 출현하실 것을 알았다.

2천 년 전에 '여래의 가림을 여읜 지혜 등불'의 큰 광명을 놓았다. 중생으로서 이 광명을 만난 이는 넓은 눈을 얻어 모든 여래의 신통 변화와 모든 부처의 국토와 모든 세계의 중생을 보았으며, 2천 년 뒤에 부처님이 출현하실 것을 알았다.

1천 년 전에 '모든 중생이 부처님을 뵙고 선근을 모으게 함'의 큰 광명을 놓았다. 중생으로서 이 광명을 만난 이는 부처님을 보는 삼매를 성취했고, 1천 년 뒤에 부처님이 출현하실 것을 알았다.

칠일 전에 '모든 중생의 기뻐하는 음성'의 큰 광명을 놓았다. 중생으로서 이 광명을 만난 이는 여러 부처님을 두루 뵙고 크게 환희했으며, 칠일 후에 부처님이 출현하실 것을 알았다."

(39-34-2-2-2-3) 중생들이 모이다

"칠일이 지난 후에 모든 세계가 진동하며 순일하게 깨끗하여 더러움
이 없었으며, 매순간마다 시방의 모든 청정한 부처 세계를 나타내고,
그 세계의 여러 가지 장엄도 나타내고, 중생의 근성이 성숙하여 부처
님을 친견할 이는 도량으로 나아갔다.

소년이여, 삼세 모든 여래의 장엄한 경계를 두루 비추는 큰 보배 연꽃
왕에 열 부처 세계의 티끌 수 연꽃으로 둘러싸였고, 연꽃 속에는 마니
보배광 사자좌가 있고 사자좌마다 보살이 가부좌하고 있었다."

(39-34-2-2-2-4) 열 가지 법륜을 굴리다

"소년이여, 보지보염묘덕당왕여래께서는 여기서 위없는 바른 보리를
이룰 때 시방의 모든 세계에서도 위없는 바른 보리를 이루었다.

중생의 마음따라 그 앞에 나타나서 법륜을 굴리고, 낱낱의 세계에서
한량없는 중생을 나쁜 길의 고통을 여의게 하고, 천상에 나게 하고,
성문이나 벽지불의 지위에 머물게 했다.

한량없는 중생이 중생을 벗어나는 보리행을 성취하게 하고, 용맹한
당기 보리행을 성취하게 하고, 법 광명 보리행을 성취하게 하고, 청정
한 근 보리행을 성취하게 하고, 평등한 힘 보리행을 성취하게 하고,
법성에 들어가는 보리행을 성취하게 하고, 온갖 처소에 두루 가서 깨
뜨릴 수 없는 신통한 힘 보리행을 성취하게 하고, 넓은 문 방편도에
들어가는 보리행을 성취하게 하고, 삼매문에 머무는 보리행을 성취
하게 하고, 모든 청정한 경계를 반연하는 보리행을 성취하게 했다.

한량없는 중생에게 보리심을 내게 하고, 보살의 도에 머물게 하고, 청
정한 바라밀 길에 머물게 하고, 보살의 초지에 머물게 하고, 보살의
이지와 십지에 머물게 하고, 보살의 훌륭한 행과 원에 들어가게 하고,

보현의 청정한 행과 원에 머물게 했다.

소년이여, 보지보염묘덕당왕여래가 이렇게 부사의한 자재로운 신통을 나타내어 법륜을 굴릴 때 그 낱낱의 세계에서 계속 한량없는 중생을 조복했다.”

(39-34-2-2-4) 보현보살의 인도

“때에 보현보살은 보배꽃 등불나라 수도에 있는 중생들이 잘 생긴 모양과 여러 환경을 믿고 교만한 마음을 내어 다른 이들을 능멸하는 것을 알고 단정하고 훌륭한 몸으로 화하여 그 성중에 이르러 큰 광명을 놓아 모든 것을 비추었다. 그래서 전륜성왕과 여러 보배와 일월성신과 중생들의 광명이 드러나지 못했다. 마치 해가 뜨면 모든 별의 빛이 없어지는 듯 염부금은 검은 먹이 된 듯했다.

이때 중생들은 이렇게 말했다.

‘누가 이렇게 했을까? 하늘의 짓일까, 범천의 짓일까. 이런 광명을 놓아 우리들의 몸에 있던 광채가 나타나지 못하는구나. 아무리 생각해도 알 수가 없다.’

이때 보현보살은 전륜왕의 궁전의 허공에서 이렇게 말했다.

‘대왕이여, 지금 부처님이 지금 그대의 나라 가운데 ‘넓은 광명 법 구름 음성 당기’ 보리수 아래 계십니다.’

이때 전륜성왕의 딸 ‘연꽃 묘한 눈’공주가 보현보살의 몸에 광명이 자재함을 보며, 몸에 있는 여러 장엄거리에서 아름다운 소리를 듣고는 환희한 마음으로 이렇게 생각했다.

‘내게 있는 모든 선근의 힘으로 이러한 몸과 장엄과 모습과 위의와 자유자재함을 얻기를 원합니다. 거룩하신 보살께서 중생들이 나고 죽는 캄캄한 밤중에 큰 광명을 놓으면서 여래가 세상에 출현하심을 보여 주시니, 모든 중생에게 지혜의 광명이 되어 저들의 캄캄한 무명을 깨뜨리게 하시며, 내가 태어나는 곳마다 선지식을 만나기를 발원합니다.'

(39-34-2-2-5) 전륜왕의 찬탄

"소년이여, 그때 전륜왕은 귀한 딸과 일 천 아들과 권속과 신하들과 네 종류의 군대와 한량없는 백성에게 둘러싸였다. 왕의 신통한 힘으로 한 유순 높은 허공에 올라가서 큰 광명을 놓아 사천하를 비추었다. 중생들은 전륜왕을 우러러보았다. 중생들과 함께 부처님을 뵈려고 게송으로 찬탄했다.

여래께서 세상에 나타나시어 / 많은 중생을 구원하시니
너희들은 빨리 일어나 / 부처님 계신 곳으로 나아가라.

한량없고 수없는 여러 겁 만에 / 부처님이 세간에 출현하시어
깊고 묘한 법문을 연설하시니 / 한량없는 중생들이 이익을 얻네.

이 세간 중생들이 잘못된 생각으로 / 어리석고 의심 많고 지혜가 없어
생사에 헤매는 줄 살펴보시고 / 부처님이 자비심을 일으키셨네.

끝이 없는 천만억 겁 오랜 세월에 / 위없는 보리행을 닦아 익힘은
많은 중생 건지려고 하시는 원력 / 가엾게 여기시는 마음이네.

눈과 코와 손과 발, 머리와 몸과 / 온갖 것을 다 버리시던
보리를 구하려는 고마운 마음 / 한량없는 오랜 겁 한결같네.

끝이 없는 천억 겁을 지내더라도 / 부처님 만나기 어려운 일인데
누구나 보고 듣고 섬긴다 하면 / 모든 일이 헛되지 않으리라.

너희들은 지금 우리와 함께 / 부처님 계신 곳에 나아가 뵙자.
여래의 사자좌에 앉아서 / 마군을 항복 받고 부처 되셨네.

여래의 거룩한 몸 우러러보아라. / 한량없는 광명을 멀리 놓으니
가지가지 미묘한 여러 빛깔이 / 캄캄한 것을 훤히 비추네.

부처님의 하나하나 털구멍마다 / 부사의한 광명을 놓아서
수없는 중생들께 널리 비추니 / 그들을 고루고루 기쁘게 한다.

너희들은 모두 다 엄청나게 큰 / 꾸준히 노력하는 마음을 내고
부처님 계신 곳에 함께 나아가 / 공경하는 정성으로 공양올려라.

(39-34-2-2-6) 전륜왕의 딸이 인행을 닦다

'연꽃 묘한 눈'공주는 몸에 치장하고 있던 장엄을 벗어 부처님께 흩었다. 장엄은 공중에서 보배일산이 되어 보배그물을 드리웠다. 이 일산 안에 보리수가 있는데 가지와 잎이 무성하여 법계를 두루 덮었는데 잠깐 동안에 한량없는 장엄을 나타냈다.
비로자나여래께서 이 보리수 아래 앉으셨는데, 수없이 많은 부처 세계의 티끌 수 보살들이 앞뒤로 둘러쌌다. 모두 보현보살의 행과 원으로부터 나서 여러 보살의 차별 없이 머무르는 데 머물렀다.
모든 세간의 임금들도 보았고, 여래의 자재하신 신통도 보았고, 모든 겁의 차례와 세계가 이루어지고 파괴됨도 보았고, 모든 세계에 여러

부처님이 출현하시는 차례도 보았다. 여러 세계마다 보현보살이 있어서 부처님께 공양하고 중생을 조복시키는 것도 보았고, 모든 보살이 보현보살의 몸속에 있음을 보았다. 자기의 몸이 그의 몸속에 있음을 보았고, 그 몸이 모든 여래의 앞과 모든 보현의 앞과 모든 보살의 앞과 모든 중생의 앞에 있음을 보았다.

모든 세계마다 각각 부처 세계의 티끌 수 세계가 있어서 갖가지 경계선이며 가짐이며 형상이며 성품이며 버려짐이며 장엄이며 청정함이며 장엄 구름이 위에 덮여 있었다. 갖가지 겁의 이름이며, 부처님이 출현함이며, 삼세며 처소며, 법계에 머무름이며 법계에 들어감이며, 허공에 머무름이며, 여래의 보리도량이며, 여래의 신통한 힘이며, 여래의 사자좌며 여래의 대중 바다며 여래의 대중 차별이며 여래의 교묘한 방편이며 여래의 법륜을 굴림이며 여래의 묘한 음성이며 여래의 말씀 바다며 여래의 경전 구름이 있었다.

이런 것들을 보고 마음이 청정해서 매우 환희로웠다.

(39-34-2-2-7) 여래의 경전 설하심을 듣고 큰 이익을 얻다
(39-34-2-2-7-1) 삼매

보지보염묘덕당왕여래께서 일체여래전법륜(一切如來轉法輪) 경전을 말씀하시니 열 부처 세계의 수많은 경이 권속이 되었다.

이때 공주는 이 경전을 듣고 일만 삼매를 얻었다.

이른바 부처님이 보는 삼매, 세계를 비추는 삼매, 삼세문에 들어가는 삼매, 부처님의 법륜을 말하는 삼매, 부처님의 서원 바다를 아는 삼매, 중생을 깨우쳐서 생사의 괴로움에서 벗어나게 하는 삼매 등이다.

(39-34-2-2-7-2) 큰 서원

보현보살의 큰 서원을 일심으로 생각하며 여래의 열 부처세계의 수많은 서원 바다를 세웠다. 부처님 국토를 깨끗이 하는 서원과, 중생을 조복시키는 서원과, 법계를 두루 아는 서원과, 법계 바다에 들어가는 서원과, 부처님 세계에서 오는 세월이 끝나도록 보살의 행을 닦는 서원과, 오는 세월이 끝나도록 보살의 행을 버리지 않는 서원과, 여래에게 친근하는 서원과, 선지식을 받들어 섬기는 서원과 부처님께 공양하는 서원과 잠깐마다 보살의 행을 닦고 온갖 지혜를 늘게 하여 끊어짐이 없는 서원이었다. 이와 같은 열 부처 세계의 수많은 서원 바다를 세워서 보현보살의 큰 서원을 성취하려 했다.

그때 여래께서 공주를 위해 발심한 후부터 모든 선근과 묘한 행과 결과를 연설해 주었으며, 그녀가 깨달아서 여래의 서원 바다를 성취하며 일심으로 온갖 지혜의 자리에 나아가게 했다.

(39-34-2-2-8) 발심의 최초를 말하다

"소년이여, 이것보다 십 대겁 전에 일륜광마니 세계가 있었고 인다라당묘상부처님이 계셨다. 그때 '연꽃 묘한 눈' 공주는 여래가 남긴 교법 중에서 보현보살의 권고로 연꽃 자리에 있는 낡은 불상을 보수했고, 채색을 올렸으며 보배로 장엄하고 위없는 보리심을 냈다.

소년이여, 과거에 보현보살을 만났으므로 이 선근을 심었으며, 그후부터 나쁜 길에 떨어지지 않고, 항상 천왕이나 인왕의 족성에 태어났으며, 단정하고 화평하고 모든 모습이 원만하여 보는 이들이 기뻐했으며, 부처님을 항상 뵙고, 보현보살을 항상 친근했으며, 지금까지도 나를 지도하고 깨우치고 성숙하게 하여 환희심을 내게 한다."

(39-34-2-2-9) 고금의 일을 모아서 해석하다

"소년이여, 어떻게 생각하느냐? 그때의 비로자나장묘보연화계 전륜성왕은 지금의 미륵보살이고, 원만면왕비는 지금의 적정음해주야신이니 여기서 멀지 않는 곳에 있다.

그때의 '연꽃 묘한 눈'공주는 지금의 나이며 그때 여자로서 보현보살의 권고를 받고 연꽃자리 위에 있는 불상을 보수한 것이 위없는 보리의 인연이 되어 위없는 보리심을 내게 하여 그때 처음으로 발심한 것이다.

그후 나를 인도하여 묘덕당부처님을 친견하게 했다. 몸의 영락을 부처님께 뿌려 공양하고 부처님의 신통한 힘을 보며 부처님의 법문을 들었다. 바로 보살이 모든 세계에 두루 나타나서 중생을 조복하는 해탈문을 얻었다. 생각마다 한량없는 부처님을 보기도 하고, 부처님의 도량에 모인 대중들과 청정한 국토를 보기도 했는데, 모두 존중하고 공경하고 공양했으며, 법문을 듣고 가르치신 대로 닦아 행했다."

(39-34-2-2-10) 부처님의 회상에서 수행하다
(39-34-2-2-10-1) 여러 부처님을 섬기며 수행한 일

"소년이여, 비로자나대위덕 세계의 원만하고 청정한 겁을 지나고, 보륜묘장엄 세계가 있었다. 겁의 이름은 대광(大光)이니, 오 백 부처님이 출현하셨는데, 나는 다 받들어 섬기고 공경하고 공양했다.

맨 처음은 대비당부처님이시며 처음 출가할 때 나는 주야신이 되어 공경하며 공양했다.

다음은 금강나라연당부처님이시며, 나는 전륜왕이 되어 공경하고 공양했다. 부처님이 일체불출현경을 말씀하시니 열 세계의 수많은 경전이 권속이 되었다.

다음은 금강무애덕부처님이시며, 나는 전륜왕이 되어 공경하고 공양했다. 부처님이 보조일체중생근(普照一切衆生根)경전을 말씀하셨고 한량없는 경전이 권속이 되었는데 내가 다 받아 가졌다.

다음은 화염산묘장엄부처님이시며, 나는 장자의 딸이 되었고, 부처님이 보조삼세장경을 말씀하시니, 염부제의 수 많은 경전이 권속이 되었는데 내가 모두 듣고 법대로 받아 가졌다.

다음은 일체법해고승왕부처님이시며, 나는 아수라왕이 되어 공경하고 공양했다. 부처님이 분별일체법계경을 말씀하시니, 오백 경전이 권속이 되었는데 내가 다 듣고 법대로 받아 가졌다.

다음은 해악법광명부처님이시며, 나는 용왕의 딸이 되어 여의마니 보배 구름을 내려 공양했다. 부처님이 증장환희해경을 말씀하시니, 백만억 경전이 권속이 되었는데 내가 모두 듣고 법대로 받아 가졌다.

다음은 보염산등부처님이시며, 나는 해주신이 되어 보배연꽃구름을 내려 공경하고 공양했다. 부처님이 법계방편해광명경을 말씀하시니, 부처세계의 수 많은 경전이 권속이 되었는데 내가 모두 듣고 법대로 받아 가졌다.

다음은 공덕해광명륜부처님이시며, 나는 오통선인이 되어 큰 신통을 나타냈다. 육만 신선들이 앞뒤로 호위했고, 향꽃구름을 내려 공양했으며, 부처님이 나에게 무착법등경을 말씀하셨다. 육 만 경전이 권속이 되었는데 내가 모두 듣고 법대로 받아 가졌다.

다음은 비로자나공덕장부처님이시며, 나는 출생평등의 주지신이 되었다. 한량없는 주지신과 함께 모든 보배나무와 모든 마니광과 모든 보배영락구름을 내려 공양했다. 부처님이 출생일체여래지장경을 말씀하시니 한량없는 경전이 권속이 되었는데, 내가 모두 듣고 법대로 받아 가졌다."

(39-34-2-2-10-2) 최후의 부처님을 섬기며 수행한 일

"소년이여, 이러한 차례로써 최후에 나신 부처님 이름은 충만허공법계묘덕등이다. 나는 미안(美顔)이라는 기생이었다. 부처님이 성에 오심을 보고 노래와 춤으로 공양했으며 부처님의 신통에 힘입어 공중에 솟아올라 일 천 게송으로 부처님을 찬탄했다. 부처님은 나를 위해 미간에 광명을 놓으니 장엄법계대광명이었다. 나는 그 광명을 받고 법계방편불퇴장해탈문을 얻었다.

소년이여, 이 세계에는 이러한 부처 세계의 수많은 겁이 있었고, 모든 여래가 그 가운데 나시는 것을 내가 모두 받들어 섬기고 공경하고 공양했으며, 여래들께서 말씀하신 법을 내가 다 기억하여 한 구절 한 글자도 잊지 않았고, 여래의 계신 데마다 모든 불법을 칭찬하고 찬탄하여 한량없는 중생에게 이익을 주었다. 모든 여래의 처소에서 온갖 지혜의 광명을 얻고 삼세의 법계 바다에 나타나서 모든 보현의 행에 들어갔다.

소년이여, 나는 온갖 지혜의 광명을 의지했으므로 잠깐 동안 한량없는 부처님을 뵈었으며, 예전에 얻지 못하고 예전에 보지 못하던 보현의 모든 행을 다 만족하게 성취했다. 그 까닭은 온갖 지혜의 광명을 얻었기 때문이다."

(39-34-2-2-10-3) 보구중생묘덕주야신의 해탈 게송

이때 중생을 구호하는 주야신이 해탈의 뜻을 거듭 펴려고 게송으로 말했다.

(39-34-2-2-10-3-1) 설법 듣기를 권함

선재여, 내 말을 들어라 / 매우 깊고 볼 수 없는 법이 삼세의 차별한 모든 문을 / 두루 비추는구나.
내가 처음 마음을 내고 / 부처님의 공덕을 구하여
들어갔던 모든 해탈을 / 그대는 자세히 들어라.

(39-34-2-2-10-3-2) 천 부처님의 출현
지나간 옛적을 생각해 보면 / 세계의 수많은 겁 전에
그 보다 더 전에 겁이 있었으니 / 이름이 원만하고 청정함이다.

그때 위편조등이라는 / 세계가 있었는데
한량없는 부처님이 / 그 세상에 나셨다.

첫 부처님 이름은 지혜불꽃 / 다음 부처님은 법당
셋째는 법수미이고 / 넷째는 덕사자이다.

다섯째는 적정왕 / 여섯째는 멸제견
일곱째는 고명칭 / 여덟째는 대공덕이다.

아홉째는 승일불 / 열째는 월면불
이러한 열 부처님 계신 데서 / 처음으로 법문을 깨달았다.

이후부터 차례차례로 / 열 부처님 출현하셨으니
제1은 허공처불 / 제2는 보광불

제3은 주제방불 / 제4는 정념해불
제5는 고승광불 / 제6은 수미운불

제7은 법염불 / 제8은 산승불
제9는 대비화불 / 제10은 법계화불이다.

수미산 티끌 수 겁 동안에 / 출현하신 여러 부처님
내가 모두 공양 올렸고 / 세간의 등불이시네.

부처 세계의 수많은 겁에 / 출현하신 부처님들을
내가 모두 공양 올렸고 / 이 해탈문으로 들어갔다.

나는 한량없는 겁 동안 / 행을 닦고 이 도를 얻었으니
그대들도 이 행을 닦으면 / 해탈문으로 들어갈 것이다.

(39-34-3) 수승한 보살의 공덕행을 찬탄하다

"소년이여, 나는 다만 보살이 세간에 나타나서 중생을 조복하는 해탈을 얻었을 뿐, 보살이 끝이 없는 행을 닦아 모음과 갖가지 이해를 내는 일과 몸을 나타냄과 근을 갖춤과 소원을 만족함과 삼매에 듬과 신통 변화를 일으킴과 법을 관찰함과 지혜의 문에 들어감과 법의 광명을 얻는 일이야 내가 어떻게 알며, 어떻게 그 공덕의 행을 말하겠는가."

(39-34-4) 다음 선지식 찾기를 권하다

"소년이여, 여기서 멀지 않은 곳에 적정음해주야신이 있고, 마니광당 장엄연화좌에 앉았으며, 백만 아승기 주야신들에게 앞뒤로 둘러싸여 있었다. 그대는 그에게 가서 보살이 어떻게 보살의 행을 배우며 보살의 도를 닦느냐고 물어라."

이때 선재동자는 그의 발에 엎드려 절하고 수없이 돌고 은근하게 우

러러보면서 하직하고 떠났다.

(39-35) 적정음해주야신(寂靜音海主夜神)
제 5 난승지(難勝地) 선지식

(39-35-1) 적정음해주야신을 뵙고 법을 묻다
그때 선재동자는 보구중생묘덕주야신에게 보현보살이 세간에 나타나서 중생을 조복하는 해탈문을 들었다. 분명히 알고 믿고 이해하며 자유자재하며 편안하게 있으면서 적정음해주야신에게 갔다. 그의 발에 엎드려 절하고 수없이 돌고 합장하고 말했다.

"거룩하신 이여, 저는 이미 위없는 바른 보리심을 냈습니다. 저는 선지식을 의지하여 보살의 행을 배우고 보살의 행에 들어가고 보살의 행을 닦고 보살의 행에 머물고자 합니다. 바라건대 자비하신 마음으로 가엾게 여겨 보살이 어떻게 보살의 행을 배우며 보살의 도를 닦는지 말씀해 주십시오."

(39-35-2) 적정음해주야신의 설법
(39-35-2-1) 큰 지혜를 구하려는 마음
그때 적정음해주야신이 선재동자에게 말했다.

"훌륭하고, 훌륭하다. 소년이여, 그대가 선지식을 의지하여 보살의 행을 구하려 하는구나. 나는 보살의 생각생각마다 광대한 기쁨을 내는 장엄 해탈문을 얻었다."

"매우 거룩하신 이여, 그 해탈문은 어떤 작용을 하며 경계를 행하며 방편을 일으키며 무엇을 관찰합니까?"

"소년이여, 나는 청정하고 평등하며 좋아하는 마음을 냈다. 나는 세간의 티끌을 여의고, 청정하고 견고하게 장엄하여 깨뜨릴 수 없는 좋아하는 마음을 냈다. 나는 물러나지 않는 지위를 반연하여 영원히 물러나지 않는 마음을 냈다. 나는 공덕 보배의 산을 장엄하여 흔들리지 않는 마음을 냈다. 나는 머무는 곳이 없는 마음을 냈다. 나는 중생의 앞에 두루 나타나서 구호하는 마음을 냈다. 나는 부처님 바다를 보아 싫어함이 없는 마음을 냈다. 나는 모든 보살의 청정한 서원의 힘을 구하는 마음을 냈다. 나는 큰 지혜의 광명바다에 머무는 마음을 냈다."

(39-35-2-2) 중생을 교화하려는 큰 자비심

"나는 중생이 걱정의 벌판을 뛰어넘게 하는 마음을 냈으며, 근심과 괴로움을 여의게 하는 마음을 냈으며, 뜻에 맞지 않는 빛·소리·향기·맛·닿음·법진을 버리게 하는 마음을 냈다. 나는 중생이 이별하는 괴로움과 원수를 만나는 괴로움을 여의게 하는 마음을 냈으며, 나쁜 인연과 어리석은 고통을 여의게 하는 마음을 냈으며, 험난을 당하는 중생의 의지가 되려는 마음을 냈다. 나는 중생이 괴로운 생사에서 벗어나게 하는 마음을 냈으며, 나고 늙고 병들고 죽는 고통을 여의게 하는 마음을 냈으며, 여래의 위가 없는 법의 즐거움을 성취하게 하는 마음을 냈으며, 나는 중생이 기쁨을 받게 하는 마음을 냈다."

(39-35-2-3) 중생들의 갖가지 폐단을 다스리다

"다시 법을 말하여 그들로 하여금 차츰차츰 높은 지혜의 지위에 이르게 한다. 어떤 중생이 자기가 있는 궁전이나 가옥에 애착하면 법의 성품을 통달하여 여러 가지 집착을 여의게 하며, 부모나 형제나 자매를 그리워하면 여러 부처님과 보살의 청정한 모임에 참여하게 하며, 부인을 그리워하면 생사의 애착을 버리고 가엾게 여기는 마음을 내게 하여 중생에게 둘이 없는 평등심을 내게 하며, 왕궁에서 시녀들이 받들어 모시면 여러 성인이 모이는 데 참여하여 여래의 가르침에 들게 하며, 경계에 물듦을 보면 여래의 경계에 들어가게 한다.

어떤 중생이 화를 많이 내면 여래의 인욕바라밀을 실천하게 하며, 게으르면 청정하게 꾸준히 노력하는 바라밀을 실천하게 하며, 마음이 산란하면 선정바라밀을 실천하게 하며, 무명의 어두움에서 헤매면 어두움에서 벗어나게 하며, 지혜가 없으면 반야바라밀을 실천하게 한다.

어떤 중생이 삼계에 물들면 생사에서 벗어나게 하며, 뜻이 용렬하면 부처님 보리에 대한 서원을 실천하게 하며, 자신을 이롭게 하는 행에 머무르면 모든 중생을 이익되게 하는 소원을 빌게 하며, 뜻과 힘이 미약하면 보살의 역바라밀을 실천하게 하며, 어리석어 마음이 캄캄하면 보살의 지바라밀을 실천하게 한다.

어떤 중생의 신체가 불구이면 자비를 실천하게 하여 여래의 청정한 육신을 얻게 하며, 얼굴이 추하면 인욕을 실천하여 위가 없는 청정한 법신을 얻게 하며, 모습이 추악하면 지계를 실천하여 여래의 미묘한 육신을 얻게 한다. 어떤 중생이 근심이 많으면 여래의 안락함을 얻게 하며, 가난하면 보살의 공덕인 보배창고를 얻게 하며, 외롭게 홀로 있으면 불법의 인연을 부지런히 구하게 한다.

어떤 중생이 길을 가고 있으면 온갖 지혜의 길로 향하게 하며, 마을에 있으면 삼계에서 뛰어나게 하며, 인간 몸 받아 있으면 이승의 길에서 초월하여 여래의 지위에 머물게 하며, 네 간방에 있으면 삼세가 평등한 지혜를 얻게 하며, 어떤 중생이 여러 방위에 있으면 지혜를 얻어 모든 법을 보게 한다.

어떤 중생이 탐심이 많으면 부정관을 하게 하여 생사에 대한 애착을 버리게 하며, 성을 많이 내면 인자함을 관하는 법을 말하여 부지런히 닦는 데 들어가게 하며, 어리석은 짓을 많이 하면 밝은 지혜를 얻어 모든 법 바다를 보게 하며, 탐진치의 삼독이 치성하면 여러 승의 소원 바다에 들게 한다.

어떤 중생이 나고 죽는 것을 좋아하면 싫어서 떠나게 하며, 생사의 괴로움을 싫어하여 여래의 제도를 받을 이를 보면 좋은 방편으로 태어나게 하며, 오온에 애착하면 의지 없는 경계에 머물게 한다.

어떤 중생의 마음이 용렬하면 훌륭하게 장엄한 도를 보이며, 교만하면 평등한 법의 지혜를 말하며, 마음이 곧지 못하면 보살의 곧은 마음을 말한다.

소년이여, 나는 이러한 한량이 없는 법 보시로 중생들을 거두어 준다. 갖가지 방편으로 교화하고 조복하여 나쁜 길을 여의고 인간이나 천상의 낙을 받게 하며 삼계의 속박을 벗어나 온갖 지혜에 머물게 한다. 그때 나는 엄청난 즐거움과 법의 광명 바다를 얻고 마음이 밝고 편안하고 즐거웠다."

(39-35-2-4) 보살의 경계

"소년이여, 나는 도량에 모인 보살 대중을 항상 관찰하여 그들이 갖가지 원과 행을 닦으며, 깨끗한 몸을 나투며, 항상한 광명이 있으며, 광명을 놓으며, 방편으로 온갖 지혜의 문에 들어가며, 삼매에 들어 갖가지 신통 변화를 나타내며, 음성 바다를 내며, 장엄한 몸을 갖추며, 여래의 문에 들어가며, 세계 바다에 나아가 갖가지 부처 바다를 보며, 변재 바다를 얻으며, 해탈 경계를 비추며, 지혜의 광명 바다를 얻으며, 삼매 바다에 들어가며, 해탈의 문에 유희하며, 문으로 모든 지혜에 나아가며, 허공 법계를 장엄하며, 장엄구름으로 허공을 두루 덮으며, 도량에 모인 대중을 관찰하며, 세계를 모으며, 부처님 세계에 들어가며, 방위 바다에 나아가 갖가지 여래의 명령을 받으며, 여래의 처소에서 수많은 보살과 함께 하며, 장엄구름을 내리며, 여래의 갖가지 법 바다를 보며, 지혜 바다에 들어가며, 여래의 갖가지 방편에 들어가며, 여래의 갖가지 장엄한 자리에 앉았음을 안다.

소년이여, 나는 이 도량에 모인 대중을 관찰하여 부처님의 신통한 힘이 한량없고 그지없음을 알고 매우 기뻐했다.”

(39-35-2-5) 부처님의 수승한 작용

“소년이여, 나는 비로자나여래께서 잠깐 동안 부사의하게 청정하신 몸을 나타냄을 관찰하고 매우 기뻐했다.

여래께서 잠깐 동안 큰 광명을 놓아 법계에 가득함을 관찰하고 매우 기뻐했다. 여래께서 낱낱의 털구멍에서 잠깐 동안 한량없는 부처 세계의 티끌 수의 광명 바다를 냈다. 낱낱의 광명이 한량없는 부처 세계의 티끌 수의 광명으로 권속을 삼고, 낱낱이 법계에 두루하여 중생의 괴로움을 소멸시킴을 관찰하고 매우 기뻐했다.

소년이여, 나는 여래의 정수리와 두 어깨에서 잠깐 동안 부처세계의 수많은 보배불꽃산구름을 나타내어 시방의 법계에 가득함을 보고 매우 기뻐했다.

소년이여, 나는 여래의 털구멍마다 잠깐 동안에 부처 세계의 수많은 향기광명구름을 내 시방의 부처 세계에 가득함을 보았고, 부처 세계의 티끌 수의 몸매로 장엄한 여래의 몸구름을 내 시방의 세계에 두루함을 보았고, 수없이 많은 부처 세계의 수많은 변화하는 구름을 내는 것을 보았고, 여래께서 처음 마음을 내 바라밀을 닦아 장엄한 길을 갖추어 보살의 지위에 들어감을 보고 매우 기뻐했다.

소년이여, 나는 여래의 낱낱의 털구멍에서 잠깐 동안 수없이 많은 부처 세계의 티끌 수의 천왕의 몸구름을 나타내며, 천왕의 자재한 신통 변화로 시방의 법계에 가득하여 천왕의 몸으로 제도할 수 있는 이에게는 그 앞에 나타나서 법을 말하는 것을 보고 매우 기뻐했다.

예전에 얻지 못한 것을 지금 얻었고, 증득하지 못한 것을 증득했고, 들어가지 못한 곳에 들어갔으며, 만족하지 못한 것에 만족했고, 보지 못한 것을 보았으며, 듣지 못한 것을 들었다.

무슨 까닭이냐? 법계의 모양을 분명하게 아는 까닭이며, 온갖 법이 오직 한 모양임을 아는 까닭이며, 삼세의 도에 평등하게 들어간 까닭이며, 온갖 끝이 없는 법을 말하는 까닭이다.

소년이여, 나는 보살이 생각생각마다 엄청나게 기쁜 장엄을 내는 해탈의 광명 바다에 들어갔다."

(39-35-2-6) 해탈의 수승한 경계

"소년이여, 이 해탈은 온갖 법계의 문에 두루 들어가므로 끝이 없다. 온갖 지혜 성품의 마음을 평등하게 내므로 다함이 없다. 경계가 없는 모든 중생의 생각 속에 들어가므로 경계가 없다. 고요한 지혜라야 알 수 있으므로 매우 깊다. 모든 여래의 경계에 두루하므로 크고 넓다. 보살의 지혜눈으로 알므로 무너짐이 없다. 법계의 밑바닥까지 다하므로 바닥이 없다. 한 가지 일에서 모든 신통 변화를 두루 보므로 넓은 문이다. 모든 법의 몸이 평등하여 둘이 없으므로 취할 수 없다. 환술과 같은 법이므로 나지 않는다.

이 해탈은 온갖 지혜와 서원의 광명으로 생기므로 영상과 같다. 보살의 여러 가지 훌륭한 행을 변화시켜 내므로 화신과 같다. 모든 중생의 의지할 곳이 되므로 땅과 같다. 가엾게 여겨 모든 것을 적시므로 큰 물과 같다. 중생들의 탐애의 물을 말리므로 큰 불과 같다. 중생들을 온갖 지혜로 빨리 나아가게 하므로 큰 바람과 같다. 여러 가지 공덕으로 모든 중생을 장엄하므로 큰 바다와 같다. 온갖 지혜의 법보바다를 내므로 수미산과 같다. 모든 미묘한 법으로 장엄하므로 큰 성곽과 같다. 삼세 부처님의 신통한 힘을 두루 받아들이므로 허공과 같다. 중생들에게 진리의 비를 두루 내리므로 큰 구름과 같다.

이 해탈은 중생들의 무지한 어둠을 깨뜨리므로 밝은 해와 같다. 광대한 복덕 바다를 만족케 하므로 보름달과 같다. 모든 곳에 두루하므로 진여와 같다. 자신의 착한 업이 변화하여 나타나므로 그림자와 같다. 그에게 맞추어 법을 말하므로 메아리와 같다. 중생의 마음을 따라 나타나므로 영상과 같다. 모든 신통의 꽃을 피우므로 큰 나무와 같다. 본래부터 깨뜨릴 수 없으므로 금강과 같다. 한량없이 자유자재한 힘을 내므로 여의주와 같다. 모든 삼세 여래의 신통한 힘을 나타내므로 깨끗한 마니보배와 같다. 모든 부처님의 법륜의 소리를 평등하게 내므로 기쁜 당기마니보배와 같다.

소년이여, 내가 이제 그대에게 이런 비유를 말하였으니 그대는 잘 생각하고 따라서 깨달음에 이르도록 하라.”

(39-35-2-7) 열 가지 큰 법장을 수행하여 해탈을 얻다

그때 선재동자는 적정음해주야신에게 말했다.

“큰 성인이시여, 어떻게 수행하여 이 해탈을 얻었습니까?”

주야신이 대답했다.

“소년이여, 보살이 열 가지 큰 법장을 닦아 행하면 이 해탈을 얻는다. 첫째는 보시하는 광대한 법장을 닦아 중생의 마음을 따라서 만족케 하고, 둘째는 계행을 깨끗이 지니는 광대한 법장을 닦아서 부처님의 공덕 바다에 들어가고, 셋째는 참는 광대한 법장을 닦아서 법의 성품을 두루 생각하고, 넷째는 꾸준히 노력하는 광대한 법장을 닦아서 온갖 지혜에 나아가 물러나지 않고, 다섯째는 선정의 광대한 법장을 닦아서 중생의 시끄러움을 없애고, 여섯째는 반야의 광대한 법장을 닦아서 법 바다를 두루 알고, 일곱째는 방편의 광대한 법장을 닦아서 중생을 성숙하게 하고, 여덟째는 서원의 광대한 법장을 닦아서 세계와 중생 바다에 두루하여 미래 세상이 끝나도록 보살의 행을 수행하고, 아홉째는 힘의 광대한 법장을 닦아서 잠깐 동안에 법계 바다에 나타나서 모든 국토에서 등정각을 이루어 쉬지 않고, 열째는 깨끗한 지혜의 광대한 법장을 닦아서 여래의 지혜를 얻는다. 이렇게 하여 삼세의 모든 법을 두루 알아 막힘이 없는 것이다.

소년이여, 모든 보살이 열 가지 큰 법장에 편안히 머무르면, 이러한 해탈을 얻어 청정하고 증장하고 쌓이고 견고하여 편안히 머물러서 원만하게 된다.”

(39-35-3) 적정음해주야신이 발심한 때를 말하다
(39-35-3-1) 다른 세계에서 수행한 일

선재동자가 말했다.

“거룩하신 이여, 위없는 바른 보리심을 낸 지는 얼마나 되었습니까?”

주야신이 말했다.

“소년이여, 이 화장장엄세계바다의 동쪽으로 열 세계바다를 지나서 ‘온갖 깨끗한 빛 보배세계바다’가 있다. 이 세계바다에 ‘모든 여래의 서원 광명음성’이라는 세계종이 있다. 그곳에 ‘청정하고 빛난 금장엄’이라는 세계가 있다. 일체향금강마니왕으로 자체가 되었고, 형상은 누각과 같으며 여러 묘한 보배구름이 경계선이 되어 보배영락바다에 머무르며, 묘한 궁전구름이 위에 덮였는데, 깨끗한 것과 더러운 것이 섞여 있었다.

이 세계 전에 '넓은 광명당' 겁이 있었고, 나라 이름은 '두루 원만한 묘한 창고'이며, 도량의 이름은 '온갖 보배창고 아름다운 달광명'이었으며, 불퇴전법계음부처님이 이 도량에서 위없는 바른 보리를 이루었다.

나는 그때 보리수신이 되었으니 이름은 '복덕구족등불광명당기'로서, 도량을 수호하다가 그 부처님이 등정각을 이루어 신통한 힘을 나타내심을 보고 위없는 바른 보리심을 냈고, 즉시 삼매를 얻었는데, 이름이 '여래공덕바다 두루 비춤'이었다.

이 도량에서 다음 여래가 세상에 나셨으니 이름은 법수위덕산이었다. 나는 그때 목숨을 마치고 다시 태어나서 그 도량의 주야신이 되었으니 이름은 '훌륭한 복과 지혜광명'이었다. 그 여래께서 바른 법륜을 굴리시면서 큰 신통을 나타내심을 보고 삼매를 얻었으니, 이름이 '모든 탐욕 여읜 경계 두루 비춤'이었다.

다음 세상은 일체법해음성왕여래이며, 나는 그때 주야신이 되어 부처님을 뵙고 받들어 섬기며 공양하고, 삼매를 얻었으니 이름이 '모든 착한 법 내어 자라게 하는 땅'이었다.

다음 세상은 보광명등당왕여래이며, 나는 그때 주야신이 되어 부처님을 뵙고 받들어 섬기며 공양하고 삼매를 얻었으니 이름이 '신통 두루 나타내는 광명구름'이었다.

다음 세상은 공덕수미광여래이며, 나는 그때 주야신이 되어 부처님을 뵙고 받들어 섬기며 공양하고, 삼매를 얻었으니 이름이 '여러 부처님 바다 두루 비춤'이었다.

다음 세상은 법운음성왕여래이며, 나는 그때 주야신이 되어 부처님을 뵈옵고 받들어 섬기며 공양하고, 삼매를 얻었으니 이름이 '모든 법 바다 등불'이었다.

다음 세상은 지등조요왕여래이며, 나는 그때 주야신이 되어 부처님을 뵙고 받들어 섬기며 공양하고, 삼매를 얻었으니 이름이 '모든 중생 괴로움 없애는 청정광명등불'이었다.

다음 세상은 법용묘덕당여래이며, 나는 그때 주야신이 되어 부처님을 뵙고 받들어 섬기며 공양하고, 삼매를 얻었으니 이름이 '삼세 여래 광명창고'이였다.

다음 세상은 사자용맹법지등여래이며, 나는 그때 주야신이 되어 부처님을 뵙고 받들어 섬기며 공양하고 삼매를 얻었으니 이름이 '모든 세간 걸림없는 지혜바퀴'였다.

다음 세상은 지력산왕여래이며, 나는 그때 주야신이 되어 부처님을 뵙고 받들어 섬기며 공양하고, 삼매를 얻었으니 이름이 '삼세 중생 근기와 행 두루 비춤'이었다.

소년이여, 청정하고 빛난 금장엄 세계의 넓은 광명당기 겁의 세계에 수많은 여래가 세상에 나셨는데, 나는 그때마다 천왕도 되고 용왕도 되고 야차왕도 되고 건달바왕도 되고 아수라왕도 되고 가루라왕도 되고 긴나라왕도 되고 마후라가왕도 되고, 사람왕도 되고, 범왕도 되며, 하늘의 몸도 되고 사람의 몸도 되고 남자의 몸도 되고 여자의 몸도 되고 동남의 몸도 되고 동녀의 몸도 되어 갖가지 공양거리로 여러 부처님께 공양했고, 부처님의 설법을 들었다.

여기서 목숨을 마치고 또 이 세계에 태어나서 두 부처 세계의 수많은 겁을 지내면서 보살의 행을 닦았다. 그런 뒤에 목숨을 마치고는 이 화장엄세계해의 사바세계에서 수많은 겁을 지내면서 보살의 행을 닦았다. 그런 뒤에 목숨을 마치고는 이 화장장엄세계해의 사바세계에 태어나서 구류손여래를 만나서 받들어 섬기며 공양하고, 삼매를 얻었으니 이름이 '모든 때 여읜 광명'이었다.

다음에 구나함모니여래를 만나서 받들어 섬기며 공양하고, 삼매를 얻었으니 이름이 '모든 세계바다 두루 비춤'이었다.

다음에 가섭여래를 만나서 받들어 섬기며 공양하고, 삼매를 얻었으니 이름이 '모든 중생 말씀 바다 연설함'이었다.

다음에 비로자나여래를 만났는데, 이 도량에서 정등각을 이루고 잠깐 동안 신통한 힘을 나타내셨다. 나는 그때 뵙고 '광대하게 기쁜 장엄을 내는 해탈'을 얻었다. 이 해탈을 얻고 수없이 많은 부처 세계의 티끌 수의 법계안립해에 들어갔다. 법계가 나란히 정돈된 바다에 있는 세계의 티끌을 보니, 낱낱의 티끌 속에 수없이 많은 세계의 티끌 수의 부처님 국토가 있고, 낱낱의 부처님 국토에 비로자나여래께서 도량에 앉아서 잠깐 동안에 정등각을 이루시고 여러 가지 신통 변화를 나투시며, 신통 변화는 낱낱이 법계 바다에 두루하며, 그 곳에서 말씀하는 묘한 법을 들었다.

부처님의 털구멍마다 변화의 바다를 내고, 신통한 힘을 나타내며, 법계 바다의 세계해와 세계종과 세계에서 중생의 마음을 따라서 바른 법륜을 굴리심을 보고 빨리 성취되는 다라니문을 얻었으며, 온갖 글과 뜻을 받아 생각하여 밝은 지혜로 모든 청정한 법장에 두루 들어가고, 자유자재한 지혜로 깊은 법 바다에 노닐고, 두루한 지혜로 삼세의 광대한 이치를 알고, 평등한 지혜로 부처님들의 차별 없는 법을 통달하여, 모든 법문을 깨달았다.

낱낱의 법문 속에서 경 구름을 깨닫고, 낱낱의 경 구름 속에서 법 바다를 깨닫고, 낱낱의 법 바다 속에서 법의 품을 깨닫고, 낱낱의 법의 품에서 법 구름을 깨닫고, 낱낱의 법 구름 속에서 법의 흐름을 깨달고, 낱낱 법의 흐름 속에서 크게 기쁜 바다를 내고, 낱낱의 크게 기쁜 바다에서 지위를 내고, 낱낱의 지위에서 삼매 바다를 내고, 낱낱 삼매 바다에서 부처 뵙는 바다를 얻고, 낱낱의 부처 뵙는 바다에서 지혜광명 바다를 얻었다.

낱낱 지혜광명 바다가 삼세를 두루 비추고 시방에 두루 들어가 한량없는 여래의 옛적에 닦던 수행 바다를 알고, 한량없는 여래의 지내온 본사 바다를 알고, 버리기 어려운 것을 버린 보시 바다를 알고, 청정한 계행 바다를 알고, 청정한 참는 바다를 알고, 광대한 정진 바다를 알고, 깊고 깊은 선정 바다를 알고, 지혜바라밀바다를 알고, 방편바라밀바다를 알고, 역바라밀바다를 알고, 지바라밀바다를 알았다.

한량없는 여래가 옛적에 보살의 지위를 초월함을 알고, 옛적에 보살의 지위에 머물러서 수없는 세월에 신통한 힘 나타냄을 알고, 보살의 지위에 들어감을 알고, 보살의 지위를 닦음을 알고, 옛적에 보살의 지위를 다스림을 알고, 보살의 지위를 관찰함을 알았다.

옛날 보살이던 때에 항상 부처님을 보고 뵙는 것을 알고, 부처님바다와 겁 바다를 보고 함께 머무름을 알고, 한량없는 몸으로 세계바다에 태어남을 알고, 법계에 두루하여 광대한 행을 닦음을 알고, 갖가지 방편문을 나타내어 중생을 조복시키고 성숙케 함을 알았다.

한량없는 여래가 큰 광명을 놓아 시방의 세계 바다에 비춤을 알고, 크게 신통한 힘을 나타내어 중생의 앞에 나타남을 알고, 광대한 지혜의 지위를 알고, 바른 법륜 굴림을 알고, 나투는 모습 바다를 알고, 나투는 몸 바다를 알고, 광대한 힘 바다를 알아서 여래가 처음 마음 낸 때부터 법이 없어지던 것을 다 보고 알았다.”

(39-35-3-2) 사바세계에서 수행한 일

"소년이여, 나는 지나간 옛적 두 부처 세계의 티끌 수 겁 전에, 청정하고 빛난 금장엄세계에서 보리수신이 되어 불퇴전법계음여래의 법문을 듣고 위없는 바른 보리심을 냈다. 두 부처세계의 티끌 수 겁 동안에 보살의 행을 닦았으며, 그런 뒤에 이 사바세계의 현겁에 태어나서 구류손부처님으로부터 석가모니부처님까지 오는 세상에 나실 여러 부처님들을 친근하고 공양했다. 이 세계의 현겁에서 여러 부처님께 공양한 것처럼 앞으로 올 모든 세계의 여러 겁 동안에 나실 부처님께도 모두 친근하게 공양할 것이다.

소년이여, 청정하고 빛난 금장엄세계에는 지금도 여러 부처님이 나시면서 계속하여 끊이지 않는다. 그대는 한결같은 마음으로 이 보살의 크게 용맹한 문을 닦으라."

(39-35-3-3) 적정음해주야신의 게송
(39-35-3-3-1) 수행하기를 권하다
이때 적정음해주야신이 해탈의 뜻을 거듭 펴려고 게송으로 말했다.
선재동자여, 내가 말하는 / 청정한 해탈문을 자세히 들어라.
듣고는 환희한 마음을 내어 / 부지런히 닦아 끝까지 이르라.

(39-35-3-3-2) 수행한 것을 밝히다
나는 지나간 오랜 겁 동안 / 믿고 좋아하는 마음을 냈으니
청정하기 허공과 같아 / 온갖 지혜를 항상 관찰했다.

나는 삼세 부처님들께 / 믿고 좋아하는 마음을 내고
그곳 대중들과 함께 / 항상 친근하기를 원했다.

나는 예전에 부처님 뵙고 / 중생을 위해 공양 올렸으며
청정한 법문을 듣고 / 마음이 매우 기뻤다.

항상 부모를 소중히 여기며 / 공경하고 공양하여
조금도 멈추지 않았으므로 / 이 해탈문에 들었다.

늙은 이, 병든 이, 가난한 이와 / 모든 감관이 구족하지 못한 이들
모두 제도하여 / 편안함을 얻게 했다.

수재와 화재와 죄인과 도둑들 / 바다에서나 어디서나 두려움에 쌓인 이
그들을 제도하려고 / 원을 세우고 수행을 했다.

번뇌가 많은 이들과 / 업장에 얽매인 이들과
험난한 길에 빠진 이들을 / 나는 항상 제도했다.

여러 가지 나쁜 길에서 / 한량없는 고통을 받으며
나고 늙고 병들고 죽음을 / 나는 모두 소멸시켰다.

미래 세월이 끝나도록 / 모든 중생을 위해
나고 죽는 고통을 멸하고 / 깨달음의 즐거움을 얻게 했다.

(39-35-4) 수승한 보살의 일을 찬탄하다

"소년이여, 나는 다만 잠깐 동안 광대한 기쁨으로 장엄한 해탈을 알 뿐이다. 보살들이 법계바다에 깊이 들어가서 모든 겁의 수를 다 알고 세계가 이루어지고 무너짐을 보는 일이야 내가 어떻게 알며 그 공덕

의 행을 어떻게 말하겠는가."

(39-35-5) 다음 선지식 찾기를 권하다
"소년이여, 이 보리도량의 여래의 모임 가운데 수호일체성주야신이
있다. 그대는 그에게 가서 보살이 어떻게 보살의 행을 배우며, 보살의
도를 닦느냐고 물어라."

(39-35-6) 선재동자가 선지식의 덕을 게송으로 찬탄하다
이때 선재동자는 한결같은 마음으로 적정음해주야신의 가르침을 생
각하면서 게송으로 말했다.

나는 선지식의 가르침 받고 / 천신이 있는 곳에 와서
보배 자리에 앉은 신을 보니 / 몸의 크기가 한량없습니다.

빛깔과 모양에 집착하여 / 모든 법이 있다는 것에 착각하는
소견 좁고 지혜 없는 사람들 / 높은 경계를 어떻게 알겠습니까.

이 세상의 천상 인간 사람들 / 한량없는 겁 동안 관찰하여도
아무도 헤아릴 수 없으니 / 몸매가 엄청 큰 까닭입니다.

오온을 멀리 여의었고 / 십이처에도 머물지 않아
세간의 의심 아주 끊었으며 / 자재한 힘을 나타냅니다.

안의 법도 밖의 법도 취하지 않아 / 흔들림이 없으며
청정한 지혜의 눈으로 / 부처님의 신통을 봅니다.

몸은 바른 법의 창고며 / 마음은 걸림없는 지혜이며
지혜의 비춤을 이미 얻어서 / 여러 중생을 다시 비춥니다.

마음에 끝이없는 업을 모아 / 모든 세간을 장엄했고
세상이 모두 마음인 줄 알면서 / 중생들 같이 몸을 나타냅니다.

세상은 모두 꿈이며 / 모든 부처님은 그림자이며
여러 가지 법 메아리 같은 줄 알아 / 중생들의 고집을 없애게 합니다.

삼세의 중생을 위해 / 잠깐 동안 몸을 나투지만
마음은 머문 곳이 없어 / 시방에 가득하여 법을 설합니다.

끝이 없는 모든 세계 바다와 / 부처 바다와 중생 바다가
모두 한 티끌 속에 있으니 / 이 성인의 해탈한 힘입니다.

이때 선재동자는 그의 발에 엎드려 절하고 여러 번 돌고 은근하게 우러러 보면서 하직하고 떠났다.

(39-36) 수호일체성주야신(守護一切城主夜神)
제6 현전지(現前地) 선지식

(39-36-1) 수호일체성 주야신을 뵙고 법을 묻다
(39-36-1-1) 선재동자가 다음 선지식을 찾아가다
이때 선재동자는 적정음해주야신의 가르침을 생각하고 관찰했다. 낱낱의 글귀를 하나도 잊지 않았고, 한량없는 깊은 마음과 한량없는 법

의 성품과 모든 방편과 신통과 지혜를 기억하고 생각하고 가려서 계속하고 끊이지 않았다. 마음이 광대하고 증득하여 편안히 머물면서 수호일체성주야신이 있는 곳으로 나아갔다.

(39-36-1-2) 수호일체성주야신이 열 가지 몸을 나타내다

그 주야신은 보배광명마니왕으로 된 사자좌에 앉았고, 수많은 주야신들에 둘러쌓여 있었다. 모든 중생의 모습인 몸을 나타냈다. 중생을 널리 대해도 세간에 물들지 않았다. 중생의 수와 같은 몸을 나타내며, 세간을 초월한 몸을 나타내며, 중생을 성숙시키는 몸을 나타내며, 시방에 빨리 가는 몸을 나타내며, 시방을 두루 포섭하는 몸을 나타내며, 끝까지 여래의 성품에 이른 몸을 나타내며, 끝까지 중생을 조복시키는 몸을 나타내는 것을 보았다.

(39-36-1-3) 중생을 거두어 주는 법에 대하여 묻다

선재동자는 그것을 보고 기뻐하며 그의 발에 절하고 여러 번 돌고 앞에 서서 합장하고 말했다.

"거룩하신 이여, 나는 이미 위없는 바른 보리심을 냈으나, 보살들이 보살의 행을 닦을 때, 어떻게 중생을 이익되게 하며, 위없이 거두어 주는 일로 중생을 거두어 주며, 부처님의 가르침을 따르며, 법왕의 자리에 가까이 하는지를 알지 못합니다. 바라건대 인자한 마음으로 저에게 말씀해 주시기 바랍니다."

(39-36-2) 수호일체성주야신의 설법
(39-36-2-1) 선재동자를 찬탄하다

주야신이 선재에게 말했다.

"소년이여, 그대가 중생을 구호하기 위해, 부처님 세계를 깨끗하게 장엄하기 위해, 여래에게 공양하기 위해, 모든 겁에 있으면서 중생을 구원하기 위해, 부처의 성품을 수호하기 위해, 시방에 두루 들어가 모든 행을 닦기 위해, 법문 바다에 들어가기 위해, 평등한 마음으로 모든 것에 두루하기 위해, 부처님의 법륜을 모두 받기 위해, 중생의 좋아하는 마음을 따라 법 비를 내리기 위해 보살들의 수행하는 문에 대해 묻는구나."

(39-36-2-2) 보살의 자유자재한 묘한 음성해탈

"소년이여, 나는 보살의 매우 깊고 '자유자재한 묘한 음성 해탈'을 얻었다. 법사가 되어 거리낌 없으니 모든 부처님의 법장을 잘 열어 보이는 까닭이다. 서원과 자비의 힘을 갖추었으니 중생을 보리심에 머물게 하는 까닭이다. 중생을 이익되게 하는 일을 지으니 선근을 쌓아 쉬지 않는 까닭이다. 중생을 지도하는 스승이 되었으니 중생을 보리의 도에 머물게 하는 까닭이다. 세간의 청정한 법의 해가 되어 세간에 두루 비추어 선근을 내게 하는 까닭이다. 세간에 마음이 평등하여 여러 중생의 착한 법을 증장하게 하는 까닭이다. 경계에 마음이 청정하여 착하지 않는 업을 없애는 까닭이다. 중생을 이익되게 서원하여 몸이 항상 모든 국토에 나타나는 까닭이다. 온갖 본래의 일의 인연을 나타내어 여러 중생을 착한 행에 머물게 하는 까닭이다. 선지식을 섬겨 중생들을 부처님 가르침에 머물게 하는 까닭이다.

소년이여, 이 법을 중생에게 베푸는 것은 선한 법을 내어 온갖 지혜를 구하게 하며, 마음의 견고함이 금강나라연 창고와 같아 부처의 힘과 마의 힘을 잘 관찰하며, 항상 선지식을 친근하고 모든 업과 번뇌의 산을 깨뜨리며, 온갖 지혜의 도를 돕는 법을 모아서 마음에 항상 온갖 지혜의 지위를 버리지 않게 함이다."

(39-36-2-3) 열 가지로 법계를 관찰하다

"소년이여, 나는 이러한 깨끗한 법의 광명으로 모든 중생을 이익되게 하여 선근과 도를 돕는 법을 모을 때 열 가지로 법계를 관찰했다.

첫째는 광대한 지혜의 광명을 얻어서 법계가 한량없음을 알며, 둘째는 부처님이 알고 보시는 것을 알아 법계가 끝이 없음을 알며, 셋째는 부처님의 국토에 들어가서 여러 여래께 공경하고 공양하여 법계가 수없이 많음을 알며, 넷째는 법계 바다 속에서 보살행을 닦음을 보아 법계가 가없음을 알며, 다섯째는 여래의 끊이지 않는 지혜에 들어가서 법계가 끊임없음을 안다.

여섯째는 여래의 한결같은 음성을 중생이 알아 법계가 한 성품임을 알며, 일곱째는 여래의 서원이 중생을 두루 제도함을 알아 법계의 성품이 깨끗함을 알며, 여덟째는 보현의 묘한 행이 두루하여 법계가 중생에게 두루함을 알며, 아홉째는 보현의 묘한 행이 잘 장엄하여 법계가 한 가지로 장엄함을 알며, 열째는 온갖 지혜의 선근이 법계에 가득하여 법계가 파괴할 수 없음을 안다.

소년이여, 이 열 가지로 법계를 관찰하여 선근을 모으며, 도를 돕는 법을 마련하며, 부처님들의 광대한 위덕을 알고, 여래의 부사의한 경계에 깊이 들어간다."

(39-36-2-4) 열 가지의 큰 위덕다라니

"소년이여, 나는 이렇게 바른 마음으로 생각하고 여래의 열 가지 큰 위덕다라니바퀴를 얻었다.

다라니바퀴는 법에 두루 들어가며, 법을 두루 지니며, 법을 두루 말하며, 시방의 부처님을 두루 생각하며, 부처님의 명호를 두루 말하며, 삼세 부처님들의 서원 바다에 두루 들어가며, 성취 바다에 두루 들어가며, 중생 업 바다에 두루 들어가며, 업을 빨리 돌리며, 온갖 지혜를 빨리 나게 한다.

소년이여, 열 가지 다라니바퀴는 일만 다라니바퀴로 권속을 삼고 항상 중생에게 묘한 법을 연설한다."

(39-36-2-5) 갖가지 법을 말하다

"소년이여, 나는 중생에게 듣는 지혜의 법과, 생각하는 지혜의 법과, 닦는 지혜의 법과, 한 가지 있는 법과, 온갖 있는 법과, 한 여래의 이름바다 법과, 모든 여래의 이름바다 법과, 한 세계 바다의 법과, 모든 세계바다의 법과, 한 부처님의 수기바다 법과, 모든 부처님의 수기바다 법과, 한 여래에게 모든 대중의 도량바다 법과, 모든 여래에게 모든 대중의 도량바다 법과, 한 여래의 법륜바다법과, 모든 여래의 법륜바다 법과, 한 여래의 경전 법과, 모든 여래의 경전 법과, 한 여래의 회중을 모으는 법과, 모든 여래의 회중을 모으는 법과, 한 보리 마음바다 법과, 모든 보리 마음바다 법과, 한 성취로 벗어나는 법과, 여러 성취로 벗어나는 법을 말하기도 한다. 소년이여, 나는 이러한 수없이 많은 법문을 중생에게 설한다.

소년이여, 나는 여래의 차별 없는 법계문 바다에 들어가서 위없는 법을 말하여 중생들을 두루 거두어서 끝까지 보현의 행에 머물게 한다.

소년이여, 나는 매우 깊고 자유자재한 묘한 음성해탈을 성취했으므로 잠깐 동안 온갖 해탈문을 증장하며, 잠깐 동안 모든 법계에 가득하다."

(39-36-2-6) 처음 해탈문을 얻은 일에 대하여

(39-36-2-6-1) 처음 부처님 때의 일

이때 선재동자가 주야신에게 말했다.

"신기합니다. 주야신이시여, 이 해탈문은 매우 드문데 거룩하신 이께서는 성취한지 얼마나 오래되었습니까?"

"소년이여, 지난 옛날 세계의 수많은 겁 전에 '무구광명'겁이 있었다. 세계의 이름은 법계공덕구름이었다. 중생의 업을 나타내는 마니왕 바다로 자체가 되었는데, 형상은 연꽃 같고 사천하의 수많은 향마니 수미산 그물 속에 있으며, 여래의 서원음성을 내는 연화로 장엄하고 나유타 연화로 권속을 삼았으며, 나유타 향마니로 사이사이를 장식했고 나유타 사천하가 있으며, 낱낱의 사천하에 백천억 나유타 성이 있었다.

소년이여, 그 세계에 '묘당기'라는 사천하가 있었다. 그 가운데 있는 수도는 '넓은 보배꽃광명'이었다. 수도에서 멀지 않은 곳에 '법왕의 궁전을 두루 나타냄'이라는 보리도량이 있었다. 나유타 여래가 그 가운데 나타나셨다.

처음 부처님은 법해뇌음광명왕불이며, 그 부처님이 나셨을 때 일광명면전륜왕이 있어서 부처님에게서 일체법해선 경전을 받아 지녔고, 부처님이 열반에 드신 후에 출가하여 바른 법을 보호하여 전법했다.

법이 없어지려 할 때 일천 무리의 다른 대중이 있어 일천 가지로 법을 말하며, 말겁이 되어서는 번뇌와 업이 두터운 비구들이 많아서 서로 다투며 경계에만 집착하고 공덕을 구하지 않았다. 왕의 논쟁, 도둑의 논쟁, 여인의 논쟁, 나라의 논쟁, 바다의 논쟁과 모든 세간의 논쟁을 하기 좋아하므로, 비구는 '이상하고 괴롭다. 부처님이 한량없는 겁 바다에서 이 법의 횃불을 모으셨는데 어찌하여 너희들은 훼방하고 없애려 하느냐?' 이렇게 생각했다. 그리고 허공으로 올라가서, 몸으로 여러 가지 빛불꽃구름을 내며, 가지각색 빛광명그물을 놓아 한량없는 중생의 치성한 번뇌를 제거하고, 보리심을 내게 했다. 이 인연으로 여래의 법이 다시 6만 5천 년 동안 흥했다. 그때 법륜화광비구니가 있었다. 전륜왕의 딸로서 십만 비구니로 권속을 삼았는데 부왕의 말씀을 듣고 신통한 힘을 보고 보리심을 내어 영원히 물러나지 않았다. '모든 부처님의 가르침의 등불'삼매를 얻었다. 또 매우 깊고 자유자재한 묘한 음성 해탈을 얻었다. 삼매를 얻고는 몸과 마음이 부드러워졌으며, 법해뇌음광명왕여래를 보고 신통한 힘을 얻었다.

"소년이여, 어떻게 생각하느냐? 그때 전륜왕으로서 여래를 따라 바른 법륜을 굴리고 부처님이 열반하신 뒤에 말법시대에 불법을 흥하게 한 이는 지금의 보현보살이며, 법륜화광비구니는 나의 전생이었다. 그때 나는 불법을 수호하여 십만 비구니들이 위없는 바른 보리에서 물러나지 않게 했고, 부처님을 보는 삼매를 얻게 했고, 부처님의 법륜과 금강광명다라니를 얻게 했고, 법문 바다에 널리 들어가는 지혜바라밀을 얻게 했다."

(39-36-2-6-2) 백 부처님 때의 일

"다음 부처님은 이구법광명 부처님이었으며, 차례로 백 부처님이 나셨다. 다음은 법륜광명계 부처님이며, 차례로 법일공덕운 부처님, 법해묘음왕 부처님, 법일지혜등 부처님, 법화당운 부처님, 법염산당왕 부처님, 심심법공덕월 부처님, 법지보광장 부처님, 개시보지장 부처님, 공덕장산왕 부처님, 보문수미현 부처님, 일체법정진당 부처님, 법보화공덕운 부처님, 적정광명계 부처님, 법광명자비월 부처님 등이다. 소년이여, 이러한 나유타 부처님 중에 마지막 부처님의 이름은 법계성지혜등이었다. 모든 때 여읜 광명 겁 동안 세상에 계셨으며, 내가 존중하고 친근하여 공양했다. 말씀하신 묘한 법을 듣고 받아 지녔으며, 여러 여래에게 출가하여 도를 배웠고, 교법을 수호했으며, 보살의 매우 깊고 자유자재한 묘한 음성의 해탈에 들어가 갖가지 방편으로 한량없는 중생들을 교화하여 성숙하게 했다.

그 후에 수많은 겁 동안에 세상에 나시는 부처님을 공양하고 그 법을 수행했다.

소년이여, 나는 그때부터 나고 죽는 어두운 무명 속에 있는 중생들 속에 홀로 깨어 있어서, 중생들이 마음성을 수호하고 삼계의 성을 버리게 하며, 온갖 지혜의 위없는 법의 성에 머물게 했다.”

(39-36-3) 수승한 보살의 일을 찬탄하다

“소년이여, 나는 다만 매우 깊고 자유자재한 묘한 음성의 해탈을 알고 세간 사람들의 희롱거리 말을 여의고 두 가지 말을 하지 않으며, 진실한 말과 청정한 말을 할 뿐이다. 보살들이 모든 말의 성품을 알아 생각마다 중생을 깨닫게 하며, 여러 중생의 음성 바다에 들어가서 온갖 말을 분명하게 하며, 법문 바다를 분명히 보며, 온갖 법을 포섭한 다라니에 이미 자재해졌다. 중생들에 따라 법을 말하여 의심을 없게 하며, 중생을 널리 거두어 주고 보살의 위없는 업을 교묘하게 닦으며, 보살의 미세한 지혜에 깊이 들어가 보살들의 법장을 잘 관찰하며, 보살의 법을 자유롭게 말하는 것은 모든 법륜의 다라니를 이미 성취한 까닭이니, 그런 일이야 내가 어떻게 알며 그 공덕의 행을 말하겠는가.”

(39-36-4) 다음 선지식 찾기를 권하다

“소년이여, 이 부처님 회중에 개부일체수화주야신이 있다. 그대는 그에게 가서 보살이 어떻게 온갖 지혜를 배우며, 모든 중생을 편안케 하며, 온갖 지혜에 머물게 하는가를 물어라."

(39-36-5) 수호일체성주야신의 게송

그때 수호일체성주야신이 이 해탈의 뜻을 거듭 밝히려고 게송으로
말했다.

보살의 깊은 해탈 보기 어려워 / 진여와 같은 허공의 평등한 모양
그지없는 법계의 안에 계시는 / 삼세의 모든 여래 두루 보네.

한량없이 훌륭한 공덕을 내며 / 부사의한 참 법의 성품에 들어
온갖 것에 자재한 지혜를 기르며 / 삼세의 해탈도를 열어 통하네.

세계의 티끌처럼 많은 겁 전에 / 그때에 정광겁이 있었고
그 세계의 이름은 법불꽃구름이며 / 수도는 보배꽃광명이네.

그 세상에 나셨던 많은 부처님 / 한량없는 나유타 만큼 많은데
법해음 부처님께서 / 이 겁에 가장 먼저 나셨네.

맨 나중 나셨던 부처님은 / 법계염등왕 부처님이며
이렇게 나셨던 모든 여래를 / 내가 모두 공양하고 법을 들었네.

법해뇌음 부처님을 뵈었는데 / 부처님의 몸빛이 진금빛이며
여러 모양 장엄하심은 보배산 같아 / 나도 부처 되려고 발심했네.

부처님 몸매를 잠깐 뵙고는 / 광대한 보리심을 바로 내며

서원하고 온갖 지혜 구하려 하니 / 그 성품이 법계의 허공과 같네.

이리하여 삼세의 부처님들과 / 모든 보살 대중을 두루 뵈며
국토와 중생 바다 다 보고 나서 / 그런 것들 반연하여 대비심을 내네.

중생들이 좋아하는 마음을 따라 / 한량없는 갖가지 몸을 나타내어
시방 국토에 가득하여 / 땅 흔들고 빛을 펴서 중생을 깨닫게 하네.

둘째 나신 부처님 가까이 뵙고 / 시방세계 부처님도 다 뵈었으며
마지막 부처님이 나시기까지 / 수미산 같이 수없이 많네.

모든 세계 수많은 갑절 겁 동안 / 출현하시는 세상의 등불인 여러 부처님
내가 다 친근하고 받들어 섬겨 / 이 해탈을 청정하게 닦아 이루었네.

(39-36-6) 선재동자가 법 얻은 것을 찬탄하다

이때 선재동자는 보살의 매우 깊고 자유자재한 묘한 음성의 해탈에 들어갔다. 끝이 없는 삼매 바다에 들어가고, 크고 넓은 다라니 바다에 들어가서 보살의 신통과 보살의 변재를 얻고 마음이 매우 기뻐서 수호일체성주야신을 관찰하고 게송으로 찬탄했다.

광대한 지혜바다 이미 행하고 / 끝이 없는 업 바다를 이미 건너서
장수하고 근심 없는 지혜의 몸이 / 위덕과 광명으로 여기 계십니다.

법의 성품 허공같이 통달하시고 / 삼세에 들어가되 걸림이 없어
생각으로 모든 경계 반연해도 / 마음에는 모든 분별 끊었습니다.

중생들의 성품 없음 통달하고도 / 중생에게 대비심을 일으키시며
여래의 해탈문에 깊이 들어가 / 한량없는 중생을 제도하십니다.

온갖 법을 관찰하고 생각해 알고 / 모든 법의 성품을 증득하여 알며
부처님의 지혜를 이렇게 닦아 / 중생을 교화하여 해탈하게 합니다.

당신은 중생들을 지도하는 이 / 여래의 지혜 길을 열어 보이며
온 법계의 수많은 중생들에게 / 공포에서 벗어나는 행을 말합니다.

여래의 서원길에 이미 머물고 / 보리의 큰 교법을 이미 받았고
온갖 것에 두루하는 힘을 닦아서 / 시방에 자재하신 부처 뵈었습니다.

천신의 마음 깨끗하기 허공과 같아 / 여러 가지 번뇌를 두루 여의고
삼세의 한량없는 여러 세계와 / 부처·보살·중생을 모두 아십니다.

천신은 한 생각이 낮과 밤이며 / 날과 달과 해와 겁을 모두 아시고
중생들의 여러 종류 이름과 형상들 / 제각기 차별함을 모두 아십니다.

시방세계와 중생의 죽고 나는 곳과 / 형상 세계와 무형 세계와 유상과 무상
이런 것들 세속 따라 모두 다 알고 / 인도하여 보리에 들게 하십니다.

여래의 서원집에 이미 나시고 / 부처님의 공덕 바다 이미 들어가
마음이 걸림없고 몸이 청정하여 / 중생따라 여러 몸을 나타냅니다.

이때 선재동자는 게송을 말하고 나서 주야신의 발에 예배하고 여러

번 돌고 은근하게 우러러 보면서 하직하고 물러갔다.

(39-37) 개부일체수화주야신(開敷一切樹華主夜神)
제 7 원행지(遠行地) 선지식

(39-37-1) 개부일체수화주야신을 뵙고 법을 묻다
이때 선재동자는 보살의 매우 깊고 자유자재한 묘한 음성의 해탈문에 들어가서 수행이 증진되어 개부일체수화주야신에게 나아갔다. 그는 보배향나무로 지은 누각 안에서 묘한 보배로 만든 사자좌에 앉았는데, 백만의 주야신이 모시고 있었다.

선재동자는 그의 발에 예배하고 앞에 서서 합장하고 말했다.

"거룩하신 이여, 저는 이미 위없는 바른 보리심을 냈으나, 보살이 어떻게 보살의 행을 배우며 온갖 지혜를 얻는지 알지 못합니다. 바라건대 자비하신 마음으로 저에게 말씀해 주시기 바랍니다."

(39-37-2) 개부일체수화주야신의 설법
(39-37-2-1) 중생을 안락하게 하는 행
주야신이 말했다.

"소년이여, 나는 이 사바세계에서 해가 지고 연꽃이 지고 사람들이 구경하던 일을 마칠 때에, 여러 산이나 물이나 성이나 벌판 등에 있는 여러 중생들이 모두 그들이 있던 곳으로 돌아가려 할 때 이들을 보호하여 바른 길을 찾게 하며 가려는 곳에 가서 밤을 편안히 지내게 한다."

(39-37-2-2) 중생들을 이익되게 하는 행
"소년이여, 어떤 중생이 한창 혈기가 충만할 나이에 교만하고 방탕하여 오욕락을 마음껏 누리거든, 나는 그에게 늙고 병들어 죽는 일을 보여 두려운 생각을 내고 나쁜 짓을 버리게 하며, 갖가지 선근을 칭찬하여 닦아 익히게 한다. 인색한 이에게는 보시를 찬탄하고, 파계하는 이에게는 청정한 계율을 칭찬하고, 성 잘 내는 이에게는 인자한 곳에 머물게 하고, 해칠 마음을 가진 이에게는 참는 일을 하게 하고, 게으른 이에게는 정진하게 하고, 산란한 이에게는 선정을 닦게 하고, 나쁜 꾀를 가진 이에게는 지혜를 배우게 하고, 소승을 좋아하는 이는 대승에 머물게 하여 방편 바라밀에 머물게 하며, 삼계의 여러 길을 좋아하는 이는 보살의 원바라밀에 머물게 하며, 중생이 복과 지혜가 미약하여 번뇌와 업의 핍박으로 걸림이 많은 이는 보살의 역바라밀에 머물게 하며, 중생이 마음이 어두워 지혜가 없으면 보살의 지바라밀에 머물게 한다.

소년이여, 나는 이미 보살의 큰 기쁨을 내는 광명의 해탈문을 성취했다."

(39-37-2-3) 해탈문의 경계

선재동자가 말했다.

"거룩하신 이여, 이 해탈문의 경계가 어떠합니까?"

주야신이 말했다.

"소년이여, 이 해탈에 들어가면 여래께서 중생들을 두루 거두어 주는 교묘한 방편 지혜를 알게 된다. 중생이 받는 여러 가지 즐거움은 모두 여래의 위덕의 힘이다. 여래의 가르침을 순종하고 여래의 말씀을 실행하고, 여래의 행을 배우고 여래의 두호하는 힘을 얻고, 여래의 인가하는 도를 닦고 여래의 행하던 착한 일을 심고, 여래의 법을 의지하고 여래의 지혜의 햇빛으로 비추고, 여래의 성품이 깨끗한 업의 힘으로 거두어 주는 까닭으로 생긴다.

소년이여, 내가 큰 기쁨을 내는 광명의 해탈에 들어가서, 비로자나 여래·응공·정등각께서 과거에 닦으시던 보살의 수행 바다를 기억하여 분명하게 보았다.”

(39-37-2-4) 발심한 일에 대하여 말하다

“소년이여, 부처님께서 보살로 계실 때에 모든 중생이 ‘나’와 ‘내것’이라는 것에 집착하여 무명의 어두운 밤에 머물며, 여러 소견의 숲속에 들어가서 탐애에 얽매이고 성내는 데 휩싸이고 어리석은 데 어지럽히고 미워하는 데 감기어, 나고 죽는 데 바퀴 돌 듯이 하고 빈궁하고 피곤하여 부처님이나 보살들을 만나지 못하는 것을 보았다.

그런 것을 보고 가엾게 여기는 마음을 내어 중생을 이익되게 했다. 보배로 된 도구를 얻어 중생을 거두어 주는 마음과, 중생들이 생활에 필요한 물품을 구족하여 모자람이 없게 하는 마음과, 일에 집착을 여의게 하는 마음과, 경계에 물들고 탐내지 않는 마음과, 끊임없이 베푸는 마음과, 과보에 희망하지 않는 마음과, 영화에 부러워하지 않는 마음과, 인연에 미혹하지 않는 마음을 냈다.

진실한 법의 성품을 관찰하고, 중생을 구호하고, 법의 소용돌이에 깊이 들어가고, 중생에 대하여 평등한 데 머무는 인자한 마음과 중생에게 방편을 행하는 가엾게 여기는 마음과 큰 법의 일산이 되어 중생을 두루 덮는 마음과 큰 지혜의 금강저로 중생의 번뇌의 산을 깨뜨리는 마음과 중생의 기쁨을 증장하는 마음을 냈다. 끝까지 안락하게 하는 마음과, 중생의 욕망을 따라 모든 보배를 비내리는 마음과, 평등한 방편으로 중생을 성숙하게 하는 마음과, 중생으로 하여금 성스러운 재물에 만족케 하는 마음과, 중생이 반드시 모두 십력의 지혜 열매를 얻게 하는 마음을 냈다.”

9

(39-37-2-5) 중생을 성숙하게 하는 행

"이런 마음을 내어 보살의 힘을 얻고 큰 신통 변화를 나타냈다. 법계와 허공계에 두루하여 중생에게 생활에 필요한 물품을 비 내려 그들의 욕망대로 뜻에 만족하여 기쁘게 하며, 뉘우치지도 인색하지도 않았다. 이러한 방편으로 중생들을 두루 거두어 교화하고 성숙하게 하여 생사의 고통에서 벗어나게 하면서도 갚음을 바라지 않으며, 여러 중생의 마음 보배를 깨끗하게 다스려서 그들로 하여금 여러 부처님과 같은 선근을 일으키게 하며 온갖 지혜와 복덕 바다를 증장하게 했다.

보살이 이렇게 하여 잠깐 동안에 모든 중생을 성숙하게 하며, 부처님 세계를 깨끗이 장엄하며, 법계에 두루 들어가며, 허공계에 두루 가득하며, 삼세에 두루 들어가며, 중생의 지혜를 성취하고 조복하며, 온갖 법륜을 굴리며, 온갖 지혜의 도로써 중생을 이익되게 하며, 세계의 갖가지로 차별된 중생 앞에서 오는 세월이 끝나도록 부처님의 등정각을 이루심을 나타내며, 널리 모든 세계의 겁에서 보살의 행을 닦아 두 가지 생각을 내지 않는다. 모든 광대한 세계해의 세계종 가운데 있는 갖가지로 경계가 된 세계와 갖가지로 장엄한 세계와 갖가지의 자체로 된 세계와 갖가지의 형상으로 된 세계와 갖가지 널려 있는 세계에 들어가는 것이다. 어떤 세계는 더러운데 깨끗하기도 하며, 깨끗한데 더럽기도 하며, 더럽기만 하고, 깨끗하기만 하며, 작기도 하고 크기도 하고 굵기도 하고 가늘기도 했다. 혹은 바르고 기울고 엎어지고 젖혀졌다. 이러한 여러 가지 세계 중에서 잠깐 동안에 보살들의 행을 행하고 보살의 지위에 들어가고 보살의 힘을 나투며 삼세 부처님의 몸을 나타내고 중생의 마음을 따라 알고 보게 했다.

소년이여, 비로자나여래께서 지나간 옛날 보살의 행을 닦을 때에 여러 중생이 공덕을 닦지 않아서 지혜가 없어 '나'와 '내것'에 집착하며,

무명에 가려 바르게 생각하지 않고 삿된 소견에 들어가며 원인과 결과를 알지 못하고 번뇌의 업을 따르다가 생사의 험악한 구렁에 빠져서 갖가지 한량없는 괴로움을 받는 것을 보고 중생들에게 매우 가엾게 여기는 마음을 내어 온갖 바라밀행을 닦게 하며 선근을 찬탄하며 편안히 머물게 하여, 생사와 빈궁한 고통을 여의고 복덕과 도를 돕는 법을 닦게 했다.

갖가지 인과의 문을 말하여 업과 과보가 서로 위반하지 않음을 알게 한다. 법을 증득하여 들어갈 곳을 말하여 중생의 욕망과 이해를 알게 한다. 여러 가지로 태어날 국토를 말하며 그들로 하여금 부처의 종자를 끊어지지 않게 한다. 부처님의 가르침을 수호하게 하며 나쁜 짓을 버리게 한다. 온갖 지혜에 나아가는 도를 돕는 법을 말하여 중생들이 환희한 마음을 내게 하며, 법 보시를 행하여 모든 것을 두루 거두어 주면 온갖 지혜의 행을 일으키게 한다. 바라밀의 도를 닦아 배우게 하며, 온갖 지혜를 이루는 여러 선근 바다를 증장하게 한다. 모든 거룩한 재물을 만족하게 하며, 부처님의 자유자재한 문에 들어가게 한다. 한량없는 방편을 거두어 가지며, 여래의 위엄과 공덕을 살펴보게 하며, 보살의 지혜에 편안히 머물게 했다.”

(39-37-2-6) 깊어서 알기 어려운 법의 근본

선재동자가 말했다.

“거룩하신 이께서 위없는 바른 보리심을 낸 지는 얼마나 오래되었습니까?”

주야신이 대답했다.

“소년이여, 이것은 믿기 어렵고 알기 어렵고 이해하기 어렵고 들어가기 어렵고 말하기 어렵다. 모든 세간에서나 이승들도 알지 못한다.

오직 부처님들의 신통한 힘으로 두호하고 선지식이 거두어 주는 이는 알 수 있다. 훌륭한 공덕을 모아 욕망과 좋아함이 청정하여 용렬한 마음이 없고 물든 마음이 없고 왜곡된 마음이 없다. 널리 비추는 지혜의 광명된 마음을 얻고, 중생들을 두루 이익되게 하려는 마음과 모든 번뇌와 여러 마가 깨뜨릴 수 없는 마음을 낸다. 온갖 지혜를 성취하려는 마음과 생사의 낙을 좋아하지 않는 마음을 일으키며, 부처님의 묘한 낙을 구한다. 중생의 괴로움을 멸하고, 부처님의 공덕 바다를 닦고, 법의 참된 성품을 관찰한다. 청정한 믿음과 이해를 갖추고 생사의 흐름을 초월하여 여래의 지혜 바다에 들어간다. 위없는 법의 성(城)에 결정코 이르며, 여래의 경계에 용맹하게 들어가며, 부처님의 지위에 빨리 나아간다. 온갖 지혜의 힘을 성취하며, 시방에서 끝까지 이름을 얻은 사람이라야 이것을 지니며 들어가고 통달한다.

왜냐하면 이것은 여래의 지혜 경계이므로 보살도 알지 못하는데 하물며 중생이 어떻게 알겠는가. 그러나 내가 이제 부처님의 위신력에 힘입어 교화할 만한 중생의 뜻을 빨리 청정하게 하며, 선근을 닦는 중생의 마음이 자유자재하게 하기 위해 그대의 물음을 따라 말한다."

(39-37-2-7) 게송으로 거듭 말하다

이때 개부일체수화주야신이 이 뜻을 거듭 밝히려고 삼세의 여래의 경계를 관찰하고 게송으로 말했다.

소년이여, 그대가 물은 / 깊고 깊은 부처님의 경계는
헤아릴 수 없는 오랜 겁 동안 / 말해도 다 말할 수 없다.

탐욕과 성냄과 어리석음과 / 교만과 의혹에 가려진

중생으로는 알 수 없는 / 부처님의 묘한 법이다.

간탐과 질투와 아첨과 속이는 / 나쁜 마음과 번뇌와 업에
가려진 중생으로는 알 수 없는 / 부처님의 경계이다.

오온과 십이처와 십팔계에 집착하여 / 몸이 있다거나 소견이 뒤바뀌고
생각이 뒤바뀐 중생은 알 수 없는 / 부처님의 깨달음이다.

부처님의 경계 고요하고 / 성품이 깨끗하고 분별 여의었는데
내가 있다고 고집하는 중생은 / 이 법의 성품을 알 수가 없다.

부처님의 가문에 나서 / 부처님의 수호를 받으며
부처님의 법장을 가진 이만이 / 지혜의 눈으로 보는 경계일 뿐이다.

선지식을 가까이 모시고 / 맑고 깨끗한 법을 좋아하며
부처님의 힘을 구하는 이는 / 이 법문을 듣고 기뻐할 것이다.

마음이 깨끗하고 분별이 없어 / 마치 허공과 같고
지혜의 등불로 어둠을 깨치면 / 이것이 그들의 경계인 것이다.

크게 자비한 마음으로 / 모든 세간을 두루 덮어
온갖 것에 평등하면 / 이것이 그들의 경계인 것이다.
집착이 없는 기쁜 마음으로 / 끝까지 후회함이 없으며
부처님의 가르침을 따라 행하면 / 이것이 그들의 경계인 것이다.

모든 법의 성품과 / 모든 업의 씨앗을 알고
어디에도 마음이 흔들리지 않으면 / 이것이 그들의 경계인 것이다.

용맹하게 꾸준히 노력하고 / 편안한 마음 물러나지 않아
온갖 지혜 부지런히 닦으면 / 이것이 그들의 경계인 것이다.

마음은 고요히 삼매에 머물고 / 끝까지 청량하여 번뇌가 없으며
온갖 지혜의 원인을 닦으면 / 이것이 깨달은 이의 해탈인 것이다.

모든 진실한 모양을 알고 / 끝이 없는 법계의 문에 들어가
중생을 제도하여 남김이 없으면 / 지혜를 얻은 이의 해탈인 것이다.

중생의 진실한 성품 통달하여 / 보이는 모든 현상에 집착하지 않고
그림자처럼 마음물에 비치면 / 바른 길 걷는 이의 해탈인 것이다.

삼세의 모든 부처님의 / 방편과 서원의 힘으로 태어나서
모든 세계와 겁에 부지런히 수행하면 / 이것이 보현의 해탈인 것이다.

모든 법계의 문에 두루 들어가 / 시방의 세계 바다 모두 보며
생겨나고 없어지는 겁을 보아도 / 끝까지 분별하는 마음이 없다.

법계의 모든 티끌 마다 / 여래가 보리수 아래 앉아 도를 이루고
중생 교화함을 보면 / 걸림없는 눈 가진 이의 해탈인 것이다.

그대는 한량없는 겁 바다에서 / 선지식을 모셔 공양했고

중생을 이익되게 하려고 법을 구하니 / 부지런히 기억하여 잊지를 않네.

비로자나불의 광대한 경계가 / 한량없고 끝이 없어 부사의하지만
부처님의 힘을 입어 설법을 하며 / 그대의 청정한 마음은 더욱 빛나네.

(39-37-2-8) 발심한 인연에 대하여 말하다
(39-37-2-8-1) 옛적 부처님의 일을 말하다

"소년이여, 지나간 옛적 세계해의 수많은 겁 전에 '넓은 광명진금마니산'이라는 한 세계해가 있었다. 그 세계해에 보조법계지혜산적정위덕왕 부처님이 출현하셨다. 소년이여, 부처되기 전에 그 부처님은 보살의 행으로 그 세계해를 깨끗이 했는데, 그 세계해 가운데 세계의 수많은 세계종이 있고, 낱낱의 세계종마다 수많은 세계가 있으며, 낱낱의 세계마다 여래께서 나타나셨다. 낱낱의 여래께서 세계해 티끌 수만큼 경전을 말씀하시고, 낱낱의 경전에서 부처 세계의 수많은 보살들에게 수기를 주며 갖가지 신통한 힘을 나타내고 법문을 하여 한량없는 중생을 제도했다.

소년이여, 넓은 광명진금마니산 세계해 가운데 '두루 장엄한 당기'라는 한 세계종이 있으며 그 가운데 '모든 보배빛 넓은 광명'의 세계가 있었다. 화신 부처님의 그림자를 나타내는 마니왕으로 형상은 하늘 성과 같으며, 여래도량의 형상을 나타내는 마니왕으로 밑바닥이 되어 모든 보배꽃바다 위에 있으니 깨끗하고 더러움이 섞여 있었다. 이 세계에 나유타 사천하가 있고 그 복판에 '온갖 보배산 당기'라는 한 사천하가 있고, 넓이와 길이가 10만 유순이며, 낱낱의 사천하에 각각마다 1만의 큰 성이 있었다. 그 염부제에 '견고하고 묘한 보배장엄구름등불'이라는 수도가 있는데 1만의 큰 성들이 둘러싸고 있었다. 그

염부제 사람의 수명이 1만 세였다. 그때 '모든 법 음성 원만한 일산'
이라는 왕이 있었다. 5백 대신과 6만 궁녀와 7백 왕자가 있었는데,
왕자들이 용모가 단정하고 용맹하여 큰 위덕이 있었으며, 그 왕의 위
덕이 염부제에 널리 퍼져서 대적할 이가 없었다.

세계가 겁이 다할 때 오탁의 다섯 가지 흐린 것이 생겨 사람들의 수명
은 짧아지고 재물은 모자라고 형상은 더럽고 고통이 많고 즐거움이
없었다. 열 가지 착한 십선은 닦지 않고 나쁜 업만 지으며 서로 다투
고 헐뜯으며 다른 이의 권속을 떠나게 하고 다른 사람의 영화를 질투
하며, 생각대로 소견을 내고 법답지 못하게 탐심을 냈다.

그런 인연으로 풍우가 고르지 못하고 곡식이 풍년 들지 않으며, 동산
에 풀과 나무가 타 죽고 백성들은 궁핍하여 질병이 많아서 사방으로
흩어져 의지할 곳이 없어 모두 수도로 와서 여러 백천만억 겹을 둘러
싸고, 사방에서 고래고래 소리를 지르며, 손을 들기도 하고 합장하기
도 하며, 머리를 땅에 조아리기도 하고 손으로 가슴을 두들기기도 하
며, 무릎을 꿇고 부르짖기도 하고 몸을 솟구쳐 외치기도 하며, 머리를
풀어헤치고 옷은 남루하며, 살갗이 터지고 눈에는 빛이 없었다. 임금
을 향하여 하소연했다.

"대왕이여, 저희들은 지금 빈궁하고 외롭고 굶주리고 헐벗고 병들고
쇠약하여 여러 가지 고통에 시달리고 있습니다. 목숨이 바람 앞의 등
불 같으며 의지할 곳도 없고 구해 줄 이도 없습니다. 저희들은 이제 대
왕을 희망으로 여기고 왔습니다. 인자하고 지혜로우신 대왕께서는 저
희들을 안락하게 거두어 줄 것이라는 생각, 사랑을 베풀어 줄 것이라는
생각, 살려 줄 것이라는 생각, 거두어 줄 것이라는 생각, 보배광을 얻을
수 있다는 생각, 나루를 만날 수 있다는 생각, 바른 길을 찾았다는 생
각, 때를 만났다는 생각, 보물섬을 보았다는 생각, 금은보화를 얻을 수

있을 것이라는 생각, 천궁에 올라갈 수 있다는 생각을 냈습니다."

(39-37-2-8-2) 큰 자비심을 일으키다

그때 대왕은 이 말을 듣고 가엾게 여기는 백만 아승기 문을 얻어 한결같은 마음으로 생각하며, 열 가지 가엾게 여기는 말을 했다.

"애닯다. 중생이여, 끝도 없는 생사의 구렁에 빠졌으니 빨리 건져내어 온갖 지혜의 땅에 머물게 할 것이다.

모든 번뇌의 핍박을 받으니 구호하여 온갖 착한 업에 머물게 할 것이다. 나고 늙고 병들고 죽는 것에 떨고 있으니 의지할 데가 되어 몸과 마음이 편안함을 얻게 할 것이다.

항상 세상의 공포 속에서 시달리니 도와주어 온갖 지혜의 길에 머물게 할 것이다.

지혜의 눈이 없어 내 몸이란 소견의 의혹에 덮혔으니 방편을 지어 의혹의 소견과 눈에 가린 막을 걷어내어 줄 것이다.

항상 어리석음에 미혹되었으니 밝은 횃불이 되어 온갖 지혜의 성을 비추어 보게 할 것이다.

항상 아끼고 질투하고 아첨하는 데 흐려져 있으니 열어보여서 청정한 법의 몸을 증득하게 할 것이다.

생사의 바다에 오랫동안 빠졌으니 건져내어 보리의 언덕에 오르게 할 것이다.

여러 감관이 거칠어 조복시키기 어려우니 잘 다스려 여러 부처님의 신통한 힘을 갖추게 할 것이다.

소경과 같아 길을 보지 못하니 잘 인도하여 온갖 지혜의 문에 들어가게 할 것이다."

(39-37-2-8-3) 큰 보시행을 행하다

대왕은 이렇게 말하고 북을 치고 '내가 지금 모든 중생에게 보시하여 필요한 것을 모두 만족하게 할 것이다'라고 명령을 내리고, 즉시 염부제에 있는 크고 작은 여러 성과 모든 마을에 선포하여 창고를 열고 갖가지 물품을 내어 네거리에 쌓아 놓았으니 금·은·유리·마니 등의 보배와 의복과 음식과 꽃과 향과 영락과 궁전과 집과 평상과 방석들이었다. 큰 광명 마니보배당기를 세웠으니 그 빛이 몸에 비치면 모두 편안해졌다.

또 여러 가지 병에 필요한 약과 끓는 물을 보시하고 여러 가지 보배그릇에 여러 가지 보배를 담고 금강그릇에는 갖가지 향을 담고 보배향그릇에는 갖가지 옷을 담았다. 연과 가마와 수레와 당기 번기와 비단 일산 따위의 여러 가지 살림살이에 필요한 것들을 고방문을 열어 놓고 주었으며, 또 여러 마을과 성시와 동산과 숲과 처자와 권속과 왕의 지위와 머리·눈·귀·코·입술·혀·치아·손·발·피부·근육·염통·콩팥·간·허파 등의 몸 속과 밖에 있는 것들을 베풀어 주었다.

견고하고 묘한 보배로 장엄한 구름등불성 동쪽에 '마니산광명문'이 있고, 그 문 밖에 보시하는 모임이 있었다. 땅이 넓고 청정하고 평탄하여 구덩이나 가시덤불이나 자갈 따위가 없고, 모두 아름다운 보배로 되었으며, 여러 보배꽃을 흩고 묘한 향을 풍겼으며 여러 가지 보배등을 켰으니 모든 향기구름이 허공에 가득하고, 한량없는 보배나무가 차례차례 줄을 지었으며, 한량없는 꽃그물과 한량없는 향그물이 위에 덮이고 한량없는 백천억 나유타 악기에서는 아름다운 음악이 항상 나는데, 이런 것들을 묘한 보배로 장엄했으니 보살의 깨끗한 업으로 생긴 과보이다.

그 모임 가운데 사자좌가 놓여 있었다. 열 가지 보배가 바닥이 되고,

열 가지 보배가 난간이 되었으며, 열 가지 보배나무가 사방으로 둘러
섰고, 금강보배바퀴가 그 밑을 받쳤는데, 보배로 용과 신의 형상을 만
들어 함께 받들게 했고 갖가지 보물로 장엄했다. 당기·번기가 사이사
이로 벌였고 여러 가지 그물이 위에 덮이고 한량없는 보배향에서는
향기구름이 나오고 여러 가지 보배옷이 곳곳에 깔려 있고, 백천 가지
풍류를 항상 잡히며, 또 그 위에 보배일산을 받았는데, 한량없는 보배
불꽃광명을 놓아서 염부금처럼 찬란하고 깨끗하며 보배그물을 덮고
영락을 드리우고, 마니보배로 된 띠를 둘렀고, 갖가지 풍경에서는 항
상 묘한 소리를 내어 중생들에게 착한 업을 닦으라고 권했다.

그때 대왕이 사자좌에 앉았는데, 얼굴이 단정하고 거룩한 모습을 구
족했다. 빛이 찬란한 보배로 관을 만들어 썼으니, 하늘의 역사인 나
라연 같은 몸이라 해칠 수 없었다. 여러 시절이 모두 원만하고 성품
이 너그럽고 어질어서 왕족에 태어났으며, 재물과 법에 자유자재하
고 변재가 걸림이 없고 지혜가 통달하며 어진 생각으로 나라를 다스
렸는데 명령을 어기는 이가 없었다.

그때 염부제에 한량없고 수많은 백천만억 나유타 중생이 있는데, 수
많은 국토에서 갖가지 종족과 형상과 의복과 말과 욕망을 가진 이들
이 모여 와서 대왕을 우러러 보면서 이렇게 말했다.

"이 대왕은 큰 지혜가 있는 이며 복이 수미산 같은 이며 공덕이 달 같
은 이로서 보살의 서원에 머물러서 광대한 보시를 합니다."

이때 대왕은 저들이 와서 구걸함을 보고, 가엾이 여기는 마음과 환희
한 마음과 존중하는 마음과 선지식이란 마음과 광대한 마음과 서로
계속하는 마음과 정진하는 마음과 물러가지 않는 마음과 모든 것을
주려는 마음과 두루한 마음을 냈다.

소년이여, 그때 대왕이 구걸하는 이들을 보고 크게 환희한 마음을 내

는 것이 잠깐 동안이지만 도리천왕, 야마천왕, 도솔타천왕이 백천억 나유타 겁 동안에 받을 쾌락과 자재천왕이 한량없는 겁 동안에 받을 쾌락과 대범천왕이 끝이 없는 겁 동안에 받을 범천의 쾌락과 광음천왕이 헤아릴 수 없는 겁 동안에 받을 천상의 낙과 변정천왕이 다함 없는 겁 동안에 받을 천왕의 낙과 정거천왕이 말할 수 없는 겁 동안에 고요한 데 머무르는 낙으로도 미칠 수 없다.

소년이여, 어질고 인자하고 효도하고 공순한 어떤 사람이 난리를 만나 부모, 처자, 형제, 자매와 멀리 헤어졌다가, 뜻밖에 거친 벌판에서 서로 만나 반갑게 붙들고 어루만지며 어쩔 줄을 모르듯이 저 대왕이 와서 구걸하는 이들을 보고 기뻐함도 그와 같다.

소년이여, 그 대왕이 그때 선지식을 만나서 부처님의 보리를 이해하고 이루고자 함이 더욱 증장하며 근기가 성취하고 믿음이 청정하며 환희함을 만족했다. 무슨 까닭인가? 이 보살이 여러 가지 행을 부지런히 닦아 온갖 지혜를 구하며, 중생이 이익되기를 원하고 보리의 한량없는 낙을 얻기를 원하며, 착하지 못한 마음을 버리고 모든 선근을 모으기를 좋아하며, 중생을 구호하기를 원하고 살바야(薩婆若, Sarvajna, 모든 법을 깨닫는 지혜)의 도를 관찰하기를 좋아하며, 온갖 지혜의 법을 수행하기를 즐기고 모든 중생의 소원을 만족하게 하며, 부처님의 공덕 바다에 들어가서 모든 마의 번뇌와 업을 깨뜨리며, 여래의 가르침을 따라서 온갖 지혜의 걸림없는 도를 행했기 때문이다.

온갖 지혜의 흐름에 깊이 들어갔으며 법의 흐름이 항상 앞에 나타나며 서원이 다함이 없어 대장부가 되었으며 거룩한 이의 법에 머물러 여러 가지의 착한 일을 쌓아 집착을 여의어 세간의 경계에 물들지 않으며, 법의 성품이 허공과 같음을 알고 와서 구걸하는 이에게 외아들인 생각과 부모라는 생각과 복밭이라는 생각과 만나기 어려운 생각

과 이익되고 신세진다는 생각과 견고한 생각과 스승이란 생각과 부
처님이란 생각을 냈다.

그래서 처소도 가리지 않고 종류도 택하지 않고 형상도 가리지 않고,
오는 이마다 그의 욕망대로 인자한 마음으로 모든 것을 평등하게 보
시하여 만족하게 했다. 음식을 구하는 이는 음식을 주고 옷을 구하는
이는 옷을 주고 향과 꽃을 구하는 이는 향과 꽃을 주고 화만과 일산을
구하는 이는 화만과 일산을 주며, 당기·번기·영락·궁전·동산·정원·
코끼리·말·수레·평상·보료·금·은·마니·보물과 고방에 쌓아둔 것과,
권속·도시·마을등을 중생들에게 보시했다.

(39-37-2-9) 발심한 일을 말하다
(39-37-2-9-1) 몸과 마음의 덕

그때 이 모임에 보배광명 장자의 딸이 60명의 아가씨들과 함께 있었다.
단정하고 아름다워 사람들이 기뻐하니 살갗은 금빛이고 눈과 머리카
락은 검푸르고, 몸에서는 향기가 나고 입으로는 범천의 음성을 말하
며, 훌륭한 보배 옷으로 단장했고, 항상 수줍은 모습을 하고 바른 생
각이 산란하지 않으며, 위의를 갖추고 어른을 공경하며, 깊고 묘한 행
을 따르기를 생각하여 한 번 들은 법은 늘 기억하고 잊지 않으며, 전
생에 심은 선근이 마음을 윤택하게 하여 청정하고 넓고 크기가 허공
과 같아 중생들을 평등하게 하며 부처님들을 항상 보고 온갖 지혜를
구했다.

(39-37-2-9-2) 큰 마음을 내다

그때 보배광명 아가씨가 대왕으로부터 멀지 않은 곳에서 합장 예배하
고 이렇게 생각했다. '나는 지금 선지식을 뵙고 좋은 이익을 얻었다.'

대왕을 큰 스승이라는 생각과 선지식이라는 생각과 자비를 구족한
생각과 거두어 주리라는 생각을 내고 마음이 정직하여 환희심을 내
고, 몸에 걸었던 영락을 벗어 왕에게 받치고 이렇게 원했다.
'지금 대왕께서 한량없고 끝이 없는 무명 중생의 의지할 곳이 되었으
니 저도 오는 세상에서 그와 같이 되어지이다. 대왕이 아는 법과 타는
수레와 닦는 도와 갖춘 모습과 가진 재산과 거두어 주는 대중이 끝이
없고 다함이 없으며 이길 수 없고 파괴할 수 없습니다. 저도 오는 세
상에 그와 같이 되며, 대왕이 나는 곳에 따라 나게 하여지이다.'
이때 대왕은 이 아가씨가 이런 마음을 내는 것을 알고 말했다
"아가씨여, 네가 원하는 대로 너에게 줄 것이다. 내게 있는 온갖 것을
다 주어 모든 중생을 만족하게 할 것이다."

(39-37-2-10) 보배광명 아가씨의 게송
(39-37-2-10-1) 백성들에게 이익 준 일을 말하다
이때 보배광명 아가씨는 믿는 마음이 청정해지고 매우 환희하여 게
송으로 대왕을 찬탄했다.

지난 옛날 이 성중에 / 대왕이 나기 전에는
즐거운 것 하나 없어 / 마치 아귀들이 사는 세상 같았습니다.

중생들이 서로 살해하고 / 훔치고 간음하며
이간하고 거짓말하고 / 무리짓고 욕설만 했습니다.
남의 재물을 욕심내고 / 성 잘 내고 표독한 마음 품어
나쁜 소견과 나쁜 행동으로 / 죽으면 나쁜 길에 떨어졌습니다.

이러한 중생들이 우악하고 / 어리석어
뒤바뀐 소견에 빠졌으며 / 매우 가물어 비가 오지 않았습니다.

곡식은 싹이 나지 않고 / 풀과 나무는 타 죽고
샘과 시냇물 모두 마르고 / 흉년이 들어 인심이 사나웠습니다.

대왕이 아직 나기 전에 / 물은 모두 말라 버리고
동산에 해골이 많아 / 마치 거친 벌판 같았습니다.

대왕께서 임금이 되어 / 여러 백성을 건지시니
반가운 구름 팔방에 퍼져 / 단비가 흡족하게 내립니다.

대왕이 이 나라에 군림하여 / 여러 가지 나쁜 짓 끊어 주시며
감옥에는 죄인이 없고 / 외로운 이들 모두 편안했습니다.

예전에는 여러 중생들 / 서로서로 남을 해치며
피 튀기며 싸웠는데 / 지금은 모두 인자해졌습니다.

예전에는 여러 중생들 / 가난하고 헐벗어서
풀잎으로 앞을 가리고 / 굶주려서 아귀 같았습니다.

대왕이 세상에 나셔서 / 살이 저절로 나고
나무에서 의복이 나와 / 남자와 여자들 새 옷을 입었습니다.

옛날에는 하찮은 이익으로 다투어 / 법도 없이 서로 빼앗더니

9

지금은 모든 것이 풍족하여 / 마치 제석천의 동산에 온 듯합니다.

옛날에는 사람들이 나쁜 짓을 하며 / 지나친 음탐을 내어
유부녀나 아가씨들을 / 갖가지로 침해했습니다.

지금에는 얌전하고 / 옷 잘 입은 부인을 보고도
마음에 음욕이 일어나지 않아 / 마치 지족천에 온 듯합니다.

옛날에는 여러 중생들 / 거짓말하고 진실하지 못하여
법도 모르고 이익도 없이 / 아첨하고 잘 보이려고 했습니다.

지금에는 여러 사람들 / 나쁜 말은 하나도 없고
마음이 유순하며 / 하는 말이 모두 온화합니다.

옛날에는 여러 중생들 / 여러 가지로 삿된 짓하여
개·돼지·소를 보고도 / 합장하고 절을 했습니다.

지금은 임금의 바른 법 들어 / 올바르게 알고 사견이 없어져
즐거움과 괴로움이 모두 / 인연으로 생기는 줄 알았습니다.

대왕이 묘한 연설 하시며 / 듣는 이 모두 기뻐하니
제석과 범천의 음성으로도 / 이 소리에 미칠 수 없습니다.

대왕의 보배로 된 일산 / 공중에 높이 솟았는데
유리로 대가 되고 / 마니그물로 덮여 있습니다.

황금 풍경에서는 / 여래의 화평한 음성이 나서
미묘한 법을 말하여 / 중생의 번뇌를 멸합니다.

시방 여러 세계의 / 모든 겁 동안에 출현하신
여래와 그 권속들의 / 법을 널리 연설합니다.

차례차례로 / 과거의 시방세계와
그 국토에 계시던 / 모든 여래를 말합니다.

미묘한 음성이 / 염부계에 퍼져서
인간과 천상의 / 여러 가지 법을 말합니다.

중생들이 듣고는 / 스스로 업의 모임을 알고
악을 버리고 부지런히 닦아 / 부처님의 보리로 회향을 합니다.

(39-37-2-10-2) 대왕의 본생을 찬탄하다

대왕의 아버지는 정광명이고 / 어머니는 연화광이며
오탁의 다섯 가지 흐림이 나타날 때에 / 임금으로서 천하를 다스립니다.

그때 수많은 동산이 있고 / 동산에는 오백의 못이 있어
각각 일천의 나무가 둘러싸고 / 못마다 연꽃이 덮여 있습니다.

그 못 언덕 위에 / 집을 지으니 기둥이 천 개이며
난간이며 모든 장엄이 / 구비되었습니다.

말세가 되고 나쁜 법 생겨 / 여러 해에 비가 안 오니
못에는 물이 마르고 / 초목은 말라 죽었습니다.

대왕이 나시기 칠일 전에 / 이상한 상서가 나타나
보는 이마다 생각하기를 / 세상을 구할 이가 나타날까?

그날 밤중에 / 여섯 가지로 땅이 진동하며
어느 보배꽃 덮인 못에는 / 광명으로 햇빛처럼 빛이 났습니다.

오백 개의 못 안에는 / 팔공덕수가 가득하고
마른 나무에는 가지가 나고 / 꽃과 잎이 무성합니다.

못에 가득한 물은 / 여러 곳으로 넘쳐 흘러서
널리 염부제까지 / 흡족하게 적셨습니다.

약풀이나 여러 나무나 / 온갖 곡식이며 채소들
가지와 잎과 꽃과 열매가 / 모두 다 번성했습니다.

구렁과 도랑과 언덕 / 높은 곳 낮은 땅의
모든 땅바닥이 / 한결같이 편편해졌습니다.

가시덤불과 자갈밭 / 온갖 더러운 것들도
모두 잠깐 동안에 / 보배옥으로 변했습니다.

중생들 이것을 보고 / 기뻐하고 찬탄하면서

좋은 이익을 얻은 것이 / 목마를 때 마신 물 같다고 합니다.

그때 정광명왕은 / 한량없는 권속들과 함께
법의 수레를 갖추고 / 숲 동산에 놀러 갑니다.

오백 연못 가운데 / 경희라는 못이 있고
못 위에 법당이 있으니 / 대왕께서 거기 앉으셨습니다.

대왕이 부인께 말하기를 / 지금부터 이레 전에
밤중에 땅이 진동하면서 / 여기서 광명이 나타났습니다.

저 연못 속에는 / 천엽 연화가 피었는데
찬란하기가 일천 햇빛과 같아 / 수미산 꼭대기까지 비쳤습니다.

금강으로 줄기가 되고 / 염부금은 꽃판이 되어
여러 가지 보배는 꽃과 잎이며 / 묘한 향은 꽃술이 되었습니다.

그 연꽃에서 왕이 탄생하여 / 단정하게 가부좌를 하니
거룩한 모습으로 장엄하며 / 하늘과 신들이 공경했습니다.

대왕은 너무 기뻐서 / 못에 들어가 얼싸안고
나와서 부인께 주면서 / 당신의 아들이니 경사가 났습니다.

묻힌 보배 솟아 나오고 / 보배 나무에는 옷이 열리며
하늘 풍류의 아름다운 소리가 / 공중에 가득합니다.

모든 중생이 / 기쁜 마음으로 합장하고
희유한 일이라 외치며 / 훌륭하다 세상을 구원할 이입니다.

왕의 몸으로 광명을 놓아 / 온갖 것을 두루 비추니
모든 사천하의 / 암흑은 없어지고 병이 소멸했습니다.

야차와 비사사 / 독한 벌레와 나쁜 짐승들
사람을 해치는 것들이 / 모두 숨어 버리고 없습니다.

나쁜 소문과 손해 보는 것과 / 횡액과 병에 붙들리는 것 등
이런 괴로움이 소멸되니 / 모든 사람 기뻐서 날뜁니다.

여러 가지 중생이 / 부모와 같이 서로 보고
나쁜 짓 버리고 인자한 마음으로 / 온갖 지혜만을 구합니다.

나쁜 길은 닫아 버리고 / 인간과 천상의 길을 열며
보리를 드날려 / 중생들을 제도합니다.

우리들은 대왕을 뵙고 / 모두 좋은 이익 얻으며
갈 데 없고 지도할 이 없는 이들 / 모두 다 안락을 얻었습니다.

이때 보배광명 아가씨는 게송으로 '모든 법음성 원만한 일산'왕을 찬
탄하고, 여러번 돌고 합장하고 엎드려 절하고는 허리를 굽혀 공경하
며 한쪽에 물러가 앉았다.

(39-37-2-11) 보배광명 아가씨를 찬탄하고 옷을 주다

그때 대왕은 아가씨에게 말했다.

"착하다. 아가씨여, 네가 다른 이의 공덕을 믿으니 희유한 일이다. 모든 중생은 다른 이의 공덕을 믿지도 않고 알지도 못한다.

아가씨여, 모든 중생은 은혜 갚을 줄을 모르며 지혜가 없고 마음이 흐리며 성품이 밝지 못하여 뜻과 기운이 없고 수행하는 일에도 게으르며, 보살과 여래의 공덕과 신통한 지혜를 믿지도 않고 알지도 못한다. 아가씨여, 이제 보리에 나아가려 하므로 보살의 이러한 공덕을 알 것이다. 너는 지금 이 염부제에 나서 용맹한 마음을 내어 중생을 널리 거두어 주는 공이 헛되지 않을 것이며, 또 이런 공덕을 성취할 것이다."

왕은 아가씨를 칭찬하고는 훌륭한 보배 옷을 가져와 보배광명 아가씨와 그 권속들에게 입으라고 말했다.

그때 아가씨들은 무릎을 꿇고 두 손으로 옷을 받들어 머리 위에 올려 놓았다가 입었다. 옷을 입고는 오른쪽으로 돌았는데, 보배옷에는 모든 별처럼 광명이 두루 나오는 것을 여러 사람이 보고 이렇게 말했다. '이 아가씨들이 모두 단정하여 깨끗한 밤하늘의 별처럼 장엄되었다.'

9

(39-37-2-12) 과거의 일과 현재의 일을 밝히다

"소년이여, 그때의 '모든 법음성 원만한 일산왕'은 다른 사람이 아니라 지금의 비로자나 여래·응공·정등각이다.

또 정광명왕은 지금의 정반왕이시고, 보배광명 부인은 마야부인이며, 보배광명 아가씨는 곧 나이다. 그 왕이 그때에 사섭법으로 거두어 준 중생들은 지금 이 회상에 있는 여러 보살이다. 모두 위 없는 바른 보리에서 물러나지 않고, 초지에도 있고 십지에도 있으면서 여러 가지 큰 서원을 갖추고 여러 가지 도를 돕는 법을 모으며, 여러 가지 묘한 행을

닦아서 여러 가지 장엄을 갖추고 여러 가지 신통을 얻고 여러 가지 해탈에 머물러 있으면서 여러 가지 묘한 법의 궁전에 거처하고 있다."

(39-37-3) 개부일체수화주야신의 게송
그때 모든 나무의 꽃을 피우는 주야신이 선재동자에게 이 해탈의 뜻을 거듭 펴려고 게송으로 말했다.

나에게 넓고 큰 눈이 있어 / 시방의 모든 세계해에서
다섯 길에 바퀴 돌 듯하는 이들을 / 모두 다 보네.

그리고 저 여래 부처님께서 / 보리수 밑에 앉으시니
신통이 사방에 가득하여 / 법을 설하여 중생을 제도하네.

나에게는 청정한 귀가 있어서 / 온갖 소리를 다 듣고
부처님이 법을 설하시면 / 기뻐하며 믿는 것을 보네.

나에게는 남의 마음을 아는 신통이 있어 / 여러 겁 동안에 있었던
내 일과 남의 일을 / 분명하게 모두 아네.

나는 또 잠깐 동안에 / 세계해의 티끌 같은 겁 동안
부처님과 보살과 / 다섯 길의 중생들을 아네.

여러 부처님께서 / 처음에 보리심을 내시고
여러 가지 행을 닦아서 / 낱낱이 원만함을 아네.

저 부처님께서 / 보리를 성취하시고
여러 가지 방편으로 중생을 위해 / 법륜 굴림을 아네.

저 부처님께서 / 가지신 여러 승과
바른 법이 머무는 동안에 / 많은 중생 건짐을 아네.

나는 한량없는 겁 동안 / 닦아 익힌 이 법문을
이제 그대에게 말하니 / 소년이여, 마땅히 배우도록 하라.

(39-37-4) 수승한 보살의 일을 찬탄하다

"소년이여, 나는 다만 이 보살의 광대한 기쁜 광명을 내는 해탈문을 알 뿐이며, 보살들의 모든 부처님을 가까이 모시고 공양하며 온갖 지혜의 큰 서원 바다에 들어가서 모든 부처님의 서원 바다를 만족하며, 용맹한 지혜를 얻어 한 보살의 지위에서 모든 보살 지위의 바다에 들어가며, 청정한 서원을 얻어 한 보살의 행에서 모든 보살의 수행 바다에 들어가며 자유자재한 힘을 얻어 한 보살의 해탈문에서 모든 보살의 해탈문 바다에 들어가는 일이야 내가 어떻게 알며 그 공덕의 행을 말하겠는가."

(39-37-5) 선지식 찾기를 권하다

"소년이여, 이 도량 안에 일체 중생을 구호하는 대원정진력주야신이 있다. 그에게 가서 보살이 어떻게 중생을 교화하여 위없는 바른 보리에 나아가게 하며, 어떻게 모든 부처님 세계를 깨끗이 장엄하며, 어떻게 모든 여래를 받들어 섬기며, 어떻게 모든 부처님의 법을 닦느냐고 물어라."

9

그때 선재동자는 그의 발에 엎드려 절하고 수없이 돌고 은근하게 우러러보며 하직하고 물러갔다.

(39-38) 대원정진력주야신(大願精進力主夜神)
제 8부동지(不動地) 선지식

(39-38-1) 대원정진력주야신을 뵙고 법을 묻다
(39-38-1-1) 대원정진력주야신이 갖가지 몸을 나투다
그때 선재동자는 큰 서원 정진하는 힘으로 중생 구호하는 대원정진력주야신에게 나아갔다. 그 주야신이 대중들 가운데서 궁전을 나타내는 마니왕장 사자좌에 앉았는데, 법계의 국토를 두루 나타내는 마니그물이 그 위를 덮었다.

해와 달과 별의 그림자인 몸을 나타내고 중생들의 마음을 따라 볼 수 있는 몸과 중생의 형상과 평등한 몸과 끝이 없이 광대한 빛깔 바다의 몸과 온갖 위의를 나타내는 몸을 나타냈다. 시방에 두루 몸을 나타내고, 중생을 두루 조복시키는 몸과 빠른 신통을 널리 부리는 몸과 중생들을 이익되게 하여 끊이지 않는 몸과 항상 허공에 다니면서 이익되게 하는 몸을 나타냈다. 여러 부처님 계신 곳에서 예배하는 몸을 나타내고, 선근을 닦는 몸과 부처님 법을 받아 지니고 잊지 않는 몸과 보살의 서원을 이룩하는 몸과 광명이 시방에 가득한 몸과 법의 등불로 세상의 어둠을 두루 없애는 몸을 나타냈다.

법이 환술[幻]과 같음을 아는 깨끗한 지혜의 몸을 나타내고, 티끌의 어둠을 멀리 여의는 법의 성품몸과 큰 지혜로 법을 비추어 분명히 아는 몸과 끝까지 병환이 없고 열이 없는 몸과 깨뜨릴 수 없이 견고한 몸과 머무는 데 없는 부처님 힘의 몸과 분별없이 때를 여의는 몸과 본래 청정한 법의 성품 몸을 나타냈다.

(39-38-1-2) 선재동자가 열 가지 마음을 내다

이때 선재동자는 이렇게 세계의 수많은 차별한 몸을 보고, 한결같은 마음으로 엎드려 절하고 일어나서 합장하고 우러러보면서 선지식에 게 열 가지 마음을 냈다. 선지식에게 내 몸과 같은 마음을 내니 나로 하여금 부지런히 노력하여 온갖 지혜의 도를 돕는 법을 마련하게 하 는 까닭이다. 선지식에게 자기의 업과 과보를 깨끗이 하는 마음을 내 니 가까이 모시고 공양하여 선근을 내는 까닭이다. 선지식에게 보살 의 행을 장엄하는 마음을 내니 모든 보살의 행을 빨리 장엄하게 하는 까닭이다.

선지식에게 모든 부처님 법을 성취하는 마음을 내니 나를 인도하여 도를 닦게 하는 까닭이다. 선지식에게 내게 한다는 마음을 내니 나에 게 위없는 법을 내게 하는 까닭이다. 선지식에게 벗어난다는 마음을 내니 보현보살의 행과 원을 수행하여 벗어나게 하는 까닭이다. 선지 식에게 모든 복덕 바다를 갖추었다는 마음을 내니 모든 착한 법을 모 으게 하는 까닭이다.

선지식에게 더욱 자라게 하는 마음을 내니 나의 온갖 지혜를 더욱 자라 게 하는 까닭이다. 선지식에게 모든 선근을 갖추는 마음을 내니 나의 소원을 원만하게 하는 까닭이다. 선지식에게 큰 이익을 마련하는 마음 을 내니 모든 보살의 법에 자유롭게 머물게 하는 까닭이며, 온갖 지혜 의 길을 이루게 하는 까닭이며, 모든 부처님 법을 얻게 하는 까닭이다."

(39-38-1-3) 열 가지 마음으로 대원정진력주야신과 같은 행을 얻다

"주야신은 이런 마음을 내고 여러 보살 세계의 수많은 행을 얻었다.

주야신과 생각함이 같아 마음으로 항상 시방의 삼세 부처님을 생각한다. 지혜가 같아 법바다의 차별한 문을 분별하여 결정한다. 나아감이 같아 부처님 여래의 묘한 법륜을 굴린다. 깨달음이 같아 허공과 같은 지혜로 세 가지 세간에 널리 들어간다. 근기가 같아 보살의 청정한 광명의 지혜 뿌리를 성취한다. 마음이 같아 걸림없는 공덕을 잘 닦아서 보살의 도를 장엄한다. 경계가 같아 부처님들의 행하시는 경계를 널리 비춘다.

주야신과 증득함이 같아 온갖 지혜로 실상의 바다를 비추는 깨끗한 광명을 얻는다. 이치가 같아 지혜로써 모든 법의 진실한 성품을 안다. 용맹이 같아 장애의 산을 깨뜨린다. 육신이 같아 중생의 마음을 따라 몸을 나타낸다. 힘이 같아 온갖 지혜를 구하여 물러나지 않는다. 두려움이 같아 마음이 청정하기가 허공과 같다. 정진이 같아 한량없는 겁에 보살의 행을 행하여 게으르지 않다.

변재가 같아 법에 걸림 없는 지혜의 광명을 얻는다. 평등하지 않고 몸매가 청정하여 세간에 뛰어난다. 사랑스러운 말이 같아 중생이 다 기뻐한다. 묘한 음성이 같아 법문 바다를 두루 연설한다. 원만한 음성이 같아 중생을 제 나름으로 안다. 깨끗한 덕이 같아 여래의 깨끗한 공덕을 닦아 익힌다. 지혜의 지위가 같아 부처님 계신 곳에서 법륜을 받는다.

청정한 행은 부처님의 경계에 편안히 머물게 한다. 생각마다 모든 국토의 중생 바다를 널리 덮는다. 대비의 마음은 법비를 널리 내려서 중생을 윤택하게 한다. 몸으로 짓는 업은 방편의 행으로 중생을 교화한다. 말로 짓는 업은 종류를 따르는 음성으로 법문을 연설한다. 뜻으로 짓는 업은 중생들을 두루 포섭하여 온갖 지혜의 경계 속에 둔다. 장엄함은 부처님의 세계를 깨끗이 장엄한다.

부처님이 세상에 나시면 가까이에서 모신다. 부처님께 청하여 법륜을 굴리게 한다. 부처님께 공양하기를 좋아한다. 모든 중생을 조복한다. 모든 법문을 밝게 비춘다. 모든 중생의 마음을 널리 안다. 자재한 힘으로 부처님의 세계 바다에 충만하여 행을 닦는다.

부처님 경계와 머무는 곳이 같아 보살의 신통에 머문다. 권속이 같아 모든 보살과 함께 있다. 들어가는 곳이 같아 세계의 미세한 곳에 두루 들어간다. 마음으로 생각함이 같아 부처님의 세계를 널리 안다. 나아감이 같아 부처님 세계 바다에 두루 들어간다. 방편이 같아 부처님의 세계를 다 나타낸다. 훌륭하게 뛰어남이 같아 여러 부처님 세계에서 견줄 데가 없다.

물러나지 않음이 같아 시방에 두루 들어가되 걸림이 없다. 어둠을 깨뜨림이 같아 부처님의 보리의 지혜를 이루시는 큰 광명을 얻는다. 무생인이 같아 부처님의 대중이 모인 바다에 들어간다. 두루함이 같아 부처님의 세계 그물에서 말할 수 없는 세계의 여러 여래에게 공경하고 공양을 올린다. 지혜로 증득함이 같아 저들의 법문 바다를 분명히 안다. 수행함이 같아 부처님의 법문을 따라 행한다. 바라고 구함이 같아 청정한 법을 매우 좋아한다.

청정함이 같아 부처님의 공덕을 모아 몸과 입과 뜻을 장엄한다. 묘한 뜻이 같아 온갖 법을 지혜로 분명히 안다. 정진이 같아, 선근에 두루 들어간다. 깨끗한 행이 같아 보살의 행을 만족하게 이룬다. 걸림이 없어 법의 모양이 없음을 안다. 교묘함이 같아 법에 지혜가 자재하다. 그래서 좋아함이 같아 중생의 마음을 따라 경계를 나타낸다.

방편이 같아 모든 것을 잘 익힌다. 보호하여 염려함이 같아 부처님이 보호하여 염려하실 것을 얻는다. 지위에 들어감이 같아 보살의 지위에 들어가게 된다. 머무를 바가 같아 보살의 자리에 편안히 머문다. 수기함이 같아 부처님이 수기를 주신다. 삼매가 같아 한 찰나 동안에 삼매문에 두루 들어간다. 세우는 것이 같아 갖가지 부처님 일을 나타낸다. 바르게 생각하여 모든 경계의 문을 바르게 생각한다. 수행함이 같아 오는 세월이 끝나도록 보살의 행을 수행한다. 깨끗한 믿음이 같아 여래의 한량없는 지혜를 매우 좋아한다. 버리는 것이 같아 장애를 멸하여 없앤다. 물러가지 않는 지혜가 같아 여래의 지혜와 평등하다. 태어남이 같아 세상에 응하여 나타나서 중생을 성숙하게 한다. 머무는 것이 같아 온갖 지혜의 방편문에 머문다.

경계가 같아 법계의 경계에 자재함을 얻는다. 의지할 데 없음이 같아 의지하려는 마음을 영원히 끊는다. 법을 말함이 같아 법의 평등한 지혜에 들어간다. 부지런히 닦음이 같아 항상 부처님들이 보호하여 염려함을 입는다. 신통이 같아 중생을 깨우쳐서 보살의 행을 닦게 한다. 신통한 힘이 같아 시방의 세계바다에 들어간다. 다라니가 같아 다라니 바다를 두루 비춘다.

비밀한 법이 같아 수다라의 묘한 법문을 안다. 매우 깊은 법이 같아 법이 허공과 같음을 이해한다. 광명이 같아 세계를 두루 비춘다. 기뻐서 좋아함이 같아 중생의 마음에 따라 열어 보여 기쁘게 한다. 진동함이 같아 중생에게 신통한 힘을 나타내어 시방의 모든 세계를 진동한다. 헛되지 않음이 같아 보고 듣고 기억함이 그들의 마음을 조복하게 한다. 벗어남이 같아 서원 바다를 만족하여 여래의 십력의 지혜를 성취한다."

(39-38-1-4) 선재동자의 찬탄

이때 선재동자는 중생을 구호하는 대원정진력주야신을 살펴보고 열 가지 청정한 마음을 일으키며, 세계의 수많은 보살과 같은 행을 얻었다. 이런 것을 얻고는 마음이 더욱 청정하여 오른 어깨를 드러내며 그의 발에 절하고 일심으로 합장하고 게송을 말했다.

나는 굳건한 뜻을 내어 / 위없는 깨달음을 구하려고
지금 선지식에게 / 나와 같은 마음을 냈습니다.

선지식을 보기만 하면 / 그지없이 깨끗한 법을 모으며
여러 가지 죄를 없애고 / 보리의 열매를 이룹니다.

나는 선지식 뵙고 / 공덕으로 마음을 장엄하고
오는 세계의 겁이 다하도록 / 행할 도를 부지런히 닦습니다.

내가 생각하니 선지식께서 / 나를 거두어 이익되게 하며
또 바른 교의 진실한 법을 / 나에게 보여 주십니다.

나쁜 길은 닫아 버리고 / 인간과 천상의 길을 보여 주시며
여러 부처님이 이루신 / 온갖 지혜의 길도 보여 주십니다.

생각하건대 선지식은 / 부처님의 공덕의 창고이며
잠깐마다 허공과 같은 / 공덕 바다를 내십니다.

나에게 바라밀을 주시고 / 헤아릴 수 없는 복을 많게 하며
깨끗한 공덕을 자라게 하여 / 부처님의 비단관을 나에게 씌워 주십니다.

또 생각하니 선지식은 / 부처님의 지혜를 만족하고
원만하고 깨끗한 법을 / 항상 의지하려 하십니다.

9

나는 이런 것으로 말미암아 / 모든 공덕을 구족하고
널리 중생을 위해 / 온갖 지혜의 도를 연설합니다.

거룩하신 나의 스승님 / 나에게 위없는 법을 주시니
한량없고 수많은 겁에도 / 그 은혜를 다 갚지 못할 것입니다.

(39-38-2) 대원정진력주야신의 설법
(39-38-2-1) 중생을 교화하여 선근을 내게 하는 해탈문을 얻다

그때 선재동자는 게송을 말하고 다시 여쭈었다.

"거룩하신 이여, 이 해탈문의 이름은 무엇이며, 발심하신 지는 얼마나 되었으며, 어느 때에 위없는 바른 보리를 얻었습니까?"

"소년이여, 이 해탈문의 이름은 '중생을 교화하여 선근을 내게 하는 '교화중생영생선근'이다. 나는 이 해탈을 성취했으므로 모든 법의 성품이 평등함을 깨달았고, 법의 진실한 성품에 들어가 의지함이 없는 법을 증득했으며, 세간을 여의었음에도 모든 법의 모양이 차별됨을 알고, 또 푸르고 누르고 붉고 흰 것의 성품이 실답지 않으며 차별이 없는 것도 분명히 통달했다."

(39-38-2-2) 한량없는 육신의 모양

"한량없는 모양의 육신을 나타냈다. 갖가지 육신, 하나 아닌 육신, 그지없는 육신, 청정한 육신, 여러 가지를 장엄한 육신, 여럿이 보는 육신, 모든 중생과 같은 육신, 여러 중생의 앞에 나타나는 육신, 광명이 널리 비추는 육신, 보기 싫지 않은 육신, 잘 생긴 모습이 청정한 육신, 모든 악을 여의고 빛나는 육신, 큰 용맹을 나타내는 육신, 얻기 어려운 육신, 모든 세간에서 가릴 이 없는 육신을 나타냈다.

번뇌를 없앤 육신, 중생의 복밭인 육신, 중생의 몸이 헛되지 않는 육신, 지혜의 용맹한 힘을 가진 육신, 거리낌 없이 두루 가득한 육신, 묘한 몸구름이 널리 나타나 세간이 모두 이익을 받는 육신, 자비 바다를 구족한 육신, 복덕보배산왕 육신, 광명을 놓아 세간의 온갖 길을 비추는 육신, 지혜 청정한 육신, 중생의 바른 생각을 내는 육신, 보배광명 육신을 나타냈다.

갖가지 빛깔 바다를 구족한 육신, 착한 행에서 흘러나오는 육신, 교화할 이를 따라 나타내는 육신, 세간에서 보아도 싫은 줄 모르는 육신, 갖가지 깨끗한 광명 육신, 세상바다를 나타내는 육신, 광명바다를 놓는 육신, 한량없이 차별한 광명 바다를 나타내는 육신, 세간의 향기광명을 일으키는 육신, 말할 수 없는 해바퀴 구름을 나타내는 육신을 나타냈다.

잠시동안 이러한 모습의 육신을 나타내어 시방에 가득하여 중생들이 보거나 생각하거나 법문을 듣거나 가까이 모셔 깨달음을 얻게도 하고 신통을 보게도 하고 변화를 보게도 했다. 또한 마음에 좋아함을 따라 조복하여 착하지 못한 업을 버리고 착한 행에 머물게 했다.

소년이여, 이것은 큰 원력을 말미암은 까닭이다. 온갖 지혜의 힘인 까닭이며, 보살의 해탈한 힘인 까닭이며, 크게 가엾이 여기는 힘인 까닭이며, 크게 인자한 힘인 까닭으로 이런 일을 짓는 것이다."

(39-38-2-3) 온갖 일을 다 나타내다

"소년이여, 나는 이 해탈에 들어서 법의 성품이 차별이 없음을 알면서도 한량없는 육신을 나타내며, 낱낱의 몸마다 한량없는 모습바다를 나타내고, 낱낱의 모습에서 한량없는 광명구름을 놓고, 낱낱의 광명에서 한량없는 부처님이 출현하심을 나타내며, 낱낱의 부처님이 한량없는 신통한 힘을 나타내어 중생들의 지난 세상에 지은 선근을 내어, 심지 못한 이는 심게 하고, 이미 심은 이는 자라게 하고, 이미 자란 이는 성숙하게 하며, 잠깐 동안에 한량없는 중생으로 위없는 바른 보리에서 물러가지 않게 한다.”

(39-38-2-4) 발심한 시기에 대하여 말하다
(39-38-2-4-1) 깊고 깊은 법

“소년이여, 그대는 ‘언제부터 보리심을 냈으며 보살의 행을 닦았습니까?’ 하고 물었다. 이런 이치를 부처님의 신통한 힘을 받아 그대에게 말해 주겠다.

소년이여, 보살의 지혜 바퀴는 모든 분별하는 경계를 멀리 여의었으므로 생사 중에 있는 길고 짧고 물들고 깨끗하고 넓고 좁고 많고 적은 겁으로는 분별하여 보일 수 없다. 왜냐 하면 보살의 지혜 바퀴는 본래부터 성품이 깨끗하여 모든 분별의 그물을 여의고 모든 장애의 산을 초월했지만 교화할 만한 이를 따라서 널리 비추는 까닭이다.”

(39-38-2-4-2) 비유로써 밝히다

“소년이여, 비유하면 낮과 밤이 없지마는 해가 떠 있을 때는 낮이라 하고 지면 밤이라 하는 것처럼, 보살의 지혜 바퀴도 그와 같아 분별도 없고 세 개의 세상도 없지만 교화 받을 중생의 마음에 나타남에 의해 머물러 있는 것을 말하여 앞의 겁이나 뒤의 겁이라 한다.

소년이여, 해가 염부제의 허공에 떴을 때 그림자가 보물이나 강과 바다의 맑은 물에 나타나는 것을 중생이 눈으로 보지만 해는 여기 오지 않는다. 보살의 지혜 바퀴도 그와 같아 생사과보 바다에서 뛰어나 부처님의 참된 법의 고요한 허공에 머물러서 의지하는 곳이 없다. 중생들을 교화하기 위해 여러 길에서 여러 종류로 태어나지만, 실제로는 생사하지도 않고 물들지도 않으며, 긴 세월이나 짧은 세월이라는 분별이 없다.

왜냐 하면 보살은 뒤바뀐 생각과 소견을 끝까지 여의고, 진실한 견해를 얻어 법의 참 성품을 보았으므로 세간이 꿈과 같고 환술과 같아 없는 줄 알지만, 큰 자비와 원력으로 중생의 앞에 나타나서 교화하고 조복시킨다.

소년이여, 뱃사공이 큰 배를 타고 강 가운데 있어 이 언덕을 의지하지도 않고 저 언덕에 닿지도 않고 가운데 머물지도 않으면서 중생을 건네주기를 쉬지 않는다. 보살도 그와 같아 바라밀 배를 가지고 생사의 흐름에 있어서 이 언덕을 의지하지도 않고 저 언덕에 닿지도 않고 가운데 머물지도 않으면서 중생을 제도하기를 쉬지 않는다. 또한 한량없는 겁 동안에 보살행을 닦으면서 일찍이 겁의 길고 짧음을 분별하지 않는다.

소년이여, 큰 허공은 모든 세계가 그 속에서 이루어지고 무너지며 본 성품이 청정하여 물들지도 어지럽지도 않고 걸림도 없고 만족함도 없으며, 길지도 않고 짧지도 않아 오는 세월이 끝나도록 모든 세계를 가지고 있다. 보살도 그와 같아 허공과 같이 넓고 크고 깊은 마음으로 큰 서원인 바람둘레인 풍륜을 일으켜 중생을 거두어 주어 나쁜 악도를 여의고 착한 선취에 나게 하며, 온갖 지혜 지위에 머물게 하여 번뇌와 생사의 속박을 없애 근심하거나 기뻐하거나 고달파하는 마음이 없다.

소년이여, 마치 요술로 만든 환인은 몸과 사지를 갖추었지만 숨을 들이쉬고 내쉬고 차고 덥고 굶주리고 목마르고 근심하고 기뻐하고 나고 죽는 일이 없다. 보살도 그와 같아 환술 같은 지혜와 평등한 법의 몸으로써 여러 가지 모습을 나타내어 업보의 길에서 한량없는 겁을 지나면서 중생을 교화하지만 죽고 사는 모든 경계에 대하여 기쁨도 싫음도 없고, 사랑함도 성냄도 없으며, 괴로움도 즐거움도 없고, 가짐도 버림도 없으며, 편안함도 공포도 없다.

소년이여, 보살의 지혜가 이렇게 깊고 깊어 헤아릴 수 없으며 내가 부처님의 위신력을 받들어 그대에게 말하여 오는 세상의 모든 보살로 하여금 큰 서원을 만족하여 모든 힘을 성취하게 할 것이다."

(39-38-2-5) 선광겁 때의 일
(39-38-2-5-1) 부처님의 출현

"소년이여, 지나간 옛적 세계해의 수많은 겁 전에 선광겁이 있었다. 세계의 이름은 보광이었으며, 그 겁 동안에 1만 부처님이 세상에 출현하셨으니 첫 부처님의 이름은 법륜음허공등왕 여래·응공·정변지여서 명호가 원만했다.

그 염부제에 보장엄(寶莊嚴)이라는 도시가 있었다. 그 동쪽으로 멀지 않은 곳에 묘광 큰 숲이 있었다. 그 숲속에 보화 도량이 있고, 그 도량에 보광명마니연화장사자좌가 있었는데, 부처님이 사자좌에서 위없는 바른 보리를 이루시고, 백년 동안 이 도량에 앉아서 모든 보살과 천상과 인간과 염부제에서 선근을 심어 성숙한 이들을 위해 바른 법을 연설하셨다."

(39-38-2-5-2) 선왕이 나라를 다스림

"그때 임금은 승광이며, 사람들의 수명은 만년인데 그 가운데는 살생하고 도둑질하고 음란하고 방탕하고 거짓말, 꾸밈 말, 이간하는 말, 욕설하며, 탐욕 많고 성 내고 나쁜 소견을 가지고, 부모에게 불효하고, 사문·바라문을 공경하지 않는 이가 많아 임금은 그들을 조복시키기 위해 옥을 만들고 칼과 고랑과 수갑들을 마련하여 한량없는 중생이 그 속에서 고생하고 있었다."

(39-38-2-5-3) 대원정진력주야신의 재가시의 일

"그 임금의 태자는 선복인데, 단정하고 특수하여 사람들이 보기를 좋아하며 스물여덟 가지 거룩한 모습을 구족했다. 태자는 궁중에 있으면서 옥에 갇힌 죄수들이 고생하는 소리를 듣고 가엾은 마음을 이기지 못하여 옥으로 달려갔다. 모든 죄수를 고랑에 채우고 칼에 씌워져 쇠사슬에 서로 묶여 캄캄한 감옥 속에 갇혔는데, 불에 볶이고 연기에 쏘이고 곤장을 맞고 코를 베이기도 하고 발가벗기고 머리카락이 헝클어지고 기갈이 극심하고 몸이 수척하고 근육이 터지고 뼈가 드러나 지독한 고통을 부르짖고 있었다.

태자가 보고는 착한 마음을 내어 두려움이 없는 음성으로 위로했다.

"너희들은 걱정하지 말고 두려워하지 말라. 내가 너희들을 이 고통에서 벗어나게 해 줄 것이다."

태자는 임금에게 가서 여쭈었다.

"옥에 갇힌 죄인들의 고통이 막심하니 관대하게 용서하시고 두려움 없음을 베풀어 주십시오."

왕이 5백 명의 대신들을 모아 이 일을 물으니, 대신들은 이렇게 대답했다.

"저 죄인들은 관청의 물품을 훔치고 왕의 자리를 뺏으려 하고, 궁중에 침입한 죄는 열 번 죽어 마땅하며, 만일 구하려는 이가 있으면 그도 사형을 받아야 합니다."

그때 태자는 슬픈 마음이 더욱 간절하여 대신들에게 말했다.

9

"당신들의 말과 같이 저 사람들은 놓아 주고 그들이 받을 형벌로 나를 벌하여라. 나는 그들을 위해 모든 형벌을 받을 것이며, 몸이 가루가 되고 목숨이 끊어져도 아낄 것이 없다. 다만 저 죄인들의 고통을 면하게 할 것이다. 내가 이 중생을 구원하지 못한다면 어떻게 삼계의 옥중에서 고통 받는 중생을 구원할 것인가. 모든 중생이 삼계 가운데서 탐욕과 애정에 얽매이고 어리석음에 가려 가난하여 공덕이 없고, 여러 가지 나쁜 길에 떨어져서 형상이 더럽고 모든 기관이 방일하며, 마음이 아득하여 나갈 길을 구하지 못하고, 지혜의 빛을 잃어 삼계를 좋아하며 모든 복덕을 끊고, 지혜를 멸했으며, 갖가지 번뇌가 마음을 어지럽게 하며 고통의 옥에 갇히고 마의 그물에 들어가 나고 늙고 병들고 죽음과 근심하고 슬퍼하고 시끄럽고 해쳐서 이런 고통이 항상 괴롭히니, 내가 어찌하면 저들을 해탈하게 할 것인가. 마땅히 몸과 목숨으로 구제할 것이다."

이때 대신들이 왕에게 나아가서 손을 들고 외쳤다.

"대왕이시여, 저 태자의 생각은 국법을 깨뜨리고 만민에게 화난을 미치게 합니다. 대왕께서 태자를 사랑하여 책벌하지 않으시면 대왕의 지위도 오래도록 보존하지 못할 것입니다."

왕은 이 말을 듣고 대노하여 태자와 모든 죄인을 사형시키려 했다.

왕후가 이 일을 알고는 근심하고 부르짖으며, 초라한 모습과 허름한 의복으로 일천 시녀와 함께 임금 계신 곳에 나아가 몸을 땅에 던지며 왕의 발에 엎드려 절하며 말했다.

"바라옵건대 대왕이시여, 태자의 목숨을 용서하소서."

임금은 태자를 돌아보면서 말했다.

"죄인들을 구원하지 말라. 만일 죄인을 구원한다면 너를 죽일 것이다."

그때 태자는 오로지 온갖 지혜를 구하기 위해, 여러 중생들을 이익되게 하기 위해, 크게 가엾이 여김으로써 널리 구원해 주기 위해 마음이 굳건하고 물러가거나 겁나는 일이 없어져서 왕에게 여쭈었다.

"바라옵건대 저들의 죄를 용서하시면 제가 사형을 받겠습니다."

"네 뜻대로 하여라."

이때 왕후가 다시 왕에게 여쭈었다.

"대왕이시여, 태자로 하여금 보름 동안만 보시를 행하여 마음대로 복을 지은 뒤에 죄를 받도록 허락하소서."

왕은 그 일을 허락했다.

그때 수도의 북쪽에 일광이라는 큰 동산이 있었다. 그곳은 옛적에 보시하던 곳인데, 태자는 그곳에 가서 크게 보시하는 모임을 열고, 음식·의복·화만·영락·바르는 향·가루향·당기·번기·보배 일산과 모든 장엄거리를 사람들이 원하는 대로 모두 주었다. 이렇게 보름이 지나서 마지막 날이 되자, 임금과 대신과 장자와 거사와 성 안에 있는 백성들과 여러 외도가 모두 모여 왔다.

이때 법륜음허공등왕여래께서 중생들을 조복시킬 때가 된 줄 아시고 대중들과 함께 이 동산으로 오시는데, 천왕들은 둘러싸고 용왕은 공양하고 야차왕은 수호하고 건달바왕은 찬탄하고 아수라왕은 허리 굽혀 절하고 가루라 왕은 깨끗한 마음으로 보배꽃을 흩고 긴나라왕은 환희하여 권하고 마후라가왕은 일심으로 우러러보면서 모임 가운데로 들어왔다.

이때 태자와 대중들은 부처님 오시는 것을 멀리서 보았다. 단정하고 존엄이 있고 특별하시며 여러 기관이 고요하심은 길이 잘 든 코끼리 같고, 마음에 때가 없기는 깨끗한 몸과 같으며, 큰 신통을 나투시고 크게 자재하심을 보이시고 큰 위덕을 나타내시며 여러 가지 거룩한 모습으로 몸을 장엄했고, 큰 광명을 놓아 널리 세계를 비추며 모든 털구멍으로는 향기불꽃 구름을 내어 시방의 한량없는 세계를 진동하며, 이르는 곳마다 여러 가지 장엄거리를 비 내리시니, 부처님의 위의와 부처님의 공덕으로 보는 중생들의 마음이 깨끗하고 환희하여 번뇌가 소멸되었다.

이때 태자와 대중들은 땅에 엎드려 부처님 발에 절하고 평상을 차려 놓고 합장하고 여쭈었다.

"잘 오셨습니다. 부처님이시여, 잘 오셨습니다. 부처님이시여, 바라옵건대 저희들을 가엾게 여기시며 저희들을 거두어 주어 이 자리에 앉으소서."

부처님의 신통한 힘으로 정거천 사람들이 있는 그 자리를 변화시켜 향마니연화좌를 만드니, 부처님은 그 위에 앉으시고 보살 대중도 자리에 나아가 둘러앉았다.

그때 모임 가운데 있던 모든 중생은 여래를 뵙고 괴로움이 멸하고 장애가 없어져서 거룩한 법을 들었다. 여래께서는 교화할 때인 줄을 아시고 원만한 음성으로 법문을 하셨다. 법문 이름은 보조인륜(普照因輪)이며, 여러 중생이 나름대로 이해했다.

그 회중에 있던 팔십 나유타 중생들은 번뇌의 티끌과 때를 멀리 여의고 깨끗한 법눈을 얻었으며, 한량없는 나유타 중생들은 배울 것 없는 지위를 얻었고, 일만의 중생은 대승의 도에 머물러서 보현의 행에 들어가 큰 서원을 성취했다.

이때 시방으로 각각 백 세계의 수많은 중생들은 대승법 가운데서 마음이 조복되고 한량없는 세계의 모든 중생은 나쁜 길을 여의고 천상에 태어났고, 잘 조복하는 태자는 바로 보살이 중생을 교화하여 선근을 내게 하는 해탈문을 얻었다."

(39-38-2-5-4) 옛일과 지금의 일

"소년이여, 그때의 태자가 곧 나였고, 나는 옛적에 크게 가엾이 여기는 마음을 내어 몸과 목숨과 재물을 버리고 고통 받는 중생들을 구제했고, 크게 보시하는 문을 열고 부처님께 공양했으므로 이 해탈을 얻었다.

소년이여, 나는 그때에 다만 모든 중생을 이익되게 했을 뿐이고 삼계에 애착하지도 않고 과보를 구하지도 않고 명예를 탐하지도 않고, 자신은 칭찬하고 남을 훼방하지도 않았으며, 모든 경계에 대하여 탐내어 물들지도 않고 두려워함도 없었으며, 오직 대승으로 벗어날 길을 장엄하고 온갖 지혜의 문을 관찰하기를 좋아하면서 고행을 닦아 이 해탈문을 얻었다.

소년이여, 그대는 어떻게 생각하는가. 그때 나를 해하려던 오백 대신이 다른 사람이 아니라 지금의 제바달다의 오백 명의 무리들이다. 이 사람들도 부처님의 교화를 받고 위없는 바른 보리를 얻을 것이다. 오는 세상에 나유타 겁을 지나서 선광겁이 있으니, 세계의 이름은 보광이며, 그 가운데서 성불하여 오백 부처님이 차례로 세상에 나신다. 첫째 부처님 이름은 대비이고, 둘째 부처님은 요익세간이고, 셋째 부처님은 대비사자이고, 넷째 부처님은 구호중생이며, 마지막 부처님은 의왕이다. 비록 여러 부처님의 가엾이 여기심이 평등하지만, 그 국토와 문벌과 부모와 태어나서 출가하여 도를 닦고 도량에 나아가 바른 법륜을 굴려 경전을 말씀하시는 음성과 광명과 모인 대중과 수명과 법이 세상에 머무는 일과 그 명호는 각각 다르다.

소년이여, 내가 구원한 그 죄인들은 구류손 등 현겁의 일천 부처님과 백만 아승기 큰 보살들로서 무량정진력명칭공덕혜여래께서 위없는 바른 보리심을 냈고, 지금 시방의 국토에서 보살의 도를 행하며 이 보살이 중생을 교화하여 선근을 내게 하는 해탈을 닦아 늘게 하는 이들이다.

그때의 선광임금은 지금의 살차니건자(薩遮尼乾子, Nigan.t.haputta) 대논사이며, 그 왕궁에 있던 이와 권속들은 니건자의 육만 제자로서 스승과 함께 와서 큰 논의 오체를 세우고 부처님과 논의하다가 항복하여 위없는 바른 보리의 수기를 받은 이들이니 이 사람들도 미래에 부처를 이룰 것이며, 그 국토의 장엄과 겁의 수와 명호는 각각 다르다."

(39-38-2-5-5) 출가하여 법을 얻다

"소년이여, 나는 그때에 죄인을 구원하고는 부모의 허락을 얻어 국토와 처자와 재물을 버리고 법륜음허공등왕 부처님께 출가하여 도를 배우며, 오백 년 동안 범행을 닦아서 백만 다라니와 백만 신통과 백만 법창고를 성취하고, 백만의 온갖 지혜를 구하려고 용맹하게 정진하며, 백만 감인문을 깨끗하게 다스리고 백만의 생각하는 마음을 늘게 하고 백만의 보살의 힘을 성취하고, 백만의 보살 지혜의 문에 들어가 백만의 반야바라밀 문을 얻었다."

(39-38-2-5-6) 부처님을 뵙고 수행하다

"시방의 백만 부처님을 뵙고 백만 보살의 큰 원을 냈다. 시방으로 각각 백만의 부처님 세계를 비추어 보고, 시방세계의 지난 겁과 오는 겁에 나시는 백만 부처님을 기억하고 시방세계의 백만 부처님의 변화 바다를 알고, 시방의 백만 세계에 중생들이 여러 가지 길에서 업을 따라 태어나는 때와 죽는 때와 착한 길과 나쁜 길과 좋은 모습과 나쁜 모습을 보며, 그 중생들의 갖가지 마음과 갖가지 욕망과 갖가지 근성과 갖가지 익힌 업과 갖가지 성취함을 다 분명하게 안다.

소년이여, 나는 그때 목숨을 마친 뒤에 다시 그 왕가에 태어나 전륜왕이 되었고, 법륜음허공등왕여래가 열반한 뒤에 또 여기서 법공왕여래를 만나 받들어 섬기고 공양했다. 다음에는 제석천왕이 되어 이 도량에서 천왕장여래를 만나 친근하고 공양했으며, 다음에는 수야마천왕이 되어 이 세계에서 대지위력산여래를 만나 친근하고 공양했으며, 다음에는 도솔천왕이 되어 이 세계에서 법륜광음성왕 여래를 만나 친근하고 공양했으며, 다음에는 화락천왕이 되어 이 세계에서 허공지왕여래를 만나 친근하고 공양했으며, 다음에는 타화자재천왕이 되어 이 세계에서 무능괴당여래를 만나 친근하고 공양했다. 다음에는 아수라왕이 되어 이 세계에서 일체법뢰음왕여래를 만나 친근하고 공양했으며, 다음에는 범천왕이 되어 이 세계에서 보현화연법음여래를 만나 친근하고 공양했다.

소년이여, 이 보배광명 세계의 선광겁 가운데 일만 부처님이 세상에 나셨고 내가 모두 친근하게 섬기고 공양했다."

(39-38-2-6) 일광겁 때의 일

"다음에 또 일광겁이 있었다. 육십억 부처님이 세상에 나셨는데 맨 처음이 묘장산 부처님이셨다. 나는 그 나라의 대지왕으로 부처님을 받들어 섬기며 공양했고, 다음은 원만견 부처님이시며 나는 거사로서 친근하며 공양했다. 그 다음은 이구동자 부처님이시며 나는 대신이 되어 친근하며 공양했다. 그 다음은 용맹지 부처님이시며 나는 아수라왕이 되어 친근하며 공양했다. 그 다음은 수미상 부처님이시며 나는 주목신이 되어 친근하며 공양했다. 그 다음은 이구비 부처님이시며 나는 장사 물주가 되어 친근하며 공양했다. 그 다음은 사자유보 부처님이시며 나는 주성신이 되어 친근하며 공양했다. 그 다음은 보계 부처님이시며 나는 비사문천왕이 되어 친근하며 공양했다. 그 다음은 최상법칭 부처님이시며 나는 건달바왕이 되어 친근하며 공양했다. 그 다음은 광명관 부처님이시며 나는 구반다왕이 되어 친근하며 공양했다. 그 겁 가운데 차례로 육십억 여래가 출현하셨고, 나는 항상 여러 가지 몸을 받아 부처님 계신 곳마다 친근하며 공양했고, 한량없는 중생들을 교화했다. 낱낱의 부처님 계신 곳에 갖가지 삼매문과 다라니문과 신통문과 변재문과 지혜문과 법을 밝히는 문을 얻어 시방 바다를 다 비추며, 부처님 세계 바다에 들어가며 부처님 바다를 보고 청정하게 성취하며 증장하고 광대하게 했다.

이 겁에서 부처님을 친근하며 공양한 것처럼 모든 곳에서 온갖 세계 해의 티끌 수 겁에 모든 부처님이 세상에 나실 때마다 친근하며 공양했다. 또한 법문을 듣고 믿어 받고 보호해 가지는 것도 그렇게 했으며, 이러한 모든 부처님 처소에서 이 해탈문을 닦아 익혔으며, 다시 한량없는 해탈의 방편을 얻었다.”

(39-38-3) 수승한 보살의 공덕을 찬탄하다

“소년이여, 나는 다만 이 중생을 교화하여 선근을 내게 하는 해탈문을 알 뿐이며, 보살들이 모든 세간을 초월하여 여러 길의 몸을 나타내며, 머무름 없이 반연하여 장애가 없고 모든 법의 성품을 분명히 알며, 온갖 법을 잘 관찰하여 내가 없는 지혜를 얻고 내가 없는 법을 증득하며, 중생을 교화하고 조복시키며 쉬지 않고, 마음이 항상 둘이 아닌 법문에 머무르고 말씀 바다에 두루 들어가는 일이야 내가 어떻게 알며, 공덕 바다와 용맹한 지혜와 마음으로 행하는 것과 삼매의 경계와 해탈의 힘을 어떻게 말하겠는가.”

(39-38-4) 다음 선지식 찾기를 권하다

"소년이여, 이 염부제에 람비니(嵐毘尼)숲 동산이 있고, 그 숲에 묘한 덕이 원만한 람비니신이 있으니, 그대는 그에게 가서 '보살이 어떻게 보살의 행을 닦아 여래의 가문에 태어나며, 세상의 빛이 되어 오는 세월이 다하도록 고달픔이 없느냐' 고 물어라."

이때 선재동자는 그의 발에 엎드려 절하고 한량없이 돌고 합장하고 우러러 보면서 하직하고 물러갔다.

(39-39) 람비니림신(嵐毘尼林神)

제9 선혜지(善慧地) 선지식

(39-39-1) 람비니림신을 뵙고 법을 묻다

이때 선재동자는 모든 중생 구호하는 대원정진력주야신에게서 해탈문을 얻어 생각하고 닦으며 분명히 알고 정진하면서, 점점 나아가다가 람비니(嵐毘尼, Lumbinī, Lumbini)숲에 이르러 묘한 덕이 원만한 신을 두루 찾았다.

그는 온갖 보배나무로 장엄한 누각 가운데 보배연꽃 사자좌에 앉았는데, 이십억 나유타 하늘이 둘러 모시고 공경하며 그들에게 '보살의 태어나는 바다의 경전인 보살수생해경을 말씀하여 여래의 가문에 나서 보살의 큰 공덕을 증장하는 것을 보았다.

선재동자가 보고는 그의 발에 절하고 합장하고 말했다.

"거룩하신 이여, 저는 이미 위없는 바른 보리심을 냈으나, 보살이 어떻게 보살의 행을 닦으며 여래의 가문에 나서 세상의 큰 광명이 되는지를 알지 못합니다."

(39-39-2) 람비니림신이 법을 설하다
(39-39-2-1) 보살이 태어나는 열 가지 장

그 신이 대답했다.

"소년이여, 보살의 열 가지 태어나는 장이 있다. 보살이 이 법을 성취하면 여래의 가문에 태어나서 잠깐 동안에 보살의 선근을 증장하여 고달프지도 않고 게으르지도 않으며, 싫지도 않고 물러가지도 않으며, 끊김도 없고 잃음도 없으며, 의혹을 여의어 겁약하거나 후회하는 마음을 내지 않고, 지혜에 나아가 법계의 문에 들어가며, 광대한 마음을 내고 바라밀을 증장하여 부처님의 위없는 보리를 성취하며, 세상 길을 버리고 여래의 지위에 들어가 훌륭한 신통을 얻으며 부처님의 법이 항상 앞에 나타나서 온갖 지혜의 진실한 이치를 따르게 된다.

첫째는 부처님께 항상 공양하기를 원하여 태어나는 장이며, 둘째는 보리심을 내어 태어나는 장이며, 셋째는 여러 법문을 관찰하고 부지런히 행을 닦아 태어나는 장이며, 넷째는 깊고 청정한 마음으로 삼세를 두루 비추어 태어나는 장이며, 다섯째는 평등한 광명으로 태어나는 장이며, 여섯째는 여래의 가문에 나서 태어나는 장이며, 일곱째는 부처님 힘의 광명으로 태어나는 장이며, 여덟째는 넓은 지혜의 문을 관찰하여 태어나는 장이며, 아홉째는 장엄을 널리 나투어 태어나는 장이며, 열째는 여래의 지위에 들어가 태어나는 장이다.

(39-39-2-2) 열 가지 장을 해석하다
(39-39-2-2-1) 항상 공양하기를 원하여 태어나는 장

"소년이여, 보살이 처음 마음을 낼 적에 원하기를 '나는 부처님을 존중하고 공경하고 공양하며, 부처님을 봬도 싫어함이 없으며, 여러 부처님을 항상 사모하고 좋아하며 깊은 믿음을 내고 공덕을 닦아 항상

쉬지 않을 것이다' 하니, 이것이 보살이 온갖 지혜를 위해 첫째로 선
근을 모아 태어나는 장이다."

(39-39-2-2-2) 보리심을 내어 태어나는 장

"소년이여, 이 보살이 위없는 바른 보리심을 내는 것은 크게 가엾이
여기는 마음을 내는 것이며 모든 중생을 구호하는 까닭이다. 부처님
께 공양하는 마음을 내는 것이며 끝까지 받들어 섬기려는 까닭이다.
바른 법을 널리 구하는 마음을 내는 것이며 모든 것을 아끼지 않는 까
닭이다. 광대하게 향하여 나아가려는 마음을 내는 것이며 온갖 지혜
를 구하는 까닭이다. 한량없이 인자한 마음을 내는 것이며 중생을 널
리 거두어 주는 까닭이다.

모든 중생을 버리지 않으려는 마음을 내는 것이며 온갖 지혜를 구하
는 서원의 갑옷을 입는 까닭이다. 아첨이 없는 마음을 내는 것이며 실
제와 같은 지혜를 얻는 까닭이다. 말씀과 같이 실행하려는 마음을 내
는 것이며 보살의 도를 닦는 까닭이다. 부처님을 속이지 않으려는 마
음을 내는 것이며 보살의 도를 닦는 까닭이다. 부처님을 속이지 않으
려는 마음을 내는 것이며 부처님의 큰 서원을 수호하는 까닭이다. 온
갖 지혜로 원하는 마음을 내는 것이며 오는 세월이 끝나도록 중생 교
화하기를 쉬지 않는 까닭이다. 보살이 이러한 세계의 티끌 수 보리심
의 공덕으로 여래의 가문에 태어나며 이것이 보살의 둘째 태어나는
장이다."

(39-39-2-2-3) 법문을 관찰하여 행을 닦아 태어나는 장

"소년이여, 이 보살이 법문 바다를 관찰하는 마음을 일으키고, 온갖 지
혜의 원만한 길에 회향하는 마음을 일으키고, 바른 생각으로 잘못된 업

이 없는 마음을 일으키고, 보살의 삼매 바다의 청정한 마음을 일으키고, 보살의 공덕을 닦아 이루는 마음을 일으키고, 보살의 도를 장엄하는 마음을 일으키고, 온갖 지혜를 구하여 크게 정진하는 행으로 모든 공덕을 닦을 때에 말겁에 불이 치성하듯이 쉬는 일이 없는 마음을 일으키고, 보현의 행을 닦아 중생을 교화하는 마음을 일으키고, 위의를 잘 배우고 보살의 공덕을 닦아 모든 것을 버리고 아무 것도 없는 데 머물려는 진실한 마음을 일으킨다. 이것이 보살의 셋째 태어나는 장이다.”

(39-39-2-2-4) 청정한 마음으로 삼세를 두루 비추어 태어나는 장
“소년이여, 보살이 청정하여 더 나아가는 마음을 갖추고 여래의 보리의 광명을 얻으며, 보살의 방편 바다에 들어가 마음이 견고하기가 금강과 같으며, 생사의 길에 나는 것을 등지고 모든 부처님의 자재한 힘을 성취하며, 수승한 행을 닦아 보살의 근기를 갖추며, 마음이 밝고 깨끗하고 서원하는 힘이 흔들리지 않아 부처님들의 보호하고 생각하심이 되며, 장애의 산을 깨뜨리고 중생들의 의지할 곳이 되려 한다. 이것이 보살의 넷째 태어나는 장이다.”

(39-39-2-2-5) 평등한 광명으로 태어나는 장
“소년이여, 보살이 여러 가지 행을 구족하고 중생을 널리 교화하되 가진 것을 버리고 부처님의 청정한 계율의 경계에 머물며, 참는 법을 구족하여 부처님들의 법지혜의 광명을 얻으며, 큰 정진으로 온갖 지혜에 나아가 저 언덕에 이르며, 선정을 닦아 넓은 문의 삼매를 얻으며, 깨끗한 지혜가 원만하여 지혜의 해로 법을 밝게 비추며, 장애 없는 눈을 얻어 부처님 바다를 보고 진실한 법의 성품에 깨달아 들어가며, 세간의 보는 이들이 환희하여 실제와 같은 법문을 닦는다. 이것이

보살의 다섯째 태어나는 장이다."

(39-39-2-2-6) 여래의 가문에 태어나는 장

"소년이여, 보살이 여래의 가문에 나서 부처님들을 따라 머물며, 모든 깊고 깊은 법문을 성취하고 삼세 부처님들의 청정한 큰 서원을 갖추며, 부처님과 같은 선근을 얻어 여래와 자체의 성품이 같으며, 세상에서 벗어나는 행과 희고 깨끗한 법을 갖추어 광대한 공덕의 법문에 편안히 머물며, 삼매에 들어가 부처님의 신통한 힘을 보며, 교화할 이를 따라 중생들을 청정하게 하며, 묻는 대로 대답하여 변재가 다함이 없다. 이것이 보살의 여섯째 태어나는 장이다."

(39-39-2-2-7) 부처님 힘의 광명으로 태어나는 장

"소년이여, 보살이 부처님 힘에 깊이 들어가 여러 부처님의 세계에 노닐어도 물러가는 생각이 없으며, 보살 대중을 공양하며 받들어 섬겨도 고달프지 않으며, 모든 법이 환술처럼 일어난 줄을 알며, 세간이 꿈과 같음을 알며, 눈에 보이는 모든 형상[色]이 빛과 같으며, 신통으로 짓는 일이 변화함과 같으며, 태어나는 것이 그림자와 같으며, 부처님의 법이 메아리와 같은 줄을 알고 법계를 열어 보여 마침내 이르게 한다. 이것이 보살의 일곱 번째 태어나는 장이다."

(39-39-2-2-8) 넓은 지혜의 문을 관찰하여 태어나는 장

"소년이여, 보살이 깨끗한 몸의 지위에 머물러 있으면서 온갖 지혜를 관찰하고 낱낱의 지혜의 문에서 한량없는 겁이 다하도록 보살의 행을 연설하며, 보살의 깊은 삼매에 마음이 자재해지고 잠깐마다 시방세계의 여래가 계신 곳에 태어나며, 차별이 있는 경계에서 차별이 없는 선정에 들어가고 차별이 없는 법에 차별이 있는 지혜를 나타내며, 한량없는 경계에서 경계가 없음을 알고 적은 경계에서 한량없는 경계에 들어가며, 법의 성품이 광대하여 시간이 없음을 통달하고 세간이 가짜 시설이어서 모든 것이 인식하는 마음으로 생긴 줄 안다. 이것이 보살의 여덟 번째 태어나는 장이다."

(39-39-2-2-9) 장엄을 나투어 태어나는 장

"소년이여, 보살이 한량없는 부처님 세계를 여러 가지로 장엄하며, 중생과 부처님들의 몸을 널리 변화하여 나타내어도 두려움이 없으며, 청정한 법을 연설하여 법계에 두루 다녀도 걸림이 없으며, 그들의 마음에 좋아하는 대로 모두 알고 보게 하고, 갖가지로 보리의 행을 이루는 것을 나타내어 보리에 걸림이 없는 온갖 지혜의 길을 내게 하며, 이렇게 하는 일이 때를 놓치지 않으면서 항상 삼매와 비로자나 지혜의 장에 있다. 이것이 보살의 아홉 번째 태어나는 장이다."

(39-39-2-2-10) 여래의 지위에 들어가 태어나는 장

"소년이여, 보살이 삼세 여래의 처소에서 정수리에 물 붓는 권정법을 받고 모든 경계의 차례를 두루 안다. 중생이 앞 세상과 뒷 세상에서 죽고 나는 차례와 보살의 수행하는 차례와 중생의 마음으로 생각하는 차례와 삼세 여래의 성불하는 차례와 교묘한 방편으로 법문을 말씀하는 차례를 알며, 앞 세상과 뒷 세상의 모든 겁이 이루어지고 없어지는 이름의 차례도 안다. 교화를 받을 만한 중생을 따라서 도를 이루는 공덕과 장엄을 나타내며, 신통으로 법을 말하고 방편으로 조복시킨다. 이것이 보살의 열 번째 태어나는 장이다.

소년이여, 만일 보살이 이 열 가지 법을 닦아 익히고 증장하며 원만하

게 성취하면 한 가지 장엄 속에 갖가지 장엄을 나타내며, 이렇게 국
토를 장엄하며, 중생을 인도하고 깨우쳐서 오는 세상이 끝나도록 쉬
지 않으며, 부처님 법 바다를 연설하며, 여러 가지 경계를 여러 가지
로 성숙하여 한량없는 법을 차츰차츰 전하여, 헤아릴 수 없는 부처님
의 자재한 힘을 나타내어 모든 허공과 법계에 가득하며, 중생의 마음
으로 행하는 바다에서 법륜을 굴리며, 모든 세계에서 성불함을 나타
내되 항상 사이가 끊이지 않으며, 말할 수 없이 청정한 음성으로 법을
말하여 한량없는 곳에 머물되 통달하여 걸림이 없으며, 온갖 법으로
도량을 장엄하고 중생의 욕망과 이해하는 차별을 따라 성불함을 나
타내고 한량없는 깊은 법장을 열어 모든 세간을 교화하고 성취한다."

(39-39-2-3) 람비니림신의 게송
이때 람비니림신이 이 뜻을 거듭 펴려고 부처님의 신통으로 시방을
관찰하고 게송을 말했다.

가장 높고 때 없이 청정한 마음 / 부처님들 뵙기 싫은 줄 몰라
오는 세상 끝나도록 공양하고자 / 지혜 밝은 이 태어나는 장이네.

삼세의 수없는 국토 가운데 / 살고 있는 중생들과 여러 부처님
제도하고 받들기 항상 원하니 / 부사의한 이들의 태어나는 장이네.

법 듣기 싫지 않고 관찰을 좋아해 / 삼세에 두루하여 걸림 없으며
몸과 마음 깨끗하기가 허공 같아 / 소문난 이들의 태어나는 장이네.

마음은 자비 바다에 항상 머물고 / 굳기로는 금강과 보배산 같아

온갖 지혜문을 통달했으니 / 가장 높은 이의 태어나는 장이네.

인자함이 모든 것에 두루 덮이고 / 묘한 행은 바라밀을 항상 더하여
법의 광명 삼라만상 두루 비추니 / 용맹한 이의 태어나는 장이네.

법의 성품 통달하여 걸림이 없고 / 삼세 부처님들 가문에 나서
시방의 법계 바다 널리 들어가니 / 지혜 있는 이의 태어나는 장이네.

법의 몸 깨끗하고 마음 트여 / 시방의 모든 국토 두루 나아가
부처님의 모든 힘 다 이루니 / 헤아릴 수 없는 이 태어나는 장이네.

깊은 지혜 들어가 자재했고 / 여러 가지 삼매도 다 끝났으며
온갖 지혜 진실한 문 다 보았으니 / 참 몸 가진 생각이 태어나는 장이네.

부처님의 모든 국토 잘 다스리고 / 중생 교화하는 법 닦아 이루어
여래의 자재한 힘 나타내니 / 큰 이름 떨친 이가 태어나는 장이네.

오래 전부터 보리를 닦아 행하고 / 여래의 높은 지위 빨리 들어가
법계를 밝게 알아 걸림 없으니 / 여러 불자들이 태어나는 장이네.

"소년이여, 보살이 이 열 가지 법을 갖추고 여래의 가문에 태어나면
모든 세간의 청정한 광명이 된다. 소년이여, 나는 한량없이 오랜 겁으
로부터 이 자재하게 태어나는 해탈문을 얻었다."

(39-39-2-4) 해탈문의 경계를 말하다

(39-39-2-4-1) 람비니동산의 열 가지 상서

선재동자는 말했다.

"거룩하신 이여, 이 해탈문의 경계는 어떠합니까?"

람비니림신이 대답했다.

"소년이여, 나는 발원하기를 '모든 보살이 태어날 때마다 다 친근하게 하여지이다. 비로자나 여래의 한량없이 태어나는 바다에 들어가지이다' 했고, 이런 서원의 힘으로 이 세계의 염부제에 있는 람비니숲 동산에 나서 '보살이 언제나 내려오시는가' 하고 생각했다.

백년이 지난 뒤에 부처님이 도솔천으로부터 내려오시는데, 그때 이 숲속에는 열 가지 상서가 나타났다. 첫째는 이 동산의 땅이 홀연히 평탄해지고 구덩이가 생겨 등성이가 나타나지 않았다. 둘째는 금강으로 땅이 되어 모든 보배로 장엄하고 자갈과 가시덤불과 나무 그루터기가 없어졌다. 셋째는 보배로 된 다라나무가 줄을 지어 둘러서고 그 뿌리가 깊이 들어가 물 있는 곳까지 이르렀다. 넷째는 모든 향의 움이 돋고 향의 창고가 나타났으며, 보배향으로 된 나무가 무성하여 모든 향기가 천상의 향기보다도 더 아름다웠다.

다섯째는 여러 묘한 화만과 보배장엄거리가 줄지어 퍼져 곳곳마다 가득했다. 여섯째는 동산 안에 있는 나무에는 모두 마니보배꽃이 저절로 피었다. 일곱째는 연못 속에는 자연히 꽃이 나는데 땅 속에서 솟아올라서 물 위에 두루 덮였다. 여덟째는 이 숲속에는 사바세계의 욕심 세계와 형상 세계에 있는 하늘·용·야차·건달바·아수라·가루라·긴나라·마후라가의 왕들이 모두 모여 합장하고 있었다.

아홉째는 이 세계에 있는 하늘여자와 마후라가의 여자들이 모두 환희하여 여러 가지 공양거리를 받들고 필락차나무를 향해 공경하고 서 있었다. 열 번째는 시방의 모든 부처님 배꼽에서 보살수생자재등이라는 광명을 놓아 이 숲에 비추고, 낱낱 광명에서는 부처님이 태어나고 탄생하는 신통 변화와 보살들이 태어나는 공덕을 나타냈고, 또 여러 부처님의 가지가지 음성을 냈다.

이 상서가 나타날 때에 모든 천왕은 보살이 내려오실 줄을 알았고, 나는 이 상서를 보고 한량없이 기뻐했다.”

(39-39-2-4-2) 마야부인이 람비니동산에 오실 때의 열 가지 광명

“소년이여, 마야부인이 가비라위(迦昆羅衛, Kapila-vastu)에서 나와 이 숲에 들어왔을 때도, 열 가지 광명의 상서가 있어 중생들에게 법의 광명을 얻게 했다.

모든 보배꽃광광명, 보배향광광명, 보배연꽃이 피어 진실하고 묘한 음성을 연설하는 광명, 시방 보살이 처음으로 마음을 내는 광명, 모든 보살이 여러 지위에 들어가서 신통 변화를 나타내는 광명, 보살이 바라밀을 닦아서 원만한 지혜 광명, 보살이 중생을 교화하는 방편 지혜의 광명, 보살이 법계를 증득하는 진실한 지혜의 광명, 보살이 부처님의 자재하심을 얻어 태어나고 출가하여 정각을 이루는 광명이다.”

(39-39-2-4-3) 마야부인에게 나타난 신통 변화

“소년이여, 마야부인이 필락차나무 아래 앉을 때에 보살이 탄생하려는 열 가지 신통 변화를 나타냈다.

소년이여, 보살이 탄생하시려는 때에 욕계의 하늘·천자·천녀와 형상 세계인 색계의 모든 하늘·용·야차·건달바·아수라·가루라·긴나라·마후라가와 그 권속들이 공양하기 위해 구름같이 모여 왔고, 마야부인은 위엄과 덕이 훌륭하여 여러 털구멍에서 광명을 놓아 삼천대천세계를 두루 비추어 막히는 곳이 없었으며, 다른 광명들은 모두 나타나지 못했고, 중생의 번뇌와 나쁜 길의 고통을 소멸했다. 이것이 보살이 탄생하시려는 첫째의 신통 변화이다.

소년이여, 그때에 마야부인의 복중에서 삼천대천세계의 모든 형상을 나타냈는데 백억 염부제 안에 각각 나라가 있고 각각 숲 동산이 있어 이름이 같지 않았으며, 마야부인이 그 가운데 계셨다. 하늘 대중이 둘러 모셨으니 보살이 장차 태어나실 때의 부사의한 신통 변화를 나타내려는 것이다. 이것이 보살이 탄생하려는 둘째 신통 변화다.

소년이여, 마야부인의 털구멍마다 여래께서 옛날 보살의 도를 수행할 때에 모든 부처님께 공경하고 공양하던 일과 부처님들의 법문하는 음성을 듣던 일을 나타냈다. 마치 밝은 거울과 물속에 허공과 해와 달과 별과 구름과 우레의 모양을 나타내듯이 마야부인의 털구멍도 그와 같아, 여래의 지난 세상 인연을 나타냈다. 이것이 보살의 탄생하시려는 셋째 신통 변화이다.

소년이여, 마야부인의 털구멍에는 여래께서 지난 세상 보살의 행을 닦을 적에 계시던 세계와 도시와 마을과 산과 숲과 강과 바다와 중생과 겁의 수를 나타냈으며, 부처님이 세상에 나신 일과 깨끗한 국토에 들어가서 태어나는 일과 수명이 길고 짧음과 선지식을 의지하여 착한 법을 닦던 일과 모든 세계에서 태어날 적마다 마야부인이 어머니가 되시던 온갖 일이 모두 털구멍에 나타났다. 이것이 보살이 탄생하려는 넷째 신통 변화다.

소년이여, 마야부인의 낱낱의 털구멍마다 여래께서 지난 세상에 보살이 행을 닦으실 때에 나셨던 곳과 모습과 형상이 나타났으며, 의복과 음식과 괴롭고 즐거운 일이 낱낱이 나타나서 분명하게 볼 수 있었다. 이것이 보살의 탄생하려는 다섯째 신통 변화다.

소년이여, 마야부인의 털구멍마다 부처님께서 지난 세상 보시 행을

닦을 때에 버리기 어려운 머리·눈·귀·코·입술·혀·치아·몸·손·발·
피·근육·힘줄·뼈와 아들·딸·아내·첩·도시·궁전·의복·영락·금·은·
보화의 안팎으로 모든 것을 버리던 일을 나타냈으며, 또 받는 이의
형상과 음성과 처소까지 보였다. 이것이 보살이 탄생하려는 여섯째
신통 변화다.

소년이여, 마야부인이 이 동산에 들어올 때에 숲에는 지난 세상의 부
처님들이 모태에 드실 때의 국토·동산·의복·화만·바르는 향·가루향·
번기·당기·깃발·일산과 모든 보배로 장엄한 것이 모두 나타났고, 풍
류와 노래와 아름다운 음성을 모든 중생이 다 듣고 보게 되었다. 이것
이 보살이 탄생하려는 때의 일곱째 신통 변화다.

소년이여, 마야부인이 이 동산에 들어올 때에 그 몸으로부터 보살이
거주하는 마니보배로 된 궁전과 누각을 냈는데 모든 하늘·용·야차·건달
바·아수라·가루라·긴나라·마후라가나 사람의 왕의 거처하는 곳보다 뛰
어났으며, 보배그물을 위에 덮고 묘한 향기가 두루 풍기며, 여러 보배로
장엄하여 안팎이 청정하고 제각기 달라서 서로 섞이지 않고 람비니동산
에 가득했다. 이것이 보살이 탄생하려는 때의 여덟째 신통 변화다.

소년이여, 마야부인이 이 동산에 들어올 때에 그 몸에서 말할 수 없는
백천억 나유타 세계의 티끌 수 보살을 냈는데 그 보살들의 형상과 용
모와 잘 생긴 모습과 광명과 앉고 서는 위의와 신통과 권속들이 모두
비로자나보살과 다르지 않았으며, 한꺼번에 여래를 찬탄했다. 이것
이 보살이 탄생하려는 때의 아홉째 신통 변화다.

소년이여, 마야부인이 보살을 탄생시키려 할 때에 문득 그 앞에 금강
이 있는 곳으로부터 온갖 보배로 장엄한 창고의 큰 연꽃이 솟아났다.
금강으로 줄기가 되고 여러 보배로 꽃술이 되고 여의보배로 꽃판이
되었다. 열 세계의 티끌 수 잎은 모두 마니로 되었고 보배그물, 보배

일산이 위에 덮였는데 천왕이 함께 받들었고, 용왕은 향비를 내리고, 야차왕은 공경하며 둘러싸고 하늘꽃을 흩고, 건달바왕은 아름다운 음성으로 지난 세상에 보살이 부처님께 공양하던 공덕을 찬탄하고, 아수라왕은 교만한 마음을 버리고 머리를 조아려 경례하고, 가루라왕은 보배번기를 드리워 허공에 가득하고, 긴나라왕은 환희하여 우러러보면서 보살의 공덕을 노래하며 찬탄하고, 마후라가왕은 환희하여 노래하고 찬탄하며 보배장엄구름을 비내렸다. 이것이 보살이 탄생하려는 때의 열 번째 신통 변화다."

(39-39-2-4-4) 보살의 탄생

"소년이여, 람비니동산에서 열 가지 모양이 나타난 뒤에 보살이 탄생했다. 마치 공중에 찬란한 해가 뜨듯이 높은 산 위에서 좋은 구름이 일어나는 듯, 여러 겹 쌓인 구름 속에 번개가 비치는 듯, 어두운 밤에 횃불을 밝히는 듯이, 보살이 어머니의 옆구리로 나오는 모습과 광명도 그와 같았다.

소년이여, 보살이 그때에 비록 처음으로 태어났지만 모든 법이 꿈과 같고 환술 같고 그림자 같고 영상과 같아 오는 것도 없고 가는 것도 없고 나지도 않고 멸하지도 않는 것임을 이미 통달했다.

소년이여, 부처님이 사천하의 염부제에 있는 람비니동산에 처음으로 탄생하면서 갖가지 신통 변화가 나타나는 것을 보는 동시에 여래께서 삼천대천세계의 백억 사천하의 염부제에 있는 룸비니동산에서 처음으로 탄생하시면서 갖가지 신통 변화를 나타내는 것도 보았고, 또 삼천대천세계의 낱낱의 티끌 속에 있는 한량없는 세계에서도 그러함을 보았고, 또 백, 천, 내지 시방 모든 세계의 낱낱의 티끌 속에 있는 한량없는 세계에서와 같이, 모든 부처님 세계에도 여래께서 탄생하시면서 갖가지 신통 변화를 나타내는 것을 보았다. 이와 같이 신통 변화는 잠깐도 끊어지지 않았다."

(39-39-2-4-5) 해탈의 근원

이때 선재동자는 신에게 말했다.

"큰 천신께서 이 해탈을 얻은 지는 얼마나 오래되었습니까?"

"소년이여, 지나간 옛적 일억 세계의 티끌 수 겁을 지내고, 또 그만한 겁 전에 두루한 보배세계가 있었다. 겁의 이름은 열락이었는데, 팔십 나유타 부처님이 그 속에 출현하셨다. 첫 부처님의 이름은 자재공덕당으로서 열 가지 명호를 구족했고, 그 세계에 묘광장엄이라는 사천하가 있었다.

그 사천하의 염부제에 수미장엄당 나라가 있었고, 보안왕이 다스리고 있었고, 왕비는 이름이 희광이었다. 소년이여, 이 세계에서는 마야부인이 비로자나여래의 어머니가 되는 것처럼 그 세계에서는 희광부인이 첫 부처님의 어머니가 되었다.

소년이여, 희광부인은 보살이 탄생하려는 때에 이십억 나유타 시녀들과 함께 금꽃동산에 있는 묘배봉 누각에 나아갔다. 그 곁에 일체시나무가 있었다. 희광부인이 그 나뭇가지를 붙잡고 보살을 낳으니 여러 천왕들이 향수로써 목욕시켰다.

그때 정광유모가 그 곁에 있었는데 천왕들이 보살을 목욕시킨 후 유모에게 주었고, 유모는 보살을 받들고 매우 기뻐하면서 보살보안삼매를 얻었다. 이 삼매를 얻고는 시방의 한량없는 여러 부처님을 뵙고 다시 보살이 여러 곳에서 태어나는 자재한 해탈을 얻었는데, 처음 태에 드는 의식이 걸림없이 빠르게 했고, 이 해탈을 얻은 까닭으로 모든 부처님이 본래 서원한 힘으로 자재하게 태어나는 것을 보기도 했다.

소년이여, 그 유모가 바로 나의 전신이었다. 나는 그때부터 잠깐 동안 마다 비로자나불이 보살로 태어나 바다와 중생을 조복시키는 자재한 신통을 보았으며, 비로자나불이 본래의 서원한 힘으로 잠깐마다 이 삼천대천세계와 시방세계의 티끌 속에서 보살로 태어나 신통변화를 나타내는 것을 보는 것처럼 부처님도 그와 같음을 보고, 공경하고 받들어 섬기면서 공양하고, 말씀하시는 법을 듣고 말씀하신 대로 수행했다.”

(39-39-2-4-6) 람비니숲의 신이 게송으로 거듭 뜻을 펴다
이때 람비니숲의 신이 이 해탈의 뜻을 거듭 펴려고 부처님의 신통한 힘을 받들어 시방을 관찰하고 게송을 말했다.

소년이여, 그대가 물은 / 부처님의 깊은 경지를
내가 이제 그 인연을 말하니 / 자세히 잘 들어라.

일억 세계 티끌 수 겁 전에 / 열락이라는 겁이 있었는데
팔십 나유타 여래께서 / 그 세상에 출현하셨다.

첫 부처님의 이름이 / 자재공덕당이신데
나는 금꽃동산에서 / 그분이 탄생하심을 보았다.

나는 그때 유모로서 / 지혜 있고 총명했는데
천왕들이 금빛 보살을 받아 / 나에게 주었다.

나는 빨리 받아서 / 살폈으나 정수리는 볼 수 없고
잘 생긴 모습 모두 원만하여 / 낱낱이 끝닿은 데 없었다.

때 없이 깨끗한 몸 / 거룩한 모습으로 장엄했으니
마치 보배로 된 형상처럼 / 보고는 스스로 기뻐했다.

그 공덕을 생각하니 / 모든 복 바다가 빨리 넘쳐서
이 신통한 일을 보고 / 큰 보리심을 냈다.

부처님의 공덕을 구하고 / 큰 서원 더욱 넓혔으며
모든 세계 깨끗이 장엄하여 / 삼악취의 나쁜 길을 없애 버렸다.

시방의 모든 국토에서 / 수없는 부처님께 공양하며
본래의 서원 닦아 행하여 / 중생들을 고통에서 건져 주셨다.

나는 그 부처님에게 / 법문을 듣고 해탈을 얻어
일억 세계의 티끌 수처럼 / 한량없는 겁에 행을 닦았다.

그런 겁 동안 많은 부처님께 / 나는 모두 공양하고
그의 바른 법 보호하여 / 이 해탈의 바다 깨끗이 했다.

억만 세계 미진수 겁에 / 과거에 부처님이 계시는 곳에서
그 법의 바퀴 모두 가져 / 이 해탈을 더욱 밝게 했다.

나는 잠깐 동안에 / 세계의 티끌 속에 계시는
낱낱의 여래께서 깨끗하게 한 / 세계바다를 보았다.

그 세계마다 부처님이 계셔 / 동산에서 탄생하시며

부사의하고 광대한 / 신통을 제각기 나타냈다.

어떤 때는 헤아릴 수 없는 / 억만 세계의 여러 보살들
천궁에서 계시면서 / 부처님의 보리 증득했다.

한량없는 세계 바다에서 / 부처님들 탄생하시고
대중에 둘러싸여 설법하심을 / 여기서 모두 보았다.

나는 잠깐 동안에 / 억만 세계의 티끌 수 보살이
출가하여 도량에 나아가 / 부처님의 경계 나타냄을 보았다.

나는 또 세계의 티끌 속에서 / 한량없는 부처님이 성도하시고
여러 가지 방편으로 / 괴로운 중생들을 건지셨다.

모든 티끌 속에서 / 부처님들 법륜 굴리며
그지없는 음성으로 / 감로법을 비 내리셨다.

티끌 수 같은 억천 겁의 / 낱낱의 세계의 티끌 속에서
부처님이 열반에 드심을 / 나는 또 모두 보았다.

이렇게 한량없는 세계에 / 여래께서 탄생하는 대로
나는 몸을 나누어 / 그 앞에 공양했다.

부사의한 세계 바다 / 한량없는 길 각각 다른데
나는 그 앞에 나타나 / 큰 법 비를 내렸다.

소년이여, 나는 / 이 부사의한 해탈문을
한량없는 겁 동안에 말하여도 / 다하지 못할 것을 알고 있다.

(39-39-3) 수승한 보살의 공덕을 찬탄하다

"소년이여, 나는 다만 이 보살의 한량없는 겁, 모든 곳에서 태어나는 자재한 해탈을 알 뿐이다. 보살들이 잠깐 동안에 여러 겁을 삼으며 온갖 법을 관찰하고, 좋은 방편으로 일부러 태어나서 부처님께 공양하며, 불법을 끝까지 통달하고 모든 길에 태어나서 여러 부처님 앞에서 연꽃 자리에 앉으며, 중생을 제도할 시기를 알고는 일부러 태어나서 방편으로 조복시키며, 여러 세계에서 신통 변화를 나타내되 그림자와 같이 그 앞에 나타나는 일이야 내가 어떻게 알며 그 공덕의 행을 말하겠는가."

(39-39-4) 다음 선지식 찾기를 권하다

"소년이여, 이 가비라위성에 구파라는 석씨 아가씨가 있다. 그녀에게 가서 보살이 어떻게 나고 죽는 과정에서 중생을 교화하느냐고 물어라."
선재동자는 그의 발에 엎드려 절하고 여러 번 돌고 은근하게 우러러보면서 하직하고 떠났다.

(39-40) 석가녀구파(釋迦女瞿波)
제10 법운지(法雲地) 선지식

(39-40-1) 석가녀구파를 뵈고 법을 묻다
(39-40-1-1) 무우덕신의 찬탄
이때 선재동자는 가비라위성을 향해 태어나는 해탈을 생각하고 닦아 더 늘어나게 하며 광대하며 기억하고 버리지 않으며, 점점 행하여 보살들이 모여 있는 법계를 널리 나타내는 넓은 강당에 이르렀다.

그 가운데 무우덕신이 있어 궁전을 맡은 일만 신들과 함께 와서 선재동자를 맞으면서 말했다.

"잘 오셨습니다. 소년이여, 큰 지혜가 있고 큰 용맹이 있어 보살의 부사의하고 자재한 해탈을 닦으며, 마음에는 광대한 서원을 항상 버리지 않고, 법의 경계를 잘 관찰하며, 법의 성에 편안히 있으면서 한량없는 방편문에 들어가 여래의 큰 공덕 바다를 성취했고 묘한 변재를 얻어 중생들을 잘 조복시키며, 거룩한 지혜의 몸을 얻어 항상 따라 수행하고, 중생의 마음과 행이 차별함을 알아 그들이 기뻐하여 부처님 도에 나아가게 합니다.

내가 보건대 당신은 묘한 행을 닦는 마음이 잠깐도 게으르지 않으며, 움직이는 위의가 청정하니 당신은 오래지 않아서 여래의 청정하게 장엄한 위없는 삼업을 얻을 것이며, 여러 가지 잘 생긴 모습으로 몸을 장엄하고, 십력의 지혜로 마음을 훌륭하게 장식하여 모든 세간에 다닐 것입니다.

또한 당신은 용맹하게 정진함이 비길 데 없으니 오래지 않아서 삼세의 부처님들을 보고 그의 법을 들을 것이며, 보살의 선정과 해탈과 삼매의 낙을 얻을 것이며, 부처님 여래의 깊은 해탈에 들어갈 것입니다. 왜냐하면 선지식을 보면 친근하게 공양하며 그의 가르침을 받고는 기억하고 닦아 행하며, 게으르지 않고 물러가지 않고 근심이 없고 뉘우침이 없고 장애가 없으며, 마와 마의 백성들이 저해하지 못하며, 오래지 않아 위없는 과를 이루기 때문입니다."

(39-40-1-2) 선재동자가 하는 일

선재동자가 말했다.

"거룩하신 이여, 지금 말씀하신 것을 모두 얻으려합니다.

거룩하신 이여, 모든 중생이 번뇌를 쉬며 나쁜 업을 여의고 안락한 곳에 나서 깨끗한 행을 닦기를 원합니다. 보살은 모든 중생이 번뇌를 일으키고 나쁜 업을 지어 악취에 떨어져서 몸과 마음으로 고통을 받는 것을 보면 걱정하고 괴로운 마음을 내는 것입니다.

거룩하신 이여, 어떤 사람이 지극히 사랑하는 외아들이 있는데, 다른 사람이 아들의 몸을 할퀴고 찢는 것을 보면 아픈 가슴을 참을 수 없습니다. 보살도 그와 같아 중생들이 번뇌로 업을 짓고 삼악취에 떨어져 고통을 받는 것을 보면 근심하고 걱정할 것이며, 중생들이 몸과 말과 뜻으로 세 가지 착한 업을 짓고 천상이나 인간에 나서 쾌락을 받는 것을 보면 보살이 매우 즐거워할 것입니다.

그 까닭을 말하면, 보살은 자기를 위해 온갖 지혜를 구하는 것이 아닙니다. 나고 죽는 일과 모든 욕락을 탐하지 않습니다. 뒤바뀐 생각과 소견과 마음과 얽매임을 떠납니다. 따라다니며 잠자게 하는 수면과 애착하고[愛] 억측하는[見] 힘을 따라 옮겨지지 않습니다. 중생들의 여러 가지 즐기는 생각을 일으키지 않으며, 여러 선정의 즐거움에 맛들이지도 않고, 장애가 되거나 고달프거나 물러가서 생사에 머물지도 않습니다.

다만 중생들이 존재[有]에서 한량없는 괴로움을 받는 것을 보고는 크게 가엾이 여기는 마음을 내어 큰 서원의 힘으로 거두어 줍니다. 자비와 서원의 힘으로 보살의 행을 닦으니 모든 중생의 번뇌를 끊기 위해, 여래의 더 깊은 지혜를 구하기 위해, 부처님 여래에게 공양하기 위해, 넓고 큰 국토를 깨끗이 장엄하기 위해, 중생의 욕락과 그의 몸과 마음으로 행하는 일을 깨끗이 다스리기 위해, 나고 죽는 속에서 고달픈 줄을 모릅니다.

거룩하신 이여, 보살은 모든 중생에게 인간과 천상에서 부귀의 낙을 내게 하는 까닭으로 장엄이 됩니다. 그를 위해 보리심을 잘 정돈하는 까닭으로 부모가 됩니다. 그의 보살도를 성취하게 하는 까닭으로 양육함이 됩니다. 삼악도를 여의게 하는 까닭으로 호위함이 됩니다. 생사의 바다를 건너게 하는 까닭으로 뱃사공이 됩니다. 마와 번뇌의 공포를 버리게 하는 까닭으로 의지할 데가 됩니다. 서늘한 낙을 영원히 얻게 하는 까닭으로 끝난 곳이 됩니다. 모든 부처님 바다에 들어가게 하는 까닭으로 나루터가 됩니다.

온갖 법 보배가 있는 섬에 이르게 하는 까닭으로 길잡이가 됩니다. 부처들의 공덕의 마음을 피게 하는 까닭으로 묘한 꽃이 됩니다. 복덕과 지혜의 빛을 놓는 까닭으로 장엄거리가 됩니다. 무릇 하는 일이 모두 단정한 까닭으로 좋아하는 것이 됩니다. 나쁜 업을 멀리 여의는 까닭으로 존경할 만합니다. 단정하고 엄숙한 몸을 갖춘 까닭으로 보현보살이 됩니다. 항상 지혜의 깨끗한 광명을 놓는 까닭으로 크게 밝음이 됩니다. 감로의 법을 비 내리는 까닭으로 큰 구름이 됩니다.

거룩한 이여, 보살이 이렇게 수행할 때에 모든 중생이 사랑하고 좋아하여 법의 즐거움을 구족하게 합니다."

(39-40-1-3) 선재동자를 찬탄하는 무우덕신

이때 선재동자가 법당에 오르려 했다. 무우덕신과 여러 신이 천상의 것보다 더 좋은 화만과 바르는 향과 가루향과 여러 가지 장엄거리로 선재에게 흩으며 게송을 말했다.

당신은 지금 세간을 뛰어나 / 세상의 큰 등불되고

모든 중생을 위해 / 위없는 깨달음 부지런히 구하네.

한량없는 억천 겁에 / 당신을 뵐 수 없어
공덕의 햇빛 하늘에 떠서 / 세간의 어둠 없애네.

당신은 모든 중생이 / 번뇌에 덮여 있음을 보고
가엾이 여기는 마음으로 / 스승 없는 도를 증득하려 하네.

당신은 청정한 마음으로 / 부처님의 보리 구하여
선지식 받들어 섬기며 / 몸과 목숨 아끼지 않네.

당신은 모든 세간에 / 의지도 없고 애착도 없고
넓은 마음 걸림없이 / 깨끗하기가 허공 같네.

당신은 보리의 행을 닦아 / 공덕이 모두 원만하고
큰 지혜의 광명 놓아 / 모든 세간 널리 비추네.

당신은 세간을 떠나지 않고 / 세간에 집착하지도 않아
걸림없이 세간에 다니기가 / 바람이 허공에 다니는 듯하네.

마치 화재가 일어날 때에 / 무엇으로도 끌 수 없듯이
당신이 보리를 닦는 / 정진의 불 그와 같네.

용맹하고 크게 정진함이 / 견고하여 움직일 수 없으며
금강 같은 지혜의 사자 / 어디를 가도 두려움 없네.

모든 법계에 있는 / 여러 세계 바다에
당신이 모두 나아가 / 선지식을 친근히 모시네.

그때 무우덕신이 이 게송을 말하고 법을 좋아하는 까닭으로 선재동
자를 따라다니며 항상 떠나지 않았다.

(39-40-1-4) 석가녀구파의 의보와 정보

이때 선재동자는 법계를 널리 나타내는 광명한 강당에 들어가 석씨 여
인을 두루 찾다가 강당 안에서 보배연꽃 사자좌에 있는 것을 보았다.
팔만 사천의 시녀들이 모시고 있는데 그 시녀들도 왕의 가문에서 났
으며, 지난 세상에 보살의 행을 닦으며 선근을 함께 심고 보시와 좋은
말로 중생들을 거두어 주었다. 이미 온갖 지혜의 경계를 분명히 보
았고 부처님의 보리의 행을 함께 닦았다. 바른 선정에 항상 머물고
크게 가엾이 여겼으며, 중생들을 널리 거두어 주기를 외아들 같이
했다. 인자한 마음을 갖추고 권속이 청정했다. 지난 세상에 보살의
헤아릴 수 없는 교묘한 방편을 성취하여 위없는 바른 보리에서 물러
나지 않았다. 보살의 바라밀을 구족하고 모든 집착을 여의어 생사를
좋아하지 않았다. 비록 번뇌와 업이 있는 곳에 다녀도 마음은 항상
청정하며, 온갖 지혜의 도를 항상 관찰하여 장애의 그물을 떠나 집
착하는 데서 뛰어났다. 법의 몸으로부터 나툰 몸을 보이며, 보현의
행을 내고 보살의 힘을 자라게 하며, 지혜의 해와 지혜의 등불이 이
미 원만했다.

(39-40-1-5) 생사 중에서 법을 깨닫는 일을 묻다

그때 선재동자는 석가녀 구파에게 나아가 발에 엎드려 절하고 합장

하고 서서 말했다.

"거룩하신 이여, 저는 이미 위없는 바른 보리심을 냈으나 보살이 어떻게 하면 생사 중에서 생사의 걱정에 물들지 않으며, 법의 성품을 깨달아 성문이나 벽지불의 지위에 머물지 않으며, 부처의 법을 구족하고도 보살의 행을 닦으며, 보살의 지위에 있으면서 부처님 경계에 들어가며, 세간에서 초월하고도 세간에 태어나며, 법의 몸을 성취하고도 그지없는 여러 가지 육신을 나타내며, 형상 없는 법을 증득하고도 중생을 위해 모든 형상을 나타내며, 법은 말할 것도 없음을 알고 중생을 위해 법을 연설하며, 중생이 공한 줄 알면서도 중생을 교화하는 일을 버리지 않으며, 부처님은 나지도 않고 멸하지도 않음을 알면서도 부지런히 공양하고 물러가지 않으며, 모든 법이 업도 없고 과보도 없음을 알면서도 여러 가지 착한 행을 닦아 항상 쉬지 않는지를 알지 못합니다."

(39-40-2) 석가녀구파의 설법
(39-40-2-1) 열 가지 법을 성취하면 보살의 행을 원만하게 얻는다

그때 석가녀구파는 선재동자에게 말했다.

"훌륭하고, 훌륭하다. 소년이여, 그대가 이제 보살의 이와 같이 행하는 법을 묻는구나. 보현의 모든 행과 원을 닦는 사람은 이렇게 묻는다. 자세히 듣고 잘 생각하라. 내가 부처님의 신통한 힘을 받들어 그대에게 말한다.

소년이여, 보살들이 열 가지 법을 성취하면 인다라그물 같은 넓은 지혜 광명인 보살의 행을 원만하게 한다.

보살의 행을 원만하게 하는 것은 선지식을 의지하는 까닭이다. 광대하고 훌륭한 이해를 얻는 까닭이다. 청정한 욕망을 얻는 까닭이다. 온갖 복과 지혜를 모으는 까닭이다. 부처님에게서 법을 듣는 까닭이다. 마음에 항상 삼세 부처님을 버리지 않는 까닭이다. 보살의 행과 같은 까닭이다. 여래가 보호하고 염려하는 까닭이다. 큰 자비와 묘한 서원이 다 청정한 까닭이다. 지혜의 힘으로 생사를 끊는 까닭이다. 만일 보살들이 이 법을 성취하면 인다라그물 같은 넓은 지혜의 광명인 보살의 행을 원만하게 된다."

9-40-2-2) 열 가지 법으로 선지식을 친근하다

"소년이여, 보살이 선지식을 친근하면 정진하고 물러나지 않으며 다함이 없는 부처의 법을 닦아서 나타낸다. 소년이여, 보살은 열 가지 법으로 선지식을 친근한다. 자기의 몸과 목숨을 아끼지 않으며, 세상의 즐거운 도구를 탐내어 구하지 않으며, 법의 성품이 평등함을 알며, 지혜와 서원을 버리지 않으며, 법계의 진실한 모양을 관찰하며, 마음에는 모든 존재의 바다를 항상 떠나며, 법이 공함을 알고 마음에 의지함이 없으며, 보살의 큰 원을 성취하며, 세계 바다를 항상 나타내며, 보살의 걸림없는 지혜 바퀴를 깨끗이 닦는 것이다.
소년이여, 마땅히 이 법으로 모든 선지식을 섬기고 어기지 말라."

(39-40-2-3) 석가녀구파의 게송

그때 석가녀구파는 이 뜻을 거듭 펴려고 부처님의 신통한 힘을 받들어 시방을 관찰하고 게송을 말했다.

보살이 모든 중생을 이익되게 / 바른 생각으로 선지식을 친히 섬기며
부처같이 공경하고 게으름 없어 / 이 행은 이 세상의 인다라그물.

잘 이해하는 것은 넓고 크기가 허공 같아 / 이 가운데 삼세가 모두 들었고
국토·중생·부처님도 그러하니 / 이것은 넓은 지혜 광명행이네.

즐거운 맘 허공 같이 끝난 데 없고 / 번뇌는 아주 끊고 때를 여의고
부처 계신 곳에서 공덕 닦으니 / 행은 세상의 몸 구름의 행이네.

보살이 온갖 지혜 닦아 익히고 / 헤아릴 수가 없는 공덕 바다에
모든 복덕 지혜의 몸 깨끗이 하니 / 이 세상에 물들지 않는 행이네.

모든 세계 부처님 여래에게 / 그 법문 듣고 싫은 줄 모르며
실상의 지혜 등불 내니 / 이 행은 이 세상의 두루 비춘 행이네.

시방의 부처님들 한량 없어 / 한 생각에 모든 것이 다 들어가며
마음에는 여래를 버리지 않으니 / 보리를 향해 가는 큰 서원의 행이네.

부처님의 여러 대중 모인 회상과 / 수없는 보살들의 삼매 바다와
서원 바다, 방편 바다 다 들어가니 / 이 행은 이 세상의 인다라그물.

모든 부처님의 가피를 입어 / 그지없이 오는 세월 끝날 때까지
간 곳마다 보현의 도 닦아 행하니 / 이것은 보살들의 몸 나투는 행이네.

중생들의 많은 고통 받음을 보고 / 대자대비한 마음으로 세간에 나서
법의 광명 연설하여 어둠 없애니 / 이런 것은 보살의 지혜 바다의 행이네.

중생들 여러 길에 있음을 보고 / 그지없는 묘한 법륜 위해 모아서

그들의 생사 흐름 끊게 하니 / 이것은 보현행을 수행하는 것이네.

보살이 이 방편을 닦아 행하고 / 중생의 마음 따라 몸을 나투어
모든 세계 좋고 나쁜 여러 길에서 / 한량없는 중생들을 제도하네.

대자대비 여러 가지 방편으로써 / 세간에 두루하게 몸을 나투고
중생들의 욕망 따라 법을 말하여 / 모두 보리도로 향하게 하네.

(39-40-2-4) 보살의 삼매 바다를 관찰하는 해탈문을 성취하다

이때 석가녀구파는 이 게송을 말하고 선재동자에게 말했다.
"소년이여, 나는 이미 모든 보살의 삼매 바다를 관찰하는 해탈문을 성취했다."
"거룩하신 이여, 해탈문의 경계가 어떠합니까?"
"소년이여, 내가 해탈문에 들고는 사바세계에서 부처 세계의 티끌 수 겁 동안에 있는 중생이 여러 길에서 헤매면서 여기서 죽어 저기 나는 일과, 선을 짓고 악을 지어 모든 과보를 받는 일과, 벗어나기를 구하는 이와 구하지 않는 이와, 결정된 것과 잘못 결정된 것과 결정되지 못한 것과, 번뇌가 있는 선근과 번뇌가 없는 선근과, 구족한 선근과 구족하지 못한 선근과, 착하지 못한 뿌리에 잡히는 선근과 선근에 잡히는 착하지 못한 뿌리와, 이렇게 모은 선한 법과 선하지 못한 법을 내가 다 알고 본다.
또 저 겁 동안에 계시던 부처님의 이름과 차례와 그 부처님 세존께서 처음 발심하던 것과 방편으로 온갖 지혜를 구하던 것과 여러 가지 큰 서원 바다를 내고 부처님들께 공양하여 보살의 행을 닦으며, 등정각을 이루고 묘한 법륜을 굴리며, 큰 신통을 나투어 중생들을 제도하던

것을 내가 다 안다.

또 저 부처님들의 대중이 제각기 다른 것을 알며, 그 모인 가운데 중생들이 성문승을 의지하여 뛰어나던 일과 그 성문 대중이 과거에 선근을 닦던 일과 그들이 얻은 여러 가지 지혜를 내가 다 안다. 어떤 중생은 독각승을 의지하여 뛰어나던 일과 그 독각들의 가진 선근과 얻은 보리와 고요하게 해탈하고 신통 변화로 중생을 성숙시키며 열반에 드는 것을 내가 다 안다.

또 저 부처님의 보살 대중과 그 보살들이 처음 발심하여 선근을 닦아 익히고, 한량없는 원과 행을 내고 바라밀을 성취하고, 갖가지로 보살의 도를 장엄하는 것을 안다.

자유자재한 힘으로 보살의 지위에 들어가서 보살의 지위에 머물고, 보살의 지위를 관찰하고 보살의 지위를 깨끗이 함과 보살 지위의 모양·보살 지위의 지혜·보살에 소속한 지혜·보살이 중생을 교화하는 지혜·보살이 세워 놓는 지혜·보살의 광대한 행의 경계·보살의 신통·보살의 삼매바다·보살의 방편과 보살이 잠깐 동안에 들어가는 삼매바다·얻은 온갖 지혜의 광명·얻은 온갖 지혜의 번개빛 구름·얻은 실상의 법 지혜·통달한 온갖 지혜·머무는 세계바다·들어간 법바다·아는 중생바다·머무는 방편·내는 서원·나투는 신통을 내가 다 안다.

소년이여, 이 사바세계에서 오는 세월이 끝날 때까지의 겁 바다가 서로 계속하여 끊어지지 않음을 내가 다 안다.

이 사바세계를 아는 것처럼 사바세계 안에 있는 티끌 수 세계도 알고, 사바세계 안에 있는 온갖 세계도 알고, 사바세계의 티끌 속에 있는 세계도 알고, 사바세계의 밖으로 시방에 간격없이 있는 세계도 알고, 사바세계의 세계종에 소속한 세계도 알고, 비로자나불의 화장세계해 가운데 있는 시방의 한량없는 세계종에 소속한 세계들도 안다.

세계의 넓기·정돈됨·바퀴·도량·차별·옮김·연화·수미산·이름과 이 세계해의 끝까지 모든 세계가 비로자나불의 본래의 원력으로 인한 것임을 다 알고 기억한다.

여래께서 옛날에 있었던 여러 가지 인연의 바다도 기억했다. 성취의 방편을 닦아 모으며, 한량없는 겁 동안에 보살의 행에 머물렀으며, 부처님의 국토를 깨끗이 하고 중생을 교화했으며, 부처님을 받들어 섬기고 있을 곳을 마련했으며, 법문을 듣고 삼매를 얻어 자재했으며, 보시바라밀을 닦아 부처님의 공덕 바다에 들어갔으며, 계율을 지니고 고행했으며, 여러 가지 참음을 갖추고 용맹하게 정진했으며, 선정을 성취하고 지혜가 원만했다. 여러 곳에 일부러 태어났으며, 보현의 행과 원을 모두 청정히했으며, 여러 세계에 두루 들어가서 부처님의 국토를 깨끗이 했으며, 여래의 지혜 바다에 널리 들어갔으며, 부처님의 보리를 거두어 가졌다.

또 여래의 큰 지혜의 광명을 얻고 부처님의 지혜의 성품을 증득하며, 등정각을 이루고 묘한 법륜을 굴리며, 부처님의 도량에 모인 대중과 그 대중 가운데 중생들이 옛적부터 심은 선근과 처음 발심할 때부터 중생을 성숙시키며, 수행하는 방편이 잠깐 동안 증장하여 여러 삼매와 신통과 해탈을 얻은 일을 분명히 안다.

왜냐 하면 나의 이 해탈은 모든 중생의 마음과 행동과 닦아 행한 선근과 물들고 청정함과 갖가지 차별을 알기 때문이다. 성문의 여러 삼매문과 연각의 고요한 삼매·신통·해탈과 모든 보살·여래의 해탈과 광명을 분명히 알기 때문이다."

(39-40-2-5) 법의 근원을 밝히다
(39-40-2-5-1) 승행겁 때의 위덕주 태자

선재동자는 석가녀구파에게 말했다.

"거룩하신 이여, 이 해탈을 얻은 지는 얼마나 오래 되었습니까?"

"소년이여, 지난 옛적 부처 세계의 수많은 겁 전에 승행 겁이 있었으며 무외라는 세계가 있었고, 그 세계에 안은(安隱)이라는 사천하가 있었고, 그 사천하의 염부제에 고승수(高勝樹) 수도가 있었고, 팔십 개의 수도 중에 첫째이며, 그 나라의 임금은 재주였다. 그 왕에게 육만 시녀와 오백 대신과 오백 왕자가 있었는데, 그 왕자들이 용맹하고 건장하여 적들의 항복을 받았다.

위덕주 태자는 단정하고 특출하여 사람들이 보기를 좋아하며, 발바닥은 편편하며 수레바퀴 모양을 갖추고, 발등은 불룩하고, 손과 발가락 사이에는 그물 같은 막이 있고, 발꿈치는 가지런하고 손발이 부드럽고 이니야사슴의 장딴지 같이 일곱 군데가 원만하고, 남근은 으슥하게 숨어 있고, 몸의 윗부분은 사자왕 같고, 두 어깨는 평평하고 두 팔은 통통하며 길고, 몸이 곧고 목에 세 줄 무늬가 있고, 두 뺨은 사자와 같고 치아는 40개인데 가지런하며 빽빽하고 어금니 4개가 유난히 희고, 혀가 길고 넓고 범천의 음성을 내고, 눈이 검푸르고 속눈썹이 소와 같고, 미간에는 흰 털이 있고 정수리에는 육계가 있고, 살결은 부드럽고 연하여 진금빛이며, 몸에 솜털이 위로 쓸리고, 머리카락이 제청 구슬빛 같고, 몸의 원만함은 니구타 나무와 같았다.

그때 태자는 부왕의 명령을 받고 일천 시녀와 함께 향아원에 가서 구경하며 즐겼다. 태자는 이때 여러 가지 장엄을 갖춘 보배수레를 탔고 마니사자좌에 앉았으며, 오백 시녀는 보배줄을 잡고 수레를 끌고 가는데 나아가고 멈춤이 법도가 있어 빠르지도 더디지도 않았다. 십만 사람은 보배일산을 받고 보배당기를 들고 보배번기를 들고, 풍악을 잡히고 유명한 향을 사르고, 아름다운 꽃을 흩으며 앞뒤로 호위하고 따라갔다.

길은 평탄하여 높고 낮은 곳이 없고 여러 가지 보배꽃을 위에 깔았으며, 보배나무는 줄을 짓고 보배그물이 가득히 덮였으며, 여러 가지 누각이 그 사이에 뻗었는데 그 누각에는 갖가지 보물을 쌓아 두기도 하고 장엄거리를 벌여 놓기도 하고 갖가지 음식을 베풀기도 하고 갖가지 의복을 걸어 놓기도 했다. 살림살이에 필요한 물품을 쌓아 두고, 단정한 여인들과 많은 하인을 두고 요구하는 대로 보시했다."

(39-40-2-5-2) 구족묘덕 아가씨

"그때 선현여인에게 묘한 덕을 갖춘 묘덕이라는 딸이 있었다. 얼굴이 단정하고 모습이 점잖으며, 몸과 키가 알맞고 눈과 머리카락이 검푸르며, 소리는 범천의 음성 같고 모든 기술을 통달하고 변론에 능하며, 공손하고 부지런하여 게으르지 않고 인자하고 사랑하여 남을 해롭게 하지 않으며, 예모를 잘 알고 온화하고 진실하며, 어리석지 않고 탐욕이 없으며, 아첨하거나 속이는 일이 없는데 보배수레를 타고 시녀들께 호위되어 어머니와 더불어 수도에 나와 태자보다 앞서서 가다가 태자의 음성과 노래를 듣고 사랑하는 마음이 일어나 어머니에게 말했다. "나는 저 사람을 섬기고자 합니다.""

어머니가 말했다. "저 태자는 전륜왕의 거룩한 모습을 구족했으니 후일에 왕의 대를 이어 전륜왕이 되면 보녀가 생겨서 허공으로 자재하게 다닌다. 우리는 미천하여 그의 배필이 될 수 없다."

(39-40-2-5-3) 아가씨가 꿈에 부처님을 뵙다

"그때 향아원 옆에 법구름광명이란 도량이 있었고, 그 도량에 승일신 부처님이 계셨다. 십호가 구족했으며, 세상에 출현한지 칠일 되었다.

그때 아가씨가 잠깐 졸다가 꿈에 그 부처님을 뵙고 깨어났는데 공중에서 천인이 말했다.

"승일신 부처님께서 법구름광명도량에서 등정각을 이루신 지 칠일이 되었는데 보살 대중이 앞뒤에 둘러 모셨고 하늘·용·야차·건달바·아수라·가루라·긴나라·마후라가와 범천과 색구경천과 지신·풍신·불 맡은 신·물 맡은 신·강 맡은 신·바다 맡은 신·산 맡은 신·나무 맡은 신·동산 맡은 신·약 맡은 신·땅 맡은 신들이 부처님을 뵈려고 모여들었다."

(39-40-2-5-4) 아가씨가 태자 앞에서 게송을 말하다

이때 묘한 덕을 갖춘 묘덕아가씨는 꿈에 부처님을 뵙기도 하고 공덕을 들었던 까닭으로 마음이 편안하고 두려움이 없어서 태자의 앞에서 게송을 말했다.

내 몸은 매우 단정해 / 소문이 시방에 퍼지고
지혜는 짝할 이 없으며 / 모든 기술을 잘 압니다.

한량없는 무리들 / 나를 보고 욕심내지만
나는 그들에게 / 조금도 애욕이 없습니다.

성내지도 원망하지도 않으며 / 싫어하지도 기뻐하지도 않고
광대한 마음을 내어 / 중생을 이익되게 합니다.

내가 지금 태자를 보니 / 모든 공덕의 모습 갖추고
마음은 기쁘고 즐거워하며 / 여러 감관이 모두 화평합니다.

살갗은 빛난 보배 같고 / 고운 머리카락 오른쪽으로 돌고
넓은 이마에 눈썹 가늘어 / 나는 당신을 섬기려 합니다.

태자의 몸을 보니 / 순금으로 부은 동상 같고
큰 보배 산과도 같고 / 거룩한 모습 맑고 빛이 납니다.

눈은 길고 검푸른 빛 / 얼굴은 보름달, 사자의 뺨
화평한 면모, 고운 음성 / 나의 소원 받아 주소서.

넓고 길고 아름다운 혀 / 붉은 구릿빛 같고
범천의 음성, 긴나라 목소리 / 듣는 이 모두 즐거워합니다.

입은 방정해 뒤집히거나 오므라들지 않고 / 이는 희고 가지런하고
말하거나 웃을 때에는 / 보는 이가 즐거워합니다.

때 없고 깨끗한 몸 / 삼십이상의 거룩한 모습
당신은 반드시 이 세계에서 / 전륜왕이 될 것입니다.

(39-40-2-5-5) 태자가 아가씨에게 게송으로 묻다

태자는 그 아가씨에게 말했다.
"너는 누구의 딸이며, 누구의 보호를 받는가? 만일 허락한 데가 있다
면 나는 사랑하는 마음을 낼 수가 없소."
그때 태자는 게송으로 물었다.

그대의 몸 매우 청정하고 / 공덕의 모습 갖추었네.

내 지금 묻노니 / 그대는 어디 있으며
부모는 누구이며 / 누구에게 매여 있는가.
이미 매인 데 있으면 / 그 사람이 너와 함께할 것이다.

그대는 남의 것을 훔치지 않는가. / 남을 해치려는 마음 없는가.
삿된 음행을 하지 않는가. / 어떤 말을 의지해 머무는가.

남의 나쁜 일을 말하지 않는가. / 남의 친한 이를 힐뜯지 않는가.
다른 이의 경계를 범하지 않는가. / 남에게 성내지 않는가.

잘못된 소견을 내지 않는가. / 나쁜 업을 짓지 않는가.
아첨하거나 잘못된 힘과 / 방편으로 세상을 속이지 않는가.

부모를 존중하는가. / 선지식을 공경하는가.
가난하고 곤궁한 이에게 / 거두어 줄 생각을 내는가.

만일 선지식이 / 법을 말해 주면
견고한 마음을 내어 / 끝까지 존중하겠는가.

부처님을 사랑하는가. / 보살을 잘 아는가.
스님들의 공덕 바다를 / 공경하겠는가.

법을 아는가. / 중생을 청정하게 할 수 있는가.
법에서 살겠는가. / 법 아닌 데서 살겠는가.

외로운 이들을 보면 / 인자한 마음을 내겠는가.
나쁜 길에 있는 중생에게 / 가엾은 마음을 낼 수 있는가.

다른 이의 잘 되는 것을 보고 / 환희한 마음을 내겠는가.
누가 당신을 핍박해도 / 성을 내지 않겠는가.

그대는 보리심을 내어 / 중생을 깨우쳐 주겠는가.
끝없는 세월에 수행해도 / 게으른 생각이 없겠는가.

(39-40-2-5-6) 아가씨의 어머니가 게송으로 답하다
그때 아가씨의 어머니가 태자에게 게송을 말했다.

태자여, 들으소서. / 내 딸이 태어 나던 일과
자라던 모든 인연을 / 지금 말하겠습니다.

태자께서 태어 나던 날 / 이 애가 연꽃에서 났는데
눈은 깨끗하고 길고 / 사지가 모두 구족했습니다.

나는 어느 봄날에 / 사라나무 동산에 구경 갔더니
여러 가지 약풀은 / 갖가지로 무성했습니다.

이상한 나무에 핀 꽃 / 바라보며 좋은 구름과 같고
아름다운 새가 즐겁게 지저귀면서 / 숲 속에서 즐거워합니다.

함께 나갔던 팔백 아가씨들 / 단정하여 사람 마음 빼앗으며

의복 화려하고 / 노래도 아름다웠습니다.

그 동산에 연못이 있어 / 이름이 '연꽃 당기'이며
나는 시녀에게 둘러싸여 / 연못가에 앉았습니다.

그 연못 속에는 / 천 잎 연화가 났는데
보배잎, 유리로 된 줄기에 / 염부단금 꽃받침으로 되었습니다.

그날 밤 지새고 / 햇볕이 처음 올라와
연꽃이 활짝 피어 / 청정한 광명 놓습니다.

그 광명 매우 찬란해 / 해가 처음 떠오르는 듯
염부제에 두루 비추니 / 모두 희한하다고 했습니다.

이때 옥 같은 딸이 / 그 연꽃 속에 태어나는데
몸은 한없이 청정하고 / 팔다리 모두 원만합니다.

이것은 인간의 보배이며 / 깨끗한 업으로 태어나서
전세의 인연으로 고스란히 / 이 과보를 받았습니다.

검은 머리카락, 청련화 같은 눈 / 범천의 음성, 금빛 광명
화만과 보배의 상투는 / 깨끗하여 때가 없습니다.

팔다리 모두 완전하고 / 몸은 아무 흠도 없이
마치 순금으로 된 불상 같으며 / 보배꽃 속에 의젓이 앉아 있었습니다.

털구멍에서 나오는 전단향기 / 시방에 풍기고
입에서 연꽃향기 나며 / 범천의 음성을 냈습니다.

이 아가씨 있는 곳에는 / 항상 하늘음악을 연주하니
용렬한 인간은 / 짝할 수 없습니다.

이 세상에 어느 사람도 / 아가씨의 남편될 이 없고
오직 당신만이 훌륭하오니 / 바라건대 마음을 열어 주소서.

키가 크지도 작지도 않고 / 뚱뚱하지도 홀쭉하지도 않고
모든 것이 단정하니 / 바라건대 마음을 열어 주소서.

글이나 글씨나 셈하는 법이나 / 여러 가지 기술과 학문
통달하지 못한 것이 없으니 / 바라건대 마음을 열어 주소서.

여러 가지 무예도 잘 알고 / 어려운 소송의 판결도 잘 하고
힘든 일도 잘 화해하니 / 바라건대 마음을 열어 주소서.

몸이 매우 청결하여 / 보는 이 만족한 줄 모르며
공덕으로 꾸몄으니 / 당신이여, 받아 주소서.

중생들에게 있는 병환 / 그 원인 잘 알고
병에 맞게 약을 주어 / 모든 병 없앱니다.

염부제의 여러 가지 말 / 차별도 한량없으며

9

음악의 소리까지 / 통달하지 못한 것 없습니다.

여자들이 하는 일 / 모두 다 알지만
여자로서 허물이 없으니 / 당신은 받아 주소서.

질투도 모르고 간탐도 없고 / 욕심도 없고 성 내지도 않아
성품이 곧고 부드러워 / 거칠고 나쁜 짓 모두 여의었습니다.

어른을 공경할 줄 알아 / 받들어 섬기고 거역하지 않으며
착한 행실 잘 닦으니 / 당신의 뜻을 순종할 것입니다.

늙고 병든 이와 가난한 이와 / 곤란에 빠져서 구원할 이 없고
의지할 데 없는 이 보면 / 항상 가엾은 마음을 냅니다.

제일가는 이치를 늘 관찰하고 / 자기의 이익은 구하지 않으며
중생만 이익되게 하려고 / 마음을 장엄했습니다.

가고 서고 앉고 눕고 / 모든 일에 방일하지 않아
말하거나 잠잠하거나 / 보는 이들 기뻐합니다.

어떠한 곳에나 / 물들고 집착하지 않지만
공덕 있는 사람을 보면 / 반가워서 싫은 줄 모릅니다.

선지식을 존경하고 / 악을 여읜 이 좋아하며
마음이 조급하지 않아 / 생각한 뒤에 일을 처리합니다.

복과 지혜로 장엄했고 / 모든 것에 원한이 없어
여인 중에는 최상이오니 / 태자님과 함께하기 적합합니다.

(39-40-2-5-7) 태자가 밝힌 자신의 수행

이때 태자는 향아원에 들어가서 묘한 덕을 갖춘 묘덕아가씨와 선현
여인에게 말했다.

"착한 여인들이여, 나는 위없는 바른 보리를 구하고 있다. 오는 세월
이 끝나도록 한량없는 겁 동안에 온갖 지혜를 돕는 법을 모으며, 끝이
없는 보살의 행을 닦으며, 바라밀을 깨끗이 하며, 여래에게 공양하며,
부처님의 가르침을 받으며, 부처님의 국토를 깨끗이 장엄하며, 여래
의 성품을 끊어지지 않게 하며, 중생의 성품을 따라 성숙케 하며, 중
생의 나고 죽는 고통을 없애 안락한 곳에 두며, 중생의 지혜의 눈을
깨끗이 다스리며, 보살의 닦는 행을 익히며, 보살의 평등한 마음에 머
무르며, 보살의 행할 지위를 성취하며, 중생을 기쁘게 하며, 모든 것
을 버려서 오는 세월이 끝나도록 보시바라밀을 행하여 모든 중생을
만족케 하며, 의복·음식·처·첩·아들·딸·머리·눈·손·발 따위의 안과
밖에 있는 것을 모두 보시하고 아끼는 것이 없습니다.
그래서 그대가 나의 일에 장애가 되고 재물을 보시할 때 아까워하고,
아들·딸을 보시할 때에 가슴이 아프고, 온몸을 찢을 때에 마음으로
걱정하고, 그대를 버리고 출가할 때에 그대들은 후회할 것입니다."

(39-40-2-5-8) 태자의 게송

이때 태자는 묘한 덕 갖춘 아가씨에게 게송으로 말했다.

중생을 가엾이 여김으로써 / 나는 보리심을 냈으니

마땅히 한량없는 겁 동안에 / 온갖 지혜 닦아 익힌 것이다.

한량없는 겁 동안 / 모든 원력 바다 깨끗이 닦고
한량없는 겁 지내고 / 지상(地上)에 들고 업장 다스렸다.

삼세 부처님들에게 / 육바라밀을 배우고
방편의 행 구족하여 / 보리의 도를 성취했다.

시방의 더러운 세계 / 내가 다 깨끗이 장엄하며
모든 나쁜 길의 환난에서 / 영원히 벗어나게 했다.

나는 장차 방편으로 / 많은 중생 다 제도하여
어리석은 어둠 없애고 / 부처님의 지혜에 머물게 했다.

모든 부처님께 공양올리고 / 여러 지위를 깨끗이 하며
큰 자비심 일으켜 / 안팎의 물건 모두 보시할 것이다.

와서 달라는 이 그대 보거든 / 인색한 마음 내지 말도록
나는 항상 보시하기 좋아하니 / 그대 내 뜻을 어기지 말라.

내 머리를 보시하는 것 보고 / 걱정하지 말 것이며
내 지금 그대에게 말하여 / 그대의 마음 견고하게 한다.

내가 손과 발을 끊더라도 / 그대는 구걸하는 이 미워하지 말라.
그대여, 내 말 듣고 / 마땅히 잘 생각하라.

아들과 딸, 사랑하는 물건 / 모든 것 다 버릴 것이니
그대 내 마음 따른다면 / 나도 그대의 뜻 이루어 줄 것이다.

(39-40-2-5-9) 묘덕이 태자를 따를 것을 말하다
그때 아가씨는 태자에게 "말씀한 대로 받들겠습니다."라고 하며 게송
을 말했다.

한량없는 겁 바다에서 / 지옥 불이 몸을 태우더라도
나를 사랑하여 받아 주시면 / 그런 고통 달게 받겠습니다.

한량없이 태어나는 곳 / 티끌 같이 몸을 부숴도
나를 사랑하여 받아 주시면 / 그런 고통 달게 받겠습니다.

한량없는 겁 동안에 / 매우 큰 금강산을 다녀도
나를 사랑하여 받아 주시면 / 그런 고통 달게 받겠습니다.

한량없는 생사 바다에서 / 나의 몸과 살을 보시해도
당신이 법의 왕 되시는 곳 / 나도 그렇게 하겠습니다.

만일 나를 받아들여 / 님 되어 주신다면
세세생생 보시하실 때 / 언제나 이 몸을 보시할 것입니다.

중생의 괴로움 딱하게 여겨 / 보리심 냈을 때
이미 중생들 거두어 주시니 / 이 몸도 응당 거두어 주십시오.

나는 부귀도 바라지 않고 / 다섯 가지 욕락도 탐내지 않고
바른 법 함께 행하며 / 당신을 님으로 삼겠습니다.

검푸르고 길고 넓은 눈 / 인자하게 세간 살피고
물드는 마음 내지 않으니 / 반드시 보리를 이루겠습니다.

태자의 가시는 곳엔 / 땅에서 연꽃이 솟아
반드시 전륜왕 되시니 / 나를 사랑하여 받아 주십시오.

내가 어느 날 꿈을 꾸는데 / 이 묘한 법 보리도량에서
나무 아래 앉으신 부처님 주위에 / 많은 대중이 모였습니다.

나는 또 금산과 같으신 / 부처님께서 나의 머리를
만져 주시는 꿈을 꾸다가 / 깨어나니 마음이 기뻤습니다.

옛날에 하늘 권속인 / 기쁜 광명이란 신이 있는데
그 하늘이 내게 말하되 / '도량에 부처님 출현하셨다'라고 했습니다.

나는 일찍이 이런 생각하여 / 태자의 몸 보기를 원했는데
그 하늘이 내게 말하기를 / '너는 지금 가서 보라' 했습니다.

옛적에 바라던 소원 / 지금 모두 이루었으니
바라건대 함께 가서 / 부처님께 공양 올립시다.

(39-40-2-5-10) 태자가 받아들이다

그때 태자는 승일신여래의 이름을 듣고 매우 기뻐서 부처님 뵈려고, 그 아가씨에게 오백 마니보배를 뿌리고, 묘하게 생긴 광명관을 씌우고, 불꽃마니 옷을 입혔다. 그 아가씨는 그때에 마음이 흔들리지도 않고 기쁜 내색도 없이, 합장하고 공경하여 태자를 우러러 보았다.

(39-40-2-5-11) 선현여인이 게송으로 찬탄하다
선현여인은 태자의 앞에서 게송을 말했다.

이 딸은 매우 단정해 / 공덕으로 몸을 장엄하고
예전부터 태자를 섬기려 하더니 / 이제 소원을 이루었습니다.

계행을 지니고 지혜 있어 / 모든 공덕 갖추었으며
넓고 넓은 이 세상에 / 가장 훌륭해 짝할 이 없습니다.

아기 연꽃에서 태어나 / 가문이 나무랄 것 없고
태자의 행과 업 같아 / 모든 허물 멀리 여의었습니다.

아기 살갖 부드럽기가 / 하늘의 비단솜 같아
손으로 한 번 만지면 / 모든 병이 소멸됩니다.

털구멍에서 나오는 향기 / 향기롭기 비길 데 없어
중생이 맡기만 하면 / 청정한 계율에 머물게 됩니다.

몸은 금빛과 같아 / 연꽃좌대에 앉은 모양
중생이 보기만 하면 / 약한 마음 없어지고 인자해집니다.

9

음성이 하도 부드러워 / 듣는 이 모두 기뻐하니
중생이 듣기만 하면 / 여러 가지 나쁜 법 여의게 됩니다.

마음은 깨끗하여 티가 없으며 / 아첨과 굽은 일 여의었으니
마음에 맞추어 내는 말이라 / 듣는 이 모두 즐거워합니다.

화평하고 부드럽고 체면을 차려 / 높은 어른 공경하고
탐욕도 없고 속이지 않으며 / 모든 중생을 가엾이 여깁니다.

이 아기는 얼굴이나 / 권속을 의뢰하지 않고
다만 청정한 마음으로 / 모든 부처님을 공경합니다.

(39-40-5-11) 태자와 아가씨와 대왕이 부처님을 뵙고 수행하다
이때 태자는 묘한 덕 갖춘 아가씨와 일만 시녀와 그 권속들과 함께 향
아원에서 나와 법구름광명도량으로 향했다. 도량에 이르러 부처님
을 뵈니 몸매가 단정하고 고요하며 여러 기관이 화순하고 안과 밖이
청정하며, 큰 용의 못과 같아 더러운 때가 없으셨다. 깨끗한 신심을
내어 기뻐하면서 부처님 발에 엎드려 절하고 여러 바퀴를 돌았다.
그때 태자와 묘덕 아가씨는 각각 오백의 보배연꽃을 부처님께 흩어
공양했고, 태자는 부처님을 위해 오백 개의 절을 지었다. 모두 향나무
로 지었고 보배로 장엄했으며, 오백의 마니보배로 꾸몄다.
이때 부처님은 그들을 위해 보안등문(普眼燈門)경을 말씀하셨다. 이
법문을 듣고는 법 가운데서 삼매 바다를 얻었다. 이른바 부처님의 서
원 바다를 두루 비추는 삼매와, 삼세 갈무리를 두루 비추는 삼매와,
부처님 도량을 보는 삼매와, 중생을 두루 비추는 삼매와, 세간과 중생

의 근성을 두루 비추는 지혜등불삼매와, 중생을 구호하는 광명구름삼매와, 중생을 두루 비추는 크게 밝은 등 삼매와, 부처님의 법륜을 연설하는 삼매와, 보현의 청정한 행을 구족한 삼매였다.

이때 묘덕 아가씨도 이기기 어려운 바다창고삼매를 얻고, 위없는 바른 보리에서 영원히 물러나지 않았다.

이때 태자는 묘덕아가씨와 권속들과 함께 부처님 발에 엎드려 절하고 수없이 돌고 하직하고 궁중으로 돌아가서 부왕께 나아가 절하고 여쭈었다.

"대왕이시여, 승일신여래께서 세상에 나셨는데, 이 나라 법구름광명 보리도량에서 등정각을 이루신 지 얼마 되지 않았습니다."

"그런 일은 누가 너에게 말하더냐? 하늘이냐, 사람이냐?"

"묘덕 아가씨가 말했습니다."

왕은 이 말을 듣고 가난한 사람이 보배를 얻은 듯 기뻐하면서 생각했다.

'부처님은 위없는 보배여서 만나기 어려우니 부처님을 뵈면 모든 나쁜 길의 공포를 끊을 것이다. 부처님은 의사와 같아 번뇌의 병을 다스리고 생사의 고통을 구원할 것이다. 부처님은 길잡이와 같아 중생들을 끝까지 편안한 곳에 이르게 할 것이다.'

이렇게 생각하고 왕과 대신들과 권속들과 찰제리와 바라문들과 대중을 모아 놓고, 왕의 지위를 태자에게 선위해 정수리에 물 붓는 의식을 행했다. 그리고 일만 사람과 함께 부처님 계신 데 가서 발에 엎드려 절하고 여러 번 돌고, 권속들과 함께 물러가서 앉았다.

그때 부처님은 왕과 대중을 살펴보고, 미간의 흰 털로 '모든 세간의 마음 등불'의 큰 광명을 놓았다. 시방의 한량없는 세계에 두루 비추며 모든 세간 주인의 앞에 머물러 여래의 부사의한 큰 신통을 나타내어 교화를 받을 여러 중생의 마음을 청정하게 했다.

이때 부처님께서 부사의하고 자재한 신통의 힘으로 몸을 나타내어 세간에서 뛰어나고 원만한 음성으로 대중을 위해 어둠을 여읜 등불 다라니를 말하며, 부처 세계의 티끌 수 다라니로 권속을 삼았다. 그 왕은 이것을 듣고 큰 지혜 광명을 얻었고, 거기 있던 염부제의 수많은 보살은 이 다라니를 함께 증득하고, 육십만 나유타 사람은 모든 번뇌가 다하여 마음에 해탈을 얻었고, 일만 중생을 티끌과 때를 여의고 법눈이 깨끗하게 되었으며, 한량없는 중생은 보리심을 냈다.

부처님이 부사의한 힘으로 신통 변화를 널리 나투고 시방의 한량없는 세계에서 삼승의 법을 말해 중생을 제도했다.

이때 왕은 이렇게 생각했다.

'내가 집에 있었으면 이렇게 묘한 법을 증득하지 못하지만 부처님께 출가하여 도를 배우면 성취하게 될 것이다.'

그리고 부처님께 "부처님을 따라 출가하여 도를 배우겠습니다." 하고 말씀드렸다. 부처님은 "마음대로 하되 시기를 알아야 한다." 라고 하셨다.

이때 재주왕은 일만 사람과 함께 부처님에게 한꺼번에 출가했다. 오래지 않아서 '어둠을 여읜 등불다라니'를 성취했으며, 또 위에 말한 삼매문들을 얻고 보살의 열 가지 신통문을 얻고 보살의 끝이 없는 변재를 얻고 보살의 걸림없이 깨끗한 몸을 얻었다. 시방의 부처님 계신 곳에 가서 법문을 듣고 큰 법사가 되어 묘한 법을 연설하며, 신통한 힘으로 시방세계에 두루하여 중생의 마음을 따라 몸을 나타내고 부처님의 출현하심을 찬탄하여 부처님의 본래 행하시던 일을 말했다. 부처님의 본래 인연을 보이며, 여래의 자재하신 신통의 힘을 칭찬하며, 부처님의 말씀하신 교법을 보호하여 유지했다.

그때 태자는 보름 동안 궁전에 있는데 시녀들이 호위하고 일곱 가지 보배가 저절로 이루어졌다. 하나 '걸림없는 행' 바퀴보배이며, 둘 '금강몸' 코끼리보배이며, 셋 '빠른 바람' 말보배이며, 넷 '햇빛창고' 구슬보배이며, 다섯 '묘덕' 여자보배이며, 여섯 '큰 재물' 재정 맡은 대신보배이며, 일곱 '때 여읜 눈' 군대 맡은 대신보배였다. 일곱 보배가 구족하고 전륜왕이 되어 염부제의 왕으로서 바른 법으로 세상을 다스리니 백성들이 편안했다.

왕은 천 명의 아들이 있어 단정하고 용맹하여 다른 나라를 항복 받았으며, 염부제에 팔십 도시가 있고, 도시마다 오백 절이 있으며, 절마다 탑을 세웠는데, 높고 크고 여러 가지 보배로 장식했고, 도시마다 여래를 청해 부사의한 여러 가지 공양거리로 공양했으며, 부처님이 수도에 들어갈 적에 신통한 힘을 나투어 한량없는 중생으로 선근을 심게 했다.

한량없는 중생들이 마음이 청정해서 부처님을 보고 환희하며 보리심을 내고, 가엾이 여기는 마음으로 중생을 이익되게 하며, 부처님 법을 부지런히 닦아 진실한 이치에 들어갔으며, 법의 성품에 머물러 법의 평등함을 알고 삼세 지혜를 얻어 삼세를 평등하게 관찰하며, 부처님의 탄생 차례를 알고, 여러 가지 법을 말해 중생을 거두어 주며, 보살의 서원을 내어 보살의 도에 들어가며, 여래의 법을 알아 법 바다를 성취하며, 몸을 널리 나타내어 모든 세계에 두루하며, 중생들의 근성과 욕망을 알고, 그들로 하여금 온갖 지혜의 원을 내게 했다."

(39-40-2-5-12) 옛 일과 지금의 일을 모두 밝히다

"소년이여, 그때 왕자로서 전륜왕이 되어 부처님께 공양한 이는 지금의 석가모니 부처님이며, 재주왕은 보화여래이다.

보화여래는 동방으로 세계바다의 수많은 세계를 지나 한 세계바다가 있으니 이름이 '법계 허공 그림자 나타내는 구름'이며, 그 가운데 '삼세 그림자 나타내는 마니왕 세계종'이 있고, 그 세계종 가운데 '원만 광명'이라는 한 세계가 있고, 그 가운데 '모든 세간 임금 몸 나타냄'의 도량이 있고, 보화여래가 지금 거기서 위없는 바른 보리를 이루었으며, 말할 수 없는 부처 세계의 수많은 보살들이 앞뒤에 둘러 있으며 법을 말씀하셨다.

보화여래가 옛적에 보살의 도를 닦을 때에 이 세계해를 깨끗이 했으며, 이 세계해에서 과거·현재·미래의 부처님으로 탄생하시는 이는 다 보화여래께서 보살로 있을 때 교화하여 위없는 바른 보리심을 내게 한 이들이다.

그때 아가씨의 어머니인 선현여인은 지금 나의 어머니 '좋은 눈'이고, 그 왕의 권속들은 지금 여래에게 모인 대중이며, 모두 보현의 행을 닦아 큰 원을 성취했으며, 비록 이 대중이 모인 도량에 있으나 세간에 두루 나타나서 항상 보살의 평등한 삼매에 머물러 있어 모든 부처님을 항상 뵙는다.

여래께서 허공과 평등한 음성 구름으로 법을 말씀하는 것을 다 들어 받들며, 법에 자재함을 얻어 소문이 여러 부처님 국토에 퍼졌으며, 도량에 나아가고 여러 중생의 앞에 나타나서 있는 그대로 교화하고 조복시키며, 오는 세월이 끝나도록 보살의 도를 닦아 보살의 광대한 서원을 성취했다."

(39-40-2-6) 또 다시 법의 근원을 밝히다
(39-40-2-6-1) 육십억 나유타 부처님을 섬기다
"소년이여, 묘덕 아가씨와 위덕주 전륜왕이 네 가지로 승일신여래께 공양한 이는 나의 전신이었다.

소년이여, 그 겁 동안에 육십억 나유타 부처님이 세상에 나셨고 내가 다 친근하여 섬기고 공양했다.

첫 부처님은 이름이 청정신이며, 다음 부처님은 일체지월광명신이며, 다음 나열 순서로 부처님이 출현하셨다. 염부단금광명왕, 제상장엄신, 묘월광, 금강나라연정진, 지력무능승, 보안상지, 이구승지운, 사자지광명, 광명계, 공덕광명당, 지일당, 보련화개부신, 복덕엄정광, 지염운, 보조월, 장엄개묘음성, 사자용맹지광명, 법계월, 현허공영상개오중생심, 항후적멸향, 보진적정음, 감로산, 법해음, 견고망, 불영계, 월광호, 변재구, 각화지, 보염산, 공덕성, 보월당, 삼매신, 보광왕, 보지행, 염해등, 이구법음왕, 무비덕명칭당, 수비, 본원청정월, 조의등, 심원음, 비로자나승장왕, 제승당, 법해묘련화이다.

마지막이 광대해부처님이며, 그 부처님에게 깨끗한 지혜의 눈을 얻었고, 그때 그 부처님이 교화하시는데 나는 왕비가 되어 왕과 더불어 절하여 뵙고 여러 가지 묘한 물건으로 공양했으며, 그 부처님이 모든 여래의 등불을 내는 법문을 말씀하심을 듣고 모든 보살의 삼매 바다의 경계를 관찰하는 해탈을 얻었다.

소년이여, 나는 이 해탈을 얻고 보살과 더불어 부처 세계의 수많은 겁 동안에 부지런히 수행하며, 한량없는 부처님을 섬기고 공양하는데 한 겁에 한 부처님을 섬기기도 하고 두 부처님, 세 부처님, 혹은 수많은 부처님을 만나서 친근하여 섬기고 공양했으나 보살의 몸과 형상의 크기와 모양과 그의 몸으로 짓는 업과 마음으로 행함과 지혜와 삼매의 경계를 알지 못했다.

소년이여, 만일 중생이 보살을 뵙고 보리의 행을 닦되 의심하거나 믿거나 보살의 세간과 출세간의 갖가지 방편으로 거두어 주고 권속을 삼아 위없는 바른 보리심에서 물러나지 않게 했다. 소년이여, 내가 부처님을 뵙고 이 해탈을 얻고는 보살과 더불어 백 부처 세계의 수많은 겁 동안 함께 닦아 익히면서 그 겁 동안 세상에 나타나는 부처님을 다 친근하여 섬기며 공양하고 말씀하는 법을 듣고 읽고 외우고 받아 지녔다. 그 모든 여래에게서 이 해탈과 갖가지 법문을 얻고, 갖가지 삼세를 알고, 갖가지 세계해에 들어가서 갖가지로 정각을 이룸을 보고 갖가지 부처님의 대중이 모인 곳에 들어가서 보살의 여러 가지 서원을 내고, 보살의 여러 가지 묘한 행을 닦아서 보살의 여러 가지 해탈을 얻었으나, 보살이 얻는 보현의 해탈문을 알지 못했다.

왜냐 하면 보살의 보현 해탈문은 허공과 같고 중생의 이름과 같고 삼세 바다와 같고 시방 바다와 같고 법계 바다와 같아 한량없고 끝이없기 때문이다. 소년이여, 보살의 보현 해탈문은 여래의 경계와 같다.

소년이여, 나는 부처 세계의 수많은 겁 동안에 보살의 몸을 보아도 만족함이 없었다. 마치 탐욕이 많은 남녀가 한 데 모이면 서로 사랑하느라고 한량없는 허망한 생각과 감각을 일으키듯이, 나도 그와 같아 보살의 몸을 살펴보니 낱낱 털구멍에서 잠깐동안 한량없고 그지없는 광대한 세계가 갖가지로 머물고 장엄한 갖가지 현상을 보며, 산과 땅과 구름과 이름과 부처님이 나심과 도량과 대중의 모임과 여러 가지 경전을 연설함과 정수리에 물 붓는 일을 말함과 성취와 방편과 청정함을 보았다.

보살의 낱낱의 털구멍에서 잠깐 마다 그지없는 부처님들이 여러 가지 도량에 앉아서 신통 변화를 나투고 법륜을 굴리고 경전을 말하여 항상 끊이지 않음을 보았다.

보살의 낱낱의 털구멍에서 그지없는 중생들의 여러 가지 머무는 곳과 형상과 짓는 업과 근성을 항상 보았다.

보살의 낱낱의 털구멍에서 삼세 보살들의 그지없이 수행하는 문을 보았다. 끝이없이 광대한 서원과 차별한 지위와 바라밀과 옛날 일과 인자한 문과 가엾이 여기는 구름과 기뻐하는 마음과 중생을 거두어 주는 방편이다.

소년이여, 나는 부처 세계의 수많은 겁에서 잠깐동안 이렇게 보살의 낱낱의 털구멍을 보는 데, 한 번 간 곳은 다시 가지 않고 한 번 본 데 는 다시 보지 않지만 그 끝을 알 수 없다. 해탈의 힘으로 싣닷타 태자 가 궁중에 계실 적에 시녀들이 호위함을 보았으며, 보살의 낱낱의 털 구멍을 관찰하여 삼세 법계의 일을 모두 보았다.

(39-40-3) 수승한 보살의 도를 찬탄하다

소년이여, 나는 다만 이 보살의 삼매 바다를 관찰하는 해탈만을 얻었 을 뿐, 보살들이 마침내 한량없는 방편 바다로 모든 중생을 위해 종류 에 따라 몸을 나타내며, 좋아함을 따르는 행을 말하며, 낱낱의 털구멍 에 그지없는 형상 바다를 나타내며, 모든 법의 성품이 없는 성품으로 성품을 삼을 줄을 알며, 중생의 성품이 허공과 같아 분별이 없음을 알 며, 부처님의 신통한 힘이 진여와 같음을 알며, 모든 곳에 두루하여 그지없는 해탈의 경계를 나타내며, 잠깐 동안에 광대한 법계에 들어 가서 여러 지위의 법문에 즐거워하는 일이야 내가 어떻게 알며 그 공 덕의 행을 말하겠는가.

(39-40-4) 다음 선지식 찾기를 권하다

소년이여, 이 세계에 부처님의 어머니 마야부인이 있으니, 그대는 그 에게 가서 보살이 어떻게 보살의 행을 닦으며, 모든 세간에 물들지 않 으며, 부처님들께 공양하기를 쉬지 않으며, 보살의 업을 짓고 영원히 물러나지 않으며, 온갖 장애를 떠나서 보살의 해탈에 들어가되 다른 이를 탓하지 않으며, 모든 보살의 도에 머무르고 모든 여래의 계신 데 나아가서 모든 중생을 거두어 주며, 오는 세월이 끝나도록 보살의 행을 닦으며, 대승의 원을 내어 모든 중생의 선근을 증장 하기를 쉬지 않느냐고 물어라."

그때 선재동자는 그의 발에 엎드려 절하고 여러번 돌고 하직하고 떠났다.

6. 십해탈위 선지식

(39-41) 마야부인(摩耶佛母)
보살대원지환해탈(普薩大願知幻解脫) 선지식

(39-41-1) 마야 부인을 뵙고 법을 묻다
(39-41-1-1) 선재동자가 선지식의 법력을 생각하다
그때 선재동자는 한결같은 마음으로 마야부인 계신 곳에 나아가 부처님의 경계를 관찰하는 지혜를 얻으려고 이렇게 생각했다.

'이 선지식은 세간을 멀리 여의고 머물 곳 없는 곳에 머물며, 여섯 군데를 초월하여 모든 애착을 떠났으며, 걸림없는 도를 알고 깨끗한 법의 몸을 갖추어 환술과 같은 업으로 나툰 몸을 나타내며, 지혜로 세간을 관찰하며, 소원으로 부처님 몸을 지녔다. 뜻대로 나는 몸·나고 없어짐이 없는 몸·오고 감이 없는 몸·헛되고 진실함이 없는 몸·변하여 무너지지 않는 몸·일어나고 다함이 없는 몸·모든 모습이 다한 모습인 몸·양 끝을 떠난 몸·의지할 데 없는 몸·끝나지 않는 몸·분별을 떠나서 그림자처럼 나타나는 몸·꿈 같은 줄 아는 몸·영상 같음을 아는 몸·맑은 해와 같은 몸·시방에 널리 나타내는 몸·삼세에 변함이 없는 몸·몸도 마음도 아닌 몸이다. 마치 허공과 같아 가는 곳마다 걸림이 없고 세간의 눈을 뛰어넘었으며, 보현의 깨끗한 눈이라야 볼 것이다.

이런 이를 내가 어떻게 친근하게 섬기고 공양하며, 그와 함께 있으면서 그 형상을 보고 그 음성을 듣고 그 말을 생각하고 그 가르침을 받을 것인가.'

(39-41-1-2) 선재동자가 보안주성신을 만나다

이렇게 생각했을 때 보안주성신이 권속에게 둘러싸여 허공에 몸을 나타내고 갖가지 묘한 물건으로 단장했으며, 한량없는 여러 가지 빛깔 꽃을 들어 선재동자에게 흩으며 말했다.

"소년이여, 나고 죽는 경계를 탐하지 않아 마음의 성을 수호할 것이며, 여래의 십력을 오로지 구하여 마음 성을 장엄할 것이며, 간탐하고 질투하고 아첨하고 속이는 일을 끊어 마음 성을 깨끗이 다스릴 것이며, 법의 참된 성품을 생각하여 마음 성을 서늘하게 할 것이며, 도를 돕는 법을 마련하여 마음 성을 증장할 것이며, 선정과 해탈의 궁전을 지어 마음 성을 단장할 것이며, 부처님의 도량에 두루 들어가서 지혜 바라밀법을 들어 마음 성을 밝게 비출 것이다.

마음 성을 더 쌓으려면 부처님의 방편인 도를 널리 거두어 가져야 한다. 마음 성이 견고하려면 보현의 행과 원을 부지런히 닦아야 한다. 마음 성을 방비하여 보호하려면 나쁜 친구와 마군을 멀리 해야 한다. 마음 성을 훤하게 통달하려면 부처님의 지혜 문을 열어야 한다. 마음 성을 잘 보충하려면 부처님이 말씀하신 법을 들어야 한다.

마음 성을 붙들어 도우려면 부처님의 공덕 바다를 깊이 믿어야 한다. 마음 성을 넓고 크게 하려면 크게 인자함이 세간에 널리 미쳐야 한다. 마음 성을 잘 덮어 보호하려면 여러 가지 착한 법을 모아 그 위에 덮어야 한다. 마음 성을 넓히려면 가엾게 여기는 마음으로 중생을 불쌍히 여겨야 한다. 마음 성의 문을 열어 놓으려면 가진 것을 버려서 알맞게 보시해야 한다. 마음 성을 세밀하게 보호하려면 나쁜 욕망을 막아서 들어오지 못하게 해야 한다.

마음 성이 엄숙하려면 나쁜 법을 쫓아 버려 머무르지 못하게 해야 한다. 마음 성을 결정하려면 도를 돕는 여러 가지 법을 모으고 항상 물러나지 않아야 한다. 마음 성을 편안하게 세우려면 삼세 여러 부처님의 가지신 경계를 바르게 생각해야 한다. 마음 성을 사무쳐 맑게 하려면 부처님의 바른 법륜인 수다라에 있는 법문과 갖가지 인연을 밝게 통달해야 한다. 마음 성을 여러 부분으로 분별하려면 중생에게 널리 알려 지혜의 길을 얻게 해야 한다.

마음 성에 머물러 유지하려면 삼세 여래의 바다와 같은 큰 서원을 내야 한다. 마음 성을 풍부하게 하려면 법계에 가득한 큰 복덕 더미를 모아야 한다. 마음 성을 밝게 하려면 중생의 근성과 욕망 등 법을 널리 알아야 한다. 마음 성을 자유자재하게 하려면 시방의 법계를 두루 거두어야 한다. 마음 성을 청정하게 하려면 부처님 여래를 바르게 생각해야 한다. 마음 성의 성품을 알려면 법이 다 제 성품이 없는 줄을 알아야 한다. 마음 성이 환술과 같음을 알려면 온갖 지혜로 법의 성품을 알아야 한다.

소년이여, 보살이 이렇게 마음 성을 깨끗이 닦으면 착한 법을 모을 것이다. 왜냐 하면 여러 가지 장애가 되는 일을 없애기 때문이다. 부처님 보는 데 장애가 되고 법을 듣는 데 장애가 되고 여래께 공양하는 데 장애가 되고 중생들을 거두어 주는 데 장애가 되고 국토를 깨끗이 하는 데 장애가 되는 것을 없애는 것이다.

소년이여, 보살이 이런 장애를 여읜 까닭으로 선지식을 구하려는 마음을 내면 공력을 쓰지 않더라도 만나게 되며, 마침내 부처를 이루게 된다."

(39-41-1-3) 선재동자가 신중신을 만나다

그때 연꽃 법의 공덕과 묘한 꽃 광명이라는 신중신이 있었다. 한량없는 신들이 앞뒤로 둘러 싸고 도량에서 나와 공중에 머물러 있으면서 선재동자 앞에서 묘한 음성으로 마야부인을 칭찬했다. 귀고리에서 한량없는 가지각색 광명 그물을 놓아 부처님의 세계에 널리 비추어 시방의 국토와 부처님을 보게 했다. 광명 그물이 한 겁이 지나도록 세간을 오른쪽으로 돌고 선재의 정수리와 몸에 있는 모든 털구멍에 두루 들어갔다.

선재동자는 어리석은 어둠을 영원히 여의고 깨끗하고 밝은 눈을 얻었다. 중생의 성품을 알아 모든 것을 볼 수 있는 눈을 얻었다. 법의 성품 문을 관찰하여 때를 여읜 눈을 얻었다. 부처님 국토의 성품을 관찰하여 깨끗한 지혜의 눈을 얻었다. 부처님의 법 몸을 보아 비로자나 눈을 얻었다. 부처님의 평등하고 부사의한 몸을 보아 넓고 광명한 눈을 얻었다. 세계해의 이루어지고 무너짐을 관찰하여 걸림없고 빛난 눈을 얻었다. 시방 부처님이 큰 방편을 일으켜 바른 법륜을 굴려 널리 비추는 눈을 얻었다. 한량없는 부처님이 자유자재한 힘으로 중생을 조복시킴을 보아 넓은 경계의 눈을 얻었다. 세계에 부처님들의 출현을 보아 두루 보는 눈을 얻었다.

(39-41-1-4) 선재동자가 나찰귀왕을 만나다

이때 보살의 법당을 수호하는 좋은 눈 나찰귀왕이 있었다. 일만 나찰 권속들과 함께 허공에서 여러 가지 묘한 꽃을 선재 위에 뿌리며 말했다.

"소년이여, 보살이 십력을 성취하면 선지식을 친근하게 된다. 십력의 성취는 마음이 청정하여 아첨하고 속임을 여의며, 가엾이 여김이 평등하여 중생을 널리 포섭하며, 모든 중생은 진실함이 없음을 알며, 온갖 지혜에 나아가는 마음이 물러나지 않으며, 믿고 이해하는 힘으로 부처님의 도량에 들어가며, 깨끗한 지혜의 눈을 얻어 법의 성품을 알며, 크게 인자함이 평등하여 중생을 두루 덮어주며, 지혜의 광명으로 허망한 경계를 환하게 하며, 단 이슬비로 생사의 뜨거움을 씻으며, 광대한 눈으로 법을 철저하게 살피며 마음이 항상 선지식을 따르게 된다.

소년이여, 보살이 열 가지 삼매의 문을 성취하면 항상 선지식을 보게 된다. 법이 공한 청정한 바른 삼매이며, 시방 바다를 관찰하는 삼매이며, 경계에 버리지도 않고 모자라지도 않은 삼매이며, 부처님의 탄생을 두루 보는 삼매이며, 공덕장을 모으는 삼매이며, 마음으로 항상 선지식을 버리지 않는 삼매이며, 선지식이 부처님의 공덕을 항상 보는 삼매이며, 선지식을 항상 여의지 않는 삼매이며, 선지식을 항상 공양하는 삼매이며, 선지식 계신 곳에서 항상 허물이 없는 삼매이다.

소년이여, 보살이 열 가지 삼매의 문을 성취하면 선지식을 항상 친근하게 되고, 선지식이 여러 부처님의 법륜 굴리는 삼매를 얻는다. 이 삼매를 얻어 부처님의 성품이 평등함을 알고, 가는 곳마다 선지식을 만나게 된다."

(39-41-1-5) 나찰귀왕이 선재동자에게 일러주다

이런 말을 듣고 선재동자는 공중을 우러러보면서 대답했다.

"훌륭하고, 훌륭합니다. 그대는 나를 가엾게 여기고 거두어 주기 위해 방편으로 나에게 선지식을 보도록 가르치니, 선지식 계신 곳에 어떻게 가며, 어떤 성이나 마을에서 선지식을 만날 수 있습니까?"

나찰귀왕이 말했다.

"소년이여, 그대는 마땅히 시방에 두루 예배하여 선지식을 구하며, 모든 경계를 정당하게 생각하여 선지식을 구하며, 용맹하고 자재하게 시방에 두루 다니면서 선지식을 구하며, 몸과 마음이 꿈 같고 그림자 같은 줄을 관찰하여 선지식을 구하라."

(39-41-1-6) 선재동자가 마야부인의 연꽃과 누각과 보좌를 보다

그때 선재동자는 그의 가르침을 받아 행하면서 큰 보배 연꽃이 땅에서 솟아나는 것을 보았다. 금강으로 줄기가 되고 묘한 보배로 연밥 송이가 되고, 마니로 잎이 되고 빛나는 보배왕으로 꽃판이 되고, 여러 가지 보배빛 향으로 꽃술이 되었으며, 무수한 보배그물이 위에 덮혔다.

꽃판 위에는 '시방 법계를 널리 용납하는 창고'라는 누각이 있었다. 금강으로 이루어진 땅에 천개의 기둥이 나란히 서 있었다. 모든 것이 마니보배로 이루어졌고 벽은 염부단금으로 되었고 보배 영락이 사방에 드리웠으며, 층대와 섬돌과 난간이 두루 장엄했다.

(39-41-1-7) 마야부인의 모습을 보다

이때 선재동자가 이와 같은 자리를 보았나니 다시 한량없는 중생들이 자리를 둘러싸고 앉아 있었는데, 마야부인이 그 자리에 앉아 여러 중생의 앞에서 청정한 육신을 나투었다. 삼계를 초월한 육신이며, 존재의 길에서 뛰어난 까닭이다. 좋아함을 따르는 육신이며, 세간에 집착이 없는 까닭이다. 널리 두루하는 육신이며, 중생의 수효와 같은 까닭이다. 견줄 데 없는 육신이며, 중생의 뒤바뀐 소견을 없애는 까닭이다. 여러 가지 모양의 육신이며, 중생의 마음따라 갖가지로 나투는 까닭이다. 그지없는 모습의 육신이며, 갖가지 형상을 두루 나투는 까닭이다. 널리 상대하여 나투는 육신이며, 크게 자재하게 나투는 까닭이다. 온갖 것을 교화하는 색신이며, 마땅함을 따라 앞에 나투는 까닭이다.

항상 나타내는 육신이며, 중생계를 다해도 다함이 없는 까닭이다. 감이 없는 육신이며, 모든 길에서 멸함이 없는 까닭이다. 옴이 없는 육신이며, 세간에서 나는 일이 없는 까닭이다. 나지 않는 육신이며, 생기는 일이 없는 까닭이다. 멸하지 않는 육신이며, 말을 여읜 까닭이다. 참된 육신이며, 실제와 같음을 얻은 까닭이다. 헛되지 않은 육신이며, 세상을 따라 나투는 까닭이다. 흔들림이 없는 육신이며, 나고 없어짐을 길이 여읜 까닭이다. 파괴되지 않는 육신이며, 법의 성품은 망그러지지 않는 까닭이다. 형상이 없는 육신이며, 말할 길이 끊어진 까닭이다. 한 모양인 육신이며, 모양 없음으로 모양을 삼는 까닭이다. 영상과 같은 육신이며, 마음을 따라 나투는 까닭이다. 환술과 같은 육신이며, 환술인 지혜에서 나는 까닭이다. 아지랑이 같은 육신이며, 생각만으로 유지되는 까닭이다. 그림자 같은 육신이며, 소원을 따라 생기는 까닭이다. 꿈과 같은 육신이며, 마음을 따라서 나투는 까닭이다. 법계인 육신이며, 성품이 깨끗하기가 허공과 같은 까닭이다. 크게 가엾이 여기는 육신이며, 중생을 항상 구호하는 까닭이다. 걸림이 없는 육신이며, 잠깐 동안에 법계에 두루하는 까닭이다. 그지없는 육신이며, 중생을 깨끗이 하는 까닭이다. 한량없는 육신이며, 말이 뛰어난 까닭이다. 머무름이 없는 육신이며, 세간을 제도하는 까닭이다. 처소가 없는 육신이며, 중생을 항상 교화하여 끊이지 않는 까닭이다.

태어남이 없는 육신이며, 환술과 같은 원으로 이루는 까닭이다. 이김이 없는 육신이며, 세간을 초월한 까닭이다. 실제와 같은 육신이며, 선정의 마음으로 나투는 까닭이다. 나지 않는 육신이며, 중생의 업을 따라 나투는 까닭이다. 여의주 같은 육신이며, 중생의 소원을 만족케 하는 까닭이다. 분별이 없는 육신이며, 중생들의 분별을 따라 일어나는 까닭이다. 분별을 여읜 육신이며, 중생들이 알지 못하는 까닭이다. 다함이 없는 육신이며, 중생의 생사의 짬을 다하는 까닭이다. 청정한 육신이며, 여래와 같아 분별이 없는 까닭이다.

이러한 몸은 색이 아니므로 있는 형상이 영상과 같은 까닭이며, 수가 아니므로 세간의 괴로운 느낌이 마침내 없어지는 까닭이며, 상이 아

니므로 중생의 생각을 따라 나투는 까닭이며, 행이 아니므로 환술과
같은 업으로 성취한 까닭이며, 식을 여의었으니 보살의 원과 지혜가
공하여 성품이 없는 까닭이며, 모든 중생의 말이 끊어진 까닭이며, 적
멸한 몸을 이미 성취한 까닭이다.

또 선재동자는 마야부인이 중생들의 마음에 즐김을 따라 세간에서
뛰어난 육신을 나타내는 것을 보았다. 타화자재천보다 뛰어난 하늘
아가씨의 몸을 나타내기도 하고, 사천왕천보다 뛰어난 하늘 아가씨
의 몸을 나타내기도 하며, 용녀보다 뛰어난 여자의 몸과 사람의 여자
보다 뛰어난 여자의 몸을 나타내기도 했다.

(39-41-1-8) 마야부인의 신상의 업용을 보다

이렇게 한량없는 육신을 나투어 중생들을 이익되게 하고 온갖 지혜
와 도를 돕는 법을 모았으며, 평등한 보시바라밀을 행하여 크게 가엾
이 여기는 마음으로 모든 세간을 두루 덮어주고, 여래의 한량없는 공
덕을 내며, 온갖 지혜의 마음을 닦아 증장하게 하고, 법의 참된 성품
을 살펴보고 생각하여 깊이 참는 바다를 얻으며, 여러 선정의 문을 갖
추고 평등한 삼매의 경계에 머물러 여래의 선정을 얻고, 원만한 광명
으로 중생들의 번뇌 바다를 녹여 말리고 마음이 항상 바르게 정하여
어지럽게 흔들리지 않으며, 깨끗하고 물러가지 않는 법륜을 굴려 모
든 부처님의 법을 잘 알고 항상 지혜로 법의 진실한 모양을 관찰했다.
여래를 뵈어도 만족한 마음이 없다. 삼세 부처님의 출현하는 차례를
알며, 부처님의 삼매가 항상 앞에 나타남을 보고, 여래께서 세상에 나
타나는데 한량없는 청정한 길을 통달하며, 부처님들의 허공 같은 경
계를 행하여 중생들을 거두어 주되 그 마음을 따라서 교화하고 성취
하여 부처님의 한량없는 청정한 법 몸인 법신에 들어가게 하며, 큰 서

원을 성취하고 부처님의 세계를 깨끗이 하여 끝까지 모든 중생을 조복시킨다.

마음은 부처님의 경계에 항상 들어가 보살의 자유자재한 신통의 힘을 내며, 깨끗하고 물들지 않는 법의 몸을 얻었으면서도 한량없는 육신을 항상 나타내며, 마를 굴복하는 힘과 크게 선근을 이루는 힘과 바른 법을 내는 힘과 부처님의 힘을 갖추고 보살의 자재한 힘을 얻어서 온갖 지혜의 힘을 빨리 증장하게 했다.

부처님의 지혜 광명을 얻어 모든 것을 널리 비추어 한량없는 중생의 마음 바다와 근성과 욕망과 지혜가 가지가지 차별함을 알며, 두루 그 몸을 시방세계에서 가득하게 펼치고 여러 세계가 이루어지고 파괴되는 모양을 알며, 광대한 눈으로 시방 바다를 보고 두루한 지혜로 삼세 바다를 알며, 몸은 모든 부처님 바다를 섬기고 마음은 항상 모든 법 바다를 받아들인다.

여래의 공덕을 닦아 익히고 보살의 지혜를 내며, 보살이 처음 마음을 낼 때부터 행하는 도를 이루는 것을 관찰하며, 중생을 부지런히 수호하고 부처님의 공덕을 칭찬하기를 좋아하며, 보살의 어머니 되기를 원했다.

(39-41-1-9) 선재동자가 보살행을 성취하는 법을 묻다

이때 선재동자는 마야부인이 이렇게 염부제에서 한량없는 방편의 문을 나타내는 것을 보았다. 마야부인이 나타내는 몸의 수와 같이 선재동자도 그러한 몸을 나타내어 마야부인의 앞에서 공경하며 예배하고, 한량없는 삼매의 문을 증득하여 분별하며 관찰하고 행을 닦아 증득하여 들어갔다. 삼매에서 깨어나 마야부인과 그의 권속을 오른쪽으로 돌고 합장하며 말했다.

"큰 성인이시여, 문수보살께서 위없는 바른 깨달음의 마음을 내게 하고, 선지식을 찾아가서 친근하고 공양하라 했습니다. 그래서 저는 낱낱 선지식 계신 곳에 가서 뵙고 섬기며 이곳까지 왔습니다. 바라건대 저를 위해 보살이 어떻게 보살의 행을 배워서 성취하는 것인지 말씀해 주시기 바랍니다."

(39-41-2) 마야부인의 설법
(39-41-2-1) 나는 현재 비로자나불의 어머니
마야부인이 말했다.

"소년이여, 나는 이미 보살의 큰 원과 지혜가 환술과 같은 해탈문을 성취했으므로 항상 보살의 어머니가 된다.

소년이여, 내가 이 염부제 카필라성의 정반왕궁에서 오른 옆구리로 싯다르타 태자를 낳아 부사의하고 자재한 신통 변화를 나타내듯이, 이 세계해에 있는 비로자나불이 나의 몸에 들어왔다가 탄생하면서 자재한 신통 변화를 나타냈다.

선재여, 내가 정반왕궁에서 보살이 탄생할 때 보살의 몸을 보니 낱낱 털구멍에서 광명을 놓았는데, 이름이 모든 여래의 태어나는 공덕 바퀴였다. 낱낱 털구멍에서 한량없는 부처 세계의 수많은 보살이 태어나는 장엄을 나타냈고, 그 광명이 모든 세계에 두루 비추었으며, 돌아와서 나의 정수리와 모든 털구멍에 들어갔다.

그 광명 속에서 보살의 이름과 태어나는 신통 변화와 궁전과 권속과 오욕으로 즐기는 일을 나타냈으며, 집을 떠나서 도량에 나아가 등정각을 이루고 사자좌에 앉았는데, 보살들이 둘러 모시고 임금들이 공양 올리며, 대중을 위해 바른 법륜을 굴리는 것을 보았다.

여래께서 지난 옛적 보살의 도를 수행할 때에 여러 부처님 계신 곳에서 공경하고 공양하며, 보리심을 내어 부처님 국토를 깨끗이 하고, 잠

깐 동안 한량없는 나툰 몸을 보여 시방의 모든 세계에 가득함을 보았
으며, 최후에 반열반에 드시는 일들을 보았다.

또 소년이여, 저 묘한 광명이 내 몸에 들어올 때 내 몸의 형상과 크기
는 본래보다 다르지 않았지만, 실제로는 세간을 초월했다. 왜냐 하면
내 몸이 그때에 허공과 같아 시방 보살의 태어나는 장엄과 궁전을 내
몸의 형상 속에 있었던 까닭이다.

그때 보살이 도솔천에서 내려올 때에 열 부처 세계 수많은 보살이 있
었다. 모두 이 보살과 원과 행과 선근과 장엄과 해탈과 지혜가 같았
다. 지위와 힘과 법의 몸과 육신과 보현의 신통과 행과 원이 같았다.
이런 보살들이 앞뒤에 둘러 모셨으며, 또 8만의 용왕 등 세간 맡은 이
들이 수레를 타고 그 궁전에 함께 와서 공양했다.

보살이 그때 신통한 힘으로 여러 보살과 함께 모든 도솔천궁에 나타
났으며, 낱낱 천궁마다 시방 모든 세계의 염부제 안에서 태어나는 모
습을 나투었으며 한량없는 중생을 방편으로 교화하며, 여러 보살이
게으름을 여의고 집착함이 없게 했다.

또 이러한 신통한 힘으로 큰 광명을 놓아 세간을 두루 비추어 캄캄함
을 깨뜨리고 고통과 번뇌를 없애, 중생들이 과거 세상에서 행한 업을
알고 악도에서 영원히 벗어나게 했고, 또 중생을 구호하기 위해 그의
앞에 나타나서 신통 변화를 부렸다. 이러한 여러 가지 기특한 일을 나
타내며, 권속들과 함께 와서 내 몸에 들었다.

그 보살들은 나의 뱃속에서 자재하게 돌아다니는데, 삼천대천세계로
한 걸음을 삼기도 하고, 한이 많은 세계의 수많은 부처 세계로 한 걸
음을 삼기도 했다.

잠깐 동안에 시방으로 한량없는 세계에 계시는 여래의 도량에 모인
보살 대중과 사천왕천과 삼십삼천과 형상세계의 범천왕들로서, 보살

의 태에 드는 신통 변화를 보았다. 공경하고 공양하며, 바른 법을 듣고
자 하는 이들이 모두 내 몸에 들어왔으며 나의 뱃속에 이렇게 많은 대
중을 받아들이지만, 몸이 더 커지지도 않고 비좁지도 않았으며, 그 보
살들은 제각각 대중이 모인 도량에 있어서 청정하게 장엄함을 보았다.
소년이여, 이 사천하의 염부제에서 보살이 태어날 때 내가 어머니가
되듯이, 삼천대천세계 백억 사천하의 염부제에서도 모두 그러하지만
나의 몸은 본래부터 둘이 아니며, 한 곳에 있는 것도 아니며 여러 곳
에 있는 것도 아니다. 왜냐 하면 보살의 큰 원과 지혜가 환술과 같이
장엄한 해탈문을 닦은 까닭이다.”

(39-41-2-2) 과거 모든 부처님의 어머니

“소년이여, 내가 지금 세존의 어머니가 되듯이, 지난 옛적에 계시던
한량없는 부처님에게도 그와 같이 어머니가 되었다. 소년이여, 나는
옛적에 연화지신이 되었을 때 보살이 연꽃 송이에서 화하여 나오는
것을 내가 받들고 보호하여 양육했는데 세간 사람이 나를 보살의 어
머니라 했다. 또 옛적에 내가 보리도량 신이 되었을 때 보살이 나의
품에서 홀연히 화하여 나왔는데 세상에서는 나를 보살의 어머니라고
했다.
소년이여, 마지막 몸을 받은 한량없는 보살들이 이 세계에서 가지가
지 방편으로 태어남을 보일 때 나는 그들의 어머니가 되었다.”

(39-41-2-3) 현겁 중의 모든 부처님의 어머니

“소년이여, 이 세계의 현겁에서와 같이 지나간 세상의 구류손불, 구
나함모니불, 가섭불과 지금 세상의 석가모니부처님이 태어나실 때에
도 내가 그들의 어머니가 되었고, 오는 세상에 미륵보살이 도솔천에

서 내려오실 때에 큰 광명을 놓아 법계에 두루 비추며, 보살이 태어나는 신통 변화를 나타내어 인간에서 훌륭한 가문에 탄생하여 중생을 조복하는 때에도 나는 그의 어머니가 된다.

삼천대천세계에서와 같이 이 세계해에 있는 시방의 한량없는 세계와 모든 겁에서 보현의 행과 원을 닦아서 중생들을 교화하려는 이에게도 나의 몸이 모두 그들의 어머니가 되는 것을 보게 되리라."

(39-41-2-4) 해탈을 얻은 근원

그때 선재동자는 마야부인에게 여쭈었다.

"거룩하신 이께서 이 해탈을 얻은 지는 얼마나 오래되었습니까?"

마야부인이 대답했다.

"소년이여, 지나간 옛적에 맨 나중 몸을 받은 보살의 신통한 도의 눈으로도 헤아릴 수 없는 겁 전에 정광 겁이 있었고, 세계의 이름은 수미덕이었다. 비록 여러 산이 있어 오취 중생들이 섞여 살지만, 그 국토가 여러 가지 보배로 되었고 청정하게 장엄하여 더럽고 나쁜 것이 없었다.

천억 사천하가 있었는데 한 사천하의 이름이 사자당기며, 그 가운데 80억 성이 있었는데, 한 성의 이름은 자재한 당기라 하고, 그 성에 전륜왕이 있으니, 이름이 대위덕이었다.

성 북쪽에 보름달 광명이라는 보리도량이 있었고, 인자한 덕이라는 신이 살고 있었다. 그때 이구당 보살이 도량에 앉아서 장차 정각을 이루려고 할 때 금빛 광명이라는 한 악마가 있었다. 한량없는 권속들을 데리고 보살이 있는 데에 왔으나 대위덕 전륜왕은 이미 보살의 신통과 자재함을 얻었으므로 갑절이나 더 많은 군명을 변화하여 도량을 에워싸 악마들이 물러가고, 그 보살은 위없는 바른 깨달음을 이루었다.

이때 도량을 맡은 신이 이런 일을 보고 한량없이 기뻐하면서 전륜왕과 같은 아들을 낳았으면 좋겠다는 생각을 내고, 부처님 발에 엎드려 절하고 이렇게 발원했다.

'이 전륜왕이 여러 곳에 태어날 적마다, 또는 반드시 부처를 이룰 때에 내가 항상 그의 어머니가 되어지이다.'

이렇게 원을 세우고, 이 도량에서 다시 나유타 부처님께 공양했다.

소년이여, 어떻게 생각하느냐? 그때의 도량을 맡은 신은 다른 사람이 아니라 이 내몸이며 전륜왕은 지금의 부처이신 비로자나부처님이다. 그때 원을 세운 이후로 이 부처님이 시방세계의 여러 가지 갈래에서 곳곳마다 태어나시며 선근을 심고 보살의 행을 닦아 모든 중생을 교화하여 성취하게 하며, 맨 나중 몸에 있으면서 잠깐 동안에 모든 세계에서 보살로 태어나는 신통 변화를 나타낼 적마다 항상 나의 아들이 되었고, 나는 항상 어머니가 되었다.

소년이여, 지난 세상이나 지금 세상에서 한량없는 부처님이 부처를 이루려 할 때, 배꼽으로 큰 광명을 놓아 내 몸과 내가 있는 궁전에 비추시나니, 마지막으로 태어날 때까지 나는 그의 어머니가 되었다."

(39-41-3) 수승한 보살의 공덕을 찬탄하다

"소년이여, 나는 이 보살의 큰 원과 지혜가 환술과 같은 해탈문을 알며 저 보살들이 크게 가엾이 여기는 밝음을 갖추고 중생을 교화하기에 만족한 줄을 모르는 일과 자재한 힘으로 털구멍마다 한량없는 부처님의 신통 변화를 나타내는 일이야 내가 어떻게 알며, 그의 공덕의 행을 말하겠는가."

(39-41-4) 다음 선지식 찾기를 권하다

"소년이여, 이 세계의 삼십삼천에 정념이란 왕이 있고, 그 왕에게 딸이 있으니 이름이 천주광이다. 그대는 그녀에게 가서 보살이 어떻게 보살의 행을 배우며, 보살의 도를 닦느냐고 물어라."

그때 선재동자는 가르침을 공경하여 엎드려 절하고 수없이 돌면서 우러러 사모하고 물러갔다.

(39-42) 천주광녀(天主光女)

무애념청정장엄해탈(無碍念淸淨莊嚴解脫) 선지식

(39-42-1) 천주광녀를 뵙고 법을 묻다

선재동자가 천궁에 가서 천주광녀를 보고 발에 절하며 돌고 합장하고 말했다.

"거룩하신 이여, 저는 위없는 바른 깨달음의 마음을 냈으나, 보살이 어떻게 보살의 행을 배우며 어떻게 보살의 도를 닦는지 알지 못합니다. 소문에 거룩하신 이께서 잘 가르치신다 하니 바라건대 저에게 말씀해 주시기 바랍니다."

(39-42-2) 천주광녀의 설법

천녀가 대답했다.

"소년이여, 나는 '걸림없는 생각의 깨끗한 장엄'이라는 보살의 해탈을 얻었다. 소년이여, 나는 이 해탈의 힘으로 지나간 세상을 기억할 수 있었다. 과거에 청연화라는 훌륭한 겁이 있었는데 그 겁에서 항하사 부처님께 공양했다. 그 부처들이 처음 출가할 때부터 받들어 수호하고 공양하며 절을 짓고 모든 도구를 마련했다.

또한 저 모든 부처님들이 보살로서 어머니의 태에 계실 때와 탄생할 때와 일곱 걸음을 걸을 때와 사자후할 때와 왕자의 지위에 있으면서 궁중에 계실 때와 보리수를 아래서 정각을 이룰 때와 바른 법륜을 굴리며 부처님의 신통 변화를 나타내어 중생들을 교화하고 조복할 때에 여러 가지 하시던 일을, 처음 발심한 때부터 법이 다할 때까지 모두 밝게 기억하여 잊은 것이 없으며, 항상 앞에 나타나서 생각하고 잊지 않았다.

과거에 선지 겁이 있었는데, 나는 그 겁에서 10 항하사 부처님께 공양했다. 또 과거에 묘덕 겁이 있었는데, 나는 그 때에도 한 부처 세계의 수많은 부처님께 공양했다. 또 무소득 겁이 있었는데 그때에 팔십사억 나유타 부처님께 공양했다.

'좋은 빛' 겁이 있었는데 그때에 염부제의 수많은 부처님께 공양했다. '한량없는 광명' 겁이 있었는데 그 때에 20 항하사 부처님께 공양했다. '가장 훌륭한 덕' 겁이 있었는데 그 때에 한 항하사 부처님께 공양했다. '가엾이 여기는' 겁이 있었는데 그때에 80 항하사 부처님께 공양했다. '잘 유희하는' 겁이 있었는데 그때에 60 항하사 부처님께 공양했다. '묘한 달' 겁이 있었는데 그때에 70 항하사 부처님께 공양했다.

소년이여, 이렇게 항하사 겁에 부처님 여래·응공·정등각을 항상 버리지 않았음을 기억하며, 모든 부처님께 걸림 없는 생각의 깨끗한 장엄인 보살의 해탈을 듣고 받아 지니고 닦아 행하여 항상 잊지 않았다. 이렇게 지나간 겁에 계시던 여러 부처님께서 처음 보살로부터 법이 다할 때까지 하시던 모든 일을 깨끗한 장엄 해탈의 힘으로 모두 기억하며, 지니고 따라 행하여 잠시라도 게으르거나 폐하지 않았다."

(39-42-3) 수승한 보살의 공덕을 찬탄하다

"소년이여, 나는 다만 걸림 없는 생각의 깨끗한 해탈을 알 뿐이다. 보살들이 생사의 밤중에 나서도 분명하게 통달하며, 어리석음을 아주 여의고 잠시도 혼미하지 않으며 마음에는 여러 가지 덮임이 없고 신행이 경쾌하고 편안하였다. 모든 법의 성품을 깨끗이 깨닫고, 십력을 성취하여 중생들을 깨우치는 일이야, 내가 어떻게 알며, 그 공덕의 행을 어떻게 말하겠는가."

(39-42-4) 다음 선지식 찾기를 권하다

"소년이여, 가비라위(迦毘羅衛, Kapila-vastu)성에 '변우'라는 한 동자스승이 있다. 그대는 그에게 가서 보살이 어떻게 보살의 행을 배우며, 보살의 도를 닦느냐고 물어라."

이때 선재동자는 법을 듣고 기뻐하며 부사의한 선근이 저절로 증장하여 그의 발에 엎드려 절하고 여러 번 돌고 하직하고 물러갔다.

(39-43) 변우동자사(遍友童子師)

선지중예동자(善知衆藝童子)를 소개하다

(39-43-1) 변우동자를 뵙고 법을 묻다

천궁에서 내려와 가비라위성을 찾아갔다. 변우동자가 있는 곳에 나아가 발에 절하고 두루 돌고 합장하고 공경하며 한 곁에 서서 말했다.

"거룩하신 이여, 저는 이미 위없는 바른 깨달음의 마음을 냈으나, 보살이 어떻게 보살의 행을 배우며, 어떻게 보살의 도를 닦는지를 알지 못합니다. 소문에 거룩한 이께서 잘 가르치신다 하니 바라건대 말씀해 주시기 바랍니다."

(39-43-2) 다음 선지식 찾기를 권하다

변우가 대답했다.

"소년이여, 여기 선지중예라는 동자가 있다. 그는 보살의 지혜를 배웠으니 그에게 가서 물어라."

(39-44) 선지중예동자(善知衆藝童子)

선지중예보살해탈(善知衆藝普菩薩解脫) 선지식

(39-44-1) 선지중예동자를 뵙고 법을 묻다

이때 선재동자는 곧 선지중예동자에게 가서 엎드려 절하고 한 곁에 서서 말했다.

"거룩한 이여, 저는 이미 위없는 바른 깨달음의 마음을 냈으나, 보살이 어떻게 보살의 행을 배우며, 어떻게 보살의 도를 닦는지를 알지 못합니다. 소문에 거룩한 이께서 잘 가르친다 하니 바라옵대 저에게 말씀해 주시기 바랍니다."

(39-44-2) 선지중예동자의 설법

선지중예동자는 선재동자에게 말했다.

"소년이여, 나는 '모든 예술 잘 앎'이라는 보살의 해탈을 얻었다. 나는 항상 이 자모를 부른다.

아(阿, a)자를 부를 때는 지혜바라밀 문에 들어가며, 이름이 '보살의 위력'으로 차별이 없는 경계에 들어간다.

타(多, ta)자를 부를 때는 지혜바라밀 문에 들어가며, 이름이 '그지없는 차별한 문'이기 때문이다.

파(波, pa)자를 부를 때는 지혜바라밀 문에 들어가며, 이름이 '법계에 두루 비침'이다.

차(者, ca)자를 부를 때는 지혜바라밀 문에 들어가며, 이름이 '넓은 바퀴로 차별을 끊음'이다.

나(那, na)자를 부를 때는 지혜바라밀 문에 들어가며, 이름이 '의지할 데 없고 위가 없음을 얻음'이다.

라(邏, la)자를 부를 때는 지혜바라밀 문에 들어가며, 이름이 '의지함을 여의고 때가 없음'이다.

다(輕呼, da)자를 부를 때는 지혜바라밀 문에 들어가며, 이름이 '물러가지 않는 방편'이기 때문이다.

바(婆蒲我切, va)자를 부를 때는 지혜바라밀 문에 들어가며, 이름이 '금강 마당'이기 때문이다.

다(茶捷解切, dha)자를 부를 때는 지혜바라밀 문에 들어가며, 이름이 '넓은 바퀴'이기 때문이다.

사(沙史我切, sa)자를 부를 때는 지혜바라밀 문에 들어가며, 이름이 '바다 창고'이기 때문이다.

바(縛房可切, ba)자를 부를 때는 지혜바라밀 문에 들어가며, 이름이 '두루 내어 편안히 머무름'이기 때문이다.

타(哆都我切, ta)자를 부를 때는 지혜바라밀 문에 들어가며, 이름이 '원만한 빛'이기 때문이다.

야(也以可切, ya)자를 부를 때는 지혜바라밀 문에 들어가며, 이름이 '차별을 쌓음'이기 때문이다.

슈타(瑟, sha) 자를 부를 때는 지혜바라밀 문에 들어가며, 이름이 '넓은 광명으로 번뇌를 쉬게 하기'이기 때문이다.

카(迦, ka)자를 부를 때는 지혜바라밀 문에 들어가며, 이름이 '차별 없는 구름'이기 때문이다.

사(娑蘇我切, sa)자를 부를 때는 지혜바라밀 문에 들어가며, 이름이
'큰 비를 퍼부음'이기 때문이다.

마(麽, ma)자를 부를 때는 지혜바라밀 문에 들어가며, 이름이 '큰 물
이 부딪쳐 흐르고 여러 봉우리가 가지런히 솟음'이기 때문이다.

가(伽上聲輕呼, ga)자를 부를 때는 지혜바라밀 문에 들어가며, 이름이
'나란히 정돈함'이기 때문이다.

타(他他可切, tha)자를 부를 때는 지혜바라밀 문에 들어가며, 이름이
'진여의 평등한 창고'이기 때문이다.

자(社, ja)자를 부를 때는 지혜바라밀 문에 들어가며, 이름이 '세상 바
다에 들어가 깨끗함'이기 때문이다.

스바(鎖, sva)자를 부를 때는 지혜바라밀 문에 들어가며, 이름이 '모
든 부처님의 장엄을 생각함'이기 때문이다.

다(柂, dha)자를 부를 때는 지혜바라밀 문에 들어가며, 이름이 '모든
법더미를 관찰하여 가려냄'이기 때문이다.

샤(奢尸苟切, sa)자를 부를 때는 지혜바라밀 문에 들어가며, 이름이
'모든 부처님의 법륜의 광명을 따름'이기 때문이다.

카(佉, kha)자를 부를 때는 지혜바라밀 문에 들어가며, 이름이 '인행
을 닦는 지혜 창고'이기 때문이다.

크샤(叉楚我切, ka)자를 부를 때는 지혜바라밀 문에 들어가며, 이름이
'모든 업 바다를 쉬는 창고'이기 때문이다.

스타(娑蘇紇多上聲呼, sta)자를 부를 때는 지혜바라밀 문에 들어가며,
이름이 '번뇌의 막힘을 없애고 깨끗한 광명을 열음'이기 때문이다.

즈냐(壤, ja)자를 부를 때는 지혜바라밀 문에 들어가며, 이름이 '세간
의 지혜 문을 지음'이기 때문이다.

흐르다(曷多上聲, rtha)자를 부를 때는 지혜바라밀 문에 들어가며, 이

름이 '생사 경계의 지혜 바퀴'이기 때문이다.

바(婆蒲我切, bha)자를 부를 때는 지혜바라밀 문에 들어가며, 이름이 '온갖 지혜 궁전의 원만한 장엄'이기 때문이다.

차(車上聲呼, cha)자를 부를 때는 지혜바라밀 문에 들어가며, 이름이 '수행하는 방편 창고가 제각기 원만함'이기 때문이다.

스마(娑嚩蘇紇切, sma)자를 부를 때는 지혜바라밀 문에 들어가며, 이름이 '시방을 따라 부처님들을 현재에 봄'이기 때문이다.

흐바(訶婆二字皆上聲呼, hva)자를 부를 때는 지혜바라밀 문에 들어가며, 이름이 '모든 인연 없는 중생을 관찰하고 방편으로 거두어 걸림없는 힘을 내게 함'이기 때문이다.

트사(七可切, tsa)자를 부를 때는 지혜바라밀 문에 들어가며, 이름이 '행을 닦아 모든 공덕 바다에 들어감'이기 때문이다.

가(伽上聲呼, gha)자를 부를 때는 지혜바라밀 문에 들어가며, 이름이 '모든 법 구름을 가진 견고한 바다 창고'이기 때문이다.

타(咤, ta)자를 부를 때는 지혜바라밀 문에 들어가며, 이름이 '원하는 대로 시방의 부처님들을 두루 봄'이기 때문이다.

나(拏, na)자를 부를 때는 지혜바라밀 문에 들어가며, 이름이 '글자 바퀴에 다함이 없는 억 글자가 있음을 관찰함'이기 때문이다.

스파(娑蘇紇切頗, spha)자를 부를 때는 지혜바라밀 문에 들어가며, 이름이 '중생을 교화하여 끝 가는 곳'이기 때문이다.

스카(娑同前音迦, ska)자를 부를 때는 지혜바라밀 문에 들어가며, 이름이 '광대하여 걸림 없는 변재의 광명 바퀴가 두루 비침'이기 때문이다.

야사(也娑, ysa)자를 부를 때는 지혜바라밀 문에 들어가며, 이름이 '모든 부처님 법의 경계를 선전하여 말함'이기 때문이다.

스차(室者, sca)자를 부를 때는 지혜바라밀 문에 들어가며, 이름이

'중생 세계에 법 우레가 진동함'이기 때문이다.

타(佗恥加切, tha)자를 부를 때는 지혜바라밀 문에 들어가며, 이름이 '나가 없는 법으로 중생을 깨우침'이기 때문이다.

라(陀, ra)자를 부를 때는 지혜바라밀 문에 들어가며, 이름이 '모든 법륜의 차별한 창고'이기 때문이다.

소년이여, 내가 이런 자모를 부를 때에 42 지혜바라밀 문을 으뜸으로 삼아 한량없고 수없는 지혜바라밀 문에 들어간다."

(39-44-3) 수승한 보살의 공덕을 찬탄하다

"소년이여, 나는 다만 모든 예술을 잘 아는 보살의 해탈을 알 뿐이다. 보살들이 모든 세간과 출세간의 교묘한 법을 지혜로 통달하여 저 언덕에 이르는 일이며, 다른 지방의 이상한 예술을 모두 종합하여 이해하고 버릴 것이 없는 일이며, 문자와 수를 속속들이 이해하고 의학과 술법으로 여러 가지 병을 잘 치료하는 일이며, 어떤 중생들이 귀신에게 들렸거나 원수에게 저주 받았거나 나쁜 별의 변괴를 입었거나 송장에게 쫓기거나, 간질·조갈 따위의 병에 걸린 것을 모두 구원하여 쾌차하게 하는 일과, 또 금·옥·진주·보패·산호·유리·마니·자거·계살라 등의 보배가 나는 장소와 종류가 같지 않음과 값이 얼마나 되는지를 잘 분별하여 아는 일이며, 마을이나 영문이나 시골이나 성시나 크고 작은 도시들과 궁전·공원·바위·샘물·숲·진펄 등의 사람들이 살 수 있는 곳을 보살이 모두 지방을 따라 거두어 보호하는 일과, 또 천문·지리와, 사람의 상의 길흉과 새·짐승의 음성을 잘 관찰하는 일이며, 구름·안개의 기후로 시절의 흉풍과 국토의 태평하고 나쁜 것을 짐작하는 일과, 이러한 세간의 모든 기술을 잘 알아 근원까지 통달하는 일과, 또 세간에서 뛰어나는 법을 분별하는 일이며, 이름을 바로 알고, 이치를 해석하며 본체와 모양을 관찰하고 수행하는 일이며, 지혜로 속속들이 들어가 의심도 없고 걸림도 없고 어리석지도 않고 완악하지도 않고 근심과 침울함도 없이 현재에 증득하지 못함이 없는 일들이야 내가 어떻게 알며 그 공덕의 행을 어떻게 말하겠는가.”

(39-44-4) 다음의 선지식 찾기를 권하다

“소년이여, 이 마갈타국에 바다나(婆咀那)성이 있으며, 그 성에 현승우바이가 있다. 그에게 가서 보살이 어떻게 보살의 행을 배우며, 보살의 도를 닦느냐고 물어라.”

이때 선재동자는 선지중예동자의 발에 엎드려 절하고 여러 번 돌고 우러러 사모하면서 하직하고 물러갔다.

(39-45) 현승우바이(賢勝優婆夷)

무의처도량보살해탈(無依處道場菩薩解脫) 선지식

(39-45-1) 현승우바이를 뵙고 법을 묻다

선재동자는 바다나성으로 가서 현승우바이에게 이르러 발에 절하고 두루 돌고 합장하고 공경하며 한 곁에 서서 여쭈었다.

“거룩하신 이여, 저는 이미 위없는 바른 깨달음의 마음을 냈으나, 보살이 어떻게 보살의 행을 배우며, 어떻게 보살의 도를 닦는지를 알지 못합니다. 소문에 거룩하신 이께서 잘 가르친다 하니 바라건대 말씀해 주시기 바랍니다.”

(39-45-2) 현승우바이의 설법

현승우바이가 대답했다.

"소년이여, 나는 '의지할 곳 없는 도량'이라는 보살의 해탈을 얻었다. 이미 스스로 깨우쳐 알고 다른 이에게 설법한다.

다함 없는 삼매를 얻었다. 이 삼매의 법이 다함이 있고 다함이 없는 것이 아니라 온갖 지혜의 성품인 눈을 드러냄이 다함 없는 까닭이며, 온갖 지혜의 성품인 귀를 드러냄이 다함 없는 까닭이며, 온갖 지혜의 성품인 코를 드러냄이 다함 없는 까닭이며, 온갖 지혜의 성품인 혀를 드러냄이 다함 없는 까닭이며, 온갖 지혜의 성품인 몸을 드러냄이 다함 없는 까닭이다. 온갖 지혜의 성품인 뜻을 드러냄이 다함 없는 까닭이며, 온갖 지혜의 성품인 공덕파도를 드러냄이 다함 없는 까닭이며, 온갖 지혜의 성품인 지혜 광명을 드러냄이 다함 없는 까닭이며, 온갖 지혜의 성품인 빠른 신통을 드러냄이 다함 없는 까닭이다."

(39-45-3) 수승한 보살의 공덕을 찬탄하다

"소년이여, 나는 다만 의지할 곳 없는 도량보살의 해탈을 알 뿐이다. 보살들의 모든 것에 집착이 없는 공덕의 행이야, 내가 어떻게 다 알고 말하겠는가."

(39-45-4) 다음 선지식 찾기를 권하다

"소년이여, 남쪽에 옥전(沃田) 성이 있다. 그곳에 견고해탈장자가 있으니 그에게 가서 보살이 어떻게 보살의 행을 배우며, 보살의 도를 닦느냐고 물어라."

이때 선재동자는 현승우바이의 발에 절하고 수없이 돌고 우러러 사모하면서 하직하고 남쪽으로 떠났다.

(39-46) 견고해탈장자(堅固解脫長者)

무착념청정장엄보살해탈(無着念淸淨莊嚴普薩解脫) 선지식

(39-46-1) 견고해탈장자를 뵙고 법을 묻다

그 성에 이르러 장자에게 나아가 발에 절하고 여러 번 돌고 합장하고 공경하여 한 곁에 서서 여쭈었다.

"거룩하신 이여, 저는 이미 위없는 바른 깨달음의 마음을 냈으나, 보살이 어떻게 보살의 행을 배우며, 보살의 도를 닦는지를 알지 못합니다. 소문에 거룩하신 이께서 잘 가르치신다 하니 바라옵건대 말씀해 주시기 바랍니다."

(39-46-2) 견고해탈장자의 설법

장자가 대답했다.

"소년이여, 나는 '집착 없는 청정 장엄'이라는 보살의 해탈을 얻었다. 이 해탈을 얻고 부터는 시방의 부처님 계신 곳에 와서 바른 법을 부지런히 구하여 쉬지 않았다."

(39-46-3) 수승한 보살의 공덕을 찬탄하다

"소년이여, 나는 다만 '집착 없는 청정 장엄' 해탈을 알 뿐이다. 보살들이 두려울 것 없음을 얻어 크게 사자후하며, 넓고 큰 복과 지혜의 무더기에 편안히 머무는 일이야 내가 어떻게 알며, 그 공덕의 행을 말하겠는가."

(39-46-4) 다음 선지식 찾기를 권하다

"소년이여, 이 성에 묘월 장자가 있다. 그 장자의 집에는 항상 광명이 있으니 그에게 가서 보살이 어떻게 보살의 행을 배우며, 보살의 도를

9

닦느냐고 물어라."

이때 선재동자는 견고한 장자의 발에 절하고 여러 번 돌고 하직하고 물러갔다

(39-47) 묘월장자(妙月長者)
정지광명보살해탈(淨智光明菩薩解脫) 선지식

(39-47-1) 묘월장자를 뵙고 법을 묻다
묘월장자가 있는 곳에 가서 발에 절하고 두루 돌고 합장하고 공경하면서 한 곁에 서서 여쭈었다.

"거룩하신 이여, 저는 이미 위없는 바른 깨달음의 마음을 냈으나, 보살이 어떻게 보살의 행을 배우며, 어떻게 보살의 도를 닦는지를 알지 못합니다. 소문에 거룩하신 이께서 잘 가르치신다 하니 바라건대 말씀해 주시기 바랍니다."

(39-47-2) 묘월장자의 설법
묘월장자가 대답했다.

"소년이여, 나는 '깨끗한 지혜 광명'이라는 보살의 해탈을 얻었다."

(39-47-3) 수승한 보살의 공덕을 찬탄하다
"소년이여, 나는 다만 이 지혜 광명 해탈을 알 뿐이다. 보살들이 한량없는 해탈의 법문을 증득한 것이야 내가 어떻게 알며, 그 공덕의 행을 말하겠는가."

(39-47-4) 다음 선지식 찾기를 권하다

"소년이여, 남쪽에 출생(出生) 성이 있고 그곳에 무승군장자가 있다. 그에게 가서 보살이 어떻게 보살의 행을 배우며, 보살의 도를 닦느냐 고 물어라."
이때 선재동자는 묘월 장자의 발에 절하고 수없이 돌고 우러러 사모 하면서 하직하고 떠났다.

(39-48) 무승군장자(無勝軍長者)
무진상보살해탈(無盡相菩薩解脫) 선지식

(39-48-1) 무승군장자를 뵙고 법을 묻다
점점 그 성에 다가가서 장자가 있는 곳에 이르러 발에 절하고 두루 돌 고 합장하고 공경하면서 한 곁에 서서 여쭈었다.
"거룩하신 이여, 저는 이미 위없는 바른 깨달음의 마음을 냈으나, 보 살이 어떻게 보살의 행을 배우며, 어떻게 보살의 도를 닦는지를 알지 못합니다. 소문에 거룩하신 이께서 잘 가르치신다 하니 바라건대 말 씀해주시기 바랍니다."

(39-48-2) 무승군장자의 설법
장자가 대답했다.
"소년이여, 나는 다함 없는 형상인 무진상 해탈을 얻었다. 이 보살의 해 탈을 증득했으므로 한량없는 부처님을 뵙고 다함 없는 창고를 얻었다.

(39-48-3) 수승한 보살의 공덕을 찬탄하다
"소년이여, 나는 다함 없는 형상 해탈을 알 뿐이다. 보살들이 한량없 는 지혜와 걸림 없는 변재를 얻는 것이야 내가 어떻게 알며, 그 공덕의 행을 말하겠는가.”

(39-47-4) 다음 선지식 찾기를 권하다

“소년이여, 성 남쪽에 지위법(之爲法) 마을이 있다. 그곳에 최적정바
라문이 있으니, 그에게 가서 보살이 어떻게 보살의 행을 배우며, 보살
의 도를 닦느냐고 물어라.”

이때 선재동자는 무승군장자의 발에 절하고 여러 번 돌고 우러러 사
모하면서 하직하고 떠났다.

(39-49) 최적정바라문(最寂靜婆羅門)

성원어보살해탈(誠願語菩薩解脫) 선지식

(39-49-1) 최적정바라문을 뵙고 법을 묻다

점점 남쪽으로 가서 그 마을에 이르러 최적정바라문을 뵙고 발에 절
하고 두루 돌고 합장하고 공경하여 한 곁에 서서 여쭈었다.

“거룩하신 이여, 저는 이미 위없는 바른 깨달음의 마음을 냈으나, 보
살이 어떻게 보살의 행을 배우며 어떻게 보살의 도를 닦는지를 알지
못합니다. 소문에 거룩한 이께서 잘 가르치신다 하니 바라건대 말씀
해 주시기 바랍니다.”

(39-49-2) 최적정바라문의 설법

바라문이 대답했다.

“소년이여, 나는 ‘진실하게 원하는 말’이라는 보살의 해탈을 얻었다.
과거·현재·미래에 보살들이 이 해탈에 의하여 위없는 바른 깨달음에
물러나지 않았다. 이미 물러난 이도 없고 지금 물러나는 이도 없고 장

차 물러날 이도 없다.
소년이여, 나는 진실하게 원하는 말에 머물렀으므로 뜻대로 짓는 일이 만족하지 않는 것이 없다."

(39-49-3) 수승한 보살의 공덕을 찬탄하다

"소년이여, 나는 다만 진실하게 원하는 말의 해탈을 알 뿐이다. 보살들이 진실하게 원하는 말과 더불어 행함이 어기지 않으며, 말은 반드시 진실하여 허망하지 않아서, 한량없는 공덕이 이로부터 나는 일이야 내가 어떻게 알며 말하겠는가."

(39-49-4) 다음 선지식 찾기를 권하다

"소년이여, 남쪽에 묘의화문(妙意華門)성이 있고 그곳에 덕생동자와 유덕동녀가 있다. 그들에게 가서 보살이 어떻게 보살의 행을 배우며, 보살의 도를 닦느냐고 물어라."
이때 선재동자는 법을 존중하므로 바라문의 발에 절하고 여러 번 돌고, 우러러 사모하면서 떠났다.

(39-50) 덕생동자(德生童子)와 유덕동녀(有德童女)
환주보살해탈(幻住菩薩解脫) 선지식

(39-50-1) 덕생동자와 유덕동녀를 뵙고 법을 묻다

그때 선재동자는 남으로 가서 묘의화문성에 이르러 덕생동자와 유덕동녀를 보고 엎드려 절하고 오른쪽으로 돌고 앞에 서서 합장하고 말했다.
"거룩하신 이여, 저는 이미 위없는 바른 깨달음의 마음을 냈으나, 보살이 어떻게 보살의 행을 배우며, 어떻게 보살의 도를 닦는지를 알지 못합니다. 바라건대 저를 가엾게 여겨 말씀해 주시기 바랍니다."

(39-50-2) 덕생동자와 유덕동녀의 설법

그때 동자와 동녀는 선재에게 말했다.

"소년이여, 우리는 환주라는 보살의 해탈을 증득했다. 이 해탈을 얻었으므로 모든 세계가 인연으로 생겨 환술처럼 머무는 것인 줄 안다. 모든 중생이 업과 번뇌로 일어나 환술처럼 머무는 것인 줄 안다. 모든 세간이 무명과 유와 애 따위가 서로 인연이 되어 생겨 환술처럼 머무는 것인 줄 안다. 모든 법이 나란 소견 따위의 갖가지 환술 같은 인연으로 생겨 환술처럼 머무는 것인 줄 안다. 모든 삼세가 나란 소견 따위의 뒤바뀐 지혜로 생겨 환술처럼 머무는 것인 줄 안다. 모든 중생의 생기고 없어지고 나고 늙고 병들고 죽고 근심하고 슬퍼하고 괴로운 것이 허망한 분별로 생겨 환술처럼 머무는 것인 줄 안다.

모든 국토가 생각이 뒤바뀌고 마음이 뒤바뀌고 소견이 뒤바뀌어 무명으로 나타나 환술처럼 머무는 것인 줄 안다. 모든 성문과 벽지불이 지혜로 끊는 분별로 이루어져 환술처럼 머무는 것인 줄 안다. 모든 보살이 스스로 조복하고 중생을 교화하려는 여러 가지 행과 원으로 이루어져 환술처럼 머무는 것인 줄 안다. 모든 보살 대중의 변화하고 조복하는 여러 가지 일이 서원과 지혜의 환술로 이루어져 환술처럼 머무는 것인 줄 안다.

소년이여, 환술같은 경계의 성품은 헤아릴 수 없다."

(39-50-3) 수승한 보살의 공덕을 찬탄하다

"소년이여, 우리 두 사람은 다만 환술처럼 머무는 해탈을 알 뿐이다. 보살의 끝이 없는 일의 환술 그물에 들어가는 그 공덕의 행이야 우리가 어떻게 알며 어떻게 말하겠는가."

(39-50-4) 다음 선지식 찾기를 권하다
(39-50-4-1) 누각의 장엄
동자와 아가씨는 자기의 해탈을 말하고 부사의한 선근의 힘에 의해서 선재동자의 몸은 부드럽고 빛나며 윤택했다.

"소년이여, 남쪽에 해안(海岸)국이 있고 거기에 대장엄(大莊嚴) 동산이 있으며, 그 안에 광대한 비로자나장엄장 누각이 있다. 보살의 선근의 과보를 좇아 생겼으며, 보살의 생각하는 힘과 서원하는 힘과 자재한 힘과 신통한 힘으로 생겼으며, 보살의 교묘한 방편으로 생겼으며, 보살의 복덕과 지혜로 생겼다.

소년이여, 부사의한 해탈에 머무른 보살은 크게 가엾게 여기는 마음으로 중생을 위해 이러한 경계를 나타내며, 장엄을 모으는 것이다."

(39-50-4-2) 미륵보살이 거기에 계시다
미륵보살(彌勒菩薩, Maitreya)이 그곳에 있으면서 본래 태어났던 부모와 권속과 백성들을 거두어 성숙케 하며, 함께 태어나고 함께 수행하던 중생들을 대승으로 견고하게 하며, 모든 중생이 있는 곳을 따르고 선근을 따라서 성취하게 한다.

또 그대에게 보살의 해탈문을 보이며, 보살이 모든 곳에서 자재하게 태어남을 보이며, 보살이 갖가지 몸으로 여러 중생들 앞에 나타나서 항상 교화함을 보이며, 보살이 크게 가엾이 여기는 힘으로 모든 세간의 재물을 거두어 주며 싫어하지 않음을 보이며, 보살이 모든 행을 갖춰 닦으면서도 모양 여읜 것을 보이며, 보살이 여러 곳에서 태어나되 모양이 없는 줄 아는 것을 보인다."

(39-50-4-3) 미륵보살에게 묻기를 권하다

"그대는 그에게 가서, 보살이 어떻게 보살의 행을 행하며, 보살의 도를 닦으며, 보살의 계율을 배우며, 보살의 마음을 깨끗이 하며, 보살의 서원을 내며, 보살의 도를 돕는 것을 모으며, 보살의 머무는 지위에 들어가며, 보살의 바라밀을 만족하며, 보살의 생사 없는 법의 지혜인 무생인을 얻으며, 보살의 공덕의 법을 갖추며, 보살이 선지식을 섬기는 가를 물어라.

왜냐 하면 소년이여, 보살은 보살의 행을 통달했으며, 중생의 마음을 알고 그 앞에 나타나서 교화하고 조복시킨다. 보살은 모든 바라밀을 이미 만족했고, 보살의 지위에 이미 머물렀고, 지혜를 이미 증득했고, 지위에 이미 들어갔다. 구족한 수기 주심을 이미 받았고, 보살의 경계에 이미 이르렀고, 부처님의 신통한 힘을 이미 얻었고, 여래가 온갖 지혜인 감로의 물로 정수리에 부음을 받았다.

소년이여, 저 선지식은 그대의 선근을 더욱 빛나게 하고, 보리심을 증장시키고, 뜻을 견고하게 하고, 착한 일을 더하게 하고, 보살의 뿌리를 자라게 한다. 그대에게 걸림없는 법을 보이고, 보현의 지위에 들어가게 하고, 보살의 원을 말하고, 보현의 행을 말하고, 보살의 행과 원으로 이룩한 공덕을 말한다."

(39-50-4-4) 보살의 열 가지 행

"소년이여, 그대는 한 가지 착한 일을 닦고, 법을 비추어 알고, 행을 행하고, 원을 세우고, 수기를 얻고, 지혜에 머무름으로써 끝까지 이르렀다는 생각을 하지 마라. 한정된 마음으로 육바라밀을 행하여 십지에 머물러서 부처님의 국토를 깨끗이 하거나 선지식을 섬기지 말아야 한다.

왜냐하면 첫째, 보살은 한량없는 선근으로 심어야 하며, 보리의 기구를 모아야 하며, 보리의 일을 닦아야 하며, 교묘한 회향을 배워야 하기 때문이다.

둘째, 보살은 한량없는 중생 세계를 교화해야 하며, 중생의 마음을 알아야 하며, 중생의 근성을 알아야 하며, 중생의 지해를 알아야 하며, 중생의 행을 보아야 하며, 중생을 조복시켜야 하기 때문이다.

셋째, 보살은 한량없는 번뇌를 끊어야 하며, 업의 버릇을 깨끗이 해야 하며, 나쁜 소견을 없애야 하며, 물든 마음을 제거해야 하며, 깨끗한 마음을 내야하며, 괴로움의 독화살을 뽑아야 하며, 애욕 바다를 말려야 하며, 무명의 어둠을 깨뜨려야 하며, 교만한 산을 부숴야 하며, 생사 결박을 끊어야 하며, 존재의 강을 건너야 하며, 태어나는 바다를 말려야 하기 때문이다.

넷째, 보살은 한량없는 중생들을 다섯 가지 욕망의 구덩이에서 벗어나게 해야 하며, 중생들을 세가지 세계의 옥에서 벗어나게 하며, 중생들을 성인의 길을 걷게 해야 하기 때문이다.

다섯째, 보살은 한량없는 탐욕의 행을 소멸해야 하며, 성내는 행을 깨끗이 다스려야 하며, 어리석은 행을 깨뜨려야 하며, 마의 그물을 초월해야 하며, 마의 업을 여의어야 하며, 욕망을 다스려야 하며, 방편을 증장해야 하며, 최상 선근을 내야하며, 결정한 지해를 밝혀야 하며, 평등에 들어가야 하며, 공덕을 깨끗이 해야 하며, 행을 닦아야 하며, 세간을 따르는 행을 나타내어야 하기 때문이다.

여섯째, 보살은 한량없는 믿는 힘을 내야 하며, 정진하는 힘에 머물러야 하며, 바르게 생각하는 힘을 깨끗이 해야 하며, 삼매의 힘을 채워야 하며, 깨끗한 지혜의 힘을 일으켜야 하며, 수승하게 이해하는 힘을 굳게 해야 하며, 복덕의 힘을 모아야 하며, 지혜의 힘을 길러야 하며,

보살의 힘을 일으켜야 하며, 여래의 힘을 원만히 해야 하기 때문이다.

일곱째, 보살은 한량없는 법문을 분별해야 하며, 법문을 분명히 알아야 하며, 법문을 청정하게 해야 하며, 법의 광명을 내야하며, 법의 비춤을 지어야 하며, 종류의 뿌리를 비춰야 하며, 번뇌의 병을 알아야 하며, 묘한 법약을 모아야 하며, 중생의 병을 고쳐야 하기 때문이다.

여덟째, 보살은 한량없는 보시 공양을 잘 장만해야 하며, 부처님 국토에 가야 하며, 여래에게 공양해야 하며, 보살의 모임에 들어가야 하며, 부처님의 교화를 받아야 하며, 중생의 죄를 참고 받아야 하며, 나쁜 길의 고난을 없애야 하며, 중생을 선한 길에 나게 해야 하며, 사섭법으로 중생을 거두어야 하기 때문이다.

아홉째, 보살은 한량없는 다라니문을 닦아야 하며, 큰 서원의 문을 내야 하며, 인자하고 크게 서원하는 힘을 닦아야 하며, 법을 부지런히 구하여 항상 쉬지 않아야 하며, 생각하는 힘을 일으켜야 하며, 신통한 일을 일으켜야 하며, 지혜의 광명을 깨끗이 해야하며, 중생의 갈래에 나아가야 하며, 존재에 태어나게 하며, 차별한 몸을 나타내야 하며, 말을 알아야 하며, 차별한 마음에 들어가야 하며, 보살의 큰 궁전에 머물러야 하며, 보살의 깊고 미묘한 법을 보아야 하며, 보살의 알기 어려운 경계를 알아야 하며, 보살의 행하기 어려운 경계를 알아야 하며, 보살의 존중한 위의를 갖추어야 하며, 보살의 들어가기 어려운 바른 지위에 나아가야 하기 때문이다.

열째, 보살은 보살의 가지가지 행을 알아야 하며, 보살의 두루한 신통의 힘을 나투어야 하며, 보살의 평등한 법구름을 받아야 하며, 보살의 그지없는 행의 그물을 넓혀야 하며, 보살의 그지없는 바라밀을 만족해야 하며, 보살의 한량없는 수기를 받아야 하며, 보살의 한량없는 지혜의 문에 들어가야 하며, 보살의 지위를 다스려야 하며, 보살의 법문

을 깨끗이 해야 하며, 보살들이 그지없는 겁에 있으면서 한량없는 부
처님께 공양하고, 한량없이 많은 부처님 국토를 깨끗이 장엄하며, 한
량없이 많은 보살의 서원을 내는 것을 같이해야 하기 때문이다.

소년이여, 결국 보살의 행을 닦아야 하고, 중생 세계를 교화해야 하
고, 모든 겁에 들어가야 하고, 모든 곳에 태어나야 하고, 모든 세상을
알아야 하고, 모든 법을 행해야 하고, 모든 세계를 깨끗하게 하고, 모
든 소원을 채워야 하고, 모든 부처님께 공양해야 하고, 모든 보살의
원과 같아야 하고, 모든 선지식을 섬겨야 한다."

(39-50-4-5) 선지식 구하기에 정성을 다하다

"소년이여, 그대는 선지식 만나기를 게을리하지 말아야 한다. 선지식
을 보고 싫어함을 내지 말며, 선지식에게 묻기를 수고로워하지 말며,
선지식과 친근하되 물러날 생각을 하지 말며, 선지식에 공양하기를
쉬지 말아야 하며, 선지식의 가르침을 받고 잘 알아차려야 하며, 선지
식의 행을 배우되 의심하지 말며, 선지식이 뛰어나는 문을 말함을 듣
고 망설이지 말며, 선지식의 번뇌를 따르는 행을 보고 의심하지 말며,
선지식을 믿고 존경하는 마음이 변하지 말아야 한다.

소년이여, 보살이 선지식으로 인하여 모든 보살의 행을 들으며, 공덕
을 성취하며, 큰 원을 내며, 선근을 이끌어 내며, 도를 돕는 일을 모
으며, 법의 광명을 열어 밝히며, 나가는 출이문을 드러내 보이며, 청정
한 계율을 닦으며, 공덕법에 머물며, 광대한 뜻을 깨끗하게 하며, 견고
한 마음을 증장하며, 다라니와 변재의 문을 구족하며, 청정한 창고를
얻으며, 선정의 광명을 내며, 훌륭한 서원을 얻으며, 동일한 원을 받으
며, 훌륭한 법을 들으며, 비밀한 곳을 얻으며, 법보의 섬에 이르며, 선
근의 싹을 자라게 하며, 지혜의 몸을 자라게 하며, 보살의 깊고 비밀한

창고를 보호하며, 복덕을 가진다.

보살의 태어나는 길을 깨끗이 하며, 바른 법의 구름을 받으며, 서원의 길에 들어가며, 여래의 보리의 결과에 나아간다. 보살의 묘한 행을 거두어 가지며, 공덕을 열어 보이며, 여러 지방에 가서 묘한 법을 들으며, 광대한 위엄과 공덕을 찬탄하며, 자비한 힘을 내며, 훌륭하고 자재한 힘을 거두어 가지며, 보리분을 내며, 보살을 이익되게 하는 일을 짓는다."

(39-50-4-6) 선지식으로 인하여 얻는 이익

"소년이여, 보살이 선지식의 유지함을 인하여 나쁜 길에 떨어지지 않으며, 선지식의 거두어 줌으로 인하여 대승에서 물러가지 않으며, 선지식의 염려함으로 인하여 보살의 계율을 범하지 않으며, 선지식의 수호함으로 인하여 나쁜 벗을 따르지 않으며, 선지식의 길러 줌으로 인하여 보살의 법에 이지러짐이 없으며, 선지식의 붙들어 줌으로 인하여 범부의 자리를 초월하며, 선지식의 가르침으로 인하여 이승의 지위를 초월하며, 선지식의 지도로 인하여 세간에 뛰어나며, 선지식의 길러 줌으로 인하여 세상법에 물들지 않으며, 선지식을 섬김으로 인하여 보살의 행을 닦으며, 선지식께 공양함으로 인하여 도를 돕는 법을 갖추며, 선지식을 친근하므로 업과 번뇌에 좌절되지 않으며, 선지식을 믿음으로 세력이 견고하여 마를 무서워하지 않으며, 선지식을 의지하므로 보리의 부분법을 증장한다."

(39-50-4-7) 선지식이 하는 일

"선지식은 장애를 깨끗이 하며, 죄를 소멸하며, 어려움을 제하며, 악한 짓을 그치게 하며, 무명의 캄캄한 밤을 깨뜨리며, 소견의 옥을 부수며, 생사의 성에서 나오게 하며, 세속의 집을 버리게 하며, 마의 그물을 찢으며, 괴로운 화살을 뽑으며, 무지하고 험난한 곳을 여의게 하며, 삿된 소견의 벌판에서 헤어나게 하며, 존재의 강을 건너게 하며, 삿된 길을 여의게 한다.

또 보리의 길을 보여 주며, 보살의 법을 가르치며, 보살의 행에 편안히 머물게 하며, 온갖 지혜로 나아가게 하며, 지혜의 눈을 깨끗하게 하며, 보리심을 자라게 하며, 크게 가엾게 여기며, 묘한 행을 연설하며, 바라밀을 말하며, 나쁜 지식을 배척하며, 모든 지위에 머물게 하며, 참음을 얻게 하며, 선근을 닦아 익히게 하며, 도 닦는 기구를 장만하며, 공덕을 베풀어 준다.

온갖 지혜의 지위에 이르게 하며, 기뻐서 공덕을 모으게 하며, 뛰놀면서 행을 닦게 하며, 깊은 이치에 들어가게 하며, 뛰어나는 문을 열어 보이게 하며, 나쁜 길을 막아 버리게 하며, 법의 광명으로 비추게 하며, 법비로 윤택하게 하며, 의혹을 소멸되게 하며, 소견을 버리게 하며, 부처님의 지혜를 자라게 하며, 부처님의 법문에 편안히 머물게 한다.”

(39-50-4-8) 선지식은 이와 같다

“소년이여, 선지식은 부처의 종자를 내는 까닭에 어머니와 같다. 광대하게 이익되게 하는 까닭에 아버지와 같다. 보호하여 나쁜 짓을 못하게 하는 까닭에 유모와 같다. 보살의 배울 것을 보여 주는 까닭에 스승과 같다. 바라밀의 길을 보여 주는 까닭에 좋은 길잡이와 같다. 번뇌의 병을 치료하는 까닭에 좋은 의사와 같다. 온갖 지혜의 약을 자라게 하는 까닭에 설산과 같다. 두려움을 제거하는 까닭에 용맹한 장수와 같다. 생사의 빠른 물에서 나오게 하는 까닭에 강을 건네주는 사람과 같다. 지혜의 보배 섬에 이르게 하는 까닭에 뱃사공과 같다.

소년이여, 항상 이렇게 바른 생각으로 선지식을 생각해야 한다."

(39-50-4-9) 선지식을 섬기는 마음

소년이여, 그대가 선지식을 받들어 섬기는 것은 무거운 짐을 지고도 고달프지 않은 까닭에 땅과 같은 마음을 낸다. 뜻과 서원이 견고하여 깨뜨릴 수 없는 까닭에 금강과 같은 마음을 낸다. 괴로움으로 요동할 수 없는 까닭에 철위산과 같은 마음을 낸다. 시키는 일을 모두 순종하는 까닭에 시중하는 사람과 같은 마음을 낸다. 가르치는 일을 어기지 않는 까닭에 제자와 같은 마음을 낸다.

여러 가지 일하는 것을 싫어하지 않는 까닭에 하인들과 같은 마음을 낸다. 여러 가지 괴로움을 받아도 고달프지 않는 까닭에 자식을 기르는 어머니와 같은 마음을 낸다. 시키는 일을 어기지 않는 까닭에 하인 같은 마음을 낸다. 고개를 숙이는 까닭에 거름 치는 사람과 같은 마음을 낸다. 나쁜 성질을 여읜 까닭에 양순한 말과 같은 마음을 낸다. 무거운 짐을 운반하는 까닭에 큰 수레와 같은 마음을 낸다.

항상 복종하는 까닭에 길들인 코끼리 같은 마음을 낸다. 마음이 움직이거나 기울지 않는 까닭에 수미산 같은 마음을 낸다. 주인을 해하지 않는 까닭에 순한 개와 같은 마음을 낸다. 교만함을 떠난 까닭에 전다라(旃茶羅, 천민계급) 같은 마음을 낸다. 성내는 일이 없는 까닭에 소와 같은 마음을 낸다. 가고 오는 데 게으르지 않는 까닭에 배와 같은 마음을 낸다. 건네주면서도 고달픈 줄 모르는 까닭에 교량과 같은 마음을 낸다. 기색을 받들어 순종하는 까닭에 효자와 같은 마음을 낸다. 내리는 조칙을 따라 행하는 까닭에 왕자와 같은 마음을 낸다."

(39-50-4-10) 자신과 선지식을 이와 같이 생각해야 한다

"소년이여, 자신의 몸은 병난 것 같이 생각하고, 선지식은 의사와 같이 생각하고, 말씀하는 법은 약과 같이 생각하고, 닦는 행은 병을 낫게 한다고 생각하라.

자신의 몸은 먼 길 떠난 것 같이 생각하고, 선지식은 길잡이 같이 생각하고, 말씀하는 법은 곧은 길 같이 생각하고, 닦는 행은 갈 곳에 간 것 같이 생각하라.

자신의 몸은 강을 건너려는 것 같이 생각하고, 선지식은 뱃사공 같이 생각하고, 말씀하는 법은 노와 같이 생각하고, 닦는 행은 언덕에 닿은 것 같이 생각하라.

자신의 몸은 곡식의 새싹과 같이 생각하고, 선지식은 용왕과 같이 생각하고, 말씀하는 법은 비와 같이 생각하고, 닦는 행은 곡식이 익는 것과 같이 생각하라.

자신의 몸은 빈궁한 이 같이 생각하고, 선지식은 비사문천왕 같이 생각하고, 말씀하는 법은 재물 같이 생각하고, 닦는 행은 부자가 된 것 같이 생각하라.

자신의 몸은 제자 같이 생각하고, 선지식은 훌륭한 장인같이 생각하고, 말씀하는 법은 기술같이 생각하고, 닦는 행은 다 안 것 같이 생각하라.

자신의 몸은 무서운 것 같이 생각하고, 선지식은 용맹한 사람 같이 생각하고, 말씀하는 법은 무기 같이 생각하고, 닦는 행은 원수를 깨뜨리는 것같이 생각하라.

자신의 몸은 장사꾼 같이 생각하고, 선지식은 길잡이 같이 생각하고, 말씀하는 법은 보배와 같이 생각하고, 닦는 행은 주워 모으는 것 같이 생각하라.

자신의 몸은 아들 같이 생각하고, 선지식은 부모 같이 생각하고, 말씀하는 법은 살림살이 같이 생각하고, 닦는 행은 살림을 맡는 것 같이 생각하라.

자신의 몸은 왕자와 같이 생각하고, 선지식은 대신과 같이 생각하고, 말씀하는 법은 왕의 명령같이 생각하고, 닦는 행은 왕관을 쓰는 것 같이 생각하고, 왕의 옷을 입는 것 같이 생각하고, 왕의 비단띠를 매는 것 같이 생각하고, 왕의 궁전에 앉은 것 같이 생각하라.

소년이여, 그대는 마땅히 이러한 마음과 이러한 뜻으로 선지식을 친근해야 한다. 왜냐 하면 이러한 마음으로 선지식을 친근하면 뜻과 원이 영원히 청정하기 때문이다.”

(39-50-4-11) 선지식을 비유하면 이와 같다

“소년이여, 선지식은 선근을 설산에서 약초가 자라듯이 자라게 한다. 선지식은 부처님 법의 바다가 여러 강물을 받아들이는 듯이 그릇이다. 선지식은 공덕이 바다에서 여러 가지 보배가 나듯이 나는 곳이다. 선지식은 보리심을 맹렬한 불이 진금을 분리하는 듯이 깨끗하게 한다. 선지식은 세간법에서 수미산이 큰 바다에서 솟아나 듯이 뛰어난다. 선지식은 세상법에 연꽃에 물이 묻지 않듯이 물들지 않는다. 선지식은 나쁜 것을 큰 바다가 송장을 머물게 하지 않듯이 받지 않는다. 선지식은 백법을 보름달의 광명이 원만하듯이 증장하게 한다. 선지식은 법계를 밝은 해가 사천하에 비추는듯이 밝게 비춘다. 선지식은 보살의 몸을 부모가 아이들을 기르듯이 자라게 한다.”

(39-50-4-12) 선지식의 가르침을 따르는 이익

“소년이여, 보살이 선지식의 가르침을 따르면 백천억 나유타나 되는 공덕을 얻으며, 깊은 마음을 깨끗이 하며, 보살의 선근을 자라게 하며, 보살의 힘을 깨끗이 한다. 백천억 아승기나 되는 장애를 끊으며, 마의 경계를 초월하며, 법문에 들어가며, 도를 돕는 일을 만족하며, 묘한 행을 닦으며, 큰 원을 내게 된다.

소년이여, 모든 보살행과 모든 보살의 바라밀과 지위와 법 지혜와 다라니문과 삼매문과 신통한 지혜와 회향과 서원과 불법을 성취하는 것이 다 선지식의 힘에 의지하며, 선지식으로 근본을 삼는다. 선지식을 의지하여 생기며, 뛰어나며, 자라며, 머문다. 선지식이 인연이 되고 선지식이 능히 이러한 모든 것을 일으키게 한다.”

(39-50-5) 선재동자가 예배하고 물러나다

이때 선재동자는 선지식의 이러한 공덕이 한량없는 보살의 묘한 행을 열어 보이고 한량없이 광대한 부처님 법을 성취함을 듣고, 기뻐 어쩔줄 모르면서 덕생동자와 유덕동녀의 발에 엎드려 절하고 여러 번 돌고 은근하게 그리워하며 하직하고 물러갔다.

9

7. 화엄경 입법계품을 마무리하다

(39-51) 미륵보살(彌勒菩薩, Maitreya)
입삼세일체경계불망념지장엄장(入三世一切境界不忘念智莊嚴藏)해탈

(39-51-1) 미륵보살을 뵙고 법을 묻다
(39-51-1-1) 보살의 행을 생각하며 해안국으로 향하다

이때 선재동자는 선지식의 가르침으로 마음이 편안하고 바른 생각으로 보살의 행을 생각하면서 해안국(海岸國)으로 향했다.

지난 세상에 예경을 닦지 않은 것을 생각하고 뜻을 내어 부지런히 행했다. 지난 세상에 몸과 마음이 깨끗하지 못한 것을 생각하고 뜻을 내어 스스로 조촐하게 했다. 지난 세상에 나쁜 업을 지은 것을 생각하고 뜻을 내어 스스로 끊었다. 지난 세상에 허망한 생각 일으킨 것을 생각하고 뜻을 내어 항상 바르게 생각했다.

지난 세상에 닦은 행이 자기의 몸만 위한 것을 생각하고 뜻을 내어 마음을 넓게 가지고 중생들에까지 미치게 했다. 지난 세상에 욕심의 대상을 따라다니면서 소모하던 것이 좋은 맛이 없음을 생각하고 뜻을 내어 불법을 닦아 모든 근기를 길러 마음이 편안했다.

지난 세상에 삿된 생각으로 뒤바뀌게 응하던 일을 생각하고 뜻을 내어 바른 소견으로 보살의 원을 일으켰다. 지난 세상에 밤낮으로 애쓰며 나쁜 일을 했던 것을 생각하고 뜻을 내어 정진을 하여 불법을 성취하려 했다. 지난 세상에 오취에 태어난 것이 나와 남의 몸에 이익이 없음을 생각하고 뜻을 내어 이 몸으로 중생을 이익되게 하고 불법을

성취하며 선지식을 섬기기를 원했다. 이렇게 생각하고 매우 환희한 마음을 냈다.

또 이 몸이 나고 늙고 병들고 죽는 여러 가지 괴로움의 원인임을 보고 오는 세월이 다하도록 보살의 도를 닦고 중생을 교화하며, 여러 여래를 뵙고 불법을 성취하며, 부처님 세계로 다니면서 여러 법사를 섬기고, 부처님의 교법에 머물러 있으면서 여러 불법의 벗을 구하고, 선지식을 보고 부처님의 법을 모아서, 보살의 원과 지혜의 몸을 위해 인연을 지으려 했다.

이렇게 생각할 때 부사의하고 한량없는 선근이 자라서 보살을 믿고 존중하며 희유한 생각을 내고 스승이란 생각을 냈다. 모든 감관이 청정해지고 선법이 늘었다. 보살의 공경하고 공양하던 일을 일으키고, 허리 굽히며 합장함을 짓고, '세간 두루 보는 눈'을 내고, 중생을 염려하던 생각을 일으키고, 한량없는 서원으로 나투는 몸을 나타내고, 청정하게 찬탄하던 음성을 냈다.

과거와 현재의 여러 부처님과 보살들이 여러 곳에서 성도하심과 신통과 변화를 나타내시며 한 티끌만한 곳에도 두루하지 않은 데가 없음을 상상해 보았다. 또 청정한 지혜와 광명한 눈을 얻어 모든 보살의 행하던 경계를 보고 마음은 시방의 세계 그물에 들어가고, 소원은 허공과 법계에 가득하여, 삼세가 평등하여 쉬지 않았다. 이러한 모든 것이 다 선지식의 가르침을 믿은 까닭이었다.

(39-51-1-2) 미륵보살의 덕을 찬탄하다
(39-51-1-2-1) 큰 누각 앞에 절하고 자세히 관찰하다
선재동자는 이렇게 존중함과 공양함과 칭찬함과 관찰함과 서원의 힘과 생각과 한량없는 지혜의 경계로써 비로자나장엄장의 누각 앞에서 엎드려 오체투지로 절하고, 잠깐 동안 마음을 거두고 생각하고 관찰했으며, 깊이 믿고 사랑으로 이해했으며 큰 서원의 힘으로 온갖 곳에 두루한 지혜의 몸으로 평등한 문에 들어갔다. 그 몸을 두루 나타내어 모든 여래의 앞과 보살의 앞과 선지식의 앞과 여래의 탑 앞과 여래의 형상 앞과 부처님과 보살이 계시는 처소 앞과 법보 앞과 성문과 벽지불과 그들의 탑 앞과 거룩한 대중인 복밭 앞과 부모와 존장 앞과 시방의 중생 앞에 있으면서 위에 말한 것처럼 존중하고 예경하며 찬탄하기를 오는 세상이 끝나도록 쉬지 않았다.

허공과 같아 끝과 크기가 없으며, 법계와 같아 막힘과 걸림이 없으며, 실제와 같아 온갖 것에 두루하며, 여래와 같아 분별이 없으며, 그림자와 같아 지혜를 따라 나타나며, 꿈과 같아 생각으로 좇아 일어나며, 영상과 같아 것에 보이며, 메아리와 같아 인연으로 생기며, 나는 일이 없으니 번갈아 일어나고 없어지며, 성품이 없으니 인연을 따라 변한다.

또 모든 과보는 업에서 일어나고, 결과는 인에서 일어나고, 업은 습기에서 일어나고, 부처님 출현은 믿음에서 일어나고, 공양거리를 변화하여 나타냄은 결정한 알음알이에서 일어나고, 나툰 몸 부처님은 공경하는 마음에서 일어나고, 부처님 법은 선근에서 일어나고, 나툰 몸은 방편에서 일어나고, 불사는 큰 원에서 일어나고, 보살의 닦는 행은 회향에서 일어나고, 법계의 광대한 장엄은 온갖 지혜의 경계에서 일어나는 줄을 알았다.

아주 없다는 소견을 여의는 것은 회향을 아는 까닭이며, 항상하다는 소견을 여의는 것은 나는 일이 없음을 아는 까닭이며, 원인이 없다는 소견을 여의는 것은 바른 인을 아는 까닭이며, 뒤바뀐 소견을 여의는 것은 실제와 같은 이치를 아는 까닭이며, 자재천이란 소견을 여의는 것은 남을 말미암지 않음을 아는 까닭이며, 나와 남이라 하는 소견

을 여의는 것은 인연으로 생기는 줄을 아는 까닭이며, 끝이 있다고 고
집하는 소견인 변집견을 여의는 것은 법계가 끝이 없음을 아는 까닭
이며, 가고 온다는 소견을 여의는 것은 영상과 같음을 아는 까닭이며,
있다 없다는 소견을 여의는 것은 나지도 멸하지도 않음을 아는 까닭
이다. 법이란 소견을 여의는 것은 공하여 남이 없음을 아는 까닭이며,
자재하지 못함을 아는 까닭이며, 소원의 힘으로 나는 줄을 아는 까닭
이다. 모양이란 소견을 여의는 것은 모양이 없는 경계에 들어가는 까
닭이다.

법이 종자에서 싹이 나는 것과 같음을 아는 까닭이며, 인에서 글자가
나는 것임을 아는 까닭이며, 바탕이 영상과 같음을 아는 까닭이며, 소
리가 메아리와 같음을 아는 까닭이며, 대경이 꿈과 같음을 아는 까닭
이며, 업이 환술 같음을 아는 까닭이며, 세상이 마음으로 나타남을 아
는 까닭이며, 결과가 원인에서 일어남을 아는 까닭이며, 과보가 업의
모임인 줄을 아는 까닭이며, 공덕의 법이 다 보살의 교묘한 방편으로
흘러나온 것임을 아는 까닭이다.

선재동자가 이러한 지혜에 들어가서 단정한 마음과 깨끗한 생각으로
누각 앞에서 엎드려서 은근하게 절하니 부사의한 선근이 몸과 마음
에 흘러들어서 상쾌하고 기뻤다.

(39-51-1-2-2) 이 누각에 머무는 사람

땅에서 일어나 한결같은 마음으로 우러러보면서 잠시도 한눈 팔지
않고 합장하고 한량없이 돌고 말했다.

"이 큰 누각은 공하고 모양 없고 원 없음을 아는 이가 머무는 곳이다.
법에 분별이 없는 이가 머무는 곳이다. 법계가 차별이 없음을 아는 이
가 머무는 곳이다. 중생을 얻을 수 없음을 아는 이가 머무는 곳이다.

법이 태어남이 없음을 아는 이가 머무는 곳이다. 세간에 집착하지 않는 이가 머무는 곳이다. 원인에 집착하지 않는 이가 머무는 곳이다. 마을을 좋아하지 않는 이가 머무는 곳이다. 대경을 의지하지 않는 이가 머무는 곳이다. 생각을 여읜 이가 머무는 곳이다.

이 누각은 모든 법이 제 성품이 없음을 아는 이가 머무는 곳이다. 차별한 업을 끊은 이가 머무는 곳이다. 생각과 마음과 의식을 여읜 이가 머무는 곳이다. 도에 들지도 않고 나지도 않는 이가 머무는 곳이다.

이 누각은 깊고 깊은 반야바라밀에 들어간 이가 머무는 곳이다. 방편으로 넓은 문 법계에 머무른 이가 머무는 곳이다. 번뇌의 불을 멸한 이가 머무는 곳이다. 최상의 지혜로 소견·사랑·교만을 끊은 이가 머무는 곳이다. 선정·해탈·삼매와 신통과 밝음을 내어 유희하는 이가 머무는 곳이다. 보살의 삼매의 경계를 관찰한 이가 머무는 곳이다. 여래의 처소에 편안히 머무른 이가 머무는 곳이다.

이 누각은 한 겁을 모든 겁에 넣고 모든 겁을 한 겁에 넣어도 그 형상을 망그러뜨리지 않는 이가 머무는 곳이다. 한 세계를 모든 세계에 넣고 모든 세계를 한 세계에 넣어도 그 형상을 망그러뜨리지 않는 이가 머무는 곳이다. 한 법을 모든 법에 넣고 모든 법을 한 법에 넣어도 그 형상을 망그러뜨리지 않는 이가 머무는 곳이다.

이 누각은 한 중생을 모든 중생에 넣고 모든 중생을 한 중생에 넣어도 그 형상을 망그러뜨리지 않는 이가 머무는 곳이다. 한 부처님을 모든 부처님에 넣고 모든 부처님을 한 부처님에 넣어도 그 형상을 망그러뜨리지 않는 이가 머무는 곳이다. 잠깐 동안에 모든 삼세를 아는 이가 머무는 곳이다. 잠깐 동안에 모든 국토에 이르는 이가 머무는 곳이다. 모든 중생의 앞에 그 몸을 나타내는 이가 머무는 곳이다.

이 누각은 마음으로 세간을 항상 이익되게 하는 이가 머무는 곳이다.

온갖 곳에 두루 이르는 이가 머무는 곳이다. 세간에서 이미 벗어났으나, 중생을 교화하려고 그 가운데 항상 몸을 나타내는 이가 머무는 곳이다. 세계에 애착하지 않으나, 부처님들께 공양하려고 모든 세계에 다니는 이가 머무는 곳이다.

이 누각은 본 고장에서 움직이지 않고 부처님 세계에 두루 나아가 장엄하는 이가 머무는 곳이다. 부처님을 친근하면서도 부처란 생각을 일으키지 않는 이가 머무는 곳이다. 선지식을 의지하면서도 선지식이란 생각을 내지 않는 이가 머무는 곳이다. 마의 궁전에 있으면서도 욕심 경계에 탐착하지 않는 이가 머무는 곳이다. 모든 마음과 생각을 여읜 이가 머무는 곳이다.

이 누각은 중생 속에 몸을 나타내지만 자기와 다른 이가 둘이란 생각을 내지 않는 이가 머무는 곳이다. 세계에 두루 들어가지만 법계에 대하여 차별한 생각이 없는 이가 머무는 곳이다. 오는 세상의 모든 겁에 머물기를 원하면서도 여러 겁에 길다 짧다는 생각이 없는 이가 머무는 곳이다. 한 터럭 끝만한 곳도 여의지 않으면서 모든 세계에 몸을 나타내는 이가 머무는 곳이다. 만나기 어려운 법을 연설하는 이가 머무는 곳이다.

이 누각은 알기 어려운 법과 매우 깊은 법과 둘이 없는 법과 모양이 없는 법과 상대하여 다스릴 수 없는 법과 얻을 것이 없는 법과 희롱거리 의논이 없는 법에 머무른 이가 머무는 곳이다.

이 누각은 대자대비에 머무른 이가 머무는 곳이다. 이승의 지혜를 지났고, 마의 경계를 초월했고, 세상법에 물들지 않고, 보살들의 언덕에 이르렀고, 여래의 머무는 곳에 머무는 이가 머무는 곳이다. 형상을 여의었으면서도 성문의 바른 지위에 들어가지 않고, 법이 나지 않는 줄을 알면서도 나지 않는 법의 성품에 어울리지 않는 이가 머무는 곳이다. 부정함을 관찰하면서도 탐욕을 여의는 법을 증득하지도 않고, 탐욕과 함께 있지도 않으며, 인자함을 닦으면서도 성냄을 여의는 법을 증득하지도 않고, 성내는 일과 함께 하지도 않으며, 인연으로 생기는 [緣起] 것을 관찰하면서도 어리석음을 여의는 법을 증득하지도 않고, 어리석음과 함께 하지도 않는 이가 머무는 곳이다.

이 누각은 사선정에 머무르면서도 선정을 따라 태어나지도 않고, 네 가지 한량없는 마음을 행하면서도 중생을 교화하기 위해 형상 세계에 태어나지 않고, 사무색정을 닦으면서도 중생을 가엾게 여겨 무형 세계에 머무르지 않는 이가 머무는 곳이다. 선정과 지혜를 닦으면서도 중생을 교화하기 위해 밝음과 해탈을 증득하지 않고, 버리는 일을 행하면서도 중생 교화하는 일을 버리지 않는 이가 머무는 곳이다. 공함을 관하면서도 공한 소견을 내지 않고, 모양 없음을 행하면서도 모양에 집착하는 중생을 교화하고, 소원 없음을 행하면서도 보리행의 원을 버리지 않는 이가 머무는 곳이다.

이 누각은 중생을 교화하기 위해 모든 업과 번뇌에서 자유자재하면서도 업과 번뇌를 따르며, 생사가 없으면서도 생사를 받으며, 모든 길을 여의었으면서도 여러 길에 들어가는 이가 머무는 곳이다. 인자함을 행하면서도 여러 중생에게 미련이 없으며, 가엾이 여김을 행하면서도 여러 중생에게 집착이 없으며, 기쁨을 행하면서도 괴로운 중생을 보고 항상 불쌍히 여기며, 버림을 행하면서도 다른 이를 이익되게 하는 일을 버리지 않는 이가 머무는 곳이다.

이 누각은 '아홉 가지 차례로 닦는 선정'을 행하면서도 욕심 세계에 태어남을 싫어하지 않고, 법이 나지도 않고 멸하지도 않음을 알면서도 실제를 증득하지 않으며, 삼해탈문에 들었어도 성문의 해탈을 취하지 않으며, 사성제를 관찰하면서도 소승의 과위에 머무르지 않고,

깊은 인연으로 생김을 관찰하면서도 끝까지 고요한 데 머물지 않고, 팔성도를 닦으면서도 세간에서 아주 뛰어나기를 구하지 않고, 범부의 지위를 초월하고도 성문이나 벽지불의 지위에 떨어지지 않고, 오취온을 관찰하면서도 여러 가지 쌓임을 아주 멸하지 않고, 사마를 초월하고도 마를 분별하지 않고, 육처에 집착하지 않으면서도 육처를 아주 멸하지 않고, 진여에 편안히 머무면서도 실제에 떨어지지 않고, 승을 말하면서도 대승을 버리지 않으니 이러한 모든 공덕에 머무는 이가 머무는 곳이다."

(39-51-1-3) 선재동자의 찬탄
(39-51-1-3-1) 다 함께 찬탄하다
이때 선재동자가 게송으로 말했다.

이 누각은 자비하고 청정한 지혜로 / 세간을 이익되게 하는 미륵보살님
정수리에 물을 부은 / 여러 경계에 드신 이가 머무시는 곳입니다.

온 세계에 소문난 부처님 아들 / 대승의 해탈문에 들어가셨고
법계에 다녀도 집착이 없어 / 견줄 데 없는 이가 머무시는 곳입니다.

(39-51-1-3-2) 자리행의 수승함
보시·지계·인욕·정진·선정과 지혜 / 방편과 원과 역과 지까지
대승의 여러 가지 바라밀법을 / 모두 다 갖춘 이가 머무시는 곳입니다.

지혜가 광대하기 허공과 같고 / 삼세 모든 법을 두루 다 알아
걸림없고 의지 없고 집착 없으니 / 이것을 아는 이가 머무시는 곳입니다.

모든 법이 성품 없고 나지도 않고 / 의지할 데 없음을 분명히 알며
허공에 새가 날 듯 자유자재해 / 큰 지혜 있는 이가 머무시는 곳입니다.

세 가지 독의 성품 분명히 알고 / 인연법이 허망함을 분별하여도
싫다고 벗어남을 구하지 않는 / 이렇게 고요한 이가 머무시는 곳입니다.

세 가지 해탈문과 팔정도 / 온과 처와 계와 연기를 살피고도
고요한 데 나가지 않는 / 훌륭하고 교묘한 이가 머무시는 곳입니다.

시방의 국토들과 모든 중생을 / 걸림없는 지혜로 살펴
공한 줄 알아 분별하지 않는 / 고요한 데 드신 이가 머무는 곳입니다.

온 법계에 다니면서 걸림없으나 / 가는 성품 구하여도 얻을 수 없어
공중에 바람처럼 종적 없으니 / 의지할 곳 없는 이가 머무는 곳입니다.

(39-51-1-3-3) 이타행의 수승함

나쁜 길 모든 중생 고통 받으며 / 돌아갈 곳 없음을 두루 살피고
인자한 광명 놓아 없애니 / 불쌍하게 여기는 이가 머무는 곳입니다.

중생들이 바른 길을 잃어버린 것 / 소경이 위험한 길 걷는 듯한데
그를 인도하여 해탈성에 들게 하니 / 이같은 이가 머무시는 곳입니다.

중생들이 악마의 그물에 들어 / 나고 늙고 병과 죽음 시달리는데
그들을 해탈시켜 편안하게 하니 / 용맹한 이가 머무시는 곳 입니다.

중생들이 번뇌 병에 얽힘을 보고 / 가엾게 생각하는 마음을 내어
지혜의 약으로써 치료하니 / 이렇게 큰 의사가 머무시는 곳입니다.

중생들이 나고 죽는 바다에 빠져 / 헤매고 근심하며 괴로움을 보고
그들을 법 배로써 건지시니 / 잘 건네는 어른이 머무시는 곳입니다.

중생이 번뇌 바다 헤맴을 보고 / 보리의 묘한 보배 마음을 내어
그 가운데 들어가 건지시니 / 사람을 잘 낚는 이가 머무시는 곳입니다.

언제나 큰 서원과 자비하신 눈으로 / 모든 중생 받는 괴로움 두루 살피고
생사 바다에서 건져 내니 / 이러한 금시조왕이 머무시는 곳입니다.

해와 달이 허공에 떠 있으면서 / 모든 세간 비추지 않는 곳 없듯
지혜의 광명함도 그와 같아 / 세상을 비추는 이가 머무시는 곳입니다.

보살이 한 중생을 교화하려고 / 미래의 한량없는 겁을 지나듯
이와 같이 모든 중생 다 그러해 / 세상 건지는 이가 머무는 곳입니다.

한 국토의 중생을 교화하는데 / 오는 세월 끝나도록 쉬지 않는 듯
하나 국토에도 다 그러하니 / 이런 뜻 굳은 이가 머무는 곳입니다.

(39-51-1-3-4) 공덕의 수승함

시방의 부처님들 말씀하는 법을 / 한 자리에 모두 받아 다하며
미래겁이 끝나도록 그러해 / 지혜 바다 가진 이가 머무는 곳입니다.

모든 세계 바다에 두루 노닐며 / 모든 도량 바다에 두루 들어가
모든 여래 바다에 공양하니 / 이런 행을 닦는 이가 머무시는 곳입니다.

모든 수행 바다를 닦아 행하고 / 그지없는 서원 바다 일으켜
이와 같이 겁 바다를 지내시니 / 공덕 있는 이가 머무시는 곳입니다.

한 털끝에 한량없는 세계가 있고 / 부처님과 겁과 중생 말할 수 없어
이런 것을 분명하게 보는데 / 밝은 눈 가진 이가 머무는 곳입니다.

한 생각에 그지없는 겁을 거두어 / 국토와 부처님과 모든 중생을
걸림없는 지혜로 바로 아니 / 공덕 갖춘 이가 머무시는 곳입니다.

시방세계 부수어 티끌 만들고 / 큰 바닷물 털끝으로 찍어낸 수효
보살의 세운 원이 이와 같아 / 걸림없는 이가 머무시는 곳입니다.

다라니와 삼매와 큰 서원들과 / 선정과 모든 해탈 성취하여서
낱낱이 그지없는 겁을 지내니 / 이러한 참 불자가 머무시는 곳입니다.

한량없고 그지없는 여러 불자들 / 가지가지 법을 말해 중생 건지며
세간의 기술 말씀하나니 / 이런 행을 닦는 이가 머무는 곳입니다.

(39-51-1-3-5) 방편의 수승함
신통과 방편 지혜 성취했고 / 환술의 묘한 법문 닦아 행하며
시방의 다섯 길에 나타나니 / 걸림없는 이가 머무시는 곳입니다.

보살이 처음으로 마음을 내고 / 모든 행을 구족하게 닦아 행하며
나툰 몸 법계에 가득하며 / 신통 있는 이가 머무는 곳입니다.

한 생각에 보리도를 성취했고 / 그지없는 지혜의 업 두루 짓고도
세상 인정 모든 생각 발광하니 / 수많은 이가 머무시는 곳입니다.

신통을 성취하여 걸림이 없고 / 법계에 모두 돌아다니지만
마음에는 얻은 것 없어 / 지혜 가진 이가 머무시는 곳입니다.

보살이 걸림없는 지혜를 닦고 / 여러 국토 들어가도 집착이 없어
둘이 없는 지혜로 널리 비추니 / 나가 없는 이가 머무시는 곳입니다.

모든 법이 의지함이 없는 본래 성품도 / 허공같이 고요함을 분명히 알아
이러한 경계에서 항상 행하니 / 이러한 때 여읜 이가 머무시는 곳입니다.

중생들이 모든 고통 받음을 보고 / 인자하고 슬기로운 마음을 내어
모든 세간 이익되기 원하니 / 가엾게 여기는 이가 머무는 곳입니다.

(39-51-1-3-6) 이 누각에서 중생을 교화하다
불자가 여기 있으면서 / 중생 앞에 나타나
마치 해와 달처럼 / 생사의 어둠을 없애 버립니다.

불자가 여기 있으면서 / 중생의 마음 널리 순종해
한량없는 몸을 나투어 / 시방세계에 가득합니다.

(39-51-1-3-7) 이 누각에서 불법을 배우다

불자가 여기 있으면서 / 모든 세계의 여래 계신 곳
두루 다닌 오랜 세월 / 한량없고 끝이 없습니다.

불자가 여기 있으면서 / 부처님의 법 생각하는데
한량없고 끝없는 겁에 / 그 마음 싫어하는 줄 모릅니다.

(39-51-1-3-8) 이 누각에서 삼매가 자재하다

불자가 여기 있으면서 / 잠시 동안 삼매에 들고
낱낱 삼매문에서 / 부처님 경계 열어 밝힙니다.

불자가 여기 있으면서 / 모든 세계의 한량없는 겁
중생과 부처님의 일들 / 모두 다 알고 있습니다.

불자가 여기 있으면서 / 한 생각에 모든 겁 거둬들이되
다만 중생의 마음 따를 뿐 / 분별하는 생각 조금도 없습니다.

불자가 여기 있으면서 / 모든 삼매를 닦아 익히고
하나하나 마음 속마다 / 삼세 법 분명히 압니다.

불자가 여기 있으면서 / 가부좌하고 동하지 않고
모든 세계와 모든 길에 / 몸을 두루 나타냅니다.

(39-51-1-3-9) 이 누각에서 지혜가 넓고 깊다

불자가 여기 있으면서 / 부처님의 법 바다 모두 마시고

지혜 바다에 깊이 들어가 / 공덕 바다를 구족했습니다.

불자가 여기 있으면서 / 한량없는 모든 세계 모두 알고
세상의 수효와 중생의 수효 / 부처님 이름과 수효도 모두 압니다.

불자가 여기 있으면서 / 삼세 가운데 있는
국토가 이루어지고 허물어짐을 / 한 생각에 모두 압니다.

불자가 여기 있으면서 / 부처님의 행과 서원과
보살들의 닦는 행과 / 중생의 근성과 욕망 다 압니다.

불자가 여기 있으면서 / 한 티끌 속에 있는
한량없는 세계와 도량 / 중생과 겁을 모두 봅니다.

한 티끌 속과 같이 / 모든 티끌 그러해
가지가지 다 구족하여 / 간 곳마다 걸림이 없습니다.

불자가 여기 있으면서 / 모든 법과 중생과
세계와 시간이 일어나지도 않고 / 있는 것도 아님을 모두 봅니다.

(39-51-1-3-10) 예경하고 가피를 청하다
중생을 보는 것처럼 / 법도 그렇고 여래도 그러하여
세계도 그렇고 소원도 그러하여 / 삼세가 다 평등합니다.

불자가 여기 있으면서 / 모든 중생을 교화하고

여래께 공양하고 / 법의 성품을 생각합니다.

한량없는 천만 겁에 / 닦은 바 원과 지혜와 행
광대하기 한량이 없어 / 끝끝내 다 칭찬할 수 없네.

매우 용맹하신 이 / 수행이 걸림없는 이
이 가운데 계시는데 / 내 이제 합장하고 경례합니다.

부처님의 장자이시며 / 거룩하신 미륵보살님
내 이제 공경하여 경례하오니 / 나와 중생들 돌보아 주십시오.

(39-51-1-4) 미륵보살이 누각으로 향하다
이때 선재동자는 이렇게 보살들의 한량없이 칭찬하고 찬탄하는 법으로, 비로자나장엄장 누각 안에 계시는 보살들을 찬탄하고는 허리 굽혀 합장 공경하여 예배하고 일심으로 미륵보살을 뵙고 친근하고 공양하기를 원했다. 문득 미륵보살이 다른 곳으로부터 오는데 한량없는 하늘, 용, 야차, 건달바, 아수라, 가루라, 긴나라, 마후라가왕과 제석천왕, 범천왕, 사천왕과 본래 태어난 곳의 한량없는 권속과 바라문들과 수없는 백천 중생들이 앞뒤로 호위하고 와서 장엄장 누각으로 향했다.
선재동자가 보고 기뻐 어쩔 줄 몰라 땅에 엎드려 절했다.

(39-51-1-5) 미륵보살이 선재동자의 덕을 게송으로 찬탄하다
(39-51-1-5-1) 덕을 찬탄하다
미륵보살은 선재동자를 살펴보고 대중에게 그의 공덕을 찬탄하여 게송을 말했다.

너희들 선재동자를 보라 / 지혜 있고 마음이 청정하여
보리행을 구하려고 / 나에게 이른 것이다.

잘 왔도다 원만하고 인자한 이여. / 청정하고 자비로운
고요한 눈으로 / 수행하기에 게으름이 없네.

잘 왔도다 청정한 뜻을 가진 이여. / 광대한 마음과
물러가지 않은 근성으로 / 수행하기에 게으름이 없네.

잘 왔도다 동요하지 않은 행을 하는 이여. / 항상 선지식을 찾아
모든 법 통달하고 / 중생들을 조복하네.

잘 왔도다 묘한 도 행하는 이여. / 공덕에 머물고
부처 과위 나아가 / 조금도 게으름이 없네.

잘 왔도다 덕으로 몸이 되는 이여. / 법에 훈습되고
끝없는 수행으로 / 세간에서 만나보기 어려워라.

잘 왔도다 미혹을 여읜 이여. / 세상법에 물들지 않고
이롭고 쇠하고 헐뜯고 칭찬함에 / 모든 것 분별이 없네.

잘 왔도다 안락을 주는 이여. / 부드럽고 교화를 받아
아첨·속임·성내고 교만함 / 모든 것 소멸해 버렸네.

9

잘 왔도다 진실한 이여. / 시방에 두루 다니며
모든 공덕 늘었고 / 부더러워 게으름 없네.

잘 왔도다 삼세의 지혜를 가진 이여. / 모든 법 두루 다 알며
공덕 갈무리 두루 내어 / 수행에 고달픔 모르네.

(39-51-1-5-2) 온 인연을 밝히다
문수보살과 덕운 비구와 / 여러 불자가
너를 내게 보내며 / 너에게 걸림 없는 곳을 보이네.

보살의 행 갖추어 닦고 / 모든 중생을 거두어 주어
이렇게 훌륭한 사람이 / 지금 나에게 왔네.

(39-51-1-5-3) 와서 할 일을 밝히다
모든 여래의 / 청정한 경계 구하려고
광대한 서원 물으면서 / 나를 찾아왔네.

과거, 현재, 미래의 / 부처님들이 이루신 행과 업
그대 닦아 배우려고 / 나를 찾아왔네.

그대는 선지식에게 / 미묘한 법 구하고
보살의 행 배우려고 / 나를 찾아왔네.

그대는 선지식에게 / 부처님 칭찬하는 법과
보리행을 이루려고 / 나를 찾아왔네.

그대는 선지식이 부모처럼 / 나를 낳으시고
유모처럼 나를 기르고 / 보리분법을 늘게 하고

의사처럼 병을 고쳐 주고 / 하늘처럼 단 이슬 뿌리고
해처럼 바른 길 보여 주고 / 달처럼 깨끗한 바퀴 굴리고

산처럼 동요하지 않고 / 바다처럼 늘고 줄지 않고
뱃사공처럼 건네줌을 생각하고 / 이것들을 이루려고 나를 찾아왔네.

선지식을 그대는 보라. / 용맹한 대장과 같고
큰 장사 물주와 같고 / 큰 길잡이 같아

바른 법 당기를 세우고 / 부처님 공덕 보여 주고
나쁜 길 없애 버리고 / 착한 길 가는 문 열어 주고

부처님의 몸 드러내고 / 부처님의 광 잘 지키고
부처님 법을 잘 가지므로 / 그를 우러러 받들면서

청정한 지혜 만족하려고 / 단정한 몸 갖추려고
귀한 가문에 태어나려고 / 나를 찾아왔네.

(39-51-1-5-4) 함께 다 찬탄하다
너희들 이 사람 보라. / 선지식 친근하면서
그를 따라 배운 대로 / 모든 것을 순종했고

옛날 복의 인연으로 / 문수보살이 발심하게 하여
따라 행하고 어기지 않으며 / 수행하되 게으르지 않았다.

부모와 친속들과 / 궁전과 재산을
모두 다 버리고 / 겸손하게 선지식 구하며

이런 뜻을 깨끗이 하니 / 세간 몸을 아주 여의고
부처님 국토에 태어나 / 훌륭한 과보 받았네.

(39-51-1-5-5) 지혜와 자비를 찬탄하다
선재동자는 중생들의 / 나고 늙고 병들고 죽는
고통을 보고 대비심 내어 / 위없는 도 부지런히 닦네.

선재동자는 중생들의 / 오취에 헤맴을 보고
금강 같은 지혜 구하여 / 그 괴로운 바퀴 깨뜨리네.

선재동자는 중생들의 / 마음 밭 묵음을 보고
세 가지 독한 가시 제하려고 / 날카로운 지혜의 모습 구하네.

중생들 캄캄함 속에서 / 소경처럼 바른 길 잃거늘
선재동자 길잡이 되어 / 편안한 곳 보여 주네

참는 갑옷과 해탈의 수레 / 지혜의 잘 드는 검으로
세 가지 존재한 세계에서 / 번뇌의 도적 깨뜨리네.

선재동자는 법 배의 사공 / 모든 중생 널리 건져
알아야 할 바다 지나서 / 보배 섬에 빨리 이르네.

선재동자는 바로 깨달은 해 / 지혜의 광명과 서원 바퀴로
법계의 허공에 두루 다니며 / 중생이 사는 곳을 두루 비추네.

선재동자는 바로 깨달은 달 / 백법이 다 원만하여
인자한 선정 청량한 빛으로 / 중생의 마음 평등히 하네.

선재동자는 훌륭한 지혜의 바다 / 정직한 마음 의지하며
보리의 행 점점 깊어서 / 모든 법의 보배를 내놓네.

선재라는 큰 마음 용이 / 법계의 허공에 올라가서
구름 덮이고 비를 내려 / 모든 열매를 성숙하게 하네.

선재동자가 법 등불 켜니 / 믿음은 심지, 자비는 기름
생각은 그릇, 공덕 빛으로 / 세 가지 독한 어둠 없애버리네.

(39-51-1-5-6) 여러 가지 덕을 모아서 찬탄하다
깨닫는 마음은 갈라람 / 가엾음은 태, 인자는 살
보리의 부분은 팔다리 / 여래장에서 자라네.

복덕을 갈무리하여 증장하고 / 지혜를 갈무리하여 청정하며
방편을 갈무리하여 열어 헤치고 / 큰 서원을 갈무리하네.

이러한 큰 장엄 / 중생들을 구호하니
모든 천상과 인간에게 / 듣기 어렵고 보기 어렵네.

이러한 지혜의 나무 / 뿌리 깊어 동하지 않고
모든 행이 점점 증장해 / 여러 중생 가려 주네.

모든 공덕 내려고 / 모든 법 물으려고
모든 의심 끊으려고 / 선지식을 온 힘을 다해 찾네.

의혹의 마군 깨뜨리려고 / 여러 소견의 때 없애려고
중생의 속박 풀어 주려고 / 온 힘을 다해 선지식을 구하네.

(39-51-1-5-7) 불과를 이룰 것에 대하여 찬탄하다
나쁜 길 소멸하려면 / 인간과 천상의 길 보려면
공덕의 행을 닦아 / 열반성에 빨리 들어가라.

여러 소견의 어려움 건너려면 / 여러 소견의 그물 찢으려면
애욕의 강을 말리려면 / 세 가지 존재의 길 보이려면

세간의 의지가 되려면 / 세간의 광명이 되려면
삼계의 스승이 되어 / 해탈할 곳을 보이라.

세간의 중생들로 하여금 / 여러 시방의 집착 여의고
번뇌의 졸음 깨닫고 / 애욕의 수렁에서 벗어나게 하려면

갖가지 법을 알고 / 갖가지 세계를 깨끗이 하여
모든 것 끝까지 이르면 / 그 마음 매우 즐거우리라.

(39-51-1-5-8) 불과의 덕을 찬탄하다
너의 수행 매우 조화롭고 / 너의 마음 매우 청정하니
닦으려는 공덕이 / 모든 것 원만하여라.

오래잖아 부처님 뵙고 / 모든 법 통달해 알고
모든 세계 바다 깨끗이 하여 / 큰 보리를 이룰 것이다.

모든 수행 바다 채우려고 / 모든 법 바다 알려고
중생 바다를 제도하려고 / 이렇게 행을 닦네.

공덕 언덕에 이르려고 / 모든 착한 일 하려고
여러 불자와 함께 / 이런 마음을 결정하네.

모든 번뇌 끊어야 하고 / 모든 업 깨끗해야 하고
모든 마 굴복해야 하니 / 이런 소원 만족해야 하네.

묘한 지혜의 길 내고 / 바른 법의 길 열고
오래잖아 번뇌와 업과 / 괴로운 길 버려야 하네.

모든 중생의 바퀴 / 모든 존재의 바퀴에서 헤매니
네가 법의 바퀴 굴려서 / 그들의 고통 끊게 하네.

9

네 부처님 종자 가지고 / 너의 법 종자 깨끗이 하고
너의 승가 종자 모아서 / 삼세에 두루하네.

모든 애욕의 그물 끊고 / 모든 소견의 그물 찢고
모든 고통의 그물 구호하여 / 이 서원의 그물 이루네.

중생 세계를 제도하고 / 국토 세계를 깨끗이 하고
지혜 세계를 모아서 / 이 마음 세계 이루네.

중생들을 기쁘게 하고 / 보살들을 기쁘게 하고
부처님들 기쁘게 하여 / 이 기쁨을 이루네.

모든 길을 보고 / 모든 세계를 보고
모든 법을 보아서 / 이 부처님 견해 이루네.

어둠을 깨는 광명 놓고 / 뜨거움 쉬는 광명 놓고
나쁜 일 없애는 광명 놓아 / 삼계의 괴로움 씻네.

하늘길의 문 열고 / 부처님 도의 문 열고
해탈의 문을 보여서 / 중생들 모두 들어가게 하네.

바른길 보여 주고 / 삿된 길 끊게 하여
이렇게 부지런히 닦으면 / 보리의 길 성취하네.

공덕 바다를 닦고 / 삼유의 바다 건너서

중생 바다로 하여금 / 고통 바다에서 뛰어나게 하네.

중생 바다에서 / 번뇌 바다 소멸하고
수행 바다 닦아서 / 큰 지혜 바다에 들게 하네.

지혜 바다 늘리고 / 수행 바다 닦아서
부처님의 큰 서원 바다를 / 다 만족하게 하네.

세계 바다에 들어가 / 중생 바다 관찰하고
지혜의 힘으로 / 모든 법 바다를 마시네.

모든 부처님 구름 뵈옵고 / 공양 구름 일으키고
묘한 법 구름 듣고 / 이 서원 구름 일으키네.

삼유의 집에 놀고 / 모든 번뇌의 집 부수고
여래의 집에 들어가 / 이러한 도를 행하네.

삼매문에 두루 들어가고 / 해탈문에 두루 노닐고
신통문에 두루 머물러 / 법계에 두루 다니네.

중생들 앞에 널리 나타나고 / 부처님 앞에 널리 대하되
마치 해와 달의 광명처럼 / 이런 힘을 이루네.

행하는 일 흔들리지 않고 / 행하는 일 물들지 않아
새가 허공에 날 듯이 / 이 묘한 작용 이루네.

9

인다라의 그물처럼 / 세계 그물 그와 같나니
너는 다 나아가 보라. / 바람처럼 걸리지 않네.

너는 법계에 들어가 / 모든 세계에 두루 이르러
삼세의 모든 부처님 뵈옵고 / 공경하고 즐거운 마음을 내라.

(39-51-1-5-9) 덕을 나타냄을 찬탄하다
너는 여러 가지 법문을 / 얻었거나 얻을 것이며,
마땅히 기뻐 좋아하되 / 탐하지 말고 싫어하지 말라.

너는 공덕의 그릇 / 부처님 교법 따르고
보살의 행을 닦으면 / 이렇게 기특한 일 볼 수가 있다.

이러한 불자들 / 억 겁에도 만나기 어렵거든
하물며 그러한 공덕과 / 닦은 도를 어찌 볼 수 있으랴.

너는 사람으로 태어나 / 좋은 이익 얻었으며
문수보살 같은 이의 / 한량없는 공덕을 보네.

모든 나쁜 길 여의었고 / 여러 가지 어려운 곳 벗어났으며
근심 걱정 뛰어났으니 / 착하도다 게으르지 말아야 하네.

범부의 지위를 여의었고 / 보살 지위에 머물렀으니
지혜의 깊음을 더하여 / 여래의 지위에 들어가라.

보살의 행 바다와 같고 / 부처님의 지혜 허공 같은데
너의 소원도 그러하니 / 마땅히 경사롭게 생각하라.

(39-51-1-5-10) 선지식을 만난 덕을 찬탄하다
여러 감관 게으르지 말고 / 바라는 소원 결정해서
선지식을 가까이 하면 / 머지않아 부처를 이룰것이다.

보살의 갖가지 행은 / 모두 중생을 조복하는 것이며,
여러 가지 법문 널리 행하니 / 최상의 공덕 의심하지 말라.

그대는 부사의한 복과 / 진실한 믿음 갖추었으니
그리하여 오늘날 / 여러 선지식 만났느니라.

여러 불자를 그대가 보라 / 광대한 이익 얻었으니
하나하나의 큰 서원 / 모두 믿고 받들어라.

그대 삼유 가운데 / 보살의 행 닦았으므로
여러 불자가 / 그대에게 해탈문 보였느니라.

법 그릇 이룰 사람 아니면 / 불자들과 함께 있어서
한량없는 겁 지나도 / 그 경계 알지 못하네.

네가 여러 보살 보고 / 이런 법 듣는 것은
세간에서 어려운 일이며, / 다행한 것이라 생각하라.

법이 너를 보호하며 생각하고 / 보살이 너를 거두어 주어
네가 그 가르침 순종하니 / 참으로 좋은 일이다.

(39-51-1-5-11) 수행의 지위를 빨리 이룸을 찬탄하다
보살의 집에 태어났고 / 보살의 덕을 갖추었으며
여래 종자 자랐으니 / 정수리에 물 붓는 지위에 오를 것이다.

오래지 않아 그대는 / 여러 보살과 같이 되어서
고통 받는 중생들 보고 / 편안한 곳으로 인도할 것이다.

이러한 씨를 심으면 / 이러한 열매 거둔다.
내 이제 너를 위로하니 / 너는 마땅히 기뻐하라.

한량없는 보살들 / 한량없는 겁에 도를 행했으나
이런 행을 이루지 못하지만 / 너는 이제 모두 얻었네.

믿고 좋아하고 굳은 정진으로 / 선재는 이런 행 이루었으니
공경하고 사모하는 마음 있으면 / 마땅히 이렇게 배워라.

(39-51-1-5-12) 덕을 모두 모아 맺으며 찬탄하다
모든 공덕의 행은 / 다 소원에서 생기는 것
선재동자는 분명히 알고 / 항상 부지런히 닦네.

용왕이 구름 일으키면 / 반드시 비를 내리니
보살이 소원과 지혜 일으키면 / 결정코 여러 가지 부처행을 닦네.

어떤 선지식이 / 너에게 보현의 행 가르치면
기쁘게 받들어 섬기고 / 의혹을 내지 말라.

네가 한량없는 겁에 / 욕심을 위해 몸을 버렸는데
이제 보리를 구하는 데 / 몸을 버리는 것은 좋은 일이다.

네가 한량없는 겁에 / 나고 죽는 고통 받느라고
부처님 섬기지도 못하고 / 이런 행을 듣지도 못했거늘

이제 사람의 몸을 받아 / 부처님과 선지식 만나
보리의 행 들었으니 / 어찌 기쁘지 않겠는가.

비록 부처님을 만나고 / 선지식을 만났더라도
마음이 청정하지 못하면 / 이런 법 듣지 못하네.

만일 선지식에게 / 믿고 존중하고
의심 없고 고달프지 않아야 / 이런 법 듣게 된다.

이러한 법을 듣고 / 서원하는 마음 내면
이런 사람은 / 큰 이익을 얻는다.

이렇게 마음이 청정하고 / 항상 부처님 가까이 모시고
모든 보살 친근하면 / 결정코 보리 이룬다.

만일 이 법문에 들어가면 / 모든 공덕 갖추고

9

나쁜 길 영원히 여의어 / 모든 고통 받지 않는다.

오래잖아 이 몸 버리고 / 부처님의 국토에 나서
시방의 부처님들과 / 여러 보살 항상 본다.

지나간 원인 분명히 알고 / 선지식을 섬긴 힘으로
모든 공덕 증장하는 일 / 물에서 연꽃 나듯이 하네.

선지식 섬기기 좋아하고 / 부처님을 부지런히 공양하며
전일한 마음으로 법을 들어 / 항상 행하고 게으르지 말라.

그대는 참된 법 그릇 / 모든 법 갖추고
온갖 도 닦으며 / 모든 소원 만족하네.

그대 믿는 마음으로 / 내게 와서 예경하고
모든 부처님 회중에 / 머지않아 들어가리라.

착하다, 참 불자여 / 모든 부처님 공경하니
오래잖아 모든 행 갖추고 / 부처님 공덕 언덕에 이를 것이다.

(39-51-1-5-13) 다음의 선지식을 간단히 보이다
그대는 큰 지혜 있는 / 문수사리에게 가라.
그이는 너로 하여금 / 보현의 묘한 행 얻게 할 것이다.

그때 미륵보살이 여러 대중 앞에서 선재동자의 큰 공덕장을 칭찬했다.

(39-51-1-6) 선재동자가 감동하여 눈물 흘리다

선재동자는 이 게송을 듣고 기뻐서 털이 곤두서고 눈물이 나 흐느끼며 일어서서 합장하고, 공경하고 우러러보며 한량없이 돌았다. 문수보살의 염력으로 여러 가지 꽃과 영락과 갖가지 보배가 알지 못하는 사이에 손에 가득했다. 선재동자는 기뻐하며 이것을 미륵보살에게 뿌렸다.

(39-51-1-7) 미륵보살이 선재동자의 정수리를 만지며 인가하다

미륵보살은 선재동자의 정수리를 만지면서 게송을 말했다.

착하도다, 착하도다. 참된 소년이여! / 감관을 살피는데 게으르지 않으니
오래잖아 모든 공덕 구족해서 / 내 몸이나 문수보살 같이 될 것이다.

(39-51-1-8) 선재동자가 답하다

선재동자가 게송으로 대답했다.

저의 생각에는 억 겁이 지나도 / 선지식을 못 만나는데
이제 친근하여서 / 가까이 뵙게 되었습니다.

이제 문수보살의 인연으로 / 뵙기 어려운 이를 뵈었으니
큰 공덕 가진 이여 / 또 빨리 뵙고 싶습니다.

(39-51-2) 미륵보살에게 보살의 행을 묻다
(39-51-2-1) 미륵보살의 일생에 보리 얻음을 찬탄하다

그때 선재동자는 합장하고 공경하며 미륵보살께 다시 여쭈었다.
"미륵보살님이여, 저는 이미 위없는 바른 깨달음의 마음을 냈으나 보살이 어떻게 보살의 행을 배우며 어떻게 보살의 도를 닦는지를 알지

못합니다.

미륵보살님이여, 여래께서 거룩하신 이에게 수기하시기를 '한 생에 위없는 바른 깨달음을 얻으리라' 했습니다. 만일 한 생에 위없는 보리를 얻는다 하면 이미 보살의 머무는 곳을 초월한 것이며, 보살의 생사를 여읜 지위를 이미 지났으며, 바라밀을 이미 성취했으며, 참는 문에 깊이 들어갔으며, 보살의 지위를 이미 구족했으며, 해탈문에 이미 들어 즐기는 것이며, 삼매의 법을 성취했으며 보살의 행을 이미 통달했습니다.

다라니와 변재를 이미 증득했으며, 보살의 자재한 가운데서 이미 자재함을 얻었으며, 보살의 도를 돕는 법을 이미 쌓아 모았으며, 지혜와 방편에서 이미 유희했으며, 큰 신통한 지혜를 이미 냈으며, 배움을 이미 성취했으며, 묘한 행을 이미 원만하게 했으며, 큰 원을 이미 만족하게 했으며, 부처님의 수기를 이미 받았으며, 승의 문을 이미 알았으며, 여래로부터 보호하여 생각하심을 이미 받았습니다.

부처님의 보리를 이미 거두었으며, 법장을 이미 가졌습니다. 부처님과 보살의 비밀한 뜻을 이미 알았으며, 보살 대중 가운데서 이미 우두머리가 되었습니다. 번뇌의 마를 부수는 용맹한 장수가 되었으며, 생사를 다투는 벌판의 길잡이가 되었습니다. 번뇌의 중병을 다스리는 의사가 되었으며, 중생에서 가장 훌륭하며, 세간의 임금 가운데서 자재함을 얻었습니다.

성인 가운데 제일이 되었으며, 성문과 독각 중에 가장 높았으며, 생사의 바다에서 뱃사공이 되었으며, 중생을 조복시키는 그물을 쳤으며, 중생의 근성을 이미 관찰했으며, 중생 세계를 이미 거두어 주었습니다. 보살 대중을 이미 수호했으며, 보살의 일을 이미 의논했으며, 여래가 계신 곳에 이미 나아갔으며, 여래의 모임에 이미 머물렀습니다.

중생 앞에 이미 몸을 나타냈으며, 세상 법에 물들 것이 없었으며, 마의 경계를 이미 초월했으며, 부처님의 경계에 이미 머물렀으며, 보살의 걸림없는 경지에 이미 이르렀으며, 부처님께 이미 부지런히 공양했으며, 부처님의 법과 성품이 이미 같았으며, 묘한 법 비단을 이미 매었으며, 부처님께서 정수리에 물 부어 주심을 이미 받았으며, 온갖 지혜에 이미 머물렀으며, 부처님 법을 이미 널리 냈으며, 온갖 지혜의 지위에 빨리 나아갔습니다.”

(39-51-2-2) 보살의 도를 다시 묻다

“미륵보살이여, 보살이 어떻게 보살의 행을 배우며 어떻게 보살의 도를 닦으며, 닦고 배움을 따라서 모든 부처님 법을 빨리 구족합니까? 염려하는 중생들을 제도하며 세운 원을 성취하며 일으킨 행을 끝내며, 모든 하늘과 사람을 널리 위로하며 제 몸을 저버리지 않고 삼보를 끊어지지 않게 하며, 모든 부처님과 보살의 종자를 헛되지 않게 하며 모든 부처님의 법눈을 가질 수 있습니까?”

(39-51-2-3) 미륵보살이 선재동자를 찬탄하다
(39-51-2-3-1) 부지런히 선지식 찾음을 찬탄하다

이때 미륵보살이 도량에 모인 대중을 살펴보고 선재동자에게 말했다.
“대중들이여, 그대들은 이 소년이 나에게 보살의 행과 공덕을 묻는 것을 보는가?
대중들이여, 이 소년은 용맹하게 정진하고 소원은 확고하며 깊은 마음이 견고하여 항상 물러나지 않는다. 훌륭한 희망을 갖추어 머리의 불타는 것을 끄듯이 만족할 줄 모른다. 선지식을 좋아하여 친근하고 공양하며 가는 곳마다 찾아다니면서 받들어 섬기고 법을 구했다.

대중들이여, 이 소년은 복성에서 문수보살의 가르침을 받고 남쪽으로 오면서 선지식을 찾았고 오십 한 명의 선지식을 만난 뒤에 나에게 왔는데 조금도 게으른 생각을 내지 않았다."

(39-51-2-3-2) 대승법에 나아감을 찬탄하다

"대중들이여, 이 소년은 매우 희유하다. 대승을 향하여 큰 지혜를 의지하고 큰 용맹을 내고 가엾게 여기는 갑옷을 입고 인자한 마음으로 중생을 구호한다. 정진으로 바라밀을 행하며, 장사 주인이 되어 중생들을 보호하며, 법배가 되어 존재의 바다를 건너며, 도에 있으면서 법의 보배를 모으며, 넓고 크게 도를 돕는 법을 닦는다.

이런 사람은 듣기도 어렵고 보기도 어렵고 친근하고 함께 있고 함께 행하기 어렵다.

왜냐하면 이 소년은 모든 중생을 구호하려는 마음을 내 중생들로 하여금 괴로움을 벗어나고 나쁜 길을 뛰어넘게 하며, 험난함을 여의고 무명을 깨뜨리며, 생사의 벌판에서 벗어나 여러 길에서 헤맴을 쉬고 마의 경계를 건너가며, 세상 법에 집착하지 않고 욕심의 수렁에서 헤어나게 한다. 탐욕의 굴레를 끊고 소견의 속박을 풀고 생각의 굴택을 헐고 아득한 길을 끊고, 교만의 당기를 꺾고 의혹의 살을 뽑고 졸음의 뚜껑을 벗기고 애욕의 그물을 찢고 무명을 없애고, 생사의 강을 건너고 아첨하는 환술을 여의고 마음의 때를 깨끗이 하고 어리석은 의욕을 끊고 생사에서 벗어나게 한다.

대중들이여, 이 소년은 네 강에 표류하는 이를 위해 큰 법배를 만들고, 소견의 수렁에 빠진 이를 위해 법다리를 놓고, 어리석음의 밤에 헤매는 이를 위해 지혜 등불을 켜고, 생사의 벌판에 다니는 이를 위해 바른 길을 가리켜 보이고, 번뇌의 병을 앓는 이를 위해 법의 약을 만들고, 나고 늙고 죽음의 고통을 받는 이에게는 감로수를 먹여 편안하게 하고, 탐욕과 성냄과 어리석은 불길에 들어 있는 이에게는 선정의 물을 부어 서늘하게 하고, 근심 걱정이 많은 이는 위로하여 편안하게 하고, 존재의 옥에 갇힌 이는 회유하여 나오게 하며, 소견의 그물에 걸린 이는 지혜의 검으로 벗겨 주고, 계의 성에 있는 이에게는 해탈할 문을 보여 주고, 험난한 데 있는 이는 편안한 곳으로 인도하고, 결박의 도둑을 무서워하는 이는 두려움 없는 법을 주고, 나쁜 길에 떨어진 이는 자비한 손을 주고, 오온에 구속된 이는 열반의 성을 보여 주고, 네 가지 요소의 뱀에 감긴 이는 성인의 길로 풀어 주고, 여섯 군데 빈 마을에 집착한 이는 지혜의 빛으로 이끌어 내고, 삿된 제도에 머문 이는 바른 제도에 들어가게 하고, 나쁜 동무를 가까이 하는 이는 선한 동무를 소개하고, 범부의 법을 좋아하는 이는 성인의 법을 가르치고, 생사에 애착하는 이는 온갖 지혜의 성에 나아가게 한다. 불자들이여, 이 소년은 항상 이런 행으로 중생을 구호하며, 보리심을 내는데 쉬지 않으며, 대승의 길을 구하여 게으르지 않으며, 법의 물을 마시기를 싫어하지 않으며, 도를 돕는 행을 부지런히 쌓으며, 모든 법문을 깨끗하게 하기를 좋아하며, 보살의 행을 닦기에 정진을 버리지 않으며, 여러 가지 원에 만족하고 방편을 잘 행하며, 선지식을 뵙는 데 만족한 줄 모르며, 선지식 섬기기에 고달픈 줄 모르며, 선지식의 가르침을 듣고 순종하여 행하되 조금도 어기지 않는다."

(39-51-2-3-3) 온갖 덕 갖춤을 찬탄하다

"대중들이여, 중생이 위없는 바른 깨달음의 마음을 낸다는 것은 희유한 일이다. 마음을 내고 정진하는 방편으로 부처님의 법문을 모은다면 두 배나 희유한 일이다.

또 이렇게 보살의 도를 구하고, 보살의 행을 깨끗이 하고, 선지식을 섬기고, 머리가 불타는 것을 끄듯이 하고, 선지식의 가르침을 순종하고, 견고하게 행을 닦고, 보리분법을 모으고, 모든 명예와 이익을 구하지 않고, 보살의 순일한 마음을 버리지 않고, 집을 좋아하지 않고, 욕락에 집착하지 않고, 부모와 친척과 친구를 생각하지 않고, 다만 보살만을 구하며, 몸과 목숨을 돌보지 않고, 온갖 지혜의 길을 부지런히 닦기만 원한다면 두 배나 더 행하기 어려운 일인 줄 알아야 한다."

(39-51-2-3-4) 방편을 뛰어넘어 보리를 빨리 증득함을 찬탄하다

"대중들이여, 다른 보살들은 한량없는 백천만억 나유타 겁을 지내고 비로소 보살의 원과 행을 만족하며 부처님의 보리에 친근하는 것인데, 이 소년은 평생 동안에 부처님 세계를 깨끗이 하고 중생을 교화하고 지혜로써 법계에 깊이 들어가고 모든 바라밀을 성취하고 행을 넓히고 큰 서원을 원만하고 마의 업에서 뛰어나고 선지식을 섬기고 보살의 도를 청정히 하고 보현의 모든 행을 구족했다."

(39-51-2-4) 미륵보살이 선재동자의 법을 찬탄하다
(39-51-2-4-1) 이익 얻음을 찬탄하다

이때 미륵보살은 선재동자의 여러 가지 공덕을 칭찬하여 한량없이 많은 중생에게 보리심을 내게 하고 선재동자에게 말했다.

"착하고, 착하다. 소년이여, 그대는 세간을 이익되게 하려고 중생을 구호하려고 부처님 법을 부지런히 구하려고 위없는 바른 깨달음의 마음을 냈다.

소년이여, 그대는 좋은 이익을 얻었고, 사람의 몸을 얻었고, 수명이 길고, 여래가 태어남을 만났고, 문수보살을 보았고, 몸은 좋은 그릇이 되어 선근으로 윤택했고, 백법으로 유지되어 이해와 욕망이·다 청정했으며, 여러 부처님이 함께 염려했으며, 선지식들이 함께 거두어 주었다."

(39-51-2-4-2) 보리심은 한량없는 공덕을 성취한다

"소년이여, 보리심은 종자와 같아 불법을 내며, 좋은 밭과 같아 중생들의 백법을 자라게 하며, 땅과 같아 세간을 유지하며, 깨끗한 물과 같아 번뇌의 때를 씻으며, 큰 바람과 같아 세간에 두루 걸림이 없으며, 치성한 불과 같아 소견인 섶을 태우며, 밝은 해와 같아 세간을 두루 비추며, 보름달과 같아 여러 가지 깨끗한 법이 다 원만하며, 밝은 등불과 같아 갖가지 법의 광명을 낸다.

보리심은 깨끗한 눈과 같아 여러 가지 편안하고 위태한 곳을 널리 보며, 큰 길과 같아 여러 사람을 큰 지혜의 성에 들게 하며, 바르게 건네는 것과 같아 삿된 법을 여의게 하며, 큰 수레와 같아 보살의 두루 실어 옮기며, 문과 같아 보살의 행을 열어 보이며, 궁전과 같아 삼매법에 편안히 있어 닦게 하며, 공원과 같아 그 안에서 유희하면서 법의 즐거움을 받으며, 집과 같아 중생을 편안하게 한다.

보리심은 돌아가는 곳이니 모든 세간을 이익되게 하며, 의지하는 곳이니 모든 보살의 행을 의지하며, 아버지와 같아 보살을 훈계하여 지도하며, 어머니와 같아 보살을 낳아 기르며, 유모와 같아 보살을 양육하며, 착한 벗과 같아 보살을 성취하여 이익되게 하며, 국왕과 같아 이승의 사람들보다 뛰어나며, 황제와 같아 원에서 자재하다.

보리심은 큰 바다와 같아 공덕이 그 가운데 들어가며, 수미산과 같아 중생들에게 마음이 평등하며, 철위산과 같아 세간을 거두어 가지며, 설산과 같아 지혜의 약초를 자라게 하며, 향산과 같아 공덕의 향을 내며, 허공과 같아 묘한 공덕이 끝이없으며, 연꽃과 같아 세간에 물들지 않는다. 보리심은 잘 길든 코끼리 같아 마음이 유순하여 영악하지 않으며, 양순한 말과 같아 사나운 성질을 여의며, 말을 모는 이와 같아 대승의 모든 법을 수호하며, 좋은 약과 같아 번뇌의 병을 치료하며, 함정과 같아 나쁜 법을 빠뜨리며, 금강과 같아 법을 잘 뚫으며, 향합과 같아 공덕의 향을 담으며, 고운 꽃과 같아 세간에서 보기를 좋아하며, 백전단과 같아 욕심의 열을 헤쳐 청량하게 하며, 검은 침향과 같아 법계에 두루 풍긴다.

보리심은 착한 견해를 일으키는 선견약과 같아 번뇌병을 없애며, 의심을 없애는 비급마약과 같아 의혹의 살을 뽑으며, 제석과 같아 여러 임금 중에 가장 높으며, 비사문과 같아 가난한 고통을 끊으며, 공덕천과 같아 온갖 공덕으로 장엄한다.

보리심은 장엄거리와 같아 보살을 장엄하며, 겁말에 타는 불과 같아 유위법을 태우며, 남이 없는 뿌리약과 같아 불법을 자라게 하며, 용의 턱에 있는 구슬과 같아 번뇌의 독을 소멸하며, 물 맑히는 구슬과 같아 번뇌의 탁함을 맑힌다.

보리심은 여의주와 같아 여러 가난한 이를 구해 주며, 공덕병과 같아 중생의 마음을 만족하게 하며, 여의나무와 같아 장엄거리를 비 내리며, 거위깃 옷과 같아 생사의 때가 묻지 않으며, 흰 털실과 같아 본래부터 성품이 깨끗하다.

보리심은 날카로운 보습과 같아 중생의 밭을 가며, 나라연과 같아 나라는 소견을 가진 적을 부수며, 뾰족한 살과 같아 괴로움의 과녁을 꿰뚫으며, 잘 드는 창과 같아 번뇌 갑옷을 뚫으며, 굳은 갑옷과 같아 진리의 마음을 보호한다.

보리심은 잘 드는 칼과 같아 교만의 갑옷을 베며, 날카로운 검과 같아 교만의 투구를 깨며, 장수를 상징하는 깃발과 같아 마를 굴복하며, 잘 드는 톱과 같아 무명의 나무를 끊으며, 날 선 도끼와 같아 고통의 나무를 찍는다.

보리심은 병장기와 같아 괴로움의 난을 막으며, 좋은 손과 같아 바라밀의 몸을 방비하며, 튼튼한 발과 같아 공덕을 세우며, 안약과 같아 무명의 가리움을 없애며, 족집게와 같아 몸이란 소견의 가시를 뽑는다.

보리심은 침구[臥具]와 같아 생사의 피로함을 덜어 주며, 선지식과 같아 생사의 속박을 줄여 주며, 보물과 같아 빈궁함을 없애며, 좋은 길잡이와 같아 보살의 벗어날 길을 잘 알며, 보이지 않는 창고와 같아 공덕 재물을 아무리 내어도 다하지 않는다.

보리심은 솟는 샘과 같아 지혜의 물이 끊이지 않으며, 거울과 같아 법문의 영상을 나타내며, 연꽃과 같아 죄의 때에 물들지 않으며, 큰 강과 같아 건네주는 모든 법을 이끌어 흐르며, 큰 용왕과 같아 묘한 법비를 내린다.

보리심은 목숨과 같아 보살의 매우 가엾게 여김의 몸을 유지하며, 단 이슬과 같아 죽지 않는 세계에 편안히 머물게 하며, 큰 그물과 같아 중생을 두루 거두며, 오랏줄과 같아 교화 받을 중생을 끌어 당기며, 낚시 미끼와 같아 존재의 못 속에 사는 이를 끌어낸다.

보리심은 아가타(阿伽陀, agada)약과 같아 병이 없고 길이 편안하게 하며, 독을 제거하는 약과 같아 탐애의 독을 소멸하며, 주문을 잘 외는 것 같아 뒤바뀜의 독을 제거하며, 빠른 바람과 같아 장애의 안개를 걷어버리며, 보배 섬과 같아 깨달을 부분의 보배를 낸다.

보리심은 좋은 종자 같아 희고 깨끗한 선법인 백법을 나게 하며, 주택과 같아 공덕이 의지한 곳이며, 시장과 같아 보살 장사꾼이 무역하는 곳이며, 금 재련하는 약과 같아 번뇌의 때를 없앤다.

보리심은 꿀과 같아 공덕의 성취를 원만하게 하며, 바른 길과 같아 보살들을 지혜의 성에 들어가게 하며, 좋은 그릇과 같아 희고 깨끗한 법을 담으며, 가뭄에 비와 같아 번뇌의 티끌을 없애며, 있을 곳이 되어 모든 보살을 머물게하며, 원하는대로 살게 되니 성문의 해탈과를 취하지 않는다.

보리심은 깨끗한 유리와 같아 성질이 맑고 깨끗하여 때가 없으며, 제석천왕의 푸른 보배와 같아 세간과 이승의 지혜보다 뛰어나며, 시간 알리는 북과 같아 중생의 번뇌 졸음을 깨우며, 맑은 물과 같아 성질이 깨끗하여 흐린 때가 없으며, 염부금과 같아 선한 유위법을 무색케 한다.

보리심은 큰 산과 같아 세간에서 우뚝 솟아나며, 돌아갈 곳이니 오는 이들을 거절하지 않으며, 큰 이익을 얻어 모든 쇠퇴하는 일을 제거하며, 기묘한 보배니 여럿의 마음을 기쁘게 하며, 크게 보시하는 모임과 같아 중생들의 마음을 만족케 한다.

보리심은 높고 훌륭한 것이어서 중생의 마음과는 같을 수 없다. 보리심은 숨어있는 창고 같아 부처님 법을 거두어 모으며, 인다라 그물과 같아 번뇌의 아수라를 굴복하며, 바루나(婆樓那, Varuna, 천신) 바람과 같아 교화 받을 이를 흔들며, 인다라불과 같아 번뇌의 버릇을 태우며, 부처님의 탑과 같아 세간에서 공양할 바이다.

소년이여, 보리심은 이렇게 한량없는 공덕을 성취하니 모두 불법의 공덕과 평등함이다. 왜냐 하면 보리심은 보살의 행을 내니, 삼세 여래가 보리심으로부터 나는 까닭이다. 그러므로 위없는 바른 깨달음의 마음을 내는 이는 이미 한량없는 공덕을 냈으며 온갖 지혜의 길을 거두어 가진 것이다."

(39-51-2-5) 보리심은 여러 가지 덕을 갖추고 있다

(39-51-2-5-1) 십주의 덕을 갖추고 있다

"소년이여, 마치 두려움 없는 약을 가지면 다섯 가지 공포를 여의는 것과 같다. 불에 타지 않고, 독에 걸리지 않고, 칼에 상하지 않고, 물에 빠지지 않고, 연기에 쏘이지 않음이다. 보살도 그와 같아 온갖 지혜의 보리심 약을 얻으면 탐욕의 불에 타지 않고, 성 내는 독에 걸리지 않고, 의혹의 칼에 상하지 않고, 존재의 흐름에 빠지지 않고, 깨닫고 살피는 연기에 취하지 않는다.

소년이여, 사람이 해탈의 약을 얻으면 횡액이 없는 것처럼 보살도 보리심의 해탈하는 지혜의 약을 얻으면 모든 생사의 횡액을 여읜다.

소년이여, 마하응가 약을 가지면 독사가 냄새를 맡고 멀리 도망치는 것처럼 보살도 보리심의 큰 응가약을 가지면 번뇌의 악한 독사가 그 냄새를 맡고 다 흩어져 소멸된다.

소년이여, 이길 이 없는 무승약을 가지면 모든 원수가 이기지 못하는것 같이 보살도 보리심의 이길 이 없는 약을 가지면 마군을 항복 받는다.

소년이여, 비급마약을 가지면 독화살이 저절로 떨어지는 것과 같이 보살도 보리심의 비급마약을 가지면 탐욕과 성냄과 어리석음과 삿된 소견의 살이 저절로 떨어진다.

소년이여, 선견약을 가지면 모든 병을 없애니, 보살도 보리심의 선견약을 가지면 번뇌의 병을 없앤다.

소년이여, 산타나(珊陀那, Santana, 신화적인 약수) 나무가 있다. 껍질을 벗겨서 부스럼에 붙이면 낫고 나무껍질은 벗기는 대로 아물어서 계속 사용할 수 있다. 보살의 보리심에서 생기는 온갖 지혜의 나무도 그와 같아 누구나 보고 신심을 내면 번뇌와 업의 부스럼이 곧 소멸되지만 온갖 지혜의 나무는 조금도 손상되지 않는다."

(39-51-2-5-2) 십행의 덕을 갖추고 있다

"소년이여, 무생근약 나무가 있는데 그 힘으로 모든 염부제의 나무를 자라게 한다. 보살의 보리심 나무도 그와 같아 그 힘으로 모든 배우는 이와 배울 것 없는 이와 보살들의 착한 법을 증장하게 한다.

소년이여, 아람바(阿藍婆, Arambha, 설산과 향산에 나는 약초)약은 몸에 바르면 몸과 마음에 힘이 생긴다. 보살의 보리심도 아람바약과 같아 몸과 마음에 착한 법을 증장하게 한다.

소년이여, 어떤 사람이 기억하는 데 좋은 약을 먹으면 한 번 들은 일을 기억하고 잊지 않으니, 보살의 보리심도 기억하는 데 좋은 약과 같아 모든 불법을 듣고 잊어버리지 않는다.

소년이여, 오래 살게 하는 대연화 약이 있는데 보살의 보리심도 대연화약과 같아 수명을 자유자재하게 한다.

소년이여, 물체를 투명하게 하는 약이 있어 그 약을 만지면 투명하게 되어 다른 사람이 보지 못한다. 보살도 보리심의 투명하게 하는 묘한 약을 잡으면 마군이가 보지 못한다.

소년이여, 바다에 뭇 보배 두루 모음이라는 보집중보 진주가 있다. 이 진주가 있으면 말겁시대의 불이 세간을 태우더라도 바닷물을 한 방울도 줄어들게 할 수 없다. 보살의 보리심 진주도 그와 같아 보살의 서원 바다에 머물러 물러나지 않으면 보살의 선근을 무너뜨릴 수 없다. 그러나 그 마음이 물러가면 착한 법이 다 소멸된다.

소년이여, 대광명이란 마니 구슬이 있는데 이 구슬로 몸을 단장하면 모든 보배 장엄거리를 가려서 광명이 나타나지 못한다. 보살의 보리심 보배도 그와 같아 몸에 단장하면 이승의 마음 보배의 장엄거리를 가려서 광채가 나타나지 않는다.

소년이여, 물 맑히는 수청주가 흐린 물을 맑히듯이 보살의 보리심의 마음 구슬도 그와 같아 번뇌의 흐린 때를 맑힌다.

소년이여, 물에 머무는 보배를 얻어 몸에 붙이면 큰 바다에 들어가도 물이 해치지 못하듯이, 보살도 그와 같아 보리심의 물에 머무는 묘한 보배를 얻으면 생사의 바다에 들어가도 빠지지 않는다.

소년이여, 어떤 사람이 용의 보배 구슬을 얻어 용궁에 들어가면 용이나 구렁이가 해치지 못하듯이, 보살도 그와 같아 큰 용의 보배 구슬의 보리심을 얻으면 욕심 세계에 들어가더라도 번뇌의 용과 뱀이 해치지 못한다."

(39-51-2-5-3) 십회향의 덕을 갖추고 있다

"소년이여, 제석천왕이 마니관을 쓰면 다른 하늘 무리들을 가리듯이, 보살도 그와 같아 보리심의 큰 서원인 보배관을 쓰면 삼세 중생을 초과한다.

소년이여, 여의주를 얻으면 모든 빈궁한 괴로움을 멸하듯이, 보살도 그와 같아 보리심 여의주 보배를 얻으면 잘못 생활하는 두려움을 멀리 여읜다.

소년이여, 볼록거울을 햇빛에 향하면 불이 나듯이, 보살도 그와 같아 보리심 지혜의 일정주를 지혜의 빛에 향하면 지혜의 불이 난다.

소년이여, 월정주를 달빛에 향하면 물을 내듯이, 보살도 그와 같아 보리심의 월정주를 그 구슬로 회향하는 빛에 비추면 모든 선근의 서원 물을 낸다.

소년이여, 용왕이 머리에 여의주 보배관을 쓰면 원수의 두려움을 여의듯이, 보살도 그와 같아 보리심의 가엾게 여기는 보배관을 쓰면 모든 악도의 두려움을 멀리 여읜다.

소년이여, 일체세간장엄장 보배 구슬이 있는데, 얻기만 하면 욕망이 만족하나 이 보배 구슬은 줄어듦이 없으니, 보리심의 보배 구슬도 그와 같아 소원이 이루어지지만 보리심은 줄어들지 않는다.

소년이여, 전륜왕이 마니보배를 궁중에 놓으면 큰 광명을 내어 어둠을 깨뜨리듯이, 보살도 그와 같아 보리심의 큰 마니보배를 욕심 세계에 두면 큰 지혜의 빛을 놓아 여러 길의 무명의 어두움을 깨뜨린다.

소년이여, 제석천왕의 푸른 마니보배의 광명이 비치면 그 빛과 같아지는데, 보살의 보리심 보배도 그와 같아 법을 관찰하여 선근에 회향하면 보리심 빛과 같아진다.

소년이여, 유리 보배는 십만 년 동안을 더러움 속에 있어도 물들지 않는 것은 성품이 원래 깨끗한 까닭이다. 보살의 보리심 보배도 그와 같아 십만 겁 동안을 욕심 세계에 있어도 물들지 않고 법계와 같으니 성품이 청정한 까닭이다."

(39-51-2-5-4) 십지의 덕을 갖추고 있다
(39-51-2-5-4-1) 제1지의 덕

"소년이여, 깨끗한 광명 보배가 보배의 빛을 가려 버리듯이, 보살의 보리심 보배도 그와 같아 범부와 이승의 공덕을 모두 가려 버린다.

소년이여, 불꽃 보배가 모든 어둠을 없애듯이, 보살의 보리심 보배도 그와 같아 무지의 어둠을 소멸한다.

소년이여, 바다에 값을 매길 수 없는 보배가 있는데 장사꾼들이 바다에 나가 배에 싣고 시장에 들어가면 다른 보배들은 광택과 값이 비교가 되지 않듯이, 나고 죽는 바다 속에 있는 보리심 보배도 그와 같아 보살이 큰 서원의 배를 타고 해탈의 성으로 들어가면 이승의 공덕으로는 미칠 이가 없다.

소년이여, 자재왕 보배 구슬이 염부주에 있는데 해와 달과의 거리는 4만 유순이지만 일궁과 월궁에 있는 장엄이 그 구슬에 모두가 구족하게 나타나듯이 보살의 보리심을 낸 깨끗한 공덕 보배도 그와 같아 나고 죽는 가운데 있지만 법계인 허공을 비추는 부처님 지혜의 해와 달의 모든 공덕이 그 가운데 나타난다."

(39-51-2-5-4-2) 제2지의 덕

"소년이여, 자재왕 보배 구슬이 있는데 해와 달의 광명이 비추는 곳에 있는 모든 재물과 보배와 의복 등의 값으로는 미칠 수 없듯이, 보살의 보리심 보배도 그와 같아 온갖 지혜의 광명이 비추는 곳에 있는 삼세의 천상과 인간과 이승이 가진 착한 번뇌와 번뇌가 없는 착함의 모든 공덕으로는 미칠 수 없다.

소년이여, 해장 보배가 바다 속에 있으면서 바다 속에 있는 여러 가지 장엄한 일을 두루 나타내듯이, 보살의 보리심 보배도 그와 같아 온갖 지혜 바다의 여러 가지 장엄한 일을 두루 나타낸다.

소년이여, 천상에 있는 염부단금은 심왕 대마니 보배로써 견줄 수 있는 다른 보배가 없듯이, 보살의 보리심을 낸 염부단금도 그와 같아 온갖 지혜의 심왕대보를 빼놓고는 다른 것으로는 미칠 수가 없다."

(39-51-2-5-4-3) 제3지의 덕

"소년이여, 용을 길들이는 법을 잘 알면 여러 용 가운데 자재하게 되듯이, 보살도 그와 같아 보리심의 용을 길들이는 법을 잘 알면 모든 번뇌의 용 가운데 자재하게 된다.

소년이여, 용사가 갑옷을 입고 무기를 들면 모든 적이 대항하지 못하듯이, 보살도 그와 같아 보리심의 갑옷을 입고 무기를 들면 모든 업과 번뇌의 나쁜 적이 대항하지 못한다.

소년이여, 천상에 있는 흑전단향은 한 돈만 피워도 그 향기가 소천세계에 풍기며 많은 보배로도 값에 미치지 못하듯이, 보살의 보리심 향도 그와 같아 잠깐 동안 공덕이 법계에 널리 퍼져 성문과 연각의 공덕으로는 미치지 못한다.

소년이여, 백전단향을 몸에 바르면 시끄러움을 없애고 몸과 마음을 청량하게 하듯이, 보살의 보리심 향도 그와 같아 허망하게 분별하는 탐욕과 성냄과 어리석은 번뇌의 시끄러움을 없애고 지혜의 청량함을 구족하게 한다."

(39-51-2-5-4-4) 제4지의 덕

"소년이여, 수미산에 가까이 있으면 그 빛깔과 같아지듯이 보살의 보리심 산도 그와 같아 가까이 하면 온갖 지혜의 빛깔과 같아진다.

소년이여, 파리질다라(波利質多羅, pārijāta, 콩과 식물)나무 껍질의 향기는 염부제에 있는 바사가(波師迦)꽃이나 담복가(薝蔔迦)꽃이나 소마나(蘇摩那)꽃의 향기로는 미칠 수 없듯이, 보살의 보리심 나무도 그와 같아 큰 서원을 세운 공덕의 향기는 이승의 무루의 계율이나 선정이나 지혜나 해탈이나 해탈지견의 공덕의 향으로는 미치지 못한다.

소년이여, 파리질다라나무가 꽃을 피우지 않더라도 한량없는 꽃들이 피는 것을 알 수 있듯이, 보살의 보리심 나무도 그와 같아 비록 온갖 지혜의 꽃이 피지 않더라도 수없는 하늘 사람들의 보리꽃이 피는 것을 알아야 한다.

소년이여, 파리질다라꽃으로 하루 동안 옷에 풍긴 향기는 담복가꽃이나 바사가꽃이나 소마나꽃 향기로 천 년 동안 풍기더라도 미칠 수 없듯이, 보살의 보리심 꽃도 그와 같아 한평생 동안 풍긴 공덕의 향은 시방의 부처님 계신 곳에 사무쳐서 이승의 무루 공덕으로는 백천 겁을 풍겨도 미칠 수 없다."

(39-51-2-5-4-5) 제5지의 덕

"소년이여, 섬에 야자나무가 있는데, 뿌리·줄기·가지·잎·꽃·과실을 중생들이 항상 가져다 쓰기를 끝임없이 하는 것처럼, 보살의 보리심 나무도 그와 같아 자비와 서원하는 마음을 부처님이 되어 바른 법이 세상에 머물러 있을 때까지 세간을 이익되게 하려고 멈추지 않는다.

소년이여, 가택가(訶宅迦, hataka, 금색수라함) 약즙이 있어 한 냥을 구입하면 천 냥의 구리를 금으로 변하게 할 수 있다. 보살도 그와 같아 보리심을 회향하는 지혜의 약으로 업과 번뇌를 변하게 하여 온갖 지혜를 만들 수는 있으나 업과 번뇌로 그 마음을 변하게 할 수는 없다.

소년이여, 작은 불이라도 계속타면 불꽃이 점점 강해지듯이, 보살의 보리심도 그와 같아 반연하는 대로 지혜의 불꽃이 커지게 된다.

소년이여, 한 등불로 백천 등을 켜도 본래 등불은 줄지도 않고 다하지도 않듯이, 보살의 보리심 등불도 그와 같아 삼세 부처님들의 지혜 등을 두루 켜도 줄지도 않고 다하지도 않는다."

(39-51-2-5-4-6) 제6지의 덕

"소년이여, 한 등불이 어두운 방에 들어가면 백천 년 묵은 어둠이 모두 없어지듯이, 보살의 보리심 등불도 그와 같아 중생의 마음 방에 들어가면 백천만억 한량없이 많은 겁 동안 묵은 업과 번뇌의 어둠이 모두 없어진다.

소년이여, 등잔 심지가 크고 작음을 따라 빛을 낼 때 기름을 부으면 밝은 빛이 끝까지 끊어지지 않듯이, 보살의 보리심 등불도 그와 같아 큰 서원이 심지가 되어 법계를 비추는데 가엾게 여기는 자비심을 더하면 중생을 교화하고 국토를 장엄하는 불사짓기가 끊어지지 않는다.

소년이여, 타화자재천왕이 염부단 진금으로 만든 천관을 쓰면 욕계 천자들의 장엄으로는 미치지 못하듯이, 보살도 그와 같아 보리심 큰 서원의 천관을 쓰면 범부와 이승의 공덕으로는 미치지 못한다.

소년이여, 사자왕의 부르짖는 소리를 어린 사자가 들으면 용맹이 증장하지만 다른 짐승이 듣고는 숨어 버리듯이, 부처님 사자왕의 보리심 설법도 그와 같아 보살들이 들으면 공덕이 증장하지만 알아듣지 못하는 중생이 들으면 물러간다.

소년이여, 사자의 힘줄로 거문고 줄을 만들어 타면 다른 악기의 줄들이 모두 끊어지듯이, 보살도 그와 같아 여래 사자인 바라밀 몸의 보리심 힘줄로 법을 설하면 오욕과 이승의 공덕 줄이 모두 끊어진다.

소년이여, 어떤 사람이 소나 양의 젖을 모아서 바다를 만들었더라도 사자 젖 한 방울을 그 가운데 넣으면 모두 변해서 걸림없이 통과하듯이, 보살도 그와 같아 여래인 사자의 보리심 젖을 한량없는 겁부터 내려오는 업과 번뇌의 젖 바다에 두면 모두 변해서 걸림없이 통과하고 마침내 이승의 해탈에 머물지 않는다."

(39-51-2-5-4-7) 제7지의 덕

"소년이여, 가릉빈가(迦陵頻伽, Kalavinka)새는 알로 있을 때에도 큰 세력이 있어서 다른 새들로는 미치지 못하듯이, 보살도 그와 같아 생사의 난각 속에서 보리심을 내면 가엾게 여기는 공덕의 세력을 성문이나 연각으로는 미치지 못한다.

소년이여, 금시조왕의 새끼는 처음 날 때부터 눈이 밝고 나는 것도 거칠어서 다른 새들은 아무리 오랫동안 자랐더라도 미치지 못하듯이, 보살도 그와 같아 보리심을 내어 부처님의 왕자가 되면 지혜가 청정하고 가엾게 여김이 용맹하여 모든 이승은 백천 겁 동안 도를 닦더라도 미칠 수 없다.

소년이여, 어떤 장사가 날카로운 창을 잡고 갑옷을 찌르면 걸림없이 관통되듯이, 보살도 그와 같아 보리심의 날카로운 창을 잡고 삿된 소견을 따르는 수면 갑옷을 찌르면 뚫고 지나가서 걸림이 없다.

소년이여, 마하나가(摩訶那迦, mahānāga, 아라한, 불세존의 존칭)의 용맹한 장사가 성을 내면 이마에 부스럼이 생기며 부스럼이 아물기 전에는 염부제의 사람으로는 제어하지 못하듯이, 보살도 그와 같아 가엾게 여기는 마음으로 보리심을 내면 보리심을 버리기 전에는 모든 세간의 마와 마의 백성들이 해치지 못한다.

소년이여, 활 잘 쏘는 사람은 비록 스승만큼 기술을 익히지 못했더라도 지혜와 방편과 교묘함이 다른 사람들로는 미치지 못하듯이, 보살의 마음을 처음 얻는 것도 그와 같아 지혜와 행이 능숙하지는 못하여도 그의 서원과 지혜와 욕망을 모든 세간의 범부나 이승으로는 미치지 못한다.”

(39-51-2-5-4-8) 제8지의 덕

“소년이여, 활을 배울 때 먼저 발을 잘 디디고 뒤에 쏘는 법을 익히듯이, 보살도 그와 같아 여래의 온갖 지혜의 도를 배우려면 먼저 보리심에 편안히 머무른 뒤에 모든 부처님 법을 닦아 행한다.

소년이여, 요술쟁이가 환술을 만들려면 먼저 마음을 내어 환술하는 법을 기억한 뒤에 환술을 만들어 성취하듯이, 보살도 그와 같아 모든 부처님과 보살의 신통인 환술을 일으키려면 먼저 뜻을 내어 보리심을 낸 뒤에야 모든 일이 성취된다.

소년이여, 환술이 물질이 없는 데서 물질을 나타내듯이, 보살의 보리심 모양도 그와 같아 비록 형상이 없어서 보지는 못하나 시방 법계에서 갖가지 공덕 장엄을 널리 보인다.

소년이여, 고양이가 잠깐 동안 쥐를 보아도 쥐는 구멍에 들어가 나오지 못하듯이, 보살의 보리심을 내는 것도 그와 같아 지혜의 눈으로 번뇌와 업을 잠깐 동안 보아도 모두 소멸되어 다시 나오지 못한다.

소년이여, 염부단금으로 만든 장엄거리로 단장하면 모든 것이 가려지듯이, 보살도 그와 같아 보리심 장엄거리로 단장하면 모든 범부와 이승의 공덕 장엄을 가려 빛이 없어진다.

소년이여, 센 자석은 조그마한 힘으로도 철로 된 사슬과 고리를 빨아들이듯이, 보살의 보리심을 내는 것도 그와 같아 한 생각을 일으키면 삿된 소견과 욕망과 무명의 사슬과 고리를 없애 버린다.

소년이여, 자석과 철이 마주치면 흩어지고 남는 것이 없듯이, 보살의 보리심을 내는 것도 그와 같아 업과 번뇌와 이승의 해탈이 마주치면 모두 흩어져 없어지고 남는 것이 없다.

소년이여, 바다에 능숙한 사람은 물에 사는 종족들이 해치지 못하며, 고래의 입에 들어가도 씹히거나 삼키지 못하듯이, 보살도 그와 같아 보리심을 내고 생사 바다에 들어가면 업과 번뇌가 해치지 못하며 성문이나 연각의 실제 법에 들어가도 방해되지 않는다.

소년이여, 감로수를 먹으면 모든 물건이 해하지 못하듯이, 보살도 그와 같아 보리심의 감로수를 먹으면 큰 자비와 서원이 있는 까닭에 성문이나 벽지불의 지위에 떨어지지 않는다.

소년이여, 안선나 약을 얻어 눈에 바르면 세상에 돌아다녀도 사람들이 보지 못하듯이, 보살도 그와 같아 보리심의 안선나 약을 얻으면 방편으로써 마의 경계에 들어가도 모든 마군이 보지 못한다.

소년이여, 어떤 사람이 왕에게 의지하면 다른 사람을 두려워하지 않듯이, 보살도 그와 같아 보리심의 세력 있는 왕에게 의지하면 장애와 나쁜 길의 험난함을 두려워하지 않는다.

소년이여, 물속에 있으면 불에 타는 것을 두려워하지 않듯이, 보살도 그와 같아 보리심 선근의 물속에 머물면 이승의 해탈 지혜의 불을 두려워하지 않는다.

소년이여, 용맹한 대장에게 의지하면 적들을 두려워하지 않듯이, 보살도 그와 같아 보리심의 용맹한 대장에 의지하면 나쁜 행의 적을 두려워하지 않는다.

소년이여, 제석천왕이 금강저를 들면 아수라 무리가 굴복하듯이, 보살도 그와 같아 보리심의 금강저를 들면 마의 외도를 굴복시킨다."

(39-51-2-5-4-9) 제9지의 덕

"소년이여, 장수하는 약을 먹으면 건강하여 늙지도 않고 여위지도 않듯이, 보살도 그와 같아 보리심의 장수하는 약을 먹으면 수많은 겁 동안 보살의 행을 닦아도 고달픈 마음도 없고 물들지도 않는다.

소년이여, 깨끗한 물에 약을 개듯이, 보살도 그와 같아 보살의 깨끗한 행과 원을 닦으려면 먼저 보리심을 일으켜야 한다.

소년이여, 몸을 보호하려면 먼저 생명을 보호하듯이, 보살도 그와 같아 부처님 법을 보호하여 유지하려면 먼저 보리심을 보호해야 한다.

소년이여, 목숨이 끊어지면 부모와 친척을 이익되게 하지 못하듯이, 보살도 그와 같아 보리심을 버리고는 중생을 이익되게 하지 못하며 부처님의 공덕을 성취하지 못한다.

소년이여, 큰 바다는 무너뜨릴 수 없듯이, 보리심 바다도 그와 같아 업과 번뇌와 이승의 마음으로는 무너뜨릴 수 없다.

소년이여, 햇빛은 별의 빛으로는 가릴 수 없듯이, 보리심의 해도 그와 같아 이승의 번뇌가 없는 깨끗한 무루지의 빛으로는 가릴 수 없다.

소년이여, 왕자가 처음 나서도 대신들이 존중하는 것은 종족의 내림이 자재한 까닭이듯이 보살도 그와 같아 부처님 법에 보리심을 내면 고승과 범행을 오래 닦은 성문이나 연각들이 존중하는 것은 가엾게 여기는 마음이 자유자재한 까닭이다.

소년이여, 왕자는 나이가 어리더라도 대신이 다 경례하듯이, 보살도 그와 같아 처음으로 마음을 내어 보살의 행을 닦아도 이승의 고승들이 모두 공경한다.

소년이여, 왕자가 모든 신하 가운데서 자유자재하지는 못하나 이미 왕의 모양을 갖추었으므로 신하와 평등하지 않은 것은 태어난 곳이 높은 까닭이다. 보살도 그와 같아 모든 업과 번뇌 가운데서 자재하지는 못하나 이미 보리의 모양을 구족하여 이승과는 같지 않으니 종족이 제일인 까닭이다.

소년이여, 청정한 마니보배라도 눈에 병이 있으면 깨끗하게 보이지 않듯이, 보살의 보리심 보배도 그와 같아 지혜가 없어 믿지 않으면 깨끗하게 보지 못한다.”

(39-51-2-5-4-10) 제10지의 덕

“소년이여, 어떤 약에 주문의 힘이 들어 있어 중생이 보고 듣고 함께 있으면 병이 소멸되듯이, 보살의 보리심 약도 그와 같아 선근과 지혜와 방편과 보살의 서원과 지혜가 들어 있어 어떤 중생이 보고 듣고 함께 있으면 번뇌의 병들이 모두 소멸된다.

소년이여, 감로를 가지면 그 몸이 끝까지 망가지지 않듯이, 보살도 그와 같아 보리심의 감로를 항상 생각해 가지면 서원과 지혜의 몸이 끝까지 변괴하지 않는다.

소년이여, 기계로 만든 사람이 고동이 없으면 몸이 흩어지고 운동하지 못하듯이, 보살도 그와 같아 보리심이 없으면 수행이 흩어져서 부처님 법을 성취하지 못한다.

소년이여, 전륜왕에게 코끼리 창고라는 침향 보배가 있는데 이 향을

사르면 왕의 네 가지 군대가 허공으로 날아 가듯이, 보살의 보리심 향
도 그와 같아 이 보리심을 내기만 하면 보살의 선근이 번뇌세계에서
벗어나 다함 없는 여래 지혜를 공중에 행한다.

소년이여, 금강은 다만 금강 나는 곳과 금이 나는 곳에서만 나듯이,
보살의 보리심 금강도 그와 같아 큰 자비로 중생을 구호하는 금강이
나는 곳이나 온갖 지혜인 훌륭한 경지의 금이 나는 곳에서만 난다.

소년이여, 뿌리가 없는 무근 나무가 있는데 뿌리에서 나지 않고도 가
지나 잎이나 꽃이나 열매가 무성하듯이, 보살의 보리심 나무도 그와
같아 뿌리를 찾아볼 수 없으나 온갖 지혜와 신통과 큰 원의 가지와 잎
과 꽃과 열매를 기르며 무성한 그늘이 세계를 두루 덮는다.”

(39-51-2-5-5) 보리심은 등각의 덕을 갖추고 있다

“소년이여, 금강은 나쁜 그릇이나 깨진 그릇에는 담을 수 없고 완전하
고 묘한 그릇에 담을 수 있듯이, 보리심 금강도 그와 같아 용렬한 중생
의 간탐하고 질투하고 파괴하고 게으르고 허망한 생각과 지혜 없는 그
릇에는 담을 수 없다. 산란하고 나쁜 소견 가진 중생의 그릇에는 담을
수 없으며, 보살의 깊은 마음인 보배 그릇에만 담을 수 있는 것이다.

소년이여, 금강이 보배를 능히 깨뜨리듯이, 보리심 금강도 그와 같아
다른 보리심을 일으킨 마음들을 모두 깨뜨린다.

소년이여, 금강이 산을 무너뜨리듯이, 보리심 금강도 그와 같아 삿된
소견의 산들을 모두 무너뜨린다.

소년이여, 금강이 깨져서 완전치 못하더라도 보배가 미치지 못하듯
이, 보리심 금강도 그와 같아 비록 뜻이 용렬하여 조금 모자라더라도
이승의 공덕보다 수승하다.

소년이여, 금강은 손상되었어도 가난을 없애듯이, 보리심 금강도 그와

같아 비록 손상하여 모든 행이 나아가지 못하더라도 생사를 여읜다.

소년이여, 조그만 금강이라도 물건을 깨뜨릴 수 있듯이, 보리심 금강도 그와 같아 작은 경계에 들어가도 무지한 의혹을 깨뜨린다.

소년이여, 금강은 보통 사람으로는 얻을 수 없듯이, 보리심 금강도 그와 같아 뜻이 용렬한 중생은 얻을 수 없다.

소년이여, 금강을 보배로 알지 못하는 사람은 그 가치도 모르고 작용도 얻지 못하듯이, 보리심 금강도 그와 같아 법을 알지 못하는 사람은 그 가치도 알지 못하고 작용도 얻지 못한다.

소년이여, 금강은 소멸시킬 이가 없듯이, 보리심 금강도 그와 같아 모든 법이 소멸시키지 못한다.

소년이여, 기운 센 사람이라도 금강저를 들지 못하지만 큰 나라연의 힘을 가진 사람은 들 수 있다. 그와 같이 금강저도 이승의 능력으로는 유지하지 못하지만 보살의 광대한 인연과 견고하고 착한 힘으로는 유지할 수 있다.

소년이여, 금강은 어떤 물건으로도 깨뜨릴 수 없으나 금강은 물건을 깨뜨리지만 그 자체는 손상되지 않듯이, 보리심 금강도 그와 같아 삼세의 수없는 겁에 중생을 교화하고 고행을 닦으며 성문과 연각으로는 할 수 없는 것을 하지만 끝까지 고달픈 생각도 없고 손상되지 않는다.

소년이여, 금강은 다른 데서는 가지지 못하고 오직 금강 땅에서만 가지듯이, 보리심 금강도 그와 같아 성문이나 연각은 가지지 못하며 오직 보살로 나아가는 이만 가질 수 있다.

소년이여, 금강 그릇은 흠이 없어서 물을 담으면 영원히 그대로 있듯이, 보리심 금강 그릇도 그와 같아 선근의 물을 담으면 영원히 그대로 있다.

소년이여, 금강제는 땅을 유지하여 떨어지지 않게 하듯이, 보리심도 그와 같아 보살의 모든 행과 원을 유지하여 삼계에 들어가지 않는다.

소년이여, 금강은 물속에 오래 있어도 녹슬지도 않고 젖지도 않듯이, 보리심도 그와 같아 모든 겁 동안을 생사하는 법과 번뇌의 물속에 있어도 망가지지도 않고 변하지도 않는다.

소년이여, 금강은 불이 태우지 못하며 뜨겁게 못하듯이, 보리심도 그와 같아 생사 번뇌의 불들이 태우지도 못하며 뜨겁게도 못한다.

소년이여, 삼천대천세계에서 금강 자리만이 부처님의 도량에 앉아서 마군을 항복 받고 정등각을 이루는 일을 유지하듯이, 보리심 자리도 그와 같아 모든 보살의 원과 행과 바라밀과 참음과 여러 지위와 회향하고 수기를 주고 보리의 도를 돕는 법을 닦아 익히며, 부처님께 공양하고 법을 듣고 받들어 행하는 일을 유지한다.”

(39-51-2-5-6) 보리심의 덕을 해석함을 맺다

“소년이여, 보리심은 이렇게 한량없고 끝이 없고 한량없이 많은 공덕을 성취하게 한다. 어떤 중생이 위없는 바른 깨달음의 마음을 내면 이렇게 훌륭한 공덕의 법을 얻는다. 그러므로 소년이여, 그대는 좋은 이익을 얻었으니 위없는 바른 깨달음의 마음을 내어 보살의 행을 구하여 이러한 큰 공덕을 얻은 까닭이다.”

(39-51-2-5-7) 누각에 들어가기를 지시하다

“소년이여, ‘보살이 어떻게 보살의 행을 배우며 보살의 도를 닦느냐?’고 물었다. 소년이여, 그대는 비로자나 장엄장 누각에 들어가서 두루 관찰하라. 곧 보살의 행의 배움을 알 것이며, 배우면 한량없는 공덕을 성취할 것이다.”

(39-51-3) 미륵보살이 법을 보이다

(39-51-3-1) 선재동자가 누각에 들어가다

그때 선재동자는 공경하여 미륵보살을 오른쪽으로 여러 번 돌고 여쭈었다.

"미륵보살님이시여, 이 누각에 들어가기를 원합니다."

이때 미륵보살이 누각에 나아가 손가락을 튕겨 소리를 내니 문이 열렸다. 선재에게 손짓하니 선재동자는 기뻐하며 들어갔다.

(39-51-3-2) 누각의 장엄을 보고 이익을 얻다

누각은 크고 넓기가 한량이 없어 허공과 같고 땅은 아승기 보배로 되었다. 아승기의 궁전과 문과 창호와 섬돌과 난간과 길이 모두 칠보로 되었다. 아승기의 번기와 당기와 일산이 사이사이 서 있고, 아승기의 영락과 진주 영락과 적진주 영락과 사자진주 영락들이 곳곳에 드리워져 있다. 아승기의 반달과 비단띠를 수많은 보배그물로 장엄했다. 아승기의 보배풍경이 바람에 흔들려 소리를 내며, 하늘 꽃을 흩고, 하늘 보배로 된 화만띠를 달고, 보배향로를 괴고, 금가루를 비 내리고, 보배거울을 달았고, 보배등을 켜고, 보배옷을 폈다.

아승기의 보배휘장을 치고, 보배자리를 깔고, 비단을 자리 위에 펴고, 염부단금동녀형상과 보배형상과 묘한 보배로 된 보살 형상이 가는 곳마다 가득 찼다. 아승기와 보배 파두마꽃과 보배 구물두꽃과 보배 분타리꽃으로 장엄하고, 보배나무는 차례로 줄을 지었고 마니보배가 큰 광명을 놓아, 아승기 장엄거리로 장엄되어 있었다.

그 가운데는 한량없는 누각이 있는데, 낱낱이 훌륭하게 꾸민 것이 앞에서 말한 바와 같고, 크고 넓고 화려하기 허공과 같아 서로 막히지도 않고 잡란하지도 않았다. 선재동자가 한 곳에서 모든 곳을 보듯이, 모든 곳에서도 다 이렇게 보았다.

이때 선재동자가 비로자나 장엄장 누각의 가지가지로 헤아릴 수 없이 자유자재한 경계를 보고, 매우 환희하여 한량없이 즐거워하며 몸과 마음이 편안하여 모든 의혹을 떠났다. 본 것은 잊지 않고 들은 것은 기억하고 생각이 어지럽지 않아 걸림없는 해탈문에 들어가서 마음을 두루 놀리며, 모든 것을 두루 보고 널리 예경했다.

(39-51-3-3) 미륵보살의 발심과 수행과 설법을 보다

그때 선재동자가 머리를 숙이자 미륵보살의 신통한 힘으로 말미암아 자기의 몸이 모든 누각 속에 있음을 보았으며, 또 가지가지 부사의한 자재로운 경계를 보았다.

미륵보살이 처음에 위없는 보리심을 낼 때 이런 이름과 족성과 선지식의 가르침으로 선근을 심던 일을 보았으며, 이렇게 오래 살고 이런 겁을 지내면서 부처님을 만났고, 이렇게 장엄한 세계에 있으면서 행을 닦고 원을 세웠으며, 저 여래의 이러한 대중의 모임에서 수명과 세월을 지내면서 친근하고 공양하던 일을 모두 분명하게 보았다.

미륵보살이 처음에 자비 가득한 자심삼매를 증득하고 자씨라고 하던 일을 보기도 하고, 묘한 행을 닦으며 모든 바라밀을 만족하던 일을 보기도 하고, 법을 아는 지혜를 얻기도 하고, 지상에 머물기도 하고, 청정한 국토를 성취하는 것을 보기도 했다.

여래의 바른 교법을 보호하며 큰 법사가 되어 생사가 없는 법의 지혜인 무생인을 얻고, 어느 때 어느 곳에서 어느 여래에게 위없는 바른 깨달음 수기를 받던 일을 보기도 했다.

미륵보살이 전륜왕이 되어서 중생들을 권하여 십선도에 머물게 함을 보기도 하고, 사천왕이 되어 중생을 이익되게 하고, 제석천왕이 되어 오욕을 꾸짖고, 염마천왕이 되어 방일하지 않는 일을 찬탄하고, 도솔천왕이 되어 일생보처 보살의 공덕을 칭찬하고, 화락천왕이 되어 하늘사람에게 보살들의 변화하는 장엄을 나타내고, 타화자재천왕이 되어 하늘사람에게 부처님 법을 연설하고, 마왕이 되어 법이 무상하다 말하고, 범천왕이 되어 선정의 한량없이 기쁘고 즐거움을 말하고, 아수라왕이 되어 큰 지혜 바다에 들어가서 법이 환술 같음을 알고, 모인 대중들에게 법을 연설하여 교만하고 취하고 거추장스러움을 끊게 하는 것을 보기도 했다.

염라 세계에 있으면서 큰 광명을 놓아 지옥의 고통을 구원함을 보기도 하고, 아귀 세계에서 음식을 보시하여 기갈을 구제함을 보기도 하고, 축생 세계에서 여러 가지 방편으로 중생을 조복시킴을 보기도 했다.

사천왕, 도리천왕, 염마천왕, 도솔천왕, 화락천왕, 타화자재천왕, 대범천왕의 대중을 위해 법을 말함을 보기도 했다.

용왕, 야차와 나찰왕, 건달바와 긴나라왕, 아수라와 타나바왕, 가루라와 마후라가왕, 반인반수 대중에게 법을 말함을 보기도 했다.

성문, 연각과 처음 마음 낸 이와 일생보처로 정수리에 물을 부은 보살들을 위해 법을 말함을 보기도 하고, 초지 내지 십지 보살의 공덕을 찬탄함을 보기도 했다.

바라밀을 만족한 이를 찬탄함을 보기도 하고, 지혜의 문에 들어간 것을 찬탄함을 보기도 하고, 삼매문을 찬탄함을 보기도 하고, 깊고 깊은 해탈문을 찬탄함을 보기도 하고, 선정 삼매 신통한 경계를 찬탄함을 보기도 하고, 보살의 행을 찬탄함을 보기도 하고, 여러 가지 큰 서원을 찬탄함을 보기도 했다.

함께 수행하는 동행보살과 세간에서 살아가는 기술과 여러 가지 방편으로 중생을 이익되게 하는 일을 찬탄함을 보기도 하고, 일생보처 보살과 모든 부처님의 정수리에 물 붓는 문을 찬탄함을 보기도 했다. 미륵보살이 십만 년 동안 경행하고 경전을 읽고 외우고 쓰고, 부지런히 관찰하고 대중에게 법을 말하며, 선정과 사무량심에 들기도 하고, 모든 곳에 두루함과 해탈에 들기도 하고, 삼매에 들어서 방편과 힘으로 신통 변화를 나타냄을 보기도 했다.

(39-51-3-4) 미륵보살과 함께 한 여러 대중들

여러 보살이 변화삼매에 들어 각각 그 몸의 낱낱 털구멍으로 변화하는 몸 구름을 내는 것을 보고, 하늘 무리의 몸 구름을 내는 것도 보고, 용 무리의 몸 구름을 내는 것도 보고, 야차와 건달바와 긴나라와 아수라와 가루라와 마후라가와 제석과 범천왕과 사천왕과 전륜왕과 작은 왕과 왕자와 대신과 벼슬아치와 장자와 거사의 몸 구름을 내는 것도 보고, 성문과 연각과 보살과 여래의 몸 구름을 내는 것도 보고, 중생의 몸 구름을 내는 것도 보았다.

묘한 음성을 내어 보살의 가지가지 법문을 찬탄함을 보았다. 보리심의 공덕문을 찬탄하며, 보시바라밀과 지혜바라밀의 공덕문을 찬탄하며, 여러 가지 거두어 주는 것과 선정과 한량없는 마음과 삼매와 등지와 트임과 밝음과 다라니와 변재와 참된 진리와 지혜와 선정과 슬기와 해탈과 인연과 의지의 법문 말함을 찬탄하며, 사념처와 사정근과 사여의족과 칠보리분과 팔성도와 성문승과 독각승과 보살승과 모든 지혜와 지위와 행과 원의 공덕문을 찬탄함을 보았다.

(39-51-3-5) 여래를 보다

그 가운데서 여래가 대중들에게 둘러싸여 있음을 보았다. 그 부처님의 출현하신 곳과 가문과 몸과 오래된 삶을 보았으며, 세계와 겁과 이름과 설법의 이익과 교법의 머무름과 도량의 대중이 같지 않음을 분명하게 보았다.

(39-51-3-6) 누각 속의 누각을 보다

장엄장 안에 있는 여러 누각 중에서 한 누각을 보니, 높고 넓고 훌륭하게 꾸민 것이 견줄 데가 없었다. 그 누각에 삼천대천세계의 백억 사천하가 있으며, 백억 도솔천에 도솔천마다 미륵보살이 있다가 신으로 내려와서 탄생하는 것을 제석과 범천왕 받들어 머리에 올리며 일곱 걸음을 다니고 시방을 살펴보며 사자후하는 것을 보았다. 동자로서 궁전에 거처하고 정원에서 유희하며 온갖 지혜를 얻기 위해 출가하여 고행하고 유미죽을 받고 도량에 나아가서 마군을 항복 받고 등정각을 이루는 것을 보았다. 보리수 아래서 관하시다가 범왕의 권청으로 법륜을 굴리고 천궁에 올라가서 법을 연설하며, 겁과 수명과 대중 모임을 장엄하며, 국토를 깨끗이 하고 행과 원을 닦으며, 중생을 교화하여 성숙시키는 방편과, 사리를 나누어 반포함과 법을 유지함이 모두 같지 않음을 보았다.

그때 선재동자는 자기의 몸이 모든 여래의 처소에 있음을 보았으며, 또 대중의 모임과 불자를 보고 기억하여 잊지 않았으며 통달하여 걸림이 없었다.

(39-51-3-7) 누각의 여러 장엄구들의 작용함을 보다

누각 안에 있는 보배그물과 풍경과 모든 악기에서 헤아릴 수 없는 미묘한 소리를 내어 여러 가지 법을 연설했다. 보살이 보리심 내는 것을 말하고, 바라밀행 닦음을 말하고, 원을 말하고, 지위를 말하고, 여래께 공경하고 공양함을 말하고, 부처님의 국토를 장엄함을 말하고, 부처님들의 법을 말씀하신 차별을 말하는데 이렇게 모든 부처님 법을 말하는 소리를 들으니 뜻이 분명했다.

어떤 보살은 법문을 듣고 선지식의 지도로 보리심을 냈다. 어떤 세계에서 한 대중은 부처님의 공덕을 듣고는 마음을 내고 원을 일으키고 광대한 선근을 심었으며, 몇 겁을 지내면서 보살의 행을 닦다가 오랜 뒤에 정각을 이루었다. 정각을 이루어 이름과 수명과 국토를 구족하게 장엄했고 서원을 원만히 하여 대중과 성문과 보살을 교화했으며, 열반한 뒤에 바른 법이 세상에 머물러 있어 몇 겁을 지내면서 이러한 한량없는 중생을 이익되게 했다는 말을 들었다.

어떤 보살은 보시·지계·인욕·정진·선정·지혜의 바라밀을 닦았다는 말을 들었으며, 또 한 보살은 법을 구하기 위해 국왕의 지위와 모든 보배와 처자와 권속이며 손·발·머리·눈 등 일체의 몸을 아끼지 않았다는 말을 들었다.

어떤 보살은 여래께서 말씀한 바른 법을 수호하여 큰 법사가 되었으며, 법의 보시를 널리 행하며 법의 깃발을 세우고 법 소라를 불고 법북을 치고 법 비를 내리며, 부처님 탑을 조성하고 부처님 동상을 조성하며, 중생에게 여러 가지 즐거운 도구를 보시했다는 말을 들었다.

어떤 보살은 등정각을 이루어 여래가 되었으며, 국토와 대중과 수명은 원만했으며, 법을 말하여 한량없는 중생을 교화했다는 말을 들었다.

선재동자는 부사의하고 미묘한 법의 음성을 듣고, 몸과 마음이 환희하고 부드럽고 기뻐서, 바로 한량없는 총지문과 변재문과, 선정바라밀, 지혜바라밀, 인욕바라밀, 원바라밀, 트임, 밝음, 해탈, 삼매문을 얻었다.

보배거울에서 여러가지 형상을 보았다. 부처님 대중이 모인 도량과 보살 대중이 모인 도량과 성문 대중이 모인 도량과 연각 대중이 모인 도량을 보았으며, 깨끗한 세계·부정한 세계·깨끗하면서 부정한 세계·부정하면서 깨끗한 세계, 부처님 있는 세계, 부처님 없는 세계, 소세계, 중세계, 대세계, 인다라그물 세계, 엎어진 세계, 젖혀진 세계, 평탄한 세계를 보기도 했고, 지옥, 아귀, 축생이 사는 세계를 보기도 하고, 하늘과 사람이 충만한 세계를 보기도 했다.

이러한 모든 세계에는 무수한 큰 보살들이 있었다. 다니기도 하고 앉기도 하며 여러 가지 불사를 하며, 매우 가엾은 마음으로 중생을 딱하게 여기기도 하고, 논문을 지어 세간을 이익되게 하기도 하고, 배우고 지니고 쓰고 외우고 묻고 대답도 하면서, 하루에 세 번 참회하고 회향하여 원을 세우는 것을 보기도 했다.

여러 보배기둥에서 푸르고 누르고 붉고 희고, 파리빛, 수정빛, 제청빛, 무지개빛, 염부단금빛등 모든 마니왕 광명 빛이 나오고 있었다. 염부단금으로 만든 아가씨 형상과 여러 보배 형상이 있었다. 손에 꽃구름을 잡고, 옷구름을 잡고, 당기·번기도 잡고, 화만·일산도 잡고, 여러 가지 바르는 향·가루향도 잡고, 가장 훌륭한 마니보배 그물도 잡고, 금사슬을 드리우고 영락을 걸고, 팔을 들어 공양거리를 받들기도 하고, 머리를 숙여 마니관을 드리우기도 하며, 허리를 굽혀 우러러보며 잠깐도 한눈 팔지 않았다.

진주 영락에서 향수가 흐르는데 여덟 가지 공덕이 구족하고, 비유리와 영락에서는 백천 가지 광명이 한꺼번에 비추며, 당기·번기·그물·일산 따위를 모두 여러 보배로 장엄했다.

우발라꽃과 구물두꽃과 파두마꽃과 분타리꽃이 한량없이 피어 있었다. 어떤 것은 손바닥만 하고, 어떤 것은 팔뚝같이 길고, 가로 세로가 차바퀴 같기도 하며, 낱낱 꽃마다 갖가지 빛깔과 형상을 나타내어 장엄했다. 남자 모양 형상과 여자 모양 형상과 동남의 형상과 동녀의 형상과 제석·범천·사천왕·하늘·용·야차·건달바·아수라·가루라·긴나라·마후라가·성문·연각·보살과 같은 모든 중생의 형상이 모두 합장하고 허리 굽혀 경례했다. 또 여래께서 가부하고 앉았는데, 서른두 가지 거룩한 모습으로 장엄한 것을 보았다.

깨끗한 유리로 된 땅에서는 걸음걸음마다 부사의한 갖가지 형상을 나타냈는데 세계 형상과 보살 형상과 여래 형상과 누각으로 장엄한 형상이었다.

보배 나무에서는 가지·잎·꽃·열매마다 갖가지 반신상을 하고 있었다. 부처님 반신상, 보살 반신상, 하늘·용·야차와 내지 사천왕·전륜왕·작은 왕·왕자·대신·관장과 사부대중의 반신상이며, 그 반신상들은 화만과 영락을 들고, 모든 장엄거리를 들기도 했으며, 어떤 것은 허리 굽혀 합장하고 예경하며, 일심으로 우러러보면서 한눈을 팔지 않고, 또 찬탄하기도 하며 삼매에 들기도 했다.

그 몸은 거룩한 모습으로 장엄했고, 여러 가지 빛 광명을 놓았다. 금빛 광명, 은빛 광명, 산호빛 광명, 도사라빛 광명, 제청빛 광명, 비로자나 보배빛 광명, 모든 보배빛 광명, 첨파가꽃빛 광명이었다.

여러 누각의 반달 형상에서 아승기 일월성신 광명을 내어 시방에 두루 비추는 것을 보았다.

여러 누각의 사방을 둘러싼 벽에는 걸음걸음마다 보배로 장엄했다. 낱낱 보배에서는 미륵보살이 지난 옛적에 보살의 도를 수행하던 일을 나타냈는데, 머리도 보시하고, 손·발·입술·혀·어금니·치아·귀·코·피·살·피부·뼈·골수도 보시하며, 손톱·머리카락 따위를 버리기도 하고, 아내·첩·아들·딸·도성·마을·국토·임금의 지위를 달라는 대로 주기도 하며, 옥에 갇힌 이는 나오게 하고, 결박된 이는 풀리게 하고, 병난 이는 치료해 주고, 길을 잘못 든 이에게는 바른 길을 가리켜 주었다.

뱃사공이 되어 바다를 건네 주고, 말이 되어 무거운 물건을 날라 주며,

신선이 되어 경론을 말하고, 전륜왕이 되어 열 가지 착한 일을 말하고, 의사가 되어 병을 치료하며, 부모에게 효도하고 선지식을 친근하며, 성문도 되고 연각도 되고, 보살도 되고, 여래도 되어 모든 중생을 교화하고 조복하며, 법사가 되어 부처님 교법을 받들어 행하고, 배우고 읽고 외고 이치를 생각하며, 부처님의 복덕을 쌓고 부처님 형상을 조성하여 공양하고, 향을 바르고 꽃을 흩고 공경하고 예배했다.

사자좌에 앉아 법을 연설하며 중생들을 권하여 십선에 머물게 하고, 한결같은 마음으로 불·법·승보에 귀의하여 오계와 팔재계를 받아 지니게 하며, 출가하여 법을 듣고 배우고 읽고 외우며 이치대로 수행함을 보며, 미륵보살이 백천억 나유타 아승기겁 동안에 모든 바라밀을 수행하는 여러 가지 모양을 보기도 했다.

미륵보살의 예전에 섬기던 선지식들이 모든 공덕으로 장엄함을 보았다. 미륵보살이 여러 선지식들을 친근하여 공양하며, 그의 가르침을 받아 행했다. 정수리에 물 붓는 지위에 머물러 있을 때 선지식들이 선재에게 말하기를 '잘 왔다. 소년이여, 너는 이 보살의 부사의한 일을 보고 고달픈 마음을 내지 말라' 하는 것을 보았다.

(39-51-3-8) 누각의 모든 것을 보다

이 모든 것을 볼 수 있었던 것은 잊지 않는 기억력을 얻은 까닭이며, 시방을 보는 청정한 눈을 얻은 까닭이며, 잘 관찰하는 걸림없는 지혜를 얻은 까닭이며, 보살들의 자재한 지혜를 얻은 까닭이며, 보살들이 지혜의 지위에 들어간 광대한 앎을 얻은 까닭이다.

(39-51-3-9) 비유로써 나타내다

마치 꿈꾸면서 여러 가지 물건을 보는 것처럼, 도시나 마을이나 궁전·공원·산·숲·강·못·의복·음식과 온갖 살림하는 기구를 보기도 하고, 자신과 부모와 형제와 안팎 친척과 바다와 수미산과 하늘의 궁전들과 염부제 등 사천하의 일을 보기도 했다. 그 몸의 크기가 백천 유순이 되었으며 집과 의복이 모두 그러하고 낮에는 오랜 세월을 지내면서 눕지도 않고 자지도 않고 안락함을 느꼈다. 깨어나서는 꿈인 줄 알지만 보던 일을 분명하게 기억했다.

선재동자도 그와 같았는데 미륵보살의 힘으로 가피한 까닭이며, 삼계의 법이 모두 꿈과 같음을 아는 까닭이며, 중생들의 좁은 생각을 없앤 까닭이며, 장애 없이 광대한 지혜를 얻은 까닭이며, 보살들의 훌륭한 경지에 머무는 까닭이며, 부사의한 방편 지혜에 들어간 까닭으로 이렇게 자유자재한 경계를 보았다.

죽을 때 지은 업에 따라 과보를 받는 것을 보았다. 나쁜 업을 지은 이는 지옥·아귀·축생들이 받는 괴로운 경계를 보았다. 옥졸이 손에 병장기를 들고 성내고 꾸짖고 가두고 잡아가는 것을 보기도 하고, 부르짖고 슬피 탄식하는 소리를 듣기도 하고, 잿물 강을 보기도 하고, 끓는 가마를 보기도 하고, 칼산을 보기도 하고, 검으로 된 나무를 보기도 하여, 여러 가지 핍박으로 갖은 고통을 받았다.

착한 업을 지은 이는 모든 하늘의 궁전과 한량없는 하늘 대중과 하늘의 채녀들이 갖가지 의복으로 장엄한 것과 궁전과 동산과 숲이 아름답고 묘한 것을 보았다. 아직 죽지는 않았으나 업의 힘으로 이런 것을 보았다.

선재동자도 그와 같아 보살의 업의 부사의한 힘으로 모든 장엄한 경계를 보게 되었다.

어떤 사람이 귀신에게 당하는 여러 가지 일을 보기도 하고 묻는대로 대답하듯이 보살의 지혜를 지닌 선재도 그와 같아 여러 가지 나타나는 일을 보기도 하고 물으면 대답했다. 용에게 잡히면 스스로 용이라 하며 용궁에 들어가서 잠깐 동안에 몇 해를 지낸 줄 알 듯이, 보살의 지혜에 머물렀다는 생각과 미륵보살이 지닌 힘으로 선재도 그와 같아 잠깐 동안에 한량없는 겁을 지낸 것을 알았다.

범천 궁전의 이름을 장엄장이라 불렀다. 그 속에는 삼천세계의 모든 물건이 서로 뒤섞여도 어수선하지 않듯이, 선재동자도 그와 같아 이 누각에서 여러 가지 장엄한 경계가 갖가지로 차별함을 보지만 서로 뒤섞여도 어수선하지 않았다.

비구가 십변처정에 들어가면 가거나 서거나 앉거나 눕거나 들어가는 선정을 따라 경계가 앞에 나타나듯이, 선재동자도 그와 같아 누각에 들어가면서 모든 경계를 분명히 알았다.

사람이 공중에서 건달바성을 보면 갖가지 장엄을 모두 분별하여 알고 걸림이 없었다. 야차의 궁전이 인간의 궁전과 한 곳에 함께 있어도 서로 섞이지 않고 제각기 업을 따라 보는 것이 같지 않았다. 바다 속에서 삼천세계의 모든 빛깔과 형상을 보았다. 요술장이는 환술의 힘으로 여러 가지 환술을 짓는 것처럼 모든 법을 아는 까닭과 보살들의 자재한 힘을 얻은 까닭으로 선재동자도 그와 같아, 미륵보살의 신통한 힘과 부사의한 환술 같은 지혜의 힘과 환술 같은 지혜로 이 누각 속에서 여러 가지 장엄과 자재한 경계를 보았다.

(39-51-3-10) 미륵보살이 선재동자를 삼매에서 일으키다

그때 미륵보살이 신통한 힘을 거두고 누각으로 들어가 손가락을 튀겨 소리를 내고 선재동자에게 말했다.

"소년이여, 일어나라. 법의 성품은 이러한 것이다. 이는 보살의 모든 법을 아는 지혜의 인연이 모여서 나타나는 현상이며, 이러한 성품이 환술 같고, 꿈 같고, 그림자 같고, 영상 같아, 모두 성취하지 못한다."

이때 선재동자는 손가락 튕기는 소리를 듣고 삼매에서 깨어났다.

"소년이여, 그대는 보살의 부사의하게 자재한 해탈에 머물러 보살들의 삼매의 기쁨을 받았다. 보살의 신통한 힘을 지니고 도를 돕는 데서 흘러나오고 원과 지혜로 나타난 여러 가지 훌륭하게 장엄한 궁전을 보았다. 보살의 행을 보고 보살의 법을 듣고 보살의 덕을 알고 이제 여래의 원을 마쳤다." "그러합니다. 거룩하신 이여, 이는 선지식의 가피이며 생각해 주신 위덕과 신통의 힘입니다."

(39-51-3-11) 불망념지장엄장해탈문

"거룩하신 이여, 이 해탈문의 이름은 무엇입니까?"

"소년이여, 이 해탈문의 이름은 삼세의 모든 경계에 들어가서 잊지 않고 기억하는 지혜로 장엄한 것으로 불망념지장엄장이라 한다. 소년이여, 이 해탈문 가운데 한량없이 많은 해탈문이 있다. 일생보처 보살이라야 얻는 것이다."

(39-51-3-12) 장엄의 근원

"장엄했던 것이 어디 갔습니까?"

"왔던 곳으로 갔다."

"어디서 왔습니까?"

"보살의 지혜의 신통한 힘으로부터 와서 머무른 것이며, 간 곳도 없고 머무른 곳도 없고 모인 것도 아니고 항상한 것도 아니며 모든 것을 멀리 여의었다.

소년이여, 용왕이 비를 내리는 것은 몸에서 나오는 것도 아니고 마음에서 나오는 것도 아니고 모으는 일도 없지만, 보지 못하는 것도 아니다. 다만 용왕의 마음에서 생각하는 힘으로 비가 줄줄 내려서 천하에 두루하는 것이며 이런 경계는 헤아릴 수 없다.

소년이여, 장엄하는 일도 그와 같아 안에 머무는 것도 아니고 밖에 머무는 것도 아니며 보지 못하는 것이 아니다. 다만 보살의 위덕과 신통의 힘과 그대의 선근의 힘으로 그런 일을 보는 것이다.

소년이여, 마치 요술쟁이가 환술을 만들 때 오는 데도 없고 가는 데도 없어 오고 가는 일이 없지만 요술의 힘으로 분명하게 보는 것과 같이, 장엄하는 일도 그와 같아 오는 곳도 없고 가는 곳도 없어 오고 가는 일이 없지만 습관으로 부사의한 환술 같은 지혜의 힘과 지난 옛적에 세운 큰 서원의 힘으로 이렇게 나타난다."

(39-51-3-13) 보살의 가고 오는 근원

"보살님께서는 어디서 오셨습니까?"

"소년이여, 보살은 오는 일도 없고 가는 일도 없이 그렇게 온다. 다니는 일도 없고 머무는 일도 없이 그렇게 온다. 처소도 없고 집착도 없고, 없어지지도 않고 나지도 않고, 머물지도 않고 옮기지도 않고, 동하지도 않고 일어나지도 않고, 연연함도 없고 애착함도 없고, 업도 없고 과보도 없고, 생기지도 않고 멸하지도 않고, 아주 없지도 않고 항상하지도 않으며 그러하게 온다.

소년이여, 보살은 가엾게 여기는 곳에서 오며 중생들을 조복하려는 까닭이다. 인자한 곳에서 오며 중생들을 구호하려는 까닭이다. 깨끗한 곳에서 오며 좋아함을 따라서 태어나는 까닭이다. 크게 서원한 곳에서 오며 옛날의 서원한 힘으로 유지하는 까닭이다.

신통한 곳에서 오며 모든 곳에 좋아하는 대로 나타나는 까닭이다. 동요함이 없는 데서 오며 부처님을 항상 떠나지 않는 까닭이다. 가지고 버림이 없는 데서 오며 몸과 마음을 시켜서 가고 오지 않는 까닭이다.

지혜와 방편인 데서 오며 중생을 따라 주는 까닭이다. 변화를 나타내는 데서 오며 영상처럼 화하여 나타나는 까닭이다. 그러나 소년이여, 나는 태어난 곳인 마라제국(摩羅提國)으로부터 여기 왔다.

소년이여, 그곳에 방사(房舍) 마을이 있고, 구파라(瞿波羅) 장자가 있다. 그 사람을 교화하여 불법에 들게 하려고 거기 있었으며, 또 태어난 곳에 있는 사람들로서 교화를 받을 이들에게 법을 말하고 또 부모와 권속들과 바라문들에게 대승을 연설하여 법에 들게 하려고 여기에 왔다."

(39-51-3-14) 보살이 태어난 곳

"거룩하신 이여, 어떤 것이 보살의 태어난 곳입니까?"

"소년이여, 보살은 열 가지 태어나는 곳이 있다. 보리심이 보살의 나는 곳이며, 보살의 집에 나는 까닭이다. 깊은 마음이 보살의 나는 곳이며, 선지식의 집에 나는 까닭이다. 모든 지위가 보살의 나는 곳이며, 바라밀의 집에 나는 까닭이다. 큰 원이 보살의 나는 곳이며, 묘한 행의 집에 나는 까닭이다. 가엾게 여김이 보살의 나는 곳이며, 네 가지 거두어 주는 사섭법의 집에 나는 까닭이다. 이치대로 관찰함이 보살의 나는 곳이며, 반야바라밀의 집에 나는 까닭이다. 대승이 보살의 나는 곳이며, 방편인 교묘한 집에 나는 까닭이다. 중생을 교화함이 보살의 나는 곳이며, 부처님 가문에 나는 까닭이다. 지혜와 방편이 보살의 나는 곳이며, 생사가 없는 법 지혜인 법인의 집에 나는 까닭이다. 모든 법을 수행함이 보살의 나는 곳이며, 과거·현재·미래의 모든 여래의 가문에 나는 까닭이다."

(39-51-3-15) 보살의 권속

"소년이여, 보살은 반야바라밀로 어머니를 삼고, 교묘한 방편으로 아버지를 삼고, 보시바라밀은 유모가 되고, 지계바라밀은 양모가 되고, 인욕바라밀은 장엄거리가 되고, 정진바라밀은 양육하는 이가 되고, 선정바라밀은 빨래하는 사람이 되고, 선지식은 가르치는 스승이 되고, 여러 보리의 부분은 친구가 되고, 모든 선법은 권속이 되고, 모든 보살은 형제가 된다. 보리심은 집이며, 이치대로 수행함은 가법이며, 모든 지위는 집이 있는 곳이며, 모든 지혜는 가족이며, 큰 서원은 집안 교법이다. 모든 행을 만족함은 집안 규모를 순종함이며, 대승심을 내도록 권함은 가업을 이음이며, 법물을 정수리에 부어 일생보처가 되는 보살은 왕의 태자이며, 보리를 성취함은 가족을 깨끗이 함이다."

(39-51-3-16) 보살의 수승함

"소년이여, 보살은 범부에서 뛰어나 보살의 지위에 들며, 여래의 가문에 나서 부처님의 종자에 머물며, 모든 행을 닦아서 삼보가 끊어지지 않게 하며, 보살의 종족을 잘 수호하여 보살의 종자를 깨끗이 하며, 태어난 곳이 높아서 허물이 없으므로 모든 세간의 하늘과 사람과 마와 범천과 사문과 바라문들이 공경하고 찬탄한다.

소년이여, 보살이 이렇게 훌륭한 집에 태어나서 법이 영상과 같음을 앎으로 세간에 싫어함이 없다. 법이 변화함과 같음을 앎으로 존재의 길에 물들지 않는다. 법이 나가 없음을 앎으로 중생을 교화하는 마음에 고달프지 않다. 대자비로 자체를 삼는 까닭으로 중생을 거두어 주는 데 괴로움을 느끼지 않으며, 나고 죽음이 꿈과 같음을 아는 까닭으로 수없는 겁을 지내도 두려움이 없다. 모든 쌓임이 환술 같음을 아는 까닭으로 태어나도 고달프지 않으며, 계와 처가 법계와 같음을 아는 까닭으로 모든 경계에 물들 것이 없다. 생각이 아지랑이 같음을 아는 까닭으로 육취에 들어가도 의혹하지 않으며, 법이 환술 같음을 아는 까닭으로 마의 경계에 들어가도 물드는 생각을 내지 않는다. 법의 몸을 아는 까닭으로 모든 번뇌에 속지 않으며, 자유자재함을 얻은 까닭으로 모든 길에 통달하여 걸림이 없다.

소년이여, 나의 몸은 모든 법계에 두루 나므로 모든 중생의 차별한 형상과 같다. 중생의 갖가지 음성과 같고, 중생의 갖가지 이름과 같고, 중생의 좋아하는 거동과 같아 세간을 따라 교화하고 조복하며, 청정한 중생이 일부러 태어남과 같고, 범부 중생의 짓는 사업과 같고, 중생의 생각과 같고, 보살의 서원과 같아 몸을 나타내어 법계에 가득하다."

(39-51-3-17) 미륵보살의 현생의 일

"소년이여, 나는 옛적에 함께 수행하다가 보리심에서 물러선 이를 제도한다. 부모와 권속들을 교화하고, 여러 바라문을 교화하여 성문이란 교만을 여의고 여래의 종족으로 태어나려고 염부제의 마라제국 구타(拘吒)마을 바라문의 집에 태어났다.

소년이여, 큰 누각에 있으면서 중생들의 좋아함을 따라 여러 가지 방편으로 교화하고 조복했다."

(39-51-3-18) 미륵보살의 다음 생의 일

"소년이여, 중생들의 마음을 알아주기 위해, 도솔천에서 함께 수행하던 하늘을 성숙시키기 위해, 보살의 복과 지혜와 변화와 장엄이 모든 욕심 세계보다 뛰어남을 보이기 위해, 그들로 하여금 모든 욕락을 버리게 하려고, 유위법이 무상함을 알게 하려고, 모든 천인도 성하면 쇠함이 있음을 알게 하려고, 장차 내려올 적에 큰 지혜의 법문을 일생보처 보살과 함께 토론하려고, 같이 수행하는 동행하는 이를 거두어 교화하려고, 석가여래께서 보내는 이를 교화하여 연꽃처럼 깨닫게 하려고 여기서 목숨을 마치고는 도솔천에 태어났다.

소년이여, 내 서원에 만족하고 온갖 지혜를 이루어 보리를 얻을 때에는 문수보살과 함께 나를 볼 것이다."

(39-51-4) 문수보살의 덕을 찬탄하다

"소년이여, 문수보살에게 가서 묻기를 '보살이 어떻게 보살의 행을 배우며, 보현의 수행하는 문에 들어가며, 성취하며, 광대하게 하며, 따르며, 청정하게 하며, 원만하게 하는가' 하고 물어라.

소년이여, 문수보살은 분별하여 연설할 것이다.

왜냐하면 문수보살이 가진 서원을 다른 한량없는 보살은 못가졌기 때문이다. 소년이여, 문수보살은 수행이 광대하고 서원이 끝이 없어 모든 보살의 공덕 내기를 쉬지 않는다.

소년이여, 문수보살은 항상 한량없는 부처님의 어머니가 되며, 한량없는 보살의 스승이 된다. 중생을 교화하고 성숙시켜 시방세계에 소문이 났다. 부처님의 대중 가운데서 법을 연설하는 법사가 되어 여래가 찬탄하며, 깊은 지혜에 머물러 있어 법을 사실대로 보고, 해탈의 경계를 통달하고, 보현의 행하는 행을 끝까지 마쳤다.

소년이여, 문수보살은 그대의 선지식이다. 그대를 여래의 가문에 나게 했고, 선근을 자라게 했고, 도를 돕는 37조도법을 일으키게 했고, 진실한 선지식을 만나게 했으며, 공덕을 닦게 했고, 서원의 그물에 들어가게 했고, 원에 머물게 했다. 그대를 위해 보살의 비밀한 법을 말하고 보살의 부사의한 행을 나타냈다. 그대와 더불어 옛적에 함께 나고 함께 행했다.

(39-51-5) 문수보살을 찾아가기를 권하다

그러므로 소년이여, 그대는 마땅히 문수보살에게 가야 하니 고달픈 생각을 내지 말라. 문수보살은 그대에게 모든 공덕을 말해 줄 것이다. 왜냐 하면 그대가 먼저 선지식을 만나고, 보살의 행을 듣고 해탈문에 들어가고, 큰 원에 만족한 것은 모두 문수보살의 위덕과 신통의 힘이다. 문수보살은 모든 곳에서 구경의 깨달음까지 얻게 한다."

그때 선재동자는 그의 발에 엎드려 절하고 수없이 돌고 은근하게 우러러 그리워하면서 하직하고 물러갔다.

9

8. 문수보살이 선재동자를 칭찬하다

(39-52) 문수보살(文殊菩薩, Mañjuśrī)
아승기 법문을 성취하게 하다

(39-52-1) 문수보살이 선재동자를 칭찬하고 법문을 보이다
이때 선재동자는 미륵보살이 말한 대로 나아가 110개의 성을 지나서 보문(普門)국 소마나(蘇摩那)성에 이르러 문에 머물러 있으면서 문수보살을 생각하고 따라 관찰하고 두루 찾으며 뵙기를 희망했다.

이때 문수보살은 멀리서 오른손을 펴서 110유순을 지나와서 선재동자의 정수리를 만지면서 말했다.

"훌륭하고 훌륭하다. 소년이여, 만일 믿음의 뿌리를 여의었다면 용렬하고 후회하여 공덕 닦는 행을 갖추지 못하고 정근에서 물러나며, 한 선근에도 집착하고 조그만 공덕에도 만족하여 교묘하게 행과 원을 일으키지 못하며, 선지식의 거두어 주고 보호함도 받지 못하며, 여래의 생각하심도 되지 못했을 것이다. 이러한 법의 성품과 이치와 법문과 수행과 경계를 알지 못하고, 두루 앎과 가지가지 앎과 근원까지 다함과 분명하게 이해함과 들어감과 해탈함과 분별함과 증득함과 얻는 것을 모두 할 수 없다."

이때 문수보살은 이 법을 말하여 가르쳐서 통달하고 기쁘게 했다. 선재동자로 하여금 아승기 법문을 성취하고 한량없는 지혜의 광명을 구족하여, 보살의 끝이 없는 무변찰 다라니와 원과 삼매와 신통과 지혜를 얻게 하고 보현의 도량에 들어가게 했다가 다시 자신이 머무른 곳에 두고 작용을 거두고 나타나지 않았다.

(39-52-2) 더욱 수승한 인연을 만나다

이에 선재동자는 생각하고 관찰하면서 일심으로 문수보살을 뵈려고 했다. 그때 삼천대천세계의 수많은 선지식을 보고, 모두 친근하며 공경하여 받들어 섬기고 그들의 가르침을 받고 거슬리지 않았다.

온갖 지혜를 구하고 증장하는데 가엾게 여기는 바다를 넓히고, 인자한 구름을 더하고, 중생을 두루 살피며 매우 환희하고, 보살의 고요한 법문에 편안히 머물렀으며, 광대한 경계를 반연하고 부처님의 광대한 공덕을 배우며, 부처님의 청정하게 알고 보는 데 들어가서 온갖 지혜와 도를 돕는 법을 늘리며, 보살의 깊은 마음을 닦아 삼세 부처님의 출현하시는 차례를 알며, 법 바다에 들어가 법륜을 굴리고 모든 세간에 태어나며, 보살의 서원 바다에 들어가 모든 겁 동안에 머물면서 보살의 행을 닦고, 여래의 경계를 밝게 비추고, 보살의 근기를 기르며, 온갖 지혜의 청정한 광명을 얻고 시방을 두루 비추어 어둠을 없애며, 지혜가 법계에 두루하여 부처님 세계의 존재에 몸을 널리 나타내어 두루하며, 장애를 부수고 걸림없는 법에 들어가 법계의 평등한 경지에 머물러서, 보현의 해탈 경계를 관찰했다.

(39-52-3) 보현보살 뵙기를 갈망하다

그때 선재동자는 보현보살의 이름과 행과 원과 도를 돕는 것과 바른 도와 모든 지위와 지위의 방편과 지위의 들어감과 더 나아감과 머무름과 닦아 익힘과 경계와 위력과 함께 머무름을 듣고 갈망하여 보현보살을 뵙기를 원했다.

곧 금강장 보리도량에서 비로자나여래의 사자좌 앞에 있는 보배 연화장 자리에 앉아서 허공계와 같은 광대한 마음·세계를 버리고 모든 애착을 여의려는 걸림없는 마음·걸림없는 법에 두루 행하려는 마음·시방 바다에 두루 들어가려는 걸림없는 마음·지혜의 경계에 들어가려는 청정한 마음·도량의 장엄을 보려는 분명한 마음·부처님 법 바다에 들어가려는 광대한 마음·중생 세계를 교화하려는 마음·국토를 깨끗이 하려는 한량없는 마음·겁에 머물려는 끝없는 마음·여래의 십력에 나아가려는 구경의 마음을 일으켰다.

(39-52-4) 열 가지 성서로운 모양을 보다

선재동자가 이런 마음을 일으켰을 때 선근의 힘과 여래의 가피하신 힘과 보현보살의 선근을 심는 힘으로 열 가지 상서로운 모양을 보았다. 부처님 세계가 청정하여 여래의 정등각 이룸을 보고, 나쁜 길이 없음을 보고, 여러 가지 묘한 연꽃으로 장엄함을 보고, 중생의 몸과 마음이 청정함을 보고, 여러 가지 보배로 장엄함을 보았다. 부처님 세계가 청정하여 중생이 여러 가지 모습으로 몸을 장엄함을 보고, 여러 장엄 구름이 위에 덮인 것을 보고, 중생들이 인자한 마음을 내어 서로서로 이익되게 하며 해롭지 않음을 보고, 도량의 장엄함을 보고, 중생들이 부처님을 항상 생각함을 보았다.

(39-52-5) 열 가지 광명 모양을 보다

또 열 가지 광명 모양을 보았다.

모든 세계에 가는 티끌이 있는데, 낱낱 티끌 속에서 모든 세계의 티끌 수 같은 부처님의 광명그물 구름을 내 두루 비침을 보았다. 광명 바퀴 구름을 내 갖가지 빛깔이 법계에 두루함을 보았다. 부처님의 형상보배구름을 내 법계에 두루함을 보았다. 부처님의 불꽃바퀴구름을 내 법계에 두루함을 보았다. 묘한 향구름을 내 시방에 두루하여 보현의 모든 행과 원과 큰 공덕 바다를 칭찬함을 보았다. 일월성신 구름을 내 모두 보현보살의 광명을 놓아 법계에 두루 비침을 보았다. 중생들의 몸형상 구름을 내 부처님 광명을 놓아 법계에 두루 비침을 보았다. 여러 부처님 형상마니구름을 내 법계에 가득함을 보았다.

보살의 몸형상 구름을 내 법계에 가득하며, 중생들로 하여금 모두 뛰어나서 소원이 이루어짐을 보았다. 여래의 몸형상 구름을 내며 여러 부처님의 광대한 서원을 말하여 법계에 두루함을 보았다.

9

9. 선재동자가 보현보살을 만나다

(39-53) 보현보살(普賢菩薩, śamantabhadra.)
보현원해를 성취하다

(39-53-1) 보현보살을 뵙다
(39-53-1-1) 보현행 닦기 위해 보현보살을 찾다
이때 선재동자는 열 가지 광명한 모양을 보고 이렇게 생각했다.
'나는 이제 반드시 보현보살을 보고 선근을 더할 것이며, 모든 부처님을 보고 여러 보살의 광대한 경지에 대하여 결정한 지혜를 내 모든 것을 알 것이다.'
이때 선재동자는 여러 감관을 거두어 일심으로 보현보살을 보려고 정진하며 물러나지 않았다. 넓은 눈인 보안으로 시방의 모든 부처님과 여러 보살을 관찰하면서 보이는 것마다 보현보살을 뵙는 생각을 했다. 지혜의 눈인 혜안으로 보현의 도를 보니 마음이 광대하기가 허공과 같았다. 크게 가엾게 여김이 금강과 같았으며 오는 세월이 끝나도록 보현보살을 따라다니면서 찰나마다 보현의 행을 순종하여 닦으려 했다. 지혜를 성취하고 여래의 경지에 들어 보현의 지위에 머물려 했다.

(39-53-1-2) 보현보살의 경계
이때 보현보살이 여래의 앞에 모인 대중들 가운데서 보배연꽃 사자좌에 앉았는데, 보살들에게 둘러 쌓였다. 특이하여 세간에 짝할 이가 없으며, 지혜의 경계는 한량없고 끝이 없으며, 헤아리기 어렵고 생각하기 어려워 삼세 부처님과 평등하며 모든 보살이 살펴볼 수 없었다.

보현보살의 몸에 있는 낱낱 털구멍에서 광명구름을 내 법계와 허공
계의 경계에 두루하며, 중생이 괴로움과 근심을 멸하여 보살들을 매
우 환희하게 했다.

갖가지 빛향불꽃구름을 내 법계와 허공계에 있는 부처님의 대중이
모인 도량에 두루하여 널리 풍김을 보았다.

여러 가지 꽃구름을 내 법계와 허공계에 있는 부처님의 대중이 모인
도량에 두루하여 묘한 꽃들의 비 내림을 보았다.

향나무구름을 내 법계와 허공계에 있는 부처님의 대중이 모인 도량
에 두루하여 여러 가지 묘한 향의 비 내림을 보았다.

옷구름을 내 법계와 허공계에 있는 부처님의 대중이 모인 도량에 두
루하여 여러 가지 묘한 옷의 비 내림을 보았다.

보배나무구름을 내 법계와 허공계에 있는 부처님의 대중이 모인 도
량에 두루하여 마니보배의 비 내림을 보았다.

형상세계 하늘의 몸구름을 내 법계에 가득하여 보리심을 찬탄함을
보았다.

범천의 몸구름을 내 여러 여래에게 묘한 법륜을 굴리도록 권함을 보
았다.

욕심 세계 천왕의 몸구름을 내 여래의 법륜을 보호하고 유지함을 보
았다.

삼세 부처님 세계구름을 내 법계와 허공계에 두루하여 모든 중생 가
운데 돌아갈 데 없는 이에게는 돌아갈 데를 지어 주고, 보호할 이 없
는 이에게는 보호할 이를 지어 주고, 의지할 데 없는 이에게는 의지할
데를 지어 줌을 보았다.

청정한 부처님 세계구름을 내 법계와 허공계에 두루하여 부처님께서

그 가운데 출현하시고 보살 대중이 가득함을 보았다.

깨끗하면서 부정한 부처님 세계구름을 내 법계와 허공계에 두루하여 섞여 물든 중생들을 모두 청정하게 함을 보았다.

부정하면서 깨끗한 부처님 세계 구름을 내 법계와 허공계에 두루 섞여 물든 중생들을 청정하게 함을 보았다.

부정한 부처님 세계 구름을 내 법계와 허공계에 두루하여 순전히 물든 중생들을 모두 청정하게 함을 보았다.

중생의 몸구름을 내 법계와 허공계에 두루하여 교화 받을 중생들을 따라서 위 없는 바른 보리심을 내게 함을 보았다.

보살의 몸구름을 내 법계와 허공계에 두루하여 가지가지 부처님의 이름을 칭찬하여 중생들의 선근을 증장케 함을 보았다.

보살의 몸구름을 내 법계와 허공계에 두루하여 부처님 세계에서 여러 부처님과 보살들이 처음 마음을 낼 때부터 생긴 선근의 드날림을 보았다.

보살의 몸구름을 내 법계와 허공계에 두루하여 부처님 세계의 낱낱 세계에서 여러 보살의 서원바다와 보현보살의 청정하고 묘한 행을 칭찬하여 드날림을 보았다.

중생의 마음을 만족하게 하고 온갖 지혜의 도를 갖추어 닦아 익힘을 보았다.

바르게 깨달은 정각신 구름을 내 온갖 부처님 세계에서 바른 깨달음을 이루어 보살들에게 큰 법을 증장케 하고 온갖 지혜를 이루게 함을 보았다.

이때 선재동자는 보현보살의 자유자재하고 신통한 경계를 보고는 몸과 마음이 기뻐서 한량없이 즐거워했다.

(39-53-1-3) 보현보살의 털구멍에서 삼천대천세계를 보다

보현보살의 몸의 낱낱 털구멍에서 삼천대천세계를 보았다. 바람둘레인 풍륜, 물둘레, 땅둘레, 불둘레와 바다와 강과 수미산, 철위산과 마을, 영문, 도시와 궁전, 동산과 지옥, 아귀, 축생, 염라왕 세계와 천룡팔부와 사람과 사람 아닌 이와, 욕심 세계, 형상 세계, 무형 세계와 해, 달, 별, 바람, 구름, 우레, 번개들이 있음을 거듭 보았다. 낮과 밤과 달과 시간과 해와 겁에 부처님께서 세상에 출현하심과 보살의 모임과 도량의 장엄과 이런 일을 모두 분명하게 보았다.

이 세계를 보는 것처럼 시방에 있는 세계도 그렇게 보았고, 현재의 시방세계를 보는 것처럼 과거와 미래의 모든 세계도 그렇게 보았는데 제각기 다른 것이 서로 섞이거나 어지럽지 않았다.

비로자나여래의 처소에서 이렇게 신통한 힘을 나타내는 것 같이 동방 연화덕 세계의 현수 부처님 처소에서도 신통한 힘을 나타냈다. 또한 동방의 모든 세계에서도 남방·서방·북방과 네 간방과 상방·하방의 세계에서도 신통한 힘을 나타냈다.

시방의 세계와 같이 시방의 모든 부처님 세계의 낱낱 티끌 속에서도 모두 법계의 여러 부처님 대중이 있었다. 낱낱 부처님 처소에서 보현보살이 보배 연꽃 사자좌에 앉아서 신통한 힘을 나타냄도 그러했으며, 낱낱 보현보살의 몸에는 삼세의 경계와 부처님 세계와 중생과 부처님의 출현하심과 보살 대중을 나타냈으며, 중생의 음성과 부처님의 음성과 여래의 법륜과 보살의 이루는 행과 여래의 신통에 유희함을 들었다.

(39-53-1-4) 선재동자가 열 가지 지바라밀을 얻다

선재동자는 보현보살의 이렇게 한량없고 부사의한 큰 신통의 힘을 보고 열 가지 지바라밀을 얻었다.

잠깐 동안에 부처님 세계에 두루하는 지바라밀과 부처님 처소에 나아가는 지바라밀과, 여래께 공양하는 지바라밀과, 여래의 계신 곳에서 법을 듣고 받아 가지는 지바라밀과, 여래의 법륜을 생각하는 지바라밀과, 부처님의 부사의한 큰 신통한 일을 아는 지바라밀과, 한 구절 법을 말하시는데 오는 세상이 끝나도록 변재가 다하지 않는 지바라밀과, 깊은 반야로 모든 법을 관찰하는 지바라밀과, 모든 법계와 실상 바다에 들어가는 지바라밀과, 모든 중생의 마음을 아는 지바라밀이다. 보현보살의 지혜와 행이 모두 앞에 나타나는 지바라밀이다.

(39-53-2) 보현보살이 법문을 보이다
(39-53-2-1) 보현보살이 선재동자의 정수리를 만지다

선재동자가 지바라밀을 얻은 후에 보현보살이 오른손을 펴서 정수리를 만지자 부처 세계의 티끌 수 삼매문을 얻었으며, 각각 모든 세계의 티끌 수 삼매로 권속을 삼았다.

낱낱 삼매에서 옛날에 보지 못했던 부처 세계의 한량없는 부처님의 큰 바다를 보았고, 온갖 지혜의 도를 돕는 기구를 모았고, 온갖 지혜의 가장 묘한 법을 냈고, 온갖 지혜의 큰 서원을 세웠고, 큰 서원 바다에 들어갔고, 온갖 지혜의 뛰어나는 요긴한 길에 머물렀고, 보살들의 닦는 행을 닦았고, 온갖 지혜의 큰 정진을 일으켰고, 온갖 지혜의 깨끗한 광명을 얻었다.

이 사바세계의 비로자나 부처님 처소에서 보현보살이 선재동자의 정수리를 만진 것처럼 시방에 있는 세계들과 저 세계의 낱낱 티끌 속에 있는 세계의 모든 부처님 처소에 있는 보현보살도 모두 이와 같이 선재동자의 정수리를 만졌고, 얻은 법문도 또한 같았다.

(39-53-2-2) 보살행의 깊고 넓음을 말하다

이때 보현보살이 선재동자에게 말했다.

"소년이여, 그대는 나의 이 신통한 힘을 보았는가?"

"보았습니다. 큰 성인이시여, 이 부사의한 큰 신통의 힘은 오직 여래 께서만 알고 있습니다."

"소년이여, 나는 과거의 한량없는 부처 세계의 티끌 수 겁에 보살행 을 행하며 온갖 지혜를 구했다.

보리심을 청정하게 하려고 한량없는 부처님을 받들어 섬겼다.

온갖 지혜와 복덕거리를 모으려고 한량없이 많은 보시하는 모임을 마 련하고, 세간이 다 듣고 알게 했으며, 구하는 것을 다 만족하게 했다.

온갖 지혜의 법을 구하려고 한량없는 부처님께 재물로 보시했다.

부처님 지혜를 구하려고 한량없는 도시와 마을과 국토와 왕위와 처 자·권속과 눈·귀·코·혀·몸·살·손·발과 목숨까지도 보시했다.

최고의 지를 구하려고 한량없는 최고의 것을 보시했다.

온갖 지혜를 구하려고 한량없는 여래가 계신 곳에서 공경하고 존중 하고 받들어 섬기고 공양했다. 의복·방석·음식·탕약 등 필요한 것을 모두 보시했고, 그 법 가운데 출가하여 도를 배우고 불법을 수행하고 바른 교법을 보호했다.

소년이여, 그러한 겁 바다에서 잠깐 동안도 부처님 교법에 순종하지 않은 적이 없었다. 잠깐 동안 성 내는 마음, 나와 내 것이란 마음, 나 와 남을 차별하는 마음, 보리를 여의는 마음을 내거나, 생사 가운데 고달픈 마음, 게으른 마음, 장애하는 마음, 미혹한 마음을 일으키지 않았고, 다만 위없고 무너뜨릴 수 없고, 온갖 지혜를 모으는 도를 돕 는 보리심에 머물렀다.

소년이여, 부처님 국토를 장엄했다. 크게 가엾게 여기는 마음으로 중생을 구호하고 교화하여 성취하며, 부처님께 공양하고 선지식을 섬기며, 바른 법을 구하여 널리 선전하고 보호하며 유지하기 위해 안의 것과 밖의 것을 모두 버리고 목숨까지도 아끼지 않았다. 모든 겁 바다에서 인연을 말했는데 겁 바다는 다할지언정 이 일은 다함이 없었다. 소년이여, 나의 법 바다에는 한 글자나 한 글귀라도 전륜왕의 지위를 버려서 구한 것이며, 온갖 소유를 버려서 얻은 것이다.

소년이여, 내가 법을 구한 것은 중생을 구호하기 위한 것이다. 한결같은 마음으로 생각하기를 '모든 중생이 이 법을 들을 것이며, 지혜의 광명으로 세간을 두루 비출 것이며, 출세간의 지혜를 열어 볼 것이며, 중생들이 모두 안락함을 얻을 것이며, 모든 부처님의 공덕을 두루 칭찬하여지이다'라고 했다.

나의 이러한 과거의 인연은 한량없는 부처 세계의 티끌 수 겁 동안 말하여도 다할 수 없다.

소년이여, 나는 이러한 도를 돕는 법의 힘과, 선근의 힘과, 크게 좋아하는 힘과, 공덕을 닦은 힘과, 모든 법을 사실대로 생각한 힘과, 지혜의 눈의 힘과, 부처님의 위덕과 신통의 힘과, 크게 자비한 힘과, 깨끗한 신통의 힘과, 선지식의 힘을 얻었다. 삼세에 평등하고 청정한 법의 몸을 얻고 청정하고 위없는 육신을 얻어서 세간을 초월하고 중생의 좋아하는 마음을 따라서 형상을 나타내며, 모든 세계에 들어가고 온갖 곳에 두루하여 여러 세계에서 신통을 나타내 보는 이를 모두 기쁘게 했다."

(39-53-2-3) 이익을 들어 청정신 보기를 권하다

"소년이여, 그대는 나의 육신을 보라. 이 육신은 한량없는 겁 바다에서 이루어진 것이며, 나유타 겁에도 보기 어렵고 듣기 어렵다.

소년이여, 중생이 선근을 심지 않았거나 선근을 조금 심은 성문이나 보살들은 나의 이름도 듣지 못하는데 어떻게 나의 몸을 볼 수 있겠느냐.

소년이여, 중생이 내 이름을 듣기만 하여도 위없는 바른 보리에서 물러나지 않을 것이며, 나를 보거나 접촉하거나 맞이하거나 보내거나 잠깐 동안 따라다니거나 꿈에 보거나 들은 이도 역시 그러하다.

어떤 중생이 하루낮 하룻밤 동안 나를 생각하고 보리가 성숙한 이도 있고, 7일이나 7일 밤이나 보름이나 한 달이나 반 년이나 일 년이나 백 년이나 천 년이나 한 겁이나 백 겁 내지 말할 수 없이 한량없는 겁에 나를 생각하고 보리가 성숙한 이도 있으며, 한 생이나 백 생 내지 한량없는 생 동안 나를 생각하고 보리가 성숙한 이도 있으며, 나의 광명 놓는 것을 보거나 내가 세계를 진동하는 것을 보고 무서워하거나 즐거워 한 이들도 모두 보리가 성숙하게 된다.

소년이여, 나는 이러한 부처 세계의 티끌 수 방편문으로써 모든 중생을 위없는 바른 보리에서 물러나지 않게 한다.

소년이여, 중생이 나의 청정한 세계를 보고 들은 이는 반드시 이 청정한 세계에 날 것이며, 나의 청정한 몸을 보고 들은 이는 반드시 나의 청정한 몸 가운데 날 것이다.

소년이여, 마땅히 나의 청정한 몸을 보아야 한다.”

(39-53-2-4) 보현보살의 특이한 청정신

이때 선재동자가 보현보살의 몸을 보니 잘 생긴 모습과 사지 골절의 낱낱 털구멍에 한량없는 부처님 세계가 있고, 낱낱 세계 바다에 부처님이 세상에 출현하시는데 보살들에게 둘러 쌓여 있었다.

모든 세계 바다가 가지가지로 건립되고 형상을 하고 있었다. 가지가지로 장엄하고 큰 산들이 둘러쌓고 있으며, 빛 구름이 허공을 덮고 많은 부처님이 나타나서 여러 가지 법을 연설하시는 일들이 제각기 같지 않았다.

보현보살이 낱낱 세계 바다에서 부처 세계의 티끌 수 나툰 몸 구름을 내어 시방의 모든 세계에 가득하고 중생들을 교화하여 보리로 향하게 했다. 선재동자는 자기의 몸이 보현보살의 몸 속에 있는 시방의 세계에서 중생을 교화함을 보았다.

(39-53-2-5) 수승함을 비교하다

선재동자가 수많은 선지식을 친근하여 얻은 이러한 뿌리의 지혜 광명은 보현보살이 얻은 선근에 비하면 백천 분의 일에도 미치지 못했다.

선재동자가 처음 마음을 낸 때부터 보현보살을 보던 때까지 그 중간에 들어갔던 부처님 세계 바다는 지금 보현보살의 한 털구멍 속에서 잠깐 동안에 들어간 부처님 세계 바다와 비교하면 앞의 것보다 뒤에 것이 한량없이 많았다.

선재동자가 보현보살의 털구멍에 있는 세계에서 한 걸음을 걸을 적에 한량없는 부처 세계를 지나갔다. 이와 같이 걸어서 오는 세월이 끝나도록 걸어도, 오히려 한 털구멍 속에 있는 세계 바다의 차례와 갈무리와 차별과 두루 들어감과 이루어짐과 무너짐과 장엄과 그 끝난 데를 알지 못했다.

보살 대중 바다의 차례와 갈무리와 차별과 들어감과 모임과 흩어짐과 그 끝난 데도 알지 못했다.

중생 세계에 들어가서 중생의 근성을 아는 일과 중생들을 교화하고 조복하는 지혜와 보살의 머무는 깊은 자재함과 보살이 들어가는 여러 지위와 실천과 이 바다들의 끝도 알지 못했다.

선재동자가 보현보살의 털구멍 세계에 있어서 한 세계에서 한 겁 동안을 지내면서 걷기도 하고 한량없이 많은 세계의 티끌 수 겁 동안을 지내면서 걷기도 하며, 이 세계에서 없어지고 저 세계에 나타나지도 않으면서 잠깐 동안에 그지없는 세계 바다에 두루하여 중생들을 교화하여 위없는 바른 보리에 향하게 했다.

(39-53-2-6) 선재동자가 평등한 경계를 얻다
이때 선재동자는 보현보살의 행과 원의 바다를 믿어 보현보살과 평등하고 부처님과 평등했다. 한 몸이 모든 세계에 가득하여 세계가 평등하고 행이 평등하고, 바르게 깨달음이 평등하고 신통이 평등하고, 법륜이 평등하고 변재가 평등하고, 말씀이 평등하고 음성이 평등하고, 힘과 두려움 없음이 평등하고 부처님의 머무심이 평등하고 대자대비가 평등하고, 부사의한 해탈과 자재함이 모두 평등했다.

(39-53-3) 보현보살의 게송
이때 보현보살이 게송으로 말했다.

너희들 번뇌의 때 떨쳐 버리고 / 한마음으로 정신차려 자세히 들으라.
여래께서 바라밀을 구족하시고 / 해탈의 참된 길을 내가 말한다.

세간 떠나 부드럽고 훌륭한 장부 / 그 마음 깨끗하기 허공과 같고
지혜해의 큰 광명 항상 놓아서 / 중생의 어리석은 어둠을 없애네.

여래는 보고 듣기 어렵거늘 / 한량없는 억 겁에 이제 만나니
우담바라 좋은 꽃 어쩌다 핀 듯 / 그러므로 부처 공덕 들어야 하네.

세간을 따라 주며 지으시는 일 / 요술쟁이 모든 사실 나타내는 듯
중생 마음 기쁘게 하지만 / 분별하여 여러 생각 내지 않았네.

그때 보살들은 이 게송을 듣고 일심으로 갈망하며 여래 세존의 진실
한 공덕을 듣기 위해 이렇게 생각했다.
'보현보살은 모든 행을 갖추어 닦으시고 성품이 청정하시며, 하시는
말씀이 헛되지 않으시니 모든 여래께서 칭찬하신다.'
이렇게 생각하니 갈망하는 마음이 더욱 간절했다.
이때 보현보살은 공덕과 지혜를 갖추어 장엄하니 연꽃이 삼계의 모
든 티끌에 묻지 않았다. 여러 보살에게 말했다.
"그대들은 자세히 들으십시오. 내가 이제 부처님의 공덕 바다를 한
방울만큼 말하려 합니다."

(39-53-4) 보현보살이 부처님의 수승한 공덕을 찬탄하다
(39-53-4-1) 아는 것이 걸림 없는 공덕
이때 보현보살이 게송으로 말했다.

부처 지혜 크고 넓기가 허공 같아 / 중생들의 마음에 두루하시고
세간의 헛된 생각 모두 알지만 / 갖가지 다른 분별 내지 않는다.

한 생각에 삼세법 모두 다 알고 / 중생들의 근성도 잘 아시니
비유하면 교묘한 요술쟁이가 / 잠깐 동안 모든 일을 나타내는 듯한다.

(39-53-4-2) 진여의 가장 청정한 공덕
중생들의 마음과 갖가지 행과 / 옛날에 지은 업과 소원을 따라

그들이 보는 것은 같지 않지만 / 부처님은 생각이 동하지 않는다.

(39-53-4-3) 불사를 쉬지 않는 청정한 공덕

어떤 이는 가는 곳마다 부처님이 / 온 세계에 가득하지만
어떤 이는 마음이 깨끗하지 못해 / 무량겁에도 부처님을 보지 못한다.

어떤 이는 믿고 알아 교만이 없어 / 생각대로 여래를 뵙지마는
어떤 이는 마음이 부정하여 / 억 겁 동안 찾아도 만나지 못한다.

어떤 이는 가는 곳마다 부처님 음성 / 아름답게 내 마음 기쁘게 하나
어떤 이는 백천만억 겁을 지내도 / 마음이 부정하여 듣지 못한다.

(39-53-4-4) 부처님과 보살들이 국토를 장엄한 공덕

어떤 이는 청정한 큰 보살들이 / 삼천대천세계에 가득 차 있어
보현의 온갖 행을 갖춘 가운데 / 여래께서 의젓하게 앉아 있음을 본다.

이 세계가 미묘하기 짝이 없음은 / 오랜 세월 부처님이 장엄하신 것
비로자나 거룩하신 부처님께서 / 이 안에서 깨달아 보리 이루네.

아름다운 연꽃 세계를 보니 / 현수여래 그 가운데 앉아 계신 데
한량없는 보살 대중 둘러 모시고 / 보현행을 부지런히 닦기도 한다.

무량수불 계시는 곳을 보니 / 관자재보살들이 둘러 모시고
정수리에 물 붓는 지위에 있어 / 시방의 온 세계에 가득 찼네.

어떤 이는 삼천대천 이 세계가 / 여러 장엄 묘희세계와 비슷한데
아촉여래 그 가운데 앉아 계시고 / 향상과 같은 보살 모두 다 본다.

어떤 이는 명망 높은 월각부처님 / 금강당보살님과 함께 하시어
거울 같은 묘한 장엄 머물러 있어 / 깨끗한 시방세계 찼음을 본다.

일장세존 부처님을 보니 / 좋은 광명 청정한 국토에 계셔
정수리에 물 부은 보살과 함께 / 시방에 가득하여 법을 설한다.

금강불꽃 큰 부처님을 보니 / 지혜 당기 보살과 함께 하시어
광대한 모든 세계 두루 다니며 / 법을 말해 중생의 눈병 낫게 한다.

(39-53-4-5) 미세하게 서로 수용하는 공덕
털끝마다 한량없이 많은 부처님 / 삼십이상 팔십종호 구족하시고
여러 보살 권속에게 둘러쌓여서 / 가지가지 법을 말해 중생을 제도한다.

어떤 이는 한 터럭 구멍을 보니 / 구족하게 장엄한 넓은 세계에
한량없는 여래가 가운데 있고 / 청정한 불자들이 가득 찼네.

조그만 한 티끌 속을 보니 / 항하사 모래 수의 국토가 있고
한량없는 보살이 가득 차 있어 / 한량없이 많은 겁에 행을 닦는다.

한 터럭 끝만한 곳을 보니 / 한량없는 티끌 수 세계가 있어
가지가지 짓는 업이 각각 다른데 / 비로자나 부처님께서 법륜 굴리네.

(39-53-4-6) 여러 가지를 포섭한 공덕

어떤 세계는 깨끗하지 않고 / 어떤 세계는 깨끗한 보배로 되어
여래께서 한량없이 오래 사시며 / 열반하실 때까지 모습 모두 보인다.

시방의 모든 세계 두루하여서 / 갖가지로 부사의한 일을 보이고
중생들의 마음과 지혜, 업을 따라서 / 교화하여 모두 다 깨끗하게 한다.

이와 같이 위없는 대도사들이 / 시방의 모든 국토 가득 차 있어
여러 가지 신통한 힘 나타내심을 / 조금만 말하리니 그대 들으라.

(39-53-4-7) 수행하여 장애를 다스린 공덕

석가여래 부처 되신 것을 보니 / 부사의한 많은 겁을 이미 지냈고
어떤 이는 처음으로 보살이 되어 / 모든 중생 이익되게 하시네.

석가모니 부처님을 보니 / 앞선 부처님께 공양하며 도를 행하고
사람 중에 가장 높은 이가 되어 / 가지가지 힘과 신통 나타내시네.

보시도 행하시고 계율도 갖고 / 욕도 참고 정진하고 선정도 하며
지혜와 방편과 원과 역과 지를 닦아 / 중생의 마음 따라 나타내시네.

(39-53-4-8) 모든 외도를 항복 받은 공덕

바라밀을 끝까지 닦기도 하고 / 모든 지위에 편안히 있기도 하며
다라니와 삼매 신통과 지혜 / 이런 것을 나타내어 다함이 없네.

한량없는 겁 동안에 수행도 하고 / 보살의 참는 자리 있기도 하며

9

물러나지 않는 곳에 머무르기도 하며 / 정수리에 법의 물 붓기도 하네.

범왕과 제석과 사천왕 몸 나타내며 / 찰제리와 바라문도 나타내어
여러 가지 모양으로 장엄하는 일 / 요술쟁이가 만들어 내듯 하네.

(39-53-4-9) 세간에 걸리지 않는 공덕
도솔천에서 처음으로 내려오기도 하고 / 궁중에서 시녀들을 거느리시며
어떤 때는 모든 향락 다 버리고 / 출가하여 세속 떠나 도를 배우네.

처음 태어나고 혹은 멸하고 / 출가하여 수행과 행을 배우고
보리수 아래 앉아서 보니 / 마군을 항복 받고 정각 이루네.

부처님이 열반에 드시고 / 높고 묘한 탑이 세간에 가득하고
탑 가운데 부처 형상 모시기도 해 / 때를 알아 이렇게 나타내시네.

무량수 부처님을 보니 / 청정한 보살들께 수기 주시며
위없는 대도사가 되리라 하여 / 보처불로 극락세계 있기도 하네.

어떤 이는 한량없는 천억 겁 동안 / 부처님 일 지으시고 열반에 들며
이제 처음 보리를 이루고 / 어떤 이는 묘한 행을 닦기도 하네.

여래의 청정한 달을 보니 / 범천왕의 세상과 마의 궁전과
자재천궁·화락천에 있기도 하여 / 가지가지 신통 변화 나타내시네.

도솔천 궁전을 보니 / 한량없는 천인이 둘러 모시고

그들에게 법을 말해 환희하게 하며 / 마음 내어 부처님께 공양 올리네.

야마천 궁전을 보니 / 도리천과 사천왕과 용왕의 궁전
이러한 여러 가지 궁전에서 / 그 안에서 형상을 나타내시네.

연등불 세존님께 꽃을 뿌리며 / 머리카락 땅에 깔아 공양하시고
그로부터 묘한 법 깊이 깨달아 / 언제나 이 길로써 중생을 교화하시네.

오래 전에 열반하신 부처도 있고 / 어떤 이는 처음으로 보리 이루며
어떤 이는 한량없는 겁에 살고 / 어떤 이는 잠깐 만에 열반에 드네.

모습이나 광명이나 사는 수명과 / 지혜로나 보리나 열반하는 일
회중이나 교화 받는 위의와 음성 / 이런 것이 낱낱이 수없이 많네.

어떤 때는 엄청난 몸을 나투어 / 비유하면 큰 보배 수미산 같고
결가부좌하여 움직이지 않으니 / 그지없는 세계가 충만하시네.

둥근 광명 한 길도 되고 / 어떤 이는 천만억 유순도 되며
한량없는 국토에 비추다가도 / 어떤 때는 온 세계에 가득 차네.

부처님 팔십 년 사시고 / 백천만억 세월을 살기도 하며
헤아릴 수 없는 겁을 살기도 하여 / 이렇게 수많은 세월이 다 지나가네.

부처 지혜 깨끗하고 걸림이 없어 / 한 생각에 삼세법 두루 다 알고
마음의 인연으로 생긴 것이며 / 생멸이 덧없어서 제 성품 없네.

한 세계 가운데 정각 이루고 / 모든 세계 곳곳마다 이루시는 일
모든 것 하나 되고 하나가 모두 되어 / 중생의 마음 따라 나타내시네.

(39-53-4-10) 정법을 세운 공덕

여래는 위없는 도에 계시며 / 십력과 사무외의 힘 성취하시어
지혜를 구족하고 걸림 없으며 / 십이연기 법륜을 굴리시네.

사성제의 참된 이치 분명히 알고 / 열두 가지 인연법 분별하시며
법과 뜻과 듣기 좋고 걸림 없는 말 / 네 가지 변재로써 연설하시네.

모든 법은 나가 없고 모양도 없고 / 업의 성품 생기지 않고 잃지도 않아
모든 일 여의어 허공 같으나 / 부처님 방편으로 분별하시네.

여래께서 이렇게 법륜 굴리어 / 시방의 모든 국토 진동하고
궁전과 산과 강이 흔들리지만 / 중생들을 조금도 놀라게 하지 않네.

여래께서 광대한 소리로 연설하여 / 근성과 욕망 따라 이해하게 하며
마음 내어 의혹을 덜게 하지만 / 부처님은 처음부터 마음 안 내네.

보시하고 계행 갖고 참음과 정진 / 선정과 지혜며 방편과 지
대자·대비·대희·대사 듣기도 하며 / 가지가지 음성이 각각 다르네.

사념치와 네 가지 정근 / 오신족과 오근과 십력은 깨닫는 길
모든 생각과 신통과 선정과 지혜의 / 한량없는 방편 법문 듣기도 하네.

용과 신의 팔부중과 사람과 비인간 / 범천·제석·사왕천의 하늘 무리들
부처님의 한 음성 법을 말해 / 그들의 종류 따라 다 알게 하네.

탐욕 많고 성 잘내고 어리석음과 / 분하고 가리우고 질투와 교만
팔만 사천 번뇌가 각각 다르나 / 제각기 다스리는 법문을 듣네.

희고도 깨끗한 법 닦지 못한 이 / 열 가지 계행 말해 듣게 하시고
벌써부터 보시하며 조복한 이는 / 고요한 열반 법문 들려주시네.

어떤 사람 용렬하고 자비가 없어 / 생사를 싫어하고 떠나려 하면
세 가지 해탈 법문 들려주어 / 괴로움 없는 열반락을 얻게 해 주네.

어떤 사람 성품은 욕심이 적어 / 삼유를 등지고 고요하려면
인연으로 생기는 법 말해 주어 / 독각승을 의지하여 여의게 하네.

어떤 이는 청정하고 마음이 커서 / 보시·계율 모든 공덕 갖추어 행하며
여래를 친근하여 자비한 이는 / 대승법을 말해 듣게 하시네.

어떤 국토에서는 일승법 듣고 / 이승과 삼승이며 소승과 대승과
한량없는 승을 듣게 하시니 / 이런 것이 모두 다 여래의 방편이네.

열반의 고요함은 다르지 않으나 / 지혜와 행은 차별 있으니
마치 허공 성품은 하나이지만 / 나는 새가 멀고 가까운 것은 같지않네.

부처님의 음성도 그와 같아 / 모든 법계 허공에 두루하지만

중생들의 마음과 지혜를 따라 / 듣는 바와 보는 바가 각각 다르다.

부처님이 지난 세월 모든 행 닦고 / 좋아하는 마음 따라 법을 말하나
이것저것 계교하는 마음 없으니 / 누구에게 차별하여 말하겠는가.

여래의 얼굴에서 큰 광명 놓아 / 팔만 사천 가지가 구족하시니
말씀하는 법문도 그와 같아 / 세계에 두루 비춰 번뇌 없앤다.

(39-53-4-11) 수기의 공덕
청정한 공덕과 지혜 갖추고 / 세 가지 세간들을 항상 따르나
비유하면 허공이 물들지 않듯 / 중생을 위해 나타나시네.

나고 늙고 병들어 죽는 괴로움 보이며 / 세상에서 장수함도 보이시니
세간 사람 따라서 나타내시며 / 성품은 청정하여 허공과 같네.

법계의 모든 국토 끝이 없으며 / 중생의 근성과 욕망이 한량없으나
여래의 지혜 눈이 분명히 보고 / 교화할 방편따라 길을 보이네.

(39-53-4-12) 용수신과 변화신의 공덕
허공과 시방세계 끝닿은 데 없고 / 거기 있는 천상·인간 많은 대중들
그들의 생김새가 같지 않거든 / 부처님 몸 나투심도 그와 같네.

사문들이 모인 속에 있을 때에는 / 머리와 수염 깎고 가사 두르고
옷과 발우 가지고 몸 보호하면 / 그들이 즐거워서 번뇌를 쉬네.

어떤 때에 바라문을 친근할 적엔 / 그를 위해 파리한 몸 나타내어
지팡이와 물병 들고 항상 깨끗해 / 지혜를 구족하여 변론 잘하네.

옛 것 뱉고 새 것 삼켜 배를 채우고 / 바람 먹고 이슬만 마시며
앉았거나 섰거나 꼼짝 않으니 / 이러한 고행으로 번뇌를 굴복시키네.

(39-53-4-13) 지혜로 일체법을 밝게 통달한 공덕

세상의 계행 가져 스승도 되고 / 의학을 통달하고 언론 잘 하며
글씨나 수학이나 천문과 지리 / 이 몸의 길흉화복 모두 잘 아네.

모든 선정 해탈문에 깊이 들었고 / 삼매와 신통 변화 지혜 행하며
말과 글을 잘 하고 놀기도 잘 해 / 방편으로 불도에 들게 하시네.

(39-53-4-14) 갖가지 행을 행하는 공덕

훌륭한 옷을 입어 몸치장하고 / 머리에는 화관 쓰고 일산을 받고
군병들이 앞뒤에서 호위하면서 / 군중에게 위엄 보여 왕을 굴복시키네.

어느 때는 재판하는 법관이 되어 / 세간의 모든 법률 분명히 알고
잘하고 잘못한 것 밝게 살피어 / 모든 사람 기뻐서 복종하게 하네.

어떤 때는 제왕의 보필이 되어 / 임금의 정치하는 법을 잘 쓰니
시방이 이익 얻어 두루하지만 / 모든 중생 웬일인지 알지 못하네.

어떤 때는 좁쌀 같은 임금도 되고 / 날아서 다니는 전륜왕 되어
왕자들과 시녀와 모든 권속 / 교화를 받지마는 알지 못하네.

9

세상을 보호하는 사천왕 되어 / 왕과 용과 야차들을 통솔도 하고
그들에게 묘한 법을 연설해서 / 모두 기뻐하며 복되게 하네.

어떤 때는 도리천왕이 되어 / 선법당 환희원에 머무르면서
머리에 화관 쓰고 법을 말하니 / 천인들이 쳐다보고 측량 못하네.

야마천과 도솔천에도 있고 / 화락천과 자재천과 마왕의 처소에도 있고
마니보배 궁전에 거처하면서 / 진실한 행을 말해 조복 받네.

범천들이 모인 곳에 가기도 하여 / 한량없는 네 마음과 선정 말하며
환희롭게 하고서는 떠나지만 / 오고가는 형상을 알지 못하네.

십팔천의 아가니타 천에 이르러서는 / 깨달음의 부분인 보배 꽃들과
한량없는 공덕을 말해 주고 / 버리고 가지마는 아는 이 없네.

(39-53-4-15) 걸림없는 지혜로 중생을 교화하는 공덕
여래의 걸림없는 지혜로 보니 / 그 가운데 살고 있는 여러 중생들
모두 다 그지없는 방편문으로 / 갖가지로 교화하여 성취하게 하네.

요술쟁이 이상한 요술을 부려 / 여러 가지 환술을 만들어 내듯
부처님의 중생 교화 그와 같아 / 그들에게 여러 가지 몸을 보이네.

비유컨대 깨끗한 달 허공에 있어 / 중생들이 초승·보름달 보게 되거든
수많은 강과 못에 영상이 비쳐 / 크고 작은 별의 빛을 뺏어 버리듯.

여래의 지혜 달도 세간에 떠서 / 둥글고 이지러짐 보여 주는데
보살의 마음 물엔 영상 있지만 / 성문들의 별빛은 광명이 없네.

비유컨대 바다에 보배가 가득하며 / 청정하여 흐리지 않고 한량없거든
사주(四洲) 세계 중생과 모든 것의 / 영상이 그 가운데 나타나듯.

부처님 몸 공덕 바다 그와 같아 / 때 없고 흐리고 끝이 없어서
법계에 살고 있는 모든 중생 / 형상이 나타나지 않는 것 없네.

(39-53-4-16) 한량없는 부처님 지혜의 공덕
밝은 해가 광명 놓으면 / 본처에서 움직임 없이 시방 비추니
부처님 해 광명도 그와 같아 / 가고 옴이 없어도 어둠을 없애네.

비유컨대 용왕이 큰 비 내릴 적에 / 몸에서나 마음에서 나지 않지만
넓은 땅을 두루 적셔 흡족하게 하고 / 찌는 더위 씻어서 서늘하게 하네.

부처님의 법 비도 그와 같아 / 부처 몸과 마음에서 나지 않지만
여러 중생을 깨우쳐 주어 / 세 가지 독한 불을 꺼 버리시네.

(39-53-4-17) 평등한 법신의 공덕
여래의 청정하고 묘한 법의 몸 / 온 누리 삼계에 짝이 없으며
세간의 말로써는 형용 못하니 / 그 성품 있지도 않고 없지도 않네.

의지한 데 없으나 어디나 있고 / 안 가는 곳 없으나 가지 않으니
허공에 그린 그림 꿈에 보듯이 / 부처님의 성품도 이렇게 보라.

(39-53-4-18) 마음을 따라 불토를 나타내는 공덕
삼계에 있고 없는 모든 법을 / 부처님과 비유는 할 수 없으니
산림 속에 살고 있는 새와 짐승들 / 허공을 의지하여 사는 것 같네.

(39-53-4-19) 삼신의 한량없는 공덕
바다 속에 마니보배 한량없는 빛 / 부처님 몸 차별도 그와 같아
여래는 빛이고 빛 아님도 아닌데 / 응해서 나타나지만 있는 데 없네.

(39-53-4-20) 진여와 실상과 열반의 공덕
허공이나 진여나 실제이거나 / 열반과 법의 성품 적멸 따위나
이와 같이 진실한 법으로만 / 여래를 드러내어 보일 수 있네.

(39-53-4-21) 공덕 찬탄함을 맺고 믿기를 권하다
세계 티끌 같은 마음 세어서 알고 / 큰 바다 물이라도 마셔 다하고
허공을 측량하고 바람 붙들어 매도 / 부처님의 공덕은 무량하네.

이러한 공덕 바다 누가 듣고서 / 기뻐하며 믿는 마음 내는 이들은
위에 말한 공덕을 얻게 되리니 / 여기에 다른 의심을 내지를 말라.

(39-54) 보현행원품(普賢行願品)
(39-54-1) 부처님의 수승한 공덕은 한량없다
그때 보현보살은 부처님의 거룩한 공덕을 찬탄하고 선재동자와 보살
들에게 말했다.
"선재동자여, 부처님의 공덕은 비록 시방세계 모든 부처님이 이루 다
말할 수 없이 많은 부처님 세계의 아주 작은 티끌만치 많은 수의 겁을

계속하여 말해도 다하지 못한다.

(39-54-2) 열 가지 서원의 이름을 열거하다

그와 같은 공덕을 이루려면 열 가지 큰 행원을 닦아야 한다.

모든 부처님께 예배하고 공경함이 그 하나며, 부처님을 우러러 찬탄함이 그 둘이며, 널리 공양함이 그 셋이며, 스스로의 업장을 참회함이 그 넷이며, 남의 공덕을 따라 기뻐함이 그 다섯이며, 설법하여 주기를 청함이 그 여섯이며, 부처님이 세상에 오래 머무르시기를 청함이 그 일곱이며, 항상 부처님을 따라 배움이 그 여덟이며, 항상 중생을 따름이 그 아홉이며, 모두 다 회향함이 그 열이다.

(39-54-2-1) 모든 부처님께 예경하다

선재동자가 여쭈었다.

"보현보살이여, 어떻게 예배하고 공경하며, 어떻게 회향합니까?"

"소년이여, 부처님께 예배하고 공경한다는 것은 온 법계, 허공계, 시방 삼세 모든 부처님 세계의 작은 티끌만치 많은 수의 모든 부처님들께 보현의 수행과 서원의 힘으로 깊은 믿음을 일으켜 눈앞에 뵌 듯이 받들고 청정한 몸과 말과 뜻으로 항상 예배하고 공경하는 것이다.

낱낱이 부처님께 이루 다 말할 수 없는 아주 작은 티끌만치 많은 수의 몸을 나타내어 그 한몸 한몸이 이루 다 말할 수 없는 아주 작은 티끌만치 많은 부처님께 두루 절하는 것이니, 허공계가 다해야 나의 이 예배하고 공경함도 다하려니와, 허공계가 다할 수 없으므로 나의 이 예배하고 공경함도 다함이 없다.

이와 같이 중생의 세계가 다하고, 중생의 업이 다하고, 중생의 번뇌가 다하여야 나의 예배함도 다하려니와, 중생계와 내지 중생의 번뇌가 다함이 없으므로 나의 이 예배하고 공경함도 다함이 없다.

염념이 계속하여 쉬지 않지만 몸과 말과 뜻으로 하는 일은 지치거나 싫어함이 없다.

(39-54-2-2) 모든 여래를 칭찬하다

소년이여, 부처님을 찬탄한다는 것은 온 법계, 허공계, 시방 삼세 모든 부처님 세계의 아주 작은 낱낱 티끌 가운데 모든 세계의 아주 작은 티끌 수의 부처님이 계시고, 부처님 계신 데마다 보살 대중이 모여와 둘러싸 모시는 것이니 내가 깊은 생각으로 앞에 나타나듯 알아보며, 변재천녀의 미묘한 혀보다 더 훌륭한 혀를 내어 그 낱낱 혀로 그지없는 소리를 내고 낱낱 소리로 온갖 말을 내어, 부처님들의 모든 공덕을 찬탄하며, 오는 세월이 다 하도록 계속하여 그치지 않아 법계가 끝난 데까지 두루 한 것이다.

이와 같이 하여 허공계가 끝나고, 중생계가 끝나고, 중생의 업이 끝나고, 중생의 번뇌가 끝나야 나의 찬탄이 끝나려니와 허공계와 내지 중생의 번뇌가 끝날 수 없으므로 나의 찬탄도 끝남이 없나니, 염념이 계속하여 잠깐도 쉬지 않건만 몸과 말과 뜻으로 하는 일은 지치거나 싫어함이 없다.

(39-54-2-3) 널리 공양을 수행하다

소년이여, 널리 공양한다는 것은 온 법계, 허공계, 시방 삼세 모든 부처님 세계의 아주 작은 티끌의 그 하나하나마다 일체 세계의 아주 작은 티끌만치 많은 수의 부처님이 계시고, 부처님 계신 데마다 가지가지 보살 대중이 모여서 둘러싸 모시는 것이니, 나의 수행과 서원의 힘으로 깊은 믿음과 생각을 일으켜 눈앞에 나타나듯 알아보며 훌륭한 공양거리로 공양하니, 꽃과 꽃 타래와 하늘 음악과 하늘 일산과 하늘 옷과 여러 가지 하늘 향과 바르는 향, 사르는 향, 가루 향과 이와 같은 것들의 낱낱 무더기와 수미산 같으며, 우유 등, 기름 등, 향유 등 같은 여러 가지로 켜는 등불의 심지는 각각 수미산 같고 기름은 바닷물 같아서 이와 같은 여러 가지 공양거리로 공양한다.

소년이여, 모든 공양 가운데는 법공양이 으뜸이다.

부처님 말씀대로 수행하는 공양과 중생들을 이롭게 하는 공양과 중생들을 거두어 주는 공양과 중생들의 고통을 대신하는 공양과 착한 바탕 닦는 공양과 보살의 할 일을 버리지 않는 공양과 보리심을 여의지 않는 공양들이 그것이다.

소년이여, 먼저 말한 여러 가지로 공양한 한량없는 공덕을 한 생각 잠깐 동안 법으로 공양한 공덕에 비하면, 그 백분의 일에도 못 미치며 내지 나유타 분의 일에도 못 미친다.

왜냐하면 부처님은 법을 존중하기 때문이며, 부처님 말씀대로 수행함이 부처님을 내기 때문이며, 보살들이 법공양을 행하면 이것이 곧 부처님께 공양함을 성취하는 것이며, 이와 같이 수행함이 진실한 공양이기 때문이다.

이는 넓고 크고 가장 훌륭한 공양이니 허공계가 끝나고, 중생계가 끝나고, 중생의 업이 끝나고, 중생의 번뇌가 끝나야 나의 공양이 끝나려니와, 허공계와 내지 중생의 번뇌가 끝날 수 없으므로 나의 이 공양도 끝나지 않는다.

이와 같이 염념이 계속하여 잠깐도 쉬지 않지만 몸과 말과 뜻으로 하는 일은 지치거나 싫어함이 없다.

(39-54-2-4) 모든 업장을 참회하다

소년이여, 업장을 참회한다는 것은 보살이 스스로 생각하기를 '내가 지나간 세상에 비롯되는 겁 동안에 탐내고 성내고 어리석은 탓으로 몸과 말과 뜻으로 악한 업을 지음이 한량없으니, 그 악한 업이 형태가 있다면 끝없는 허공으로도 그것을 용납할 수가 없을 것이다. 내가 이제 청정한 세 가지 업으로 법계에 두루 한 작은 티끌 세계의 모든 부처님과 보살 대중 앞에 지극한 마음으로 참회하고 다시는 악한 업을 짓지 않으며, 깨끗한 계율의 모든 공덕에 항상 머물겠습니다.' 하고 생각하였다.

이와 같이 하여 허공계가 끝나고, 중생계가 끝나고, 중생의 업이 끝나고, 중생의 번뇌가 끝나야 나의 참회도 끝나려니와, 허공계와 내지 중생의 번뇌가 끝날 수 없으므로 나의 이 참회도 끝나지 않는다.

염념이 계속하여 잠깐도 쉬지 않지만 몸과 말과 뜻으로 하는 일은 지치거나 싫어함이 없다.

(39-54-2-4) 남의 공덕을 따라 기뻐하다

소년이여, 남의 공덕을 따라 기뻐한다는 것은 온 법계, 허공계, 시방 삼세 모든 부처님 세계의 작은 티끌만치 많은 수의 여러 부처님들이 첫 발심한 때로부터 모든 지혜를 위하여 복덕을 부지런히 닦을 적에, 몸과 목숨을 아끼지 않고 이루 다 말할 수 없이 많은 부처님 세계의 작은 티끌만치 많은 수의 겁을 지나는 동안 이루 다 말할 수 없이 많은 부처님 세계의 작은 티끌만치 많은 수의 머리와 눈과 손과 발을 버렸다.

이와 같이 행하기 어려운 고행을 하면서 가지가지 바라밀다문을 원만히 갖추었고 가지가지 보살의 지혜에 들어가 부처님의 가장 훌륭한 보리를 성취했으며, 열반에 든 뒤에는 그 사리를 나누어 공양했으며, 그 모든 착한 바탕을 나도 따라 기뻐하며, 시방 세계의 여섯 갈래 길에서 네 가지로 생겨나는 모든 종류들이 지은 공덕과, 한 티끌만한 것이라도 내가 모두 따라서 기뻐하며, 시방 삼세 모든 성문과 벽지불의 배우는 이와 배울 것 없는 이의 온갖 공덕을 내가 모두 따라서 기뻐하며, 모든 보살들이 한량없이 행하기 어려운 고행을 닦으면서 가장 높은 보리를 구하던 그 넓고 큰 공덕을 내가 모두 따라서 기뻐했다. 이와 같이 하여 허공계가 다하고 중생계가 다하고, 중생의 업이 다하고, 중생의 번뇌가 다하여도 나의 이 함께 기뻐함은 끝나지 않는다.

염념이 계속하여 쉬지 않건만 몸과 말과 뜻으로 하는 좋은 일은 지치거나 싫어함이 없다.

(39-54-2-6) 법륜 굴리기를 청하다

소년이여, 설법해 주기를 청한다는 것은 온 법계, 허공계, 시방 삼세 모든 부처님 세계의 아주 작은 티끌 하나하나마다 이루 다 말할 수 없이 많은 부처님 세계의 아주 작은 티끌같이 많은 수의 넓고 큰 부처님 세계가 있고, 그 낱낱의 세계 안에서 잠깐 동안에 이루 다 말할 수 없이 많은 부처님 세계의 아주 작은 티끌만치 많은 수의 부처님이 바른 깨달음을 이룬다. 모든 보살 대중이 둘러 앉아 있으니 내가 몸과 말과 뜻으로 하는 가지가지 방편으로써 법문 설하여 주기를 은근히 청하는 것이다.

이와 같이 하여 허공계가 끝나고, 중생계가 끝나고, 중생의 업이 끝나고, 중생의 번뇌가 끝나더라도 내가 모든 부처님께 항상 바른 법 설하여 주기를 청함은 끝남이 없을 것이니, 염념이 계속하여 잠깐도 쉬지 않건만 몸과 말과 뜻으로 하는 일은 지치거나 싫어함이 없다.

(39-54-2-7) 부처님이 세상에 오래 머무시기를 청하다

소년이여, 부처님이 세상에 오래 계시기를 청한다는 것은 온 법계, 허공계, 시방 삼세 모든 부처님 세계의 작은 티끌만치 많은 수의 부처님이 열반에 드시려 하거나 모든 보살, 성문, 연각의 배우는 이와 배울 것이 없는 이와, 선지식들에게 내가 권하여 열반에 들지 말고 모든 부처님 세계의 작은 티끌만치 많은 수의 겁을 지나도록 일체 중생을 이롭게 하여 달라고 청하는 것이다.

이와 같이 하여 허공계가 끝나고, 중생계가 끝나고, 중생의 업이 끝나고, 중생의 번뇌가 끝나더라도 나의 권청하는 일은 끝나지 않는다. 염념이 계속하여 잠깐도 끊어짐이 없지만 몸과 말과 뜻으로 하는 일은 지치거나 싫어함이 없다.

(39-54-2-8) 항상 부처님을 따라 배운다

소년이여, 부처님을 따라서 배운다는 것은 이 사바세계의 비로자나 부처님께서 처음 발심한 때로부터 정진하여 물러나지 않으시고 이루다 말할 수 없는 몸과 목숨으로 보시하며, 가죽을 벗겨 종이를 삼고 뼈를 쪼개어 붓을 삼고, 피를 뽑아 먹물을 삼아서 경전을 쓰기를 수미산 높이 같이 하면서 법을 소중히 여기므로 목숨도 아끼지 않는다. 그런데 임금의 자리나 도시나 시골이나 궁전이나 동산 따위의 갖가지 물건과 어려운 가지가지 고행에 집착하겠는가.

보리수 아래서 정각을 이루던 일이며, 여러 가지 신통을 보이고 가지가지 변화를 일으키며, 갖가지 부처 몸을 나타내어 온갖 대중이 모인 곳에 계실 적에 혹은 모든 보살 대중이 모인 도량이나 성문과 벽지불 대중이 모인 도량이나 전륜성왕과 작은 왕이나 그 권속들이 모인 도량이나 찰제리, 바라문, 장자, 거사들이 모인 도량이나, 내지 하늘과 용, 팔부신중과 사람인 듯 아닌 듯 한 것들이 모인 도량에 있어, 이와 같은 여러 가지 큰 모임에서 원만한 음성을 천둥소리 같이 하여 그들의 욕망에 따라 중생의 기틀을 무르익게 하던 일과 마침내 열반에 들어 보이시던, 이와 같은 온갖 일을 내가 모두 따라 배우며, 지금의 비로자나 부처님께와 같이 온 법계, 허공계, 시방 삼세 모든 부처님 세계의 티끌 속에 계시는 모든 부처님들께도 이와 같이 하여 염념이 내가 따라 배우는 것이다.

이와 같이 하여 허공계가 끝나고, 중생계가 끝나고, 중생의 업이 끝나고, 중생의 번뇌가 끝나더라도 나의 이 따라서 배우는 일은 끝나지 않고 염념이 계속하여 잠깐도 쉬지 않으며 몸과 말과 뜻으로 하는 일은 지치거나 싫어함이 없다.

(39-54-2-9) 항상 중생들을 수순하다

소년이여, 중생의 뜻에 항상 따른다는 것은 온 법계, 허공계, 시방 세계의 중생들이 여러 가지 차별이 있어 알에서 나고, 태에서 나고, 습기로 나고 화하여 나기도 하나니 땅과 물과 불과 바람을 의지하여 살기도 하고, 허공을 의지하여 살기도 하며, 풀과 나무를 의지하여 살기도 하는 바, 여러 가지 생류와 여러 가지 몸과 여러 가지 형상과 여러 가지 모양과 여러 가지 수명과 여러 가지 종족과 여러 가지 이름과 여러 가지 성질과 여러 가지 소견과 여러 가지 욕망과 여러 가지 뜻과 여러 가지 위의와 여러 가지 의복과 여러 가지 음식으로 여러 시골의 마을과 도시의 큰 집에 사는 이들이며, 내지 하늘과 용, 팔부 신중과 사람인 듯 아닌 듯한 것들이며, 발 없는 것, 두발 가진 것, 네발 가진 것과 여러 발 가진 것이며, 빛깔 있는 것, 빛깔 없는 것, 생각 있는 것, 생각 없는 것, 생각 있는 것도 아니고 생각 없는 것도 아닌 것 따위를 내가 모두 그들에게 수순하여 가지가지로 섬기고 가지가지로 공양하기를 부모같이 공경하고, 스승과 아라한과, 내지 부처님이나 다름이 없이 받들며, 병든 이에게는 의원이 되고, 길 잃은 이에게는 바른 길을 보여 주고, 캄캄한 밤에는 빛이 되며, 가난한 이에게는 묻혀 있는 보배를 얻게 하면서 이렇게 보살이 일체 중생을 평등하게 이롭게 함을 말하는 것이다.

보살이 중생을 수순하는 것은 곧 부처님께 순종하여 공양하는 것이 되고, 중생들을 존종하여 섬기는 것은 곧 부처님을 존중하여 받드는 것이 되며, 중생들을 기쁘게 하는 것은 곧 부처님을 기쁘게 함이 된다. 그 까닭은 부처님은 자비하신 마음으로 바탕을 삼으시기 때문이다. 중생으로 인하여 큰 자비심을 일으키고, 자비로 인하여 보리심을 내고, 보리심으로 인하여 정각을 이루심이, 마치 넓은 벌판 모래사장에 서 있는 큰 나무의 뿌리가 물을 만나면 가지와 잎과 꽃과 열매가 모두 무성함과 같으니, 나고 죽는 광야의 보리수도 또한 이와 같다.

일체 중생은 뿌리가 되고 부처님과 보살들은 꽃과 열매가 되어, 자비의 물로 중생들을 이롭게 하면 모든 부처님과 보살들의 지혜의 꽃과 열매를 이룬다.

왜냐하면 보살들이 자비의 물로 중생들을 이롭게 하면 위없는 바른 깨달음을 성취하기 때문이다. 그러므로 깨달음은 중생에게 달렸으니 중생이 없으면 모든 보살이 마침내 가장 훌륭한 정각을 이루지 못한다.

소년이여, 그대는 이 이치를 이렇게 알라.

'중생에게 마음을 평등이 함으로써 원만한 자비를 성취하고, 자비심으로 중생들을 수순함으로써 부처님께 공양함을 성취하는 것이다.'라고.

보살은 이와 같이 중생을 수순하니 허공계가 다하고, 중생계가 다하고, 중생의 업이 다하고, 중생의 번뇌가 다하여도 나의 수순함은 다함이 없다.

염념이 계속하여 잠깐도 쉬지 않지만 몸과 말과 뜻으로 하는 일은 지치거나 싫어함이 없다.

(39-54-2-10) 널리 다 회향하다

소년이여, 모두 다 회향한다는 것은 처음 예배하고 공경함으로부터 중생의 뜻에 수순함에 이르기까지, 그 모든 공덕을 온 법계, 허공계 일체 중생에게 회향하여 중생들로 하여금 항상 편안하고 즐거움을 얻게 하고 병고가 없게 하기를 원하며, 하고자 하는 나쁜 짓은 모두 이룩되지 않고 착한 일은 빨리 이루어지며, 온갖 나쁜 갈래의 문은 닫아 버리고 인간이나 천상이나 열반에 이르는 바른 길은 열어 보이며, 중생들이 쌓아 온 나쁜 업으로 말미암아 받게 되는 모든 무거운 고통의 과보를 내가 대신하여 받으며, 그 중생들이 모두 다 해탈을 얻고 마침내는 더 없이 훌륭한 보리를 성취하기를 원하는 것이다.

보살은 이와 같이 회향하나니 허공계가 끝나고, 중생계가 끝나고, 중생의 업이 끝나고, 중생의 번뇌가 끝나더라도 나의 이 회향은 끝나지 않고, 염념이 계속하여 쉬지 않건만 몸과 말과 뜻으로 하는 일은 지치거나 싫어함이 없다.

(39-54-3) 보현보살 십대 게송으로 거듭 밝히다
(39-54-3-1) 예경제불 노래

온 법계 허공계의 시방세계 가운데
삼세의 한량없는 부처님께
이내의 깨끗한 몸과 말과 뜻으로
한 분도 빼지 않고 두루 예배하며

보현보살 행과 원의 크신 힘으로
한량없는 부처님들 앞에 나아가
한 몸으로 티끌 수의 몸을 나타내
티끌 수의 부처님께 예배합니다.

(39-54-3-2) 칭찬여래 노래
한 티끌 속 티끌 수의 부처님들이
보살 대중 모인 속에 각각 계시고
온 법계의 티끌 속도 그와 같아서
부처님이 가득함을 깊이 믿으며

제각기 가지각색 음성 바다로
그지없는 묘한 말씀 널리 펴내어서
오는 세상 모든 겁이 다할 때까지
부처님의 깊은 공덕 찬탄합니다.

(39-54-3-3) 광수공양 노래
가장 좋고 아름다운 모든 꽃 타래
좋은 음악 바르는 향 보배 일산과
이와 같이 훌륭한 꾸미개로써
한량없는 부처님께 공양하오며

가장 좋은 의복들과 가장 좋은 향
가루 향과 사르는 향 등과 촛불을
하나하나 수미산과 같은 것으로

한량없는 부처님께 공양하오며

넓고 크고 잘 깨닫는 이내 마음으로
삼세의 모든 여래 깊이 믿사옵고
보현보살 행과 원의 크신 힘으로
두루두루 부처님께 공양합니다.

(39-54-3-4) 참제업장 노래
지난 세상 내가 지은 모든 악업은
성 잘 내고 욕심 많고 어리석은 탓
몸과 말과 뜻으로 지었으며
내가 이제 속속들이 참회합니다.

(39-54-3-5) 수희공덕 노래
시방세계 여러 종류 모든 중생과
성문, 연각, 배우는 이, 다 배운 이와
모든 부처, 보살들의 온갖 공덕을
지성으로 받들어서 기뻐합니다.

(39-54-3-6) 청전법륜 노래
시방의 모든 세간 비추시는 등불로
큰 보리 맨 처음 이루신 이께
더 없이 묘한 법을 설하시라고
내가 지금 지성으로 권청합니다.

(39-54-3-7) 청불주세 노래

모든 부처 열반에 드시려 할 때
이 세상에 오래오래 머무르시며
모든 중생 건지셔서 즐겁게 하시기를
내가 모두 지성으로 권청합니다.

(39-54-3-8) 보개회향 노래

예경하고 공양하고 찬탄한 복과
오래 계셔 법문하실 것을 권한 복과
따라서 기뻐하고 참회한 선근
중생들과 보리도에 회향합니다.

(39-54-3-9) 상수불학 노래

내가 여러 부처님을 따라 배우고
보현보살 원만한 행 닦아 익혀서
지난 세상 시방세계 부처님들과
지금 계신 부처님께 공양하며

오는 세상 천상, 인간 대도사들께
여러 가지 즐거움이 원만하도록
삼세의 부처님을 따라 배워서
보리도를 성취하기 원하옵니다.

(39-54-3-10) 항순중생 노래

끝없는 시방 법계 모든 세계를

웅장하고 청정하게 장엄하옵고
부처님을 대중들이 둘러 모시어
보리수나무 아래 앉아 계시니

시방세계 살고 있는 모든 중생들
근심 걱정 여의어서 항상 즐겁고
깊고 깊은 바른 법의 이익을 얻어
온갖 번뇌 다 없기를 축원합니다.

(39-54-4) 균여의 보현십원가
(39-54-4-1) 예경제불가(禮敬諸佛歌)
마음의 붓으로
그리는 부처 전에
절 하옵는 이 몸은
법계 끝까지 이르리라.
일체 낱낱 티끌의 부처님 세계여
세계마다 모시옵는
법계 가득 차신 부처님
구세가 다하도록 예경합니다.
아! 이 몸과 말과 뜻은 쉼 없이
이에 부지런히 사무치리.

(39-54-4-2) 칭찬여래가(稱讚如來歌)
오늘 모든 무리가
'나무불'이라 부르는 혀에

9

끝없는 변재의 바다가
한 생각 안에 솟아나누나.
속세의 허망함이 모시는
공덕의 몸을 다하옵기에
끝없는 공덕의 바다여
부처로써 찬탄하고져.
아! 비록 한 터럭만큼도 부처님의 덕은
사뢸 수가 없어라.

(39-54-4-3) 광수공양가(廣修供養歌)
부젓가락 잡고
부처님 앞 등잔을 고치려 들면
심지는 수미산이요,
기름은 큰 바다를 이루는구나.
손은 법계가 다하도록 합장하며
이 손에 불법의 공양거리로
법계에 가득하신 부처님께
부처님마다 한결같이 공양하고 싶으니
아! 공양이야 많으나
이것이 가장 큰 공양이로다.

(39-54-4-4) 참회업장가(懺悔業障歌)
전도 여의어
보리 향한 길을 몰라 헤매어
짓게 되는 악업은

법계에 넘쳐 납니다.
악한 버릇에 떨어지는 삼업
청정의 주로 지니고
오늘 대중들이 바로 참회하오니
시방의 부처님 증명하소서.
아아, 중생계가 다해야
나의 참회도 다 하리
미래세에는 길이 업보를 버리고져.

(39-54-4-5) 수희공덕가(隨喜功德歌)

어리석음과 깨달음이 하나인
연기의 이치를 찾아보고는
부처도 중생도
내 몸 아닌 남이 있으리오.
닦아야 할 도를 내가 지금 닦으니
얻는 것마다 남이 없네
어느 누구의 착한 공덕인 들
어찌 아니 기쁠 것인가
아, 이같이 생각해 행함에
질투의 마음 이르지 못하도다.

(39-54-4-6) 청전법륜가(請轉法輪歌)

저 넓은
법계 안에 부처님 모신 곳에
나는 또 나아가서

법우를 빌었더라.
무명한 땅 깊이 묻어
번뇌의 열을 다려 내매
선의 싹을 기르지 못한
중생을 밭을 젖게 해 주심이여.
아아, 보리의 열매가 익은
마음 달 밝은 가을 밭이여!

(39-54-4-7) 청불주세가(請佛住世歌)

모든 부처
비록 교화의 인연을 다 하였으나
손을 비비어 올려 간절히 비오니
세상에 머물게 하올러라.
새벽부터 아침 밤으로
향하게 하실 벗을 알았도다.
이를 알게 되매
길 잘못 든 무리를 서러워하노라.
아아, 우리 마음을 맑게 하면
어찌 부처님 그림자가 아니 응하시리.

(39-54-4-8) 상수불학가(常隨佛學歌)

우리 부처
지난 세상에 닦으신
난행과 고행의 원을
나는 돈연히 쫓으리라.

몸이 부서져 티끌이 되어가매
목숨을 버릴 사이에도
그렇게 함을 보이리.
모든 부처도 다 그러하셨으니
아아, 불도를 향한 마음이
다른 길 아니 비켜 가고자.

(39-54-4-9) 항순중생가(恒順衆生歌)
부처님은
모든 중생을 뿌리로 삼으신 분이라
대비의 물로 적셔 주시니
시들지 아니하옵더라.
법계에 가득히 굼실굼실 하는
나도 부처님과 함께 살고 함께 죽으니
생각생각 끊임없이
부처님이 하듯이 중생을 공경하리라.
아, 중생이 편안하다면
부처님께서도 기뻐하시리다.

(39-54-4-10) 보개회향가(普皆廻向歌)
내가 닦은
일체의 선을 돌이켜서
중생의 바다 안에
헤매는 무리들 없도록 알리고 싶어라.
부처의 바다가 이룬 날에는

참회하고 있는 모진 업도
법성의 집 보배라고
예로부터 그렇게 이르셨도다.
아, 예배 드리는 부처님도
내 몸이어니 그 무슨 남이 있을까?

(39-54-4-11) 총결무진가(總結無盡歌)

중생계 다하면
내 원 다할 날도 있으리마는,
중생을 깨우치게 하려고 있노라니
가이 없는 원력의 바다이고,
이처럼 여겨 저리 행해 가니
향한 곳마다
선업의 길이요.

아! 보현행원
또 부처 일이도다.
아아, 보현 마음을 알아서
저 밖의 다른 일 버리고져.

10
우리말 유행경

한문 번역 / 불타야사, 축염불

──────────────── 차 례 ────────────────

4. 마지막 공양

5. 전불시대의 땅, 구시성

6. 열반에 드시다

1. 영축산에서

(1-1) 아사세왕의 청법

이와 같이 나는 들었다.

어느 때 부처님은 왕사성(王舍城, Rājagṛha)의 기사굴산(耆闍崛山, 영취산靈鷲山, Gṛdhrakūṭa)에서 비구 천이백오십 인과 함께 계셨다. 그때 마갈타(摩竭陀, 摩竭, Magadha)국의 아사세(阿闍世, Ajātashatru)왕은 발지(跋祗, Vṛji)국을 정벌하려고 했다. 왕은 '비록 저 나라 사람이 용맹스럽고 건장하며 강해도 내가 정벌하는데 어려울 것 없다'고 생각했다. 아사세왕은 바라문이며 대신인 우사에게 말했다.

"너는 기사굴산에 계시는 부처님께 나아가 내 이름으로 부처님의 발에 예배한 뒤 부처님의 기거가 편하시며 걸음이 건강하신지 문안 드려라. 그리고 부처님께 '발지국 사람들은 스스로 용맹스럽고 건장하며 부강한 것을 믿고 내게 순종하지 않으므로 나는 그들을 치고자 하니 혹시 부처님께서는 무슨 가르침이 있으신지 여쭈어라. 가르치심이 있거든 너는 잊지 말고 들은 대로 내게 와 말하라. 부처님의 말씀은 허망하지 않다."

(1-2) 우사 대신의 방문

대신 우사는 왕의 명령을 받고 수레를 타고 기사굴산으로 갔다. 부처님께 나아가 문안을 드린 뒤 한 쪽에 앉아 여쭈었다.

"마갈타국의 아사세왕을 대신하여 대신 우사가 부처님의 발에 머리

를 조아려 예배하고 문안을 드립니다. 기거가 가볍고 편하시며 걸음
이 건강하십니까?"

또 부처님께 여쭈었다.

"발지국 사람들은 스스로 용맹스럽고 건장하고 부강한 것을 믿고 제
게 순종하지 않으므로 정벌하고자 하오니 혹시 부처님께서는 무슨
가르침이라도 있으십니까?"

그때 아난(阿難, Ānanda)은 부처님 뒤에서 부채질을 하고 있었다.
부처님은 아난에게 말씀하셨다.

"너는 발지국 사람들이 자주 모임을 가져 서로 바른 일을 의논한다고
들었는가?"

아난이 대답했다.

"그렇다고 들었습니다."

부처님은 다시 아난에게 말씀하셨다.

"그렇다면 어른과 어린이들은 서로 화순하여 갈수록 더 왕성할 것이
다. 그 나라는 언제나 안온하여 아무도 침노할 수 없을 것이다. 아난
아, 너는 발지국의 임금과 신하는 서로 화순하고 윗사람 아랫사람이
서로 공경한다고 들었는가?"

"그렇다고 들었습니다."

"아난아, 만일 그렇다면 어른과 어린이들은 서로 화순하여 갈 수록
더 왕성할 것이다. 그 나라는 언제나 안온하여 누구의 침노도 받지 않
을 것이다. 아난아, 너는 발지국 사람들이 법을 받들어 금기 할 것을
알고 예도를 어기지 않는다고 들었는가?"

"그렇다고 들었습니다."

"아난아, 그렇다면 어른과 어린이들은 서로 화순하여 갈 수록 더 왕
성할 것이다. 그 나라는 언제나 안온하여 누구의 침노도 받지 않을 것

이다. 아난아, 발지국 사람들은 부모를 효도로 섬기고 어른을 공경하여 순종한다고 들었는가?"

"그렇다고 들었습니다."

"아난아, 그렇다면 어른과 어린이들은 서로 화순하여 갈 수록 더 왕성할 것이다. 그 나라는 언제나 안온하여 누구의 침노도 받지 않을 것이다. 아난아, 너는 발지국 사람들은 종묘를 공경하여 조상에게 정성 드린다고 들었는가?"

"그렇다고 들었습니다."

"아난아, 그렇다면 어른과 어린이들은 서로 화순하여 갈 수록 더 왕성할 것이다. 그 나라는 언제나 안온하여 누구의 침노도 받지 않을 것이다. 아난아, 너는 발지국 사람들의 가정의 여자들이 바르고 참되며 깨끗하고 더러움이 없어 비록 웃고 농담할 때도 그 말이 음란하지 않다고 들었는가?"

"그렇다고 들었습니다."

"아난아, 그렇다면 어른과 어린이들은 서로 화순하여 갈 수록 더 왕성할 것이다. 그 나라는 언제나 안온하여 누구의 침노도 받지 않을 것이다. 아난아, 너는 발지국 사람들은 사문을 높여 섬기고 계율을 가진 사람을 존경하여 보호하고 공양하기를 게으른 적이 없다고 들었는가?"

"그렇다고 들었습니다."

"아난아, 그렇다면 어른과 어린이들은 서로 화순하여 갈 수록 더 왕성할 것이다. 그 나라는 언제나 안온하여 누구의 침노도 받지 않을 것이다."

그때 대신 우사는 부처님께 여쭈었다.

"저 나라 백성들이 비록 한 가지 법을 행하더라도 오히려 도모할 수 없겠거늘 하물며 일곱 가지를 행함에 있어 말 할 것도 없습니다. 저는 나라 일이 많기 때문에 하직하고 돌아가겠습니다."

부처님은 말씀하셨다.

"마땅히 때를 알라."

그때 우사는 자리에서 일어나 부처님을 세 번 돌고 공손히 합장하고 물러갔다.

(1-3) 수행자를 위하여 설법하다

그가 떠난 지 얼마 안 되어 부처님은 아난에게 말씀하셨다.

"너는 왕사성에 있는 모든 비구를 강당에 모이게 하라."

"분부대로 하겠습니다."

아난은 왕사성으로 가서 모든 비구를 강당에 모이게 했다. 그리고 부처님께 나아가 여쭈었다.

"모든 비구는 강당에 모였습니다."

그때 부처님은 자리에서 일어나 강당으로 가셨다. 자리에 앉자 여러 비구에게 말씀하셨다.

"나는 이제 너희들을 위해 칠 불퇴법을 설한다. 자세히 듣고 잘 기억하라.

첫째 자주 서로 모여 정의를 강론하면 어른과 어린이들은 서로 화순하여 그 법을 부술 수 없다. 둘째 위, 아래가 화동하여 서로 공경하고 순종해 어기지 않으면 어른과 어린이들은 서로 화순하여 그 법을 부술 수 없다. 셋째 법을 받들어 금기할 것을 알고 제도를 어기지 않으면 어른과 어린이들은 서로 화순하여 그 법을 부술 수 없다. 넷째 비구들이 많은 스승과 벗들을 보호하고 존경하고 섬기면 어른과 어린이들은 서로 화순하여 그 법을 부술 수 없다. 다섯째 바른 생각을 지켜 효도와 공경을 으뜸으로 삼으면 어른과 어린이들은 서로 화순하여 그 법을 부술 수 없다. 여섯째 음욕을 떠난 깨끗한 행을 닦고 본능을 따르지 않으면 어른과 어린이들은 서로 화순하여 법을 부술 수 없다. 일곱째 남을 먼저 하고 나를 뒤로 하여 이름과 이익을 탐하지 않으면 어른과 어린이는 서로 화순하여 그 법을 부술 수 없다.”

부처님은 모든 비구에게 말씀하셨다.

“다시 칠 법이 있다. 이것은 법을 더하고 자라게 하여 줄거나 없어지지 않도록 하는 것이다.

일법은 일을 줄이는 것을 즐기고 많이 하기를 좋아하지 않는 것이다. 이법은 침묵하기를 즐기고 말을 많이 하지 않는 것이다. 삼법은 잠을 적게 자고 잠의 쾌락에 빠지지 않는 것이다. 사법은 패거리를 만들지 않으며 쓸데없는 일을 하지 않는 것이다. 오법은 덕이 없으면서 스스로 자랑하지 않는 것이다. 육법은 악한 사람과 짝하지 않는 것이다. 칠법은 산이나 숲 속의 한적한 곳에서 혼자 있기를 즐기는 것이다. 비구들아, 이렇게 하면 법은 증장되고 줄거나 없어지지 않는다.”

부처님은 다시 비구들에게 말씀하셨다.

“다시 칠 법이 있다. 이것은 법을 더하고 자라게 하여 줄거나 없어지지 않게 한다.

일법은 믿음을 가져라. 여래는 지진(至眞), 정각(正覺) 등의 십호를 두루 갖추었음을 믿어라. 이법은 부끄러움[慙]을 알라. 자기가 지은 죄를 스스로 부끄러워하라. 삼법은 부끄러워[愧]할 줄을 알라. 자기의 지은 죄를 남에게 대하여 부끄럽게 생각하라. 사법은 많이 듣는 것이다. 자신이 들은 여러 가지 선의 의미를 잘 생각하여 더러움이 없는 깨끗한 행을 갖추어라. 오법은 고행을 부지런히 닦아라. 악을 없애고 선을 행하여 부지런히 익혀라. 육법은 옛날에 공부한 것을 잘 기억하여 잊지 말라. 칠법은 지혜를 익히고 닦아 나고 멸하는 법을 알고 성현의 도에 나아가 모든 괴로움의 뿌리를 끊어라. 이 칠법은 법을 더하고 자라게 하여 줄거나 없어지지 않게 한다."

부처님은 비구들에게 말씀하셨다.

"다시 칠 법이 있으니 법으로 하여금 더하고 자라게 하여 줄거나 없어지지 않게 한다. 일법은 부처님을 존경하는 것이다. 이법은 법을 존경하는 것이다. 삼법은 비구를 존경하는 것이다. 사법은 계율을 존경하는 것이다. 오법은 안정을 존경하는 것이다. 육법은 부모를 존경하고 순종하는 것이다. 칠법은 방일하지 않는 사람을 존경하는 것이다. 이 칠법은 법을 더하고 자라게 한다."

부처님은 비구들에게 말씀하셨다.

"다시 칠 법이 있다. 이것은 법을 더하고 자라나게 하여 줄거나 없어지지 않게 한다. 일법은 내 몸의 깨끗하지 못함을 관찰한다. 이법은 음식의 깨끗하지 못함을 관찰한다. 삼법은 세상을 즐겨 하지 않는다. 사법은 항상 죽음을 생각한다. 오법은 무상하다는 생각을 한다. 육법은 무상은 괴로움이라는 생각을 한다. 칠법은 괴로움은 〈나〉가 없다는 생각을 한다. 이 칠법은 법을 더하고 자라게 해 줄거나 없어지지 않게 한다."

부처님은 비구들에게 말씀하셨다.

"다시 칠 법이 있다. 이것은 법을 더하고 자라게 하여 줄거나 없어지지 않게 한다. 일법은 염각의를 닦는 것이다. 한가하고 고요해 욕심이 없어 뛰어 나는 길을 닦아 인연을 짓지 않는다. 이법은 택법각의를 닦아 지혜로 모든 법을 살핀다. 삼법은 정진각의 닦아 용맹한 마음으로 수행한다. 사법은 희각의를 닦아 선법으로 마음을 기쁘게 한다. 오법은 의각의를 닦아 그릇된 견해나 번뇌를 끊는다. 육법은 정각의를 닦아 정에 들어 번뇌망상을 끊는다. 칠법은 호각의를 닦아 거짓 된 마음을 버린다. 이 칠법은 법을 더하고 자라게 하여 줄거나 없어지지 않게 한다.”

부처님은 비구들에게 말씀하셨다.

“다시 육 불퇴법이 있다. 이것은 법을 더하고 자라게 하여 줄거나 없어지지 않게 한다. 일법은 항상 자비를 행하여 중생을 해치지 않는 것이다. 이법은 인자한 말을 하고 악한 말을 하지 않는다. 삼법은 자비로운 마음을 생각해 파괴하고 손해가 되는 생각을 품지 않는 다. 사법은 깨끗한 재물을 얻어 여럿과 나누어 평등하여 차별이 없는 것이다. 오법은 성현의 훈계를 받아 빠뜨림이 없고 때묻고 더러움이 없이 굳게 믿어 움직이지 않는다. 육법은 성현의 도를 알아 괴로움을 없애는 것이다. 이 육법은 법을 더하고 자라게 하여 줄거나 없어지지 않는다.”

부처님은 비구들에게 말씀하셨다.

“다시 육불퇴법이 있다. 이것은 법을 더하고 자라게 하거나 없어지지 않게 한다. 일법은 부처님을 생각하는 것이다. 이법은 법을 생각하는 것이다. 삼법은 비구를 생각하는 것이다. 사법은 계율을 생각하는 것이다. 오법은 보시를 생각하는 것이다. 육법은 하늘을 생각하는 것이다. 이 육념을 닦으면 법은 더하고 자라나 줄거나 없어지지 않는다.”

2. 최후의 유행

(2-1) 죽림정사에서 계정혜를 설하다

그때 부처님은 왕사성에 계시면서 아난에게 말씀하셨다.

"너희들은 다 위의를 갖추어라. 나는 죽림정사(竹林精舍, Venuvana-vihāra)로 가고자 한다."

아난은 옷과 발우를 챙겨 여러 대중과 함께 부처님을 모시고 따랐다. 마갈타국을 둘러 죽림정사에 도착했다. 부처님은 당상에 올라 앉으셔서 비구들에게 계·정·혜에 대해 말씀하셨다.

"계를 닦아 정을 얻음으로써 선한 과보를 얻는다. 정을 닦아 지혜를 얻음으로써 바른 과보를 얻는다. 지혜를 닦아 마음이 깨끗해져 등해탈을 얻는다. 그래서 탐욕의 번뇌, 존재의 번뇌, 무명의 번뇌를 멸해 다하고 해탈을 얻어 해탈의 지혜가 생긴다. 거기는 나고 죽음이 다하고 깨끗한 행이 서고 해야 할 일을 다 해 다시는 생을 받지 않는다."

(2-2) 파릉불성에서

부처님께서는 죽림정사에서 계시면서 아난에게 말씀하셨다.

"너희들은 다 위의를 갖추어라. 나는 파릉불성(巴陵弗城, Pāṭaligāma)으로 가고자 한다."

아난이 옷과 발우를 챙겨 여러 대중과 함께 부처님을 모시고 따랐다. 마갈다국을 둘러 파릉불성에 이르러 파탈리나무 밑에 앉으셨다. 그때 많은 남자 신자는 부처님이 대중과 함께 멀리서 이 파탈리나무 밑에 오셨다는 말을 듣고 모두 성에서 나와 파탈리나무 밑에 앉아 계시는 부처님곁으로 모여 들었다. 용모는 단정하고 육근이 고요했다. 마치 큰 용이 물이 맑기 때문에 티끌이나 때가 없는 것 같았다. 삼십이상과 팔십 종호는 그 몸을 장엄했다. 신자들은 그것을 보고 마음에 기쁨이 넘쳐 부처님께 나아가 부처님 발에 예배하고 한 쪽에 앉았다. 그때 부처님은 그들을 위해 점차로 설법하시고 가르쳐 이롭게 하셨다. 신자들은 설법을 듣고 부처님께 여쭈었다.

"저희들은 부처님과 법과 승가에 귀의하고자 합니다. 원컨대 허락하여 우바새로 받아 주소서. 지금부터 생물을 죽이지 않고, 도둑질하지 않으며, 음행하지 않고, 속이지 않으며, 술을 마시지 않는 계를 받들겠습니다. 내일은 공양을 올리고자 합니다. 원하옵건대 부처님께서는 모든 대중과 함께 자비를 베풀어 주시기 바랍니다."

그때 부처님은 침묵으로 허락하셨다. 모든 신자는 부처님이 침묵하시는 것을 보고 자리에서 일어나 부처님을 세 번 돌고 예배하고 돌아갔다. 그들은 부처님을 위해 큰 강당을 지어 계실 곳을 마련하고 물 뿌려 청소하고 향을 사르며 자리를 깔아 공양의 준비가 끝났다. 그들은 부처님께 나아가 말씀드렸다.

"모든 준비는 다 갖추어졌습니다. 부처님께서는 때를 정해주십시오."

그때 부처님은 자리에서 일어나 가사를 입고 발우를 들고 대중들과 함께 강당으로 가셨다. 손발을 씻으시고 가운데 앉으셨다. 그때 비구들은 왼쪽에 앉고 신자들은 오른쪽에 앉았다. 부처님께서는 신자들에게 말씀하셨다.

"사람이 계를 범하면 다섯 가지 손해가 있다. 첫째 재물을 구하나 뜻대로 되지 않는다. 둘째 비록 얻은 것이 있더라도 점점 없어진다. 셋째 모든 곳에서 사람들의 존경을 받지 못한다. 넷째 추한 이름과 나쁜 소문이 천하에 퍼진다. 다섯째 목숨을 마쳐 죽은 뒤에는 지옥에 간다."

부처님께서 신자들에게 말씀하셨다.

"사람이 계를 가지면 다섯 가지 공덕이 있다. 첫째 모든 구하는 것은 뜻대로 된다. 둘째 가진 재산은 더욱 불어 손해되는 일이 없다. 셋째 가는 곳마다 사람의 존경과 사랑을 받는다. 넷째 좋은 이름과 착한 칭찬이 천하에 퍼진다. 다섯째 목숨을 마친 뒤에는 반드시 천상에 태어난다."

그때 밤은 이미 깊었다. 부처님께서는 신자들에게 말씀하셨다.

"너희들은 이제 그만 돌아가라."

모든 신자는 자리에서 일어나 부처님을 세 번 돌고 발에 예배하고 돌아갔다.

그때 부처님께서는 이른 새벽에 고요하고 한가한 곳으로 나아가셨다. 거기서 천안이 맑게 트여 천신이 각각 영토를 차지하고 있는 것을 보았고 가운데 신과 아래 신들도 각각 영토를 차지하고 있는 것을 보았다. 그때 부처님은 곧 강당으로 돌아와 자리에 앉으셨다. 부처님은 때를 아시고 아난에게 물으셨다.

"누가 이 파릉불성을 지었는가?"

"이 성은 우사 대신이 쌓았습니다. 이것으로써 발지국을 막고 있습니다."

부처님은 아난에게 말씀하셨다.

"이 성을 쌓은 사람은 바로 하늘 뜻을 얻었다. 내가 새벽에 한가하고 고요한 곳에 나아가 천안으로 보니 모든 천신은 각각 영토를 차지하고 중간 신과 아래신도 각각 영토를 차지하고 있었다. 아난아, 마땅히 알라. 큰 천신이 차지한 영토에는 사람이 살면 크게 안락하고 불꽃처럼 성한다. 중간 신이 차지한 곳은 중간 사람이 살 곳이며, 아래 신이 차지한 곳은 아랫 사람이 살 곳이다. 공덕이 많고 적음에 따라 각각 사는 곳이 다르다. 아난아, 여기는 현인이 사는 곳, 여기는 상인이 모이는 곳, 이렇게 나라의 법은 진실하여 속임이 없는 것이다. 이 성은 가장 훌륭하여 모든 나라가 우러러보며 아무도 파괴할 수 없다. 먼 훗날 이 성이 파괴될 때에는 반드시 세 가지 일이 있다. 첫째 큰 물, 둘째 큰 불, 셋째 나라 안의 사람이 나라 밖의 사람과 서로 음모할 것이다. 그때는 이 성이 부서질 것이다."

그때 파릉불성의 모든 신자는 밤을 새워 공양을 준비했다. 때가 되자 부처님께 말씀드렸다.

"음식 준비가 다 되었습니다. 부처님께서는 공양을 하시기 바랍니다."

신자들은 공양을 차리고 손수 받들었다. 공양이 끝나자 물을 돌리고 따로 작은 방석을 깔고 부처님 앞에 앉았다. 그때 부처님께서 말씀하셨다.

"너희들이 있는 여기는 현인과 지자가 사는 곳으로써 계를 가지는 자가 많아 깨끗한 행을 닦으므로 모든 착한 신은 기뻐하여 축원을 해 준다. 존경할 만한 것은 존경할 줄 알고 섬길 만한 것은 섬길 줄 알며 널리 베풀고 두루 사랑해 자비로운 마음이 있다. 모든 하늘이 칭찬을 한다. 항상 선을 향하고 악과 함께 하지 않는다."

부처님께서는 이렇게 설법을 마치고 곧 자리에서 일어나셨다. 대중들은 둘러싸고 모시고 돌아갔다. 대신 우사는 부처님의 뒤를 따르다가 이렇게 생각했다. '사문 고타마는 이 성을 나가신다. 이 문을 〈고타마문〉이라 이름하자. 또 부처님이 건너시는 강은 〈고타마강〉이라 하자.' 그때 부처님은 파릉불성을 나가 강가에 이르렀다. 언덕 위에는 많은 사람이 있었다. 그 중에는 배를 타고 건너가는 사람도 있고 뗏목을 타고 건너는 사람도 있으며 떼배(뗏목처럼 통나무를 엮어 만든 배)를 타고 건너는 사람도 있었다. 그때 부처님께서는 대중들과 함께 마치 힘센 사람이 팔을 굽혔다 펴는 동안에 저쪽 언덕에 이르렀다. 부처님께서는 이 뜻을 관찰하고 게송으로 말씀하셨다.

부처님은 바다의 사공이시며/ 법의 다리는 나루를 건네주네.
그리고 대승의 큰 수레는/ 일체의 천상 인간을 건져 주시네.

또한 스스로 번뇌를 끊어/ 저 언덕에 이르러 신선이 되고
모든 제자로 하여금/ 결박을 풀어 열반을 얻게 하네.

(2-3) 구리촌에서 사심법을 설하다

그때 부처님께서는 발지국을 유행하시다가 구리(拘利,koti)촌에 이르
렀다. 어떤 나무 밑에서 비구들에게 말씀하셨다.
"여기 네 가지 깊은 법이 있다. 하나는 거룩한 계다. 둘은 거룩한 안
정이다. 셋은 거룩한 지혜다. 넷은 거룩한 해탈이다. 이 법은 미묘하
여 알기 어렵다. 너희들은 이것을 밝게 깨닫지 못했기 때문에 오랫동
안 나고 죽음 속에서 끝없이 떠돌아다니고 있다."
그때 부처님은 이 뜻을 관찰하고 게송으로 말씀하셨다.

계·정·혜 및 해탈은/ 오직 부처님만이 분별하시고
괴로움을 떠나 중생을 교화해/ 나고 죽음의 번뇌 끊게 하시네.

(2-4) 나타촌에서 설법

그때 부처님은 구리 촌에 계시다가 아난에게 나타(那陀, Nabdika)마
을로 가자고 하셨다. 아난은 옷과 발우를 챙겨 대중들과 함께 부처님
을 모시고 따랐다. 발지국을 둘러 나타 마을에 이르러 벽돌집에서 휴
식을 취했다.
그때 아난은 혼자 한적한 곳에서 생각했다. '이 나타에는 십이 거사
가 있다. 가가라(伽伽羅), 가륙가(伽陸伽), 비가타(毘伽陀), 이수(利輸),

서루(遮樓), 바야루(婆耶樓), 바두루(婆頭樓), 수바두루(藪波頭樓), 타
리사누(陂利舍菟), 수달리사누(藪達梨舍菟), 야수(耶輸), 야수다루(耶
輸多樓)다. 이 사람들은 목숨을 마치고 어디에서 태어났는가? 또 목
숨을 마친 오십 인이 있다. 또 목숨을 마친 오백 인이 있다. 이 사람들
은 다 어디서 태어났는가?'

이렇게 생각하고 자리에서 일어나 부처님께 나아갔다. 발에 예배하
고 한 쪽에 앉아 부처님께 여쭈었다.

"부처님이시여, 저는 고요한 곳에서 이렇게 생각했습니다. '이 나타에
는 십이 거사 가가라 등이 목숨을 마쳤습니다. 또 오십 인의 목숨을 마
친 자가 있습니다. 또 오백 인의 목숨을 마친 자가 있습니다. 이들은
어디 가서 태어났습니까?' 원컨대 부처님께서는 설명해 주십시오."

부처님께서는 아난에게 말씀하셨다.

"가가라 십이 인은 오하분결(五下分結, 욕계에서 중생을 얽어매고 있
는 5가지 번뇌)을 끊고 목숨을 마친 뒤에 하늘에 태어났다. 그들은 거
기서 완전한 열반을 얻어 다시는 이 땅으로 돌아오지 않는다. 오십 인
의 목숨을 마친 자는 삼 결을 끊어 음욕과 성냄과 어리석음이 없어 사
다함과를 얻었다. 그래서 이 세상에 한 번 돌아와 괴로움의 근본을 끊
는다. 또 오백 인의 목숨을 마친 자는 삼 결을 끊고 수다원과를 얻었
다. 그들은 결정코 악한 세계에는 떨어지지 않고 도를 이루어 칠 생
을 이 세상에 오간 뒤에는 괴로움의 근본을 다한다. 아난아, 한 번 나
서 죽는 것은 이 세상의 떳떳한 일이다. 그것은 이상할 것이 없다. 만
일 개개인이 죽을 때마다 내게 와서 묻는다면 오히려 어지럽고 귀찮
은 일이 아니겠는가."

아난은 대답했다.

"진실로 그렇습니다. 부처님이시여, 그것은 실로 시끄럽고 귀찮은 일

입니다.”

부처님은 아난에게 말씀하셨다.

“이제 너를 위해 법의 거울을 설명한다. 성인의 제자들이 그가 날 곳을 알아 삼악도를 끊어 수다원과를 얻으며 칠 생을 지나지 않아 반드시 괴로움의 근본을 끊을 것이다. 아난아, 법의 거울이란 성인의 제자들이 무너지지 않는 믿음을 얻는 것을 말한다. 부처님께서 여래, 아라한, 등정각의 십호를 구족한 것을 믿고 즐거워하고 기뻐하면서 법은 바르고 참되고 미묘하여 마음대로 말해 때가 없고 열반의 도를 보여 지혜로운 사람이 행하는 것임을 믿는 것이다. 그리고 또 즐거워하고 기뻐하면서 비구들은 잘 화합하여 행하는 것은 순박하고 곧아 아첨하는 일이 없고, 도의 결과를 성취하고 위, 아래가 화순하며 법의 몸을 갖추어 수다원을 향해서는 수다원과를 얻고, 사다함을 향해서는 사다함과를 얻으며, 아나함을 향해서는 아나함과를 얻고, 아라한을 향해서는 아라한과를 얻는 사쌍팔배를 성현의 무리라 하고, 이들은 존경할 만한 복밭이라고 믿는 것이다. 그리고 또 성현의 계는 맑고 깨끗하여 더러움이 없고 이지러지거나 빠짐이 없어 명철하고 지혜로운 사람이 행하여 선정을 얻는다고 믿는다. 아난아, 이것을 법의 거울이라 한다. 나는 성인의 제자들이 난 곳을 알아 악도를 끊어 수다원을 얻고 칠 생을 지나지 않아 반드시 괴로움의 근본을 끊는다. 그들도 또한 남을 위해 이 일을 설명할 것이다.”

(2-5) 마지막 안거 비사리

부처님께서는 아난에게 말씀하셨다.

“나와 함께 비사리(毘舍離, 毗耶離, Vaiśālī)성으로 가자.”

아난은 발우를 들고 대중들과 함께 부처님을 모시고 따랐다. 발지를

둘러 비사리에 이르렀다. 부처님은 한 나무 밑에 앉으셨다. 그때 암
바바리(菴婆婆梨, Ambapāli)라는 음녀가 있었다. 그녀는 부처님께서
많은 제자를 데리고 비사리의 어떤 나무 밑에 앉아 계신다는 말을 들
었다. 곧 보배 수레를 장식하고 부처님께 나아가 예배하고 공양 올리
기를 원했다. 멀리서 부처님을 바라보니 얼굴은 단정하고 모든 근은
특이하며 상호를 갖추어 마치 별 가운데에 달과 같았다. 그녀는 기뻐
하면서 수레에서 내려 걸어갔다. 부처님께 가까이 나아가 발에 예배
한 뒤 물러나 한쪽에 앉았다. 그때 부처님은 설법하고 가르쳐 그녀를
이롭고 기쁘게 했다. 그녀는 부처님의 말씀을 듣고 기쁜 마음을 내어
부처님께 말씀드렸다.

"저는 오늘부터 부처님께 귀의합니다. 원컨대 허락해 주소서. 바른
법에 살면서 우바이가 되어 이 목숨이 다할 때까지 생물을 죽이지 않
고 도둑질하지 않으며 사음하지 않고 거짓말하지 않으며 술을 마시
지 않겠습니다."

또 부처님께 말씀드렸다.

"원하건대 부처님과 제자들에게 내일 공양을 올리고 싶습니다. 그리
고 오늘밤에는 저의 동산에서 머물기를 청합니다."

부처님은 잠자코 그 청을 들어 주셨다. 그녀는 부처님이 허락하시는
것을 보고 자리에서 일어나 발에 예배한 뒤 부처님을 돌고 돌아갔다.
그녀가 돌아가자 부처님께서는 아난에게 말씀하셨다.

"나는 너희들과 함께 저 동산으로 갈 것이다."

다음 날 아침 부처님은 자리에서 일어나 옷과 발우를 챙기신 뒤 천이
백오십 인의 제자들과 함께 그 동산으로 가셨다.

그때 비사리에 있는 여러 예차(隸車)족 사람들은 부처님이 암바바리
동산에 계신다는 말을 듣고 오색의 수레를 장엄하게 장식했다. 어떤

사람은 푸른 수레에 푸른 말을 탔는데 옷과 일산과 깃발과 하인들도 모두 푸른빛이었다. 오색의 수레와 말도 다 그러했다. 오색의 예차 사람들은 똑같은 빛깔의 옷을 입고 나아가 부처님을 뵙고자 했다.

암바바리는 부처님을 하직하고 집으로 돌아가다가 길에서 예차족 사람들을 만났다. 그녀는 수레를 빨리 몰아가는 바람에 저들의 수레와 충돌하여 깃발과 일산을 부러뜨리고 길을 비키지 않았다. 예차족 사람들은 꾸짖으며 말했다.

"너는 누구의 힘을 믿기에 길을 비키지 않고 우리 수레를 들이받아 깃발과 일산을 부러뜨리는가?"

그녀는 말했다.

"여러분, 나는 내일 부처님을 초대하게 되어 준비하러 집으로 돌아가는 길입니다. 그래서 수레를 빨리 몰았기 때문에 피할 겨를이 없었습니다."

예차족 사람들은 그녀에게 말했다.

"너의 초대는 그만 두어라. 그것을 우리에게 양보해라. 그러면 십만 냥의 금을 주겠다."

그녀는 대답했다.

"제가 먼저 초대해 이미 결정되었습니다. 양보할 수 없습니다."

예차족 사람들은 다시 그녀에게 말했다.

"금 십만 냥의 십육 배를 주겠다. 우리가 부처님을 초대하게 해다오."

그러나 그녀는 듣지 않았다.

"저의 초대는 이미 결정되어 있습니다. 그렇게 할 수 없습니다."

예차족 사람들은 다시 그녀에게 말했다.

"너에게 우리나라 재산의 반을 주겠다. 우리에게 양보해라."

"비록 나라 재산의 전부를 준다해도 나는 그것을 받지 않을 것입니다.

왜냐하면 부처님은 우리 동산에 계시고 저의 초대를 먼저 받게 되었습니다. 이 일은 이미 결정되어 있으니 더 이상 상대하지 않겠습니다.”

모든 예차족 사람은 손을 흔들면서 탄식했다.

“저 여자 때문에 우리의 첫 복을 빼앗겼다.”

그리고 길을 재촉하여 그 동산을 향해 나아갔다. 그때 부처님은 오백 명 예차 사람이 수만의 수레와 말을 끌고 길을 메우며 오는 것을 멀리서 바라보시고 모든 비구에게 말씀하셨다.

“너희들은 도리천 동산의 위의와 장식을 알고자 하거든 저것을 보아라. 그것은 저것과 같다. 비구들이여, 너희들은 마땅히 스스로 마음을 걷어잡아 위의를 갖추어야 한다. 마음을 걷어잡는 것은 안팎의 몸을 관찰하여 부지런히 힘써 게으르지 않고 항상 생각하고 잊지 않아 세상의 탐욕과 걱정을 버리는 것이다. 수와 의와 법의 관찰도 또한 같다. 위의를 갖추는 것은 행해야 할 것은 행할 줄 알고 그쳐야 할 것은 그칠 줄 알며 좌우를 돌아보기와 몸을 펴고 굽히기와 굽어보고 쳐다보기와 옷을 입고 발우를 챙기기와 음식을 먹고 약을 쓰기에 법칙을 어기지 않고 좋은 방편을 써서 번뇌를 덜어 버리며 다니거나 머물거나 앉거나 눕거나 깨었거나 잠자거나 말하거나 잠자코 있거나 항상 마음을 걷어잡아 산란하지 않는다.”

그때 오백의 예차족 사람들은 암바바리 동산에 이르러 부처님 가까이 가려고 말에서 내려 걸어갔다. 부처님 발에 예배하고 한 쪽에 앉았다. 부처님의 앉은 모습은 빛이 나 모든 대중을 무색케 하는 것이 마치 가을달 같았다. 또 천지가 청명하고 깨끗해 가림이 없을 때 해가 허공에 있어 그 광명이 홀로 비추는 것과 같았다. 그때 오백 명 예차 사람들은 부처님을 에워싸고 앉았다. 부처님은 대중 속에서 빛나는 모습으로 홀로 밝았다. 그들은 자리에서 일어나 오른 어깨를 드러내어 오른 무릎을 땅에 대고 손을 합장하고 부처님을 향해 게송으로 찬탄했다.

마갈타국의 빈비사라왕은/ 유쾌하게 좋은 이익을 얻기 위해
몸에는 보주의 갑옷을 입고/ 부처님을 후원 하였습니다.

부처님이 이 땅에 나타나자/ 그 위덕은 삼천대천세계를 뒤흔들고
이름은 히말라야 같이 웅장합니다.
또 연꽃이 피었듯이/ 그 향기는 매우 미묘합니다.

부처님의 광명을 보면/ 떠오르는 아침 해 같고
밝은 달이 허공에 있어/ 흐린 기운이 조금도 없습니다.
부처님도 또한 이와 같아서/ 그 광명은 세간을 비춥니다.

이제 부처님의 지혜를 보면/ 어둠 속에 등불을 보는 것 같아
밝은 눈을 중생에게 베풀어주고/ 모든 의혹을 풀어 주십니다.

그때 오백 명 예차족 사람들은 이 게송을 듣고 다시 병염에게 말했다.
"너는 그 게송을 다시 한번 읊으라."
병염은 부처님 앞에서 두 번 세 번이나 되풀이해 읊었다. 예차족 사람들은 이 게송을 듣고 각각 보배의 옷을 벗어 병염에게 선물했다. 병염은 그 옷을 부처님에게 바쳤다. 부처님은 그를 가엾이 여기시어 그 옷을 받으셨다.
부처님은 비사리의 모든 예차족 사람에게 말씀하셨다.
"이 세상에는 다섯 가지 보배가 있다. 첫째, 여래가 세상에 출현하시

는 것이다. 둘째, 여래의 바른 법을 연설하는 사람이다. 셋째, 여래가
연설한 법을 믿고 아는 사람이다. 넷째, 여래가 연설한 법을 성취하는
사람이다. 다섯째, 위험에 빠진 사람을 재앙에서 구원하기를 되풀이
하는 사람이다. 이것이 다섯 가지 보배로써 얻기 어려운 것이다."

그때 오백 명 예차족 사람들은 부처님의 가르침을 듣고 매우 기뻐하
며 부처님께 여쭈었다.

"오직 원하옵건대 부처님과 모든 제자는 내일 저희들의 공양을 받아
주소서."

부처님은 예차족 사람들에게 말씀하셨다.

"그대들이여, 암바바리가 이미 나를 청했다."

그때 오백 명 예차 사람들은 암바바리가 이미 부처님에게 청했다는
말을 듣고 각각 손을 저으며 말했다.

"저희들이 여래에게 공양하려 했는데 이 여자가 우리 앞을 빼앗았습
니다." 하고, 자리에서 일어나 부처님께 예배한 뒤 부처님을 세 번 돌
고 각각 돌아갔다.

암바바리는 그날 밤에 여러 가지 공양을 준비했다. 이튿날 부처님은
천이백오십 명의 비구들에게 옷과 발우를 챙기게 한 뒤 그녀의 집으로
가서 자리에 앉으셨다. 암바바리는 맛난 공양을 차려 부처님과 비구들
에게 올렸다. 공양을 마치자 발우를 거두었다. 그녀는 손으로 황금 병
을 들어 손 씻는 물을 돌려 마치고 부처님 앞에 나아가 여쭈었다.

"비사리에 있는 동산 가운데 우리 동산이 가장 훌륭합니다. 저는 이 동
산을 부처님께 바치겠습니다. 저를 가엾이 여겨 받아 주십시오."

부처님은 그녀에게 말씀하셨다.

"너는 이 동산을 나와 승단에 보시하라. 왜냐하면 여래가 가지는 동
산, 숲, 방, 집, 옷, 발우의 여섯 가지 물건은 진실로 모든 악마도 하늘

도 범천도 대신력천도 받을 자격이 없기 때문이다."

그녀는 그 동산을 부처님과 승단에 보시했다. 부처님은 그녀를 가엾이 여겨 그것을 받으셨다. 그리고 게송으로 말씀하셨다.

탑을 세우고 절을 짓고/ 동산의 과일로 시원함을 보시한다.
다리와 배로써 사람을 건네주고/ 광야에서 물과 풀을 보시한다.

또 집을 지어 보시하면/ 그 복은 밤낮으로 불어나고
계를 갖추어 맑고 또 깨끗해/ 그는 죽어 반드시 좋은 곳에 난다.

그때 암바바리는 낮은 평상을 가져와 부처님 앞에 앉았다. 부처님께서는 그녀를 위해 설법하시고 가르쳐 이롭고 기쁘게 하셨다. 보시와 계율과 하늘에 태어나는 수행을 설하시고, 애욕은 큰 우환 덩어리며 더럽고 깨끗하지 못한 번뇌며 장애가 됨을 설하시고, 번뇌를 벗어나는 길을 찾는 것이 제일이라 하셨다.

부처님은 그녀의 뜻이 부드러워지고 마음이 즐거워지며 오온의 장애가 엷어져 교화하기 쉬운 것을 알았다. 그래서 부처님은 그녀를 위하여 고성제, 고집성제, 고멸성제, 고출요성제를 설명하셨다.

암바바리는 믿는 마음이 맑고 깨끗해져 마치 흰 천이 빛깔을 받기 쉬운 것과 같았다. 그 자리에서 티끌과 때를 멀리 여의고 모든 법에 대한 눈이 생겨 법을 보고는 법을 얻고 결정코 바르게 머물러 악도에 떨어지지 않게 되었으며 두려움이 없음을 성취했다. 그래서 부처님께 여쭈었다.

"저는 이제 부처님께 귀의하고 법에 귀의하고 승가에 귀의합니다."

이렇게 세 번 되풀이했다. 또 "원하건대 부처님께서는 제가 바른 법 가운데에서 우바이가 되는 것을 허락해 주십시오. 저는 지금부터 목숨이 다할 때까지 생물을 죽이지 않고 도둑질하지 않으며 간음하지 않고 속이지 않으며 술을 마시지 않겠습니다.”라고 맹세했다. 그녀는 부처님에게 오계를 받았다. 그리고 지금까지의 습관을 버리자 더러움과 때가 없어졌다. 그녀는 자리에서 일어나 부처님께 예배하고 돌아갔다.

(2-6) 죽림정사에서 설법하다

그때 부처님께서는 바사리에서 자유로이 계시면서 아난에게 말씀하셨다.

“아난아, 너희들은 위의를 갖추어라. 나는 이제 죽림정사로 가려고 한다.”

아난은 옷과 발우를 챙겨 대중들과 함께 부처님을 모시고 따랐다. 발지국을 둘러 죽림정사에 이르렀다. 그때 비사타야(毘沙陀耶) 바라문은 부처님이 대중들과 함께 죽림정사로 오셨다는 말을 듣고 생각했다. ‘사문 고타마는 이름과 덕망이 사방에 널리 퍼지고 십호를 구족했다. 그래서 모든 하늘과 제석과 범천 그리고 악마와 사문과 바라문 가운데서 스스로 지혜를 체험하고 남을 위해 설법하신다. 상, 중, 하의 모든 말씀은 다 바르고 참되며 그 뜻이 깊고 또 깨끗한 행을 구족하셨다. 뛰어난 성인을 마땅히 가서 뵈어야겠다.’ 그는 죽림정사로 가서 부처님께 나아가 문안을 드리고 한 쪽에 앉았다. 부처님께서는 그를 위해 설법하여 이롭고 기쁘게 하셨다. 바라문은 설법을 듣고 매우 기뻐하며 부처님과 모든 대중에게 청했다.

“내일은 저희 집에서 공양을 받으시기를 청합니다.”

부처님께서는 침묵으로 그 청을 들어 주셨다. 바라문은 이미 허락하신 줄 알고 곧 자리에서 일어나 부처님을 돌고 집으로 돌아갔다. 그는 그날 밤에 음식을 준비했다.

이튿날이 되어, 부처님은 가사를 입고 발우를 들고 대중들에게 둘러싸여 그 집으로 가 자리에 앉으셨다. 바라문은 온갖 맛난 음식을 갖추어 부처님과 비구들에게 공양 올리고 공양이 끝나자 발우를 거두고 손 씻을 물을 돌렸다. 그는 낮은 평상을 가져와 부처님 앞에 앉았다. 부처님께서는 그를 위해 게송으로 말씀하셨다.

여러 음식과/ 의복과 침구로써
계를 지키는 사람에게 보시하면/ 그는 곧 큰 갚음을 얻는다.

그것은 오직 참된 짝으로/ 언제나 그 사람을 따라서
가는 곳마다/ 그림자가 형상을 따르는 것과 같다.

그러므로 착한 종자 심는 것은/ 뒷세상의 양식이 되니
복은 그 뿌리와 근간이 되어/ 중생은 안락을 얻는다.

복은 하늘의 보호를 받는 것/ 어디를 가나 위험이 없고
한 평생 어려움 만나지 않으며/ 죽으면 곧 천상에 오른다.

부처님께서는 그 바라문을 위해 미묘한 법을 연설하여 가르쳐 이롭고 기쁘게 하신 뒤 자리에서 일어나 떠나셨다. 그때 그 나라에는 흉년이 들고 곡식이 귀하여 구걸하기가 어려웠다. 부처님은 아난에게 말씀하셨다.
"이 나라에 있는 모든 비구에게 명령하여 강당에 모이게 하라."
아난은 사방에 부처님 뜻을 전하여 모두 강당에 모이게 했다. 아난은 부처님께 말씀드렸다.

"대중이 다 모였습니다."

그때 부처님은 자리에서 일어나 강당으로 나가 자리에 앉아 모든 비구에게 말씀하셨다.

"이 나라에는 흉년이 들어 걸식하기가 매우 어렵다. 너희들은 각각 무리를 나누어 아는 곳을 따라 비사리나 발지로 가서 안거하라. 그러면 궁색한 일은 없을 것이다. 나는 아난과 함께 여기서 안거할 것이다."

그때 모든 비구는 각지로 떠나고 부처님께서는 아난과 함께 그곳에 머무셨다. 그 뒤 여름 안거 동안에 부처님은 병이 나 몹시 아프셨다. 부처님은 가만히 생각했다. '나는 지금 병이 나서 몹시 아프다. 제자들은 모두 흩어져 없는데 내가 만일 열반에 든다면 그것은 옳지 않다. 나는 정근하면서 스스로 힘써 목숨을 이어야 한다.' 그때 부처님께서는 고요한 방에서 나와 시원한 곳에 앉으셨다. 아난은 이것을 보고 곧 부처님께 나아가 여쭈었다.

"이제 부처님의 모습을 뵈니 병이 좀 나은 것 같습니다. 부처님께서 병이 나서 제 마음은 황송하고 두려우며 걱정과 근심에 어쩔 줄을 모르다가 겨우 정신을 차리고 보니 부처님께서는 아직 열반에 드시지 않았습니다. 세간의 눈은 아직 멸하지 않았습니다. 큰 법은 아직 없어지지 않았습니다. 왜 지금 모든 제자에게 가르침과 시키심이 없습니까?"

부처님은 아난에게 말했다.

"여러 비구는 내게 기대할 것이 있는가. 만일 스스로 '나는 여러 비구를 껴잡고 있다'고 하는 사람이 있으면 그 사람은 대중에게 가르침과 시킴이 있을 것이다. 여래는 '나는 대중을 껴잡고 있다'고 말하지 않는다. 그런데 어떻게 대중에게 가르침과 시킴이 있겠는가. 아난아, 내가 말한 법은 안팎으로 구별없이 이미 다 설명해 마쳤다. 그러나 본 바를 다 통달했다고 스스로 일컫지 않고 나는 이미 늙었다. 나이는 팔십이다. 마치 낡은 수레를 방편으로 수리하여 좀 더 가고자 하는 것과 같다. 방편의 힘으로써 잠깐 목숨을 머물게 한 것이다. 그리고 스스로 힘써 정진하면서 이 고통을 참고 있다. 일체의 사물을 생각하지 않고 생각이 없는 정에 들어갈 때 내 몸은 안온하여 번민도 고통도 없어진다. 그러므로 아난아, 마땅히 자기를 등불로 삼고 법을 등불로 삼아라. 다른 데에 귀의하지 말라. 아난아, 비구는 안 몸을 관찰하기를 부지런히 하여 게으르지 않고 잘 기억하여 잊지 않음으로써 세상의 탐욕과 걱정을 없앤다. 또 바깥 몸을 관찰하고 안팎의 몸을 관찰하기를 부지런히 해 게으르지 않고 잘 기억하여 잊지 않음으로써 세상의 탐욕과 걱정을 없앤다. 수와 의와 법의 관찰도 또한 이와 같다. '자기를 등불로 삼고 법을 등불로 삼아라. 부디 다른 것을 등불로 삼지 말라. 자기에게 귀의하고 법에 귀의하라. 부디 다른 것을 등불로 삼지 말라. 자기에게 귀의하고 법에 귀의하라. 부디 다른 것에 귀의하지 말라'라는 것이다."

부처님은 다시 아난에게 말씀하셨다.

"내가 열반에 든 뒤에 이 법대로 수행하는 자가 있으면 그는 곧 나의 참 제자며, 또 제일가는 사문이다."

(2-7) 차바라탑에서 열반을 예언하다

부처님은 아난에게 말씀하셨다.

"아난아, 오늘은 차바라(遮婆羅)탑으로 가자."

부처님은 일어나 옷과 발우를 들고 어떤 나무 밑에 앉으셨다. 아난에게 말씀하셨다.

"자리를 깔아라. 나는 등병을 앓고 있다. 여기서 좀 쉬고 싶다."

부처님께서는 자리에 앉으셨다. 아난은 작은 자리를 깔고 부처님 앞에 앉았다. 부처님께서는 아난에게 말씀하셨다.

"모든 사신족을 닦아 그것을 많이 익혀 행하고 항상 그것을 생각해 잊지 않으면 죽지 않고 일 겁을 더 넘길 수 있다. 아난아, 부처는 사신족을 이미 닦아 생각을 오로지 잊지 않는다. 그러므로 내가 생각만 있으면 일 겁이 넘도록 더 살아 세상을 위해 어두움을 없애고 이롭게 하는 일이 많아 하늘과 사람은 안락을 얻을 수 있다."

아난은 대답하지 않고 잠자코 있었다. 부처님은 세 번이나 되풀이해 말씀하셨다. 아난은 그래도 잠자코 있었다. 그때 아난은 악마에 붙잡혀 정신이 아득하여 깨닫지 못했다. 부처님은 세 번이나 상을 나타내셨으나 아난은 여전히 아무 것도 청할 줄 몰랐다. 부처님께서는 아난에게 말씀하셨다.

"너는 마땅히 알라."

이때 아난은 부처님의 뜻을 받들어 자리에서 일어나 부처님께 예배하고 거기서 떠났다. 부처님께서는 멀지 않은 곳에서 나무 밑에 앉아 고요히 생각에 잠겨 있었다. 조금 후에 악마 파순(波旬, Pāpīyas)은 부처님께 여쭈었다.

"부처님은 뜻에 아무 욕심이 없으시니 열반에 드십시오. 지금이 바로 그때입니다. 마땅히 빨리 열반에 드십시오."

부처님은 파순에게 말씀하셨다.

"잠깐 그쳐라. 잠깐 그쳐라. 나는 스스로 그 때를 안다. 여래는 아직 열반을 취하지 않을 것이다. 나는 모든 비구가 모이기를 기다린다. 또 나는 마음을 잘 다루어 용맹스럽고 겁이 없이 안온한 곳에 이를 것이다. 나는 나의 이익을 몸소 얻어 다른 사람의 도사가 될 것이다. 경의 이치를 연설해 글귀의 뜻을 나타내고 다른 주장이 있으면 바른 법으로써 그것을 항복 받는다. 또 신통으로써 스스로 증명해 보일 것이다. 제자들은 아직 다 모이지 않았다. 비구, 비구니, 우바새, 우바이들도 아직 다 모이지 않았다. 지금은 마땅히 깨끗한 행을 나타내고 깨달음의 의미를 연설해야 할 때다. 모든 하늘과 사람들이 두루 신통을 보게 할 것이다.”

그때 악마 파순은 다시 부처님께 여쭈었다.

“부처님이시여, 옛날 울비라의 니련선(尼連禪, Nairanjanadi) 강가에 있는 보리수(菩提樹, 원래 이름은 aśvattha 阿濕波他 각수, 사유수, 길상수라고도 함) 나무 밑에서 부처님이 처음으로 정각을 이루셨을 때 저는 부처님께 나아가 여래의 열반에 드실 것을 권해 청했습니다. ‘지금이 바로 그 때입니다. 마땅히 빨리 멸도하십시오.’ 그때 부처님께서는 파순에게 대답하셨다. “그만 두라. 나는 스스로 그 때를 안다. 여래는 아직은 열반을 취하지 않는다. 나는 모든 제자가 모이고 또 하늘과 사람들이 신통과 변화를 보기를 기다려 멸도할 것이다.”

“부처님이시여, 제자들은 이미 모이고 또 하늘과 사람들이 신통 변화를 보았습니다. 지금이 바로 그 때입니다. 왜 멸도 하지 않으십니까?”

부처님께서 말씀하셨다.

“그만 두라. 그만 두라. 파순아, 부처는 스스로 그 때를 안다. 오래 머물지 않을 것이다. 지금부터 3개월 뒤에 나는 말라족(末羅族, Malla)의 발생지인 구시성(拘尸城, Kuśi-nagara)의 사라림(娑羅林, Salavana)의 쌍수에서 멸도할 것이다.” 악마는 생각했다. ‘부처님은 거짓말을 하지 않는다. 이제 반드시 멸도하실 것이다.’ 기뻐 날뛰면서 갑자기 사라졌다.

3. 명을 버리고 수에 주하다

(3-1) 대지가 진동하다

악마가 떠나고 부처님은 곧 차바라탑에서 정의삼매(定意三昧)의 정에 들어 명을 버리고 수에 머물러 계셨다. 이때 땅은 크게 진동하여 온 나라 사람들은 모두 놀라고 두려워해 털이 꼿꼿이 서지 않는 자가 없었다. 부처님이 큰 광명을 놓으시자 두루 비치어 끝이 없고 어두운 지옥도 모두 광명을 받아 서로 볼 수 있었다. 그때 부처님은 게송으로 말씀하셨다.

〈있음〉과 〈없음〉의 두 행 중에서/ 나는 이제 유위를 버렸으니
마음은 오로지 삼매에 들어/ 새가 알에서 나오는 것 같네.

그때 아난은 마음이 놀라 솜털이 거꾸로 섰다. 바로 부처님께 돌아가 발에 예배하고 한 쪽에 앉아 부처님께 여쭈었다.
"참으로 괴상한 일입니다. 부처님이시여, 땅이 크게 진동합니다. 이것은 무슨 인연입니까?"
부처님은 아난에게 말씀하셨다.
"무릇 이 세상에 땅이 진동하는 것에는 여덟 가지 인연이 있다. 하나, 저 땅은 물위에 있고 물은 바람에 의지하고 바람은 공중에 의지한다. 공중에 큰바람이 있어 때로 스스로 일어나면 큰물이 어지럽고 큰물이 어지러우면 땅이 두루 진동한다. 둘, 가끔 도를 얻은 비구 비구니나 큰 위신력이 있는 하늘이 물의 성질이 많고 땅의 성질이 적은 것을

관찰하여 그것을 알려고 스스로 힘을 시험하면 땅이 널리 진동한다. 셋, 처음에 보살이 도솔천에서 내려와 어머니 태에 들어 생각을 오로지 해 산란하지 않으면 땅이 진동한다. 넷, 보살이 처음으로 어머니 태에서 오른 쪽 옆구리로 나와 생각을 오로지 해 산란하지 않으면 땅이 널리 진동한다. 다섯, 보살이 처음으로 위없는 정각을 이루면 그때에도 땅이 크게 진동한다. 여섯, 부처님이 처음으로 도를 이루어 악마나 악마의 하늘이나 사문이나 바라문이나 모든 하늘이나 세상 사람으로는 굴릴 수 없는 위없는 법바퀴를 굴리면 넓은 땅이 크게 진동한다. 일곱, 부처님의 교화가 장차 끝나려 할 때 생각을 오로지 해 산란하지 않고 생명을 버리고자 하면 넓은 땅이 크게 진동한다. 여덟, 여래가 무여열반계에 완전 열반할 때에는 땅이 크게 진동한다."
그때 부처님께서는 게송으로 말씀하셨다.

위없는 양족존께서는/ 세상 비추는 큰 사문이며
아난은 하늘 스승께 물음 청하니/ 땅이 움직이는 것은 무슨 인연입니까?

여래는 자비로운 말로 연설하실 때/ 가릉빙가 새 소리와 같다.
나는 말하니 너희들은 들어라/ 어떤 인연으로 땅이 움직이는지를.

땅은 물을 인해 의지하고/ 물은 바람을 인해 의지한다.
만일 허공에 바람이 일어나면/ 땅은 크게 진동을 한다.

도를 얻은 비구 비구니들이/ 신족의 힘을 시험하면
산과 바다와 온갖 초목과/ 큰 땅덩이가 모두 진동을 한다.

제석이나 범천 모든 높은 하늘이/ 생각으로 땅을 움직이려 하면
산과 바다의 모든 귀신과/ 큰 땅은 그 때문에 진동을 한다.

보살 양족존께서는/ 백가지 복의 상을 이미 갖추어
처음으로 모태에 들어갈 때에/ 땅은 그 때문에 진동을 한다.

십 개월 동안 모태에 있을 때는/ 마치 용이 요 위에 누운 것 같다가
비로소 오른 쪽 옆구리로 나올 때/ 땅은 그 때문에 진동을 한다.

부처님이 청년이 되었을 때에/ 번뇌와 인연과 속박이 사라지고
도를 이룬 것은 한량없이 훌륭해/ 땅은 그 때문에 크게 진동을 한다.

뛰어난 현자가 녹야원에 있어/ 법의 수레바퀴를 처음으로 굴려
도의 힘으로 악마를 항복 받으면/ 땅은 그 때문에 크게 진동을 한다.

악마가 자주 와 못견디게 청해/ 부처님에게 열반을 권하여
부처님이 드디어 생명을 버리면/ 땅은 그 때문에 진동을 한다.

사람 중에 높고 큰 도사이며/ 신선이 후세에 다시 생명 받지 않으며
움직일 수 없이 열반을 취할 때/ 땅은 그 때문에 크게 진동을 한다.

깨끗한 눈으로 모든 인연 말했으니/ 여덟 가지 인연으로 땅은 움직인다.
이런 일 있거나 또 다른 인연으로/ 땅은 크게 진동을 한다.

(3-2) 팔중에 대해 설하다

부처님은 아난에게 말씀하셨다.

"세상에는 팔중이 있다. 첫째 찰제리(刹帝利, ksatriya)중이며, 둘째 바라문(婆羅門, Brahman)중이며, 셋째 거사 중이며, 넷째 사문중이며, 다섯째 사천왕중이며, 여섯째 도리천중이며, 일곱째 악마중이며, 여덟째 범천중이다. 옛날에 내가 도리천 무리들과 왕래하며 함께 앉고 일어나기와 서로 말한 것은 한량이 없다. 정진한 정의 힘으로써 모든 것을 마음대로 잘 나타내어 그들이 좋은 빛깔을 내면 내 빛깔은 그들보다 훌륭하게 나타냈고, 묘한 소리를 내면 내 소리는 그들보다 나았다. 그들은 나를 피해 물러갔지만 나는 그들을 피하지 않았다. 그들이 말하는 것을 나도 말했고, 그들이 말하지 못한 것까지 나는 말했다. 아난아, 나는 그들을 위해 설법하고 가르쳐 이롭게 하고 기쁘게 했다. 그리고 내가 거기서 사라졌을 때 그들은 내가 하늘인지 사람인지 알지 못했다. 그렇게 도리천 무리들에게 수없이 오고 가면서 그들을 위해 널리 설법했지만 내가 누구인지 알지 못했다."

아난은 부처님께 말씀드렸다.

"매우 기특한 일입니다. 부처님이시여, 그것은 일찍 없었던 일을 성취하셨습니다."

부처님은 말씀하셨다.

"아난아, 이와 같이 미묘하고 희한한 법은 매우 이상하고 특별하고 일찍 없었던 일이다. 다만 여래만이 이 법을 성취했다.

여래는 수의 일어나고 머물고 멸하는 것과, 상의 일어나고 머물고 멸하는 것과, 관의 일어나고 머물고 멸하는 것을 안다. 이것은 여래의 매우 기특하여 일찍 없었던 법이다. 너는 마땅히 받아 가져야 한다."

(3-3) 향탑에서 열반을 예언하다

그때 부처님은 아난에게 말씀하셨다.

"아난아, 향탑(香塔)으로 가자."

부처님은 어느 나무 밑에 이르러 자리를 깔고 앉으셨다. 부처님은 아난에게 말씀하셨다.

"현재 향탑의 좌우에 있는 비구들에게 두루 알려 강당에 모이게 하라."

아난은 말씀대로 모두 모이게 했다.

그때 부처님은 강당에 가서 자리에 앉아 모든 비구에게 말씀하셨다.

"너희들은 마땅히 알라. 나는 이 법으로써 몸소 체험하여 최정각을 이루었다. 사념처, 사의단, 사신족, 사선, 오근, 오력, 칠각의, 팔정도이다. 너희들은 마땅히 이 법 가운데서 살면서 서로 화합하고 존경하고 순종해 다투어 송사를 일으키지 말라. 한 스승에게 배운 것은 젖과 물처럼 잘 혼합된다. 내 법 가운데서 힘써 공부하면서 서로 등불이 되고 함께 즐겨라. 비구들아, 마땅히 알라. 나는 이 법에서 몸소 체험하여 중생들에게 널리 펴고 있다. 관경, 기야경, 수기경, 게경, 법구경, 상응경, 본연경, 천본경, 광경, 미증유경, 증유경, 대교경이 그것이다. 너희들은 마땅히 잘 받아서 헤아리고 분별하여 경에 따라 수행해야 한다. 무슨 까닭인가? 여래는 3개월 뒤에는 열반에 들 것이다." 모든 비구는 이 말씀을 듣고 깜짝 놀라 숨이 막히고 정신이 아득했지만 큰 소리로 외쳤다.

"부처님의 멸도가 왜 이다지도 빠른가, 세간에 눈이 없어지는 것은 얼마나 슬픈가."

또 어떤 비구는 슬피 울면서 가슴을 치며 뛰고 몸을 틀면서 부르짖어, 스스로 억제하지 못했다. 그것은 마치 뱀을 베면 꿈틀거리면서 갈 곳을 알지 못하는 것과 같았다. 이때 부처님은 모든 비구에게 말씀하셨다.

"너희들은 그만 그쳐라. 걱정하거나 슬퍼하지 말라. 하늘이나 땅이나 사람이나 한번 나서 끝나지 않는 것은 없다. 존재하는 모든 것은 변한다. 나는 전에도 말했지만 은혜와 사람은 떳떳함이 없는 것이며 한번 모인 것은 언젠가는 떠나는 것이다. 이 몸은 내 소유가 아니며 이 목숨은 오래가지 않는 것이다."

그때 부처님은 게송으로 말씀하셨다.

나는 이제 자유로워서/ 아늑하고 편안한 곳으로 간다.
대중들을 화합시키기 위해/ 이 뜻을 말한다.

나는 이미 늙은 몸이라/ 남은 목숨이 얼마 안되네.
해야 할 일을 이미 마치고/ 이제 열반에 들려한다.

생각에 방일함이 없고/ 비구의 계율은 갖추어졌다.
스스로 뜻을 거두어 잡아/ 그 마음을 지켜 보호하라.

내가 가르친 법에 있어서/ 방일하지 않는 사람은
괴로움의 근본을 끊어/ 나고 늙고 죽는 것을 뛰어넘는다.

또 비구들에게 말씀하셨다.

"악마 파순이 내게 와서 청하기를 '부처님은 욕심이 없으시니 곧 열반에 드십시오. 지금은 바로 그 때입니다. 마땅히 빨리 멸도 하십시오'라고 말했다. 그만 두라 그만 두라. 부처는 스스로 그 때를 안다. 나는 모든 비구가 모이고 또 모든 하늘이 두루 신통을 보기를 기다린다고 했다. 파순은 다시 말했다. '부처님은 옛날 울비라(鬱鞞羅, Uruvilva)의

니련선하 강변에 있는 보리수나무 밑에서 처음으로 도를 이루셨습니다. 저는 그때 부처님께 말했습니다. 부처님은 욕심이 없으시니 곧 열반에 드십시오 라고. 그때 부처님은, 그만 두라. 그만 두라, 파순아, 나는 스스로 때를 안다. 여래는 아직 멸도를 취하지 않을 것이다. 나는 모든 제자가 모이고 또 하늘 사람들이 신통을 보기를 기다려 멸도할 것이다 라고 제게 말씀하셨습니다. 이제 여래의 제자들은 이미 모였고 또 하늘 사람들은 신통 변화를 보았습니다. 지금이 바로 그때입니다. 마땅히 멸도 하십시오'라고 했다. 나는 말했다. '그만 두라 그만 두라. 파순아, 부처는 스스로 그 때를 안다. 나는 오래 머물지 않을 것이다. 지금부터 3개월 후에 나는 마땅히 열반에 들 것이다.' 그때 악마 파순은 생각했다. '부처님은 거짓말을 하시지 않는다. 이제 반드시 멸도할 것이다.' 하면서 기뻐 날뛰며 사라졌다. 악마가 떠난 지 오래지 않아 나는 차바라 탑에서 정의삼매에 들어 명을 버리고 수에 머물렀다. 그때 땅덩어리는 진동하여, 사람들은 두려워하고 놀라 털이 곤두섰다. 부처님이 큰 광명을 놓자 어두운 지옥까지 볼 수 있었다.

(3-4) 아난이 세상에 오래 머물기를 청하다

그때 아난은 자리에서 일어나 오른 어깨를 드러내고 오른 무릎을 땅에 대고 꿇어앉아 손을 합장하여 부처님께 여쭈었다.
"부처님이시여, 일 겁 동안만 더 머물러 계시며 멸도에 들지 마십시오. 중생을 사랑하고 가엾이 여겨 사람과 하늘을 이익 되게 하소서."
그때 부처님은 잠자코 계셨다. 아난은 이렇게 세 번 청했다. 이에 부처님은 아난에게 말씀하셨다.
"너는 여래의 정각의 도를 믿는가."
"예, 저는 진실로 부처님의 말씀을 믿습니다."

"네가 믿는다면 왜 세 번이나 청해 나를 귀찮게 하느냐. 너는 직접 내게서 들었고 받았다. '사신족을 많이 닦아 익혀 항상 생각하여 잊지 않는 자가 있으면 그는 원하기만 하면 죽지 않고 일 겁을 더 살 수 있다. 부처는 사신족을 많이 닦아 익혀 생각을 오로지 해 잊지 않는다. 그러므로 내가 만일 원하기만 한다면 나는 죽지 않고 일 겁을 더 여기에 머무를 수 있다. 그래서 세상을 위해 어두움을 없애고 이익 되게 하며 하늘과 사람은 안락을 얻을 수 있으리라는 것을 말했을 때는 너는 왜 멸도 하지 말라고 내게 청하지 않았는가. 내 말을 세 번이나 듣고도 일 겁이나 혹을 일 겁 이상을 이 세상에 머물러 계시며 세상을 위하여 어두움을 없애고 이익되게 하며 하늘과 사람은 안락을 얻도록 하소서'라고 왜 내게 권해 청하지 않았는가. 너는 이제야 비로소 말하는구나. 어찌 그것을 어리석다 하지 않겠느냐. 나는 그때 세 번이나 상을 나타내었다. 그런데 너는 세 번이나 잠자코 있었다. 너는 그때 왜 내게 청하기를 여래는 일 겁이나 일 겁 이상을 더 머물러 있어 세상을 위해 어두움을 없애고 이익되게 해 주라고 하지 않았느냐. 아난아, 나는 이미 목숨을 버렸다. 이미 버렸고 이미 토했다. 여래가 자신이 한 말을 어기게 할 수는 없다. 비유하면 부귀한 장자가 음식을 땅에 뱉았다가 도로 집어먹을 수 있겠는가."

"아닙니다."

"여래도 또한 그렇다. 이미 말해 버렸다. 어떻게 그 말을 다시 집어넣겠는가."

(3-5) 암바라촌에서 계정혜와 사대교법을 설하다

"부처님은 아난에게 말씀하셨다.

"아난아, 암바라(菴婆羅)촌으로 가자."

아난은 가사와 발우를 챙겨 대중들과 함께 부처님을 모시고 따랐다. 발지를 둘러 암바라촌에 이르러 어느 숲에 머무르셨다. 그때 부처님은 대중들을 위해 계·정·혜를 말씀하셨다.

"계를 닦아 정을 얻음으로써 좋은 과보를 얻고, 정을 닦아 지혜를 얻음으로써 좋은 과보를 얻고, 지혜를 닦아 마음이 깨끗해짐으로써 등해탈을 얻는다. 그래서 욕심의 번뇌와 무지의 번뇌를 다해 해탈을 얻어 해탈지가 생겨남과 죽음을 다하고 깨끗한 행은 이미 서고, 해야 할 일은 이미 다 해 마쳐 다시는 뒷세상의 목숨을 받지 않는다."

그때 부처님은 암바라촌에서 자유로이 계셨다. 부처님은 아난에게 말씀하셨다.

"너희들은 모두 위의를 차려라.

나는 첨바(瞻婆)촌 건다(揵茶, Bhandagama)촌 바리바(婆梨婆)촌으로 가서 거기서 다시 부미(負彌, Bhoganagara)성으로 갈 것이다."

아난은 옷과 발우를 챙겨 모든 대중과 함께 부처님을 모시고 따랐다. 발지를 둘러 암바라촌에 갔다가, 부미성 북쪽에 있는 시사바(尸舍婆) 숲에 도착했다. 부처님은 모든 대중에게 말씀하셨다. "지금 너희들에게 사대교법을 설명할 것이다. 자세히 듣고 잘 생각하라."

모든 비구는 말했다.

"예, 부처님이시여. 즐겨 듣기를 원합니다."

"어떤 비구가 말하기를 '여러분, 나는 어떤 성에서 직접 부처님에게 들었고 이런 계율과 이런 가르침을 받았다. 그것을 들은 사람은 그것을 믿지 않으면 안 된다. 또 그것을 헐 수도 없는 것이다' 하거든, 마땅히 모든 경전에서 참과 거짓을 참고하고 계율에 의하고 법에 의하여 그 본말(本末)을 연구해 보라. 그래서 그가 한 말이 경전도 아니고 계율도 아니고 법도 아니면 그에게 말하라. '부처님은 그렇게 말씀하시지 않았다. 그것은 네가 잘못 들은 것이 아닌가. 왜냐하면 내가 모든 경전과 계율과 법에 대조해 보니 네가 한 말은 법과 서로 어긋난다. 비구여, 그것을 받아 가지지 말라. 또 남을 위해서도 말하지 말라. 마땅히 그것을 버려라'고. 만일 그가 한 말이 경전과 계율과 법에 의거한 것이면 그에게 말하라. '네가 한 말은 진실로 부처님의 하신 말씀이다. 왜냐하면 우리가 모든 경전과 계율과 법에 대조해 보니 네가 한 말은 법과 서로 맞다. 비구여, 너는 마땅히 그것을 받아 가지고 남을 위하여 널리 펴라.' 이것이 일교법이다.

다시 어떤 비구가 말하기를 '나는 어떤 성에서 화합한 비구들과 장로들에게서 직접 이러한 법과 계율과 가르침을 받았다. 그것을 들은 사람은 믿지 않으면 안 되고 또 그것을 헐 수도 없는 것이다.' 한다면 마땅히 모든 경전에서 참과 거짓을 참고하고 법과 계율에 대조하여 본 말을 연구해 보아라. 그가 한 말이 경도 아니고 율도 아니고 법도 아니면 그에게 말하라. '부처님은 그렇게 말씀하시지 않았다. 너는 그 비구와 장로들에게 잘못 들은 것이 아닌가. 왜냐하면 내가 모든 경전과 계율과 법에 대조해 보니 네가 한 말은 법과 서로 다르다. 비구여, 너는 그것을 받아 지니지 말라. 그리고 남을 위해 말하지도 말라. 마땅히 그것을 버려라.' 만일 그가 한 말이 경전과 계율과 법에 의거한 것이면 당연히 그에게 말하라. '네가 한 말은 진실로 부처님의 하신 말씀이다. 왜냐하면 우리가 모든 경전과 계율과 법에 대조해 보니 네가 한 말은 법과 서로 맞다. 비구여, 너는 마땅히 그것을 받아 지니고 또 남을 위하여 널리 펴라.' 이것이 이교법이다.

다시 비구가 말하기를 '나는 어떤 성에서 법을 가지고 율을 가지고 의식인 율의를 가진 많은 비구에게 이러한 법과 율과 가르침을 받았다. 그것을 들은 자는 믿지 않을 수 없고 그것을 헐 자도 없다' 한다면 마땅히 모든 경전에서 그의 참과 거짓을 참고하여 보고 법과 율에 대조해 그것을 연구하여 그가 한 말이 경전도 아니고 계율도 아니고 법도 아니면 그에게 말하라. '부처님은 그렇게 말씀하시지 않았다. 너는 많은 비구에게 잘못 들은 것이다. 왜냐하면 우리는 모든 경전과 계율과 법에 대조해 보니, 네가 한 말은 법과 서로 다르다. 비구여, 너는 그것을 받아 가지지 말고 또 남을 위해 말하지도 말라.' 만일 그의 말이 경전과 계율과 법에 의거한 것이면 그에게 말하라. '네가 한 말은 진실로 부처님의 하신 말씀이다. 왜냐하면 우리가 모든 경전과 계율과 법에 대조해 보니 네가 한 말은 법과 서로 맞는다. 너는 그것을 받아 지녀 남을 위해 널리 펴라.'고. 이것이 삼교법이다.

다시 비구가 말하기를 '나는 어떤 성에서 법과 율과 율의를 가진 어떤 비구에게 듣고 친히 이러한 법과 율과 가르침을 받았다. 그것을 들은 사람은 믿지 않으면 안 되고 또 그것을 헐 수도 없는 것이다' 하거든 마땅히 모든 경전에서 참과 거짓을 참고하고 법과 율을 대조해 그 본말을 연구해 보아 그가 한 말이 경도 아니고 율도 아니고 법도 아니면 그에게 말하라. '부처님은 그렇게 말씀하시지 않았다. 너는 어떤 비구에게 잘못 들은 것이다. 왜냐하면 우리가 모든 경전과 계율과 법에 대조해 보니 네가 한 말은 법과 서로 다르다. 비구여, 너는 그것을 받아 지니 말고 또 남을 위해 말하지도 말라.' 만일 그가 한 말이 경전과 계율과 법에 의거한 것이거든 마땅히 그에게 말하라. '네가 한 말은 진실로 부처님의 하신 말씀이다. 왜냐하면 우리가 모든 경전과 법과 계율에 대조해 보니 네가 한 말은 법과 서로 맞다. 비구여, 마땅히 힘써 맡아 남을 위해 널리 펴라.' 이것이 사교법이다."

4. 마지막 공양

(4-1) 파바성

그때 부처님은 부미성에서 자유롭게 계시면서 아난에게 말씀하셨다.

"아난아, 이제 파바(婆婆)성으로 가자."

아난은 옷과 발우를 챙겨 모든 대중과 함께 부처님을 모시고 따랐다. 말라유(末羅由, Malayu)를 둘러 파바성의 사두원에 이르렀다. 이때 대장장이 아들 순타(純陀, Cunda)는 부처님이 말매(末買)를 거쳐 그 성에 오셨다는 말을 들었다. 그는 곧 옷을 입고 부처님께 나아가 발에 예배한 뒤 한 쪽에 앉았다. 부처님은 그를 위해 설법하여 교화하고 가르쳐 기쁘게 했다. 순타는 부처님의 설법을 듣고 믿는 마음으로 기뻐하고 즐거워하며 청했다.

"내일은 저의 집에서 공양하시기를 청합니다."

부처님은 잠자코 그것을 허락하셨다. 순타는 자리에서 일어나 예배하고 돌아갔다. 그래서 밤에 공양을 준비했다.

(4-2) 순타의 공양, 사종사문에 대해 설하다

이튿날 시간이 되자 부처님은 가사를 입으시고 발우를 들고 대중들과 함께 그의 집으로 가 자리에 앉으셨다. 그때 순타는 음식을 차려 부처님과 비구에게 바치고 따로 전단나무버섯을 요리했다. 그것은 아주 진귀한 것으로 부처님께만 드렸다. 부처님은 순타에게 분부하셨다.

"이 버섯은 다른 비구에게는 주지 말라."

순타는 감히 다른 비구에게 주지 않았다. 그때 대중 가운데 한 장로 비구가 다른 그릇에다 그 음식을 조금 얻어먹었다. 그때 순타는 대중의 공양이 끝난 것을 보고 발우를 거두고 손 씻을 물을 돌렸다. 그리고 부처님 앞에서 게송으로써 부처님께 여쭈었다.

거룩한 지혜를 가지신 이/ 바르게 깨달은 이, 사람 중에 높으신 이
마음을 항복 받은 이/ 이 세상에는 몇 가지의 사문이 있습니까?

부처님은 게송으로써 대답했다.

너의 물음에 대한 답으로/ 사문에는 네 가지가 있다.
그들의 뜻과 취미가 각각 다르니/ 너는 그것을 분별해 알라.

하나는 도를 행함이 특별히 뛰어나고/ 둘은 도의 뜻을 잘 설명하며
셋은 도를 의지해 생활해 가고/ 넷은 도를 위해 악을 짓는다.

어떤 것을 도가 뛰어났다고 하고/ 도의 뜻을 잘 설명한다고 하며
도를 의지해 생활한다고 하며/ 도를 위해 악을 짓는다 하는가?

은혜와 애욕의 가시밭을 건너/ 열반에 들어감에 의심이 없고
하늘과 사람의 길을 뛰어나는 것/ 이것을 도가 뛰어났다고 한다.

제일의 진리 뜻을 잘 알아/ 도의 더러움과 때 없음을 설명하고
어질고 자비롭게 사람의 의심 깨쳐 주니/ 이것을 도를 잘 설명한다고 한다.

법의 글귀를 자세히 늘어놓아/ 도를 의지해 스스로 살고

괴로움과 때 없는 장소를 바라니/ 이것을 도를 의지해 생활한다고 한다.

속으로는 간사와 사특을 품고/ 겉으로는 깨끗한 듯 모양 꾸미며
거짓과 속임으로 성실함이 없으니/ 이것을 도를 위해 악을 짓는다 한다.

어찌하여 선과 악이 함께 있으며/ 깨끗함과 더러움이 한데 섞여
서로 비슷하게 겉치레로 잘 나타나/ 마치 구리쇠에 금칠한 것 같은가.

속인들은 이러한 모습을 보고/ 모두 성자의 제자라 부른다.
그러나 모두 다 그런 것 아니니/ 맑고 깨끗한 믿음 버리지 말라.

어떤 사람이 대중을 거느리고/ 속은 흐리면서 겉은 깨끗해
간사한 자취 당장은 덮더라도/ 실로 방탕한 생각 품었느니라.

그러므로 얼핏 겉모양 보고/ 한 눈에 존경하고 친하지 말라.
간사한 자취 당장은 덮더라도/ 실제로는 방탕한 생각 품었느니라.

(4-3) 최후 공양의 공덕

그때 순타는 작은 자리를 가지고 와 부처님 앞에 앉았다. 부처님은 점차로 그를 위해 설법하고 가르쳐 이롭고 기쁘게 했다. 그리고 대중들은 부처님을 모시고 돌아갔다. 도중에 어떤 나무 밑에서 부처님은 아난에게 말씀하셨다.

"나는 지금 등병을 앓고 있다. 자리를 깔아라."

부처님은 거기서 쉬셨다. 그때 아난은 작은 자리를 가지고 와서 부처님 앞에 앉았다. 부처님은 아난에게 말씀하셨다.

"순타는 뉘우치는 마음이 없었는가? 만일 그런 마음이 있었다면 그것은 무엇 때문이었는가?"

아난은 부처님께 말했다.

"순타가 비록 공양을 바쳤지만 그것은 아무 복도 이익도 없습니다. 왜냐하면 부처님께서 그 집에서 마지막으로 공양을 받으시고 곧 열반을 드시기 때문입니다."

부처님은 아난에게 말씀하셨다.

"그런 말 하지 말라. 이제 순타는 큰 이익을 얻을 것이다. 수명을 얻고 빛깔을 얻고 힘을 얻고 좋은 명예를 얻고 살아서는 많은 재물을 얻고 죽으면 하늘에 태어나 하고자 하면 저절로 될 것이다. 무슨 까닭인가? 부처가 처음으로 도를 이루었을 때 공양을 베푼 자와 부처가 멸도할 때에 공양을 베푼 자의 공덕은 같은 것이다. 너는 지금 가서 그에게 말하라. '순타여, 나는 친히 부처님에게 들었다. 너는 공양을 베풀었기 때문에 이제 큰 이익을 얻고 큰 과보를 얻을 것이다' 라고."

그때 아난은 부처님의 분부를 받고 그에게 가서 말했다. '나는 친히 부처님에게 들었다. 순타여, 너는 공양을 베풀었기 때문에 이제 큰 이익을 거두고 큰 과보를 얻을 것이다. 부처님이 처음으로 도를 얻었을 때에 공양을 베푼 자와 멸도하실 때에 공양을 베푼 자의 공덕은 같은 것이다.'

순타는 공양을 베풀어 마치고/ 비로소 이런 말을 처음 들었다.
여래의 병환은 매우 위독해/ 목숨은 이제 끝나려 하네.

비록 전단버섯을 먹고/ 그 병세 더욱 더했다 하지만
병을 안은 채 여행길을 걸어/ 구시성으로 향해 가신다.

(4-4) 바라문 복귀장자의 귀의

그때 부처님은 자리에서 일어나 잠깐 앞으로 걸어 가시다가 어떤 나무 밑에서 아난에게 말씀하셨다.

"내 등병의 고통이 아주 심하다. 자리를 깔아 다오."

아난은 곧 자리를 깔았다. 부처님은 거기서 쉬셨다. 아난은 부처님 발에 예배하고 한 쪽에 앉았다. 그때 복귀장자(부처님께 귀의하여 아라한과를 증득함)는 구시성에서 파바성을 향해 가고 있었다. 도중에서 나무 밑에 계시는 부처님을 보았다. 용모는 단정하고 모든 근은 고요하며 의를 잘 다루기가 최상이며 제일의 적멸을 얻으셨다. 그것은 마치 큰 용과 같고 물이 맑고 깨끗해 더러움이 없었다. 복귀장자는 즐겁고 기뻐서 착한 마음이 생겼다. 곧 부처님께 나아가 발에 예배한 뒤 한 쪽에 앉아 부처님께 여쭈었다.

"부처님이시여, '집을 떠나 수행하는 사람은 맑고 깨끗한 곳에 있으면서 한가하게 즐거워하여 매우 기특하다. 오백 채의 수레가 있어 그 옆을 지나가도 그것을 듣거나 보지 않는다.'고 저는 들었습니다. 어느 때 제 스승은 구시성과 파바성 중간쯤 되는 곳의 길 옆 나무 밑에서 고요히 앉아 있었습니다. 그때 오백 대의 수레가 그 옆을 지나갔습니다. 수레 소리가 우르르하고 울렸지만 스승님은 깨어 있으면서 그것을 듣지 못했습니다. 그때 어떤 사람은 스승에게 와서 물었습니다. '저기 지나가는 수레들을 보지 못하는가.' 대답하기를 '보지 못했다.' 또 묻기를 '들었는가.' 대답하기를 '듣지 못했다.' 또 묻기를 '당신은 여기 있었는가 다른 곳에 있었는가.' 대답하기를 '여기 있었다.' 또 묻기를 '정신이 있는가.' 대답하기를 '정신이 있다.' 또 묻기를 '당신은 깨어 있는가, 자고 있는가.' 대답하기를 '깨어 있다.' 그때 그 사람은 '이것은 참으로 희한한 일이다. 집을 나와 수행하는 사람은 마음을 한

10

곳에 모아 정진함으로써 저 수레 소리가 우르르하고 울리지만 그것을 듣지 못했다'하고 곧 스승에게 말했습니다. '저기 오백 대 수레가 이 길을 따라 지나갔다. 수레 소리가 우루루 하고 울리지만 듣지 못하는데 어떻게 다른 소리를 듣겠는가.'하면서 곧 스승에게 예배하고 기뻐하면서 떠나갔습니다."

부처님은 복귀장자에게 말씀하셨다.

"내 이제 너에게 묻겠다. 너는 마음대로 대답하라. 수레가 진동하지만 깨어 있으면서 그것을 듣지 못하는 것과 우레가 천지를 진동하지만 깨어 있으면서 그것을 듣지 못하는 것과 어느 것이 어렵다고 하겠는가?"

복귀는 부처님께 여쭈었다.

"천만 대의 수레 소리인들 어찌 우레 소리와 비교할 수 있겠습니까. 수레 소리를 듣지 못하는 것은 어려운 일이 아닙니다. 우레가 천지를 진동해도 깨어 있으면서 그것을 듣지 못하는 것이야말로 어려운 것입니다."

부처님은 복귀장자에게 말씀하셨다.

"내가 어느 때 아월(阿越)촌 어떤 초막에 있었다. 그때 검은 구름이 사납게 일어나면서 뇌성과 함께 벼락을 쳐서 네 마리 황소와 두 농부 형제가 죽었다. 그래서 사람들이 모여들었다. 그때 나는 초막에서 나와 거닐고 있었다. 그 대중 가운데서 어떤 사람이 내게 와 발에 예배한 뒤 나를 따라 거닐었다. 나는 내 곁에 어떤 사람이 온 것을 알고 그에게 물었다. '저 대중들은 왜 저렇게 모여 무엇 하는가?' 그 사람은 내게 물었다. '조금 전에는 어디에 있었습니까? 깨어 있었습니까? 자고 있었습니까?' 나는 대답했다. '나는 여기 있으면서 자지 않았다.' 그 사람은 희한한 말을 듣고 찬탄하면서 '정을 얻으면 부처님과 같이 되는 것이다. 뇌성벽력 소리가 천지를 진동하지만 혼자 고요히 정에 들어 깨어 있으면서 듣지 못하였구나' 하고 내게 말했다. '조금 전 검은 구름이 사납게 일어나 뇌성벼락이 쳐서 네 마리 황소와 농부 형제가 죽었습니다. 그래서 사람들이 모인 것입니다.' 하고 말했다. 그 사람은 법의 기쁨을 얻어 내게 예배하고 떠나갔다."

그때 복귀장자는 십만 량의 가치가 있는 황금색으로 빛나는 두 벌의 옷을 입고 있었다. 그는 자리에서 일어나 꿇어앉아 손을 합장하고 부처님께 여쭈었다.

"저는 이 옷을 부처님께 바칩니다. 원컨대 받아 주십시오."

부처님은 복귀장자에게 말씀하셨다.

"너는 한 벌은 내게 주고 또 한 벌은 아난에게 주어라."

복귀는 부처님의 분부를 받고 한 벌은 부처님께 바치고 한 벌은 아난에게 주었다. 부처님은 그를 가엾이 여겨 옷을 받아 주셨다. 복귀장자는 부처님 발에 예배하고 한 쪽에 앉았다. 부처님은 복귀장자를 위해 설법하고 가르쳐 이롭게 하고 기쁘게 하셨다. 보시, 계율, 천상에 태어남을 설명하시고, '탐욕은 큰 재앙으로서 깨끗하지 못한 더러운 것이며 번뇌는 수행의 장애가 되고 번뇌를 벗어나는 요긴한 길을 찾는 것은 제일이다'고 말씀하셨다.

부처님께서는 복귀장자의 마음이 기쁨에 차고 부드러워져 모든 번뇌가 없어지고 쉽게 교화될 줄을 아셨다.

그래서 부처님의 떳떳한 같이 복귀장자를 위해 〈고성제〉〈고집성제〉〈고멸성제〉〈고도성제〉를 설법하셨다. 그때 복귀장자의 신심은 맑고 깨끗하기가 마치 흰 천이 빛깔을 쉽게 받는 것과 같았다. 그는 그 자리에서 티끌을 멀리하고 괴로움을 여의고 모든 법에 대한 법안이 생겼다. 그래서 법을 알고 법을 얻고 결정코 바르게 머물러 악도에 떨어지지 않게 되고 두려움 없음을 성취했다. 그래서 부처님께 여쭈었다.

"저는 지금 부처님께 귀의하고 법에 귀의하고 승가에게 귀의합니다. 부처님께서는 제가 바른 법 가운데서 우바새가 되는 것을 허락해 주십시오. 지금부터 목숨을 마칠 때까지 생물을 죽이지 않고 도둑질하지 않으며 간음하지 않고 속이지 않으며 술을 마시지 않겠습니다. 원하건대 부처님께서는 제가 바른 법 가운데서 우바새가 되는 것을 허락해 주십시오."

그는 또 부처님께 여쭈었다.

"만일 부처님께서 교화하시는 걸음이 파바성에 닿으면 뜻을 굽히시어 저희 촌락에도 들러주십시오. 저의 집에 있는 모든 음식과 의복과 평상과 탕약을 부처님께 바치고자 합니다. 부처님께서 받아 주신다면 저의 집안은 안락하게 될 것입니다."

그는 자리에서 일어나 머리로 부처님 발에 예배한 뒤 기뻐하면서 떠났다. 그가 떠난 지 오래지 않아 아난은 황금빛으로 빛나는 옷을 부처님께 올렸다. 부처님은 복귀를 가엾게 여겨 옷을 받아 입으셨다.

그때 부처님의 용모는 조용하여 위엄의 광명은 불꽃처럼 빛나며 모든 근은 청정하고 얼굴빛은 기쁨이 가득했다. 아난은 가만히 생각했다. '내가 부처님을 모신 지 25년, 지금까지 부처님 얼굴이 저토록 광택이 있고 황금처럼 빛나는 것을 뵌 적이 없다'. 곧 자리에서 일어나 오른 무릎을 땅에 대고 합장하고 나아가 부처님께 여쭈었다.

"제가 부처님은 모신 지 25년입니다. 지금까지 부처님의 얼굴의 광명이 황금처럼 빛나는 것을 뵙지 못했습니다. 무슨 인연인지 모르겠습니다. 그 까닭을 말씀해주십시오."

부처님은 아난에게 말씀하셨다.

"거기에는 두 가지 인연이 있다. 하나는 부처가 처음으로 도를 얻어 위없는 정진의 깨달음을 이룬 때며, 둘은 멸도 하려고 생명을 버리고 열반에 드는 때다. 아난아, 이 두 가지 인연으로써 여래의 얼굴빛이 보통 때와 다르다."

그때 부처님은 게송으로 말씀하셨다.

황금빛 옷은 빛나고 느긋하며/ 부드럽고 아름답고 곱고 깨끗하여라.
복귀는 이것을 나에게 바쳤으니/ 눈처럼 백호의 광명이 있네.

(4-5) 부처님 물을 찾다

부처님은 아난에게 말했다.

"나는 목이 마르다. 물이 먹고 싶다. 물을 가져오너라."

아난은 여쭈었다.

"저기 상류에서 오백 대 수레가 강을 건너고 있습니다. 그래서 흐려진 물이 아직 맑아지지 않아 발은 씻을 수 있어도 마실 수는 없습니다."

부처님은 아난에게 세 번이나 말했다.

"아난아, 물을 가져오너라."

아난은 여쭈었다.

"구손강(拘孫江)은 여기서 멀지 않습니다. 그 물은 맑고 시원해 마실 수도 있고 목욕할 수도 있습니다."

그때 어떤 귀신이 설산에 살면서 불도를 독실히 믿었다. 그는 발우에 여덟 가지 맑은 물을 떠다 부처님께 바쳤다. 부처님은 그를 가엾이 여겨 그것을 받으셨다. 그리고 게송으로 말씀하셨다.

부처님은 여덟 가지 음성으로써/ 아난에게 물을 가져오라 했다.
나는 목이 말라 물이 먹고 싶다./ 물을 마시고는 구시성으로 가자.

부드럽고 연하고 평화롭고 맑은 소리/ 그것은 마음을 즐겁게 한다.
아난은 부처님을 좌우에서 모시면서/ 부처님께 말씀 드렸다.

저기 오백 대 수레가 있어/ 강의 상류에서 저쪽으로 건넙니다.
그것이 물을 흐려 놓아/ 그 물을 마시면 몸에 해롭습니다.

구손강은 여기서 멀지 않으며/ 그 물은 깨끗하고 맑고 시원하니
거기 가면 그 물을 마시기도 하고/ 또 목욕도 할 수 있습니다.

설산에 사는 귀신이 있어/ 여래에게 여덟 가지 물을 바쳤습니다.
그 물을 마신 뒤에 씩씩한 위세/ 여러 대중 앞에서 사자 걸음 하십니다.

그 물에는 용이 있어/ 맑고 깨끗하여 더러움이 없습니다.
부처님 얼굴은 설산과 같아/ 조용하고 편안하게 구손강을 건넌다.

(4-6) 순타가 열반에 들다

그때 부처님은 구손강으로 가서 물을 마시고 목욕도 하신 뒤 대중들과 함께 그곳을 떠나셨다. 가시는 도중에 어떤 나무 밑에서 쉬고 계셨다. 부처님은 순타에게 말씀하셨다.

"너는 승가리(僧伽梨, saṃghāṭī)를 네 겹으로 접어 여기 깔아라. 나는 등병이 아파 잠깐 쉬고 싶다."

순타는 분부를 받고 그대로 깔았다. 부처님은 거기 앉으셨다. 순타는 예배하고 한 쪽에 앉아 부처님께 말씀드렸다.

"저는 열반에 들고자 합니다. 저는 열반에 들고자 합니다."

부처님은 순타에게 말씀하셨다.

"마땅히 때인 줄을 알라."
순타는 부처님 앞에서 열반에 들었다.
그때 부처님은 게송으로 말씀하셨다.

내가 구손강에 가니/ 강물은 맑고 시원해 더러움이 없고
사람 중에 높은 이, 물에 들어가/ 목욕한 뒤 저 언덕을 건넜다.

대중 가운데 우두머리 되는/ 순타에게 말씀하셨다.
나는 이제 몸이 많이 지쳤으니/ 너는 빨리 여기에 자리를 깔아라.

순타는 분부를 받고/ 옷을 네 겹으로 접어 자리를 깔았다.
나는 거기에 앉아 쉬었다.

순타는 앞으로 나와 앉아/ 저는 멸도에 들고자 합니다.
애욕도 없고 괴로움도 없는 곳/ 나는 이제 무량한 공덕의 바다
저쪽으로 가고자 합니다.

가장 훌륭한 그에게 이르기를/ 너는 너의 할 일을 이미 다했다.
이제 마땅히 때인 줄 알라.

내가 이미 허락함을 보고/ 순타는 몇 곱으로 정진을 더해
멸도로 들어갈 행 남음이 없어/ 기름이 다한 등불이 꺼지듯 했다.

(4-7) 여래를 장사 지내는 법
그때 아난은 자리에서 일어나 앞으로 나아가 부처님께 여쭈었다.

"부처님께서 멸도 하신 뒤에 장례의 법은 어떻게 하면 되겠습니까?"
부처님은 아난에게 말씀하셨다.
"너는 우선 잠자코 너의 할 일을 생각하라. 신자들이 스스로 원해 처리할 것이다."
"부처님께서 열반에 드신 뒤 장례의 법은 어떻게 하면 되겠습니까?"
고 세 번 여쭈었다.
부처님은 말씀하셨다.
"장례의 법을 알고자 하거든 마땅히 전륜성왕과 같이 하라."
아난은 또 여쭈었다.
"전륜성왕의 장례 법은 어떻게 합니까?"
부처님은 아난에게 말씀하셨다.
"전륜성왕의 장례 법은 먼저 향탕으로 몸을 씻고 새 무명 천으로 몸을 두루 감되 오백 겹으로 감고 몸을 황금 관에 넣은 뒤에는 깨 기름을 거기에 붓는다. 다음에는 황금 관을 들어 제 2의 큰 쇠곽에 넣고 전단향나무 곽으로 겉에 겹치고 온갖 향을 쌓아 그 위를 두텁게 덮고 그것을 다비한다. 다비를 마친 뒤에는 사리를 거두어 네 거리에 탑을 세워 거기에 넣고 탑 표면에는 비단을 걸어 길가는 사람들이 법왕의 탑을 보고 바른 교화를 사모해 많은 이익을 얻게 하는 것이다. 그 탑에 예배하는 사람은 살아서는 행복을 얻고 죽어서는 천상에 태어날 것이다."
부처님께서 아난에게 말씀하셨다.
"천하에는 탑을 세울 만한 이가 넷이 있다.
마땅히 탑을 세워 향과 꽃과 비단 일산과 음악을 공양 올려야 할 것이다. 하나는 여래로서 마땅히 탑을 세울 것이다. 둘은 벽지불이다. 삼은 성문이다. 넷은 전륜왕이다. 이 네 가지 사람은 마땅히 탑을 세워 향과 꽃과 비단 일산과 음악을 공양 받을 것이다.”
그때 부처님은 게송으로 말씀하셨다.

부처는 마땅히 제일 탑을 세울 것이며/ 벽지불과 성문과 또 전륜성왕
그리고 또 네 구역을 다스리는 임금/ 이 넷은 마땅히 공양하여라.

그것은 여래께서 말씀하신 것/ 부처님과 벽지불 그리고 성문
그 다음은 전륜왕의 탑이다.

5. 전불시대의 땅, 구시성

(5-1) 구시성으로 가다

그때 부처님은 아난에게 말씀하셨다.

"구시성 말라유의 쌍수(雙樹)로 가자."

아난은 대중들과 함께 부처님을 모시고 길을 떠났다. 그때 어떤 바라문이 구시성에서 파바성으로 가고 계시는 부처님을 만났다. 부처님의 모습은 단정하고 모든 근은 고요했다. 그는 기쁨에 넘쳐 착한 마음이 일어났다. 부처님께 나아가 문안을 드린 뒤 한 쪽에 서서 여쭈었다.

"제가 사는 마을은 여기서 멀지 않습니다. 원하건대 고타마시여, 저의 마을에서 쉬시고 이른 아침에 공양을 드신 뒤 성으로 가시면 어떻습니까?"

부처님은 그에게 말씀하셨다.

"그만 두어라. 그만 두어라. 너는 내게 이미 공양을 올렸다.

그때 바라문은 세 번이나 간청했다. 부처님 대답은 처음과 같았다. 다시 바라문에게 말씀하셨다.

"아난이 내 뒤에 있다. 너는 그에게 네 뜻을 말하라."

그는 부처님의 말씀을 듣고 아난에게 가서 한 쪽에 서서 말했다.

"내가 사는 마을은 여기서 멀지 않습니다. 고타마께서 그곳에 가서 쉬시기를 바랍니다. 그리고 이른 아침에 공양을 마치신 뒤 성으로 가십시오."

아난은 대답했다.

"그만 두십시오. 바라문이여, 그대는 이미 우리에게 공양을 마쳤습니다."

바라문은 세 번이나 간청했다. 아난은 다시 말했다.

"그런데 지금은 날이 너무 덥고 또 마을은 너무 멀리 있습니다. 그리고 부처님은 매우 피로해 합니다. 수고롭게 할 필요가 없습니다."

(5-2) 말라유 쌍수에 눕다

그리고 부처님은 구시성으로 들어가 말라유족의 본생처인 쌍수 사이를 향해 가시면서 아난에게 말씀하셨다.

"너는 나를 위하여 쌍수에 누울 자리를 마련하되 머리는 북쪽으로 얼굴은 서쪽으로 향하게 하라. 왜냐하면 내 법이 널리 퍼져 장차 북방에서 오래 머무를 것이다."

아난은 "예." 하고 대답한 뒤 북쪽으로 머리를 향하도록 자리를 깔았다. 그때 부처님은 스스로 승가리를 네 겹으로 접어 오른 쪽 옆구리를 붙이고 사자처럼 발을 포개고 누우셨다. 그때 쌍수에 있는 모든 귀신은 부처님의 고요한 모습에 감탄하여 꽃을 땅에 뿌렸다. 그때 부처님은 아난에게 말씀하셨다.

"이 쌍수의 신들은 때 아닌 꽃으로써 내게 공양 올렸다. 그러나 이것은 여래를 공양한 것이 아니다."

아난은 여쭈었다.

"그러면 어떤 것을 말해 여래를 공양하는 것입니까?"

부처님은 아난에게 말씀하셨다.

"어떤 사람이 법을 받아 그 법을 잘 행하면 그것을 말해 여래를 공양하는 것이다."

부처님은 이 뜻을 거듭 펴시려고 게송으로 말씀하셨다.

부처님은 쌍수 사이에 있어 / 고요한 마음으로 누워 계신다.

나무 신들은 마음이 청정해/ 부처님 위에 꽃을 뿌리네.

아난은 부처님께 여쭈었다./ 어떤 것을 공양이라 합니까?
법을 받으면 잘 행하는 것이/ 여래에게 공양 올리는 것이다.

수레바퀴 같은 자금의 꽃을/ 부처님께 뿌려도 공양이 아니고
오온, 육입, 십이처는 〈나〉 없는 것/ 그것이 첫째 가는 공양이 된다.

(5-3) 시자 범나마의 공덕

그때 범마나(梵摩那)는 부처님 앞에서 부채질을 하고 있었다. 부처님
은 말씀하셨다.
"너는 물러가라. 내 앞에 있지 말라."
그때 아난은 잠자코 있으면서 생각했다. '범마나는 항상 부처님의 좌
우에 있어서, 부처님의 시중을 들고 있다. 그는 반드시 부처님을 존경
해 보고 또 보아도 싫증이 없다. 이제 부처님은 최후를 맞이하신다.
그러므로 그로 하여금 지켜보게 하실 것이다. 그런데 이제 그를 물러
가라 하시니 무슨 까닭일까?'
그래서 아난은 옷을 고쳐 입고 발우를 들고 앞으로 나가 부처님께 여
쭈었다.
"범마나는 언제나 부처님 곁에 있으면서 시중을 들어 왔습니다. 그러
므로 반드시 부처님을 공경하고 부처님 뵙기에 싫증을 내지 않습니
다. 이제 부처님은 최후를 맞이하십니다. 마땅히 부처님을 지켜보도
록 해야 될 것입니다. 그런데 물러가라 하시니 무슨 까닭이십니까?"
부처님은 아난에게 말씀하셨다.
"구시성 밖 12유순은 큰 천신들이 사는 집으로서 빈틈이 없다. 모든

신은 이 비구가 내 앞에 서 있는 것을 꺼린다. '지금은 부처님의 최후
로써 곧 멸도에 드시려 하고 있다. 우리들 모든 신은 부처님을 한번
뵙기를 원하지만 이 비구는 큰 위엄과 덕이 있어 광명이 눈부셔 우리
들이 부처님을 친견하고 예배하고 공양하지 못하게 한다'고 생각하
고 있다. 아난아, 이런 인연이 있기 때문에, 나는 그에게 명령하여 물
러가라고 한 것이다."

아난은 부처님께 여쭈었다.

"이 거룩한 비구는 원래 어떤 덕을 쌓았고 어떤 행을 닦았기에, 그런
위엄과 덕이 있습니까?"

부처님은 아난에게 말씀하셨다.

"과거 91겁 전에 이 세상에 비바시(毘婆尸, Vipaśyin) 부처님이 계셨
다. 그때 이 비구는 환희심으로 손에 횃불을 잡아 그의 탑을 비추었
다. 그 인연으로써 위엄의 광명은 위로 28천에 사무쳐 모든 하늘 신
의 광명으로 미치지 못한 것이다."

(5-4) 구시성의 옛 영화

그때 아난은 자리에서 일어나 오른쪽 가사의 어깨를 벗고 길게 꿇어
앉아 합장하고 부처님께 여쭈었다.

"보잘것없는 작은 성, 거칠고 허물어진 땅에서 멸도하시지 마소
서. 보다 큰 나라들이 있습니다. 첨바(瞻婆)국, 비사리, 왕사성, 밧지
국, 사위성, 가비라위(迦毘羅衛, Kapila-vastu)국, 바라날(波羅捺,
vārāṇasī)국들이 그것입니다. 그 땅에는 백성들이 많고 불법을 즐겁
게 믿습니다. 부처님께서 멸도하신 뒤에는 반드시 사리를 잘 공경하
고 공양할 것입니다."

부처님은 말씀하셨다.

"그런 생각을 하지 말라. 이 땅을 보잘것없다고 말하지 말라. 옛날 이 나라에 대선견이라는 왕이 있었다. 그때는 이 성이 구사바제(拘舍婆提)라 하여 그 대왕의 수도였다. 길이 480리, 넓이 280리. 그때 쌀과 곡식은 풍성했고 백성들은 불꽃처럼 모여들었다. 그 성은 일곱 겹이며 성을 둘러싼 난간도 또한 일곱 겹이었다. 무늬를 아로새기고 각하고 사이사이에 보배 방울을 달았었다. 그 성의 길이는 일곱 길이며, 높이는 열두 길이었다. 성위의 다락집은 높이 열두 길, 기둥 둘레는 세 길이었다. 금성에는 은문, 은성에는 금문, 유리성에는 수정문, 수정성에는 유리문이었다. 그 성 주위에는 네 가지 보배로 장엄하고 난간도 네 가지 보배로 장엄했다. 금다락에는 은방울이며 은다락에는 금방울이었다. 보배 참호는 일곱 겹으로 그 가운데에는 연꽃, 우발라꽃, 발두마꽃, 구물두꽃 분타리꽃이 피어 있었다. 밑에는 금모래가 깔려 있고 길 양쪽에 다린 나무가 울창했다. 금나무는 은잎과 은꽃과 은열매며, 그 은나무는 금잎과 금꽃과 금열매였다. 수정나무는 유리꽃 유리 열매며 유리나무는 수정꽃 수정열매였다. 나무 사이에는 네 가지 보배 못이 있어 네 가지 꽃이 피어 있었다. 다린 나무 사이에는 욕지가 있어 그 물은 맑고 깊고 깨끗하여 더러움이 없었고 네 가지 보배의 벽돌로써 그 가장자리에 섬돌이 놓여 있었다. 금사다리에는 은발판, 은사다리에는 금발판이며, 유리사다리의 층계는 수정으로 발판을 만들고 수정사다리의 층계는 유리로 발판을 만들었었다. 에워싼 난간은 빙 둘러 있고 그 성의 곳곳에는 다라 나무가 있었다.

거리와 골목은 잘 정돈되어 있었고 온갖 꽃은 바람에 나풀거렸다. 실바람이 사방에서 일어나 모든 보배나무를 스칠 때 나는 부드러운 소리는 마치 하늘음악 같았다. 그 나라 사람들은 모두 보배 나무 사이에서 놀면서 스스로 즐겼다. 그 나라에는 언제나 열 가지 소리가 있

었다. 고동소리, 북소리, 소고소리, 노래소리, 춤소리, 악기소리, 코끼
리소리, 말소리, 수레소리, 음식을 먹으면서 장난하고 웃는 소리가 그
것이다. 그때 대선견왕에게는 칠보가 갖추어 있었고 또 왕은 네가지
덕이 있어 사천하의 주인이었다. 칠보는 금륜보(金輪寶), 백상보(白象
寶), 감마보(紺馬寶), 신주보(神珠寶), 옥녀보(玉女寶), 거사보(居士寶),
주병보(主兵寶)이다.

아난아, 네 가지 신덕이 있다. 하나는 오래 살고 일찍 죽지 않아 아무
도 따르지 못한다. 둘은 몸이 건강하고 병이 없어 아무도 따르지 못한
다. 셋은 얼굴 모양이 단정하여 아무도 따르지 못한다. 넷은 보물 창
고가 가득차 아무도 따르지 못한다. 이것을 전륜왕이 성취한 칠보와
네 가지 공덕이다.
아난아, 그때에 선견왕은 오랜만에 수레를 타고 뒷동산으로 놀러 나
가 시자에게 말했다.
'수레를 천천히 몰아 편안하고 조용하게 하라. 나는 국토와 백성이 안
락하여 근심이 없는가를 자세히 관찰 한다.' 백성들은 길에서 왕의 행
차를 보고 다시 시자에게 말했다. '시자여, 천천히 가라. 우리는 거룩
한 왕의 위대한 모습을 뵙고자 한다.' 아난아, 그때 선견왕은 백성들
을 사랑하기를 마치 아버지가 아들을 사랑하는 것 같고, 백성들이 왕
을 사모하기는 마치 아들이 아버지를 우러르는 것 같았다. 그래서 그
들이 가진 보물을 모두 왕에게 바치면서 '원컨대 받아 주시어 마음대
로 써 주소서'라고 했다. 그때 왕은 말했다. '그대들이여, 그만 두어
라, 내게는 보물이 있다. 그대들이 써라.'했다."
그때 선견왕은 생각했다. '나는 원래 어떤 공덕을 쌓고 어떤 착한
과보를 닦았기에, 지금 이렇게 높고 큰 과보를 얻었는가?' 또 스스

로 생각했다.

'세 가지 인연으로 이 복의 과보를 가지고 왔다. 보시와 지계와 선정이다. 이 인연으로 큰 과보를 얻었다.' '나는 이미 인간의 복의 과보를 받았다. 마땅히 더 나아가 하늘의 복을 받을 업을 닦자. 스스로 자기를 억누르고, 시끄럽고 번잡한 것을 떠나 조용히 살고 한가히 있음으로써 도를 닦자.' 그때 왕은 선현보녀에게 명령했다. '나는 이미 인간의 복의 과보를 받았다. 마땅히 더 나아가 하늘의 복을 받을 업을 닦으려 한다. 마땅히 스스로 자기를 억누르고 시끄럽고 번잡한 것을 떠나 조용한 곳에 한가히 있으면서 도를 닦자.' 그녀는 대왕의 분부대로 안팎에 명령해 가까이 모시거나 문안을 드리는 것을 금했다.

그때 왕은 법전에 올라 금루관으로 들어가 은평상에 앉았다. 거기서 탐욕과 음욕의 악과 불선을 깊이 생각하여 각도 있고 관도 있어 이생희락[離生喜樂, 욕계악을 떠남에서 생기는 기쁨과 즐거움]의 제 1선을 얻었다. 각과 관을 덜어 없애고 속마음의 믿음으로써 기뻐하고 즐거워하며 마음을 오로지 거두어 각도 없고 관도 없이 정생희락[定生喜樂, 정에서 생기는 기쁨과 즐거움]의 제 2선을 얻었다. 기쁨을 버리고 마음을 지켜 오롯이 하여 산란하지 않으며 스스로 몸의 즐거움을 알아 성현들이 구하는 호념락행[護念樂行, 생각을 보호해 맑고 깨끗함]의 제 3선을 얻었다.

거친 마음과 미세한 마음, 기쁨을 버리고 평정한 마음을 지켜 오롯이 하여 산란하지 않으며 스스로 몸의 즐거움까지 버려 행사염정[行捨念淨]의 제 4선을 얻었다.

그때 선견왕은 은평상에서 일어나 금루관을 나왔다. 다시 대정루로 나아가 유리 평상에 앉을 때 자심을 닦아 한 세계에 두루 차고 나머지 다른 세계도 또한 그러하여 두루 하고 넓고 넓어 한량이 없었다. 모든 원한을 없애어 마음에 미워함이 없고 고요하고 잠잠하고 사랑하고 부드러움으로써 스스로 즐거워했다. 비심(悲心), 희심(喜心), 사심(捨心)도 또한 그러했다. 그때 옥녀보는 잠자코 생각했다. '오랫동안 왕의 얼굴을 떠났다. 이제 모시고 뵙자. 대왕에게 가자.' 그래서 선현보녀는 팔만사천 채녀들에게 말했다. '너희들은 마땅히 향탕에 목욕하고 의복을 바르게 꾸며라. 우리는 오랫동안 왕의 안색을 떠났다. 마땅히 한번 뵙도록 하겠다.'

모든 채녀는 이 말을 듣고 옷을 정돈하고 목욕해 몸을 깨끗이 했다. '네 가지 병사를 모아라. 우리는 오랫동안 왕을 뵙지 못했다. 한번 뵙도록 하겠다.' 주병보는 네 가지 병사를 모으고 보녀에게 말했다. '네 가지 병사는 이미 다 모였습니다.'

보녀는 팔만사천의 채녀를 거느리고 네 종류 병사의 인도를 받아 황금의 동산으로 갈 때 대중의 진동하는 소리가 왕에게 들렸다. 왕은 그 소리를 듣고 창문으로 보았다. 보녀는 앞으로 나아가 창 앞에 섰다. 그때 왕은 보녀를 보고 말했다. '너는 멈추어라. 앞으로 나오지 말라. 나는 이제 동산으로 나가려 한다.' 그때 선견왕은 파리좌에서 일어나 대정루로 나와 정법전으로 내려갔다. 거기서 보녀와 함께 다린 동산으로 나가 자리에 앉았다. 그때 선견왕의 얼굴에는 광택이 나서 보통 때와 달랐다. 선현보녀는 스스로 생각했다. '지금 대왕의 얼굴빛은 보통 때와 다르다. 이것은 무슨 상서인가?' 그녀는 대왕에게 물었다. '지금 대왕의 얼굴빛은 보통 때와 다릅니다. 이 상서는 목숨을 버리려는 것이 아닙니까? 지금 팔만사천 코끼리 중에서 백상보가 제일입니다. 금은으로 장식하고 목에 보주를 걸었는데 왕의 소유입니다. 원컨대 잠깐 생각을 돌려 함께 서로 즐기시기 바랍니다. 부디 목숨을 버려 만백성을 슬프게 하지 마십시오. 말 중에는 역마왕(力馬王)이 제일입니다. 수레 중에는 윤보(輪寶)가 제일입니다. 구슬 중에는 신주보(神珠寶)가 제일입니다. 여자 중에는 옥녀보(玉女寶)가 제일입니다. 거사 중에는 거사보(居士寶)가 제일입니다. 찰제리 중에는 주병보(主兵寶)가 제일입니다. 성(城) 중에는 구시성이 제일입니다. 궁전 중에는 정법전이 제일입니다. 다락 중에는 대정루가 제일입니다. 자리 중에는 보식좌가 제일입니다. 옷 중에는 유연의(柔軟衣)가 제일입니다. 음식은 모두 맛이 진귀합니다. 무릇 온갖 보배는 모두 왕의 소유입니다. 원컨대 잠깐 생각을 돌려 이들과 함께 즐기시고 부디 목숨을 버리어 만백성을 슬프게 하시지 마십시오.'

그때 선견왕은 보녀에게 대답했다. '너는 옛날부터 지금까지 나를 받들어 섬겨 오면서 사랑스럽고 부드러우며 공경하고 순종하여 말에 실수가 없었다. 그런데 어찌 그런 말을 하는가?'

그녀는 왕에게 아뢰었다. '알 수 없습니다. 무엇이 불순합니까?' 왕은 그녀에게 말했다. '네가 말한 코끼리, 말, 보배, 수레, 금바퀴, 궁전, 기이한 옷, 맛난 음식 이런 것은 항상 됨이 없어 영원히 가질 수 있는 것이 아니다. 그러므로 내게 그치라고 권하더라도 어찌 따르겠느냐?'

아난아, 그때 옥녀보는 왕의 이 말을 듣고 슬피 울고 부르짖다가 눈물을 닦으면서 '코끼리, 말, 수레, 금바퀴, 궁전, 옷, 맛난 음식은 다 항상 됨이 없어 길이 보전할 수 없습니다. 원컨대 그것에 애착하여 높으신 생각을 괴롭히지 마십시오. 왜냐하면 왕의 수명은 얼마 안 되어 반드시 죽음을 맞이할 것입니다. 대개 삶에는 죽음이 있고 모임에는 떠남이 있습니다. 이 세상에 나서 길이 사는 사람이 있겠습니까? 마땅히 은혜와 애욕을 베어 버리고 도를 구하는 마음을 가지십시오.'라고 말했다.

아난아, 옥녀보가 이렇게 말할 때, 선견왕은 갑자기 목숨을 마쳤다.

마치 장사가 맛난 밥을 한번에 먹는 듯 아무 괴로움도 번민도 없었다. 그 영혼은 제 칠 범천에서 태어났다. 선견왕이 죽은 지 칠 일 만에 윤보와 주보는 저절로 사라지고 상보, 마보, 옥녀보, 거사보, 주병보도 같은 날에 죽었다. 성과 연못과 법전과 누각과 보배 장식과 황금 달린 동산도 모두 변해 흙과 나무가 되었다.”

부처님은 아난에게 말씀하셨다.

“인연이 모여 이루어진 법은 항상 됨이 없이 변하고 바뀌어 없어짐으로 돌아가는 것이다. 탐욕은 끝이 없어 사람의 목숨을 사라져 흩어지게 하는 것이다. 은혜와 애욕을 잊지 못해 집착하는 곳에는 만족을 할 수 없다. 다만 성인의 지혜를 얻어 밝게 도를 본 자만이 비로소 만족할 줄 안다. 아난아, 나는 스스로 생각한다. 나는 일찍 이곳에서 여섯 번 태어나 전륜성왕이 되어 마침내 뼈를 이 땅에 묻었다. 이제 나는 위없는 정각을 이루고 다시 생명을 버려 몸을 이곳에 둔다. 지금부터 이 뒤로는 나고 죽음은 영원히 끊어진다. 그래서 어떤 곳에도 내 몸을 둘 곳은 없다. 이것이 최후로써 다시는 목숨을 받지 않는다.”

6. 열반에 드시다

(6-1) 구시성에서

그때 부처님은 말라유족(族)의 발생지인 구시성의 차루동산에 있는 쌍수에서 아난에게 말씀하셨다.

"아난아, 구시성에 들어가 모든 말라유 사람들에게 알려라. 부처님은 오늘 밤중에 차루동산의 쌍수에서 멸도에 드신다. 너희들은 가서 의심되는 것을 묻고 경계하시는 것을 직접 들으라. 이때를 놓쳐 뒷날에 후회를 남기지 말라."

이때 아난은 부처님의 분부를 받고 자리에서 일어나 예배하고 떠났다. 아난은 눈물을 흘리면서 구시성으로 들어갔다. 그때 오백의 말라유 사람들은 무슨 일이 있어 한 곳에 모여 있었다. 말라유 사람들은 아난이 오는 것을 보고 일어나 예배하고 한 쪽에 서서, 아난에게 말했다.

"무슨 일입니까? 이렇게 늦은 시간에 존자께서 성에 들어오시다니 무슨 일이 있습니까?"

아난은 눈물을 흘리면서 말했다.

"그대들에게 큰 이익되는 일을 알리고자 왔다. 그대들은 마땅히 알라. 부처님께서는 오늘 밤중에 열반에 드신다. 너희들은 의심되는 것을 묻고 가르침을 직접 받아라. 이때를 놓쳐 뒷날에 후회를 하지 말라."

그때 모든 말라유 사람은 이 말을 듣고 큰 소리로 슬피 울며 땅에 쓰러져 기절했다가 다시 깨어났다. 그것은 마치 큰 나무뿌리가 빠지고 가지들이 부러지는 것과 같았다. 그들은 다 같이 소리를 높여 말했다.

'부처님의 멸도가 어이 이리도 빠른가! 부처님의 멸도가 어이 이리도 빠른가. 중생들은 길이 쇠하고 세상에는 눈이 없어졌구나.' 이때 아난은 모든 말라유 사람을 위로하면서 말했다.

"그대들이여, 슬퍼하지 말라. 천지 만물은 한번 나서 끝나지 않는 것이 없다. 그것은 모두 인연이 모여 된 것으로써 언제까지나 있게 하려고 해도 그리 될 수 없다. 부처님께서 말씀하시지 않았던가. '모임에는 떠남이 있고 삶에는 반드시 다함이 있다'고."

그때 모든 말라유 사람은 말했다. '우리는 모두 집으로 돌아가 가족을 데리고, 또 흰 천을 오백 장을 가지고 쌍수로 가자.' 모든 말라유 사람들은 각기 집으로 돌아가 가족을 데리고 또 흰 천을 가지고 구시성 사라숲 쌍수로 가서 아난이 있는 곳에 이르렀다. 아난은 멀리서 그들이 오는 것을 보고 생각했다. '저들은 숫자가 많다. 만일 낱낱이 부처님을 뵈려면 다 뵙기 전에 부처님이 먼저 멸도하실 것이다. 초저녁에 그들이 함께 부처님을 뵙게 할 것이다.' 곧 오백 명 말라유 사람과 그 가족을 데리고 부처님께 나아가 머리로 발에 예배하고 한 쪽에 섰다. 아난은 앞으로 나아가 부처님께 말씀드렸다.

"모든 말라유 사람과 그 가족들은 부처님께서 편안하신지 문안드립니다."

부처님은 대답하셨다.

"너희들은 오느라고 수고했다. 나는 너희들의 수명을 연장시키고 또 병도 고통도 없게 할 것이다."

그때 부처님은 그들을 위하여 무상을 설법하여 가르쳐 기쁘게 하셨다. 그때 모든 말라유 사람은 법을 듣고 기뻐하면서 오백 장의 흰 천을 부처님께 바쳤다. 부처님은 그것을 받으셨다. 모든 말라유 사람은 곧 자리에서 일어나 부처님께 예배하고 떠났다.

(6-2) 마지막 제자 수발

이때 구시성에 한 바라문이 있었다. 이름은 수발(須跋, Subhadra)이라고 했다. 나이가 백이십이나 되는 늙은 장로로서 지혜가 많았다. 부처님께서 오늘 밤에 쌍수에서 멸도하신다는 말을 듣고 생각했다. '나는 법에 대해 의심이 있다. 다만 고타마만이 내 의심을 풀어 줄 것이다. 지금 때를 놓치지 말고 빨리 가자.' 그는 그 밤으로 구시성 사라숲 쌍수로 가서 아난이 있는 곳에 이르렀다. 인사를 마치고 한 쪽에 서서 아난에게 말했다. '오늘 밤에 고타마께서 멸도하신다는 말을 들었습니다. 한 번 뵙고자 합니다. 나는 법에 대해 의심이 있습니다. 원컨대 고타마를 뵙고 내 의심을 풀고 싶습니다. 뵐 수 있는 시간이 있겠습니까?' 아난은 대답했다. '수발이여, 부처님은 병을 앓고 계십니다. 번거롭게 하지 마십시오.' 수발은 거듭 간청을 했다. '나는 들었습니다. 여래가 이 세상에 한번 나타나시는 것은 마치 우담발라꽃이 가끔 한 번씩 피는 것과 같다고 합니다. 그 때문에 여기 와서 나의 의심을 풀고자 하는 것입니다. 뵐 수 있는 시간이 있겠습니까?' 아난은 똑같이 대답했다. '부처님은 병을 앓고 계십니다. 번거롭게 하지 마십시오.'

부처님은 아난에게 말씀하셨다.

"너는 그를 막지 말라. 들어오기를 허락하라, 의심을 풀려는 것이니 조금도 귀찮을 것 없다. 만일 내 법을 들으면 그는 반드시 깨달아 알 것이다."

아난은 수발에게 '그대가 부처님을 뵙고 싶거든 마땅히 지금이 그때인 줄 아십시오.'라고 말했다. 수발은 들어가 인사를 마치고 한 쪽에 앉아 부처님께 여쭈었다.

"저는 법에 대해 의심이 있습니다. 이 의심을 풀어 주실 수 있겠습니까?"

부처님은 말씀하셨다.

"그대는 마음대로 물어라."

수발은 여쭈었다.

"고타마시여, 여러 다른 무리들이 있어 스스로 스승이라 일컫습니다. 불란가섭(不蘭迦葉), 말가리교사리, 아부타시사금파라(阿浮陀翅舍金坡羅), 파부가전, 살야비야리불(薩若毘耶梨弗), 니건자들입니다. 이 모든 스승에게는 각각 다른 법이 있습니다. 고타마께서는 그것을 다 아십니까, 모르십니까."

부처님은 말씀하셨다.

"그만 두라, 그만 두라. 나는 그것을 다 알고 있다. 이제 나는 그대를 위해 깊고 묘한 법을 설할 것이다. 자세히 듣고 잘 생각하라."

수발은 가르침을 받았다. 부처님은 그에게 말씀하셨다.

"만일 모든 법 가운데서 팔성도가 없으면 제 일의 사문의 과, 제 이, 제 삼, 제 사의 사문의 과가 없다. 수발이여, 모든 법 중에서 팔성도가 있기 때문에 제 일의 사문과 제 이, 제 삼, 제 사의 사문과가 있다. 수발이여, 이제 내 법 중에는 팔성도가 있다. 그러므로 제 일의 사문과 제 이, 제 삼, 제 사의 사문과가 있다. 외도의 무리들은 사문과가 없다."

그때 부처님은 수발을 위해 게송으로 말씀하셨다.

나는 나이 스물 아홉에/ 집을 떠나 바른 도를 구했다.
수바드라여, 나는 부처가 된지/ 벌써 오십 년이다.

계와 정과 지혜의 행/ 혼자 있으면서 깊이 생각했다.
이제 법의 종요로움 말했으니/ 이 밖에는 사문이 없다.

부처님은 수발에게 말씀하셨다.

"모든 비구가 다 자기를 잘 거두어 잡는다면, 세간에는 항상 아라한이 있을 것이다."

이때 수발은 아난에게 말했다.

"사문 고타마를 따라 이미 범행을 행했고 지금도 행하고 장차도 행하는 모든 사람은 큰 이익을 얻을 것입니다. 아난이여, 당신은 부처님을 모시고 범행을 닦아 또한 큰 이익을 얻었습니다. 나도 한번 부처님을 뵙고 의심되는 바를 물을 수 있었습니다. 그래서 또한 큰 이익을 얻었습니다. 지금은 부처님께서 제자의 가별로써 내게 수기해 주셨습니다."

그는 부처님께 여쭈었다.

"저는 이제 부처님의 법 가운데서 집을 나와 비구가 되어 구족계를 받을 수 있겠습니까?"

부처님은 수발에게 말씀하셨다.

"다른 종교의 바라문이 내 법 가운데서 범행을 닦으려는 자는 4개월 동안 행과 그 뜻과 성질을 살펴보아야 한다. 모든 위의를 갖추어 빠지거나 실수가 없는 자라야 내 법에서 구족계를 얻을 수 있다.

수발이여, 마땅히 알라. 오직 그 사람의 행에 있을 뿐이다."

수발은 다시 여쭈었다.

"외도는 부처님 법 가운데서 4개월 동안 시험 삼아 그 사람의 행과 뜻과 성질을 살펴보고 모든 위의를 갖추어 빠지거나 실수가 없는 자라야 구족계를 받을 수 있다면 저는 4년 동안 부처님의 바른 법 가운데서 모든 위의를 갖추어 빠지거나 실수하는 일이 없어 구족계를 받고자 합니다."

부처님은 수발에게 말씀하셨다.

"나는 조금 전에 오직 사람의 행이 있을 뿐이라고 말했다."

이에 수발은 그 밤으로 집을 나와 계를 받았다. 그래서 범행을 깨끗이 닦고 스스로 지혜를 체험해 얻었다. 나고 죽음이 이미 다하고 해야 할 일을 이미 마치고 실다운 지혜를 얻어 다시는 뒷세상의 목숨을 받지 않게 되었다. 그래서 한밤중이 되기 전에 아라한이 되었다. 그를 부처님의 최후의 제자라 한다. 수발이 먼저 멸도하고 부처님이 멸도하셨다.

(6-3) 아난의 공덕

이때 아난은 부처님 뒤에 서서 평상을 만지면서 슬피 울며 스스로 억제하지 못했다. 흐느끼면서 말하기를 '부처님의 멸도가 이리 빠르십니까. 큰 법이 빠지고 흐림은 어이 이리 빠르십니까. 중생은 길이 쇠하고 세간에는 눈이 없어졌구나. 나는 부처님의 은혜를 입어 이미 배움의 지위에는 있지만 아직 아라한과를 이루지 못했는데 부처님은 그만 멸도하시는구나.'고 했다.

부처님은 그것을 아시고 일부러 물으셨다.

"아난비구는 지금 어디에 있는가?"

여러 비구는 부처님께 여쭈었다.

"아난비구는 지금 부처님 뒤에 서서, 평상을 어루만지면서 슬피 울어 스스로 억제하지 못하고 있습니다. 흐느끼면서 말하기를 '여래의 멸도가 어이 이리 빠르십니까. 큰 법이 빠지고 흐림은 어이 이리 빠르십니까. 중생은 길이 쇠하고 세간에는 눈이 없어졌구나. 무슨 까닭인가. 나는 부처님의 은혜를 입어 이미 배움의 지위에는 있지만 아라한과를 이루지 못했는데 부처님은 그만 멸도 하시는구나.'고 합니다."

부처님은 아난에게 말씀하셨다.

"그만 그쳐라, 그만 그쳐라. 걱정하지 말라. 슬피 울지 말라. 네가 나를 섬긴 뒤로부터 지금까지 몸의 행에는 자비가 있어 언제나 한량이 없었다. 말의 행에도 자비가 있어 언제나 한량이 없었다. 뜻의 행에도 자비가 있어 언제나 한량이 없었다. 아난아, 너는 내게 공양했다. 그 공덕은 매우 크다. 비록 모든 하늘이나 악마나 범천이나 사문이나 바라문도 공양한 일이 있지만 아무도 너에게는 미치지 못한다. 너는 그저 정진하라. 머지않아 도를 이룰 것이다."

그때 부처님은 비구들에게 말씀하셨다.

"과거의 모든 부처님을 시봉하는 제자들도 모두 아난과 같았고 미래의 모든 부처님을 시봉하는 제자들도 또한 아난과 같다. 그런데 과거의 부처님들을 시봉하는 제자는 말한 뒤에야 비로소 알았다. 지금 아난은 눈만 들면 곧 안다. '부처님은 모름지기 이렇게 하신다.' 이것은 아난만이 가진 것으로 과거에 일찍 없었던 법이다. 너희들은 이것을 가져야 한다. 전륜성왕에게는 네 가지 종의 기특한 미증유 한 법이 있다. 성왕이 행차할 때에는 온 나라 백성이 모두 와서 맞이한다. 그들은 전륜성왕을 보고 기뻐하고 가르침을 듣고 또 기뻐한다. 그들은 위엄스런 모습을 우러러보고 싫증을 내는 일이 없다. 전륜성왕이 머무르고 앉고 누울 때 나라 안의 백성들은 모두 왕에게 와서 왕을 보고 기뻐하고 가르침을 듣고 또 기뻐한다. 위엄스러운 얼굴을 우러러보고 싫증을 내는 일이 없다. 이것이 전륜성왕의 네 가지 종의 기특한 법이다. 지금 아난에게도 네 가지 종의 기특한 법이 있다. 아난이 잠자코 비구 무리들에게로 들어가면 그들은 모두 기뻐하고 그들을 위하여 법을 설명하면 그것을 듣고 기뻐한다. 거동과 얼굴을 보거나 그 설법을 듣고 싫증을 내지 않는다. 또 아난이 잠자코 비구니와 우바새와 우바이 무리 속으로 가면 그들은 모두 함께 기뻐하고 그들에게 설법해 주면 그들은 그것을 듣고 또 기뻐한다. 거동과 얼굴을 보거나 그 설법을 듣고는 싫증을 내는 일이 없다. 이것이 아난의 네 가지 종의 미증유의 기특한 법이다."

(6-4) 사성지에 대한 사모

그때 아난은 오른 어깨를 드러내고 오른 무릎을 땅에 대고 부처님께 여쭈었다.

"부처님이시여, 현재 사방에 있는 사문으로서 늙고 지혜도 많아 경과 율을 밝게 알고 덕이 맑고 행이 높은 자들이 와서 부처님을 뵙고자 하므로 저는 친히 나가 만나고 예경하고 또 안부를 물었습니다. 부처님이 멸도하신 뒤에는 그들은 다시 오지 않을 것이므로 우러러 볼 데가 없을 것입니다. 어찌하면 좋겠습니까?"

부처님은 아난에게 말씀하셨다.

"너는 걱정하지 말라. 모든 족성의 자제들에게는 항상 사념이 있다. 첫째, 부처님의 나신 곳을 생각하고 기억해 잊지 않고 사모하는 마음을 내는 것이다. 둘째, 부처님이 처음으로 도를 이루신 곳을 생각하고 기억해 잊지 않고 사모하는 마음을 내는 것이다. 셋째, 부처님이 법바퀴를 굴리신 곳을 생각하고 기억해 잊지 않고 사모하는 마음을 내는 것이다. 넷째, 부처님이 열반하신 곳을 생각하고 기억해 잊지 않고 사모하는 생각을 내는 것이다.

아난아, 내가 열반에 든 뒤에 모든 족성의 남녀는 '부처님의 탄생 공덕과 부처님이 도를 얻은 때의 신력과 부처님이 법바퀴를 굴린 때에 사람을 구제한 것과 멸도에 다다른 때에 남긴 법은 어떠한지 생각하여 그곳으로 가서 모든 탑을 예경하면 그들은 죽어서 하늘에 태어날 것이다. 도를 얻은 자는 제외한다."

10

부처님은 아난에게 말씀하셨다.

"내가 열반한 뒤에 석씨 성이 와서 수도하는 자가 되기를 원하는 자에게는 마땅히 집을 떠나기를 허락해 구족계를 주고 지체하고 시험을 하지 말라. 이교도의 바라문들이 와서, 수도하는 자가 되기를 구하는 자에게도 또한 집을 떠나기를 허락하고 구족계를 주되 4개월을 시험하지 말라. 그들은 다른 주장을 가졌으므로 조금만 지체하면 곧 그의 주장이 나올 것이다."

그때 아난은 앞으로 나아가 꿇어앉아 손을 합장하고 부처님께 여쭈었다.

"천노(闡怒) 비구니는 노예 무리로써 처음부터 제 고집을 부리고 있습니다. 부처님이 멸도 하신 뒤에는 어떻게 하면 되겠습니까?"

부처님은 아난에게 말씀하셨다.

"내가 멸도한 뒤에 천노비구니가 위의에 따르지 않고 교계를 받지 않거든 너희들은 마땅히 죄를 범한 그 사람과 말을 하지 못하게 하는 범단(梵檀, brahma-danda)벌을 행하라. 모든 비구에게 명령하여 더불어 말하지 말고 오고가지도 말며 가르치지도 말며 일도 함께 하지 말라."

아난은 다시 부처님께 여쭈었다.

"부처님이 멸도 하신 뒤에 여자로서 아직 가르침을 받지 못한 자는 어떻게 하면 되겠습니까?"

부처님은 아난에게 말씀하셨다.

"서로 보지 말라."

아난은 또 여쭈었다.

"만일 서로 본다면 어떻게 합니까?"

부처님은 말씀하셨다.

"더불어 말하지 말라."

아난은 또 여쭈었다.

"만일 더불어 말한다면 어떻게 합니까?"

부처님은 말씀하셨다.

"마땅히 스스로 마음을 걷어잡아라. 아난아, 너는 부처가 멸도한 뒤에는 다시 보호할 이가 없어 닦아 오던 것을 잃으리라고 생각하는가? 그런 생각은 하지 말라. 내가 부처가 된 뒤로 지금까지 말한 경과 계는 곧 너를 보호하고 네가 지켜야 할 것이다. 아난아, 오늘부터 비로소 모든 비구에게 '소소한 계는 버리고 위아래는 서로 화합해 마땅히 예도를 따르라'고 일러라. 이것이 집을 떠난 자의 공경하고 순종하는 법이다."

(6-5) 천이백 제자 수기와 마지막 설법

부처님은 모든 비구에게 말씀하셨다.

"너희들이 부처와 법과 승에 대해서 의심이 있고 도에 대해서 의심이 있거든 마땅히 빨리 물으라. 이때를 놓쳐 훗날에 뉘우치지 말라. 내가 현재 살아 있는 동안에 마땅히 너희들을 위해 설명할 것이다."

모든 비구는 잠자코 말이 없었다. 부처님은 다시 말씀하셨다. 그래도 또 비구들이 말이 없자 부처님은 다시 말씀하셨다.

그때 아난이 부처님께 여쭈었다.

"저는 믿습니다. 이 무리들은 모두 깨끗한 믿음을 가지고 있습니다. 어느 비구도 부처와 법과 승을 의심하거나 도를 의심하는 자는 없습니다."

부처님은 아난에게 말씀하셨다.

"나도 그런 줄 안다. 이 무리들 가운데 가장 어린 비구도 다 도의 자취를 보아 악도에 떨어지지 않고 일곱 번을 오가고 나면 반드시 괴로움의 끝을 다할 것이다."

그때 부처님은 곧 천이백의 제자들에게 그들이 얻을 도의 과를 알려주셨다. 그때 부처님은 가사를 헤치고 금빛 팔을 내어 모든 비구에게 말씀하셨다.

"너희들은 마땅히 생각하라. 여래가 때때로 세상에 나오는 것은 마치 우담발라꽃이 한번씩 피는 것과 같다."

그때 부처님은 이 뜻을 거듭 펴시려고 게송으로 말씀하셨다.

오른 팔은 자금의 빛깔/ 부처의 나타나심 상서로운 불과 같다.
오고가는 행은 항상됨이 없으니/ 멸을 나타냄에 있어 방일이 없다.

그러므로 비구들이여, 방일하지 말라. 나는 방일하지 않음으로써 정각을 이루었다. 온갖 착함도 또한 방일하지 않음으로 말미암아 되는 것이다. 일체 만물에 영원히 존재하는 것은 없다. 이것이 여래의 최후의 말씀이다."

(6-6) 열반에 들다

이에 부처님은 곧 초선정에 들어갔다. 초선정에서 깨어나 제 2선에 들어가고 제 2선에서 깨어나 제 3선에 들어가고 제 3선에서 깨어나 제 4선에 들어갔다. 제 4선에서 깨어나 공처정에 들어가고 공처정에서 깨어나 식처정에 들어가고 식처정에서 깨어나 불용정에 들어갔다. 불용정에서 깨어나 유상무상정에 들어가고 유상무상정에서 깨어나 멸상정에 들어갔다.

이때 아난은 아나율(阿那律, Aniruddha)에게 물었다.

"부처님은 이미 열반에 들으셨습니까?"

아나율은 말했다.

"아직 들지 않았습니다. 아난이여, 부처님은 지금 멸상정에 있습니다. 나는 옛날 부처님에게 직접 들었습니다. 4선에서 일어나 곧 열반한다고."

부처님은 〈멸상정〉에서 일어나 〈유상무상정〉에 들어가고, 〈유상무상정〉에서 일어나, 〈불용정〉에 들어가고, 〈불용정〉에서 일어나 〈식처정〉에 들어가고, 〈식처정〉에서 일어나 〈공처정〉에 들어가고, 공처정에서 일어나 제 4선에 들어갔다. 제 4선에서 일어나 제 3선에 들어가고, 제 3선에서 일어나 제 2선에 들어가고, 제 2선에서 일어나 제 1선에 들어갔다. 제 1선에서 일어나 제 2선에 들어가고, 2선에서 일어나 제 3선에 들어가고, 3선에서 일어나 제 4선에 들어가고, 제 4선에서 일어나 부처님은 열반하셨다. 그때 땅은 크게 진동하여 모든 하늘과 세상 사람들은 다 놀랐다. 어둡고 그윽하여 해와 달이 비치지 않는 모든 곳도 다 큰 광명을 입어 각각 서로 볼 수 있었다. 그래서 서로 '저 사람은 여기서 태어났고 저 사람은 여기서 태어났구나'고 생각했다. 그 광명은 두루 비치어 모든 하늘의 광명보다 더 밝았다.

(6-7) 열반게송

도리천은 허공 중에서 만다라꽃, 우담바라꽃, 발두마꽃, 구물두꽃, 분타리꽃을 부처님 위에 흩고, 또 여러 사람에게 뿌렸다. 또 하늘에서 전단가루향을 부처님 위에 뿌리고 또 여러 대중에게 뿌렸다. 그때 부처님은 열반에 드셨다.

그때 범천왕은 허공중에서 게송으로 말했다.

10

일체 중생의 무리들은/ 마땅히 오온을 버려라.
부처님은 위없는 높은 성자이시니/ 세간에는 그를 짝할 이 없네.

여래는 큰 성웅이며/ 두려움 없는 신통력 있네.
부처님은 응당히 오래 사실 건데/ 벌써 멸도 하시네.

그때 제석천은 또 게송으로 말했다.

인연의 모인 행은 항상됨이 없어/ 다만 흥하고 쇠하는 법일 뿐이다.
한 번 난 자는 죽지 않는 법 없으니/ 부처님의 멸도는 즐거운 것이다.

비사문천왕도 또 게송으로 말했다.

복나무의 큰 수풀/ 위없는 복의 사라
공양을 받는 좋은 밭이시여./ 쌍수 사이에서 멸도 하셨네.

아나율도 또 게송으로 말했다.

부처님은 무위로서 머무르시고/ 나고 드는 숨길을 쓰지 않는다.
본래 적멸에서 와/ 태양은 이제 여기서 저무네.

범마나 비구도 또 게송으로 말했다.

게으르고 교만한 마음이 없고/ 자기를 단속하여 높은 지혜 닦네.
집착도 없고 물들음 없어/ 애욕을 떠난 위없는 높은 이네.

아난 비구도 또 게송으로 말했다.

하늘과 사람들 두려움 품어/ 그 때문에 몸의 털이 꼿꼿이 서네.
일체를 모두 성취했으니/ 정각은 멸도를 취하셨다.

금비라신도 또 게송으로 말했다.

세간은 모두 보호자 잃고/ 중생은 길이 눈멀었다.
정각으로서 사람 중의 영웅인/ 석가의 사자를 뵐 수 없구나.

밀적역사도 또 게송으로 말했다.

이 세상이나 또 뒷세상에/ 범천 세계의 모든 하늘 사람도
다시는 사람의 영웅인/ 석가의 사자를 뵈올 수 없네.

부처님의 어머니 마야부인도 또 게송으로 말했다.

부처님 룸비니동산에서 나/ 그 도는 널리 흘러 퍼졌네.
돌아와 본래 난 곳에 이르러/ 무상한 몸을 길이 버렸네.

쌍수의 나무신도 또 게송으로 말했다.

어느 때에 또 다시 때 아닌/ 꽃으로 부처님께 뿌리리
십력의 공덕을 두루 갖추신/ 여래는 멸도를 취하셨다.

그때 사라 동산 수풀신도 또 게송으로 말했다.

여기는 가장 묘하고 즐거운 땅/ 부처님은 여기서 생장하시고
여기서 법바퀴 굴리시고/ 또 여기서 열반 멸도하셨네.

사천왕도 또 게송으로 말했다.

여래는 위없는 지혜로/ 언제나 무상을 말씀하시네.
중생의 괴로움의 결박을 풀으시고/ 필경에는 적멸에 들으셨네.

도리천왕도 또 게송으로 말했다.

여러 억천만 겁 동안을/ 위없는 도를 구해 이루셨나니
중생들의 괴로움의 결박을 풀으시고/ 필경에는 적멸에 드셨도다.

야마천왕도 또 게송으로 말했다.

이것은 부처님 최후의 옷/ 지금까지 여래의 몸 싸고 있었네
부처님은 이미 멸도했으니/ 이 옷은 장차 어디에 줄까.

도솔천왕도 또 게송으로 말했다.

이것은 최후의 몸/ 음과 계는 여기서 멸하였으니
걱정도 없고 기쁨도 없고/ 다시 늙고 죽음의 근심도 없다.

화락천왕도 또 게송으로 말했다.
부처님은 오늘 한밤중 지나/ 오른 쪽 옆구리를 깔고 누우시네.
이 사라 동산에 있어/ 석가의 사자는 멸도 하셨네.

타화자재천왕도 또 게송으로 말했다.

세간은 길이 쇠하고 어두워라/ 큰 별과 달은 갑자기 떨어졌네.
무상이 덮치자 / 큰 지혜의 태양 길이 덮였네.

모든 비구도 또 게송으로 말했다.

이 몸은 물거품 위태롭고 약하거니/ 또 누가 마땅히 이것을 즐겨 하리
부처님의 금강의 몸 이미 얻었건만/ 그래도 무상으로 무너지시네.

모든 부처님의 금강의 몸도/ 또한 무상으로 돌아가도다.
빨리 없어지는 것이 작은 눈 같으니/ 그 나머지야 또 무엇이 다르랴!

부처님께서 멸도하시자 모든 비구는 슬피 울고 기운을 잃어 슬픔을 억제하지 못했다. 흐느끼면서 말했다. "부처님의 멸도 하심은 어이 그리 빠르신가. 큰 법이 빠지고 가리워짐은 어이 그리 빠르신가. 중생은 길이 쇠하고 세간에는 눈이 없어졌구나." 그것은 마치 큰 나무의 뿌리가 뽑히고 가지들이 꺾인 것 같고, 끊어진 뱀이 뒹굴고 헤매면서 어쩔 바를 모르는 것처럼 모든 비구도 역시 이와 같이 슬피 울고 기운이 막혀 슬픔을 억제하지 못했다.
그때 아나율 장로는 모든 비구에게 말했다. "그쳐라, 슬퍼하지 말라.

10

수행자들이 이렇게 슬퍼하면 하늘이 괴이하게 여겨 꾸짖을 것이다."

모든 비구는 아나율에게 물었다. "하늘은 얼마나 큽니까?" "끝도 없는 저 허공이 하늘인데 어떻게 측량할 수 있겠습니까?"

아냐율 장로는 비구들에게 밤이 새도록 법을 강설했다. 아침이 되자 아난에게 말했다.

"그대는 성에 들어가 말라유 사람들에게 말하라. 부처님은 이미 멸도 하셨다. 보시하고 공양하고자 하는 사람은 마땅히 이때를 놓치지 말라."

아난은 일어나 부처님 발에 예배하고 한 비구를 데리고 눈물을 흘리면서 성으로 들어갔다. 오백 명의 말라유들이 성의 한 곳에 모여 있는 것을 보았다. 말라유들도 아난이 오는 것을 보고 모두 일어나 맞이하면서 그 발에 예배하고 서서 아난에게 말했다.

"어찌 이렇게 일찍 오십니까."

아난은 대답했다.

"나는 이제 그대들에게 큰 이익을 주고자 이 새벽에 여기 온 것이다. 그대들은 마땅히 알라. 부처님께서는 어젯밤에 멸도하셨다. 그대들은 보시하고 공양하고자 하거든 이때를 놓치지 말라."

모든 말라유는 이 말을 듣고 비통해 하지 않는 사람이 없었다. 눈물을 닦으면서 "부처님의 멸도는 어이 그리 빠르신가. 세간의 눈이 없어짐은 어이 그리 빠르신가!"고 외쳤다. 아난은 대답했다.

"그만 그쳐라. 슬피 울지 말라. 부처님께서 존재하는 모든 것은 무상하여 끊임없이 변하며 언젠가는 멸한다고 하지 않았는가.

'태어나는 자에게는 죽음이 있고, 모임에는 떠남이 있다. 일체의 은혜와 사랑은 영원히 존재하는 것이 아니다'라고."

(6-8) 부처님의 진신을 다비하다

그때 모든 말라유 사람들은 말했다. "우리는 집에 가서 모든 향과 꽃과 음악을 마련해 빨리 쌍수로 가서 부처님께 공양 올리자. 그리고 하루가 지나거든 부처님의 몸을 평상 위에 눕히고 말라유의 동자들이 평상의 네 귀를 들게 하고 깃발과 일산을 받들어 향을 사르고 꽃을 뿌리고 음악을 울려 공양 올리자. 동쪽 성문으로 들어가 거리를 둘러 백성들이 공양하게 하고 서쪽 성문으로 나와 높고 드러난 장소에서 다비를 하자." 그때 모든 말라유 사람들은 이 말을 마치고 각자의 집으로 돌아가 향과 꽃과 음악을 마련해 쌍수로 가서 부처님께 공양 올렸다. 하루가 지난 뒤 부처님 몸을 평상 위에 눕히고 모든 말라유는 와서 평상을 함께 들었다. 그러나 들려지지 않았다. 아나율은 모든 말라유에게 말했다.

"그대들은 우선 그만 두라. 부질없이 애써지 말라. 지금 모든 하늘이 와서 그 평상을 들고자 한다."

모든 말라유는 말했다.

"하늘은 무슨 뜻으로 이 평상을 들고자 합니까."

아나율은 말했다.

"그대들은 향과 꽃과 음악으로써 사리를 공양하고 하루를 지낸 뒤 부처님의 몸을 평상 위에 눕히고 말라유의 동자들을 시켜 평상의 네 귀를 들게 하고 깃발과 일산을 받들어 향을 사르고 꽃을 뿌리고 음악을 연주하여 공양하고 동쪽 성문으로 들어가 모든 거리를 둘러 백성들이 공양하게 하고 서쪽 성문으로 나가 높고 드러난 곳에서 다비를 하려고 했다. 그러나 모든 하늘의 생각에는 부처님을 칠일 동안 받들어 두고 향과 꽃과 음악으로써 예경하고 공양한 다음에 부처님 몸을 평상 위에 눕히고 말라유의 젊은이들이 평상의 네 귀를 들게 하고 깃발

10

과 일산을 받들어 꽃을 뿌리고 향을 사르며 뭇 음악으로써 자리를 공
양하고 동쪽 성문으로 들어가 모든 거리를 둘러 백성들이 모두 공양
하게 하고 그 다음에는 서쪽 성문으로 나가 니련선하를 건너 천관사
에 가서 다비를 하고자 한다. 이것이 하늘의 뜻으로써 평상을 움직이
지 않게 하는 것이다."

말라유들은 하늘의 뜻을 따르기로 하였다.

모든 말라유는 말했다. '우리들은 먼저 성으로 들어가 거리와 골목길
을 닦고 물을 뿌려 쓸고 향을 피우자. 그리고 여기 돌아와 칠일 동안
부처님께 공양하자.'

모든 말라유는 성으로 들어가 거리와 골목길을 닦고 물을 뿌려 쓸고
향을 피웠다. 그리고 성을 나와 쌍수에서 향과 꽃과 음악으로써 부처
님께 공양했다. 칠일이 지나자 해가 저물 때에 부처님 몸을 평상 위에
눕히고 말라유 동자들은 네 귀를 받들어 들었다. 깃발과 일산을 받들
어 향을 사르고 꽃을 뿌리고 음악을 연주하면서 앞뒤에서 인도하고
편안하고 조용하게 행진했다. 그때 도리천의 하늘에서는 만다라꽃,
우발라꽃, 발두마꽃, 구두마꽃, 분타리꽃과 하늘의 전단가루향을 부
처님 위에 뿌려 거리에 가득 찼다. 모든 하늘은 음악을 연주하고 귀신
들은 노래를 불렀다. 그때 모든 말라유는 서로 이야기했다. "우선 사
람의 음악은 접어두고 하늘의 음악을 청해 부처님께 공양하자.' 이에
말라유들은 평상을 받들고 나아갔다. 동쪽 성문으로 들어가 여러 거
리와 골목에 멈추어 향을 피우고 꽃을 뿌리고 음악을 연주하여 공양
했다.

그때 말라유의 대신 로이(露夷)의 딸이 있었다. 그녀는 불도를 독실하
게 믿는 우바이였다. 손에 수레바퀴 만한 황금 꽃을 받들어 부처님께
공양했다. 어떤 노파가 소리를 높여 칭찬했다. "모든 말라유 사람들

은 큰 이익을 얻을 것이다. 부처님께서 여기서 멸도하셨다. 온 나라의 백성들은 경건하게 공양하는구나."

모든 말라유는 공양을 베풀어 마치고 다시 북문으로 나가 니련선하를 건너 천관사에 이르렀다. 평상을 땅에 두고 아난에게 물었다.

"우리들은 다시 무엇으로써 공양 올립니까?"

아난은 대답했다.

"나는 직접 부처님께 들었고 가르침을 받았다. 부처님을 장례하고자 하거든 전륜성왕의 장례법과 같이 하라."

모든 말라유는 또 아난에게 물었다.

"전륜성왕의 장례법은 어떻습니까?"

아난은 대답했다.

"부처님께서 말씀하시기를, 장례법은 먼저 향탕으로써 그 몸을 씻고 새 겁파의로써 두루 몸을 싸며 오백 겹으로 차례대로 몸을 싼 뒤 황금 관에 넣고 기름을 거기에 쏟는다. 다시 황금 관을 들어 다시 쇠곽 속에 두고 전단향나무곽으로 그 겉을 겹으로 싸고 온갖 기이한 향을 쌓아 그 위를 덮고 다비에 붙인다. 다시 사리를 주워 네 거리에 탑을 세워 거기에 넣고 겉에는 비단을 걸어 지나가는 사람들이 왕의 탑을 보고 바른 교화를 사모하여 많은 이익을 얻게 하며, 죽어서는 천상에 태어나게 하는 것이다."

모든 말라유 사람들은 말했다. "우리는 성으로 돌아가 장례도구, 향화, 겁파의, 관, 곽, 향유와 흰 천을 마련하자." 말라유 사람들은 성으로 들어가 장례도구들을 마련했다. 천관사로 돌아와 깨끗한 향탕으로써 부처님 몸을 씻고 새 겁파의로 두루 몸을 감되 오백 겹으로 차례대로 몸을 싸고 몸을 금관에 넣어 깨 기름을 쏟았다. 다시 금관을 들어 제 2의 큰 쇠곽 속에 두고 전단향나무곽으로 겉을 겹으로 싸고 여러 가지 기이한 향을 그 위에 쌓았다. 그때 말라유 대신 〈로이〉는 큰 횃불로 불적을 태우려 했다. 그러나 불이 붙지 않았다. 다른 말라유 대신이 잇달아 불을 붙였지마는 역시 불은 붙지 않았다.

아나율은 말라유 사람들에게 말했다.

"그만 두라. 여러분 그것은 당신들이 할 수 있는 일이 아닙니다. 불이 자꾸 꺼지고 붙지 않는 것은 하늘의 뜻입니다."

말라유들은 물었다.

"하늘은 무슨 뜻으로 불을 붙지 못하게 합니까?"

아나율은 말했다.

"다른 곳으로 유행을 하던 마하가섭(迦葉, Kasyapa) 의 일행이 부처님의 열반 소식을 듣고 지금 파바국에서 오는 중입니다. 아직 다비를 하기 전에 부처님 몸을 뵙고자 하므로 하늘은 그 뜻을 알고 불이 붙지 못하게 하는 것입니다."

말라유는 말했다. '저희들은 그 뜻을 따르겠습니다.' 그때 가섭은 파바국에서 오는 도중에 있었다. 길에서 한 니건타를 만났다. 그는 손에 만다라 꽃을 쥐고 있었다. 큰 가섭은 멀리서 니건타를 보고 가까이 가 물었다.

"어디서 오는가?"

"구시성에서 옵니다."

"우리 스승님을 아는가."

"압니다."

"우리 스승님은 살아 계시는가."

"멸도하신 지 벌써 칠 일이 지났습니다. 나는 거기서 오는데 이 하늘 꽃을 얻었습니다."

가섭은 이 말을 듣고 슬퍼했다. 가섭의 일행들도 부처님이 멸도하셨다는 말을 듣고 모두 슬피 울면서 슬픔을 억제하지 못했다. 그들은 눈물을 흘리면서 말했다. "여래의 멸도는 어이 그리 빠르신가. 큰 법이 빠지고 가리워짐은 어이 그리 빠른가. 중생은 길이 쇠하고 세간에는 눈이 없어졌구나." 마치 큰 나무가 뿌리째 뽑혀 가지들이 꺾인 것 같고 또 끊어진 뱀이 뒹굴며 헤매어 나갈 길을 모르는 것 같았다. 그 대중 가운데 발난타(跋難陀)라는 석가 족의 아들이 있었다. 그는 비구들을 만류하면서 말했다.

"너희들은 걱정하지 말라. 부처님이 멸도했으므로 우리는 이제 자유를 얻었다. 그 늙은이는 항상 말했다. '이것은 행하라. 이것은 행하지 말라'고. 지금부터는 우리는 마음대로 해도 된다."

가섭은 이 말을 듣고 슬픈 마음에 더욱 불쾌했다. 모든 비구에게 말했다.

"빨리 옷과 발우를 챙겨라. 곧 쌍수로 가서 다비를 하기 전에 부처님을 뵙자."

그때 모든 비구는 가섭의 말을 듣고 자리에서 일어나 가섭을 따랐다. 구시성으로 들어가 니련선하를 건너 천관사에 도착했다. 아난에게 가서 인사를 마치고 한 쪽에 앉아 아난에게 말했다.

"우리들은 다비하기 전에 부처님을 뵐 수 있겠습니까?"

아난은 대답했다.

"아직 다비는 하지 않았지만 다시 뵙기는 어렵습니다. 부처님 몸은 벌써 향탕으로 목욕시키고 겁파의로 오백 겹으로 싸고 금관에 넣어 철곽에 두고 전단향나무곽으로 그 겉을 겹으로 싸서 덮었습니다. 그러므로 부처님 몸을 다시 뵙기는 어렵습니다."

가섭은 세 번이나 청했지마는 아난의 대답은 처음과 같았다. 그때 가섭은 향 더미로 향해 갔다. 그때 부처님은 겹곽 속에서 두 발을 나란

히 내었다. 발에는 이상한 빛이 있었다. 가섭은 그것을 보고 이상히
여겨 아난에게 물었다.
"부처님의 몸은 금빛인데 발이 왜 이상합니까?"
아난은 대답했다.
"조금 전 어떤 노파가 매우 슬퍼하면서 앞으로 나아가 손으로 부처님
발을 어루만졌습니다. 그때 눈물이 그 위에 떨어졌기 때문에 그 빛이
이상합니다."
가섭은 그 말을 듣고 매우 불쾌했다. 향 더미를 향해 부처님께 예배했
다. 때에 사부대중과 모든 하늘도 동시에 예배했다. 이에 부처님의 발
은 갑자기 사라졌다. 가섭은 향 더미를 세 번 돌고 게송으로 말했다.

무엇과도 비교할 수 없는 부처님의/ 지혜는 이루 헤아릴 수 없다.
지혜와 복덕 구족한 부처님께/ 나는 이제 머리 조아려 예배합니다.

짝할 데 없는 높은 사문은/ 가장 높아서 견줄 이 없네.
모니는 애욕의 가지를 끊은 현자/ 천인보다 높은 이
사람 중에서 제일의 영웅이니/ 나는 이제 머리 조아려 예배합니다.

누구도 따를 수 없는 고행하시며 / 집착을 떠나 사람을 가르치네.
물듦도 없고 티끌도 때도 없는/ 위없는 성인에게 머리 조아립니다.

세 가지 때는 이미 다하여/ 공하고 고요한 행을 즐기며
둘도 없고 또 견줄 데 없는/ 십력을 갖춘 성인에게 머리를 조아립니다.

선서는 가장 높은 어른/ 양족 중에도 더 높으니

사제와 지식을 깨달은 사람/ 지혜로운 성인에게 머리를 조아립니다.

모든 사문 중에서 가장 높으며/ 삿됨을 돌이켜 바름에 들게 하며
부처님께서 적멸을 보여주시니/ 고요한 그 자취에 머리를 조아립니다.

더러움도 없고 티끌도 없으며/ 그 마음은 항상 적정합니다.
모든 티끌과 더러움을 없애/ 때 없는 성인에게 머리를 조아립니다.

지혜의 눈은 한량이 없고/ 단 이슬은 온갖 명칭을 멸한다.
과거에 없고 생각하기 어려운/ 짝할 이 없는 성인께 머리를 조아립니다.

외치는 소리는 사자가 숲에 있어서/ 두려움 없음과 같고
악마를 항복 받고 사성을 뛰어났네./ 그러므로 머리 조아려 경례합니다.

가섭에게는 큰 위엄과 덕이 있고 네 가지 변재를 갖추어 게송으로 말했다. 그때 화장 더미는 불을 붙이지 않아도 스스로 탔다. 모든 말라유 사람들은 말했다. "지금 불은 왕성하게 붙어 그칠 줄을 몰라 다비에 붙인 사리가 혹시 녹아 버릴 것이니 어디서 물을 구해 저 불을 끄겠는가" 그때 화장 더미 곁에 사라원 나무신이 있어 불도를 독실히 믿었다. 조금 후에 신력으로써 화장 더미의 불을 껐다. 그때 모든 말라유는 말했다. 이 구시성 좌우 십이 유순에 있는 모든 향과 꽃을 채취하여 부처님의 사리에 공양하자고. 그래서 곧 성으로 나아가 모든 향과 꽃을 가져와 공양 올렸다.

10

(6-9) 부처님에 대한 경배

그때 파바국에 있던 말라유 백성들은 부처님이 쌍수에서 멸도하셨다는 말을 듣고 생각했다. '사라숲 쌍수에 가서 사리의 분배를 얻어 우리나라에 탑을 세우고 공양하자.' 파바국의 모든 말라유는 나라에 명령을 내려 4종의 군사인 코끼리 군사, 말 군사, 수레 군사, 걷는 군사를 단속하여 구기성에 사자를 보내어 말했다.

"부처님은 모든 도움을 받아 여기 와서 멸도하셨다고 들었습니다. 그는 또한 우리의 스승이십니다. 우리는 존경하고 사모하는 마음으로 여기 와서 그 사리의 분배를 요구합니다. 우리나라에 탑을 세워 공양하고자 합니다."

구시성왕은 대답했다.

"그렇다. 진실로 그 말이 옳다. 그러나 부처님은 이 땅에 오셔서 여기서 멸도하셨다. 그러므로 구시성의 백성들도 마땅히 사리에 공양해야 할 것이다. 그대들이 수고롭게도 멀리서 왔지마는 사리의 분배는 얻을 수 없을 것이다."

그때 차라파(遮羅頗)국의 발리(跋離)족의 사람과 나마가(羅摩伽)국의 구리(拘利) 사람, 그리고 비이제(毘爾提)국의 바라문들, 가비라위국의 석가족의 사람, 비사리국의 리차(離車) 사람 및 마갈타국의 아사세왕도 부처님께서 구시성의 쌍수에서 멸도하셨다는 말을 듣고 생각했다. '이제 우리도 마땅히 가서 사리의 분배를 요구하자', 때에 모든 국왕과 아사세왕은 곧 나라에 명령을 내려 4종의 군사인 상병, 마병, 차병, 보병을 단속해 항하강을 건너 곧 바라문 향성(香姓)에게 명령했다.

너희들은 구시성에 들어가 모든 말라유 사람들에게 문안하라. '기거가 경리하고 행보가 건강한가. 우리는 여러분들을 늘 존경하고 이웃에 있으면서 의리를 지키고 서로 화목해 아직 다툰 일이 없다. 우리는 부처님께서 그대들의 나라에서 멸도하셨다는 말을 들었다. 오직 위없는 높은 부처님은 우리가 하늘처럼 받드는 성자이시다. 그러므로 멀리 와서 그 사리의 분배를 요구한다. 우리는 돌아가 탑을 세워 공양하고자 한다. 사리를 준다면 우리는 나라의 온갖 보배를 그대와 나눌 것이다'고,"

향성 바라문은 왕의 명령을 받고 그 성으로 가서 모든 말라유에게 말했다.

"기거가 경리하고 행보가 건강한가. 나는 여러분을 늘 존경하고 있다. 우리는 이웃에 살면서 의리를 지키고 서로 화목해 아직 다툰 일이 없다. 우리는 부처님께서 그대들 나라에서 멸도하셨다는 말을 들었다. 오직 위없는 높은 부처님은 진실로 우리가 하늘처럼 받드는 성자이시다. 그러므로 멀리 와서 그 사리의 분배를 요구한 것이다. 우리는 본토에 돌아가 탑을 세워 공양하고자 한다. 사리를 준다면 우리나라의 온갖 보배를 그대와 나눌 것이다'라고."

모든 말라유는 향성바라문에게 대답했다.

"그렇다. 진실로 그대의 말이 옳다. 그러나 부처님은 우리나라에 오셔서 여기서 멸도하셨다. 우리나라 백성들이 마땅히 스스로 공양해야 할 것이다. 그러므로 그대가 수고롭게 멀리서 왔지마는 사리의 분배는 얻지 못할 것이다."

모든 국왕은 곧 여러 신하들을 모아 함께 의논하고 게송으로 말했다.

우리들은 화의로써／ 멀리서 와 머리 숙여 절하면서
겸손한 말로 분배를 청했는데／ 쉽게 주지 않는구나.

4병이 여기 있어/ 몸과 목숨을 아끼지 않을 것이다.
만일 정의로써 얻지 못하면/ 마땅히 힘으로써 빼앗을 것이다.

구시성에서도 모든 신하를 모아 의논하고 게송으로 대답했다.

그대들 수고로이 멀리서 와/ 욕되게도 머리 숙여 절하지만
여래의 남기신 이 사리는/ 감히 나눌 수가 없다고 하는구나.

너희들 만일 군사를 낸다면/ 우리도 여기 군사가 있다.
목숨을 바쳐 항거하리니/ 두려울 것 없다 하노라.

향성 바라문을 여러 사람에게 타일렀다.
"여러분은 오랫동안 부처님의 가르침을 받았다. 입으로 법의 말을 외
우고 마음으로는 자비의 교화에 감복하며 모든 중생을 항상 안락하
게 하려고 생각했다. 그러므로 이제 부처님의 사리 때문에 다투어 서
로 죽여서야 되겠는가. 부처님의 사리는 널리 이익되게 하고자 함이
니 마땅히 나누어 가져야 한다."
모두 좋다고 칭찬했다. 이내 다시 의논했다. '누가 이것을 잘 배분할
수 있겠는가.' 모두 말했다. '향성 바라문은 인자하고 지혜로와 그를
시켜 공평하게 나눌 것이다.'
모든 국왕은 향성바라문에게 명령했다.
"너는 우리를 위해 부처님의 사리를 8등분으로 고르게 나누어라."
향성바라문은 모든 왕의 말을 듣고 사리가 있는 곳으로 가 머리로 절
하고 천천히 부처님의 윗 어금니를 집어 따로 한 쪽에 두었다. 그리고
사자를 시켜 부처님의 윗 어금니는 아사세왕에게 가게 했다.

사자에게 말했다.

"너는 내 이름으로 말씀드려라. '대왕이여, 기거가 경리하고 행보는 건강하십니까. 사리를 얼마나 오래 기다렸습니까? 이제 사자에게 부처님의 윗 어금니를 보냅니다. 그것을 공양 올리시고 편안한 마음을 가지시기 바랍니다. 샛별이 나타날 때에 사리의 분배를 마치고 받들어 보내겠습니다."

그때 사자는 "향성 바라문의 분부를 받고 아사세왕에게 가서 말씀드렸다. 향성 바라문이 수없이 문안드립니다. 기거는 경리하고 행보는 건강하십니까. 사리를 얼마나 오래 기다리셨습니까. 이제 사자에게 여래의 윗 어금니를 보냅니다. 그것에 공양 올리시고 편안한 마음을 가지시기 바랍니다. 샛별이 나타날 때에 사리의 분배를 마치고 스스로 받들어 보내겠습니다."라고

그때 향성바라문은 사리를 한 섬 받아 평등하게 8등분으로 나누었다. 8등분으로 나눈 사리를 구시성, 파바국의 말라족, 차라파국의 발리족, 나마가국의 구리 사람, 비이제국의 바라문들, 가비라위국 석가족, 비사리국의 리차 사람 및 마갈타국의 아사세왕에게 보냈다.

그리고 향성 바라문은 사리를 나누었던 사리병을 들고 여러 사람에게 말했다.

"원컨대 이 병을 내게 주면 집에서 탑을 세워 공양 올리겠습니다."

사람들은 말했다. '참으로 지혜롭구나. 그 때를 아는구나.' 모두 승낙했다.

늦게 도착한 필발 촌 사람이 여러 사람에게 말했다.

"땅에 있는 잿더미를 얻어 탑을 세워 공양 올리겠습니다."

모두 그것을 주자고 말했다.

구시성 사람들은 분배된 사리를 얻어 그 땅에 탑을 세워 공양했다.

파바국 사람, 차라국, 라마가국, 비이제국, 가비라위국, 비사리국, 마갈타국의 아사세왕도 사리의 분배를 얻어 각각 나라로 돌아가 탑을 세워 공양했다. 향성바라문도 사리병을 가지고 돌아가 탑묘(塔廟)를 세웠다. 필발촌 사람은 잿더미를 가지고 돌아가 탑묘를 세웠다. 그래서 부처님 사리로 팔 탑을 세우고 제 구의 병탑, 재 십의 잿탑, 제 십일의 생시의 털 탑을 세웠다.

부처님은 어느 때 나시고, 도를 이루시고, 멸도하셨는가?

새벽 금성이 빛날 때 나시고/ 집을 나오시고
새벽 금성이 빛날 때 도를 이루시고/ 멸도하셨다.

어느 때 양족존께서 나시고/ 어느 때 고해에서 출가하시고
어느 때 최상의 도 얻으시고/ 어느 때 열반성에 들어가셨나.

새벽 금성에 양족존께서 나시고/ 출가하시고 최상의 도 얻으시고
새벽 금성에 열반성에 드셨다.

8일에 부처님 태어나시고/ 8일에 부처님 집 떠나시고
8일에 도를 이루시고/ 15일에 멸도를 취하셨다.

8일에 양족존 나시고/ 8일에 사바의 고해에서 출가하시고
8일에 최상의 도 이루시고/ 15일에 열반에 드셨다.

4월에 부처님 태어나시고/ 2월에 부처님 집 떠나시고
12월에 도를 이루시고/ 2월에 열반 취하셨다.

4월에 양족존 나시고/ 2월에 부처님 집 떠나시고
12월에 최상의 도 얻으시고/ 2월에 열반성에 드셨다.

바라꽃 불꽃처럼 피어/ 온갖 광명이 서로 비치네.
본래 나신 곳에서/ 부처님은 멸도를 취하셨다.

위대한 성자 열반을 취하시자/ 많은 사람 칭찬하고 경배하였다.
온갖 두려움 모두 벗어나시고/ 결정코 멸도를 취하셨다.

──────────── 지명과 이름 해설 및 주석 ────────────

● 지명

가비라위(迦毘羅衛, Kapila-vastu)

건다(揵茶, Bhandagama)촌,

검마슬담(劍磨瑟曇, Kammasadhamma)

구루수(拘樓瘦)국

구리성(拘利城, Koli, 또는 천비성, 마야부인의 아버지 선각왕의 수도)

구사라(瞿師羅, Ghosilā) 동산

구사미(拘舍彌, Kausambi)

구사미(拘舍彌, Kauśāmbī)국

구살라(拘薩羅, Kosala)국

구살라(拘薩羅, Kosala)국

구시성(拘尸城, Kuśi-nagara)

금사정사(金師精舍, Isigiripassa-Kālasilā)

기사굴산(耆闍崛山, 영취산靈鷲山, Gṛdhrakūṭa)

기수급고독원(祈樹給孤獨圓, Jetavananathapindadasyarama)

기원정사(祈圓精舍, Jetavana-vihara)

기타림(祇陀林, Jeta-vana)

나타(那陀, Nadikā) 마을

녹야원(鹿野園, Sarnath)

능가산(楞伽山, Lanka)

니련선하(尼連禪河, Nairanjanadi)

람비니(嵐毘尼, Lumbini, Lumbini)

마갈타(摩竭陀, 摩竭, Magadha)국

마투라(摩偸羅, Madhura)국

말라유(末羅遊, Malayu)국

바라날(波羅捺, vārāṇasī바라나시)국

발지(跋祇, Vrji)국

발타라(跋陀梨, Babadarikārā) 동산

보광명전(普光明殿)

보리도량(菩提道場, Bodhimanda) 부처님께서 도를 이루신 곳.

보리수(普提樹, 阿遊波俱律아유파구율)나무

부미(負彌, Bhoganagara)성

비사리(毘舍離, 毗耶離, Vaiśālī)성

사라림(娑羅林, Salavana)

사라원(娑羅園)

사위성(舍衛城, 室羅筏城실라벌성, Śrāvastī)

서방수노나(西方輸盧那, Sunāparantaka)

수미산(須彌山, Sumeu-parvata)

암라수원(菴羅樹園, Amrapali-arama)
염부제(閻浮提, Jambudvīpa)
왕사성(王舍城, Rājagṛha)
울비라(鬱鞞羅, Uruvilva우루벨라)촌
조우(調牛) 부락
주도수(晝度樹, parijata)
죽림정사(竹林精舍, Venuvana-vihāra)
중각강당(重閣講堂) 비사리성 큰 숲 속에 있던 절
파련불(巴蓮弗, pataliputra) 읍
파릉불성(巴陵弗城, Pāṭaligāma)
파리나(波梨那)촌
항하(恒河, ganga, ganges)

● 이름
가가라(伽伽羅, 나타의 십이 거사)
가릉가(伽陵伽, 나타의 십이 거사)
가리수(伽利輸, 나타의 십이 거사)
가비라(伽毘羅, Kapila)선인
가섭(迦葉, Kāśyapa) 카사파
가섭불(迦葉佛, Kāśyapa)
가야 가섭(伽耶 迦葉, Gayaa-Kassapa)
가전연(迦旃延, Katyayana)
관세음(觀世音, Avalokitesvara)보살
교범바제(憍梵波提, Gavampati)
교진여(憍陳如, 아야교진여阿若憍陳如, Kauṇḍinya)
구나함불(拘那含佛, Kanakamuni)
구담(瞿曇, Gautama)
구류손불(拘留孫佛, Krakucchanda)
구반다(鳩盤茶, Kumbhanda)왕
구치라(俱絺羅, Kausthila),
금강당(金剛幢)보살
급고독장자(給孤獨長者, Anathapindika)
기바(耆婆, Jivaka-komarabhcca)
나제 가섭(那提 迦葉, Nadi-Kassapa)
니간타 나타풋타(Nigantha-Natapputta) 육사외도, 자이나교의 교주. 윤리적 엄숙주의
니건(尼乾, Mahāvīra) 나칸타가 깨친 후에 니건으로 불림
라후라(羅睺羅, Rāhula)
마등가(摩登伽, Matanga)

──────────── 지명과 이름 해설 및 주석 ────────────

마하가섭(摩訶迦葉, Mahākāśyapa),
마하마남(摩訶摩男, Mahānāman)
마하파사파제(摩訶波闍波提, Mahāprajāpatī)
마하파사파제(摩訶波闍波提, Mahāprajāpatī) 부처님을 양육한 이모
막칼리 고살라(Makkahali-Gosala) 육사외도, 극단적인 운명론자, 사명외도
목건련(目犍連, 目連, Maudgalyāyana)
문수보살(文殊菩薩, 문수사리보살文殊師利菩薩, Manjusri)
미륵(彌勒, Maitreya)보살
바두루(婆頭樓, 나타의 십이 거사)
바부(婆敷, Vāspa)
바사닉(波斯匿, Prasenajit)왕
바야루(婆耶樓, 나타의 십이 거사)
바제(婆提, Bhadrika)
발두마(鉢頭摩, Padma)선인
발타바라(跋陀波羅, Bhadra-pala)
보현(普賢, samantabhadra)보살
부단나(富單那, Bhutana)왕
부루나(富樓那, Purna)
비가타(毘伽陀, 나타의 십이 거사)
비뉴가전연(毘紐迦旃延)비구니
비바시불(毘婆尸佛, Vipaśyin)
비사부불(毘舍浮佛, Viśvabhū)
비사야(毘闍耶, Vijaya)
비사차(毘捨遮, Pisaca)왕
비유리왕(毘瑠璃王, Virudhaka)
빈나(頻那, Vina)
빈바사라(頻婆沙羅, Bimbisara)왕
사리불(舍利弗, Śāriputra사리풋타)
사야(闍耶, Jaya)
산자야 벨라티풋타(Sanjaya-Balatthaputta) 육사외도, 회의론자
선성(善星, Sanaksatra)비구
수달리사누(藪達利舍㝹, 나타의 십이 거사)
수루나(輸屢那, Srona) 장자
수바두루(藪婆頭樓, 나타의 십이 거사)
수발(須跋, Subhadra)
수보리(須菩提, Subhūti)
순야다(舜若多, Sunyata)신
순타(純陀, Cunda) 장자

시기불(尸棄佛, Śikhin)
실달다반달라(悉怛多般怛羅, Sitatapatra)
아나율(阿那律, Aniruddha, 아누루타阿㝹樓馱)
아난(阿難, Ānanda)
아란야(阿蘭若, aranya)
아사세(阿闍世, Ajātashatru)왕
아설시(阿説示, 마승馬勝, Aśvajit)
아육(阿育, Aśokaḥ)왕
아지타 케사캄발리(Ajita-Kesakambali) 육사외도, 단멸론적 유물론
암바바리(菴婆婆梨, Ambapālī)
야가(夜迦, Yaka)
야수(耶輸, 나타의 십이 거사)
야수다라(耶戌陀羅, Yaśodharā)
야수다루(耶輸多樓, 나타의 십이 거사)
연야달다(演若達多)
염마가(焰摩迦, Yamaka) 비구
용수(龍樹, Nagarjuna) 보살 150년 - 250년 인도 승려
우루빈나 가섭(優褸빈螺 迦葉, Vruvera-Kassapa)
우바리(優波離, Upāli)
우타이(優陀夷, Udayin)
유마(維摩, 淨名, Vimala-kīrti)
작가라(斫迦羅, Cakravada)선인
제바달다(提婆達多, Devadatta)
주리반특(周利槃特, Cudapanthaka)
질다(質多, Citta) 장자
차루(遮樓, 나타의 십이 거사)
차마(差摩, Kṣemā)비구
타리사누(陀梨舍㝹, 나타의 십이 거사)
타바(陀婆, dasaka)
타사(陀娑, Dāsa)비구
파련불(巴連弗, Pāṭaliputra)
파순(波旬, Pāpīyas)
파쿠다 카짜야나(Pakudha-Kaccayana) 육사외도, 상주론자. 기계적 불멸론자
푸라나 카싸파(Furana-Kassapa) 육사외도, 도덕부정론
필릉가바차(畢陵加婆蹉, Pilinda-vatsa) 전생의 거만한 습성을 갖고 있었음
허공장(虛空藏, Akasagarbha)보살

───────────── 지명과 이름 해설 및 주석 ─────────────

● **주석**

가릉빈가(迦陵頻迦, Kalavinka) 새의 종류
가지(加持) 부처님의 자비에 힘입어 중생이 부처님과 일체가 됨
가타(伽陀, Gāthā) 부처님의 공덕이나 가르침을 찬탄하는 노래 글귀
가택가(訶宅迦, Hataka) 금색수라 함
갈라람(羯邏藍, kalala, 알로 낳는 것, 입태 후 초 7일 간의 상태)
구리가(久履苟, 크샤트리야) 뛰어난 족성이란 뜻
나라연(婆婁那, narayana) 불법을 수호하는 신
나유타(那由他, nayuta) 10의 60승, 10^60
내가 있다는 생각(我相아상, atman-Saṃjñā 자아)
니타나(尼陀那, Nidāna, 12부경의 하나이다)법
다라수(多羅樹, tala) 종려과 식물, 49척, 14.85m
다른 생명들이 있다는 생각(衆生相중생상, pudgala-Saṃjñā, 개인)
등무리 여러가지 색깔의 무리
마납바(摩納婆, manava) 바라문의 청년
마하나가(摩訶那迦) 아라한, 불세존의 존칭
무량대수(無量大数) 10의 68승, 10^68
문타라(文陀羅, Mandara) 만다라 꽃
밀적역사(密迹力士) 금강의 무기를 갖고 부처님을 수호하는 야차신
밀적역사(密迹力士, guhyapada, 금강의 무기를 들고 부처님을 수호하는 야차신)
바가범(婆伽梵, 바가바婆伽婆, bhagavat) 부처님의 호칭 중 하나
바라문(婆羅門, Brahman)
바라밀(波羅蜜, paramita) 피안을 건너다, 열반에 도달하다
바루나(婆婁那, Varuna) 천신
백법(白法, 청정한 법인 선법)
범단(梵檀, brahma-danda) 죄를 지었을 때 그 사람과 말을 하지 못하게 하는 벌
보리수(菩提樹, asvattha) 보리수, 보리나무
보살이 되려고 마음을 낸 자(善男子 善女人, Kulaputro va kuladuhita va)
보특가라(補特伽羅, pudgala) 다시 태어나서 죽어가는 주체인 '나'를 말한다
불가사의(不可思議) 10의 64승, 10^64
브라만(Brahman, 바라문婆羅門)
비바사나(毘婆舍那, Vipasyana, 관조) 자세히 관찰하여 정견에 이르게 함
비사사(毘舍사, Pisaca) 광목천을 따라 서방을 수호하는 귀신
사각분(捨覺分) 거짓되고 참되지 못한 것을 추억하는 마음을 버리는 것
사념처(四念處, 신수심법을 수행함)
사다함과(斯陀含果, sakṛd-āgāmi-phala) 한번만 다시 태어나 깨닫는 자
사마타(奢摩他, samatha, 적정, 능멸) 집중하여 적멸에 이르는 방법
사여의족(四如意足, 四神足이라고도 함, 욕, 정진, 심, 사유여의족)
사정근(四正勤, 四意斷 이라고도 함, 율의단, 단단, 수호단, 수단)

산타나(珊陀那, Santana) 신화적인 약수
살바야(薩婆若, Sarvajna, 일체법을 증득하는 지혜)
삼 물체가 둘이나 여러 개로 보이는 현상
삼매(三昧, 三摩跋提, samadhi) 등지, 마음을 한곳에 둔 것이 이루어진 상태
상대가 있다는 생각(人相인상, java-samjna, 개체)
선남자선여인(善男子善女人, Kulaputro kuladuhita) -> 보살이 되려고 마음을 낸 자
선정(禪定, 禪那, 사유수, 정려) 마음을 한곳에 모아 움직이지 않고 깊이 사유하는 수행
수다원과(須陀洹果, srotaāpatti-phala) 영원한 평안에의 흐름에 들어간 자
수자상(壽者相, sattva-Saṃjñā 살아있는 것이 실존한다는 생각) -> 실제 있다는 생각
숫타니파타(Sutta-nipata, 경집經集)
십팔불공법(十八不共法) 부처만이 갖고 있는 열여덟 가지 특징. 십력, 사무외, 삼염주, 대비
아가타(阿伽陀, agada)
아나아파나(阿那阿波那, ana-apana) 들숨과 날숨
아나함과(阿那含果, anāgāmi-phala) 다시는 태어나 오지 않는 자
아눅다라삼먁삼보리(阿褥多羅三藐三菩提, Anuttar-samyak-samdodhi) -> 가장 높은 바
른 깨달음
아라한과(阿羅漢果, arhat-phala) 존경받을 만한 사람
아람바(阿藍婆, Ratilambha) 설산과 향산에 나는 약초
아상(我相, atman-samjna 자아) -> 나의 주체가 있다는 생각
아승기(阿僧祇, dsamkhya) 10의 56승, 10^56
악차수(惡叉樹, aksa) 나무 이름
알부담(頞部曇, arbuda, 태로 낳는 것, 입태 후 2주 째의 상태)
암마라(菴摩羅, amra) 과일 이름
연야달다(演若達多, Yajñadatta) 하늘에 기도하여 낳은 아들의 이름
염각분(念覺分) 고요히 마음을 닦아 지혜와 안정을 유지하는 마음
영원한 것이 있다는 생각(壽者相수자상, sattva-samjna, 살아있는 것이 실존한다는 생각)
오력(五力, 신력, 근력, 염력, 정력, 혜력)
오신채(五辛菜) 다섯 가지 매운 채소(마늘, 파, 생강, 부추, 달래)
오온(五蘊, panca-skandha, 오음이라고도 함)
오음(五陰, panca-skandha, 온온이라고도 함)
오하분결(五下分結) 욕계에서 중생을 얽어매고 있는 5가지 번뇌(탐심, 진심, 의심, 유신견,
계금취견)
욕애(欲愛) 갈애, 애욕, 오욕에 대한 번뇌
우발라(優鉢羅, Udumbara) 우담발라 꽃
우파리(優波提, upadhi) 부스적으로 한계짓는 조건들을 가리키는 말, 소유욕
유순(由旬, yojana, 1유순은 40리(16km)에 해당함)
유애(有愛) 생존에 대한 집착
육경(六境, six visayah, 육진이라고도 함, 색성향미촉법)
육근(六根, six indriya, 안이비설신의)

―――――――――― 지명과 이름 해설 및 주석 ――――――――――

육진(六塵, six visayah, 육경이라고도 함)
이니야(伊尼耶) 사슴의 종류
인상(人相, java-Saṃjñā 개체) -> 내가 있다는 생각
인타라(因陀羅, Indra) 제석천
전타라(旃陀羅, caṇḍāla, 불가촉천민 계급)
정각분(定覺分) 정에 들어 번뇌망상을 일으키지 않는 것
정변지(正遍知, sam-yak-sambuddha)
정진각분(精進覺分) 용맹한 마음으로 수행하는 것
제각분(除覺分) 그릇된 견해나 번뇌를 끊어버리는 것
중생상(衆生相, pudgala 개인) -> 다른 생명이 있다는 생각
찰제리(刹帝利, ksatriya)
칠각분(七覺分, 칠각지, 칠각의라고도 함, 택법, 정진, 희, 제, 사, 정, 염각분)
크샤트리아(Ksatriya, 찰제리刹帝利, 왕족과 무사계급)
택법각분(擇法覺分) 지혜로 모든 법을 살핌
파라타(頗羅墮, bharadvaja, 바라문 6성 중 하나)
파리질다라(波利質多羅, Parijata) 콩과 식물
파타사라(波陀沙羅) 나무
팔정도(八正道, 정견, 정사, 정어, 정업, 정명, 정정진, 정념, 정정)
폐시(蔽尸, peśī, 습기로 나는 것, 입태 후 제3의 7일 기간)
하가라구리사(何伽羅久履笥, 브라만) 최고 뛰어난 족성이란 뜻
항하사(恒河沙, gangā-nadī-vālukā) 10의 52승, 10^52
홉 되의 1/10, 약 80ml
활개 어깨에서 팔까지 부위
희각분(喜覺分) 선법을 얻어 마음이 기뻐하는 것